Europe
Europa

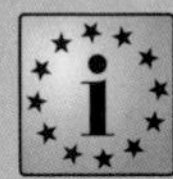

	Code	Currency	SOS ☎ / 🔥	🛣 Motorway	🚗 Dual carriageway	Road	Town	Toll (MAUT/TOLL)	‰
Österreich / Austria	A	1 Euro (EUR) = 100 Cent	133 / 144	130	100	100	50	✓	0,5 ‰
Shqipëria / Albania	AL	1 Lek (ALL) = 100 Quindarka	129 /126	120	100	80	40		0,0 ‰
België/Belgique / Belgium	B	1 Euro (EUR) = 100 Cent	101 / 100	120	120	90	50		0,5 ‰
Bŭlgarija / Bulgaria	BG	1 Lew (BGN) = 100 Stótinki	166 / 150	130	90	90	50	✓	0,5 ‰
Bosna i Hercegovina / Bosnia and Herzegovina	BIH	Konvert. Marka (BAM) = 100 Fening	92 / 94	120	100	80	60		0,3 ‰
Schweiz/Suisse/Svizzera / Switzerland	CH	1 Franken (CHF) = 100 Rappen	117 / 144	120	100	80	50	✓	0,5 ‰
Kypros/Kibris / Cyprus	CY	1 Euro (EUR) = 100 Cent	199	100	80	80	50		0,5 ‰
Česká republika / Czech Republic	CZ	1 Koruna (CZK) = 100 Haliru	112 / 155	130	130	90	50	✓	0,0 ‰
Deutschland / Germany	D	1 Euro (EUR) = 100 Cent	110 / 112	—	—	100	50		0,5 ‰
Danmark / Denmark	DK	1 Krone (DKK) = 100 Øre	112	130	80	80	50		0,5 ‰
España / Spain	E	1 Euro (EUR) = 100 Cent	112	110	100	90	50	✓	0,5 ‰
Eesti / Estonia	EST	1 Euro (EUR) = 100 Cent	110 / 112	110	110	90	50		0,0 ‰
France / France	F	1 Euro (EUR) = 100 Cent	112	130	110	90	50	✓	0,5 ‰
Suomi/Finland / Finland	FIN	1 Euro (EUR) = 100 Cent	112	120	100	100	50		0,5 ‰
United Kingdom / United Kingdom	GB	1 Pound Sterling (GBP) = 100 Pence	999 / 112	70 mph (112)	70 mph (112)	60 mph (96)	30 mph (48)		0,8 ‰
Ellás (Hellás) / Greece	GR	1 Euro (EUR) = 100 Cent	100 / 166	120	110	90	50	✓	0,5 ‰
Magyarország / Hungary	H	1 Forint (HUF) = 100 Filler	112	130	110	90	50	✓	0,0 ‰
Hrvatska / Croatia	HR	1 Kuna (HRK) = 100 Lipa	112 / 94	130	110	90	50	✓	0,5 ‰
Italia / Italy	I	1 Euro (EUR) = 100 Cent	112 / 118	130	110	90	50	✓	0,5 ‰
Éire/Ireland / Ireland	IRL	1 Euro (EUR) = 100 Cent	999 / 112	120	100	60 / 100	50		0,5 ‰
Ísland / Iceland	IS	1 Krona (ISK) = 100 Aurar	112			80 / 90	50		0,5 ‰
Kosovo / Kosovo	RKS	1 Euro (EUR) = 100 Cent	112 / 92	130	110	80	50		0,5 ‰
Luxembourg / Luxembourg	L	1 Euro (EUR) = 100 Cent	113 / 112	130	90	90	50		0,5 ‰
Lietuva / Lithuania	LT	1 Euro (EUR) = 100 Cent	02 / 03 / 112	110	90	90	50		0,4 ‰
Latvija / Latvia	LV	1 Euro (EUR) = 100 Cent	02 / 03 / 112	110	90	90	50		0,5 ‰
Makedonija / Macedonia	MK	1 Denar (MKD) = 100 Deni	192 / 194	120	100	80	40 / 60	✓	0,5 ‰
Norge / Norway	N	1 Krone (NOK) = 100 Øre	112 / 113	90	90	80	50	✓	0,2 ‰
Nederland / Netherlands	NL	1 Euro (EUR) = 100 Cent	112	120	100	80	50		0,5 ‰
Portugal / Portugal	P	1 Euro (EUR) = 100 Cent	112	120	100	90	50	✓	0,5 ‰
Polska / Poland	PL	1 Zloty (PLN) = 100 Groszy	112 / 999	130 / 140	100 / 120	90 / 100	50	✓	0,2 ‰
România / Romania	RO	1 Leu (RON) = 100 Bani	112	130	100	90	50	✓	0,0 ‰
Rossija / Russia	RUS	1 Rubel (RUB) = 100 Kopeek	02 / 03	110	90	90	60		0,0 ‰
Sverige / Sweden	S	1 Krona (SEK) = 100 Öre	112	110	110/90	70 / 90	50		0,2 ‰
Srbija / Crna Gora / Serbia / Montenegro	SRB MNE	1 Dinar (CSM) = 100 Para ; Euro	92 / 94	120	100	80	60	✓	0,3 %
Slovenská republika / Slovakia	SK	1 Euro (EUR) = 100 Cent	112 / 155	130	90	90	60	✓	0,0 ‰
Slovenija / Slovenia	SLO	1 Euro (EUR) = 100 Cent	113 / 112	130	100	90	50	✓	0,5 ‰
Türkiye / Turkey	TR	1 Lira (TRY) = 100 Kurus	155 / 112	120	90	90	50	✓	0,5 ‰
Ukrajina / Ukraine	UA	1 Griwna (UAH) = 100 Kopijken	02 / 03	130	110	90	60		0,0 ‰

© Kunth Verlag GmbH & Co. KG 2015
Königinstraße 11, D-80539 München,
phone +49-89-458020-0, fax +49-89-458020-21
e-mail: info@kunth-verlag.de
www.kunth-verlag.de

Printed in Slovakia

© AA Media Limited 2015
Fanum House, Basing View,
Basingstoke, Hampshire RG21 4EA, UK
ISBN: 978-0-7495-7752-0
987-0-7495-7753-7
A05366

The contents of this atlas are believed to be correct at the time of the latest revision. However, the publishers cannot be held responsible for loss occasioned to any person acting or refraining from action as a result of any material in this atlas, nor for any errors, omissions or changes in such material.

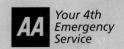

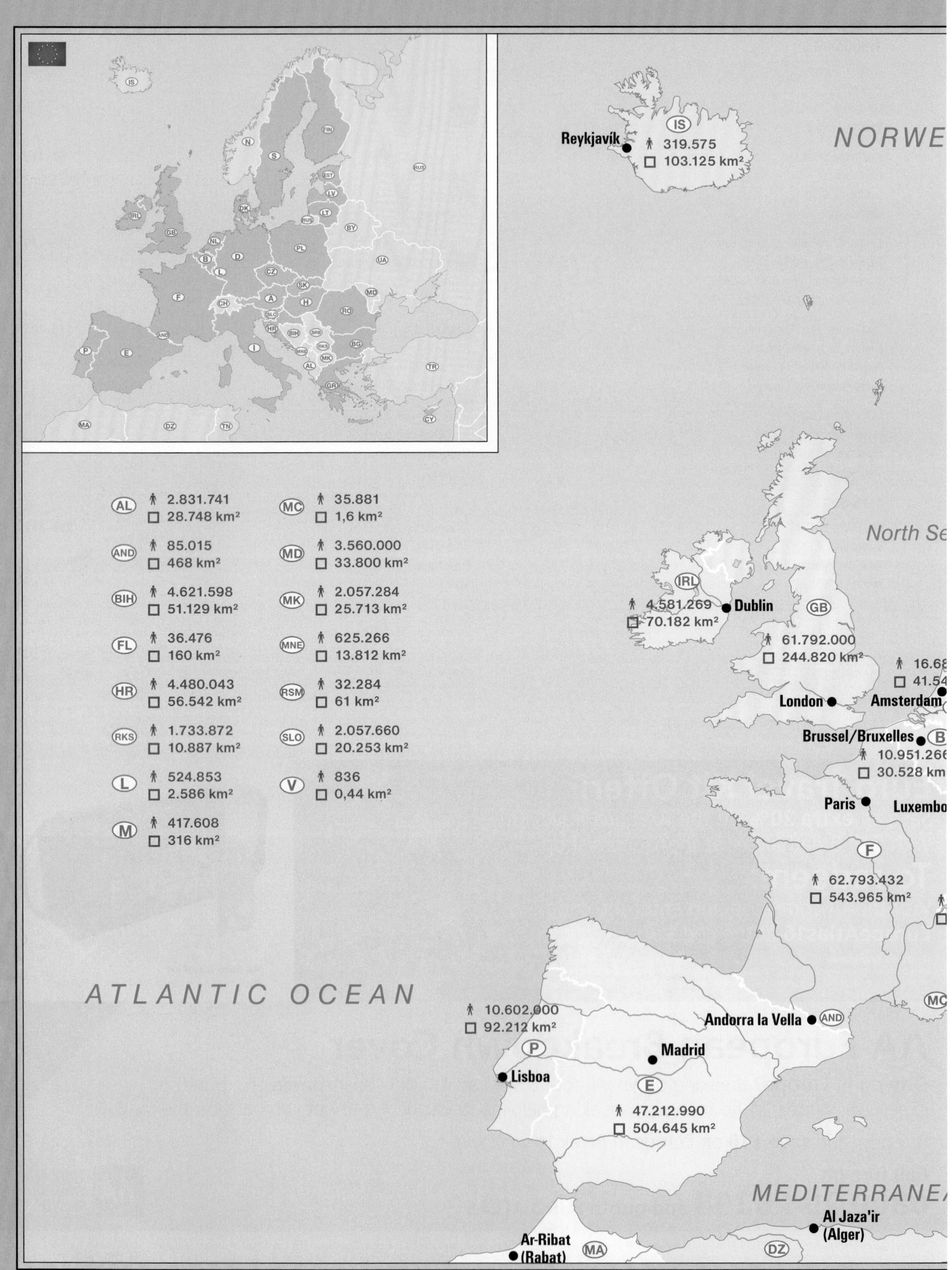

NORWE

Reykjavík ● ⋔ 319.575
▢ 103.125 km²

North Se

(AL) ⋔ 2.831.741
▢ 28.748 km²

(AND) ⋔ 85.015
▢ 468 km²

(BIH) ⋔ 4.621.598
▢ 51.129 km²

(FL) ⋔ 36.476
▢ 160 km²

(HR) ⋔ 4.480.043
▢ 56.542 km²

(RKS) ⋔ 1.733.872
▢ 10.887 km²

(L) ⋔ 524.853
▢ 2.586 km²

(M) ⋔ 417.608
▢ 316 km²

(MC) ⋔ 35.881
▢ 1,6 km²

(MD) ⋔ 3.560.000
▢ 33.800 km²

(MK) ⋔ 2.057.284
▢ 25.713 km²

(MNE) ⋔ 625.266
▢ 13.812 km²

(RSM) ⋔ 32.284
▢ 61 km²

(SLO) ⋔ 2.057.660
▢ 20.253 km²

(V) ⋔ 836
▢ 0,44 km²

⋔ 4.581.269 ● **Dublin** **(GB)**
▢ 70.182 km²
⋔ 61.792.000
▢ 244.820 km²
⋔ 16.68
▢ 41.54
London ● **Amsterdam**
Brussel/Bruxelles ● **B**
⋔ 10.951.266
▢ 30.528 km

Paris ● **Luxembo**

(F)
⋔ 62.793.432
▢ 543.965 km²

ATLANTIC OCEAN

⋔ 10.602.000
▢ 92.212 km²
Andorra la Vella ● **(AND)**

(MC)

(P)
Madrid
● **Lisboa**
(E)
⋔ 47.212.990
▢ 504.645 km²

MEDITERRANE

Ar-Ribat
(Rabat) ●
(MA)

Al Jaza'ir
(Alger) ●
(DZ)

IV

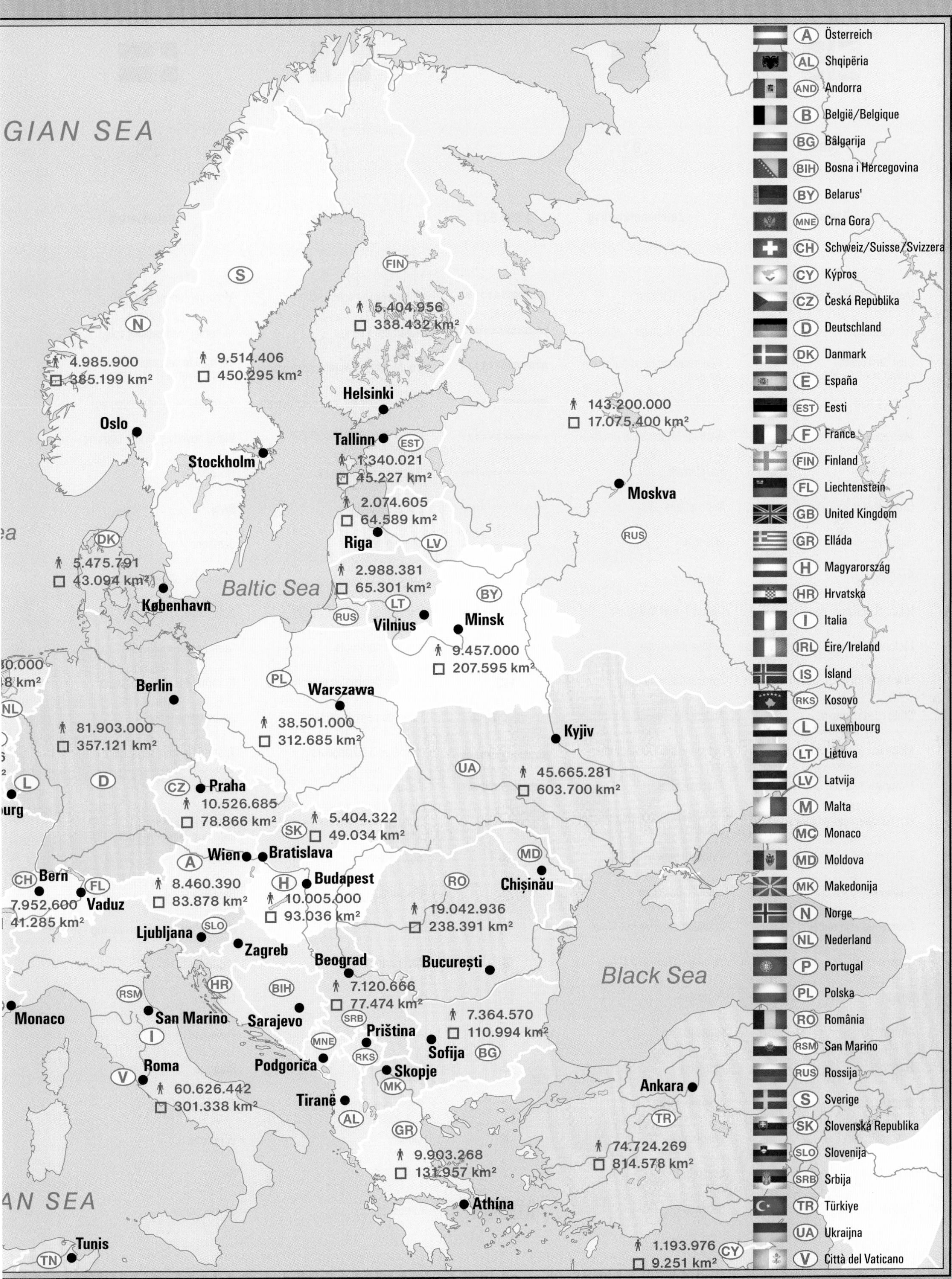
A Österreich
AL Shqipëria
AND Andorra
B België/Belgique
BG Bâlgarija
BIH Bosna i Hercegovina
BY Belarus'
MNE Crna Gora
CH Schweiz/Suisse/Svizzera
CY Kýpros
CZ Česká Republika
D Deutschland
DK Danmark
E España
EST Eesti
F France
FIN Finland
FL Liechtenstein
GB United Kingdom
GR Elláda
H Magyarország
HR Hrvatska
I Italia
IRL Éire/Ireland
IS Ísland
RKS Kosovo
L Luxembourg
LT Lietuva
LV Latvija
M Malta
MC Monaco
MD Moldova
MK Makedonija
N Norge
NL Nederland
P Portugal
PL Polska
RO România
RSM San Marino
RUS Rossija
S Sverige
SK Slovenská Republika
SLO Slovenija
SRB Srbija
TR Türkiye
UA Ukrajina
V Città del Vaticano
GIAN SEA
Baltic Sea
Black Sea
AN SEA
N 4.985.900 385.199 km²
S 9.514.406 450.295 km²
FIN 5.404.956 338.432 km²
RUS 143.200.000 17.075.400 km²
EST 1.340.021 45.227 km²
LV 2.074.605 64.589 km²
DK 5.475.791 43.094 km²
LT 2.988.381 65.301 km²
BY 9.457.000 207.595 km²
D 81.903.000 357.121 km²
PL 38.501.000 312.685 km²
UA 45.665.281 603.700 km²
CZ 10.526.685 78.866 km²
SK 5.404.322 49.034 km²
A 8.460.390 83.878 km²
H 10.005.000 93.036 km²
RO 19.042.936 238.391 km²
CH 7.952.600 41.285 km²
SRB 7.120.666 77.474 km²
BG 7.364.570 110.994 km²
I 60.626.442 301.338 km²
GR 9.903.268 131.957 km²
TR 74.724.269 814.578 km²
CY 1.193.976 9.251 km²
Oslo
Stockholm
Helsinki
Tallinn
Riga
Moskva
København
Vilnius
Minsk
Berlin
Warszawa
Kyjiv
Praha
Wien
Bratislava
Budapest
Chișinău
Bern
Vaduz
Ljubljana
Zagreb
Beograd
București
Monaco
San Marino
Sarajevo
Priština
Sofija
Podgorica
Skopje
Roma
Tiranë
Ankara
Athína
Tunis
TN

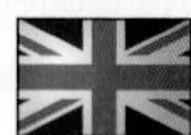

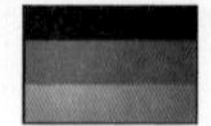

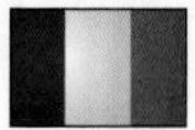

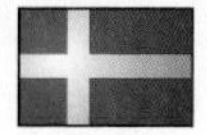

Legend	Zeichenerklärung	1:900 000	Légende	Tegnforklaring
Motorway (under construction)	Autobahn (im Bau)		Autoroute (en construction)	Motorvej (under bygning)
Toll motorway	Gebührenpflichtige Autobahn		Autoroute à péage	Motorvej med betalingspligt
Dual carriageway (under construction)	4-oder mehrspurige Autobahn (im Bau)		Double chaussée (en construction)	Vej med to vejbaner (under bygning)
Primary route (under construction)	Fernstraße (im Bau)		Route principale (en construction)	Fjerntrafikvej (under bygning)
Main road (under construction)	Wichtige Hauptstraße (im Bau)		Route principale importante (en construction)	Vigtig hovedvej (under bygning)
Main road	Hauptstraße		Route départementale	Hovedvej
Secondary road	Nebenstraße		Route secondaire	Bivej
Railway	Eisenbahn		Chemin de fer	Jernbane
Restricted area	Sperrgebiet		Zone interdite	Afspærret område
National or nature park	National- und Naturpark		Parc national, parc naturel	Nationalpark, naturpark
Motorway number	Autobahnnummer	4 2 A22	Numéro autoroute	Nummer for motorvej
Number of main European road	Europastraßennummer	E54	Numéro des routes européennes	Nummer for europavejsrute
Other road numbers	Andere Straßennummern	34 28 N22 322	Autre numéro de routes	Andre vejnummer
Motorway junction number	Autobahnanschlussnummer	22	Numéros d'échangeurs	Tilslutning med nummer
Motorway junction	Anschlussstelle		Échangeur	Tilslutning
Not suitable / closed for caravans	Für Wohnwagen nicht geeignet / gesperrt		Non recommandé aux caravans - interdite	Anbefales ikke for campingvogne-forbudt
Filling station	Autobahntankstelle		Station-service	Tankanlæg
Restaurant	Autobahnrasthaus		Restaurant	Rasteplads
Restaurant with motel	Autobahnrasthaus mit Motel		Hôtel	Rasteplads med overnatning
Major airport	Wichtiger Flughafen		Aéroport important	Vigtig Lufthavn
Airport	Flughafen		Aéroport	Lufthavn
Airfield	Flugplatz		Aérodrome	Flyveplads
Ferry	Autofähre		Ferry	Bilfærge
Border crossing	Grenzübergang		Passage frontalier - douane	Grænseovergang
Windmill	Windmühle		Moulin	Vejrmølle
Lighthouse	Leuchtturm		Phare	Fyrtårn
Place of interest	Sehenswerter Ort	COLMAR	Curiosités	Seværdighed

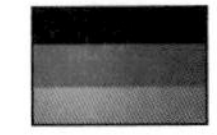

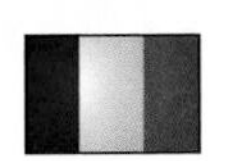

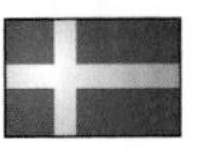

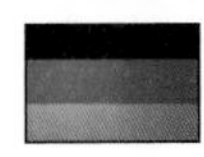

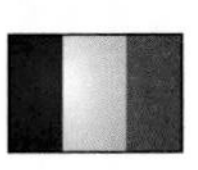

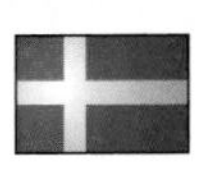

GB   D   F   DK   GB   D   F   DK

Significant points of interest · Herausragende Sehenswürdigkeiten · Curiosités remarquables · Betydningsfulde seværdigheder

GB	D	F	DK
Major tourist route	Autoroute	Autoroute	Bilvej
Major tourist railway	Bahnstrecke	Ligne ferroviaire	Jernbane
Highspeed train	Hochgeschwindig-keitszug	Train à Grande Vitesse	Højhastighedstog
Shipping route	Schiffsroute	Itinéraire en bateau	Skibsruter
UNESCO World Natural Heritage	UNESCO-Weltnaturerbe	Patrimoine naturel de l'humanité de l'UNESCO	UNESCO Verdensarvsted (natur)
Mountain landscape	Gebirgslandschaft	Paysage de montagne	Bjerglandskab
Rock landscape	Felslandschaft	Paysage rocheux	Klippelandskab
Ravine/canyon	Schlucht/Canyon	Gorge/canyon	Kløfter/canyons
Glacier	Gletscher	Glacier	Gletsjer
Active volcano	Vulkan, aktiv	Volcan actif	Aktive vulkaner
Extinct volcano	Vulkan, erloschen	Volcan éteint	Udslukte vulkaner
Geyser	Geysir	Geyser	Gejser
Cave	Höhle	Grotte	Hule/grotte
River landscape	Flusslandschaft	Paysage fluvial	Flodlandskab
Waterfall/rapids	Wasserfall/Stromschnelle	Chute d'eau/rapide	Vandfald/strømhvirvler
Lake country	Seenlandschaft	Paysage de lacs	Søområder
Desert	Wüstenlandschaft	Désert	Ørken
Oasis	Oase	Oasis	Oase
Depression	Depression	Bassin	Sænkning
Fossil site	Fossilienfundstätte	Site fossile	Forekomster af fossiler
Nature park	Naturpark	Parc naturel	Naturpark
National park (landscape)	Nationalpark (Landschaft)	Parc national (paysage)	Nationalpark (landskab)
National park (flora)	Nationalpark (Flora)	Parc national (flore)	Nationalpark (flora)
National park (fauna)	Nationalpark (Fauna)	Parc national (faune)	Nationalpark (fauna)
National park (culture)	Nationalpark (Kultur)	Parc national (site culturel)	Nationalpark (kultur)
Botanic gardens	Botanischer Garten	Jardin botanique	Botanisk have
Biosphere reserve	Biosphärenreservat	Réserve de biosphère	Biosfæreområde
Wildlife reserve	Wildreservat	Réserve animale	Dyrereservat
Zoo/safari park	Zoo/Safaripark	Zoo/parc de safari	Zoologisk have/dyrepark
Coastal landscape	Küstenlandschaft	Paysage côtier	Kystlandskab
Beach	Strand	Plage	Strand
Island	Insel	Île	Ø
Underwater reserve	Unterwasserreservat	Réserve sous-marine	Undervandsreservat
Spring	Quelle	Source	Kilde
UNESCO World Cultural Heritage	UNESCO-Weltkulturerbe	Patrimoine culturel de l'humanité de l'UNESCO	UNESCO-Verdensarvsted (kultur)
Remarkable city	Außergewöhnliche Metropole	Métropole d'exception	Bemærkelsesværdig storby
Pre-and early history	Vor- und Frühgeschichte	Préhistoire et protohistoire	Forhistorisk sted
Prehistoric rockscape	Prähistorische Felsbilder/Naturvölker	Peintures rupestres préhistoriques	Forhistoriske klippebilleder
The Ancient Orient	Alter Orient	Ancien Orient	Oldtidens Orient
Minoan site	Minoische Kultur	Civilisation minoenne	Minoisk kultur
Phoenecian site	Phönikische Kultur	Civilisation phénicienne	Fønikisk kultur
Etruscan site	Etruskische Kultur	Civilisation étrusque	Etruskisk kultur
Greek antiquity	Griechische Antike	Antiquité grecque	Den gamle græske kultur
Roman antiquity	Römische Antike	Antiquité romaine	Den gamle romerske kultur
Vikings	Wikinger	Vikings	Vikinger
Places of Jewish cultural interest	Jüdische Kulturstätte	Site juif	Steder af jødisk kulturel interesse
Places of Islamic cultural interest	Islamische Kulturstätte	Site islamique	Steder af islamisk kulturel interesse
Places of Christian cultural interest	Christliche Kulturstätte	Site chrétien	Steder af kristen kulturel interesse
Roman church	Romanische Kirche	Église romane	Romersk kirke
Gothic church	Gotische Kirche	Église gothique	Gotisk kirke
Renaissance church	Renaissance-Kirche	Église renaissance	Renæssance kirke
Baroque church	Barock-Kirche	Église baroque	Barok kirke

GB	D	F	DK
Christian monastery	Christliches Kloster	Monastère chrétien	Kristent kloster
Cultural landscape	Kulturlandschaft	Paysage culturel	Kulturlandskab
Historical city scape	Historisches Stadtbild	Cité historique	Historiske byer
Impressive skyline	Imposante Skyline	Gratte-ciel	Flot silhuet
Castle/fortress/fort	Burg/Festung/Wehranlage	Château/forteresse/remparts	Slot/fæstning/borg
Castle ruin	Burgruine	Château ruine	Slotsruin
Tower of interest	Sehenswerter Turm	Tour intéressante	Seværdigt tårn
Windmill	Windmühle	Moulin	Vindmølle
Palace	Palast/Schloss	Palais	Palads
Technical/industrial monument	Techn./industrielles Monument	Monument technique/industriel	Teknisk/industrielt monument
Working mine	Bergwerk in Betrieb	Mine en activité	Mine i drift
Disused mine	Bergwerk geschlossen	Mine fermée	Lukket mine
Dam	Staumauer	Barrage	Dæmning
Impressive lighthouse	Sehenswerter Leuchtturm	Très beau phare	Seværdigt fyrtårn
Notable bridge	Herausragende Brücke	Pont remarquable	Seværdig bro
Remarkable building	Herausragendes Gebäude	Bâtiment remarquable	Seværdig bygning
Tomb/grave	Grabmal	Tombeau	Gravmæle
Monument	Denkmal	Monument	Monument
Memorial	Mahnmal	Mémorial	Mindesmærke
Theater of war/battlefield	Kriegsschauplatz/Schlachtfeld	Champs de bataille	Slagmark
Space mission launch site	Weltraumbahnhof	Base spatiale	Rumcenter
Space telescope	Weltraumteleskop	Télescope astronomique	Rumfartsteleskop
Market	Markt	Marché	Marked
Festivals	Feste und Festivals	Fêtes et festivals	Byfester og festivals
Museum	Museum	Musée	Muséer
State Historical Park	Freilichtmuseum	Musée de plein air	Frilandsmuseum
Theatre	Theater	Théâtre	Teater
World exhibition/World Fair	Weltausstellung	Exposition universelle	Verdensudstilling
Arena/stadium	Arena/Stdion	Arène/stade	Arena/stadion
Race track	Rennstrecke	Circuit automobile	Væddeløbsbane
Golf	Golf	Golf	Golf
Horse racing	Pferdesport	Équitation	Hestevæddeløb
Skiing	Skigebiet	Station de ski	Skiområde
Sailing	Segeln	Voile	Sejlads
Wind surfing	Windsurfen	Planche à voile	Vindsurfing
Surfing	Wellenreiten	Surf	Surfing
Diving	Tauchen	Plongée	Dykning
Canoeing/rafting	Kanu/Rafting	Canoë/rafting	Kanosejlads/rafting
Seaport	Seehafen	Port	Havn
Deep-sea fishing	Hochseeangeln	Pêche en mer	Fiskeri
Waterskiing	Wasserski	Ski nautique	Vandski
Beach resort	Badeort	Station balnéaire	Badested
Leisure bath	Freizeitbad	Piscine découverte	Svømmehal/vandland
Mineral/thermal spa	Mineralbad/Therme	Station hydrothermale	Mineralbad/termalbad
Leisure park	Freizeitpark	Parc de loisirs	Forlystelsespark
Casino	Spielcasino	Casino	Kasino
Hill resort	Hill Resort	Station de montagne	Bjerghoteller
Mountain refuge/alpine pasture	Berghütte/Alm	Refuge/pâturages	Bjerghytte/alpe
Rambling/rambling area	Wandern/Wandergebiet	Randonnées/zone de randonnées	Vandring/vandreområde
Viewpoint	Aussichtspunkt	Point de vue	Udsigtspunkt
Mountain railway	Bergbahn	Chemin de fer de montagne	Bjergbane
Shipwreck	Schiffswrack	Épave de navire	Skibsvrag

Road Distances

	Amsterdam	Athína	Barcelona	Belfast	Beograd	Berlin	Bern	Birmingham	Bordeaux	Bratislava	Bruxelles/Brussel	București	Budapest	Calais	Dublin	Edinburgh	Frankfurt a.M.	Genova	Hamburg	Helsinki	Istanbul	København	Köln	Kyjiv	Le Havre	Lisboa	Ljubljana	London	Luxembourg	Lyon	Madrid	Málaga	Marseille	Milano	Minsk	Moskva	München	Oslo	Paris	Praha	Riga	Roma	Rotterdam	Sankt-Peterburg	Sarajevo	Skopje	Sofija	Stockholm	Strasbourg	Tallinn	Tiranë	Vilnius	Warszawa	Wien	Zagreb
Amsterdam		2827	1566	1286	1720	656	833	734	1082	1211	210	2267	1398	363	1125	1196	443	1216	466	1953	2693	788	263	1943	598	2241	1234	532	360	923	1770	2321	1235	1076	1768	2469	826	1268	502	883	1873	1662	76	2424	1743	2155	2113	1435	602	2183	2217	1665	1209	1148	1330
Athína	2827		2612	3758	1106	2338	2010	3206	2682	1662	2598	1168	1466	2844	3598	3668	2386	1780	2627	3227	1094	2767	2568	2307	2744	3768	1633	2952	2414	2115	3215	3619	2156	1691	2583	3283	2039	3440	2554	1991	2830	1267	2834	3381	1175	701	798	3415	2170	3140	713	2622	2343	1705	1493
Barcelona	1566	2612		2280	1988	1877	915	1728	637	1894	1376	2574	1926	1365	2120	2190	1336	857	1776	3263	2961	2099	1383	3048	1251	1259	1462	1526	1180	639	627	1031	508	978	2989	3690	1343	2578	1071	1715	3093	1366	1525	3645	2014	2422	2380	2746	1130	3450	2360	2886	2430	1829	1597
Belfast	1286	3758	2280		2800	1850	1745	594	1784	2349	1119	3415	2545	925	166	319	1521	2119	1676	3161	3773	1999	1331	3244	1191	2941	2316	776	1347	1672	2474	3009	1983	2057	2957	3660	1856	2478	1206	2025	3062	2651	1226	3601	2864	3241	3193	2647	1540	3373	3296	2864	2401	2227	2405
Beograd	1720	1106	1988	2800		1236	1334	2248	2031	560	1680	592	363	1877	2639	2709	1287	1159	1525	2125	979	1665	1469	1472	1971	3147	534	2046	1500	1464	2594	2998	1535	1036	1480	2181	940	2338	1771	889	1728	1296	1735	2279	305	439	398	2312	1314	2038	748	1520	1051	603	395
Berlin	656	2338	1877	1850	1236		956	1298	1632	683	774	1751	881	927	1689	1760	549	1177	289	1649	2320	434	576	1325	1148	2791	997	1096	743	1238	2320	2879	1549	1038	1150	1850	588	1031	1053	355	991	1518	693	1711	1418	1687	1714	1082	753	1486	1967	1026	590	686	1053
Bern	833	2010	915	1745	1334	956		1167	889	950	637	1920	1136	796	1564	1629	429	450	910	2397	2307	1232	583	2205	752	2044	809	965	453	305	1543	1947	573	318	1992	2693	433	1723	561	806	2183	903	802	2648	1271	1767	1726	1879	238	2320	1706	1943	1448	867	943
Birmingham	734	3206	1728	594	2248	1298	1167		1232	1797	566	2794	1924	373	385	472	968	1567	1124	2609	3221	1447	779	2582	432	2233	1764	191	795	1120	1768	2302	1431	1498	2405	3108	1317	1926	654	1460	2608	2099	674	2913	2278	2682	2641	2095	988	2615	2730	2312	1849	1675	1853
Bordeaux	1082	2682	637	1784	2031	1632	889	1232		1936	891	2616	1967	869	1470	1540	1167	997	1483	2970	3003	1806	1065	2998	686	1162	1503	1030	995	588	691	1242	648	1014	2744	3445	1276	2285	586	1549	2829	1506	1039	3249	2059	2463	2422	2453	964	2944	2389	2641	2185	1870	1639
Bratislava	1211	1662	1894	2349	560	683	950	1797	1936		1203	1071	201	1388	2151	2221	799	1063	968	1751	1640	1109	987	1256	1521	3052	447	1557	1031	1368	2498	2902	1439	940	1201	1902	490	1705	1350	333	1353	1200	1237	1904	723	1007	1034	1756	893	1664	1316	1146	684	65	442
Bruxelles/Brussel	210	2598	1376	1119	1680	774	637	566	891	1203		2227	1357	195	958	1028	402	1023	601	2088	2653	923	212	2163	406	2049	1156	364	230	732	1578	2129	1044	884	1884	2585	737	1403	311	902	1775	1469	151	2389	1702	2113	2072	1570	434	2094	2177	1781	1325	1107	1289
București	2267	1168	2574	3415	592	1751	1920	2794	2616	1071	2227		874	2426	3196	3256	1833	1746	2035	2183	625	2175	2015	947	2585	3735	1122	2592	2077	2052	3182	3586	2122	1624	1357	1790	1525	2713	2356	1399	1786	1884	2286	2366	915	690	383	2764	1906	2096	923	1756	1338	1113	982
Budapest	1398	1466	1926	2545	363	881	1136	1924	1967	201	1357	874		1577	2315	2386	963	1094	1165	1776	1350	1305	1152	1123	1685	3083	460	1722	1195	1399	2529	2933	1470	971	1132	1832	655	1901	1491	529	1356	1231	1411	1907	545	810	769	1952	1067	1666	1119	1148	687	273	344
Calais	363	2844	1365	925	1877	927	796	373	869	1388	195	2426	1577		764	777	600	1189	754	2241	2851	1077	410	2213	273	2025	1382	171	414	759	1554	2105	1070	1023	2038	2738	935	1556	288	1100	1929	1608	304	2543	1905	2311	2270	1724	617	2237	2332	1934	1478	1305	1487
Dublin	1125	3598	2120	166	2639	1689	1564	385	1470	2151	958	3196	2315	764		450	1326	1926	1480	2979	3578	1803	1136	2939	789	2616	2106	546	1145	1479	2146	2717	1792	1751	2770	3470	1677	2288	1019	1826	2874	2342	1030	3272	2618	3040	3033	2450	1343	2969	3101	2672	2204	2031	2213
Edinburgh	1196	3668	2190	319	2709	1760	1629	472	1540	2221	1028	3256	2386	777	450		1430	2021	1586	3071	3683	1909	1241	3043	894	2697	2183	650	1256	1582	2230	2764	1893	1959	2866	3569	1765	2387	1116	1922	2971	2553	893	3375	2682	3143	3102	2556	1450	3070	3206	2773	2310	2137	2315
Frankfurt a.M.	443	2386	1336	1521	1287	549	429	968	1167	799	402	1833	963	600	1326	1430		808	496	1968	2261	818	189	1841	772	2306	801	766	231	700	1835	2341	1012	668	1663	2364	393	1308	573	510	1768	1254	456	2319	1299	1721	1680	1465	223	1882	1785	1560	1104	715	897
Genova	1216	1780	857	2119	1159	1177	450	1567	997	1063	1023	1746	1094	1189	1926	2021	808		1244	2746	2123	1566	971	2210	1104	2013	623	1364	828	475	1459	1863	400	140	2196	2897	628	2057	914	1081	2348	522	1177	2899	1068	1583	1542	2213	613	2674	1482	2141	1679	991	759
Hamburg	466	2627	1776	1676	1525	289	910	1124	1483	968	601	2035	1165	754	1480	1586	496	1244		1502	2646	338	425	1603	997	2639	1184	922	623	1140	2169	2720	1452	1109	1428	2128	776	814	892	646	1280	1669	501	1893	1684	2104	2063	985	703	1588	2170	1324	868	976	1280
Helsinki	1953	3227	3263	3161	2125	1649	2397	2609	2970	1751	2088	2183	1776	2241	2979	3071	1968	2746	1502		3081	1173	1910	1546	2482	4125	2126	2407	2106	2625	3654	4205	2937	2424	882	1107	1974	1019	2387	1641	396	2879	1986	389	2334	2570	2476	517	2189	88	2879	689	1062	1754	2121
Istanbul	2693	1094	2961	3773	979	2320	2307	3221	3003	1640	2653	625	1350	2851	3578	3683	2261	2123	2646	3081		2642	2442	1475	2944	4121	1508	3019	2449	2438	3567	3971	2508	2009	2006	2524	1914	3314	2745	1866	2569	1743	2708	2948	1168	787	580	3289	2287	2879	1015	2361	1943	1580	1368
København	788	2767	2099	1999	1665	434	1232	1447	1806	1109	923	2175	1305	1077	1803	1909	818	1566	338	1173	2642		748	1744	1320	2962	1390	1245	944	1463	2492	3043	1775	1432	1104	1786	981	607	1215	785	912	1911	824	1473	1832	2117	2144	658	1026	1139	2360	919	1009	1116	1472
Köln	263	2568	1383	1331	1469	576	583	779	1065	987	212	2015	1152	410	1136	1241	189	971	425	1910	2442	748		1947	580	2223	984	575	207	746	1752	2303	1058	826	1683	2384	575	1224	485	692	1575	1411	257	2138	1493	1910	1862	1392	354	1883	1967	1580	1124	897	1079
Kyjiv	1943	2307	3048	3244	1472	1325	2205	2582	2998	1256	2163	947	1123	2213	2939	3043	1841	2210	1603	1546	1475	1744	1947		2532	4183	1560	2379	2048	2480	3629	4033	2570	2071	560	852	1749	2343	2336	1405	1045	2331	1977	1378	1652	1645	1320	1591	2003	1461	1859	751	767	1343	1444
Le Havre	598	2744	1251	1191	1971	1148	752	432	686	1521	406	2585	1685	273	789	894	772	1104	997	2482	2944	1320	580	2532		1845	1437	298	531	658	1374	1925	970	1044	2261	2962	1022	1802	197	1230	2153	1638	540	2715	2006	2404	2363	1970	688	2461	2432	2158	1702	1436	1580
Lisboa	2241	3768	1259	2941	3147	2791	2044	2233	1162	3052	2049	3735	3083	2025	2616	2697	2306	2013	2639	4125	4121	2962	2223	4183	1845		2616	2187	2128	1742	626	683	1662	2132	3901	4602	2430	3442	1743	2702	3793	2520	2196	4347	3175	3576	3535	3610	2118	4101	3474	3798	3342	2983	2751
Ljubljana	1234	1633	1462	2316	534	997	809	1764	1503	447	1156	1122	460	1382	2106	2183	801	623	1184	2126	1508	1390	984	1560	1437	2616		1538	942	939	2068	2472	1009	510	1588	2289	409	1999	1240	708	1741	770	1251	2245	554	965	924	2038	782	2051	949	1533	1072	383	140
London	532	2952	1526	776	2046	1096	965	191	1030	1557	364	2592	1722	171	546	650	766	1364	922	2407	3019	1245	575	2379	298	2187	1538		587	918	1720	2254	1229	1260	2202	2905	1120	1724	452	1270	2098	1897	472	2661	2067	2479	2438	1892	786	2098	2542	2109	1646	1473	1651
Luxembourg	360	2414	1180	1347	1500	743	453	795	995	1031	230	2077	1195	414	1145	1256	231	828	623	2106	2449	944	207	2048	531	2128	942	587		517	1634	2158	829	669	1878	2579	523	1427	372	732	1788	1254	355	2352	1494	1906	1864	1595	219	2096	1969	1774	1319	938	1081
Lyon	923	2115	639	1672	1464	1238	305	1120	588	1368	732	2052	1399	759	1479	1582	700	475	1140	2625	2438	1463	746	2480	658	1742	939	918	517		1242	1646	317	448	2354	3044	733	1943	468	1080	2265	983	849	2958	1473	1897	1856	2111	495	2573	1823	2251	1795	1304	1072
Madrid	1770	3215	627	2474	2594	2320	1543	1768	691	2498	1578	3182	2529	1554	2146	2230	1835	1459	2169	3654	3567	2492	1752	3629	1374	626	2068	1720	1634	1242		545	1105	1576	3434	4135	1941	2975	1275	2312	3538	1964	1728	3887	2605	3028	2987	3140	1733	3630	2923	3334	2871	2433	2200
Málaga	2321	3619	1031	3009	2998	2879	1947	2302	1242	2902	2129	3586	2933	2105	2717	2764	2341	1863	2720	4205	3971	3043	2303	4033	1925	683	2472	2254	2158	1646	545		1506	1977	3988	4689	2342	3577	1810	2713	4092	2365	2263	4596	2979	3420	3379	3677	2129	4206	3319	3884	3428	2828	2596
Marseille	1235	2156	508	1983	1535	1549	573	1431	648	1439	1044	2122	1470	1070	1792	1893	1012	400	1452	2937	2508	1775	1058	2570	970	1662	1009	1229	829	317	1105	1506		521	2577	3278	1010	2255	779	1382	2729	909	1160	3234	1544	1965	1924	2422	806	2884	1863	2522	2060	1372	1140
Milano	1076	1691	978	2057	1036	1038	318	1498	1014	940	884	1624	971	1023	1751	1959	668	140	1109	2424	2009	1432	826	2071	1044	2132	510	1260	669	448	1576	1977	521		2077	2778	493	1921	853	865	2229	584	1041	2732	1045	1465	1423	2078	477	2365	1400	2022	1512	872	540
Minsk	1768	2583	2989	2957	1480	1150	1992	2405	2744	1201	1884	1357	1132	2038	2770	2866	1663	2196	1428	882	2006	1104	1683	560	2261	3901	1588	2202	1878	2354	3434	3988	2577	2077		720	1627	1516	2159	1281	484	2338	1800	783	2447	1926	1744	1030	1791	794	2235	191	550	1213	1473
Moskva	2469	3283	3690	3660	2181	1850	2693	3108	3445	1902	2585	1790	1832	2738	3470	3569	2364	2897	2128	1107	2524	1786	2384	852	2962	4602	2289	2905	2579	3044	4135	4689	3278	2778	720		2362	1997	2863	1873	917	3041	2503	697	2382	2496	2265	1464	2570	1014	2938	908	1253	1916	2176
München	826	2039	1343	1856	940	588	433	1317	1276	490	737	1525	655	935	1677	1765	393	628	776	1974	1914	981	575	1749	1022	2430	409	1120	523	733	1941	2342	1010	493	1627	2362		1588	822	381	1608	928	824	2166	962	1374	1332	1627	364	1916	1435	1594	992	406	549
Oslo	1268	3440	2578	2478	2338	1031	1723	1926	2285	1705	1403	2713	1901	1556	2288	2387	1308	2057	814	1019	3314	607	1224	2343	1802	3442	1999	1724	1427	1943	2975	3577	2255	1921	1516	1997	1588		1703	1382	1069	2507	1302	1341	2430	2713	2741	523	1516	986	2956	1331	1605	1712	2068
Paris	502	2554	1071	1206	1771	1053	561	654	586	1350	311	2356	1491	288	1019	1116	573	914	892	2387	2745	1215	485	2336	197	1743	1240	452	372	468	1275	1810	779	853	2159	2863	822	1703		1030	2055	1445	458	2619	1805	2204	2163	1873	488	2363	2262	2061	1605	1237	1377
Praha	883	1991	1715	2025	889	355	806	1460	1549	333	902	1399	529	1100	1826	1922	510	1081	646	1641	1866	785	692	1405	1230	2702	708	1270	732	1080	2312	2713	1382	865	1281	1873	381	1382	1030		1282	1296	909	1777	1044	1334	1362	1427	606	1593	1542	1075	613	333	654
Riga	1873	2830	3093	3062	1728	991	2183	2608	2829	1353	1775	1786	1356	1929	2874	2971	1768	2348	1280	396	2569	912	1575	1045	2153	3793	1741	2098	1788	2265	3538	4092	2729	2229	484	917	1608	1069	2055	1282		2482	1905	561	1916	2173	2078	547	1752	310	2482	291	664	1356	1723
Roma	1662	1267	1366	2651	1296	1518	903	2099	1506	1200	1469	1884	1231	1608	2342	2553	1254	522	1669	2879	1743	1911	1411	2331	1638	2520	770	1897	1254	983	1964	2365	909	584	2338	3041	928	2507	1445	1296	2482		1626	2993	892	1190	1686	2556	1062	2803	975	2284	1823	1135	903
Rotterdam	76	2834	1525	1226	1735	693	802	674	1039	1237	151	2286	1411	304	1030	893	456	1177	501	1986	2708	824	257	1977	540	2196	1251	472	355	849	1728	2263	1160	1041	1800	2503	824	1302	458	909	1905	1626		2260	1757	2167	2126	1469	566	2002	2231	1699	1243	1161	1343
Sankt-Peterburg	2424	3381	3645	3601	2279	1711	2648	2913	3249	1904	2389	2366	1907	2543	3272	3375	2319	2899	1893	389	2948	1473	2138	1378	2715	4347	2245	2661	2352	2958	3887	4596	3234	2732	783	697	2166	1341	2619	1777	561	2993	2260		2447	2665	2571	899	2317	361	2975	714	1157	1849	2216
Sarajevo	1743	1175	2014	2864	305	1418	1271	2278	2059	723	1702	915	545	1905	2618	2682	1299	1068	1684	2334	1168	1832	1493	1652	2006	3175	554	2067	1494	1473	2605	2979	1544	1045	2447	2382	962	2430	1805	1044	1916	892	1757	2447		459	586	2482	1340	2249	498	1691	1250	759	414
Skopje	2155	701	2422	3241	439	1687	1767	2682	2463	1007	2113	690	810	2311	3040	3143	1721	1583	2104	2570	787	2117	1910	1645	2404	3576	965	2479	1906	1897	3028	3420	1965	1465	1926	2496	1374	2713	2204	1334	2173	1190	2167	2665	459		229	2750	1747	2475	311	1957	1488	1040	828
Sofija	2113	798	2380	3193	398	1714	1726	2641	2422	1034	2072	383	769	2270	3033	3102	1680	1542	2063	2476	580	2144	1862	1320	2363	3535	924	2438	1864	1856	2987	3379	1924	1423	1744	2265	1332	2741	2163	1362	2078	1686	2126	2571	586	229		2709	1706	2389	540	1916	1447	999	787
Stockholm	1435	3415	2746	2647	2312	1082	1879	2095	2453	1756	1570	2764	1952	1724	2450	2556	1465	2213	985	517	3289	658	1392	1591	1970	3610	2038	1892	1595	2111	3140	3677	2422	2078	1030	1464	1627	523	1873	1427	547	2556	1469	899	2482	2750	2709		1674	482	3008	838	1198	1764	2120
Strasbourg	602	2170	1130	1540	1314	753	238	988	964	893	434	1906	1067	617	1343	1450	223	613	703	2189	2287	1026	354	2003	688	2118	782	786	219	495	1733	2129	806	477	1791	2570	364	1516	488	606	1752	1062	566	2317	1340	1747	1706	1674		2090	1815	1767	1311	769	927
Tallinn	2183	3140	3450	3373	2038	1486	2320	2615	2944	1664	2094	2096	1666	2237	2969	3070	1882	2674	1588	88	2879	1139	1883	1461	2461	4101	2051	2098	2096	2573	3630	4206	2884	2365	794	1014	1916	986	2363	1593	310	2803	2002	361	2249	2475	2389	482	2090		2793	602	975	1667	2034
Tiranë	2217	713	2360	3296	748	1967	1706	2730	2389	1316	2177	923	1119	2332	3101	3206	1785	1482	2170	2879	1015	2360	1967	1859	2432	3474	949	2542	1969	1823	2923	3319	1863	1400	2235	2938	1435	2956	2262	1542	2482	975	2231	2975	498	311	540	3008	1815	2793		2268	1799	1264	910
Vilnius	1665	2622	2886	2864	1520	1026	1943	2312	2641	1146	1781	1756	1148	1934	2672	2773	1560	2141	1324	689	2361	919	1580	751	2158	3798	1533	2109	1774	2251	3334	3884	2522	2022	191	908	1594	1331	2061	1075	291	2284	1699	714	1691	1957	1916	838	1767	602	2268		466	1158	1525
Warszawa	1209	2343	2430	2401	1051	590	1448	1849	2185	684	1325	1338	687	1478	2204	2310	1104	1679	868	1062	1943	1009	1124	767	1702	3342	1072	1646	1319	1795	2871	3428	2060	1512	550	1253	992	1605	1605	613	664	1823	1243	1157	1250	1488	1447	1198	1311	975	1799	466		689	1056
Wien	1148	1705	1829	2227	603	686	867	1675	1870	65	1107	1113	243	1305	2031	2137	715	991	976	1754	1580	1116	897	1343	1436	2983	383	1473	938	1304	2433	2828	1372	872	1213	1916	406	1712	1237	333	1356	1135	1161	1849	759	1040	999	1764	769	1667	1264	1158	689		376
Zagreb	1330	1493	1597	2405	395	1053	943	1853	1639	442	1289	982	344	1487	2213	2315	897	759	1280	2121	1368	1472	1079	1444	1580	2751	140	1651	1081	1072	2200	2596	1140	640	1473	2176	549	2068	1377	654	1723	903	1343	2216	414	828	787	2120	927	2034	910	1525	1056	376	

All distances in this chart are in kilometres and include any part of the route taken by ferry.

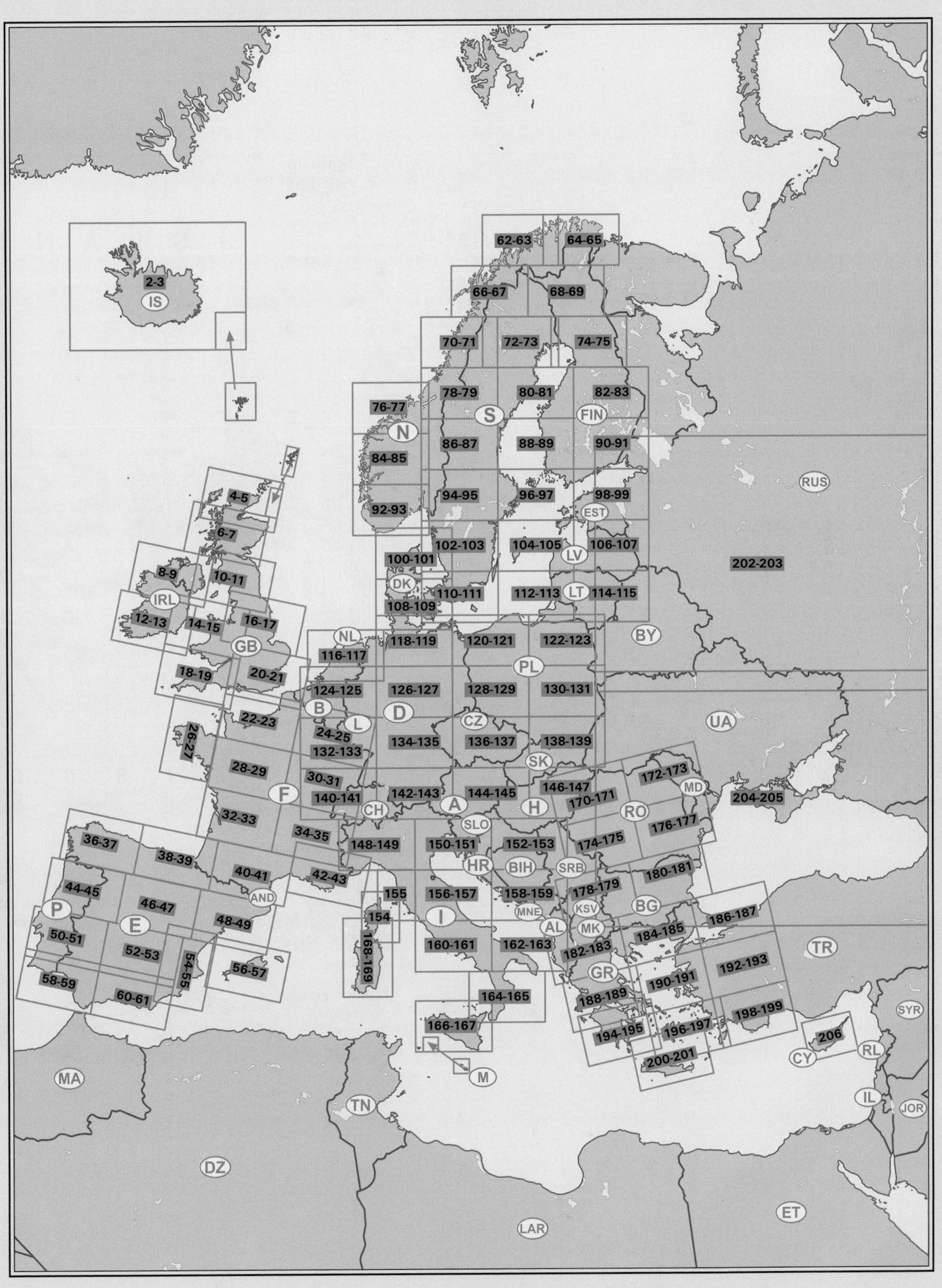
2-3
IS
62-63
64-65
66-67
68-69
70-71
72-73
74-75
76-77
78-79
80-81
82-83
N
S
FIN
84-85
86-87
88-89
90-91
RUS
4-5
92-93
94-95
96-97
98-99
EST
6-7
100-101
102-103
104-105
106-107
LV
202-203
8-9
10-11
DK
IRL
110-111
112-113
LT
114-115
108-109
12-13
14-15
16-17
BY
NL
118-119
120-121
122-123
GB
116-117
PL
18-19
20-21
124-125
126-127
128-129
130-131
B
D
22-23
L
CZ
UA
26-27
24-25
134-135
136-137
138-139
132-133
SK
28-29
30-31
146-147
172-173
MD
F
140-141
142-143
144-145
204-205
A
H
170-171
RO
CH
32-33
SLO
176-177
36-37
34-35
148-149
150-151
152-153
174-175
38-39
HR
BIH
SRB
180-181
40-41
42-43
44-45
155
156-157
158-159
178-179
AND
46-47
P
MNE
KSV
BG
186-187
154
I
E
48-49
AL
MK
184-185
50-51
168-169
160-161
162-163
52-53
182-183
TR
54-55
GR
190-191
192-193
56-57
58-59
164-165
60-61
188-189
198-199
SYR
166-167
194-195
196-197
206
RL
CY
200-201
MA
M
IL
JOR
TN
DZ
ET
LAR

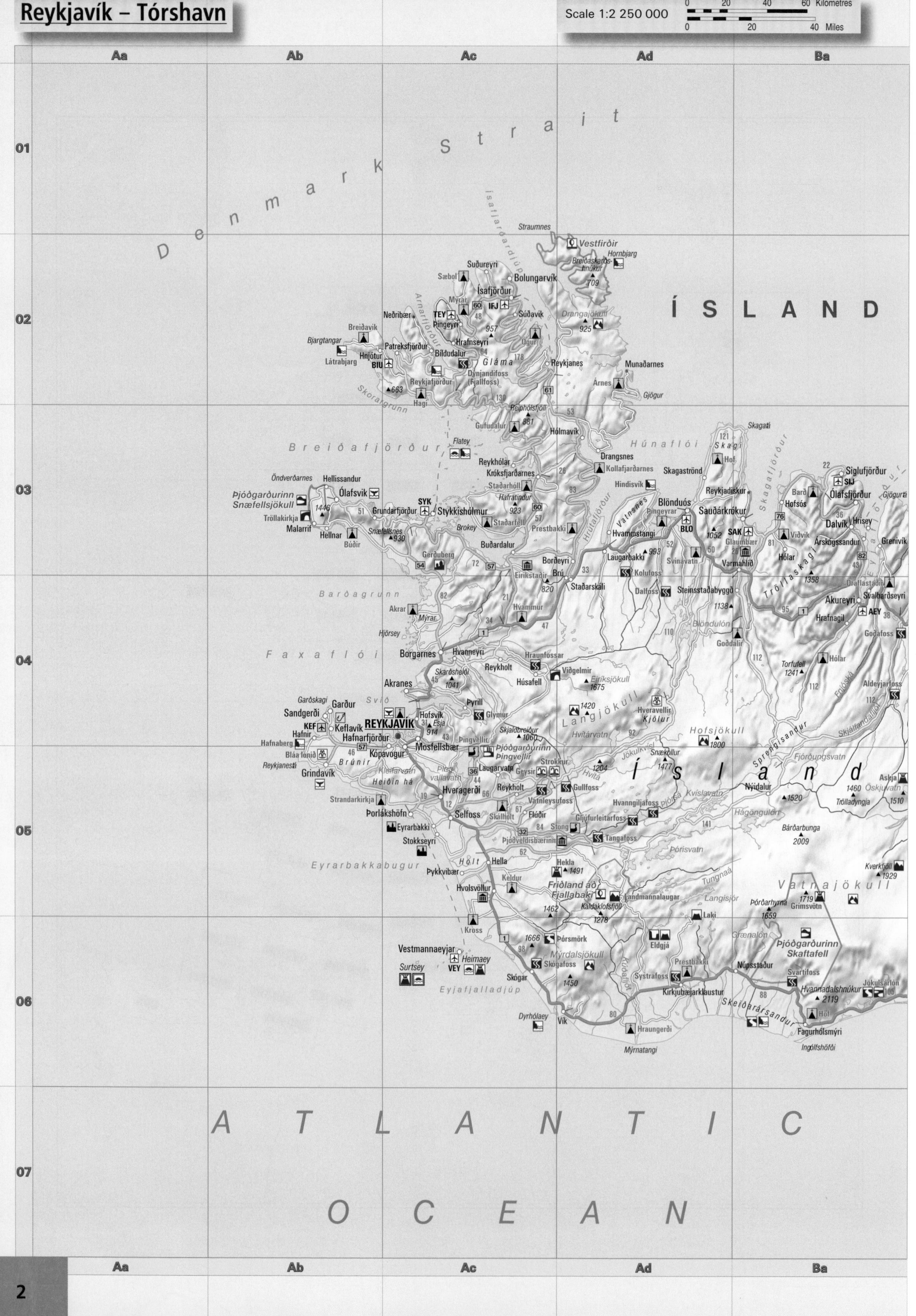
Scale 1:2 250 000
0 20 40 60 Kilometres
0 20 40 Miles
Aa
Ab
Ac
Ad
Ba
01
02
03
04
05
06
07
Denmark Strait
ÍSLAND
Ísland
ATLANTIC OCEAN
Ísafjarðardjúp
Straumnes
Vestfirðir
Hornbjarg
Suðureyri
Bolungarvík
Ísafjörður
Súðavík
Drangajökull
925
Breiðavík
Bjargtangar
Látrabjarg
Patreksfjörður
Bíldudalur
Hrafnseyri
Þingeyri
Glámа
Dynjandifoss (Fjallfoss)
Reykjanes
Munaðarnes
Árnes
Gjögur
Skorarqrunn
Reykjafjörður
Hagi
Gufudalur
Hólmavík
Drangsnes
Húnaflói
Skagafjörður
Skagaströnd
Hindisvík
Breiðafjörður
Flatey
Reykhólar
Króksfjarðarnes
Öndverðarnes
Hellissandur
Ólafsvík
Þjóðgarðurinn Snæfellsjökull
Tröllakirkja
Malarrif
Hellnar
Búðir
Grundarfjörður
Stykkishólmur
Brokey
Stađarfell
Prestbakki
Búðardalur
Hvammstangi
Blönduós
Sauðárkrókur
Varmahlíð
Laugarbakki
Borðeyri
Staðarskáli
Siglufjörður
Ólafsfjörður
Hofsós
Dalvík
Hrísey
Árskógssandur
Grenivík
Hólar
Akureyri
Svalbarðseyri
Hrafnagil
Goðafoss
Tröllaskagi
Barðagrunn
Akrar
Mýrar
Hjörsey
Faxaflói
Borgarnes
Hvanneyri
Reykholt
Hraunfossar
Viðgelmir
Húsafell
Eiríksjökull
1675
Akranes
Langjökull
Hveravellir
Kjölur
Hofsjökull
1800
Sprengisandur
Garðskagi
Garður
Sandgerði
Keflavík
KEF
REYKJAVÍK
Hafnarfjörður
Kópavogur
Mosfellsbær
Hafnaberg
Bláa lónið
Reykjanestá
Grindavík
Þingvellir
Þjóðgarðurinn Þingvellir
Laugarvatn
Geysir
Strokkur
Gullfoss
Hveragerði
Selfoss
Strandarkirkja
Þorlákshöfn
Eyrarbakki
Stokkseyri
Eyrarbakkabugur
Hella
Þykkvibær
Hvolsvöllur
Hekla
1491
Friðland að Fjallabaki
Landmannalaugar
Kross
Vestmannaeyjar
Heimaey
Surtsey
Skógar
Skógafoss
Mýrdalsjökull
Þórsmörk
Eyjafjalladjúp
Dyrhólaey
Vík
Mýrnatangi
Eldgjá
Laki
Kirkjubæjarklaustur
Núpsstaður
Skeiðarársandur
Þjóðgarðurinn Skaftafell
Svartifoss
Hvannadalshnúkur
2119
Hof
Fagurhólsmýri
Ingólfshöfði
Jökulsárlón
Vatnajökull
Bárðarbunga
2009
Grímsvötn
Kverkfjöll
1929
Askja
Öskjuvatn
Trölladyngja
Nýidalur
Fjórðungsvatn
Hágöngulón
Þórisvatn
Tungnaá
Langisjór
Grænalón
Aldeyjarfoss
Skjálfandafljót
Torfufell
Blöndulón
Goðdalir
Skagi
Skagatá
Vatnsnes
Hrútafjörður

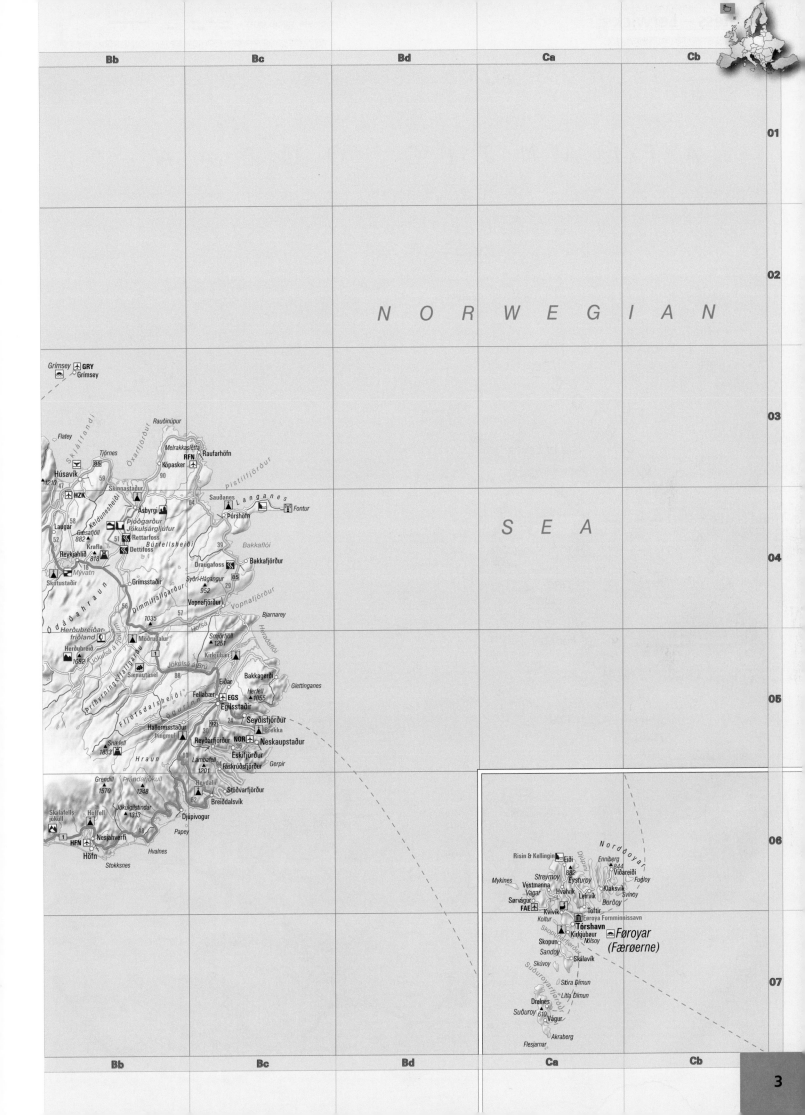

01

02

N O R W E G I A N

03

Grímsey ⊕ **GRY**
Grímsey

Flatey
Skjáltandi
Rauðinúpur
Tjörnes
Melrakkaslétta
Raufarhöfn
85
RFN
Húsavík
Kópasker
⊕
1210
59
90
47
⊕ **HZK**
Skinnastaðir
Saudanes
Langanes
Þórshöfn
⊟ Fontur
Ásbyrgi
Keldunesheiði
Öxarfjörður
Pistilfjörður
64
Laugar
58
Þjóðgarður
Jökulsárgljúfur
Gæsafjöll
51
Rettarfoss
882
39
Bakkaflói
52
Krafla
Búrfellsheiði
Reykjahlíð
818
Dettifoss
Draugafoss
Bakkafjörður
18
85
Ⓢ
Mývatn
Syðri-Hágangur
Skútustaðir
Grímsstaðir
952
29
Óðáðahraun
Dimmifjallgarður
Vopnafjörður
Vopnafjörður
56
57
Bjarnarey
Herðubreiðar-
1035
Hofsá
friðland
Smjörfjöll
Smjörfjöll
Möðrudalur
1251
Heraðsflói
Herðubreið
Kirkjubær
1682
Jökulsá á Brú
Jökulsá á Fjöllum
Bakkagerði
Sænautasel
88
Glettinganes
Eiðar
Prihyrningsfjallgarður
Herfell
Fellabær
⊕ **EGS**
1055
Fljótsdalsheiði
Egilsstaðir
Fljótsdalsheiði
24
Seyðisfjörður
Hallormsstaðir
92
Brekka
Pingmúli
30
NOR ⊕
Snæfell
Reyðarfjörður
36
Neskaupstaður
1833
Eskifjörður
Hraun
Lambafell
Gerpir
89
Fáskrúðsfjörður
1201
Grendill
Prándarjökull
Heydalir
1570
1248
Stöðvarfjörður
62
Breiðdalsvík
Skálafells
Jökulgilstindar
jökull
Hoffell
1313
Djúpivogur
186
Papey
⊕
Nesjahverfi
1
HFN ⊕
Hvalnes
Höfn
Stokksnes

S E A

04

05

06

Risin & Kellingin ⬛ Eiði
Norðoyar
Enniberg
Viðareiði
844
Mykines
Streymoy
882
Eysturoy
Fugloy
Vestmanna
Hvalvík
Klaksvík
Vágar
Leirvík
Svínoy
Sørvágur
Borðoy
FAE ⊕
Kvívík
Toftir
Koltur
🏛 Føroya Fornminnissavn
Tórshavn
Kirkjubøur
⌂ **Føroyar**
Nólsoy
Skopun
(Færøerne)
Sandoy
Skálavík
Skúvoy
Stóra Dímun
07
Litla Dímun
Drelnes
Suðuroy 610
Vágur
Akraberg
Flesjarnar

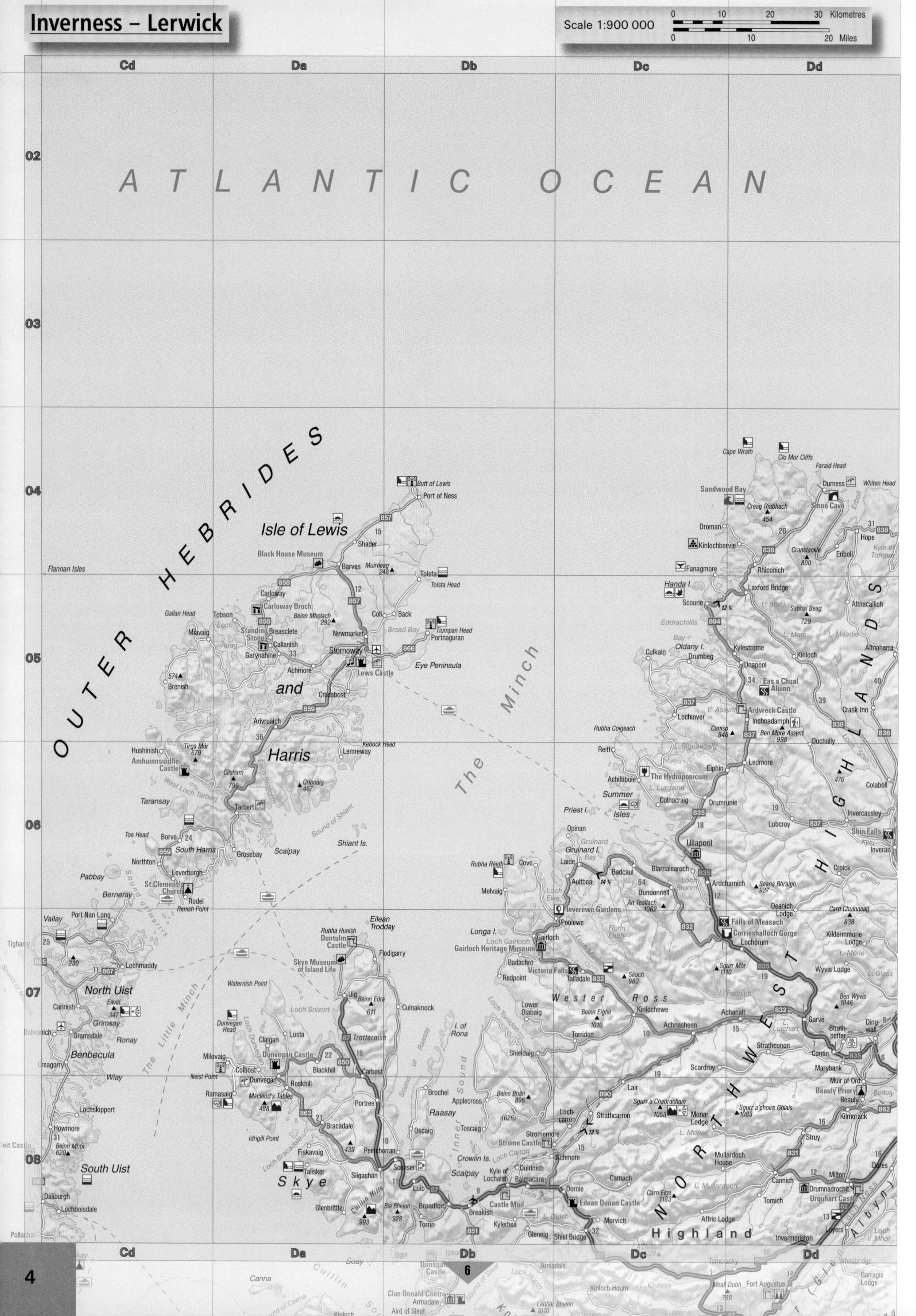

Scale 1:900 000

| 0 | 10 | 20 | 30 | Kilometres |
| 0 | | 10 | | 20 | Miles |

ATLANTIC OCEAN

OUTER HEBRIDES

Isle of Lewis

Butt of Lewis
Port of Ness
Shader
Black House Museum
Barvas
Muirneag 248
Tolsta
Carloway
Carloway Broch
Beinn Mholach 292
Coll
Back
Tolsta Head
Broad Bay
Standing Breasclete Stones
Callanish
Newmarket
Tiumpan Head
Portnaguran
Garynahine 33
Stornoway
Lews Castle
Eye Peninsula
Brenish 574
Achmore
Crossbost
and
Arivruaich
Harris
Kebock Head
Lemreway
Hushinish
Amhuinnsuidhe Castle
Tirga Mòr 679
Clisham 799
Crionaig 467
Taransay
Tarbert
Toe Head
Borve 24
Grosebay
Scalpay
Sound of Shiant
Shiant Is.
Northton
South Harris
Pabbay
Leverburgh
St.Clement's Church
Berneray
Rodel
Renish Point

The Minch

Cape Wrath
Clo Mòr Cliffs
Faraid Head
Sandwood Bay
Durness
Whiten Head
Creag Riabhach 454
Smoo Cave
Droman
Hope 31
Kinlochbervie
Cranstackie 800
Eriboll
Kyle of Tongue
Fanagmore
Rhiconich
Handa I.
Laxford Bridge
Sabhal Beag
Altnacallich
Scourie 12%
L. Stack
729
L. Meadie
Eddrachillis Bay
Culkein
Oldany I.
Kylestrome
Kinloch
Drumbeg
Unapool
Eas a Chual Aluinn 34
L. More
L'Assynt
Ardvreck Castle
Inchnadamph
Lochinver
Canisp 846
Ben More Assynt 998
Crask Inn
Rubha Coigeach
Duchally
Reiff
Elphin
Ledmore
476
Colaboll
Achiltibuie
The Hydroponicum
L. Lurgainn
Drumrunie
Invercassley
Summer Isles
Priest I.
Culnacraig
Lubcroy
Shin Falls
Opinan
Gruinard
Ullapool
Inveran
Gruinard I.
Rubha Réidh
Cove
Laide
Badcaul
Blarnalearoch
Croick
Melvaig
Aultbea 14%
64
Dundonnell
Seana Bhraigh 927
Ardcharnich
Loch Ewe
An Teallach 1062
Deanich Lodge
Inverewe Gardens
Carn Chuinneag 838
Poolewe
Longa I.
Florin Loch
Falls of Measach
Loch Gairloch
Gairloch
Corrieshalloch Gorge
Kildermorie Lodge
Gairloch Heritage Museum
Lochdrum
L. Morie
Eilean Trodday
Duntulm Castle
Rubha Hunish
Flodigarry
Badachro
Redpoint
Victoria Falls
Sgurr Mór 1710
Wyvis Lodge
L. Glass
Skye Museum of Island Life
Talladale
Slioch 980
Ben Wyvis 1046
Uig
Beinn Edra 611
Culnaknock
Wester Ross
Garve
Strathpeffer
Dingwall
Waternish Point
Loch Snizort
Trotternish
I. of Rona
Beinn Eighe 1010
Kinlochewe
Achanalt
Luichart
Lower Diabaig
Dunvegan Head
Claigan
Lusta
Torridon
Dunvegan Castle
Blackhill
Carbost
Shieldaig
Scardroy
Marybank
Milovaig
Colbost
Roskhill
Brochel
Applecross
Lair
Muir of Ord
Dunvegan
Neist Point
Portree
Raasay
Beinn Bhàn 896
Sgùrr a' Chaorachain 1053
Monar Lodge
Beauly Priory
Ramasaig
Macleod's Tables 488
Oscaig
(626)
Lochcarron
Strathcarron
Sgurr a' choire Ghlais 1083
Beauly
Idrigill Point
Bracadale
Toscaig
Kilmorack
Fiskavaig
Peinchorran
Strome Castle
Achmore
Mullardoch House
Struy
Talisker
Sconser
Crowlin Is.
Stromemore
Loch Carron
Carnach
Carn Eige 1183
Drumnadrochit
Sligachan
Luib
Scalpay
Kyle of Lochalsh
Duirinish
Balmacara
Dornie
Cannich
Urquhart Castle
Skye
Cuillin Hills
Blà Bheinn 928
Broadford
Breakish
Castle Moil
Eilean Donan Castle
Morvich
Affric Lodge
Tomich
Glenbrittle
Cuillin 993
Torrin
Kylerhea
Glenelg
Shiel Bridge 32
Highland
Invermoriston

North Uist
Vallay
Port Nan Long
Lochmaddy
Tighary 25
230
Carinish
Eaval
Benbecula
Grimsay
Gramsdale
Ronay
Balivanich
Creagorry
Wiay
Lochskipport
Howmore
Beinn Mhòr 620
31
South Uist
Daliburgh
Lochboisdale
Pollachar

4

6

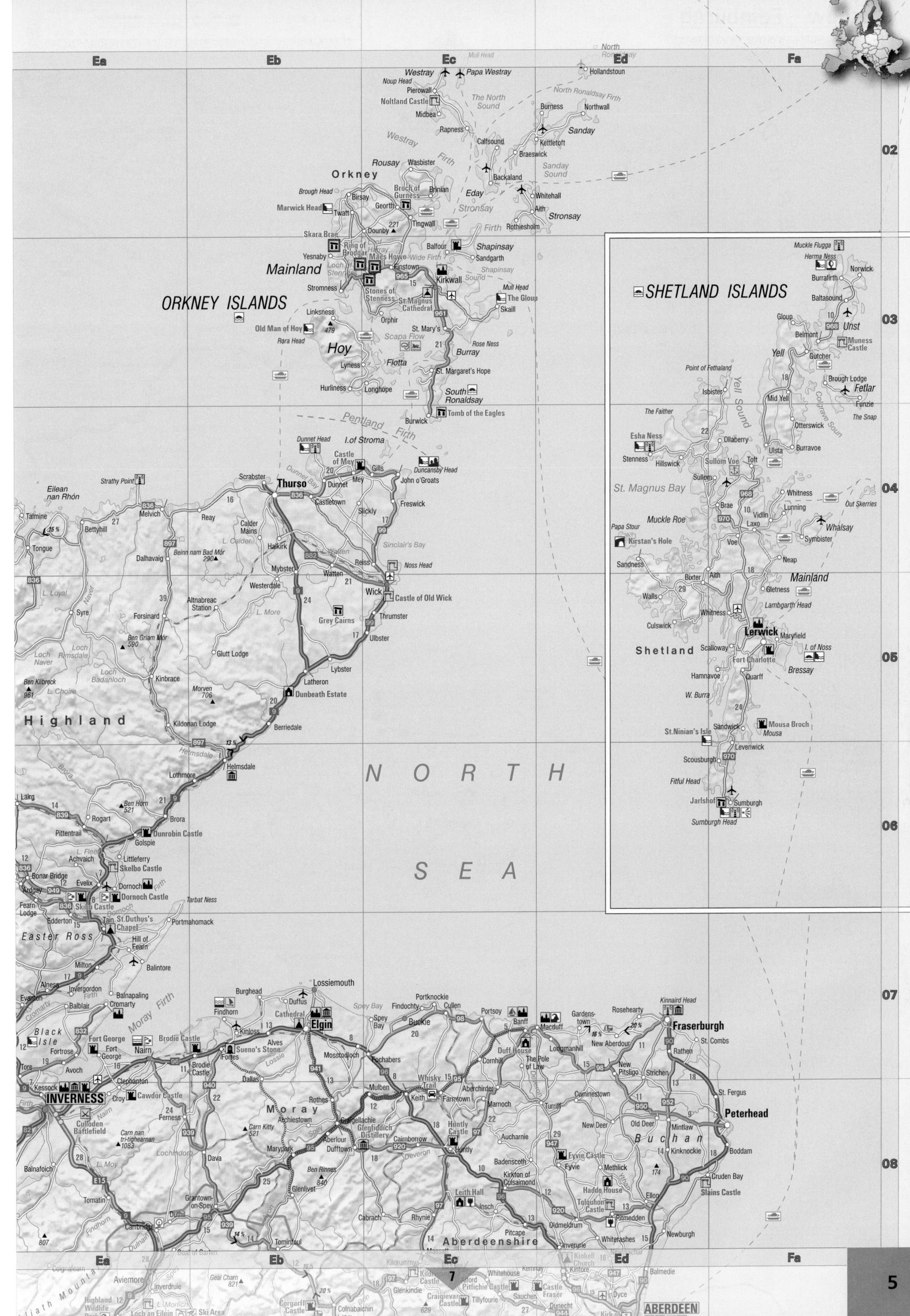
ORKNEY ISLANDS
SHETLAND ISLANDS
NORTH SEA
Orkney
Mainland
Hoy
Shetland
Highland
Easter Ross
Moray
Aberdeenshire
Thurso
Wick
Kirkwall
Lerwick
Elgin
INVERNESS
Fraserburgh
Peterhead
ABERDEEN

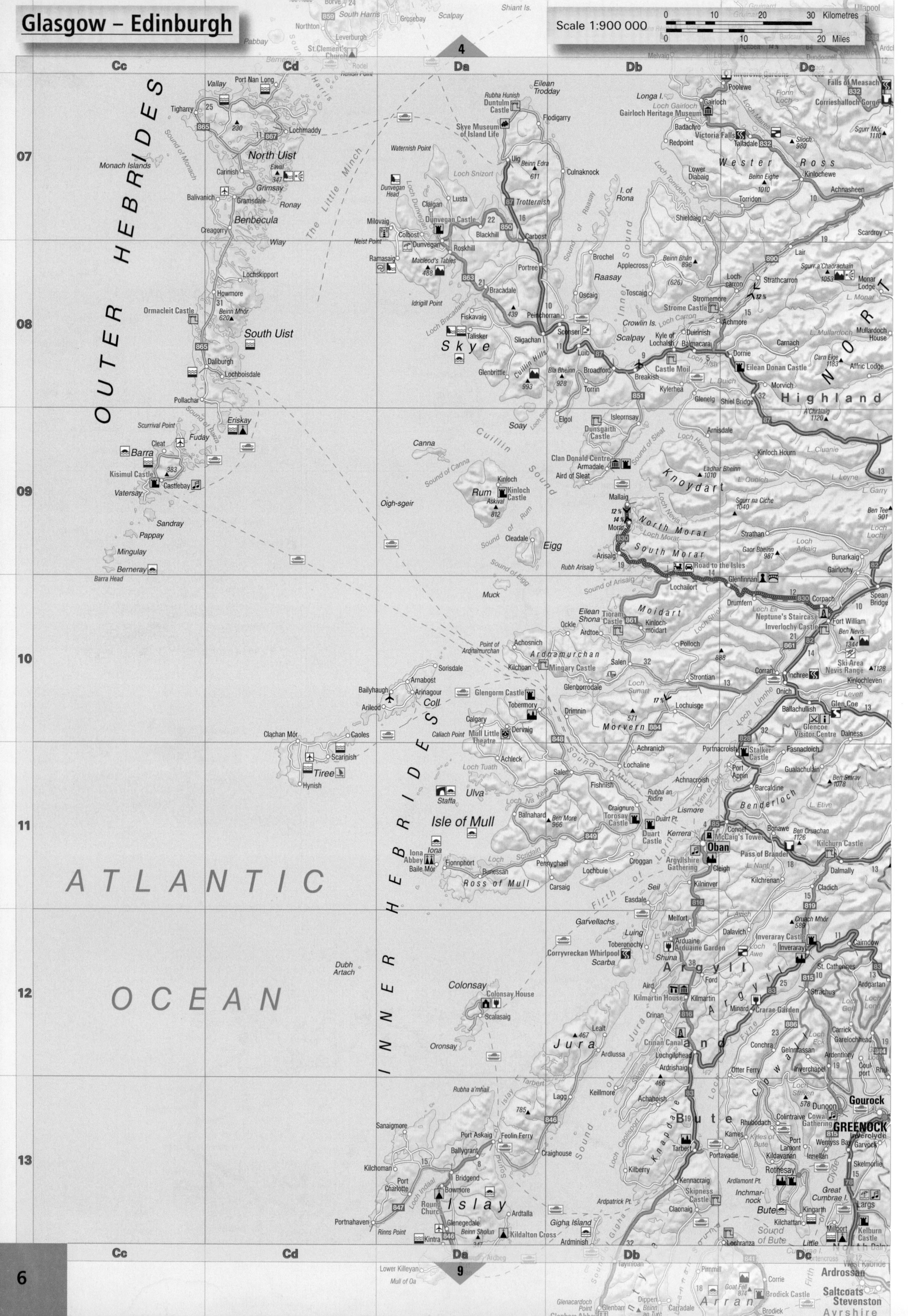
Scale 1:900 000
0 10 20 30 Kilometres
0 10 20 Miles
4
9
Cc
Cd
Da
Db
Dc
07
08
09
10
11
12
13
OUTER HEBRIDES
INNER HEBRIDES
ATLANTIC
OCEAN
South Harris
Grosebay
Scalpay
Shiant Is.
Northton
Leverburgh
Pabbay
St.Clement's Church
Rodel
Berneray
Valley
Port Nan Long
Tigharry
Lochmaddy
North Uist
Monach Islands
Sound of Monach
Carinish
Eaval
347
Grimsay
Balivanich
Gramsdale
Ronay
Benbecula
Creagorry
Wiay
Lochskipport
Howmore
Ormacleit Castle
Beinn Mhòr
620
South Uist
Daliburgh
Lochboisdale
Pollachar
Sound of Barra
Eriskay
Scurrival Point
Cleat
Fuday
Barra
Kisimul Castle
383
Castlebay
Vatersay
Sandray
Pappay
Mingulay
Berneray
Barra Head
The Little Minch
Waternish Point
Dunvegan Head
Loch Snizort
Loch Dunvegan
Claigan
Lusta
Milovaig
Dunvegan Castle
Neist Point
Colbost
Dunvegan
Blackhill
Roskhill
Ramasaig
Macleod's Tables
488
Idrigill Point
Loch Bracadale
Fiskavaig
Talisker
Skye
Glenbrittle
Cuillin Hills
993
Rubha Hunish
Duntulm Castle
Eilean Trodday
Flodigarry
Skye Museum of Island Life
Uig
Beinn Edra
611
Culnaknock
Trotternish
Carbost
Portree
Bracadale
439
Peinchorran
Sligachan
Sconser
Luib
Bla Bheinn
928
Torrin
Broadford
Elgol
Soay
Loch Scavaig
I. of Rona
Sound of Raasay
Brochel
Raasay
Oscaig
Inner Sound
Crowlin Is.
Scalpay
Applecross
Toscaig
Beinn Bhàn
896
Kyle of Lochalsh
Balmacara
Duirinish
Castle Moil
Breakish
Kyleakin
Kylerhea
Glenelg
Isleornsay
Dunsgaith Castle
Sound of Sleat
Clan Donald Centre
Armadale
Aird of Sleat
Longa I.
Loch Gairloch
Gairloch
Gairloch Heritage Museum
Poolewe
Badachro
Redpoint
Victoria Falls
Talladale
Loch Maree
Slioch
980
Wester Ross
Lower Diabaig
Beinn Eighe
1010
Kinlochewe
Achnasheen
Loch Torridon
Torridon
Shieldaig
Loch Carron
Lochcarron
Strathcarron
Stromemore
Strome Castle
Achmore
Sgurr a'Chaorachain
1053
Monar Lodge
L. Monar
Falls of Measach
Corrieshalloch Gorge
Sgurr Mór
1110
Fionn Loch
Scardroy
Lair
Loch Alsh
Dornie
Eilean Donan Castle
Carnach
L. Mullardoch
Mullardoch House
Carn Eige
1183
Affric Lodge
L. Duich
Morvich
Shiel Bridge
Highland
A'Chralaig
1120
Arnisdale
Loch Hourn
Kinloch Hourn
L. Cluanie
Knoydart
Ladhar Bheinn
1010
L. Quoich
L. Loyne
L. Garry
Mallaig
Loch Nevis
North Morar
Sgurr na Ciche
1040
Ben Tee
901
Morar
Loch Morar
South Morar
Strathan
Loch Arkaig
Loch Lochy
Gaor Bheinn
987
Arisaig
Rubh Arisaig
Road to the Isles
Bunarkaig
Gairlochy
Glenfinnan
Lochailort
Sound of Arisaig
Drumfern
Corpach
Spean Bridge
Loch Eil
Neptune's Staircase
Fort William
Inverlochy Castle
Ben Nevis
1344
Cuillin Sound
Canna
Sound of Canna
Rum
Kinloch
Kinloch Castle
Askival
812
Oigh-sgeir
Sound of Rum
Cleadale
Eigg
Sound of Eigg
Muck
Eilean Shona
Tioram Castle
Moidart
Kinlochmoidart
Ockle
Ardtoe
Loch Shiel
Polloch
888
Point of Ardnamurchan
Achosnich
Ardnamurchan
Kilchoan
Mingary Castle
Salen
Strontian
Corran
Inchree
Onich
Ski Area Nevis Range
1128
Kinlochleven
L. Leven
Glen Coe
Ballachulish
Glencoe Visitor Centre
Dalness
Sorisdale
Arnabost
Bailyhaugh
Arinagour
Coll
Arileod
Glengorm Castle
Tobermory
Glenborrodale
Loch Sunart
Lochuisge
Drimnin
571
Morvern
Calgary
Dervaig
Caliach Point
Mull Little Theatre
Achleck
Loch Linnhe
Portnacroish
Stalker Castle
Fasnacloich
Port Appin
Gualachulain
Ben Starav
1078
Clachan Mór
Caoles
Scarinish
Tiree
Hynish
Loch Tuath
Salen
Sound of Mull
Achranich
Lochaline
Achnacroish
Fishnish
Rubha an Ridire
Lismore
Barcaldine
Benderloch
L. Etive
Staffa
Ulva
Loch Na Keal
Isle of Mull
Balnahard
Ben More
966
Craignure
Torosay Castle
Duart Pt.
Duart Castle
Kerrera
Connel
McCaig's Tower
Oban
Bonawe
Ben Cruachan
1126
Pass of Brander
Kilchurn Castle
Iona
Iona Abbey
Fionnphort
Baile Mór
Bunessan
Loch Scridain
Pennyghael
Lochbuie
Croggan
Argyllshire Gathering
Cleigh
L. Nant
Kilchrenan
Dalmally
Ross of Mull
Carsaig
Firth of Lorn
Seil
Kilninver
Cladich
Easdale
Garvellachs
Luing
Melfort
Loch Melfort
Arduaine
Arduaine Garden
Dalavich
Avich
Cruach Mhór
589
Inveraray Castle
Inveraray
Cairndow
Toberonochy
Corryvreckan Whirlpool
Scarba
Shuna
Loch Awe
Argyll
Dubh Artach
Colonsay
Colonsay House
Scalasaig
Oronsay
Aird
Kilmartin House
Kilmartin
Ford
St. Catherines
Strachur
Ardgartan
Minard
Crarae Garden
Crinan
Crinan Canal
Lochgilphead
Ardrishaig
Loch Fyne
Jura
467
Lealt
Ardlussa
Sound of Jura
Conchra
Glenbranter
Carrick
Garelochhead
Ardentinny
Inverchapel
Coulport
Otter Ferry
Loch Striven
Cowal
Rubha a'mhail
Islay
L. Tarbert
Lagg
Keillmore
466
Achahoish
Knapdale
578
Dunoon
Gourock
GREENOCK
Inverclyde
Cowal Gathering
Colintraive
Rhubodach
Kames
Kyles of Bute
Port Lamont
Kildavanan
Wemyss Bay
Garvock
Inverkip
Innellan
Bute
Tarbert
Portavadie
Rothesay
Skelmorlie
785
Sanaigmore
Port Askaig
Feolin Ferry
Ballygrant
Craighouse
Kilchoman
Port Charlotte
Loch Indaal
Bridgend
Bowmore
Round Church
Portnahaven
Rinns Point
Glenegedale
Beinn Sholum
Kintra
Kildalton Cross
Ardtalla
Kilberry
Loch Caolisport
Kennacraig
Skipness Castle
Claonaig
Ardpatrick Pt.
Gigha Island
Ardminish
Sound of Gigha
Ardlamont Pt.
Inchmarnock
Kingarth
Kilchattan
Great Cumbrae I.
Largs
Millport
Kelburn Castle
Sound of Bute
Lochranza
Lower Killeyan
Mull of Oa
Pirnmill
Corrie
Goat Fell
874
Brodick Castle
Arran
Ardrossan
Saltcoats
Stevenston
Ayrshire
Glenacardoch Point
Dippen
Carradale
Brodick
Tayinloan

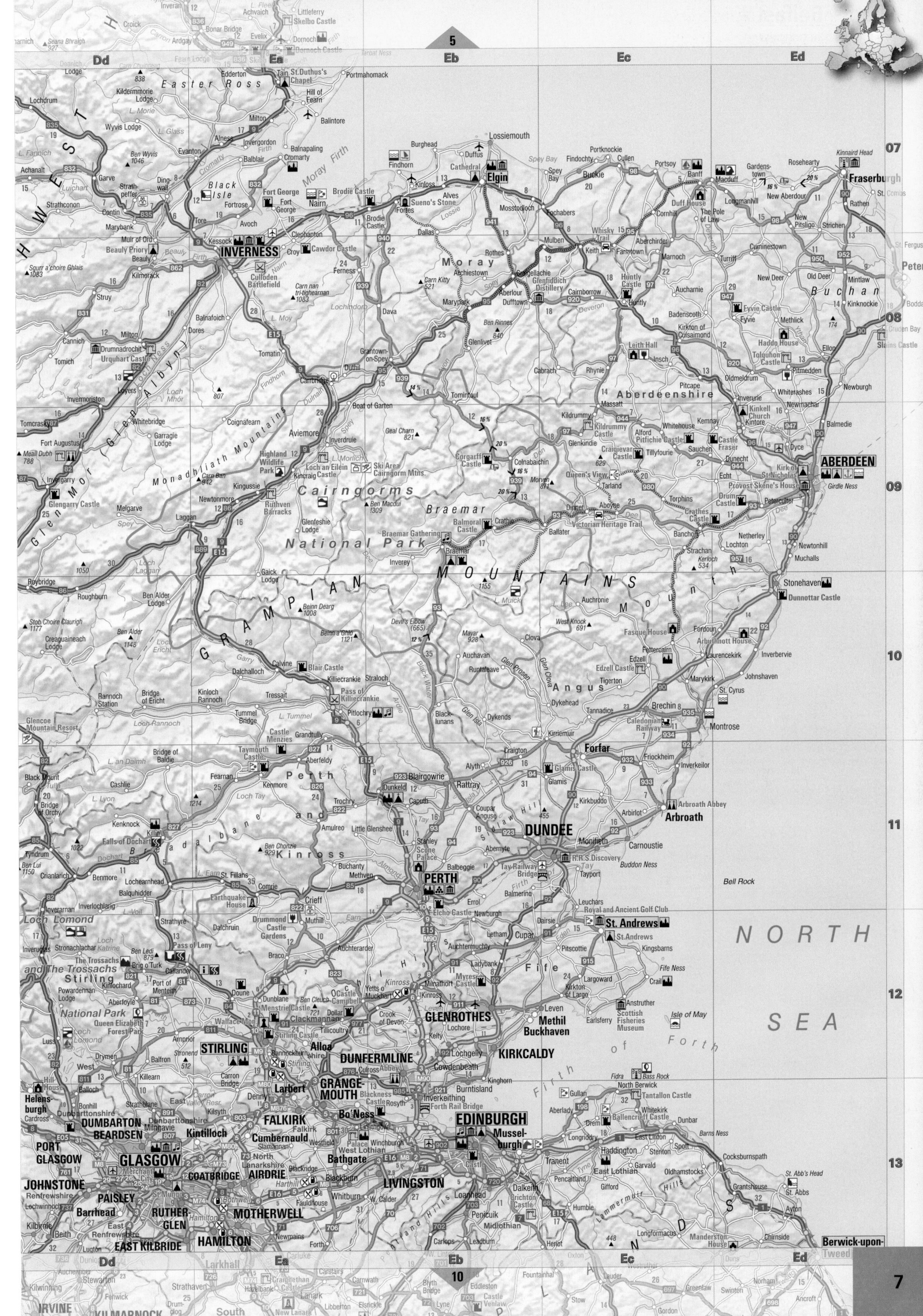

5
Dd
Ea
Eb
Ec
Ed
07
08
09
10
11
12
13
Easter Ross
Tain
Portmahomack
Dornoch
Golspie
Bonar Bridge
Lossiemouth
Burghead
Findhorn
Kinloss
Elgin
Forres
Nairn
Fort George
Cromarty
Invergordon
Alness
Black Isle
Fortrose
Moray Firth
Spey Bay
Buckie
Cullen
Portsoy
Banff
Macduff
Fraserburgh
Peterhead
Keith
Huntly
Turriff
Buchan
Ellon
Newburgh
Inverurie
Kintore
ABERDEEN
Balmedie
Stonehaven
Dunnottar Castle
Inverbervie
Johnshaven
Montrose
Brechin
Forfar
Arbroath
Arbroath Abbey
Carnoustie
DUNDEE
Tayport
St. Andrews
Fife Ness
Crail
Anstruther
Isle of May
Scottish Fisheries Museum
Leven
Methil
Buckhaven
GLENROTHES
KIRKCALDY
DUNFERMLINE
Cowdenbeath
Kinghorn
Burntisland
Inverkeithing
Forth Rail Bridge
Rosyth
EDINBURGH
Musselburgh
Dalkeith
Penicuik
Midlothian
Haddington
East Lothian
North Berwick
Bass Rock
Tantallon Castle
Dunbar
St. Abb's Head
Eyemouth
Berwick-upon-Tweed
LIVINGSTON
Bathgate
West Lothian
Linlithgow
Bo'Ness
GRANGEMOUTH
FALKIRK
Larbert
Alloa
STIRLING
Cumbernauld
AIRDRIE
COATBRIDGE
MOTHERWELL
HAMILTON
EAST KILBRIDE
RUTHERGLEN
GLASGOW
PAISLEY
JOHNSTONE
Barrhead
Renfrewshire
PORT GLASGOW
DUMBARTON
BEARDSEN
Helensburgh
Kintilloch
Loch Lomond
The Trossachs
Callander
Doune
Dunblane
Crieff
Comrie
PERTH
Scone Palace
Blairgowrie
Dunkeld
Pitlochry
Pass of Killiecrankie
Blair Castle
Aberfeldy
Kenmore
Loch Tay
Killin
Perth and Kinross
Breadalbane
Loch Rannoch
Kinloch Rannoch
GRAMPIAN MOUNTAINS
Cairngorms National Park
Braemar
Balmoral Castle
Ballater
Aboyne
Banchory
Crathes Castle
Kirriemuir
Glamis Castle
Angus
Aberdeenshire
Moray
Grantown-on-Spey
Aviemore
Kingussie
Newtonmore
Carrbridge
Tomintoul
Dufftown
Aberlour
Glenfiddich Distillery
Rothes
Fochabers
INVERNESS
Culloden Battlefield
Cawdor Castle
Beauly
Dingwall
Strathpeffer
Drumnadrochit
Urquhart Castle
Fort Augustus
Glen Mor (Glen Albyn)
Monadhliath Mountains
Loch Ness
NORTH SEA
Firth of Forth
Bell Rock
Buddon Ness
Girdle Ness
Lammermuir Hills
Pentland Hills
10

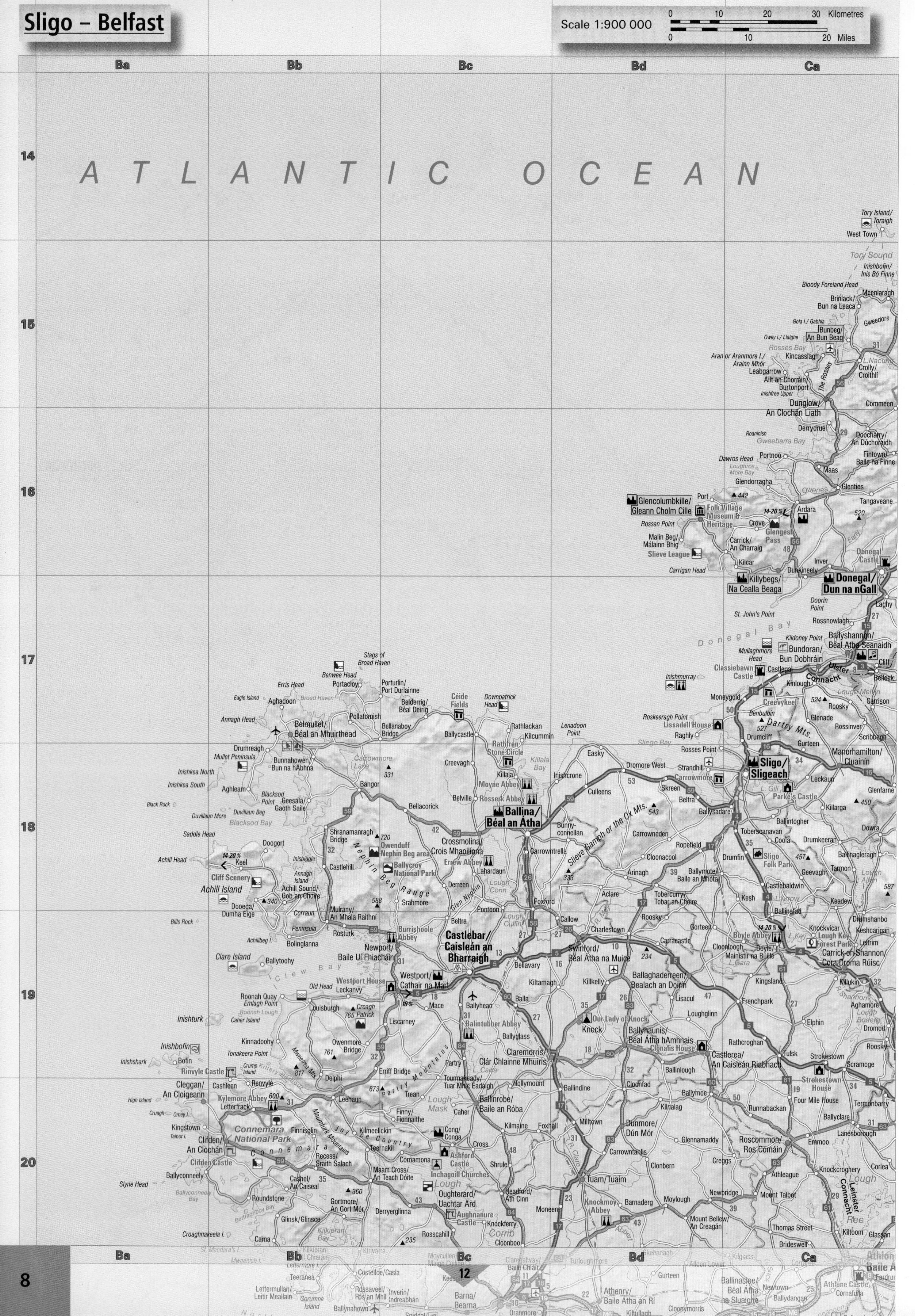
Scale 1:900 000
0 10 20 30 Kilometres
0 10 20 Miles
Ba
Bb
Bc
Bd
Ca
14
15
16
17
18
19
20
ATLANTIC OCEAN
Tory Island/
Toraigh
West Town
Tory Sound
Inishbofin/
Inis Bó Finne
Bloody Foreland Head
Brinlack/
Bun na Leaca
Meenlaragh
Gweedore
Gola I./ Gabhla
Bunbeg/
An Bun Beag
Owey I./ Uaighe
Rosses Bay
Aran or Aranmore I./
Árainn Mhór
Kincasslagh
Leabgarrow
Allt an Chorráin/
Burtonport
The Rosses
L.Nacung
Crolly/
Croithlí
Inishfree Upper
Dunglow/
An Clochán Liath
Commeen
Derrydruel
Roaninish
Gweebarra Bay
Doochary/
An Dúchoraidh
Fintown/
Baile na Finne
Dawros Head
Portnoo
Loughros More Bay
Maas
Glendorragha
Glenties
Owenea
Glencolumbkille/
Gleann Cholm Cille
Port
442
Folk Village Museum & Heritage
Ardara
Tangaveane
Rossan Point
Crove
Glengesh Pass
520
Malin Beg/
Málainn Bhig
Carrick/
An Charraig
Slieve League
Kilcar
Inver
Donegal Castle
Carrigan Head
Dunkineely
Killybegs/
Na Cealla Beaga
Donegal/
Dun na nGall
Doorin Point
St. John's Point
Laghy
Rossnowlagh
Donegal Bay
Kildoney Point
Ballyshannon/
Béal Átha Seanaidh
Mullaghmore Head
Bundoran/
Bun Dobhráin
Classiebawn Castle
Castlegal
Ulster
Connacht
Cliff
Belleek
Kinlough
Lough Melvin
Garrison
Inishmurray
Moneygold
Creevykeel
524
Rooskey
Benbulbin
527
Dartry Mts.
Glenade
Rossinver
Roskeeragh Point
Lissadell House
Raghly
Drumcliff
Scribbagh
Sligo Bay
Rosses Point
Gurteen
Manorhamilton/
Cluainín
Easky
Dromore West
Strandhill
Carrowmore
Sligo/
Sligeach
Leckaun
Inishcrone
Culleens
Skreen
Glenfarne
Beltra
Parke's Castle
Ballysadare
L. Gill
Killarga
450
543
Ballintogher
Dowra
Slieve Gamph or the Ox Mts.
Tobercanavan
Coola
Drumkeeran
Carrowneden
Ropefield
Cloonacool
Drumfin
Sligo Folk Park
Ballinagleragh
Geevagh
Tarmon
Lough Allen
Ballymote/
Baile an Mhóta
Aclare
Tobercurry/
Tobar an Choire
Kesh
Castlebaldwin
L. Arrow
Keadew
Ballinafad
Drumshanbo
Rooskey
Gorteen
Knockvicar
Lough Key Forest Park
Keshcarigan
Leitrim
Boyle Abbey
Carrick-on-Shannon/
Cora Droma Rúisc
Cloonloogh
Boyle/
Mainistir na Búille
L. Gara
Kilkuin
Ballaghaderreen/
Bealach an Doirín
Kingsland
Lisacul
Frenchpark
Aghamore
Lough Boderg
Dromod
Loughglinn
Elphin
Ballyhaunis/
Béal Átha hAmhnais
Clonalis House
Rathcroghan
Castlerea/
An Caisleán Riabhach
Tulsk
Rooskey
Strokestown
Scramoge
Ballinlough
Strokestown House
Four Mile House
Termonbarry
Ballyclare
Lanesborough
Emmoo
Roscommon/
Ros Comáin
Knockcroghery
Corlea
Lough Ree
Athleague
Mount Talbot
Leinster
Connacht
Kiltoom
Glassan
Thomas Street
Brideswell
Athlone
Stags of Broad Haven
Benwee Head
Erris Head
Portacloy
Porturlin/
Port Durlainne
Eagle Island
Aghadoon
Broad Haven
Belderrig/
Béal Deirg
Céide Fields
Downpatrick Head
Pollatomish
Annagh Head
Belmullet/
Béal an Mhuirthead
Ballanaboy Bridge
Ballycastle
Rathlackan
Kilcummin
Lenadoon Point
Drumreagh
Mullet Peninsula
Bunnahowen/
Bun na hAbhna
Carrowmore Lake
331
Rathfran Stone Circle
Killala Bay
Inishkea North
Inishkea South
Creevagh
Killala
Aghleam
Blacksod Point
Geesala/
Gaoth Sáile
Bangor
Moyne Abbey
Belville
Rosserk Abbey
Black Rock
Duvillaun More
Duvillaun Beg
Blacksod Bay
Bellacorick
Ballina/
Béal an Átha
Bunnyconnellan
Saddle Head
Shranamanragh Bridge
720
Owenduff
Nephin Beg area
Crossmolina/
Crois Mhaoilíona
Carrowntrella
Achill Head
Keel
Doogort
Inisbiggle
Ballycroy National Park
Nephin Beg Range
Errew Abbey
Lahardaun
333
Arinagh
Cliff Scenery
Achill Island
Annagh Island
Castlehill
Achill Sound/
Gob an Choire
340
Derreen
Lough Conn
Glen Nephin
Dooega/
Dumha Éige
588
Srahmore
Pontoon
Foxford
Callow
Charlestown
Bills Rock
Corraun Peninsula
Mulrany/
An Mhala Raithní
Lough Cullin
Beltra
Rosturk
Burrishoole Abbey
Achillbeg I.
Bolinglanna
Castlebar/
Caisleán an Bharraigh
Swinford/
Béal Átha na Muice
234
Carracastle
Clare Island
Ballytoohy
Newport/
Baile Uí Fhiacháin
Bellavary
Clew Bay
Westport/
Cathair na Mart
Old Head
Westport House
Leckanvy
Kiltamagh
Killkelly
Roonah Quay
Emlagh Point
Roonah Lough
Louisburgh
Croagh Patrick
765
Mace
Ballyheán
Balla
Inishturk
Caher Island
Liscarney
Balintubber Abbey
Our Lady of Knock
Knock
Ballyglass
Kinnadoohy
Inishbofin
Tonakeera Point
Owenmore Bridge
761
Claremorris/
Clár Chlainne Mhuiris
Inishshark
Bofin
Crump Island
Killary Harbour
817
Mweelrea Mts.
Partry
Rinvyle Castle
Renvyle
Delphi
Erriff Bridge
Partry Mountains
Cleggan/
An Cloigeann
Cashleen
673
Tourmakeady/
Tuar Mhic Éadaigh
Hollymount
Ballindine
Cloonfad
Ballymoe
High Island
Kylemore Abbey
600
Letterfrack
Leenaun
Trean
Lough Mask
Ballinrobe/
Baile an Róba
Cruagh
Omey I.
Kingstown
Talbot I.
Connemara National Park
Finnisglin
Maumturk Mountains
Finny/
Fionnaithe
Caher
Kilmaine
Foxhall
Milltown
Dunmore/
Dún Mór
Runnabackan
Glennamaddy
Kilmeelickin
Cong/
Conga
Clifden/
An Clochán
Connemara
Joyce Country
Teernakill
Ashford Castle
Cross
Clifden Castle
Recess/
Sraith Salach
Cornamona
Shrule
Carrowntanlis
Clonbern
Creggs
Ballyconneely
Slyne Head
Cashel/
An Caiseal
360
Maam Cross/
An Teach Dóite
Inchagoill Churches
Lough
Headford/
Áth Cinn
Tuam/Tuaim
Ballyconneely Bay
Roundstone
Gortmore/
An Gort Mór
Oughterard/
Uachtar Ard
Knockmoy Abbey
Barnaderg
Moylough
Newbridge
Bertraghboy Bay
Derryerglinna
Aughnanure Castle
Moneen
Mount Bellew/
An Creagán
Glinsk/Glinsce
Kilkieran Bay
Knockferry
Corrib
Croaghnakeela I.
Carna
Rosscahill
235
Cloonboo
St. Macdara's I.
Kilkieran/
Cill Chiaráin
Kinvara
Moycullen
Skehanagh
Kilglass
Mweenish I.
Lettermore I.
Costelloe/Casla
Claregalway/
Baile Chláir
Turloughmore
Allcon Lower
Teeranea
Gurteen
Ballinasloe/
Béal Átha na Sluaighe
Newtown
Lettermullan/
Leitir Meallain
Rossaveel/
Ros an Mhíl
Inverin/
Indreabhán
Athenry/
Baile Átha an Rí
Athlone Castle
Cornafulla
Gorumna Island
Barna/
Bearna
Ballydangan
Ballynahown
Spiddal
Oranmore
Kiltullagh
Cloonymorris
12

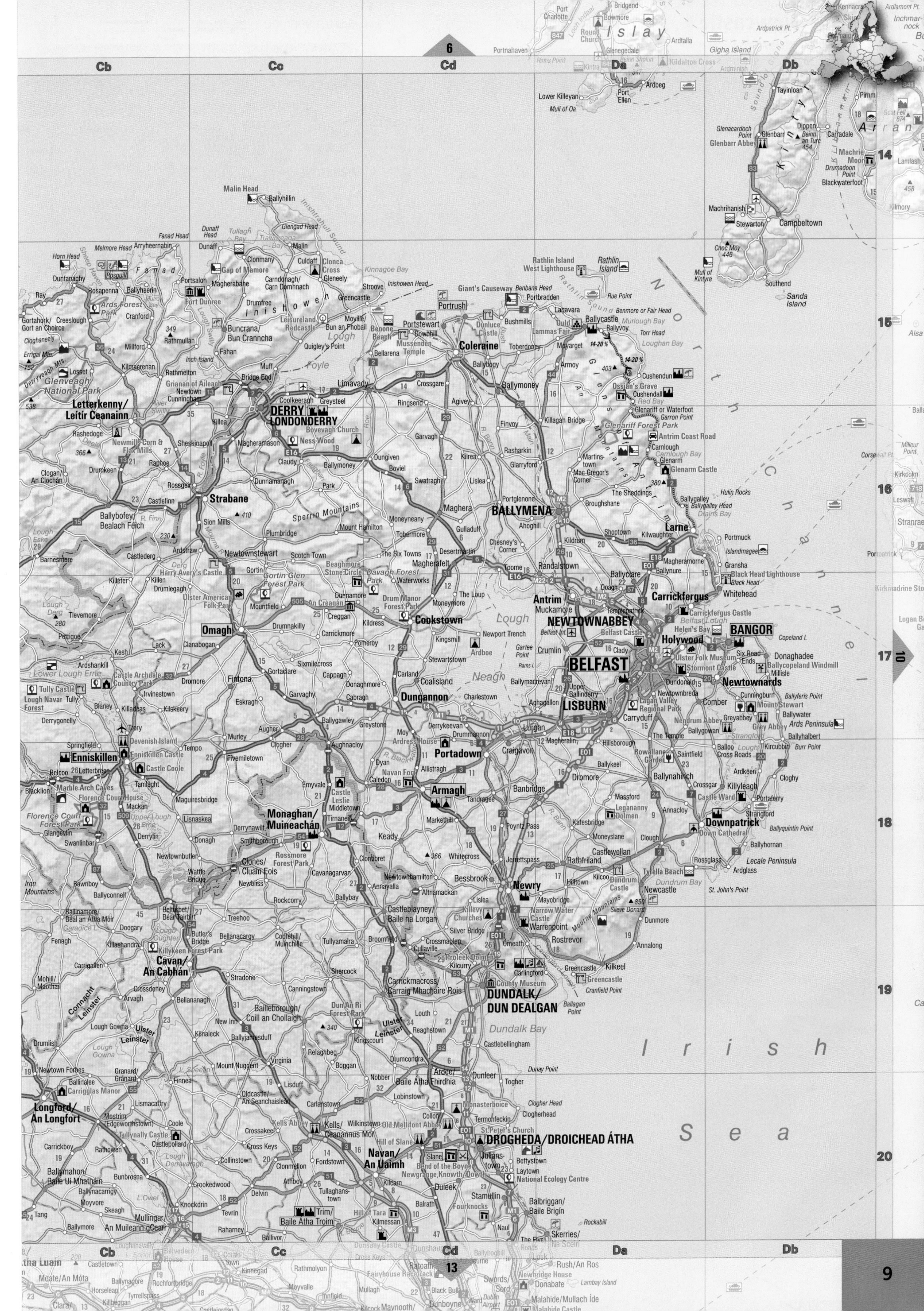

Cb
Cc
Cd
Da
Db
6
13
10
14
15
16
17
18
19
20
Islay
Port Charlotte
Bridgend
Bowmore
Round Church
Portnahaven
Glenegedale
Ardtalla
Kildalton Cross
Kintra
Port Ellen
Ardbeg
Lower Killeyan
Mull of Oa
Gigha Island
Ardpatrick Pt.
Ardlamont Pt.
Inchmarnock
Kennacraig
Tayinloan
Kintyre
Sound of Gigha
Glenacardoch Point
Glenbarr
Glenbarr Abbey
Beinn an Turc 454
Dippen
Carradale
Pirnmill
Goat Fell 874
Arran
Machrie
Moor
Drumadoon Point
Blackwaterfoot
Lamlash
Kilmory
Machrihanish
Stewarton
Campbeltown
Mull of Kintyre
Sanda Island
Southend
Malin Head
Ballyhillin
Inishtrahull Sound
Glengad Head
Fanad Head
Dunaff Head
Tullagh Bay
Trawbreaga Bay
Malin
Melmore Head
Arryheernabin
Dunaff
Clonmany
Culdaff
Clonca Cross
Gleneely
Horn Head
Fanad
Gap of Mamore
Kinnagoe Bay
Inishowen Head
Dunfanaghy
Rosapenna
Ballyheerin
Portsalon
Magherabane
Carndonagh/ Carn Domhnach
Stroove
Ray
Ards Forest Park
Fort Dunree
Drumfree
Inishowen
Greencastle
Gortahork/ Gort an Choirce
Creeslough
Cranford
Buncrana/ Bun Cranncha
Leisureland
Redcastle
Moville/ Bun an Phobail
Lough Foyle
Cloghaneely
Errigal Mtn. 752
Rathmullan
Millford
Fahan
Quigley's Point
Inch Island
Derryveagh Mts.
Glenveagh National Park
Kilmacrenan
Rathmelton
Grianan of Aileach
Bridge End
Muff
Newtown Cunningham
Letterkenny/ Leitír Ceanainn
Killea
Coolkeeragh
Greysteel
Limavady
Derry Londonderry
Bovevagh Church
Ness Wood
Rashedoge
Newmills Corn & Flax Mills
Sheskinapoll
Magheramason
Claudy
Drumkeen
Raphoe
Clogan/ An Clochán
Rossgeir
Strabane
Dunnamanagh
Castlefinn
Ballybofey/ Bealach Féich
Sion Mills
Sperrin Mountains
Plumbridge
Mount Hamilton
Lough Eske
Barnesmore
Castlederg
Ardstraw
Newtownstewart
Scotch Town
Harry Avery's Castle
Gortin
Gortin Glen Forest Park
Killeter
Killen
Drumlegagh
Ulster American Folk Park
Mountfield
Lough Derg
Tievemore
Omagh
Pettigoe
Drumnakilly
Carrickmore
Lack
Clanabogan
Kesh
Ardshankill
Lower Lough Erne
Castle Archdale Country Park
Irvinestown
Dromore
Fintona
Tully Castle
Lough Navar Forest
Tully
Blaney
Killadeas
Kilskeery
Eskragh
Derrygonelly
Trory
Devenish Island
Tempo
Springfield
Enniskillen
Enniskillen Castle
Castle Coole
Fivemiletown
Belcoo
Letterbreen
Blacklion
Marble Arch Caves
Florence Court House
Florence Court Forest Park
Tamlaght
Maguiresbridge
Mackan
Upper Lough Erne
Lisnaskea
Derrylin
Glangevlin
Swanlinbar
Donagh
Newtownbutler
Iron Mountains
Bawnboy
Ballyconnell
Wattle Bridge
Clones/ Cluain Eois
Newbliss
Ballinamore/ Béal an Átha Móir
Belturbet/ Béal Tairbirt
Doogary
Butler's Bridge
Fenagh
Killashandra
Killykeen Forest Park
Carrigallen
Cavan/ An Cabhán
Mohill/ Maothail
Connacht Leinster
Arvagh
Crossdoney
Stradone
Bellananagh
Lough Gowna
Ulster Leinster
Drumlish
Kilnaleck
Newtown Forbes
Ballinalee
Granard/ Gránard
Longford/ An Longfort
Carrigglas Manor
Lismacaffry
Mostrim (Edgeworthstown)
Tullynally Castle
Castlepollard
Coole
Carrickboy
Rathowen
Ballymahon/ Baile Uí Mhatháin
Bunbrosna
Ballynacarrigy
Moyvore
Skeagh
Tang
Ballymore
Mullingar/ An Muileann gCearr
Crookedwood
Knockdrin
Tevrin
Raharney
Ballivor
Delvin
Collinstown
Crossakeel
Cross Keys
Finnea
Mount Nugent
Oldcastle/ An Seanchaisleán
Lisduff
Virginia
Ballyjamesduff
Bailieborough/ Coill an Chollaigh
Dun An Ri Forest Park
New Inn
Carlanstown
Kells/ Ceanannus Mór
Kells Abbey
Wilkinstown
Navan/ An Uaimh
Fordstown
Athboy
Tullaghanstown
Clonmellon
Trim/ Baile Átha Troim
Hill of Tara
Kilmessan
Kilcarn
Slane
Hill of Slane
Bend of the Boyne
Newgrange, Knowth, Dowth
Duleek
Old Mellifont Abbey
Collon
Monasterboice
Termonfeckin
Clogher Head
Drogheda/ Droichead Átha
St. Peter's Church
Julianstown
Bettystown
Laytown
National Ecology Centre
Stamullin
Balbriggan/ Baile Brigín
Fourknocks
Naul
Skerries/ Na Sceirí
Rockabill
Balrath
Dunleer
Togher
Dunany Point
Ardee/ Baile Átha Fhirdhia
Nobber
Lobinstown
Drumcondra
Kingscourt
Reaghstown
Louth
Castlebellingham
Dundalk Bay
Dundalk/ Dun Dealgan
County Museum
Ballagan Point
Carrickmacross/ Carraig Mhachaire Rois
Canningstown
Shercock
Kilcurry
Proleek Dolmen
Crossmaglen
Cullaville
Carlingford
Cooley Peninsula
Greencastle
Cranfield Point
Kilkeel
Annalong
Omeath
Rostrevor
Warrenpoint
Narrow Water Castle
Mayobridge
Killevy Churches
Silver Bridge
Slieve Donard 850
Mourne Mountains
Dunmore
Newcastle
Tyrella Beach
Dundrum Bay
St. John's Point
Dundrum Castle
Kilcoo
Hilltown
Rathfriland
Castlewellan
Newry
Bessbrook
Lislea
Jerrettspass
Whitecross
Newtownhamilton
Altnamackan
Annayalla
Castleblayney/ Baile na Lorgan
Ballybay
Cavanagarvan
Clontibret
Rockcorry
Cootehill/ Muinchille
Tullyamalra
Broomfield
Bellanacargy
Treehoo
Rossmore Forest Park
Smithborough
Derrynawilt
Monaghan/ Muineachán
Tirnanell
Castle Leslie
Middletown
Emyvale
Keady
Markethill
Tandragee
Armagh
Caledon
Navan Fort
Allistragh
Portadown
Dyan
Moy
Ardress House
Derrykeevan
Drummannon
Craigavon
Lurgan
Aughnacloy
Augher
Clogher
Murley
Ballygawley
Greystone
Dungannon
Cabragh
Garvaghy
Gortaclare
Donaghmore
Cappagh
Sixmilecross
Carland
Coalisland
Pomeroy
Charlestown
Stewartstown
Kingsmill
Ardboe
Cookstown
Kildress
Creggan
An Creagán
Dunnamore
Drum Manor Forest Park
Moneymore
Beaghmore Stone Circle
Davagh Forest Park
Waterworks
The Six Towns
Magherafelt
The Loup
Desertmartin
Tobermore
Moneyneany
Maghera
Gulladuff
Swatragh
Lislea
Kilrea
Garvagh
Dungiven
Boviel
Park
Ballymoney
Crossgare
Ringsend
Agivey
Bellarena
Mussenden Temple
Downhill
Benone Beach
Portstewart
Portrush
Coleraine
Ballybogy
Dunluce Castle
Bushmills
Giant's Causeway
Benbane Head
Portbradden
Rathlin Island West Lighthouse
Rathlin Island
Rue Point
Rathlin Sound
Lagavara
Ballycastle
Ballyvoy
Lammas Fair
Benmore or Fair Head
Murlough Bay
Torr Head
Loughan Bay
Toberdoney
Moyarget
Armoy
Ballymoney
Cushendun
Ossian's Grave
Cushendall
Red Bay
Glenariff or Waterfoot
Garron Point
Glenariff Forest Park
Antrim Coast Road
Carnlough
Carnlough Bay
Glenarm
Glenarm Castle
Antrim Mountains
The Sheddings
Martinstown
Mac Gregor's Corner
Broughshane
Ballygalley
Ballygalley Head
Drains Bay
Hulin Rocks
Larne
Kilwaughter
Portmuck
Islandmagee
Magheramorne
Gransha
Black Head Lighthouse
Black Head
Whitehead
Ballynure
Ballyclare
Doagh
Carrickfergus
Carrickfergus Castle
Templepatrick
Newtownabbey
Belfast Lough
Helen's Bay
Bangor
Copeland I.
Holywood
Ulster Folk Museum
Six Road Ends
Donaghadee
Ballycopeland Windmill
Millisle
Stormont Castle
Newtownards
Dundonald
Belfast
Clady
Belfast Castle
Belfast Int.
Crumlin
Antrim
Muckamore
Randalstown
Toome
Lough Neagh
Newport Trench
Gartee Point
Rams I.
Ballymacrevan
Upper Ballinderry
Aghagallon
Lisburn
Lagan Valley Regional Park
Carryduff
Newtownbreda
Comber
Cunningburn
Mount Stewart
Ballyferis Point
Ballywater
Ards Peninsula
Greyabbey
Grey Abbey
Nendrum Abbey
Strangford Lough
Ballyhalbert
Burr Point
Kircubbin
Balloo Cross Roads
Ardkeen
Cloghy
Killyleagh
Portaferry
Strangford
Ballyquintin Point
Castle Ward
Downpatrick
Down Cathedral
Ballyhornan
Lecale Peninsula
Rossglass
Ardglass
Clough
Annacloy
Leganany Dolmen
Massford
Crossgar
Saintfield
Ballynahinch
Rowallane Garden
The Temple
Ballygowan
Hillsborough
Magheralin
Dromore
Ballykeel
Banbridge
Poyntz Pass
Moneyslane
Katesbridge
Ballymena
Ahoghill
Chesney's Corner
Portglenone
Glarryford
Rasharkin
Finvoy
Killagan Bridge
Kildrum
Shoptown
North Channel
Irish Sea
Balla
Milleur Point
Corsewall Pt.
Kirkcolm
Leswalt
Stranraer
Portpatrick
Kirkmadrine Stones
Logan Botanic Garden
Alsa
Rathmolyon
Dunshaughlin
Dunsany Castle
Ratoath
Fairyhouse Racetrack
Black Bull
Dunboyne
Maynooth
Swords/ Sord
Dublin Airport
Newbridge House
Donabate
Lambay Island
Malahide/ Mullach Íde
Malahide Castle
Rush/ An Ros
Lusk
Kinnegad
Moyvalle
Castletown
Belvedere House
Moate/ An Móta
Ballynagore
Rochfortbridge
Horseleap
Tyrrellspass
Kilbeggan
Clara
Athlone/ Baile Átha Luain

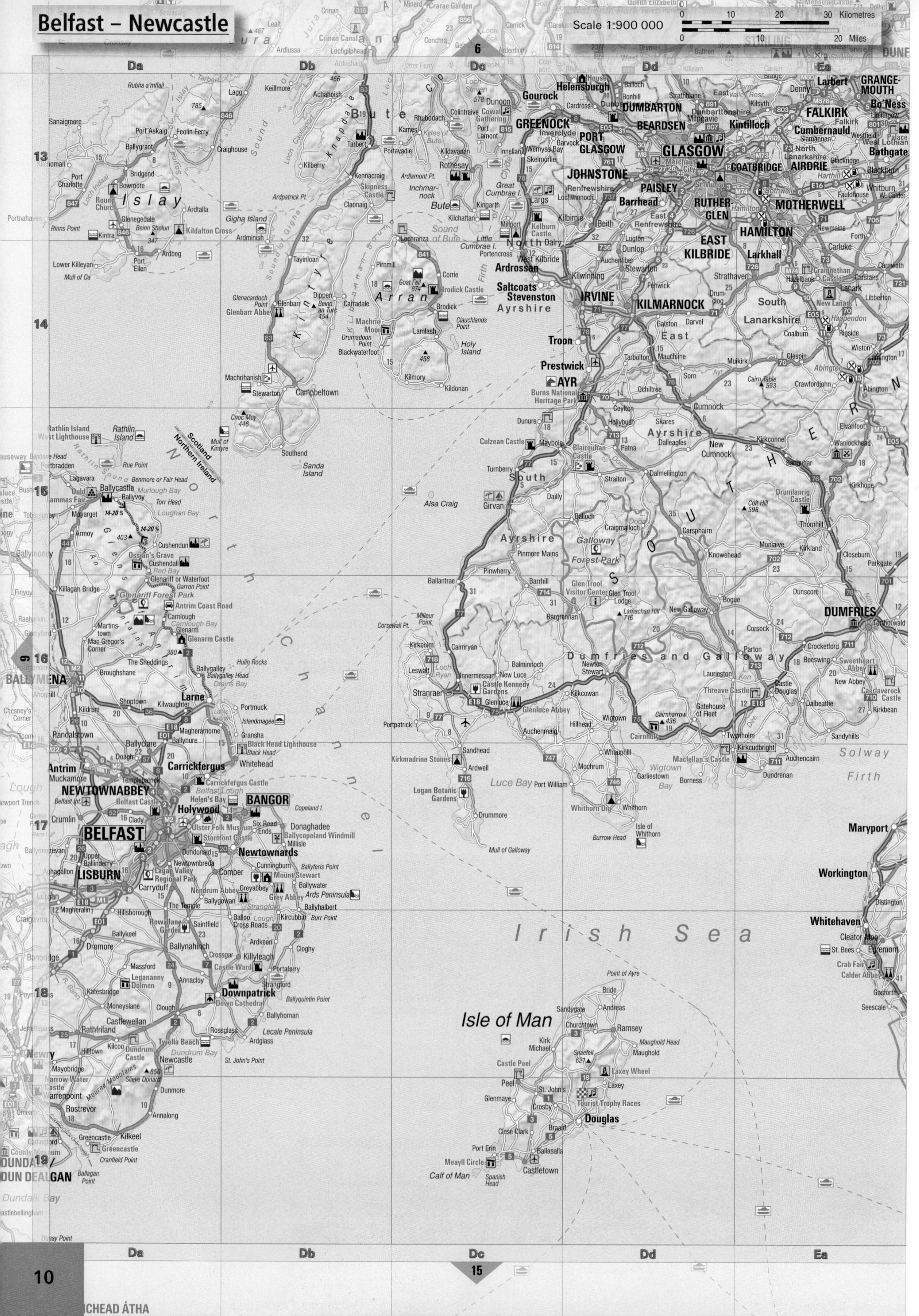
Scale 1:900 000
0 10 20 30 Kilometres
0 10 20 Miles
Da
Db
Dc
Dd
Ea
6
15
9
13
14
15
16
17
18
19
Islay
Port Askaig
Port Charlotte
Bowmore
Port Ellen
Kintyre
Campbeltown
Tarbert
Arran
Brodick
Lamlash
Bute
Rothesay
Gourock
Helensburgh
Dunoon
GREENOCK
PORT GLASGOW
DUMBARTON
BEARDSEN
GLASGOW
JOHNSTONE
PAISLEY
Barrhead
RUTHERGLEN
COATBRIDGE
AIRDRIE
MOTHERWELL
HAMILTON
EAST KILBRIDE
Larkhall
Kintilloch
Cumbernauld
FALKIRK
Larbert
GRANGEMOUTH
Bo'Ness
Bathgate
Largs
Ardrossan
Saltcoats
Stevenston
IRVINE
KILMARNOCK
Troon
Prestwick
AYR
Ayrshire
South Lanarkshire
Girvan
Ballantrae
Stranraer
Cairnryan
Portpatrick
Newton Stewart
Dumfries and Galloway
DUMFRIES
Castle Douglas
Kirkcudbright
Solway Firth
Luce Bay
Wigtown Bay
Mull of Galloway
Rathlin Island
Ballycastle
BALLYMENA
Larne
Antrim
Carrickfergus
NEWTOWNABBEY
BELFAST
Holywood
BANGOR
Newtownards
LISBURN
Downpatrick
Newcastle
Newry
Kilkeel
DUNDALK / DUN DEALGAN
Dundalk Bay
North Channel
Irish Sea
Isle of Man
Ramsey
Peel
Douglas
Castletown
Calf of Man
Maryport
Workington
Whitehaven
Scotland
Northern Ireland

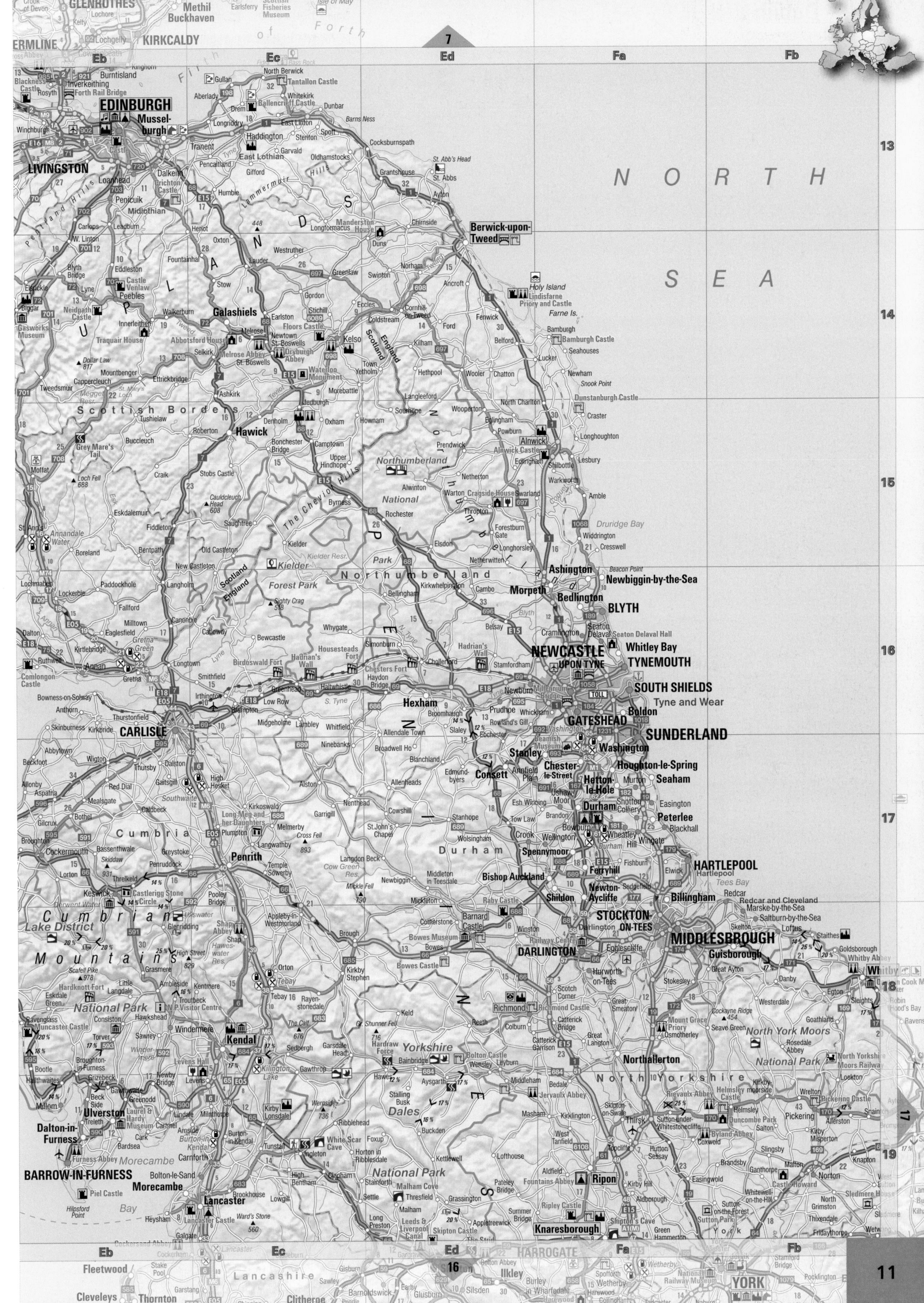

GLENROTHES
KIRKCALDY
Firth of Forth
Isle of May
EDINBURGH
Musselburgh
LIVINGSTON
Haddington
East Lothian
Dunbar
Lammermuir Hills
St. Abb's Head
NORTH SEA
Berwick-upon-Tweed
Holy Island
Lindisfarne Priory and Castle
Farne Is.
Bamburgh Castle
Galashiels
Melrose Abbey
Kelso
Peebles
UPLANDS
Scottish Borders
Hawick
Jedburgh
Alnwick
Northumberland National Park
The Cheviot Hills
Kielder Forest Park
Ashington
Morpeth
Newbiggin-by-the-Sea
Bedlington
BLYTH
NEWCASTLE UPON TYNE
Whitley Bay
TYNEMOUTH
SOUTH SHIELDS
Tyne and Wear
GATESHEAD
SUNDERLAND
Hexham
Hadrian's Wall
CARLISLE
Washington
Stanley
Consett
Chester-le-Street
Houghton-le-Spring
Seaham
Durham
Peterlee
HARTLEPOOL
Bishop Auckland
Billingham
STOCKTON-ON-TEES
MIDDLESBROUGH
Redcar and Cleveland
DARLINGTON
Guisborough
Whitby
Penrith
Cumbria
Cumbrian Mountains
Lake District National Park
Kendal
Yorkshire Dales National Park
Northallerton
North York Moors National Park
North Yorkshire
Ulverston
Dalton-in-Furness
BARROW-IN-FURNESS
Morecambe Bay
Morecambe
Lancaster
Ripon
Knaresborough
HARROGATE
Lancashire
Fleetwood
Cleveleys
Thornton
Clitheroe
Ilkley
YORK
Eb
Ec
Ed
Fa
Fb
7
13
14
15
16
17
18
19
16
17

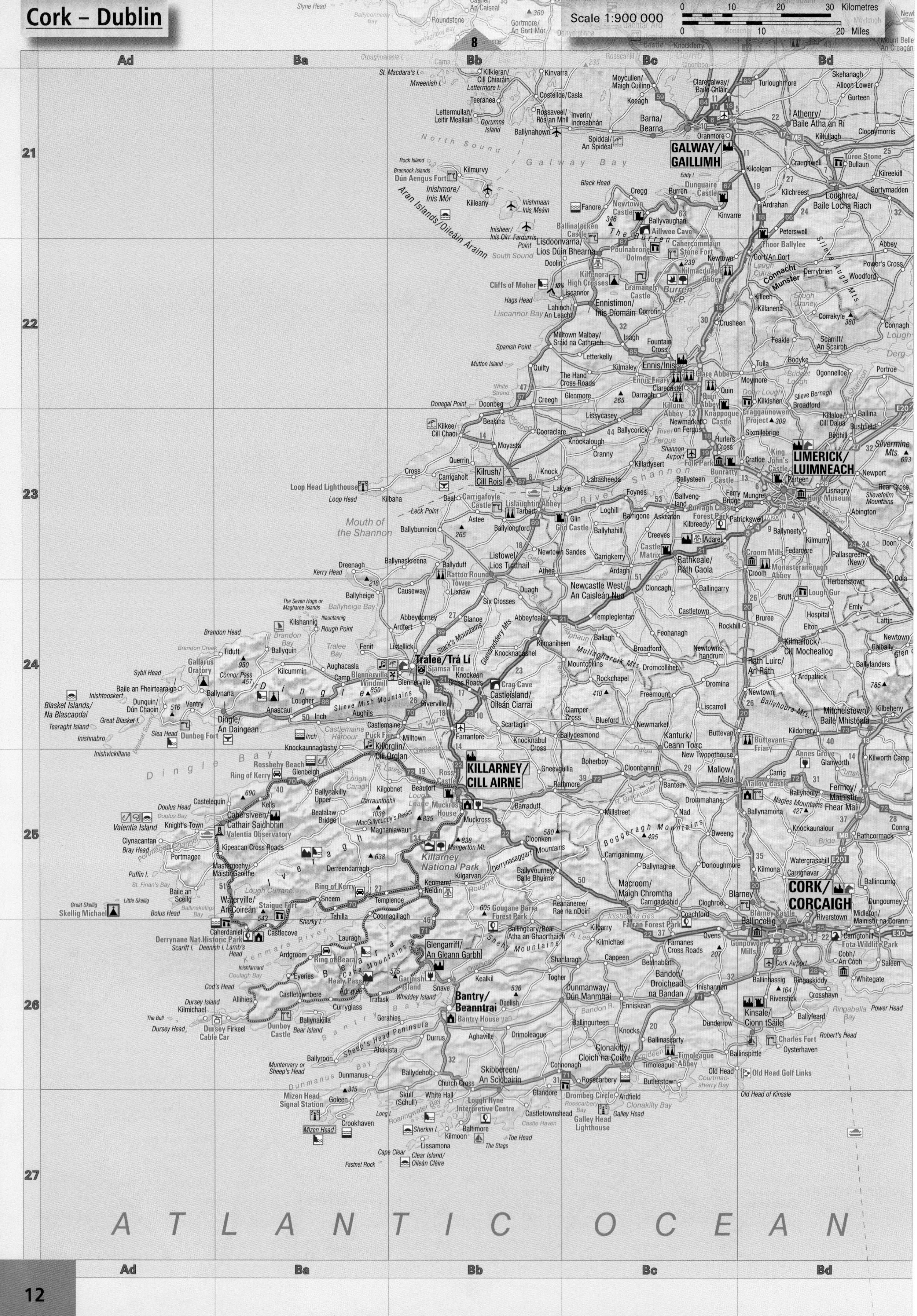
Scale 1:900 000
0 10 20 30 Kilometres
0 10 20 Miles
8
Ad
Ba
Bb
Bc
Bd
21
22
23
24
25
26
27
GALWAY/
GAILLIMH
Barna/
Bearna
Oranmore
Athenry/
Baile Átha an Rí
Loughrea/
Baile Locha Riach
Kinvarra
Galway Bay
North Sound
Inishmore/
Inis Mór
Inishmaan
Inis Meáin
Inisheer/
Inis Oírr
Aran Islands/Oileáin Arainn
Dún Aengus Fort
Black Head
Fanore
Ballyvaughan
Aillwee Cave
Lisdoonvarna/
Lios Dúin Bhearna
Doolin
Cliffs of Moher
Hags Head
Liscannor
Lahinch/
An Leacht
Ennistimon/
Inis Díomáin
Liscannor Bay
Spanish Point
Milltown Malbay/
Sráid na Cathrach
Mutton Island
Quilty
Ennis/Inis
Clarecastle
Quin
Knappogue Castle
Craggaunowen Project
Doonbeg
Donegal Point
Kilkee/
Cill Chaoi
Moyasta
Kilrush/
Cill Rois
Loop Head Lighthouse
Loop Head
Kilbaha
Carrigaholt
Mouth of the Shannon
Shannon Airport
Bunratty Castle
LIMERICK/
LUIMNEACH
Patrickswell
Adare
Rathkeale/
Ráth Caola
Askeaton
Foynes
Glin
Tarbert
Ballybunnion
Listowel/
Lios Tuathail
Kerry Head
Ballyheige
Tralee/Trá Lí
Blennerville
Fenit
Brandon Head
Castleisland/
Oileán Ciarrai
Abbeyfeale
Newcastle West/
An Caisleán Nua
Croom
Kilmallock/
Cill Mocheallog
Rath Luirc/
An Ráth
Sybil Head
Blasket Islands/
Na Blascaodaí
Dunquin/
Dún Chaoin
Ventry
Dingle/
An Daingean
Dingle Bay
Anascaul
Slieve Mish Mountains
Castlemaine
Killorglin/
Cill Orglan
Farranfore
KILLARNEY/
CILL AIRNE
Muckross House
Killarney National Park
Kanturk/
Ceann Toirc
Mallow/
Mala
Mitchelstown/
Baile Mhistéala
Fermoy/
Mainistir Fhear Maí
Valentia Island
Cahersiveen/
Cathair Saidhbhín
Portmagee
Waterville/
An Coireán
Skellig Michael
Derrynane Nat. Historic Park
Kenmare/
Neidín
Sneem
Glengarriff/
An Gleann Garbh
Macroom/
Maigh Chromtha
Blarney
CORK/
CORCAIGH
Ballincollig
Midleton/
Mainistir na Corann
Cobh/
An Cóbh
Cork Airport
Kinsale/
Cionn tSáile
Old Head of Kinsale
Bandon/
Droichead na Bandan
Dunmanway/
Dún Manmhaí
Bantry/
Beanntrai
Bantry House
Bantry Bay
Castletownbere
Dursey Island
Dursey Head
Sheep's Head Peninsula
Skibbereen/
An Sciobairin
Clonakilty/
Cloich na Coillte
Rosscarbery
Baltimore
Mizen Head
Cape Clear
Clear Island/
Oileán Cléire
Fastnet Rock
ATLANTIC OCEAN

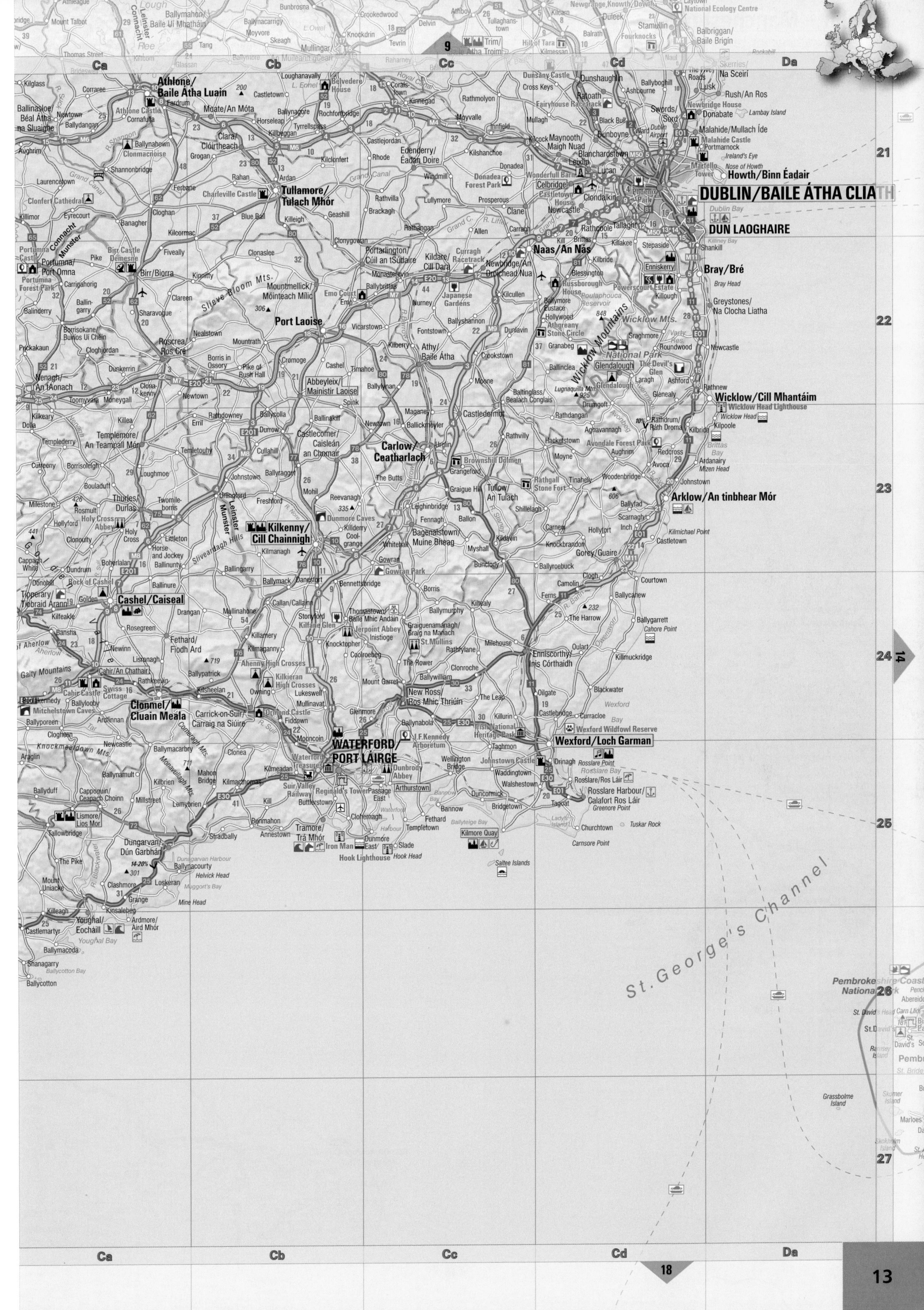

Ca
Cb
Cc
Cd
Da
21
22
23
24
25
26
27
9
14
18
DUBLIN/BAILE ÁTHA CLIATH
DUN LAOGHAIRE
Howth/Binn Éadair
Bray/Bré
Greystones/
Na Clocha Liatha
Wicklow/Cill Mhantáim
Arklow/An tinbhear Mór
Wexford/Loch Garman
Rosslare Harbour/
Calafort Ros Láir
WATERFORD/
PORT LÁIRGE
Tramore/
Trá Mhór
Dungarvan/
Dún Garbhán
Youghal/
Eochaill
Clonmel/
Cluain Meala
Cashel/Caiseal
Kilkenny/
Cill Chainnigh
Carlow/
Ceatharlach
Port Laoise
Tullamore/
Tulach Mhór
Athlone/
Baile Átha Luain
Naas/An Nás
Portlaoise
New Ross/
Ros Mhic Thriúin
Enniscorthy/
Inis Córthaidh
Gorey/Guaire
Roscrea/
Ros Cré
Nenagh/
An tAonach
Thurles/
Durlas
Templemore/
An Teampall Mór
Birr/Biorra
Slieve Bloom Mts.
Wicklow Mountains
Wicklow Mts.
Galty Mountains
Knockmealdown Mts.
Monavullagh Mts.
Comeragh Mts.
St. George's Channel
Wexford Bay
Rosslare Bay
Dublin Bay
Saltee Islands
Tuskar Rock
Carnsore Point
Hook Head
Pembrokeshire Coast National Park

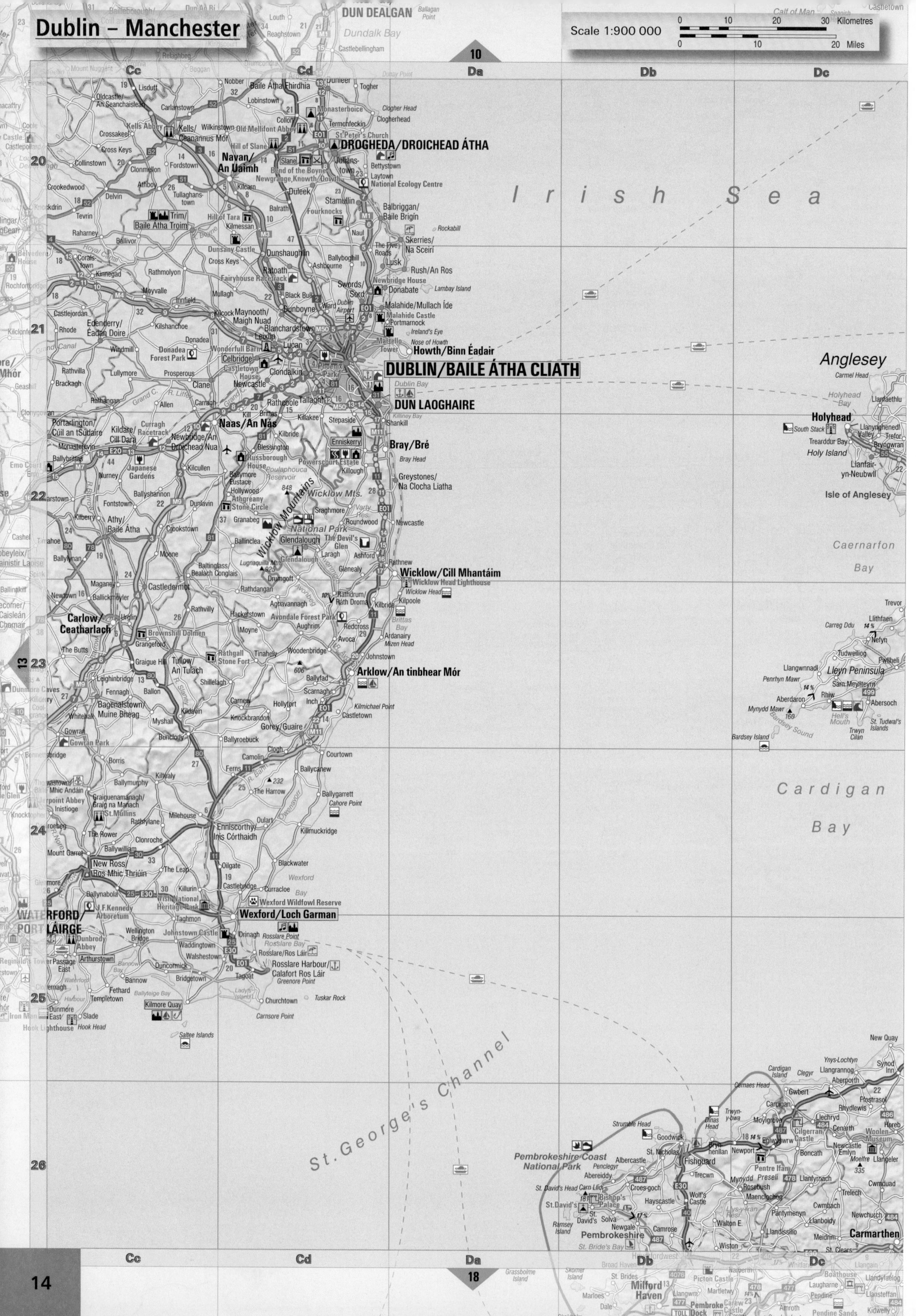
Scale 1:900 000
0 10 20 30 Kilometres
0 10 20 Miles
10
Cc
Cd
Da
Db
Dc
20
21
22
23
24
25
26
13
18
Irish Sea
DUN DEALGAN
Dundalk Bay
DROGHEDA/DROICHEAD ÁTHA
Navan/ An Uaimh
Kells/ Ceanannus Mór
Trim/ Baile Atha Troim
Balbriggan/ Baile Brigín
Skerries/ Na Sceirí
Rush/An Ros
Swords/ Sord
Donabate
Lambay Island
Malahide/Mullach Íde
Howth/Binn Éadair
DUBLIN/BAILE ÁTHA CLIATH
Dublin Bay
DUN LAOGHAIRE
Maynooth/ Maigh Nuad
Naas/An Nás
Bray/Bré
Bray Head
Greystones/ Na Clocha Liatha
Wicklow Mts.
Wicklow Mountains
Wicklow/Cill Mhantáim
Wicklow Head
Arklow/An tInbhear Mór
Carlow/ Ceatharlach
Athy/ Baile Átha
Kildare/ Cill Dara
Portarlington/ Cúil an tSúdaire
Tullow/ An Tullach
Bagenalstown/ Muine Bheag
Gorey/Guaire
Enniscorthy/ Inis Córthaidh
New Ross/ Ros Mhic Thriúin
Wexford/Loch Garman
Wexford Bay
Rosslare/Ros Láir
Rosslare Harbour/ Calafort Ros Láir
Carnsore Point
Tuskar Rock
Saltee Islands
Hook Head
WATERFORD/ PORT LÁIRGE
Kilmore Quay
St. George's Channel
Anglesey
Holyhead
Holy Island
Isle of Anglesey
Caernarfon Bay
Lleyn Peninsula
Bardsey Island
Cardigan Bay
Pembrokeshire Coast National Park
Fishguard
St. David's
Pembrokeshire
Milford Haven
Pembroke Dock
Carmarthen
Cardigan
New Quay

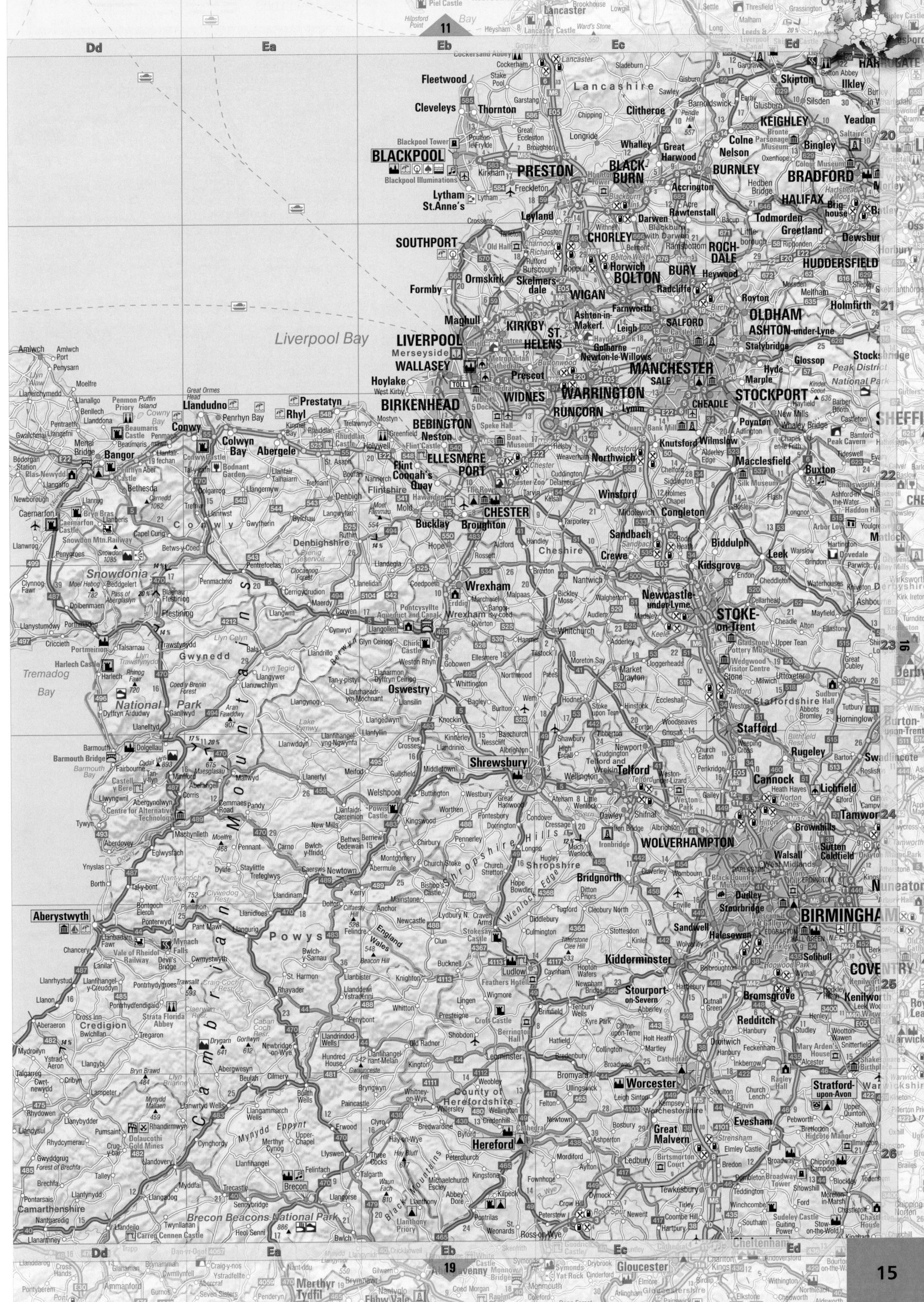

Dd
Ea
Eb
Ec
Ed
11
19
20
21
22
23
24
25
26
16
Morecambe
Lancaster
Fleetwood
Cleveleys
Thornton
Lancashire
Clitheroe
BLACKPOOL
PRESTON
BLACKBURN
BURNLEY
BRADFORD
Skipton
Ilkley
KEIGHLEY
Yeadon
Colne
Nelson
Bingley
Lytham St.Anne's
Leyland
CHORLEY
Darwen
Accrington
Rawtenstall
Todmorden
HALIFAX
Greetland
Dewsbury
SOUTHPORT
Ormskirk
Skelmersdale
Horwich
BOLTON
BURY
ROCHDALE
Heywood
HUDDERSFIELD
Formby
WIGAN
Radcliffe
Royton
Holmfirth
Maghull
KIRKBY
ST. HELENS
Ashton-in-Makerf.
Leigh
Farnworth
SALFORD
OLDHAM
ASHTON-under-Lyne
Liverpool Bay
LIVERPOOL
Merseyside
WALLASEY
Hoylake
BIRKENHEAD
BEBINGTON
Neston
Prescot
WIDNES
WARRINGTON
RUNCORN
Lymm
MANCHESTER
SALE
CHEADLE
STOCKPORT
Stalybridge
Glossop
Hyde
Marple
Peak District National Park
Amlwch
Llandudno
Conwy
Colwyn Bay
Abergele
Rhyl
Prestatyn
Penrhyn Bay
Bangor
Beaumaris
Holywell
Flint
Connah's Quay
ELLESMERE PORT
Northwich
Knutsford
Wilmslow
Macclesfield
Buxton
Caernarfon
Bethesda
Denbigh
Mold
CHESTER
Broughton
Winsford
Congleton
Snowdonia
Conwy
Denbighshire
Buckley
Sandbach
Crewe
Biddulph
Leek
Kidsgrove
Wrexham
Nantwich
Newcastle-under-Lyme
STOKE-on-Trent
Ashbourne
Gwynedd
Llangollen
Whitchurch
Harlech Castle
Tremadog Bay
Oswestry
Market Drayton
Stafford
National Park
Dolgellau
Barmouth
Shrewsbury
Telford
Cannock
Rugeley
Lichfield
Tamworth
Cambrian Mountains
Welshpool
Wellington
Machynlleth
Aberdovey
WOLVERHAMPTON
Walsall
Sutton Coldfield
Newtown
Shropshire Hills
Shropshire
Bridgnorth
Dudley
Stourbridge
BIRMINGHAM
Nuneaton
Aberystwyth
Powys
Ludlow
Kidderminster
Solihull
COVENTRY
Kenilworth
Warwick
Llanidloes
Rhayader
Bromsgrove
Redditch
Stourport-on-Severn
Credigion
Llandrindod Wells
Leominster
Worcester
Stratford-upon-Avon
Builth Wells
Herefordshire
Great Malvern
Evesham
Hereford
Ledbury
Tewkesbury
Brecon
Black Mountains
Camarthenshire
Brecon Beacons National Park
Ross-on-Wye
Cheltenham
Gloucester
Merthyr Tydfil
Ebbw Vale
Tredegar
Abergavenny
Monmouth

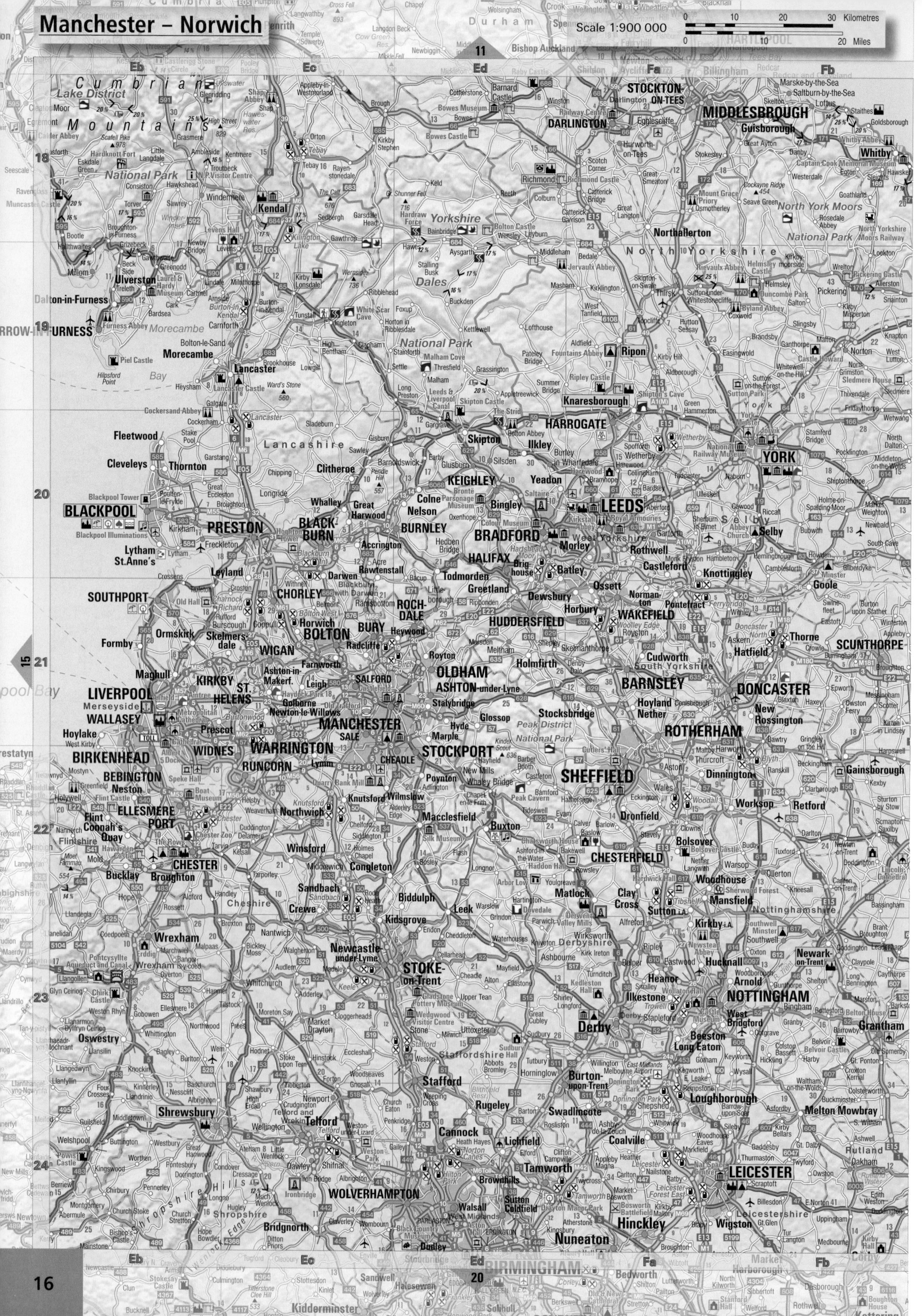

Manchester – Norwich
Scale 1:900 000
0 10 20 30 Kilometres
0 10 20 Miles
11
20
15
16
Eb
Ec
Ed
Fa
Fb
18
19
20
21
22
23
24
Cumbrian Mountains
Lake District National Park
Yorkshire Dales National Park
North York Moors National Park
Peak District National Park
Morecambe Bay
Lancashire
North Yorkshire
West Yorkshire
South Yorkshire
Merseyside
Cheshire
Derbyshire
Staffordshire
Shropshire
Nottinghamshire
Leicestershire
Durham
STOCKTON-ON-TEES
MIDDLESBROUGH
DARLINGTON
Whitby
Kendal
Ulverston
BARROW-IN-FURNESS
Morecambe
Lancaster
Ripon
Knaresborough
HARROGATE
YORK
Skipton
Ilkley
KEIGHLEY
Fleetwood
Cleveleys
BLACKPOOL
PRESTON
BLACKBURN
BURNLEY
LEEDS
BRADFORD
HALIFAX
SOUTHPORT
CHORLEY
ROCHDALE
BOLTON
BURY
WIGAN
HUDDERSFIELD
WAKEFIELD
OLDHAM
LIVERPOOL
WALLASEY
BIRKENHEAD
ST. HELENS
WARRINGTON
MANCHESTER
SALFORD
STOCKPORT
BARNSLEY
DONCASTER
SCUNTHORPE
ROTHERHAM
SHEFFIELD
CHESTER
ELLESMERE PORT
CHESTERFIELD
Wrexham
STOKE-on-Trent
Derby
NOTTINGHAM
Grantham
Newark-on-Trent
Stafford
Shrewsbury
Telford
WOLVERHAMPTON
Walsall
Burton-upon-Trent
Loughborough
LEICESTER
Melton Mowbray
Tamworth
Nuneaton
Hinckley
BIRMINGHAM
COVENTRY
Kidderminster
Kettering
16

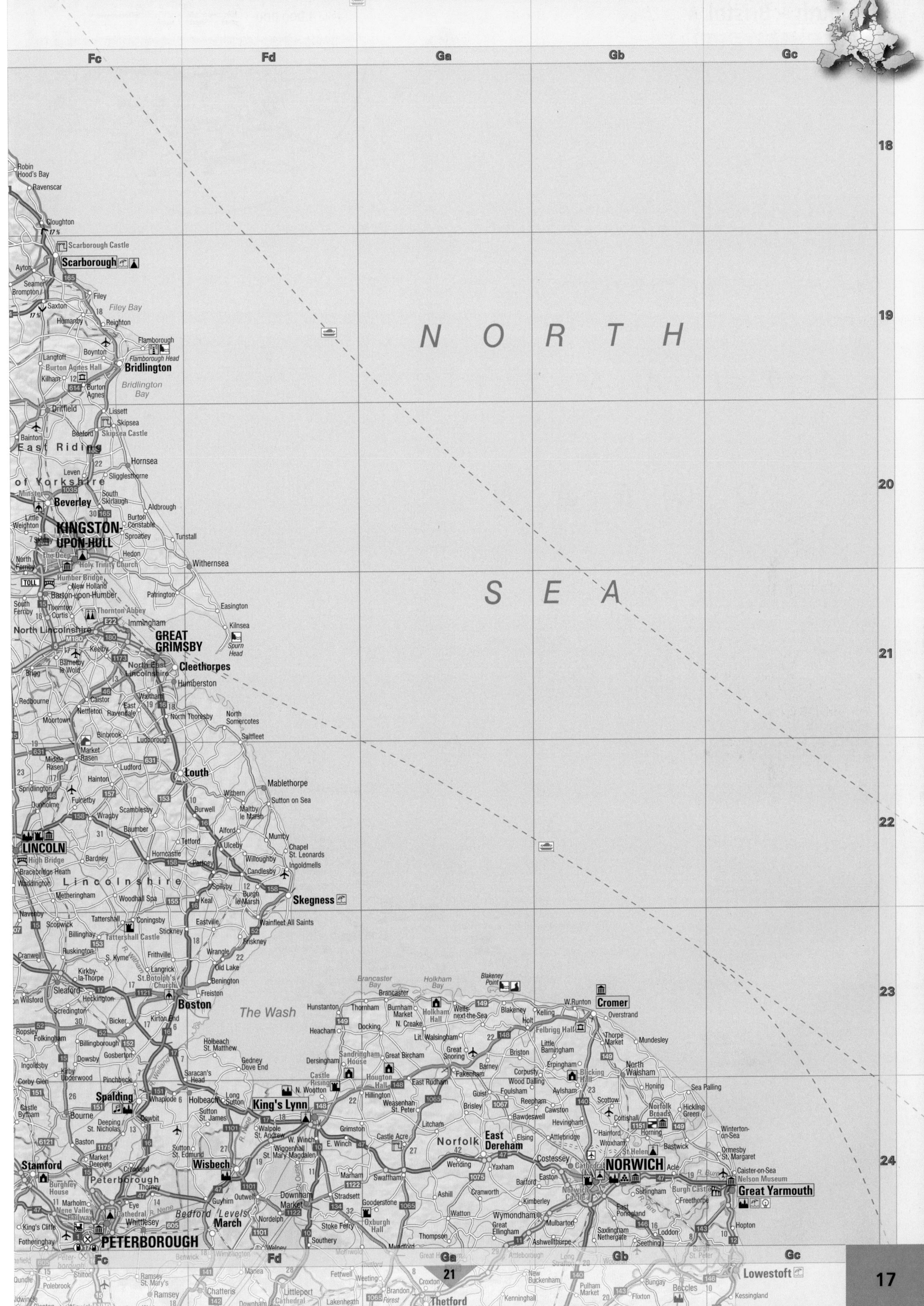
Fc
Fd
Ga
Gb
Gc
18
19
20
21
22
23
24
N O R T H
S E A
Robin Hood's Bay
Ravenscar
Cloughton
Scarborough Castle
Scarborough
Ayton
Seamer
Brompton
Filey
Filey Bay
Saxton
Hunmanby
Reighton
Flamborough
Flamborough Head
Boynton
Langtoft
Burton Agnes Hall
Bridlington
Bridlington Bay
Kilham
Burton Agnes
Driffield
Lissett
Skipsea
Skipsea Castle
Bainton
Beeford
East Riding of Yorkshire
Hornsea
Leven
Sigglesthorne
Minster
South Skirlaugh
Beverley
Aldbrough
Little Weighton
Burton Constable
KINGSTON-UPON-HULL
Sproatley
Tunstall
The Deep
Hedon
Holy Trinity Church
Withernsea
North Ferriby
TOLL
Humber Bridge
New Holland
Barton-upon-Humber
Patrington
South Ferriby
Thornton Curtis
Thornton Abbey
Easington
Immingham
Kilnsea
North Lincolnshire
GREAT GRIMSBY
Spurn Head
Keelby
Barnetby le Wold
North East Lincolnshire
Cleethorpes
Brigg
Humberston
Caistor
Waltham
Redbourne
Nettleton
East Ravendale
North Thoresby
North Somercotes
Moortown
Binbrook
Ludborough
Saltfleet
Market Rasen
Middle Rasen
Ludford
Louth
Mablethorpe
Hainton
Withern
Sutton on Sea
Spridlington
Fulnetby
Burwell
Maltby le Marsh
Dunholme
Scamblesby
Wragby
Alford
Baumber
Mumby
LINCOLN
Tetford
Ulceby
Chapel St. Leonards
High Bridge
Bardney
Horncastle
Willoughby
Bracebridge Heath
Partney
Candlesby
Ingoldmells
Waddington
Lincolnshire
Spilsby
Metheringham
Burgh le Marsh
Woodhall Spa
Keal
Skegness
Navenby
Tattershall
Coningsby
Scopwick
Eastville
Wainfleet All Saints
Billinghay
Tattershall Castle
Stickney
Friskney
Ruskington
Cranwell
Frithville
Wrangle
S. Kyme
Kirkby-la-Thorpe
Langrick
Old Lake
St. Botolph's Church
Benington
Sleaford
Heckington
Freiston
Wilsford
Boston
Scredington
Kirton End
The Wash
Bicker
Ropsley
Folkingham
Billingborough
Holbeach St. Matthew
Dowsby
Gosberton
Gedney Drove End
Ingoldsby
Kirby Underwood
Saracan's Head
Pinchbeck
Corby Glen
Spalding
Whaplode
Holbeach
Long Sutton
Castle Bytham
Bourne
Sutton St. James
Deeping St. Nicholas
Cowbit
Baston
Market Deeping
Sutton St. Edmund
Stamford
Crowland
Wisbech
Burghley House
Peterborough
Thorney
Marholm
Nene Valley Railway
Eye
Cathedral
Guyhirn
Outwell
Bedford Levels
King's Cliffe
Whittlesey
March
Fotheringhay
PETERBOROUGH
Nordelph
Hunstanton
Thornham
Brancaster Bay
Brancaster
Burnham Market
Holkham Bay
Holkham Hall
Wells-next-the-Sea
Blakeney Point
Blakeney
Kelling
Holt
W.Runton
Cromer
Overstrand
Heacham
Docking
N. Creake
Felbrigg Hall
Lit. Walsingham
Thorpe Market
Mundesley
Little Barningham
Great Snoring
Briston
Dersingham
Sandringham House
Great Bircham
Erpingham
North Walsham
Castle Rising
Houghton Hall
Barney
Corpusty
Blickling Hall
Honing
Sea Palling
N. Wootton
East Rudham
Fakenham
Wood Dalling
Aylsham
Foulsham
Scottow
King's Lynn
Hillington
Guist
Weasenham St. Peter
Brisley
Reepham
Cawston
Norfolk Broads
Hickling Green
Walpole St. Andrew
W. Winch
Litcham
Bawdeswell
Hevingham
Coltishall
Grimston
Castle Acre
East Dereham
Elsing
Attlebridge
Hainford
Horning
Winterton-on-Sea
Wiggenhall St. Mary Magdalen
E. Winch
Norfolk
Wroxham
St. Helen
Bastwick
Ormesby St. Margaret
Wendling
Yaxham
Costessey
NORWICH
Acle
R. Bure
Caister-on-Sea
Nelson Museum
Marham
Swaffham
Barford
Easton
Cathedral
Burgh Castle
Great Yarmouth
Downham Market
Stradsett
Gooderstone
Ashill
Cranworth
Kimberley
Norwich Castle
Surlingham
Freethorpe
Oxburgh Hall
Watton
Wymondham
Great Ellingham
Mulbarton
East Poringland
Stoke Ferry
Thompson
Saxlingham Nethergate
Loddon
Hopton
Southery
Ashwellthorpe
Seething
Lowestoft
Thetford
21
Ramsey
Chatteris
Littleport
Lakenheath
Brandon
Croxton
New Buckenham
Kenninghall
Pulham Market
Bungay
Beccles
Flixton
Kessingland
Harleston
Polebrook
Clopton
Winwick
Warboys
Downham
Fettwell
Weeting
Oundle

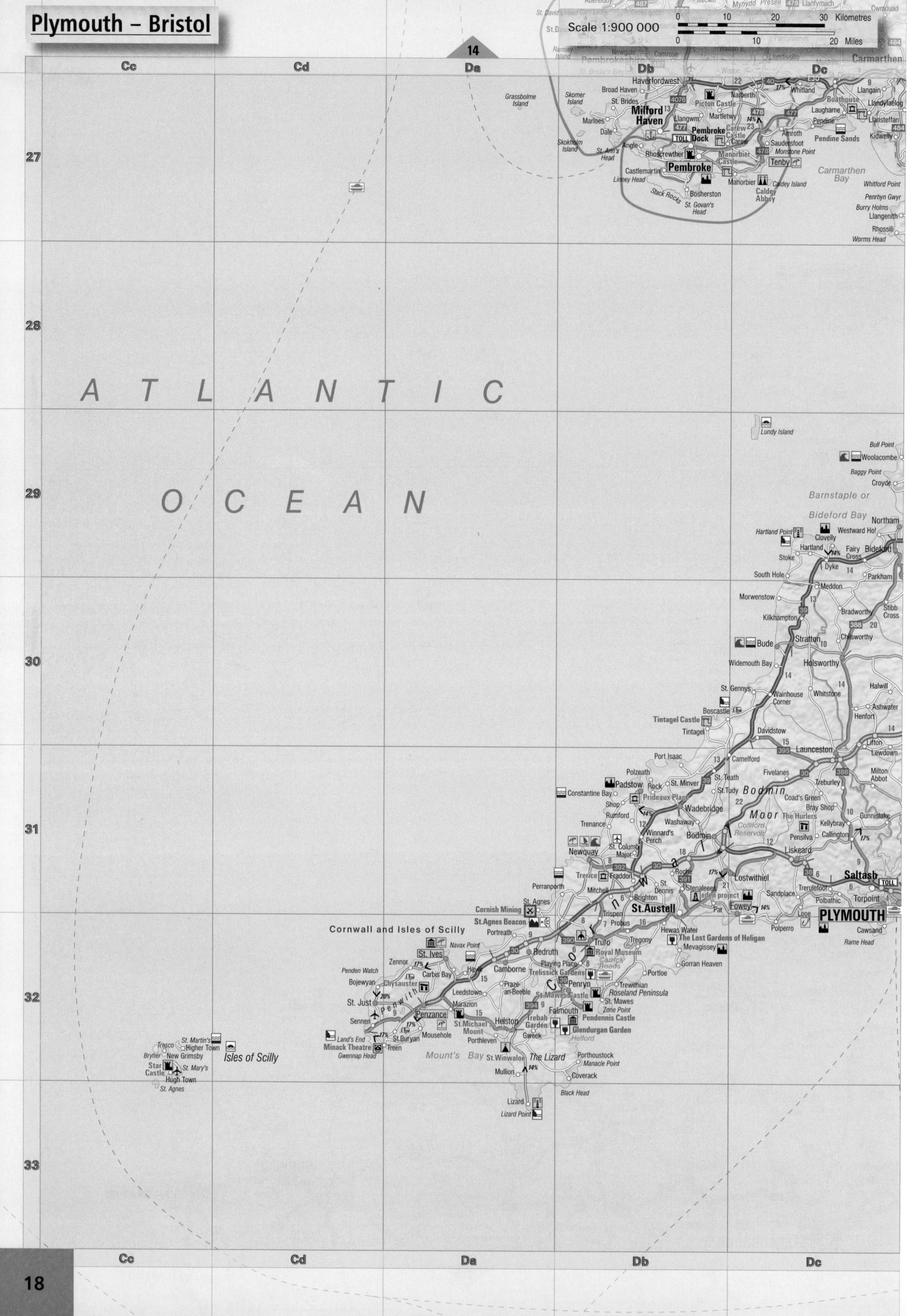
Scale 1:900 000
0 10 20 30 Kilometres
0 10 20 Miles
14
Cc
Cd
Da
Db
Dc
27
28
29
30
31
32
33
A T L A N T I C
O C E A N
Haverfordwest
Broad Haven
St. Brides
Milford Haven
Marloes
Dale
Skomer Island
Skokholm Island
Grassholme Island
St. Ann's Head
Angle
Pembroke Dock
Pembroke
Rhoscrewther
Castlemartin
Linney Head
Stack Rocks
St. Govan's Head
Bosherston
Manorbier
Manorbier Castle
Caldey Abbey
Caldey Island
Tenby
Saundersfoot
Amroth
Monstone Point
Narberth
Picton Castle
Llangwm
Martletwy
Carew Castle
Carew
Whitland
Laugharne
Pendine
Pendine Sands
Llanstephan
Kidwelly
Carmarthen
Carmarthen Bay
Whitford Point
Penrhyn Gwyr
Burry Holms
Llangenith
Rhossili
Worms Head
Lundy Island
Bull Point
Woolacombe
Baggy Point
Croyde
Barnstaple or Bideford Bay
Northam
Hartland Point
Westward Ho!
Clovelly
Hartland
Fairy Cross
Bideford
Stoke
Dyke
South Hole
Parkham
Meddon
Morwenstow
Kilkhampton
Bradworthy
Stibb Cross
Bude
Stratton
Chilsworthy
Widemouth Bay
Holsworthy
St. Gennys
Wainhouse Corner
Whitstone
Halwill
Ashwater
Henford
Boscastle
Tintagel Castle
Tintagel
Davidstow
Launceston
Lifton
Lewdown
Port Isaac
Camelford
Polzeath
Padstow
Rock
St. Minver
St. Teath
St. Tudy
Fivelanes
Treburley
Milton Abbot
Constantine Bay
Prideaux Place
Bodmin Moor
Coad's Green
Bray Shop
Shop
Wadebridge
The Hurlers
Rumford
Kelly Bray
Gunnislake
Trenance
Washaway
Colliford Reservoir
Pensilva
Callington
Winnard's Perch
Bodmin
Newquay
St. Columb Major
Liskeard
Trerice
Fraddon
Roche
Lostwithiel
Saltash
Perranporth
Mitchell
St. Dennis
Stenalees
Eden project
Trerulefoot
Sandplace
Polbathic
Torpoint
Cornish Mining
St. Agnes
Brighton
St. Austell
Par
Fowey
Looe
PLYMOUTH
St. Agnes Beacon
Trispen
Probus
Polperro
Cawsand
Rame Head
Cornwall and Isles of Scilly
Portreath
Hewas Water
The Lost Gardens of Heligan
Truro
Tregony
Mevagissey
Navax Point
St. Ives
Redruth
Royal Museum
Carrick Roads
Gorran Heaven
Zennor
Carbis Bay
Hayle
Camborne
Playing Place
Trelissick Gardens
Portloe
Penden Watch
Bojewyan
Chysauster
Praze-an-Beeble
Penryn
Trewithian
Roseland Peninsula
St. Just
Penwith
Leedstown
St. Mawes Castle
St. Mawes
Zone Point
Sennen
Penzance
Marazion
St. Michael's Mount
Helston
Trebah Garden
Falmouth
Pendennis Castle
Glendurgan Garden
Land's End
Minack Theatre
Gwennap Head
Treen
St. Buryan
Mousehole
Porthleven
Gweek
Helford
Mount's Bay
St. Winwaloe
The Lizard
Porthoustock
Manacle Point
Mullion
Coverack
Black Head
Lizard
Lizard Point
Tresco
St. Martin's
Higher Town
Bryher
New Grimsby
Star Castle
St. Mary's
Hugh Town
St. Agnes
Isles of Scilly
TOLL
17%
14%
20%

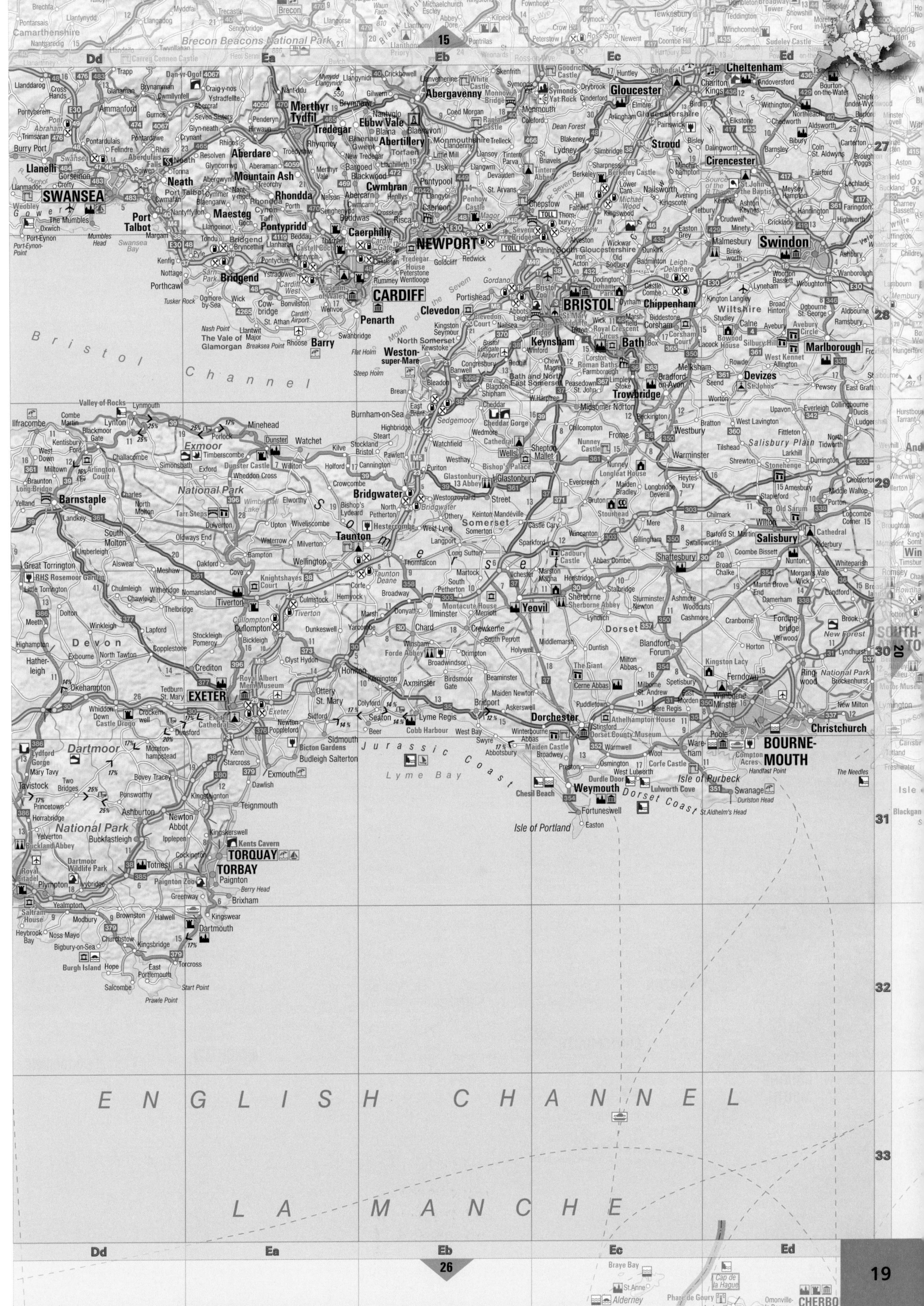

15
Dd
Ea
Eb
Ec
Ed
27
28
29
30
31
32
33
20
Brecon Beacons National Park
Camarthenshire
Brecon
Tewkesbury
Cheltenham
Gloucester
Merthyr Tydfil
Abergavenny
Monmouth
Tredegar
Ebbw Vale
Abertillery
Aberdare
Ammanford
Llanelli
SWANSEA
Neath
Mountain Ash
Rhondda
Cwmbran
Pontypool
Port Talbot
Maesteg
Pontypridd
Caerphilly
NEWPORT
Chepstow
Stroud
Cirencester
Swindon
Bridgend
CARDIFF
Penarth
Barry
Porthcawl
Clevedon
Portishead
BRISTOL
Chippenham
Keynsham
Bath
Weston-super-Mare
Trowbridge
Devizes
Marlborough
Bristol Channel
Minehead
Watchet
Lynton
Ilfracombe
Barnstaple
Exmoor National Park
Bridgwater
Taunton
Somerset
Glastonbury
Wells
Frome
Westbury
Warminster
Salisbury Plain
Salisbury
Shaftesbury
Yeovil
Tiverton
Devon
Exeter
Crediton
Okehampton
Dartmoor National Park
Tavistock
Plymouth
Torquay
Torbay
Paignton
Brixham
Dartmouth
Salcombe
Exmouth
Sidmouth
Honiton
Chard
Lyme Regis
Bridport
Dorchester
Weymouth
Dorset
Isle of Portland
Jurassic Coast
Lyme Bay
Isle of Purbeck
Swanage
Poole
BOURNE-MOUTH
Christchurch
New Forest
ENGLISH CHANNEL
LA MANCHE
26
Alderney
Braye Bay
Cap de la Hague

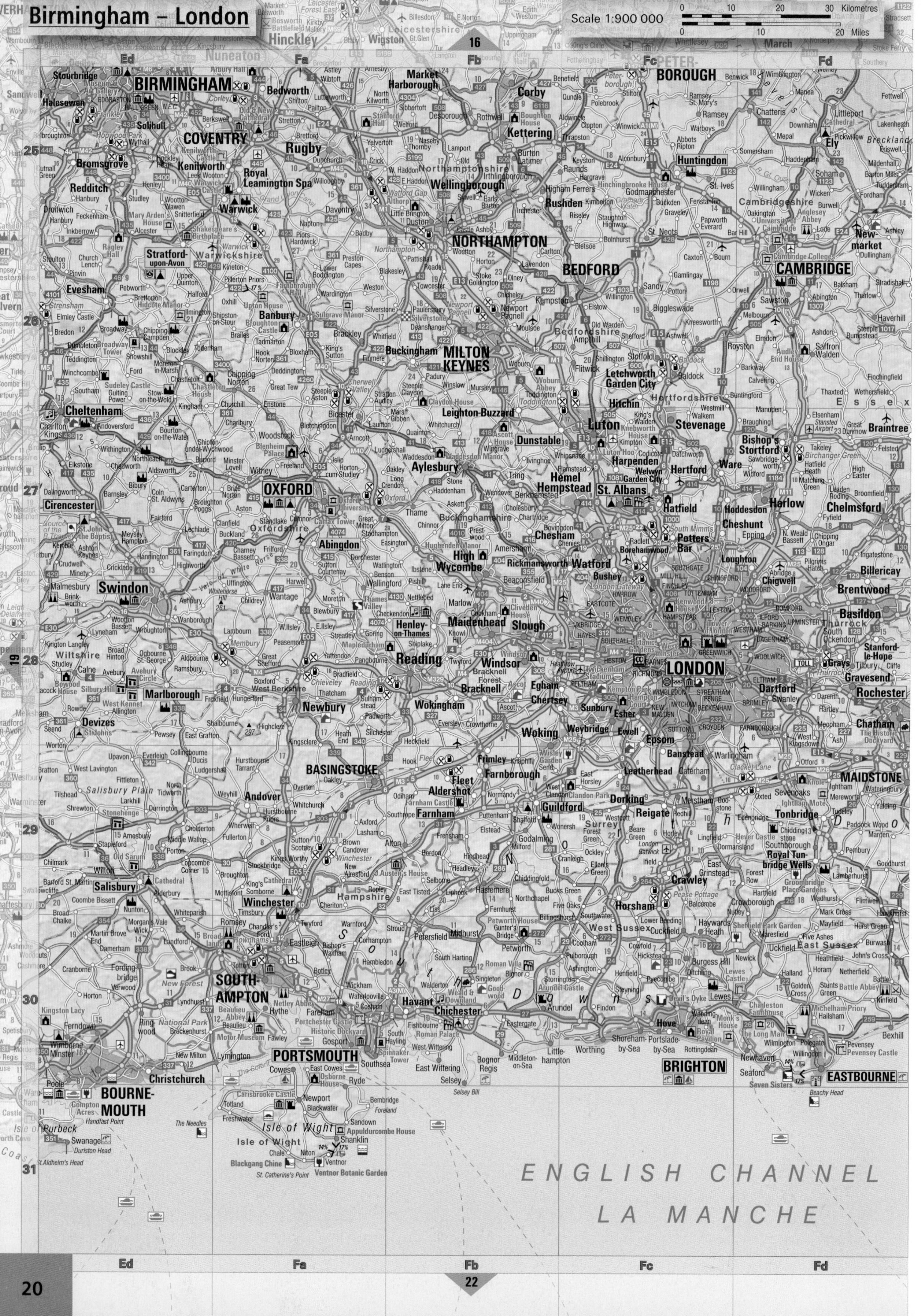
Scale 1:900 000
0 10 20 30 Kilometres
0 10 20 Miles
16
Ed
Fa
Fb
Fc
Fd
25
26
27
28
29
30
31
19
BIRMINGHAM
COVENTRY
Rugby
Corby
Kettering
PETERBOROUGH
Huntingdon
Ely
Wellingborough
Warwick
Royal Leamington Spa
Stratford-upon-Avon
NORTHAMPTON
BEDFORD
CAMBRIDGE
Cheltenham
Banbury
MILTON KEYNES
Luton
Stevenage
Aylesbury
OXFORD
Cirencester
Swindon
St. Albans
Hemel Hempstead
Watford
High Wycombe
Harlow
Chelmsford
Slough
Reading
Windsor
LONDON
Dartford
Rochester
Chatham
Newbury
Marlborough
BASINGSTOKE
Guildford
MAIDSTONE
Andover
Winchester
Salisbury
Crawley
Royal Tunbridge Wells
SOUTHAMPTON
PORTSMOUTH
Chichester
BRIGHTON
EASTBOURNE
BOURNEMOUTH
Isle of Wight
ENGLISH CHANNEL
LA MANCHE
22

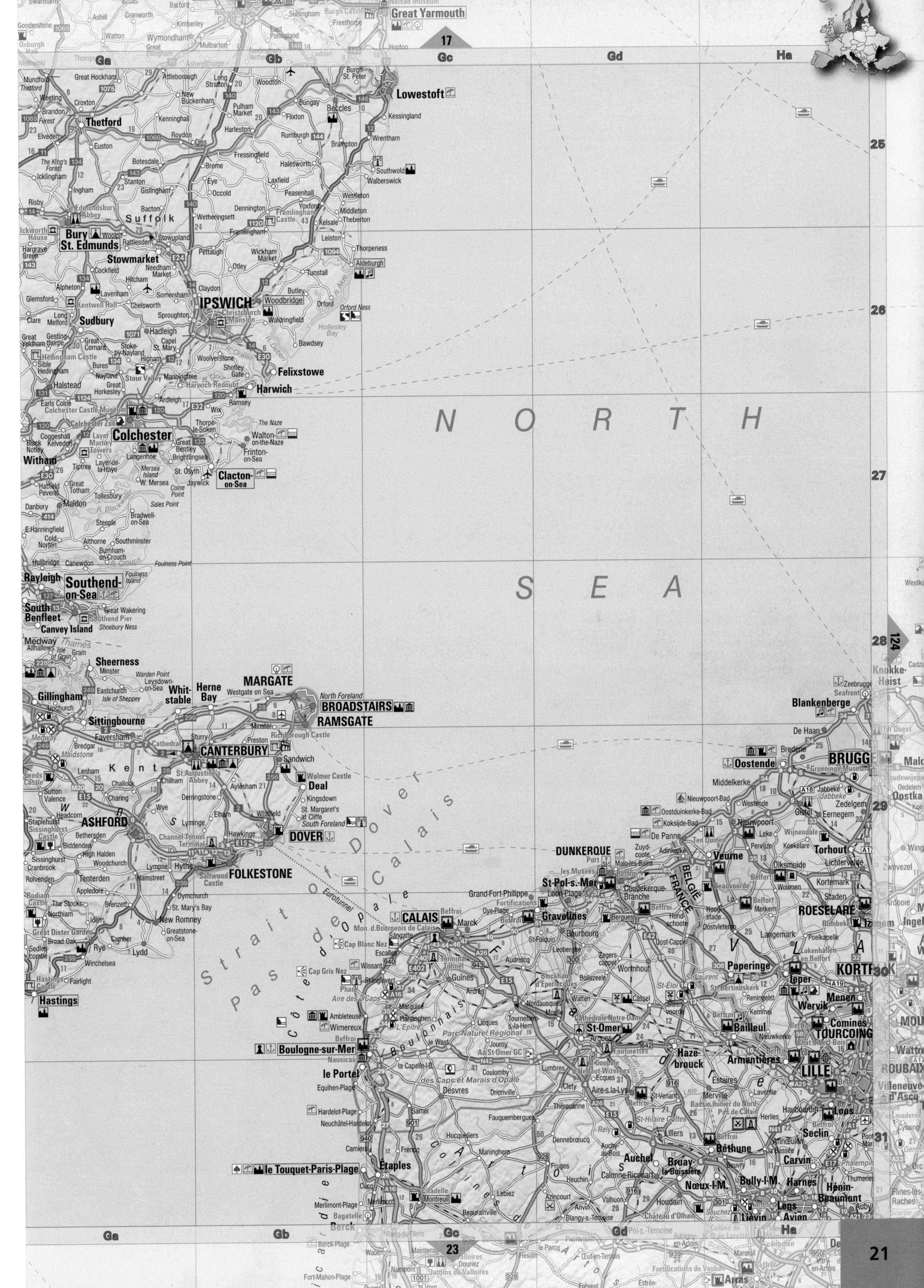

17
Great Yarmouth
Ga
Gb
Gc
Gd
Ha
Lowestoft
Kessingland
Wrentham
Southwold
Walberswick
Thetford
Bury St. Edmunds
Suffolk
Stowmarket
Aldeburgh
Orford Ness
IPSWICH
Woodbridge
Felixstowe
Harwich
Colchester
Walton-on-the-Naze
Clacton-on-Sea
Witham
Maldon
Southend-on-Sea
South Benfleet
Canvey Island
Sheerness
Gillingham
Sittingbourne
Whitstable
Herne Bay
MARGATE
BROADSTAIRS
RAMSGATE
CANTERBURY
Kent
Sandwich
Deal
ASHFORD
DOVER
FOLKESTONE
Hastings
Rye
Lydd
NORTH SEA
Strait of Dover
Pas de Calais
Côte d'Opale
CALAIS
Gravelines
DUNKERQUE
Boulogne-sur-Mer
le Portel
le Touquet-Paris-Plage
Étaples
Montreuil
Berck
St-Omer
Hazebrouck
Armentières
LILLE
Béthune
Bruay-la-Buissière
Lens
Liévin
Arras
Oostende
BRUGGE
Blankenberge
Knokke-Heist
Zeebrugge
De Panne
Nieuwpoort
Veurne
Poperinge
Ieper
ROESELARE
KORTRIJK
Menen
Wervik
Tourcoing
Roubaix
Seclin
Carvin
Hénin-Beaumont
BELGIË
FRANCE
Vlaanderen
Artois
Collines de l'Artois
25
26
27
28
29
30
31
124
23

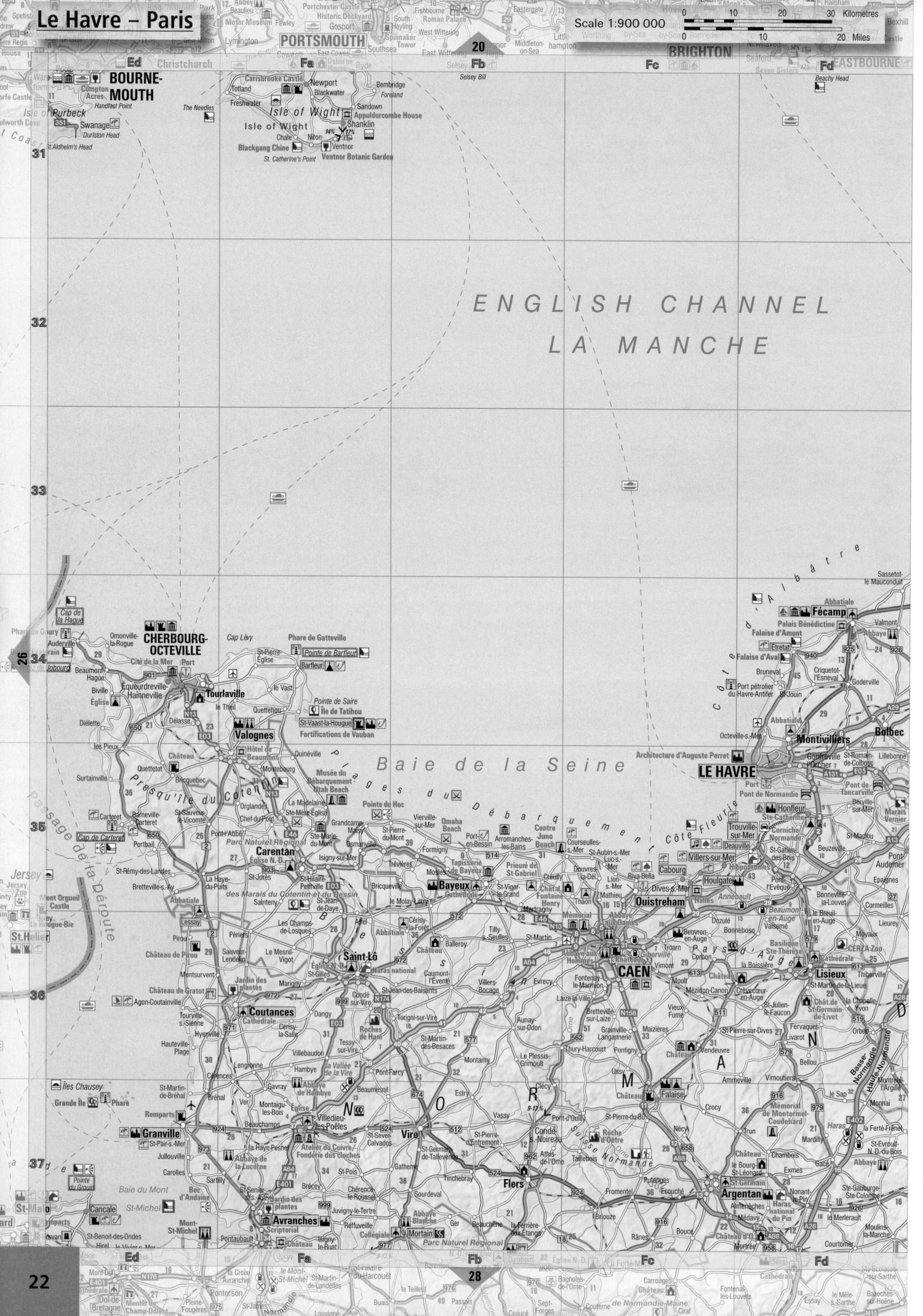
Scale 1:900 000
0 10 20 30 Kilometres
0 10 20 Miles
20
Ed
Fa
Fb
Fc
Fd
PORTSMOUTH
BRIGHTON
EASTBOURNE
BOURNE-MOUTH
Christchurch
Swanage
Isle of Wight
Newport
Sandown
Shanklin
Ventnor
Ventnor Botanic Garden
Blackgang Chine
St. Catherine's Point
The Needles
Beachy Head
ENGLISH CHANNEL
LA MANCHE
Baie de la Seine
Plages du Débarquement
Côte d'Albâtre
Côte Fleurie
Cap de la Hague
CHERBOURG-OCTEVILLE
Cap Lévy
Phare de Gatteville
Pointe de Barfleur
Barfleur
Tourlaville
Valognes
St-Vaast-la-Hougue
Fortifications de Vauban
Presqu'île du Cotentin
Passage de la Déroute
Utah Beach
Pointe du Hoc
Omaha Beach
Juno Beach
Carentan
Parc Naturel Régional des Marais du Cotentin et du Bessin
Bayeux
Arromanches-les-Bains
Ouistreham
Cabourg
Houlgate
Villers-sur-Mer
Deauville
Trouville-sur-Mer
Honfleur
LE HAVRE
Architecture d'Auguste Perret
Pont de Normandie
Pont de Tancarville
Montivilliers
Bolbec
Fécamp
Etretat
Falaise d'Amont
Falaise d'Aval
CAEN
Lisieux
Pays d'Auge
Saint-Lô
Coutances
Lessay
Granville
Îles Chausey
Jersey
St.Helier
Avranches
St-Malo
Mont-St-Michel
Baie du Mont St-Michel
Villedieu-les-Poêles
Vire
Flers
Falaise
Argentan
Suisse Normande
Mortain
Parc Naturel Régional
Haras national du Pin
Basse-Normandie
Haute-Normandie
NORMANDIE
26
28
31
32
33
34
35
36
37

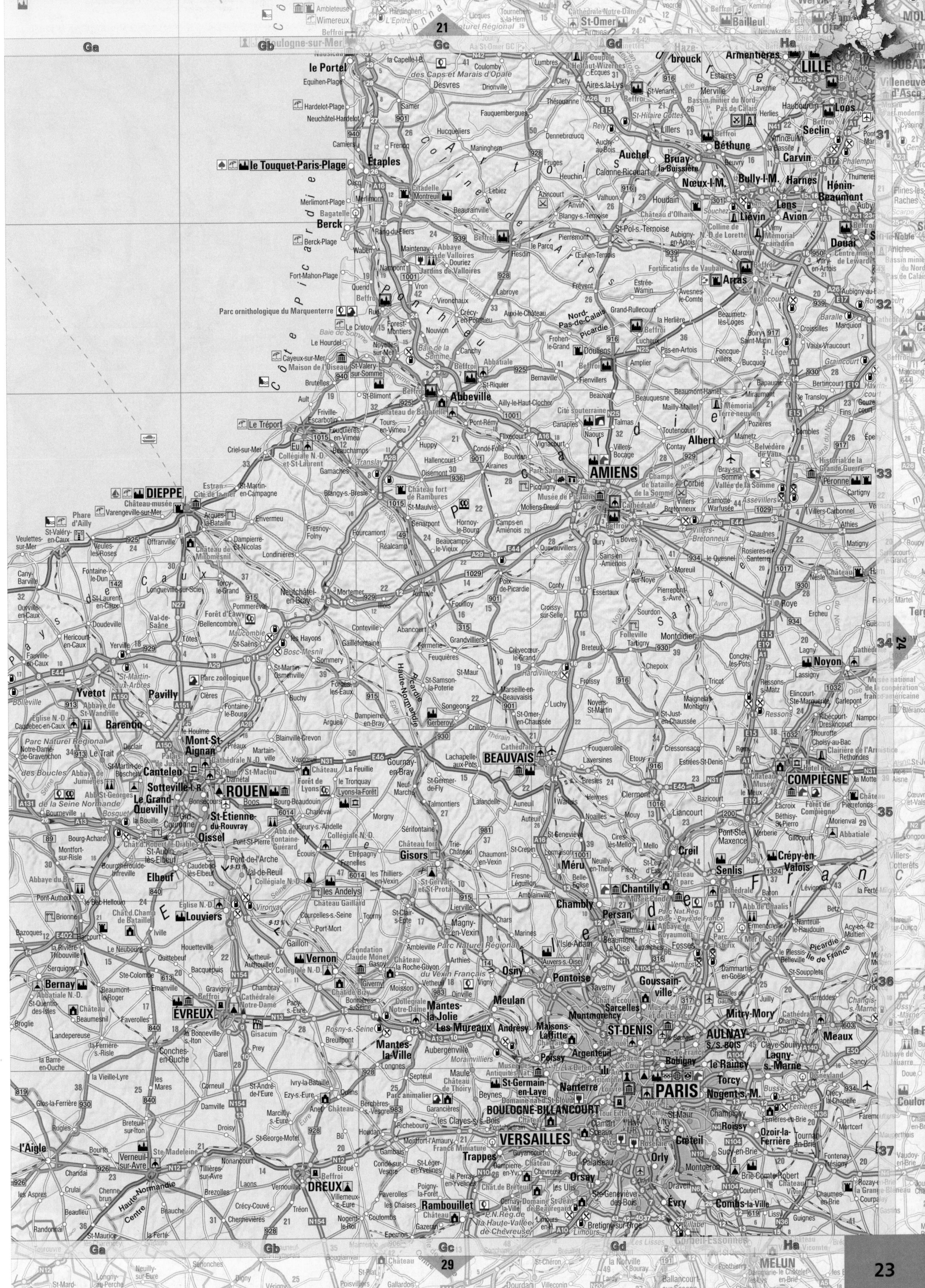

Hastings
Boulogne-sur-Mer
Ga
Gb
Gc
Gd
Ha
21
29
LILLE
Armentières
Seclin
Carvin
Lens
Liévin
Avion
Douai
Arras
Béthune
Bully-l-M.
Nœux-l-M.
Auchel
Bruay-la-Buissière
le Portel
Étaples
le Touquet-Paris-Plage
Berck
Montreuil
Hesdin
St-Pol-s.-Ternoise
Abbeville
le Crotoy
Doullens
Albert
AMIENS
Péronne
Le Tréport
DIEPPE
Neufchâtel-en-Bray
Montdidier
Noyon
COMPIÈGNE
BEAUVAIS
Yvetot
Barentin
Mont-St-Aignan
ROUEN
Canteleu
Sotteville-l.-R.
Le Grand-Quevilly
St-Étienne-du-Rouvray
Oissel
Elbeuf
Louviers
Bernay
ÉVREUX
Vernon
Gisors
Creil
Senlis
Chantilly
Méru
Persan
Crépy-en-Valois
Pontoise
Meulan
Mantes-la-Jolie
Les Mureaux
Mantes-la-Ville
ST-DENIS
AULNAY-S/S-BOIS
Meaux
PARIS
Nanterre
BOULOGNE-BILLANCOURT
VERSAILLES
Trappes
Orsay
Orly
Créteil
Évry
Rambouillet
DREUX
l'Aigle
MELUN

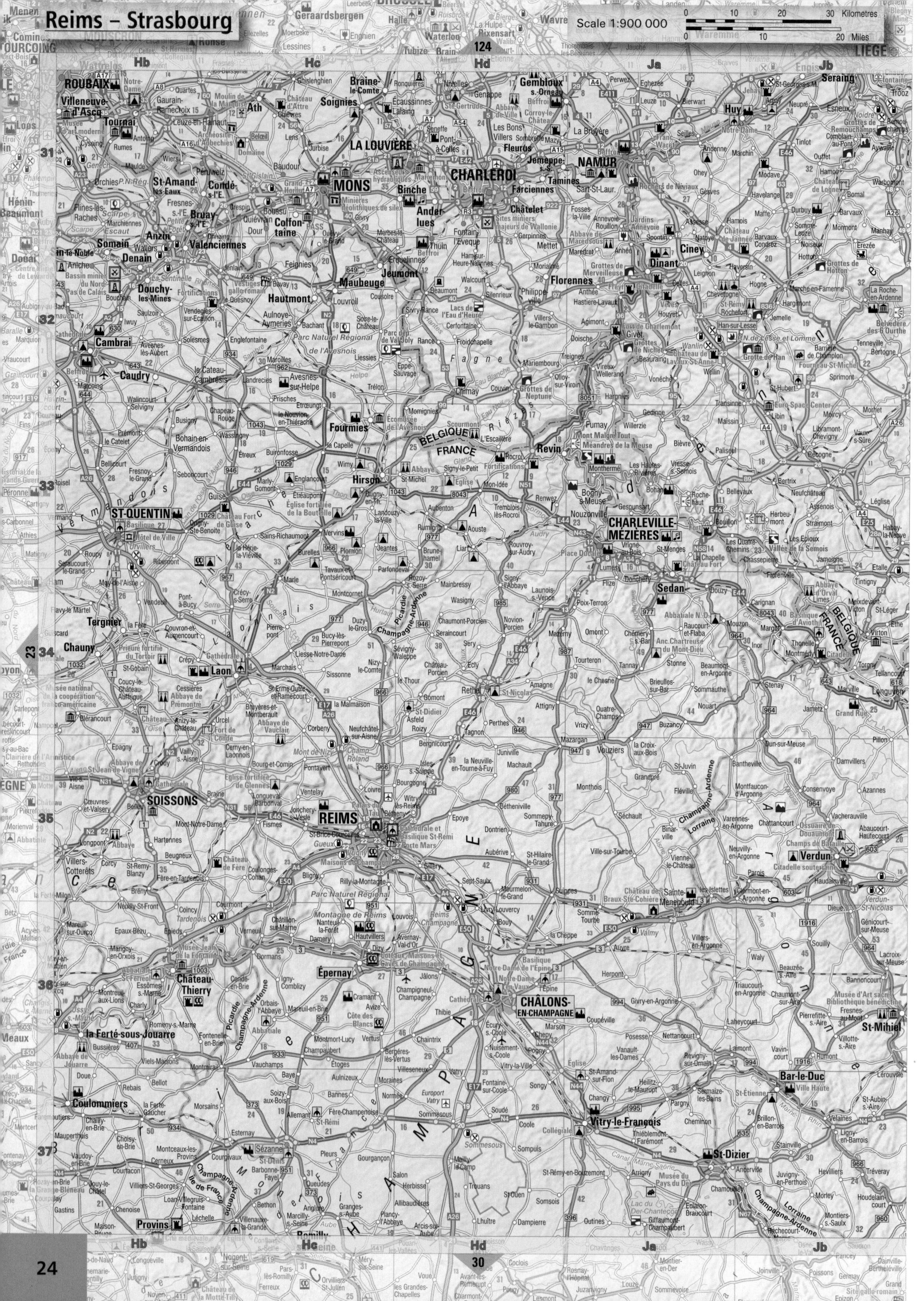
Scale 1:900 000
0 10 20 30 Kilometres
0 10 20 Miles
124
Hb
Hc
Hd
Ja
Jb
31
32
33
34
35
36
37
23
30
ROUBAIX
Villeneuve-d'Ascq
Tournai
Ath
Soignies
LA LOUVIÈRE
CHARLEROI
Gembloux
NAMUR
Huy
Seraing
LIÈGE
MONS
Binche
St-Amand-les-Eaux
Condé-s-l'E.
Valenciennes
Denain
Douchy-les-Mines
Maubeuge
Jeumont
Hautmont
Dinant
Ciney
Florennes
Philippeville
Givet
Cambrai
Caudry
Fourmies
Hirson
Chimay
Revin
BELGIQUE
FRANCE
ST-QUENTIN
CHARLEVILLE-MÉZIÈRES
Sedan
Tergnier
Chauny
Laon
Rethel
SOISSONS
REIMS
Verdun
Épernay
Château-Thierry
CHÂLONS-EN-CHAMPAGNE
la Ferté-sous-Jouarre
Coulommiers
Sézanne
Provins
Vitry-le-François
St-Dizier
Bar-le-Duc
St-Mihiel
Parc Naturel Régional de l'Avesnois
Parc Naturel Régional Montagne de Reims
Champagne-Ardenne
Picardie
Lorraine
Île de France

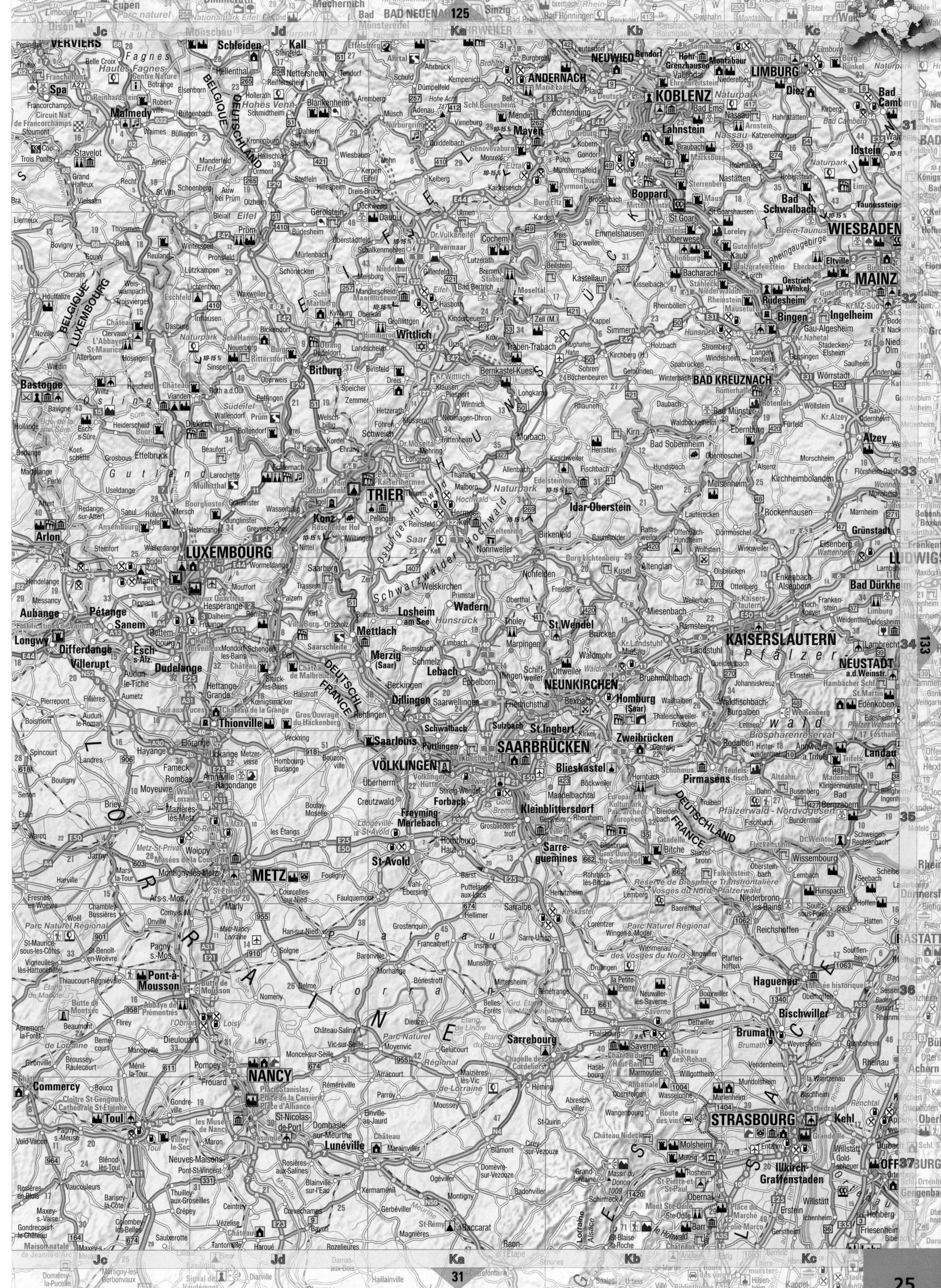

125
Jc
Jd
Ka
Kb
Kc
VERVIERS
Spa
Malmedy
Eupen
Schleiden
Kall
BELGIQUE
DEUTSCHLAND
LUXEMBOURG
NEUWIED
ANDERNACH
KOBLENZ
LIMBURG
Diez
Bad Ems
Lahnstein
Mayen
Boppard
Idstein
Bad Schwalbach
WIESBADEN
MAINZ
Rüdesheim
Bingen
Ingelheim
Cochem
Wittlich
Bitburg
Bastogne
Wiltz
Zell (M.)
Traben-Trarbach
Bernkastel-Kues
BAD KREUZNACH
Alzey
Idar-Oberstein
Grünstadt
TRIER
Konz
Arlon
LUXEMBOURG
Bad Dürkheim
Aubange
Pétange
Longwy
Differdange
Villerupt
Esch-s-Alz.
Dudelange
Mettlach
Merzig (Saar)
Losheim
Wadern
St.Wendel
KAISERSLAUTERN
NEUSTADT a.d.Weinstr.
Lebach
Dillingen
NEUNKIRCHEN
Homburg (Saar)
Thionville
Saarlouis
VÖLKLINGEN
SAARBRÜCKEN
St.Ingbert
Zweibrücken
Landau
Blieskastel
Pirmasens
Forbach
Kleinblittersdorf
Sarreguemines
METZ
St-Avold
Wissembourg
Pont-à-Mousson
Haguenau
Bischwiller
Brumath
Sarrebourg
Saverne
NANCY
Commercy
Toul
Lunéville
STRASBOURG
Kehl
Illkirch-Graffenstaden
OFFENBURG
L O R R A I N E
Plateau lorrain
E I F E L
H U N S R Ü C K
A L S A C E
DEUTSCHLAND
FRANCE
Pfälzer wald
31

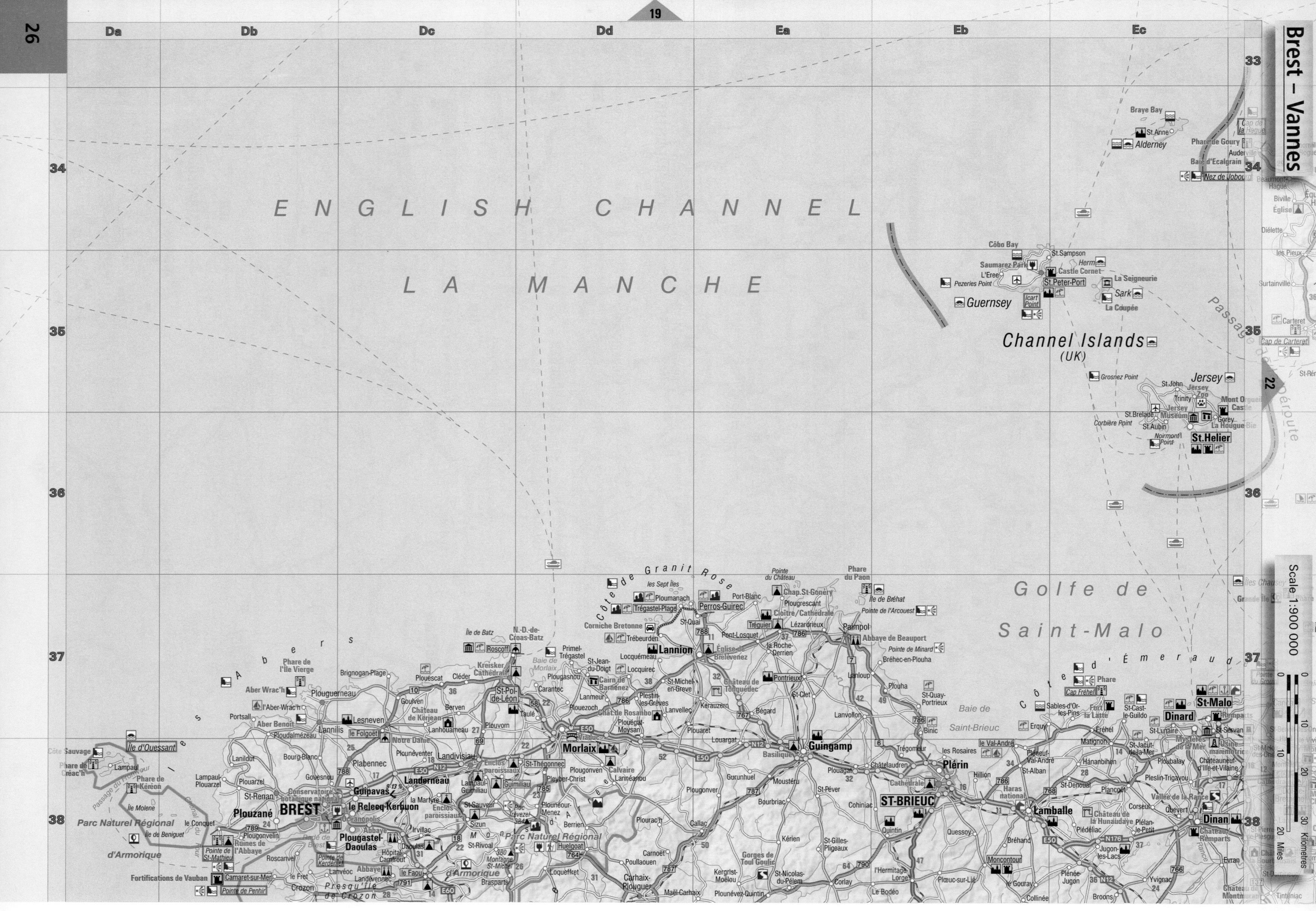
Scale 1:900 000
0 10 20 30 Kilometres
0 10 20 Miles
ENGLISH CHANNEL
LA MANCHE
Channel Islands
(UK)
Golfe de Saint-Malo
Alderney
Guernsey
St.Peter Port
Sark
Jersey
St.Helier
St-Malo
Dinard
Dinan
Lamballe
ST-BRIEUC
Paimpol
Guingamp
Perros-Guirec
Lannion
Morlaix
St-Pol-de-Léon
Landerneau
BREST
Plouzané

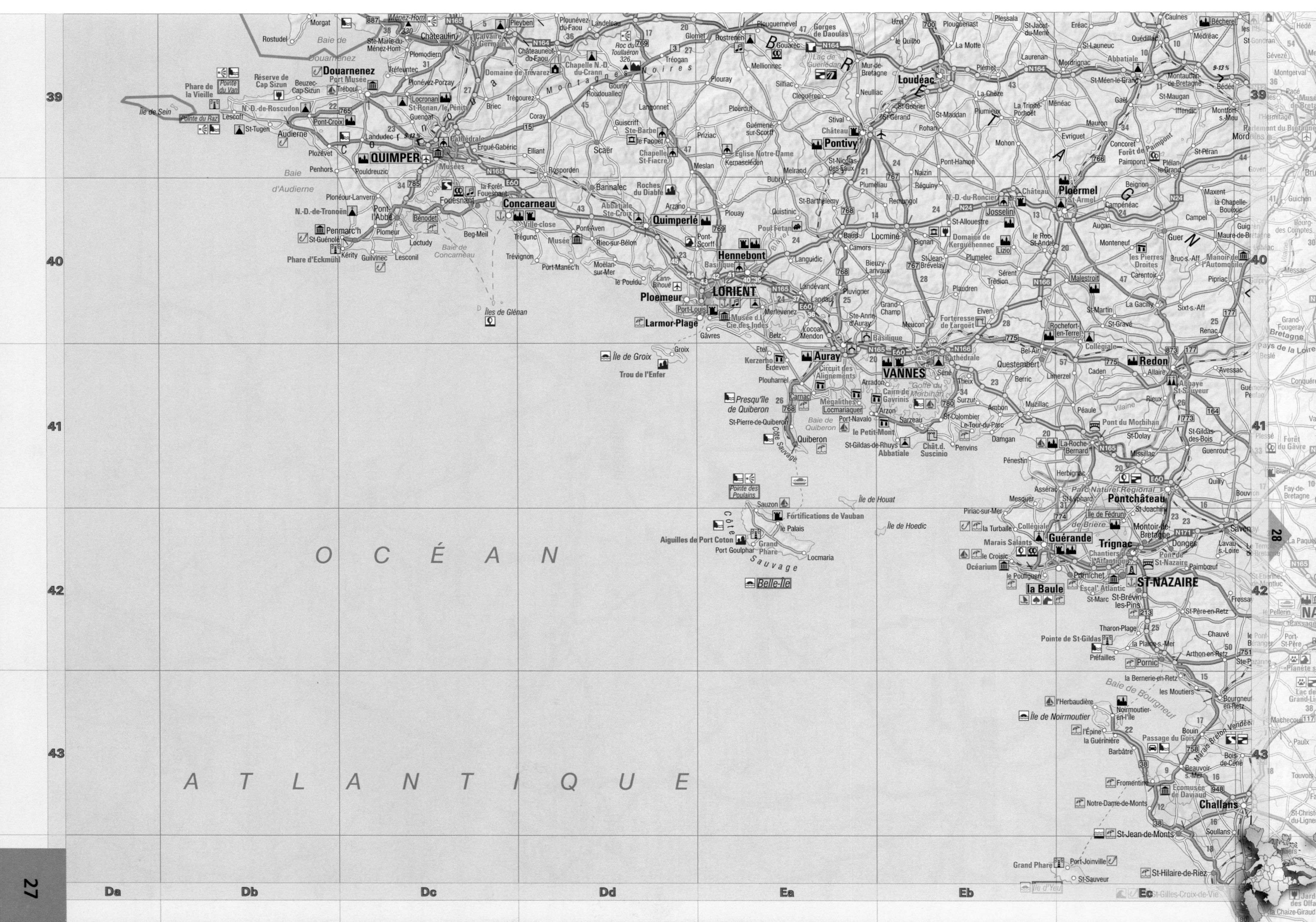

QUIMPER
Douarnenez
Concarneau
Quimperlé
Hennebont
LORIENT
Ploemeur
Larmor-Plage
Auray
VANNES
Pontivy
Loudéac
Ploërmel
Josselin
Redon
Pontchâteau
Guérande
la Baule
Trignac
ST-NAZAIRE
Pornic
Challans
Belle-Île
Île de Groix
Île de Sein
Presqu'île de Quiberon
Île de Noirmoutier
OCÉAN
ATLANTIQUE

28

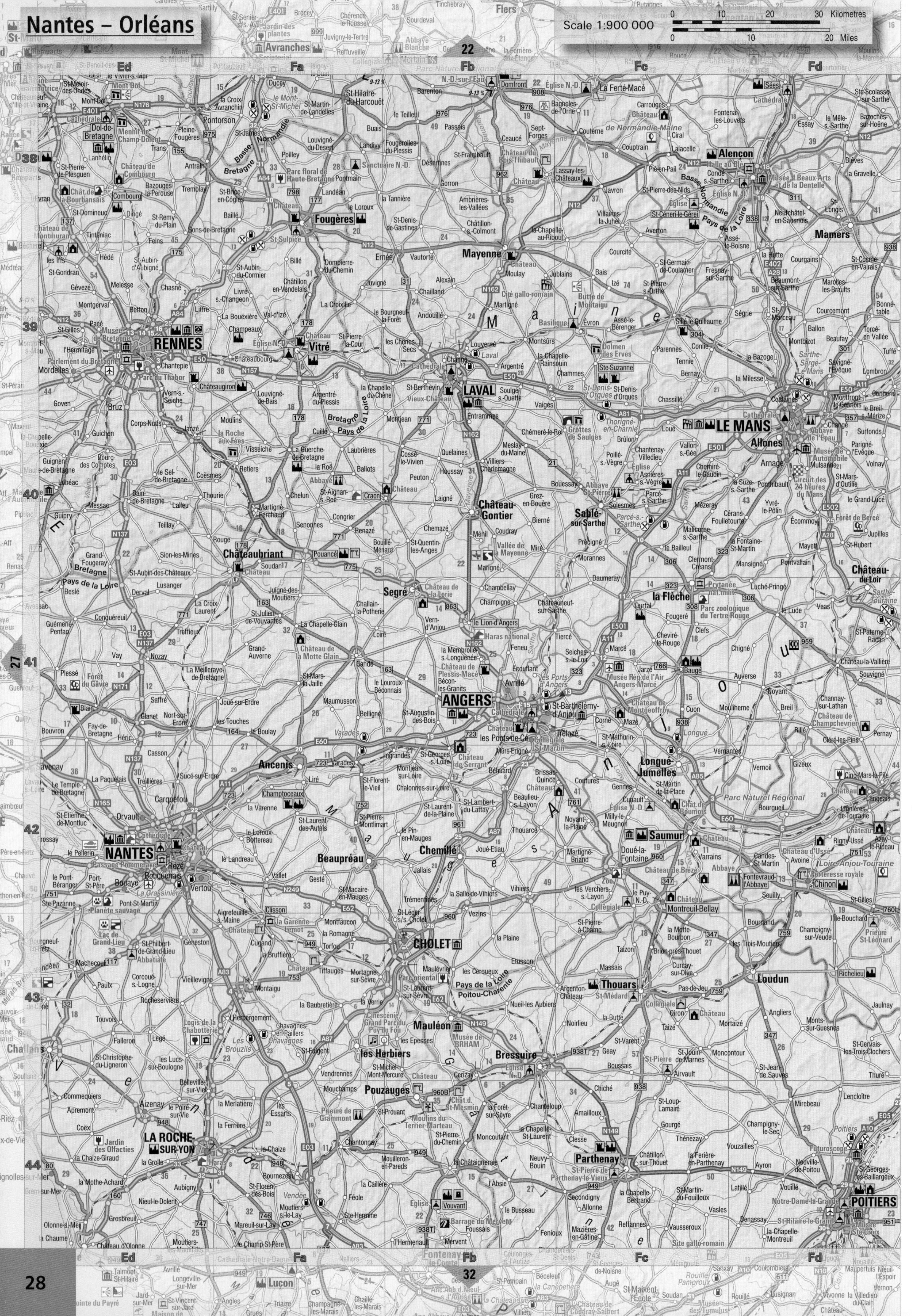

Nantes – Orléans
Scale 1:900 000
0 10 20 30 Kilometres
0 10 20 Miles
22
27
32
28
Ed
Fa
Fb
Fc
Fd
38
39
40
41
42
43
44
RENNES
LAVAL
LE MANS
ANGERS
NANTES
CHOLET
LA ROCHE-SUR-YON
POITIERS
Fougères
Vitré
Mayenne
Alençon
Mamers
Château-Gontier
Sablé-sur-Sarthe
La Flèche
Segré
Châteaubriant
Ancenis
Saumur
Chinon
Loudun
Thouars
Bressuire
Parthenay
Mauléon
Chemillé
Beaupréau
Pouzauges
Les Herbiers
Longué-Jumelles
Châteaugiron
Château-du-Loir
Avranches
Flers
Domfront
Luçon
Fontenay-le-Comte
Maine
Anjou
Vendée
Mauges
Gâtine

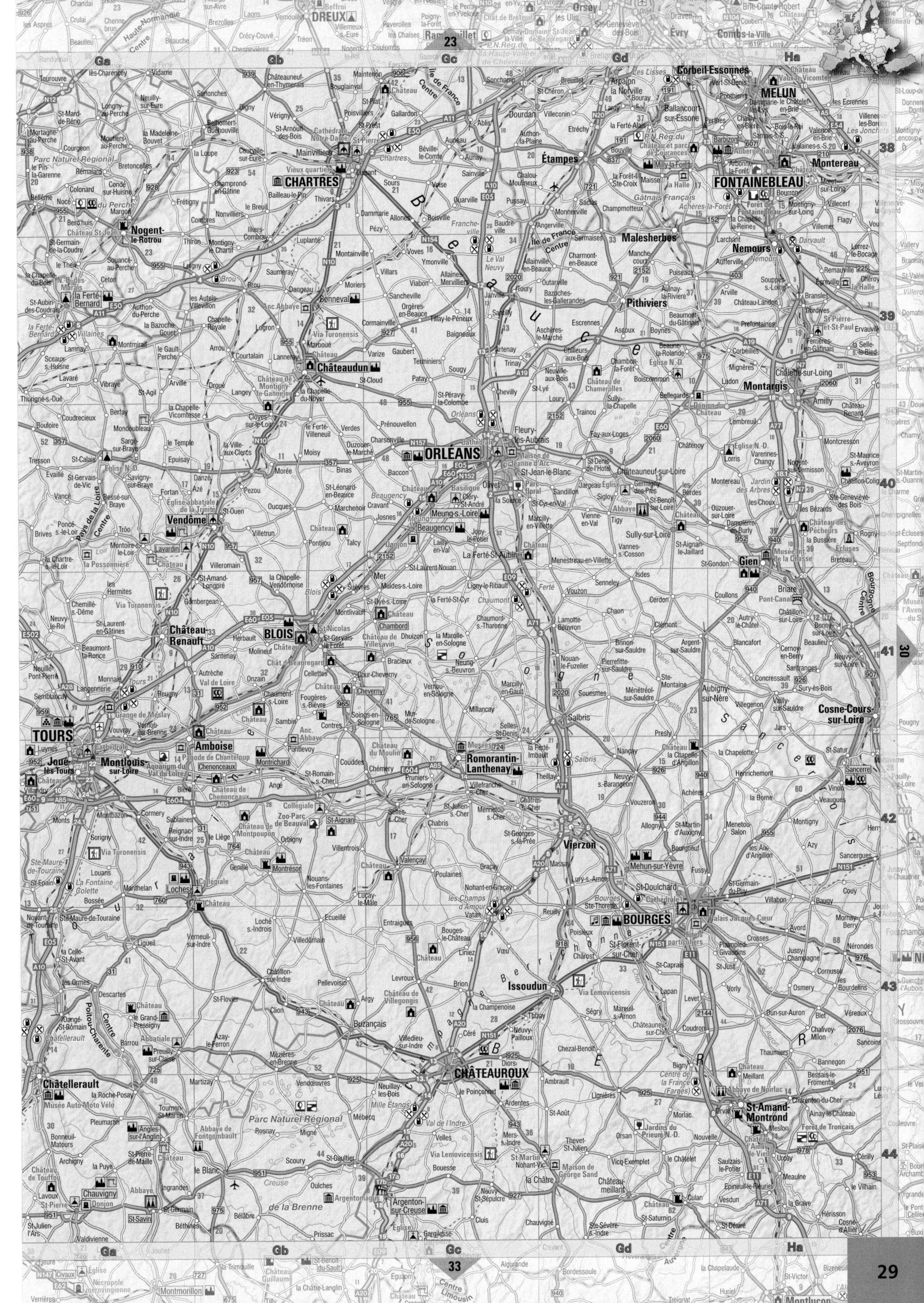
DREUX
Rambouillet
23
Corbeil-Essonnes
MELUN
CHARTRES
Étampes
FONTAINEBLEAU
Montereau
Nogent-le-Rotrou
Malesherbes
Nemours
Pithiviers
Beauce
Châteaudun
Montargis
ORLÉANS
Vendôme
Gien
Sologne
Château-Renault
BLOIS
Cosne-Cours-sur-Loire
TOURS
Amboise
Romorantin-Lanthenay
Vierzon
BOURGES
Issoudun
CHÂTEAUROUX
Châtellerault
St-Amand-Montrond
Argenton-sur-Creuse
Parc Naturel Régional
33
30
38
39
40
41
42
43
44

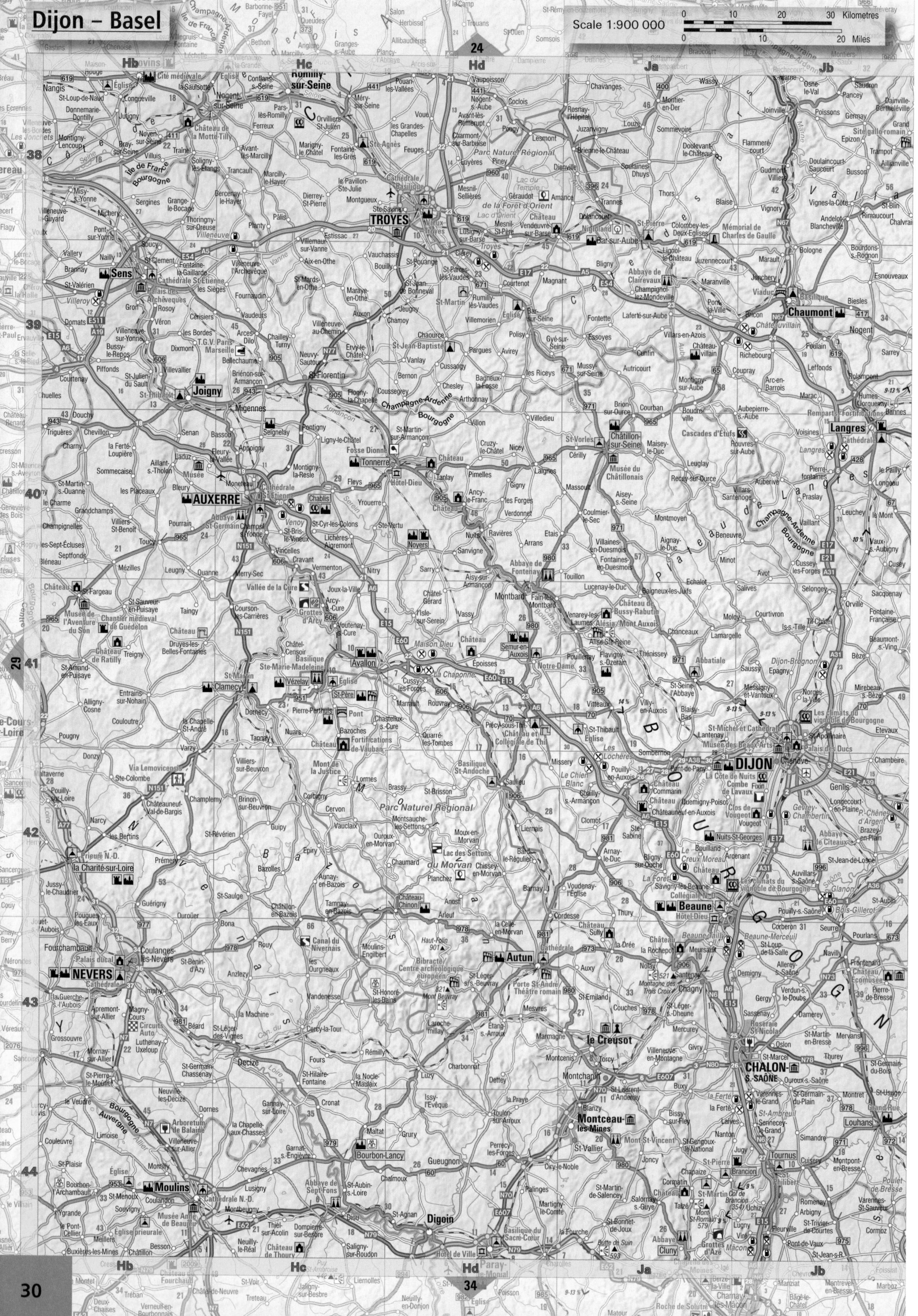
Scale 1:900 000
0 10 20 30 Kilometres
0 10 20 Miles
24
Hb
Hc
Hd
Ja
Jb
38
39
40
41
42
43
44
29
34
Romilly-sur-Seine
Nogent-sur-Seine
TROYES
Sens
Joigny
AUXERRE
Chaumont
Langres
Châtillon-sur-Seine
Tonnerre
Avallon
Vézelay
Clamecy
DIJON
Beaune
Autun
NEVERS
la Charité-sur-Loire
Moulins
le Creusot
CHALON-S.-SAÔNE
Montceau-les-Mines
Digoin
Bourbon-Lancy
Tournus
Louhans
Cluny
Paray-le-Monial
Parc Naturel Régional de la Forêt d'Orient
Parc Naturel Régional du Morvan
Champagne-Ardenne
Bourgogne
Ile de France
Plateau de Langres
Côte d'Or
BOURGOGNE
Canal du Nivernais
Lac des Settons
Mont Beuvray

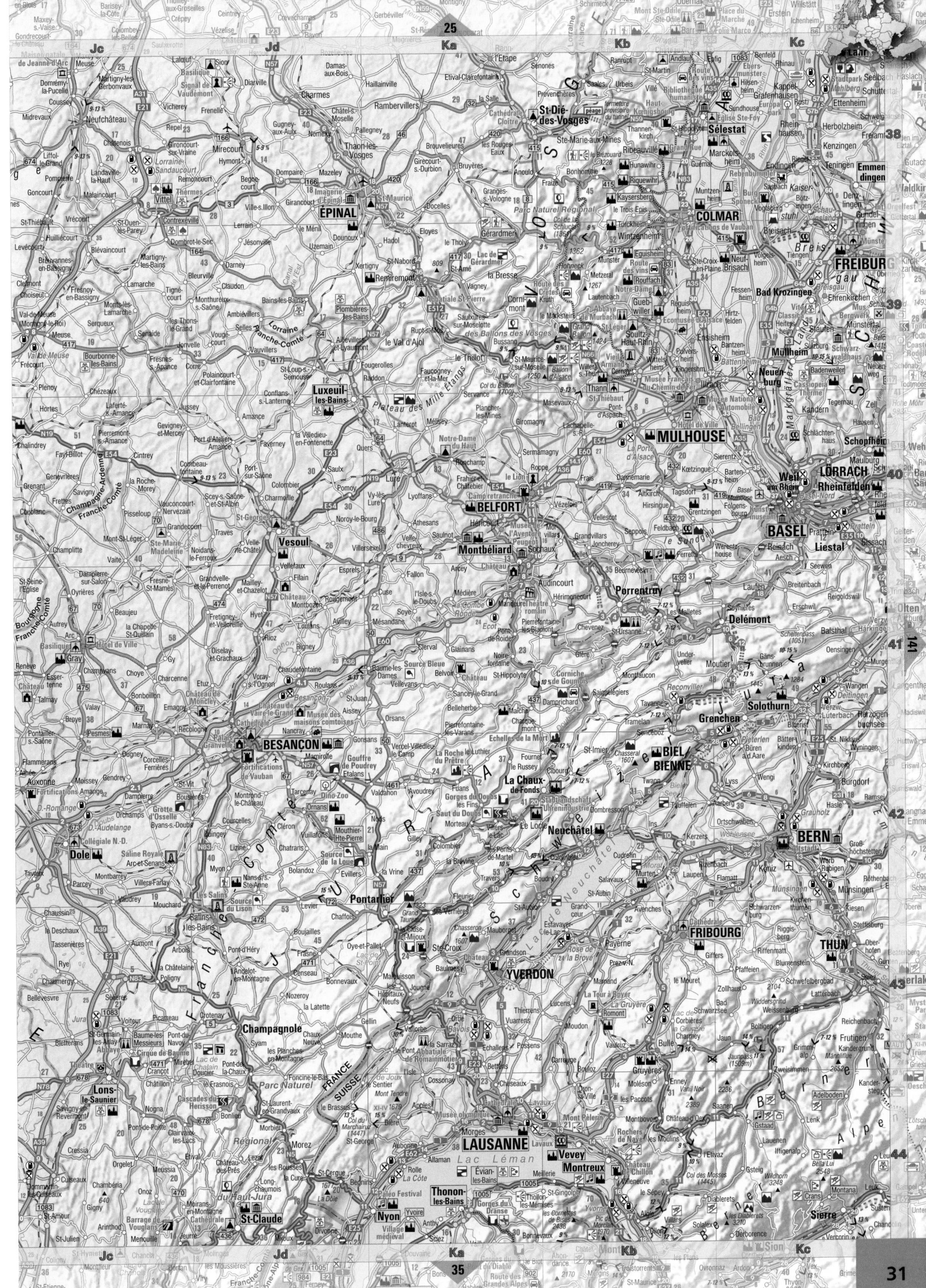

25
Jc
Jd
Ka
Kb
Kc
ÉPINAL
St-Dié-des-Vosges
Sélestat
COLMAR
FREIBURG
Mulhouse
MULHOUSE
BASEL
LÖRRACH
Rheinfelden
Liestal
BELFORT
Montbéliard
Vesoul
Luxeuil-les-Bains
Remiremont
Neufchâteau
Vittel
Contrexéville
Mirecourt
Charmes
Porrentruy
Delémont
Solothurn
Grenchen
BIEL/BIENNE
BERN
THUN
FRIBOURG
Neuchâtel
La Chaux-de-Fonds
Le Locle
Pontarlier
BESANÇON
Dole
Gray
Lons-le-Saunier
Champagnole
St-Claude
YVERDON
LAUSANNE
Vevey
Montreux
Thonon-les-Bains
Évian-les-Bains
Nyon
Lac Léman
GENEVE
Sierre
Gstaad
Adelboden
Oyonnax
38
39
40
41
42
43
44
141
35

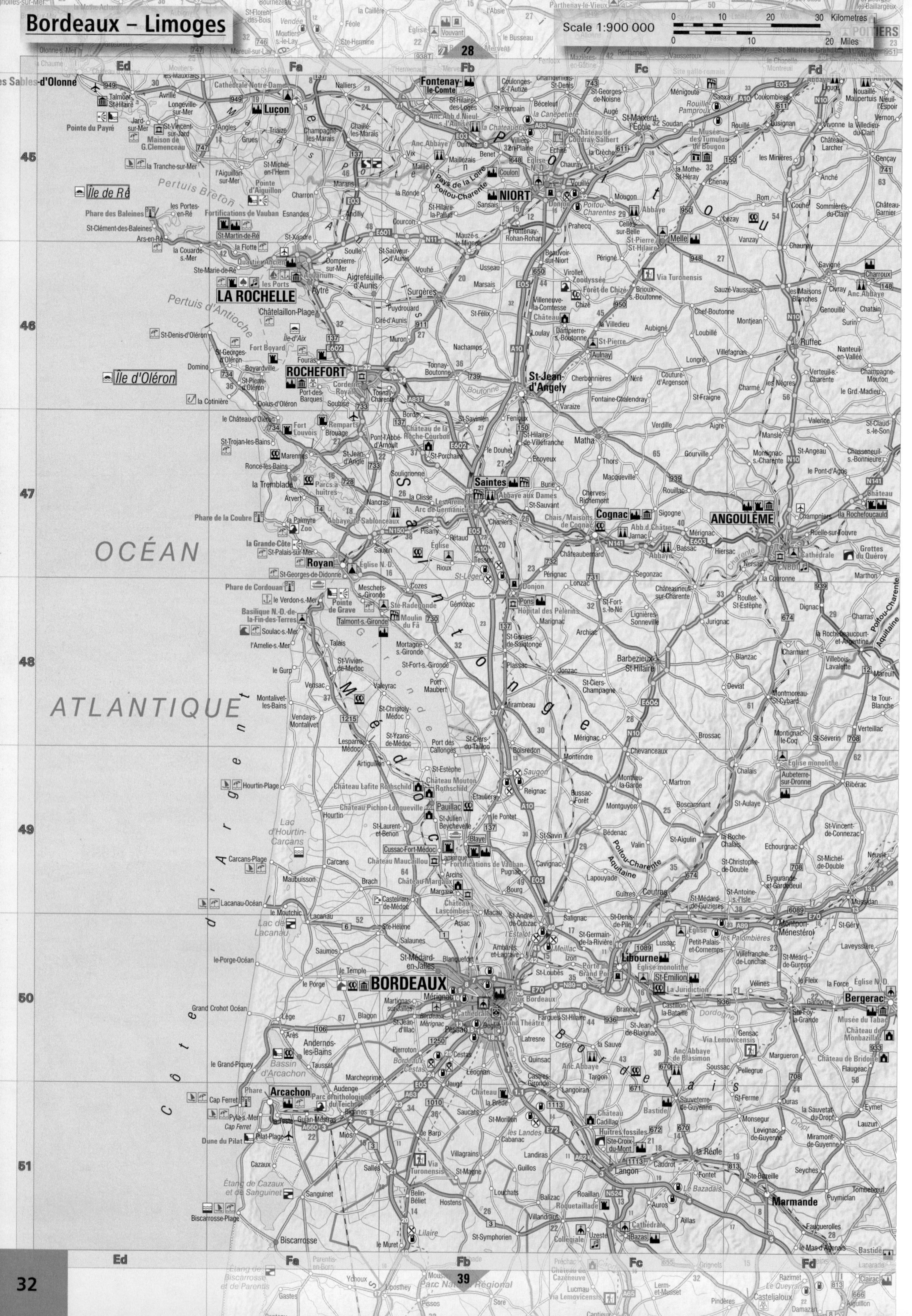
Scale 1:900 000
0 10 20 30 Kilometres
0 10 20 Miles
28
39
Ed
Fa
Fb
Fc
Fd
45
46
47
48
49
50
51
OCÉAN
ATLANTIQUE
Côte d'Argent
Saintonge
Médoc
Bordelais
Poitou
Aunis
Pertuis Breton
Pertuis d'Antioche
Bassin d'Arcachon
Lac d'Hourtin-Carcans
Lac de Lacanau
Étang de Cazaux et de Sanguinet
Gironde
Dordogne
Charente
Boutonne
Pays de la Loire
Poitou-Charentes
Aquitaine
Parc Naturel Régional
Les Sables-d'Olonne
Luçon
Fontenay-le-Comte
NIORT
Île de Ré
LA ROCHELLE
Île d'Oléron
ROCHEFORT
St-Jean-d'Angely
Saintes
Cognac
ANGOULÊME
Royan
Pointe de Grave
Pauillac
Blaye
Libourne
St-Emilion
BORDEAUX
Arcachon
Bergerac
Marmande
Bazas
Langon
Ruffec
Melle
St-Maixent-l'École
Jarnac
Barbezieux-St-Hilaire
Coutras
Lacanau-Océan
Biscarrosse
Dune du Pilat
Cap Ferret
POITIERS
Via Turonensis
Via Lemovicensis

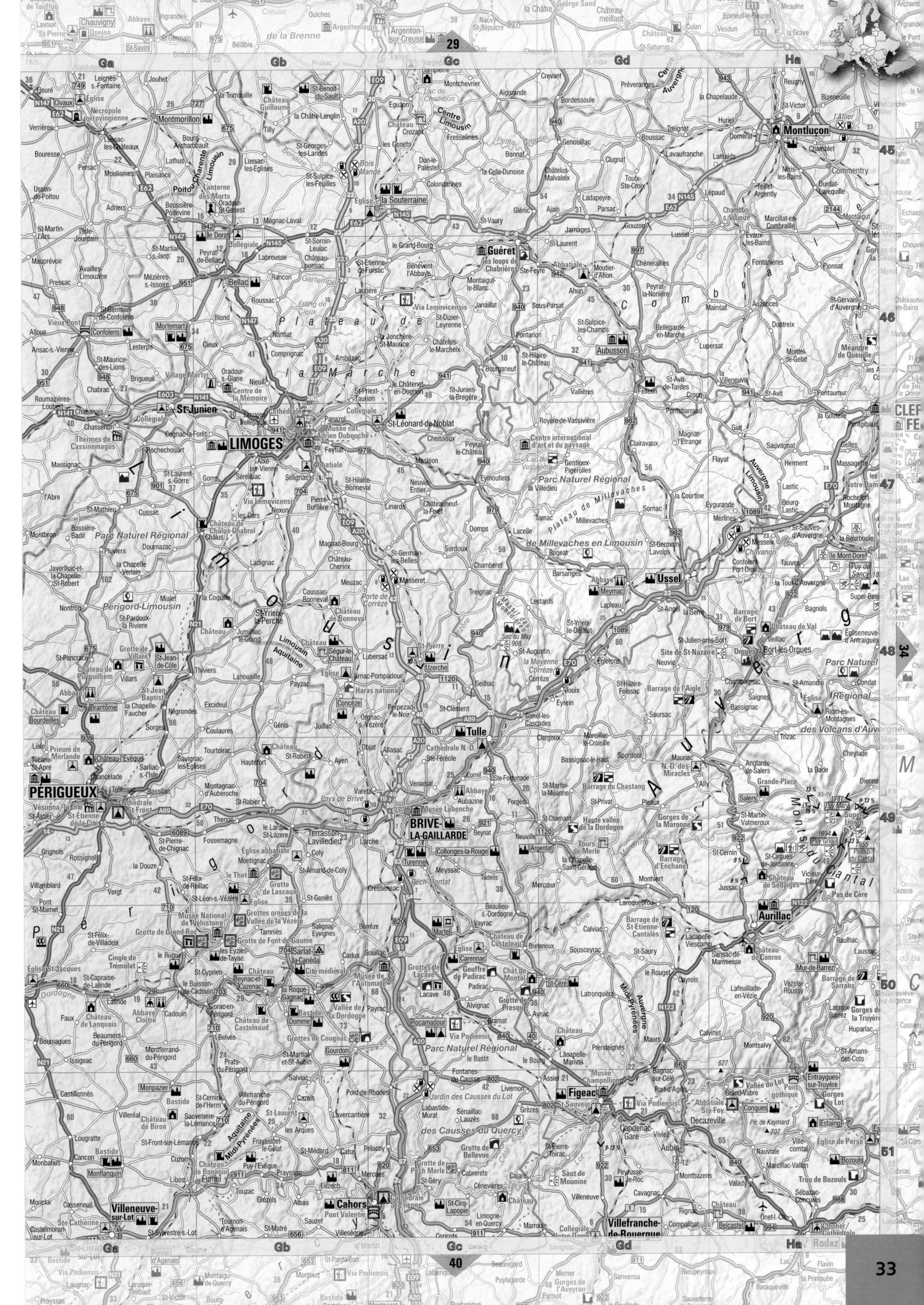
29
Ga
Gb
Gc
Gd
Ha
Montluçon
Guéret
Plateau de Millevaches
la Souterraine
Bellac
St-Junien
LIMOGES
Aubusson
Felletin
Ussel
Tulle
BRIVE-LA-GAILLARDE
PÉRIGUEUX
Sarlat-la-Canéda
Rocamadour
Figeac
Cahors
Aurillac
Villeneuve-sur-Lot
Villefranche-de-Rouergue
Confolens
Montmorillon
Limousin
Auvergne
Combraille
Parc Naturel Régional de Millevaches en Limousin
Parc Naturel Régional Périgord-Limousin
Parc Naturel Régional des Volcans d'Auvergne
Parc Naturel Régional des Causses du Quercy
Monts du Cantal
45
46
47
48
49
50
51
34
40

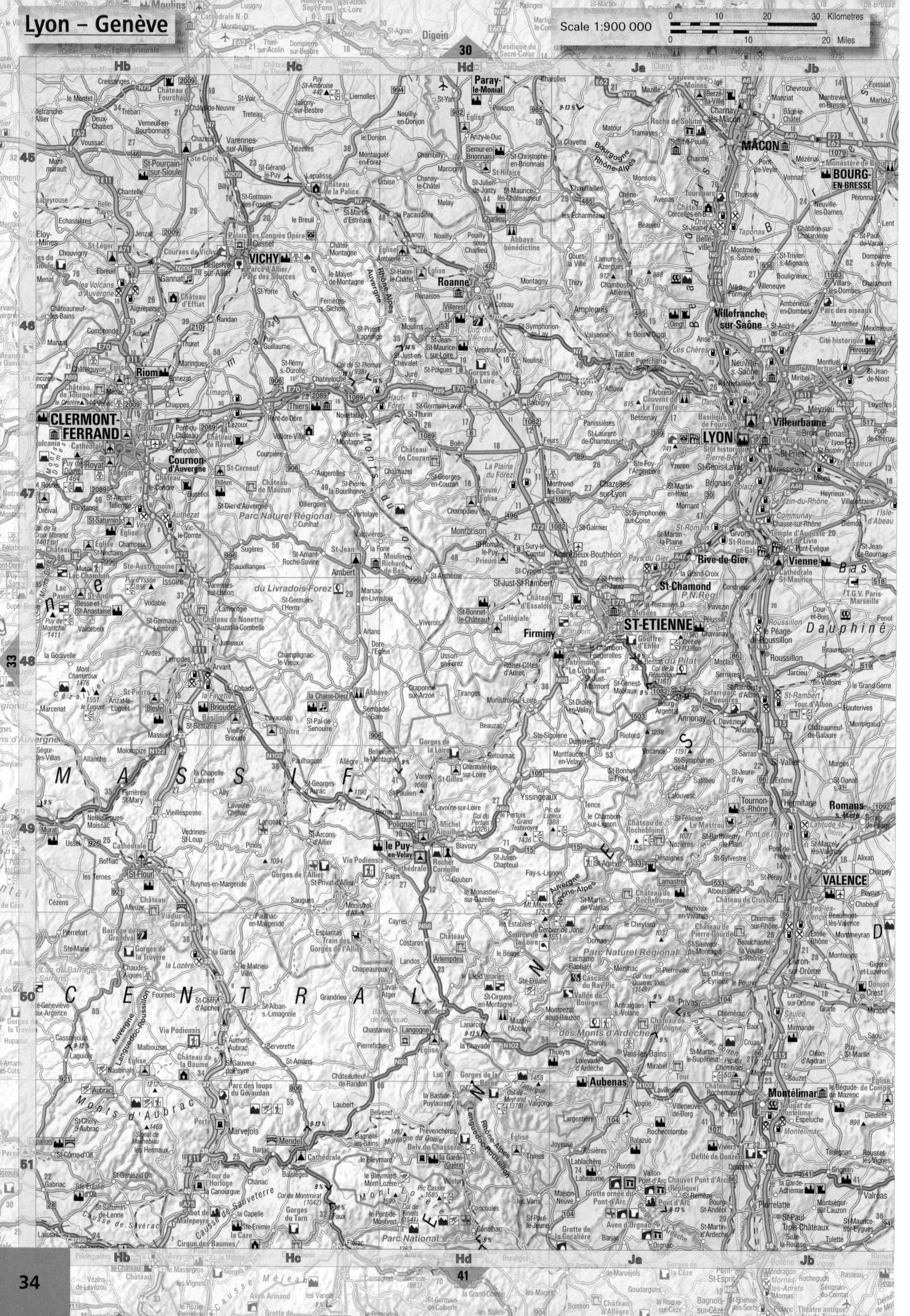
Scale 1:900 000
0 10 20 30 Kilometres
0 10 20 Miles
30
41
33
Hb
Hc
Hd
Ja
Jb
45
46
47
48
49
50
51
CLERMONT-FERRAND
VICHY
Roanne
MÂCON
BOURG-EN-BRESSE
Villefranche-sur-Saône
LYON
Villeurbanne
ST-ETIENNE
St-Chamond
Rive-de-Gier
Vienne
VALENCE
Montélimar
Aubenas
le Puy-en-Velay
Riom
Thiers
Issoire
Brioude
St-Flour
Mende
Paray-le-Monial
Romans-s.-Isère
Ambert
Montbrison
Firminy
Annonay
Tournon-s.-Rhône
M A S S I F
C E N T R A L
Parc Naturel Régional du Livradois-Forez
Parc Naturel Régional des Monts d'Ardèche
Monts du Forez
Monts d'Aubrac
Dauphiné
Parc National

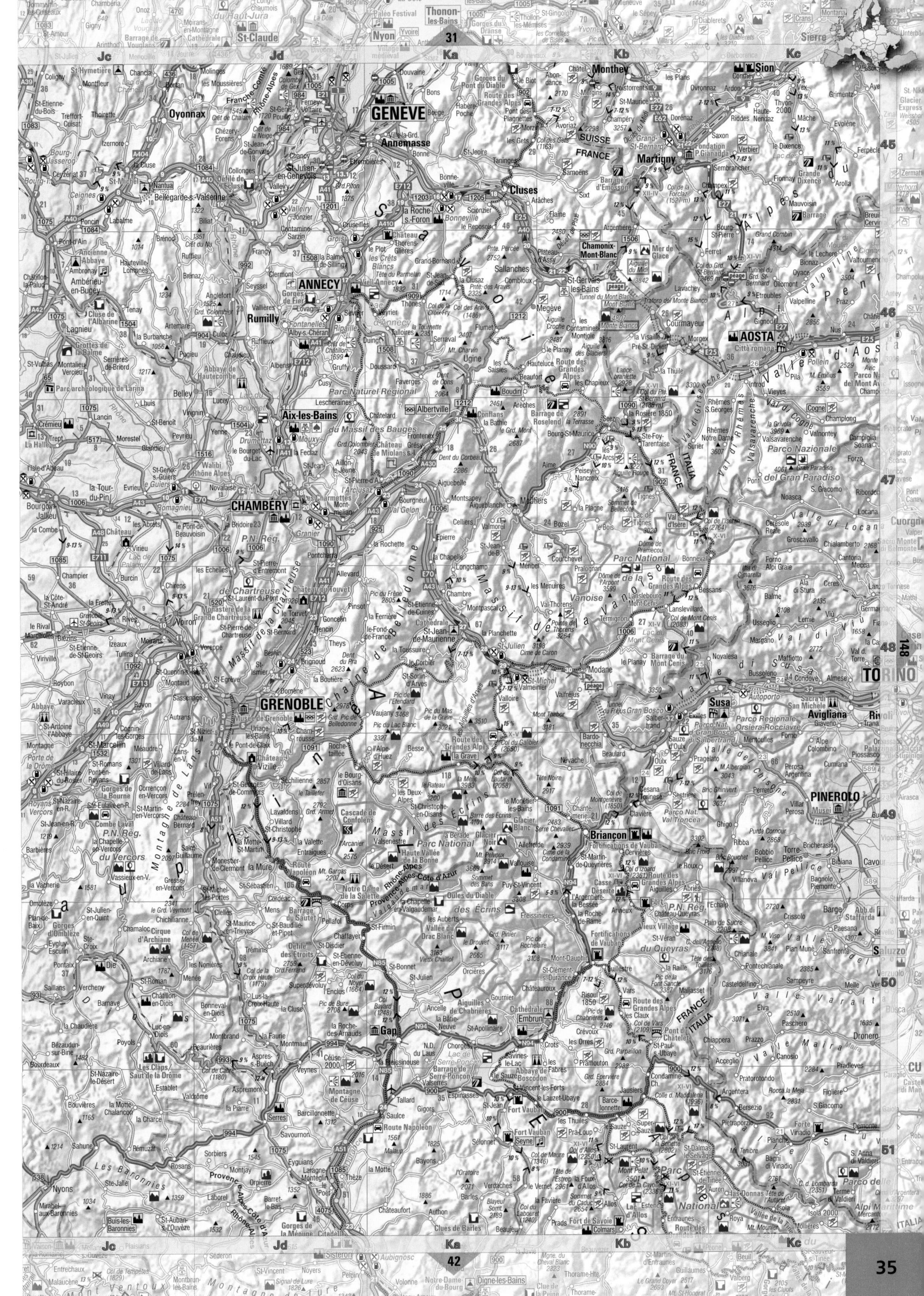
31
Jc
Jd
Ka
Kb
Kc
GENÈVE
Annemasse
Oyonnax
Thonon-les-Bains
Évian-les-Bains
St-Claude
Nyon
Monthey
Sion
Martigny
Cluses
Chamonix-Mont-Blanc
ANNECY
Rumilly
AOSTA
Aix-les-Bains
Albertville
CHAMBÉRY
GRENOBLE
TORINO
Susa
Avigliana
PINEROLO
Briançon
Gap
Embrun
Barcelonnette
Sisteron
Digne-les-Bains
Nyons
Die
Saluzzo
Parc National de la Vanoise
Massif de la Chartreuse
Parc National des Écrins
45
46
47
48
49
50
51
148
42
Jc
Jd
Ka
Kb
Kc

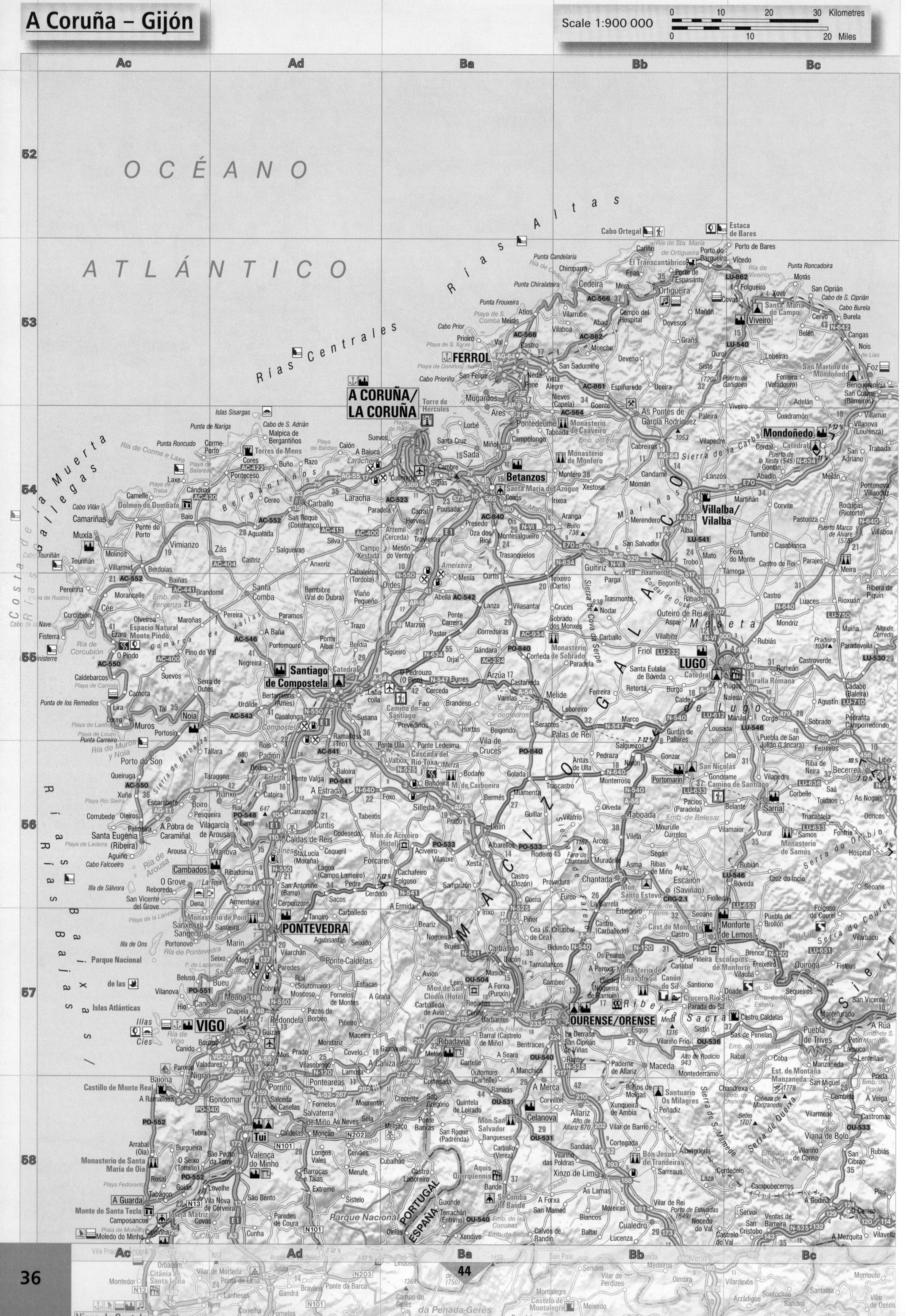
Scale 1:900 000
0 10 20 30 Kilometres
0 10 20 Miles
Ac
Ad
Ba
Bb
Bc
52
53
54
55
56
57
58
OCÉANO
ATLÁNTICO
Rías Altas
Rías Centrales
Costa da Morte
Rías Gallegas
Rías Baixas / Rías Bajas
MACIZO GALAICO
Meseta de Lugo
Ribeira Sacra
Sierra de la Carba
Serra do Courel
Serra do Oribio
Serra de Queixa
A CORUÑA/ LA CORUÑA
FERROL
Betanzos
Santiago de Compostela
LUGO
Villalba/ Vilalba
Mondoñedo
Viveiro
Ortigueira
Cedeira
Noia
Cambados
PONTEVEDRA
VIGO
Tui
A Guarda
Ribadavia
OURENSE/ORENSE
Celanova
Monforte de Lemos
Sarria
Portomarín
Cabo Ortegal
Estaca de Bares
Torre de Hércules
Cabo Vilán
Camariñas
Muxía
Fisterra
Corcubión
Cée
Muros
Padrón
Sanxenxo
Baiona
Islas Sisargas
Islas Atlánticas
Illas Cíes
Parque Nacional de las Islas Atlánticas
Castillo de Monte Real
Monte de Santa Tecla
Monasterio de Santa María de Oia
Valença do Minho
PORTUGAL
ESPAÑA
Parque Nacional
44

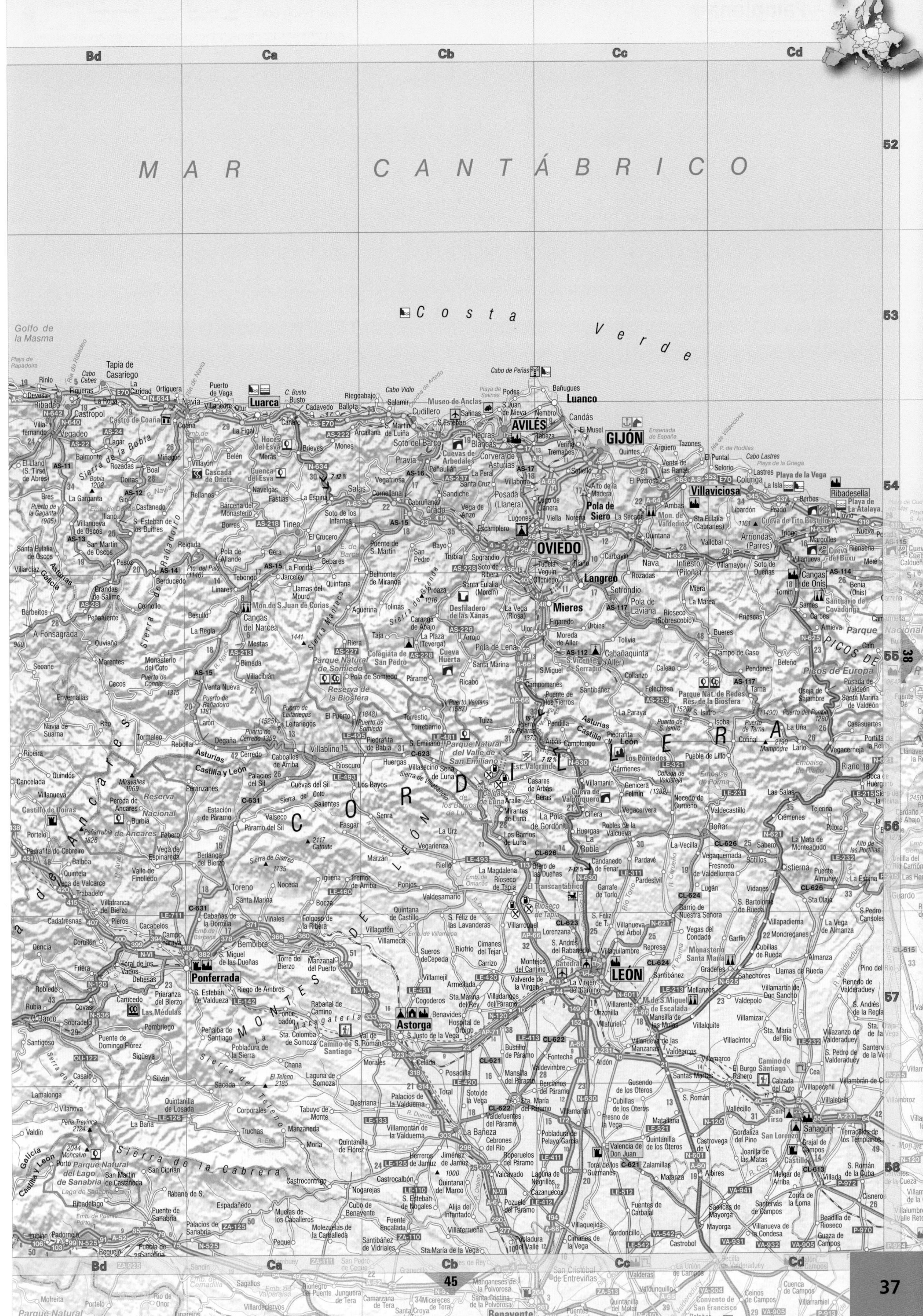
Bd
Ca
Cb
Cc
Cd
52
M A R C A N T Á B R I C O
53
Costa Verde
Golfo de la Masma
Cabo de Peñas
Tapia de Casariego
Luarca
Navia
Ribadeo
Castropol
Vegadeo
Cudillero
Salinas
Podes
Bañugues
Luanco
Candás
AVILÉS
GIJÓN
Villaviciosa
Ribadesella
Llanes
54
Pravia
Grado
Salas
Tineo
Posada (Llanera)
Pola de Siero
OVIEDO
Langreo
Mieres
Infiesto (Piloña)
Arriondas (Parres)
Cangas de Onís
Pola de Allande
Cangas del Narcea
Pola de Lena
Pola de Laviana
Sierra de la Bobia
Sierra de Rañadoiro
Parque Natural de Somiedo
Pola de Somiedo
Reserva de la Biosfera
Desfiladero de las Xanas
Parque Nacional Picos de Europa
Parque Nat. de Redes Res. de la Biosfera
55
38
Villablino
Asturias
Castilla y León
Parque Natural del Valle de San Emiliano
C O R D I L L E R A
Sierra de Ancares
Reserva Nacional de Ancares
Riaño
Puebla de Lillo
La Pola de Gordón
La Robla
Boñar
56
Ponferrada
Bembibre
Las Médulas
Montes de León
Astorga
Camino de Santiago
Maragatería
LEÓN
Mansilla de las Mulas
Valencia de Don Juan
Sahagún
57
Sierra de la Cabrera
Sierra del Teleno
Parque Natural del Lago de Sanabria
La Bañeza
Benavides
58
Puebla de Sanabria
Benavente
45
Parque Natural de Montesinho

Scale 1:900 000 — 0 10 20 30 Kilometres — 0 10 20 Miles

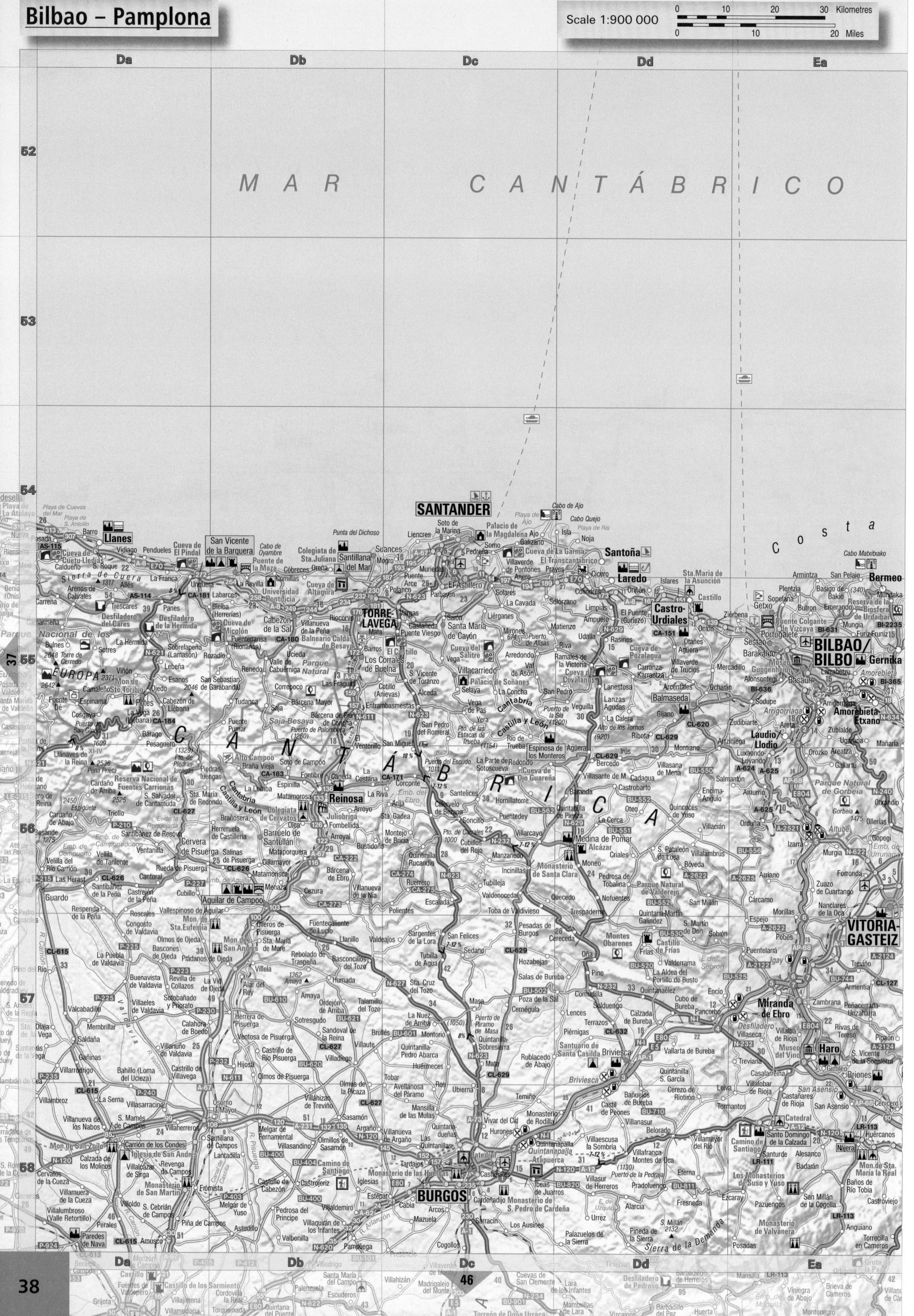

Da
Db
Dc
Dd
Ea
52
53
54
55
56
57
58
MAR CANTÁBRICO
Costa
SANTANDER
Cabo de Ajo
Cabo Quejo
Santoña
Laredo
Castro-Urdiales
Llanes
San Vicente de la Barquera
Santillana del Mar
Suances
TORRELAVEGA
Comillas
Reinosa
Potes
BILBAO/BILBO
Gernika
Bermeo
Mundaka
Portugalete
Getxo
Barakaldo
Sestao
Basauri
Amorebieta-Etxano
Laudio/Llodio
Balmaseda
VITORIA-GASTEIZ
Miranda de Ebro
Haro
BURGOS
Aguilar de Campoo
Medina de Pomar
Briviesca
Santo Domingo de la Calzada
Nájera
Castrojeriz
Frómista
Paredes de Nava
Carrión de los Condes
Cervera de Pisuerga
Espinosa de los Monteros
Sierra de la Demanda
Parque Nacional de los Picos de Europa
Parque Natural de Gorbeia
CANTÁBRICA
Cantabria
Castilla y León
46
37

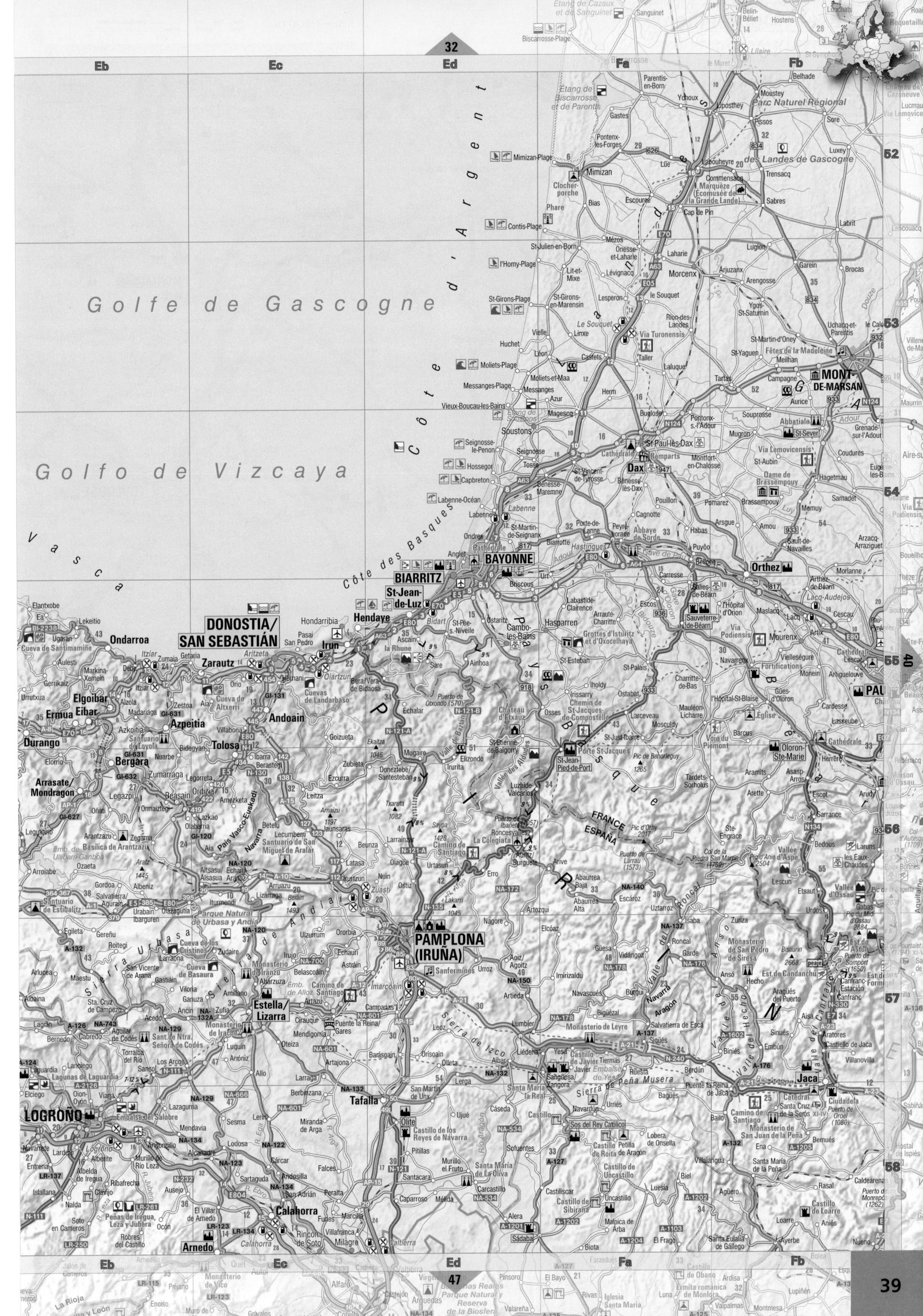

32
Eb
Ec
Ed
Fa
Fb
Golfe de Gascogne
Golfo de Vizcaya
Côte d'Argent
Côte des Basques
Vasca
Landes
Parc Naturel Régional des Landes de Gascogne
Étang de Cazaux et de Sanguinet
Étang de Biscarrosse et de Parentis
Biscarrosse-Plage
Parentis-en-Born
Mimizan-Plage
Mimizan
Contis-Plage
St-Julien-en-Born
Lit-et-Mixe
St-Girons-Plage
Moliets-Plage
Messanges-Plage
Vieux-Boucau-les-Bains
Soustons
Seignosse-le-Penon
Hossegor
Capbreton
Labenne-Océan
Labenne
Morcenx
Sabres
Labouheyre
Pissos
Sore
Luxey
Tartas
MONT-DE-MARSAN
St-Sever
St-Paul-lès-Dax
Dax
Montfort-en-Chalosse
Hagetmau
Amou
Orthez
Peyrehorade
BAYONNE
BIARRITZ
Anglet
St-Jean-de-Luz
Hendaye
Bidart
Cambo-les-Bains
Hasparren
St-Palais
Mauléon-Licharre
St-Jean-Pied-de-Port
Sauveterre-de-Béarn
Salies-de-Béarn
Navarrenx
Mourenx
Lacq
PAU
Oloron-Ste-Marie
Tardets-Sorholus
Arette
Bedous
Laruns
Pays Basque
Béarn
Pyrénées
FRANCE
ESPAÑA
Pic d'Orhy 2017
Pic d'Anie 2504
Roncesvalles
Burguete
DONOSTIA/ SAN SEBASTIÁN
Irun
Hondarribia
Pasai San Pedro
Zarautz
Getaria
Zumaia
Ondarroa
Lekeitio
Elgoibar
Eibar
Ermua
Durango
Azpeitia
Azkoitia
Andoain
Tolosa
Bergara
Arrasate/ Mondragon
Oñati
Legazpi
Zumarraga
Beasain
Ordizia
Lazkao
Alsasua
Elizondo
Leitza
Lekunberri
Irurtzun
PAMPLONA (IRUÑA)
Estella/ Lizarra
Puente la Reina/ Gares
Sierra de Urbasa
Sierra de Andía
Tafalla
Olite
Sangüesa/ Zangoza
Lumbier
Aoiz/ Agoitz
Isaba
Roncal
Ochagavía
Monasterio de Leyre
Yesa
Jaca
Canfranc-Estación
Sos del Rey Católico
LOGROÑO
Viana
Los Arcos
Calahorra
Arnedo
San Adrián
Caparroso
Carcastillo
Sádaba
Ayerbe
Sierra de Peña Musera
Sierra de Izco
52
53
54
55
56
57
58
Eb
Ec
Ed
Fa
Fb
47
40

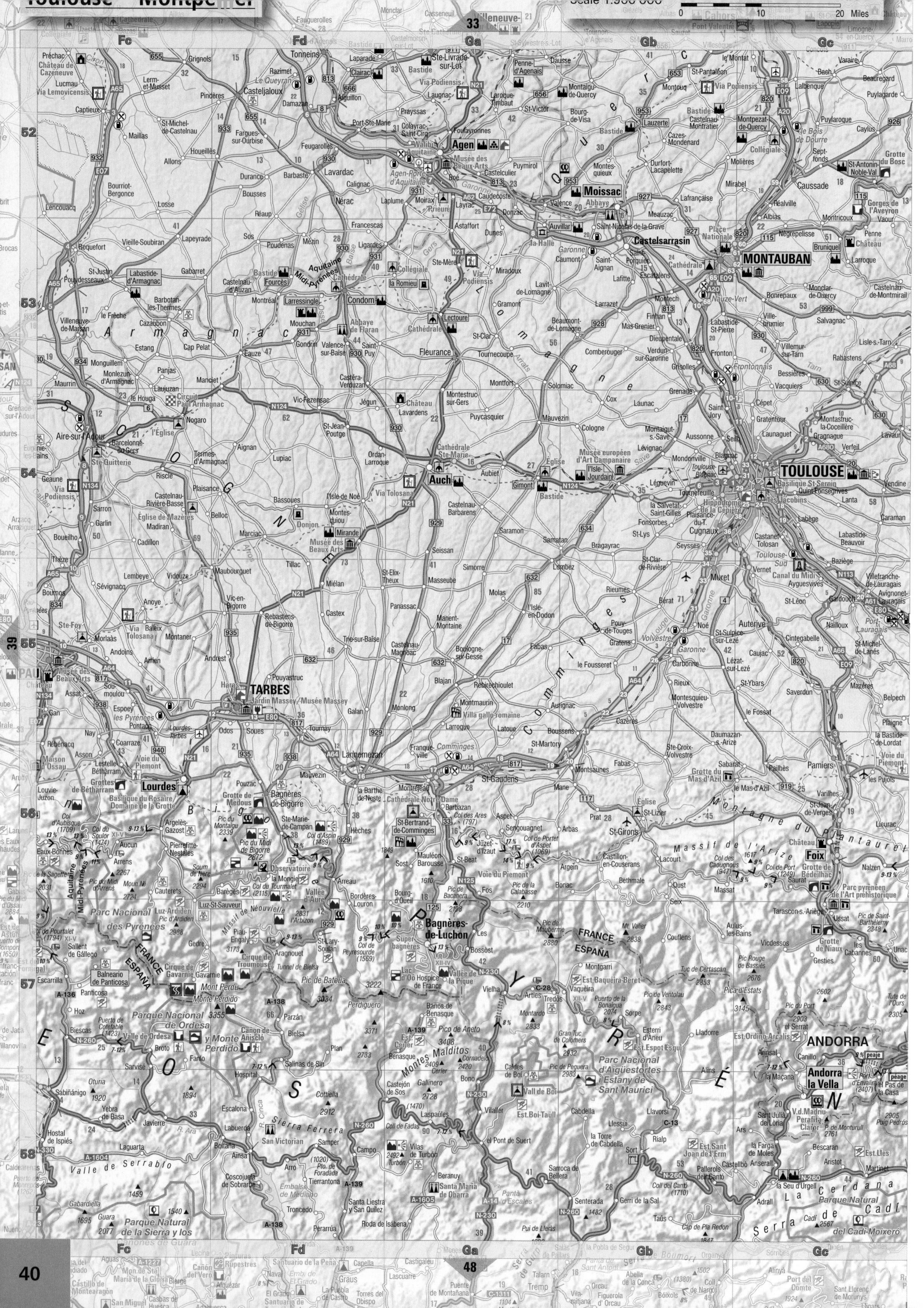

Scale 1:900 000
10
20 Miles
33
Fc
Fd
Ga
Gb
Gc
52
53
54
55
56
57
58
39
48
Tonneins
Ste-Livrade-sur-Lot
Casteljaloux
Aiguillon
Agen
Musée des Beaux-Arts
Moissac
Abbaye
Castelsarrasin
MONTAUBAN
Caussade
Nérac
Lavardac
Condom
Cathédrale
Lectoure
Fleurance
Eauze
Armagnac
Aire-sur-l'Adour
Nogaro
Vic-Fezensac
Auch
Cathédrale Ste-Marie
TOULOUSE
Basilique St-Sernin
Les Jacobins
Grenade
Blagnac
Colomiers
Muret
Mirande
Musée des Beaux Arts
Maubourguet
Vic-en-Bigorre
Lomagne
Gascogne
Comminges
TARBES
Jardin Massey
Musée Massey
PAU
Lourdes
Bagnères-de-Bigorre
Lannemezan
St-Gaudens
St-Bertrand-de-Comminges
Bagnères-de-Luchon
St-Girons
Foix
Pamiers
Mas d'Azil
Montagne du Plantaurel
Massif de l'Arize
Parc Nacional des Pyrénées
Pic du Midi de Bigorre
Observatoire
Col du Tourmalet
Col d'Aubisque
Cirque de Gavarnie
FRANCE
ESPAÑA
Parque Nacional de Ordesa y Monte Perdido
Monte Perdido
Vielha
Vall de Boí
Parc Nacional d'Aigüestortes i Estany de Sant Maurici
Pico de Aneto
Montes Malditos
ANDORRA
Andorra la Vella
la Seu d'Urgell
Serra del Cadí
Parque Natural del Cadí-Moixeró
Sierra Ferrera
Valle de Serrablo
Parque Natural de la Sierra y los Cañones de Guara
Sabiñánigo
Jaca
Boltaña
Aínsa
Benasque
Sort
Tremp

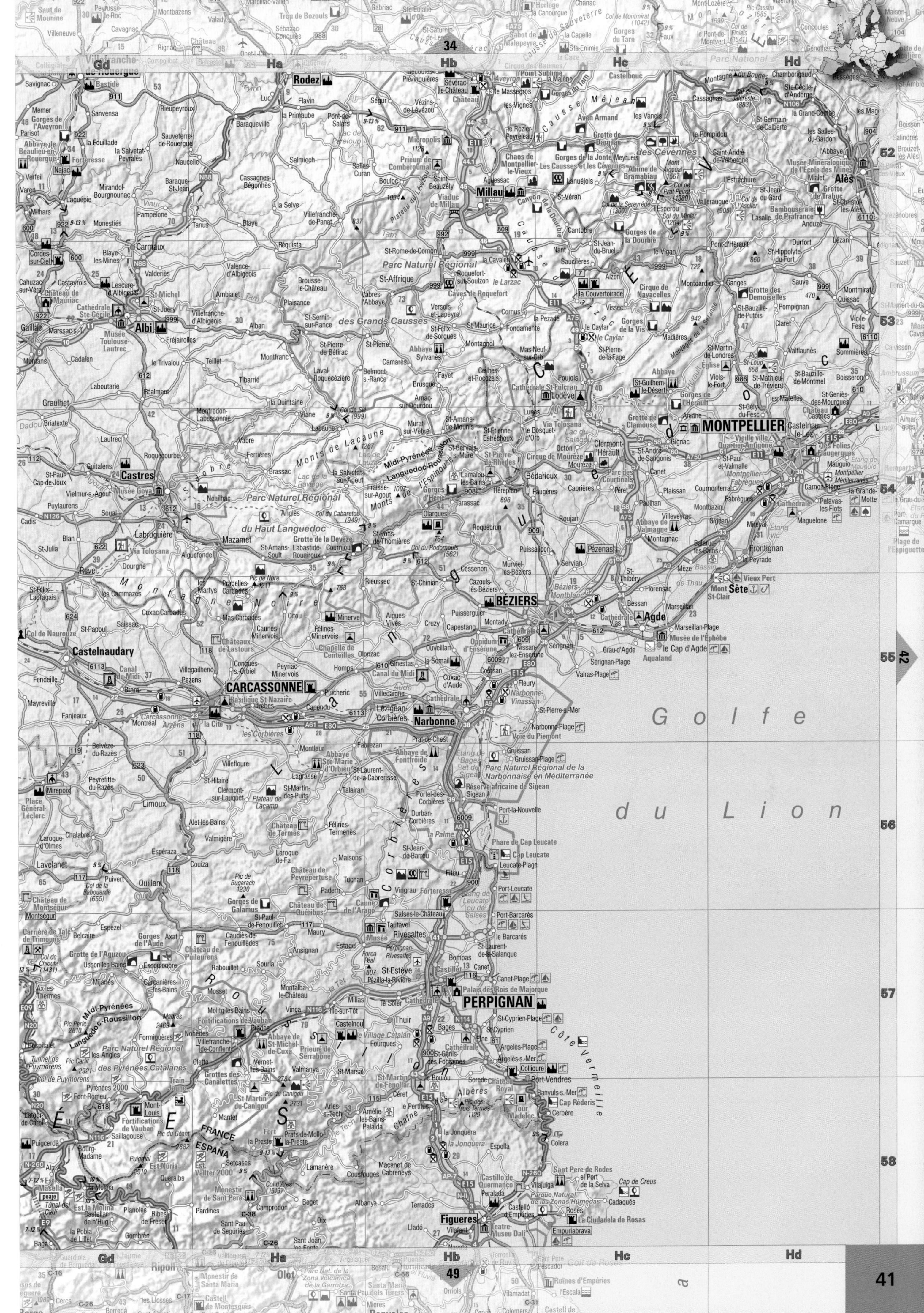
34
Gd
Ha
Hb
Hc
Hd
Villefranche-de-Rouergue
Rodez
Millau
Alès
Albi
Castres
Causse Méjean
Parc National des Cévennes
Parc Naturel Régional des Grands Causses
Parc Naturel Régional du Haut Languedoc
Monts de Lacaune
Montagne Noire
Lodève
MONTPELLIER
Sète
Agde
BÉZIERS
Castelnaudary
CARCASSONNE
Narbonne
Golfe du Lion
Parc Naturel Régional de la Narbonnaise en Méditerranée
Limoux
PERPIGNAN
Parc Naturel Régional des Pyrénées Catalanes
Côte Vermeille
FRANCE
ESPAÑA
Figueres
Cadaqués
La Ciudadela de Rosas
Empuriabrava
52
53
54
55
56
57
58
42
49
Olot
Ripoll

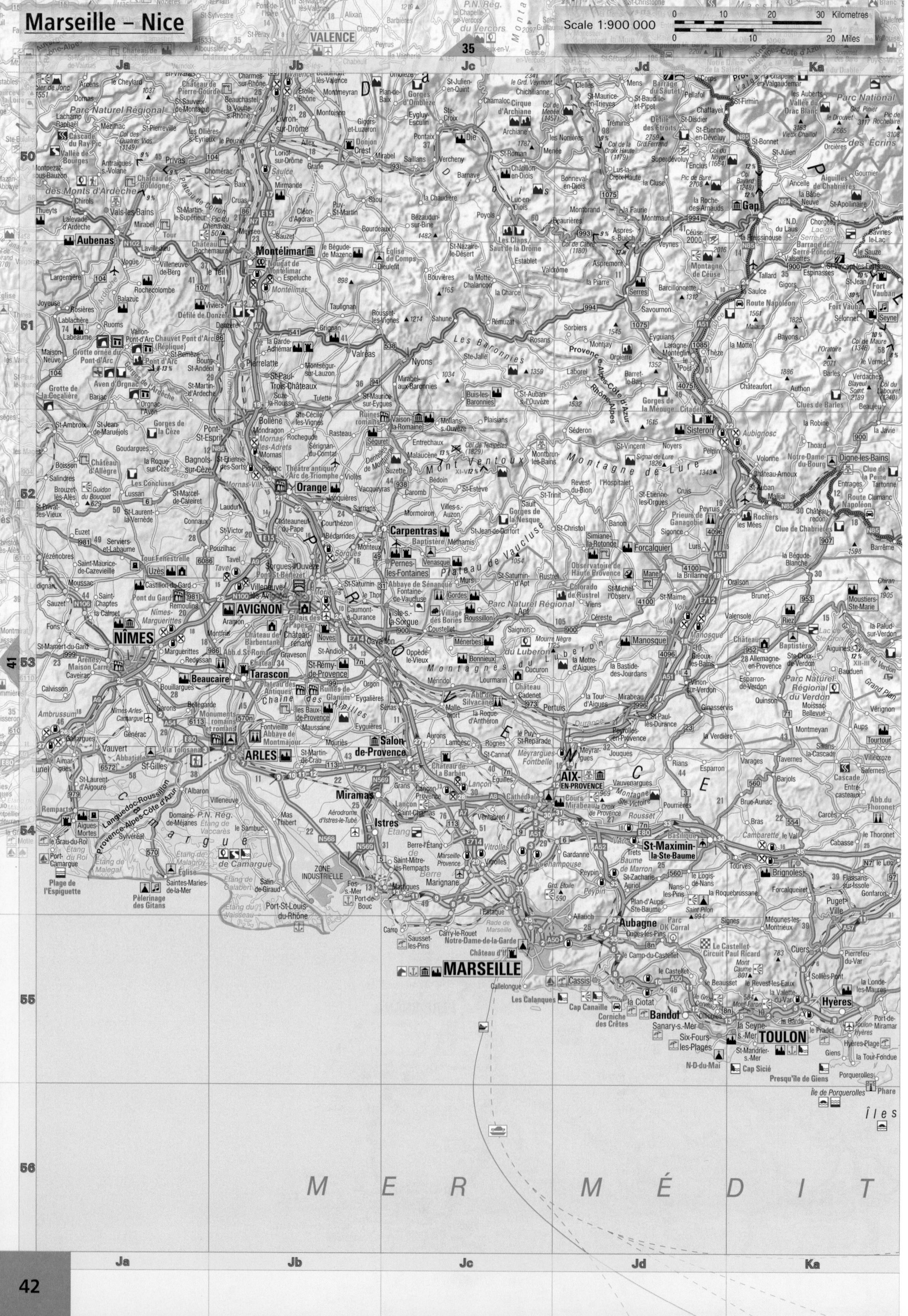
Scale 1:900 000
0 10 20 30 Kilometres
0 10 20 Miles
35
41
Ja
Jb
Jc
Jd
Ka
50
51
52
53
54
55
56
VALENCE
Privas
Aubenas
Montélimar
Orange
Carpentras
Uzès
AVIGNON
NÎMES
Beaucaire
Tarascon
ARLES
Salon-de-Provence
Miramas
Istres
Marignane
AIX-EN-PROVENCE
St-Maximin-la-Ste-Baume
Aubagne
MARSEILLE
Cassis
La Ciotat
Bandol
TOULON
Hyères
Brignoles
Manosque
Forcalquier
Sisteron
Digne-les-Bains
Gap
Die
Crest
Nyons
Valréas
Pertuis
Apt
Cavaillon
Mont Ventoux
Montagne de Lure
Les Baronnies
Plateau de Vaucluse
Montagnes du Luberon
Parc Naturel Régional du Luberon
Parc Naturel Régional du Verdon
Parc Naturel Régional des Monts d'Ardèche
Parc National des Écrins
Camargue
PROVENCE
MER MÉDIT

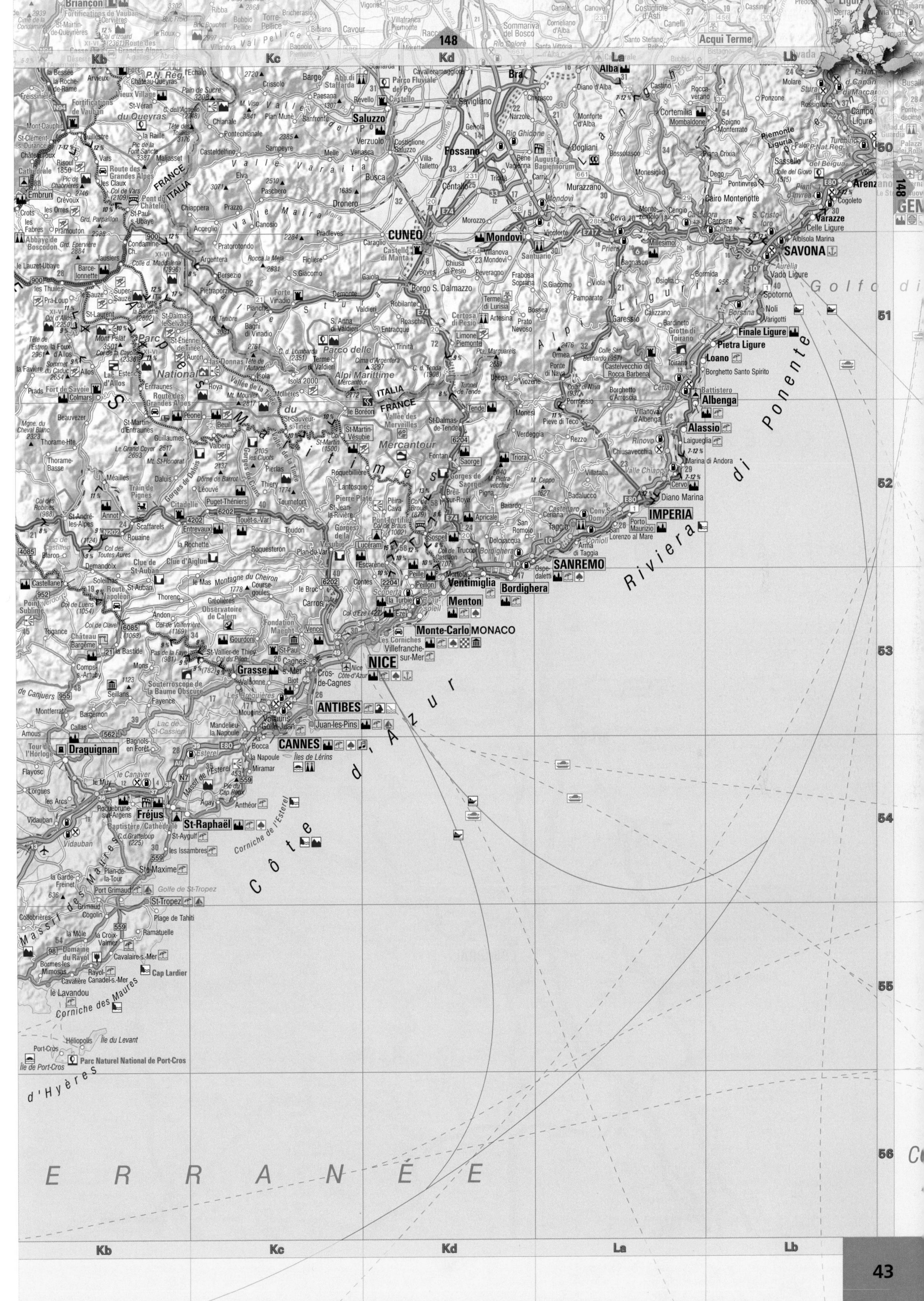

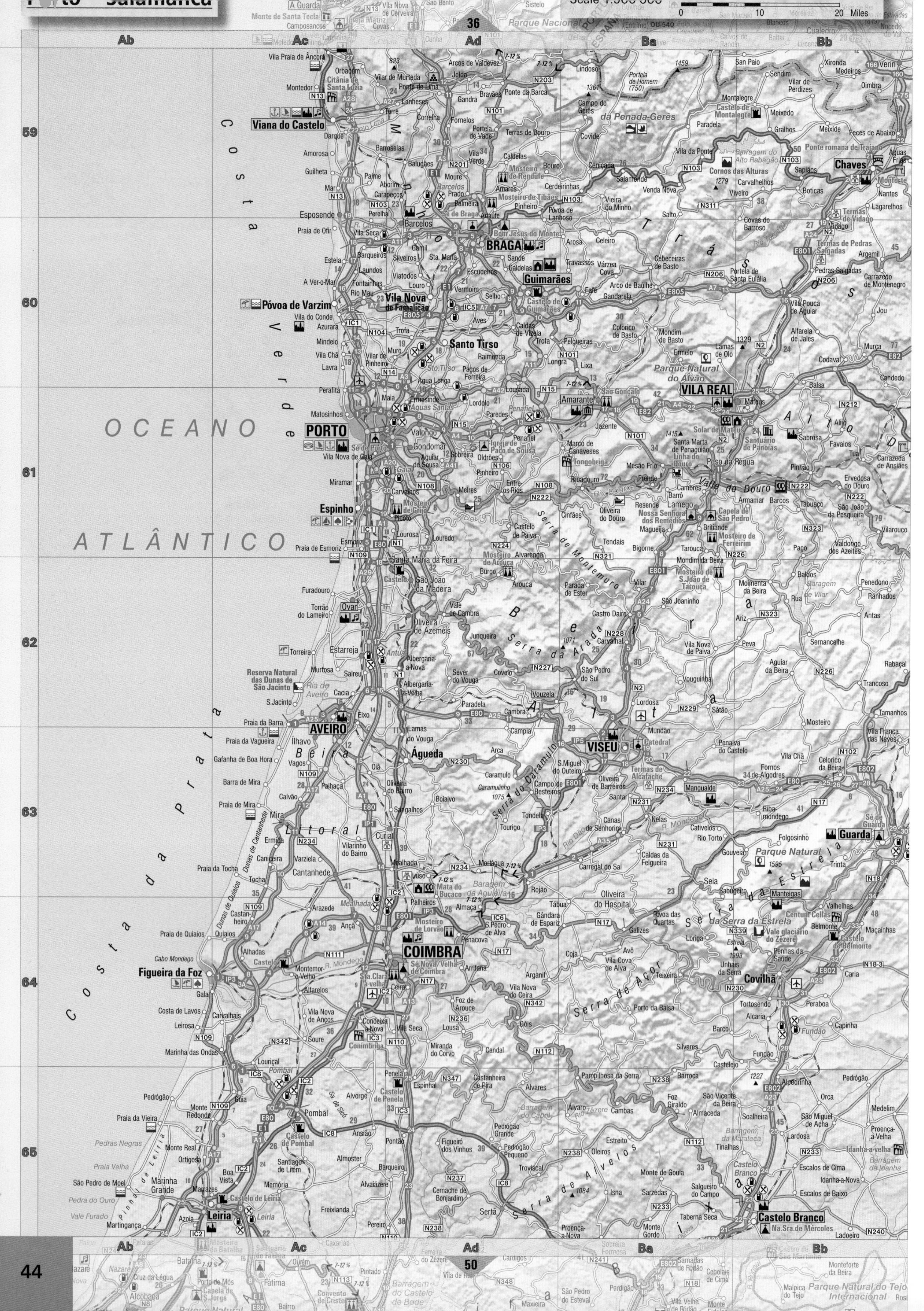

Porto – Salamanca
Scale 1:500 000
0 10 20 Miles
36
Ab
Ac
Ad
Ba
Bb
59
60
61
62
63
64
65
OCEANO
ATLÂNTICO
Costa Verde
Costa da Prata
Beira Litoral
Beira Alta
Trás-os-Montes
Alto Douro
Viana do Castelo
Póvoa de Varzim
Vila Nova de Famalicão
Barcelos
BRAGA
Guimarães
Santo Tirso
PORTO
Vila Nova de Gaia
Matosinhos
Espinho
Santa Maria da Feira
São João da Madeira
Oliveira de Azeméis
Ovar
Estarreja
AVEIRO
Ílhavo
Águeda
VISEU
VILA REAL
Chaves
Amarante
Peso da Régua
Lamego
Guarda
Covilhã
COIMBRA
Figueira da Foz
Leiria
Pombal
Castelo Branco
Mealhada
Mangualde
Seia
Parque Nacional da Peneda-Gerês
Parque Natural do Alvão
Parque Natural da Serra da Estrela
Serra de Montemuro
Serra da Arada
Serra do Caramulo
Serra do Açor
Serra de Alvelos
Serra da Estrela
50

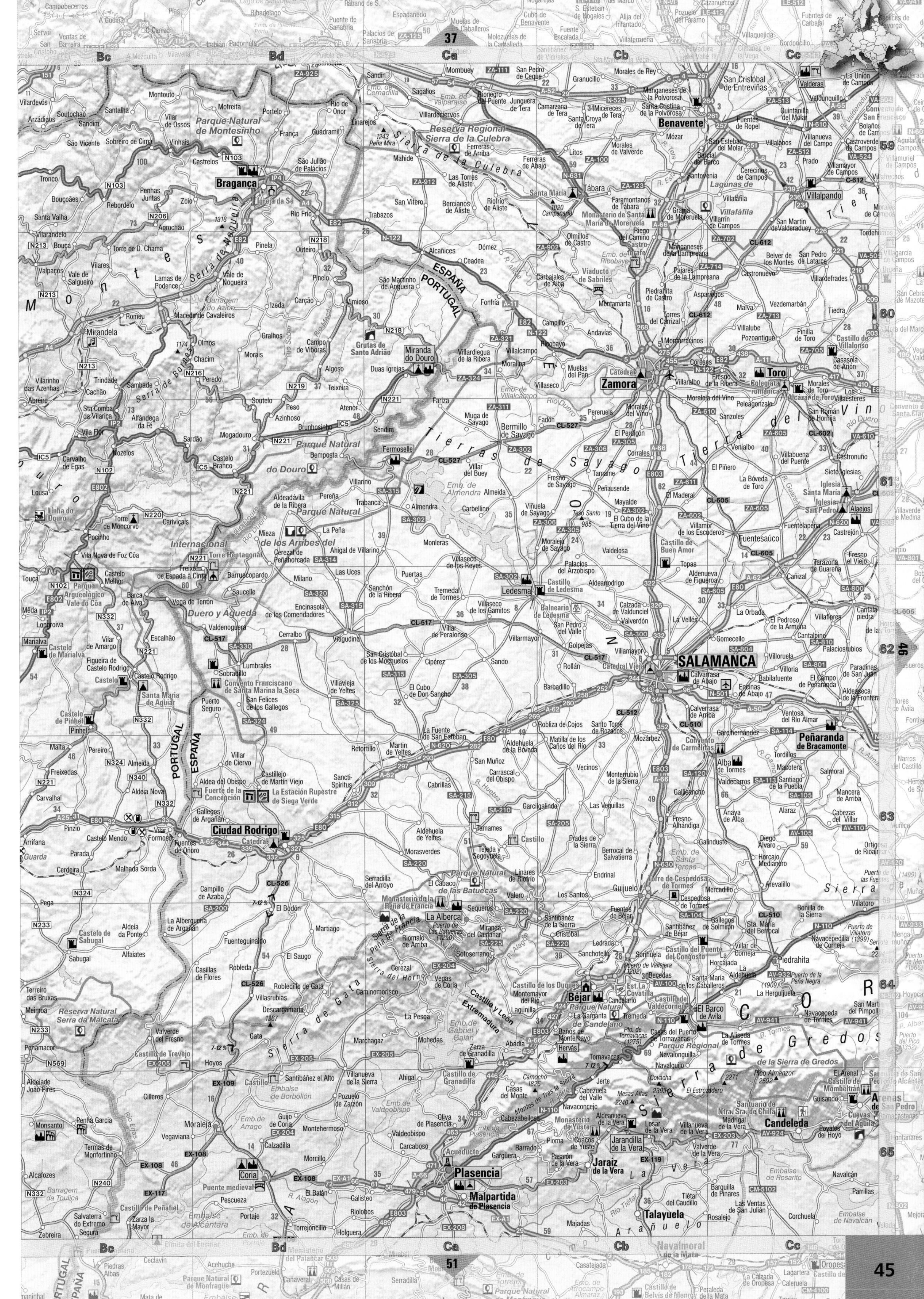

37
Bc
Bd
Ca
Cb
Cc
Parque Natural de Montesinho
Bragança
Reserva Regional Sierra de la Culebra
Sierra de la Culebra
Benavente
Villalpando
Tábara
Lagunas de Villafáfila
Serra de Nogueira
Montes
Mirandela
Macedo de Cavaleiros
ESPAÑA
PORTUGAL
Miranda do Douro
Grutas de Santo Adrião
Zamora
Toro
Tierra del Vino
Tierras de Sayago
Parque Natural do Douro
Fermoselle
Bermillo de Sayago
Parque Natural de los Arribes del Duero
Internacional
Vila Nova de Foz Côa
Parque Arqueológico Vale do Côa
Ledesma
Castillo de Ledesma
Balneario de Ledesma
Fuentesaúco
Alaejos
SALAMANCA
Vitigudino
Lumbrales
Convento Franciscano de Santa Marina la Seca
Duero y Águeda
Peñaranda de Bracamonte
Alba de Tormes
Ciudad Rodrigo
La Estación Rupestre de Siega Verde
Fuerte de la Concepción
Castelo Rodrigo
Pinhel
Sabugal
Parque Natural de las Batuecas
Monasterio de la Peña de Francia
La Alberca
Sierra de la Peña de Francia
Béjar
Parque Natural de Candelario
Candelario
Guijuelo
Torre de Cespedosa de Tormes
Castillo del Puente del Congosto
Piedrahita
El Barco de Ávila
Castilla y León
Extremadura
Sierra de Gata
Reserva Natural Serra da Malcata
Castillo de Trevejo
Hervás
Parque Regional de la Sierra de Gredos
Sierra de Gredos
Pico Almanzor 2592
Arenas de San Pedro
Candeleda
Santuario de Ntra. Sra. de Chilla
Monasterio de Yuste
Jarandilla de la Vera
Jaraiz de la Vera
La Vera
Plasencia
Malpartida de Plasencia
Coria
Monsanto
Castillo de Granadilla
Castillo de Peñafiel
Embalse de Alcántara
Talayuela
Navalmoral de la Mata
Parque Natural de Monfragüe
51
PORTUGAL
ESPAÑA
46
59
60
61
62
63
64
65

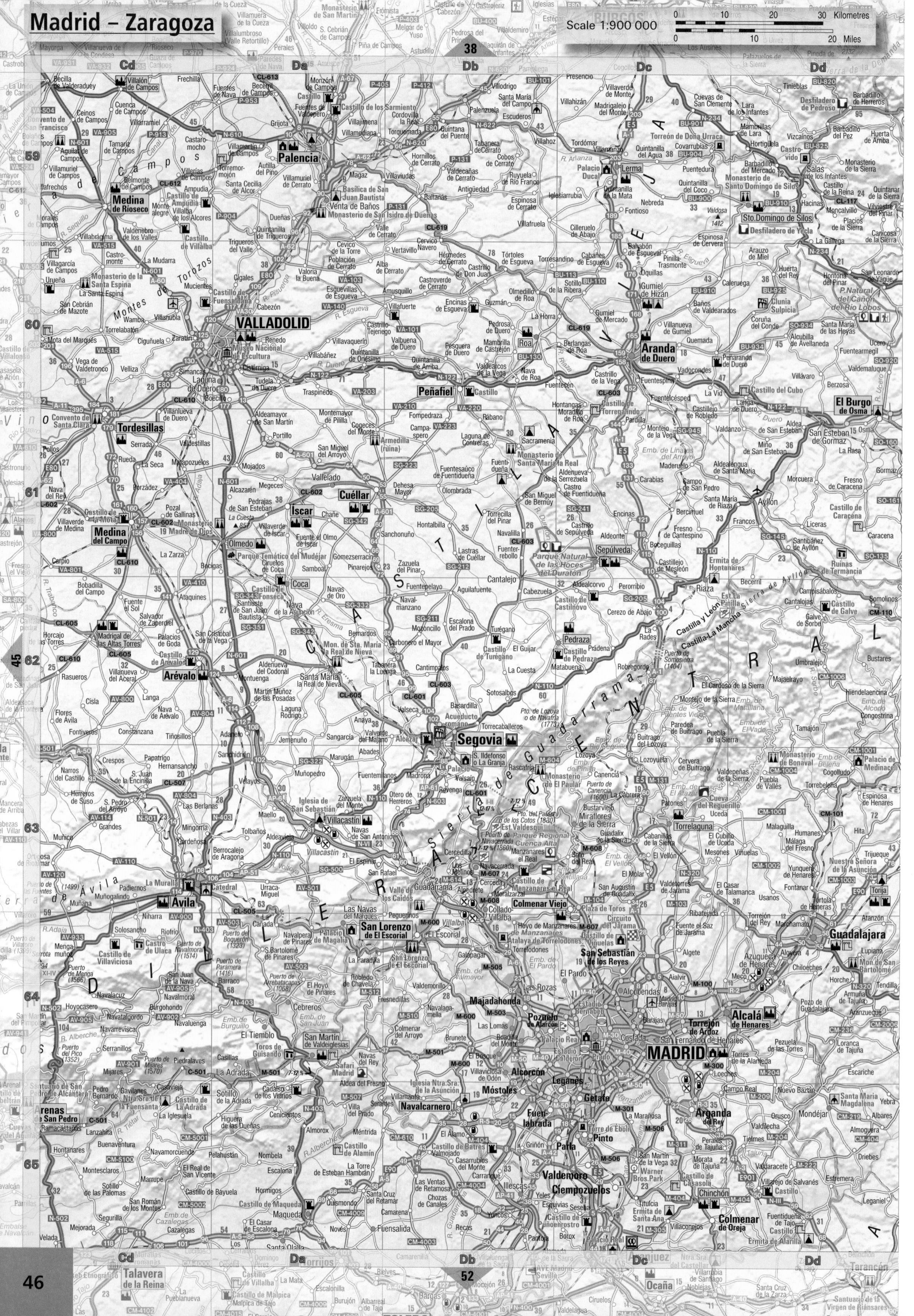
Scale 1:900 000
0 10 20 30 Kilometres
0 10 20 Miles
38
Cd
Da
Db
Dc
Dd
59
60
61
62
63
64
65
45
52
Palencia
Medina de Rioseco
VALLADOLID
Tordesillas
Medina del Campo
Peñafiel
Aranda de Duero
Lerma
Sto.Domingo de Silos
El Burgo de Osma
Cuéllar
Iscar
Coca
Arévalo
Segovia
Sepúlveda
Pedraza
Avila
San Lorenzo de El Escorial
Colmenar Viejo
MADRID
Alcalá de Henares
Guadalajara
Aranjuez
Chinchón
Colmenar de Oreja
Navalcarnero
Talavera de la Reina
Toledo
Ocaña
Arenas de San Pedro
Sierra de Guadarrama
Sierra de Ayllón
CASTILLA Y LEÓN
CASTILLA-LA MANCHA
Tierra de Campos
Montes de Torozos
Ribera del Duero
Valle del Tiétar
Embalse de Navalcán
Parque Natural de las Hoces del Duratón
P. Natural del Cañón del Río Lobos
Cd
Da
Db
Dc
Dd

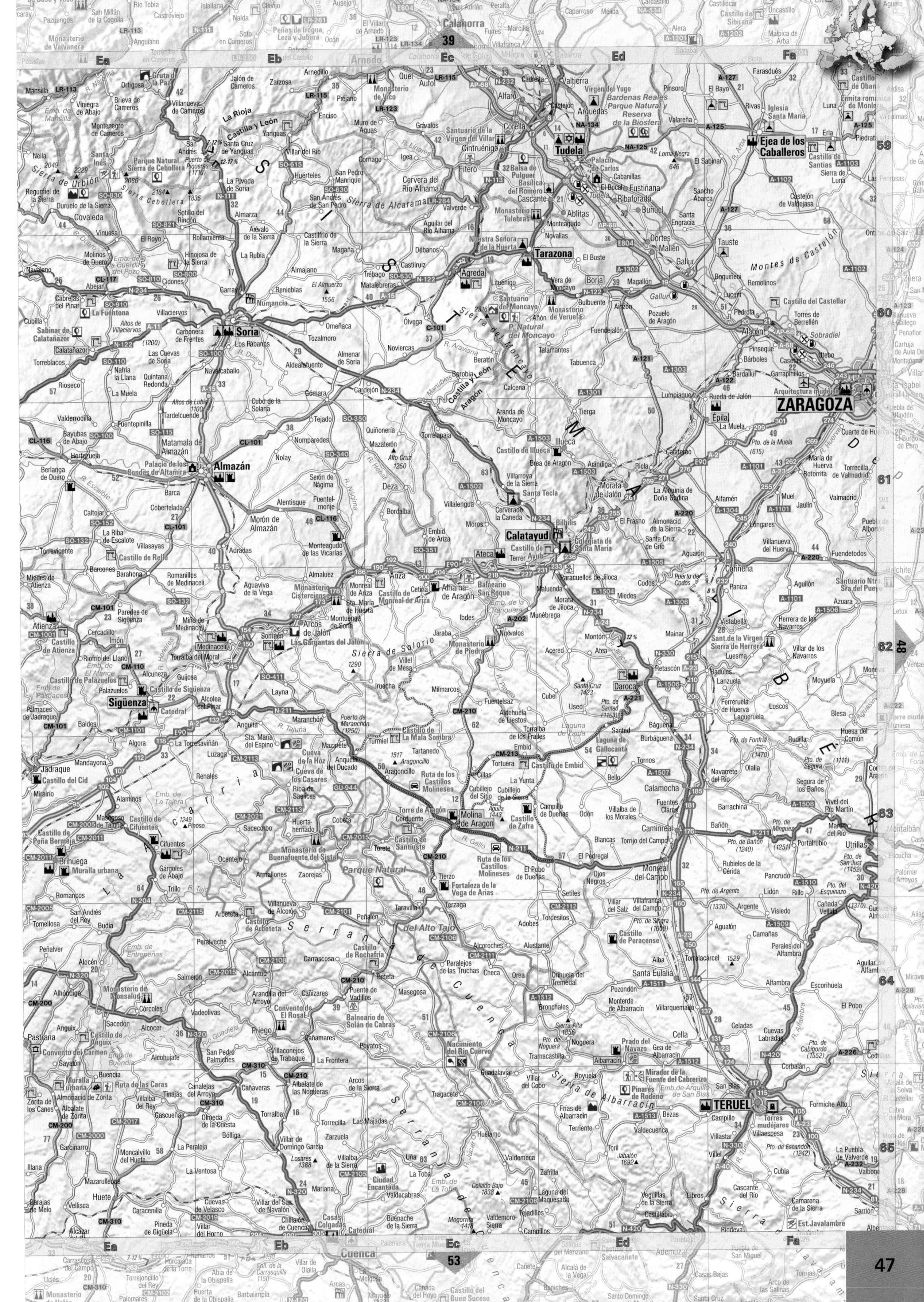
39
Ea
Eb
Ec
Ed
Fa
Calahorra
Arnedo
Tudela
Ejea de los Caballeros
Tarazona
Agreda
Borja
Soria
Numancia
ZARAGOZA
Epila
Almazán
Calatayud
Medinaceli
Arcos de Jalón
Daroca
Sigüenza
Molina de Aragón
Brihuega
Teruel
Albarracín
Cuenca
Sierra de Urbión
Sierra Cebollera
Sierra de Alcarama
Sierra del Moncayo
Montes de Castejón
Sierra de Solorio
Serranía de Cuenca
Sierra de Albarracín
Parque Natural
Laguna de Gallocanta
Ciudad Encantada
59
60
61
62
63
64
65
48
53

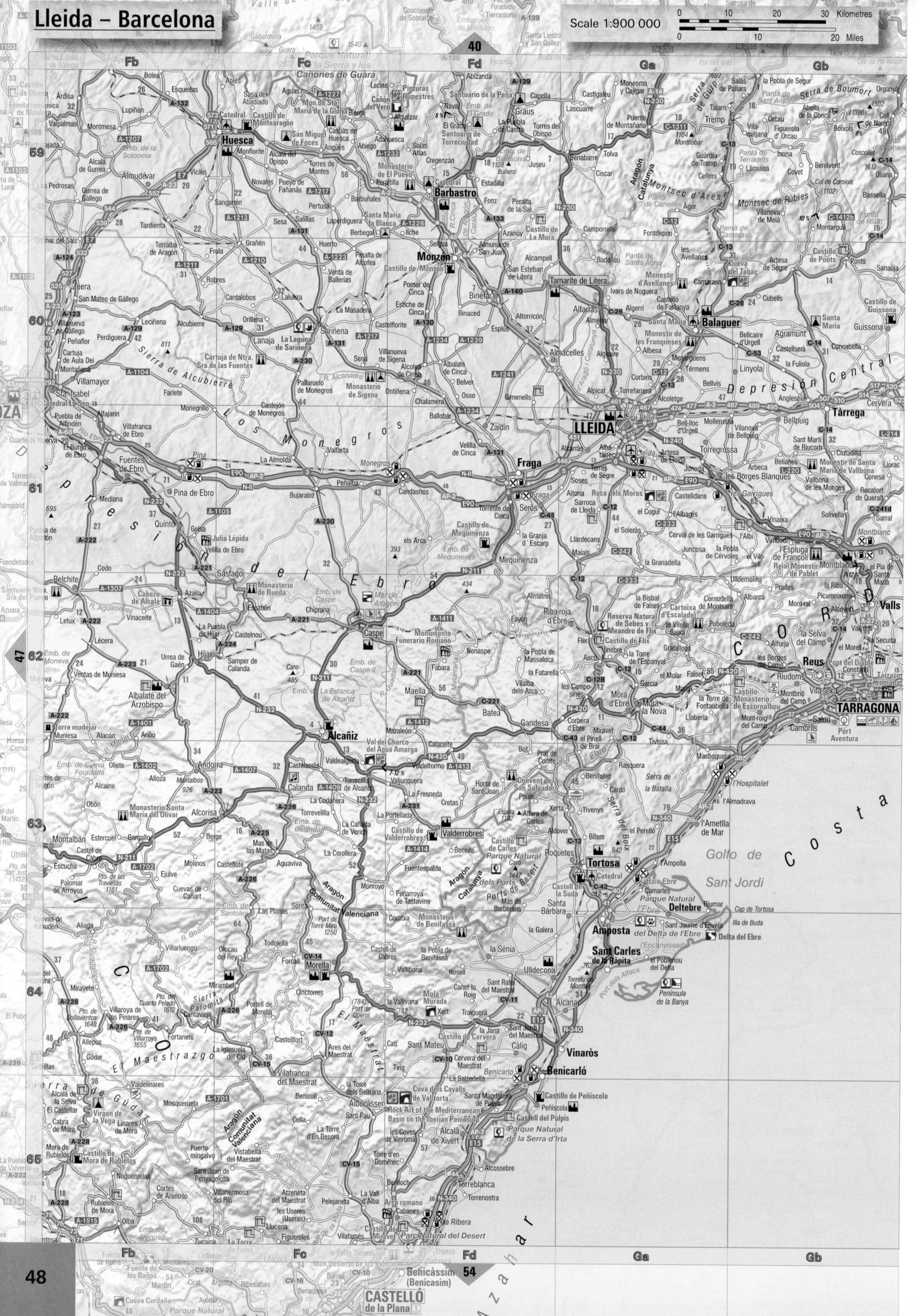
Lleida – Barcelona
Scale 1:900 000
0 10 20 30 Kilometres
0 10 20 Miles
40
54
Fb Fc Fd Ga Gb
59 60 61 62 63 64 65
47
Huesca
Barbastro
Monzón
Binéfar
Tamarite de Litera
Balaguer
LLEIDA
Tàrrega
Fraga
Sariñena
Caspe
Alcañiz
Valderrobres
Tortosa
Amposta
Sant Carles de la Ràpita
Deltebre
Vinaròs
Benicarló
Castillo de Peñíscola
Morella
Reus
Valls
TARRAGONA
Cambrils
Montblanc
Balaguer
Depresión Central
Los Monegros
Depresión del Ebro
Golfo de Sant Jordi
Costa
Azahar
El Maestrazgo
Sierra de Gúdar
Montsec d'Ares
Montsec de Rúbies
Parque Natural de la Sierra y los Cañones de Guara
Parque Natural del Delta de l'Ebre
Parque Natural dels Ports
Parque Natural de la Serra d'Irta
Península de la Banya
Delta del Ebre
Cap de Tortosa
Illa de Buda
Benicàssim (Benicasim)
CASTELLÓ de la Plana

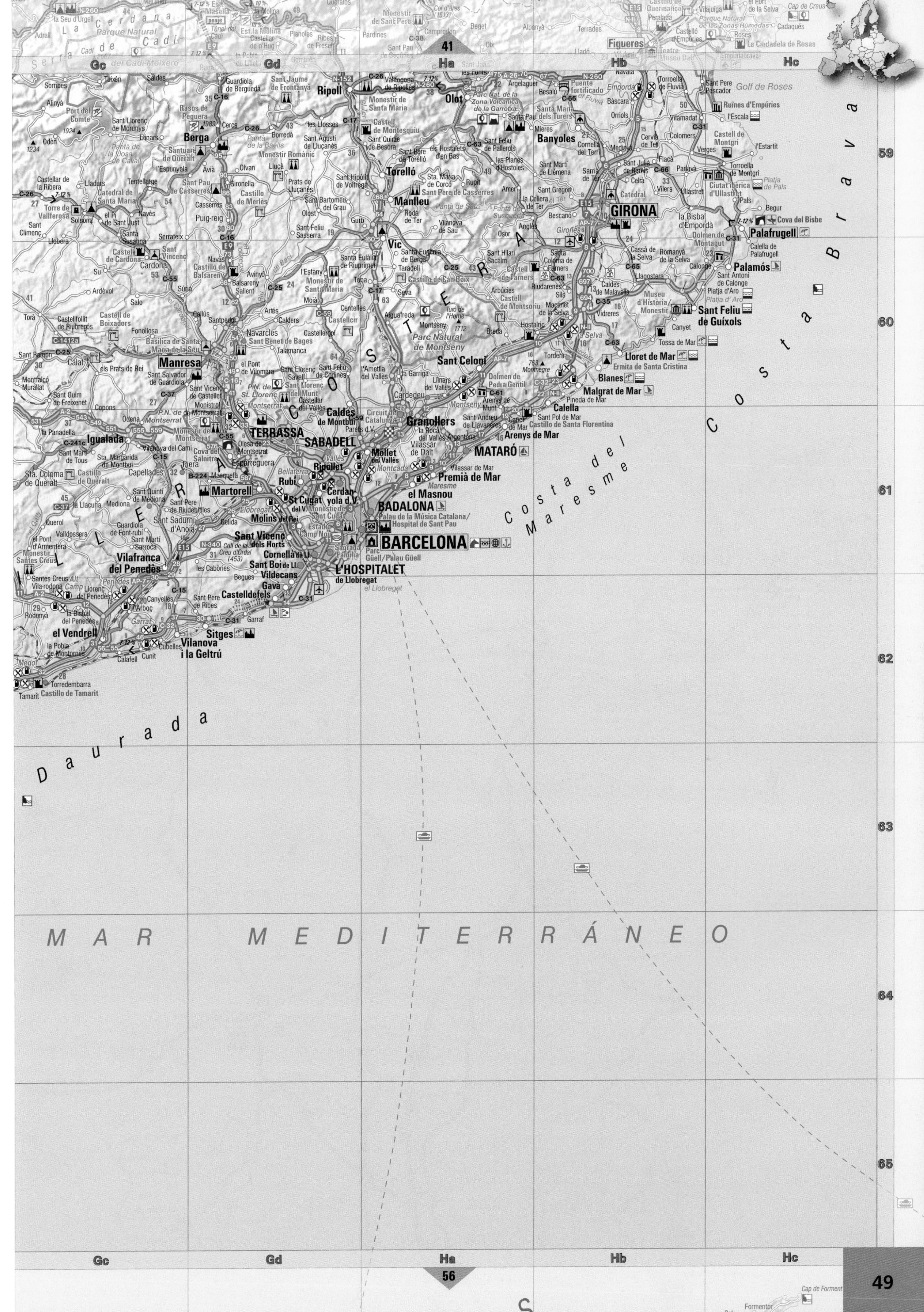
41
Gc
Gd
Ha
Hb
Hc
59
60
61
62
63
64
65
56
49
Figueres
Castillo de Quermançó
Vilajuïga
el Port de la Selva
Cap de Creus
Cadaqués
Castelló d'Empúries
Roses
La Ciudadela de Rosas
Golf de Roses
Ruïnes d'Empúries
l'Escala
Castell de Montgrí
l'Estartit
Torroella de Montgrí
Pals
Begur
Cova del Bisbe
Palafrugell
Calella de Palafrugell
Palamós
Sant Antoni de Calonge
Platja d'Aro
Sant Feliu de Guíxols
Tossa de Mar
Lloret de Mar
Ermita de Santa Cristina
Blanes
Malgrat de Mar
Pineda de Mar
Calella
Sant Pol de Mar
Castillo de Santa Florentina
Arenys de Mar
MATARÓ
Vilassar de Mar
Premià de Mar
el Masnou
BADALONA
Palau de la Música Catalana/
Hospital de Sant Pau
BARCELONA
Parc Güell/Palau Güell
L'HOSPITALET
de Llobregat
el Llobregat
Sant Boi de Ll.
Cornellà de Ll.
Sant Vicenç dels Horts
Molins del Rei
Sant Cugat del V.
Cerdanyola d.V.
Ripollet
Mollet del Vallès
Granollers
Cardedeu
Sant Celoni
Parc Natural de Montseny
Vic
Manlleu
Torelló
Ripoll
Olot
Banyoles
GIRONA
la Bisbal d'Empordà
Berga
Manresa
Igualada
TERRASSA
SABADELL
Caldes de Montbui
Martorell
Rubí
Castelldefels
Gavà
Viladecans
Sitges
Vilanova i la Geltrú
el Vendrell
Vilafranca del Penedès
Sant Sadurní d'Anoia
Cardona
Solsona
Tamarit
Castillo de Tamarit
Torredembarra
Calafell
Cunit
Cubelles
Costa Brava
Costa del Maresme
Costa Daurada
MAR MEDITERRÁNEO
Cap de Formentor
Formentor

Lisboa – Badajoz

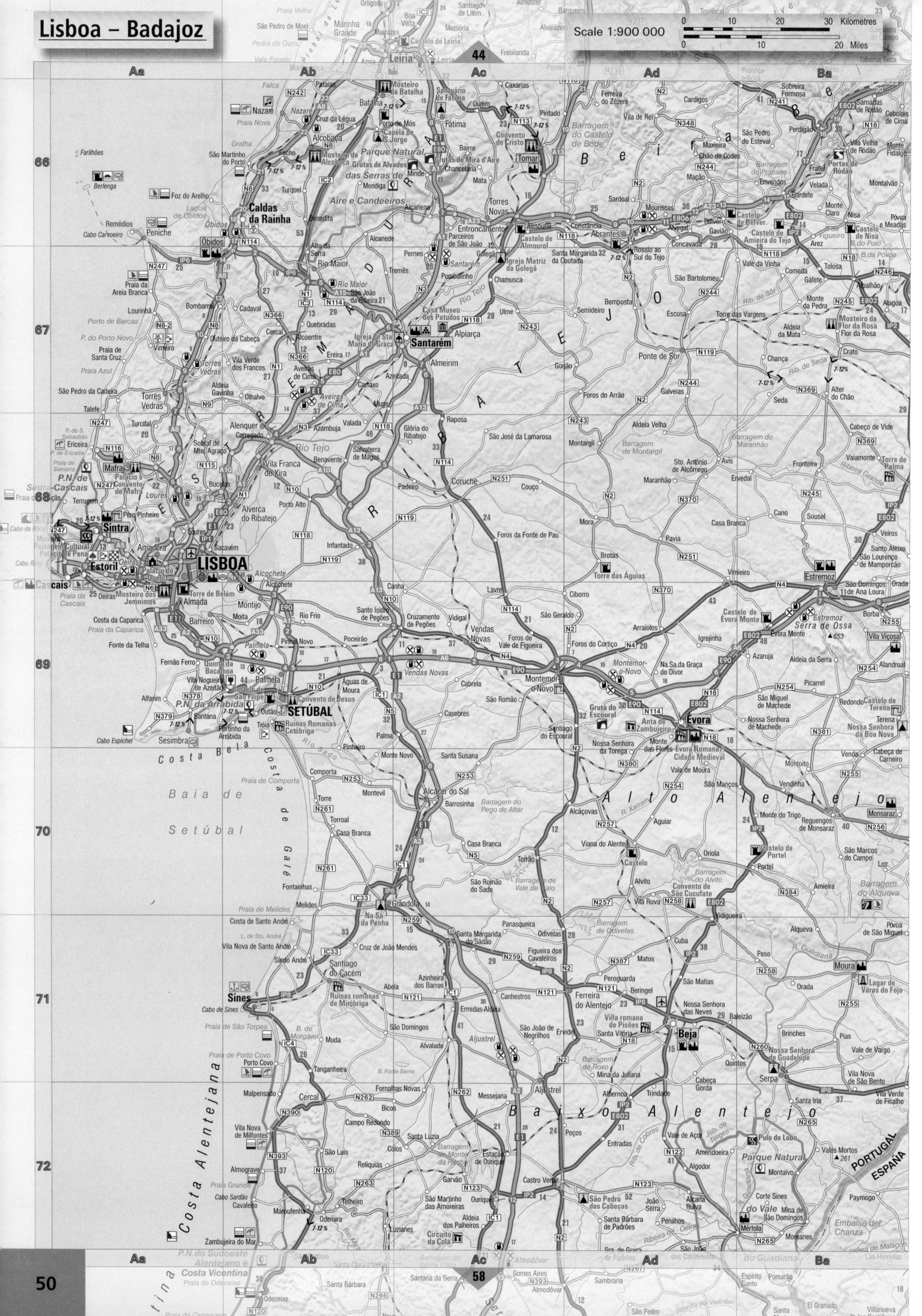

Scale 1:900 000
0 10 20 30 Kilometres
0 10 20 Miles
44
58
Aa
Ab
Ac
Ad
Ba
66
67
68
69
70
71
72
Leiria
Batalha
Fátima
Ourém
Tomar
Nazaré
Alcobaça
Porto de Mós
Parque Natural das Serras de Aire e Candeeiros
Caldas da Rainha
Óbidos
Peniche
Berlenga
Foz do Arelho
Torres Novas
Entroncamento
Abrantes
Rio Maior
Santarém
Almeirim
Alpiarça
Chamusca
Golegã
Cartaxo
Azambuja
Alenquer
Torres Vedras
Lourinhã
Ericeira
Mafra
Sintra
P.N. de Sintra-Cascais
Cascais
Estoril
Amadora
LISBOA
Almada
Barreiro
Montijo
Alcochete
Vila Franca de Xira
Benavente
Coruche
Palmela
SETÚBAL
P.N. da Arrábida
Sesimbra
Cabo Espichel
Costa Bela
Baía de Setúbal
Costa de Galé
Alcácer do Sal
Grândola
Santiago do Cacém
Sines
Cabo de Sines
Vila Nova de Milfontes
Odemira
Costa Alentejana
P.N. do Sudoeste Alentejano e Costa Vicentina
Ponte de Sor
Sardoal
Mação
Vila de Rei
Beira
Alto Alentejo
Baixo Alentejo
Ribatejo
Estremadura
Montemor-o-Novo
Vendas Novas
Évora
Arraiolos
Estremoz
Borba
Vila Viçosa
Redondo
Reguengos de Monsaraz
Monsaraz
Portel
Viana do Alentejo
Alcáçovas
Vidigueira
Moura
Serpa
Beja
Ferreira do Alentejo
Aljustrel
Castro Verde
Ourique
Mértola
Parque Natural do Vale do Guadiana
Almodôvar
Mora
Avis
Sousel
Fronteira
Crato
Alter do Chão
Nisa
Vila Velha de Ródão
Serra de Ossa
Rio Tejo
Rio Sado
Rio Guadiana
PORTUGAL
ESPAÑA

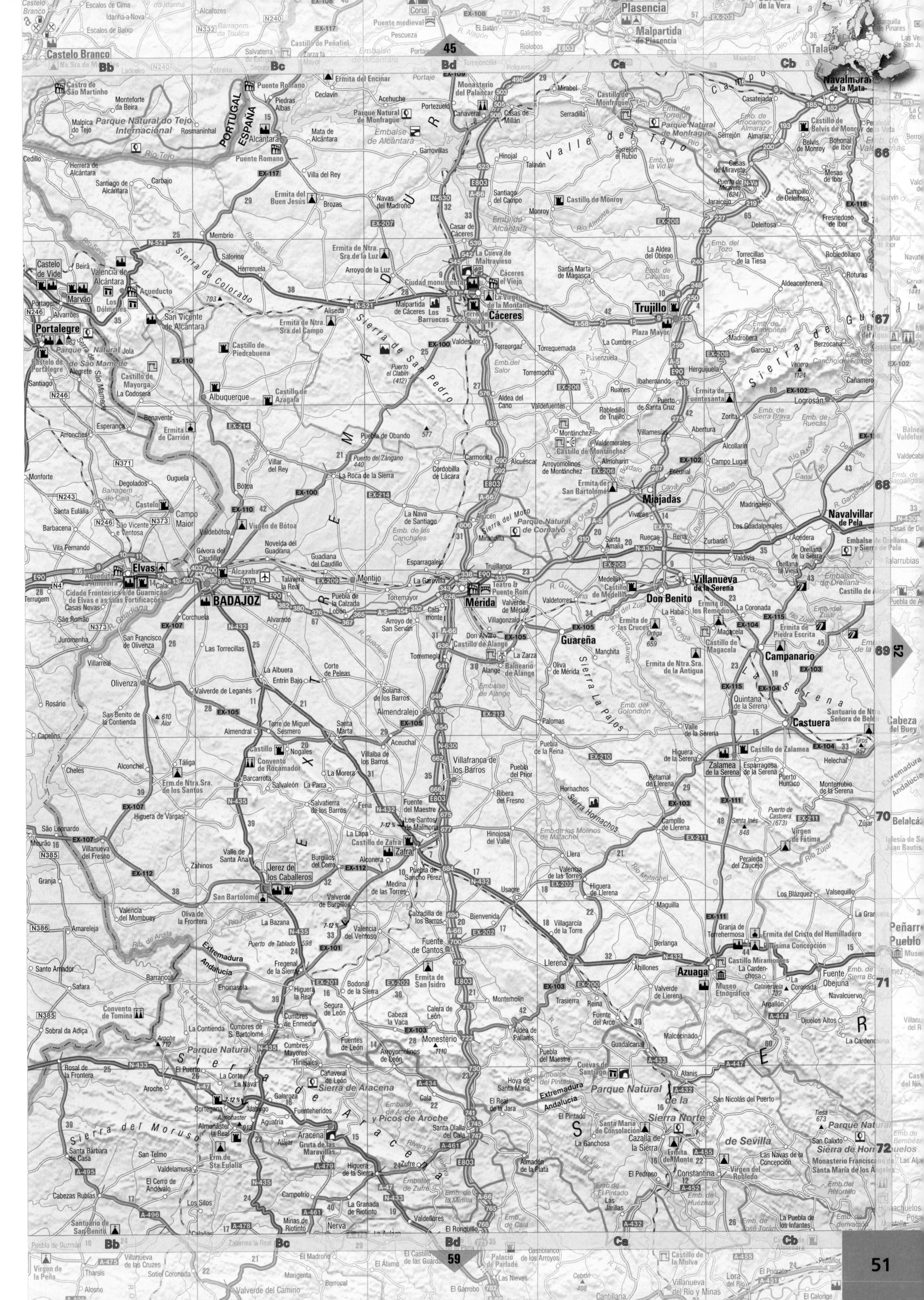

Castelo Branco
Escalos de Cima
Idanha-a-Nova
Escalos de Baixo
Alcafozes
Coria
Puente medieval
Pescueza
Castillo de Peñafiel
Zarza la Mayor
Portaje
45
Torrejoncillo
Plasencia
Malpartida de Plasencia
Galisteo
Riolobos
de la Vera
Talayuela
Bb
Bc
Bd
Ca
Cb
Ermita del Encinar
Monasterio del Palancar
Mirabel
Castillo de Monfragüe
Navalmoral de la Mata
Castro de São Martinho
Monforte da Beira
Malpica do Tejo
Parque Natural do Tejo Internacional
Rosmaninhal
PORTUGAL
ESPAÑA
Puente Romano
Piedras Albas
Ceclavín
Acehuche
Portezuelo
Cañaveral
Casas de Millán
Serradilla
Parque Natural de Monfragüe
Casatejada
Saucedilla
Alcántara
Mata de Alcántara
Embalse de Alcántara
Garrovillas
Hinojal
Talaván
Valle del Tajo
Torrejón el Rubio
Serrejón
Almaraz
Castillo de Belvís de Monroy
Belvís de Monroy
Bohonal de Ibor
Río Tajo
Cedillo
Herrera de Alcántara
Santiago de Alcántara
Carbajo
Villa del Rey
Casas de Miravete
Puerto de Miravete (624)
Mesas de Ibor
Ermita del Buen Jesús
Brozas
Navas del Madroño
Santiago del Campo
Castillo de Monroy
Monroy
Jaraicejo
Campillo de Deleitosa
Fresnedoso de Ibor
Membrío
Casar de Cáceres
Emb. de Alcántara
Deleitosa
Salorino
Herreruela
Ermita de Ntra. Sra.de la Luz
Arroyo de la Luz
La Cueva de Maltravieso
Cáceres el Viejo
La Aldea del Obispo
Torrecillas de la Tiesa
Robledollano
Castelo de Vide
Beirã
Valencia de Alcántara
Acueducto
Marvão
Los Dólmenes
Sierra de Colorado
Ciudad monumental
La Virgen de la Montaña
Santa Marta de Magasca
Aldeacentenera
Roturas
Portagem
Alvarrões
Portalegre
San Vicente de Alcántara
Aliseda
Malpartida de Cáceres
Los Barruecos
Torre de Bujaco
Cáceres
Trujillo
Plaza Mayor
Ermita de Ntra. Sra.del Campo
Sierra de San Pedro
Madroñera
Berzocana
Garciaz
Castelo de Portalegre
Alegrete
Jola
Castillo de Piedrabuena
Valdesalor
Torreorgaz
Torrequemada
La Cumbre
Puerto el Clabín (412)
Emb.del Salor
Torremocha
Plasenzuela
Herguijuela
Venero 1124
Santiago
Castillo de Mayorga
La Codosera
Albuquerque
Castillo de Azagala
Aldea del Cano
Ibahernando
Ruanes
Puerto de Santa Cruz
Ermita de Fuentesanta
Logrosán
Cañamero
Valdefuentes
Robledillo de Trujillo
Zorita
Benavente
Esperança
Ermita de Carrión
Puebla de Obando
Montánchez
Villamesías
Abertura
Arronches
Valdemorales
Castillo de Montánchez
Alcollarín
Monforte
Villar del Rey
Puerto del Zángano 440
La Roca de la Sierra
Carmonita
Cordobilla de Lácara
Alcuéscar
Arroyomolinos de Montánchez
Almoharín
Escurial
Campo Lugar
Degolados
Ouguela
Bótoa
Ermita de San Bartolomé
Miajadas
Santa Eulália
Castelo
Campo Maior
La Nava de Santiago
Emb. de los Canchales
Aljucén
Parque Natural de Cornalvo
Madrigalejo
Navalvillar de Pela
Barbacena
São Vicente e Ventosa
Valdebótoa
Virgen de Bótoa
Mirandilla
Vivares
Los Guadalperales
Vila Fernando
Gévora del Caudillo
Novelda del Guadiana
Guadiana del Caudillo
Santa Amalia
Ruecas
Rena
Zurbarán
Acedera
Orellana de la Sierra
Embalse de Orellana
Elvas
Aqueduto da Amoreira
Alcazaba
Talavera la Real
Esparragalejo
Trujillanos
Valdivia
Orellana la Vieja
Talarrubias
Cidade Fronteiriça e de Guarnição de Elvas e as suas Fortificações
Montijo
La Garrovilla
Teatro & Puente Rom.
Medellín
Castillo de Medellín
Villanueva de la Serena
Castillo de Alcocer
Terrugem
Casas Novas
BADAJOZ
Puebla de la Calzada
Lobón
Torremayor
Mérida
Valverde de Mérida
Valdetorres
Don Benito
Ermita de los Remedios
La Coronada
São Romão
Corchuela
Alvarado
Arroyo de San Serván
Calamonte
Villagonzalo
Ermita de las Cruces
La Haba
Magacela
Ermita de Piedra Escrita
Juromenha
San Francisco de Olivenza
Las Torrecillas
Don Álvaro
Castillo de Alange
Guareña
Castillo de Magacela
Campanario
Torremegía
La Zarza
Balneario de Alange
Manchita
Ermita de Ntra.Sra. de la Antigua
Villarreal
La Albuera
Corte de Peleas
Alange
Oliva de Mérida
Olivenza
Entrín Bajo
Valverde de Leganés
Sierra La Pajosa
Quintana de la Serena
La Serena
Santuario de Ntra. Señora de Belén
Rosário
Solana de los Barros
Emb. del Golondrón
Cabeza del Buey
San Benito de la Contienda
610 Alor
Almendralejo
Palomas
Castuera
Capelins
Almendral
Torre de Miguel Sesmero
Santa Marta
Aceuchal
Valle de la Serena
Puebla de la Reina
Castillo de Zalamea
Tiros 957
Castillo
Nogales
Villalba de los Barros
Higuera de la Serena
Zalamea de la Serena
Helechal
Cheles
Alconchel
Táliga
Convento de Rocamador
La Morera
Villafranca de los Barros
Puebla del Prior
Esparragosa de la Serena
Puerto Hurraco
Monterrubio de la Serena
Barcarrota
Salvaleón
La Parra
Retamal de Llerena
Erm.de Ntra.Sra. de los Santos
Ribera del Fresno
Hornachos
Extremadura
Andalucía
Higuera de Vargas
Salvatierra de los Barros
Feria
Fuente del Maestre
Sierra Hornachos
Campillo de Llerena
Puerto de Castuera (673)
Santa Inés 848
Virgen de Fátima
Zújar
São Leonardo
Villanueva del Fresno
Los Santos de Maimona
Hinojosa del Valle
Emb.de los Molinos de Matachel
Mourão
La Lapa
Castillo de Zafra
Zafra
Valle de Santa Ana
Burguillos del Cerro
Alconera
Llera
Valencia de las Torres
Peraleda del Zaucejo
Zahínos
Jerez de los Caballeros
Puebla de Sancho Pérez
Medina de las Torres
Higuera de Llerena
Granja
Usagre
Los Blázquez
Valsequillo
San Bartolomé
Valverde de Burguillos
Valencia del Mombuey
Oliva de la Frontera
La Bazana
Calzadilla de los Barros
Bienvenida
Villagarcía de la Torre
Maguilla
Granja de Torrehermosa
Ermita del Cristo del Humilladero
Purísima Concepción
Peñarroya-Pueblonuevo
Amareleja
Puerto de Tablado 598
Valencia del Ventoso
Fuente de Cantos
Berlanga
Fregenal de la Sierra
Ermita de San Isidro
Llerena
Ahillones
Azuaga
Castillo Miramontes
La Cardenchosa
Fuente Obejuna
Santo Amador
Barrancos
Safara
Encinasola
Higuera la Real
Bodonal de la Sierra
Montemolín
Trasierra
Valverde de Llerena
Museo Etnográfico
Calaveruela 732
La Coronada
Navalcuervo
Convento de Tomina
Segura de León
Calera de León
Reina
Fuente del Arco
Argallón
Ojuelos Altos
Sobral da Adiça
La Contienda
Cumbres de S. Bartolomé
Cumbres de Enmedio
Cabeza la Vaca
Monesterio 1110
Aldea de Pallarés
Malcocinado
La Cardenchosa
Aroche 712
Parque Natural
Cumbres Mayores
Fuentes de León
Arroyomolinos de León
Puebla del Maestre
Guadalcanal
Rosal de la Frontera
El Puerto
La Corte
La Nava
Hinojales
Cañaveral de León
Sierra de Aracena
Cuevas de Santiago
Hoya de Santa María
Alanís
Aroche
Galaroza
Cala
Emb. del Pintado
Parque Natural de la Sierra Norte
Cortegana
Jabugo
Fuenteheridos
Embalse de Aracena y Picos de Aroche
El Real de la Jara
Extremadura
Andalucía
San Nicolás del Puerto
Almonaster la Real
Aguafría
Santa Olalla del Cala
El Pintado
Santa María de Consolación
Cazalla de la Sierra
Tiesa 673
Parque Natural
Sierra del Moruso
Aracena
Alájar
Gruta de las Maravillas
La Ganchosa
Ermita del Monte
San Calixto
Sierra de Hornachuelos
de Sevilla
Santa Bárbara de Casa
San Telmo
Erm.de Sta.Eulalia
Higuera de la Sierra
Zufre
Almadén de la Plata
Las Navas de la Concepción
Monasterio Francisco de Las Ajus
Santa María de los Ángeles
Valdelamusa
El Cerro de Andévalo
Embalse de Zufre
El Pedroso
Constantina
Virgen del Robledo
Cabezas Rubias
Campofrío
La Granada de Riotinto
Emb.de la Minilla
Emb.de El Pintado
Las Jarillas
Emb.de Huéznar
Emb.del Retortillo
Los Silos
Santuario de San Benito
Minas de Riotinto
Nerva
Valdeflores
El Ronquillo
Emb. de Cala
Emb. de José Torán
La Puebla de los Infantes
Hornachuelos
Puebla de Guzmán
Zalamea la Real
Villanueva de las Cruzes
El Madroño
El Álamo
El Castillo de las Guardas
59
Palacio de Parladé
Castilblanco de los Arroyos
Castillo de la Mulva
El Priorato
Virgen de la Peña
Tharsis
Sotiel Coronada
Marigenta
Berrocal
Las Nieves
Cerón 408
Villanueva del Río y Minas
Lora del Río
Alosno
Valverde del Camino
El Garrobo
Cantillana
El Calonge
66
67
68
69
70
71
72
52

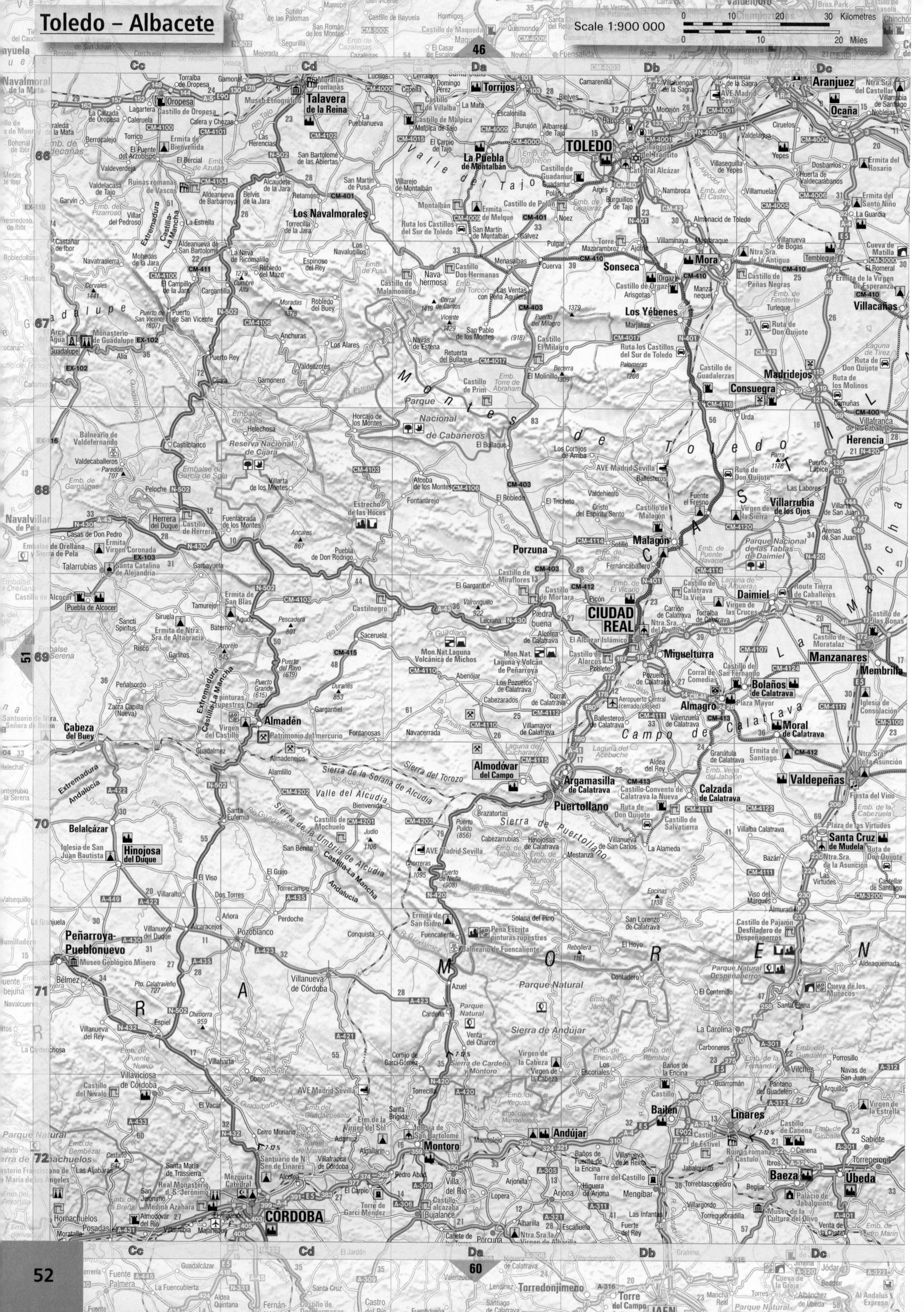
Scale 1:900 000
Kilometres
Miles
Cc
Cd
Da
Db
Dc
46
60
Talavera de la Reina
Torrijos
TOLEDO
Aranjuez
Ocaña
Oropesa
La Puebla de Montalbán
Los Navalmorales
Sonseca
Mora
Los Yébenes
Villacañas
Madridejos
Consuegra
Herencia
Guadalupe
Montes de Toledo
Parque Nacional de Cabañeros
Reserva Nacional de Cijara
Herrera del Duque
Puebla de Alcocer
Porzuna
Malagón
Daimiel
Villarrubia de los Ojos
CIUDAD REAL
Miguelturra
Manzanares
Membrilla
Bolaños de Calatrava
Almagro
Moral de Calatrava
Campo de Calatrava
Castilla La Mancha
Almadén
Cabeza del Buey
Almodóvar del Campo
Argamasilla de Calatrava
Puertollano
Calzada de Calatrava
Valdepeñas
Santa Cruz de Mudela
Sierra de la Solana de Alcudia
Valle del Alcudia
Sierra de Puertollano
Hinojosa del Duque
Belalcázar
Peñarroya-Pueblonuevo
Pozoblanco
Parque Natural Sierra de Andújar
Parque Natural Despeñaperros
La Carolina
Andújar
Bailén
Linares
Baeza
Úbeda
Montoro
CÓRDOBA
Torredonjimeno
Extremadura
Andalucía
Sierra Morena

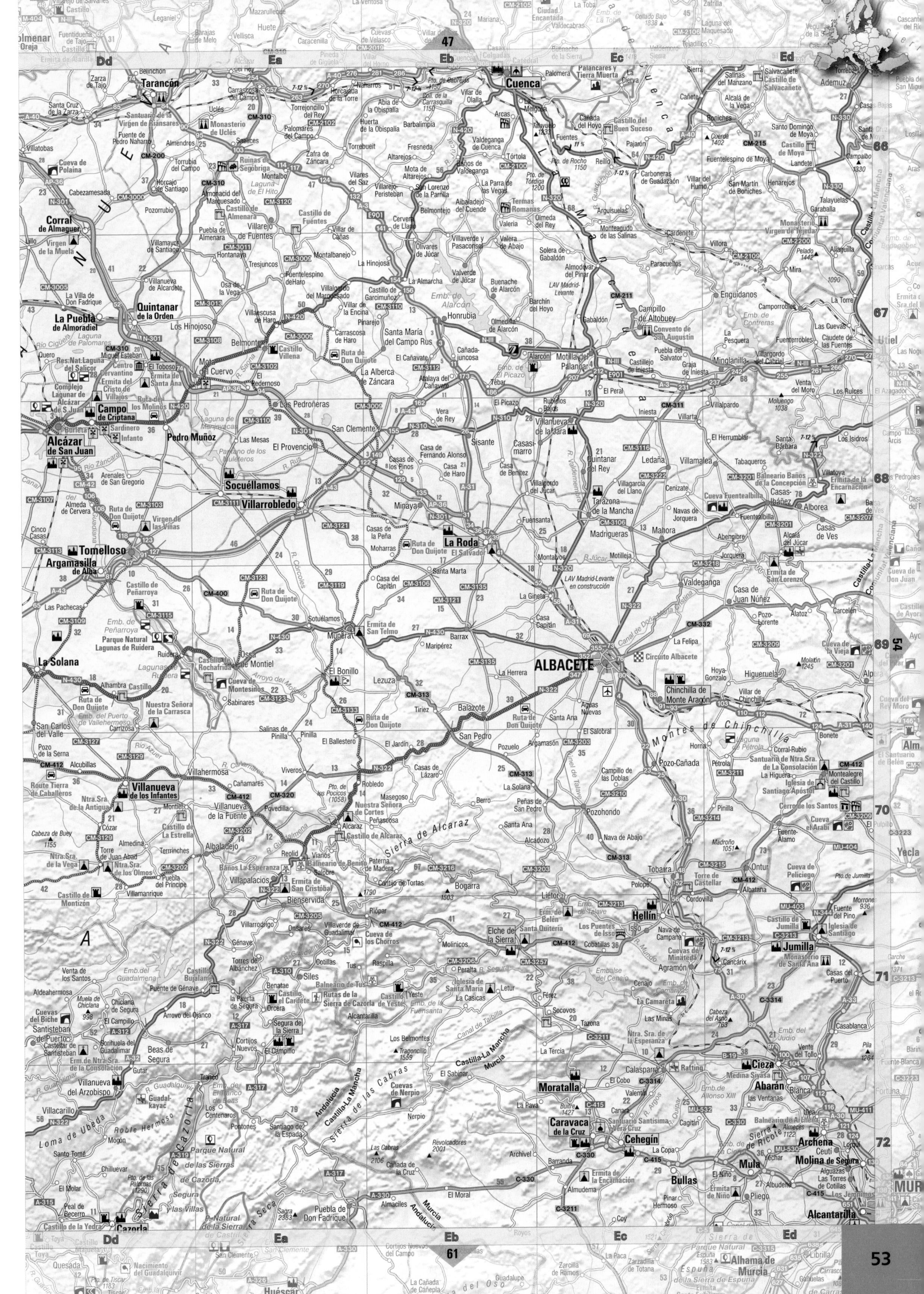
47
Dd
Ea
Eb
Ec
Ed
Tarancón
Cuenca
Palancares y Tierra Muerta
Salvacañete
Castillo de Salvacañete
Ademuz
Santuario de la Virgen de Riánsares
Monasterio de Uclés
Uclés
Ruinas de Segóbriga
Castillo de Almenara
Castillo de Fuentes
Cueva de Polaina
Corral de Almaguer
Virgen de la Muela
Termas Romanas
Castillo del Buen Suceso
Castillo de Moya
Quintanar de la Orden
La Puebla de Almoradiel
Res.Nat.Laguna del Salicor
Centro Cervantino
Ermita del Cristo de Villajos
El Toboso
Ermita de Santa Ana
Ruta de los Molinos
Campo de Criptana
Alcázar de San Juan
Castillo Villena
Ruta de Don Quijote
Mota del Cuervo
Belmonte
Alarcón
Motilla del Palancar
Convento de San Agustín
Enguídanos
Minglanilla
Utiel
Iniesta
Las Pedroñeras
San Clemente
El Provencio
Pedro Muñoz
Socuéllamos
Villarrobledo
Tomelloso
Argamasilla de Alba
La Roda
Villanueva de la Jara
Quintanar del Rey
Tarazona de la Mancha
Madrigueras
Mahora
Casas-Ibáñez
Alborea
Balneario Baños de la Concepción
Ermita de la Encarnación
Cueva Fuentealbilla
Alcalá del Júcar
Ermita de San Lorenzo
Casas de Ves
Castillo de Peñarroya
Parque Natural Lagunas de Ruidera
La Solana
Castillo Rochafrida
Cueva de Montesinos
Ossa de Montiel
Munera
Ermita de San Telmo
El Bonillo
Lezuza
ALBACETE
Circuito Albacete
Chinchilla de Monte Aragón
Montes de Chinchilla
Villanueva de los Infantes
Nuestra Señora de la Carrasca
Alcaraz
Sierra de Alcaraz
Balneario de Benito
Ermita de San Cristóbal
Santuario de Ntra.Sra. de La Consolación
Montealegre del Castillo
Iglesia de Santiago Apóstol
Cerro de los Santos
Hellín
Tobarra
Torre de Castellar
Elche de la Sierra
Santa Quiteria
Los Puentes de Isso
Cueva de los Chorros
Castillo de Jumilla
Iglesia de Santiago
Jumilla
Monasterio de Santa Ana
Cueva de Peliciego
Yecla
Balneario de Tus
Rutas de la Sierra de Cazorla
Castillo de Yeste
Iglesia de Santa María
Segura de la Sierra
Santisteban del Puerto
Villanueva del Arzobispo
Villacarrillo
Parque Natural de las Sierras de Cazorla, Segura y las Villas
Cuevas de Nerpio
Moratalla
Caravaca de la Cruz
Santuario Santísima Vera Cruz
Cehegín
Bullas
Mula
Cieza
Medina Siyasa
Abarán
Blanca
Balneario de Archena
Archena
Molina de Segura
Alcantarilla
Cazorla
Puebla de Don Fadrique
Huéscar
Parque Natural Sierra de Espuña
Alhama de Murcia
Castilla-La Mancha
Andalucía
Murcia
Comunitat Valenciana
61
54

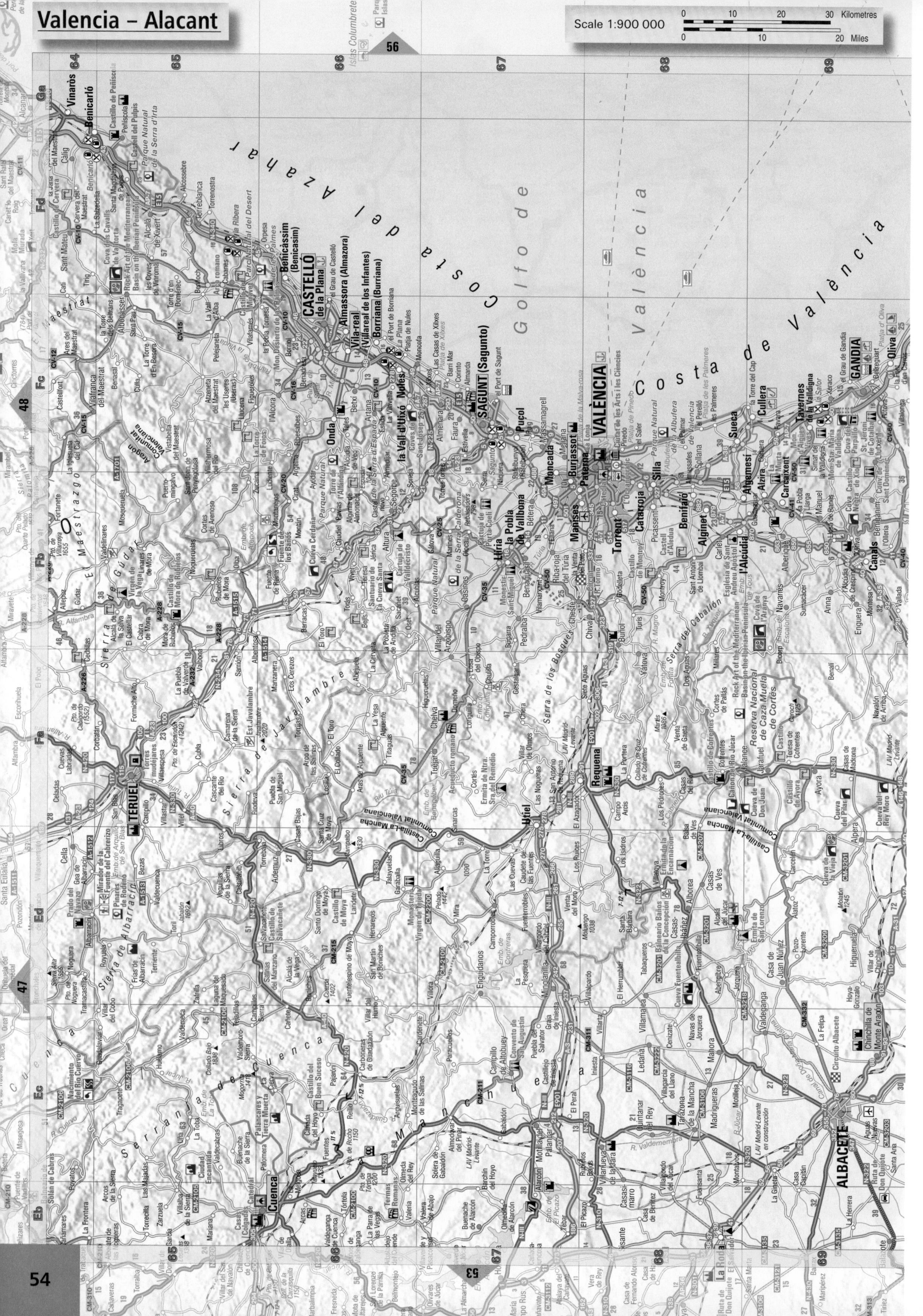
Scale 1:900 000
0 10 20 30 Kilometres
0 10 20 Miles
56
VALÈNCIA
CASTELLÓ de la Plana
TERUEL
Cuenca
ALBACETE
Requena
Utiel
GANDIA
SAGUNT (Sagunto)
Costa del Azahar
Golfo de València
Costa de València
La Mancha
Serranía de Cuenca
Sierra de Javalambre
Castilla-La Mancha
Comunitat Valenciana
48
47
53

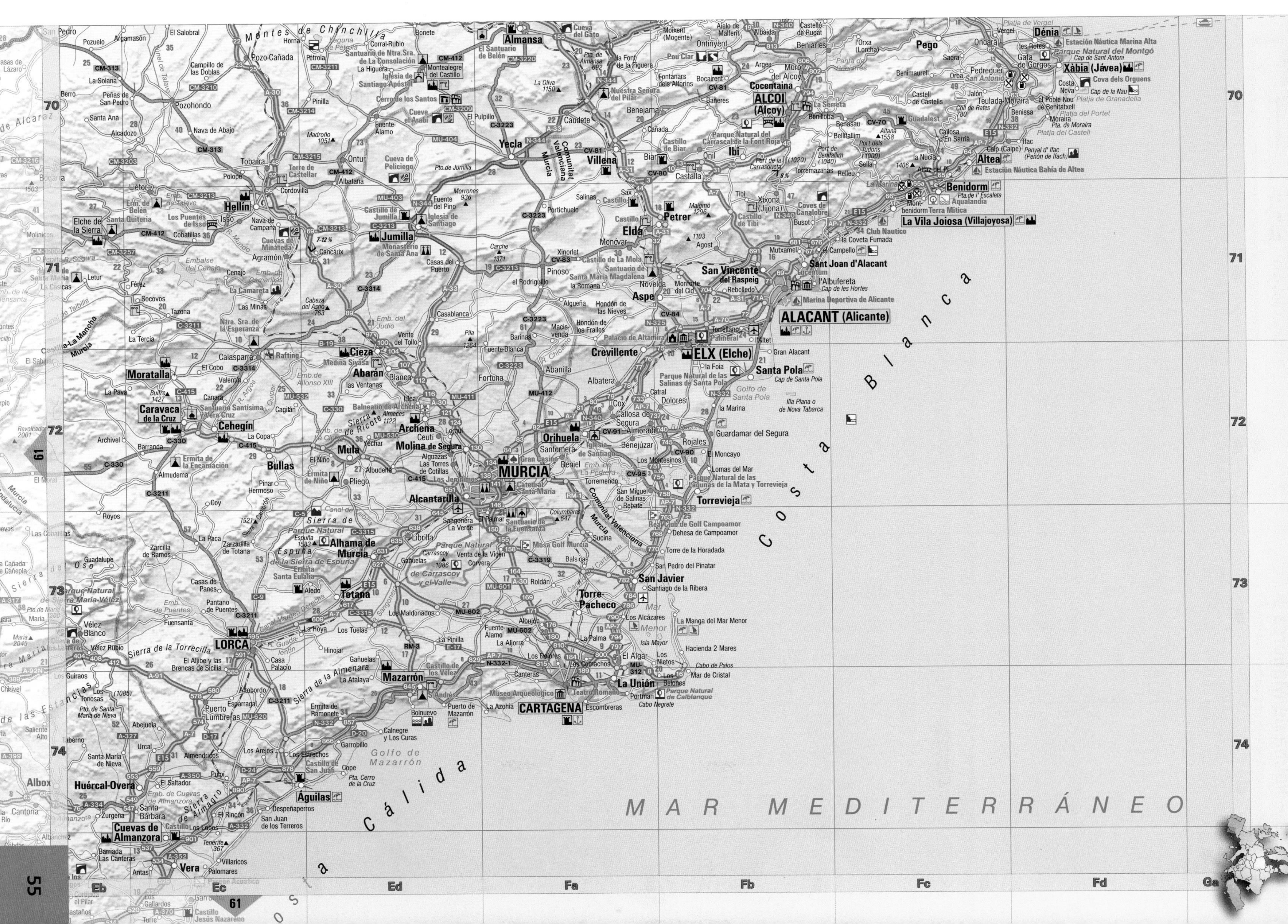
M A R   M E D I T E R R Á N E O
C o s t a   B l a n c a
C o s t a   C á l i d a
ALACANT (Alicante)
MURCIA
CARTAGENA
LORCA
ELX (Elche)
Benidorm
La Vila Joiosa (Villajoyosa)
Altea
Dénia
Xàbia (Jávea)
Pego
Calp (Calpe)
ALCOI (Alcoy)
Cocentaina
Ibi
Villena
Elda
Petrer
Almansa
Yecla
Jumilla
Hellín
Cieza
Caravaca de la Cruz
Cehegín
Moratalla
Mula
Bullas
Alcantarilla
Molina de Segura
Orihuela
Crevillente
Aspe
San Vicente del Raspeig
Sant Joan d'Alacant
Santa Pola
Torrevieja
San Javier
Torre Pacheco
La Unión
Mazarrón
Águilas
Totana
Alhama de Murcia
Huércal-Overa
Cuevas de Almanzora
Vera
Golfo de Mazarrón
Comunitat Valenciana
Murcia
Andalucía
70
71
72
73
74
Eb
Ec
Ed
Fa
Fb
Fc
Fd
Ga
61

Scale 1:900 000

| 0 | 10 | 20 | 30 Kilometres |
| 0 | 10 | 20 Miles |

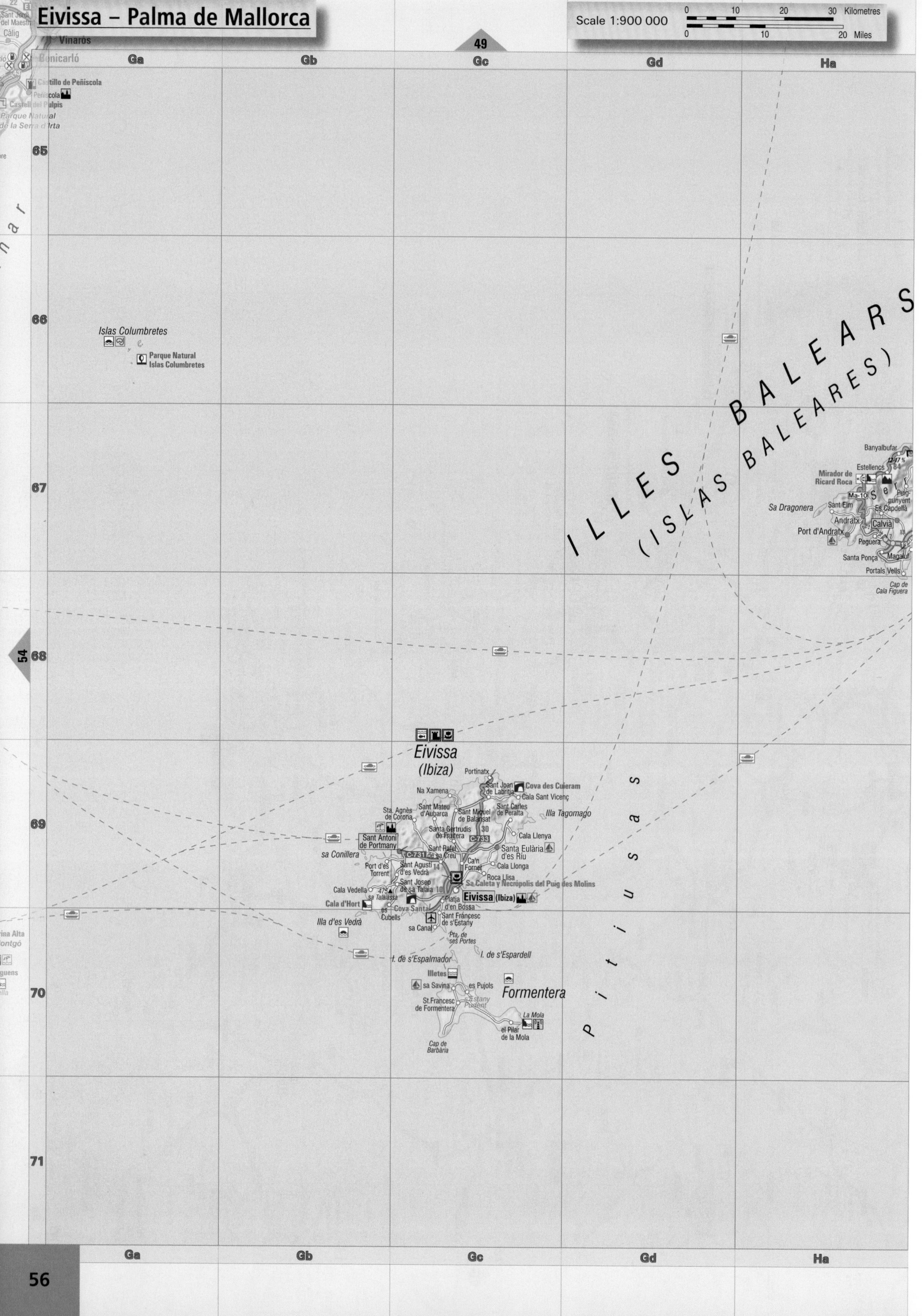

Ga   Gb   Gc   Gd   Ha

22
Sant Jordi
del Maestrat
Càlig
Benicarló
Vinaròs

Castillo de Peñíscola
Peñíscola
Castell del Pulpis
*Parque Natural
de la Serra d'Irta*

65

66

Islas Columbretes

Parque Natural
Islas Columbretes

67

ILLES BALEARS
(ISLAS BALEARES)

Banyalbufar
Estellencs
Mirador de
Ricard Roca
Sa Dragonera
Sant Elm
Andratx
Port d'Andratx
Peguera
Santa Ponça
Portals Vells
Calvià
Magaluf
Es Capdellà
Puig punyent

Cap de
Cala Figuera

54 68

**Eivissa
(Ibiza)**

Portinatx
Na Xamena
Sant Joan
de Labritja
Cova des Cuieram
Cala Sant Vicenç
Illa Tagomago

69
Sta. Agnès
de Corona
Sant Mateu
d'Aubarca
Sant Miquel
de Balansat
Sant Carles
de Peralta
Santa Gertrudis
de Frutera
C-733
Sant Antoni
de Portmany
Sant Rafel
de sa Creu
Cala Llenya
Ca'n
Fornet
Santa Eulària
d'es Riu
sa Conillera
C-731
Cala Llonga
Port d'es
Torrent
Sant Agustí
d'es Vedrà
Roca Llisa
Sant Josep
de sa Talaia
Sa Caleta y Necròpolis del Puig des Molins
Cala Vedella
sa Talaiassa
Eivissa (Ibiza)
Cala d'Hort
Cova Santa
Platja
d'en Bossa
Illa d'es Vedrà
Cubells
Sant Fráncesc
de s'Estany
sa Canal
Pta. de
ses Portes
I. de s'Espardell

t. de s'Espalmador

Illetes
es Pujols
70
sa Savina
Formentera
St.Francesc
de Formentera
Estany
Pudent
La Mola
el Pilar
de la Mola
Cap de
Barbària

P i t i u s a s

71

65

Menorca

Cap de
Cavalleria
Cova Polida
Cala Morell
Binimel·là
Fornells
Puig de
Sta. Agueda
Port d'Addaia
Punta de Bajoli
Naveta d'es
Tudóns
264
Me-15
Cap de Favàritx
Ciutadella
24
Me-1
es Mercadal
Monte Toro
357
Illa d'en Colom
Cala Blanca
Ferreries
Barranc
s'Albufera
es Grau
Cala d'Algendars
Migjorn
21
Me-7
Cap d'Artrutx
Galdana
Gran
Alaior
Cala Mesquida
Talaiot de
Torellonet Vell
Cap d'Artrutx
Cala
Turqueta
Sant Tomàs
Son Bou
Sant
Climent
Maó (Mahón)
Reserva de
Biosfera Menorca
Cova d'en Xoroi
Cala en Porter
es Castell
Cales Coves
Sant Lluís
Binissafullet
s'Algar
Binibèquer Vell
Punta Prima

66

Cap de Formentor
Formentor
Cala
Sant Vicenç
Badia de Pollença
Port de
Pollença
Cap d'es Pinar
Pollença
Torrent
de Pareis
7-12 % Ma-10
Pont
Romà
Alcúdia
Sa Calobra
Santuari
de Lluc
Puig Tomir
1102
Port d'Alcúdia
Serra de
Tramuntana
Puig Major
1445
Coves de
Campanet
S'Albufera
Badia d'Alcúdia
Port de Sóller
7-12 %
Ca'n Picafort
Cap de
Ferrutx
Son Marroig
Ma-10
Sóller
Campanet
Sa
Pobla
Colònia
de Sant Pere
Ermita
de Betlem
Port de
Valldemossa
Dèia
34
Castell
d'Alaró
Selva
16
Muro
Ma-12
Artà
Valldemossa
La Cartuja
Lloseta
Inca
35
Ma-15
Cala Rajada
Esporles
Alaró
Bunyola
Consell
Llubí
Santa
Margalida
Ma-14
Capdepera
Palmanyola
Binissalem
Santa
Eugènia
Sineu
Maria de
la Salut
Coves d'Artà
La Seu
Ma-11
Sencelles
Petra
Nostra Senyora
dels Dolors
Costa de
Canyamel
Castell
de Bellver
Sta. Maria
del Camí
Sa Cabaneta
Lloret de
Vistalegre
Vilafranca
de Bonany
Son Servera
Cala Millor
PALMA de Mallorca
Ma-15
Sant Joan
Montuïri
Sant Llorenç
des-Cardassar
Mallorca
Es
Molinar
Sant
Jordi
Algaida
20
Manacor
Ma-15
S'illot
Cala
Major
Ca'n
Pastilla
Santuari
de Cura
Son
Macià
Porto Cristo
Coves del Drac
8
Porreres
32
Badia de Palma
S'Arenal
Llucmajor
Ma-19
Ma-14
Cales de Mallorca
Cala Blava
Felanitx
Cala Antena
Badia Gran
Ma-19
Campos
Santuari de
Sant Salvador
Pòrto Colom
26
Calonge
Castillo de Santueri
Cala d'Or
Sa Rapita
Cap Blanc
Cala Pi
Ses
Salines
Santanyí
Colònia de
Sant Jordi
es Llombards
Cala Figuera
Cap de
ses Salines

es Pla

es Pla

Serra de Llevant

Gimnesias

67

68

I. Conejera
Es Port
I. Cabrera
Parque Nacional
Terrestre-Maritimo
de Cabrera

G

69

70

M A R   M E D I T E R R Á N E O

71

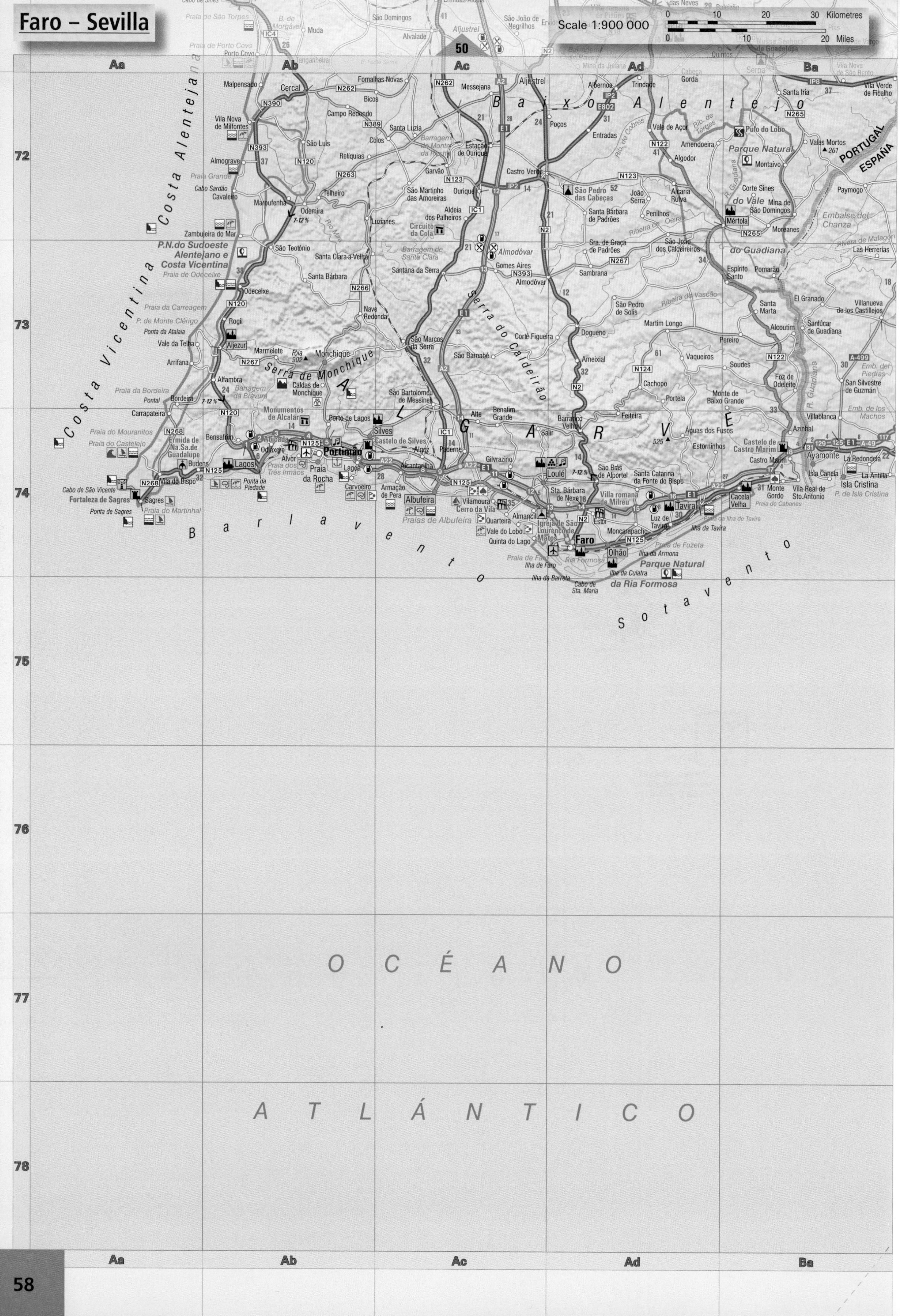
Scale 1:900 000
0 10 20 30 Kilometres
0 10 20 Miles
50
Aa
Ab
Ac
Ad
Ba
72
73
74
75
76
77
78
Costa Alentejana
Costa Vicentina
B a i x o A l e n t e j o
A L G A R V E
B a r l a v e n t o
S o t a v e n t o
O C É A N O
A T L Á N T I C O
PORTUGAL
ESPAÑA
Serra de Monchique
Serra do Caldeirão
P.N.do Sudoeste Alentejano e Costa Vicentina
Parque Natural do Vale do Guadiana
Parque Natural da Ria Formosa
Faro
Portimão
Lagos
Albufeira
Loulé
Tavira
Olhão
Silves
Aljezur
Sagres
Fortaleza de Sagres
Cabo de São Vicente
Odemira
Mértola
Almodôvar
Castro Verde
Aljustrel
Ourique
Ayamonte
Isla Cristina
Vila Real de Sto.Antonio
Castro Marim
Monchique
Vila Nova de Milfontes
Cercal
Praia da Rocha
Vilamoura
Quarteira
Odeceixe
Zambujeira do Mar
Alcoutim
Sanlúcar de Guadiana
El Granado
San Silvestre de Guzmán
Villablanca
La Redondela
La Antilla
Paymogo
Santa Iria
Pulo do Lobo
Montaivo
Embalse del Chanza
Las Herrerías
São Brás de Alportel
Estói
Moncarapacho
Luz de Tavira
Cacela Velha
Monte Gordo
Ilha de Tavira
Ilha da Culatra
Ilha da Armona
Ilha da Barreta
Ilha de Faro
Cabo de Sta. Maria
Praias de Albufeira
Armação de Pera
Carvoeiro
Lagoa
Alvor
Bensafrim
Vila do Bispo
Budens
Carrapateira
Bordeira
Rogil
Alfambra
Marmelete
Fóia 902
Caldas de Monchique
Monumentos de Alcalar
São Bartolomeu de Messines
São Marcos da Serra
São Barnabé
Benafim Grande
Barranco Velho
Salir
Alte
Paderne
Algoz
Alcantarilha
Boliqueime
Gilvrazino
Almancil
Quinta do Lago
Vale do Lobo
Cerro da Vila
Sta. Bárbara de Nexe
Villa romana de Milreu
Santa Catarina da Fonte do Bispo
Cachopo
Martim Longo
Vaqueiros
Pereiro
Soudes
Foz de Odeleite
Giões
Dogueno
Ameixial
Feiteira
Portela
Águas dos Fusos
Estorninhos
Corte Figueira
Sambrana
Sra. de Graça de Padrões
Santa Bárbara de Padrões
São Pedro das Cabeças
São Pedro de Solis
São João dos Caldeireiros
Espírito Santo
Pomarão
Mina de São Domingos
Moreanes
Corte Sines
Vales Mortos
Algodor
Amendoeira
Vale de Açor
Entradas
Albernoa
Trindade
Messejana
São Martinho das Amoreiras
Aldeia dos Palheiros
Circuito da Cola
Garvão
Santana da Serra
Gomes Aires
Santa Clara-a-Velha
Santa Bárbara
Nave Redonda
Luzianes
Reliquias
Colos
Santa Luzia
São Luis
Campo Redondo
Bicos
Fornalhas Novas
Malpensado
Almograve
Cavaleiro
Maroufenha
Telheiro
São Teotónio
Vale da Telha
Arrifana
Pontal
Praia da Bordeira
Praia do Mouranitos
Praia do Castelejo
Ermida de Na.Sa.de Guadalupe
Ponta de Sagres
Praia do Martinhal
Praia de Odeceixe
Praia da Carreagem
P. de Monte Clérigo
Ponta da Atalaia
Ponta da Piedade
Praia dos Três Irmãos
Praia de Faro
Ria Formosa
Praia de Fuzeta
Praia de Cabanes
P. de Isla Cristina
Emb. de los Machos
Emb. del Piedras
Villanueva de los Castillejos
Vila Verde de Ficalho
Serpa
São Domingos
Alvalade
Muda
Porto Covo
Cabo de Sines
N120
N125
N2
N122
N123
N124
N265
N266
N267
N268
N262
N263
N389
N390
N393
IC1
IC4
IP2
IP8
A2
A22
E1
E802
A-49
A-499

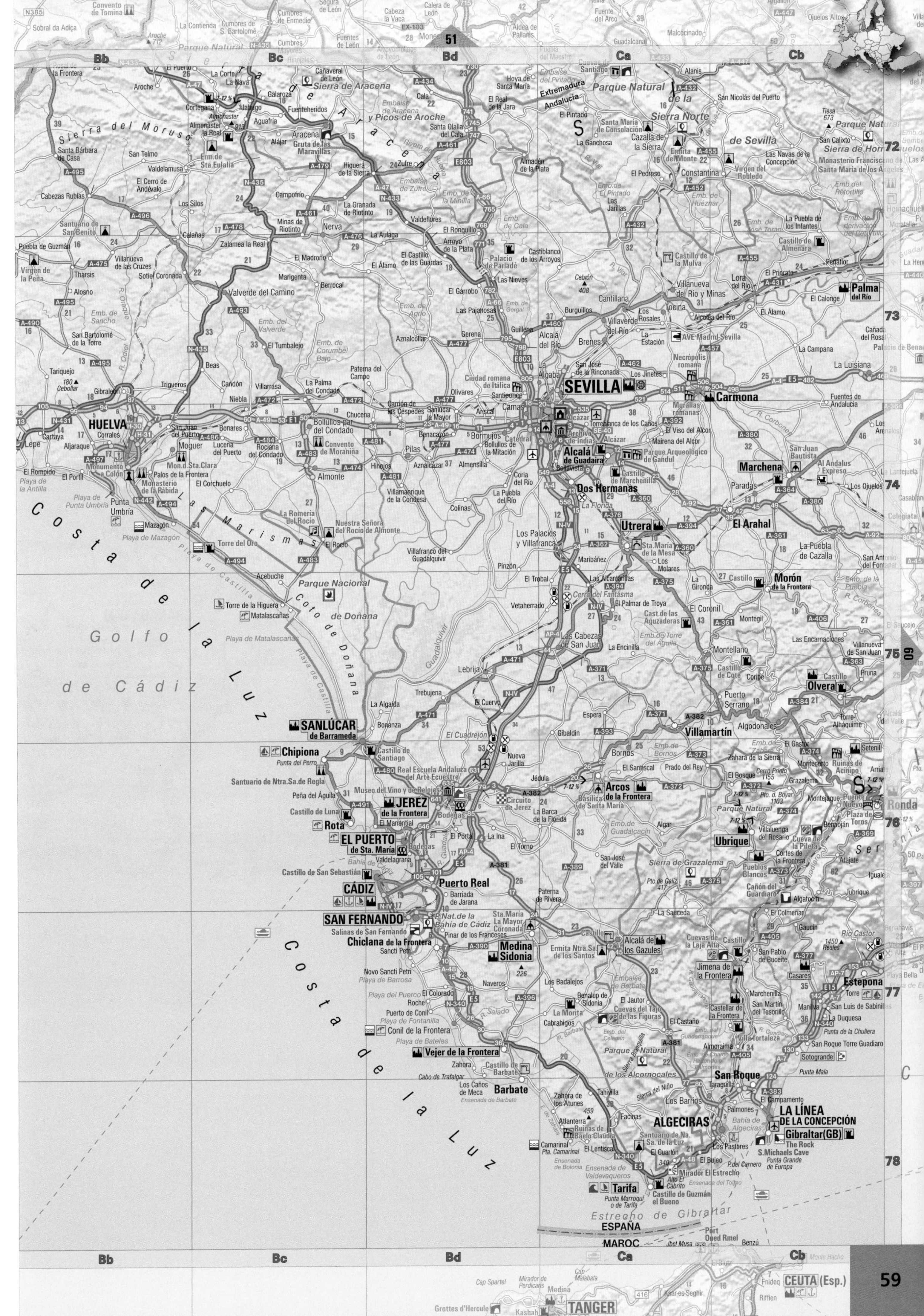

51
Bb
Bc
Bd
Ca
Cb
Convento de Tomina
Sobral da Adiça
La Contienda
Cumbres de S. Bartolomé
Cumbres de Enmedio
Cumbres Mayores
Segura de León
Fuentes de León
Cabeza la Vaca
Calera de León
Monesterio
Aldea de Pallares
Trasierra
Reina
Fuente del Arco
Guadalcanal
Malcocinado
Argallón
Ojuelos Altos
Parque Natural
Sierra de Aracena y Picos de Aroche
Rosal de la Frontera
El Puerto
La Corte
La Nava
Cañaveral de León
Aroche
Cortegana
Almonaster la Real
Jabugo
Galaroza
Fuenteheridos
Aguafría
Alájar
Aracena
Gruta de las Maravillas
Sierra del Moruso
Santa Bárbara de Casa
San Telmo
Valdelamusa
Erm. de Sta. Eulalia
Higuera de la Sierra
Zufre
Embalse de Zufre
Santa Olalla del Cala
Cala
Hoya de Santa María
El Real de la Jara
Extremadura
Andalucía
Almadén de la Plata
El Pintado
Emb. de El Pintado
Cuevas de Santiago
Parque Natural de la Sierra Norte de Sevilla
Santa María de Consolación
Cazalla de la Sierra
Ermita del Monte
Alanís
San Nicolás del Puerto
Constantina
Virgen del Robledo
Las Navas de la Concepción
Tiesa
Parque Natural
San Calixto
Sierra de Hornachuelos
Monasterio Franciscano de Santa María de los Ángeles
El Pedroso
La Ganchosa
Las Jarillas
El Cerro de Andévalo
Cabezas Rubias
Los Silos
Campofrío
La Granada de Riotinto
Minas de Riotinto
Nerva
Valdeflores
El Ronquillo
Emb. de la Minilla
Emb. de Cala
Emb. de Huéznar
Emb. de José Torán
La Puebla de los Infantes
Emb. del Retortillo
Santuario de San Benito
Puebla de Guzmán
Virgen de la Peña
Villanueva de las Cruces
Calañas
Zalamea la Real
La Aulaga
El Madroño
El Castillo de las Guardas
Arroyo de la Plata
Palacio de Parladé
Castiblanco de los Arroyos
Castillo de la Mulva
Castillo de Almenara
Peñaflor
Tharsis
Sotiel Coronada
El Álamo
Marigenta
Berrocal
Las Nieves
Cebrón
Villanueva del Río y Minas
Lora del Río
El Priorato
Palma del Río
El Calonge
Alosno
Valverde del Camino
El Garrobo
Emb. de Gergal
Cantillana
Tocina
Alcolea del Río
Emb. de Sancho
Emb. del Valverde
Emb. de Agrio
Las Pajanosas
Burguillos
Villaverde del Río
Los Rosales
San Bartolomé de la Torre
El Tumbalejo
Emb. de Corumbel Bajo
Aznalcóllar
Gerena
Guillena
Alcalá del Río
Brenes
La Estación
AVE Madrid-Sevilla
Cañada del Rosal
Palacio de Benamejí
La Campana
Tariquejo
Cebollar
Beas
Paterna del Campo
San José de la Rinconada
Los Jinetes
Necrópolis romana
La Luisiana
Gibraleón
Trigueros
Candón
Villarrasa
La Palma del Condado
Ciudad romana de Itálica
Santiponce
La Algaba
SEVILLA
Carmona
Fuentes de Andalucía
Niebla
Olivares
Carrión de los Céspedes
Sanlúcar la Mayor
Camas
Alcázar
Torreblanca de los Caños
Murallas romanas
HUELVA
Cartaya
Lepe
Aljaraque
Corrales
San Juan del Puerto
Bonares
Chucena
Bollullos par del Condado
Aznalcázar
Benacazón
Bormujos
Bollullos de la Mitación
Archivo de Indias
Mairena del Alcor
El Viso del Alcor
Moguer
Lucena del Puerto
Rociana del Condado
Convento de Moraniña
Pilas
Almensilla
Catedral
Alcalá de Guadaíra
Parque Arqueológico de Gandul
San Juan Bautista
Marchena
Al Andalus Expreso
Monumento a Colón
Mon. d. Sta. Clara
Palos de la Frontera
Monasterio de la Rábida
El Corchuelo
Almonte
Hinojos
Villamanrique de la Condesa
Coria del Río
La Puebla del Río
Bellavista
Castillo de Marchenilla
Dos Hermanas
Paradas
Los Ojuelos
El Rompido
El Portil
Playa de la Antilla
Playa de Punta Umbría
Punta Umbría
Las Marismas
La Romería del Rocío
Nuestra Señora del Rocío de Almonte
El Rocío
Colinas
La Florida
Utrera
El Arahal
Mazagón
Playa de Mazagón
Torre del Oro
Playa de Castilla
Los Palacios y Villafranca
Sta. María de la Mesa
Los Molares
La Puebla de Cazalla
Villafranco del Guadalquivir
Pinzón
Maribáñez
Costa de la Luz
Acebuche
Parque Nacional
Coto de Doñana
El Trobal
Las Alcantarillas
Cerro del Fantasma
El Palmar de Troya
La Gironda
Castillo
Morón de la Frontera
Torre de la Higuera
Matalascañas
Vetaherrado
Cast. de las Aguzaderas
El Coronil
Montegil
Golfo de Cádiz
Playa de Matalascañas
Playa de Castilla
Guadalquivir
Las Cabezas de San Juan
Emb. de Torre del Águila
La Encinilla
Montellano
Las Encarnaciones
Villanueva de San Juan
Lebrija
Castillo de Cote
Coripe
Olvera
Pruna
Trebujena
El Cuervo
Puerto Serrano
Torre Alháquime
La Algaida
Bonanza
Espera
Villamartín
Algodonales
SANLÚCAR de Barrameda
El Cuadrejón
Gibaldín
Chipiona
Punta del Perro
Castillo de Santiago
Nueva Jarilla
Bornos
Emb. de Bornos
Zahara de la Sierra
El Gastor
Setenil
Ruinas de Acinipo
Santuario de Ntra. Sa. de Regla
Real Escuela Andaluza del Arte Ecuestre
El Santiscal
Prado del Rey
El Bosque
Cerro Prieto
Grazalema
Peñal del Águila
Museo del Vino y de Relojes
Jédula
Arcos de la Frontera
Pto. d. Boyar
Montejaque
Ronda
Castillo de Luna
JEREZ de la Frontera
Circuito de Jerez
Basílica de Santa María
Parque Natural
Benaoján
Rota
El Manantial
Bodegas
La Barca de la Florida
Algar
Emb. de Guadalcacín
Villaluenga del Rosario
Cueva de la Pileta
EL PUERTO de Sta. María
El Portal
La Ina
El Torno
Ubrique
Cortes de la Frontera
Atajate
Valdelagrana
Bahía de Cádiz
San José del Valle
Sierra de Grazalema
Pto. de Galiz
Pueblos Blancos
Castillo de San Sebastián
Puerto Real
Barriada de Jarana
Cañón del Guardiario
Jubrique
CÁDIZ
Paterna de Rivera
Algatocín
SAN FERNANDO
P. Nat. de la Bahía de Cádiz
Salinas de San Fernando
Sta. María La Mayor Coronada
La Sauceda
El Colmenar
Gaucín
Pinar de los Franceses
Chiclana de la Frontera
Sancti Petri
Medina Sidonia
Ermita Ntra. Sa. de los Santos
Alcalá de los Gazules
Cuevas de la Laja Alta
Castillo
San Pablo de Buceite
Reales
Río Castor
Novo Sancti Petri
Playa de Barrosa
Naveros
Los Badalejos
Embalse de Barbate
Jimena de la Frontera
Casares
Estepona
Playa del Puerco
El Colorado
Roche
Benalup de Sidonia
El Jautor
Cuevas del Tajo de las Figuras
Marchenilla
San Martín del Tesorillo
Manilva
Torre
San Luis de Sabinillas
La Duquesa
Playa de la Chullera
Puerto de Conil
Playa de Fontanilla
Conil de la Frontera
Playa de Bateles
La Morita
Cabrahigos
Emb. del Celemín
El Castaño
Castellar de la Frontera
Villafortaleza
San Roque Torre Guadiaro
Parque Natural de los Alcornocales
Almoraima
Sotogrande
Vejer de la Frontera
Zahora
Castillo de Barbate
Cabo de Trafalgar
Los Caños de Meca
Barbate
Ensenada de Barbate
Punta Mala
San Roque
Taraguilla
Zahara de los Atunes
Tahivilla
Sierra del Niño
Los Barrios
Palmones
El Campamento
LA LÍNEA DE LA CONCEPCIÓN
Atlanterra
Facinas
ALGECIRAS
Bahía de Algeciras
Gibraltar (GB)
The Rock
S. Michaels Cave
Ruinas de Baelo Claudia
Santuario de Na. Sa. de la Luz
El Cuartón
Los Pastores
El Lentiscal
El Bujeo
Pta. del Carnero
Punta Grande de Europa
Camarinal
Pta. Camarinal
Ensenada de Bolonia
Ensenada de Valdevaqueros
Mirador El Estrecho
Alto El Cabrito
Ensenada del Tolmo
Tarifa
Punta Marroquí o de Tarifa
Castillo de Guzmán el Bueno
Estrecho de Gibraltar
ESPAÑA
MAROC
Jbel Musa
Port Oued Rmel
Benzú
Monte Hacho
Fnideq
CEUTA (Esp.)
Riffien
Cap Spartel
Mirador de Perdicaris
Cap Malabata
Medina
Ksar-es-Seghir
Grottes d'Hercule
Kasbah
TANGER
72
73
74
75
76
77
78
60

Granada – Almería

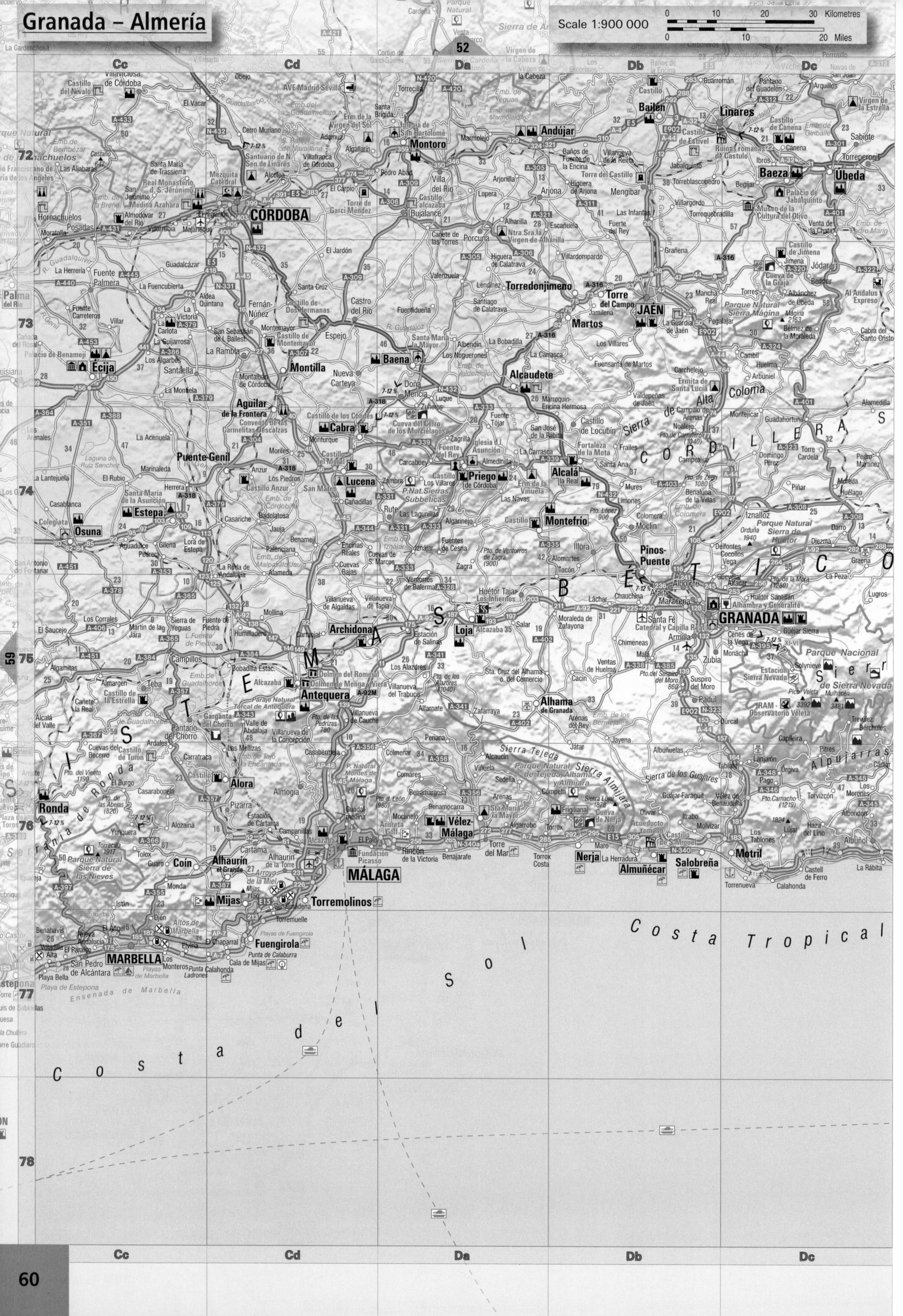

Scale 1:900 000
0 10 20 30 Kilometres
0 10 20 Miles
52
Cc
Cd
Da
Db
Dc
72
73
74
75
76
77
78
59
CÓRDOBA
Andújar
Montoro
Bailén
Linares
Baeza
Úbeda
JAÉN
Torredonjimeno
Martos
Torre del Campo
Bujalance
Écija
Montilla
Baena
Alcaudete
Aguilar de la Frontera
Puente Genil
Cabra
Lucena
Priego de Córdoba
Alcalá la Real
Montefrío
Estepa
Osuna
Pinos-Puente
GRANADA
Loja
Archidona
Antequera
Alhama de Granada
Ronda
Alora
Coín
Alhaurín el Grande
Mijas
Torremolinos
MÁLAGA
Vélez-Málaga
Nerja
Almuñécar
Salobreña
Motril
Fuengirola
MARBELLA
San Pedro de Alcántara
Estepona
Sierra Nevada
Parque Nacional
Alpujarras
Sierra Tejeda
Sierra Almijara
Sierra Mágina
Sierra de las Nieves
Serranía de Ronda
CORDILLERAS BÉTICO SISTEMAS
Costa del Sol
Costa Tropical
Ensenada de Marbella

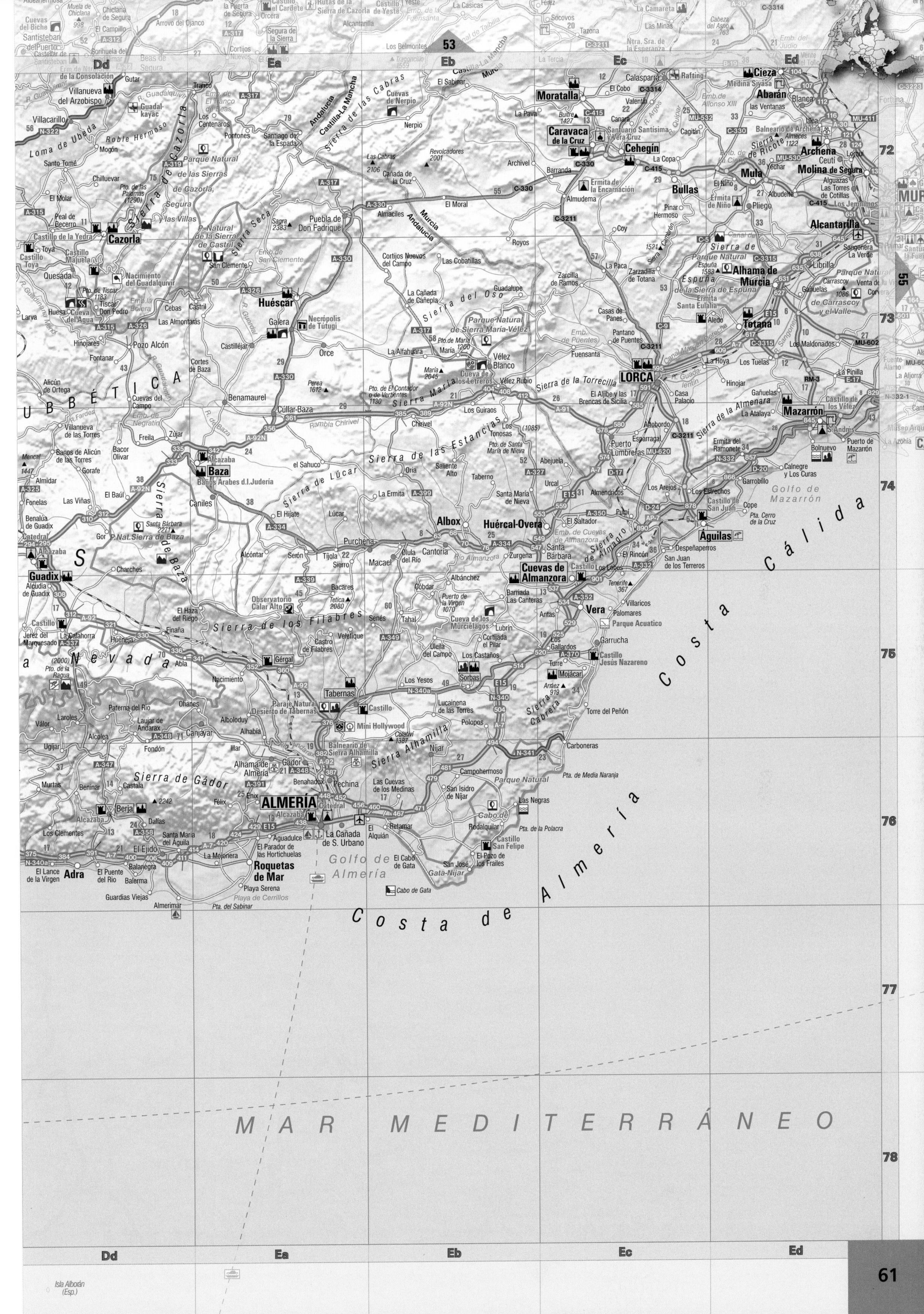

53
Dd
Ea
Eb
Ec
Ed
Villanueva del Arzobispo
Villacarrillo
Loma de Úbeda
Mogón
Santo Tomé
Chilluevar
Parque Natural de las Sierras de Cazorla, Segura y las Villas
Sierra de Cazorla
Guadal-kayac
Los Centenaros
Pontones
Santiago de la Espada
Andalucía
Castilla-La Mancha
Sierra de las Cabras
Cuevas de Nerpio
Nerpio
Las Cabras 2106
Revolcadores 2001
Cañada de la Cruz
Moratalla
Caravaca de la Cruz
Cehegín
Calasparra
Rafting
Cieza
Abarán
Blanca
Archena
Ceutí
Molina de Segura
Mula
Bullas
Pliego
Alcantarilla
Sierra de Ricote
El Molar
Peal de Becerro
Cazorla
Castillo de la Yedra
Toya
Castillo Toya
Quesada
Castillo Majuela
Nacimiento del Guadalquivir
P. Natural de la Sierra de Castril
Sierra Seca
Sagra 2383
Puebla de Don Fadrique
San Clemente
Emb. de San Clemente
Cortijos Nuevos del Campo
Las Cobatillas
Murcia
Andalucía
El Moral
Almaciles
Archivel
Barranda
Ermita de la Encarnación
Almudema
Coy
Royos
La Paca
Zarcilla de Ramos
Zarzadilla de Totana
Sierra de Espuña
Parque Natural de la Sierra de Espuña
Alhama de Murcia
Librilla
Sangonera La Verde
Parque Natural de Carrascoy y el Valle
Totana
Aledo
Santa Eulalia
Huesa
Cueva del Agua
Tíscar
Don Pedro
Pto. de Tíscar 1183
Larva
Hinojares
Pozo Alcón
Fontanar
Cebas
Castril
Las Almontaras
Huéscar
Galera
Necrópolis de Tútugi
Orce
Castilléjar
Cortes de Baza
La Cañada de Cañepla
Sierra del Oso
Guadalupe
Parque Natural de Sierra María-Vélez
Pto. de María 1200
María
La Alfahuara
Vélez Blanco
Vélez Rubio
Cueva de los Letreros
María 2045
Sierra de la Torrecilla
LORCA
Fuensanta
Casas de Panes
Pantano de Puentes
La Hoya
Los Tuelas
Hinojar
Gañuelas
Los Maldonados
La Pinilla
Mazarrón
Puerto de Mazarrón
Bolnuevo
Golfo de Mazarrón
Alicún de Ortega
SUBBÉTICA
Cuevas del Campo
Emb. de Negratín
Benamaurel
Cúllar-Baza
Perea 1612
Pto. de El Contador o de Verbientes 1130
Sierra María
Chirivel
Los Guiraos
Rambla Chirivel
Villanueva de las Torres
Freila
Zújar
Baños de Alicún de las Torres
Gorafe
Bacor Olivar
Alcazaba
Baza
Baños Árabes d.l.Judería
el Sahuco
Sierra de Lúcar
Sierra de las Estancias
Oria
Saliente Alto
Taberno
Abejuela
Urcal
Santa María de Nieva
Pto. de Santa María de Nieva
Los Tonosas
Puerto Lumbreras
Esparragal
Almendricos
Pulpí
Los Arejos
Los Estrechos
Castillo de San Juan
Cope
Pta. Cerro de la Cruz
Águilas
Sierra de la Almenara
La Atalaya
Almidar
Fonelas
Las Viñas
El Baúl
Caniles
Sierra de Baza
Santa Bárbara 2271
P.Nat. Sierra de Baza
El Hijate
Lúcar
La Ermita
Albox
Huércal-Overa
El Saltador
Emb. de Cuevas de Almanzora
Sierra de Almagro
Benalúa de Guadix
Gor
Purchena
Tíjola
Serón
Alcóntar
Sierro
Macael
Olula del Río
Cantoria
Zurgena
Santa Bárbara
Cuevas del Almanzora
Castillo
Los Lobos
El Rincón
Despeñaperros
San Juan de los Terreros
Costa Cálida
Guadix
Alcudia de Guadix
Charches
Bacares
Tetica 2080
Observatorio Calar Alto
El Haza del Riego
Sierra de los Filabres
Senés
Tahal
Cóbdar
Albánchez
Puerto de la Virgen 1070
Cueva de los Murciélagos
Lubrín
Barriada Las Canteras
Antas
Vera
Villaricos
Palomares
Tenerife 367
Parque Acuático
Garrucha
Los Gallardos
Castillo
Lacalahorra
Jerez del Marquesado
Huéneja
Finaña
Velefique
Castro de Filabres
Uleila del Campo
Cortijada el Pilar
Los Castaños
Turre
Mojácar
Castillo Jesús Nazareno
Sierra Nevada
(2000) Pto. de la Ragua
Abla
Gérgal
Nacimiento
Los Yesos
Sorbas
Tabernas
Castillo
Paraje Natural Desierto de Tabernas
Mini Hollywood
Lucainena de las Torres
Polopos
Colativí 1387
Sierra Alhamilla
Sierra Cabrera
Arráez 919
Torre del Peñón
Laroles
Válor
Ugíjar
Paterna del Río
Laujar de Andarax
Ohanes
Alboloduy
Alhabia
Alcolea
Canjáyar
Fondón
Illar
Alhama de Almería
Gádor
Balneario de Sierra Alhamilla
Níjar
Carboneras
Pta. de Media Naranja
Murtas
Beninar
Sierra de Gádor
Castala
Benahadux
Pechina
Las Cuevas de los Medinas
Campohermoso
San Isidro de Níjar
Parque Natural
Berja
2242
Félix
Enix
ALMERÍA
Alcazaba
Catedral
Dalías
Alcazaba
Los Clementes
Santa María del Águila
Aguadulce
La Cañada de S. Urbano
El Alquián
Retamar
Rodalquilar
Cabo de Gata
Las Negras
Pta. de la Polacra
Castillo San Felipe
El Pozo de los Frailes
San José
Gata-Níjar
El Cabo de Gata
Golfo de Almería
Cabo de Gata
El Ejido
Balanegra
La Mojonera
El Parador de las Hortichuelas
Roquetas de Mar
Playa Serena
Playa de Cerrillos
Pta. del Sabinar
Almerimar
Adra
El Lance de la Virgen
El Puente del Río
Balerma
Guardias Viejas
Costa de Almería
MAR MEDITERRÁNEO
Isla Alborán (Esp.)
72
73
74
75
76
77
78
55

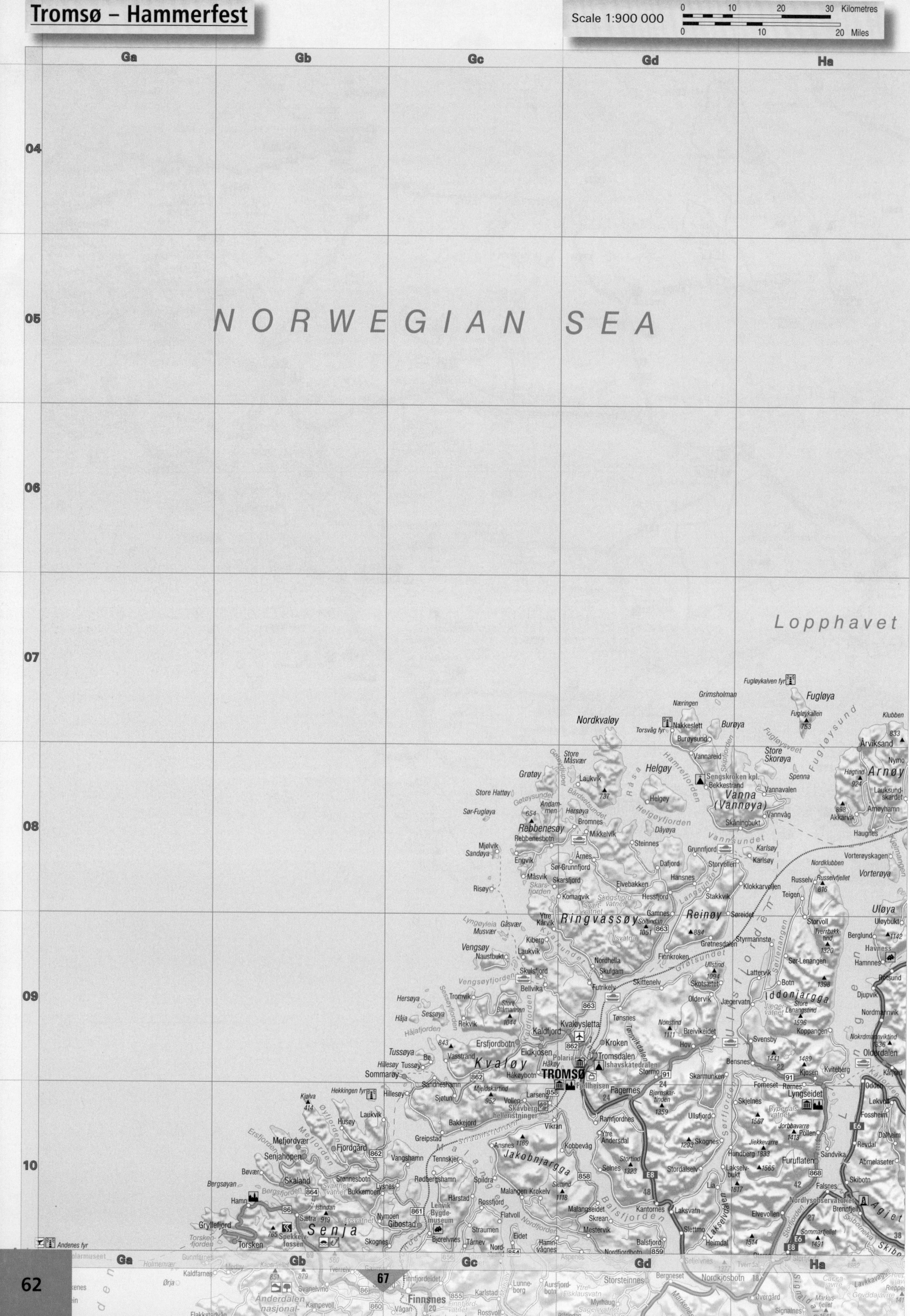

Scale 1:900 000

| 0 | 10 | 20 | 30 | Kilometres |

| 0 | 10 | 20 | Miles |

Ga   Gb   Gc   Gd   Ha

04

NORWEGIAN SEA

05

06

07

Lopphavet

Fugløykalven fyr

Grimsholman

Næringen

Nordkvaløy   *Fugløya*

Fugløykallen
753

Nakkeslett   Burøyvær   Klubben

Torsvåg fyr   Burøysund   *833*

Arviksand

Store   Store   Nymo

Vannareid   Skorøya   Høgtind *Arnøy*

Store Måsvær   *924*   Lauksund-skardet

Grøtøy   Laukvik   Helgøy   Spenna   *698* Ameyhamn

Store Hattøy   *731*   Sengskroken kpl.   Vannavalen   Akkarvik

Sør-Fugløya   Andam-men   Helgøy   Bekkestrand   Vanna   Vannvåg

Hersøya   *(Vannøya)*

654   Bromnes   Dåyøya   Skåningbukt   Haugnes

08

Rebbenesøy   Mikkelvik   Grunnfjord   Karlsøy   Vorterøyskagen

Mjølvik   Rebbenesbotn   Steinnes   Nordklubben   Vorterøya

Sandøya   Engvik   Sør-Grunnfjord   Dafjord   Storvollen   Karlsøy   Russelv *Russelvfjellet*

Måsvik   Årnes   Elvebakken   Hansnes   Klokkarvoljen   Teigen   *816*

Risøy   Skarsfjord   Komagvik   Hessfjord   Stakkvik   Uløya

Skars-fjorden   *Skagsfjord-vatnet*   Gammes   *Reinøy*   Søreidet   Uløybukt

Lyngøyleia   Gåsvær   Ytre   Soltindan   *1051*   *863*   *884*   Storvoll   *Tverbakk-tind*   Berglund   *1142*

Musvær   Kårvik   *Ringvassøy*   *Isvatne*   Grøtnesdalen   Styrmannsto   *1320*   Havnes

Vengsøy   Kiberg   Nordhella   Finnkroken   Sør-Lenangen   Hamnnes

Naustbukt   Laukvik   Skulgam   Ullstind   Lattervik   Rørsund

Vengsøyfjorden   Skulsfjord   Skotsæltet   *1094*   Skotsæltet   Botn   *1398*

09

Hersøya   Tromvik   Bellvika   Futrikely   Skittenelv   Oldervik   Jægervatn   *Iddonjargga*   Djupvik

Håja   Sessøya   *863*   *Store*   *vatnet*   Nordmannvik

Rekvik   Store Blåmannen   Nonstind   Breivikeidet   *Store Lenangstind*   Koppangen

1044   Kvaløysletta   *1111*   Hov   *1596*   Nokrdmannviktind

Tussøya   *843*   Kaldfjord   Svensby   *1636*

Bø   Ersfjordbotn   *862*   Kroken   Bensnes   *1441*   *1489*   Olderdalen

Hillesøy Tussøy   Vasstrand   Eidkjosen   Polaria   Tromsdalen   *1567*   Kveteby

Sommarøy   *Kvaløy*   Håkøy   Ilshavskatedralen   Stormo   Skarmunken   Kjosen   Kafjord

Sandneshamn   Håkøybotn   **TROMSØ**   *91*   Forneset   *91*   Oddeb

Hekkingen fyr   Hillesøy   Mjeldskartind   Vollen   *24*   Fjellheisen   Skjelnes   Lyngseidet   Løkvoll

Kjølva   Sjøtun   *952*   Larsnes   *858*   Fagernes   Bjørnskar-tinden   Fossheim

414   Husøy   Skavberg   *24*   *1359*   Ullsfjord   *Rypdalsvatnet*   *E6*

Laukvik   Bakkejord   *hellerisninger*   Vikran   Ramfjordnes   *1567*   Jorbbavarre   Reydal

Mefjordvær   Greipstad   Ytre   *1293*   Skognes   *1415*   Pollen   Sandvika

10

Senjahopen   Vangshamn   Tennskjer   Ansnes *1169*   Kobbevåg   Anderdal   Hundberg *1833*   Furuflaten   Abmelaseter

Bøvær   *862*   *Jakobnjargga*   Selnes   *858*   Stortind   Lakselv-bukt   *1565*   *868*   Skibotn

Bergsøyan   Skaland   Stønnesbotn   Lysnes   *1323*   Stordalselv   *42*   Nordlysobservatoriet

864   Bukkemoen   Spildra   Sletind   Lia   *1617*   Brennfjell

Hamn   *86*   Rødbergshamn   Malangen Krokelv   *1178*   *48*   Elvevollen   Sommarfjellet

Istindan   *861*   Hårstad   Matangseidet   Kantornes   Lakkvatn   *1514*   *1491*

Grylliefjord   *765* Spekkelv   Nymoen   Lenvik   Rossfjord   Skrean   Mestervik   Heimdal   *E6*

Sætra 919   *fossen*   Gibostad   Bygde-museet   Flatvoll   Slettmo   Balsfjord   *38*

Andenes fyr   Torsken   *Senja*   Skognes   Bjørelvnes   Tårnev   Eidet   Hamn-vågnes   Nordfjordbotn   *859*

Ga   Gb   Gc   Gd   Ha

67

Finnsnes

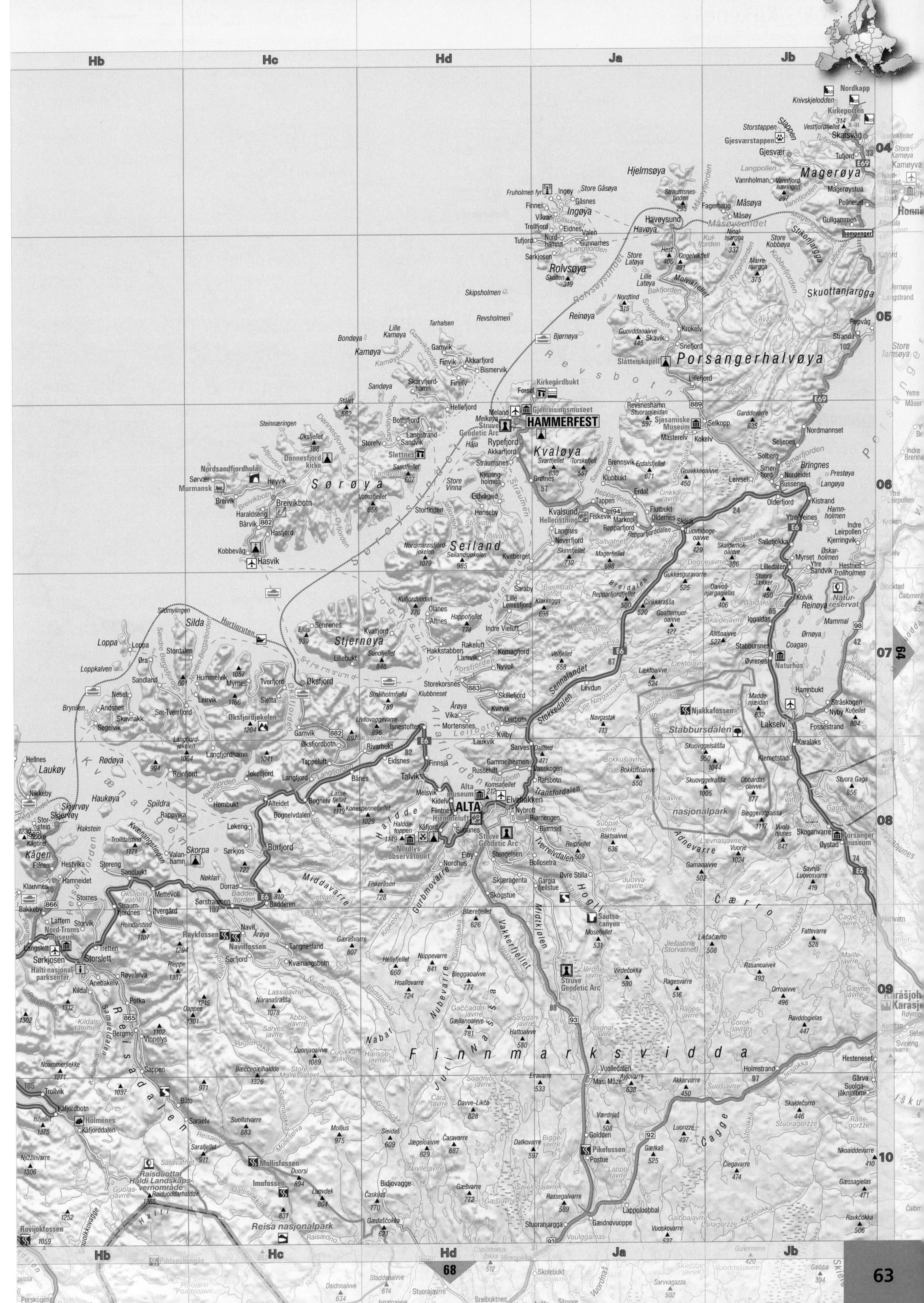

Hb
Hc
Hd
Ja
Jb
Nordkapp
Knivskjelodden
Kirkeporten
Skarsvåg
Gjesvær
Magerøya
Honningsvåg
Hjelmsøya
Ingøy
Ingøya
Havøysund
Havøya
Måsøya
Rolvsøya
Skuottanjargga
Reinøya
Porsangerhalvøya
Revsbotn
Kirkegårdbukt
Gjenreisingsmuseet
HAMMERFEST
Kvaløya
Sørøya
Nordsandfjordhula
Breivikbotn
Hasvik
Seiland
Stjernøya
Silda
Loppa
Hurtigruten
Øksfjord
Øksfjordjøkelen
Laukøy
Rødøya
Haukøya
Spildra
Skjervøy
Kågen
Skorpa
Kvænangen
ALTA
Alta museum
Talvik
Kåfjord
Nordlysobservatoriet
Struve Geodetic Arc
Sennalandet
Stabbursdalen
Stabbursdalen nasjonalpark
Lakselv
Porsanger museum
Naturhus
Russenes
Olderfjord
Kvalsund
Repparfjorddalen
Transfordalen
Sautsocanyon
Hogi
Middavarre
Finnmarksvidda
Masi
Pikefossen
Čærro
Čagge
Karasjok
Burfjord
Badderen
Sørstraumen
Navitfossen
Nord-Troms museum
Sørkjosen
Storslett
Halti nasjonalparksenter
Reisadalen
Mollisfossen
Imofossen
Reisa nasjonalpark
Raisduottar Haldi Landskapsvernområde
Halti
Rovijokfossen
Holmenes
Kåfjorddalen
Trollvik
Sappen
Bergmo
Vinnelys
Røyelelva
Kvænangsbotn
Holmstrand
Hesteneset

Karasjok – Kirkenes

Scale 1:900 000

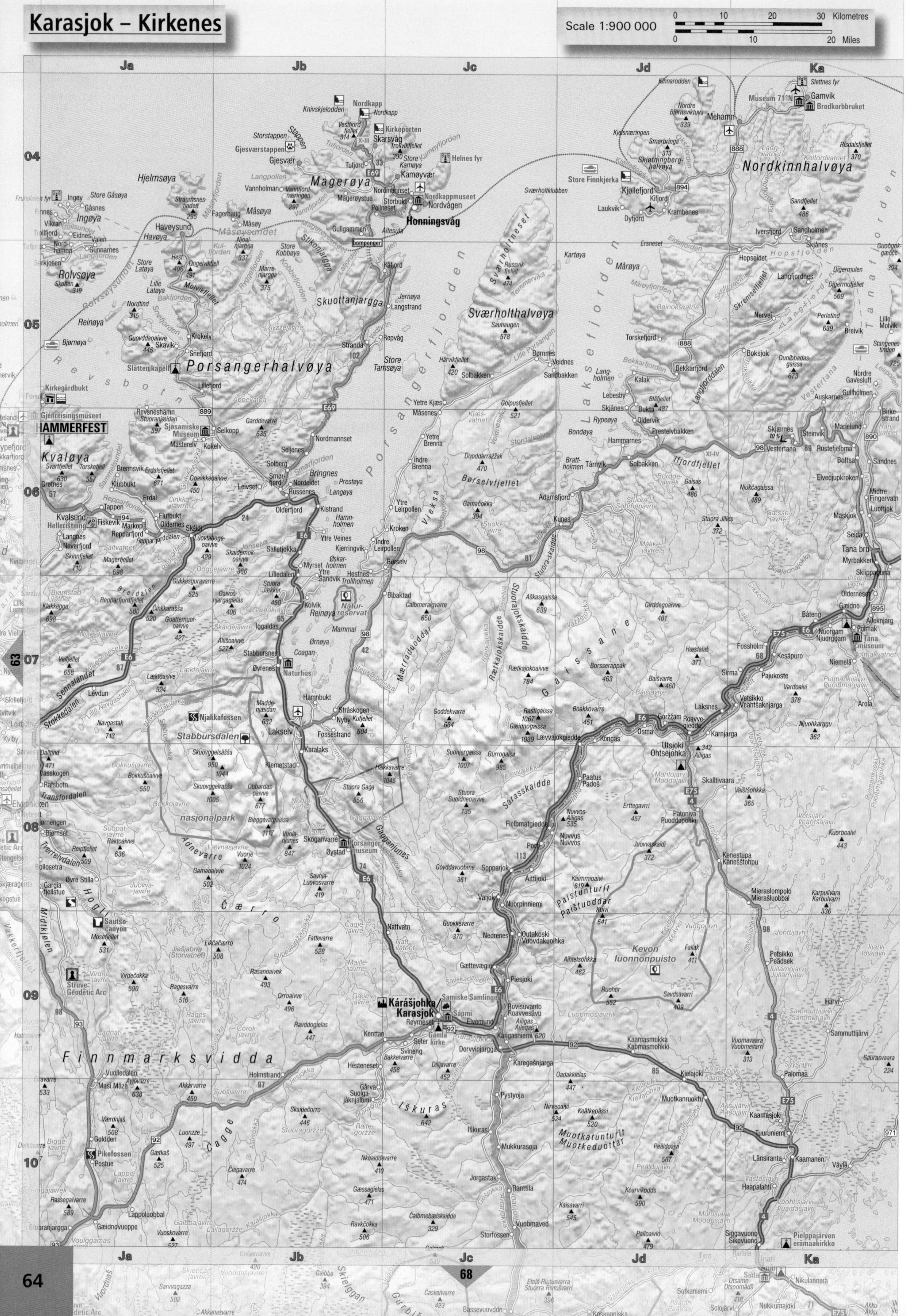

0 10 20 30 Kilometres
0 10 20 Miles
Ja
Jb
Jc
Jd
Ka
04
05
06
07
08
09
10
Nordkapp
Knivskjelodden
Kirkeporten
Skarsvåg
Gjesvær
Gjesværstappen
Storstappen
Helnes fyr
Magerøya
Kamøyvær
Nordkappmuseet
Nordvågen
Honningsvåg
Hjelmsøya
Ingøya
Måsøy
Havøysund
Havøya
Rolvsøya
Porsangerhalvøya
Skuottanjargga
Repvåg
Kjøllefjord
Mehamn
Gamvik
Slettnes fyr
Brodkorbbruket
Nordkinnhalvøya
Store Finnkjerka
Sværholthalvøya
Laksefjorden
Porsangerfjorden
Kvaløya
HAMMERFEST
Gjenreisingsmuseet
Kirkegårdbukt
Slåtten kapell
Revsbotn
Kvalsund
Repparfjord
Skáidi
Olderfjord
Russenes
Kistrand
Ifjordfjellet
Lebesby
Kunes
Børselv
Naturreservat
Stabbursdalen nasjonalpark
Njakkafossen
Lakselv
Porsanger museum
Gaissane
Utsjoki Ohtsejohka
Tana bru
Polmak
Tana museum
Kevon luonnonpuisto
Finnmarksvidda
Kárášjohka/Karasjok
Sámiske Samlinger
Sápmi
Gamla kirke
Karigasniemi
Masi Máze
Sautso-canyon
Struve-Geodetic Arc
Pikefossen
Pielppajärven eramaakirkko
Inari
Siida
E6
E69
E75
92
98

63
68

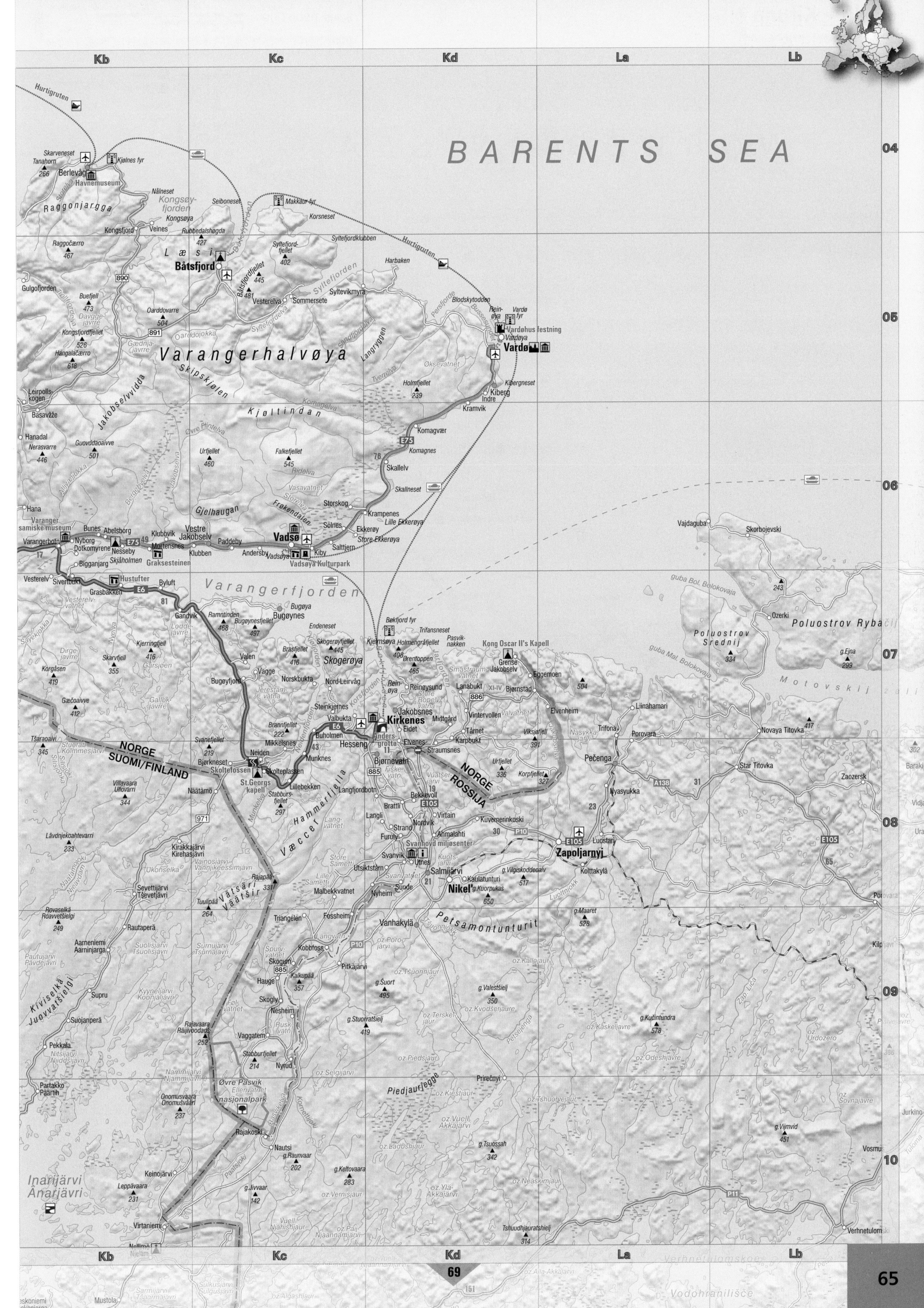

BARENTS SEA

Hurtigruten
Skarveneset
Tanahorn
266
Berlevåg
Havnemuseum
Raggonjargga
Kjølnes fyr
Nålneset
Seiboneset
Korsneset
Makkaur fyr

Kongsøy-
fjorden
Kongsøya
Kongsfjord
Veines
Rubbedalshogda
Raggoåcærro
467
Syltefjord-
fjellet
402
Syltefjordklubben
Harbaken

Læsi
Båtsfjord
Båtsfjordfjellet
445
481
Vesterelva
Sommersete
Syltefjorden
Syltevikmyra
Blodskytodden
Rein-
øya
Vardø
fyr
Vardøhus festning

Gulgofjorden
Buefjell
473
890
Oarddovarre
504
Daggo-
javrre
Kongsfjordfjellet
526
891
Oaredojokka
Gædnja
javrre
Hangalačærro
618
Langryggen

Varangerhalvøya
Skipskjølen
Kjøltindan
Oksevatnet
Vardøya
Vardø

Leirpolls-
kogen
Basávže
Jakobselvvidda
Komagelva
Øvre Pintelva
Holmfjellet
239
Kibergneset
Kiberg
Indre
Kramvik

Hanadal
Nerasvarre
446
Guovddáoaivve
501
Urfjellet
460
Falkefjellet
545
Ridelva
Vasavatnet
78
E75
Komagvær
Komagnes
Skallelv

Hana
Varanger-
samiske museum
Gjelhaugen
Frøkendalen
Skallneset
Storskog
Krampenes
Lille Ekkerøya

Bunes
Abelsbórg
Klubbvik
Vestre
Jakobselv
Vadsø
Sølnes
Ekkerøy
Store Ekkerøya

Nyborg
Varangerbotn
17
Dotkomyrene
Nesseby
E75
49
Mortensnes
Klubben
Paddeby
Andersby
Vadsøya
Saltfjern
Kiby

Vesterelv
Bigganjarg
Skjåholmen
Graksesteinen
Vadsøya Kulturpark

Hustufter
Sivertbukt
Grasbakken
E6
Byluft
81
Varangerfjorden

Ramtinden
Gandvik
468
Bugøynesfjellet
497
Bugøya
Endeneset
Bøkfjord fyr
Trifansneset
Kong Oscar II's Kapell

Lodde-
javrre
Skarvfjell
416
355
Valen
Brasfjellet
476
Skogerøyfjellet
445
Skogerøya
Kjelmsøya
Holmengråfjellet
408
Pasvik-
nakken
Ørentoppen
465
Grense
Jakobselv
Eggemoen
504

Dirge-
javrre
Korgåsen
419
Gæčoaivve
412
Bugøyfjord
Norskbukta
Nord-Leirvåg
Rein-
øya
Reinøysund
Småsmatar-
javri
Lanabukt
XI-IV
886
Bjørnstad
Elvenheim
Liinahamari
Novaya Titovka
417

Tsåraoaivi
345
Steinkjernes
Valbukta
Brannfjellet
222
Svanefjellet
219
Mikkelsnes
Jakobsnes
Midtgård
Vintervollen
Valvatnet
Trifona
Porovara
Star Titovka
Zaozersk

NORGE
SUOMI/FINLAND
Stuorab
Kolmmesjavrre
Neiden
Buholmen
Anders-
grotta
Kirkenes
Eidet
Hesseng
Elvenes
Straumsnes
Karpbukt
Viksjafjell
391
Urfjellet
336
Korpfjellet
327
Pečenga
A138
31

Villavaara
Ullovárri
344
Bjørkneset
Skoltefossen
Skolteplassen
Munknes
43
Bjørnevatn
885
Fisketi-
vatn
Bekkevoll
19
Vuatsel-
javri
NORGE
ROSSIJA
Nyasyukka
23

971
St.Georgs
kapell
Lilabekken
Stabbursfjellet
297
Langfjordbotn
Brattli
Langli
E105
Nordvik
Furøhy
Virtain
Ahmalahti
Kuvernerinkoski
30
P10
E105
Luostari
Zapoljarnyj
E105
65

Låvdnjekoahtevarri
233
Kirakkajärvi
Kirehasjärvi
Vainosjärvi
Vännjikeessimjavvi
Store
Samett
Svanvik
Utsiktstårn
Utnes
Svanhovd miljøsenter
Kuots
javri
Salmijärvi
21
Kolttakylä
Kilp

Rajajärvi
Tuulipää
264
Skogum
885
Malbekkvatnet
Nyheim
Suole
Nikel'
Kuorpukas
650
Kaulatunturi
g.Vilgiskoddeoaiv
577

Rovaselkä
Roavvtsielgi
249
Aarneniemi
Aarninjarga
Triangelen
Langvtýn
Fossheim
Vanhakylä
Petsamontunturit
g.Maaret
528

Pautusvaara
Pävdejåvri
Suolisjärvi
Tšuolisjávri
Kobbfoss
P10
Pitkäjärvi
Poro-
järvi
Kalliojaur
g.Valestšielj
350
Kučintundra
578

Kyyneljärvi
Koonjaljävvi
Hauge
Kalkupää
357
g.Suort
495
Tšuonnjaur
g.Stuorratšielj
419
oz.Terskel-
jaur
oz.Kvodserjavre

Supru
Suojanperä
Skogly
Nesheim
Pusk-
vatn
g.Stuorratšielj
419
oz.Piedsjaur
g.Tsuossah
342
oz.Käskeljavre
oz.Odeshjávre

Pekkala
Nitšijárvi
Njiddžiávri
Rajavaara
Rajivoodaš
252
Vaggatem
Stabburfjellet
214
Nyrud
oz.Seigijävri
Prirečnyj
oz.Kiestjaur
oz.Vuell-
Akkajävri

Partakko
Päärtih
Nammijärvi
Njammijävvi
Onomusvaara
Onomušvári
237
Øvre Pasvik
Ellenvatnet
nasjonalpark
Rajakoski
Piedjaurjegga
oz.Tshuotvejaur
Vodohranilišče

Inarijärvi
Anarjävri
Leppävaara
231
Nautsi
g.Raunvaar
202
g.Jivvaar
142
g.Keltovaara
263
g.Tsuossah
342
oz.Neaskimjavri
oz.Ylä-
Akkajävri

Keinojärvi
Virtaniemi
Vuell
Njahishjaur
Tshuudhjauratshielj

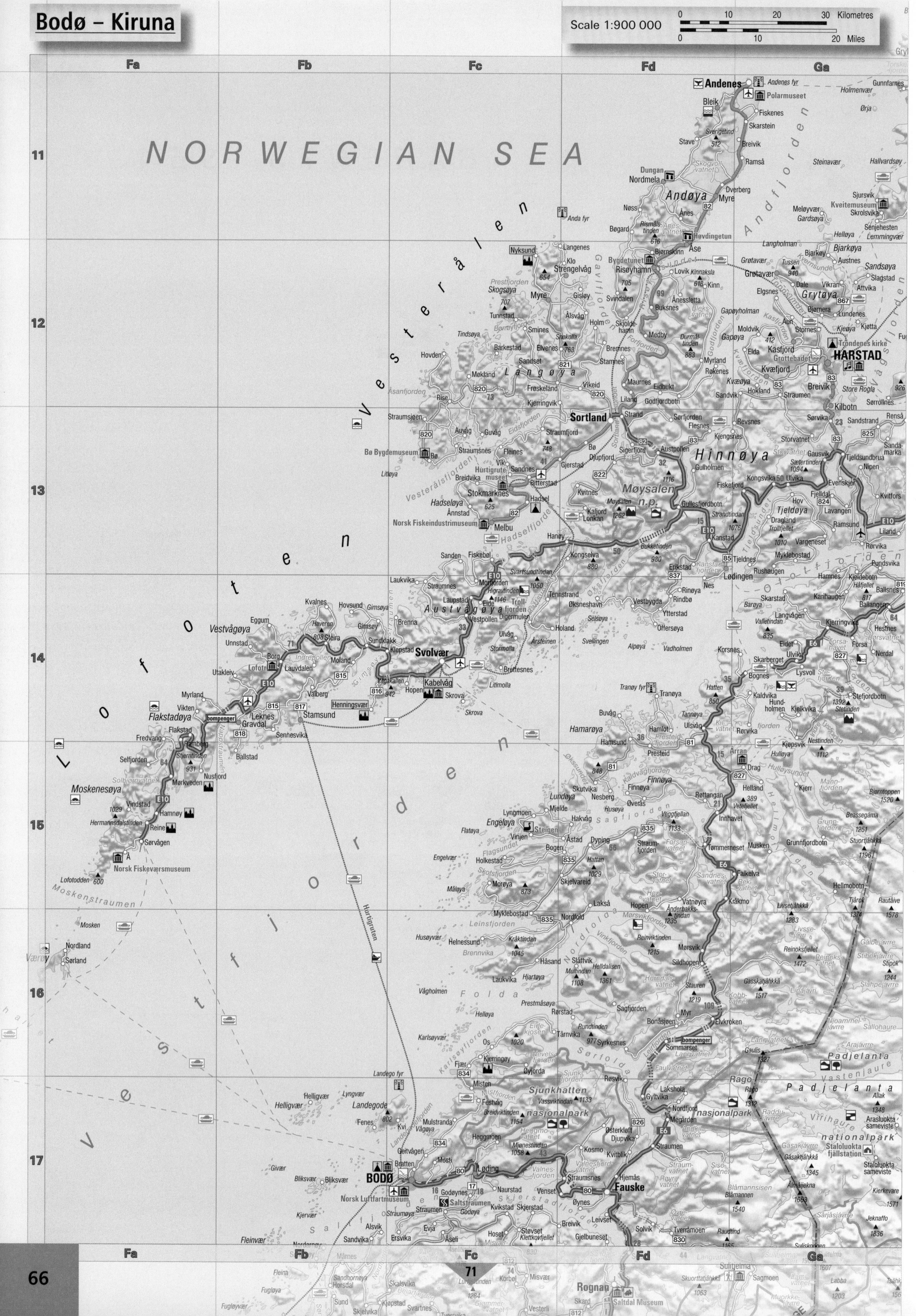

Bodø – Kiruna
Scale 1:900 000
0 10 20 30 Kilometres
0 10 20 Miles
Fa
Fb
Fc
Fd
Ga
11
12
13
14
15
16
17
NORWEGIAN SEA
Vesterålen
Lofoten
Vestfjorden
Andenes
Andenes fyr
Polarmuseet
Bleik
Fiskenes
Skarstein
Stave
Breivik
Ramså
Dungan
Nordmela
Andøya
Dverberg
Myre
Andfjorden
Nøss
Ånes
Bøgard
Høvdingetun
Anda fyr
Nyksund
Langenes
Klo
Strengelvåg
Myre
Gisløy
Skogsøya
Tunnstad
Ålsvåg
Holm
Risøyhamn
Byggdetunet
Bjørnskinn
Åse
Lovik
Kinn
Svindalen
Buksnes
Ånesstetta
Skjoldehamn
Medby
Smines
Tindsøya
Barkestad
Elvenes
Bremnes
Stamnes
Hovden
Sandset
Langøya
Møkland
Frøskeland
Vikeid
Ånsanfjorden
Rise
Kjerringvik
Maurnes
Eidbukt
Liland
Godfjordbotn
Straumsjøen
Sortland
Strand
Sørfjorden
Flesnes
Auvåg
Guvåg
Straumfjord
Bø Bygdemuseum
Bø
Straumsnes
Fleines
Sigerfjord
Austpollen
Hinnøya
Litløya
Vik
Hurtigrute museet
Sandnes
Gjerstad
Djupfjord
Breidvika
Bitterstad
Møysalen n.p.
Gullesfjordbotn
Stokmarknes
Hadsel
Kvitnes
Hadseløya
Ånnstad
Melbu
Norsk Fiskeindustrimuseum
Kaljord
Lonkan
Hadselfjorden
Hanøy
Kongselva
Sanden
Fiskebøl
Laukvika
Straumnes
Morfjorden
Laupstad
Austvågøya
Tennstrand
Økneshavn
Vestbygda
Ytterstad
Kvalnes
Hovsund
Gimsøya
Eggum
Brenna
Vestvågøya
Vestpollen
Digermulen
Holand
Offersøya
Unnstad
Steira
Sundklakk
Kløpstad
Svolvær
Ulvåg
Borg
Lofotr
Lauvdalen
Moland
Årsteinen
Svellingen
Alpøya
Vadholmen
Utakleiv
Valberg
Kabelvåg
Hopen
Skrova
Brettesnes
Myrland
Vikten
Leknes
Gravdal
Stamsund
Henningsvær
Flakstadøya
Flakstad
Fredvang
Ramberg
Sennesvika
Ballstad
Selfjorden
Nusfjord
Moskenesøya
Mørkveden
Vindstad
Hamnøy
Hermannsdalstinden
Reine
Sørvågen
Å
Norsk Fiskeværsmuseum
Lofotodden
Moskenstraumen
Mosken
Nordland
Sørland
Værøy
HARSTAD
Trondenes kirke
Kasfjord
Kvæfjord
Elda
Bjarkøy
Grytøya
Sandsøya
Kilbotn
Sandstrand
Kjengsnes
Gausvik
Tjeldsundbrua
Kongsvika
Ulvika
Evenskjer
Lavangen
Tjeldøya
Ramsund
Kanstad
Tjeldnes
Lødingen
Erikstad
Rinøya
Rindbø
Nes
Kjeldebotn
Ballangen
Korsnes
Skarberget
Bognes
Ulvika
Forsa
Lysvoll
Stefjordbotn
Kaldvika
Hamarøy
Tranøy fyr
Tranøya
Buvåg
Hamlot
Hamsund
Presteid
Ulsvåg
Rørvika
Kjøpsvik
Arran
Drag
Helland
Kjerr
Skutvika
Nesbyg
Finnøya
Lundøya
Mjelde
Hakvåg
Rottangan
Innhavet
Sagfjorden
Steigen
Engeløya
Lyngmoen
Vinjen
Ådstad
Dyping
Bogen
Flatøya
Straumfjorden
Tømmerneset
Musken
Grunnfjordbotn
Engelvær
Holkestad
Falkelva
Skjelvareid
Mørøya
Måløya
Kråkmo
Hopen
Laksa
Myklebostad
Nordfold
Leinsfjorden
Husøyvær
Helnessund
Brennvika
Møysvikfjorden
Mørsvik
Sildhopen
Håsand
Slåttvik
Laukvika
Hjartøya
Vågholmen
Folda
Prestmåsøya
Rørstad
Sagfjorden
Bonåsjøen
Myr
Elvkroken
Helløya
Karlsøyvær
Os
Tårnvika
Syrkesnes
Sommarset
Padjelanta
Kjerringøy
Øyjorda
Sørfolda
Fjær
Misten
Røsvik
Rago
Sjunkhatten nasjonalpark
Lakshola
Gyltvika
Rago nasjonalpark
Festvåg
Nordfjord
Megården
Landego fyr
Helligvær
Lyngvær
Landegode
Fenes
Kvi
Mulstranda
Vågøya
Heggmoen
Østerkløft
Djupvika
Straumen
Geitvågen
Kosmo
Kvitblik
Bratten
Løding
Givær
Bliksvær
BODØ
Naurstad
Straumsnes
Hjemås
Fauske
Norsk Luftfartmuseum
Saltstraumen
Godøynes
Vikstad
Skjerstad
Venset
Øynes
Leivset
Straumøya
Straumen
Godøya
Breivik
Solvik
Tverråmoen
Kjervær
Alsvik
Evja
Åseli
Hoset
Støvset
Klettkovjfjellet
Gjelbuneset
Sandvika
Ersvika
Fleinvær
Saltfjorden
Arasluokta sameviste
Staloluokta fjällstation
Staloluokta sameviste
Virihaure
Vastenjaure
Hurtigruten
bompenger
Rognan
Saltdal Museum
Sulitjelma
Sagmoen
Misvær
Korbøl
Vesterli
Sund
Skjelvika
Kjøpstad
Svartnes
Skalsvika
Horsdal
Fugløya
Fleina
71
E6
E10

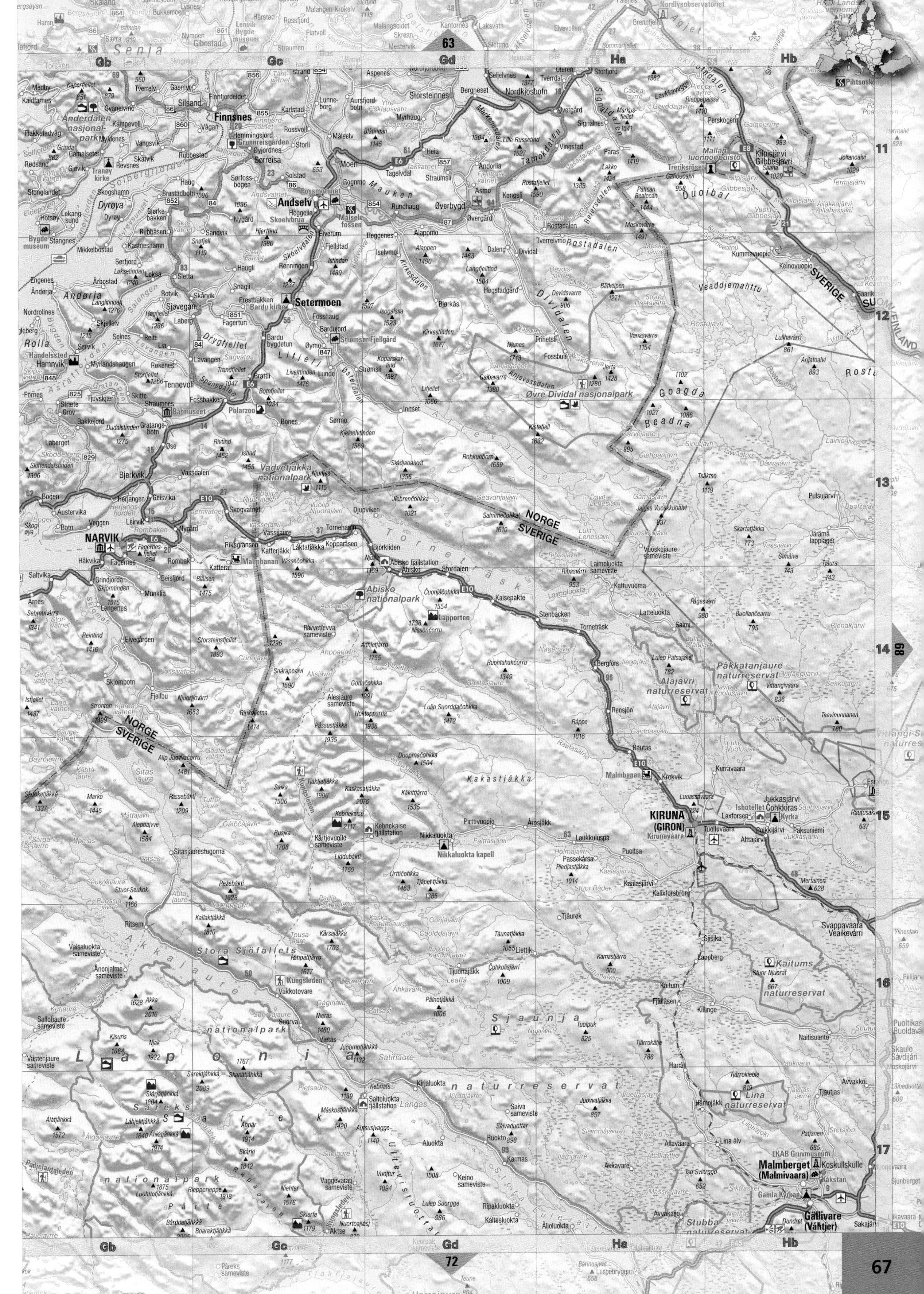

63
Gb
Gc
Gd
Ha
Hb
Senja
Finnsnes
Anderdalen nasjonalpark
Silsand
Gibostad
Lenvik Bygdemuseum
Storsteinnes
Nordkjosbotn
Skibotn
Nordlysobservatoriet
Pihtsoskongas
Kilpisjärvi
Gibbesjávri
Treriksrøset
Mallan luonnonpuisto
Signaldalen
Tamokdalen
Markenesdalen
Duoibal
Sørreisa
Andselv
Moen
Bardufoss
Setermoen
Målselvfossen
Dyrøya
Andørja
Rostadalen
Dividalen
Øverbygd
Øvre Dividal nasjonalpark
Veaddjemahttu
SVERIGE
SUOMI/FINLAND
Goagda
Beadna
Salangen
Lavangen
Drygfjellet
Polarzoo
Bjerkvik
Gratangen
Hamnvik
Rolla
Narvik
Fagernes
Riksgränsen
Katterjåkk
Vassijaure
Björkliden
Abisko
Abisko nationalpark
Lapporten
Vadvetjåkka nationalpark
Torneträsk
NORGE
SVERIGE
Kiruna (Giron)
Jukkasjärvi
Ishotellet
Påkkatanjaure naturreservat
Alajávri naturreservat
Kebnekaise
Kebnekaise fjällstation
Nikkaluokta
Nikkaluokta kapell
Kungsleden
Ritsem
Stora Sjöfallets nationalpark
Akkajaure
Kakastjåkka
Sjaunja naturreservat
Lapponia
Kaitums naturreservat
Lina naturreservat
Sareks nationalpark
Saltoluokta fjällstation
Vietas
Malmberget (Malmivaara)
Gällivare (Váhtjer)
LKAB Gruvmuseum
Koskullskulle
Svappavaara
Veaikevárri
Stubba naturreservat
Padjelantaleden
Pårte
Vittangi-Soppero naturreservat
11
12
13
14
15
16
17
68
72

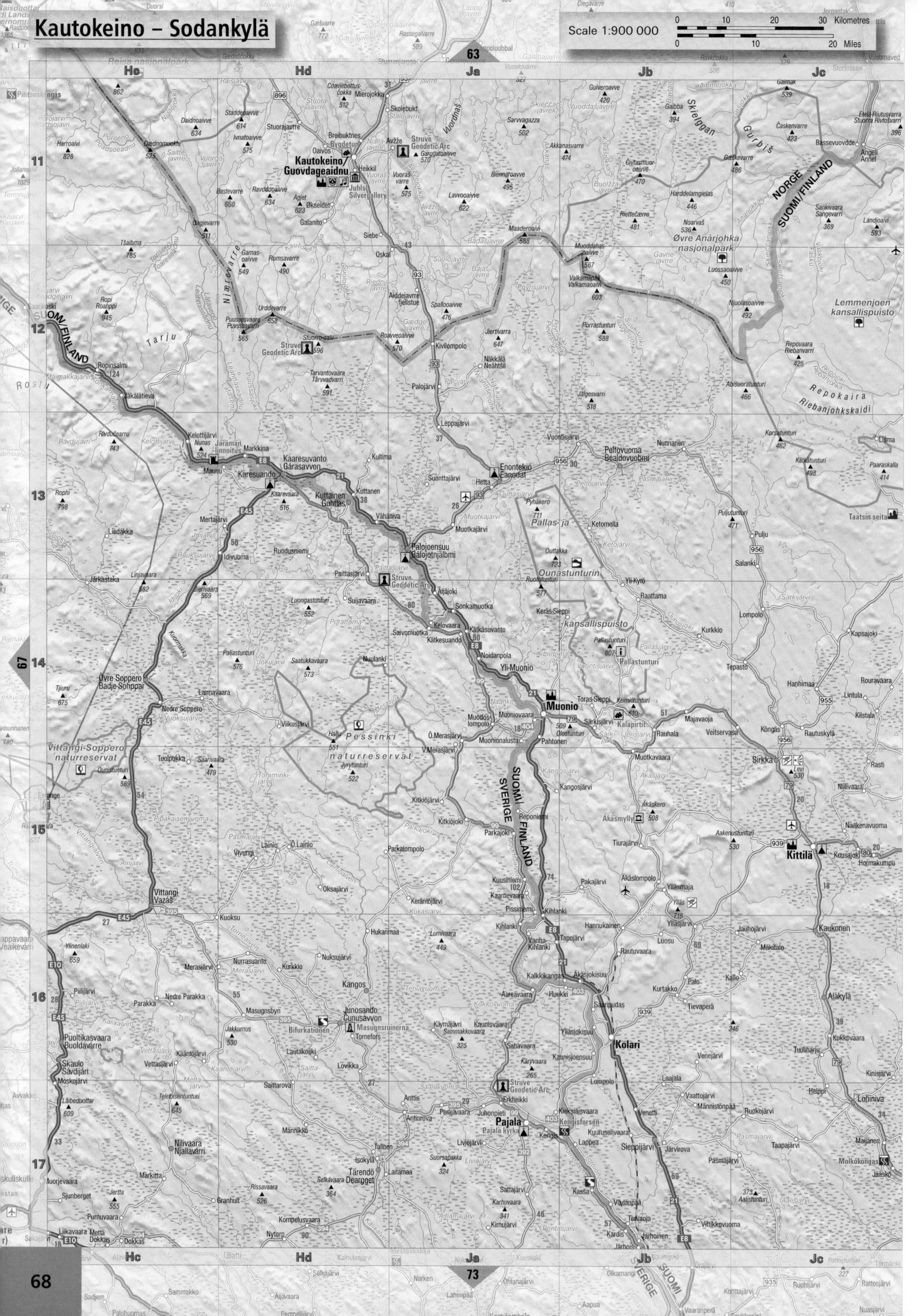
Kautokeino – Sodankylä
Scale 1:900 000
Kilometres
Miles
63
Hc
Hd
Ja
Jb
Jc
11
12
13
14
15
16
17
67
73
Kautokeino/ Guovdageaidnu
Struve Geodetic Arc
Juhls Silvergallery
Øvre Anárjohka nasjonalpark
Lemmenjoen kansallispuisto
NORGE
SUOMI/FINLAND
Repokaira
Riebanjohkskaidi
Kilpisjärvi
Karesuando
Kaaresuvanto Gárasavvon
Kuttainen Guhttas
Enontekiö Eanodat
Hetta
Palojoensuu Balojotnjálbmi
Pallas-ja Ounastunturin kansallispuisto
Pallastunturi
Muonio
Kalapirtit
Sirkka
Levi
Kittilä
Pessinki naturreservat
Vittangi-Soppero naturreservat
Øvre Soppero Badje-Sohppar
Vittangi Vazáš
SUOMI/ SVERIGE FINLAND
Äkäslompolo
Ylläs
Kolari
Pajala
Pajala kyrka
Junosando Cunusavvon
Masugnsbyn
Tärendö Deargget
Kangos
Skaulo Sávdijári
Taatsin seita
Kaukonen
Lohiniva
Molkokongas
Tornionjoki
E8
E10
E45
21
79
93
99
956
68

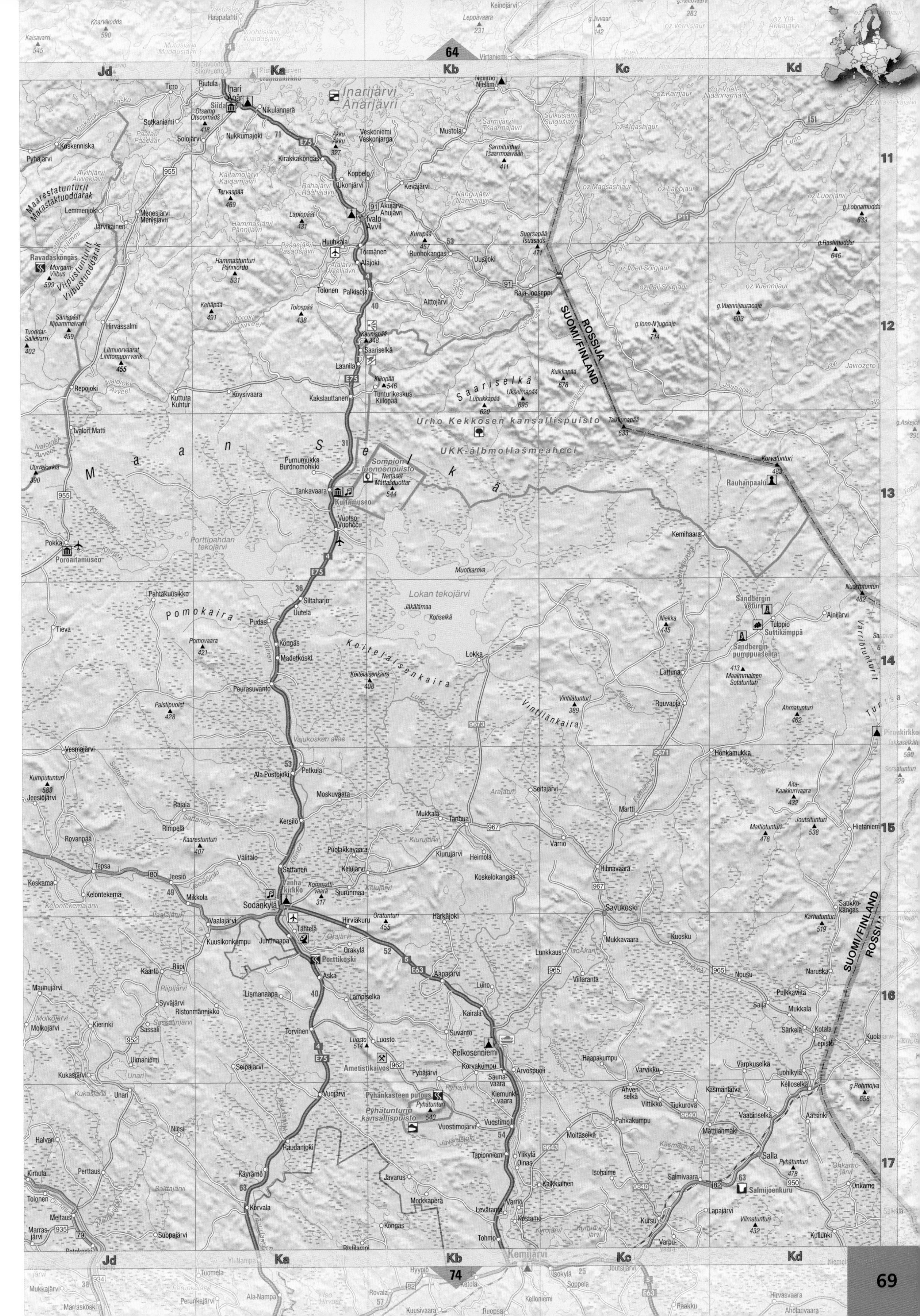
64
Jd
Ka
Kb
Kc
Kd
11
12
13
14
15
16
17
Inari
Anár
Siida
Nikulanneră
Inarijärvi
Anarjävri
Nukkumajoki
Kirakkakongäs
Veskoniemi
Mustola
Koppelo
Ukonjärvi
Kevajärvi
Akujärvi
Ahujävri
Ivalo
Avvil
Lemmenjoki
Menesjärvi
Järvikainen
Ravadaskongäs
Huuhkala
Törmänen
Ruohokangas
Uusjoki
Alajoki
Tolonen
Palkisoja
Alttojärvi
Raja-Jooseppi
ROSSIJA
SUOMI/FINLAND
Hirvassalmi
Kaunispää
Saariselkä
Laanila
Kiilopää
Tunturikeskus
Kakslauttanen
Repojoki
Köysivaara
Kuttura
Kuhtur
Saariselkä
Urho Kekkosen kansallispuisto
UKK-álbmotlašmeahcci
Ivalon Matti
Maanselkä
Purnumukka
Tankavaara
Kultamuseo
Sompion luonnonpuisto
Vuotso
Vuohčču
Korvatunturi
Rauhanpaalu
Pokka
Poroaitamuseo
Porttipahdan tekojärvi
Kemihaara
Muotkarova
Lokan tekojärvi
Pahtakuusikko
Siltaharju
Uutela
Pomokaira
Pudas
Tieva
Sandbergin veturi
Ainijärvi
Tulppio
Suttikämppä
Sandbergin pumppuasema
Kongäs
Madetkoski
Koitelaisenkaira
Lokka
Lattuna
Peurasuvanto
Vintilänkaira
Ruuvaoja
Värriötunturit
Vesmajärvi
Ala-Postojoki
Petkula
Seitajärvi
Honkamukka
Moskuvaara
Jeesiöjärvi
Rajala
Rimpelä
Mukkala
Tanhua
Martti
Hietaniemi
Rovanpää
Kersilö
Värriö
Välitalo
Puolakkavaara
Kiurujärvi
Heimola
Tepsa
Jeesiö
Sattanen
Koskama
Kelontekemä
Mikkola
Sodankylä
Keltajärvi
Sinunmaa
Koskelokangas
Hihnavaara
Savukoski
Saukko-kangas
Vaalajärvi
Kuusikonkumpu
Juntinaapa
Tähtelä
Hirviäkuru
Härkäjoki
Mukkavaara
Kuosku
Orakylä
Porttikoski
Aska
Aapajärvi
Lunkkaus
Viitaranta
Nousu
Naruska
Riipi
Kaarto
Maunujärvi
Syväjärvi
Ristonmännikkö
Lismanaapa
Lampiselkä
Luiro
Pulkkaviita
Saija
Mukkala
Kierinki
Molkojärvi
Sassali
Kairala
Torvinen
Luosto
Suvanto
Pelkosenniemi
Särkelä
Kotala
Lepistö
Kuolajärvi
Ametistikaivos
Uimaniemi
Seipajärvi
Pyhäjärvi
Korvakumpu
Arvospuoli
Haapakumpu
Varvikko
Varpukselkä
Tuohikylä
Kelloselkä
Kukasjärvi
Unari
Vuojärvi
Pyhänkasteen putous
Pyhätunturin kansallispuisto
Kiemunki-vaara
Sauna-vaara
Kasmantalva
Vittikko
Tiukurova
Vaadinselkä
Aatsinki
Halvari
Niesi
Vuostimojärvi
Vuostimo
Pahkakumpu
Mattilanmäki
Raudanjoki
Moitaselkä
Tapionniemi
Ylikylä
Oinas
Salla
Onkamo
Perttaus
Kayrämö
Javarus
Isohalme
Kaikkiainen
Salmivaara
Salmijoenkuru
Kirnula
Tolonen
Korvala
Morkkaperä
Värriö
Levärantä
Kostamo
Lapajärvi
Meltaus
Marrasjärvi
Suopajärvi
Köngäs
Tohmo
Kursu
Varpu
Kuntinki
Kemijärvi
74
Tuomela
Hyypiö
Ketola
Isokylä
Joutsijärvi
Soppela
Mukkajärvi
Alа-Nampa
Rovala
Kelloniemi
Hirvasvaara
Marraskoski
Perunkajärvi
Kuusivaara
Ruopsa
Raakku
Aholanvaara
E75
E63

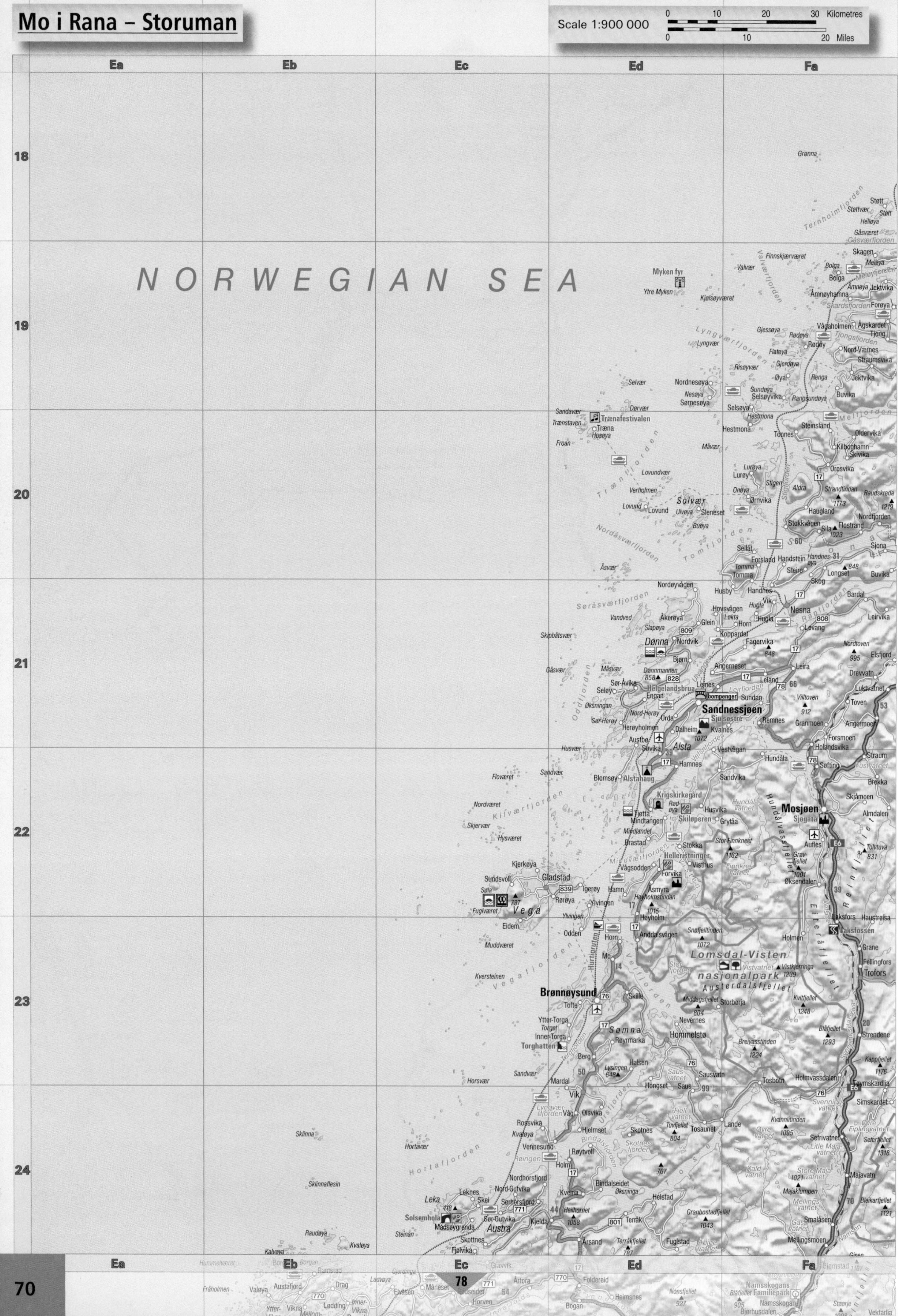
Scale 1:900 000
0 10 20 30 Kilometres
0 10 20 Miles
Ea
Eb
Ec
Ed
Fa
18
19
20
21
22
23
24
NORWEGIAN SEA
Grønna
Ternholmfjorden
Stott
Støttvær
Helløya
Gåsværet
Gåsværfjorden
Skagen
Meløya
Meløyfjorden
Bolga
Finnskjærværet
Valvær
Valværfjorden
Myken fyr
Ytre Myken
Kjølsøyværet
Åmnøyhamna
Jektvika
Skardsfjorden
Forøya
Lyngværfjorden
Lyngvær
Gjessøya
Rødøya
Rødøy
Vågaholmen
Ågskardet
Tjong
Tjongsfjorden
Nord-Værnes
Flatøya
Gjerdøya
Straumsvika
Risøyvær
Øya
Renga
Jektvika
Selvær
Nordnesøya
Nesøya
Sørnesøya
Sundøya
Selsøyvika
Rangsundøya
Buvika
Sandaвær
Trænstaven
Trænafestivalen
Træna
Husøya
Dørvær
Selsøya
Hestmona
Hestmona
Meløyfjorden
Steinsland
Oldervika
Froan
Måvær
Tonnes
Kilboghamn
Skivika
Trænfjorden
Lovundvær
Lurøya
Lurøy
Stigen
Orøsvika
Verholmen
Onøya
Aldra
Strandtinden
Raudskreda
Lovund
Solvær
Ulvøya
Sleneset
Ørnvika
Haugland
Nordfjorden
Buøya
Stokkvågen
Sila
Flostrand
Nordåsværfjorden
Tomfjorden
Sjona
Sellåt
Forsland
Handstein
Åsvær
Tomma
Sjona
Longset
Buvika
Husby
Handnes
Skog
Nordøyvågen
Sørásværfjorden
Bardal
Hovsvågen
Vik
Nesna
Ranfjorden
Vandved
Åkerøya
Løkta
Hugla
Horn
Glein
Levang
Leirvika
Slapøya
Kopparda
Skipbåtsvær
Dønna
Nordvik
Fagervika
Nordtoven
Bjørn
Elsfjord
Gåsvær
Måsvær
Dønnmannen
Angerneset
Leira
Drevvatn
Sør-Åvika
Leland
Seløy
Helgelandsbrua
Leines
Leirfjorden
Luktvatnet
Engan
bompenger
Sundan
Villtoven
Toven
Øksningan
Nord-Herøy
Sandnessjøen
Sør-Herøy
Orda
Sju søstre
Remnes
Granmoen
Angermoen
Herøyholmen
Dalheim
Kvalnes
Forsmoen
Austbø
Alsta
Holandsvika
Husvær
Søvika
Vestvågan
Hundåla
Straum
Hamnes
Søfting
Fusvatnet
Floværet
Sandvær
Blomsøy
Alstahaug
Sandvika
Brekka
Nordværet
Kilværfjorden
Krigskirkegard
Rødøya
Husvika
Hundålvatnet
Mosjøen
Skjåmoen
Skjervær
Tjøtta
Mindtangen
Skiløperen
Grytåa
Sjøgata
Almdalen
Hysværet
Midtlandet
Brastad
Hundålvasfjellet
Storfinnkneet
Aufles
Tolvtuva
Stokka
Kjerkøya
Mindværfjorden
Helleristninger
Visthus
Vågsodden
Grøvfjellet
Sundsvoll
Gladstad
Forvika
Øksendalen
Søla
Igerøy
Hamn
Asmyra
Rørøya
Fugleværet
Vega
Ylvingen
Hortholmstinden
Eiterfjellet
Reinfjellet
Laksfors
Haustreisa
Heyholm
Laksfossen
Eidem
Odden
Horn
Andalsvågen
Snøfjelltinden
Holmen
Grane
Muddværet
Mo
Lomsdal-Visten nasjonalpark
Vistvatnet
Vistkjerringa
Fellingfors
Trofors
Kversteinen
Vegafjorden
Velfjorden
Austerdalsfjellet
Brønnøysund
Skille
Middagsfjellet
Storbørja
Kvitfjellet
Tofte
Nevernes
Ytter-Torga
Torget
Sømna
Hommelstø
Blåfjellet
Strendene
Inner-Torga
Røyrmarka
Torghatten
Breivasstinden
Berg
Halsen
Kappfjellet
Sandvær
Lysingen
Sausvatnet
Sausvatn
Holmvassdalen
Horsvær
Mardal
Hongset
Saus
Tosbotn
Trymskardlia
Vik
Lyngværfjorden
Våg
Olsvika
Fjellvatnet
Svenningvatnet
Simskardet
Rossvika
Kvaløya
Hjelmset
Skotnes
Tuvfjellet
Tosaunet
Lande
Kvannlitinden
Øvre Vatnet
Fiplingvatnet
Sefrivatnet
Seterfjellet
Sklinna
Hortavær
Vennesund
Røytvoll
Bindalsfjorden
Skotnesfjorden
Litle Majavatnet
Røingen
Hortafjorden
Holm
Kaldvatnet
Store Majavatnet
Majavatn
Sklinnaflesin
Nordhorsfjord
Nord-Gutvika
Bindalseidet
Øksninga
Majaklumpen
Leka
Leknes
Skei
Sørhorsfjord
Kveina
Helstad
Mellingsvatnet
Bleikarfjellet
Solsemhola
Sør-Gutvika
Heilhornet
Grubostadfjellet
Smalåsen
Madsøygrenda
Austra
Kjelda
Terråk
Gåsvatnet
Raudøya
Steinån
Skottnes
Terråkfjellet
Namsen
Kvaløya
Kalvøya
Fjølvika
Årsand
Fuglstad
Abbovatnet
Mellingsmoen
Gisen
Fråholmen
Valøya
Austafjord
Drag
Lauvøya
Elvåsen
Måneset
Årfora
Foldereid
Namsskogans Familiepark
Bjørstad
Ytter-Vikna
Vikna
Mellom-Vikna
Lødding
Inner-Vikna
Rørvik
Horven
Heimsnes
Nonsfjellet
Blåfjellet
Namsskogan
Bjørhusdalen
Stoørje
Vektarlia
Bogan
Aunet
78

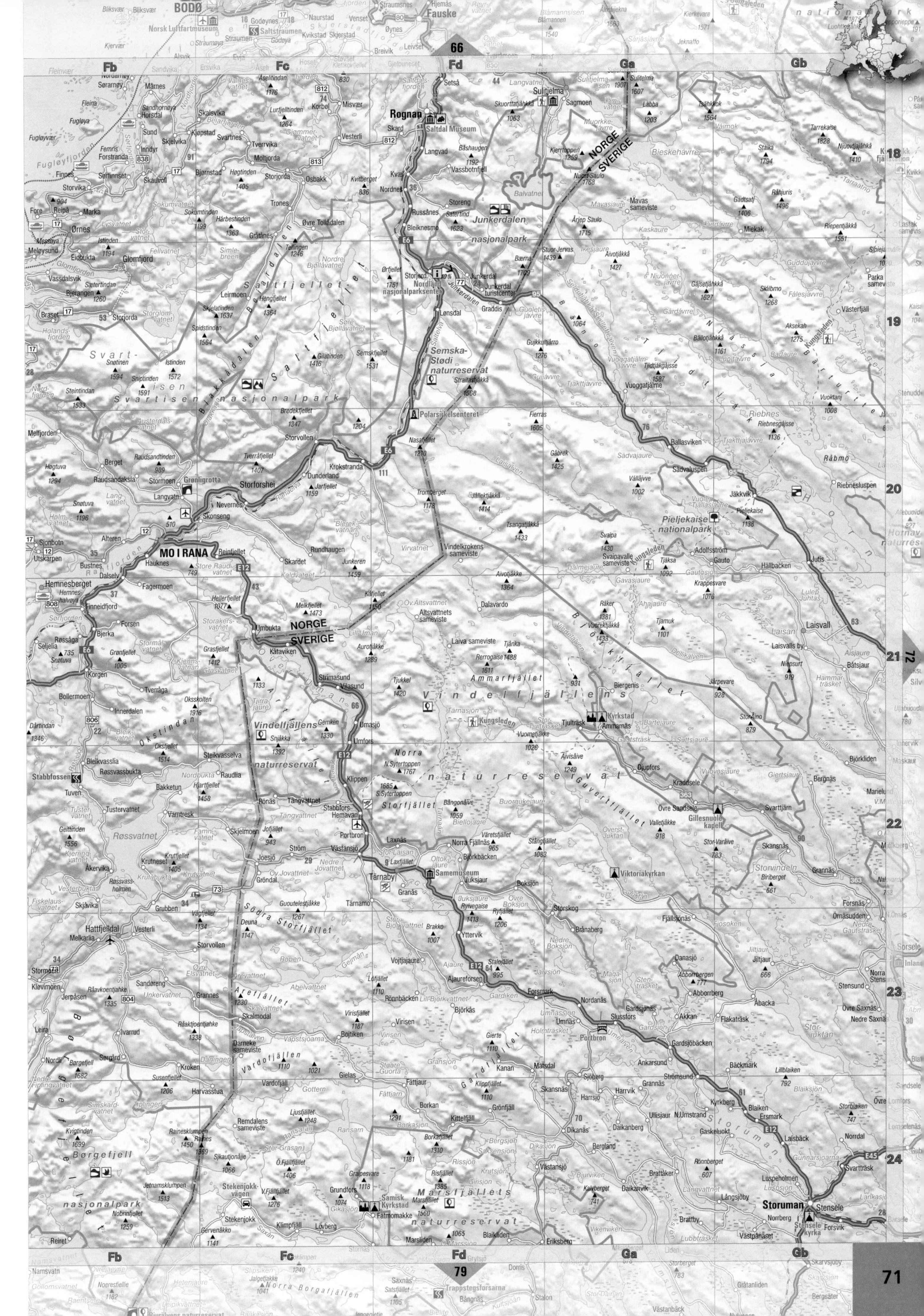
66
Fb
Fc
Fd
Ga
Gb
18
19
20
21
22
23
24
72
79
BODØ
Fauske
Rognan
Saltdal Museum
Sulitjelma
NORGE
SVERIGE
Junkerdalen nasjonalpark
Nordland nasjonalparksenter
Junkerdal turistcenter
Saltfjellet
Svartisen nasjonalpark
Semska-Stødi naturreservat
Polarsirkelsenteret
Storforshei
Mo i Rana
Hemnesberget
Korgen
Pieljekaise nationalpark
Vindelfjällens naturreservat
Ammarfjället
Kungsleden
Umbukta
Hemavan
Tärnaby
Samemuseum
Hattfjelldal
Børgefjell nasjonalpark
Marsfjällets naturreservat
Stekenjokk
Storuman
Stensele
Laisvall
Ammarnäs
Jäkkvik
Junkerdal
Glomfjord
Ørnes
Kvikkjokk
Saxnäs
Trappstegsforsarna
Okstindan
Saltstraumen
Norsk Luftfartsmuseum
Vindelkrokens sameviste
Gillesnuole kapell
Viktoriakyrkan
Kyrkstad
Gardsjönås
Slussfors
Umnäs
Forsmark
Ajaureforsen
Björkås
Klimpfjäll
Fatmomakke
Samisk Kyrkstad

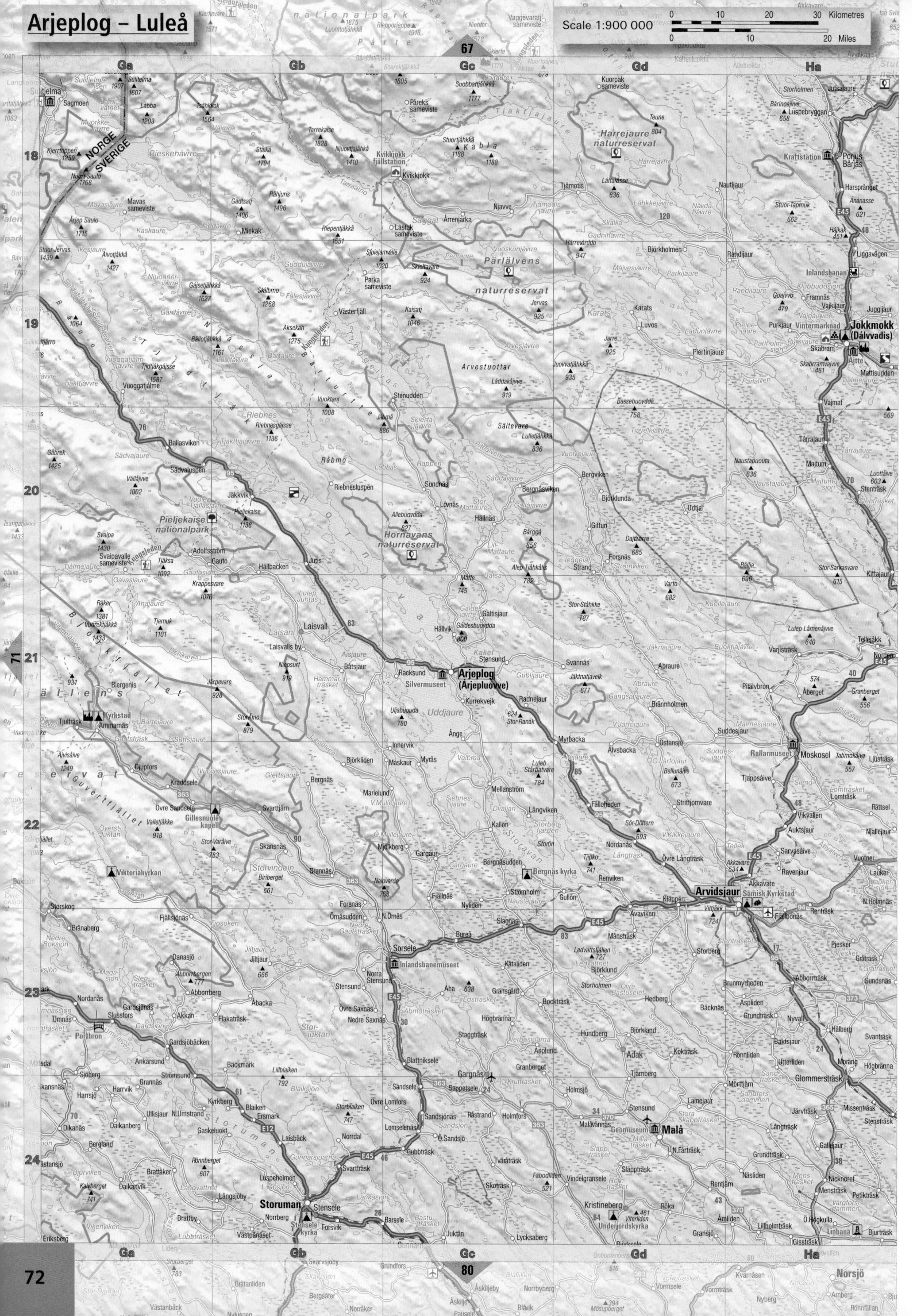
Scale 1:900 000
0 10 20 30 Kilometres
0 10 20 Miles
67
Ga
Gb
Gc
Gd
Ha
18
19
20
21
22
23
24
71
80
NORGE
SVERIGE
Sulitjelma
Sagmoen
Kvikkjokk
Kvikkjokk fjällstation
Harrejaure naturreservat
Tjåmotis
Porjus
Bårjås
Kraftstation
Nautijaur
Harsprånget
Liggavägen
Inlandsbanan
Pärlälvens naturreservat
Björkholmen
Randijaur
Jokkmokk (Dálvvadis)
Vintermarknad
Skabram
Ájtte
Mattisudden
Purkjaur
Juggijaur
Framnäs
Vajkijaur
Västerfjäll
Parka sameviste
Lastak sameviste
Årrenjarka
Njavve
Mavas sameviste
Miekak
Kungsleden
Arvestuottar
Karats
Luvos
Piertinjaure
Stenudden
Vuoggatjålme
Riebnes
Råbmo
Riebnesluspën
Säitevare
Vajmat
Tårrajaur
Majtum
Stentrask
Ballasviken
Sädvaluspen
Jäkkvik
Pieljekaise nationalpark
Adolfsström
Gauto
Hällbacken
Jutis
Sundnäs
Lövnäs
Hällnäs
Hornavans naturreservat
Bergnäsviken
Bergviken
Björklunda
Udtja
Gittun
Forsnäs
Strand
Kittajaur
Laisvall
Laisvalls by
Båtsjaur
Racksund
Arjeplog (Arjepluovve)
Silvermuseet
Galtisjaur
Hällvik
Stensund
Svannäs
Abraure
Varjisträsk
Tellejåkk
Nordeå
Kurrokvejk
Radnejaur
Uddjaure
Ånge
Myrbacka
Älvsbacka
Östansjö
Suddesjaur
Brännholmen
Pitälvbron
Åberget
Moskosel
Rallarmuseet
Tjappsåive
Ljusträsk
Lomträsk
Kyrkstad
Ammarnäs
Tjulträsk
Djupfors
Kraddsele
Övre Sandsele
Gillesnuole kapell
Svarttjärn
Bergnäs
Marielund
Maskaur
Myrås
Björkliden
Innervik
Mellanström
Långviken
Kallen
Fällforsen
Nordanäs
Vikvallen
Auktsjaur
Njallejaur
Viktoriakyrkan
Skansnäs
Grannäs
Gargaur
Bergnäsudden
Bergnäs kyrka
Strömholm
Gullön
Renviken
Övre Långträsk
Akkavare
Arvidsjaur
Samisk Kyrkstad
Klappen
Sarvasåive
Ravenjaur
Lauker
N.Holmnäs
Renträsk
Fjällbonäs
Storskog
Brånaberg
Fjällsjönäs
Forsnäs
Örnäsudden
N.Örnäs
Sorsele
Bureå
Slagnäs
Avaviken
Månsträsk
Storberg
Inlandsbanemuseet
Danasjö
Abborrberg
Nordanås
Gardsjönäs
Slussfors
Umnäs
Akkan
Flakaträsk
Åbacka
Stensund
Norra Stensund
Övre Saxnäs
Nedre Saxnäs
Åha
Gransgård
Kåtaliden
Björklund
Hedberg
Bocktråsk
Bäcknäs
Aspliden
Grundträsk
Nyvall
Hälberg
Svanträsk
Abborrträsk
Pjesker
Gråträsk
Sundsnäs
Brunmyrheden
Gardsjöbäcken
Ankarsund
Strömsund
Bäckmark
Blattniksele
Gargnäs
Sappetsele
Hundberg
Björkland
Koktråsk
Asplund
Granberget
Tjärnberg
Rönnliden
Utterliden
Glommersträsk
Mörttjärn
Holmsjö
Sjöberg
Harrvik
Harrsjö
Kyrkberg
Blaiken
Ersmark
Ullisjaur
N.Umstrand
Gaskeluokt
Dikanäs
Daikanberg
Laisbäck
Sandsele
Övre Lomfors
Sandsjönäs
Råstrand
Holmfors
Lomselenäs
Ö.Sandsjö
Norrdal
Gubbträsk
Stensund
Lainejaur
Malåvännäs
Geomuseum
Malå
N.Fårträsk
Järvträsk
Missenträsk
Stensträsk
Långträsk
Bergland
Brattåker
Daikanvik
Svartträsk
Luspeholmen
Långsjöby
Storuman
Stensele
Stensele kyrka
Norrberg
Brattby
Västpänaset
Forsvik
Barsele
Juktån
Tväråträsk
Skoträsk
Vindelgransele
Slappträsk
Kristineberg
Lycksaberg
Underjordskyrka
Röka
Gransjö
Åmliden
Lillholmträsk
Rentjärn
Näsliden
Nickmoret
Menstråsk
Petikträsk
Ö.Högkulla
Linbana
Bjurträsk
Gissträsk
Eriksberg
Norsjö
Kvarnåsen
Grundfors
Åskilje
Vormsele
Norrbyberg
Nyberg
Arnberg
Rönnfallan
Bergsäter
Nyluspen
Västanbäck
Gråtanliden

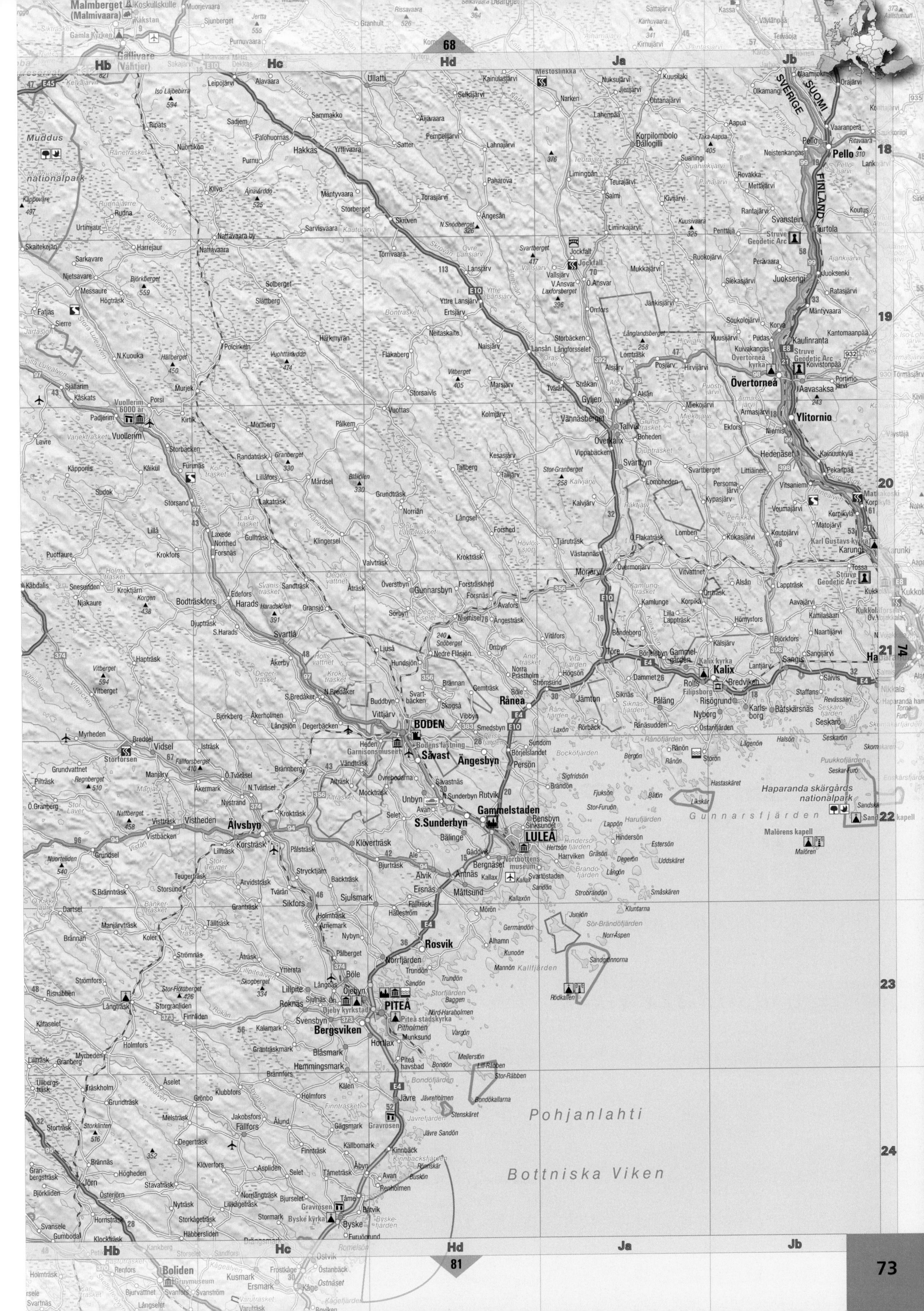

Malmberget (Malmivaara)
Gällivare (Váhtjer)
68
Hb
Hc
Hd
Ja
Jb
SVERIGE
SUOMI
FINLAND
Muddus nationalpark
Pello
Övertorneå
Ylitornio
Struve Geodetic Arc
Karl Gustavs kyrka
Kalix
Kalix kyrka
Töre
Överkalix
Råneå
BODEN
Bodens fästning
Garnisonsmuseet
Sävast
Ängesbyn
Gammelstaden
LULEÅ
Nordbottens museum
S.Sunderbyn
Älvsbyn
Vidsel
Storforsen
Rosvik
PITEÅ
Öjebyn kyrkstad
Piteå stadskyrka
Bergsviken
Byske
Byske kyrka
Boliden
Haparanda skärgårds nationalpark
Gunnarsfjärden
Pohjanlahti
Bottniska Viken
18
19
20
21
22
23
24
74
81
E4
E10

Rovaniemi – Oulu

Scale 1:900 000

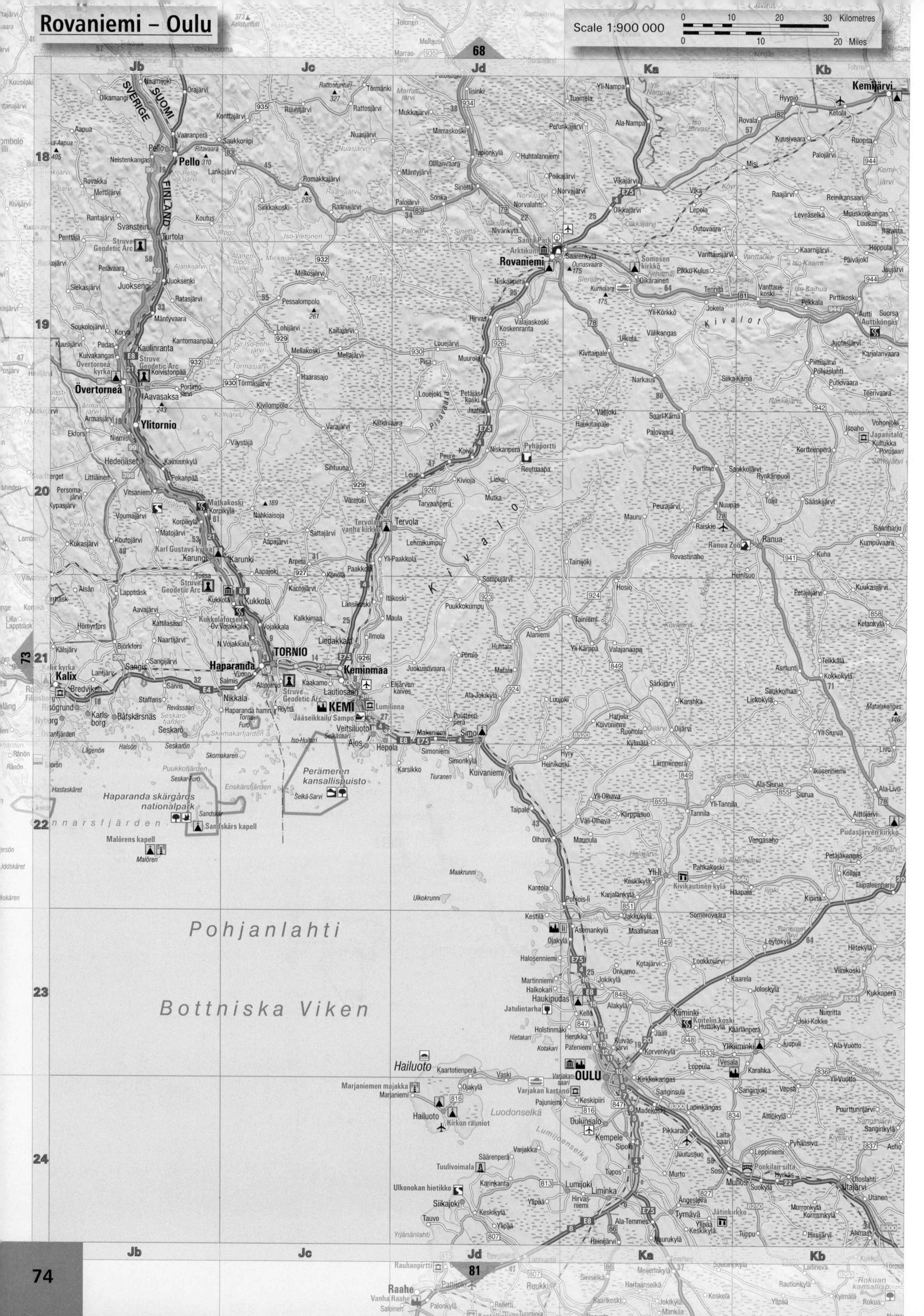

0 10 20 30 Kilometres
0 10 20 Miles
Jb
Jc
Jd
Ka
Kb
18
19
20
21
22
23
24
68
81
73
Rovaniemi
Kemijärvi
Pello
Övertorneå
Ylitornio
Haparanda
TORNIO
Keminmaa
KEMI
Kalix
Tervola
Ranua
OULU
Hailuoto
Kempele
Liminka
Muhos
Utajärvi
Ylikiiminki
Kiiminki
Haukipudas
Yli-Ii
Simo
Raahe
SVERIGE
SUOMI
FINLAND
Pohjanlahti
Bottniska Viken
Haparanda skärgårds nationalpark
Perämeren kansallispuisto
Kivalot
Kivalo
Luodonselkä
Lumijoenselkä
Struve Geodetic Arc

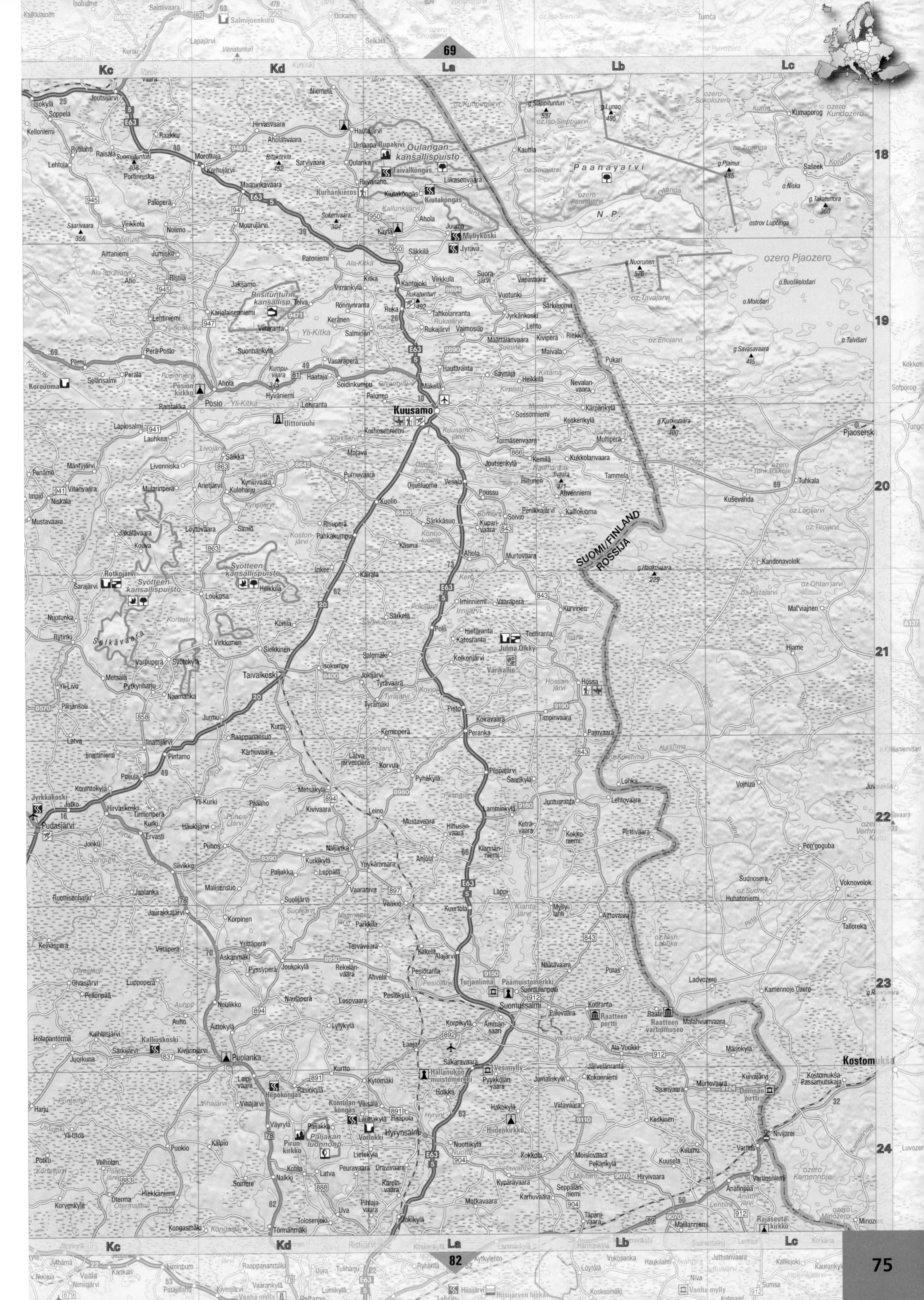
69
Kc
Kd
La
Lb
Lc
18
19
20
21
22
23
24
Salmijoenkuru
Oulangan kansallispuisto
Taivalkongas
Kiutakongas
Myllykoski
Jyrävä
Paanayarvi
N. P.
ozero Pjaozero
Riisitunturin kansallisp.
Rukatunturi
Kuusamo
Posio
Pososion kirkko
Uittoruuhi
Syötteen kansallispuisto
Rotkojärvi
Taivalkoski
Pudasjärvi
Jyrkkakoski
SUOMI/FINLAND
ROSSIJA
Julma Ölkky
Värikallio
Hossa
Suomussalmi
Turjanlinna
Päämuistomerkki
Raatteen portti
Raatteen vartiomuseo
Kalliuskoski
Puolanka
Hepokongas
Hällänukon muistomerkki
Hiidenkirkko
Hyrynsalmi
Paljakan luonnonp.
Pirunkirkko
Komulan kongas
Lauttakylä
Vorlokki
Kostomukša
Domnan pirtti
Rajaseutu kirkko
Vesimylly
Kumaporog
Kuševanda
Tuhkala
Kandonavolok
Mal'viajnen
Hjame
Vojniza
Pon'goguba
Sudnosera
Voknovolok
Talloreka
Ladvozero
Kamennoje Ozero
Nivijärei
Vartius
Kuumu
E63
5
20
78
82

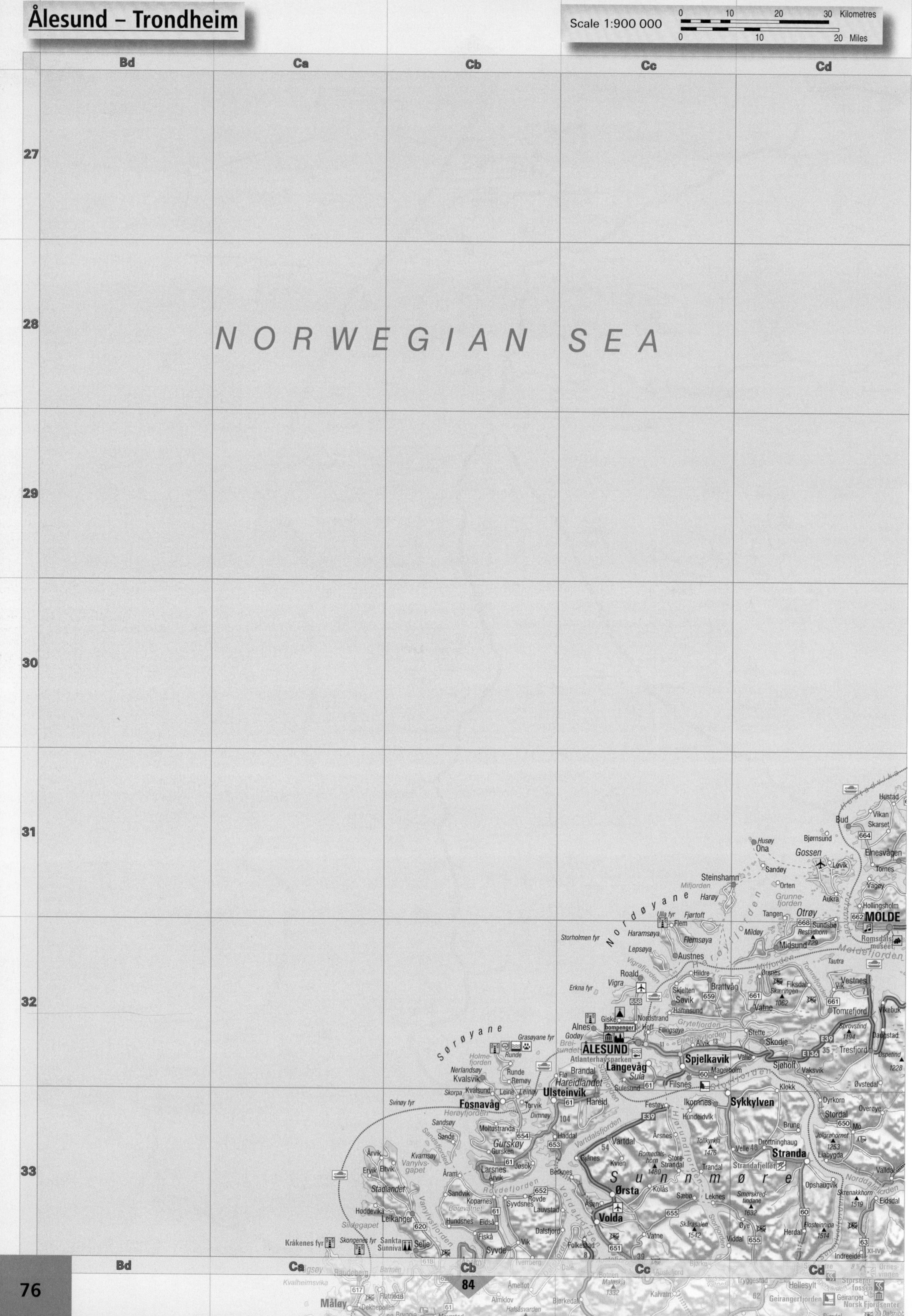
Scale 1:900 000
0 10 20 30 Kilometres
0 10 20 Miles
Bd
Ca
Cb
Cc
Cd
27
28
29
30
31
32
33
NORWEGIAN SEA
Bud
Hustad
Vikan
Skarset
Bjørnsund
Husøy
Ona
Gossen
Løvik
Elnesvågen
Tornes
Sandøy
Steinshamn
Orten
Vågøy
Miljorden
Harøy
Grunnefjorden
Aukra
Hollingsholm
Nordøyane
Ulla fyr
Fjørtoft
Flem
Tangen
Otrøy
MOLDE
Sundsbø
Restadhorn
Romsdalsmuseet
Moldefjorden
Storholmen fyr
Haramsøya
Flemsøya
Mildøy
Midsund
Lepsøya
Austnes
Tautra
Roald
Vigra
Hildre
Erkna fyr
Skjelten
Søvik
Brattvåg
Fiksdal
Vestnes
Vatne
Tomrefjord
Vikebukt
Hamnsund
Giske
Nordstrand
Alnes
Godøy
Hoff
Ellingsøya
Grytefjorden
Ellingsøyfjorden
Alvik
Skodje
Stette
Daugstad
Tresfjord
Sørøyane
Grasøyane fyr
Runde
ÅLESUND
Atlanterhavsparken
Spjelkavik
Sjøholt
Valle
Vaksvik
Brandal
Langevåg
Sula
Magerholm
Nerlandsøy
Kvalsvik
Remøy
Hareidlandet
Filsnes
Klokk
Øvstedal
Skorpa
Kvalsund
Leine
Leinøy
Ulsteinvik
Sulesund
Svinøy fyr
Fosnavåg
Hareid
Festøy
Ikornnes
Sykkylven
Dyrkorn
Herøyfjorden
Torvik
Dimnøy
Hundeidvik
Stordal
Overøye
Sandsøy
Moltustranda
Brunes
Mo
Sande
Gurskøy
Gursken
Haddal
Vartdal
Årsnes
Tolkvikja
Drottninghaug
Liabygda
Årvik
Kvamsøy
Vanylvsgapet
Velle
Stranda
Eltvik
Erviki
Bjåneset
Kvien
Store Standal
Strandafjellet
Valldal
Åram
Larsnes
Åsvik
Jøsok
Berknes
Sunnmøre
Trandal
Opshaugvik
Stadlandet
Sandvik
Rovdefjorden
Ørsta
Kolås
Skrenakkhorn
Eidsdal
Hoddevika
Koparnes
Rovde
Sæbø
Leknes
Leikanger
Syvdsnes
Lauvstad
Åsen
Volda
Sildegapet
Hundsnes
Eidså
Dalsfjord
Øye
Herdal
Kråkenes fyr
Skongenes fyr
Sankta Sunniva
Selje
Fiskå
Vatne
Viddal
Syvde
Vik
Folkestad
Indreeide
Bd
Ca
Cb
84
Cc
Cd
Måløy
Hellesylt
Geirangerfjorden
Geiranger
Norsk Fjordsenter

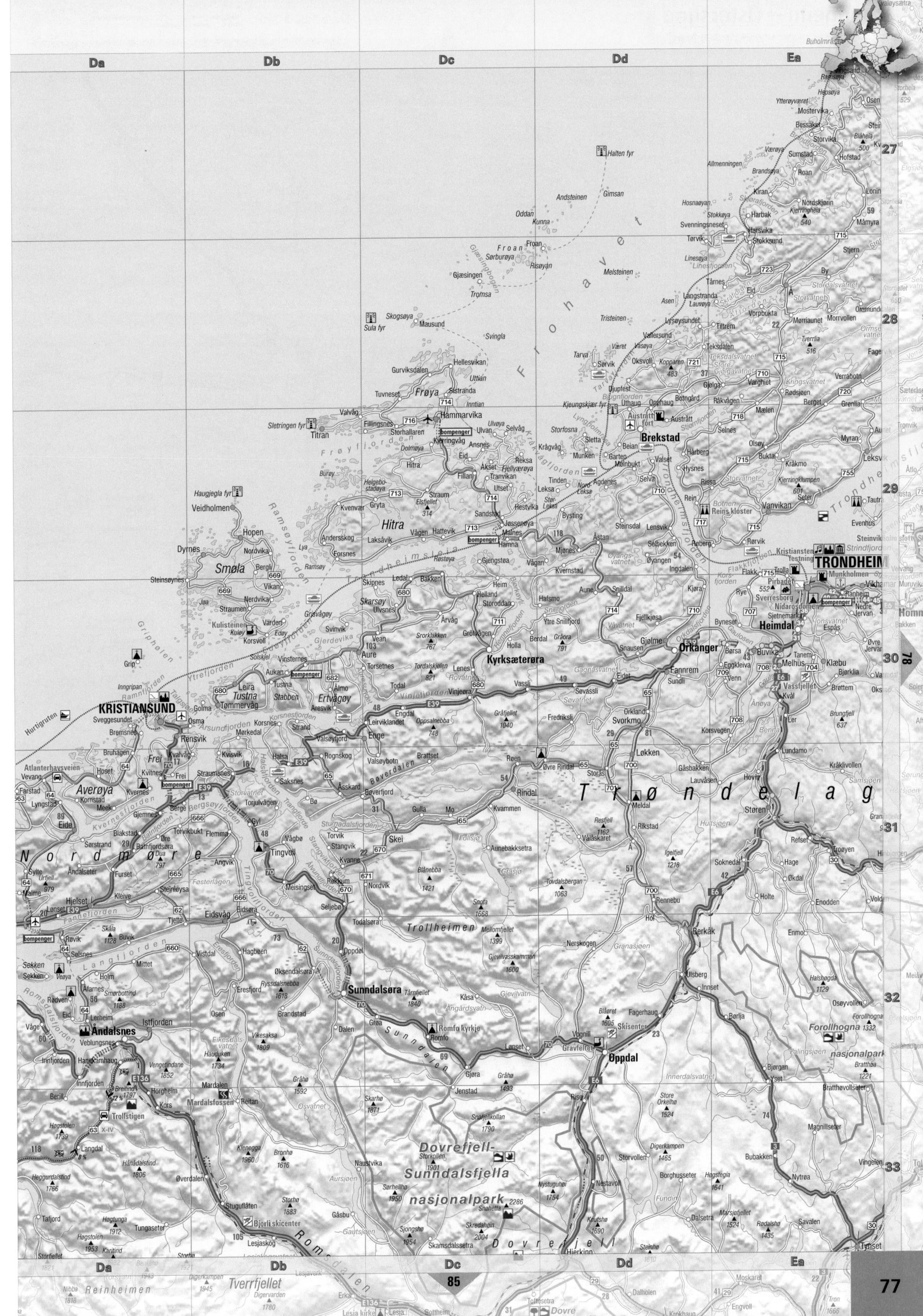

Da
Db
Dc
Dd
Ea
27
28
29
30
31
32
33
78
85
Halten fyr
Andsteinen
Gimsan
Oddan
Kunna
Froan
Sørburøya
Risøyan
Gjæsingen
Tromsa
Skogsøya
Sula fyr
Mausund
Svingla
Frohavet
Melsteinen
Tristeinen
Gurviksdalen
Hellesvikan
Uttian
Tuvneset
Frøya
Sistranda
Inntian
Valvåg
Hammarvika
Sletringen fyr
Titran
Fillingsnes
Storhallaren
Kjerringvåg
Dolmøya
Hitra
Ulvan
Selvåg
Ansnes
Eid
Akset
Fjellværøya
Reksa
Fillan
Tranvikan
Utset
Straum
Gryta
Kvenvær
Sandstad
Hestvika
Hitra
Vågen
Hattevik
Laksåvik
Andersskog
Forsnes
Jøssenøya
Malnes
Hamna
bompenger
Haugjegla fyr
Veidholmen
Hopen
Nordvika
Dyrnes
Smøla
Bergli
Steinsøynes
Vikan
Nerdvika
Straumen
Kulisteinen
Kuløy
Korsvoll
Grip
Griphølen
Ramsøyfjorden
Trondheimsleia
Ramsøy
Grisvågøy
Svinvik
Skipnes
Ledal
Bakken
Skarsøy
Ulvsnes
Vean
Aure
Torsetnes
Vinsternes
Aukan
Tustna
Leira
Stabben
Ertvågøy
Åresvik
Tømmervåg
KRISTIANSUND
Hurtigruten
Sveggesundet
Golma
Osma
Rensvik
Bremsnes
Bruhagen
Frei
Kvalvåg
Kvisvik
Atlanterhavsveien
Vevang
Farstad
Lyngstad
Averøya
Kornstad
Meek
Kvernes
Eide
Bergsøyfjorden
Straumsnes
Halsa
Saksnes
Rognskog
Valsøybotn
Valsøyfjord
Enge
Leirviklandet
Engdal
Strand
Mørkedal
Korsnes
Bøverdalen
Brattset
Åsskard
Bøverfjord
Torjulvågen
Gyl
Gjemnes
Blakstad
Sørstrand
Batnfjordsøra
Torvikbukt
Flemma
Nordmøre
Tingvoll
Vågbø
Torvik
Stangvik
Kvanne
Skei
Angvik
Furset
Andalseter
Sylte
Malme
Kleive
Stejnløysa
Hjelset
Eidsvåg
Eidsøra
Tjelle
Fannefjorden
Rekkum
Meisingset
Nordvik
Seljebø
Todalsøra
Øppdal
Sunndalsøra
Røvik
Solsnes
Buvik
Vistdal
Hagbøen
Mittet
Langfjorden
Eresfjord
Øksendalsøra
Holm
Åfarnes
Rødven
Lerheim
Åndalsnes
Veblungsnes
Istfjorden
Osen
Brandstad
Grøa
Dalen
Romfo kyrkje
Romfo
Sunndalen
Gjøra
Jenstad
Innfjorden
Hanskamhaug
Horgheim
Kors
Mardalen
Mardalsfossen
Reitan
Trollstigen
Langdal
Øverdalen
Stuguflåten
Bjorli skicenter
Lesjaskog
Tafjord
Tungaseter
Romsdalen
Trollheimen
Dovrefjell-Sunndalsfjella nasjonalpark
Snøhetta
Dovrefjell
Hjerkinn
Storfosna
Sletta
Brekstad
Beian
Austrått
Uthaug
Opphaug
Garten
Mølnbukt
Valset
Hysnes
Rissa
Agdenes
Selva
Tinden
Leksa
Krågvåg
Munken
Kjeungskjær fyr
Ørland
Bysting
Vallersund
Lysøysundet
Tarva
Sørvik
Oksvoll
Vasøya
Kopparen
Gjølga
Djupfest
Botngård
Råkvågen
Mælen
Selnes
Olsøy
Bukta
Hårberg
Rein
Reins kloster
Vanvikan
Steinsdal
Lensvik
Selbekken
Øyangen
Ingdalen
Kjøra
Mjønes
Åstan
Vågan
Kvernstad
Gjengstøa
Heim
Helland
Storoddan
Halsmo
Aune
Snillfjord
Ytre Snillfjord
Fjellkjøsa
Vassli
Årvåg
Grøtvågen
Holla
Berdal
Snausen
Gjølme
Orkanger
Kyrkseterøra
Lenes
Vinjeøra
Søvassli
Eidet
Fannrem
Sundli
Fredriksli
Orkland
Svorkmo
Løkken
Røen
Øvre Rindal
Rindal
Storås
Gåsbakken
Lauvåsen
Trøndelag
Meldal
Rikstad
Kvammen
Gulla
Mo
Aunebakksetra
Våläskaret
Igelfjell
Rennebu
Hol
Berkåk
Nerskogen
Ulsberg
Innset
Fagerhaug
Skisenter
Vognill
Grafellet
Oppdal
Løonset
Kåsa
Tørnes
Tårnes
Langstranda
Lauvøya
Asen
Tittrem
Teksdalen
Fosen
Verrabotn
Rødsjøen
Berget
Grønlia
Myran
Leksvik
Kråkmo
Seter
Evenhus
Rørvik
Kristiansten
Trolla
TRONDHEIM
Munkholmen
Pirbadet
Sverresborg
Nidarosdomen
Ranheim
Nedre Jervan
Vikhamar
Rye
Byneset
Heimdal
Børsa
Buvika
Melhus
Tanem
Klæbu
Bjørklia
Eggkleiva
Venn
Vassfjellet
Kvål
Brøttem
Ler
Korsvegen
Lundamo
Kråklivollen
Hovin
Støren
Refset
Soknedal
Hage
Økdal
Holte
Enodden
Enmo
Halsbogda
Osøyvollen
Forollhogna nasjonalpark
Børlja
Bjørgan
Ysel
Bratthøvollseter
Magnillseter
Bubakken
Nytrøa
Vingelen
Savalen
Tynset
Storvollen
Nestavoll
Borghusseter
Dalsetra
Osen
Mostervika
Bessaker
Storvika
Sumstad
Hofstad
Roan
Harbak
Harsvika
Stokksund
Stjern
Vorpbukta
Mørriaunet
Morrvollen
Elid
Å
Varghiet
Tervik
Svenningsneset
Stokkøya
Allmenningen
Ytterøyværet
Heøsøya
Lesjavork
Reinheimen
Tverrfjellet
Lesja kirke
Lesja
Bottheim
Dovre nasjonalpark
Dalholen
Krokhaug
Moskarel
Engvoll

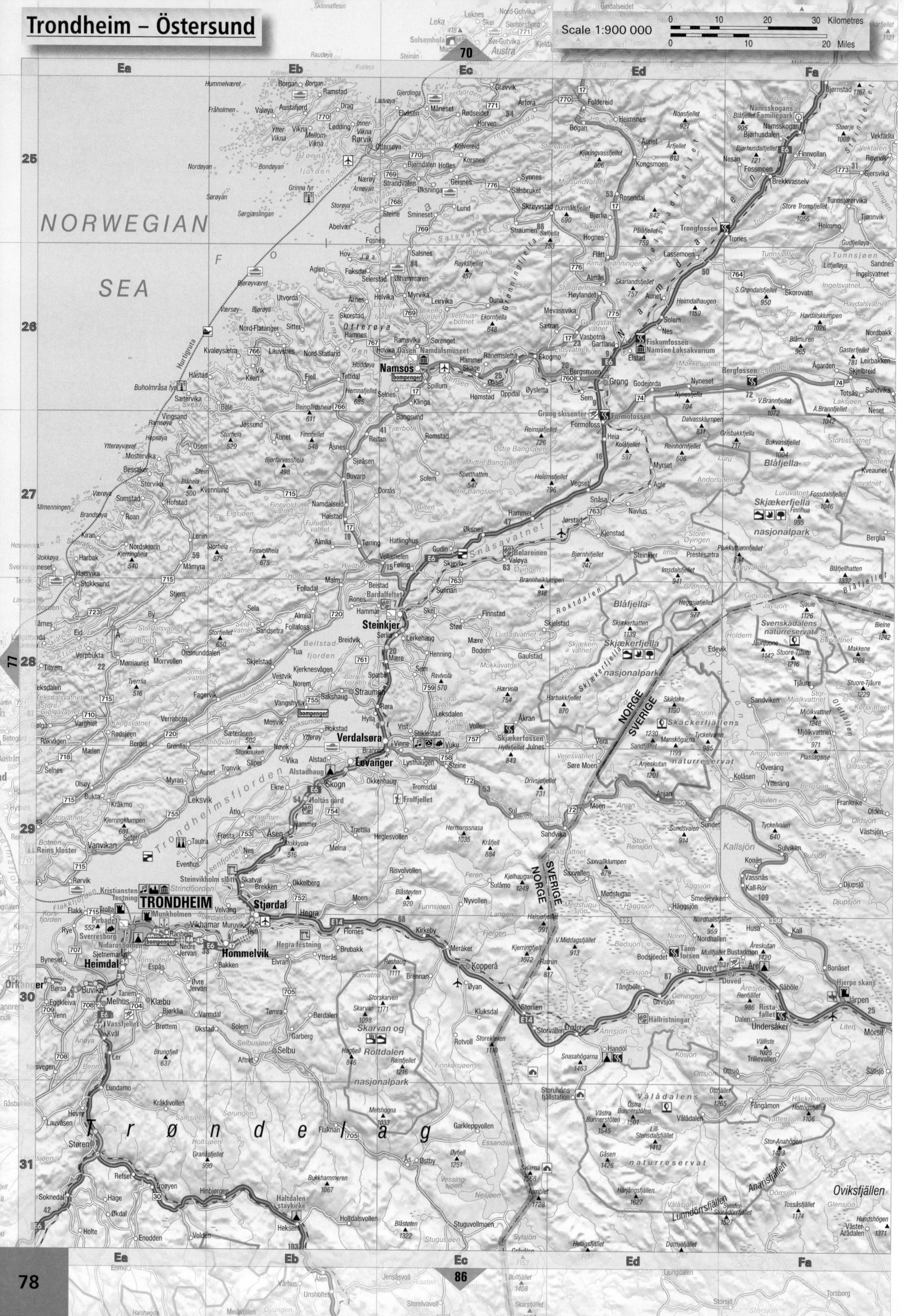
Scale 1:900 000
0 10 20 30 Kilometres
0 10 20 Miles
70
Ea
Eb
Ec
Ed
Fa
25
26
27
28
29
30
31
77
86
NORWEGIAN
SEA
F
O
Trøndelag
NORGE
SVERIGE
TRONDHEIM
Heimdal
Stjørdal
Hommelvik
Levanger
Verdalsøra
Steinkjer
Namsos
Grong
Snåsa
Rørvik
Kolvereid
Sandvika
Duved
Åre
Undersåker
Järpen
Mörsil
Storlien
Meråker
Selbu
Støren
Melhus
Buvika
Leksvik
Vanvikan
Rissa
Skogn
Åsen
Hegra
Hurtigruta
Trondheimsfjorden
Beitstadfjorden
Snåsavatnet
Namsen Laksakvarium
Fiskumfossen
Formofossen
Bergfossen
Trongfossen
Namsskogans Familiepark
Namdalsmuseet
Blåfjella-Skjækerfjella nasjonalpark
Skjækerfossen
Skäckerfjällens naturreservat
Svenskådalens naturreservat
Skarvan og Roltdalen nasjonalpark
Vålådalens naturreservat
Hällristningar
Hjerpe skans
Stiklestad
Haltdalen stavkirke
Hegra festning
Steinvikholm slott
Kristiansten Testning
Munkholmen
Nidarosdomen
Kallsjön
Oviksfjällen
Anarisfjällen
Lunndörrsfjällen
bompenger
E6
E14
17
72

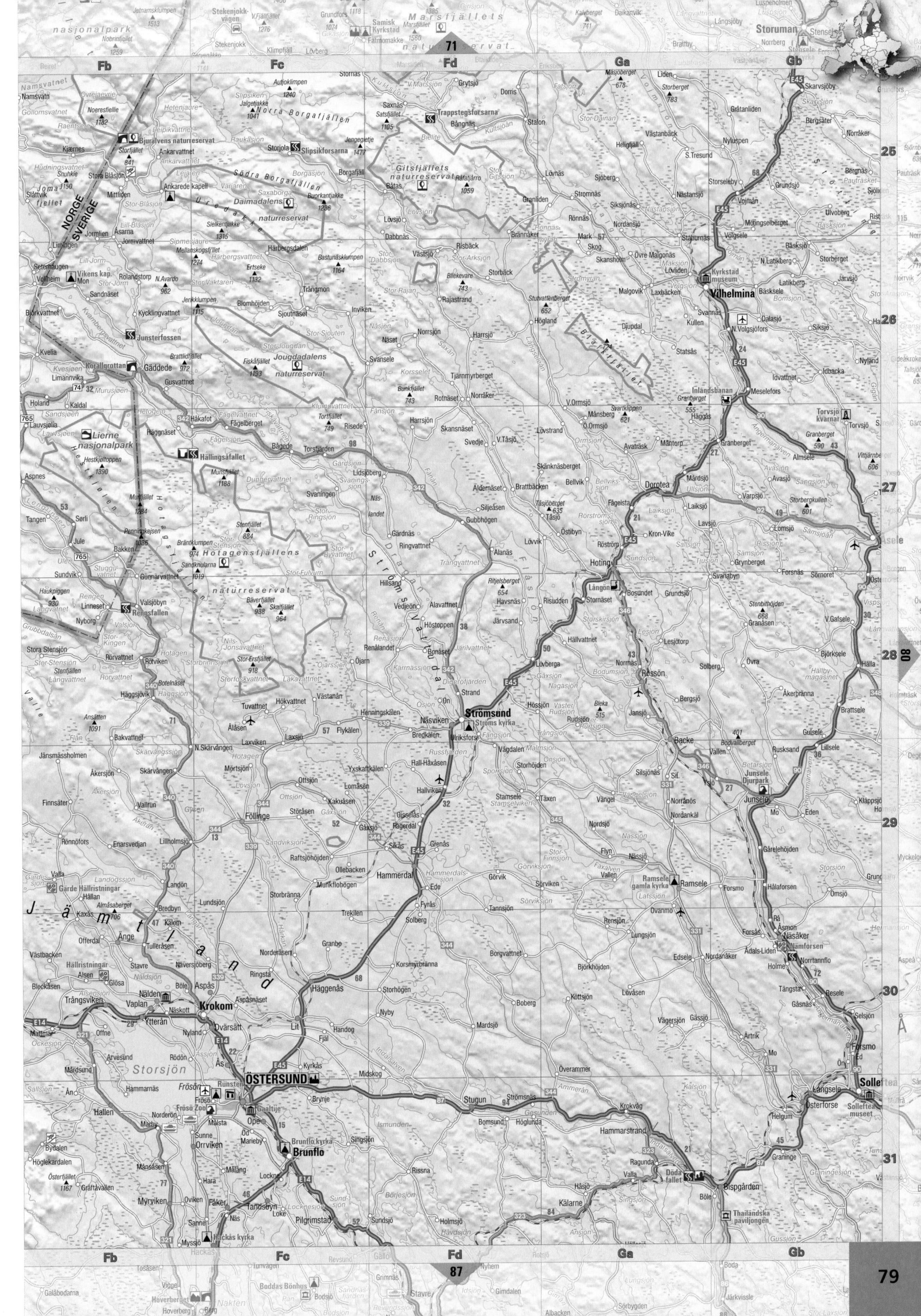
71
Fb
Fc
Fd
Ga
Gb
Storuman
Vilhelmina
Dorotea
Åsele
Hoting
Strömsund
Junsele
Ramsele
Sollefteå
ÖSTERSUND
Krokom
Brunflo
Gäddede
Frostviken
Namsvatnet
NORGE
SVERIGE
Södra Borgafjällen
Daimadalens naturreservat
Gitsfjällets naturreservat
Jougdadalens naturreservat
Hotagensfjällens naturreservat
Lierne nasjonalpark
Bjurälvens naturreservat
Korallgrottan
Hällingsåfallet
Trappstegsforsarna
Slipsikforsarna
Junsterforsen
Kyrkstad museum
Inlandsbanan
Ströms kyrka
Storsjön
Jämtland
Ramsele gamla kyrka
Nämforsen
Döda fallet
Thailändska paviljongen
Brunflo kyrka
Hackås kyrka
Sollefteå museet
Hammerdal
Bispgården
Ragunda
Stugun
Kälarne
Backe
25
26
27
28
29
30
31
87
80

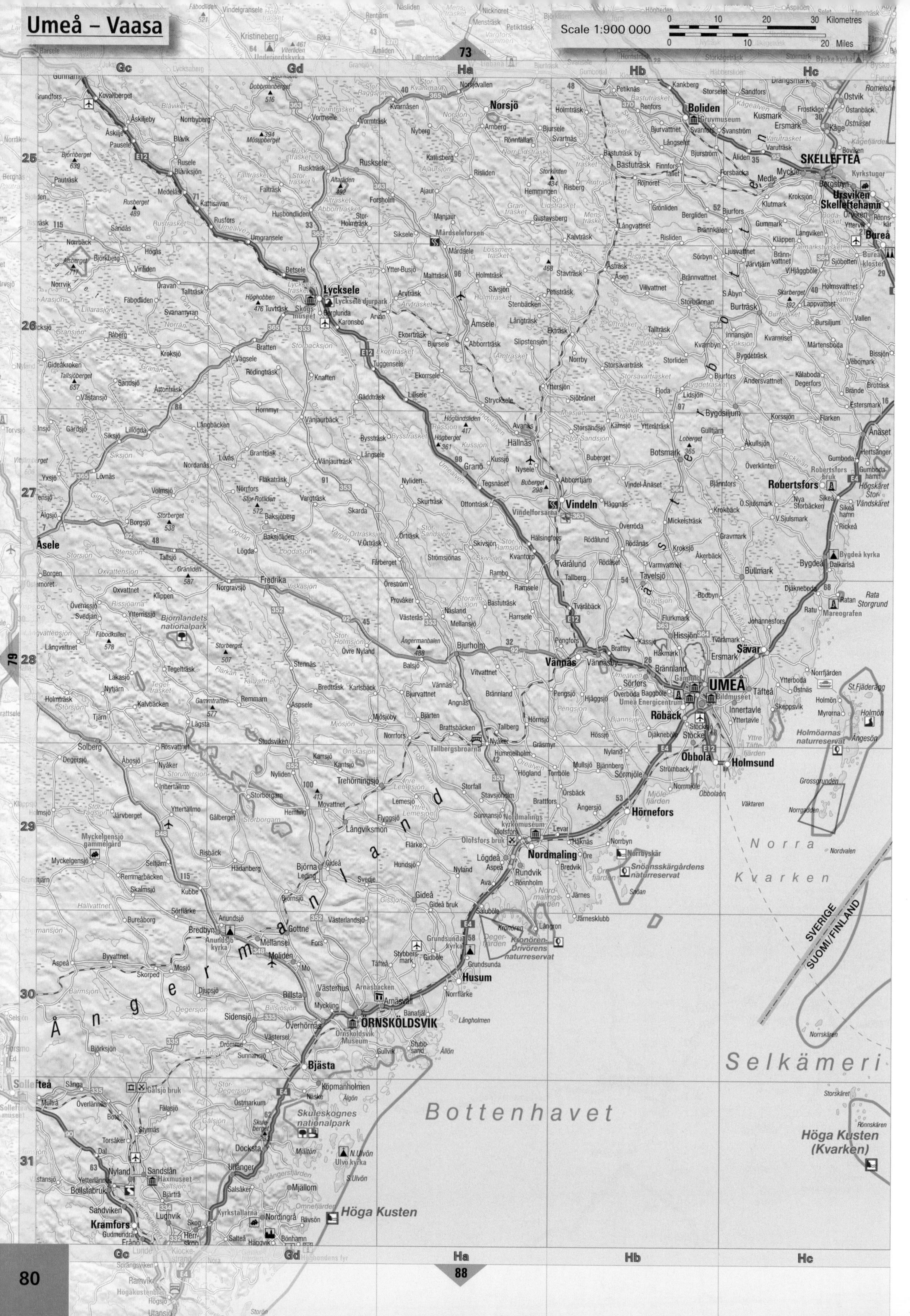
Scale 1:900 000
0 10 20 30 Kilometres
0 10 20 Miles
73
Gc
Gd
Ha
Hb
Hc
25
26
27
28
29
30
31
79
88
Norsjö
Boliden
SKELLEFTEÅ
Ursviken
Skelleftehamn
Bureå
Lycksele
Åsele
Vindeln
Vännäs
UMEÅ
Robertsfors
Bygdeå
Sävar
Holmsund
Obbola
Röbäck
Hörnefors
Nordmaling
Husum
ÖRNSKÖLDSVIK
Bjästa
Sollefteå
Kramfors
Björnlandets nationalpark
Skuleskogens nationalpark
Höga Kusten
Höga Kusten (Kvarken)
Norra Kvarken
Selkämeri
Bottenhavet
SVERIGE
SUOMI/FINLAND
Ångermanland
Västerbotten

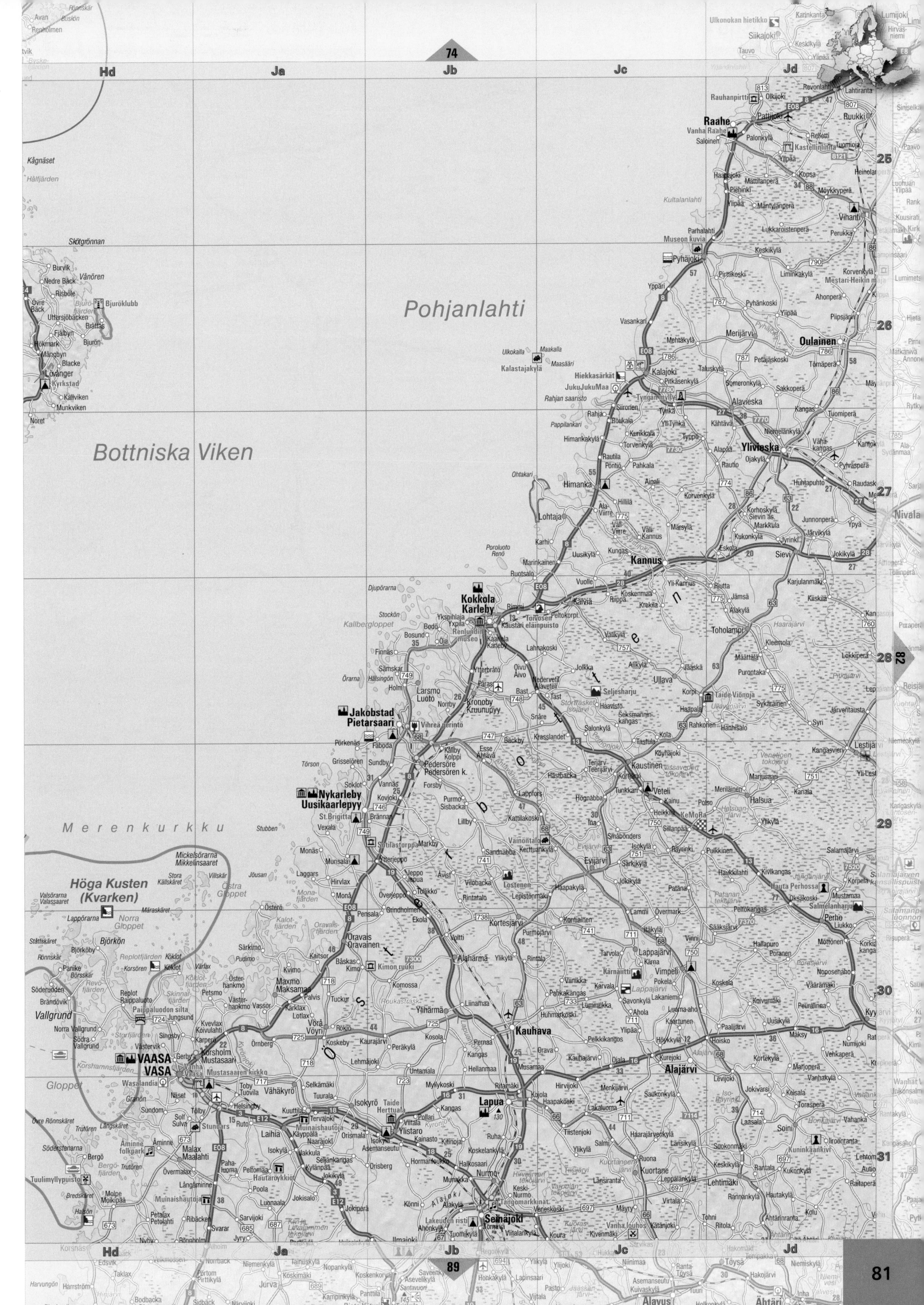
74
Hd
Ja
Jb
Jc
Jd
Pohjanlahti
Bottniska Viken
Merenkurkku
Höga Kusten (Kvarken)
Raahe
Oulainen
Kalajoki
Ylivieska
Kannus
Kokkola Karleby
Jakobstad Pietarsaari
Nykarleby Uusikaarlepyy
Kaustinen
Veteli
Lappajärvi
Kauhava
Alajärvi
Lapua
Seinäjoki
VAASA VASA
Ylistaro
Laihia
Malax Maalahti
Himanka
Vihanti
Pyhäjoki
Alavieska
Sievi
Toholampi
Evijärvi
Vimpeli
Kuortane
Lehtimäki
Soini
Isokyrö
Vöyri
Oravais Oravainen
Larsmo Luoto
Pedersöre
Kronoby Kruunupyy
Alavus
Ähtäri
25
26
27
28
29
30
31

89
78

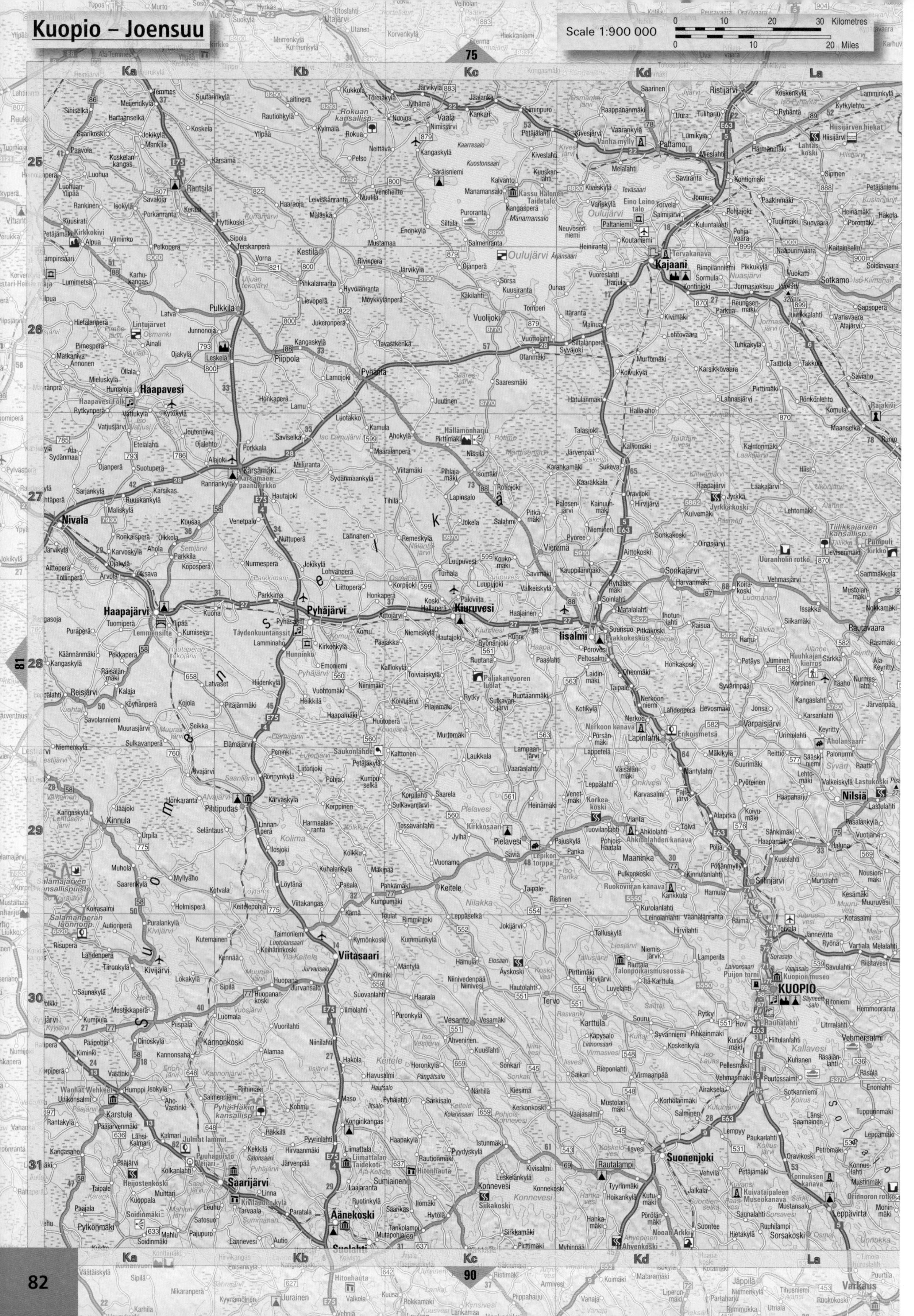
Kuopio – Joensuu
Scale 1:900 000
0 10 20 30 Kilometres
0 10 20 Miles
75
Ka
Kb
Kc
Kd
La
25
26
27
28
29
30
31
81
90
Haapavesi
Nivala
Haapajärvi
Pyhäjärvi
Kiuruvesi
Iisalmi
Kajaani
Oulujärvi
Pyhäntä
Kärsämäki
Vieremä
Sonkajärvi
Nilsiä
Lapinlahti
Pihtipudas
Viitasaari
Kinnula
Pielavesi
Maaninka
Siilinjärvi
KUOPIO
Tervo
Vesanto
Karttula
Suonenjoki
Rautalampi
Konnevesi
Äänekoski
Saarijärvi
Karstula
Kivijärvi
Suolahti
Leppävirta
Varkaus
Sotkamo
Paltamo
Vaala
Pulkkila
Piippola
Reisjärvi
Keitele
Rautavaara

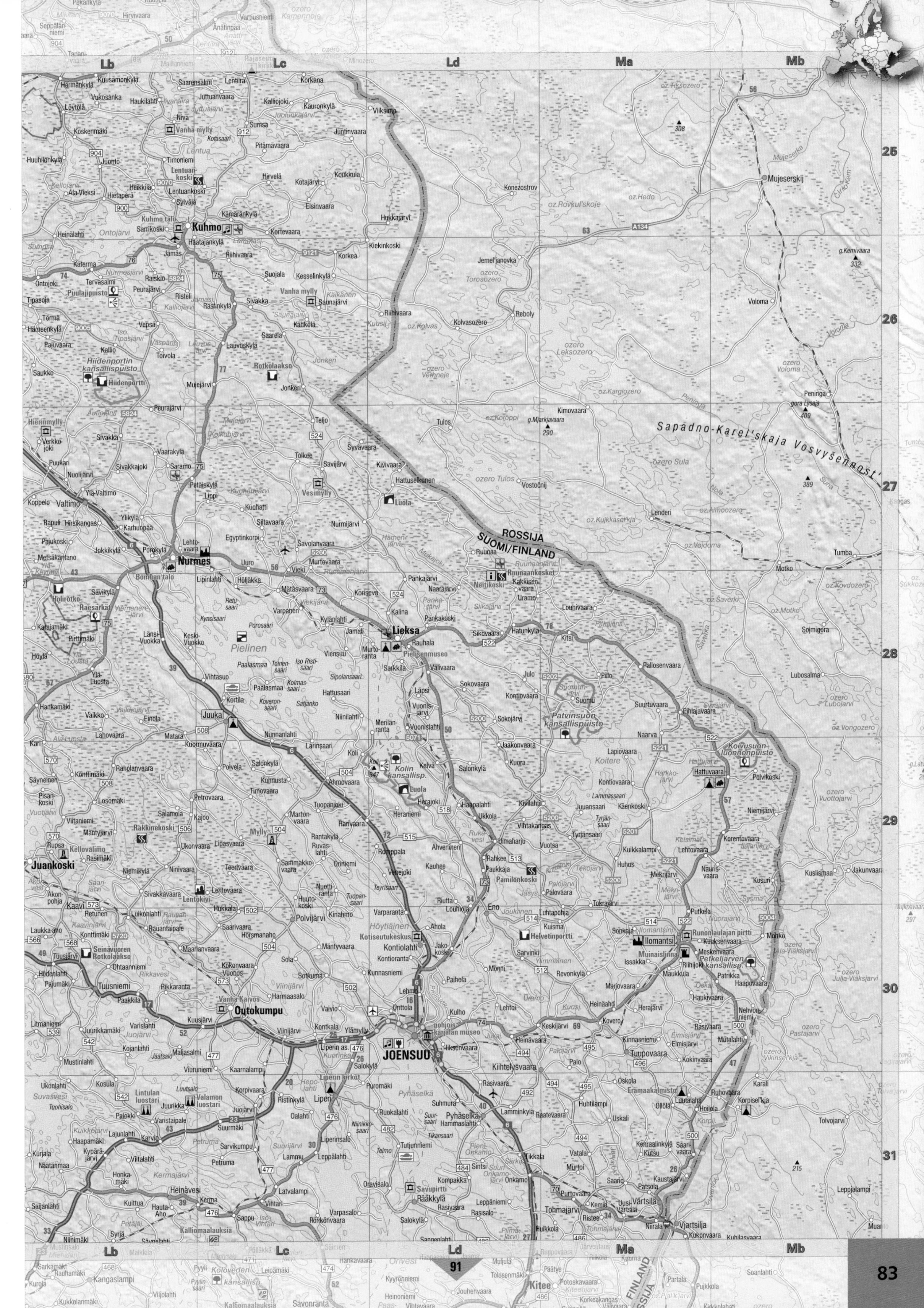
Lb
Lc
Ld
Ma
Mb
25
26
27
28
29
30
31
Kuhmo
Nurmes
Lieksa
Pielinen
Juuka
Outokumpu
JOENSUU
Ilomantsi
ROSSIJA
SUOMI/FINLAND
Sapadno-Karel'skaja Vosvyšennost'
91

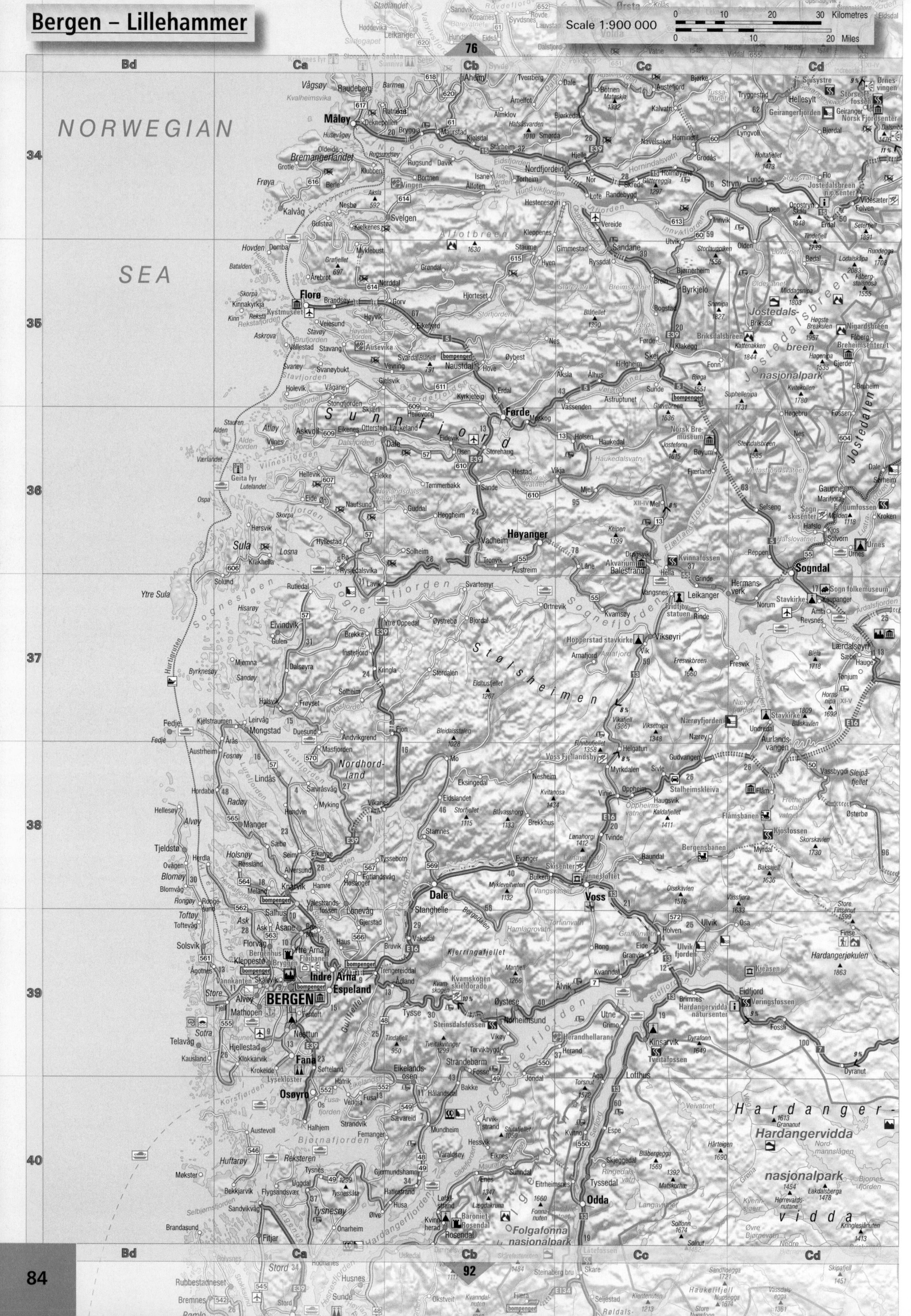
Scale 1:900 000
Kilometres
Miles
NORWEGIAN
SEA
BERGEN
Bergen
Florø
Måløy
Førde
Høyanger
Sogndal
Voss
Odda
Hardangervidda
Jostedalsbreen
Sognefjorden
Hardangerfjorden
Nordfjord
Sunnfjord

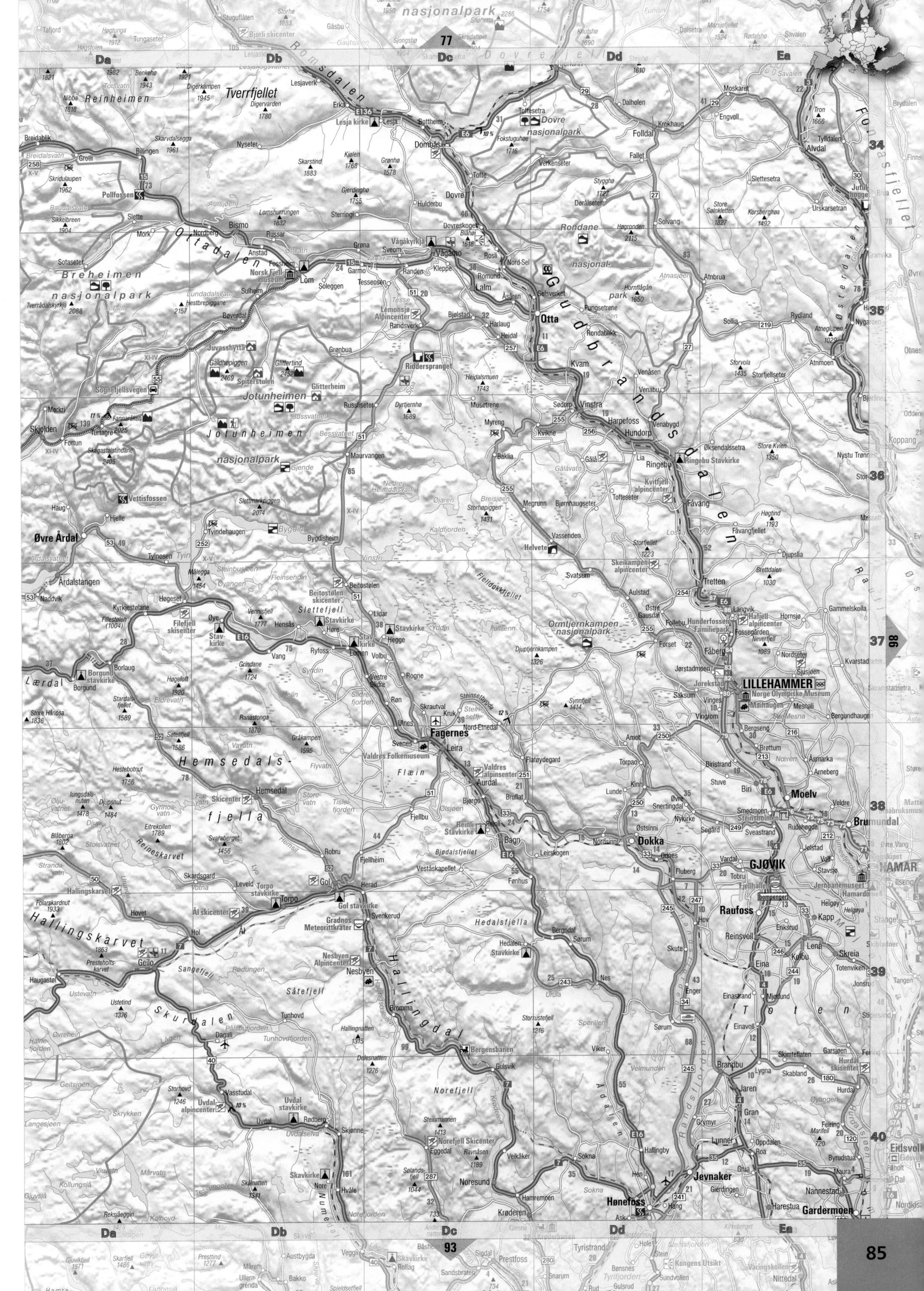

77
93
Da
Db
Dc
Dd
Ea
34
35
36
37
38
39
40
86
nasjonalpark
Dovrefjell
Romsdalen
Tverrfjellet
Reinheimen
Lesjaverk
Lesja
Bottheim
Dombås
Dovre nasjonalpark
Folldal
Alvdal
Dovre
Otta
Ottadalen
Bismo
Lom
Vågåmo
Breheimen nasjonalpark
Rondane nasjonalpark
Gudbrandsdalen
Jotunheimen
Jotunheimen nasjonalpark
Sognefjellsvegen
Galdhøpiggen
Glittertind
Juvasshytta
Spiterstulen
Glitterheim
Ridderspranget
Turtagre
Skjolden
Fortun
Vettisfossen
Øvre Årdal
Årdalstangen
Gjende
Bygdin
Beitostølen
Slettefjell
Fagernes
Leira
Aurdal
Dokka
Gjøvik
Raufoss
Lillehammer
Norge Olympiske Museum
Maihaugen
Hunderfossen Familiepark
Tretten
Ringebu Stavkirke
Ringebu
Vinstra
Kvam
Fåvang
Moelv
Brumundal
Hamar
Toten
Lærdal
Borgund stavkirke
Hemsedal
Hemsedalsfjella
Gol
Gol stavkirke
Torpo
Ål
Hol
Geilo
Hallingskarvet
Hallingdal
Nesbyen
Skurdalen
Dagali
Uvdal
Rødberg
Numedal
Nore
Norefjell
Noresund
Krøderen
Hønefoss
Jevnaker
Gran
Brandbu
Gardermoen
Eidsvoll
Adalen
Randsfjorden
Hedalsfjella
Ormtjernkampen nasjonalpark
Valdres Folkemuseum
Sjusjøen
Lesja kirke
Pollfossen
Lemonsjø Alpincenter
Fokstuguhøe
Hedalen Stavkirke
Reinli Stavkirke

Lillehammer – Sundsvall

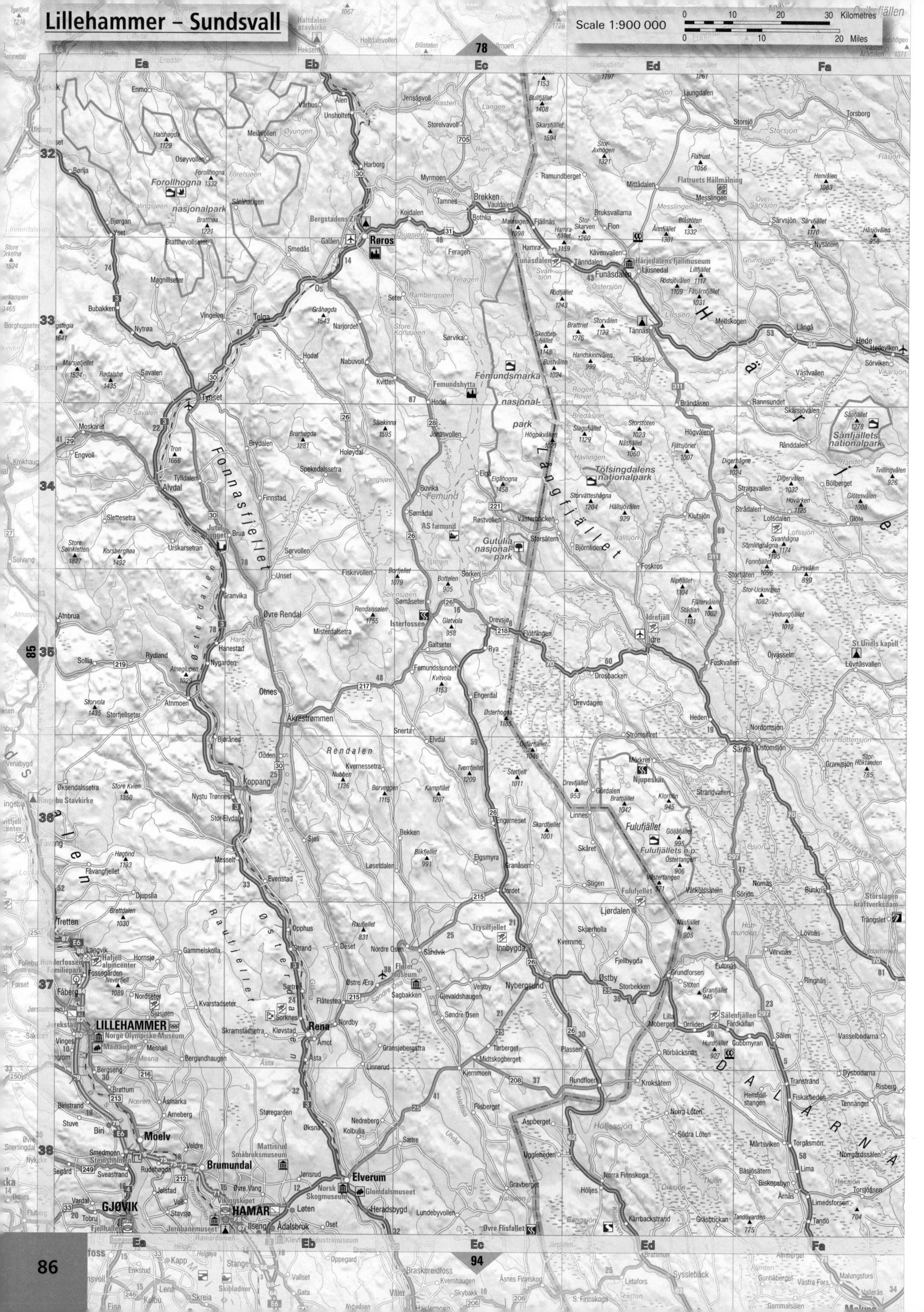
Scale 1:900 000
0 10 20 30 Kilometres
0 10 20 Miles
78
Ea
Eb
Ec
Ed
Fa
32
33
34
35
36
37
38
85
94
Forollhogna nasjonalpark
Røros
Brekken
Tolga
Os
Tynset
Alvdal
Fonnasfjellet
Femundsmarka nasjonalpark
Femundshytta
Femund
Gutulia nasjonalpark
Långfjället
Töfsingdalens nationalpark
Sånfjällets nationalpark
Härjedalens fjällmuseum
Funäsdalen
Tännäs
Hede
Idre
Idrefjäll
Drevsjø
Engerdal
Øvre Rendal
Rendalen
Koppang
Atnbrua
Østerdalen
Rautfjellet
Fulufjället
Fulufjällets n.p.
Njupeskär
Särna
Trysil
Innbygda
Sälen
Sälenfjällen
Rena
Elverum
Norsk Skogmuseum
Glomdalsmuseet
Tretten
Fåberg
LILLEHAMMER
Norge Olympiske Museum
Maihaugen
Moelv
Brumundal
HAMAR
GJØVIK
Dalarna
Härjedalen
Øvre Flisfallet

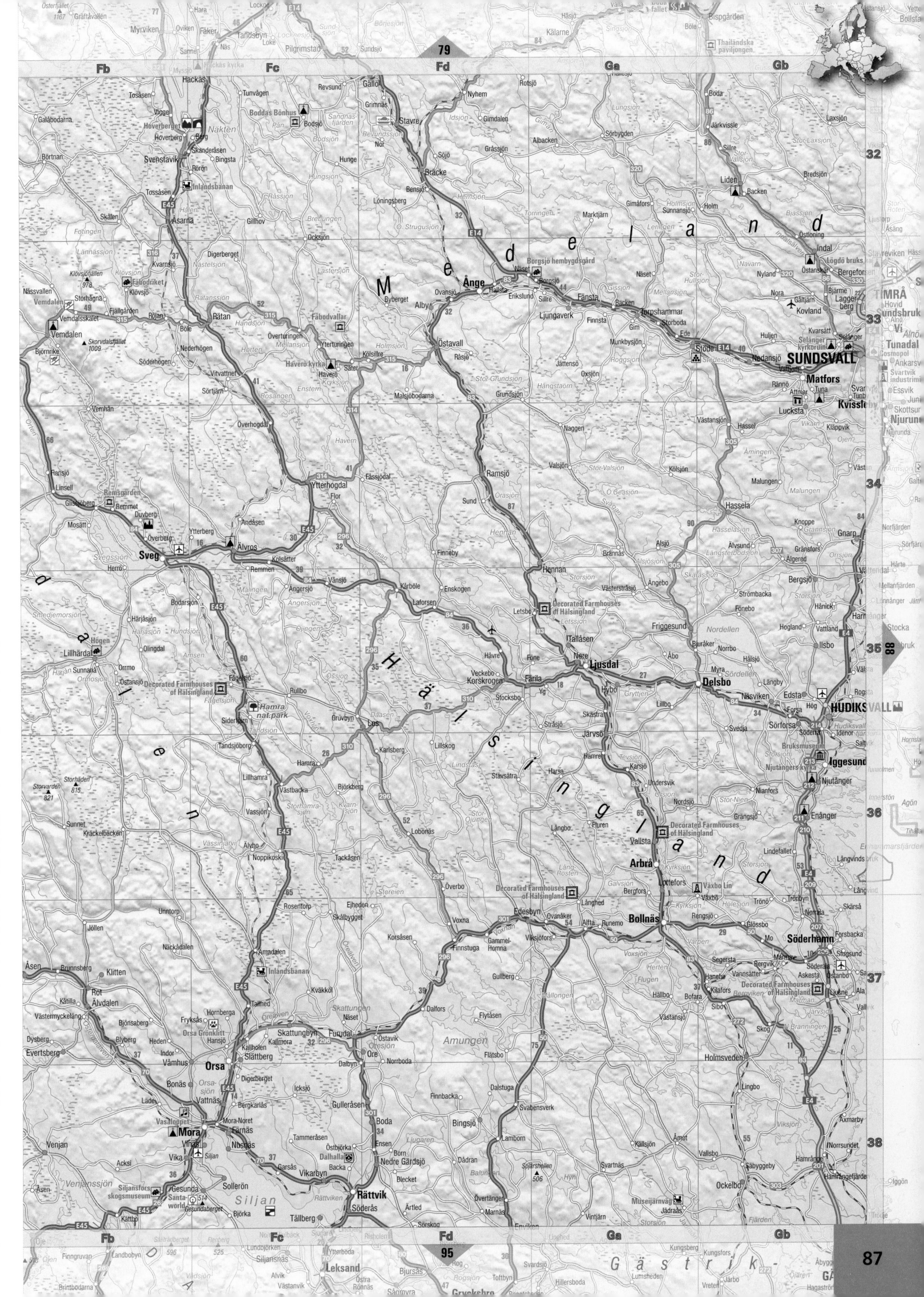

79
Fb
Fc
Fd
Ga
Gb
32
33
34
35
36
37
38
88
95
M e d e l p a d
H ä l s i n g l a n d
d a l e n
Gästrik-
SUNDSVALL
HUDIKSVALL
Iggesund
Söderhamn
Bollnäs
Ljusdal
Delsbo
Arbrå
Ånge
Sveg
Orsa
Mora
Rättvik
Leksand
Matfors
Kvissleby
Hackås
Svenstavik
Åsarna
Vemdalen
Ytterhogdal
Älvros
Lillhärdal
Hamra nat.park
Edsbyn
Siljan
Amungen
Stöde
Torpshammar
Fränsta
Bräcke
Stavre
Gällö
Liden
Indal
Ljungaverk
Hennan
Ramsjö
Järvsö
Färila
Los
Sveg
Älvdalen
Furudal
Enånger
Ljusne
Decorated Farmhouses of Hälsingland
Borgsjö hembygdsgård
Inlandsbanan

Scale 1:900 000

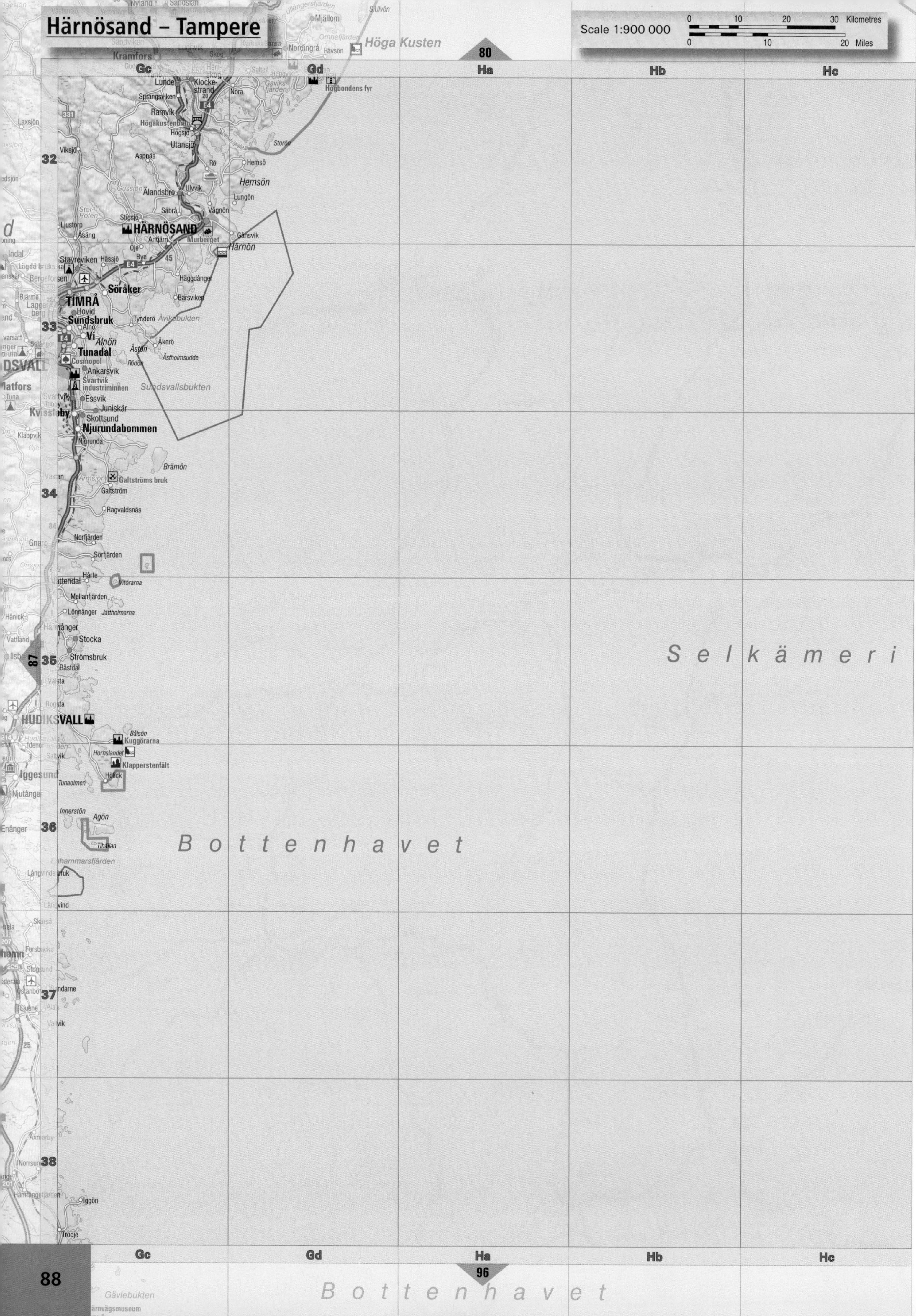
0 10 20 30 Kilometres
0 10 20 Miles
80
Ha
Gc
Gd
Hb
Hc
Höga Kusten
Mjällom
Nordingrå
Rävsön
Högbondens fyr
Kramfors
Lunde
Klocke-strand
Nora
Sprängsviken
Ramvik
Högakustenbron
Högsjö
Utansjö
Storön
Viksjö
Aspnäs
Rö
Hemsö
Hemsön
Älandsbro
Ulvvik
Lungön
Säbrå
Vägnön
Stigsjö
Ljustorp
Åsäng
HÄRNÖSAND
Antjärn
Murberget
Gånsvik
Härnön
Öje
Bye
Stavreviken
Hässjö
Häggdånger
Söråker
Barsviken
TIMRÅ
Hovid
Sundsbruk
Tynderö
Åvikebukten
Alnö
Vi
Alnön
Tunadal
Åstön
Åkerö
Åstholmsudde
Rödön
Cosmopol
Ankarsvik
Svartvik industriminnen
Sundsvallsbukten
Essvik
Juniskär
Skottsund
Njurundabommen
Njurunda
Brämön
Galtströms bruk
Galtström
Ragvaldsnäs
Norrfjärden
Sörfjärden
Hårte
Vitörarna
Mellanfjärden
Lönnånger
Jättholmarna
Stocka
Strömsbruk
Bästdal
HUDIKSVALL
Bålsön
Kuggörarna
Hornslandet
Klapperstenfält
Iggesund
Hölick
Tunaolmen
Njutånger
Innerstön
Agön
Enånger
Tihällan
Bottenhavet
Selkämeri
Iggön
Trödje
87
32
33
34
35
36
37
38
96
Gävlebukten

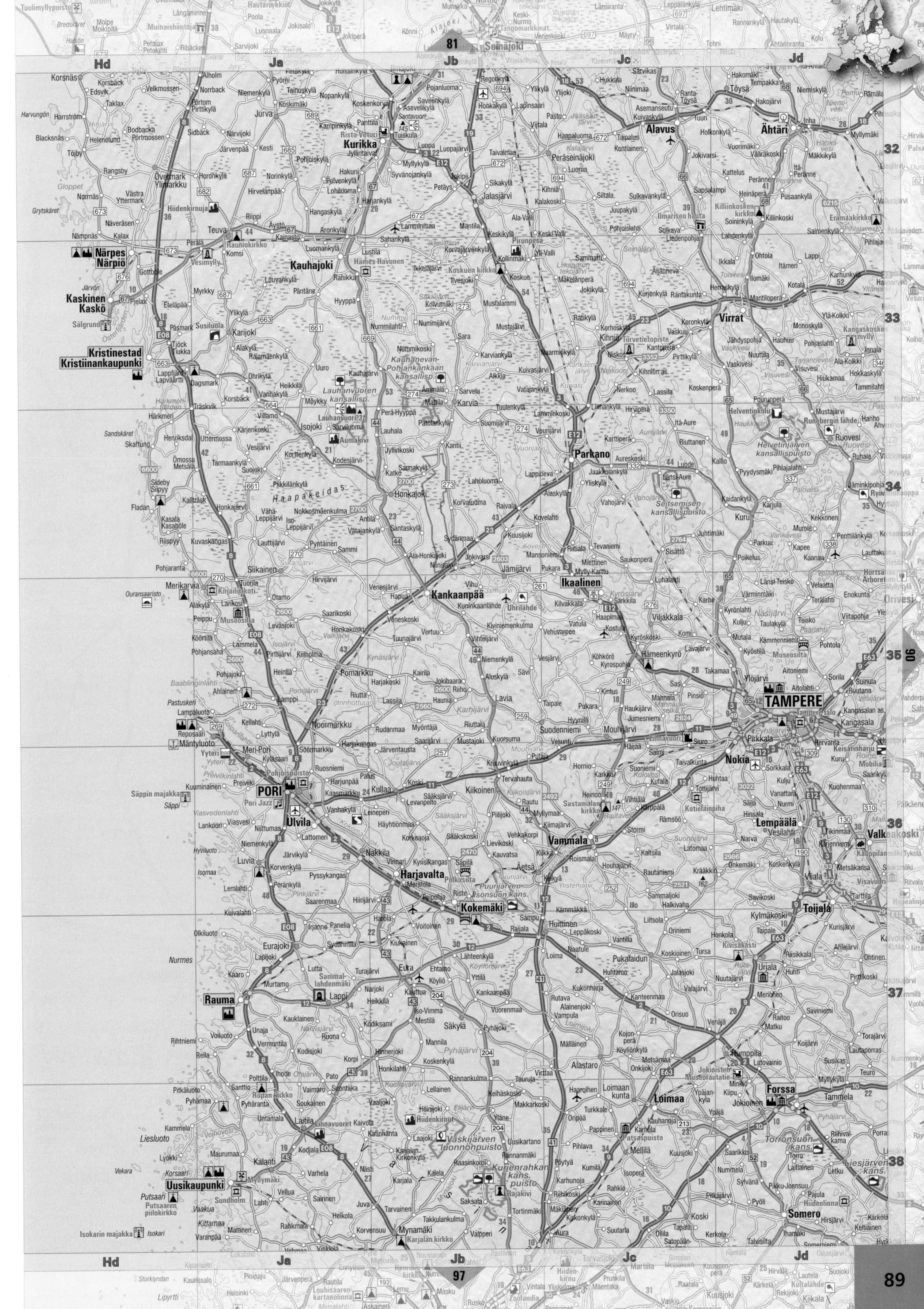

81
Seinäjoki
Hd
Ja
Jb
Jc
Jd
Korsnäs
Närpes
Närpiö
Kaskinen
Kaskö
Kristinestad
Kristiinankaupunki
Teuva
Kauhajoki
Kurikka
Jurva
Alavus
Ähtäri
Töysä
Peräseinäjoki
Jalasjärvi
Virrat
Parkano
Karvia
Isojoki
Haapakeidas
Siikainen
Merikarvia
Kankaanpää
Ikaalinen
Jämijärvi
Pomarkku
Noormarkku
Lavia
Hämeenkyrö
Ylöjärvi
TAMPERE
Nokia
Pirkkala
Kangasala
Lempäälä
Vesilahti
Valkeakoski
Toijala
Urjala
Pori
Ulvila
Nakkila
Harjavalta
Kokemäki
Huittinen
Vammala
Punkalaidun
Eurajoki
Eura
Säkylä
Rauma
Lappi
Alastaro
Loimaa
Humppila
Jokioinen
Forssa
Tammela
Uusikaupunki
Laitila
Mynämäki
Somero
Lauhanvuoren kansallisp.
Kauhanevan-Pohjankankaan kansallisp.
Seitsemisen kansallispuisto
Helvetinjärven kansallispuisto
Torronsuon kans.
Liesjärven kans.
Puurijärven-Isonsuon kans.
Kurjenrahkan kans. puisto
Vaskijärven luonnonpuisto
Pori Jazz
Säppin majakka
Isokarin majakka
Kristinestad
32
33
34
35
36
37
38
90
97

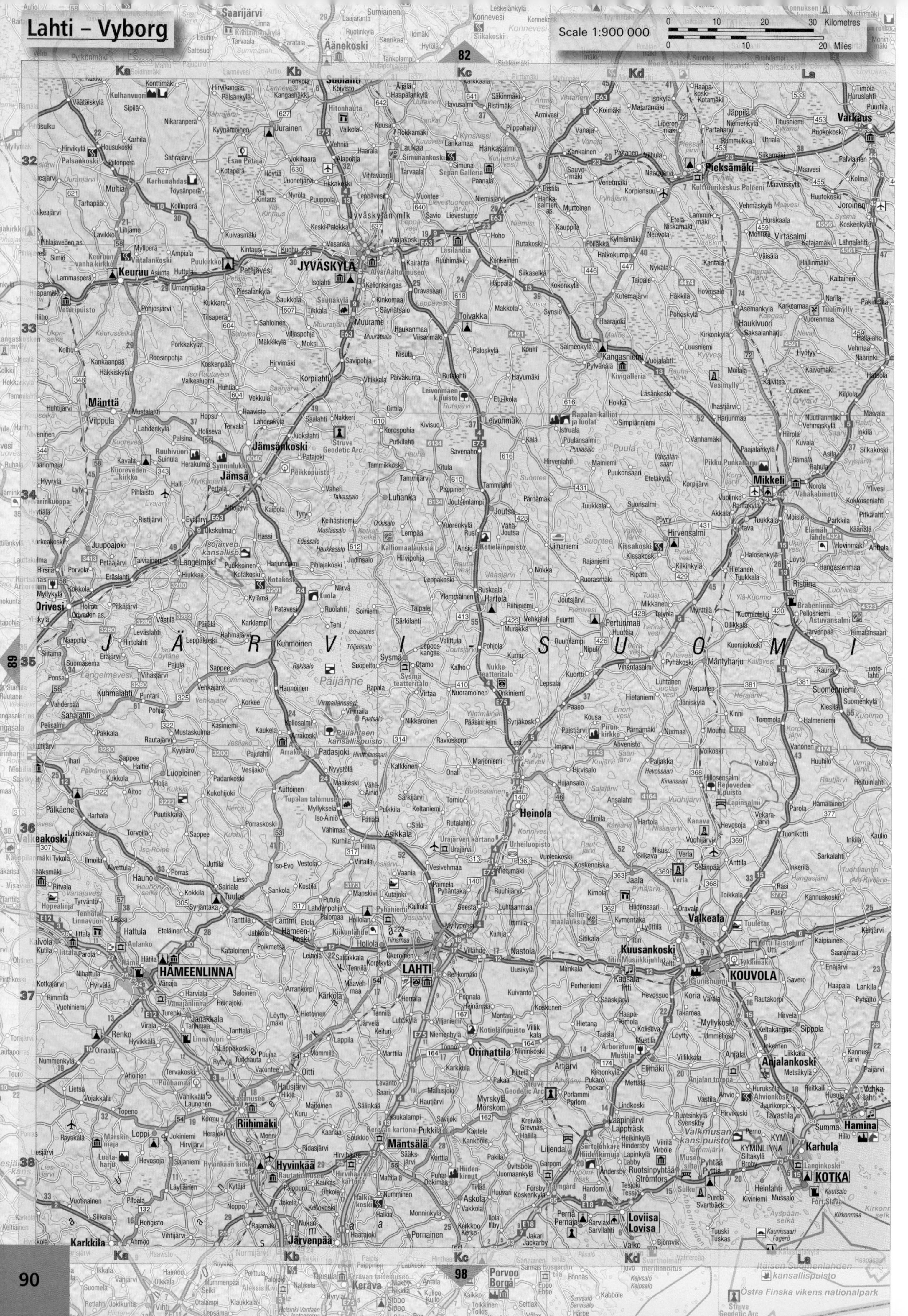
Scale 1:900 000
0 10 20 30 Kilometres
0 10 20 Miles
82
Ka
Kb
Kc
Kd
La
32
33
34
35
36
37
38
69
98
JYVÄSKYLÄ
Jämsä
Jämsänkoski
Mänttä
Orivesi
Keuruu
Pieksämäki
Varkaus
Mikkeli
Heinola
Hartola
Sysmä
Joutsa
LAHTI
HÄMEENLINNA
Riihimäki
Hyvinkää
Järvenpää
Mäntsälä
Orimattila
Kouvola
KOUVOLA
Kuusankoski
Valkeala
Anjalankoski
Hamina
KOTKA
Loviisa
Lovisa
Porvoo
Borgå
Kerava
Karkkila
Valkeakoski
Äänekoski
Suolahti
J Ä R V I - S U O M I
Päijänne
Puula

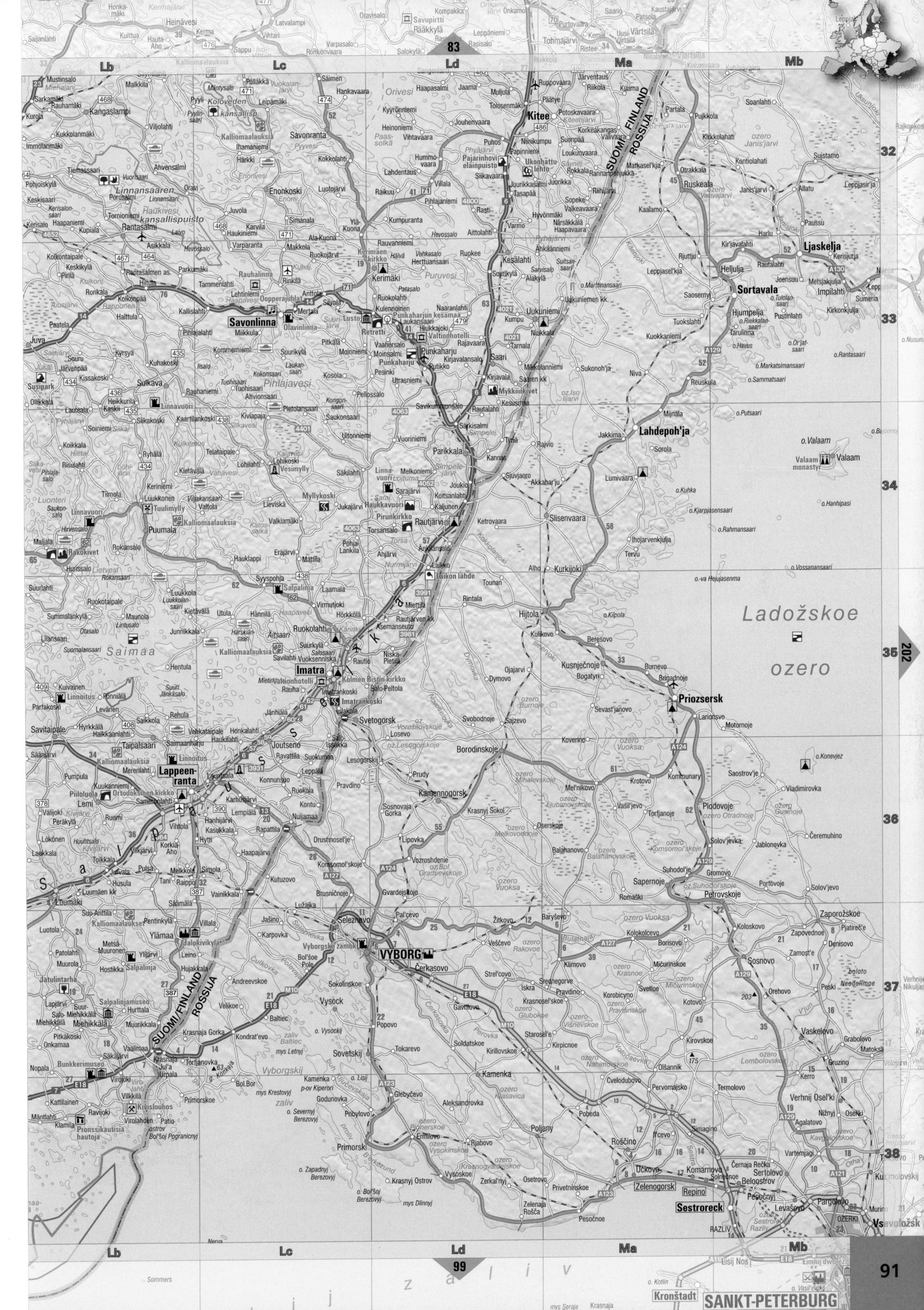

83
Lb
Lc
Ld
Ma
Mb
Savonlinna
Kitee
SUOMI FINLAND ROSSIJA
Ljaskelja
Sortavala
Lahdepoh'ja
Ladožskoe
ozero
o.Valaam
Valaam monastyr
Valaam
Priozsersk
Imatra
Lappeenranta
Saimaa
VYBORG
Svetogorsk
Kamennogorsk
SUOMI/FINLAND ROSSIJA
Zelenogorsk
Sestroreck
Repino
Kronštadt
SANKT-PETERBURG
Vyborgskij zaliv
Kolmen Ristin kirkko
Punkaharju
Kerimäki
Puumala
Juva
Sulkava
Parikkala
Rautjärvi
Ruokolahti
Joutseno
Taipalsaari
Savitaipale
Luumäki
Ylämaa
Primorsk
Sovetskij
Vysock
Roščino
Sosnovo
Vaskelovo
Pargolovo
Kuz'molovskij
Vsevoložsk
32
33
34
35
36
37
38
202
Lb
Lc
Ld
Ma
Mb
99

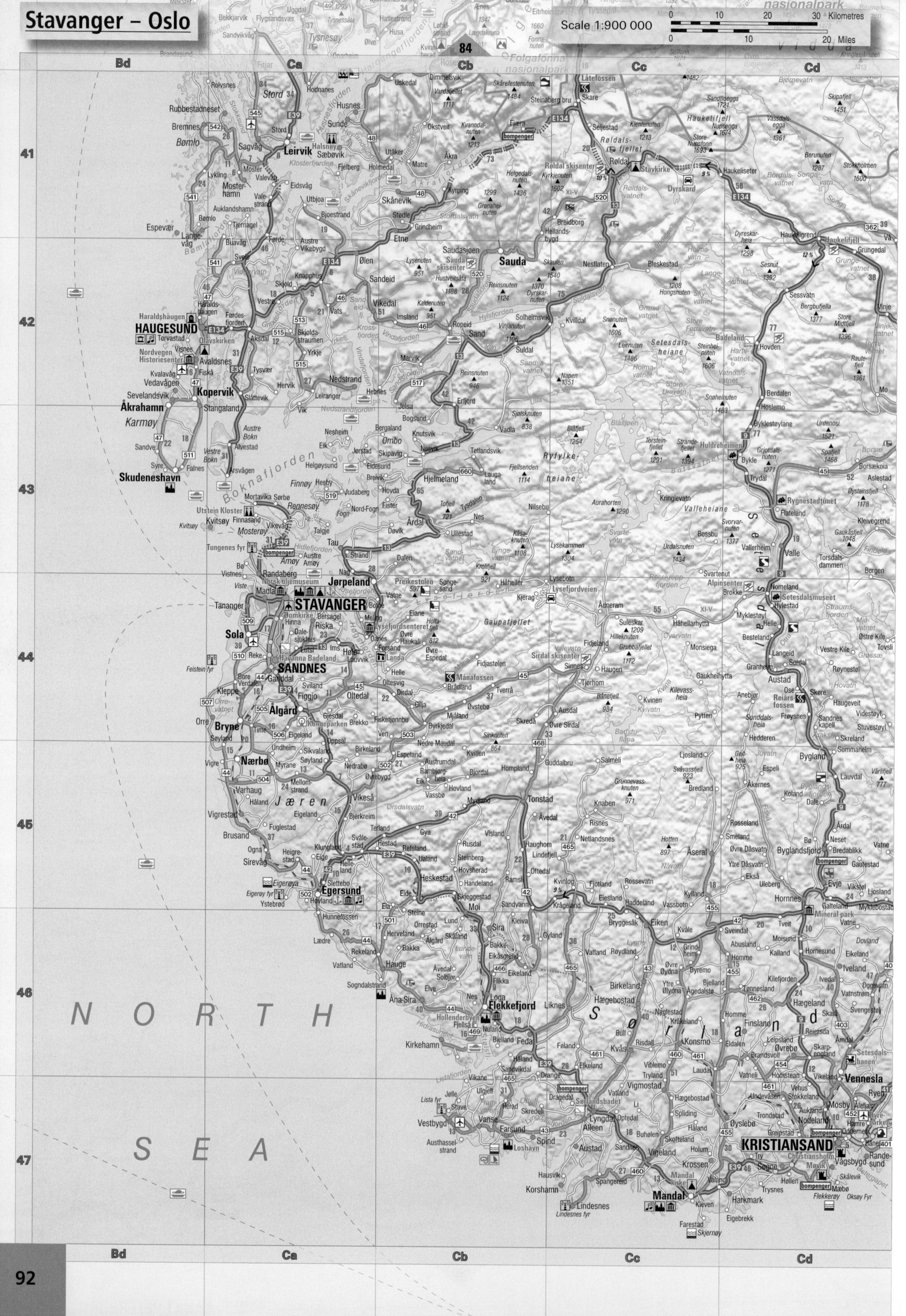
Scale 1:900 000
0 10 20 30 Kilometres
0 10 20 Miles
84
Bd
Ca
Cb
Cc
Cd
41
42
43
44
45
46
47
HAUGESUND
STAVANGER
SANDNES
KRISTIANSAND
Leirvik
Kopervik
Åkrahamn
Skudeneshavn
Jørpeland
Sauda
Egersund
Flekkefjord
Mandal
Vennesla
Bryne
Ålgård
Nærbø
Sola
Karmøy
Boknafjorden
Jæren
Ryfylkeheiane
Setesdal
Sørland
NORTH
SEA

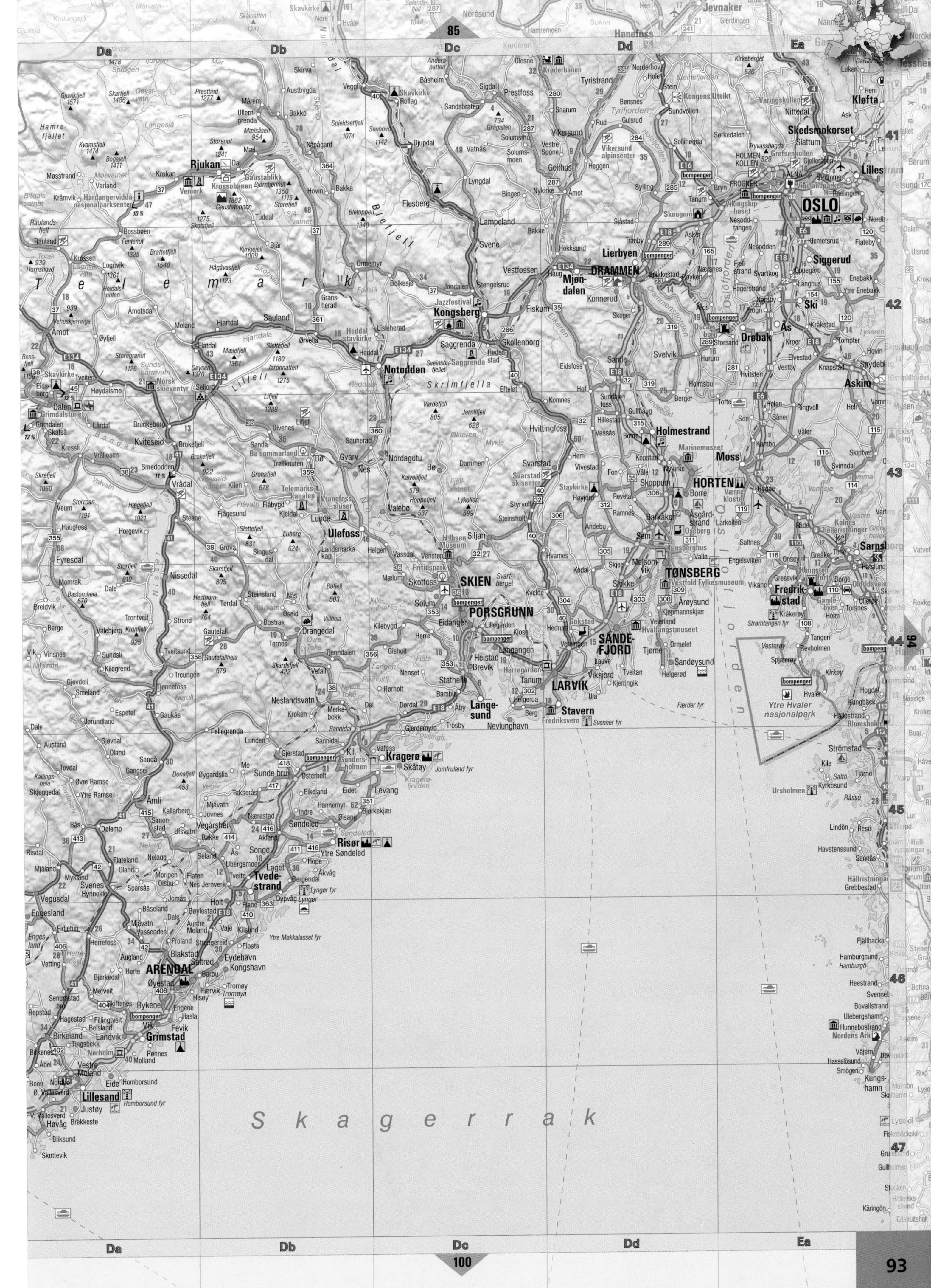

85
Da
Db
Dc
Dd
Ea
Telemark
Skagerrak
OSLO
DRAMMEN
Lierbyen
Mjøndalen
Kongsberg
Notodden
Rjukan
Hønefoss
Jevnaker
Kløfta
Skedsmokorset
Lillestrøm
Siggerud
Ski
Ås
Drøbak
Askim
Moss
HORTEN
Holmestrand
TØNSBERG
SANDEFJORD
LARVIK
Stavern
SKIEN
PORSGRUNN
Langesund
Ulefoss
Kragerø
Risør
Tvedestrand
ARENDAL
Grimstad
Lillesand
Fredrikstad
Sarpsborg
Dalen
Vrådal
Bø
Krossobanen
Gaustablikk
Gaustatoppen
Hardangervidda nasjonalparksenter
Ytre Hvaler nasjonalpark
Strömstad
Oslofjorden
Tyrifjorden
Blefjell
Skrimfjella
bompenger
41
42
43
44
45
46
47
94
Dc
100

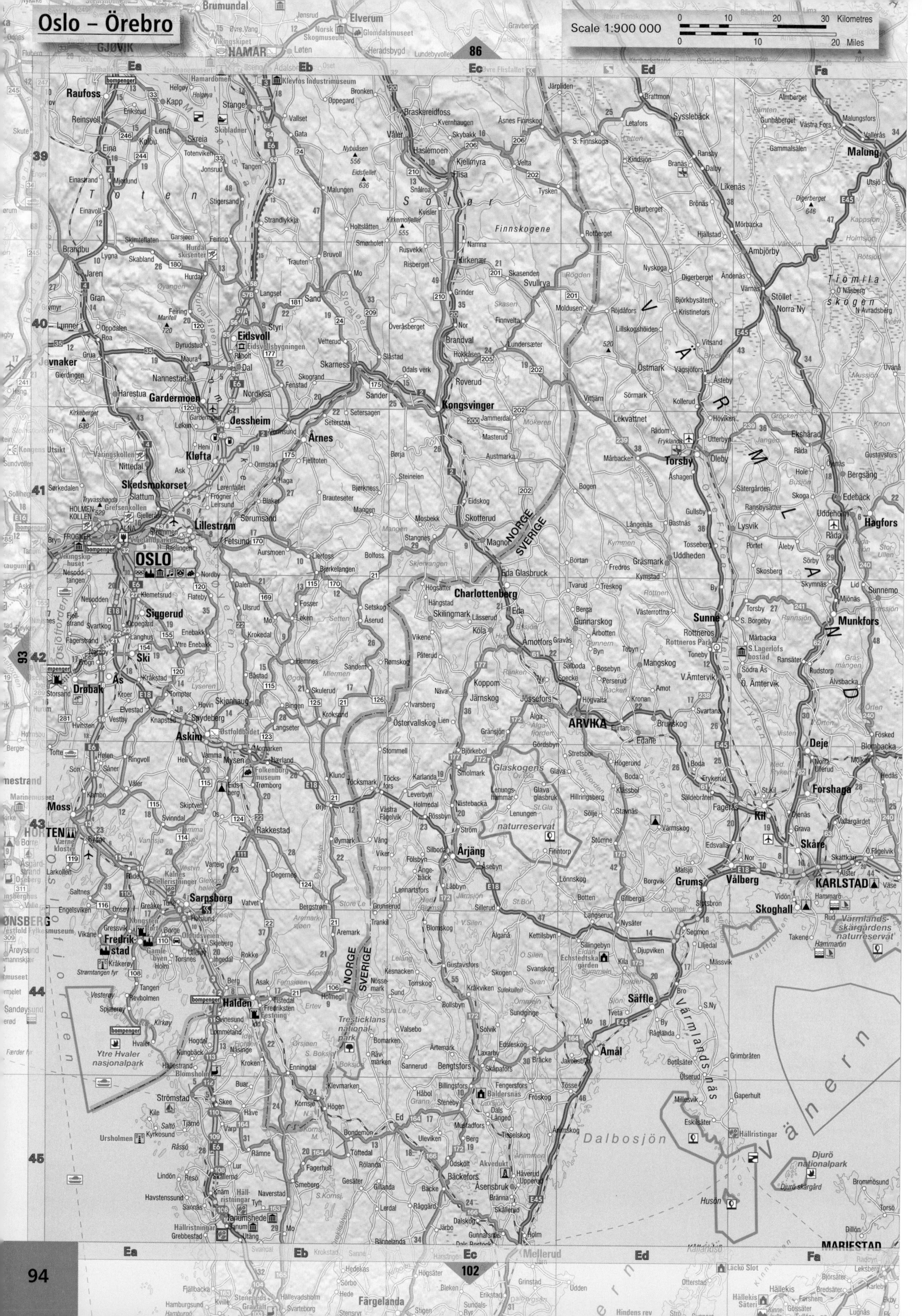

Oslo – Örebro
Scale 1:900 000
0 10 20 30 Kilometres
0 10 20 Miles
86
Ea
Eb
Ec
Ed
Fa
39
40
41
42
43
44
45
93
102
Brumundal
Elverum
Glomdalsmuseet
Norsk Skogmuseum
HAMAR
GJØVIK
Løten
Raufoss
Reinsvoll
Eina
Lena
Kapp
Stange
Skreia
Totenvika
T o t e n
Hamardomen
Klevfos Industrimuseum
Braskereidfoss
Våler
Åsnes Finnskog
Haslemoen
Kjellmyra
Flisa
S o l ø r
Finnskogene
S. Finnskoga
Letafors
Sysslebäck
Malung
Malungsfors
Brandbu
Jaren
Gran
Lunner
Roa
Hurdal
Feiring
Eidsvoll
Eidsvollsbygningen
Styri
Sand
Nannestad
Dal
Gardermoen
Jessheim
Nordkisa
Årnes
Kongsvinger
Skarnes
Sander
Setersagen
Kløfta
Skedsmokorset
Lillestrøm
Fetsund
Sørumsand
Nittedal
OSLO
Vikingskiphuset
Nesoddtangen
Siggerud
Ski
Ås
Drøbak
Askim
Mysen
Spydeberg
Eidsberg
Moss
HORTEN
Rygge
Sarpsborg
Fredrikstad
Halden
Strömstad
Ytre Hvaler nasjonalpark
Skotterud
Magnor
Eda Glasbruck
Charlottenberg
Eda
Amotfors
Köla
Koppom
Järnskog
Jössefors
ARVIKA
Edane
Brunskog
Glaskogens naturreservat
Årjäng
Töcksfors
Tresticklans nationalpark
Bengtsfors
Baldersnäs
Åmål
Säffle
Dals Långed
Ed
NORGE
SVERIGE
V Ä R M L A N D
Torsby
Oleby
Sunne
Rottneros
Munkfors
Hagfors
Ekshärad
Edebäck
Deje
Forshaga
Kil
Grums
Vålberg
KARLSTAD
Skoghall
Värmlands skärgårdens naturreservat
Värmlandsnäs
Dalbosjön
V ä n e r n
Djurö nationalpark
Hällristningar
Mellerud
Mariestad
Fägelanda
Tiomila-skogen
Svullrya
Kristinefors
Mangskog
Lekvattnet
Ambjörby

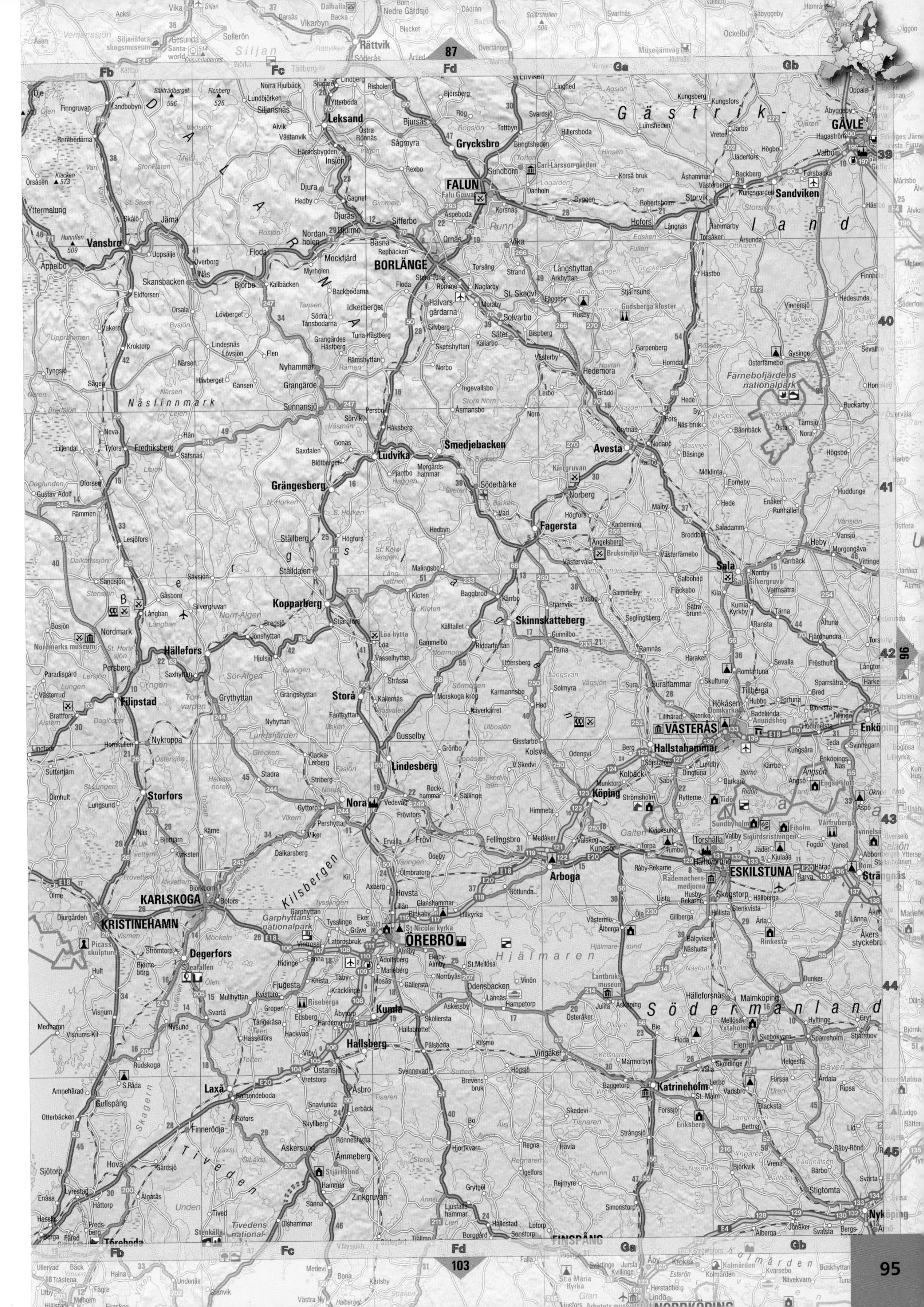

87
Fb
Fc
Fd
Ga
Gb
Rättvik
Siljan
Leksand
Gagnef
FALUN
Grycksbro
Carl-Larsson-gården
Sandviken
GÄVLE
Gästrik-
land
D
A
L
A
R
N
A
Vansbro
BORLÄNGE
Hofors
Storvik
Säter
Hedemora
Avesta
Ludvika
Smedjebacken
Grängesberg
Fagersta
Norberg
Sala
Färnebofjärdens
nationalpark
Näsfinnmark
Kopparberg
Skinnskatteberg
Hällefors
Filipstad
Storå
Lindesberg
Nora
VÄSTERÅS
Hallstahammar
Köping
Kungsör
Arboga
ESKILSTUNA
Strängnäs
Enköping
Storfors
KARLSKOGA
KRISTINEHAMN
Degerfors
Kilsbergen
ÖREBRO
Garphyttans
nationalpark
Hjälmaren
Kumla
Hallsberg
Laxå
Askersund
Tiveden
Tivedens
national-
park
Töreboda
Vingåker
Katrineholm
Flen
Södermanland
Nyköping
FINSPÅNG
NORRKÖPING
Kolmården
103
96
39
40
41
42
43
44
45

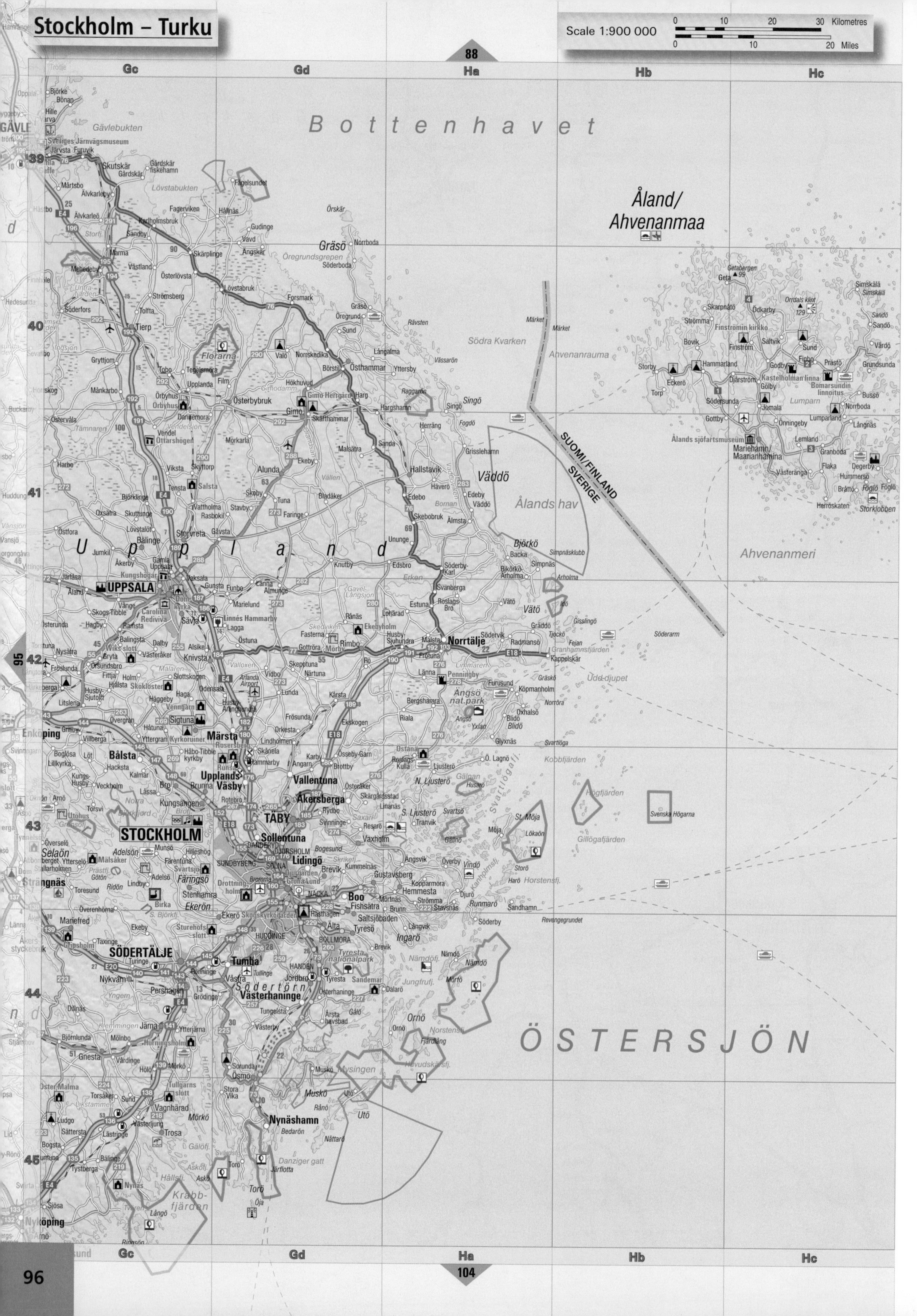
Scale 1:900 000
0 10 20 30 Kilometres
0 10 20 Miles
88
Gc
Gd
Ha
Hb
Hc
Bottenhavet
Åland/
Ahvenanmaa
Gävlebukten
GÄVLE
Sveriges Järnvägsmuseum
Lövstabukten
Gräsö
Öregrundsgrepen
Södra Kvarken
Ahvenanrauma
Märket
SUOMI/FINLAND
SVERIGE
Ålands hav
Väddö
Ahvenanmeri
Mariehamn/
Maarianhamina
Ålands sjöfartsmuseum
Finström
Kastelholm
Bomarsundin linnoitus
Hammarland
Eckerö
Jomala
Lemland
Föglö
Sottunga
Uppland
UPPSALA
Östhammar
Forsmark
Hallstavik
Norrtälje
Kappelskär
Sigtuna
Märsta
Bålsta
Enköping
Upplands Väsby
Vallentuna
Åkersberga
TÄBY
STOCKHOLM
Sollentuna
Lidingö
Nacka
Boo
Vaxholm
Södertörn
SÖDERTÄLJE
Tumba
Västerhaninge
Strängnäs
Mariefred
Nykvarn
Ingarö
Ornö
Utö
Nynäshamn
Nyköping
Trosa
ÖSTERSJÖN
Svenska Högarna
Gillögafjärden
Kobbfjärden
St. Möja
Ängsö nat.park
Tyresta nationalpark
Danziger gatt
Landsort
95
104

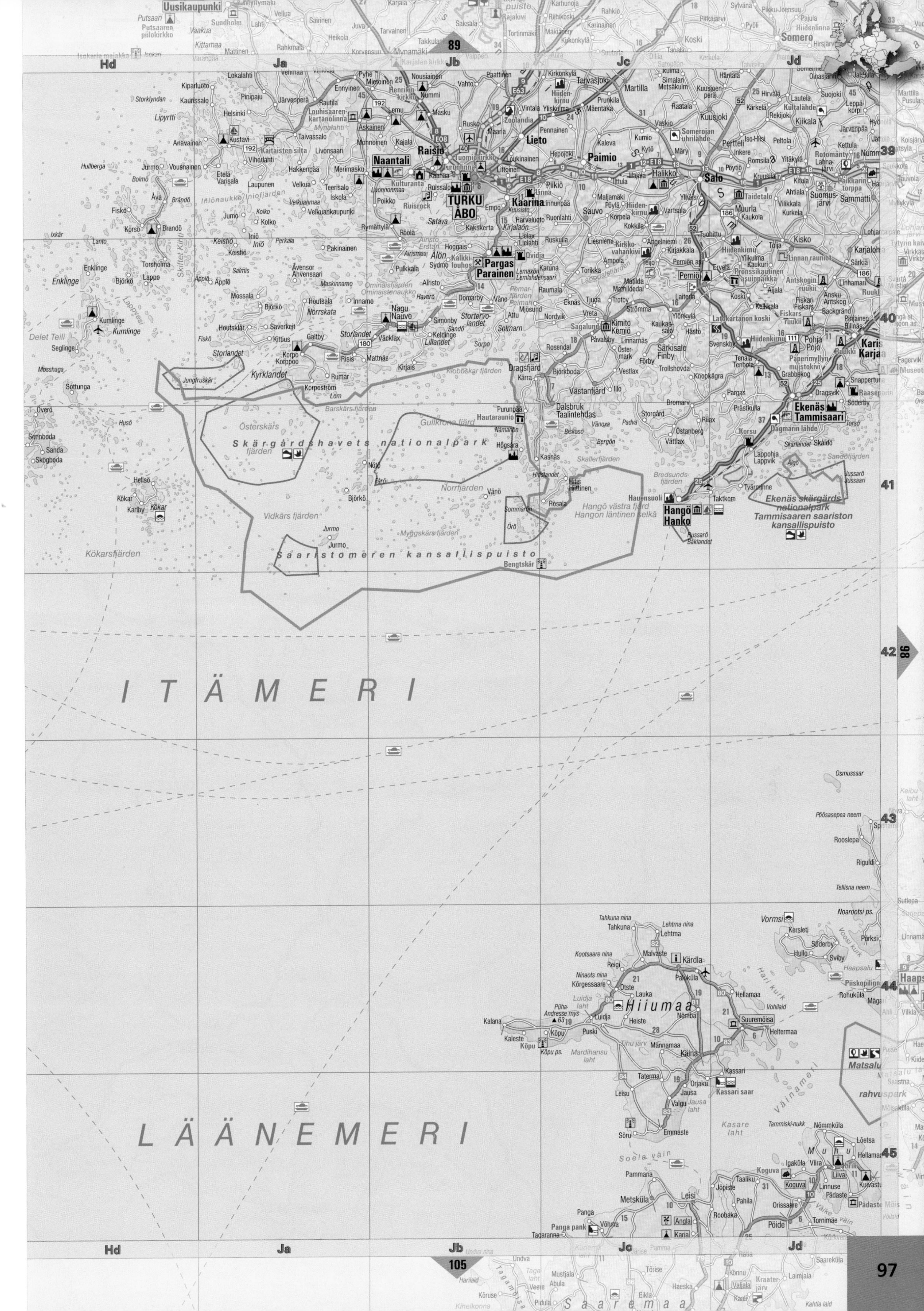

Hd
Ja
Jb
Jc
Jd
89
105
39
40
41
42
43
44
45
98
I T Ä M E R I
L Ä Ä N E M E R I
Skärgårdshavets nationalpark
Saaristomeren kansallispuisto
Ekenäs skärgårds nationalpark
Tammisaaren saariston kansallispuisto
TURKU
ÅBO
Naantali
Raisio
Lieto
Paimio
Salo
Kaarina
Pargas
Parainen
Hangö
Hanko
Ekenäs
Tammisaari
Hiiumaa
Kärdla
Uusikaupunki
Somero
Nagu
Nauvo
Korpo
Korppoo
Kimito
Kemiö
Saaremaa

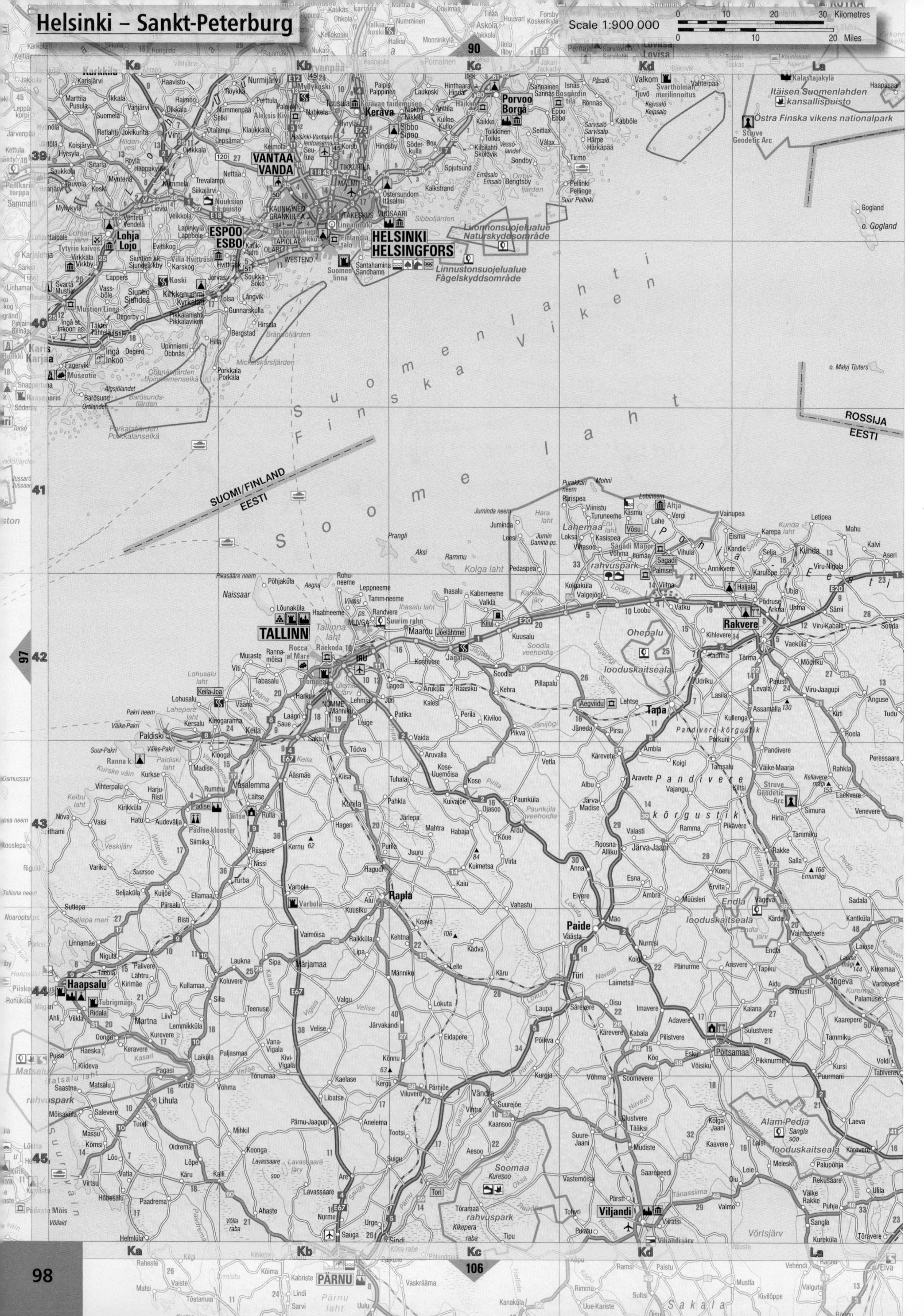
Scale 1:900 000
0 10 20 30 Kilometres
0 10 20 Miles
90
97
106
Ka
Kb
Kc
Kd
La
39
40
41
42
43
44
45
HELSINKI
HELSINGFORS
ESPOO
ESBO
VANTAA
VANDA
Porvoo
Borgå
Kerava
Lohja
Lojo
Vihti
Sipoo
Sibbo
Loviisa
Lovisa
Kirkkonummi
Kyrkslätt
Itäisen Suomenlahden kansallispuisto
Östra Finska vikens nationalpark
Linnustonsuojelualue
Fågelskyddsområde
Luonnonsuojelualue
Naturskyddsområde
Suomenlahti
Finska viken
Soome laht
SUOMI/FINLAND
EESTI
ROSSIJA
EESTI
o. Gogland
TALLINN
Naissaar
Paldiski
Keila
Maardu
Lahemaa rahvuspark
Rakvere
Kunda
Tapa
Pandivere kõrgustik
Rapla
Paide
Haapsalu
Märjamaa
Türi
Põltsamaa
Jõgeva
Viljandi
PÄRNU
Lihula
Matsalu rahvuspark
Soomaa rahvuspark
Alam-Pedja looduskaitseala
Endla looduskaitseala
Ohepalu looduskaitseala
Võrtsjärv
Vändra
Sindi
Kohila
Vasalemma
Aegviidu
Kolga laht
Prangli
Kiltsi

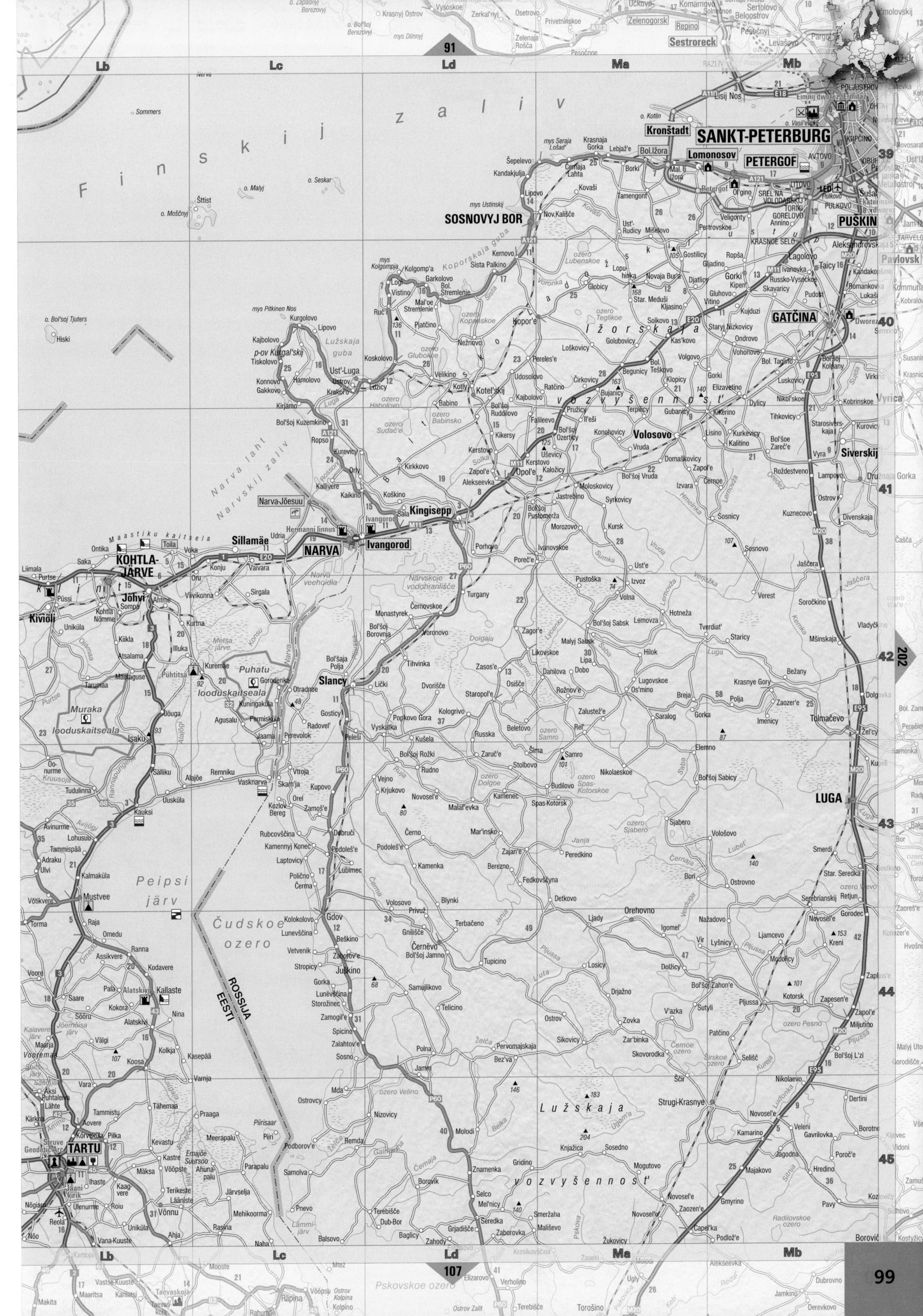

91
Lb
Lc
Ld
Ma
Mb
Finskij zaliv
Sommers
o. Malyj
o. Seskar
Šttist
o. Moščnyj
o. Kotlin
Kronštadt
SANKT-PETERBURG
Lomonosov
PETERGOF
Bol.Ižora
Zelenogorsk
Repino
Sestroreck
Lisij Nos
PUŠKIN
Pavlovsk
GATČINA
SOSNOVYJ BOR
mys Ustinskij
Koporskaja guba
Kernovo
Sista Palkino
Kolgomp'a
Garkolovo
Bol. Stremlenie
o. Bol'soj Tjuters
Hiski
mys Pitkinen Nos
Kurgolovo
Lipovo
Kajbolovo
p-ov Kurgal'skij
Tiskolovo
Lužskaja guba
Ust'-Luga
Konnovo
Gakkovo
Hamolovo
Kirjamo
Bol'soj Kuzemkino
Ropso
Kopor'e
Ižorskaja vozvyšennost'
Volosovo
Begunicy
Opol'e
Kingisepp
Ivangorod
NARVA
Narva-Jõesuu
Narva laht
Narvskij zaliv
Sillamäe
KOHTLA-JÄRVE
Jõhvi
Kiviõli
Maastiku kaitseala
Toila
Narva veehoidla
Narvskoje vodohranilišče
Slancy
Puhatu looduskaitseala
Muraka looduskaitseala
Kuremäe
Iisaku
Kauksi
Mustvee
Peipsi järv
Čudskoe ozero
ROSSIJA
EESTI
Gdov
Kallaste
Alatskivi
TARTU
Siverskij
Luga
Tolmačevo
Plussa
Strugi-Krasnye
Lužskaja vozvyšennost'
Ljady
Orehovno
Novosel'e
Podlož'e
Piirissaar
Piiri
Naha
Pskovskoe ozero
Rapina
107
39
40
41
42
43
44
45
202

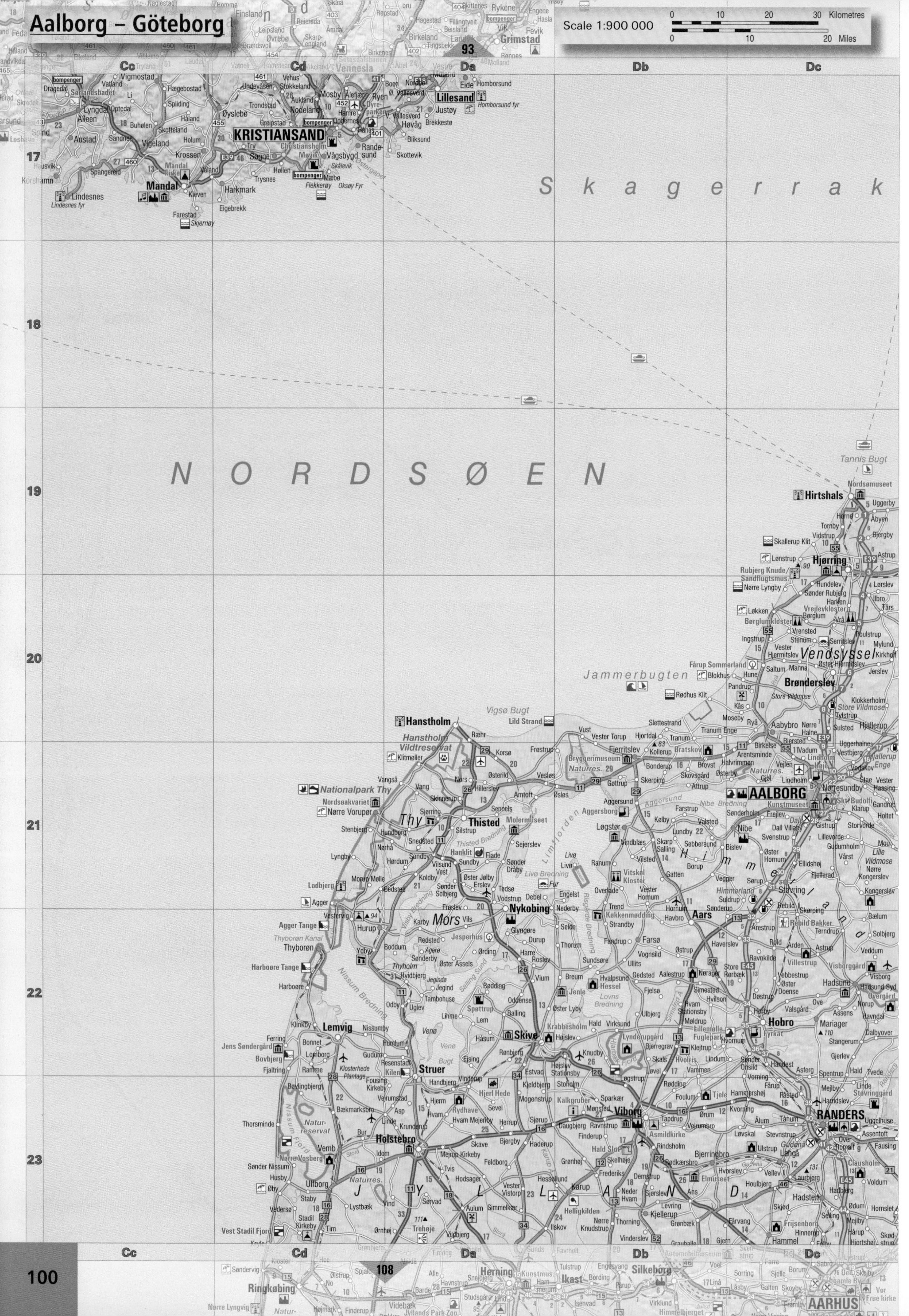
Scale 1:900 000
0 10 20 30 Kilometres
0 10 20 Miles
Cc
Cd
Da
Db
Dc
17
18
19
20
21
22
23
93
108
S k a g e r r a k
N O R D S Ø E N
Jammerbugten
Vendsyssel
Himmerland
Thy
Mors
JYLLAND
KRISTIANSAND
Mandal
Lillesand
Grimstad
Lindesnes
Hirtshals
Hjørring
Brønderslev
AALBORG
Hanstholm
Thisted
Nykøbing
Skive
Lemvig
Struer
Holstebro
Viborg
Hobro
Aars
RANDERS
Herning
Ikast
Silkeborg
Ringkøbing
AARHUS
Thyborøn
Harboøre Tange
Agger Tange
Nationalpark Thy
Limfjorden
Nissum Bredning
Tannis Bugt
Vigsø Bugt

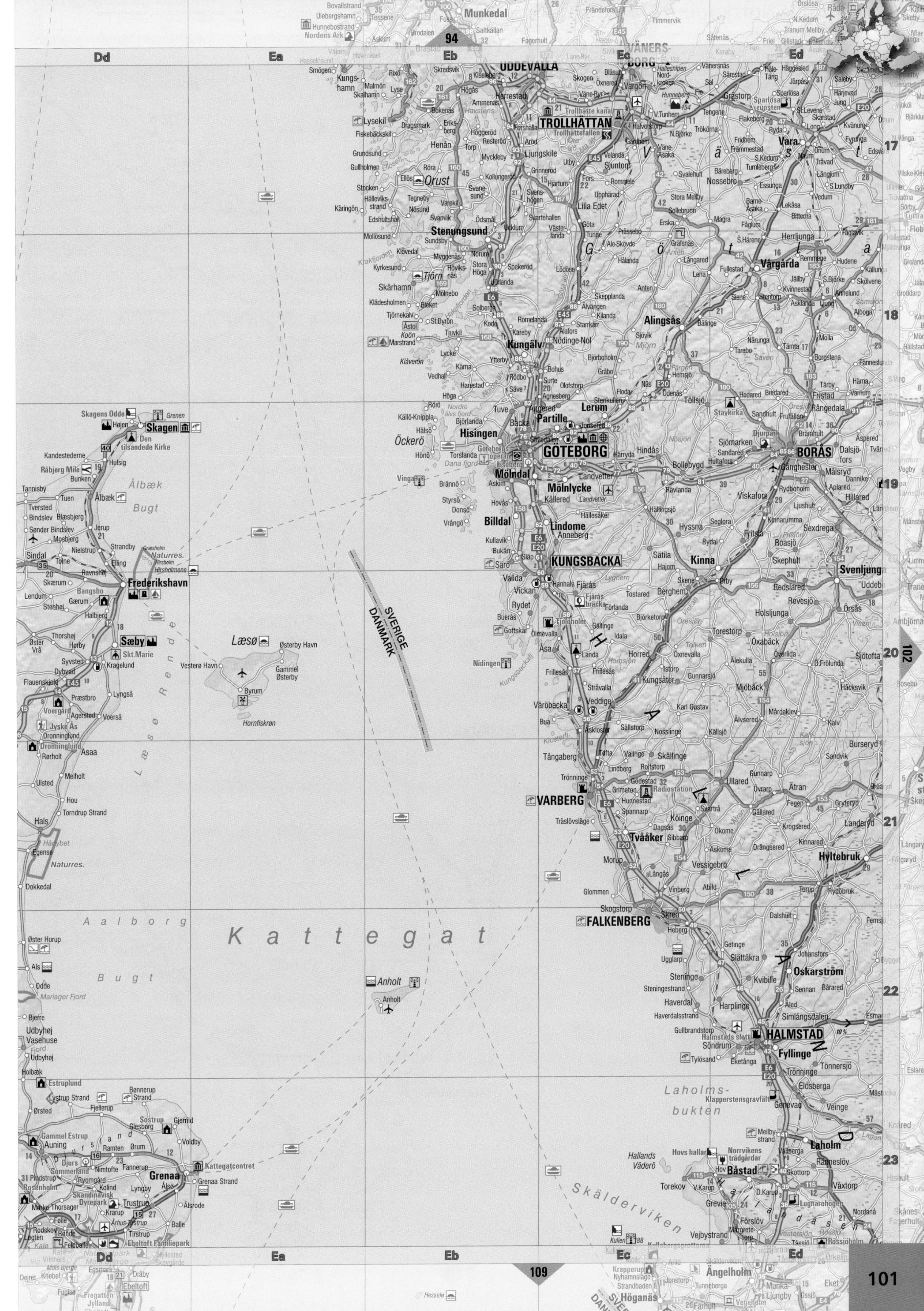
94
Dd
Ea
Eb
Ec
Ed
Munkedal
Uddevalla
Vänersborg
Trollhättan
Lysekil
Orust
Stenungsund
Tjörn
Kungälv
Hisingen
Öckerö
Göteborg
Mölndal
Partille
Lerum
Alingsås
Mölnlycke
Lindome
Billdal
Kungsbacka
Kinna
Borås
Vara
Vårgårda
Herrljunga
Svenljunga
Skagen
Frederikshavn
Sæby
Læsø
Kattegat
Aalborg
Bugt
Anholt
Varberg
Falkenberg
Halmstad
Fyllinge
Laholm
Båstad
Oskarström
Hyltebruk
Tvååker
Laholmsbukten
Skälderviken
Grenaa
Ebeltoft
Ängelholm
Höganäs
Sverige
Danmark
Götaland
Halland
109
102
17
18
19
20
21
22
23

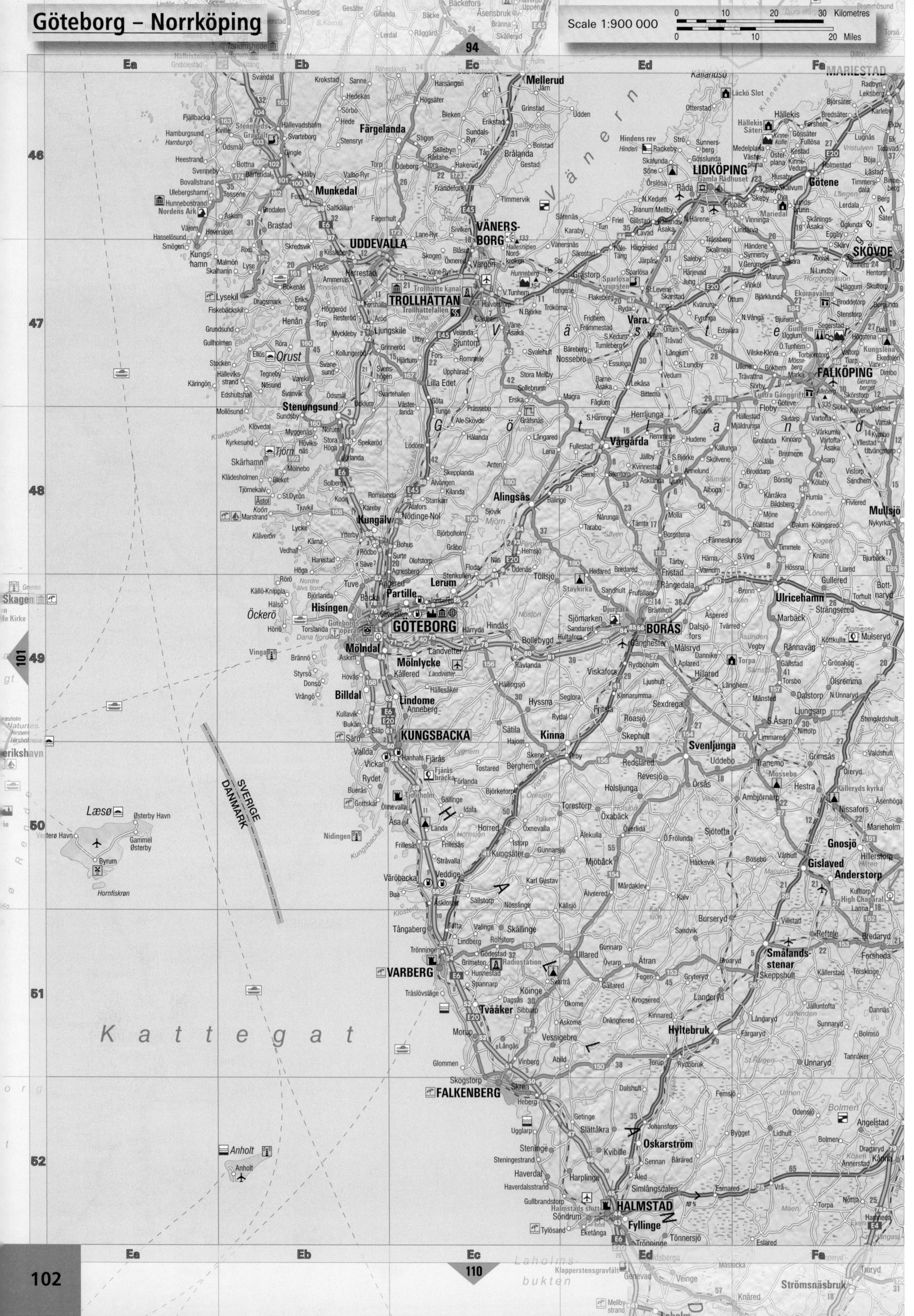
Scale 1:900 000
0 10 20 30 Kilometres
0 10 20 Miles
94
Ea Eb Ec Ed Fa
46 47 48 49 50 51 52
101
110
Vänern
Kattegat
HALLAND
VÄSTERGÖTLAND
SVERIGE
DANMARK
Mellerud
Färgelanda
Munkedal
UDDEVALLA
VÄNERSBORG
TROLLHÄTTAN
LIDKÖPING
Götene
SKÖVDE
MARIESTAD
Vara
FALKÖPING
Lysekil
Orust
Stenungsund
Tjörn
Lilla Edet
Alingsås
Vårgårda
Herrljunga
Mullsjö
Kungälv
Lerum
Partille
Hisingen
Öckerö
GÖTEBORG
Mölndal
Mölnlycke
BORÅS
Ulricehamn
Billdal
Lindome
KUNGSBACKA
Kinna
Svenljunga
Gnosjö
Gislaved
Anderstorp
VARBERG
Smålandsstenar
Tvååker
Hyltebruk
FALKENBERG
Oskarström
HALMSTAD
Fyllinge
Læsø
Anholt
Laholmsbukten

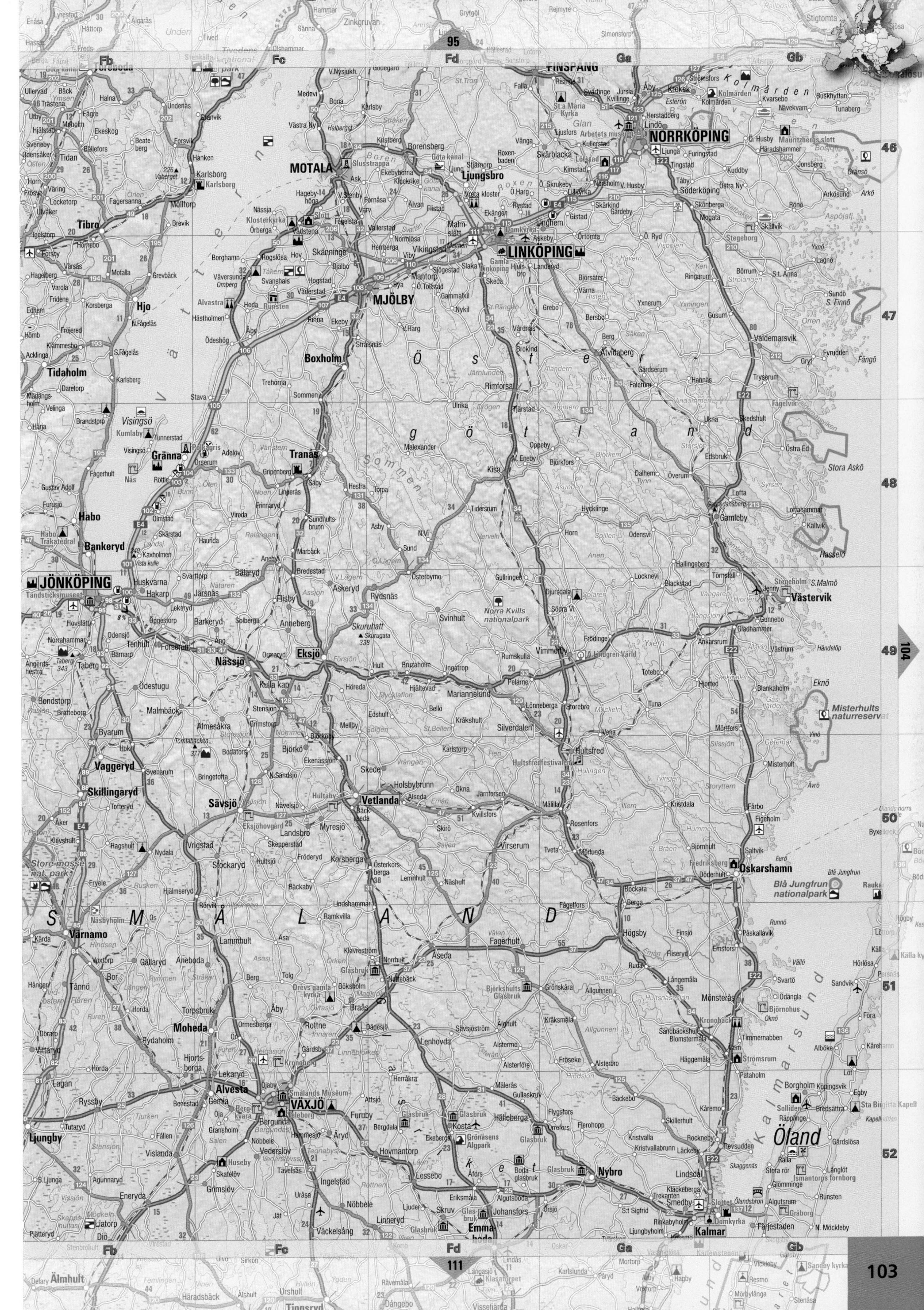

95
Fb
Fc
Fd
Ga
Gb
46
47
48
49
50
51
52
104
111
Töreboda
Tidan
Tibro
Hjo
Tidaholm
Habo
Bankeryd
JÖNKÖPING
Tändsticksmuseet
Taberg
Vaggeryd
Skillingaryd
Värnamo
Store mosse nat. park
Ljungby
Älmhult
Tingsryd
Karlsborg
Gränna
Visingsö
Motala
Vadstena
Skänninge
Mjölby
Boxholm
Tranås
Eksjö
Nässjö
Sävsjö
Vetlanda
Alvesta
VÄXJÖ
Smålands Museum
Moheda
Lessebo
Emmaboda
Nybro
Kalmar
Öland
Borgholm
Färjestaden
Oskarshamn
Blå Jungfrun nationalpark
Västervik
Gamleby
Valdemarsvik
Åtvidaberg
Linköping
Ljungsbro
NORRKÖPING
Söderköping
Finspång
Kolmården
Norra Kvills nationalpark
Vimmerby
Hultsfred
Kisa
Rimforsa
Högsby
Mönsterås
Misterhults naturreservat
Stora Askö
Hasselö
Kalmarsund
Vättern
Sommen
Östergötland
SMÅLAND
Kosta
Orrefors
Glasbruk
Tolg
Åseda
Virserum
Kalmar Domkyrka
103

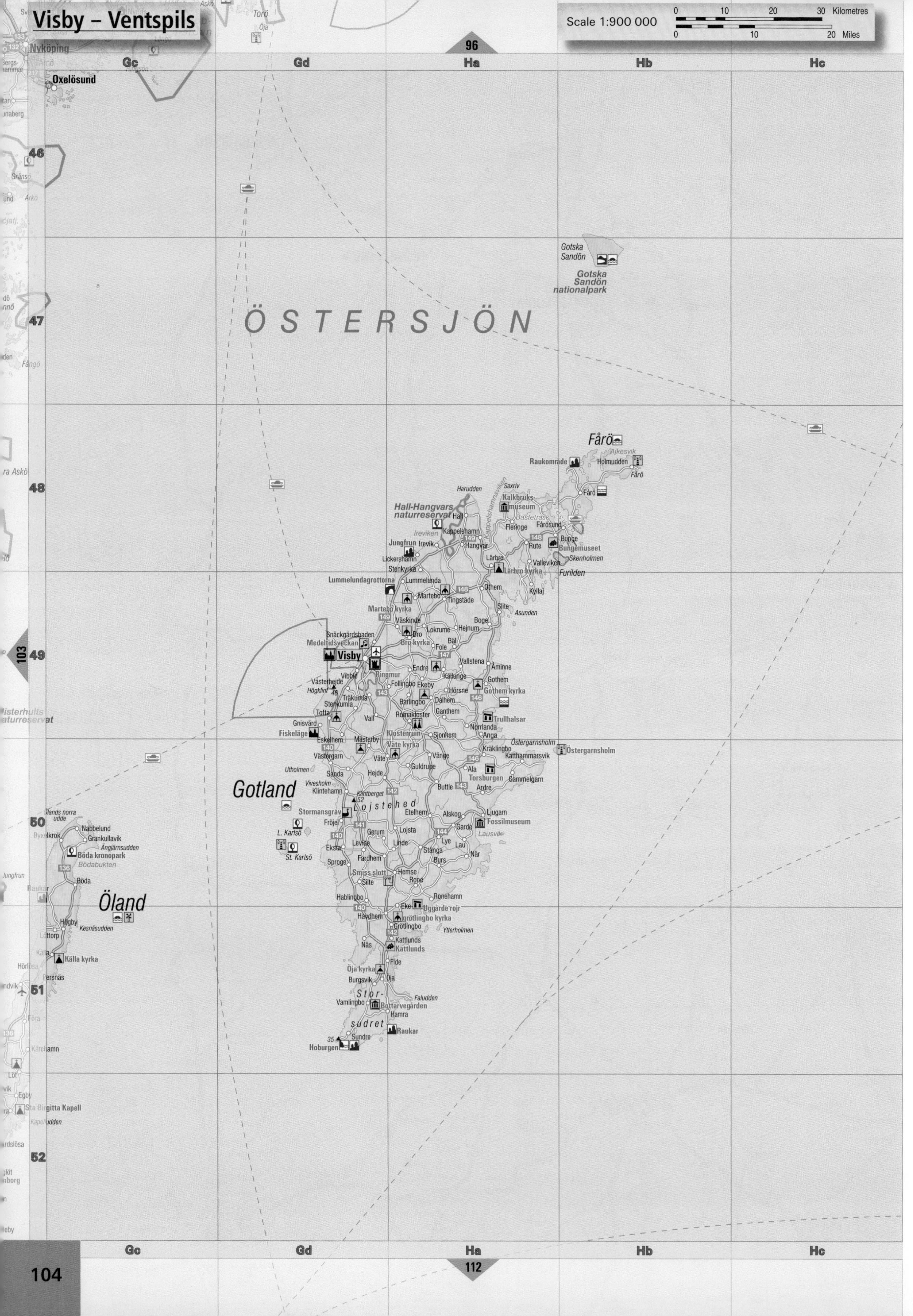

Scale 1:900 000

| 0 | 10 | 20 | 30 | Kilometres |
| 0 | | 10 | | 20 | Miles |

46

47

Nyköping

Oxelösund

Askö

Torö
Öja

Gränsö

Arkö

Fångö

ra Askö

dö
nnö

Ö S T E R S J Ö N

Gotska
Sandön

*Gotska
Sandön
nationalpark*

48

Harudden

**Hall-Hangvars
naturreservat**

Hall

Iriviken

Kappelshamn

Jungfrun Irevik

Lickershamn

Stenkyrka

Lummelundagrottorna

Lummelunda

Martebo

Martebo kyrka

Väskinde

Snäckgärdsbaden

Medeltidsveckan

Visby

Ringmur

Västerhejde
Högklint

Vibble

Träkumla
Stenkumla
Tofta

Gnisvärd
Fiskeläge

Eskelhem

Västergarn

Utholmen

Viveholm
Klintehamn

Gotland

L. Karlsö

St. Karlsö

Snäckgärdsbaden

Bro kyrka

Fole

Endre

Follingbo Ekeby

Barlingbo

Vall

Roma kloster

Klosterruin

Mästerby

Väte
Väte kyrka

Sanda

Hejde

Klintberger

Stormansgrav

Stormansgrave

Fröjel

Gerum

Levide

Eksta

Fardhem

Sproge

Smiss slott

Silte

Hablingbo

Havdhem

Näs

Burgsvik

Vamlingbo

Sundre

Hoburgen

Misterhults
naturreservat

Lokrume

Bäl

Tingstäde

Othem

Slite

Asunden

Bogle

Hejnum

Vallstena

Källunge

Gothem kyrka

Hörsne

Dalhem

Ganthem

Norrlanda

Anga

Sjonhem

Vänge

Guldrupe

Buttle

Kräklingbo

Ala
Torsburgen

Ardre

Alskog

Lojsta

Linde
Stånga
Lye
När

Burs

Hemse
Rone

Ronehamn

Eke
Uggärde rojr

grötlingbo kyrka

Grötlingbo

Kattlunds
Kattlunds

Fide

Öja kyrka
Öja

Faludden

Bottarvegården

Hamra

Raukar

Aminne

Gothem

Trullhalsar

Östergarnsholm

Katthammarsvik

Gammelgarn

Ljugarn

Garde
Lye

Fossilmuseum

Lausvik

Furilden

Fårö

Raukomrade

Holmudden

Saxriv

Kalkbruks
museum

Bästeträsk

Fleringe

Fårösund

Hangvar

Lärbro

Lärbro kyrka

Valleviken

Rute

Bunge
Bungemuseet

Skenholmen

Kyllaj

Ajkesvik

Fårö

Ytterholmen

Öland

Ölands norra
udde

Nabbelund

Grankullavik

Ängjärnsudden

Byxelkrok

Böda kronpark
Bödabukten

Böda

Högby

Kesnäsudden

Källa kyrka

Hörlösa

ersnäs

indvik

Lättorp

Kalla

Föra

Jungfrun

Källa

Kårehamn

Löt

Egby

Bredsätra

Sta Birgitta Kapell

Kapelludden

Gärdslösa

glöt
änborg

in

lleby

52

50

51

103 49

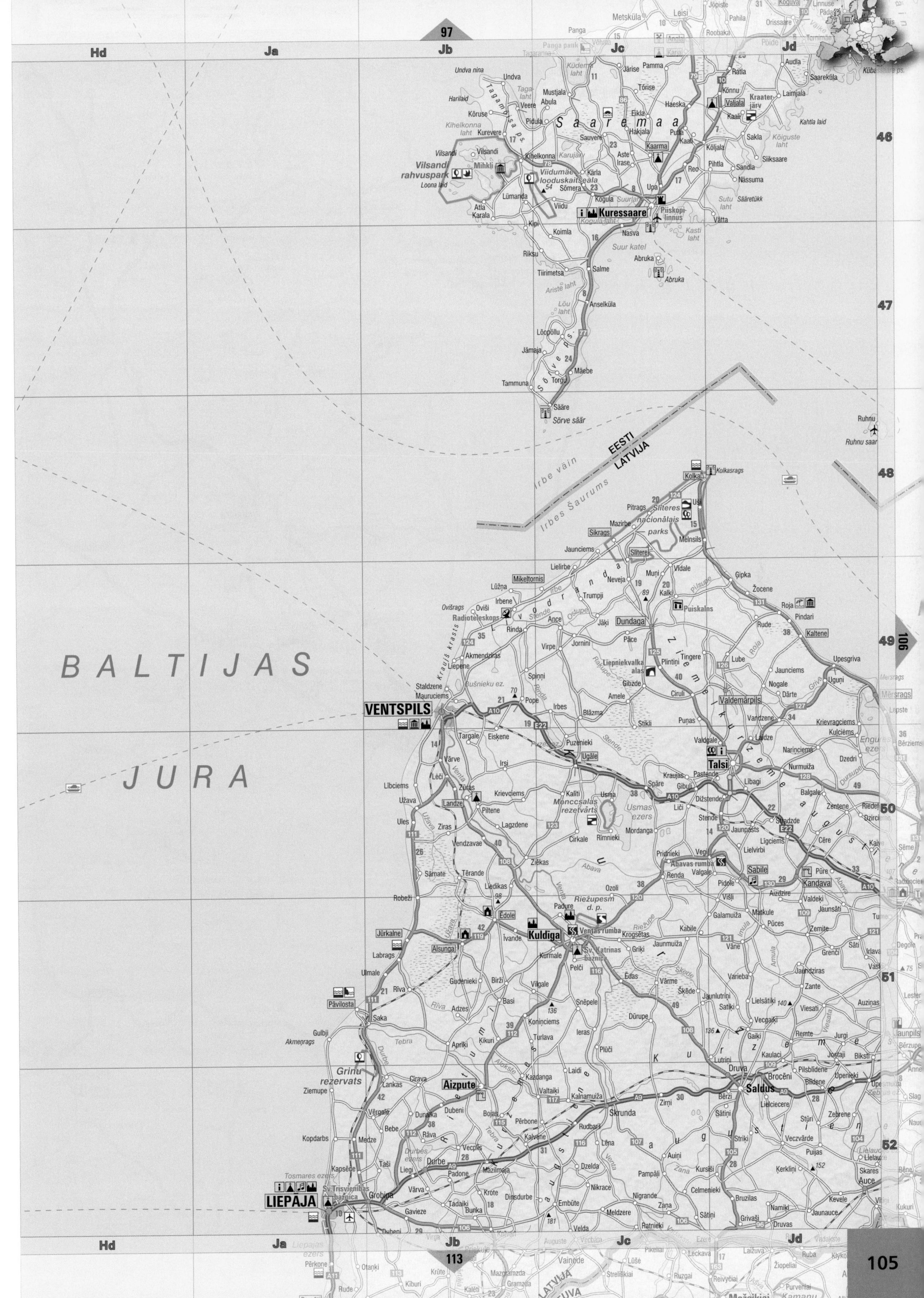

97
Hd
Ja
Jb
Jc
Jd
46
47
48
49
50
51
52
106
113
Saaremaa
Kuressaare
Vilsandi rahvuspark
Viidumäe looduskaitseala
Kihelkonna
Sõrve säär
Sõrve ps.
Tagamõisa ps.
Kuressaare laht
Suur katel
Abruka
Ruhnu
EESTI
LATVIJA
Irbe väin
Irbes Šaurums
Kolka
Kolkasrags
Slīteres nacionālais parks
Mazirbe
Dundaga
Ventspils
Talsi
Sabile
Kandava
Kuldīga
Aizpute
Saldus
Liepāja
Pāvilosta
Jūrkalne
Grīņu rezervāts
Usmas ezers
Moricsalas rezervāts
Riežupesm d. p.
Ventas rumba
Abavas rumba
Grobiņa
Skrunda
Mērsrags
Roja
Valdemārpils
Puiskalns
Radioteleskops
Ovišrags
Akmeņrags
Ziemupe
Kurzeme
BALTIJAS JŪRA
Mažeikiai
LATVIJA
LIETUVA

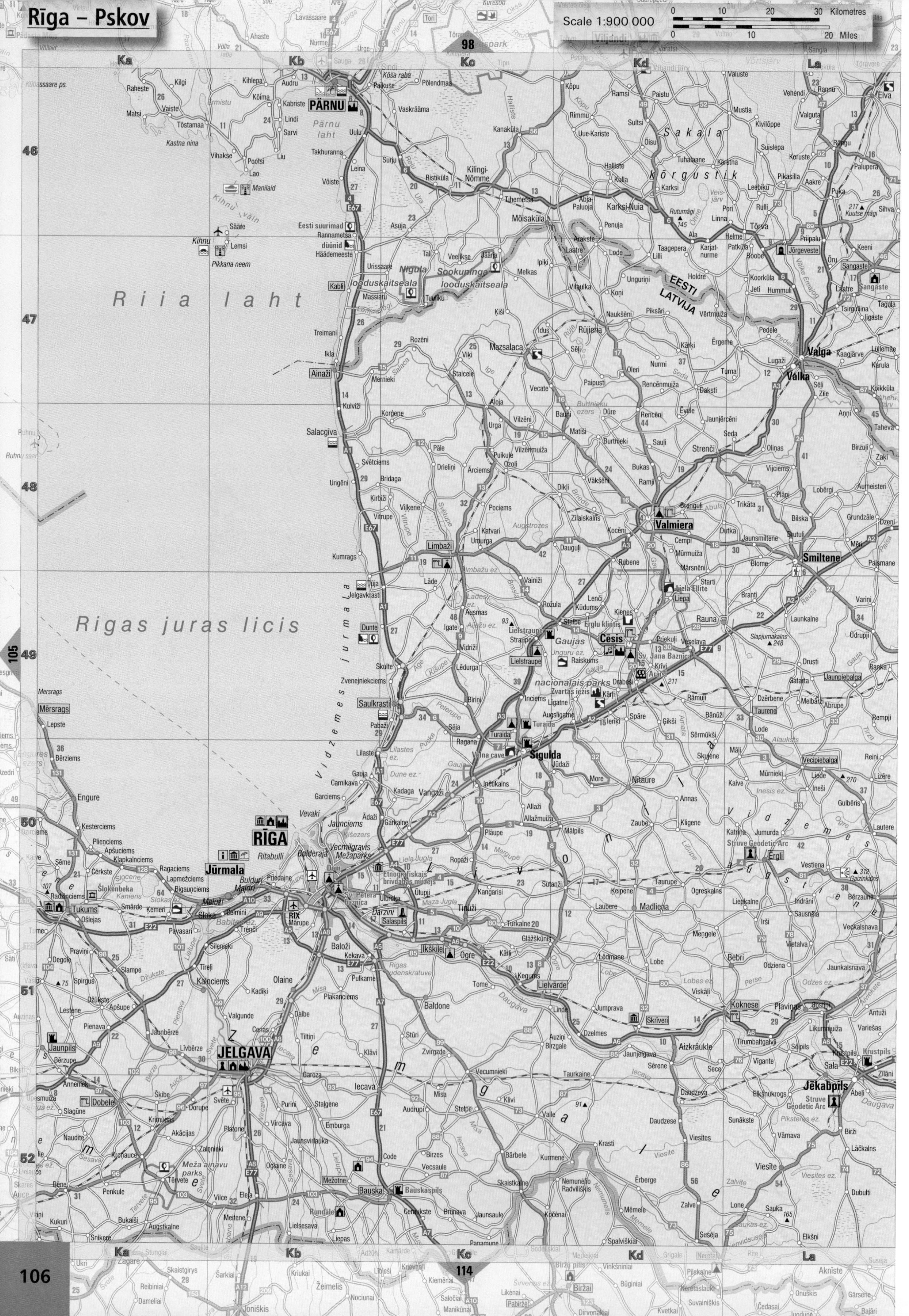
Scale 1:900 000
0 10 20 30 Kilometres
0 10 20 Miles
98
114
105
Ka
Kb
Kc
Kd
La
46
47
48
49
50
51
52
Riia laht
Rigas juras licis
Vidzemes jurmala
PÄRNU
Pärnu laht
Kihnu
Manilaid
Sakala kõrgustik
EESTI
LATVIJA
Valga
Valka
Ainaži
Salacgrīva
Limbaži
Valmiera
Smiltene
Cēsis
Sigulda
Saulkrasti
Gaujas nacionālais parks
RĪGA
Jūrmala
Tukums
JELGAVA
Dobele
Bauska
Ogre
Ikšķile
Lielvārde
Koknese
Jēkabpils
Krustpils
Aizkraukle
Mazsalaca
Rūjiena
Strenči
Kilingi-Nõmme
Mõisaküla
Karksi-Nuia
Tõrva
Struve Geodetic Arc
Vidzemes augstiene
Zemgale

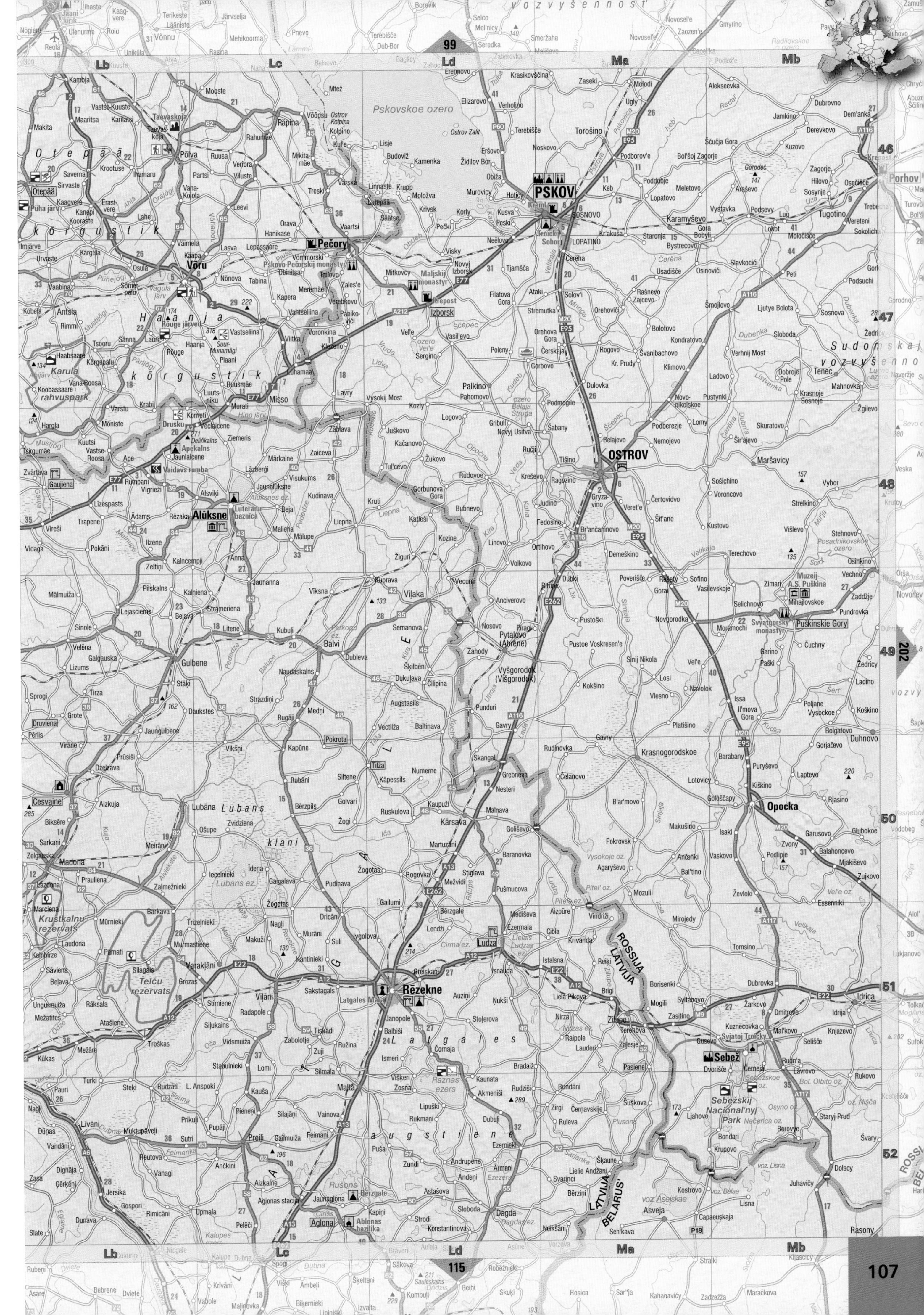

Pskovskoe ozero
PSKOV
OSTROV
Opocka
Pečory
Võru
Alūksne
Gulbene
Balvi
Viļaka
Kārsava
Ludza
Rēzekne
Sebež
Idrica
Pustoška
Puškinskie Gory
Izborsk
Otepää
Madona
Preiļi
Līvāni
Aglona
Dagda
Krasnogorodskoe
Pytalovo (Abrene)
Vyšgorodok (Višgorodok)
Porhov
Haanja
Karula
Lubāns
Latgales
Sebežskij Nacional'nyj Park
Krustkalnu rezervāts
Teļču rezervāts
Raznas ezers
ROSSIJA
LATVIJA
BELARUS'
Lb
Lc
Ld
Ma
Mb
99
115
202
46
47
48
49
50
51
52

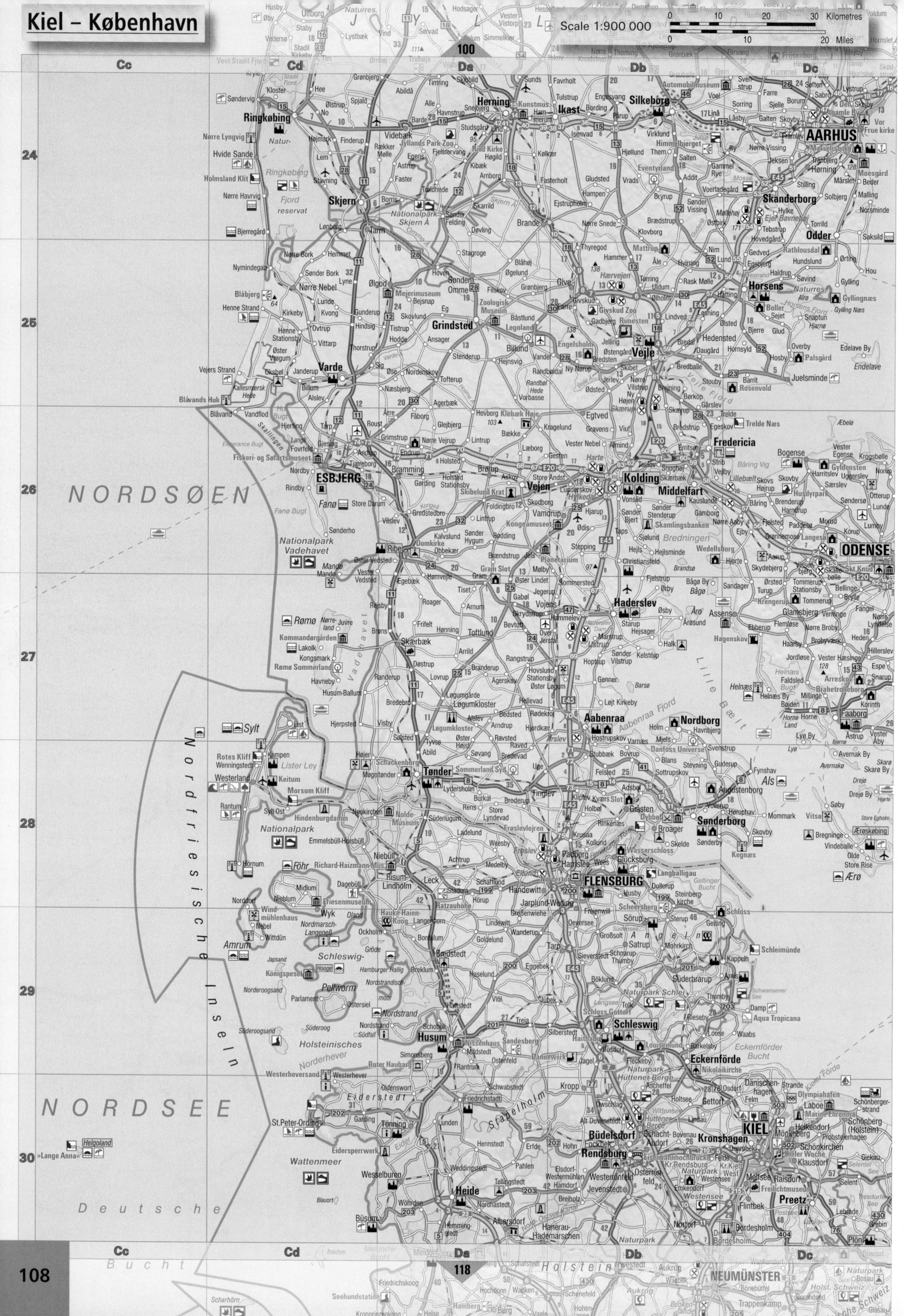
Scale 1:900 000
0 10 20 30 Kilometres
0 10 20 Miles
100
Cc
Cd
Da
Db
Dc
24
25
26
27
28
29
30
NORDSØEN
NORDSEE
Nordfriesische Inseln
Deutsche Bucht
Nationalpark Vadehavet
Ringkøbing
Skjern
Herning
Ikast
Silkeborg
AARHUS
Skanderborg
Odder
Horsens
Grindsted
Varde
Vejle
Fredericia
Kolding
Middelfart
ESBJERG
Vejen
ODENSE
Ribe
Haderslev
Aabenraa
Nordborg
Sønderborg
Tønder
Sylt
Westerland
Föhr
Amrum
Pellworm
Husum
FLENSBURG
Schleswig
Eckernförde
KIEL
Rendsburg
Heide
Preetz
NEUMÜNSTER
Helgoland
Lille Bælt
Ærø
Faaborg
118

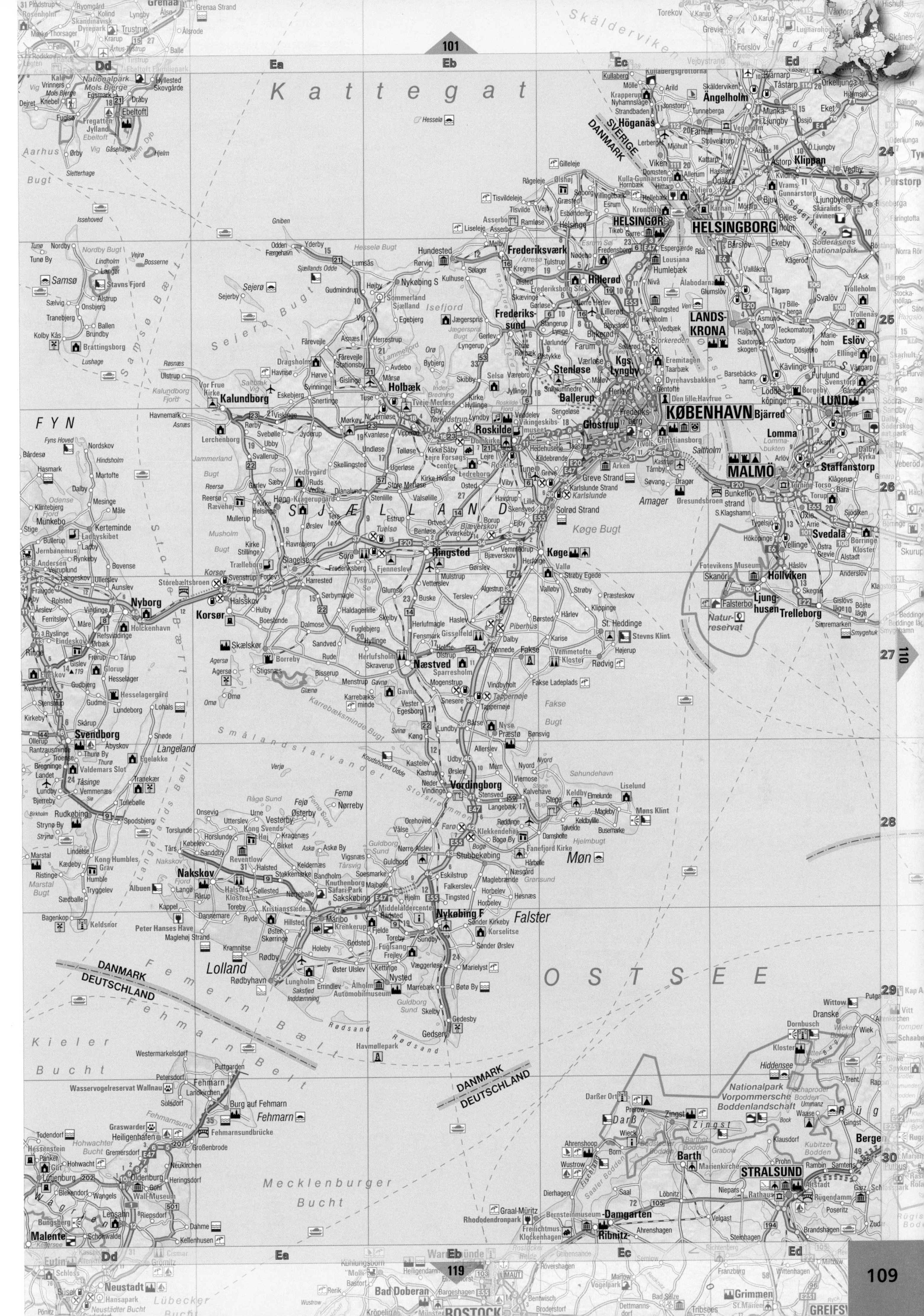
101
Ea
Eb
Ec
Ed
Dd
Kattegat
SVERIGE
DANMARK
Höganäs
Ängelholm
Klippan
HELSINGØR
HELSINGBORG
Frederiksværk
Hillerød
LANDS-
KRONA
Frederiks-
sund
Stenløse
Kgs.
Lyngby
Ballerup
KØBENHAVN
Glostrup
Roskilde
Holbæk
Kalundborg
Eslöv
LUND
Lomma
MALMÖ
Staffanstorp
Svedala
Höllviken
Trelleborg
Amager
Øresundsbroen
Køge
Køge Bugt
Ringsted
SJÆLLAND
Slagelse
Sorø
Korsør
Nyborg
FYN
Svendborg
Langeland
Næstved
Præstø
Vordingborg
Møn
Møns Klint
Nakskov
Lolland
Nykøbing F
Falster
Samsø
Sejerø Bugt
Isefjord
Storebæltsbroen
Smålandsfarvandet
Femø
Fejø
OSTSEE
DANMARK
DEUTSCHLAND
Fehmarn
Fehmarnbelt
Kieler Bucht
Mecklenburger Bucht
Oldenburg
Lütjenburg
Malente
Neustadt
Bad Doberan
ROSTOCK
Ribnitz-Damgarten
Barth
STRALSUND
Bergen
Grimmen
Nationalpark Vorpommersche Boddenlandschaft
Hiddensee
24
25
26
27
28
29
30
110
119

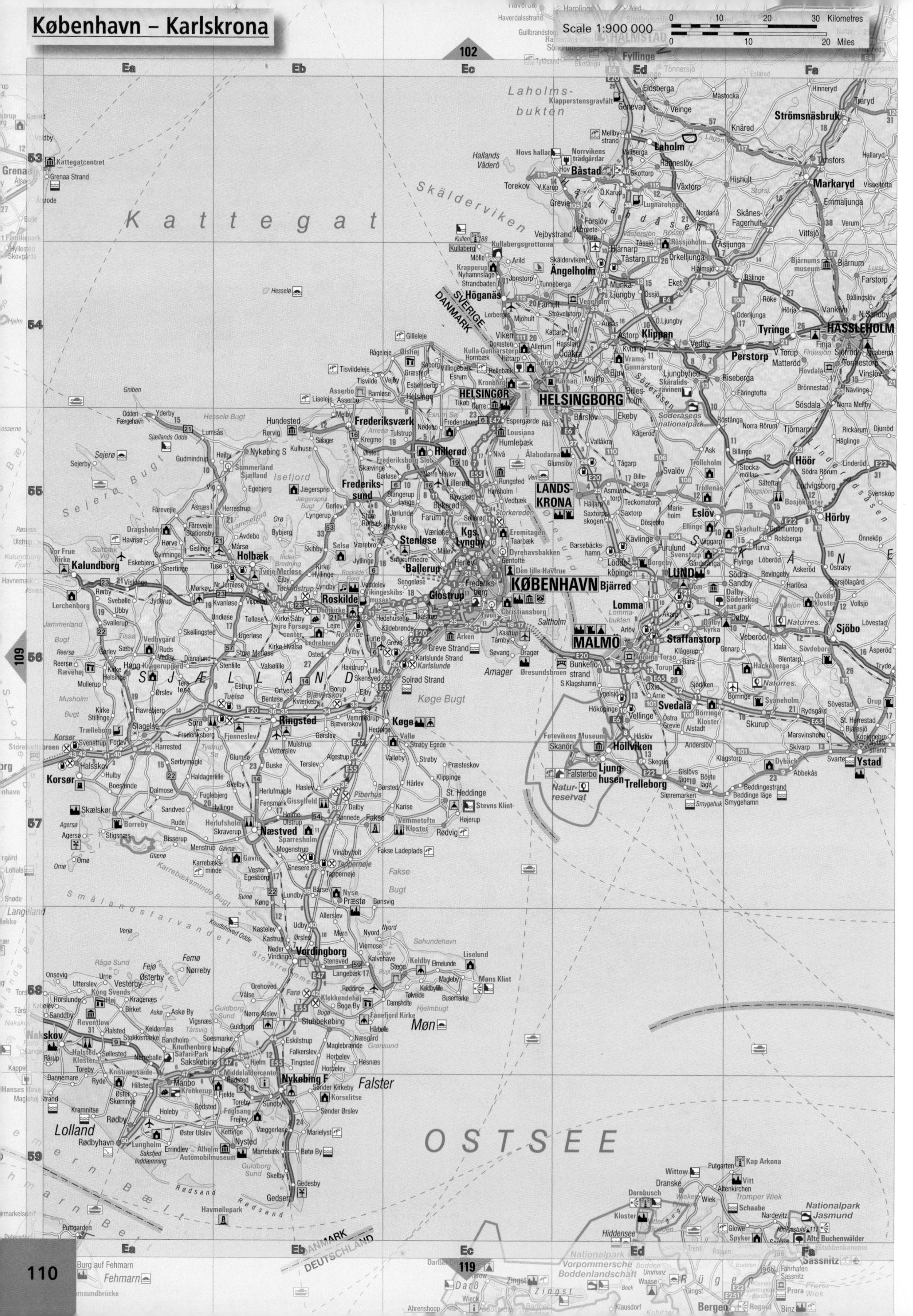
Scale 1:900 000
0 10 20 30 Kilometres
0 10 20 Miles
102
109
119
Ea
Eb
Ec
Ed
Fa
53
54
55
56
57
58
59
Kattegat
Laholmsbukten
Skälderviken
SVERIGE
DANMARK
HELSINGØR
HELSINGBORG
KØBENHAVN
MALMÖ
LANDSKRONA
LUND
HÄSSLEHOLM
SJÆLLAND
Køge Bugt
Fakse Bugt
Smålandsfarvandet
Møn
Falster
Lolland
OSTSEE
Kalundborg
Holbæk
Roskilde
Ringsted
Køge
Næstved
Vordingborg
Nykøbing F
Korsør
Slagelse
Hillerød
Helsingør
Ystad
Trelleborg
Sjöbo
Höör
Hörby
Klippan
Ängelholm
Höganäs
Båstad
Laholm
Markaryd
Tyringe
Perstorp
Eslöv
Staffanstorp
Svedala
Höllviken
Ljunghusen
Falsterbo
Lomma
Bjärred
Nakskov
Maribo
Fehmarn
Rügen
Nationalpark Jasmund
Kap Arkona
Sassnitz
Bergen
Zingst
DEUTSCHLAND
DANMARK

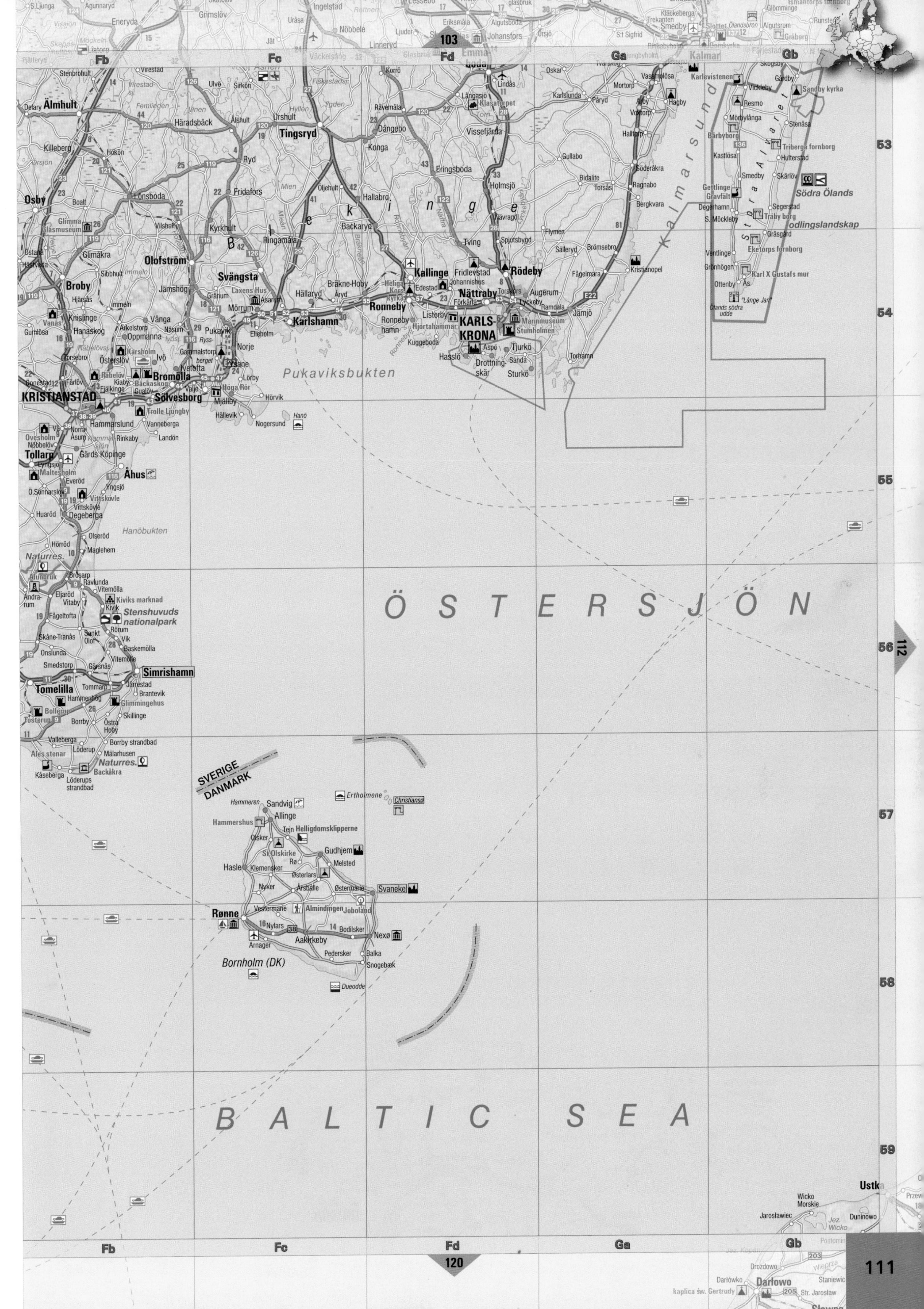

103
Fb
Fc
Fd
Ga
Gb
Kalmar
Ingelstad
Lessebo
Grimslöv
Eneryda
Nöbbele
Linneryd
Emmaboda
Johansfors
Smedby
Algutsrum
Gråborg
Ismantorps fornborg
Glömminge
Runsten
Färjestaden
Älmhult
Delary
Stenbrohult
Virestad
Ulvö
Sirköп
Urshult
Tingsryd
Rävemåla
Dångebo
Konga
Vissefjärda
Lindås
Långasjö
Klasatorpet
Oskar
Mortorp
Karlslunda
Påryd
Vassmolösa
Arby
Hagby
Voxtorp
Halltorp
Karlevistenen
Vickleby
Gårdby
Sandby kyrka
Resmo
Mörbylånga
Stenåsa
Barbyborg
Triberga fornborg
Kastlösa
Hulterstad
Smedby
Skärlöv
Södra Ölands odlingslandskap
Gettlinge Gravfält
Degerhamn
S. Möckleby
Segerstad
Träby borg
Gräsgård
Eketorps fornborg
Ventlinge
Grönhögen
Karl X Gustafs mur
Ottenby
Ås
"Långe Jan"
Ölands södra udde
Stora Alvaret
Kalmarsund
Häradsbäck
Älshult
Killeberg
Hökön
Ryd
Eringsboda
Holmsjö
Gullabo
Bidalite
Torsås
Söderåkra
Ragnabo
Bergkvara
Osby
Boalt
Lönsboda
Fridafors
Oljehult
Hallabro
Blekinge
Glimma
Glasmuseum
Vilshult
Kyrkhult
Ringamåla
Backaryd
Navragöl
Tving
Spjutsbygd
Flymen
Sälleryd
Brömsebro
Kristianopel
Glimåkra
Olofström
Svängsta
Kallinge
Fridlevstad
Rödeby
Fågelmåra
Broby
Sibbhult
Jämshög
Bräkne-Hoby
Hällaryd
Åryd
Edestad
Johannishus
Nättraby
Torskors
Augerum
Förkarla
Lyckeby
Ramdala
Jämjö
Hjärsås
Immeln
Gränum
Asarum
Mörrum
Karlshamn
Ronneby
Listerby
Ronneby hamn
Hjortahammar
KARLSKRONA
Marinmuseum
Stumholmen
Kuggeboda
Knislinge
Vånga
Hanaskog
Näsum
Pukavik
Elleholm
Oppmanna
Karsholm
Norje
Gammalstorp
Ryssberget
Aspö
Tjurkö
Hasslö
Drottningskär
Sanda
Sturkö
Torhamn
Österslöv
Ivö
Iveltofta
Sölvesborg
Bromölla
Rabelöv
Backaskog
Färlöv
Kiaby
Fjälkinge
Gualöv
Valje
Höga Rör
Lörby
Hörvik
Pukaviksbukten
KRISTIANSTAD
Mjällby
Trolle Ljungby
Hällevik
Hanö
Nogersund
Hammarslund
Vanneberga
Norra Åsum
Rinkaby
Landön
Vä
Ovesholm
Nöbbelöv
Tollarp
Gärds Köpinge
Lyngsjö
Maltesholm
Åhus
Everöd
Yngsjö
Ö.Sönnarslöv
Vittskövle
Huaröd
Degeberga
Hanöbukten
Hörröd
Olseröd
Maglehem
Naturres.
Brösarp
Ravlunda
Vitemölla
Andrarum
Eljaröd
Vitaby
Kiviks marknad
Kivik
Stenshuvuds nationalpark
Fågeltofta
Skåne-Tranås
Sankt Olof
Rörum
Vik
Baskemölla
Onslunda
Vitemölle
Smedstorp
Gärsnäs
Simrishamn
Tomelilla
Tommarp
Järrestad
Brantevik
Hammenhög
Glimmingehus
Bolleruр
Tosterup
Borrby
Östra Hoby
Skillinge
Valleberga
Borrby strandbad
Ales stenar
Löderup
Mälarhusen
Naturres.
Kåseberga
Backåkra
Löderups strandbad
SVERIGE
DANMARK
Ertholmene
Christiansø
Hammeren
Sandvig
Allinge
Hammershus
Tejn
Helligdomsklipperne
Olsker
St. Olskirke
Rø
Gudhjem
Melsted
Hasle
Klemensker
Østerlars
Nyker
Årsballe
Østermarie
Svaneke
Vestermarie
Almindingen
Joboland
Rønne
Nylars
Bodilsker
Nexø
Arnager
Aakirkeby
Pedersker
Balka
Snogebæk
Bornholm (DK)
Dueodde
ÖSTERSJÖN
BALTIC SEA
53
54
55
56
57
58
59
112
Ustka
Wicko Morskie
Jarosławiec
Duninowo
Jez. Wicko
Drozdowo
Darłówko
Darłowo
Staniewice
Str. Jarosław
kaplica św. Gertrudy
Sławno
120

Scale 1:900 000

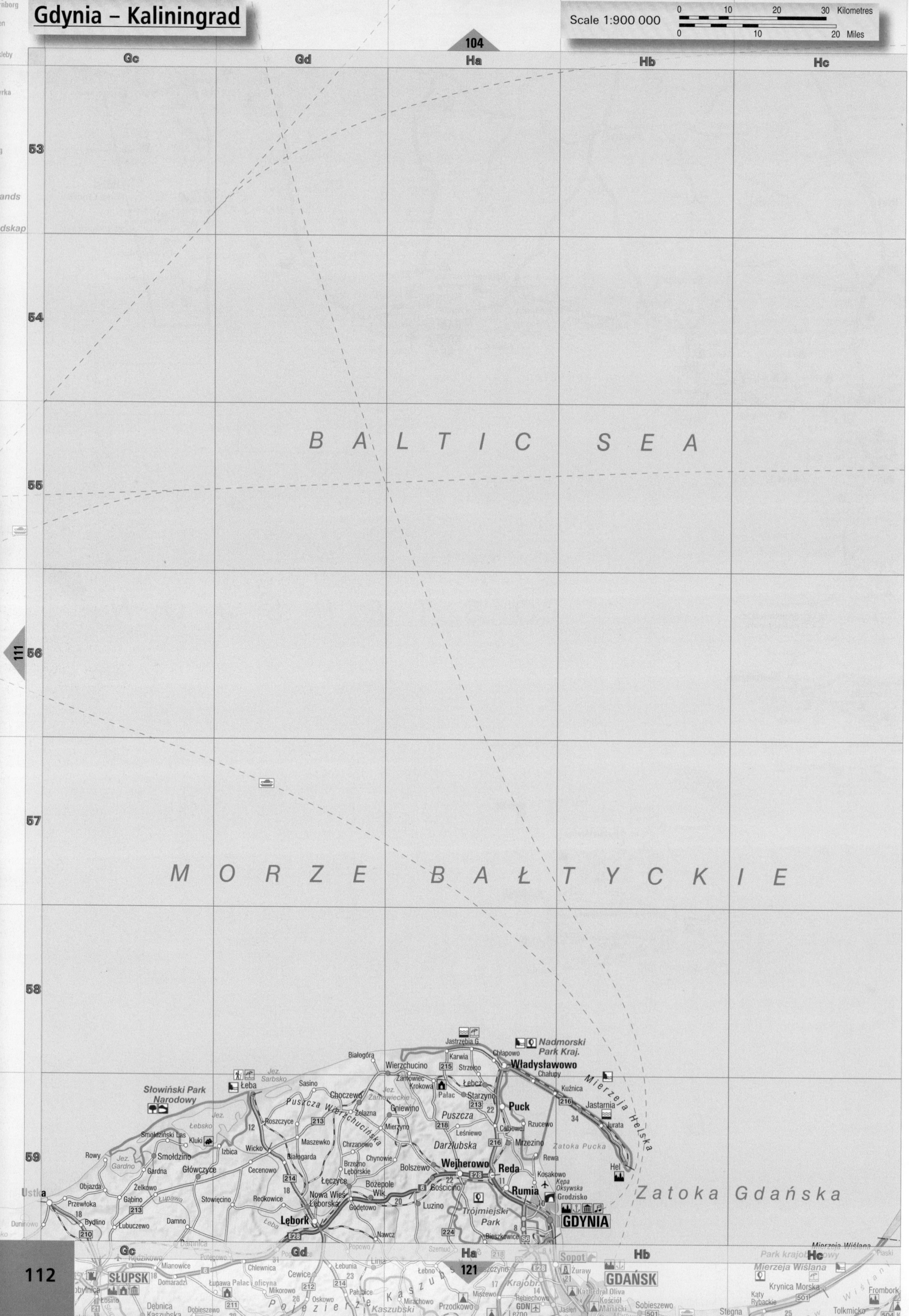
BALTIC SEA
MORZE BAŁTYCKIE
Zatoka Gdańska
GDYNIA
GDAŃSK
SŁUPSK
Władysławowo
Puck
Wejherowo
Reda
Rumia
Lębork
Łeba
Słowiński Park Narodowy
Mierzeja Helska
Nadmorski Park Kraj.
Hel
Jastarnia
Sopot

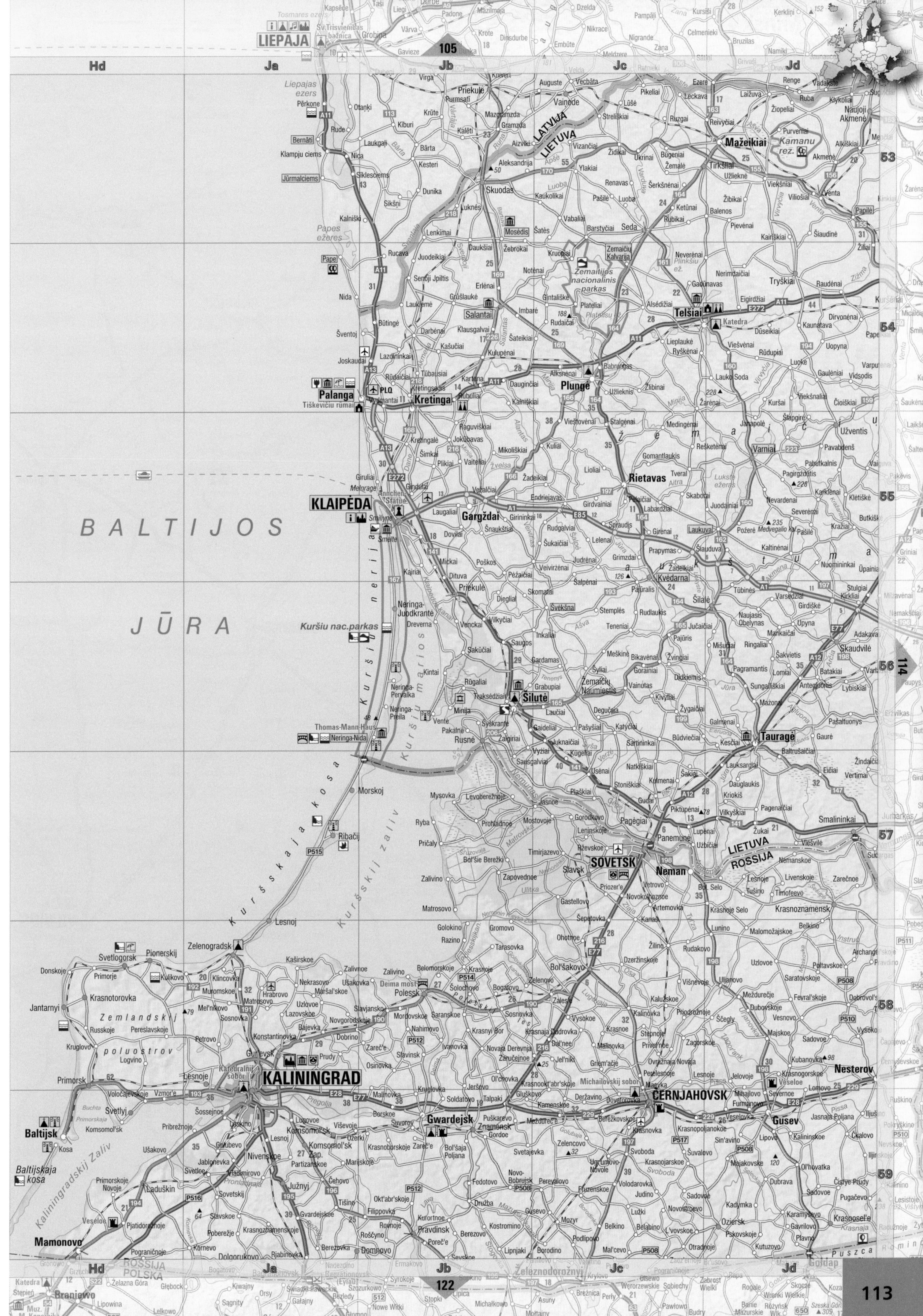

LIEPAJA
105
Hd
Ja
Jb
Jc
Jd
LATVIJA
LIETUVA
Mažeikiai
Skuodas
Telšiai
Plungė
Palanga
Kretinga
KLAIPĖDA
Gargždai
Rietavas
Šilalė
Šilutė
Tauragė
Kvėdarna
Varniai
Salantai
Žemaitijos nacionalinis parkas
Kuršiu nac.parkas
Neringa-Juodkrantė
Neringa-Nida
Thomas-Mann-Haus
BALTIJOS
JŪRA
Kuršių neringa
Kuršių marios
Kuršskaja kosa
Kuršskij zaliv
Rusnė
Pagėgiai
LIETUVA
ROSSIJA
SOVETSK
Neman
Slavsk
Zelenogradsk
Svetlogorsk
Pionerskij
Jantarnyj
Primorsk
Baltijsk
KALININGRAD
Gwardejsk
Polessk
Černjahovsk
Gusev
Nesterov
Mamonovo
Pravdinsk
Baltijskaja kosa
Kaliningradskij Zaliv
Zemlandskij poluostrov
ROSSIJA
POLSKA
Goldap
Braniewo
122
114
53
54
55
56
57
58
59

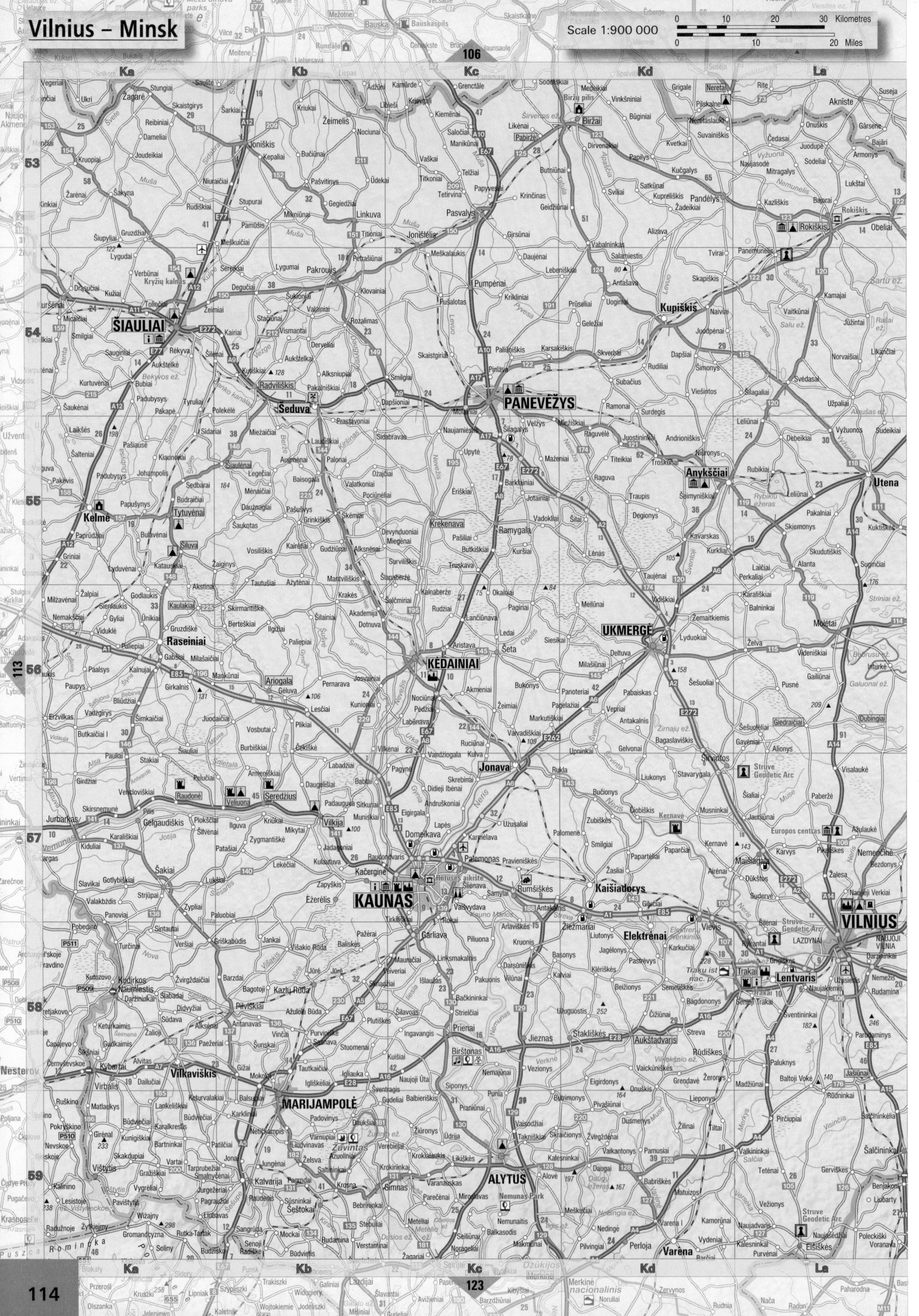
Vilnius – Minsk
Scale 1:900 000
0 10 20 30 Kilometres
0 10 20 Miles
106
Ka
Kb
Kc
Kd
La
53
54
55
56
57
58
59
113
123
ŠIAULIAI
PANEVĖŽYS
KĖDAINIAI
UKMERGĖ
KAUNAS
VILNIUS
MARIJAMPOLĖ
ALYTUS
Jonava
Raseiniai
Kelmė
Utena
Anykščiai
Kupiškis
Biržai
Rokiškis
Pasvalys
Joniškis
Pakruojis
Radviliškis
Šeduva
Vilkaviškis
Elektrėnai
Kaišiadorys
Trakai
Lentvaris
Varėna
Prienai
Birštonas
Jurbarkas
Šakiai
Kalvarija
Širvintos
Molėtai
Rietavas
Struve Geodetic Arc
Europos centras
Nemunas Park

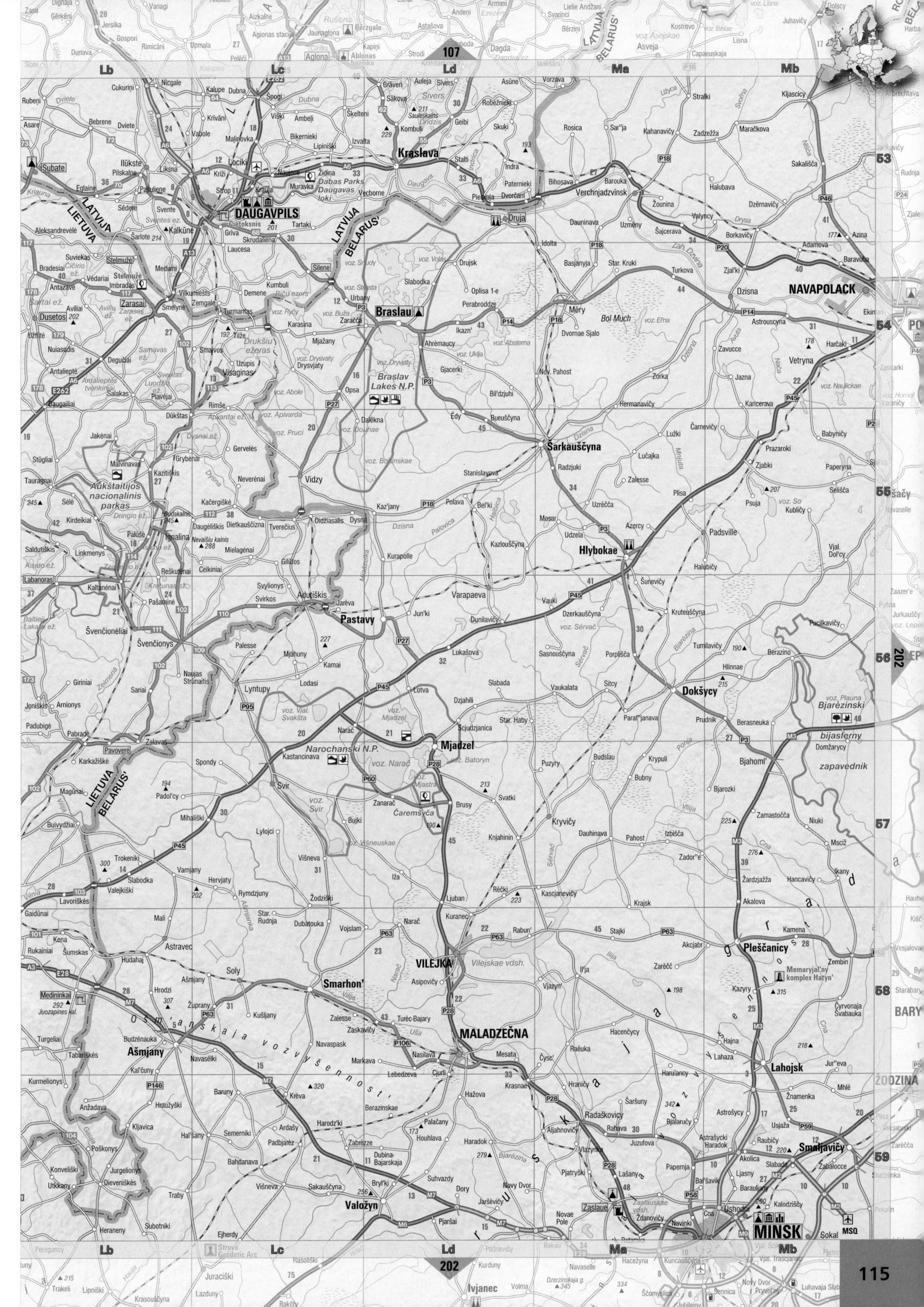

107
Lb
Lc
Ld
Ma
Mb
53
54
55
56
57
58
59
202
DAUGAVPILS
Kraslava
Daugava
LATVIJA
LIETUVA
BELARUS'
Subate
Ilūkste
Zarasai
Dusetos
Visaginas
Braslau
Braslav Lakes N.P.
Druja
Verchnjadzvinsk
NAVAPOLACK
Šarkauščyna
Hlybokae
Padsville
Ignalina
Aukštaitijos nacionalinis parkas
Švenčionėliai
Švenčionys
Pastavy
Vidzy
Dokšycy
Mjadzel
Narochanski N.P.
voz. Narač
Svir
Bjahoml'
Bjarezinski bijasfērny zapavednik
Vilejskae vdsh.
VILEJKA
Smarhon'
Ašmjany
Ašmjanskaja vozvyšennost'
MALADZEČNA
Pleščanicy
Memaryjal'ny komplex Hatyn'
Lahojsk
Smaljavičy
Valožyn
Zaslaue
MINSK
MSQ
Minskaja vozvyšša
Struve Geodetic Arc
Ivjanec

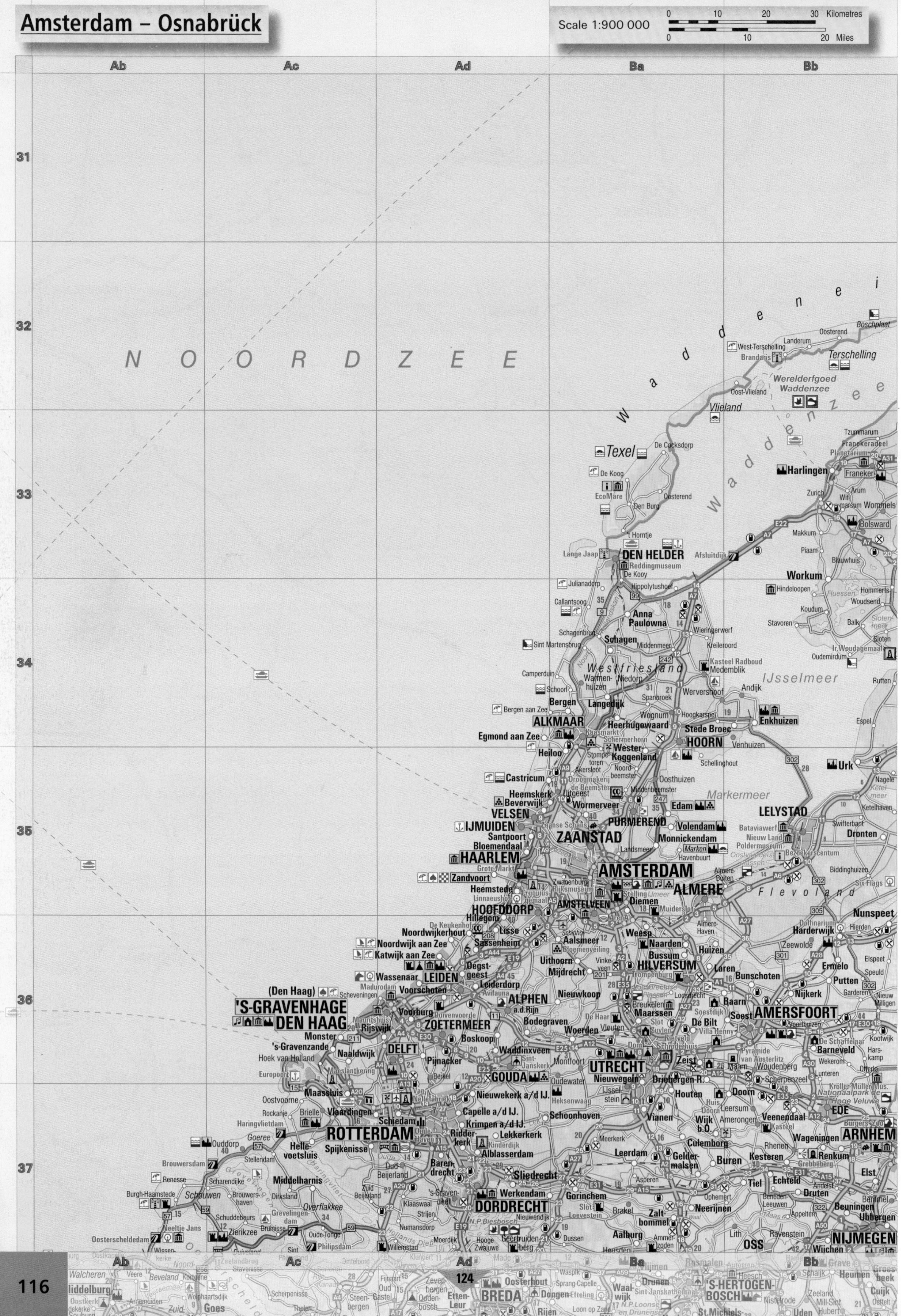
Scale 1:900 000
0 10 20 30 Kilometres
0 10 20 Miles
Ab
Ac
Ad
Ba
Bb
31
32
33
34
35
36
37
N O O R D Z E E
W a d d e n e i
W a d d e n z e e
Werelderfgoed Waddenzee
Terschelling
West-Terschelling
Brandaris
Landerum
Oosterend
Boschplaat
Oost-Vlieland
Vlieland
Texel
De Cocksdorp
De Koog
EcoMare
Oosterend
Den Burg
't Horntje
DEN HELDER
Reddingmuseum
De Kooy
Lange Jaap
Afsluitdijk
Julianadorp
Hippolytushoef
Callantsoog
Anna Paulowna
Wieringerwerf
Schagenbrug
Schagen
Sint Maartensbrug
Middenmeer
Kreileroord
Kasteel Radboud
Medemblik
Westfriesland
Camperduin
Warmenhuizen
Niedorp
Schoorl
Bergen
Bergen aan Zee
Langedijk
Wervershoof
Andijk
IJsselmeer
Wognum
Hoogkarspel
Enkhuizen
ALKMAAR
Heerhugowaard
Stede Broec
HOORN
Egmond aan Zee
Heiloo
Wester-Koggenland
Venhuizen
Schellinghout
Castricum
Oosthuizen
Heemskerk
Beverwijk
Markermeer
VELSEN
Wormerveer
Edam
LELYSTAD
IJMUIDEN
PURMEREND
Volendam
Santpoort
ZAANSTAD
Monnickendam
Bloemendaal
Marken
HAARLEM
Landsmeer
AMSTERDAM
Zandvoort
Heemstede
ALMERE
Diemen
AMSTELVEEN
HOOFDDORP
Hillegom
Flevoland
Noordwijkerhout
Lisse
Noordwijk aan Zee
Sassenheim
Aalsmeer
Weesp
Naarden
Katwijk aan Zee
Bussum
Huizen
Uithoorn
HILVERSUM
Wassenaar
LEIDEN
Mijdrecht
Laren
Oegstgeest
Leiderdorp
(Den Haag)
Scheveningen
Voorschoten
ALPHEN a.d.Rijn
Nieuwkoop
'S-GRAVENHAGE
DEN HAAG
Voorburg
ZOETERMEER
Bodegraven
Maarssen
De Bilt
Soest
AMERSFOORT
Rijswijk
Monster
Boskoop
Woerden
's-Gravenzande
Naaldwijk
DELFT
Hoek van Holland
Pijnacker
Waddinxveen
UTRECHT
Zeist
Nieuwegein
Driebergen-R.
Maassluis
GOUDA
Oudewater
Oostvoorne
Nieuwerkerk a/d IJ.
Houten
Doorn
Rockanje
Brielle
Vlaardingen
Schiedam
Capelle a/d IJ.
Schoonhoven
Vianen
Wijk b.D.
Veenendaal
EDE
Krimpen a/d IJ.
ROTTERDAM
Ridderkerk
Lekkerkerk
Wageningen
ARNHEM
Spijkenisse
Hellevoetsluis
Alblasserdam
Leerdam
Culemborg
Geldermalsen
Buren
Kesteren
Renkum
Brouwersdam
Barendrecht
Sliedrecht
Tiel
Echteld
Renesse
Middelharnis
Schouwen
Werkendam
Gorinchem
Druten
DORDRECHT
Neerijnen
Zaltbommel
Beuningen
Ubbergen
Zierikzee
Oosterscheldedam
Aalburg
OSS
NIJMEGEN
Dussen
Wijchen
Harlingen
Franeker
Bolsward
Workum
Hindeloopen
Stavoren
Urk
Dronten
Harderwijk
Nunspeet
Ermelo
Putten
Nijkerk
Bunschoten
Barneveld
124
BREDA
Oosterhout
Dongen
Waalwijk
Drunen
'S-HERTOGENBOSCH
Goes
Middelburg
Walcheren
Etten-Leur

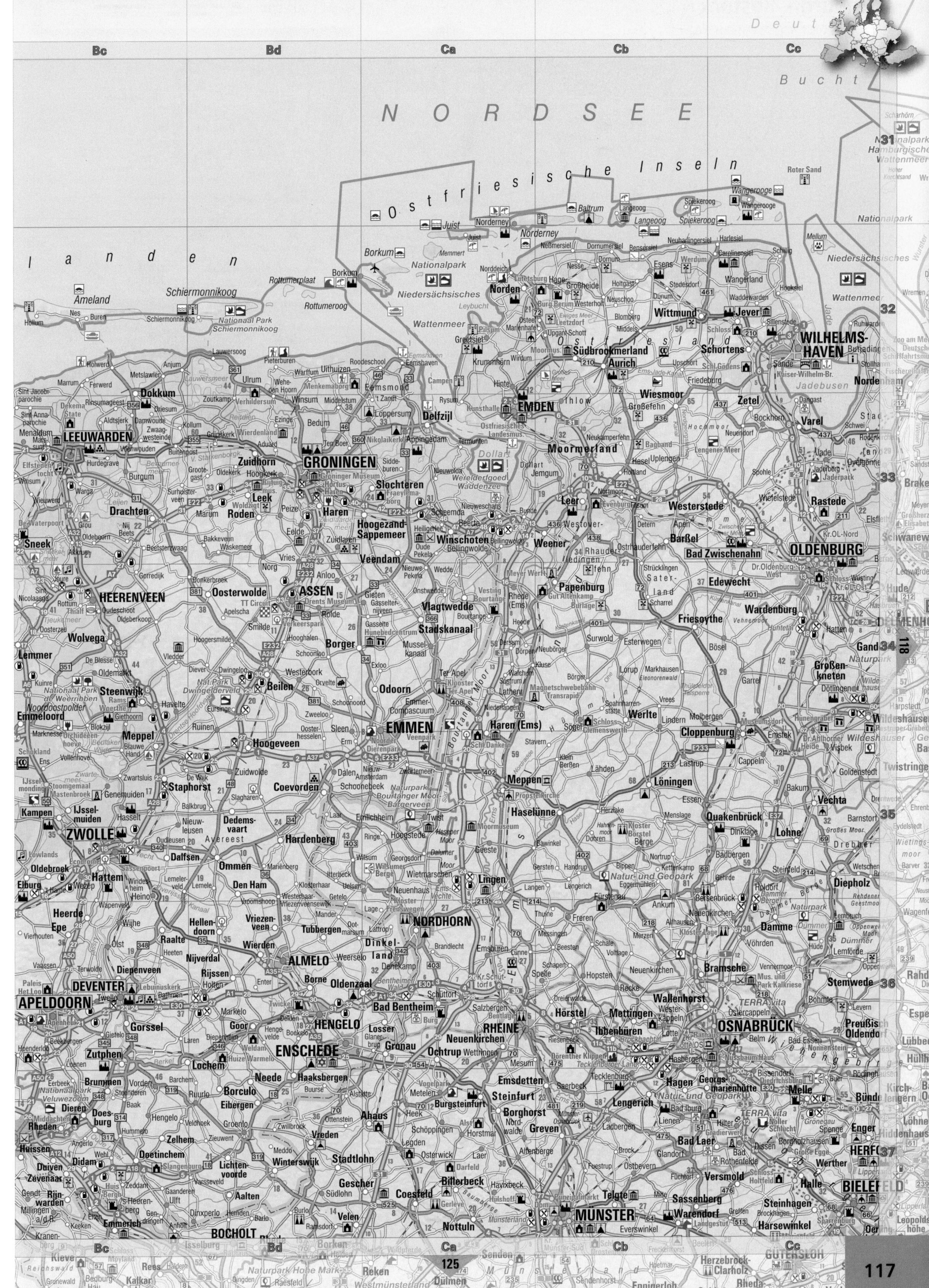
Bc
Bd
Ca
Cb
Cc
N O R D S E E
Deutsche
Bucht
Ostfriesische Inseln
Borkum
Juist
Norderney
Baltrum
Langeoog
Spiekeroog
Wangerooge
Schiermonnikoog
Ameland
Nationaal Park Schiermonnikoog
Nationalpark Niedersächsisches Wattenmeer
Nationalpark Hamburgisches Wattenmeer
Rottumeroog
Rottumerplaat
Norden
Aurich
Emden
Wittmund
Jever
Schortens
WILHELMSHAVEN
Jadebusen
Varel
Zetel
Wiesmoor
Leer
Moormerland
Westerstede
Rastede
OLDENBURG
Bad Zwischenahn
Edewecht
Papenburg
Friesoythe
Wardenburg
Cloppenburg
Werlte
Sögel
Haren (Ems)
Meppen
Löningen
Haselünne
Quakenbrück
Vechta
Lohne
Damme
Diepholz
Bramsche
Wallenhorst
OSNABRÜCK
Melle
Lengerich
Ibbenbüren
Mettingen
Hörstel
RHEINE
Lingen
NORDHORN
Bad Bentheim
Emsdetten
Steinfurt
Greven
MÜNSTER
Telgte
Warendorf
Versmold
Halle
BIELEFELD
Herford
Coesfeld
Billerbeck
Nottuln
Dülmen
Gronau
Ahaus
Stadtlohn
Vreden
Borken
Bocholt
Emmerich
Kleve
Delfzijl
GRONINGEN
Slochteren
Winschoten
Hoogezand-Sappemeer
Veendam
Stadskanaal
ASSEN
Emmen
Coevorden
Hoogeveen
Beilen
Meppel
Steenwijk
Kampen
ZWOLLE
Ommen
Hardenberg
ALMELO
Oldenzaal
HENGELO
ENSCHEDE
DEVENTER
APELDOORN
Zutphen
Doetinchem
LEEUWARDEN
Dokkum
Drachten
HEERENVEEN
Sneek
Wolvega
Lemmer
Emmeloord
Oosterwolde
Nationaal Park de Weerribben
Naturpark Bourtanger Moor-Bargerveen
Naturpark Hohe Mark
Natur- und Geopark TERRA.vita
Naturpark Dümmer
Wiehengebirge
31
32
33
34
35
36
37
118
125

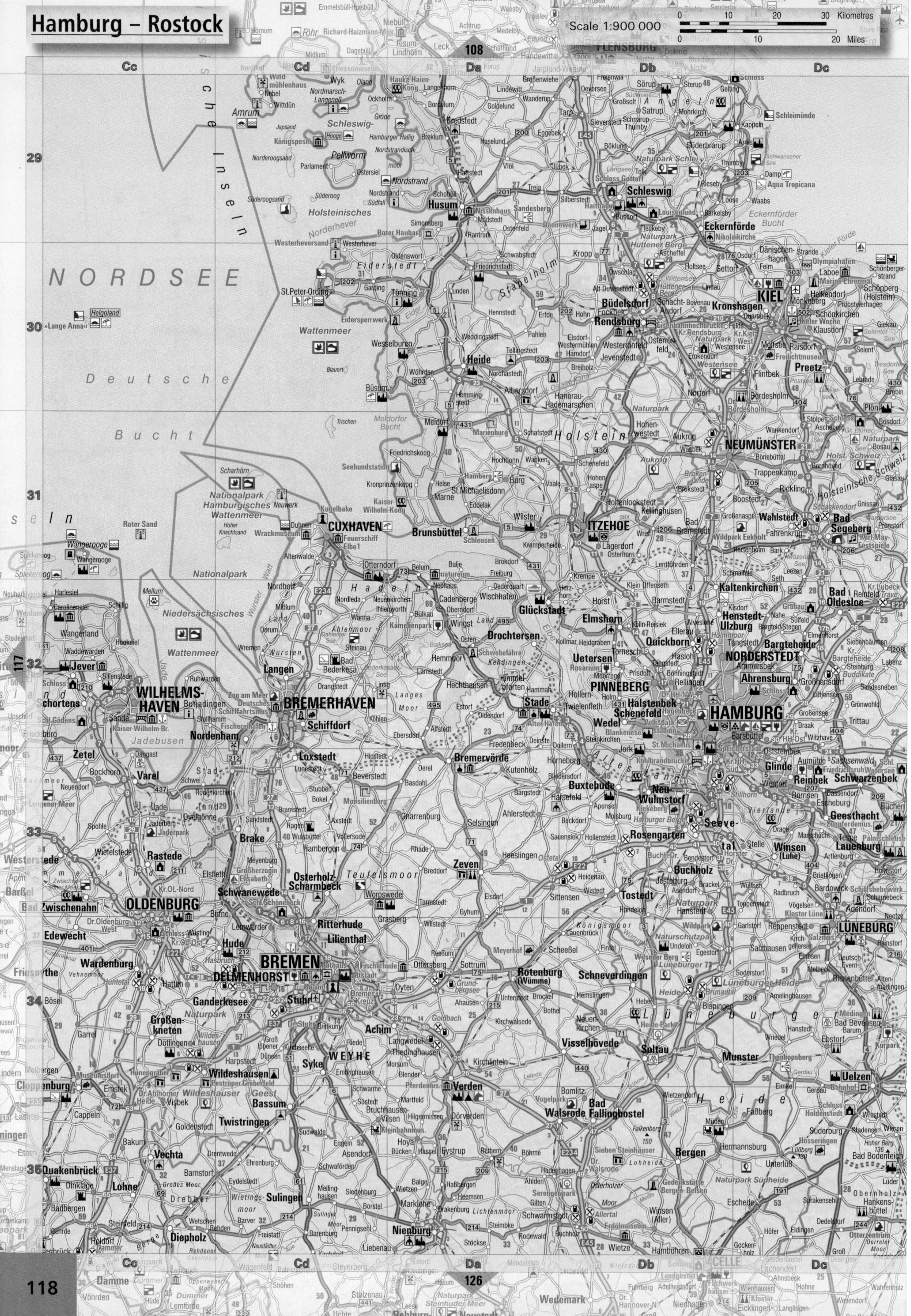
Scale 1:900 000
0 10 20 30 Kilometres
0 10 20 Miles
108
126
117
Cc
Cd
Da
Db
Dc
29
30
31
32
33
34
35
NORDSEE
Deutsche Bucht
Nordfriesische Inseln
Ostfriesische Inseln
Wattenmeer
Nationalpark Hamburgisches Wattenmeer
Niedersächsisches Wattenmeer
Nationalpark
FLENSBURG
Schleswig
Husum
Eckernförde
KIEL
Rendsburg
Heide
NEUMÜNSTER
ITZEHOE
CUXHAVEN
Brunsbüttel
Glückstadt
Elmshorn
Kaltenkirchen
Bad Segeberg
Bad Oldesloe
NORDERSTEDT
PINNEBERG
Uetersen
Wedel
Stade
HAMBURG
Buxtehude
Neu Wulmstorf
Seevetal
Buchholz
Winsen (Luhe)
Geesthacht
Lauenburg
LÜNEBURG
WILHELMSHAVEN
BREMERHAVEN
Nordenham
Jever
Varel
OLDENBURG
Delmenhorst
BREMEN
Rotenburg (Wümme)
Zeven
Bremervörde
Verden
Soltau
Walsrode
Bad Fallingbostel
Uelzen
Nienburg
Diepholz
Vechta
Cloppenburg
Wildeshausen
Lüneburger Heide
Teufelsmoor
Heligoland
Amrum
Pellworm
Eiderstedt
Holstein
Angeln
Hadeln
Jadebusen
Elbe
Weser

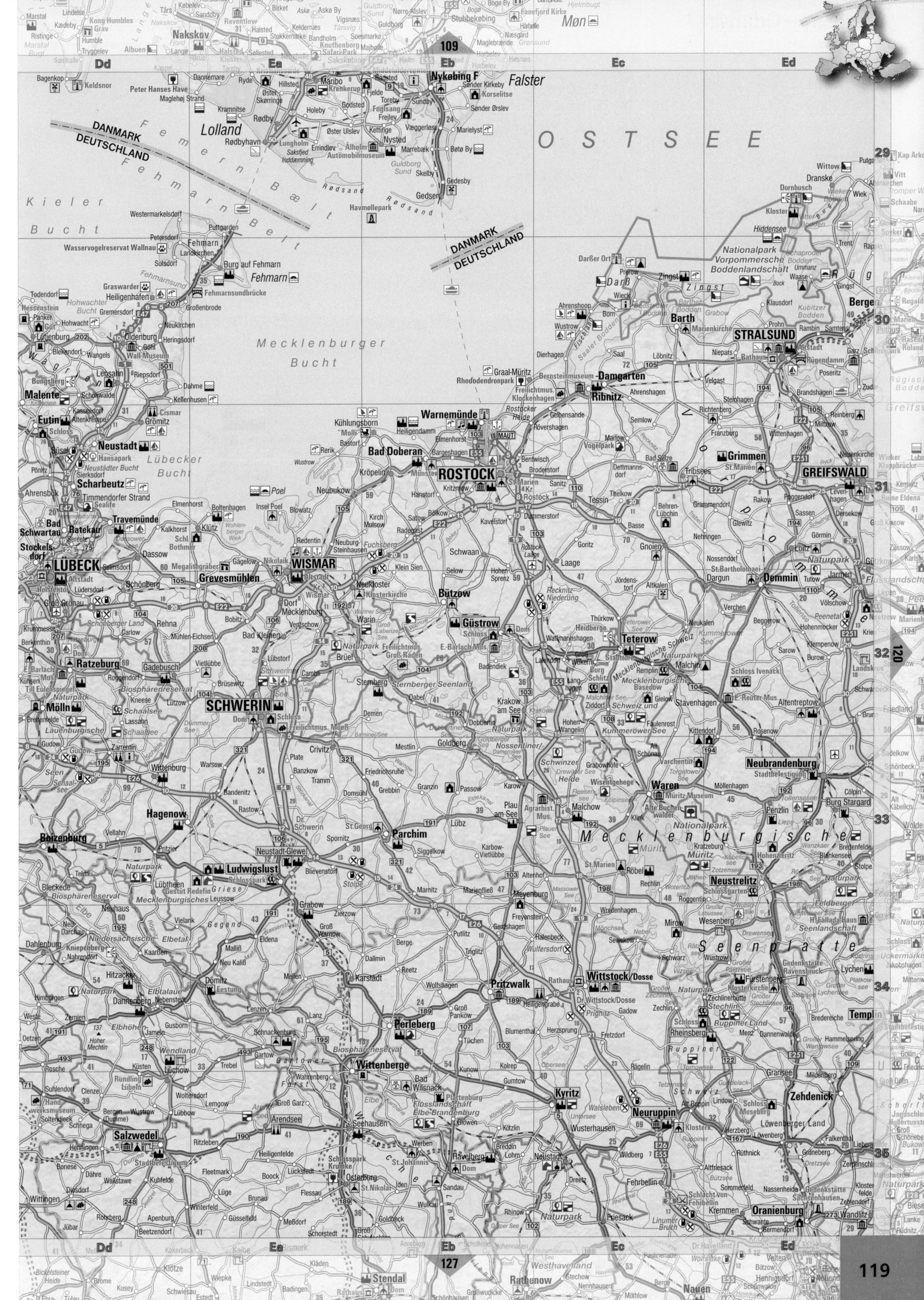

109
Dd
Ea
Eb
Ec
Ed
Nakskov
Falster
Nykøbing F
Lolland
Maribo
Rødby
Rødbyhavn
Gedser
Møn
DANMARK
DEUTSCHLAND
Femern Bælt
Fehmarn Belt
Kieler Bucht
O S T S E E
Fehmarn
Burg auf Fehmarn
Puttgarden
Heiligenhafen
Oldenburg
Mecklenburger Bucht
Lübecker Bucht
Malente
Eutin
Neustadt
Scharbeutz
Timmendorfer Strand
Travemünde
Bad Schwartau
LÜBECK
Grevesmühlen
WISMAR
Kühlungsborn
Warnemünde
Bad Doberan
ROSTOCK
Ribnitz
Damgarten
Zingst
Barth
STRALSUND
Hiddensee
Bergen
Grimmen
GREIFSWALD
Bützow
Güstrow
Teterow
Demmin
Ratzeburg
Mölln
Gadebusch
SCHWERIN
Neubrandenburg
Waren
Hagenow
Boizenburg
Ludwigslust
Parchim
Neustrelitz
Nationalpark Vorpommersche Boddenlandschaft
Mecklenburgische Schweiz
Mecklenburgische Seenplatte
Wittstock/Dosse
Pritzwalk
Perleberg
Wittenberge
Salzwedel
Kyritz
Neuruppin
Zehdenick
Templin
Oranienburg
Stendal
Rathenow
Nauen
127
120
29
30
31
32
33
34
35

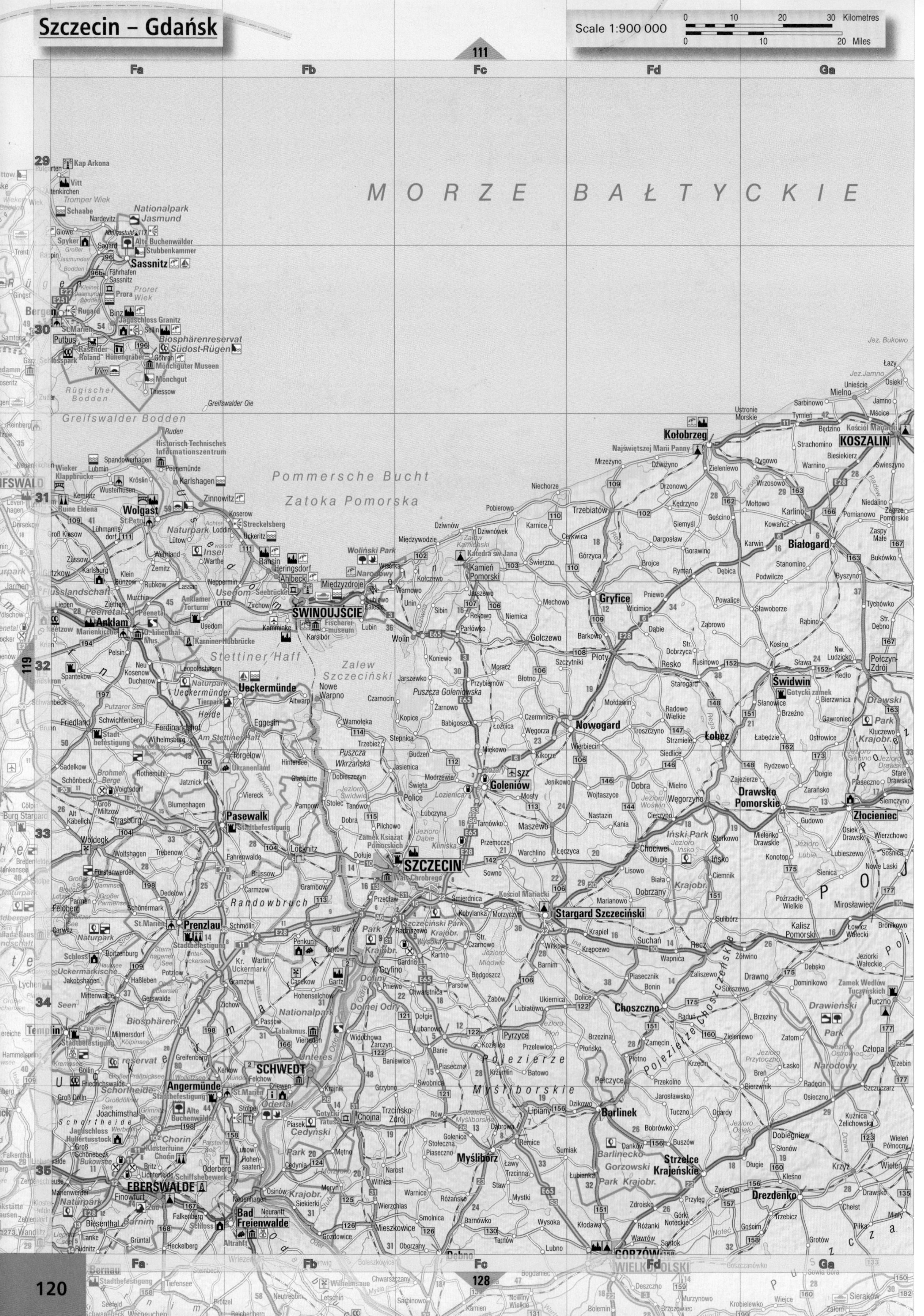
Scale 1:900 000
0 10 20 30 Kilometres
0 10 20 Miles
111
Fa
Fb
Fc
Fd
Ga
29
30
31
32
33
34
35
119
128
MORZE BAŁTYCKIE
Pommersche Bucht
Zatoka Pomorska
Greifswalder Bodden
Stettiner Haff
Zalew Szczeciński
Kap Arkona
Vitt
Tromper Wiek
Nationalpark Jasmund
Schaabe
Nardevitz
Glowe
Spyker
Sagard
Alte Buchenwälder
Stubbenkammer
Sassnitz
Fährhafen Sassnitz
Prora
Prorer Wiek
Bergen
Rugard
Binz
Jagdschloss Granitz
St.Marien
Sellin
Putbus
Rasender Roland
Hünengräber
Biosphärenreservat Südost-Rügen
Schlosspark
Göhren
Mönchguter Museen
Vilm
Mönchgut
Thiessow
Rügischer Bodden
Greifswalder Oie
Ruden
Historisch-Technisches Informationszentrum
Spandowerhagen
Lubmin
Peenemünde
Wieker Klappbrücke
Kröslin
Karlshagen
Wusterhusen
Kemnitz
Ruine Eldena
Zinnowitz
Wolgast
St.Petri
Koserow
Streckelsberg
Naturpark
Ückeritz
Lühmannsdorf
Usedom
Bansin
Heringsdorf
Ahlbeck
Seebrücke
Międzyzdroje
Woliński Park Narodowy
Wisełka
Dziwnów
Dziwnówek
Kamień Pomorski
Katedra św. Jana
Świnoujście
Fischereimuseum
Karsibór
Lubin
Wolin
Anklam
Marienkirche
O. Lilienthal-Mus.
Karniner Hubbrücke
Usedom
Neppermin
Lassan
Anklamer Torfmoor
Ueckermünde
Ueckermünder Heide
Tierpark
Nowe Warpno
Altwarp
Eggesin
Friedland
Stadtbefestigung
Ferdinandshof
Am Stettiner Haff
Torgelow
Ukranenland
Pasewalk
Strasburg
Woldegk
Löcknitz
Brüssow
Randowbruch
Prenzlau
Uckermärkische Seen
Naturpark
Boitzenburg
Schwedt
Nationalpark Unteres Odertal
Angermünde
Schorfheide
Joachimsthal
Eberswalde
Finowfurt
Bad Freienwalde
Oderberg
Chorin
Kloster Chorin
Barnim
Biesenthal
Szczecin
Wały Chrobrego
Police
Goleniów
Puszcza Goleniowska
Puszcza Wkrzańska
Stargard Szczeciński
Kościół Mariacki
Gryfino
Cedynia
Cedyński Park Krajobr.
Chojna
Dolnej Odry
Pyrzyce
Pojezierze Myśliborskie
Myślibórz
Lipiany
Barlinek
Gorzowski Park Krajobr.
Gorzów Wielkopolski
Dębno
Mieszkowice
Trzcińsko-Zdrój
Moryń
Strzelce Krajeńskie
Drezdenko
Choszczno
Pojezierze Choszczeńskie
Recz
Suchań
Dobrzany
Ińsko
Iński Park Krajobr.
Chociwel
Dobra
Węgorzyno
Maszewo
Nowogard
Golczewo
Płoty
Gryfice
Trzebiatów
Resko
Łobez
Kołobrzeg
Najświętszej Marii Panny
Mrzeżyno
Dźwirzyno
Karlino
Białogard
Koszalin
Kościół Mariacki
Mielno
Sarbinowo
Świdwin
Gotycki zamek
Połczyn-Zdrój
Drawsko Pomorskie
Złocieniec
Kalisz Pomorski
Mirosławiec
Wałcz
Drawno
Drawieński Park
Tuczno
Zamek Wedlów Tuczyńskich
Pojezierze Drawskie
Puszcza Notecka
E28
E65
Fa
Fb
Fc
Fd
Ga

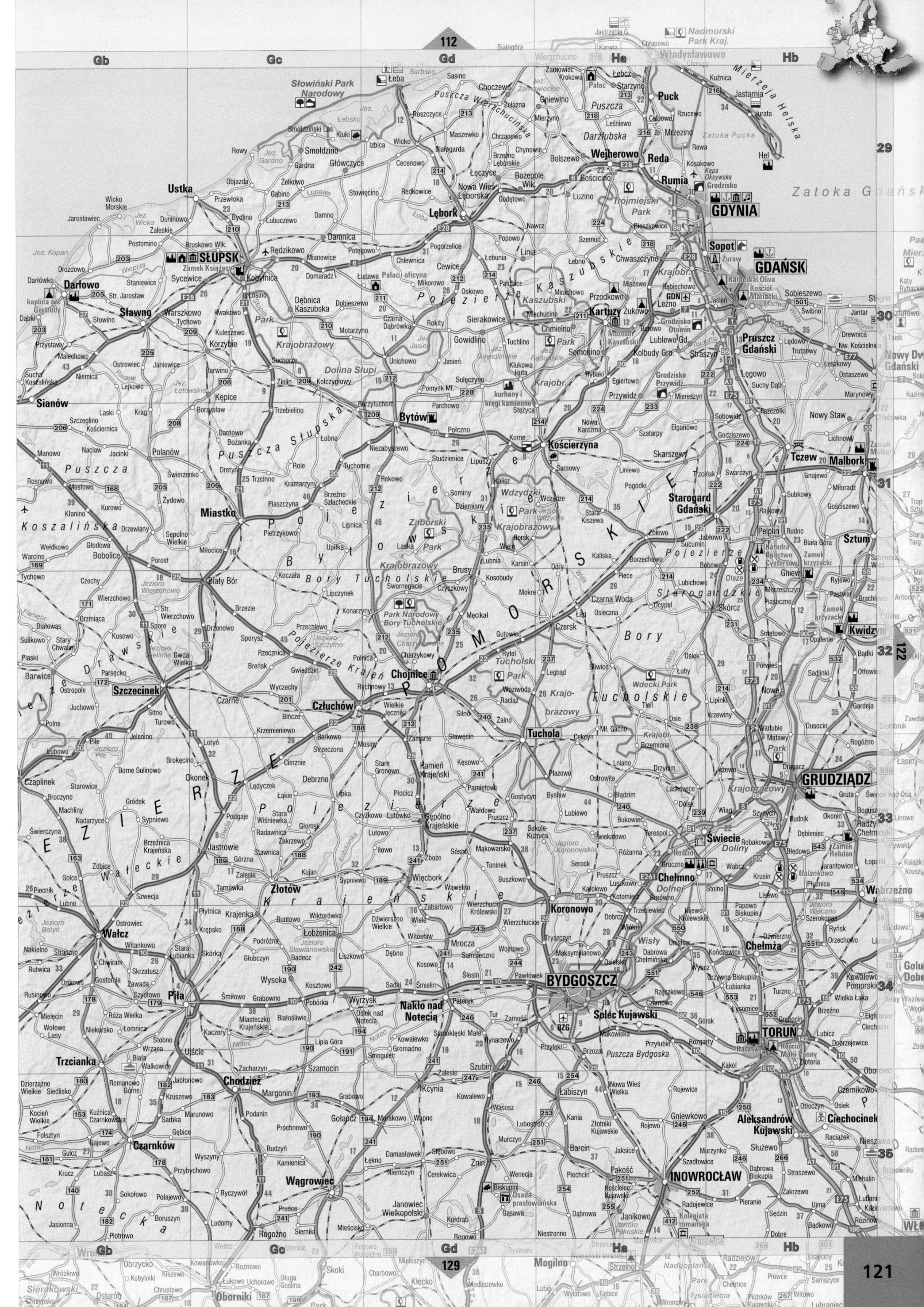

112
Gb
Gc
Gd
Ha
Hb
Słowiński Park Narodowy
Łeba
Władysławowo
Mierzeja Helska
Puck
Jastarnia
Hel
Zatoka Pucka
Zatoka Gdańska
Puszcza Darżlubska
Wejherowo
Reda
Rumia
GDYNIA
Trójmiejski Park Krajobr.
Sopot
GDAŃSK
Pruszcz Gdański
Ustka
SŁUPSK
Darłowo
Sławno
Lębork
Kartuzy
Pojezierze Kaszubskie
Bytów
Kościerzyna
Tczew
Malbork
Starogard Gdański
Pelplin
Sztum
Kwidzyn
Miastko
Puszcza Koszalińska
Bobolice
Biały Bór
Szczecinek
Człuchów
Chojnice
Bory Tucholskie
Park Narodowy Bory Tucholskie
Wdzydzki Park Krajobrazowy
Zaborski Park Krajobrazowy
POMORSKIE
Pojezierze Starogardzkie
Tuchola
Grudziądz
GRUDZIĄDZ
Świecie
Chełmno
Chełmża
Wąbrzeźno
Pojezierze Krajeńskie
Złotów
Wałcz
Piła
Sępólno Krajeńskie
Więcbork
Koronowo
BYDGOSZCZ
Solec Kujawski
Nakło nad Notecią
TORUŃ
Aleksandrów Kujawski
Ciechocinek
INOWROCŁAW
Trzcianka
Chodzież
Czarnków
Wągrowiec
Szubin
Żnin
Kcynia
Barcin
Janowiec Wielkopolski
Puszcza Bydgoska
Pojezierze Wałeckie
Puszcza Notecka
29
30
31
32
33
34
35
122
129

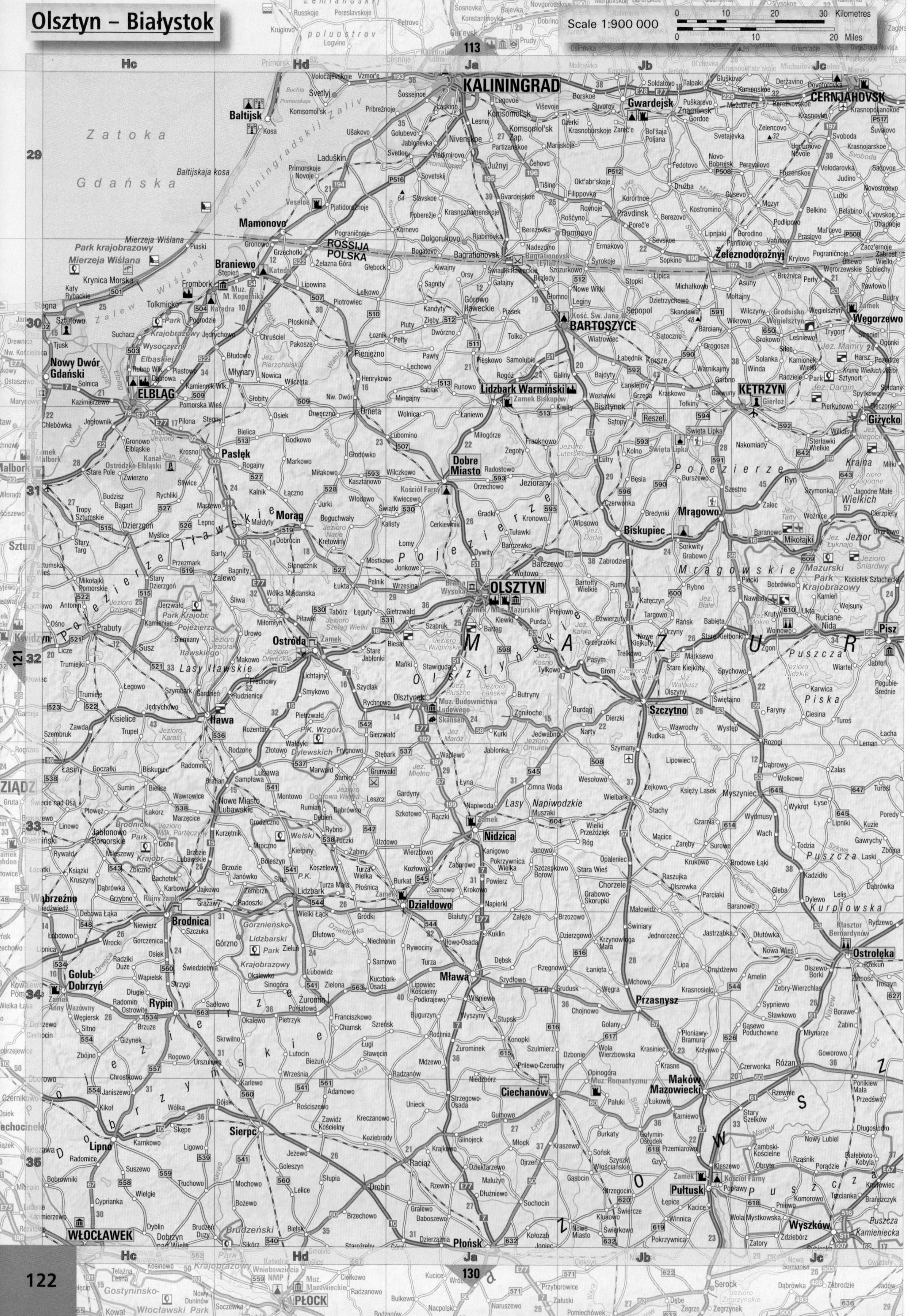
Scale 1:900 000
0 10 20 30 Kilometres
0 10 20 Miles
Hc
Hd
Ja
Jb
Jc
113
130
121
29
30
31
32
33
34
35
KALININGRAD
Baltijsk
Zatoka
Gdańska
Kaliningradskij Zaliv
Baltijskaja kosa
Mamonovo
Mierzeja Wiślana
Park krajobrazowy Mierzeja Wiślana
Krynica Morska
Gwardejsk
Černjahovsk
Železnodorožnyj
Bagrationovsk
ROSSIJA
POLSKA
Braniewo
Frombork
Zalew Wiślany
Tolkmicko
Nowy Dwór Gdański
ELBLĄG
Pasłęk
Malbork
Pieniężno
Orneta
Lidzbark Warmiński
BARTOSZYCE
Sępopol
Korsze
KĘTRZYN
Węgorzewo
Giżycko
Dobre Miasto
Morąg
Pojezierze Iławskie
Pojezierze Olsztyńskie
OLSZTYN
Ostróda
Iława
Kwidzyn
Mrągowo
Biskupiec
Mikołajki
Pojezierze Mrągowskie
Mazurski Park Krajobrazowy
MAZURY
Pisz
Puszcza Piska
Szczytno
Olsztynek
Nidzica
Lasy Napiwodzkie
Lidzbark
Działdowo
Brodnica
Golub-Dobrzyń
Rypin
Mława
Przasnysz
Ostrołęka
Puszcza Kurpiowska
Pojezierze Dobrzyńskie
Lipno
Sierpc
Ciechanów
Maków Mazowiecki
Pułtusk
Wyszków
Puszcza Kamieniecka
Raciąż
Płońsk
WŁOCŁAWEK
PŁOCK
Gostynińsko-Włocławski Park

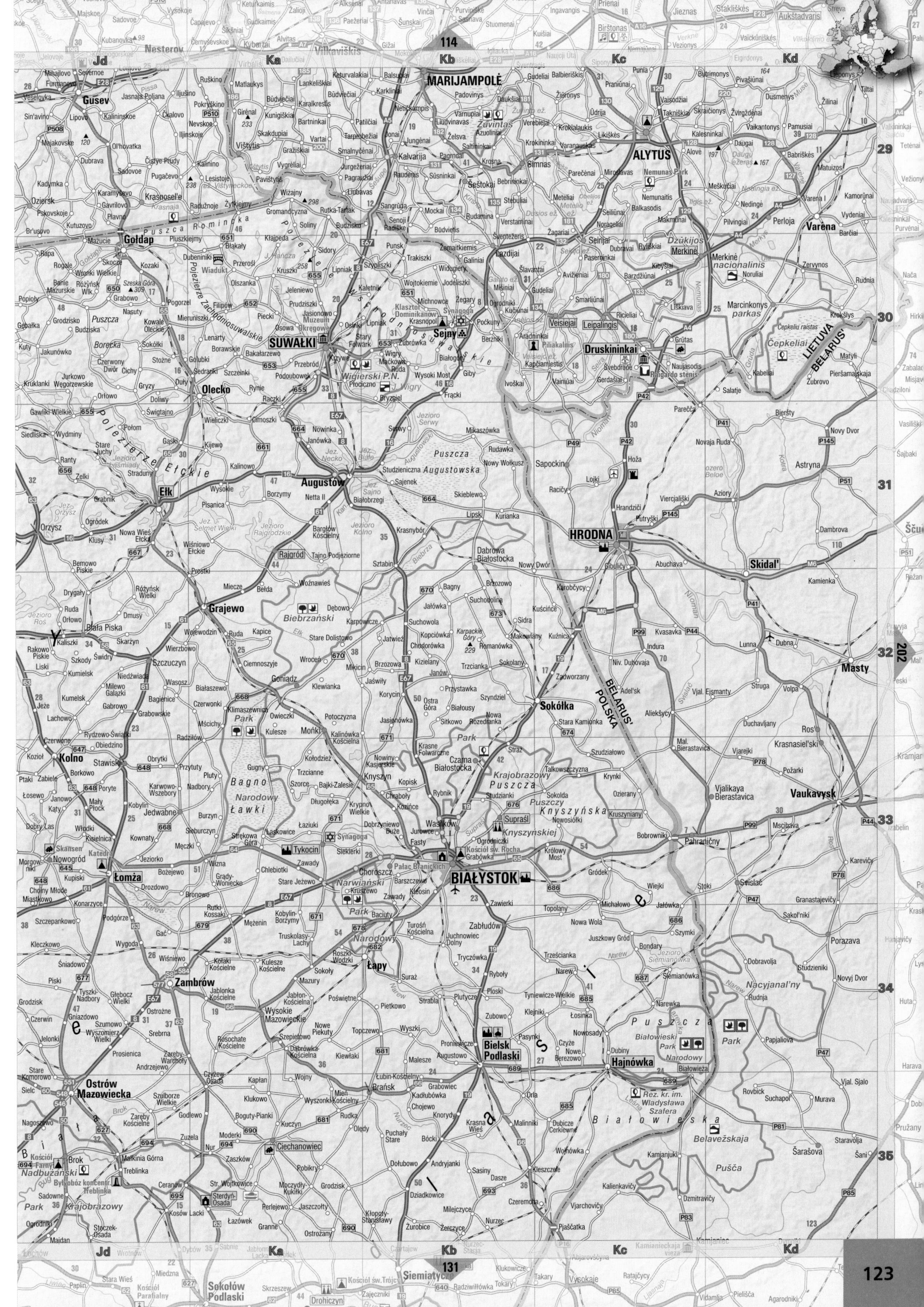

114
Jd
Ka
Kb
Kc
Kd
MARIJAMPOLĖ
ALYTUS
Varėna
Druskininkai
Merkinė
Lazdijai
Seirijai
Veisiejai
Leipalingis
Kalvarija
Šeštokai
Simnas
Birštonas
Vilkaviškis
Nesterov
Gusev
Krasnosel'e
Gołdap
Puszcza Romincka
SUWAŁKI
Sejny
Wigierski P.N.
Olecko
Ełk
Augustów
Puszcza Augustowska
Pojezierze Ełckie
Pojezierze Zachodniosuwalskie
Rajgród
Grajewo
Biebrzański
Szczuczyn
Kolno
Łomża
Goniądz
Mońki
Knyszyn
Bagno Ławki
Jedwabne
Zambrów
Tykocin
BIAŁYSTOK
Puszcza Knyszyńska
Supraśl
Wasilków
Łapy
Narwiański
Ostrów Mazowiecka
Wysokie Mazowieckie
Ciechanowiec
Brańsk
Bielsk Podlaski
Hajnówka
Białowieża
Puszcza Białowieska
Sokółka
Krynki
Dąbrowa Białostocka
Lipsk
HRODNA
Skidal'
Masty
Vaukavysk
Svislač
Belavežskaja Pušča
Nacyjanal'ny Park
LIETUVA BELARUS'
BELARUS' POLSKA
Kamianiec
Małkinia Górna
Treblinka
Nadbużański
Siemiatycze
Sokołów Podlaski
Drohiczyn
131
202
29
30
31
32
33
34
35

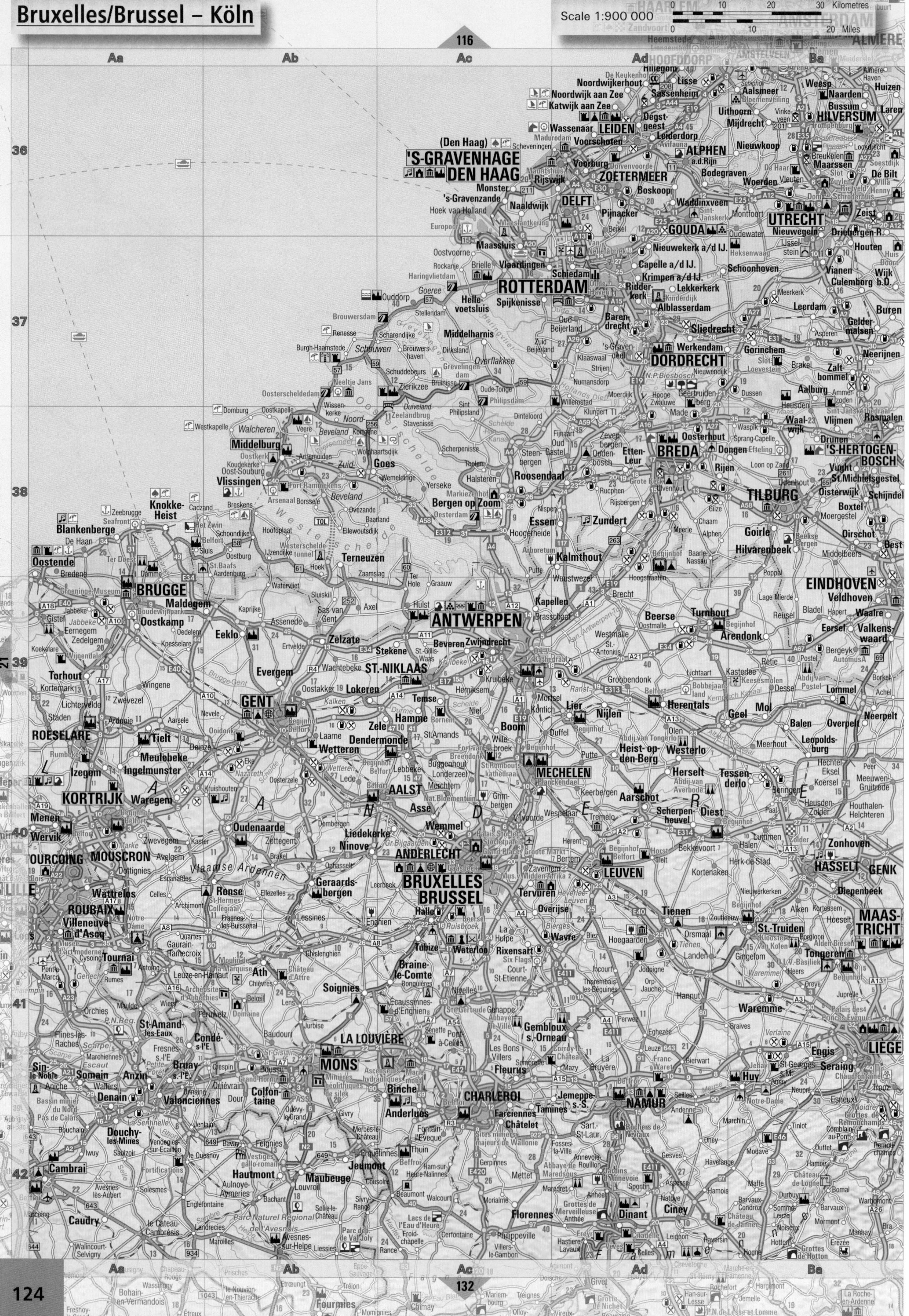
Scale 1:900 000
0 10 20 30 Kilometres
0 10 20 Miles
116
Aa
Ab
Ac
Ad
Ba
36
37
38
39
40
41
42
21
132
'S-GRAVENHAGE
DEN HAAG
(Den Haag)
LEIDEN
ZOETERMEER
DELFT
ROTTERDAM
DORDRECHT
GOUDA
UTRECHT
HILVERSUM
ALPHEN a.d.Rijn
BREDA
TILBURG
'S-HERTOGENBOSCH
EINDHOVEN
Middelburg
Vlissingen
Goes
Roosendaal
Bergen op Zoom
Oostende
BRUGGE
Knokke-Heist
Blankenberge
Terneuzen
ANTWERPEN
GENT
ST.-NIKLAAS
Lokeren
MECHELEN
AALST
Lier
Herentals
Turnhout
Geel
Mol
Hasselt
GENK
MAAS-TRICHT
LEUVEN
BRUXELLES
BRUSSEL
ANDERLECHT
ROESELARE
KORTRIJK
Oudenaarde
MOUSCRON
TOURCOING
ROUBAIX
LILLE
Tournai
Ath
Soignies
MONS
LA LOUVIÈRE
CHARLEROI
NAMUR
Dinant
Ciney
Huy
LIÈGE
Tongeren
St.-Truiden
Tienen
Wavre
Waterloo
Nivelles
Gembloux
Valenciennes
Denain
Cambrai
Maubeuge
Caudry
Jeumont
Binche

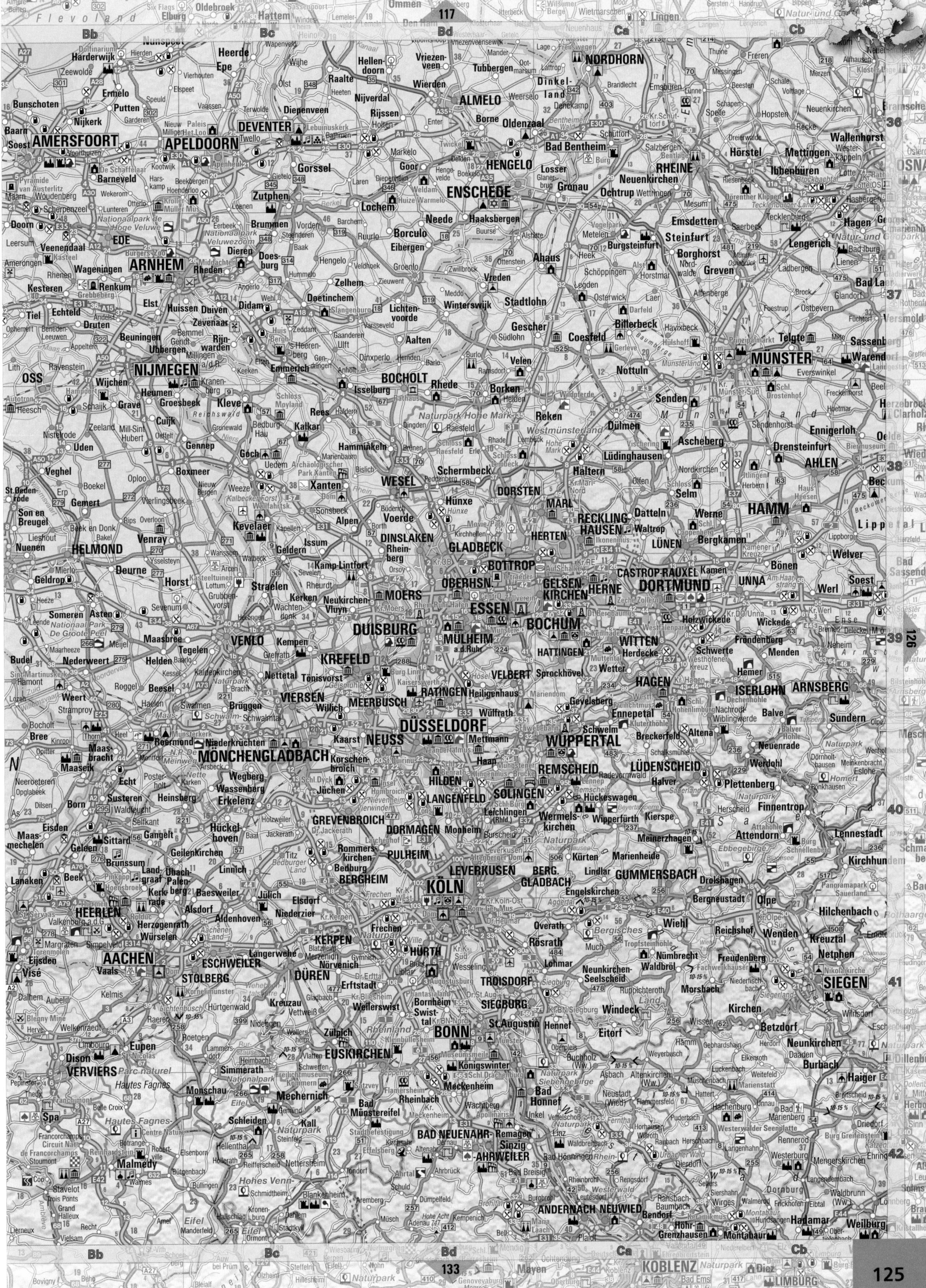
117
Bb
Bc
Bd
Ca
Cb
ZWOLLE
Flevoland
Harderwijk
AMERSFOORT
APELDOORN
DEVENTER
ALMELO
HENGELO
ENSCHEDE
NORDHORN
Bad Bentheim
RHEINE
Ibbenbüren
Zutphen
ARNHEM
EDE
NIJMEGEN
OSS
Emmerich
BOCHOLT
MÜNSTER
Borken
Dülmen
WESEL
DORSTEN
HAMM
Kevelaer
HELMOND
GLADBECK
BOTTROP
HERTEN
LÜNEN
Kamp-Lintfort
MOERS
OBERHSN
ESSEN
GELSEN-KIRCHEN
HERNE
DORTMUND
UNNA
Soest
DUISBURG
MÜLHEIM a.d.Ruhr
BOCHUM
WITTEN
VENLO
KREFELD
HATTINGEN
HAGEN
ISERLOHN
ARNSBERG
VIERSEN
RATINGEN
VELBERT
MEERBUSCH
DÜSSELDORF
WUPPERTAL
Roermond
MÖNCHENGLADBACH
NEUSS
REMSCHEID
LÜDENSCHEID
HILDEN
SOLINGEN
LANGENFELD
GREVENBROICH
DORMAGEN
PULHEIM
LEVERKUSEN
BERG. GLADBACH
GUMMERSBACH
Sittard
HEERLEN
BERGHEIM
KÖLN
Olpe
AACHEN
ESCHWEILER
STOLBERG
KERPEN
HÜRTH
DÜREN
TROISDORF
SIEGBURG
SIEGEN
BONN
EUSKIRCHEN
VERVIERS
Eupen
Malmedy
BAD NEUENAHR-AHRWEILER
ANDERNACH
NEUWIED
KOBLENZ
LIMBURG
36
37
38
39
40
41
42
126
133

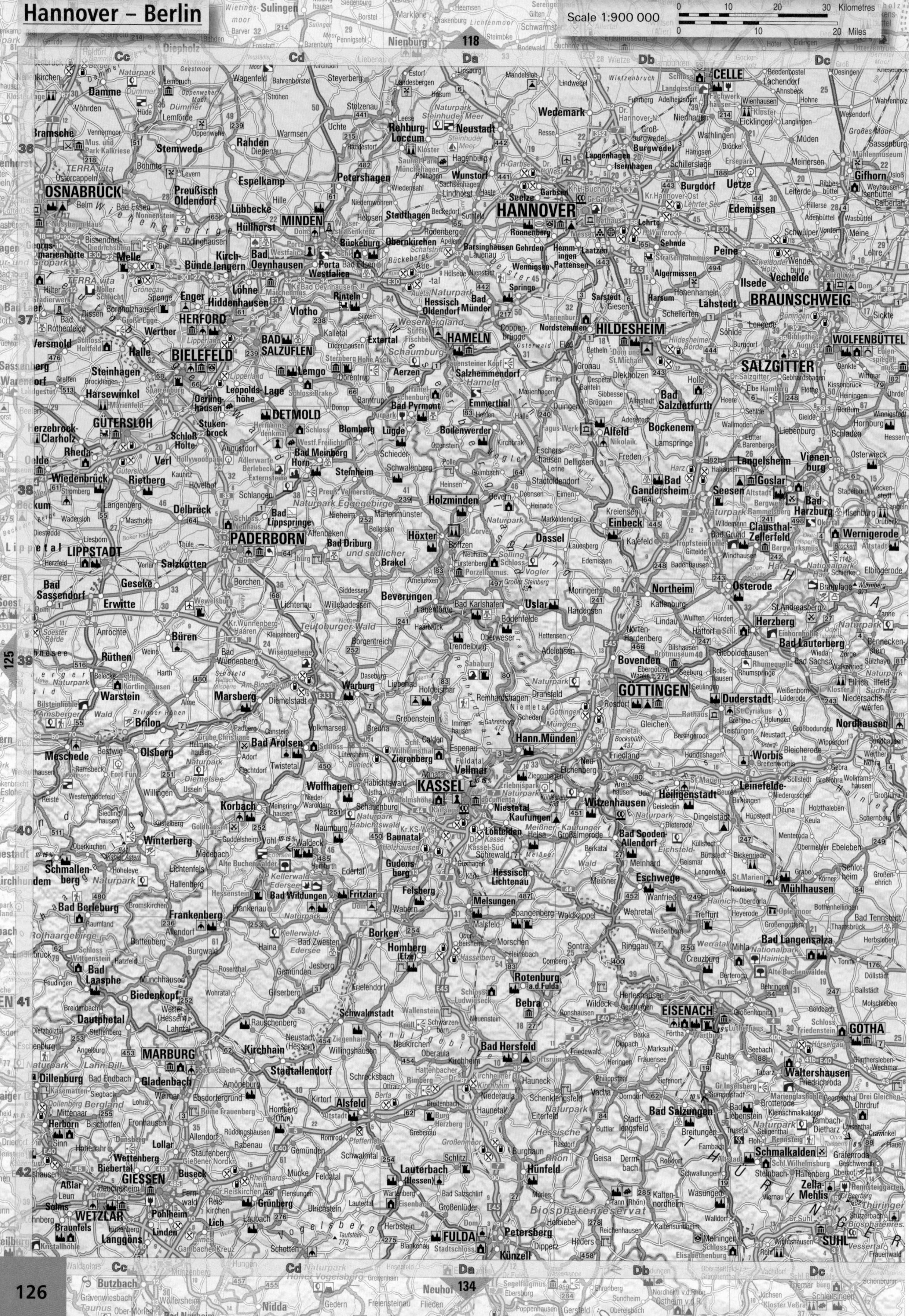
Scale 1:900 000
0 10 20 30 Kilometres
0 10 20 Miles
118
134
125
Cc
Cd
Da
Db
Dc
36
37
38
39
40
41
42
OSNABRÜCK
HANNOVER
BIELEFELD
MINDEN
HERFORD
GÜTERSLOH
DETMOLD
PADERBORN
LIPPSTADT
HAMELN
HILDESHEIM
BRAUNSCHWEIG
WOLFENBÜTTEL
SALZGITTER
CELLE
KASSEL
GÖTTINGEN
EISENACH
GOTHA
MARBURG
GIESSEN
WETZLAR
FULDA
Bad Hersfeld
Hann.Münden
Northeim
Goslar
Wernigerode
Mühlhausen
Nordhausen
Gifhorn
Peine
Wunstorf
Neustadt
Wedemark
Burgdorf
Höxter
Holzminden
Einbeck
Alfeld
Osterode
Duderstadt
Eschwege
Witzenhausen
Korbach
Fritzlar
Alsfeld
Bad Salzungen
Schmalkalden
Suhl
Lauterbach (Hessen)
Dillenburg
Herborn
Biedenkopf
Winterberg
Brilon
Warstein
Meschede
Bad Berleburg
Frankenberg
Waltershausen
Bad Langensalza
Leinefelde
Heiligenstadt
Worbis
Herzberg
Bad Lauterberg
Bad Pyrmont
Lemgo
Bad Salzuflen
Rinteln
Stadthagen
Petershagen
Nienburg
Sulingen
Diepholz
Melle
Bad Oeynhausen
Bünde
Enger
Lübbecke
Espelkamp
Stemwede
Damme
Bramsche
Warburg
Bad Arolsen
Wolfhagen
Melsungen
Homberg (Efze)
Schwalmstadt
Stadtallendorf
Kirchhain
Hünfeld
Rotenburg a.d.Fulda
Bebra
Sontra
Naturpark
Harz
Thüringer Wald
Vogelsberg
Rhön
Biosphärenreservat
Butzbach
Nidda
Bad Nauheim
Neuhof

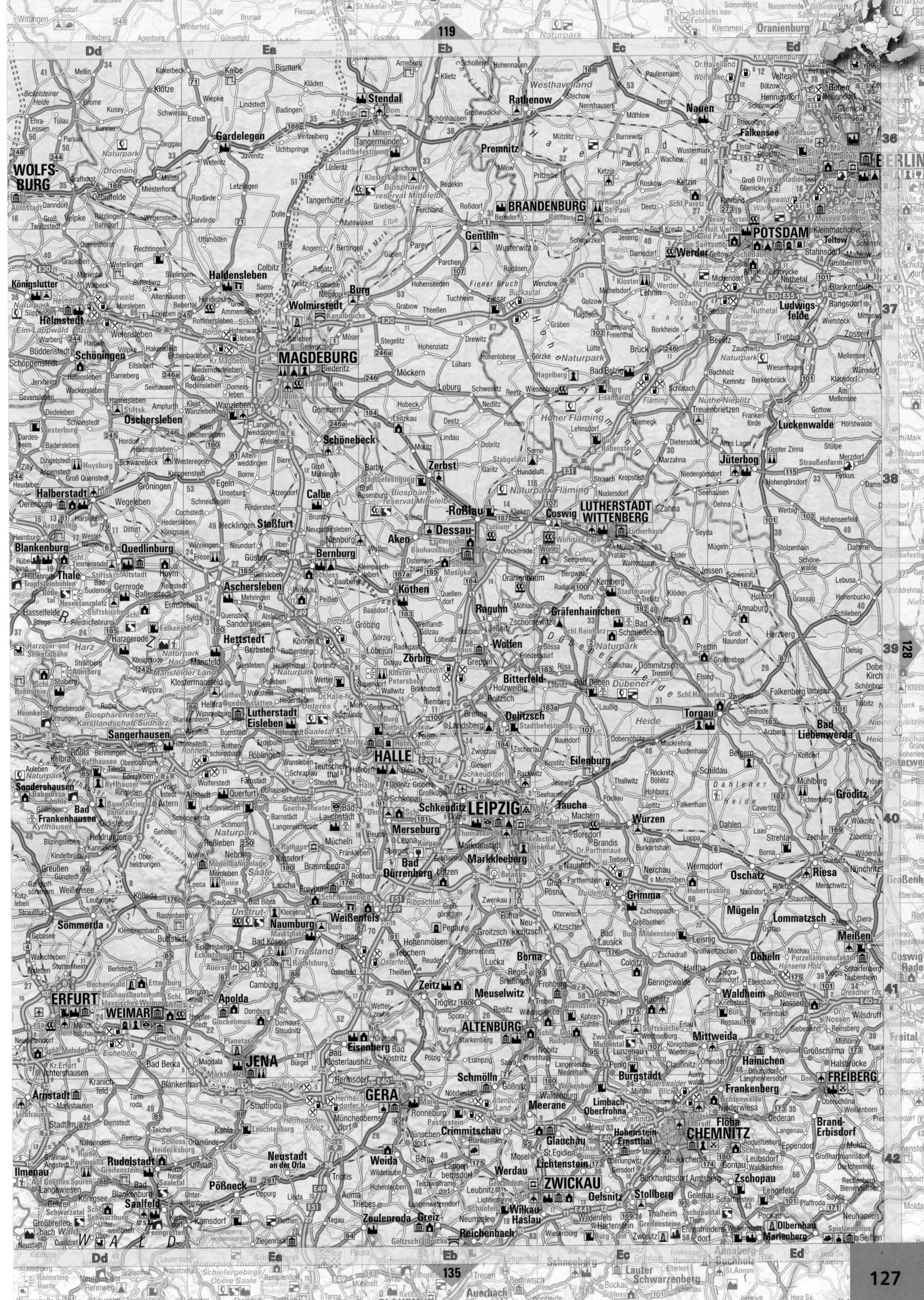
119
Dd
Ea
Eb
Ec
Ed
WOLFSBURG
Gardelegen
Stendal
Tangermünde
Rathenow
Nauen
Falkensee
BERLIN
Premnitz
BRANDENBURG
POTSDAM
Werder
Teltow
Genthin
Haldensleben
Königslutter
Helmstedt
Wolmirstedt
Burg
Schöningen
MAGDEBURG
Ludwigsfelde
Bad Belzig
Oschersleben
Schönebeck
Zerbst
Jüterbog
Luckenwalde
Halberstadt
Calbe
Staßfurt
Roßlau
Dessau
Coswig
LUTHERSTADT WITTENBERG
Blankenburg
Quedlinburg
Thale
Bernburg
Aken
Aschersleben
Köthen
Raguhn
Gräfenhainichen
Hettstedt
Zörbig
Wolfen
Bitterfeld
Lutherstadt Eisleben
Sangerhausen
Delitzsch
Torgau
Bad Liebenwerda
HALLE
Eilenburg
Sondershausen
Querfurt
Schkeuditz
LEIPZIG
Taucha
Wurzen
Gröditz
Bad Frankenhausen
Merseburg
Bad Dürrenberg
Markkleeberg
Oschatz
Riesa
Grimma
Sömmerda
Weißenfels
Naumburg
Mügeln
Lommatzsch
Meißen
Borna
Döbeln
Zeitz
ERFURT
WEIMAR
Apolda
Meuselwitz
ALTENBURG
Waldheim
Mittweida
Eisenberg
JENA
Hainichen
Burgstädt
FREIBERG
Schmölln
Arnstadt
GERA
Frankenberg
Meerane
Limbach-Oberfrohna
Flöha
Crimmitschau
Glauchau
Hohenstein-Ernstthal
CHEMNITZ
Brand-Erbisdorf
Rudolstadt
Neustadt an der Orla
Weida
Lichtenstein
Ilmenau
Pößneck
Werdau
ZWICKAU
Zschopau
Oelsnitz
Stollberg
Saalfeld
Zeulenroda
Greiz
Wilkau-Haslau
Reichenbach
Marienberg
Olbernhau
Annaberg-Buchholz
Schneeberg
Lauter
Schwarzenberg
Auerbach
PLAUEN
135
128
36
37
38
39
40
41
42

Scale 1:900 000

0 10 20 30 Kilometres
0 10 20 Miles

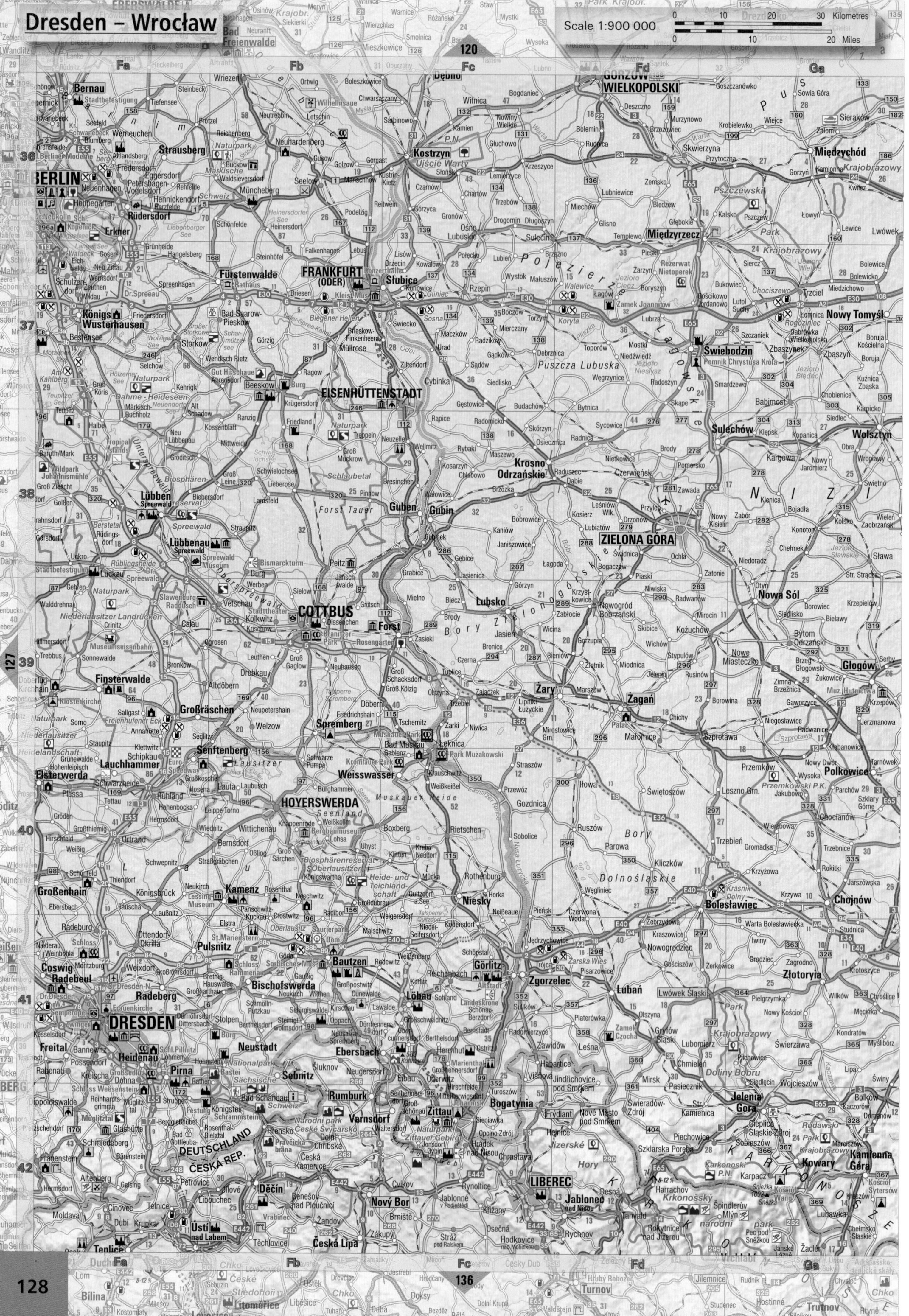
120
Fa
Fb
Fc
Fd
Ga
BERLIN
Bernau
Strausberg
Rüdersdorf
Erkner
Fürstenwalde
Königs Wusterhausen
Beeskow
FRANKFURT (ODER)
Słubice
Kostrzyn
GORZÓW WIELKOPOLSKI
Międzychód
Międzyrzecz
Świebodzin
Sulechów
Wolsztyn
Nowy Tomyśl
EISENHÜTTENSTADT
Lübben
Lübbenau
Luckau
COTTBUS
Forst
Guben
Gubin
Krosno Odrzańskie
ZIELONA GÓRA
Nowa Sól
Głogów
Lubsko
Żary
Żagań
Finsterwalde
Großräschen
Senftenberg
Lauchhammer
Elsterwerda
Spremberg
Weisswasser
HOYERSWERDA
Kamenz
Großenhain
Niesky
Bolesławiec
Chojnów
Polkowice
Pulsnitz
Bautzen
Görlitz
Zgorzelec
Lubań
Złotoryja
Bischofswerda
Radeberg
Coswig
Radebeul
Meißen
DRESDEN
Freital
Heidenau
Pirna
Neustadt
Sebnitz
Löbau
Zittau
Bogatynia
Rumburk
Varnsdorf
Děčín
Ústí nad Labem
Teplice
Nový Bor
Česká Lípa
LIBEREC
Jablonec nad Nisou
Jelenia Góra
Kowary
Kamienna Góra
DEUTSCHLAND
ČESKÁ REP.
127
136

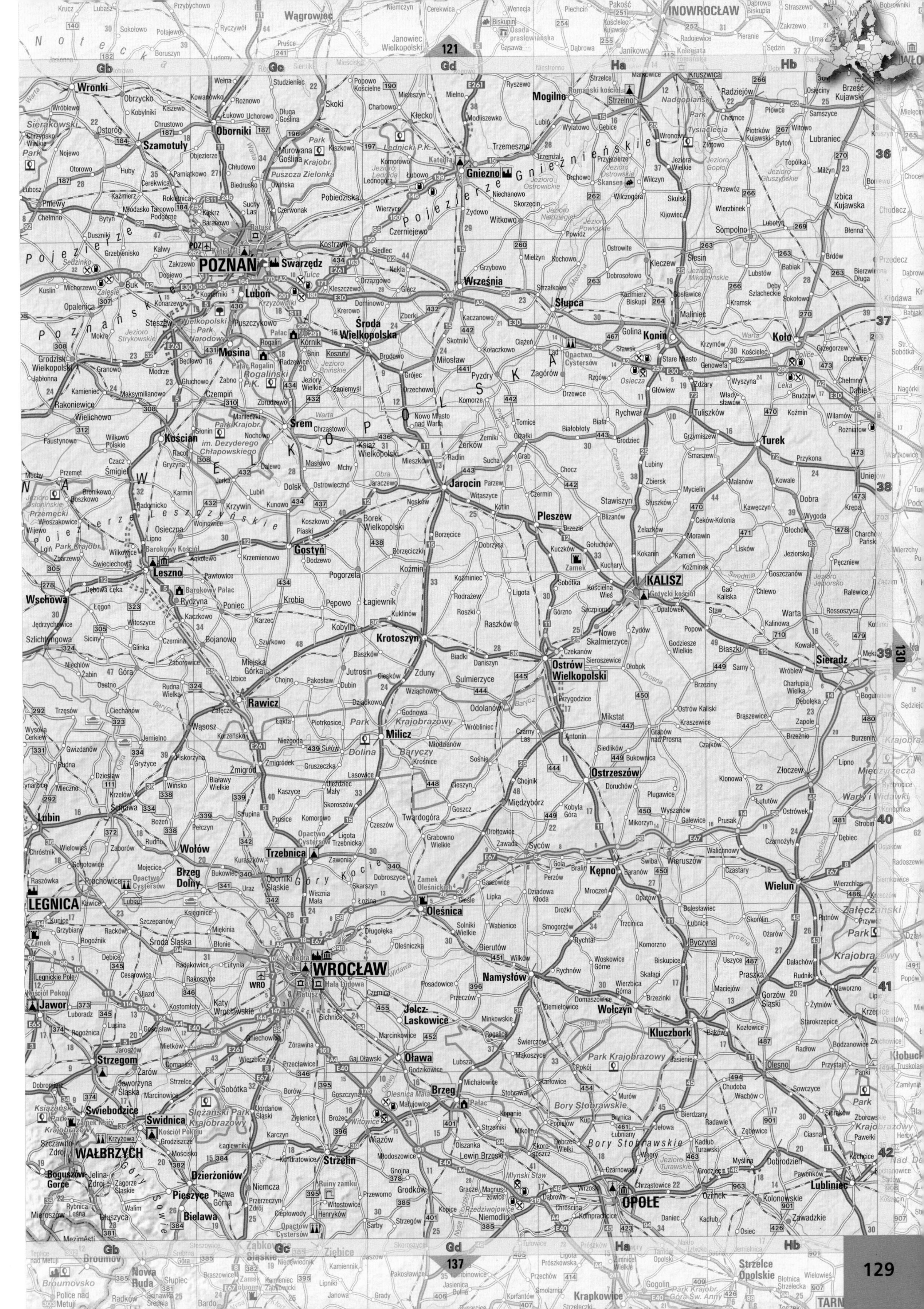

Wągrowiec
INOWROCŁAW
121
Gb
Gc
Gd
Ha
Hb
Noteć
Wronki
Oborniki
Szamotuły
Mogilno
Strzelno
Kruszwica
Radziejów
Brześć Kujawski
Gniezno
Pojezierze Gnieźnieńskie
Puszcza Zielonka
Lednicki P.K.
Park Krajobr.
Izbica Kujawska
POZNAŃ
Swarzędz
Luboń
Września
Słupca
Konin
Koło
Środa Wielkopolska
Kórnik
Mosina
Stęszew
Pojezierze Poznańskie
Rogaliński P.K.
Wielkopolski Park Narodowy
Pyzdry
Zagórów
Turek
Śrem
Kościan
Park Krajobr. im. Dezyderego Chłapowskiego
Książ Wielkopolski
Jarocin
Pleszew
Uniejów
Pojezierze Leszczyńskie
Gostyń
Leszno
Wschowa
KALISZ
Krotoszyn
Ostrów Wielkopolski
Nowe Skalmierzyce
Sieradz
Rawicz
Milicz
Park Krajobrazowy Dolina Baryczy
Żmigród
Ostrzeszów
Złoczew
Lubin
Wołów
Trzebnica
Brzeg Dolny
Syców
Kępno
Wieluń
LEGNICA
Oleśnica
WROCŁAW
Namysłów
Wołczyn
Kluczbork
Jawor
Jelcz-Laskowice
Oława
Strzegom
Brzeg
Świebodzice
Świdnica
Strzelin
Lewin Brzeski
WAŁBRZYCH
Dzierżoniów
Pieszyce
Bielawa
OPOLE
Lubliniec
Bory Stobrawskie
Park Krajobrazowy
Góry Sowie
Ślężański Park Krajobrazowy
Boguszów-Gorce
Ząbkowice Śląskie
Ziębice
137
Nowa Ruda
Broumovsko
Strzelce Opolskie
Krapkowice
36
37
38
39
40
41
42
130

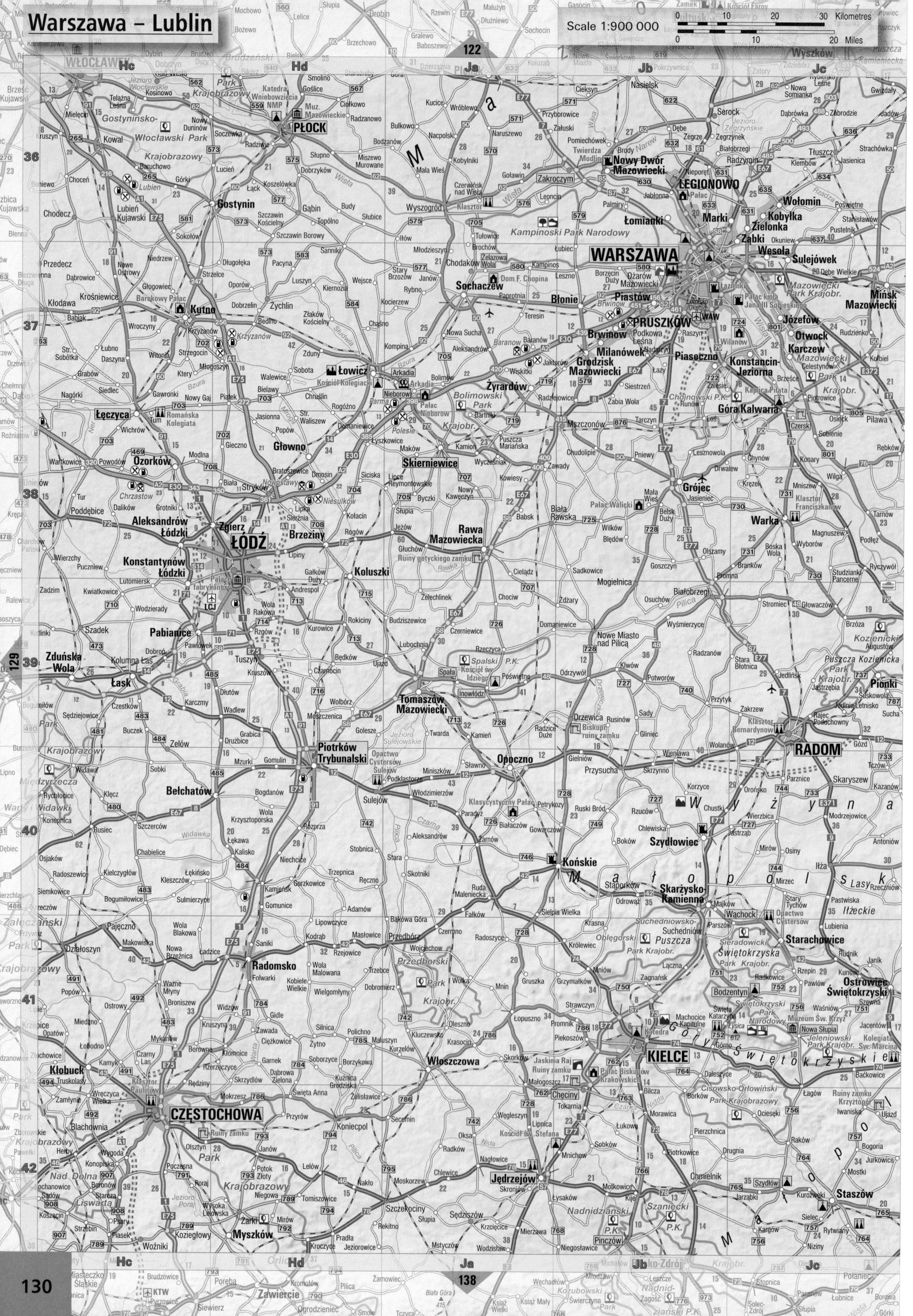
Scale 1:900 000
0 10 20 30 Kilometres
0 10 20 Miles
122
138
129
WŁOCŁAWEK
PŁOCK
Gostynin
Kutno
Łęczyca
Ozorków
Zgierz
ŁÓDŹ
Aleksandrów Łódzki
Konstantynów Łódzki
Pabianice
Zduńska Wola
Łask
Bełchatów
Głowno
Łowicz
Brzeziny
Koluszki
Skierniewice
Sochaczew
Żyrardów
Rawa Mazowiecka
Tomaszów Mazowiecki
Piotrków Trybunalski
Opoczno
Radomsko
CZĘSTOCHOWA
Kłobuck
Myszków
Włoszczowa
Jędrzejów
KIELCE
Końskie
Skarżysko-Kamienna
Szydłowiec
Starachowice
Ostrowiec Świętokrzyski
Staszów
RADOM
Pionki
Warka
Grójec
Góra Kalwaria
Piaseczno
Konstancin-Jeziorna
Otwock
Karczew
Józefów
Mińsk Mazowiecki
Sulejówek
Wesoła
Ząbki
Zielonka
Kobyłka
Wołomin
Marki
LEGIONOWO
Nowy Dwór Mazowiecki
Łomianki
WARSZAWA
PRUSZKÓW
Piastów
Ożarów Mazowiecki
Błonie
Brwinów
Milanówek
Grodzisk Mazowiecki
Zakroczym
Kampinoski Park Narodowy
Mazowiecki Park Krajobr.
Spalski P.K.
Przedborski Park Krajobr.
Jeleniowski Park Krajobr.
Cisowsko-Orłowiński Park Krajobrazowy
Suchedniowsko-Oblęgorski Park Krajobr.
Sieradowicki P.K.
Nadnidziański P.K.
Szaniecki P.K.
Góry Świętokrzyskie
Wyżyna Małopolska
Lasy Iłżeckie
Puszcza Kozienicka
Hc Hd Ja Jb Jc
36 37 38 39 40 41 42

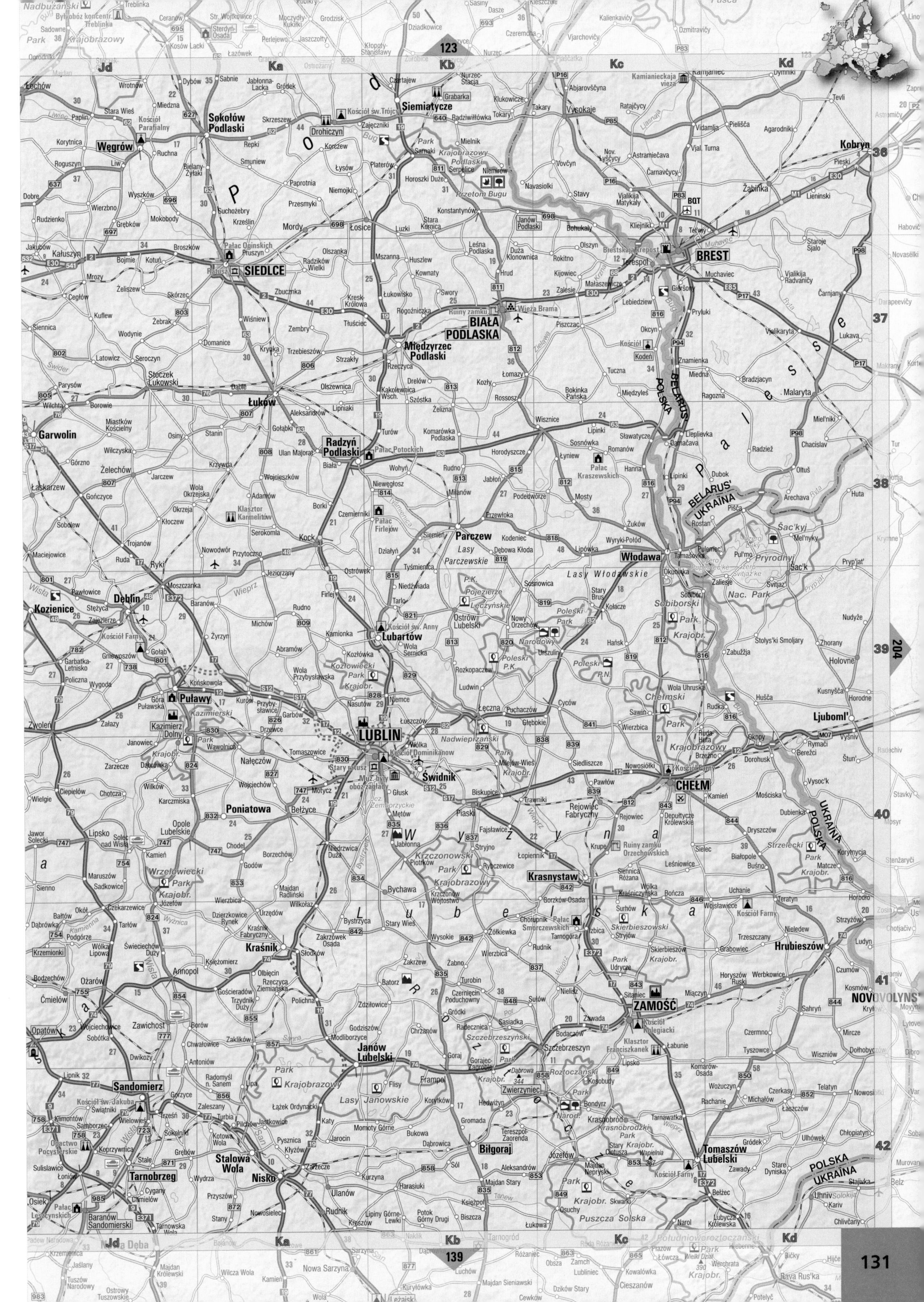

Siedlce
Brest
Biała Podlaska
Międzyrzec Podlaski
Łuków
Radzyń Podlaski
Parczew
Włodawa
Lubartów
Lublin
Świdnik
Puławy
Dęblin
Chełm
Krasnystaw
Zamość
Hrubieszów
Kraśnik
Janów Lubelski
Biłgoraj
Tomaszów Lubelski
Sandomierz
Tarnobrzeg
Stalowa Wola
Nisko
Garwolin
Kozienice
Węgrów
Sokołów Podlaski
Siemiatycze
Kobryn
Ljuboml'
Novovolyns'k
Podlasie
Polesie
Wyżyna Lubelska
Roztocze
Lasy Parczewskie
Lasy Włodawskie
Lasy Janowskie
Puszcza Solska
Poleski P.N.
Roztoczański P.N.
Kościół Farny
Kościół Dominikanów
Pałac Potockich
Pałac Czartoryskich
Ruiny zamku
Klasztor Karmelitów
Kościół Kolegiacki
Klasztor Franciszkanek
POLSKA
BELARUS'
UKRAÏNA
123
139
204
Ka
Kb
Kc
Kd
Jd

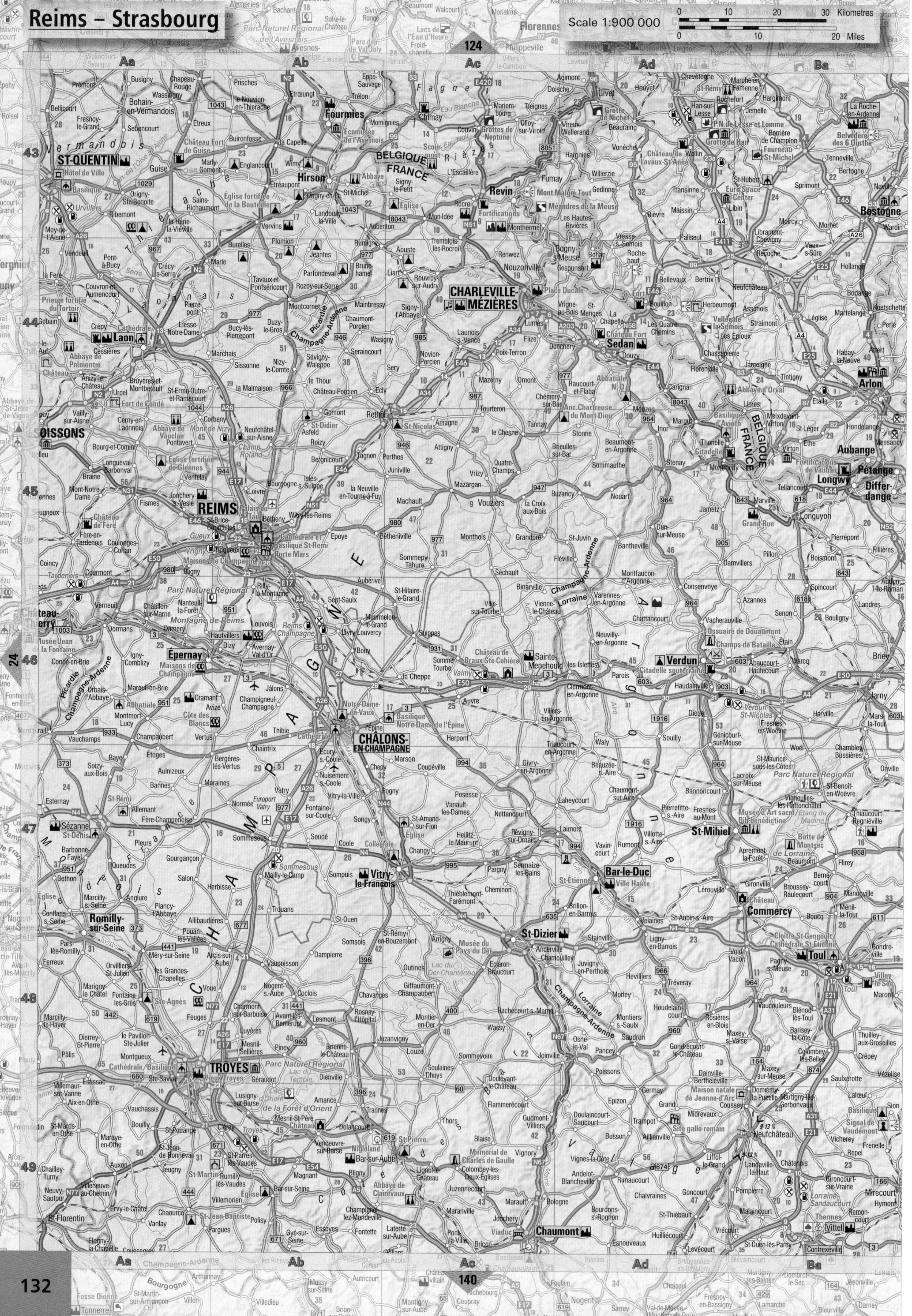

Reims – Strasbourg
Scale 1:900 000
0 10 20 30 Kilometres
0 10 20 Miles
124
Aa
Ab
Ac
Ad
Ba
43
44
45
46
47
48
49
24
140
ST-QUENTIN
Hirson
Fourmies
Chimay
Revin
Rocroi
CHARLEVILLE-MÉZIÈRES
Sedan
Bouillon
Arlon
Bastogne
Aubange
Longwy
Pétange
Differdange
Laon
SOISSONS
REIMS
Rethel
Vouziers
Épernay
CHÂLONS-EN-CHAMPAGNE
Sainte-Menehould
Verdun
St-Mihiel
Commercy
Toul
Bar-le-Duc
St-Dizier
Vitry-le-François
Sézanne
Romilly-sur-Seine
TROYES
Bar-sur-Aube
Chaumont
Neufchâteau
Vittel
Contrexéville
Joinville
BELGIQUE
FRANCE
Champagne-Ardenne
Lorraine
Picardie
Parc Naturel Régional de la Montagne de Reims
Parc Naturel Régional de la Forêt d'Orient
Parc Naturel Régional de Lorraine

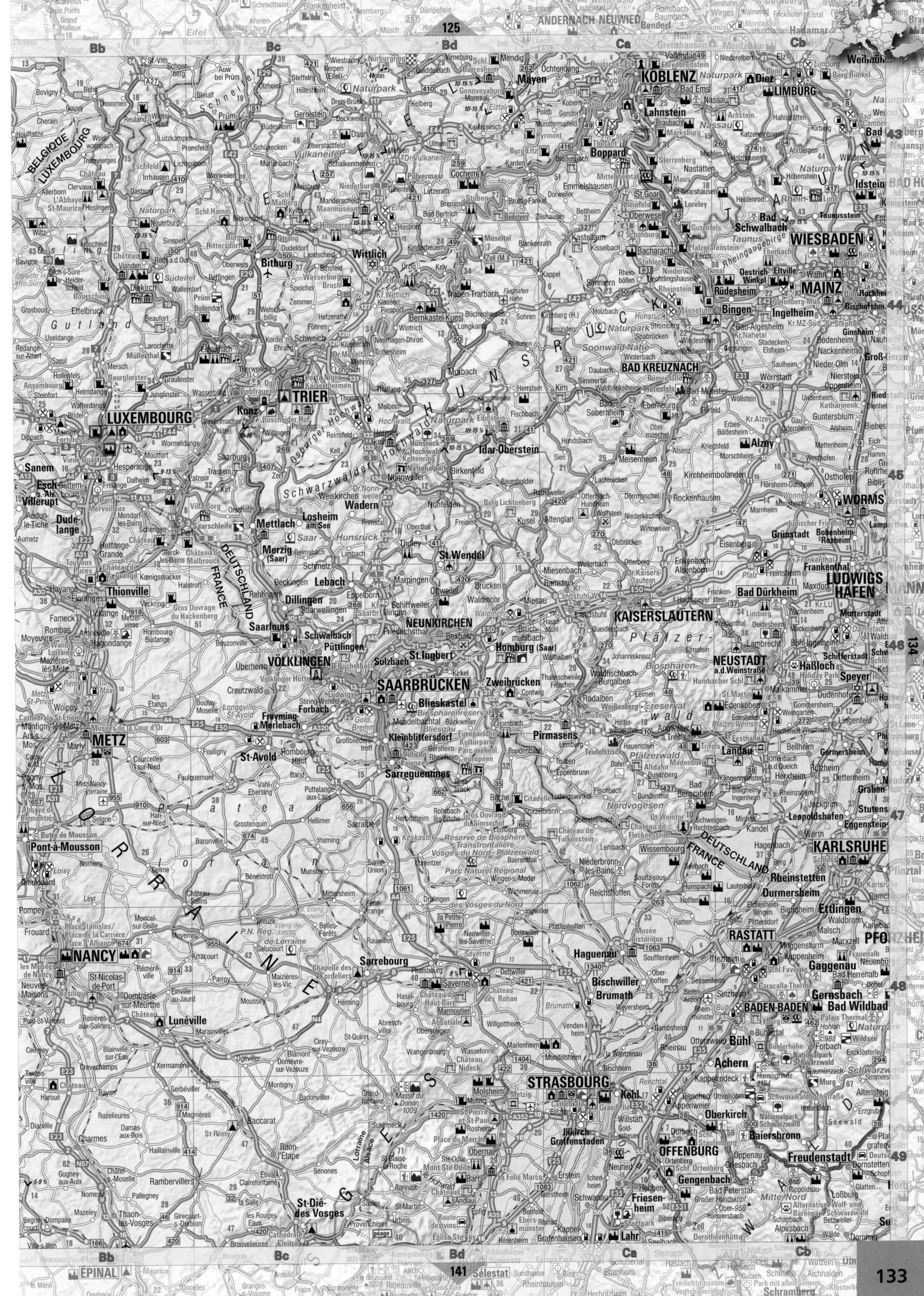
KOBLENZ
TRIER
LUXEMBOURG
WIESBADEN
MAINZ
BAD KREUZNACH
KAISERSLAUTERN
SAARBRÜCKEN
LUDWIGSHAFEN
NEUSTADT a.d.Weinstraße
KARLSRUHE
STRASBOURG
OFFENBURG
BADEN-BADEN
RASTATT
METZ
NANCY
WORMS
Idar-Oberstein
Pirmasens
Thionville
Sarreguemines
Sarrebourg
Lunéville
Pont-à-Mousson
St-Dié-des Vosges
Freudenstadt
BELGIQUE
LUXEMBOURG
DEUTSCHLAND
FRANCE
LORRAINE
HUNSRÜCK
EIFEL
VOSGES
SCHWARZWALD
125
141
134

Scale 1:900 000

0 10 20 30 Kilometres

0 10 20 Miles

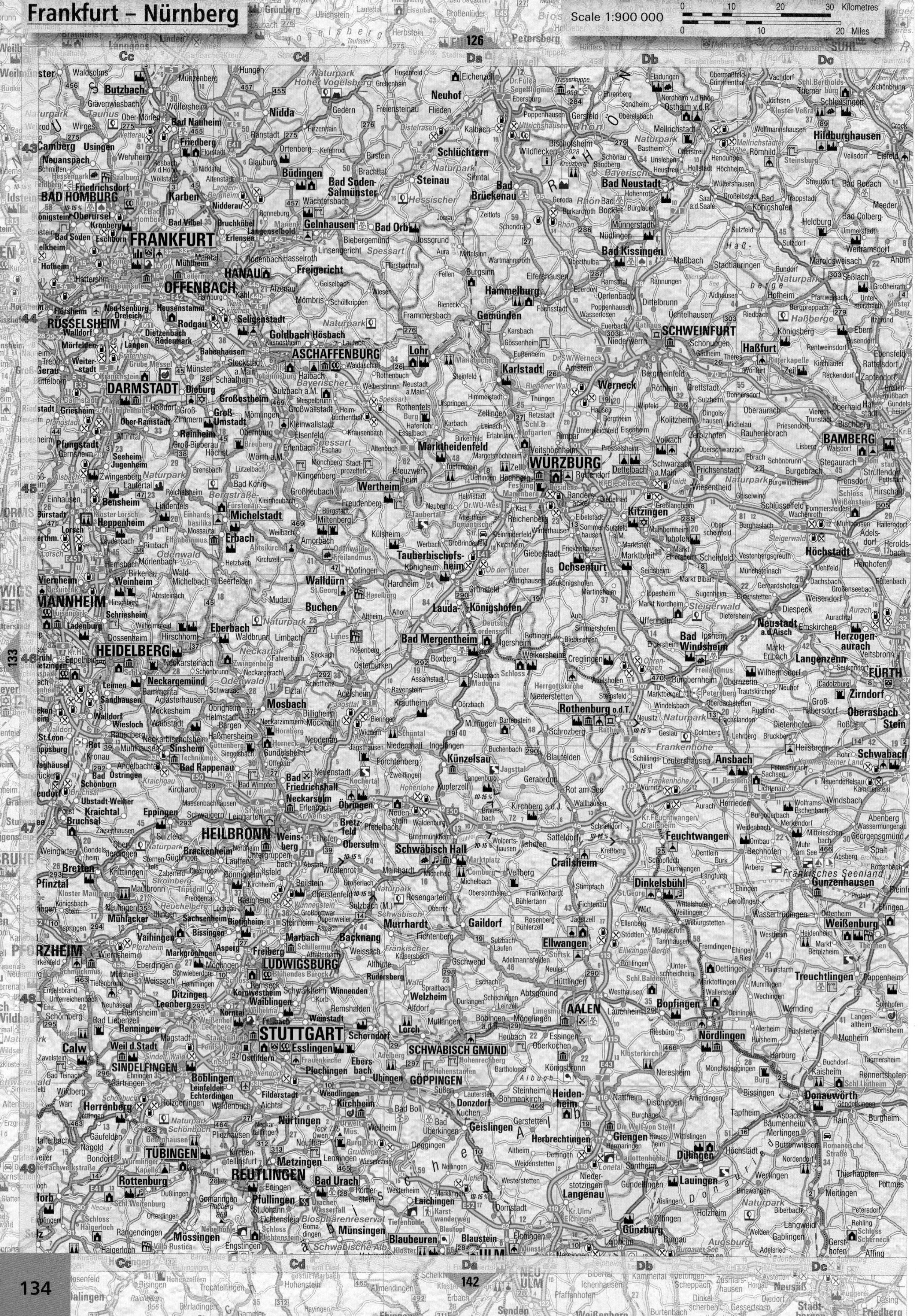

126
133
142
FRANKFURT
OFFENBACH
HANAU
BAD HOMBURG
RÜSSELSHEIM
DARMSTADT
ASCHAFFENBURG
WÜRZBURG
SCHWEINFURT
BAMBERG
FÜRTH
MANNHEIM
HEIDELBERG
HEILBRONN
STUTTGART
LUDWIGSBURG
SCHWÄBISCH GMÜND
GÖPPINGEN
SINDELFINGEN
TÜBINGEN
REUTLINGEN
AALEN
ULM
Ansbach
Schwabach
Rothenburg o.d.T.
Dinkelsbühl
Nördlingen
Donauwörth
Bad Kissingen
Bad Mergentheim
Schwäbisch Hall
Crailsheim
Ellwangen
Weißenburg
Gunzenhausen
Günzburg
Dillingen

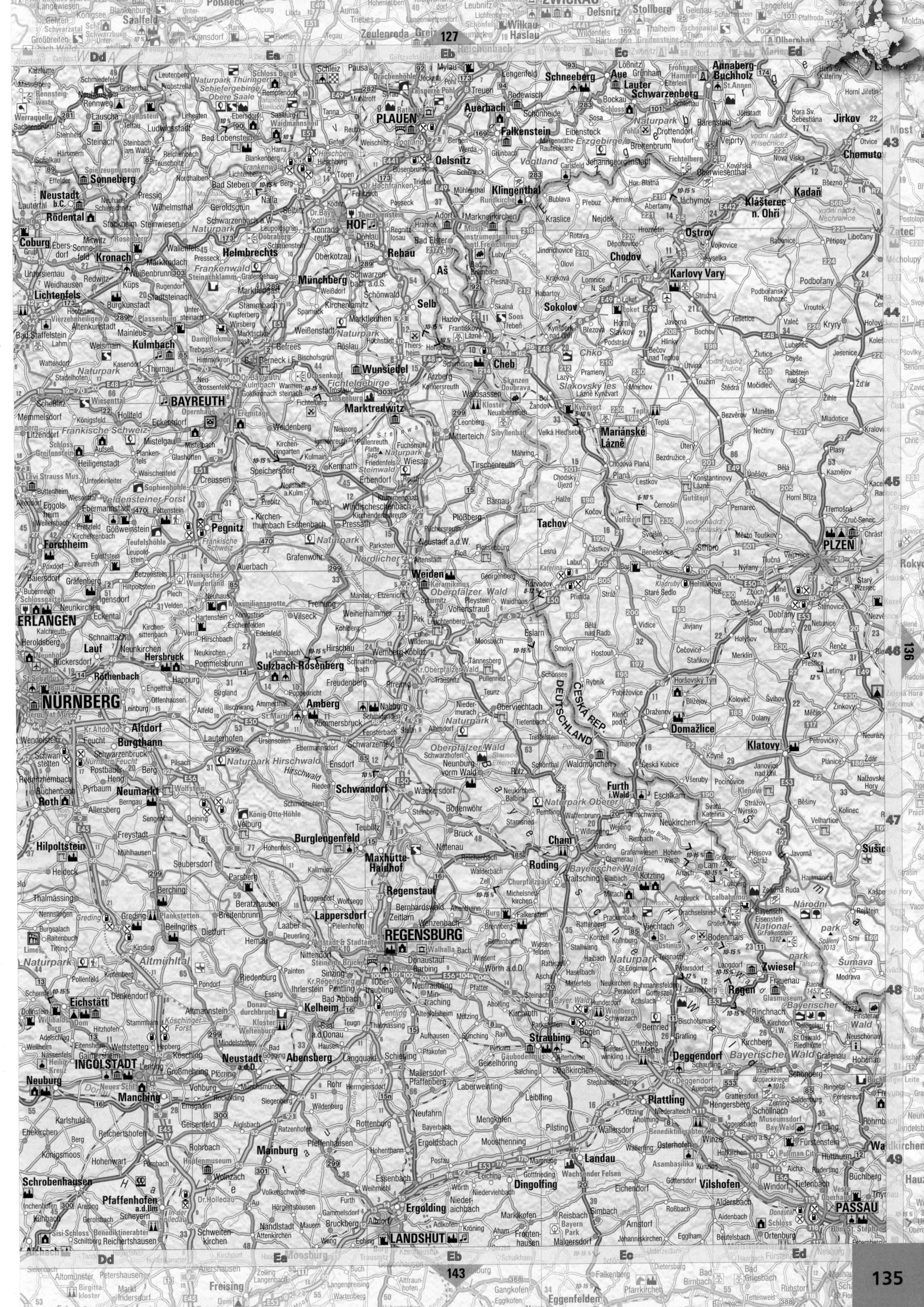

127
Dd
Ea
Eb
Ec
Ed
ZWICKAU
Plauen
HOF
Bayreuth
Coburg
Kronach
Kulmbach
Lichtenfels
Sonneberg
Münchberg
Selb
Wunsiedel
Marktredwitz
Cheb
Karlovy Vary
Sokolov
Chodov
Ostrov
Klášterec n. Ohří
Kadaň
Chomutov
Mariánské Lázně
Tachov
Plzeň
Weiden
Erlangen
Nürnberg
Amberg
Sulzbach-Rosenberg
Schwandorf
Neumarkt
Regensburg
Cham
Domažlice
Klatovy
Furth i. Wald
Straubing
Deggendorf
Plattling
Landau
Dingolfing
Vilshofen
Passau
Landshut
Kelheim
Abensberg
Ingolstadt
Eichstätt
Neuburg
Manching
Pfaffenhofen a.d.Ilm
Schrobenhausen
Mainburg
Ergolding
Zwiesel
Regen
Šumava
Bayerischer Wald
Oberpfälzer Wald
Fichtelgebirge
Naturpark Altmühltal
Naturpark Hirschwald
Fränkische Schweiz
DEUTSCHLAND
ČESKÁ REP.
43
44
45
46
47
48
49
136
143

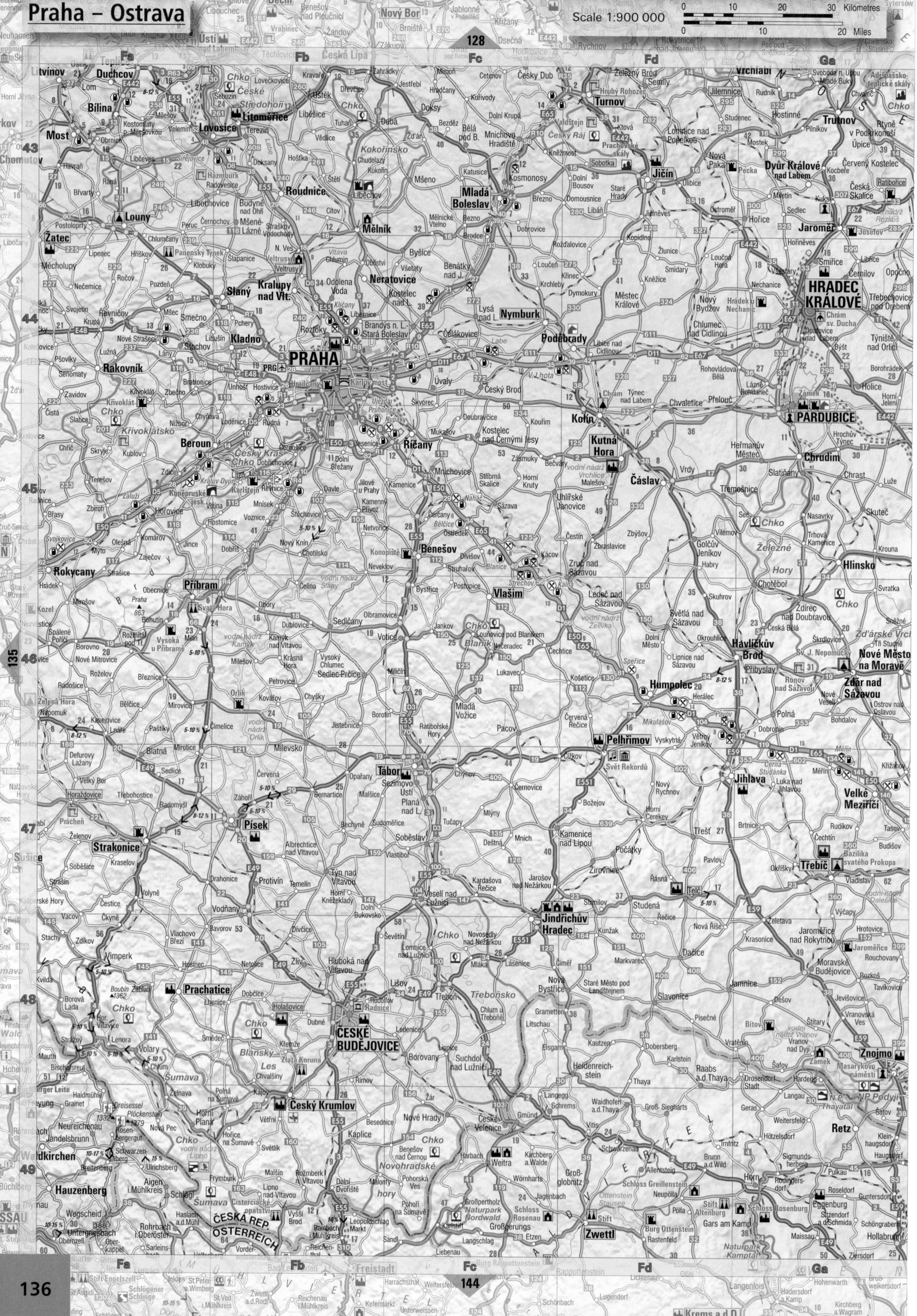
Scale 1:900 000
0 10 20 30 Kilometres
0 10 20 Miles
128
135
144
Fa
Fb
Fc
Fd
Ga
43
44
45
46
47
48
49
PRAHA
Kladno
Slaný
Kralupy nad Vlt.
Mělník
Roudnice
Litoměřice
Lovosice
Most
Bílina
Louny
Žatec
Rakovník
Beroun
Příbram
Rokycany
Mladá Boleslav
Nymburk
Poděbrady
Kolín
Kutná Hora
Čáslav
Jičín
Turnov
HRADEC KRÁLOVÉ
PARDUBICE
Chrudim
Jaroměř
Dvůr Králové nad Labem
Trutnov
Hlinsko
Havlíčkův Brod
Humpolec
Pelhřimov
Jihlava
Třebíč
Velké Meziříčí
Žďár nad Sázavou
Nové Město na Moravě
Telč
Jindřichův Hradec
Tábor
Benešov
Vlašim
Říčany
Písek
Strakonice
Prachatice
ČESKÉ BUDĚJOVICE
Český Krumlov
Znojmo
Retz
Zwettl
Hauzenberg
ČESKÁ REP.
ÖSTERREICH
Šumava
Krems a.D.

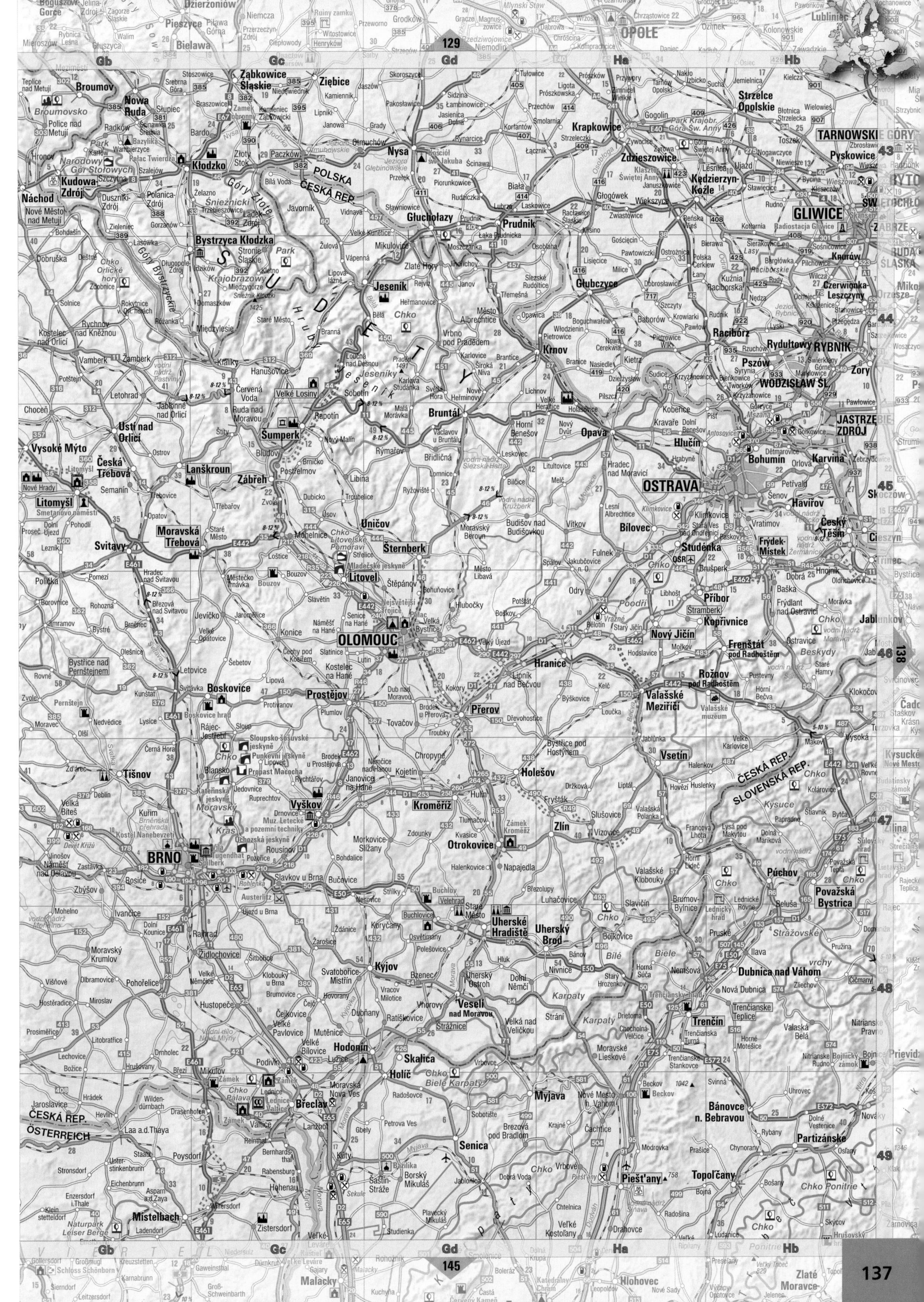
129
Gb
Gc
Gd
Ha
Hb
OPOLE
Dzierżoniów
Pieszyce
Bielawa
Ząbkowice Śląskie
Ziębice
Broumov
Nowa Ruda
Kłodzko
Nysa
Krapkowice
Strzelce Opolskie
TARNOWSKIE GÓRY
Pyskowice
Zdzieszowice
Kędzierzyn-Koźle
GLIWICE
Kudowa-Zdrój
Náchod
POLSKA
ČESKÁ REP.
Głuchołazy
Prudnik
Bystrzyca Kłodzka
Głubczyce
Jeseník
Racibórz
Rydułtowy
RYBNIK
Pszów
WODZISŁAW ŚL.
Krnov
Bruntál
Opava
Hlučín
JASTRZĘBIE ZDRÓJ
Ústí nad Orlicí
Šumperk
Vysoké Mýto
Česká Třebová
Lanškroun
Zábřeh
Bohumín
Karviná
OSTRAVA
Havířov
Litomyšl
Uničov
Český Těšín
Cieszyn
Svitavy
Moravská Třebová
Šternberk
Bílovec
Studénka
Frýdek-Místek
Litovel
Příbor
Kopřivnice
Nový Jičín
OLOMOUC
Frenštát pod Radhoštěm
Rožnov pod Radhoštěm
Hranice
Boskovice
Prostějov
Valašské Meziříčí
Přerov
Vsetín
Tišnov
Holešov
ČESKÁ REP.
SLOVENSKÁ REP.
Vyškov
Kroměříž
Zlín
BRNO
Otrokovice
Púchov
Považská Bystrica
Uherské Hradiště
Uherský Brod
Kyjov
Dubnica nad Váhom
Veselí nad Moravou
Trenčín
Hodonín
Skalica
Holíč
Břeclav
Myjava
Bánovce n. Bebravou
ČESKÁ REP.
ÖSTERREICH
Senica
Partizánske
Piešťany
Topoľčany
Mistelbach
145
Malacky
Hlohovec
Trnava

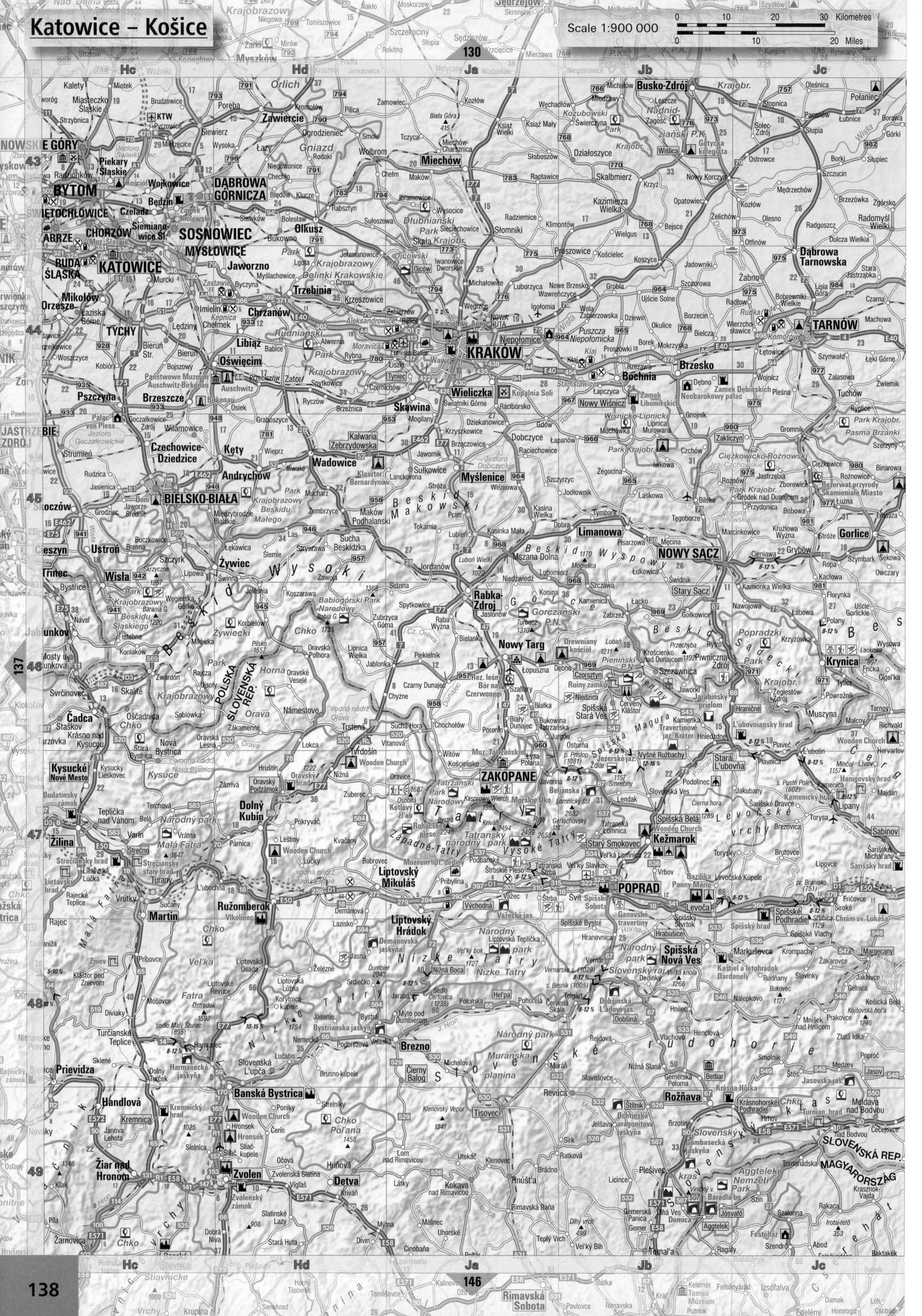
Scale 1:900 000
0 10 20 30 Kilometres
0 10 20 Miles
130
146
137
Hc
Hd
Ja
Jb
Jc
43
44
45
46
47
48
49
BYTOM
CHORZÓW
KATOWICE
SOSNOWIEC
MYSŁOWICE
DĄBROWA GÓRNICZA
Piekary Śląskie
Zawiercie
Olkusz
Jaworzno
Trzebinia
Chrzanów
Oświęcim
TYCHY
Pszczyna
Brzeszcze
Czechowice-Dziedzice
BIELSKO-BIAŁA
Kęty
Andrychów
Wadowice
Kalwaria Zebrzydowska
Myślenice
KRAKÓW
Wieliczka
Skawina
Miechów
Busko-Zdrój
Niepołomice
Bochnia
Brzesko
TARNÓW
Dąbrowa Tarnowska
Limanowa
NOWY SĄCZ
Gorlice
Krynica
Stary Sącz
Rabka-Zdroj
Nowy Targ
ZAKOPANE
Żywiec
Wisła
Ustroń
Cieszyn
Třinec
Sucha Beskidzka
Beskid Wysoki
Beskid Makowski
Beskid Wyspowy
Beskid Sądecki
Gorczański P.N.
Pieniński P.N.
Babiogórski Park Narodowy
Tatranský národný park
Tatry
Vysoké Tatry
Západné Tatry
Nízke Tatry
Slovenský raj
Slovenské rudohorie
Malá Fatra
Veľká Fatra
Čadca
Kysucké Nové Mesto
Žilina
Martin
Ružomberok
Dolný Kubín
Liptovský Mikuláš
Liptovský Hrádok
Poprad
Kežmarok
Levoča
Spišská Nová Ves
Spišské Podhradie
Stará Ľubovňa
Brezno
Banská Bystrica
Zvolen
Detva
Žiar nad Hronom
Handlová
Prievidza
Rožňava
Tisovec
Rimavská Sobota
Lučenec
POLSKA
SLOVENSKÁ REP.
MAGYARORSZÁG
Aggteleki Nemzeti Park
Auschwitz
Wooden Church
Oravský Podzámok
Zamek Dębiński Neobarokowy pałac

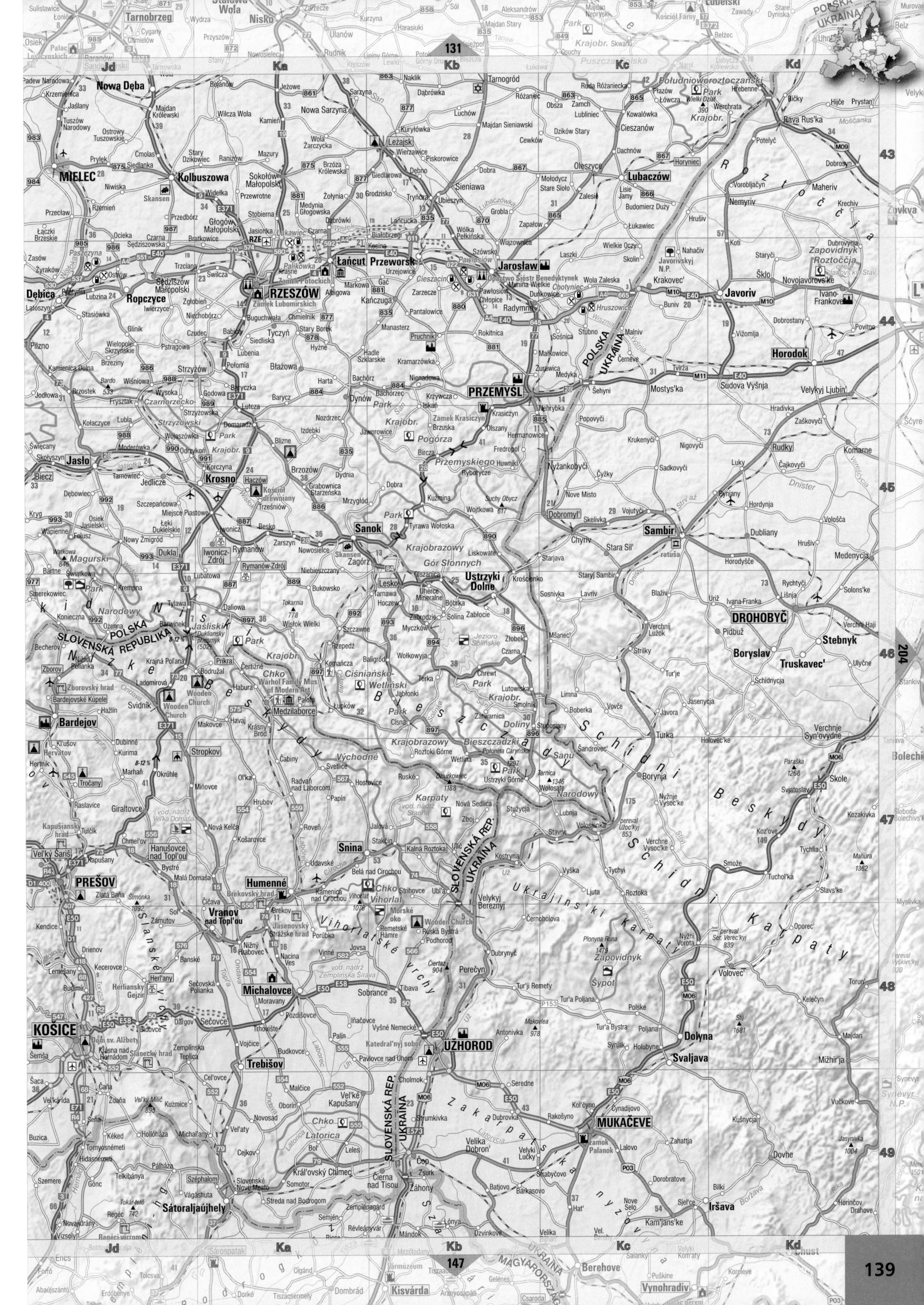

131
Jd
Ka
Kb
Kc
Kd
Tarnobrzeg
Nisko
Nowa Dęba
MIELEC
Kolbuszowa
Sokołów Małopolski
Leżajsk
Nowa Sarzyna
Tarnogród
Lubaczów
Oleszyce
Sieniawa
Jarosław
Łańcut
Przeworsk
RZESZÓW
Dębica
Ropczyce
Tyczyn
Strzyżów
Pruchnik
PRZEMYŚL
Dynów
Jasło
Krosno
Sanok
Lesko
Ustrzyki Dolne
Rymanów
Iwonicz-Zdrój
Dukla
Zagórz
Horodok
Javoriv
Mostys'ka
Sambir
Rudky
DROHOBYČ
Boryslav
Truskavec'
Stebnyk
POLSKA
UKRAINA
SLOVENSKÁ REPUBLIKA
SLOVENSKÁ REP.
Bardejov
Svidník
Stropkov
Medzilaborce
PREŠOV
Humenné
Vranov nad Topľou
Snina
Michalovce
KOŠICE
Trebišov
Sátoraljaújhely
UŽHOROD
MUKAČEVE
Svaljava
Dolyna
Iršava
Velykyj Bereznyj
Perečyn
Roztočča
Beskid Niski
Bieszczady
Schidni Beskydy
Schidni Karpaty
Ukrajins'ki Karpaty
Vihorlatské vrchy
Slanské vrchy
Zakarpats'ka nyzovyna
Kisvárda
Berehove
Vynohradiv
Csaroda
MAGYARORSZÁG
147
43
44
45
46
47
48
49
204

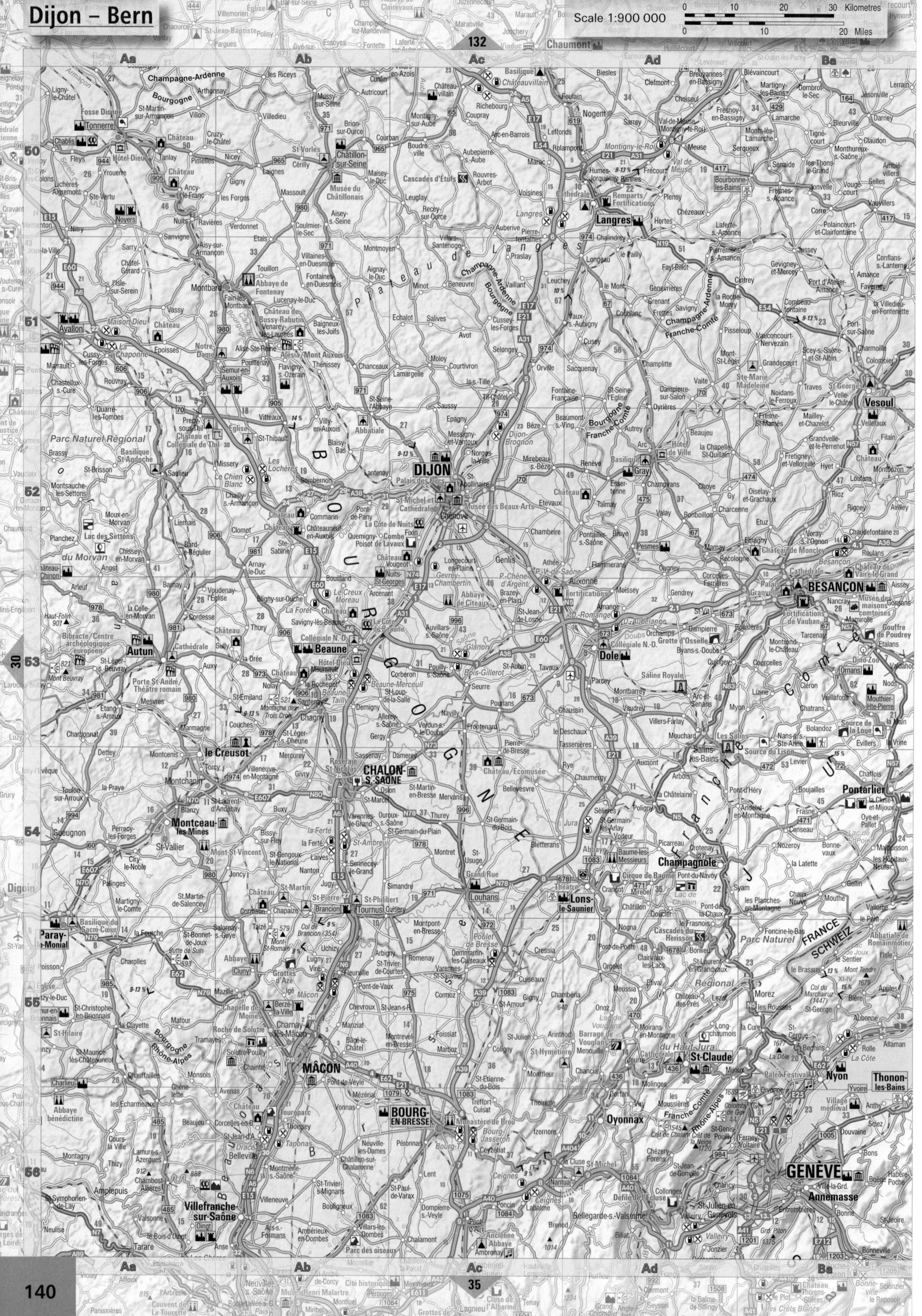
Scale 1:900 000
0 10 20 30 Kilometres
0 10 20 Miles
132
Aa
Ab
Ac
Ad
Ba
Champagne-Ardenne
Bourgogne
Tonnerre
Chablis
Châtillon-sur-Seine
Chaumont
Langres
Plateau de Langres
Montbard
Avallon
Semur-en-Auxois
DIJON
Vesoul
Gray
BESANÇON
Dole
Beaune
Autun
Parc Naturel Régional du Morvan
Le Creusot
CHALON-S.-SAÔNE
Montceau-les-Mines
Champagnole
Pontarlier
Lons-le-Saunier
Louhans
Tournus
Paray-le-Monial
Cluny
MÂCON
BOURG-EN-BRESSE
Villefranche-sur-Saône
Oyonnax
St-Claude
Nyon
Thonon-les-Bains
GENÈVE
Annemasse
Nantua
Bellegarde-s.-Valserine
FRANCE
SCHWEIZ
Franche-Comté
Rhône-Alpes
Bourgogne
Jura
35
30
50
51
52
53
54
55
56

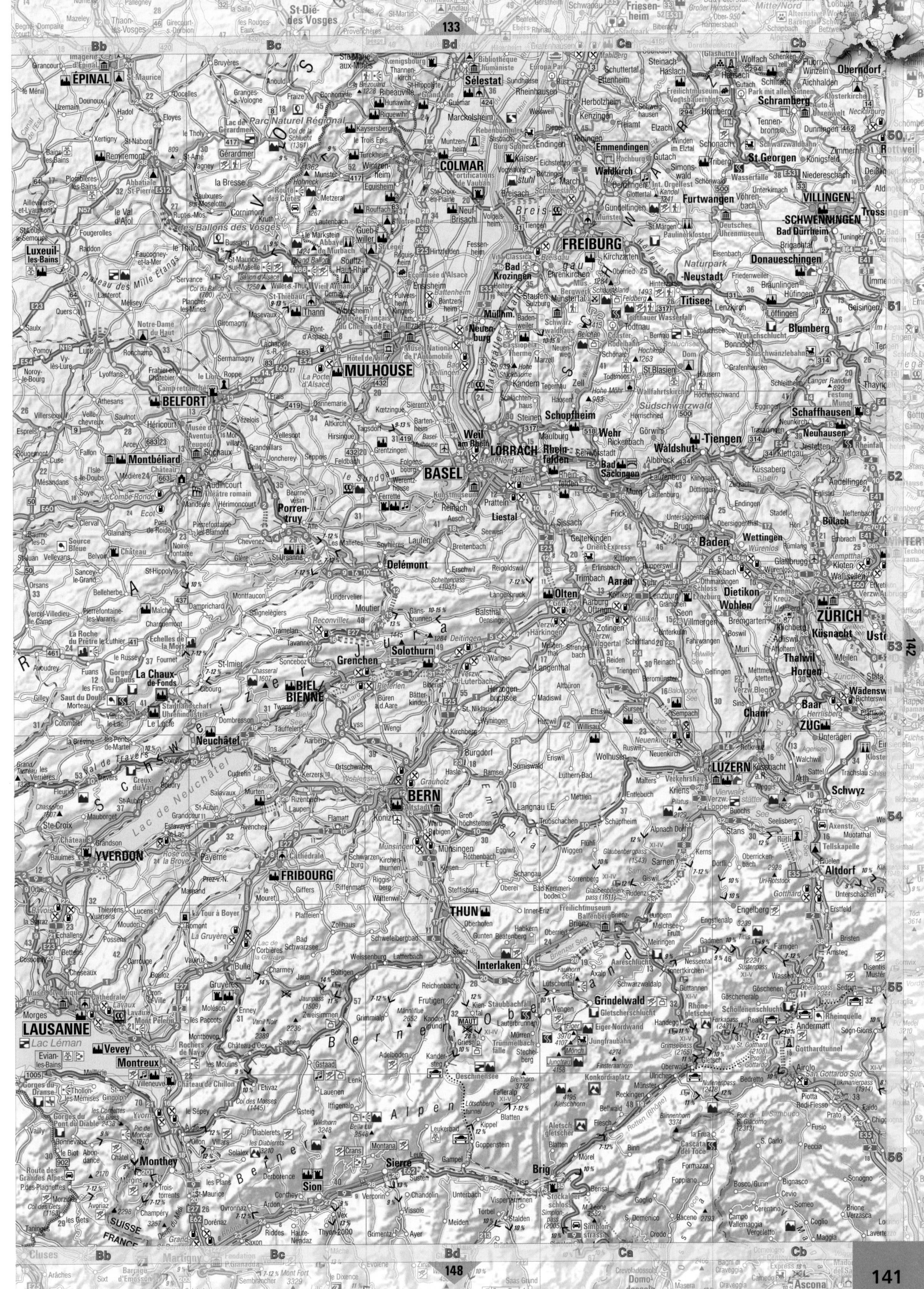

133
Bb
Bc
Bd
Ca
Cb
ÉPINAL
Sélestat
COLMAR
FREIBURG
Emmendingen
Waldkirch
Furtwangen
VILLINGEN-SCHWENNINGEN
Donaueschingen
Neustadt
Titisee-
Schramberg
St.Georgen
Gengenbach
Oberndorf
Luxeuil-les-Bains
Remiremont
Gérardmer
Thann
MULHOUSE
BELFORT
Montbéliard
Porrentruy
Delémont
BASEL
LÖRRACH
Weil am Rhein
Rheinfelden
Schopfheim
Wehr
Waldshut-Tiengen
Bad Säckingen
Schaffhausen
Neuhausen
Blumberg
Löffingen
Baden
Wettingen
Dietikon
Wohlen
ZÜRICH
Küsnacht
Thalwil
Horgen
Baar
ZUG
Cham
Aarau
Olten
Solothurn
Grenchen
BIEL/BIENNE
La Chaux-de-Fonds
Neuchâtel
Liestal
BERN
LUZERN
Schwyz
Altdorf
THUN
Interlaken
Grindelwald
FRIBOURG
YVERDON
LAUSANNE
Vevey
Montreux
Monthey
Sion
Sierre
Brig
Andermatt
Lac Léman
Lac de Neuchâtel
SUISSE
FRANCE
50
51
52
53
54
55
56
142
148
Ascona
141

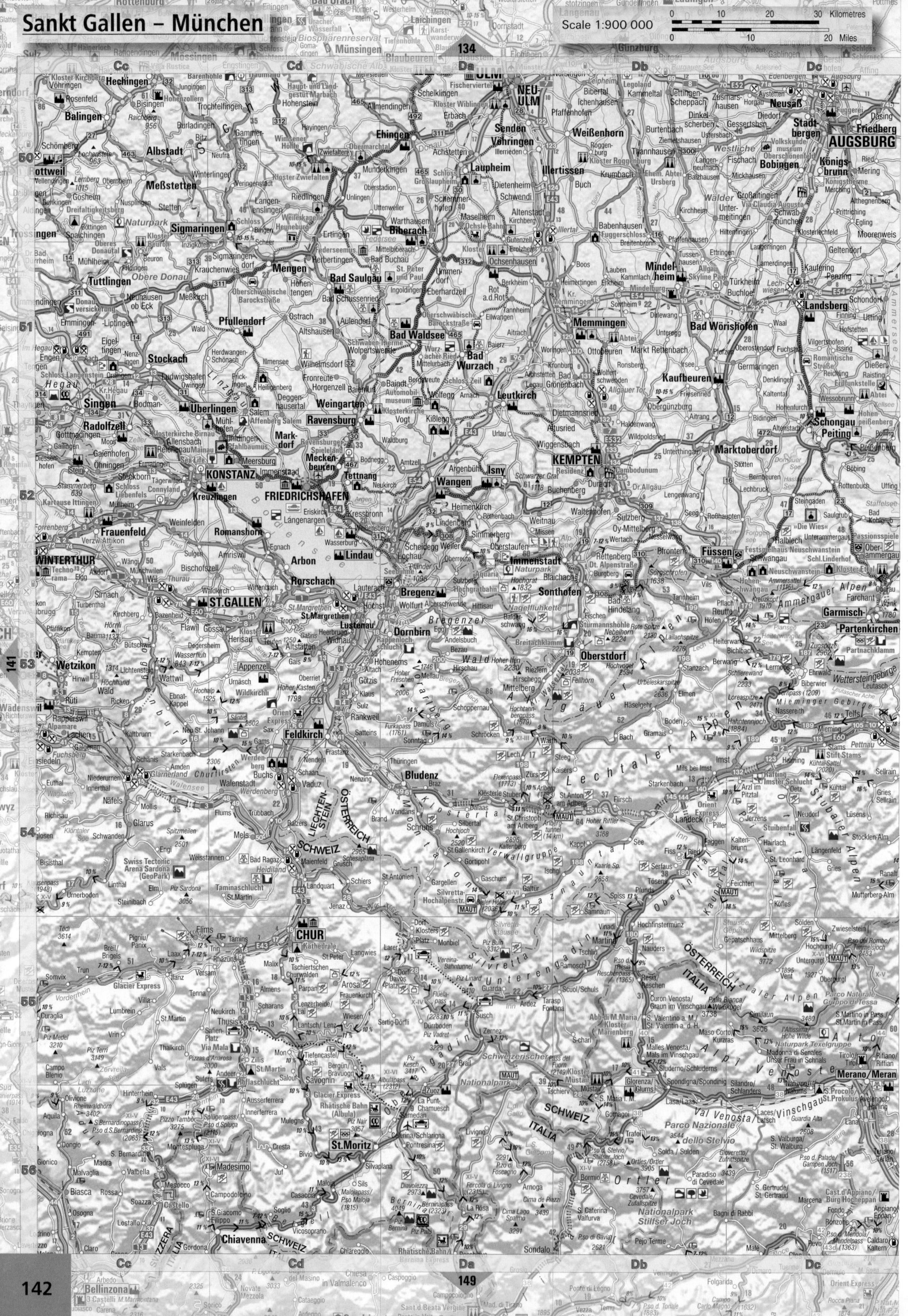

Sankt Gallen – München
Scale 1:900 000
0 10 20 30 Kilometres
0 10 20 Miles
134
149
141
Cc Cd Da Db Dc
50 51 52 53 54 55 56

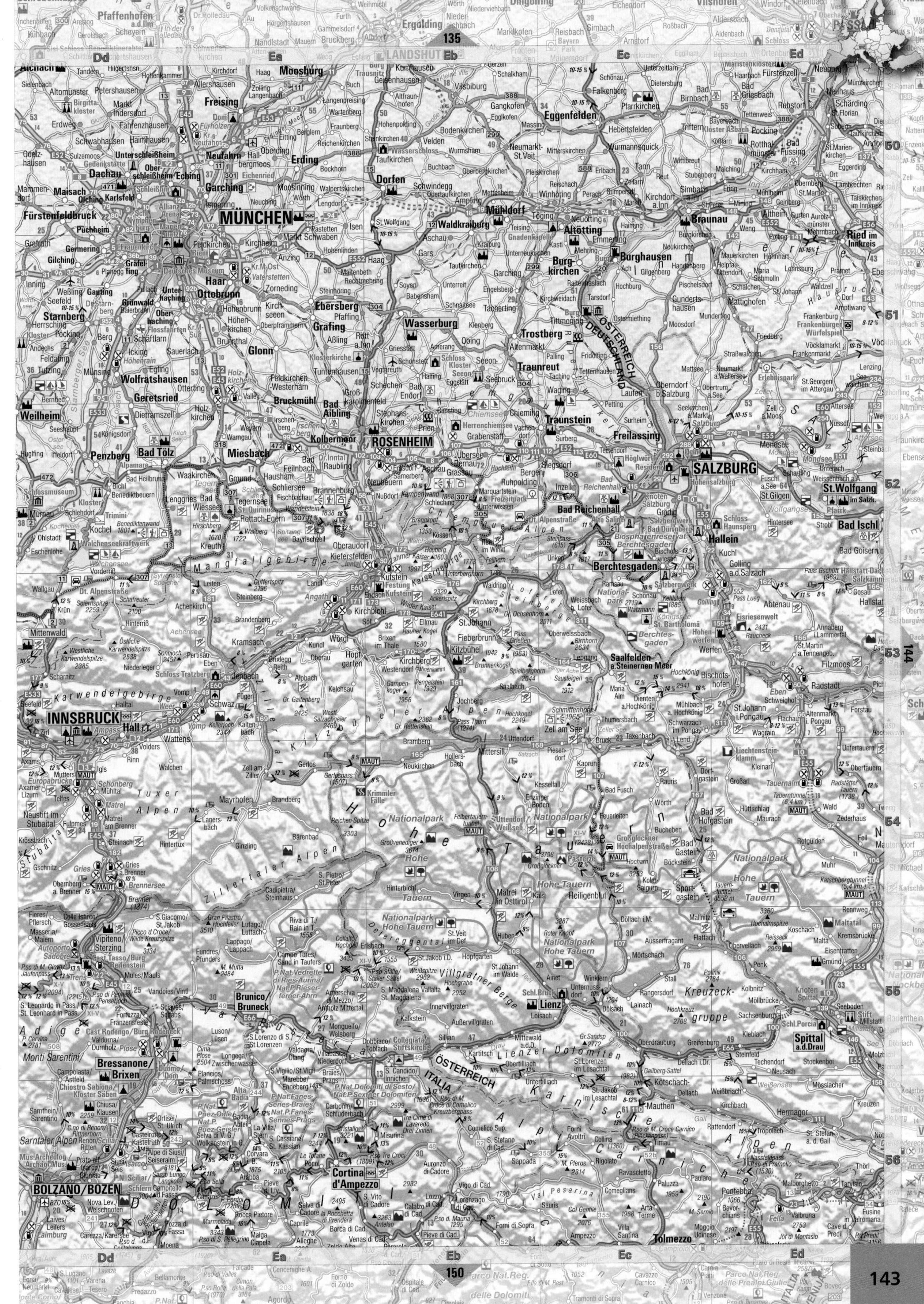

135
LANDSHUT
Dd
Ea
Eb
Ec
Ed
MÜNCHEN
Freising
Moosburg
Erding
Dachau
Fürstenfeldbruck
Garching
Starnberg
Wolfratshausen
Geretsried
Weilheim
Penzberg
Bad Tölz
Miesbach
Ebersberg
Grafing
Wasserburg
Dorfen
Mühldorf
Altötting
Burghausen
Braunau
Eggenfelden
Trostberg
Traunreut
Traunstein
Freilassing
ROSENHEIM
Kolbermoor
Bad Aibling
Bruckmühl
SALZBURG
Bad Reichenhall
Berchtesgaden
Hallein
Bad Ischl
St.Wolfgang
Ried im Innkreis
Kufstein
Kitzbühel
INNSBRUCK
Hall i.T.
Schwaz
Jenbach
Saalfelden a.Steinernen Meer
Zell am See
Lienz
Spittal a.d.Drau
Vipiteno/Sterzing
Brunico/Bruneck
Bressanone/Brixen
BOLZANO/BOZEN
Cortina d'Ampezzo
Tolmezzo
ÖSTERREICH
DEUTSCHLAND
ITALIA
Karwendelgebirge
Mangfallgebirge
Kitzbüheler Alpen
Tuxer Alpen
Zillertaler Alpen
Hohe Tauern
Nationalpark Hohe Tauern
Lienzer Dolomiten
Karnische Alpen
Kreuzeck-gruppe
DOLOMITI
Chiemsee
Großglockner
Großvenediger
150
Dd
Ea
Eb
Ec
Ed
50
51
52
53
54
55
56
144

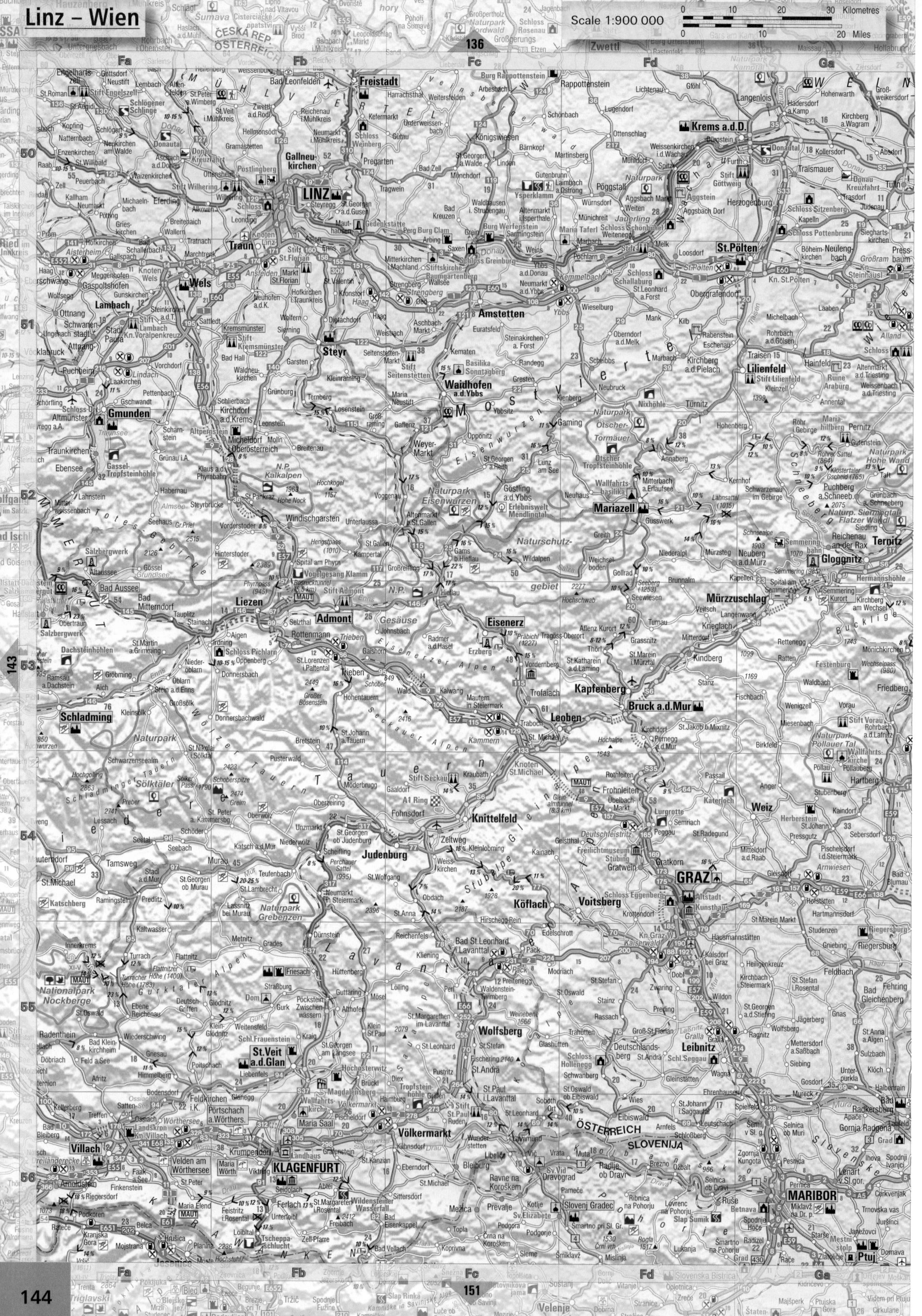
Scale 1:900 000
0 10 20 30 Kilometres
0 10 20 Miles
136
143
151
Fa
Fb
Fc
Fd
Ga
50
51
52
53
54
55
56
LINZ
Freistadt
Gallneukirchen
Traun
Wels
Lambach
Gmunden
Steyr
Amstetten
Waidhofen a.d.Ybbs
Krems a.d.D.
St.Pölten
Lilienfeld
Mariazell
Gloggnitz
Ternitz
Mürzzuschlag
Kapfenberg
Bruck a.d.Mur
Leoben
Eisenerz
Liezen
Admont
Bad Aussee
Schladming
Knittelfeld
Judenburg
Köflach
Voitsberg
GRAZ
Weiz
Leibnitz
Wolfsberg
St.Veit a.d.Glan
KLAGENFURT
Villach
Völkermarkt
MARIBOR
Ptuj
Slovenj Gradec
ÖSTERREICH
SLOVENIJA
ČESKÁ REP.
Zwettl

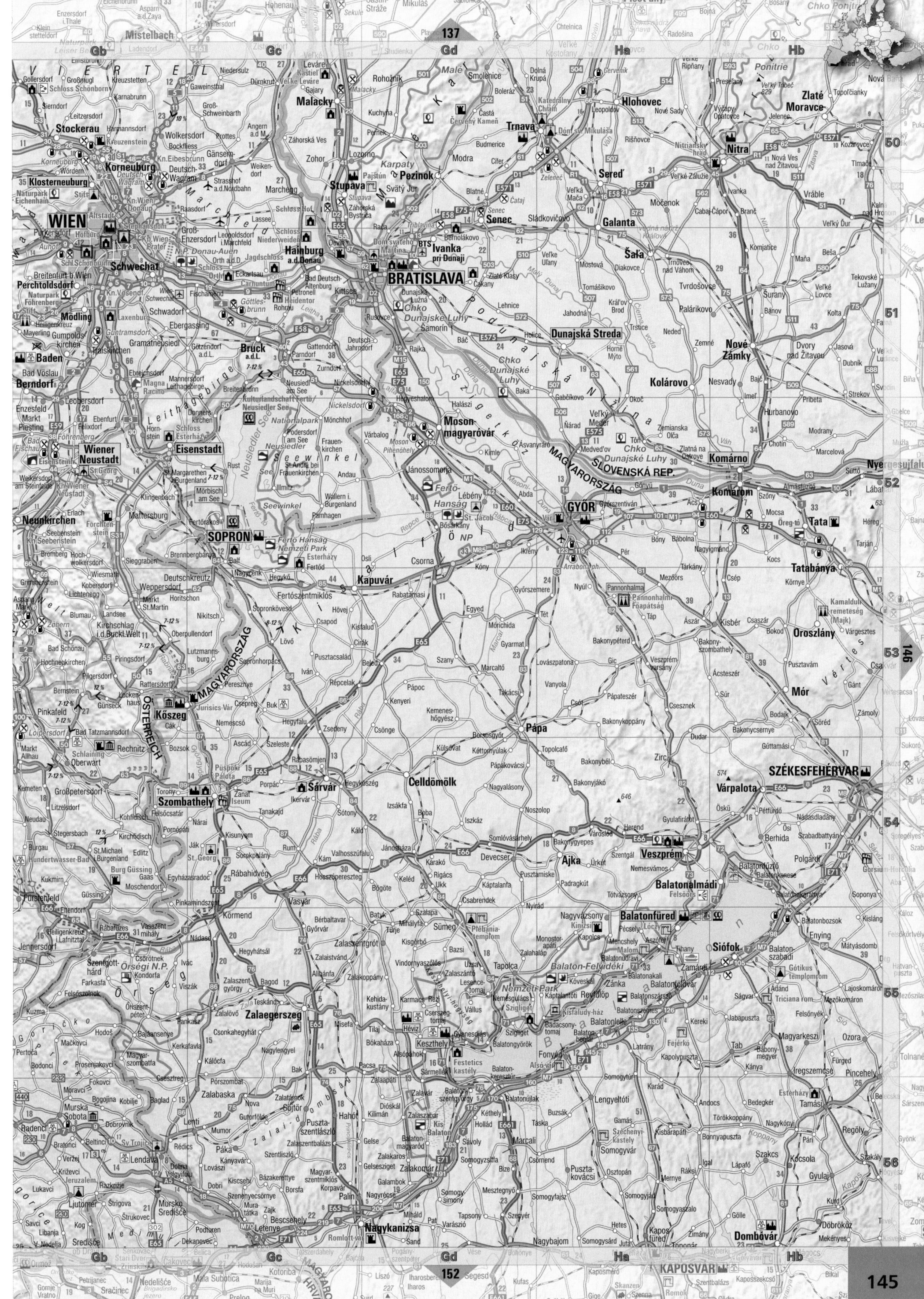

Gb
Gc
Gd
Ha
Hb
137
152
146
50
51
52
53
54
55
56
WIEN
Schwechat
Stockerau
Korneuburg
Klosterneuburg
Mistelbach
Perchtoldsdorf
Mödling
Baden
Berndorf
Wiener Neustadt
Neunkirchen
Eisenstadt
SOPRON
Kőszeg
Szombathely
Sárvár
Kapuvár
Celldömölk
Pápa
GYŐR
Mosonmagyaróvár
Bruck a.d.L.
Hainburg a.d.Donau
BRATISLAVA
Malacky
Stupava
Pezinok
Senec
Trnava
Hlohovec
Sereď
Galanta
Šaľa
Nitra
Zlaté Moravce
Piešťany
Topoľčany
Dunajská Streda
Nové Zámky
Kolárovo
Komárno
Komárom
Tata
Tatabánya
Oroszlány
Mór
SZÉKESFEHÉRVÁR
Várpalota
Veszprém
Ajka
Balatonalmádi
Balatonfüred
Siófok
Keszthely
Hévíz
Zalaegerszeg
Nagykanizsa
Marcali
Kaposvár
Dombóvár
Tamási
Murska Sobota
Lendava
Varaždin
Čakovec
Ljutomer
Oberwart
Pinkafeld
Güssing
Jennersdorf
Fürstenfeld
Szentgotthárd
Körmend
Vasvár
Zalaszentgrót
Sümeg
Tapolca
Devecser
Fonyód
Lengyeltóti
Kisbér
Pannonhalma
Csorna
Neusiedler See
Leithagebirge
Seewinkel
Fertő Hanság Nemzeti Park
N.P. Donau-Auen
Karpaty
Malé Karpaty
Žitný ostrov
Podunajská nížina
Szigetköz
Kisalföld
Bakony
Vértes
Balaton
Balaton-Felvidéki Nemzeti Park
Őrségi N.P.
Zalai-dombság
Weinviertel
Marchfeld
Buckl.Welt
MAGYARORSZÁG
ÖSTERREICH
SLOVENSKÁ REP.
HRVATSKA
Duna
Donau
Dunaj
Váh
Nitra
Rába
Zala
Mura
Mur
Leitha
March
Morava
Malý Dunaj
Kapos
Sió
Zselic
E58
E60
E65
E66
E71
E75
E571
E575
E661
M1
M7
M70
M15
M85
M8
D1
D2
R1
A4
A5
574
646
Kőszeg
Jurisics-Vár
Pannonhalmi Főapátság
Festetics kastély
Esterházy
Nemzeti Park
Somogyvár
Siklós
Kiskunhalas
145

Budapest – Debrecen

Scale 1:900 000

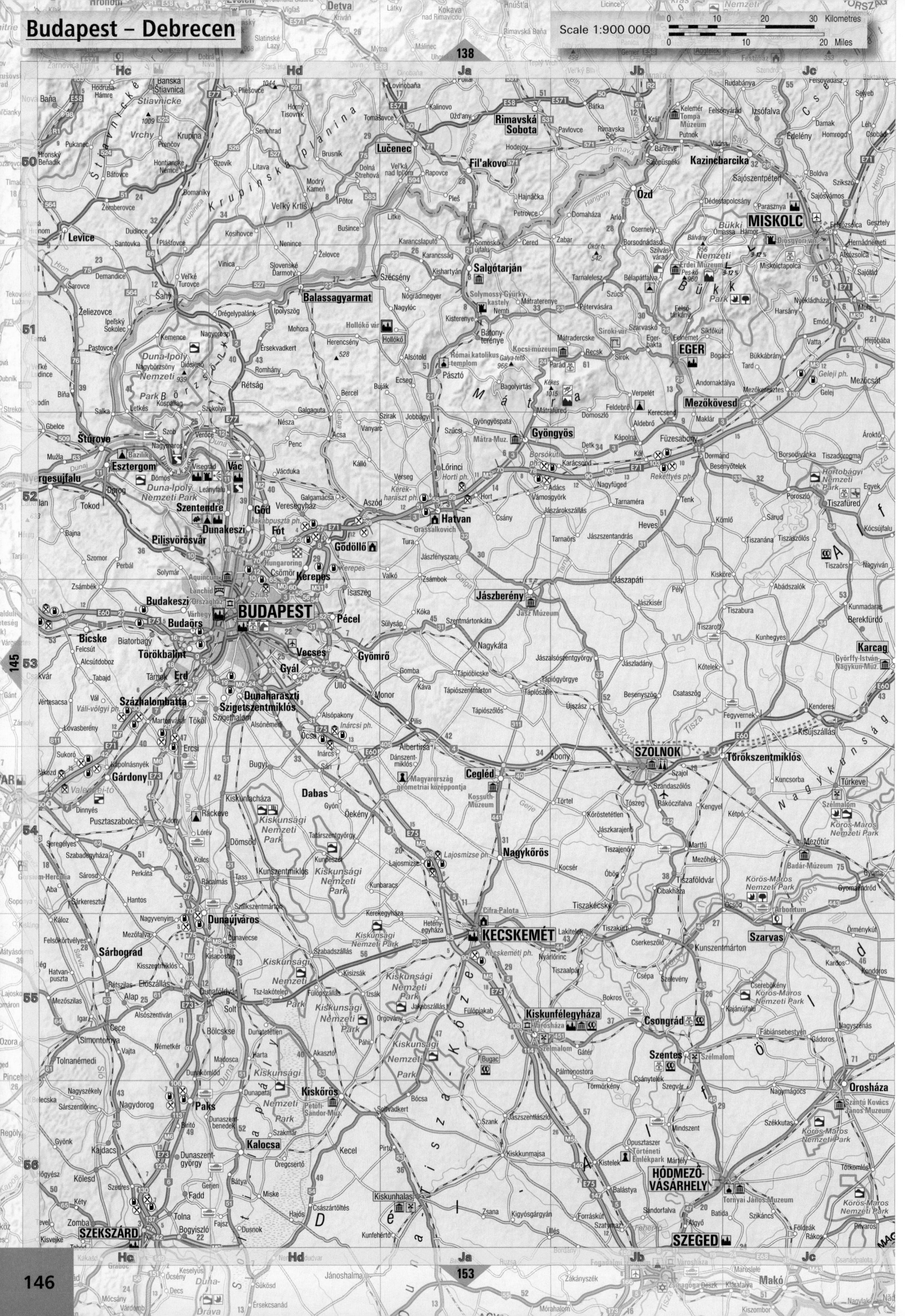

0 10 20 30 Kilometres
0 10 20 Miles
138
BUDAPEST
MISKOLC
EGER
SZOLNOK
KECSKEMÉT
SZEGED
HÓDMEZŐ-VÁSÁRHELY
SZEKSZÁRD
Salgótarján
Gyöngyös
Jászberény
Cegléd
Kiskunfélegyháza
Szarvas
Karcag
Orosháza
153
145

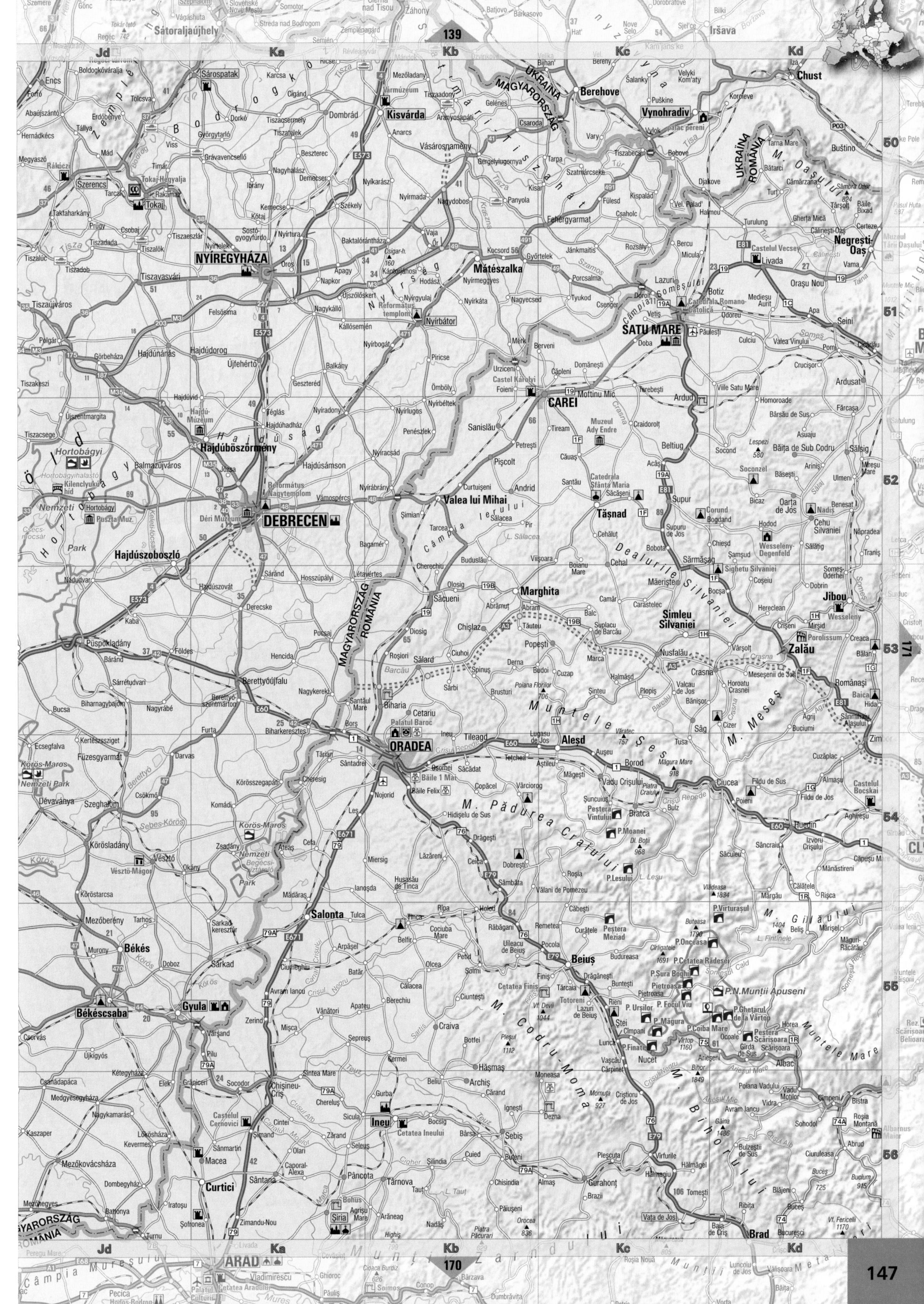

139
Jd
Ka
Kb
Kc
Kd
Sátoraljaújhely
Sárospatak
Tokaj
Szerencs
Encs
Kisvárda
Berehove
Vynohradiv
Chust
UKRAÏNA MAGYARORSZÁG
UKRAÏNA ROMÂNIA
Vásárosnamény
Mátészalka
NYÍREGYHÁZA
Nyírbátor
Negrești-Oaș
Livada
SATU MARE
Carei
Tiszaújváros
Polgár
Hajdúnánás
Hajdúdorog
Hajdúböszörmény
Hortobágyi
Balmazújváros
DEBRECEN
Hajdúszoboszló
Valea lui Mihai
Tășnad
Beltiug
Ardusat
MAGYARORSZÁG ROMÂNIA
Marghita
Simleu Silvaniei
Jibou
Zalău
Püspökladány
Berettyóújfalu
ORADEA
Aleșd
Crasna
Huedin
Dealurile Silvaniei
Muntele Ses
M. Meseș
M. Pădurea Craiului
Beiuș
Salonta
Békés
Békéscsaba
Gyula
Sarkad
M. Codru-Moma
M. Bihorului
M. Gilăului
Muntele Mare
Chișineu-Criș
Ineu
Sebiș
Curtici
Brad
ARAD
170
Cetatea Aradului

Torino – Milano

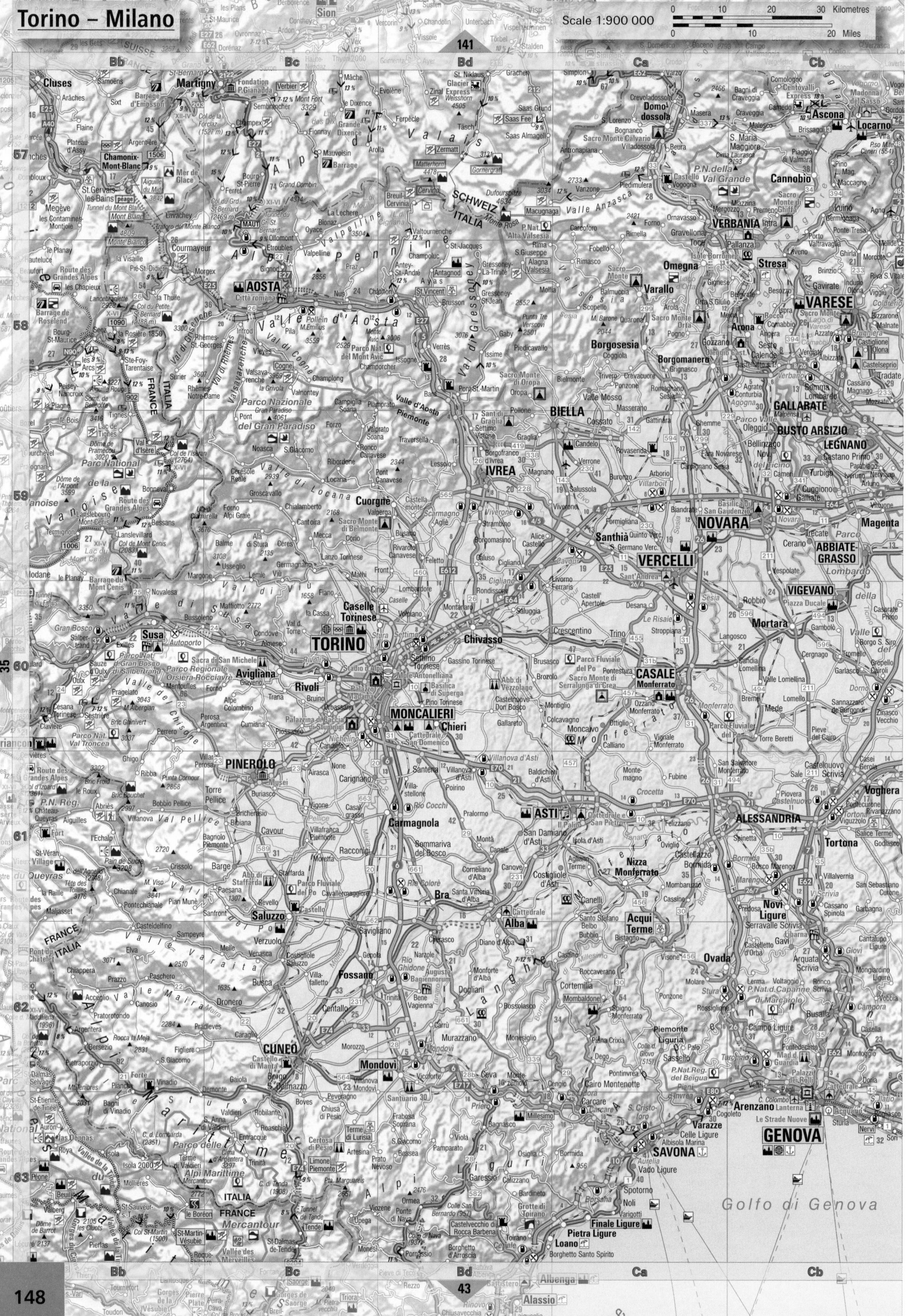

Scale 1:900 000
0 10 20 30 Kilometres
0 10 20 Miles
141
43
35
Bb Bc Bd Ca Cb
57 58 59 60 61 62 63
Sion
Martigny
Chamonix-Mont-Blanc
Mont Blanc
4809
Courmayeur
AOSTA
Valle d'Aosta
Parco Nazionale del Gran Paradiso
Zermatt
Matterhorn
4478
SCHWEIZ
ITALIA
FRANCE
Domodossola
Locarno
Ascona
VERBANIA
Stresa
Omegna
Varallo
VARESE
Borgosesia
BIELLA
IVREA
GALLARATE
BUSTO ARSIZIO
LEGNANO
NOVARA
Magenta
ABBIATE-GRASSO
VERCELLI
VIGEVANO
Mortara
Santhià
Chivasso
TORINO
Caselle Torinese
Susa
Avigliana
Rivoli
MONCALIERI
Chieri
PINEROLO
CASALE Monferrato
ASTI
ALESSANDRIA
Voghera
Tortona
Carmagnola
Bra
Alba
Nizza Monferrato
Acqui Terme
Ovada
Novi Ligure
Saluzzo
Savigliano
Fossano
CUNEO
Mondovì
Ceva
Valle Varaita
Valle Maira
Alpi Marittime
Mercantour
Alpi Liguri
Langhe
Monferrato
SAVONA
Varazze
Arenzano
GENOVA
Golfo di Genova
Finale Ligure
Pietra Ligure
Loano
Albenga
Alassio
Briançon
Vanoise
Parco National de la Vanoise
Val di Susa
Valle di Lanzo
Valle del Chisone

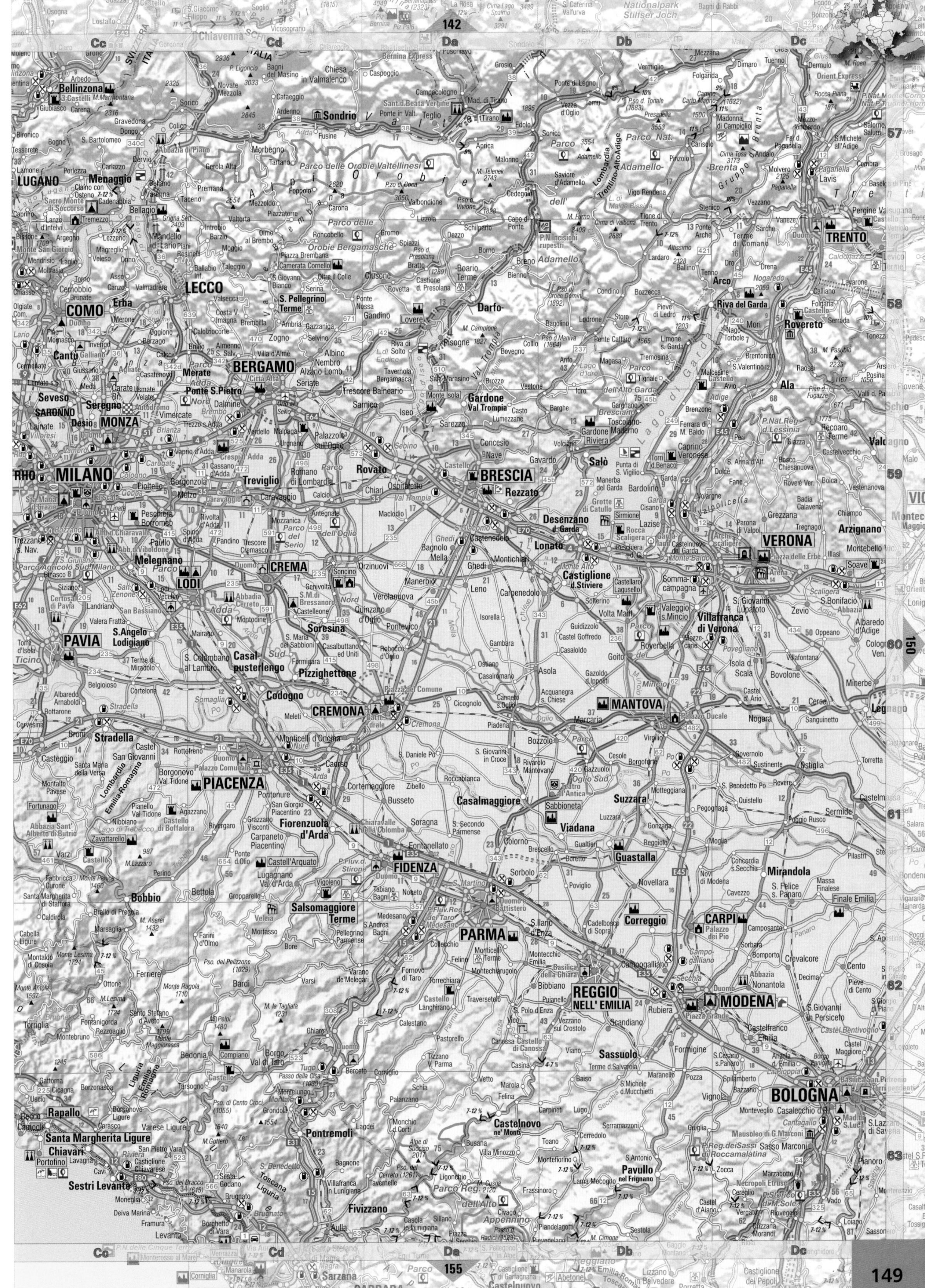
142
Cc
Cd
Da
Db
Dc
57
58
59
60
61
62
63
150
155
Bellinzona
LUGANO
Menaggio
Bellagio
LECCO
COMO
Sondrio
BERGAMO
MONZA
MILANO
Treviglio
Rovato
BRESCIA
Riva del Garda
Rovereto
TRENTO
Salò
Desenzano d. Garda
VERONA
CREMA
LODI
PAVIA
Cremona
CREMONA
MANTOVA
Villafranca di Verona
PIACENZA
Fiorenzuola d'Arda
FIDENZA
Salsomaggiore Terme
PARMA
Guastalla
Correggio
CARPI
REGGIO NELL' EMILIA
MODENA
BOLOGNA
Castelnovo ne' Monti
Pavullo nel Frignano
Pontremoli
Rapallo
Santa Margherita Ligure
Chiavari
Sestri Levante
LA SPEZIA
Sarzana
CARRARA

Scale 1:900 000

0 10 20 30 Kilometres

0 10 20 Miles

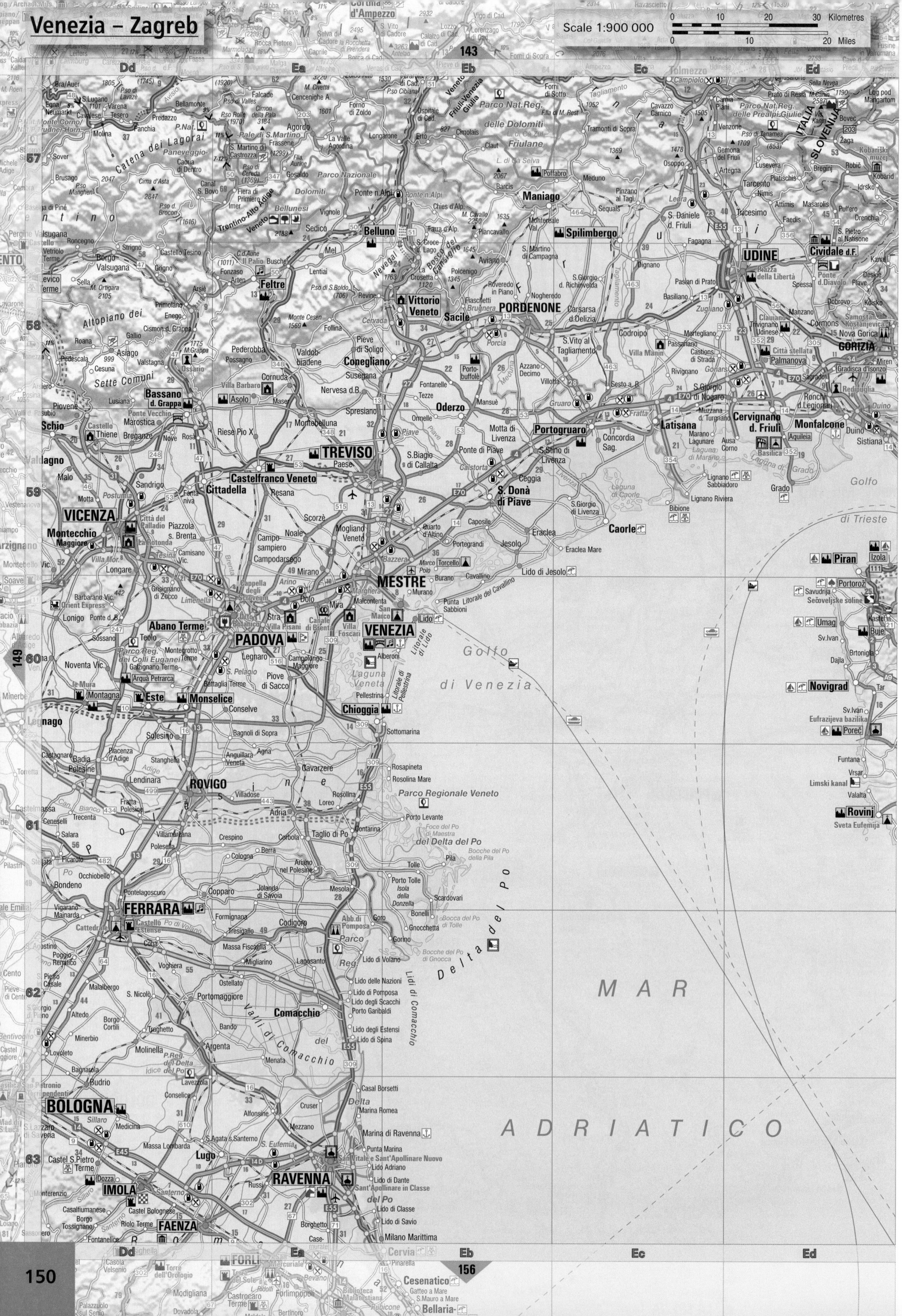
143
149
156
Dd
Ea
Eb
Ec
Ed
57
58
59
60
61
62
63
VENEZIA
MESTRE
PADOVA
TREVISO
VICENZA
UDINE
PORDENONE
GORIZIA
ROVIGO
FERRARA
BOLOGNA
RAVENNA
IMOLA
FAENZA
Chioggia
Belluno
Feltre
Bassano d. Grappa
Castelfranco Veneto
Cittadella
Conegliano
Vittorio Veneto
Portogruaro
Latisana
Cervignano d. Friuli
Monfalcone
Cividale d.F.
Palmanova
Spilimbergo
Maniago
Abano Terme
Este
Monselice
Montagna
Arquà Petrarca
Asolo
Caorle
Piran
Izola
Umag
Novigrad
Poreč
Rovinj
Comacchio
Lugo
Golfo di Venezia
Golfo di Trieste
MAR ADRIATICO
Delta del Po
Valli di Comacchio
Lidi di Comacchio
Parco Regionale Veneto del Delta del Po
Parco Nat.Reg. delle Dolomiti Friulane
Parco Nat.Reg. delle Prealpi Giulie
Parco Nazionale Dolomiti Bellunesi
Catena dei Lagorai
Altopiano dei Sette Comuni
ITALIA
SLOVENIJA
Cortina d'Ampezzo
Cesenatico
Cervia
Forlì
Bellaria

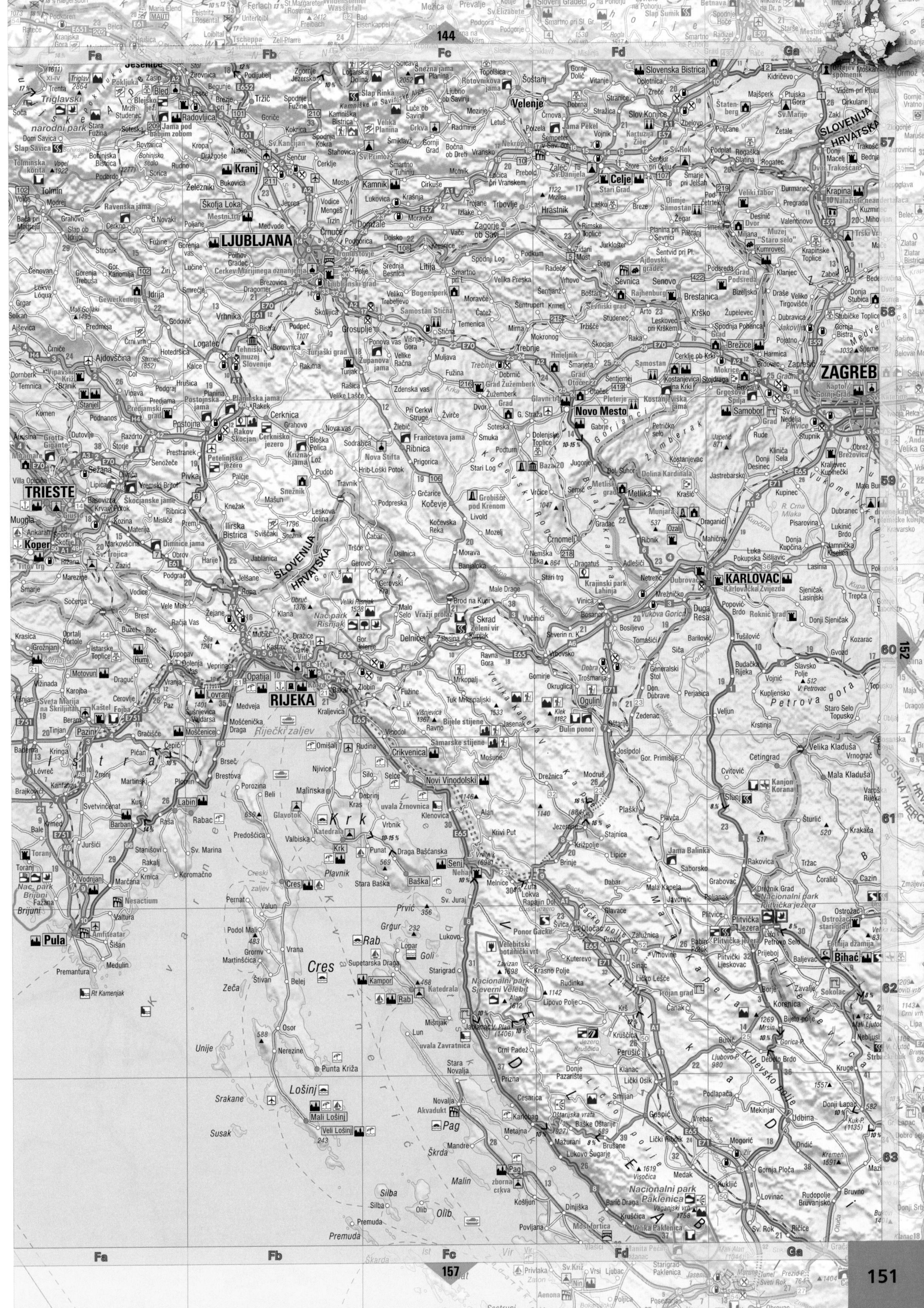

144
Fa
Fb
Fc
Fd
Ga
LJUBLJANA
ZAGREB
TRIESTE
RIJEKA
KARLOVAC
Kranj
Celje
Velenje
Koper
Pula
Novo Mesto
Ogulin
Bihać
Senj
Krk
Cres
Rab
Lošinj
Mali Lošinj
Veli Lošinj
Pag
Opatija
Samobor
Krapina
Metlika
Kočevje
Postojna
Idrija
Škofja Loka
Kamnik
Slovenska Bistrica
Brežice
Krško
Sevnica
Slunj
Gospić
Novi Vinodolski
Crikvenica
Labin
Pazin
Rovinj
Poreč
Plitvička Jezera
SLOVENIJA
HRVATSKA
Riječki zaljev
Učka
Velebit
Gorski kotar
57
58
59
60
61
62
63
152
157

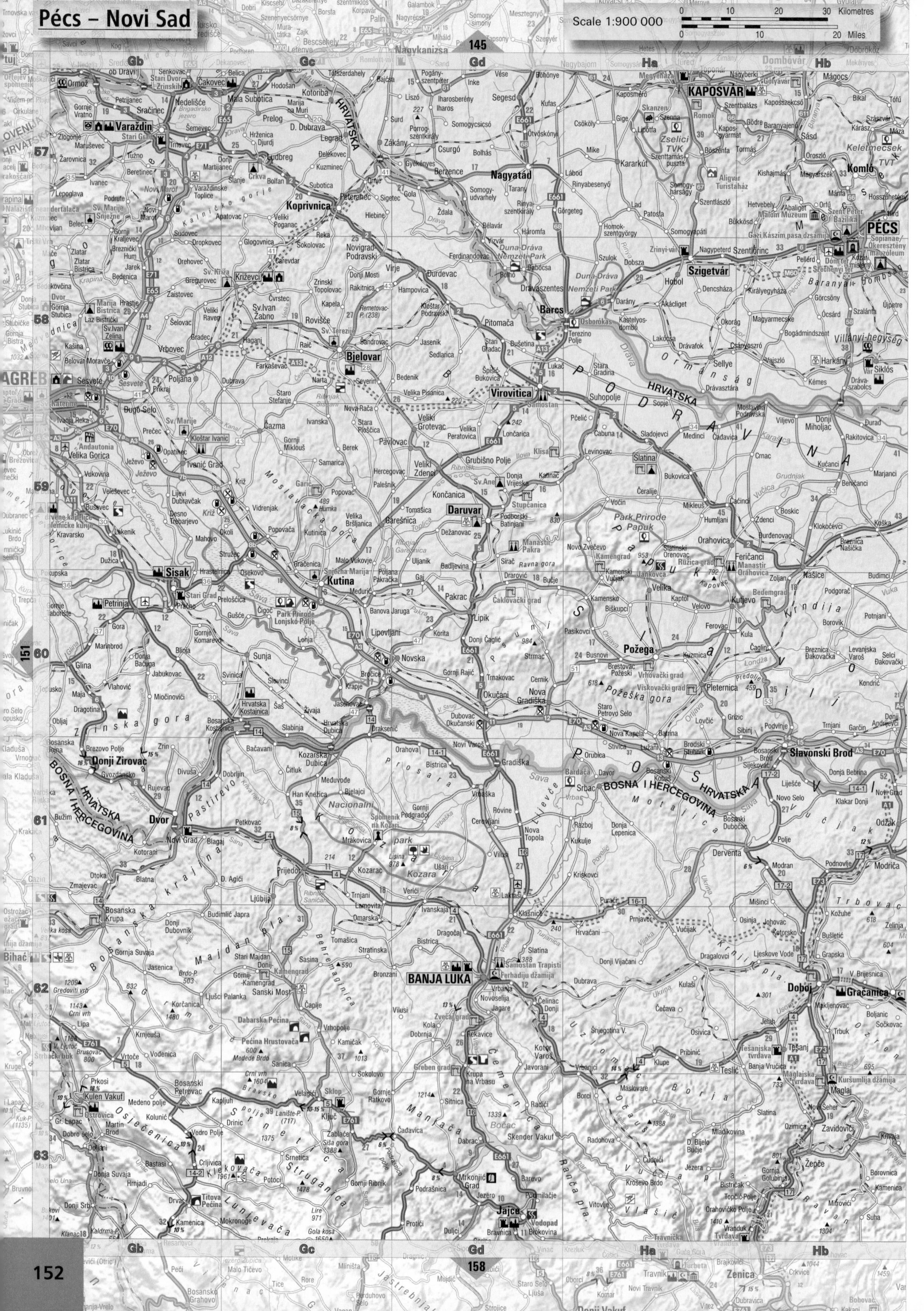
Scale 1:900 000
0 10 20 30 Kilometres
0 10 20 Miles
145
Gb
Gc
Gd
Ha
Hb
57
58
59
60
61
62
63
151
158
Varaždin
Čakovec
Koprivnica
Križevci
Bjelovar
Virovitica
Nagykanizsa
Nagyatád
Kaposvár
Szigetvár
Pécs
Barcs
Daruvar
Kutina
Sisak
Petrinja
Zagreb
Velika Gorica
Sesvete
Dugo Selo
Ivanić Grad
Pakrac
Lipik
Novska
Okučani
Nova Gradiška
Požega
Kutjevo
Našice
Slavonski Brod
Gradiška
Kostajnica
Dvor
Novi Grad
Prijedor
Banja Luka
Doboj
Derventa
Modriča
Gračanica
Teslić
Maglaj
Zavidovići
Žepče
Jajce
Mrkonjić Grad
Ključ
Sanski Most
Bosanska Krupa
Bihać
Kulen Vakuf
Bosanski Petrovac
Drvar
Travnik
Zenica
Donji Vakuf
Siklós
Harkány
Komló
Sásd
Dombóvár
Orahovica
Slatina
Đakovo
HRVATSKA
BOSNA I HERCEGOVINA
Drava
Sava
Podravina
Posavina
Papuk
Psunj
Kozara
Zrinska gora
Moslavačka gora
Bilogora
Krndija
Dilj
Požeška gora
Motajica
Prosara
Vlašić
Čemernica
Manjača
Klekovača
Grmeč
Ozren
Borja
Uzlomac
Vučjak
Krnjin
Trebovac
Ormánság
Baranya
Zselic
Lonjsko Polje

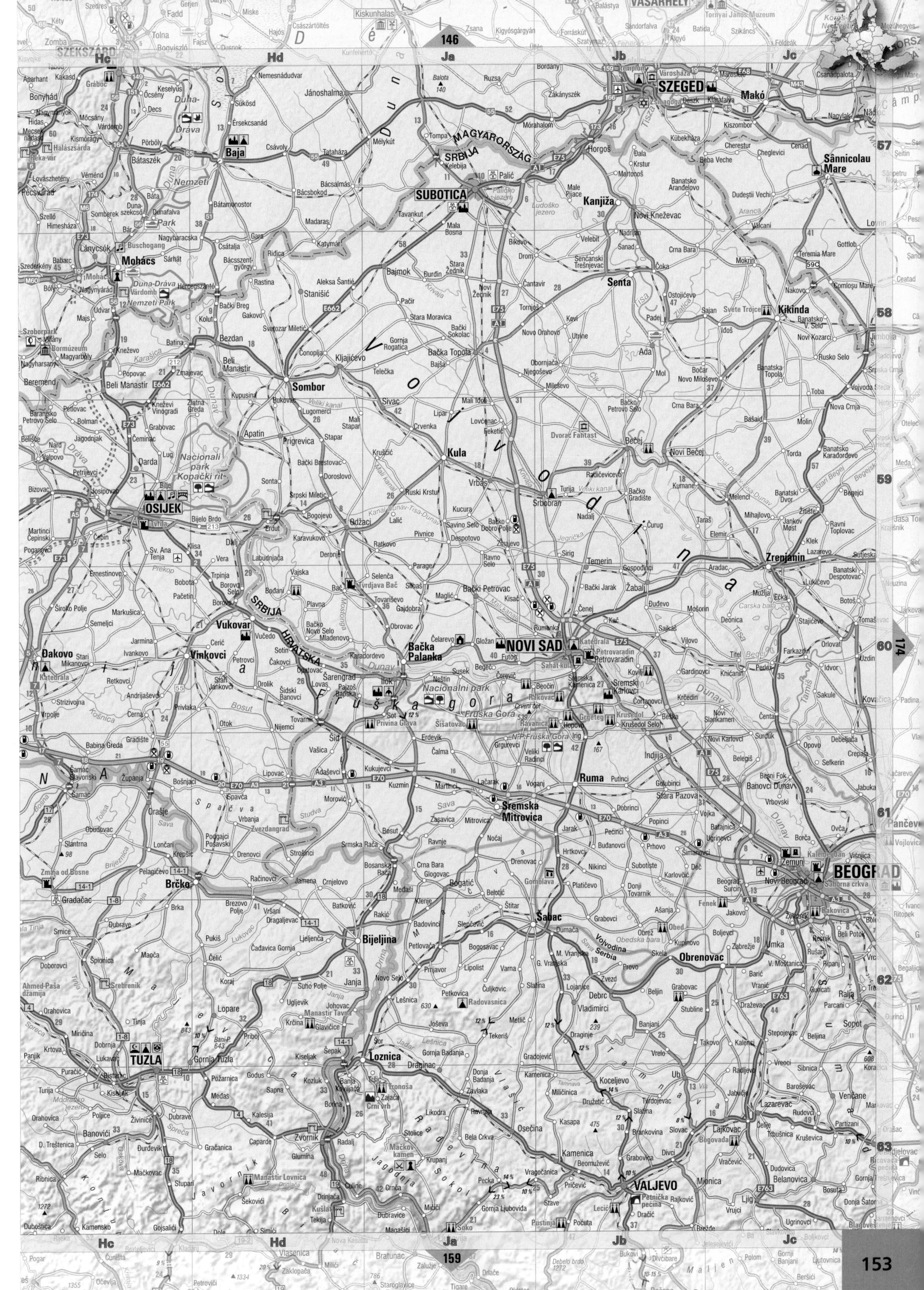

146
Hc
Hd
Ja
Jb
Jc
SZEGED
Makó
Sânnicolau Mare
SUBOTICA
Palić
Kanjiža
Horgoš
MAGYARORSZÁG
SRBIJA
Baja
Mohács
Senta
Kikinda
Sombor
Bačka Topola
Kula
Vrbas
Bečej
Novi Bečej
Zrenjanin
OSIJEK
Vukovar
Vinkovci
Đakovo
NOVI SAD
Petrovaradin
Sremski Karlovci
Bačka Palanka
Ilok
Fruška gora
Nacionalni park
Ruma
Inđija
Sremska Mitrovica
Stara Pazova
Zemun
BEOGRAD
Pančevo
Šabac
Obrenovac
Bijeljina
Brčko
TUZLA
Loznica
Zvornik
VALJEVO
Lajkovac
Vojvodina
Dunav
Sava
Drina
Tisa
57
58
59
60
61
62
63
174
159

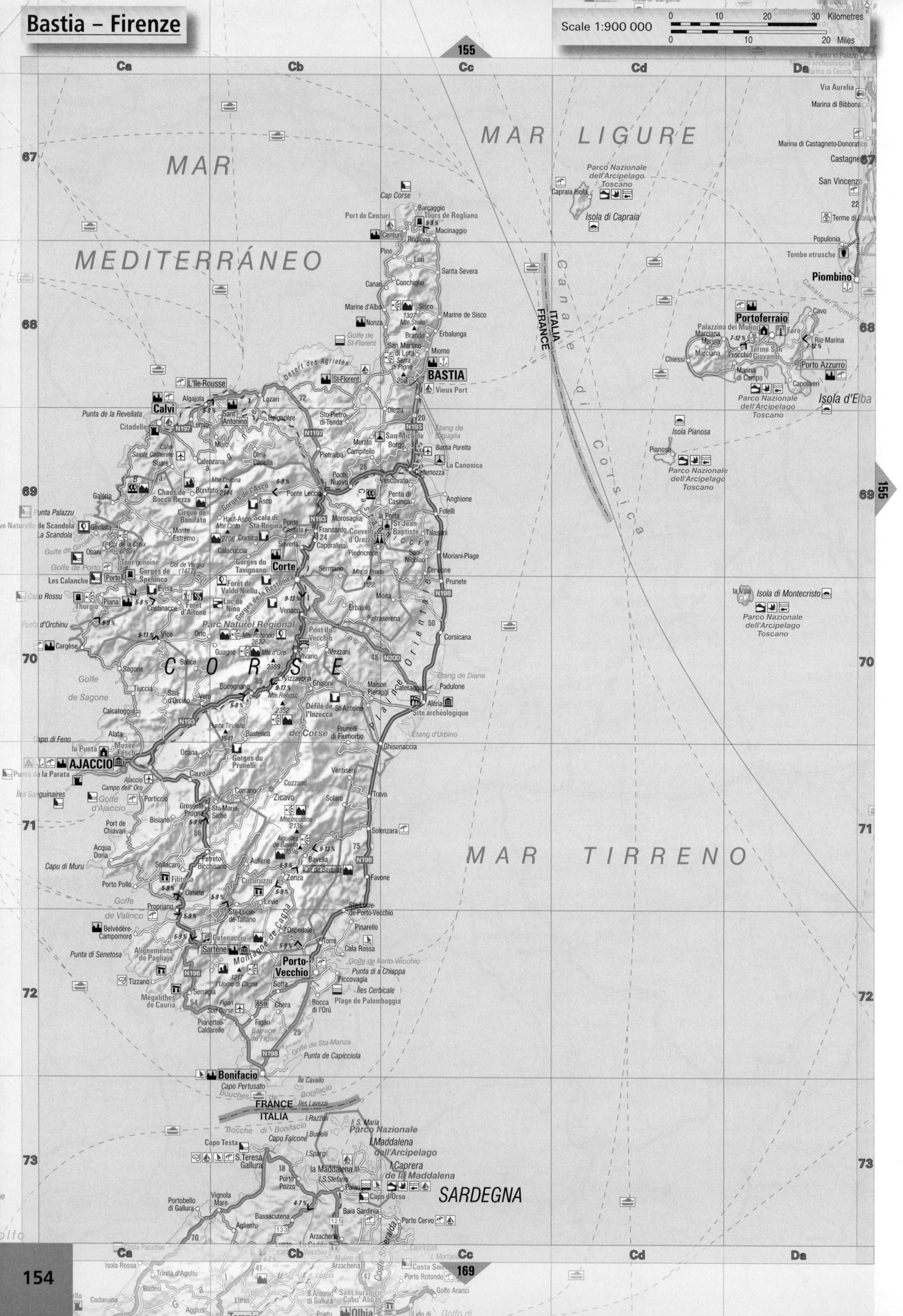
Scale 1:900 000
0 10 20 30 Kilometres
0 10 20 Miles
155
Ca
Cb
Cc
Cd
Da
67
68
69
70
71
72
73
MAR LIGURE
MAR MEDITERRÁNEO
MAR TIRRENO
Parco Nazionale dell'Arcipelago Toscano
Capraia Isola
Isola di Capraia
Cap Corse
Barcaggio
Tours de Rogliano
Port de Centuri
Centuri
Macinaggio
Rogliano
Pino
Luri
Santa Severa
Canari
Conchigliu
Marine d'Albo
Sisco
Marine de Sisco
Nonza
Mte.Stello
Brando
Erbalunga
Golfe de St-Florent
San Martino di Lota
Miomo
Desert des Agriates
St-Florent
Serra di Pigno
BASTIA
Vieux Port
L'Ile-Rousse
Algajola
Lozari
Calvi
Punta de la Revellata
Citadelle
Sant' Antonino
Belgodère
Lumio
Sto-Pietro-di-Tenda
Oletta
N1197
N197
N193
Etang de Biguglia
San Michele
Murato
Borgo
Bastia Poretta
Pietralba
Campitello
La Canonica
Calenzana
Muro
Olmi-Capella
Casamozza
Sainte Catherine
Suare
Mte.Cinto
Ponte Nuovo
Vescovato
Chaos de Bocca Rezza
Bonifato
Gorges de l'Asco
Ponte Leccia
Penta di Casinca
Anghione
Galéria
Cirque de Bonifato
Asco
Folelli
Punta Palazzu
Réserve Naturelle de Scandola
Girolata
La Scandola
Haut-Asco
Scala di Sta-Regina
Morosaglia
Ponte Castirla
Francardo
La Porta
St-Jean-Baptiste
Monte Estremo
Corsica
Couvent d'Orezza
Talasani
Golfe de Girolata
Col de la Croix
Soveria
Caporalino
Osani
Calacuccia
Piedicroce
San-Nicolao
Moriani-Plage
Golfe de Porto
Tour génoise
Col de Vergio
Gorges du Tavignano
Corte
Sermano
Cervione
Les Calanche
Porto
Gorges de Spelunca
Mte.di Pruno
Prunete
Capu Rossu
Evisa
Forêt de Valdu-Niellu
Thurgio
Piana
Cristinacce
Forêt d'Aitone
Lac de Nino
Gorges de la Restonica
Venaco
Moita
Erbajolo
Pietraserena
Punta d'Orchinu
Parc Naturel Regional
Mte.Rotondo
Pont du Vecchio
Cargèse
Vico
Orto
Corsicana
Guagno
Mte.d'Oro
Vivario
Vezzani
CORSE
N200
Sagone
Salice
Golfe de Sagone
Tiuccia
Sari-d'Orcino
Vero
Bocognano
Vizzavona
Mte.Renoso
Ghisoni
Maison Pieraggi
Cateraggio
Padulone
Etang de Diane
Aléria
Site archéologique
Calcatoggio
N193
Défilé de l'Inzecca
St-Antoine
Plaine Orientale
Punta Tirulellu
Bastelica
de Corse
Prunelli di Fiumorbo
Etang d'Urbino
Alata
Capo di Feno
la Punta
Musée Fesch
Ocana
Gorges du Prunelli
Ghisonaccia
AJACCIO
Punta de la Parata
Cauro
Ventiseri
Ajaccio Campo dell' Oro
Îles Sanguinaires
Corrano
Cozzano
Golfe d'Ajaccio
Porticcio
Zicavo
Solaro
Travo
Grosseto Prugna
Sta-Maria-Siché
Bisiano
Port de Chiavari
Mte.Incudine
Solenzara
Acqua Doria
Aiguilles de Bavella
Capu di Muru
Sollacaro
Petreto-Bicchisano
Aullène
Bavella
Col de Bavella
N198
Filitosa
Porto Pollo
Cucuruzzu
Zonza
Favone
Olmeto
Levie
Golfe de Valinco
Propriano
Ste-Lucie-de-Tallano
Ste-Lucie-de-Porto-Vecchio
Belvédère-Campomoro
Montagne de Cagna
L'Ospedale
Pinarello
Catenacciu
Torre
Cala Rossa
Alignements de Pagliaju
Sartène
Punta di Senetosa
Golfe de Porto-Vecchio
Porto-Vecchio
Punta di a Chiappa
Tizzano
N196
l'Uomo di Cagna
Sotta
Piccovagia
Îles Cerbicale
Plage de Palombaggia
Mégalithes de Cauria
Serragia
Figari Sud Corse
Chera
Bocca di l'Orù
Pianottoli-Caldarello
Figari
Barrage de Figari
Golfe de Sta-Manza
Punta de Capicciola
Bonifacio
Île Cavallo
Capo Pertusato
Bouches de Bonifacio
FRANCE
ITALIA
Îles Lavezzi
I.Razzoli
I.S. Maria
Bocche di Bonifacio
Parco Nazionale
I.Budelli
I.Maddalena
Capo Falcone
dell'Arcipelago
Capo Testa
I.Spargi
S.Teresa Gallura
I.Caprera
de la Maddalena
la Maddalena
Porto Pozzo
I.S.Stefano
Palau
SARDEGNA
Capo d'Orso
Portobello di Gallura
Vignola Mare
Baia Sardinia
Bassacutena
Porto Cervo
Aglientu
Arzachena
Costa Smeralda
Costa Paradiso
Isola Rossa
Trinità d'Agultu
Porto Rotondo
Golfo Aranci
Codaruina
Luras
S.Antonio di Gallura
Sant.nuragico Cabu' Abbas
Olbia
169
Canale di Corsica
ITALIA
FRANCE
Piombino
Canale di Piombino
Via Aurelia
Marina di Bibbona
Marina di Castagneto-Donoratico
Castagneto
San Vincenzo
Terme di Caldana
Populonia
Tombe etrusche
Portoferraio
Cavo
Palazzina dei Mulini
Marciana
Marciana Marina
Faro
Rio Marina
Terme San Giovanni
Chiessi
Procchio
Marina di Campo
Porto Azzurro
Capoliveri
Isola d'Elba
Isola Pianosa
Pianosa
la Villa
Isola di Montecristo

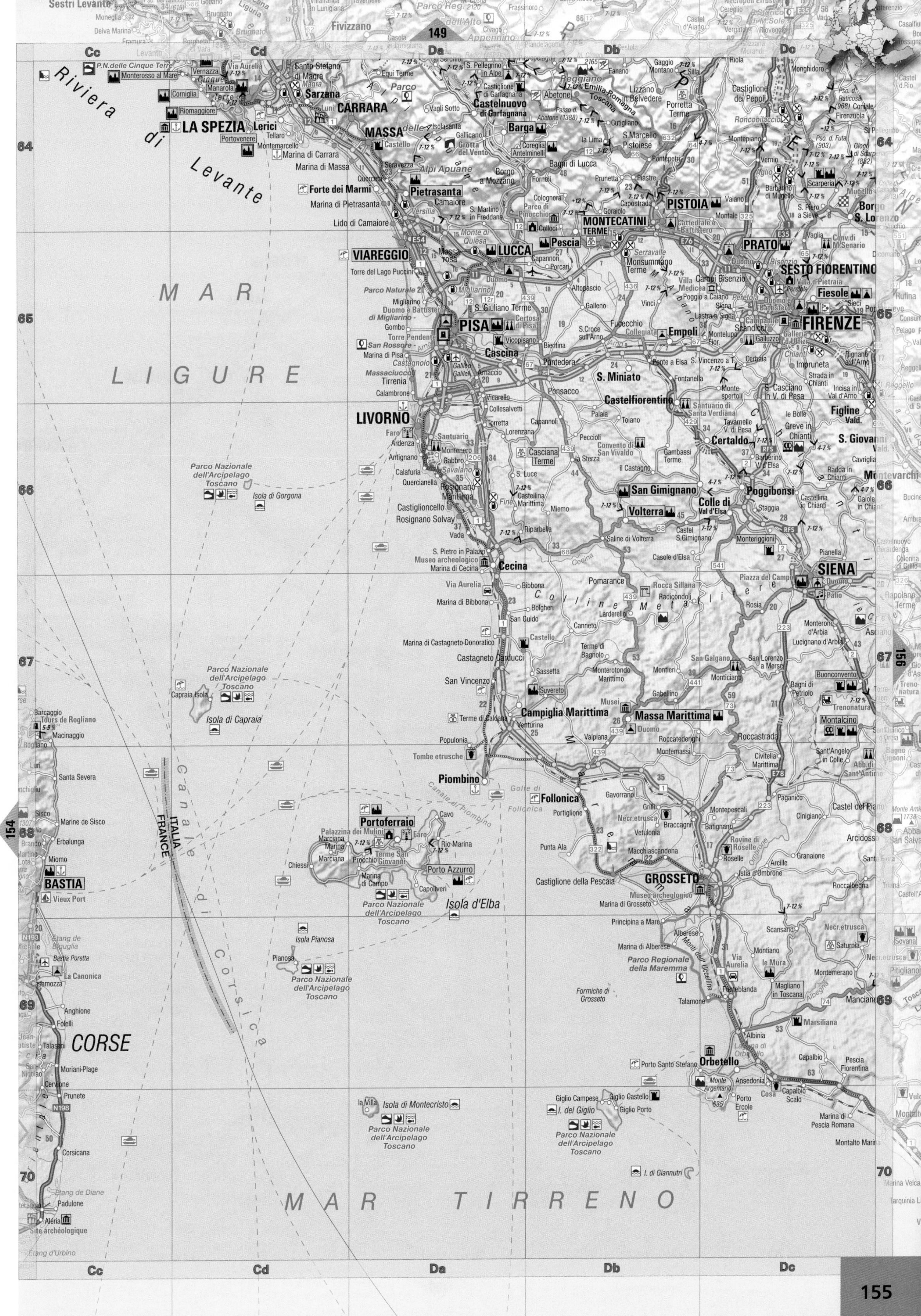
149
Cc
Cd
Da
Db
Dc
64
65
66
67
68
69
70
154
156
Riviera di Levante
P.N.delle Cinque Terre
Monterosso al Mare
Vernazza
Manarola
Corniglia
Riomaggiore
LA SPEZIA
Lerici
Portovenere
Sarzana
CARRARA
MASSA
Marina di Carrara
Marina di Massa
Forte dei Marmi
Marina di Pietrasanta
Pietrasanta
Camaiore
Lido di Camaiore
Alpi Apuane
Castelnuovo di Garfagnana
Barga
Abetone
Bagni di Lucca
PISTOIA
MONTECATINI TERME
Pescia
LUCCA
VIAREGGIO
Torre del Lago Puccini
PRATO
SESTO FIORENTINO
Fiesole
FIRENZE
Empoli
PISA
Cascina
Pontedera
S. Miniato
Tirrenia
LIVORNO
Castelfiorentino
Certaldo
Poggibonsi
San Gimignano
Colle di Val d'Elsa
Volterra
Monteriggioni
SIENA
MAR LIGURE
Parco Nazionale dell'Arcipelago Toscano
Isola di Gorgona
Rosignano Solvay
Castiglioncello
Cecina
Marina di Cecina
Colline Metallifere
Larderello
Castagneto Carducci
San Vincenzo
Campiglia Marittima
Massa Marittima
Piombino
Follonica
Capraia Isola
Isola di Capraia
Canale di Corsica
ITALIA
FRANCE
Portoferraio
Porto Azzurro
Isola d'Elba
Canale di Piombino
Castiglione della Pescaia
GROSSETO
Marina di Grosseto
Parco Regionale della Maremma
Isola Pianosa
Montalcino
Scansano
Orbetello
Porto Santo Stefano
Monte Argentario
Ansedonia
Capalbio
Isola di Montecristo
Giglio Castello
Giglio Porto
Giglio Campese
I. del Giglio
I. di Giannutri
MAR TIRRENO
Formiche di Grosseto
BASTIA
CORSE
Bastia Poretta
Aléria
Site archéologique

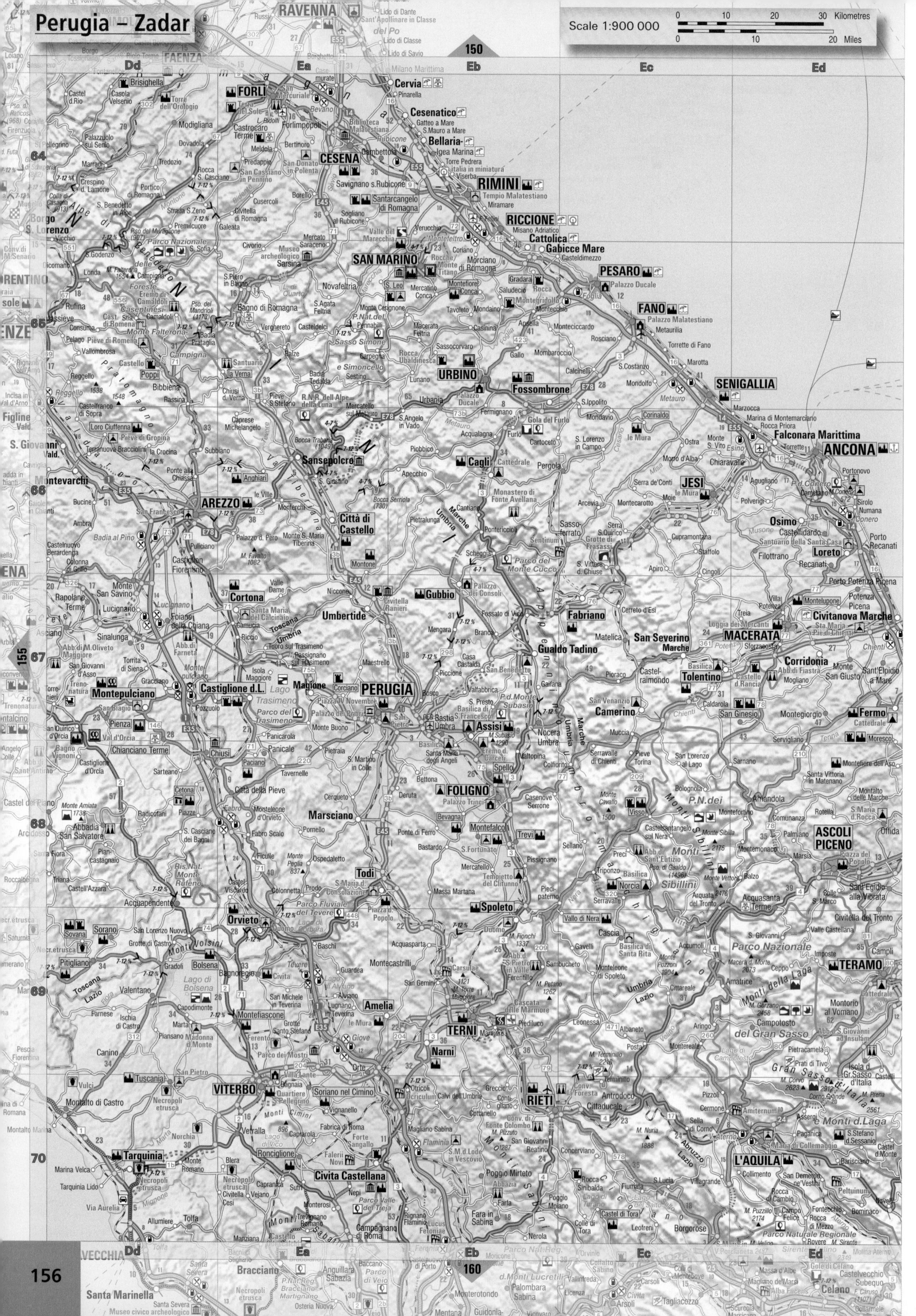
Scale 1:900 000
0 10 20 30 Kilometres
0 10 20 Miles
150
160
155
Dd
Ea
Eb
Ec
Ed
64
65
66
67
68
69
70
RAVENNA
FORLI
CESENA
RIMINI
RICCIONE
Cattolica
Gabicce Mare
PESARO
FANO
SENIGALLIA
ANCONA
SAN MARINO
URBINO
Fossombrone
JESI
Osimo
Loreto
AREZZO
Cortona
Città di Castello
Sansepolcro
Gubbio
Cagli
Fabriano
Umbertide
PERUGIA
Assisi
FOLIGNO
Spoleto
Todi
Orvieto
Montepulciano
Castiglione d.L.
MACERATA
Tolentino
Camerino
ASCOLI PICENO
TERAMO
TERNI
Narni
RIETI
VITERBO
Tarquinia
Civita Castellana
L'AQUILA
Amelia
Bolsena
Pitigliano
Civitanova Marche
Fermo
Cervia
Cesenatico
Bellaria-Igea Marina
Falconara Marittima
Gualdo Tadino
Marsciano
Montefiascone
Lago Trasimeno
Lago di Bolsena
Parco Nazionale
Monti Sibillini
Gran Sasso d'Italia
Monti d.Laga
Bracciano
Santa Marinella

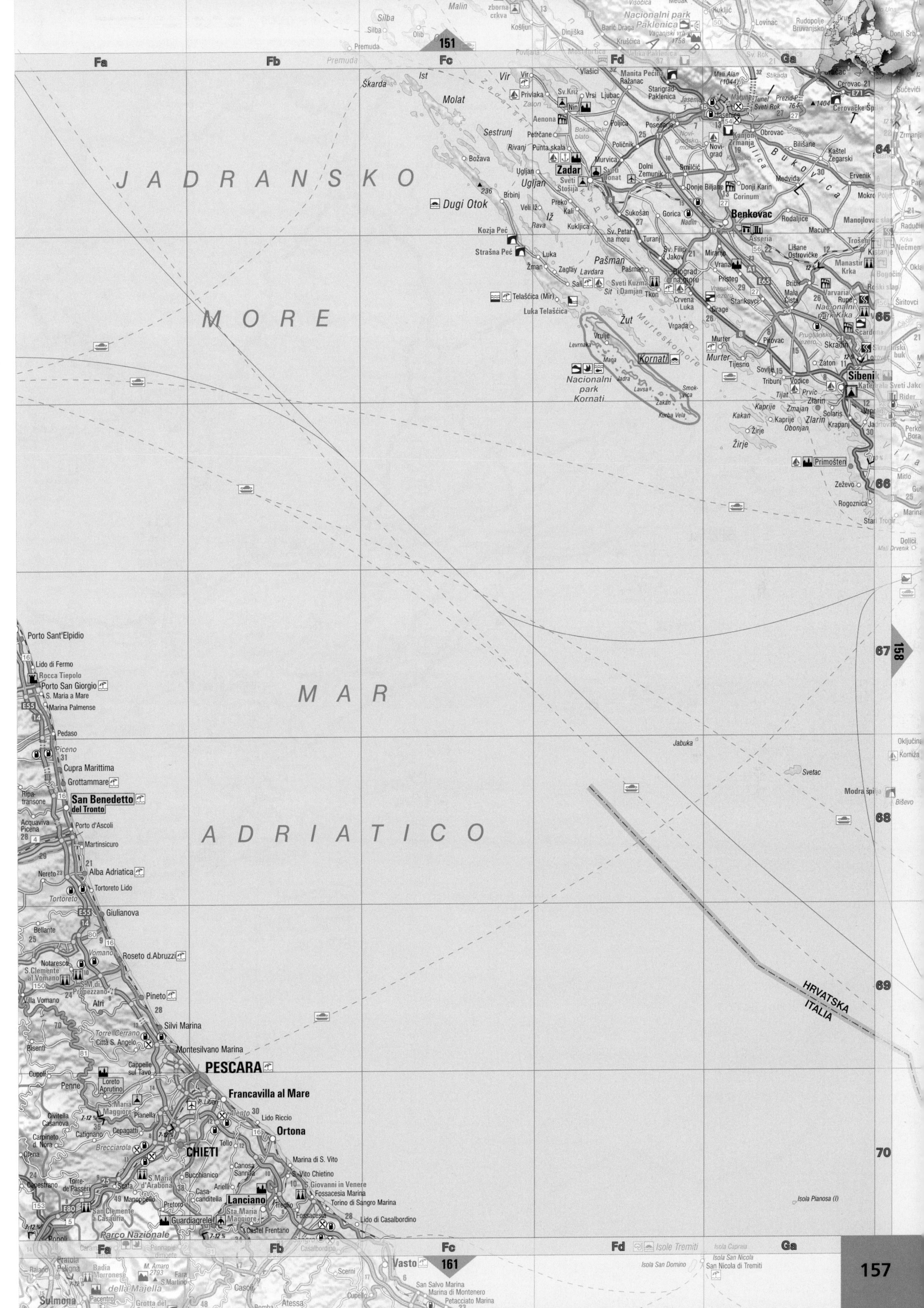

Fa
Fb
Fc
Fd
Ga
151
161
158
64
65
66
67
68
69
70
JADRANSKO
MORE
MAR
ADRIATICO
HRVATSKA
ITALIA
Silba
Premuda
Olib
Ist
Škarda
Molat
Sestrunj
Rivanj
Vir
Privlaka
Zaton
Nin
Vrsi
Ljubač
Aenona
Poljica
Petrčane
Punta skala
Božava
Dugi Otok
Ugljan
Zadar
Sveti Donat
Preko
Kali
Iž
Rava
Brbinj
Veli Iž
Kukljica
Kozja Peć
Strašna Peć
Luka
Žman
Zaglav
Lavdara
Pašman
Sali
Sveti Kuzma i Damjan
Tkon
Sit
Telašćica (Mir)
Luka Telašćica
Žut
Vrulje
Levrnaka
Mana
Kornati
Nacionalni park Kornati
Jadra
Lavsa
Smokvica
Zakan
Kurba Vela
Murteskomore
Vrgada
Murter
Tijesno
Sovlje
Tribunj
Vodice
Tijat
Prvić
Zlarin
Kaprije
Kakan
Žirje
Obonjan
Solaris
Krapanj
Primošten
Šibenik
Žaborić
Rogoznica
Stari Trogir
Dolići
Mali Drvenik
Biograd na moru
Sv. Filip i Jakov
Sv. Petar na moru
Turanj
Sukošan
Gorica
Nadin
Benkovac
Asseria
Pristeg
Vrana
Vransko jezero
Crvena Luka
Drage
Stankovci
Pirovac
Skradin
Nacionalni park Krka
Bribir
Mala Čista
Lišane Ostrovičke
Zaton
Ražanac
Manita Peć
Vlašići
Starigrad-Paklenica
Nacionalni park Paklenica
Jasenice
Maslenica
Posedarje
Novigrad
Obrovac
Kanjon Zrmanja
Bukovica
Smilčić
Donje Biljane
Donji Karin
Corinum
Benkovac
Medviđa
Kaštel Žegarski
Bilišane
Ervenik
Cerovac
Zrmanja
Rodaljice
Macure
Manastir Krka
Varvaria
Rupe
Skradinski buk
Porto Sant'Elpidio
Lido di Fermo
Rocca Tiepolo
Porto San Giorgio
S. Maria a Mare
Marina Palmense
Pedaso
Piceno
Cupra Marittima
Grottammare
Ripatransone
San Benedetto del Tronto
Acquaviva Picena
Porto d'Ascoli
Martinsicuro
Nereto
Alba Adriatica
Tortoreto Lido
Tortoreto
Giulianova
Bellante
Roseto d.Abruzzi
Notaresco
S.Clemente al Vomano
Atri
Pineto
Silvi Marina
Città S. Angelo
Montesilvano Marina
PESCARA
Francavilla al Mare
Ortona
Lido Riccio
CHIETI
Penne
Loreto Aprutino
Cappelle sul Tavo
Pianella
Cepagatti
Tollo
Marina di S. Vito
S. Vito Chietino
S. Giovanni in Venere
Fossacesia Marina
Torino di Sangro Marina
Lido di Casalbordino
Lanciano
Guardiagrele
Castel Frentano
Manoppello
Pretoro
Sulmona
Pacentro
Vasto
San Salvo Marina
Marina di Montenero
Petacciato Marina
Isole Tremiti
Isola San Domino
Isola San Nicola
San Nicola di Tremiti
Isola Caprala
Isola Pianosa (I)
Jabuka
Svetac
Modra špilja
Biševo
Komiža

Scale 1:900 000

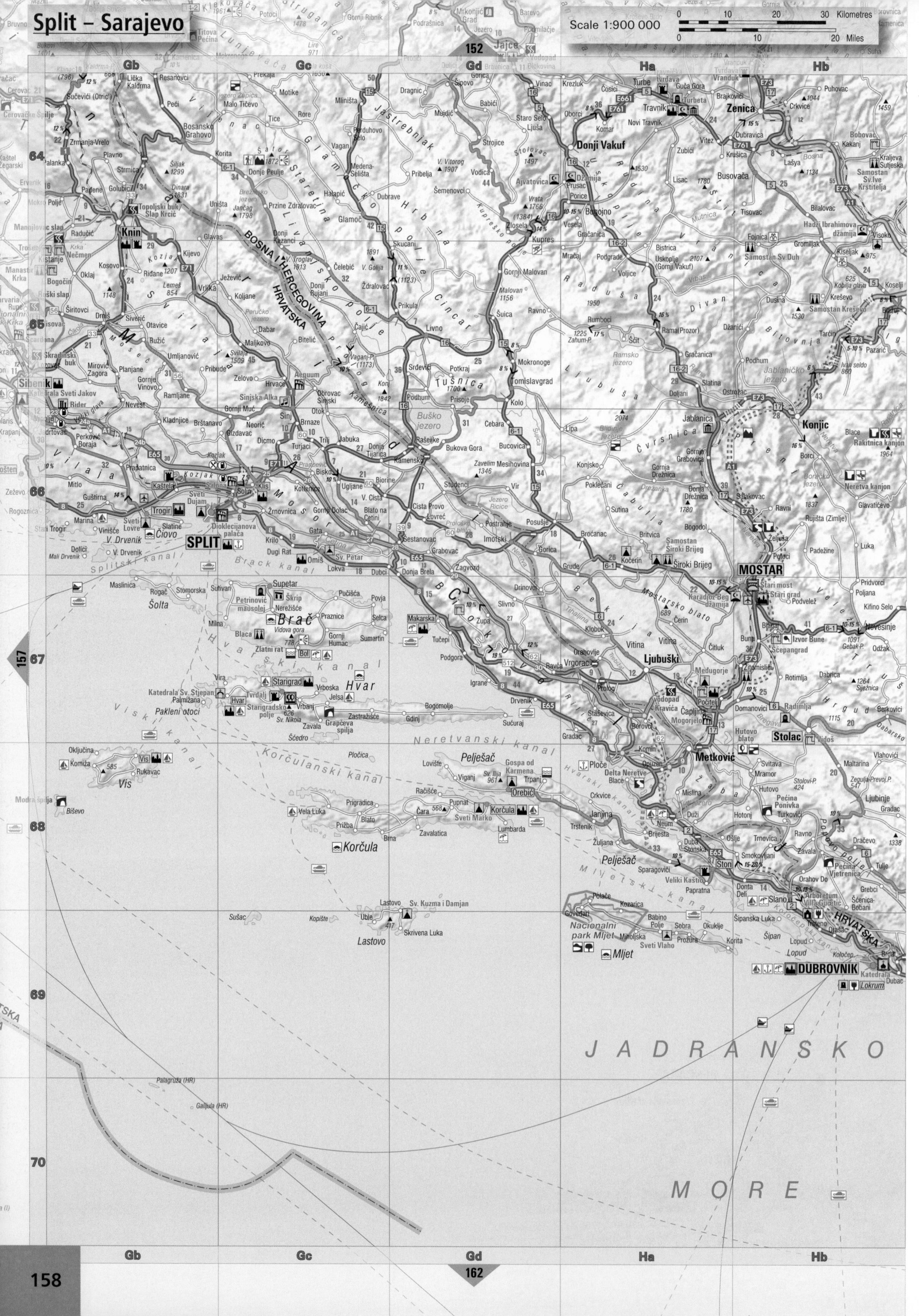
0 10 20 30 Kilometres
0 10 20 Miles
152
157
162
Gb
Gc
Gd
Ha
Hb
64
65
66
67
68
69
70
SPLIT
MOSTAR
DUBROVNIK
Zenica
Donji Vakuf
Konjic
Knin
Šibenik
Trogir
Kaštela
Omiš
Makarska
Imotski
Ljubuški
Metković
Stolac
Široki Brijeg
Livno
Tomislavgrad
Sinj
Brač
Hvar
Vis
Korčula
Lastovo
Mljet
Šolta
Pelješac
Ploče
Čapljina
Bugojno
Travnik
Jablanica
Neum
Ston
Orebić
Drniš
BOSNA I HERCEGOVINA
HRVATSKA
J A D R A N S K O
M O R E

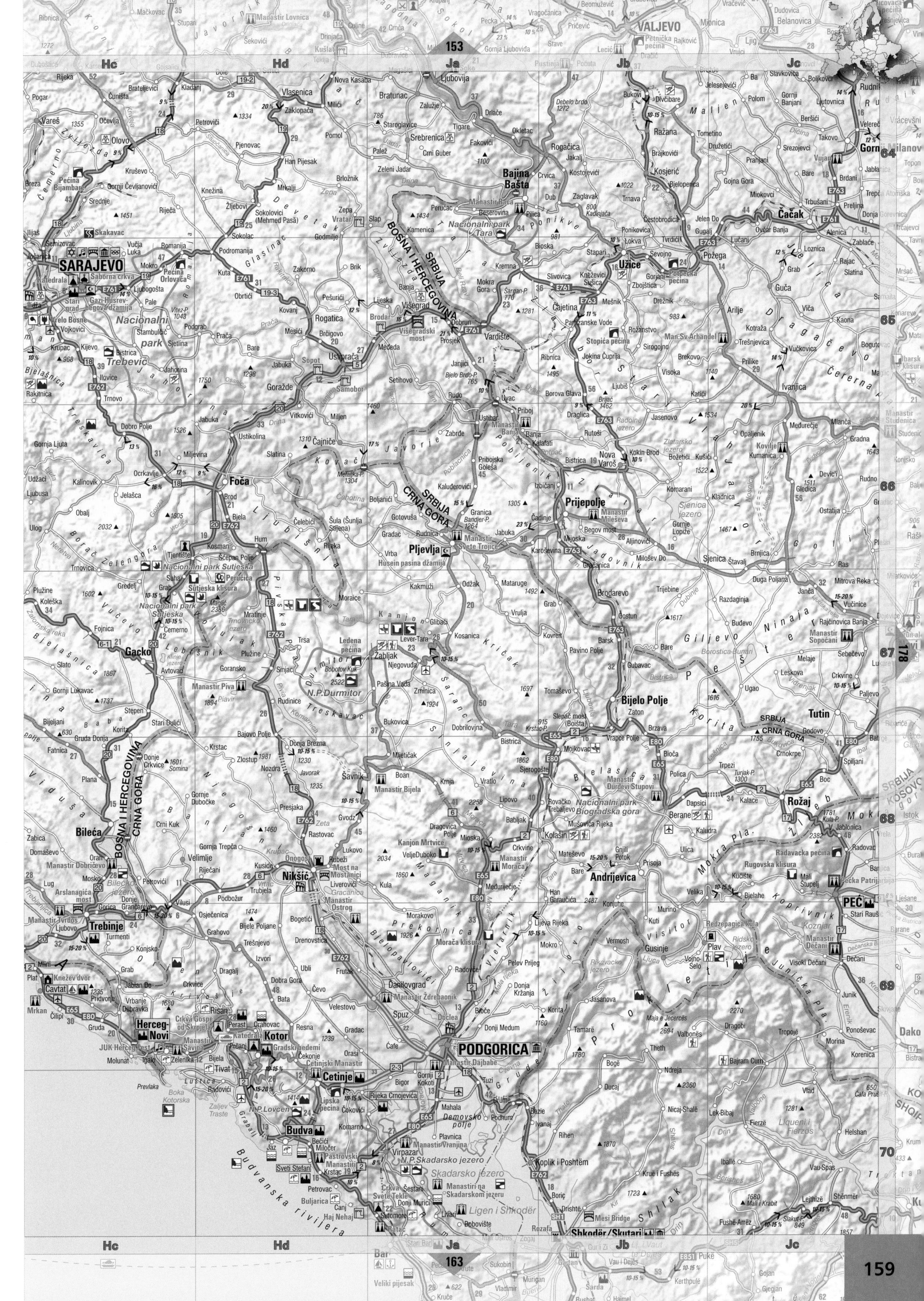
153
Hc
Hd
Ja
Jb
Jc
VALJEVO
SARAJEVO
Olovo
Vareš
Kladanj
Vlasenica
Milići
Bratunac
Srebrenica
Ljubovija
Bajina Bašta
Nacionalni park Tara
Rogačica
Kosjerić
Čačak
Užice
Požega
Arilje
Guča
Ivanjica
Rogatica
Višegrad
Višegradski most
Ustiprača
Goražde
Čajniče
Foča
Pale
Trnovo
Nacionalni park Trebević
Kalinovik
Gacko
Nacionalni park Sutjeska
Tjentište
Pljevlja
Prijepolje
Nova Varoš
Sjenica
Priboj
Žabljak
N.P.Durmitor
Šavnik
Plužine
Bijelo Polje
Tutin
Rožaj
Berane
Kolašin
Nacionalni park Biogradska gora
Andrijevica
Plav
Gusinje
PEĆ
Dečani
Nikšić
Danilovgrad
PODGORICA
Cetinje
N.P.Lovcen
Budva
Kotor
Tivat
Herceg-Novi
Risan
Trebinje
Bileća
Cavtat
N.P.Skadarsko jezero
Skadarsko jezero
Shkodër/Skutari
Koplik i Poshtëm
Sveti Stefan
Petrovac
Bar
Budvanska rivijera
BOSNA I HERCEGOVINA
SRBIJA
CRNA GORA
SRBIJA
BOSNA I HERCEGOVINA
CRNA GORA
SRBIJA
CRNA GORA
163
178
64
65
66
67
68
69
70

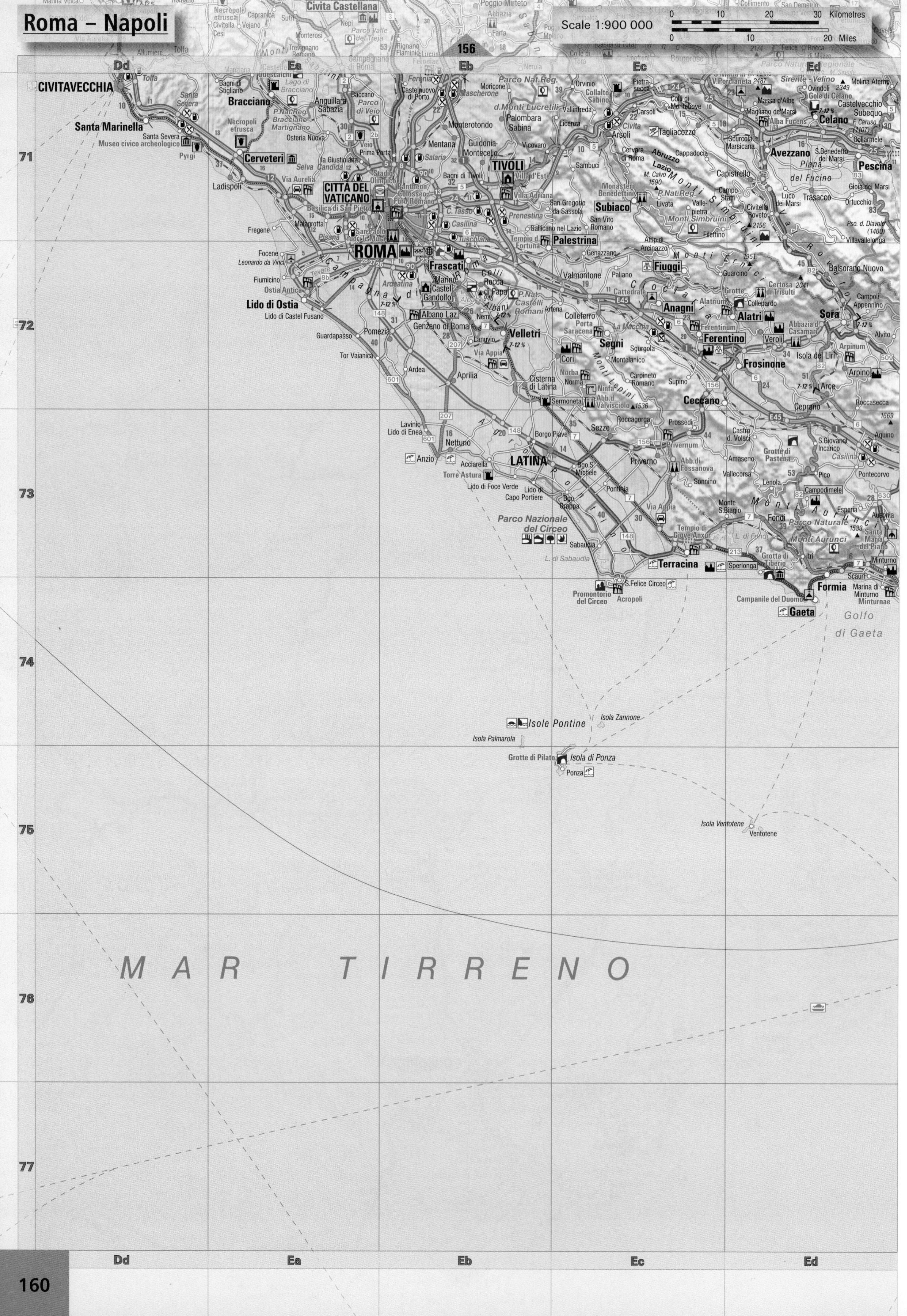
Scale 1:900 000
0 10 20 30 Kilometres
0 10 20 Miles
156
Dd
Ea
Eb
Ec
Ed
71
72
73
74
75
76
77
CIVITAVECCHIA
Santa Marinella
Bracciano
Cerveteri
Ladispoli
CITTÀ DEL VATICANO
ROMA
TIVOLI
Frascati
Subiaco
Palestrina
Fiuggi
Anagni
Alatri
Ferentino
Frosinone
Sora
Avezzano
Celano
Pescina
Lido di Ostia
Velletri
Segni
Ceccano
Aprilia
Pomezia
Nettuno
Anzio
LATINA
Terracina
Formia
Gaeta
Sabaudia
Parco Nazionale del Circeo
Isole Pontine
Isola Zannone
Isola Palmarola
Isola di Ponza
Ponza
Grotte di Pilato
Isola Ventotene
Ventotene
Golfo di Gaeta
MAR TIRRENO

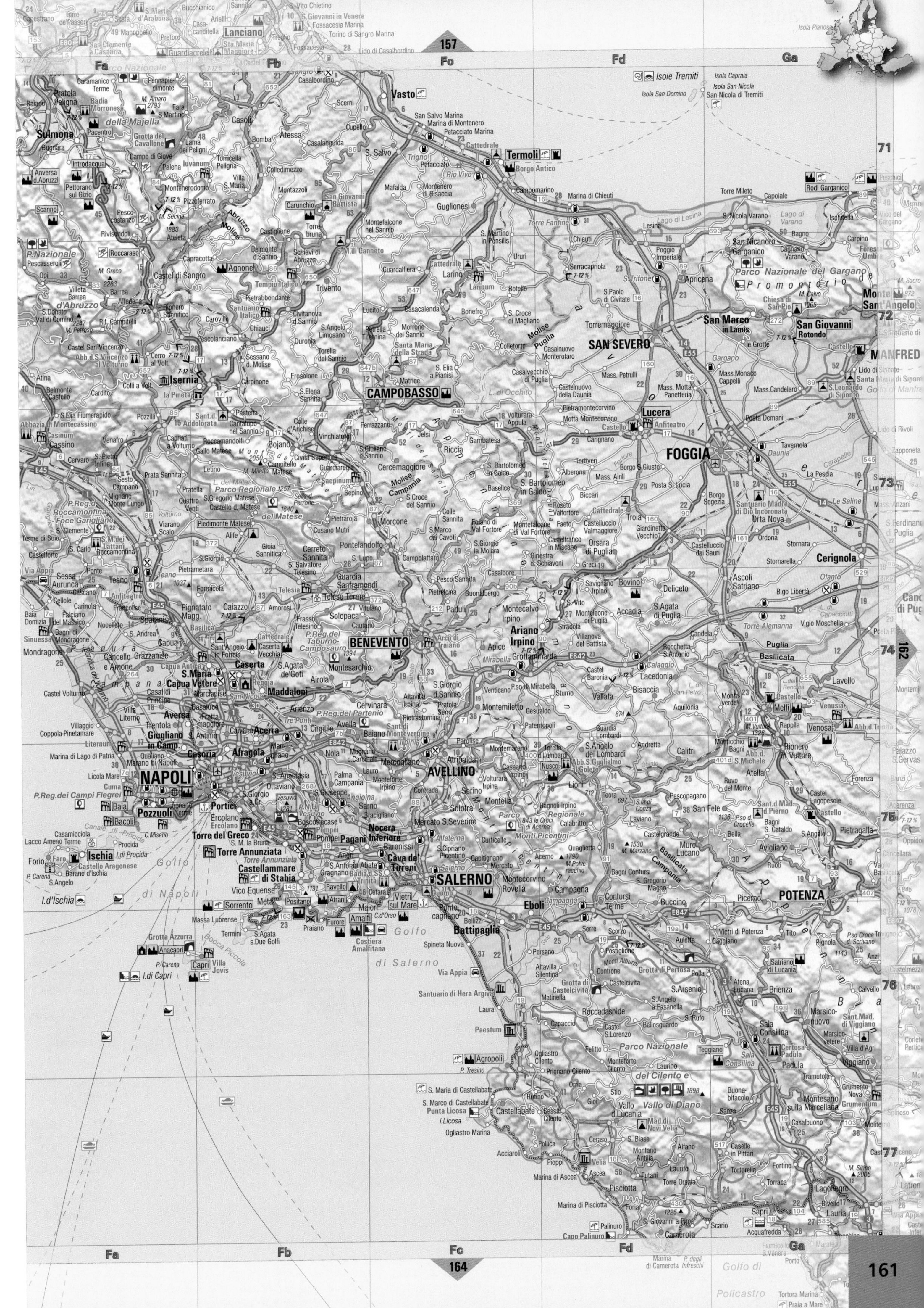

Scale 1:900 000

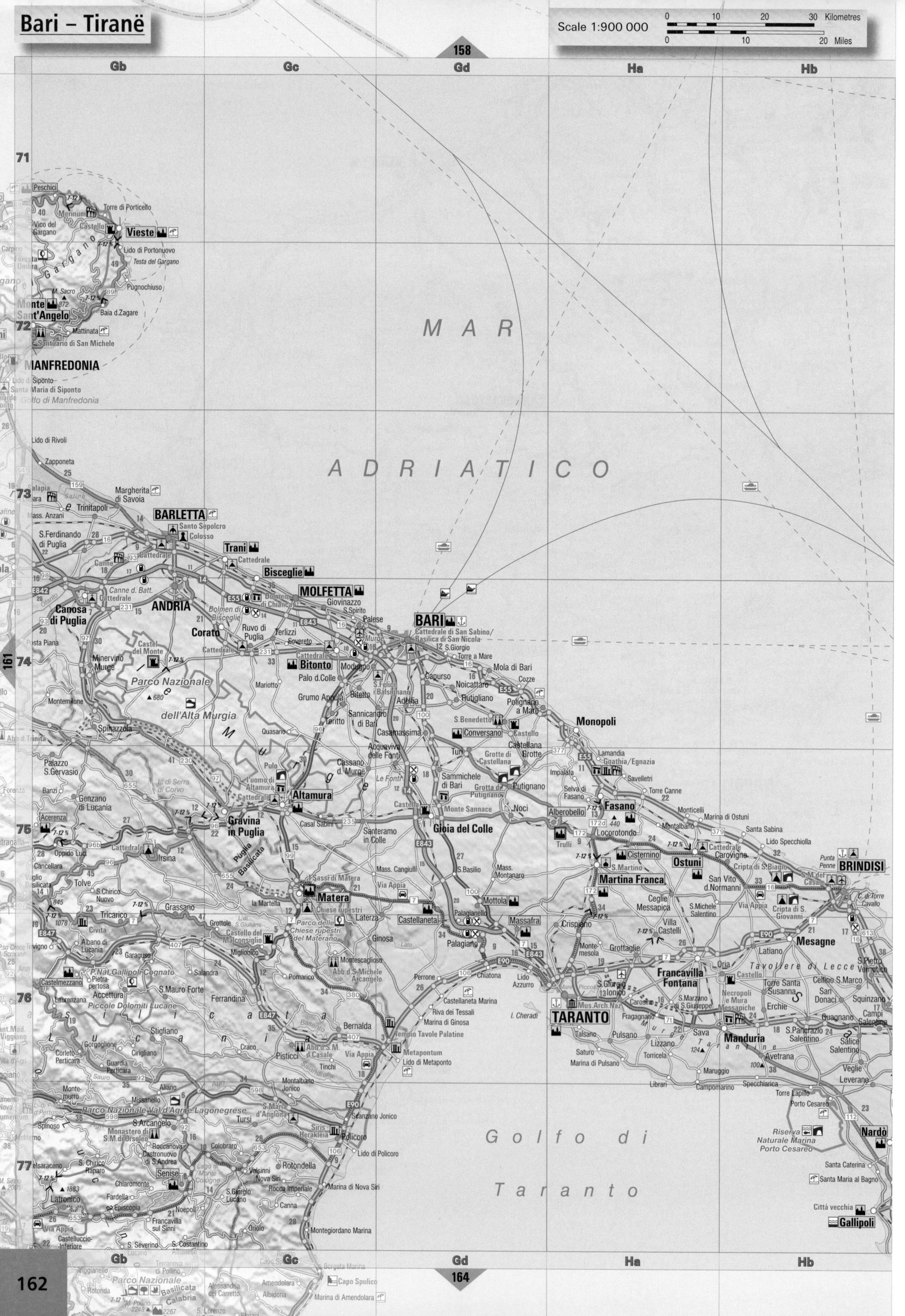
0 10 20 30 Kilometres
0 10 20 Miles
158
Gb
Gc
Gd
Ha
Hb
M A R
A D R I A T I C O
MANFREDONIA
Golfo di Manfredonia
Vieste
Peschici
Monte Sant'Angelo
BARLETTA
Trani
Bisceglie
MOLFETTA
BARI
ANDRIA
Canosa di Puglia
Corato
Bitonto
Altamura
Gravina in Puglia
Matera
Gioia del Colle
Monopoli
Fasano
Alberobello
Ostuni
Martina Franca
BRINDISI
Mesagne
Francavilla Fontana
Manduria
TARANTO
Castellaneta
Massafra
Mottola
Metapontum
Policoro
Nardò
Gallipoli
Parco Nazionale dell'Alta Murgia
Golfo di Taranto
164
161

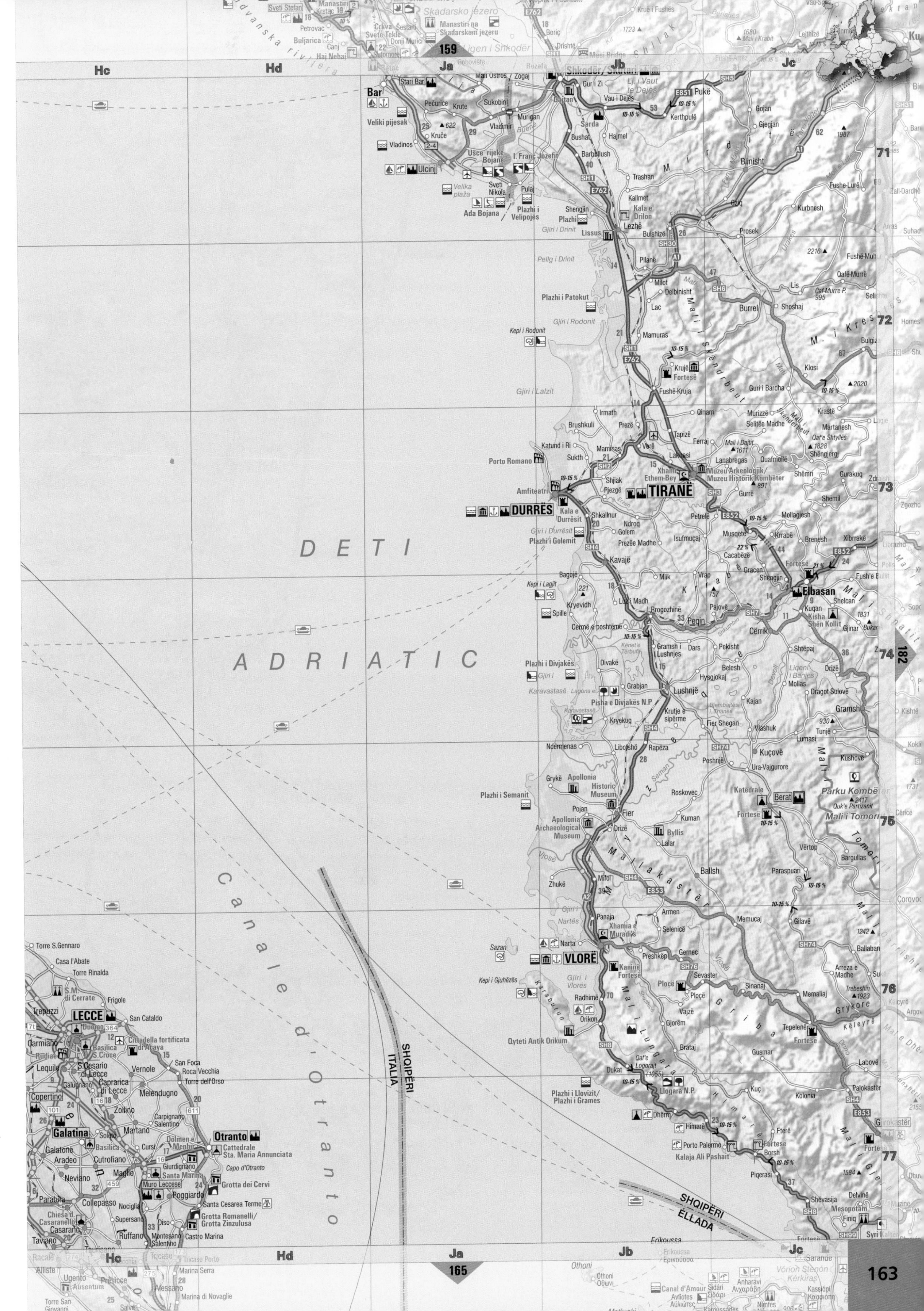
DETI
ADRIATIC
Canale d'Otranto
SHQIPËRI
ITALIA
SHQIPËRI
ELLADA
Shkodër/Skutari
Bar
Ulcinj
Lezhë
TIRANË
DURRËS
Elbasan
Kavajë
Lushnjë
Fier
Berat
VLORË
Himarë
LECCE
Galatina
Otranto
Apollonia
Llogara N.P.
Pisha e Divjakës N.P
Parku Kombëtar
Mali i Tomorit
Porto Romano
Fushë-Kruja
Krujë
Burrel
Gramsh
Tepelenë
Ballsh
Hc
Hd
Ja
Jb
Jc
159
165
182
71
72
73
74
75
76
77

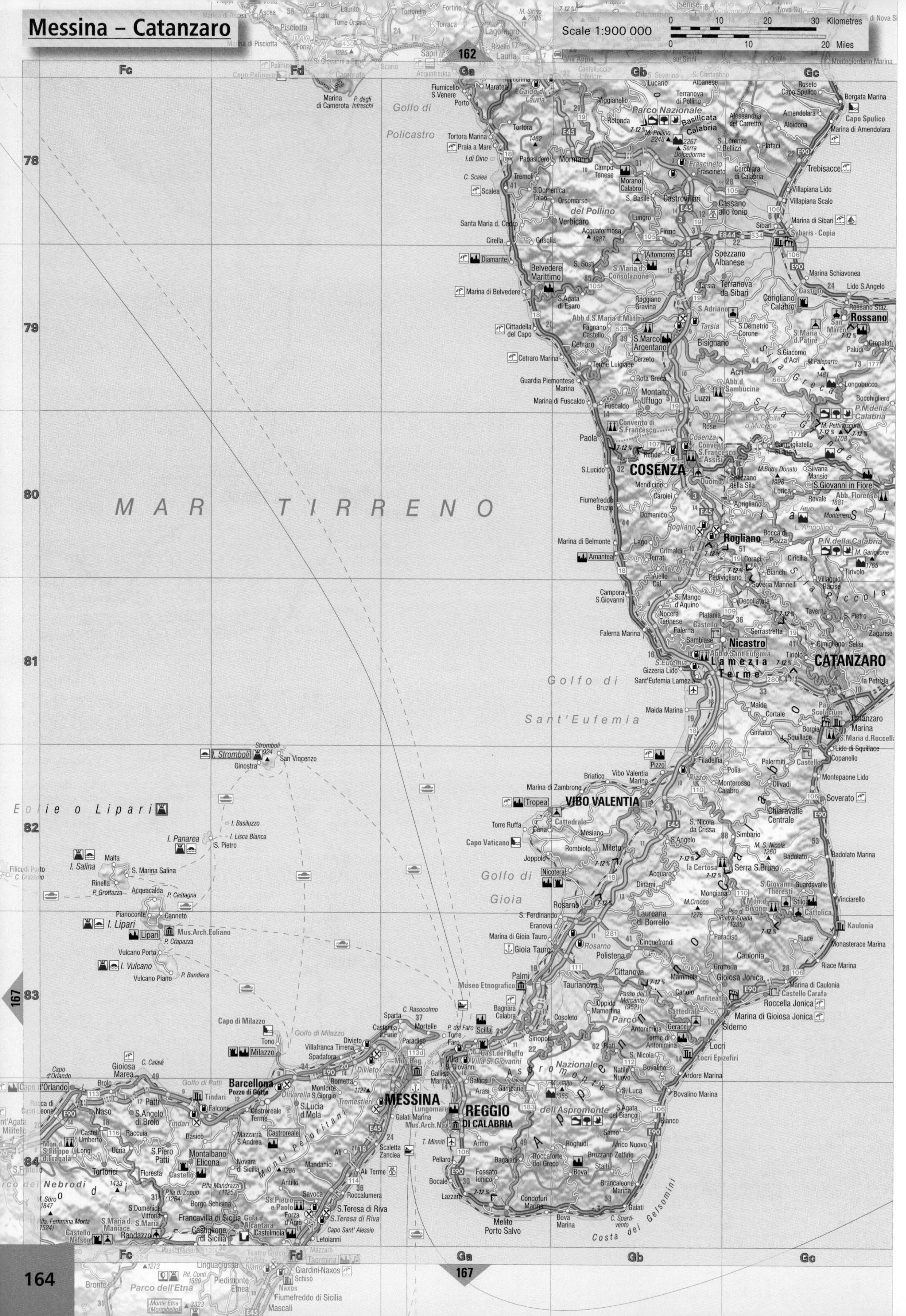
Scale 1:900 000
0 10 20 30 Kilometres
0 10 20 Miles
162
167
Fc
Fd
Ga
Gb
Gc
78
79
80
81
82
83
84
MAR TIRRENO
Golfo di Policastro
Golfo di Sant'Eufemia
Golfo di Gioia
Golfo di Milazzo
Golfo di Patti
Eolie o Lipari
I. Stromboli
Stromboli 924
Ginostra
San Vincenzo
I. Panarea
I. Basiluzzo
I. Lisca Bianca
S. Pietro
I. Salina
Malfa
S. Marina Salina
Rinella
Filicudi Porto
Acquacalda
Canneto
Pianoconte
I. Lipari
Lipari
Mus.Arch.Eoliano
Vulcano Porto
I. Vulcano
Vulcano Piano
Capo di Milazzo
Milazzo
Tono
Capo d'Orlando
Gioiosa Marea
Brolo
Patti
Tindari
Barcellona Pozzo di Gotto
Naso
S.Angelo di Brolo
Raccuja
Ucria
S.Piero Patti
Montalbano Elicona
Novara di Sicilia
Castroreale
Castroreale Terme
Mazzarrà S.Andrea
Nebrodi
Floresta
Randazzo
Francavilla di Sicilia
Castiglione di Sicilia
Castelmola
Taormina
Letojanni
S.Teresa di Riva
Capo Sant' Alessio
Savoca
Forza d'Agrò
Roccalumera
Alì Terme
Scaletta Zanclea
Monti Peloritani
MESSINA
Galati Marina
Villafranca Tirrena
Spadafora
Divieto
Rometta
Monforte
S.Lucia del Mela
Mortelle
Torre Faro
Capo del Faro
Giardini-Naxos
Naxos
Schisò
Linguaglossa
Piedimonte Etnea
Fiumefreddo di Sicilia
Mascali
Bronte
Parco dell'Etna
Monte Etna (Mongibello) 3323
REGGIO DI CALABRIA
Villa S. Giovanni
Scilla
Bagnara Calabra
Palmi
Gioia Tauro
Marina di Gioia Tauro
Rosarno
Nicotera
Joppolo
Capo Vaticano
Tropea
Torre Ruffa
Ricadi
VIBO VALENTIA
Mileto
Pizzo
Briatico
Vibo Valentia Marina
Serra S.Bruno
Soverato
Chiaravalle Centrale
Squillace
Catanzaro Marina
CATANZARO
Lamezia Terme
Nicastro
S. Eufemia
Gizzeria Lido
Falerna Marina
Campora S.Giovanni
Amantea
Marina di Belmonte
Fiumefreddo Bruzio
Paola
S.Lucido
COSENZA
Rende
Rogliano
Spezzano della Sila
S.Giovanni in Fiore
Sila Grande
Sila Piccola
Sila Greca
Luzzi
Acri
Bisignano
Rossano
Corigliano Calabro
Sibari
Trebisacce
Cassano allo Ionio
Castrovillari
Morano Calabro
Parco Nazionale del Pollino
Mormanno
Scalea
Praia a Mare
Diamante
Belvedere Marittimo
Cetraro
Guardia Piemontese
S. Marco Argentano
Altomonte
Spezzano Albanese
Maratea
Lauria
Lagonegro
Sapri
Marina di Camerota
Capo Palinuro
Cittanova
Polistena
Taurianova
Locri
Siderno
Roccella Jonica
Caulonia
Gioiosa Jonica
Stilo
Monasterace Marina
Kaulonia
Badolato Marina
Bovalino Marina
Bianco
Africo Nuovo
Bova
Bova Marina
Melito Porto Salvo
Condofuri Marina
Parco Nazionale dell'Aspromonte
Montalto 1955
Costa dei Gelsomini
Gerace
Siderno
Ardore Marina
Bovalino
S. Luca
Pellaro
Bocale
Lazzaro
Motta S.Giovanni
Cosoleto
Oppido Mamertina
Sinopoli
Delianuova
Filadelfia
Maida
Tiriolo
Taverna
Sellia
Girifalco
Borgia
Montepaone Lido
Guardavalle
Marina di Caulonia
Castello Carafa
Marina di Gioiosa Jonica
Laureana di Borrello
Cinquefrondi
Dinami
Acquaro
Mongiana
Arena
Soriano Calabro
Vallelonga
Filadelfia
Decollatura
Nocera Terinese
Falerna
Sambiase
Lago
Aiello Cal.
Grimaldi
Carolei
Mendicino
Fuscaldo
Montalto Uffugo
Rota Greca
Cerzeto
Fagnano Castello
Roggiano Gravina
Tarsia
Terranova da Sibari
S.Demetrio Corone
Longobucco
Bocchigliero
Cropalati
Paludi
Lorica
Savelli
Cotronei
Mesoraca
Petronà
Cicala
Zagarise
Lido di Squillace
Copanello
S. Maria d. Roccella
Sellia Marina
Capo Spulico
Roseto Capo Spulico
Amendolara
Albidona
Villapiana Lido
Villapiana Scalo
Marina di Sibari
Sybaris - Copia
Marina Schiavonea
Lido S.Angelo
Rossano Staz.
Tortora Marina
Tortora
Papasidero
Orsomarso
Verbicaro
Santa Maria d. Cedro
Cirella
Grisolia
Marina di Belvedere
Cittadella del Capo
Cetraro Marina
Marina di Fuscaldo
Terme Luigiane
E45
E90
E844

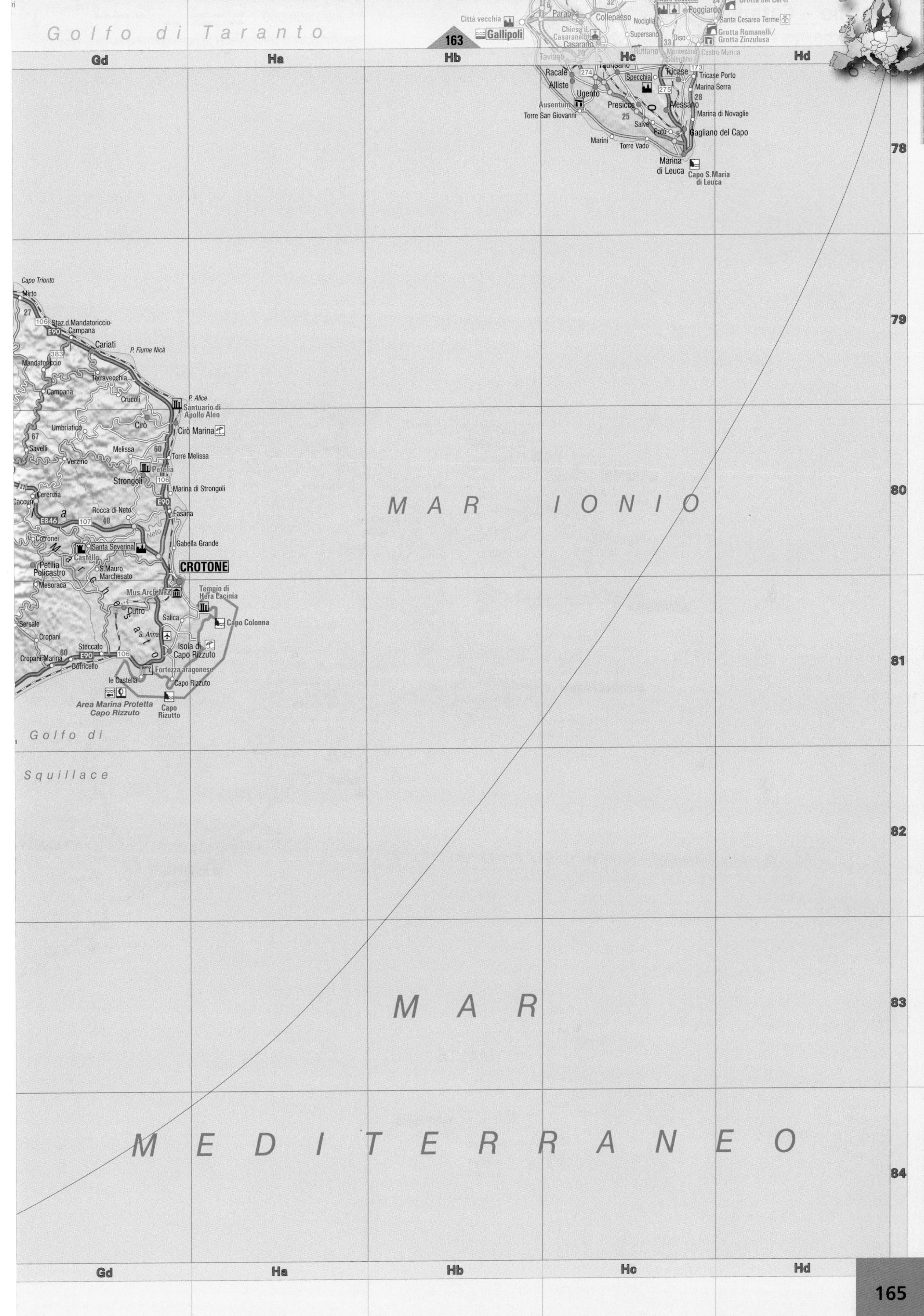

Golfo di Taranto

163
Gallipoli

Santa Maria al Bagno
Città vecchia
Parabita
Collepasso
Nociglia
Neviano
Muro Leccese
Poggiardo
Santa Cesarea Terme
Grotta dei Cervi
Supersano
Chiesa d.
Casarano
Casaranello
Taviano
Ruffano
Montesano
Salentino
Castro Marina
Grotta Romanelli/
Grotta Zinzulusa
Racale
Alliste
Ugento
Ausentum
Torre San Giovanni
Presicce
Salve
Marini
Torre Vado
Patù
Gagliano del Capo
Tricase
Tricase Porto
Marina Serra
Marina di Novaglie
Specchia
Messano
Marina
di Leuca
Capo S.Maria
di Leuca

Capo Trionto
Mirto
27
Staz.d.Mandatoriccio-
Campana
E90
Cariati
P. Fiume Nicà
Mandatoriccio
383
Campana
Terravecchia
Umbriatico
Crucoli
P. Alice
Santuario di
Apollo Aleo
Cirò
Ciró Marina
67
Saveli
Melissa
60
Torre Melissa
Verzino
Petilia
Strongoli
106
Marina di Strongoli
Cerenzia
E90
Fasana
Caccuri
Rocca di Neto
40
Neto
E846
107
Cotronei
Gabella Grande
Santa Severina
Castello
CROTONE
Petilia
Policastro
S.Mauro
Marchesato
Mesoraca
Mus.Arch.Naz.
Cutro
Tempio di
Hera Lacinia
Sersale
S. Anna
Salica
Capo Colonna
Cropani
Steccato
Isola di
Capo Rizzuto
Cropani Marina
E90
106
Forterza aragonese
Boricello
le Castella
Capo Rizzuto
Area Marina Protetta
Capo Rizzuto
Capo
Rizzutto

MAR   IONIO

Golfo di

Squillace

MAR

MEDITERRANEO

78

79

80

81

82

83

84

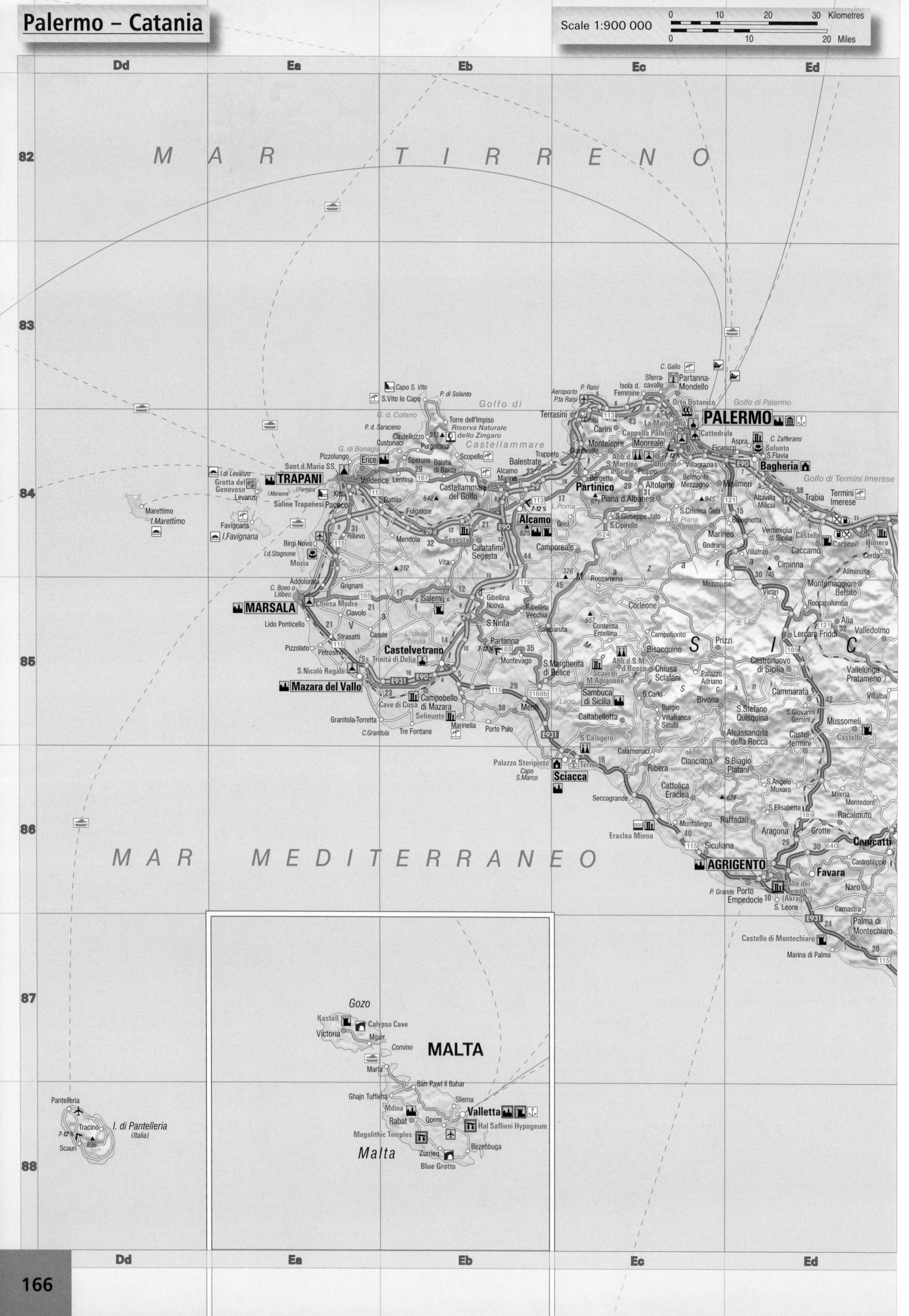
Scale 1:900 000
0 10 20 30 Kilometres
0 10 20 Miles
Dd
Ea
Eb
Ec
Ed
82
83
84
85
86
87
88
M A R T I R R E N O
M A R M E D I T E R R A N E O
Capo S. Vito
S.Vito lo Capo
P. di Solanto
Golfo di Castellammare
G. d. Cofano
P. d. Saraceno
Castelluzzo
Custonaci
Torre dell'Impiso
Riserva Naturale dello Zingaro
Purgatorio
Scopello
G. di Bonagia
Pizzolungo
Erice
Sperone
Balata di Baida
Sant.d.Maria SS.
I.di Levanzo
Grotta del Genovese
Levanzo
TRAPANI
I.Formica
I.Maraone
Saline Trapanesi
Xitta
Paceco
Valderice
Lentina
Dattilo
Fulgatore
Marettimo
I.Marettimo
Favignana
I.Favignana
Birgi Novo
I.d.Stagnone
Mozia
Rilievo
Mendola
Addolorata
C. Boeo o Lilibeo
Grignani
MARSALA
Chiesa Madre
Ciavolo
Lido Ponticello
Strasatti
Casale
Pizzolato
Petrosino
S.Nicolò Regale
Mazara del Vallo
Ss. Trinità di Delia
Castelvetrano
Campobello di Mazara
Cave di Cusa
Selinunte
Granitola-Torretta
C.Granitola
Tre Fontane
Marinella
Porto Palo
Menfi
Salemi
Vita
Calatafimi-Segesta
Segesta
Castellammare del Golfo
Alcamo Marina
Balestrate
Trappeto
Alcamo
Gibellina Nuova
Gibellina Vecchia
S.Ninfa
Partanna
Montevago
Salaparuta
S.Margherita di Belice
Sambuca di Sicilia
Lago Arancio
Caltabellotta
S.Calogero
Sciacca
Palazzo Steripinto
Capo S.Marco
Terme
Seccagrande
Calamonaci
Ribera
Eraclea Minoa
Cattolica Eraclea
Montallegro
Siculiana
AGRIGENTO
Porto Empedocle
P. Grande
Valle dei Templi (Akragas)
S. Leone
Favara
Castello di Montechiaro
Palma di Montechiaro
Marina di Palma
Naro
Camastra
Castrofilippo
Canicattì
Aragona
Grotte
Racalmuto
Raffadali
Milena
Montedoro
S.Elisabetta
S.Angelo Muxaro
S.Biagio Platani
Cianciana
Alessandria della Rocca
S.Stefano Quisquina
Bivona
Cammarata
S.Giovanni Gemini
Casteltermini
Mussomeli
Castello
Villalba
Vallelunga Pratameno
Castronuovo di Sicilia
Lercara Friddi
Alia
Valledolmo
Prizzi
Palazzo Adriano
Chiusa Sclafani
Bisacquino
Campofiorito
Contessa Entellina
Corleone
Roccamena
Camporeale
Grisi
S.Cipirello
S.Giuseppe Jato
Piana d.Albanesi
Partinico
Borgetto
Giardinello
Montelepre
Carini
Cinisi
Terrasini
Aeroporto P.ta Raisi
P. Raisi
Isola d. Femmine
Sferracavallo
C. Gallo
Partanna-Mondello
Orto Botanico
PALERMO
Cattedrale
La Martorana
Cappella Palatina
Monreale
Abb.d.S.M.
S.Martino d.Scale
Pioppo
Altofonte
Belmonte Mezzagno
Villagrazia
Misilmeri
Ficarazzi
Aspra
C. Zafferano
Solunto
S.Flavia
Bagheria
Golfo di Palermo
Golfo di Termini Imerese
Trabia
Termini Imerese
Altavilla Milicia
Bolognetta
S.Cristina Gela
Marineo
Godrano
Ventimiglia di Sicilia
Caccamo
Caracoli
Himera
Cerda
Villafrati
Ciminna
Mezzojuso
Vicari
Alminusa
Montemaggiore Belsito
Roccapalumba
Abb.d.S.M. d.Bosco
Scavi di M.Adranone
S.Carlo
Burgio
Villafranca Sicula
S I C
Gozo
Kastell
Calypso Cave
Victoria
Mgarr
Comino
MALTA
Marfa
San Pawl il Bahar
Ghajn Tuffieha
Sliema
Mdina
Valletta
Rabat
Qormi
Hal Saflieni Hypogeum
Megalithic Temples
Malta
Zurrieq
Birzebbuga
Blue Grotto
Pantelleria
Tracino
Scauri
I. di Pantelleria (Italia)

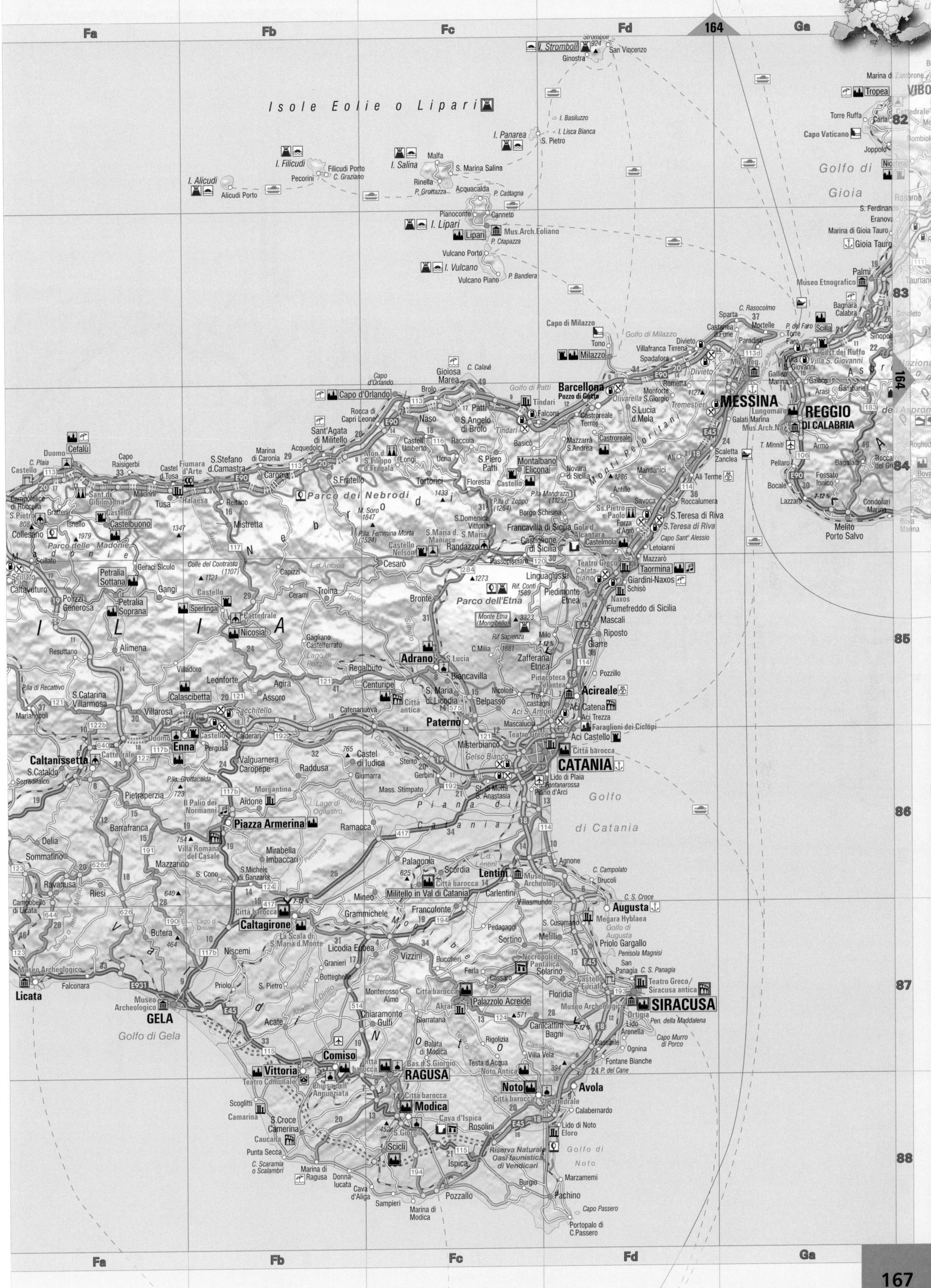

Fa
Fb
Fc
Fd
Ga
164
Isole Eolie o Lipari
I. Stromboli
924
San Vincenzo
Ginostra
I. Basiluzzo
I. Lisca Bianca
I. Panarea
S. Pietro
I. Filicudi
Filicudi Porto
C. Graziano
Pecorini
I. Alicudi
Alicudi Porto
I. Salina
Malfa
S. Marina Salina
Rinella
P. Grottazza
Acquacalda
P. Castagna
Pianoconte
Canneto
I. Lipari
Lipari
Mus.Arch.Eoliano
P. Ciapazza
Vulcano Porto
I. Vulcano
Vulcano Piano
P. Bandiera
Capo di Milazzo
Tono
Milazzo
Golfo di Milazzo
C. Rasocolmo
Sparta
Castanea d.Furie
Mortelle
P. del Faro
Torre Faro
Scilla
Villafranca Tirrena
Divieto
Spadafora
Paradiso
Mus.Reg.
Gioiosa Marea
C. Calavà
Capo d'Orlando
Brolo
Golfo di Patti
Barcellona Pozzo di Gotto
Monforte S.Giorgio
Rometta
Olivarella
Tindari
Falcone
Patti
Rocca di Capri Leone
Naso
S.Angelo di Brolo
Castroreale Terme
S.Lucia d.Mela
Tremestieri
MESSINA
Galati Marina
Sant'Agata di Militello
Acquedolci
Castell'Umberto
Raccuja
Basicò
Mazzarrà S.Andrea
Castroreale
Monti Peloritani
Scaletta Zanclea
Cefalù
Duomo
C. Plaia
Castello
Capo Raisigerbi
Castel d.Tusa
Fiumara d'Arte
S.Stefano d.Camastra
Marina di Caronia
Caronia
Mon.d. S.Filippo di Fragalà
Longi
Ucria
S.Piero Patti
Montalbano Elicona
Novara di Sicilia
Mandanici
Alì
Alì Terme
Tusa
Halaesa
Milianni
Sant.di Gibilmanna
S.Fratello
Parco dei Nebrodi
Tortorici
Floresta
1286
Antillo
Roccalumera
Campofelice di Roccella
Gratteri
Castello
Castelbuono
Reitano
Mistretta
M. Soro 1847
P.lla d. Zoppo (1264)
P.lla Mandrazzi (1125)
Borgo Schisina
Ss.Pietro e Paolo
Savoca
Forza d'Agrò
S.Teresa di Riva
Isnello
Collesano
Parco delle Madonie
1979
1347
Nebrodi
P.lla Femmina Morta (1524)
S.Maria d. Maniace
S.Domenica Vittoria
Francavilla di Sicilia
Gola d. Alcantara
Castiglione di Sicilia
Castelmola
Capo Sant'Alessio
Letojanni
Mazzarò
Taormina
Scillato
Caltavuturo
Petralia Sottana
Geraci Siculo
Colle del Contrasto (1107)
Capizzi
L. d'Ancipa
Castello Nelson
Cesarò
Randazzo
Passopisciaro
Teatro Greco
Calatabiano
Giardini-Naxos
Schisò
Naxos
Polizzi Generosa
Gangi
1121
Castello
Cerami
Troina
Bronte
1273
Linguaglossa
Rif. Conti 1589
Piedimonte Etneo
Parco dell'Etna
Fiumefreddo di Sicilia
Mascali
Petralia Soprana
Sperlinga
Cattedrale
Nicosia
Monte Etna (Mongibello)
3323
Riposto
Rif. Sapienza
Milo
Giarre
Resuttano
Alimena
Gagliano Castelferrato
Lago di Pozzillo
Adrano
S.Lucia
C.Milia
1881
Zafferana Etnea
Villadoro
Leonforte
Agira
Regalbuto
Biancavilla
Pozzillo
Pinacoteca Zelantea
Acireale
P.lla di Recattivo
S.Catarina Villarmosa
Calascibetta
Assoro
Centuripe
Città antica
S.Maria di Licodia
Nicolosi
Belpasso
Tre castagni
Aci S.Antonio
Aci Catena
Aci Trezza
Faraglioni dei Ciclopi
Aci Castello
Marianopoli
Villarosa
Sacchitello
Catenanuova
Paternò
Mascalucia
Teatro Greco
Duomo
Castello
Calderari
Enna
Pergusa
Caltanissetta
Cattedrale
S.Cataldo
Serradifalco
765
Castel di Iudica
Sterro
Gerbini
Misterbianco
Gelso Bianco
CATANIA
Città barocca
Valguarnera Caropepe
Raddusa
Giumarra
Lido di Plaia
P.lla Grottacalda
723
Pietraperzia
Morgantina
Mass. Stimpato
St. di Motta S. Anastasia
Fontanarossa
Piano d'Arci
Golfo di Catania
Il Palio dei Normanni
Aidone
Lago di Ogliastro
Piana di Catania
Barrafranca
Piazza Armerina
Ramacca
Delia
754
Villa Romana del Casale
Mirabella Imbaccari
Sommatino
Mazzarino
Palagonia
Scordia
L.d. Lentini
Agnone
S.Michele di Ganzaria
S. Cono
Lentini
Museo Archeologico
C. Campolato
Brucoli
Ravanusa
Riesi
625
Città barocca
Militello in Val di Catania
Carlentini
640
C. S. Croce
Campobello di Licata
Città barocca
Mineo
Villasmundo
Augusta
Caltagirone
Grammichele
Francofonte
Megara Hyblaea
Golfo di Augusta
Butera
464
Lago d. Disueri
Pedagaggi
S. Cusumano
Melilli
Priolo Gargallo
Penisola Magnisi
La Scala di S.Maria d.Monte
Licodia Eubea
Sortino
Niscemi
Granieri
Vizzini
Buccheri
Necropoli di Pantalica
San Panagia
C. S. Panagia
Museo Archeologico
Licata
Falconara
Priolo
Bottegheile
L. Dirillo
Ferla
Cassaro
Solarino
Teatro Greco/ Siracusa antica
Castello Eurialo
Museo Archeologico
GELA
S. Pietro
Monterosso Almo
Città barocca
Palazzolo Acreide
Floridia
SIRACUSA
Golfo di Gela
Acate
Chiaramonte Gulfi
Giarratana
571
Ortigia
Pen. della Maddalena
Canicattini Bagni
Lido Arenella
Capo Murro di Porco
Rigolizia
Cassibile
Ognina
Balata di Modica
Comiso
Testa d.Acqua
Villa Vela
Noto Antica
394
Fontane Bianche
P. del Cane
Vittoria
Teatro Comunale
Chiesa dell'Annunziata
Città barocca
Bas.d.S.Giorgio
RAGUSA
Noto
Avola
Città barocca
Cattedrale
Città barocca
Modica
Calabernardo
Scoglitti
Camarina
S.Croce Camerina
Cava d'Ispica
Rosolini
Lido di Noto
Eloro
Caucana
S.Giorgio
Scicli
Riserva Naturale Oasi faunistica di Vendicari
Golfo di Noto
Punta Secca
C. Scaramia o Scalambri
Marina di Ragusa
Donnalucata
Ispica
Burgio
Marzamemi
Cava d'Aliga
Pozzallo
Pachino
Sampieri
Marina di Modica
Capo Passero
Portopalo di C.Passero
Marina di Zambrone
Tropea
VIBO
Torre Ruffa
Capo Vaticano
Joppolo
Golfo di Gioia
S. Ferdinando
Eranova
Marina di Gioia Tauro
Gioia Tauro
Palmi
Museo Etnografico
Bagnara Calabra
Cast.dei Ruffo
Villa S. Giovanni
Gallico Marina
Arasi
Gambarie
REGGIO DI CALABRIA
Lungomare
Mus.Arch.Naz.
T. Miniti
Armo
Pellaro
Bagaladi
Fossato Ionico
Bocale
Lazzaro
Condofuri Marina
Melito Porto Salvo
Aspromonte
82
83
84
85
86
87
88
Fa
Fb
Fc
Fd
Ga

Scale 1:900 000

0 10 20 30 Kilometres

0 10 20 Miles

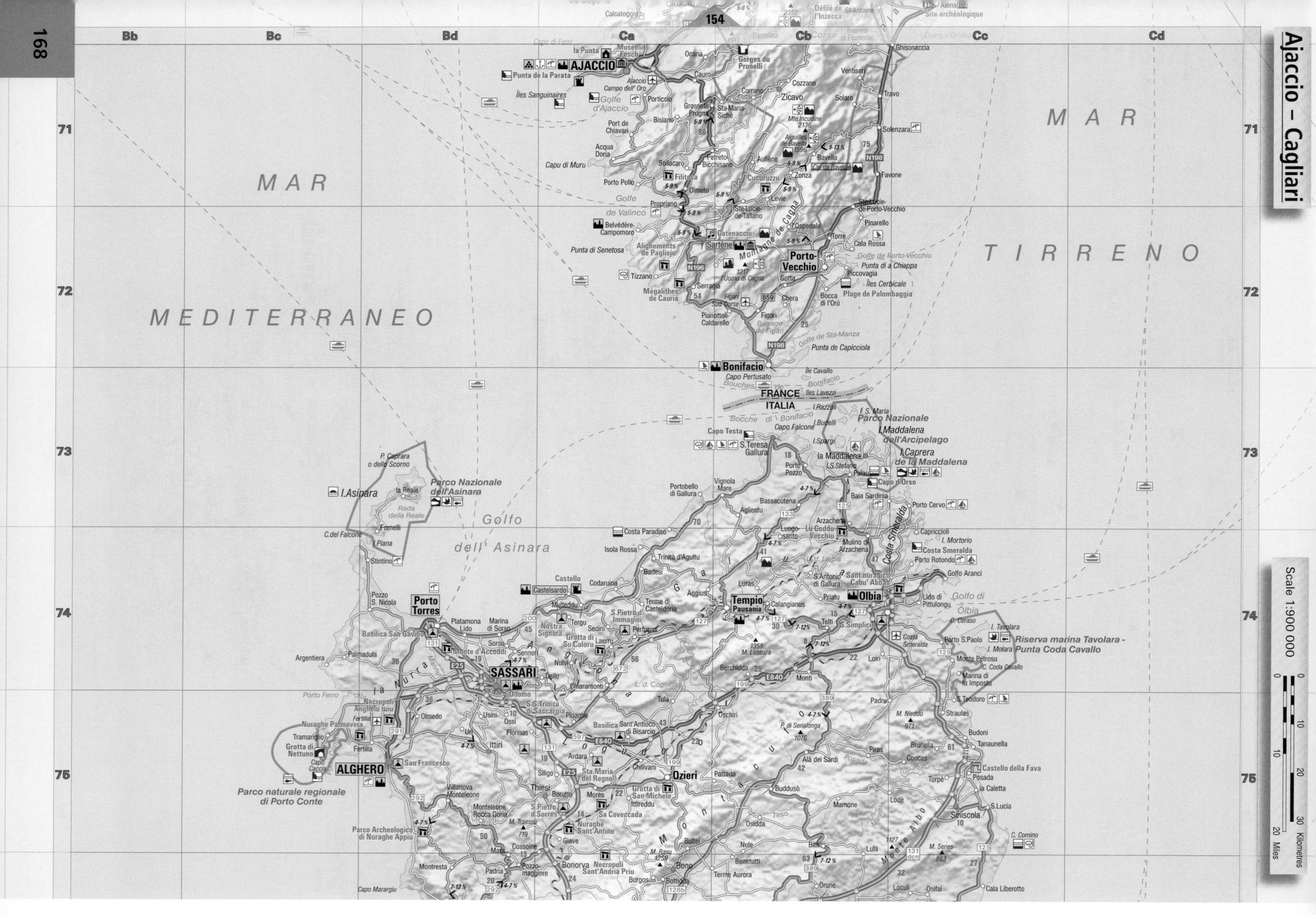
MAR TIRRENO
MAR MEDITERRANEO
AJACCIO
Golfe d'Ajaccio
Îles Sanguinaires
Porto-Vecchio
Sartène
Propriano
Golfe de Valinco
Bonifacio
Capo Pertusato
Bouches de Bonifacio
Bocche di Bonifacio
FRANCE
ITALIA
Capo Testa
S.Teresa Gallura
la Maddalena
Parco Nazionale dell'Arcipelago di la Maddalena
I.Caprera
Costa Smeralda
Porto Cervo
Olbia
Golfo di Olbia
Riserva marina Tavolara - Punta Coda Cavallo
Tempio Pausania
Ozieri
SASSARI
Porto Torres
Golfo dell' Asinara
Parco Nazionale dell'Asinara
I.Asinara
Stintino
ALGHERO
Parco naturale regionale di Porto Conte
Grotta di Nettuno
Castelsardo
Siniscola
Bitti
Orune
Bonorva
Thiesi
Ittiri
154
Bb
Bc
Bd
Ca
Cb
Cc
Cd
71
72
73
74
75

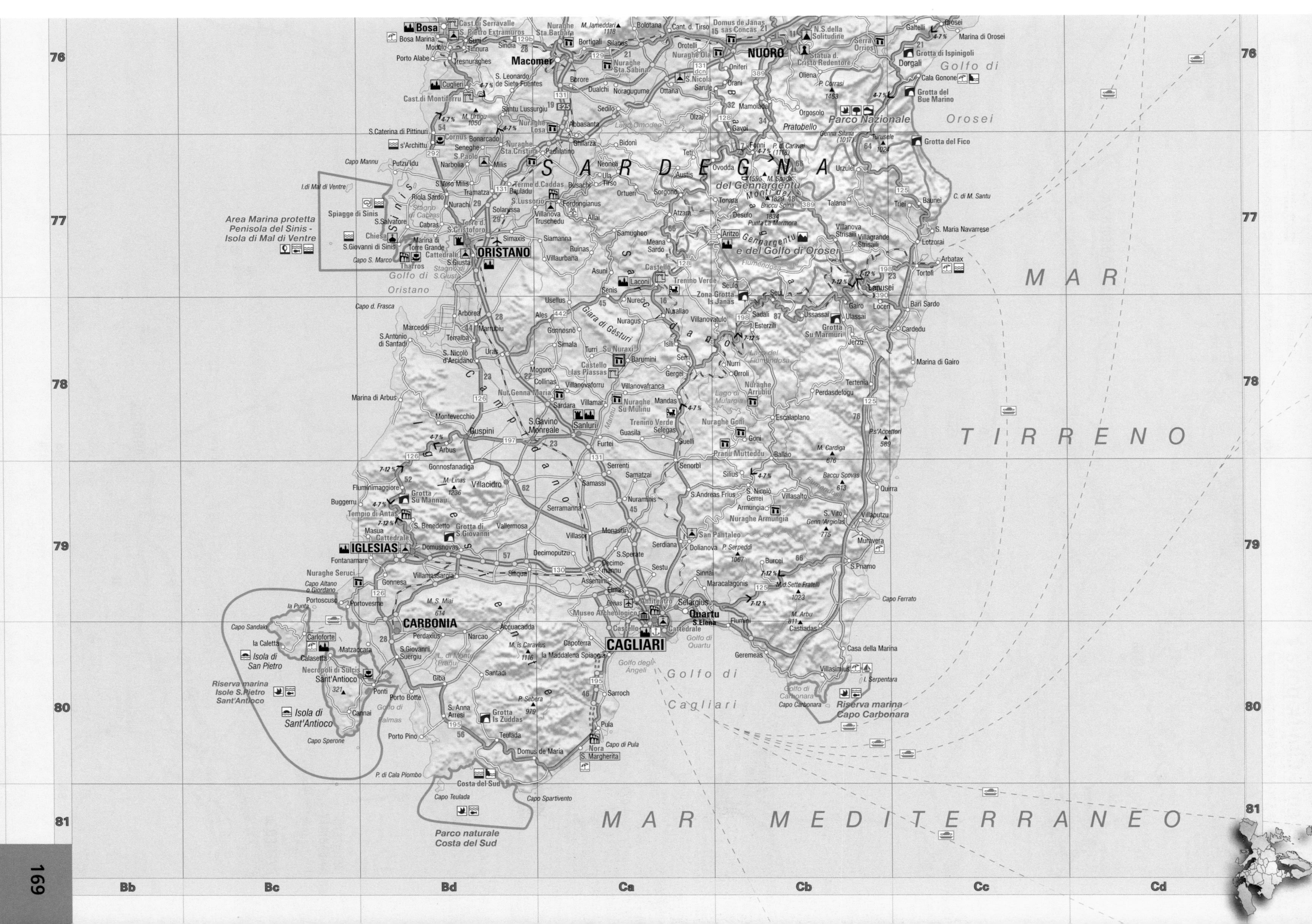

M A R   T I R R E N O
M A R   M E D I T E R R A N E O
S A R D E G N A
Golfo di Orosei
Golfo di Oristano
Golfo di Cagliari
Golfo degli Angeli
Golfo di Quartu
Golfo di Palmas
Parco Nazionale del Gennargentu e del Golfo di Orosei
Area Marina protetta Penisola del Sinis - Isola di Mal di Ventre
Riserva marina Capo Carbonara
Riserva marina Isole S.Pietro Sant'Antioco
Parco naturale Costa del Sud
Isola di San Pietro
Isola di Sant'Antioco
CAGLIARI
ORISTANO
NUORO
IGLESIAS
CARBONIA
Macomer
Bosa
Quartu
Lanusei
Tortolì
Arbatax
Dorgali
Orosei
Sanluri
Villacidro
Carloforte
Sant'Antioco
Capo Carbonara
Capo Spartivento
Capo Teulada
Capo Ferrato
Capo Mannu
Capo Sperone
Capo Sandalo
Capo di Pula
76
77
78
79
80
81
Bb
Bc
Bd
Ca
Cb
Cc
Cd

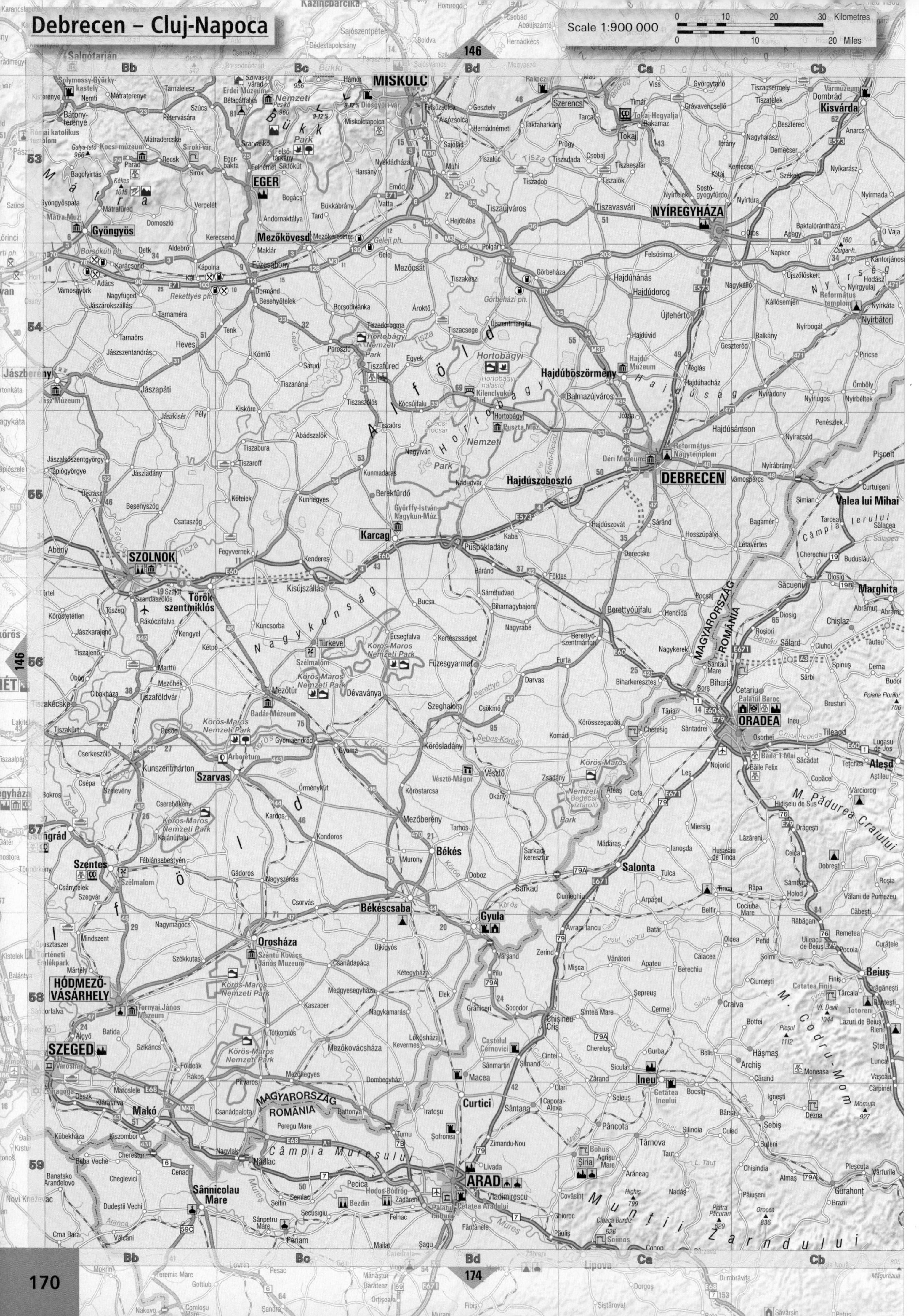
Debrecen – Cluj-Napoca
Scale 1:900 000
0 10 20 30 Kilometres
0 10 20 Miles
146
Bb
Bc
Bd
Ca
Cb
53
54
55
56
57
58
59
MISKOLC
Salgótarján
Eger
EGER
Gyöngyös
Mezőkövesd
Mátra
Bükk
Nemzeti Park
Tokaj
Tokaj-Hegyalja
Szerencs
Kisvárda
NYÍREGYHÁZA
Tiszaújváros
Tiszavasvári
Hajdúnánás
Hajdúdorog
Hajdúböszörmény
Nyírbátor
Nyírség
Hortobágyi Nemzeti Park
Hortobágy
Alföld
Tiszafüred
Heves
Jászberény
Hajdúság
Balmazújváros
DEBRECEN
Hajdúszoboszló
Karcag
Püspökladány
SZOLNOK
Törökszentmiklós
Kisújszállás
Nagykunság
Túrkeve
Berettyóújfalu
Valea lui Mihai
Marghita
MAGYARORSZÁG
ROMÂNIA
Mezőtúr
Dévaványa
Szeghalom
ORADEA
Kunszentmárton
Szarvas
Körös-Maros Nemzeti Park
Békés
Salonta
Szentes
Csongrád
Békéscsaba
Gyula
Orosháza
Beiuș
HÓDMEZŐ-VÁSÁRHELY
SZEGED
Makó
Curtici
Ineu
ARAD
Sânnicolau Mare
Câmpia Mureșului
Munții Zarandului
M. Pădurea Craiului
M. Codru-Moma
Aleșd
Sebiș
174
Bb
Bc
Bd
Ca
Cb

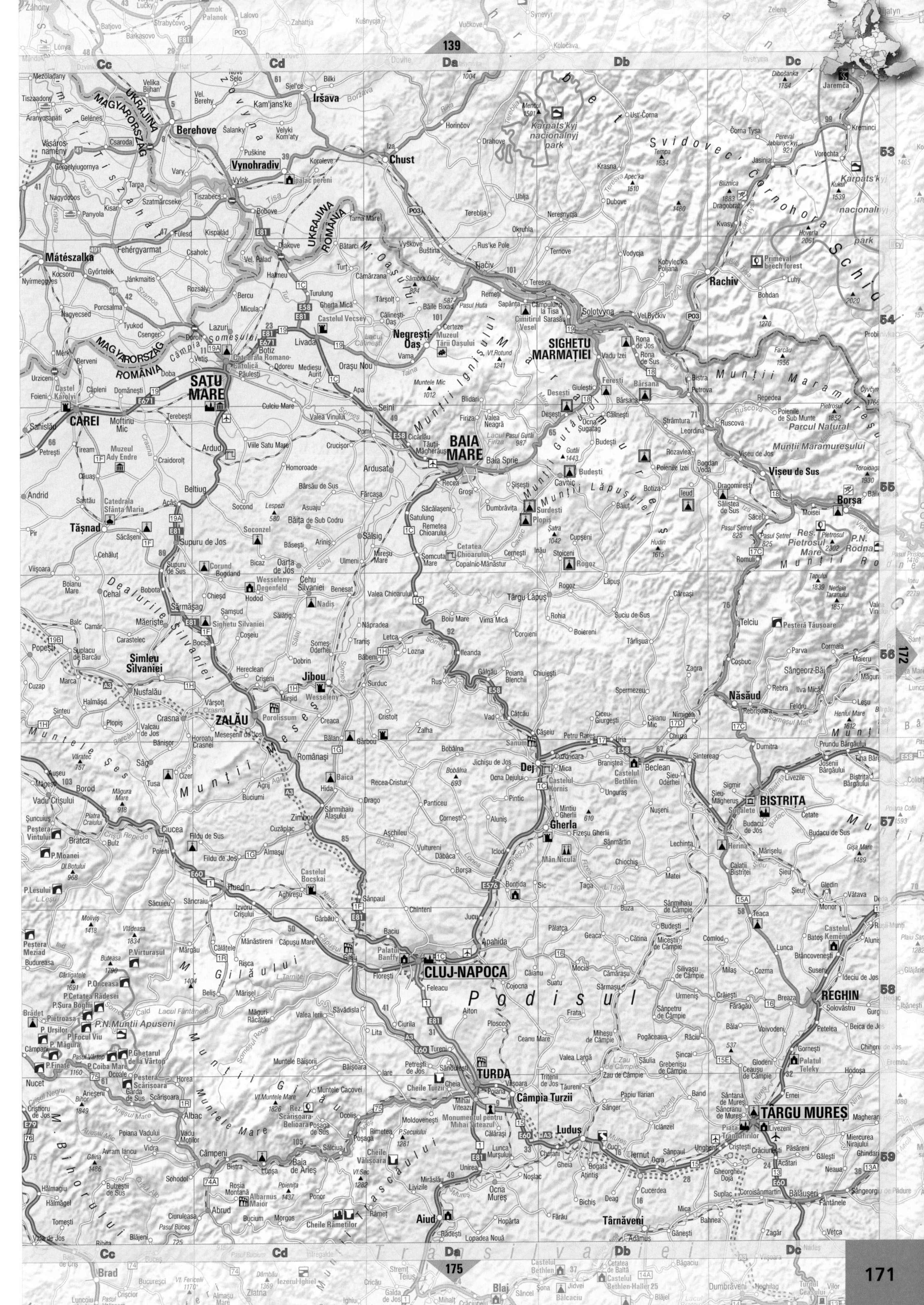
139
Cc
Cd
Da
Db
Dc
UKRAJINA
MAGYARORSZÁG
ROMÂNIA
Berehove
Vynohradiv
Iršava
Chust
Rachiv
Jaremča
Karpats'kyj nacionalnyj park
Svidovec
Čornohora
Solotvyna
SIGHETU MARMAȚIEI
SATU MARE
CAREI
Mátészalka
Negrești-Oaș
M. Oașului
Munții Igniș
BAIA MARE
Baia Sprie
Munții Gutâiului
Munții Lăpușului
Munții Maramureșului
Parcul Natural Munții Maramureșului
Vișeu de Sus
Borșa
Munții Rodnei
P.N. Rodna
Tășnad
Târgu Lăpuș
Șimleu Silvaniei
ZALĂU
Jibou
Porolissum
Dealurile Silvaniei
Munții Meseș
Dej
Gherla
Beclean
Năsăud
BISTRIȚA
Sângeorz-Băi
CLUJ-NAPOCA
Huedin
M. Gilăului
Podișul
Apahida
TURDA
Câmpia Turzii
Luduș
Munții Gilău
Muntele Mare
M. Bihorului
P.N. Munții Apuseni
Câmpeni
Abrud
Aiud
Ocna Mureș
Târnăveni
TÂRGU MUREȘ
REGHIN
Transilvaniei
175
172
53
54
55
56
57
58
59

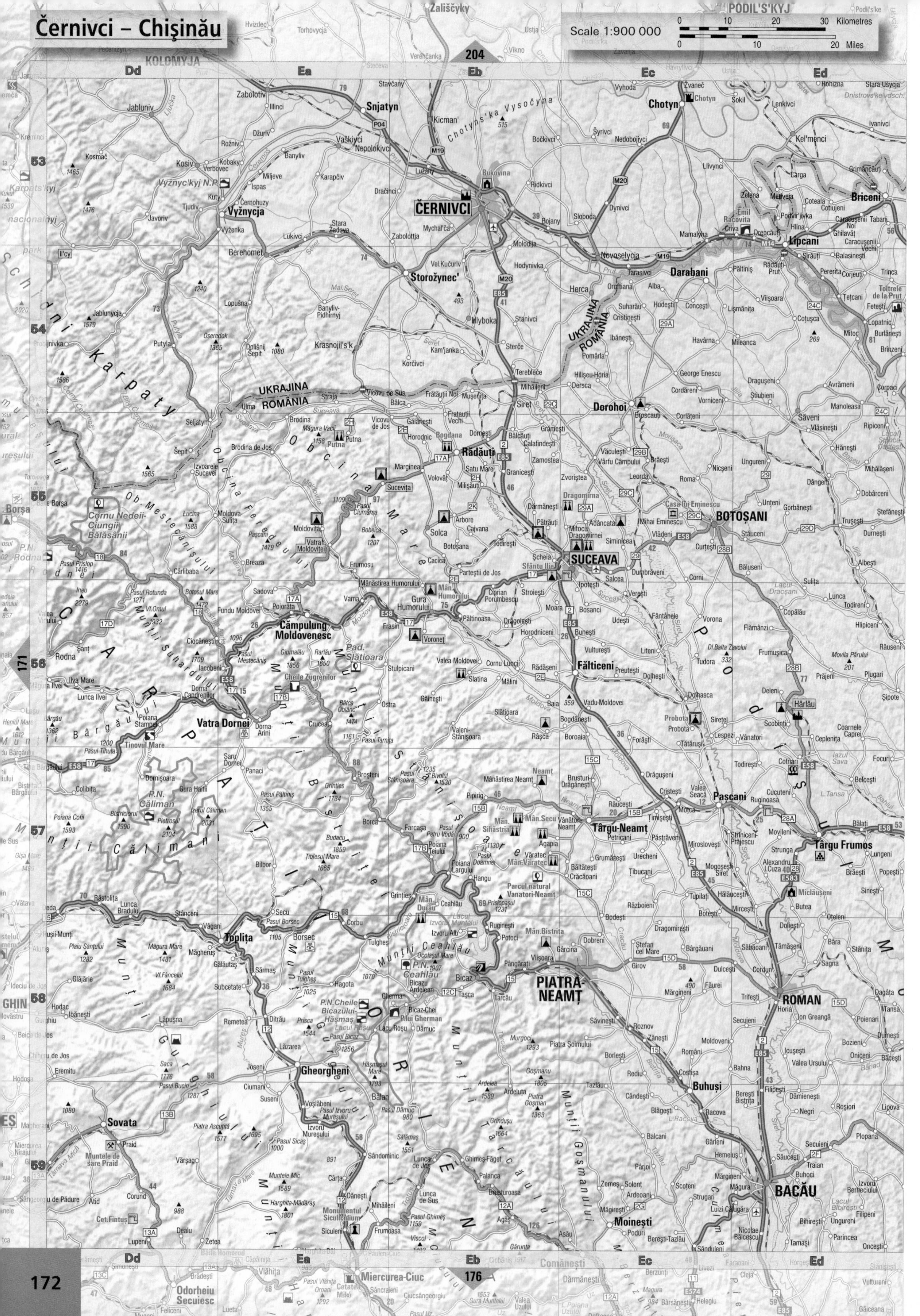
Scale 1:900 000
0 10 20 30 Kilometres
0 10 20 Miles
204
Dd
Ea
Eb
Ec
Ed
53
54
55
56
57
58
59
171
176
Zališčyky
PODIL'S'KYJ
KOLOMYJA
Zabolotiv
Snjatyn
Jabluniv
Kicman'
Chotyns'ka Vysočyna
Chotyn
Lenkivci
Kel'menci
Vaškivci
Nepolokivci
Kosiv
Vyžnycja
Vyžnyc'kyj N.P.
ČERNIVCI
Bukovina
Briceni
Lipcani
Novoselycja
Darabani
Storožynec'
Hlyboka
Herca
UKRAJINA
ROMÂNIA
Krasnojil's'k
Putyla
Dorohoi
Siret
Rădăuţi
Putna
Suceviţa
Moldoviţa
Vatra Moldoviţei
Solca
Suceava
SUCEAVA
BOTOŞANI
Câmpulung Moldovenesc
Gura Humorului
Voroneţ
Mănăstirea Humorului
Fălticeni
Hârlău
Vatra Dornei
Borşa
Rodna
Cornu Nedeii-Ciungii Bălăsânii
P.N. Rodna
Pasul Prislop
Pasul Rotunda
Munţii Suhardului
Obcina Mare
Obcina Feredeului
Ob. Mestecănişului
Carpaty
CARPAŢII
Munţii Bârgăului
P.N. Căliman
Munţii Călimani
Munţii Bistriţei
Munţii Stânişoarei
Mănăstirea Neamţ
Târgu-Neamţ
Paşcani
Târgu Frumos
Parcul natural Vanatori-Neamţ
Lacul Izvorul Muntelui
Munţii Ceahlău
P.N. Ceahlău
Bicaz
PIATRA-NEAMŢ
ROMAN
Toplița
Borsec
Gheorgheni
Lacu Roşu
P.N. Cheile Bicazului-Hăşmaş
Munţii Gurghiului
Munţii Harghita
Munţii Tarcăului
Munţii Goşmanului
Sovata
Praid
Muntele de sare Praid
Buhuşi
Moineşti
BACĂU
Comăneşti
Miercurea-Ciuc
Odorheiu Secuiesc
E58
E85
E583
E574
M19
M20
M14
P04

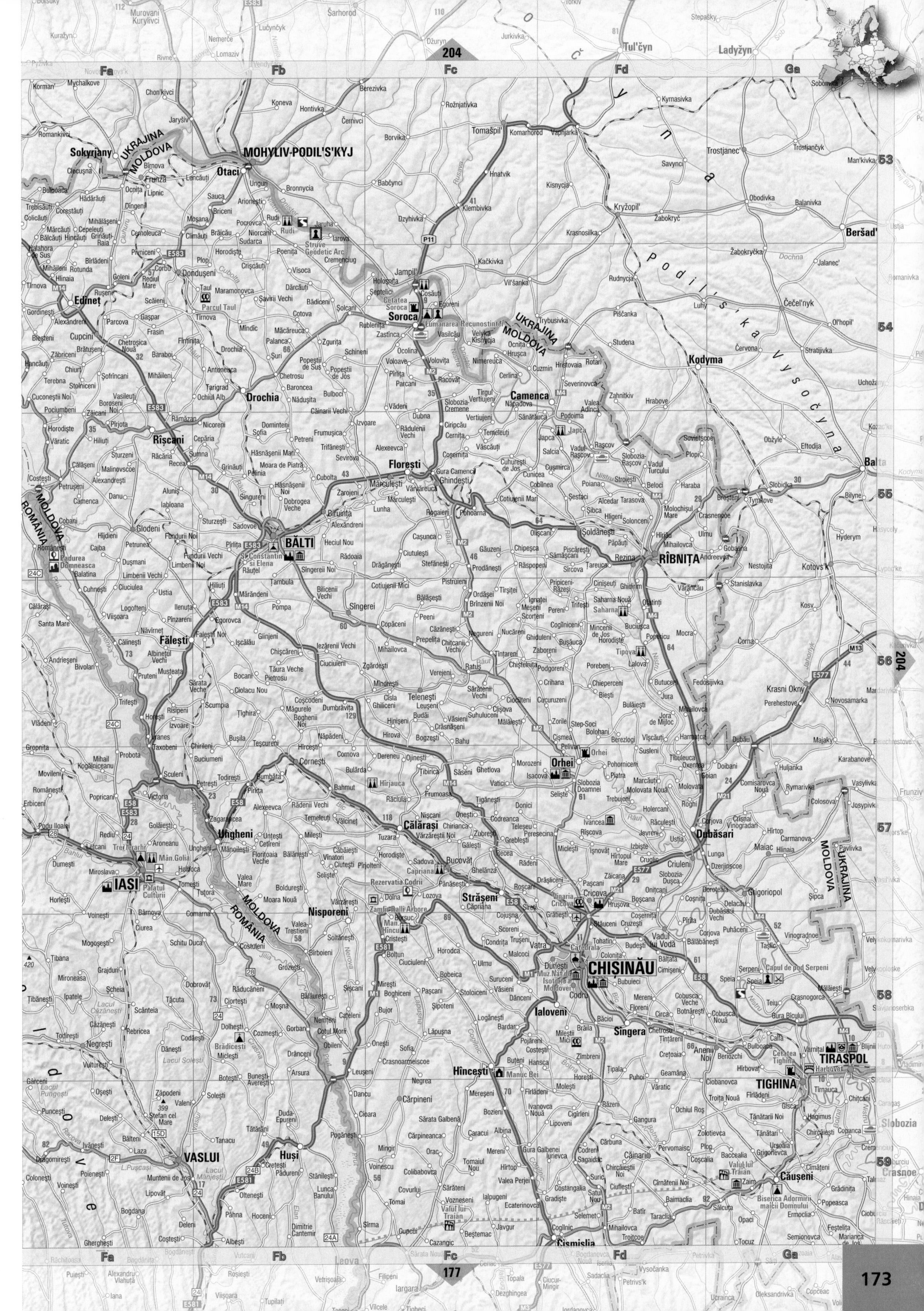

204
Fa
Fb
Fc
Fd
Ga
UKRAJINA
MOLDOVA
Sokyrjany
MOHYLIV-PODIL'S'KYJ
Otaci
Tul'čyn
Ladyžyn
Tomašpil'
Kryžopil'
Beršad'
Podil's'ka Vysočyna
Edineț
Soroca
Kodyma
Drochia
Camenca
Rîșcani
Florești
Balta
Bălți
Rîbnița
Fălești
Kotovs'k
Orhei
Ungheni
Călărași
Dubăsari
Iași
Nisporeni
Strășeni
Chișinău
Grigoriopol
Ialoveni
Sîngera
Hîncești
Tiraspol
Tighina
Slobozia
Căușeni
Vaslui
Huși
Cimișlia
MOLDOVA
ROMÂNIA
53
54
55
56
57
58
59
177

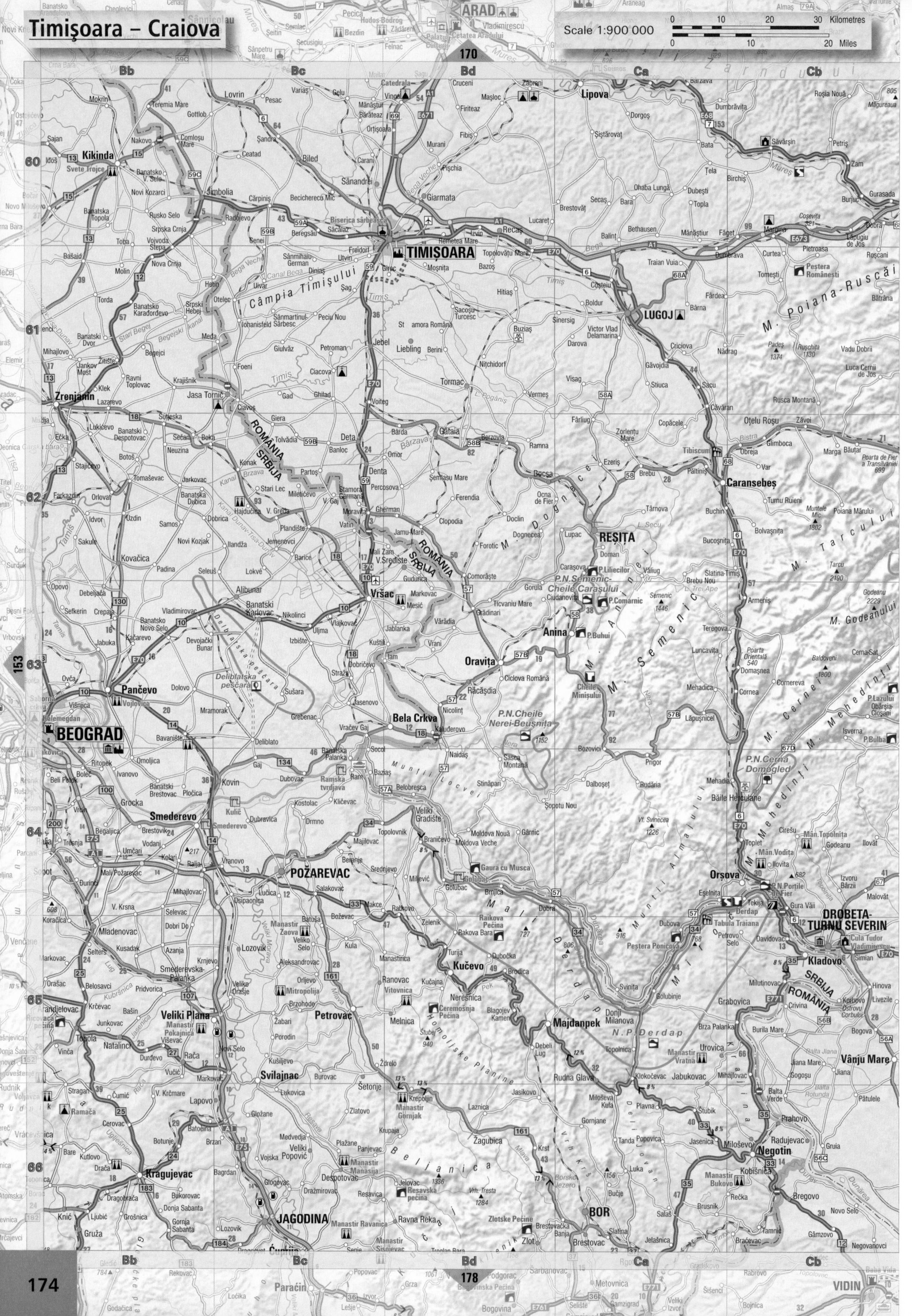
Timişoara – Craiova
Scale 1:900 000
0 10 20 30 Kilometres
0 10 20 Miles
170
Bb Bc Bd Ca Cb
60 61 62 63 64 65 66
153
178
ARAD
TIMIŞOARA
Lipova
LUGOJ
Câmpia Timişului
M. Poiana-Ruscă
Caransebeş
REŞIŢA
Anina
Oraviţa
M. Semenic
M. Dognecea
M. Aninei
M. Ţarcului
M. Godeanului
M. Cernei
M. Mehedinţi
Munţii Locvei
Munţii Almăjului
P.N.Cheile Nerei-Beuşniţa
P.N.Cerna Domogled
P.N.Semenic-Cheile Caraşului
Băile Herculane
Orşova
DROBETA-TURNU SEVERIN
Kladovo
Negotin
VIDIN
Kikinda
Zrenjanin
Pančevo
BEOGRAD
Smederevo
POŽAREVAC
Vršac
Bela Crkva
Veliki Gradište
Kučevo
Majdanpek
BOR
Kragujevac
JAGODINA
Svilajnac
Petrovac
Veliki Plana
Jimbolia
Kovačica
Deliblatska peščara
ROMÂNIA SRBIJA
N.P. Đerdap
Homoljske Planine
Beljanica
Vânju Mare

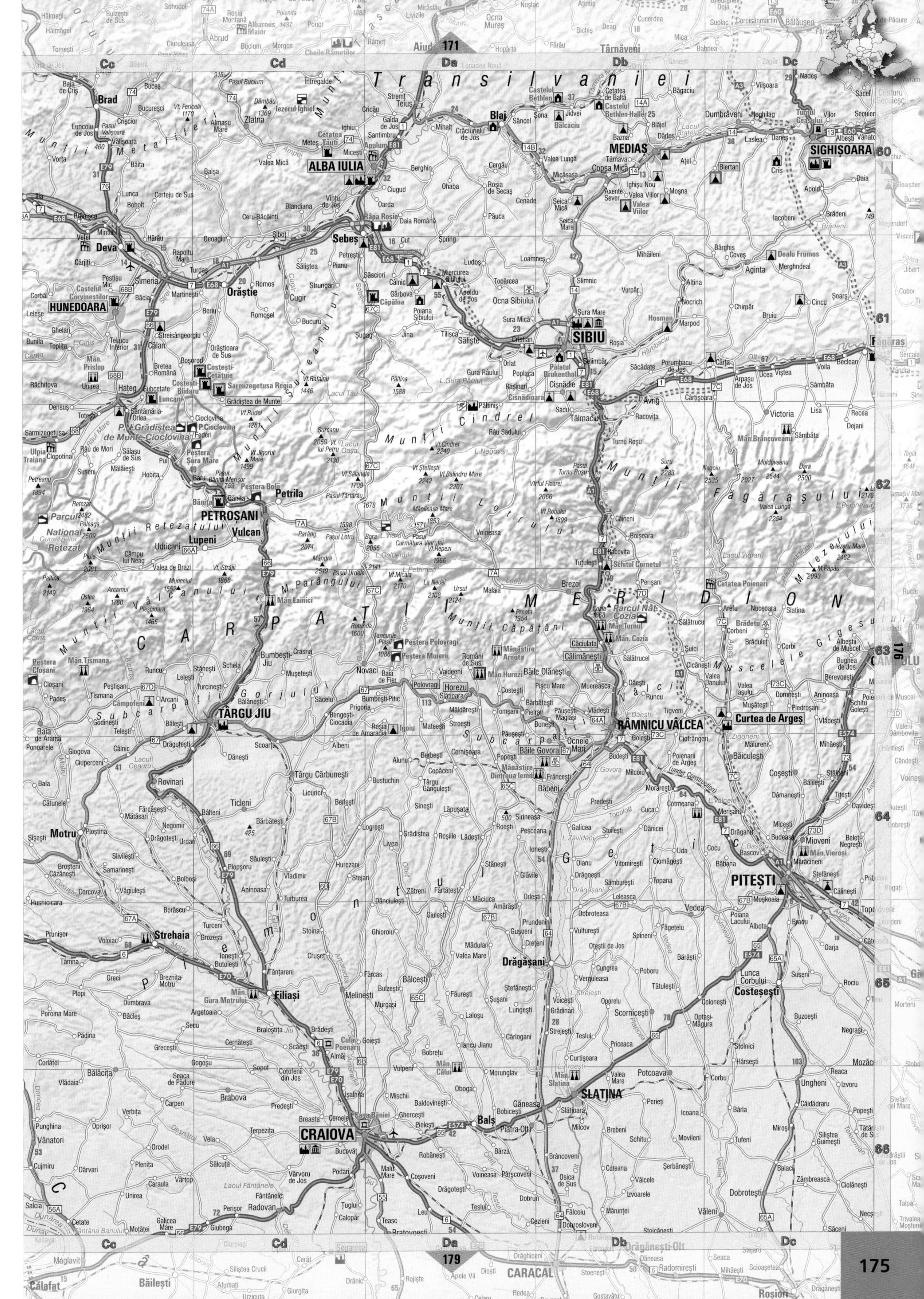

Transilvaniei
Munții Metaliferi
Munții Cindrel
Munții Lotrului
Munții Făgărașului
Munții Retezatului
Munții Vâlcanului
Munții Căpățânii
M.Parângului
Munții Șureanului
Munții Ieezerului
Muscelele Argeșului
Subcarpații Gorjului
Subcarpații Vâlcii
Carpații Meridionali
Piemontul Getic
ALBA IULIA
HUNEDOARA
SIBIU
MEDIAȘ
SIGHIȘOARA
PETROȘANI
TÂRGU JIU
RÂMNICU VÂLCEA
Curtea de Argeș
PITEȘTI
CRAIOVA
SLATINA
Deva
Brad
Orăștie
Sebeș
Blaj
Hațeg
Petrila
Vulcan
Lupeni
Motru
Strehaia
Filiași
Drăgășani
Costești
Balș
Cisnădie
Făgăraș
Aiud
Zlatna
Simeria
Cugir
Câmpulung
Caracal
Băilești
Calafat
Parcul Național Retezat
Sarmizegetusa Regia
Costești-Cetățuie
Costești-Blidaru
Grădiștea de Munte
Parcul Nat. Cozia
Băile Olănești
Băile Govora
Călimănești
Horezu
Novaci
Ocnele Mari
Păltiniș
Avrig
Tălmaciu
Victoria
Sighișoara
Dealu Frumos
Cetatea Poienari
Mân.Cozia
Mân.Turnul
Mân.Tismana
Mân.Lainici
Mân.Hurezi
Mân.Arnota
Mân.Brâncoveanu
Mân.Dintr-un lemn
Mân.Calui
Peștera Polovragi
Peștera Muierii
Peștera Bolii
Peștera Cloșani
Peștera Șura Mare
Castelul Corvinestilor
Castelul Bethlen
Cetatea de Baltă
Palatul Brukenthal
Râpa Roșie
Cheile Râmetului
Casa Băniei
Pasul Turnu Roșu
Pasul Vâlcan
Pasul Bănița-Merișor
Pasul Tărtărău
Pasul Urdele
Pasul Lotru
Pasul Bucium
Cc
Cd
Da
Db
Dc
171
176
179
60
61
62
63
64
65
66

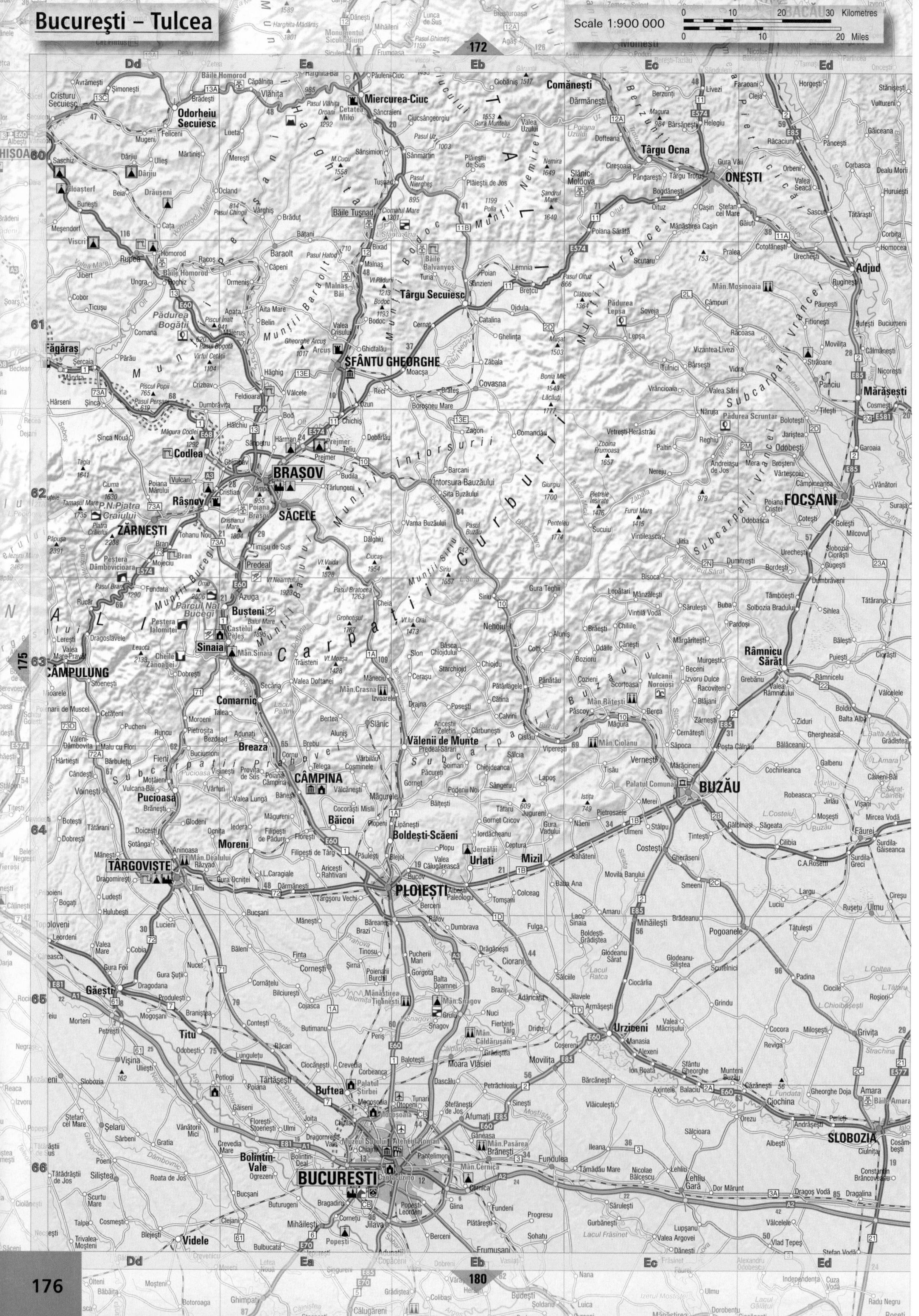
Scale 1:900 000
0 10 20 30 Kilometres
0 10 20 Miles
172
Dd
Ea
Eb
Ec
Ed
60
61
62
63
64
65
66
175
180
Odorheiu Secuiesc
Miercurea-Ciuc
Comăneşti
Târgu Ocna
ONEŞTI
Adjud
Târgu Secuiesc
SFÂNTU GHEORGHE
Făgăraş
Covasna
Mărăşeşti
Codlea
BRAŞOV
Râşnov
SĂCELE
ZĂRNEŞTI
FOCŞANI
Predeal
Buşteni
Sinaia
CÂMPULUNG
Râmnicu Sărat
Comarnic
Vălenii de Munte
Breaza
CÂMPINA
BUZĂU
Pucioasa
Băicoi
Boldeşti-Scăeni
Moreni
Mizil
Urlati
TÂRGOVIŞTE
PLOIEŞTI
Găeşti
Titu
Urziceni
Buftea
SLOBOZIA
BUCUREŞTI
Bolintin-Vale
Videle
Munţii Vrancei
Munţii Nemirei
Munţii Baraolt
Munţii Bodoc
Munţii Întorsurii
Carpaţii Curburii
Subcarpaţii Vrancei
Subcarpaţii Prahovei
Munţii Bucegi
Munţii Baiului
Munţii Siriului
Munţii Perşani

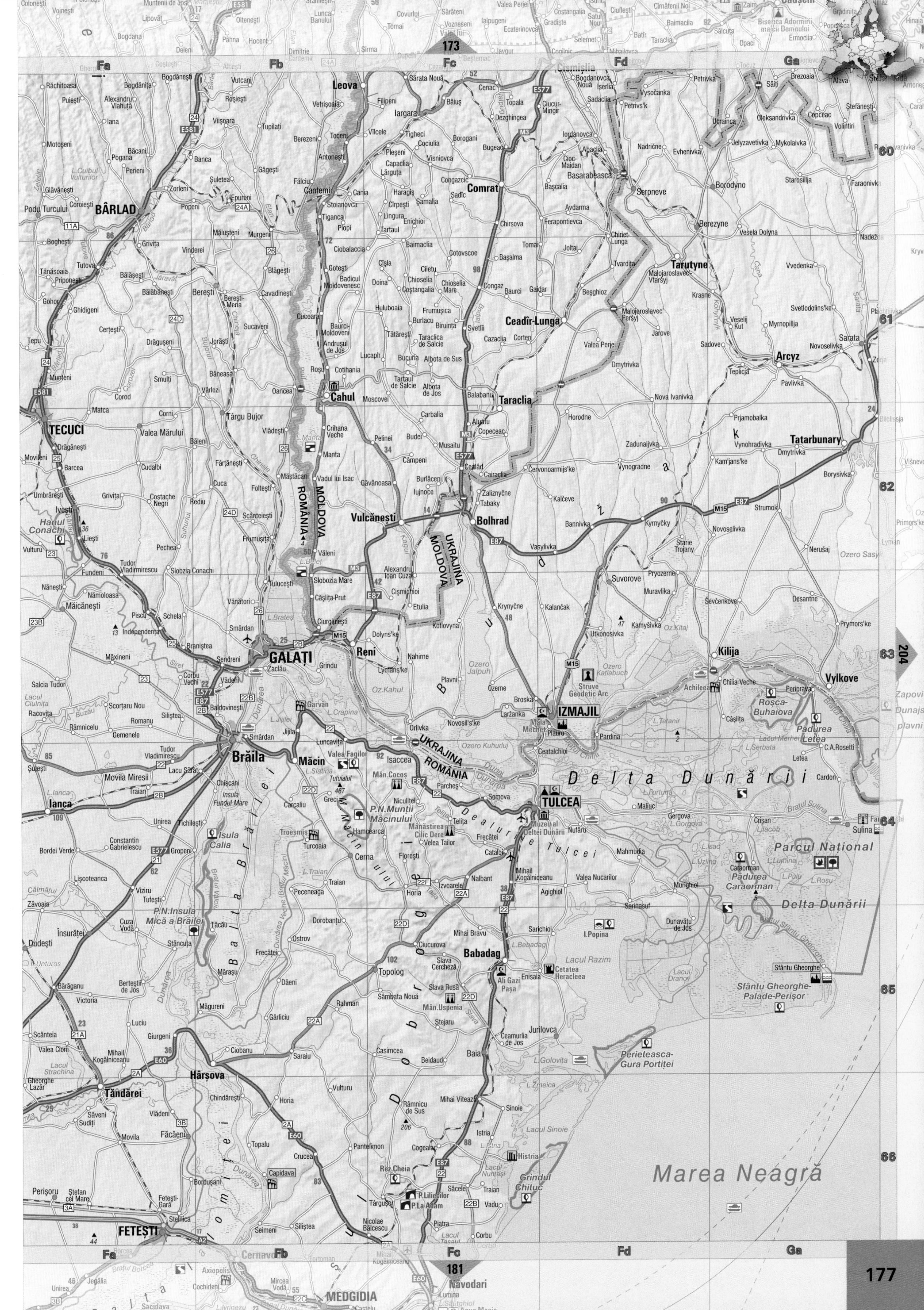

173
Fa
Fb
Fc
Fd
Ga
Leova
Iargara
Cantemir
Comrat
Cimișlia
Basarabeasca
Serpneve
Borodyno
BÂRLAD
Tarutyne
Ceadîr-Lunga
Taraclia
Cahul
Arcyz
Sarata
Tatarbunary
TECUCI
Vulcănești
Bolhrad
ROMÂNIA
MOLDOVA
UKRAJINA
Târgu Bujor
Berești
Tutova
Suvorove
Kilija
Vylkove
GALAȚI
Reni
IZMAJIL
Brăila
Măcin
Isaccea
TULCEA
Delta Dunării
Sulina
Parcul Național Delta Dunării
P.N.Munții Măcinului
Dealurile Tulcei
Balta Brăilei
P.N.Insula Mică a Brăilei
Ianca
Hârșova
Țăndărei
Babadag
Topolog
Lacul Razim
Sfântu Gheorghe
Perieteasca-Gura Portiței
Jurilovca
Istria
Grindul Chituc
Marea Neagră
FETEȘTI
MEDGIDIA
Năvodari
181
204
60
61
62
63
64
65
66

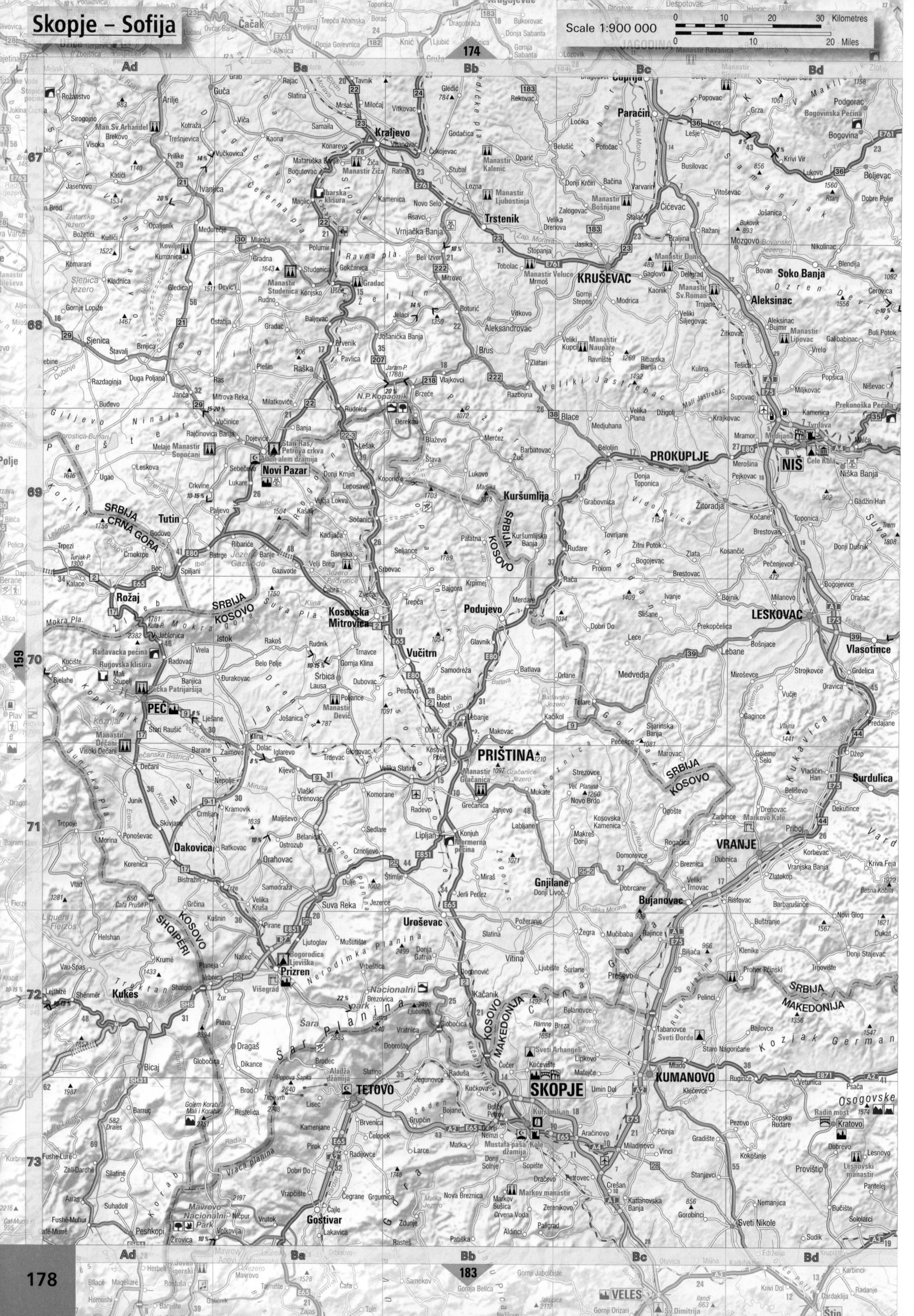
Scale 1:900 000
0 10 20 30 Kilometres
0 10 20 Miles
174
183
159
Ad
Ba
Bb
Bc
Bd
67
68
69
70
71
72
73
Kraljevo
Čačak
Guča
Arilje
Ivanjica
Trstenik
Kruševac
Paraćin
Ćuprija
Jagodina
Ćićevac
Aleksinac
Soko Banja
Niš
Prokuplje
Kuršumlija
Leskovac
Vlasotince
Surdulica
Vranje
Bujanovac
Kumanovo
Skopje
Tetovo
Gostivar
Kratovo
Sjenica
Novi Pazar
Raška
Tutin
Rožaj
Peč
Dakovica
Prizren
Kukës
Kosovska Mitrovica
Vučitrn
Priština
Podujevo
Gnjilane
Uroševac
Kačanik
Srbija
Crna Gora
Kosovo
Shqipëri
Makedonija
N.P. Kopaonik
Šar Planina
Nacionalni park
Mavrovo Nacionalni Park
Veles
Štip
Sveti Nikole
Blace
Brus
Vrnjačka Banja
Aleksandrovac
Žitoradja
Lebane
Medvedja
Preševo
Kriva Palanka

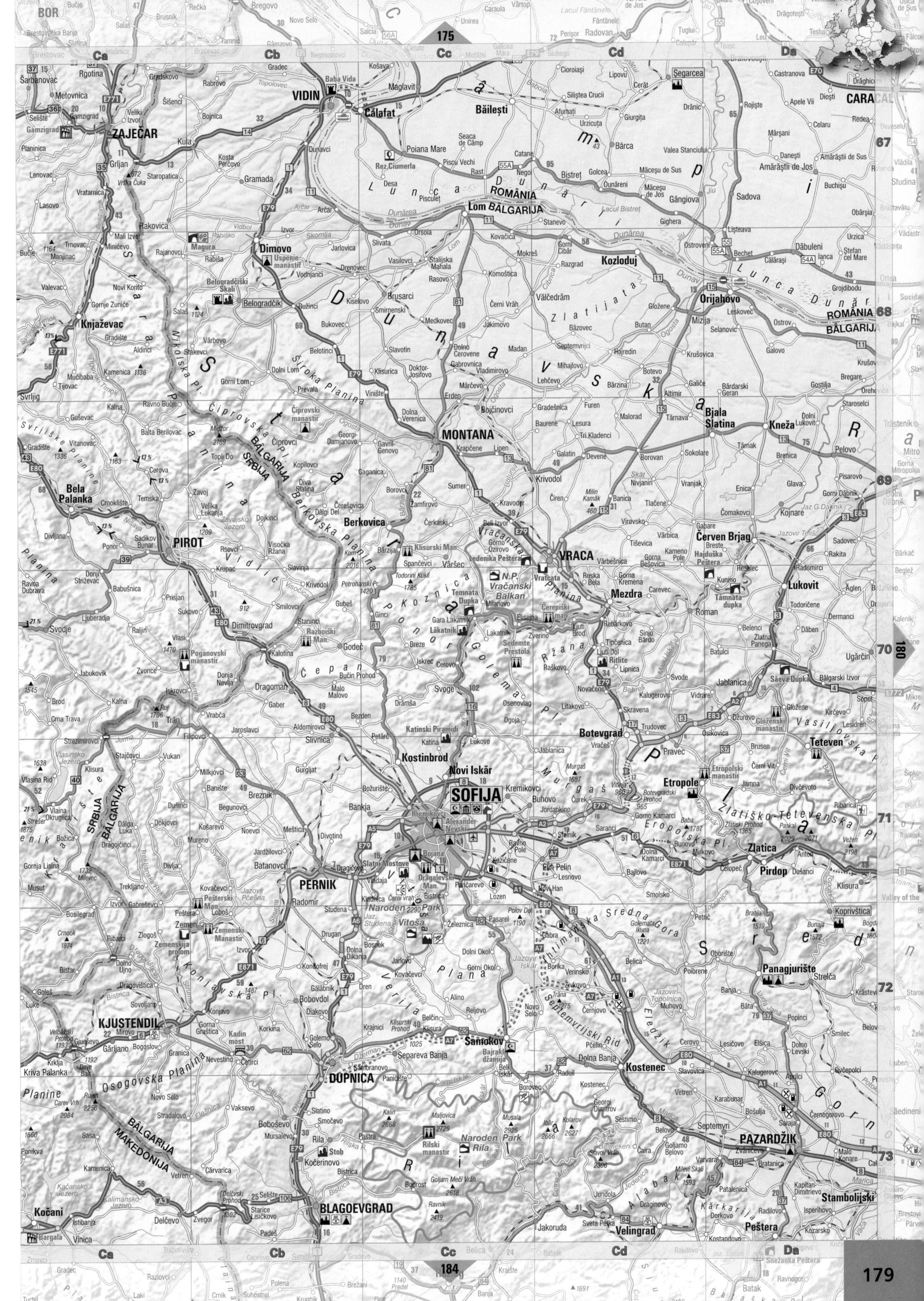
175
Ca
Cb
Cc
Cd
Da
VIDIN
Calafat
Băilești
ZAJEČAR
Knjaževac
Dimovo
Belogradčik
Lom
ROMÂNIA
BĂLGARIJA
Kozloduj
Orijahovo
Lunca Dunării
Dunavska Ravnina
Stara Planina
MONTANA
Berkovica
Bela Palanka
PIROT
VRACA
Mezdra
Bjala Slatina
Kneža
Červen Brjag
Lukovit
Teteven
Botevgrad
Etropole
SOFIJA
Kostinbrod
Novi Iskăr
Dimitrovgrad
PERNIK
Zlatica
Pirdop
Panagjurište
Ihtimanska Sredna Gora
Samokov
KJUSTENDIL
DUPNICA
Rila
BLAGOEVGRAD
Kostenec
PAZARDŽIK
Velingrad
Pеštera
Stambolijski
Osogovska Planina
Vitoša
Rila
SRBIJA
BĂLGARIJA
MAKEDONIJA
Kočani
Kriva Palanka
CARACAL
Segarcea
Bansko
67
68
69
70
71
72
73
180
184
Ca
Cb
Cc
Cd
Da

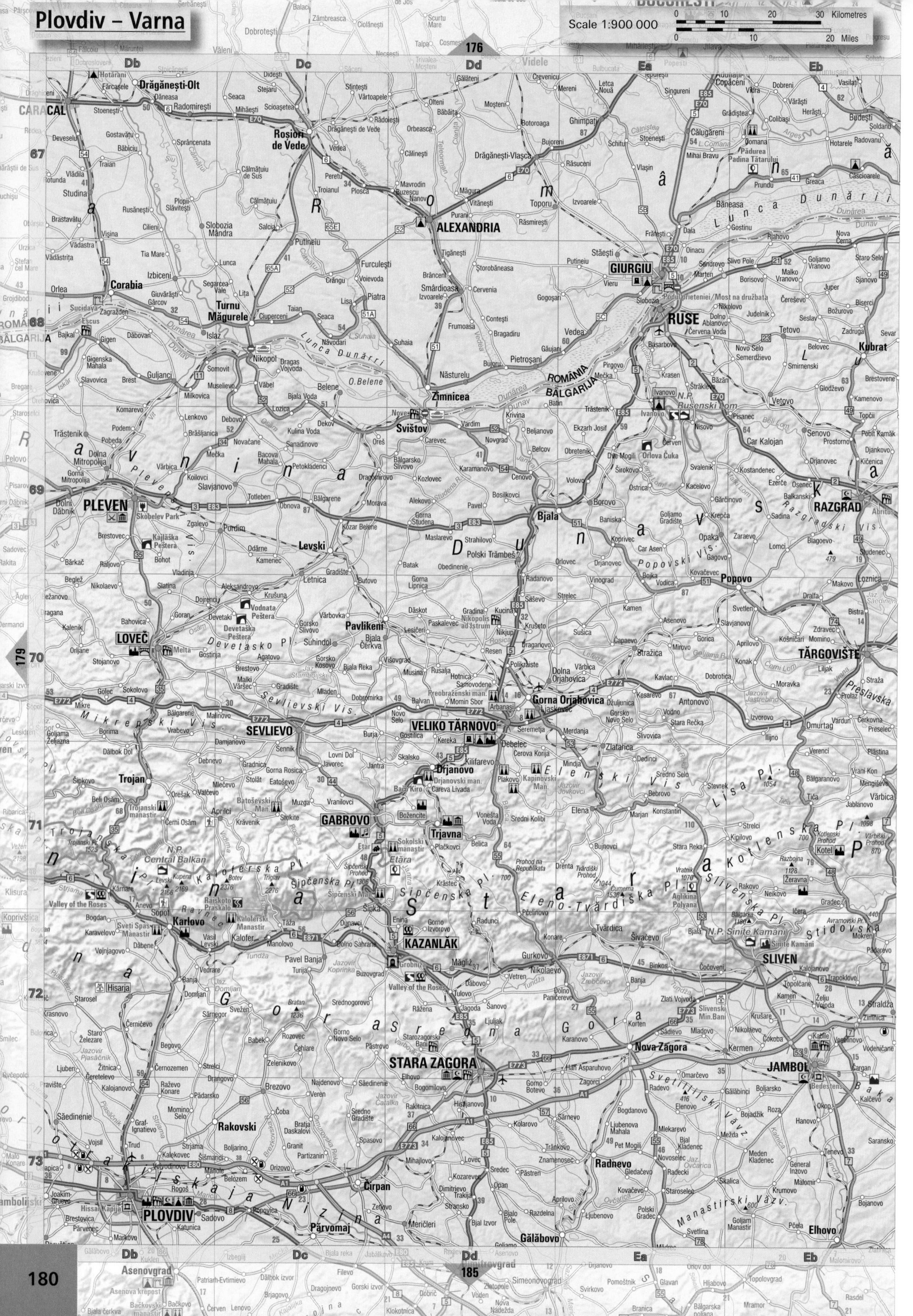
Scale 1:900 000
0 10 20 30 Kilometres
0 10 20 Miles
176
179
185
Db
Dc
Dd
Ea
Eb
67
68
69
70
71
72
73
Drăgănești-Olt
Caracal
Roșiori de Vede
Alexandria
Giurgiu
Ruse
Corabia
Turnu Măgurele
Nikopol
Zimnicea
Svištov
Pleven
Levski
Bjala
Razgrad
Popovo
Kubrat
Loveč
Pavlikeni
Veliko Tărnovo
Gorna Orjahovica
Tărgovište
Sevlievo
Trojan
Gabrovo
Trjavna
Drjanovo
Elena
Kazanlăk
Karlovo
Sliven
Stara Zagora
Nova Zagora
Jambol
Plovdiv
Asenovgrad
Čirpan
Părvomaj
Radnevo
Elhovo
Gălăbovo
Rakovski
Hisarja
Kotel
Lunca Dunării
Dunărea
Dunav
România
Bălgarija
Podul prieteniei/Most na družbata
N.P. Rusenski Lom
N.P. Central Balkan
N.P. Sinite Kamăni
Valley of the Roses
Dunavska ravnina
Sredna Gora
Stara planina
Gornotrakijska Nizina
Kaloferska Pl.
Šipčenska Pl.
Elenski Vis
Lisa Pl.
Kotlenska Pl.
Slivenska Pl.
Stidovska
Preslavska
Popovski Vis.
Razgradski Vis.
Sevlievski Vis.
Mikrenski Vis.
Devetaško Pl.
Trojanska Pl.
Eleno-Tvărdiška Pl.
Svetiiliiski Văvz.
Manastirski Văzv.
Dimitrovgrad
E70
E85
E83
E772
E871
E773
E80
A1

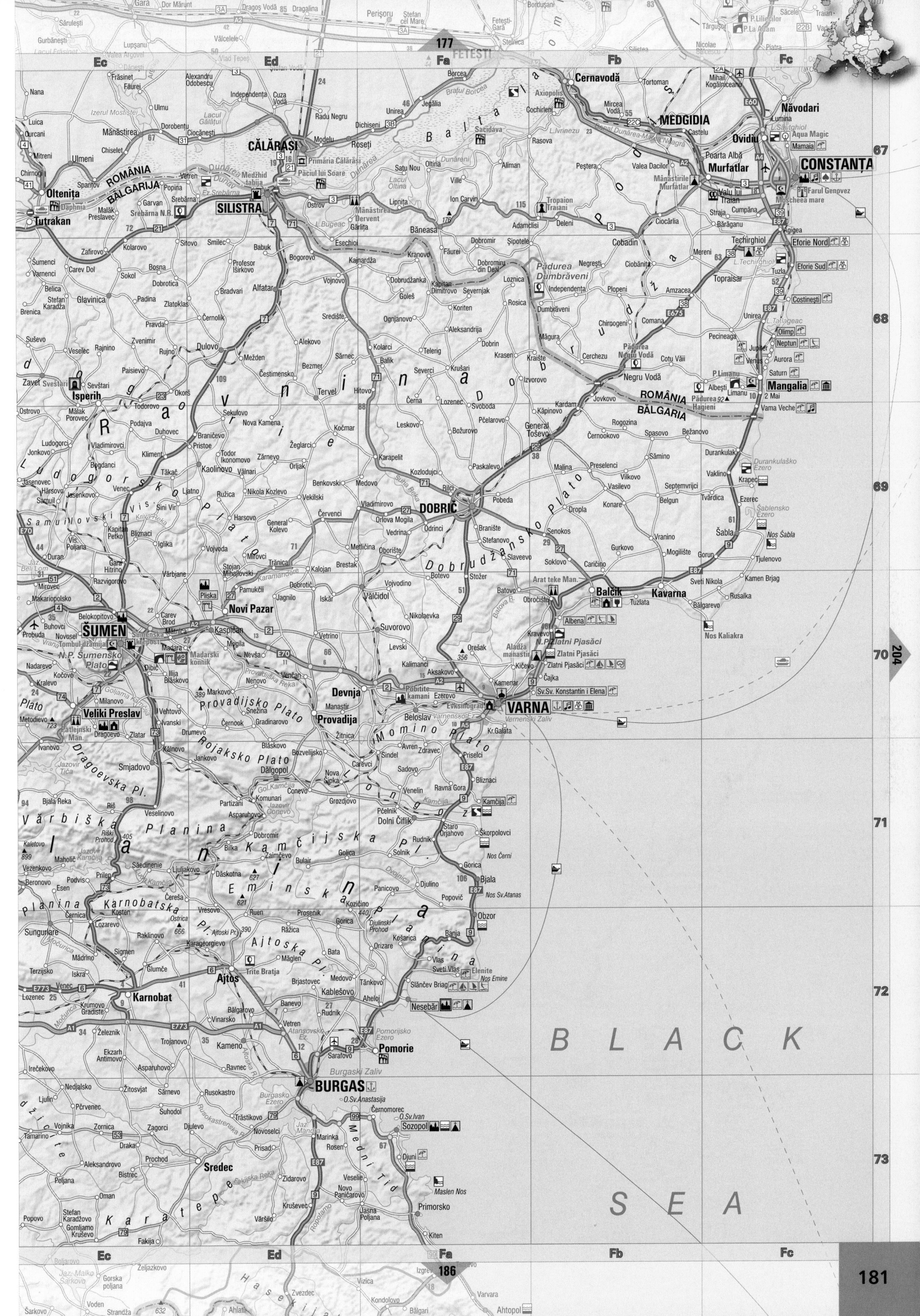
177
Ec
Ed
Fa
Fb
Fc
FETEȘTI
Cernavodă
MEDGIDIA
Năvodari
Ovidiu
CONSTANȚA
Murfatlar
Mamaia
Aqua Magic
Farul Genovez
Moscheea mare
Agigea
Eforie Nord
Eforie Sud
Techirghiol
Tuzla
Costinești
Olimp
Neptun
Jupiter
Venus
Aurora
Saturn
Mangalia
2 Mai
Vama Veche
ROMÂNIA
BĂLGARIA
Balta Ialomiței
CĂLĂRAȘI
Primăria Călărași
Păcuiul lui Soare
Oltenița
Tutrakan
SILISTRA
Srebărna N.R.
Podișul Dobrogei
Pădurea Dumbrăveni
Dobrudža
Ludogorsko Plato
Samuilovski Vis
Dobrudžansko Plato
Isperih
Dulovo
Alfatar
Kaolinovo
Tervel
DOBRIČ
Balčik
Kavarna
Tjulenovo
Nos Šabla
Šabla
Nos Kaliakra
Albena
Aladža manastir
Zlatni Pjasăci
Sv.Sv. Konstantin i Elena
VARNA
Varnenski Zaliv
Devnja
Provadija
Provadijsko Plato
Novi Pazar
Pliska
Madarski konnik
ŠUMEN
N.P. Šumensko Plato
Veliki Preslav
Momino Plato
Kamčija
Longoz
Kamčijska Pl.
Dălgopol
Smjadovo
Rojaksko Plato
Dragoevska Pl.
Vărbiška Planina
Stara Planina
Eminska Planina
Karnobatska Pl.
Ajtoska Pl.
Ajtos
Karnobat
Obzor
Nos Emine
Elenite
Sveti Vlas
Slănčev Brjag
Nesebăr
Pomorie
Pomorijsko Ezero
Burgasko Ezero
BURGAS
Burgaski Zaliv
Sozopol
Černomorec
Mandra
Medni rid
Sredec
Karatepe
Primorsko
Maslen Nos
Kiten
Ahtopol
Haskija
186
204
BLACK SEA
67
68
69
70
71
72
73

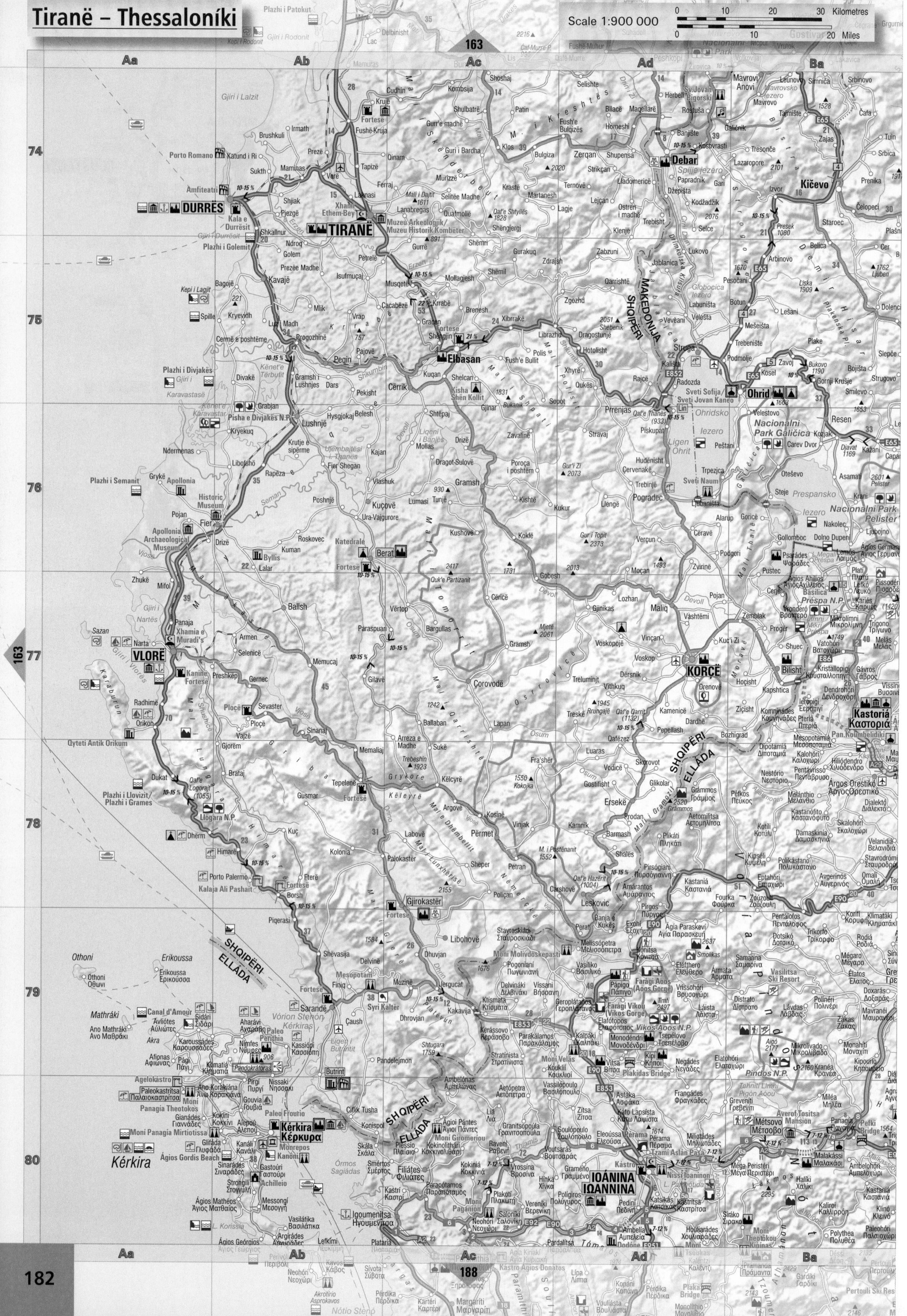
Scale 1:900 000
0 10 20 30 Kilometres
0 10 20 Miles
163
Aa
Ab
Ac
Ad
Ba
74
75
76
77
78
79
80
188
DURRËS
TIRANË
Elbasan
Lushnjë
Fier
Berat
VLORË
KORÇË
Ohrid
Debar
Kičevo
Struga
Pogradec
Gramsh
Kuçovë
Çorovodë
Përmet
Ersekë
Leskovik
Gjirokastër
Sarande
Butrint
Kérkira
Κέρκυρα
Kastoriá
Καστοριά
IOÁNINA
ΙΩΑΝΝΙΝΑ
Métsovo
Μέτσοβο
Konitsa
Κόνιτσα
Igoumenitsa
Ηγουμενίτσα
Filiátes
Φιλιάτες
Parga
MAKEDONIJA
SHQIPËRI
ELLADA
Nacionalni Park Galičica
Prespansko
Ohridsko Iezero
Pisha e Divjakës N.P.
Llogara N.P.
Vikos-Aoos N.P.
Pindos N.P.
Mal i Tomorrit
Othoni
Erikoussa
Mathráki
Kérkira
Sazan
Karaburun
Apollonia
Porto Romano
Plazhi i Golemit
Plazhi i Semanit
Qyteti Antik Orikum
Porto Palermo
Kalaja Ali Pashait
Moni Molivdoskepasti
Dodóni
Pelister

178

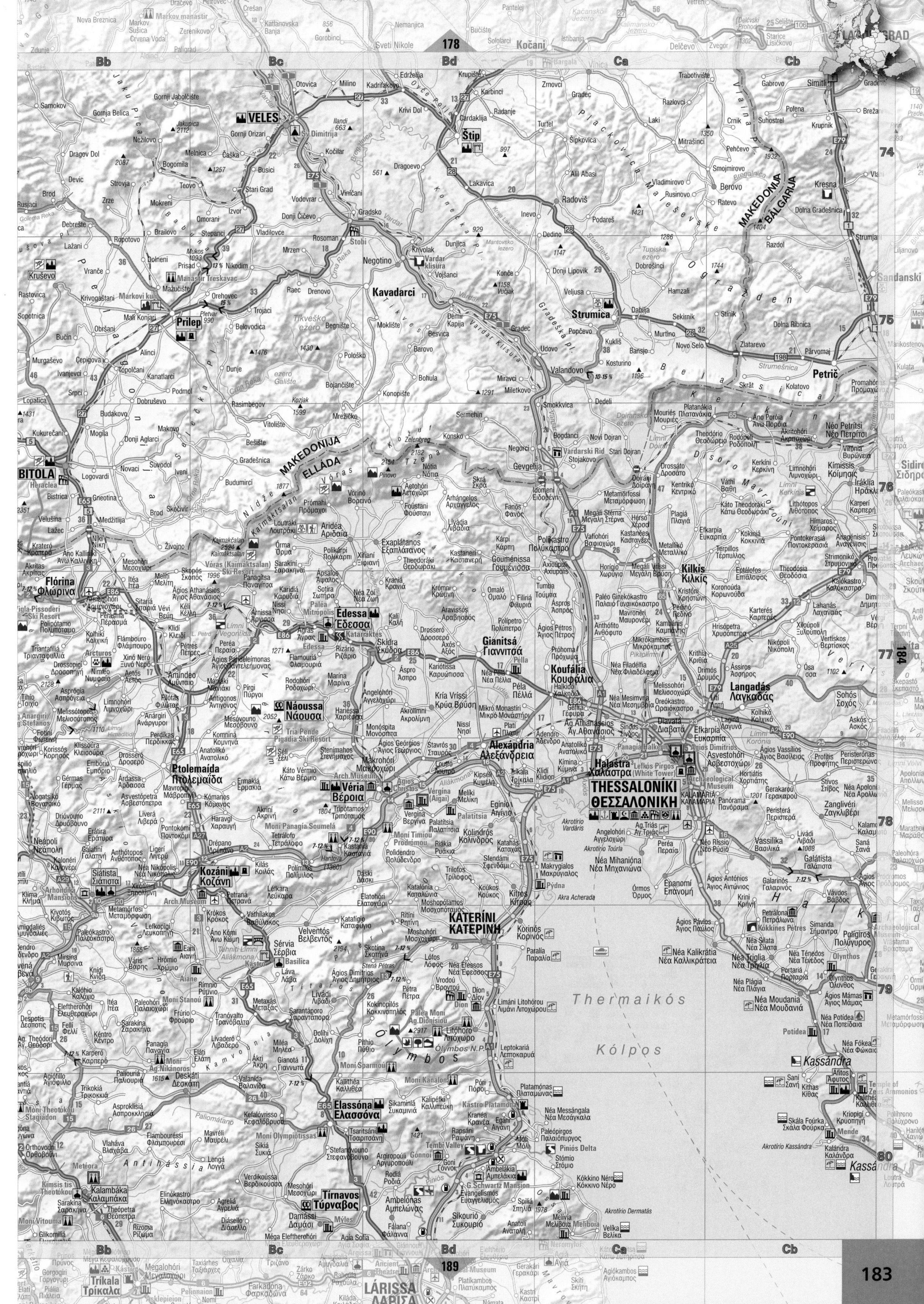
Bb
Bc
Bd
Ca
Cb
74
75
76
77
78
79
80
VELES
Štip
Kočani
Sveti Nikole
Prilep
Kruševo
Kavadarci
Negotino
Strumica
Radoviš
Berovo
Petrič
Sandanski
MAKEDONIJA
BĂLGARIJA
ELLADA
BITOLA
Heraclea
Flórina
Φλώρινα
Gevgelija
Édessa
Έδεσσα
Náoussa
Νάουσα
Gianitsá
Γιαννιτσά
Kilkis
Κιλκίς
Langadás
Λαγκαδάς
Ptolemaïda
Πτολεμαΐδα
Véria
Βέροια
Alexándria
Αλεξάνδρεια
THESSALONÍKI
ΘΕΣΣΑΛΟΝΙΚΗ
Halastra
Χαλάστρα
Koufália
Κουφάλια
Kozáni
Κοζάνη
KATERÍNI
ΚΑΤΕΡΙΝΗ
Sérvia
Σέρβια
Elassóna
Ελασσόνα
Kalambáka
Καλαμπάκα
Tírnavos
Τύρναβος
Tríkala
Τρίκαλα
LÁRISSA
ΛΑΡΙΣΑ
Thermaikós
Kólpos
Ólymbos
Kassándra
Polígiros
Πολύγυρος
Néa Moudania
Νέα Μουδανιά
Vardar
Dojransko ezero
Pinios Delta

184
189

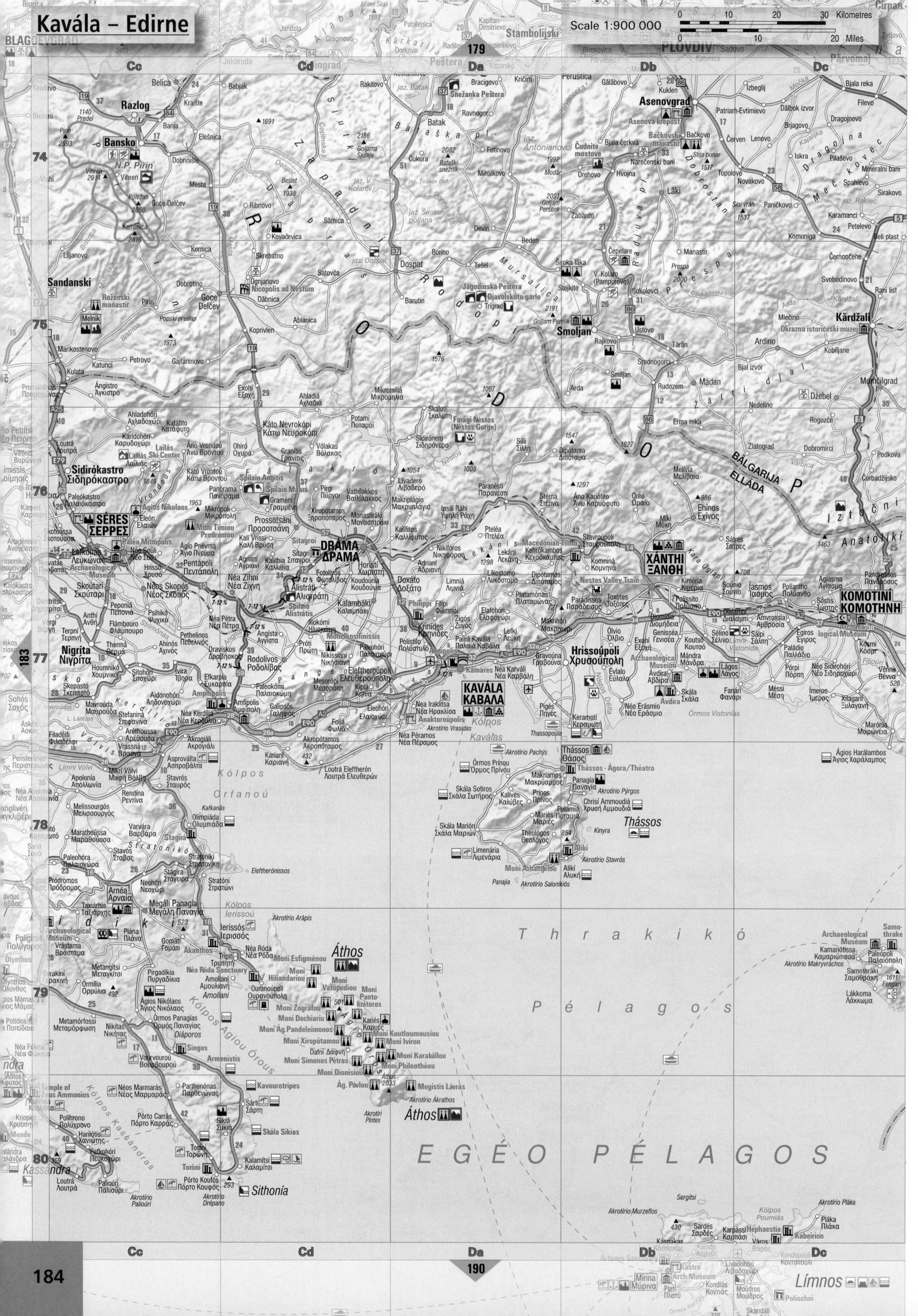
Kavála – Edirne
Scale 1:900 000
0 10 20 30 Kilometres
0 10 20 Miles
179
Cc
Cd
Da
Db
Dc
74
75
76
77
78
79
80
183
190
PLOVDIV
Asenovgrad
Razlog
Bansko
N.P. Pirin
Sandanski
Melnik
Goce Delčev
Smoljan
Kărdžali
Momčilgrad
Zapadni Rodopi
Dospat
Sidirókastro Σιδηρόκαστρο
SÉRES ΣΕΡΡΕΣ
DRÁMA ΔΡΑΜΑ
ΞΑΝΘΗ ΧΑΝΘΗ
KOMOTINÍ KOMOTHNH
KAVÁLA ΚΑΒΑΛΑ
Nigríta Νιγρίτα
Hrissoúpoli Χρυσούπολη
Philippi
Kólpos Kavális
Kólpos Orfanoú
Thássos
Áthos
Sithonía
Kassándra
Thrakikó Pélagos
EGÉO PÉLAGOS
Límnos
BĂLGARIJA ELLADA
Nestos Valley Train
Fárági Néstos (Nestos Gorge)

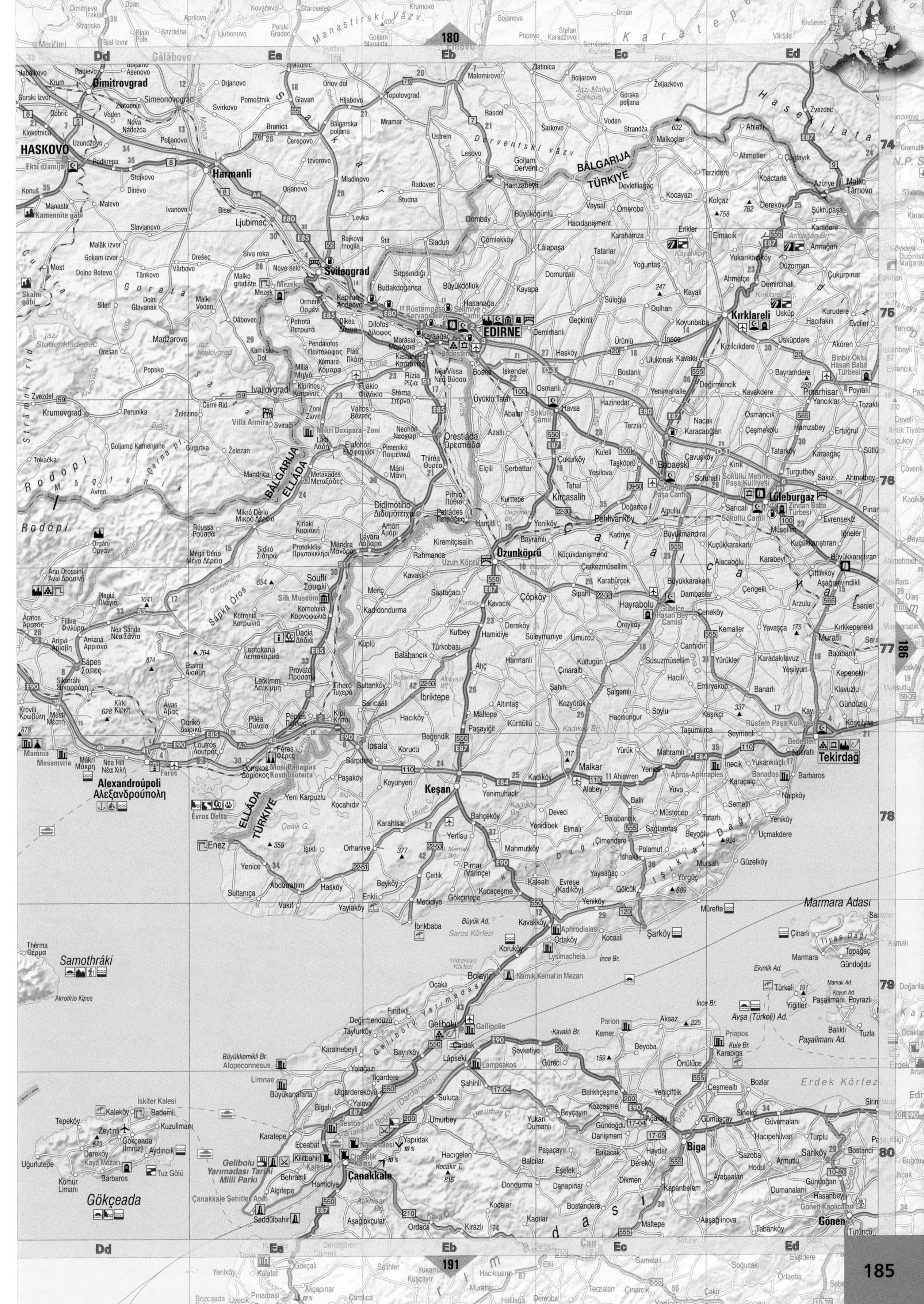

180
Dd
Ea
Eb
Ec
Ed
Dimitrovgrad
HASKOVO
Harmanli
Svilengrad
Ljubimec
Ivajlovgrad
Krumovgrad
EDIRNE
Kırklareli
Lüleburgaz
Babaeski
Uzunköprü
Hayrabolu
Tekirdağ
Keşan
Malkar
Şarköy
Gelibolu
Lapseki
Çanakkale
Biga
Gönen
Alexandroúpoli
Αλεξανδρούπολη
Orestiáda
Ορεστιάδα
Didimótiho
Διδυμότειχο
Souflí
Σουφλί
Ípsala
Enez
Samothráki
Gökçeada
Marmara Adası
Saros Körfezi
Erdek Körfezi
BĂLGARIJA
TÜRKIYE
ELLÁDA
Rodopi
Rodópi
Derventski vǎzv
Istranca
74
75
76
77
78
79
80
186
191

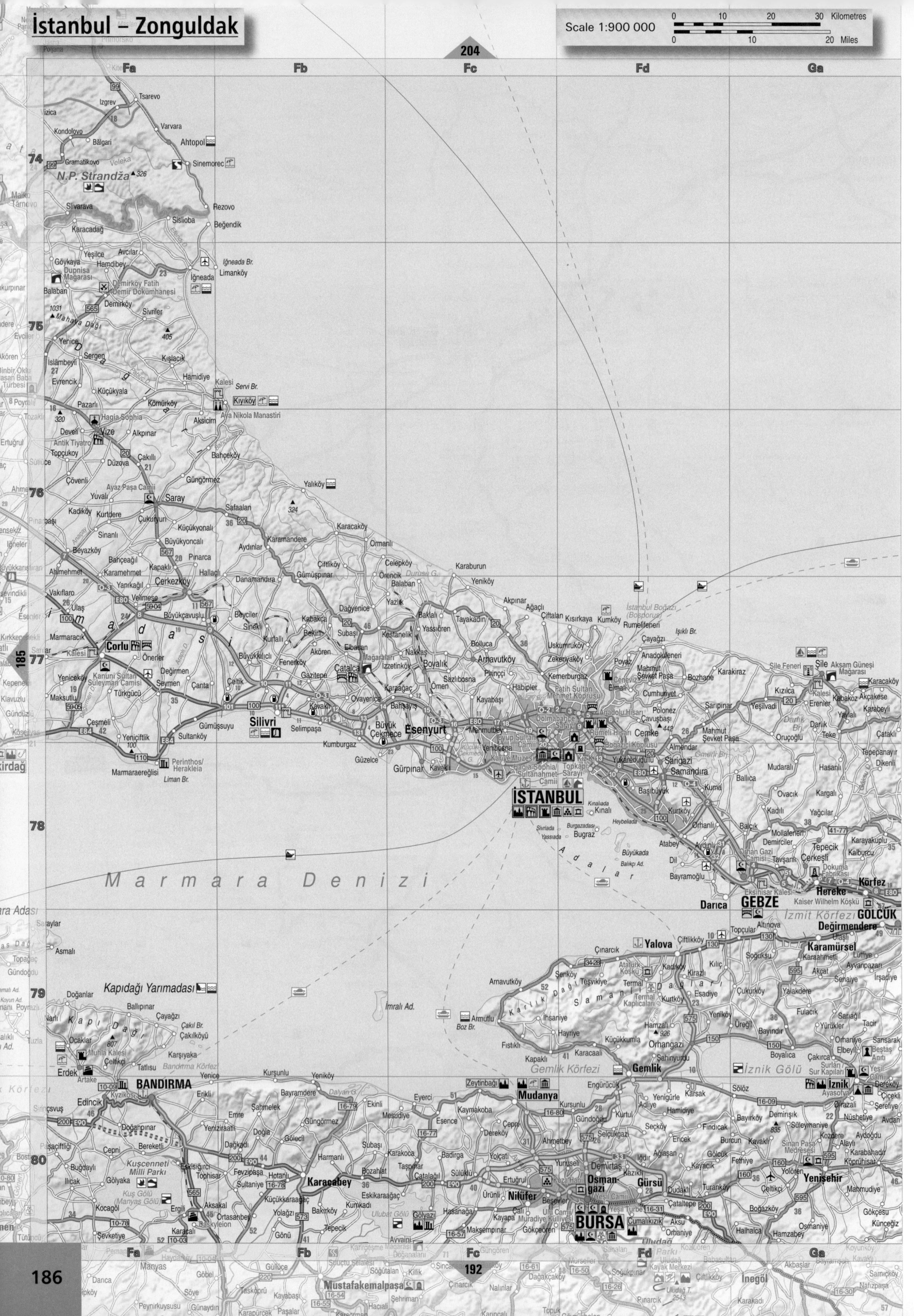
Scale 1:900 000
0 10 20 30 Kilometres
0 10 20 Miles
Fa
Fb
Fc
Fd
Ga
Marmara Denizi
İSTANBUL
BURSA
GEBZE
BANDIRMA
Mudanya
Gemlik
Yalova
Silivri
Çorlu
Saray
Esenyurt
İznik
Karacabey
Nilüfer
Osman-gazi
Gürsü
Yenişehir
Darıca
Karamürsel
GÖLCÜK
Hereke
Körfez
Orhangazi
Kapıdağı Yarımadası
İmralı Ad.
İzmit Körfezi
Gemlik Körfezi
İznik Gölü
N.P. Strandža
Ahtopol
Tsarevo
Sinemorec
Rezovo
İğneada
Limanköy
Vize
Erdek
Mustafakemalpaşa
İnegöl
Kapıdağ

204
185
192

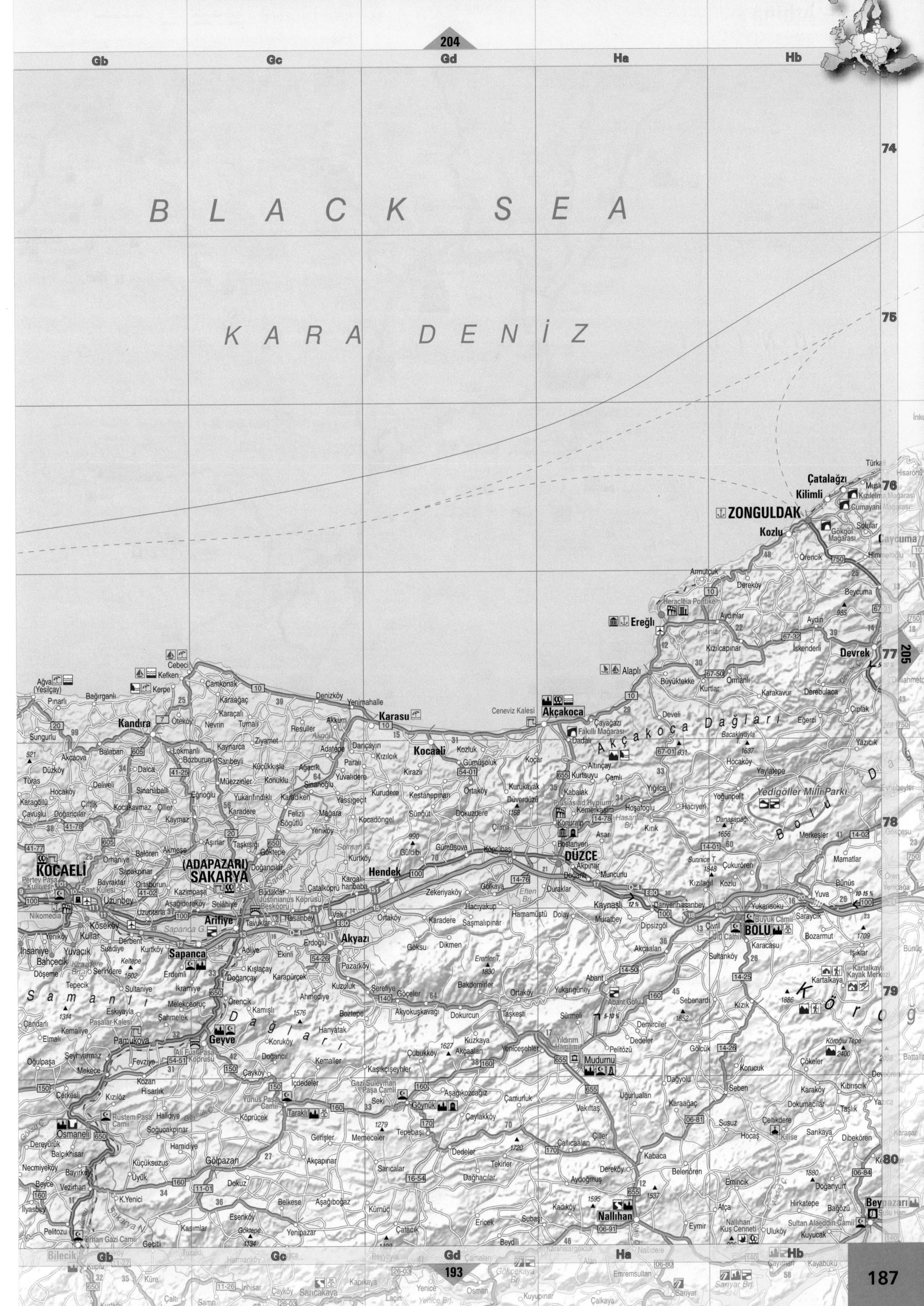
204
Gb
Gc
Gd
Ha
Hb
74
B L A C K S E A
75
K A R A D E N İ Z
76
ZONGULDAK
Çatalağzı
Kilimli
Kozlu
Ereğli
Alaplı
Devrek
77
205
Akçakoca
Karasu
Kandıra
Kocaali
Akçakoca Dağları
Yedigöller Milli Parkı
Bolu Dağ
78
KOCAELİ
(ADAPAZARI) SAKARYA
Hendek
DÜZCE
BOLU
Arifiye
Sapanca
Akyazı
79
Samanlı Dağları
Köroğ
Geyve
Pamukova
Mudurnu
Osmaneli
Taraklı
Göynük
Gölpazarı
80
Nallıhan
Beypazarı
193
187

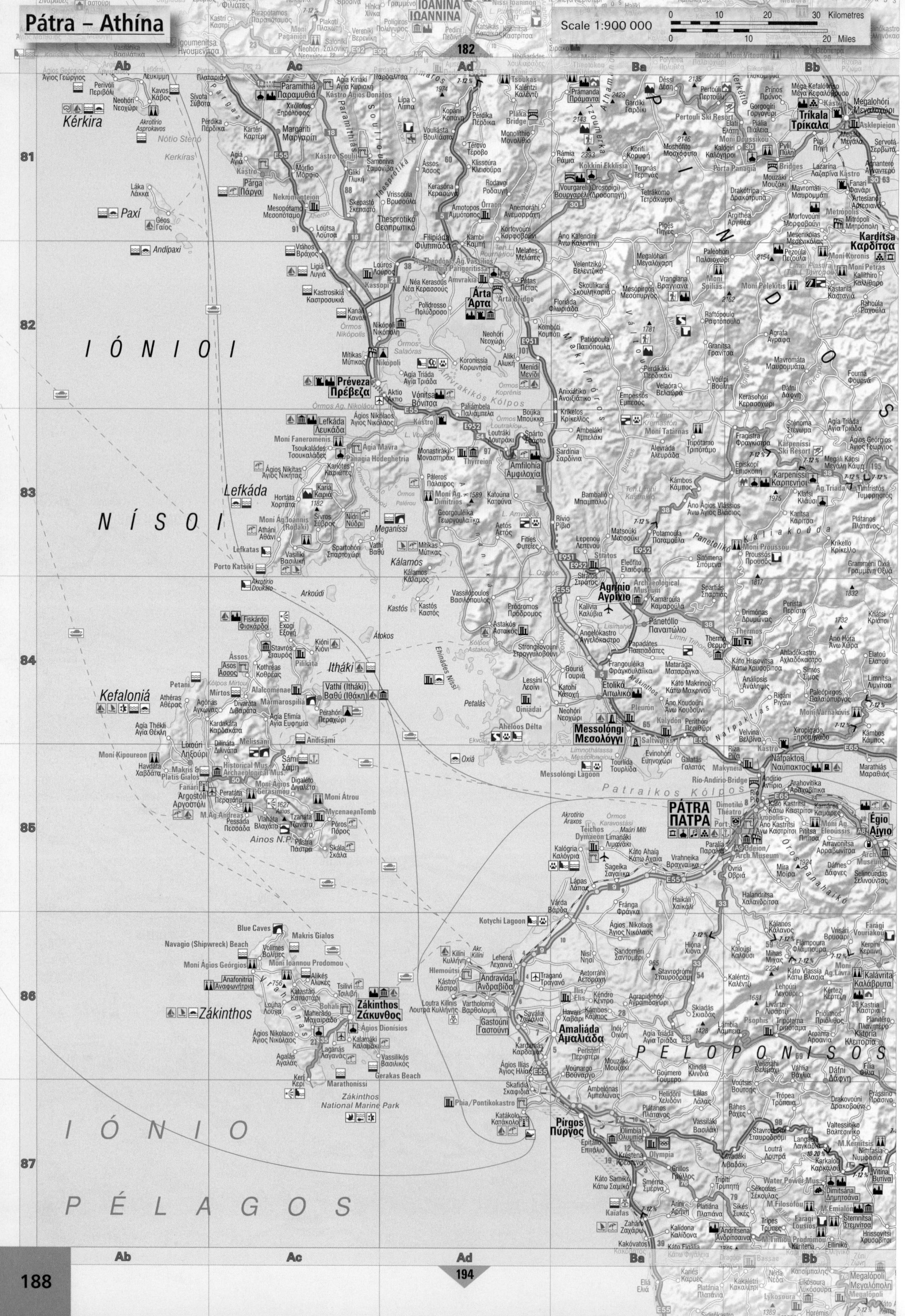
Scale 1:900 000
0 10 20 30 Kilometres
0 10 20 Miles
182
Ab Ac Ad Ba Bb
81 82 83 84 85 86 87
IÓNIOI NÍSOI
IÓNIO PÉLAGOS
PELOPONISOS
Kérkira
Paxí
Andípaxi
Lefkáda
Kefaloniá
Itháki
Zákinthos
Préveza
Árta
Agrínio
Mesolóngi
PÁTRA ΠΑΤΡΑ
Pírgos
Amaliáda
Náfpaktos
Égio
Kardítsa
Tríkala
Kalávrita
194

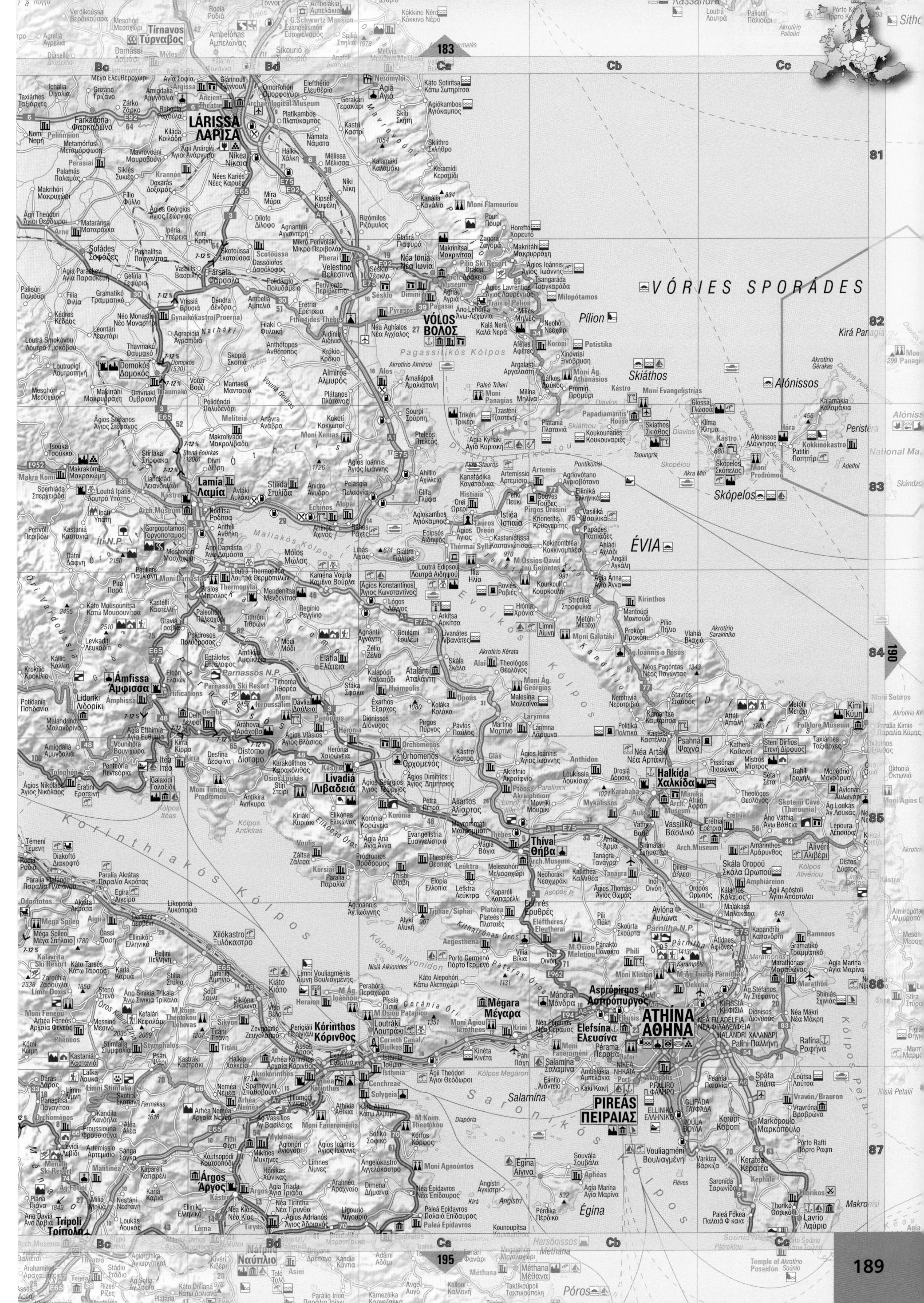
183
Bc
Bd
Ca
Cb
Cc
81
82
83
84
85
86
87
190
195
Tírnavos
Τύρναβος
LÁRISSA
ΛΑΡΙΣΑ
Farkadóna
Φαρκαδώνα
Sofádes
Σοφάδες
Fársala
Φάρσαλα
Domokós
Δομοκός
Lamía
Λαμία
VÓLOS
ΒΟΛΟΣ
Pagassitikós Kólpos
VÓRIES SPORÁDES
Skiáthos
Skópelos
Alónissos
Pílion
Almirós
Αλμυρός
Istiéa
Ιστιαία
Maliakós Kólpos
ÉVIA
Ámfissa
Άμφισσα
Livadiá
Λιβαδειά
Thíva
Θήβα
Halkída
Χαλκίδα
Korinthiakós Kólpos
Kórinthos
Κόρινθος
Mégara
Μέγαρα
Elefsína
Ελευσίνα
Asprópirgos
Ασπρόπυργος
ATHÍNA
ΑΘΗΝΑ
PIREÁS
ΠΕΙΡΑΙΑΣ
Salamína
Saronikós Kólpos
Égina
Árgos
Άργος
Tripoli
Ναύπλιο
Rafína
Ραφήνα
Lávrio
Λαύριο
Kólpos Petalion
Evoikós Kólpos
Parnassos N.P.
Delfí
Δελφοί
Marathónas
Μαραθώνας
Loutráki
Λουτράκι
E75
E65
E92
E952
E962
E94
A1
A8
A6

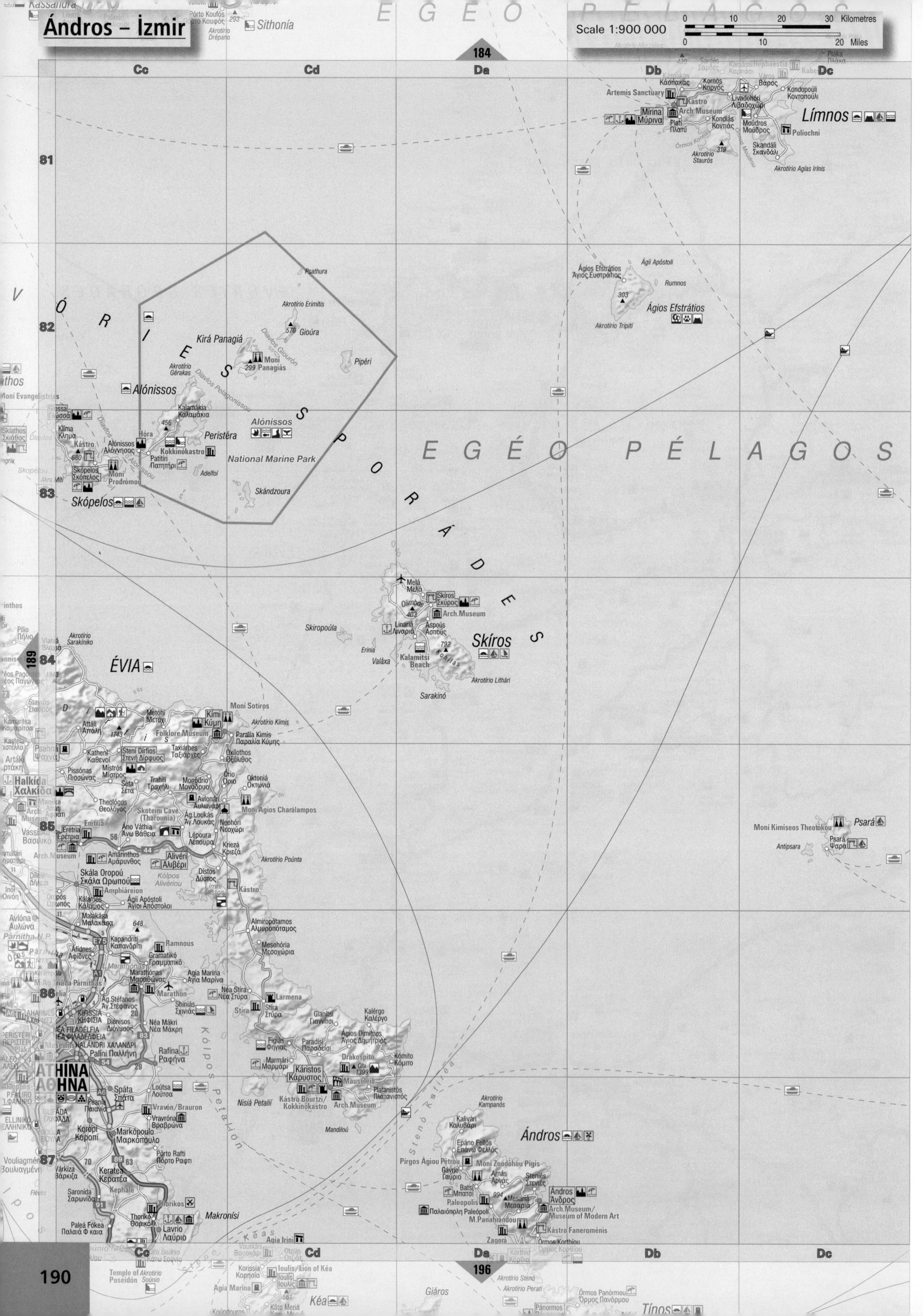
Scale 1:900 000
0 10 20 30 Kilometres
0 10 20 Miles
184
Cc
Cd
Da
Db
Dc
Límnos
Mírina Μύρινα
Artemis Sanctuary
Arch.Museum
Kástro
Moúdros Μούδρος
Poliochni
Ágios Efstrátios
EGÉO PÉLAGOS
VÓRIES SPORÁDES
Alónissos
National Marine Park
Kirá Panagiá
Gioúra
Pipéri
Peristéra
Skópelos
Skíros
Skíros Σκύρος
Arch.Museum
Kalamitsi Beach
Sarakinó
Skiropoúla
ÉVIA
Kími Κύμη
Folklore Museum
Psará
Moni Kimíseos Theotókou
Antipsara
Halkída Χαλκίδα
Erétria
Alivéri Αλιβέρι
Kárisτος Κάρυστος
Ándros
Ándros Άνδρος
Arch.Museum/ Museum of Modern Art
Kástro Faneroménis
Moní Zoodóhou Pigís
ATHÍNA ΑΘΗΝΑ
Marathon
Ramnous
Rafína Ραφήνα
Lavrio Λαύριο
Makronísi
Kéa
Tínos
Stenó Kafiréa
Kólpos Petalión
196
189
81
82
83
84
85
86
87

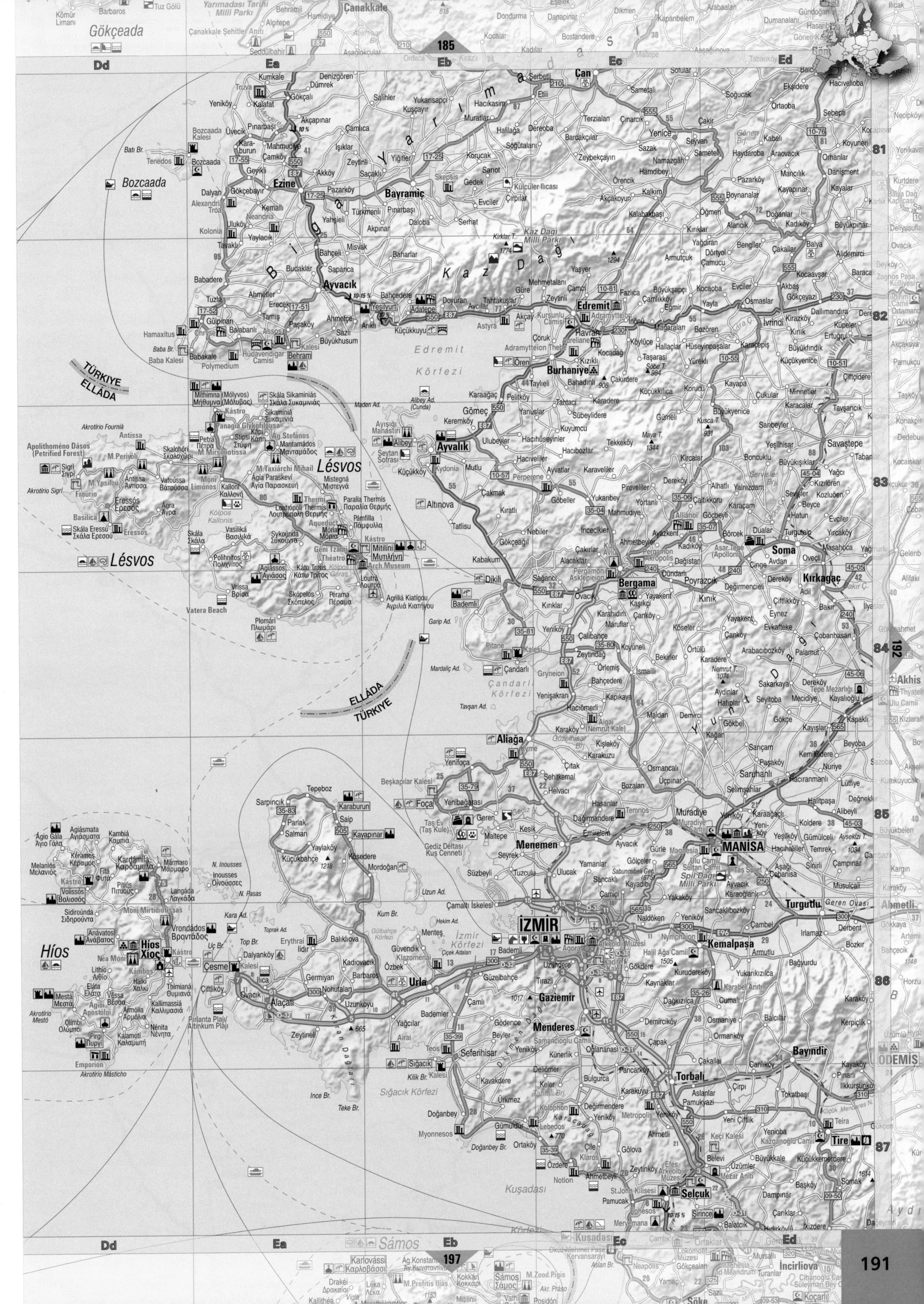

Gökçeada
Çanakkale
185
Dd
Ea
Eb
Ec
Ed
Çan
Bozcaada
Ezine
Bayramiç
Biga Yarımada
Kaz Dağı
Kaz Dağı Milli Parkı
Ayvacık
Assos
Behram
Edremit
Edremit Körfezi
Burhaniye
Havran
Balya
Ivrindi
Gömeç
Ayvalık
Altınova
Dikili
Bergama
Soma
Kırkağaç
Akhisar
TÜRKIYE
ELLÁDA
Lésvos
Mitilini
Mithimna (Mólyvos)
Kalloni
Eressós
Sigri
Plomári
Çandarlı
Çandarlı Körfezi
Aliağa
Foça
Yeni Foça
Menemen
Manisa
Spil Dağı Milli Parkı
Turgutlu
Karaburun
Mordoğan
Híos
Kardámila
Inousses
Çeşme
Alaçatı
Urla
İzmir
İzmir Körfezi
Kemalpaşa
Gaziemir
Menderes
Seferihisar
Sığacık
Sığacık Körfezi
Torbalı
Bayındır
Tire
Selçuk
Efes
Kuşadası
Sámos
Ödemiş
197
192
81
82
83
84
85
86
87

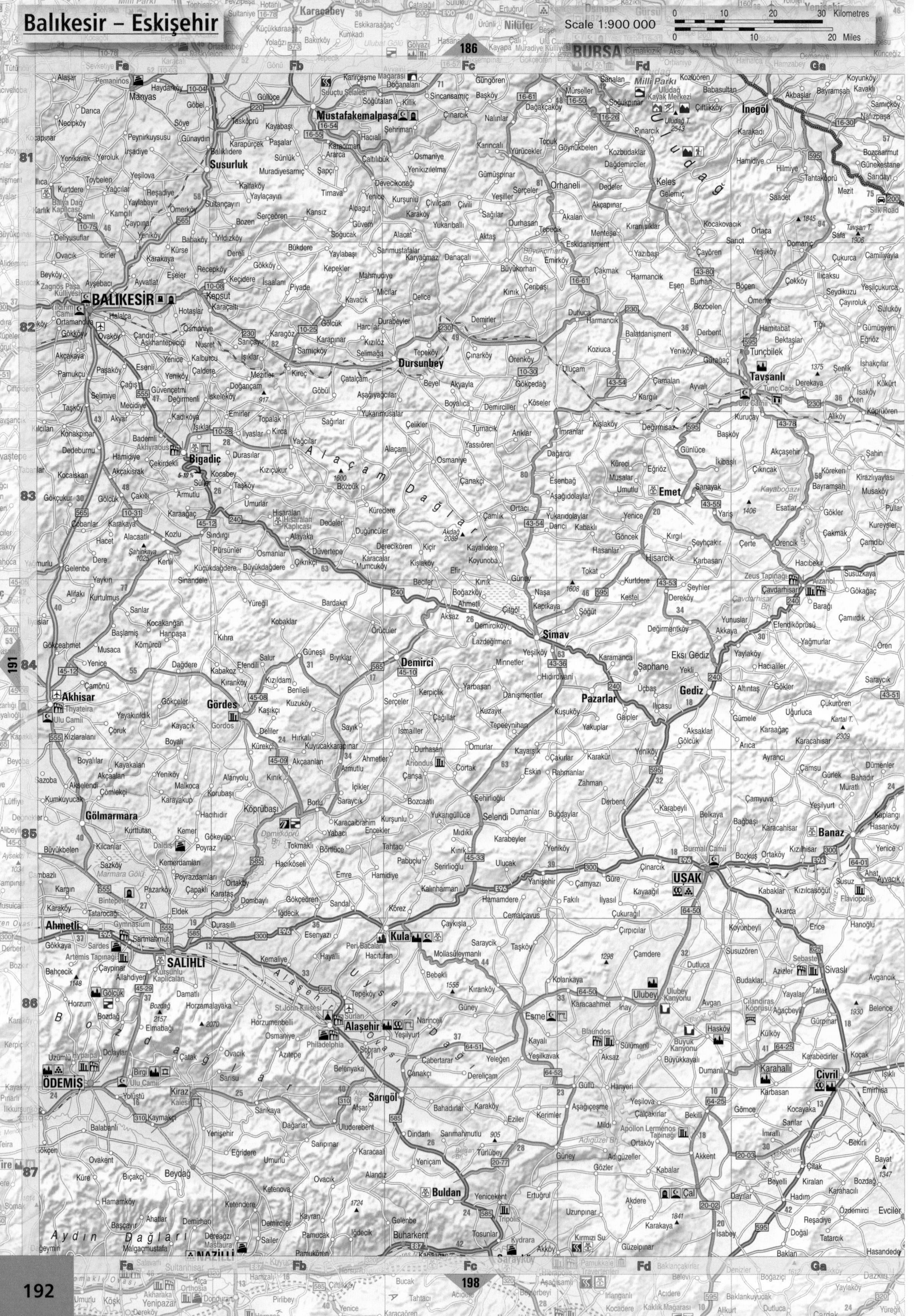
Scale 1:900 000
0 10 20 30 Kilometres
0 10 20 Miles
186
Fa
Fb
Fc
Fd
Ga
81
82
83
84
85
86
87
191
BURSA
Mustafakemalpaşa
Susurluk
Manyas
İnegöl
Uludağ
Orhaneli
BALIKESİR
Kepsut
Dursunbey
Tavşanlı
Bigadiç
Alaçam Dağları
Emet
Simav
Demirci
Gördes
Akhisar
Pazarlar
Gediz
Şaphane
Gölmarmara
Selendi
Köprübaşı
Banaz
UŞAK
Ahmetli
SALİHLİ
Kula
Alaşehir
Ulubey
Esme
Sivaslı
Bozdağlar
ÖDEMİŞ
Kiraz
Sarıgöl
Karahallı
Çivril
Buldan
Çal
Beydağ
Aydın Dağları
NAZİLLİ
Sarayköy
198

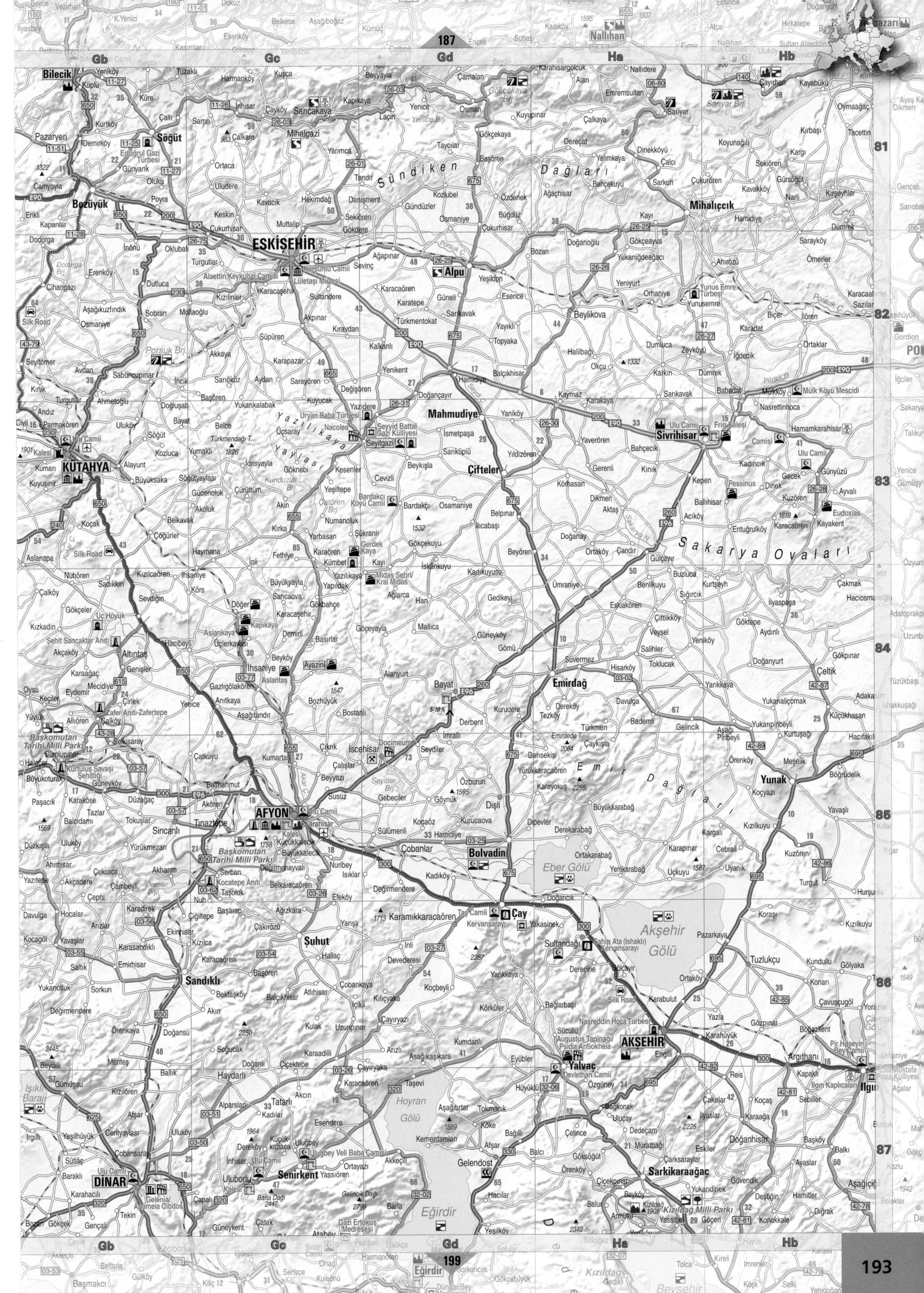

187
Gb
Gc
Gd
Ha
Hb
Bilecik
Söğüt
Bozüyük
Pazaryeri
Sarıcakaya
Mihalgazi
Nallıhan
Sündiken Dağları
Mihalıççık
ESKİŞEHİR
Alpu
Beylikova
Mahmudiye
Sivrihisar
Seyitgazi
Çifteler
KÜTAHYA
Yazılıkaya Yaylası
Sakarya Ovaları
Emirdağ
Emir Dağları
Yunak
AFYON
Bolvadin
Eber Gölü
Çay
Akşehir Gölü
Şuhut
Sandıklı
AKŞEHİR
Yalvaç
Ilgın
Hoyran Gölü
Eğirdir
Senirkent
Şarkikaraağaç
DİNAR
Beyşehir
199
81
82
83
84
85
86
87

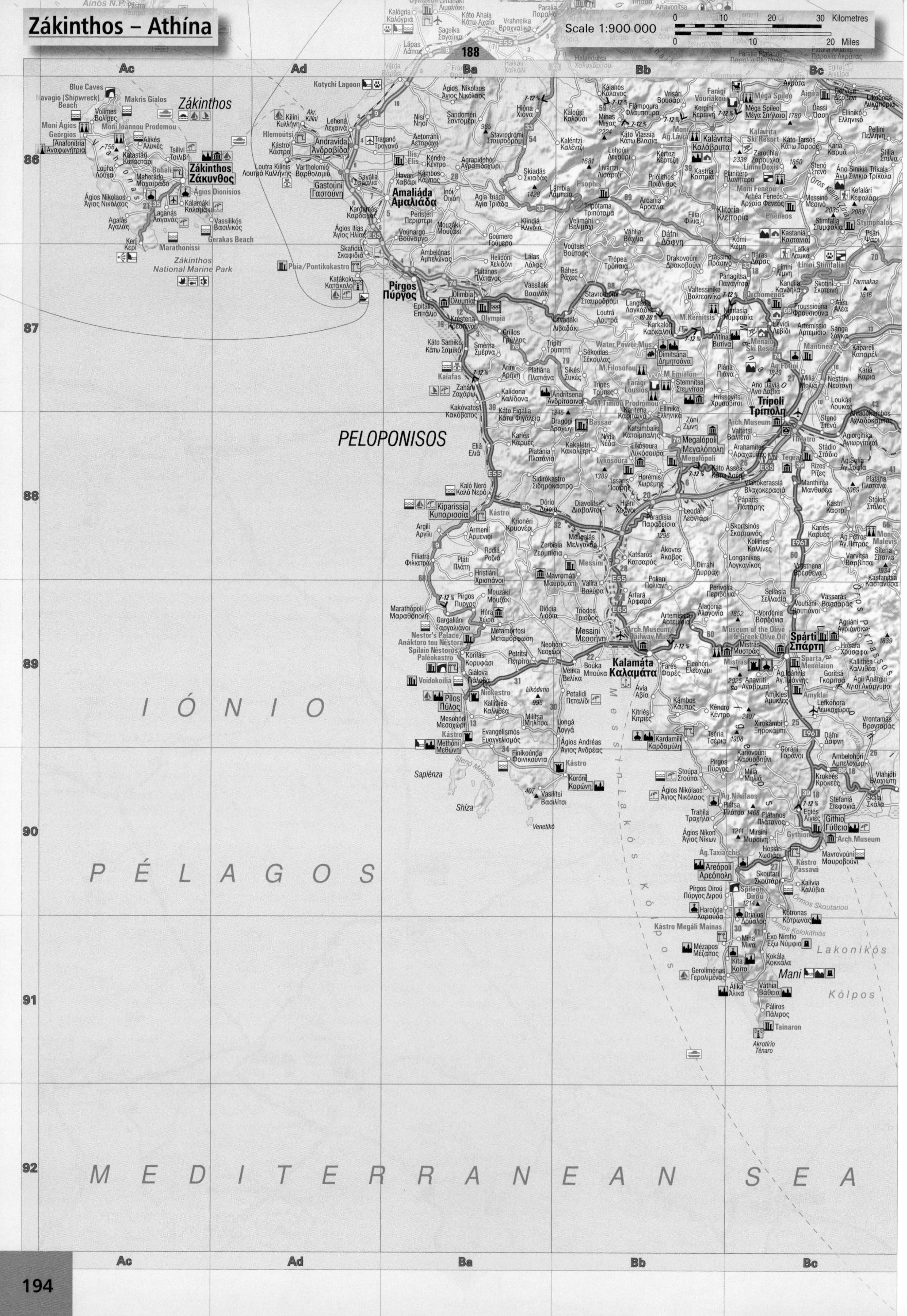
Scale 1:900 000
0 10 20 30 Kilometres
0 10 20 Miles
188
Ac
Ad
Ba
Bb
Bc
86
87
88
89
90
91
92
Zákinthos
Zákinthos Ζάκυνθος
Zákinthos National Marine Park
Blue Caves
Navagio (Shipwreck) Beach
Makris Gialos
Kotychi Lagoon
Pirgos Πύργος
Amaliáda Αμαλιάδα
Andravida Ανδραβίδα
Gastoúni Γαστούνη
Olimbía Ολυμπία
Kiparissía Κυπαρισσία
Kalávrita Καλάβρυτα
Trípoli Τρίπολη
Megalópoli Μεγαλόπολη
Kalamáta Καλαμάτα
Messíni Μεσσήνη
Spárti Σπάρτη
Mistrás
Pílos Πύλος
Methóni Μεθώνη
Koróni Κορώνη
Kardamíli Καρδαμύλη
Areópoli Αρεόπολη
Gíthio Γύθειο
Váthia Βάθεια
Mani
Sapiénza
Shíza
Akrotírio Ténaro
PELOPONISOS
I Ó N I O
P É L A G O S
M E D I T E R R A N E A N   S E A
Messiniakós Kólpos
Lakonikós Kólpos
Ac
Ad
Ba
Bb
Bc

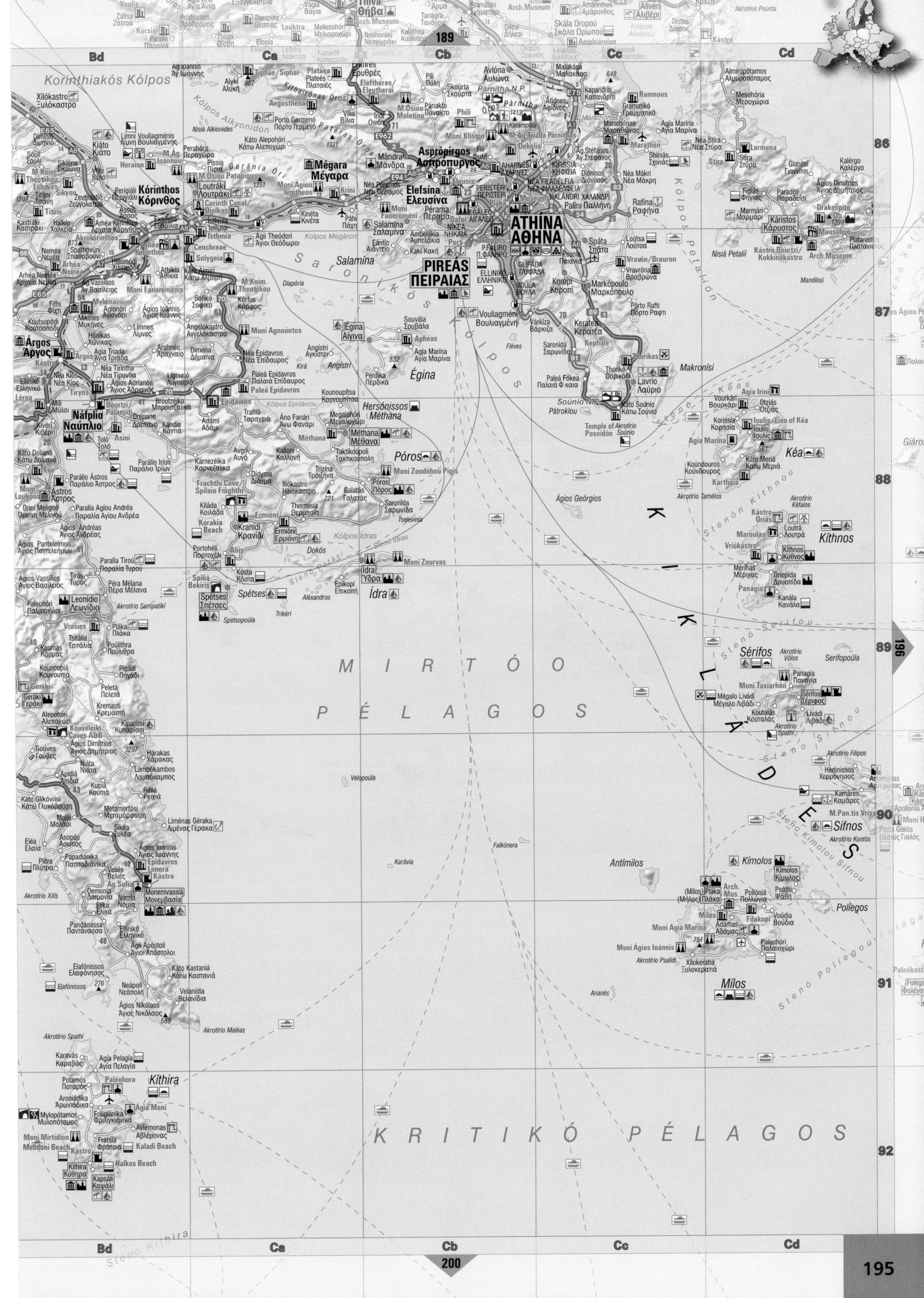

189
Bd
Ca
Cb
Cc
Cd
Korinthiakós Kólpos
Kólpos Alkyonídon
Kithairónas Óros
Pateras Óros
Gerániа Óri
Thíva
Θήβα
Pírnitha N.P.
Xilókastro
Ξυλόκαστρο
Kiáto
Κιάτο
Mégara
Μέγαρα
Asprópirgos
Ασπρόπυργος
Elefsína
Ελευσίνα
Kórinthos
Κόρινθος
Loutráki
Λουτράκι
Corinth Canal
ATHÍNA
ΑΘΗΝΑ
PIREÁS
ΠΕΙΡΑΙΑΣ
Salamína
Saronikós Kólpos
Kólpos Megáron
Kólpos Petalíon
Rafína
Ραφήνα
Marathónas
Μαραθώνας
Markópoulo
Μαρκόπουλο
Lavrio
Λαύριο
Makronísi
Soúnio N.P.
Temple of Poseidón
Árgos
Άργος
Náfplio
Ναύπλιο
Epídavros
Égina
Αίγινα
Angístri
Méthana
Μέθανα
Póros
Πόρος
Ermióni
Ερμιόνη
Kranídi
Κρανίδι
Ídra
Ύδρα
Spétses
Σπέτσες
Dokós
Leonídio
Λεωνίδιο
Kéa
Kíthnos
Κύθνος
Sérifos
Σέριφος
Sífnos
Kímolos
Κίμωλος
Mílos
Antímilos
Políegos
Kárystos
Κάρυστος
Stíra
Στύρα
Mandilóu
Nisiá Petalií
M I R T Ó O
P É L A G O S
K I K L A D E S
Velopoúla
Falkónera
Karávia
Ananés
Monemvassía
Μονεμβασία
Neápoli
Νεάπολη
Elafónissos
Akrotírio Maléas
Akrotírio Spathí
Kíthira
Κύθηρα
Kapsáli
Καψάλι
Agía Pelagía
Potamós
Avlémonas
K R I T I K Ó
P É L A G O S
Sténo Kithíra
Sténo Kéas
Sténo Kíthnou
Sténo Sérifou
Sténo Sífnou
Sténo Kimólou Sífnou
Sténo Poliégou Folégandrou
86
87
88
89
90
91
92
196
200

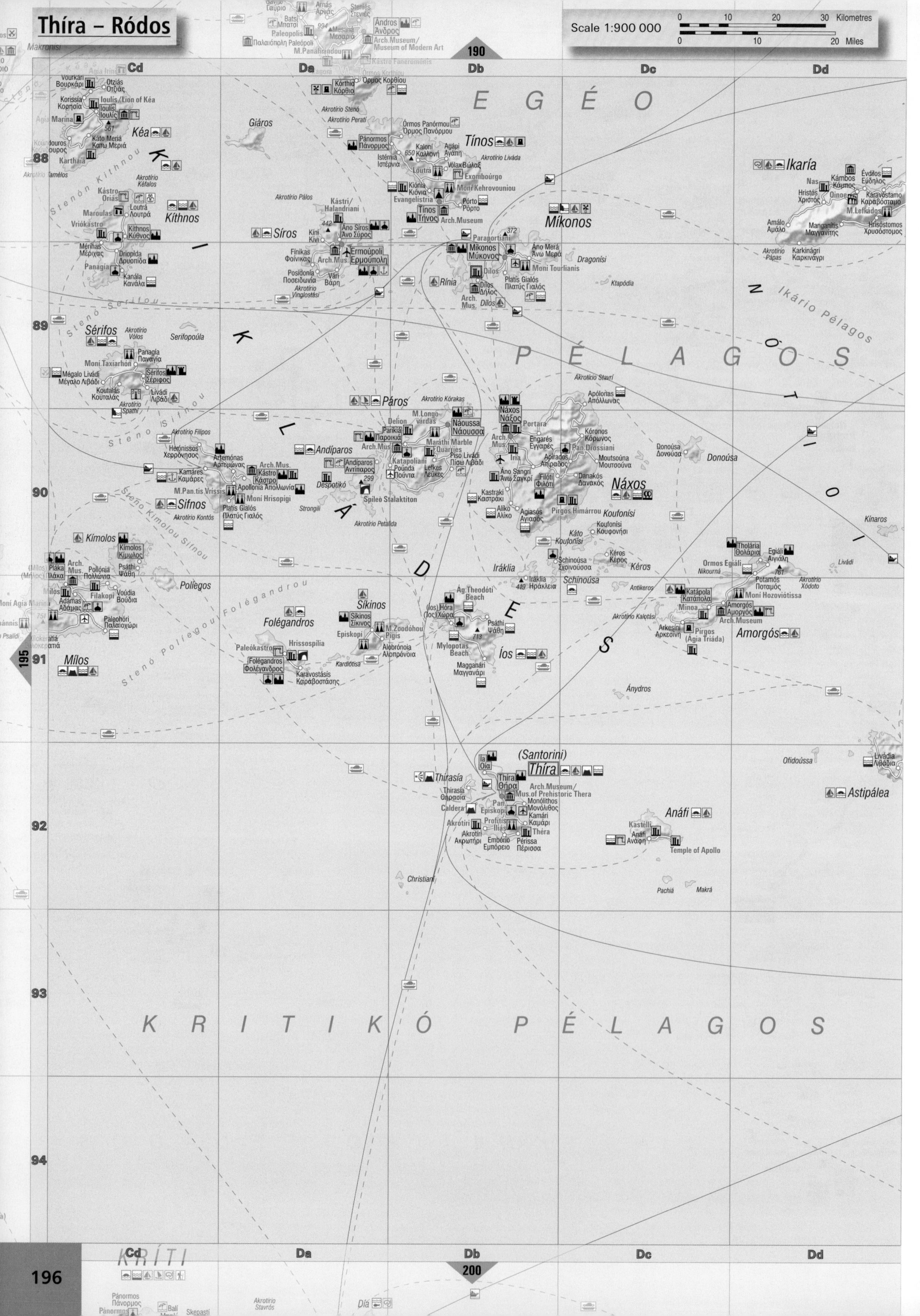
Scale 1:900 000
0 10 20 30 Kilometres
0 10 20 Miles
190
Cd Da Db Dc Dd
EGÉO
PÉLAGOS
KIKLÁDES
NÓTIOI
Ikário Pélagos
KRITIKÓ PÉLAGOS
Kéa
Kíthnos
Síros
Tínos
Míkonos
Ikaría
Sérifos
Páros
Andíparos
Náxos
Sífnos
Kímolos
Mílos
Folégandros
Síkinos
Íos
Amorgós
Thíra
(Santorini)
Thirasía
Anáfi
Astipálea
Donoúsa
Koufoníssi
Iráklia
Schinoúsa
Kéros
Giáros
Rínia
Dílos
Ánydros
Christianí
Polîegos
Serifopoúla
Despotikó
Strongilí
KRÍTI
88
89
90
91
92
93
94
195
200

191

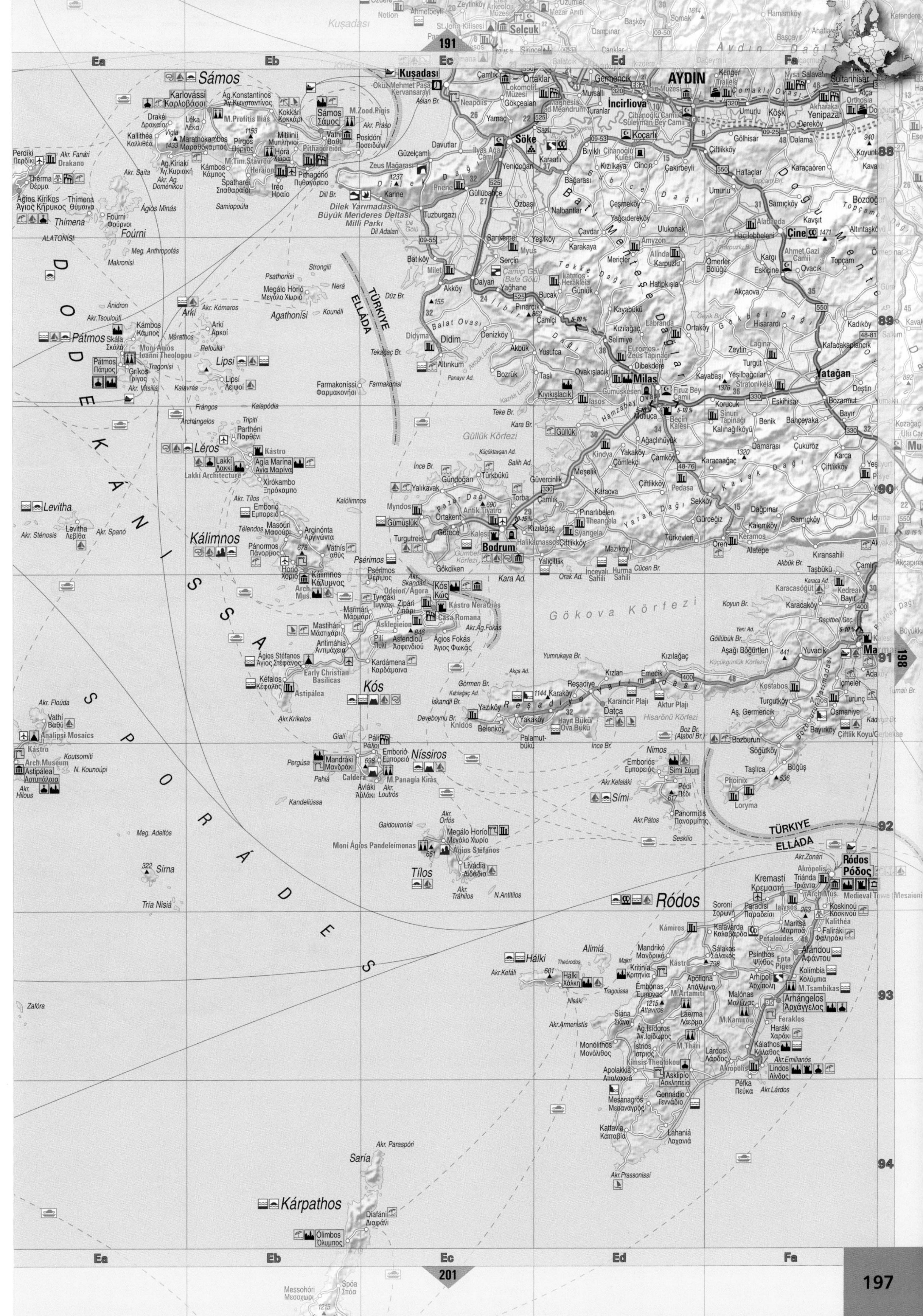
Ea
Eb
Ec
Ed
Fa
Kuşadası
Sámos
Karlovássi
Καρλοβάσσι
Ag.Konstantinos
Αγ.Κωνσταντίνος
Kokkári
Κοκκάρι
Sámos
Σάμος
M.Zood.Pigis
Drakéi
Δρακαίοι
Léka
Λέκα
M.Profitis Ilías
Akr. Práso
Kallithéa
Καλλιθέα
Vigla
Marathókambos
Μαραθόκαμπος
Pírgos
Πύργος
Mitilinii
Μυτιληνιοί
Vathí
Βαθύ
Posidóni
Ποσειδώνι
Pithagórion
Perdíki
Περδίκι
Akr. Fanári
Drakano
Hóra
Χώρα
Ag.Kiriakí
Αγ.Κυριακή
M.Tim.Stavrou
Heraion
Thérma
Θέρμα
Akr. Saíta
Akr. Ag. Doménikou
Kámbos
Κάμπος
Pithagório
Πυθαγόρειο
Spatharéi
Σπαθαραίοι
Iréo
Ηραίο
Ágios Kírikos
Άγιος Κήρυκος
Thímena
Θύμαινα
Fourni
Φούρνοι
Ágios Minás
Samiopoúla
Dill Br.
Thímena
ALATONÍSI
Foúrni
Meg. Anthropofás
Makronísi
DODEKÁNISSA
SPORÁDES
Strongilí
Psathonísi
Megálo Horió
Μεγάλο Χωριό
Nerá
Ánidron
Akr. Kómaros
Agathonísi
Kounéli
TÜRKIYE
ELLÁDA
Akr.Tsouloúfi
Arkí
Kámbos
Κάμπος
Arkí
Αρκοί
Pátmos
Skála
Σκάλα
Márathos
Moní Ágios Ioánni Theologou
Refoúlia
Pátmos
Πάτμος
Grikos
Γρίκος
Tragonísi
Lipsí
Lipsí
Λειψοί
Akr. Vitsiliá
Kalavrés
Farmakonísi
Frángos
Kalapódia
Archángelos
Tripití
Parthéni
Παρθένι
Léros
Kástro
Lakkí
Λακκί
Agia Marina
Αγία Μαρίνα
Lakki Architecture
Xirókambo
Ξηρόκαμπο
Akr. Tílos
Levitha
Emborió
Εμπορειό
Levitha
Λεβίθα
Akr. Sténosis
Akr. Spanó
Télendos
Masoúri
Μασούρι
Arginónta
Αργινώντα
Kálimnos
Pánormos
Πάνορμος
Vathís
Βαθύς
Psérimos
Hório
Χωριό
Kálimnos
Κάλυμνος
Psérimos
Ψέριμος
Arch. Mus.
Akr. Skandári
Odeion/Agora
Tyngaki
Τυγκάκι
Zipári
Ζηπάρι
Kós
Κώς
Kástro Neratzias
Marmári
Μαρμάρι
Casa Romana
Asklepieion
Akr.Ág.Fokás
Mastihári
Μαστιχάρι
Antimáhia
Αντιμάχεια
Pilí
Πυλί
Asfendiou
Ασφενδιού
Ágios Fokás
Άγιος Φωκάς
Ágios Stéfanos
Άγιος Στέφανος
Kardámena
Καρδάμαινα
Early Christian Basilicas
Kéfalos
Κέφαλος
Astipálea
Kós
Akr. Floúda
Vathí
Βαθύ
Akr.Kríkelos
Analipsi Mosaics
Kástro
Koutsomíti
Arch.Museum
N. Kounoúpi
Astipálea
Αστυπάλαια
Akr. Hilous
Giali
Páli
Πάλοι
Emborió
Εμπορειό
Nissiros
Pergúsa
Mandráki
Μανδράκι
Pahiá
Caldera
M.Panagia Kiras
Avláki
Αυλάκι
Akr. Loutrós
Kandeliússa
Gaidourónisi
Akr. Orfós
Megálo Horió
Μεγάλο Χωριό
Moní Ágios Pandeleímonas
Ágios Stéfanos
Meg. Adelfós
Sírna
Tílos
Livádia
Λιβάδια
Akr. Trahilos
N.Antitilos
Tría Nisiá
Ródos
Hálki
Alimiá
Akr.Kefáli
Hálki
Χάλκη
Tragoússa
Nisáki
Zafóra
Akr.Paraspóri
Sariá
Kárpathos
Diafáni
Διαφάνι
Ólimbos
Όλυμπος
Spóa
Σπόα
Messohóri
Μεσοχώρι
Ahata Beach
Özdere
Notion
Ahmetbeyli
Zeytinköy
Arkeoloji Müzesi
Efes
Üzümler
Mezar Anıtı
St.John Kilisesi
Selçuk
Dampınar
Başköy
Somak
Hamamköy
Ketendere
Başçayır
Ahatlar
Aydın Dağları
Şirince
Çamlık
Ortaklar
Germencik
AYDIN
Aydın Müzesi
Kenger
Tralleis
Nysa
Salavatlı
Sultanhisar
Öküz Mehmet Paşa Kervansarayı
Lokomotif Müzesi
Mursallı
İncirliova
Atça
Orthosia
Aslan Br.
Neapolis
Gökçealan
Magnesia ad Meandrum
Turanlar
Cihanoğlu Camii
Süleyman Bey Camii
Umurlu
Köşk
Akharaka
Yenipazar
Dereköy
Yamaç
Sazlı
Koçarlı
Dalama
Gölhisar
Güzelçamlı
Davutlar
İlyas Aga Camii
Söke
Bıyıklı
Cihanoğlu Kulesi
Çiftlikköy
Koyunlu
Kavak
Zeus Mağarası
Yenidoğan
Karaatlı
Kızılkaya
Cincin
Çakırbeyli
Karacaören
Dilek Dağı
Priene
Bağarası
Hallaçlar
Topçam Br.
Karine
Güllübahçe
Özbaşı
Beşparmak Dağı
Umurlu
Samıçköy
Bozdoğan
Dilek Yarımadası Büyük Menderes Deltası Milli Parkı
Tuzburgazı
Nalbantlar
Çeşmeköy
Yağcıdereköy
Alabanda
Kavşit
Topçam
Dil Adaları
Ulukonak
Hacılebbeleni
Çine
Altıntaşköy
Sarıkemer
Yeşilköy
Çavdar
Amyzon
Myus
Karakaya
Alinda
Karpuzlu
Ahmet Gazi Camii
Batıköy
Serçin
Meriçler
Ömerler Bölüğü
Kargı
Eskiçine
Ovacık
Topçam
Milet
Çamiçi Gölü (Bafa Gölü)
Latmos-Herakleia
Hatipkışla
Akköy
Dalyan
Yağhane
Günlük
Akçaova
Pınarcık
Bucak
Kayabükü
Balat Ovası
Çamiçi
Labranda
Ortaköy
Gökbel Dağı
Hisarardı
Kadıköy
Didyma
Denizköy
Kızılağaç
Selimiye
Salkım
Didim
Akbük
Yusufça
Euromos
Zeus Tapınağı
Zeytin
Lagina
Kafacakaplancık
Tekağaç Br.
Dibekdere
Turgut
Altınkum
Bozrük
Ovakışlacık
Milas
Kayabaşı
Yeşilbağcılar
Stratonikeia
Yatağan
Panayır Ad.
Taslı
Firuz Bey Camii
Desdin
Kıyıkışlacık
Gümüşkesen
Iasos
Koruçuk
Eskihisar
Bozarmut
Hamzabey Ovası
Mazluca
Sinuri Tapınağı
Bayır
Teke Br.
Beçin Kalesi
Benik
Bahçeyaka
Kara Br.
Kalınağılköyü
Kozağaç
Güllük
Güllük Körfezi
Ağaçlıhüyük
Damarası
Çukurköz
Küçüktavşan Ad.
Kindya
Yakaköy
Çamköy
Karacaağaç
Karca
Salih Ad.
Çömlekçi
Yeşilyurt
İnce Br.
Türkbükü
Meşelik
Çiftlikköy
Gündoğan
Güvercinlik
Pedasa
Kavak Dağı
Yalıkavak
Pazar Dağı
Karaova
Torba
Çamlık
Sekköy
Myndos
Kalólimnos
Antik Tiyatro
Pınarlıbelen
Yaran Dağı
Dağpınar
Gümüşlük
Ortakent
Theangela
Samıçköy
Kalemköy
Turgutreis
Gürece
Kalesi
Kızılağaç
Syangela
Gürceğiz
Keramos
Bodrum
Halikarnassos
Çiftlikköy
Türkevleri
Ören
Alatepe
Gümbet Körfezi
Yalıçiftlik
Mazıköy
Kıransahili
Akbük Br.
Taşbükü
Gökdiken
Kara Ad.
Orak Ad.
İnceyalı Sahili
Hurma Sahili
Cücen Br.
Karacasöğüt
Kedrea
Koyun Br.
Gökova Körfezi
Karacaköy
Geçitbeli Geç.
Yeni Ad.
Gölbük Br.
Yumrukaya Br.
Aşağı Böğürtlen
Yuvacık
Kızılağaç
Küçükgünlük Körfezi
Akça Ad.
Kızlan
Emecik
Görmen Br.
Reşadiye
Reşadiye Yarımadası
Kostabos
İçmeler
Kabilağaç Ad.
Karaköy
İskandil Br.
Karaincir Plajı
Aktur Plajı
Turgutköy
Turunç
Yazıköy
Datça
Aş. Germencik
Osmaniye
Deveboynu Br.
Yakaköy
Hayıt Bükü
Hisarönü Körfezi
Knidos
Belenköy
Ova Bükü
Boz Br. (Atabol Br.)
Bayırköy
Çiftlik Koyu/Gerbekse
Palamutbükü
İnce Br.
Bozburun
Nimos
Emboriós
Εμπορειός
Sími
Σύμη
Söğütköy
Taşlıca
Bügüş
Akr.Kefaliá
Pédi
Πέδι
Phoinix
Sími
Loryma
Akr.Pátos
Panormitis
Πανορμίτης
Sesklio
TÜRKIYE
ELLÁDA
Akr.Zonári
Ródos
Ρόδος
Akrópolis
Kremastí
Κρεμαστή
Triánda
Τριάντα
Arch.Mus.
Medieval Town (Mesaioni)
Soroni
Σορωνή
Paradísi
Παραδείσι
Ialysós
Koskinoú
Κοσκινού
Kalithéa
Kámiros
Kalavárda
Καλαβάρδα
Maritsa
Μαριτσά
Faliráki
Φαλιράκι
Petaloudes
Mandrikó
Μανδρικό
Sálakos
Σάλακος
Psinthos
Ψίνθος
Afándou
Αφάντου
Makri
Kritinía
Κριτηνία
Kástro
Epta Piges
Kolímbia
Κολύμπια
Archipoli
Αρχίπολη
M.Tsambikas
Émbonas
Έμπωνας
Apollona
Απόλλωνα
M.Artamiti
Malónas
Μαλώνας
Arhángelos
Αρχάγγελος
Attaviros
Siána
Σιάνα
Láerma
Λάερμα
M.Kamiroú
Feraklos
Akr.Armenistis
Ág.Isídoros
Αγ.Ισίδωρος
Haráki
Χαράκι
Monólithos
Μονόλιθος
Ístrios
Ίστριος
M.Thári
Kálathos
Κάλαθος
Lárdos
Λάρδος
Akr.Emilianós
Kímsis Theotókou
Akrópolis
Líndos
Λίνδος
Apolakkiá
Απολακκιά
Asklipío
Ασκληπιείο
Péfka
Πεύκα
Akr.Lárdos
Mesanagrós
Μεσαναγρός
Gennádio
Γεννάδιο
Kattavía
Κατταβία
Lahaniá
Λαχανιά
Akr.Prassonissí
88
89
90
91
92
93
94
198
Ea
Eb
Ec
Ed
Fa

201

Scale 1:900 000

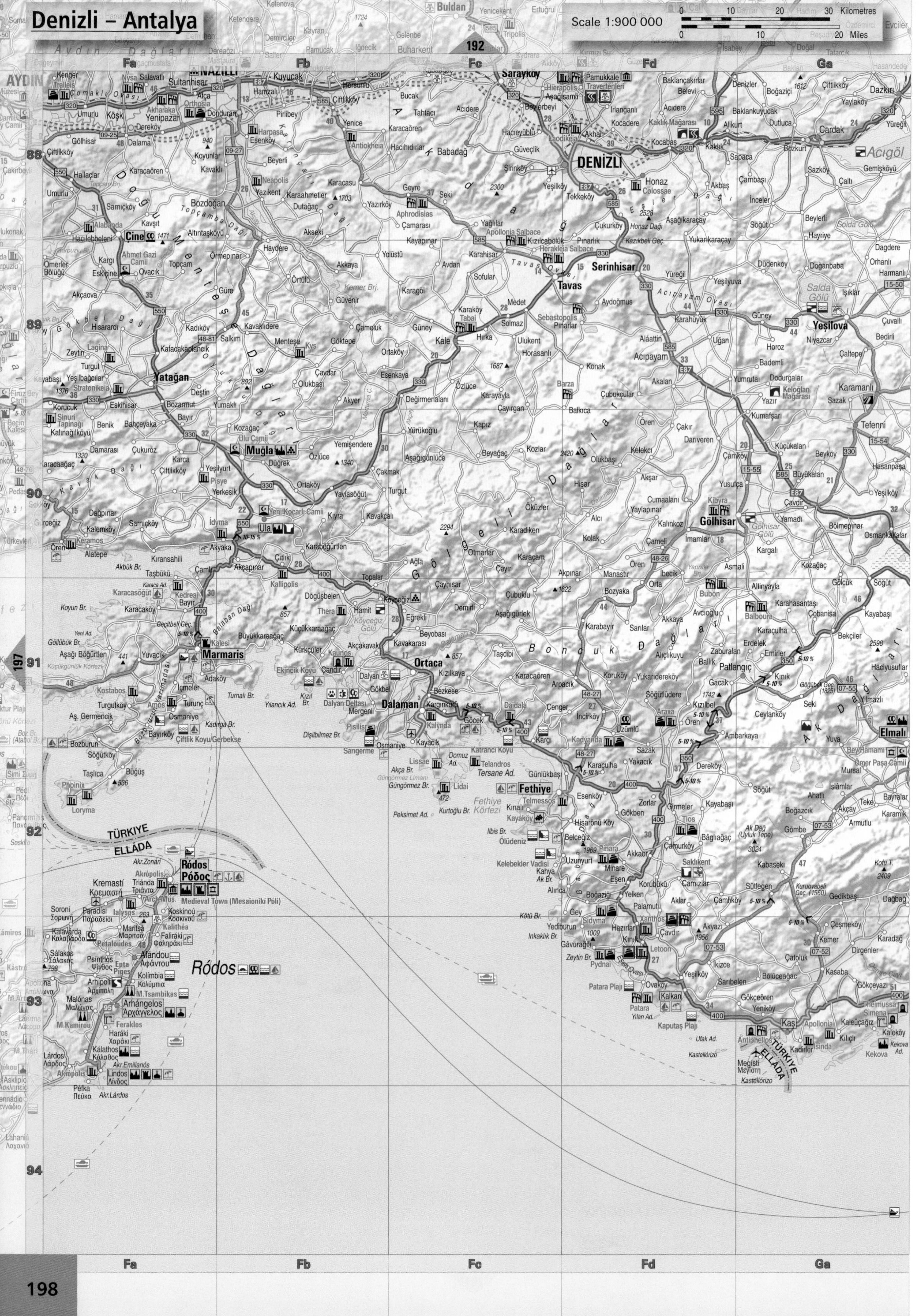
0 10 20 30 Kilometres
0 10 20 Miles
Fa
Fb
Fc
Fd
Ga
192
197
88
89
90
91
92
93
94

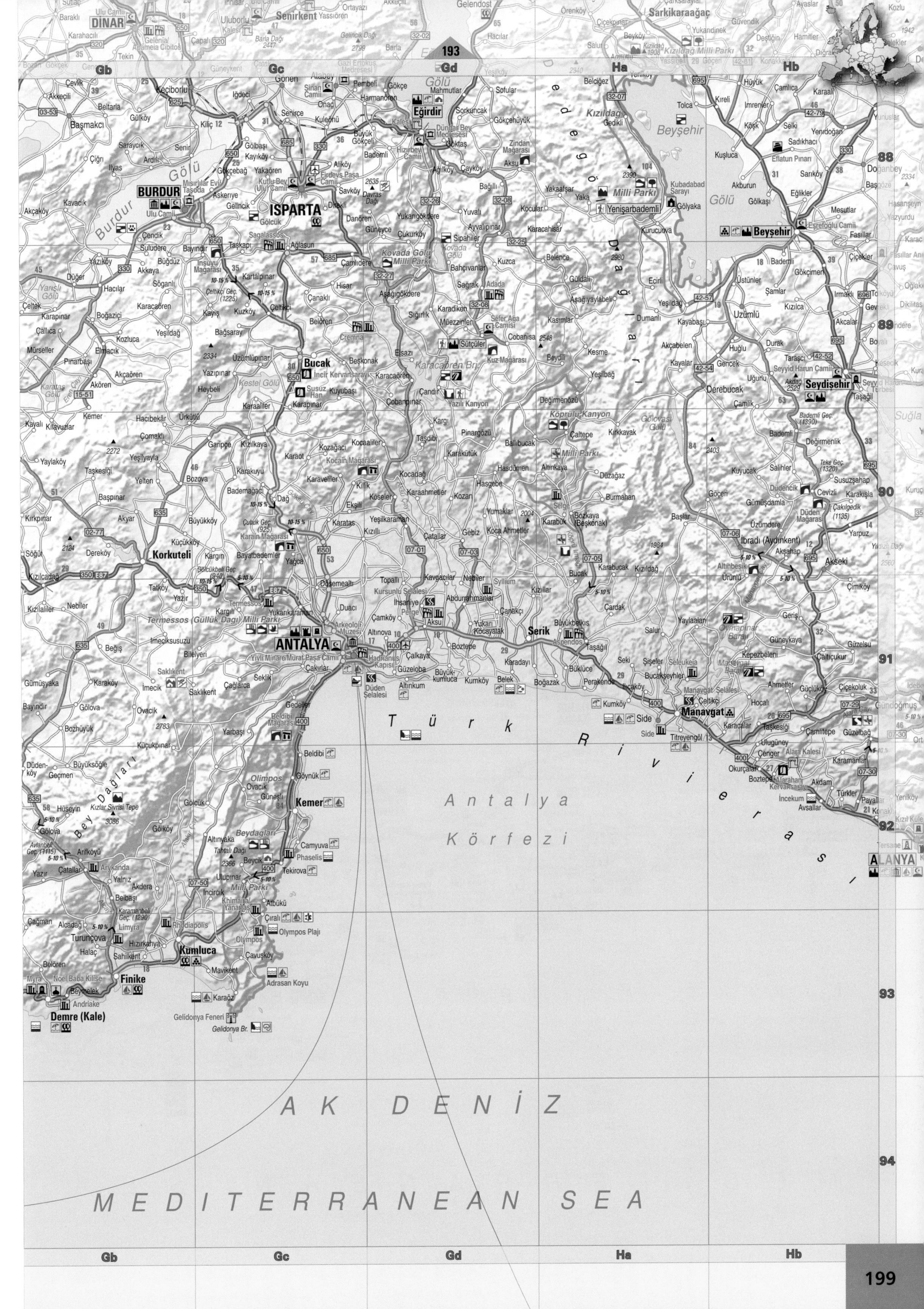

193
Gb
Gc
Gd
Ha
Hb
88
89
90
91
92
93
94
DİNAR
Senirkent
Gelendost
Şarkikaraağaç
Eğirdir
Gölü
Kızıldağ Milli Parkı
Beyşehir Gölü
Beyşehir
Eflatun Pınarı
Kubadabad Sarayı
Yenişarbademli
Burdur Gölü
BURDUR
ISPARTA
Sagalassos
Ağlasun
Kovada Gölü Milli Parkı
Dedegöl Dağları
Kızıldağ
Bucak
Karacaören Baraj
Sütçüler
Cremna
Seydişehir
Köprülü Kanyon
Milli Parkı
Selge
Kızıldağ
İbradı (Aydınkent)
Akseki
Korkuteli
Termessos (Güllük Dağı) Milli Parkı
ANTALYA
Perge
Aksu
Aspendos
Serik
Belek
Side
Manavgat
Alara Kalesi
ALANYA
Düden Şelalesi
Kurşunlu Şelalesi
Kemer
Olimpos
Beydağları
Phaselis
Tekirova
Çıralı
Olympos Plajı
Kumluca
Finike
Demre (Kale)
Myra
Noel Baba Kilisesi
Adrasan Koyu
Gelidonya Feneri
Gelidonya Br.
Bey Dağları
Arykanda
Limyra
Rhodiapolis
Türk Rivierası
Antalya Körfezi
AK DENİZ
MEDITERRANEAN SEA

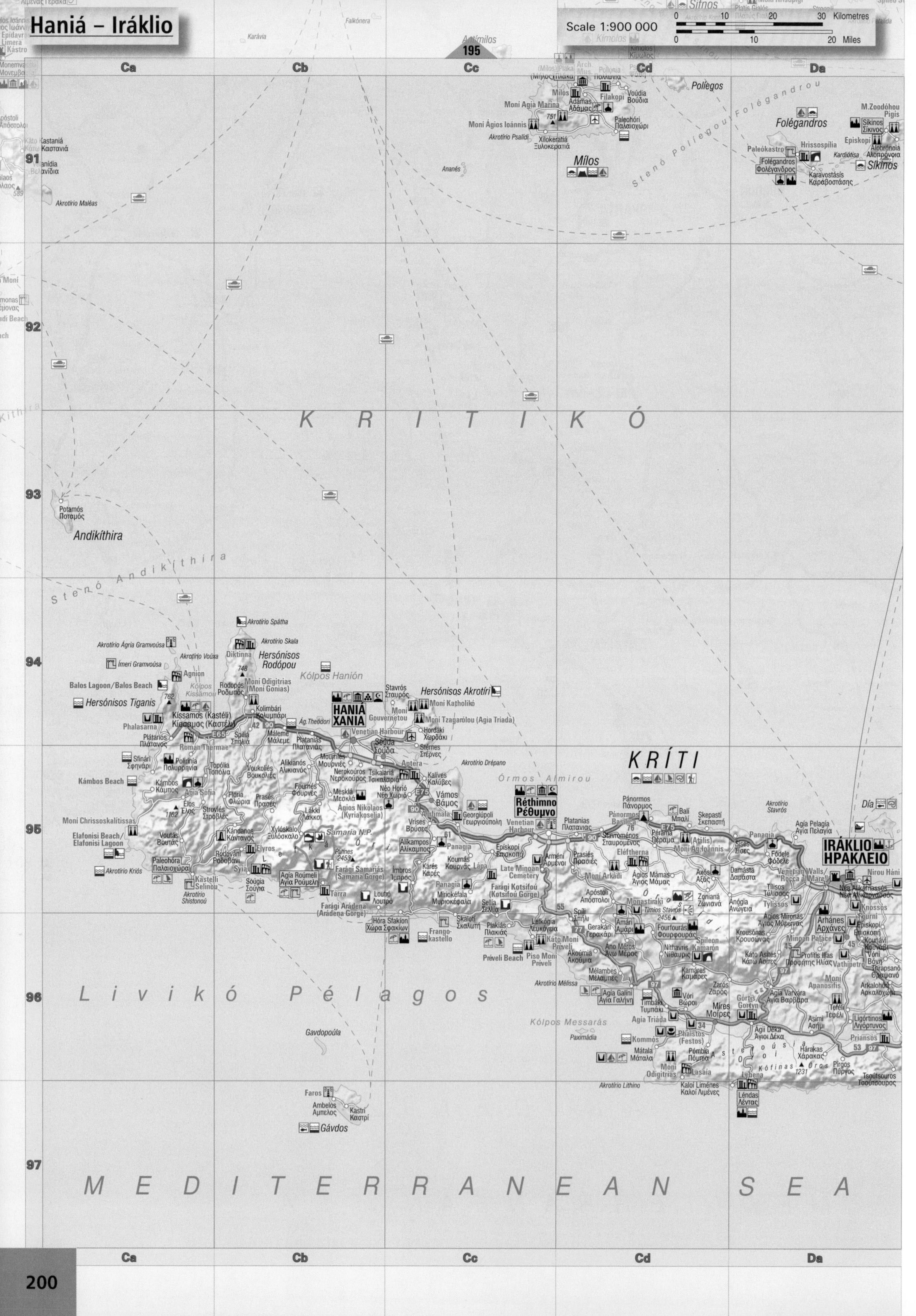

Haniá – Iráklio
Scale 1:900 000
0 10 20 30 Kilometres
0 10 20 Miles
195
Ca
Cb
Cc
Cd
Da
91
92
93
94
95
96
97
Mílos
Folégandros
Síkinos
Políegos
Stenó Poliegou
Stenó Folégandrou
K R I T I K Ó
Andikíthira
Potamós
Stenó Andikíthira
Akrotírio Spátha
Hersónisos Rodópou
Kólpos Hanión
Hersónisos Akrotíri
Hersónisos Tiganis
Balos Lagoon/Balos Beach
Kissamos (Kastéli)
HANIÁ
ΧΑΝΙΑ
Réthimno
Ρέθυμνο
K R Í T I
IRÁKLIO
ΗΡΑΚΛΕΙΟ
Órmos Almirou
Samaria N.P.
Farági Samariás (Samaria Gorge)
Hóra Sfakíon
Paleohóra
Elafonisi Beach/Elafonisi Lagoon
Kólpos Messarás
Mires
Górtis
Phaistos (Festos)
Mátala
Gávdos
Gavdopoúla
L i v i k ó   P é l a g o s
M E D I T E R R A N E A N   S E A
Ca
Cb
Cc
Cd
Da

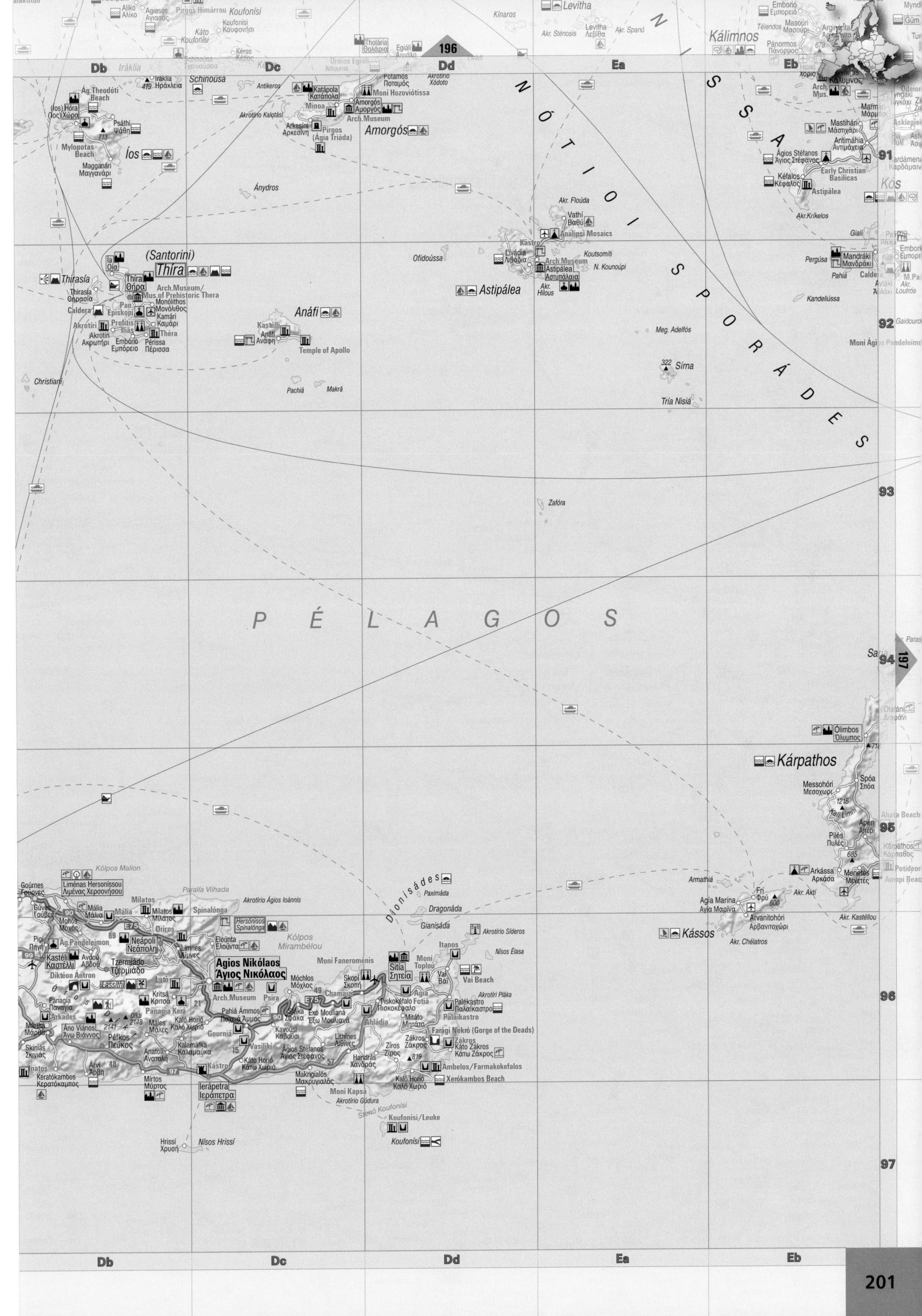

Amorgós
Thíra
(Santorini)
Anáfi
Astipálea
Sírna
NÓTIOI SPORÁDES
PÉLAGOS
Kárpathos
Kássos
Agios Nikólaos
Άγιος Νικόλαος
Ierápetra
Sitía
Koufonísi
Kos
Kálimnos
Íos
Dionisádes

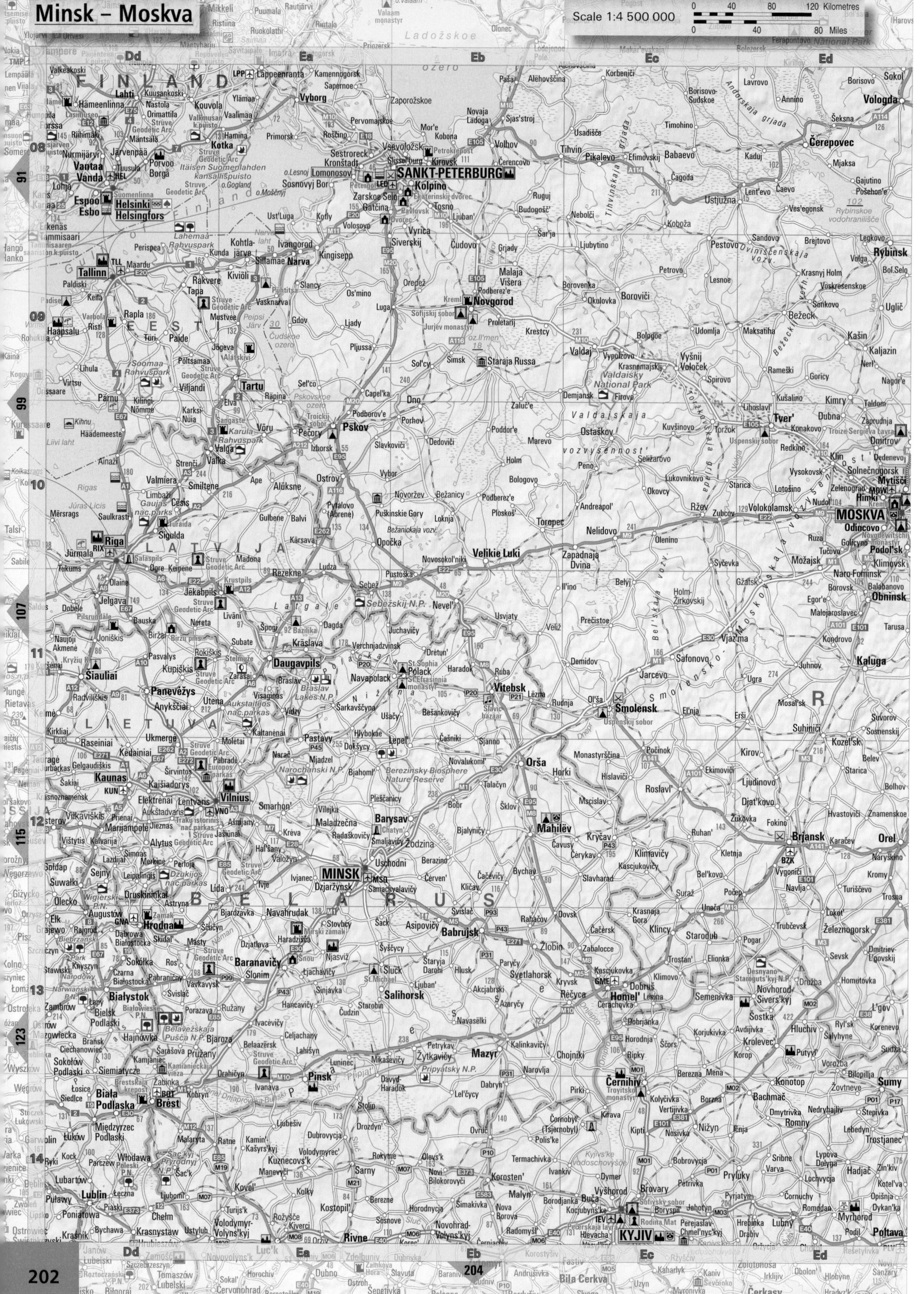
Scale 1:4 500 000
0 40 80 120 Kilometres
0 40 80 Miles
Dd
Ea
Eb
Ec
Ed
08
09
10
11
12
13
14
FINLAND
EESTI
LATVIJA
LIETUVA
BELARUS
Helsinki
Helsingfors
Tallinn
Riga
Vilnius
MINSK
MOSKVA
SANKT-PETERBURG
Novgorod
Pskov
Tartu
Daugavpils
Kaunas
Hrodna
Brest
Smolensk
Vitebsk
Mahilëv
Homel'
Babrujsk
Pinsk
Mazyr
Černihiv
KYJIV
Tver'
Vologda
Čerepovec
Rybinsk
Kaluga
Brjansk
Orel
Sumy
Poltava
Lublin
Białystok
Velikie Luki
Ladožskoe ozero
Valdajskaja vozvyšennost'
Smolensko-Moskovskaja vozvyšennost'

91
99
107
115
123
204

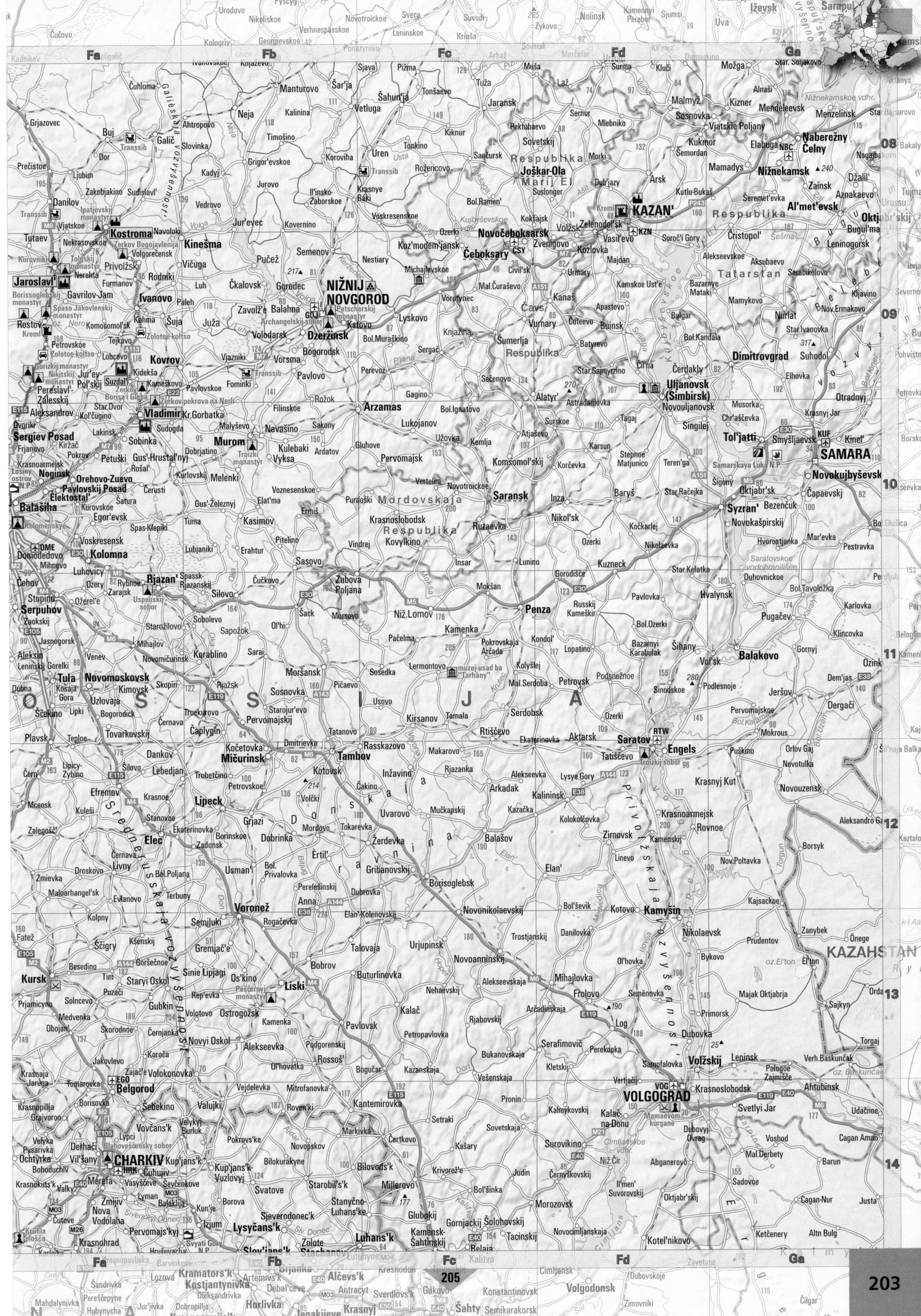
Fa
Fb
Fc
Fd
Ga
08
09
10
11
12
13
14
Kostroma
Jaroslavl'
Ivanovo
Kinešma
Vladimir
Kovrov
Sergiev Posad
Noginsk
Balašiha
Kolomna
Rjazan'
Serpuhov
Tula
Novomoskovsk
Murom
Arzamas
NIŽNIJ NOVGOROD
Dzeržinsk
Joškar-Ola
KAZAN'
Čeboksary
Novočeboksarsk
Uljanovsk (Simbirsk)
Dimitrovgrad
Tol'jatti
SAMARA
Novokujbyševsk
Syzran'
Saransk
Penza
Tambov
Mičurinsk
Lipeck
Elec
Voronež
Kursk
Belgorod
CHARKIV
Saratov
Engels
Balakovo
Kamyšin
Volžskij
VOLGOGRAD
Naberežnye Čelny
Nižnekamsk
Al'met'evsk
Respublika Marij El
Respublika Tatarstan
Čavaš Respublika
Mordovskaja Respublika
R O S S I J A
Donskaja ravnina
Srednerusskaja vozvyšennost'
Privolžskaja vozvyšennost'
KAZAHSTAN
Lysyčans'k
Luhans'k
Kramators'k
Alčevs'k
Volgodonsk
Šahty
205

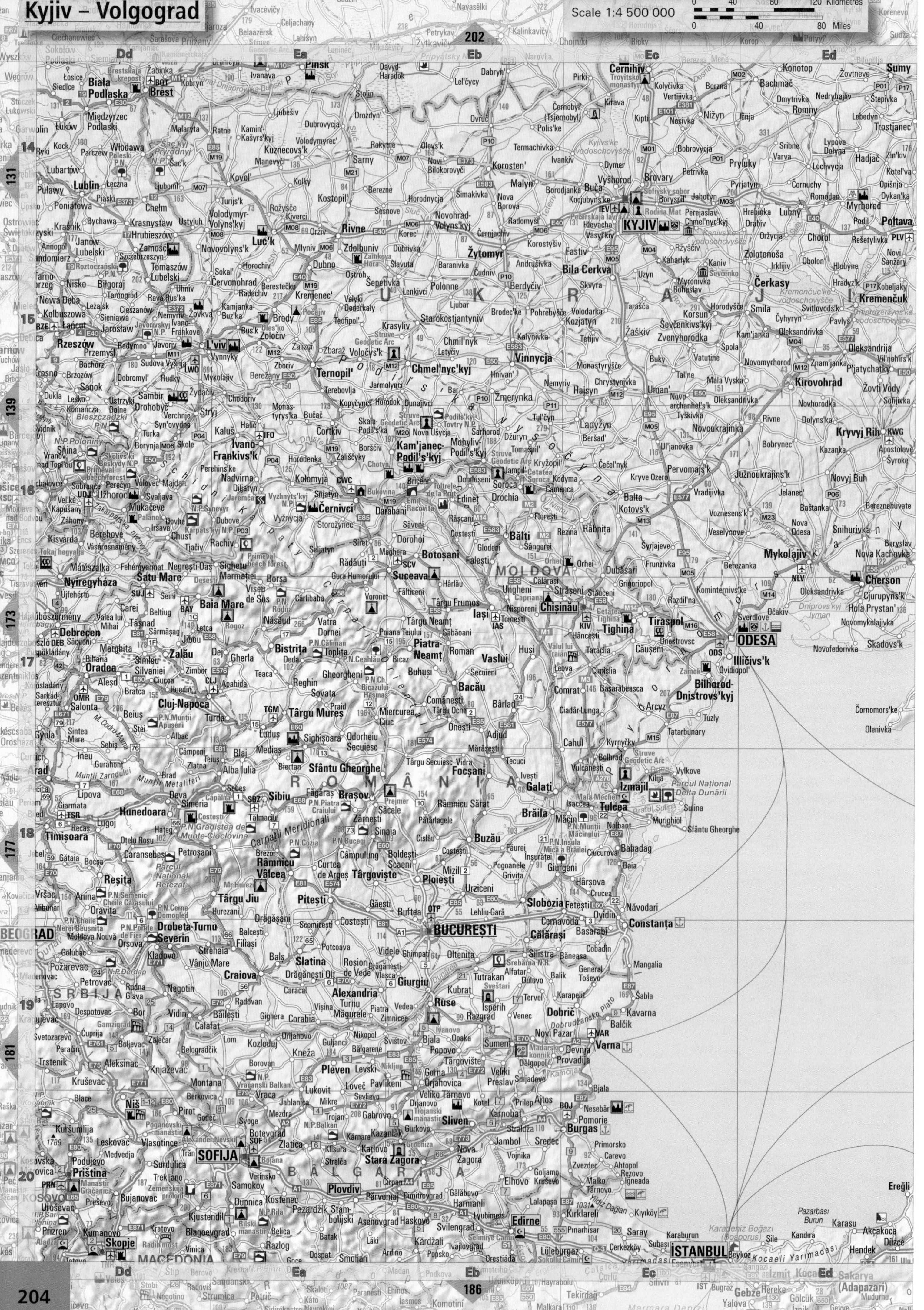

Scale 1:4 500 000
0 40 80 120 Kilometres
0 40 80 Miles
202
186
131
139
173
177
181
Dd
Ea
Eb
Ec
Ed
14
15
16
17
18
19
20
UKRAJINA
MOLDOVA
ROMÂNIA
SRBIJA
BĂLGARIJA
MACEDONIA
KYJIV
Černihiv
Sumy
Brest
Pinsk
Lublin
Žytomyr
Rivne
Luc'k
L'viv
Ternopil'
Chmel'nyc'kyj
Vinnycja
Bila Cerkva
Čerkasy
Kremenčuk
Poltava
Kirovohrad
Kryvyj Rih
Mykolajiv
Cherson
ODESA
Chişinău
Tighina
Tiraspol
Ivano-Frankivs'k
Černivci
Suceava
Botoşani
Iaşi
Bălţi
Satu Mare
Baia Mare
Nyíregyháza
Debrecen
Oradea
Cluj-Napoca
Târgu Mureş
Bacău
Galaţi
Brăila
Tulcea
Constanţa
Braşov
Sibiu
Timişoara
Arad
Craiova
BUCUREŞTI
Ploieşti
Piteşti
Ruse
Varna
Burgas
Pleven
Niš
SOFIJA
Plovdiv
Stara Zagora
Skopje
Edirne
İSTANBUL
BEOGRAD

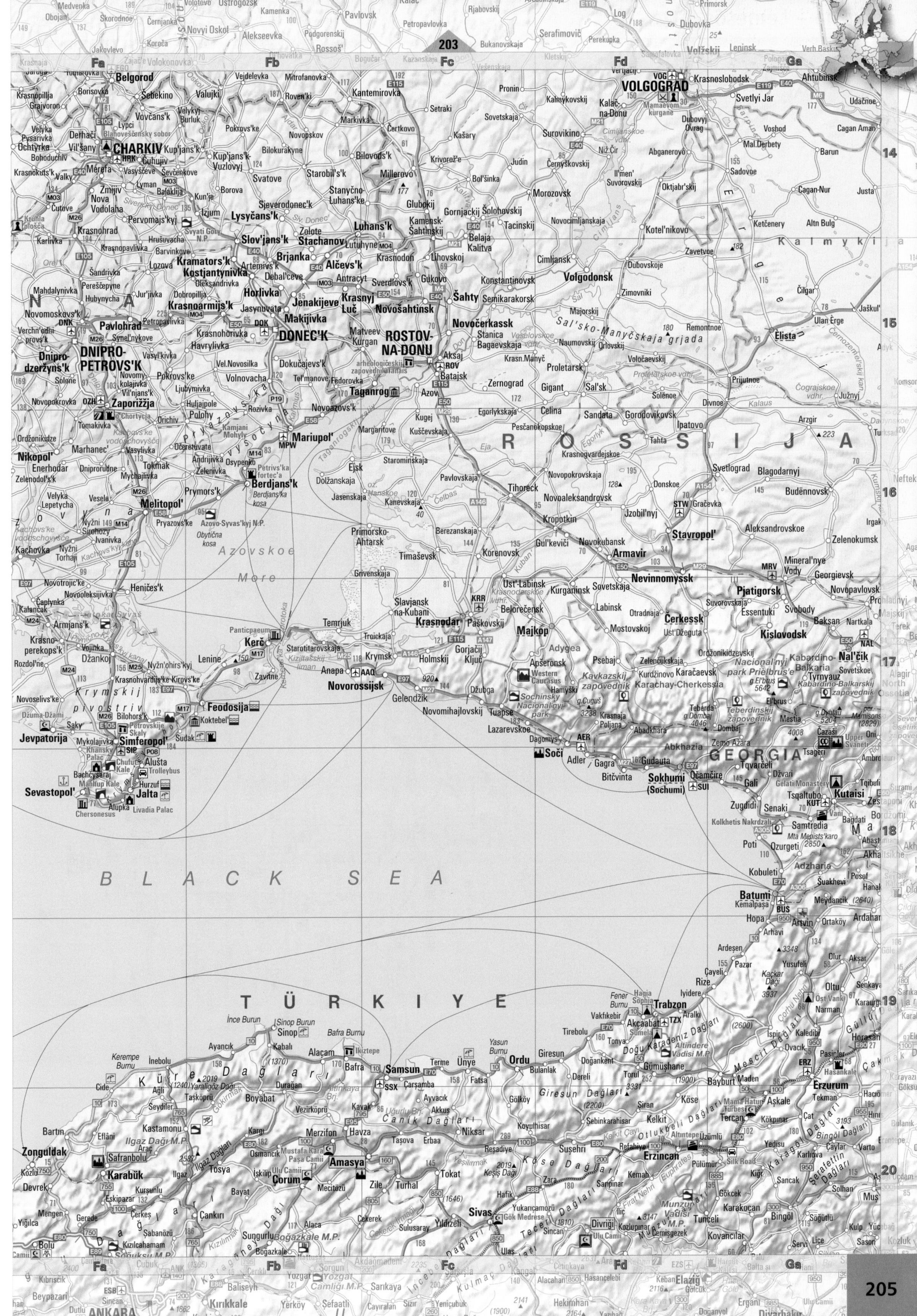
203
Fa
Fb
Fc
Fd
Ga
14
15
16
17
18
19
20
Belgorod
VOLGOGRAD
CHARKIV
DNIPRO-PETROVS'K
DONEC'K
ROSTOV-NA-DONU
Luhans'k
Kramators'k
Horlivka
Makijivka
Taganrog
Mariupol'
Zaporižžja
Melitopol'
Berdjans'k
Nikopol'
Novočerkassk
Šahty
Volgodonsk
Elista
Stavropol'
Armavir
Nevinnomyssk
Pjatigorsk
Kislovodsk
Nal'čik
Čerkessk
Majkop
Krasnodar
Novorossijsk
Anapa
Kerč
Feodosija
Simferopol'
Sevastopol'
Jalta
Jevpatorija
Soči
Sokhumi
(Sochumi)
Kutaisi
Batumi
Poti
Trabzon
Rize
Samsun
Ordu
Giresun
Sinop
Zonguldak
Karabük
Kastamonu
Amasya
Çorum
Tokat
Sivas
Erzincan
Erzurum
ANKARA
Kırıkkale
Elazığ
Diyarbakır
Azovskoe
More
BLACK SEA
ROSSIJA
GEORGIA
TÜRKIYE
Abkhazia
Adzharia
Kalmykija
Krymskij pivostriv
Sal'sko-Manyčskaja grjada
Doğu Karadeniz Dağları
Küre Dağları
Canik Dağları
Köse Dağları
205

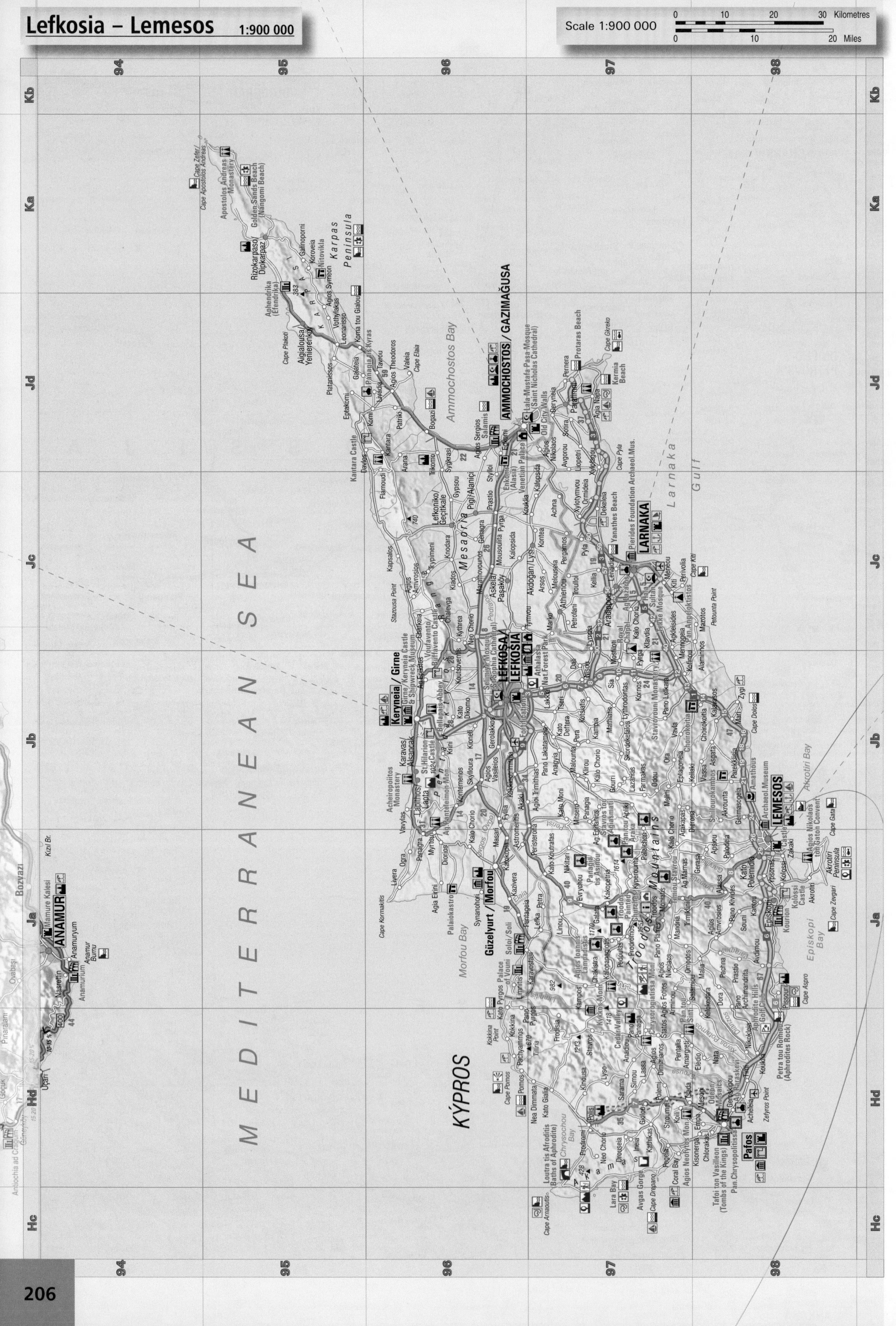
Scale 1:900 000
0 10 20 30 Kilometres
0 10 20 Miles
MEDITERRANEAN SEA
KÝPROS
LEFKOSIA
LEMESOS
LARNAKA
AMMOCHOSTOS / GAZIMAĞUSA
Kyreneia / Girne
Pafos
Morfou Bay
Ammochostos Bay
Larnaka Gulf
Akrotiri Bay
Episkopi Bay
Chrysochou Bay
Karpas Peninsula
Troodos Mountains
Mesaoria
ANAMUR

Almacelles – Ansnes

Almacelles E 48 Fd60
Almaciles E 61 Eb72
Almada P 50 Aa69
Almadén E 52 Cd69
Almadén de la Plata E 59 Bd72
Almadenejos E 52 Cd70
Almagro E 52 Db69
Almăj RO 175 Cd65
Almajano E 47 Eb60
Almaluez E 47 Eb62
Almancil P 58 Ac74
Almansa E 55 Fa70
Almanza E 37 Cd57
Almaraz E 51 Cb66
Almarda E 54 Fc67
Almargen E 60 Cc75
Almarza E 47 Eb59
Almås N 78 Ed26
Almaş RO 170 Cb59
Almásfüzitő H 145 Hb52
Almassora E 54 Fc66
Almaşu RO 171 Cd57
Almaşu Mare RO 175 Cd60
Almatret E 48 Fd62
Almazán E 47 Eb61
Almazora E 54 Fc66
Almberget S 94 Fa39
Almby S 95 Fd44
Almdalen N 70 Fa22
Alme D 126 Cc39
Almeda de Cervera E 53 Dd68
Almedíjar E 54 Fb66
Almedina E 53 Dd70
Almedinilla E 60 Da74
Almeida E 45 Ca61
Almeida P 45 Bc63
Almeirim P 50 Ac67
Almelo NL 117 Bd36
Almenar E 48 Ga60
Almenara E 54 Fc67
Almenar de Soria E 47 Eb60
Almendar TR 186 Fd77
Almendra E 45 Ca61
Almendral E 51 Bc69
Almendralejo E 51 Bd69
Almendricos E 61 Ec74
Almendros E 53 Ea66
Almenêches F 22 Fd37
Almenno San Salvatore I 149 Cd58
Almens CH 142 Cd55
Almensilla E 59 Bd74
Almere NL 116 Ba35
Almere-Buiten NL 116 Ba35
Almere-Haven NL 116 Ba36
Almería E 61 Ea76
Almerimar E 61 Dd76
Almesåkra S 103 Fc49
Almese I 148 Bc60
Al'met'evsk RUS 203 Ga08
Älmhult S 111 Fb53
Almidar E 61 Dd74
Almind DK 108 Db26
Almiropótamos GR 190 Cd86
Almirós GR 189 Bd82
Almklov N 84 Cb34
Almlia N 78 Eb27
Almlia N 78 Eb28
Ålmo N 77 Db30
Almodôvar P 58 Ac73
Almodóvar del Campo E 52 Da70
Almodóvar del Pinar E 53 Ec67
Almodóvar del Río E 60 Cc72
Almogia E 60 Cd76
Almograve P 58 Ab72
Almoguera E 46 Dd65
Almoharín E 51 Ca68
Almonacid de la Sierra E 47 Ed61
Almonacid del Marquesado E 53 Ea66
Almonacid de Toledo E 52 Db66
Almonacid de Zorita E 47 Ea65
Almonáster la Real E 59 Bc72
Almonte E 59 Bc74
Almoradí E 55 Fb72
Almoraima E 59 Cb77
Almorox E 46 Da65
Almoster P 44 Ac65
Almourol P 50 Ac66
Almsele S 79 Gb27
Älmsta S 96 Ha41
Almstedt D 126 Db37
Almudaina E 55 Fc70
Almudema E 61 Ec72
Almudévar E 48 Fb59
Almuñécar E 60 Db76
Almunge S 96 Gd42
Almunia de San Juan E 48 Fd60
Almuradiel E 52 Dc70
Almussafes E 54 Fb68
Alna N 93 Ea41
Alnaši RUS 203 Ga08
Alnes N 76 Cc32
Alness GB 5 Ea07
Alnö S 88 Gc33
Alnwick GB 11 Fa15
Alobrónoia GR 196 Da91
Alocén E 47 Ea64
Aloja LV 106 Kc47
Alomartes E 60 Db74
Alónissos GR 189 Cc83
Alonsontegi E 38 Ea55
Álora E 60 Cd76
Alosno E 59 Bb73
Alovė LT 114 Kc59
Alovera E 46 Dd64
Alozaina E 60 Cc76
Alp E 41 Gd58
Alpagut TR 192 Fb81
Alpalhão P 50 Ba67
Alparslan TR 193 Gc87
Alpbach A 143 Ea53
Alpe Colombino I 148 Bc60
Alpe di Siusi I 143 Dd56
Alpedrete E 46 Db63
Alpedrinha P 44 Bb65
Alpen D 125 Bc38
Alpera E 54 Ed69
Alphen NL 124 Ad38
Alphen aan de Rijn NL 116 Ad36
Alpheton GB 21 Ga26
Alpiarça P 50 Ac67
Alpicat E 48 Ga60
Alpirsbach D 133 Cb49
Alpnach Dorf CH 141 Ca54
Alpu TR 193 Gd82
Alpua FIN 82 Ka25
Alpuente E 54 Fa66
Alpullu TR 185 Ec76
Alqueva P 50 Ba71
Alquézar E 48 Fd59
Als DK 101 Dd22
Alsån S 73 Ja19
Alsån S 73 Jb21
Alsancak = Karavas CY 206 Jb96
Alsasua E 39 Ec56
Alsdorf D 125 Bc41
Alseda S 103 Fd50
Alsėdžiai LT 113 Jc54
Alsen S 79 Fb30
Alsenz D 133 Ca45
Alsfeld D 126 Cd42
Ålsgårde DK 109 Ec24
Alsheim D 133 Cb45
Ålshult S 111 Fc53
Alsike S 96 Gc42
Alsjärv S 73 Ja19
Alsjö S 87 Ga34
Alskog S 104 Ha50
Alsleben D 127 Ea39
Alslev DK 108 Cd25
Alslev DK 108 Da27
Alsø DK 101 Dd23
Alsónémedi H 146 Hd53
Alsópáhok H 145 Gd55
Alsópakony H 146 Hd53
Alsószentiván H 146 Hc55
Alsótold H 146 Ja51
Alsózsolca H 146 Jc51
Ålsrode DK 101 Dd23
Alstad N 78 Eb29
Alstadt S 110 Ed56
Alstätte D 125 Bd37
Alster S 94 Fa43
Alsterbro S 103 Ga51
Alsterfors S 103 Fd51
Alstermo S 103 Fd51
Alston GB 11 Ec17
Alstrup DK 109 Dd25
Alsunga LV 105 Jb51
Ålsvåg N 66 Fd12
Alsvik N 66 Fb17
Alsviķi LV 107 Lc48
Alswear GB 19 Dd29
Alta N 63 Hd08
Älta S 96 Gd44
Altach A 142 Cd53
Altamura I 162 Gc75
Altarejos E 53 Eb66
Altaussee A 144 Fa52
Altavilla Irpina I 161 Fc74
Altavilla Milicia I 166 Ed84
Altavilla Silentina I 161 Fd76
Altbüron CH 141 Ca53
Altdöbern D 128 Fb39
Altdorf CH 141 Cb54
Altdorf D 135 Dd46
Altdorf D 135 Eb49
Alt Duvenstedt D 118 Db30
Alte P 58 Ac74
Altea E 55 Fc70
Altedo I 150 Dd62
Alteglofsheim D 135 Eb48
Alteidet N 63 Hc08
Altena D 125 Cb40
Altenahr D 125 Bd42
Altenbeken D 126 Cd38
Altenberg D 128 Fa42
Altenberge D 125 Ca37
Altenbuch D 134 Cd45
Altenburg D 127 Eb41
Altendorf D 135 Dd45
Altendorf D 135 Eb46
Altenfelden A 144 Fa50
Altenglan D 133 Ca45
Altenhausen D 127 Dd37
Altenhof D 119 Ec33
Altenkirchen (Rügen) D 119 Ed29
Altenkirchen (Westerwald) D 125 Ca42
Altenkrempe D 119 Dd31
Altenkunstadt D 135 Dd44
Altenmarkt bei Sankt Gallen A 144 Fc52
Altenmarkt D 143 Eb51
Altenmarkt an der Triesting A 144 Ga51
Altenmarkt im Isperthale A 144 Fc50
Altenmarkt im Pongau A 143 Ed53
Altenmedingen D 118 Dc34
Altenstadt D 134 Cd43
Altenstadt D 135 Eb45
Altenstadt D 142 Da50
Altenstadt D 142 Dc52
Altensteig D 133 Cb49
Altenthann D 135 Eb48
Altentreptow D 119 Ed32
Altenwalde D 118 Cd31
Altenweddingen D 127 Ea38
Alter do Chão P 50 Ba67
Alteren N 71 Fb20
Altertheim D 134 Da45
Altes Lager D 127 Ed38
Altfraunhofen D 143 Eb50
Altfriesack D 119 Ec35
Althegnenberg D 142 Dc50
Altheim A 143 Ed50
Altheim D 134 Cd46
Altheim D 134 Da49
Althofen A 144 Fb55
Althorne GB 21 Ga27
Althütte D 134 Da48
Altimir BG 179 Cd69
Alțina RO 175 Db61
Altınçay TR 187 Ha78
Altınkaya TR 199 Ha90
Altınkum TR 197 Ec89
Altınkum TR 199 Gd91
Altınova TR 186 Ga79
Altınova TR 191 Eb83
Altınova TR 199 Gd91
Altıntaş TR 185 Eb77
Altıntaş TR 192 Ga84
Altıntaş TR 193 Gb84
Altıntaşköyü TR 198 Fb88
Altınyaka TR 199 Gc92
Altınyayla TR 198 Ga91
Altipiani di Arcinazzo I 160 Ec72
Alt Käbelich D 120 Fa33
Altkalen D 119 Ec32
Altkirch F 31 Kb40
Altlandsberg D 128 Fa36
Altmannstein D 135 Ea48
Altmünster A 144 Fa52
Altnabreac Station GB 5 Eb05
Altnacallich GB 4 Dd05
Altnaharra GB 4 Dd05
Altnamackan GB 9 Cd18
Altn Bulg RUS 203 Ga14
Altnes N 63 Hd07
Altobordo E 61 Ec74
Alto da Serra P 50 Ab67
Alto de la Madera E 37 Cc54
Altofonte I 166 Ec84
Altomonte I 164 Gb79
Altomünster D 143 Dd50
Alton GB 16 Ed23
Alton GB 20 Fb29
Altopascio I 155 Db65
Altorricón E 48 Fd60
Altötting D 143 Ec50
Alträsk S 73 Hc22
Altrip D 134 Cc46
Alt Ruppin D 119 Ec35
Altsasu E 39 Ec56
Alt Schadow D 128 Fa38
Alt Schönau D 119 Ec33
Altshausen D 142 Cd51
Altstätten CH 142 Cd53
Altsvattnets sameviste S 71 Fd21
Alttajärvi S 67 Hb15
Alttojärvi FIN 69 Kb12
Altuna S 95 Gb42
Altura E 54 Fb66
Altusried D 142 Db52
Altwarp D 120 Fb32
Alu EST 98 Kb43
Aluatu MD 177 Fc62
Alūksne LV 107 Lc48
Ålum DK 100 Dc23
Ålund S 73 Hc24
Alunda S 96 Gd41
Aluniş MD 173 Fa55
Aluniş RO 171 Da57
Aluniş RO 171 Dc58
Aluniş RO 176 Ea63
Aluniş RO 176 Eb63
Alunu RO 175 Da64
Aluokta S 67 Gd17
Alupka UA 205 Fa18
Aluskylä FIN 89 Jb35
Alušta UA 205 Fa18
Alustante E 47 Ed64
Alvaiázere P 44 Ad65
Alvajärvi FIN 82 Ka29
Alvalade P 50 Ac71
Älvan S 103 Fd46
Älvängen S 102 Ec48
Alvarado E 51 Bc69
Alvarenga P 44 Ad61
Alvares P 44 Ad65
Álvaro P 44 Ba65
Alvarrões P 51 Bb67
Alvdal N 85 Ea34
Älvdalen S 87 Fb37
Alvegal P 50 Ad66
Alverca do Ribatejo P 50 Ab68
Alversund N 84 Ca38
Alves GB 5 Eb07
Alveslohe D 118 Db32
Alvesta S 103 Fc52
Alvestad N 92 Ca43
Alveston GB 19 Ec28
Alvettula FIN 90 Ka36
Älvho S 87 Fc36
Alviano I 156 Ea69
Alvignac F 33 Gc50
Alvik N 76 Cc32
Ålvik N 84 Cc39
Alvik S 73 Hd22
Alvik S 95 Fc39
Alvitas LT 114 Ka58
Alvito I 160 Ed72
Alvito P 50 Ad70
Älvkarleby S 96 Gc39
Älvkarleö S 96 Gc39
Alvor P 58 Ab74
Alvorge P 44 Ac65
Alvøy N 84 Ca39
Älvros S 87 Fc34
Älvsbacka S 72 Gd21
Älvsbacka S 94 Fa42
Älvsbyn S 73 Hc22
Älvsered S 102 Ed50
Älvsund S 87 Gb34
Alwernia PL 138 Hd44
Alwinton GB 11 Ed15
Alykí GR 189 Ca86
Alyth GB 7 Eb11
Alytus LT 114 Kc59
Alzano Lombardo I 149 Cd58
Alzenau D 134 Cd44
Alzey D 133 Cb45
Alzira E 54 Fb69
Alzola E 39 Eb55
Alzon F 41 Hc53
Amadora P 50 Aa68
Amagne F 24 Hd34
Amailloux F 28 Fc44
Åmål S 94 Ed44
Amalfi I 161 Fb76
Amaliáda GR 188 Ba86
Amaliápoli GR 189 Ca82
Amálo GR 196 Dd88
Amance F 30 Ja38
Amance F 31 Jd40
A Manchica E 36 Ba57
Amandola I 156 Ed68
Amange F 31 Jc42
Amantea I 164 Gb80
Amara RO 176 Ed66
Amarante P 44 Ba61
Amárantos GR 182 Ad78
Amărăşti RO 175 Da65
Amărăştii de Jos RO 179 Da67
Amărăştii de Sus RO 179 Da67
Amareleja P 51 Bb71
Amares P 44 Ad59
Amargeti CY 206 Hd98
Amári GR 200 Cd96
Amárinthos GR 189 Cc85
Amaru RO 176 Ec64
Amaseno I 160 Ec73
Amasya TR 205 Fc20
Amatrice I 156 Ec69
Amay B 124 Ba41
Amaya E 38 Db57
Ambarès-et-Lagrave F 32 Fb50
Ambarkaya TR 198 Fd91
Ambas E 37 Cc54
Ambazac F 33 Gb46
Ambeláki GR 188 Ba83
Ambelákia GR 183 Bd80
Ambelákia GR 195 Cb87
Ambeļi LV 115 Lc53
Ambelia GR 182 Ad80
Ambeliá GR 189 Bd82
Ambelohóri GR 182 Ba80
Ambelohóri GR 194 Bc90
Ambelónas GR 182 Ac80
Ambelónas GR 183 Bd80
Ambelónas GR 194 Ba87
Ambelos GR 200 Cb97
Amberg D 135 Ea46
Ambérieu-en-Bugey F 35 Jc46
Ambérieux-en-Dombes F 34 Jb46
Ambert F 34 Hc47
Ambialet F 41 Ha53
Ambierle F 34 Hd46
Ambiévillers F 31 Jd39
Ambjörby S 94 Fa40
Ambjörnarp S 102 Fa50
Ambla EST 98 Kd43
Amblainville F 23 Gd35
Amble GB 11 Fa15
Ambleside GB 11 Eb18
Ambleteuse F 21 Gb30
Ambleville F 23 Gc36
Amboise F 29 Gb42
Ambon F 27 Eb41
Ämbra EST 98 Kd43
Ambra I 156 Dd66
Ambrault F 29 Gd44
Ambria I 149 Cd58
Ambrières-les-Vallées F 28 Fb38
Ambronay F 35 Jc46
Åmdal N 92 Cd46
Amden CH 142 Cc54
Ameixial P 58 Ad73
Amel B 125 Bb42
Amele LV 105 Jc49
Åmelfot N 84 Cb34
Amelia I 156 Ea69
Amélie-les-Bains-Palalda F 41 Ha58
Amelin PL 122 Jc34
Amelinghausen D 118 Dc34
Amelunxen D 126 Da38
Amendoeira P 58 Ad72
Amendolara I 164 Gc78
Amer E 49 Ha59
Amerang D 143 Eb51
A Merca E 36 Ba58
Amerongen NL 125 Bb37
Amersfoort NL 116 Bb36
Amersham GB 20 Fb27
Amesbury GB 20 Ed29
Amezketa E 39 Ec56
A Mezquita E 36 Bc58
Amfíklia GR 189 Bd84
Amfilohía GR 188 Ad83
Amfípolis GR 184 Cd77
Ámfissa GR 189 Bc84
Amieira P 50 Ba70
Amiens F 23 Gd33
Amieva E 37 Cd55
Amigdaliá GR 189 Bc81
Amigdaliá GR 189 Bc85
Amigdaliés GR 182 Ba79
Amikles GR 194 Bc89
Amillano E 39 Ec57
Amilly F 29 Ha40
Amíndeo GR 183 Bb77
Åminne FIN 81 Hd31
Åminne S 104 Ha49
Amla N 84 Cd37
Åmli N 93 Da45
Åmliden S 72 Ha24
Amlwch GB 15 Dd21
Amlwch Port GB 15 Dd21
Ämmälä FIN 89 Jb33
Ammanford GB 19 Dd27
Ämmänsaari FIN 75 La23
Ammarnäs S 71 Ga21
Åmmeberg S 95 Fc45
Ammenäs S 102 Eb47
Ammern D 126 Dc40
Ammersbek D 118 Dc32
Ammerthal D 135 Ea46
Ammerzoden NL 124 Ba37
Ammeville F 22 Fd36
Ammochostos CY 206 Jd96
Amnehärad S 95 Fb45
Amnéville F 25 Jd35
Amnøyhamna N 70 Fa19
Amoliani GR 184 Cd79
Amöneburg D 126 Cd41
Amorbach D 134 Cd45
Amorebieta E 38 Ea55
Amorgós GR 196 Dc91
Amóri GR 185 Eb76
Amorosa P 44 Ac59
Amorosi I 161 Fb74
Åmot N 85 Dd38
Åmot N 86 Eb37
Åmot N 93 Dd41
Åmot N 93 Da42
Åmot S 87 Ga38
Åmot S 94 Ed42
Åmotfors S 94 Ec42
Amotopos GR 188 Ad81
Åmotsdal N 93 Da42
Amou F 39 Fb54
Amous F 43 Kb53
Ampezzo I 143 Ec56
Ampfing D 143 Eb50
Ampflwang A 143 Ed51
Ampfurth D 127 Dd38
Ampiala FIN 90 Ka33
Amplepuis F 34 Ja46
Amplier F 23 Gd32
Ampola FIN 97 Jc40
Amposta E 48 Ga64
Ampthill GB 20 Fc26
Ampudia E 46 Cd59
Ampuero E 38 Dd55
Amriswil CH 142 Cd52
Amroth GB 18 Dc27
Åmsele S 80 Ha26
Amsteg CH 141 Cb55
Amstelveen NL 116 Ba35
Amsterdam NL 116 Ba35
Amstetten A 144 Fc51
Amtoft DK 100 Da21
Amtsberg D 127 Ec42
Amtzell D 142 Da52
Amulree GB 7 Ea11
Amurrio E 38 Ea56
Amusco E 38 Da58
Amusquillo E 46 Db60
Amvrossia GR 184 Dc77
Amzacea RO 181 Fb68
Ån S 79 Fb31
Anacapri I 161 Fa76
Anadiou CY 206 Hd97
Anadolufeneri TR 186 Fd77
Anáfi GR 196 Dc92
Anafonitria GR 188 Ac86
Anagénisis GR 183 Cb76
Anagni I 160 Ec72
Anagyia CY 206 Jb97
Análipsis GR 188 Bb84
Anapa RUS 205 Fb17
Ånår FIN 69 Ka11
Anarcs H 147 Kb50
Anárgiri GR 183 Bb77
Anascaul IRL 12 Ba24
Ånäset S 80 Hc27
Åna-Sira N 92 Cb46
Änätinpää FIN 75 Lc24
Anatolí GR 183 Bd80
Anatolí GR 201 Db96
Anatolikó GR 183 Bc78
Anatolikó GR 183 Ca78
Anavainen FIN 97 Ja39
Anávatos GR 191 Dd86
Anávra GR 189 Bd83
Anavríti GR 194 Bc89
Anaya E 46 Da62
Anaya de Alba E 45 Cc63
An Bun Beag IRL 8 Ca15
Ança P 44 Ac64
An Cabhán IRL 9 Cb19
An Caiseal IRL 8 Bb20
An Caisleán Nua IRL 12 Bc24
An Caisleán Riabhach IRL 8 Bd19
Ance LV 105 Jc49
Ancelle F 35 Ka50
Ancenis F 28 Fa42
Ančenki RUS 107 Ma50
Ancerville F 24 Ja37
An Charraig IRL 8 Ca16
An Chathair IRL 13 Ca24
Anché F 32 Fd45
Anchor GB 15 Eb25
Anchuras E 52 Cd67
Ancín E 39 Eb57
Anciverovo RUS 107 Ld49
Ančkini LV 107 Lc52
An Clochán IRL 8 Bb20
An Clochán IRL 9 Cb16
An Clochán Liath IRL 8 Ca15
An Cloigeann IRL 8 Ba20
An Cóbh IRL 12 Bd26
An Coireán IRL 12 Ba25
Ancona I 156 Ed66
An Creagán IRL 8 Bd20
Ancroft GB 11 Ed14
Ancy-le-Franc F 30 Hd40
An Daingean IRL 12 Ba24
Andalo I 149 Dc57
Åndalseter N 77 Da31
Åndalsnes N 77 Da32
Andance F 34 Jb48
Andåsen S 87 Fc34
Andau A 145 Gc52
Andavías E 45 Cb60
Anddalsvågen N 70 Ed23
Andebu N 93 Dd43
Andechs D 143 Dd51
Andeer CH 142 Cd55
Andelfingen CH 141 Cb52
Andelot-Blancheville F 30 Jb38
Andelot-en-Montagne F 31 Jd43
Andelsbuch A 142 Da53
Andelst NL 125 Bb37
Ändenäs S 94 Fa40
Andenes N 66 Ga11
Andeņi LV 107 Ld52
Andenne B 124 Ad42
Andermatt CH 141 Cb55
Andernach D 125 Ca42
Andernos-les-Bains F 32 Fa50
Andersby FIN 90 Kd38
Andersby N 65 Kc06
Anderslöv S 110 Ed56
Andersskog N 77 Db29
Anderstorp S 102 Fa50
Andersvattnet S 80 Hc26
Andijk NL 116 Bb34
Andilly F 32 Fa45
Andiparos GR 196 Da90
Andírio GR 188 Bb85
Andız TR 193 Gb83
Andlau F 25 Kb37
Andoain E 39 Ec55
Andocs H 145 Ha56
Andoins F 40 Fc55
Andon F 43 Kb53
Andorf A 143 Ed50
Åndørja N 67 Gb12
Andorlia N 67 Gd11
Andornaktálya H 146 Jb51
Andorra E 48 Fb63
Andorra la Vella AND 40 Gc58
Andosilla E 39 Ec58
Andouillé F 28 Fb39
Andover GB 20 Fa29
Andoversford GB 20 Ed27
Andrarum S 111 Fb56
Andrăşeşti RO 176 Ed66
Andratx E 56 Ha67
Andravida GR 188 Ad86
Andreapol' RUS 202 Ec10
Andreas GB 10 Dd18
Andreevca MD 173 Ga55
Andreiaşu de Jos RO 176 Ec62
Andrespol PL 130 Hd39
Andrest F 40 Fd55
Andrésy F 23 Gd36
Andretta I 161 Fd75
Andrézieux-Bouthéon F 34 Ja47
Andria I 162 Gb74
Andrid RO 171 Cc55
Andrieşeni RO 173 Fa56
Andrijaševci HR 153 Hc60
Andrijevica MNE 159 Jb68
Andrijivka UA 205 Fb16
Andrioniškis LT 114 Kd55
Andrítsena GR 194 Bb87
An Droichead Nua IRL 13 Cc22
Ándros GR 190 Da87
Andrup DK 108 Cd26
Andrupene LV 107 Ld52
Andrušivka UA 204 Eb15
Andruškoniai LT 114 Kc57
Andruşul de Jos MD 177 Fb61
Andrychów PL 138 Hd45
Andryjanki PL 123 Kb35
Andrzejewo PL 123 Jd34
Andselv N 67 Gc11
Andsnes N 63 Hb07
An Dúchoraidh IRL 8 Ca16
Andújar E 52 Da72
Anduze F 41 Hd52
Andvikgrend N 84 Ca37
Anebakelv N 63 Hb09
Anebjør N 92 Cd44
Aneboda S 103 Fc51
Aneby S 103 Fc48
Anelema EST 98 Kb45
Anemoráhi GR 188 Ad81
Anenii Noi MD 173 Ga58
Anero E 38 Dc55
Ånes N 66 Fd11
Ånessletta N 66 Fd12
Anet F 23 Gb37
Anetjärvi FIN 75 Kd20
Anevo BG 180 Db72
Anfo I 149 Db58
Ång S 103 Fc49
Anga S 104 Ha49
Angáli GR 189 Cb83
Angarn S 96 Gd43
Angé F 29 Gb42
Ånge S 72 Gc21
Ånge S 79 Fb30
Ånge S 87 Fd33
Ängebäck S 94 Ec43
Ängebo S 87 Ga35
Angelbachtal D 134 Cc47
Angelburg D 126 Cc41
Ängelholm S 110 Ed54
Angeli FIN 68 Jc11
Angelniemi FIN 97 Jc40
Angelohóri GR 183 Bd77
Angelohóri GR 183 Ca78
Angelókastro GR 188 Ba84
Angelókastro GR 195 Ca87
Ängelsberg S 95 Ga41
Angelstad S 102 Fa52
Anger A 144 Ga54
Angera I 148 Cb58
Angerdshestra S 103 Fb49
Angered S 102 Ec49
Angerlo NL 125 Bc37
Angermoen N 70 Fa21
Angermünde D 120 Fa35
Angern D 127 Ea37
Angern an der March A 145 Gc50
Angerneset N 70 Ed21
Angers F 28 Fb41
Ängersjö S 80 Hb29
Ängersjö S 87 Fc35
Angerville F 29 Gd38
Ängesån S 73 Hd18
Ängesbyn S 73 Hd22
Ängesleva FIN 74 Ka24
Ängesträsk S 73 Hd21
Anghiari I 156 Ea66
Anghione F 154 Cc69
Angísta GR 184 Cd77
Angístri GR 195 Ca87
Angistro GR 184 Cc75
Angla EST 97 Jc45
Anglards-de-Salers F 33 Ha49
Angle GB 18 Db27
An Gleann Garbh IRL 12 Bb26
Anglefort F 35 Jd46
Angles F 32 Fa45
Anglès F 41 Ha54
Anglès E 49 Ha59
Anglesola E 48 Gb60
Angles-sur-l'Anglin F 29 Ga44
Anglet F 39 Ed54
Angliers F 28 Fd43
Anglure F 24 Hc37
Angnäs S 80 Ha28
Angoncillo E 39 Eb58
An Gort IRL 12 Bd22
An Gort Mór IRL 8 Bb20
Angoulême F 32 Fd47
Angri I 161 Fb75
Ängskär S 96 Gd40
Ängsö S 95 Gb43
Angstedt, Gräfinau- D 127 Dd42
Ängsvik S 96 Ha43
Angüés E 48 Fc59
Anguiano E 38 Ea58
Anguillara Sabazia I 160 Ea71
Anguillara Veneta I 150 Ea61
Anguita E 47 Eb62
Anguix E 47 Ea64
Anguse EST 98 La42
Angvik N 77 Db31
Anhée B 124 Ad42
Anholt D 125 Bc37
Anholt DK 101 Eb22
Aniane F 41 Hc54
Aniche F 24 Hb32
Ánidro GR 189 Bd83
Aniés E 39 Fb58
Ånimskog S 94 Ec45
Anina RO 174 Ca63
Aninoasa RO 175 Cd64
Aninoasa RO 175 Dc63
Aninoasa RO 176 Dd64
Aniñón E 47 Ed61
Anıtkaya TR 193 Gc84
Anixiátiko GR 188 Ba82
Anizy-le-Château F 24 Hb34
Anjala FIN 90 La37
Anjalankoski FIN 90 La37
Anjan S 78 Ed29
Anjum NL 117 Bc32
Ankaran SLO 151 Fa59
Ankarsrum S 103 Ga49
Ankarsund S 71 Ga23
Ankarsvik S 88 Gc33
Ankarvattnet S 79 Fb25
Änkilänsalo FIN 91 Ld34
Anklam D 120 Fa32
Ankum D 117 Cb35
An Leacht IRL 12 Bc22
An Longfort IRL 9 Cb20
Anloo NL 117 Bd34
An Mhala Raithní IRL 8 Bb19
An Móta IRL 13 Cb21
An Muileann gCearr IRL 9 Cb20
Anna E 54 Fb69
Anna EST 98 Kd43
Anna LV 107 Lc48
Anna RUS 203 Fb12
Annaberg A 144 Fd52
Annaberg-Buchholz D 135 Ed43
Annaberg im Lammertal A 143 Ed53
Annaburg D 127 Ed39
Annacloy GB 9 Da18
Annahütte D 128 Fa39
Annalong GB 9 Da19
Annan GB 11 Eb16
Anna Paulowna NL 116 Ba34
An Nás IRL 13 Cc22
Annas LV 106 Kd50
Annayalla IRL 9 Cd18
Anneberg S 102 Ec49
Anneberg S 103 Fc49
Annecy F 35 Jd46
Annel FIN 68 Jc11
Annelund S 102 Ed48
Annemasse F 35 Ka45
Annenieki LV 106 Ka52
Annental A 144 Ga51
Annerstad S 102 Fa52
Annestown IRL 13 Cb25
Annevoie-Rouillon B 124 Ad42
Annfield Plain GB 11 Ed17
Anņi LV 106 La48
Annikvere EST 98 Kd41
Annino RUS 99 Mb39
Annino RUS 202 Ed08
Annonay F 34 Ja48
Annonen FIN 82 Ka26
Annopol PL 131 Jd41
Annot F 43 Kb52
Annstad N 66 Fc13
Annweiler amTrifels D 133 Ca47
Áno Ágios Vlássios GR 188 Ba83
Áno Damásta GR 189 Bd83
Áno Daviá GR 194 Bc87
Áno Drossiní GR 185 Dd77
Annœullin F 23 Ha31
Áno Fanári GR 195 Ca88
Anógia GR 200 Da95
Áno Hóra GR 188 Bb84
Áno Kalendíni GR 188 Ba82
Áno Kalliníki GR 183 Bb76
Áno Kariófito GR 184 Db76
Áno Kastrítsi GR 188 Bb85
Áno Kómi GR 183 Bc79
Áno Korakiána GR 182 Ab80
Áno Koudoúni GR 188 Ba84
Áno-Lehónia GR 189 Ca82
Áno Mathráki GR 182 Aa79
Áno Merá GR 196 Db89
Áno Méros GR 200 Cd96
Añón E 47 Ec60
Ånonjalme sameviste S 67 Gb16
Áno Poróia GR 183 Cb76
Añora E 52 Cc71
Áno Sangrí GR 196 Db90
Áno Sinikia Trikala GR 189 Bc86
Áno Síros GR 196 Da88
Anost F 30 Hd42
Anould F 31 Ka38
Áno Váthia GR 189 Cc85
Áno Viános GR 201 Db96
Áno Vrondoú GR 184 Cc76
Anoye F 40 Fc55
Anquela del Ducado E 47 Eb63
An Ráth IRL 12 Bd24
Anröchte D 126 Cc39
An Ros IRL 13 Da21
Ans DK 100 Db23
Ansac-sur-Vienne F 33 Ga46
Ansager DK 108 Da25
Ansalahti FIN 90 Kd36
Ansbach D 134 Dc47
An Scairbh IRL 12 Bb22
An Sciobairín IRL 12 Bb26
Anse F 34 Ja46
An Seanchaisleán IRL 9 Cc20
Ansedonia I 155 Dc69
Anselküla EST 105 Jc47
Anserall E 40 Gc58
Ansião P 44 Ac65
Ansignan F 41 Ha57
Ansio FIN 90 Kc34
Ansku FIN 97 Jd40
Ansnes N 62 Gc10
Ansnes N 77 Dc29

Ansó – Åsenhöga

Ansó E 39 Fb57
An Spidéal IRL 12 Bc21
Anspoki, L. LV 107 Lc52
Anstad N 85 Db35
Anstruther GB 7 Ec12
Antagnod I 148 Bd58
Antakalnis LT 114 Kc57
Antakalnis LT 114 Kd56
Antalieptė LT 115 Lb54
Antalya TR 199 Gc91
Antanavas LV 114 Kb58
An tAonach IRL 13 Ca22
Antas E 61 Ec75
Antas P 44 Bb62
Antašava LT 114 Kd54
Antas de Ulla E 36 Bb56
Antazavė LT 115 Lb54
An Teach Dóite IRL 8 Bb20
An Teampall Mór IRL 13 Ca23
Antegluonis LT 113 Jd56
Antegnate I 149 Cd59
Antemil (Cerceda) E 36 Ba54
Anten S 102 Ec48
Antequera E 60 Cd75
Anterselva di Mezzo I 143 Ea55
Antey-Saint-André I 148 Bd58
Anthée B 124 Ad42
Anthéor F 43 Kc54
Anthí GR 184 Cc77
Anthíli GR 189 Bd83
Anthófito GR 183 Ca77
Antholz Mittertal I 143 Ea55
Anthorn GB 11 Eb16
Anthótopos GR 183 Bb78
Anthótopos GR 189 Bd82
Anthy F 31 Ka44
Antibes F 43 Kc53
Antignano I 155 Da66
Antigonos GR 183 Bc77
Antigüedad E 46 Db59
Antikira GR 189 Bd85
Antilä FIN 89 Jb34
Antillo I 167 Fd84
Antimáhia GR 197 Eb91
An tinbhear Mór IRL 13 Cd23
Antinrova S 68 Ja17
Ántissa GR 191 Dd83
Antjärn S 88 Gc32
Antnäs S 73 Hd22
Anton BG 179 Da71
Antonești MD 177 Fb60
Antoneuca MD 173 Fb54
Antonimina I 164 Gb83
Antonin PL 122 Hc32
Antonin PL 129 Ha39
Antoniów PL 130 Jc40
Antoniów PL 131 Jd41
Antonovo BG 180 Ea70
Antonsthal D 135 Ec43
Antracyt UA 205 Fb15
Antraigues-sur-Volane F 34 Ja50
Antrain F 28 Ed38
Antrim GB 9 Da17
Antrodoco I 156 Ec70
Antronapiana I 148 Ca57
Antskog FIN 97 Jd40
Antsla EST 107 Lb47
Anttila FIN 90 La36
Anttila FIN 98 Kc39
Anttis S 68 Ja17
Anttola FIN 90 La34
Anttola FIN 91 Lc33
An Tulach IRL 13 Cc23
Antuži LV 106 La51
Antwerpen B 124 Ac39
An Uaimh IRL 9 Cd20
Anundsjö S 80 Gd30
Anversa di Abruzzi I 161 Fa71
Anvin F 23 Gd31
Anxeriz E 36 Ad54
Anykščiai LT 114 Kd55
Anzat-le-Luguet F 34 Hb48
Anzi I 161 Ga76
Anzin F 24 Hb32
Anzing D 143 Ea51
Anzio I 160 Eb73
Anzlezy F 30 Hc43
Anzola dell'Emilia I 149 Dc62
Anzur E 60 Cd74
Anzy-le-Duc F 34 Hd45
Aoiz E 39 Ed57
Aosta I 148 Bc58
Aouste F 24 Hd33
Aovere EST 99 Lb45
Apa H 146 Hc54
Apa RO 171 Cd54
Apače SLO 144 Ga56
Apagy H 147 Ka51
Apahida RO 171 Da58
Aparhant H 153 Hc57
Apastovo RUS 203 Fd09
Apața RO 176 Ea61
Apateu RO 170 Ca58
Apatin SRB 153 Hd59
Apatovac HR 152 Gc57
Ape LV 107 Lb48
Apecchio I 156 Eb66
Apeldoorn NL 117 Bc36
Apelern D 126 Da37
Apele Vii RO 179 Da67
Apelscha NL 117 Bd34
Apen D 117 Cb33
Apenburg D 119 Dd35
Apensen D 118 Db33
Apéri GR 201 Eb95
A Peroxa E 36 Bb57
Apice I 161 Fc74
Apidiá GR 195 Bd90
Apiés E 48 Fc59
Apirados GR 196 Dc90
Apiro I 156 Ec66
Aplared S 102 Ed49
Apliki CY 206 Jb97
A Pobra de Caramiñal E 36 Ac56
Apolakkiá GR 197 Ed93
Apold RO 175 Dc60
Apolda D 127 Ea41
Apoldu de Jos RO 175 Da61
Apóllona GR 197 Fa93
Apollonía GR 196 Da90
Apólonas GR 196 Dc89
Apolonia GR 184 Cc78
Apóstoli GR 200 Cd95
Apostolove UA 204 Ed16
Appel D 118 Db33
Äppelbo S 95 Fb40
Appeltern NL 125 Bb37
Appenweier D 133 Ca49
Appenzell CH 142 Cd53
Appiano I 142 Dc56
Appingedam NL 117 Ca33
Appleby GB 16 Fb21
Appleby-in-Westmorland GB 11 Ec18
Appleby Magna GB 16 Fa24
Applecross GB 4 Db08
Appledore GB 21 Ga29
Apples CH 140 Ba55
Appletreewick GB 11 Ed19
Äpplö FIN 97 Ja40
Appoigny F 30 Hc40
Apremont F 28 Ed44
Apremont-la-Forêt F 25 Jc36
Apremont-sur-Allier F 30 Hb43
Aprica I 149 Da57
Apricale I 43 Kd52
Apricena I 161 Fd72
Aprigliano I 164 Gc80
Apriķi LV 105 Jb51
Aprilci BG 179 Da73
Aprilci BG 180 Dc71
Aprilia I 160 Eb72
Aprilovo BG 180 Ea73
Aprilovo BG 180 Eb70
Ápsalos GR 183 Bc77
Apsella I 156 Eb65
Apšeronsk RUS 205 Fc17
Apsiou CY 206 Ja98
Apšuciems LV 106 Ka50
Apšupe LV 106 Ka51
Apt F 42 Jc53
Aquila CH 142 Cc56
Aquileia I 150 Ed59
Aquilonia I 161 Fd74
Aquino I 160 Ed73
Arabaalan TR 185 Ed80
Arabacıbozköy TR 191 Ed84
Arabba I 143 Ea56
Araç TR 205 Fa20
Aracena E 59 Bc72
Arâches F 35 Kb46
Aračinovo MK 178 Bc73
Arad RO 170 Bd59
Aradac SRB 153 Jc60
Aradeo I 163 Hc77
Aradippou CY 206 Jc97
Aradninkai LV 123 Kb30
Araglin IRL 13 Ca25
Aragnouet F 40 Fd57
Aragona I 166 Ed86
Aragoncillo E 47 Ec63
Aragüés del Puerto E 39 Fb57
Arahamítes GR 194 Bc88
Arahnéo GR 195 Bd87
Aráhova GR 189 Bd84
Arahovítika GR 188 Bb85
Arakapas CY 206 Jb97
Arakste LV 106 Kd47
Aralkı TR 205 Fd19
Aralla E 37 Cb56
Åram N 76 Cb33
A Ramallosa E 36 Ac58
Aramits F 39 Fb56
Aramon F 42 Jb53
Arana CY 206 Jd96
Aranza E 39 Ec56
Aranda de Duero E 46 Dc60
Aranda de Moncayo E 47 Ec61
Arándiga E 47 Ed61
Arandilla del Arroyo E 47 Eb64
Arăneag RO 170 Ca59
Aranga E 36 Bb54
Aranjuez E 52 Dc66
Arantzazu E 39 Eb56
Aranyosapáti H 147 Kb50
Aranzueque E 46 Dd64
Araovacık TR 191 Ed81
Ararca TR 192 Fb81
Arås N 84 Ca37
Aras de Alpuente E 54 Fa66
Araševo RUS 107 Mb46
Arasi I 164 Ga84
Arasluokta sameviste S 66 Ga17
Aratores E 39 Fb57
Áratos GR 185 Dd77
Arauzo de Miel E 46 Dd60
Aravete EST 98 Kd43
Aravissós GR 183 Bd77
Arazede P 44 Ac64
Arbanasi BG 180 Dd70
Arbas F 40 Gb56
Arbás E 37 Cc56
Arbatax I 169 Cc77
Arbeca E 48 Gb61
Arbedo CH 149 Cc57
Arberg D 134 Dc47
Arbesbach A 144 Fc50
Arbeteta E 47 Eb64
Arbigny F 30 Jb44
Arbing A 144 Fc51
Arbinovo MK 182 Ba75
Arbirlot GB 7 Ec11
Arboga S 95 Ga43
Arbois F 31 Jc43
Arbon CH 142 Cd52
Arbonne-la-Forêt F 29 Ha38
Arbore RO 172 Eb55
Arborea I 169 Bd78
Arborio I 148 Ca59
Årbostad N 67 Gb12
Årbotten S 94 Ed42
Arbrå S 87 Ga36
Arbroath GB 7 Ec11
Arbúcies E 49 Ha60
Arbuniel E 60 Dc73
Arbus I 169 Bd78
Arby S 111 Ga53
Arc F 31 Jc41
Arca P 44 Ad63
Arcachon F 32 Fa51
Arčadinskaja RUS 203 Fd13
Arcallana E 37 Ca54
Arcani RO 175 Cc63
Arčar BG 179 Cb67
Arcas E 53 Eb66
Arce I 160 Ed72
Arcen NL 125 Bc39
Arcenant F 30 Ja42
Arc-en-Barrois F 30 Jb39
Arcens F 34 Ja50
Arcentales E 38 Dd55
Arces-Dilo F 30 Hc39
Arc-et-Senans F 31 Jc42
Arcevia I 156 Ec66
Arcey F 31 Ka40
Archangel'skoje RUS 113 Jd58
Archena E 55 Ed72
Archiac F 32 Fc48
Archiane F 35 Jc50
Archidona E 60 Cd75
Archiestown GB 7 Eb08
Archigny F 29 Ga44
Archiș RO 170 Cb58
Archivel E 61 Eb72
Arcidosso I 156 Dd68
Arciems LV 106 Kc48
Arcille I 155 Dc68
Arcins F 32 Fb49
Arcis-sur-Aube F 30 Hd38
Arco I 149 Dc58
Arco de Baúlhe P 44 Ba60
Arco de las Salinas E 54 Fa66
Arcos E 36 Bb56
Arcos E 38 Dc58
Arcos de Jalón E 47 Eb62
Arcos de la Frontera E 59 Ca76
Arcos de la Sierra E 47 Eb65
Arcos de Valdevez P 44 Ad59
Arcy-sur-Cure F 30 Hc41
Arcyz UA 204 Ec17
Arda BG 184 Db75
Ardagh IRL 12 Bc23
Ardahan TR 205 Ga18
Årdal N 92 Cb43
Årdal N 92 Cd45
Årdala S 95 Gb45
Ardales E 60 Cc76
Årdalstangen N 85 Da37
Ardan IRL 13 Cb21
Ardanairy IRL 13 Cd23
Ardara I 168 Ca75
Ardara IRL 8 Ca16
Árdassa GR 183 Bb78
Ardatov RUS 203 Fb10
Ardbeg GB 9 Da14
Ardcharnich GB 4 Dc06
Ardea I 160 Eb72
Ardee IRL 9 Cd19
Ardeluța RO 172 Eb59
Arden DK 100 Dc22
Ardenno I 149 Cd57
Ardentes F 29 Gc44
Ardentinny GB 6 Dc12
Ardenza I 155 Da66
Ardeoani RO 172 Ec59
Ardes F 34 Hb48
Ardeșen TR 205 Ga19
Ardèvol E 49 Gc60
Ardez CH 142 Da55
Ardfert IRL 12 Bb24
Ardfield IRL 12 Bc27
Ardfinnan IRL 13 Ca24
Ardgartan GB 6 Dc12
Ardgay GB 5 Ea06
Ardglass GB 10 Db18
Ardgroom IRL 12 Ba26
Ardılı TR 199 Gb88
Ardino BG 184 Dc75
Ardisa E 48 Fb59
Ardkeen GB 10 Db18
Ardleigh GB 21 Ga26
Ardlussa GB 6 Db12
Ardminish GB 6 Db13
Ardmore IRL 13 Ca26
Ardon CH 141 Bc56
Ardón E 37 Cc57
Ardore Marina I 164 Gb83
Ardpatrick IRL 12 Bd24
Ardrahan IRL 12 Bd21
Ardre S 104 Ha50
Ardres F 21 Gc30
Ardrishaig GB 6 Db12
Ardrossan GB 10 Dc14
Ardshankill GB 9 Cb17
Ardstraw GB 9 Cc16
Ardtalla GB 6 Da13
Ardtoe GB 6 Db10
Ardu EST 98 Kc43
Arduaine GB 6 Db12
Ardud RO 171 Cd55
Ardusat RO 171 Da55
Ardwell GB 10 Dc17
Åre S 78 Fa30
Årebrot N 84 Ca35
Areatza E 38 Ea56
Arèches F 35 Ka47
Arefu RO 175 Dc63
Aremark N 94 Eb44
Aremberg D 125 Bd42
Arenales de San Gregorio E 53 Dd68
Arenas E 60 Da76
Arenas de Cabrales E 38 Da55
Arenas del Rey E 60 Db75
Arenas de San Juan E 52 Dc68
Arenas de San Pedro E 45 Cc65
Arendal N 93 Da46
Arendonk B 124 Ba39
Arendsee D 119 Ea35
Arengosse F 39 Fb53
Arenshausen D 126 Db40
Arentsminde DK 100 Dc21
Arenys de Mar E 49 Ha61
Arenys de Munt E 49 Ha60
Arenzano I 148 Cb63
Areópoli GR 194 Bc90
Ares E 36 Ba54
Arès F 32 Fa50
Ares del Maestrat E 48 Fc64
Aresing D 135 Dd49
Årestrup DK 100 Dc22
Aresvik N 77 Db30
Areta E 38 Ea55
Aréthoussa GR 184 Cc77
Arette F 39 Fb56
Arevalillo E 45 Cc63
Arévalo E 46 Cd62
Arévalo de la Sierra E 47 Eb59
Arez P 50 Ba66
Arezzo I 156 Dd66
Arfará GR 194 Bb89
Argalastí GR 189 Cb82
Argallón E 51 Cb71
Argamasilla de Alba E 53 Dd69
Argamasilla de Calatrava E 52 Db70
Argamasón E 53 Ec70
Arganda E 46 Dc65
Arganil P 44 Ad64
Argaño E 38 Dc58
Argegno I 149 Cc58
Argein F 40 Gb56
Argelaguer E 49 Ha59
Argelès-Gazost F 40 Fc56
Argelès-Plage F 41 Hb57
Argelès-sur-Mer F 41 Hb57
Argelita E 54 Fc66
Argemil P 44 Bb60
Argenbühl D 142 Da52
Argenta I 150 Dd62
Argentan F 22 Fc37
Argentat F 33 Gd49
Argente E 47 Fa64
Argentera I 148 Bb62
Argenteuil F 23 Gd36
Argentiera I 168 Bc74
Argentière F 35 Kb45
Argentona E 49 Ha61
Argenton-Château F 28 Fc43
Argenton-sur-Creuse F 29 Gc44
Argentré F 28 Fb39
Argentré-du-Plessis F 28 Fa39
Argent-sur-Sauldre F 29 Gd41
Arges E 55 Fb70
Argés E 52 Db66
Argetoaia RO 175 Cd65
Argili GR 194 Ba88
Arginónta GR 197 Eb90
Argirádes GR 182 Ab80
Argiropoúli GR 183 Bd80
Argithanı TR 193 Hb86
Argithéa GR 188 Bb81
Argos GR 195 Bd87
Árgos Orestikó GR 182 Ba78
Argostóli GR 188 Ac85
Argovë AL 182 Ac78
Arguedas E 47 Ed59
Argueil F 23 Gb34
Argüero E 37 Cc54
Arguisuelas E 53 Ec66
Argy F 29 Gb43
Arhánes GR 200 Da96
Arhángelos GR 183 Bd76
Arhángelos GR 197 Fa93
Arhavi TR 205 Ga19
Arhéa Feneós GR 189 Bc86
Arhéa Kórinthos GR 195 Bd87
Arhéa Neméa GR 195 Bd87
Arhipoli GR 197 Fa93
Ariano Irpino I 161 Fd74
Ariano nel Polesine I 150 Ea61
Arıca TR 192 Ga84
Ariceștii Zeletin RO 176 Eb63
Ariceștí Rahtivani RO 176 Ea64
Aridéa GR 183 Bc76
Arielli I 157 Fb70
Arienzo I 161 Fb74
Arieșeni RO 171 Cc59
Arifiye TR 187 Gc79
Arifköyü TR 199 Gb92
Arija E 38 Dc56
Arıklar TR 192 Fc83
Arıklı TR 191 Eb82
Arild S 110 Ec54
Arileod GB 6 Da10
Arileod GB 9 Da14
Arilje SRB 178 Ad67
Arinagh IRL 8 Bd18
Arinagour GB 9 Da14
Aringo I 156 Ec69
Aríni GR 194 Ba87
Ariniș RO 171 Cd55
Ariño E 48 Fb62
Arinsal AND 40 Gc57
Arinsal AND 40 Gc57
Arinthod F 31 Jc44
Ariogala LV 114 Kb56
Arionești MD 173 Fb53
Arisaig GB 6 Db09
Ariscal E 59 Bd74
Arisgotas E 52 Db67
Aristava LT 114 Kc56
Arisvere EST 98 Kd44
Arísvi GR 185 Dd77
Aritzo I 169 Cb77
Arive E 39 Fa56
Arivruaich GB 4 Da05
Ariza E 47 Ec61
Arızlar TR 193 Gb86
Arızlı TR 193 Gd88
Årjäng S 94 Ec43
Arjeplog S 72 Gc21
Árjepluovve S 72 Gc21
Arjona E 52 Da72
Arjonilla E 52 Da72
Arjuzanx F 39 Fb53
Arkadak RUS 203 Fc12
Arkadia PL 130 Ja37
Arkalohóri GR 200 Da96
Arkássa GR 201 Eb95
Arkelstorp S 111 Fb54
Arkesini GR 196 Dc91
Arkhyttan S 95 Ga40
Arkí GR 197 Eb89
Arkítsa GR 189 Ca84
Arklow IRL 13 Cd23
Arkna EST 98 La42
Arkösund S 103 Gb46
Ärla S 95 Gb44
Arlanc F 34 Hc48
Arlaviškės LT 114 Kc57
Arlempdes F 34 Hd50
Arles F 42 Jb54
Arles-sur-Tech F 41 Ha58
Arleuf F 30 Hd42
Arlingham GB 19 Ec27
Arló H 146 Jb50
Arlon B 132 Ba44
Arlöv S 110 Ed56
Arlucea E 39 Eb57
Arluno I 148 Cb59
Árma GR 189 Cb85
Armação de Pera P 58 Ac74
Armadale GB 6 Db09
Arma di Taggia I 43 La52
Armağan TR 185 Ed75
Armagh GB 9 Cd18
Armallones E 47 Eb63
Armamar P 44 Bb61
Ārmani LV 107 Ld52
Armășești RO 176 Ec65
Armasjärvi S 73 Jb20
Ármata GR 182 Ad79
Armavir RUS 205 Fd16
Armellada E 37 Cb57
Armen AL 182 Ab77
Arméni GR 200 Cc95
Arménii GR 194 Ba88
Armeniș RO 174 Cb63
Armeniškiai LV 114 Kb57
Armenohóri GR 183 Bb77
Armenteira E 36 Ad56
Armentia E 38 Ea57
Armentières F 23 Ha31
Armilla E 60 Db75
Arminou CY 206 Ja97
Armintza E 38 Ea54
Armivesi FIN 90 Kd32
Armjans'k UA 205 Fa17
Armo I 164 Ga84
Armólia GR 191 Dd86
Armonys LT 114 La53
Armoy GB 9 Da15
Armuña de Tajuña E 46 Dd64
Armungia I 169 Cb79
Armutçuk TR 187 Ha77
Armutçuk TR 191 Ec82
Armutlu TR 185 Ed80
Armutlu TR 186 Fc79
Armutlu TR 191 Ed86
Armutlu TR 192 Fa83
Armutlu TR 192 Fb85
Armutlu TR 193 Ha87
Armutlu TR 198 Ga92
Arnabost GB 6 Da10
Arnabost GB 9 Da14
Arnaccio I 155 Da65
Arnach D 142 Da51
Arnac-Pompadour F 33 Gb48
Arnac-sur-Dourdou F 41 Hb54
Arnafjord N 84 Cc37
Arnage F 28 Fd40
Arnager DK 111 Fc58
Arnás GR 190 Da87
Årnäs S 86 Fa38
Arnäsvall S 80 Ha30
Arnavutköy TR 186 Fc77
Arnavutköy TR 186 Fc79
Arnay-le-Duc F 30 Ja42
Arnberg S 80 Ha25
Arnborg DK 108 Da24
Arnbruck D 135 Ec47
Arncott GB 20 Fa27
Arndrup DK 108 Da27
Arnéa GR 184 Cc78
Arneberg N 86 Ea38
Arneburg D 127 Eb36
Arnedillo E 47 Eb59
Arnedo E 47 Ec59
Arnemark S 73 Hc23
Arnemuiden NL 124 Ab38
Årnes N 62 Gd08
Årnes N 67 Gb14
Årnes N 78 Eb26
Årnes N 94 Eb41
Arnesby GB 16 Fa24
Arnfels A 144 Fd56
Arnhem NL 125 Bb37
Arnionys LT 115 Lb56
Arnis D 108 Dc29
Arnisdale GB 6 Db09
Arnissa GR 183 Bc77
Arnö S 95 Gb45
Arnö S 96 Gc43
Arnoga I 142 Da56
Arnold GB 16 Fa23
Arnoldstein A 144 Fa56
Arnøyhamn N 62 Ha08
Arnprior GB 7 Dd12
Arnsberg D 125 Cb39
Arnschwang D 135 Ec47
Arnsdorf D 128 Fb41
Arnside GB 11 Eb19
Arnstadt D 127 Dd42
Arnstein D 134 Db44
Arnstorf D 135 Ec49
Arnum DK 108 Da27
Aroanía GR 188 Bb86
Aroche E 59 Bb72
Aröd S 102 Eb47
Aroktő H 146 Jc52
Arola FIN 64 Ka07
Arola I 148 Ca58
Arolla CH 148 Bc57
Arona I 148 Cb58
Aroneanu RO 173 Fa57
Aroniádika GR 195 Bd92
Aronkylä FIN 89 Ja32
Åros N 93 Dd42
Arosa CH 142 Cd55
Arosa P 44 Ba60
Årosjåkk S 67 Gd15
Årøsund DK 108 Db27
Arouca P 44 Ad62
Arousa E 36 Ac56
Årøysund N 93 Dd44
Arpacık TR 198 Fd91
Arpajon la Norville F 29 Gd38
Arpășel RO 170 Ca57
Arpașu de Jos RO 175 Dc61
Arpela FIN 74 Jc20
Arpino I 160 Ed72
Arquà Petrarca I 150 Dd60
Arquata del Tronto I 156 Ec68
Arquata Scrivia I 148 Cb62
Arques F 21 Gd30
Arques-la-Bataille F 23 Gb33
Arquillos E 52 Dc72
Arrabal (Oia) E 36 Ac58
Arrach D 135 Ec47
Arracourt F 25 Ka37
Arradon F 27 Eb41
Arraiolos P 50 Ad69
Arrakoski FIN 90 Kb35
Arrankorpi FIN 90 Kb37
Arrans F 30 Hd40
Arras AL 178 Ad73
Arras F 23 Ha32
Arrasate Mondragon E 39 Eb56
Arraute-Charritte F 39 Fa55
Arravonítsa GR 188 Bb85
Årre DK 108 Da26
Arreau F 40 Fd56
Arredondo E 38 Dc55
Årrenjarka S 72 Gc18
Arrens F 40 Fc56
Arreza e Madhe AL 182 Ac77
Arrianá GR 185 Dd77
Arriano E 38 Ea56
Arriate E 60 Cc76
Arrie S 110 Ed56
Arrien F 40 Fc55
Arrifana P 44 Ad64
Arrifana P 45 Bc63
Arrifana P 58 Aa73
Arrigny F 24 Ja37
Arrigorriaga E 38 Ea55
Arrild DK 108 Da27
Arriondas (Parres) E 37 Cd54
Arro E 40 Fd58
Arroiabe E 39 Eb56
Arrojo E 37 Cb55
Arromanches-les-Bains F 22 Fb35
Arronches P 51 Bb68
Arróniz E 39 Ec57
Arrou F 29 Gb39
Arrovo del Ojanco E 53 Dd71
Arroyal E 38 Db56
Arroyo E 38 Db56
Arroyo de la Luz E 51 Bd67
Arroyo de la Plata E 59 Bb73
Arroyo de San Serván E 51 Bd69
Arroyomolinos de León E 51 Bd71
Arroyomolinos de Montánchez E 51 Ca68
Arruazu E 39 Ec56
Arryheernabin IRL 9 Cb15
Ars E 40 Gc58
Arsac F 32 Fb50
Årsand N 70 Ed24
Årsballe DK 111 Fc57
Arsbeck D 125 Bc40
Ars-en-Ré F 32 Ed45
Arsgue F 39 Fb54
Arsiè I 150 Dd58
Arsiero I 150 Dd58
Arsk RUS 203 Fd08
Árskógssandur IS 2 Ba03
Årslev DK 109 Dd27
Årsnes N 76 Cc33
Arsoli I 160 Ec71
Arsos CY 206 Jc97
Ars-sur-Formans F 34 Jb46
Ars-sur-Moselle F 25 Jc35
Årsta havsbad S 96 Gd44
Årsunda S 95 Gb39
Arsura RO 173 Fb58
Arsvågen N 92 Ca43
Árta GR 188 Ad82
Artà E 57 Hc67
Artajona E 39 Ec57
Artana E 54 Fc66
Arta Terme I 143 Ec56
Artazu E 39 Ec57
Artegna I 150 Ec57
Artemare F 35 Jc46
Årtemark S 94 Ec44
Artemisia GR 194 Bb89
Artemíssio GR 189 Ca83
Artemíssio GR 194 Bc87
Artemivs'k UA 205 Fb15
Artemónas GR 196 Da90
Artemovka RUS 113 Jc57
Arten I 150 Ea58
Artena I 160 Ec72
Artenay F 29 Gc39
Artern D 127 Dd40
Artés E 49 Gd60
Artesa de Lleida E 48 Ga61
Artesa de Segre E 48 Gb60
Artesianó GR 188 Bb81
Artesina I 148 Bc63
Arth CH 141 Cb54
Arthez-de-Béarn F 39 Fb55
Arthies F 23 Gc36
Arthon-en-Retz F 27 Ec42
Arthonnay F 30 Hd39
Arthurstown IRL 13 Cc25
Artieda E 39 Ed57
Arties E 40 Ga57
Artiguelouve F 39 Fb55
Artiguillon F 32 Fb49
Artix F 39 Fb55
Artjärvi FIN 90 Kd37
Årtled S 87 Fd38
Artlenburg D 118 Dc33
Arto SLO 151 Fd58
Artozqui E 39 Ed56
Årtrik S 79 Gb30
Artvin TR 205 Ga19
Artziniega E 38 Dd56
A Rúa E 36 Bc57
Arudy F 39 Fb56
Aruküla EST 98 Kc42
Arum NL 116 Bb33
Arundel GB 20 Fb30
Aruvalla EST 98 Kc43
Årvåg N 77 Dc30
Arvagh IRL 9 Cb19
Arvån S 80 Ha26
Arvanitohóri GR 201 Eb96
Arvant F 34 Hc48
Arvert F 32 Fa47
Arvesund S 79 Fb30
Árvi GR 201 Db96
Arvidsjaur S 72 Ha22
Arvidsträsk S 73 Hc22
Arvieux F 35 Kb50
Årvik N 76 Ca33
Årvik N 76 Ca33
Arvika S 94 Ed42
Årviksand N 62 Ha08
Årvikstrand N 84 Cb40
Arville F 29 Ga39
Arville F 29 Ha39
Arvola FIN 82 Ka27
Arvospuoli FIN 69 Kb16
Arvträsk S 80 Ha26
Åryd S 103 Fc52
Åryd S 111 Fc54
Arzachena I 168 Cb73
Arzacq-Arraziguet F 39 Fb54
Arzádigos E 45 Bc59
Arzamas RUS 203 Fc10
Arzano F 27 Dd40
Arzberg D 127 Ed39
Arzberg D 135 Eb44
Arzgir RUS 205 Ga16
Arzignano I 149 Dc59
Arzl im Pitztal A 142 Dc54
Arzon F 27 Eb41
Arzúa E 36 Ba55
Arzulu TR 185 Ed77
As B 125 Bb40
Aš CZ 135 Eb44
Ås N 78 Ec31
Ås N 93 Ea42
Ås N 93 Db45
Ås S 79 Fc30
Ås S 111 Gb54
Åsa S 102 Ec50
Asa S 103 Fc51
Asaa DK 101 Dd21
Aşağıboğaz TR 187 Gc80
Aşağı Böğürtlen TR 197 Fa91
Aşağıçeşme TR 192 Fd87
Aşağıçiğil TR 193 Hb87
Aşağı Çobanisa TR 191 Ed85
Aşağıdereköy TR 187 Gc78
Aşağıdolaylar TR 192 Fc83
Aşağı Germencik TR 197 Fa91
Aşağıgökdere TR 199 Gd89
Aşağıgünlüce TR 198 Fc90
Aşağıgürlek TR 198 Fc91
Aşağıkaraçay TR 198 Fd88
Aşağıkaşıkara TR 193 Gd86
Aşağıkozcağız TR 187 Gd80
Aşağıkuzfındık TR 193 Gb82
Aşağıokçular TR 185 Ea80
Aşağı Piribeyli TR 193 Hb84
Aşağısamlı TR 198 Fc88
Aşağısevindikli TR 185 Ed77
Aşağıtandır TR 193 Gc84
Aşağıtırtar TR 193 Gd87
Aşağıyağcılar TR 192 Fc82
Aşağıyaylabeli TR 199 Ha89
Asak N 94 Eb44
Asamati MK 182 Ba76
Åsane N 84 Ca39
Åsäng S 88 Gc32
Ašanja SRB 153 Jb62
Asar TR 187 Ha78
Asare LV 115 Lb53
Åsaren S 85 Dc35
Åsarna S 79 Fb25
Åsarna S 87 Fb32
Åsarp S 102 Fa48
Asarum S 111 Fc54
Asasp-Arros F 39 Fb56
Asău RO 172 Ec59
Asbach D 125 Ca42
Asbach-Bäumenheim D 134 Dc49
Åsbro S 95 Fc45
Asby S 103 Fd48
Ásbyrgi IS 3 Bb04
Ascád H 145 Gc54
Ascain F 39 Ed55
Ascea I 161 Fd77
Ascha D 135 Ec48
Aschach an der Donau A 144 Fa50
Aschaffenburg D 134 Cd44
Aschau D 143 Eb51
Aschau D 143 Eb52
Aschbach-Markt A 144 Fc51
Ascheberg D 118 Dc31
Ascheberg D 125 Cb38
Ascheffel D 118 Db30
Aschères-le-Marché F 29 Gd39
Aschersleben D 127 Ea39
Așchileu RO 171 Da57
Asciano I 156 Dd67
Asco F 154 Cb69
Ascó E 48 Ga62
Ascoli Piceno I 156 Ed68
Ascoli Satriano I 161 Ga74
Ascona CH 148 Cb57
Ascot GB 20 Fb28
Ascoux F 29 Gd39
Åse N 66 Fd12
A Seara E 36 Ba57
Åsebyn S 94 Ec43
Åseda S 103 Fd51
Åsele S 79 Gb27
Åselet S 73 Hb24
Åseli N 66 Fc17
Asemankylä FIN 74 Ka23
Asemankylä FIN 90 La33
Asemanseutu FIN 81 Jb31
Asemanseutu FIN 89 Jc32
Åsen N 76 Cc33
Åsen N 78 Eb29
Åsen S 80 Hb26
Åsen S 87 Fb38
Åsen S 87 Fb37
Asendorf D 118 Cd35
Asendorf D 118 Db33
Åsenhöga S 102 Fa50

Asenovgrad – Bad Bertrich

Asenovgrad BG 184 Db74
Asenovo BG 180 Ea70
Åsensbruk S 94 Ec45
Åseral N 92 Cc45
Aseri EST 98 La41
Åserud N 94 Eb42
Asevelikylä FIN 89 Jb32
Asfáka GR 182 Ad80
Asfeld F 24 Hd34
Asfendioú GR 197 Ec91
Asferg DK 100 Dc22
Asfordby GB 16 Fb24
Åsgårdstrand N 93 Dd43
Asgata CY 206 Jb98
Ash GB 20 Fd28
Åshagen S 94 Ed41
Åshammar S 95 Gb39
Ashbourne GB 16 Ed23
Ashbourne IRL 13 Cd21
Ashburton GB 19 Dd31
Ashbury GB 20 Ed28
Ashby-de-la-Zouch GB 16 Fa24
Ashdon GB 20 Fd26
Ashford GB 21 Ga29
Ashford IRL 13 Cd22
Ashford-in-the-Water GB 16 Ed22
Ashill GB 17 Ga24
Ashington GB 11 Fa16
Ashington GB 20 Fc30
Ashkirk GB 11 Ec14
Ashley GB 20 Fd26
Ashmore GB 19 Ec30
Ashperton GB 15 Ec26
Ashton-in-Makerfield GB 15 Ec21
Ashton Keynes GB 20 Ed27
Ashton-under-Lyne GB 16 Ed21
Ashwater GB 18 Dc30
Ashwell GB 16 Fb24
Ashwell GB 20 Fc26
Ashwellthorpe GB 17 Gb24
Asiago I 150 Dd58
Asikkala FIN 90 Kc36
Asikkala FIN 91 Lb32
Asila FIN 90 La34
Asími GR 200 Da96
Asipovičy BY 202 Eb13
Aşırlar TR 187 Gc78
Ask N 84 Ca39
Ask N 85 Dd40
Ask N 93 Ea41
Ask S 103 Fc46
Ask S 110 Ed55
Aska FIN 69 Ka16
Askainen FIN 97 Ja39
Aşkale TR 205 Ga20
Askanmäki FIN 75 Kd23
Askeaton IRL 12 Bc23
Askeby S 103 Ga47
Askeia CY 206 Jc96
Asker N 93 Dd42
Askerıye TR 199 Gc88
Askern GB 16 Fa21
Askeröd S 110 Fa55
Askersby S 95 Fd44
Askersund S 95 Fc45
Askerswell GB 19 Eb30
Askeryd S 103 Fc49
Askesta S 87 Gb37
Askett GB 20 Fb27
Åskilje S 80 Gc25
Åskiljeby S 80 Gc25
Askim N 93 Ea42
Askim S 102 Eb49
Asklanda S 102 Ed48
Asklipio GR 197 Ed93
Åskloster S 102 Ec50
Askø By DK 109 Ea28
Askola FIN 90 Kc38
Askome S 102 Ec51
Asköping S 95 Ga44
Askós GR 183 Cb77
Askov DK 108 Da26
Askum S 102 Eb46
Askvoll N 84 Ca36
As Lamas E 36 Bb58
Aslanapa TR 193 Gb83
Aslanlar TR 191 Ec87
Aslestad N 92 Cd43
Aslıhantepeciği TR 192 Fa82
Åsljunga S 110 Fa54
Asma E 36 Bb56
Asmalı TR 186 Fa79
Asmali TR 198 Fd90
Åsmansbo S 95 Fd40
Åsmarka N 86 Ea38
Asmíni GR 189 Ca83
Ašmjany BY 202 Ea12
Asmo N 67 Gd11
Åsmon S 79 Gb30
Asmundtorp S 110 Ed55
Asmunti FIN 74 Kb21
Åsmyra N 70 Ed22
Asnæs DK 109 Ea25
Åsnes N 78 Eb27
Åsnes Finnskog N 94 Ec39
As Neves E 36 Ad58
Asnières-sur-Vègre F 28 Fc40
As Nogais E 36 Bc56
Asola I 149 Da60
Asolo I 150 Ea58
Asopós GR 195 Bd90
Asos GR 188 Ac84
Asp DK 100 Da23
Aspach D 134 Cd48
Aspai E 36 Bb55
Aspang Markt A 145 Gb53
Aspariegos E 45 Cc60
Asparn an der Zaya A 137 Gb49
Asparuhovo BG 181 Ec72
Asparuhovo BG 181 Ed71
Aspås S 79 Fc30
Aspåsnäset S 79 Fc30
Aspatria GB 11 Eb17
Aspberget S 86 Ec38
Aspe E 55 Fb71
Aspeå S 80 Ha29
Aspeå S 80 Gc30
Aspeboda S 95 Fd39
Aspenes N 62 Gd10
Aspenstedt D 127 Dd38
Äspered S 102 Ed49
Asperen NL 124 Ba37
Asperg D 134 Cd48
Äsperöd S 110 Fa56
Aspet F 40 Ga56
Aspliden S 72 Ha23
Aspliden S 73 Hc24
Asplund S 72 Gc23
Aspnäs S 88 Gc32
Aspnes N 79 Fb27
Aspö S 95 Gb43
Aspö S 111 Fd54
As Pontes de García Rodríguez E 36 Bb54
Aspoús GR 190 Da84
Aspra I 166 Ed84
Aspremont F 42 Jd51
Aspres-sur-Buëch F 35 Jd50
Áspro GR 183 Bd77
Asprógia GR 183 Bb77
Asproklisiá GR 183 Bb80
Asprópirgos GR 189 Cb86
Áspros GR 183 Ca77
Asprovalta GR 184 Cc78
Aspsele S 80 Gd28
Assamalla EST 98 La42
Assamstadt D 134 Da46
Assat F 40 Fc55
Assé-le-Bérenger F 28 Fc39
Assé-le-Boisne F 28 Fc38
Assemini I 169 Ca79
Assen NL 117 Bd34
Assenois B 132 Ba44
Assens DK 100 Dc22
Assens DK 108 Dc27
Assentoft DK 100 Dc23
Assérac F 27 Ec41
Asserbo DK 109 Eb24
Assergi I 156 Ed70
Assesse B 124 Ad42
Assier F 33 Gd51
Assikvere EST 99 Lb44
Åssiros GR 183 Cb77
Assisi I 156 Eb67
Åsskard N 77 Db31
Aßlar D 126 Cc42
Aßling D 143 Ea51
Asso I 149 Cc58
Asson F 40 Fc56
Assoro I 167 Fb85
Åssos GR 188 Ad81
Åssos GR 189 Bd86
Åsta N 86 Eb37
Åstad N 66 Fd15
Astaffort F 40 Ga53
Astakós GR 188 Ad84
Åstan N 77 Dd29
Astašova LV 107 Ld52
Aste EST 105 Jc46
Åsteby S 94 Ed40
Astee IRL 12 Bb23
Asten A 144 Fb51
Asten NL 125 Bb39
Astfeld I 143 Dd56
Asti I 148 Ca61
Aştileu RO 170 Cb57
Astipálea GR 197 Ea92
Åstol S 102 Eb48
Aston GB 16 Fa22
Aston GB 20 Fa27
Astorga E 37 Cb57
Åstorp S 110 Ed54
Astradamovka RUS 203 Fd10
Astráin E 39 Ec57
Åsträsk S 80 Hb26
Astromeritis CY 206 Ja96
Ástros GR 195 Bd88
Astrup DK 100 Dc19
Astrup DK 100 Dc22
Astrup DK 108 Da24
Åstrup DK 108 Dc27
Astruptunet N 84 Cc35
Astryna BY 202 Ed13
Astudillo E 38 Db58
Asuaju RO 171 Cd55
Asuja EST 106 Kc46
Asūne LV 107 Ld52
Asuni I 169 Ca77
Asunta FIN 90 Ka33
Asuny PL 122 Jc30
Ásványráró H 145 Gd52
Asvestohóri GR 183 Cb78
Asvestópetra GR 183 Bb78
Aszár H 145 Ha53
Aszód H 146 Hd52
Aszófő H 145 Ha55
Atabey TR 186 Fd78
Atabey TR 199 Gc88
Atajate E 55 Cb76
Ataki RUS 107 Ma47
Atalánti GR 189 Ca84
Atalaya del Cañavate E 53 Eb67
Atanzón E 46 Dd64
Ataquines E 46 Cd62
Atarte E 60 Db75
Atašiene LV 107 Lb51
Atbükü TR 199 Gc92
Atça TR 187 Hb80
Atça TR 197 Fa88
Atea E 47 Ed62
Ateaş RO 170 Ca57
Ateca E 47 Ec61
Ateham GB 15 Ec24
Aţel RO 175 Db60
Ateleta I 161 Fa71
Atella I 161 Ga75
Atena Lucana I 161 Ga76
Atessa I 161 Fb71
Atháni GR 188 Ac83
Athboy IRL 9 Cc20
Áth Cinn IRL 8 Bc20
Athea IRL 12 Bb23
Athée F 31 Jc42
Athenry IRL 12 Bd21
Athéras GR 188 Ab84
Atherstone GB 16 Fa24
Athesans F 31 Ka40
Athienou CY 206 Jc97
Athies F 23 Ha33
Athikia GR 195 Bd87
Athina GR 189 Cb86
Athis-de-l'Orne F 22 Fb37
Athleague IRL 8 Ca20
Athlone IRL 13 Ca21
Athy IRL 13 Cc22
Atid RO 172 Dd59
Atienza E 47 Ea62
Atina I 161 Fa72
Aţintiş RO 171 Db59
Atios E 36 Ba53
Atjaševo RUS 203 Fc10
Atla EST 105 Jb46
Atlanterra E 59 Ca78
Atlıhisar TR 193 Gc86
Åtlo N 78 Eb29
Atnbrua N 85 Ea35
Atnmoen N 85 Ea35
Åtran S 102 Ed51
Atrani I 161 Fb75
Aträsk S 73 Hc23
Åträsk S 73 Hc21
Atri I 157 Fa69
Atripalda I 161 Fc75
Atsalama EST 99 Lb42
Attáli GR 189 Cc84
Attendorn D 125 Cb40
Attenkirchen D 135 Ea49
Attersee A 143 Ed52
Attert B 132 Ba44
Attigny F 24 Hd34
Attimis I 150 Ed57
Attiökylä FIN 74 Kb24
Attleborough GB 21 Ga25
Attlebridge GB 17 Gb24
Attmar S 87 Gb33
Attnang-Puchheim A 144 Fa51
Åttonträsk S 80 Gc26
Attrup DK 100 Db21
Attsjö S 103 Fc52
Attu FIN 97 Jb40
Attvika N 66 Ga12
Åtvidaberg S 103 Ga47
Atzara I 169 Ca77
Atzendorf D 127 Ea38
Atzeneta del Maestrat E 54 Fc65
Au D 135 Ea49
Aub D 134 Db46
Aubagne F 42 Jd55
Aubange B 132 Ba45
Aubazine F 33 Gc49
Aubel B 125 Bb41
Aubenas F 34 Ja50
Aubenton F 24 Hd33
Aubepierre-sur-Aube F 30 Jb39
Aubergenville F 23 Gc36
Aubérive F 24 Hd35
Auberive F 30 Jb40
Aubeterre-sur-Dronne F 32 Fd49
Aubiat F 34 Hb46
Aubiet F 40 Ga54
Aubigné F 32 Fc46
Aubigny F 28 Ed44
Aubigny-au-Bac F 24 Hb32
Aubigny-en-Artois F 23 Gd32
Aubigny-sur-Nère F 29 Gd41
Aubin F 33 Gd51
Aubonne CH 140 Ba55
Aubrac F 34 Hb51
Aubusson F 33 Gd46
Auby F 23 Ha31
Auce LV 105 Jd52
Auch F 40 Ga54
Aucharnie GB 7 Ec08
Auchavan GB 7 Eb10
Auchel F 23 Gd31
Auchencairn GB 10 Ea17
Auchenmaig GB 10 Dc16
Auchentiber GB 10 Dd14
Auchronie GB 7 Ec10
Auchterarder GB 7 Ea12
Auchtermuchty GB 7 Eb12
Auchy-au-Bois F 23 Gd31
Aucun F 40 Fc56
Audenge F 32 Fa51
Audenhain D 127 Ec40
Auderville F 22 Ed34
Audevälja EST 98 Ka43
Audierne F 27 Db39
Audincourt F 31 Ka41
Audla EST 105 Jd46
Audlem GB 15 Ec23
Audru EST 106 Kb46
Audruicq F 21 Gc30
Audrupi LV 106 Kc52
Audun-le-Roman F 25 Jc34
Audun-le-Tiche F 25 Jc34
Aue D 135 Ec43
Auer I 150 Dd57
Auerbach D 135 Ea45
Auerbach D 135 Eb43
Auerbach D 135 Ed49
Auerswalde D 127 Ec42
Auetal D 126 Da37
Aufferville F 29 Ha39
Aufhausen D 135 Eb48
Aufles N 70 Fa22
Aufseß D 135 Dd45
Augan F 27 Ec40
Augé F 32 Fc45
Augerolles F 34 Hc47
Augerum S 111 Fd54
Aughacasla IRL 12 Ba24
Augher GB 9 Cc17
Aughils IRL 12 Ba24
Aughnacloy GB 9 Cc18
Aughrim IRL 13 Ca21
Aughrim IRL 13 Cd23
Augland N 93 Da46
Augmėnai LV 114 Kb55
Augsburg D 142 Dc50
Augsligatne LV 106 Kd49
Augstasils LV 107 Ld49
Augstkalne LV 106 Ka52
Augusta I 167 Fd87
Augustdorf D 126 Cd38
Auguste LV 113 Jc53
Augustenborg DK 108 Db28
Augustów PL 123 Ka31
Augustów PL 130 Jc39
Augustowo PL 123 Kb34
Augustusburg D 127 Ed42
Auho FIN 75 Kc23
Auiņi LV 105 Jc52
Aukan N 77 Db30
Aukland N 92 Cd47
Auklandshamn N 92 Ca41
Aukra N 76 Cd31
Aukrug D 118 Db31
Aukštadvaris LT 114 Kd58
Aukštelkai LT 114 Kb54
Aukštelkė LT 114 Ka54
Auktsjaur S 72 Ha22
Auleben D 127 Dd40
Auleja LV 107 Lb52
Aulendorf D 142 Cd51
Aulesti E 39 Eb55
Auletta I 161 Fd76
Aulla I 149 Cd63
Aullène F 154 Cb71
Aulnay F 32 Fc46
Aulnay-la-Riviere F 29 Gd39
Aulnay-sous-Bois F 23 Gd36
Aulnizeux F 24 Hc37
Aulnoye-Aymeries F 24 Hc32
Aulstad N 85 Dd37
Ault F 23 Gb33
Aultbea GB 4 Dc06
Aulum DK 100 Da23
Aulus-les-Bains F 40 Gb57
Auma D 127 Ea42
Aumale F 23 Gc34
Aumeisteri LV 106 La48
Aumetz F 25 Jc34
Aumont F 31 Jc43
Aumont-Aubrac F 34 Hc50
Aumühle D 118 Dc33
Aun N 66 Ga12
Aunay F 29 Gc38
Aunay-en-Bazois F 30 Hc42
Aunay-sur-Odon F 22 Fb36
Aune N 77 Dd30
Auneau F 29 Gc38
Aunebakksetra N 77 Dc31
Aunet N 78 Ed25
Aunet N 78 Ed26
Aunet N 78 Eb27
Aunet N 78 Ea29
Auneuil F 23 Gc35
Auning DK 101 Dd23
Aunslev DK 109 Dd27
Aups F 42 Ka53
Aura D 134 Da44
Aura FIN 89 Jc38
Aurach D 134 Db47
Aurachtal D 134 Dc46
Auray F 27 Ea41
Aurdal N 85 Dc38
Aure N 77 Db30
Aureskoski FIN 89 Jc34
Aurice F 39 Fb53
Aurich D 117 Cb32
Aurignac F 40 Ga55
Aurillac F 33 Ha50
Auriol F 42 Jd54
Aurisina I 151 Fa59
Auritz E 39 Ed56
Aurlandsvangen N 84 Cd38
Aurolzmünster A 143 Ed50
Auron F 43 Kc51
Aurons F 42 Jc53
Auronzo di Cadore I 143 Eb56
Aurora RO 181 Fc68
Auros F 32 Fc51
Aursfjordbotn N 67 Gc11
Aursmoen N 94 Eb41
Ausa Corno I 150 Ed59
Ausås S 110 Ed54
Auschwitz = Oświęcim PL 138 Hd44
Ausdal N 92 Cc44
Ausejo E 39 Eb58
Auşeu RO 171 Cc57
Auskarnes N 64 Ka05
Ausonia I 160 Ed73
Ausserferrera CH 142 Cd56
Ausserfragant A 143 Ec55
Außervillgraten A 143 Eb55
Aussonne F 40 Gb54
Austad N 92 Cd44
Austad N 92 Cc47
Austafjord N 78 Eb25
Austanå N 93 Da45
Austbø N 70 Ed21
Austbygda N 93 Db41
Austefjord N 84 Cc34
Austervika N 67 Gb13
Austevoll N 84 Ca40
Austhasselstrand N 92 Cb47
Austis I 169 Ca77
Austmarka N 94 Ec41
Austnes N 66 Ga12
Austnes N 76 Cc32
Austpollen N 66 Fd13
Austrått N 77 Dd29
Austre Amøy N 92 Ca43
Austreim N 84 Cb36
Austre Moland N 93 Db46
Austre Vikebygd N 92 Ca42
Austrheim N 84 Ca38
Austrumdal N 92 Cb45
Auterive F 40 Gc55
Auteuil F 23 Gd35
Autheuil-Authouillet F 23 Gb36
Authon F 42 Ka51
Authon-du-Perche F 29 Ga39
Authon-la-Plaine F 29 Gc38
Autilla del Pino E 46 Da59
Autio FIN 74 Kb24
Autio FIN 81 Jd31
Autio FIN 82 Kb31
Autionperä FIN 82 Ka30
Autol E 47 Ec59
Autrans F 35 Jc48
Autrèche F 29 Gb41
Autrey F 31 Jc41
Autricourt F 30 Ja39
Autry-le-Châtel F 29 Ha41
Autti FIN 74 Kb19
Auttoinen FIN 90 Kb36
Autun F 30 Hd43
Auvåg N 66 Fc13
Auverse F 28 Fd41
Auvers-sur-Oise F 23 Gd36
Auvillar F 40 Ga53
Auvillars-sur-Saône F 30 Jb42
Auvre F 24 Ja36
Auw bei Prüm D 133 Bc43
Auxerre F 30 Hc40
Auxi-le-Château F 23 Gd32
Auxon F 30 Hc39
Auxonne F 31 Jc42
Auxy F 30 Ja43
Auzances F 33 Ha46
Auzat-la-Combelle F 34 Hc48
Auziņas LV 106 Ka51
Auziņi LV 106 Kd51
Auziņi LV 107 Ld51
Ava FIN 97 Hd39
Ava S 80 Ha29
Avafors S 73 Hd21
Availles-Limouzine F 33 Ga46
Avaldsnes N 92 Bd42
Avallon F 30 Hc41
Avan S 73 Hd22
Avan S 73 Hd24
Avanäs S 80 Ha27
Avant-lès-Marcilly F 30 Hc38
Avant-lès-Ramerupt F 30 Hd38
Ávas GR 185 Dd77
Avasjö S 79 Gb27
Avaträsk S 79 Ga27
Avaviken S 72 Gd22
Avcılar TR 186 Fa75
Avcılar TR 191 Eb82
Avcıoğlu TR 198 Fd91
Avdan TR 186 Ga80
Avdan TR 191 Ed83
Avdan TR 193 Gb82
Avdan TR 198 Fc89
Avdarma MD 177 Fd60
Avdebo DK 109 Eb25
Avdijivka UA 202 Ed13
Avdimou CY 206 Ja98
Ávdira GR 184 Db77
Avdoú GR 201 Db96
Avebury GB 20 Ed28
Åvedal N 92 Cb45
Åvedal N 92 Cb46
A Veiga E 36 Bc58
Aveiras de Cima P 50 Ab67
Aveiro P 44 Ac62
Avelengo I 142 Dc56
Avella I 161 Fb74
Avellanosa del Páramo E 38 Dc58
Avellino I 161 Fc75
Avenas F 34 Ja45
Avenches CH 141 Bc54
Avening GB 19 Ec27
Åvensor FIN 97 Ja40
Avereest NL 117 Bd35
Avernak By DK 108 Dc28
Avernay-Val-d'Or F 24 Hd36
A Ver-o-Mar P 44 Ac60
Aversa I 161 Fa74
Averton F 28 Fc38
Aves P 44 Ad60
Avesnes-le-Comte F 23 Gd32
Avesnes-lès-Aubert F 24 Hb32
Avesnes-sur-Helpe F 24 Hc32
Avessac F 27 Ec41
Avesta S 95 Ga41
Avetrana I 162 Hb76
Avezzano I 160 Ed71
Avgan TR 192 Fd86
Avgancık TR 192 Ga86
Avgerinós GR 182 Ba78
Avgó GR 195 Ca88
Avgorou CY 206 Jd97
Avía GR 194 Bb89
Avià E 49 Gd59
Aviano I 150 Eb58
Aviemore GB 7 Ea09
Avigliana I 148 Bc60
Avigliano I 161 Ga75
Avignon F 42 Jb53
Avignonet-Lauragais F 40 Gc55
Ávila E 46 Cd63
Avilés E 37 Cb54
Aviliai LT 115 Lb54
Avilley F 31 Jd41
Avinurme EST 99 Lb43
Avinyó E 49 Gd60
Avio I 149 Dc58
Avion F 23 Ha31
Avión E 36 Ba57
Avirey F 30 Hd39
Avis P 50 Ad68
Åvist FIN 81 Jb29
Avize F 24 Hc36
Avizieniai LT 123 Kc30
Avláki GR 189 Bd83
Avláki GR 197 Ec92
Avlémonas GR 195 Bd92
Avliótes GR 182 Aa79
Avlóna GR 189 Cb86
Avlonári GR 189 Cc85
Avô P 44 Ba64
Avoca IRL 13 Cd23
Avoch GB 5 Ea07
Avoine F 28 Fd42
Avola I 167 Fd88
Avord F 29 Ha43
Avoriaz F 35 Kb45
Avot F 30 Jb40
Avoudrey F 31 Ka42
Avrămeni RO 172 Ed54
Avrămești RO 176 Dd60
Avram Iancu RO 170 Ca58
Avram Iancu RO 171 Cc59
Avranches F 22 Fa37
Avren BG 185 Dd76
Avren BG 181 Fa71
Avrig RO 175 Db61
Avrillé F 28 Fb41
Avrillé F 32 Ed45
Avsallar TR 199 Hb92
Avtovac BIH 159 Hc67
Avtovo RUS 99 Mb39
Avvakajjo S 67 Ha17
Avvakko S 67 Hb17
Avvil FIN 69 Ka11
Avžže N 68 Ja11
Axalp CH 141 Ca55
Axamer Lizum A 143 Dd54
Axams A 143 Dd54
Axat F 41 Gd57
Axberg S 95 Fd43
Axel NL 124 Ab39
Axente Sever RO 175 Db60
Axford GB 20 Fa29
Axintele RO 176 Ec66
Axioúpoli GR 183 Ca76
Ax-les-Thermes F 41 Gd57
Axmarby S 87 Gb38
Axminster GB 19 Eb30
Axós GR 183 Bd77
Axós GR 200 Cd95
Axstedt D 118 Cd33
Axvall S 102 Fa47
Ayamonte E 58 Ba74
Ayancık TR 205 Fb19
Ayas I 148 Bd58
Ayaslar TR 193 Hb87
Ayaz E 36 Bb56
Ayazini TR 193 Gc84
Ayazkent TR 191 Ec83
Aydan TR 193 Gc82
Aydin TR 187 Hb77
Aydin TR 197 Ed88
Aydıncık TR 185 Dd80
Aydınkent = İbradı TR 199 Hb90
Aydınlar TR 186 Fb76
Aydınlar TR 187 Hb77
Aydınlar TR 191 Ed84
Aydınlı TR 186 Fd78
Aydınlı TR 193 Hb84
Aydoğdu TR 186 Ga80
Aydoğmuş TR 187 Ha80
Aydoğmuş TR 198 Fd89
Ayen F 33 Gb49
Ayer CH 141 Bd56
Ayerbe E 39 Fb58
Ayguesvives F 40 Gc55
Aylesbury GB 20 Fb27
Aylesham GB 21 Gb29
Ayllón E 46 Dd61
Aylsham GB 17 Gb24
Aylton GB 15 Ec26
Aynac F 33 Gc50
Ayódar E 54 Fc66
Ayora E 54 Fa69
Ayr GB 10 Dd14
Ayrancı TR 192 Ga85
Ayron F 28 Fd44
Ayşebacı TR 192 Fa82
Aysgarth GB 11 Ed19
Äyskoski FIN 82 Kc30
Aystetten D 142 Dc50
Äystö FIN 89 Ja32
Ayton GB 11 Ed13
Ayton GB 17 Fc19
Aytré F 32 Fa46
Ayvacık TR 191 Ea82
Ayvacık TR 191 Ec85
Ayvacık TR 191 Ed85
Ayvacık TR 192 Ga85
Ayvacık TR 205 Fc20
Ayvalı TR 192 Fd82
Ayvalı TR 193 Hb83
Ayvalık TR 191 Eb83
Ayvalıpınar TR 199 Gd88
Ayvanpazarı TR 186 Ga79
Ayvatlar TR 191 Ec83
Ayvatlat TR 192 Fa82
Aywaille B 124 Ba42
Azaila E 48 Fb62
Azambuja P 50 Ab68
Azanja SRB 174 Bb65
Azannes F 24 Jb35
Azanúy E 48 Fd59
Azaruja P 50 Ba69
Azaryčy BY 202 Eb13
Azatlı TR 185 Eb76
Azay-le-Ferron F 29 Gb43
Azay-le-Rideau F 28 Fd42
Azé F 29 Gb40
Azeitada P 50 Ac67
Azincourt F 23 Gd31
Azinhal P 58 Ba74
Azinheira dos Barros P 50 Ac71
Azinhoso P 45 Bd61
Azıtepe TR 192 Fb86
Aziziye BG 185 Ed74
Azizler TR 192 Ga86
Azkoitia E 39 Eb55
Aznakaevo RUS 203 Ga08
Aznalcázar E 59 Bd74
Aznalcóllar E 59 Bd73
Azoia P 44 Ab65
Azov RUS 205 Fc15
Azpeitia E 39 Eb55
Azuaga E 51 Cb71
Azuara E 47 Fa62
Azuel E 52 Da71
Azuga RO 176 Ea63
Ažulaukė LT 114 La57
Ažuolų Būda LV 114 Kb58
Azuoliniai LV 114 Kb59
Azuqueca de Henares E 46 Dd64
Azur F 39 Fa53
Azurara P 44 Ac60
Azy F 29 Ha42
Ažytėnai LV 114 Kb55
Azzano Decimo I 150 Eb58
Azzate I 148 Cb58

B

Ba SRB 159 Jc64
Baak NL 125 Bc37
Baal D 125 Bc40
Baalberge D 127 Ea39
Baamonde E 36 Bb54
Baar CH 141 Cb53
Baarland NL 124 Ab38
Baarle-Nassau B 124 Ad38
Baarlo NL 125 Bc39
Baarn NL 116 Bb36
Baasdorf D 127 Eb39
Baba Ana RO 176 Eb64
Babadag RO 177 Fc65
Babadağ TR 198 Fc88
Babadat TR 193 Hb82
Babadere TR 191 Ea82
Babaeski TR 185 Ec76
Babaevo RUS 202 Ec08
Băbăița RO 180 Dd67
Babakale TR 191 Ea82
Babaköy TR 192 Fa81
Băbana RO 175 Dc64
Babarc H 153 Hc58
Babasultan TR 192 Fd81
Babek BG 180 Dc72
Babenhausen D 134 Cd44
Babenhausen D 142 Db50
Băbeni RO 171 Da56
Băbeni RO 175 Db64
Babensham D 143 Eb51
Babiak PL 122 Ja30
Babiak PL 129 Hb37
Babiak PL 130 Hc37
Babica PL 139 Ka44
Babice PL 138 Hd44
Babići BIH 158 Gd64
Băbiciu RO 180 Db67
Babięta PL 122 Jb32
Babigoszcz PL 120 Fc32
Babilafuente E 45 Cc62
Babimost PL 128 Ga37
Babina Greda HR 153 Hc61
Babin Most KSV 178 Bb70
Babino RUS 99 Ld40
Babino Polje HR 158 Ha69
Babin Potok HR 151 Fd62
Babjak BG 184 Cd74
Babljak MNE 159 Ja68
Babócsa H 152 Gd58
Bábolna H 145 Ha52
Bábonymegyer H 145 Hb55
Baborów PL 137 Ha44
Baboszewo PL 122 Ja35
Babriškės LT 114 Kd59
Babrujsk BY 202 Eb13
Babrungas LT 113 Jc54
Babsk PL 130 Ja38
Babtai LV 114 Kb57
Babuk BG 181 Ed68
Babušnica SRB 179 Ca70
Bač SRB 153 Hd60
Băcani RO 177 Fa60
Bača pri Modreju SLO 151 Fa57
Bacares E 61 Ea75
Bacău RO 172 Ed59
Bačavani BIH 152 Gc61
Baccano I 160 Ea71
Baccarat F 25 Ka37
Baccealia MD 173 Ga59
Baccon F 29 Gc40
Baceno I 141 Ca56
Băcești RO 172 Ed58
Bach A 142 Db53
Bach D 135 Eb48
Bach F 40 Gc52
Bachant F 24 Hc32
Bacharach D 133 Ca44
Bachčysaraj UA 205 Fa18
Bachmač UA 202 Ed14
Bachórz PL 139 Ka44
Bachórzec PL 139 Kb44
Bachotek PL 122 Hc33
Băcia RO 175 Cc61
Bačina SRB 178 Bc67
Băcioi MD 173 Fd58
Baciu RO 171 Da58
Baciuty PL 123 Kb34
Back GB 4 Db05
Bäck S 103 Fb46
Backa S 87 Fc38
Backa S 96 Ha41
Backa S 102 Eb49
Bäckaby S 103 Fc50
Backaland GB 5 Ec02
Bačka Palanka SRB 153 Ja60
Backaryd S 111 Fd53
Bačka Topola SRB 153 Ja58
Backberg S 95 Gb39
Backbodarna S 95 Fc40
Bäckby FIN 81 Jb28
Backe S 79 Ga28
Bäcke S 94 Ec45
Backebo S 103 Ga52
Bäckefors S 94 Ec45
Backen S 87 Gb32
Backen S 87 Ga33
Backgränd FIN 97 Jd40
Bački Breg SRB 153 Hd58
Bački Brestovac SRB 153 Hd59
Bački Jarak SRB 153 Jb60
Bačkininkai LT 114 Kc58
Bački Petrovac SRB 153 Ja60
Bački Sokolac SRB 153 Ja58
Bäckmark S 72 Gb23
Backnang D 134 Cd48
Bäcknäs S 72 Gd23
Bačko Dobro Polje SRB 153 Ja59
Bačko Gradište SRB 153 Jb59
Bačko Novo Selo SRB 153 Hd60
Bačko Petrovo Selo SRB 153 Jb59
Bačkovo BG 184 Db74
Bäckseda S 103 Fc50
Backträsk S 73 Hc22
Bâcleş RO 175 Cc65
Bacoli I 161 Fa75
Bacor Olivar E 61 Dd74
Bacova Mahala BG 180 Dc69
Bacquepuis F 23 Gb36
Bácsalmás H 153 Hd57
Bácsbokod H 153 Hd57
Bácsszentgyörgy H 153 Hd58
Bacton GB 21 Ga25
Bacup GB 16 Ed20
Bad Abbach D 135 Ea48
Badachro GB 4 Db07
Badacsonytomaj H 145 Ha55
Bad Aibling D 143 Ea52
Badajoz E 51 Bc69
Badalona E 49 Ha61
Badalucco I 43 La52
Badarán E 38 Ea58
Bad Arolsen D 126 Cd40
Bad Aussee A 144 Fa53
Bad Bederkesa D 118 Cd32
Bad Bentheim D 117 Ca36
Badbergen D 117 Cc35
Bad Bergzabern D 133 Ca47
Bad Berka D 127 Dd41
Bad Berleburg D 126 Cc40
Bad Berneck im Fichtelgebirge D 135 Ea44
Bad Bertrich D 133 Bd43

Bad Bevensen D 118 Dc34
Bad Bibra D 127 Ea40
Bad Birnbach D 143 Ec50
Bad Blankenburg D 127 Dd42
Bad Bleiberg A 144 Fa56
Bad Blumau A 144 Ga54
Bad Bocklet D 134 Db43
Bad Bodenteich D 118 Dc35
Bad Boll D 134 Da49
Bad Brambach D 135 Eb44
Bad Bramstedt D 118 Db31
Bad Breisig D 125 Ca42
Bad Brückenau D 134 Da43
Bad Buchau D 142 Cd51
Badby GB 20 Fa25
Bad Camberg D 133 Cb43
Badcaul GB 4 Dc06
Bad Colberg-Heldburg D 134 Dc43
Badderen N 63 Hc08
Bad Deutsch-Altenburg A 145 Gc51
Bad Doberan D 119 Eb31
Bad Driburg D 126 Cd38
Bad Düben D 127 Ec39
Bad Dürkheim D 133 Cb46
Bad Dürrenberg D 127 Eb40
Bad Dürrheim D 141 Cb51
Badeborn D 127 Dd38
Bądecz PL 121 Gc34
Bad Eilsen D 126 Cd37
Badellou E 48 Ga60
Bad Elster D 135 Eb44
Badelunda S 95 Gb42
Bademağacı TR 199 Gc90
Bademler TR 191 Eb86
Bademli TR 185 Dd80
Bademli TR 191 Eb84
Bademli TR 191 Eb86
Bademli TR 192 Fa83
Bademli TR 193 Ha84
Bademli TR 198 Ga89
Bademli TR 199 Gd88
Bademli TR 199 Hb89
Bademli TR 199 Hb90
Bad Ems D 133 Ca43
Baden A 145 Gb51
Baden CH 141 Cb52
Baden-Baden D 133 Cb48
Bad Endbach D 126 Cc41
Badendiek D 119 Eb32
Bad Endorf D 143 Eb51
Badenhausen D 126 Db38
Badenscoth GB 7 Ec08
Badenweiler D 141 Bd51
Baderna HR 151 Fa61
Badersleben D 127 Dd38
Badesi I 168 Ca74
Bad Essen D 117 Cc36
Bad Feilnbach D 143 Ea52
Bad Frankenhausen D 127 Dd40
Bad Freienwalde D 120 Fb35
Bad Friedrichshall D 134 Cd47
Bad Fusch A 143 Ec54
Bad Füssing D 143 Ed50
Bad Gandersheim D 126 Db38
Bad Gastein A 143 Ec54
Bad Gleichenberg A 144 Ga55
Bad Gögging D 135 Ea48
Bad Goisern A 143 Ed52
Bad Gottleuba-Berggießhübel D 128 Fa42
Bad Griesbach D 143 Ed50
Bad Grund D 126 Db38
Bad Hall A 144 Fb51
Bad Harzburg D 126 Dc38
Bad Heilbrunn D 143 Dd52
Bad Herrenalb D 133 Cb48
Bad Hersfeld D 126 Da41
Bad Hindelang D 142 Db53
Bad Hofgastein A 143 Ec54
Bad Homburg D 134 Cc43
Bad Honnef D 125 Bd42
Bad Hönningen D 125 Ca42
Badia I 143 Ea56
Badia Calavena I 149 Dc59
Badia Gran E 57 Hb68
Badia Polesine I 150 Dd61
Badia Prataglia I 156 Dd65
Badia Tedalda I 156 Ea65
Bad Iburg D 125 Cb37
Bădiceni MD 173 Fb54
Badicul Moldovenesc MD 177 Fb61
Badingen D 127 Ea36
Badirga TR 186 Fc80
Bad Ischl A 143 Ed52
Badje-Sohppar S 68 Hc14
Bad Karlshafen D 126 Da39
Bad Kemmeriboden CH 141 Ca54
Bądki PL 121 Hb32
Bad Kissingen D 134 Db44
Bad Kleinen D 119 Ea32
Bad Kleinkirchheim A 144 Fa55
Bad Klosterlausnitz D 127 Ea41
Bad Kohlgrub D 142 Dc52
Bad König D 134 Cd45
Bad Königshofen D 134 Dc43
Bad Kösen D 127 Ea41
Bad Köstritz D 127 Eb41
Bądkowo PL 121 Hb35
Bad Kreuzen A 144 Fc50
Bad Kreuznach D 133 Ca44
Bad Krozingen D 141 Bd51
Bad Laasphe D 126 Cc41
Bad Laer D 126 Cc37
Bad Langensalza D 126 Dc41
Bad Lauchstädt D 127 Ea40
Bad Lausick D 127 Ec41
Bad Lauterberg D 126 Dc39
Bad Leonfelden A 144 Fb50
Bad Liebenstein D 126 Db42
Bad Liebenwerda D 127 Ed40
Bad Liebenzell D 134 Cc48
Bad Lippspringe D 126 Cd38
Badljevina HR 152 Gd59
Bad Lobenstein D 135 Ea43
Bad Marienberg D 125 Cb42
Bad Meinberg, Horn- D 126 Cd38
Bad Mergentheim D 134 Da46
Badminton GB 19 Ec28
Bad Mitterndorf A 144 Fa53
Bad Münder D 126 Da37
Bad Münster-Ebernburg D 133 Ca45
Bad Münstereifel D 125 Bd42
Bad Muskau D 128 Fc39
Bad Nauheim D 134 Cc43
Bad Neuenahr-Ahrweiler D 125 Bd42
Bad Neustadt D 134 Db43
Bad Oeynhausen D 126 Cd37
Badolato I 164 Gc82
Badolato Marina I 164 Gc82
Badolatosa E 60 Cd74
Bad Oldesloe D 118 Dc32
Badonviller F 25 Ka37
Bad Orb D 134 Cd43
Badovinci SRB 153 Ja62
Bad Peterstal-Griesbach D 133 Cb49
Bad Pyrmont D 126 Da38
Bad Radkersburg A 144 Ga56
Bad Ragaz CH 142 Cd54
Bad Rappenau D 134 Cd47
Bad Reichenhall D 143 Ec52
Bad Rippoldsau-Schapbach D 133 Cb49
Bad Rodach D 134 Dc43
Bad Rothenfelde D 126 Cc37
Bad Saarow-Pieskow D 128 Fb37
Bad Sachsa D 126 Dc39
Bad Säckingen D 141 Ca52
Bad Salzdetfurth D 126 Db37
Bad Salzschlirf D 126 Da42
Bad Salzschlirf D 126 Da42
Bad Salzuflen D 126 Cd37
Bad Salzungen D 126 Db42
Bad Sankt Leonhard im Lavanttal A 144 Fc55
Bad Sassendorf D 126 Cc39
Bad Saulgau D 142 Cd51
Bad Schallerbach A 144 Fa50
Bad Schandau D 128 Fb42
Bad Schmiedeberg D 127 Ec39
Bad Schönau A 145 Gb53
Bad Schönborn D 134 Cc47
Bad Schussenried D 142 Cd51
Bad Schwalbach D 133 Cb43
Bad Schwartau D 119 Dd31
Bad Schwarzsee CH 141 Bc55
Bad Segeberg D 118 Dc31
Bad Sobernheim D 133 Ca45
Bad Soden D 134 Cc44
Bad Soden-Salmünster D 134 Cd43
Bad Sooden-Allendorf D 126 Db40
Bad Staffelstein D 135 Dd44
Bad Steben D 135 Ea43
Bad Suderode D 127 Dd39
Bad Sulza D 127 Ea41
Bad Sülze D 119 Ec31
Bad Tatzmannsdorf A 145 Gb54
Bad Teinach-Zavelstein D 134 Cc48
Bad Tennstedt D 126 Dc41
Bad Tölz D 143 Dd52
Bad Überkingen D 134 Da49
Badules E 47 Ed62
Bad Urach D 134 Cd49
Bad Vellach A 144 Fb56
Bad Vilbel D 134 Cc43
Bad Vöslau A 145 Gb51
Bad Waldsee D 142 Da51
Bad Wiessee D 143 Ea52
Bad Wildbad D 133 Cb48
Bad Wildungen D 126 Cd40
Bad Wilsnack D 119 Eb35
Bad Wimpfen D 134 Cd47
Bad Windsheim D 134 Db46
Bad Wörishofen D 142 Db51
Bad Wurzach D 142 Da51
Bad Zell A 144 Fc50
Bad Zwesten D 126 Cd41
Bad Zwischenahn D 118 Cc33
Baek D 119 Eb34
Bække DK 108 Da26
Bækmarksbro DK 100 Cd23
Bælum DK 100 Dc22
Baena E 60 Da73
Baerenthal F 25 Kb35
Baesweiler D 125 Bc41
Baeza E 52 Dc72
Bafra TR 205 Fb19
Bagà E 41 Gd58
Băgaciu RO 175 Db60
Bagaladi I 164 Ga84
Bagamér H 147 Kb52
Bağarası TR 197 Ed88
Bagart PL 122 Hc31
Bagaslaviškis LT 114 Kd56
Bağbaşı TR 192 Ga85
Bagdononys LT 114 Kd58
Bågede S 79 Fc27
Bâgé-le-Châtel F 34 Jb45
Bagenalstown IRL 13 Cc23
Bagenkop DK 109 Dd29
Bages F 41 Hb57
Baggböle S 80 Hb28
Baggbrod S 95 Fd42
Baggetorp S 95 Ga45
Bagheria I 166 Ed84
Bagienice PL 123 Jd32
Bağıllı TR 193 Gd87
Bağıllı TR 199 Gd88
Bağırganlı TR 187 Gb77
Bağkonak TR 193 Ha87
Baglad H 145 Gb56
Bağlarbaşı TR 193 Ha86
Bagley GB 15 Eb23
Bağlıağaç TR 198 Fd92
Baglicy RUS 99 Ld45
Bagn N 85 Dc38
Bagnac-sur-Célé F 33 Gd51
Bagnaia I 156 Ea70
Bagnara Calabra I 164 Ga83
Bagnarola I 150 Dd62
Bagnasco I 148 Bd63
Bagnères-de-Bigorre F 40 Fd56
Bagnères-de-Luchon F 40 Ga57
Bagneux-la-Fosse F 30 Hd39
Bagni Contursi I 161 Fd75
Bagni del Masino I 149 Cd57
Bagni di Craveggia I 148 Cb57
Bagni di Lucca I 155 Db64
Bagni di Mondragone I 161 Fa74
Bagni di Petriolo I 155 Dc67
Bagni di Rabbi I 142 Dc56
Bagni di Stigliano I 160 Ea71
Bagni di Tivoli I 160 Eb71
Bagni di Vinadio I 148 Bb63
Bagni San Cataldo I 161 Ga75
Bagnity PL 122 Hd31
Bagno I 161 Ga72
Bagno di Romagna I 156 Ea65
Bagnoles-de-l'Orne F 28 Fc38
Bagnoli di Sopra I 150 Ea60
Bagnoli Irpino I 161 Fc75
Bagnolo Mella I 149 Da59
Bagnolo Piemonte I 148 Bc61
Bagnols F 33 Ha48
Bagnols-en Forêt F 43 Kb54
Bagnols-les-Bains F 34 Hc51
Bagnols-sur-Cèze F 42 Jb52
Bagnone I 149 Cd63
Bagnoregio I 156 Ea69
Bagny PL 123 Kb32
Bågø By DK 108 Db27
Bagod H 145 Gc55
Bagojë AL 182 Ab75
Bagolino I 149 Db58
Bagolyirtás H 146 Ja51
Bagotoji LV 114 Kb58
Bağözü TR 187 Hb80
Bagrationovsk RUS 122 Ja30
Bagrdan SRB 174 Bc66
Bağsaray TR 199 Gc89
Báguena E 47 Ed62
Bagüés E 39 Fa58
Bağyurdu TR 191 Ed86
Bahabón de Esgueval E 46 Dc60
Bahadınlı TR 191 Ec82
Bahadır TR 192 Ga85
Bahadırlar TR 192 Fc87
Baharlar TR 191 Eb82
Bahçeağıl TR 186 Fa76
Bahçecik TR 187 Gb79
Bahçecik TR 192 Fa86
Bahçecik TR 193 Ha83
Bahçedere TR 191 Eb82
Bahçedere TR 191 Ec84
Bahçeköy TR 185 Eb78
Bahçeköy TR 186 Fa76
Bahçekuyu TR 193 Ha81
Bahçeli TR 191 Ea82
Bahçeyaka TR 197 Fa90
Bahçıvanlar TR 199 Gd89
Bahillo (Loma del Ucieza) E 38 Da57
Bahmut MD 173 Fb57
Bahna RO 172 Ec58
Bahnea RO 171 Dc59
Bahovica BG 180 Db70
Bahrdorf D 127 Dd36
Bahrenborstel D 126 Cd36
Bahrendorf D 127 Ea38
Bahşayış TR 186 Fc77
Bahu MD 173 Fc56
Baia I 161 Fa75
Baia RO 172 Eb56
Baia RO 177 Fc65
Baia de Aramă RO 175 Cc63
Baia de Criș RO 175 Cc60
Baia de Fier RO 175 Da63
Baia delle Zagare I 162 Gb72
Baia Domizia I 161 Fa74
Baia Mare RO 171 Da55
Baiano I 161 Fb74
Baiardo I 43 Kd52
Baia Sardinia I 168 Cb73
Baia Sprie RO 171 Da55
Băicoi RO 176 Ea64
Băiculești RO 175 Dc64
Baides E 47 Ea62
Baienfurt D 142 Cd51
Baierbrunn D 143 Dd51
Baiersbronn D 133 Cb49
Baiersdorf D 135 Dd46
Baierz D 142 Da51
Baigneaux F 29 Gc39
Baigneux-les-Juifs F 30 Ja41
Baile an Fheirtearaigh IRL 12 Ad24
Baile an Mhóta IRL 8 Bd18
Baile an Róba IRL 8 Bc20
Baile an Sceilg IRL 12 Ad25
Baile Átha IRL 13 Cc22
Baile Átha an Rí IRL 12 Bd21
Baile Átha Cliath IRL 13 Cd21
Baile Átha Fhirdhia IRL 9 Cd19
Baile Átha Luain IRL 13 Ca21
Baile Átha Troim IRL 9 Cc20
Băile Bixad RO 171 Da54
Băile Borșa RO 171 Dc55
Baile Brigín IRL 9 Cd20
Baile Chláir IRL 12 Bc21
Băile Felix RO 170 Cb57
Băile Govora RO 175 Db64
Băile Herculane RO 174 Cb64
Baile Locha Riach IRL 12 Bd21
Baile Mhic Andáin IRL 13 Cb24
Baile Mhistéala IRL 12 Bd24
Baile Mór GB 6 Da11
Bailén E 52 Db72
Baile na Finne IRL 8 Ca16
Baile na Lorgan IRL 9 Cd19
Băile Olănești RO 175 Db63
Băilești RO 179 Cc67
Băile Tușnad RO 176 Ea60
Baile Uí Fhiacháin IRL 8 Bc19
Baile Uí Mhatháin IRL 9 Cb20
Bailieborough IRL 9 Cc19
Baillé F 28 Fa38
Bailleau-le-Pin F 29 Gb38
Bailleul F 21 Ha30
Bailo E 39 Fb58
Bailyhaugh GB 6 Da10
Bailyhaugh GB 9 Da14
Baimaclia MD 173 Fd59
Baimaclia MD 177 Fc61
Baiñas E 36 Ac55
Bainbridge GB 11 Ed18
Bain-de-Bretagne F 28 Ed40
Baindt D 142 Da51
Bains F 34 Hd49
Bains-les-Bains F 31 Jd39
Bainton GB 17 Fc20
Baio E 36 Ac54
Baiona E 36 Ac58
Bairro P 50 Ac66
Bais F 28 Fc39
Baiso I 149 Db63
Băișoara RO 171 Cd58
Baisogala LV 114 Kb55
Băița RO 175 Cc60
Băița de Sub Codru RO 171 Cd55
Băiuș MD 177 Fc60
Băiuț RO 171 Db55
Baix F 34 Jb50
Baja H 153 Hd57
Bajánsenye H 145 Gb55
Baja de Arieș RO 171 Cd59
Bajāri LV 114 La53
Bajč SK 145 Hb51
Bajčsa H 152 Gc57
Bajdyty PL 122 Jb30
Bajevka RUS 113 Ja58
Bajgora KSV 178 Bb70
Bajina Bašta SRB 159 Ja64
Bajkal BG 180 Db68
Bajki-Zalesie PL 123 Ka33
Bajlovce MK 178 Bd72
Bajlovo BG 179 Cd71
Bajmok SRB 153 Ja58
Bajna H 146 Hc52
Bajorai LT 114 La53
Bajovo Polje MNE 159 Hd67
Bajram Curr AL 159 Jc69
Bajša SRB 153 Ja58
Bak H 145 Gc55
Baka SK 145 Gd51
Bakacak TR 185 Ec80
Bakałarzewo PL 123 Ka30
Bakar HR 151 Fb60
Bakdemirler TR 187 Gd79
Bakel NL 125 Bb38
Bakewell GB 16 Ed22
Bakır TR 191 Ed84
Bakırköy TR 186 Fb80
Bakka N 92 Cb46
Bakka N 93 Db41
Bakkafjörður IS 3 Bc04
Bakkagerði IS 3 Bc05
Bakke N 84 Cb40
Bakke N 92 Cb46
Bakke N 93 Dd42
Bakke N 93 Db45
Bakkeby N 63 Hb09
Bakkejord N 62 Gc10
Bakkejord N 67 Gb13
Bakken N 77 Dc29
Bakken N 78 Eb30
Bakken N 79 Fb27
Bakketun N 71 Fb22
Bakkeveen NL 117 Bd33
Bakko N 93 Db41
Baklalı TR 186 Fc77
Baklan TR 192 Ga87
Baklançakırlar TR 198 Fd88
Baklankuyucak TR 198 Ga88
Baklia N 85 Dc36
Bakonybél H 145 Ha54
Bakonycsernye H 145 Hb53
Bakonygyepes H 145 Ha54
Bakonyjákó H 145 Ha54
Bakonykoppány H 145 Ha53
Bakonypéterd H 145 Ha53
Bakonyszombathely H 145 Ha53
Bąków PL 129 Hb41
Bąkowa Góra PL 130 Ja41
Baksan RUS 205 Ga17
Baksjöberg S 80 Gd27
Baksjöliden S 80 Gd27
Baktakék H 146 Jc50
Baktalórántháza H 147 Kb51
Baktsjaur S 72 Ha23
Bakum D 117 Cc35
Bakvattnet S 79 Fb28
Bäl S 104 Ha49
Bala GB 15 Ea23
Băla RO 171 Dc58
Bala RO 175 Cc64
Balaban TR 186 Fa75
Balaban TR 186 Fc77
Balaban TR 187 Gb78
Balabancık TR 185 Eb77
Balabancık TR 185 Ec78
Bălăbănești MD 173 Fd58
Bălăbănești RO 177 Fa61
Balabanlı TR 185 Ed77
Balabanlı TR 191 Ea82
Balabanlı TR 192 Fa87
Balabanovo RUS 202 Ed11
Balabanu MD 177 Fc61
Bălăceanu RO 176 Ed63
Balaci RO 175 Dc66
Bălăcița RO 175 Cc66
Balaciu RO 176 Ec66
Balaguer E 48 Ga60
Balahna RUS 203 Fb09
Balahoncevo RUS 107 Mb50
Balaklija UA 203 Fa14
Balakovo RUS 203 Ga11
Bălan RO 171 Cd56
Bălan RO 172 Ea59
Balanegra E 61 Dd76
Bălănești MD 173 Fb57
Bălănești RO 175 Cd63
Balaruc-les-Bains F 41 Hd54
Bälaryd S 103 Fc49
Bălășești MD 173 Fc56
Bălășești RO 177 Fa61
Balašiha RUS 203 Fa10
Balasinești MD 172 Ed54
Balašov RUS 203 Fc12
Balassagyarmat H 146 Hd51
Balástya H 146 Jb56
Balata di Baida I 166 Eb84
Balata di Modica I 167 Fc87
Balatcık TR 191 Ed87
Balatdanişment TR 192 Fd82
Bălați RO 172 Ed57
Balatina MD 173 Fa55
Balatonakali H 145 Ha55
Balatonakarattya H 145 Hb54
Balatonalmádi H 145 Hb54
Balatonboglár H 145 Ha55
Balatonbozsok H 145 Hb55
Balatonföldvár H 145 Ha55
Balatonfüred H 145 Ha55
Balatonfűzfő H 145 Hb54
Balatongyörök H 145 Gd55
Balatonkenese H 145 Hb54
Balatonkeresztúr H 145 Gd56
Balatonlelle H 145 Ha55
Balatonmagyaród H 145 Gd56
Balatonszabadi H 145 Hb55
Balatonszárszó H 145 Ha55
Balatonszemes H 145 Ha55
Balatonszentgyörgy H 145 Gd56
Balatonudvari H 145 Ha55
Balatonújlak H 145 Gd56
Bălăurești MD 173 Fb56
Bălăușeri RO 171 Dc59
Balazote E 53 Eb69
Balazuc F 34 Ja51
Balbeggie GB 7 Eb11
Balbieriškis LT 114 Kc59
Balbigny F 34 Hd46
Balbiši LV 107 Ld51
Balblair GB 5 Ea07
Balboa E 37 Bd56
Balbriggan IRL 9 Cd20
Balc RO 171 Cc56
Bălca RO 172 Eb54
Balcani RO 172 Ec59
Bălcăuți MD 173 Fa53
Bălcăuți RO 172 Eb55
Bălcești RO 175 Da65
Balcı TR 191 Ed81
Balcı TR 193 Gd87
Balcıdamı TR 193 Gb85
Balčik BG 181 Fb70
Balçık TR 186 Ga78
Balçıkhisar TR 187 Gb80
Balçıkhisar TR 193 Gc86
Balçıkhisar TR 193 Gd82
Balcılar TR 185 Eb80
Balcılar TR 191 Ed86
Balcombe GB 20 Fc29
Balderschwang D 142 Da53
Baldichieri d'Asti I 148 Bd61
Baldock GB 20 Fc26
Baldone LV 106 Kc51
Baldos P 44 Bb62
Baldovinești RO 175 Da66
Baldovinești RO 177 Fb63
Bale HR 151 Fa61
Baleix F 40 Fc55
Baleizão P 50 Ad71
Balen B 124 Ba39
Băleni RO 176 Ea65
Băleni RO 177 Fb62
Balenos LT 113 Jd53
Balerma E 61 Dd76
Bălești RO 175 Cc63
Bălești RO 176 Ed63
Balestrand N 84 Cc36
Balestrate I 166 Eb84
Balf H 145 Gc52
Balfour GB 5 Ec03
Balfron GB 7 Dd12
Balgale LV 105 Jd50
Bălgaranovo BG 180 Eb71
Bălgarene BG 180 Da69
Bălgarene BG 180 Dc69
Bălgarevo BG 181 Fb70
Bălgari BG 186 Fa74
Bălgarin BG 185 Ea74
Bălgarska poljana BG 185 Ea74
Bălgarski Izvor BG 179 Da70
Bălgarsko Slivovo BG 180 Dd69
Balge D 118 Da35
Bälgviken S 95 Gb44
Bali GR 200 Cd95
Balice PL 138 Ja44
Baligród PL 139 Kb46
Balik BG 181 Fa68
Balıkesir TR 192 Fa82
Balıklı TR 185 Ed79
Balıklıçeşme TR 185 Ec80
Balıklıdere TR 192 Fb81
Balıklıova TR 191 Ea86
Bălilești RO 175 Dc64
Balinderry IRL 13 Ca22
Bälinge S 73 Hd22
Bälinge S 96 Gc41
Bälinge S 96 Gc45
Bälinge S 102 Ec48
Bälinge S 110 Fa54
Balingen D 142 Cc50
Balingsta S 96 Gc42
Balinț RO 174 Ca60
Balintore GB 5 Ea07
Baliskės LT 114 Kb58
Balivanich GB 6 Cd07
Balizac F 32 Fb51
Balje D 118 Da31
Baljevac BIH 151 Ga62
Baljevac SRB 178 Ba68
Balk NL 116 Bb34
Balka DK 111 Fd58
Balkanski BG 180 Eb69
Balkány H 147 Ka51
Balkasodis LT 114 Kc59
Balkbrug NL 117 Bd35
Balkı TR 193 Hb87
Balkıca TR 198 Fd89
Balla IRL 8 Bc19
Ballaban AL 182 Ac77
Ballabio Inferiore I 149 Cd58
Ballachullish GB 6 Dc10
Ballagh IRL 12 Bc24
Ballaghaderreen IRL 8 Bd19
Ballancourt-sur-Essone F 29 Gd38
Ballangen N 66 Ga14
Ballantrae GB 10 Dc16
Ballao I 169 Cb78
Ballasalla GB 10 Dc19
Ballasviken S 71 Ga20
Ballater GB 7 Ec09
Balle DK 101 Dd23
Balle Bhuirne IRL 12 Bb25
Ballefors S 103 Fb46
Ballen DK 109 Dd25
Ballenstedt D 127 Dd39
Balleroy F 22 Fb36
Ballerup DK 109 Ec25
Ballesteros E 52 Db68
Ballesteros de Calatrava E 52 Db69
Ballı TR 185 Ec78
Ballıbucak TR 199 Gd90
Ballıca TR 186 Ga78
Ballickmoyler IRL 13 Cc23
Ballıhisar TR 193 Hb83
Ballık TR 193 Gb86
Ballık TR 198 Fd91
Ballina IRL 8 Bc18
Ballina IRL 12 Bd23
Ballinafad IRL 8 Ca19
Ballinagleragh IRL 8 Ca18
Ballinakill IRL 13 Cb23
Ballinalee IRL 9 Cb20
Ballinamore IRL 9 Cb19
Ballinascarty IRL 12 Bc26
Ballinasloe IRL 13 Ca21
Ballinclea IRL 13 Cd22
Ballincollig IRL 12 Bd26
Ballincurrig IRL 12 Bd25
Ballindine IRL 8 Bd20
Balling DK 100 Da22
Ballingarry IRL 12 Bc24
Ballingarry IRL 13 Ca22
Ballingarry IRL 13 Cb23
Ballingeary IRL 12 Bb26
Ballingslöv S 110 Fa54
Ballingurteen IRL 12 Bc26
Ballinhassig IRL 12 Bd26
Ballinlough IRL 8 Bd19
Ballino I 149 Db58
Ballinrobe IRL 8 Bc20
Ballinspittle IRL 12 Bc26
Ballintogher IRL 8 Ca18
Ballinunty IRL 13 Ca23
Ballinure IRL 13 Ca24
Ballıpınar TR 186 Fa79
Ballivor IRL 9 Cc20
Ballobar E 48 Fd61
Balloch GB 10 Dd13
Balloch GB 10 Dd15
Ballon F 28 Fd39
Ballon IRL 13 Cc23
Balloo Cross Roads GB 10 Db18
Ballota E 37 Ca54
Ballots F 28 Fa40
Ballsh AL 182 Ab77
Ballsnes N 66 Ga14
Ballstad N 66 Fb15
Ballvengland IRL 12 Bc23
Ballybay IRL 9 Cc18
Ballybofey IRL 9 Cb16
Ballyboghill IRL 13 Cd21
Ballybogy GB 9 Cd15
Ballybrittas IRL 13 Cc22
Ballybunnion IRL 12 Bb23
Ballycanew IRL 13 Cd24
Ballycastle GB 9 Da15
Ballycastle IRL 8 Bc17
Ballyclare GB 9 Da17
Ballyclare IRL 8 Ca20
Ballycolla IRL 13 Cb22
Ballyconneely IRL 8 Ba20
Ballyconnell IRL 9 Cb18
Ballycorick IRL 12 Bc23
Ballycotton IRL 13 Ca26
Ballydangan IRL 13 Ca21
Ballydehob IRL 12 Bb26
Ballydesmond IRL 12 Bb24
Ballyduff IRL 12 Bb23
Ballyduff IRL 13 Ca25
Ballyfad IRL 13 Cd23
Ballyfeard IRL 12 Bd26
Ballyferriter IRL 12 Ad24
Ballygalley GB 9 Da16
Ballygarrett IRL 13 Cd24
Ballygawley GB 9 Cc17
Ballyglass IRL 8 Bc19
Ballygowan GB 9 Da17
Ballygrant GB 6 Da13
Ballyhahill IRL 12 Bc23
Ballyhalbert GB 10 Db17
Ballyhaunis IRL 8 Bd19
Ballyhean IRL 8 Bc19
Ballyheerin IRL 9 Cb15
Ballyheige IRL 12 Ba24
Ballyhillin IRL 9 Cc14
Ballyhooly IRL 12 Bd25
Ballyhornan GB 10 Db18
Ballyjamesduff IRL 9 Cc19
Ballykeel GB 9 Da18
Ballylanders IRL 12 Bd24
Ballylongford IRL 12 Bb23
Ballylooby IRL 13 Ca24
Ballylynan IRL 13 Cc22
Ballymacarbry IRL 13 Ca25
Ballymack IRL 13 Cb24
Ballymacoda IRL 13 Ca26
Ballymacrevan GB 9 Da17
Ballymahon IRL 9 Cb20
Ballymena GB 9 Da16
Ballymoe IRL 8 Bd20
Ballymoney GB 9 Cc16
Ballymoney GB 9 Cd15
Ballymore IRL 9 Cb20
Ballymore Eustace IRL 13 Cd22
Ballymote IRL 8 Bd18
Ballymurphy IRL 13 Cc24
Ballynabola IRL 13 Cc24
Ballynacarrigy IRL 9 Cb20
Ballynacourty IRL 13 Ca25
Ballynagore IRL 13 Cb21
Ballynagree IRL 12 Bc25
Ballynahinch GB 9 Da18
Ballynahown IRL 12 Bb21
Ballynahown IRL 13 Ca21
Ballynakilla IRL 12 Ba26
Ballynakilly Upper IRL 12 Ba25
Ballynamona IRL 12 Bd25
Ballynamult IRL 13 Ca25
Ballynana IRL 12 Ad24
Ballynaskreena IRL 12 Bb23
Ballyneety IRL 12 Bd23
Ballynure GB 9 Da16
Ballypatrick IRL 13 Cb24
Ballyporeen IRL 13 Ca24
Ballyquin IRL 12 Ba24
Ballyragget IRL 13 Cb23
Ballyroebuck IRL 13 Cd23
Ballyroon IRL 12 Ba26
Ballysadare IRL 8 Ca18
Ballyshannon IRL 8 Ca17
Ballyshannon IRL 13 Cc22
Ballysteen IRL 12 Bc23
Ballytoohy IRL 8 Bb19
Ballyvaughan IRL 12 Bc21
Ballyvourney IRL 12 Bb25
Ballyvoy GB 9 Da15
Ballywater GB 10 Db17
Ballywilliam IRL 13 Cc24
Balmacara GB 4 Da05
Balmahmut TR 193 Gc85
Balmaseda E 38 Dd55
Balmazújváros H 147 Jd52
Balme I 148 Bc59
Balmedie GB 7 Ed09
Balmerino GB 7 Eb11
Balminnoch GB 10 Dc16
Balmonte E 37 Bd54
Balmuccia I 148 Ca58
Balnafoich GB 7 Ea08
Balnahard GB 6 Da11
Balnapaling GB 5 Ea07
Balneario de Panticosa E 40 Fc57
Balninkai LT 114 La56
Baloira E 36 Ad56
Balojotnjälbmi FIN 68 Ja13
Balören TR 187 Gb78
Balotești RO 176 Eb65
Balozi LV 106 Kb51
Balquhidder GB 7 Dd11
Balrath IRL 9 Cd20
Bals RO 175 Da66
Balsa P 44 Bb60
Balșa RO 175 Cd60
Balsa de Ves E 54 Fa68
Balsareny E 49 Gd60
Balsfjord N 62 Gd10
Balsham GB 20 Fd26
Balsicas E 55 Fa73
Balsièges F 34 Hc51
Balsjö S 80 Ha28
Balsorano Nuovo I 160 Ed72
Balsovo RUS 99 Lc45
Bälsta S 96 Gc43
Balsthal CH 141 Bd53

Balsupiai – Bebertal

Balsupiai LV 114 Kb59
Balta UA 204 Ec16
Balta Albă RO 176 Ed63
Balta Berilovac SRB 179 Ca69
Balta Doamnei RO 176 Eb65
Baltanás E 46 Db59
Baltar E 36 Bb58
Baltasound GB 5 Fa03
Bălțata MD 173 Fd58
Băltătești RO 172 Ec57
Balta Verde RO 174 Cb66
Bălteni RO 173 Fa59
Bălteni RO 175 Cd64
Bălțești RO 176 Eb64
Bălti MD 173 Fb55
Baltijsk RUS 113 Hd59
Baltimore IRL 12 Bb27
Baltinava LV 107 Ld49
Baltinglass IRL 13 Cc22
Bal'tino RUS 107 Ma50
Baltoji Vokė LT 114 La58
Bałtów PL 131 Jd41
Baltrušaičiai LT 113 Jd57
Balugães P 44 Ad59
Băluseni RO 172 Ed55
Balvan BG 180 Dd70
Balve D 125 Cb39
Balvi LV 107 Lc49
Balya TR 191 Ed82
Balze I 156 Ea65
Balzers FL 142 Cd54
Balzo I 156 Ed68
Bambalió GR 188 Ba83
Bamberg D 134 Dc45
Bamble N 93 Dc44
Bamburgh GB 11 Fa14
Bamford GB 16 Ed22
Bammental D 134 Cc46
Bampton GB 19 Ea29
Banafjäl S 80 Ha30
Banagher IRL 13 Ca21
Banarlı TR 185 Ed77
Banatska Dubica SRB 174 Bb62
Banatska Palanka SRB 174 Bc64
Banatska Topola SRB 153 Jc58
Banatska Topola SRB 174 Bb60
Banatski Despotovac SRB 174 Bb62
Banatski Dvor SRB 153 Jc59
Banatski Karlovac SRB 174 Bc63
Banatsko Aranđelovo SRB 170 Bb59
Banatsko Karađorđevo SRB 153 Jc59
Banatsko Novo Selo SRB 174 Bb63
Banatsko Veliko Selo SRB 174 Bb60
Banaz TR 192 Ga85
Banbridge GB 9 Da18
Banbury GB 20 Fa26
Banca RO 177 Fb60
Band RO 171 Db59
Bande E 36 Ba58
Bandeira E 36 Ba56
Bandenitz D 119 Ea33
Bandholm DK 109 Ea28
Bandirma TR 186 Fa80
Bando I 150 Ea62
Bandol F 42 Jd55
Bandon IRL 12 Bc26
Băneasa RO 177 Fb61
Băneasa RO 180 Ea67
Băneasa RO 181 Fa67
Bañeres E 55 Fb70
Bånes N 63 Hc08
Bănești RO 176 Ea64
Banevo BG 181 Ed72
Banff GB 5 Ec07
Bångnäs S 79 Fd25
Bangor GB 10 Db17
Bangor GB 15 Dd22
Bangor IRL 8 Bb18
Bangor-is-y-coed GB 15 Eb23
Bangsund N 78 Ec26
Bangueses E 36 Ba58
Banica BG 179 Cd69
Banie PL 120 Fc34
Banie Mazurskie PL 123 Jd30
Baniewice PL 120 Fc34
Baniska BG 180 Ea69
Bănișor RO 171 Cc57
Banište BG 179 Cb71
Bănița RO 175 Cd62
Banja BG 184 Cc74
Banja BG 179 Da72
Banja BG 180 Db72
Banja BG 180 Ea72
Banja BG 181 Fa72
Banja BIH 159 Ja65
Banja SRB 159 Ja66
Banja e Kukës AL 182 Ad79
Banja Koviljača SRB 153 Hd63
Banjaloka SLO 151 Fc60
Banja Luka BIH 152 Gd62
Banjani SRB 153 Jb62
Banja Vrućica BIH 152 Hb62
Banje KSV 178 Ba69
Banjica KSV 178 Ad70
Banjica SRB 159 Jc68
Banjište MK 182 Ad74
Banjska KSV 178 Ba69
Bankekind S 103 Ga47
Bankeryd S 103 Fb48
Bankja BG 179 Cc71
Banloc RO 174 Bc62
Bannalec F 27 Dd40
Bännbäck S 95 Gb41
Bannegon F 29 Ha43
Bannes F 24 Hc37
Bannes F 30 Jb39
Bannewitz D 128 Fa41
Bannockburn GB 7 Ea12
Bannoncourt F 24 Jb36
Bannow IRL 13 Cc25
Banon F 42 Jd52
Bañón E 47 Fa63
Banos de Alicún de las Torres E 61 Dd74
Baños de Benasque E 40 Ga57
Baños de Fuente de la Encina E 52 Db72
Baños de la Encina E 52 Db71
Baños de Molgas E 36 Bb58
Baños de Montemayor E 45 Cb64
Baños de Río Tobia E 38 Ea58
Baños de Valdearados E 46 Dc60
Baños de Valdeganga E 53 Eb66
Bánov CZ 137 Ha48
Bánov SK 145 Hc51
Banova Jaruga HR 152 Gc60
Bánovce nad Bebravou SK 137 Hb49
Banovci Dunav SRB 153 Jc61
Banovići BIH 153 Hc63
Bánréve H 146 Jb50
Bansha IRL 13 Ca24
Bansin D 120 Fb31
Bansjo MK 183 Ca75
Banská Bystrica SK 138 Hd49
Banská Stiavnica SK 146 Hc50
Banské SK 139 Jd48
Bansko BG 184 Cc74
Banstead GB 20 Fc29
Banteer IRL 12 Bc25
Banteln D 126 Db37
Bantheville F 24 Ja35
Bantry IRL 12 Bb26
Bantzenheim F 31 Kc39
Bañuelos de Bureba E 38 Dd58
Bañugues E 37 Cc53
Bānūži LV 106 Kd49
Banwell GB 19 Eb28
Banyalbufar E 56 Ha67
Banyoles E 49 Hb59
Banyuls-sur-Mer F 41 Hb58
Banzi I 162 Gb75
Banzkow D 119 Ea33
Bapaume F 23 Ha32
Bár H 153 Hc57
Bar MNE 163 Ja71
Bar UA 204 Eb15
Băra RO 172 Ed58
Bara RO 174 Ca60
Bara S 110 Ed56
Barabany RUS 107 Mb50
Baraboi MD 173 Fa54
Baracak TR 191 Ed82
Bărăganu RO 177 Fa65
Bărăganu RO 181 Fc67
Baragem da Aguieira P 44 Ad63
Baragı TR 192 Ga84
Barágo E 38 Da55
Barahona E 47 Ea62
Barajas E 46 Dc64
Barajas de Melo E 47 Ea65
Barakaldo E 38 Ea55
Baraklı TR 193 Gb87
Baranavičy BY 202 Ea13
Baránd H 147 Jd53
Barane KSV 178 Ad71
Baranivka UA 204 Eb15
Baranjsko Petrovo Selo HR 153 Hc59
Barano d'Ischia I 161 Fa75
Baranovka LV 107 Ld50
Baranów PL 129 Ha40
Baranów PL 130 Ja37
Baranów PL 131 Ka39
Baranowo PL 122 Jc31
Baranowo PL 122 Jc33
Baranowo PL 129 Gc36
Baranów Sandomierski PL 131 Jd42
Baranyajenő H 152 Hb57
Baraolt RO 176 Ea61
Baraque-Saint-Jean F 41 Ha52
Baraqueville F 41 Ha52
Bårared S 102 Ed52
Barásoain E 39 Ed57
Bărăști RO 175 Db65
Bărăteaz RO 174 Bc60
Barbacena P 51 Bb68
Barbadillo E 45 Cb62
Barbadillo de Herreros E 46 Dd59
Barbadillo del Mercado E 46 Dd59
Barbadillo del Pez E 46 Dd59
Barbalimpia E 53 Eb66
Barban HR 151 Fa61
Barbantes E 36 Ba57
Barbarano Vicentino I 150 Dd60
Barbaros TR 185 Dd80
Barbaros TR 185 Ed78
Barbaros TR 191 Ea86
Barbarušince SRB 178 Bd71
Barbaste F 40 Fd52
Barbastro E 48 Fd59
Barbate E 59 Bd77
Bărbătești RO 175 Cd64
Bărbătești RO 175 Da63
Barbatovac SRB 178 Bb69
Barbâtre F 27 Ec43
Barbazan F 40 Ga56
Barbeitos E 37 Bd55
Bārbele LV 106 Kc52
Barber Booth GB 16 Ed22
Barberino di Mugello I 155 Dc64
Barberino Val d'Elsa I 155 Dc66
Barbezieux-Saint-Hilaire F 32 Fc48
Barbières F 35 Jc49
Barbing D 135 Eb48
Barbizon F 29 Ha38
Bärbo S 95 Gb45
Barboles E 47 Fa60
Barbonne-Fayel F 24 Hc37
Barbotan-les-Thermes F 40 Fc53
Barbu N 93 Db46
Bărbulețu RO 176 Dd64
Barbullush AL 163 Jb71
Barbuñales E 48 Fc59
Barby D 127 Eb38
Barca E 47 Ea61
Bârca RO 179 Cd67
Barca de Alva P 45 Bc62
Barcaggio F 154 Cc67
Barcaldine GB 6 Dc11
Bărcănești RO 176 Ec65
Barcani RO 176 Eb62
Barcarrota E 51 Bc70
Barcea RO 177 Fa62
Barcellona Pozzo di Gotto I 167 Fd84
Barcelona E 49 Ha61
Barcelonne-du-Gers F 40 Fc54
Barcelonnette F 43 Kb51
Barcelos P 44 Ad60
Bárcena de Ebro E 38 Db56
Bárcena del Monasterio E 37 Ca54
Bárcena de Pie de Concha E 38 Db55
Bárcena Mayor E 38 Db55
Barchem NL 125 Bd37
Barchín del Hoyo E 53 Eb67
Barčiai LT 114 Kd59
Barcial del Barco E 45 Cb59
Barciany PL 122 Jb30
Barcillonnette F 42 Jd51
Barcin PL 121 Ha35
Barcis I 150 Eb57
Barco P 44 Ba64
Barcones E 47 Ea61
Barcos P 44 Bb61
Barcs H 152 Ha58
Barcus F 39 Fb55
Barczewko PL 122 Ja31
Barczewo PL 122 Ja31
Bard I 148 Bd58
Bârda RO 174 Bd62
Bardakçı TR 192 Fb84
Bardakçı TR 193 Gd83
Bardakçılar TR 191 Ec81
Bardal N 70 Fa21
Bardallur E 47 Fa60
Bardar MD 173 Fc58
Bărdarski Geran BG 179 Da68
Barde DK 108 Da24
Bardejov SK 139 Jd46
Bardejovské Kúpele SK 139 Jd46
Bårdesø DK 109 Dd26
Bardi I 149 Cd62
Bardineto I 148 Bd63
Bard-le-Régulier F 30 Hd42
Bardney GB 17 Fc22
Bardo PL 137 Gc43
Bardolino I 149 Db59
Bardonecchia I 148 Ba60
Bardowick D 118 Dc33
Bardsea GB 11 Eb19
Bardsey GB 16 Fa20
Bardu bygdetun N 67 Gc12
Bardujord N 67 Gc12
Bare BIH 159 Hd65
Bare MNE 159 Jb68
Bare SRB 174 Bb66
Bareanești RO 176 Eb65
Båreberg S 102 Ed47
Barèges F 40 Fd56
Bärenbad A 143 Ea54
Barenburg D 118 Cd36
Barendrecht NL 124 Ad37
Bärenstein D 128 Fa42
Bärenstein D 135 Ed43
Barentin F 23 Ga34
Barenton F 28 Fb38
Barevo BIH 152 Gd63
Bärfendal S 102 Eb46
Barfleur F 22 Fa34
Barford GB 17 Ga24
Barford Saint Martin GB 20 Ed29
Barga I 155 Da64
Bargas E 52 Db66
Bărgăuani RO 172 Ec58
Barge I 148 Bc61
Bargème F 43 Kb53
Bargemon F 43 Kb53
Bargen, Helmstadt- D 134 Cd46
Bargeshagen D 119 Eb31
Bargfeld-Stegen D 118 Dc32
Barghe I 149 Db59
Bărghis RO 175 Dc61
Bargłówka PL 137 Hb44
Bargłów Kościelny PL 123 Ka31
Bargoed GB 19 Ea27
Bargrennan GB 10 Dd16
Bargstedt D 118 Da33
Bargteheide D 118 Dc32
Bargullas AL 182 Ac77
Bar Hill GB 20 Fd25
Bari I 162 Gd74
Barić SRB 153 Jc62
Barić Draga HR 151 Fd63
Barice SRB 174 Bc62
Barilović HR 151 Fd60
Barinas E 55 Fa71
Båring DK 108 Dc26
Barisciano I 156 Ed70
Barisey-la-Côte F 25 Jc37
Barjac F 34 Hc51
Barjac F 34 Ja51
Bārjās S 72 Ha18
Barjols F 42 Ka54
Bark D 118 Dc31
Bărkač BG 180 Db69
Barkåker N 93 Dd43
Barkarö S 95 Gb43
Barkava LV 107 Lb50
Barkelsby D 108 Db29
Barkeryd S 103 Fc49
Barkestad N 66 Fc12
Barking GB 20 Fd28
Barklainiai LT 114 Kc55
Barkowo PL 120 Fd32
Barkowo PL 121 Gc32
Barkston GB 16 Fb23
Barkway GB 20 Fd26
Bârla RO 175 Dc66
Barla TR 193 Gd87
Bârlad RO 177 Fa60
Barleben D 127 Ea37
Bar-le-Duc F 24 Jb37
Barles F 42 Ka51
Barletta I 162 Gb73
Barlinek PL 120 Fd35
Barlingbo S 104 Ha49
Barlo D 125 Bd37
Barlow GB 16 Fa22
Barmash AL 182 Ad78
Barmouth GB 15 Dd24
Barmstedt D 118 Db32
Barna IRL 12 Bc21
Bârna RO 174 Ca61
Barnaderg IRL 8 Bd20
Barnard Castle GB 11 Ed18
Barnarp S 103 Fb49
Bärnau D 135 Eb45
Barnave F 35 Jc50
Barnay F 30 Hd42
Barne-Åsaka S 102 Ed47
Barneberg D 127 Dd37
Barnes GB 20 Fc28
Barnesmore IRL 9 Cb16
Barnetby le Wold GB 17 Fc21
Barneveld NL 116 Bb36
Barneville-Carteret F 22 Ed35
Barnewitz D 127 Ec36
Barney GB 17 Ga23
Barnim PL 120 Fc34
Bärnkopf A 144 Fc50
Barnoldswick GB 16 Ed20
Bârnova RO 173 Fa58
Barnówko PL 120 Fc35
Barnsley GB 16 Fa21
Barnsley GB 20 Ed27
Barnstädt D 127 Ea40
Barnstaple GB 19 Dd29
Barnstorf D 118 Cd35
Barntrup D 126 Cd38
Baron F 23 Ha36
Baroncea MD 173 Fb54
Baronissi I 161 Fc75
Baronville F 25 Ka36
Baroševac SRB 153 Jc63
Barösund FIN 98 Ka40
Barovo MK 183 Bd75
Barqueiro P 44 Ad65
Barqueiros P 44 Ac60
Barquilla de Pinares E 45 Cc65
Barr F 25 Kb37
Barracas E 54 Fb66
Barrachina E 47 Fa63
Barraco E 46 Da64
Barra de Mira P 44 Ac63
Barrado E 45 Cb65
Barraduff IRL 12 Bb25
Barrafranca I 167 Fa86
Barral (Castrelo de Miño) E 36 Ba57
Barrancos P 51 Bb71
Barranco Velho P 58 Ad74
Barranda E 61 Ec72
Barrax E 53 Eb69
Barrea I 161 Fa72
Barreiro P 50 Aa69
Barrême F 42 Ka52
Barret-le-Bas F 42 Jd51
Barrhead GB 10 Dd13
Barrhill GB 10 Dc16
Barriada de Jarana E 59 Bd76
Barriada Las Canteras E 61 Eb75
Barrière de Champlon B 132 Ba43
Barrigone IRL 12 Bc23
Barri Mar E 54 Fc67
Barrio de Nuestra Señora E 37 Cc57
Barrit DK 108 Dc25
Barro E 38 Da54
Barrô P 44 Ba61
Barroca P 44 Ba64
Barroças e Taias P 36 Ad58
Barros E 38 Db55
Barroselas P 44 Ac59
Barrosinha P 50 Ac70
Barrou F 29 Ga43
Barrowby GB 16 Fb23
Barrow-in-Furness GB 11 Eb19
Barrow-upon-Soar GB 16 Fa24
Barruç AL 178 Ad73
Barruecopardo E 45 Bd62
Barruelo de Santullán E 38 Db56
Barry GB 19 Ea28
Bârsa RO 170 Cb59
Bârsana RO 171 Db54
Bârsănești RO 176 Ec60
Barsanges F 33 Gd48
Bârsău de Sus RO 171 Cd55
Barsbüttel D 118 Dc32
Bårse DK 109 Eb27
Barsebäckshamn S 110 Ed55
Barsele S 72 Gc24
Bârsești RO 176 Ec61
Barsinghausen D 126 Da36
Barsinghausen D 126 Da37
Barsk MNE 159 Jb67
Barßel D 117 Cb33
Barst F 25 Ka35
Barstyčiai LT 113 Jc53
Bar-sur-Aube F 30 Ja38
Bar-sur-Seine F 30 Hd39
Barsviken S 88 Gc33
Barszczewo PL 123 Kb33
Bârta LV 113 Jb53
Bartąg PL 122 Ja32
Bartenheim F 31 Kc40
Bartenstein D 134 Da46
Barth D 119 Ec30
Bartholomä D 134 Da48
Bartın TR 205 Fa20
Bartne PL 139 Jd45
Bartniki PL 130 Ja38
Bartninkai LT 114 Ka59
Bartołty Wielkie PL 122 Jb31
Barton GB 16 Ed24
Barton Mills GB 20 Fd25
Barton-upon-Humber GB 17 Fc21
Bartoszyce PL 122 Jb30
Barty PL 122 Hd31
Baru RO 175 Cc62
Baruchowo PL 130 Hc36
Barum D 118 Dc34
Barumini I 169 Ca78
Barun RUS 203 Ga14
Baruth/Mark D 128 Fa38
Barutin BG 184 Da75
Barva S 95 Gb43
Barvas GB 4 Da04
Barvaux B 124 Ba42
Barvaux-Condroz B 124 Ba42
Barver D 118 Cd35
Bårvik N 63 Hc06
Barvinkove UA 205 Fb15
Barwice PL 121 Gb32
Barwinek PL 139 Jd46
Barwino PL 121 Gc30
Barycz PL 139 Ka44
Baryczka PL 139 Ka44
Baryš RUS 203 Fd10
Barysav BY 202 Eb12
Bârza RO 175 Da66
Barzago I 149 Cc58
Bârzava RO 174 Ca60
Barzdai LV 114 Kb58
Barzdžiūnai LT 123 Kc30
Bârzija BG 179 Cc69
Bârzina BG 179 Cd68
Barzio I 149 Cd58
Bås N 93 Da45
Bašaid SRB 174 Bb61
Başalma MD 177 Fc61
Basarabeasca MD 177 Fd60
Basarabi RO 181 Fc67
Başarap TR 193 Gc86
Basarbovo BG 180 Ea68
Basardilla E 46 Db62
Basauri E 38 Ea55
Basavžže N 65 Kb06
Bâsca Chiojdului RO 176 Eb63
Başcalia MD 177 Fd60
Bàscara E 49 Hb59
Başçayır TR 192 Fa87
Baschi I 156 Ea69
Baschurch GB 15 Eb24
Basconcillos del Tozo E 38 Db57
Bascones de Ojeda E 38 Da57
Bascov RO 175 Dc64
Basdahl D 118 Da33
Basdorf D 119 Ed35
Basel CH 141 Bd52
Båseland N 93 Da46
Baselga di Pinè I 149 Dc57
Baselice I 161 Fc73
Băsești RO 171 Cd55
Başgöze TR 199 Hb88
Båsheim N 93 Dc41
Basi LV 105 Jb51
Başıbüyük TR 186 Fd78
Basicò I 167 Fc84
Basigo de Bakio E 38 Ea55
Basildon GB 20 Fd28
Basiliano I 150 Ec58
Basilique de Hennebont F 27 Ea40
Bašin SRB 174 Bb65
Bäsinge S 95 Ga41
Basingstoke GB 20 Fa29
Basırlar TR 193 Gc84
Bäsjösätern S 86 Fa38
Baška CZ 137 Hb46
Baška HR 151 Fc61
Båskas FIN 81 Ja30
Baskemölla S 111 Fb56
Baške Oštarije HR 151 Fd63
Başköy TR 191 Ed87
Başköy TR 192 Fc81
Başköy TR 192 Fd83
Başköy TR 193 Hb87
Bäsksele S 79 Gb26
Bäsksjö S 79 Gb26
Başlamiş TR 192 Fa84
Başlar TR 199 Ha90
Baslow GB 16 Fa22
Başmakcı TR 199 Gb88
Bäsna S 95 Fd39
Basonys LT 114 Kc58
Başören TR 193 Gc82
Başören TR 193 Gc86
Başören TR 193 Gd81
Basovizza I 151 Fa59
Başpınar TR 199 Gb90
Bassac F 32 Fc47
Bassacutena I 168 Cb73
Bassano del Grappa I 150 Dd59
Basse D 119 Ec31
Bassella E 48 Gb59
Bassenthwaite GB 11 Eb17
Bassevuovdde N 68 Jc11
Bassignac F 33 Ha48
Bassignac-le-Haut F 33 Gd49
Bassilac F 33 Ga49
Bassingham GB 16 Fb22
Bassou F 30 Hc40
Bassoues F 40 Fd54
Bassum D 118 Cd35
Bast FIN 81 Jb28
Båstad N 94 Eb42
Båstad S 110 Ed53
Baštanka UA 204 Ed16
Bastardo I 156 Eb68
Bastasi BIH 152 Gb63
Bästdal S 88 Gc35
Bastelica F 154 Cb70
Bastheim D 134 Db43
Bastia F 154 Cc68
Bastia Umbra I 156 Eb67
Båstlund DK 108 Da25
Bastnäs S 94 Ed41
Bastogne B 132 Ba43
Baston GB 17 Fc24
Bastorf D 119 Eb31
Bastuträsk S 80 Hb25
Bastuträsk S 80 Ha28
Bastuträsk by S 80 Hb25
Bastwick GB 17 Gb24
Baszków PL 129 Gd39
Băta BG 179 Da72
Bata BG 181 Ed72
Báta H 153 Hc57
Bata MNE 159 Hd69
Bata RO 174 Ca60
Batajnica SRB 153 Jc61
Batajsk RUS 205 Fc15
Batak BG 184 Da74
Batak BG 180 Dd69
Batakiai LT 113 Jd56
Batalha P 50 Ab66
Bátamonostor H 153 Hd57
Bățani RO 176 Ea60
Batanovci BG 179 Cb71
Batăr RO 170 Ca58
Bătarci RO 171 Cd54
Båtas S 79 Fd25
Bátaszék H 153 Hc57
Batea E 48 Fd62
Båteng N 64 Ka07
Baterno E 52 Cd69
Bath GB 19 Ec28
Bathgate GB 10 Ea13
Bathmen NL 117 Bc36
Batida H 146 Jc56
Batignano I 155 Dc68
Batıköy TR 197 Ec89
Batin BG 180 Dd68
Batina HR 153 Hc58
Batir MD 173 Fd59
Bátka SK 146 Jb50
Batković BIH 153 Hd62
Batlava KSV 178 Bb70
Batley GB 16 Ed20
Batnfjordsøra N 77 Da31
Batočina SRB 174 Bb66
Bátonyterenye H 146 Ja51
Batorz PL 131 Kb41
Batoș RO 171 Dc58
Bátovce SK 146 Hc50
Batovo BG 181 Fa70
Batowo PL 120 Fc34
Bătrâna RO 174 Cb61
Batrge SRB 178 Ad69
Batrina HR 152 Ha60
Båtsfjord N 65 Kc05
Batsi GR 190 Da87
Båtsjaur S 72 Gb21
Båtskärsnäs S 73 Jb21
Battaglia Terme I 150 Dd60
Battenberg D 126 Cc41
Bätterkinden CH 141 Bd53
Battipaglia I 161 Fc76
Battle GB 20 Fd30
Battonya H 147 Jd56
Batulci BG 179 Da70
Batuša SRB 174 Bc65
Båtvik S 73 Hc24
Bátya H 146 Hd56
Batyk H 145 Gd55
Batyrevo RUS 203 Fd09
Baud F 27 Ea40
Baudreville F 29 Gc38
Bauduen F 42 Ka53
Baugé F 28 Fc41
Baugy F 29 Ha42
Bauladu I 169 Bd77
Baulmes CH 141 Bb54
Bauma CH 142 Cc53
Baumbach, Ransbach- D 125 Ca42
Baumber GB 17 Fc22
Baume-les-Doubs F 31 Ka41
Baume-les-Messieurs F 31 Jc43
Baumholder D 133 Bd45
Baunatal D 126 Da40
Baunei I 169 Cc77
Bauņi LV 106 Kd47
Baurci MD 177 Fc61
Baurci-Moldoveni MD 177 Fb61
Baurene BG 179 Cd69
Bauska LV 106 Kc52
Băuțar RO 174 Cb62
Bautzen D 128 Fb41
Bavanište SRB 174 Bb63
Bavay F 24 Hc32
Bavella F 154 Cb72
Bavigne L 133 Bb44
Bavorov CZ 136 Fa48
Bawdeswell GB 17 Ga24
Bawdsey GB 21 Gb26
Bawinkel D 117 Cb35
Bawnboy IRL 9 Cb18
Bawtry GB 16 Fb21
Bayat TR 192 Ga87
Bayat TR 193 Gb83
Bayat TR 193 Gd84
Bayat TR 205 Fb20
Bayatbademler TR 199 Gc90
Bayburt TR 205 Ga19
Baye F 24 Hc37
Bayerbach D 135 Eb49
Bayerbach D 143 Ed50
Bayerisch Eisenstein D 135 Ed48
Bayeux F 22 Fb35
Bayındır TR 186 Ga79
Bayındır TR 191 Ed86
Bayındır TR 199 Gb91
Bayındır TR 199 Gc89
Bayır TR 197 Fa90
Bayır TR 197 Fa91
Bayırköy TR 185 Eb79
Bayırköy TR 186 Ga80
Bayırköy TR 187 Gb80
Bayırköy TR 197 Fa91
Bayo E 37 Cb54
Bayon F 25 Jd37
Bayonne F 39 Ed54
Bayons F 42 Ka51
Bayraktar TR 187 Gb78
Bayralar TR 198 Ga92
Bayramdere TR 185 Ed75
Bayramdere TR 186 Fb80
Bayramiç TR 191 Eb81
Bayramlı TR 185 Ec76
Bayramoğlu TR 186 Fd78
Bayramşah TR 192 Ga81
Bayramşah TR 192 Ga83
Bayreuth D 135 Ea45
Bayrischzell D 143 Ea52
Bayubas de Abajo E 47 Ea61
Baza E 61 Ea74
Băzăn BG 180 Ea68
Bazán E 52 Dc70
Bazarnye Mataki RUS 203 Ga09
Bazarnyi Karabulak RUS 203 Fd11
Bazas F 32 Fc51
Bazenheid CH 142 Cc53
Baziaș RO 174 Bc64
Bazicourt F 23 Ha35
Bazie AL 159 Ja70
Bazìège F 40 Gc55
Bazna RO 175 Db60
Bazoches F 30 Hc41
Bazoches-les-Gallerandes F 29 Gd39
Bazoches-sur-Hoëne F 28 Fd38
Bazolles F 30 Hc42
Bazoques F 23 Ga36
Bazoș RO 174 Bd61
Bazouges-la-Perouse F 28 Ed38
Băzovec BG 179 Cd68
Bazsi H 145 Gd55
Bazzano I 149 Dc63
Beaconsfield GB 20 Fb28
Beal IRL 12 Bb23
Bealach an Doirín IRL 8 Bd19
Bealach Conglais IRL 13 Cc22
Bealach Féich IRL 9 Cb16
Bealaha IRL 12 Bb23
Bealalaw Bridge IRL 12 Ba25
Béal an Átha IRL 8 Bc18
Béal an Átha Móir IRL 9 Cb19
Béal an Mhuirthead IRL 8 Bb17
Béal Atha an Ghaorthaidh IRL 12 Bb26
Béal Átha hAmhnais IRL 8 Bd19
Béal Átha na Muice IRL 8 Bd19
Béal Átha na Sluaighe IRL 13 Ca21
Béal Átha Seanaidh IRL 8 Ca17
Béal Deirig IRL 8 Bc17
Bealdovuobmi FIN 68 Jb13
Bealnablath IRL 12 Bc26
Beaminster GB 19 Eb30
Beanntrai IRL 12 Bb26
Béard F 30 Hb43
Beardsen GB 10 Dd13
Beare Green GB 20 Fc29
Beariz E 36 Ba57
Bearna IRL 12 Bc21
Béar Tairbirt IRL 9 Cb18
Beas E 59 Bc73
Beasain E 39 Eb56
Beas de Segura E 53 Dd71
Beateberg S 103 Fb46
Beatenberg CH 141 Bd55
Beaucaire F 42 Jb53
Beaucamps-le-Vieux F 23 Gc33
Beauchamps F 22 Fa37
Beauchamps F 23 Gb33
Beauchastel F 34 Jb50
Beauche F 23 Ga37
Beauchêne F 22 Fb37
Beaufay F 28 Fd39
Beaufort F 35 Ka46
Beaufort IRL 12 Bb25
Beaufort L 133 Bb44
Beaugency F 29 Gc40
Beaujeu F 31 Jc41
Beaujeu F 34 Ja45
Beaujeu F 42 Ka51
Beaulard I 148 Bb60
Beaulieu F 23 Ga37
Beaulieu F 29 Ha41
Beaulieu GB 20 Fa30
Beaulieu-sur-Dordogne F 33 Gc50
Beauly GB 7 Dd08
Beaumaris GB 15 Dd22
Beaumesnil F 22 Ga37
Beaumesnil F 23 Ga36
Beaumetz-lès-Loges F 23 Ha32
Beaumont B 124 Ac42
Beaumont F 25 Jc36
Beaumont-de-Lomagne F 40 Gb53
Beaumont-du-Gâtinais F 29 Ha39
Beaumont-du-Périgord F 33 Ga50
Beaumont-en-Argonne F 24 Ja34
Beaumont-Hague F 22 Ed34
Beaumont-Hamel F 23 Ha33
Beaumont-la-Ronce F 29 Ga41
Beaumont-le-Roger F 23 Ga36
Beaumont-lès-Valence F 34 Jb50
Beaumont-sur-Oise F 23 Gd36
Beaumont-sur-Sarthe F 28 Fd39
Beaumont-sur-Vingeanne F 30 Jb41
Beaune F 30 Ja42
Beaune-la-Rolande F 29 Gd39
Beaupréau F 28 Fa42
Beauquesne F 23 Gd33
Beauraing B 132 Ad43
Beaurainville F 23 Gc31
Beauregard F 40 Gc52
Beaurepaire F 34 Jb48
Beaurières F 35 Jc50
Beauvais F 23 Gd35
Beauval F 23 Gd33
Beauvezer F 43 Kb52
Beauvoir-sur-Mer F 27 Ec43
Beauvoir-sur-Niort F 32 Fb46
Beauzac F 34 Hd48
Beauzée-sur-Aire F 24 Jb36
Bebares E 37 Ca54
Beba Veche RO 170 Bb59
Bebe LV 105 Jb52
Bebekli TR 192 Fc86
Bebertal D 127 Ea37

Bebington – Bettola

Bebington GB 15 Eb22
Bebra D 126 Da41
Bebrene LV 115 Lb53
Bebrininkai LV 114 Kb59
Bebrovo BG 180 Ea71
Beccles GB 21 Gb25
Becedas E 45 Cb64
Beceite E 48 Fd63
Bečej SRB 153 Jb59
Béceleuf F 32 Fb45
Beceni RO 176 Ec63
Becerreá E 36 Bc56
Becerril E 46 Dd61
Becerril de Campos E 46 Da59
Bécherel F 28 Ed39
Becherov SK 139 Jd46
Bechet RO 179 Da68
Bechhofen D 134 Dc47
Becicherecu Mic RO 174 Bc60
Bečići MNE 159 Hd70
Beciler TR 192 Fc84
Becilla de Valderaduey E 46 Cd59
Beckdorf D 118 Db33
Beckedorf D 126 Da36
Beckenham GB 20 Fc28
Beckfoot GB 11 Eb17
Beckingen D 133 Bc46
Beckingen D 133 Bd47
Beckingham GB 16 Fb22
Beckinghausen D 125 Ca38
Beckington GB 19 Ec29
Beckov SK 137 Ha49
Beck Side GB 11 Eb19
Beckum D 125 Cb38
Beclean RO 171 Db57
Beclean RO 175 Dc61
Bécon-les-Granits F 28 Fb41
Bečov nad Teplou CZ 135 Ec44
Bečváry CZ 136 Fc45
Bedale GB 11 Fa19
Bédarieux F 41 Hb54
Bédarrides F 42 Jb52
Bedburg D 125 Bc40
Bedburg-Hau D 125 Bc38
Beddau GB 19 Ea28
Beddgelert GB 15 Dd23
Beddinge läge S 110 Fa57
Beddingestrand S 110 Fa57
Beddwas GB 19 Ea27
Bédée F 28 Ed39
Bedegkér H 145 Hb56
Bedekovčina HR 151 Ga58
Beden BG 184 Da75
Bédenac F 32 Fc49
Bedenica HR 152 Gb58
Bedenik HR 152 Gd58
Beder DK 108 Dc24
Bedford GB 20 Fc26
Będgoszcz PL 120 Fc34
Bedirli TR 198 Ga89
Będków PL 130 Hd39
Będlewo PL 129 Gb37
Bedlington GB 11 Fa16
Bedlno PL 130 Hd37
Bedmar E 60 Dc73
Bednja HR 151 Ga57
Bédoin F 42 Jc52
Bedonia I 149 Cd62
Bedous F 39 Fb56
Bedretto CH 141 Cb56
Bedsted DK 100 Da21
Bedsted DK 108 Da27
Bedum NL 117 Bd33
Bedworth GB 20 Fa25
Będzin PL 138 Hc43
Będzino PL 120 Ga31
Beedenbostel D 126 Dc36
Beeford GB 17 Fc20
Beek NL 125 Bb40
Beekbergen NL 117 Bc36
Beek en Donk NL 125 Bb38
Beelen D 126 Cc38
Beelitz D 127 Ed37
Beer GB 19 Eb30
Beerfelden D 134 Cd46
Beerse B 124 Ad39
Beerta NL 117 Ca33
Beesel NL 125 Bb39
Beesenstedt D 127 Ea39
Beeskow D 128 Fb37
Beesten D 117 Cb36
Beeston GB 16 Fa23
Beeswing GB 10 Ea16
Beetsterzwaag NL 117 Bc33
Beetz D 119 Ed35
Beetzendorf D 119 Dd35
Begaljica SRB 174 Bb64
Bégard F 26 Ea37
Begeč SRB 153 Ja60
Begejci SRB 174 Bb61
Beğendik TR 185 Eb78
Beğendik TR 186 Fa74
Beget E 41 Ha58
Beggerow D 119 Ed32
Begíjar E 52 Dc72
Beğiş TR 199 Gb91
Begles F 32 Fb50
Beglež BG 180 Db70
Beg-Meil F 27 Dc40
Begnecourt F 31 Jd38
Begnins CH 141 Bb56
Begnište MK 183 Bc75
Begonte E 36 Bb55
Begov most SRB 159 Jb66
Begovo BG 180 Db72
Begues E 49 Gd61
Begunicy RUS 99 Ma40
Begunje SLO 151 Fb57
Begunovci BG 179 Cb71
Begur E 49 Hc59
Beho B 133 Bb43
Behram TR 191 Ea82
Behramli TR 185 Ea80
Behren-Lübchin D 119 Ec31
Behringen D 126 Dc41
Béhuard F 28 Fb42
Beia RO 176 Dd60
Beian N 77 Dd29
Beica de Jos RO 171 Dc58
Beidaud RO 177 Fc65
Beiersdorf D 128 Fb41
Beignon F 27 Ec40
Beigondo E 36 Ba55
Beilen NL 117 Bd34
Beilngries D 135 Dd48
Beilrode D 127 Ed39
Beilstein D 133 Bd43
Beilstein D 134 Cd47
Beirã P 51 Bb67
Beisfjord N 67 Gb14
Beisland N 93 Da46
Beistad N 78 Eb28
Beith GB 10 Dd13
Beitostølen N 85 Db37
Beiuş RO 170 Cb58
Beižionys LT 114 Kd58
Beja LV 107 Lc48
Beja P 50 Ad71
Béjar E 45 Cb64
Bejís E 54 Fb66
Bejsce PL 138 Jb43
Bejsnap DK 108 Da25
Bekçiler TR 198 Ga91
Békés H 147 Jd55
Békéscsaba H 147 Jd55
Bekilli TR 192 Fd87
Bekirler TR 191 Ec84
Bekirli TR 186 Fb77
Bekirli TR 192 Ga87
Bekkarfjord N 64 Jd05
Bekken N 86 Ec36
Bekkestrand N 62 Gd08
Bekkevoll N 65 Kd08
Bekkevoort B 124 Ad40
Bekkjarvik N 84 Ca40
Bektaşköy TR 193 Gc86
Bektaşlar TR 192 Ga82
Bělá CZ 135 Ed45
Bělá CZ 137 Gd44
Belá SK 138 Hc47
Belaazërsk BY 202 Ea13
Beląbino RUS 113 Jc59
Bélâbre F 29 Gb44
Bela Crkva SRB 174 Bd63
Bel-Air F 27 Eb41
Belaja Kalitva RUS 203 Fc14
Belajevo RUS 107 Ma48
Bela Krajina SLO 151 Fd59
Belalcázar E 52 Cc70
Belá nad Cirochou SK 139 Ka47
Bělá nad Radb. CZ 135 Ec46
Belanica KSV 178 Ba71
Belanovce MK 178 Bc72
Belanovica SRB 153 Jc63
Belante E 36 Bc56
Bela Palanka SRB 179 Ca69
Bélapátfalva H 146 Jb51
Bělá pod B. CZ 136 Fc43
Belascoáin E 39 Ec57
Bełava LV 107 Lb49
Bełava LV 107 Lb51
Bélavár H 152 Gd57
Belbaşı TR 199 Gb92
Belbroughton GB 20 Ed25
Belca SLO 144 Fa56
Belcaire F 41 Gd57
Belcastel F 33 Ha51
Belce TR 193 Gc83
Belceğiz TR 198 Fc92
Belceşti RO 172 Ed57
Bełchatów PL 130 Hd40
Belchite E 48 Fb62
Bělčice CZ 136 Fa46
Belciğez TR 199 Ha88
Belčin BG 179 Cc72
Belcoo GB 9 Cb18
Belcov BG 180 Dd69
Bełda PL 123 Ka32
Belderrig IRL 8 Bc17
Beldibi TR 199 Gc92
Belec HR 152 Gb57
Belecke D 126 Cc39
Belecska H 145 Hb56
Beled H 145 Gc53
Belegiš SRB 153 Jc61
Belej HR 151 Fb62
Belek TR 199 Gd91
Belén E 36 Bc53
Belén E 37 Ca54
Belence TR 192 Ga86
Belence TR 199 Ha89
Belenci BG 179 Da70
Belene BG 180 Dc68
Belenköy TR 197 Ec91
Beleño E 37 Cd55
Belenören TR 187 Ha80
Belenyaka TR 192 Fb86
Belesh AL 182 Ab76
Beleţi-Negreşti RO 175 Dc64
Beletovo RUS 99 Ld42
Belev RUS 202 Ed12
Belevi TR 191 Ed87
Belevi TR 198 Fd88
Belfast GB 9 Da17
Belfir RO 170 Ca57
Belford GB 11 Ed14
Belfort F 31 Ka40
Belgern D 127 Ed40
Belgioioso I 149 Cc60
Belgirate I 148 Cb58
Belgodère F 154 Cb69
Belgorod RUS 203 Fa14
Belgun BG 181 Fb69
Belhade F 39 Fb52
Belhomert-Guéhouville F 29 Gb38
Beli HR 151 Fb61
Belianes E 48 Gb61
Belica BG 184 Cc74
Belica BG 179 Cd72
Belica BG 180 Dd71
Belica BG 181 Ec68
Belica HR 152 Gc57
Belica MK 182 Ba75
Beli Iskăr BG 179 Cc72
Beli Izvor BG 179 Cc69
Beli Izvor SRB 178 Bb68
Beli Manastir HR 153 Hc58
Beli Manastir SRB 153 Hd58
Belin RO 176 Ea61
Belin-Béliet F 32 Fb51
Belinchón E 53 Dd66
Beli Osăm BG 180 Db71
Beli plast BG 185 Dd74
Beli Potok SRB 174 Bb64
Beliş RO 171 Cd58
Belišće HR 153 Hc59
Beliševo SRB 178 Bd71
Beliu RO 170 Ca58
Beljanovo BG 180 Dd69
Beljin SRB 153 Jb62
Beljina SRB 153 Jc62
Belkaracaören TR 193 Gc85
Belkavak TR 193 Gb83
Belkaya TR 192 Fd85
Belkese TR 187 Gc80
Belkino RUS 113 Jc59
Belkino RUS 113 Jd58
Bel'kovo RUS 202 Ec12
Bell D 125 Bd42
Bella I 161 Ga75
Bellac F 33 Gb46
Bellacorick IRL 8 Bc18
Bellagio I 149 Cc57
Bellamonte I 150 Dd57
Bellanaboy Bridge IRL 8 Bc17
Bellanacargy IRL 9 Cc19
Bellananagh IRL 9 Cb19
Bellano I 149 Cc57
Bellante I 157 Fa69
Bellarena GB 9 Cd15
Bellaria I 156 Eb64
Bellavary IRL 8 Bc19
Bellavista E 59 Ca74
Bellcaire d'Urgell E 48 Gb60
Belleben D 127 Ea39
Bellechaume F 30 Hc39
Belle Croix B 125 Bb42
Belle-Eglise F 23 Gd35
Belleek GB 8 Ca17
Bellegarde F 29 Gd39
Bellegarde F 42 Ja53
Bellegarde-en-Marche F 33 Gd46
Bellegarde-sur-Valserine F 35 Jd45
Belleherbe F 31 Ka41
Bellême F 29 Ga38
Bellenaves F 34 Hb45
Bellencombre F 23 Gb34
Bellerive-sur-Allier F 34 Hc46
Bellersen D 126 Da38
Belles-Forêts F 25 Ka36
Belleu F 24 Hb35
Bellevaux B 132 Ad44
Bellevesvre F 31 Jc43
Belleville F 34 Ja45
Belleville-sur-Vie F 28 Ed44
Bellevue-la-Montagne F 34 Hd49
Belley F 35 Jc46
Bellheim D 133 Cb47
Bellicourt F 24 Hb33
Bellifallim E 55 Fb70
Bellignė F 28 Fa41
Bell-lloc d'Urgell E 48 Ga61
Bellinge DK 108 Dc27
Bellingham GB 11 Ed16
Bellingwolde D 117 Ca33
Bellingwolde NL 117 Ca33
Bellinzago Novarese I 148 Cb59
Bellinzona CH 149 Cc57
Bellizzi I 161 Fc76
Bellö S 103 Fd49
Belloc F 40 Fc54
Bellocq F 39 Fa54
Bellosguardo I 161 Fd76
Bellot F 24 Hb37
Bellou F 22 Fd36
Bellpuig E 48 Gb61
Bellreguart E 54 Fc69
Belluno I 150 Ea57
Bellvik S 79 Ga27
Bellvika N 62 Gc09
Bellvís E 48 Ga60
Bellwald CH 141 Ca56
Belm D 117 Cc36
Bélmez E 52 Cc71
Bélmez de la Moraleda E 60 Dc73
Belmont GB 5 Fa03
Belmont GB 15 Ec21
Belmonte E 53 Ea67
Belmonte P 44 Bb64
Belmonte Castello I 161 Fa72
Belmonte de Campos E 46 Cd59
Belmonte del Sannio I 161 Fb72
Belmonte de Miranda E 37 Cb54
Belmontejo E 53 Eb66
Belmonte Mezzagno I 166 Ec84
Belmont-sur-Rance F 41 Hb53
Belmullet IRL 8 Bb17
Belobreşca RO 174 Bd64
Beloci MD 173 Fd55
Belœil B 124 Ab41
Belogradčik BG 179 Cb68
Belokopitovo BG 181 Ec70
Beloljin SRB 178 Bc69
Belomorskoje RUS 113 Jb58
Belo Polje KSV 178 Ba70
Belorado E 38 Dd58
Belorečensk RUS 205 Fc17
Belören TR 199 Gb93
Belören TR 199 Gc89
Belosavci SRB 174 Bb65
Beloslav BG 181 Fa70
Belotić SRB 153 Ja61
Belotin CZ 137 Ha46
Belotinci BG 179 Cb68
Belovar Moravče HR 152 Gb58
Belovec BG 180 Eb68
Belovica BG 180 Db72
Belovo BG 179 Cd73
Belovodica MK 183 Bc75
Belozem BG 180 Dc73
Belpasso I 167 Fc85
Belpech F 40 Gc55
Belper GB 16 Fa23
Belpınar TR 193 Gd83
Belsay GB 11 Ed16
Belsk Duży PL 130 Jb38
Beltarla TR 199 Gb88
Beltheim D 133 Ca43
Beltinci SLO 145 Gb56
Beltiug RO 171 Cd55
Beltra IRL 8 Bc19
Beltra IRL 8 Bd18
Belturbet IRL 9 Cb18
Belum D 118 Da31
Beluša SK 137 Hb48
Belušić SRB 178 Bb67
Beluso E 36 Ac57
Belvédère-Campomoro F 154 Ca72
Belvedere Marittimo I 164 Ga79
Belver E 48 Fd60
Belver P 50 Ad66
Belver de los Montes E 45 Cc60
Belvès F 33 Gb50
Belvèze-du-Razès F 41 Gd56
Belvezet F 34 Hd51
Belville IRL 8 Bc18
Belvís de la Jara E 52 Cd66
Belvis de Monroy E 51 Cb66
Belvoir F 31 Ka41
Belvoir GB 16 Fb23
Belyj RUS 202 Ec11
Belz F 27 Ea40
Bełżec PL 131 Kd42
Belzig D 127 Ec37
Bełżyce PL 131 Ka40
Bembibre E 37 Ca57
Bembibre (Val do Dubra) E 36 Ad55
Bembridge GB 20 Fa31
Bemmel NL 125 Bb37
Bemowo Piskie PL 123 Jd31
Bemposta P 45 Bd61
Bemposta P 50 Ad67
Benabarre E 48 Ga59
Benacazón E 59 Bd74
Benadresa E 54 Fc66
Benafim Grande P 58 Ac74
Benaguasil E 54 Fb67
Benahadux E 61 Ea76
Benahavís E 60 Cc77
Benajarafe E 60 Da76
Ben Alder Lodge GB 7 Dd10
Benalí E 54 Fa69
Benalmádena E 60 Cd76
Benalmádena E 60 Cd77
Benalúa de Guadix E 61 Dd74
Benalúa de la Villas E 60 Db74
Benalup de Sidonia E 59 Ca77
Benamargosa E 60 Da76
Benamaurel E 61 Ea73
Benameji E 60 Cd74
Benamocarra E 60 Da76
Benaoján E 59 Cb76
Benasal E 54 Fc65
Benasau E 55 Fc70
Benasque E 40 Ga57
Benassay F 28 Fd44
Benatae E 53 Ea71
Benátky nad Jizera CZ 136 Fc44
Benavent E 48 Gb59
Benavente E 45 Cb59
Benavente E 51 Bb68
Benavente P 50 Ab68
Benavides E 37 Cb57
Bendestorf D 118 Db33
Bendorf D 125 Ca42
Bēne LV 106 Ka52
Beneden-Leeuwen NL 125 Bb37
Benediktbeuern D 143 Dd52
Benedita P 50 Ab66
Benefield GB 20 Fb25
Benejama E 55 Fb70
Benejúzar E 55 Fa72
Benesat RO 171 Cd56
Benešov CZ 136 Fc45
Benešovice CZ 135 Ec45
Benešov nad Černou CZ 136 Fc49
Benešov nad Ploučnicí CZ 128 Fb42
Bénesse-lès-Dax F 39 Fa54
Benesse-Maremne F 39 Fa54
Benestad S 103 Fc52
Bénestroff F 25 Ka36
Benet F 32 Fb45
Benetutti I 168 Cb76
Beneuvre F 30 Jb40
Bene Vagienna I 148 Bd62
Bénévent-l'Abbaye F 33 Gc46
Benevento I 161 Fc74
Benfeld F 31 Kc38
Bengeşti-Ciocadia RO 175 Cd63
Bengiler TR 191 Ed82
Bengtsby FIN 98 Kc39
Bengtsfors S 94 Ec44
Bengtsheden S 95 Ga39
Benia (Onís) E 37 Cd55
Beniarrés E 55 Fb70
Beničanci HR 152 Hb59
Benicarló E 48 Fd64
Benicasim E 54 Fd66
Benicàssim E 54 Fd66
Benidorm E 55 Fc71
Beniel E 55 Fa72
Benifaió E 54 Fb68
Benifallet E 48 Ga63
Benigànim E 54 Fb69
Benik TR 197 Fa90
Benilloba E 55 Fb70
Benimaurell E 55 Fc70
Beninar E 61 Dd76
Benington GB 17 Fd23
Benissa E 55 Fd70
Benitachell E 55 Fd70
Benkovac HR 157 Ga64
Benkovski BG 181 Ed69
Benlieli TR 192 Fb84
Benlikuyu TR 193 Ha84
Benllech GB 15 Dd22
Benlloch E 54 Fd65
Benløse DK 109 Eb26
Benmore GB 7 Dd11
Benneckenstein D 126 Dc39
Bennettsbridge IRL 13 Cb24
Bennstedt D 127 Ea40
Bennungen D 127 Dd40
Bénodet F 27 Dc40
Benquerenicia E 36 Bc53
Bensafrim P 58 Ab74
Bensbyn S 73 Hd22
Bensdorf D 127 Eb36
Bensersiel D 117 Cb32
Bensheim D 134 Cc45
Bensjö S 87 Fd32
Bensnes N 62 Ha09
Benson GB 20 Fa27
Benthpath GB 11 Eb15
Bentraces E 36 Ba57
Bentwisch D 119 Eb31
Benwick GB 20 Fc25
Benzú E 59 Cb79
Beočin SRB 153 Ja60
Beograd SRB 153 Jc61
Beograd-Surčin SRB 153 Jc61
Beomužević SRB 153 Jb63
Bera E 39 Ed55
Beram HR 151 Fa60
Berane MNE 159 Jb68
Beranje SRB 174 Bc64
Beranuy E 40 Ga58
Berastegi E 39 Ec56
Berat AL 182 Ab76
Bérat F 40 Gb55
Beratón E 47 Ec60
Beratzhausen D 135 Ea47
Berazino BY 202 Eb12
Berbaltavar H 145 Gc55
Berbegal E 48 Fc59
Berbes E 37 Cd54
Berbeşti RO 175 Da64
Berbinzana E 39 Ec58
Berca RO 176 Ec63
Bercedo E 38 Dd56
Bercel H 146 Hd51
Bercenay-le-Hayer F 30 Hc38
Berceni RO 176 Eb64
Berceni RO 176 Eb66
Berceto I 149 Cd62
Berchères-sur-Vesgre F 23 Gc37
Berchidda I 168 Cb74
Berching D 135 Dd47
Berchtesgaden D 143 Ec52
Bérchules E 60 Dc75
Bercianos de Aliste E 45 Ca59
Bercianos del Páramo E 37 Cc58
Bercimuel E 46 Dc61
Berck F 23 Gb32
Berck-Plage F 23 Gb32
Bercu RO 171 Cd54
Berdal N 77 Dc30
Berdalen N 92 Cd42
Berd'huis F 29 Ga38
Berdía E 36 Ad55
Berdjans'k UA 205 Fb16
Berdoias E 36 Ac54
Berducedo E 37 Bd55
Berdún E 39 Fa57
Berdyčiv UA 204 Eb15
Berechiu RO 170 Ca58
Beregsău RO 174 Bc60
Berehove UA 204 Dd16
Berek HR 152 Gc59
Bereketli TR 186 Fa80
Berekfürdő H 146 Jc53
Beremend H 153 Hc58
Bere Regis GB 19 Ec30
Berestečko UA 204 Ea15
Bereşti RO 177 Fb61
Bereşti Bistriţa RO 172 Ed59
Bereşti-Meria RO 177 Fb61
Bereşti-Tazlău RO 172 Ec59
Beretinec HR 152 Gb57
Berettyószentmárton H 147 Ka53
Berettyóújfalu H 147 Ka53
Berevoeşti RO 175 Dc63
Berezanka UA 204 Ec16
Berezanskaja RUS 205 Fc16
Berežany UA 204 Ea15
Berezeni RO 177 Fb60
Berežkovskoe RUS 113 Jc59
Berezlogi MD 173 Fd56
Berezna UA 202 Ec13
Berezne UA 202 Ea14
Bereznehuvate UA 204 Ed16
Berezno RUS 99 Ld43
Berezovka RUS 113 Ja59
Berezovo RUS 113 Jb59
Berfay F 29 Ga40
Berg D 133 Cb47
Berg D 135 Dd47
Berg D 135 Dd49
Berg D 135 Ea43
Berg D 143 Dd51
Berg N 70 Ed23
Berg N 93 Dc44
Berg N 94 Eb44
Berg S 87 Fc32
Berg S 94 Ec45
Berg S 95 Ga43
Berg S 102 Fa46
Berg S 103 Ga47
Berg S 103 Fc51
Berga D 127 Dd40
Berga D 127 Eb42
Berga E 49 Gd59
Berga S 94 Ed42
Berga S 95 Fb45
Berga S 103 Ga50
Bergaland N 92 Cb43
Bergama TR 191 Ec84
Bergamo I 149 Cd58
Bergara E 39 Eb56
Bergatreute D 142 Da51
Bergdala S 103 Fd52
Berge D 117 Cb35
Berge D 119 Eb34
Berge D 127 Ec36
Berge E 48 Fb63
Berge N 77 Da31
Berge N 93 Da44
Bergeforsen S 88 Gc33
Bergen D 118 Db35
Bergen D 120 Fa30
Bergen D 135 Eb43
Bergen D 143 Eb52
Bergen N 84 Ca39
Bergen NL 116 Ba34
Bergen aan Zee NL 116 Ad34
Bergendal N 93 Db45
Bergen (Dumme) D 119 Dd35
Bergen = Mons B 124 Ab41
Bergen op Zoom NL 124 Ac38
Berger N 93 Dd43
Bergerac F 32 Fd50
Bergères-lès-Vertus F 24 Hc36
Berget N 71 Fb20
Berget N 78 Ea28
Bergeyk NL 124 Ba39
Bergfors S 67 Ha14
Bergfors S 87 Ga36
Berggießhübel, Bad Gottleuba- D 128 Fa42
Bergheim D 125 Bc40
Berghem S 102 Ec50
Berghin RO 175 Da60
Bergholz-Rehbrücke D 127 Ed37
Bergisch Gladbach D 125 Bd40
Bergkamen D 125 Cb38
Bergkarlås S 87 Fc38
Bergkvara S 111 Ga53
Bergland S 71 Ga24
Berglern D 143 Ea50
Bergli N 77 Db29
Berglia N 78 Fa27
Bergliden S 80 Hb25
Berglund N 62 Ha09
Berglunda S 80 Gd26
Bergmo N 63 Hb09
Bergnäs S 72 Gb22
Bergnäs S 79 Gb25
Bergnäset S 73 Hd22
Bergnäsudden S 72 Gc22
Bergnäsviken S 72 Gc20
Bergndal N 85 Dd39
Bergneset N 67 Gd11
Bergneustadt D 125 Ca40
Bergnicourt F 24 Hd34
Bergnicourt F 24 Hd35
Bergö FIN 81 Hd31
Bergrheinfeld D 134 Db44
Bergsäng S 94 Fa41
Bergsäter S 79 Gb25
Bergsbyn S 80 Hc25
Bergseng N 86 Ea38
Bergshammar S 95 Gb45
Bergshamra S 96 Ha42
Bergsjö S 79 Ga28
Bergsjö S 87 Gb35
Bergsmoen N 78 Ed26
Bergstad FIN 98 Kb40
Bergstrøm N 94 Eb43
Bergsviken S 73 Hc23
Bergtheim D 134 Db45
Bergues F 21 Gd30
Bergün CH 142 Cd55
Bergunda S 103 Fc52
Bergundhaugen N 85 Ea37
Bergvik S 87 Gb37
Bergviken S 72 Gd20
Bergwitz D 127 Ec39
Berhida H 145 Hb54
Berill N 77 Da33
Beringel P 50 Ad71
Beringen B 124 Ba40
Berini RO 174 Bd61
Beriozchi MD 173 Ga58
Berisal CH 141 Ca56
Beriu RO 175 Cd61
Berja E 61 Dd76
Berka D 126 Db41
Berkåk N 77 Dd32
Berkatal D 126 Db40
Berkel NL 116 Ad36
Berkeley GB 19 Ec27
Berkenbrück D 127 Ed37
Berkenthin D 119 Dd32
Berkhamsted GB 20 Fb27
Berkheim D 142 Da51
Berknes N 76 Cc33
Berkovica BG 179 Cc69
Berkovići BIH 158 Hb67
Berkswell GB 20 Ed25
Berlanga E 51 Ca71
Berlanga de Duero E 47 Ea61
Berlanga del Bierzo E 37 Ca56
Berlangas de Roa E 46 Dc60
Berle N 84 Ca34
Berleşti RO 175 Cd64
Berlevåg N 65 Kb04
Berlin D 127 Ed36
Berlingerode D 126 Db39
Berlstedt D 127 Dd41
Bermeo E 38 Ea55
Bermés E 36 Ba56
Bermillo de Sayago E 45 Ca61
Bern CH 141 Bd54
Bernalda I 162 Gc76
Bernardos E 46 Da62
Bernartice CZ 136 Fb47
Bernāti LV 113 Ja53
Bernau D 128 Fa36
Bernau D 141 Ca51
Bernau D 143 Eb52
Bernaville F 23 Gd32
Bernay F 23 Ga36
Bernay F 28 Fc39
Bernbeuren D 142 Dc52
Bernburg D 127 Ea38
Berndorf A 145 Gb51
Berne D 118 Cd33
Bernécourt F 25 Jc36
Bernedo E 39 Eb57
Berngau D 135 Dd47
Bernhardswald D 135 Eb48
Bernhardthal A 137 Gc49
Bernin F 35 Jd48
Bernkastel-Kues D 133 Bd44
Bernolákovo SK 145 Gd51
Bernon F 30 Hd39
Bernried D 135 Ec48
Bernried D 143 Dd51
Bernsdorf D 128 Fb40
Bernstadt D 128 Fc41
Bernstein A 145 Gb53
Bernués E 39 Fb58
Beromünster CH 141 Ca53
Beronovo BG 181 Ec71
Beroun CZ 136 Fb45
Berovo MK 183 Cb74
Berra I 150 Ea61
Berre-l'Étang F 42 Jc54
Berric F 27 Eb41
Berriedale GB 5 Eb05
Berrien F 26 Dd38
Berriew GB 15 Eb24
Berro E 53 Eb70
Berrocal E 59 Bc73
Berrocal de Salvatierra E 45 Cb63
Berrocalejo E 52 Cc66
Berrocalejo de Aragona E 46 Da63
Beršad' UA 204 Ec16
Bersagel N 92 Ca44
Bersbo S 103 Ga47
Bersenbrück D 117 Cb35
Bersezio I 148 Bb62
Beršići SRB 159 Jc64
Bertamiráns (Ames) E 36 Ad55
Bertea RO 176 Ea63
Berteroda D 126 Dc41
Berteškiai LV 114 Kb56
Berteştii de Jos RO 177 Fa65
Berthelsdorf D 128 Fb41
Berthelsdorf D 128 Fc41
Bertincourt F 23 Ha32
Bertingen D 127 Eb37
Bertinoro I 156 Ea64
Bertogne B 132 Ba43
Bertrix B 132 Ad44
Berven F 26 Dc37
Berveni RO 171 Cc54
Berville-sur-Mer F 22 Fd35
Berwang A 142 Dc53
Berwick-upon-Tweed GB 11 Ed14
Beryslav UA 204 Ed16
Bērzaune LV 106 La50
Berzé-la-Ville F 34 Ja45
Berzence H 152 Gd57
Bērzgale LV 107 Ld51
Bērzi LV 105 Jd52
Bērziems LV 106 Ka50
Bērziņi LV 107 Ma52
Berzniki PL 123 Kb30
Berzocana E 51 Cb67
Berzosa E 46 Dd60
Berzovia RO 174 Bd62
Bērzpils LV 107 Lc50
Berzunţi RO 176 Ec60
Bērzupe LV 106 Ka51
Beša SK 145 Hb51
Besalú E 49 Hb59
Besançon F 31 Jd42
Besande E 37 Cd56
Bešankovičy BY 202 Eb11
Bescanó E 49 Hb59
Bescaran E 40 Gc58
Bescsehely H 145 Gc56
Besedino RUS 203 Fa13
Besednice CZ 136 Fb49
Besenyőtelek H 146 Jb52
Besenyszög H 146 Jb53
Beserovina SRB 159 Ja64
Beşevler TR 186 Fc80
Beşghioz MD 177 Fd61
Beşia PL 122 Jb31
Besigheim D 134 Cd47
Běšiny CZ 135 Ed47
Bešište MK 183 Bc76
Beška SRB 153 Jb60
Beškino RUS 99 Lc44
Besko PL 139 Ka45
Beşkonak TR 199 Gc89
Beşkonak = Bozkaya TR 199 Ha90
Beslé F 28 Ed41
Besni Fok SRB 153 Jc61
Besozzo I 148 Cb58
Bessais-le-Fromental F 29 Ha44
Bessaker N 78 Ea27
Bessan F 41 Hc55
Bessans F 35 Kb48
Bessbrook GB 9 Cd18
Besse F 35 Ka49
Besse-et-Saint-Anastaise F 34 Hb48
Bessèges F 41 Hd52
Bessenay F 34 Ja47
Bessenbach D 134 Cd44
Bessé-sur-Braye F 29 Ga40
Bessières F 40 Gc53
Besson F 30 Hb44
Best NL 124 Ba38
Besteland N 92 Cd44
Beştemac MD 173 Fc59
Bestensee D 128 Fa37
Bestwig D 126 Cc39
Besullo E 37 Ca54
Besvica MK 183 Bd75
Beszterec H 147 Ka50
Betanzos E 36 Ba54
Betelu E 39 Ec56
Bétera E 54 Fb67
Beteta E 47 Ec64
Bethausen RO 174 Ca60
Betheln D 126 Db37
Bétheniville F 24 Hd35
Betheny F 24 Hc35
Bethersden GB 21 Ga29
Bethesda GB 15 Dd22
Béthines F 29 Ga44
Béthisy-Saint-Pierre F 23 Ha35
Bethmale F 40 Gb56
Bethon F 24 Hc37
Béthune F 23 Ha31
Betliar SK 138 Jb48
Betsele S 80 Gd26
Bettembourg L 133 Bb45
Bettens CH 141 Bb55
Bettna S 95 Gb45
Bettola I 149 Cd61

Betton – Blumau

Betton F 28 Ed39
Bettona I 156 Eb68
Bettws Cedewain GB 15 Ea24
Bettyhill GB 5 Ea04
Bettystown IRL 9 Cd20
Betws-y-Coed GB 15 Ea22
Betxi E 54 Fc66
Betz F 23 Ha36
Betzdorf D 125 Cb41
Betzenstein D 135 Dd45
Betzweiler-Wälde D 133 Cb49
Beugneux F 24 Hb35
Beuil F 43 Kc52
Beulah GB 15 Ea26
Beuna D 127 Eb40
Beuningen NL 125 Bb37
Beunza E 39 Ed56
Beura I 148 Ca57
Beuren D 126 Db40
Beurnevésin CH 141 Bc52
Beuron D 142 Cc51
Beutelsbach D 135 Ed49
Beuvron-en-Auge F 22 Fc36
Beuvry F 23 Ha31
Beuzec-Cap-Sizun F 27 Db39
Beuzeville F 22 Fd35
Bevagna I 156 Eb68
Bevensen D 126 Da36
Beverley GB 17 Fc20
Bevern D 126 Da38
Beverstedt D 118 Cd33
Beverungen D 126 Da39
Beverwijk NL 116 Ad35
Béville-le-Comte F 29 Gc38
Bevorchians I 143 Ec56
Bevtoft DK 108 Da27
Bewcastle GB 11 Ec16
Bexbach D 133 Bd46
Bexhill GB 20 Fd30
Beyağaç TR 198 Fc90
Beyazköy TR 186 Fa76
Beyçayırı TR 185 Ec80
Beyce TR 187 Gb80
Beyce TR 191 Ed83
Beycik TR 199 Gc92
Beyciler TR 186 Fb77
Beycuma TR 187 Hb77
Beydağ TR 192 Fa87
Beydili TR 187 Gd80
Beydili TR 199 Ha89
Beydilli TR 193 Gb86
Beyel TR 192 Fc82
Beyelli TR 192 Ga87
Beyerli TR 198 Fb88
Beykışla TR 193 Gd83
Beyköy TR 185 Eb78
Beyköy TR 192 Fa82
Beyköy TR 193 Gc84
Beyköy TR 193 Ha87
Beyköy TR 198 Ga90
Beyler TR 191 Eb86
Beylerbeyi TR 198 Fc88
Beylerli TR 198 Ga88
Beylikova TR 193 Ha82
Beymelek TR 199 Gb93
Beynac-et-Cazenac F 33 Gb50
Beynat F 33 Gc49
Beynes F 23 Gc37
Beyoba TR 185 Ec79
Beyoba TR 191 Ed85
Beyobası TR 198 Fc91
Beyoğlu TR 185 Ec78
Beyören TR 193 Gd83
Beypazarı TR 187 Hb80
Beyşehir TR 199 Hb88
Beyyayla TR 193 Gd81
Beyyazı TR 193 Gc85
Bežanicy RUS 202 Eb10
Bežanovo BG 179 Da70
Bežanovo BG 181 Fb69
Bežany RUS 99 Mb42
Bezas E 47 Ed65
Bezau A 142 Da53
Bézaudun-sur-Bine F 35 Jc50
Bezdan SRB 153 Hd58
Bezdead RO 176 Dd63
Bezden BG 179 Cb70
Bezděz CZ 136 Fc43
Bezdonys LT 114 La57
Bèze F 30 Jb41
Bežeck RUS 202 Ed09
Bezenčuk RUS 203 Ga10
Béziers F 41 Hc55
Bezkese TR 198 Fc91
Bezledy PL 122 Ja30
Bezmer BG 181 Ed68
Bezno CZ 136 Fc43
Bez'va RUS 99 Ld44
Bezvěrov CZ 135 Ed45
Biała PL 120 Fd33
Biała PL 121 Gb34
Biała PL 129 Ha38
Biała PL 130 Hd38
Biała PL 131 Ka38
Biała PL 137 Gd43
Białaczów PL 130 Ja40
Biała Góra PL 121 Hb31
Biała Piska PL 123 Jd32
Biała Podlaska PL 131 Kb37
Biała Rawska PL 130 Ja38
Białaszewo PL 123 Ka32
Białawy Wielkie PL 129 Gc40
Białebłoto-Kobyla PL 122 Jc35
Białka PL 138 Ja46
Białobłoty PL 129 Ha38
Białobrzegi PL 123 Ka31
Białobrzegi PL 130 Jb36
Białobrzegi PL 130 Jb39
Białobrzegi PL 139 Kb43
Białogard PL 120 Ga31
Białogarda PL 121 Gd29
Białogóra PL 112 Gd58
Białogóry PL 123 Kb30
Białopole PL 131 Kd40
Białośliwie PL 121 Gc34
Białousy PL 123 Kb32
Białowąs PL 121 Gb32
Białowieża PL 123 Kc35
Białuty PL 122 Ja34
Biały Bór PL 121 Gc32
Biały Dunajec PL 138 Ja46
Białystok PL 123 Kb33
Biancavilla I 167 Fc85
Bianchi I 164 Gc80
Bianco I 164 Gb84
Biandrate I 148 Ca59
Biar E 55 Fb70
Biarritz F 39 Ed54
Biarrotte F 39 Fa54
Bias F 39 Fa52
Biasca CH 142 Cc56
Biatorbágy H 146 Hc53
Bibaktad N 64 Jc07
Bibbiano I 149 Da62
Bibbiena I 156 Dd65
Bibbona I 155 Da67
Biberach D 133 Ca49
Biberach an der Riß D 142 Da50
Biberbach D 134 Dc49
Biberist CH 141 Bd53
Bibertal D 142 Db50
Biberwier A 142 Dc53
Bibiana I 148 Bc61
Bibione I 150 Ec59
Biblis D 134 Cc45
Bibury GB 20 Ed27
Bicaj AL 178 Ad72
Bıçakçi TR 192 Fa87
Bicaz RO 171 Cd55
Bicaz RO 172 Eb58
Bicaz-Chei RO 172 Eb58
Bicazu Ardelean RO 172 Eb58
Biccari I 161 Fd73
Biçer TR 193 Hb82
Bicester GB 20 Fa27
Bichiş RO 171 Db59
Bichl D 143 Dd52
Bichlbach A 142 Dc53
Bickendorf D 133 Bc43
Bickenriede D 126 Dc40
Bicker GB 17 Fc23
Bickleigh GB 19 Ea30
Bickley Moss GB 15 Ec23
Bicorp E 54 Fb69
Bicos P 58 Ab72
Bicske H 146 Hc53
Bidalite S 111 Ga53
Biddenden GB 21 Ga29
Biddestone GB 19 Ec28
Biddinghuizen NL 116 Bb35
Biddulph GB 16 Ed22
Bideford GB 19 Dd29
Bidegyan E 39 Ec55
Bidingen D 142 Dc52
Bidjovagge N 63 Hd10
Bidoni I 169 Ca77
Bidovce SK 139 Jd48
Biduedo E 36 Ba57
Bie S 95 Ga44
Biebelried D 134 Db45
Bieberehren D 134 Db46
Biebergemünd D 134 Cd44
Biebersdorf D 128 Fa38
Biebertal D 126 Cc42
Biebesheim D 134 Cc45
Biecz PL 128 Fc39
Biecz PL 139 Jd45
Biedaszek PL 122 Hc33
Biedenkopf D 126 Cc41
Biederitz D 127 Ea37
Biedrusko PL 129 Gc36
Biel CH 141 Bc53
Biel E 39 Fa58
Bielanka PL 138 Ja46
Bielany-Żyłaki PL 131 Ka36
BielatalRosenthal D 128 Fa42
Bielawa PL 129 Gb42
Bielawy PL 128 Ga39
Bielawy PL 130 Hd37
Bielba (Herrerías) E 38 Db55
Bielcza PL 138 Jb44
Bielefeld D 126 Cc37
Bielica PL 122 Hd31
Bielice PL 122 Hc33
Biella I 148 Ca59
Bielland N 92 Cb46
Bielmonte I 148 Ca58
Bielsa E 40 Fd57
Bielsk PL 122 Hd35
Bielsko-Biała PL 138 Hc45
Bielsk Podlaski PL 123 Kb34
Bienenbüttel D 118 Dc34
Bieniów PL 128 Fd39
Bieńkowice PL 137 Hb44
Bienne CH 141 Bc53
Bienno I 149 Da58
Bienservida E 53 Ea71
Bientina I 155 Db65
Bienvenida E 51 Bd71
Bienvenida E 52 Cd70
Bierawa PL 137 Hb44
Bierdzany PL 129 Ha42
Bière CH 140 Ba55
Biere D 127 Ea38
Bierge E 48 Fc59
Biergenis S 71 Ga21
Bieringen D 134 Da46
Bierné F 28 Fb40
Biersted DK 100 Dc20
Biertan RO 175 Dc60
Bieruń PL 138 Hc44
Bieruń Str. PL 138 Hc44
Bierutów PL 129 Gd41
Bierwart B 124 Ad41
Bierzwienna Długa PL 129 Hb37
Bierzwnica PL 120 Ga32
Biesal PL 122 Ja32
Biescas E 40 Fc57
Biesenthal D 120 Fa35
Biesiekierz PL 120 Ga31
Biesles F 30 Jb39
Bieşti MD 173 Fd56
Bieszkowice PL 121 Ha29
Bietigheim D 133 Cb48
Bietigheim-Bissingen D 134 Cd48
Bieuzy-Lanvaux F 27 Ea40
Bièvre B 132 Ad43
Biez B 124 Ad41
Bieżuń PL 122 Hd34
Biga TR 185 Ec80
Bigadiç TR 192 Fa83
Bigalı TR 185 Ea80
Biganos F 32 Fa51
Bigauņciems LV 106 Ka50
Bigbury-on-Sea GB 19 Dd32
Bigganjarg N 65 Kb06
Biggar GB 11 Eb14
Biggleswade GB 20 Fc26
Bignan F 27 Eb40
Bignasco CH 141 Cb56
Bignor GB 20 Fb30
Bigny F 29 Gd43
Bigor MNE 159 Ja70
Bigorne P 44 Ba61
Bigüézal E 39 Fa57
Bihać BIH 151 Ga62
Biharia RO 170 Cb56
Biharkeresztes H 147 Ka53
Biharnagybajom H 147 Jd53
Bihireşti RO 172 Ed59
Bijela MNE 159 Hd69
Bijele Poljane MNE 159 Hd69
Bijeljani BIH 159 Hc67
Bijeljina BIH 153 Hd62
Bijelo Brdo HR 153 Hd59
Bijelo polje HR 151 Ga62
Bijelo Polje MNE 159 Jb67
Bikal H 152 Hb57
Bikavėnai LT 113 Jc56
Bikernieki LV 115 Lc53
Bikovo SRB 153 Ja58
Biksēre LV 107 Lb50
Biksti LV 105 Jd51
Bila Cerkva UA 204 Ec15
Bilalovac BIH 158 Hb64
Bílá Voda CZ 137 Gc43
Bilbao E 38 Ea55
Bilbo = Bilbao E 38 Ea55
Bilbor RO 172 Ea57
Bílčice CZ 137 Gd45
Bilciureşti RO 176 Ea65
Bilcza PL 130 Jb42
Bildsberg S 102 Fa48
Bildudalur IS 2 Ac02
Bileća BIH 159 Hc68
Bilecik TR 187 Gb80
Biled RO 174 Bc60
Bilelyeri TR 199 Gc91
Biłgoraj PL 131 Kb42
Bilhorod-Dnistrovs'kyj UA 204 Ec17
Biliat F 35 Jd45
Bilicenii Vechi MD 173 Fb56
Bílina CZ 136 Fa43
Bilišane HR 157 Ga64
Bilisht AL 182 Ba77
Biljača KSV 178 Bc72
Bilje HR 153 Hc59
Bilka BG 181 Ed71
Billdal S 102 Eb49
Billé F 28 Fa39
Billeberga S 110 Ed55
Billerbeck D 125 Ca37
Billericay GB 20 Fd27
Billesdon GB 16 Fb24
Billesholm S 110 Ed54
Billigheim D 134 Cd46
Billigheim-Ingenheim D 133 Cb47
Billingborough GB 17 Fc23
Billinge S 110 Fa55
Billingen N 85 Da34
Billingham GB 11 Fa17
Billinghay GB 17 Fc23
Billingsfors S 94 Ec45
Billingshurst GB 20 Fc30
Billnäs FIN 97 Jd40
Billom F 34 Hc47
Billsta S 80 Gd30
Billum DK 108 Cd25
Billund DK 108 Da25
Billy F 34 Hc45
Bilohors'k UA 205 Fa17
Bilokurakyne UA 203 Fb14
Bilopillja UA 202 Ed13
Bilovec CZ 137 Ha45
Bilovods'k UA 203 Fb14
Bilshausen D 126 Db39
Bilska LV 106 La48
Bilsko PL 138 Jb45
Bilto N 63 Hb10
Bilzingsleben D 127 Dd40
Bimeda E 37 Ca55
Biňa SK 146 Hc51
Binaced E 48 Fd60
Binarowa PL 138 Jc45
Binarville F 24 Ja35
Binas F 29 Gb40
Binasco I 149 Cc60
Binbrook GB 17 Fc21
Binche B 124 Ac42
Bińcze PL 121 Gc32
Bindalseidet N 70 Ed24
Bindslev DK 101 Dd19
Binéfar E 48 Fd60
Bingen D 133 Cb44
Bingen D 142 Cd50
Bingen N 93 Dc41
Bingen N 94 Eb42
Bingham GB 16 Fb23
Bingley GB 16 Ed20
Bingöl TR 205 Ga20
Bingsjö S 87 Fd38
Bingsta S 87 Fc32
Binibèquer Vell E 57 Ja66
Binic F 26 Eb37
Biniés E 39 Fb57
Binimel-là E 57 Ja65
Binissafullet E 57 Ja66
Binissalem E 57 Hb67
Binkos BG 180 Ea72
Binn CH 141 Ca56
Binn Éadair IRL 13 Da21
Binneberg S 102 Fa46
Binsfeld D 133 Bc44
Binswangen D 134 Dc49
Binz D 120 Fa30
Bioča MNE 159 Jb68
Bioče MNE 159 Ja69
Biograd na moru HR 157 Fd65
Biokovina BIH 152 Gd63
Bionaz I 148 Bc57
Biorine HR 158 Gc66
Biorra IRL 13 Ca22
Bioska SRB 159 Jb65
Biot F 43 Kc53
Biota E 39 Fa58
Bippen D 117 Cb35
Birboieni MD 173 Fb58
Birchiş RO 174 Cb60
Bircza PL 139 Kb45
Birdhill IRL 12 Bd23
Birdlip GB 20 Ed27
Birdsmoor Gate GB 19 Eb30
Birgi TR 192 Fa86
Birgi Novo I 166 Ea84
Birgland D 135 Ea46
Biri N 86 Ea38
Biriņi LV 106 Kc49
Biristrand N 86 Ea38
Birító H 146 Hc56
Birkeland N 92 Ca45
Birkeland N 92 Cc46
Birkeland N 93 Da46
Birkelse DK 100 Dc20
Birkenau D 134 Cc46
Birkende DK 109 Dd26
Birkenes N 93 Da46
Birkenfeld D 133 Bd45
Birkenfeld D 134 Cc48
Birkenfeld D 134 Da45
Birkenhead GB 15 Eb22
Birkenwerder D 127 Ed36
Birkerød DK 109 Ec25
Birkestrand N 64 Ka05
Birket DK 109 Ea28
Birkfeld A 144 Ga53
Birkungen D 126 Dc40
Birlădeni MD 173 Fa54
Birmingham GB 20 Ed25
Birnova MD 173 Fa53
Birónico CH 149 Cc57
Birr IRL 13 Ca22
Birsay GB 5 Eb02
Birstein D 134 Cd43
Birštonas LT 114 Kc58
Biruința MD 173 Fb55
Biruința MD 177 Fc61
Biržai LT 114 Kd53
Birzebbuga M 166 Eb88
Birzes LV 106 Kc52
Birzgale LV 106 Kc51
Birži LV 105 Jb51
Birži LV 106 La52
Birzuļi LV 106 La48
Bisaccia I 161 Fd74
Bisacquino I 166 Ec85
Biscarrosse F 32 Fa51
Biscarrosse-Plage F 32 Fa51
Bisceglie I 162 Gc73
Bischberg D 134 Dc45
Bischbrunn D 134 Da45
Bischheim F 25 Kc37
Bischoffen D 126 Cc42
Bischofsgrün D 135 Ea44
Bischofsheim D 133 Cb44
Bischofsheim D 134 Db43
Bischofshofen A 143 Ed53
Bischofsmais D 135 Ec48
Bischofsreut D 136 Fa48
Bischofswerda D 128 Fb41
Bischofswiesen D 143 Ec52
Bischofszell CH 142 Cd52
Bischwiller F 25 Kc36
Bisenti I 157 Fa69
Biser BG 185 Ea74
Biserci BG 180 Eb68
Bishop Auckland GB 11 Fa17
Bishop's Castle GB 15 Eb24
Bishop's Lydeard GB 19 Ea29
Bishop's Stortford GB 20 Fd27
Bishop's Waltham GB 20 Fa30
Bisiano F 154 Ca71
Bisignano I 164 Gb79
Bisingen D 142 Cc50
Bisisthal CH 142 Cc54
Bisko HR 158 Gc66
Biskopsbyn S 86 Fa38
Biškupci HR 152 Ha60
Biskupice PL 129 Ha41
Biskupice PL 131 Kb40
Biskupiec PL 122 Hc33
Biskupiec PL 122 Jb31
Biskupin PL 121 Gd35
Bislev DK 100 Dc21
Bisley GB 19 Ec27
Bislich D 125 Bc38
Bismark D 127 Ea36
Bismervik N 63 Hd05
Bismo N 85 Db34
Bisoca RO 176 Ec62
Bispberg S 95 Fd40
Bispgården S 79 Gb31
Bispingen D 118 Db34
Bissendorf D 126 Cc37
Bissendorf D 126 Cd37
Bisserup DK 109 Ea27
Bissingen D 134 Dc49
Bissingen, Bietigheim- D 134 Cd48
Bissjön S 80 Hc26
Bissone I 149 Cc58
Bissy-sur-Fley F 30 Ja44
Bistagno I 148 Ca62
Bistar SRB 179 Ca72
Bistarac BIH 153 Hc63
Bistra BG 180 Eb70
Bistra RO 171 Cd59
Bistra RO 171 Db54
Bistra SLO 151 Fb58
Bistražin KSV 178 Ad71
Bistrec BG 181 Ec73
Bistreţ RO 179 Cd67
Bistrica BG 179 Cb73
Bistrica BG 179 Cc71
Bistrica BIH 152 Gd61
Bistrica BIH 152 Gd62
Bistrica BIH 158 Ha65
Bistrica BIH 159 Hc65
Bistrica MK 183 Bb76
Bistrica MNE 159 Ja68
Bistrica SRB 159 Jb66
Bistričak BIH 152 Hb63
Bistrița RO 171 Dc57
Bistrița Bârgăului RO 171 Dc57
Biszcza PL 131 Kb42
Bisztynek PL 122 Jb31
Bitburg D 133 Bc44
Bitche F 25 Kb35
Bitelić HR 158 Gc65
Bitem E 48 Ga63
Bitetto I 162 Gc74
Bitola MK 183 Bb76
Bitonto I 162 Gc74
Bitterfeld D 127 Eb39
Bitterna S 102 Ed47
Bitterstad N 66 Fc13
Bitti I 168 Cb75
Bitton GB 19 Ec28
Bitz D 142 Cc50
Biville F 22 Ed34
Bivio CH 142 Cd56
Bivolari RO 173 Fa56
Bivona I 166 Ec85
Bixad RO 176 Ea61
Bixter GB 5 Ed05
Bıyıklar TR 192 Fb84
Bıyıklı TR 197 Ed88
Bize H 145 Gd56
Bizeljsko SLO 151 Ga58
Bizeneuille F 33 Ha45
Bizovac HR 153 Hc59
Bizzarone I 148 Cb58
Bjæverskov DK 109 Eb26
Bjahoml' BY 202 Ea12
Bjala BG 180 Dd69
Bjala BG 180 Ea72
Bjala BG 181 Fa71
Bjala čerkva BG 184 Db74
Bjala Čerkva BG 180 Dc70
Bjala reka BG 184 Dc74
Bjala Reka BG 180 Dc70
Bjala Reka BG 181 Ec71
Bjala Slatina BG 179 Da69
Bjala Voda BG 180 Dc68
Bjälbo S 103 Fc47
Bjal izvor BG 184 Dc75
Bjal Izvor BG 180 Dd73
Bjal Kladenec BG 180 Ea73
Bjalo Pole BG 180 Dd73
Bjalyničy BY 202 Eb12
Bjännberg S 80 Hb29
Bjännfors S 80 Hc27
Bjår N 93 Db42
Bjäresjö S 110 Fa56
Bjärklunda S 102 Fa47
Bjarkøy N 66 Ga12
Bjärme S 87 Gb33
Bjar'movo RUS 107 Ma50
Bjärnum S 110 Fa54
Bjaroza BY 202 Ea13
Bjarozavka BY 202 Ea13
Bjärred S 110 Ed56
Bjärsjölagård S 110 Fa56
Bjärten S 80 Ha28
Bjärtrå S 80 Gc31
Bjästa S 80 Gd30
Bjela BIH 159 Hd66
Bjelahe KSV 178 Ad70
Bjelahe SRB 159 Jc68
Bjelajci BIH 152 Gc61
Bjelland N 92 Cd46
Bjeloperica SRB 159 Jb64
Bjelovar HR 152 Gc58
Bjerangen N 71 Fb19
Bjergby DK 100 Dc19
Bjergby DK 100 Da23
Bjerghuse DK 100 Cd23
Bjerka N 71 Fb21
Bjerkreim N 92 Ca45
Bjerkvik N 67 Gb13
Bjerre DK 101 Dd22
Bjerre DK 108 Dc25
Bjerreby DK 109 Dd28
Bjerregård DK 108 Cd24
Bjerregrav DK 100 Db22
Bjerringbro DK 100 Db23
Bjkörkö-Arholma S 96 Ha41
Bjoestrand N 92 Ca41
Bjølstad N 85 Dc35
Bjönsaberg S 87 Fb37
Bjøråner S 85 Ea36
Björbnes S 95 Fc40
Björboholm S 102 Ec48
Bjordal N 84 Cb37
Bjørdal N 84 Cd34
Bjordal N 92 Cb45
Bjorelvnes N 62 Gc10
Bjørgan N 86 Ea32
Bjørgo N 85 Dc38
Bjørhusdalen N 78 Fa25
Björka S 87 Fc38
Björkås N 67 Gd12
Björkås S 71 Fd23
Björkbäcken S 71 Fd22
Björkberg S 73 Hc21
Björkberg S 80 Gc26
Björkberg S 87 Fc36
Björkboda FIN 97 Jc40
Björkborn S 95 Fc43
Björkbysätern S 94 Ed40
Bjørke N 84 Cc34
Björke S 96 Gc39
Bjørkebakken N 67 Gb11
Bjørkebol S 94 Ec43
Bjørkedal N 84 Cc34
Bjørkedal N 93 Da46
Bjørkekjær N 93 Db45
Bjørkelangen N 94 Eb41
Björketorp S 102 Ec50
Björkfors S 73 Jb21
Björkfors S 103 Ga48
Björkhöjden S 79 Ga30
Björkholmen S 72 Gd19
Björkland S 72 Gd23
Bjørklia N 77 Ea30
Björkliden S 67 Gd13
Björkliden S 72 Gb22
Björkliden S 73 Hb24
Björklinge S 96 Gc41
Björklund S 72 Gd23
Björklunda S 72 Gd20
Bjørkneset N 65 Kc08
Bjørkness N 94 Eb41
Björkö FIN 97 Hd40
Björkö FIN 97 Ja40
Björkö FIN 97 Ja41
Björkö S 103 Fc50
Björköby FIN 81 Hd30
Björköby S 103 Fc49
Björksele S 79 Gb28
Björksele S 80 Gd25
Björksjön S 80 Gc30
Björksta S 95 Gb42
Björkvattnet S 79 Fb26
Björkvik S 95 Gb45
Björlanda S 102 Eb49
Bjørlia N 78 Ed25
Bjørn N 70 Ed21
Björna S 80 Gd29
Bjørndalen N 78 Ec25
Björneborg S 95 Fb44
Bjørnengen N 63 Hd08
Bjørnera N 66 Ga12
Bjørnerheim N 84 Cc35
Bjørnevatn N 65 Kd08
Bjørnhaugseter N 85 Dd36
Björnhult S 103 Ga50
Björnliden S 86 Ed34
Björnlunda S 96 Gc44
Bjørnrike S 87 Fb33
Bjørnset N 63 Ja08
Björnsjö S 80 Gd29
Bjørnskinn N 66 Fd12
Bjørnstad N 65 Kd07
Bjørnstad N 71 Fc18
Bjørnstad N 78 Fa25
Björnvik FIN 90 Kd38
Björsäter S 102 Fa46
Björsäter S 103 Ga47
Björsberg S 95 Fd39
Bjuråker S 87 Ga35
Bjurbäck S 102 Fd48
Bjurberget S 94 Ed39
Bjurfors S 80 Hc25
Bjurfors S 80 Hb26
Bjurholm S 80 Ha28
Bjurön S 81 Hd26
Bjursås S 95 Fd39
Bjursele S 80 Ha26
Bjursele S 80 Ha25
Bjurselet S 73 Hc24
Bjurström S 80 Hb25
Bjurtjärn S 95 Fb43
Bjurträsk S 72 Ha24
Bjurträsk S 73 Hd22
Bjurum S 102 Fa47
Bjurvattnet S 80 Ha28
Bjurvattnet S 80 Hb25
Bjuv S 110 Ed54
Blaby GB 16 Fa24
Blace BIH 158 Hb66
Blace HR 158 Ha68
Blace SRB 178 Bc69
Blachownia PL 130 Hc42
Black Bull IRL 13 Cd21
Blackburn GB 10 Ea13
Blackburn GB 15 Ec20
Blacke S 81 Hd26
Blackhall GB 11 Fa17
Blackhill GB 4 Da07
Blacklion IRL 9 Cb18
Blacklunans GB 7 Eb10
Blackmoor Gate GB 19 Dd29
Black Mount GB 7 Dd11
Black Notley GB 21 Ga27
Blackpool GB 15 Eb20
Blackridge GB 10 Ea13
Blacksnäs FIN 89 Hd32
Blacksta S 95 Gb45
Blackstad S 103 Ga49
Blackwater GB 20 Fa31
Blackwater IRL 13 Cd24
Blackwaterfoot GB 10 Db14
Blackwood GB 19 Ea27
Bladåker S 96 Gd41
Bladel NL 124 Ba39
Błądzim PL 121 Ha33
Blaenau Ffestiniog GB 15 Dd23
Blaenavon GB 19 Eb27
Blaengarw GB 19 Ea27
Blæsbjerg DK 101 Dd19
Blagaj BIH 152 Gb61
Blagaj BIH 158 Hb67
Blagdon GB 19 Eb28
Blăgeşti RO 172 Ec59
Blăgeşti RO 177 Fb61
Blagnac F 40 Gb54
Blagodarnyj RUS 205 Ga16
Blagoevgrad BG 179 Cb73
Blagoevo BG 180 Eb69
Blagojev Kamen SRB 174 Bd65
Blagon F 32 Fa50
Blåhøj DK 108 Da25
Blaibach D 135 Ec47
Blaichach D 142 Db52
Blaiken S 72 Gb24
Blaikliden S 71 Fd24
Blain F 28 Ed41
Blainville-Crevon F 23 Gb35
Blainville-sur-l'Eau F 25 Jd37
Blairgowrie GB 7 Eb11
Blaise F 30 Ja38
Blaisy-Bas F 30 Ja41
Blaj RO 175 Da60
Blajan F 40 Ga55
Blăjani RO 176 Ec63
Blăjel RO 175 Db60
Błąkały PL 123 Ka30
Blakeney GB 17 Ga23
Blakeney GB 19 Ec27
Blaker N 94 Eb41
Blakesley GB 20 Fa26
Blakstad N 77 Da31
Blakstad N 93 Da46
Blâmont F 25 Ka37
Blan F 41 Gd54
Blanca E 55 Ed72
Blancafort F 29 Ha41
Blancas E 47 Ed63
Blanchardstown IRL 13 Cd21
Blanchland GB 11 Ed17
Blancos E 36 Bb58
Blandford Forum GB 19 Ec30
Blandiana RO 175 Cd60
Blanes E 49 Hb60
Blaney GB 9 Cb17
Blangy-sur-Bresle F 23 Gc33
Blangy-sur-Ternoise F 23 Gd31
Blankaholm S 103 Gb49
Blankenau D 126 Da42
Blankenberg D 135 Ea43
Blankenberge B 124 Aa38
Blankenburg D 127 Dd38
Blankenfelde-Mahlow D 127 Ed37
Blankenhain D 127 Dd42
Blankenhain D 127 Eb42
Blankenheim D 125 Bc42
Blankenheim D 127 Ea39
Blankenrath D 133 Bd44
Blankensee D 119 Ed33
Blanquefort F 32 Fb50
Blans DK 108 Db28
Blansko CZ 137 Gc47
Blanzac F 32 Fd48
Blanzy F 30 Ja44
Blarnalearoch GB 4 Dc06
Blarney IRL 12 Bd25
Blaron F 43 Kb52
Blåskovo BG 181 Ed71
Blåsmark S 73 Hc23
Blåsut S 102 Ec47
Błaszki PL 129 Hb39
Blatna BIH 152 Gb61
Blatná CZ 136 Fa47
Blatné SK 145 Gd50
Blato HR 158 Gc68
Blato na Cetini HR 158 Gc66
Blatten CH 141 Bd56
Blatten CH 141 Ca56
Blattnikseie S 72 Gc23
Blatzheim D 125 Bc41
Blaubeuren D 134 Da49
Blaufelden D 134 Da47
Blaustein D 134 Da49
Blauwe Hand NL 117 Bc35
Blauwhuis NL 116 Bb33
Blåvand DK 108 Cd26
Blåvik S 80 Gc25
Blåviksjön S 80 Gc25
Blavozy F 34 Hd49
Blaxton GB 16 Fb21
Blaye F 32 Fb49
Blaye F 41 Ha52
Blaye-les-Mines F 41 Gd53
Blaževo SRB 178 Bb69
Blāzma LV 105 Jc49
Błażowa PL 139 Ka44
Blažuj BIH 158 Hb65
Bleadon GB 19 Eb28
Bleckåsen S 79 Fb30
Bleckede D 119 Dd33
Blecket S 87 Fd38
Bled SLO 151 Fa57
Błędów PL 130 Jb38
Błędów PL 138 Hd43
Błędowo PL 121 Hb33
Bledzew PL 128 Fd36
Bleialf D 133 Bc43
Bleiburg A 144 Fc56
Bleicherode D 126 Dc40
Bleik N 66 Fd11
Bleiknesmo N 71 Fd18
Bleikvasslia N 71 Fb22
Blejeşti RO 176 Dd66
Blejoi RO 176 Ea64
Bleken S 102 Ec46
Blekendorf D 119 Dd30
Bleket S 102 Eb48
Blender D 118 Da34
Blendija SRB 178 Bd68
Bléneau F 29 Ha40
Błenna PL 129 Hb36
Blennerville IRL 12 Bb24
Blénod-lès-Toul F 25 Jc37
Blentarp S 110 Fa56
Blera I 156 Ea70
Blérancourt F 24 Hb34
Bléré F 29 Ga42
Blesa E 47 Fa62
Bleskestad N 92 Cc42
Blesle F 34 Hb48
Blessington IRL 13 Cd22
Bleşteni MD 173 Fa54
Blet F 29 Ha43
Bletchingdon GB 20 Fa27
Bletsoe GB 20 Fc26
Bletterans F 31 Jc43
Bleurville F 31 Jd39
Bleury F 30 Hb40
Blévaincourt F 31 Jc39
Bléves F 28 Fd38
Blewbury GB 20 Fa28
Blidari RO 171 Da54
Blīdene LV 105 Jd52
Blidö S 96 Ha42
Bliedersdorf D 118 Da33
Bliedersdorf D 118 Db33
Bliesbruck F 25 Kb35
Blieskastel D 133 Bd46
Blievenstorf D 119 Ea33
Bligny F 24 Hc35
Bligny F 30 Ja39
Bligny-sur-Ouche F 30 Ja42
Blijnii Hutor MD 173 Ga58
Bliksund N 93 Da47
Bliksvær N 66 Fb17
Blinisht AL 163 Jc71
Blinja HR 152 Gb60
Bliūdžiai LT 114 Ka56
Blizanów PL 129 Ha38
Bliżejov CZ 135 Ec46
Bliznaci BG 181 Ec69
Bliznaci BG 181 Fa71
Blizne PL 139 Ka45
Bllacë AL 182 Ad74
Blockley GB 20 Ed26
Bloemendaal NL 116 Ad35
Blois F 29 Gb41
Blokhus DK 100 Dc20
Blokzijl NL 117 Bc34
Blombacka S 94 Fa43
Blomberg D 117 Cb32
Blomberg D 126 Cd38
Blome LV 106 La48
Blomhöjden S 79 Fc26
Blommenslyst DK 108 Dc26
Blomskog S 94 Ec44
Blomsøy N 70 Ed22
Blomstermåla S 103 Gb51
Blomvåg N 84 Bd38
Blond F 33 Gb46
Blönduós IS 2 Ad03
Błonie PL 129 Gc41
Błonie PL 130 Jb37
Bloška Polica SLO 151 Fb59
Blötberget S 95 Fc41
Błotnica Strzelecka PL 137 Hb43
Błotno PL 120 Fc32
Blovice CZ 135 Ed46
Blovstrød DK 109 Ec25
Blowatz D 119 Ea31
Bloxham GB 20 Fa26
Bludenz A 142 Da54
Bludov CZ 137 Gc45
Bludowo PL 122 Hd30
Blue Ball IRL 13 Cb21
Blueford IRL 12 Bc24
Blumau A 145 Gb53

Blumau – Bösdorf

Blumau I 143 Dd56
Blumberg D 141 Cb51
Blumberg, Ahrensfelde- D 128 Fa36
Blumenhagen D 120 Fa33
Blumenthal D 119 Ec34
Blyberg S 87 Fb37
Blynki RUS 99 Ld43
Blyth GB 11 Fa16
Blyth Bridge GB 11 Eb14
Bnin PL 129 Gc37
Bø N 62 Gc09
Bø N 66 Fc13
Bø N 66 Fd13
Bø N 77 Db31
Bø N 84 Ca36
Bø N 92 Ca43
Bø N 92 Cd45
Bø N 93 Db43
Bø N 93 Dc43
Bo S 95 Fd45
Bo'Ness GB 10 Ea13
Boadilla del Monte E 46 Db64
Boadilla de Rioseco E 37 Cd58
Boal E 37 Bd54
Boalt S 111 Fb53
Boan MNE 159 Ja68
Boario Terme I 149 Da58
Boat of Garten GB 7 Ea08
Boa Vista P 44 Ac65
Boba H 145 Gd54
Bobadilla del Campo E 46 Cd62
Bobadilla Estación E 60 Cd75
Bobâlna RO 171 Da57
Bobbau D 127 Eb39
Bobbio I 149 Cc61
Bobbio Pellice I 148 Bb61
Bobeica MD 173 Fc58
Bobenheim-Roxheim D 133 Cb45
Boberg S 79 Fd30
Bobicești RO 175 Da66
Bobigny F 23 Gd36
Böbing D 142 Dc52
Bobingen D 142 Dc50
Böbingen an der Rems D 134 Da48
Bobitz D 119 Ea32
Böblingen D 134 Cc48
Bobolice PL 121 Gb31
Boboševo BG 179 Cb73
Bobota HR 153 Hd60
Bobota RO 171 Cc56
Bobovdol BG 179 Cb72
Boboviště MNE 159 Ja70
Bobowa PL 138 Jc45
Bobowo PL 121 Hb31
Bobr BY 202 Eb12
Bobrețu RO 175 Da65
Bóbrka PL 139 Kb46
Bobrov RUS 203 Fb13
Bobrovec SK 138 Hd47
Bobrovycja UA 202 Ec14
Bobrowice PL 128 Fc38
Bobrówko PL 120 Fd35
Bobrówko PL 122 Jc32
Bobrowniki PL 122 Hc35
Bobrowniki PL 123 Kc33
Bobrowniki Wielkie PL 138 Jc44
Bobrynec' UA 204 Ed16
Boc MNE 159 Jc68
Boc MNE 178 Ad69
Bóč SK 145 Gd51
Boca de Huérgano E 37 Cd56
Bocairent E 55 Fb70
Bocale I 164 Ga84
Bocani MD 173 Fb56
Bočar SRB 153 Jb58
Bocca di l'Orù F 154 Cb72
Bocca di Piazza I 164 Gc80
Bocchigliero I 164 Gc79
Boceguillas E 46 Dc61
Böçen TR 192 Ga82
Bochnia PL 138 Jb44
Bocholt B 125 Bb39
Bocholt D 125 Bd38
Bochov CZ 135 Ed44
Bochum D 125 Ca39
Bocigas E 46 Da61
Bockara S 103 Ga50
Bockau D 135 Ec43
Bockenem D 126 Db38
Bockfliess A 145 Gc50
Bockhorn D 118 Cc33
Bockhorn D 143 Ea50
Böcki PL 123 Kb35
Böckstein A 143 Ec54
Bockträsk S 72 Gc23
Böckweiler D 133 Bd46
Bočna ob Dreti SLO 151 Fc57
Bocognano F 154 Cb70
Bócsa H 146 Ja56
Bocșa RO 171 Cd56
Bocșa RO 174 Bd62
Bocsig RO 170 Ca59
Boczów PL 128 Fc37
Bod RO 176 Ea62
Boda S 87 Fd38
Boda S 87 Gb32
Boda S 94 Ed43
Boda S 94 Ed43
Böda S 104 Gc50
Bodaczów PL 131 Kc41
Boda glasbruk S 103 Fd52
Bodajk H 145 Hb53
Bødal N 84 Cd35
Bodange B 132 Ba44
Bođani SRB 153 Hd60
Bodaño E 36 Ba56
Bodators S 103 Fc50
Bodbacka FIN 89 Hd32
Bodbyn S 80 Hb28
Boddam GB 5 Fa08
Boddensdorf A 144 Fa56
Boddum DK 100 Da22
Bodegraven NL 116 Ad36
Boden A 142 Db53
Boden D 125 Cb42
Boden S 73 Hd21
Bodenfelde D 126 Da39
Bodenheim D 133 Cb44
Bodenkirchen D 143 Eb50
Bodenmais D 135 Ed48
Bodenwerder D 126 Da38
Bodenwöhr D 135 Eb47
Bodești RO 172 Ec57
Bodfari GB 15 Ea22
Bodilsker DK 111 Fc58
Bodman D 142 Cc51
Bodmin GB 18 Db31
Bodnegg D 142 Da52
Bodö FIN 81 Jb28
Bodø N 66 Fc17
Bodoc RO 176 Ea61
Bodom N 78 Ec28
Bodonal de la Sierra E 51 Bc71
Bodonci SLO 145 Gb55
Bodorgan Station GB 15 Dd22
Bodrost BG 179 Cc73
Bodrum TR 197 Ec90
Bodsjö S 87 Fc32
Bodsjöedet S 78 Ed30
Bodträskfors S 73 Hc21
Bodyke IRL 12 Bd22
Bodzanów PL 130 Ja36
Bodzanowice PL 129 Hb41
Bodzechów PL 131 Jd41
Bodzentyn PL 130 Jc41
Bodzewo PL 129 Gc38
Boé F 40 Ga52
Boecillo E 46 Da60
Boedapest = Budapest H 146 Hd53
Boëge F 35 Ka45
Boekel NL 125 Bb38
Boekelo NL 117 Bd36
Boën F 34 Hd47
Boen N 93 Da47
Boeslunde DK 109 Ea27
Boeza E 37 Ca56
Bofara S 87 Ga37
Boffzen D 126 Da38
Bofin IRL 8 Ba19
Bofors S 95 Fc43
Boftsa N 64 Ka06
Bogács H 146 Jc51
Bogaczów PL 128 Fd38
Bogádmindszent H 152 Hb58
Bogan N 78 Ed25
Bøgard N 66 Fd11
Bogarra E 53 Eb70
Bogata RO 171 Db59
Bogați RO 176 Dd64
Bogatić SRB 153 Ja61
Bogatovo RUS 113 Jb58
Bogatovo RUS 122 Ja30
Bogatynia PL 128 Fc42
Boğazak TR 199 Ha91
Boğazcık TR 198 Ga92
Bogazi CY 206 Jd96
Boğaziçi TR 198 Ga88
Boğaziçi TR 199 Gb89
Boğazığı TR 198 Fd92
Boğazkale TR 205 Fb20
Boğazkent TR 193 Hb86
Boğazköy TR 186 Ga80
Boğazköy TR 192 Fc84
Bogdan BG 180 Db72
Bogdana RO 173 Fa59
Bogdanci BG 181 Ec69
Bogdanci MK 183 Ca76
Bogdand RO 171 Cd56
Bogdănești RO 172 Ec56
Bogdănești RO 176 Ec60
Bogdănești RO 177 Fa60
Bogdaniec PL 128 Fc36
Bogdănița RO 177 Fa60
Bogdanovca Nouă MD 177 Fd60
Bogdanovo BG 180 Ea73
Bogdanów PL 130 Hd40
Bogdan Vodă RO 171 Db55
Bogë AL 159 Jb69
Boge S 104 Ha49
Bogen D 135 Ec48
Bogen N 66 Fd15
Bogen N 67 Gb13
Bogen S 94 Ed41
Bogense DK 108 Dc26
Bogetići MNE 159 Hd69
Boggan IRL 9 Cc19
Boghenii Noi MD 173 Fb56
Boghești RO 177 Fa61
Boghiceni MD 173 Fc58
Bogliasco I 148 Cb63
Boglösa S 96 Gc43
Bognanco Fonti I 148 Ca57
Bognelv N 63 Hc08
Bognelvdalen N 63 Hc08
Bognes N 66 Ga14
Bogno CH 149 Cc57
Bognor Regis GB 20 Fb30
Bogny-sur-Meuse F 24 Ja33
Bogø By DK 109 Eb28
Bogodol BIH 158 Ha66
Bogojevac SRB 178 Bc69
Bogojevice SRB 178 Bd70
Bogojevo SRB 153 Hd59
Bogojina SLO 145 Gb56
Bogomila MK 183 Bb74
Bogomilovo BG 180 Dd73
Bogomolje HR 158 Gd67
Bogoria PL 130 Jc42
Bogorodick RUS 203 Fa11
Bogorodsk RUS 203 Fb09
Bogorovo BG 181 Ed68
Bogosavac SRB 153 Ja62
Bogoslov BG 179 Ca72
Bögöte H 145 Gd54
Bogova RO 174 Cb65
Bogovina SRB 178 Bd67
Böğrüdelik TR 193 Hb85
Bogsta S 96 Gc45
Bogstad N 84 Cc35
Bogsund N 92 Cb43
Bogučar RUS 203 Fc13
Boguchwałów PL 137 Ha44
Boguchwały PL 122 Hd31
Bogue GB 10 Dd16
Bogumiłów PL 129 Hb39
Bogumiłowice PL 130 Hc40
Boguszewo PL 121 Hb33
Boguszów-Gorce PL 129 Gb42
Bogutovac SRB 178 Ba67
Boguty-Pianki PL 123 Ka35
Bogyiszló H 146 Hc56
Bogzești MD 173 Fc56
Bohain-en-Vermandois F 24 Hb33
Bohan B 132 Ad44
Bohdalice CZ 137 Gc47
Bohdalov CZ 136 Ga46
Bohdašin CZ 137 Gb43
Boheden S 73 Ja20
Böheimkirchen A 144 Ga51
Boherboy IRL 12 Bc25
Boherlalan IRL 13 Ca23
Bohinjska Bistrica SLO 151 Fa57
Böhl-Iggelheim D 133 Cb46
Böhme D 118 Da35
Böhmenkirch D 134 Da49
Böhmte D 117 Cc36
Bohoduchiv UA 203 Fa14
Boholt RO 175 Cc60
Bohonal de Ibor E 51 Cb66
Böhönye H 145 Gd56
Bohot BG 180 Db69
Bohukaly PL 131 Kc36
Bohula MK 183 Bd75
Bohumín CZ 137 Hb45
Bohuňovice CZ 137 Gd46
Bohus S 102 Ec48
Bohuslav UA 204 Ec15
Bohutín CZ 136 Fa46
Boialvo P 44 Ad63
Boianu Mare RO 171 Cc56
Boiereni RO 171 Db56
Boiro E 36 Ac56
Boiry-Saint-Matin F 23 Ha32
Boiscommun F 29 Gd39
Bois-de-Céné F 28 Ed43
Bois-le-Roi F 29 Ha38
Boismont F 25 Jc34
Boișoara RO 175 Db62
Boisredon F 32 Fb48
Boisseron F 41 Hd53
Boisson F 42 Ja52
Boišta = Slepač most MNE 159 Jb67
Boisville F 29 Gc38
Boitzenburg D 120 Fa34
Boiu Mare RO 171 Da56
Bóixols E 48 Gb59
Boizenburg D 119 Dd33
Böja S 102 Fa46
Bojadła PL 128 Ga38
Bojadžik BG 180 Eb73
Bojančište MK 183 Bc75
Bojane MK 178 Bb73
Bojano I 161 Fb73
Bojanovo BG 180 Eb73
Bojanów PL 139 Ka43
Bojanowo PL 129 Gc39
Bojas LV 105 Jb52
Bojčinovci BG 179 Cc69
Bøjden DK 108 Dc27
Bojewyan GB 18 Cd32
Bojišta MK 182 Ba75
Bojka BG 180 Ea70
Bojkovice CZ 137 Ha48
Bojmie PL 131 Jd37
Bojná SK 137 Ha49
Bojnica BG 179 Cb67
Bojnice SK 137 Hb48
Bojnik SRB 178 Bc70
Bojszowy PL 138 Hc44
Bojtiken S 71 Fc23
Boka SRB 174 Bb62
Bókaháza H 145 Gd55
Bokel D 118 Cd33
Bokenäs S 102 Eb47
Bokinka Pańska PL 131 Kc37
Böklund D 108 Db29
Bokod H 145 Hb53
Boków PL 130 Jb40
Bokros H 146 Jb55
Boksholm S 103 Fc51
Boksjok N 64 Ka05
Boksjön S 71 Fd22
Bol HR 158 Gc67
Bol' SK 139 Ka49
Bolandoz F 31 Jd42
Bolaños de Calatrava E 52 Dc69
Bolaños de Campos E 45 Cc59
Bolayır TR 185 Eb79
Bolbec F 22 Fd34
Bölberget S 86 Fa34
Bolboși RO 175 Cc64
Bolca I 149 Dc59
Bölcske H 146 Hd55
Bolderaja LV 106 Kb50
Boldești-Grădiștea RO 176 Ec65
Boldești-Scăeni RO 176 Ea64
Boldogkőváralja H 147 Jd50
Boldon GB 11 Fa16
Boldu RO 176 Ed63
Boldur RO 174 Ca61
Boldurești MD 173 Fb57
Boldva H 146 Jc50
Böle FIN 98 Ka40
Bøle N 78 Eb26
Böle S 73 Hc23
Böle S 73 Hd21
Böle S 79 Fb30
Böle S 79 Gb31
Böle S 87 Fb33
Bolea E 39 Fb58
Boleč SRB 153 Jc62
Boleč SRB 174 Bb64
Bolemin PL 128 Fd36
Boleráz SK 145 Gd50
Bolesław PL 138 Hd43
Bolesławiec PL 128 Fd40
Bolesławiec PL 129 Ha40
Boleszkowice PL 128 Fc36
Boleszyn PL 122 Hd33
Bolewice PL 128 Ga37
Bolewicko PL 128 Ga37
Bolfan HR 152 Gc57
Bolfoss N 94 Eb41
Bolga N 70 Fa19
Bolgatovo RUS 107 Mb49
Bolgheri I 155 Db67
Bolhás H 152 Gd57
Bolhó H 152 Gd58
Bolhov RUS 202 Ed12
Bolhrad UA 204 Ec18
Boliden S 80 Hb25
Bolimów PL 130 Ja37
Bolinglanna IRL 8 Bb19
Bolintin-Deal RO 176 Ea66
Bolintin-Vale RO 176 Ea66
Boljanic BIH 152 Hb62
Boljanići MNE 159 Ja66
Boljarino BG 180 Dc73
Boljarovo BG 185 Ec74
Boljarsko BG 180 Eb73
Boljevac SRB 178 Bd67
Boljevci SRB 153 Jc62
Boljkovci SRB 159 Jc64
Bolkesjø N 93 Dc42
Bölkow D 119 Eb31
Bolków PL 128 Ga42
Boll, Bad D 134 Da49
Bollebygd S 102 Ec49
Bollendorf D 133 Bc44
Bollène F 42 Jb52
Bollermoen N 71 Fb21
Bollezeele F 21 Gd30
Bólliga E 47 Eb65
Bollnäs S 87 Ga37
Bollostra N 63 Ja08
Bollsbyn S 94 Ec44
Bollstabruk S 80 Gc31
Bolluca TR 186 Fc77
Bollullos de la Mitación E 59 Bd74
Bollullos par del Condado E 59 Bc74
Bolman HR 153 Hc59
Bolmen S 102 Fa52
Bölmepınar TR 198 Ga90
Bolmsö S 102 Fa51
Bolnhurst GB 20 Fc26
Bolnuevo E 55 Ed74
Bologna I 149 Dc63
Bologne F 30 Jb39
Bolognetta I 166 Ed84
Bolognola I 156 Ec68
Bologoe RUS 202 Ec09
Bologovo RUS 202 Eb10
Bolohani MD 173 Fd56
Bolotana I 169 Ca76
Bolotești RO 176 Ed62
Bolotovo RUS 107 Ma47
Bol'šaja Polja RUS 99 Lc42
Bol'šaja Poljana RUS 113 Jb59
Bol'šakovo RUS 113 Jc58
Bolsena I 156 Ea69
Bol'ševik RUS 203 Fd12
Bol'šie Berežki RUS 113 Jb57
Bol'šinka RUS 203 Fc14
Bol'šoe Zareč'e RUS 99 Mb41
Bol'šoj Borovnja RUS 99 Ld42
Bol'šoj Ižora RUS 99 Ma39
Bol'šoj Jamno RUS 99 Ld44
Bol'šoj Kolpany RUS 99 Mb40
Bol'šoj Kuzemkino RUS 99 Lc41
Bol'šoj L'zi RUS 99 Mb44
Bol'šoj Ozerticy RUS 99 Ma41
Bol'šoj Pustomerža RUS 99 Ld41
Bol'šoj Rožki RUS 99 Ld43
Bol'šoj Ruddilovo RUS 99 Ld40
Bol'šoj Sabicy RUS 99 Ma43
Bol'šoj Sabsk RUS 99 Ma42
Bol'šoj Selo RUS 113 Jd57
Bol'šoj Stremlenie RUS 99 Ld40
Bol'šoj Taglino RUS 99 Mb40
Bol'šoj Teškovo RUS 99 Ma40
Bol'šoj Vruda RUS 99 Ma41
Bol'šoj Zagorje RUS 107 Ma46
Bol'šoj Zahon'e RUS 99 Mb44
Bolsover GB 16 Fa22
Bolstad S 102 Ec46
Bolsward NL 116 Bb33
Bolszewo PL 121 Ha29
Boltaña E 40 Fd58
Boltenhagen D 119 Ea31
Boltigen CH 141 Bc55
Bolton GB 15 Ec21
Bolton Abbey GB 16 Ed20
Bolton-le-Sand GB 11 Ec19
Bolțun MD 173 Fc58
Bolu TR 187 Hb79
Bölüceağac TR 198 Ga93
Bolungarvík IS 2 Ac02
Bolvadin TR 193 Gd85
Bolvașnița RO 174 Cb62
Bóly H 153 Hc58
Bolzano I 143 Dd56
Bomal B 124 Ba42
Bomarken S 94 Eb44
Bomba I 161 Fb71
Bombarral P 50 Aa67
Bominaco I 156 Ed70
Bomlitz D 118 Db35
Bømlo N 92 Bd41
Bompas F 41 Hb57
Bomporto I 149 Dc62
Bomsund S 79 Fd31
Bona F 30 Hc43
Bona S 103 Fc46
Bonac F 40 Gb56
Bönan S 96 Gc39
Bonanza E 59 Bd75
Boñar E 37 Cc56
Bonar Bridge GB 5 Ea06
Bonarcado I 169 Bd77
Bonares E 59 Bc74
Bonäs S 87 Fb38
Bonäset S 78 Fa30
Bonäset S 79 Fd28
Bonåsjøen N 66 Fd16
Bonawe GB 6 Dc11
Bonboillon F 31 Jc41
Boncath GB 14 Dc26
Bonchester Bridge GB 11 Ec15
Boncuklu TR 191 Ed83
Bończa PL 131 Kc40
Bondari RUS 107 Mb52
Bondary PL 123 Kc34
Bondeborg S 73 Ja21
Bondemon S 94 Eb45
Bondeno I 150 Dd61
Bonderup DK 100 Db21
Bondorf D 134 Cc49
Bondstorp S 103 Fb49
Bondyrz PL 131 Kc42
Bönebüttel D 118 Dc31
Bonefro I 161 Fc72
Bonelli I 150 Eb62
Bönen D 125 Cb39
Bones N 67 Gc13
Bonese D 119 Dd35
Bonete E 55 Ed70
Bönhamn S 80 Gd31
Bonhill GB 10 Dd13
Bonhomme F 31 Kb38
Boniches E 54 Ed66
Boniewo PL 129 Hb36
Bonifacio F 154 Cb72
Bonifato F 154 Ca69
Bonilla de la Sierra E 45 Cc64
Bonin PL 120 Fd34
Bonlieu F 31 Jd44
Bonn D 125 Bd41
Bonnat F 33 Gc45
Bonndorf D 141 Cb51
Bonne F 35 Ka45
Bonnebosq F 22 Fd36
Bønnerup Strand DK 101 Dd23
Bonnet DK 100 Cd22
Bonnétable F 28 Fd39
Bonneuil-Matours F 29 Ga44
Bonneval F 29 Gb39
Bonneval F 35 Kb47
Bonneval-en-Diois F 35 Jd50
Bonnevaux F 31 Jd43
Bonnevaux F 31 Ka44
Bonneville F 35 Ka45
Bonneville-la-Louvet F 22 Fd35
Bonnières-sur-Seine F 23 Gc36
Bonnieux F 42 Jc53
Bönnigheim D 134 Cd47
Bönningstedt D 118 Db32
Bonnyapuszta H 145 Ha56
Bonny-sur-Loire F 29 Ha41
Bono E 40 Ga58
Bono I 168 Ca76
Bonorva I 168 Ca76
Bonrepaux F 40 Gc53
Bons F 35 Ka45
Bonsecours F 23 Gb35
Bønsnes N 93 Dd41
Bønsvig DK 109 Eb27
Bontgoch Elerch GB 15 Dd24
Bonțida RO 171 Da57
Bonvilston GB 19 Ea28
Bőny H 145 Ha52
Bonyhád H 153 Hc57
Boo S 96 Gd43
Boock D 119 Ea35
Boolakennedy IRL 13 Ca24
Boos D 142 Db51
Boos F 23 Gb35
Boostedt D 118 Dc31
Bootle GB 11 Eb18
Bopfingen D 134 Db48
Boppard D 133 Ca43
Boquiñeni E 47 Fa60
Bor CZ 135 Ec46
Bor S 103 Fb51
Bor SRB 174 Ca66
Boraja HR 158 Gb66
Borås S 102 Ed49
Borăscu RO 175 Cc65
Borawe PL 122 Jc34
Borawskie PL 123 Ka30
Borba P 50 Ba69
Borca RO 172 Ea57
Borča SRB 153 Jc61
Borca di Cadore I 143 Eb56
Borcea RO 181 Fa67
Börcek TR 191 Ed83
Borchen D 126 Cd39
Borci BIH 152 Ha63
Borci BIH 158 Hb66
Borculo NL 125 Bd37
Bordalba E 47 Ec61
Bordalen N 78 Eb30
Bordány H 146 Jb56
Bordeaux F 32 Fb50
Bordeira P 58 Aa73
Bordei Verde RO 177 Fa64
Bordelum D 108 Da29
Bordères-Louron F 40 Fd57
Bordesholm D 118 Dc30
Bordessoule F 33 Gd45
Bordești RO 176 Ed62
Borðeyri IS 2 Ad03
Bordighera I 43 Kd52
Bording DK 108 Db24
Bordon GB 20 Fb29
Bords F 32 Fb47
Bordușani RO 177 Fa66
Bore I 149 Cd62
Borehamwood GB 20 Fc27
Borek PL 138 Jb44
Borek Wielkopolski PL 129 Gc38
Boreland GB 11 Eb15
Borello I 156 Ea64
Borensberg S 103 Fd46
Boretto I 149 Db61
Bore Verdalen N 92 Ca44
Borg N 66 Fb14
Borgå FIN 98 Kc39
Borgafjäll S 79 Fc25
Borgan N 78 Eb25
Borgarnes IS 2 Ac04
Borgata Marina I 164 Gc78
Borge N 93 Ea44
Borgen N 92 Cd43
Borgen S 80 Gc27
Borgentreich D 126 Da39
Börger D 117 Cb34
Börger D 117 Cb34
Borger NL 117 Bd34
Borger NL 117 Ca34
Borgetto I 166 Ec84
Borggård S 95 Fd45
Borghamn S 103 Fc47
Borghetto I 150 Ea63
Borghetto d'Arroscia I 148 Bd63
Borghetto di Vara I 149 Cd63
Borghetto Santo Spirito I 148 Bd63
Borgholm S 103 Gb52
Borgholzhausen D 126 Cc37
Borghorst D 125 Ca37
Borghusseter N 77 Dd33
Borgia I 164 Gc81
Borgloon B 124 Ba41
Børglum DK 100 Dc20
Borgo F 154 Cc69
Borgo a Mozzano I 155 Da64
Borgo Cortili I 150 Dd62
Borgoforte I 149 Db61
Borgofranco d'Ivrea I 148 Bd59
Borgo Grappa I 160 Ec73
Borgo Libertà I 161 Ga74
Borgomanero I 148 Ca58
Borgomasino I 148 Bd59
Borgonovo Ligure I 149 Cc63
Borgonovo Val Tidone I 149 Cc61
Borgo Piave I 160 Eb73
Borgorose I 156 Ec70
Borgo San Dalmazzo I 148 Bc63
Borgo San Giusto I 161 Fd73
Borgo San Lorenzo I 155 Dc64
Borgo San Michele I 160 Ec73
Borgo San Siro I 148 Cb60
Borgo Schisina I 167 Fd84
Borgo Segezia I 161 Fd73
Borgosesia I 148 Ca58
Borgo Tossignano I 150 Dd63
Borgo Val di Taro I 149 Cd62
Borgo Valsugana I 150 Dd58
Borgsdorf D 127 Ed36
Borgsjö S 80 Gc27
Borgsjö S 87 Ga33
Borgstena S 102 Ed48
Borgund N 85 Da37
Borgunda S 102 Fa47
Borgvattnet S 79 Fd30
Borgvik S 94 Ed43
Bori RUS 99 Ma43
Boriç AL 159 Jb70
Borika BG 179 Cd72
Borima BG 180 Db70
Borina SRB 153 Hd63
Borino BG 184 Da75
Borinskoe RUS 203 Fb12
Borisenki RUS 107 Ma51
Borisoglebsk RUS 203 Fc12
Borisovka RUS 203 Fa14
Borisovo BG 180 Eb68
Borisovo RUS 202 Ed08
Borisovo-Sudskoe RUS 202 Ec08
Borja E 47 Ed60
Børja N 94 Ec41
Borje HR 151 Ga62
Börjelsbyn S 73 Ja21
Börjelslandet S 73 Hd22
Borkan S 71 Fd24
Borkel NL 124 Ba39
Borken D 125 Bd38
Borken (Hessen) D 126 Cd41
Borkheide D 127 Ec37
Borki PL 131 Ka38
Borki PL 138 Jc43
Borki RUS 99 Ma39
Børkop DK 108 Db25
Borków PL 130 Jb42
Borkowo PL 123 Jd33
Borkum D 117 Bd32
Borlänge S 95 Fd40
Borlaug N 85 Da37
Borlești RO 172 Ec58
Børlja N 86 Ea32
Borlu TR 192 Fb85
Bormes-les Mimosas F 43 Kb55
Bormida I 148 Ca63
Bormio I 142 Db56
Born D 119 Ec30
Born NL 125 Bb40
Born S 87 Fd38
Borna D 127 Ec41
Borna D 127 Ed40
Borne D 127 Ea38
Borne F 34 Hd49
Borne NL 117 Bd36
Borness GB 10 Dd17
Borne Sulinowo PL 121 Gb33
Bornheim D 125 Bd41
Bornhöved D 118 Dc31
Börnichen D 127 Ed42
Børnnes N 64 Jc05
Borno I 149 Da58
Bornos E 59 Ca76
Börnsen D 118 Dc33
Bornstedt D 127 Ea39
Boroaia RO 172 Ec56
Borobia E 47 Ec60
Borod RO 171 Cc57
Borodino RUS 113 Jc59
Borodjanka UA 202 Ec14
Borogani MD 177 Fc60
Borohrádek CZ 136 Ga44
Boronów PL 130 Hc42
Borore I 169 Ca76
Boroseni Noi MD 173 Fa54
Boroșneu Mare RO 176 Eb61
Borotin CZ 136 Fc46
Borotno RUS 99 Mb45
Borova UA 203 Fb14
Borova Glava SRB 159 Jb65
Borová Lada CZ 136 Fa48
Borovan BG 179 Cd69
Borovany CZ 136 Fc48
Borovci BG 179 Cc69
Borovci HR 158 Ha67
Borovec BG 179 Cc73
Borovenka RUS 202 Ec09
Boroviči RUS 202 Ec09
Borovik HR 152 Hb60
Borovik RUS 99 Ld45
Borovnica BIH 152 Hb63
Borovnica SLO 151 Fb58
Borovnice CZ 137 Gb46
Borovnice CZ 136 Fa46
Borovo BG 180 Ea69
Borovo HR 153 Hd60
Borovo Selo HR 153 Hd60
Borovsk RUS 202 Ed11
Borovye RUS 107 Mb52
Borów PL 129 Gc42
Borów PL 131 Jd41
Borowa PL 138 Jc43
Borowie PL 131 Jd37
Borowiec PL 128 Ga39
Borowina PL 128 Fd39
Borówno PL 121 Ha33
Borowno PL 130 Hc41
Borowo PL 121 Ha30
Borox E 46 Dc65
Borrby S 111 Fb56
Borrby strandbad S 111 Fb57
Borre N 93 Dd43
Borredà E 49 Gd59
Borres E 37 Ca54
Borrèze F 33 Gb50
Borriana E 54 Fc66
Borringe S 110 Fa56
Borriol E 54 Fc66
Borris DK 108 Da24
Borris IRL 13 Cc24
Borris in Ossory IRL 13 Cb22
Borrisokane IRL 13 Ca22
Borrisoleigh IRL 13 Ca23
Börrum S 103 Gb47
Borș RO 170 Ca56
Børsa N 77 Ea30
Borșa RO 171 Da57
Borșa RO 171 Dc55
Borsækoia N 92 Cd43
Borščiv UA 204 Ea16
Borsdorf D 127 Ec40
Borsec RO 172 Ea58
Børselv N 64 Jc06
Borsfa H 145 Gc56
Borsh AL 182 Ab78
Borsk PL 121 Gd31
Borskoe RUS 113 Jb59
Borský Mikuláš SK 137 Gd49
Borsodivánka H 146 Jc52
Borsodnádasd H 146 Jb51
Borsosgyőr H 145 Gd53
Borssele NL 124 Ab38
Börßum D 126 Dc37
Børsted DK 109 Eb27
Borstel D 118 Cd35
Börstig S 102 Fa48
Börstil S 96 Gd40
Bortan S 94 Ed41
Borth D 125 Bd38
Borth GB 15 Dd24
Bortigali I 169 Ca76
Bort-les-Orgues F 33 Ha48
Börtlüce TR 192 Fb85
Börtnan S 87 Fb32
Bortnen N 84 Cb34
Boruja PL 128 Ga37
Boruja Kościelna PL 128 Ga37
Borum DK 108 Dc24
Borup DK 100 Db21
Borup DK 109 Eb26
Boruszyn PL 121 Gb35
Borutta I 168 Ca75
Borve GB 4 Cd06
Borynja UA 204 Dd16
Boryspil' UA 202 Ec14
Boryszyn PL 128 Fd37
Borzechów PL 131 Ka40
Borzechowo PL 121 Ha31
Borzęcice PL 129 Gd38
Borzęciczki PL 129 Gd38
Borzecin PL 138 Jb44
Borzęcin Duży PL 130 Jb37
Borzna UA 202 Ec14
Borzonasca I 149 Cc63
Borzykowa PL 130 Hd41
Borzymy PL 123 Ka31
Borzysław PL 121 Gc31
Borzytuchom PL 121 Gc31
Bosa I 169 Bd76
Bosa Marina I 169 Bd76
Bosanci RO 172 Ec56
Bosanic HR 151 Fd60
Bosanka Kostajnica BIH 152 Gc60
Bosanki Dubočac BIH 152 Hb61
Bosanska Bojna BIH 151 Ga61
Bosanska Krupa BIH 152 Gb62
Bosanska Rača BIH 153 Ja61
Bosanski Brod BIH 152 Hb61
Bosanski Kobaš BIH 152 Ha61
Bosanski Petrovac BIH 152 Gb63
Bosansko Grahovo BIH 158 Gb64
Bošany SK 137 Hb49
Bősárkány H 145 Gd52
Bosau D 118 Dc31
Bosbury GB 15 Ec26
Boscamnant F 32 Fc49
Boșcana MD 173 Fd57
Boscastle GB 18 Db30
Bosco I 156 Eb67
Bosco/Gurin CH 141 Cb56
Bosco Chiesanuova I 149 Dc59
Bosco Marengo I 148 Cb61
Boscotrecase I 161 Fb75
Bösdorf D 118 Dc31

Bosebo – Brisley

Bosebo S 102 Fa50
Bosebyn S 94 Ed42
Bösel D 117 Cc34
Bösenbrunn D 135 Eb43
Bosherston GB 18 Db27
Bosilegrad SRB 179 Ca72
Bosiljevo HR 151 Fd60
Bosilkovci BG 180 Dd69
Bosjön S 95 Fb42
Boskic HR 152 Hb59
Boskoop NL 116 Ad36
Boškov CZ 137 Gd46
Boskovice CZ 137 Gc46
Bosley GB 16 Ed22
Bosna BG 181 Ec68
Bosna TR 185 Eb75
Bosnek BG 179 Cc72
Bošnjace SRB 178 Bd70
Bošnjaci HR 153 Hc61
Boşorod RO 175 Cc61
Bossbøen N 93 Da42
Bossbu N 92 Cc43
Bossea I 148 Bd63
Bossée F 29 Ga42
Bossolasco I 148 Bd62
Bossòst E 40 Ga57
Bostanci TR 185 Ed80
Bostandere TR 185 Ec80
Bostandere TR 199 Hb89
Boštanj SLO 151 Fd58
Bostanlı TR 185 Ec75
Bostanlı TR 193 Gc84
Bostanyeri TR 187 Ha78
Böste läge S 110 Ed57
Boston GB 17 Fc23
Bostrak N 93 Db44
Bošulja BG 179 Da73
Bosund FIN 81 Jb28
Bosundet S 79 Ga28
Bosut SRB 153 Ja61
Bosuta SRB 153 Jc63
Boswil CH 141 Cb53
Böszénfa H 152 Ha57
Boszkowo PL 129 Gb38
Bot E 48 Fd63
Bote S 80 Gc31
Botesdale GB 21 Ga25
Boteşti RO 172 Ec57
Boteşti RO 173 Fb58
Boteşti RO 176 Dd64
Botevgrad BG 179 Cd70
Botevo BG 179 Cd68
Botevo BG 181 Fa70
Botfei RO 170 Cb58
Bothel D 118 Da34
Bothel GB 11 Eb17
Bothenheilingen D 126 Dc40
Boticas P 44 Bb59
Botilsäter S 94 Ed44
Botiz RO 171 Cd54
Botiza RO 171 Db55
Botley GB 20 Fa30
Botn N 62 Ha09
Botn N 67 Gb13
Botnăreşti MD 173 Fd58
Botne N 92 Ca44
Botne N 93 Dd43
Botnen N 84 Cc34
Botngård N 77 Dd28
Botnlia N 86 Ec32
Bótoa E 51 Bc68
Botoroaga RO 180 Dd67
Botorrita E 47 Fa61
Botoš SRB 153 Jc60
Botoš SRB 174 Bb62
Botoşana RO 172 Eb55
Botoşani RO 172 Ec55
Botrange B 125 Bb42
Botricello I 165 Gd81
Botsmark S 80 Hb27
Bottarone I 149 Cc60
Botteghelle I 167 Fb87
Botten S 94 Ed43
Bottesford GB 16 Fb23
Bottheim N 85 Dc34
Bottidda I 168 Ca76
Böttingen D 142 Cc50
Bottna S 102 Eb46
Bottnaryd S 102 Fa49
Bottrop D 125 Bd39
Bottsfjord N 63 Hd06
Botun MK 182 Ba75
Botunje SRB 174 Bb66
Boturić SRB 178 Bb68
Bötzingen D 141 Ca50
Bötzow D 127 Ed36
Bouaye F 28 Ed42
Bouça P 45 Bc60
Bouce F 22 Fc37
Bouchain F 24 Hb32
Bouçoães P 45 Bc59
Boucq F 25 Jc37
Boudin F 35 Ka46
Boudreville F 30 Ja39
Boudry CH 141 Bb54
Boueilho F 40 Fc54
Bouessay F 28 Fc40
Bouesse F 29 Gc44
Bouges-le-Château F 29 Gc43
Bouglainval F 29 Gb38
Bouguenais F 28 Ed42
Bouilland F 30 Ja42
Bouillargues F 42 Ja53
Bouillé-Ménard F 28 Fa40
Bouillon B 132 Ad43
Bouillon B 132 Ad44
Bouilly F 30 Hd39
Bouin F 27 Ec43
Boujailles F 31 Jd43
Boúka GR 188 Ad83
Boúka GR 194 Bb89
Bouladuff IRL 13 Ca23
Boulay-Moselle F 25 Jd35
Bouligneux F 34 Jb46
Bouligny F 25 Jc35
Bouloc F 41 Hb52
Boulogne-Billancourt F 23 Gd37
Boulogne-sur-Gesse F 40 Ga55
Boulogne-sur-Mer F 21 Gc30
Bouloire F 29 Ga40
Bouloz CH 141 Bb55
Bouniagues F 33 Ga50
Bouray sur-Juine F 29 Gd38
Bourbon-Lancy F 30 Hc44
Bourbon-l'Archambault F 30 Hb44
Bourbonne-les-Bains F 31 Jc39
Bourbourg F 21 Gd30
Bourbriac F 26 Ea38
Bourdeaux F 35 Jc50
Bourdeilles F 33 Ga48
Bourdon F 23 Gc33
Bourdons-sur-Rognon F 30 Jb39
Bouresse F 33 Ga45
Bourg F 32 Fb49
Bourg-Achard F 23 Ga35
Bourganeuf F 33 Gc46
Bourg-Archambault F 33 Gb45
Bourg-Argental F 34 Ja48
Bourg-Beaudouin F 23 Gb35
Bourg-Blanc F 26 Db38
Bourg-de-Péage F 34 Jb49
Bourg-des Comptes F 28 Ed40
Bourg-de-Visa F 40 Gb52
Bourg-d'Oueil F 40 Ga57
Bourg-en-Bresse F 34 Jb45
Bourges F 29 Gd43
Bourg-et-Comin F 24 Hc35
Bourg-Lastic F 33 Ha47
Bourg-Madame F 41 Gd58
Bourgneuf F 29 Gd42
Bourgneuf F 35 Ka47
Bourgneuf-en-Retz F 27 Ec43
Bourgogne F 24 Hd35
Bourgoin-Jallieu F 35 Jc47
Bourg-Saint-Andéol F 42 Jb51
Bourg-Saint-Maurice F 35 Kb47
Bourg-Saint Pierre CH 148 Bc57
Bourgthéroulde-Infreville F 23 Ga35
Bourgueil F 28 Fd42
Bourn GB 20 Fc26
Bournand F 28 Fd43
Bourne GB 17 Fc24
Bournemouth GB 20 Ed31
Bourneville F 23 Ga35
Bournezeau F 28 Fa44
Bournos F 40 Fc55
Bouro P 44 Ad59
Bourriot-Bergonce F 40 Fc52
Bourron F 29 Ha38
Bourtange NL 117 Ca34
Bourth F 23 Ga37
Bourton-on-the-Water GB 20 Ed27
Bousières F 31 Jd42
Boussac F 33 Gd45
Boussais F 28 Fc43
Boussens F 40 Gb56
Bousses F 40 Fd52
Boussière-Poitevine F 33 Ga45
Bouvières F 42 Jc51
Bouville F 29 Gd38
Bouvron F 28 Ed41
Bouxwiller F 25 Kb36
Bouy F 24 Hd36
Bouzas E 36 Ad57
Bouzonville F 25 Jd35
Bouzov CZ 137 Gc46
Bova I 164 Gb84
Bøvær N 62 Gb10
Bovalino I 164 Gb83
Bovalino Marina I 164 Gb84
Bovallstrand S 102 Eb46
Bova Marina I 164 Gb84
Bovan SRB 178 Bd68
Bovec SLO 150 Ed57
Bóveda E 36 Bc56
Bóveda E 38 Dd56
Bovegno I 149 Da58
Bovenau D 118 Db30
Bovenden D 126 Db39
Bovense DK 109 Dd26
Bøverdal N 85 Db35
Bøverfjord N 77 Db31
Boves F 23 Gd33
Boves I 148 Bc63
Bovey Tracey GB 19 Dd31
Boviel GB 9 Cd16
Bovigny B 133 Bb43
Bovik FIN 96 Hb40
Boviken S 80 Hc25
Bovingdon GB 20 Fb27
Bovino I 161 Fd74
Bøvlingbjerg DK 100 Cd23
Bovolone I 149 Dc60
Bovrup DK 108 Db28
Bowburn GB 11 Fa17
Bowes GB 11 Ed18
Bowmore GB 6 Da13
Bowness-on-Solway GB 11 Eb16
Box FIN 98 Kc39
Box GB 19 Ec28
Boxberg D 128 Fb40
Boxberg D 134 Da46
Boxford GB 20 Fa28
Boxholm S 103 Fc47
Boxmeer NL 125 Bb38
Boxtel NL 124 Ba38
Boyabat TR 205 Fb20
Boyalı TR 192 Fa84
Boyalı TR 199 Hb89
Boyalıca TR 186 Ga79
Boyalıca TR 192 Fc82
Boyalık TR 186 Fc77
Boyalılar TR 192 Fa85
Boyardville F 32 Fa46
Boyle IRL 8 Ca19
Bøylestad N 93 Da46
Boynanalar TR 191 Ed81
Boynes F 29 Gd39
Boynton GB 17 Fc19
Bøyum N 84 Cc36
Bozahlat TR 186 Fb80
Bozalan TR 191 Ec85
Bozan TR 193 Gb87
Bozan TR 193 Gd82
Božanka PL 121 Gc31
Bozarmut TR 187 Hb79
Bozarmut TR 197 Fa89
Božava HR 157 Fc64
Bozbelen TR 192 Fd82
Bozbük TR 192 Fb83
Bozburun TR 187 Gb78
Bozburun TR 197 Fa91
Bozcaada TR 191 Ea81
Bozcaarmut TR 192 Ga81
Bozcaatlı TR 192 Fc85
Bozdağ TR 192 Fa86
Bozdağ TR 192 Ga87
Bozdoğan TR 198 Fb88
Božejewo PL 123 Jd33
Božejov CZ 136 Fd47
Bozel F 35 Kb47
Bozen I 143 Dd56
Božeń PL 129 Gb40
Bozen TR 192 Fb81
Božencite BG 180 Dd71
Božepole Wielkopolski PL 121 Gd29
Božetići SRB 178 Ad67
Boževac SRB 174 Bc65
Božewo PL 122 Hd35
Bozhane TR 186 Fd77
Bozhigrad AL 182 Ba77
Bozhüyük TR 193 Gc84
Bozhüyük TR 199 Gb91
Božica SRB 179 Ca71
Božice CZ 137 Gb48
Bozieni MD 173 Fc59
Bozieni RO 172 Ed58
Bozioru RO 176 Ec63
Bozkaya TR 199 Ha90
Bozkır TR 191 Ed86
Bozkurt TR 198 Ga88
Bozkuş TR 192 Ga85
Bozlar TR 185 Ed80
Bozören TR 191 Ed82
Bozouls F 33 Ha51
Bozova TR 199 Gb90
Bozovici RO 174 Ca64
Bozrük TR 197 Ec89
Bozsok H 145 Gb54
Boztepe TR 187 Gc79
Boztepe TR 192 Gd91
Boztepe TR 199 Hb92
Božurište BG 179 Cc71
Božurovo BG 180 Eb68
Božurovo BG 181 Fa69
Bozüyük TR 193 Gb81
Bozvelijsko BG 181 Ed71
Bozyaka TR 198 Fd91
Bozzecca I 149 Db58
Bozzolo I 149 Db61
Bra B 124 Ba42
Bra I 148 Bd61
Braaid GB 10 Dc19
Braak D 118 Dc32
Braås S 103 Fc51
Brabova RO 175 Cd66
Bracadale GB 4 Da08
Braccagni I 155 Db68
Bracciano I 160 Ea71
Bracebridge Heath GB 17 Fc22
Braćevac SRB 174 Cb66
Brach F 32 Fa49
Brachlewo PL 121 Hb32
Brachstedt D 127 Eb39
Bracht D 125 Bc39
Brachttal D 134 Cd43
Bracieux F 29 Gc41
Bracigliano I 161 Fc75
Bracigovo BG 184 Da74
Brackagh IRL 13 Cc21
Bräcke S 87 Fd32
Bräcke S 94 Ec44
Brackel D 118 Db33
Brackenheim D 134 Cd47
Brackley GB 20 Fa26
Bracknell GB 20 Fb28
Braco GB 7 Ea12
Brad RO 175 Cc60
Bradaiž LV 107 Ld51
Brădeanu RO 176 Ec65
Brădeni RO 175 Dc60
Bradesiai LT 115 Lb54
Brădeşti RO 175 Cc65
Brădeşti RO 176 Dd60
Bradfield GB 20 Fa28
Bradford GB 16 Ed20
Bradford-on-Avon GB 19 Ec28
Brådland N 92 Cb44
Brádno SK 138 Ja49
Bradu RO 175 Dc65
Brădulet RO 175 Dc63
Brăduț RO 176 Ea60
Bradvari BG 181 Ed68
Bradwell-on-Sea GB 21 Ga27
Bradworthy GB 18 Dc30
Brae GB 5 Fa04
Brædstrup DK 108 Db24
Braemar GB 7 Eb09
Brændstrup DK 108 Da26
Brăeşti RO 172 Ec55
Brăeşti RO 172 Ed57
Brăeşti RO 176 Ec63
Braeswick GB 5 Ec02
Braga P 44 Ad60
Bragadiru RO 176 Ea66
Bragadiru RO 180 Dd68
Bragança P 45 Bd59
Bragayrac F 40 Gb54
Brăicău MD 173 Fb53
Braies I 143 Ea55
Brail CH 142 Da55
Brăila MD 173 Fd58
Brăila RO 177 Fb64
Brailes GB 20 Fa26
Brailovo MK 183 Bb74
Braine F 24 Hb35
Braintree GB 20 Fd27
Braives B 124 Ba41
Brajkovići BIH 158 Ha64
Brajkovići HR 151 Fa61
Brajkovići SRB 159 Jb64
Brake D 118 Cd33
Brakel D 126 Cd38
Brakel NL 124 Ba37
Bräkne-Hoby S 111 Fd54
Brålanda S 102 Ec46
Bralin PL 129 Ha40
Braljina SRB 178 Bc67
Brallo di Pregola I 149 Cc62
Brálos GR 189 Bd84
Bralostița RO 175 Cd65
Bram F 41 Gd55
Bramberg A 143 Eb54
Bramhope GB 16 Fa20
Brämhult S 102 Ed49
Bramming DK 108 Da26
Brampton GB 11 Ec16
Brampton GB 21 Gb25
Bramsche D 117 Cb36
Bramstedt D 118 Cd33
Bran RO 176 Dd62
Brånaberg S 71 Ga23
Branäs S 94 Ed39
Braña Vieja E 38 Db56
Branč SK 145 Hb50
Branca I 156 Eb67
Brancaleone Marina I 164 Gb84
Br'ančaninovo RUS 107 Ma48
Brancaster GB 17 Ga23
Brănceni RO 180 Dd68
Brancion F 30 Ja44
Brâncoveneşti RO 171 Dc58
Brâncoveni RO 175 Db66
Brand A 142 Cd54
Brandal N 76 Cc32
Brändåsen S 86 Ed33
Brandasund N 84 Bd40
Brandberg A 143 Ea54
Brandbu N 85 Ea40
Brande DK 108 Da24
Brande S 80 Hc26
Brandenberg A 143 Ea53
Brandenburg D 127 Ec36
Brand-Erbisdorf D 127 Ed42
Branderup DK 108 Da27
Brandeso E 36 Ba55
Brandis D 127 Ec40
Brandlecht D 117 Ca36
Brando F 154 Cc68
Brandö FIN 97 Hd39
Brandomil E 36 Ac55
Brandon GB 11 Fa17
Brandon GB 21 Ga25
Brändön S 73 Ja22
Brändövik FIN 81 Hd30
Brandsby GB 16 Fb19
Brandshagen D 119 Ed30
Brandsøy N 84 Ca35
Brandstad N 77 Db32
Brandstorp S 103 Fb48
Brandsvoll N 92 Cd46
Brandval N 94 Ec40
Brandýs nad Labem-Stará Boleslav CZ 136 Fc44
Brăneşti RO 176 Dd64
Brăneşti RO 176 Eb66
Branica BG 185 Ea74
Branice PL 137 Ha44
Braničevo BG 181 Ed69
Braničevo SRB 174 Bd64
Braniewo PL 122 Hd30
Branik SLO 151 Fa58
Brănişca RO 175 Cc60
Branište BG 181 Fa69
Braniştea RO 171 Db57
Braniştea RO 176 Dd65
Braniştea RO 177 Fa63
Brankovina SRB 153 Jb63
Branków PL 130 Jc38
Branná CZ 137 Gc44
Bränna S 94 Ec45
Brännåker S 79 Fd25
Brännan FIN 81 Jb29
Brännan N 78 Ec29
Brännan S 73 Hb23
Brännan S 73 Hd21
Brännäs S 73 Hb24
Brännäs S 87 Ga34
Brannay F 30 Hb39
Brännberg S 73 Hc22
Branne F 32 Fc50
Brannenburg D 143 Ea52
Brännfors S 73 Hc24
Brännholmen S 72 Gd21
Brännkälen S 80 Hc25
Brännland S 80 Hb28
Brännland S 80 Ha28
Brännö S 102 Eb49
Brännvattnet S 80 Hb26
Brännvattnet S 80 Hc26
Brañosera E 38 Db56
Brańsk PL 123 Kb35
Bransles F 29 Ha39
Brańszczyk PL 122 Jc35
Brant Broughton GB 16 Fb23
Brantevik S 111 Fb56
Branti LV 106 La49
Brantice CZ 137 Gd44
Brantôme F 33 Ga48
Braset N 71 Fb19
Braskereidfoss N 94 Ec39
Braslav BY 202 Ea11
Brăšljanica BG 180 Db69
Braşov RO 176 Ea62
Brasparts F 26 Dc38
Brassac F 41 Ha54
Brasschaat B 124 Ad39
Brassempouy F 39 Fb54
Brassy F 30 Hd42
Brastad N 70 Ed22
Brastad S 102 Eb46
Brastavătu RO 180 Db67
Břasy CZ 136 Fa45
Brąszewice PL 129 Hb39
Braszowice PL 137 Gc43
Brataj AL 182 Ab78
Bratanica BG 179 Da73
Bratca RO 171 Cc57
Brateljevici BIH 159 Hc64
Brateş RO 176 Eb61
Bratian PL 122 Hd33
Bratislava SK 145 Gd51
Bratja Daskalovi BG 180 Dc73
Bratkowice PL 139 Ka44
Bratonci SLO 145 Gb56
Bratoszewice PL 130 Hd38
Bratovoeşti RO 175 Da66
Bratronice CZ 136 Fa44
Brattåker S 71 Ga24
Brattås S 81 Hd26
Brattbäcken S 79 Fd27
Brattby S 71 Ga24
Brattby S 80 Hb28
Bratteborg S 103 Fb49
Bratten N 66 Fc17
Bratten S 80 Gd26
Brattfors S 80 Hb29
Brattfors S 95 Fb42
Bratthøvollseter N 77 Ea33
Brattli N 65 Kd08
Brattli N 67 Gc12
Brattmon S 94 Ed39
Brättö FIN 96 Hc41
Bratto I 149 Da58
Bratton GB 19 Ec29
Brattsbäcken S 80 Ha28
Brattsele S 79 Gb28
Brattset N 77 Dc31
Brattvåg N 76 Cc32
Bratunac BIH 159 Ja64
Brătuşeni MD 173 Fa54
Braubach D 133 Ca43
Braughing GB 20 Fc27
Braunau a.Inn A 143 Ec50
Braunfels D 126 Cc42
Braunlage D 126 Dc39
Bräunlingen D 141 Cb51
Braunsbach D 134 Da47
Braunsbedra D 127 Ea40
Braunschweig D 126 Dc37
Bräunsdorf-Langhennersdorf D 127 Ed41
Braunton GB 19 Dd29
Brauteseter N 94 Eb41
Bravães P 44 Ad59
Bravnica BIH 152 Gd63
Bravuogn CH 142 Cd55
Bray IRL 13 Cd22
Bray Shop GB 18 Dc31
Bray-sur-Seine F 30 Hb38
Bray-sur-Somme F 23 Ha33
Braz A 142 Da54
Brazatortas E 52 Da70
Brazey-en-Plain F 30 Jb42
Brazi RO 176 Ea65
Brazii RO 170 Cb59
Brazii RO 176 Eb65
Brbinj HR 157 Fc64
Brčigovo BIH 159 Hd65
Brčko BIH 153 Hc61
Brdani SRB 159 Jc64
Brdovec HR 151 Ga58
Brdów PL 129 Hb37
Bré IRL 13 Cd22
Brea de Aragón E 47 Ed61
Breakish GB 4 Db08
Brean GB 19 Eb28
Breasclete GB 4 Da05
Breasta RO 175 Cd66
Bréau F 29 Ha38
Breaza RO 171 Dc58
Breaza RO 172 Ea55
Breaza RO 176 Ea63
Brebeni RO 175 Db66
Brebu RO 174 Ca62
Brebu RO 176 Ea64
Brebu Nou RO 174 Ca62
Brécey F 22 Fa37
Brechfa GB 15 Dd26
Brechin GB 7 Ec10
Brecht B 124 Ad39
Breckerfeld D 125 Ca40
Břeclav CZ 137 Gc49
Brecon GB 15 Ea26
Bred S 95 Gb42
Breda E 49 Ha60
Breda NL 124 Ad38
Bredablikk N 92 Cd45
Bredal DK 108 Db25
Bredared S 102 Ed48
Bredaryd S 102 Fa51
Bredballe DK 108 Db25
Bredbyn S 79 Fb29
Bredbyn S 80 Gd30
Breddin D 119 Eb35
Breddorf D 118 Da33
Bredebro DK 108 Da27
Bredenbury GB 15 Ec25
Bredene B 21 Ha29
Bredenfelde D 119 Ed33
Bredereiche D 119 Ed34
Bredestad S 103 Fc49
Bredevad DK 108 Da28
Bredgar GB 21 Ga29
Bredkälen S 79 Fd28
Bredon GB 20 Ed26
Bredsäter S 102 Fa46
Bredsättra S 103 Gb52
Bredsel S 73 Hb22
Bredsjö S 95 Fc42
Bredsjön S 87 Gb32
Bredstedt D 108 Da29
Bredsten DK 108 Db25
Bredstrup DK 108 Db26
Bredträsk S 80 Gd28
Bredvik S 80 Hb29
Bredviken S 73 Jb21
Bredwardine GB 15 Eb26
Bredynki PL 122 Jb31
Bree B 125 Bb40
Breg SLO 151 Fd58
Bregana HR 151 Ga58
Breganze I 150 Dd59
Bregare BG 179 Da68
Bregenz A 142 Da53
Breginj SLO 150 Ed57
Bregninge DK 108 Dc28
Bregninge DK 109 Dd28
Bregovo BG 174 Cb66
Bréhal F 22 Ed37
Bréhand F 26 Eb38
Bréhec-en-Plouha F 26 Eb37
Brehme D 126 Dc39
Brehna D 127 Eb39
Breibuktnes N 68 Hd11
Breidablik N 85 Da34
Breiðdalsvik IS 3 Bc06
Breidenbach D 126 Cc41
Breidenbach F 25 Kb35
Breidvik N 78 Eb28
Breidvik N 93 Da44
Breidvika N 66 Fc13
Breiholz D 118 Db30
Breil CH 142 Cc55
Breil F 28 Fd41
Breil-sur-Roya F 43 Kd52
Brein N 84 Cc35
Breisach D 141 Bd50
Breistein N 84 Ca39
Breitenaich A 144 Fa50
Breitenau A 144 Fb52
Breitenbach CH 141 Bd52
Breitenbach D 126 Da42
Breitenbach D 126 Da42
Breitenberg D 134 Fa49
Breitenbrunn A 145 Gc51
Breitenbrunn D 135 Ea48
Breitenbrunn D 135 Ec43
Breitenbrunn D 142 Db50
Breitenfelde D 119 Dd32
Breitenfurth bei Wien A 145 Gb51
Breitengüßbach D 134 Dc44
Breitenworbis D 126 Dc40
Breitscheid D 125 Cb42
Breitungen D 126 Db42
Breivik N 63 Hc06
Breivik N 64 Ka05
Breivik N 66 Ga12
Breivik N 66 Fd17
Breivik N 66 Ga11
Breivik N 92 Cb43
Breivikbotn N 63 Hd05
Breivikeidet N 62 Gd09
Breja RUS 99 Ma42
Brejning DK 108 Db25
Brejtovo RUS 202 Ed09
Brekka N 70 Fa22
Brekke N 84 Ca37
Brekken N 78 Eb29
Brekken N 86 Ec32
Brekkestø N 93 Da47
Brekkhus N 84 Cb38
Brekko N 92 Ca44
Brekkvasselv N 78 Fa25
Breklum D 108 Da29
Brekov SK 139 Ka48
Brekovo SRB 178 Ad67
Brekstad N 77 Dd29
Breland N 92 Cc45
Brembilla I 149 Cd58
Breme I 148 Cb60
Bremen D 118 Cd34
Bremen D 125 Cb39
Bremerhaven D 118 Cd32
Bremervörde D 118 Da33
Bremgarten CH 141 Cb53
Bremm D 133 Bd43
Bremnes N 66 Fd12
Bremnes N 92 Bd41
Bremsnes N 77 Da30
Brem-sur-Mer F 28 Ed44
Breń PL 120 Ga34
Brénaz F 35 Jd46
Brence E 36 Bc57
Brenderup DK 108 Dc26
Brenes E 59 Ca73
Brenesh AL 182 Ac75
Brenguļi LV 106 Kd48
Brenica BG 179 Da69
Brenica BG 181 Ec68
Brenish GB 4 Cd05
Brenna N 66 Fc14
Brenna PL 138 Hc45
Brennan N 78 Ec30
Brennberg D 135 Eb48
Brennbergbánya H 145 Gb52
Brennfjell N 62 Ha10
Brennsvik N 63 Ja06
Breno I 149 Da58
Brenod F 35 Jc46
Brensbach D 134 Cc45
Breńsk PL 121 Gc32
Brentonico I 149 Dc58
Brentwood GB 20 Fd28
Brény F 24 Hb35
Brenzett GB 21 Ga30
Brenzone I 149 Db59
Bres E 37 Bd54
Brescello I 149 Db61
Brescia I 149 Da59
Bresinchen D 128 Fc38
Breskens NL 124 Ab38
Breslau = Wrocław PL 129 Gc41
Bresles F 23 Gd35
Bressanone I 143 Dd55
Bressuire F 28 Fb43
Brest BG 180 Db68
Brèst BY 202 Dd14
Brest F 26 Db38
Brest HR 151 Fa60
Brestak BG 181 Ed69
Brestanica SLO 151 Fd58
Breste BG 179 Da69
Brestova HR 151 Fb61
Brestovac SRB 174 Ca66
Brestovac SRB 178 Bd69
Brestovačka Banja SRB 174 Ca66
Brestovac Požeški HR 152 Ha60
Brestovăț RO 174 Ca60
Brestovec BG 180 Db69
Brestovene BG 180 Eb68
Brestovica BG 184 Db73
Brestovik SRB 174 Bb64
Brestovo BG 180 Dc70
Brețcu RO 176 Eb61
Bretea Română RO 175 Cc61
Breteau F 29 Ha40
Bretenoux F 33 Gc50
Breteuil F 23 Gd34
Breteuil-sur-Iton F 23 Ga37
Bretford GB 20 Fa25
Bretforton GB 20 Ed26
Brétignolles-sur-Mer F 28 Ed44
Bretigny-sur-Orge F 23 Gd37
Bretnig-Hauswalde D 128 Fb41
Bretoncelles F 29 Ga38
Bretstein A 144 Fb53
Bretten D 134 Cc47
Brettesnes N 66 Fc14
Bretteville-sur-Ay F 22 Ed35
Bretteville-sur-Laize F 22 Fc36
Bretzfeld D 134 Cd47
Breuil-Cervinia I 148 Bd57
Breuillet F 29 Gd38
Breuilpont F 23 Gb36
Breukelen NL 116 Ba36
Breum DK 100 Db22
Breuna D 126 Cd39
Breuvannes-en-Bassigny F 31 Jc39
Brevens bruk S 95 Fd45
Brevik N 93 Dc44
Brevik S 96 Gd43
Brevik S 96 Gd44
Brevik S 103 Fb46
Breza BIH 158 Hb64
Breza MK 178 Bc72
Brežani BG 183 Cb74
Brežde SRB 153 Jb63
Breze BG 179 Cc70
Breze SLO 151 Fd57
Březí CZ 137 Gb49
Brežice SLO 151 Ga58
Brézins F 35 Jc48
Brezje pri Tržič SLO 151 Fb57
Breznica KSV 178 Bc71
Breźnica PL 122 Jc30
Breznica Đakovačka HR 152 Hb60
Breznica Našička HR 152 Hb59
Březnice CZ 136 Fa46
Breznički Hum HR 152 Gb58
Breznik BG 179 Cb71
Brezniţa-Motru RO 175 Cc65
Březno CZ 136 Fc43
Brezno SK 138 Ja48
Brezno SLO 144 Fd56
Brezoaia MD 177 Ga60
Brezoi RO 175 Db63
Brezolles F 23 Gb37
Březolupy CZ 137 Gd47
Březová CZ 135 Ec44
Březová nad Svitavou CZ 137 Gb46
Brezová pod Bradlom SK 137 Gd49
Brezovica KSV 178 Ba72
Brezovica SK 138 Jc47
Brezovica SLO 151 Fb58
Brezovo BG 180 Dc73
Brezovo Polje BIH 153 Hd62
Brezovo Polje HR 152 Gb61
Brgat HR 158 Hb69
Briançon F 35 Kb49
Briare F 29 Ha41
Briatexte F 41 Gd54
Briatico I 164 Gb82
Bribir HR 157 Ga65
Briceni MD 172 Ed53
Briceni MD 173 Fb53
Bricherasio I 148 Bc61
Bricon F 30 Jb39
Bricquebec F 22 Ed35
Bricqueville F 22 Fb35
Bridaga LV 106 Kb48
Bride GB 10 Dd18
Bridel L 133 Bb45
Brideswell IRL 8 Ca20
Bridge End IRL 9 Cc15
Bridgend GB 19 Ea28
Bridgent GB 6 Da13
Bridge of Baldie GB 7 Dd11
Bridge of Ericht GB 7 Dd10
Bridge of Orchy GB 7 Dd11
Bridgetown IRL 13 Cc25
Bridgnorth GB 15 Ec24
Bridgwater GB 19 Eb29
Břidličná CZ 137 Gd45
Bridlington GB 17 Fc19
Bridport GB 19 Eb30
Briec F 27 Dc39
Brie-Comte-Robert F 23 Ha37
Brielle NL 124 Ac37
Brienne-le-Château F 30 Ja38
Briénon-sur-Armançon F 30 Hc39
Brienz CH 141 Ca55
Brienza I 161 Ga76
Brienzwiler CH 141 Ca55
Brieselang D 127 Ed36
Briesen D 128 Fb37
Brieskow-Finkenheerd D 128 Fb37
Brietlingen D 118 Dc33
Brieulles-sur-Bar F 24 Ja34
Brieva de Cameros E 47 Ea59
Brieves E 37 Ca54
Briey F 25 Jc35
Brig CH 141 Ca56
Brigachtal D 141 Cb51
Brigels CH 142 Cc55
Brigg GB 17 Fc21
Brighouse GB 16 Ed20
Brightlingsea GB 21 Ga27
Brighton GB 18 Db31
Brighton GB 20 Fc30
Brigi LV 107 Ma51
Brignais F 34 Jb47
Brignogan-Plage F 26 Dc37
Brignoles F 42 Ka54
Brignoud F 35 Jd48
Brig o'Turk GB 7 Dd12
Brihuega E 47 Ea63
Brijesta HR 158 Ha68
Brik BIH 159 Hd65
Briksdal N 84 Cd35
Brillon-en-Barrois F 24 Jb37
Brilon D 126 Cc39
Brimfield GB 15 Ec25
Brimnes N 84 Cc39
Brinches P 50 Ba71
Brindisi I 162 Hb75
Bringetofta S 103 Fc50
Brinje HR 151 Fd61
Brinkum D 118 Cd34
Brinkworth GB 20 Ed28
Brinlack IRL 8 Ca15
Brinon-sur-Beuvron F 30 Hc42
Brinon-sur-Sauldre F 29 Gd41
Brintbodarna S 95 Fb39
Brînzeni MD 172 Ed54
Brînzenii Noi MD 173 Fc56
Brinzio I 148 Cb58
Brion F 29 Gc43
Briones E 38 Ea57
Brione Verzasca CH 141 Cb56
Brionne F 23 Ga36
Brion-près-Thouet F 28 Fc43
Brion-sur-Ource F 30 Ja39
Brioude F 34 Hc48
Brioux-sur-Boutonne F 32 Fc46
Briouze F 22 Fc37
Briscous F 39 Ec55
Brisighella I 156 Dd64
Brisley GB 17 Ga24

Brismene S 102 Fa48
Brissac-Quincé F 28 Fc42
Brissago CH 148 Cb57
Bristen CH 141 Cb55
Bristol GB 19 Ec28
Briston GB 17 Ga23
Britiande P 44 Ba61
Brittas IRL 13 Cd22
Britten D 133 Bc45
Britvica BIH 158 Ha66
Britz D 120 Fa35
Brive-la-Gaillarde F 33 Gc49
Brives F 29 Ga40
Briviesca E 38 Dd57
Brivio I 149 Cd58
Brixen I 143 Dd55
Brixen im Thale A 143 Eb53
Brixham GB 19 Ea31
Brixlegg A 143 Ea53
Brize Norton GB 20 Fa27
Brjagovo BG 184 Dc74
Brjanka UA 205 Fb15
Brjansk RUS 202 Ed12
Brjastovec BG 181 Ed72
Brka BIH 153 Hc62
Brložnik BIH 159 Hd64
Brmyan GB 5 Ec02
Brna HR 158 Gc68
Brnaze HR 158 Gc66
Brněnec CZ 137 Gb46
Brničko CZ 137 Gc45
Brniště CZ 128 Fc42
Brnjica SRB 178 Ad68
Brno CZ 137 Gb47
Bro S 94 Ed44
Bro S 96 Gc43
Bro S 104 Ha49
Broad Chalke GB 20 Ed29
Broadford GB 4 Db08
Broadford IRL 12 Bc24
Broadford IRL 12 Bd22
Broad Haven GB 18 Db27
Broad Hinton GB 20 Ed28
Broad Oak GB 21 Ga30
Broadstairs GB 21 Gb28
Broadwas GB 15 Ec25
Broadway GB 19 Eb30
Broadway GB 20 Ed26
Broadwell Ho GB 11 Ed17
Broadwey GB 19 Ec31
Broadwindsor GB 19 Eb30
Broager DK 108 Db28
Broaryd S 102 Ed51
Broby S 111 Fb54
Brobyværk DK 108 Dc27
Broćanac BIH 158 Ha66
Brocas F 39 Fb53
Brocēni LV 105 Jd52
Brochel GB 4 Db08
Brochów PL 130 Ja37
Broćice HR 152 Gc60
Brock D 125 Cb37
Brockel D 118 Da34
Bröckel D 126 Dc36
Brockenhurst GB 20 Ed30
Brockhagen D 126 Cc37
Broczyno PL 121 Gb33
Brod BIH 159 Hd66
Brod KSV 178 Ba73
Brod MK 183 Bb74
Brod MK 183 Bb76
Brod SRB 179 Ca70
Brodalen S 102 Eb46
Brodarevo SRB 159 Jb67
Brodce CZ 136 Fc44
Broddarp S 102 Fa48
Broddbo S 95 Ga41
Broddetorp S 102 Fa47
Brodec MK 178 Ba72
Brodec'ke UA 204 Eb15
Brodek u Přerova CZ 137 Gd46
Brodek u Prostějova CZ 137 Gc47
Brodenbach D 133 Ca43
Broderstorf D 119 Eb31
Broderup DK 108 Da28
Brodica SRB 174 Bd65
Brodick GB 10 Dc14
Brodie Castle GB 5 Eb07
Brodina RO 172 Ea55
Brodina de Jos RO 172 Ea55
Brod na Kupi HR 151 Fc60
Brodnica PL 122 Hc34
Brodowe Łąki PL 122 Jb33
Brodowo PL 129 Gd37
Brodski Stubnik HR 152 Ha61
Brody PL 128 Fc39
Brody PL 128 Fd38
Brody PL 130 Jb36
Brody UA 204 Ea15
Broglie F 23 Ga36
Brojce PL 120 Fd31
Brok PL 123 Jd35
Brokdorf D 118 Da31
Brokęcino PL 121 Gc33
Brokefjell N 93 Da43
Brokind S 103 Fd47
Brokke N 92 Cd44
Brokstedt D 118 Db31
Brolo I 167 Fc84
Bromarv FIN 97 Jc41
Bromberg A 145 Gb53
Bromberg = Bydgoszcz PL 121 Ha34
Brome D 127 Dd36
Brome GB 21 Gb25
Bromley GB 20 Fd28
Bromma N 85 Dc39
Brommösund S 94 Fa45
Bromnes N 62 Gd08
Bromölla S 111 Fb54
Brompton GB 17 Fc19
Brömsebro S 111 Ga54
Bromsgrove GB 20 Ed25
Bromskirchen D 126 Cc40
Bromyard GB 15 Ec26
Bron F 34 Jb47
Brönäs S 94 Ed39
Bronchales E 47 Ed64
Brøndby Strand DK 109 Ec26
Brønderslev DK 100 Dc20
Broni I 149 Cc61
Bronice PL 128 Fc39
Bronikowo PL 120 Ga34
Bronikowo PL 129 Gb38
Broniszew PL 130 Hc41
Bronken N 94 Eb39
Bronkow D 128 Fa39
Brönnestad S 110 Fa54
Brønnøysund N 70 Ed23
Bronowo PL 123 Jd33
Brøns DK 108 Da27
Bronte I 167 Fc85
Bronzani BIH 152 Gc62
Brook GB 20 Ed30
Brookhouse GB 11 Ec19
Broomfield GB 20 Fd27
Broomfield IRL 9 Cd19
Broomhaugh GB 11 Ed16
Broons F 26 Ec38
Brora GB 5 Ea06
Brørup DK 108 Da26
Brösarp S 111 Fb56
Broscauți RO 172 Ec54
Brossac F 32 Fc48
Brøstadbotn N 67 Gb11
Broșteni MD 173 Ga55
Broșteni RO 172 Ea57
Broșteni RO 175 Cc64
Broșteni RO 176 Ed62
Broszków PL 131 Jd37
Brotas P 50 Ad68
Broto E 40 Fc57
Broträsk S 80 Hc26
Brottby S 96 Gd43
Brøttem N 77 Ea30
Brotterode D 126 Dc42
Brøttum N 86 Ea38
Brou F 29 Gb39
Brouage F 32 Fa47
Broué F 23 Gb37
Brough GB 11 Ec18
Brough Lodge GB 5 Fa03
Broughshane GB 9 Da16
Broughton GB 11 Eb17
Broughton GB 15 Eb22
Broughton GB 15 Ec20
Broughton GB 16 Fb21
Broughton GB 20 Fa29
Broughton Astley GB 16 Fa24
Broughton-in-Furness GB 11 Eb18
Broughton Poggs GB 20 Ed27
Broumov CZ 137 Gb43
Brousse-le-Château F 41 Ha53
Broussey-Raulecourt F 25 Jc36
Broutzéika GR 195 Bd87
Brouvelieures F 31 Ka38
Brouwershaven NL 124 Ac37
Brouzet-lès-Alès F 42 Ja52
Brovary UA 202 Ec14
Brovst DK 100 Db21
Brown Candover GB 20 Fa29
Brownhills GB 16 Ed24
Brownston GB 19 Dd32
Broxton GB 15 Eb23
Broye F 31 Jc41
Brozas E 51 Bc66
Brożec PL 129 Gc42
Brozolo I 148 Bd60
Brozzo I 149 Da58
Brseč HR 151 Fb61
Brštanovo HR 158 Gb66
Brtnice CZ 136 Ga47
Brtonigla HR 150 Ed60
Brú IS 2 Ad04
Brua N 86 Eb34
Bruay-la-Buissière F 23 Gd31
Bruay-sur-les-Eaux F 24 Hb31
Brubakk N 78 Eb30
Bruchhausen-Vilsen D 118 Cd35
Bruchköbel D 134 Cd43
Bruchmühlbach-Miesau D 133 Bd46
Bruchsal D 134 Cc47
Bruck A 143 Ec54
Brück D 127 Ec37
Bruck/Opf. D 135 Eb47
Bruck an der Leitha A 145 Gc51
Bruck an der Mur A 144 Fd53
Bruckberg D 134 Dc46
Bruckberg D 135 Ea49
Brücken D 133 Bd46
Brückl A 144 Fb55
Bruckmühl D 143 Ea52
Brucoli I 167 Fd86
Bruc-sur-Aff F 27 Ec40
Brudzeń Duzy PL 122 Hc35
Brudzew PL 129 Hb37
Brudzowice PL 138 Hc43
Brue-Auriac F 42 Ka54
Brüel D 119 Ea32
Brués E 36 Ba57
Bruff IRL 12 Bd24
Bruflat N 85 Dc38
Brugg CH 141 Ca52
Brugge B 124 Aa39
Brüggen D 125 Bc39
Brüggen D 126 Db37
Brugnato I 149 Cd63
Bruhagen N 77 Da31
Bruheim N 84 Cd35
Brühl D 125 Bd41
Brühl D 134 Cc46
Bruinisse NL 124 Ac37
Bruino I 148 Bc60
Bruino I 148 Bc60
Bruiu RO 175 Dc61
Bruksvallarna S 86 Ed32
Brullés E 38 Dc57
Brûlon F 28 Fc40
Brumath F 25 Kc36
Brumby D 127 Ea38
Brummen NL 125 Bc37
Brumov-Bylnice CZ 137 Ha48
Brumovice CZ 137 Gc48
Brumundal N 86 Ea38
Brunate I 149 Cc58
Brunau D 119 Ea35
Brunava LV 106 Kc52
Brundby DK 109 Dd25
Brune N 76 Cd33
Bruneck I 143 Ea55
Brunehamel F 24 Hd33
Brunella I 168 Cc75
Brünen D 125 Bd38
Brunet F 42 Ka53
Brunete E 46 Db64
Bruneval F 22 Fd34
Brunflo S 79 Fc31
Brunhosinho P 45 Bd61
Brunico I 143 Ea55
Bruniquel F 40 Gc53
Brunkeberg N 93 Da43
Brunmyrheden S 72 Gd23
Brunn D 119 Ed32
Brunn S 96 Ha43
Brunn S 102 Fa49
Brünn = Brno CZ 137 Gb47
Brunna S 95 Gc42
Brunnalm A 144 Fd53
Brunn an der Wild A 136 Fd49
Brunnen CH 141 Cb54
Brunnsberg S 87 Fb37
Brunnthal D 143 Ea51
Brunsbüttel D 118 Da31
Brunskog S 94 Ed42
Brunssum NL 125 Bb40
Brunswijk = Braunschweig D 126 Dc37
Bruntál CZ 137 Gd45
Bruree IRL 12 Bd24
Brus SRB 178 Bb68
Brusago I 150 Dd57
Brusand N 92 Ca45
Brušane HR 151 Fd63
Brusarci BG 179 Cc68
Brusasco I 148 Bd60
Brusen BG 179 Da71
Brüsewitz D 119 Ea32
Brushkuli AL 182 Ab74
Bruskowo Wielkopolski PL 121 Gc30
Brusnik SRB 174 Ca66
Brusnik SK 146 Hd50
Brusno-kúpele SK 138 Hd48
Br'usovo RUS 113 Jd59
Brušperk CZ 137 Hb45
Brusque F 41 Hb53
Brussel B 124 Ac40
Brusson I 148 Bd58
Brüssow D 120 Fb33
Brusturi RO 170 Cb56
Brusturi-Drăgănești RO 172 Ec57
Brusturoasa RO 172 Eb59
Brusy PL 121 Gd32
Brutelles F 23 Gb32
Bruton GB 19 Ec29
Brutovce SK 138 Jc47
Bruttig-Fankel D 133 Bd43
Brutuļi LV 106 La48
Bruvik N 84 Cb39
Bruvno HR 151 Ga63
Bruvoll N 94 Eb40
Bruxelles B 124 Ac40
Bruyères F 31 Ka38
Bruyères-et-Montberault F 24 Hc34
Bruz F 28 Ed39
Bruzaholm S 103 Fd49
Bruzilas LV 105 Jd52
Bruzzano Zeffirio I 164 Gb84
Břvarty CZ 136 Fa43
Brvenica MK 178 Ba73
Brvenik SRB 178 Ba68
Brwinow PL 130 Jb37
Brydalen N 86 Eb34
Bryggesåk N 92 Cc46
Bryggja N 84 Cb34
Brylle DK 108 Dc27
Bryn N 93 Dd41
Brynamman GB 19 Dd27
Bryncethin GB 19 Ea28
Bryne N 92 Ca44
Bryngwran GB 14 Dc22
Bryn-henllan GB 14 Db26
Brynica PL 129 Ha42
Brynje S 79 Fc31
Brynmawr GB 19 Eb27
Bryrup DK 108 Db24
Bryzgiel PL 123 Kb30
Brzączowice PL 138 Ja45
Brzan SRB 174 Bc66
Brza Palanka SRB 174 Cb65
Brzava MNE 159 Jb67
Brzeće SRB 178 Bb68
Brzechowo PL 122 Hd35
Brzeg PL 129 Gd42
Brzeg Dolny PL 129 Gc40
Brzeg Głogowski PL 128 Ga39
Brzemiona PL 121 Ha33
Brzeście PL 130 Jc37
Brześć Kujawski PL 129 Hb36
Brzesko PL 138 Jb44
Brzeszcze PL 138 Hc44
Brzezie PL 121 Gc32
Brzezie PL 129 Ha38
Brzezina PL 120 Fd34
Brzezinki PL 129 Ha41
Brzeziny PL 120 Ga34
Brzeziny PL 129 Hb39
Brzeziny PL 130 Hd38
Brzeziny PL 139 Jd44
Brzeźnica PL 138 Hd44
Brzeźnica Krajeńska PL 121 Gb33
Brzeźnio PL 129 Hb39
Brzeźno PL 120 Ga32
Brzeźno PL 121 Hb34
Brzeźno PL 128 Fc37
Brzeźno PL 131 Kd40
Brzeźno Lęborskie PL 121 Gd29
Brzeźno Szlacheckie PL 121 Gc31
Brzezówka PL 138 Jc43
Brzohode SRB 174 Bc65
Brzostek PL 139 Jd44
Brzotín SK 138 Jb49
Brzoza PL 121 Ha34
Brzóza PL 130 Jc39
Brzóza Królewska PL 139 Ka43
Brzozie PL 122 Hd33
Brzozie Lubawskie PL 122 Hc33
Brzózka PL 128 Fc38
Brzozów PL 139 Ka45
Brzozowa PL 123 Kb32
Brzozowiec PL 128 Fd36
Brzozowo PL 122 Ja34
Brzozowo PL 123 Kb32
Brzuska PL 139 Kb45
Brzuze PL 122 Hc34
Bšezno CZ 135 Ed43
Bû F 23 Gb37
Bua S 102 Ec50
Buais F 28 Fb38
Buar S 94 Eb45
Buavåg N 92 Ca41
Buba RO 176 Ec63
Bubakken N 77 Ea33
Bubbio I 148 Ca62
Bubenreuth D 135 Dd46
Buberget S 80 Hb27
Bubiai LT 114 Ka54
Bublava CZ 135 Ec43
Bubnevo RUS 107 Ld48
Bubry F 27 Ea40
Bubuieci MD 173 Fd58
Bubwith GB 16 Fb20
Buc F 23 Gd37
Buča UA 202 Ec14
Bučač UA 204 Ea16
Bucak TR 197 Ed89
Bucak TR 198 Fc88
Bucak TR 199 Gc89
Bucak TR 199 Ha91
Bucakşeyhler TR 199 Ha91
Buccheri I 167 Fc87
Bucchianico I 157 Fa70
Buccino I 161 Fd75
Buccleuch GB 11 Eb15
Bucelas P 50 Aa68
Buceș RO 175 Cc60
Buch D 142 Db50
Buch D 143 Ea50
Buchanty GB 7 Ea11
Buchau, Bad D 142 Cd51
Buchbach D 143 Eb50
Buchdorf D 134 Dc48
Bucheben A 143 Ec54
Bücheloh D 127 Dd42
Büchen D 118 Dc33
Buchen D 134 Cd46
Buchenbach D 134 Da47
Büchenbach D 135 Dd47
Buchenberg D 142 Db52
Büchenbeuren D 133 Bd44
Buchholz D 118 Db33
Buchholz D 118 Db35
Buchholz D 127 Ea38
Buchholz (Westerwald) D 125 Ca41
Buchin RO 174 Ca62
Buchișu RO 179 Da67
Büchlberg D 135 Ed49
Buchloe D 142 Dc51
Buchlovice CZ 137 Gd48
Buchs CH 142 Cd54
Buchy F 23 Gb34
Bučin MK 183 Bb75
Bucine I 156 Dd66
Bučin Prohod BG 179 Cc70
Bučionys LT 114 Kd57
Bučište MK 178 Bd73
Bucium RO 171 Cd59
Buciumeni MD 173 Fa57
Buciumeni RO 176 Ed61
Buciumi RO 171 Cd57
Buciumoi RO 176 Dd64
Bučiūnai LT 114 Kb53
Buciușca MD 173 Fd56
Bučje HR 152 Gd60
Bučje SRB 174 Ca66
Buckarby S 95 Gb41
Buckden GB 11 Ed19
Buckden GB 20 Fc25
Bückeburg D 126 Cd37
Bücken D 118 Da35
Buckfastleigh GB 19 Dd31
Buckhaven GB 7 Eb12
Buckie GB 5 Ec07
Buckingham GB 20 Fb26
Buckland GB 20 Fa27
Bucklay GB 15 Eb22
Buckminster GB 16 Fb24
Bucknell GB 15 Eb25
Buckow D 128 Fb36
Bucks Green GB 20 Fc29
Bucoșnița RO 174 Cb62
Bucov RO 176 Eb64
Bucovăț MD 173 Fc57
Bucovăț RO 175 Cd66
Bucovica BIH 158 Gd66
Bučovice CZ 137 Gc47
Bucquoy F 23 Ha32
Bucsa H 147 Jd53
Bucșani RO 176 Ea64
Bucșani RO 176 Ea66
București RO 175 Cc60
București RO 176 Eb66
Bucuria MD 177 Fc61
Bucuru RO 175 Cd61
Bucy-lès-Pierrepont F 24 Hc34
Buczek PL 130 Hc39
Buczkowice PL 138 Hc45
Bud N 76 Cd31
Budachów PL 128 Fc37
Budačka Rijeka HR 151 Ga60
Budacu de Jos RO 171 Dc57
Budacu de Sus RO 171 Dc57
Budăi MD 173 Fc56
Budakdoğanca TR 185 Eb75
Budakeszi H 146 Hc53
Budaklar TR 187 Gc78
Budaklar TR 191 Ea82
Budaklar TR 192 Ga86
Budakovo MK 183 Bb76
Buđanovci SRB 153 Jb61
Budaörs H 146 Hc53
Budapest H 146 Hd53
Búðardalur IS 2 Ac03
Budby GB 16 Fb22
Buddbyn S 73 Hd21
Büddenstedt D 127 Dd37
Buddusò I 168 Cb75
Bude GB 18 Dc30
Budeasa RO 175 Dc64
Budei MD 177 Fc62
Budel NL 125 Bb39
Büdelsdorf D 118 Db30
Buděnnovsk RUS 205 Ga16
Budens P 58 Aa74
Büderich D 125 Bd38
Büdesheim D 133 Bc43
Budești MD 173 Fd58
Budești RO 171 Db55
Budești RO 171 Db58
Budești RO 175 Db64
Budești RO 180 Eb67
Buđevo SRB 178 Ad68
Budía E 47 Ea64
Budila RO 176 Ea62
Budilovo RUS 99 Ma43
Budimci HR 152 Hb60
Budimír SK 139 Jd48
Budimlić Japra BIH 152 Gb62
Büdingen D 134 Cd43
Budišov CZ 136 Ga47
Budišov nad Budišovkou CZ 137 Gd45
Budkovce SK 139 Ka48
Budleigh Salterton GB 19 Ea31
Budmerice SK 145 Gd50
Budogošč' RUS 202 Eb08
Budoi RO 170 Cb56
Budomierz Duży PL 139 Kc43
Budoni I 168 Cc75
Budoviž RUS 107 Ld46
Budraičiai LT 114 Ka55
Budrio I 150 Dd63
Budry PL 122 Jc30
Budumirci MK 183 Bc76
Budureasa RO 171 Cc58
Budușlău RO 170 Cb55
Budva MNE 159 Hd70
Būdviečiai LT 113 Jc56
Būdviečiai LT 114 Ka59
Būdviečiai LT 114 Ka59
Būdviečiai LT 114 Kb59
Budweis = České Budějovice CZ 136 Fb48
Budy PL 130 Hd36
Budyně CZ 136 Fb43
Budzeń PL 120 Fc33
Budziska PL 123 Jd30
Budzisz PL 122 Hc31
Budziszewice PL 130 Ja39
Budzyń PL 121 Gc35
Buenache de Alarcón E 53 Eb67
Buenache de la Sierra E 47 Ec65
Buenaventura E 46 Cd65
Buenavista de Valdavia E 38 Da57
Buendía E 47 Ea65
Buer D 126 Cc37
Buerås S 102 Eb50
Bueres E 37 Cd55
Bueu E 36 Ad57
Buftea RO 176 Ea66
Bugac H 146 Ja55
Bugarra E 54 Fb67
Buğdaylar TR 192 Fd85
Buğdaylı TR 186 Fa80
Buğdüz TR 193 Gd81
Buğdüz TR 199 Gb89
Bugeac MD 177 Fc60
Bugeat F 33 Gd47
Būgeniai LT 113 Jc53
Buggerru I 169 Bd79
Bughea de Jos RO 175 Dc63
Būginiai LT 114 Kd53
Buglose F 39 Fa54
Bugnara I 161 Fa71
Bugojno BIH 158 Ha64
Bugøyfjord N 65 Kc07
Bugøynes N 65 Kc07
Bugraz TR 186 Fd78
Buguchwała PL 139 Ka44
Bugul'ma RUS 203 Ga09
Bugurzyn PL 122 Ja34
Büğüş TR 197 Fa92
Bugyi H 146 Hd54
Buharkent TR 192 Fc87
Bühl D 133 Cb48
Bühlertal D 133 Cb48
Bühlertann D 134 Da47
Bühlerzell D 134 Da48
Buhoci RO 172 Ed59
Buhølen N 92 Cc47
Buholmen N 65 Kc07
Buhovci BG 181 Ec70
Buhovo BG 179 Cc71
Buhuși RO 172 Ec59
Builth Wells GB 15 Ea26
Buinsk RUS 203 Fd09
Buiríos Uí Chéin IRL 13 Ca22
Buironfosse F 24 Hc33
Buis-les-Baronnies F 42 Jc51
Buitenpost NL 117 Bc33
Buitrago del Lozoya E 46 Dc62
Buivydžiai LT 115 Lb57
Buj RUS 203 Fa08
Buják H 146 Ja51
Bujalance E 52 Da72
Bujanicy RUS 99 Ma40
Bujanovac KSV 178 Bc71
Bujaraloz E 48 Fc61
Buje HR 150 Ed60
Bujnovci BG 180 Ea71
Bujor MD 173 Fc58
Bujoreni RO 180 Dd67
Bujoru RO 180 Dd68
Buk H 145 Gc53
Buk PL 129 Gb37
Bukaiši LV 114 Ka50
Bukanovskaja RUS 203 Fc13
Bukas LV 106 Kd48
Bükdere TR 192 Fb82
Bükkábrány H 146 Jc51
Bukkemoen N 62 Gb10
Bükkösd H 152 Hb57
Büklüce TR 199 Ha91
Bukonys LT 114 Kc56
Bukorovac SRB 174 Bb66
Bukovac SRB 153 Hd59
Bukova Gora BIH 158 Gd66
Bukovec BG 179 Cb68
Bukovi SRB 159 Jb64
Bukovica HR 152 Ha59
Bukovica MNE 159 Ja67
Bukovica SLO 151 Fb57
Bukowa PL 131 Kb42
Bukowice PL 129 Gc40
Bukowiec PL 121 Ha33
Bukowiec PL 128 Ga37
Bukowina Tatrzańska PL 138 Ja46
Bukówko PL 120 Ga31
Bukownica PL 129 Ha40
Bukowno PL 138 Hd43
Bukowsko PL 139 Ka46
Buksnes N 66 Fd12
Bukta N 64 Jd05
Bukta N 78 Ea29
Buky UA 204 Ec15
Bülach CH 141 Cb52
Buläiești MD 173 Fd56
Bulair BG 181 Ed71
Bulanlak TR 205 Fd19
Bulărda MD 173 Fc57
Bulavėnai LT 114 Ka55
Bulboaca MD 173 Fa53
Bulboaca MD 173 Ga58
Bulboci MD 173 Fb54
Bulbucata RO 176 Ea66
Bulbuente E 47 Ed60
Buldan TR 192 Fc87
Bulduri LV 106 Kb50
Bulgar RUS 203 Fd09
Bulgiza AL 163 Jc72
Bulgiza AL 182 Ac74
Bulgurca TR 191 Ec87
Buli Potok SRB 178 Bd68
Bülkau D 118 Da32
Bulken N 84 Cb38
Bulkowo PL 130 Ja36
Bull N 92 Cc46
Bullas E 61 Ec72
Bullaun IRL 12 Bd21
Bulle CH 141 Bc55
Bullerup DK 109 Dd26
Büllingen B 125 Bc42
Bullmark S 80 Hc27
Bully-les-Mines F 23 Ha31
Bulnes E 38 Da55
Bulshizë AL 163 Jb71
Bultei I 168 Ca75
Bulz RO 171 Cc57
Bulzeşti RO 175 Da65
Bulzeştii de Sus RO 171 Cc59
Bumbăta MD 173 Fb57
Bumbești-Jiu RO 175 Cd63
Bumbești-Pitic RO 175 Da63
Buna BIH 158 Hb67
Bun an Phobail IRL 9 Cc15
Bunarkaig GB 6 Dc09
Bunbeg IRL 8 Ca15
Bunbrosna IRL 9 Cb20
Bunclody IRL 13 Cc23
Buncrana IRL 9 Cc15
Bun Cranncha IRL 9 Cc15
Bunde D 117 Ca33
Bünde D 126 Cd37
Bundenthal D 133 Ca47
Bun Dobhráin IRL 8 Ca17
Bundoran IRL 8 Ca17
Bundorf D 134 Dc44
Bunes N 65 Kb06
Bunessan GB 6 Da11
Bunești RO 172 Ec56
Bunești RO 175 Db63
Bunești RO 176 Dd60
Bunești-Averești RO 173 Fb59
Bungay GB 21 Gb25
Bunge S 104 Ha48
Bunić HR 151 Ga62
Bunila RO 175 Cc61
Bunka LV 105 Jb52
Bunkeflostrand S 110 Ed56
Bunken DK 101 Dd19
Bunkris S 86 Fa36
Bunmahon IRL 13 Cb25
Bun na hAbhna IRL 8 Bb18
Bunnahowen IRL 8 Bb18
Bun na Leaca IRL 8 Ca15
Bunnyconnellan IRL 8 Bd18
Buño E 36 Ad54
Buñol E 54 Fb68
Bunovo BG 179 Cd71
Bunschoten NL 116 Bb36
Buntești RO 170 Cb58
Buntingford GB 20 Fc26
Buntowo PL 121 Gc34
Buñuel E 47 Ed59
Bünüs TR 187 Hb78
Bunyola E 57 Hb67
Buochs CH 141 Cb54
Buoldavärre S 68 Hc16
Buonabitacolo I 161 Ga77
Buonalbergo I 161 Fc74
Buonconvento I 155 Dc67
Bur DK 100 Cd23
Burano I 150 Eb60
Burbach D 125 Cb41
Burbáguena E 47 Ed63
Burbia E 37 Bd56
Burbiškiai LV 114 Kb56
Burcei I 169 Cb79
Burcin F 35 Jc48
Burdąg PL 122 Jb32
Burdnomohkki FIN 69 Ka13
Burdur TR 199 Gb88
Bureå S 72 Gc23
Bureå S 80 Hc25
Bureåborg S 80 Gc30
Burela E 36 Bc53
Burelles F 24 Hc33
Büren D 126 Cc39
Buren NL 117 Bc32
Buren NL 124 Ba37
Büren an der Aare CH 141 Bd53
Bures GB 21 Ga26
Burfjord N 63 Hc08
Burford GB 20 Ed27
Burg D 118 Da31
Burg D 127 Eb37
Burg D 128 Fb38
Burgas BG 181 Ed73
Burgau A 145 Gb54
Burgau D 134 Db49
Burg auf Fehmarn D 119 Ea30
Burgberg D 142 Db52
Burgbernheim D 134 Db46
Burgbrohl D 125 Bd42
Burgdorf CH 141 Bd54
Burgdorf D 126 Db36
Burgdorf D 126 Db37
Burgebrach D 134 Dc45
Bürgel D 127 Ea41
Burgess Hill GB 20 Fc30
Burghagel D 134 Db49
Burghammer D 128 Fb40
Burghaslach D 134 Dc45
Burghaun D 126 Da42
Burghausen D 127 Eb40
Burghausen D 143 Ec51
Burghead GB 5 Eb07
Burgheim D 134 Dc49
Burgh-Haamstede NL 124 Ab37
Burgh le Marsh GB 17 Fd22
Burgh Saint Peter GB 21 Gb25
Burgillos del Cerro E 51 Bc70
Burgio I 166 Ec85
Burgio I 167 Fc88
Burgkirchen A 143 Ec51
Burgkirchen D 143 Ec51
Burgkunstadt D 135 Dd44
Burg Lauenstein D 135 Dd43
Burglauer D 134 Db43
Burglengenfeld D 135 Ea47
Burgo E 36 Bb55
Burgo P 44 Ad62
Burgoberbach D 134 Dc47
Burgohondo E 46 Cd64
Burgos E 38 Dc58
Burgos I 168 Ca76
Burgpreppach D 134 Dc44
Burgsalach D 135 Dd48
Burgsinn D 134 Da44
Burgstädt D 127 Ec41
Bürgstadt D 134 Cd45
Burg Stargard D 119 Ed33
Burgsteinfurt D 125 Ca37
Burgsvik S 104 Gd51
Burgthann D 135 Dd47
Burgueira E 36 Ac58
Burguete E 39 Ed56
Burgui E 39 Fa57
Burguillos E 59 Ca73
Burguillos de Tajo E 52 Db66
Burgum NL 117 Bb33
Burgwald D 126 Cc41
Burgwedel D 126 Db36
Burgwindheim D 134 Dc45
Burhan TR 192 Fd82
Burhaniye TR 191 Ec82
Buriasco I 148 Bc61
Burie F 32 Fc47
Burila Mare RO 174 Cb65
Burja BG 180 Dc70
Burjassot E 54 Fb67
Burjuc RO 174 Cb60
Burk D 134 Db47
Burkal DK 108 Da28
Burkardroth D 134 Db43
Burkat PL 122 Ja33
Burkaty PL 122 Jb35
Burkhardtsdorf D 127 Ec42
Burlăceni MD 177 Fc62
Burlacu MD 177 Fc61
Burladingen D 142 Cc50
Burlănești MD 172 Ed54
Burley in Wharfedale GB 16 Ed20
Burlo D 125 Bd37
Burlton GB 15 Eb23
Burmahan TR 199 Ha90
Burness GB 5 Ed02
Burnham-on-Crouch GB 21 Ga27
Burnham-on-Sea GB 19 Eb29
Burnley GB 16 Ed20
Burntisland GB 11 Eb13
Buronzo I 148 Ca59
Burovac SRB 174 Bc65
Burow D 119 Ed32
Burøysund N 62 Gd07
Burrafirth GB 5 Fa03
Burravoe GB 5 Fa04
Burrel AL 163 Jc72
Burren IRL 12 Bc21
Burres E 36 Ba55
Burringham GB 16 Fb21
Burry Port GB 19 Dd27
Burs S 104 Ha50
Bursa TR 186 Fd80
Burscheid D 125 Bd40
Burscough GB 15 Eb21
Burseryd S 102 Fa51
Bursiljum S 80 Hc26
Bürstadt D 134 Cc45
Bursuc MD 173 Fc58
Burszewo PL 122 Jb31
Burtenbach D 142 Db50
Burtnieki LV 106 Kd48
Burton Agnes GB 17 Fc19
Burton Constable GB 17 Fc20
Burton-in-Kendal GB 11 Ec19
Burton Latimer GB 20 Fb25
Burtonport IRL 8 Ca15
Burton-upon-Stather GB 16 Fb21
Burton-upon-Trent GB 16 Fa23
Burträsk S 80 Hc26
Burujón E 52 Da66
Burvik S 81 Hd26
Burwash GB 20 Fd30
Burwell GB 17 Fd22
Burwell GB 20 Fd25
Burwick GB 5 Ec04
Bury GB 15 Ec21
Bury Saint Edmunds GB 21 Ga25
Burzenin PL 129 Hb40
Burzyn PL 123 Ka33
Busachi I 169 Ca77

Busalla – Cañaveral de León

Busalla I 148 Cb62
Busana I 149 Da63
Busano I 148 Bd59
Buşăuca MD 173 Fd56
Busca I 148 Bc62
Busche I 150 Ea58
Busdorf D 108 Db29
Buseck D 126 Cc42
Busemarke DK 109 Ec28
Busenberg D 133 Ca47
Busendorf D 134 Dc44
Bušetina HR 152 Gd58
Buševec HR 152 Gb59
Bushat AL 163 Jb71
Bushey GB 20 Fc27
Bushfield IRL 12 Bd23
Bushmills GB 9 Cd15
Busici MK 183 Bc74
Busigny F 24 Hb33
Buşila MD 173 Fb56
Busilovac SRB 178 Bc67
Bušince SK 146 Hd50
Bus'k UA 204 Ea15
Buske DK 109 Eb27
Buskhyttan S 103 Gb46
Busko-Zdrój PL 138 Jb43
Bušletić BIH 152 Hb62
Busno PL 131 Kd40
Busnovi HR 152 Ha60
Busot E 55 Fb71
Busovača BIH 158 Hb64
Bussac-Forêt F 32 Fc49
Bussang F 31 Ka39
Busséol F 34 Hb47
Busseto I 149 Da61
Bussière-Badil F 33 Ga47
Bussières F 24 Hb36
Büßleben D 127 Dd41
Bussö FIN 96 Hc40
Bussoleno I 148 Bb60
Busson F 30 Jb38
Bussum NL 116 Ba36
Bussy-le-Repos F 30 Hb39
Bustadmon S 78 Fa30
Bustares E 46 Dd62
Bustarviejo E 46 Dc63
Buşteni RO 176 Ea63
Bustidoño E 38 Db56
Bustillo de Páramo E 37 Cb57
Bustnes N 71 Fb20
Busto E 37 Ca53
Busto Arsizio I 148 Cb59
Buštranje SRB 178 Bd72
Bustuchin RO 175 Da64
Büsum D 118 Da30
Buszkowo PL 121 Gd33
Buszów PL 120 Fd35
Butan BG 179 Cd68
Butea RO 172 Ed57
Buţeni MD 173 Fc58
Buteni RO 170 Cb59
Butera I 167 Fa87
Bütgenbach B 125 Bb42
Butimanu RO 176 Ea65
Bütingė LT 113 Jb54
Butjadingen D 117 Cc32
Butkaičiai I LT 114 Ka56
Butkiškė LT 114 Ka55
Butkiškiai LT 114 Kc55
Butler's Bridge IRL 9 Cb19
Butlerstown IRL 12 Bc26
Butley GB 21 Gb26
Butniūnai LT 114 Kd53
Butoieşti RO 175 Cd65
Butovo BG 180 Dc70
Butrimonys LT 114 Kc59
Butrint AL 182 Ab79
Butron E 38 Ea55
Butryny PL 122 Ja32
Butryny PL 122 Ja32
Bütschwil CH 142 Cc53
Büttelborn D 134 Cc44
Buttenheim D 135 Dd45
Buttenwiesen D 134 Dc49
Buttevant IRL 12 Bd24
Buttington GB 15 Eb24
Buttlar D 126 Db42
Buttle S 104 Ha50
Buttlerstown IRL 13 Cb25
Buttstädt D 127 Ea41
Büttstedt D 126 Db40
Butuceni MD 173 Fd56
Buturlinovka RUS 203 Fb13
Buturugeni RO 176 Ea66
Butzbach D 134 Cc43
Bützow D 119 Eb32
Buurse NL 125 Bd37
Buvåg N 66 Fd14
Buvarp N 78 Eb27
Buvik N 77 Da32
Buvika N 70 Fa19
Buvika N 70 Fa20
Buvika N 77 Ea30
Buvika N 86 Ec34
Buxières-les-Mines F 30 Hb44
Buxtehude D 118 Db33
Buxton GB 16 Ed22
Buxy F 30 Ja43
Büyükalan TR 198 Ga90
Büyükanafarta TR 185 Ea80
Büyükbelen TR 192 Fa85
Büyükbelkıs TR 199 Ha91
Büyükçavuşlu TR 185 Ed76
Büyükçavuşlu TR 186 Fa77
Büyük Çekmece TR 186 Fc77
Büyükdağdere TR 192 Fb83
Büyükdöllük TR 185 Eb75
Büyükfındık TR 191 Ed82
Büyük Gökçeli TR 199 Gd88
Büyükhusum TR 191 Ea82
Büyükışıklar TR 191 Ed83
Büyükkale TR 191 Ed87
Büyükkalecik TR 193 Gc85
Büyükkaraağaç TR 198 Fb91
Büyükkarabağ TR 193 Ha85
Büyükkarıştıran TR 185 Ed77
Büyükkayalı TR 192 Fd86
Büyükkılıcılı TR 186 Fb77
Büyükköy TR 199 Gb90
Büyükkumluca TR 199 Gd91
Büyükmandıra TR 185 Ec76
Büyüköğünlü TR 185 Eb74
Büyükorhan TR 192 Fc82
Büyükoturak TR 193 Gb85
Büyükpınar TR 191 Ed81
Büyüksaka TR 193 Gb83
Büyükşapçı TR 191 Ec82
Büyüksöğle TR 199 Gb92
Büyüktekke TR 187 Ha77
Büyükyayla TR 193 Gc84
Büyükyenice TR 191 Ed83
Büyükyoncalı TR 186 Fa76
Buza RO 171 Db57
Buzançais F 29 Gb43
Buzancy F 24 Ja34
Buzău RO 176 Ec64
Buzescu RO 180 Dd67
Buzet HR 151 Fa60
Buziaş RO 174 Bd61
Buzica SK 138 Jc49
Bužim BIH 152 Gb61
Buzluca TR 193 Ha84
Buzoeşti RO 175 Dc65
Buzovgrad BG 180 Dd72
Buzsák H 145 Ha56
Bweeng IRL 12 Bc25
Bwlch GB 15 Ea26
Bwlchllan GB 15 Dd25
Bwlch-y-ffridd GB 15 Ea24
Bwlch-y-Sarnau GB 15 Ea25
By N 78 Ea28
By S 94 Ed42
By S 94 Ed44
By S 95 Ga41
Byans-sur-Doubs F 31 Jd42
Byarum S 103 Fb49
Byberget S 87 Fd33
Bybjerg DK 109 Eb25
Bychav BY 202 Eb12
Bychawa PL 131 Kb40
Bycina PL 137 Hb43
Byczki PL 130 Ja38
Byczyna PL 129 Ha41
Byczyna PL 138 Hd44
Bydalen S 79 Fb31
Bydgoszcz PL 121 Ha34
Bydlino PL 121 Gc29
Bye S 88 Gc33
Byford GB 15 Eb26
Bygdeå S 80 Hc27
Bygdeträsk S 80 Hc26
Bygdisheim N 85 Db36
Bygdsiljum S 80 Hc26
Bygget S 102 Ed52
Bygland N 92 Cd45
Byglandsfjord N 92 Cd45
Bykle N 92 Cd43
Byklestøylane N 92 Cd43
Bykovo RUS 203 Fd13
Bylchau GB 15 Ea22
Byluft N 65 Kb07
Byn S 94 Ed42
Byneset N 77 Ea30
Byremo N 92 Cc46
Byrkjedal N 92 Cb44
Byrkjelo N 84 Cc35
Byrness GB 11 Ec15
Byrudstua N 85 Ea40
Byrum DK 101 Ea20
Byšice CZ 136 Fc44
Byske S 73 Hc24
Býškovice CZ 137 Ha46
Bysław PL 121 Ha33
Byssträsk S 80 Ha27
Býšť CZ 136 Ga44
Bysting N 77 Dd29
Bystrá SK 138 Hd48
Bystré CZ 137 Gb46
Bystré SK 139 Jd47
Bystrecovo RUS 107 Ma47
Bystřice CZ 136 Fc46
Bystřice CZ 138 Hc46
Bystřice nad Pernštejnem CZ 137 Gb46
Bystřice pod Hostýnem CZ 137 Ha47
Bystrzyca PL 131 Ka41
Bystrzyca Kłodzka PL 137 Gc44
Byszyno PL 120 Ga31
Bytča SK 137 Hb47
Bytnica PL 128 Fd37
Bytom PL 138 Hc43
Bytom Odrzański PL 128 Ga39
Bytoń PL 129 Hb36
Bytów PL 121 Gd31
Bytyń PL 129 Gb36
Byvattnet S 80 Gc30
Byxelkrok S 104 Gc50
Bzenec CZ 137 Gd48
Bzovík SK 146 Hd50

C

Căbăieşti MD 173 Fb57
Cabaj-Čápor SK 145 Ha50
Cabaleiros (Tordoia) E 36 Ad54
Cabanac F 32 Fb51
Cabañaquinta (Aller) E 37 Cc55
Cabañas de la Dornilla E 37 Ca57
Cabanes E 54 Fd65
Cabañes de Esgueva E 46 Dc60
Cabanillas E 47 Ed59
Cabanillas de la Sierra E 46 Dc63
Čabar HR 151 Fc59
Cabasse F 42 Ka54
Cabdella E 40 Gb58
Cabeça de Carneiro P 50 Ba70
Cabeça Gorda P 50 Ad71
Cabeço de Vide P 50 Ba68
Cabella Ligure I 149 Cc62
Cabertarar TR 192 Fc86
Căbeşti RO 170 Cb57
Cabezabellosa E 45 Ca65
Cabeza del Buey E 52 Cc69
Cabeza la Vaca E 51 Bd71
Cabezamesada E 53 Dd66
Cabezarados E 52 Da69
Cabezarrubias E 52 Da70
Cabezas del Villar E 45 Cc63
Cabezas Rubias E 59 Bb72
Cabezón E 46 Da60
Cabezón de la Sal E 38 Db55
Cabezón de Liébana E 38 Da55
Cabezuela E 46 Db62
Cabezuela del Valle E 45 Cb65
Cabia E 38 Dc58
Čabiny SK 139 Ka47
Caboalles de Arriba E 37 Ca56
Cabourg F 22 Fc35
Cabra E 60 Cd74
Čabra KSV 178 Ba70
Cabrach GB 7 Ec08
Cabra del Santo Cristo E 60 Dc73
Cabra de Mora E 54 Fb65
Cabragh GB 9 Cc17
Cabrahigos E 59 Ca77
Cabras I 169 Bd77
Cabredo E 39 Eb57
Cabreiros E 36 Bb54
Cabrejas del Pinar E 47 Ea60
Cabrela P 50 Ac69
Cabrerets F 33 Gc51
Cabrières F 41 Hc54
Cabrillas E 45 Ca63
Cabruñana E 37 Cb54
Cabuna HR 152 Ha59
Cacabelos E 37 Bd57
Cacabëzë AL 182 Ab75
Čačak SRB 159 Jc64
Caccamo I 166 Ed84
Caccuri I 165 Gd80
Cacela Velha P 58 Ba74
Cáceres E 51 Bd67
Čačersk BY 202 Ec13
Čačevičy BY 202 Eb12
Cachafeiro E 36 Ba56
Cachão P 45 Bc60
Cachopo P 58 Ad73
Cachtice SK 137 Ha49
Cacia P 44 Ac62
Cacica RO 172 Eb55
Cacin E 60 Db75
Ćaćinci HR 152 Ha59
Căciulata RO 175 Db63
Cádabo (Baleira) E 36 Bc55
Cadafresnas E 37 Bd57
Cadagua E 38 Dd56
Cadalen F 41 Gd53
Cadalso de los Vidrios E 46 Da65
Cadaqués E 41 Hc58
Cadaval P 50 Ab67
Cadavedo E 37 Ca54
Čađavica BIH 152 Gd63
Čađavica HR 152 Ha59
Čađavica Gornja BIH 153 Hd62
Čadca SK 138 Hc46
Cadelbosco di Sopra I 149 Db62
Caden F 27 Ec41
Cadenabbia I 149 Cc57
Cadenberge D 118 Da32
Cadenet F 42 Jc53
Cádiar E 60 Dc76
Cadillac F 32 Fc51
Cadillon F 40 Fc54
Čadinje SRB 159 Jb66
Cadis F 41 Gd54
Cádiz E 59 Bd76
Cadolzburg D 134 Dc46
Cadouin F 33 Ga50
Cadreita E 47 Ed59
Cadzand NL 124 Ab38
Caen F 22 Fc36
Caerleon GB 19 Eb27
Caernarfon GB 15 Dd22
Caerphilly GB 19 Eb28
Caersws GB 15 Ea24
Čaevo RUS 202 Ed08
Ćafa MK 182 Ba74
Ćafe MNE 159 Ja69
Cagan Aman RUS 203 Ga14
Cagan-Nur RUS 203 Ga14
Caggiano I 161 Fd76
Çağıllar TR 192 Fc84
Çağış TR 192 Fa82
Cagitán E 61 Ec72
Çağlarca TR 199 Gc91
Çağlayık TR 185 Ed74
Cagli I 156 Eb66
Cagliari I 169 Ca80
Čaglin HR 152 Hb60
Çağman TR 199 Gb93
Cagnano Varano I 161 Ga72
Cagnes-sur-Mer F 43 Kc53
Cagnotte F 39 Fa54
Čagoda RUS 202 Ec08
Caher IRL 8 Bc20
Cahir IRL 13 Ca24
Caherdaniel IRL 12 Ba26
Cahersiveen IRL 12 Ba25
Cahors F 33 Gc51
Cahul MD 177 Fb61
Cahuzac-sur-Vère F 41 Gd53
Căianu RO 171 Da58
Căianu Mic RO 171 Db56
Caiazzo I 161 Fb74
Căinari MD 173 Fd59
Căinarii Vechi MD 173 Fb54
Căineni RO 175 Db62
Căineni-Băi RO 176 Ed64
Caión E 36 Ad54
Čaira BG 179 Cd73
Cairaclia MD 177 Fc62
Cairnborrow GB 7 Ec08
Cairndow GB 6 Dc12
Cairnryan GB 10 Dc16
Cairo Montenotte I 148 Ca62
Caiseal IRL 13 Ca24
Caisleán an Bharraigh IRL 8 Bc19
Caisleán an Chomair IRL 13 Cb23
Caister-on-Sea GB 17 Gc24
Caistor GB 17 Fc21
Caivano I 161 Fb74
Cajarc F 33 Gc51
Cajba MD 173 Fa55
Čajetina SRB 159 Jb65
Čajić BIH 158 Gc65
Čajka BG 181 Fb70
Čajle MK 178 Ba73
Čajniče BIH 159 Hd66
Cajvana RO 172 Eb55
Cák H 145 Gb53
Çakallar TR 191 Ec86
Çakallar TR 191 Ed82
Čakany SK 145 Gd51
Çakılköyü TR 186 Fa79
Çakıllı TR 186 Fa76
Çakıllı TR 192 Fa83
Čakino RUS 203 Fc12
Çakır TR 191 Ed81
Çakır TR 198 Fd90
Çakırbeyli TR 197 Ed88
Çakırca TR 186 Ga79
Çakırdere TR 191 Ec82
Çakırlar TR 191 Ec83
Çakırlar TR 192 Fc85
Çakırlar TR 193 Hb87
Çakırlar TR 199 Gc91
Çakırözü TR 193 Gc86
Çakmak TR 191 Eb83
Çakmak TR 192 Fd82
Çakmak TR 192 Ga83
Çakmak TR 193 Hb84
Çakmak TR 198 Fb90
Čakovci HR 153 Hd60
Čakovec HR 152 Gb57
Çal TR 192 Fd87
Cala E 59 Bd72
Cala P 51 Bb69
Cala Antena E 57 Hc67
Calabernardo I 167 Fd88
Cala Blanca E 57 Ja66
Cala Blava E 57 Hb67
Calabritto I 161 Fd75
Călacea RO 170 Ca58
Calaceite E 48 Fd63
Calacuccia F 154 Cb69
Cala de Mijas E 60 Cd77
Cala d'Or E 57 Hc68
Cala en Porter E 57 Ja66
Calaf E 49 Gc60
Calafat RO 179 Cc67
Calafell E 49 Gc62
Cala Figuera E 57 Hc68
Calafindeşti RO 172 Eb55
Calafort Ros Láir IRL 13 Cd25
Calafuria I 155 Da66
Cala Galdana E 57 Ja66
Cala Gonone I 169 Cc76
Calahonda E 60 Cd77
Calahonda E 60 Dc76
Calahorra de Boedo E 38 Db57
Calahorra E 39 Ec58
Calais F 21 Gc30
Cala Liberotto I 168 Cc76
Cala Llenya E 56 Gc69
Cala Llonga E 56 Gc69
Calalzo di Cadore I 143 Eb56
Cala Major E 57 Hb67
Calambrone I 155 Da65
Cala Mesquida E 57 Jb66
Cala Millor E 57 Hd67
Calamocha E 47 Ed63
Calamonaci I 166 Ec86
Calamonte E 51 Bd69
Cala Morell E 57 Ja65
Călan RO 175 Cc61
Calañas E 59 Bb72
Calanda E 48 Fc63
Calangianus I 168 Cb74
Cala Pi E 57 Hb68
Calapica BG 180 Db73
Cala Rajada E 57 Hd67
Călăraşi MD 173 Fc57
Călăraşi RO 171 Da59
Călăraşi RO 173 Fa56
Călăraşi RO 179 Da68
Călăraşi RO 181 Ed67
Cala Rossa F 154 Cb72
Cala Sant Vicenç E 56 Gc69
Cala Sant Vicenç E 57 Hc66
Calascibetta I 167 Fa85
Călăşeni MD 173 Fa55
Calasetta I 169 Bc80
Calasparra E 61 Ec72
Calatafimi-Segesta I 166 Eb84
Calatañazor E 47 Ea60
Calatayud E 47 Ed61
Călăţele RO 171 Cd58
Calaţii Bistriţei RO 171 Dc57
Calatorao E 47 Ed61
Cala Turqueta E 57 Ja66
Calau D 128 Fa39
Cala Vedella E 56 Gb69
Calbe D 127 Ea38
Calberlah D 126 Dc36
Çalçakırlar TR 192 Fd87
Calcatoggio F 154 Ca70
Calcena E 47 Ec60
Çalcı TR 193 Ha81
Calcinelli I 156 Ec65
Calcio I 149 Cd59
Calco I 149 Cc58
Căldăraru RO 175 Dc66
Caldaro I 142 Dc56
Caldarola I 156 Ec67
Caldas da Felgueira P 44 Ba63
Caldas da Rainha P 50 Ab66
Caldas de Monchique P 58 Ab73
Caldas de Reis E 36 Ad56
Caldas de Vizela P 44 Ad60
Caldbeck GB 11 Eb17
Calde E 36 Bb55
Caldearenas E 39 Fb58
Caldebarcos E 36 Ac55
Caldelas E 36 Ad58
Caldelas P 44 Ad60
Caldelas P 44 Ad59
Calden D 126 Da39
Calderari I 167 Fb86
Çaldere TR 192 Fb82
Calder Mains GB 5 Eb04
Calders E 49 Gd60
Caldes de Boí E 40 Ga58
Caldes de Malavella E 49 Hb60
Caldes de Montbui E 49 Gd60
Caldirola I 149 Cc62
Caldueño E 38 Da54
Caleao E 37 Cc55
Caledon GB 9 Cd18
Calella E 49 Hb60
Calella de Palafrugell E 49 Hc60
Calenzana F 154 Ca69
Calera de León E 51 Bd71
Calera y Chozas E 52 Cd66
Caleruega E 46 Dc60
Caleruela E 52 Cc66
Cales de Mallorca E 57 Hc67
Calestano I 149 Da62
Calfa MD 173 Ga58
Calfsound GB 5 Ec02
Calgary GB 6 Da10
Çalı TR 186 Fc80
Çalıbahçe TR 191 Ec84
Càlig E 48 Fd64
Calignac F 40 Fd52
Călimăneşti RO 175 Db63
Călineşti MD 173 Fa56
Călineşti RO 171 Db55
Călineşti RO 175 Dc64
Călineşti RO 180 Dd67
Călineşti-Oaş RO 171 Da54
Çalışlar TR 193 Gc85
Calitri I 161 Fd75
Calizzano I 148 Bd63
Çalkara TR 193 Gc81
Çalkaya TR 193 Ha81
Çalkaya TR 199 Gd91
Çalköy TR 193 Gb84
Çalköy TR 193 Gb84
Callac F 26 Ea38
Callainn IRL 13 Cb24
Callan IRL 13 Cb24
Callander GB 7 Dd12
Callanish GB 4 Da05
Callantsoog NL 116 Ba34
Callas F 43 Kb53
Callelongue F 42 Jc55
Calliano I 148 Ca60
Calliano I 149 Dc58
Çallıca TR 199 Gb89
Çallıcaalan TR 187 Ha80
Callington GB 18 Dc31
Callosa d'En Sarrià E 55 Fc70
Callosa de Segura E 55 Fa72
Callow IRL 8 Bd19
Callús E 49 Gd60
Čalma SRB 153 Ja61
Călmăneşti RO 176 Ed61
Călmăţuiu RO 180 Dc67
Călmăţuiu de Sus RO 180 Dc67
Calne GB 20 Ed28
Calnegre y Los Curas E 55 Ed74
Câlnic RO 175 Cc64
Câlnic RO 175 Da61
Calolziocorte I 149 Cd58
Calonge E 49 Hc60
Calonge E 57 Hc68
Calonne-Ricouart F 23 Gd31
Calopăr RO 175 Cd66
Calp E 55 Fd70
Calpe E 55 Fd70
Caltabellotta I 166 Ec85
Caltagirone I 167 Fb87
Caltanissetta I 167 Fa86
Caltavuturo I 167 Fa85
Çaltepe TR 198 Ga89
Çaltepe TR 199 Ha90
Çaltı TR 193 Gb81
Çaltı TR 198 Ga88
Çaltıçukur TR 199 Hb91
Çaltıkkoru TR 191 Ec83
Çaltılıbük TR 192 Fc81
Caltojar E 47 Ea61
Călugăreni RO 180 Ea67
Caluso I 148 Bd59
Calvão P 44 Ac63
Calvarrasa de Abajo E 45 Cb62
Calvello I 161 Ga76
Calver GB 16 Fa22
Calvering GB 20 Fd26
Calverrasa de Arriba E 45 Cb62
Calvi F 154 Ca69
Calvià E 56 Ha67
Calviac F 33 Gd50
Calvi dell' Umbria I 156 Eb70
Calvine GB 7 Ea10
Calvinet F 33 Ha50
Calvini RO 176 Eb63
Calvisson F 42 Ja53
Calvos de Randín E 36 Ba58
Calw D 134 Cc48
Calzada de Bureba E 38 Dd57
Calzada de Calatrava E 52 Db70
Calzada del Coto E 37 Cd58
Calzada de los Molinos E 38 Da58
Calzada de Valdunciel E 45 Cb62
Calzadilla E 45 Bd65
Calzadilla de los Barros E 51 Bd71
Camaiore I 155 Da64
Çamalan TR 192 Fd82
Çamalan TR 193 Gd81
Camaldoli I 156 Dd65
Camaleño E 38 Da55
Çamaltı İskelesi TR 191 Eb86
Camañas E 47 Fa64
Camăr RO 171 Cc56
Camarasa E 48 Ga60
Çamarası TR 198 Fc88
Cămăraşu RO 171 Db58
Camarena E 46 Db65
Camarena de la Sierra E 47 Fa65
Camarenilla E 52 Db66
Camarès F 41 Hb53
Camaret-sur-Mer F 26 Db38
Camarinal E 59 Ca78
Camariñas E 36 Ac54
Camarles E 48 Ga63
Camarma de Esteruelas E 46 Dc64
Camarmeña E 38 Da55
Cămărzana RO 171 Da54
Camarzana de Tera E 45 Cb59
Camas E 59 Bd74
Camastra I 166 Ed86
Cambados E 36 Ad56
Cambas P 44 Ba65
Cambazlı TR 192 Fa85
Çambel TR 191 Ed86
Cambela E 36 Bc58
Cambeo E 36 Bb57
Camber GB 21 Ga30
Çambeyli TR 193 Gb85
Cambil E 60 Dc73
Camblesforth GB 16 Fb20
Cambo-les-Bains F 39 Ed55
Camborne GB 18 Da32
Cambra P 44 Ad62
Cambrai F 24 Hb32
Cambre E 36 Ba54
Cambres P 44 Ba61
Cambridge GB 20 Fd26
Cambrils E 48 Gb62
Cambs D 119 Ea32
Camburg D 127 Ea41
Çamcı TR 191 Ec82
Çamdere TR 192 Fd86
Çamdibi TR 192 Ga83
Camedo CH 148 Cb57
Camelford GB 18 Dc31
Çameli TR 198 Fd90
Camelle E 36 Ac54
Camenca MD 173 Fa55
Camenca MD 173 Fd54
Camerano I 156 Ed66
Camerata Cornello I 149 Cd58
Cameri I 148 Cb59
Camerino I 156 Ec67
Camerota I 161 Fd77
Çamiçi TR 191 Ec85
Çamiçi TR 197 Ed89
Camiers F 23 Gc31
Camiliyayla TR 192 Ga82
Caminha P 36 Ac58
Caminomorisco E 45 Ca64
Caminreal E 47 Ed63
Çamırdık TR 192 Ga84
Camisano Vicentino I 150 Dd59
Çamızlar TR 198 Fd92
Çamkonak TR 187 Gc77
Çamköy TR 191 Ea81
Çamköy TR 197 Ed90
Çamköy TR 198 Ga90
Çamköy TR 199 Gd91
Çamlı TR 187 Ha78
Çamlı TR 191 Eb86
Çamlı TR 197 Fa90
Çamlıca TR 191 Ea81
Çamlıca TR 199 Hb88
Çamlıdere TR 199 Gc89
Çamlık TR 192 Fc83
Çamlık TR 197 Ec88
Çamlık TR 197 Ed90
Çamlık TR 199 Hb89
Çamlıkköy TR 191 Ec82
Çamlıköy TR 198 Fd92
Çamlitepe TR 199 Hb91
Cammarata I 166 Ed85
Camogli I 149 Cc63
Camolin IRL 13 Cd24
Çamoluk TR 198 Fb89
Çamönü TR 192 Fa84
Camors F 27 Ea40
Camp IRL 12 Ba24
Campagna I 161 Fd75
Campagnano di Roma I 156 Ea70
Campagne F 39 Fb53
Campana I 165 Gd79
Campanario E 51 Cb69
Campanas E 39 Ed57
Campanet E 57 Hb66
Câmpani RO 171 Cc58
Campanillas E 60 Cd76
Campaspero E 46 Db61
Campbeltown GB 10 Db14
Campel F 27 Ec40
Campénéac F 27 Ec40
Câmpeni MD 177 Fc62
Câmpeni RO 171 Cd59
Camperduin NL 116 Ba34
Campia P 44 Ad62
Campi Bisenzio I 155 Dc65
Câmpie Turzii RO 171 Da59
Campiglia Marittima I 155 Da67
Campiglia Soana I 148 Bc59
Campigliatello Silano I 164 Gc80
Campigna I 156 Dd65
Campillo E 45 Cb60
Campillo E 47 Fa65
Campillo de Altobuey E 53 Ec67
Campillo de Arenas E 60 Db74
Campillo de Azaba E 45 Bd63
Campillo de Deleitosa E 51 Cb66
Campillo de Dueñas E 47 Ed63
Campillo de las Doblas E 53 Ec70
Campillo de Llerena E 51 Ca70
Campillos E 60 Cc75
Campillos Sierra E 47 Ec65
Câmpina RO 176 Ea64
Çampınar TR 191 Ed85
Câmpineanca RO 176 Ed62
Campisábalos E 46 Dd62
Campi Salentina I 162 Hb76
Campitello F 154 Cb69
Campitello di Fassa I 143 Dd56
Campitello Matese I 161 Fb73
Campli I 156 Ed69
Camplongo E 37 Cc56
Campo E 40 Fd58
Campo Arcís E 54 Fa68
Campobasso I 161 Fc72
Campobecerros E 36 Bc58
Campobello di Licata I 167 Fa86
Campobello di Mazara I 166 Eb85
Campo Blénio CH 142 Cc55
Campocologno CH 149 Da57
Campodarsego I 150 Ea59
Campo de Besteiros P 44 Ad63
Campo de Caso E 37 Cd55
Campo de Criptana E 53 Dd68
Campo del Hospital E 36 Bb53
Campo de San Pedro E 46 Dc61
Campo de Víboras P 45 Bd60
Campo di Giove I 161 Fa71
Campodimele I 160 Ed73
Campo do Gerês P 44 Ba59
Campodolcino I 142 Cd56
Campo Felice I 156 Ed70
Campofelice di Roccella I 167 Fa84
Campofiorito I 166 Ec85
Campofrio E 59 Bc72
Campogalliano I 149 Db62
Campohermoso E 61 Eb76
Campolasta I 143 Dd56
Campolattaro I 161 Fc73
Campoli Appennino I 160 Ed72
Campo Ligure I 148 Cb62
Campolongo E 36 Ba54
Campolongo Maggiore I 150 Ea60
Campo Lugar E 51 Cb68
Campo Maior P 51 Bb68
Campomarino I 161 Fc71
Campomarino I 162 Ha76
Camponaraya E 37 Bd57
Campora San Giovanni I 164 Gb81
Campo Real E 46 Dc65
Camporeale I 166 Ec84
Campo Redondo P 58 Ab72
Camporrells E 48 Ga59
Camporrobles E 54 Ed67
Campos E 57 Hc68
Camposampiero I 150 Ea59
Camposancos E 36 Ac58
Camposanto I 149 Dc62
Campo Staffi I 160 Ed71
Campotéjar E 60 Db74
Campo Tenese I 164 Gb78
Campotosto I 156 Ed69
Campo Tures I 143 Ea55
Campo Vallemaggia CH 141 Cb56
Campo Xestada E 36 Ad54
Camprodon E 41 Ha58
Camps-en-Amiénois F 23 Gc33
Camptown GB 11 Ec15
Câmpu lui Neag RO 175 Cc62
Câmpulung RO 175 Dc63
Câmpulung la Tisa RO 171 Db54
Câmpulung Moldovenesc RO 172 Ea56
Câmpuri RO 176 Ec61
Camrose GB 14 Db26
Çamsu TR 192 Ga85
Çamucu TR 191 Ed82
Camuñas E 52 Dc68
Çamurköy TR 198 Fd92
Çamurluk TR 187 Gd80
Çamyayla TR 193 Gb81
Çamyazı TR 192 Fd85
Çamyuva TR 192 Ga85
Çamyuva TR 199 Gc92
Çan TR 191 Ec81
Čaňa SK 139 Jd49
Canabal E 36 Bb57
Cañada E 55 Fa70
Cañada de la Cruz E 61 Eb72
Cañada del Hoyo E 53 Ec66
Cañada del Rosal E 60 Cc73
Cañadajuncosa E 53 Eb67
Cañada Vellida E 47 Fa64
Cañadillas E 60 Cd74
Čanak HR 151 Fd62
Çanakçı TR 192 Fc85
Çanakçı TR 192 Fc86
Çanakçı TR 199 Gd91
Çanakkale TR 185 Ea80
Çanaklı TR 199 Gc89
Canale I 148 Bd61
Canalejas del Arroyo E 47 Eb65
Canals E 54 Fb69
Canal San Bovo I 150 Dd57
Cañamares E 47 Eb64
Cañamares E 53 Ea70
Cañamero E 51 Cb67
Canaples F 23 Gd33
Canara E 61 Ec72
Canari F 154 Cc68
Canas de Senhorim P 44 Ba63
Cañaveral E 51 Bd66
Cañaveral de León E 51 Bc71

221

Chalamera – Čioiškiai

Chalamera E 48 Fd60
Chalamont F 34 Jb46
Chale GB 20 Fa31
Châlette-sur-Loing F 29 Ha39
Chalevga CY 206 Jc96
Chalindrey F 30 Jb40
Chalivoy-Milon F 29 Ha43
Challacombe GB 19 Dd29
Challain-la-Potherie F 28 Fa41
Challans F 28 Ed43
Challock GB 21 Ga29
Chalmazel F 34 Hd47
Chalmoux F 30 Hc44
Chalonnes-sur-Loire F 28 Fb42
Châlons-en-Champagne F 24 Hd36
Chalon-sur-Saône F 30 Jb43
Chalou-Moulineux F 29 Gd38
Chałupy PL 121 Ha29
Châlus F 33 Gb47
Chalvraines F 30 Jb38
Cham CH 141 Cb53
Cham D 135 Ec47
Chamalières-sur-Loire F 34 Hd49
Chamaloc F 35 Jc50
Chambeire F 30 Jb42
Chambellay F 28 Fb41
Chamberet F 33 Gc47
Chambéria F 31 Jc44
Chambéry F 35 Jd47
Chambilly F 34 Hd45
Chamblet F 33 Ha45
Chambley-Bussières F 25 Jc36
Chambly F 23 Gd36
Chambois F 22 Fd37
Chambon-la-Forêt F 29 Gd39
Chambon-sur-Voueize F 33 Ha45
Chambord F 29 Gc41
Chamborigaud F 41 Hd52
Chambost-Allières F 34 Ja46
Chambray F 23 Gb36
Chamdeniers-Saint-Denis F 32 Fc45
Chamerau D 135 Ec47
Chammes F 28 Fc39
Chamonix-Mont-Blanc F 35 Kb46
Chamouilley F 24 Jb37
Chamoy F 30 Hc39
Champagnac F 33 Ha48
Champagnac-le-Vieux F 34 Hc48
Champagné-les-Marais F 32 Fa45
Champagne-Mouton F 32 Fd46
Champagnole F 31 Jd43
Champaubert F 24 Hc36
Champdieu F 34 Hd47
Champeaux F 28 Fa39
Champeix F 34 Hb47
Champéry CH 141 Bb56
Champex CH 148 Bc57
Champier F 35 Jc48
Champigné F 28 Fb41
Champignelles F 30 Hb40
Champigneul-Champagne F 24 Hd36
Champignol-lez-Mondeville F 30 Ja39
Champigny F 23 Ha37
Champigny-le-Sec F 28 Fd44
Champigny-sur-Veude F 28 Fd43
Champlemy F 30 Hb42
Champlitte F 31 Jc40
Champlong I 148 Bc58
Champmotteux F 29 Gd38
Champniers F 32 Fd47
Champoluc I 148 Bd58
Champorcher I 148 Bd58
Champrond-en-Gâtine F 29 Gb38
Champs-sur-Yonne F 30 Hc40
Champtoceaux F 28 Fa42
Champvans F 31 Jc41
Chamrousse F 35 Jd49
Chamsk PL 122 Hd34
Chamusca P 50 Ac67
Chana E 37 Ca57
Chanac F 34 Hc51
Chança P 50 Ba67
Chanceaux F 30 Ja41
Chancelade F 33 Ga49
Chancelaria P 50 Ac66
Chancelaria P 50 Ac66
Chancery GB 15 Dd25
Chancia F 35 Jc45
Chancy CH 140 Ad56
Chandai F 23 Ga37
Chandler's Ford GB 20 Fa30
Chandolin CH 141 Bd56
Chandrexa E 36 Bc58
Chañe E 46 Da61
Changé F 28 Fb39
Changé F 28 Fd40
Changy F 24 Ja37
Changy F 34 Hd45
Chaniers F 32 Fb47
Channay-sur-Lathan F 28 Fd41
Chantada E 36 Bb56
Chantelle F 34 Hb45
Chanteloup F 28 Fb44
Chantemerle F 35 Kb49
Chantenay-Villedieu F 28 Fc40
Chantepie F 28 Ed39
Chantilly F 23 Gd35
Chantonnay F 28 Fa44
Chão de Codes P 50 Ad66
Chaon F 29 Gd41
Chaource F 30 Hd39
Chapaize F 30 Ja44
Chapeau-Rouge F 24 Hc33
Chapeauroux F 34 Hd50
Chapela E 36 Ad57
Chapel-en-le Frith GB 16 Ed22
Chapelle-Royale F 29 Gb39
Chapel Saint Leonards GB 17 Fd22
Chappes F 34 Hb46
Charbonnat F 30 Hd43
Charbowo PL 129 Gd36
Charcenne F 31 Jc41
Charches E 61 Dd74
Charchów Pański PL 130 Hc38
Chard GB 19 Eb30
Charenton-du-Cher F 29 Ha44
Charing GB 21 Ga29
Charkeia CY 206 Jc96
Charkiv UA 203 Fa14
Charlbury GB 20 Fa27
Charleroi B 124 Ac42
Charles GB 19 Dd29
Charlestown GB 9 Cd17
Charlestown IRL 8 Bd19
Charleval F 23 Gb35
Charleville-Mézières F 24 Ja33
Charlieu F 34 Hd45
Charlottenberg S 94 Ec42
Charlton Kings GB 20 Ed27
Charłupia Wielka PL 129 Hb39
Charly F 24 Hb36
Charmant F 32 Fd48
Charmé F 32 Fd46
Charmes F 31 Jd38
Charmes-sur-Rhône F 34 Jb50
Charmey CH 141 Bc55
Charmoille F 31 Jd40
Charmont-en-Beauce F 29 Gd39
Charmont-sur-Barbuise F 30 Hd38
Charnay-lès-Mâcon F 34 Ja45
Charney Bassett GB 20 Fa27
Charny F 23 Ha36
Charny F 30 Hb40
Charolles F 30 Hd44
Chârost F 29 Gd43
Charpey F 34 Jb49
Charquemont F 31 Ka41
Charras F 32 Fd48
Charritte-de-Bas F 39 Fa55
Charron F 32 Fa45
Charroux F 32 Fd46
Chars F 23 Gc36
Charsonville F 29 Gc40
Chartów PL 128 Fc36
Chartres F 29 Gb38
Chartridge GB 20 Fb27
Charzykowy PL 121 Gd32
Chasné F 28 Ed39
Chąśno PL 130 Hd37
Chasseneuil-sur-Bonnieure F 32 Fd47
Chassenon F 33 Ga47
Chassepierre B 132 Ad44
Chasse-sur-Rhône F 34 Jb47
Chassillé F 28 Fc39
Chastanier F 34 Hd50
Chastellux-sur-Cure F 30 Hc41
Chastleton GB 20 Ed26
Chatain F 32 Fd46
Château-Arnoux F 42 Ka52
Châteaubernard F 32 Fc47
Château-Bernard F 35 Jc49
Châteaubourg F 28 Fa39
Châteaubriant F 28 Fa40
Château-Chervix F 33 Gb47
Château-Chinon F 30 Hd42
Château-des-Prés F 31 Jd44
Château-d'Oex CH 141 Bc55
Château d'Olonne F 28 Ed44
Château-du-Loir F 28 Fd41
Châteaudun F 29 Gb39
Châteaufort F 42 Ka51
Château-Garnier F 32 Fd45
Châteaugiron F 28 Ed39
Château-Gontier F 28 Fb40
Château-Landon F 29 Ha39
Château-Larcher F 32 Fd45
Château-la-Vallière F 28 Fd41
Château-l'Evêque F 33 Ga49
Châteaulin F 27 Dc39
Châteaumeillant F 29 Gd44
Châteauneuf-de-Galaure F 34 Jb48
Châteauneuf-de-Randon F 34 Hc50
Châteauneuf-d'Ille-et-Vilaine F 28 Ed38
Châteauneuf-du-Faou F 27 Dd39
Châteauneuf-du-Pape F 42 Jb52
Châteauneuf-en-Auxois F 30 Ja42
Châteauneuf-en-Thymerais F 29 Gb38
Châteauneuf-la-Forêt F 33 Gc47
Châteauneuf-les-Bains F 34 Hb46
Châteauneuf-sur-Charente F 32 Fc48
Châteauneuf-sur-Cher F 29 Gd43
Châteauneuf-sur-Loire F 29 Gd40
Châteauneuf-sur-Sarthe F 28 Fb41
Châteauneuf-Val-de-Bargis F 30 Hb42
Châteauponsac F 33 Gb46
Château-Porcien F 24 Hd34
Château-Queyras F 35 Kb50
Châteauredon F 42 Ka52
Château-Renard F 29 Ha40
Châteaurenard F 42 Jb53
Château-Renault F 29 Ga41
Châteauroux F 29 Gc43
Châteauroux F 35 Kb50
Château-Salins F 25 Jd36
Château-Thierry F 24 Hb36
Châteauvillain F 30 Ja39
Châtel F 35 Kb45
Châtelaillon-Plage F 32 Fa46
Châtelard F 35 Ka47
Châtelaudren F 26 Ea38
Châtel-Censoir F 30 Hc41
Châtel-de-Neuvre F 34 Hb45
Châtel-Gérard F 30 Hd41
Châtelguyon F 34 Hb46
Châtellerault F 29 Ga44
Châtel-Montagne F 34 Hc46
Châtel-sur-Moselle F 31 Jd38
Châtelus-le-Marcheix F 33 Gc46
Châtelus-Malvaleix F 33 Gd45
Châtenois F 31 Jc38
Châtenoy F 29 Gd40
Chatham GB 20 Fd28
Châtillon F 30 Hb44
Châtillon F 31 Jc44
Châtillon I 148 Bd58
Châtillon-Coligny F 29 Ha40
Châtillon-en-Bazois F 30 Hc42
Châtillon-en-Diois F 35 Jc50
Châtillon-en-Vendelais F 28 Fa39
Châtillon-la-Palud F 35 Jc46
Châtillon-sur-Chalaronne F 34 Jb45
Châtillon-sur-Colmont F 28 Fb38
Châtillon-sur-Indre F 29 Gb43
Châtillon-sur-Loire F 29 Ha41
Châtillon-sur-Marne F 24 Hc36
Châtillon-sur-Seine F 30 Ja40
Châtillon-sur-Thouet F 28 Fc44
Chatrans F 31 Jd42
Châtres-sur-Cher F 29 Gc42
Chattancourt F 24 Jb35
Chatteris GB 20 Fd25
Chatton GB 11 Ed14
Chauchina E 60 Db75
Chaudefontaine F 31 Jd41
Chaudes-Aigues F 34 Hb50
Chaudieu F 35 Jd46
Chauffailles F 34 Ja45
Chaulnes F 23 Ha33
Chaumard F 30 Hd42
Chaumergy F 31 Jc43
Chaumes-en-Brie F 23 Ha37
Chaumont F 30 Jb39
Chaumont-en-Vexin F 23 Gc35
Chaumont-Porcien F 24 Hd34
Chaumont-sur-Aire F 24 Jb36
Chaumont-sur-Loire F 29 Gb41
Chaumont-sur-Tharonne F 29 Gc41
Chaunay F 32 Fd46
Chauny F 24 Hb34
Chauray F 32 Fc45
Chaussin F 31 Jc43
Chauvé F 27 Ec42
Chauvigné F 29 Gd44
Chauvigny F 29 Ga44
Chaux-Neuve F 31 Jd43
Chavagnes-en-Paillers F 28 Fa43
Chavanay F 34 Ja48
Chavanges F 30 Ja38
Chaves P 44 Bb59
Chawleigh GB 19 Dd30
Chazelles-sur-Lyon F 34 Ja47
Chazeuil F 34 Hc45
Cheadle GB 15 Ec22
Cheadle GB 16 Ed23
Cheb CZ 135 Eb44
Checa E 47 Ec64
Chechło PL 138 Hd43
Chęciny PL 130 Jb42
Checkendon GB 20 Fb28
Cheddar GB 19 Eb29
Cheddleton GB 16 Ed23
Chedworth GB 20 Ed27
Chef-Boutonne F 32 Fc46
Chef-du-Pont F 22 Fa35
Cheglevici RO 170 Bb59
Cheia RO 171 Da59
Cheia RO 176 Ea63
Cheissoux F 33 Gc47
Cheles E 51 Bb70
Chelford GB 15 Ec22
Chełm PL 131 Kc40
Chełm PL 138 Hd43
Chełmce PL 129 Hb36
Chełmek PL 128 Ga38
Chełmek PL 138 Hd44
Chełmno PL 121 Ha33
Chełmno PL 129 Gb36
Chełmno PL 129 Hb37
Chelmsford GB 20 Fd27
Chełmsko Śląskie PL 128 Ga42
Chełmża PL 121 Hb34
Chełst PL 120 Ga35
Chelsworth GB 21 Ga26
Cheltenham GB 20 Ed27
Chelun F 28 Fa40
Chelva E 54 Fa67
Chemazé F 28 Fb40
Chémeré-le-Roi F 28 Fc40
Chémery F 29 Gc42
Chémery-sur-Bar F 24 Ja34
Chemillé F 28 Fb42
Chemillé-sur-Dême F 29 Ga41
Cheminon F 24 Ja37
Chemiré-le-Gaudin F 28 Fc40
Chemnitz D 127 Ec42
Chenay F 32 Fc45
Chenay-le-Châtel F 34 Hd45
Chénelette F 34 Ja45
Chénerailles F 33 Gd46
Chenies GB 20 Fc27
Chennebrun F 23 Ga37
Chennevières F 23 Gb37
Chenoise F 24 Hb37
Chenonceaux F 29 Gb42
Chenôve F 30 Jb42
Chepoix F 23 Gd34
Chepstow GB 19 Eb27
Chepy F 24 Hd36
Chera E 54 Fa67
Chera F 154 Cb72
Cherain B 133 Bb43
Cherasco I 148 Bd62
Cherbonnières F 32 Fc46
Cherbourg-Octeville F 22 Ed34
Cherechiu RO 170 Cb55
Chereluș RO 170 Ca58
Chérencé-le-Roussel F 22 Fa37
Cheresig RO 170 Ca56
Cherestur RO 170 Bb59
Cheriton GB 20 Fa29
Chéroy F 29 Ha39
Cherson UA 204 Ed16
Chertsey GB 20 Fb28
Cherves-Richemont F 32 Fc47
Cheseaux CH 141 Bb55
Chesham GB 20 Fb27
Cheshunt GB 20 Fc27
Chesley F 30 Hd39
Chesney's Corner GB 9 Cd16
Cheste E 54 Fb67
Chester GB 15 Eb22
Chesterfield GB 16 Fa22
Chester-le-Street GB 11 Fa17
Chețani RO 171 Db59
Chetroșica Nouă MD 173 Fa54
Chetrosu MD 173 Fb54
Chetrosu MD 173 Fd58
Chevagnes F 30 Hc44
Chevanceaux F 32 Fc49
Chevenez CH 141 Bc52
Cheverny F 29 Gb41
Chevetogne B 132 Ad43
Chevillon F 30 Hb40
Chevilly F 29 Gc39
Cheviré-le-Rouge F 28 Fc41
Chevreuse F 23 Gd37
Chevroux F 34 Jb45
Chew Magna GB 19 Ec28
Cheylade F 33 Ha49
Chezal-Benoît F 29 Gd43
Chézeaux F 31 Jc39
Chézery-Forens F 35 Jd45
Chiajna RO 176 Ea66
Chialamberto I 148 Bc59
Chiampo I 149 Dc59
Chianale I 148 Bb61
Chianciano Terme I 156 Dd67
Chiappera I 148 Bb62
Chiaramonte Gulfi I 167 Fc87
Chiaramonti I 168 Ca74
Chiaravalle I 156 Ed66
Chiaravalle Centrale I 164 Gc82
Chiareggio I 142 Cd56
Chiari I 149 Cd59
Chiaromonte I 162 Gb77
Chiasso I 149 Cc58
Chiatona I 162 Gd76
Chiauci I 161 Fb72
Chiavari I 149 Cc63
Chiavenna I 142 Cd56
Chiché F 28 Fc44
Chicheley GB 20 Fb26
Chichester GB 20 Fb30
Chichilianne F 35 Jc50
Chichiș RO 176 Ea62
Chichy PL 128 Fd39
Chiclana de la Frontera E 59 Bd77
Chiclana de Segura E 53 Dd71
Chiddingfold GB 20 Fb29
Chiddingstone GB 20 Fd29
Chieming D 143 Eb52
Chieperceni MD 173 Fd56
Chieri I 148 Bd60
Chiesa in Valmalenco I 149 Cd57
Chieșd RO 171 Cd56
Chies d'Alpago I 150 Eb57
Chiessi I 155 Cd68
Chieti I 157 Fa70
Chieuti I 161 Fd72
Chiggiogna CH 141 Cb56
Chigné F 28 Fd41
Chigwell GB 20 Fd27
Chiheru de Jos RO 171 Dc58
Chilcompton GB 19 Ec29
Childrey GB 20 Fa28
Chilham GB 21 Ga29
Chilia Veche RO 177 Ga63
Chiliile RO 176 Ec63
Chilivani I 168 Ca75
Chillarón de Cuenca E 47 Eb65
Chilleurs-aux-Bois F 29 Gd39
Chillón E 52 Cd69
Chilluevar E 61 Dd72
Chilmark GB 20 Ed29
Chiloeches E 46 Dd64
Chilsworthy GB 18 Dc30
Chimay B 132 Ac43
Chimeneas E 60 Db75
Chimparra E 36 Bb53
Chinchilla de Monte Aragón E 53 Ec69
Chinchón E 46 Dc65
Chindărești RO 177 Fb66
Chingford GB 20 Fc27
Chinnor GB 20 Fb27
Chinon F 28 Fd42
Chinteni RO 171 Da58
Chiochiș RO 171 Db57
Chioggia I 150 Ea60
Chiojdeanca RO 176 Eb64
Chiojdu RO 176 Eb63
Chioselia MD 177 Fc61
Chioselia Mare MD 177 Fc61
Chipeșca MD 173 Fc55
Chipiona E 59 Bc76
Chippenham GB 19 Ec28
Chipping GB 15 Ec20
Chipping Campden GB 20 Ed26
Chipping Norton GB 20 Fa26
Chipping Ongar GB 20 Fd27
Chiprana E 48 Fc62
Chirbury GB 15 Eb24
Chircăiești MD 173 Ga59
Chircăieștii Noi MD 173 Fd59
Chirens F 35 Jc48
Chirianca MD 173 Fc57
Chiriet-Lunga MD 177 Fd60
Chirileni MD 173 Fb57
Chirivel E 61 Eb74
Chirnogeni RO 181 Fb68
Chirnogi RO 181 Ec67
Chirnside GB 11 Ed13
Chirols F 34 Ja50
Chirpăr RO 175 Dc61
Chirsova MD 177 Fc60
Chiscani RO 177 Fb64
Chișcăreni MD 173 Fb56
Chiselet RO 181 Ec67
Chișinău MD 173 Fd58
Chisindia RO 170 Cb59
Chișineu-Criș RO 170 Bd58
Chișlaz RO 170 Cb56
Chissey-en-Morvan F 30 Hd42
Chișteluța MD 173 Fc56
Chițcani MD 173 Ga59
Chițcanii Vechi MD 173 Fc56
Chitila RO 176 Ea66
Chiuiești RO 171 Db56
Chiurt MD 173 Fa54
Chiusa I 143 Dd56
Chiusa di Pesio I 148 Bc63
Chiusaforte I 150 Ed57
Chiusa Sclafani I 166 Ec85
Chiusavecchia I 43 La52
Chiusi I 156 Dd68
Chiusi della Verna I 156 Ea65
Chiuza RO 171 Db56
Chiva E 54 Fb68
Chivasso I 148 Bd60
Chizé F 32 Fc46
Chłapowo PL 112 Ha58
Chlebiotki PL 123 Ka33
Chlebówka PL 122 Hc31
Chlebowo PL 128 Fc38
Chlewice PL 130 Ja42
Chlewiska PL 130 Jb40
Chlewnica PL 121 Gd30
Chlewo PL 129 Hb39
Chłopiatyn PL 131 Kd42
Chłopice PL 139 Kb44
Chlorakas CY 206 Hd98
Chłudowo PL 129 Gc36
Chlum CZ 136 Fa48
Chlumčany CZ 135 Ed46
Chlumčany CZ 136 Fa44
Chlumec nad Cidlinou CZ 136 Fd44
Chlumin CZ 136 Fb44
Chlum u Třeboně CZ 136 Fc48
Chmel'nyc'kyj UA 204 Eb15
Chmel'ov SK 139 Jd47
Chmieleń PL 128 Fd41
Chmielnik PL 130 Jb42
Chmielnik PL 139 Ka44
Chmielno PL 121 Ha30
Chmielów PL 131 Jd42
Chmil'nyk UA 204 Eb15
Chobienice PL 128 Ga37
Choceń CZ 137 Gb45
Choceń PL 130 Hc36
Chocholná-Velčice SK 137 Ha48
Chochołów PL 138 Ja46
Chocianów PL 128 Ga40
Chociw PL 130 Ja39
Chociwel PL 120 Fd33
Chocz PL 129 Ha38
Choczewo PL 121 Gd29
Chodaków PL 130 Ja37
Chodecz PL 130 Hc36
Chodel PL 131 Ka40
Chodoriv UA 204 Ea15
Chodorówka PL 123 Kb32
Chodov CZ 135 Ec44
Chodová Planá CZ 135 Ec45
Chodský Újezd CZ 135 Ec45
Chodzież PL 121 Gc35
Choiny Młode PL 123 Jd33
Choirokoitia CY 206 Jb98
Choiseul F 31 Jc39
Choisy-au-Bac F 23 Ha35
Choisy-en-Brie F 24 Hb37
Chojewo PL 123 Kb35
Chojna PL 120 Fb35
Chojnice PL 121 Gd32
Chojnik PL 129 Gd40
Chojniki BY 202 Eb13
Chojno PL 129 Gc39
Chojnow PL 128 Ga40
Chojnowo PL 122 Jb34
Cholderton GB 20 Ed29
Cholesbury GB 20 Fb27
Cholet F 28 Fb43
Chollerford GB 11 Ed16
Chomérac F 34 Jb50
Chomutov CZ 135 Ed43
Chorges F 35 Ka50
Chorley GB 15 Ec21
Chorol UA 202 Ed14
Choroszcz PL 123 Kb33
Chorupnik PL 131 Kb41
Chorzele PL 122 Jb33
Chorzów PL 138 Hc43
Choszczno PL 120 Fd34
Chotcza PL 131 Jd40
Chotěboř CZ 136 Ga46
Chotěšov CZ 135 Ed46
Chotilsko CZ 136 Fb45
Chotín SK 145 Hb52
Chouvigny F 34 Hb46
Choye F 31 Jc41
Chozas de Canales E 46 Db65
Chraboły PL 123 Kb33
Chr'aščevka RUS 203 Ga10
Chrást CZ 135 Ed45
Chrast CZ 136 Ga45
Chrastava CZ 128 Fc42
Chrewt PL 139 Ka46
Chřibská CZ 128 Fb42
Chřič CZ 136 Fa45
Chrisí Ammoudiá GR 184 Db78
Christchurch GB 20 Ed30
Christiansfeld DK 108 Db26
Chropyne CZ 137 Gd47
Chróścina PL 121 Ha35
Chroślice PL 128 Ga41
Chrostkowo PL 122 Hc35
Chróstnik PL 128 Ga40
Chrudim CZ 136 Ga45
Chruściel PL 122 Hd30
Chruślin PL 130 Hd37
Chrustowo PL 129 Gb36
Chrystynivka UA 204 Ec15
Chrzanów PL 131 Kb41
Chrzanów PL 138 Hd44
Chrzanowo PL 121 Gd29
Chrząstowice PL 129 Ha42
Chrząstowo PL 129 Gc38
Chrzypsko Wielkie PL 129 Gb36
Chtelnica SK 137 Ha49
Chucena E 59 Bd74
Chudoba PL 129 Hb42
Chudolazy CZ 136 Fb43
Chudolipie PL 130 Jb38
Chuelles F 29 Ha39
Chulilla E 54 Fa67
Chulmleigh GB 19 Dd30
Chur CH 142 Cd55
Church Cross IRL 12 Bb26
Church Eaton GB 15 Ec24
Churchill GB 20 Fa26
Church Lench GB 20 Ed26
Church Stoke GB 15 Eb24
Churchstow GB 19 Dd32
Church Stretton GB 15 Eb24
Churchtown GB 10 Dd18
Churchtown IRL 13 Cd25
Churwalden CH 142 Cd55
Chust UA 204 Dd16
Chustki PL 130 Jb40
Chvaleč CZ 136 Ga43
Chvaletice CZ 136 Fd45
Chvalšiny CZ 136 Fb48
Chwałowice PL 131 Jd41
Chwarstnica PL 120 Fc34
Chwarszczany PL 128 Fc36
Chwaszczyno PL 121 Ha30
Chwiram PL 121 Gb34
Chyňava CZ 136 Fb45
Chynorany SK 137 Hb49
Chýnov CZ 136 Fc47
Chynów PL 130 Jc38
Chynowie PL 121 Ha29
Chyše CZ 135 Ed44
Chyżne PL 138 Ja46
Ciacova RO 174 Bc61
Cianciana I 166 Ec86
Ciasna PL 129 Hb42
Ciavolo I 166 Ea85
Ciavoș RO 174 Bc61
Ciążeń PL 129 Gd37
Cibakháza H 146 Jb54
Cibla LV 107 Ma51
Ciborro P 50 Ad69
Cibourg CH 141 Bc53
Cicagna I 149 Cc63
Cicănești RO 175 Db63
Cicârlău RO 171 Da55
Čičava SK 139 Ka48
Çiçekler TR 199 Hb89
Çiçekli TR 186 Ga80
Çiçekoluk TR 199 Hb91
Çiçekpınar TR 193 Ha87
Çiçektepe TR 193 Gc86
Cicero E 38 Dd54
Ciceu-Giurgești RO 171 Db56
Ćićevac SRB 178 Bc67
Cichy PL 123 Jd30
Ciclova Română RO 174 Bd63
Čičmany SK 137 Hb48
Cicognolo I 149 Da60
Cide TR 205 Fa20
Cidones E 47 Ea60
Ciechanów PL 122 Ja35
Ciechanów PL 129 Gb39
Ciechanowiec PL 123 Ka35
Ciechocin PL 121 Hb34
Ciechocinek PL 121 Hb35
Cieksyn PL 130 Jb36
Cielądz PL 130 Ja38
Ciemnik PL 120 Fd33
Ciemnoszyje PL 123 Ka32
Ciempozuelos E 46 Dc65
Cieniawa PL 138 Jc45
Ciepielów PL 131 Jd40
Cieplice Śląskie-Zdrój PL 128 Ga42
Ciepłowody PL 129 Gc42
Čierna nad Tisou SK 139 Kb49
Čierny Balog SK 138 Ja48
Cierznie PL 121 Gc33
Cierzpięty PL 122 Jc31
Ciesina PL 122 Jc32
Cieszków PL 129 Gd39
Cieśle PL 129 Gd40
Cieszanów PL 139 Kc43
Cieszyn PL 129 Gd40
Cieszyn PL 137 Hb45
Cieszyno PL 120 Fd33
Cieux F 33 Gb46
Cieza E 55 Ed72
Ciężkowice PL 130 Hd41
Ciężkowice PL 138 Jc45
Cifer SK 145 Gd50
Ciflik Tusha AL 182 Ab80
Çiftalan TR 186 Fc77
Çiftçidere TR 191 Ed82
Çifteler TR 193 Gd83
Çiftlik TR 187 Gb78
Çiftlikköy TR 185 Ed77
Çiftlikköy TR 186 Fd79
Çiftlikköy TR 191 Ed84
Çiftlikköy TR 192 Fd81
Çiftlikköy TR 193 Ha84
Çiftlikköy TR 197 Ed90
Çiftlikköy TR 197 Ed90
Çiftlikköy TR 197 Fa88
Çiftlikköy TR 197 Fa90
Çiftlikköy TR 198 Fb88
Çiftlikköy TR 198 Ga88
Çiftliköy TR 186 Fb76
Çiftliköy TR 191 Ea86
Cifuentes E 47 Ea63
Cigales E 46 Da60
Cigánd H 147 Ka50
Cigel'ka SK 138 Jc46
Çiğiltepe TR 193 Gb86
Cigirleni MD 173 Fd59
Cigliano I 148 Bd59
Čigoč HR 152 Gc60
Çiğrı TR 199 Gb88
Ciguñuela E 46 Cd60
Cihangazi TR 193 Gb82
Ciietu MD 177 Fc61
Cijara E 52 Cc67
Çıkrıcak TR 192 Ga83
Çıkrık TR 193 Gc85
Çıkrıkçı TR 192 Fb83
Çile TR 191 Ec87
Cilibia RO 176 Ed64
Cilieni RO 180 Db67
Çilimli TR 187 Gd78
Čilipi HR 159 Hc69
Čilipina LV 107 Ld49
Cill Airne IRL 12 Bb25
Cillamayor E 38 Db56
Cillas E 47 Ec63
Cill Chainnigh IRL 13 Cb23
Cill Chaoi IRL 12 Bb23
Cill Chiaráin IRL 8 Bb20
Cill Chiaráin IRL 12 Bb21
Cill Dalua IRL 12 Bd23
Cill Dara IRL 13 Cc22
Çiller TR 187 Gb78
Çiller TR 187 Ha80
Cilleros E 45 Bc65
Cilleruelo de Abajo E 46 Dc59
Cillervelo de Bezana E 38 Dc56
Cill Mhantáim IRL 13 Da22
Cill Mocheallog IRL 12 Bd24
Cill Orglan IRL 12 Ba25
Cill Rois IRL 12 Bb23
Cilmery GB 15 Ea26
Čil'na RUS 203 Fd09
Cimanes de la Vega E 37 Cc58
Cimanes del Tejar E 37 Cb57
Cimățeni MD 173 Ga59
Čimelice CZ 136 Fa46
Çimendere TR 185 Ec78
Čiměř CZ 136 Fc48
Çimiköy TR 199 Hb91
Ciminna I 166 Ed84
Cimișeni MD 173 Fd58
Cimitile I 161 Fb74
Cimljansk RUS 205 Fd15
Cimolais I 150 Eb57
Cimoszki PL 123 Ka31
Çınaraltı TR 185 Ec77
Çınarcık TR 186 Fd79
Çınarcık TR 191 Ec81
Çınarcık TR 192 Fc81
Çınarcık TR 192 Fd85
Çınarköy TR 192 Fc82
Çınarlı TR 185 Ed79
Cincin TR 197 Ed88
Cinco Casas E 53 Dd68
Cinctorres E 48 Fc64
Cincu RO 175 Dc61
Cinderford GB 19 Ec27
Çine TR 197 Fa88
Ciñera E 37 Cc56
Ciney B 124 Ad42
Cinfães P 44 Ba61
Cinge TR 191 Ed83
Cingoli I 156 Ec66
Cinigiano I 155 Dc68
Cinișeuți MD 173 Fc56
Cinisi I 166 Ec84
Cinobaňa SK 138 Ja49
Cinovec CZ 128 Fa42
Cinq-Mars-la-Pile F 28 Fd42
Cinquefrondi I 164 Gb83
Cintegabelle F 40 Gc55
Cintei RO 170 Ca58
Cintrey F 31 Jc40
Cintruénigo E 47 Ec59
Cioara MD 173 Fb59
Ciobalaccia MD 177 Fc61
Ciobăniș RO 176 Eb60
Ciobănița RO 181 Fb68
Ciobanovca MD 173 Fd59
Ciobanu RO 177 Fb65
Čiobiškis LT 114 Kd57
Ciocănești RO 172 Dd56
Ciocănești RO 176 Ea65
Ciocănești RO 181 Ed67
Ciocârlia RO 176 Ec65
Ciocârlia RO 181 Fb67
Ciochina RO 176 Ed66
Ciocile RO 176 Ed65
Ciocîlteni MD 173 Fc56
Cioclovina RO 175 Cd62
Cioc-Maidan MD 177 Fd60
Ciofrângeri RO 175 Db64
Čioiškiai LT 113 Jd54

Ciolacu Nou – Corrales

Ciolacu Nou MD 173 Fb56
Ciolănești RO 175 Dc66
Ciołkowo PL 130 Hd36
Ciomăgești RO 175 Db64
Cionn tSáile IRL 12 Bd26
Ciorani RO 176 Eb65
Ciorăști RO 176 Ed63
Cioroiași RO 179 Cd67
Ciortești RO 173 Fb58
Cipérez E 45 Ca62
Çıplak TR 187 Hb77
Ciprian Porumbescu RO 172 Eb56
Čiprovci BG 179 Cb69
Cirák H 145 Gc53
Ciral F 28 Fc38
Çıralı TR 199 Gc93
Cirat E 54 Fb66
Cirauqui E 39 Ec57
Cirava LV 105 Jb52
Circa MD 173 Fd58
Ciré-d'Aunis F 32 Fa46
Cirella I 164 Ga78
Čiren BG 179 Cd69
Cirencester GB 20 Ed27
Cires-lès-Mello F 23 Gd35
Cireşoaia RO 176 Ec60
Cirešu RO 174 Cb64
Cireşu RO 176 Ed64
Cirey-sur-Vezouze F 25 Ka37
Ciricilla I 164 Gc80
Ciriè I 148 Bc60
Cirigliano I 162 Gb76
Ciripcău MD 173 Fc55
Cirkale LV 105 Jc50
Čirkovicy RUS 99 Ma40
Cirkulane SLO 151 Ga57
Cirkuše SLO 151 Fc57
Çirlek TR 193 Gb84
Cirnătenii Noi MD 173 Fd59
Cirò I 165 Gd80
Cirò Marina I 165 Gd80
Čirpan BG 180 Dc73
Cirpeşti MD 177 Fc60
Çirpı TR 191 Ed87
Çırpıcılar TR 192 Fd86
Çırpılar TR 191 Eb81
Ciruelos E 52 Dc66
Ciruelos de Coca E 46 Da61
Ciruli LV 105 Jc49
Ciry-le-Noble F 30 Hd44
Cisano I 149 Db59
Ciscar E 48 Ga59
Cisla E 46 Cd62
Cisla MD 173 Fc56
Cişla MD 177 Fc61
Cislău RO 176 Eb63
Cişmea MD 173 Fd56
Cişmichioi MD 177 Fc63
Cismişlia MD 173 Fd59
Cismon del Grappa I 150 Dd58
Cisna PL 139 Kb46
Cisnădie RO 175 Db61
Cisneros E 37 Cd58
Čistá CZ 136 Fa45
Cista Provo HR 158 Gd66
Cisterna di Latina I 160 Eb72
Cistérniga E 46 Da60
Cisternino I 162 Ha75
Cistierna E 37 Cd56
Čistye Prudy RUS 113 Jd59
Çıtak TR 191 Ec85
Çitak TR 192 Ga87
Çitgöl TR 192 Fc84
Çıtlık TR 198 Fb90
Čitluk BIH 152 Gc61
Čitluk BIH 158 Ha67
Citou F 41 Ha55
Citov CZ 136 Fb43
Cittadella I 150 Dd59
Cittadella del Capo I 164 Ga79
Città della Pieve I 156 Ea68
Città del Vaticano V 160 Ea71
Città di Castello I 156 Ea66
Cittaducale I 156 Ec70
Cittanova I 164 Gb83
Cittareale I 156 Ec69
Città San Angelo I 157 Fa69
Ciucea RO 171 Cc57
Ciuciuieni MD 173 Fb56
Ciuciulea MD 173 Fa56
Ciuciuleni MD 173 Fc58
Ciucsângeorgiu RO 176 Eb60
Ciucur-Mingir MD 177 Fd60
Ciucurova RO 177 Fc65
Ciudad Real E 52 Db69
Ciudad Rodrigo E 45 Bd63
Ciudanovița RO 174 Bd63
Ciuflești MD 173 Fd59
Ciugud RO 175 Da60
Ciuhoi RO 170 Cb56
Ciulnița RO 176 Ed66
Ciumani RO 172 Ea59
Ciumeghiu RO 170 Ca57
Ciuntești RO 170 Cb58
Ciuperceni RO 175 Cc64
Ciuperceni RO 180 Dc68
Ciurea RO 173 Fa58
Ciurgiulești MD 177 Fb63
Ciurila RO 171 Da58
Ciuruleasa RO 171 Cd59
Ciutadella E 57 Ja65
Ciutadilla E 48 Gb61
Ciutești MD 173 Fb57
Ciutulești MD 173 Fc55
Civago I 149 Da63
Civaux F 33 Ga45
Cividale del Friuli I 150 Ed58
Çivilçam TR 192 Fc81
Çivili TR 192 Fc81
Civil'sk RUS 203 Fc09
Civita Castellana I 156 Ea70
Civitanova del Sannio I 161 Fb72
Civitanova Marche I 156 Ed67
Civita Superiore I 161 Fb73
Civitavecchia I 160 Dd71
Civitella Casanova I 157 Fa70
Civitella Cesi I 156 Ea70
Civitella del Tronto I 156 Ed68
Civitella di Romagna I 156 Ea64
Civitella Marittima I 155 Dc68
Civitella Roveto I 160 Ed71
Civli TR 193 Gb83
Civorio I 156 Ea65
Civray F 32 Fd46
Çivril TR 187 Hb79
Çivril TR 192 Ga86
Cizer RO 171 Cc57
Čižiūnai LT 114 Kd58
Čížkov CZ 136 Fd47
Cjurupyns'k UA 204 Ed17
Čkalovo RUS 113 Jd59
Čkalovsk RUS 203 Fb09
Čkyně CZ 136 Fa48
Clachan Mór GB 9 Da14
Clacton-on-Sea GB 21 Gb27
Cladich GB 6 Dc11
Clady GB 9 Da17
Claigan GB 4 Da07
Claino con Osteno I 149 Cc57
Clairac F 40 Fd52
Clairavaux F 33 Gd47
Clairvaux-les-Lacs F 31 Jc44
Clamart F 23 Gd37
Clamecy F 30 Hc41
Clamper Cross IRL 12 Bc24
Clanabogan GB 9 Cc17
Clane IRL 13 Cc21
Clanfield GB 20 Fa27
Claonaig GB 6 Db13
Clapham GB 11 Ec19
Clara IRL 13 Cb21
Clarborough GB 16 Fb22
Clár Chlainne Mhuiris IRL 8 Bd19
Clare GB 21 Ga26
Clarecastel IRL 12 Bc22
Clareen IRL 13 Ca22
Claregalway IRL 12 Bc21
Claremorris IRL 8 Bd19
Claret F 41 Hd53
Clarholz, Herzebrock- D 126 Cc38
Claro CH 142 Cc56
Clashmore IRL 13 Ca25
Claudon F 31 Jd39
Claudy GB 9 Cc16
Claußnitz D 127 Ec41
Clausthal-Zellerfeld D 126 Dc38
Claut I 150 Eb57
Claverley GB 15 Ec24
Clavière I 148 Bb60
Clavijo E 39 Eb58
Clay Cross GB 16 Fa22
Claydon GB 21 Gb26
Claye-Souilly F 23 Ha36
Claypole GB 16 Fb23
Cleadale GB 6 Da09
Cleat GB 6 Cc09
Cleator Moor GB 10 Ea18
Clécy F 22 Fc37
Cléder F 26 Dc37
Cleebronn D 134 Cd47
Cleethorpes GB 17 Fd21
Clefmont F 31 Jc39
Clefs F 28 Fc41
Cleggan IRL 8 Ba20
Cleguérec F 27 Ea39
Cleja RO 176 Ed60
Clejani RO 176 Ea66
Clelles F 35 Jd50
Clémont F 29 Gd41
Clenze D 119 Dd35
Cleobury North GB 15 Ec25
Cléon-d'Andran F 34 Jb50
Clephanton GB 7 Ea08
Cléré-les-Pins F 28 Fd41
Clères F 23 Gb34
Clérey F 30 Hd39
Clergoux F 33 Gd48
Clermont F 23 Gd35
Clermont F 35 Jd46
Clermont-Créans F 28 Fc40
Clermont-en-Argonne F 24 Jb35
Clermont-Ferrand F 34 Hb47
Clermont-l'Hérault F 41 Hc54
Clermont-sur-Lauquet F 41 Ha56
Cléron F 31 Jd42
Clerval F 31 Ka41
Clervaux L 133 Bb43
Cléry-Saint-André F 29 Gc40
Cles I 142 Dc56
Clesse F 28 Fc44
Clety F 23 Gd31
Clevedon GB 19 Eb28
Cleveleys GB 15 Eb20
Clifden IRL 8 Bb20
Cliff IRL 8 Ca17
Cliffe GB 20 Fd28
Clifton Campville GB 16 Fa24
Clifton-upon-Teme GB 15 Ec25
Climăuți MD 173 Fa53
Clion F 29 Gb43
Clișova MD 173 Fc56
Clisson F 28 Fa43
Clitheroe GB 15 Ec20
Clocușna MD 173 Fa53
Clogan IRL 9 Cb16
Clogh IRL 13 Cd24
Cloghan IRL 13 Ca21
Clogheen IRL 13 Ca24
Clogher GB 9 Cc17
Clogherhead IRL 9 Cd20
Cloghjordan IRL 13 Ca22
Cloghroe IRL 12 Bc25
Cloghy GB 10 Db18
Clohernagh IRL 13 Cb25
Cloich na Coillte IRL 12 Bc26
Clóirtheach IRL 13 Cb21
Clomot F 30 Ja42
Clonakenny IRL 13 Ca22
Clonakilty IRL 12 Bc26
Clonaslee IRL 13 Cb22
Clonbern IRL 8 Bd20
Cloncagh IRL 12 Bc24
Clondalkin IRL 13 Cd21
Clonea IRL 13 Cb25
Clones IRL 9 Cc18
Clonmany IRL 9 Cc15
Clonmel IRL 13 Ca24
Clonmellon IRL 9 Cc20
Clonoulty IRL 13 Ca23
Clonroche IRL 13 Cc24
Clontibret IRL 9 Cc18
Clonygowan IRL 13 Cb22
Cloonacool IRL 8 Bd18
Cloonbannin IRL 12 Bc25
Cloonboo IRL 8 Bc20
Cloonboo IRL 12 Bc21
Cloonfad IRL 8 Bd20
Cloonken IRL 12 Bb25
Cloonloogh IRL 8 Ca19
Cloonymorris IRL 12 Bd21
Clopodia RO 174 Bd62
Clopotina RO 175 Cc62
Cloppenburg D 117 Cc35
Clopton GB 20 Fc25
Cloșani RO 175 Cc63
Closeburn GB 10 Ea15
Close Clark GB 10 Dc19
Clough GB 9 Da18
Cloughton GB 17 Fc18
Clova GB 7 Eb10
Clovelly GB 18 Dc29
Clowne GB 16 Fa22
Cloyes-sur-le-Loir F 29 Gb40
Cluain Eois IRL 9 Cc18
Cluainín IRL 8 Ca18
Cluain Meala IRL 13 Ca24
Clugnat F 33 Gd45
Cluis F 29 Gc44
Cluj-Napoca RO 171 Da58
Clumanc F 42 Ka52
Clun GB 15 Eb25
Cluny F 30 Ja44
Cluses F 35 Ka45
Clusone I 149 Da58
Clynacantan IRL 12 Ad25
Clynnog-Fawr GB 15 Dd23
Clyro GB 15 Eb26
Clyst Hydon GB 19 Ea30
Ćmielów PL 131 Jd41
Cmolas PL 139 Jd43
Coachford IRL 12 Bc25
Coad's Green GB 18 Dc31
Coalburn GB 10 Ea14
Coalisland GB 9 Cd17
Coalville GB 16 Fa24
Coaña E 37 Bd54
Coarnele Caprei RO 172 Ed56
Coarraze F 40 Fc56
Coatbridge GB 10 Ea13
Čoba BG 180 Dc73
Coba E 36 Bc57
Cobadin RO 181 Fb68
Çobanhasan TR 191 Ed84
Cobani MD 173 Fa55
Çobanisa TR 198 Ga91
Çobanisa TR 199 Gd89
Çobankaya TR 193 Gc86
Çobanlar TR 192 Fa83
Çobanlar TR 193 Gd85
Çobanpınar TR 199 Gd89
Çobansaray TR 193 Gb87
Cobatillas E 53 Ec71
Cóbdar E 61 Eb75
Cobertelada E 47 Eb61
Cobeta E 47 Eb63
Cobh IRL 12 Bd26
Cobia RO 176 Dd65
Cobîlnea MD 173 Fc55
Cobor RO 176 Dd61
Cobos de Cerrato E 46 Db59
Cóbreces E 38 Db54
Cobres E 36 Ad57
Coburg D 135 Dd44
Cobusca Nouă MD 173 Ga58
Cobusca Veche MD 173 Fd58
Coca E 46 Da62
Cocentaina E 55 Fb70
Cochem D 133 Bd43
Cochirleanca RO 176 Ed64
Cochirleni RO 181 Fb67
Cochstedt D 127 Ea38
Cociuba Mare RO 170 Cb58
Cociulia MD 177 Fc60
Cockerham GB 15 Eb20
Cockermouth GB 11 Eb17
Cockfield GB 21 Ga26
Cockington GB 19 Ea31
Cocksburnspath GB 11 Ed13
Coclois F 30 Hd38
Cocollos Vega E 60 Dc74
Cocora RO 176 Ed65
Cocorăști Mislii RO 176 Ea64
Čočoveni BG 180 Ea72
Cocu RO 175 Dc64
Codăești RO 173 Fb58
Codaruina I 168 Ca74
Codaval P 44 Bb60
Coddington GB 16 Fb23
Code LV 106 Kc52
Codeseda E 36 Ad56
Codicote GB 20 Fc27
Codigoro I 150 Ea62
Codlea RO 176 Dd62
Codo E 48 Fb61
Codogno I 149 Cd60
Codos E 47 Ed62
Codreanca MD 173 Fc57
Codreni MD 173 Fd59
Codroipo I 150 Ec58
Codru MD 173 Fd58
Coed Morgan GB 19 Eb27
Coedpoeth GB 15 Eb23
Coesfeld D 125 Ca37
Coësmes F 28 Fa40
Cœuvres-et-Valsery F 24 Hb35
Coevorden NL 117 Bd35
Coëx F 28 Ed44
Cofiñal E 37 Cd55
Cofrentes E 54 Fa68
Cogealac RO 177 Fc66
Cogeces del Monte E 46 Da61
Coggeshall GB 21 Ga27
Coggiola I 148 Ca58
Cogîlnic MD 173 Fd59
Cogîlniceni MD 173 Fd56
Coglio CH 141 Cb56
Cognac F 32 Fc47
Cognac-la-Forêt F 33 Gb47
Cogne I 148 Bc58
Cognin-les-Gorges F 35 Jc48
Cogoderos E 37 Cb57
Cogoleto I 148 Ca63
Cogolin F 43 Kb55
Cogollos E 38 Dc58
Cogolludo E 46 Dd63
Çöğürler TR 193 Gb83
Cohade F 34 Hc48
Cohiniac F 26 Eb38
Coignafearn GB 7 Ea09
Coill an Chollaigh IRL 9 Cc19
Coimbra P 44 Ad64
Coin E 60 Cc76
Coincy F 24 Hb36
Coirós E 36 Ba54
Coja P 44 Ba64
Cojasca RO 176 Ea65
Cojocna RO 171 Da58
Cojușna MD 173 Fc58
Čoka SRB 153 Jb58
Çökeler TR 187 Hb79
Çokköy TR 192 Ga82
Čokoba BG 180 Eb72
Čokovići MNE 159 Hd70
Col SLO 151 Fa58
Colaboll GB 4 Dd06
Colbitz D 127 Ea37
Colbost GB 4 Da07
Colburn GB 11 Ed18
Colcavagno I 148 Bd60
Colceag RO 176 Eb64
Colchester GB 21 Ga27
Colditz D 127 Ec41
Cold Norton GB 21 Ga27
Coldstream GB 11 Ed14
Coleford GB 19 Ec27
Colera E 41 Hc58
Coleraine GB 9 Cd15
Colfiorito I 156 Ec68
Colibabovca MD 173 Fc59
Colibași RO 180 Eb67
Colibița RO 172 Dd57
Colicăuți MD 173 Fa53
Colico I 149 Cc57
Coligny F 35 Jc45
Colinas E 59 Bd74
Colindres E 38 Dd55
Colintraive GB 6 Dc13
Coll GB 4 Db05
Collado-Villalba E 46 Db63
Collanzo E 37 Cc55
Collarmele I 160 Ed71
Coll de Nargó E 48 Gb59
Collecchio I 149 Da62
Colle d'Anchise I 161 Fb73
Colledimezzo I 161 Fb71
Colle di Tora I 156 Ec70
Colle di Val d'Elsa I 155 Dc66
Colleferro I 160 Ec72
Colle Isarco I 143 Dd55
Collepardo I 160 Ed72
Collepasso I 163 Hc77
Collesalvetti I 155 Da66
Colle San Marco I 156 Ed68
Colle Sannita I 161 Fc73
Collesano I 167 Fa84
Colletorto I 161 Fc72
Colli a Volturno I 161 Fa72
Colli di Montebove I 160 Ec71
Collimento I 156 Ed70
Collina I 143 Ec56
Collinas I 169 Ca78
Collinée F 26 Eb38
Collingbourne Ducis GB 20 Ed29
Collingham GB 16 Fa20
Collington GB 15 Ec25
Collinstown IRL 9 Cc20
Collio I 149 Da58
Collioure F 41 Hb57
Collobrières F 43 Kb55
Collodi I 155 Db64
Collon IRL 9 Cd20
Collonges F 35 Jd45
Collonges-la-Rouge F 33 Gc49
Colmar F 31 Kb38
Colmars F 43 Kb51
Colmberg D 134 Db46
Colmenar E 60 Da76
Colmenar del Arroyo E 46 Db64
Colmenar de Oreja E 46 Dc65
Colmenar Viejo E 46 Dc63
Colnabaichin GB 7 Eb09
Colne GB 16 Ed20
Coln Saint Aldwyns GB 20 Ed27
Colobraro I 162 Gc77
Cologna I 150 Ea61
Cologna Veneta I 150 Dd60
Cologne F 40 Gb54
Colognora I 155 Db64
Colombey-les-Belles F 25 Jc37
Colombey-les-Deux-Eglises F 30 Ja38
Colombier CH 141 Bb54
Colombier F 31 Jd40
Colombier F 31 Ka42
Colomera E 60 Db74
Colomers E 49 Hb59
Colonard F 29 Ga38
Colondannes F 33 Gc45
Colonești RO 172 Ed59
Colonești RO 175 Db65
Colònia de Sant Jordi E 57 Hc68
Colònia de Sant Pere E 57 Hc66
Colonița MD 173 Fd58
Colonna di Grillo I 156 Dd66
Colonnetta I 156 Ea68
Colorico de Basto P 44 Ba60
Colorno I 149 Da61
Colos P 58 Ac72
Colosova MD 173 Ga57
Cölpin D 119 Ed33
Colsterworth GB 16 Fb24
Colston Bassett GB 16 Fb23
Colți RO 176 Eb63
Coltishall GB 17 Gb24
Colunga E 37 Cd54
Colwyn Bay GB 15 Ea22
Coly F 33 Gb49
Colyford GB 19 Eb30
Comabbio I 148 Cb58
Comacchio I 150 Ea62
Çomaklı TR 199 Gb90
Čomakovci BG 179 Da69
Comana RO 176 Dd61
Comana RO 180 Eb67
Comana RO 181 Fb68
Comandău RO 176 Eb62
Comănești RO 176 Ec60
Comares E 60 Da76
Comarna RO 173 Fb57
Comarnic RO 176 Ea63
Combeaufontaine F 31 Jc40
Combe Martin GB 19 Dd29
Comber GB 9 Da17
Comberouger F 40 Gb53
Comblain-au-Pont B 124 Ba42
Combles F 23 Ha33
Combloux F 35 Ka46
Combourg F 28 Ed38
Combres F 29 Gb38
Combronde F 34 Hb46
Combs-la-Ville F 23 Ha37
Comeda P 50 Ba67
Comeglians I 143 Ec56
Comelico Superiore I 143 Eb56
Comillas E 38 Db55
Comines F 21 Ha30
Comisarovca Nouă MD 173 Ga57
Comiso I 167 Fb87
Çömlekçi TR 192 Fa85
Çömlekçi TR 197 Ed90
Cömlekköy TR 185 Eb75
Comlod RO 171 Dc58
Comloşu Mare RO 174 Bb60
Commarin F 30 Ja42
Commeen IRL 8 Ca15
Commensacq F 39 Fb52
Commentry F 33 Ha45
Commequiers F 28 Ed44
Commercy F 25 Jc37
Como I 149 Cc58
Comologno CH 148 Cb57
Comorâşte RO 174 Bd62
Cómpeta E 60 Da76
Compiano I 149 Cd62
Compiègne F 23 Ha35
Compolibat F 33 Gd51
Comporta P 50 Ab70
Comprignac F 33 Gb46
Comps-sur-Artuby F 43 Kb53
Comrat MD 177 Fc60
Comrie GB 7 Ea11
Comunanza I 156 Ed68
Cona I 150 Dd62
Concabella E 48 Gb60
Concarneau F 27 Dc40
Concas I 168 Cc75
Concavada P 50 Ad66
Concerviano I 156 Ec70
Concesio I 149 Da59
Conceşti RO 172 Ec54
Concèze F 33 Gb48
Conches-en-Ouche F 23 Ga36
Conchiglia F 154 Cc68
Conchra GB 6 Dc12
Conchy-les-Pots F 23 Ha34
Concordia Sagittaria I 150 Ec59
Concordia sul Secchia I 149 Dc61
Concoret F 27 Ec39
Concots F 33 Gc51
Concoules F 34 Hd51
Concressault F 29 Ha41
Condamine-Châtelard, la F 43 Kb51
Condat F 33 Ha48
Condé-en-Brie F 24 Hc36
Condé-Folie F 23 Gc33
Condeixa a-Nova P 44 Ac64
Condé sur-Huisne F 29 Ga38
Condé-sur-les-Eaux F 24 Hb31
Condé-sur-Noireau F 22 Fb37
Condé sur-Sarthe F 28 Fd38
Condé-sur-Vesgre F 23 Gc37
Condé sur-Vire F 22 Fa36
Condino I 149 Db58
Condofuri Marina I 164 Ga84
Condom F 40 Fd53
Condove I 148 Bc60
Condover GB 15 Eb24
Condrieu F 34 Jb48
Condrița MD 173 Fc58
Conegliano I 150 Eb58
Conesa E 48 Gb61
Conevo BG 181 Ed71
Conflans-sur-Lanterne F 31 Jd40
Conflans-sur-Seine F 30 Hc38
Confolens F 33 Ga46
Confolent-Port-Dieu F 33 Ha48
Cong IRL 8 Bc20
Conga IRL 8 Bc20
Congaz MD 177 Fc61
Congazcic MD 177 Fc60
Congleton GB 15 Ec22
Congosto de Valdavia E 38 Da57
Congostrina E 46 Dd62
Congresbury GB 19 Eb28
Congrier F 28 Fa40
Coniale I 155 Dc64
Conil de la Frontera E 59 Bd77
Coningsby GB 17 Fc23
Conisbrough GB 16 Fa21
Conlie F 28 Fc39
Conna IRL 12 Bd25
Connagh IRL 12 Bd22
Connah's Quay GB 15 Eb22
Connaux F 42 Ja52
Connel GB 6 Dc11
Connerré F 28 Fd39
Connonagh IRL 12 Bb26
Conop RO 174 Ca60
Čonoplja SRB 153 Hd58
Conquéreuil F 28 Ed41
Conques F 33 Ha51
Conques-sur-Orbiel F 41 Ha55
Conquista E 52 Cd71
Conselice I 150 Dd63
Consell E 57 Hb67
Conselve I 150 Ea60
Consenvoye F 24 Jb35
Consett GB 11 Ed17
Consiston GB 11 Eb18
Constância P 50 Ad66
Constanța RO 181 Fc67
Constantí E 48 Gb62
Constantina E 59 Cb72
Constantin Brâncoveanu RO 176 Ed66
Constantine Bay GB 18 Db31
Constantin Gabrielescu RO 177 Fa64
Constanzana E 46 Cd62
Consuegra E 52 Dc67
Consuma I 156 Dd65
Contadero E 52 Db71
Contamine-Sarzin F 35 Jd46
Contarina I 150 Ea61
Contay F 23 Gd33
Contes F 43 Kd53
Contessa Entellina I 166 Ec85
Contești RO 176 Ea65
Contești RO 180 Dd68
Conteville F 23 Gc34
Conthey CH 141 Bc56
Contigliano I 156 Eb70
Contijo de Tortas E 53 Eb70
Contin GB 4 Dd07
Contis-Plage F 39 Fa52
Contrada I 161 Fc75
Contres F 29 Gb41
Contrexéville F 31 Jc38
Controne I 161 Fd76
Contursi Terme I 161 Fd75
Contwig D 133 Bd46
Conty F 23 Gd34
Conversano I 162 Gd74
Conwy GB 15 Ea22
Coo B 125 Bb42
Cookham GB 20 Fb28
Cookstown GB 9 Cd17
Coola IRL 8 Ca18
Coole F 24 Hd37
Coole IRL 9 Cb20
Coolgrange IRL 13 Cb23
Coolham GB 20 Fc30
Coolkeeragh GB 9 Cc15
Coolroebeg IRL 13 Cb24
Coombe Bissett GB 20 Ed29
Coombe Hill GB 15 Ec26
Cooraclare IRL 12 Bb23
Coornagillagh IRL 12 Ba25
Cootehill IRL 9 Cc19
Copăcel RO 170 Cb57
Copăcele RO 174 Ca62
Copăceni MD 173 Fc56
Copăceni RO 175 Da64
Copălău RO 172 Ed56
Copalnic-Mănăștur RO 171 Da55
Copanca MD 173 Ga59
Copanello I 164 Gc82
Copceac MD 177 Ga60
Cope E 55 Ed74
Copeceac MD 177 Fc62
Copertino I 163 Hc77
Çöpköy TR 185 Ec77
Copons E 49 Gc60
Copparo I 150 Dd61
Coppenbrügge D 126 Da37
Copplestone GB 19 Dd30
Coppull GB 15 Ec21
Copșa Mică RO 175 Db60
Corabia RO 180 Db68
Coraci I 164 Gc80
Cora Droma Rúisc IRL 8 Ca19
Coral Bay CY 206 Hd97
Čoralići BIH 151 Ga61
Coralstown IRL 13 Cc21
Corato I 162 Gc74
Coratxa E 48 Fd64
Coray F 27 Dd39
Čorbadžijsko BG 184 Dc76
Corbalán E 47 Fa65
Corbasca RO 176 Ed60
Corbeanca RO 176 Ea65
Corbeil-Essonnes F 23 Gd37
Corbeilles F 29 Ha39
Corbelle E 36 Bc56
Corbeni RO 175 Dc63
Corbeny F 24 Hc34
Corbera E 54 Fc69
Corbera d'Ebre E 48 Ga62
Corberon F 30 Jb42
Corbi RO 175 Dc63
Corbie F 23 Gd33
Corbières CH 141 Bc55
Corbigny F 30 Hc42
Corbins E 48 Ga60
Corbița RO 176 Ed60
Corbola I 150 Ea61
Corbon F 22 Fc36
Corbu MD 173 Fa54
Corbu RO 172 Ea58
Corbu RO 175 Dc66
Corbu RO 177 Fc66
Corbu Vechi RO 177 Fa63
Corby GB 20 Fb25
Corby Glen GB 17 Fc24
Corcaigh IRL 12 Bd26
Corcelles-en-Beaujolais F 34 Ja45
Corcelles-Ferrières F 31 Jc42
Corchuela E 45 Cc65
Corchuela E 51 Bb69
Corciano I 156 Ea67
Córcoles E 47 Ea64
Corconte E 38 Dc56
Corcoué-sur-Logne F 28 Ed43
Corcova RO 175 Cc64
Corcubión E 36 Ac55
Corcy F 24 Hb35
Cordal E 36 Bc54
Cordăreni RO 172 Ec54
Cordéac F 35 Jd49
Cordesse F 30 Hd42
Cordes-sur-Ciel F 41 Gd53
Córdoba E 60 Cd72
Cordobilla de Lácara E 51 Bd68
Cordovilla E 53 Ec70
Cordovilla la Real E 46 Db59
Corduente E 47 Ec63
Cordun RO 172 Ed58
Coreglia Antelminelli I 155 Da64
Corella E 47 Ec59
Cores E 36 Ad54
Coreses E 45 Cb60
Corestăuți MD 173 Fa53
Corfe GB 19 Eb30
Corgo E 36 Bc55
Corhampton GB 20 Fa30
Cori I 160 Ec72
Coria E 45 Bd65
Coria del Río E 59 Bd74
Coriano I 156 Eb65
Corigliano Calabro I 164 Gc79
Corinaldo I 156 Ec66
Corinto E 54 Fc67
Corio I 148 Bc59
Coripe E 59 Cb75
Corjeuți MD 172 Ed54
Corjova MD 173 Fd57
Corjova MD 173 Fd58
Cork IRL 12 Bd26
Corlătel RO 175 Cc65
Corlățeni RO 172 Ec55
Corlay F 26 Ea38
Corlea IRL 8 Ca20
Corleone I 166 Ec85
Corleto Perticara I 162 Gb76
Çorlu TR 186 Fa77
Cormaia RO 171 Dc56
Cormainville F 29 Gc39
Cormatin F 30 Ja44
Cormeilles F 22 Fd35
Corme-Porto E 36 Ac54
Cormery F 29 Ga42
Cormons I 150 Ed58
Cormoz F 30 Jb44
Corna E 36 Ba56
Cornafulla IRL 13 Ca21
Cornago E 47 Ec59
Čornaja LV 107 Ld51
Cornamona IRL 8 Bc20
Cornățelu RO 176 Ea65
Cornberg D 126 Db41
Corné F 28 Fc41
Cornea RO 174 Cb63
Corñeda E 36 Ba55
Corneliano d'Alba I 148 Bd61
Cornellà de Llobregat E 49 Gd61
Cornellà del Terri E 49 Hb59
Cornellana E 37 Cb54
Cornereva RO 174 Cb63
Cornești MD 173 Fb57
Cornești RO 171 Da57
Cornești RO 176 Ea65
Cornețu RO 176 Ea66
Corneuil F 23 Gb37
Cornhill GB 5 Ec07
Cornhill-on-Tweed GB 11 Ed14
Corni RO 172 Ec55
Corni RO 177 Fa62
Corniglia I 155 Cd64
Corniglio I 149 Da63
Cornil F 33 Gc49
Cornimont F 31 Ka39
Čornobyl' UA 202 Ec14
Cornollo E 37 Bd55
Čornomors'ke UA 204 Ed17
Cornova MD 173 Fb57
Cornu RO 176 Ea64
Čornuchy UA 202 Ed14
Cornuda I 150 Ea58
Cornudella de Montsant E 48 Ga62
Cornudilla E 38 Dd57
Cornu Luncii RO 172 Eb56
Cornus F 41 Hb53
Cornusse F 29 Ha43
Corny-sur-Moselle F 25 Jd36
Corod RO 177 Fa61
Coroieni RO 171 Da56
Coroiești RO 177 Fa60
Coroisânmartin RO 171 Dc59
Çorovodë AL 182 Ac77
Corpach GB 6 Dc10
Corpaci MD 172 Ed54
Corporales E 37 Ca58
Corps F 35 Jd49
Corps-Nuds F 28 Ed40
Corpusty GB 17 Gb23
Corrakyle IRL 12 Bd22
Corral de Almaguer E 53 Dd66
Corral de Calatrava E 52 Db69
Corrales E 45 Cb61
Corrales E 59 Bb74

Dialambí - Dörnholthausen

Dialambí GR 184 Dc77
Dialektó GR 182 Ba78
Diamante I 164 Ga79
Dianalund DK 109 Ea26
Diano d'Alba I 148 Bd62
Diano Marina I 43 La52
Diarville F 31 Jd38
Diásello GR 183 Bc80
Diavatá GR 183 Ca77
Diavolítsi GR 194 Bb88
Dibekdere TR 197 Ed89
Dibekören TR 187 Hb80
Dibič BG 181 Ec70
Dichiseni RO 181 Fa67
Dicmo HR 158 Gc66
Dicomano I 156 Dd65
Didam NL 125 Bc37
Diddlebury GB 15 Eb25
Didești RO 175 Dc66
Didieji Ibėnai LT 114 Kc57
Didim TR 197 Ec89
Didimótiho GR 185 Eb76
Didkiemis LT 113 Jc56
Didvyžiai LT 114 Ka58
Didyma GR 195 Ca88
Didžiasalis LT 115 Lc55
Die F 35 Jc50
Dieburg D 134 Cc44
Diedorf D 142 Dc50
Dieglial LT 113 Jb56
Diego Álvaro E 45 Cc63
Diekholzen D 126 Db37
Diekirch L 133 Bb44
Diélette F 22 Ed34
Dielmissen D 126 Da38
Diemelstadt D 126 Cd39
Diemen NL 116 Ba35
Diémoz F 34 Jb47
Dienheim D 133 Cb45
Dienne F 33 Ha49
Dienstedt D 127 Dd42
Dienstedt-Hettstedt D 127 Dd42
Dienten am Hochkönig A 143 Ec53
Dienville F 30 Ja38
Diepenau D 126 Cd36
Diepenbeek B 124 Ba40
Diepenheim NL 117 Bd36
Diepenveen NL 117 Bc36
Diepholz D 117 Cc35
Dieppe F 23 Gb33
Diera-Zehren D 127 Ed41
Dierdorf D 125 Ca42
Dieren NL 125 Bc37
Dierhagen D 119 Ec30
Dierona CY 206 Jb97
Dierrey-Saint-Pierre F 30 Hc38
Diersbach A 143 Ed50
Dierzki PL 122 Jb32
Diesdorf D 119 Dd35
Dieskau D 127 Eb40
Diespeck D 134 Dc46
Dießen D 142 Dc51
Diessenhofen CH 142 Cc52
Diest B 124 Ad40
Diestedde D 126 Cc38
Dietachdorf A 144 Fb51
Dietenheim D 142 Da50
Dietenhofen D 134 Dc46
Dieterode D 126 Db40
Dietersburg D 143 Ec50
Dietersdorf D 127 Ec38
Dietfurt D 135 Ea48
Dietharz, Tambach- D 126 Dc42
Dietikon CH 141 Cb53
Dietkauščizna LT 115 Lc55
Dietmannsried D 142 Db52
Dietramszell D 143 Dd52
Dietramszell D 143 Ea52
Dietzenbach D 134 Cc44
Dietzhölztal D 126 Cc41
Dieue F 24 Jb36
Dieulefit F 42 Jb51
Dieulouard F 25 Jd36
Dieupentale F 40 Gb53
Dieuze F 25 Ka36
Dieveniškės LT 115 Lb59
Diever NL 117 Bd34
Diez D 133 Cb43
Diezma E 60 Dc74
Differdange L 132 Ba45
Digaléto GR 188 Ac85
Digerberget S 87 Fc33
Digerberget S 87 Fc38
Digerberget S 94 Ed40
Digermulen N 66 Fc14
Dignac F 32 Fd48
Dignāja LV 107 Lb52
Dignano I 150 Ec58
Digne-les-Bains F 42 Ka52
Digny F 29 Gb38
Digoin F 30 Hd44
Diğrak TR 193 Hb87
Dijon F 30 Jb41
Dikanäs S 71 Ga24
Dikance KSV 178 Ba72
Dikea GR 185 Ea75
Dikenli TR 186 Ga78
Dikili TR 191 Eb84
Dikļi LV 106 Kd48
Dikmen TR 185 Ec80
Dikmen TR 187 Gd79
Dikmen TR 193 Ha83
Diksmuide B 21 Ha29
Dil TR 186 Fd78
Dilesi GR 189 Cb85
Dilináta GR 188 Ac85
Diljatyn UA 204 Ea16
Dillenburg D 126 Cc41
Dillingen D 133 Bc46
Dillingen a.d.Donau D 134 Db49
Dillnäs S 96 Gc44
Dillön S 94 Fa45
Dilofo GR 189 Bd81
Dilofos GR 185 Eb75
Dílos GR 196 Db89
Dilsen B 125 Bb40
Dimaro I 149 Dc57
Dimbo S 102 Fa47
Dímena GR 195 Ca87
Diminió GR 189 Bd86
Dimitrie Cantemir RO 173 Fb59
Dimitrievo BG 180 Dd73
Dimitrítsi GR 184 Cc77
Dimitrovgrad BG 185 Dd74
Dimitrovgrad RUS 203 Ga09
Dimitrovgrad SRB 179 Cb70
Dimitsána GR 194 Bb87
Dimmelsvik N 84 Cb40
Dimovo BG 179 Cb68
Dinami I 164 Gb82
Dinan F 26 Ec38
Dinant B 124 Ad42
Dinar TR 193 Gb87
Dinard F 26 Ec37
Dindarlı TR 192 Fc87
Dinek TR 193 Hb83
Dinekköyü TR 193 Ha81
Dinevo BG 185 Dd74
Dingden D 125 Bd38
Dingé F 28 Ed38
Dingelstädt D 126 Dc40
Dingelstedt D 127 Dd38
Dingeni MD 173 Fa53
Dingle IRL 12 Ba24
Dingle S 102 Eb46
Dingolfing D 135 Eb49
Dingolshausen D 134 Db45
Dingtuna S 95 Ga43
Dingwall GB 4 Dd07
Diniaș RO 174 Bc61
Dinjiška HR 151 Fd63
Dinkelsbühl D 134 Db47
Dinkelscherben D 142 Db50
Dinklage D 117 Cc35
Dinnington GB 16 Fa22
Dinnyés H 146 Hc54
Dinsdurbe LV 105 Jb52
Dinslaken D 125 Bd38
Dinteloord NL 124 Ac38
Dinxperlo NL 125 Bd37
Diö S 103 Fb52
Diódia GR 194 Bb89
Diomídia GR 184 Db77
Díon GR 183 Bd79
Diónisos GR 189 Cc86
Diónissos GR 189 Ca84
Diorios CY 206 Ja96
Diors F 29 Gc43
Diosig RO 170 Cb56
Diósjenő H 146 Hc51
Dióskál H 145 Gd56
Dioști RO 179 Da67
Diou F 30 Hc44
Dipevler TR 193 Gd85
Dipkarpaz = Rizokarpaso CY 206 Ka95
Dipótama GR 184 Da76
Dipotamiá GR 182 Ba77
Dipótamos GR 184 Da77
Dippach D 126 Db41
Dippach L 133 Bb45
Dippen GB 10 Db14
Dipperz D 126 Da42
Dippoldiswalde D 128 Fa42
Dipsizgöl TR 187 Ha79
Dırazali TR 186 Ga80
Dirdal N 92 Cb44
Direkli TR 199 Gc88
Dirgenler TR 198 Ga93
Dirksland NL 124 Ac37
Dirlewang D 142 Db51
Dirráhi GR 194 Bb88
Dirvonakiai LT 114 Kd53
Dirvonėnai LT 113 Jd54
Dischingen D 134 Db49
Disentis/Mustér CH 141 Cb55
Dişli TR 193 Gd85
Diso I 163 Hc77
Dison B 125 Bb41
Dispilió GR 182 Ba78
Diss GB 21 Gb25
Dissen D 126 Cc37
Dissenchen D 128 Fb39
Distington GB 10 Ea17
Distomo GR 189 Bd85
Distos GR 189 Cc85
Distrato GR 182 Ba79
Ditchling GB 20 Fc30
Ditfurt D 127 Dd38
Ditrău RO 172 Ea58
Dittelbrunn D 134 Db44
Dittenheim D 134 Dc47
Dittmannsdorf D 127 Ec41
Ditton Priors GB 15 Ec24
Dituva LT 113 Jb55
Ditzingen D 134 Cc48
Diux A 144 Fc55
Divača SLO 151 Fa59
Divakë AL 182 Ab75
Divaráta GR 188 Ac84
Diva Slatina BG 179 Cb69
Divčevoto BG 179 Da71
Divci SRB 153 Jb63
Divčibare SRB 159 Jb64
Divčice CZ 136 Fb48
Divenskaja RUS 99 Mb41
Dives-sur-Mer F 22 Fc35
Diviaky SK 138 Hc48
Dividal N 67 Gd12
Divieto I 167 Fd83
Divin SK 138 Hd49
Divišov CZ 136 Fc45
Divlja BG 179 Ca71
Divljana SRB 179 Ca69
Divnoe RUS 205 Ga15
Divonne F 31 Jd44
Divotino BG 179 Cb71
Divri GR 189 Bd83
Divriği TR 205 Fd20
Divuša HR 152 Gb61
Dixmont F 30 Hb39
Dižstende LV 105 Jd50
Dizy F 24 Hc36
Djäkneboda S 80 Hc28
Djäkneböle S 80 Hb28
Djankovo BG 180 Eb69
Djärström FIN 96 Hc40
Djat'kovo RUS 202 Ed12
Djatlicy RUS 99 Ma40
Djenäs S 94 Fa43
Djulevo BG 181 Ed73
Djulino BG 181 Fa71
Djuni BG 181 Fa73
Djupdal N 93 Dc41
Djupdal S 79 Ga26
Djupfest N 77 Dd28
Djupfjord N 66 Fd13
Djupfors S 71 Ga22
Djúpivogur IS 3 Bb06
Djupsjö S 78 Fa29
Djupsjö S 80 Gc30
Djupslia N 85 Ea36
Djupträsk S 73 Hc21
Djupvik N 62 Ha09
Djupvika N 66 Fd17
Djupviken S 67 Gd13
Djupviken S 94 Ed44
Djura S 95 Fc39
Djurås S 95 Fc39
Djurdj HR 152 Gc57
Djurgården S 95 Fb44
Djurmo S 95 Fc39
Djurö S 96 Ha43
Djurröd S 110 Fa55
Djursdala S 103 Ga49
Dlhá Ves SK 138 Jb49
Długa Goślina PL 129 Gc36
Długie PL 120 Fd33
Długie PL 120 Ga35
Długie PL 122 Hc34
Długołęka PL 123 Ka33
Długołęka PL 129 Gc41
Długołęka PL 130 Hd37
Długopole-Zdrój PL 137 Gb44
Długosiodło PL 122 Jc35
Długoszyn PL 128 Fc36
Dłutów PL 130 Hd39
Dłutówka PL 122 Jc34
Dłutowo PL 122 Hd34
Dłużniewo PL 122 Ja35
Dmitrievka RUS 203 Fb12
Dmitriev-L'govskij RUS 202 Ed13
Dmitrov RUS 202 Ed10
Dmitrovo RUS 107 Mb51
Dmosin PL 130 Hd38
Dmusy PL 123 Jd32
Dmytrivka UA 202 Ed14
Dniprodzeržyns'k UA 205 Fa15
Dnipropetrovs'k UA 205 Fa15
Dniprorudne UA 205 Fa16
Dno RUS 202 Eb10
Doade E 36 Bc57
Doagh GB 9 Da17
Doba RO 171 Cc54
Dobârceni RO 172 Ed55
Dobârlău RO 176 Ea62
Dobbertin D 119 Eb32
Dobbiaco I 143 Eb55
Dobčice CZ 136 Fb48
Dobczyce PL 138 Ja45
Dobel D 133 Cb48
Dobele LV 106 Ka52
Döbeln D 127 Ed41
Doberlug-Kirchhain D 128 Fa39
Döbern D 128 Fc39
Dobersberg A 136 Fd48
Doberschütz D 127 Ec40
Dobiegniew PL 120 Ga35
Dobieszczyn PL 120 Fb33
Dobieszewo PL 121 Gc30
Dobl A 144 Fd55
Dobnište BG 184 Cc74
Dobo RUS 99 Ma42
Doboj BIH 152 Hb62
Doborovci BIH 153 Hc62
Doboz H 147 Jd55
Dobrá CZ 137 Hb46
Dobra PL 120 Fb33
Dobra PL 120 Fd33
Dobra PL 129 Hb38
Dobra PL 130 Ja40
Dobra PL 139 Kb43
Dobra PL 139 Kb45
Dobra RO 174 Cb60
Dobra SRB 174 Bd64
Dobra Gora MNE 159 Hd69
Dobrá Niva SK 138 Hd49
Dobřany CZ 135 Ed46
Dobrá Voda SK 137 Gd49
Dobrcane KSV 178 Bc71
Dobrcz PL 121 Ha34
Dobre PL 121 Hb35
Dobre PL 131 Jd36
Dobre Miasto PL 122 Ja31
Dobreni RO 172 Ec58
Dobreni RO 180 Eb67
Dobre Polje SRB 178 Bd67
Dobrești RO 170 Cb57
Dobrești RO 176 Dd63
Dobrești RO 176 Dd64
Dobrevo MK 178 Bd73
Dobri H 145 Gc56
Döbriach A 144 Fa55
Dobrič BG 185 Dd74
Dobrič BG 181 Fa69
Dobrica SRB 174 Bb62
Dobričevo SRB 174 Bc63
Dobřichovice CZ 136 Fb45
Dobri Do MK 178 Ba73
Dobri Do SRB 174 Bb65
Dobrilovina MNE 159 Ja67
Dobrin BG 181 Fa68
Dobrin RO 171 Cd56
Dobrinci SRB 153 Jb61
Dobrinj HR 151 Fc61
Dobrinka RUS 203 Fb12
Dobrino RUS 113 Ja58
Dobříš CZ 136 Fb45
Dobritz D 127 Eb38
Dobrjanka UA 202 Ec13
Dobrjatino RUS 203 Fb10
Dobrljin BIH 152 Gc61
Dobrna SLO 151 Fd57
Dobrnič SLO 151 Fc58
Dobrnja BIH 152 Gd62
Dobrnja BIH 153 Hc62
Dobrocin PL 122 Hd31
Dobrodzień PL 129 Hb42
Dobrogea Veche MD 173 Fb55
Dobroje Pole RUS 107 Mb47
Döbrököz H 145 Hb56
Dobromierz PL 129 Gb42
Dobromierz PL 130 Ja41
Dobromir BG 181 Ed71
Dobromir RO 181 Fa68
Dobromirci BG 184 Dc76
Dobromirka BG 180 Dc70
Dobromiru din Deal RO 181 Fa68
Dobromyl' UA 204 Dd15
Dobron PL 130 Hc39
Dobronín CZ 136 Ga46
Dobropillja UA 205 Fb15
Dobro Polje BIH 159 Hc66
Dobro selo HR 152 Gb63
Dobrošinci MK 183 Ca75
Dobrosławice PL 137 Ha44
Dobrosloveni RO 175 Db66
Dobrosołowo PL 129 Ha37
Dobrošte MK 178 Bb72
Dobroszyce PL 129 Gd40
Dobroteasa RO 175 Db65
Dobrotești RO 175 Dc66
Dobrotić BG 181 Ed70
Dobrotica BG 180 Eb70
Dobrotica BG 181 Ec68
Dobrotino BG 184 Cc75
Dobrovăț RO 173 Fa58
Dobrovice CZ 136 Fc43
Dobrovnik SLO 145 Gb56
Dobrovo SLO 150 Ed58
Dobrovol'sk RUS 113 Jd58
Dobruči RUS 99 Lc43
Dobrudžanka BG 181 Fa68
Dobrun BIH 159 Ja65
Dobrun RO 175 Da66
Dobruš BY 202 Ec13
Dobruševo MK 183 Bb75
Dobruška CZ 137 Gb44
Dobry Las PL 123 Jd33
Dobrzany PL 120 Fd33
Dobrzejewice PL 121 Hb34
Dobrzelin PL 130 Hd37
Dobrzeń Wielki PL 129 Ha42
Dobrzyca PL 129 Gd38
Dobrzyków PL 130 Hd36
Dobrzyniewo Duże PL 123 Kb33
Dobrzyn nad Wisłą PL 130 Hc36
Dobšiná SK 138 Jb48
Dobsza H 152 Ha58
Docelles F 31 Ka38
Docking GB 17 Ga23
Docksta S 80 Gd31
Dockweiler D 133 Bc43
Doclin RO 174 Bd62
Doddington GB 16 Fb22
Döderhult S 103 Gb50
Dodington GB 19 Ec28
Dodorga TR 193 Gb82
Dodro E 36 Ad56
Dodurgalar TR 198 Ga89
Doesburg NL 125 Bc37
Doetinchem NL 125 Bc37
Dofteana RO 176 Ec60
Doğal TR 192 Ga87
Doğanalanı TR 192 Fc81
Doğanay TR 193 Ha83
Doğanbaba TR 198 Ga89
Doğanbey TR 191 Eb87
Doğanbey TR 199 Hb88
Doğanca TR 185 Ec76
Doğançam TR 192 Fb82
Doğançay TR 187 Gc79
Doğançayır TR 193 Gd82
Doğancık TR 193 Ha85
Doğancık TR 193 Ha86
Doğancıl TR 187 Gc79
Doğancılar TR 187 Gb78
Doğancılar TR 187 Gc78
Doğanhisar TR 193 Hb87
Doğankent TR 205 Fd19
Doğanlar TR 186 Fa79
Doğanlar TR 191 Ed81
Doğanlı TR 187 Ha78
Doğanlı TR 193 Gc86
Doğanoğlu TR 193 Ha82
Doganović KSV 178 Bb72
Doğanpınar TR 186 Fa80
Doğansu TR 193 Gb86
Doğanyurt TR 187 Hb80
Doğanyurt TR 193 Hb84
Döğer TR 193 Gc84
Doğla TR 186 Fb80
Dogliani I 148 Bd62
Doğluşah TR 193 Gb83
Dognecea RO 174 Bd62
Dogueno P 58 Ad73
Döğüşbelen TR 198 Fb91
Döhlau D 135 Ea44
Dohna D 128 Fa41
Dohren D 117 Cb35
Doibani MD 173 Ga57
Doicești RO 176 Dd64
Doina MD 177 Fc61
Doiráni GR 183 Ca76
Doiras E 37 Bd54
Doische B 132 Ac43
Dojeviće SRB 178 Ba69
Dojkinci SRB 179 Cb69
Dojrenci BG 180 Db70
Dokjovci BG 179 Ca71
Dokka N 85 Dd38
Dokkas S 68 Hc17
Dokkedal DK 101 Dd21
Dokkum NL 117 Bc32
Doksany CZ 136 Fb43
Doksy CZ 136 Fc43
Dokšycy BY 202 Ea12
Doktor-Josifovo BG 179 Cc68
Dokučajevs'k UA 205 Fb15
Dokumacılar TR 187 Hb80
Dokurcun TR 187 Gd79
Dokuz TR 187 Gc80
Dokuzdere TR 187 Gd78
Dolac KSV 178 Ba71
Dolancourt F 30 Ja38
Dolany CZ 135 Ed46
Dolay TR 187 Ha79
Dolaylar TR 192 Fa86
Dolbenmaen GB 15 Dd23
Dolcè I 149 Dc59
Dolceacqua I 43 Kd52
Dol-de-Bretagne F 28 Ed38
Dole BIH 153 Hd63
Dole F 31 Jc42
Dølemo N 93 Da45
Dolenci MK 182 Ba75
Dolenja Vas HR 151 Fa60
Dolenjske Toplice SLO 151 Fc59
Dolfor GB 15 Ea25
Dolgarrog GB 15 Ea22
Dolgellau GB 15 Dd24
Dołgie PL 120 Fc34
Dołgie PL 120 Ga33
Dolgorukovo RUS 113 Ja59
Dolgovka RUS 99 Mb42
Dolhan TR 185 Ec75
Dolhasca RO 172 Ec56
Dolhești RO 172 Ec56
Dolhești RO 173 Fb58
Dolianova I 169 Ca79
Dolice PL 120 Fd34
Dolici HR 158 Gb66
Dolieşti RO 172 Ed58
Dolihi GR 183 Bc79
Dolina Volgyifolu SLO 145 Gb56
Doliwy PL 123 Jd30
Doljani BIH 158 Ha65
Doljani HR 152 Gb63
Dolla IRL 13 Ca23
Döllach im Mölltal A 143 Ec55
Dollar GB 7 Ea12
Dollart D 117 Ca33
Dolle D 127 Ea36
Dollern D 118 Db32
Dollerup D 108 Db28
Döllingen D 128 Fa40
Döllnitz D 127 Eb40
Dollnstein D 135 Dd48
Dolna MD 173 Fc57
Dolna Banja BG 179 Cd72
Dolna Dikanja BG 179 Cb72
Dolna Gradešnica BG 183 Cb74
Dolna Kamarci BG 179 Cd71
Dolná Krupa SK 145 Gd50
Dolná Mariková SK 137 Hb47
Dolna Mitropolija BG 180 Db69
Dolna Orjahovica BG 180 Dd70
Dolna Ribnica BG 183 Cb75
Dolná Strehová SK 146 Hd50
Dolna Verenica BG 179 Cc69
Dolneni MK 183 Bb75
Dolné Vestenice SK 137 Hb49
Dolní Benešov CZ 137 Ha45
Dolní Bousov CZ 136 Fd43
Dolní Břežany CZ 136 Fb45
Dolní Bukovsko CZ 136 Fb47
Dolni Čiflik BG 181 Fa71
Dolni Dăbnik BG 180 Db69
Dolní Dvořiště CZ 136 Fb49
Dolni Glavanak BG 185 Dd75
Dolní Kounice CZ 137 Gb48
Dolní Krupá CZ 136 Fc43
Dolni Lom BG 179 Cb68
Dolni Lukovit BG 179 Da69
Dolní Město CZ 136 Fd46
Dolní Němčí CZ 137 Gd48
Dolni Okol BG 179 Cc72
Dolní Újezd CZ 137 Gb45
Dolni Zemunik HR 157 Fd64
Dolno Ablanovo BG 180 Ea68
Dolno Botevo BG 185 Dd75
Dolno Cerovene BG 179 Cc68
Dolno Drjanovo BG 184 Cd75
Dolno Dupeni MK 182 Ba76
Dolno Levski BG 179 Da72
Dolno Paničerevo BG 180 Ea72
Dolno Sahrane BG 180 Dc72
Dolno Ujno BG 179 Ca72
Dolný Kubín SK 138 Hd47
Dolný Turček SK 138 Hc48
Dolo I 150 Ea60
Dolores E 55 Fb72
Dolovo SRB 174 Bb63
Dölsach A 143 Ec55
Dolscy RUS 107 Mb52
Dólsk PL 121 Ha33
Dolsk PL 129 Gc38
Dolsko SLO 151 Fc58
Dol. Suhor SLO 151 Fd59
Dolton GB 19 Dd30
Dołubowo PL 123 Kb35
Dołuje PL 120 Fb33
Dolus-d'Oléron F 32 Fa46
Dolyns'ka UA 204 Ed16
Dol. Žandov CZ 135 Ec44
Dolžanskaja RUS 205 Fb16
Dolžicy RUS 99 Ma44
Dölzig D 127 Eb40
Domaháza H 146 Jb50
Domaine-de-Méjanes F 42 Ja54
Doman RO 174 Ca62
Domănești RO 171 Cc54
Domaniç TR 192 Ga82
Domanice PL 129 Gb41
Domanice PL 131 Ka37
Domanico I 164 Gb80
Domaniewice PL 130 Hd38
Domaniewice PL 130 Ja39
Domaniki SK 146 Hc50
Domaniža SK 137 Hb48
Domanovići BIH 158 Hb67
Domanów PL 128 Ga42
Domaradz PL 121 Gc30
Domaradz PL 139 Ka45
Domarby FIN 97 Jb40
Domaševo BIH 159 Hc68
Domaškovicy RUS 99 Ma41
Domașnea RO 174 Cb63
Domaszków PL 137 Gc44
Domaszowice PL 129 Ha41
Domats F 30 Hb39
Domažlice CZ 135 Ec46
Domba N 84 Ca35
Dombaj RUS 205 Ga17
Dombås N 85 Dc34
Dombasle-sur-Meurthe F 25 Jd37
Dombay TR 185 Eb74
Dombaylı TR 192 Fb85
Dombegyház H 147 Jd56
Dombóvár H 145 Hb56
Dombrád H 147 Ka50
Dombresson CH 141 Bc53
Dombrot-le-Sec F 31 Jc39
Domburg NL 124 Ab38
Domeikava LT 114 Kc57
Domène F 35 Jd48
Domeño E 54 Fa67
Domerat F 33 Ha45
Domersleben D 127 Ea37
Domèvre-sur-Vezouze F 25 Ka37
Dómez E 45 Ca60
Domfront F 28 Fb38
Domingo Pérez E 52 Da66
Domingo Pérez E 60 Dc74
Dominikowo PL 120 Ga34
Domino F 32 Ed46
Dominowo PL 129 Gd37
Dominteni MD 173 Fb55
Dömitz D 119 Ea34
Domljan BG 180 Db72
Dommartin-les-Cuiseaux F 31 Jc44
Domme F 33 Gb50
Dommitzsch D 127 Ec39
Domnești RO 175 Dc63
Domnitz D 127 Ea39
Domnovo RUS 113 Jb59
Domodedovo RUS 203 Fa10
Domodossola I 148 Ca57
Domokós GR 189 Bc82
Domorovce KSV 178 Bc71
Dömös H 146 Hc52
Domoszló H 146 Jb51
Domousnice CZ 136 Fc43
Dompaire F 31 Jd38
Dompierre-du-Chemin F 28 Fa39
Dompierre-sur-Besbre F 30 Hc44
Dompierre-sur-Mer F 32 Fa46
Dompierre-sur-Veyle F 34 Jb46
Domps F 33 Gc47
Domrémy-la-Pucelle F 31 Jc38
Dom Savica SLO 151 Fa57
Dömsöd H 146 Hd54
Domsten S 110 Ec54
Domsühl D 119 Eb33
Domurcalı TR 185 Ec75
Domus de Maria I 169 Bd80
Domusnovas I 169 Bd79
Domžale SLO 151 Fc57
Donabate IRL 13 Cd21
Donadea IRL 13 Cc21
Donagh GB 9 Cb18
Donaghadee GB 10 Db17
Donaghmore GB 9 Cd17
Don Álvaro E 51 Bd69
Doña Mencía E 60 Da73
Donaueschingen D 141 Cb51
Donaustauf D 135 Eb48
Donauwörth D 134 Dc49
Don Benito E 51 Ca69
Doncaster GB 16 Fa21
Donchery F 24 Ja34
Doncos E 36 Bc56
Don. Dubrave HR 151 Fd60
Donduran TR 197 Fa88
Dondurma TR 185 Eb80
Dondușeni MD 173 Fa54
Donec'k UA 205 Fb15
Donegal IRL 8 Ca16
Doneztebe E 39 Ed56
Dongen NL 124 Ba38
Donges F 27 Ec42
Dongio CH 142 Cc56
Dongo I 149 Cc57
Donici MD 173 Fc57
Donja Baćuga HR 152 Gb60
Donja Badanja SRB 153 Ja63
Donja Bebrina HR 152 Hb61
Donja Brela HR 158 Gd66
Donja Brezna MNE 159 Hd68
Donja Drežnica BIH 158 Ha66
Donja Gatnja KSV 178 Bb72
Donja Gorevnica SRB 159 Jc64
Donja Kržanja MNE 159 Ja69
Donja Kupčina HR 151 Ga59
Donja Lepenica BIH 152 Ha61
Donja Nevlja SRB 179 Cb70
Donja Sabanta SRB 174 Bb66
Donja Stubica HR 151 Ga58
Donja Suvaja HR 152 Gb63
Donja Tijarica HR 158 Gc66
Donja Toponica SRB 178 Bc69
Donja Vrijeska HR 152 Gd59
Donje Biljane HR 157 Fd64
Donje Crkvice MNE 159 Hc68
Donje Grančarevo BIH 159 Hc69
Donje Pazarište HR 151 Fd62
Donje Peulje BIH 158 Gc64
Donji Agići BIH 152 Gc61
Donji Aglarci MK 183 Bb76
Donji Andrijevci HR 152 Hb60
Donji Čaglić HR 152 Gd60
Donji Čičevo MK 183 Bc74
Donji Desinec HR 151 Ga59
Donji Dubovnik BIH 152 Gb62
Donji Dušnik SRB 178 Bd69
Donji Kamengrad BIH 152 Gc62
Donji Karin HR 157 Ga64
Donji Kazanci BIH 158 Gc64
Donji Krčin SRB 178 Bc67
Donji Krnjin KSV 178 Ba69
Donji Lapac HR 151 Ga63
Donji Lipovik MK 183 Ca75
Donji Livoč KSV 178 Bc71
Donji Macelj HR 151 Ga57
Donji Martijanec HR 152 Gc57
Donji Medum MNE 159 Ja69
Donji Miholjac HR 152 Hb59
Donji Milanova SRB 174 Ca65
Donji Mosti HR 152 Gc58
Donji Murici MNE 159 Ja70
Donji Rujani BIH 158 Gc65
Donji Sjeničak HR 151 Ga60
Donji Solnje MK 178 Bb73
Donji Srb HR 152 Gb63
Donji Stajevac SRB 178 Bd72
Donji Striževac SRB 179 Ca70
Donji Tovarnik SRB 153 Jb61
Donji Vakuf BIH 158 Ha64
Donji Vijačani BIH 152 Ha62
Donji Zirovac HR 152 Gb61
Donkerbroek NL 117 Bd34
Donnalucata I 167 Fb88
Donnemarie-Dontilly F 30 Hb38
Donnersbach A 144 Fb53
Donnersbachwald A 144 Fb53
Donnersdorf D 134 Db44
Donnerskirchen A 145 Gc52
Donohill IRL 13 Ca24
Donop D 126 Cd38
Donostia E 39 Ec55
Donoughmore IRL 12 Bc25
Donoúsa GR 196 Dc90
Donskoe RUS 205 Fd16
Donskoje RUS 113 Hd58
Donsö S 102 Eb49
Donta Deli HR 158 Hb68
Dontreix F 33 Ha46
Dontrien F 24 Hd35
Donyatt GB 19 Eb30
Donzac F 40 Ga52
Donzdorf D 134 Da49
Donzère F 42 Jb51
Donzy F 30 Hb42
Doocharry IRL 8 Ca16
Dooega IRL 8 Bb18
Doogary IRL 9 Cb19
Doogort IRL 8 Bb18
Doolin IRL 12 Bc22
Doon IRL 12 Bd23
Doorn NL 125 Bb37
Dopiewo PL 129 Gb37
Dor RUS 203 Fa08
Dora CY 206 Ja98
Dørålseter N 85 Dd34
Dörarp S 103 Fb51
Đorče Petrov MK 178 Bb73
Dorchester GB 19 Ec30
Dorchester GB 20 Fa27
Dørdal N 93 Dc44
Dordives F 29 Ha39
Dordrecht NL 124 Ad37
Dore-l'Eglise F 34 Hc48
Dorénaz CH 141 Bc56
Dörentrup D 126 Cd37
Dores GB 7 Dd08
Dorf A 143 Ed51
Dorfchemnitz D 127 Ed42
Dorfen D 143 Eb50
Dorfgastein A 143 Ec54
Dörfles-Esbach D 135 Dd43
Dörfli CH 141 Cb54
Dorf Mecklenburg D 119 Ea32
Dorfprozelten D 134 Cd45
Dorgali I 169 Cc76
Dorgoș RO 174 Ca60
Doria I 148 Cb62
Dorikó GR 185 Ea77
Dório GR 194 Ba88
Dorískos GR 185 Ea78
Dorking GB 20 Fc29
Dorkó H 147 Ka50
Dorkovo BG 179 Da73
Dormagen D 125 Bd40
Dormánd H 146 Jb52
Dormans F 24 Hc36
Dormansland GB 20 Fd29
Dor Mărunt RO 176 Ec66
Dormitz D 135 Dd46
Dörna D 126 Dc40
Dorna-Arini RO 172 Ea56
Dorna Candrenilor RO 172 Dd56
Dornas F 34 Ja50
Dornava SLO 144 Ga56
Dornberk SLO 151 Fa58
Dornbirn A 142 Da53
Dornburg D 125 Cb42
Dornburg D 127 Ea41
Dorndorf D 126 Db42
Dorndorf-Steudnitz D 127 Ea41
Dornecy F 30 Hc41
Dornes F 30 Hb44
Dornești RO 172 Eb55
Dornhan D 133 Cb49
Dörnholthausen D 125 Cb40

Dornie – East Haddon

Dornie GB 6 Dc08
Dornişoara RO 172 Dd57
Dornoch GB 5 Ea06
Dornstadt D 134 Da49
Dornstetten D 133 Cb49
Dornum D 117 Cb32
Dornumersiel D 117 Cb32
Dorobanţu RO 177 Fb65
Dorobenţu RO 181 Ec67
Dorog H 146 Hc52
Dorohoi RO 172 Ec54
Dorohusk PL 131 Kd40
Dorolţ RO 171 Cd54
Doroslovo SRB 153 Hd59
Dorotea S 79 Ga27
Doroţeaia MD 173 Ga57
Dörpen D 117 Ca34
Dorras N 63 Hc08
Dorrås N 78 Eb27
Dorrington GB 15 Eb24
Dorris S 79 Fd25
Dörrmoschel D 133 Ca45
Dorsten D 125 Bd38
Dortan F 35 Jc45
Dortmund D 125 Ca39
Dörtyol TR 191 Ed82
Doruchów PL 129 Ha40
Dorum D 118 Cd32
Dorupe LV 106 Ka52
Dörverden D 118 Da35
Dorvvinjargga N 64 Jc09
Dorweiler D 133 Ca43
Dörzbach D 134 Da46
Dos Aguas E 54 Fb68
Dosbarrios E 52 Dc66
Döşeme TR 187 Gb79
Dösemealtı TR 199 Gc91
Dos Hermanas E 59 Ca74
Dösjebro S 110 Ed55
Dospat BG 184 Da75
Dossenheim D 134 Cc46
Dos Torres E 52 Cc70
Døstrup DK 100 Dc22
Døstrup DK 108 Da27
Dotkomyrene N 65 Kb06
Dötlingen D 117 Cc34
Dotnuva LV 114 Kb56
Dotsikó GR 182 Ba79
Döttingen CH 141 Cb52
Douai F 23 Ha32
Douarnenez F 27 Dc39
Doubravčice CZ 136 Fc45
Douchy F 30 Hb40
Douchy-les-Mines F 24 Hb32
Doucier F 31 Jd44
Doudeville F 23 Ga34
Doue F 24 Hb37
Doué-la-Fontaine F 28 Fc42
Douglas GB 10 Dd19
Doulaincourt-Saucourt F 30 Jb38
Doulevant-le-Château F 30 Ja38
Doullens F 23 Gd32
Dounby GB 5 Ec02
Doune GB 7 Ea12
Dounoux F 31 Jd39
Dourdan F 29 Gd38
Dourgne F 41 Gd54
Douriez F 23 Gc32
Dournazac F 33 Ga47
Doussard F 35 Ka46
Douvaine F 35 Ka45
Douvres-la-Délivrande F 22 Fc35
Douzy F 24 Ja34
Dovadola I 156 Dd64
Dovatorovka RUS 113 Jc59
Dover GB 21 Gb29
Dovhe UA 204 Dd16
Dovik N 92 Cb43
Dovilai LT 113 Jb55
Døvling DK 108 Da24
Dovre N 85 Dc34
Dovreskogen N 85 Dc34
Dovsk BY 202 Eb13
Downham GB 20 Fd25
Downhill GB 9 Cd15
Downpatrick GB 9 Da18
Dowra IRL 8 Ca18
Dowsby GB 17 Fc23
Doxarás GR 182 Ba79
Doxarás GR 189 Bc81
Doxáto GR 184 Da77
Doyuran TR 191 Eb82
Dozulé F 22 Fc36
Dozza I 150 Dd63
Drabeši LV 106 Kd49
Drabiv UA 202 Ed14
Dråby DK 109 Dd24
Drača SRB 174 Bb66
Dračevo BIH 158 Hb68
Dračevo MK 178 Bc73
Drachselsried D 135 Ec48
Drachten NL 117 Bc33
Dračić SRB 153 Jb63
Drag N 66 Ga15
Drag N 78 Eb25
Draga Baščanska HR 151 Fc61
Dragacz PL 121 Hb33
Dragalina RO 176 Ed66
Dragalj MNE 159 Hd69
Dragaljevac BIH 153 Hd62
Dragalovci BIH 152 Ha62
Dragana BG 179 Da70
Drăgăneşti MD 173 Fc55
Drăgăneşti RO 170 Cb58
Drăgăneşti RO 176 Eb65
Drăgăneşti RO 177 Fa62
Drăgăneşti de Vede RO 180 Dc67
Drăgăneşti-Olt RO 180 Db67
Drăgăneşti-Vlaşca RO 180 Dd67
Draganići HR 151 Ga59
Draganovo BG 180 Dd70
Drăganu RO 175 Dc64
Dragaryd S 102 Fa52
Dragaš KSV 178 Ba72
Drăgăsani RO 175 Db65
Dragas Vojvoda BG 180 Dc68
Dragatuš SLO 151 Fd59
Drage D 118 Dc33
Drage HR 157 Ga65
Dragedal N 92 Cc47
Drăgeşti RO 170 Cb57
Drăghiceni RO 179 Da67
Dragičevo BG 179 Cc71
Draginac SRB 153 Ja63
Draginje SRB 153 Jb62
Draginovo BG 179 Cd73
Dragland N 66 Ga13
Draglica SRB 159 Jb66
Dragnic BIH 158 Gd64
Drago RO 171 Cd57
Dragobi AL 159 Jc69
Dragobrača SRB 174 Bb66
Dragočaj BIH 152 Gd62
Dragocvet SRB 174 Bc66
Dragodana RO 176 Dd65
Drăgoeşti RO 175 Db64
Dragoevo BG 181 Ec70
Dragoevo MK 183 Bd74
Dragógi GR 194 Bb88
Drăgoieşti RO 172 Eb56
Dragojčinci BG 179 Ca71
Dragojnovo BG 184 Dc74
Dragoman BG 179 Cb70
Dragomer SLO 151 Fb58
Dragomireşti RO 171 Dc55
Dragomireşti RO 172 Ec58
Dragomireşti RO 173 Fa59
Dragomireşti RO 176 Dd64
Dragomirovo BG 180 Dc69
Dragør DK 109 Ec26
Dragomireşti-Vale RO 176 Ea66
Dragoslavele RO 176 Dd63
Dragostunjë AL 182 Ad75
Dragoş Vodă RO 176 Ed66
Drăgoteşti RO 175 Cc64
Drăgoteşti RO 175 Da66
Dragotina HR 152 Gb60
Dragot-Sulovë AL 182 Ac76
Dragov Dol MK 183 Bb74
Dragovica Polje MNE 159 Ja68
Dragoviština BG 179 Ca72
Dragsmark S 102 Eb47
Dragsvik FIN 97 Jd40
Dragsvik N 84 Cc36
Draguć HR 151 Fa60
Draguignan F 43 Kb54
Drăguşeni RO 172 Ec57
Drăguşeni RO 172 Ed54
Drăguşeni RO 177 Fa61
Drăguţeşti RO 175 Cc64
Drahičyn BY 202 Ea14
Drahnsdorf D 128 Fa38
Drahonice CZ 136 Fa47
Drajna RO 176 Eb63
Draka BG 181 Ec73
Drakéi GR 197 Ea88
Drakenburg D 118 Da35
Drákia GR 189 Ca82
Drakótripa GR 188 Bb81
Drakovoúni GR 194 Bb87
Draksenić BIH 152 Gc60
Dralfa BG 180 Eb70
Dráma GR 184 Cd76
Drammen N 93 Dd42
Drămša BG 179 Cc70
Drânceni RO 173 Fb58
Drangan IRL 13 Cb24
Drange N 92 Cb46
Drangedal N 93 Db44
Drangovo BG 180 Dc73
Drängsered S 102 Ed51
Drängsmark S 80 Hc25
Drangsnes IS 2 Ad03
Drangstedt D 118 Cd32
Drănic RO 179 Da67
Dransfeld D 126 Da39
Dranske D 119 Ed29
Drarović HR 152 Gd60
Draše HR 151 Ga58
Drasenhofen A 137 Gc49
Drăsliceni MD 173 Fd57
Drąsučiai LT 114 Ka54
Drávafok H 152 Ha58
Drávaszabolcs H 152 Hb58
Drávaszentes H 152 Gd58
Drávasztára H 152 Ha58
Draveil F 23 Gd37
Draviskos GR 184 Cd77
Dravograd SLO 144 Fc56
Dravovce SK 137 Ha49
Drawno PL 120 Ga34
Drawsko PL 120 Ga35
Drawsko Pomorskie PL 120 Ga33
Drążdżewo PL 122 Jb34
Draženov CZ 135 Ec46
Draževac SRB 153 Jc62
Dražgoše SLO 151 Fb57
Dražice HR 151 Fb60
Dražmirovac SRB 174 Bc66
Drebber D 117 Cc35
Drebkau D 128 Fb39
Dreenagh IRL 12 Ba23
Dreetz D 119 Ec35
Drégelypalánk H 146 Hd51
Dreieich D 134 Cc44
Dreierwalde D 117 Cb36
Dreis D 133 Bc44
Dreis-Brück D 133 Bc43
Dreißigacker D 126 Db42
Drejø By DK 108 Dc28
Drelnes DK 3 Ca07
Drelów PL 131 Kb37
Drem GB 11 Ec13
Dren BG 179 Cb72
Drena I 149 Dc58
Drenchia I 150 Ed57
Drenovac SRB 178 Bd71
Drenovci HR 153 Hd61
Drenovë AL 182 Ad77
Drenovec BG 179 Cb68
Drenovo MK 183 Bc75
Drenovstica MNE 159 Hd69
Drensteinfurt D 125 Cb38
Drenta BG 180 Ea71
Drentwede D 118 Cd35
Drépano GR 183 Bc78
Drépano GR 195 Bd88
Drepcăuţi MD 172 Ed53
Dresden D 128 Fa41
Drėtun' BY 202 Eb11
Dretyń PL 121 Gc31
Dreux F 23 Gb37
Dřevčice CZ 136 Fb43
Drevdagen S 86 Ed35
Dreverna LT 113 Jb56
Dřevohostice CZ 137 Gd46
Drevsjø N 86 Ec35
Drevvatn N 70 Fa21
Drewitz D 127 Eb37
Drewnica PL 121 Hb30
Drezdenko PL 120 Ga35
Drežnica HR 151 Fd61
Dreznik SRB 159 Jb65
Drežnik Grad HR 151 Ga61
Drialos GR 194 Bc91
Dricāni LV 107 Lc51
Dridu RO 176 Eb65
Driebergen-Rijsenburg NL 116 Ba36
Driebes E 46 Dd65
Driedorf D 125 Cb42
Drieliņi LV 106 Kc48
Drienov SK 139 Jd48
Driesum NL 117 Bc33
Drietoma SK 137 Ha48
Driffield GB 17 Fc20
Drimnin GB 6 Db10
Drimoleague IRL 12 Bb26
Drimónas GR 188 Bb84
Drimós GR 183 Ca77
Drimpton GB 19 Eb30
Drinagh IRL 13 Cd25
Drinic BIH 152 Gc63
Drinjača BIH 153 Hd63
Drinovci BIH 158 Gd67
Drionville F 23 Gc31
Driopída GR 195 Cd89
Drióvouno GR 183 Bb78
Drishtë AL 159 Jb70
Drizë AL 182 Aa76
Drizë AL 182 Ac76
Drjanovec BG 180 Ea69
Drjanovec BG 180 Eb69
Drjanovo BG 185 Ea74
Drjanovo BG 180 Dd71
Drjažno RUS 99 Ma44
Drlače SRB 159 Ja64
Drmno SRB 174 Bc64
Drnholec CZ 137 Gb48
Drniš HR 158 Gb65
Drnje HR 152 Gc57
Drnovice CZ 137 Gc47
Dro I 149 Dc58
Drøbak N 93 Ea42
Drobeta-Turnu Severin RO 174 Cb65
Drobin PL 122 Hd35
Drochia MD 173 Fb54
Drochia MD 173 Fb54
Drochow D 128 Fa39
Drochtersen D 118 Da32
Drogheda IRL 9 Cd20
Drogomin PL 128 Fc36
Drogosze PL 122 Jb30
Drohiczyn PL 131 Ka36
Drohobyč UA 204 Dd16
Droichead Átha IRL 9 Cd20
Droichead na Bandan IRL 12 Bc26
Droisy F 23 Gb37
Droitwich GB 20 Ed25
Drolshagen D 125 Cb40
Drołtowice PL 129 Gd40
Drom SRB 153 Jb58
Droman GB 4 Dc04
Dromcolliher IRL 12 Bc24
Dromina IRL 12 Bc24
Drommahane IRL 12 Bc25
Drömme S 80 Gd30
Dromod IRL 8 Ca19
Dromore GB 9 Cb17
Dromore GB 9 Da18
Dromore West IRL 8 Bd18
Dronero I 148 Bc62
Dronfield GB 16 Fa22
Dronninglund DK 101 Dd20
Dronningmølle DK 109 Ec25
Dronten NL 116 Bb35
Dropkovec HR 152 Gb58
Dropla BG 181 Fb69
Drosbacken S 86 Ed35
Drosendorf Stadt A 136 Ga48
Drosiá GR 189 Cb85
Droskovo RUS 203 Fa12
Drosopigí = Vourgareli GR 188 Ba81
Drossáto GR 183 Ca76
Drosseró GR 183 Bb78
Drosseró GR 183 Bd77
Drossopigí GR 183 Bb77
Drottninghaug N 76 Cd33
Drottningskär S 111 Fd54
Droué F 29 Gb39
Drouseia CY 206 Hd97
Drozdovac SRB 178 Bd71
Drozdowo PL 121 Gb30
Drozdowo PL 123 Jd33
Drozdyn' UA 202 Ea14
Drożki PL 129 Ha41
Drübeck D 126 Dc38
Drugan BG 179 Cb72
Drugnia PL 130 Jb42
Drulingen F 25 Kb36
Drumbeg GB 4 Dc05
Drumcliff IRL 8 Ca17
Drumclog GB 10 Dd14
Drumcondra IRL 9 Cd19
Drume MNE 159 Ja70
Drumevo BG 181 Ed70
Drumfin IRL 8 Ca18
Drumfree IRL 9 Cc15
Drumgoft IRL 13 Cd22
Drumkeen IRL 9 Cb16
Drumkeeran IRL 8 Ca18
Drumlegagh GB 9 Cb17
Drumlish IRL 9 Cb19
Drummannon GB 9 Cd17
Drummore GB 10 Dc17
Drumnadrochit GB 7 Dd08
Drumnakilly GB 9 Cc17
Drumreagh IRL 8 Bb18
Drumrunie GB 4 Dc06
Drumsallie GB 6 Dc10
Drumshanbo IRL 8 Ca19
Drunen NL 124 Ba38
Druskininkai LT 123 Kc30
Drusti LV 106 La49
Druten NL 125 Bb37
Druva LV 105 Jd52
Druvas LV 105 Jd52
Druviena LV 107 Lb49
Druyes-les-Belles-Fontaine F 30 Hb41
Družba RUS 113 Jb59
Družba UA 202 Ed13
Družbice PL 130 Hd40
Družetić SRB 153 Jb63
Družetići SRB 159 Jc64
Družnaja Gorka RUS 99 Mb41
Drvar BIH 152 Gb63
Drvenik HR 158 Gd67
Drwalew PL 130 Jb38
Drwęczno PL 122 Hd31
Drybrook GB 19 Ec27
Drygały PL 123 Jd32
Drymen GB 7 Dd12
Dryszczów PL 131 Kd40
Drzązgowo PL 129 Gc37
Drzecin PL 128 Fc37
Drzewce PL 129 Ha37
Drzewce PL 129 Hb37
Drzewce PL 131 Ka39
Drzewiany PL 121 Gb31
Drzewica PL 130 Jb39
Držková CZ 137 Ha47
Drzonów PL 128 Fd38
Drzonowo PL 120 Fd31
Drzonowo PL 121 Gc32
Drzycim PL 121 Ha33
Duacı TR 199 Gc91
Duagh IRL 12 Bb24
Dualar TR 191 Ed83
Dualchi I 169 Ca76
Duas Igrejas P 45 Ca60
Dub SRB 159 Jb64
Dubá CZ 136 Fb43
Dubac HR 158 Hb69
Dubăsari MD 173 Fd57
Dubăsarii Vechi MD 173 Ga57
Duba Stonska HR 158 Ha68
Dubău MD 173 Ga56
Dub-Bor RUS 99 Ld45
Dubci HR 158 Gc66
Dubeni LV 105 Jb52
Dubeņi LV 105 Jb52
Dubeniniki PL 123 Ka30
Dubeşti RO 174 Ca60
Dubí CZ 128 Fa42
Dubicko CZ 137 Gc45
Dubicze Cerkiewne PL 123 Kc35
Dubienka PL 131 Kd40
Dubin PL 129 Gc39
Dubingiai LT 114 La56
Dubinné SK 139 Jd47
Dubiny PL 123 Kc34
Dub'jazy RUS 203 Fd08
Dubki RUS 107 Ma49
Dubleva LV 107 Lc49
Dublin IRL 13 Cd21
Dublovice CZ 136 Fb46
Dubna LV 115 Lc53
Dubna MD 173 Fc55
Dubna RUS 202 Ed10
Dubna RUS 203 Fa11
Dub nad Moravou CZ 137 Gd46
Dubňany CZ 137 Gc48
Dubné CZ 136 Fb48
Dubnica SRB 178 Bd71
Dubnica nad Váhom SK 137 Hb48
Dubník SK 145 Hb51
Dubno UA 204 Ea15
Dubočka SRB 174 Bd65
Duboštica BIH 153 Hc63
Dubova RO 174 Ca65
Dubovac KSV 178 Ba70
Dubovac SRB 174 Bc64
Dubovac Okučanski HR 152 Gd60
Dubovka RUS 203 Fd13
Dubovskoje RUS 113 Jd58
Dubovskoje RUS 205 Fd15
Dubovyj Ovrag RUS 203 Fd14
Dubranec HR 151 Ga59
Dubrava BIH 152 Ha62
Dubrava HR 152 Gb58
Dubrava HR 152 Gc58
Dubrava RUS 113 Jd59
Dubrave BIH 153 Hc62
Dubrave BIH 153 Hc63
Dubrave BIH 158 Gc64
Dubravica BIH 158 Hb64
Dubravica HR 151 Ga58
Dubravica SRB 174 Bc64
Dubravice BIH 153 Ja63
Dubravka HR 159 Hc69
Dubrivka UA 204 Eb15
Dubrovka RUS 107 Mb51
Dubrovka RUS 203 Fc12
Dubrovnik HR 158 Hb69
Dubrovno RUS 107 Mb46
Dubrovy RUS 107 Mb49
Dubrovycja UA 202 Ea14
Dubuļi LV 107 Ld52
Dubulti LV 106 La52
Ducaj AL 159 Jb70
Ducey F 28 Fa38
Duchally GB 4 Dd05
Duchcov CZ 136 Fa43
Ducherow D 120 Fa32
Duclair F 23 Ga35
Duda-Epureni RO 173 Fb59
Dudaklı TR 186 Fd80
Dudar H 145 Ha53
Duddington GB 16 Fb24
Dudelange L 133 Bb45
Dudeldorf D 133 Bc44
Dudenhofen D 133 Cb46
Düdenköy TR 198 Ga89
Düdenköy TR 199 Gb92
Duderstadt D 126 Db39
Dudeşti RO 177 Fa65
Dudeştii Vechi RO 170 Bb59
Đuđevo SRB 153 Jb60
Dudince SK 146 Hc50
Dudley GB 16 Ed24
Dudovica SRB 153 Jc63
Dueñas E 46 Da59
Duesund N 84 Ca37
Dufftown GB 7 Eb08
Duffus GB 5 Eb07
Duga Poljana SRB 178 Ad68
Duga Resa HR 151 Fd60
Düğer TR 199 Gb89
Duggendorf D 135 Ea47
Dugi Rat HR 158 Gc66
Dugo Selo HR 152 Gb59
Düğrek TR 198 Fb90
Düğüncüler TR 192 Fb83
Duhnen D 118 Cd31
Duhnovo RUS 107 Mb49
Duhovec BG 181 Ec69
Duhovnickoe RUS 203 Ga11
Duingen D 126 Da38
Duingt F 35 Ka46
Duinkerken = Dunkerque F 21 Gd29
Duino I 150 Ed59
Duirinish GB 4 Db08
Duisburg D 125 Bd39
Duiven NL 125 Bc37
Dukat AL 182 Aa78
Dukat SRB 178 Bd72
Dukla PL 139 Jd45
Dūkštas LT 115 Lb55
Dūkštos LT 114 La57
Dukuļava LV 107 Ld49
Dulceşti RO 172 Ed58
Dulcza Wielkia PL 138 Jc43
Duleek IRL 9 Cd20
Duljci BIH 152 Gd63
Dulje KSV 178 Ba71
Dullingham GB 20 Fd26
Dülmen D 125 Ca38
Dulovka RUS 107 Ma47
Dulovo BG 181 Ed68
Dulverton GB 19 Ea29
Duły PL 123 Jd30
Dumača SRB 153 Jb62
Dumanalanı TR 185 Ed80
Dumanlar TR 192 Fc85
Dumanlı TR 192 Fa86
Dumanlı TR 199 Ha89
Dumbarton GB 10 Dd13
Dumbleton GB 20 Ed26
Dumbrava RO 174 Ca61
Dumbrava RO 175 Cc65
Dumbrava RO 176 Eb65
Dumbrăveni RO 172 Ec55
Dumbrăveni RO 175 Dc60
Dumbrăveni RO 176 Ed62
Dumbrăveni RO 181 Fb68
Dumbrăviţa MD 173 Fb56
Dumbrăviţa RO 171 Da55
Dumbrăviţa RO 174 Ca60
Dumbrăviţa RO 176 Dd62
Dümenler TR 192 Ga85
Dumeşti RO 172 Ed58
Dumeşti RO 173 Fa57
Dumfries GB 10 Ea16
Dumha Eige IRL 8 Bb18
Dumitra RO 171 Dc57
Dumitreşti RO 176 Ec62
Dumluca TR 193 Ha82
Dumlupınar TR 193 Gb85
Dummerstorf D 119 Eb31
Dümpelfeld D 125 Bd42
Dümrek TR 191 Ea81
Dümrek TR 193 Hb81
Dümrek TR 193 Hb82
Duna N 78 Ec26
Dunafalva H 153 Hc57
Dunaff IRL 9 Cc15
Dunaföldvár H 146 Hc55
Dunaharaszti H 146 Hd53
Dunajivci UA 204 Eb16
Dunajská Lužná SK 145 Gd51
Dunajská Streda SK 145 Ha51
Dunakeszi H 146 Hd52
Dunakömlőd H 146 Hc55
Dunalka LV 105 Jb52
Dunapataj H 146 Hd56
Dunăreni RO 179 Cd67
Dūņas LV 107 Lb52
Dunaszekcső H 153 Hc57
Dunaszentbenedek H 146 Hd56
Dunaszentgyörgy H 146 Hc56
Dunatetétlen H 146 Hd55
Dunaújváros H 146 Hc54
Dunava LV 107 Lb52
Dunavăţu de Jos RO 177 Fd65
Dunavci BG 179 Cb67
Dunavci BG 180 Dc72
Dunavecse H 146 Hd55
Dunbar GB 11 Ec13
Dunblane GB 7 Ea12
Dunboyne IRL 13 Cd21
Dún Chaoin IRL 12 Ad24
Dunchurch GB 20 Fa25
Duncormick IRL 13 Cc25
Dundaga LV 105 Jc49
Dundalk IRL 9 Cd19
Dündarlı TR 191 Ec84
Dun Dealgan IRL 9 Cd19
Dundee GB 7 Ec11
Dunderland N 71 Fc20
Dunderrow IRL 12 Bc26
Dundonald GB 9 Da17
Dundonnell GB 4 Dc06
Dundrenan GB 10 Ea17
Dundrum IRL 13 Ca23
Dunecht GB 7 Ed09
Dunes F 40 Ga53
Dunfanaghy IRL 9 Cb15
Dunfermline GB 7 Eb12
Dungannon GB 9 Cd17
Dún Garbhán IRL 13 Ca25
Dungarvan IRL 13 Ca25
Dungiven GB 9 Cd16
Dunglow IRL 8 Ca15
Dungourney IRL 12 Bd25
Dunholme GB 17 Fc22
Dunières F 34 Ja48
Dunika LV 113 Jb53
Duninowo PL 121 Gb29
Dunje MK 183 Bc75
Dunjica MK 183 Bd75
Dunkeld GB 7 Eb11
Dunker S 95 Gb44
Dunkerque F 21 Gd29
Dunkerrin IRL 13 Ca22
Dunkeswell GB 19 Ea30
Dunkineely IRL 8 Ca17
Dünkirchen = Dunkerque F 21 Gd29
Dunkirk GB 19 Ec28
Duńkowice PL 139 Kc44
Dun Laoghaire IRL 13 Cd21
Dunlavin IRL 13 Cc22
Dunleer IRL 9 Cd20
Dun-le-Palestel F 33 Gc45
Dunlop GB 10 Dd14
Dún Manmhaí IRL 12 Bc26
Dunmanus IRL 12 Ba26
Dunmanway IRL 12 Bc26
Dún Mór IRL 8 Bd20
Dunmore GB 9 Da19
Dunmore IRL 8 Bd20
Dunmore East IRL 13 Cc25
Dunnamanagh GB 9 Cc16
Dunnamore GB 9 Cc17
Dun na nGall IRL 8 Ca16
Dunnet GB 5 Eb04
Dunningen D 141 Cb50
Dunoon GB 6 Dc13
Dunquin IRL 12 Ad24
Duns GB 11 Ed14
Dunscore GB 10 Ea16
Dünsen D 118 Cd34
Dunsford GB 19 Dd30
Dunshaughlin IRL 13 Cd21
Dunstable GB 20 Fb27
Dunster GB 19 Ea29
Dun-sur-Auron F 29 Ha43
Dun-sur-Meuse F 24 Jb34
Dunte LV 106 Kc49
Duntish GB 19 Ec30
Dunum D 117 Cb32
Dunure GB 10 Dc15
Dunvegan GB 4 Da07
Dupnica BG 179 Cb72
Durabeyler TR 192 Fc82
Durach D 142 Db52
Đurađ HR 152 Hb59
Durağan TR 205 Fb20
Durak TR 199 Hb89
Duraklar TR 187 Ha78
Đurakovac KSV 178 Ba70
Duran BG 181 Ec69
Durance F 40 Fd52
Durango E 39 Eb55
Durankulak BG 181 Fc69
Duras F 32 Fd51
Durasılar TR 192 Fb83
Durasıllı TR 192 Fb86
Durbach D 133 Ca49
Durban-Corbières F 41 Hb56
Durbe LV 105 Jb52
Durbuy B 124 Ba42
Dúrcal E 60 Db75
Durdat-Larequille F 33 Ha45
Đurđenovac HR 152 Hb59
Đurđevac HR 152 Gd58
Đurđevik BIH 153 Hc63
Đurđevo SRB 174 Bb65
Đurđin SRB 153 Ja58
Düre LV 106 Kd48
Düren D 125 Bc41
Durfort F 41 Hd53
Durfort-Lacapelette F 40 Gb52
Durham GB 11 Fa17
Durhasan TR 192 Fc81
Durhasan TR 192 Fc84
Đurinci SRB 174 Bb64
Durlangen D 134 Da48
Durlas IRL 13 Ca23
Durleşti MD 173 Fd58
Durmanec HR 151 Ga57
Durmersheim D 133 Cb47
Durness GB 4 Dd04
Durneşti RO 172 Ed55
Durnholz I 143 Dd55
Dürnkrut A 145 Gc50
Dürnstein A 144 Fb55
Dürnstein A 144 Fd50
Duronia I 161 Fb72
Dürrboden CH 142 Da55
Durrës AL 182 Ab74
Dürrhennersdorf D 128 Fc41
Durrington GB 20 Ed29
Dürröhrsdorf-Dittersbach D 128 Fb41
Durrow IRL 13 Cb23
Durrus IRL 12 Bb26
Dürrwangen D 134 Db47
Dursunbey TR 192 Fc82
Durtal F 28 Fc41
Duruelo de la Sierra E 47 Ea59
Durup DK 100 Da22
Dürupe LV 105 Jc51
Dury F 23 Gd33
Dušanci BG 179 Da71
Dūseikiai LT 113 Jd54
Dusetos LT 115 Lb54
Dusina BIH 158 Hb65
Dušinci BG 179 Ca71
Duşmani MD 173 Fa55
Dusmenys LT 114 Kd59
Dusnok H 146 Hd56
Dusocin PL 121 Hb32
Düsseldorf D 125 Bd40
Dussen NL 124 Ba37
Dußlingen D 134 Cc49
Duston GB 20 Fb25
Duszniki PL 129 Gb36
Duszniki-Zdrój PL 137 Gb43
Dutağaç TR 198 Fb88
Duthil GB 7 Ea08
Dutka LV 106 Kd48
Dutluca TR 192 Fd82
Dutluca TR 192 Fd86
Dutluca TR 193 Gb82
Dutluca TR 198 Ga88
Dutovlje SLO 151 Fa59
Duvberg S 87 Fb34
Duved S 78 Ed30
Düverdüzü TR 187 Gd78
Düvertepe TR 192 Fb83
Düzağaç TR 193 Gb85
Düzağaz TR 199 Ha90
Duża Klonownica PL 131 Kb37
Düzce TR 187 Ha78
Duži BIH 158 Ha68
Dužica HR 152 Gb59
Düzkışla TR 193 Gb85
Düzköy TR 187 Gb78
Düzorman TR 185 Ed75
Düzova TR 186 Fa76
Duzy-le-Gros F 24 Hc34
Dvärsätt S 79 Fc30
Dve Mogili BG 180 Ea69
Dverberg N 66 Fd11
Dviete LV 115 Lb53
Dvor HR 152 Gb61
Dvor SLO 151 Fc59
Dvorčani LV 115 Ld53
Dvoriki RUS 203 Fa10
Dvorišče RUS 99 Ld42
Dvorišče RUS 107 Mb51
Dvory nad Žitavou SK 145 Hb51
Dvůr Králové nad Labem CZ 136 Ga43
Dwikozy PL 131 Jd41
Dwingeloo NL 117 Bd34
Dwórzno PL 122 Ja30
Dyan GB 9 Cd18
Dyblin PL 122 Hc35
Dybów PL 131 Jd36
Dyce GB 7 Ed09
Dydnia PL 139 Ka45
Dyffryn Ardudwy GB 15 Dd23
Dyfjord N 64 Jd04
Dygowo PL 120 Ga31
Dykan'ka UA 202 Ed14
Dyke GB 18 Dc29
Dykehead GB 7 Ec10
Dykends GB 7 Eb10
Dylewo PL 122 Jc33
Dylicy RUS 99 Mb40
Dylife GB 15 Ea24
Dymchurch GB 21 Ga29
Dymer UA 202 Ec14
Dymock GB 15 Ec26
Dymokury CZ 136 Fd44
Dynów PL 139 Ka44
Dyping N 66 Fd15
Dypvåg N 93 Db45
Dyranut N 84 Cd39
Dyrham GB 19 Ec28
Dyrkorn N 76 Cd33
Dyrnes N 77 Db29
Dyrøy N 67 Gb11
Dysberg S 87 Fb37
Dysbodarna S 86 Fa38
Dysna LT 115 Lc55
Dywity PL 122 Ja31
Džalil' RUS 203 Ga08
Džaniči BIH 158 Hb65
Džankoj UA 205 Fa17
Dzbonie PL 122 Jb34
Džebel BG 184 Dc75
Dzedri LV 105 Jd50
Dzelda LV 105 Jc52
Dzelmes LV 106 Kd51
Dzelzava LV 107 Lb50
Dzeņi LV 106 La48
Džep SRB 178 Bd71
Džepište MK 182 Ad74
Dzērbene LV 106 La49
Dzerjinscoe MD 173 Ga57
Dzeržinsk RUS 203 Fb09
Dzeržinskoje RUS 113 Jc58
Dziadkowice PL 123 Kb35
Dziadkowo PL 129 Gd39
Dziadowa Kłoda PL 129 Gd40
Działdowo PL 122 Ja33
Działoszyce PL 138 Jb43
Działoszyn PL 130 Hc41
Działyń PL 131 Kb38
Dziekanowice PL 138 Ja45
Dziektarzewo PL 122 Ja35
Dziemiany PL 121 Gd31
Dzierzążnia PL 122 Ja35
Dzierżążno Wielkie PL 121 Gb35
Dzierzgoń PL 122 Hc31
Dzierzgowo PL 122 Jb34
Dzierzkowice Rynek PL 131 Ka41
Dzierżoniów PL 129 Gb42
Dzierżysław PL 137 Ha44
Dziesław PL 129 Gb40
Dzietrzychowo PL 122 Jb30
Dziewin PL 138 Jb44
Džigolj SRB 178 Bc69
Dzikowo PL 120 Fd35
Dzikowo PL 121 Gb34
Dzików Stary PL 139 Kc43
Dzirciems LV 105 Jd50
Dziwnów PL 120 Fc31
Dziwnówek PL 120 Fc31
Dzjarżynsk BY 202 Ea12
Dzjatlava BY 202 Ea13
Džubga RUS 205 Fc17
Džūkste LV 106 Ka51
Džuljunica BG 180 Ea70
Džurkovo BG 184 Db74
Džurovo BG 179 Da70
Džuryn UA 204 Eb16
Dźwierszno Wielkie PL 121 Gd34
Dźwierzno PL 121 Hb34
Dźwierzuty PL 122 Jc32
Dźwiżyno PL 120 Fd31

E

Ea E 39 Eb55
Éadan Doire IRL 13 Cc21
Eaglesfield GB 11 Eb16
Eaní GR 183 Bc79
Eanodat FIN 68 Ja13
Eántio GR 195 Cb87
Earby GB 16 Ed20
Earls Barton GB 20 Fb25
Earls Colne GB 21 Ga26
Earlsferry GB 7 Ec12
Earlston GB 11 Ec14
Easdale GB 6 Db11
Easington GB 11 Fa17
Easington GB 17 Fd21
Easington GB 20 Fb27
Easingwold GB 11 Fa19
Easky IRL 8 Bd18
Eastbourne GB 20 Fd30
East Brent GB 19 Eb29
Eastchurch GB 21 Ga28
Eastcote GB 20 Fc28
East Cowes GB 20 Fa30
East Dereham GB 17 Ga24
Eastergate GB 20 Fb30
East Grafton GB 20 Ed28
East Grinstead GB 20 Fc29
East Haddon GB 20 Fb25

East Hanningfield – Emersleben

East Hanningfield GB 21 Ga27
East Horsley GB 20 Fc29
East Ilsley GB 20 Fa28
East Kilbride GB 10 Dd13
East Leake GB 16 Fa23
Eastleigh GB 20 Fa30
East Linton GB 11 Ec13
East Morden GB 19 Ec30
East Norton GB 16 Fb24
Eastoft GB 16 Fb21
Easton GB 17 Gb24
Easton GB 19 Ec31
Easton Grey GB 19 Ec27
East Poringland GB 17 Gb24
East Portlemouth GB 19 Dd32
East Ravendale GB 17 Fc21
East Rudham GB 17 Ga24
East Tisted GB 20 Fb29
Eastville GB 17 Fd23
East Winch GB 17 Fd24
Eastwood GB 16 Fa23
Eatoševo BG 180 Dc71
Eaux-Bonnes F 40 Fc56
Eauze F 40 Fd53
Ebberup DK 108 Dc27
Ebbo FIN 98 Kc39
Ebbw Vale GB 19 Eb27
Ebchester GB 11 Ed17
Ebeleben D 126 Dc40
Ebeltoft DK 109 Dd24
Eben A 143 Ea53
Ebene Reichenau A 144 Fa55
Ebenfurt A 145 Gb52
Ebensee A 144 Fa52
Ebensfeld D 134 Dc44
Eberbach D 134 Cd46
Eberdingen D 134 Cd48
Ebergassing A 145 Gb51
Ebergötzen D 126 Db39
Eberhardzell D 142 Da51
Ebermannsdorf D 135 Ea47
Ebermannstadt D 135 Dd45
Ebern D 134 Dc44
Ebernburg D 133 Ca45
Eberndorf A 144 Fc56
Ebersbach D 127 Ed41
Ebersbach D 128 Fa40
Ebersbach D 128 Fc41
Ebersbach D 128 Fc41
Ebersbach D 134 Cd48
Ebersberg D 143 Ea51
Ebersburg D 134 Da43
Eberschwang A 143 Ed51
Ebersdorf D 135 Dd44
Ebersdorf, Saalburg- D 135 Ea43
Eberswalde D 120 Fa35
Ebnat-Kappel CH 142 Cc53
Eboli I 161 Fc76
Ebrach D 134 Dc45
Ebreichsdorf A 145 Gb51
Ebreuil F 34 Hb46
Ebsdorfergrund D 126 Cd42
Ebstorf D 118 Dc34
Ecaterinovca MD 173 Fd59
Écaussinnes-Lalaing B 124 Ac41
Eccles GB 11 Ec14
Eccleshall GB 15 Ec23
Eceabat TR 185 Ea80
Echalar E 39 Ed55
Echallens CH 141 Bb55
Echalot F 30 Ja41
Echarri- E 39 Ec56
Echassières F 34 Hb45
Echauri E 39 Ec57
Eching D 135 Ea49
Eching D 143 Ea50
Echiré F 32 Fc45
Echourgnac F 32 Fd49
Echt GB 7 Ed09
Echt NL 125 Bb40
Echteld NL 125 Bb37
Echterdingen, Leinfelden- D 134 Cd49
Echternach L 133 Bc44
Écija E 60 Cc73
Ecirli TR 199 Ha89
Ečka SRB 174 Bb62
Eckartsau A 145 Gc51
Eckartsberga D 127 Ea41
Eckental D 135 Dd46
Eckernförde D 108 Db29
Eckerö FIN 96 Hb40
Eckersdorf D 135 Dd45
Eckington GB 16 Fa22
Eclaron-Braucourt F 24 Ja37
Ecly F 24 Hd34
Écommoy F 28 Fd40
Écouché F 22 Fc37
Ecouflant F 28 Fb41
Écouis F 23 Gb35
Ecoyeux F 32 Fb47
Ecques F 23 Gd31
Ecseg H 146 Ja51
Ecsegfalva H 147 Jd54
Ecueillé F 29 Gb43
Écury-sur-Coole F 24 Hd36
Ed S 79 Gb30
Ed S 94 Ec45
Eda S 94 Ec42
Eda Glasbruck S 94 Ec41
Edam NL 116 Ba35
Edane S 94 Ed42
Ēdas LV 105 Jc51
Eddelak D 118 Da31
Edderton GB 5 Ea07
Eddleston GB 11 Eb14
Ede NL 125 Bb37
Ede S 79 Fd29
Ede S 87 Ga33
Edebäck S 94 Fa41
Edebo S 96 Ha41
Edeby S 96 Ha41
Edefors S 73 Hc21
Edelave By DK 108 Dc25
Edelény H 146 Jc50
Edelschrott A 144 Fc55
Edelsfeld D 135 Ea46
Edemissen D 126 Db38
Edemissen D 126 Dc36
Eden S 79 Gb29
Edenbridge GB 20 Fd29
Edenderry IRL 13 Cc21
Edenkoben D 133 Cb46
Edersleben D 127 Dd40
Edertal D 126 Cd40
Edesbyn S 87 Fd37
Edesheim D 133 Cb46
Édessa GR 183 Bc77
Edestad S 111 Fd54
Edevik S 78 Ed28
Edewecht D 117 Cc34
Edgbaston GB 20 Ed25
Edgeworthstown = Mostrim IRL 9 Cb20
Edhem S 103 Fb47
Edinburgh GB 11 Eb13
Edincik TR 186 Fa80
Edineț MD 173 Fa54
Edipsós GR 189 Ca83
Edırne TR 185 Eb75
Edith Weston GB 16 Fb24
Edlingham GB 11 Ed15
Edlitz A 145 Gb54
Edmundbyers GB 11 Ed17
Ēdole LV 105 Jb51
Edolo I 149 Da57
Edremit TR 191 Ec82
Edrželija MK 183 Bd74
Edsberg S 95 Fc44
Edsbro S 96 Ha41
Edsbruk S 103 Gb48
Edsele S 79 Ga30
Edshult S 103 Fd49
Edshultshall S 102 Eb47
Edsleskog S 94 Ec44
Edsta S 87 Gb35
Edsvalla S 94 Fa43
Edsvära S 102 Ed47
Edsvik FIN 89 Hd32
Edzell GB 7 Ec10
Eeklo B 124 Ab39
Eelde NL 117 Bd33
Eemshaven NL 117 Ca32
Eemsmond NL 117 Ca32
Eerbeek NL 125 Bc37
Eernegem B 21 Ha29
Eersel NL 124 Ba39
Efeköy TR 193 Gc86
Efendiköprüsü TR 192 Ga84
Efendili TR 192 Fb84
Eferding A 144 Fa50
Effelder D 135 Dd43
Effretikon CH 141 Cb53
Efimovskij RUS 202 Ec08
Efir TR 192 Fc83
Efkarpía GR 183 Ca76
Efkarpía GR 183 Ca77
Efkarpía GR 184 Cc77
Eflâni TR 205 Fa20
Eforie Nord RO 181 Fc68
Eforie Sud RO 181 Fc68
Efremov RUS 203 Fa12
Efteløt N 93 Dc42
Eg DK 108 Da25
Egáleo GR 189 Cb86
Egáni GR 183 Bd80
Egby S 103 Gb52
Egebæk DK 108 Da27
Egebjerg DK 108 Dc25
Egebjerg DK 109 Eb25
Egeln D 127 Ea38
Egense DK 101 Dd21
Eger H 146 Jb51
Egerbakta H 146 Jb51
Eğerci TR 187 Hb77
Egeris DK 108 Da24
Egersund N 92 Ca45
Egeskov DK 108 Db26
Egestorf D 118 Db34
Egg A 142 Da53
Eggby S 102 Fa46
Eggebek D 108 Da29
Eggedal N 85 Dc40
Eggemoen N 65 Kd07
Eggenburg A 136 Ga49
Eggenfelden D 143 Ec50
Eggenstein-Leopoldshafen D 133 Cb47
Eggerding A 143 Ed50
Eggermühlen D 117 Cb35
Eggersdorf, Fredersdorf- D 128 Fa36
Eggesin D 120 Fb32
Eggingen D 141 Cb52
Eggiwil CH 141 Bd54
Eggkleiva N 77 Ea30
Egglescliffe GB 11 Fa18
Egglham D 135 Ec49
Egglkofen D 143 Eb50
Eggolsheim D 135 Dd45
Eggstätt D 143 Eb51
Eggum N 66 Fb14
Egham GB 20 Fb28
Eghezée B 124 Ad41
Egiáli GR 196 Dd90
Egiertowo PL 121 Ha30
Egiés GR 194 Bc90
Egileta E 39 Eb57
Egilsstaðir IS 3 Bc05
Égina GR 195 Cb87
Eging am See D 135 Ed49
Egínio GR 183 Bd78
Égio GR 188 Bb85
Egíra GR 189 Bc85
Eğirdir TR 199 Gd88
Égiros GR 184 Dc77
Egkomi CY 206 Jd96
Eglaine LV 115 Lb53
Égletons F 33 Gd48
Eğlikler TR 199 Hb88
Egling D 142 Dc50
Egling D 143 Dd51
Eglingham GB 11 Ed15
Eglisau CH 141 Cb52
Égliseneuve-d'Antraigues F 33 Ha48
Egloffstein D 135 Dd45
Eglwysfach GB 15 Dd24
Eglwyswrw GB 14 Dc26
Eğmir TR 191 Ec82
Egmond aan Zee NL 116 Ad34
Egna I 150 Dd57
Egnach CH 142 Cd52
Egor'e RUS 202 Ed11
Egoreni MD 173 Fc54
Egor'evsk RUS 203 Fa10
Egorlykskaja RUS 205 Fc16
Egorovca MD 173 Fb56
Eğrekli TR 198 Fc91
Egremont GB 10 Ea18
Égreville F 29 Ha39
Eğridere TR 192 Fb87
Eğrioğlu TR 187 Gc78
Eğriöz TR 192 Fd83
Eğriöz TR 192 Ga82
Egsmark DK 109 Dd24
Egton GB 11 Fb18
Egtved DK 108 Db26
Éguilles F 42 Jc54
Eguisheim F 31 Kb39
Éguzon F 33 Gc45
Egyed H 145 Gd53
Egyek H 146 Jc52
Egyházasradoc H 145 Gc54
Egyptinkorpi FIN 83 Lc27
Ehekirchen D 134 Dc49
Ehingen D 134 Dc47
Ehingen am Ries D 134 Dc48
Ehingen (Donau) D 142 Da50
Ehínos GR 184 Db76
Ehningen D 134 Cc48
Ehra-Lessien D 127 Dd36
Ehrang D 133 Bc44
Ehrenberg D 134 Db43
Ehrenburg D 118 Cd35
Ehrenfriedersdorf D 127 Ec42
Ehrenhain D 127 Ec41
Ehrenhausen A 144 Fd55
Ehrenkirchen D 141 Ca51
Ehringshausen D 126 Cc42
Ehrwald A 142 Dc53
Ehtamo FIN 89 Jb37
Eia N 92 Cb45
Eiane N 92 Cb44
Eibar E 39 Eb55
Eibau D 128 Fc41
Eibelstadt D 134 Db45
Eibenstock D 135 Ec43
Eibergen NL 125 Bd37
Eibiswald A 144 Fd56
Eiby N 63 Hd08
Eich D 133 Cb45
Eichenbarleben D 127 Ea37
Eichenbrunn A 137 Gb49
Eichendorf D 135 Ec49
Eichenzell D 134 Da43
Eichstätt D 135 Dd48
Eichstetten D 141 Ca50
Eichwalde D 128 Fa37
Eičiai LT 113 Jd57
Eicklingen D 126 Dc36
Eid N 77 Dc29
Eid N 77 Da32
Eid N 78 Ea28
Eidanger N 93 Dc44
Eidapere EST 98 Kc44
Eiðar IS 3 Bc05
Eidbukt N 66 Fd12
Eidbukta N 71 Fb19
Eide N 66 Fc14
Eide N 77 Da31
Eide N 84 Ca36
Eide N 84 Cc39
Eide N 92 Cb45
Eide N 93 Da47
Eidem N 70 Ec23
Eidesund N 92 Ca43
Eidet N 62 Gc10
Eidet N 65 Kd07
Eidet N 66 Ga14
Eidet N 77 Dd30
Eidet N 93 Db45
Eidevik N 84 Cb36
Eidfjord N 84 Cd39
Eiði DK 3 Ca06
Eidkjosen N 62 Gc09
Eidnes N 63 Ja04
Eidså N 76 Cb33
Eidsberg N 94 Eb43
Eidsborg N 93 Da42
Eidsdal N 76 Cd33
Eidsfoss N 93 Dd42
Eidskog N 94 Ec41
Eidslandet N 84 Cb38
Eidsnes N 63 Hd08
Eidsøra N 77 Db31
Eidsvåg N 77 Db32
Eidsvåg N 92 Ca41
Eidsvoll N 94 Eb40
Eidvågeid N 63 Hd06
Eiesland N 92 Cc45
Eige N 92 Ca45
Eigebrekk N 92 Cd47
Eigeland N 92 Ca44
Eigeland N 92 Ca45
Eigeltingen D 142 Cc51
Eigirdonys LT 114 Kd58
Eigirdžiai LT 113 Jd54
Eigirgala LT 114 Kc57
Eijsden NL 125 Bb41
Eik N 92 Ca43
Eik N 92 Cb45
Eikange N 84 Ca38
Eikåsgrend N 92 Cb46
Eikefjord N 84 Cb35
Eikeland N 92 Cb46
Eikeland N 92 Cd46
Eikeland N 93 Db45
Eikelandsosen N 84 Cb40
Eiken N 92 Cc46
Eikenes N 84 Ca36
Eikla EST 105 Jc46
Eiknes N 84 Cb40
Eilenburg D 127 Ec40
Èilgar RUS 205 Ga15
Eilsleben D 127 Dd37
Eime D 126 Db37
Eimen D 126 Db38
Eimisjärvi FIN 83 Ma30
Eimke D 118 Dc34
Eina N 85 Ea39
Einastrand N 85 Ea39
Einavoll N 85 Ea39
Einbeck D 126 Db38
Eindhoven NL 125 Bb39
Einhausen D 134 Cc45
Einola FIN 83 Lb28
Einsiedel D 127 Ec42
Einsiedeln CH 141 Cb54
Einville-au-Jaurd F 25 Jd37
Eisden B 125 Bb40
Eisenach D 126 Db41
Eisenbach D 141 Cb51
Eisenberg D 127 Ea41
Eisenberg D 133 Cb45
Eisenerz A 144 Fc53
Eisenheim D 134 Db45
Eisenhüttenstadt D 128 Fc37
Eisenkappel A 144 Fb56
Eisenstadt A 145 Gb52
Eisentratten A 143 Ed55
Eisfeld D 134 Dc43
Eisgarn A 136 Fd48
Eišiškės LT 114 La59
Eiskene LV 105 Jb50
Eisma EST 98 Kd41
Eitensheim D 135 Dd48
Eiterfeld D 126 Da42
Eitorf D 125 Ca41
Eitrheimsnes N 84 Cc40
Eitting D 143 Ea50
Eivere EST 98 Kd43
Eivindvik N 84 Ca37
Eivissa E 56 Gc69
Eixo P 44 Ac62
Ejby DK 108 Dc26
Ejby DK 109 Eb26
Ejea de los Caballeros E 47 Fa59
Ejheden S 87 Fd37
Ejsing DK 100 Da22
Ejsk RUS 205 Fb16
Ejstrupholm DK 108 Db24
Ejulve E 48 Fb63
Ek S 102 Fa46
Ekängen S 103 Fd46
Ekaterinovka RUS 203 Fa12
Ekaterinovka RUS 203 Fc12
Ekby S 102 Fa46
Eke S 104 Ha50
Ekeberga S 103 Fd52
Ekeby S 96 Gd41
Ekeby S 96 Gc44
Ekeby S 103 Fc47
Ekeby S 104 Ha49
Ekeby S 110 Ed55
Ekeby-Almby S 95 Fd44
Ekebyborna S 103 Fd46
Ekedalen S 102 Fa47
Ekenäs FIN 97 Jd40
Ekenässjön S 103 Fc50
Eker S 95 Fc44
Ekerö S 96 Gd44
Ekeskog S 103 Fb46
Eket S 110 Ed54
Eketånga S 102 Ed52
Ekfors S 73 Jb20
Ekimoviči RUS 202 Ec12
Ekinhisar TR 193 Gb86
Ekinli TR 186 Fb80
Ekinli TR 187 Gc79
Ekkerøy N 65 Kc06
Eknäs FIN 97 Jc40
Ekne N 78 Eb29
Ekola FIN 81 Jb30
Ekorrsele S 80 Ha26
Ekorrträsk S 80 Ha26
Ekså N 92 Cd45
Ekshärad S 94 Fa41
Ekşidere TR 191 Ed81
Eksı Gediz TR 192 Fd84
Ekşili TR 199 Gc90
Eksingedal N 84 Cb38
Eksjö S 103 Fc49
Ekskogen S 96 Gd42
Eksta S 104 Gd50
Ekträsk S 80 Hb26
Ekzarh Antimovo BG 181 Ec72
Ekzarh Josif BG 180 Ea69
Elabuga RUS 203 Ga08
Elafohóri GR 184 Da77
Elafohóri GR 185 Ea76
Elafónissos GR 195 Bd91
Elafótopos GR 182 Ad79
El Álamo E 46 Db65
El Álamo E 59 Bd73
El Álamo E 59 Cb73
El Algar E 55 Fa73
El Aljibe y las Brencas de Sicilia E 61 Ec73
El Alquián E 61 Eb76
Elämäjärvi FIN 82 Kb28
Elan' RUS 203 Fd12
El Ángel E 60 Cc77
Elan'-Kolenovskij RUS 203 Fc13
Elantxobe E 39 Eb55
El Arahal E 59 Cb74
El Arenal E 45 Cc65
Elassóna GR 183 Bc80
El Astillero E 38 Dc55
Eláta GR 191 Dd86
Eláti GR 183 Bc79
Elati GR 188 Bb81
Elátia GR 189 Bd84
Elat'ma RUS 203 Fb10
Elatohóri GR 182 Ba79
Elatohóri GR 183 Bd78
Élatos GR 182 Ba79
Elatoú GR 188 Bb84
El Azagador E 54 Fa67
El Ballestero E 53 Ea70
El Barco de Ávila E 45 Cb64
Elbasan AL 182 Ac75
Elbasan TR 186 Fb77
El Batán E 45 Bd65
El Baúl E 61 Dd74
El Bayo E 47 Fa59
Elbe D 126 Dc37
El Bercial E 52 Cc66
Elbeuf F 23 Ga35
Elbeyli TR 186 Ga79
Elbingerode D 126 Dc38
Elbląg PL 122 Hc30
El Bocal E 47 Ed59
El Bodón E 45 Bd64
El Bonillo E 53 Ea69
El Bosque E 59 Cb76
El'brus RUS 205 Ga17
Elbtal D 125 Cb42
El Bujeo E 59 Ca78
El Bullaque E 52 Da68
Elburg NL 117 Bc35
El Burgo E 60 Cc76
El Burgo de Ebro E 48 Fb61
El Burgo de Osma E 46 Dd60
El Burgo Ranero E 37 Cd57
El Buste E 47 Ed60
El Cabaco E 45 Ca63
El Cabo de Gata E 61 Eb76
El Calonge E 59 Cb73
El Campamento E 59 Cb78
el Campello E 55 Fb71
El Campillo E 53 Dd71
El Campillo E 53 Ea71
El Campillo de la Jara E 52 Cc67
El Campo de Peñaranda E 45 Cc62
El Cañavate E 53 Eb67
El Cardoso de la Sierra E 46 Dc62
El Carpio E 60 Cd72
El Carpio de Tajo E 52 Da66
El Casar de Escalona E 46 Da65
El Casar de Talamanca E 46 Dc63
El Castaño E 59 Ca77
El Castellar E 47 Fa65
El Castillo de las Guardas E 59 Bd73
El Centenillo E 52 Db71
El Cerro de Andévalo E 59 Bb73
El Chaparral E 60 Cd77
Elche E 55 Fb71
Elche de la Sierra E 53 Eb71
Elchesheim-Illingen D 133 Cb47
Elchingen D 134 Da49
Elciego E 39 Eb58
Elçili TR 185 Eb76
Elcóaz E 39 Fa57
El Cobo E 61 Ec72
el Cogul E 48 Ga61
El Collado E 54 Fa66
El Colmenar E 59 Cb76
El Colmenar E 59 Cb77
El Colorado E 59 Bd77
El Corchuelo E 59 Bc74
El Coronil E 59 Ca75
El Crucero E 37 Ca54
El Cuartón E 59 Ca78
El Cubillo de Uceda E 46 Dc63
El Cubo de Don Sancho E 45 Ca62
El Cubo de la Tierra del Vino E 45 Cb61
El Cuervo E 59 Bd75
Elda E 55 Fa71
Elda N 66 Ga12
Eldalen N 92 Cd46
Eldek TR 192 Fa85
Eldena D 119 Ea34
Eldforsen S 95 Fb40
Eldingen D 118 Dc35
Eldsberga S 110 Ed53
Eléa GR 195 Bd90
Elec RUS 203 Fa12
Eledio CY 206 Hd98
Elefsína GR 189 Cb86
Elefthério GR 189 Bd81
Eléfthero GR 182 Ad79
Eleftherohóri GR 183 Bb79
Eleftheroúpoli GR 184 Da77
Eleja LV 106 Kb52
El Ejido E 61 Dd76
Elek H 147 Jd56
Èlektostal' RUS 203 Fa10
Elektrėnai LT 114 Kd58
Elemir SRB 153 Jc59
Elemno RUS 99 Ma43
Elena BG 180 Ea71
Elenovo BG 180 Ea73
Eleófito GR 188 Ba83
Eleohóri GR 184 Cd77
Eleohóri GR 194 Bb89
Eleón GR 184 Cc76
Eleón GR 189 Bc84
Eleoússa GR 182 Ad80
El Escorial E 46 Db64
Elešnica BG 184 Cc74
El Espinar E 46 Da63
Elfershausen D 134 Db44
Elford GB 16 Ed24
El Frago E 39 Fa58
El Frasno E 47 Ed61
Elgå N 86 Ec34
Elganowo PL 121 Ha31
El Gargantón E 52 Da69
El Garrobo E 59 Bd73
El Gastor E 59 Cb76
Elgg CH 142 Cc52
Elgin GB 5 Eb07
Elgiszewo PL 121 Hb34
Elgoibar E 39 Eb55
Elgol GB 6 Db09
El Grado E 48 Fd59
El Granado E 58 Ba73
el Grau de Castelló E 54 Fc66
el Grau de Gandia E 54 Fc69
Elgsmyra N 86 Ec36
Elgsnes N 66 Ga12
El Guijar E 46 Db62
El Guijo E 52 Cd70
Elham GB 21 Gb29
El Haza del Riego E 61 Ea75
El Herrumblar E 54 Ed68
El Higuerón E 60 Cc72
El Hijate E 61 Ea74
Elhovka RUS 203 Ga09
Elhovo BG 180 Db73
Elhovo BG 180 Eb73
El Hoyo E 52 Db71
El Hoyo de Pinares E 46 Da64
Eliá GR 194 Ba88
Elijärven kaivos FIN 74 Jc21
Elika GR 195 Bd91
Elikónas GR 189 Bd85
Elimäki FIN 90 Kd37
Elincourt-Sainte-Marguerite F 23 Ha34
Elinókastro GR 183 Bb80
Elin Pelin BG 179 Cd71
Elionka RUS 202 Ec13
Elisejna BG 179 Cc70
Èlista RUS 205 Ga15
Elizarovo RUS 107 Ld46
Elizavetino RUS 99 Mb40
Elizondo E 39 Ed56
El Jardín E 53 Eb70
El Jardón E 60 Cd73
Eljaröd S 111 Fb56
El Jautor E 59 Ca77
Ełk PL 123 Jd31
Elkeland N 92 Cc46
Elkenroth D 125 Cb41
Elkšņi LV 106 La52
Elkšņukrogs LV 106 La52
Elkstone GB 20 Ed27
Ellamaa EST 98 Ka43
El Lance de la Virgen E 61 Dd76
Ellastone GB 16 Ed23
Elleholm S 111 Fc54
Ellenberg D 134 Db48
Ellen's Green GB 20 Fc29
El Lentiscal E 59 Ca78
Ellerau D 118 Db32
Ellesmere GB 15 Eb23
Ellesmere Port GB 15 Eb22
Ellewoutsdijk NL 124 Ab38
Ellhofen D 134 Cd47
Elliant F 27 Dd39
Ellidshøj DK 100 Dc21
Elling DK 101 Dd19
Ellingen D 134 Dc47
Elliniká GR 189 Cb83
Elliniko GR 189 Bc86
Ellinikó GR 194 Bb87
Ellinikó GR 194 Bc87
Ellinikó GR 195 Bd91
Ellinikó GR 195 Cb87
El Llano (San Tirso de Abres) E 37 Bd54
Ellmau A 143 Eb53
Ellon GB 5 Ed08
Ellös S 102 Eb47
Ellrich D 126 Dc39
Ellwangen D 142 Da51
Ellwangen/Jagst D 134 Db48
Elm CH 142 Cc54
Elmabağı TR 192 Fa86
Elmacık TR 185 Ed74
Elmacık TR 199 Gb89
El Maderal E 45 Cb61
El Madroño E 59 Bc73
Elmalı TR 185 Ec78
Elmalı TR 186 Fd77
Elmalı TR 187 Gb79
Elmalı TR 198 Ga91
El Manantial E 59 Bd76
Elmas I 169 Ca79
el Masnou E 49 Ha61
Elmdon GB 20 Fd26
Elmelunde DK 109 Ec28
Elmen A 142 Db53
Elmenhorst D 118 Dc32
Elmenhorst D 119 Eb31
Elmley Castle GB 20 Ed26
El Molar E 46 Dc63
el Molar E 48 Ga62
El Molar E 61 Dd72
El Molinillo E 52 Da67
El Moncayo E 55 Fb72
El Moral E 61 Eb72
Elmore GB 19 Ec27
el Morell E 48 Gb62
Elmshorn D 118 Db32
Elmstein D 133 Ca46
El Musel E 37 Cc54
Elne F 41 Hb57
Elnesvågen N 76 Cd31
El Niño E 55 Ed72
El'nja RUS 202 Ec11
Elopía GR 189 Ca85
Elorrio E 39 Eb56
Élos GR 200 Ca95
Előszállás H 146 Hc55
Eloúnta GR 201 Dc96
Eloyes F 31 Ka39
el Palmar E 54 Fc68
El Palmar E 55 Fa72
El Palmar de Troya E 59 Ca75
El Parador de las Hortichuelas E 61 Ea76
El Paraíso E 60 Cc77
El Pardo E 46 Dc64
el Pas de la Casa AND 40 Gc58
el Pas de la Casa AND 40 Gc58
El Pedernoso E 53 Ea67
El Pedregal E 47 Ed63
El Pedroso E 37 Cc54
El Pedroso E 59 Ca72
El Pedroso de la Armuña E 45 Cc62
El Peral E 53 Ec67
El Perdigón E 45 Cb61
el Perelló E 48 Ga63
el Perelló E 54 Fc68
Elphin GB 4 Dc06
Elphin IRL 8 Ca19
el Pia de Santa Maria E 48 Gb61
El Picazo E 53 Eb68
el Pi de Sant Just E 49 Gc59
El Pilar de la Horadada E 55 Fb73
el Pinell de Brai E 48 Ga63
El Piñero E 45 Cc61
El Pintado E 59 Ca72
el Poblenou del Delta E 48 Ga64
El Pobo E 47 Fa64
El Pobo de Dueñas E 47 Ed63
el Pont d'Armentera E 49 Gc61
el Pont de Suert E 40 Ga58
el Pont de Vilomara E 49 Gd60
El Portal E 59 Bd76
el Port de Borriana E 54 Fc66
el Port de la Selva E 41 Hc58
el Port de Sagunt E 54 Fc67
El Portil E 59 Bb74
El Pozo de los Frailes E 61 Eb76
El Priorato E 59 Cb73
El Provencio E 53 Ea68
El Puente del Arzobispo E 52 Cc66
El Puente del Rio E 61 Dd76
El Puente (Guriezo) E 38 Dd55
El Puerto E 37 Cb55
El Puerto E 51 Bc71
El Puerto de Santa María E 59 Bd76
El Pulpillo E 55 Ed70
El Puntal E 37 Cd54
El Real de la Jara E 59 Bd72
El Real de San Vicente E 46 Cd65
El Rincón E 61 Ec74
El Robledo E 52 Da68
El Rocío E 59 Bc74
el Rodriguillo E 55 Fa71
El Romeral E 52 Dc67
El Rompido E 59 Bb74
El Ronquillo E 59 Bd72
El Royo E 47 Ea60
El Rubio E 60 Cc74
El Sabinar E 47 Fa59
El Sabinar E 61 Eb72
el Sahuco E 61 Ea74
el Saler E 54 Fc68
El Salobral E 53 Ec69
El Saltador E 61 Ec74
El Santiscal E 59 Ca76
els Arcs E 48 Fd61
El Saucejo E 60 Cc75
Elsazı TR 199 Gd89
Elsdon GB 11 Ed15
Elsdorf D 118 Da33
Elsdorf D 125 Bc40
Elsdorf-Westermühlen D 118 Db30
Elsenborn B 125 Bb42
Elsenfeld D 134 Cd45
Elsenham GB 20 Fd27
el Serrat AND 40 Gc57
el Serrat AND 40 Gc57
Elsfjord N 71 Fb21
Elsfleth D 118 Cd33
els Hostalets d'en Bas E 49 Ha59
Elšica BG 179 Da72
Elsing D 127 Ec39
Elsing GB 17 Ga24
Elsinvaara FIN 83 Lc25
el Soleràs E 48 Ga61
Elspeet NL 116 Bb36
els Prats de Rei E 49 Gc60
Elsrickle GB 11 Eb14
Elst NL 125 Bb37
Elstad N 78 Ed26
Elstal D 127 Ed36
Elstead GB 20 Fb29
Elster D 127 Ec38
Elstertrebnitz D 127 Eb41
Elsterwerda D 128 Fa40
Elstow GB 20 Fc26
Elstra D 128 Fb41
Eltendorf A 145 Gb55
Elterlein D 135 Ec43
Eltham GB 20 Fd28
El Tiemblo E 46 Da64
El Toboso E 53 Dd67
Elton IRL 12 Bd24
Èl'ton RUS 203 Ga13
El Torno E 59 Bd76
El Toro E 54 Fa66
El Toro E 54 Fb66
El Tricheto E 52 Da68
El Trobal E 59 Ca75
El Tumbalejo E 59 Bc73
Eltvik N 76 Ca33
Eltville D 133 Cb44
Elva EST 106 La46
Elva I 148 Bb62
El Vacar E 60 Cc72
Elvanfoot GB 10 Ea15
Elvas P 51 Bb68
Elvåsen N 78 Ec25
Elvdal N 86 Ec36
Elve N 92 Cb46
Elvebakken N 62 Gd08
Elvebakken N 63 Hd08
Elveden GB 21 Ga25
Elvedjupkroken N 64 Ka06
Elvegården N 67 Gb14
El Vellón E 46 Dc63
Elvemund N 64 Jc09
Elven F 27 Eb40
el Vendrell E 49 Gc62
Elvenes N 65 Kd07
Elvenes N 66 Fc12
Elvenheim N 65 La07
El Ventorillo E 38 Db56
Elverum N 67 Gc11
Elverum N 86 Eb38
Elvestad N 93 Ea42
Elvevollen N 62 Ha10
El Villar de Arnedo E 39 Ec58
el Vilosell E 48 Gb61
Elviria E 60 Cc77
El Viso E 52 Cc70
El Viso del Alcor E 59 Ca74
Elvkroken N 66 Fd16
Elvran N 78 Eb30
Elwick GB 11 Fa17
Elworthy GB 19 Ea29
Elx E 55 Fb71
Elxleben D 127 Dd41
Ely GB 20 Fd25
Elz D 133 Cb43
Elzach D 141 Ca50
Elze D 126 Db37
Elztal D 134 Cd46
Emagny F 31 Jc41
Emanville F 23 Ga36
Embid E 47 Ec63
Embid de Ariza E 47 Ec61
Émbonas GR 197 Ed93
Embório GR 183 Bb78
Embório GR 196 Db92
Emborió GR 197 Eb90
Emborió GR 197 Ec92
Emboriós GR 197 Ed92
Embrach CH 141 Cb52
Embrun F 35 Kb50
Embsen D 118 Dc34
Embún E 39 Fb57
Emburga LV 106 Kb52
Embūte LV 105 Jc52
Emden D 117 Ca33
Emecik TR 197 Ed91
Emerando E 38 Ea55
Emersleben D 127 Dd38

Emet – Fåker

Emet TR 192 Fd83
Emincik TR 187 Hb80
Emiralem TR 191 Ec85
Emirdağ TR 193 Ha84
Emirhisa TR 192 Ga86
Emirhisar TR 193 Gb86
Emirköy TR 192 Fd82
Emirler TR 192 Fb83
Emirler TR 198 Ga91
Emiryakup TR 185 Ec77
Emkendorf D 118 Db30
Emlichheim D 117 Bd35
Emly IRL 12 Bd24
Emmaboda S 111 Fd53
Emmaljunga S 110 Fa53
Emmaste EST 97 Jc45
Emmeloord NL 117 Bc34
Emmelsbüll-Horsbüll D 108 Cd28
Emmelshausen D 133 Ca43
Emmen NL 117 Ca34
Emmendingen D 141 Ca50
Emmer-Compascuum NL 117 Ca34
Emmerich D 125 Bc37
Emmerik = Emmerich D 125 Bc37
Emmerthal D 126 Da37
Emmerting D 143 Ec51
Emmingen-Liptingen D 142 Cc51
Emmoo IRL 8 Ca20
Emo IRL 13 Cb22
Emőd H 146 Jc51
Emoniemi FIN 82 Kb28
Empa CY 206 Hd98
Empessós GR 188 Ba82
Empfingen D 134 Cc49
Empo FIN 97 Jb39
Empoli I 155 Db65
Empuriabrava E 41 Hc58
Emre TR 186 Fb80
Emre TR 192 Fb85
Emremsultan TR 193 Ha81
Emsbüren D 117 Ca36
Emsdetten D 125 Cb37
Emsfors S 103 Gb51
Emskirchen D 134 Dc46
Emstek D 117 Cc35
Emtinghausen D 118 Cd34
Emyvale IRL 9 Cc18
Ena E 39 Fb58
Enafors S 78 Ed30
Enäjärvi FIN 90 La37
Enåker S 95 Gb41
Enånger S 87 Gb36
Enarsvedjan S 79 Fb29
Enåsa S 95 Fb45
Encekler TR 192 Fb85
Encima-Angulo E 38 Dd56
Encinas E 46 Dc61
Encinas de Abajo E 45 Cc62
Encinas de Esgueva E 46 Db60
Encinasola E 51 Bc71
Encinasola de los Comendadores E 45 Bd62
Encinas Reales E 60 Cd74
Encio E 38 Dd57
Enciso E 47 Eb59
Encs H 147 Jd50
Endach A 143 Eb53
Endingen CH 141 Cb52
Endingen D 141 Ca50
Endla EST 98 La44
Endon GB 16 Ed23
Endre S 104 Ha49
Endriejavas LT 113 Jc55
Endrinal E 45 Cb63
Endrup DK 108 Da26
Enebakk N 93 Ea42
Enego I 150 Dd58
Enerhodar UA 205 Fa16
Eneryda S 103 Fb52
Enez TR 185 Ea78
Enfesta E 36 Ad56
Engan N 70 Ed21
Engarés GR 196 Db90
Engdal N 77 Dc30
Enge N 77 Dc30
Engelberg CH 141 Cb55
Engelhartszell A 144 Fa50
Engeln D 118 Cd35
Engels RUS 203 Fd12
Engelsberg D 143 Eb51
Engelsbrand D 134 Cc48
Engelskirchen D 125 Ca41
Engelst DK 100 Db21
Engelsviken N 93 Ea43
Engelthal D 135 Dd46
Engen D 142 Cc51
Engene N 93 Da46
Engenes N 67 Gb12
Enger D 126 Cc37
Enger N 85 Dd39
Engerdal N 86 Ec35
Engerneset N 86 Ec36
Engesland N 93 Da46
Engesvang DK 108 Db24
Enghien B 124 Ab41
Engi CH 142 Cc54
Engilli TR 193 Ha86
Engis B 124 Ba41
Englancourt F 24 Hc33
Englefontaine F 24 Hc32
Engstingen D 134 Cd49
Engstlenalp CH 141 Cb55
Enguera E 54 Fb69
Enguídanos E 54 Ed67
Engure LV 106 Ka50
Engürücük TR 186 Fd80
Engvik N 62 Gc08
Engvoll N 85 Ea34
Enica BG 179 Da69
Enichioi MD 177 Fc60
Enina BG 180 Dd72
Eningen D 134 Cd49
Enisala RO 177 Fc65
Enix E 61 Ea76
Enkenbach-Alsenborn D 133 Ca46
Enkhausen D 126 Cc40
Enkhuizen NL 116 Bb34
Enklinge FIN 97 Hd40
Enköping S 95 Gb42
Enköpings-Näs S 95 Gb43
Enmo N 86 Ea32
Enna I 167 Fa86
Enneberg I 143 Ea56
Ennepetal D 125 Ca39
Enney CH 141 Bc55
Ennezat F 34 Hb46
Ennigerloh D 125 Cb38
Enningdal N 94 Eb44
Ennis IRL 12 Bc22
Enniscorthy IRL 13 Cc24
Enniskean IRL 12 Bc26
Enniskerry IRL 13 Cd22
Enniskillen GB 9 Cb18
Ennistimon IRL 12 Bc22
Enns A 144 Fb51
Ennyinen FIN 97 Ja39
Eno FIN 83 Ld30
Enodden N 78 Ea31
Enokunta FIN 89 Jd35
Enonkoski FIN 91 Lc32
Enonkylä FIN 82 Kc25
Enonlahti FIN 82 La30
Enontekiö FIN 68 Ja13
Ens NL 117 Bc35
Enschede NL 117 Bd36
Ensdorf D 135 Ea47
Ense D 125 Cb39
Ensen S 87 Fd38
Ensisheim F 31 Kb39
Enskogen S 87 Fd35
Enstone GB 20 Fa26
Enter NL 117 Bd36
Entlebuch CH 141 Ca54
Entracque I 148 Bc63
Entradas P 58 Ad72
Entrages F 42 Ka52
Entraigues F 29 Gc43
Entraigues F 35 Jd49
Entrains-sur-Nohain F 30 Hb41
Entrambasmestas E 38 Dc55
Entrammes F 28 Fb40
Entraunes F 43 Kb51
Entraygues-sur-Truyère F 33 Ha51
Entrecasteaux F 42 Ka54
Entrechaux F 42 Jc52
Entrena E 39 Eb58
Entre-os-Rios P 44 Ad61
Entrevaux F 43 Kb52
Entrín Bajo E 51 Bc69
Entroncamento P 50 Ac66
Entuğrulköy TR 193 Hb83
Entzheim F 25 Kc37
Envendos P 50 Ba66
Envermeu F 23 Gb33
Envernallas E 37 Bd55
Enviken S 95 Fd39
Enville GB 15 Ec25
Enying H 145 Hb55
Enzenkirchen A 144 Fa50
Enzersdorf im Thale A 137 Gb49
Enzesfeld A 145 Gb52
Enzinger Boden A 143 Eb54
Enzklösterle D 133 Cb48
Eochaill IRL 13 Ca26
Čohkkiras S 67 Hb15
Epagny F 24 Hb35
Epagny F 30 Jb41
Epaignes F 22 Fd35
Epáno Fellós GR 190 Da87
Epanomí GR 183 Ca78
Epaux-Bézu F 24 Hb36
Epe NL 117 Bc36
Épehy F 24 Hb33
Épernay F 24 Hc36
Epernon F 29 Gc38
Epfig F 31 Kb38
Epieds F 24 Hb36
Epierre F 35 Ka47
Epikopí GR 195 Ca89
Épila E 47 Fa61
Épinal F 31 Jd38
Epineuil-le-Fleuriel F 29 Ha44
Epiry F 30 Hc42
Episcopia I 162 Gb77
Episkopi CY 206 Ja98
Episkopí GR 188 Bb83
Episkopí GR 200 Cc95
Episkopí GR 200 Da96
Epitálio GR 194 Ba87
Epizon F 30 Jb38
Époisses F 30 Hd41
Epoo FIN 98 Kc39
Epoye F 24 Hd35
Eppan I 142 Dc56
Eppelborn D 133 Bd46
Eppenbrunn D 133 Ca47
Eppendorf D 127 Ed42
Eppe-Sauvage F 24 Hd32
Epping GB 20 Fd27
Eppingen D 134 Cc47
Eppstein D 134 Cc44
Epsom GB 20 Fc28
Eptagoneia CY 206 Jb97
Eptahóri GR 182 Ba78
Eptakomi CY 206 Jd95
Eptálofos GR 183 Cb76
Eptálofos GR 189 Bd84
Epuisay F 29 Ga40
Epureni RO 177 Fb60
Epworth GB 16 Fb21
Équeurdreville-Hainneville F 22 Ed34
Equihen-Plage F 23 Gb31
Equi Terme I 155 Da64
Eraclea I 150 Eb59
Eraclea Mare I 150 Ec59
Erahtur RUS 203 Fb10
Eräjärvi FIN 90 Ka35
Eräjärvi FIN 91 Lc34
Eranova I 164 Gb83
Eräslahti FIN 90 Ka34
Erastvere EST 107 Lb46
Eratiní GR 189 Bc85
Erátira GR 183 Bb78
Erba I 149 Cc58
Erbaa TR 205 Fc20
Erbach D 134 Cd45
Erbach D 142 Da50
Erbajolo F 154 Cb70
Erbalunga F 154 Cc68
Erbedeiro E 36 Bb57
Erbendorf D 135 Eb45
Ērberge LV 106 Kd52
Erbes-Büdesheim D 133 Cb45
Erbiceni RO 173 Fa57
Ercheu F 23 Ha34
Erchie I 162 Hb76
Ercolano I 161 Fb75
Ercsi H 146 Hc54
Érd H 146 Hc53
Erdal N 63 Ja06
Erdal N 84 Cd34
Erdal N 84 Cb35
Erdeborn D 127 Ea40
Erdek TR 186 Fa79
Erdelek TR 198 Ga91
Erdemli TR 187 Gb79
Erden BG 179 Cc69
Erdeven F 27 Ea41
Erdevik SRB 153 Ja61
Erding D 143 Ea50
Erdington GB 16 Ed24
Erdőbénye H 147 Jd50
Erdoğlu TR 187 Gc79
Erdut HR 153 Hd59
Erdweg D 143 Dd50
Eréac F 27 Ec39
Erecek TR 191 Ea82
Ereğli TR 187 Ha77
Erehnovo RUS 107 Ld46
Ereira P 50 Ab67
Eremitu RO 172 Dd58
Erenköy TR 193 Gb82
Erenler TR 186 Ga77
Eresfjord N 77 Db32
Eressós GR 191 Dd83
Erétria GR 189 Bd82
Erétria GR 189 Cc85
Erezée B 124 Ba42
Erfde D 118 Da30
Erfjord N 92 Cb42
Erftstadt D 125 Bd41
Erfurt D 127 Dd41
Ērgeme LV 106 La47
Ergersheim D 134 Db46
Ergili TR 186 Fa80
Ērgli LV 106 La50
Ergolding D 135 Eb49
Ergoldsbach D 135 Eb49
Ergué-Gabéric F 27 Dc39
Eriboll GB 4 Dd04
Erice I 166 Ea84
Erice TR 192 Ga86
Ericeira P 50 Aa68
Ericek TR 186 Fd80
Ericek TR 187 Gd80
Erikler TR 185 Ec75
Erikli TR 185 Eb78
Erikli TR 186 Fa80
Erikli TR 193 Gb81
Erikoussa GR 182 Aa79
Eriksberg S 71 Fd24
Eriksberg S 102 Eb47
Erikslund S 87 Ga33
Eriksmåla S 103 Fd52
Eriksrud N 85 Ea39
Erikstad N 66 Fd13
Erikstad S 102 Ec46
Ering D 143 Ed50
Eringsboda S 111 Fd53
Ēriškiai LT 114 Kc55
Eriskirch D 142 Cd52
Eriswell GB 20 Fd25
Eriswil CH 141 Ca54
Erithrés GR 189 Ca86
Erka N 85 Db34
Erkelenz D 125 Bc40
Erkheikki S 68 Ja17
Erkheim D 142 Db51
Erkner D 128 Fa36
Erla E 47 Fa59
Erlabrunn D 134 Da45
Erlach A 145 Gb52
Erlangen D 135 Dd46
Erlau D 127 Ec41
Erlbach D 143 Ec50
Erle D 125 Bd38
Erlėnai LT 113 Jb54
Erlenbach D 135 Ea45
Erlenbach D 134 Cd45
Erlenbach D 134 Cd47
Erlensee D 134 Cd44
Erligheim D 134 Cd47
Erlinsbach CH 141 Ca53
Erlsbach A 143 Eb55
Erm NL 117 Bd35
Ermakiá GR 183 Bc78
Ermakovo RUS 122 Jb30
Ermakovo RUS 203 Ga09
Erma reka BG 184 Db76
Ermatingen CH 142 Cc52
Ermelo NL 116 Bb36
Ermelo P 44 Ba60
Ermenonville F 23 Ha36
Ermesinde P 44 Ad61
Ermidas-Aldeia P 50 Ac71
Ermióni GR 195 Ca88
Ermiš RUS 203 Fb10
Ermita de Carrión E 51 Bb68
Ermita del Ramonete E 55 Ed74
Ermoclia MD 173 Ga59
Ermoúpoli GR 196 Da89
Ermsleben D 127 Dd39
Ermua E 39 Eb55
Erndtebrück D 126 Cc41
Ernée F 28 Fb39
Ernei RO 171 Dc59
Ernestinovo HR 153 Hc60
Ernsgaden D 135 Ea49
Ernstbrunn A 137 Gb49
Erolzheim D 142 Da51
Erôme F 34 Jb49
Erp NL 125 Bb38
Erpingham GB 17 Gb23
Erquy F 26 Eb37
Erriff Bridge IRL 8 Bb19
Erril IRL 13 Cb23
Errindlev DK 109 Ea29
Erritsø DK 108 Db26
Erro E 39 Ed56
Errol GB 7 Eb11
Erschwil CH 141 Bd53
Érsekcsanád H 153 Hd57
Ersekë AL 182 Ad78
Érsekvadkert H 146 Hd51
Ersfjordbotn N 62 Gc09
Erši RUS 202 Ed11
Erska S 102 Ec47
Erslev DK 100 Da21
Ersmark S 72 Gb24
Ersmark S 80 Hc25
Ersmark S 80 Hb28
Ersnäs S 73 Hd22
Eršovo RUS 107 Ld46
Erstein F 25 Kc37
Erstfeld CH 141 Cb55
Ersvika N 66 Fc17
Ertingen D 142 Cd50
Erto I 150 Eb57
Ertsjärv S 73 Hd19
Ertuğrul TR 185 Ed76
Ertuğrul TR 186 Fc80
Ertuğrul TR 191 Ed82
Ertuğrul TR 192 Fc87
Ervalla S 95 Fd43
Ervasti FIN 75 Kc22
Ervauville F 29 Ha39
Ervedal P 50 Ba68
Ervedosa do Douro P 44 Bb61
Ervelä FIN 97 Jd40
Ervenik HR 157 Ga64
Ervidel P 50 Ad71
Ervik N 76 Ca33
Ervita EST 98 Kd43
Ervy-le-Châtel F 30 Hc39
Erwitte D 126 Cc39
Erwood GB 15 Ea26
Erxleben D 127 Dd37
Erzgrube D 133 Cb49
Erzincan TR 205 Fd20
Erzurum TR 205 Ga19
Eržvilkas LT 114 Ka56
Esadiye TR 186 Fd79
Esanos E 38 Da55
Esatlar TR 192 Ga83
Esbjerg DK 108 Cd26
Esbo FIN 98 Kb39
Esbønderup DK 109 Ec24
Escairón (Saviñao) E 36 Bb56
Escalada E 38 Dc56
Escalaplano I 169 Cb78
Escalhão P 45 Bc62
Escalles F 21 Gc30
Escalona E 40 Fd58
Escalona E 46 Da65
Escalona del Prado E 46 Db62
Escalonilla E 52 Da66
Escalos de Baixo P 44 Bb65
Escalos de Cima P 44 Bb65
Escamplero E 37 Cb54
Escañuela E 52 Da72
es Capdellà E 56 Ha67
Escarabote E 36 Ac56
Escariche E 46 Dd64
Escároz E 39 Fa56
Escarrilla E 40 Fc57
es Castell E 57 Jb66
Escatalens F 40 Gb53
Escatrón E 48 Fc62
Eschach D 134 Da48
Eschau D 134 Cd45
Eschborn D 134 Cc44
Escheburg D 118 Dc33
Eschede D 118 Dc35
Eschenau A 144 Fd51
Eschenbach D 135 Ea45
Eschenburg D 126 Cc41
Eschenfelden D 135 Ea46
Eschenlohe D 143 Dd52
Eschershausen D 126 Da38
Eschkam D 135 Ec47
Esch-s.-Alz. L 133 Bb45
Esch-sur-Sûre L 133 Bb44
Eschwege D 126 Db40
Eschweiler D 125 Bc41
Escombreras E 55 Fa74
Escorihuela E 47 Fa64
Escos F 39 Fa55
Escot F 39 Fb56
Escouloubre F 41 Gd57
Escource F 39 Fa52
Escrennes F 29 Gd39
es Cubells E 56 Gb69
Escucha E 48 Fb63
Escudeiros P 44 Ad60
Escuderos E 46 Db59
Escurial E 51 Ca68
Escusa P 50 Ad67
Esechioi RO 181 Ed68
Eşelek TR 185 Ec80
Eşeler TR 192 Fa82
Eşelnița RO 174 Ca64
Esen BG 181 Ec71
Eşen TR 192 Fd82
Eşen TR 198 Fd92
Esenbağ TR 192 Fc83
Esence TR 186 Fc80
Esence TR 193 Gd82
Esendere TR 193 Gc87
Esenkaya TR 198 Fb89
Esenköy TR 187 Gc80
Esenköy TR 198 Fb88
Esenköy TR 198 Fd92
Esenler TR 185 Ed77
Esenli TR 192 Fa82
Esens D 117 Cb32
Esenyazı TR 192 Fb86
Esenyurt TR 186 Fc77
Esgos E 36 Bb57
es Grau E 57 Jb66
Esguevillas de Esgueva E 46 Da60
Esher GB 20 Fc28
Esh Winning GB 11 Fa17
Eskdale Green GB 11 Eb18
Eskdalemuir GB 11 Eb15
Eskebjerg DK 109 Ea25
Eskelhem S 104 Gd49
Eskiakören TR 193 Ha84
Eskiçine TR 197 Fa89
Eskidanişment TR 192 Fd81
Eskifjörður IS 3 Bc05
Eskihisar TR 197 Fa89
Eskikaraağaç TR 186 Fc80
Eskiler TR 193 Ha87
Eskilsäter S 94 Ed45
Eskilstrup DK 109 Eb28
Eskilstuna S 95 Gb43
Eskin TR 192 Fc85
Eskipazar TR 205 Fa20
Eskişehir TR 193 Gc82
Eskisığırcı TR 186 Fa80
Eskiyayla TR 187 Gb79
Eskola FIN 81 Jd27
Eskragh GB 9 Cc17
Esku EST 98 Kd44
Eslared S 102 Fa52
Eslarn D 135 Eb46
Eslida E 54 Fc66
es Llombards E 57 Hc68
Eslohe D 125 Cb40
Eslöv S 110 Ed55
Esmared S 102 Ed52
Esme TR 192 Fc86
es Mercadal E 57 Ja65
es Migjorn Gran E 57 Ja66
es Molinar E 57 Hb67
Esmoriz P 44 Ac61
Esna EST 98 Kd43
Esnandes F 32 Fa45
Esneux B 124 Ba42
Esnouveaux F 30 Jb39
Espadañedo E 37 Ca58
Espalion F 33 Ha51
Esparragal E 61 Ec74
Esparragalejo E 51 Bd68
Esparragosa de la Serena E 51 Cb70
Esparreguera E 49 Gd61
Esparron F 42 Jd54
Esparron-de-Verdon F 42 Ka53
Espås N 77 Ea30
Espe DK 108 Dc27
Espe N 84 Cc40
Espejo E 38 Ea56
Espejo E 60 Cd73
Espel NL 116 Bb34
Espeland N 84 Ca39
Espeland N 92 Cb45
Espeli N 92 Cd45
Espelkamp D 126 Cd36
Espeluche F 42 Jb51
Espenau D 126 Da40
Espera E 59 Ca75
Esperança P 51 Bb68
Espéraza F 41 Gd56
Esperia I 160 Ed73
Esperstedt D 127 Dd40
Espetøl N 93 Da44
Espevær N 92 Bd41
Espezel F 41 Gd57
Espiel E 52 Cc71
Espinama E 38 Da55
Espiñaredo E 36 Bb53
Espinasses F 42 Ka51
Espinhal P 44 Ad65
Espinho P 44 Ac61
Espinilla E 38 Db56
Espinosa de Cerrato E 46 Db59
Espinosa de Cervera E 46 Dc59
Espinosa de Henares E 46 Dd63
Espinosa de los Monteros E 38 Dc56
Espinoso del Rey E 52 Cd67
Espírito Santo P 58 Ba73
Esplantas F 34 Hc50
Esplús E 48 Fd60
Espoey F 40 Fc55
Espolla E 41 Hb58
Espoo FIN 98 Kb39
Esporles E 57 Hb67
es Port E 57 Hb68
Esposende P 44 Ac59
Esprels F 31 Jd40
es Pujols E 56 Gc70
Esquedas E 48 Fb59
Esquivias E 46 Db65
Esrange S 67 Hb15
Esrum DK 109 Ec24
Essay F 28 Fd38
Esse FIN 81 Jb29
Esselbach D 134 Da45
Essen B 124 Ad38
Essen D 117 Cb35
Essen D 125 Bd39
Essenbach D 135 Eb49
Essenniki RUS 107 Mb50
Essentuki RUS 205 Ga17
Essertaux F 23 Gd34
Essertenne F 31 Jc41
Essimi GR 185 Dd77
Essing D 135 Ea48
Essingen D 134 Da48
Esslingen D 134 Cd48
Essômes-sur-Marne F 24 Hb36
Essoyes F 30 Ja39
Essunga S 102 Ed47
Essvik S 88 Gc33
Establet F 42 Jc51
Estação de Ourique P 58 Ac72
Estacas E 36 Ad57
Estación de Cártama E 60 Cd76
Estación de Páramo E 37 Ca56
Estación de Salinas E 60 Da75
Estadilla E 48 Fd59
Estagel F 41 Ha57
Estaing F 33 Ha51
Estaires F 23 Ha31
Estang F 40 Fc53
Estarreja P 44 Ac62
Estavayer-le-Lac CH 141 Bb54
Este I 150 Dd60
Estedt D 127 Ea36
Estela P 44 Ac60
Estella E 39 Ec57
Estellencs E 56 Ha67
Estenfeld D 134 Db45
Esteng F 43 Kb51
Estepa E 60 Cc74
Estépar E 38 Dc58
Estepona E 59 Cb77
Estercuel E 48 Fb63
Esternay F 24 Hc37
Esternberg A 135 Ed49
Esterri d'Àneu E 40 Gb57
Estersmark S 80 Hc26
Esterwegen D 117 Cb34
Esterzili I 169 Cb78
Estiche de Cinca E 48 Fd60
Estissac F 30 Hc38
Estivella E 54 Fc67
Estorf D 118 Da32
Estorf D 126 Da36
Estoril P 50 Aa68
Estorninhos P 58 Ad74
Estrées-Saint-Denis F 23 Ha35
Estrée-Wamin F 23 Gd32
Estreito P 44 Ba65
Estremera E 46 Dd65
Estremoz P 50 Ba69
Estrup DK 109 Eb26
Estry F 22 Fb37
Estuna S 96 Ha42
Estvad DK 100 Da22
Esztergom H 146 Hc52
Étain F 25 Jc35
Etais F 30 Ja40
Etalans F 31 Jd42
Etalle B 132 Ba44
Étampes F 29 Gd38
Étang-sur-Arroux F 30 Hd43
Étaples F 23 Gc31
Etauliers F 32 Fb49
Etel F 27 Ea41
Eteläinen FIN 90 Ka37
Eteläkylä FIN 90 Kd34
Etelälahti FIN 82 Ka27
Etelä-Niskamäki FIN 90 Kd32
Eteläpää FIN 89 Hd33
Etelä Varisala FIN 97 Ja39
Etelhem S 104 Ha50
Eterna E 38 Dd58
Etevaux F 30 Jb41
Etili TR 191 Ec81
Etival F 31 Jd44
Etival-Clairefontaine F 31 Ka38
Etne N 92 Cb41
Étoges F 24 Hc36
Etoile-Rhône F 34 Jb50
Etola FIN 90 Kb37
Etolikó GR 188 Ba84
Etouy F 23 Gd35
Étréaupont F 24 Hc33
Étréchy F 29 Gd38
Etrembières F 35 Jd45
Etrépagny F 23 Gc35
Étretat F 22 Fd34
Étreux F 24 Hc33
Etrœungt F 24 Hc33
Etropole BG 179 Cd71
Etroubles I 148 Bc58
Etsaut F 39 Fb56
Ettelbruck L 133 Bb44
Ettenheim D 141 Ca50
Etten-Leur NL 124 Ad38
Ettiswil CH 141 Ca53
Ettlingen D 133 Cb48
Ettrickbridge GB 11 Eb14
Ettringen D 142 Dc51
Etu-Ikola FIN 90 Kc33
Etulia MD 177 Fc63
Etusson F 28 Fb43
Etuz F 31 Jd41
Etxano E 38 Ea55
Etzen A 136 Fc49
Etzenricht D 135 Eb46
Eu F 23 Gb33
Euerbach D 134 Db44
Euerdorf D 134 Db44
Eugénie-les-Bains F 40 Fc54
Eulatal D 127 Ec41
Eupen B 125 Bb41
Eura FIN 89 Jb37
Eurajoki FIN 89 Ja37
Euratsfeld A 144 Fc51
Eursinge NL 117 Bd34
Euskirchen D 125 Bd42
Eußenheim D 134 Da44
Euston GB 21 Ga25
Euthal CH 142 Cc54
Eutin D 119 Dd31
Euzet F 42 Ja52
Evaillé F 29 Ga40
Eväjärvi FIN 90 Ka34
Evangelismós GR 183 Bd80
Evangelismós GR 194 Ba89
Evangelístria GR 189 Ca85
Evanger N 84 Cb38
Evanton GB 5 Ea07
Evaux-les-Bains F 33 Ha45
Evciler TR 185 Ed75
Evciler TR 191 Eb81
Evciler TR 191 Ed82
Evciler TR 191 Ed83
Evciler TR 192 Ga87
Evdilos GR 196 Dd88
Évele LV 106 Kd48
Evelix GB 5 Ea06
Evenhus N 78 Ea29
Evenskjer N 66 Ga13
Evenstad N 86 Eb36
Evercreech GB 19 Ec29
Everleigh GB 20 Ed29
Everöd S 111 Fb55
Eversley GB 20 Fb28
Everswinkel D 125 Cb38
Evertsberg S 87 Fb37
Evesham GB 20 Ed26
Évian-les-Bains F 31 Ka44
Evijärvi FIN 81 Jc29
Evillers F 31 Jd42
Evinohóri GR 188 Ba85
Evisa F 154 Ca70
Evitskog FIN 98 Ka40
Evja N 66 Fc17
Evje N 92 Cd45
Evkafteke TR 191 Ed84
Évlalo GR 184 Db77
Evlanovo RUS 203 Fa12
Évora P 50 Ad69
Évora Monte P 50 Ba69
Evran F 26 Ec38
Evrecy F 22 Fb36
Evrencik TR 186 Fa75
Evrensekiz TR 185 Ed76
Evreşe TR 185 Ec78
Évreux F 23 Gb36
Evrieu F 35 Jc47
Evriguet F 27 Ec39
Évron F 28 Fc39
Évry F 23 Gd37
Evrychou CY 206 Ja97
Ewell GB 20 Fc28
Examília GR 195 Bd87
Exaplátanos GR 183 Bd76
Éxarhos GR 189 Ca84
Exbourne GB 19 Dd30
Excideuil F 33 Gb48
Exeter GB 19 Ea30
Exford GB 19 Ea29
Exilles I 148 Bb60
Exloo NL 117 Ca34
Exmes F 22 Fd37
Exmouth GB 19 Ea31
Exogí GR 188 Ac84
Exohí GR 182 Ad79
Exohí GR 184 Cd75
Exohí GR 184 Db77
Éxo Mouliana GR 201 Dc96
Éxo Nímfio GR 194 Bc91
Extertal D 126 Cd37
Extremo P 36 Ad58
Eyam GB 16 Ed22
Eydehavn N 93 Db46
Eydelstedt D 118 Cd35
Eydemir TR 193 Gb84
Eye GB 17 Fc24
Eye GB 21 Gb25
Eyerci TR 186 Fc80
Eyeries IRL 12 Ba26
Eygalières F 42 Jb53
Eygluy-Escoulin F 35 Jc50
Eyguians F 42 Jd51
Eyguières F 42 Jb53
Eygurande F 33 Ha47
Eygurande-et-Gardedeuil F 32 Fd49
Eymet F 32 Fd51
Eymir TR 187 Ha80
Eymoutiers F 33 Gc47
Eynez TR 191 Ed84
Eyrarbakki IS 2 Ac05
Eyrecourt IRL 13 Ca21
Eyrein F 33 Gd48
Eystrup D 118 Da35
Eyübler TR 193 Gd87
Ezaro E 36 Ac55
Ezcaray E 38 Ea58
Ezcurra E 39 Ec56
Eze F 43 Kd53
Ezerče BG 180 Eb69
Ezere LV 113 Jd53
Ezerec BG 181 Fc69
Ezerėlis LV 114 Kb57
Ezeriş RO 174 Ca62
Ezermala LV 107 Ld51
Ezernieki LV 107 Ld52
Ezerovo BG 181 Fa70
Eziler TR 192 Fc87
Ezine TR 191 Ea81
Ezy-sur-Eure F 23 Gb37

F

Faaborg DK 108 Dc27
Faak am See A 144 Fa56
Fabara E 48 Fd62
Fabas F 40 Ga55
Fabas F 40 Gb56
Fabbrica Curone I 149 Cc61
Fåberg N 84 Cd35
Fåberg N 85 Ea37
Fabero E 37 Bd56
Fábiánsebestyén H 146 Jc55
Fäboda FIN 81 Jb28
Fäbodliden S 80 Gc26
Fåborg DK 108 Da26
Fabrègues F 41 Hd54
Fabrezan F 41 Ha56
Fabriano I 156 Ec67
Fabrica di Roma I 156 Ea70
Fabro Scalo I 156 Ea68
Făcăeni RO 177 Fa66
Facho P 50 Ab66
Facinas E 59 Ca78
Fadd H 146 Hc56
Fadón E 45 Cb61
Faedis I 150 Ed57
Faenza I 150 Dd63
Færvik N 93 Db46
Faeto I 161 Fd73
Fafe P 44 Ba60
Fafleralp CH 141 Bd56
Fagagna I 150 Ec57
Făgăraș RO 175 Dc61
Fågelberget S 79 Fc27
Fågelfors S 103 Ga51
Fågelmara S 111 Ga54
Fågelsjö S 87 Fc35
Fågelsta S 79 Ga27
Fågelsta S 103 Fc46
Fågelsundet S 96 Gd39
Fågeltofta S 111 Fb56
Fagerås S 94 Fa43
Fagerdal S 79 Fd29
Fagerhaug N 64 Jb04
Fagerhaug N 77 Dd32
Fagerhult S 94 Eb45
Fagerhult S 102 Ec46
Fagerhult S 103 Fb48
Fagerhult S 103 Fd51
Fagermoen N 71 Fb21
Fagernes N 62 Gd10
Fagernes N 67 Gb13
Fagernes N 85 Dc38
Fagersanna S 103 Fb46
Fagersta S 95 Fd41
Fagerstrand N 93 Ea42
Fagertun N 67 Gc12
Fagervik FIN 98 Ka40
Fagervik N 78 Eb28
Fagervika N 70 Fa21
Fagerviken S 96 Gc39
Fåget RO 174 Cb60
Făgețelu RO 175 Db65
Fäggeby S 95 Ga40
Faggen A 142 Db54
Fåglavik S 102 Ed47
Fåglum S 102 Ed47
Fagnano Castello I 164 Gb79
Fägre S 103 Fb46
Fagurhólsmýri IS 2 Ba06
Fahan IRL 9 Cc15
Fahrenbach D 134 Cd46
Fahrenkrug D 118 Dc31
Fahrenwalde D 120 Fb33
Fahrenzhausen D 143 Dd50
Fährhafen Sassnitz D 120 Fa30
Fahrland D 127 Ed36
Fahrwangen CH 141 Ca53
Fai della Paganella I 149 Dc57
Faido CH 141 Cb56
Fain-lès-Montbard F 30 Hd41
Fairbourne GB 15 Dd24
Fairford GB 20 Ed27
Fairlight GB 21 Ga30
Fairy Cross GB 18 Dc29
Fajsławice PL 131 Kb40
Fajsz H 146 Hc56
Fakenham GB 17 Ga23
Fåker S 79 Fc31

Fakija – Fobello

Fakija BG 181 Ec73
Fakılı TR 192 Fd85
Fakovići BIH 159 Ja64
Faksdal N 78 Eb26
Fakse DK 109 Eb27
Fakse Ladeplads DK 109 Eb27
Falaise F 22 Fc37
Fálana GR 183 Bd80
Fålasjö S 80 Gc31
Falcade I 150 Ea57
Falces E 39 Ec58
Falciano del Massico I 161 Fa74
Fălciu RO 177 Fb60
Fălcoiu RO 175 Db66
Falconara I 167 Fa87
Falconara Marittima I 156 Ed66
Falcone I 167 Fc84
Faldsled DK 108 Dc27
Falerna I 164 Gb81
Falerna Marina I 164 Gb81
Falerum S 103 Ga47
Fălești MD 173 Fa56
Faleștii Noi MD 173 Fb56
Falfield GB 19 Ec27
Falileevo RUS 99 Ld41
Faliráki GR 197 Fa93
Falkelva N 66 Ga15
Falkenberg D 120 Fa35
Falkenberg D 127 Ed39
Falkenberg D 143 Ec50
Falkenberg S 102 Ec52
Falkenhagen D 128 Fb37
Falkenhain D 127 Ec40
Falkensee D 127 Ed36
Falkenstein D 135 Eb43
Falkenstein D 135 Eb48
Falkenthal D 119 Ed35
Falkerslev DK 109 Eb28
Falkirk GB 10 Ea13
Falköping S 102 Fa47
Fałków PL 130 Ja40
Falla S 103 Fd46
Fållen S 103 Fb52
Falleron F 28 Ed43
Fallet N 85 Dd34
Fallford GB 11 Eb16
Fällfors S 73 Hc24
Fallingbostel D 118 Db35
Fälloheden S 72 Gd22
Fallon F 31 Ka41
Fällträsk S 73 Hd22
Falmouth GB 18 Db32
Falnes N 92 Bd43
Falset E 48 Ga62
Falsnes N 62 Ha10
Falsterbo S 110 Ed57
Fălticeni RO 172 Ec56
Falträsk S 80 Gd25
Falun S 95 Fd39
Famagusta = Ammochostos CY 206 Jd96
Fambach D 126 Db42
Fameck F 25 Jd35
Fana N 84 Ca39
Fanagmore GB 4 Dc04
Fanano I 155 Db64
Fanári GR 184 Dc77
Fanari GR 188 Bb81
Fandrup DK 100 Db22
Fane I 149 Dc59
Fångåmon S 78 Fa31
Fangel DK 108 Dc27
Fanjeaux F 41 Gd55
Fanlo E 40 Fc57
Fannerup DK 101 Dd23
Fänneslunda S 102 Ed48
Fannrem N 77 Dd30
Fano I 156 Ec65
Fanore IRL 12 Bc21
Fanós GR 183 Bd76
Fänsta S 87 Ga33
Fântânele RO 170 Bd59
Fântânele RO 171 Dc59
Fântânele RO 172 Ec56
Fântânele RO 175 Cd66
Fanthyttan S 95 Fc42
Fantoft N 84 Ca39
Fao E 36 Ba55
Fărăgău RO 171 Dc58
Fara in Sabina I 156 Eb70
Faramontanos de Tábara E 45 Cb59
Fara Novarese I 148 Ca59
Faraoani RO 176 Ed60
Fara San Martino I 161 Fa71
Farasdués E 47 Fa59
Fărău RO 171 Db59
Fårberget S 80 Ha27
Fårbo S 103 Gb50
Fărcas RO 175 Cd65
Fărcașa RO 171 Da55
Farcașa RO 172 Eb57
Fărcașele RO 180 Db67
Fărcășești RO 175 Cc64
Farchant D 142 Dc53
Fârdea RO 174 Ca61
Fardella I 162 Gb77
Fardhem S 104 Gd50
Färdkällan S 86 Ed37
Fardrum IRL 13 Ca21
Färed S 95 Fb45
Fareham GB 20 Fa30
Faremoutiers F 23 Ha37
Färentuna S 96 Gc43
Farés GR 194 Bb89
Farestad N 92 Cc47
Fårevejle DK 109 Ea25
Fårevejle Stationsby DK 109 Ea25
Farfa I 156 Eb70
Färgaryd S 102 Fa51
Färgelanda S 102 Ec46
Fargues-Saint-Hilaire F 32 Fb50
Fargues-sur-Ourbise F 40 Fd52
Farhult S 110 Ec54
Färila S 87 Fd35
Faringdon GB 20 Ed27
Faringe S 96 Gd41
Färingtofta S 110 Fa54
Farini d'Olmo I 149 Cd62
Fariza E 45 Ca61
Färjestaden S 103 Gb52
Farkadóna GR 189 Bc81
Farkaševac HR 152 Gc58
Farkasfa H 145 Gb55
Farkazdin SRB 153 Jc60
Farkazdin SRB 174 Bb62
Farlete E 48 Fb60
Fârliug RO 174 Ca62
Färlöv S 111 Fb54
Farmakas CY 206 Jb97
Farmakonissi GR 197 Eb89
Farmborough GB 19 Ec28
Farmtown GB 7 Ec08
Färna S 95 Ga42
Farná SK 145 Hb51
Farnanes Cross Roads IRL 12 Bc26
Färnäs S 87 Fc38
Farnborough GB 20 Fb29
Farnborough GB 20 Fd28
Farnese I 156 Dd69
Farnham GB 20 Fb29
Färnigen CH 141 Cb55
Farnstädt D 127 Ea40
Farnworth GB 15 Ec21
Faro P 58 Ad74
Fårö S 104 Hb48
Fårösund S 104 Hb48
Farra d'Alpago I 150 Eb57
Farranfore IRL 12 Bb24
Farre DK 108 Dc24
Farre DK 108 Db25
Fársala GR 189 Bd82
Farsø DK 100 Db22
Farstad N 77 Da31
Farstorp S 110 Fa54
Farstrup DK 100 Db21
Farsund N 92 Cb47
Fârțănești RO 177 Fb62
Fârțătești RO 175 Da64
Farum DK 109 Ec25
Fårup DK 100 Dc23
Fårvang DK 100 Dc23
Faryny PL 122 Jc32
Fasana I 165 Gd80
Fasano I 162 Ha75
Fasgar E 37 Ca56
Fasıllar TR 199 Hb88
Fáskrúðsfjörður IS 3 Bc05
Fasnacloich GB 6 Dc11
Faßberg D 118 Dc35
Fåssjödal S 87 Fd34
Faster DK 108 Da24
Fasterholt DK 108 Da24
Fasterna S 96 Gd42
Fastias E 37 Ca54
Fastiv UA 204 Ec15
Fasty PL 123 Kb33
Fatež RUS 203 Fa13
Fátima P 50 Ac66
Fatjas S 73 Hb19
Fatmomakke S 71 Fd24
Fatnica BIH 159 Hc68
Fatsa TR 205 Fc19
Fättjaur S 71 Fd24
Faucogney-et-la-Mer F 31 Ka39
Faugères F 41 Hb54
Fauguerolles F 32 Fd51
Fauldhouse GB 10 Ea13
Faulenrost D 119 Ec32
Faulquemont F 25 Ka35
Fauquembergues F 23 Gd31
Faura E 54 Fc67
Făurei RO 172 Ec58
Făurei RO 176 Ed64
Făurei RO 181 Ec67
Făurei RO 181 Fa68
Făurești RO 175 Da65
Fausing DK 100 Dc23
Fauske N 66 Fd17
Faustynowo PL 129 Gb38
Fauville-en-Caux F 23 Ga34
Faux F 33 Ga50
Faux F 34 Hc51
Favaios P 44 Bb61
Fåvang N 85 Dd36
Fåvangfjellet N 85 Ea36
Favara E 54 Fc69
Favara I 166 Ed86
Faverges F 35 Ka46
Faverney F 31 Jd40
Faverolles F 23 Ga36
Faverolles F 23 Gb38
Faversham GB 21 Ga29
Favignana I 166 Ea84
Favone F 154 Cb72
Favrholt DK 108 Db24
Fawley GB 20 Fa30
Fay-aux-Loges F 29 Gd40
Fay-de-Bretagne F 28 Ed41
Fayence F 43 Kb53
Fayet F 41 Hb53
Fayl-Billot F 31 Jc40
Fayón E 48 Fd62
Fay-sur-Lignon F 34 Ja49
Fažana HR 151 Fa61
Fazlıca TR 191 Ec82
Feakle IRL 12 Bd22
Fearnan GB 7 Ea11
Fearn Lodge GB 5 Ea06
Feas E 36 Bb53
Fécamp F 22 Fd34
Feces de Abaixo P 44 Bb59
Feckenham GB 20 Ed25
Feda N 92 Cb46
Fedamore IRL 12 Bd23
Federi RO 175 Cd62
Fedje N 84 Bd37
Fedkovščyna RUS 99 Ld43
Fëdorovka RUS 205 Fb15
Fedosino RUS 107 Ma48
Fedotovo RUS 113 Jb59
Fegen S 102 Ed51
Fegyvernek H 146 Jc53
Fehérgyarmat H 147 Kc50
Fehmarn D 119 Ea30
Fehrbellin D 119 Ec35
Fehring A 144 Ga55
Feichten A 142 Dc54
Feignies F 24 Hc32
Feilitz D 135 Ea43
Feimaņi LV 107 Lc52
Feins F 28 Ed38
Feira do Monte E 36 Bc54
Feiring N 85 Ea40
Feiring N 94 Eb39
Feistritz im Rosental A 144 Fb56
Feiteira P 58 Ad74
Feketić SRB 153 Ja59
Felanitx E 57 Hc67
Felchow D 120 Fb34
Felcsút H 146 Hc53
Feldafing D 143 Dd51
Feld am See A 144 Fa55
Feldatal D 126 Cd42
Feldbach A 144 Ga55
Feldbach F 31 Kb40
Feldballe DK 101 Dd23
Feldberg D 119 Ed33
Feldberger Seenlandschaft D 119 Ed33
Feldborg DK 100 Da23
Felde D 118 Db30
Feldioara RO 176 Ea61
Feldkirch A 142 Cd53
Feldkirchen D 135 Eb48
Feldkirchen D 143 Ea51
Feldkirchen in Kärnten A 144 Fa56
Feldkirchen-Westerham D 143 Ea51
Feldru RO 171 Dc56
Feleacu RO 171 Da58
Felechosa E 37 Cc55
Feletto I 148 Bd59
Felgueiras P 44 Ba60
Feliceni RO 176 Dd60
Felina I 149 Da63
Felindre GB 15 Eb25
Felindre GB 19 Dd27
Félines-Minervois F 41 Ha55
Félines-Termenès F 41 Ha56
Felinfach GB 15 Ea26
Felino I 149 Da62
Felitto I 161 Fd76
Félix E 61 Ea76
Felixdorf A 145 Gb52
Felixstowe GB 21 Gb26
Felizli TR 187 Gc78
Felizzano I 148 Ca61
Fell A 143 Ed54
Fellabær IS 3 Bc05
Fellbach D 134 Cd48
Fellegrenda N 93 Db44
Fellen D 134 Da44
Felletin F 33 Gd46
Fellí GR 183 Bb79
Fellingfors N 70 Fa23
Fellingsbro S 95 Fd43
Felm D 118 Dc30
Felmín E 37 Cc56
Felnac RO 170 Bd59
Felnémet H 146 Jb51
Felsberg D 126 Da40
Felsőcsatar H 145 Gb54
Felsőkörtvélyes H 146 Hc55
Felsőnyárád H 146 Jc50
Felsőnyék H 145 Hb55
Felsősima H 147 Ka51
Felsőszolnok H 145 Gb55
Felsőtárkány H 146 Jb51
Felsővadász H 146 Jc50
Felsőzsolca H 146 Jc50
Felsted GB 20 Fd27
Feltham GB 20 Fc28
Felton GB 15 Ec26
Feltre I 150 Ea58
Femanger N 84 Cb40
Femsjö S 102 Fa52
Femundsundet N 86 Ec35
Fenagh IRL 9 Cb19
Fendeille F 41 Gd55
Fene E 36 Ba53
Fenerköy TR 186 Fb77
Fenes N 66 Fb17
Fénétrange F 25 Ka36
Feneu F 28 Fb41
Fengersfors S 94 Ec45
Fenioux F 28 Fb44
Fenioux F 32 Fb47
Fenit IRL 12 Ba24
Fennagh IRL 13 Cc23
Fensmark DK 109 Eb27
Fenstad N 94 Eb40
Fenstanton GB 20 Fc25
Fensterbach D 135 Eb46
Fenwick GB 10 Dd14
Fenwick GB 11 Ed14
Feodosija UA 205 Fb17
Feohanagh IRL 12 Bc24
Féole F 28 Fa44
Feolin Ferry GB 6 Da13
Feragen N 86 Ec33
Ferapontievca MD 177 Fd60
Ferbane IRL 13 Ca21
Ferdinandovac HR 152 Gd58
Ferdinandshof D 120 Fa32
Fère-Champenoise F 24 Hc37
Fère-en-Tardenois F 24 Hb35
Ferendia RO 174 Bd62
Ferentillo I 156 Eb69
Ferentino I 160 Ec72
Féres GR 185 Ea78
Férez E 53 Ec71
Feria E 51 Bc70
Feričanci HR 152 Hb59
Ferla I 167 Fc87
Ferlach A 144 Fb56
Fermignano I 156 Eb65
Fermo I 156 Ed67
Fermoselle E 45 Ca61
Fermoy IRL 12 Bd25
Fernáncaballero E 52 Db68
Fernán-Núñez E 60 Cd73
Ferndown GB 20 Ed30
Ferness GB 7 Ea08
Ferney-Voltaire F 35 Jd45
Fernhurst GB 20 Fb29
Ferns IRL 13 Cd24
Fernwald D 126 Cc42
Ferovac HR 152 Ha60
Ferpècle CH 148 Bd57
Ferraj AL 182 Ac74
Ferrandina I 162 Gc76
Ferrão Ferro P 50 Aa69
Ferrara I 150 Dd62
Ferrara di Monte Baldo I 149 Db59
Ferrazzano I 161 Fc73
Ferreira E 36 Bb55
Ferreira do Alentejo P 50 Ad71
Ferreira do Zêzere P 50 Ad66
Ferreira (Valadouro) E 36 Bc53
Ferreiros E 36 Bc55
Ferreras de Abajo E 45 Cb59
Ferreras de Arriba E 45 Ca59
Ferreries E 57 Ja66
Ferreruela de Huerva E 47 Fa62
Ferret CH 148 Bc57
Ferrette F 31 Kb40
Ferreux F 30 Hc38
Ferriere I 149 Cc62
Ferrières F 41 Ha54
Ferrières-en-Brie F 23 Ha37
Ferrières-en-Gâtinais F 29 Ha39
Ferrières-Saint-Mary F 34 Hb49
Ferrières-sur-Sichon F 34 Hc46
Ferring DK 100 Cd22
Ferritslev DK 109 Dd27
Ferrol E 36 Ba53
Ferry Bridge IRL 12 Bc23
Ferryhill GB 11 Fa17
Fertilia I 168 Bd75
Fertőd H 145 Gc52
Fertőrákos H 145 Gc52
Fertőszentmiklós H 145 Gc53
Fervaques F 22 Fd36
Ferwerd NL 117 Bc32
Fessenheim F 31 Kc39
Fețelița MD 173 Ga59
Festøy N 76 Cc33
Festvåg N 66 Fc17
Fetești MD 172 Ed54
Fetești RO 177 Fa66
Fetești-Gară RO 177 Fa66
Fethard IRL 13 Ca24
Fethard IRL 13 Cc25
Fethiye TR 186 Ga80
Fethiye TR 193 Gc83
Fethiye TR 198 Fc92
Fetsund N 94 Eb41
Fettercairn GB 7 Ec10
Fettwell GB 20 Fd25
Feucht D 135 Dd46
Feuchtwangen D 134 Db47
Feudingen D 126 Cc41
Feuerleiten A 143 Ec54
Feugarolles F 40 Fd52
Feuges F 30 Hd38
Feuquières F 23 Gc34
Feuquières-en-Vimeu F 23 Gc33
Feurs F 34 Hd47
Fevik N 93 Da46
Fevral'skoje RUS 113 Jd58
Fevzipaşa TR 186 Fb80
Fevziye TR 187 Gb79
Feytiat F 33 Gb47
Ffestiniog GB 15 Dd23
Ffostrasol GB 14 Dc26
Fiane N 93 Db46
Fiano I 148 Bc60
Fiaschetti I 150 Eb58
Fibiş RO 174 Bd60
Ficarazzi I 166 Ed84
Ficarolo I 150 Dd61
Fichtelberg D 135 Ea44
Fichtenau D 134 Db47
Fichtenberg D 127 Ed40
Fichtenberg D 134 Da48
Ficulle I 156 Ea68
Fiddleton GB 11 Eb15
Fiddown IRL 13 Cb24
Fide S 104 Gd51
Fidenza I 149 Da61
Fidjastølen N 92 Cb44
Fidjeland N 92 Cc44
Fidjetun N 93 Da46
Fieberbrunn A 143 Eb53
Fielbmatgiedde N 64 Jc08
Fieni RO 176 Dd64
Fienvillers F 23 Gd32
Fier AL 182 Ab76
Fiera di Primiero I 150 Ea57
Fierbinți-Târg RO 176 Eb65
Fier Shegan AL 182 Ab76
Fierzë AL 159 Jc70
Fiesch CH 141 Ca56
Fiesole I 155 Dc65
Figaredo E 37 Cc55
Figari F 154 Cb72
Figeac F 33 Gd51
Figeholm S 103 Gb50
Figgjo N 92 Ca44
Figiás GR 190 Cd86
Figliere I 148 Bb62
Figline Valdarno I 155 Dc66
Figueira da Foz P 44 Ab64
Figueira de Castelo Rodrigo P 45 Bc62
Figueira dos Cavaleiros P 50 Ac71
Figueiró dos Vinhos P 44 Ad65
Figueras E 37 Bd53
Figueres E 41 Hb58
Figuerola d' Orcau E 48 Gb59
Figueroles E 54 Fc65
Fijnaart NL 124 Ad38
Fiksdal N 76 Cd32
Filadélfi GR 184 Cc77
Filadelfia I 164 Gb82
Filain F 31 Jd41
Filakí GR 189 Bd82
Filákio GR 185 Ea75
Fil'akovo SK 146 Ja50
Filatova Gora RUS 107 Ld47
Filderstadt D 134 Cd49
Fildu de Jos RO 171 Cd57
Fildu de Sus RO 171 Cd57
Filettino I 160 Ec71
Filevo BG 184 Dc74
Filey GB 17 Fc19
Fili GR 189 Cb86
Filia GR 188 Bb86
Filia GR 189 Bc82
Filiaşi RO 175 Cd65
Filiátes GR 182 Ac80
Filiatrá GR 194 Ba88
Filicudi Porto I 167 Fb82
Filinskoe RUS 203 Fb10
Filipeni MD 177 Fc60
Filipeni RO 172 Ed59
Filipeşti RO 172 Ed59
Filipeşti de Pădure RO 176 Ea64
Filipeşti de Târg RO 176 Ea64
Filipi GR 184 Da77
Filipiáda GR 188 Ad82
Filipovci BG 179 Cb70
Filipów PL 123 Ka30
Filippovka RUS 113 Jb59
Filipstad S 95 Fb42
Filiriá GR 183 Bd77
Fillan N 77 Dc29
Fillières F 25 Jc34
Fillingsnes N 77 Dc29
Fillingtveit N 93 Da46
Fillira GR 185 Dd77
Fillo GR 189 Bc81
Film S 96 Gd40
Filótas GR 183 Bb77
Filóti GR 196 Db90
Filottrano I 156 Ed66
Filsbäck S 102 Fa46
Filskov DK 108 Da25
Filsnes N 76 Cc32
Filsum D 117 Cb33
Filzmoos A 143 Ed53
Finale Emilia I 149 Dc62
Finale Ligure I 148 Ca63
Finaña E 61 Dd75
Finbo FIN 96 Hc40
Finby FIN 97 Jc40
Finchingfield GB 20 Fd26
Finchley GB 20 Fc28
Finderup DK 100 Db23
Finderup DK 108 Cd24
Findhorn GB 5 Eb07
Findıcak TR 186 Fd80
Findıklı TR 185 Eb79
Findochty GB 5 Ec07
Findon GB 20 Fc30
Finelv N 63 Hd05
Finhan F 40 Gb53
Finikas GR 196 Da89
Finike TR 199 Gb93
Finikoúnda GR 194 Ba90
Finiq AL 182 Ab79
Finiș RO 170 Cb58
Finja S 110 Fa54
Finkenstein A 144 Fa56
Finmere GB 20 Fa26
Finnäs FIN 81 Jb28
Finnasand N 92 Ca43
Finnbacka S 87 Fd38
Finnea IRL 9 Cb20
Finneby S 87 Fd34
Finneidfjord N 71 Fb21
Finnentrop D 125 Cb40
Finnerödja S 95 Fb45
Finnes N 63 Ja04
Finnes N 71 Fb18
Finnfjordeidet N 67 Gc11
Finnforsfallet S 80 Hb25
Finngruvan S 95 Fb39
Finnhöle S 95 Gb40
Finning D 142 Dc51
Finnisglin IRL 8 Bb20
Finnkroken N 62 Gd09
Finnliden S 73 Hb23
Finnøya N 66 Fd15
Finnsäter S 79 Fb29
Finnsjå N 63 Hd08
Finnsnes N 67 Gc11
Finnsta S 87 Ga33
Finnstad N 78 Ec28
Finnstad N 86 Eb34
Finnstuga S 87 Fd37
Finntorp S 94 Ec43
Finnträsk S 73 Hc24
Finnvelta N 94 Ec40
Finnvollan N 78 Fa25
Finny IRL 8 Bc20
Fino Mornasco I 149 Cc58
Finowfurt D 120 Fa35
Fins F 23 Ha33
Finse N 84 Cd39
Finsjö S 103 Ga51
Finsland N 92 Cd46
Finspång S 103 Fd46
Finsterau D 135 Ed48
Finsterwalde D 128 Fa39
Finstown GB 5 Ec03
Finström FIN 96 Hc40
Finta RO 176 Ea65
Fintel D 118 Db34
Fintinița MD 173 Fb54
Fintona GB 9 Cc17
Fintown IRL 8 Ca16
Finvik N 63 Hd05
Finvoy GB 9 Cd16
Fiodh Ard IRL 13 Ca24
Fiolleda E 36 Bb56
Fionnaithe IRL 8 Bc20
Fionnay CH 148 Bc57
Fionnphort GB 6 Da11
Fiorenzuola d'Arda I 149 Cd61
Firenze I 155 Dc65
Firenzuola I 155 Dc64
Firiteaz RO 174 Bd60
Firiza RO 171 Da55
Firkeel IRL 12 Ba26
Firlădeni MD 173 Fc59
Firlădeni MD 173 Ga59
Firlej PL 131 Ka39
Firminy F 34 Ja48
Firmo I 164 Gb78
Firoga PL 121 Ha30
Firovo RUS 202 Ec09
Fischach D 142 Dc50
Fischamend A 145 Gc51
Fischbach A 144 Ga53
Fischbach D 133 Bd45
Fischbach D 133 Ca47
Fischbachau D 143 Ea52
Fischen D 142 Db53
Fischering A 144 Fc55
Fishbourne GB 20 Fb30
Fishburn GB 11 Fa17
Fishguard GB 14 Db26
Fishsätra S 96 Gd43
Fiskå N 76 Cb33
Fiskå N 92 Bd42
Fiskárdo GR 188 Ac84
Fiskarheden S 86 Fa38
Fiskari FIN 97 Jd40
Fiskars FIN 97 Jd40
Fiskavaig GB 4 Da08
Fiskebäckskil S 102 Eb47
Fiskebøl N 66 Fc13
Fiskefjord N 66 Ga13
Fiskenes N 66 Ga11
Fisketjønnbu N 92 Ca44
Fiskevik N 63 Ja06
Fiskevollen N 86 Eb35
Fiskö FIN 97 Hd39
Fiskum N 93 Dc42
Fislisbach CH 141 Cb53
Fismes F 24 Hc35
Fiss A 142 Db54
Fister N 92 Cb43
Fisterra E 36 Ac55
Fistéus E 36 Bc57
Fıstıklı TR 186 Fc79
Fitá GR 191 Dd85
Fitero E 47 Ec59
Fithi GR 195 Bd87
Fities GR 188 Ad83
Fitionești RO 176 Ed61
Fitjar N 84 Ca40
Fitou F 41 Hb56
Fittja S 96 Gc42
Fittleton GB 20 Ed29
Fiuggi I 160 Ec72
Fiumata I 156 Ec70
Fiumefreddo Bruzio I 164 Gb80
Fiumefreddo di Sicilia I 167 Fd85
Fiumicello-San Venere I 164 Ga78
Fiumicino I 160 Ea72
Fivealy IRL 13 Ca22
Five Ashes GB 20 Fd30
Fivelanes GB 18 Dc31
Fivemiletown GB 9 Cc18
Five Oaks GB 20 Fc29
Fivizzano I 149 Da63
Fivlered S 102 Fa48
Fixin F 30 Jb42
Fizeșu Gherlii RO 171 Db57
Fjær N 66 Fc16
Fjæra N 92 Cb41
Fjærland N 84 Cc36
Fjågesund N 93 Db43
Fjäl S 79 Fc30
Fjälbyn S 81 Hd26
Fjälkinge S 111 Fb54
Fjällåsen S 67 Ha16
Fjällbacka S 102 Ea46
Fjällbonäs S 72 Ha22
Fjällgården S 87 Fb33
Fjällnäs S 72 Gc22
Fjällnäs S 86 Ec32
Fjällsjönäs S 71 Ga23
Fjaltring DK 100 Cd22
Fjärås S 102 Ec50
Fjärdhundra S 95 Gb42
Fjelberg N 92 Ca41
Fjelde DK 109 Eb29
Fjell N 78 Eb26
Fjell N 84 Ca39
Fjellbu N 67 Gb14
Fjellbu N 85 Dc38
Fjellbygda N 86 Ed37
Fjelldal N 66 Ga13
Fjellerad DK 100 Dc21
Fjellerup DK 101 Dd23
Fjellheim N 85 Db38
Fjellkjøsa N 77 Dd30
Fjellså N 92 Cb46
Fjellstad N 67 Gc12
Fjellstrand N 93 Ea42
Fjelltoten N 94 Eb41
Fjelsø DK 100 Db22
Fjelsted DK 108 Dc26
Fjelstervang DK 108 Da24
Fjelstrup DK 108 Db27
Fjerritslev DK 100 Db21
Fjølvika N 70 Ec24
Fjon N 84 Cb37
Fjordgård N 62 Gb10
Fjotland N 92 Cc45
Fjugesta S 95 Fc44
Flåbygd N 93 Db43
Flaçà E 49 Hb59
Flachau A 143 Ed53
Flachslanden D 134 Dc46
Fläckebo S 95 Ga42
Fladan FIN 89 Hd34
Fladbury GB 20 Ed26
Flade DK 100 Da21
Fladungen D 134 Db43
Flagy F 29 Ha38
Flaine F 35 Kb45
Flaka FIN 96 Hc41
Flakaberg S 73 Hd19
Flakaträsk S 72 Gb23
Flakaträsk S 80 Gd27
Flakeberg S 102 Ed47
Flakk N 78 Ea29
Flakkstadvåg N 67 Gb11
Flaknan N 78 Eb31
Flakstad N 66 Fa14
Flåm N 84 Cd38
Flămânzi RO 172 Ed56
Flamatt CH 141 Bc54
Flamborough GB 17 Fc19
Flambourési GR 183 Bb80
Flámbouro GR 183 Bb77
Flámbouro GR 184 Cc77
Flammerans F 31 Jc42
Flammerécourt F 30 Jb38
Flammersfeld D 125 Ca42
Flamoudi CY 206 Jc96
Flamouriá GR 183 Bc77
Flámpoura GR 188 Bb86
Flamstead GB 20 Fc27
Flärke S 80 Ha29
Flarken S 80 Hc27
Flash GB 16 Ed22
Flassans-sur-Issole F 42 Ka54
Flatdal N 93 Db42
Flateby N 93 Ea42
Flateland N 92 Cd43
Flateland N 93 Da45
Flåten N 63 Hb08
Flaten N 93 Da45
Flåtestøa N 86 Eb37
Flatøydegard N 85 Dc38
Flatraket N 84 Ca34
Flåtsbo S 87 Fd37
Flått N 78 Ed26
Flattach A 143 Ec55
Flattnitz A 144 Fa55
Flatvoll N 62 Gc10
Flauenskjold DK 101 Dd20
Flaugeac F 32 Fd50
Flavigny-sur-Ozerain F 30 Ja41
Flavin F 41 Ha52
Flavy-le Martel F 24 Hb34
Flawil CH 142 Cc53
Flayat F 33 Ha47
Flayosc F 43 Kb54
Flechtdorf D 126 Cd40
Flechtingen D 127 Dd37
Fleckeby D 108 Db29
Fleet GB 20 Fb29
Fleetmark D 119 Ea35
Fleetwood GB 15 Eb20
Fleines N 66 Fc13
Flekke N 84 Ca36
Flekkefjord N 92 Cb46
Flem N 76 Cc32
Flemløse DK 108 Dc27
Flemma N 77 Db31
Flen S 95 Gb44
Flen S 95 Fc40
Flensburg D 108 Db28
Flensungen D 126 Cd42
Fleres I 143 Dd55
Fleringe S 104 Ha48
Flerohopp S 103 Ga52
Flers F 22 Fb37
Flesberg N 93 Dc41
Flesnes N 66 Fd13
Flessau D 119 Ea35
Fleurance F 40 Ga53
Fleuré F 33 Ga45
Fleurier CH 141 Bb54
Fleurville F 30 Jb44
Fleury F 41 Hb55
Fleury-la-Vallée F 30 Hb40
Fleury-les-Aubrais F 29 Gc40
Fleury-sur-Andelle F 23 Gb35
Fléville F 24 Ja35
Fleys F 30 Hc40
Flieden D 134 Da43
Flikka N 92 Cb46
Flims CH 142 Cc55
Flimwell GB 20 Fd29
Flines-les-Raches F 24 Hb31
Flint GB 15 Eb22
Flintbek D 118 Dc30
Flintnes N 63 Hd08
Flirey F 25 Jc36
Flirsch A 142 Db54
Flisa N 94 Ec39
Flisberget N 86 Ec38
Flisby S 103 Fc49
Fliseryd S 103 Ga51
Flistad S 103 Fd46
Flisy PL 131 Kb42
Flitwick GB 20 Fc26
Flix E 48 Ga62
Flixecourt F 23 Gd33
Flixton GB 21 Gb25
Flize F 24 Ja34
Flø N 76 Cc32
Flo N 84 Cd34
Flo S 102 Ec47
Floby S 102 Fa47
Floda S 80 Hb26
Floda S 95 Ga44
Floda S 95 Fc40
Floda S 95 Fd40
Floda S 102 Ec48
Flodigarry GB 4 Da07
Flogny-la-Chapelle F 30 Hc39
Flöha D 127 Ed42
Floh-Seligenthal D 126 Dc42
Flon S 86 Ed32
Flor S 87 Fc34
Florac F 34 Hc51
Florange F 25 Jd35
Flor da Rosa P 50 Ba67
Florence = Firenze I 155 Dc65
Floreni MD 173 Fd58
Florensac F 41 Hc55
Florenville B 132 Ad44
Florenz = Firenze I 155 Dc65
Flores de Ávila E 46 Cd62
Floresta I 167 Fc84
Florești MD 173 Fc55
Florești RO 171 Da58
Florești RO 176 Ea64
Florești RO 177 Fc64
Florești-Stoenești RO 176 Ea66
Flória GR 200 Cb95
Floriáda GR 188 Ba82
Floridia I 167 Fd87
Flórina GR 183 Bb77
Florinas I 168 Bd75
Florițoaia Veche MD 173 Fb57
Flornes N 78 Eb30
Florø N 84 Ca35
Flörsbachtal D 134 Cd44
Flörsheim D 133 Cb44
Flörsheim-Dalsheim D 133 Cb45
Florstadt D 134 Cc43
Florvåg N 84 Ca39
Florynka PL 138 Jc46
Floß D 135 Eb45
Flossenbürg D 135 Eb45
Flosta N 93 Db46
Flostrand N 70 Fa20
Flöthe D 126 Dc37
Flötningen S 86 Ec35
Fluberg N 85 Dd38
Flúðir IS 2 Ac05
Flüelen CH 141 Cb54
Flühli CH 141 Ca54
Flumet F 35 Ka46
Flumini I 169 Cb80
Fluminimaggiore I 169 Bd79
Flums CH 142 Cd54
Fluorn-Winzeln D 141 Cb50
Fluren S 87 Ga36
Flurkmark S 80 Hb28
Flutbukt N 63 Ja06
Flyggsjö S 80 Ha29
Flygsandsvær N 84 Ca40
Flygsfors S 103 Ga52
Flyinge S 110 Fa55
Flykälen S 79 Fc28
Flymen S 111 Ga53
Flyn S 79 Ga29
Flytåsen S 87 Fd37
Fobello I 148 Ca58

Fürstenau – Geriş

Fürstenau D 117 Cb36
Fürstenberg D 119 Ed34
Fürstenberg D 126 Da38
Fürstenfeld A 145 Gb54
Fürstenfeldbruck D 143 Dd50
Fürstenstein D 135 Ed49
Fürstenwalde D 128 Fb37
Fürstenwerder D 120 Fa33
Fürstenzell D 143 Ed50
Furta H 147 Ka54
Furtan S 94 Ed42
Furtei I 169 Ca78
Furth A 144 Ga50
Fürth D 134 Cc45
Fürth D 134 Dc46
Furth D 135 Ea49
Furth im Wald D 135 Ec47
Furtwangen D 141 Cb50
Furuby S 103 Fc52
Furudal S 87 Fc37
Furuflaten N 62 Ha10
Furulund S 110 Ed55
Furuly N 65 Kd08
Furunäs S 73 Hb20
Furuögrund S 73 Hc24
Furusjö S 103 Fb48
Furusund S 96 Ha42
Furuvik S 96 Gc39
Fusa N 84 Ca40
Fuscaldo I 164 Gb79
Fuschl am See A 143 Ed52
Fushë-Arrëz AL 159 Jc70
Fush'e Bullit AL 182 Ac75
Fush'e Bulqizës AL 182 Ad74
Fushë-Kruja AL 182 Ab74
Fushe-Lurë AL 163 Jc71
Fushë-Muhur AL 178 Ad73
Fusine I 149 Cd57
Fusine in Valromana I 143 Ed56
Fusio CH 141 Cb56
Füssen D 142 Dc52
Fussy F 29 Ha42
Fustiñana E 47 Ed59
Futani I 161 Fd77
Futog SRB 153 Ja60
Futrikelv N 62 Gd09
Fuurtti FIN 90 Kd35
Füzesabony H 146 Jb52
Füzesgyarmat H 147 Jd54
Fužina SLO 151 Fc58
Fužine HR 151 Fc60
Fužine SLO 151 Fa58
Fyfield GB 20 Fd27
Fyllia CY 206 Jb96
Fyllinge S 102 Ed52
Fynshav DK 108 Dc28
Fyrås S 79 Fd29
Fyresdal N 93 Da43
Fyrudden S 103 Gb47
Fyrunga S 102 Ed47
Fyvie GB 5 Ed08

G

Gaaldorf A 144 Fc54
Gaanderen NL 125 Bc37
Gaas A 145 Gb54
Gabaldón E 53 Ec67
Gabare BG 179 Cd69
Gabarret F 40 Fc53
Gabas F 39 Fb56
Gabbro I 155 Da66
Gabčíkovo SK 145 Ha51
Gabella Grande I 165 Gd80
Gabellino I 155 Db67
Gaber BG 179 Cb70
Gabicce Mare I 156 Eb65
Gąbin PL 130 Hd36
Gąbino PL 121 Gc29
Gablenz D 128 Fc40
Gablingen D 134 Dc49
Gabøl DK 108 Da27
Gabra BG 179 Cd72
Gabreševci BG 179 Ca71
Gabriac F 34 Hb51
Gabrje SLO 151 Fd59
Gabrovnica BG 179 Cc68
Gabrovo BG 180 Dc71
Gabrovo BG 183 Cb74
Gabrowo PL 123 Jd32
Gabšiai LT 114 Ka56
Gaby I 148 Bd58
Gać PL 123 Jd34
Gać PL 139 Kb44
Gacak TR 198 Fd91
Gacé F 22 Fd37
Gać Kaliska PL 129 Hb39
Gacko BIH 159 Hc67
Gad RO 174 Bc61
Gadbjerg DK 108 Db25
Gäddede S 79 Fb26
Gaddesby GB 16 Fb24
Gäddträsk S 80 Gd26
Gäddvik S 73 Hd22
Gadebusch D 119 Dd32
Gädheim D 134 Db44
Gądków PL 128 Fc37
Gadmen CH 141 Cb55
Gádor E 61 Ea76
Gádoros H 146 Jc55
Gadow D 119 Ec34
Gadūnavas LT 113 Jc54
Gadžin Han SRB 178 Bd69
Gæidno N 64 Ka07
Gæidnovuoppe N 63 Ja10
Gaël F 27 Ec39
Gærum DK 101 Dd20
Găeşti RO 176 Dd65
Gaeta I 160 Ed74
Gættevægie N 64 Jc09
Gafanha de Boa Hora P 44 Ac63
Gáfete P 50 Ba67
Gaflenz A 144 Fc52
Gaganica BG 179 Cc69
Gägelow D 119 Ea31
Găgeşti RO 177 Fb60
Gaggenau D 133 Cb48
Gaggio Montano I 155 Db64
Gagince SRB 178 Bd70
Gagino RUS 203 Fc09
Gagliano Castelferrato I 167 Fb85
Gagliano del Capo I 165 Hc78
Gaglovo SRB 178 Bc68
Gagnef S 95 Fc39
Gagovo BG 180 Eb69
Gagsmark S 73 Hc24
Găiceana RO 176 Ed60
Gaick Lodge GB 7 Ea09
Gaidar MD 177 Fd61
Gaideliai LT 113 Jc56
Gaidūnai LT 115 Lb58
Gaienhofen D 142 Cc52
Gaifana I 156 Eb67
Gaigalava LV 107 Lc50
Gaiķi LV 105 Jd51
Gaildorf D 134 Da48
Gailey GB 16 Ed24
Gailingen D 142 Cc52
Gailiūnai LT 114 La56
Gaillac F 41 Gd53
Gaillefontaine F 23 Gc34
Gaillimh IRL 12 Bc21
Gaillon F 23 Gb36
Gailmuiža LV 107 Lc52
Gailumi LV 107 Ld50
Gaimersheim D 135 Dd48
Găineşti RO 172 Eb56
Gainsborough GB 16 Fb22
Gaiola I 148 Bc62
Gaiole in Chianti I 155 Dc66
Gaipler TR 192 Fd84
Gairloch GB 4 Db07
Gairlochy GB 6 Dc09
Gairo I 169 Cb78
Gais CH 142 Cd53
Găiseni RO 176 Ea66
Gaishorn A 144 Fb53
Gaistgill GB 11 Eb17
Găiuţi RO 176 Ed60
Gaj HR 152 Gd60
Gaj SRB 174 Bc64
Gajary SK 145 Gc50
Gajdobra SRB 153 Ja60
Gajewo PL 121 Gb35
Gaj Oławski PL 129 Gd41
Gajtaninovo BG 184 Cc75
Gajutino RUS 202 Ed08
Gakkovo RUS 99 Lc40
Gakovo SRB 153 Hd58
Gålå N 85 Dd36
Gala P 44 Ab64
Gălăbinci BG 180 Ea73
Gălăbnik BG 179 Cb72
Gålåbodarna S 87 Fb32
Gălăbovo BG 180 Ea73
Gălăbovo BG 184 Db74
Galåen N 86 Eb33
Gałajny PL 122 Ja30
Galambok H 145 Gd56
Galamuiža LV 105 Jd51
Galan F 40 Fd55
Galanito N 68 Hd11
Galanta SK 145 Ha50
Galapagar E 46 Db64
Gălărieşti RO 172 Eb55
Galarinós GR 183 Cb78
Galaroza E 59 Bc72
Galashiels GB 11 Ec14
Galata CY 206 Ja97
Galata, Kr. BG 181 Fa70
Galatás GR 188 Ba85
Galatás GR 195 Cb88
Galateia CY 206 Jd95
Gălăteni RO 180 Dd67
Galati I 164 Gb84
Galaţi RO 177 Fb63
Galati Marina I 164 Ga84
Galatin BG 179 Cd69
Galatina I 163 Hc77
Galatiní GR 183 Bb78
Galátista GR 183 Cb78
Galatone I 163 Hc77
Gălăutaş RO 172 Ea58
Galaxídi GR 189 Bc85
Galbally IRL 12 Bd24
Galbenu RO 176 Ed64
Gålberget S 80 Gd29
Gălbinaşi RO 176 Ec64
Galda de Jos RO 175 Da60
Galeata I 156 Ea64
Galera E 61 Ea73
Galéria F 154 Ca69
Găleşti MD 173 Fc57
Găleşti RO 171 Dc59
Galewice PL 129 Ha40
Galgaguta H 146 Hd51
Galgamácsa H 146 Hd52
Galgate GB 11 Ec19
Gălgău RO 171 Da56
Galgauska LV 107 Lb49
Galgenen CH 142 Cc53
Galibabinac SRB 178 Bd68
Galič RUS 203 Fa08
Galiče BG 179 Cd68
Galicea RO 175 Db64
Galicea Mare RO 175 Cc66
Galičnik MK 182 Ad74
Galinduste E 45 Cb63
Galiniai LV 123 Kb30
Galinoporni CY 206 Ka95
Galiny PL 122 Jb30
Galipsós GR 184 Cd77
Galisteo E 45 Ca65
Galizano E 38 Dc54
Galizes P 44 Ba64
Gałków Duży PL 130 Hd39
Gallarate I 148 Cb58
Gallardon F 29 Gc38
Gällared S 102 Ed51
Gallareto I 148 Bd60
Gallargues F 42 Ja53
Gallartu E 38 Ea56
Gällaryd S 103 Fb51
Gallegos de Argañán E 45 Bd63
Gallegos de Solmirón E 45 Cc64
Gallejaur S 72 Ha24
Galleno I 155 Db65
Gällersta S 95 Fd44
Galliate I 148 Cb59
Gallicano I 155 Da64
Gallicano nel Lazio I 160 Eb71
Gallico I 164 Ga84
Gallico Marina I 164 Ga84
Gällinge S 102 Ec50
Gallio I 150 Dd58
Gallipoli I 162 Hb77
Gallisancho E 45 Cb63
Gällivare S 67 Hb17
Gallneukirchen A 144 Fb50
Gallo I 156 Eb65
Gällö S 79 Fd31
Gallo Matese I 161 Fb73
Gallspach A 144 Fa51
Gällstad S 102 Fa49
Gallur E 47 Ed60
Galluzzo I 155 Dc65
Galmenai LT 113 Jd56
Galovo BG 179 Da68
Galston GB 10 Dd14
Galtby FIN 97 Ja40
Galteland N 92 Cd45
Galtelli I 169 Cc76
Galten DK 108 Dc24
Galtisjaur S 72 Gc21
Gåltjärn S 87 Gb33
Galtseter N 86 Ec35
Galtström S 88 Gc34
Galtür A 142 Da54
Galugnano I 163 Hc77
Galve de Sorbe E 46 Dd62
Galveias P 50 Ad67
Gálvez E 52 Da66
Galway IRL 12 Bc21
Gałwuny PL 122 Jb30
Galzignano Terme I 150 Dd60
Gamaches F 23 Gb33
Gamalseter N 67 Gb11
Gamás H 145 Ha56
Gambais F 23 Gc37
Gambara I 149 Da60
Gambarie I 164 Ga84
Gambassi Terme I 155 Db66
Gambatesa I 161 Fc73
Gambettola I 156 Ea64
Gambolò I 148 Cb60
Gamborg DK 108 Db26
Gambsheim F 25 Kc36
Gamil P 44 Ad60
Gaming A 144 Fc52
Gamla Uppsala S 96 Gc41
Gamleby S 103 Gb48
Gamlingay GB 20 Fc26
Gammalkil S 103 Fd47
Gammalsälen S 94 Fa39
Gammalstorp S 111 Fc54
Gammelbo S 95 Fd42
Gammelby S 95 Ga42
Gammelgården S 73 Ja21
Gammelgarn S 104 Ha50
Gammelheimen N 63 Hd08
Gammel-Homna S 87 Fd37
Gammel Østerby DK 101 Ea20
Gammel Rye DK 108 Db24
Gammelsdorf D 135 Ea49
Gammelskolla N 85 Ea37
Gammelstaden S 73 Hd22
Gammertingen D 142 Cd50
Gamnes N 62 Gd08
Gamonal E 52 Cd66
Gamonero E 52 Cd67
Gampel CH 141 Bd56
Gams CH 142 Cd53
Gams bei Hieflau A 144 Fc52
Gamvik N 63 Hd05
Gamvik N 63 Hc07
Gamvik N 64 Ka04
Gamzigrad SRB 179 Ca67
Gămzovo BG 174 Cb66
Gan F 40 Fc55
Gándara E 36 Ba55
Gándara de Esparíz P 44 Ba64
Gandarela E 36 Ba57
Gandarela P 44 Ba60
Ganddal N 92 Ca44
Ganderkesee D 118 Cd34
Gandesa E 48 Fd62
Gandía E 54 Fc69
Gandino I 149 Da58
Gandra P 44 Ad59
Gandrup DK 100 Dc21
Gandvik N 65 Kb07
Găneasa RO 175 Db66
Găneasa RO 176 Eb66
Găneşti RO 171 Db59
Gangelt D 125 Bb40
Ganges F 41 Hd53
Gånghester S 102 Ed49
Gangi I 167 Fa85
Gângiova RO 179 Cd67
Gangkofen D 143 Eb50
Gangloffsömmern D 127 Dd40
Gangsei N 93 Da45
Gangura MD 173 Fd59
Gañinas E 38 Da57
Ganllwyd GB 15 Dd23
Gannat F 34 Hb46
Gannay-sur-Loire F 30 Hc44
Gänsbrunnen CH 141 Bd53
Gänsen S 95 Fc40
Gänserndorf A 145 Gc50
Gånsvik S 88 Gd32
Gánt H 145 Hb53
Ganthem S 104 Ha49
Ganthorpe GB 16 Fb19
Gañuelas E 55 Ed73
Gañuelas E 55 Ed73
Ganuza E 39 Ec57
Gaoth Saile IRL 8 Bb18
Gap F 35 Ka50
Gaperhult S 94 Fa45
Gara H 153 Hd58
Garaballa E 54 Ed66
Garaguso I 162 Gb76
Gara Hitrino BG 181 Ec69
Gara Lakatnik BG 179 Cc70
Garancières F 23 Gc37
Gárasavvon FIN 68 Hd13
Garbagna I 148 Cb61
Garbatka-Letnisko PL 131 Jd39
Gărbău RO 171 Cd58
Garbayuela E 52 Cc68
Garberg N 78 Eb30
Garbno PL 122 Jb30
Gârbou RO 171 Da56
Gârbova RO 175 Da61
Garbów PL 131 Ka39
Garbsen D 126 Da36
Gârceni RO 173 Fa59
Garching D 143 Ea50
Garching D 143 Eb51
Garcia E 48 Ga62
Garciaz E 51 Cb67
Garciems LV 106 Kb50
Garcihernández E 45 Cc63
Garcigalindo E 45 Cb63
Garčin HR 152 Hb60
Gârcina RO 172 Ec58
Garcinarro E 47 Ea65
Gărčinovo BG 180 Ea69
Gârcov RO 180 Db68
Garda I 149 Db59
Gârda de Sus RO 171 Cc59
Gardamas LT 113 Jc56
Gardanne F 42 Jd54
Gardawice PL 138 Hc44
Gårdby S 111 Gb53
Garde E 39 Fa57
Garde S 104 Ha50
Gårdeby S 103 Ga46
Gardeja PL 121 Hb32
Gardelegen D 127 Ea36
Gardenstown GB 5 Ed07
Garderen NL 116 Bb36
Gardermoen N 85 Ea40
Gardete P 50 Ba66
Gärdhem S 102 Ec47
Gardiki GR 188 Ba81
Garding D 118 Cd30
Gardinovci SRB 153 Jb60
Gardna PL 121 Gc29
Gärdnäs S 79 Fd27
Gardno PL 120 Fc34
Gardone Riviera I 149 Db59
Gardone Val Trompia I 149 Da59
Gardonne F 32 Fd50
Gárdony H 146 Hc54
Gardouch F 40 Gc55
Gärdsby S 103 Fc51
Gärdserum S 103 Ga47
Gårdsjö S 80 Gc27
Gårdsjö S 95 Fb45
Gårdsjöbäcken S 71 Ga23
Gardsjönäs S 71 Ga23
Gärdskär S 96 Gc39
Gärdskär fiskehamn S 96 Gc39
Gärds Köpinge S 111 Fb55
Gärdslösa S 103 Gb52
Gårdstånga S 110 Fa55
Garður IS 2 Ab04
Gardyny PL 122 Ja33
Gardzień PL 122 Hc32
Garein F 39 Fb53
Garel F 23 Gb36
Gårelehöjden S 79 Gb29
Garelochhead GB 6 Dc12
Gares E 39 Ec57
Garešnica HR 152 Gc59
Garessio I 148 Bd63
Garfin E 37 Cd57
Garforth GB 16 Fa20
Gargaliáni GR 194 Ba89
Gargallo E 48 Fb63
Gargantiel E 52 Cd69
Gargaur S 72 Gc22
Gargellen A 142 Da54
Gargia fjellstue N 63 Ja08
Gargilesse-Dampierre F 29 Gc44
Gargnano I 149 Db59
Gargnäs S 72 Gc23
Gárgoles de Abajo E 47 Ea63
Gargrave GB 16 Ed20
Gargüera E 45 Ca65
Gargždai LT 113 Jb55
Gari MK 182 Ad74
Garino RUS 107 Mb49
Garipçe TR 199 Gc90
Garitz D 127 Eb38
Garkalne LV 106 Kc50
Garkleppvollen N 78 Ec31
Garkolovo RUS 99 Ld40
Garlasco I 148 Cb60
Gărleni RO 172 Ec59
Garliava LT 114 Kc58
Gârliciu RO 177 Fb65
Garliestown GB 10 Dd17
Garlin F 40 Fc54
Gârliţa RO 181 Ed67
Garlitos E 52 Cc69
Gărljano BG 179 Ca72
Garmisch-Partenkirchen D 142 Dc53
Garmo N 85 Dc35
Garnat-sur-Engièvre F 30 Hc44
Garnek PL 130 Hd41
Gârnic RO 174 Bd64
Garoaia RO 176 Ed62
Garons F 42 Ja53
Garoza LV 106 Kb52
Garpenberg S 95 Ga40
Garphyttan S 95 Fc44
Garpom FIN 90 Kd38
Garraf E 49 Gd62
Garrafe de Torío E 37 Cc56
Garragie Lodge GB 7 Dd09
Garrapinillos E 47 Fa60
Garray E 47 Eb60
Garrel D 117 Cc34
Garrigill GB 11 Ec17
Garrison GB 8 Ca17
Garrobillo E 55 Ed74
Garrovillas E 51 Bd66
Garrucha E 61 Ec75
Gars D 143 Eb51
Gars am Kamp A 136 Ga49
Garsås S 87 Fc38
Garsdale Head GB 11 Ec18
Gârsene LV 114 La53
Garsjøen N 85 Ea39
Gårslev DK 108 Db25
Gärsnäs S 111 Fb56
Garssnitz A 144 Fd53
Garstang GB 15 Ec20
Garsten A 144 Fb51
Gįrsūnai LT 114 Kc53
Garten N 77 Dd29
Gartland N 78 Ed26
Gartow D 119 Ea34
Gärtringen D 134 Cc49
Gartz D 120 Fb34
Garusovo RUS 107 Mb50
Gárva N 64 Jb10
Garvagh GB 9 Cd16
Garvaghy GB 9 Cc17
Garvald GB 11 Ec13
Garvan BG 181 Ec67
Garvão P 58 Ac72
Garve GB 4 Dd07
Garvín E 52 Cc66
Garvock GB 6 Dc13
Garwolin PL 131 Jd38
Garynahine GB 4 Da05
Garz D 119 Ed30
Gąsawa PL 121 Gd35
Gåsbakken N 77 Dd31
Gåsborn S 95 Fb42
Gåsbu N 77 Db33
Gaschurn A 142 Da54
Gaschwitz D 127 Eb40
Gascueña E 47 Ea65
Gąsewo Poduchowne PL 122 Jc34
Gashy F 23 Gc36
Gaskeluokt S 72 Gb24
Gąski PL 123 Jd31
Gasmyr N 67 Gc11
Gåsnäs S 79 Gb30
Gåsnes N 63 Ja04
Gąsocin PL 122 Jb35
Gaşpar MD 173 Fa54
Gaspoltshofen A 144 Fa51
Gasselte NL 117 Ca34
Gasselternijveen NL 117 Ca34
Gassino Torinese I 148 Bd60
Gässjö S 79 Ga30
Gasteiz E 38 Ea56
Gastellovo RUS 113 Jc57
Gastes F 39 Fa52
Gastiáin E 39 Eb57
Gastins F 24 Hb37
Gastoúni GR 188 Ad86
Gastoúri GR 182 Ab80
Gaszowice PL 129 Gd40
Gata E 45 Bd64
Gata HR 158 Gc66
Gata N 94 Eb39
Gata de Gorgos E 55 Fd70
Gătaia RO 174 Bd62
Gatarta LV 106 La49
Gatčina RUS 99 Mb40
Gatčina RUS 202 Ea08
Gatehouse of Fleet GB 10 Dd16
Gátér H 146 Jb55
Gateshead GB 11 Fa16
Gatheme F 22 Fb37
Gátova E 54 Fb67
Gatten DK 100 Db21
Gattendorf A 145 Gc51
Gatteo a Mare I 156 Eb64
Gattinara I 148 Ca59
Gattorna I 149 Cc63
Gau-Algesheim D 133 Cb44
Gaubert F 29 Gc39
Gaucín E 59 Cb77
Gauernitz D 127 Ed41
Gäufelden D 134 Cc49
Gauja LV 106 Kb50
Găujani RO 180 Ea68
Gaujiena LV 107 Lb48
Gaukås N 93 Da44
Gaukheihytta N 92 Cc44
Gaukönigshofen D 134 Db46
Gaukönigshofen D 134 Db46
Gaulėniai LT 113 Jd54
Gaulstad N 78 Ec28
Gau-Odernheim D 133 Cb45
Gaupne N 84 Cd36
Gaurė LT 113 Jd56
Gaußig D 128 Fb41
Gausvik N 66 Ga13
Gautefall N 93 Db44
Gautestad N 92 Cd45
Gauting D 143 Dd51
Gauto S 71 Ga20
Găuzeni MD 173 Fc55
Gavà E 49 Gd62
Găvănoasa MD 177 Fc62
Gavardo I 149 Db59
Gavarnie F 40 Fc57
Gavelli I 156 Ec69
Gavėniai LT 114 La56
Gavi I 148 Cb62
Gavião P 50 Ad66
Gavieze LV 105 Jb52
Gavilanes E 46 Cd65
Gavirate I 148 Cb58
Gävle S 95 Gb39
Gavoi I 169 Cb76
Găvojdia RO 174 Ca61
Gavorrano I 155 Db68
Gavray F 22 Fa37
Gâvres F 27 Ea40
Gavril-Genovo BG 179 Cc69
Gavrilov-Jam RUS 203 Fa09
Gavrilovka RUS 99 Mb45
Gavrilovo RUS 113 Jd59
Gávrio GR 190 Da87
Gávros GR 182 Ba77
Gavry RUS 107 Ld49
Gavry RUS 107 Ma50
Gåvsta S 96 Gd41
Gâvurağılı TR 198 Fd93
Gaweinstal A 145 Gc50
Gawliki Wielkie PL 123 Jd31
Gaworzyce PL 128 Ga39
Gawroniec PL 120 Ga32
Gawronki PL 130 Hc37
Gawrychy PL 122 Jc33
Gawthrop GB 11 Ec18
Gawthwaite GB 11 Eb19
Gäxsjö S 79 Fc29
Gazeran F 23 Gc37
Gaziemir TR 191 Ec86
Gazimağusa = Ammochostos CY 206 Jd96
Gazitepe TR 186 Fb77
Gazivode KSV 178 Ba69
Gazlıgölakören TR 193 Gc84
Gazoldo degli Ippoliti I 149 Db60
Gazzaniga I 149 Cd58
Gazzuolo I 149 Db61
Gbelce SK 146 Hc52
Gbely SK 137 Gd49
Gdańsk PL 121 Hb30
Gdingen = Gdynia PL 121 Ha29
Gdinj HR 158 Gd67
Gdov RUS 99 Lc44
Gdov RUS 202 Ea09
Gdów PL 138 Ja45
Gdynia PL 121 Ha29
Geaca RO 171 Db58
Gea de Albarracín E 47 Ed64
Geamăna MD 173 Fd58
Geashill IRL 13 Cb21
Geaune F 40 Fc54
Geay F 28 Fc43
Gębałka PL 123 Jd30
Gebeciler TR 193 Gd85
Gebesee D 127 Dd41
Gebhardshagen D 126 Dc37
Gebhardshain D 125 Cb41
Gębice PL 121 Gb35
Gębice PL 128 Fc38
Gębice PL 129 Ha36
Gebiz TR 199 Gd90
Gebra D 126 Dc40
Gebze TR 186 Ga78
Gecek TR 193 Hb83
Geçitkale = Lefkoniko CY 206 Jc96
Geçitli TR 187 Gb80
Geçkinli TR 185 Ec75
Geçmen TR 199 Gb92
Gedek TR 191 Eb81
Gedeller TR 199 Gc91
Gedern D 134 Cd43
Gedesby DK 109 Eb29
Gedikbaşı TR 198 Ga92
Gedikevi TR 193 Gd84
Gedikli TR 199 Ha88
Gedinne B 132 Ad43
Gediz TR 192 Fd84
Gedney Dove End GB 17 Fd23
Gedre F 40 Fc57
Gedser DK 109 Eb29
Gedsted DK 100 Db22
Gedved DK 108 Dc25
Geel B 124 Ba39
Geertruidenberg NL 124 Ad38
Geesala IRL 8 Bb18
Geeste D 117 Ca35
Geesthacht D 118 Dc33
Geevagh IRL 8 Ca18
Gefell D 135 Ea43
Géfira GR 183 Ca77
Gefíria GR 189 Bc82
Gefrees D 135 Ea44
Gegiedžiai LT 114 Kb53
Gehofen D 127 Dd40
Gehrde D 117 Cc35
Gehrden D 126 Da37
Gehren D 127 Dd42
Gehren D 128 Fa39
Geibi LV 115 Ld53
Geidžiūnai LT 114 Kd53
Geilenkirchen D 125 Bb40
Geilo N 85 Da39
Geinberg A 143 Ed50
Geiranger N 84 Cd34
Geisa D 126 Db42
Geiselbach D 134 Cd44
Geiselhöring D 135 Eb48
Geiselwind D 134 Dc45
Geisenfeld D 135 Ea49
Geisenheim D 133 Cb44
Geising D 128 Fa42
Geisingen D 141 Cb51
Geisleden D 126 Db40
Geislingen D 134 Da49
Geismar D 126 Db40
Geisnes N 78 Ec25
Geisthal A 144 Fd54
Geisvika N 67 Gb13
Geithain D 127 Ec41
Geithus N 93 Dd41
Geitvågen N 66 Fc17
Gela I 167 Fa87
Gelbensande D 119 Ec31
Geldermalsen NL 124 Ba37
Geldern D 125 Bc38
Geldrop NL 125 Bb39
Geleen NL 125 Bb40
Gelej H 146 Jc51
Gelemiç TR 192 Fd81
Gelenau D 127 Ec42
Gelenbe TR 192 Fa83
Gelenbe TR 192 Fc87
Gelendost TR 193 Gd87
Gelendžik RUS 205 Fc17
Gelénes H 147 Kb50
Geležiai LT 114 Kd54
Gelfingen CH 141 Ca53
Gelgaudiškis LT 114 Ka57
Gelibolu TR 185 Eb79
Gelida E 49 Gd61
Gelincik TR 193 Ha84
Gelincik TR 199 Gc88
Gelles F 33 Ha47
Gellin F 31 Jd43
Gelnhausen D 134 Cd43
Gelnica SK 138 Jc48
Gelnmassan GB 6 Dc12
Gelsa E 48 Fb61
Gelse H 145 Gd56
Gelsenkirchen D 125 Ca39
Gelsesziget H 145 Gd56
Geltendorf D 142 Dc51
Gelterkinden CH 141 Ca52
Gelting D 108 Db29
Geltow D 127 Ed37
Gelu RO 174 Bc60
Gelucourt F 25 Ka36
Gėluva LV 114 Kb56
Gelvonai LT 114 Kd57
Gembloux sur-Orneau B 124 Ad41
Gemenele RO 177 Fa63
Gemer SK 138 Jb49
Gemerská Panica SK 138 Jb49
Gemerská Poloma SK 138 Jb48
Gemert NL 125 Bb38
Gemişköyü TR 198 Ga88
Gemla S 103 Fc52
Gemlik TR 186 Fd79
Gemona del Friuli I 150 Ec57
Gémozac F 32 Fb48
Gemträsk S 73 Hd21
Gemünd D 125 Bc42
Gemünden D 126 Cd41
Gemünden D 126 Cd42
Gemünden D 133 Ca44
Gemünden D 134 Da44
Genagra CY 206 Jc96
Genarp S 110 Fa56
Genas F 34 Jb47
Génave E 53 Ea71
Genazzano I 160 Ec72
Gençali TR 193 Gb87
Gençay F 32 Fd45
Gencek TR 199 Hb89
Genderkingen D 134 Dc49
Gendrey F 31 Jc42
Gendringen NL 125 Bc37
Gendt NL 125 Bc37
Genemuiden NL 117 Bc35
Générac F 42 Ja53
General Inzovo BG 180 Eb73
General Kolevo BG 181 Ed69
Generalski Stol HR 151 Fd60
General Toševo BG 181 Fb69
Geneston F 28 Ed43
Genevad S 110 Ed53
Genève CH 140 Ba56
Genevrières F 31 Jc40
Genf = Genève CH 140 Ba56
Gengenbach D 133 Ca49
Genicera E 37 Cc56
Génicourt-sur-Meuse F 24 Jb36
Genillé F 29 Gb42
Génis F 33 Gb48
Genişler TR 193 Gb84
Genisséa GR 184 Db77
Genivolta I 149 Cd60
Genk B 124 Ba40
Genlis F 30 Jb42
Gennádio GR 197 Ed94
Gennep NL 125 Bc38
Genner DK 108 Db27
Gennes F 28 Fc42
Génolhac F 34 Hd51
Genouillac F 33 Gd45
Genouillé F 32 Fd46
Genova I 148 Cb63
Genowefa PL 129 Hb37
Gensac F 32 Fd50
Gensingen D 133 Cb44
Gent B 124 Ab39
Genthin D 127 Eb37
Gentioux-Pigerolles F 33 Gd47
Gentofte DK 109 Ec25
Genua = Genova I 148 Cb63
Genzano di Lucania I 162 Gb75
Genzano di Roma I 160 Eb72
Geoagiu RO 175 Cd61
George Enescu RO 172 Ec54
Georgenberg D 135 Eb46
Georgenberg D 135 Eb46
Georgensgmünd D 134 Dc47
Georgenthal D 126 Dc42
Georgi-Damjanovo BG 179 Cb69
Georgi Dimitrov BG 179 Cd73
Georgievsk RUS 205 Ga17
Georgiúpoli GR 200 Cc95
Georgouléika GR 188 Ad83
Georgsdorf D 117 Ca35
Georgsmarienhütte D 126 Cc37
Georth GB 5 Ec02
Géos GR 188 Ab81
Gepatschhaus A 142 Db55
Ger F 22 Fb37
Gera D 127 Eb42
Gera E 37 Ca54
Geraardsbergen B 124 Ab40
Gerabronn D 134 Da47
Gerace I 164 Gb83
Geraci Siculo I 167 Fa85
Gerahies IRL 12 Bb26
Gerakári GR 189 Bd81
Gerakári GR 200 Cd96
Gerakaroú GR 183 Cb78
Geráki GR 195 Bd89
Gerakiní GR 183 Cb79
Gérardmer F 31 Ka39
Geras A 136 Ga49
Geras E 37 Cc56
Gerasa CY 206 Ja98
Géraudot F 30 Hd38
Gerberoy F 23 Gc34
Gerbéviller F 25 Ka37
Gerbini I 167 Fc86
Gerbstedt D 127 Ea39
Gerby FIN 81 Hd30
Gerdašiai LT 123 Kc30
Gerdau D 118 Dc34
Gerdshagen D 119 Eb34
Gerede TR 205 Fa20
Geremeas I 169 Cb80
Geren TR 191 Eb85
Gerena E 59 Bd73
Gerenli TR 193 Ha83
Gereñu E 39 Eb57
Geretsried D 143 Dd51
Gérgal E 61 Ea75
Gergei I 169 Ca78
Gergelyiugornya H 147 Kb50
Gergova RO 177 Fd64
Gergy F 30 Jb43
Gerhardshofen D 134 Dc46
Geringswalde D 127 Ec41
Geriş TR 199 Hb91

Gerişler – Gonnesa

Gerişler TR 187 Gc80
Gerjen H 146 Hc56
Ģērķēni LV 107 Lb52
Gerlev DK 109 Eb25
Gerlos A 143 Ea54
Germagnano I 148 Bc59
Germaringen D 142 Dc51
Germasogeia CY 206 Jb98
Germay F 30 Jb38
Germencik TR 197 Ed88
Germendorf D 119 Ed35
Germering D 143 Dd51
Germersheim D 133 Cb47
Germignaga I 148 Cb57
Germigny-des-Prés F 29 Gd40
Germiyan TR 191 Ea86
Gernec AL 182 Ab77
Gernika E 38 Ea55
Gernrode D 127 Dd39
Gernsbach D 133 Cb48
Gernsheim D 134 Cc45
Geroda D 134 Da43
Gerola Alta I 149 Cd57
Gerolakkos CY 206 Jb96
Geroldsgrün D 135 Ea43
Gerolfingen D 134 Db47
Geroliménas GR 194 Bc91
Gerolsbach D 135 Dd49
Gerolstein D 133 Bc43
Gerolzhofen D 134 Db45
Gerona = Girona E 49 Hb59
Geroplátanos GR 182 Ad79
Geroskipou CY 206 Hd98
Gerovo HR 151 Fc59
Gerovski Kraj HR 151 Fc60
Gerri de la Sal E 40 Gb58
Gerrikaiz E 39 Eb55
Gersdorf D 127 Ec41
Gersdorf D 127 Ec42
Gersfeld D 134 Db43
Gersheim D 133 Bd47
Gersten A 144 Fc51
Gersten D 117 Cb35
Gerstetten D 134 Da49
Gerstheim F 25 Kc37
Gersthofen D 134 Dc49
Gerstungen D 126 Db41
Gerswalde D 120 Fa34
Gerum S 104 Gd50
Gervelės LT 115 Lc55
Gerviškes LT 114 La59
Gerwisch D 127 Ea37
Gerzen D 135 Eb49
Gesäter S 94 Eb45
Gescher D 125 Ca37
Geschwenda D 126 Dc42
Geseke D 126 Cc39
Geslau D 134 Db46
Gespunsart F 24 Ja33
Gessertshausen D 142 Dc50
Gestad S 102 Ec46
Gestalgar E 54 Fa67
Gesté F 28 Fa42
Gesten DK 108 Da26
Gesties F 40 Gc57
Gestingthorpe GB 21 Ga26
Gęstowice PL 128 Fc37
Gesualdo I 161 Fc74
Gesunda S 87 Fc38
Gesves B 124 Ad42
Gesztely H 146 Jc50
Geszteréd H 147 Ka51
Geta FIN 96 Hb40
Getafe E 46 Dc65
Getaria E 39 Eb55
Getelo D 117 Bd36
Getinge S 102 Ed52
Gettorf D 118 Dc30
Getxo E 38 Ea55
Gevelsberg D 125 Ca39
Gevensleben D 127 Dd37
Gévezé F 28 Ed39
Gevgelija MK 183 Ca76
Gevigney-et-Mercey F 31 Jc40
Gévora del Caudillo E 51 Bc68
Gevrekli TR 199 Hb89
Gevsjön S 78 Ed30
Gex F 35 Jd45
Gey TR 198 Fd92
Geyre TR 198 Fc88
Geyve TR 187 Gc79
Gföhl A 144 Fd50
Ghajn Tuffieha M 166 Eb88
Ghedi I 149 Da60
Gheia RO 171 Db59
Ghelänza MD 173 Fc57
Ghelari RO 175 Cc61
Ghelința RO 176 Eb61
Ghemme I 148 Ca59
Gheorghe Doja RO 171 Dc59
Gheorghe Doja RO 176 Ed66
Gheorghe Lazăr RO 177 Fa66
Gheorgheni RO 172 Ea58
Gherăseni RO 176 Ec64
Ghercești RO 175 Da66
Ghergheasa RO 176 Ed63
Gherghești RO 173 Fa59
Gherla RO 171 Db57
Gherman RO 172 Eb58
Gherman RO 174 Bd62
Gherța Mică RO 171 Cd54
Ghetlova MD 173 Fc57
Ghiare I 149 Cd62
Ghidfaläu RO 176 Ea61
Ghidigeni RO 177 Fa61
Ghidirim MD 173 Fd56
Ghiduleni MD 173 Fd56
Ghigo I 148 Bb61
Ghilad RO 174 Bc61
Ghilarza I 169 Ca77
Ghilavăț MD 172 Ed53
Ghiliceni MD 173 Fc56
Ghimbav RO 176 Ea62
Ghimeș-Făget RO 172 Eb59
Ghimpați RO 180 Ea67
Ghindari RO 172 Dd59
Ghindești MD 173 Fc55
Ghioroc RO 170 Bd59
Ghioroiu RO 175 Da65
Ghirla I 148 Cb58
Ghisonaccia F 154 Cc71
Ghisoni F 154 Cb70
Giálova GR 194 Ba89
Giáltra GR 189 Ca83
Gianádes GR 182 Aa80
Gianitsá GR 183 Bd77
Gianítsi GR 190 Cd86
Giánnouli GR 189 Bd81
Gianotá GR 183 Bc79
Giardinello I 166 Ec84
Giardinetto Vecchio I 161 Fd73
Giardini-Naxos I 167 Fd85
Giarmata RO 174 Bd60
Giarratana I 167 Fc87
Giarre I 167 Fd85
Giat F 33 Ha47
Giave I 168 Ca75
Giaveno I 148 Bc60
Giazza I 149 Dc59
Giba I 169 Bd80
Gibaldin E 59 Ca75
Gibellina Nuova I 166 Eb85
Gibellina Vecchia I 166 Eb85
Gibostad N 62 Gc10
Gibraleón E 59 Bb73
Gibraltar GB 59 Cb78
Ģibuļi LV 105 Jc50
Giby PL 123 Kb30
Gibzde LV 105 Jc49
Gic H 145 Ha53
Gidböle S 80 Ha30
Gideå S 80 Ha29
Gideå S 80 Gd29
Gideå bruk S 80 Ha29
Gideåkroken S 80 Gc26
Gidle PL 130 Hd41
Giebelstadt D 134 Da45
Gieboldehausen D 126 Db39
Giecz PL 129 Gd37
Gieczno PL 130 Hd38
Giedlarowa PL 139 Kb43
Giedraičiai LT 114 La56
Giekau D 118 Dc30
Gielas S 71 Fc23
Gielde D 126 Dc38
Gielniów PL 130 Jb40
Gielow D 119 Ec32
Gien F 29 Ha40
Giengen D 134 Db49
Giens F 42 Ka55
Giera RO 174 Bc62
Gierdingen N 85 Ea40
Giersleben D 127 Ea39
Gierzwałd PL 122 Hd32
Giesen D 126 Db37
Giessen D 126 Cc42
Gietelo NL 117 Bc36
Gieten NL 117 Ca34
Giethoorn NL 117 Bc34
Gietrzwałd PL 122 Ja32
Giffaumont-Champaubert F 24 Ja37
Giffers CH 141 Bc54
Gifford GB 11 Ec13
Gifhorn D 126 Dc36
Gigant RUS 205 Fd15
Gige H 152 Ha57
Gigean F 41 Hd54
Gigen BG 180 Db68
Gigenska Mahala BG 180 Db68
Gighera RO 179 Cd67
Giglio Campese I 155 Db70
Giglio Castello I 155 Db70
Giglio Porto I 155 Db70
Gignac F 41 Hc54
Gignese I 148 Cb58
Gignod I 148 Bc58
Gigny F 30 Hd40
Gigny F 31 Jc44
Gigors F 42 Ka51
Gigors-et-Luzeron F 34 Jb50
Gijano E 38 Dd55
Gijón E 37 Cc54
Ģikši LV 106 Kd49
Gilău RO 171 Cd58
Gilavë AL 182 Ab77
Gilbbesjavri FIN 67 Hb11
Gilberdyke GB 16 Fb20
Gilching D 143 Dd51
Gilcrux GB 11 Eb17
Gilena E 60 Cc74
Gilgenberg A 143 Ec51
Gilja N 92 Cb44
Gillanda S 94 Eb45
Gillberga S 94 Ed43
Gillberga S 95 Ga44
Gilleleje DK 109 Ec24
Gillenfeld D 133 Bd43
Gilley F 31 Ka42
Gillhov S 87 Fc32
Gillingham GB 19 Ec29
Gillingham GB 21 Ga28
Gillstad S 102 Ed46
Gilocourt F 23 Ha35
Gilserberg D 126 Cd41
Gilten D 118 Da35
Gilučiai LT 114 Kd57
Gilūtos LT 115 Lc55
Gilvrazino P 58 Ac74
Gilwern GB 19 Eb27
Gilze NL 124 Ad38
Gim S 87 Ga33
Gimåfors S 87 Ga32
Gimbsheim D 133 Cb45
Gimdalen S 87 Fd32
Gimel-les-Cascades F 33 Gc48
Gimenells E 48 Fd60
Gimigliano I 164 Gc81
Gimileo E 38 Ea57
Gimmestad N 84 Cc35
Gimo S 96 Gd41
Gimont F 40 Ga54
Gimsøy N 66 Fb14
Ginasservis F 42 Jd53
Ginci BG 179 Cc70
Gindulai LT 113 Jb55
Ginestas F 41 Hb55
Ginestra degli Schiavoni I 161 Fc73
Gingelom B 124 Ba41
Gingst D 119 Ed30
Ginosa I 162 Gc76
Ginostra I 167 Fd82
Ginsheim D 133 Cb44
Gintališkė LT 113 Jc54
Ginzling A 143 Ea54
Gio E 37 Bd54
Gioi I 161 Fd77
Gioia dei Marsi I 160 Ed71
Gioia del Colle I 162 Gd75
Gioia Sannitica I 161 Fb73
Gioia Tauro I 164 Gb83
Gioiosa Jonica I 164 Gc83
Gioiosa Marea I 167 Fc84
Giolou CY 206 Hd97
Giornico CH 142 Cc56
Giovinazzo I 162 Gc74
Ģipka LV 105 Jd49
Giraltovce SK 139 Jd47
Girancourt F 31 Jd38
Girdiškė LT 113 Jd56
Girdvainiai LT 113 Jc55
Girdžiai LT 114 Ka57
Girecourt-sur-Durbion F 31 Ka38
Girėnai LT 113 Jc55
Girėnai LT 114 Ka59
Giresun TR 205 Fd19
Girifalco I 164 Gc81
Giriniai LT 115 Lb56
Girininkai LT 113 Jb55
Girkalnis LT 114 Ka56
Girmeler TR 198 Fd92
Girne = Keryneia CY 206 Jb96
Giroc RO 174 Bd61
Girolata F 154 Ca69
Giromagny F 31 Ka40
Giron S 67 Ha15
Girona E 49 Hb59
Gironcourt-sur-Vraine F 31 Jc38
Gironella E 49 Gd59
Gironville F 25 Jc36
Girov RO 172 Ec58
Giruliai LT 113 Jb55
Girvan GB 10 Dc15
Gisburn GB 15 Ec20
Gisca MD 173 Ga59
Gisholt N 93 Dc44
Giske N 76 Cc32
Gislaved S 102 Fa50
Gislev DK 109 Dd27
Gislingham GB 21 Ga25
Gislövsläge S 110 Ed57
Gisløy N 66 Fd12
Gisors F 23 Gc35
Gisselås S 79 Fd29
Gisslarbo S 95 Ga42
Gissträsk S 72 Ha24
Gistad S 103 Ga46
Gistel B 21 Ha29
Gistel B 124 Aa39
Gistrup DK 100 Dc21
Giswil CH 141 Ca54
Githio GR 194 Bc90
Gittelde D 126 Db38
Gittun S 72 Gd20
Giubega RO 175 Cd66
Giubiasco CH 149 Cc57
Giugliano in Campania I 161 Fa75
Giulești RO 171 Db54
Giulești RO 175 Da65
Giulianova I 157 Fa69
Giulvăz RO 174 Bc61
Giumarra I 167 Fb86
Giurdignano I 163 Hc77
Giurgeni RO 177 Fa65
Giurgița RO 179 Cd67
Giurgiu RO 180 Ea68
Giussano I 149 Cc58
Giuvărăști RO 180 Db68
Give DK 108 Db25
Giverny F 23 Gc36
Givet F 24 Ja32
Givors F 34 Jb47
Givry F 30 Ja43
Givry-en-Argonne F 24 Ja36
Givskud DK 108 Db25
Gižai LV 114 Kb58
Giżałki PL 129 Gd38
Gizdavac HR 158 Gc66
Gizeux F 28 Fd42
Giżycko PL 122 Jc31
Giżynek PL 122 Hc34
Gizzeria Lido I 164 Gb81
Gjæsingen N 77 Dc28
Gjegjan AL 163 Jc71
Gjelbuneset N 66 Fd17
Gjelleråsen N 93 Ea41
Gjellerup DK 108 Da24
Gjelsvik N 84 Ca35
Gjemnes N 77 Da31
Gjengstøa N 77 Dc29
Gjerde N 84 Cd35
Gjerdemyro N 93 Dc44
Gjerlev DK 100 Dc22
Gjermundshamn N 84 Cb40
Gjern DK 108 Dc24
Gjerrild DK 101 Dd23
Gjerstad N 66 Fd13
Gjerstad N 84 Ca39
Gjerstad N 93 Db45
Gjersvika N 78 Fa25
Gjesdal N 92 Ca44
Gjesing DK 108 Cd26
Gjesvær N 64 Jb04
Gjevaldshaugen N 86 Ec37
Gjevdeli N 93 Da44
Gjinar AL 182 Ac75
Gjinikas AL 182 Ad77
Gjirokastër AL 182 Ac78
Gjøl DK 100 Dc21
Gjølga N 78 Ea28
Gjølme N 77 Dd30
Gjøra N 77 Dc32
Gjorëm AL 182 Ab78
Gjøvdal N 93 Da45
Gjøvik N 67 Gb11
Gjøvik N 86 Ea38
Gjuševo BG 179 Ca72
Gladbach D 125 Bc41
Gladbeck D 125 Bd38
Gladenbach D 126 Cc41
Gladhammer S 103 Gb49
Gladstad N 70 Ec22
Glafirá GR 189 Ca81
Glainans F 31 Ka41
Glăjărie RO 172 Dd58
Glamis GB 7 Ec11
Glamoč BIH 158 Gc64
Glamsbjerg DK 108 Dc27
Glanaman GB 19 Dd27
Glandieu F 35 Jc47
Glandore IRL 12 Bb26
Glandorf D 125 Cb37
Glanegg A 144 Fb56
Glanerbrug NL 117 Ca36
Glanet F 28 Ed41
Glangevlin IRL 9 Cb18
Glanoe IRL 12 Bb24
Glanshammar S 95 Fd43
Glanworth IRL 12 Bd25
Glarryford GB 9 Da16
Glarus CH 142 Cc54
Glasbach, Mellenbach- D 127 Dd42
Glasgow GB 10 Dd13
Glashütte D 120 Fb33
Glashütte D 128 Fa42
Glashütten A 144 Fc55
Glashütten D 135 Dd45
Glassan IRL 8 Ca20
Glastonbury GB 19 Eb29
Glattbrugg CH 141 Cb53
Glatten D 133 Cb49
Glaubitz D 127 Ed40
Glauburg D 134 Cd43
Glauchau D 127 Ec42
Glava BG 179 Da69
Glava S 94 Ed43
Glavace HR 151 Fd62
Glava glasbruk S 94 Ec43
Glavan BG 185 Ea74
Glăvănești RO 177 Fa60
Glavas HR 158 Gb64
Glavatićevo BIH 158 Hb66
Glavičice BIH 153 Hd62
Glăvile RO 175 Da64
Glavinica BG 181 Ec68
Glavnik KSV 178 Bb72
Glāžškūnis LV 106 Kc51
Gleann Cholm Cille IRL 8 Bd16
Gleba PL 122 Jc33
Głębock PL 122 Hd30
Głębock PL 122 Ja30
Głębocz Wielki PL 123 Jd34
Głębokie PL 128 Fd36
Głębokie PL 131 Kc39
Gledačevo BG 180 Ea73
Gledić SRB 178 Bb67
Gledica SRB 178 Ad68
Gledin RO 171 Dc57
Gleichen D 126 Db39
Glein N 70 Ed21
Gleinstätten A 144 Fd55
Gleisdorf A 144 Ga54
Glejbjerg DK 108 Da26
Glemsford GB 21 Ga26
Glenade IRL 8 Ca17
Glenariff or Waterfoot GB 9 Da16
Glenarm GB 9 Da16
Glenbarr GB 10 Db14
Glenbeigh IRL 12 Ba25
Glenborrodale GB 6 Db10
Glenbrittle GB 4 Da08
Glencolumbkille IRL 8 Bd16
Glendalough IRL 13 Cd22
Glendorragha IRL 8 Ca16
Glenealy IRL 13 Cd22
Gleneely IRL 9 Cc15
Glenegedale GB 6 Da13
Glenelg GB 4 Db08
Glenfarne IRL 8 Ca18
Glenfeshie Lodge GB 7 Ea09
Glenfinnan GB 6 Dc10
Glengarriff IRL 12 Bb26
Glénic F 33 Gc45
Glenkindie GB 7 Ec09
Glenlivet GB 7 Eb08
Glenluce GB 10 Dc16
Glenmaye GB 10 Dc19
Glenmore IRL 12 Bc22
Glenmore IRL 13 Cc24
Glennamaddy IRL 8 Bd20
Glenridding GB 11 Eb18
Glenrothes GB 7 Eb12
Glenties IRL 8 Ca16
Glen Trool Lodge GB 10 Dd16
Glère F 31 Kb41
Glesborg DK 101 Dd23
Glesien D 127 Eb40
Glesne N 93 Dc41
Glespin GB 10 Ea14
Gletness GB 5 Fa05
Gletsch CH 141 Ca55
Glewe, Neustadt- D 119 Ea33
Glewitz D 119 Ed31
Glibaći MNE 159 Ja67
Glienicke D 127 Ed36
Glifa GR 189 Ca83
Glifáda GR 192 Ab80
Glifáda GR 195 Cb87
Gliki GR 188 Ac81
Glikolar AL 182 Ad78
Glikomiliá GR 183 Bb80
Glimåkra S 111 Fb54
Glimboca RO 174 Cb62
Glin IRL 12 Bc23
Glina HR 152 Gb60
Glina RO 176 Eb66
Glinde D 118 Dc33
Glindow D 127 Ec37
Gliniec PL 130 Jb39
Glinik PL 139 Jd44
Glinjeni MD 173 Fb56
Glinka PL 129 Gb39
Glinojeck PL 122 Ja35
Glinsce IRL 8 Bb20
Glinsk IRL 8 Bb20
Glisno PL 128 Fd36
Glissjöberg S 87 Fb34
Gliwice PL 137 Hb43
Gljadino RUS 99 Mb40
Globicy RUS 99 Ma40
Globočica KSV 178 Ba72
Globočica KSV 178 Bb72
Głochów PL 129 Hb38
Glodeanu Sărat RO 176 Ec65
Glodeanu-Siliștea RO 176 Ec65
Glodeni MD 173 Fa55
Glodeni RO 171 Dc58
Glodeni RO 176 Dd64
Glödnitz A 144 Fa55
Głodowa PL 121 Gb31
Głodówko PL 122 Hd31
Glodževo BG 180 Eb68
Gloggnitz A 144 Ga52
Glogova RO 175 Cc64
Glogovac KSV 178 Ba71
Glogovac SRB 174 Bc66
Glogovnica HR 152 Gc58
Głogów PL 128 Ga39
Głogówek PL 137 Ha43
Głogowiec PL 130 Hc37
Głogów Małopolski PL 139 Ka43
Glomel F 27 Ea39
Glomfjord N 71 Fb19
Glommen S 102 Ec51
Glommersträsk S 72 Ha23
Glomminge S 103 Gb52
Głomno PL 122 Ja30
Głomsk PL 121 Gc33
Glonn D 143 Ea51
Glorenza I 142 Db55
Glória do Ribatejo P 50 Ac68
Glösa S 79 Fb30
Glos-la-Ferrière F 23 Ga37
Glossa GR 189 Cb83
Glössbo S 87 Gb37
Glossop GB 16 Ed21
Glostrup DK 109 Ec26
Glöte S 86 Fa34
Glottertal D 141 Ca50
Gloucester GB 19 Ec27
Gloup GB 5 Fa03
Głowaczów PL 130 Jc39
Głowczyce PL 121 Gc29
Glowe D 120 Fa29
Glöwen D 119 Eb35
Główiew PL 129 Ha37
Główno PL 130 Hd38
Gložan SRB 153 Ja60
Gložane SRB 174 Bc66
Gložene BG 179 Cd68
Gložene BG 179 Da70
Głubczyce PL 137 Ha44
Głubczyn PL 121 Gc34
Glubokij RUS 203 Fc14
Glubokoe RUS 107 Mb50
Głuchołazy PL 137 Gd43
Głuchów PL 130 Ja38
Głuchowo PL 128 Fc36
Głuchowo PL 129 Gb37
Glücksburg D 108 Db28
Glückstadt D 118 Da32
Glud DK 108 Dc25
Gludsted DK 108 Db24
Gluhove RUS 203 Fb10
Gluhovo RUS 99 Mb40
Glumče BG 181 Ec72
Glumina BIH 153 Hd63
Glumslöv S 110 Ed55
Glumsø DK 109 Eb27
Glurns I 142 Db55
Glusburn GB 16 Ed20
Głusk PL 131 Kb40
Gluškovo RUS 113 Jb59
Głuszyca PL 129 Gb42
Glutt Lodge GB 5 Eb05
Glyn Ceiriog GB 15 Eb23
Glyncorrwg GB 19 Ea27
Glyngøre DK 100 Da22
Glyn-neath GB 19 Ea27
Glyxnäs S 96 Ha42
Gmünd A 136 Fc49
Gmünd A 143 Ed55
Gmund D 143 Ea52
Gmunden A 144 Fa52
Gmyrino RUS 99 Mb45
Gnarp S 87 Gb34
Gnarrenburg D 118 Da33
Gnas A 144 Ga55
Gneevgullia IRL 12 Bb25
Gneisenaustadt Schildau D 127 Ec40
Gneotina MK 183 Bb76
Gnesau A 144 Fa55
Gnesta S 96 Gc44
Gniazdowo PL 123 Jd34
Gniebing A 144 Ga55
Gniechowice PL 129 Gc41
Gniew PL 121 Hb32
Gniewino PL 121 Ha29
Gniewkowo PL 121 Hb35
Gniewoszów PL 131 Jd39
Gniezno PL 129 Gd36
Gnilišče RUS 99 Ld44
Gnissau D 118 Dc31
Gnisvärd S 104 Gd49
Gnjilane KSV 178 Bc71
Gnjili Potok MNE 159 Jb68
Gnocchetta I 150 Eb62
Gnoien D 119 Ec31
Gnojewo PL 121 Hb31
Gnojna PL 129 Gd42
Gnojnik PL 138 Jb45
Gnosall GB 15 Ec24
Gnosjö S 102 Fa50
G. Novaki SLO 151 Fa57
Goathland GB 11 Fb18
Gob an Choire IRL 8 Bb18
Gobasna MD 173 Ga55
Göbel TR 192 Fa81
Göbeller TR 191 Ec83
Gobesh AL 182 Ac77
Gobowen GB 15 Eb23
Göbül TR 192 Fb82
Göçbeyli TR 191 Ed83
Goce Delčev BG 184 Cc74
Goce Delčev BG 184 Cc75
Göcek TR 198 Fc91
Göçeler TR 187 Gd79
Göçeri TR 193 Hb87
Göçeri TR 199 Ha90
Göçeyayla TR 193 Gd84
Goch D 125 Bc38
Goch GB 19 Ea27
Gockenholz D 118 Dc35
Goczałki PL 122 Hc33
Goczałkowice-Zdrój PL 138 Hc45
Göd H 146 Hd52
Göda D 128 Fb41
Godačica SRB 178 Bb67
Godalming GB 20 Fb29
Godby FIN 96 Hc40
Goddelsheim D 126 Cd40
Godeanu RO 174 Cb64
Godeč BG 179 Cb70
Godegård S 95 Fd45
Godejorda N 78 Ed26
Godelleta E 54 Fb68
Gödence TR 191 Eb86
Gödenstorf D 118 Dc34
Goderville F 22 Fd34
Godestad S 102 Ec51
Godętowo PL 121 Gd29
Godfjordbotn N 66 Fd12
Godiasco I 148 Cb61
Godinești RO 175 Cc63
Godkowo PL 122 Hd31
Godlaukis LT 114 Ka56
Godlewo PL 123 Ka35
Godmanchester GB 20 Fc25
Godmilje BIH 159 Hd64
Godnowa PL 129 Gd39
Gödöllő H 146 Hd52
Godović SLO 151 Fa58
Godovo SRB 178 Ad69
Godów PL 131 Ka40
Godowa PL 139 Ka44
Godøynes N 66 Fc17
Godrano I 166 Ec84
Gödre H 152 Hb57
Godsted DK 109 Ea29
Godstone GB 20 Fd29
Godus BIH 153 Hd63
Godziesze Wielkie PL 129 Ha39
Godzikowice PL 129 Gd41
Godziszewo PL 121 Hb31
Godziszów PL 131 Kb41
Goente E 36 Bb53
Goes NL 124 Ab38
Goglio I 141 Ca56
Gogolin PL 137 Ha43
Gogołowice PL 129 Gb40
Gogoșari RO 180 Ea68
Gogoșu RO 174 Cb65
Gogoșu RO 175 Cd65
Göhl D 119 Dd30
Gohor RO 177 Fa61
Göhren D 120 Fa30
Goian MD 173 Fd57
Goián E 36 Ac58
Goiești RO 175 Cd65
Goirle NL 124 Ba38
Góis P 44 Ad64
Goito I 149 Db60
Goizueta E 39 Ec55
Gojan AL 163 Jc71
Gojna Gora SRB 159 Jc64
Gojsalići BIH 153 Hc63
Gójsk PL 122 Hd35
Gökağaç TR 192 Ga84
Gökbahçe TR 193 Gc84
Gökbel TR 191 Ed84
Gökbel TR 198 Fb91
Gökben TR 198 Fd92
Gökçalı TR 191 Ea81
Gokčanica SRB 178 Ba68
Gökçe TR 191 Ed84
Gökçe TR 199 Gd88
Gökçeada TR 185 Dd80
Gökçeağıl TR 191 Eb83
Gökçeahmet TR 192 Fa84
Gökçealan TR 197 Ec88
Gökçeayva TR 193 Ha82
Gökçebağ TR 199 Gc88
Gökçebayır TR 191 Ea81
Gökçedağ TR 192 Fc82
Gökçehüyük TR 199 Gd88
Gökçek TR 193 Gb87
Gökçek TR 205 Ga20
Gökçekaya TR 193 Gd81
Gökçekuyu TR 193 Gd83
Gökçeler TR 192 Fa84
Gökçeler TR 193 Gb84
Gökçen TR 192 Fa87
Gökçeören TR 186 Fc80
Gökçeören TR 192 Fb85
Gökçeören TR 198 Ga93
Gökçesu TR 186 Ga80
Gökçetepe TR 185 Eb78
Gökçeyazı TR 191 Ed82
Gökçeyazı TR 198 Ga93
Gökçimen TR 199 Hb89
Gökçukur TR 192 Fa83
Gökdere TR 191 Ec86
Gökdere TR 193 Gc81
Gökdiken TR 197 Ec90
Gökeyüp TR 192 Fb85
Gökhem S 102 Fa47
Gökkaya TR 192 Fa86
Gökköy TR 192 Fa82
Gökköy TR 192 Fb82
Gökler TR 192 Ga83
Gökler TR 192 Ga84
Göknebi TR 193 Gc83
Gökpınar TR 193 Hb84
Göksöğüt TR 193 Ha87
Göksu TR 187 Gd79
Göktaş TR 199 Gd88
Göktepe TR 187 Gc78
Göktepe TR 193 Hb84
Göktepe TR 198 Fb89
Gol N 85 Db38
Gola HR 152 Gd57
Gola PL 129 Ha40
Gołąb PL 131 Jd39
Gołąbki PL 131 Ka38
Golada E 36 Ba56
Golăiești RO 173 Fa57
Gołańcz PL 121 Gc35
Golany PL 122 Jb34
Goławin PL 130 Ja36
Gölbaşı TR 199 Gc88
Golborne GB 15 Ec21
Gölby FIN 96 Hc40
Gölçayır TR 193 Ha86
Golce PL 121 Gb33
Golcea RO 179 Cd67
Gölçeler TR 191 Ec85
Gölcük TR 185 Ec78
Gölcük TR 186 Fd80
Gölcük TR 186 Ga79
Gölcük TR 187 Ha79
Gölcük TR 192 Fa83
Gölcük TR 192 Fa86
Gölcük TR 192 Fb82
Gölcük TR 192 Fd84
Gölcük TR 198 Ga90
Gölcük TR 199 Gc92
Golčův Jeníkov CZ 136 Fd45
Golczewo PL 120 Fc32
Goldap PL 123 Jd30
Goldbach D 126 Dc41
Goldbach D 134 Cd44
Goldbeck D 119 Eb35
Goldberg D 119 Eb33
Goldcliff GB 19 Eb28
Goldden N 63 Ja10
Goldelund D 108 Da29
Golden IRL 13 Ca24
Golden Cross GB 20 Fd30
Goldenstedt D 117 Cc35
Goldkronach D 135 Ea44
Goldsborough GB 11 Fb18
Goldscheuer D 133 Ca49
Göle TR 205 Ga19
Golec BG 180 Db70
Gölecil TR 186 Fb80
Goleen IRL 12 Ba27
Golegã P 50 Ac67
Golem AL 182 Ab75
Golemo Selo BG 179 Cb72
Golemo Selo SRB 178 Bd71
Goleni MD 173 Fa54
Golenice PL 120 Fc35
Goleniów PL 120 Fc33
Goleš BG 181 Fa68
Goleš SRB 179 Ca72
Golești RO 175 Db63
Golești RO 176 Ed62
Golesze PL 130 Hd39
Goleszyn PL 122 Hd35
Golfe-Juan F 43 Kc53
Golfo Aranci I 168 Cc74
Gölhisar TR 197 Fa88
Gölhisar TR 198 Ga90
Golica BG 181 Ed71
Golicyno RUS 202 Ed10
Golina PL 129 Ha37
Goliševo LV 107 Ld50
Goljama Željazna BG 180 Db70
Goljam Dervent BG 185 Ec74
Goljam izvor BG 185 Dd75
Goljam Manastir BG 180 Eb73
Goljamo Asenovo BG 185 Dd74
Goljamo Belovo BG 179 Cd73
Goljamo Gradište BG 180 Ea69
Goljamo Kamenjane BG 185 Dd76
Goljamo Vranovo BG 180 Ea68
Gölkaşı TR 199 Hb88
Gölkaya TR 187 Gd78
Gołkowice PL 138 Jb46
Gölköy TR 199 Gb92
Gölköy TR 205 Fc20
Gölle H 145 Hb56
Gollersdorf A 145 Gb50
Gollin D 120 Fa34
Golling an der Salzach A 143 Ed52
Göllingen D 127 Dd40
Gollomboc AL 182 Ba76
Gollrad A 144 Fd52
Golm D 127 Ed37
Golma N 77 Db30
Gölmarmara TR 192 Fa85
Golmbach D 126 Da38
Golokino RUS 113 Jb58
Gološčapy RUS 107 Mb50
Gölova TR 191 Ec87
Gölova TR 199 Gb91
Gölova TR 199 Gb92
Gölpazarı TR 187 Gc80
Golpejas E 45 Cb62
Golspie GB 5 Ea06
Golßen D 128 Fa38
Golubac SRB 174 Bd64
Golub-Dobrzyń PL 122 Hc34
Golubevo RUS 113 Ja59
Golubic HR 158 Gb64
Golubinci SRB 153 Jb61
Golubinje SRB 174 Ca65
Golubovicy RUS 99 Ma40
Gołuchów PL 129 Ha38
Golvari LV 107 Lc50
Gölyaka TR 186 Fa80
Gölyaka TR 193 Hb86
Gölyaka TR 199 Ha88
Gölyazı TR 186 Fc80
Gołymin-Ośrodek PL 122 Jb35
Golzow D 127 Ec37
Golzow D 128 Fb36
Gomadingen D 134 Cd49
Gomagoi I 142 Db56
Gomantlaukis LT 113 Jc55
Gómara E 47 Eb60
Gomaringen D 134 Cc49
Gomáti GR 184 Cc79
Gomba H 146 Ja53
Gömbe TR 198 Ga92
Gombergean F 29 Gb41
Gombo I 155 Da65
Gombrèn E 41 Gd58
Gömce TR 192 Ga87
Gömeç TR 191 Eb83
Gomecello E 45 Cc62
Gomes Aires P 58 Ac73
Gomezserracín E 46 Da61
Gomirje HR 151 Fd60
Gomljamo Kruševo BG 181 Ec73
Gommern D 127 Ea38
Gommersheim D 133 Cb46
Gomont F 24 Hd34
Gömü TR 193 Gd84
Gomulin PL 130 Hd40
Gomunice PL 130 Hd40
Gonäs S 95 Fc41
Gönc H 139 Jd49
Gönçek TR 192 Fd83
Goncelin F 35 Jd48
Goncourt F 31 Jc38
Gończyce PL 131 Jd38
Gondelsheim D 134 Cc47
Gondomar E 36 Ad58
Gondomar P 44 Ad61
Gondorf D 133 Ca43
Gondrame E 36 Bb56
Gondrecourt-le-Château F 25 Jc37
Gondreville F 25 Jc37
Gondrin F 40 Fd53
Gönen TR 185 Ed80
Gönen TR 199 Gc88
Gonfaron F 42 Ka54
Gonfreville l'Orcher F 22 Fd35
Goni GR 183 Bd80
Goni I 169 Cb78
Goniądz PL 123 Ka32
Gonnesa I 169 Bd79

Gonnosfanadiga - Grenči

Gonnosfanadiga I 169 Bd79
Gonnosnò I 169 Ca78
Gonsans F 31 Jd42
Gontán E 36 Bc54
Gönü TR 186 Fb80
Gönyü H 145 Ha52
Gonzaga I 149 Db61
Gonzar E 36 Bb56
Gooderstone GB 17 Ga24
Goodwick GB 14 Db26
Goole GB 16 Fb21
Goor NL 117 Bd36
Gopegi E 38 Ea56
Goppenstein CH 141 Bd56
Göppingen D 134 Da49
Gor E 61 Dd74
Gora HR 152 Gb60
Góra PL 122 Ja35
Góra PL 129 Gb39
Gora RUS 107 Ma47
Gora Bobyli RUS 107 Mb47
Gorafe E 61 Dd74
Gorai RUS 107 Ma49
Gorainiai LT 113 Jc56
Goraiolo I 155 Db64
Goraj PL 131 Kb41
Gorajec-Zagroble PL 131 Kb42
Góra Kalwaria PL 130 Jc37
Goran BG 180 Db70
Goráni GR 194 Bc89
Goransko MNE 159 Hd67
Góra Puławska PL 131 Jd39
Góra Świętej Anny PL 137 Ha43
Gorawino PL 120 Fd31
Goražde BIH 159 Hd65
Gorban RO 173 Fb58
Gorbănești RO 172 Ed55
Görbeháza H 147 Jd51
Gorbovo RUS 107 Ld47
Gorbunova Gora RUS 107 Ld48
Görcsöny H 152 Hb58
Gorczenica PL 122 Hc34
Gördalen S 86 Ed36
Gordaliza del Pino E 37 Cd58
Gordes F 42 Jc53
Gördes TR 192 Fb84
Gordinești MD 173 Fa54
Gørding DK 108 Da26
Gordoa E 39 Eb56
Gordoe RUS 113 Jb59
Gordola CH 148 Cb57
Gordon GB 11 Ec14
Gordona I 142 Cc56
Gordoncillo E 37 Cc58
Gördsbyn S 94 Ed42
Gorelki RUS 203 Fa11
Gorelovo RUS 99 Mb39
Gorenja Kanomlja SLO 151 Fa58
Gorenja Trebuša SLO 151 Fa58
Gorenja vas SLO 151 Fb58
Gorey GBJ 26 Ec36
Gorey IRL 13 Cd23
Gorgast D 128 Fb36
Görgeteg H 152 Gd57
Gorgogiri GR 188 Bb81
Gorgoglione I 162 Gb76
Gorgonzola I 149 Cc59
Gorgopotamos GR 189 Bc83
Gorgota RO 176 Eb65
Gorica BG 180 Ea70
Gorica BG 181 Ed72
Gorica BG 181 Fa71
Gorica BIH 158 Gd64
Gorica BIH 158 Gd66
Gorica BIH 159 Hc69
Gorica HR 157 Fd64
Goricë AL 182 Ba76
Goriče SLO 151 Fb57
Goricy RUS 202 Ed09
Gorinchem NL 124 Ba37
Goring GB 20 Fa28
Gorino I 150 Eb62
Goritsá GR 194 Bc89
Goritz D 119 Ec31
Gorizia I 150 Ed58
Gorjačevo RUS 107 Mb50
Gorjačij Ključ RUS 205 Fc17
Gorjani SRB 159 Jb65
Gorjão P 50 Ad67
Gorka RUS 99 Lc44
Gorka RUS 99 Ma42
Górki PL 130 Hc36
Górki PL 138 Jc43
Gorki RUS 99 Mb40
Gorki RUS 99 Mb40
Gorki RUS 107 Mb47
Górki Noteckie PL 120 Fd35
Gørlev DK 109 Ea26
Gorlice PL 138 Jc45
Görlitz D 128 Fc41
Gørløse DK 109 Ec25
Görmar D 126 Dc40
Gormaz E 46 Dd61
Görmin D 119 Ed31
Gorna Bešovica BG 179 Cd70
Gorna Graštica BG 179 Cb72
Gorna Kremena BG 179 Cd70
Gorna Lipnica BG 180 Dd70
Gorna Mitropolija BG 180 Db69
Gorna Orjahovica BG 180 Dd70
Gorna Rosica BG 180 Dc71
Gorna Studena BG 180 Dd69
Gornau D 127 Ed42
Gornești RO 171 Dc58
Gornet RO 176 Eb64
Gornet Cricov RO 176 Eb64
Gorni Cibăr BG 179 Cd68
Gorni Dăbnik BG 179 Da69
Gorni Lom BG 179 Cb68
Gorni Okol BG 179 Cc72
Gornja Badanja SRB 153 Ja62
Gornja Belica MK 183 Bb74
Gornja Bistra HR 151 Ga58
Gornjackij RUS 203 Fc14
Gornja Deržnica BIH 158 Ha66
Gornja Golubinja BIH 152 Hb63
Gornja Grabovica BIH 158 Ha66
Gornja Klina KSV 178 Ba70
Gornja Lisina SRB 179 Ca71
Gornja Ljubovida SRB 153 Ja63
Gornja Ljuta BIH 159 Hc66
Gornjane SRB 174 Ca66
Gornja Ploča HR 151 Ga63
Gornja Radgona SLO 144 Ga56
Gornja Rogatica SRB 153 Ja58
Gornja Sabanta SRB 174 Bb66
Gornja Stubica HR 151 Ga58
Gornja Suvaja BIH 152 Gb62
Gornja Trepča MNE 159 Hd68
Gornja Trešnjevica SRB 153 Jc63
Gornja Tuzla BIH 153 Hc62
Gornja Vranjska SRB 153 Jb62
Gornje Dubočke MNE 159 Hc68
Gornje Jelenje HR 151 Fc60
Gornje Komarevo HR 152 Gb60
Gornje Lopiže SRB 159 Jb66
Gornje Lopiže SRB 178 Ad68
Gornje Ratkovo BIH 152 Gc63
Gornje Taborište HR 151 Ga60
Gornje Vinovo HR 158 Gb65
Gornje Vratno HR 152 Gb57
Gornje Zuniče SRB 179 Ca68
Gornji Banjani SRB 159 Jc64
Gornji Čevljanovići BIH 159 Hc64
Gornji Dolac HR 158 Gc66
Gornji Dolič SLO 151 Fd57
Gornji Grad SLO 151 Fc57
Gornji Humac HR 158 Gc67
Gornji Jabolčište MK 183 Bb74
Gornji Kamengrad BIH 152 Gc62
Gornji Kokoti MNE 159 Ja70
Gornji Kraljevec HR 152 Gb57
Gornji Krušje MK 182 Ba75
Gornji Lapac HR 152 Gb63
Gornji Lukavac BIH 159 Hc67
Gornji Malovan BIH 158 Gd65
Gornji Miklouš HR 152 Gc59
Gornji Milanovac SRB 159 Jc64
Gornji Muć HR 158 Gc66
Gornji Nemzi MK 178 Bb73
Gornji Orizari MK 183 Bc74
Gornji Podgradci BIH 152 Gd61
Gornji Rajić HR 152 Gd60
Gornji Ribnik BIH 152 Gc63
Gornji Stepos SRB 178 Bc68
Gornji Vakuf = Uskoplje BIH 158 Ha65
Górno PL 130 Jb41
Gorno Botevo BG 180 Dd73
Gorno Izvorovo BG 180 Dd72
Gorno Kamarci BG 179 Cd71
Gorno Novo Selo BG 180 Dc72
Gorno Ozirovo BG 179 Cc69
Gornyj RUS 203 Ga11
Goro I 150 Ea62
Gorobinci MK 178 Bc73
Gorodec RUS 99 Mb44
Gorodec RUS 203 Fb09
Gorodenka EST 99 Lc42
Gorodišče RUS 203 Fd11
Gorodkovo RUS 113 Jc57
Gorodovikovsk RUS 205 Fd16
Górowo Iławeckie PL 122 Ja30
Gor. Primišlje HR 151 Fd61
Gorran Heaven GB 18 Db32
Gorre F 33 Gb47
Gorredijk NL 117 Bc34
Gorron F 28 Fb38
Görsbach D 127 Dd40
Görsdorf D 127 Ed38
Goršečnoe RUS 203 Fa13
Gorseinon GB 19 Dd27
Górsk PL 121 Ha34
Gorska poljana BG 185 Ec74
Gorski izvor BG 184 Dc74
Gorsko Kosovo BG 180 Dc70
Gorsko Novo Selo BG 180 Ea70
Gorsko Slivovo BG 180 Dc70
Gørslev DK 109 Eb26
Gorssel NL 117 Bc36
Gort IRL 12 Bd22
Gortaclare GB 9 Cc17
Gortahork IRL 9 Cb15
Gort an Choirce IRL 9 Cb15
Gorteen IRL 8 Bd19
Gortin GB 9 Cc16
Gortipohl A 142 Da54
Gortmore IRL 8 Bb20
Gortymadden IRL 12 Bd21
Goruia RO 174 Bd63
Gorun BG 181 Fc69
Gorv N 84 Cb35
Görvik S 79 Fd29
Görwihl D 141 Ca52
Gorzanów PL 137 Gb43
Görzig D 127 Eb39
Görzig D 128 Fb37
Görzke D 127 Eb37
Gorzkowice PL 130 Hd40
Gorzków-Osada PL 131 Kc40
Górzna PL 121 Gc33
Górzno PL 122 Hd34
Górzno PL 129 Ha39
Górzno PL 131 Jd38
Gorzów Śląski PL 129 Hb41
Gorzów Wielkopolski PL 128 Fd36
Gorzupia PL 128 Fd39
Górzyca PL 120 Fd31
Górzyca PL 128 Fc36
Gorzyce PL 131 Jd42
Gorzyce PL 137 Hb45
Górzyn PL 128 Fc39
Gorzyń PL 128 Ga36
Goržžam N 64 Jd07
Gosaldo I 150 Ea57
Gosau A 143 Ed53
Gosberton GB 17 Fc23
Göschenen CH 141 Cb55
Göscheneralp CH 141 Cb55
Gościcino PL 121 Ha29
Gościęcin PL 137 Ha44
Gościeradów PL 131 Ka41
Gościkowo Jordanowo PL 128 Fd37
Gościm PL 120 Ga35
Gościno PL 120 Fd31
Gościsław PL 129 Gb41
Gościszewo PL 121 Hb31
Gościszów PL 128 Fd41
Gosdorf A 144 Ga55
Goseck D 127 Ea41
Gosen-Neu Zittau D 128 Fa37
Gosforth GB 10 Ea18
Gosheim D 142 Cc50
Goslar D 126 Dc38
Gosławice PL 129 Ha37
Goślice PL 130 Hd36
Gospić HR 151 Fd63
Gospodinci BG 184 Cd75
Gospođinci SRB 153 Jb60
Gospori LV 107 Lb52
Gosport GB 20 Fa30
Gossa D 127 Ec39
Gössäter S 102 Fa46
Gossau CH 142 Cd53
Gössel A 144 Fa52
Gössenheim D 134 Da44
Gössensass I 143 Dd55
Gösslunda S 102 Ed46
Gößnitz D 127 Eb42
Gößweinstein D 135 Dd45
Gostavățu RO 180 Db67
Gosticy RUS 99 Lc42
Gostifisht AL 182 Ad78
Gostilica BG 180 Dd70
Gostilicy RUS 99 Ma40
Gostilja BG 179 Da68
Gostini LV 106 La51
Gostinja BG 180 Db70
Gostinu RO 180 Ea67
Gostivar MK 178 Ba73
Göstling an der Ybbs A 144 Fc52
Gostomia PL 121 Gb34
Gostun SRB 159 Jb67
Gostycyn PL 121 Gd33
Gostyń PL 129 Gc38
Gostynin PL 130 Hd36
Goszcz PL 129 Gd40
Goszczanów PL 129 Hb39
Goszczanówko PL 128 Fd36
Goszczyn PL 130 Jb38
Goszczyna PL 129 Gc42
Göta S 102 Ec47
Göteborg S 102 Eb49
Götene S 102 Fa46
Gotești MD 177 Fb61
Göteve S 102 Fa47
Gotha D 126 Dc41
Gotham GB 16 Fa23
Gothem S 104 Ha49
Götlunda S 95 Fd43
Gotlybiškiai LT 114 Ka57
Gotovuša MNE 159 Ja66
Gottböle FIN 89 Hd33
Gottby FIN 96 Hb41
Göttersdorf D 135 Ec49
Gotteszell D 135 Ed48
Gottfrieding D 135 Eb49
Göttingen D 126 Db39
Gottlob RO 174 Bb60
Gottmadingen D 142 Cc52
Gottne S 80 Gd30
Gottow D 127 Ed38
Gottröra S 96 Gd42
Gøttrup DK 100 Db21
Gottsdorf A 144 Fa50
Gottskär S 102 Eb50
Götzendorf an der Leitha A 145 Gc51
Götzis A 142 Cd53
Gouarec F 27 Ea39
Gouda NL 116 Ad36
Goudargues F 42 Ja52
Goudhurst GB 20 Fd29
Gouesnou F 26 Db38
Goulémi GR 189 Ca84
Goulven F 26 Dc37
Gouménissa GR 183 Bd77
Goúmero GR 188 Ba86
Gourdon F 33 Gb50
Gourdon F 43 Kc53
Gourgançon F 24 Hc37
Gourgé F 28 Fc44
Gouriá GR 188 Ba84
Gourin F 27 Dd39
Gournay-en-Bray F 23 Gc35
Goúrnes GR 200 Da95
Gournier F 35 Ka50
Gourock GB 6 Dc13
Gourri CY 206 Jb97
Gourville F 32 Fc47
Goussainville F 23 Gd36
Gouveia P 44 Bb63
Goúves GR 189 Cb83
Goúves GR 195 Bd90
Gouvia GR 182 Ab80
Gouvy B 133 Bb43
Gouzeaucourt F 24 Hb33
Gouzon F 33 Gd45
Goveđari HR 158 Ha68
Goven F 28 Ed39
Governolo I 149 Dc61
Gowarczów PL 130 Jb40
Gowidlino PL 121 Gd30
Goworowo PL 122 Jc34
Gowran IRL 13 Cc23
Göykaya TR 186 Fa75
Göynük TR 187 Gd80
Göynük TR 193 Gd85
Göynük TR 199 Gc92
Göynükbelen TR 192 Fd81
Gózd PL 130 Jc39
Gozdnica PL 128 Fc40
Gozdowice PL 120 Fb35
Gözler TR 192 Fd87
Gozon = Luanco E 37 Cc53
Gözpinar TR 193 Hb86
Gozzano I 148 Ca58
Graal-Müritz D 119 Eb30
Graauw NL 124 Ac39
Grab BIH 159 Hc67
Grab BIH 159 Hc69
Grab MNE 159 Jb67
Grab PL 129 Gd38
Grabarka PL 131 Kb36
Grabbskog FIN 97 Jd40
Grabe D 126 Dc40
Gräben D 127 Ec37
Graben-Neudorf D 133 Cb47
Grabenstätt D 143 Eb52
Grabica PL 130 Hd39
Grabice PL 128 Fc38
Grabjan AL 182 Ab76
Grabnik PL 123 Jd31
Gråbo S 102 Ec48
Graboszyce PL 138 Hd45
Grabovac HR 151 Ga61
Grabovac HR 153 Hc59
Grabovac HR 158 Gd66
Grabovac SRB 153 Jb62
Grabovci SRB 153 Jb62
Grabovica SRB 174 Cb65
Grabovnica SRB 178 Bc69
Grabow D 119 Ea34
Grabow D 127 Eb37
Grabów PL 130 Hc37
Grabowhöfe D 119 Ec33
Grabowiec PL 123 Kb35
Grabowiec PL 131 Kd41
Grabówka PL 123 Kb33
Grabów nad Prosną PL 129 Ha39
Grabownica Starzeńska PL 139 Ka45
Grabowno PL 121 Gc34
Grabowno Wielkie PL 129 Gd40
Grabowo PL 121 Gc35
Grabowo PL 122 Jb31
Grabowo PL 123 Jd30
Grabowo-Skorupki PL 122 Jb33
Grabowskie PL 123 Jd32
Grabupiai LT 113 Jc56
Gračac HR 157 Ga64
Gračanica BIH 152 Hb62
Gračanica BIH 153 Hd63
Gračanica BIH 158 Ha64
Gračanica BIH 158 Hc65
Gračanica SRB 159 Jb66
Graçay F 29 Gc42
Gracciano I 156 Dd67
Gracen AL 182 Ac75
Gračenica HR 152 Gc59
Gračevka RUS 205 Fd16
Grächen CH 141 Bd56
Gračišće HR 151 Fa60
Gracze PL 129 Gd42
Gradac BIH 158 Hb68
Gradac HR 158 Ha67
Gradac MNE 159 Hd69
Gradac MNE 159 Ja66
Gradac SLO 151 Fd59
Gradac SRB 178 Ba68
Gradačac BIH 153 Hc61
Gradara I 156 Eb65
Graddis N 71 Fd19
Gräddö S 96 Ha42
Gradec BG 179 Cb67
Gradec BG 180 Eb71
Gradec HR 152 Gb58
Gradec MK 183 Bd75
Gradec MK 183 Ca74
Gradefes E 37 Cd57
Grades A 144 Fb55
Gradešnica BG 179 Cd69
Gradešnica MK 183 Bc76
Gradevo BG 183 Cb74
Gradina BG 180 Dd70
Grădinari RO 174 Bd63
Grădinari RO 175 Db65
Gradinarovo BG 181 Ed70
Grădinița MD 173 Ga59
Gradisca d'Isonzo I 150 Ed58
Gradiška BIH 152 Gd61
Gradište BG 180 Dc69
Gradište BG 180 Dc70
Gradište HR 153 Hc61
Gradište MD 173 Fd59
Gradište MK 178 Bc73
Gradište SRB 179 Ca68
Gradište SRB 179 Ca69
Grădiștea RO 175 Da64
Grădiștea RO 176 Eb65
Grădiștea RO 176 Ed63
Grădiștea RO 180 Eb67
Grădiștea RO 181 Ed67
Grădiștea de Munte RO 175 Cd61
Gradki PL 122 Ja31
Gradna SRB 178 Ba68
Gradnica BG 180 Dc71
Grado E 37 Cb54
Grado I 150 Ed59
Grådö S 95 Ga40
Gradojević SRB 153 Ja62
Gradoli I 156 Dd69
Gradsko MK 183 Bc74
Gradskovo SRB 179 Ca67
Grad Straža SLO 151 Fc59
Grady PL 137 Gd43
Grądy-Woniecko PL 123 Ka33
Graena E 60 Dc74
Græsted DK 109 Ec24
Gräfelfing D 143 Dd51
Grafenau D 135 Ed48
Gräfenberg D 135 Dd46
Grafengehaig D 135 Ea44
Gräfenhainichen D 127 Ec39
Gräfenhausen D 141 Cb51
Gräfenroda D 126 Dc42
Grafenstein A 144 Fb56
Gräfenthal D 135 Dd43
Gräfentonna D 126 Dc41
Grafenwiesen D 135 Ec47
Grafenwöhr D 135 Ea45
Grafhorst D 127 Dd36
Graf-Ignatievo BG 180 Db73
Gräfinau-Angstedt D 127 Dd42
Grafing D 143 Ea51
Grafling D 135 Ec48
Grafrath D 143 Dd51
Gräfsnäs S 102 Ec48
Gräftåvallen S 79 Fb31
Graglia I 148 Bd59
Gragnague F 40 Gc54
Gragnano I 161 Fb75
Grahovo MNE 159 Hd69
Grahovo SLO 151 Fa57
Grahovo SLO 151 Fb59
Graig na Manach IRL 13 Cc24
Graigue Hill IRL 13 Cc23
Graiguenamanagh IRL 13 Cc24
Grain GB 21 Ga28
Grainet D 136 Fa49
Grainville-Langannerie F 22 Fc36
Graja de Iniesta E 53 Ec67
Grajal de Campos E 37 Cd58
Grajduri RO 173 Fa58
Grajewo PL 123 Ka32
Grajvoron RUS 203 Fa14
Gralewo PL 122 Ja35
Gralhos P 44 Bb59
Gralhos P 45 Bd60
Gralla A 144 Fd55
Gram DK 108 Da27
Gramada BG 179 Cb67
Gramais A 142 Db53
Gramastetten A 144 Fb50
Gramat F 33 Gc50
Gramatikó GR 189 Bc82
Gramatikó GR 189 Cc86
Gramatikovo BG 186 Fa74
Gramatsneusiedl A 145 Gb51
Grambow D 120 Fb33
Graméni GR 184 Cd76
Graméno GR 182 Ad80
Grămești RO 172 Eb55
Grametten A 136 Fd48
Grammendorf D 119 Ed31
Gramméni Oxiá GR 188 Bb83
Grammichele I 167 Fb87
Grámmos GR 182 Ad78
Gramont F 40 Ga53
Gramsdale GB 6 Cd07
Gramsh AL 182 Ac76
Gramsh AL 182 Ac77
Gramsh i Lushnjes AL 182 Ab75
Gramzda LV 113 Jb53
Gramzow D 120 Fb34
Gran N 85 Ea40
Granabeg IRL 13 Cd22
Granada E 60 Db75
Granaione I 155 Dc68
Gran Alacant E 55 Fb72
Granard IRL 9 Cb20
Gránard IRL 9 Cb20
Granås S 71 Fd22
Granåsen N 86 Ec36
Granåsen S 79 Gb28
Granátula de Calatrava E 52 Db70
Granberg S 73 Hb23
Granberget S 72 Gc23
Granberget S 79 Gb27
Granbergsträsk S 73 Hb24
Granbo S 79 Fc30
Granboda FIN 96 Hc41
Granby GB 16 Fb23
Grand F 30 Jb38
Grandas de Salime E 37 Bd55
Grand-Auverne F 28 Fa41
Grand-Bornand F 35 Ka46
Grandcamp-Maisy F 22 Fa35
Grand-Champ F 27 Eb40
Grandchamps F 30 Hb40
Grandcour CH 141 Bc54
Grand-Couronne F 23 Ga35
Grand Crohot Océan F 32 Fa50
Grandecourt F 31 Jc40
Grandes E 46 Cd63
Grandfontaine F 25 Kb37
Grand-Fort-Philippe F 21 Gc30
Grand-Fougeray F 28 Ed40
Grand Halleux B 125 Bb42
Grândola P 50 Ab70
Grandpré F 24 Ja35
Grandrieu F 34 Hc50
Grand-Rullecourt F 23 Gd32
Grandson CH 141 Bb54
Grandtully GB 7 Ea10
Grand-Vabre F 33 Ha51
Grandvelle-et-le-Perrenot F 31 Jd41
Grandvillars F 31 Kb40
Grandvilliers F 23 Gc34
Grane F 34 Jb50
Grane N 70 Fa23
Grañén E 48 Fc60
Grañena E 60 Db73
Grangärde S 95 Fc40
Grangärdes Hästberg S 95 Fc40
Grange IRL 13 Ca25
Grangeford IRL 13 Cc23
Grange-le-Bocage F 30 Hb38
Grangemouth GB 10 Ea13
Grängesberg S 95 Fc41
Granges-sur-Aube F 24 Hc37
Granges-sur-Vologne F 31 Ka38
Grängshyttan S 95 Fc42
Grängsjö S 87 Gb36
Granheim N 92 Cd44
Granhult S 68 Hc17
Granica BG 179 Cc72
Granica SRB 159 Ja66
Grăniceri RO 170 Bd58
Granicești RO 172 Eb55
Gränichen CH 141 Ca53
Granieri I 167 Fb87
Graninge S 79 Gb31
Granit BG 180 Dc73
Granitis GR 184 Cd76
Granitola Torretta I 166 Eb85
Granitsa GR 188 Ba82
Granitsopoúla GR 182 Ac80
Granja P 51 Bb70
Granja de Moreruela E 45 Cb59
Granja de Torrehermosa E 51 Cb71
Grankulla FIN 98 Kb39
Grankullavik S 104 Gc50
Granliden S 79 Ga25
Granmoen N 70 Fa21
Gränna S 103 Fb48
Grannäs S 71 Ga24
Grannäs S 72 Gb22
Granne PL 123 Ka35
Grannes N 71 Fb23
Granö S 80 Ha27
Granollers E 49 Ha61
Granowo PL 129 Gb37
Grañs E 36 Bb53
Grans F 42 Jc54
Gransee D 119 Ed35
Gränsfors S 87 Gb34
Gränsgård S 72 Gc23
Gransha GB 10 Db16
Gransherad N 93 Db42
Gransholm S 103 Fc52
Gransjö S 72 Gd24
Gransjö S 73 Hc21
Gransjøbergstra N 86 Eb37
Gränsjön S 94 Ec42
Grantham GB 16 Fb23
Grantown-on-Spey GB 7 Eb08
Granträsk S 73 Hc22
Granträsk S 80 Gd27
Granträskmark S 73 Hc23
Grantshouse GB 11 Ed13
Granucillo E 45 Cb59
Gränum S 111 Fc54
Granusjön S 86 Fa36
Granvik S 103 Fc46
Granvika N 85 Ea35
Granville F 22 Ed37
Granvin N 84 Cc39
Granzin D 119 Eb33
Grapska BIH 152 Hb62
Grasbakken N 65 Kb07
Grasberg D 118 Cd34
Gräsbrickan S 86 Ed38
Grasevo BG 184 Cd74
Grasgård S 111 Gb54
Grasleben D 127 Dd37
Gräsmark S 94 Ed41
Grasmere GB 11 Eb18
Gräsmyr S 80 Hb28
Gräsö S 96 Gd40
Grassano I 162 Gb75
Grassau D 127 Ed39
Grassau D 143 Eb52
Grasse F 43 Kc53
Grassington GB 11 Ed19
Gråssjön S 87 Fd32
Gråsten DK 108 Db28
Grästorp S 102 Ed47
Gråtånes N 71 Fc18
Gratangsbotn N 67 Gb13
Gråtanliden S 79 Gb25
Gratens F 40 Gb55
Gratentour F 40 Gc54
Gratia RO 176 Dd66
Grătiești MD 173 Fd58
Gratkorn A 144 Fd54
Gråträsk S 72 Ha23
Gratteri I 167 Fa84
Grattersdorf D 135 Ed49
Gratwein A 144 Fd54
Grauballe DK 108 Db24
Grau-d'Agde F 41 Hc55
Graulhet F 41 Gd54
Graulinster L 133 Bb44
Graun im Vinschgau I 142 Db55
Graupa D 128 Fa41
Graus E 48 Fd59
Grava S 94 Fa43
Grávalos E 47 Ec59
Gravås S 94 Ed42
Grávavencsellő H 147 Ka50
Gravberget N 86 Ec38
Gravdal N 66 Fb14
Grave NL 125 Bb38
Gräve S 95 Fc44
Gravedona I 149 Cc57
Graveley GB 20 Fc25
Gravelines F 21 Gd30
Gravellona Toce I 148 Ca57
Gravenhage, 's- NL 116 Ad36
Gravens DK 108 Db26
Grävenwiesbach D 134 Cc43
Grāveri LV 115 Ld53
Gravesend GB 20 Fd28
Graveson F 42 Jb53
Graviá GR 189 Bc84
Gravigny F 23 Gb36
Gravina di Puglia I 162 Gc75
Gravmark S 80 Hb27
Gravoúna GR 184 Da77
Gravvik N 78 Ec25
Gray F 31 Jc41
Grays GB 20 Fd28
Graz A 144 Fd54
Grazalema E 59 Cb76
Grążawy PL 122 Hd33
Gražiškiai LT 114 Ka59
Grazzanise I 161 Fa74
Grazzano Visconti I 149 Cd61
Grčarice SLO 151 Fc59
Grčina KSV 178 Ad71
Grdelica SRB 178 Bd70
Greaca RO 180 Eb67
Greåker N 93 Ea44
Great Ayton GB 11 Fb18
Great Bentley GB 21 Ga27
Great Bircham GB 17 Ga23
Great Cornard GB 21 Ga26
Great Cubley GB 16 Ed23
Great Dalby GB 16 Fb24
Great Dunmow GB 20 Fd27
Great Eccleston GB 15 Eb20
Great Ellingham GB 17 Ga24
Great Glen GB 16 Fb24
Great Grimsby GB 17 Fc21
Great Hanwood GB 15 Eb24
Great Harwood GB 15 Ec20
Great Hockham GB 21 Ga25
Great Horkesley GB 21 Ga26
Great Langton GB 11 Fa18
Great Malvern GB 15 Ec26
Great Milton GB 20 Fa27
Great Ponton GB 16 Fb23
Great Shefford GB 20 Fa28
Great Smeaton GB 11 Fa18
Great Snoring GB 17 Ga23
Greatstone-on-Sea GB 21 Ga30
Great Tew GB 20 Fa26
Great Torrington GB 19 Dd29
Great Totham GB 21 Ga27
Great Wakering GB 21 Ga28
Great Yarmouth GB 17 Gc24
Great Yeldham GB 20 Fd26
Grebănu RO 176 Ed63
Grebbestad S 94 Ea45
Grebci BIH 158 Hb68
Grebenac SRB 174 Bc63
Grebenau D 126 Da42
Grebenhain D 134 Cd43
Grebenișu de Câmpie RO 171 Db58
Grebenstein D 126 Da39
Grebin D 118 Dc30
Grębków PL 131 Jd36
Greblești MD 173 Fc57
Grebneva LV 107 Ld50
Grebo S 103 Ga47
Grębocin PL 121 Hb34
Grębów PL 131 Jd42
Grečanica KSV 178 Bb71
Greccio I 156 Eb70
Grecești RO 175 Cc65
Greci I 161 Fd73
Greci RO 175 Cc65
Greci RO 177 Fb64
Gredelj BIH 159 Hc67
Greding D 135 Dd48
Gredstedbro DK 108 Da26
Greencastle GB 9 Da19
Greencastle IRL 9 Cd15
Greenfield GB 15 Eb22
Green Hammerton GB 11 Fa19
Green Hammerton GB 16 Fa20
Greenhead GB 11 Ec16
Greenlaw GB 11 Ec14
Greenock GB 6 Dc13
Greenodd GB 11 Eb19
Greenway GB 19 Ea31
Greenwich GB 20 Fc28
Greetland GB 16 Ed21
Greetsiel D 117 Ca32
Greffen D 126 Cc37
Grefrath D 125 Bc39
Gregurovec HR 152 Gb58
Greifenberg D 120 Fa34
Greifenburg A 143 Ed55
Greifswald D 119 Ed31
Grein A 144 Fc51
Greipstad N 62 Gc10
Greipstad N 92 Cd47
Greiskani LV 107 Ld51
Greith A 144 Fd52
Greiz D 127 Eb42
Gremersdorf D 119 Dd30
Gremjač'e RUS 203 Fb13
Grenaa DK 101 Dd23
Grenaa Strand DK 101 Ea23
Grenade F 40 Gb54
Grenade-sur-l'Adour F 39 Fb54
Grenant F 31 Jc40
Grenås S 79 Fd29
Grenchen CH 141 Bd53
Grenči LV 105 Jd51

Grenctāle – Gutowiec

Grenctāle LV 114 Kc53
Grendavė LT 114 Kd58
Grenivík IS 2 Ba03
Grenoble F 35 Jd48
Grense Jakobselv N 65 Kd07
Grentzingen F 31 Kb40
Grenzhausen, Höhr- D 125 Ca42
Gréolières F 43 Kc53
Gréoux-les-Bains F 42 Jd53
Greppin D 127 Eb39
Gresse-en-Vercors F 35 Jc49
Gressoney-La-Trinité I 148 Bd58
Gressoney-Saint-Jean I 148 Bd58
Gressvik N 93 Ea44
Grésy-sur-Isère F 35 Ka47
Gretna GB 11 Eb16
Grettstadt D 134 Db44
Greußen D 127 Dd40
Grevbäck S 103 Fb47
Greve DK 109 Ec26
Greve in Chianti I 155 Dc66
Greven D 125 Cb37
Grevená GR 183 Bb79
Grevenbroich D 125 Bc40
Greveníti GR 182 Ba80
Grevenmacher L 133 Bc45
Grevesmühlen D 119 Ea32
Greve Strand DK 109 Ec26
Grevie S 110 Ed53
Grevnäs FIN 90 Kc38
Greyabbey GB 10 Db17
Greysteel GB 9 Cc15
Greystoke GB 11 Eb17
Greystone GB 9 Cd17
Greystones IRL 13 Da22
Grézels F 33 Gb51
Grez-en-Bouère F 28 Fb40
Grèzes F 33 Gc51
Grezzana I 149 Dc59
Grgar SLO 151 Fa58
Grgurevci SRB 153 Ja61
Grgurnica MK 178 Bb73
Gribanovskij RUS 203 Fc12
Gribuli RUS 107 Ld48
Gridino RUS 99 Ld45
Grieben D 127 Eb36
Griebenow D 119 Ed31
Griem'ačje RUS 113 Jc58
Gries A 142 Dc54
Griesalp CH 141 Bd55
Gries am Brenner A 143 Dd54
Griesbach, Bad Peterstal- D 133 Cb49
Griesheim D 134 Cc45
Gries im Sellrain A 142 Dc54
Grieskirchen A 144 Fa50
Griesstätt D 143 Eb51
Griffen A 144 Fc56
Grigale LV 114 Kd53
Grigiškes LT 114 La58
Grignan F 42 Jb51
Grignani I 166 Ea85
Grignasco I 148 Ca58
Grigno I 150 Dd58
Grignols F 33 Ga49
Grignols F 40 Fc52
Grigor'evskoe RUS 203 Fb08
Grigorievca MD 173 Ga59
Grigoriopol MD 173 Ga57
Grijota E 46 Da59
Grijpskerk NL 117 Bd33
Griķi LV 105 Jc51
Grikos GR 197 Ea89
Grillby S 96 Gc42
Grilli I 155 Db68
Grillos GR 194 Ba87
Grimaldi I 164 Gb80
Grimăncăuţi MD 172 Ed53
Grimaud F 43 Kb54
Grimbråten S 94 Ed44
Grimdalen N 93 Da43
Grimentz CH 141 Bd56
Grimeton S 102 Ec51
Grimma D 127 Ec40
Grimmen D 119 Ed31
Grimmenstein A 145 Gb53
Grimmialp CH 141 Bd55
Grimnäs S 87 Fd32
Grimo N 84 Cc39
Grimsås S 102 Fa50
Grímsey IS 3 Bb03
Grimslöv S 103 Fc52
Grímsstaðir IS 3 Bb04
Grimstad N 93 Da46
Grimston GB 17 Fd24
Grimstorp S 103 Fc49
Grimstrup DK 108 Da26
Grimzdai LT 113 Jc55
Grinăuţi MD 173 Fb55
Grinăuţi-Raia MD 173 Fa53
Grindavík IS 2 Ab05
Grinde N 84 Cc37
Grindelwald CH 141 Ca55
Grinder N 94 Ec40
Grindheim N 92 Cb41
Grindheim N 92 Cc46
Grindholmen FIN 81 Jb29
Grindjorda N 67 Gb14
Grindon GB 16 Ed23
Grindsted DK 108 Da25
Grindu RO 176 Ec65
Grindu RO 177 Fb63
Gringley on the Hill GB 16 Fb21
Griniai LT 114 Ka55
Grinkiškis LV 114 Kb55
Grinneröd S 102 Eb47
Griñón E 46 Db65
Grinstad S 102 Ec46
Grinţieş RO 172 Eb57
Grip N 77 Da30
Gripenberg S 103 Fc48
Grisi I 166 Ec84
Grisignano di Zocco I 150 Dd60
Griškabūdis LV 114 Kb58
Grisolia I 164 Ga78
Grisolles F 40 Gb53
Grisselören FIN 81 Ja29
Grisslehamn S 96 Ha41
Griva LV 115 Lc53
Grivaši LV 105 Jd52
Grivenskaja RUS 205 Fc16
Griviţa RO 176 Ed65
Griviţa RO 177 Fa61
Griviţa RO 177 Fa62
Grizáno GR 189 Bc81
Grizebeck GB 11 Eb19
Grizic HR 152 Ha60
Grizzana Morandi I 149 Dc63
Grjadišče RUS 99 Ld45
Grjady RUS 202 Eb09
Grjazi RUS 203 Fb12
Grjazovec RUS 203 Fa08
Grljan SRB 179 Ca67
Grøa N 77 Dc32
Gröbers D 127 Eb40
Grobiņa LV 105 Jb52
Grobla PL 138 Jb44
Grobla PL 139 Kb43
Gröbming A 144 Fa53
Gröbzig D 127 Ea39
Grocka SRB 174 Bb64
Grödås N 84 Cc34
Gródek PL 121 Gb33
Gródek PL 123 Kc33
Gródek PL 131 Ka36
Gródek PL 131 Kd42
Gródek nad Dunajcem PL 138 Jc45
Gröden D 128 Fa40
Gröding A 143 Ec52
Grödinge S 96 Gd44
Gröditsch D 128 Fa38
Gröditz D 127 Ed40
Gródki PL 122 Hd33
Gródki PL 131 Kb41
Grodków PL 129 Gd42
Grodziczno PL 122 Hd33
Grodziec PL 128 Ga41
Grodziec PL 129 Ha38
Grodziec PL 129 Hb42
Grodziec PL 138 Hc45
Grodzisk PL 123 Jd34
Grodzisk PL 123 Ka35
Grodzisk Mazowiecki PL 130 Jb37
Grodzisko PL 123 Jd30
Grodzisko PL 139 Kb43
Grodzisk Wielkopolski PL 129 Gb37
Grodziszcze PL 129 Gb42
Groeningen NL 125 Bc38
Groenlo NL 125 Bd37
Groesbeek NL 125 Bb38
Grogan IRL 13 Cb21
Grohotno BG 184 Da75
Groitzsch D 127 Eb41
Groix F 27 Dd41
Grojdibodu RO 179 Da68
Grójec PL 129 Gd37
Grójec PL 130 Jb38
Grolanda S 102 Fa48
Grom PL 122 Jb32
Gromada PL 131 Kb42
Gromadka PL 128 Ga40
Gromadno PL 121 Gd34
Gromandcyzna PL 123 Ka29
Gromiljak BIH 158 Hb64
Grömitz D 119 Dd31
Gromnik PL 138 Jc45
Gromo I 149 Da58
Gromovo RUS 113 Jb58
Gron F 30 Hb39
Grøna N 85 Db35
Grönahög S 102 Fa49
Gronau (Leine) D 126 Db37
Gronau (Westfalen) D 117 Ca36
Grønbæk DK 100 Db23
Grønbjerg DK 108 Cd24
Grønbjerg DK 108 Da25
Grönbo S 73 Hb24
Grönbo S 95 Fd43
Grønbua N 85 Db35
Grøndal N 84 Cb35
Gröndal S 71 Fc22
Grondola I 149 Cd63
Grönenbach D 142 Db51
Grönfjäll S 71 Fd24
Grong N 78 Ed26
Grönhögen S 111 Gb54
Grønhøj DK 100 Db23
Gröningen D 127 Dd38
Groningen NL 117 Bd33
Grønlia N 78 Ea28
Grönliden S 80 Hb25
Grønnemose DK 108 Dc26
Grono CH 149 Cc57
Gronów PL 128 Fc36
Gronowo PL 122 Hd30
Gronowo Elbląskie PL 122 Hc31
Grönskara S 103 Fd51
Grönskåra S 103 Ga51
Grönwohld D 118 Dc32
Grootegast NL 117 Bd33
Gropello Cairoli I 148 Cb60
Gropen S 95 Fc44
Gropeni RO 177 Fa64
Gropniţa RO 173 Fa57
Gropparello I 149 Cd61
Grornv HR 151 Fb62
Grosbliederstroff F 25 Ka35
Grosbous L 133 Bb44
Grosbreuil F 28 Ed44
Groscavallo I 148 Bc59
Grosebay GB 4 Da06
Groşi RO 171 Da55
Grosio I 149 Da57
Grošnica SRB 174 Bb66
Großaitingen D 142 Dc50
Großalmerode D 126 Db40
Großalsleben D 127 Dd38
Groß Ammensleben D 127 Ea37
Großarl A 143 Ed54
Großbeeren D 127 Ed37
Groß-Bieberau D 134 Cc45
Großbodungen D 126 Dc39
Großbothen D 127 Ec41
Großbottwar D 134 Cd47
Großbreitenbach D 127 Dd42
Großburgwedel D 126 Db36
Groß Dölln D 120 Fa35
Großdubrau D 128 Fb40
Großefehn D 117 Cb33
Großeibstadt D 134 Dc43
Grosselfingen D 142 Cc50
Großenaspe D 118 Db31
Großenbrode D 119 Dd30
Großenehrich D 126 Dc40
Großenhain D 128 Fa40
Großenkneten D 117 Cc34
Großenlüder D 126 Da42
Großenlüder D 126 Da42
Großenlupnitz D 126 Dc41
Großensee D 118 Dc32
Großenseebach D 134 Dc46
Großenwiehe D 108 Da29
Grossenzersdorf A 145 Gb51
Grossepeterdorf A 145 Gb54
Großerlach D 134 Cd47
Grosseto I 155 Dc68
Grosseto Prugna F 154 Ca71
Großfurra D 126 Dc40
Groß Gaglow D 128 Fb39
Groß Garz D 119 Ea35
Groß-Gerau D 134 Cc44
Großgerungs A 136 Fc49
Groß Glienicke D 127 Ed36
Großglobnitz A 136 Fd49
Großgörschen D 127 Eb40
Groß Grönau D 119 Dd32
Großhabersdorf D 134 Dc46
Großhansdorf D 118 Dc32
Großharthau D 128 Fb41
Großhartmannsdorf D 127 Ed42
Großheide D 117 Cb32
Großheirath D 135 Dd44
Großhennersdorf D 128 Fc41
Großheubach D 134 Cd45
Großhöchstetten CH 141 Bd54
Groß Ippener D 118 Cd34
Großkarolinenfeld D 143 Ea52
Groß Kiesow D 120 Fa31
Groß Kölzig D 128 Fc39
Groß Köris D 128 Fa37
Großkoschen D 128 Fb40
Groß Kreutz D 127 Ec37
Großkugel D 127 Eb40
Großlangheim D 134 Db45
Großlehna D 127 Eb40
Groß Leine D 128 Fb38
Großlittgen D 133 Bc44
Großlohra D 126 Dc40
Groß Miltzow D 120 Fa33
Groß Muckrow D 128 Fb38
Grossmugl A 145 Gb50
Groß Mühlingen D 127 Ea38
Groß Naundorf D 127 Ed39
Groß Oesingen D 126 Dc36
Großostheim D 134 Cd44
Grossouvre F 30 Hb43
Groß Pankow D 119 Eb34
Großpertholz A 136 Fc49
Groß Pösna D 127 Ec40
Großpostwitz D 128 Fb41
Groß Quenstedt D 127 Dd38
Großraming A 144 Fb52
Großräschen D 128 Fa39
Großreifling A 144 Fc52
Großrinderfeld D 134 Da45
Groß Rodensleben D 127 Ea37
Groß-Rohrheim D 134 Cc45
Großröhrsdorf D 128 Fa41
Groß Rosenburg D 127 Eb38
Groß-Sankt-Florian A 144 Fd55
Groß Särchen D 128 Fb40
Groß Schacksdorf D 128 Fc39
Großschirma D 127 Ed41
Großschönau D 128 Fc42
Groß Schönebeck D 120 Fa35
Groß Schwechten D 127 Ea36
Großschweidnitz D 128 Fc41
Gross-Schweinparth A 145 Gc50
Groß-Siegharts A 136 Fd49
Großsölk A 144 Fa53
Großsolt D 108 Db29
Großsteinberg D 127 Ec40
Großthiemig D 128 Fa40
Großtreben D 127 Ed39
Groß Twülpstedt D 127 Dd36
Groß-Umstadt D 134 Cc45
Großwallstadt D 134 Cd45
Groß Warnow D 119 Ea34
Grossweikersdorf A 144 Ga50
Großweitzschen D 127 Ed41
Groß Wokern D 119 Ec32
Großwudicke D 127 Eb36
Groß Ziescht D 128 Fa38
Grostenquin F 25 Ka36
Grosuplje SLO 151 Fc58
Grøtavær N 66 Ga12
Grote LV 107 Lb49
Grotle N 84 Ca34
Grotli N 85 Da34
Grötlingbo S 104 Ha51
Grøtnes N 63 Hd06
Grøtnesdalen N 62 Gd09
Grotniki PL 130 Hc38
Grotów PL 120 Ga35
Grötsch D 128 Fb39
Grottaglie I 162 Ha76
Grottaminarda I 161 Fc74
Grottammare I 157 Fa68
Grotte I 166 Ed86
Grotte di Castro I 156 Dd69
Grotteria I 164 Gb83
Grotte Santo Stefano I 156 Ea69
Grottole I 162 Gc76
Grötvågen N 77 Dc30
Grou NL 117 Bc33
Grov N 67 Gb13
Grova N 93 Db43
Grozas LV 107 Lc51
Grozdjovo BG 181 Ed71
Grozeşti RO 173 Fb58
Grozeşti RO 175 Cd65
Grožnjan HR 151 Fa60
Grua N 85 Ea40
Grub D 135 Dd44
Grubben N 71 Fb22
Grubbenvorst NL 125 Bc39
Grubišno Polje HR 152 Gd59
Gruczno PL 121 Ha33
Gruda HR 159 Hc69
Gruda Donja BIH 159 Hc68
Grude BIH 158 Ha66
Grudusk PL 122 Ja34
Grudziądz PL 121 Hb33
Grues F 32 Fa45
Gruffy F 35 Jd46
Gruia RO 174 Cb66
Gruissan F 41 Hb56
Gruissan-Plage F 41 Hb56
Gruiu RO 176 Eb65
Grumăzeşti RO 172 Ec57
Grumento Nova I 161 Ga77
Grumo Appula I 162 Gc74
Grums S 94 Ed43
Grünau im Almtal A 144 Fa52
Grünbach D 135 Eb43
Grünbach am Schneeberg A 144 Ga52
Grünberg D 126 Cd42
Grünberg PL 128 Fd38
Grünburg A 144 Fb51
Grundarfjörður IS 2 Ab03
Grundfors S 71 Fc24
Grundfors S 80 Gc25
Grundforsen S 86 Ed37
Grundsel S 73 Hb22
Grundsjö S 79 Ga28
Grundsjö S 79 Gb25
Grundsjön S 87 Fd33
Grundsund S 102 Eb47
Grundsunda FIN 96 Hc40
Grundsunda S 80 Ha30
Grundtjärn S 79 Gb29
Grundträsk S 72 Ha23
Grundträsk S 72 Ha24
Grundträsk S 73 Hd20
Grundträsk S 73 Hb24
Grundvattnet S 73 Hb22
Grundzāle LV 106 La48
Grüneberg D 119 Ed35
Grünewald D 125 Bc38
Grünewalde D 128 Fa40
Grungedal N 92 Cd42
Grünhain D 135 Ec43
Grünheide D 128 Fa37
Grunnerud S 94 Eb44
Grunnfjord N 62 Gd08
Grunnfjordbotn N 66 Ga15
Grünsfeld D 134 Da46
Grünstadt D 133 Cb45
Grüntal D 120 Fa35
Grünwald D 143 Dd51
Grunwald PL 122 Hd33
Grupčin MK 178 Bb73
Grury F 30 Hd44
Grüsch CH 142 Cd54
Grūšlaukė LT 113 Jb54
Gruszeczka PL 129 Gc40
Gruszka PL 130 Ja41
Gruta PL 121 Hb33
Grūtas LT 123 Kc30
Gruvbyn S 87 Fc35
Gruyères CH 141 Bc55
Gruža SRB 174 Bb66
Gruzdiškė LT 114 Ka56
Gruzdžiai LT 114 Ka53
Grybėnai LT 115 Lb55
Grybów PL 138 Jc45
Grycksbro S 95 Fd39
Gryfice PL 120 Fd32
Gryfino PL 120 Fb34
Gryfów Śląski PL 128 Fd41
Grykë AL 182 Aa76
Gryllefjord N 62 Gb10
Grymyr N 85 Dd40
Grynberget S 79 Gb27
Gryt S 95 Gb44
Gryt S 103 Gb47
Gryta N 77 Dc29
Gryta S 96 Gc42
Grytåa N 70 Ed22
Gryteryd S 102 Ed51
Grytgöl S 95 Fd45
Grythyttan S 95 Fc42
Grytnäs S 95 Ga41
Grytsjö S 79 Fd25
Gryttjom S 96 Gc40
Gryzavino RUS 107 Ma48
Gryzy PL 123 Jd30
Gryżyce PL 129 Gb40
Gryżyna PL 129 Gb38
Grza SRB 178 Bd67
Grzebienisko PL 129 Gb37
Grzechotki PL 122 Hd30
Grzęda PL 122 Jb30
Grzegorzew PL 129 Hb37
Grzegrzółki PL 122 Jb32
Grzmiąca PL 121 Gb32
Grzybiany PL 129 Gb41
Grzybno PL 120 Fc35
Grzybno PL 122 Hc33
Grzybowo PL 129 Gd37
Grzymałków PL 130 Jb41
Grzymiszew PL 129 Hb37
Grzywna Biskupia PL 121 Hb34
Gschnitz A 143 Dd54
Gschwandt A 144 Fa51
Gschwend D 134 Da48
Gstaad CH 141 Bc55
Gsteig CH 141 Bc56
Guadahortuna E 60 Dc74
Guadalajara E 46 Dd64
Guadalaviar E 47 Ec65
Guadalcanal E 51 Ca71
Guadalcázar E 60 Cc73
Guadalix de la Sierra E 46 Dc63
Guadalmedina E 60 Cd76
Guadalmez E 52 Cc70
Guadalupe E 52 Cc67
Guadalupe E 61 Eb73
Guadamur E 52 Db66
Guadarrama E 46 Db63
Guadassuar E 54 Fb69
Guadiana del Caudillo E 51 Bc68
Guadix E 61 Dd74
Guadramil P 45 Bd59
Guagnano I 162 Hb76
Guagno F 154 Cb70
Guaire IRL 13 Cd23
Guájar-Faragüit E 60 Dd76
Gualachulain GB 6 Dc11
Gualdo Tadino I 156 Eb67
Gualöv S 111 Fb54
Gualtieri I 149 Db61
Guarcino I 160 Ec72
Guarda CH 142 Da55
Guarda P 44 Bb63
Guardalfiera I 161 Fc72
Guardamar del Segura E 55 Fb72
Guardapasso I 160 Ea72
Guardavalle I 164 Gc82
Guardea I 156 Ea69
Guàrdia de Tremp E 48 Ga59
Guardiagrele I 157 Fb70
Guardia Lombardi I 161 Fd75
Guardia Perticara I 162 Gb76
Guardia Piemontese Marina I 164 Gb79
Guardiaregia I 161 Fb73
Guardia Sanframondi I 161 Fb73
Guardias Viejas E 61 Ea77
Guardiola de Berguedà E 49 Gd59
Guardiola de Font-rubí E 49 Gc61
Guardo E 38 Da56
Guareña E 51 Ca69
Guaro E 60 Cc76
Guarromán E 52 Db71
Guasila I 169 Ca78
Guastalla I 149 Db61
Guaza de Campos E 37 Cd58
Gubanicy RUS 99 Ma40
Gubavac MNE 159 Jb67
Gubbhögen S 79 Fd27
Gubbio I 156 Eb67
Gubbmyran S 86 Fa37
Gubbträsk S 72 Gc24
Guben D 128 Fc38
Gubeš BG 179 Cb70
Gubin PL 128 Fc38
Gubkin RUS 203 Fa13
Guča SRB 178 Ad67
Guča Gora BIH 158 Ha64
Gücenoluk TR 193 Gc83
Güçlüköy TR 199 Hb91
Gudai LT 113 Jc57
Gúdar E 48 Fb64
Gudbjerg DK 109 Dd27
Guddal N 84 Cb36
Guddalbru N 92 Cb45
Gudeliai LT 123 Kc30
Gudeliai LV 114 Kb59
Gudenieki LV 105 Jb51
Gudensberg D 126 Da40
Guderup DK 108 Db28
Gudhjem DK 111 Fc57
Gudin N 78 Ec27
Gudinge S 96 Gd39
Gudkaimis LT 114 Ka58
Gudme DK 109 Dd27
Gudmindrup DK 109 Ea25
Gudmont-Villiers F 30 Jb38
Gudmundrå S 80 Gc31
Gudmuntorp S 110 Fa55
Gudow D 119 Dd33
Gudowo PL 120 Ga33
Gudum DK 100 Cd22
Gudumholm DK 100 Dc21
Gudurica SRB 174 Bd62
Gudvangen N 84 Cc38
Gudžiūnai LV 114 Kb55
Guebwiller F 31 Kb39
Güéjar Sierra E 60 Dc75
Guémar F 31 Kb38
Guémené-Penfao F 28 Ed41
Guémené-sur-Scorff F 27 Ea39
Guengat F 27 Dc39
Guenrout F 27 Ec41
Guer F 27 Ec40
Guérande F 27 Eb42
Guéret F 33 Gc46
Guérigny F 30 Hb42
Guernica = Gernika E 38 Ea55
Güesa E 39 Fa57
Gües-d'Oloron F 39 Fb55
Gueugnon F 30 Hd44
Güevejar E 60 Db74
Gugalj SRB 159 Jc64
Gugeşti RO 176 Ed62
Güglingen D 134 Cc47
Guglionesi I 161 Fc71
Gugney-aux-Aulx F 31 Jd38
Gugny PL 123 Ka33
Gugutka BG 185 Ea76
Guhttás S 68 Hd13
Guia P 44 Ac65
Guichen F 28 Ed40
Guidizzolo I 149 Db60
Guidonia-Montecelio I 160 Eb71
Guiglia I 149 Db63
Guignen F 28 Ed40
Guignes F 23 Ha37
Guijo de Coria E 45 Bd65
Guijosa E 47 Ea62
Guijuelo E 45 Cb63
Guildford GB 20 Fb29
Guilheta P 44 Ac59
Guillar E 36 Ba56
Guillaumes F 43 Kb52
Guillena E 59 Bd73
Guillestre F 35 Kb50
Guillos F 32 Fb51
Guilsfield GB 15 Eb24
Guilvinec F 27 Dc40
Guimarães P 44 Ad60
Guimiliau F 26 Dc38
Guines F 21 Gc30
Guingamp F 26 Ea38
Guipavas F 26 Dc38
Guipry F 28 Ed40
Guipy F 30 Hc42
Guisando E 45 Cc65
Guisborough GB 11 Fb18
Guiscard F 23 Ha34
Guiscriff F 27 Dd39
Guise F 24 Hc33
Guissona E 48 Gb60
Guist GB 17 Ga24
Guitalens F 41 Gd54
Guiting Power GB 20 Ed26
Guitiriz E 36 Bb54
Guitres F 32 Fc49
Guizan E 36 Ad57
Gujan-Mestras F 32 Fa51
Gukovo RUS 205 Fc15
Gulbene LV 107 Lb49
Gulbēris LV 106 La50
Gulbji LV 105 Ja51
Gülçayır TR 193 Ha83
Gulcz PL 121 Gb35
Güldalı TR 199 Ha89
Guldborg DK 109 Eb28
Güldibi TR 187 Gd78
Guldrupe S 104 Ha50
Gulen N 84 Ca37
Gulgofjorden N 65 Kb05
Gulholmen N 66 Fd13
Guljanci BG 180 Db68
Gul'keviči RUS 205 Fd16
Gülköy TR 199 Gb88
Gulla N 77 Dc31
Gullabo S 111 Ga53
Gulladuff GB 9 Cd16
Gullan GB 11 Ec13
Gullaskruv S 103 Fd52
Gullberg S 87 Fd37
Gullbrandstorp S 102 Ed52
Gulleråsen S 87 Fd38
Gullered S 102 Fa49
Gullesfjordbotn N 66 Fd13
Gullgammen N 64 Jb04
Gullhaug N 93 Dd43
Gullholmen N 64 Ka05
Gullholmen S 102 Eb47
Gullön S 72 Gd22
Gullringen S 103 Fd49
Gullsby S 94 Ed41
Gullspång S 95 Fb45
Gulltjärn S 80 Hb27
Gullträsk S 73 Hc20
Güllü TR 192 Fd86
Güllübahçe TR 197 Ec88
Güllüce TR 192 Fb81
Güllük TR 197 Ed90
Gullvik S 80 Gd30
Gülpınarı TR 191 Ea82
Gulsele S 79 Gb28
Gulsrud N 93 Dd41
Gulstøa N 84 Ca34
Gulsvik N 85 Dc40
Gumboda S 73 Hb24
Gumboda S 80 Hc27
Gumbodahamn S 80 Hc27
Gümele TR 192 Ga84
Gümeli TR 191 Ec83
Gumiel de Hizán E 46 Dc60
Gumiel de Mercado E 46 Dc60
Gumlösa S 111 Fb54
Gummark S 80 Hc25
Gummersbach D 125 Ca40
Gumowo PL 122 Ja35
Gumpelstadt D 126 Db42
Gumpersdorf D 143 Ec50
Gumpoldskirchen A 145 Gb51
Gumtow D 119 Eb35
Gümülceli TR 191 Ed85
Gümüldür TR 191 Eb87
Gümüşçay TR 185 Ec80
Gümüşdamla TR 199 Hb90
Gümüşhane TR 205 Fd19
Gümüşlük TR 197 Ec90
Gümüşoluk TR 187 Gd78
Gümüşova TR 187 Gd78
Gümüşpınar TR 186 Fb77
Gümüşpınar TR 192 Fc81
Gümüşsu TR 193 Gb87
Gümüşsuyu TR 186 Fa77
Gümüşyaka TR 199 Gb91
Gümüşyeni TR 192 Ga82
Günaydın TR 192 Fa81
Guncati SRB 153 Jc62
Gundelfingen D 134 Db49
Gundelfingen D 141 Ca50
Gundelsheim D 134 Cd47
Gundelsheim D 134 Dc45
Gundertshausen A 143 Ec51
Gunderup DK 108 Cd25
Gündoğan TR 185 Ed80
Gündoğan TR 197 Ec90
Gündoğdu TR 185 Ec80
Gündoğdu TR 185 Ed79
Gündoğdu TR 186 Fd80
Gündüzler TR 193 Gd81
Gündüzlü TR 185 Ed77
Günekestane TR 192 Ga81
Güneli TR 193 Gd82
Güneşli TR 192 Fb84
Güneşli TR 199 Gc92
Güney TR 192 Fc83
Güney TR 192 Fc86
Güney TR 192 Fc87
Güney TR 198 Fc89
Güney TR 198 Ga89
Güneyce TR 199 Gd88
Güneykaya TR 199 Hb91
Güneykent TR 193 Gc87
Güneyköy TR 193 Gb85
Güneyköy TR 193 Gd84
Güngören TR 192 Fc81
Güngörmez TR 186 Fa76
Güngörmez TR 186 Fb80
Gunhåberget S 94 Fa39
Günlüce TR 192 Fd83
Günlük TR 197 Ed89
Günlükbaşı TR 198 Fd92
Gunnarn S 80 Gc25
Gunnarnes N 63 Ja05
Gunnarp S 102 Ed51
Gunnarsbyn S 73 Hd21
Gunnarsjö S 102 Ec50
Gunnarskog S 94 Ed42
Gunnarskulla FIN 98 Kb40
Gunnarsnäs S 94 Ec45
Gunnarvattnet S 79 Fb27
Gunnebo S 103 Gb49
Gunnfarnes N 66 Ga11
Gunnilbo S 95 Ga42
Gunnislake GB 18 Dc31
Günseck A 145 Gb53
Gunskirchen A 144 Fa51
Gunsta S 96 Gd42
Günstedt D 127 Dd40
Gunten CH 141 Bd55
Guntersblum D 133 Cb45
Gunter's Bridge GB 20 Fb30
Guntersdorf A 136 Ga49
Günthersleben D 126 Dc41
Gunthorpe GB 16 Fb23
Guntín de Pallares E 36 Bb55
Günyarık TR 193 Gb81
Günyüzü TR 193 Hb83
Günzburg D 134 Db49
Gunzenhausen D 134 Dc47
Guovdageaidnu N 68 Hd11
Gura Bicului MD 173 Ga58
Gura Camencii MD 173 Fc55
Gura Foii RO 176 Dd65
Gürağaç TR 192 Fd82
Gura Galbenei MD 173 Fc59
Gura Haitii RO 172 Dd57
Gurahonţ RO 170 Cb59
Gura Humorului RO 172 Eb56
Gurakuq AL 182 Ac75
Gura Ocniţei RO 176 Dd64
Gura Râului RO 175 Da61
Gurasada RO 174 Cb60
Gura Şuţii RO 176 Dd65
Gura Teghii RO 176 Eb63
Gura Vadului RO 176 Eb64
Gura Văii RO 174 Cb64
Gura Văii RO 176 Ec60
Gurb E 49 Gd59
Gurba RO 170 Ca58
Gurbăneşti RO 176 Ec66
Gürceğiz TR 197 Ed90
Güre TR 191 Eb82
Güre TR 192 Fd85
Güre TR 198 Fb89
Gürece TR 197 Ec90
Güreci TR 185 Ec79
Gur'evsk RUS 113 Ja58
Gurghiu RO 171 Dc58
Gurgljat BG 179 Cb71
Guri i Bardha AL 182 Ac74
Gur i Zi AL 163 Jb71
Gurk A 144 Fb55
Gurkovo BG 180 Dd72
Gurkovo BG 181 Fb69
Gürle TR 191 Ec85
Gürlek TR 192 Ga85
Gurnos GB 19 Dd27
Gürpınar TR 186 Fc78
Gürpınar TR 192 Ga86
Gurrë AL 182 Ac75
Gurre DK 109 Ec24
Gurrea de Gállego E 48 Fb59
Gurr'e madhë AL 182 Ac74
Gursken N 76 Cb33
Gürsöğüt TR 193 Hb81
Gürsü TR 186 Fd80
Gurteen IRL 8 Ca18
Gurteen IRL 12 Bd21
Gurten A 143 Ed50
Gurunhuel F 26 Ea38
Gurviksdalen N 77 Dc28
Gusborn D 119 Dd34
Gušće HR 152 Gc60
Güsen D 127 Eb37
Gusendo de los Oteros E 37 Cc58
Gusev RUS 113 Jd59
Guševac SRB 179 Ca69
Gusevo RUS 107 Mb51
Gusevo RUS 113 Jc59
Gus'-Hrustal'nyj RUS 203 Fa10
Gusinje MNE 159 Jb69
Gusmar AL 182 Ab78
Guşoeni RO 175 Da65
Gusow D 128 Fb36
Guspini I 169 Bd78
Gusselby S 95 Fd42
Güsselfeld D 119 Ea35
Güssing A 145 Gb54
Gusswerk A 144 Fd52
Gustav Adolf S 95 Fb41
Gustav Adolf S 103 Fb48
Gustavsberg S 80 Ha25
Gustavsberg S 96 Gd43
Gustavsfors S 94 Fa41
Gustavsfors S 94 Ec44
Güsten D 127 Ea38
Gustirna HR 158 Gb66
Güstrow D 119 Eb32
Gusum S 103 Gb47
Gusvattnet S 79 Fb26
Gus'-Železnyj RUS 203 Fb10
Gutach D 141 Ca50
Gutach D 141 Cb50
Gutar E 61 Dd72
Gutau A 144 Fb50
Gutcher GB 5 Fa03
Gutenbrunn A 144 Fd50
Gutenstein A 144 Ga52
Gutenstetten D 134 Dc46
Gutenswegen D 127 Ea37
Gutenzell D 142 Da50
Güterfelde D 127 Ed37
Gütersloh D 126 Cc38
Gutorfölde H 145 Gc56
Gutowiec PL 121 Gd32

Gúttamási - Harville

Gúttamási H 145 Hb54
Guttannen CH 141 Ca55
Guttaring A 144 Fb55
Gützkow D 119 Ed31
Guvåg N 66 Fc13
Güveçlik TR 198 Fc88
Güvem TR 192 Fb81
Güvemalanı TR 185 Ed80
Güvençetmi TR 192 Fa82
Güvendik TR 191 Eb86
Güvendik TR 193 Hb87
Güvenir TR 198 Fb89
Güvercinlik TR 197 Ed90
Gúves GR 201 Db95
Guxhagen D 126 Da40
Guxinde E 36 Ba58
Guyancourt F 23 Gd37
Guyhirn GB 17 Fd24
Güzelbağ TR 199 Hb91
Güzelbahçe TR 191 Eb86
Güzelçamlı TR 197 Ec88
Güzelce TR 186 Fb78
Güzelköy TR 185 Ed78
Güzeloba TR 199 Gd91
Güzelpınar TR 192 Fd87
Güzelsu TR 199 Hb91
Güzelyurt = Morfou CY 206 Ja96
Guzmán E 46 Db60
Gvardejskoe RUS 113 Ja59
Gvarv N 93 Db43
Gvodz MNE 159 Hd68
Gvozd HR 151 Ga60
Gvozdansko HR 152 Gb61
Gwalchmai GB 15 Dd22
Gwardejsk RUS 113 Jb59
Gwbert GB 14 Dc26
Gwda Wielka PL 121 Gc32
Gweek GB 18 Da32
Gwieździn PL 121 Gc32
Gwizdały PL 130 Jc36
Gwizdanów PL 129 Gb40
Gwyddgrug GB 15 Dd26
Gwytherin GB 15 Ea22
Gy F 31 Jc41
Gya N 92 Cb45
Gyál H 146 Hd53
Gyarmat H 145 Gd53
Gyékényes H 152 Gd57
Gyenesdiás H 145 Gd55
Gyé-sur-Seine F 30 Hd39
Gyhum D 118 Da33
Gyl N 77 Db31
Gyland N 92 Cb46
Gyliai LT 114 Ka56
Gyljen S 73 Ja20
Gylling DK 108 Dc25
Gyltvika N 66 Fd17
Gymnich D 125 Bd41
Gyoma H 146 Jc54
Gyomaendrőd H 146 Jc54
Gyömrő H 146 Hd53
Gyón H 146 Hd54
Gyöngyös H 146 Ja52
Gyöngyöspata H 146 Ja52
Gyönk H 146 Hc56
Győr H 145 Ha52
Györgytarló H 147 Ka50
Győrszemere H 145 Ha53
Győrszentiván H 145 Ha52
Győrtelek H 147 Kb51
Győrvár H 145 Gc55
Gypsou CY 206 Jc96
Gysinge S 95 Gb40
Gyttorp S 95 Fc43
Gyula H 147 Jd55
Gyulafirátót H 145 Ha54
Gyulaj H 145 Hb56
Gžatsk RUS 202 Ed11
Gziq AL 163 Jc71
Gzy PL 122 Jb35

H

Haabneeme EST 98 Kb42
Haabsaare EST 107 Lb47
Häädemeeste EST 106 Kb47
Haag A 144 Fa51
Haag A 144 Fb51
Haag D 143 Eb51
Haag a.d.Amper D 143 Ea50
Haajainen FIN 82 Kc28
Haaksbergen NL 125 Bd37
Haan D 125 Bd40
Haanja EST 107 Lc47
Haapaharju FIN 82 La29
Haapajärvi FIN 82 Ka28
Haapajärvi FIN 82 Kd27
Haapajärvi FIN 91 Lc36
Haapajoki FIN 81 Jd25
Haapa Kimola FIN 90 Kd37
Haapakoski FIN 81 Jc31
Haapakoski FIN 90 Kd32
Haapakumpu FIN 69 Kc16
Haapakylä FIN 81 Jc29
Haapakylä FIN 82 Kc31
Haapala FIN 74 Kb22
Haapala FIN 81 Jc28
Haapala FIN 90 La37
Haapalahti FIN 64 Ka10
Haapalahti FIN 83 Ld29
Haapalankylä FIN 90 Kc32
Haapaluoma FIN 89 Jc32
Haapamäki FIN 82 La29
Haapamäki FIN 82 Kb28
Haapamäki FIN 83 Lb31
Haapamäki FIN 90 Ka33
Haapaniemi FIN 91 Lb32
Haapasaari FIN 98 La39
Haapasalmi FIN 91 Ld32
Haapavaara FIN 91 Ma32
Haapavesi FIN 82 Ka26
Haapimaa FIN 89 Jc35
Haapola FIN 75 La24
Haapovaara FIN 83 Mb30
Haapsalu EST 98 Ka44
Haar D 143 Ea51
Haarajärvenkylä FIN 81 Jc31
Haarajoki FIN 90 Kd33
Haarajoki FIN 90 Kb38
Haarala FIN 82 Kc30
Haarala FIN 90 Kb32
Haaraoja FIN 82 Kb25
Haarasajo FIN 74 Jc19
Haarbach D 143 Ed50
Haarbrück D 126 Da39
Haarby DK 108 Dc27
Haarjärvi FIN 97 Jd39
Haarlem NL 116 Ad35
Haaroinen FIN 89 Jc38
Haataja FIN 75 Kd19
Haatajankylä FIN 83 Lc25
Haavisto FIN 81 Jc28
Haavisto FIN 90 Kb33
Haavisto FIN 98 Ka39
Habaja EST 98 Kc43
Habartice CZ 128 Fa41
Habartov CZ 135 Ec44
Habas F 39 Fa54
Habay-la-Neuve B 132 Ba44
Häbbersliden S 73 Hb24
Habère-Poche F 35 Ka45
Habernau A 144 Fa52
Habichtswald D 126 Da40
Habipler TR 186 Fc77
Habkern CH 141 Bd55
Hablingbo S 104 Gd50
Habo S 103 Fb48
Håbol S 94 Ec45
Håbo-Tibble kyrkby S 96 Gc43
Habry CZ 136 Fd45
Habura SK 139 Ka46
Håby S 102 Eb46
Hacet TR 192 Fa83
Hachenburg D 125 Cb42
Hacıali TR 192 Fb81
Hacıaliler TR 192 Ga84
Hacıbekâr TR 199 Gb90
Hacıbekir TR 192 Ga83
Hacıbeyli TR 193 Gb84
Hacıbozlar TR 191 Ec83
Hacıdanişment TR 185 Ec74
Hacienda 2 Mares E 55 Fb73
Hacıeyüblü TR 198 Fc88
Hacıfakılı TR 185 Ed75
Hacıfakılı TR 193 Hb85
Hacıgelen TR 185 Eb80
Hacıhaliller TR 191 Ed85
Hacıhıdır TR 192 Fa85
Hacıhıdırlar TR 198 Fc88
Hacıhüseyinler TR 191 Eb83
Hacıkasım TR 191 Eb81
Hacıköseli TR 192 Fb85
Hacıköy TR 185 Eb77
Hacılar TR 193 Gd87
Hacılar TR 199 Gb89
Hacılebbeleni TR 197 Fa88
Hacılı TR 185 Ec77
Hacinas E 46 Dd59
Hacıömer TR 205 Ga20
Hacıömerli TR 191 Ec84
Hacıpehlivan TR 185 Ed80
Hacıranmanlı TR 191 Ed85
Hacısungur TR 185 Ec77
Hacıtufan TR 192 Fc86
Hacıveliler TR 191 Eb83
Hacıvelioba TR 191 Ed81
Hacıyakup TR 187 Gd78
Hacıyeri TR 187 Ha78
Hacıyusuflar TR 198 Ga91
Hackås S 79 Fc31
Hacketstown IRL 13 Cd23
Hacksjö S 79 Gb26
Hacksta S 96 Gc43
Håcksvik S 102 Ed50
Hackvad S 95 Fc44
Haczów PL 139 Ka45
Hadamar D 125 Cb42
Hådanberg S 80 Gd29
Hădărăuţi MD 173 Fa53
Hadbjerg DK 100 Dc23
Haddal N 76 Cb33
Haddeland N 92 Cc45
Haddenham GB 20 Fb27
Haddenham GB 20 Fd25
Haddington GB 11 Ec13
Hadersdorf am Kamp A 144 Ga50
Haderslev DK 108 Db27
Haderup DK 100 Da23
Hadım TR 192 Ga87
Hadjač UA 202 Ed14
Hadleigh GB 21 Ga26
Hadle Szklarskie PL 139 Ka44
Hadmersleben D 127 Dd38
Hadol F 31 Ka39
Hadsel N 66 Fc13
Hadsten DK 100 Dc23
Hadsund DK 100 Dc22
Hadsund Syd DK 100 Dc22
Hægebostad N 92 Cc46
Hægebostad N 92 Cc47
Hægeland N 92 Cd46
Haelen NL 125 Bb39
Hærland N 94 Eb43
Haeska EST 98 Ka44
Haeska EST 105 Jc46
Hafenlohr D 134 Da45
Hafik TR 205 Fc20
Hafling I 142 Dc56
Hafnarfjörður IS 2 Ac04
Hafnir IS 2 Ab04
Hafslo N 84 Cd36
Hafslund N 93 Ea44
Hafsmo N 77 Dd30
Haga N 94 Eb41
Haga S 96 Gc42
Haganj HR 152 Gc58
Hagaström S 95 Gb39
Hagbøen N 77 Db32
Hagby S 96 Gc42
Hagby S 111 Ga53
Hage D 117 Cb32
Hage N 78 Ea31
Hagebro DK 100 Da23
Hagebyhöga S 103 Fc46
Hagelberg S 103 Fb47
Hagen D 118 Cd33
Hagen D 125 Ca39
Hagen D 125 Cb37
Hagenbach D 133 Cb47
Hagenburg D 126 Da36
Hagenow D 119 Dd33
Hageri EST 98 Kb43
Hagestad N 93 Da46
Hagetmau F 39 Fb54
Hagfors S 94 Fa41
Häggås S 79 Ga27
Häggdånger S 88 Gc33
Häggeby S 96 Gc42
Häggemåla S 103 Ga51
Häggenås S 79 Fc30
Häggesled S 102 Ed47
Häggnäs S 80 Hb27
Häggnäset S 79 Fb27
Häggsjön S 78 Ed29
Häggsjövik S 79 Fb28
Häggum S 102 Fa47
Häggvik S 80 Gd31
Häghig RO 176 Ea61
Hagimus MD 173 Ga59
Häglinge S 110 Fa55
Hagondange F 25 Jd35
Hagota RO 172 Ea58
Hagshult S 103 Fb50
Hagudi EST 98 Kb43
Haguenau F 25 Kc36
Hahausen D 126 Db38
Håhellarhytta N 92 Cc44
Håheller N 92 Cb44
Hahmajärvi FIN 90 Kb35
Hahnbach D 135 Ea46
Hahnstätten D 133 Cb43
Hahót H 145 Gc56
Haibach D 134 Cd44
Haibach D 135 Ec48
Haidmühle D 136 Fa49
Haiger D 125 Cb42
Haigerloch D 134 Cc49
Häijää FIN 89 Jc35
Haikáli GR 188 Ba85
Haikkaanlahti FIN 91 Lb35
Haillainville F 31 Ka38
Hailsham GB 20 Fd30
Hailuoto FIN 74 Jd24
Haimburg A 144 Fc56
Haimhausen D 143 Dd50
Haiming A 142 Dc54
Haiming D 143 Ec50
Haimoo FIN 98 Ka39
Haina D 126 Cd41
Hainburg D 134 Cd44
Hainburg an der Donau A 145 Gc51
Hainfeld A 144 Ga51
Hainford GB 17 Gb24
Hainichen D 127 Ed41
Hainneville, Équeurdreville-F 22 Ed34
Hainsfarth D 134 Dc48
Hainton GB 17 Fc22
Hairlach A 142 Dc54
Haiterbach D 134 Cc49
Hajala FIN 97 Jc39
Hajdúböszörmény H 147 Ka52
Hajdučica SRB 174 Bc62
Hajdúdorog H 147 Ka51
Hajdúhadház H 147 Ka52
Hajdúnánás H 147 Jd51
Hajdúsámson H 147 Ka52
Hajdúszoboszló H 147 Jd52
Hajdúszovát H 147 Ka53
Hajdúvid H 147 Ka51
Hajmel AL 163 Jb71
Hajnáčka SK 146 Ja50
Hajnówka PL 123 Kc34
Hajom S 102 Ec50
Hajós H 146 Hd56
Hajredin BG 179 Cd68
Hajsyn UA 204 Ec15
Håkafot S 79 Fc27
Håkantorp S 102 Fa47
Hakarp S 103 Fb49
Hakenstedt D 127 Dd37
Hakerud S 102 Ed45
Hakjala EST 105 Jc46
Hakkas S 73 Hc18
Hakkenpää FIN 97 Ja39
Häkkilä FIN 82 Kb31
Häkkilä FIN 90 Kd33
Häkkiskylä FIN 90 Ka33
Hakkstabben N 63 Hd07
Håkmark S 80 Hb28
Håknäs S 80 Hb29
Hakojärvi FIN 89 Jd32
Hakokylä FIN 75 La24
Hakola FIN 82 La25
Hakola FIN 82 Kb30
Hakomäki FIN 89 Jd32
Håkøybotn N 62 Gc09
Håksberg S 95 Fd41
Hakuni FIN 89 Ja32
Hakvåg N 66 Fd15
Håkvika N 67 Gb13
Halaç TR 199 Gb93
Halaçar TR 193 Gb85
Hålaforsen S 79 Gb29
Halahora de Sus MD 173 Fa54
Halalca TR 192 Fa82
Håland N 92 Ca45
Håland N 92 Cb46
Håland N 92 Cc47
Hålanda S 102 Ec48
Halándri GR 189 Cc86
Halandrítsa GR 188 Bb85
Hålandsdal N 84 Cb40
Halapić BIH 158 Gc64
Halaśtra GR 183 Ca78
Halászi H 145 Gd52
Hălăuceşti RO 172 Ed57
Halbe D 128 Fa38
Halbenrain A 144 Ga55
Hålberg S 72 Ha23
Halberstadt D 127 Dd38
Halbjerg DK 101 Dd20
Halblech D 142 Dc52
Hălchiu RO 176 Ea62
Hald DK 100 Db22
Hald DK 100 Dc22
Haldagerlille DK 109 Ea27
Halden N 94 Eb44
Haldensleben D 127 Ea37
Haldenwang D 142 Db52
Haldern D 125 Bc38
Haldrup DK 108 Dc25
Halen B 124 Ba40
Halenbeck D 119 Eb34
Halenkov CZ 137 Hb47
Halenkovice CZ 137 Gd47
Halesowen GB 20 Ed25
Halesworth GB 21 Gb25
Håle-Täng S 102 Ed47
Halfing D 143 Eb51
Halford GB 20 Ed26
Halhalca TR 186 Ga80
Halhjem N 84 Ca40
Halič UA 204 Ea16
Halidiye TR 187 Gb80
Halifax GB 16 Ed20
Halíki GR 182 Ba80
Halikko FIN 97 Jc39
Halilağa TR 191 Eb81
Halilbağı TR 193 Ha82
Halitpaşa TR 191 Ed85
Haljala EST 98 La42
Häljarp S 110 Ed55
Halk DK 108 Db27
Hálki GR 189 Bd81
Hálki GR 191 Dd86
Hálki GR 197 Ed93
Halkia FIN 90 Kc38
Halkída GR 189 Cb85
Halkidó GR 183 Ca77
Halkío GR 189 Bd86
Halkirk GB 5 Eb04
Halkivaha FIN 89 Jc37
Halkokari FIN 74 Jd23
Halkokumpu FIN 90 Kd33
Halkosaari FIN 81 Jb31
Hall S 104 Ha48
Hälla S 79 Gb28
Halla-aho FIN 82 Kd26
Halla-aho FIN 90 La33
Hallabro S 111 Fc53
Hällabrottet S 95 Fd44
Hallaç TR 193 Gc86
Hallaçlar TR 191 Ec82
Hallaçlar TR 197 Fa88
Hallaçlı TR 186 Fa76
Hällan S 79 Fb29
Halland GB 20 Fd30
Hallaperä FIN 82 Kc28
Hallapuro FIN 81 Jd30
Hallaryd S 110 Fa53
Hällaryd S 111 Fc54
Hällbacken S 72 Gb20
Hällberga S 95 Gb43
Hallbergmoos D 143 Ea50
Hällbo S 87 Ga37
Hällbybrunn S 95 Ga43
Halle B 124 Ac41
Halle D 126 Cc37
Halle D 126 Da38
Hälleberga S 103 Fd52
Hällefors S 95 Fc42
Hälleforsnäs S 95 Gb44
Hallein A 143 Ec52
Hällekis S 102 Fa46
Hallen S 79 Fb31
Hallenberg D 126 Cc40
Hallenberg, Steinbach- D 126 Dc42
Hallencourt F 23 Gc33
Hallerndorf D 134 Dc45
Halle (Saale) D 127 Eb40
Hallesåker S 102 Ec49
Hällesjö S 79 Ga31
Hällestad S 95 Fd45
Hällestad S 102 Fa48
Hällestrand S 93 Ea44
Hälleström S 73 Hd23
Hällevadsholm S 102 Eb46
Hällevik S 111 Fc55
Hälleviksstrand S 102 Eb47
Hall Green GB 20 Ed25
Hall-Häxåsen S 79 Fd29
Halli FIN 90 Ka34
Hallila FIN 90 Kc38
Hallingby N 85 Dd40
Hallingeberg S 103 Ga48
Hällingsjö S 102 Ec49
Hällinmäki FIN 90 La33
Hall in Tirol A 143 Dd53
Halliste EST 106 Kd46
Hällnäs S 72 Gc20
Hällnäs S 80 Ha27
Hällnäs S 96 Gd39
Hallormsstaður IS 3 Bb05
Hallsberg S 95 Fc44
Hallschlag D 125 Bc42
Hallsta S 87 Fd33
Hållsta S 95 Ga44
Hällstad S 102 Fa48
Hallstadt D 134 Dc45
Hallstahammar S 95 Ga43
Hallstatt A 144 Fa53
Hällstavik S 96 Ha41
Halltal A 143 Dd53
Hallthwaites GB 11 Eb19
Halltorp S 111 Ga53
Hällvattnet S 79 Ga28
Hällvik S 72 Gc21
Hallviken S 79 Fd29
Hălmăgel RO 171 Cc59
Hălmagiu RO 171 Cc59
Halmăsd RO 171 Cc56
Halmeniemi FIN 90 La35
Halmeu RO 171 Cd54
Halmstad S 102 Ed52
Halna S 103 Fb46
Halosenkylä FIN 90 La34
Halosenniemi FIN 74 Jd23
Hals DK 101 Dd21
Halsa N 77 Db31
Hal'šany BY 202 Ea12
Halsbrücke D 127 Ed41
Halsen N 70 Ed23
Hälsingfors S 80 Ha27
Hälsjö S 87 Gb35
Hälsö S 102 Eb49
Halsskov DK 109 Ea27
Halstead GB 21 Ga26
Halsted DK 109 Ea28
Halstenbek D 118 Db32
Halsteren NL 124 Ac38
Halsua FIN 81 Jd29
Halsvik N 84 Ca37
Haltern D 125 Ca38
Haltie FIN 90 Ka36
Halttula FIN 91 Lb33
Haltwhistle GB 11 Ec16
Haluna FIN 82 La29
Halvari FIN 69 Jd17
Halvarsgårdarna S 95 Fd40
Halver D 125 Ca40
Halvorstorp S 102 Ec47
Halvrimmen DK 100 Db21
Halwell GB 19 Dd31
Halwill GB 18 Dc30
Halže CZ 135 Ec45
Ham F 23 Ha34
Hämäläinen FIN 90 La36
Hamamdere TR 192 Fc85
Hamamkarahisar TR 193 Hb83
Hamamköy TR 192 Fa87
Hamamüstü TR 187 Gd79
Hamar N 86 Eb38
Hambergen D 118 Cd33
Hambledon GB 20 Fa30
Hambleton GB 16 Fa20
Hambrücken D 133 Cb47
Hambühren D 126 Db36
Hamburg D 118 Db32
Hamburgsund S 102 Ea46
Hambye F 22 Fa36
Hamcearca RO 177 Fc64
Hamdibey TR 186 Fa75
Hamdibey TR 191 Ec81
Hamdorf D 118 Db30
Hämeenkoski FIN 90 Kb37
Hämeenkylä FIN 83 Lb26
Hämeenkyrö FIN 89 Jc35
Hämeenlinna FIN 90 Ka37
Hameln D 126 Da37
Hamersleben D 127 Dd38
Hamidiye TR 185 Ea80
Hamidiye TR 185 Eb77
Hamidiye TR 186 Fa75
Hamidiye TR 186 Fd80
Hamidiye TR 187 Gb80
Hamidiye TR 192 Fa83
Hamidiye TR 192 Fb85
Hamidiye TR 192 Ga81
Hamidiye TR 193 Gd82
Hamidiye TR 193 Gd85
Hamidiye TR 193 Hb81
Hamilton GB 10 Ea13
Hamina FIN 90 La38
Hamit TR 198 Fb91
Hamitabat TR 192 Ga82
Hamitler TR 193 Hb87
Hamitli TR 185 Eb76
Hamlot N 66 Fd14
Hamm D 125 Ca41
Hamm D 134 Cc45
Hamm/ Westf. D 125 Cb38
Hammah D 118 Da32
Hammar N 78 Eb28
Hammar S 95 Fc45
Hammar S 111 Fb54
Hammarby S 95 Gb39
Hammarby S 96 Gd43
Hammarland FIN 96 Hb40
Hammarnäs S 79 Fb31
Hammarnes N 64 Jd06
Hammarö S 94 Fa43
Hammarslund S 111 Fb55
Hammarstrand S 79 Ga31
Hammarvika N 77 Dc29
Hammaslahti FIN 83 Ld31
Hammel DK 100 Dc23
Hammelburg D 134 Da44
Hammelev DK 108 Db27
Hammelspring D 119 Ed34
Hammenhög S 111 Fb56
Hammer DK 108 Db25
Hammer N 78 Eb29
Hammer N 78 Ec26
Hammer N 78 Ec27
Hammerdal S 79 Fd29
Hammerfest N 63 Hd06
Hämmern D 135 Dd43
Hammershøj DK 100 Dc23
Hammerum DK 108 Db24
Hamminkeln D 125 Bd38
Hamn N 70 Ed22
Hamna N 77 Dc29
Hamnavoe GB 5 Fa05
Hamnbukt N 64 Jb07
Hamneda S 102 Fa52
Hamneidet N 63 Hb08
Hamnes N 66 Ga13
Hamnes N 70 Ed22
Hamnes N 78 Eb26
Hamnøy N 66 Fa15
Hamnsund N 76 Cc32
Hamnvågnes N 62 Gd10
Hamnvik N 67 Gb12
Hamoir B 124 Ba42
Hamois B 124 Ad42
Håmojåkk S 67 Ha17
Hamolovo RUS 99 Lc40
Hamont B 125 Bb39
Hámor H 146 Jc50
Hampen DK 108 Db24
Hampetorp S 95 Fd44
Hampovica HR 152 Gd58
Hampstead GB 20 Fc28
Hamra S 86 Ec33
Hamra S 87 Fc36
Hamra S 104 Gd51
Hamrånge S 87 Gb38
Hamrångefjärden S 87 Gb38
Hamre N 84 Ca38
Hamre N 92 Cd47
Hamre S 87 Ga36
Hamremoen N 85 Dc40
Hamstreet GB 21 Ga29
Hamsund N 66 Fd14
Hamula FIN 82 Kd29
Hamula FIN 82 Kc30
Hamyški RUS 205 Fd17
Hamzabey TR 185 Ed76
Hamzabey TR 186 Ga80
Hamzabeyli TR 185 Eb74
Hamzali MK 183 Ca75
Hamzalı TR 186 Fd79
Hamzalı TR 198 Fb88
Hån S 95 Fb41
Han TR 193 Gd84
Hana N 65 Kb06
Hanadal N 64 Ka06
Hanak TR 205 Ga18
Hananbihen F 26 Ec38
Hanaskog S 111 Fb54
Han Asparuhovo BG 180 Ea72
Hanau D 134 Cd44
Hanbury GB 20 Ed25
Hanbury GB 20 Ed25
Hancăuţi MD 173 Fa54
Hancavičy BY 202 Ea13
Handbjerg DK 100 Da23
Handegg CH 141 Ca55
Handeland N 92 Cb45
Handeloh D 118 Db33
Handenberg A 143 Ec51
Handene S 102 Fa47
Handest DK 100 Dc22
Handewitt D 108 Da28
Handley GB 15 Eb22
Handlová SK 138 Hc49
Handnes N 70 Fa21
Handog S 79 Fc30
Handöl S 78 Ed30
Handrás GR 201 Dd96
Handrup D 117 Cb35
Handstein N 70 Fa20
Hanebo S 87 Gb37
Hanekamhaug N 77 Da32
Hanerau-Hademarschen D 118 Da30
Hånes N 92 Cd47
Hanestad N 85 Ea35
Hăneşti RO 172 Ed55
Hang N 85 Dd40
Han Garaučića MNE 159 Jb68
Hangaskylä FIN 89 Ja32
Hangastenmaa FIN 90 La34
Hangelsberg D 128 Fa37
Hånger S 103 Fb51
Hangö FIN 97 Jc41
Hångstad S 94 Ec42
Hangu RO 172 Eb57
Hangvar S 104 Ha48
Hanhals S 102 Ec50
Hanhijärvi FIN 91 Lc36
Hanhimaa FIN 68 Jc14
Hanhisalo FIN 81 Jd28
Hanho FIN 89 Jd34
Haniá GR 200 Cb94
Hänick S 87 Gb35
Hänigsen D 126 Db36
Hanikase EST 107 Lc46
Haniótis GR 184 Cc80
Hankamäki FIN 82 Kd31
Hankamäki FIN 83 Lb28
Hankasalmen asema FIN 90 Kc32
Hankasalmi FIN 90 Kc32
Hankavaara FIN 91 Lc32
Hanken S 103 Fb46
Hankensbüttel D 118 Dc35
Han Knežica BIH 152 Gc61
Hanko FIN 97 Jc41
Hanmer GB 15 Eb23
Hanna PL 131 Kc38
Hannäs S 103 Ga47
Hannemyr N 93 Db45
Hännilä FIN 91 Lc35
Hannington GB 20 Ed27
Hannover D 126 Db36
Hannoversch Münden D 126 Da40
Hannukainen FIN 68 Jb16
Hannut B 124 Ad41
Hanoğlu TR 192 Ga85
Hanovo BG 180 Eb73
Hanøy N 66 Fd13
Hanpaşa TR 192 Fa84
Han Pijesak BIH 159 Hd64
Hansca MD 173 Fd58
Hansjö S 87 Fc37
Hańsk PL 131 Kc39
Hansnes N 62 Gd08
Hanstedt D 118 Db33
Hanstedt D 118 Dc34
Hanstholm DK 100 Da20
Hanstorf D 119 Eb31
Han-sur-Lesse B 132 Ad43
Han-sur-Nied F 25 Jd36
Häntälä FIN 97 Jd39
Hantos H 146 Hc54
Hanušovce nad Topl'ou SK 139 Jd47
Hanušovice CZ 137 Gc44
Hanyatak TR 187 Gc79
Hanyeri TR 192 Fd86
Haparanda S 74 Jc21
Haparanda hamn S 74 Jc21
Hapert NL 124 Ba39
Happakylä FIN 98 Ka39
Häppälä FIN 90 Kc33
Happurg D 135 Dd46
Hapträsk S 73 Hb21
Hapua FIN 89 Jb35
Hara S 79 Fd30
Haraba MD 173 Fd55
Härad S 95 Gb43
Haradok BY 202 Eb11
Harads S 73 Hc21
Häradsbäck S 111 Fb53
Häradsbygden S 95 Fc39
Häradshammer S 103 Gb46
Haradzišča BY 202 Ea13
Haragiş MD 177 Fc60
Hárakas GR 195 Bd90
Hárakas GR 200 Da96
Haraker S 95 Ga42
Haráki GR 197 Fa93
Haraldseng N 63 Hc06
Haraldshaugen N 92 Bd42
Harasiuki PL 131 Kb42
Hărău RO 175 Cc61
Haravgí GR 183 Bc78
Harbach A 136 Fc49
Harbak N 78 Ea27
Hårberg N 77 Dd29
Härbergsdalen S 79 Fc26
Harbke D 127 Dd37
Harbo S 96 Gc41
Hårbølle DK 109 Eb28
Harboøre DK 100 Cd22
Harborg N 86 Eb32
Harburg D 134 Dc48
Harby GB 16 Fb23
Harcılar TR 192 Fb82
Harcourt F 23 Ga36
Hardegg A 136 Ga48
Hardegsen D 126 Db39
Hardelot-Plage F 23 Gb31
Hardemo S 95 Fc44
Hardenberg NL 117 Bd35
Hardenberg, Nörten- D 126 Db39
Harderwijk NL 116 Bb36
Hardeshøj DK 108 Db28
Hardheim D 134 Da46
Hardinghen F 21 Gc30
Hardom FIN 90 Kd38
Hareid N 76 Cc33
Haren NL 117 Bd33
Haren (Ems) D 117 Ca35
Harestad S 102 Eb48
Harestua N 85 Ea40
Harewood GB 16 Fa20
Harg S 96 Gd40
Harghita-Băi RO 176 Ea60
Hargimont B 132 Ba43
Hargla EST 107 Lb48
Hargnies F 24 Ja32
Hargrave GB 20 Fc25
Hargrave Green GB 21 Ga26
Hargshamn S 96 Gd41
Harhala FIN 90 Ka36
Hariéssa GR 183 Bc77
Harije SLO 151 Fb59
Harivaara FIN 83 Lc29
Härja S 103 Fb48
Harjakangas FIN 89 Ja35
Harjakoski FIN 89 Jb35
Harjankylä FIN 89 Ja32
Härjåsjön S 87 Fb35
Harjavalta FIN 89 Jb36
Härjevad S 102 Ed47
Harju FIN 75 Kc24
Harju FIN 82 La28
Harjula FIN 74 Ka21
Harjula FIN 82 Kd26
Harjunmaa FIN 90 Kb34
Harjunpää FIN 89 Ja36
Harjunsalmi FIN 90 Kb34
Harju-Risti EST 98 Ka43
Härkäjoki FIN 69 Kb16
Harkány H 152 Hb58
Härkäpää FIN 98 Kd39
Härkeberga S 96 Gc42
Harken DK 100 Dc20
Härkki FIN 91 Lc32
Harkmark N 92 Cd47
Härkmeri FIN 89 Hd34
Härkmyran S 73 Hc19
Harku EST 98 Kb42
Hârlău RO 172 Ed56
Harlaug N 85 Dc35
Harlech GB 15 Dd23
Harlesiel D 117 Cc32
Harleston GB 21 Gb25
Hårlev DK 109 Ec27
Harlingen NL 116 Bb33
Harlösa S 110 Fa56
Harlow GB 20 Fd27
Harmaalanranta FIN 82 Kb29
Harmaasalo FIN 83 Lc30
Hărman RO 176 Ea62
Harmancık TR 192 Fd82
Harmancık TR 192 Fd82
Harmanec SK 138 Hc48
Harmånger S 87 Gb35
Harmanköy TR 193 Gc81
Härmänkylä FIN 83 Lb25
Harmanli BG 185 Ea74
Harmanlı TR 185 Eb77
Harmanlı TR 186 Fb80
Harmanlı TR 198 Ga89
Härmänmäki FIN 82 La25
Harmannsdorf A 145 Gb50
Harmanören TR 199 Gd88
Harmaţca MD 173 Fd56
Harmica HR 151 Ga58
Harmoinen FIN 90 Kb35
Härna S 102 Ed48
Harndrup DK 108 Dc26
Harnes F 23 Ha31
Härnösand S 88 Gc32
Haro E 38 Ea57
Harola FIN 89 Jb37
Háromfa H 152 Gd57
Haroúda GR 194 Bb90
Haroué F 25 Jd37
Härpe FIN 98 Kd39
Harpefoss N 85 Dd36
Harpenden GB 20 Fc27
Harplinge S 102 Ed52
Harpstedt D 118 Cd34
Harpswell GB 16 Fb22
Harra D 135 Ea43
Harrå S 67 Ha16
Harrachov CZ 128 Fd42
Harrachsthal A 144 Fc50
Harre DK 100 Da22
Harrejaur S 73 Hb19
Harres DK 108 Da27
Harrested DK 109 Ea27
Harridslev DK 100 Dc23
Harrislee D 108 Db28
Harritslev DK 108 Dc26
Harrogate GB 16 Fa20
Harrow GB 20 Fc28
Harrsele S 80 Ha28
Harrsjö S 71 Ga24
Harrsjö S 79 Fd26
Harrsjön S 79 Fd27
Harrström FIN 89 Hd32
Harrvik S 71 Ga24
Harrviken S 73 Ja22
Härryda S 102 Ec49
Harsa S 87 Ga36
Harsängen S 102 Ec46
Harsány H 146 Jc51
Harsefeld D 118 Da33
Hârseni RO 176 Dd61
Hârseşti RO 175 Dc65
Harsewinkel D 126 Cc37
Harskamp NL 116 Bb36
Harsleben D 127 Dd38
Hârşova RO 177 Fb65
Harsovo BG 181 Ec69
Harsovo BG 181 Ed69
Harsprånget S 72 Ha18
Hårstad N 62 Gc10
Harstad N 66 Ga12
Harsum D 126 Db37
Harsvika N 78 Ea27
Harsz PL 122 Jc30
Harta H 146 Hd55
Harta PL 139 Ka44
Hartaanselkä FIN 82 Ka25
Hartberg A 144 Ga54
Hårte S 88 Gc35
Hartenholm D 118 Dc31
Hartennes F 24 Hb35
Hartenstein D 127 Ec42
Hartenstein D 135 Ea46
Hartfield GB 20 Fd29
Harth D 126 Cc39
Hartha D 127 Ec41
Hartheim D 141 Bd51
Hărtieşti RO 176 Dd64
Hartington GB 16 Ed22
Hartland GB 18 Dc29
Hartlebury GB 15 Ec25
Hartlepool GB 11 Fa17
Hartley GB 20 Fd28
Hartmanice CZ 135 Ed47
Hartmannsdorf A 144 Ga54
Hartmannsdorf D 127 Ec42
Hartola FIN 90 Kc35
Hartola FIN 90 Kd36
Hartpury GB 15 Ec26
Hårup DK 100 Dc23
Harvaluoto FIN 97 Jb39
Harvanmäki FIN 82 Kd28
Harvasstua N 71 Fc24
Harviala FIN 90 Ka37
Harville F 25 Jc35

Harwell – Hiirijärvi

Harwell GB 20 Fa28
Harwich GB 21 Gb26
Harworth GB 16 Fb21
Harzgerode D 127 Dd39
Hasanağa TR 185 Eb75
Hasanağa TR 186 Fc80
Hasanbey TR 185 Ed80
Hasanbey TR 187 Gc78
Håsand N 66 Fc16
Hasandede TR 192 Ga87
Hasanköy TR 192 Ga85
Hasanlar TR 191 Ec85
Hasanlar TR 192 Fd83
Hasanlı TR 186 Ga78
Hasanpaşa TR 198 Ga90
Hasbergen D 125 Cb37
Hasborn D 133 Bd44
Hasdümen TR 199 Gd90
Haselbach D 135 Ec48
Haselbourg F 25 Kb36
Häselgehr A 142 Db53
Haselund D 108 Da29
Haselünne D 117 Cb35
Hasfjord N 63 Hc06
Hasgebe TR 199 Gd90
Håsjö S 79 Ga31
Haskovo BG 185 Dd74
Hasköy TR 185 Ea78
Hasköy TR 185 Ec75
Hasköy TR 192 Fd86
Hasla N 93 Da46
Haslach D 141 Ca50
Haslach an der Mühl A 136 Fa49
Hasle CH 141 Bd54
Hasle DK 111 Fc57
Haslemere GB 20 Fb29
Haslemoen N 94 Ec39
Haslev DK 109 Eb27
Haslingden GB 15 Ec20
Hasloch D 134 Da45
Hasloh D 118 Db32
Håslöv S 110 Ed56
Hasmark DK 109 Dd26
Hăşmaş RO 170 Cb58
Hăsnăşenii Mari MD 173 Fb55
Hăsnăşenii Noi MD 173 Fb55
Hasparren F 39 Fa55
Haßbergen D 118 Da35
Hassel D 118 Da35
Hassel S 87 Gb34
Hassela S 87 Gb34
Hasselfelde D 127 Dd39
Hasselfors S 95 Fc44
Hasselösund S 102 Ea47
Hasselroth D 134 Cd44
Hasselt B 124 Ba40
Hasselt NL 117 Bc35
Haßfurt D 134 Dc44
Hassi FIN 90 Kb34
Hässjö S 88 Gc33
Hasslarp S 110 Ed54
Hassle S 95 Fb45
Haßleben D 120 Fa34
Hässleholm S 110 Fa54
Hasslö S 111 Fd54
Haßloch D 133 Cb46
Hasslösa S 102 Fa46
Haßmersheim D 134 Cd46
Håstad N 78 Eb26
Hästbacka FIN 81 Jc29
Hästbo S 95 Gb39
Hästbo S 95 Ga40
Haste D 126 Da36
Hästhagen S 96 Gd43
Hästholmen S 103 Fc47
Hastiere-Lavaux B 124 Ad42
Hastings GB 21 Ga30
Hästö FIN 97 Jc40
Hästveda S 111 Fb54
Håsum DK 100 Da22
Hasvik N 63 Hc06
Haţeg RO 175 Cc61
Hatfield GB 15 Ec25
Hatfield GB 16 Fb21
Hatfield GB 20 Fc27
Hatfield Heath GB 20 Fd27
Hatfield Peverel GB 21 Ga27
Hatherleigh GB 19 Dd30
Hathersage GB 16 Fa22
Hätila FIN 90 Ka37
Hatipkışla TR 197 Ed89
Hatıplar TR 191 Ed84
Hatlestrand N 84 Cb40
Hatlinghus N 78 Ec27
Hatrik N 84 Ca40
Hatsola FIN 90 La33
Hattem NL 117 Bc35
Hatten D 117 Cc34
Hatten F 25 Kc36
Hattersheim D 134 Cc44
Hattert D 125 Cb42
Hattevik N 77 Dc29
Hattfjelldal N 71 Fb23
Hatting DK 108 Db25
Hattingen D 125 Ca39
Hattorf D 126 Db39
Håttorp S 95 Fb45
Hattstedt D 108 Da29
Hattula FIN 90 Ka37
Hattusaari FIN 83 Lc28
Hattuselkonen FIN 83 Ld27
Hatu EST 98 Ka43
Hatulanmäki FIN 82 Kd26
Hatun TR 191 Ed83
Håtuna S 96 Gc42
Hatunkylä FIN 83 Ld28
Hatvan H 146 Ja52
Hatvanpuszta H 146 Hc55
Hatzfeld D 126 Cc41
Haubourdin F 23 Ha31
Haudainville F 24 Jb35
Hauenstein D 133 Ca47
Haug N 67 Gb11
Haug N 85 Da36
Haug N 93 Dd42
Haugastøl N 85 Da39
Hauge N 65 Kc09
Hauge N 84 Cd37
Hauge N 92 Cb46
Haugen N 92 Cc44
Haugesund N 92 Bd42
Haugeveit N 92 Cd44
Haugfoss N 93 Da43
Haughom N 92 Cb45
Haugland N 70 Fa20
Haugli N 67 Gc12
Haugnes N 62 Ha08
Haugsdorf A 136 Ga49
Haugsvik N 84 Cc38
Hauho FIN 90 Ka36
Hauhuu FIN 89 Jd33
Haukanmaa FIN 90 Kc33
Haukedal N 84 Cc36
Haukeligrend N 92 Cd41
Haukeliseter N 92 Cc41
Haukijärvi FIN 75 Kd22
Haukijärvi FIN 89 Jc35
Haukilahti FIN 83 Lb25
Haukilahti FIN 91 Lc35
Haukiniemi FIN 91 Lc32
Haukipudas FIN 74 Ka23
Haukitaipale FIN 74 Ka20
Haukivaara FIN 83 Ma30
Haukivuori FIN 90 La33
Haukkilahti FIN 81 Jd29
Haukläppi FIN 91 Lc34
Hauknes N 71 Fb20
Hauneck D 126 Da41
Haunetal D 126 Da42
Haunia FIN 89 Jb35
Haunsheim D 134 Db49
Hauptstuhl D 133 Ca46
Haurida S 103 Fc48
Haurukylä FIN 74 Ka24
Haus N 84 Ca39
Hausach D 141 Cb50
Hausen D 134 Db45
Hausen D 135 Ea48
Hausen D 141 Ca52
Häusern D 141 Ca51
Hausham D 143 Ea52
Hausjärvi FIN 90 Kb38
Hausmannstätten A 144 Fd55
Haustreisa N 70 Fa23
Hausvik N 92 Cc47
Hauta-Aho FIN 83 Lb31
Hautajärvi FIN 74 Kd18
Hautajoki FIN 82 Kb27
Hautajoki FIN 82 Kc28
Hautakylä FIN 81 Jd31
Hautaranta FIN 75 La19
Haut-Asco F 154 Cb69
Hautefort F 33 Gb49
Hauteluce F 35 Ka46
Haute-Nendaz CH 141 Bc56
Hauterives F 34 Jb48
Hauteville-Lompnès F 35 Jc46
Hauteville-Plage F 22 Ed36
Hautjärvi FIN 90 Kc38
Hautmont F 24 Hc32
Hautolahti FIN 82 Kc30
Hautvillers F 24 Hc36
Hauzenberg D 136 Fa49
Havaj SK 139 Ka46
Havant GB 20 Fb30
Havari GR 188 Ba86
Havârna RO 172 Ec54
Håvberget S 95 Fc40
Havbro DK 100 Db22
Havdáta GR 188 Ab85
Havdhem S 104 Gd51
Havdrup DK 109 Eb26
Håve S 94 Eb45
Havelange B 124 Ba42
Havelberg D 119 Eb35
Havelte NL 117 Bc34
Havenbuurt NL 116 Ba35
Haverdal S 102 Ec52
Haverdalsstrand S 102 Ec52
Haverfordwest GB 18 Db27
Haverhill GB 20 Fd26
Haverö S 87 Fc33
Håverö S 96 Ha41
Haversin B 124 Ad42
Haverslev DK 100 Dc22
Håverud S 94 Ec45
Havířov CZ 137 Hb45
Havixbeck D 125 Ca37
Hävla S 95 Ga45
Havlíčkův Brod CZ 136 Ga46
Havnbjerg DK 108 Db27
Havndal DK 100 Dc22
Havneby DK 108 Cd27
Havnemark DK 109 Dd26
Havnsø DK 109 Ea25
Havnstrup DK 108 Da24
Havøysund N 63 Ja04
Havraň CZ 136 Fa43
Havran TR 191 Ec82
Håvre S 87 Fd35
Havrebjerg DK 109 Ea26
Havrylivka UA 205 Fb15
Havsa TR 185 Ec76
Havsnäs S 79 Fd28
Havstenssund S 94 Ea45
Havumäki FIN 90 Kc33
Havusalmi FIN 82 Kb30
Havusalmi FIN 90 Kc32
Havvness N 62 Ha09
Havza TR 205 Fb20
Hawes GB 11 Ed18
Hawick GB 11 Ec15
Hawkhurst GB 20 Fd29
Hawkinge GB 21 Gb29
Hawkshead GB 11 Eb18
Hawsker GB 11 Fb18
Haxey GB 16 Fb21
Hayalli TR 192 Fb86
Hayange F 25 Jc35
Haydar TR 185 Ec80
Haydarköy TR 192 Fa81
Haydarlı TR 193 Gc87
Haydaroba TR 191 Ed81
Haydere TR 198 Fb89
Haydon Bridge GB 11 Ed16
Hayes GB 20 Fc28
Hayfield GB 16 Ed22
Häyhtiönmaa FIN 89 Jb36
Hayingen D 142 Cd50
Hayle GB 18 Da32
Haymana TR 193 Gc83
Hay-on-Wye GB 15 Eb26
Hayrabolu TR 185 Ec77
Hayriye TR 186 Fc79
Hayriye TR 198 Ga88
Hayscastle GB 14 Db26
Haywards Heath GB 20 Fc30
Haza del Lino E 60 Dc76
Hazebrouck F 21 Gd30
Hazelbank GB 10 Ea14
Hazinedar TR 185 Ec76
Hažlín SK 139 Jd46
Hazlov CZ 135 Eb44
Heacham GB 17 Fd23
Headcorn GB 21 Ga29
Headford IRL 8 Bc20
Headley GB 20 Fb29
Heager DK 108 Cd24
Heanor GB 16 Fa23
Heath End GB 20 Fa28
Heather GB 16 Fa24
Heathfield GB 20 Fd30
Heath Hayes GB 16 Ed24
Heber D 118 Db34
Heberg S 102 Ec52
Hebertsfelden D 143 Ec50
Hebnes N 92 Cb42
Heby S 95 Gb41
Hèches F 40 Fd56
Hechingen D 142 Cc50
Hecho E 39 Fb57
Hechtel-Eksel B 124 Ba40
Hechthausen D 118 Da32
Heciul Nou MD 173 Fb55
Heckelberg D 120 Fa35
Heckfield GB 20 Fb28
Heckington GB 17 Fc23
Hecklingen D 127 Ea38
Hed S 95 Fd42
Heda S 103 Fc47
Hedalen N 85 Dc39
Hedared S 102 Ed48
Hedås S 94 Fa43
Hedben Bridge GB 16 Ed20
Hedberg S 72 Gd23
Hedby S 95 Fc39
Hedbyn S 95 Fd41
Heddal N 93 Db42
Hedderen N 92 Cd44
Hédé F 28 Ed39
Hede S 86 Fa33
Hede S 95 Ga40
Hede S 95 Gb41
Hede S 102 Eb46
Hedegård DK 108 Db25
Hedehusene DK 109 Ec26
Hedekas S 102 Eb46
Hedemora S 95 Ga40
Heden DK 108 Dc27
Heden S 73 Hd22
Heden S 86 Ed35
Heden S 87 Fb37
Hedenäset S 73 Jb20
Hedenstad N 93 Dc42
Hedensted DK 108 Db25
Hedersleben D 127 Dd38
Hedersleben D 127 Ea39
Hedesunda S 95 Gb40
Hedeviken S 86 Fa33
Hedon GB 17 Fc20
Hedon GB 17 Fc21
Hedrum N 93 Dd44
Hedwiżyn PL 131 Kb42
Hee DK 108 Cd24
Heede D 117 Ca34
Heek D 125 Ca37
Heel NL 125 Bb40
Heemsen D 118 Da35
Heemskerk NL 116 Ad35
Heemstede NL 116 Ad35
Heerbrugg CH 142 Cd53
Heerde NL 117 Bc36
Heere D 126 Dc37
Heerenveen NL 117 Bc34
Heerhugowaard NL 116 Ba34
Heerlen NL 125 Bb41
Heers B 124 Ba41
Heesch NL 125 Bb38
Heeslingen D 118 Da33
Heestrand S 102 Ea46
Heeten NL 117 Bc36
Heeze NL 125 Bb39
Hegge N 85 Dc37
Heggelia N 67 Gc11
Heggen N 93 Dd41
Heggenes N 67 Gd11
Heggheim N 84 Cb36
Heggmoen N 66 Fc17
Heglesvollen N 78 Ec29
Hegra N 78 Eb30
Hegyeshalom H 145 Gd51
Hegyfalu H 145 Gc53
Hegyhátsál H 145 Gc55
Hegykő H 145 Gc53
Hegyköszeg H 145 Gc54
Hehlen D 126 Da38
Heia N 67 Gd11
Heia N 78 Ed27
Heidal N 85 Dc35
Heide D 118 Da30
Heideck D 135 Dd47
Heidelberg D 134 Cc46
Heiden D 125 Bd38
Heidenau D 118 Db33
Heidenau D 128 Fa41
Heidenheim D 134 Db49
Heidenheim D 134 Dc48
Heidenreichstein A 136 Fd48
Heidenrod D 133 Cb43
Heiderscheid L 133 Bb44
Heidersdorf D 127 Ed42
Heidgraben D 118 Db32
Heigrestad N 92 Ca45
Heikendorf D 118 Dc30
Heikinkylä FIN 90 Kd38
Heikkil N 68 Hd11
Heikkilä FIN 75 La19
Heikkilä FIN 75 Kd21
Heikkilä FIN 81 Jc29
Heikkilä FIN 82 Kb28
Heikkilä FIN 83 Lb25
Heikkilä FIN 89 Ja33
Heikkilä FIN 89 Jb37
Heikkurila FIN 91 Lb33
Heikola FIN 89 Ja38
Heilbronn D 134 Cd47
Heilevong N 84 Cb35
Heiligenberg D 142 Cd51
Heiligenblut A 143 Ec54
Heiligendamm D 119 Eb31
Heiligenfelde D 119 Ea35
Heiligengrabe D 119 Ec34
Heiligenhafen D 119 Dd30
Heiligenhaus D 125 Bd39
Heiligenkreuz A 144 Ga55
Heiligenkreuz A 145 Gb51
Heiligenkreuz im Lafnitztal A 145 Gb55
Heiligenstadt D 126 Db40
Heiligenstadt D 135 Dd45
Heiligenthal D 127 Ea39
Heiligerlee NL 117 Ca33
Heilitz-le-Maurupt F 24 Ja37
Heiloo NL 116 Ba35
Heilsbronn D 134 Dc47
Heim N 77 Dc30
Heimbuchenthal D 134 Cd45
Heimburg D 127 Dd38
Heimdal N 62 Gd10
Heimdal N 77 Ea30
Heimenkirch D 142 Da52
Heimertingen D 142 Db51
Heimola FIN 69 Kb15
Heimsheim D 134 Cc48
Heimsnes N 78 Ed25
Heinäaho FIN 83 Ma30
Heinade D 126 Da38
Heinajoki FIN 90 Kb37
Heinälahti FIN 83 Lb25
Heinämaa FIN 90 Kc37
Heinämäki FIN 82 Kc29
Heinämäki FIN 82 La25
Heinäperä FIN 89 Jd32
Heinävaara FIN 83 Ld30
Heinävesi FIN 83 Lb31
Heinebach D 126 Da41
Heinersdorf D 128 Fb36
Heinijärvi FIN 74 Ka24
Heinijoki FIN 89 Jb38
Heinikoski FIN 74 Jd22
Heinilä FIN 89 Ja35
Heiningen D 126 Dc37
Heiniranta FIN 82 Kd26
Heinisuo FIN 74 Kb20
Heinlahti FIN 90 La38
Heino NL 117 Bc35
Heinola FIN 90 Kc36
Heinolanperä FIN 82 Ka25
Heinoniemi FIN 91 Ld32
Heinoo FIN 89 Jc36
Heinsberg D 125 Bc40
Heinsen D 126 Da38
Heistad N 93 Dc44
Heiste EST 97 Jc44
Heitersheim D 141 Bd51
Heiterwang A 142 Dc53
Heituinlahti FIN 90 La36
Hejde S 104 Gd50
Hejls DK 108 Db26
Hejlsminde DK 108 Db26
Hejnice CZ 128 Fd42
Hejnsvig DK 108 Da25
Hejnum S 104 Ha49
Hejőbába H 146 Jc51
Hejsager DK 108 Db27
Hekimdağ TR 193 Gc81
Heksem N 78 Eb31
Hel PL 121 Hb29
Helbra D 127 Ea39
Heldburg, Bad Colberg- D 134 Dc43
Helden NL 125 Bb39
Heldrungen D 127 Dd40
Helechal E 51 Cb70
Helechosa E 52 Cd68
Helegiu RO 176 Ec60
Helenelund FIN 89 Hd32
Helensburgh GB 10 Dd13
Helfenberg A 136 Fb49
Helgarö S 95 Gb43
Helgatun N 84 Cc38
Helgen N 93 Dc43
Helgeroa N 93 Dc44
Helgerød N 93 Dd44
Helgesta S 95 Gb44
Helgheim N 84 Cc35
Helgøy N 62 Gd08
Helgøy N 85 Ea39
Helgøysund N 92 Ca43
Helgum S 79 Gb31
Heli N 93 Ea43
Helidóni GR 194 Ba87
Heligfjäll S 79 Ga25
Héliopolis F 43 Kb55
Hell N 78 Eb30
Hella IS 2 Ac05
Hella N 84 Cc36
Hellamaa EST 97 Jd44
Hellamaa EST 97 Jd45
Helland N 66 Ga15
Helland N 77 Dc30
Hellandsbygd N 92 Cb41
Hellanmaa FIN 81 Jb30
Helle N 92 Cb44
Helle N 92 Cd44
Hellebæk DK 109 Ec24
Hellefjord N 63 Hd06
Helleland N 92 Ca45
Hellendoorn NL 117 Bd36
Hellenthal D 125 Bc42
Hellesøy N 84 Bd38
Hellesvikan N 77 Dc28
Hellesylt N 84 Cd34
Hellevad DK 108 Da27
Hellevik N 84 Ca36
Hellevoetsluis NL 124 Ac37
Helligvær N 66 Fb17
Hellimer F 25 Ka36
Hellín E 53 Ec71
Hellissandur IS 2 Ab03
Hellmobotn N 66 Ga15
Hellnar IS 2 Ab03
Hellnes N 63 Hb08
Hellsö FIN 97 Hd41
Helmbrechts D 135 Ea44
Helmdange L 133 Bb44
Helme EST 106 La46
Helminghausen D 126 Cd39
Helmlüla EST 98 Ka45
Helmond NL 125 Bb38
Helmsdale GB 5 Eb06
Helmsley GB 16 Fb19
Helmstadt D 134 Da45
Helmstadt-Bargen D 134 Cd46
Helmstedt D 127 Dd37
Helnæs By DK 108 Dc27
Helnessund N 66 Fc16
Hel'pa SK 138 Ja48
Helpfau-Uttendorf A 143 Ed51
Helppi FIN 68 Jc17
Helsa D 126 Da40
Helsby GB 15 Ec22
Helse D 118 Da31
Helshan AL 178 Ad72
Helsingborg S 110 Ec54
Helsingby FIN 81 Ja31
Helsinge DK 109 Ec24
Helsingfors FIN 98 Kb39
Helsingør DK 109 Ec24
Helsinki FIN 97 Ja39
Helsinki FIN 98 Kb39
Helstad N 70 Ed24
Helston GB 18 Da32
Heltermaa EST 97 Jd44
Helvacı TR 191 Ec85
Hem N 93 Dd43
Hemau D 135 Ea48
Hemavan S 71 Fc22
Hemden D 125 Bd37
Hemeiuş RO 172 Ed59
Hemel Hempstead GB 20 Fc27
Hemer D 125 Cb39
Hemfjällstangen S 86 Fa38
Hemfurth D 126 Cd40
Hemhofen D 134 Dc45
Héming F 25 Ka37
Hemingbrough GB 16 Fb20
Hemling S 80 Gd29
Hemmesjö S 103 Fc52
Hemmesta S 96 Ha43
Hemmet DK 108 Cd25
Hemmingen D 126 Db37
Hemmingen D 134 Cc48
Hemmingen S 80 Ha25
Hemmingsjord N 67 Gc11
Hemmingsmark S 73 Hc23
Hemmingstedt D 118 Da30
Hemmonranta FIN 82 La30
Hemmoor D 118 Da32
Hemnes N 94 Eb42
Hemnesberget N 71 Fb21
Hemsbach D 134 Cc45
Hemse S 104 Ha50
Hemsedal N 85 Db38
Hemsjö S 102 Ec48
Hemslingen D 118 Db34
Hemsö S 88 Gd32
Hemyock GB 19 Ea30
Hen N 85 Dd40
Henån S 102 Eb47
Henarejos E 54 Ed66
Hencida H 147 Ka53
Henclová SK 138 Jb48
Hendaye F 39 Ec55
Hendek TR 187 Gd78
Hendungen D 134 Db43
Henfield GB 20 Fc30
Henfort GB 18 Dc30
Henfort GB 18 Dc30
Hengelo NL 117 Bd36
Hengelo NL 125 Bc37
Hengersberg D 135 Ec49
Hengevelde NL 117 Bd36
Heni N 93 Ea41
Heničes'k UA 205 Fa17
Hénin-Beaumont F 23 Ha31
Henley GB 20 Ed25
Henley-on-Thames GB 20 Fb28
Henllys GB 19 Eb27
Hennan S 87 Ga34
Hennebont F 27 Ea40
Hennef D 125 Ca41
Henne Stationsby DK 108 Cd25
Henne Strand DK 108 Cd25
Hennickendorf D 128 Fa36
Hennigsdorf D 127 Ed36
Henning N 78 Ec28
Henningen D 119 Dd35
Henningskälen S 86 Fb33
Henningsvær N 66 Fb14
Hennstedt D 118 Da30
Henrichemont F 29 Ha42
Henriksdal FIN 89 Hd34
Henryków PL 129 Gc42
Henrykowo PL 122 Hd30
Hensås N 85 Db37
Henstedt-Ulzburg D 118 Db32
Henstridge GB 19 Ec30
Hentorp S 102 Fa47
Hentula FIN 91 Lb35
Heol Senni GB 15 Ea26
Hepberg D 135 Dd48
Hepojoki FIN 97 Jc39
Hepola FIN 74 Jc21
Heppenheim D 134 Cc45
Herad N 85 Dc38
Herad N 92 Cb47
Heradsbygd N 86 Eb38
Herajärvi FIN 83 Ma30
Herajoki FIN 83 Ld29
Herajoki FIN 90 Kb38
Heraklion = Iráklio GR 200 Da95
Herakulma FIN 90 Ka34
Herálec CZ 136 Fd46
Herand N 84 Cc39
Heraniemi FIN 83 Ld29
Herăşti RO 180 Eb67
Herbault F 29 Gb41
Herbel AL 182 Ad74
Herbern D 125 Cb38
Herbertingen D 142 Cd51
Herbertstown IRL 12 Bd23
Herbeumont B 132 Ad44
Herbignac F 27 Ec41
Herbisse F 24 Hd37
Herbitzheim F 25 Kb35
Herbolzheim D 141 Ca50
Herborn D 126 Cc42
Herbrechtingen D 134 Db49
Herbsleben D 126 Dc41
Herbstein D 126 Cd42
Herby PL 130 Hc42
Herceg-Novi MNE 159 Hc69
Hercegovac HR 152 Gd59
Hercegszántó H 153 Hd58
Herdal N 76 Cd33
Herdecke D 125 Ca39
Herdla N 84 Bd38
Herdorf D 125 Cb41
Herdwangen-Schönach D 142 Cd51
Hereclean RO 171 Cd56
Hereford GB 15 Eb26
Héreg H 145 Hb52
Hereke TR 186 Ga78
Herencia E 52 Dc68
Herencsény H 146 Hd51
Herend H 145 Ha54
Herentals B 124 Ad39
Hérepian F 41 Hb54
Herfølge DK 109 Eb26
Herford D 126 Cd37
Herguijuela E 51 Cb67
Héric F 28 Ed41
Héricourt F 31 Ka40
Héricourt-en-Caux F 23 Ga34
Hérimoncourt F 31 Kb41
Heringen D 126 Db41
Heringsdorf D 119 Dd30
Heringsdorf D 120 Fb31
Heriot GB 11 Ec13
Herisau CH 142 Cd53
Hérisson F 29 Ha44
Herjangen N 67 Gb13
Herk-de-Stad B 124 Ba40
Herl'any SK 139 Jd48
Herleshausen D 126 Db41
Herlev DK 109 Ec25
Herlies F 23 Ha31
Herlufmagle DK 109 Eb27
Herm F 39 Fa53
Hermagor A 143 Ed56
Hermannsburg D 118 Db35
Heřmanova Hut' CZ 135 Ed46
Heřmanovice CZ 137 Gd44
Hermanowice PL 139 Kc45
Hermansverk N 84 Cd37
Heřmanův Městec CZ 136 Ga45
Hermaringen D 134 Db49
Hérmedes de Cerrato E 46 Db60
Herment F 33 Ha47
Hermes F 23 Gd35
Hermeskeil D 133 Bd45
Hermsdorf D 127 Ea42
Hermsdorf D 128 Fa40
Hermsdorf D 128 Fa42
Hernádkécs H 147 Jd50
Hernádnémeti H 146 Jc51
Hernani E 39 Ec55
Hernansancho E 46 Cd63
Herne D 125 Ca39
Herne Bay GB 21 Gb28
Herning DK 108 Da24
Herold D 127 Ec42
Heroldsbach D 134 Dc45
Heroldsberg D 135 Dd46
Herongen D 125 Bc39
Herónia GR 189 Bd85
Herónissos GR 195 Cd90
Herøyholmen N 70 Ed21
Herpont F 24 Ja36
Herräkra S 103 Fd52
Herrala FIN 90 Kc37
Herräng S 96 Ha41
Herraskylä FIN 89 Jd33
Herrberga S 103 Fd47
Herre N 93 Dc44
Herrefoss N 93 Da46
Herrenberg D 134 Cc49
Herrera E 60 Cc74
Herrera de Alcántara E 51 Bb66
Herrera del Duque E 52 Cc68
Herrera de los Navarros E 47 Fa62
Herrera de Pisuerga E 38 Db57
Herrere F 39 Fb56
Herreros de Jamuz E 37 Cb58
Herreros de Suso E 46 Cd63
Herreruela E 51 Bc67
Herreruela de Castillería E 38 Db56
Herrestad S 102 Eb47
Herrestrup DK 109 Eb25
Herrieden D 134 Db47
Herrischried D 141 Ca52
Herrljunga S 102 Ed48
Herrngiersdorf D 135 Eb49
Herrnhut D 128 Fc41
Herrö S 87 Fb34
Herröskaten FIN 96 Hc41
Herrsching D 143 Dd51
Herrskog S 80 Gc31
Herrstein D 133 Bd45
Herrup DK 100 Da23
Herry F 30 Hb42
Hersbruck D 135 Dd46
Herschbach D 125 Ca42
Herscheid D 125 Cb40
Herselt B 124 Ad40
Hérso GR 183 Ca76
Herstadberg S 103 Ga46
Hersvik N 84 Ca36
Herten D 125 Ca38
Hertford GB 20 Fc27
Hertník SK 139 Jd47
Hertsånger S 80 Hc27
Herttuansaari FIN 91 Ld33
Herukka FIN 74 Ka23
Hervanta FIN 89 Jd36
Hervás E 45 Cb64
Herve B 125 Bb41
Herveland N 92 Cb46
Herves E 36 Ba54
Hervik N 92 Ca42
Herxheim D 133 Cb47
Herzberg D 119 Ed35
Herzberg D 127 Ed39
Herzberg am Harz D 126 Dc39
Herzebrock-Clarholz D 126 Cc38
Herzfeld D 126 Cc38
Herzfelde D 128 Fa36
Herzhorn D 118 Db32
Herzlake D 117 Cb35
Herzogenaurach D 134 Dc46
Herzogenbuchsee CH 141 Bd53
Herzogenburg A 144 Ga50
Herzogenrath D 125 Bb41
Herzsprung D 119 Ec34
Hesby N 92 Ca43
Hesdin F 23 Gc32
Hesel D 117 Cb33
Heskestad N 92 Cb45
Hesnæs DK 109 Eb28
Hespe D 126 Cd36
Hesperange L 133 Bb45
Hesselager DK 109 Dd27
Hesselbjerg DK 100 Db21
Hessellund DK 100 Db23
Hessen D 126 Dc38
Hesseng N 65 Kd07
Hessfjord N 62 Gd08
Hessisch Lichtenau D 126 Da40
Hessisch Oldendorf D 126 Da37
Hessvik N 84 Cb40
Hestad N 84 Cb36
Hestad N 92 Cb45
Hesteneset N 64 Jb09
Hestenesøyri N 84 Cc34
Hestmona N 70 Fa20
Hestnes N 64 Jb06
Hestnes N 66 Ga14
Heston GB 20 Fc28
Hestra S 102 Fa50
Hestra S 103 Fc48
Hestvika N 63 Hb08
Hestvika N 77 Dc29
Hetekylä FIN 74 Kb23
Hetényegyháza H 146 Ja55
Hetes H 145 Ha56
Hethpool GB 11 Ed14
Hetin SRB 174 Bc61
Hetta FIN 68 Ja13
Hettange-Grande F 25 Jd34
Hettensen D 126 Db39
Hetton-le-Hole GB 11 Fa17
Hettstedt D 127 Ea39
Hettstedt, Dienstedt- D 127 Dd42
Hetvehely H 152 Hb57
Hetzbach D 134 Cc45
Hetzerath D 133 Bc44
Heubach D 134 Da48
Heuchelheim D 126 Cc42
Heuchin F 23 Gd31
Heuchlingen D 134 Da48
Heudeber D 127 Dd38
Heumen NL 125 Bb38
Heusden NL 124 Ba38
Heusden-Zolder B 124 Ba40
Heusenstamm D 134 Cc44
Heustreu D 134 Db43
Heves H 146 Jb52
Hevilliers F 24 Jb37
Hevingham GB 17 Gb24
Hévíz H 145 Gd55
Hevlín CZ 137 Gb49
Hevosmäki FIN 82 Kd28
Hevosoja FIN 90 Ka38
Hevosoja FIN 90 La36
Hevossuo FIN 90 Kd37
Hewas Water GB 18 Db32
Hexham GB 11 Ed16
Heybeli TR 199 Gc89
Heybrook Bay GB 19 Dd32
Heyerode D 126 Db40
Heygendorf D 127 Dd40
Heyrieux F 34 Jb47
Heysham GB 11 Eb19
Heytesbury GB 19 Ec29
Hickling GB 16 Fb23
Hickling Green GB 17 Gb24
Hickstead GB 20 Fc30
Hida RO 171 Cd57
Hidas H 153 Hc57
Hidasnémeti H 139 Jd49
Hiddenhausen D 126 Cd37
Hidinge S 95 Fc44
Hıdırdivani TR 192 Fc84
Hıdırköylü TR 197 Ed88
Hidişelu de Sus RO 170 Cb57
Hieflau A 144 Fc53
Hiekkaniemi FIN 75 Kc24
Hiendelaencina E 46 Dd62
Hierden NL 116 Bb36
Hiersac F 32 Fc47
Hietakylä FIN 82 La31
Hietalanperä FIN 82 Ka26
Hietana FIN 90 Kd37
Hietanen FIN 90 La34
Hietaniemi FIN 69 Kd15
Hietaniemi FIN 90 Kd35
Hietaperä FIN 83 Lb25
Hietaranta FIN 75 La21
Hietoinen FIN 90 Kb37
Higham GB 21 Ga26
Higham Ferrers GB 20 Fb25
Highampton GB 19 Dd30
High Bentham GB 11 Ec19
Highbridge GB 19 Eb29
Highclere GB 20 Fa28
High Easter GB 20 Fd27
High Ercall GB 15 Ec24
Higher Town GB 18 Cc32
High Halden GB 21 Ga29
High Hesket GB 11 Ec17
Highworth GB 20 Ed27
High Wycombe GB 20 Fb27
Higuera de Arjona E 60 Db72
Higuera de Calatrava E 60 Da73
Higuera de las Dueñas E 46 Da65
Higuera de la Serena E 51 Ca70
Higuera de la Sierra E 59 Bd72
Higuera de Llerena E 51 Ca70
Higuera de Vargas E 51 Bb70
Higuera la Real E 51 Bc71
Higueruela E 54 Ed69
Higueruelas E 54 Fa67
Hihnavaara FIN 69 Kc15
Hiidenkylä FIN 82 Kb28
Hiidenlahti FIN 83 Lb30
Hiidensaari FIN 90 Kd36
Hiirijärvi FIN 89 Jb36

Hiirola – Horodyszcze

Hiirola FIN 90 La34
Hiisi FIN 82 La27
Hiisijärvi FIN 82 La25
Hiitelä FIN 90 Kc37
Hiittinen FIN 97 Jc41
Hijar E 48 Fb62
Hijdieni MD 173 Fa55
Hijosa E 38 Db57
Hikiä FIN 90 Kb38
Hilchenbach D 125 Cb41
Hildburghausen D 134 Dc43
Hilden D 125 Bd40
Hilders D 126 Db42
Hildesheim D 126 Db37
Hildre N 76 Cc32
Hilgermissen D 118 Da35
Hilgertshausen D 143 Dd50
Hiliódendro GR 182 Ba78
Hiliomódi GR 195 Bd87
Hilișeu-Horia RO 172 Ec54
Hiliuți MD 173 Fa55
Hiliuți MD 173 Fb56
Hill GB 19 Ec27
Hilla FIN 98 Ka40
Hillared S 102 Ed49
Hille D 126 Cd36
Hille S 95 Gb39
Hillegom NL 116 Ad35
Hillerød DK 109 Ec25
Hillersboda S 95 Ga39
Hillerse D 126 Dc36
Hillerslev DK 100 Da21
Hillerslev DK 108 Dc27
Hillerstorp S 102 Fa50
Hillesheim D 133 Bc43
Hilleshög S 96 Gc43
Hillesøy N 62 Gc10
Hillestad N 93 Dd43
Hillested DK 109 Ea29
Hillhead GB 10 Dd16
Hillilä FIN 81 Jc27
Hillilä FIN 90 Kb36
Hillington GB 17 Ga24
Hillion F 26 Eb38
Hillmersdorf D 128 Fa39
Hillo FIN 90 La38
Hill of Fearn GB 5 Ea07
Hillosensalmi FIN 90 Kd36
Hillringsberg S 94 Ed43
Hillsand S 79 Fd28
Hillsborough GB 9 Da18
Hillswick GB 5 Ed04
Hilltown GB 9 Da18
Hilmiye TR 192 Ga81
Hilok RUS 99 Ma42
Hilovo RUS 107 Mb46
Hilpoltstein D 135 Dd47
Hilsenheim F 31 Kc38
Hiltenfingen D 142 Dc50
Hilter D 126 Cc37
Hiltpoltstein D 135 Dd46
Hiltula FIN 91 Lb33
Hiltulanlahti FIN 82 La30
Hiltunen FIN 75 Lb20
Hiltusen vaara FIN 75 La22
Hilvarenbeek NL 124 Ba38
Hilversum NL 116 Ba36
Hilzingen D 142 Cc51
Himalansaari FIN 90 La35
Himanka FIN 81 Jc27
Himankakylä FIN 81 Jc27
Himarë AL 182 Ab78
Himaros GR 183 Cb76
Himbergen D 119 Dd34
Himesháza H 153 Hc57
Himki RUS 202 Ed10
Himmelberg A 144 Fa55
Himmelkron D 135 Ea44
Himmelpforten D 118 Da32
Himmelstadt D 134 Da44
Himmeta S 95 Ga43
Himmetoğlu TR 187 Hb76
Hinbjørgen N 78 Eb31
Hincăuți MD 173 Fa53
Hincești MD 173 Fc58
Hinckley GB 16 Fa24
Hindår FIN 98 Kc39
Hindås S 102 Ec49
Hindelang, Bad D 142 Db53
Hindeloopen NL 116 Bb34
Hindersby FIN 90 Kd38
Hindersön S 73 Ja22
Hindhead GB 20 Fb29
Hindsby FIN 98 Kc39
Hindsig DK 108 Cd25
Hınıs TR 205 Ga20
Hinișeni MD 173 Fc56
Hinka GR 182 Ad80
Hinna N 92 Ca44
Hinnerjoki FIN 89 Jb37
Hinnerup DK 100 Dc23
Hinneryd S 110 Fa53
Hinojal E 51 Bd66
Hinojales E 51 Bc71
Hinojar E 55 Ed73
Hinojares E 61 Dd73
Hinojos E 59 Bd74
Hinojosa de la Sierra E 47 Ea60
Hinojosa del Duque E 52 Cc70
Hinojosa del Valle E 51 Bd70
Hinojosas de Calatrava E 52 Da70
Hinova RO 174 Cb65
Hinsala FIN 89 Jd36
Hinstock GB 15 Ec23
Hinte D 117 Ca32
Hinterbichl A 143 Eb54
Hinterrhein CH 142 Cc56
Hinterriß A 143 Dd53
Hintersee A 143 Ed52
Hintersee D 120 Fb33
Hinterstoder A 144 Fb52
Hintertux A 143 Dd54
Hinterweidenthal D 133 Ca47
Hinterzarten D 141 Ca51
Hinthaara FIN 98 Kc39
Hinwil CH 142 Cc53
Hio E 36 Ac57
Hióna GR 188 Ba86
Híos GR 191 Dd86
Hippolytushoef NL 116 Ba34
Hipstedt D 118 Da33
Hîrbovaț MD 173 Ga58
Hîrcești MD 173 Fb56
Hird H 152 Hb57
Hirel F 28 Ed38
Hîrjău MD 173 Fd55
Hırka TR 198 Fc89
Hırkalı TR 192 Fb84
Hırkatepe TR 187 Hb80
Hirla EST 98 La43
Hirova MD 173 Fc56
Hirsala FIN 98 Kb40
Hirschaid D 134 Dc45
Hirschau A 142 Da53
Hirschau D 135 Ea46
Hirschbach D 135 Ea46
Hirschberg D 134 Cc46
Hirschegg A 142 Da53
Hirschegg-Rein A 144 Fc55
Hirschfeld D 128 Fa40
Hirschfelde D 128 Fc42
Hirschhorn D 134 Cc46
Hirsijärvi FIN 74 Kb24
Hirsikangas FIN 83 Lb27
Hirsilä FIN 90 Ka34
Hirsingue F 31 Kb40
Hirsjärvi FIN 89 Jd38
Hirson F 24 Hc33
Hirtolahti FIN 90 Ka35
Hîrtop MD 173 Fc59
Hîrtop MD 173 Ga57
Hîrtopul Mare MD 173 Fd57
Hirtshals DK 100 Dc19
Hirtzfelden F 31 Kc39
Hirvaanmäki FIN 82 Kb31
Hirvälä FIN 97 Jd39
Hirvas FIN 74 Jd19
Hirvaskoski FIN 75 Kc22
Hirvasniemi FIN 74 Ka24
Hirvassalmi FIN 69 Jd12
Hirvasvaara FIN 74 Kd18
Hirvelä FIN 83 Lc25
Hirvelä FIN 90 La37
Hirvelänpää FIN 89 Ja32
Hirvenlahti FIN 90 Kd34
Hirvensalmi FIN 90 Kd34
Hirviäkuru FIN 69 Ka16
Hirvihaara FIN 90 Kb38
Hirvijärvi FIN 82 Kd27
Hirvijärvi FIN 82 Kd30
Hirvijärvi FIN 89 Ja34
Hirvijärvi FIN 90 Ka38
Hirvijärvi S 73 Ja19
Hirvijoki FIN 81 Jc31
Hirvikangas FIN 90 Kb32
Hirvikoski FIN 90 Kd38
Hirvikylä FIN 90 Ka32
Hirvilahti FIN 82 Kd30
Hirvimäki FIN 90 Kb33
Hirviperä FIN 89 Jc34
Hirvipohja FIN 90 Kc34
Hirvisalo FIN 90 Kd36
Hirvivaara FIN 75 Lb24
Hirvlax FIN 81 Ja29
Hirwaun GB 19 Ea27
Hirzenhain D 134 Cd43
Hisar TR 198 Fd90
Hisar TR 199 Gc89
Hisaralan TR 192 Fb83
Hisarardı TR 197 Fa89
Hisarcık TR 192 Fd83
Hisarja BG 180 Db72
Hisarköy TR 193 Ha84
Hisarlık TR 187 Gb80
Hisarönü Köy TR 198 Fd92
Hischberg D 135 Ea43
Hishult S 110 Fa53
Hisingen S 102 Eb49
Hiski RUS 99 Lb40
Hislaviči RUS 202 Ec12
Hisøy N 93 Da46
Hissjön S 80 Hb28
Histijanovo BG 180 Dd73
Hita E 46 Dd63
Hitcham GB 21 Ga26
Hitchin GB 20 Fc26
Hitiaș RO 174 Bd61
Hitis FIN 97 Jc41
Hitovo BG 181 Fa68
Hitra N 77 Dc29
Hittarp S 110 Ec54
Hittisau A 142 Da53
Hitzacker D 119 Dd34
Hitzhofen D 135 Dd48
Hiukamaa FIN 89 Jd33
Hiukkaa FIN 90 Ka34
Hiukkajoki FIN 91 Ld33
Hızırkahya TR 199 Gb93
Hjäggsjö S 80 Hb28
Hjallerup DK 100 Dc20
Hjällstad S 94 Ed39
Hjälmseryd S 103 Fc50
Hjälmsjö S 110 Ed54
Hjälsta S 96 Gc42
Hjälstad S 103 Fb46
Hjältevad S 103 Fd49
Hjärnarp S 110 Ed53
Hjärsås S 111 Fb54
Hjartdal N 93 Db42
Hjärtum S 102 Ec47
Hjarup DK 108 Db26
Hjelle N 84 Cc34
Hjelle N 85 Da36
Hjellestad N 84 Ca39
Hjelm DK 109 Eb28
Hjelmeland N 92 Cb43
Hjelmset N 70 Ed24
Hjelset N 77 Da31
Hjemås N 66 Fd17
Hjerkinn N 85 Dd34
Hjerm DK 100 Da23
Hjerpsted DK 108 Cd27
Hjerting DK 108 Cd26
Hjo S 103 Fb47
Hjøllund DK 108 Db24
Hjordkær DK 108 Db27
Hjørring DK 100 Dc19
Hjortdal DK 100 Db20
Hjorte DK 108 Dc26
Hjorted S 103 Ga49
Hjorteset N 84 Cb35
Hjortkvarn S 95 Fd45
Hjortsberga S 103 Fb52
Hjortshøj DK 100 Dc23
Hjulsbro S 103 Fd47
Hjulsjö S 95 Fc42
Hlebine HR 152 Gc57
Hlevacha UA 202 Ec14
Hligeni MD 173 Fd55
Hlina MD 172 Ed53
Hlinaia MD 173 Fa54
Hlinaia MD 173 Ga57
Hlinky CZ 135 Ec44
Hlinsko CZ 136 Ga45
Hlipiceni RO 172 Ed56
Hljabovo BG 185 Ea74
Hlobyne UA 204 Ed15
Hlohovec SK 145 Ha50
Hlubočky CZ 137 Gd46
Hluboká nad Vltavou CZ 136 Fb48
Hluchiv UA 202 Ed13
Hlučín CZ 137 Ha45
Hluk CZ 137 Gd48
Hlybokae BY 202 Eb13
Hlybokae BY 202 Ea11
Hniezdne SK 138 Jb46
Hnilec SK 138 Jb48
Hnivan' UA 204 Eb15
Hnjótur IS 2 Ab02
Hnojník CZ 137 Hb45
Hnúšt'a SK 138 Ja49
Hobeck D 127 Eb38
Höbesalu EST 98 Ka45
Hobița RO 175 Cc62
Hobol H 152 Ha58
Hobro DK 100 Dc22
Hocaköy TR 187 Gb78
Hocaköy TR 187 Hb78
Hocalar TR 193 Gb86
Hocalı TR 199 Hb91
Hocaș TR 187 Hb80
Hoceni RO 173 Fb59
Höchberg D 134 Da45
Hochburg A 143 Ec51
Hochdonn D 118 Da31
Höchenschwand D 141 Ca51
Hochfinstermünz A 142 Db55
Hochgurgl A 142 Dc55
Hochheim D 133 Cb44
Höchheim D 134 Dc43
Hochnaukirchen A 145 Gb53
Hochspeyer D 133 Ca46
Höchst CH 142 Cd53
Höchst D 134 Cd45
Hochstadt D 133 Cb46
Höchstadt D 134 Db49
Höchstadt D 134 Dc45
Höchstädt D 135 Dd44
Höchstädt D 135 Eb44
Hochwolkersdorf A 145 Gb52
Hoçisht AL 182 Ba77
Hockenheim D 134 Cc46
Hockley Heath GB 20 Ed25
Hoczew PL 139 Kb46
Hodac RO 172 Dd58
Hodal N 86 Eb33
Hodász H 147 Kb51
Hodde DK 108 Da25
Hoddesdon GB 20 Fc27
Hoddevika N 76 Ca33
Hodejov SK 146 Ja50
Hodenhagen D 118 Da35
Hodkovice nad Mohelkou CZ 128 Fc42
Hódmezővásárhely H 146 Jb56
Hodnanes N 92 Ca41
Hodnet GB 15 Ec23
Hodod RO 171 Cd56
Hodøl N 86 Ec33
Hodonín CZ 137 Gd48
Hodoš SLO 145 Gb55
Hodoșa RO 171 Dc59
Hodošan HR 152 Gc57
Hodrua-Hámre SK 146 Hc50
Hodsager DK 100 Da23
Hodslavice CZ 137 Ha46
Hodul TR 185 Ed80
Hoegaarden B 124 Ad41
Hoek NL 124 Ab38
Hoek van Holland NL 116 Ac36
Hoenderloo NL 117 Bc36
Hoeselt B 124 Ba41
Hoetmar D 125 Cb38
Hof D 135 Ea43
Hof N 93 Dd42
Hof N 93 Dd43
Hofbieber D 126 Da42
Höfen A 142 Db53
Höfen D 134 Cc48
Höfer D 118 Dc35
Hoff N 76 Cc32
Hoffen F 25 Kc36
Hofgeismar D 126 Da39
Hofheim D 134 Cc44
Hofheim D 134 Dc44
Hofkirchen A 144 Fa51
Hofkirchen D 135 Ed49
Hofkirchen im Traunkreis A 144 Fb51
Hofles N 78 Ec25
Höfn IS 3 Bb06
Hofors S 95 Ga39
Hofsós IS 2 Ba03
Hofsøy N 67 Gb11
Hofstad N 78 Ea27
Hofstätten A 144 Ga54
Hofstetten D 142 Dc51
Hofsvik IS 2 Ac04
Hög S 87 Gb35
Höga S 102 Eb48
Höganäs S 110 Ec54
Högås S 80 Gc26
Högås S 102 Eb47
Högbo S 95 Gb39
Högbränna S 72 Gc23
Högbränna S 72 Ha23
Högby S 104 Gc51
Hogdal S 93 Ea44
Høgebru N 84 Cd36
Högen S 94 Eb45
Högerund S 94 Ed43
Høgeset N 85 Da37
Högfors S 95 Fc41
Högfors S 95 Ga41
Hoggais FIN 97 Jb40
Högheröd S 102 Eb47
Högheden S 73 Hb24
Hoghilag RO 175 Dc60
Hoghiz RO 176 Db61
Høgild DK 108 Da24
Hogland RUS 98 La39
Högland S 79 Fd26
Högland S 80 Ha29
Högland S 87 Gb35
Höglekardalen S 79 Fb31
Höglunda S 79 Fd28
Högnabba FIN 81 Jc29
Hogne B 124 Ba42
Hognes N 78 Ed25
Högsåra FIN 97 Jb41
Högsäter S 102 Ec46
Högsätter S 94 Ec42
Högsbo S 95 Gb41
Högsby S 103 Ga51
Högsjö S 88 Gc32
Högsjö S 95 Fd44
Högsön S 73 Ja21
Högstad S 103 Fc47
Høgstadgård N 67 Gd12
Högstena S 102 Fa47
Högträsk S 73 Hb19
Högvålen S 86 Ed34
Högvalta S 94 Ed42
Hőgyész H 146 Hc56
Hohberg D 133 Ca49
Hohburg D 127 Ec40
Hoheleye D 126 Cc40
Hohen D 128 Fa36
Hohenahr D 126 Cc42
Hohenaspe D 118 Db31
Hohenau A 137 Gc49
Hohenau D 135 Fa48
Hohenberg A 144 Ga52
Hohenberg D 135 Eb44
Hohenbocka D 128 Fa40
Hohenbrunn D 143 Ea51
Hohenbucko D 127 Ed39
Hohenems A 142 Cd53
Hohenfels D 135 Ea47
Hohenfurch D 142 Dc51
Hohengörsdorf D 127 Ed38
Hohenhameln D 126 Db37
Höhenkirchen D 143 Ea51
Hohenleipisch D 128 Fa40
Hohenleuben D 127 Eb42
Hohenlinden D 143 Ea51
Hohenlobese D 127 Eb37
Hohenlockstedt D 118 Db31
Hohenmocker D 119 Ed32
Hohenmölsen D 127 Eb41
Hohennauen D 127 Eb36
Hohen Neuendorf D 127 Ed36
Hohenpolding D 143 Eb50
Hohenroth D 134 Db43
Hohensaaten D 120 Fb35
Hohenseeden D 127 Eb37
Hohenseefeld D 127 Ed38
Hohenselchow D 120 Fb34
Hohen Sprenz D 119 Eb31
Hohenstein D 133 Cb43
Hohenstein D 142 Cd50
Hohenstein-Ernstthal D 127 Ec42
Hohentauern A 144 Fb53
Hohentengen D 142 Cd51
Hohenthann D 135 Eb49
Hohen Wangelin D 119 Ec32
Hohenwarsleben D 127 Ea37
Hohenwart D 135 Dd49
Hohenwarth A 144 Ga50
Hohenwarth D 135 Ec47
Hohenwestedt D 118 Db31
Hohenziatz D 127 Eb37
Hohn D 118 Db30
Hohne D 126 Dc36
Höhnhart A 143 Ed51
Höhnhart A 143 Ed52
Höhnstedt D 127 Ea39
Hohnstein D 128 Fb41
Hohnstorf D 118 Dc33
Hoho FIN 90 Kc32
Höhr-Grenzhausen D 125 Ca42
Hohwacht D 119 Dd30
Høiby DK 109 Eb25
Hoikankylä FIN 82 Kd31
Hoikka FIN 75 La24
Hoilola FIN 83 Ma31
Hoisko FIN 81 Jd30
Højby DK 109 Dd27
Højen DK 101 Dd19
Højer DK 108 Cd28
Højerup DK 109 Ec27
Højmark DK 108 Cd24
Højslev DK 100 Db22
Højslev Stationsby DK 100 Db22
Hojsova Stráž CZ 135 Ed47
Hok S 103 Fb50
Hökåsen S 95 Gb42
Hökhuvud S 96 Gd40
Hokka FIN 90 Kb33
Hokkåsen N 94 Ec40
Hokkaskylä FIN 89 Jd33
Hokksund N 93 Dd42
Hokland N 66 Ga12
Hökmark S 81 Hd26
Hökön S 111 Fb53
Hököpinge S 110 Ed56
Hokstad N 78 Eb28
Hökvattnet S 79 Fc28
Hol N 77 Dd31
Hol N 85 Da39
Holand N 66 Fc14
Holand N 79 Fb26
Holandsvika N 70 Fa21
Holapantörmä FIN 75 Kc23
Hola Prystan' UA 204 Ed17
Hólar IS 2 Ba03
Holasovice CZ 137 Ha44
Holbæk DK 101 Dd22
Holbæk DK 109 Eb25
Holbeach GB 17 Fd24
Holbeach Saint Matthew GB 17 Fd23
Holboca RO 173 Fa57
Holbøl DK 108 Db28
Holdenstedt D 127 Ea40
Holdorf D 117 Cc35
Holdre EST 106 Kd47
Høle N 92 Ca44
Hole N 93 Dd41
Hole S 94 Fa41
Holeby DK 109 Ea29
Holen N 93 Ea43
Holercani MD 173 Fd57
Holešov CZ 137 Gd47
Holevik N 84 Ca35
Holford GB 19 Ea29
Holguera E 45 Bd65
Holič SK 137 Gd49
Holice CZ 136 Ga44
Holice SK 145 Gd51
Holick S 88 Gc36
Holiseva FIN 90 Ka34
Holja FIN 90 Ka36
Höljäkka FIN 83 Lc28
Höljes S 86 Ed38
Holkestad N 66 Fc15
Holkonkylä FIN 89 Jd32
Holla N 77 Dc30
Hollabrunn A 136 Ga49
Holläd H 145 Gd56
Hollandstoun GB 5 Ed02
Hollange B 132 Ba44
Holle D 126 Db37
Holleben D 127 Ea40
Høllen N 92 Cd47
Hollenfels L 133 Bb44
Hollenstedt D 118 Db33
Hollerath D 125 Bc42
Hollern-Twielenfleth D 118 Db32
Hollersbach A 143 Eb54
Hollfeld D 135 Dd45
Hollingsholm N 76 Cd31
Hollóháza H 139 Jd49
Hollókő H 146 Ja51
Hollola FIN 90 Kc37
Hollolan FIN 90 Kb37
Hollstadt D 134 Db43
Hollum NL 117 Bc32
Höllviken S 110 Ed57
Hollybush GB 10 Dd15
Hollyford IRL 13 Ca23
Hollyfort IRL 13 Cd23
Hollymount IRL 8 Bc20
Hollywood IRL 13 Cd22
Holm D 118 Db32
Holm DK 108 Db27
Holm FIN 81 Jb28
Holm N 66 Fd12
Holm N 70 Ed24
Holm N 77 Da32
Holm N 93 Ea44
Holm RUS 202 Eb10
Holm S 87 Gb32
Holm S 94 Ec45
Holm S 96 Gc42
Holma FIN 90 Ka35
Hólmavík IS 2 Ad03
Holme S 79 Gb30
Holmedal N 92 Cb41
Holmedal S 94 Ec43
Holmegil N 94 Eb44
Holmen N 70 Fa23
Holmenkollen N 93 Ea41
Holme-Olstrup DK 109 Eb27
Holme-on-Spalding-Moor GB 16 Fb20
Holmes Chapel GB 15 Ec22
Holmestad S 102 Fa46
Holmestrand N 93 Dd43
Holmfirth GB 16 Ed21
Holmfors S 72 Gc24
Holmfors S 73 Hb23
Holmfors S 73 Hc24
Holmisperä FIN 82 Ka29
Holmmo N 78 Fa25
Holmön S 80 Hc28
Holmøyane N 84 Cc34
Holmsbu N 93 Dd42
Holmsjö S 72 Gd24
Holmsjö S 79 Fd31
Holmsjö S 80 Gc29
Holmsjö S 111 Fd53
Holmskij RUS 205 Fc17
Holmstrand N 64 Jb09
Holmsund S 80 Hc29
Holmsvattnet S 80 Hc26
Holmsveden S 87 Gb37
Holmträsk S 73 Hc23
Holmträsk S 80 Hb25
Holmträsk S 80 Ha26
Holmträsk S 80 Gc28
Holmudden S 104 Hb48
Holmvassdalen N 70 Fa23
Holm-Žirkovskij RUS 202 Ec11
Hölö S 96 Gc44
Holod RO 170 Cb57
Holoșnița MD 173 Fc54
Holøydal N 86 Eb34
Holsbybrunn S 103 Fd50
Holsen N 84 Cc36
Holsljunga S 102 Ed50
Holstad N 78 Eb27
Holstebro DK 100 Da23
Holsted DK 108 Da26
Holsted Stationsby DK 108 Da26
Holstinmäki FIN 74 Ka23
Holsworthy GB 18 Dc30
Holt GB 17 Ga23
Holt N 93 Db45
Holtdalsvollen N 78 Eb31
Holte N 78 Ea31
Holten NL 117 Bd36
Holtet DK 101 Dd21
Holtgast D 117 Cb32
Holt Heath GB 15 Ec25
Holtsee D 118 Db30
Holtslåtten N 94 Eb39
Holum N 92 Cc47
Holungen D 126 Dc39
Holven N 84 Cc39
Holvika N 78 Eb26
Holwerd NL 117 Bc32
Holy Cross IRL 13 Ca23
Holyhead GB 14 Dc22
Holýšov CZ 135 Ed46
Holywell GB 15 Eb22
Holywell GB 19 Eb30
Holywood GB 9 Da17
Holzbach D 133 Ca44
Holzdorf D 127 Ed39
Holzgerlingen D 134 Cc49
Holzhausen D 133 Cb43
Holzheim D 134 Db49
Holzkirchen D 143 Ea52
Holzminden D 126 Da38
Holzthaleben D 126 Dc40
Holzweiler D 125 Bc40
Holzweißig D 127 Eb39
Holzwickede D 125 Ca39
Hömb S 103 Fb47
Homberg (Efze) D 126 Da41
Homberg (Ohm) D 126 Cd42
Hombersund N 93 Da47
Hombourg-Budange F 25 Jd35
Hombourg-Haut F 25 Ka35
Hombukt N 63 Hc08
Homburg am Main D 134 Da45
Homburg (Saar) D 133 Bd46
Homel' BY 202 Ec13
Homeshi AL 182 Ad74
Homme N 92 Cd46
Homme N 92 Cd46
Hommelstø N 70 Ed23
Hommelvik N 78 Eb30
Hommerts NL 116 Bb34
Homocea RO 176 Ed61
Homokszentgyörgy H 152 Ha57
Homoroade RO 171 Cd55
Homorod RO 176 Dd61
Hompland N 92 Cb45
Homps F 41 Ha55
Homrogd H 146 Jc50
Homstad N 78 Ec26
Homstean N 92 Cd46
Homutovka RUS 202 Ed13
Hømvejle DK 108 Da26
Hömyrfors S 73 Jb21
Honaz TR 198 Fd88
Hondarribia E 39 Ec55
Hondelange B 132 Ba45
Hondón de las Nieves E 55 Fa71
Hondón de los Frailes E 55 Fa71
Hondschoote F 21 Gd30
Hønefoss N 85 Dd40
Honfleur F 22 Fd35
Høng DK 109 Ea26
Hongisto FIN 90 Ka38
Hongset N 70 Ed23
Hónikas GR 195 Bd87
Honing GB 17 Gb24
Honiton GB 19 Ea30
Honkajärvi FIN 89 Ja34
Honkajoki FIN 89 Jb34
Honkakoski FIN 82 Kd28
Honkakoski FIN 89 Ja35
Honkakylä FIN 89 Jb32
Honkalahti FIN 91 Lc35
Honkamäki FIN 83 Lb31
Honkamukka FIN 69 Kd15
Honkaperä FIN 82 Kb26
Honkaperä FIN 82 Kb28
Honkaranta FIN 82 Ka29
Honkilahti FIN 89 Jb37
Honkola FIN 82 Kb31
Honkola FIN 89 Jd37
Hønning DK 108 Da27
Honningsvåg N 64 Jc04
Hönö S 102 Eb49
Honrubia E 53 Eb67
Hønseby N 63 Hd06
Hontalbilla E 46 Db61
Hontanares E 46 Dc65
Hontanaya E 53 Ea67
Hontangas E 46 Dc60
Hontianske Nemce SK 146 Hc50
Hontoria del Pinar E 46 Dd60
Hoofddorp NL 116 Ad35
Hoofdplaat NL 124 Ab38
Hoogerheide NL 124 Ac38
Hoogersmilde NL 117 Bd34
Hoogeveen NL 117 Bd35
Hoogezand-Sappemeer NL 117 Ca33
Hooge Zwaluwe NL 124 Ad37
Hooghalen NL 117 Bd34
Hoogkarspel NL 116 Ba34
Hoogkerk NL 117 Bd33
Hoogstade B 21 Ha30
Hoogstede D 117 Ca35
Hoogstraten B 124 Ad38
Hook GB 20 Fb29
Hook Norten GB 20 Fa26
Hooksiel D 117 Cc32
Höör S 110 Fa55
Hoorn NL 116 Ba34
Hopa TR 205 Ga19
Hopârta RO 171 Da59
Hope GB 4 Dd04
Hope GB 15 Eb22
Hope GB 19 Dd32
Hope N 93 Db45
Hope Bowdler GB 15 Eb24
Hopen N 66 Fc14
Hopen N 66 Fd15
Hopen N 77 Db29
Hopfgarten A 143 Ea53
Hopfgarten A 143 Eb55
Höpfingen D 134 Cd46
Hôpital-Camfrout F 26 Dc38
Hopovo SRB 153 Jb60
Hoppegarten D 128 Fa36
Hoppula FIN 74 Kb19
Hopseidet N 64 Ka05
Hopsten D 117 Cb36
Hopsu FIN 90 Kb34
Hopton GB 17 Gc24
Hopton Wafers GB 15 Ec25
Hoptrup DK 108 Db27
Hóra GR 194 Ba89
Hóra GR 196 Db91
Hóra GR 197 Eb88
Horam GB 20 Fd30
Horasan TR 205 Ga19
Horasanlı TR 198 Fc89
Hóra Sfakíon GR 200 Cc95
Hora Svatého Kateřiny CZ 135 Ed43
Hora Svaté Šebestiána CZ 135 Ed43
Horaždovice CZ 136 Fa47
Horb am Neckar D 134 Cc49
Horbelev DK 109 Eb28
Horbury GB 16 Fa21
Hørby DK 100 Dc22
Hørby DK 101 Dd20
Hörby S 110 Fa55
Horcajada de la Torre E 53 Ea66
Horcajo de las Torres E 46 Cd62
Horcajo de los Montes E 52 Cd68
Horcajo de Santiago E 53 Dd66
Horcajo Medianero E 45 Cc63
Horche E 46 Dd64
Horda S 103 Fb51
Hörda S 103 Fb51
Hordabø N 84 Ca38
Hordáki GR 200 Cc94
Hörden D 126 Dc39
Hordorf D 127 Dd38
Hørdum DK 100 Da21
Høre N 85 Db37
Horea RO 171 Cc59
Horeb GB 14 Dc26
Höreda S 103 Fc49
Horeftó GR 189 Ca81
Horémis GR 194 Bb88
Horești MD 173 Fa56
Horești MD 173 Fd58
Horezu RO 175 Da63
Horgau D 142 Dc50
Horgen CH 141 Cb53
Horgenzell D 142 Cd51
Hörgertshausen D 135 Ea49
Horgești RO 176 Ed60
Horgevik N 93 Da43
Horgheim N 77 Da33
Horgoš SRB 153 Jb57
Horhausen D 125 Ca42
Höri CH 141 Cb52
Horia RO 172 Ed58
Horia RO 177 Fb66
Horia RO 177 Fc64
Hořice CZ 136 Ga43
Hořice na Šumavě CZ 136 Fb49
Horígio GR 183 Ca76
Hořiněves CZ 136 Ga44
Horió GR 197 Eb90
Horistí GR 184 Cd76
Hörja S 110 Fa54
Horka D 128 Fc40
Horki BY 202 Eb12
Hörkkölä FIN 91 Lc35
Horlești RO 173 Fa57
Horley GB 20 Fc29
Horlivka UA 205 Fb15
Hörlösa S 103 Gb51
Hormakumpu FIN 68 Jc15
Hormanloukko FIN 81 Jb31
Hormigos E 46 Da65
Horn A 136 Ga49
Horn N 70 Ed23
Horn N 70 Fa21
Horn S 103 Fb46
Horn S 103 Ga48
Horna E 55 Ed70
Hornachos E 51 Ca70
Hornachuelos E 60 Cc72
Horná Súča SK 137 Ha48
Hornbach D 133 Bd46
Horn-Bad Meinberg D 126 Cd38
Hornbæk DK 109 Ec24
Hornberg D 141 Cb50
Hornberga S 87 Fc37
Hornburg D 126 Dc38
Horncastle GB 17 Fc22
Horndal S 95 Ga40
Horne DK 100 Dc19
Horne DK 108 Dc27
Hörnebo S 103 Fb47
Horneburg D 118 Db33
Hörnefors S 80 Hb29
Horné Motešice SK 137 Hb48
Horné Mýto SK 145 Ha51
Hornesund N 92 Cd46
Horní Bečva CZ 137 Hb46
Horní Benešov CZ 137 Gd45
Horní Blatná CZ 135 Ec43
Horní Bříza CZ 135 Ed45
Horní Cerekev CZ 136 Fd47
Horní Jelení CZ 136 Ga44
Horní Jiřetín CZ 135 Ed43
Horní Kněžeklady CZ 136 Fb47
Horní Kruty CZ 136 Fc45
Horní Lideč CZ 137 Ha47
Hornillatorre E 38 Dc56
Hornillos de Cerrato E 46 Db59
Hornindal N 84 Cc34
Hørning DK 108 Dc24
Horning GB 17 Gb24
Horninglow GB 16 Ed23
Hornio FIN 89 Jc36
Horní Planá CZ 136 Fa49
Horní Slavkov CZ 135 Ec44
Horní Vitavice CZ 136 Fa48
Hornmyr S 80 Gd26
Hornnes N 92 Cd45
Hornoy-le-Bourg F 23 Gc33
Hornsea GB 17 Fc20
Hornsjø N 85 Ea37
Hörnsjö S 80 Ha28
Hornslet DK 100 Dc23
Hornstein A 145 Gb52
Hornsträsk S 73 Hb24
Hornsyld DK 108 Dc25
Hörnum D 108 Cd28
Hornum DK 100 Db21
Horný Tisovník SK 146 Hd50
Horoatu Crasnei RO 171 Cc56
Horochiv UA 204 Ea15
Horodca MD 173 Fc58
Horodenka UA 204 Ea16
Horodiște MD 173 Fa55
Horodiște MD 173 Fb54
Horodiște MD 173 Fc57
Horodiște MD 173 Fd56
Horodło PL 131 Kd40
Horodnic RO 172 Eb55
Horodniceni RO 172 Eb56
Horodnja UA 202 Ec13
Horodnycja UA 202 Eb14
Horodok UA 204 Ea15
Horodyšče UA 204 Ec14
Horodyszcze PL 131 Kb38

I

Kakolewnica Wschodnia - Karjalaisenniemi

Kakolewnica Wschodnia PL 131 Kb37
Kąkolewo PL 129 Gb38
Kakopetria CY 206 Ja97
Kakóvatos GR 194 Ba87
Kakskerta FIN 97 Jb39
Kakslauttanen FIN 69 Ka12
Kakuåsen S 79 Fc29
Kál H 146 Jb52
Kälä FIN 90 Kc34
Kalabakbaşı TR 191 Ec81
Kålaboda S 80 Hc26
Kalač RUS 203 Fc13
Kalace MNE 159 Jc68
Kalace MNE 178 Ad70
Kalač- na-Donu RUS 203 Fd14
Kalafat TR 191 Ea81
Kalafati SRB 159 Ja66
Kalaja FIN 82 Ka28
Kalajoki FIN 81 Jc26
Kalak N 64 Jd05
Kalakoski FIN 89 Jc32
Kalamáfka GR 201 Db96
Kalamáki GR 188 Ac86
Kalamáki GR 189 Ca81
Kalamákia GR 189 Cc83
Kalamariá GR 183 Ca78
Kalamark S 73 Hc23
Kalamáta GR 194 Bb89
Kalambáka GR 183 Bb80
Kalambáki GR 184 Cd77
Kalamítsi GR 184 Cd80
Kálamos GR 188 Ad83
Kálamos GR 189 Cc85
Kalamotí GR 191 Dd86
Kalamotó GR 183 Cb78
Kalana EST 97 Jb44
Kalana EST 98 La44
Kalančak UA 205 Fa17
Kalándra GR 183 Cb80
Kalá Nerá GR 189 Ca82
Kálanos GR 188 Bb86
Kalanti FIN 89 Ja38
Kalapódi GR 189 Ca84
Kälarne S 79 Ga31
Kálathos GR 197 Fa93
Kalavárda GR 197 Ed93
Kalavasos CY 206 Jb98
Kalávrita GR 188 Bb86
Kalax FIN 89 Hd32
Kalbach D 134 Da43
Kalbe D 127 Ea36
Kalbensteinberg D 134 Dc47
Kalburcu TR 186 Ga78
Kalburcu TR 192 Fa82
Kalce SLO 151 Fb58
Kalčevo BG 180 Eb73
Kalchreuth D 135 Dd46
Káld H 145 Gd54
Kaldal N 79 Fb26
Kaldenkirchen D 125 Bc39
Kaldfarnes N 67 Gb11
Kaldfjord N 62 Gc09
Kaldvika N 66 Ga14
Kale TR 198 Fc89
Kalealtı TR 185 Eb78
Kale = Demre TR 199 Gb93
Kaledibi TR 205 Ga19
Kalefeld D 126 Db38
Kalekovec BG 180 Db73
Kaleköy TR 185 Dd80
Kaleköy TR 198 Ga93
Kalela FIN 89 Jb38
Kalemköy TR 197 Fa90
Kälen S 73 Hc24
Kalenci SRB 153 Jc62
Kalenik BG 180 Db70
Kaléntzi GR 188 Ad81
Kaléntzi GR 188 Bb86
Kalérgo GR 190 Cd86
Kalesi EST 98 Kc42
Kalesija BIH 153 Hd63
Kalesninkai LT 114 Kc59
Kalesninkai LT 114 La59
Kaleste EST 97 Jb44
Kalēti LV 113 Jb53
Kaletnik PL 123 Kb30
Kalety PL 138 Hc43
Kaleüçağız TR 198 Ga93
Kaleva FIN 97 Jc39
Kalfaköy TR 192 Fb81
Kalho FIN 90 Kc35
Kalí GR 183 Bd77
Kali HR 157 Fd64
Kalídona GR 194 Ba87
Kalífitos GR 184 Da76
Kalimanci BG 181 Fa70
Kálimnos GR 197 Eb90
Kalina FIN 83 Ld28
Kalınağılköyü TR 197 Fa90
Kalınharman TR 192 Fc85
Kalinina RUS 203 Fb08
Kaliningrad RUS 113 Ja58
Kalininsk RUS 203 Fd12
Kalininskoe RUS 113 Jd59
Kalinkavičy BY 202 Eb13
Kalınkoz TR 198 Fd90
Kalinovik BIH 159 Hc66
Kalinovka RUS 113 Jc58
Kalinovo SK 146 Ja50
Kalinowa PL 129 Hb39
Kalinówka Kościelna PL 123 Kb32
Kalinowo PL 123 Ka31
Kalipéfki GR 183 Bd80
Kaliroi GR 182 Ba80
Kaliska PL 121 Ha31
Kalisko PL 130 Hd40
Kališta MK 182 Ad75
Kalisty PL 122 Hd31
Kalisz PL 121 Gd31
Kalisz PL 129 Ha39
Kaliszki PL 123 Jd32
Kalisz Pomorski PL 120 Ga34
Kalithéa GR 183 Cb80
Kalithia GR 184 Cd76
Kalīti LV 105 Jc50
Kalitino RUS 99 Mb41
Kalivári GR 190 Da87
Kalíves GR 184 Da78
Kalíves GR 200 Cc95
Kalívia GR 188 Ba84
Kalívia GR 194 Bc90
Kalí Vríssi GR 184 Cd76
Kalix S 73 Jb21
Kalixforsbron S 67 Ha15
Kaljazin RUS 202 Ed09
Kaljord N 66 Fd13
Kaljunen FIN 91 Ld34
Kalkan TR 198 Fd93
Kalkanlı TR 193 Gd82
Kalkar D 125 Bc38
Kalkhorst D 119 Dd31
Kalķi LV 105 Jc49
Kalkım TR 191 Ec81
Kalkkiainen FIN 69 Kc17
Kalkkikangas FIN 68 Jb16
Kalkkimaa FIN 74 Jc21
Kalkkinen FIN 90 Kc36
Kalkstein A 143 Eb55
Kalkstrand FIN 98 Kc39
Kalküne LV 115 Lc53
Kall D 125 Bc42
Kall S 78 Fa30
Källa S 104 Gc51
Kalland N 92 Cd46
Kållands-Åsaka S 102 Ed46
Kallarberg N 93 Da45
Källarbo S 95 Fd40
Kallaste EST 99 Lb44
Kallax S 73 Hd22
Källbäcken S 95 Fc40
Källbomark S 73 Hc24
Kållby FIN 81 Jb29
Källby S 102 Fa46
Kållered S 102 Ec49
Kallernäs S 95 Fd42
Kållerstad S 102 Fa51
Kalletal D 126 Cd37
Källfallet S 95 Fd42
Kallham A 144 Fa50
Kallholen S 87 Fc37
Kalli EST 98 Ka45
Kallimassiá GR 191 Dd86
Kallinge S 111 Fd54
Kallio FIN 83 Lb26
Kallio FIN 89 Jd34
Kállio GR 189 Bc84
Kalliojoki FIN 83 Lc25
Kalliokylä FIN 82 Kc28
Kalliola FIN 90 Kc36
Kallioluoma FIN 75 Lb20
Kalliomäki FIN 82 Kd27
Kallislahti FIN 91 Lc33
Kallithéa GR 183 Bc80
Kallithéa GR 189 Cb85
Kallithéa GR 194 Ba89
Kallithéa GR 194 Bc89
Kallithéa GR 197 Ea88
Kallíthiro GR 188 Bb82
Kallivere RUS 99 Lc41
Kallmet AL 163 Jb71
Kallmora S 87 Fc37
Kallmünz D 135 Ea47
Kallo FIN 68 Jc16
Kálló H 146 Hd52
Källö-Knippla S 102 Eb49
Kallön S 72 Gc22
Kalloni GR 191 Ea83
Kalloní GR 195 Ca88
Kállósemjén H 147 Ka51
Kall-Rör S 78 Fa29
Källsjö S 102 Ec50
Källsjön S 87 Ga38
Kallträsk FIN 89 Ja34
Källunga S 102 Ed48
Källunge S 104 Ha49
Källvik S 103 Gb48
Kallviken S 81 Hd26
Kalmaküla EST 99 Lb43
Kalmar S 96 Gc43
Kalmar S 103 Gb52
Kalmari FIN 82 Ka31
Kalmonmäki FIN 82 La27
Kalmthout B 124 Ad38
Kalmykovskij RUS 203 Fd14
Kalna SRB 179 Ca69
Kalna SRB 179 Ca70
Kalnaberže LT 114 Kc56
Kalnamuiža LV 105 Jc52
Kálna nad Hronom SK 145 Hb50
Kalná Roztoka SK 139 Kb47
Kalnbirze LV 107 Lb51
Kalncempji LV 107 Lb48
Kalnciems LV 106 Ka51
Kalniena LV 107 Lc49
Kalnik PL 122 Hd31
Kalniški LV 113 Jb53
Kalniškiai LT 113 Jb54
Kălnovo BG 181 Ec71
Kalnujai LT 114 Ka56
Kálócfa H 145 Gc55
Kalo Chorio CY 206 Ja96
Kalo Chorio CY 206 Ja97
Kalo Chorio CY 206 Jb97
Kalo Chorio CY 206 Jc97
Kalocsa H 146 Hd56
Kalofer BG 180 Dc72
Kalógiri GR 188 Bb81
Kalógria GR 188 Ba85
Kalóhio GR 183 Bb79
Kalohóri GR 182 Ba78
Kaló Horió GR 201 Dc96
Kaló Horió GR 201 Dd96
Kaloí Liménes GR 200 Cd96
Kalojan BG 181 Ed69
Kalojanovec BG 180 Dd73
Kalojanovo BG 180 Db73
Kalojanovo BG 180 Eb72
Kalókastro GR 183 Cb77
Kälom S 79 Fb30
Kalonéri GR 183 Bb78
Kaló Neró GR 194 Ba88
Kaloní GR 196 Db88
Kalopanagiotis CY 206 Ja97
Kalopsida CY 206 Jc96
Kalopsida CY 206 Jc97
Kalotina BG 179 Cb70
Kaloúsi GR 188 Bb86
Káloz H 146 Hc55
Kalożicy RUS 99 Ma41
Kalpáki GR 182 Ad79
Kalpio FIN 75 Kd24
Kals A 143 Eb54
Kalsdorf bei Graz A 144 Fd55
Kälsjärv S 73 Jb21
Kalsko PL 128 Fd36
Kaltanėnai LT 115 Lb56
Kaltbrunn CH 142 Cc53
Kaltenbach A 143 Ea53
Kaltenbrunn A 142 Dc54
Kaltene LV 105 Jd49
Kaltenkirchen D 118 Db32
Kaltennordheim D 126 Db42
Kaltensundheim D 126 Db42
Kaltental D 142 Dc51
Kaltern I 142 Dc56
Kaltesluokta S 67 Gd17
Kaltinėnai LT 113 Jd55
Kaltsila FIN 89 Jc36
Kalttonen FIN 82 Kc29
Kaluđerovići SRB 159 Ja66
Kaluđerovo SRB 174 Bd63
Kaludra MNE 159 Jb68
Kaluga RUS 202 Ed11
Kalugerovc BG 179 Da72
Kalugerovo BG 179 Cd70
Kalundborg DK 109 Ea25
Kalupe LV 115 Lc53
Kaluš UA 204 Ea16
Kałuszyn PL 131 Jd37
Kalužskoe RUS 113 Jc58
Kalv S 102 Ed50
Kalvåg N 84 Ca34
Kalvarija LV 114 Kb59
Kalvatn N 84 Cc34
Kalvbäcken S 80 Gc28
Kalvehave DK 109 Eb28
Kalvene LV 105 Jb52
Kalvesta S 102 Fa48
Kalvi EST 98 La41
Kälviä FIN 81 Jc28
Kalviai LT 114 Kc58
Kalvitsa FIN 90 La33
Kalvjärv S 73 Ja20
Kalvola FIN 90 Ka37
Kalvslund DK 108 Da26
Kalvträsk S 80 Hb25
Kalwang A 144 Fc53
Kalwaria Zebrzydowska PL 138 Hd45
Kalwy PL 129 Gb37
Kalynivka UA 204 Eb15
Kám H 145 Gc54
Kamajai LT 114 La54
Kämäränkylä FIN 83 Lc25
Kamārde LV 114 Kc53
Kamáres GR 188 Bb85
Kamáres GR 195 Cd90
Kamáres GR 200 Cd96
Kamári GR 196 Db92
Kamarino RUS 99 Mb45
Kamariótissa GR 184 Dc79
Kamáritsa GR 189 Cb84
Kamaroúla GR 188 Ba84
Kambánis GR 183 Ca77
Kambí GR 188 Ad81
Kambiá GR 191 Dd85
Kambja EST 107 Lb46
Kambo N 93 Ea43
Kámbos GR 188 Ba83
Kámbos GR 188 Ba86
Kámbos GR 188 Bb84
Kámbos GR 194 Bb89
Kámbos GR 196 Dd88
Kámbos GR 197 Ea89
Kámbos GR 197 Eb88
Kámbos GR 200 Ca95
Kamčija BG 181 Fa71
Kamçılı TR 192 Fa81
Kamen BG 180 Eb70
Kamen BG 180 Eb72
Kamen D 125 Cb39
Kamenar BG 181 Fa70
Kaména Voúrla GR 189 Bd84
Kamen Brjag BG 181 Fc70
Kamenec BG 180 Dc69
Kamenec RUS 99 Ld43
Kamenica BIH 152 Gb63
Kamenica BIH 152 Hb63
Kamenica BIH 159 Ja64
Kamenica MK 179 Ca73
Kamenica SK 138 Jc47
Kamenica SRB 178 Ba67
Kamenica SRB 178 Bd69
Kamenica SRB 179 Ca68
Kamenica nad Cirochou SK 139 Ka47
Kamenicë AL 182 Ad77
Kamenice CZ 136 Fc45
Kamenice nad Lipou CZ 136 Fc47
Kamenjane MK 178 Ba73
Kamenka RUS 99 Ld43
Kamenka RUS 107 Ld46
Kamenka RUS 203 Fb13
Kamenka RUS 203 Fc11
Kamennogorsk RUS 202 Ea08
Kamennyj Konec RUS 99 Lc43
Kamenný Přívoz CZ 136 Fb45
Kameno BG 181 Ed72
Kameno Pole BG 179 Cd69
Kamenovo BG 180 Eb68
Kamenskij RUS 203 Fd12
Kamenski Vučjak HR 152 Ha60
Kamensko BIH 153 Hc63
Kamensko HR 152 Ha60
Kamensko HR 158 Gd66
Kamenskoe RUS 113 Jc59
Kamensk-Šahtinskij RUS 203 Fc14
Kamenz D 128 Fb40
Kames GB 6 Dc13
Kameškovo RUS 203 Fa09
Kamičak BIH 152 Gc62
Kamień PL 122 Jc32
Kamien PL 128 Fc36
Kamień PL 129 Ha38
Kamień PL 130 Ja39
Kamień PL 131 Jd40
Kamień PL 131 Kd40
Kamień PL 139 Ka43
Kamienica PL 121 Gc35
Kamienica PL 128 Fd42
Kamienica PL 138 Jb46
Kamienica Dolna PL 139 Jd44
Kamieniec PL 122 Hc32
Kamieniec PL 129 Gb37
Kamieniec Ząbkowicki PL 137 Gc43
Kamienka SK 138 Jb46
Kamień Krajeński PL 121 Gd33
Kamienna Góra PL 128 Ga42
Kamiennik PL 137 Gc43
Kamiennik Wielkopolski PL 122 Hc30
Kamień Pomorski PL 120 Fc31
Kamieńsk PL 130 Hd40
Kamilski Dol BG 185 Ea75
Kamin'-Kašyrs'kyj UA 202 Ea14
Kamion PL 130 Ja38
Kamionek Wielki PL 122 Jc30
Kamionka PL 131 Ka39
Kamionka Wielka PL 138 Jc46
Kamionna PL 128 Ga36
Kamışlı TR 187 Gc79
Kam'janec-Podil's'kyj UA 204 Eb16
Kamjaniec BY 202 Dd13
Kam'janka UA 204 Ed15
Kamjanka-Buz'ka UA 204 Ea15
Kamlunge S 73 Ja21
Kämmäkka FIN 89 Jc36
Kammela FIN 89 Hd38
Kammeltal D 142 Db50
Kämmenniemi FIN 89 Jd35
Kammerstein D 134 Dc47
Kamminke D 120 Fb32
Kammlach D 142 Db51
Kamnik AL 182 Ad78
Kamnik SLO 151 Fc57
Kamniška Bistrica SLO 151 Fb57
Kamorūnai LT 114 Kd59
Kamøyvær N 64 Jc04
Kampen D 108 Cd28
Kampen NL 117 Bc35
Kampertal A 144 Fb52
Kampevoll N 67 Gb11
Kampia CY 206 Jb97
Kampinkylä FIN 89 Ja32
Kampinos PL 130 Ja37
Kamp-Lintfort D 125 Bc39
Kampor HR 151 Fc62
Kampos CY 206 Ja97
Kamsdorf D 127 Dd42
Kamsjö S 80 Hb27
Kamskoe Ust'e RUS 203 Fd09
Kamula FIN 82 Kb27
Kamyk PL 130 Hc41
Kamýk nad Vltavou CZ 136 Fb46
Kamyšin RUS 203 Fd13
Kanaküla EST 106 Kc46
Kanal SLO 150 Ed58
Kanala FIN 81 Jd29
Kanála GR 195 Cd89
Kanáli GR 182 Ab80
Kanáli GR 188 Ac82
Kanália GR 189 Ca81
Kanan S 71 Fd23
Kanaš RUS 113 Jc57
Kanaš RUS 113 Jc58
Kanaš RUS 203 Fd09
Kanatádika GR 189 Ca83
Kanatlarci MK 183 Bb75
Kańczuga PL 139 Kb44
Kandakjulja RUS 99 Ld39
Kandakopšino RUS 99 Mb40
Kándanos GR 200 Cb95
Kandava LV 105 Jd50
Kandel D 133 Cb47
Kandergrund CH 141 Bd55
Kandern D 141 Bd51
Kandersteg CH 141 Bd55
Kandestederne DK 101 Dd19
Kándia GR 195 Bd88
Kandila GR 194 Bc87
Kandıra TR 187 Gb77
Kandle EST 98 Kd41
Kandyty PL 122 Ja30
Kanepi EST 107 Lb46
Kånešštohpu FIN 64 Jd08
Kanevskaja RUS 205 Fc16
Kanfanar HR 151 Fa61
Kangarisi LV 106 Kc50
Kangas FIN 81 Jd26
Kangas FIN 81 Jb30
Kangas FIN 81 Jb31
Kangasaho FIN 82 Ka29
Kangasala FIN 89 Jd35
Kangasalan asema FIN 89 Jd35
Kangashäkki FIN 90 Kb32
Kangaskylä FIN 82 Kc25
Kangaskylä FIN 82 Kb26
Kangaskylä FIN 82 Ka28
Kangaskylä FIN 82 Ka29
Kangaslahti FIN 82 La28
Kangaslampi FIN 91 Lb32
Kangasniemi FIN 90 Kd33
Kangasoja FIN 81 Jd28
Kangasperä FIN 82 Kc25
Kangasvieri FIN 81 Jd29
Kangos S 68 Hd16
Kangosjärvi FIN 68 Ja15
Kania PL 120 Fd33
Kania PL 121 Ha35
Kanigowo PL 122 Ja33
Kaniów PL 128 Fc38
Kaniv UA 204 Ec15
Kanjiža SRB 153 Jb57
Kankaanpää FIN 89 Jb35
Kankaanpää FIN 89 Jb37
Kankaanpää FIN 90 Ka33
Kankainen FIN 90 Kd32
Kankainen FIN 90 Kc33
Kankari FIN 82 Kc25
Kankberg S 80 Hb25
Kankböle FIN 90 Kc38
Kankkula FIN 82 Kd29
Kånna S 102 Fa52
Kannas FIN 91 Ld34
Kannawurf D 127 Dd40
Kannonkoski FIN 82 Ka30
Kannonsaha FIN 82 Ka30
Kannus FIN 81 Jc27
Kannusjärvi FIN 90 La37
Kannuskoski FIN 90 La36
Kansız TR 192 Fb81
Kanstad N 66 Fd13
Kantala FIN 90 La33
Kantara CY 206 Jd96
Kanteenmaa FIN 89 Jc37
Kantele FIN 90 Kc38
Kantemirovka RUS 203 Fb14
Kantii FIN 89 Jb34
Kantinieki LV 107 Lc51
Kantojärvi FIN 74 Jc21
Kantojoki FIN 75 La19
Kantokylä FIN 81 Jd27
Kantola FIN 74 Jd22
Kantomaanpää FIN 73 Jb19
Kantoperä FIN 89 Jc33
Kántorjánosi H 147 Kb51
Kantornes N 62 Gd10
Kantou CY 206 Ja98
Kantsjö S 80 Gd29
Kanturk IRL 12 Bc24
Kánya H 145 Hb55
Kányavár H 145 Gc56
Kaolinovo BG 181 Ed69
Kaona SRB 178 Ba67
Kaonik SRB 178 Bc68
Kapaklı TR 186 Fa76
Kapaklı TR 186 Fc79
Kapaklı TR 191 Ed84
Kapaklı TR 193 Hb87
Kapanbelem TR 185 Ec80
Kapandriti GR 189 Cc86
Kapanlar TR 193 Gb81
Kaparéli GR 189 Ca85
Kaparéli GR 194 Bc87
Kapčiamiestis LT 123 Kc30
Kapee FIN 89 Jd34
Kapela HR 152 Gc58
Kapellen A 144 Ga52
Kapellen B 124 Ac39
Kapellen D 125 Bc38
Kapellen A 144 Ga50
Kapera EST 107 Lc47
Kāpessils LV 107 Ld50
Kapfenberg A 144 Fd53
Kápi GR 191 Ea83
Kapice PL 123 Ka32
Kapıkaya TR 191 Ec84
Kapıkaya TR 192 Fd84
Kapıkaya TR 193 Gd81
Kapiņi LV 107 Ld52
Kăpinovo BG 181 Fb69
Kapitan Andeevo BG 185 Ea75
Kapitan-Dimitrievo BG 179 Da73
Kapitan Dimitrovo BG 181 Fa68
Kapitan Petko BG 181 Ec69
Kapız TR 198 Fc90
Kaptan PL 123 Ka35
Kaplangı TR 192 Ga85
Kaplice CZ 136 Fb49
Kapljuh BIH 152 Gb63
Kapolcs H 145 Ha55
Kápolna H 146 Jb52
Kápolnásnyék H 146 Hc54
Kapolypuszta H 145 Ha55
Kaposfüred H 145 Ha56
Kaposgyarmat H 152 Ha57
Kaposmérő H 152 Ha57
Kaposszekcső H 152 Hb57
Kaposvár H 152 Ha57
Kapp N 85 Ea39
Kappel D 133 Bd44
Kappel D 133 Ca44
Kappel DK 109 Dd28
Kappel Grafenhausen D 141 Ca50
Kappeln D 108 Dc29
Kappelrodeck D 133 Cb49
Kappelshamn S 104 Ha48
Kappelskär S 96 Ha42
Kappl A 142 Db54
Kåpponis S 73 Hb20
Kaprije HR 157 Ga66
Kaprun A 143 Ec54
Kapsajoki FIN 68 Jc14
Kapsáli GR 195 Bd92
Kapsalos CY 206 Jc96
Kapsēde LV 105 Ja52
Kapshtica AL 182 Ba77
Káptalanfa H 145 Gd54
Káptalantóti H 145 Ha55
Kaptol HR 152 Hb60
Kapūne LV 107 Lc50
Kapušany SK 139 Jd47
Kapuvár H 145 Gc53
Käpysalo FIN 82 Kd30
Karaad H 145 Ha55
Karaadilli TR 193 Gc86
Karaağa TR 193 Hb87
Karaağaç TR 185 Eb75
Karaağaç TR 185 Ed76
Karaağaç TR 186 Fc77
Karaağaç TR 187 Gc77
Karaağaç TR 187 Ha80
Karaağaç TR 191 Eb82
Karaağaç TR 192 Fa83
Karaağaç TR 192 Ga84
Karaağaç TR 193 Gb84
Karaağaçlı TR 191 Ed85
Karaahmetler TR 198 Fb88
Karaahmetler TR 199 Gd90
Karaahmetli TR 186 Ga79
Karaali TR 199 Hb88
Karaaliler TR 199 Gc89
Karaatlı TR 197 Ed88
Karabahadır TR 186 Ga80
Karabayır TR 198 Fd91
Karabedirler TR 192 Ga86
Karabeyler TR 192 Fc85
Karabeyli TR 185 Ed76
Karabeyli TR 186 Ga77
Karabeyli TR 192 Fd85
Karabiga TR 185 Ed79
Karaböğürtlen TR 198 Fb90
Karabucak TR 199 Ha90
Karabük TR 199 Ha90
Karabük TR 205 Fa20
Karabulut TR 193 Ha86
Karabunar BG 179 Da73
Karabürçek TR 185 Ec77
Karaburun TR 186 Fc76
Karaburun TR 191 Ea81
Karaburun TR 191 Ea85
Karaby S 102 Ed46
Karacaağaç TR 197 Fa90
Karacaahmet TR 192 Fd86
Karacaahmet TR 193 Hb82
Karacaali TR 186 Fd79
Karacaali TR 192 Fb87
Karacabey TR 186 Fb80
Karacadağ TR 186 Fa74
Karačaevsk RUS 205 Ga17
Karacahisar TR 192 Ga84
Karacahisar TR 192 Ga85
Karacahisar TR 199 Ha88
Karacaibrahim TR 192 Fb85
Karacakılavuz TR 185 Ed77
Karacaköy TR 186 Fb76
Karacaköy TR 186 Ga77
Karacaköy TR 197 Fa91
Karacalar TR 191 Ed83
Karacalar TR 192 Fb83
Karacalar TR 199 Hb91
Karacaç TR 185 Ed78
Karacalı TR 186 Fa80
Karaçalı TR 187 Gc77
Karaçalı TR 192 Fb82
Karaçam TR 191 Ed83
Karaçam TR 198 Fc90
Karacaoğlan TR 185 Ec76
Karacaören TR 193 Gc86
Karacaören TR 193 Gc87
Karacaören TR 193 Gd82
Karacaören TR 193 Hb83
Karacaören TR 197 Fa88
Karacaören TR 198 Fb88
Karacaören TR 198 Fc91
Karacaören TR 199 Gb89
Karacaören TR 199 Gd89
Karacaşehir TR 193 Gc82
Karacaşehir TR 193 Gc84
Karacasu TR 187 Hb79
Karacasu TR 198 Fb88
Karaçepiş TR 191 Ed82
Karačev RUS 202 Ed12
Karácsond H 146 Jb52
Karaçulha TR 198 Fd92
Karaçulha TR 198 Ga91
Karadağ TR 198 Ga93
Karadat TR 193 Hb82
Karadayı TR 199 Gd91
Karadere TR 185 Ed74
Karadere TR 187 Gc78
Karadere TR 187 Gd79
Karadere TR 191 Ec82
Karadere TR 191 Ed84
Karadiken TR 187 Gc78
Karadiken TR 198 Fc90
Karadiken TR 199 Gd89
Karadirek TR 193 Gb86
Karadordevo SRB 153 Ja60
Karageorgievo BG 181 Ed72
Karagöl TR 198 Fc89
Karagöllü TR 186 Ga78
Karagöz TR 192 Fb82
Karahacılı TR 192 Ga87
Karahacılı TR 193 Gb87
Karahallı TR 192 Ga86
Karahamza TR 185 Ec75
Karahasantaşı TR 198 Ga91
Karahıdırlı TR 191 Ec84
Karahisar TR 185 Eb78
Karahisar TR 198 Fc89
Karahisargölcük TR 193 Ha81
Karahka FIN 74 Ka21
Karahka FIN 74 Kb23
Karahüyük TR 193 Ha86
Karahüyük TR 198 Fd89
Karainebeyli TR 185 Ea79
Karakadı TR 192 Ga81
Karakavur TR 187 Hb77
Karakaya TR 192 Fa82
Karakaya TR 192 Fa83
Karakaya TR 192 Fd87
Karakaya TR 193 Ha83
Karakaya TR 197 Ed89
Karakiraz TR 186 Fd77
Karakışla TR 199 Hb90
Karako H 145 Gd54
Karakoca TR 186 Fb80
Karakoçan TR 205 Ga20
Karakólithos GR 189 Bd85
Karaköse TR 193 Gb85
Karaköy TR 187 Hb80
Karaköy TR 191 Ec84
Karaköy TR 191 Ed86
Karaköy TR 192 Fa85
Karaköy TR 192 Fc81
Karaköy TR 197 Ed91
Karaköy TR 198 Fc89
Karaköy TR 199 Gb91
Karaköy TR 192 Fb85
Karakütük TR 199 Gd90
Karakuyu TR 191 Ec87
Karakuyu TR 199 Gc90
Karakuzu TR 191 Ec85
Karala EST 105 Jb46
Karalaks N 64 Jb08
Karališkiai LT 114 Ka57
Karališkiai LT 114 La56
Karalkreslis LT 114 Ka59
Karamanca TR 192 Fd84
Karamanci BG 184 Dc74
Karamandere TR 186 Fb76
Karamanlar TR 199 Hb92
Karamanlı TR 198 Ga89
Karamanovo BG 180 Dd69
Karamehmet TR 186 Fa76
Karamık TR 198 Ga92
Karamıkkaracaören TR 193 Gd86
Karamürsel TR 186 Ga79
Karamyševo RUS 107 Ma46
Karamyševo RUS 113 Jd59
Karancslapujtő H 146 Ja50
Karancsság H 146 Ja51
Karankamäki FIN 82 Kc27
Karanovo BG 180 Ea72
Karaoğlanlı TR 191 Ed85
Karaören TR 193 Gc83
Karaorman TR 192 Fb81
Karaot TR 199 Gc90
Karaova TR 197 Ed90
Karaöz TR 199 Gc93
Karapazar TR 193 Gc82
Karapelit BG 181 Fa69
Karapınar TR 192 Fb82
Karapınar TR 193 Ha85
Karapınar TR 199 Gb89
Karapınar TR 199 Gc89
Karapürçek TR 187 Gc79
Karapürçek TR 192 Fb81
Kararkút H 152 Ha57
Karasandıklı TR 193 Gb86
Kárášjohka N 64 Jc09
Karasjok N 64 Jc09
Karasu TR 187 Gd77
Karász H 152 Hb57
Karataş TR 192 Fb85
Karatas TR 199 Gc90
Karatepe TR 185 Ea80
Karatepe TR 193 Gd82
Karats S 72 Gd19
Karaurgan TR 205 Ga19
Karavas CY 206 Jb96
Karavás GR 195 Bd91
Karaveliler TR 191 Ec83
Karaveliler TR 199 Gc90
Karavelovo BG 180 Db72
Karavóstamo GR 196 Dd88
Karavostasi CY 206 Ja96
Karavostásis GR 196 Da91
Karavukovo SRB 153 Hd59
Karayakup TR 192 Fa85
Karayakuplu TR 186 Ga78
Karayayla TR 198 Fc89
Karayokuş TR 193 Ha85
Karbach D 134 Da45
Karbasan TR 192 Fd83
Karbasan TR 192 Ga87
Karben D 134 Cc43
Karbenning S 95 Ga41
Karbinci MK 183 Bd74
Kårböle S 87 Fd35
Karbowo PL 122 Hc33
Karbow-Vietlübbe D 119 Eb33
Karby DK 100 Da22
Karby S 96 Gd43
Karca TR 197 Fa90
Karcag H 146 Jc53
Karcsa H 147 Ka50
Karczew PL 130 Jc37
Karczmiska PL 131 Jd40
Karczmy PL 130 Hc39
Karczyn PL 129 Gc42
Kärda S 103 Fb51
Kardakáta GR 188 Ab84
Kardam BG 181 Fb69
Kardamás GR 188 Ad86
Kardámena GR 197 Ec91
Kardámila GR 191 Dd85
Kardamíli GR 194 Bb89
Kardašova Řečice CZ 136 Fc47
Kärde EST 98 La44
Kardis S 68 Jb17
Kardítsa GR 188 Bb81
Kärdla EST 97 Jc44
Kardos H 146 Jc55
Kărdžali BG 184 Dc75
Kareby S 102 Eb48
Karegasnjarga FIN 64 Jc09
Kårehamn S 103 Gb51
Kåremo S 103 Gb52
Karepa EST 98 La41
Karés GR 200 Cc95
Karesuando S 68 Hd13
Kärevere EST 98 Kd44
Kärevere EST 98 La45
Kärevete EST 98 Kd43
Kargalı TR 186 Ga78
Kargalı TR 193 Hb85
Kargalı TR 198 Ga90
Kargalıhanbaba TR 187 Gc78
Kargersee I 143 Dd56
Kargı TR 193 Hb81
Kargı TR 197 Fa89
Kargı TR 198 Fc91
Kargı TR 199 Gd90
Kargı TR 205 Fb20
Kargılı TR 192 Fd82
Kargılı TR 199 Gc91
Kargın TR 192 Fa85
Kargın TR 199 Gc90
Kargınkürü TR 198 Fc91
Kargów PL 130 Jc42
Kargowa PL 128 Ga38
Kārgula EST 107 Lb47
Karhe FIN 89 Jc35
Karhi FIN 81 Jc27
Karhila FIN 90 Ka32
Karhujärvi FIN 74 Kd18
Karhukangas FIN 82 Ka26
Karhula FIN 89 Jc38
Karhula FIN 90 La38
Karhunkylä FIN 89 Jd33
Karhunoja FIN 89 Jc38
Karhunpää FIN 83 Lb27
Karhusjärvi FIN 91 Lc36
Karhuvaara FIN 75 Kd22
Karhuvaara FIN 75 Lb24
Kari FIN 83 Lb28
Kariá GR 188 Ac83
Kariá GR 189 Bc86
Kariá GR 194 Bc87
Kariani GR 184 Cd78
Karidiá GR 183 Bc77
Karidohóri GR 184 Cc76
Kariés GR 182 Ba77
Kariés GR 184 Cd79
Kariés GR 194 Ba88
Kariés GR 194 Bc88
Karigasniemi FIN 64 Jc09
Karihaugen N 66 Ga14
Karijoki FIN 89 Ja33
Karilatsi EST 107 Lb46
Karinainen FIN 89 Jc38
Karıncalı TR 192 Fc81
Karine TR 197 Ec88
Käringön S 102 Ea47
Karinkanta FIN 74 Jd24
Kariótes GR 188 Ac83
Kariótissa GR 183 Bd77
Kariovoúni GR 194 Bc90
Karırçeşme TR 192 Fb81
Karis FIN 97 Jd40
Karise DK 109 Ec27
Karisjärvi FIN 98 Ka39
Káristos GR 195 Cd87
Karítena GR 194 Bb87
Karítsa GR 188 Bb83
Karja EST 97 Jc45
Karjaa FIN 97 Jd40
Karjala FIN 89 Jb38
Karjalaisenniemi FIN 75 Kd19

Karjalan – Kičenica

Karjalan FIN 89 Jb38
Karjalankylä FIN 74 Ka22
Karjalanvaara FIN 74 Kb19
Karjalohja FIN 97 Jd40
Karjatnurme EST 106 Kd47
Kärjenkoski FIN 89 Ja34
Kärjenniemi FIN 89 Jd36
Karjula FIN 89 Jd34
Karjulanmäki FIN 81 Jd28
Karkalou GR 194 Bb87
Karkažiškė LT 115 Lb57
Karkeamaa FIN 90 La33
Kärkelä FIN 97 Jd39
Karken D 125 Bb40
Kārķi LV 106 Kd47
Karkın TR 193 Ha82
Karkinágri GR 196 Dd88
Karkkäälä FIN 82 Kc31
Karkkila FIN 90 Ka38
Karkku FIN 89 Jc36
Karkkula FIN 90 Kc37
Karklampi FIN 90 Kb35
Kärklax FIN 81 Ja30
Karklėnai LT 113 Jd55
Karkliniai LV 114 Kb59
Kärkna EST 99 Lb45
Kärkölä FIN 90 Kb37
Kärkölä FIN 90 Ka38
Karksi EST 106 Kd46
Karksi-Nuia EST 106 Kd46
Karkučiai LT 114 Kd58
Kärla EST 105 Jc46
Karlanda S 94 Ec43
Karlbo S 95 Ga41
Karlby FIN 97 Hd41
Karleby FIN 81 Jb28
Karleby FIN 81 Jb28
Karleby S 102 Fa46
Karlewo PL 122 Hd35
Karl Gustav S 102 Ec50
Karlholmsbruk S 96 Gc39
Kärli LV 106 Kc51
Kārli LV 106 Kd49
Karlık TR 191 Ed81
Karlino PL 120 Ga31
Karlıova TR 205 Ga20
Karlivka UA 203 Fa14
Karlobag HR 151 Fc63
Karlovac HR 151 Ga60
Karlovássi GR 197 Eb88
Karlova Studánka CZ 137 Gd44
Karlovčić SRB 153 Jb61
Karlovice CZ 137 Gd44
Karlovka RUS 203 Ga11
Karlovo BG 180 Db72
Karlovy Vary CZ 135 Ec44
Karłów PL 137 Gb43
Karłowice PL 129 Gd42
Karlsbäck S 80 Gd28
Karlsbad D 133 Cb48
Karlsbad = Karlovy Vary CZ 135 Ec44
Karlsberg S 87 Fd36
Karlsberg S 103 Fb47
Karlsborg S 73 Jb21
Karlsborg S 103 Fc46
Karlsburg D 120 Fa31
Karlsby S 103 Fc46
Karlsfeld D 143 Dd50
Karlshagen D 120 Fa31
Karlshamn S 111 Fc54
Karlshuld D 135 Dd49
Karlskoga S 95 Fc43
Karlskrona S 111 Fd54
Karlslunda S 111 Ga53
Karlslunde Strand DK 109 Ec26
Karlsøy N 62 Ha08
Karlsruhe D 133 Cb47
Karlstad N 67 Gc11
Karlstad S 94 Fa43
Karlstadt D 134 Da44
Karlstein A 136 Fd48
Karlstift A 136 Fc49
Karlstorp S 103 Fd50
Karmacs H 145 Gd55
Karmannsbo S 95 Fd42
Karmas S 67 Gd17
Karmėlava LT 114 Kc57
Karmin PL 129 Gb38
Kärna FIN 81 Jc30
Kärnä FIN 82 Kb29
Kärna S 102 Eb48
Karnabrunn A 145 Gb50
Karnare BG 180 Db71
Kärne S 95 Fc43
Karnezéika GR 195 Ca88
Karnice PL 120 Fc31
Karniewo PL 122 Jb35
Karnjarga N 64 Jd07
Karnkowo PL 122 Hc35
Karnobat BG 181 Ec72
Karojba HR 151 Fa60
Karolewo PL 121 Ha33
Karonsbo S 80 Gd26
Karoševina SRB 159 Ja66
Karoussádes GR 182 Aa79
Karow D 119 Eb33
Karpacz PL 128 Ga42
Karpänkylä FIN 75 Lb20
Karpássi GR 184 Dc80
Karpbukt N 65 Kd07
Karpeníssi GR 188 Bb83
Karperí GR 183 Cb76
Karperö FIN 81 Hd30
Karperó GR 183 Bb79
Kárpi GR 183 Bd76
Karpicko PL 128 Ga37
Karpinvaara FIN 75 La24
Karpowicze PL 123 Kb32
Kärppälä FIN 89 Jc36
Kärppäsuo FIN 74 Ka22
Karpuzlu TR 197 Ed89
Kärra FIN 97 Jb40
Kärråkra S 102 Fa48
Kärrbäck S 95 Gb41
Kärrbackstrand S 86 Ed38
Kärrbo S 95 Fd42
Kärrbo S 95 Gb43
Karrebæksminde DK 109 Eb27
Karrsjö S 80 Gd29
Karsak TR 186 Fd80
Karsakiškis LT 114 Kc54
Kärsämä FIN 82 Ka25
Kärsämäki FIN 82 Kb27
Karsanlahti FIN 82 La28
Kārsava LV 107 Ld50
Karsbach D 134 Da44
Karsdorf D 127 Ea40
Karsibór PL 120 Fb32
Karsikas FIN 82 Ka27
Karsikko FIN 74 Jd22
Karsikkovaara FIN 82 Kd26
Karsin PL 121 Gd31
Karşıyaka TR 186 Fa79
Karsjö S 87 Ga36
Karskog FIN 98 Ka40
Kårsta S 96 Gd42
Karstädt D 119 Ea34
Kärstna EST 106 Kd46
Karstula FIN 82 Ka31
Karsun RUS 203 Fd10
Kartalkaya TR 187 Hb79
Kartalpınar TR 199 Gc89
Kartena LT 113 Jb54
Karterés GR 183 Cb77
Karterés GR 183 Cb77
Kartéri GR 188 Ac81
Kårtjevuolle sameviste S 67 Gc15
Kartno PL 120 Fc34
Karttiperä FIN 89 Jc34
Karttula FIN 82 Kd30
Kartuzy PL 121 Ha30
Käru EST 98 Ka45
Käru EST 98 Kc44
Karula EST 106 La47
Karulõpe EST 98 La41
Karuna FIN 97 Jc40
Karungi S 73 Jb20
Karunki FIN 74 Jc20
Karup DK 100 Db23
Karvala FIN 81 Jc30
Karvasalmi FIN 82 Kd29
Kärväskylä FIN 82 Kb29
Karvia FIN 89 Jb33
Karviankylä FIN 89 Jb33
Karvila FIN 91 Lc32
Karviná CZ 137 Hb45
Karvio FIN 83 Lb31
Karvoskylä FIN 82 Ka27
Karvys LT 114 La57
Karwia PL 112 Ha58
Karwica PL 122 Jc32
Karwin PL 120 Ga31
Karwowo-Wszebory PL 123 Jd33
Karyağmaz TR 192 Fc82
Karzec PL 129 Gc39
Kås DK 100 Dc20
Kaş TR 198 Ga93
Kåsa N 77 Dc32
Kasaba TR 198 Ga93
Kasaböle FIN 89 Hd34
Kasala FIN 89 Hd34
Kašalj SRB 178 Ba69
Kasapa SRB 153 Jb63
Kašary RUS 203 Fc14
Kascjukovičy BY 202 Ec12
Kascjukovka BY 202 Ec13
Kåseberga S 111 Fb57
Kasejovice CZ 136 Fa46
Kasendorf D 135 Dd44
Kasepää EST 99 Lb44
Kasfjord N 66 Ga12
Kaşıkçı TR 185 Ec77
Kaşıkçı TR 191 Ec84
Kaşıkçı TR 192 Fb84
Kaşıkçışeyhler TR 187 Gc79
Kasımlar TR 187 Gb80
Kasımlar TR 199 Ha89
Kasimov RUS 203 Fb10
Kašin RUS 202 Ed09
Kašina HR 152 Gb58
Kasina Wielka PL 138 Ja45
Kasiniemi FIN 90 Kb35
Kasinka Mała PL 138 Ja45
Kaširskoe RUS 113 Ja58
Kåskats S 73 Hb19
Kaskii FIN 91 Lb33
Kaskinen FIN 89 Hd33
Kaskö FIN 89 Hd33
Kas'kovo RUS 99 Ma40
Käsma FIN 75 La20
Käsmanlatva FIN 69 Kd17
Käsmu EST 98 Kd41
Kasnäs FIN 97 Jb41
Kåspakas GR 190 Db81
Kašperské Hory CZ 135 Ed47
Kaspičan BG 181 Ed70
Kassa S 68 Jb17
Kassari EST 97 Jd45
Kassari saar EST 97 Jd45
Kasseedorf D 119 Dd31
Kassel D 126 Da40
Kassiópi GR 182 Ab79
Kassjö S 80 Hb28
Kastamonu TR 205 Fa20
Kastanées GR 183 Ca76
Kastaneri GR 183 Bd76
Kastaniá GR 182 Ad78
Kastaniá GR 182 Ba80
Kastaniá GR 183 Bc78
Kastaniá GR 188 Bb82
Kastaniá GR 189 Bc83
Kastaniá GR 189 Bc86
Kastaniés GR 185 Eb75
Kastaniótissa GR 189 Ca83
Kastanítsa GR 194 Bc88
Kastanófito GR 182 Ba78
Kastav HR 151 Fb60
Kastel HR 150 Ed60
Kastéla GR 189 Cb85
Kaštela HR 158 Gb66
Kastelev DK 109 Eb28
Kastéli GR 201 Db96
Kastellaun D 133 Ca44
Kastélli GR 189 Bc84
Kastelruth I 143 Dd56
Kastelyosdombó H 152 Ha58
Kaštel Žegarski HR 157 Ga64
Kasterlee B 124 Ad39
Kastl D 143 Ec51
Kastlösa S 111 Gb53
Kastneshamn N 67 Gb12
Kastoriá GR 182 Ba77
Kastós GR 188 Ad84
Kastráki GR 189 Bd86
Kastraki GR 196 Db90
Kastre EST 99 Lb45
Kastrí GR 182 Ac80
Kastrí GR 189 Bd81
Kastrí GR 194 Bc88
Kastrí GR 200 Cb97
Kastria GR 188 Bb86
Kastritsa GR 182 Ad80
Kástro GR 188 Ad86
Kástro GR 189 Ca85
Kástro GR 196 Da90
Kastrosikiá GR 188 Ac82
Kastrup DK 109 Eb28
Kašučiai LT 113 Jb54
Kasukkala FIN 91 Lc36
Kaszaper H 147 Jd56
Kasztanowo PL 122 Hd31
Kaszyce PL 129 Gc40
Katafigio GR 183 Bc79
Katáfito GR 184 Cc76
Katahás GR 183 Bd78
Katajamäki FIN 83 Lb28
Katajamäki FIN 90 La32
Katákolo GR 194 Ad87
Kataliden S 72 Gc23
Kataloinen FIN 90 Kb37
Katalónia GR 183 Bd78
Kätänjoki FIN 81 Jc31
Katápola GR 196 Dc91
Kataselet S 73 Hb23
Katastári GR 188 Ac86
Katauskiai LT 114 Ka55
Kåtaviken S 71 Fc21
Katęczyn PL 122 Jb32
Katerini GR 183 Bd79
Katerma FIN 83 Lb26
Katesbridge GB 9 Da18
Katheni GR 189 Cc85
Kathikas CY 206 Hd97
Katići SRB 178 Ad67
Kåtilla S 87 Fb37
Katina BG 179 Cc71
Katinac HR 152 Gd59
Katinhänta FIN 89 Ja38
Kätkäsuvanto FIN 68 Ja14
Kätkävaara FIN 74 Jd20
Kåtkesuando S 68 Ja14
Katko FIN 89 Jb34
Katlanovska Banja MK 178 Bc73
Katlenburg-Lindau D 126 Db39
Katleši LV 107 Ld48
Káto Ahaia GR 188 Ba85
Káto Alepohóri GR 189 Ca86
Káto Almirí GR 195 Ca87
Káto Asites GR 200 Da96
Káto Asséa GR 194 Bc88
KatoDeftera CY 206 Jb97
Káto Dikomo CY 206 Jb96
Káto Dolianá GR 195 Bd88
Káto Figália GR 194 Ba88
Káto Gialia CY 206 Hd97
Káto Glikóvrisi GR 195 Bd90
Katohí GR 188 Ba84
Káto Horió GR 201 Dc96
Káto Hrisovitsa GR 188 Bb84
Káto Kastaniá GR 195 Bd91
Káto Kastrítsi GR 188 Bb85
Katokopia CY 206 Ja96
Kato Koutrafas CY 206 Ja97
Káto Lapsísta GR 182 Ad80
Káto Makrinoú GR 188 Ba84
Káto Meriá GR 195 Cd88
Kato Moni CY 206 Jb97
Káto Mousounítsa GR 189 Bc84
Káto Nevrokópi GR 184 Cd76
Kato Polemidia CY 206 Ja98
Kato Pyrgos CY 206 Ja96
Káto Samikó GR 194 Ba87
Káto Sotiritsa GR 189 Ca81
Káto Soúnio GR 195 Cc88
Katosranta FIN 75 La21
Káto Tarsós GR 189 Bc86
Káto Theodoráki GR 183 Cb76
Káto Tritos GR 191 Ea83
Katoúna GR 188 Ad83
Káto Vérmio GR 183 Bc78
Káto Vlassia GR 188 Bb86
Kátó Vrontoú GR 184 Cc76
Katowice PL 138 Hc44
Káto Zákros GR 201 Dd96
Katriņa LV 106 La50
Katrineholm S 95 Ga45
Katsarós GR 194 Bb88
Katsch an der Mur A 144 Fb54
Katsikás GR 182 Ad80
Katsimbalis GR 194 Bb88
Kattarp S 110 Ed54
Kattavía GR 197 Ed94
Kättbo S 87 Fb38
Kattelus FIN 89 Jd32
Katterat N 67 Gc13
Katterjåkk S 67 Gc13
Katthammarsvik S 104 Ha50
Kattilainen FIN 91 Lb38
Kattilakoski FIN 81 Jc29
Kattilasaari S 73 Jb21
Kattisavan S 80 Gc25
Kattisberg S 80 Ha25
Kattlunds S 104 Ha51
Kattowitz = Katowice PL 138 Hc44
Kattuvuoma S 67 Ha14
Katunci BG 184 Cc75
Katund i Ri AL 182 Ab74
Katunica BG 180 Db73
Katusice CZ 136 Fc43
Katvari LV 106 Kc48
Katwijk aan Zee NL 116 Ad36
Kąty PL 123 Jd33
Katy PL 131 Ka42
Katyčiai LT 113 Jc56
Katymár H 153 Hd58
Kąty Rybackie PL 122 Hc30
Katy Wrocławskie PL 129 Gc41
Katzenelnbogen D 133 Cb43
Katzhütte D 135 Dd43
Kaub D 133 Ca44
Kaufbeuren D 142 Db51
Kaufering D 142 Dc51
Kaufungen D 126 Da40
Kauhajärvi FIN 81 Jc30
Kauhajärvi FIN 89 Jb33
Kauhajoki FIN 89 Ja33
Kauhanoja FIN 89 Jc38
Kauhava FIN 81 Jb30
Kauhee FIN 83 Ld29
Kauk- FIN 98 Kb40
Kaukalampi FIN 90 Kc38
Kaukas FIN 90 Kb38
Kaukassalo FIN 97 Jc40
Kaukela FIN 90 Kb35
Kauklainen FIN 89 Ja37
Kaukola FIN 97 Jd39
Kaukolikai LT 113 Jc53
Kaukonen FIN 68 Jc16
Kauksi EST 99 Lb43
Kaukuri FIN 97 Jd40
Kaulaci LV 105 Jd51
Kaulakiai LT 114 Ka56
Kaulinranta FIN 73 Jb19
Kaulio FIN 90 La36
Kaunas LT 114 Kc57
Kaunata LV 107 Ld52
Kaunatava LT 113 Jd54
Kauniainen FIN 98 Kb39
Kaunisjoensuu S 68 Jb16
Kaunisvaara S 68 Ja16
Kaunitz D 126 Cc38
Kaupanger N 84 Cd37
Kauppila FIN 90 Kd32
Kauppilanmäki FIN 82 Kd27
Kaupuži LV 107 Ld50
Kaurajärvi FIN 81 Jb30
Kauria FIN 90 La35
Kaurissalo FIN 97 Ja39
Kauronkylä FIN 83 Lc25
Kauša LV 107 Lc52
Kausala FIN 90 Kd37
Kausen D 125 Cb41
Kausland N 84 Bd39
Kaustajärvi FIN 83 Ma31
Kaustari FIN 81 Jd28
Kaustinen FIN 81 Jc29
Kautokeino N 68 Hd11
Kauttua FIN 89 Jb37
Kautzen A 136 Fd48
Kauvatsa FIN 89 Jb36
Káva H 146 Ja53
Kavacık TR 185 Eb77
Kavacık TR 192 Fb82
Kavacık TR 193 Gc81
Kavacık TR 199 Gb88
Kavadarci MK 183 Bd75
Kavajë AL 182 Ab75
Kavak TR 205 Fc20
Kavakakarası TR 198 Fc91
Kavakçalı TR 198 Fb90
Kavakdere TR 185 Ed75
Kavakdere TR 191 Eb87
Kavakköy TR 185 Ec79
Kavakköy TR 193 Hb81
Kavaklı TR 185 Eb77
Kavaklı TR 185 Ec75
Kavaklı TR 186 Fb77
Kavaklı TR 186 Fc78
Kavaklı TR 186 Ga80
Kavaklı TR 192 Ga81
Kavaklı TR 198 Fb88
Kavaklıdere TR 198 Fb89
Kavala FIN 90 Ka34
Kavála GR 184 Da77
Kavarna BG 181 Fb70
Kavarskas LT 114 Kd55
Kavelstorf D 119 Eb31
Kåvenvallen S 86 Ed33
Kavgacılar TR 199 Gd91
Kavlac BG 180 Ea70
Kävlinge S 110 Ed55
Kavos GR 188 Ab81
Kavoúsi GR 201 Dc96
Kavşıt TR 197 Fa88
Kavslunde DK 108 Db26
Kawęczyn PL 129 Hb38
Kawice PL 129 Gb40
Kaxås S 79 Fb30
Kaxholmen S 103 Fb48
Kayaağıl TR 192 Fd85
Kayabaşı TR 186 Fc77
Kayabaşı TR 192 Fb81
Kayabaşı TR 197 Ed89
Kayabaşı TR 198 Fd92
Kayabaşı TR 198 Ga91
Kayabaşı TR 199 Ha89
Kayabükü TR 193 Hb81
Kayabükü TR 197 Ed89
Kayacık TR 186 Fd80
Kayacık TR 192 Fa84
Kayacık TR 198 Fc91
Kayadibi TR 191 Ec85
Kayayşık TR 192 Fc84
Kayakalan TR 192 Fa85
Kayakent TR 193 Hb83
Kayaköy TR 191 Ed87
Kayaköy TR 198 Fc92
Kayalar TR 191 Ed81
Kayalar TR 199 Ha89
Kayalı TR 185 Ec75
Kayalı TR 192 Fc86
Kayalı TR 199 Gb90
Kayalıdere TR 192 Fc83
Kayalıoğlu TR 191 Ed84
Kayapa TR 185 Eb75
Kayapa TR 186 Fc80
Kayapa TR 191 Ed82
Kayapınar TR 191 Ea85
Kayapınar TR 191 Ed81
Kayapınar TR 198 Fc89
Kayı TR 185 Ed77
Kayı TR 193 Gd83
Kayı TR 193 Ha81
Kayıköy TR 199 Gc88
Kayış TR 199 Gc89
Kayışlar TR 191 Ed84
Käylä FIN 74 La18
Käymäjärvi S 68 Ja16
Kaymakçı TR 192 Fa87
Kaymakoba TR 186 Fc80
Kaymaz TR 187 Gb78
Kaymaz TR 193 Ha83
Kayna D 127 Eb41
Kaynaklar TR 191 Ec86
Kaynarca TR 187 Gc78
Kaynaşlı TR 187 Ha78
Käyppälä FIN 81 Ja31
Käyrämö FIN 69 Ka17
Kayran TR 192 Fb87
Kaysersberg F 31 Kb38
Kazačka RUS 203 Fc12
Kazan' RUS 203 Fd08
Kažani MK 182 Ba76
Kazanka UA 204 Ed16
Kazanlăk BG 180 Dd72
Kazanów PL 130 Jc40
Kazanskaja RUS 203 Fc13
Kazdanga LV 105 Jb52
Kazičene BG 179 Cc71
Kazıklı TR 186 Fd80
Kazimierza Wielka PL 138 Jb43
Kazimierz Biskupi PL 129 Ha37
Kazimierz Dolny PL 131 Jd40
Kazimierzewo PL 121 Hb35
Kazimierzewo PL 122 Hc30
Kazımpaşa TR 187 Gc78
Kazincbarcika H 146 Jc50
Kazitiškis LT 115 Lb55
Kazivera CY 206 Ja96
Kazliškis LT 114 La53
Kazlų Rūda LV 114 Kb58
Kaźmierz PL 129 Gb36
Kaznějov CZ 135 Ed45
Kcynia PL 121 Gd35
Kdyně CZ 135 Ec47
Keadew IRL 8 Ca18
Keady GB 9 Cd18
Keal GB 17 Fd22
Kealkil IRL 12 Bb26
Keava EST 98 Kc44
Keb RUS 107 Ma46
Kecel H 146 Hd56
Kecerovce SK 139 Jd48
Keçiborlu TR 199 Gc88
Keçidere TR 192 Fb82
Keçiler TR 193 Gb84
Kecskemét H 146 Ja55
Kėdainiai LT 114 Kc56
Kédros GR 189 Bc82
Kędrzyno PL 120 Fd31
Kędzierzyn-Koźle PL 137 Ha43
Keeagh IRL 12 Bc21
Keeken D 125 Bc37
Keel IRL 8 Bb18
Keelby GB 17 Fc21
Keeni EST 106 La47
Kefalári GR 189 Bc86
Kéfalos GR 197 Eb91
Kefalóvrisso GR 183 Bc80
Kefenrod D 134 Cd43
Kefermarkt A 144 Fb50
Kefferhausen D 126 Db40
Kefken TR 187 Gb77
Keflavík IS 2 Ab04
Ķegums LV 106 Kc51
Kegworth GB 16 Fa23
Kehidakustány H 145 Gd55
Kehl D 133 Ca49
Kehra EST 98 Kc42
Kehrigk D 128 Fa37
Kehrókambos GR 184 Da76
Kehtna EST 98 Kc44
Keighley GB 16 Ed20
Keihärinkoski FIN 82 Kb30
Keihäskoski FIN 89 Jb38
Keihäsniemi FIN 90 Kb34
Keikyä FIN 89 Jb36
Keila EST 98 Kb42
Keila-Joa EST 98 Kb42
Keillmore GB 6 Db13
Keimola FIN 98 Kb39
Keinäsperä FIN 75 Kc23
Keinojärvi FIN 65 Kb10
Keino sameviste S 67 Gd17
Keinovuopio S 67 Hb12
Keinton Mandeville GB 19 Eb29
Ķeipene LV 106 Kd50
Keisala FIN 81 Jd31
Keistiö FIN 97 Ja40
Keitele FIN 82 Kc29
Keitelepohja FIN 82 Kb29
Keith GB 7 Ec08
Keitjärvi FIN 90 La37
Keituri FIN 90 Kc37
Ķekava LV 106 Kb51
Kéked H 139 Jd49
Kekkilä FIN 82 Kb31
Kekkonen FIN 89 Jd34
Kelankylä FIN 74 Kb21
Kelberg D 133 Bd43
Kelbra D 127 Dd40
Kelč CZ 137 Ha46
Kelchsau A 143 Ea53
Këlcyrë AL 182 Ac78
Keld GB 11 Ed18
Keldbylille DK 109 Ec28
Keldernæs DK 109 Ea28
Keldinge FIN 97 Jb40
Kelebija SRB 153 Ja57
Keléd H 145 Gd54
Kelekcı TR 198 Fd90
Kelemér H 146 Jb50
Keler TR 191 Ec87
Keles TR 192 Fd81
Kelheim D 135 Ea48
Kéli GR 183 Bb77
Kelionkangas FIN 90 Kb33
Kelkheim D 134 Cc44
Kelkit TR 205 Fd20
Kelkkala FIN 97 Jd40
Kellahti FIN 89 Ja35
Kellaki CY 206 Jb97
Kellenhusen D 119 Dd30
Kellerberg A 144 Fa56
Kellia CY 206 Jc97
Kelling GB 17 Gb23
Kellinghusen D 118 Db31
Kello FIN 74 Ka23
Kellokoski FIN 90 Kb38
Kelloniemi FIN 74 Kc18
Kellosalmi FIN 90 Kb35
Kelloselkä FIN 69 Kd17
Kells IRL 9 Cc20
Kells IRL 12 Ba25
Kellybray GB 18 Dc31
Kelmė LT 114 Ka55
Kelmis B 125 Bb41
Kelokedara CY 206 Hd98
Kelontekemä FIN 69 Jd15
Kelottijärvi FIN 68 Hc13
Kelovaara FIN 68 Ja14
Kelsale GB 21 Gb25
Kelsall GB 15 Ec22
Kelso GB 11 Ec14
Kelstrup DK 108 Db27
Keltakangas FIN 90 La37
Keltaniemi FIN 90 Kc36
Keltiäinen FIN 89 Jd38
Keltti FIN 90 Kd37
Kelty GB 7 Eb12
Kelujärvi FIN 69 Ka15
Kelvä FIN 83 Ld29
Kelvedon GB 21 Ga27
Kemah TR 205 Fd20
Kemaliye TR 187 Gb79
Kemaliye TR 192 Fb86
Kemaller TR 185 Ed77
Kemaller TR 187 Gc79
Kemallı TR 191 Ea81
Kemalpaşa TR 191 Ec86
Kemalpaşa TR 205 Ga18
Ķemari LV 106 Kb48
Kematen A 144 Fc51
Kemberg D 127 Ec39
Kemble GB 20 Ed27
Kemecse H 147 Ka50
Kemence H 146 Hc51
Kemeneshőgyész H 145 Gd53
Kemer TR 185 Ec79
Kemer TR 192 Fa85
Kemer TR 198 Ga93
Kemer TR 199 Gb89
Kemer TR 199 Gc92
Kemerburgaz TR 186 Fc77
Kemerdamları TR 192 Fa85
Kemerdamları TR 193 Gd87
Kemerkasım TR 187 Ha78
Kémes H 152 Hb58
Kemeten A 145 Gb54
Kemi FIN 74 Jc21
Kemie FIN 83 Ma31
Kemihaara FIN 69 Kc13
Kemijärvi FIN 74 Kb18
Kemiklidere TR 191 Ed85
Kemilä FIN 75 La20
Keminmaa FIN 74 Jc21
Keminperä FIN 75 La21
Kemiö FIN 97 Jc40
Kemlja RUS 203 Fc10
Kemmel B 21 Ha30
Kemnath D 135 Ea45
Kemnay GB 7 Ed09
Kemnitz D 120 Fa31
Kemnitz D 127 Ed37
Kempele FIN 74 Ka24
Kempen D 125 Bc39
Kempenich D 125 Bd42
Kempsey GB 15 Ec26
Kempston GB 20 Fc26
Kempten CH 142 Cc53
Kempten D 142 Db52
Kemtau D 127 Ec42
Kena LT 115 Lb58
Kendal GB 11 Ec18
Kenderes H 146 Jc53
Kendice SK 139 Jd48
Kéndro GR 188 Ba86
Kéndro GR 194 Bb89
Kenestupa FIN 64 Jd08
Kenfig GB 19 Dd28
Kenger TR 197 Fa88
Kengis S 68 Ja17
Kengyel H 146 Jb54
Kenilworth GB 20 Fa25
Kenknock GB 7 Dd11
Kenmare IRL 12 Bb25
Neidín IRL 12 Bb25
Kenmore GB 7 Ea11
Kenn GB 19 Ea31
Kennää FIN 82 Kb30
Kennacraig GB 6 Db13
Kenninghall GB 21 Ga25
Kenraalinkylä FIN 83 Ma31
Kentisbury Ford GB 19 Dd29
Kentmere GB 11 Ec18
Kentrikó GR 183 Ca76
Kéntro GR 183 Bb79
Kenttan N 64 Jc09
Kenyeri H 145 Gd53
Kenzingen D 141 Ca50
Kepaliai LT 114 Kb53
Kepekler TR 192 Fb82
Kepen TR 193 Ha83
Kepenekli TR 185 Ed77
Kepezbeleni TR 199 Hb91
Kępice PL 121 Gc30
Kępno PL 129 Ha40
Kepsut TR 192 Fa82
Kerälä FIN 82 Ka25
Keramídi GR 189 Ca81
Kéramos GR 191 Dd85
Keramotí GR 184 Db77
Keränen FIN 75 Kd19
Keräntöjärvi S 68 Ja15
Kerasohóri GR 188 Bb82
Kerasóna GR 188 Ad81
Keräs-Sieppi FIN 68 Jb14
Kerássovo GR 182 Ac79
Keratea GR 195 Cc87
Keratókambos GR 201 Db96
Kerauzern F 26 Ea37
Kerava FIN 98 Kb39
Keravere EST 98 Ka44
Kerbanlar TR 187 Hb80
Kerč UA 205 Fb17
Kerecsend H 146 Jb52
Kereka BG 180 Dd70
Kerekegyháza H 146 Ja55
Kereki H 145 Ha55
Keremköy TR 191 Eb83
Kerepestarcsa H 146 Hd52
Kergrist-Moëlou F 26 Ea38
Kergu EST 98 Kc45
Keri GR 188 Ac86
Kérien F 26 Ea38
Kerimäki FIN 91 Ld33
Kerimler TR 192 Fc87
Keriniemi FIN 91 Lb34
Kerisalo FIN 91 Lb32
Kérity F 27 Dc40
Kerkafavla H 145 Gb55
Kerken D 125 Bc39
Kerkini GR 183 Cb76
Kerkíra GR 182 Ab80
Kerkkoo FIN 90 Kc38
Kerklini LV 105 Jd52
Kerko FIN 90 Kc38
Kerkola FIN 89 Jd38
Kerkonkoski FIN 82 Kc31
Kerkow D 120 Fb34
Kerkrade NL 125 Bb41
Kerma FIN 83 Lc31
Kermen BG 180 Ea72
Kernascléden F 27 Ea39
Kernavė LT 114 Kd57
Kernhof A 144 Fd52
Kernovo RUS 99 Ld40
Kerns CH 141 Ca54
Kernu EST 98 Kb43
Kéros GR 196 Dc90
Kerpe TR 187 Gb77
Kerpen D 125 Bc41
Kerpen (Eifel) D 133 Bc43
Kerpiçlik TR 191 Ed86
Kerpiçlik TR 192 Fc84
Kerpini GR 188 Bb86
Kerry GB 15 Eb24
Kersalu EST 98 Ka42
Kersilö FIN 69 Ka15
Kersleti EST 97 Jd44
Kerstovo RUS 99 Ld41
Kerstovo RUS 99 Ld41
Kerteminde DK 109 Dd26
Kertészsziget H 147 Jd54
Kértezi GR 188 Bb86
Kerthpulë AL 163 Jb71
Kertil TR 192 Fa83
Kerttuankylä FIN 81 Jc29
Keryneia CY 206 Jb96
Kerzers CH 141 Bc54
Kesälahti FIN 91 Ld33
Kesämäki FIN 82 La29
Keşan TR 185 Eb78
Kesäpuro FIN 64 Ka07
Kesarevo BG 180 Ea70
Kesasjärv S 73 Hd20
Kesčiai LT 113 Jd56
Kesecik TR 199 Hb89
Keselyüs H 153 Hc57
Kesenler TR 193 Gc83
Kesh GB 9 Cb17
Kesh IRL 8 Ca18
Keshcarigan IRL 8 Ca19
Kesik TR 191 Eb85
Keskijärvi FIN 83 Ld30
Keskikylä FIN 74 Ka22
Keskikylä FIN 74 Jd24
Keskikylä FIN 74 Ka24
Keskikylä FIN 81 Jd31
Keskikylä FIN 81 Jd26
Keskikylä FIN 89 Jb33
Keskikylä FIN 91 Lb33
Keskin TR 193 Gc81
Keskinen FIN 75 Lb24
Keski-Nurmo FIN 81 Jb31
Keski-Palokka FIN 90 Kb32
Keskipiiri FIN 74 Ka24
Keskisaari FIN 91 Lb32
Keski-Valli FIN 89 Jb32
Keski-Vuokko FIN 83 Lb28
Kesme TR 199 Ha89
Kesnacken S 94 Ec44
Kęsowo PL 121 Gd33
Kessel NL 125 Bc39
Kesselfall A 143 Ec54
Kesselinkylä FIN 83 Lc26
Kesselsdorf D 128 Fa41
Kessingland GB 21 Gc25
Kessock GB 7 Ea08
Kestad S 102 Fa46
Kestanelik TR 186 Fb77
Kestanepınarı TR 187 Gd78
Kestel TR 192 Fd84
Ķesterciems LV 106 Ka50
Kesteren NL 125 Bb37
Kesteri LV 113 Jb53
Kesti FIN 89 Ja32
Kestilä FIN 74 Jd23
Kestilä FIN 82 Kb26
Kesusmaa FIN 91 Ld33
Keswick GB 11 Eb17
Keszthely H 145 Gd55
Ketčenery RUS 203 Ga14
Kétegyháza H 147 Jd56
Ketelhaven NL 117 Bc35
Ketendere TR 192 Fb87
Ketenova TR 192 Fb87
Kéthely H 145 Gd56
Ketola FIN 74 Kb18
Ketomella FIN 68 Jb13
Kétpó H 146 Jc54
Keträvaara FIN 75 La22
Kętrzyn PL 122 Jc30
Ketsch D 134 Cc46
Kettenkamp D 117 Cb35
Kettering GB 20 Fb25
Kettilsbyn S 94 Ed44
Kettinge DK 109 Eb29
Kettletoft GB 5 Ed02
Kettlewell GB 11 Ed19
Kéttornyúlak H 145 Gd54
Kettula FIN 97 Jd39
Ketünai LT 113 Jc53
Keturkaimis LT 114 Ka58
Keturvalakiai LV 114 Kb59
Kéty H 146 Hc56
Kęty PL 138 Hd45
Ketzin D 127 Ec36
Ketzür D 127 Ec36
Keula D 126 Dc40
Keula D 126 Dc40
Keuruu FIN 90 Ka33
Keväjärvi FIN 69 Kb11
Kevastu EST 99 Lb45
Kevelaer D 125 Bc38
Kevele LV 105 Jd52
Kevermes H 147 Jd56
Kevi SRB 153 Jb58
Kewstoke GB 19 Eb28
Kexby GB 16 Fb22
Keynsham GB 19 Ec28
Keyritty FIN 82 La28
Keyston GB 20 Fc25
Keyworth GB 16 Fb23
Kežmarok SK 138 Jb47
Kiaby S 111 Fb54
Kiados CY 206 Jc96
Kiannanniemi FIN 75 La22
Kiáto GR 189 Bd86
Kiaunoriai LT 114 Ka55
Kibæk DK 108 Da24
Kiberg N 62 Gc09
Kiberg N 65 Kd05
Kıbrıscık TR 187 Hb80
Kiburi LV 113 Jb53
Kiby N 65 Kc06
Kibyšiai LT 123 Kc30
Kičenica BG 180 Eb69

Kičevo – Klenovec

Kičevo BG 181 Fa70
Kičevo MK 182 Ba74
Kiçir TR 192 Fc83
Kidderminster GB 15 Ec25
Kidekša RUS 203 Fa09
Kidelv N 63 Hd08
Kidričevo SLO 151 Ga57
Kidsgrove GB 15 Ec23
Kiduliai LT 114 Ka57
Kidwelly GB 18 Dc27
Kiefersfelden D 143 Eb52
Kiekinkoski FIN 83 Ld26
Kiekrz PL 129 Gc36
Kieksiäisvaara S 68 Jb17
Kiel D 118 Dc30
Kielajoki FIN 64 Jd09
Kielce PL 130 Jb41
Kielcza PL 137 Hb43
Kiełczygłów PL 130 Hc40
Kielder GB 11 Ec15
Kielkenes N 84 Ca34
Kiełpiny PL 122 Hd33
Kiemėnai LT 114 Kc53
Kiemunkivaara FIN 69 Kb17
Kienberg A 144 Fd51
Kienberg D 143 Eb51
Kienes LV 106 Kd49
Kiental CH 141 Bd55
Kierinki FIN 69 Jd16
Kiernozia PL 130 Hd37
Kierspe D 125 Ca40
Kiesen CH 141 Bd54
Kiesilä FIN 90 La35
Kiesimä FIN 82 Kc31
Kietävälä FIN 91 Lb35
Kietävälä FIN 91 Lb34
Kietrz PL 137 Ha44
Kietz D 128 Fc36
Kiewłaki PL 123 Ka34
Kifino Selo BIH 158 Hb67
Kifissiá GR 189 Cc86
Kifjord N 64 Jd04
Kığı TR 205 Ga20
Kigyósgárgyán H 146 Ja56
Kihelkonna EST 105 Jb46
Kihlanki FIN 68 Ja15
Kihlanki S 68 Ja16
Kihlepa EST 106 Kb46
Kihlevere EST 98 Kd42
Kihniä FIN 89 Jc32
Kihniö FIN 89 Jc33
Kihniön asema FIN 89 Jc33
Kıhra TR 192 Fb84
Kiideva EST 98 Ka44
Kiihtelysvaara FIN 83 Ma30
Kiikala FIN 97 Jd39
Kiikka FIN 89 Jc36
Kiikla EST 99 Lb42
Kiikoinen FIN 89 Jb36
Kiilholma FIN 89 Ja35
Kiimajärvi FIN 89 Jb36
Kiiminki FIN 74 Ka23
Kiipu FIN 89 Jd38
Kiisa EST 98 Kb43
Kiiskilä FIN 81 Jd28
Kiistala FIN 68 Jc14
Kiiu EST 98 Kc42
Kije PL 130 Jb42
Kijevo BIH 159 Hc65
Kijevo HR 158 Gb65
Kijevo KSV 178 Ba71
Kijewo PL 123 Ka31
Kijewo Królewskie PL 121 Ha34
Kijowiec PL 129 Ha36
Kijowiec PL 131 Kc37
Kikerino RUS 99 Mb41
Kikersy RUS 99 Ld41
Kikinda SRB 153 Jc58
Kiknur RUS 203 Fc08
Kikoř PL 122 Hc35
Kikorze PL 120 Fc33
Ķikuri LV 105 Jb51
Kil N 93 Db45
Kil S 94 Fa43
Kil S 95 Fc43
Kila S 94 Ed44
Kila S 95 Gb42
Kiláda GR 189 Bc81
Kiláda GR 195 Ca88
Kilafors S 87 Gb37
Kilan N 78 Eb26
Kilanda S 102 Ec48
Kilás GR 183 Bc78
Kılavuzlar TR 199 Gb90
Kilb A 144 Fd51
Kilbaha IRL 12 Ba23
Kilbarry IRL 12 Bc26
Kilbeheny IRL 12 Bd24
Kilberry GB 6 Db13
Kilberry IRL 13 Cc22
Kilbirnie GB 10 Dd13
Kilboghamn N 70 Fa20
Kilbotn N 66 Ga12
Kilbreedy IRL 12 Bc23
Kilbride IRL 13 Cd22
Kilbride IRL 13 Cd23
Kilbrien IRL 13 Ca25
Kilcanlar TR 192 Fa85
Kilcar IRL 8 Ca16
Kilcarn IRL 9 Cd20
Kilchattan GB 6 Dc13
Kilchberg CH 141 Cb53
Kilchoan GB 6 Da10
Kilchoman GB 6 Da13
Kilchreest IRL 12 Bd21
Kilchrenan GB 6 Dc11
Kılcılan TR 192 Fa83
Kilclonfert IRL 13 Cb21
Kilcock IRL 13 Cd21
Kilcolgan IRL 12 Bd21
Kilcoo GB 9 Da18
Kilcormac IRL 13 Cb21
Kilcullen IRL 13 Cc22
Kilcummin IRL 8 Bc17
Kilcummin IRL 12 Ba24
Kilcurry IRL 9 Cd19
Kildal N 63 Hb09
Kildare IRL 13 Cc22
Kildavanan GB 6 Dc13
Kildavin IRL 13 Cc23
Kildebrønde DK 109 Ec26
Kildermmorie Lodge GB 4 Dd07
Kildonan GB 10 Dc14
Kildonan Lodge GB 5 Ea05
Kildorrery IRL 12 Bd24
Kildress GB 9 Cd17
Kildrum GB 9 Da16
Kildrummy GB 7 Ec09
Kile S 94 Ea45
Kilebygd N 93 Dc44
Kilefjorden N 92 Cd46
Kilegrend N 93 Da44
Kilen N 93 Db43
Kilfeakle IRL 13 Ca24
Kilgarvan IRL 12 Bb25
Kilgi EST 106 Ka46
Kilglass IRL 13 Ca21
Kilgobnet IRL 12 Ba25
Kilham GB 11 Ed14
Kilham GB 17 Fc19
Kılıç TR 186 Fd79
Kiliç TR 199 Gc88
Kılıçlı TR 198 Ga93
Kılıçyaka TR 193 Gd86
Kilifarevo BG 180 Dd71
Kilija UA 204 Ec18
Kilimán H 145 Gd56
Kilimli TR 187 Hb76
Kilingi-Nõmme EST 106 Kc46
Kilini GR 188 Ad86
Kilitbahir TR 185 Ea80
Kilkcowan GB 10 Dd16
Kilkeary IRL 13 Ca23
Kilkee IRL 12 Bb23
Kilkeel GB 9 Da19
Kilkenny IRL 13 Cb23
Kilkhampton GB 18 Dc30
Kilkieran IRL 8 Bb20
Kilkieran IRL 12 Bb21
Kilkinkylä FIN 90 Kd34
Kilkis GR 183 Ca76
Kilkishen IRL 12 Bd22
Kill IRL 13 Cb25
Kill IRL 13 Cd21
Killadeas GB 9 Cb17
Killadysert IRL 12 Bc23
Killagan Bridge GB 9 Da16
Killakee IRL 13 Cd22
Killala IRL 8 Bc18
Killaloe IRL 12 Bd23
Killamery IRL 13 Cb24
Killanena IRL 12 Bd22
Killarga IRL 8 Ca18
Killarney IRL 12 Bb25
Killashandra IRL 9 Cb19
Killbeggan IRL 13 Cb21
Killderry IRL 13 Cb23
Killea IRL 9 Cc16
Killea IRL 13 Ca23
Killeagh IRL 13 Ca25
Killeany IRL 12 Bb21
Killearn GB 7 Dd12
Killeberg S 111 Fb53
Killeen IRL 12 Bd22
Killeigh IRL 13 Cb21
Killen GB 9 Cb17
Killeter GB 9 Cb17
Killiecrankie GB 7 Ea10
Killik TR 192 Fc81
Killik TR 199 Gc90
Killimor IRL 13 Ca21
Killin GB 7 Dd11
Killinge S 67 Hb16
Killinkoski FIN 89 Jd32
Killkelly IRL 8 Bd19
Killmuckridge IRL 13 Cd24
Killorglin IRL 12 Ba25
Killough IRL 13 Cd22
Killukin IRL 8 Ca19
Killurin IRL 13 Cc24
Killybegs IRL 8 Ca16
Killyleagh GB 10 Db18
Kilmacrenan IRL 9 Cb15
Kilmacthomas IRL 13 Cb25
Kilmaganny IRL 13 Cb24
Kilmaine IRL 8 Bc20
Kilmaley IRL 12 Bc22
Kilmallock IRL 12 Bd24
Kilmanagh IRL 13 Cb23
Kilmarnock GB 10 Dd14
Kilmartin GB 6 Db12
Kilmeadan IRL 13 Cb25
Kilmeelickin IRL 8 Bb20
Kilmessan IRL 9 Cd20
Kilmichael IRL 12 Ad26
Kilmichael IRL 12 Bc26
Kilmington GB 19 Eb30
Kilmona IRL 12 Bd25
Kilmoon IRL 12 Bb27
Kilmorack GB 7 Dd08
Kilmore Quay IRL 13 Cc25
Kilmory GB 10 Dc14
Kilmurry IRL 12 Bd23
Kilmurvy IRL 12 Bb21
Kilnalag IRL 8 Bd20
Kilnaleck IRL 9 Cc19
Kilninver GB 6 Db11
Kilnsea GB 17 Fd21
Kilpeck GB 15 Eb26
Kilpilahti FIN 98 Kc39
Kilpisjärvi FIN 67 Hb11
Kilpola FIN 90 La33
Kilpoole IRL 13 Da23
Kilpua FIN 81 Jd26
Kilrea GB 9 Cd16
Kilreekill IRL 12 Bd21
Kilrush IRL 12 Bb23
Kilshanchoe IRL 13 Cc21
Kilshannig IRL 12 Ba24
Kilsheelan IRL 13 Cb24
Kilskeery GB 9 Cb17
Kilsmo S 95 Fd44
Kilsund N 93 Db46
Kilsyth GB 10 Ea13
Kiltealy IRL 13 Cc24
Kiltimagh IRL 8 Bd19
Kiltoom IRL 8 Ca20
Kiltsi EST 98 La43
Kiltullagh IRL 12 Bd21
Kilvakkala FIN 89 Jc35
Kilve GB 19 Ea29
Kilvo S 73 Hc18
Kilwaughter GB 9 Da16
Kilwinning GB 10 Dd14
Kilworth Camp IRL 12 Bd25
Kimberley GB 17 Ga24
Kimbolton GB 20 Fc25
Kiméria GR 184 Db77
Kími GR 189 Cc84
Kimina GR 183 Ca78
Kiminki FIN 82 Kb30
Kiminki FIN 82 Ka30
Kimissis GR 183 Cb76
Kimito FIN 97 Jc40
Kimle H 145 Gd52
Kimo FIN 81 Ja30
Kimola FIN 90 Kd36
Kimolos GR 195 Cd90
Kimonkylä FIN 90 Kd37
Kimovsk RUS 203 Fa11
Kimpton GB 20 Fc27
Kimry RUS 202 Ed09
Kimstad S 103 Ga46
Kinahmo FIN 83 Lc30
Kınalı TR 186 Fd78
Kınalı TR 198 Fc92
Kinbrace GB 5 Ea05
Kincasslagh IRL 8 Ca15
Kincraig GB 7 Ea09
Kindberg A 144 Fd53
Kindelbrück D 127 Dd40
Kinderbeuern D 133 Bd44
Kinderdijk NL 124 Ad37
Kinding D 135 Dd48
Kindsjön S 94 Ed39
Kinel' RUS 203 Ga10
Kinešma RUS 203 Fb09
Kinéta GR 189 Ca86
Kineton GB 20 Fa26
Kingarth GB 6 Dc13
Kingersheim F 31 Kb39
Kingham GB 20 Ed26
Kinghorn GB 7 Eb12
Kingisepp RUS 99 Ld41
Kingisepp RUS 202 Ea09
Kingsbarns GB 7 Ec12
Kingsbridge GB 19 Dd32
Kingsbury GB 16 Ed24
Kingsclere GB 20 Fa28
King's Cliffe GB 17 Fc24
Kingscote GB 19 Ec27
Kingscourt IRL 9 Cc19
Kingsdown GB 21 Gb29
Kingskerswell GB 19 Ea31
Kingsland IRL 8 Ca19
King's Lynn GB 17 Fd24
Kingsmill GB 9 Cd17
King's Somborne GB 20 Fa29
King's Sutton GB 20 Fa26
Kingsteignton GB 19 Ea31
Kingstone GB 15 Eb26
Kingston Seymour GB 19 Eb28
Kingston-upon-Hull GB 17 Fc20
Kingston-upon-Hull GB 17 Fc21
Kingstown IRL 8 Ba20
King's Walden GB 20 Fc27
Kingswear GB 19 Ea32
Kingswood GB 15 Eb24
Kingswood GB 19 Ec27
Kings Worthy GB 20 Fa29
Kington GB 15 Eb25
Kington Langley GB 20 Ed28
Kingussie GB 7 Ea09
Kini GR 196 Da88
Kınık TR 191 Ed82
Kınık TR 191 Ed84
Kınık TR 192 Fb85
Kınık TR 192 Fc83
Kınık TR 192 Fc85
Kınık TR 193 Gb82
Kınık TR 193 Ha83
Kınık TR 198 Ga91
Kınıklı TR 198 Fd93
Kinkiai LT 114 Ka53
Kinknockie GB 5 Ed08
Kinkomaa FIN 90 Kb33
Kinlet GB 15 Ec25
Kinloch GB 4 Dd05
Kinloch GB 6 Da09
Kinlochard GB 7 Dd12
Kinlochbervie GB 4 Dd04
Kinlochewe GB 4 Dc07
Kinloch Hourn GB 6 Dc09
Kinlochleven GB 6 Dc10
Kinlochmiodart GB 6 Db10
Kinloch Rannoch GB 7 Ea10
Kinloss GB 5 Eb07
Kinlough IRL 8 Ca17
Kinmel Bay GB 15 Ea22
Kinn N 66 Fd12
Kinn N 85 Dd38
Kinna S 102 Ed49
Kinnadoohy IRL 8 Bb19
Kinnakyrkja N 84 Ca35
Kinnared S 102 Ed51
Kinnarp S 102 Fa48
Kinnarumma S 102 Ed49
Kinnasniemi FIN 83 Ma30
Kinnbäck S 73 Hd24
Kinnegad IRL 13 Cc21
Kinnerley GB 15 Eb24
Kinne-Vedum S 102 Fa46
Kinni FIN 90 La35
Kinnitty IRL 13 Cb22
Kinnula FIN 82 Ka29
Kinnulanlahti FIN 82 Kd29
Kinousa CY 206 Hd97
Kinrooi B 125 Bb40
Kinsale IRL 12 Bd26
Kinsalebeg IRL 13 Ca25
Kinsarvik N 84 Cc39
Kintai LT 113 Jb56
Kintaus FIN 90 Kb33
Kintilloch GB 10 Ea13
Kintore GB 7 Ed09
Kintra GB 6 Da13
Kintus FIN 89 Jc35
Kinvarra IRL 8 Bb20
Kinvarra IRL 12 Bb21
Kinvarre IRL 12 Bc21
Kioneli CY 206 Jb96
Kióni GR 188 Ac84
Kiónia GR 196 Db88
Kiparissi GR 195 Bd89
Kiparissia GR 194 Ba88
Kiparluoto FIN 97 Ja39
Kipeacan Cross Roads IRL 12 Ba25
Kipen' RUS 99 Mb40
Kipfenberg D 135 Dd48
Kipi EST 105 Jb47
Kipi GR 182 Ad79
Kipi GR 185 Ea77
Kipía GR 184 Cd77
Kipilovo BG 180 Eb71
Kipinä FIN 74 Kb22
Kipourio GR 182 Ba79
Kippel CH 141 Bd56
Kiprinos GR 185 Ea75
Kipséli GR 182 Ba78
Kipséli GR 183 Bd78
Kipséli GR 189 Bd81
Kipti UA 202 Ec14
Kirakkajärvi FIN 65 Kb08
Kirakkakōngäs FIN 69 Ka11
Kiralan TR 192 Ga87
Királyegyháza H 152 Hb58
Kiran N 78 Ea27
Kıranısıklar TR 192 Fd81
Kıranköy TR 192 Fb84
Kıranköy TR 192 Fc86
Kıransahili TR 197 Fa90
Kıratlı TR 191 Eb83
Kirava UA 202 Ec14
Kıravdan TR 193 Gc82
Kiraz TR 192 Fa87
Kirazköy TR 191 Ed82
Kirazlı TR 185 Eb80
Kirazlı TR 186 Fd79
Kirazlı TR 187 Gd78
Kirazlıyaylası TR 192 Ga83
Kırbaşı TR 193 Hb81
Kirberg D 133 Cb43
Ķirbiži LV 106 Kc48
Kirbla EST 98 Ka45
Kirby Bellars GB 16 Fb24
Kirby Hill GB 11 Fa19
Kirby Lonsdale GB 11 Ec19
Kirby Misperton GB 16 Fb19
Kirby Underwood GB 17 Fc23
Kirca TR 192 Fb83
Kircalar TR 191 Ec83
Kırcasalih TR 185 Ec76
Kirčevo BG 179 Da70
Kirchardt D 134 Cc47
Kirchbach A 143 Ed56
Kirchbach in der Steiermark A 144 Ga55
Kirchberg A 143 Eb53
Kirchberg CH 141 Bd53
Kirchberg CH 142 Cc53
Kirchberg D 127 Ec42
Kirchberg D 135 Ed48
Kirchberg D 142 Da50
Kirchberg am Wagram A 144 Ga50
Kirchberg am Walde A 136 Fc49
Kirchberg am Wechsel A 144 Ga53
Kirchberg an der Jagst D 134 Da47
Kirchberg an der Pielach A 144 Fd51
Kirchberg (Hunsrück) D 133 Ca44
Kirchbichl A 143 Ea53
Kirchbrak D 126 Da38
Kirchdorf A 144 Fd53
Kirchdorf D 118 Cd35
Kirchdorf D 143 Ea50
Kirchdorf am Inn D 143 Ec50
Kirchdorf an der Krems A 144 Fb52
Kirchdorf im Wald D 135 Ed48
Kirchehrenbach D 135 Dd45
Kirchen D 125 Cb41
Kirchendemenreuth D 135 Eb45
Kirchenlamitz D 135 Ea44
Kirchenpingarten D 135 Ea45
Kirchensittenbach D 135 Dd46
Kirchentellinsfurt D 134 Cd49
Kirchenthumbach D 135 Ea45
Kirchenthurnen CH 141 Ed16
Kirchfidisch A 145 Gb54
Kirchgellersen D 118 Dc34
Kirchhain D 126 Cd41
Kirchham D 143 Ed50
Kirchhasel, Uhlstädt- D 127 Dd42
Kirchheim D 126 Da41
Kirchheim D 134 Cd47
Kirchheim D 134 Cd49
Kirchheim D 134 Da45
Kirchheim D 142 Db50
Kirchheim D 143 Ea51
Kirchheimbolanden D 133 Cb45
Kirchhellen D 125 Bd38
Kirchhundem D 125 Cb40
Kirchlauter D 134 Dc44
Kirchlengern D 126 Cd37
Kirchlinteln D 118 Da34
Kirch Mulsow D 119 Eb31
Kirchroth D 135 Eb48
Kirchsahr D 125 Bd42
Kirchschlag in der Buckligen Welt A 145 Gb53
Kirchseelte D 118 Cd34
Kirchseeon D 143 Ea51
Kirchwalsede D 118 Da34
Kirchweidach D 143 Ec51
Kirchzarten D 141 Ca51
Kircubbin GB 10 Db18
Kirdeikiai LT 115 Lb55
Kireç TR 192 Fb82
Kirehasjärvi FIN 65 Kb08
Kireli TR 199 Hb88
Kiremitçisalih TR 185 Eb76
Kirf D 133 Bc45
Kırgıl TR 192 Fd83
Kiriakí GR 185 Ea76
Kiriáki GR 189 Bd85
Kırık TR 185 Ed76
Kırık TR 187 Ha78
Kirikküla EST 98 Ka43
Kırıklar TR 191 Ec81
Kırıklar TR 191 Ec84
Kirimäe EST 98 Ka44
Kirjais FIN 97 Jb40
Kirjakkala FIN 97 Jc40
Kirjaluokta S 67 Gd17
Kirjamo RUS 99 Lc40
Kirjavala FIN 91 Ld33
Kirjavalansalo FIN 91 Ld33
Kırka TR 193 Gc83
Kırkağaç TR 191 Ed84
Kirkbean GB 10 Ea16
Kirkbride GB 11 Eb16
Kirkbuddo GB 7 Ec11
Kirkby GB 15 Eb21
Kirkby-in Ashfield GB 16 Fa23
Kirkby-la-Thorpe GB 17 Fc23
Kirkby Mallory GB 16 Fa24
Kirkbymoorside GB 16 Fb19
Kirkby Stephen GB 11 Ec18
Kirkcaldy GB 7 Eb12
Kirkcolm GB 10 Dc16
Kirkconnel GB 10 Ea15
Kirkcudbright GB 10 Dd17
Kirkeby DK 108 Cd25
Kirkeby DK 109 Dd27
Kirkeby N 78 Ec30
Kirkehamn N 92 Cb46
Kirke Helsinge DK 109 Ea26
Kirke Hvalsø DK 109 Eb26
Kirke Hyllinge DK 109 Eb25
Kirkel D 133 Bd46
Kirkenær N 94 Ec40
Kirkenes N 65 Kd07
Kirke Såby DK 109 Eb26
Kirke Stillinge DK 109 Ea26
Kirkham GB 15 Eb20
Kirkholt DK 100 Dc20
Kirkhope GB 10 Ea15
Kirki GR 185 Dd77
Kirk Ireton GB 16 Fa23
Kirkjubæjarklaustur IS 2 Ad06
Kirkjubøur DK 3 Ca07
Kırkkavak TR 199 Ha90
Kırkkepenekli TR 185 Ed77
Kirkkokangas FIN 74 Ka23
Kirkkonummi FIN 98 Ka40
Kirkkovo RUS 99 Ld41
Kirkland GB 10 Ea15
Kırklareli TR 185 Ed75
Kirkliai LT 113 Jd56
Kirklington GB 11 Fa19
Kirk Michael GB 10 Dc18
Kirkonkylä FIN 82 Kb28
Kirkonkylä FIN 89 Jb38
Kirkonkylä FIN 89 Jc38
Kirkonkylä FIN 90 La33
Kirkonkylä FIN 97 Jc39
Kirkoswald GB 11 Ec17
Kırkpınar TR 199 Gb90
Kirkton of Culsalmond GB 7 Ec08
Kirkton of Largo GB 7 Ec12
Kirkwall GB 5 Ec03
Kirkwhelpington GB 11 Ed16
Kirn D 133 Ca44
Kirnujärvi S 68 Ja17
Kirnula FIN 69 Jd17
Kirov RUS 202 Ed12
Kirovohrad UA 204 Ed15
Kirovsk RUS 202 Eb08
Kirovs'ke UA 205 Fa17
Kirra GR 189 Bc85
Kirriemuir GB 7 Ec10
Kirsanov RUS 203 Fc11
Kirschau D 128 Fb41
Kirschweiler D 133 Bd45
Kırşeyhler TR 193 Hb81
Kirtik S 73 Hb20
Kirtlebridge GB 11 Eb16
Kirton End GB 17 Fc23
Kirton in Lindsey GB 16 Fb21
Kirtorf D 126 Cd42
Kiruna S 67 Ha15
Kiržač RUS 203 Fa10
Kisa S 103 Fd48
Kisač SRB 153 Ja60
Kisapostag H 146 Hd55
Kisar H 147 Kc50
Kisbárapáti H 145 Ha56
Kisbér H 145 Hb53
Kiscsehi H 145 Gc56
Kisdorf D 118 Db32
Kiselice PL 122 Hc32
Kiseljak BIH 153 Hc63
Kiseljak BIH 153 Hd62
Kiseljak BIH 158 Hb65
Kiselovo BG 179 Cb68
Kisfalud H 145 Gd53
Kisgörbő H 145 Gd55
Kishajmás H 152 Hb57
Kishartyán H 146 Ja51
Kishtë AL 182 Ac76
Ķiši LV 106 Kc47
Kisielice PL 122 Hc32
Kisielin PL 128 Fd38
Kisielnica PL 123 Jd33
Kısırkaya TR 186 Fd77
Kisizsák H 146 Hd55
Kiškino RUS 107 Mb50
Kiskkunmajsa H 146 Ja56
Kisko FIN 97 Jd40
Kisköre H 146 Jc52
Kiskőrös H 146 Hd56
Kiskunfélegyháza H 146 Ja55
Kiskunhalas H 146 Ja56
Kiskunlacháza H 146 Hd54
Kışlaçay TR 187 Gc79
Kışlacık TR 186 Fa75
Kışlaköy TR 191 Ec85
Kışlaköy TR 192 Fc83
Kışlaköy TR 192 Fd83
Kisláng H 145 Hb55
Kislovodsk RUS 205 Ga17
Kismórágy H 153 Hc57
Kisonerga CY 206 Hd98
Kispalád H 147 Kc50
Kissakoski FIN 90 Kd34
Kissakoski FIN 91 Lb33
Kissamos (Kastéli) GR 200 Ca94
Kisselbach D 133 Ca44
Kissenbrück D 126 Dc37
Kissleberg S 102 Eb47
Kißlegg D 142 Da52
Kisszentmiklós H 146 Hc55
Kist D 134 Da45
Kistanje HR 157 Ga65
Kistelek H 146 Jb56
Kisterenye H 146 Ja51
Kistrand N 64 Jb06
Kisújszállás H 146 Jc53
Kisunyom H 145 Gc54
Kisvárda H 147 Kb50
Kisvejke H 146 Hc56
Kiszewo PL 129 Gb36
Kiszkowo PL 129 Gc36
Kiszombor H 153 Jc57
Kita GR 194 Bc91
Kitee FIN 91 Ma32
Kiten BG 181 Fa73
Kithas GR 183 Cb80
Kithira GR 195 Bd92
Kithnos GR 195 Cd88
Kiti CY 206 Jc97
Kitinoja FIN 81 Jb31
Kitka FIN 75 La19
Kitkiöjärvi S 68 Ja15
Kitkiöjoki S 68 Ja15
Kitriés GR 194 Bb89
Kitros GR 183 Bd78
Kitsi FIN 83 Ma28
Kittajaur S 72 Ha20
Kittelfjäll S 71 Fd24
Kittendorf D 119 Ed32
Kittilä FIN 68 Jc15
Kittilä FIN 97 Ja40
Kittlitz D 128 Fc41
Kittsee A 145 Gc51
Kitula FIN 90 Kc34
Kitula FIN 97 Jd39
Kitzbühel A 143 Eb53
Kitzingen D 134 Db45
Kitzscher D 127 Ec41
Kiukainen FIN 89 Jb37
Kiurujärvi FIN 69 Kb15
Kiuruvesi FIN 82 Kc28
Kiutaköngäs FIN 74 La18
Kivarinjärvi FIN 75 Kc23
Kivenmäki FIN 81 Jc31
Kiverci UA 202 Ea14
Kivéri GR 195 Bd88
Kivesjärvi FIN 82 Kd25
Kiveskylä FIN 82 Kd25
Kiveslahti FIN 82 Kc25
Kiviapaja FIN 91 Lc34
Kivijärvi FIN 82 Ka30
Kivijärvi S 73 Ja18
Kivik S 111 Fb56
Kivikangas FIN 81 Jd29
Kivilahti FIN 83 Ma29
Kivilompolo FIN 68 Ja12
Kivilompolo FIN 74 Jc19
Kiviloo EST 98 Kc42
Kivilõppe EST 106 La46
Kivimäki FIN 82 Kd26
Kiviniemenkulma FIN 89 Jb35
Kiviniemi FIN 90 La38
Kivioja FIN 74 Jd20
Kiviõli EST 99 Lb42
Kiviperä FIN 75 Lb19
Kivisalmi FIN 82 Kc31
Kivisuo FIN 90 Kc34
Kivitaipale FIN 74 Ka19
Kivivaara FIN 75 Kd22
Kivivaara FIN 83 Ld27
Kivi-Vigala EST 98 Kb44
Kivotós GR 183 Bb79
Kivyliai LT 113 Jc56
Kiwajny PL 122 Ja30
Kiwity PL 122 Ja30
Kiwity PL 122 Ja30
Kıyıkışlacık TR 197 Ed89
Kıyıköy TR 186 Fb75
Kıyra TR 198 Fb90
Kızıçukur TR 192 Fb83
Kizielany PL 123 Kb32
Kızık TR 187 Hb79
Kızıklı TR 191 Ec82
Kızılağaç TR 197 Ec90
Kızılağaç TR 197 Ed89
Kızılağaç TR 197 Ed91
Kızılağıl TR 187 Ha78
Kızılaliler TR 199 Gb91
Kızılbel TR 198 Fd91
Kızılca TR 186 Ga77
Kızılca TR 193 Gc86
Kızılca TR 199 Hb89
Kızılcabölük TR 198 Fc89
Kızılcadağ TR 199 Gb91
Kızılcahamam TR 205 Fa20
Kızılcaören TR 193 Gb84
Kızılcapınar TR 187 Hb77
Kızılcasöğüt TR 192 Ga85
Kızılcık TR 187 Gd78
Kızılcıkdere TR 185 Ed75
Kızıldağ TR 199 Ha90
Kızıldam TR 192 Fb84
Kızılhisar TR 192 Ga85
Kızılinler TR 193 Gc82
Kızılkaya TR 197 Ed88
Kızılkaya TR 198 Fc91
Kızılkaya TR 199 Gc90
Kızılkuyu TR 193 Hb85
Kızılkuyu TR 193 Hb86
Kızıllar TR 199 Gd91
Kızıllı TR 199 Gc90
Kızılören TR 191 Ed83
Kızılören TR 193 Gb87
Kızılöz TR 187 Gb80
Kızılöz TR 192 Fb82
Kızkadın TR 193 Gb84
Kızlan TR 197 Ed91
Kızlaralanı TR 192 Fa84
Kizner RUS 203 Ga08
Kjærnes N 79 Fb25
Kjelda N 70 Ed24
Kjeldal N 93 Db43
Kjeldbjerg DK 100 Da23
Kjeldebotn N 66 Ga13
Kjelkvika N 66 Ga14
Kjellerup DK 100 Db23
Kjellmyra N 94 Ec39
Kjelstraumen N 84 Ca37
Kjengsnes N 66 Fd13
Kjenstad N 78 Ed27
Kjerag N 92 Cb44
Kjerknesvågen N 78 Eb28
Kjerkøya N 70 Ec22
Kjernmoen N 86 Ec37
Kjerr N 66 Ga15
Kjerringholmen N 63 Hd06
Kjerringøy N 66 Fc16
Kjerringvåg N 77 Dc29
Kjerringvik N 64 Jb06
Kjerringvik N 66 Fc12
Kjerringvik N 93 Dd44
Kjerringvika N 66 Ga14
Kjøllefjord N 64 Jd04
Kjølsdal N 84 Cb34
Kjøpmannskjær N 93 Dd44
Kjøpstad N 71 Fb18
Kjøpsvik N 66 Ga14
Kjøra N 77 Dd30
Kjos N 84 Cd36
Kjose N 93 Dc44
Kjosen N 62 Ha09
Kjøtta N 66 Ga12
Kjulaås S 95 Gb43
Kjustendil BG 179 Ca72
Klaaswaal NL 124 Ad37
Klacka-Lerberg S 95 Fc43
Kläckeberga S 103 Ga52
Kladanj BIH 159 Hc64
Kläden D 127 Ea36
Klädesholmen S 102 Eb48
Kladnica BG 179 Cc71
Kladnica SRB 178 Ad68
Kladnjice HR 158 Gb66
Kladno CZ 136 Fa44
Kladovo SRB 174 Cb65
Klæbu N 77 Ea30
Klafsi GR 188 Bb83
Klagenfurt A 144 Fb56
Klågerup S 110 Ed56
Klagstorp S 110 Fa57
Klaipėda LT 113 Jb55
Kłaj PL 138 Jb44
Kłajpeda PL 123 Ka30
Klak SK 138 Hc49
Klakar Donji BIH 152 Hb61
Klakegg N 84 Cc35
Klakring DK 108 Dc25
Klaksvík DK 3 Ca06
Klamila FIN 91 Lb38
Klämmesbo S 103 Fb47
Klampju ciems LV 113 Ja53
Klana HR 151 Fb60
Klanac HR 151 Fd62
Kłanino PL 121 Gb31
Klanjec HR 151 Ga58
Klapkalnciems LV 106 Ka50
Kläppen S 72 Gd22
Kläppen S 80 Hc25
Kläppsjö S 79 Gb29
Kläppvik S 87 Gb34
Klárafalva H 153 Jc57
Klarup DK 100 Dc21
Klašnice BIH 152 Gd62
Klässbol S 94 Ed43
Klášterec nad Ohří CZ 135 Ed43
Kláštor pod Znievom SK 138 Hc48
Klatovy CZ 135 Ed47
Klattrup DK 101 Dd20
Klaukkala FIN 98 Kb39
Klaus A 142 Cd53
Klaus an der Phyrnbahn A 144 Fb52
Klausdorf D 118 Dc30
Klausdorf D 119 Ed30
Klausdorf D 127 Ed37
Klausen D 133 Bd44
Klausen I 143 Dd56
Klausgalvai LT 113 Jb54
Klauvnes N 63 Hb08
Klavdia CY 206 Jc97
Klāvi LV 106 Kb51
Klavreström S 103 Fd51
Klavuzlu TR 185 Ed77
Kłębanowice PL 128 Ga39
Kleblach A 143 Ed55
Klečevce MK 178 Bc73
Kłecko PL 129 Gd36
Kłęcz PL 130 Hc40
Kleczew PL 129 Ha37
Kleczkowo PL 123 Jd34
Kleef = Kleve D 125 Bc38
Kleemola FIN 81 Jd28
Kleinarl A 143 Ed54
Klein Berßen D 117 Cb35
Kleinblittersdorf D 133 Bd47
Kleinbrembach D 127 Dd41
Klein Bünzow D 120 Fa32
Kleinenberg D 126 Cd39
Klein-Glödnitz A 144 Fb55
Kleinhaugsdorf A 136 Ga49
Kleinheubach D 134 Cd45
Kleinjena D 127 Ea41
Kleinlobming A 144 Fc54
Kleinmachnow D 127 Ed37
Klein Offenseth D 118 Db32
Klein Oschersleben D 127 Ea38
Kleinostheim D 134 Cd44
Kleinpaschleben D 127 Eb39
Kleinrarning A 144 Fb51
Kleinrinderfeld D 134 Da45
Klein Sankt Paul A 144 Fb55
Kleinschmalkalden D 126 Dc42
Klein Sien D 119 Eb31
Kleinsölk A 144 Fa53
Kleinstetteldorf A 137 Gb49
Kleinwallstadt D 134 Cd45
Klein Wanzleben D 127 Ea38
Kleinzell A 144 Ga51
Kleiva N 92 Cb46
Kleive N 77 Da31
Kleivegrend N 92 Cd43
Klejniki PL 123 Kc34
Klejtrup DK 100 Db22
Klek SRB 174 Bb61
Klembów PL 130 Jc36
Klemensker DK 111 Fc57
Klemetsrud N 93 Ea42
Klemetstad N 64 Jb08
Klempenow D 119 Ed32
Klenči pod Č. CZ 135 Ec46
Klenica PL 128 Ga38
Klenike SRB 178 Bd72
Klenjë AL 182 Ad74
Klenje SRB 153 Ja62
Klenovec SK 138 Ja49

Klenovica – Korita

Klenovica HR 151 Fc61
Kleosin PL 123 Kb33
Kleppe N 85 Dc35
Kleppe N 92 Ca44
Kleppenes N 84 Cb34
Kleppestø N 84 Ca39
Klępsk PL 128 Ga38
Klepstad N 66 Fb14
Klėriškės LT 114 Kd58
Kleśno PL 120 Ga35
Kleszczele PL 123 Kb35
Kleszczewo PL 129 Gc37
Kleszczów PL 130 Hc40
Kleszczów PL 137 Hb43
Kleszewo PL 122 Jb35
Klėtiškė LT 113 Jd55
Kletnja RUS 202 Ec12
Kletno PL 137 Gc44
Kletskij RUS 203 Fd13
Klettgau D 141 Cb52
Klettwitz D 128 Fa39
Kleve D 125 Bc38
Kleven N 92 Cc47
Klevmarken S 94 Eb45
Klevshult S 103 Fb50
Klewianka PL 123 Ka32
Klewki PL 122 Ja32
Klezeno RUS 107 Lc47
Kličav BY 202 Eb12
Kličevac SRB 174 Bc64
Kliczków PL 128 Fd40
Klidí GR 183 Bb77
Klidí GR 183 Ca78
Klieken D 127 Eb38
Kliening A 144 Fc55
Klietz D 127 Eb36
Kligene LV 106 Kd50
Klíma GR 183 Bb78
Klíma GR 189 Cc83
Klimaszewnica PL 123 Ka32
Klimatáki GR 182 Ba79
Klimatiá GR 182 Ab79
Klimavičy BY 202 Ec12
Kliment BG 181 Ec69
Klimkovice CZ 137 Ha45
Klimontów PL 131 Jd42
Klimontów PL 138 Jb43
Klimovo RUS 107 Ma47
Klimovo RUS 202 Ec13
Klimovsk RUS 202 Ed10
Klimpfjäll S 71 Fc24
Klin RUS 202 Ed10
Klina KSV 178 Ba70
Klincovka RUS 113 Ja58
Klincovka RUS 203 Ga11
Klincy RUS 202 Ec13
Klindiá GR 188 Ba86
Klinga N 78 Ec26
Klingenbach A 145 Gb52
Klingenberg D 134 Cd45
Klingenmünster D 133 Cb47
Klingenthal D 135 Eb43
Klingersel S 73 Hc20
Klingnau CH 141 Cb52
Klinča Sela HR 151 Ga59
Klink D 119 Ec33
Klinkby DK 100 Cd22
Klinó GR 182 Ba80
Klintebjerg DK 109 Dd26
Klintehamn S 104 Gd50
Klippan S 110 Ed54
Klippen S 71 Fc22
Klippen S 80 Gc28
Klippinge DK 109 Ec27
Klirou CY 206 Jb97
Klis HR 158 Gc66
Klisa HR 153 Hd59
Klisino PL 137 Ha44
Klissoúra GR 183 Bb78
Klissoúra GR 188 Ad81
Klisura BG 179 Cc72
Klisura BG 179 Da71
Klisura SRB 179 Ca71
Klisurica BG 179 Cc68
Klitmøller DK 100 Da21
Klitoria GR 188 Bb86
Klitten D 128 Fc40
Klitten S 87 Fb37
Klivi LV 106 Kc52
Kljajićevo SRB 153 Hd58
Kljasino RUS 99 Ma40
Kljavino RUS 203 Ga09
Ključ BIH 152 Gc63
Klo N 66 Fd12
Klobouky u Brna CZ 137 Gc48
Kłobuck PL 130 Hc41
Klobuk BIH 158 Ha67
Klobuky CZ 136 Fa44
Klöch A 144 Ga55
Klockestrand S 88 Gc32
Klockrike S 103 Fd46
Klockträsk S 73 Hb24
Kłoczew PL 131 Jd38
Kłodawa PL 120 Fd35
Kłodawa PL 130 Hc37
Klöden D 127 Ec39
Kłodzko PL 137 Gc43
Kløfta N 93 Ea41
Klokk N 76 Cd32
Klokkarvik N 84 Ca39
Klokkarvollen N 62 Ha08
Klokkerholm DK 100 Dc20
Klokočevac SRB 174 Ca65
Klokočevci HR 152 Hb59
Klokočov SK 137 Hb46
Klokotnica BG 185 Dd74
Kłomnice PL 130 Hd41
Klonowa PL 129 Hb40
Klooga EST 98 Ka43
Kloogaranna EST 98 Ka42
Klopicy RUS 99 Ma40
Kłopoty-Stanisławy PL 123 Kb35
Klos AL 182 Ac74
Klosi AL 163 Jc72
Kloštar HR 152 Gd58
Kloštar Ivanic HR 152 Gb59
Kloster DK 108 Cd24
Klosterfelde D 120 Fa35
Klosterhaar NL 117 Bd35
Klösterle A 142 Da54
Klosterlechfeld D 142 Dc50
Klostermansfeld D 127 Ea39
Klosterneuburg A 145 Gb50
Klosters CH 142 Da55
Kloster Zinna D 127 Ed38
Kloten CH 141 Cb53
Kloten S 95 Fd42
Klötze D 127 Dd36
Klovainiai LT 114 Kb54
Klovborg DK 108 Db24
Klövedal S 102 Eb48
Klöverfors S 73 Hc24
Klöverträsk S 73 Hc22
Kløvimoen N 71 Fb23
Klövsjö S 87 Fb33
Kløvstad N 86 Eb37
Klubben N 65 Kc06
Klubben N 84 Ca34
Klubbfors S 73 Hc24
Klubbukt N 63 Ja06
Klubbvik N 65 Kb06
Kluczbork PL 129 Ha41
Klucze PL 138 Hd43
Kluczewo PL 120 Ga32
Kluczewsko PL 130 Ja41
Kluki PL 121 Gc29
Klukowa Huta PL 121 Gd30
Klukowicze PL 131 Kb36
Klukowo PL 122 Jb35
Klukowo PL 123 Ka35
Kluksdal N 78 Ec30
Klund N 94 Eb43
Klundert NL 124 Ad38
Klungland N 92 Ca45
Klupe BIH 152 Ha62
Kluse D 117 Ca34
Kl'ušov SK 139 Jd47
Klüsserath D 133 Bc44
Klusy PL 123 Jd31
Klutmark S 80 Hc25
Klutsjön S 86 Ed34
Klütz D 119 Ea31
Klwów PL 130 Jb39
Klykoliai LT 113 Jd53
Kłyżów PL 131 Ka42
Knaben N 92 Cc45
Knaften S 80 Gd26
Knäm S 94 Ea45
Knaphill GB 20 Fb29
Knappenrode D 128 Fb40
Knapphus N 92 Ca42
Knapstad N 93 Ea42
Knapton GB 16 Fb19
Knäred S 110 Fa53
Knaresborough GB 11 Fa19
Knarvik N 84 Ca38
Knätte S 102 Fa48
Knebel DK 109 Dd24
Kneesall GB 16 Fb22
Kneese D 119 Dd32
Kneesworth GB 20 Fc26
Knesebeck D 118 Dc35
Kneža BG 179 Da69
Knežak SLO 151 Fb59
Kneževici Sušica SRB 159 Jb65
Kneževi Vinogradi HR 153 Hc59
Kneževo HR 153 Hc58
Kněžice CZ 136 Fd44
Knežina BIH 159 Hd64
Kněžmost CZ 136 Fc43
Knić SRB 174 Bb66
Knićanin SRB 153 Jc60
Knidi GR 183 Bb79
Knighton GB 15 Eb25
Knight's Town IRL 12 Ad25
Knin HR 158 Gb64
Knislinge S 111 Fb54
Knista S 95 Fc44
Knittelfeld A 144 Fc54
Knittlingen D 134 Cc47
Knivert LV 105 Jb52
Kniveton GB 16 Ed23
Knivsta S 96 Gc42
Knjaževac SRB 179 Ca68
Knjazevo RUS 107 Mb51
Knjaževo RUS 203 Fb08
Knjažica RUS 99 Ma45
Knock IRL 8 Bd19
Knock IRL 12 Bb23
Knockalough IRL 12 Bc23
Knockaunalour IRL 12 Bd25
Knockaunnaglashy IRL 12 Ba24
Knockbrandon IRL 13 Cd23
Knockcroghery IRL 8 Ca20
Knockdrin IRL 9 Cb20
Knockeen Cross Roads IRL 12 Bb24
Knockferry IRL 8 Bc20
Knockin GB 15 Eb23
Knocknabul Cross IRL 12 Bb24
Knocknagashel IRL 12 Bb24
Knocks IRL 12 Bc26
Knocktopher IRL 13 Cb24
Knockvicar IRL 8 Ca19
Knodara CY 206 Jc96
Knokke-Heist B 124 Aa38
Knopkägra FIN 97 Jc40
Knoppe S 87 Gb34
Knorydy PL 123 Kb35
Knottingley GB 16 Fa20
Knowehead GB 10 Dd15
Knowl Hill GB 20 Fb28
Knudby DK 100 Db22
Knudshoved DK 109 Dd27
Knurów PL 137 Hb44
Knurowiec PL 122 Jc35
Knutby S 96 Gd41
Knutsford GB 15 Ec22
Knutsvik N 92 Cb43
Knyszyn PL 123 Ka33
Koactarla TR 185 Ed74
Kobaklar TR 192 Fb84
Kobarid SLO 150 Ed57
Kobbevåg N 62 Gd10
Kobbevåg N 63 Hc06
Kobbfoss N 65 Kc09
Kobela EST 107 Lb47
Købelev DK 109 Ea28
Kobeljaky UA 204 Ed15
København DK 109 Ec26
Kobeřice CZ 137 Ha45
Kobern-Gondorf D 133 Ca43
Kobiele Wielkie PL 130 Hd41
Kobiljane BG 184 Dc75
Kobilje SLO 145 Gb56
Kobiór PL 138 Hc44
Kobišnica SRB 174 Cb66
Koblenz D 133 Ca43
Kobona RUS 202 Eb08
Koboža RUS 202 Ec08
Kobrinskoe RUS 99 Mb40
Kobryn BY 202 Dd14
Kobyla Góra PL 129 Ha40
Kobylanka PL 120 Fc33
Kobylin PL 123 Jd33
Kobylin PL 129 Gc39
Kobylin-Borzymy PL 123 Ka34
Kobyłka PL 130 Jc36
Kobylnica PL 121 Gc30
Kobylniki PL 129 Gb36
Kobylniki PL 130 Ja36
Koca Ahmetler TR 199 Gd90
Kocaali TR 185 Ec79
Kocaali TR 187 Gd78
Kocaaliler TR 199 Gd90
Kocaavşar TR 191 Ed82
Kocabaş TR 198 Fd88
Kocabey TR 192 Fb83
Kocaçeşme TR 185 Eb78
Kocadağ TR 191 Ec82
Kocadağ TR 199 Gd90
Kocadere TR 198 Fd88
Kocadöngel TR 187 Gc78
Kocaeli TR 187 Gb78
Kocagöl TR 186 Fa80
Kocagöl TR 193 Gb86
Kocahıdır TR 185 Ea78
Kocaiskan TR 192 Fa83
Koçak TR 192 Ga86
Koçak TR 193 Gb83
Kocakanğan TR 192 Fa84
Kocakaymaz TR 187 Gb78
Kocakovacık TR 192 Fd81
Kocalar TR 185 Eb80
Kočane SRB 178 Bd69
Kočani MK 179 Ca73
Kocaoba TR 191 Ed82
Kocaöz TR 193 Gd85
Kocapınar TR 191 Ed81
Koçar TR 187 Gd78
Koçarlı TR 197 Ed88
Koçaş TR 193 Hb87
Kocayaka TR 192 Ga87
Kocayazı TR 185 Ec74
Koçbeyli TR 193 Gd86
Koceljevo SRB 153 Jb63
Kočenai LT 106 Kd52
Kočeni LV 106 Kd48
Kočerin BIH 158 Ha66
Kočerinovo BG 179 Cb73
Kočetovka RUS 203 Fb12
Kočevje SLO 151 Fc59
Kočevska Reka SLO 151 Fc59
Kochanowice PL 129 Hb42
Kochcice PL 129 Hb42
Kochel am See D 143 Dd52
Kochfidisch A 145 Gb54
Kochowo PL 129 Ha37
Kocień Wielkie PL 121 Gb35
Kocierzew PL 130 Ja37
Kočilar MK 183 Bc74
Kociołek Szlachecki PL 122 Jc32
Kock PL 131 Ka38
Kočkarlej RUS 203 Fd10
Kočmar BG 181 Ed69
Kočov CZ 135 Ec45
Kočovo BG 181 Ec70
Kocs H 145 Hb52
Kocsér H 146 Jb54
Kocsola H 145 Hb56
Kocsord H 147 Kb51
Kócsújfalu H 146 Jc52
Kocular TR 199 Ha88
Koçyazı TR 193 Hb85
Koczała PL 121 Gc32
Kodal N 93 Dd44
Kodavere EST 99 Lb44
Kode S 102 Eb48
Kodeń PL 131 Kc37
Kodeniec PL 131 Kb38
Kodersdorf D 128 Fc41
Kodesjärvi FIN 89 Ja34
Kodiksami FIN 89 Ja37
Kodisjoki FIN 89 Ja37
Köditz D 135 Ea43
Kodjala FIN 89 Ja38
Kodrąb PL 130 Hd41
Kodyma UA 204 Ec16
Kodžadžik MK 182 Ad74
Koekelare B 21 Ha29
Kœnigsmacker F 25 Jd34
Koersel B 124 Ba40
Koeru EST 98 Kd43
Koetschette L 132 Ba44
Kœtzingue F 31 Kc40
Kofçaz TR 185 Ec74
Kofinou CY 206 Jb97
Köflach A 144 Fc54
Köfles A 142 Dc54
Kog SLO 145 Gb56
Køge DK 109 Ec26
Kogula EST 105 Jc46
Koguva EST 97 Jd45
Kohila EST 98 Kb43
Köhkörö FIN 89 Jc35
Kohlberg D 135 Eb46
Köhlen D 118 Cd32
Kohma RUS 203 Fa09
Kohmu FIN 82 Kb31
Kohren-Sahlis D 127 Ec41
Kohtla-Järve EST 99 Lb41
Kohtla Nõmme EST 99 Lb42
Koigi EST 98 Kd43
Koigi EST 98 Kd44
Koijärvi FIN 89 Jd37
Koikkala FIN 91 Lb34
Koikküla EST 106 La47
Koili CY 206 Hd97
Koilovci BG 180 Db69
Kõima EST 106 Kb46
Koimäki FIN 90 Kd32
Koimla EST 105 Jc47
Köinge S 102 Ec51
Koirakoski FIN 82 La28
Koirasalmi FIN 82 Ka29
Koiravaara FIN 75 La21
Koisjärvi FIN 98 Ka39
Koisko SLO 150 Ed58
Koitila FIN 75 Kd21
Koitsanlahti FIN 91 Ld34
Koivisto FIN 90 Kb32
Koivistonpää FIN 73 Jb19
Koivu FIN 74 Jd20
Koivujärvi FIN 82 Kc28
Koivukylä FIN 82 Kd26
Koivulahti FIN 81 Ja30
Koivumäki FIN 81 Jd30
Koivumäki FIN 82 La29
Koivumäki FIN 89 Jb33
Koivuniemi FIN 74 Ka21
Kojanlahti FIN 83 Lb30
Kojdalen N 86 Ec32
Kojetín CZ 137 Gd47
Kojnare BG 179 Da69
Kojola FIN 81 Jb31
Kojola FIN 82 Ka28
Kojonperä FIN 89 Jc37
Kóka H 146 Ja53
Kokála GR 194 Bc91
Kokanin PL 129 Ha38
Kökar FIN 97 Hd41
Kokava nad Rimavicou SK 138 Ja49
Köke TR 193 Gd87
Kokelv N 63 Ja06
Kokemäki FIN 89 Jb36
Kokin Brod SRB 159 Jb66
Kokini GR 182 Ab80
Kokiniá GR 182 Ac80
Kokiniá GR 183 Cb76
Kokinolithári GR 182 Ac80
Kokinombléa GR 189 Cb83
Kokinopilós GR 183 Bd79
Kokinvaara FIN 83 Ma30
Kokkári GR 197 Eb88
Kokkila FIN 90 Ka36
Kokkila FIN 97 Jc39
Kokkina CY 206 Hd96
Kókkino Néro GR 183 Ca80
Kokkinotrimithia CY 206 Jb96
Kokkokylä FIN 74 Kb21
Kokkola FIN 75 Lb24
Kokkola FIN 81 Jb28
Kokkola FIN 90 Ka35
Kokkolahti FIN 91 Lc32
Kokkoniemi FIN 75 Lb22
Kokkosenlahti FIN 90 La34
Kokkovaara FIN 68 Jc16
Koklë AL 182 Ac76
Köklot FIN 81 Hd30
Koknese LV 106 Kd51
Koknese LV 106 La51
Kokonkylä FIN 90 Kd33
Kokonniemi FIN 75 La24
Kokonvaara FIN 83 Lc30
Kokora EST 99 Lb44
Kokořín CZ 136 Fb43
Kokory CZ 137 Gd46
Kokošinje MK 178 Bd73
Kokotí GR 189 Bd83
Kökpınar TR 205 Ga20
Kokrica SLO 151 Fb57
Koksijde-Bad B 21 Gd29
Kokšino RUS 107 Ma49
Koktebel' UA 205 Fb17
Koktträsk S 72 Gd23
Kola BIH 152 Gd62
Kola FIN 81 Jc28
Köla S 94 Ec42
Kölaby S 102 Fa48
Kołacin PL 130 Hd38
Kołacze PL 131 Kc39
Kołaczkowo PL 129 Gd37
Kołaczyce PL 139 Jd45
Kolak TR 198 Fd90
Koláka GR 189 Ca84
Kołaki Kościelne PL 123 Ka34
Koland N 92 Cd45
Kolankaya TR 192 Fc86
Kolarci BG 181 Fa68
Kolari FIN 68 Jb16
Kolari SRB 174 Bb64
Kolárovice SK 137 Hb47
Kolarovo BG 180 Dd73
Kolarovo BG 181 Ec68
Kolárovo SK 145 Ha51
Kolås N 76 Cc33
Kolåsen S 78 Fa29
Kolašin MNE 159 Jb68
Kolatovo BG 183 Cb75
Kolbäck S 95 Ga43
Kolbermoor D 143 Ea52
Kołbiel PL 130 Jc37
Kolbnitz A 143 Ed55
Kolbu N 85 Ea39
Kolbudy Grn. PL 121 Ha30
Kolbulia N 86 Eb38
Kolbuszowa PL 139 Jd43
Kølby DK 100 Db21
Kølby DK 109 Dd25
Kølby Kås DK 109 Dd25
Kol'čugino RUS 203 Fa10
Kołczewo PL 120 Fc31
Kołczygłowy PL 121 Gc30
Koldby DK 100 Da21
Koldere TR 191 Ed85
Kolding DK 108 Db26
Kołdrąb PL 121 Gd35
Koler S 73 Hb23
Kölesd H 146 Hc56
Koleška BIH 159 Hc67
Kolešovice CZ 136 Fa44
Kolga-Jaani EST 98 Kd45
Kolgaküla EST 98 Kd42
Kolgomp'a RUS 99 Ld40
Kolhiki GR 183 Bb77
Kolhikó GR 183 Cb77
Kolho FIN 90 Ka33
Koli FIN 83 Lc29
Kolimbári GR 200 Cb94
Kolimbia GR 197 Fa93
Kolín CZ 136 Fd45
Kolind DK 101 Dd23
Kolindrós GR 183 Bd78
Kolinec CZ 135 Ed47
Kölingared S 102 Fa48
Koliseva FIN 90 Kd37
Kolitzheim D 134 Db45
Köljala EST 105 Jd46
Koljane HR 158 Gc65
Kolka LV 105 Jc48
Kolkær DK 108 Da24
Kolkanlahti FIN 82 Ka31
Kolkja EST 99 Lb44
Kolkku FIN 82 Kb29
Kolko FIN 97 Ja39
Kolkonjärvi FIN 75 La21
Kolkonpää FIN 91 Lb33
Kolkontaipale FIN 91 Lb33
Kolkwitz D 128 Fb39
Kolky UA 202 Ea14
Kollaja FIN 74 Kb22
Kölleda D 127 Dd40
Kollersdorf A 144 Ga50
Kollerud S 94 Ed40
Kollerup DK 100 Db21
Kölliken CH 141 Ca53
Kollines GR 194 Bc88
Kollinmäki FIN 89 Jb33
Kollinperä FIN 90 Ka32
Kollmar D 118 Db32
Kollnburg D 135 Ec48
Kölln-Reisiek D 118 Db32
Kollum NL 117 Bc33
Kollund DK 108 Db28
Kollungeröd S 102 Eb47
Kolma FIN 90 La32
Kolmården S 103 Ga46
Kolmjärv S 73 Hd20
Kolm-Saigurn A 143 Ec54
Köln D 125 Bd41
Kolno PL 122 Jb31
Kolno PL 123 Jd33
Kolo BIH 158 Gd65
Koło PL 129 Hb37
Kołobrzeg PL 120 Fd31
Kołodzież PL 123 Ka33
Kologrivo RUS 99 Ld42
Kolokolčovka RUS 203 Fd12
Kolokolovo RUS 99 Lc44
Kolomna RUS 203 Fa10
Kolomyja UA 204 Ea16
Kolonia AL 182 Ab78
Kolonowskie PL 129 Hb42
Kolossi CY 206 Ja98
Koloveč CZ 135 Ed46
Kolpino RUS 107 Lc46
Kolpino RUS 202 Eb08
Kolpny RUS 203 Fa12
Kolppi FIN 81 Jb29
Kolrep D 119 Eb34
Kolsätter S 87 Fc34
Kölsillre S 87 Fd33
Kölsjön S 87 Ga34
Kolsko PL 128 Ga38
Kolsva S 95 Ga43
Kolta SK 145 Hb51
Kolu FIN 81 Jd31
Kolumna PL 130 Hc39
Kolunić BIH 152 Gb63
Koluszki PL 130 Hd38
Kolut SRB 153 Hd58
Koluvere EST 98 Ka44
Kolvereid N 78 Ec25
Kolvik N 64 Jb07
Kolyčivka UA 202 Ec14
Kolyšlej RUS 203 Fc11
Komádi H 147 Ka54
Komagfjord N 63 Hd07
Komagvær N 65 Kd06
Komagvik N 62 Gd08
Komańcza PL 139 Ka46
Kómanos GR 183 Bc78
Komar BIH 158 Ha64
Kómara GR 185 Ea75
Komarani SRB 178 Ad68
Komarevo BG 180 Db69
Komarno MNE 159 Ja70
Komárno SK 145 Hb52
Komárom H 145 Hb52
Komárov CZ 136 Fa45
Komarówka Podlaska PL 131 Kb38
Komarów-Osada PL 131 Kc41
Koma tou Gialou CY 206 Jd95
Kombóti GR 188 Ad82
Kombsija AL 182 Ac74
Kombuļi LV 115 Ld53
Komen SLO 151 Fa59
Komi CY 206 Jd96
Komi FIN 89 Jc35
Kómi GR 189 Bc86
Komin HR 158 Ha68
Kominternivs'ke UA 204 Ec17
Kómito GR 190 Cd86
Komiža HR 158 Gb68
Komjatice SK 145 Hb51
Kömlő H 146 Jb52
Komló H 152 Hb57
Kommerniemi FIN 91 Lc33
Komnes N 93 Dd43
Komniná GR 183 Bc77
Komniná GR 184 Db76
Komninádes GR 182 Ba77
Komorane KSV 178 Ba71
Komorniki PL 129 Gc37
Komorowo PL 122 Jc35
Komorowo PL 129 Gc40
Komorowo PL 129 Gd36
Komorze PL 129 Gd37
Komorzno PL 129 Ha41
Komsomol'sk RUS 203 Fa09
Komossa FIN 81 Jb30
Komoštica BG 179 Cc68
Komotiní GR 184 Dc77
Kompakka FIN 83 Ld31
Kompelusvaara S 68 Hd17
Komprachcice PL 129 Ha42
Kompina PL 130 Ja37
Kõmsi EST 98 Ka45
Komsi FIN 89 Ja33
Komsomol'sk RUS 113 Hd59
Komsomol'sk RUS 113 Ja59
Komsomol'skij RUS 203 Fc10
Komsomol'sk Zappvednik RUS 113 Ja59
Komu FIN 82 Kb28
Komula FIN 82 La26
Komunari BG 181 Ed71
Komuniga BG 184 Dc74
Kömürcü TR 192 Fa84
Kömürköy TR 186 Fa75
Kömür Limanı TR 185 Dd80
Konak BG 180 Eb70
Konak SRB 174 Bc62
Konak TR 198 Fd89
Konakkale TR 193 Hb87
Konaklı TR 199 Hb92
Konakovo RUS 202 Ed10
Konakpınar TR 192 Fa83
Konare BG 180 Ea72
Konare BG 181 Fb69
Konarevo SRB 178 Ba67
Konarı TR 193 Hb86
Konary PL 130 Jc38
Konarzewo PL 129 Gb37
Konarzyce PL 123 Jd33
Konarzyny PL 121 Gd32
Konäs S 78 Fa29
Končanica HR 152 Gd59
Konče MK 183 Bd75
Kończewice PL 121 Hb34
Kondiás GR 190 Db81
Kondofrej BG 179 Cb72
Kondolovo BG 186 Fa74
Kondopoúli GR 190 Dc81
Kondorfa H 145 Gb55
Kondoros H 146 Jc55
Kondratovo RUS 107 Ma48
Kondratów PL 128 Ga41
Kondratowice PL 129 Gc42
Kondrić HR 152 Hb60
Kondrovo RUS 202 Ed11
Køng DK 109 Eb27
Konga S 111 Fd53
Köngäs FIN 64 Jd07
Köngäs FIN 68 Jc14
Köngäs FIN 69 Ka14
Köngäs FIN 69 Kb17
Kongasmäki FIN 75 Kd24
Kongens Lyngby DK 109 Ec25
Kongerslev DK 100 Dc21
Konginkangas FIN 82 Kb31
Kongsberg N 93 Dc42
Kongselva N 66 Fd13
Kongsfjord N 65 Kb04
Kongshavn N 93 Db46
Kongsli N 67 Gd11
Kongsmark DK 108 Cd27
Kongsmoen N 78 Ed25
Kongsvika N 66 Ga13
Kongsvinger N 94 Ec40
Koņi LV 106 Kd47
Koniaków PL 138 Hc46
Konice CZ 137 Gc46
Koniecpol PL 130 Hd42
Konieczna PL 139 Jd46
Koniewo PL 120 Fc32
Königerode D 127 Dd39
Königgrätz = Hradec Králové CZ 136 Ga44
Königheim D 134 Da45
Königsaue D 127 Ea38
Königsbach-Stein D 134 Cc47
Königsberg D 134 Dc44
Königsbronn D 134 Db48
Königsbrück D 128 Fa40
Königsbrunn D 142 Dc50
Königsdorf D 143 Dd52
Königsee D 127 Dd42
Königsfeld D 135 Dd45
Königsfeld D 141 Cb50
Königshain-Wiederau D 127 Ec41
Königshofen D 134 Da46
Königslutter D 127 Dd37
Königsmoos D 135 Dd49
Königstein D 128 Fb42
Königstein D 134 Cc43
Königstein D 135 Ea46
Königswartha D 128 Fb40
Königswiesen A 144 Fc50
Königswinter D 125 Bd41
Königs Wusterhausen D 128 Fa37
Konin PL 129 Ha37
Konina PL 138 Ja46
Koniņciems LV 105 Jb51
Konispol AL 182 Ab80
Kónitsa GR 182 Ad79
Köniz CH 141 Bd54
Konjavo BG 179 Cb72
Konjic BIH 158 Hb66
Konjsko BIH 158 Ha68
Konjsko BIH 159 Hc69
Konjsko SRB 178 Ba68
Konju EST 99 Lc41
Konjuh KSV 178 Bb71
Konjuhe MNE 159 Jb68
Konnekoski FIN 82 Kd31
Könnern D 127 Ea39
Konnersreuth D 135 Eb44
Konnerud N 93 Dd42
Konnevesi FIN 82 Kc31
Könni FIN 81 Jb31
Konnovo RUS 99 Lc40
Kõnnu EST 98 Kc44
Kõnnu EST 105 Jd46
Konnunsuo FIN 91 Lc36
Konnuslahti FIN 82 La31
Konohovicy RUS 99 Ma41
Könölä FIN 74 Jc20
Konopiska PL 130 Hc42
Konopište MK 183 Bd75
Konopki PL 122 Ja34
Konopnica PL 130 Hc40
Konotop PL 120 Ga33
Konotop PL 128 Ga38
Konotop UA 202 Ed14
Konradsreuth D 135 Ea44
Końskie PL 130 Jb40
Konsko MK 183 Bd76
Końskowola PL 131 Ka39
Konsmo N 92 Cc46
Konstancin-Jeziorna PL 130 Jc37
Konstantin BG 180 Ea71
Konstantinova LV 107 Ld52
Konstantinovka RUS 113 Ja58
Konstantinovsk RUS 205 Fc15
Konstantinovy Lázně CZ 135 Ec45
Konstantynów PL 131 Kb36
Konstantynów Łódzki PL 130 Hc39
Konstanz D 142 Cc52
Kontea CY 206 Jc97
Kontemenos CY 206 Jb96
Kontiainen FIN 81 Jc30
Kontiainen FIN 89 Jc32
Kontinjoki FIN 82 Kd26
Kontiolahti FIN 83 Ld30
Kontiomäki FIN 82 La25
Kontioranta FIN 83 Ld30
Kontiovaara FIN 83 Ma29
Kontiovaara FIN 83 Ld28
Kontkala FIN 83 Lc30
Konttajärvi FIN 74 Jc18
Konttimäki FIN 83 Lb29
Konttimäki FIN 83 Lb30
Konttimäki FIN 90 Ka32
Kontu FIN 91 Lc36
Konuklu TR 187 Gc78
Konuralp TR 187 Ha78
Konuš BG 185 Dd74
Kóny H 145 Gd52
Konz D 133 Bc45
Konzell D 135 Ec48
Köo EST 98 Kd44
Koobassaare EST 107 Lb47
Koonga EST 98 Kb45
Kooraste EST 107 Lb46
Koorküla EST 106 La47
Köörtilä FIN 89 Ja35
Koosa EST 99 Lb44
Kootwijk NL 116 Bb36
Kopáni GR 188 Ad81
Kopanica PL 128 Ga38
Kopanie PL 129 Gd42
Koparnes N 76 Cb33
Kópasker IS 3 Bb03
Kópavogur IS 2 Ac05
Kopciówka PL 123 Kb32
Kopdarbs LV 105 Ja52
Kopenhagen = København DK 109 Ec26
Koper SLO 151 Fa59
Kopervik N 92 Bd42
Kopfing A 144 Fa50
Kopice PL 120 Fc32
Kopice PL 129 Gd42
Kopidlno CZ 136 Fd44
Kopilovci BG 179 Cb69
Köping S 95 Ga43
Köpingebro S 110 Fa56
Köpingsvik S 103 Gb52
Kopisk PL 123 Kb33
Koplik i Poshtëm AL 159 Ja70
Köpmanholm S 96 Ha42
Köpmanholmen S 80 Gd31
Kopor'e RUS 99 Ld40
Koporic'e KSV 178 Bb69
Koposperä FIN 82 Ka27
Koppang N 86 Eb36
Koppangen N 62 Ha09
Kopparåsen S 67 Gc13
Kopparberg S 95 Fc42
Koppardal N 70 Ed21
Kopparmora S 96 Ha43
Koppelo FIN 69 Kb11
Koppelo FIN 83 Lb27
Kopperå N 78 Ec30
Koppom S 94 Ec42
Koprivec BG 180 Ea69
Koprivlen BG 184 Cd75
Koprivna SLO 144 Fc56
Koprivnica HR 152 Gc57
Kopřivnice CZ 137 Ha46
Koprivštica BG 179 Da72
Köprübaşı TR 187 Gd78
Köprübaşı TR 192 Fb85
Köprücek TR 187 Gc80
Köprühisar TR 186 Ga80
Köprüören TR 192 Ga82
Koprzywnica PL 131 Jd42
Kopsa FIN 81 Jd25
Kopstad N 93 Dd43
Kõpu EST 97 Jc44
Kõpu EST 106 Kc46
Kopyčynci UA 204 Ea16
Korablino RUS 203 Fb11
Koraćica SRB 174 Bb65
Koraj BIH 153 Hd62
Koraşı TR 193 Hb86
Korb D 134 Cd48
Korbach D 126 Cd40
Korbeniči RUS 202 Ec08
Korbevac SRB 178 Bd71
Korbielów PL 138 Hd46
Korbøl N 71 Fc18
Korbovo SRB 174 Cb65
Korčanica BIH 152 Gb62
Korçë AL 182 Ad77
Korčevka RUS 203 Fd10
Korčula HR 158 Gd68
Korczew PL 131 Ka36
Korczyna PL 139 Ka45
Kordel D 133 Bc44
Korec' UA 202 Eb14
Köreken TR 192 Ga83
Korenevo RUS 202 Ed13
Korenica HR 151 Ga62
Korenica KSV 178 Ad71
Korenica SRB 159 Jc69
Korenovsk RUS 205 Fc16
Korentokylä FIN 75 Kc22
Korentovaara FIN 83 Mb29
Körez TR 192 Fc85
Korfantów PL 137 Gd43
Körfez TR 186 Ga78
Kórfos GR 195 Ca87
Korfovoúni GR 188 Ad81
Korfu = Kérkira GR 182 Ab80
Korgen N 71 Fb21
Korgene LV 106 Kc48
Körgepalu EST 107 Lb47
Körgessaare EST 97 Jc44
Körhasan TR 193 Ha83
Korholanmäki FIN 82 Kd31
Korhosenniemi FIN 75 Kd20
Korhoskylä FIN 81 Jd27
Korhoskylä FIN 89 Jc33
Koria FIN 90 Kd37
Korifási GR 194 Ba89
Korifí GR 182 Bb79
Korifí GR 188 Ba81
Korinós GR 183 Bd79
Korinth DK 108 Dc27
Korinth = Kórinthos GR 189 Bd86
Kórinthos GR 189 Bd86
Koriseva FIN 83 Lc28
Korissía GR 195 Cd88
Korissós GR 183 Bb78
Korita BIH 158 Gb64
Korita BIH 159 Hc67
Korita HR 152 Gd60
Korita HR 158 Ha69
Korita MNE 159 Jb69

Kronach – Kyselka

Kronach D 135 Dd44
Kronan S 94 Ed42
Kronau D 134 Cc47
Kronauce LV 106 Ka52
Kronberg D 134 Cc43
Kronburg D 142 Db51
Kronenburg D 125 Bc42
Kröning D 135 Eb49
Kronoby FIN 81 Jb28
Kronowo PL 122 Ja31
Kronprinzenkoog D 118 Da31
Kronsdorf A 144 Fb51
Kronshagen D 118 Db30
Kronshagen D 118 Dc30
Kronštadt RUS 202 Ea08
Kron-Vike S 79 Ga27
Krootuse EST 107 Lb46
Kropa SLO 151 Fb57
Kröpelin D 119 Eb31
Kropotkin RUS 205 Fd16
Kropp D 118 Db30
Kroppenstedt D 127 Dd38
Kropstädt D 127 Ec38
Krościenko PL 139 Kb46
Krościenko nad Dunajcem PL 138 Jb46
Kroševo Brdo BIH 152 Ha63
Kröslin D 120 Fa31
Krosna LV 114 Kb59
Krośnice PL 129 Gd40
Krośniewice PL 130 Hc37
Krosno PL 122 Hc31
Krosno PL 139 Ka45
Krosno Odrzańskie PL 128 Fc38
Krössbach A 143 Dd54
Krossen N 92 Cc47
Krossen N 93 Da42
Krossli N 93 Da43
Krostitz D 127 Ec40
Krote LV 105 Jb52
Krotoszyce PL 128 Ga41
Krotoszyn PL 129 Gd39
Krottendorf A 144 Fd54
Krouna CZ 136 Ga45
Krousónas GR 200 Da96
Kröv D 133 Bd44
Krovili GR 185 Dd77
Krowiarki PL 137 Ha44
Krpimej KSV 178 Bb70
Krrabë AL 182 Ac75
Krš HR 151 Fd62
Krško SLO 151 Fd58
Krst SRB 174 Bd66
Krstac MNE 159 Hd68
Krstac MNE 159 Hd70
Krstinja HR 151 Ga60
Krstur SRB 153 Jb57
Krtova BIH 153 Hc62
Kruče MNE 163 Ja71
Krucz PL 121 Gb35
Kruë i Fushës AL 159 Jb70
Kruge HR 151 Ga62
Krügersdorf D 128 Fb37
Kruglovka RUS 113 Jb59
Kruglovo RUS 113 Hd58
Kruishoutem B 124 Ab40
Krujë AL 163 Jb72
Krujë AL 182 Ab74
Kruk N 85 Dc37
Kruklanki PL 123 Jd30
Krukowo PL 122 Jb33
Krum BG 185 Dd74
Krumbach (Schwaben) D 142 Db50
Krumë AL 178 Ad72
Krummennaab D 135 Eb45
Krummesse D 119 Dd32
Krummhörn D 117 Ca32
Krumovgrad BG 185 Dd76
Krumovo BG 180 Eb73
Krumovo Gradiste BG 181 Ec72
Krumpendorf A 144 Fb56
Krün D 143 Dd53
Krunderup DK 100 Da23
Kruonis LT 114 Kc58
Kruopiai LT 113 Jc54
Kruopiai LT 114 Ka53
Krupá CZ 136 Fa44
Krupac BIH 159 Hc65
Krupac SRB 179 Cb70
Krupaja SRB 174 Bd66
Krupa na Vrbasu BIH 152 Gd62
Krupanj SRB 153 Ja63
Krupe PL 131 Kc40
Krupina SK 146 Hc50
Krupište MK 183 Bd74
Krupka CZ 128 Fa42
Krupnik BG 183 Cb74
Krupovo RUS 107 Ma52
Krupp RUS 107 Ld46
Kruså DK 108 Db28
Krušare BG 180 Eb72
Krušari BG 181 Fa68
Kruščić SRB 153 Ja59
Kruščica HR 151 Fd62
Krušćica HR 151 Fd63
Krušedol Selo SRB 153 Jb60
Krušeto BG 180 Dd70
Kruševac SRB 178 Bc68
Kruševec BG 181 Ed73
Kruševica SRB 153 Jc63
Kruševo BIH 159 Hc64
Kruševo MK 183 Bb75
Krušica BIH 158 Ha64
Krusin PL 121 Hb33
Krušovene BG 180 Db68
Krušovica BG 179 Cd68
Krustpils LV 106 La51
Krušuna BG 180 Dc70
Kruszewo PL 121 Gb35
Kruszewo PL 123 Ka33
Kruszki PL 123 Ka30
Kruszów PL 130 Hd39
Kruszwica PL 129 Ha36
Kruszyn PL 130 Hc36
Kruszyna PL 130 Hc41
Kruszyniany PL 123 Kc33
Kruszyny PL 122 Hc33
Krūte LV 113 Jb53
Krute MNE 163 Ja71
Kruth F 31 Kb39
Kruti LV 107 Ld48
Krutje e sipërme AL 182 Ab76
Krutneset N 71 Fb22
Krutyń PL 122 Jc32
Kruunupyy FIN 81 Jb28
Kruusila FIN 97 Jd39
Kruuvinkylä FIN 89 Jb36
Krużlowa Wyżna PL 138 Jc45
Krvavi Potok SLO 151 Fa59
Kryčav BY 202 Ec12
Kryekuq AL 182 Ab76
Kryevidh AL 182 Ab75
Kryg PL 139 Jd45
Kryle DK 100 Cd23
Krylovo RUS 122 Jc30
Krymsk RUS 205 Fc17
Krynica PL 138 Jc46
Krynica Morska PL 122 Hc30
Krynka PL 131 Ka37
Krynki PL 123 Kc33
Krypno Wielkie PL 123 Ka33
Kryry CZ 135 Ed44
Kryve Ozero UA 204 Ec16
Kryvsk BY 202 Ec13
Kryvyj Rih UA 204 Ed16
Kryżanów PL 130 Hc37
Kryžopil' UA 204 Eb16
Krzcięcice PL 130 Ja42
Krzczonów Wójtostwo PL 131 Kb40
Krzęcin PL 120 Fd34
Krzeczów PL 129 Hb40
Krzelów PL 129 Gb40
Krzemienica PL 139 Jd43
Krzemieniewo PL 121 Gc32
Krzemienowo PL 129 Gc38
Krzemlin PL 120 Fc34
Krzepice PL 129 Hb41
Krzepielów PL 128 Ga39
Krzepów PL 128 Ga39
Krześlin PL 131 Ka36
Krzeszów PL 139 Kb43
Krzeszowice PL 138 Hd44
Krzeszyce PL 128 Fc36
Krzewiny PL 121 Hb32
Krzyewo PL 122 Jb34
Krzymów PL 129 Hb37
Krzynowłoga Mała PL 122 Jb34
Krzystkowice PL 128 Fd39
Krzyszkowice PL 138 Ja45
Krzywa PL 128 Ga40
Krzywcza PL 139 Kb44
Krzywda PL 131 Ka38
Krzywe PL 123 Ka30
Krzywin PL 129 Gc38
Krzyż PL 120 Ga35
Krzyż PL 138 Jb43
Krzyżanowice PL 137 Ha44
Krzyżowa PL 128 Ga40
Krzyżowa PL 129 Gb42
Krzyżówka PL 138 Jc46
Kšenskij RUS 203 Fa13
Książenice PL 137 Hb44
Książki PL 122 Hc33
Książ Mały PL 138 Ja43
Książ Wielki PL 138 Ja43
Książ Wielkopolski PL 129 Gc38
Księginice PL 129 Gc41
Księżomierz PL 131 Ka41
Księżpol PL 131 Kb42
Księży Lasek PL 122 Jb33
Kstovo RUS 203 Fb09
Ktery PL 130 Hc37
Ktismata GR 182 Ac79
Ktová CZ 136 Fd43
Kubanovka RUS 113 Jd58
Kubbe S 80 Gc29
Kübekháza H 153 Jb57
Kublov CZ 136 Fa45
Kubrat BG 180 Eb68
Kubuļi LV 107 Lc49
Kuç AL 182 Ab78
Kučajna SRB 174 Bd65
Kućanci HR 152 Hb59
Kučevište MK 178 Bb72
Kučevo SRB 174 Bd65
Kučgalys LT 114 Kd53
Kuchary PL 129 Ha38
Kuchen D 134 Da49
Kuchl A 143 Ed52
Kuchyňa SK 145 Gd50
Kucice PL 130 Ja36
Kucina BG 180 Dd70
Kućište KSV 178 Ad70
Kućište SRB 159 Jc68
Kučiūnai LV 123 Kb30
Kuc'i Zi AL 182 Ad77
Kučkova MK 178 Bb73
Kuçovë AL 182 Ab76
Küçükalan TR 198 Ga90
Küçükbahçe TR 191 Ea85
Küçükdağdere TR 192 Fb83
Küçükdanişmend TR 185 Ec76
Küçükhasan TR 193 Hb84
Küçükkabaca TR 193 Gc87
Küçükkalecik TR 193 Gc85
Küçükkaraağaç TR 186 Fb80
Küçükkaraağaç TR 198 Fb91
Küçükkarakarlı TR 185 Ed76
Küçükkarıştıran TR 185 Ed76
Küçükkemerdere TR 191 Ed87
Küçükkılıca TR 191 Ec82
Küçükkışla TR 187 Gc78
Küçükköy TR 191 Eb83
Küçükköy TR 199 Gb90
Küçükkumla TR 186 Fd79
Küçükkuyu TR 191 Eb82
Küçükpınar TR 199 Gb92
Küçüksuzus TR 187 Gb80
Küçükyala TR 186 Fa75
Küçükyenice TR 191 Ed82
Küçükyonalı TR 186 Fa76
Kucura SRB 153 Ja59
Kuczbork-Osada PL 122 Hd34
Kuczków PL 129 Ha38
Kuczyn PL 123 Ka35
Kuddby S 103 Gb46
Kudinava LV 107 Lc48
Kudirkos Naumiestis LT 114 Ka58
Kudowa-Zdrój PL 137 Gb43
Kūdums LV 106 Kd49
Kufas H 152 Gd57
Kuflew PL 131 Jd37
Kufstein A 143 Eb53
Kugej RUS 205 Fc16
Kügeliai LT 113 Jc57
Kuggeboda S 111 Fd54
Kuha FIN 74 Kb20
Kuhakoski FIN 91 Lb33
Kuhalankylä FIN 82 Kb29
Kuhanen FIN 82 La30
Kühbach D 135 Dd49
Kuhfelde D 119 Dd35
Kühlungsborn D 119 Eb31
Kuhmalahti FIN 90 Ka35
Kuhmirn A 145 Gb54
Kuhmo FIN 83 Lb25
Kuhmoinen FIN 90 Kb35
Kühnhausen D 127 Dd41
Kühnsdorf A 144 Fc56
Kuhnusta FIN 83 Lc29
Kühren-Burkartshain D 127 Ec40
Kühsen D 119 Dd32
Kühtai A 142 Dc54
Kuhtur FIN 69 Jd12
Kuijõe EST 98 Ka43
Kuikkalampi FIN 83 Ma29
Kuimetsa EST 98 Kc43
Kuinre NL 117 Bc34
Kuišiai LT 114 Kc58
Kuisma FIN 83 Ma30
Kuittua FIN 83 Lb31
Kuivainen FIN 91 Lb35
Kuivajärvi FIN 75 Lc24
Kuivajõe EST 98 Kc43
Kuivakangas S 73 Jb19
Kuivalahti FIN 89 Ja36
Kuivaniemi FIN 74 Jd22
Kuivanto FIN 90 Kc37
Kuivas järvi FIN 74 Ka23
Kuivasjärvi FIN 89 Jc33
Kuivaskylä FIN 89 Jc32
Kuivasmäki FIN 90 Kb32
Kuivastu EST 97 Jd45
Kuiviži LV 106 Kb48
Kujan PL 121 Gc33
Kujduzi RUS 99 Mb40
Kūkas LV 107 Lb51
Kukasjärvi FIN 69 Jd16
Kukasjärvi S 73 Jb20
Kukës AL 178 Ad72
Kukkaperä FIN 74 Kb23
Kukkaro FIN 90 Kb33
Kukko FIN 90 Ka32
Kukkola FIN 74 Jc21
Kukkola FIN 82 Kb25
Kukkola FIN 90 Ka36
Kukkola S 74 Jc21
Kukkolanmäki FIN 91 Lb32
Kukkolanvaara FIN 75 Lb20
Kuklen BG 184 Db74
Kuklin PL 122 Ja34
Kuklinów PL 129 Gd39
Kukliš MK 183 Ca75
Kukljić HR 151 Ga63
Kukljica HR 157 Fd64
Kukmor RUS 203 Fd08
Kukohijoki FIN 90 Ka36
Kukonharja FIN 89 Jc37
Kukonkylä FIN 81 Jd27
Kukonkylä FIN 81 Jd31
Kuks CZ 136 Ga43
Kuktiškės LT 114 La55
Kukujevci SRB 153 Ja61
Kukulje BIH 152 Ha61
Kukur AL 182 Ac76
Kukurečani MK 183 Bb76
Kukuri LV 106 Ka52
Kükürt TR 192 Ga82
Kula BG 179 Cb67
Kula HR 152 Hb60
Kula MNE 159 Ja68
Kula SRB 153 Ja59
Kula TR 192 Fc86
Kulak TR 193 Gc86
Kulaši BIH 152 Ha62
Kulata BG 184 Cc75
Kulautuva LV 114 Kb57
Kulciems LV 105 Jd50
Kulcs H 146 Hc54
Kuldiga LV 105 Jc51
Kul'e RUS 107 Lc46
Kulebaki RUS 203 Fb10
Kuleli TR 185 Ec76
Kulennoinen FIN 91 Ld33
Kulen Vakuf BIH 152 Gb63
Kuleönü TR 199 Gc88
Kuleši RUS 203 Fa12
Kulesze PL 123 Ka32
Kulesze Kościelne PL 123 Ka34
Kuleszewo PL 121 Gc30
Kulho FIN 83 Ld30
Kulhuse DK 109 Eb25
Kulikovo RUS 113 Ja58
Kulina SRB 178 Bc68
Kulina Voda BG 180 Dc69
Kulju FIN 89 Jd35
Kulju FIN 89 Jd36
Kulju TR 192 Ga86
Kulkwitz D 127 Eb40
Kulla EST 106 Kd46
Kullaa FIN 89 Jb36
Kullaberg S 110 Ec54
Kulla kap S 103 Fc49
Kullamaa EST 98 Ka44
Kullavik S 102 Eb49
Kullen S 79 Ga26
Kullenga EST 98 La42
Kullerstad S 103 Ga46
Kullo FIN 98 Kc39
Kulloo FIN 98 Kc39
Küllstedt D 126 Db40
Kulltorp S 102 Fa50
Kullunki FIN 69 Kd17
Kulmain D 135 Ea45
Kulmbach D 135 Dd44
Kulmenai LT 113 Jc57
Kuloharju FIN 75 Kd20
Kulp TR 205 Ga20
Külsheim D 134 Da45
Külsővat H 145 Gd54
Kultima FIN 68 Hd13
Kultugün TR 185 Ec77
Kultukka FIN 74 Kb20
Kuluntalahti FIN 82 Kd25
Kulupėnai LT 113 Jb54
Kulva LT 114 Kc57
Kulvemäki FIN 82 Kd27
Kuma TR 186 Fd78
Kumafşarı TR 198 Ga90
Kuman AL 182 Ab76
Kumane SRB 153 Jb59
Kumanica SRB 178 Ad68
Kumanovo MK 178 Bc72
Kumarı TR 193 Gb83
Kumartaş TR 193 Gc85
Kümbet TR 193 Gc83
Kumbuli LV 115 Lc54
Kumburgaz TR 186 Fb77
Kumdanlı TR 193 Gd86
Kumelsk PL 123 Jd32
Kumhausen D 143 Eb50
Kumielsk PL 123 Jd32
Kumilä FIN 89 Jc38
Kumio FIN 97 Jc39
Kumiseva FIN 82 Ka28
Kumja FIN 90 Kc37
Kumkadı TR 186 Fb80
Kumkale TR 191 Ea81
Kumköy TR 186 Fd77
Kumköy TR 199 Gd91
Kumköy TR 199 Hb91
Kumkuyucak TR 192 Fa85
Kumla S 95 Fd44
Kumla Kyrkby S 95 Gb42
Kumlinge FIN 97 Hd40
Kumluca TR 199 Gb93
Kummavuopio S 67 Hb12
Kummelnäs S 96 Gd43
Kümmersbruck D 135 Ea46
Kummunkylä FIN 82 Kc30
Kumpu FIN 91 Ld33
Kumpula FIN 82 Ka30
Kumpumäki FIN 82 Kb29
Kumpuranta FIN 91 Ld32
Kumpuselkä FIN 82 Kb29
Kumpuvaara FIN 74 Kb20
Kumrags LV 106 Kb48
Kumrovec HR 151 Ga58
Kumu FIN 90 Kc35
Kunbaracs H 146 Hd54
Künceğiz TR 186 Ga80
Kuncsorba H 146 Jc54
Kunda EST 98 La41
Kundl A 143 Ea53
Kundullu TR 193 Hb86
Künerlik TR 191 Ec86
Kunes N 64 Jd06
Kunfehértó H 146 Ja56
Kungälv S 102 Eb48
Kungas FIN 81 Jc27
Kungbäck S 93 Ea44
Kungsängen S 96 Gc43
Kungsåra S 95 Gb43
Kungsäter S 102 Ec50
Kungsbacka S 102 Ec50
Kungsberg S 95 Ga39
Kungsfors S 95 Gb39
Kungsgarden S 95 Gb39
Kungshamn S 102 Ea47
Kungs-Husby S 96 Gc43
Kungsör S 95 Ga43
Kunhegyes H 146 Jc53
Kunice PL 129 Gb41
Kunigiškiai LT 114 Ka59
Kuningaküla EST 99 Lc42
Kuninkaanlähde FIN 89 Jb35
Kunino BG 179 Da70
Kunioniai LV 114 Kb56
Kunj HR 151 Fa61
Kun'je UA 203 Fb14
Kunmadaras H 146 Jc53
Kunnasniemi FIN 83 Ld30
Kunow D 119 Eb35
Kunów PL 130 Jc41
Kunowice PL 128 Fc37
Kunowo PL 129 Gc38
Kunpeszér H 146 Hd54
Kunrau D 127 Dd36
Kunreuth D 135 Dd45
Kunštat CZ 137 Gb46
Kunszentmárton H 146 Jb55
Kunszentmiklós H 146 Hd54
Kunžak CZ 136 Fd48
Künzell D 126 Da42
Künzelsau D 134 Da47
Künzing D 135 Ec49
Kuohatti FIN 83 Lc27
Kuohenmaa FIN 89 Jd36
Kuohu FIN 90 Kb33
Kuoksu S 68 Hc16
Kuolio FIN 75 La20
Kuomiokoski FIN 90 La35
Kuomiolahti FIN 90 La35
Kuona FIN 82 Kb28
Kuopio FIN 82 La30
Kuoppala FIN 82 Ka31
Kuora FIN 83 Ld29
Kuormuvaara FIN 83 Lc29
Kuorpak sameviste S 72 Gd18
Kuorsuma FIN 89 Jb35
Kuortane FIN 81 Jc31
Kuortti FIN 90 Kd35
Kuosku FIN 69 Kc16
Kup PL 129 Ha42
Kuparivaara FIN 75 La20
Kupčino RUS 99 Mb39
Küpeler TR 191 Ed82
Kupeli RUS 99 Mb43
Kupferberg D 135 Ea44
Kupferzell D 134 Da47
Kupiá GR 195 Bd90
Kupiala FIN 91 Lb32
Kupinec HR 151 Ga59
Kupinovo SRB 153 Jb62
Kupiski PL 123 Jd33
Kupiškis LT 114 Kd54
Kupjak HR 151 Fc60
Kup'jans'k UA 203 Fb14
Kup'jans'k-Vuzlovyj UA 203 Fb14
Kupljensko HR 151 Gb60
Küplü TR 185 Ea77
Küplü TR 193 Gb81
Kupovo RUS 99 Lc43
Kuppenheim D 133 Cb48
Kuprava LV 107 Ld49
Kupreliškis LT 114 Kd53
Kupres BIH 158 Gd64
Küps D 135 Dd44
Kupusina SRB 153 Hd59
Kuqan AL 182 Ac75
Kuraszków PL 129 Gc40
Kurbnesh AL 163 Jc71
Kurd H 145 Hb56
Kurdžinovo RUS 205 Fd17
Küre TR 192 Fa87
Küre TR 193 Gb81
Küreci TR 192 Fd83
Küredere TR 192 Fb83
Kurejoki FIN 81 Jc30
Kürekçi TR 192 Fd86
Kureküla EST 98 La45
Kuremaa EST 98 La44
Kuremäe EST 99 Lc42
Kuressaare EST 105 Jc46
Kurevere EST 98 Ka44
Kurevere EST 105 Jb46
Kureyşler TR 192 Ga83
Kurfallı TR 186 Fb77
Kurganinsk RUS 205 Fd17
Kurgja EST 98 Kc44
Kurgolovo RUS 99 Lc40
Kurianka PL 123 Kb31
Kurikka FIN 89 Jb32
Kurikkala FIN 81 Jc27
Kuřim CZ 137 Gb47
Kurima SK 139 Jd47
Kurisjärvi FIN 89 Jd37
Kuřivody CZ 136 Fc43
Kurjala FIN 83 Lb31
Kurjenkylä FIN 89 Jc33
Kürkçüler TR 198 Fb91
Kurkela FIN 97 Jd39
Kurkevicy RUS 99 Mb41
Kurki FIN 75 Kc22
Kurki PL 122 Ja32
Kurkikylä FIN 75 Kd22
Kurkimäki FIN 82 La30
Kurkkio FIN 68 Jb14
Kurkkio S 68 Hd16
Kurkliai LT 114 Kd55
Kurkse EST 98 Ka43
Kurlovskij RUS 203 Fa10
Kurmale LV 105 Jc51
Kurmelionys LT 115 Lb59
Kurmene LV 106 Kd52
Kürnüç TR 187 Gd80
Kurola FIN 91 Lb32
Kurolanlahti FIN 82 Kd29
Kurortnoe RUS 113 Jb59
Kurovicy RUS 99 Lc41
Kurovicy RUS 99 Mb41
Kurovskoe RUS 203 Fa10
Kurów PL 131 Ka39
Kurowice PL 130 Hd39
Kurowo PL 121 Gb31
Kurozwęki PL 130 Jc42
Kurravaara S 67 Hb15
Kurrokvejk S 72 Gc21
Kuršai LT 113 Jd54
Kürse TR 192 Fa82
Kuršėnai LT 114 Ka54
Kurši EST 98 La44
Kuršiai LT 114 Kc55
Kuršiši LV 105 Jd52
Kursk RUS 99 Ma41
Kursk RUS 203 Fa13
Kursu FIN 69 Kc17
Kuršumlija SRB 178 Bb69
Kuršumlijska Banja SRB 178 Bb69
Kurşunlu TR 186 Fb80
Kursunlu TR 186 Fd80
Kurşunlu TR 192 Fc81
Kurşunlu TR 192 Fc85
Kurşunlu TR 205 Fa20
Kurtakko FIN 68 Jb16
Kurtdere TR 186 Fa76
Kurtdere TR 192 Fa81
Kurtdere TR 192 Fd84
Kürten D 125 Ca40
Kurtköy TR 186 Fd78
Kurtköy TR 186 Fd79
Kurtköy TR 187 Gb79
Kurtköy TR 187 Gc78
Kurtköy TR 193 Gb81
Kurtlar TR 187 Ha77
Kurtna EST 99 Lb42
Kurtşeyh TR 193 Hb84
Kurtsuyu TR 187 Ha78
Kurttepe TR 185 Eb76
Kurtti FIN 75 Kd21
Kurtto FIN 75 Kd24
Kürttüllü TR 185 Eb77
Kurttutan TR 192 Fa85
Kurtul TR 186 Fd80
Kurtulmus TR 192 Fa84
Kurtuşağı TR 193 Hb85
Kurtuvėnai LT 114 Ka54
Kuru FIN 89 Jd34
Kuru FIN 89 Jd36
Kuru FIN 90 Kb38
Kurucaova TR 193 Gd85
Kuruçay TR 192 Ga83
Kurucuova TR 193 Hb88
Kurudere TR 185 Ed75
Kurudere TR 187 Gd78
Kurudere TR 193 Gd84
Kurudereköy TR 191 Ed86
Kurukavak TR 187 Gd78
Kurvinen FIN 75 Lb21
Kuryłówka PL 139 Kb43
Kurzelów PL 130 Ja41
Kurzętnik PL 122 Hd33
Kurzras I 142 Dc55
Kurzyna PL 131 Ka42
Kusadak SRB 174 Bb65
Kuşadası TR 197 Ec88
Kušalino RUS 202 Ed09
Kuşca TR 193 Gc81
Kuşçayır TR 191 Eb81
Kuščevskaja RUS 205 Fc16
Kuścińce PL 123 Kc32
Kusel D 133 Bd45
Kušela RUS 99 Ld42
Kusey D 127 Dd36
Kushovë AL 182 Ac76
Kušići SRB 178 Ad68
Kuside MNE 159 Hd68
Kušiljevo SRB 174 Bc65
Kuslin PL 129 Gb37
Kuşluca TR 199 Hb88
Küsmark S 80 Hc25
Küsnacht CH 141 Cb53
Kušnin KSV 178 Ad72
Kusowo PL 121 Gb32
Küssaberg D 141 Cb52
Kussjö S 80 Ha27
Küssnacht am Rigi CH 141 Cb54
Kustavi FIN 97 Ja39
Küstelberg D 126 Cc40
Küsten D 119 Dd35
Kuštilj SRB 174 Bd63
Kustovo RUS 107 Ma48
Kuşuköy TR 192 Fc84
Kusuri FIN 83 Mb29
Kusva RUS 107 Ld46
Kuta BIH 159 Hd65
Kütahya TR 193 Gb83
Kutajoki FIN 90 Kc36
Kutala FIN 89 Jc36
Kutbey TR 185 Eb77
Kutemainen FIN 82 Kb30
Kutemajärvi FIN 90 Kd33
Kutenholz D 118 Da33
Kuterevo HR 151 Fd62
Kuti MNE 159 Jb69
Küti EST 98 La42
Kutila FIN 90 Ka37
Kutina HR 152 Gc60
Kutinica HR 152 Gc59
Kutiškiai LT 114 Kb54
Kutjevo HR 152 Ha60
Kutlovo SRB 174 Bb66
Kutlu-Bukaš RUS 203 Ga08
Kutná Hora CZ 136 Fd45
Kutno PL 130 Hc37
Kutsu FIN 83 Ma31
Kuttainen S 68 Hd13
Kuttanen FIN 68 Hd13
Küttigen CH 141 Ca53
Kuttura FIN 69 Jd12
Kutumäki FIN 82 Kd31
Kutuzovo RUS 113 Jd59
Kutuzovo RUS 114 Ka58
Kuty PL 123 Jd30
Kúty SK 137 Gc49
Kutzleben D 127 Dd40
Kuukanniemi FIN 91 Lb36
Kuukasjärvi FIN 74 Kb21
Kuuksenvaara FIN 83 Ma30
Kuuminainen FIN 89 Ja36
Kuumu FIN 75 Lb24
Kuurna FIN 91 Ma32
Kuurtola FIN 75 La23
Kuurusenvaara FIN 68 Jb17
Kuusa FIN 90 Kc32
Kuusaa FIN 82 Ka27
Kuusajoki FIN 68 Jc15
Kuusalu EST 98 Kc42
Kuusamo FIN 75 La20
Kuusankoski FIN 90 Kd37
Kuusela FIN 75 Lb24
Kuusijärvi S 73 Jb19
Kuusijoki FIN 89 Jb34
Kuusikonkumpu FIN 68 Ka16
Kuusiku EST 98 Kb44
Kuusilaki S 73 Ja18
Kuusiniemi S 68 Ja15
Kuusiranta FIN 82 Kc26
Kuusirati FIN 82 Ka25
Kuusivaara FIN 74 Kb18
Kuusjärvi FIN 83 Lc30
Kuusjoenperä FIN 97 Jd39
Kuusjoki FIN 89 Jc38
Kuusjoki FIN 97 Jd39
Kuuskanlahti FIN 82 Kc25
Kuuslahti FIN 82 Kc30
Kuuslahti FIN 82 La29
Kuutsi EST 107 Lb48
Kuuttila FIN 81 Ja31
Kuvala FIN 90 La34
Kuvaskangas FIN 89 Ja34
Kuvšinovo RUS 202 Ec10
Kuyubaşı TR 199 Gc89
Kuyucak TR 187 Hb80
Kuyucak TR 193 Gc82
Kuyucak TR 198 Fb88
Kuyucak TR 199 Hb90
Kuyucakkarapınar TR 192 Fb84
Kuyumcu TR 191 Ec83
Kuyupınar TR 193 Gd81
Kuyusinir TR 193 Gb83
Kuzayır TR 192 Fc84
Kuzca TR 199 Gd89
Kužiai LT 114 Ka54
Kuzie PL 122 Jc33
Kuzkaya TR 187 Gd79
Kuzköy TR 199 Gc89
Kuzma SLO 145 Gb55
Kuzmica HR 152 Ha60
Kuzmice SK 139 Jd49
Kuzmin SRB 153 Ja61
Kuźmina PL 139 Kb45
Kuzminec HR 151 Ga57
Kuzminec HR 152 Gc57
Kuzneck RUS 203 Fd10
Kuznecovka RUS 107 Mb51
Kuznecovo RUS 99 Mb41
Kuznecovs'k UA 202 Ea14
Kuźnia Raciborska PL 137 Hb44
Kuźnica PL 121 Hb29
Kuźnica PL 123 Kc32
Kuźnica Czarnkowska PL 121 Gb35
Kuźnica Grodziska PL 130 Hd41
Kuźnica Zbąska PL 128 Ga37
Kuźnica Żelichowska PL 120 Ga35
Kuzören TR 193 Hb83
Kuzören TR 193 Hb85
Kuzovo RUS 107 Mb46
Kuzuköy TR 192 Fb84
Kuzulimanı TR 185 Dd80
Kuzuluk TR 187 Gc79
Kvačany SK 138 Hd47
Kvæfjord N 66 Ga12
Kvæl N 71 Fd18
Kvænangsbotn N 63 Hc09
Kværkeby DK 109 Eb26
Kværndrup DK 108 Dd27
Kværs DK 108 Db28
Kväkköl S 87 Fc37
Kvål N 77 Ea30
Kvalavåg N 92 Bd42
Kvåle N 92 Cc46
Kvalfjord N 63 Hd07
Kvalnes N 66 Fb14
Kvalnes N 70 Fa21
Kvaløysætra N 78 Eb26
Kvaløysletta N 62 Gd09
Kvalsund N 63 Ja06
Kvalsund N 76 Cb33
Kvalsvik N 76 Cb32
Kvalvåg N 77 Db31
Kvam N 85 Dd35
Kvammen N 77 Dc31
Kvamsøy N 84 Cc37
Kvanløse DK 109 Eb26
Kvanndal N 84 Cc39
Kvanne N 77 Db31
Kvantorp S 80 Ha27
Kvänum S 102 Ed47
Kvarnåsen S 80 Ha25
Kvarnbyn S 80 Hb26
Kvarnriset S 80 Hc26
Kvarnsjö S 87 Fb33
Kvarsätt S 87 Gb33
Kvarsebo S 103 Gb46
Kvarstadseter N 85 Ea37
Kvås N 92 Cc46
Kvasice CZ 137 Gd47
Kveaunet N 78 Fa27
Kvėdarna LT 113 Jc55
Kveina N 70 Ed24
Kvelde N 93 Dd44
Kvelia N 79 Fb26
Kvennland N 78 Eb27
Kvenvær N 77 Db29
Kvernes N 77 Da31
Kvernessetra N 86 Eb36
Kvernhaugen N 94 Ec39
Kvernmo N 86 Ed37
Kvernstad N 77 Dd29
Kvetkai LT 114 Kd53
Kvevlax FIN 81 Ja30
Kvi N 66 Fc17
Kvibille S 102 Ed52
Kviby N 63 Hd07
Kvicksund S 95 Ga43
Kvidinge S 110 Ed54
Kvien N 76 Cc33
Kvikkjokk S 72 Gc18
Kvikne N 85 Dd36
Kvikstad N 66 Fc17
Kvilda CZ 136 Fa48
Kvilldal N 92 Cc42
Kville S 102 Eb46
Kvillinge S 103 Ga46
Kvillsfors S 103 Fd50
Kvimo FIN 81 Ja30
Kvinen N 92 Cc44
Kvinesdal N 92 Cc46
Kvinlog N 92 Cc45
Kvinnestad S 102 Ed48
Kvinnherad N 84 Cb40
Kvisler N 94 Ec39
Kvissleby S 88 Gc34
Kvistbro S 95 Fc44
Kvisvik N 77 Db31
Kvitberget N 63 Hd06
Kvitblik N 66 Fd17
Kviteberg N 62 Ha09
Kviteseid N 93 Da43
Kvitfors N 66 Ga13
Kvitlen N 92 Cb45
Kvitnes N 66 Fd13
Kvitnes N 77 Da31
Kvitno N 84 Cc40
Kvitsøy N 92 Ca43
Kvitten N 86 Eb33
Kvitvik N 63 Hd07
Kvivik DK 3 Ca06
Kvong DK 108 Cd25
Kvorning DK 100 Dc23
Kwakowo PL 121 Gc30
Kwiatkowice PL 130 Hc39
Kwidzyn PL 121 Hb32
Kwiecewo PL 122 Ja31
Kwilcz PL 128 Ga36
Kybartai LT 114 Ka58
Kycklingvattnet S 79 Fb26
K. Yenici TR 187 Gb80
Kyjiv UA 202 Ec14
Kyjov CZ 137 Gd48
Kylämä FIN 90 Kb35
Kylänlahti FIN 83 Lc28
Kylänpää FIN 81 Ja31
Kyläsaari FIN 89 Ja36
Kyle of Lochalsh GB 4 Db08
Kylerhea GB 4 Db08
Kylestrome GB 4 Dd05
Kyllaj S 104 Ha49
Kylland N 92 Cc45
Kyllburg D 133 Bc43
Kylmäkoski FIN 89 Jd37
Kylmälä FIN 74 Ka21
Kylmälä FIN 82 Kb25
Kylmämäki FIN 90 Kd32
Kymbo S 102 Fa48
Kymentaka FIN 90 Kd37
Kymi FIN 90 La38
Kyminlinna FIN 90 La38
Kymönkoski FIN 82 Kb30
Kymstad S 94 Ed41
Kynsikangas FIN 89 Jb36
Kynsivaara FIN 75 Kd20
Kynšperk nad Ohří CZ 135 Ec44
Kyöstilä FIN 89 Jd35
Kypäräjärvi FIN 83 Lb31
Kypärävaara FIN 75 La24
Kypasjärv S 73 Ja20
Kyperounta CY 206 Ja97
Kyre Park GB 15 Ec25
Kyritz D 119 Ec35
Kyrkås S 79 Fc30
Kyrkberg S 72 Gb24
Kyrkesund S 102 Eb48
Kyrkhult S 111 Fc53
Kyrkjestølane N 85 Da37
Kyrkjeteig N 84 Cb35
Kyrksæterøra N 77 Dc30
Kyrkslätt FIN 98 Ka40
Kyrksten S 95 Fb43
Kyrnyčky UA 204 Ec17
Kyrönlahti FIN 89 Jd35
Kyröskoski FIN 89 Jc35
Kyrospohja FIN 89 Jc35
Kyrping N 92 Cb41
Kyrsyä FIN 91 Lb33
Kyselka CZ 135 Ec44

Launois-sur-Vence – Lera

Launois-sur-Vence F 24 Hd34
Launonen FIN 90 Ka38
Laupa EST 98 Kc44
Laupen CH 141 Bc54
Laupheim D 142 Da50
Laupstad N 66 Fc14
Laupunen FIN 97 Ja39
Laura I 161 Fc76
Lauragh IRL 12 Ba26
Laurbjerg DK 100 Dc23
Laureana di Borrello I 164 Gb82
Laurenan F 27 Eb39
Laurencekirk GB 7 Ec10
Laurencetown IRL 13 Ca21
Laurenzana I 162 Gb76
Lauri EST 107 Lb47
Lauria I 161 Ga77
Laurière F 33 Gc46
Laurieston GB 10 Dd16
Laurino I 161 Fd76
Laurito I 161 Fd77
Lauritsala FIN 91 Lc36
Lauro I 161 Fb75
La Urz E 37 Cb56
Lausa KSV 178 Ba70
Lausanne CH 141 Bb55
Lauscha D 135 Dd43
Laussac F 33 Ha50
Laußig D 127 Ec39
Laußnitz D 128 Fa41
Lauta D 128 Fb40
Lautakoski S 68 Hd16
Lautaporras FIN 89 Jd37
Lauteala FIN 91 Lb33
Lautela FIN 97 Jd39
Lautenbach F 31 Kb39
Lauter D 135 Ec43
Lauterach A 142 Cd53
Lauterbach D 126 Da42
Lauterbourg F 133 Cb47
Lauterbrunnen CH 141 Bd55
Lautere LV 106 La50
Lauterecken D 133 Ca45
Lauterhofen D 135 Ea47
Lauterstein D 134 Da48
Lautertal D 126 Cd42
Lautertal D 134 Cc45
Lautertal D 135 Dd43
Lautiosaari FIN 74 Jc21
Lautrec F 41 Gd54
Lauttakulma FIN 89 Jd34
Lauttakylä FIN 75 Kd24
Lauttijärvi FIN 89 Ja34
Lauvåsen N 78 Ea31
Lauvdal N 92 Cd45
Lauvdalen N 66 Fb14
Lauve N 93 Dd44
Lauvsjølia N 79 Fb27
Lauvsnes N 78 Eb26
Lauvstad N 76 Cc33
Lauvuskylä FIN 83 Lc26
Lauvvik N 92 Ca44
Lauwersoog NL 117 Bd32
Lauzerte F 40 Gb52
Lauzun F 32 Fd51
Láva GR 183 Bc79
la Vacherie F 35 Jc49
Lavachey I 148 Bb57
Lavad S 102 Ed46
Lavadáki GR 194 Bb87
Lavagna I 149 Cc63
Lavajärvi FIN 89 Jc35
Laval F 28 Fb39
Laval-Atger F 34 Hd50
Lavaldens F 35 Jd49
la Valette F 35 Jd49
la Valette-du-Var F 42 Ka55
La Vall d'Alba E 54 Fc65
la Vall d'Uixó E 54 Fc66
La Valle Agordina I 150 Ea57
la Vallivana E 48 Fd64
Laval-Roquecézière F 41 Ha53
Lavamünd A 144 Fc56
Lavangen N 66 Ga13
Lavangen N 67 Gc12
Lávara GR 185 Eb76
Lavardac F 40 Fd52
Lavardens F 40 Ga54
Lavardin F 29 Ga40
Lavaré F 29 Ga39
la Varenne F 28 Fa42
Lavarone I 149 Dc58
Lavassaare EST 98 Kb45
Lavaudieu F 34 Hc48
Lavaufranche F 33 Gd45
Lavaur F 40 Gc54
Lavau-sur-Loire F 27 Ec42
Lávdas GR 182 Ba79
La Vecilla E 37 Cc56
La Vega de Almanza E 37 Cd57
La Vega (Riosa) E 37 Cb55
La Vega (Vega de Liébana) E 38 Da55
Lavelanet F 41 Gd56
La Vellés E 45 Cb62
Lavello I 161 Ga74
Lavendon GB 20 Fb26
Lavenham GB 21 Ga26
Laveno I 148 Cb58
la Venta del Poio E 54 Fb67
Laventie F 23 Ha31
La Ventosa E 47 Eb65
Lavercantière F 33 Gb51
la Verdière F 42 Ka53
la Verna I 156 Ea65
la Verrie F 28 Fa43
Laversines F 23 Gd35
Lavertezzo CH 141 Cb56
Laveyssière F 32 Fd50
Lavezzola I 150 Dd63
Lavia FIN 89 Jb35
Laviano I 161 Fd75
La Victoria E 60 Cc73
La Vid E 46 Dc60
La Vid de Ojeda E 38 Db57
la Vieille-Lyre F 23 Ga37
Lavik N 84 Ca37
Lavikko FIN 90 Ka32
La Vila Joiosa E 55 Fc71
La Vilavella E 54 Fc66
la Vilella Baixa E 48 Ga62
La Villa I 143 Ea56
la Villa I 155 Da70
La Villa de Don Fadrique E 53 Dd67
la Ville-aux-Clercs F 29 Gb40
la Villedieu F 32 Fc46
la Villedieu F 33 Gc47
Lavilledieu F 34 Ja51
la Villedieu-du-Clain F 32 Fd45
la Villedieu-en-Fontenette F 31 Jd40
la Villeneuve F 33 Ha46
Lavinio-Lido di Enea I 160 Eb73
La Virgen del Camino E 37 Cc57
Lavis I 149 Dc57
la Visaille I 148 Bb58
Lavit-de-Lomagne F 40 Ga53
Lavoriškės LT 115 Lb57
la Voulte-sur-Rhône F 34 Jb50
Lavoûte-Chilhac F 34 Hc49
Lavoûte-sur-Loire F 34 Hd49
Lavoux F 29 Ga44
Lavra P 44 Ac60
Lavre P 50 Ac69
Lavre S 73 Hb20
la Vrine F 31 Ka42
Lavrio GR 195 Cc87
Lavrovo RUS 107 Mb51
Lavrovo RUS 202 Ed08
Lavry RUS 107 Lc47
Lavsjö S 79 Gb27
la Wantzenau F 25 Kc36
Ławy PL 120 Fc35
Laxå S 95 Fc45
Laxarby S 94 Ec44
Laxbäcken S 79 Ga26
Laxe E 36 Ac54
Laxede S 73 Hc20
Laxey GB 10 Dd19
Laxfield GB 21 Gb25
Laxford Bridge GB 4 Dd05
Laxforsen S 67 Hb15
Laxnäs S 71 Fd22
Laxo GB 5 Fa04
Laxsjö S 79 Fc28
Laxsjön S 87 Gb32
Laxviken S 79 Fc29
Layer-de-la-Haye GB 21 Ga27
La Yesa E 54 Fa66
Läyliäinen FIN 90 Ka38
Layna E 47 Eb62
Layrac F 40 Ga52
Laytown IRL 9 Cd20
La Yunta E 47 Ed63
Laž RUS 203 Fd08
Laza E 36 Bb58
Laza RO 173 Fa59
Lazagurría E 39 Eb58
Lažani MK 183 Bb75
Lazanias CY 206 Jb97
Lăzarea RO 172 Ea58
Lăzăreni RO 170 Cb57
Lazarevac SRB 153 Jc63
Lazarevo SRB 153 Jc59
Lazarevskoe RUS 205 Fc17
Lazarína GR 188 Bb81
Lazaropore MK 182 Ba74
La Zarza E 46 Cd61
Lāzberģi LV 107 Lc48
Laz Bistrički HR 152 Gb58
Lazdeğirmeni TR 192 Fc84
Lazdijai LV 123 Kb30
Lazdininkai LT 113 Jb54
Lazdona LV 107 Lb50
Lazdynai LT 114 La58
Lažec MK 183 Bb76
Łażek Ordynacki PL 131 Ka42
Lazise I 149 Db59
Łaziska Górne PL 138 Hc44
Lazisko SK 138 Hd48
Łaziuki PL 123 Ka33
Lazkao E 39 Ec56
Lázně Bohdaneč CZ 136 Ga44
Lázně Kynžvart CZ 135 Ec44
Laznica SRB 174 Bd66
Lazovskoe RUS 113 Ja58
Łazówek PL 123 Ka35
Lazuri RO 171 Cd54
Lazuri de Beiuș RO 170 Cb58
Lazy CZ 135 Ec44
Łazy PL 120 Ga30
Łazy PL 130 Jb37
Łazy PL 138 Hd43
Lazzaro I 164 Ga84
Leabgarrow IRL 8 Ca15
Leadburn GB 11 Eb13
Leadenham GB 16 Fb23
Leaden Roding GB 20 Fd27
Lealt GB 6 Db12
Leányfalu H 146 Hd52
Leatherhead GB 20 Fc29
Łeba PL 121 Gd29
Lebach D 133 Bc46
le Bailleul F 28 Fc40
Lebane SRB 178 Bc70
Lebanje KSV 178 Bb70
le Barcarès F 41 Hb57
le Barp F 32 Fb51
le Bastit F 33 Gc50
Łebcz PL 121 Ha29
le Béage F 34 Hd50
le Beausset F 42 Jd55
le Bec-Hellouin F 23 Ga35
Lebedjan RUS 203 Fa12
Lebedyn UA 202 Ed14
le Bégude-de Mazenc F 42 Jb51
Lebeña E 38 Da55
Lebeniškiai LT 114 Kc54
Lebeniškiai LT 114 Kd54
Lébény H 145 Gd52
Lebesby N 64 Jd05
le Bessat F 34 Ja48
Lebiedziew PL 131 Kc37
Lebiez F 23 Gc31
le Biot F 35 Ka45
Lebjaž'e RUS 99 Ma39
le Blanc F 29 Gb44
le Bleymard F 34 Hd51
le Bleymard-Mont-Lozère F 34 Hd51
Łebno PL 121 Ha30
Le Bodéo F 26 Eb38
le Bois F 35 Kb47
le Bois-d'Oingt F 34 Ja46
le Bolle I 155 Dc66
Leboreiro E 36 Bb55
le Boréon F 43 Kc52
Lębork PL 121 Gd29
le Bosquet-d'Orb F 41 Hb54
le Boulay F 28 Fa41
le Boulou F 41 Hb57
le Bourg F 33 Gd50
le Bourg-d'Oisans F 35 Jd49
le Bourget-du-Lac F 35 Jd47
le Bourgneuf-la-Forêt F 28 Fb39
le Bourg-Saint-Léonard F 22 Fd37
Lebrade D 118 Dc30
le Brassus CH 140 Ba55
le Breil-sur-Mérize F 28 Fd40
le Breuil F 29 Gb38
le Breuil F 34 Hc45
le Breuil-en-Auge F 22 Fd35
Lebrija E 59 Bd75
le Broc F 43 Kc53
le Bugue F 33 Ga50
le Buisson-de-Cadouin F 33 Ga50
Łebunia PL 121 Gd30
Lebus D 128 Fb37
Lebusa D 127 Ed39
le Busseau F 28 Fb44
le Caloy F 40 Fc53
le Camp-du-Castellet F 42 Jd55
le Cap d'Agde F 41 Hc55
le Castella I 165 Gd81
le Castellet F 42 Jd55
le Cateau-Cambrésis F 24 Hb32
le Catelet F 24 Hb33
le Caylar F 41 Hc53
Lecce I 163 Hc76
Lecco I 149 Cc58
Lece SRB 178 Bc70
le Cendre F 34 Hb47
Lécera E 48 Fb62
Lech A 142 Da54
l'Echalp F 35 Kc50
le Chambon-Feugerolles F 34 Ja48
le Chambon-sur-Lignon F 34 Ja49
le Champ-Saint-Père F 28 Fa44
le Charme F 30 Hb40
le Château-d'Oléron F 32 Fa47
le Châtelet F 29 Gd44
le Châtelet-en-Brie F 29 Ha38
le Châtenet-en-Dognon F 33 Gc46
Lechbruck D 142 Dc52
Léchelle F 24 Hb37
le Chesne F 24 Ja34
le Cheylard F 34 Ja50
Lechința RO 171 Db57
Lechlade GB 20 Ed27
Lechovice CZ 137 Gb48
Lechowo PL 122 Ja30
Lēči LV 105 Jb50
Lecina E 48 Fd59
Leciñena E 48 Fb60
Leck D 108 Da28
Leckanvy IRL 8 Bb19
Leckaun IRL 8 Ca18
Leckava LT 113 Jc53
le Conquet F 26 Db38
le Corbier F 35 Ka48
le Coteau F 34 Hd46
le Creusot F 30 Ja43
le Croisic F 27 Eb42
Le Crotoy F 23 Gc32
Lectoure F 40 Ga53
Lecumberri E 39 Ec56
Łęczna PL 131 Kb39
Łęczyca PL 120 Fc33
Łęczyca PL 130 Hc38
Łęczyce PL 121 Gd29
Ledai LT 114 Kc56
Ledal N 77 Dc30
Ledaña E 53 Ec68
Ledbury GB 15 Ec26
Ledeč nad Sázavou CZ 136 Fd46
Ledenice CZ 136 Fc48
le Deschaux F 31 Jc43
le Désert F 35 Ka49
Ledesma E 45 Ca62
Lédignan F 41 Hd53
Leding S 80 Gd29
le Dixence CH 148 Bc57
Lēdmane LV 106 Kd51
Ledmore GB 4 Dd06
Lednice CZ 137 Gc49
Lednické Rovne SK 137 Hb48
Lednogóra PL 129 Gd36
le Donjon F 34 Hc45
le Dorat F 33 Gb45
le Douhet F 32 Fb47
Lędowo PL 121 Hb30
Ledrada E 45 Cb64
Lēdurga LV 106 Kc49
Lędyczek PL 121 Gc33
Lędziny PL 138 Hc44
Leebiku EST 106 La46
Leeds GB 16 Fa20
Leedstown GB 18 Da32
Leek GB 16 Ed22
Leek NL 117 Bd33
Leek Wooton GB 20 Fa25
Leenaun IRL 8 Bb20
Leende NL 125 Bb39
Leer D 117 Cb33
Leerdam NL 124 Ba37
Leersum NL 125 Bb37
Leese D 126 Da36
Leesi EST 98 Kc41
Leeuwarden NL 117 Bc33
Leevi EST 107 Lc46
Leezdorf D 117 Cb32
Leezen D 118 Dc31
le Faou F 26 Dc38
le Faouët F 27 Dd39
le Ferté-Villeneuil F 29 Gb40
Leffonds F 30 Jb39
Lefka CY 206 Ja97
Lefkáda GR 188 Ac83
Léfkara GR 183 Bc78
Lefkes GR 196 Db90
Lefki GR 184 Da77
Lefkími GR 188 Ab81
Lefkímmi GR 185 Ea77
Lefkó GR 182 Ba77
Lefkógia GR 200 Cc96
Lefkóhora GR 194 Bc89
Lefkónas GR 184 Cc76
Lefkoniko CY 206 Jc96
Lefkopigí GR 183 Bb79
Lefkoşa = Lefkosia CY 206 Jb96
Lefkosia CY 206 Jb96
Léfktra GR 189 Ca85
le Fleix F 32 Fd50
le Folgoët F 26 Dc37
le-Fond-de-France F 35 Jd48
le Fossat F 40 Gc55
le Fousseret F 40 Gb55
le Frasnois F 31 Jd44
le Frêche F 40 Fc53
le Fret F 26 Db38
Leganés E 46 Db65
Leganiel E 46 Dd65
Legau D 142 Da51
le Gault-Perche F 29 Ga39
Legazpi E 39 Eb56
Legbąd PL 121 Ha32
Legden D 125 Ca37
Legé F 28 Ed43
Lège F 32 Fa50
Legeciai LV 114 Kb55
Legiony PL 122 Jb30
Legionowo PL 130 Jb36
Legkovo RUS 202 Ed09
Léglise B 132 Ba44
Legnago I 149 Dc60
Legnano I 148 Cb59
Legnaro I 150 Ea60
Legnica PL 128 Ga41
Legnickie Pole PL 129 Gb41
Łęgoń PL 129 Gb39
Legorreta E 39 Ec56
le Gouray F 26 Eb38
Łęgowo PL 121 Hb30
Łęgowo PL 122 Hc32
Legrad HR 152 Gc57
le Grand-Bourg F 33 Gc46
le Grand-Lucé F 28 Fd40
le Grand-Madieu F 32 Fd46
le Grand-Piquey F 32 Fa50
le Grand-Pressigny F 29 Ga43
Le Grand-Quevilly F 23 Ga35
le Grand-Serre F 34 Jb48
le Grau-du-Roi F 42 Ja54
le Grotte I 161 Ga72
Léguevin F 40 Gb54
le Gurp F 32 Fa48
Legutiano E 39 Eb56
Łęguty PL 122 Hd32
Léh H 146 Jc50
Le Havre F 22 Fd35
Lehčevo BG 179 Cd68
Lehená GR 188 Ad86
Lehesten D 135 Ea43
Lehliu RO 176 Ec66
Lehliu-Gară RO 176 Ec66
Lehmäjoki FIN 81 Jb30
Lehmikumpu FIN 74 Jd20
Lehmja EST 98 Kb42
Lehmo FIN 83 Ld30
Lehnice SK 145 Gd51
Lehnin D 127 Ec37
Lehnitz D 119 Ed35
Lehnsdorf D 127 Ec38
le Houga F 40 Fc54
le Houlme F 23 Gb35
Le Hourdel F 23 Gb32
Lehoúri GR 188 Bb86
Lehrberg D 134 Db46
Lehre D 126 Dc37
Lehrte D 126 Db36
Lehtimäki FIN 81 Jd31
Lehtiniemi FIN 75 Kc19
Lehtiniemi FIN 91 Lc33
Lehtma EST 97 Jc44
Lehto FIN 75 La19
Lehtoi FIN 83 Ld30
Lehtola FIN 74 Kc18
Lehtomäki FIN 82 La29
Lehtomäki FIN 82 Ka31
Lehtomäki FIN 82 La27
Lehtovaara FIN 75 Lb22
Lehtovaara FIN 82 Kd26
Lehtovaara FIN 83 Lb27
Lehtovaara FIN 83 Lc29
Lehtovaara FIN 83 Ma29
Lehtse EST 98 Kd42
Leiblfing D 135 Eb49
Leibnitz A 144 Fd55
Leicester GB 16 Fa24
Leichlingen (Rheinland) D 125 Bd40
Leiden NL 116 Ad36
Leiderdorp NL 116 Ad36
Leie EST 98 La45
Leiferde D 126 Dc36
Leifers I 143 Dd56
Leigh GB 15 Ec21
Leighinbridge IRL 13 Cc23
Leigh Sinton GB 15 Ec26
Leighton-Buzzard GB 20 Fb27
Leignes-sur-Fontaine F 33 Ga45
Leignon B 124 Ad42
Leikanger N 76 Cb33
Leikanger N 84 Cc37
Leimbach D 126 Db42
Leimen D 133 Ca46
Leimen D 134 Cc46
Leina EST 106 Kb46
Leinach D 134 Da45
Leinburg D 135 Dd46
Leine N 76 Cb33
Leinefelde-Worbis D 126 Dc40
Leinelä FIN 90 Kb37
Leineperi FIN 89 Jb36
Leines N 70 Ed21
Leinfelden-Echterdingen D 134 Cd49
Leingarten D 134 Cd47
Leino FIN 75 La22
Leinolanlahti FIN 82 Kd30
Leinzell D 134 Da48
Leipalingis LT 123 Kc30
Leipämäki FIN 91 Lc32
Leipheim D 134 Db49
Leipivaara FIN 75 Kd24
Leipojärvi S 73 Hc18
Leippe-Torno D 128 Fb40
Leipsland N 92 Cd46
Leipzig D 127 Eb40
Leira N 70 Fa21
Leira N 71 Fb23
Leira N 77 Db30
Leira N 85 Dc38
Leiranger N 92 Ca42
Leirbakken N 78 Fa26
Leirbotn N 63 Hd07
Leiria P 44 Ac65
Leirmoen N 71 Fc19
Leiro E 36 Ba57
Leirosa P 44 Ab64
Leirpollskogen N 65 Kb05
Leirskogen N 85 Dd38
Leirsund N 93 Ea41
Leirvåg N 84 Ca37
Leirvik N 63 Hc07
Leirvik N 67 Gb13
Leirvik N 92 Ca41
Leirvik DK 3 Ca06
Leirvika N 70 Fa21
Leirvika N 78 Ec26
Leirviklandet N 77 Dc30
Leisi EST 97 Jc45
Leisnig D 127 Ec41
Leiston GB 21 Gb26
Leisu EST 97 Jc45
Leitariegos E 37 Ca55
Leiten A 143 Ea53
Leitir Ceanainn IRL 9 Cb16
Leitir Meallain IRL 12 Bb21
Leitrim IRL 8 Ca19
Leitza E 39 Ec56
Leitzersdorf A 145 Gb50
Leitzkau D 127 Eb38
Leiva E 38 Ea58
Leivadia CY 206 Jc97
Leiviskänranta FIN 82 Kb25
Leivonmäki FIN 90 Kc34
Leivset N 64 Jb06
Leivset N 66 Fd17
Leixlip IRL 13 Cd21
Lejasciems LV 107 Lb49
Lejçan AL 182 Ad74
Lejkowo PL 121 Gb30
Lejkowo PL 122 Jb33
Lejre DK 109 Eb26
Lejthizë AL 159 Jc70
Lejthizë AL 178 Ad72
Léka GR 197 Eb88
Lekangsund N 67 Gb11
Lekáni GR 184 Da76
Lekaryd S 103 Fc51
Lekåsa S 102 Ed47
Łękawa PL 130 Hd40
Łękawica PL 138 Hd45
Lek-Bibaj AL 159 Jc70
Leke B 21 Ha29
Lekėčiai LV 114 Kb57
Lekeitio E 39 Eb55
Lekenik HR 152 Gb59
Lekeryd S 103 Fb49
Łęki Dukielskie PL 139 Jd45
Łęki Górne PL 138 Jc44
Łękińsko PL 130 Hd40
Lekkerkerk NL 124 Ad37
Leknes N 66 Fb14
Leknes N 70 Ec24
Leknes N 76 Cc33
Łęknica PL 128 Fc40
Łękno PL 121 Gd35
Leksa N 77 Dd29
Leksand S 95 Fc39
Leksberg S 102 Fa46
Leksdalen N 78 Ec28
Leksvik N 78 Ea29
Lekvattnet S 94 Ed41
le Lac-d'Issarlès F 34 Hd50
Leland N 70 Fa21
le Landreau F 28 Fa42
le Lardin-Saint-Lazere F 33 Gb49
le Lauzet-Ubaye F 42 Ka51
le Lavandou F 43 Kb55
Lel'čycy BY 202 Eb14
Leleasca RO 175 Db65
Lelenai LT 113 Jc55
Leles SK 139 Ka49
Lelese RO 175 Cc61
Lelești RO 175 Cc63
l'Eliana E 54 Fb67
Lelice PL 122 Hd35
le Liège F 29 Gb42
le Lion-d'Angers F 28 Fb41
Lelis PL 122 Jc33
Leliūnai LT 114 La55
Leliūnai LT 114 La55
Lelkowo PL 122 Hd30
Lellainen FIN 89 Jb38
Lelle EST 98 Kc44
Le Locle CH 141 Bb53
le Logis-de-Nans F 42 Jd54
le Loroux F 28 Fa38
le Loroux-Bottereau F 28 Fa42
le Louroux-Béconnais F 28 Fb41
Lelów PL 130 Hd42
le Luc F 42 Ka54
le Lude F 28 Fd41
le Luthier F 31 Ka42
Lelystad NL 116 Bb35
Lem DK 100 Da22
Lem DK 108 Cd24
le Malzieu-Ville F 34 Hc50
Leman PL 122 Jc32
Le Mans F 28 Fd40
le Markstein F 31 Kb39
le Mas F 43 Kc53
le Mas-d'Agenais F 32 Fd51
le Mas-d'Azil F 40 Gc56
le Massegros F 41 Hb52
le Mayet-de-Montagne F 34 Hc46
Lembach F 25 Kc35
Lembeck D 125 Bd38
Lemberg D 133 Ca47
Lemberg F 25 Kb35
Lembeye F 40 Fc55
Lembruch D 117 Cc36
Lemele NL 117 Bd35
Lemelerveld NL 117 Bc35
le Mêle-sur-Sarthe F 28 Fd38
le Ménil F 31 Jd39
le Merlerault F 22 Fd37
Lemešany SK 139 Jd48
Lemesjö S 80 Ha29
Le Mesnil-Vigot F 22 Fa36
Lemesos CY 206 Ja98
le Meux F 23 Ha35
Lemförde D 117 Cc36
Lemgo D 126 Cd37
Lemgow D 119 Ea35
Lemi FIN 91 Lb36
Lemie I 148 Bc59
Lemierzyce PL 128 Fc36
Lemlahti FIN 89 Ja36
Lemland FIN 96 Hc41
Lemmenjoki FIN 69 Jd11
Lemmer NL 117 Bc34
Lemmikküla EST 98 Ka44
Lemnhult S 103 Fd50
Lemnia RO 176 Eb61
le Molay-Littry F 22 Fb35
le Monastier-sur-Gazeille F 34 Hd49
le Monêtier-les-Bains F 35 Kb49
le Mont F 30 Jb40
le Montat F 40 Gc52
le Mont-Dore F 33 Ha47
le Montet F 34 Hb45
Lemós GR 182 Ba76
le Mouret CH 141 Bc54
le Moutchic F 32 Fa49
Lemovza RUS 99 Ma42
Lempää FIN 90 Kc34
Lempäälä FIN 89 Jd36
Lempdes F 34 Hb47
Lempdes F 34 Hb48
Lempiälä FIN 91 Lc36
Lempyy FIN 82 Kd31
Lemreway GB 4 Da06
Lemsi EST 106 Kb47
Lemu FIN 97 Jb39
le Muret F 32 Fb51
le Muy F 43 Kb54
Lemvig DK 100 Cd22
Lemwerder D 118 Cd34
Lemybrien IRL 13 Cb25
Lēna LV 105 Jc52
Lena N 85 Ea39
Lena S 102 Ec48
Lenart v. Slovenske gorice SLO 144 Ga56
Lenarty PL 123 Ka30
Lėnas LT 114 Kd55
Lencăuți MD 173 Fb53
Lences E 38 Dd57
Lenči LV 106 Kd49
Lencloître F 28 Fd44
l'Enclus F 35 Jd50
Lencouacq F 40 Fc52
Lend A 143 Ec54
Lendak SK 138 Jb47
Léndas GR 200 Da97
Lendava SLO 145 Gb56
Lendinara I 150 Dd61
Lendínez E 60 Da73
Lendum DK 101 Dd20
Lendži LV 107 Ld51
Lenes N 77 Dc30
Le Neubourg F 23 Ga36
Lengdorf D 143 Ea50
Lengede D 126 Dc37
Lengefeld D 127 Ed42
Lengenes N 67 Gb14
Lengenfeld D 126 Db40
Lengenfeld D 135 Eb43
Lengenwang D 142 Db52
Lengerich D 117 Cb35
Lengerich D 125 Cb37
Lenggries D 143 Dd52
Lengronne F 22 Fa36
Lengyeltóti H 145 Ha56
Lenham GB 21 Ga29
Lenhovda S 103 Fd51
Lenina BY 202 Ec13
Lenine UA 205 Fb17
Leningrad = Sankt-Peterburg RUS 99 Mb39
Leninogorsk RUS 203 Ga09
Leninsk RUS 203 Ga13
Leninskij RUS 203 Fa11
Leninskoje RUS 113 Jc57
Lenk CH 141 Bd56
Lenkimai LT 113 Jb53
Lenkivci UA 204 Eb15
Lenkovo BG 180 Db69
Lennartsfors S 94 Ec43
Lenne D 126 Da38
Lennestadt D 125 Cb40
Lenningen D 134 Cd49
Leno I 149 Da60
Lenola I 160 Ed73
Lenora CZ 136 Fa48
le Nouvion-en-Thiérache F 24 Hc33
Lenovac SRB 179 Ca67
Lenovo BG 184 Dc74
Lens F 23 Ha31
Lensahn D 119 Dd30
Lensvik N 77 Dd29
Lent F 34 Jb45
Lentate sul Seveso I 149 Cc58
Lentellais E 36 Bc57
Lent'evo RUS 202 Ed08
Lentföhrden D 118 Db31
Lenti H 145 Gc56
Lentiai I 150 Ea58
Lentiira FIN 83 Lc25
Lentina I 166 Eb84
Lenting D 135 Dd48
Lentini I 167 Fc86
Lentuankoski FIN 83 Lc25
Lentvaris LT 114 La58
Lenungen S 94 Ec43
Lenungshammar S 94 Ec43
Lenz CH 142 Cd55
Lenzburg CH 141 Ca53
Lenzen D 119 Ea34
Lenzerheide CH 142 Cd55
Lenzkirch D 141 Ca51
Leoben A 144 Fc53
Leoberghe F 21 Gd30
Leobersdorf A 145 Gb52
Leodári GR 194 Bb88
Leofreni I 156 Ec70
Leogang A 143 Ec53
Léognan F 32 Fb50
Leominster GB 15 Eb25
Léon F 39 Fa53
León E 37 Cc57
Leonarisso CY 206 Jd95
Leonberg D 134 Cc48
Leonberg D 135 Eb45
Leoncin PL 130 Ja36
Leonding A 144 Fb50
Leonessa I 156 Ec69
Leonforte I 167 Fb85
Leonidio GR 195 Bd89
Leonstein A 144 Fb52
Leontári GR 189 Bc82
Leopoldov SK 145 Ha50
Leopoldsburg B 124 Ba39
Leopoldschlag Markt A 136 Fb49
Leopoldsdorf im Marchfelde A 145 Gc51
Leopoldshafen D 133 Cb47
Leopoldshagen D 120 Fa32
Leopoldshöhe D 126 Cd37
Leorda RO 172 Ec55
Leordeni RO 176 Dd65
Leordina RO 171 Db55
Léouvé F 43 Kc52
Leova MD 177 Fc60
Leoz E 39 Ed57
Lepaa FIN 90 Ka37
le Pailly F 30 Jb40
le Palais F 27 Ea42
le Parcq F 23 Gd32
Lepassaare EST 107 Lc47
Lépaud F 33 Ha45
le Pavillon-Sainte-Julie F 30 Hc38
Lepe E 59 Bb74
le Péage-de-Roussillon F 34 Jb48
Lepel' BY 202 Eb12
le Pellerin F 28 Ed42
Lepenoú GR 188 Ba83
le Perray-en-Yvelines F 23 Gc37
le Perthus F 41 Hb58
le Pertuis F 34 Hd49
Łępice PL 122 Jb35
l'Épine F 24 Hd36
l'Épine F 27 Ec43
le Pin-en-Mauges F 28 Fb42
le Pin-la-Garenne F 29 Ga38
Lepistö FIN 69 Kd16
Lepistönmäki FIN 81 Jc29
le Planay F 35 Kb46
le Planay F 35 Kb48
le Plessis-Belleville F 23 Ha36
Le Plessis-Grimoult F 22 Fb36
le Plot F 35 Ka46
Lepno PL 122 Hc31
le Poët F 42 Jd51
Lepoglava HR 152 Gb57
le Poinçonnet F 29 Gc44
le Poiré-sur-Vie F 28 Ed44
Lepola FIN 74 Ka18
le Pompidou F 41 Hc52
le Pont CH 140 Ba55
le Pont-Béranger F 28 Ed42
le Pont-d'Agris F 32 Fd47
le Pont-de-Beauvoisin F 35 Jd47
le Pont-de-Claix F 35 Jd49
le Pont-de-Montvert F 34 Hd51
le Pontet F 32 Fb49
Lepooskangas FIN 90 Kc35
le Porge F 32 Fa50
le-Porge-Océan F 32 Fa50
le Portel F 23 Gb31
Leposavić KSV 178 Ba69
le Pouldu F 27 Dd40
le Pouliguen F 27 Eb42
Lépoura GR 189 Cc85
le Pouzin F 34 Jb50
Leppäjärvi FIN 68 Ja13
Leppäkorpi FIN 97 Jd39
Leppäkoski FIN 89 Jc37
Leppäkoski FIN 90 Ka35
Leppäkoski FIN 90 Kc34
Leppälä FIN 75 Kd22
Leppälä FIN 91 Lc36
Leppälahti FIN 82 Kd29
Leppälahti FIN 82 Ka28
Leppälahti FIN 83 Lc31
Leppälänkylä FIN 81 Jc31
Leppämäki FIN 82 La31
Leppäniemi FIN 83 Ld31
Leppäselkä FIN 82 Kc30
Leppävesi FIN 90 Kb32
Leppävirta FIN 82 La31
Leppiniemi FIN 74 Kb24
Leppneeme EST 98 Kb42
le Pradet F 42 Ka55
Lepșa RO 176 Ec61
Lepsala FIN 90 Kc35
Lepsämä FIN 98 Kb39
Lepste LV 106 Ka49
Leptokariá GR 183 Bd79
Leptokariá GR 185 Ea77
le Puy-en-Velay F 34 Hd49
le Puy-Notre-Dame F 28 Fc42
le Puy-Saint-Reparade F 42 Jc53
le Quesnel F 23 Ha33
le Quesnoy F 24 Hb32
Lequile I 163 Hc76
le Quilho F 27 Eb39
Ler N 77 Ea30
Lera MK 182 Ba76

Lindshammar – Loobu

Lindshammar S 103 Fd51
Lindstedt D 127 Ea36
Lindum DK 100 Dc22
Lindved DK 108 Db25
Lindwedel D 126 Db36
Linë CZ 135 Ed46
Linevo RUS 203 Fd12
Lingbo S 87 Gb38
Lingen D 117 Ca35
Lingen GB 15 Eb25
Lingenfeld D 133 Cb46
Lingfield GB 20 Fc29
Linghed S 95 Ga39
Linghem S 103 Ga46
Linguaglossa I 167 Fd85
Lingura MD 177 Fc60
Linhamari FIN 97 Jd40
Linia PL 121 Gd30
Liniewo PL 121 Ha31
Liniez F 29 Gc43
Linkmenys LT 115 Lb55
Linköping S 103 Fd47
Linksmakalnis LT 114 Kc58
Linksness GB 5 Eb03
Linkuva LT 114 Kb53
Linlithgow GB 10 Ea13
Linna EST 106 La46
Linna FIN 82 Kb31
Linnamäe EST 98 Ka44
Linnankylä FIN 89 Jc34
Linnanperä FIN 82 Kb29
Linnarnäs FIN 97 Jc40
Linnaste RUS 107 Ld46
Linnerud N 86 Eb37
Linneryd S 103 Fd52
Linnes N 86 Ed36
Linneset N 79 Fb28
Linnich D 125 Bc40
Linnunpää FIN 97 Jc39
Linnuse EST 97 Jd45
Linou CY 206 Ja97
Linovo RUS 107 Ld48
Linowo PL 122 Hc33
Linsburg D 126 Da36
Linsell S 87 Fb34
Linsengericht D 134 Cd44
Linthal CH 142 Cc54
Lintig D 118 Cd32
Lintrup DK 108 Da26
Lintula FIN 68 Jc14
Linxe F 39 Fa53
Linyola E 48 Gb60
Linz A 144 Fb50
Linz D 125 Ca42
Lioliai LT 113 Jc55
Lioni I 161 Fd75
Lion-sur-Mer F 22 Fc35
Liopetri CY 206 Jd97
Lios Dúin Bhearna IRL 12 Bc22
Lios Mor IRL 13 Ca25
Lios Tuathail IRL 12 Bb23
Lipa BIH 152 Gb62
Lipa BIH 158 Ha66
Lipa EST 98 Kb44
Lipa GR 188 Ad81
Lipa PL 122 Jb34
Lipa PL 128 Ga41
Lipa PL 131 Ka42
Lipa RUS 99 Ma42
Lipănești RO 176 Ea64
Lipany SK 138 Jc47
Lipar SRB 153 Ja59
Lipari I 167 Fc83
Lipasvaara FIN 83 Lc29
Lipcani MD 172 Ed53
Lipce Reymontowskie PL 130 Ja38
Lipczynek PL 121 Gc32
Lipeck RUS 203 Fb12
Lipen BG 179 Cc69
Lipenec CZ 136 Fa44
Liperi FIN 83 Lc31
Liperin asema FIN 83 Lc30
Liperinsalo FIN 83 Lc31
Liperonmäki FIN 90 Kd32
Liphook GB 20 Fb29
Lipia Góra PL 121 Gc34
Lipiany PL 120 Fc35
Lipica PL 122 Jb30
Lipica SLO 151 Fa59
Lipice HR 151 Fd61
Lipicy-Zybino RUS 203 Fa12
Lipie PL 130 Hc41
Lipik HR 152 Gd60
Lipiniški LV 115 Lc53
Lipinki PL 121 Ha32
Lipinki PL 131 Kc38
Lipinlahti FIN 83 Lc27
Lipiny PL 130 Hd38
Lipiny Górne-Lewki PL 131 Kb42
Lipka PL 121 Gc33
Lipka PL 129 Gd41
Lipka PL 130 Hd38
Lipki RUS 203 Fa11
Lipkovo MK 178 Bc72
Lipljan KSV 178 Bb71
Lipniak PL 123 Ka30
Lipniak PL 123 Kb30
Lipniaki PL 131 Ka37
Lipnic MD 173 Fa53
Lipnica BG 179 Cd70
Lipnica PL 121 Gd31
Lipnica PL 122 Hc34
Lipnica PL 130 Ja42
Lipnica Murowana PL 138 Jb45
Lipnica Wielka PL 138 Hd46
Lipnice CZ 136 Fc48
Lipnice nad Sázavou CZ 136 Fd46
Lipnik PL 131 Jd42
Lipniki PL 122 Jc33
Lipniki PL 137 Gc43
Lipniki Łużyckie PL 128 Fc39
Lipník nad Bečvou CZ 137 Gd46
Lipnița RO 181 Fa67
Lipnjaki RUS 113 Jb59
Lipno PL 122 Hc35
Lipno PL 129 Gb38
Lipno PL 129 Hb40
Lipno nad Vltavou CZ 136 Fb49
Lipolist SRB 153 Ja62
Liposthey F 39 Fb52
Lipótfa H 152 Ha57
Lipová CZ 137 Gc46
Lipova RO 172 Ed59
Lipova RO 174 Ca60
Lipovac HR 153 Hd61
Lipoválázně CZ 137 Gc44
Lipovăț RO 173 Fa59
Lipovce SK 138 Jc47
Lipovec CZ 137 Gc47
Lipoveni MD 173 Fd59
Lipovljani HR 152 Gc60
Lipovo MNE 159 Ja68
Lipovo RUS 99 Lc40
Lipovo RUS 99 Ld39
Lipovo RUS 113 Jd59
Lipovo Polje HR 151 Fd62
Lipovu RO 179 Cd67
Lipowa PL 138 Hc45
Lipowczyce PL 130 Hd41
Lipowiec PL 122 Jb33
Lipowiec Kościelny PL 122 Ja34
Lipowina PL 122 Hd30
Lipówka PL 131 Kc38
Lippborg D 125 Cb38
Lippetal D 125 Cb38
Lippi FIN 83 Lc27
Lippstadt D 126 Cc38
Lipsí GR 197 Eb89
Lipsk PL 123 Kb31
Lipsko PL 131 Jd40
Lipsko PL 131 Kc41
Liptál CZ 137 Ha47
Liptingen, Emmingen- D 142 Cc51
Liptovská Lúžna SK 138 Hd48
Liptovská Osada SK 138 Hd48
LiptovskáTeplička SK 138 Ja48
Liptovské Revúce SK 138 Hd48
Liptovský Hrádok SK 138 Ja47
Liptovský Mikuláš SK 138 Hd47
Lipuški LV 107 Ld52
Lipusz PL 121 Gd31
Liré F 28 Fa42
Lis AL 163 Jc72
Lisa RO 175 Dc62
Lisa RO 180 Dc68
Lisac BIH 158 Ha64
Lisacul IRL 8 Bd19
Lišane Ostrovičke HR 157 Ga65
Lisberg D 134 Dc45
Lisboa P 50 Aa68
Lisburn GB 9 Da17
Liscannor IRL 12 Bc22
Liscarney IRL 8 Bc19
Liscarroll IRL 12 Bc24
Lișcoteanca RO 177 Fa64
Lisdoonvarna IRL 12 Bc22
Lisduff IRL 9 Cc20
Lisec MK 178 Ba73
Liseleje DK 109 Eb24
Lisewo PL 121 Hb33
Lisia Góra PL 138 Jc44
Lisięcice PL 137 Ha44
Lisie Jamy PL 139 Kc43
Lisieux F 22 Fd36
Lisino RUS 99 Ma41
Lisje RUS 107 Ld46
Liskeard GB 18 Dc31
Lisków PL 129 Hb38
Liski PL 123 Jd32
Liski RUS 203 Fb13
Liškiava LT 123 Kc30
Liskowate PL 139 Kb45
l'Isle CH 140 Ba55
Lisle F 33 Ga49
Lisle GB 9 Cd16
Lisle GB 9 Cd18
l'Isle-Adam F 23 Gd36
l'Isle-d'Abeau F 35 Jc47
l'Isle-deNoé F 40 Fd54
l'Isle-en-Dodon F 40 Ga55
Lisleherad N 93 Dc42
l'Isle-Jourdain F 33 Ga45
l'Isle-Jourdain F 40 Gb54
l'Isle-sur-la-Sorgue F 42 Jc53
l'Isle-sur-le-Doubs F 31 Ka41
l'Isle-sur-Serein F 30 Hd41
Lisle-sur-Tarn F 40 Gc53
Lisma FIN 68 Jc13
Lismacaffry IRL 9 Cb20
Lismanaapa FIN 69 Ka16
Lișmănița RO 172 Ec54
Lismore IRL 13 Ca25
Lisnagry IRL 12 Bd23
Lisnaskea GB 9 Cb18
Lišov CZ 136 Fc48
Lisów PL 128 Fc37
Lisowo PL 120 Fd33
Lisronagh IRL 13 Ca24
Liss GB 20 Fb29
Lissamona IRL 12 Bb27
Lisse NL 116 Ad36
Lissett GB 17 Fc20
Lissy F 23 Ha37
Lissycasey IRL 12 Bc23
List D 108 Cd27
Lista S 95 Ga43
Lișteava RO 179 Da68
Listellick IRL 12 Bb24
Listerby S 111 Fd54
Listowel IRL 12 Bb23
Lisvane GB 19 Eb28
Liszki PL 138 Ja44
Liszkowo PL 121 Gc34
Liszó H 152 Gd57
Lit S 79 Fc30
Lita RO 171 Da58
Lița RO 180 Dc68
Litakovo BG 179 Cd70
Litava SK 146 Hd50
Litcham GB 17 Ga24
Liteň CZ 136 Fb45
Litene LV 107 Lc49
Liteni RO 172 Ec56
Lit-et-Mixe F 39 Fa53
Lith NL 125 Bb37
Lithines GR 201 Dc96
Lithio GR 191 Dd86
Lithótopos GR 183 Cb76
Lití GR 183 Cb77
Litija SLO 151 Fc58
Litke H 146 Ja50
Litmalahti FIN 82 La30
Litmaniemi FIN 83 Lb30
Litobratřice CZ 137 Gb48
Litóhoro GR 183 Bd79
Litoměřice CZ 136 Fb43
Litomyšl CZ 137 Gb45
Litos E 45 Cb59
Litovel CZ 137 Gc46
Litovo RUS 99 Mb39
Litschau A 136 Fc48
Litslena S 96 Gc42
Littiäinen S 73 Jb20
Little Barningham GB 17 Gb23
Littleborough GB 16 Ed21
Little Brington GB 20 Fb25
Littleferry GB 5 Ea06
Little Glenshee GB 7 Ea11
Littlehampton GB 20 Fb30
Little Langdale GB 11 Eb18
Little Mill GB 19 Eb27
Littleport GB 20 Fd25
Littleton IRL 13 Ca23
Little Torrington GB 19 Dd30
Little Walsingham GB 17 Ga23
Little Weighton GB 17 Fc20
Little Weighton GB 17 Fc21
Little Wenlock GB 15 Ec24
Littoinen FIN 97 Jb39
Lituénigo E 47 Ec60
Litultovice CZ 137 Ha45
Litvínov CZ 136 Fa43
Litzelsdorf A 145 Gb54
Litzendorf D 135 Dd45
Liu EST 106 Kb46
Liubavas LT 114 Ka59
Liudvinavas LV 114 Kb59
Liukko FIN 81 Jd30
Liukonys LT 114 Kd57
Liutonys LT 114 Kd58
Livada RO 170 Bd59
Livada RO 171 Cd54
Livaderó GR 183 Bc79
Livaderó GR 184 Da76
Livádi GR 183 Bc79
Livádi GR 183 Cb78
Livádi GR 195 Cd89
Livadia CY 206 Jd96
Livádia GR 183 Bd76
Livadiá GR 189 Bd85
Livádia GR 196 Dd92
Livádia GR 197 Ec92
Livadohóri GR 190 Db81
Livanátes GR 189 Ca84
Liväni LV 107 Lb52
Livari MNE 159 Ja70
Livarot F 22 Fd36
Livártzi GR 188 Bb86
Livata I 160 Ec71
Livbērze LV 106 Ka51
Livenskoje RUS 113 Jd57
Livera CY 206 Ja96
Liverá GR 183 Bb78
Livernon F 33 Gc51
Liverovići MNE 159 Hd68
Liverpool GB 15 Eb21
Livezeni RO 171 Dc59
Livezi RO 175 Da64
Livezi RO 176 Ec60
Livezile RO 171 Dc57
Livezile RO 174 Cb65
Livigno I 142 Da56
Livingston GB 11 Eb13
Liviöjärvi S 68 Ja17
Livizile RO 171 Da59
Livno BIH 158 Gd65
Livny RUS 203 Fa12
Livø DK 100 Db21
Livo FIN 74 Kb21
Livold SLO 151 Fc59
Livonniska FIN 75 Kc20
Livonsaari FIN 97 Ja39
Livorno I 155 Da66
Livorno Ferraris I 148 Ca60
Livov SK 138 Jc47
Livré-sur-Changeon F 28 Fa39
Livron-sur-Drôme F 34 Jb50
Livry-Louvercy F 24 Hd36
Liw PL 131 Jd36
Lixa P 44 Ba60
Lixnaw IRL 12 Bb24
Lixoúri GR 188 Ab85
Lizard GB 18 Da33
Lizarra E 39 Ec57
Lizarraga E 39 Ec56
Lizère LV 106 La50
Lizespasts LV 107 Lb48
Lizine F 31 Jd42
Lizio F 27 Eb40
Lizums LV 107 Lb49
Lizy-sur-Ourcq F 23 Ha36
Lizzano I 162 Ha76
Lizzano in Belvedere I 155 Db64
Lizzola I 149 Da57
Ljachavičy BY 202 Ea13
Ljady RUS 99 Ma44
Ljady RUS 202 Ea09
Ljahovo RUS 107 Ma52
Ljamcevo RUS 99 Mb44
Ljaskovec BG 180 Dd70
Ljatno BG 181 Ed69
Ljeljenča BIH 153 Hd62
Lješane KSV 178 Ad70
Ljeskove Vode BIH 152 Hb62
Ljig SRB 153 Jc63
Ljørdalen N 86 Ed37
Ljosland N 92 Cc45
Ljosland N 92 Cd45
Ljubac HR 157 Fd64
Ljuban' BY 202 Eb13
Ljuban' RUS 202 Eb08
Ljubaništa MK 182 Ad76
Ljubar UA 204 Eb15
Ljuben BG 180 Db72
Ljubenova Mahala BG 180 Ea73
Ljubenovo BG 180 Ea73
Ljuberadja SRB 179 Ca70
Ljubešiv UA 202 Ea14
Ljubić SRB 174 Bb66
Ljubija BIH 152 Gc61
Ljubim RUS 203 Fa08
Ljubimec BG 185 Ea74
Ljubinje BIH 158 Hb68
Ljubiš SRB 159 Jb65
Ljubište KSV 178 Bb72
Ljubljana SLO 151 Fb58
Ljubno ob Savinji SLO 151 Fc57
Ljubogošta BIH 159 Hc65
Ljubojno MK 182 Ba76
Ljuboml' UA 202 Dd14
Ljubovija SRB 159 Ja64
Ljubovo BIH 159 Hc69
Ljubuša BIH 159 Hc66
Ljubuški BIH 158 Ha67
Ljubymivka UA 205 Fb15
Ljubytino RUS 202 Ec09
Ljuder S 103 Fd52
Ljudinovo RUS 202 Ed12
Ljugarn S 104 Ha50
Ljulin BG 181 Ec73
Ljuljak BG 180 Dd72
Ljuljakovo BG 181 Ec71
Ljung S 102 Ed48
Ljung S 103 Fd46
Ljunga S 103 Ga46
Ljungaverk S 87 Ga33
Ljungby S 103 Fb52
Ljungbyhed S 110 Ed54
Ljungbyholm S 103 Ga52
Ljungdalen S 86 Ed32
Ljunghusen S 110 Ed57
Ljungsarp S 102 Fa49
Ljungsbro S 103 Fd46
Ljungskile S 102 Eb47
Ljuša BIH 158 Gd64
Ljusâ S 73 Hd21
Ljušci Palanka BIH 152 Gb62
Ljusdal S 87 Ga35
Ljusfallshammar S 95 Fd45
Ljusfors S 103 Ga46
Ljushult S 102 Ed49
Ljusne S 87 Gb37
Ljusnedal S 86 Ed33
Ljusterö S 96 Ha43
Ljustorp S 88 Gc32
Ljusträsk S 72 Ha22
Ljusvattnet S 80 Hb26
Ljuti Brod BG 179 Cd70
Ljuti Dol BG 179 Cd70
Ljutoglav KSV 178 Ba72
Ljutomer SLO 145 Gb56
Ljutovnica SRB 159 Jc64
Ljutye Bolota RUS 107 Mb47
Llaberia E 48 Ga62
Lladó E 41 Hb58
Lladomericë AL 182 Ad74
Lladorre E 40 Gb57
Lladurs E 49 Gc59
Llagostera E 49 Hb60
Llamas de de Rueda E 37 Cd57
Llamas del Mouro E 37 Ca55
Llanallgo GB 15 Dd22
Llanarmon Dyffryn Ceiriog GB 15 Eb23
Llanarthney GB 15 Dd26
Llánaves de la Reina E 38 Da56
Llanbadarn Fawr GB 15 Dd25
Llanberis GB 15 Dd22
Llanbister GB 15 Ea25
Llanboidy GB 14 Dc26
Llanddarog GB 19 Dd27
Llanddewi Ystradenni GB 15 Ea25
Llanddona GB 15 Dd22
Llandegla GB 15 Eb23
Llandeilo GB 15 Dd26
Llandenny GB 19 Eb27
Llandinam GB 15 Ea24
Llandissilio GB 14 Dc26
Llandovery GB 15 Dd26
Llandrillo GB 15 Ea23
Llandrindod-Wells GB 15 Ea25
Llandrinio GB 15 Eb24
Llandudno GB 15 Ea22
Llandyfaelog GB 18 Dc27
Llanelidan GB 15 Ea23
Llanelli GB 19 Dd27
Llanelltyd GB 15 Dd23
Llanerchymedd GB 15 Dd22
Llanerfyl GB 15 Ea24
Llanes E 38 Da54
Llanfaethlu GB 14 Dc21
Llanfaidr-Caereinion GB 15 Ea24
Llanfair-fechan GB 15 Dd22
Llanfair Talhaiarn GB 15 Ea22
Llanfair-yn-Neubwll GB 14 Dc22
Llanfihangel GB 15 Ea26
Llanfihangel-nant-Melan GB 15 Eb25
Llanfihangel-y-Creuddyn GB 15 Dd25
Llanfihangel-yng-Ngwynfa GB 15 Ea24
Llanfyllin GB 15 Eb24
Llanfynydd GB 15 Dd26
Llanfyrnach GB 14 Dc26
Llangadog GB 15 Dd26
Llangaffo GB 15 Dd22
Llangain GB 18 Dc27
Llangammarch Wells GB 15 Ea26
Llangedwyn GB 15 Eb23
Llangefni GB 15 Dd22
Llangeinor GB 19 Ea27
Llangeler GB 14 Dc26
Llangenith GB 18 Dc27
Llangernyw GB 15 Ea22
Llangollen GB 15 Eb23
Llangorse GB 15 Ea26
Llangrannog GB 14 Dc25
Llangurig GB 15 Ea25
Llangwm GB 15 Ea23
Llangwm GB 18 Db27
Llangwm GB 19 Eb27
Llangwnnadl GB 14 Dc25
Llangybi GB 15 Dd25
Llangybi GB 19 Eb27
Llangynidr GB 19 Ea27
Llangynog GB 15 Ea23
Llangywer GB 15 Ea23
Llanharan GB 19 Ea28
Llanhilleth GB 19 Eb27
Llanidloes GB 15 Ea25
Llanillo E 38 Db57
Llanmadoc GB 19 Dd27
Llanon GB 15 Dd25
Llanrhaeadr-ym-Mochnant GB 15 Ea23
Llanrhystud GB 15 Dd25
Llanrug GB 15 Dd22
Llanrwst GB 15 Ea22
Llansilin GB 15 Eb23
Llansoy GB 19 Eb27
Llansteffan GB 18 Dc27
Llanthony GB 15 Eb26
Llantwit Major GB 19 Ea28
Llanuwchllyn GB 15 Ea23
Llanvetherine GB 19 Eb27
Llanwddyn GB 15 Ea24
Llanwrog GB 15 Dd22
Llanwrtyd Wells GB 15 Ea26
Llanybydder GB 15 Dd26
Llanynghenedl GB 14 Dc22
Llanystumdwy GB 15 Dd23
Llardecans E 48 Ga61
Llavorsí E 40 Gb58
Llechryd GB 14 Dc26
Lleida E 48 Ga61
Llengë AL 182 Ad76
Llera E 51 Ca70
Llessui E 40 Gb58
Llimiana E 48 Gb59
Llinars E 49 Gc59
Llinars del Vallès E 49 Ha60
Llíria E 54 Fb67
Llithfaen GB 14 Dc23
L'Ile-Rousse F 154 Cb68
Llobera E 49 Gc59
Llodio E 38 Ea55
Lloggerheads GB 15 Ec23
Llorac E 48 Gb61
Llorenç del Penedès E 49 Gc62
Lloret de Mar E 49 Hb60
Lloret de Vistalegre E 57 Hc67
Llosa de Ranes E 54 Fb69
Lloseta E 57 Hb67
Llovio E 37 Cd54
Llubí E 57 Hc67
Lluçà E 49 Gd59
Llucena E 54 Fc65
Llucmajor E 57 Hb67
Llutxent E 54 Fc69
Llwyngwril GB 15 Dd24
Llyswen GB 15 Ea26
Lnáře CZ 136 Fa46
Lniano PL 121 Ha33
Lo B 21 Ha30
Löa S 95 Fd42
Loamneș RO 175 Db61
Loanhead GB 11 Eb13
Loano I 148 Bd63
Loan-Villegruis-Fontaine F 24 Hb37
Loarre E 39 Fb58
Löbau D 128 Fc41
Lobcovo RUS 203 Fa09
Łobdowo PL 122 Hc34
Lobe LV 106 Kd51
Lobeiras E 36 Bc53
Löbejün D 127 Eb39
Lobera de Onsella E 39 Fa58
Lobërgi LV 106 La48
Löberitz D 127 Eb39
Löberöd S 110 Fa55
Łobez PL 120 Fd32
Lobinstown IRL 9 Cd20
Löbnitz D 119 Ec30
Löbnitz D 127 Ec39
Łobodno PL 130 Hc41
Lobón E 51 Bc69
Lobonäs S 87 Fd36
Loboš BG 179 Cb72
Loburg D 127 Eb37
Łobżenica PL 121 Gc34
Locana I 148 Bc59
Locarno CH 148 Cb57
Loccum, Rehburg- D 126 Da36
Loceri I 169 Cb78
Lochailort GB 6 Db10
Lochaline GB 6 Db11
Lochau A 142 Da52
Lochbuie GB 6 Db11
Lochcarron GB 6 Dc08
Lochdrum GB 4 Dd07
Lochearnhead GB 7 Dd11
Lochem NL 117 Bc36
Loches F 29 Gb42
Loché-sur-Indrois F 29 Gb43
Loch Garman IRL 13 Cd25
Löchgau D 134 Cd47
Lochgelly GB 7 Eb12
Lochgilphead GB 6 Db12
Lochinver GB 4 Dc05
Lochmaben GB 11 Eb16
Lochmaddy GB 6 Cd07
Lochore GB 7 Eb12
Łochów PL 131 Jd36
Lochranza GB 6 Dc13
Lochskipport GB 6 Cd08
Lochton GB 7 Ed09
Lochuisge GB 6 Db10
Lochvycja UA 202 Ed14
Lochwinnoch GB 10 Dd13
Ločica pri Vranskem SLO 151 Fc57
Loćika SRB 178 Bc67
Lociki LV 115 Lc53
Lockenhaus A 145 Gb53
Lockerbie GB 11 Eb16
Locketorp S 103 Fb46
Lockne S 79 Fc31
Locknevi S 103 Ga49
Löcknitz D 120 Fb33
Locmaria F 27 Ea42
Locmariaquer F 27 Ea41
Locminé F 27 Eb40
Locoal-Mendon F 27 Ea40
Locorotondo I 162 Ha75
Locquémeau F 26 Dd37
Locquirec F 26 Dd37
Locri I 164 Gb83
Locronan F 27 Dc39
Loctudy F 27 Dc40
Loculi I 168 Cc76
Löddeköpinge S 110 Ed55
Loddin D 120 Fb31
Lødding N 78 Eb25
Loddon GB 17 Gb24
Lode GB 20 Fd25
Lodè I 168 Cc75
Lode LV 106 Kd47
Lode LV 106 La49
Lodënice CZ 136 Fb45
Löderburg D 127 Ea38
Lodersleben D 127 Ea40
Löderup S 111 Fb57
Löderups strandbad S 111 Fb57
Lodève F 41 Hc53
Lodi I 149 Cd60
Loding N 66 Fc17
Lødingen N 66 Fd13
Lodi Vecchio I 149 Cc60
Lodosa E 39 Ec58
Lödöse S 102 Ec48
Lodrino CH 142 Cc56
Lodrone I 149 Db58
Łódź PL 130 Hd38
Loeches E 46 Dc64
Loekton GB 16 Fb19
Loen N 84 Cd34
Loenen NL 117 Bc36
Lõetsa EST 97 Jd45
Løfallstrand N 84 Cb40
Lofer A 143 Ec53
Löffingen D 141 Cb51
Lófos GR 183 Bd79
Lofsdalen S 86 Fa34
Lofta S 103 Gb48
Loftahammar S 103 Gb48
Lofthouse GB 11 Ed19
Lofthus N 84 Cc39
Loftus GB 11 Fb18
Log RUS 203 Fd13
Loga N 92 Cb46
Logănești MD 173 Fc58
Logarska Dolina SLO 151 Fc57
Logatec SLO 151 Fb58
Lögda S 80 Gd27
Lögdeå S 80 Ha29
Loghill IRL 12 Bc23
Logi RUS 99 Ld40
Lognvik N 93 Da42
Logofteni MD 173 Fa56
Lógos GR 189 Ca84
Logovardi MK 183 Bb76
Logovo RUS 107 Ld48
Log pod Mangartom SLO 150 Ed57
Logrești RO 175 Cd64
Logron F 29 Gb39
Logroño E 39 Eb58
Logrosán E 51 Cb67
Løgstør DK 100 Db21
Løgstrup DK 100 Db23
Løgten DK 100 Dc23
Løgumgårde DK 108 Da27
Løgumkloster DK 108 Da27
Logvino RUS 113 Hd58
Lohals DK 109 Dd27
Lohärad S 96 Ha42
Lohberg D 135 Ed47
Lohéac F 28 Ed40
Lohfelden D 126 Da40
Lohheide D 118 Db35
Lohijärvi FIN 74 Jc19
Lohikoski FIN 91 Lc34
Lohilahti FIN 91 Lc34
Lohiluoma FIN 89 Ja32
Lohiniva FIN 68 Jc17
Lohiranta FIN 75 Kd19
Lohja FIN 98 Ka39
Lohjantaipale FIN 97 Jd39
Lohm D 119 Eb35
Lohmar D 125 Ca41
Lohmen D 128 Fa41
Löhnberg D 125 Cb42
Lohne D 117 Cc35
Löhne D 126 Cd37
Lohnsburg A 143 Ed51
Lohr D 134 Da44
Lohra D 126 Cc42
Lohsa D 128 Fb40
Lohtaja FIN 81 Jc27
Lohusalu EST 98 Ka42
Lohusuu EST 99 Lb43
Lohvanperä FIN 82 Kb27
Loiano I 149 Dc63
Loibltal A 144 Fb56
Loiching D 135 Eb49
Loima FIN 89 Jc37
Loimaa FIN 89 Jc38
Loimaankunta FIN 89 Jc38
Loiré F 28 Fa41
Loiri I 168 Cb74
Loisach A 143 Ec55
Loitsche D 127 Ea37
Loitz D 119 Ed31
Loivre F 24 Hc35
Loja E 60 Da75
Lojanice SRB 153 Jb62
Lojo FIN 98 Ka39
Lojsta S 104 Ha50
Løjt Kirkeby DK 108 Db27
Lokakylä FIN 82 Ka30
Lokalahti FIN 89 Ja38
Lokča SK 138 Hd46
Loke S 79 Fc31
Løken N 93 Ea41
Løken N 94 Eb42
Løkeng N 63 Hc08
Loket CZ 135 Ec44
Lokka FIN 69 Kb14
Løkken DK 100 Dc20
Løkken N 77 Dd31
Lokkiperä FIN 81 Jd28
Lokmanlı TR 187 Gb78
Loknja RUS 202 Eb10
Lokönen FIN 91 Lb36
Lőkösháza H 147 Jd56
Lokot RUS 107 Mb46
Lokot' RUS 202 Ed13
Łokowica PL 138 Jb45
Lokrume S 104 Ha49
Loksa EST 98 Kd41
Løksa N 67 Gb12
Lokuta EST 98 Kc44
Lokva HR 158 Gc66
Lokva SRB 159 Jb65
Lokvé SRB 174 Bc62
Lokve Lóqua SLO 151 Fa58
Løkvoll N 62 Ha10
Lollar D 126 Cc42
l'Olleria E 54 Fb69
Lölling A 144 Fc55
Lom BG 179 Cc67
Lom CZ 136 Fa43
Lom N 85 Db35
Lomas del Mar E 55 Fb72
Lomåsen S 79 Fc29
Łomazy PL 131 Kb37
Lombardore I 148 Bd60
Lomben S 73 Ja20
Lombez F 40 Ga55
Lombheden S 73 Ja20
Lomborg DK 100 Cd22
Lombreuil F 29 Ha40
Lombron F 28 Fd39
Lomci BG 180 Eb69
Lomello I 148 Cb60
Lomen N 85 Db37
Lomi LV 107 Lc51
Lomiai LT 113 Jd56
Łomianki PL 130 Jb36
Lomma S 110 Ed56
Lommel B 124 Ba39
Lommeland S 94 Eb44
Lom nad Rimavicou SK 138 Ja49
Łomnica PL 121 Gb34
Łomnica PL 128 Ga37
Lomnice CZ 135 Ec44
Lomnice CZ 137 Gd45
Lomnice nad Lužnicí CZ 136 Fc48
Lomnice nad Popelkou CZ 136 Fd43
Lomonosov RUS 99 Ma39
Lomonosov RUS 202 Ea08
Lomovo RUS 113 Jd58
Lompolo FIN 68 Jc14
Lompolo FIN 68 Jb16
Lomselenäs S 72 Gc24
Lomsjö S 79 Gb27
Lomträsk S 72 Ha22
Lomträsk S 73 Ja19
Łomy PL 122 Ja31
Lomy RUS 107 Ma48
Łomża PL 123 Jd33
Lonato I 149 Db59
Lønborg DK 108 Cd24
Lončari BIH 153 Hc61
Lončarica HR 152 Gd59
Londa I 156 Dd65
Londinières F 23 Gb33
London GB 20 Fc28
Londonderry = Derry GB 9 Cc16
Lone LV 106 La52
Lonevåg N 84 Ca38
Long S 102 Ed47
Longá GR 183 Bc80
Longá GR 194 Bb89
Longanikos GR 194 Bc88
Longare I 150 Dd59
Longares E 47 Fa61
Longarone I 150 Eb57
Longbridge Deverill GB 19 Ec29
Longchamp F 35 Ka48
Longchaumois F 31 Jd44
Long Crendon GB 20 Fb27
Long Eaton GB 16 Fa23
Longeau F 30 Jb40
Longecourt-en-Plaine F 30 Jb42
Longega I 143 Ea55
Longeville-sur-Mer F 32 Ed45
Longford GB 16 Ed23
Longford IRL 9 Cb20
Longformacus GB 11 Ec13
Longhorsley GB 11 Ed15
Longhoughton GB 11 Fa15
Longi I 167 Fc84
Longkamp D 133 Bd44
Longmanhill GB 5 Ed07
Long Melford GB 21 Ga26
Longnes F 23 Gc36
Longno GB 15 Eb24
Longnor GB 16 Ed22
Longny-au-Perche F 29 Ga38
Longobucco I 164 Gc79
Longos Vales P 36 Ad58
Longpont F 24 Hb35
Long Preston GB 11 Ed19
Longra P 44 Ad60
Longré F 32 Fc46
Longriddry GB 11 Ec13
Longride GB 15 Ec20
Longroiva P 45 Bc62
Longset N 70 Fa20
Long Stratton GB 21 Gb25
Long Sutton GB 17 Fd24
Long Sutton GB 19 Eb29
Longtown GB 11 Eb16
Longué-Jumelles F 28 Fc42
Longueval-Barbonval F 24 Hc35
Longueville F 30 Hb38
Longueville-sur-Scie F 23 Gb34
Longuich D 133 Bc44
Longuyon F 24 Jb34
Longwy F 25 Jc34
Lonigo I 150 Dd60
Lonin N 78 Ea27
Löningen D 117 Cb35
Löningsberg S 87 Fd32
Łoniów PL 131 Jd42
Lonja HR 152 Gc60
Lonkan N 66 Fd13
Lönnånger S 88 Gc35
Lönneberga S 103 Fd49
Lönnskog S 94 Ed43
Lönsboda S 111 Fb53
Lønsdal N 71 Fd19
Lønset N 77 Dc32
Lønset N 77 Da31
Lons-le-Saunier F 31 Jc44
Lønstrup DK 100 Dc19
Lónya H 139 Kb49
Lonzac F 32 Fc48
Lõo EST 98 Ka45
Loobu EST 98 Kd42

Massu – Metamórfosi

Massu EST 98 Ka45
Măstăcani RO 177 Fb62
Mästerby S 104 Gd50
Masterelv N 63 Ja06
Mastergeehy IRL 12 Ba25
Masterud N 94 Ec41
Mas Thibert F 42 Jb54
Mastholte D 126 Cc38
Mastihári GR 197 Eb91
Mästocka S 110 Ed53
Masty BY 202 Dd13
Masua I 169 Bd79
Masugnsbyn S 68 Hd16
Mašun SLO 151 Fb59
Måsvik N 62 Gc08
Maszewko PL 121 Gd29
Maszewo PL 120 Fc33
Maszewo PL 128 Fc38
Mata E 38 Db55
Mata E 38 Dc57
Mata P 50 Ac66
Matabuena E 46 Dc62
Mata de Alcántara E 51 Bc66
Matala FIN 74 Jd21
Mátala GR 200 Cd96
Matalalahti FIN 82 Kd28
Matalascañas E 59 Bc75
Matalebreras E 47 Ec60
Matallana E 37 Cc58
Matamala de Almazán E 47 Ea61
Matamorisca E 38 Db56
Matamorosa E 38 Db56
Matanza E 37 Cc58
Mataporquera E 38 Db56
Matapozuelos E 46 Cd61
Matara FIN 83 Lb28
Mataräga GR 188 Ba84
Mataramäki FIN 90 Kd32
Mataránga GR 189 Bc81
Mataró E 49 Ha61
Mataruge MNE 159 Ja67
Mataruška Banja SRB 178 Ba67
Mătăsari RO 175 Cc64
Mätäsvaara FIN 83 Lc28
Mątawy PL 121 Hb33
Matca RO 177 Fa62
Matching Green GB 20 Fd27
Matcze PL 131 Kd40
Mateeşti RO 175 Da63
Matei RO 171 Db57
Matejče MK 178 Bc72
Matelica I 156 Ec67
Matera I 162 Gc75
Materija SLO 151 Fa59
Mateševo MNE 159 Jb68
Mátészalka H 147 Kb51
Mateus P 44 Bb61
Matfors S 87 Gb33
Matha F 32 Fc47
Mathi I 148 Bc59
Mathiatis CY 206 Jb97
Mathieu F 22 Fc35
Mathildedal FIN 97 Jc40
Mathopen N 84 Ca39
Matienzo E 38 Dd55
Matignon F 26 Ec38
Matigny F 23 Ha33
Matilda FIN 97 Jc40
Matilla de los Caños del Río E 45 Cb63
Matinella I 161 Fd76
Matiši LV 106 Kd48
Matka MK 178 Bb73
Matkaniva FIN 82 Ka26
Matkavaara FIN 75 La24
Matku FIN 89 Jd37
Matkule LV 105 Jd51
Matlaukys LT 114 Ka59
Matlock GB 16 Fa22
Mătnica BG 181 Ec70
Mato E 36 Bb54
Matojärvi S 73 Jb20
Matos P 50 Ad71
Matosinhos P 44 Ac61
Matour F 34 Ja45
Mátradercske H 146 Jb51
Mátrafüred H 146 Ja52
Mátraterenye H 146 Ja51
Matre N 92 Cb41
Matrei A 143 Eb54
Matrei am Brenner A 143 Dd54
Matrei in Osttirol A 143 Eb55
Matrice I 161 Fc72
Matrosovo RUS 113 Ja58
Matrosovo RUS 113 Jb57
Matsalu EST 98 Ka45
Matsdal S 71 Fd23
Matsi EST 106 Ka46
Matsoúki GR 188 Ba83
Matteröd S 110 Fa54
Mattersburg A 145 Gb52
Mattila FIN 89 Jb33
Mattila FIN 90 Kc38
Mattila FIN 91 Lc34
Mattilanmäki FIN 69 Kc17
Mattilanperä FIN 81 Jd25
Mattinata I 162 Gb72
Mattinen FIN 89 Ja38
Mattisudden S 72 Ha19
Mattmar S 79 Fb30
Mattnäs FIN 97 Ja40
Mattsee A 143 Ec51
Mattsund S 73 Hd22
Matuizos LT 114 Kd59
Matveev Kurgan RUS 205 Fc15
Mátyásdomb H 145 Hb55
Matzaccara I 169 Bd80
Maubeuge F 24 Hc32
Mauborget CH 141 Bb54
Maubourguet F 40 Fd55
Maubuisson F 32 Fa49
Mauchline GB 10 Dd14
Mauerkirchen A 143 Ed51
Mauern D 135 Ea49
Maughold GB 10 Dd18
Mauguio F 41 Hd54
Maukkula FIN 83 Ma30
Maula FIN 74 Jc21
Maulbronn D 134 Cc47
Maulburg D 141 Ca52
Maulde F 24 Hb31
Maule F 23 Gc37
Mauléon F 28 Fb43
Mauléon-Barousse F 40 Ga56
Mauléon-Licharre F 39 Fa55
Maulévrier F 28 Fb43
Mauls I 143 Dd55
Maumusson F 28 Fa41
Maunola FIN 91 Lb35
Maunu S 68 Hd13
Maunujärvi FIN 69 Jd16
Maunula FIN 74 Ka22
Mauperthuis F 23 Ha37
Mauprévoir F 33 Ga46
Maura N 85 Ea40
Maurach A 143 Ed54
Maure-de-Bretagne F 27 Ec40
Mauriac F 33 Gd49
Maurnes N 66 Fd12
Mauron F 27 Ec39
Maurrin F 40 Fc53
Maurs F 33 Gd50
Maurstad N 84 Cb34
Mauru FIN 74 Ka20
Mauručiai LT 114 Kc58
Mauruciems LV 105 Jb49
Maurumaa FIN 89 Ja38
Maurvangen N 85 Db36
Maury F 41 Ha57
Maussane F 42 Jb53
Mauterndorf A 144 Fa54
Mautern in Steiermark A 144 Fc53
Mauth D 136 Fa48
Mauthausen A 144 Fb50
Mauthen, Kötschach- A 143 Ec56
Mauvezin F 40 Fd56
Mauvezin F 40 Ga54
Mauvoisin CH 141 Bc57
Mauzé-sur-le-Mignon F 32 Fb46
Mevagissey GB 18 Db32
Mavas sameviste S 71 Ga18
Mavikent TR 199 Gc93
Mavranéi GR 182 Ba79
Mavréli GR 183 Bc80
Mavrodin RO 180 Dd67
Mavrohóri GR 183 Bb78
Mavromáti GR 188 Bb82
Mavromáti GR 188 Bb81
Mavromáti GR 194 Bb88
Mavrommáti GR 189 Ca85
Mavronéri GR 183 Ca77
Mavropigi GR 183 Bb78
Mavroúda GR 184 Cc77
Mavrovi Anovi MK 182 Ba74
Mavrovo MK 182 Ba74
Mavrovoúni GR 189 Bc81
Mavrovoúni GR 194 Bc90
Maxdorf D 133 Cb46
Maxent F 27 Ec40
Maxey-sur-Meuse F 31 Jc38
Maxey-sur-Vaise F 25 Jc37
Maxhütte-Haidhof D 135 Eb47
Maxieira P 50 Ad66
Măxineni RO 177 Fa63
Maxmo FIN 81 Ja30
Mayalde E 45 Cb61
Maybole GB 10 Dc15
Mayen D 133 Bd43
May-en-Multien F 23 Ha36
Mayenne F 28 Fb39
Mayerling A 145 Gb51
Mayet F 28 Fd40
Mayfield GB 16 Ed23
Mayfield GB 20 Fd30
Maynooth IRL 13 Cd21
Mayobridge GB 9 Da18
Mayorga E 37 Cc58
Mäyränperä FIN 82 Ka26
Mayreville F 41 Gd55
Mayrhofen A 143 Ea54
Mäyry FIN 81 Jc31
Máza H 152 Hb57
Mazagón E 59 Bb74
Mazaleón E 48 Fd62
Mazamet F 41 Ha54
Mazan-l'Abbaye F 34 Hd50
Mazara del Vallo I 166 Ea85
Mazarambroz E 52 Db67
Mazarete E 47 Eb63
Mazargan F 24 Hd35
Mazarrón E 55 Ed74
Mazarulleque E 47 Ea65
Mazaterón E 47 Ec61
Mazé F 28 Fc41
Mažeikiai LT 113 Jd53
Mazeley F 31 Jd38
Maženiai LT 114 Kc55
Mazères F 40 Gc55
Mazerny F 24 Hd34
Mazgramzda LV 113 Jb53
Mazières-en-Gâtine F 28 Fc44
Mazières-lès-Metz F 25 Jd35
Mazıköy TR 197 Ed90
Mazille F 34 Ja45
Mazilmaja LV 105 Jb52
Mazin HR 151 Ga63
Mazirbe LV 105 Jc48
Mažonai LT 113 Jd56
Mazotos CY 206 Jc98
Mazsalaca LV 106 Kc47
Mažucie PL 123 Jd30
Mažučište MK 183 Bb75
Mazuela E 38 Dc58
Mažurani HR 151 Fd63
Mazury PL 123 Ka34
Mazury PL 139 Ka43
Mazy B 124 Ad41
Mazyr BY 202 Eb13
Mazzarino I 167 Fa86
Mazzarò I 167 Fd85
Mazzarrà Sant'Andrea I 167 Fd84
Mcensk RUS 203 Fa12
Mchowo PL 122 Jb34
Mchy PL 129 Gc38
Mda RUS 99 Lc45
Mdzewo PL 122 Ja34
Méailles F 43 Kb52
Mealhada P 44 Ad63
Mealsgate GB 11 Eb17
Meana Sardo I 169 Ca77
Méaudre F 35 Jc49
Meaulne F 29 Ha44
Meaux F 23 Ha36
Meauzac F 40 Gb53
Mébecq F 29 Gb44
Mecca I 148 Bc59
Mechelen B 124 Ac40
Mechernich D 125 Bc42
Měcholupy CZ 135 Ed44
Mechowo PL 120 Fc32
Mecidiye TR 185 Eb78
Mecidiye TR 191 Ed84
Mecidiye TR 192 Fa82
Mecidiye TR 193 Gb84
Męcikal PL 121 Gd32
Měčín CZ 135 Ed46
Męcina PL 138 Jb45
Męcinka PL 128 Ga41
Mecitözü TR 205 Fb20
Mečka BG 180 Db69
Mečka BG 180 Ea68
Meckenbeuren D 142 Cd52
Meckenheim D 125 Bd42
Meckenheim/Pfalz D 133 Cb46
Meckesheim D 134 Cc46
Meco E 46 Dd64
Mecseknádasd H 153 Hc57
Męczki PL 123 Ka33
Meda I 149 Cc58
Međa SRB 174 Bc61
Meda P 45 Bc62
Medak HR 151 Fd63
Medåker S 95 Fd43
Međas BIH 153 Hd63
Međaši BIH 153 Ja61
Médavy F 22 Fd37
Medbourne GB 16 Fb24
Medby N 66 Fd12
Medby N 67 Gb11
Meddo NL 125 Bd37
Meddon GB 18 Dc30
Mede I 148 Cb60
Medebach D 126 Cc40
Međeđa BIH 159 Ja65
Medeikiai LT 114 Kd53
Medeiros E 44 Bb59
Medelås S 80 Gc25
Medelim P 44 Bb65
Medellín E 51 Ca69
Medelplana S 102 Fa46
Medemblik NL 116 Ba34
Medena-Selišta BIH 158 Gc64
Medeni Poljani BG 184 Cd74
Meden Kladenec BG 180 Eb73
Medeno polje BIH 152 Gb63
Medesano I 149 Da62
Medet TR 198 Fc89
Medevi S 103 Fc46
Medgidia RO 181 Fb67
Medgyesegyháza H 147 Jd56
Medhamn S 95 Fb44
Mediana E 48 Fb61
Mediaş RO 175 Db60
Medicina I 150 Dd63
Médière F 31 Ka41
Medieşu Aurit RO 171 Cd54
Medinaceli E 47 Eb62
Medina de las Torres E 51 Bd70
Medina del Campo E 46 Cd61
Medina de Pomar E 38 Dd56
Medina de Ríoseco E 46 Cd59
Medina Sidonia E 59 Bd77
Medinci HR 152 Ha59
Medingėnai LT 113 Jc55
Medininkai LT 115 Lb58
Medinyà E 49 Hb59
Mediona E 49 Gc61
Mediševa LV 107 Ld50
Medjuhana SRB 178 Bc69
Medkovec BG 179 Cc68
Medle S 80 Hc25
Medņi LV 107 Lc49
Medovo BG 181 Ed72
Medovo BG 181 Fa69
Médréac F 27 Ec39
Mędrzechów PL 138 Jc43
Medskogen S 86 Ed33
Medstugan S 78 Ed29
Medulin HR 151 Fa62
Medumi LV 115 Lb54
Meduno I 150 Ec57
Međurečje SRB 178 Ad67
Međurić HR 152 Gc60
Međuriječje MNE 159 Ja68
Meduši, Star. RUS 99 Ma40
Međuvođe BIH 152 Gc61
Medvedja SRB 174 Bc66
Medvedja SRB 178 Bc70
Medveja HR 151 Fb60
Medveja MD 172 Ed53
Medvenka RUS 203 Fa13
Medviđa HR 157 Ga64
Medvode SLO 151 Fb57
Medyka PL 139 Kc44
Medynia Głogowska PL 139 Ka43
Medze LV 105 Ja52
Medzev SK 138 Jc48
Medzilaborce SK 139 Ka46
Medžitlija MK 183 Bb76
Meeder D 134 Dc43
Meek N 77 Da31
Meenlaragh IRL 8 Ca15
Meerane D 127 Eb42
Meerapalu EST 99 Lc45
Meerbusch D 125 Bd39
Meerhout B 124 Ba39
Meerkerk NL 124 Ba37
Meerle B 124 Ad38
Meersburg D 142 Cd52
Meeth GB 19 Dd30
Meeuwen-Gruitrode B 124 Ba40
Mefjordvær N 62 Gb10
Méga Dério GR 185 Ea76
Méga Eleftherohóri GR 183 Bc80
Méga Kefalóvriso GR 188 Bb81
Megála GR 188 Bb81
Megáli Kápsi GR 188 Bb83
Megáli Panagía GR 184 Cc78
Megáli Stérna GR 183 Ca76
Megáli Vríssi GR 183 Ca76
Megalóhari GR 188 Ba82
Megalohóri GR 188 Bb81
Megalohóri GR 195 Ca88
Megálo Horió GR 197 Eb89
Megálo Horio GR 197 Ec92
Mégalo Livádi GR 195 Cd89
Megalópoli GR 194 Bb88
Méga Peristéri GR 182 Ba80
Mégara GR 189 Ca86
Megården N 66 Fd17
Mégaro GR 182 Ba79
Méga Spileo GR 189 Bc86
Megeces E 46 Da61
Megève F 35 Ka46
Meggenhofen A 144 Fa51
Megísti GR 198 Ga93
Megrunn N 85 Dc36
Megyaszó H 147 Jd50
Mehadia RO 174 Cb64
Mehadica RO 174 Ca63
Mehamn N 64 Ka04
Mehedeby S 96 Gc40
Mehikoorma EST 99 Lc45
Mehlis, Zella- D 126 Dc42
Mehmed Pasă = Sokolovici BIH 159 Hd64
Mehmetalanı TR 191 Ec82
Mehren D 133 Bd43
Mehring D 133 Bc44
Mehring D 143 Ec51
Mehringen D 127 Ea39
Mehrnbach A 143 Ed51
Mehrstetten D 142 Cd50
Mehtäkylä FIN 81 Jc26
Mehtäperä FIN 81 Jd27
Mehun-sur-Yèvre F 29 Gd42
Meiåvollen N 86 Eb32
Meiden CH 141 Bd56
Meidrim GB 14 Dc26
Meifod GB 15 Eb24
Meijel NL 125 Bb39
Meijerinkylä FIN 82 Ka25
Meilán E 36 Bc54
Meilen CH 141 Cb53
Meillant F 29 Ha44
Meillerie F 31 Kb44
Meillers F 30 Hb44
Meilūnai LT 114 Kd56
Meimoa P 45 Bc64
Meina I 148 Cb58
Meine D 126 Dc36
Meineringhausen D 126 Cd40
Meinersen D 126 Dc36
Meinerzhagen D 125 Ca40
Meinhard D 126 Db40
Meiningen D 126 Dc42
Meinkenbracht D 125 Cb40
Meira E 36 Bc54
Meirāni LV 107 Lb50
Meirás E 36 Ba53
Meiringen CH 141 Ca55
Meisburg D 133 Bc43
Meisenheim D 133 Ca45
Meisingset N 77 Db31
Meißen D 127 Ed41
Meißner D 126 Db40
Meitene LV 106 Kb52
Meitingen D 134 Dc49
Meixdevant-Virton B 132 Ba45
Meixedo P 44 Bb59
Meixide P 44 Bb59
Mejlby DK 100 Dc23
Mejorada E 46 Cd65
Mejrup Kirkeby DK 100 Da23
Męka PL 129 Hb39
Mekece TR 187 Gb79
Mekényes H 145 Hb56
Mekinjar HR 151 Ga63
Mekrijärvi FIN 83 Ma29
Mel I 150 Ea58
Mel N 84 Cc36
Melá GR 190 Da84
Melaje SRB 178 Ad69
Melalahti FIN 82 La30
Melalahti FIN 82 Kd25
Mélambes GR 200 Cd96
Meland N 63 Hd06
Meland N 84 Ca38
Melaniós GR 191 Dd85
Melánthio GR 182 Ba78
Melás GR 182 Ba77
Melates GR 188 Ad82
Melay F 34 Hd45
Melbārži LV 106 La49
Melbeck D 118 Dc34
Melbourn GB 20 Fd26
Melbourne GB 16 Fa23
Melbu N 66 Fc13
Melby DK 109 Eb25
Melč CZ 137 Ha45
Melchsee Frutt CH 141 Ca55
Meldal N 77 Dd31
Meldola I 156 Ea64
Meldorf D 118 Da31
Meldzere LV 105 Jc52
Melegnano I 149 Cc60
Melekçeoruç TR 187 Gb79
Melen N 78 Ec26
Melenci SRB 153 Jc59
Melendugno I 163 Hc77
Melenki RUS 203 Fb10
Meleski EST 98 La45
Melesse F 28 Ed39
Meleti I 149 Cd60
Meletovo RUS 107 Ma46
Melfi I 161 Ga74
Melfjorden N 71 Fb20
Melfort GB 6 Db12
Melgaço P 36 Ba58
Melgar de Arriba E 37 Cd58
Melgar de Fernamental E 38 Db58
Melgar de Yuso E 38 Db58
Melgarve GB 7 Dd09
Melholt DK 101 Dd21
Melhus N 77 Ea30
Meliana E 54 Fc67
Mélida E 39 Ed58
Melide CH 148 Cb58
Melide E 36 Ba55
Melides P 50 Ab70
Meligalás GR 194 Bb88
Melíki GR 183 Bd78
Melilli I 167 Fd87
Melineşti RO 175 Cd65
Meling N 92 Ca44
Melini CY 206 Jb97
Mélisey F 31 Ka40
Mélissa GR 189 Bd81
Melissa I 165 Gd80
Melissohóri GR 183 Ca77
Melissohóri GR 189 Ca85
Melissópetra GR 182 Ad79
Melissótopos GR 183 Bb77
Melissourgós GR 184 Cc78
Meliti GR 183 Bb77
Melitopol' UA 205 Fa16
Melito Porto Salvo I 164 Ga84
Melivia GR 183 Ca80
Melivia GR 184 Db76
Melk A 144 Fd51
Melkarlia N 71 Fb23
Melkas LV 106 Kc47
Melkkola FIN 91 Lb36
Melkoniemi FIN 91 Ld34
Melksham GB 19 Ec28
Mellajärvi FIN 74 Jc19
Mellakoski FIN 74 Jc19
Mellanfjärden S 88 Gc35
Mellansel S 80 Gd30
Mellansjö S 80 Ha28
Mellanström S 72 Gc22
Mellanzos E 37 Cc57
Mellau A 142 Da53
Mellby S 102 Ed46
Mellby S 103 Fc49
Mellbystrand S 110 Ed53
Melle D 126 Cc37
Melle F 32 Fc45
Melle I 148 Bc62
Mellen D 119 Ea34
Mellensee D 127 Ed37
Mellerud S 94 Ec45
Mellilä FIN 89 Jc38
Mellin D 127 Dd36
Mellinghausen D 118 Cd35
Mellingsmoen N 70 Fa24
Mellionnec F 27 Ea39
Mello F 23 Gd35
Mellomstrand N 92 Ca45
Mellösa S 95 Gb44
Mellrichstadt D 134 Db43
Melmerby GB 11 Ec17
Melnica MK 183 Bc74
Melnica SRB 174 Bd65
Melnice HR 151 Fc61
Mělnické Vtelno CZ 136 Fc43
Mel'nicy RUS 99 Ld45
Melnik BG 184 Cc75
Mělník CZ 136 Fb43
Mel'nikovo RUS 113 Ja58
Melnrage LT 113 Jb55
Melnsils LV 105 Jc48
Melón E 36 Ba57
Melouseia CY 206 Jc97
Meløysund N 71 Fb19
Meløyvær N 66 Ga11
Melrand F 27 Ea39
Melres P 44 Ad61
Melrose GB 11 Ec14
Mels CH 142 Cd54
Melsomvik N 93 Dd44
Melsted DK 111 Fc57
Melsträsk S 73 Hb24
Melsungen D 126 Da40
Melsvik N 63 Hd08
Meltaus FIN 69 Jd17
Meltham GB 16 Ed21
Melton Mowbray GB 16 Fb24
Meltosjärvi FIN 74 Jc19
Melun F 29 Ha38
Melvaig GB 4 Db06
Melvich GB 5 Ea04
Mélykút H 153 Ja57
Melzo I 149 Cc59
Memaliaj AL 182 Ab78
Membrilla E 52 Dc69
Membrillar E 38 Da57
Membrio E 51 Bc66
Memeceler TR 187 Gc80
Mēmele LV 106 Kd52
Memer F 41 Gd52
Memleben D 127 Ea40
Memmelsdorf D 134 Dc45
Memmingen D 142 Db51
Memória P 44 Ac65
Memucaj AL 182 Ab77
Mena UA 202 Ec13
Menaggio I 149 Cc57
Menai Bridge GB 15 Dd22
Mėnaičiai LV 114 Kb55
Menaldum NL 117 Bc33
Menàrguens E 48 Ga60
Menasalbas E 52 Da67
Menat F 34 Hb46
Menata I 150 Ea62
Menaza E 38 Db56
Menčiai LT 113 Jd53
Mencshely H 145 Ha55
Mendavia E 39 Eb58
Mende F 34 Hc51
Mendeleevsk RUS 203 Ga08
Menden D 125 Cb39
Mendenitsa GR 189 Bd84
Menderes TR 191 Ec86
Mendicino I 164 Gb80
Mendig D 133 Bd43
Mendiga P 50 Ab66
Mendigorría E 39 Ec57
Mendola I 166 Eb84
Ménéac F 27 Eb39
Menée F 35 Jc50
Menemen TR 191 Ec85
Menen B 21 Ha30
Menen B 124 Aa40
Meneou CY 206 Jc97
Ménerbes F 42 Jc53
Menesjärvi FIN 69 Jd11
Menestreau-en-Villette F 29 Gd40
Menetés GR 201 Eb95
Menetou-Salon F 29 Ha42
Ménétréol-sur-Sauldre F 29 Gd41
Menfi I 166 Eb85
Mengamuñoz E 46 Cd64
Mengara I 156 Eb67
Mengele LV 106 Kd51
Mengen D 142 Cd51
Mengen TR 205 Fa20
Mengerskirchen D 125 Cb42
Mengeš SLO 151 Fb57
Mengíbar E 60 Db72
Mengišēvo BG 180 Eb71
Mengkofen D 135 Eb49
Menidi GR 188 Ad82
Ménigoute F 32 Fc45
Ménil F 28 Fb40
Ménil-la-Tour F 25 Jc36
Menisjavri FIN 69 Jd11
Menkijärvi FIN 81 Jc31
Mennetou-sur-Cher F 29 Gc42
Mennogeia CY 206 Jb97
Menonen FIN 89 Jd37
Menouille F 31 Jc44
Mens F 35 Jd50
Menslage D 117 Cb35
Mensträsk S 72 Ha24
Menstrup DK 109 Ea27
Mentana I 160 Eb71
Menteroda D 126 Dc40
Menteş TR 191 Eb86
Menteş TR 193 Gb86
Menteşe TR 192 Fd81
Menteşe TR 198 Fb89
Menton F 43 Kd53
Mentoulles I 148 Bb60
Méntrida E 46 Da65
Menz D 119 Ed34
Menzelinsk RUS 203 Ga08
Meopham GB 20 Fd28
Méounes-les-Montrieux F 42 Ka55
Mepal GB 20 Fd25
Meppel NL 117 Bc35
Meppen D 117 Ca35
Mequinenza E 48 Fd61
Mer F 29 Gc41
Mera E 36 Bb53
Mera RO 176 Ed62
Meråker N 78 Ec30
Meran I 142 Dc55
Merano I 142 Dc55
Merás E 37 Ca54
Merasjärvi S 68 Hc16
Merate I 149 Cc58
Mercadillo E 38 Dd55
Mercadillo E 45 Cc63
Mercatello I 156 Eb68
Mercatello sul Metauro I 156 Ea66
Mercatino Conca I 156 Eb65
Mercato I 161 Fc75
Mercato San Severino I 161 Fc75
Mercato Saraceno I 156 Ea65
Merćez SRB 178 Bb69
Merching D 142 Dc50
Mercœur F 33 Gd49
Mercogliano I 161 Fc75
Mercues F 33 Gb51
Mercurey F 30 Ja43
Merdanja BG 180 Ea70
Merdare KSV 178 Bb70
Merdrignac F 27 Ec39
Mere GB 19 Ec29
Meré E 37 Cd54
Merefa UA 203 Fa14
Merei RO 176 Ec64
Meremäe EST 107 Lc47
Merendero E 36 Bb54
Mereni MD 173 Fc59
Mereni MD 173 Fd58
Mereni RO 180 Dd67
Mereni RO 181 Fb68
Merenlahti FIN 91 Lb36
Mereşeni MD 173 Fc59
Mereşti RO 176 Ea60
Mereworth GB 20 Fd29
Mergenli TR 198 Fb91
Merghndeal RO 175 Dc61
Mergozzo I 148 Ca57
Mērģi LV 106 La48
Méribel F 35 Kb47
Meriç TR 185 Eb77
Meriçler TR 197 Ed89
Merićleri BG 180 Dd73
Mérida E 51 Bd69
Mérignac F 32 Fb50
Mérignac F 32 Fc47
Mérignac F 32 Fc48
Mérihas GR 195 Cd89
Merijärvi FIN 81 Jd26
Merikarvia FIN 89 Ja35
Meriläinen FIN 81 Jd29
Merilänranta FIN 83 Ld28
Merimasku FIN 97 Ja39
Mérindol F 42 Jc53
Mering D 142 Dc50
Meri-Pori FIN 89 Ja36
Merişani RO 175 Dc64
Mérk H 147 Kb51
Merkebekk N 93 Db44
Merkem B 21 Ha30
Merkendorf D 134 Dc47
Merkeşler TR 187 Hb78
Merkinė LT 123 Kc30
Merklín CZ 135 Ed46
Merklingen D 134 Da49
Merlevenez F 27 Ea40
Merlimont F 23 Gc31
Merlimont-Plage F 23 Gb31
Merlines F 33 Ha47
Mern DK 109 Eb28
Mernieki LV 106 Kb47
Mernye H 145 Ha56
Merone I 149 Cc58
Merošina SRB 178 Bd69
Merriott GB 19 Eb30
Merry-Sec F 30 Hc40
Mersch L 133 Bb44
Merschwitz D 127 Ed40
Merseburg D 127 Eb40
Mērsrags LV 105 Jd49
Mers-sur-Indre F 29 Gc44
Merstham GB 20 Fc29
Merstola FIN 89 Jb36
Mertajärvi S 68 Hd13
Mertala FIN 91 Lc33
Merthyr Cynog GB 15 Ea26
Merthyr Tydfil GB 19 Ea27
Merthyr Vale GB 19 Ea27
Mertingen D 134 Dc49
Mértola P 58 Ba72
Méru F 23 Gd35
Merufe P 36 Ad58
Mervans F 30 Jb43
Mervent F 28 Fb44
Merville F 23 Ha31
Méry-sur-Seine F 30 Hc38
Merza E 36 Ba56
Merzdorf D 127 Ed38
Merzen D 117 Cb36
Merzenich D 125 Bc41
Merzhausen D 141 Ca51
Merzifon TR 205 Fb20
Merzig (Saar) D 133 Bc45
Mesagne I 162 Hb76
Mesanagrós GR 197 Ed94
Mésandans F 31 Ka41
Mesão Frio P 44 Ba61
Mesariá GR 190 Da87
Mesas de Ibor E 51 Cb66
Meschede D 126 Cc40
Meschers-sur-Gironde F 32 Fa48
Mešeišta MK 182 Ba75
Meselefors S 79 Gb26
Meşelik TR 193 Hb85
Meşelik TR 197 Ed90
Meşendorf RO 176 Dd60
Meşeni MD 173 Fb57
Mesenikólas GR 188 Bb81
Meseşenii de Jos RO 171 Cd56
Meshaw GB 19 Dd29
Mesía E 36 Ba55
Mesiano I 164 Gb82
Mesić SRB 174 Bd63
Mesići BIH 159 Hd65
Mesihovina BIH 158 Gd66
Mesinge DK 109 Dd26
Meškalaukis LT 114 Kc54
Meskenvaara FIN 83 Ma30
Meškinė LT 113 Jc56
Mesklá GR 200 Cb95
Meškučiai LT 114 Kd59
Meškuičiai LT 114 Kb53
Meslan F 27 Dd39
Meslay-du-Maine F 28 Fb40
Meslon F 29 Ha44
Mesnali N 85 Ea37
Mešnik SRB 159 Jb65
Mesnil-Saint-Père F 30 Hd38
Mesnil-Sellières F 30 Hd38
Mesocco CH 142 Cc56
Mesogi CY 206 Hd98
Mesohóri GR 183 Bb76
Mesohóri GR 183 Bc80
Mesohóri GR 189 Bc82
Mesohóri GR 194 Ba89
Mesohória GR 190 Cd86
Mesola I 150 Ea61
Mesón do Vento E 36 Ba54
Mesones E 46 Dc63
Mesópirgos GR 188 Ba82
Mesopotamiá GR 182 Ba77
Mesopótamo GR 188 Ac81
Mesoraca I 165 Gd81
Mesorópi GR 184 Cd77
Mesóvouno GR 183 Bc77
Mespelbrunn D 134 Cd44
Mesquer F 27 Eb41
Messac F 28 Ed40
Messancy B 132 Ba45
Messanges F 39 Ed53
Messanges-Plage F 39 Ed53
Messaure S 73 Hb19
Meßdorf D 119 Ea35
Messeix F 33 Ha47
Messejana P 58 Ac72
Messelt N 86 Eb36
Méssi GR 184 Dc77
Messigny-et-Vantoux F 30 Jb41
Messina I 164 Ga83
Messingen D 117 Ca36
Messingham GB 16 Fb21
Messini GR 194 Bb89
Messinó GR 189 Bc86
Meßkirch D 142 Cc51
Messlingen S 86 Ed32
Messohóri GR 201 Eb95
Messolóngi GR 188 Ba84
Messongí GR 182 Ab80
Meßstetten D 142 Cc50
Mesta BG 184 Cc74
Mestá GR 191 Dd86
Mestanza E 52 Db70
Mestas E 37 Ca55
Městečko Trnávka CZ 137 Gc46
Městec Králové CZ 136 Fd44
Mestervik N 62 Gd10
Mésti GR 185 Dd77
Meštica BG 179 Cb71
Mestilä FIN 89 Jb37
Mestlin D 119 Eb33
Město Albrechtice CZ 137 Gd44
Město Libavá CZ 137 Gd45
Město Touškov CZ 135 Ed45
Mestre I 150 Ea60
Mesudiye TR 186 Fc80
Mesum D 117 Ca36
Mesutlar TR 199 Hb88
Mesvres F 30 Hd43
Mesztegnyő H 145 Gd56
Meta I 161 Fb75
Metajna HR 151 Fc63
Metallikó GR 183 Ca76
Metamórfosi GR 183 Bb78
Metamórfosi GR 189 Bc81
Metamórfosi GR 194 Ba89

Metamorfósi - Mo

Metamorfósi GR 195 Bd90
Metamórfossi GR 183 Ca76
Metamórfossi GR 184 Cc79
Metangitsi GR 184 Cc79
Meţaparks LV 106 Kb50
Metaurilia I 156 Ec65
Metaxádes GR 185 Ea76
Metaxás GR 183 Bc79
Metelen D 125 Ca37
Meteliai LT 114 Kc59
Meteş RO 175 Cd60
Méthamis F 42 Jc52
Méthana GR 195 Ca88
Metheringham GB 17 Fc22
Methil GB 7 Eb12
Methlick GB 5 Ed08
Methóni GR 194 Ba89
Methven GB 7 Ea11
Methwold GB 20 Fd25
Metković HR 158 Ha68
Metlič SRB 153 Ja62
Metličina BG 181 Ed69
Metlika SLO 151 Fd59
Metnitz A 144 Fb55
Mętno PL 120 Fb35
Metodievo BG 181 Ec70
Metóhi GR 189 Cb84
Metóhi GR 189 Cc84
Metovnica SRB 179 Ca67
Mętów PL 131 Kb40
Metsäkansa FIN 89 Jd36
Metsäkantano FIN 83 Lb27
Metsäkylä FIN 75 Kd22
Metsäkylä FIN 90 La37
Metsälä FIN 75 Kc21
Metsälä FIN 89 Ja34
Metsämaa FIN 89 Jc37
Metsä-Muuronen FIN 91 Lb37
Metsküla EST 97 Jc45
Metslawier NL 117 Bc32
Métsovo GR 182 Ba80
Mettä Dokkas S 68 Hc17
Mettäjärvi S 74 Jb18
Mettälä FIN 90 Kd37
Metten D 135 Ec48
Mettenheim D 133 Cb45
Mettenheim D 143 Eb50
Mettersdorf am Saßbach A 144 Ga55
Mettevoll N 63 Hb08
Mettingen D 117 Cb36
Mettlach D 133 Bc45
Mettlen CH 141 Ca54
Mettmann D 125 Bd40
Mettmenstetten CH 141 Cb53
Metveit N 93 Da46
Metz F 25 Jd35
Metzeral F 31 Kb39
Metzervisse F 25 Jd35
Metzingen D 134 Cd49
Meucon F 27 Eb40
Meulan F 23 Gc36
Meung-sur-Loire F 29 Gc40
Meursault F 30 Ja43
Meuse F 31 Jc39
Meuselwitz D 127 Eb41
Meussia F 31 Jc44
Meuzac F 33 Gb48
Mevassvika N 78 Ed26
Meximieux F 34 Jb46
Mey GB 5 Eb04
Meydancik TR 205 Ga18
Meyenburg D 118 Cd33
Meyenburg D 119 Eb33
Meymac F 33 Gd48
Meyrargues F 42 Jd53
Meyrueis F 41 Hc52
Meysee F 34 Jb50
Meysey Hampton GB 20 Ed27
Meyssac F 33 Gc49
Meyzieu F 34 Jb47
Mézapos GR 194 Bb91
Mežāre LV 107 Lb51
Mežatites LV 107 Lb51
Mežda BG 180 Ea73
Mežden BG 181 Ed68
Mezdra BG 179 Cd70
Meždureč'e RUS 113 Jc59
Meždurečje RUS 113 Jd58
Mèze F 41 Hc54
Mezek BG 185 Ea75
Meženin PL 123 Ka34
Mézeray F 28 Fc40
Mézérial F 34 Jb45
Mežica SLO 144 Fc56
Mézidon-Canon F 22 Fc36
Mézières-en-Brenne F 29 Gb43
Mézières-sur-Issoire F 33 Ga46
Mézilhac F 34 Ja50
Mézilles F 30 Hb40
Mezimĕstí CZ 137 Gb43
Mézin F 40 Fd53
Mezit TR 192 Ga81
Mezitler TR 192 Fb82
Mezőberény H 147 Jd55
Mezőcsát H 146 Jc51
Mezőfalva H 146 Hc55
Mezőhegyes H 147 Jd56
Mezőhék H 146 Jb54
Mezőkeresztes H 146 Jc51
Mezőkomárom H 145 Hb55
Mezőkovácsháza H 147 Jd56
Mezőkövesd H 146 Jc51
Mezőladany H 147 Kb50
Mezőörs H 145 Ha53
Mézos F 39 Fa52
Mézos F 39 Fa53
Mezőszilas H 146 Hc55
Mežotne LV 106 Kb52
Mezőtúr H 146 Jc54
Mežvidi LV 107 Ld50
Mezzana I 149 Db57
Mezzano I 150 Ea63
Mezzojuso I 166 Ed85
Mezzoldo I 149 Cd57
Mezzolombardo I 149 Dc57
Mgarr M 166 Ea87
Miączyn PL 131 Kd41
Miajadas E 51 Ca68
Mialet F 33 Ga48
Mialet F 41 Hd52
Miały PL 120 Ga35
Mianowice PL 121 Gc30
Miasteczko Krajeńskie PL 121 Gc34
Miasteczko Śląskie PL 138 Hc43
Miastko PL 121 Gc31
Miastków Kościelny PL 131 Jd38
Miastkowo PL 123 Jd33
Miavaig GB 4 Cd05
Miazzina I 148 Cb57
Mica RO 171 Db57
Mica RO 171 Db59
Micaičiai LT 114 Ka54
Micăsasa RO 175 Db60
Micereces de Tera E 45 Cb59
Miceşti RO 175 Da60
Miceşti RO 175 Dc64
Miceştii de Câmpie RO 171 Db58
Michaelchurch Escley GB 15 Eb26
Michaelnbach A 144 Fa50
Michajlovskoe RUS 203 Fc09
Michal'any SK 139 Ka49
Michalin PL 121 Hb35
Michałkowo PL 122 Jb30
Michalová SK 138 Ja48
Michalovce SK 139 Ka48
Michałów PL 131 Kd42
Michałów PL 138 Jb43
Michałowice PL 129 Gd42
Michałowice PL 138 Ja44
Michałowo PL 123 Kc33
Michelau D 134 Db45
Michelbach A 144 Ga51
Michelbach D 134 Da47
Micheldorf in Oberösterreich A 144 Fb52
Michelfeld D 134 Da47
Michelsdorf D 127 Ec37
Michelsneukirchen D 135 Eb47
Michelstadt D 134 Cd45
Michendorf D 127 Ed37
Michery F 30 Hb38
Michnowce PL 123 Kb30
Michorzewo PL 129 Gb37
Michów PL 131 Ka39
Mićići SRB 153 Ja63
Micılar TR 192 Fb82
Mickai LT 113 Jb55
Mickelsträsk S 80 Hb27
Mickhausen D 142 Dc50
Mickleton GB 11 Ed17
Micleşti MD 173 Fd57
Micleşti RO 173 Fb58
Micula RO 171 Cd54
Mičurin BG 186 Fa74
Mičurinsk RUS 203 Fb12
Midbea GB 5 Ec02
Middelbeers NL 124 Ba38
Middelburg NL 124 Ab38
Middelfart DK 108 Db26
Middelharnis NL 124 Ac37
Middelkerke B 21 Ha29
Middels D 117 Cb32
Middelstum NL 117 Bd33
Middenbeemster NL 116 Ba35
Middenmeer NL 116 Ba34
Middleham GB 11 Ed19
Middlemarsh GB 19 Ec30
Middle Rasen GB 17 Fc22
Middlesbrough GB 11 Fa18
Middleton GB 21 Gb25
Middleton in Teesdale GB 11 Ed17
Middleton-on-Sea GB 20 Fb30
Middleton-on-the-Wolds GB 16 Fb20
Middletown GB 9 Cc18
Middletown GB 15 Eb24
Middle Wallop GB 20 Ed29
Middlewich GB 15 Ec22
Midgeholme GB 11 Ec16
Midhurst GB 20 Fb30
Midıklı TR 192 Fc85
Midleton IRL 12 Bd26
Midlum D 108 Cd28
Midlum D 118 Cd32
Midrevaux F 31 Jc38
Midskog S 79 Fd30
Midsomer Norton GB 19 Ec29
Midsund N 76 Cd32
Midtgård N 65 Kd07
Midtre Fingervatn N 64 Ka06
Midtskogberget N 86 Ec37
Mid Yell GB 5 Fa03
Miechów PL 128 Fd36
Miechów PL 138 Ja43
Miechów-Charsznica PL 138 Ja43
Miechucino PL 121 Ha30
Miecze PL 123 Ka32
Miedes E 47 Ed62
Miedes de Atienza E 47 Ea62
Miedzichowo PL 128 Ga37
Miedzna PL 131 Jd36
Miedźno PL 130 Hc41
Międzybórz PL 129 Gd40
Międzybrodzie Bialskie PL 138 Hc45
Międzychód PL 128 Ga36
Międzygórze PL 137 Gc44
Międzyleś PL 131 Kc37
Międzylesie PL 137 Gc44
Międzyrzec Podlaski PL 131 Kb37
Międzyrzecz PL 128 Fd36
Międzywodzie PL 120 Fc31
Międzyzdroje PL 120 Fb32
Miegėnai LT 114 Kc55
Miehikkälä FIN 91 Lb37
Miehlen D 133 Ca43
Miejsce Piastowe PL 139 Ka45
Miejska Górka PL 129 Gc39
Miekak S 72 Gb18
Miękinia PL 129 Gc41
Miekojärvi S 73 Ja20
Miękowo PL 120 Fc33
Mielagėnai LT 115 Lc55
Miélan F 40 Fd55
Mielec PL 139 Jd43
Mielęcin PL 121 Gb34
Mielęcin PL 130 Hc36
Mielenko Drawskie PL 120 Ga33
Mieleszyn PL 129 Gd36
Mielnik PL 131 Kb36
Mielno PL 120 Fd33
Mielno PL 120 Ga30
Mielno PL 128 Fc39
Mielno PL 129 Gd36
Mieluskylä FIN 82 Ka26
Mielżyn PL 129 Gd37
Mieming A 142 Dc53
Miemo I 155 Db66
Mień PL 123 Ka35
Miera E 37 Cc55
Mieraslompolo FIN 64 Ka08
Mierašluobbal FIN 64 Ka08
Miercurea-Ciuc RO 176 Ea60
Miercurea Nirajului RO 171 Dc59
Miercurea Sibiului RO 175 Da61
Mierczany PL 128 Fc37
Mieres E 37 Cc55
Mieres E 49 Hb59
Miereszyn PL 121 Ha30
Mierlo NL 125 Bb39
Mierojokka N 68 Hd11
Mieroszów PL 129 Gb42
Miersig RO 170 Ca57
Mieruniszki PL 123 Ka30
Mierzawa PL 130 Ja42
Mierzęcice PL 138 Hc43
Mierzyno PL 121 Gd29
Miesbach D 143 Ea52
Mieścisko PL 121 Gd35
Miesenbach A 144 Ga53
Miesenbach D 133 Ca46
Mieslahti FIN 82 Kd25
Mieste D 127 Dd36
Miesterhorst D 127 Dd36
Mieszków PL 129 Gd38
Mieszkowice PL 120 Fb35
Mietków PL 129 Gb41
Mietoinen FIN 97 Jb39
Miettinen FIN 89 Jc34
Mieza E 45 Bd61
Mieżaičiai LV 114 Kb55
Mieżiškiai LT 114 Kd55
Mifol AL 182 Aa77
Migennes F 30 Hc39
Migliarino I 150 Ea62
Migliarino I 155 Da65
Miglionico I 162 Gc76
Mignano Monte Lungo I 161 Fa73
Migné F 29 Gb44
Mignères F 29 Ha39
Miguel Esteban E 53 Dd67
Miguelturra E 52 Db69
Mihăeşti RO 175 Dc64
Mihăeşti RO 180 Dc67
Mihai Bravu RO 177 Fc65
Mihai Bravu RO 180 Ea67
Mihai Eminescu RO 172 Ec55
Mihăileni MD 173 Fa54
Mihăileni MD 173 Fa54
Mihăileni RO 172 Ea59
Mihăileni RO 172 Eb54
Mihăileni RO 175 Db61
Mihăileşti RO 176 Ea66
Mihăileşti RO 176 Ec65
Mihail Kogălniceanu RO 173 Fa57
Mihail Kogălniceanu RO 177 Fa65
Mihail Kogălniceanu RO 177 Fc64
Mihail Kogălniceanu RO 181 Fc67
Mihailovca MD 173 Fc56
Mihailovca MD 173 Fd55
Mihailovca MD 173 Fd56
Mihailovca MD 173 Fd59
Mihai Viteazu RO 171 Da59
Mihai Viteazu RO 177 Fc66
Mihajlov RUS 203 Fa11
Mihajlovac SRB 174 Bb64
Mihajlovac SRB 174 Cb65
Mihajlovka RUS 203 Fd13
Mihajlovo BG 179 Cd68
Mihajlovo BG 180 Dd73
Mihajlovo SRB 174 Bb61
Mihajlovskoe RUS 107 Mb49
Mihălăşeni MD 173 Fa53
Mihălăşeni RO 172 Ed55
Mihåld H 145 Gd56
Mihalgazi TR 193 Gc81
Mihalıççık TR 193 Ha81
Mihalkovo BG 184 Da74
Mihalţ RO 175 Da60
Mihályfa H 145 Gd55
Mihas GR 188 Bb86
Miheşu de Câmpie RO 171 Db58
Mihkli EST 98 Kb45
Mihla D 126 Dc41
Mihnevo RUS 203 Fa10
Miholjska HR 158 Ha69
Mihovljan HR 151 Ga57
Miikkula FIN 91 Lc33
Miiluranta FIN 82 Kb27
Mijanès F 41 Gd57
Mijares E 46 Cd64
Mijas E 60 Cd76
Mijdrecht NL 116 Ba36
Mijoska SRB 159 Jb66
Mijoux F 31 Jd44
Mikaševičy BY 202 Eb13
Mikaszówka PL 123 Kb31
Mike H 152 Ha57
Mikełtornis LV 105 Jc49
Miki GR 184 Db76
Mikicin PL 123 Kb32
Mikines GR 195 Bd87
Mikitamäe EST 107 Lc46
Mikkanen FIN 90 Kd35
Mikkelbostad N 67 Gb12
Mikkeli FIN 90 La34
Mikkelsnes N 65 Kc08
Mikkelvik N 62 Gd08
Mikkola FIN 69 Jd15
Mikkolanniemi FIN 91 Ld33
Miklavž na Dr. p. SLO 144 Ga56
Mikleuš HR 152 Ha59
Mikniūnai LT 114 Kb53
Mikołajki PL 122 Jc31
Mikołajki Pomorskie PL 122 Hc31
Mikolin PL 129 Gd42
Mikoliškiai LT 113 Jb55
Mikołów PL 138 Hc44
Mikonos GR 196 Db89
Mikorowo PL 121 Gd30
Mikorzyn PL 129 Ha40
Mikre BG 180 Db70
Mikrí Vólvi GR 184 Cc78
Mikró Dério GR 185 Ea76
Mikrókambos GR 183 Ca77
Mikrolímni GR 182 Ba77
Mikrolívado GR 182 Ba79
Mikromiliá GR 184 Cd75
Mikró Monastíri GR 183 Bd77
Mikró Perivoláki GR 189 Bd81
Mikrópoli GR 184 Cd76
Mikstat PL 129 Ha39
Mikulov CZ 137 Gc49
Mikulovice CZ 137 Gd44
Mikytai LV 114 Kb57
Miladinovci MK 178 Bc73
Miłakowo PL 122 Hd31
Milano E 45 Bd62
Milano I 149 Cc59
Milano Marittima I 150 Ea63
Milanovo BG 179 Cc70
Milanovo BG 181 Ec70
Milanovo SRB 178 Bd70
Milanów PL 131 Kb38
Milanówek PL 130 Jb37
Milaş RO 171 Dc58
Milas TR 197 Ed89
Milašaičiai LV 114 Kb56
Milašiūnai LT 114 Kd56
Milatkoviće SRB 178 Ba68
Milatos GR 201 Db95
Milazzo I 167 Fd83
Milborne Saint Andrew GB 19 Ec30
Milcoiu RO 175 Db64
Milcov RO 175 Db66
Milcovul RO 176 Ed62
Mildenberg D 119 Ed35
Mildenhall GB 20 Fd25
Mildı TR 192 Fd87
Mildstedt D 108 Da29
Miléa GR 182 Ba80
Miléa GR 183 Bc79
Mileanca RO 172 Ed54
Milehouse IRL 13 Cc24
Milejczyce PL 123 Kb35
Milejów-Wieś PL 131 Kb40
Milena I 166 Ed86
Mileševo SRB 153 Jb58
Milešov CZ 136 Fb46
Milešov CZ 136 Fa43
Mileşti MD 173 Fb57
Mileştii Mici MD 173 Fd58
Milestone IRL 13 Ca23
Mileszewy PL 122 Hc33
Miletićevo SRB 174 Bc62
Miletín CZ 136 Ga43
Miletkovo MK 183 Bd75
Mileto I 164 Gb82
Milevsko CZ 136 Fb46
Milewo Gałązki PL 123 Jd32
Milford GB 20 Fb29
Milford Haven GB 18 Db27
Milhars F 41 Gd52
Mili GR 195 Bd88
Miliá GR 185 Ea75
Miliá GR 194 Bc87
Miliá GR 194 Bc90
Milianni I 167 Fa84
Milice PL 137 Ha44
Milići BIH 159 Hd64
Milíčín CZ 136 Fc46
Miličinica SRB 153 Jb63
Milicz PL 129 Gd39
Miliés GR 189 Ca82
Milín CZ 136 Fa46
Milína GR 189 Cb82
Milino MK 183 Bc74
Miliotádes GR 182 Ad80
Milis I 169 Bd77
Milişăuţi RO 172 Eb55
Militello in Val di Catania I 167 Fc86
Militsa GR 194 Ba89
Miljana HR 151 Ga58
Miljen BIH 159 Hd66
Miljević SRB 174 Bd64
Miljevina BIH 159 Hc66
Miljkovac SRB 178 Bd68
Miljutino RUS 99 Mb44
Miłki PL 122 Jc31
Milkjovci BG 179 Cb71
Milkovica BG 180 Db68
Millancay F 29 Gc41
Millares E 54 Fb68
Millas F 41 Ha57
Millau F 41 Hb52
Millerovo RUS 203 Fc14
Millesimo I 148 Bd63
Millesvik S 94 Ed45
Millevaches F 33 Gd47
Millford IRL 9 Cb15
Mill Hill GB 20 Fc27
Millinge DK 108 Dc27
Millingen aan de Rijn NL 125 Bc37
Millisle GB 10 Db17
Millom GB 11 Eb19
Millport GB 6 Dc13
Mill-Sint Hubert NL 125 Bb38
Millstatt A 143 Ed55
Millstreet IRL 12 Bc25
Millstreet IRL 13 Ca25
Milltown GB 11 Eb16
Milltown GB 19 Dd29
Milltown IRL 8 Bd20
Milltown IRL 12 Bb24
Milltown Malbay IRL 12 Bb22
Milly-la-Forêt F 29 Gd38
Milly-le-Meugnon F 28 Fc42
Milmarcos E 47 Ec62
Milmersdorf D 120 Fa34
Milna HR 158 Gb68
Milnathort GB 7 Eb12
Milngavie GB 10 Dd13
Milnthorpe GB 11 Ec19
Milo I 167 Fd85
Milоćaj SRB 178 Ba67
Miločer MNE 159 Hd70
Miłocice PL 121 Gc31
Miłogórze PL 122 Ja31
Miłomłyn PL 122 Hd32
Miłoradz PL 121 Hb31
Miloşeşti RO 176 Ed65
Miloševa Kula SRB 174 Ca66
Miloševo Do SRB 159 Jb66
Miloševo SRB 174 Cb66
Miłosław PL 129 Gd37
Mílos = Pláka GR 195 Cd91
Milot AL 163 Jb72
Milotice CZ 137 Gd48
Milovaig GB 4 Da07
Milow D 127 Eb36
Milówka PL 138 Hc46
Mils bei Imst A 142 Db54
Miltach D 135 Ec47
Milte D 125 Cb37
Miltenberg D 134 Cd45
Miltern D 127 Eb36
Milton GB 5 Ea07
Milton GB 7 Dd08
Milton Abbas GB 19 Ec30
Milton Abbot GB 18 Dc31
Milton Keynes GB 20 Fb26
Miltzow D 119 Ed31
Milutinovac SRB 174 Cb65
Milverton GB 19 Ea29
Milwich GB 16 Ed23
Milžavėnai LT 114 Ka56
Milżyn PL 129 Hb36
Mimizan F 39 Fa52
Mimizan-Plage F 39 Fa52
Mimoň CZ 136 Fc43
Mina GR 194 Bc91
Mina da Juliana P 50 Ad71
Mina de São Domingos P 58 Ba72
Miñagón E 37 Bd54
Minard GB 6 Dc12
Minare TR 198 Fd92
Minas de Riotinto E 59 Bc72
Minaya E 53 Eb68
Mincenii de Jos MD 173 Fd56
Minchinhampton GB 19 Ec27
Minde P 50 Ac66
Mindelheim D 142 Db51
Mindelo P 44 Ac60
Mindelstetten D 135 Ea48
Minden D 126 Cd36
Mindic MD 173 Fb54
Mindja BG 180 Ea71
Mindreşti MD 173 Fc56
Mindszent H 146 Jb56
Mindtangen N 70 Ed22
Minehead GB 19 Ea29
Mineo I 167 Fc86
Mineralni bani BG 184 Dc74
Mineral'nye Vody RUS 205 Ga16
Minerbe I 149 Dc60
Minerbio I 150 Dd62
Minerve F 41 Ha55
Minervino Murge I 162 Gb74
Minety GB 20 Ed27
Minfeld D 133 Cb47
Minfford GB 15 Dd24
Mingajny PL 122 Hd30
Mingajny PL 122 Ja30
Mingir MD 173 Fc59
Minglanilla E 54 Ed67
Mingorría E 46 Cd63
Minićevo SRB 179 Ca68
Minija LT 113 Jb56
Mining A 143 Ed50
Miniszków PL 130 Ja40
Minkiö FIN 89 Jd38
Minkowskie PL 129 Gd41
Minnetler TR 191 Ed82
Minnetler TR 192 Fc84
Miño de Medinaceli E 47 Eb62
Miño de San Esteban E 46 Dd61
Miñol E 36 Ba54
Minot F 30 Ja40
Miňovce SK 139 Jd47
Minsk BY 202 Ea12
Mińsk Mazowiecki PL 130 Jc37
Minster GB 21 Ga28
Minster GB 21 Gb28
Minster Lovell GB 20 Fa27
Mintia RO 175 Cc60
Mintiu Gherlii RO 171 Db57
Mintlaw GB 5 Ed08
Mintraching D 135 Eb48
Minturno I 160 Ed73
Mioarele RO 176 Dd63
Miočinovići HR 152 Gb60
Miodnica PL 128 Fd39
Miokovci SRB 159 Jc64
Miomo F 154 Cc68
Mionica SRB 153 Jb63
Mions F 34 Jb47
Mios F 32 Fa51
Mioska MNE 159 Ja68
Miotek PL 138 Hc43
Mioveni RO 175 Dc64
Mira E 54 Ed67
Mira GR 188 Bb85
Míra GR 189 Bd81
Mira I 150 Ea60
Mira P 44 Ac63
Mirabeau F 42 Jd53
Mirabel E 51 Ca66
Mirabel F 34 Ja50
Mirabel F 34 Jb50
Mirabel F 40 Gc52
Mirabel-aux-Baronnies F 42 Jc51
Mirabella Eclano I 161 Fc74
Mirabella Imbaccari I 167 Fb86
Mirachowo PL 121 Ha30
Miradoux F 40 Ga53
Miraflores de la Sierra E 46 Dc63
Miralrío E 47 Ea63
Miramar F 43 Kc54
Miramar P 44 Ac61
Miramare I 156 Eb64
Miramas F 42 Jb54
Mirambeau F 32 Fb48
Mirambel E 48 Fc64
Miramont-de-Guyenne F 32 Fd51
Miranda de Arga E 39 Ec58
Miranda de Ebro E 38 Ea57
Miranda del Castañar E 45 Ca64
Miranda do Corvo P 44 Ad64
Miranda do Douro P 45 Ca60
Mirande F 40 Fd54
Mirandela P 45 Bc60
Mirandilla E 51 Bd68
Mirandola I 149 Dc61
Mirandol-Bourgnounac F 41 Gd52
Miranje HR 157 Ga65
Mirano I 150 Ea59
Mirantes de Luna E 37 Cb56
Miraš KSV 178 Bb71
Mirăslău RO 171 Da59
Miraumont F 23 Ha32
Miravci MK 183 Bd75
Miravet E 48 Ga62
Miravete E 48 Fb64
Mircea Vodă RO 176 Ed64
Mircea Vodă RO 181 Fb67
Mirceşti RO 172 Ed57
Mircze PL 131 Kd41
Miré F 28 Fb40
Mirebeau F 28 Fd44
Mirebeau-sur-Bèze F 30 Jb41
Mirebel F 31 Jc43
Mirecourt F 31 Jd38
Miren SLO 150 Ed58
Mirepoix F 41 Gd56
Mires GR 200 Cd96
Mireşti MD 173 Fc58
Mireşu Mare RO 171 Da55
Mireval F 41 Hd54
Miribel F 34 Jb46
Miričina BIH 153 Hc62
Mírina GR 190 Db81
Miriokéfala GR 200 Cc95
Mirkovo BG 179 Cd71
Mirmande F 34 Jb50
Mirna SLO 151 Fc58
Mirocin PL 128 Fd39
Mirojedy RUS 107 Ma51
Mironeasa RO 173 Fa58
Mirones E 38 Dc55
Miroševce SRB 178 Bd70
Miroşi RO 175 Dc66
Miroslav CZ 137 Gb48
Miroslava RO 173 Fa57
Miroslavas LT 114 Kc59
Mirosławiec PL 120 Ga33
Miroslovești RO 172 Ec57
Mirošov CZ 136 Fa46
Mirostowice PL 128 Fc39
Mirotice CZ 136 Fa47
Mirovci BG 181 Ed69
Mirovec BG 181 Ec70
Mirovice CZ 136 Fa46
Mirović Zagora HR 158 Gb65
Mirovo BG 179 Ca72
Mirovo BG 180 Ea70
Mirow D 119 Ec34
Mirów PL 130 Hd42
Mirów PL 130 Jc40
Mirşid RO 171 Cd56
Mirsína GR 183 Bb79
Mirsíni GR 194 Bc90
Mirsk PL 128 Fd41
Mirto I 165 Gd79
Mírtos GR 201 Db96
Mirzec PL 130 Jc40
Misa LV 106 Kc52
Misano Adriatico I 156 Eb64
Mişca RO 170 Ca58
Mischii RO 175 Da66
Misefa H 145 Gc55
Miševo RUS 99 Ma39
Misi FIN 74 Kb18
Misilmeri I 166 Ec84
Mišinci BIH 152 Hb61
Mišiniai LV 123 Kb30
Miske H 146 Hd56
Miskolc H 146 Jc50
Miskolctapolca H 146 Jc51
Misliče SLO 151 Fa59
Mislina HR 158 Ha68
Mislinja SLO 144 Fd56
Mišnjak HR 151 Fa61
Missanello I 162 Gb77
Missen D 142 Da52
Missenträsk S 72 Ha24
Missery F 30 Hd42
Missillac F 27 Ec41
Misso EST 107 Lc47
Mistegná GR 191 Ea83
Mistelbach A 137 Gb49
Mistelbach D 135 Ea45
Mistelgau D 135 Dd45
Misten N 66 Fc17
Misterbianco I 167 Fc86
Misterdalsetra N 86 Eb35
Misterhult S 103 Gb50
Mistrás GR 194 Bc89
Mistretta I 167 Fb84
Mistrós GR 189 Cc85
Mišučiai LT 113 Jd56
Misurina I 143 Eb56
Misvær N 71 Fc18
Misvak TR 191 Ea82
Misy-sur-Yonne F 30 Hb38
Miszewo PL 121 Ha30
Miszewo Murowane PL 130 Hd36
Mitáto GR 201 Dd96
Mitcham GB 20 Fc28
Mitchell GB 18 Db31
Mitchelstown IRL 12 Bd24
Mithimna GR 191 Ea83
Mitikas GR 188 Ac82
Mitikas GR 188 Ad83
Mitilíni GR 191 Ea83
Mitilinií GR 197 Eb88
Mitkovcy RUS 107 Ld47
Mitlo HR 158 Gb66
Mitoc RO 172 Ed54
Mitocu Dragomirnei RO 172 Ec55
Mitragalys LT 114 La53
Mitrašinci MK 183 Ca74
Mitreni RO 181 Ec67
Mitrofanovka RUS 203 Fb14
Mitrópoli GR 188 Bb81
Mitrova Reka SRB 178 Ba68
Mitrovica SRB 153 Ja61
Mitrovići BIH 152 Hb63
Mitrovo SRB 178 Bb68
Mitry-Mory F 23 Ha36
Mitsero CY 206 Jb97
Mittådalen S 86 Ed32
Mittelbach D 127 Ec42
Mittelberg A 142 Da53
Mittelberg A 142 Dc55
Mittelbiberach D 142 Da51
Mitteldorf an der Raab A 144 Ga54
Mitteleschenbach D 134 Dc47
Mittelherwigsdorf D 128 Fc42
Mittelsinn D 134 Da44
Mittelurbach D 142 Da51
Mittenaar D 126 Cc42
Mittenwald D 143 Dd53
Mittenwalde D 120 Fa34
Mittenwalde D 128 Fa37
Mitterbach am Erlaufsee A 144 Fd52
Mitterfels D 135 Ec48
Mitterkirchen im Machland A 144 Fc51
Mittersheim F 25 Ka36
Mittersill A 143 Eb54
Mitterskirchen D 143 Ec50
Mitterteich D 135 Eb45
Mitterweissenbach A 144 Fa52
Mittet N 77 Da32
Mittewald an der Drau A 143 Eb55
Mittliden S 79 Fb25
Mittweida D 127 Ec41
Mittweide D 128 Fb38
Mitwitz D 135 Dd44
Mizija BG 179 Cd68
Mizil RO 176 Eb64
Mjadzel BY 202 Ea12
Mjakiševo RUS 107 Mb50
Mjaksa RUS 202 Ed08
Mjåland N 92 Cb44
Mjåland N 93 Da45
Mjäldrunga S 102 Ed48
Mjällby S 111 Fc54
Mjällom S 80 Gd31
Mjåvatn N 93 Db45
Mjåvatn N 93 Da46
Mjelde N 66 Fc15
Mjell N 84 Cc36
Mjels DK 108 Db27
Mjöbäck S 102 Ed50
Mjöhult S 110 Ec54
Mjölby S 103 Fd47
Mjölkberg S 72 Gc22
Mjölkvattnet S 78 Fa28
Mjølvik N 62 Gc08
Mjømna N 84 Ca37
Mjönäs S 94 Fa42
Mjøndalen N 93 Dd42
Mjønes N 77 Dd29
Mjørlund N 85 Ea39
Mjösjöby S 80 Gd28
Mjösund FIN 97 Jb40
Mladá Boleslav CZ 136 Fc43
Mladá Vožice CZ 136 Fc46
Mladé Buky CZ 136 Ga43
Mladen BG 180 Dc70
Mladenovac SRB 174 Bb65
Mladenovo SRB 153 Hd60
Mladikovina BIH 152 Ha63
Mladinovo BG 185 Ea74
Mlado MK 178 Bc72
Mladotice CZ 135 Ed45
Mladovo BG 180 Ea72
Mláka CZ 136 Fc48
Mlanča SRB 178 Ba68
Mława PL 122 Ja34
Mlebniko RUS 203 Fd08
Mlečevo BG 180 Dc71
Mlečino BG 184 Dc75
Mleczno PL 129 Gb40
Mlekarevo BG 180 Ea73
Mlik AL 182 Ab75
Mlini HR 159 Hc69
Mliništa BIH 158 Gc64
Mljetičak MNE 159 Ja68
Młock PL 122 Ja35
Młodasko PL 129 Gb36
Młodoszowice PL 129 Gd42
Młodzawy PL 138 Jb43
Młodzianów PL 129 Gd39
Młodzieszyn PL 130 Ja37
Młogoszyn PL 130 Hd37
Młynary PL 122 Hd30
Młynarze PL 122 Jc34
Mlyniv UA 204 Ea15
Mlýny CZ 136 Fc47
Mnich CZ 136 Fc47
Mnichov CZ 135 Ec44
Mnichovice CZ 136 Fc45
Mnichovo Hradiště CZ 136 Fc43
Mnichow PL 130 Jb42
Mnin PL 130 Ja41
Mniów PL 130 Jb41
Mníšek nad Hnilcom SK 138 Jc48
Mniszew PL 130 Jc38
Mo N 70 Ed23
Mo N 76 Cd33
Mo N 77 Dc31
Mo N 84 Cb38

Montmerle-sur-Saône – Muro

Montmerle-sur-Saône F 34 Jb46
Montmesa E 48 Fb59
Montmeyan F 42 Ka53
Montmeyran F 34 Jb50
Montmirail F 24 Hb36
Montmirail F 29 Ga39
Montmirat F 41 Hd53
Montmoreau-Saint-Cybard F 32 Fd48
Montmorency F 23 Gd36
Montmorillon F 33 Ga45
Montmort-Lucy F 24 Hc36
Montmoyen F 30 Ja40
Mont-Notre-Dame F 24 Hb35
Montodine I 149 Cd60
Montoggio I 148 Cb62
Montoir-de-Bretagne F 27 Ec42
Montoire-sur-le-Loir F 29 Ga40
Montoison F 34 Jb50
Montoito P 50 Ba70
Montón E 47 Ed62
Montone I 156 Ea66
Montorio E 38 Dc57
Montorio al Vomano I 156 Ed69
Montoro E 52 Da72
Montouto P 45 Bc59
Montowo PL 122 Hd33
Montpascal F 35 Ka48
Montpellier F 41 Hd54
Montpezat-de-Quercy F 40 Gc52
Montpezat-sous-Bauzon F 34 Ja50
Montpon-Ménestérol F 32 Fd50
Montpont-en-Bresse F 30 Jb44
Mont-ral E 48 Gb62
Montréal F 40 Fd53
Montréal F 41 Gd55
Montredon-Labessonnie F 41 Ha54
Montréjeau F 40 Ga56
Montrésor F 29 Gb42
Montresta I 168 Bd76
Montret F 30 Jb44
Montreuil F 23 Gc31
Montreuil-aux-Lions F 24 Hb36
Montreuil-Bellay F 28 Fc42
Montreuil-l'Argillé F 22 Fd36
Montreux CH 141 Bb55
Montrevel-en-Bresse F 34 Jb45
Montrichard F 29 Gb42
Montricoux F 40 Gc53
Montrigaud F 34 Jb48
Mont-roig del Camp E 48 Gb62
Montrond-le-Château F 31 Jd42
Montrond-les-Bains F 34 Hd47
Montrose GB 7 Ec10
Montroy E 54 Fb68
Monts F 29 Ga42
Mont-Saint-Aignan F 23 Gb35
Mont-Saint-Léger F 31 Jc40
Mont-Saint-Michel F 22 Ed37
Montsalvy F 33 Ha50
Montsapey F 35 Ka47
Montsauche-les-Settons F 30 Hd42
Montsaunes F 40 Gb56
Montségur F 41 Gd56
Montségur-sur-Lauzon F 42 Jb51
Montseny E 49 Ha60
Monts-sur-Guesnes F 28 Fd43
Montsûrs F 28 Fb39
Montsurvent F 22 Ed36
Montuenga E 46 Da62
Montuenga de Soria E 47 Eb62
Montuïri E 57 Hc67
Monturque E 60 Cd74
Montvert F 33 Gd49
Monza I 149 Cc59
Monzón E 48 Fd60
Monzón de Campos E 46 Da59
Mooncoin IRL 13 Cb24
Moone IRL 13 Cc22
Moorenweis D 142 Dc50
Moormerland D 117 Cb33
Moorrege D 118 Db32
Moortown GB 17 Fc21
Moos D 142 Cc52
Moosbach D 135 Eb46
Moosburg a.d.Isar D 143 Ea50
Moosdorf A 143 Ec51
Moosinning D 143 Ea50
Mooste EST 107 Lc46
Moosthenning D 135 Eb49
Mór H 145 Hb53
Mora E 52 Db67
Mora P 50 Ad68
Mora S 87 Fc38
Moraby S 95 Fd40
Moracz PL 120 Fc32
Móra d'Ebre E 48 Ga62
Mora de Rubielos E 54 Fb65
Moradillo de Roa E 46 Dc61
Morąg PL 122 Hd31
Mórahalom H 153 Jb57
Moraice MNE 159 Hd67
Moraines F 24 Hc37
Moraira E 55 Fd70
Morais P 45 Bd60
Morakovo MNE 159 Ja69
Morakowo PL 121 Gd35
Móra la Nova E 48 Ga62
Moral de Calatrava E 52 Dc69
Moraleda de Zafayona E 60 Db75
Moraleja E 45 Bd65
Moraleja del Vino E 45 Cb60
Moraleja de Sayago E 45 Cb61
Morales E 37 Cb57
Morales de Campos E 46 Cd59
Morales del Vino E 45 Cb61
Morales de Rey E 45 Cb59
Morales de Toro E 45 Cc60
Morales de Valverde E 45 Cb59
Moralina E 45 Ca60
Moralzarzal E 46 Db63
Moramochi RUS 107 Mb49
Morancelle E 36 Ac55
Moräng S 72 Ha23
Morannes F 28 Fc40
Morano Calabro I 164 Gb78
Mora-Noret S 87 Fc38
Morar GB 6 Db09
Morărești RO 175 Db64
Mörarp S 110 Ed54
Morás E 36 Bc53
Morasverdes E 45 Ca63
Morata de Jalón E 47 Ed61
Morata de Jiloca E 47 Ed62
Moratade Tajuña E 46 Dc65
Moratalla E 60 Cc72
Moratalla E 61 Ec72
Morava BG 180 Dc69
Morava SLO 151 Fc59
Moravany SK 139 Ka48
Moravče SLO 151 Fc57
Moravče SLO 151 Fc58
Moravci SLO 145 Gb56
Moravec CZ 137 Gb46
Moravița RO 174 Bc62
Moravka BG 180 Eb70
Morávka CZ 137 Hb46
Moravská Nova Ves CZ 137 Gc49
Moravská Třebová CZ 137 Gc45
Moravské Budějovice CZ 136 Ga48
Moravské Lieskové SK 137 Ha48
Moravský Beroun CZ 137 Gd45
Moravský Krumlov CZ 137 Gb48
Morawica PL 130 Jb42
Morawin PL 129 Ha38
Morbach D 133 Bd44
Mörbacka S 94 Ed39
Morbegno I 149 Cd57
Morbier F 31 Jd44
Mörbisch am See A 145 Gc52
Mörbylånga S 111 Gb53
Morcenx F 39 Fa53
Morciano di Romagna I 156 Eb65
Morcillo E 45 Bd65
Morcone I 161 Fc73
Morcote CH 148 Cb58
Morcuera E 46 Dd61
Mordanga LV 105 Jc50
Mordelles F 28 Ed39
Mordiford GB 15 Ec26
Mordoğan TR 191 Eb85
Mordovo RUS 203 Fb12
Mordovskoe RUS 113 Jb58
Mordy PL 131 Ka36
More LV 106 Kd50
Mor'e RUS 202 Eb08
Moreanes P 58 Ba72
Morebattle GB 11 Ec14
Morecambe GB 11 Eb19
Moreda E 60 Dc74
Moreda de Aller E 37 Cc55
Morée F 29 Gb40
Moreiras E 36 Bb58
Mörel CH 141 Ca56
Morella E 48 Fc64
Moreni RO 176 Ea64
Mores I 168 Ca75
Moresco I 156 Ed67
Morestel F 35 Jc47
Moretonhampstead GB 19 Dd31
Moreton-in-Marsh GB 20 Ed26
Moreton Say GB 15 Ec23
Moret-sur-Loing F 29 Ha38
Moretta I 148 Bc61
Moreuil F 23 Gd34
Morez F 31 Jd44
Morfasso I 149 Cd62
Mörfelden D 134 Cc44
Mórfio GR 188 Ac81
Morfjorden N 66 Fc14
Morfou CY 206 Ja96
Morfovoúni GR 188 Bb81
Morgan's Vale GB 20 Ed30
Morgårdshammar S 95 Fd41
Morgat F 27 Db39
Morgenröthe-Rautenkranz D 135 Ec43
Morges CH 141 Bb55
Morgex I 148 Bb58
Morgins CH 141 Bb56
Morgny F 23 Gc35
Morgongåva S 95 Gb41
Morgos RO 171 Cd59
Morgowniki PL 123 Jd33
Morhange F 25 Ka36
Morhet B 132 Ba43
Mori I 149 Dc58
Mória GR 191 Ea83
Moriani-Plage F 154 Cc69
Mórichida H 145 Gd53
Moricone I 160 Eb71
Morienval F 23 Ha35
Moriers F 29 Gb39
Moriles E 60 Cd74
Morillas E 38 Ea56
Morina KSV 178 Ad71
Morina SRB 159 Jc69
Moringen D 126 Db39
Moripen N 93 Da45
Moritz D 127 Eb38
Moritzburg D 128 Fa41
Morjärv S 73 Ja21
Mork N 85 Da34
Morkarla S 96 Gd41
Mørke DK 101 Dd23
Mørkedal N 77 Db30
Morki RUS 203 Fd08
Morkkaperä FIN 69 Kb17
Mörkö S 96 Gc44
Morkov CZ 137 Ha46
Mørkøv DK 109 Ea26
Morkovice-Slížany CZ 137 Gd47
Mörkret S 86 Ed36
Morkri N 85 Da36
Mørkveden N 66 Fa15
Morl D 127 Eb39
Morla E 37 Ca58
Morlaàs F 40 Fc55
Morlac F 29 Gd44
Morlaix F 26 Dd37
Morlanne F 39 Fb54
Mörlenbach D 134 Cc45
Morles D 126 Da42
Morley F 24 Jb37
Morley GB 16 Fa20
Mörlunda S 103 Ga50
Mormanno I 164 Gb78
Mormoiron F 42 Jc52
Mormont B 124 Ba42
Mornant F 34 Ja47
Mornas F 42 Jb52
Mornay-Berry F 29 Ha43
Mornay-sur-Allier F 30 Hb43
Mörnsheim D 134 Dc48
Moroeni RO 176 Dd63
Mörön S 73 Hd23
Morón de Almazán E 47 Eb61
Morón de la Frontera E 59 Cb75
Moros E 47 Ec61
Morosaglia F 154 Cb69
Morottaja FIN 74 Kd18
Morović SRB 153 Hd61
Morøya N 66 Fc15
Morozeni MD 173 Fc57
Morozovo RUS 99 Ma41
Morozovsk RUS 203 Fc14
Morozzo I 148 Bc62
Morpeth GB 11 Fa16
Morriaunet N 78 Ea28
Morro d'Alba I 156 Ec66
Morrone del Sannio I 161 Fc72
Mörrum S 111 Fc54
Morrvollen N 78 Ea28
Morsains F 24 Hb37
Moršansk RUS 203 Fb11
Mörsbach D 125 Cb41
Morschen D 126 Da41
Morschheim D 133 Cb45
Mörsil S 78 Fa30
Morskoga krog S 95 Fd42
Morskoj RUS 113 Ja57
Mörskom FIN 90 Kc38
Morsleben D 127 Dd37
Morsovo RUS 203 Fb11
Morsum D 118 Da34
Mørsvik N 66 Fd16
Mortagne-au-Perche F 29 Ga38
Mortagne-sur-Gironde F 32 Fb48
Mortagne-sur-Sèvre F 28 Fa43
Mortágua P 44 Ad63
Mortain F 22 Fb37
Mortaizé F 28 Fd43
Mortara I 148 Cb60
Mortavika N 92 Ca43
Mörtberg S 73 Hc20
Mortcerf F 23 Ha37
Morteau F 31 Ka42
Mortegliano I 150 Ec58
Mortelle I 164 Ga83
Mortemart F 33 Ga46
Mortemer F 23 Gb34
Morteni RO 176 Dd65
Mortensnes N 63 Hd07
Mortensnes N 65 Kb06
Mörtfors S 103 Gb49
Mörtnäs S 96 Ha43
Mortola I 43 Kd53
Mortorp S 111 Ga53
Mortrée F 22 Fd37
Mörtschach A 143 Ec55
Mörtsjön S 79 Fc29
Mörttjärn S 72 Ha24
Morud DK 108 Dc26
Morunglav RO 175 Da66
Morup S 102 Ec51
Morup Mølle DK 100 Cd21
Morvich GB 6 Dc08
Morvillars F 31 Kb40
Morwenstow GB 18 Dc30
Moryń PL 120 Fb35
Morzeszczyn PL 121 Hb32
Morzine F 35 Kb45
Morzyczyn PL 120 Fc33
Mos E 36 Ad57
Mosal'sk RUS 202 Ed11
Moșana MD 173 Fb53
Mosås S 95 Fd44
Mosätt S 87 Fb34
Mosbach D 134 Cd46
Mosbekk N 94 Ec41
Mosbjerg DK 101 Dd19
Mosby N 92 Cd47
Mošćenice HR 151 Fb60
Mošćenička Draga HR 151 Fb60
Moschendorf A 145 Gb54
Mościska PL 131 Kd40
Mościsko PL 129 Gb42
Moscoso E 36 Ad57
Moscovei MD 177 Fc61
Mosculdy F 39 Fa55
Moseby DK 100 Dc20
Mosėdis LT 113 Jb53
Mösel A 144 Fb55
Mosel D 127 Eb42
Möser D 127 Ea37
Moșești RO 176 Ed64
Mosfellsbær IS 2 Ac04
Mosfiloti CY 206 Jb97
Moshófito GR 188 Ba81
Moshohóri GR 183 Bd79
Moshohóri GR 189 Bd83
Moshopótamos GR 183 Bd78
Mosina PL 129 Gc37
Mosiny PL 121 Gc33
Mosjö S 80 Gc30
Mosjøen N 70 Fa22
Moškanjci SLO 151 Ga57
Moskaret N 85 Ea34
Mosko BIH 159 Hc68
Moșkoaia RO 175 Dc64
Moskog N 84 Cb36
Moskojärvi S 68 Hc16
Moskorzew PL 130 Ja42
Moskosel S 72 Ha22
Moskuvaara FIN 69 Ka15
Moskva RUS 202 Ed10
Moslavina Podravska H 152 Hb58
Mosles F 22 Fb35
Moșna RO 173 Fb58
Moșna RO 175 Db60
Moșnița RO 174 Bd61
Mosonmagyaróvár H 145 Gd52
Mošorin SRB 153 Jb60
Mošovce SK 138 Hc48
Mosqueruela E 54 Fb65
Moss N 93 Ea43
Mossala FIN 97 Ja40
Mossat GB 7 Ec09
Mossautal D 134 Cc45
Mosset F 41 Ha57
Mössingen D 134 Cc49
Mösslacher A 143 Ed56
Mosstodloch GB 5 Eb07
Møsstrand N 93 Da41
Most BG 185 Dd75
Most CZ 136 Fa43
Mostar BIH 158 Hb67
Moste SLO 144 Fb56
Moste SLO 151 Fb57
Mosteiro P 44 Bb62
Mostek CZ 136 Ga43
Moșteni RO 180 Dd67
Moster N 92 Ca41
Mosterhamn N 92 Ca41
Mostervika N 78 Ea27
Mosti N 66 Fc17
Mostki PL 128 Fd37
Mostki PL 130 Jc42
Mostkowo PL 122 Hd31
Móstoles E 46 Db65
Mostová SK 145 Ha51
Mostovoje RUS 113 Jc57
Mostovskoj RUS 205 Fd17
Mostowo PL 121 Gb31
Mostrim IRL 9 Cb20
Mosty PL 120 Fc33
Mosty PL 131 Kc38
Mosty u Jablunkova CZ 138 Hc46
Mošune HR 151 Fc61
Mosvik N 78 Eb28
Moszczanka PL 131 Jd39
Moszczanka PL 137 Gd44
Moszczenica PL 130 Hd39
Mota de Altarejos E 53 Eb66
Mota del Cuervo E 53 Ea67
Mota del Marqués E 46 Cd60
Moțăieni RO 176 Dd64
Motala S 103 Fc46
Motarzyno PL 121 Gc30
Moțăței RO 175 Cc66
Moțca RO 172 Ec57
Motherwell GB 10 Ea13
Mothlow D 127 Ec36
Motike BIH 158 Gc64
Motilla del Palancar E 53 Ec67
Motilleja E 53 Ec68
Mötingselberget S 79 Gb25
Motkowice PL 130 Jb42
Motnik SLO 151 Fc57
Motoșeni RO 177 Fa60
Motovun HR 151 Fa60
Motril E 60 Dc76
Motru RO 175 Cc64
Motta I 150 Dd59
Motta di Livenza I 150 Eb59
Motta Montecorvino I 161 Fd73
Motteggiana I 149 Db61
Mottisfont GB 20 Fa29
Mottola I 162 Gd75
Möttönen FIN 81 Jd30
Motycz PL 131 Ka40
Mötzing D 135 Eb48
Mou DK 100 Dc21
Mouchamps F 28 Fa44
Mouchan F 40 Fd53
Mouchard F 31 Jc42
Moudon CH 141 Bb55
Moúdros GR 190 Dc81
Mougins F 43 Kc53
Mougon F 32 Fc45
Mouhijärvi FIN 89 Jc35
Mouhu FIN 90 Kd35
Mouilleron-en-Pareds F 28 Fb44
Moulay F 28 Fb39
Mouliherne F 28 Fd41
Moulins F 28 Fa40
Moulins F 30 Hb44
Moulins-Engilbert F 30 Hc43
Moulins-la-Marche F 22 Fd37
Moulismes F 33 Ga45
Moulle F 21 Gd30
Moulsoe GB 20 Fb26
Moult F 22 Fc36
Mountain Ash GB 19 Ea27
Mount Bellew IRL 8 Bd20
Mountbenger GB 11 Eb14
Mountcollins IRL 12 Bc24
Mountfield GB 9 Cc17
Mount Garret IRL 13 Cc24
Mount Hamilton GB 9 Cc16
Mountmellick IRL 13 Cb22
Mount Nugent IRL 9 Cc19
Mountrath IRL 13 Cb22
Mount Talbot IRL 8 Ca20
Mount Uniacke IRL 13 Ca25
Moura P 50 Ba71
Mourão P 51 Bb70
Moure P 44 Ad59
Mourentán E 36 Ad58
Mourenx F 39 Fb55
Mourèze F 41 Hc54
Mouriès F 42 Jb53
Mouriés GR 183 Ca76
Mouriscas P 50 Ad66
Mourmelon-le-Grand F 24 Hd35
Mourniés GR 200 Cb95
Mourujärvi FIN 74 Kd18
Mourulle E 36 Bb56
Mousehole GB 18 Da32
Mousoulita CY 206 Jc96
Moussac F 42 Ja53
Moussey F 25 Ka37
Moustéru F 26 Ea38
Moustey F 39 Fb52
Moustiers-Sainte-Marie F 42 Ka53
Moutfort L 133 Bb45
Mouthe F 31 Jd43
Mouthier-Haute-Pierre F 31 Jd42
Moutier CH 141 Bd53
Moutier-d'Ahun F 33 Gd46
Moûtiers F 35 Ka47
Moutiers-au-Perche F 29 Ga38
Moutiers-les-Mauxfaits F 32 Ed45
Moutiers-sur-le-Lay F 28 Fa44
Moutsoúna GR 196 Dc90
Moux-en-Morvan F 30 Hd42
Mouy F 23 Gd35
Mouzáki GR 188 Ba86
Mouzáki GR 188 Bb81
Mouzáki GR 194 Ba89
Mouzon F 24 Ja34
Movattnet S 80 Gd29
Movila RO 177 Fa66
Movila Banului RO 176 Ec64
Movila Miresii RO 177 Fa64
Movileni RO 172 Ed57
Movileni RO 173 Fa57
Movileni RO 175 Db66
Movileni RO 177 Fa62
Movilița RO 176 Eb65
Movilița RO 176 Ed61
Moville IRL 9 Cc15
Movriki GR 189 Cb85
Moy GB 9 Cd17
Moyarget GB 9 Da15
Moyasta IRL 12 Bb23
Moyaux F 22 Fd36
Moycullen IRL 12 Bc21
Moy-de-l'Aisne F 24 Hb34
Moyenvic F 25 Ka36
Moyeuvre F 25 Jc35
Möykky FIN 89 Ja33
Möykkylänperä FIN 82 Kc26
Möykkyperä FIN 81 Jd25
Moylgrove GB 14 Dc26
Moylough IRL 8 Bd20
Moymore IRL 12 Bd22
Moyne IRL 13 Cd23
Moyuela E 47 Fa62
Moyvalle IRL 13 Cc21
Moyvore IRL 9 Cb20
Mozac F 34 Hb46
Mozăceni RO 176 Dd65
Možajsk RUS 202 Ed10
Mózar E 45 Cb59
Mozárbez E 45 Cb62
Mozelj SLO 151 Fc59
Možga RUS 203 Ga08
Mozgovo SRB 178 Bd68
Mozirje SLO 151 Fc57
Mozoncillo E 46 Db62
Mozuli RUS 107 Ma50
Mozyr RUS 113 Jc59
Mozzanica I 149 Cd59
Mozzate I 148 Cb58
Mozzecane I 149 Db60
Mračaj BIH 158 Hb65
Mrągowo PL 122 Jb31
Mrakovica BIH 152 Gc61
Mramor BG 185 Eb74
Mramor BIH 158 Hb68
Mramor SRB 178 Bb69
Mramorak SRB 174 Bc63
Mratinje MNE 159 Hd67
Mrežičko MK 183 Bc76
Mrežničko HR 151 Fd60
Mrkalji BIH 159 Hd64
Mrkonjić Grad BIH 152 Gd63
Mrkopalj HR 151 Fc60
Mrmoš SRB 178 Bb68
Mrocza PL 121 Gd34
Mroczeń PL 129 Ha40
Mroczno PL 122 Hd33
Mrozy PL 131 Jd37
Mrsać SRB 178 Ba67
Mrzen MK 183 Bc75
Mrzezino PL 121 Ha29
Mrzeżyno PL 120 Fd31
Mrzli Studenec SLO 151 Fa57
Mrzygłód PL 139 Kb45
Mścice PL 120 Ga31
Mścichy PL 123 Ka32
Mscislav BY 202 Ec12
Mšec CZ 136 Fa44
Mšené Lázně CZ 136 Fb43
Mšeno CZ 136 Fc43
Mšinskaja RUS 99 Mb42
Mstyczów PL 130 Ja42
Mszana Dolna PL 138 Ja45
Mszanna PL 131 Kb37
Mszczonów PL 130 Jb38
Mtež RUS 107 Lc46
Muccia I 156 Ec67
Much D 125 Ca41
Muchalls GB 7 Ed09
Mucharz PL 138 Hd45
Mücheln D 127 Ea40
Muchówka PL 138 Jb45
Much Wenlock GB 15 Ec24
Mučibaba KSV 178 Bc72
Mučibaba SRB 179 Ca68
Mučići HR 151 Fb60
Mucientes E 46 Cd60
Mücka D 128 Fc40
Muckamore GB 9 Da17
Mučkapskij RUS 203 Fc12
Mücke D 126 Cd42
Muckross IRL 12 Bb25
Muda P 50 Ab71
Mudanya TR 186 Fc80
Mudaralı TR 186 Ga78
Mudau D 134 Cd46
Müden D 118 Db35
Mudiste EST 98 Kd45
Mudurnu TR 187 Ha79
Muel E 47 Fa61
Muelas de los Caballeros E 37 Ca58
Muelas del Pan E 45 Cb60
Muereasca RO 175 Db63
Müezzinler TR 187 Gc78
Müezzinler TR 199 Gd89
Muff IRL 9 Cc15
Muga de Sayago E 45 Ca61
Mugaire E 39 Ed56
Mugardos E 36 Ba53
Muge P 50 Ab67
Mügeln D 127 Ed38
Mügeln D 127 Ed40
Mugeni RO 176 Dd60
Muggensturm D 133 Cb48
Muggia I 151 Fa59
Muğla TR 198 Fb90
Müglitztal D 128 Fa42
Mugnano del Cardinale I 161 Fc75
Mugron F 39 Fb54
Muhi H 146 Jc51
Mühlacker D 134 Cc48
Mühlanger D 127 Ec38
Mühlau D 127 Ec42
Mühlbeck D 127 Eb39
Mühlberg D 127 Ed40
Mühldorf A 144 Fd50
Mühldorf a.Inn D 143 Eb50
Mühlenbach am Hochkönig A 143 Ec53
Mühlen-Eichsen D 119 Ea32
Mühlenthal D 135 Eb43
Mühlhausen D 126 Dc40
Mühlhausen D 134 Dc45
Mühlhausen D 134 Dc49
Mühlhausen D 135 Dd47
Mühlhausen/Kraichgau D 134 Cc47
Mühlhausen = Mulhouse F 31 Kb40
Mühlheim A 143 Ed50
Mühlheim D 134 Cc44
Mühlheim D 142 Cc51
Mühlhofen D 142 Cd52
Mühltal A 143 Dd54
Mühltal D 134 Cc45
Mühltroff D 135 Ea43
Muhola FIN 82 Ka29
Muhos FIN 74 Kb24
Muhovo BG 179 Cd72
Muhr A 143 Ed54
Muhr am See D 134 Dc47
Muides-sur-Loire F 29 Gc41
Muikirk GB 10 Ea14
Muimenta E 36 Ba56
Muíña E 36 Bc55
Muinchille IRL 9 Cc19
Muineachán IRL 9 Cc18
Muine Bheag IRL 13 Cc23
Muir of Ord GB 7 Dd08
Muittari FIN 82 Ka31
Mujdić BIH 158 Gd64
Mujejärvi FIN 83 Lc26
Mukačeve UA 204 Dd16
Mukašov CZ 136 Fc45
Mukate KSV 178 Bb71
Mukkajärvi FIN 74 Jd18
Mukkajärvi S 73 Ja19
Mukkala FIN 69 Kb15
Mukkala FIN 69 Kd16
Mukkavaara FIN 69 Kc16
Mukkurasoja FIN 64 Jc10
Muktupāveļi LV 107 Lb52
Mula E 55 Ed72
Mularinperä FIN 75 Kc20
Mulbarton GB 17 Gb24
Mulben GB 7 Ec08
Mulda D 127 Ed42
Mulegns CH 142 Cd56
Mules I 143 Dd55
Mulfingen D 134 Da46
Mülheim an der Ruhr D 125 Bd39
Mulhouse F 31 Kb40
Mulino di Arzachena I 168 Cb74
Muljava SLO 151 Fc58
Muljula FIN 91 Ld32
Mülkköy TR 193 Hb82
Mullach Íde IRL 13 Cd21
Mullagh IRL 13 Cd21
Mullardoch House GB 6 Dc08
Mullerup DK 109 Ea26
Müllheim CH 142 Cc52
Müllheim D 141 Bd51
Mullhyttan S 95 Fc44
Mullinahone IRL 13 Cb24
Mullinavat IRL 13 Cb24
Mullingar IRL 9 Cb20
Mullion GB 18 Da32
Müllrose D 128 Fb37
Mullsjö S 80 Hb29
Mullsjö S 102 Fa48
Mulrany IRL 8 Bb19
Mulsanne F 28 Fd40
Mulseryd S 102 Fa49
Mulstranda N 66 Fc17
Mulstrup DK 109 Eb26
Multeddu I 168 Ca74
Multia FIN 89 Ka32
Multiperä FIN 75 Lb20
Multrå S 80 Gc31
Mumby GB 17 Fd22
Mumcuköy TR 192 Fb83
Mumor H 145 Gc55
Munaðarnes IS 2 Ad02
Munakka FIN 81 Jb31
Muñana E 46 Cd63
Münchberg D 135 Ea44
Müncheberg D 128 Fb36
München D 143 Dd51
Münchenbernsdorf D 127 Ea42
Münchhausen D 126 Cc41
Münchsmünster D 135 Ea49
Münchsteinach D 134 Dc45
Münchwilen CH 142 Cc52
Muncurlu TR 187 Ha78
Mundaka E 38 Ea55
Mundão P 44 Ba62
Munderfing A 143 Ed51
Munderkingen D 142 Da50
Mundesley GB 17 Gb23
Mundford GB 17 Ga24
Mundheim N 84 Cb40
Mundolsheim F 25 Kc37
Munébrega E 47 Ec62
Munera E 53 Ea69
Mungia E 38 Ea55
Mungret IRL 12 Bd23
Muņi LV 105 Jc49
Münichreit A 144 Fd50
Muñico E 46 Cd63
Muniesa E 48 Fb62
Munina Wielkie PL 139 Kb44
Muniskiai LV 114 Kb57
Munka-Ljungby S 110 Ed54
Munkbysjön S 87 Ga33
Munkebo DK 109 Dd26
Munkedal S 102 Eb46
Munken N 77 Dd29
Munkflohögen S 79 Fc29
Munkfors S 94 Fa42
Munklia N 67 Gb14
Munknes N 65 Kc08
Munksund S 73 Hd23
Munktorp S 95 Ga43
Munkviken S 81 Hd26
Münnerstadt D 134 Db43
Munningen D 134 Dc48
Muñogalindo E 46 Cd63
Muñopedro E 46 Da63
Munsala FIN 81 Ja29
Münsing D 143 Dd51
Münsingen CH 141 Bd54
Münsingen D 134 Cd49
Munsö S 96 Gc43
Münster CH 141 Ca56
Münster D 118 Db34
Münster D 125 Cb37
Münster D 134 Cc44
Munster F 25 Ka36
Munster F 31 Kb39
Münster/Lech D 134 Dc49
Münstermaifeld D 133 Ca43
Münstertal D 141 Ca51
Muntele Băișorii RO 171 Cd58
Muntele Cacovei RO 171 Cd59
Munteni RO 177 Fa61
Munteni Buzău RO 176 Ec65
Muntenii de Jos RO 173 Fa59
Muntraching D 142 Dc51
Muntzenheim F 31 Kc38
Münzenberg D 134 Cc43
Münzkirchen A 143 Ed50
Muodoslompolo S 68 Ja14
Muonio FIN 68 Ja14
Muonionalusta S 68 Ja14
Muoniovaara S 68 Ja14
Muorjevaara S 67 Hb17
Muotathal CH 141 Cb54
Muotkajärvi FIN 68 Ja13
Muotkanruoktu FIN 64 Jd10
Muotkavaara FIN 68 Jb15
Muradelle E 36 Bb56
Muradiye TR 191 Ec85
Muradiyesarnıç TR 192 Fb81
Murakka FIN 90 Kc35
Muráň SK 138 Ja48
Murāni LV 107 Lc51
Murani RO 174 Bd60
Murano I 150 Eb60
Muraste EST 98 Kb42
Murat F 34 Hb49
Muratátka H 145 Gc56
Muratbağı TR 193 Ha87
Muratbey TR 187 Ha79
Murati EST 107 Lc47
Muratlar TR 191 Eb81
Muratlı TR 185 Ed77
Muratlı TR 192 Ga85
Murato F 154 Cb69
Murat-sur-Vèbre F 41 Hb54
Murau A 144 Fb54
Muravera I 169 Cb79
Muravka LV 115 Lc53
Murazzano I 148 Bd62
Murça P 44 Bb60
Murchin D 120 Fa32
Murcia E 55 Fa72
Murcki PL 138 Hc44
Murczyn PL 121 Gd35
Mur-de-Barrez F 33 Ha50
Mur-de-Bretagne F 27 Ea39
Mur-de-Sologne F 29 Gc41
Mureck A 144 Ga56
Mürefte TR 185 Ec78
Mureno BG 179 Cb71
Mures E 60 Db74
Muret F 40 Gb55
Murg D 141 Ca52
Murgaševo MK 183 Bb75
Murgași RO 175 Da65
Murgeni RO 177 Fb60
Murgenthal CH 141 Ca53
Murgești RO 176 Ec63
Murgia E 38 Ea56
Muri CH 141 Cb53
Muriedas E 38 Dc54
Murigan AL 163 Ja71
Murighiol RO 177 Fd64
Murillo de Río Leza E 39 Eb58
Murillo el Fruto E 39 Ed58
Murino MNE 159 Jb68
Murizë AL 182 Ac74
Murjek S 73 Hc19
Mürlenbach D 133 Bc43
Murley GB 9 Cc17
Murmastiene LV 107 Lb51
Mūrmuiža LV 106 Kd48
Murnau am Staffelsee D 143 Dd52
Mūrnieki LV 106 La50
Mūrnieki LV 107 Lb51
Muro E 57 Hc67
Muro F 154 Cb69

Nekla – Niva

Nekla PL 129 Gd37
Nekrasovo RUS 113 Ja58
Nekrasovskoe RUS 203 Fa09
Nelas P 44 Ba63
Nelaug N 93 Da45
Nelidovo RUS 202 Ec10
Nellimö FIN 69 Kb11
Nellingen D 134 Da49
Nelson GB 16 Ed20
Nelson GB 19 Ea27
Nemajūnai LT 114 Kc58
Nemakščiai LT 114 Ka56
Neman RUS 113 Jc57
Nemanjica MK 178 Bd73
Nemanskoe RUS 113 Jd57
Nembro E 37 Cc54
Nembro I 149 Cd58
Němčice nad Hanou CZ 137 Gd47
Neméa GR 195 Bd87
Nemecká SK 138 Hd48
Nemenčinė LT 114 La57
Nemescsó H 145 Gc53
Nemesgulács H 145 Gd55
Nemesnádudvar H 153 Hd57
Nemesvámos H 145 Ha54
Németkér H 146 Hc55
Nemežis LT 114 La58
Nemi I 160 Eb72
Nemojevo RUS 107 Ma48
Nemours F 29 Ha39
Nemška Loka SLO 151 Fc59
Nemšová SK 137 Ha48
Nemțeni MD 173 Fb58
Nemti H 146 Ja51
Nemunaitis LT 114 Kc59
Nemunėlio Radviliškis LT 106 Kd52
Nemyriv UA 204 Dd15
Nemyriv UA 204 Eb15
Nenagh IRL 13 Ca22
Nendeln FL 142 Cd54
Nenince SK 146 Hd50
Nénita GR 191 Dd86
Nennhausen D 127 Ec36
Nennslingen D 135 Dd48
Nenovo BG 181 Ed70
Nenset N 93 Dc44
Nentershausen D 125 Cb42
Nentershausen D 126 Db41
Nenthead GB 11 Ec17
Nenzing A 142 Cd54
Nenzingen D 142 Cc51
Neo Chorio CY 206 Hd97
Neo Chorio CY 206 Jc96
Néo Erásmio GR 184 Db77
Neohoráki GR 189 Cb85
Neohóri GR 182 Ac80
Neohóri GR 184 Cc78
Neohóri GR 185 Eb76
Neohóri GR 188 Ab81
Neohóri GR 188 Ad82
Neohóri GR 188 Ba84
Neohóri GR 189 Cb82
Neohóri GR 189 Cc85
Neohóri GR 194 Bb89
Néo Horió GR 200 Cc95
Néo Monastíri GR 189 Bc82
Neoneli I 169 Ca77
Néo Petritsi GR 183 Cb76
Neorić HR 158 Gc66
Néo Rísio GR 183 Ca78
Néo Sidirohóri GR 184 Dc77
Néos Marmarás GR 184 Cc80
Néo Soúli GR 184 Cc76
Néos Pagóntas GR 189 Cb84
Néos Skopós GR 184 Cc77
Nepi I 156 Ea70
Nepolje KSV 178 Ba71
Nepomuk CZ 136 Fa46
Neppermin D 120 Fb32
Neptun RO 181 Fc68
Nérac F 40 Fd52
Neratovice CZ 136 Fb44
Nerchau D 127 Ec40
Nerdal N 66 Ga14
Nerdvika N 77 Db30
Néré F 32 Fc46
Nerehta RUS 203 Fa09
Nereju RO 176 Ec62
Neresheim D 134 Db48
Neresnica SRB 174 Bd65
Nereta LV 114 Kd53
Neretaslauki LV 114 Kd53
Nereto I 157 Fa68
Nerezine HR 151 Fb62
Nerežišće HR 158 Gc67
Nerimdaičiai LT 113 Jd54
Neringa-Juodkrantė LT 113 Jb56
Neringa-Nida LT 113 Jb56
Neringa-Pervalka LT 113 Jb56
Neringa-Preila LT 113 Jb56
Néris-les-Bains F 33 Ha45
Nerja E 60 Db76
Nerkoo FIN 82 Kd28
Nerkoo FIN 89 Jc33
Nerkoonniemi FIN 82 Kd28
Nerl' RUS 202 Ed09
Nerokoúros GR 200 Cb95
Nerola I 156 Eb70
Nérondes F 29 Ha43
Nerotriviá GR 189 Cb84
Nerpio E 61 Eb72
Nersac F 32 Fd47
Nersingen D 134 Db49
Nerskogen N 77 Dd32
Nerva E 59 Bc72
Nervei N 64 Ka05
Nervesa della Battaglia I 150 Ea58
Nervi I 148 Cb63
Nerviano I 148 Cb59
Nes N 66 Fd14
Nes N 78 Ed26
Nes N 78 Eb29
Nes N 84 Cb35
Nes N 84 Cd36
Nes N 85 Dd39
Nes N 92 Cb43
Nes N 92 Cb46
Nes N 93 Db43
Nes NL 117 Bc32
Nesan N 78 Fa25
Nesberg N 66 Fd15
Nesbø N 84 Ca34
Nesbyen N 85 Dc39
Neschwitz D 128 Fb40
Nesebăr BG 181 Fa72
Neset N 63 Hb07
Neset N 78 Fa26
Neset N 92 Cd45
Nesflaten N 92 Cc42
Nesheim N 65 Kc09
Nesheim N 84 Cb38
Nesheim N 92 Ca43
Nesjahverfi IS 3 Bb06
Nes Jernverk N 93 Db45
Neskaupstaður IS 3 Bc05
Neslandsvatn N 93 Db44
Nesle F 23 Ha34
Nesna N 70 Fa21
Nesodden N 93 Ea42
Nesoddtangen N 93 Ea41
Nesovice CZ 137 Gc47
Nesscliff GB 15 Eb24
Nesse D 117 Cb32
Nesselwang D 142 Db52
Nessental CH 141 Ca55
Neßmersiel D 117 Cb32
Nestáni GR 194 Bc87
Nestavoll N 77 Dd33
Nesteri LV 107 Ld50
Nesterov RUS 113 Jd58
Nesterov RUS 202 Dd12
Nestiary RUS 203 Fc09
Neštin SRB 153 Ja60
Neston GB 15 Eb22
Nestório GR 182 Ba78
Nesttun N 84 Ca39
Nesvady SK 145 Hb51
Nesvik N 92 Cb43
Nésza H 146 Hd52
Netherfield GB 20 Fd30
Nether Langwith GB 16 Fa22
Netherley GB 7 Ed09
Netherton GB 11 Ed15
Netherwitten GB 11 Ed15
Netičkampis LV 114 Kb59
Netlandsnes N 92 Cc45
Netolice CZ 136 Fb48
Netphen D 125 Cb41
Netretic HR 151 Fd60
Nettaa FIN 98 Kb39
Netta II PL 123 Ka31
Nettancourt F 24 Ja36
Nettersheim D 125 Bc42
Nettetal D 125 Bc39
Nettlebed GB 20 Fb28
Nettleton GB 17 Fc21
Nettuno I 160 Eb73
Netunice CZ 135 Ed46
Netvořice CZ 136 Fb45
Neualbenreuth D 135 Eb45
Neuanspach D 134 Cc43
Neuberg an der Mürz A 144 Fd52
Neubeuern D 143 Eb52
Neubörger D 117 Cb34
Neubrandenburg D 119 Ed33
Neubruck A 144 Fd51
Neubrunn D 134 Da45
Neubukow D 119 Ea31
Neuburg D 143 Ed50
Neuburg an der Donau D 135 Dd49
Neuburg-Steinhausen D 119 Ea31
Neuchâtel CH 141 Bc54
Neuchâtel-Hardelot F 23 Gc31
Neuching D 143 Ea50
Neu Darchau D 119 Dd34
Neudau A 145 Gb54
Neudenau D 134 Cd46
Neudietendorf D 127 Dd41
Neudorf A 142 Dc54
Neudorf D 135 Ec43
Neudorf, Graben- D 133 Cb47
Neudrossenfeld D 135 Ea44
Neu-Eichenberg D 126 Db40
Neuenbürg D 134 Cc48
Neuenburg D 141 Bd51
Neuendettelsau D 134 Dc47
Neuendorf D 118 Cc33
Neuendorf D 128 Fa36
Neuenhagen D 120 Fb35
Neuenhagen D 128 Fa36
Neuenhaus D 117 Ca35
Neuenkirch CH 141 Ca54
Neuenkirchen D 117 Ca36
Neuenkirchen D 117 Cb36
Neuenkirchen D 118 Cd32
Neuenkirchen D 118 Db34
Neuenkirchen D 119 Ed31
Neuenkirchen-Vöhrden D 117 Cb36
Neuenrade D 125 Cb40
Neuenstadt D 134 Cd47
Neuenstein D 126 Da41
Neuenstein D 134 Da47
Neuenweg D 141 Ca51
Neuerburg D 133 Bb43
Neufahrn D 135 Eb49
Neufahrn D 143 Ea50
Neuf-Brisach F 31 Kc39
Neufchâteau B 132 Ba44
Neufchâteau F 31 Jc38
Neufchâtel-en-Bray F 23 Gb34
Neufchâtel-en-Saosnois F 28 Fd38
Neufchâtel-sur-Aisne F 24 Hc35
Neuffen D 134 Cd49
Neuf-Marché F 23 Gc35
Neufra D 142 Cd50
Neugattersleben D 127 Ea38
Neugersdorf D 128 Fc41
Neuhardenberg D 128 Fb36
Neuharlingersiel D 117 Cb32
Neuhaus A 144 Fd52
Neuhaus D 118 Da32
Neuhaus D 119 Dd33
Neuhaus D 135 Ea46
Neuhaus D 143 Ed50
Neuhaus am Rennweg D 135 Dd43
Neuhausen CH 141 Cb52
Neuhausen D 127 Ed42
Neuhausen D 128 Fb39
Neuhausen D 134 Cc48
Neuhausen ob Eck D 142 Cc51
Neuhaus-Schierschnitz D 135 Dd43
Neuhof D 134 Da43
Neuhof D 134 Dc46
Neuhofen an der Krems A 144 Fb51
Neuillay-les-Bois F 29 Gc44
Neuillé-Pont-Pierre F 29 Ga41
Neuilly-en-Donjon F 34 Hd45
Neuilly-en-Thelle F 23 Gd35
Neuilly-le-Réal F 30 Hc44
Neuilly-Saint-Front F 24 Hb36
Neuilly-sur-Eure F 29 Ga38
Neu-Isenburg D 134 Cc44
Neukalen D 119 Ec32
Neu Kaliß D 119 Ea34
Neukamperfehn D 117 Cb33
Neukieritzsch D 127 Eb41
Neukirch CH 142 Cc55
Neukirch D 128 Fa40
Neukirch D 128 Fb41
Neukirch D 142 Da52
Neukirchen A 143 Eb54
Neukirchen A 143 Ec51
Neukirchen D 108 Cd28
Neukirchen D 119 Dd30
Neukirchen D 126 Da41
Neukirchen D 127 Ec42
Neukirchen D 135 Ea46
Neukirchen D 135 Ec47
Neukirchen D 135 Ec48
Neukirchen am Walde A 144 Fa50
Neukirchen-Balbini D 135 Eb47
Neukirchen-Vluyn D 125 Bc39
Neukirchen-Wyhra D 127 Ec41
Neukloster D 119 Ea32
Neu Kosenow D 120 Fa32
Neulengbach A 144 Ga51
Neuler D 134 Db48
Neulikko FIN 75 Kd23
Neulingen D 134 Cc47
Neulise F 34 Hd46
Neulliac F 27 Ea39
Neu Lübbenau D 128 Fa38
Neum BIH 158 Ha68
Neumagen-Dhron D 133 Bd44
Neumark D 127 Eb42
Neumarkt A 144 Fa50
Neumarkt I 150 Dd57
Neumarkt I 150 Dd57
Neumarkt am Wallersee A 143 Ed51
Neumarkt an der Ybbs A 144 Fc51
Neumarkt im Mühlkreis A 144 Fb50
Neumarkt in Steiermark A 144 Fb54
Neumarkt-Sankt Veit D 143 Eb50
Neumünster D 118 Db31
Neunburg vorm Wald D 135 Eb47
Neundorf D 127 Ea38
Neung-sur-Beuvron F 29 Gc41
Neunkirch CH 141 Cb52
Neunkirchen A 145 Gb52
Neunkirchen D 125 Cb41
Neunkirchen D 133 Bd46
Neunkirchen D 135 Dd46
Neunkirchen-Seelscheid D 125 Ca41
Neuötting D 143 Ec50
Neupetershain D 128 Fb39
Neupölla A 136 Fd49
Neupré B 124 Ba42
Neuranft D 120 Fb35
Neurázy CZ 135 Ed47
Neureichenau D 136 Fa49
Neurenberg = Nürnberg D 135 Dd46
Neuried D 133 Ca49
Neuruppin D 119 Ec35
Neusach A 143 Ed55
Neusalza-Spremberg D 128 Fb41
Neu Sankt Johann CH 142 Cc53
Neusäß D 142 Dc50
Neuschönau D 135 Ed48
Neuschoo D 117 Cb32
Neusiedl am See A 145 Gc51
Neusitz D 134 Db46
Neusorg D 135 Ea45
Neuss D 125 Bd40
Neussargues-Moissac F 34 Hb49
Neustadt D 119 Dd31
Neustadt D 119 Ec35
Neustadt D 126 Da36
Neustadt D 126 Dc39
Neustadt D 127 Dd42
Neustadt D 128 Fb41
Neustadt, Titisee- D 141 Ca51
Neustadt/ Donau D 135 Ea48
Neustadt am Kulm D 135 Ea45
Neustadt am Main D 134 Da44
Neustadt an der Aisch D 134 Dc46
Neustadt an der Orla D 127 Ea42
Neustadt an der Waldnaab D 135 Eb45
Neustadt an der Weinstraße D 133 Cb46
Neustadt bei Coburg D 135 Dd43
Neustadt-Glewe D 119 Ea33
Neustadt (Hessen) D 126 Cd41
Neustadt (Wied) D 125 Ca42
Neustift A 144 Fa50
Neustift im Stubaital A 143 Dd54
Neustrelitz D 119 Ed33
Neutraubling D 135 Eb48
Neutrebbin D 128 Fb36
Neu-Ulm D 142 Da50
Neuves-Maisons F 25 Jd37
Neuvic F 32 Fd49
Neuvic F 33 Gd48
Neuvic-Entier F 33 Gc47
Neuville F 33 Gc49
Neuville-aux-Bois F 29 Gd39
Neuville-de-Poitou F 28 Fd44
Neuville-les-Dames F 34 Jb45
Neuville-les-Decize F 30 Hb43
Neuville-sur-Saône F 34 Jb46
Neuvilly-en-Argonne F 24 Ja35
Neuvola FIN 90 Kd32
Neuvosenniemi FIN 82 Kd25
Neuvy-Bouin F 28 Fb44
Neuvy-le-Roi F 29 Ga41
Neuvy-Pailloux F 29 Gc43
Neuvy-Saint-Sépulcre F 29 Gc44
Neuvy-Sautour F 30 Hc39
Neuvy-sur-Barangeon F 29 Gd42
Neuvy-sur-Loire F 29 Ha41
Neuwied D 125 Ca42
Neuwiller-lès-Saverne F 25 Kb36
Neu Wulmstorf D 118 Db33
Neuzelle D 128 Fc38
Neuzina SRB 174 Bb62
Neu Zittau, Gosen- D 128 Fa37
Neva S 95 Fb41
Névache F 35 Kb49
Nevalan vaara FIN 75 Lb19
Nevardenai LT 113 Jd55
Neveja LV 105 Jc49
Neveklov CZ 136 Fb45
Nevel' RUS 202 Eb11
Neverėnai LT 113 Jc54
Neverėnai LT 115 Lc55
Neverfjord N 63 Ja06
Nevernes N 70 Ed23
Nevernes N 71 Fc20
Nevers F 30 Hb43
Nevesinje BIH 158 Hb67
Nevest HR 158 Gb65
Nevestino BG 179 Cb72
Neviano I 163 Hc77
Nevinnomyssk RUS 205 Fd16
Nevlunghavn N 93 Dc44
Nevrin TR 187 Gc77
Nevša BG 181 Ed70
New Abbey GB 10 Ea16
New Aberdour GB 5 Ed07
New Alresford GB 20 Fa29
Newark-on-Trent GB 16 Fb23
Newbald GB 16 Fb20
Newbiggin GB 11 Ed17
Newbiggin-by-the-Sea GB 11 Fa16
Newbliss IRL 9 Cc18
Newborough GB 15 Dd22
Newbridge IRL 8 Bd20
Newbridge IRL 13 Cc22
Newbridge-on-Wye GB 15 Ea25
New Buckenham GB 21 Ga25
Newburgh GB 5 Ed08
Newburgh GB 7 Eb12
Newburn GB 11 Ed16
Newbury GB 20 Fa28
Newby Bridge GB 11 Eb19
Newcastle GB 9 Da18
Newcastle GB 15 Eb25
Newcastle IRL 13 Ca24
Newcastle IRL 13 Cd21
Newcastle IRL 13 Da22
Newcastle Emlyn GB 14 Dc26
New Castleton GB 11 Ec15
Newcastle-under-Lyme GB 15 Ec23
Newcastle upon Tyne GB 11 Fa16
Newcastle West IRL 12 Bc24
Newchurch GB 14 Dc26
New Cumnock GB 10 Dd15
New Deer GB 5 Ed08
Newent GB 15 Ec26
Newgale GB 14 Db26
New Galloway GB 10 Dd16
New Grimsby GB 18 Cc32
Newham GB 11 Fa14
Newhaven GB 20 Fd30
New Holland GB 17 Fc21
Newick GB 20 Fd30
New Inn IRL 9 Cc19
Newinn IRL 13 Ca24
New Luce GB 10 Dc16
Newmachar GB 7 Ed09
Newmains GB 10 Ea13
New Malden GB 20 Fc28
Newmarket GB 4 Da05
Newmarket GB 20 Fd25
Newmarket IRL 12 Bc24
Newmarket on Fergus IRL 12 Bc23
New Mills GB 15 Ea24
New Mills GB 16 Ed22
New Milton GB 20 Ed30
Newnham Bridge GB 15 Ec25
New Pitsligo GB 5 Ed07
Newport GB 14 Dc26
Newport GB 15 Ec24
Newport GB 19 Eb28
Newport GB 20 Fa31
Newport IRL 8 Bc19
Newport IRL 12 Bd23
Newport Pagnell GB 20 Fb26
Newport Trench GB 9 Cd17
New Quay GB 14 Dc25
Newquay GB 18 Db31
New Romney GB 21 Ga30
New Ross IRL 13 Cc24
New Rossington GB 16 Fb21
Newry GB 9 Cd18
Newton Abbot GB 19 Ea31
Newton-Aycliffe GB 11 Fa17
Newtonhill GB 7 Ed09
Newton-le-Willows GB 15 Ec21
Newtonmore GB 7 Ea09
Newton-on-Trent GB 16 Fb22
Newton Poppleford GB 19 Ea30
Newton Stewart GB 10 Dd16
Newtown GB 15 Ea24
Newtown GB 15 Ec26
Newtown IRL 12 Bc22
Newtown IRL 12 Bd24
Newtown IRL 12 Bd24
Newtown IRL 13 Ca21
Newtown IRL 13 Ca22
Newtown IRL 13 Cc23
Newtownabbey GB 9 Da17
Newtownards GB 10 Db17
Newtownbreda GB 9 Da17
Newtownbutler GB 9 Cc18
Newtown Cunningham IRL 9 Cc15
Newtown Forbes IRL 9 Cb19
Newtownhamilton GB 9 Cd18
Newtown Saint Boswells GB 11 Ec14
Newtown Sandes IRL 12 Bb23
Newtownshandrum IRL 12 Bc24
Newtownstewart GB 9 Cc16
New Tredegar GB 19 Eb27
New Twopothouse IRL 12 Bd25
Nexø DK 111 Fd58
Nexon F 33 Gb47
Nežilovo MK 183 Bb74
Nežnovo RUS 99 Ld40
Nezvěstice CZ 135 Ed46
Nianfors S 87 Gb36
Niáta GR 195 Bd90
Nibbiano I 149 Cc61
Nibe DK 100 Dd22
Nīca LV 113 Ja53
Nicaj-Shalë AL 159 Jb70
Nicastro I 164 Gc81
Niccone I 156 Ea67
Nice F 43 Kd53
Nicey F 30 Hd40
Nīcgale LV 115 Lb53
Nickby FIN 98 Kc39
Nickelsdorf A 145 Gd51
Nicknoret S 72 Ha24
Nicolae Bălcescu RO 172 Ed59
Nicolae Bălcescu RO 176 Ec66
Nicolae Bălcescu RO 177 Fc66
Nicolinț RO 174 Bd63
Nicolosi I 167 Fc85
Nicoreni MD 173 Fb55
Nicorești RO 176 Ed61
Nicosia I 167 Fb85
Nicotera I 164 Gb82
Ničpur MK 178 Ba73
Nicșeni RO 172 Ec55
Niculițel RO 177 Fc64
Nida LT 113 Jb56
Nida LV 113 Ja54
Nidda D 134 Cd43
Niddatal D 134 Cc43
Nidderau D 134 Cc43
Nideggen D 125 Bc41
Nídri GR 188 Ac83
Nidzica PL 122 Ja33
Niebieszczany PL 139 Ka45
Niebla E 59 Bc73
Nieblum D 108 Cd28
Nieborów PL 130 Ja37
Niebüll D 108 Da28
Niechanowo PL 129 Gd36
Niechcice PL 130 Hd40
Niechłonin PL 122 Hd34
Niechlów PL 129 Gb39
Niechobórz PL 139 Ka44
Niechorze PL 120 Fc31
Niedalino PL 120 Ga31
Niederaichbach D 135 Eb49
Niederalp A 144 Fd52
Niederalteich D 135 Ec49
Niederau D 128 Fa41
Niederaula D 126 Da42
Niederbronn-les-Bains F 25 Kc35
Niederdorf I 143 Ea55
Niedereschach D 141 Cb50
Niederfischbach D 125 Cb41
Niederfüllbach D 135 Dd44
Niedergörsdorf D 127 Ed38
Niederkirchen D 133 Ca45
Niederkrüchten D 125 Bc40
Niederlangen D 117 Ca34
Niederleger A 143 Dd53
Niederlehme D 128 Fa37
Niedermurach D 135 Eb46
Niederndodeleben D 127 Ea37
Niedernhall D 134 Da47
Niedernwöhren D 126 Da36
Niederöblarn A 144 Fa53
Niederoderwitz D 128 Fc41
Nieder-Olm D 133 Cb44
Niederorschel D 126 Dc40
Niederrossbach D 125 Cb42
Niedersachswerfen D 126 Dc39
Nieder-Seifersdorf D 128 Fc41
Niederstetten D 134 Da46
Niederstotzingen D 134 Db49
Niedersulz A 145 Gc50
Niederurnen CH 142 Cc54
Niederviehbach D 135 Eb49
Nieder-Waroldern D 126 Cd40
Niederwerrn D 134 Db44
Niederwiesa D 127 Ed42
Niederwinkling D 135 Ec48
Niederwölz A 144 Fb54
Niederzier D 125 Bc41
Niedęwiednik PL 137 Gc43
Niedoradz PL 128 Ga38
Niedorp NL 116 Ba34
Niedrzew PL 130 Hc37
Niedrzwica Duża PL 131 Ka40
Niedzbórz PL 122 Ja34
Niedzica PL 138 Jb46
Niedźwiada PL 123 Jd32
Niedźwiada PL 131 Kb39
Niedźwiedź PL 122 Hc34
Niedźwiedź PL 128 Fd37
Niedźwiedź PL 138 Ja46
Niegosławice PL 128 Ga39
Niegosławice PL 130 Jb42
Niegowa PL 130 Hd42
Niegowonice PL 138 Hd43
Niegripp D 127 Ea37
Nieheim D 126 Cd38
Niekursko PL 121 Gb34
Nieledew PL 131 Kd41
Nielisz PL 131 Kc41
Nielstrup DK 101 Dd19
Niemberg D 127 Eb39
Niemce PL 131 Kb39
Niemcza PL 129 Gc42
Niemczyn PL 121 Gd35
Niemegk D 127 Ec38
Niemelä FIN 64 Ka07
Niemelä FIN 74 Kd18
Niemelänkylä FIN 81 Jd27
Niemenkylä FIN 90 Kc37
Niemenkylä FIN 82 Ka28
Niemenkylä FIN 89 Jb35
Niemenkylä FIN 89 Ja32
Niemenkylä FIN 89 Ja36
Niemenkylä FIN 90 La32
Niemetal D 126 Da39
Niemica PL 120 Fc32
Niemica PL 121 Gb30
Niemijärvi FIN 83 Mb29
Niemikylä FIN 83 Lb29
Nieminen FIN 82 Kd27
Niemirów PL 131 Kb36
Niemis S 73 Jb20
Niemisel S 73 Hd21
Niemisjärvi FIN 82 Kd30
Niemisjärvi FIN 90 Kc32
Niemiskylä FIN 82 Kc28
Niemiskylä FIN 89 Jd32
Niemodlin PL 129 Gd42
Niemojki PL 131 Ka36
Nienadowa PL 139 Kb44
Nienburg D 118 Da35
Nienburg D 127 Ea38
Nienhagen D 126 Db36
Nienstädt D 126 Da37
Niepars D 119 Ed30
Niepołomice PL 138 Ja44
Nieporęt PL 130 Jb36
Nierstein D 133 Cb44
Niesi FIN 69 Jd17
Niesky D 128 Fc40
Niestetal D 126 Da40
Niestronno PL 121 Ha35
Nieszawa PL 121 Hb35
Nietkowice PL 128 Fd38
Nieuil F 33 Gb46
Nieuil-l'Espoir F 32 Fd45
Nieul-le-Dolent F 28 Ed44
Nieuw-Amsterdam NL 117 Ca35
Nieuwegein NL 116 Ba36
Nieuwekerk aan de IJssel NL 124 Ad37
Nieuwendijk NL 124 Ba37
Nieuwe Pekela NL 117 Ca34
Nieuwerkerken B 124 Ba40
Nieuweschans NL 117 Ca33
Nieuwerkerke B 21 Ha30
Nieuwkoop NL 116 Ba36
Nieuwleusen NL 117 Bc35
Nieuw Milligen NL 116 Bb36
Nieuwolda NL 117 Ca33
Nieuwpoort B 21 Ha29
Nieuwpoort-Bad B 21 Ha29
Nieves (Capela) E 36 Bb53
Niewęgłosz PL 131 Kb38
Niewierz PL 122 Hc34
Niewiesze PL 137 Hb43
Niezabyszewo PL 121 Gd31
Niezgoda PL 129 Gc40
Nigrán E 36 Ac58
Nigrande LV 105 Jc52
Nigrita GR 184 Cc77
Nigula EST 98 Ka44
Niharra E 46 Cd64
Nihattula FIN 90 Ka37
Niilivaara FIN 68 Jc15
Niinikumpu FIN 91 Ld32
Niinilahti FIN 82 Kb30
Niinilahti FIN 83 Lc28
Niinimaa FIN 89 Jc32
Niinimäki FIN 82 Kb28
Niinimäki FIN 83 Lb31
Niinikoski FIN 90 Kc37
Niinisalo FIN 89 Jb34
Niinivedenpää FIN 82 Kc30
Niinivesi FIN 82 Kc30
Niirala FIN 83 Ma31
Niittumaa FIN 89 Ja36
Nijar E 61 Eb76
Nij Beets NL 117 Bc33
Nijemci HR 153 Hd60
Nijkerk NL 116 Bb36
Nijmegen NL 125 Bb37
Nijverdal NL 117 Bd36
Nikaranperä FIN 90 Ka32
Nikea GR 189 Bd81
Nikea GR 189 Cb86
Niki GR 183 Bb76
Niki GR 189 Bd81
Nikifóros GR 184 Da76
Nikinci SRB 153 Jc61
Nikissiani GR 184 Cd77
Nikitari CY 206 Ja97
Nikitas GR 184 Cc79
Nikitsch A 145 Gc53
Nikjup BG 180 Dd70
Nikkala S 74 Jc21
Nikkaluokta S 67 Gd15
Nikkaroinen FIN 90 Kc35
Nikkeby N 63 Hb08
Nikkilä FIN 98 Kc39
Nikodim MK 183 Bc75
Nikokleia CY 206 Hd98
Nikolaeskoe RUS 99 Ma43
Nikolaevka BG 181 Fa70
Nikolaevka RUS 203 Fd10
Nikolaevo BG 180 Db70
Nikolaevo BG 180 Dd72
Nikolaevo BG 180 Eb72
Nikolaevo RUS 99 Mb45
Nikolaevsk RUS 203 Fd13
Nikola Kozlevo BG 181 Ed69
Nikolinac SRB 179 Ca67
Nikolinci SRB 174 Bc63
Nikolovo BG 180 Ea68
Nikol'sk RUS 203 Fd10
Nikol'skoe RUS 99 Mb40
Nikopol BG 180 Dc68
Nikopol' UA 205 Fa16
Nikópoli GR 183 Cb77
Nikópoli GR 188 Ad82
Nikosia = Lefkosia CY 206 Jb96
Nikrace LV 105 Jc52
Niksar TR 205 Fc20
Nikšić MNE 159 Hd68
Nikulannerä FIN 69 Ka11
Nilivaara S 68 Hc17
Nilsebu N 92 Cb43
Nilsiä FIN 82 La29
Nilüfer TR 186 Fc80
Nim DK 108 Db25
Nimereuca MD 173 Fc54
Nîmes F 42 Ja53
Nimfasia GR 194 Bb87
Nimféo GR 183 Bb77
Nimfes GR 182 Ab79
Nimigea RO 171 Db56
Nimis I 150 Ed57
Nimisjärvi FIN 82 Kc25
Nimtofte DK 101 Dd23
Nin HR 157 Fd64
Nina EST 99 Lb44
Ninebanks GB 11 Ec17
Ninfield GB 20 Fd30
Ninivaara FIN 83 Lb29
Ninove B 124 Ab40
Niorcani MD 173 Fb53
Niort F 32 Fb45
Nipen N 66 Ga13
Nipuli FIN 90 Kd35
Nirza LV 107 Ma51
Niš SRB 178 Bd69
Nisa P 50 Ba66
Nișcani MD 173 Fc57
Niscemi I 167 Fb87
Niševac SRB 178 Bd68
Nisí GR 188 Ba86
Niška Banja SRB 178 Bd69
Niskala FIN 75 Kc20
Niskanperä FIN 74 Jd19
Niskanperä FIN 74 Jd20
Nisko PL 131 Ka42
Niskos FIN 89 Jc33
Nisou CY 206 Jb97
Nisovo BG 180 Ea69
Nispen NL 124 Ad38
Nisporeni MD 173 Fb58
Nissafors S 102 Fb50
Nissaki GR 182 Ab79
Nissan-lez-Enserune F 41 Hb55
Nissedal N 93 Da44
Nissi EST 98 Kb43
Nissí GR 183 Bc77
Nissi GR 183 Bd77
Nissilä FIN 82 Kc27
Nissumby DK 100 Cd22
Nissum Seminarieby DK 100 Cd22
Nistelrode NL 125 Bb38
Nisula FIN 90 Kc33
Nisus FIN 90 Kd36
Nitaure LV 106 Kd50
Nițchidorf RO 174 Bd61
Nithavris GR 200 Cd96
Niton GB 20 Fa31
Nitra SK 145 Hb50
Nitrianske Pravno SK 138 Hc48
Nitrianske Rudno SK 137 Hb48
Nitry F 30 Hc40
Nittedal N 93 Ea41
Nittel D 133 Bc45
Nittenau D 135 Eb47
Nittendorf D 135 Ea48
Nittorp S 102 Fa49
Niukkala FIN 91 Ld33
Niuraičiai LT 114 Kb53
Niūronys LT 114 Kd55
Nivå DK 109 Ec25
Niva FIN 83 Lb25

Nuh – Ollikkala

Nuh TR 193 Gc85
Nuhören TR 193 Gb84
Nuiasodis LT 115 Lb54
Nuijamaa FIN 91 Lc36
Nuin E 39 Ed56
Nuisement-sur-Coole F 24 Hd36
Nuits F 30 Hd40
Nuits-Saint-Georges F 30 Jb42
Nukari FIN 90 Kb38
Nukkumajoki FIN 69 Ka11
Ņukši LV 107 Ld51
Nuksujärvi S 68 Hd16
Nuksujärvi S 73 Ja18
Nuland N 92 Cb46
Nule I 168 Cb75
Nules E 54 Fc66
Nulvi I 168 Ca74
Numana I 156 Ed66
Numanoluk TR 193 Gc83
Numansdorp NL 124 Ad37
Nümbrecht D 125 Ca41
Numerne LV 107 Ld50
Numijoki FIN 81 Jd30
Nummela FIN 89 Jd38
Nummela FIN 98 Ka39
Nummenkylä FIN 90 Ka37
Nummenpää FIN 98 Kb39
Nummi FIN 97 Jb39
Nummi FIN 98 Ka39
Nummijärvi FIN 89 Jb33
Nummikoski FIN 89 Jb33
Nummilahti FIN 89 Jb33
Numminen FIN 90 Kc38
Nünchritz D 127 Ed40
Nuneaton GB 16 Fa24
Nunnanen FIN 68 Jb13
Nunnanlahti FIN 83 Lc28
Nunney GB 19 Ec29
Nunspeet NL 116 Bb36
Nunton GB 20 Ed29
Nuojua FIN 82 Kc25
Nuolijärvi FIN 83 Lb27
Nuomininkai LT 113 Jd55
Nuoramoinen FIN 90 Kc35
Nuorgam FIN 64 Ka07
Nuoritta FIN 74 Kb23
Nuoro I 169 Cb76
Nuorpinniemi FIN 64 Jc08
Nuortikon S 73 Hb18
Nuorunka FIN 75 Kc21
Nuottikylä FIN 75 La24
Nuottiranta FIN 83 Lc29
Núpsstaður IS 2 Ba06
Nur PL 123 Ka35
Nurachi I 169 Bd77
Nuragus I 169 Ca78
Nurallao I 169 Ca78
Nuraminis I 169 Ca79
Nureci I 169 Ca78
Nuribey TR 193 Gc85
Nuriye TR 191 Ed85
Nurlat RUS 203 Ga09
Nurmaa FIN 90 Kd35
Nurme EST 98 Kb45
Nurmes FIN 83 Lb27
Nurmeslahti FIN 82 La28
Nurmesperä FIN 82 Kb27
Nurmi FIN 89 Jd36
Nurmi LV 106 Kd47
Nurmijärvi FIN 83 Lc27
Nurmijärvi FIN 98 Kb39
Nurmo FIN 81 Jb31
Nurmsi EST 98 Kd44
Nurmuiža LV 105 Jd50
Nürnberg D 135 Dd46
Nurney IRL 13 Cc22
Nurrasuanto S 68 Hd16
Nurri I 169 Cb78
Nürtingen D 134 Cd49
Nurzec PL 123 Kb35
Nurzec-Stacja PL 131 Kb36
Nus I 148 Bc58
Nusco I 161 Fd75
Nuşeni RO 171 Db57
Nuşfalau RO 171 Cc56
Nusfjord N 66 Fa15
Nüshetiye TR 186 Ga80
Nusnäs S 87 Fc38
Nusplingen D 142 Cc50
Nusratlı TR 185 Ed78
Nusret TR 192 Fa82
Nussdorf A 143 Ed52
Nußdorf D 143 Eb52
Nußloch D 134 Cc46
Nuthetal D 127 Ed37
Nutley GB 20 Fd29
Nuttuperä FIN 82 Kb27
Nuulanki S 68 Hd14
Nuupas FIN 74 Ka20
Nuutajärvi FIN 89 Jd37
Nuutila FIN 82 Kb25
Nuutilanmäki FIN 90 La33
Nuuttila FIN 89 Jd33
Nuvvos FIN 64 Jc08
Nuvvus FIN 64 Jc08
Ny S 94 Ec42
Nyåker S 80 Ha28
Nyåker S 80 Gc29
Nyárlőrinc H 146 Ja55
Nya Storbäcken S 80 Hc27
Nyberg S 80 Ha25
Nybergsund N 86 Ec37
Nyborg DK 109 Dd27
Nyborg N 65 Kb06
Nyborg N 79 Fb28
Nyborg S 73 Jb21
Nybro S 103 Ga52
Nybrostrand S 110 Fa57
Nybrott N 63 Hd08
Nyby FIN 81 Hd31
Nyby N 64 Jb07
Nyby S 79 Fd30
Nybyn S 73 Hc23
Nybyn S 73 Ja20
Nydala S 103 Fb50
Nyékládháza H 146 Jc51
Nyergesujfalu H 146 Hc52
Nygård N 67 Gc11
Nygård N 67 Gb13
Nygarden N 85 Ea35
Nyhammar S 95 Fc40
Nyhamnsläge S 110 Ec54
Nyheim N 65 Kd08
Nyhem S 87 Fd32
Ny Højen DK 108 Db25
Nyhyttan S 95 Fc42
Nýidalur IS 2 Ba05
Nyikarász H 147 Kb50
Nyirábrány H 147 Kb52
Nyiracsád H 147 Kb52
Nyirád H 145 Gd54
Nyiradony H 147 Ka52
Nyirbátor H 147 Kb51
Nyirbéltek H 147 Kb52
Nyirbogát H 147 Kb51
Nyiregyháza H 147 Ka51
Nyirgyulaj H 147 Kb51
Nyirkáta H 147 Kb51
Nyirlugos H 147 Kb52
Nyirmada H 147 Kb50
Nyirmeggyes H 147 Kb51
Nyirtelek H 147 Ka51
Nyirtura H 147 Ka51
Nykälä FIN 90 Kd33
Nykarleby FIN 81 Ja29
Nyker DK 111 Fc57
Nykil S 103 Fd47
Nykirke N 85 Dd38
Nykirke N 93 Dd41
Nykirke N 93 Dd43
Nykøbing Falster DK 109 Eb29
Nykøbing M DK 100 Da21
Nykøbing S DK 109 Eb25
Nykøbing Strandhuse DK 109 Eb29
Nyköping S 95 Gb45
Nykroppa S 95 Fb42
Nyksund N 66 Fc12
Nykvarn S 96 Gc44
Nykyrka S 102 Fa48
Nyland S 79 Gb26
Nyland S 79 Fc30
Nyland S 80 Gc31
Nyland S 80 Ha29
Nyland S 80 Hb29
Nyland S 87 Gb33
Nylars DK 111 Fc58
Nyliden S 72 Gc22
Nyliden S 80 Gd29
Nyliden S 80 Ha27
Nyluspen S 79 Gb25
Nymburk CZ 136 Fc44
Nymindegab DK 108 Cd25
Nymo N 62 Ha08
Nymoen N 62 Gb10
Nynäshamn S 96 Gd45
Nyneset N 78 Ed26
Ny Nørup DK 108 Db25
Nyon CH 140 Ba55
Nyons F 42 Jc51
Nyord DK 109 Eb28
Nýřany CZ 135 Ed46
Nyröla FIN 90 Kb32
Nýrsko CZ 135 Ed47
Nyrud N 65 Kc09
Nysa PL 137 Gd43
Nysäter S 94 Ed44
Nysätern S 86 Fa33
Nysätra S 96 Gc42
Nysele S 80 Ha27
Nyseter N 85 Db34
Nyskoga S 94 Ed40
Nystadt = Uusikaupunki FIN 89 Ja38
Nysted DK 109 Eb29
Nystrand S 73 Hc22
Nystu Trønnes N 86 Eb36
Nysund S 95 Fb44
Nytjärn S 80 Gc28
Nytorp S 68 Hd17
Nyträsk S 73 Hb24
Nytrøa N 77 Ea33
Nyúl H 145 Ha53
Nyvall S 72 Ha23
Nyvoll N 63 Hd07
Nyvollen N 78 Ec29
Nyystölä FIN 90 Kb36
Nyžni Sirohozy UA 205 Fa16
Nyžni Torhaji UA 205 Fa16
Nyžn'ohirs'kyj UA 205 Fa17

O

Oaivos N 68 Hd11
Oakford GB 19 Ea30
Oakham GB 16 Fb24
Oakington GB 20 Fd25
Oakley GB 20 Fa29
Oakley GB 20 Fb27
Oalahti FIN 83 Lc31
Oancea RO 177 Fb61
Oanes N 92 Ca44
Oarda RO 175 Da60
Oarja RO 175 Dc65
Oarța de Jos RO 171 Cd55
Oássi GR 189 Bc86
Obalj BIH 159 Hc66
Oban GB 6 Db11
O Barco E 37 Bd57
Obârşia RO 179 Da67
Obârşia-Cloşani RO 174 Cb63
Obbekær DK 108 Da26
Obbnäs FIN 98 Ka40
Obbola S 80 Hb29
Obdach A 144 Fc54
Obecnice CZ 136 Fa46
Obedinenie BG 180 Dd69
Obejo E 60 Cd72
Obeliai LT 114 La53
Oberammergau D 142 Dc52
Oberasbach D 134 Dc46
Oberau A 143 Ea53
Oberau D 142 Dc53
Oberaudorf D 143 Eb52
Oberaula D 126 Da41
Oberaurach D 134 Dc45
Oberbeisheim D 126 Da41
Oberbergkirchen D 143 Eb50
Obercunnersdorf D 128 Fc41
Oberdachstetten D 134 Db46
Oberderdingen D 134 Cc47
Oberding D 143 Ea50
Oberdorla D 126 Dc40
Oberdrauburg A 143 Ec55
Oberei CH 141 Bd54
Obereisesheim D 134 Cd47
Oberelsbach D 134 Db43
Obergrafendorf A 144 Fd51
Obergünzburg D 142 Db51
Obergurgl A 142 Dc55
Oberhaching D 143 Dd51
Oberhaid D 134 Dc45
Oberharmersbach D 133 Cb49
Oberhausen D 125 Bd39
Oberheldrungen D 127 Dd40
Oberhof D 126 Dc42
Oberhofen CH 141 Bd55
Oberhoffen F 25 Kc36
Oberkail D 133 Bc43
Oberkappel A 136 Fa49
Oberkirch D 133 Ca49
Oberkirchen D 126 Cc40
Oberkochen D 134 Db48
Oberkotzau D 135 Ea44
Oberlödla D 127 Eb41
Oberlungwitz D 127 Ec42
Obermaßfeld-Grimmenthal D 134 Dc43
Obermehler D 126 Dc40
Ober-Mörlen D 134 Cc43
Obermoschel D 133 Ca45
Obernai F 25 Kb37
Obernberg A 143 Ed50
Obernberg am Brenner A 143 Dd54
Obernbreit D 134 Db45
Obernburg D 134 Cd45
Oberndorf D 118 Da32
Oberndorf am Neckar D 141 Cb50
Oberndorf an der Melk A 144 Fd51
Oberndorf bei Salzburg A 143 Ec51
Obernheim D 142 Cc50
Obernholz D 118 Dc35
Obernkirchen D 126 Da37
Obernzell D 136 Fa49
Obernzenn D 134 Db46
Oberostendorf D 142 Dc51
Oberpframmern D 143 Ea51
Oberpleis D 125 Ca41
Oberpullendorf A 145 Gb53
Ober-Ramstadt D 134 Cc45
Oberreute D 142 Da52
Oberrickenbach CH 141 Cb54
Oberried CH 141 Ca55
Oberried D 141 Ca51
Oberriet CH 142 Cd53
Oberröblingen D 127 Dd40
Oberrot D 134 Da47
Oberscheinfeld D 134 Db45
Oberschleißheim D 143 Dd50
Oberschöna D 127 Ed42
Oberschwarzach D 134 Db45
Obersiggenthal CH 141 Cb52
Obersontheim D 134 Da47
Oberstadion D 142 Da50
Oberstadtfeld D 133 Bc43
Oberstaufen D 142 Da52
Oberstdorf D 142 Db53
Obersteigen F 25 Kb37
Obersteinbach F 25 Kc35
Oberstenfeld D 134 Cd47
Oberstreu D 134 Db43
Obersulm D 134 Cd47
Obertauern A 143 Ed54
Obertaufkirchen D 143 Eb50
Oberthal D 133 Bd45
Oberthulba D 134 Db44
Obertiefenbach D 125 Cb42
Obertilliach A 143 Eb55
Obertraubling D 135 Eb48
Obertraun A 144 Fa53
Oberturm am See A 143 Ec51
Oberursel D 134 Cc43
Obervellach A 143 Ed55
Oberviechtach D 135 Eb46
Oberwald CH 141 Ca55
Oberwart A 145 Gb54
Oberweis D 133 Bc44
Oberweissbach A 143 Ec53
Oberweißbach D 127 Dd42
Oberwesel D 133 Ca43
Oberweser D 126 Da39
Oberwiesenthal D 135 Ec43
Oberwölz A 144 Fb54
Oberzeiring A 144 Fb54
Obhausen D 127 Ea40
Óbidos P 50 Ab67
Obiedzino PL 123 Jd33
Obileni MD 173 Fb58
Obilić KSV 178 Bb70
Obing D 143 Eb51
Obinitsa EST 107 Lc47
Obiža RUS 107 Ld46
Objat F 33 Gb49
Objazda PL 121 Gc29
Objezierze PL 129 Gc36
Öblarn A 144 Fa53
Obljaj HR 152 Gb60
Obninsk RUS 202 Ed11
Obnova BG 180 Dc69
Öbög H 146 Jb54
Oboga RO 175 Da66
Obojan' RUS 203 Fa13
Obolon' UA 204 Ed15
Obón E 48 Fb63
Oborci BIH 158 Ha64
Oborin SK 139 Ka49
Oborište BG 179 Da72
Oborište BG 181 Fa69
Oborniki PL 129 Gc36
Oborniki Śląskie PL 129 Gc40
Obornjača SRB 153 Jb58
Oborowo PL 121 Hb35
Obory CZ 136 Fb46
Oborzany PL 120 Fc35
Obra PL 128 Ga38
Obreja RO 174 Cb62
Obrenovac SRB 153 Jc62
Obretenik BG 180 Ea69
Obrež HR 151 Ga59
Obrež SRB 153 Jb62
Obrigheim D 134 Cd46
Obrnice CZ 136 Fa43
Obročište BG 181 Fb70
Obrov SLO 151 Fa59
Obrovac HR 157 Ga64
Obrovac SRB 153 Ja60
Obrovac Sinjski HR 158 Gc65
Obršani MK 183 Bb75
Obrtići BIH 159 Hd65
Obryte PL 122 Jc35
Obrytki PL 123 Jd33
Obrzycko PL 129 Gb36
Obšistvi CZ 136 Fb44
Obsza PL 139 Kc43
Obudovac BIH 153 Hc61
Øby DK 100 Cd23
Obzor BG 181 Fa72
Očakiv UA 204 Ed17
Ocaklar TR 186 Fa79
Ocaklı TR 185 Eb79
Ocaña E 52 Dc66
Ocana F 154 Ca71
O Canizo E 36 Bc58
Occhiobello I 150 Dd61
Occold GB 21 Gb25
Ocentejo E 47 Eb63
Očeretuvate UA 205 Fa16
Očevlja BIH 159 Hc64
Ocharán E 38 Dd55
Ochiltree GB 10 Dd14
Ochiul Alb MD 173 Fb54
Ochiul Roş MD 173 Fd59
Ochla PL 128 Fd38
Ochojec PL 137 Hb44
Ochsenfurt D 134 Db45
Ochsenhausen D 142 Da51
Ochtendung D 133 Ca43
Ochtrup D 117 Ca36
Ochtyrka UA 202 Ed14
Ocieka PL 139 Jd43
Ocieseki PL 130 Jc42
Ockelbo S 87 Gb38
Ockholm D 108 Da29
Ockle GB 6 Db10
Ockley GB 20 Fc29
Ocksjön S 87 Fc32
Ocland RO 176 Dd60
Ocna de Fier RO 174 Ca62
Ocna Dejului RO 171 Da57
Ocna Mureş RO 171 Da59
Ocna Sibiului RO 175 Db61
Ocna Şugatag RO 171 Db55
Ocnele Mari RO 175 Db64
Ocnița MD 173 Fa53
Ocnița MD 173 Fc54
Ocnița RO 176 Dd64
Ocoale RO 171 Cc58
Ocolina MD 173 Fc54
Ocoliş RO 171 Cd59
Ocón E 39 Eb58
Očová SK 138 Hd49
Ocrkavlje BIH 159 Hc66
Öcsa H 146 Hd53
Öcsény H 153 Hc57
Öcsöd H 146 Jc54
Octeville, Cherbourg F 22 Ed34
Octeville-sur-Mer F 22 Fd34
Octon F 41 Hc54
Ocypel PL 121 Ha32
Öd S 79 Fc31
Od S 102 Ed48
Odăile RO 176 Ec63
Ödåkra S 110 Ed54
Odals verk N 94 Ec40
Ödängla S 103 Gb51
Odärne BG 180 Dc69
Odby DK 100 Da22
Odda N 84 Cc40
Odde DK 101 Dd22
Odden N 62 Ha09
Odden N 70 Ed23
Odden N 86 Eb36
Odden Færgehavn DK 109 Ea25
Oddense DK 100 Da22
Odder DK 108 Dc24
Oddernes N 92 Cd47
Oddesund Nord DK 100 Da22
Oddesund Syd DK 100 Da22
Ödeborg S 102 Ec46
Ödeby S 95 Fd43
Odeceixe P 58 Ab73
Odelzhausen D 143 Dd50
Odemira P 58 Ab72
Ödemiş TR 192 Fa86
Odèn E 49 Gc59
Ödenäs S 102 Ec48
Odensåker S 103 Fb46
Odensala S 96 Gd42
Odensbacken S 95 Fd44
Odense DK 108 Dc26
Odensjö S 102 Fa52
Odensjö S 103 Fb49
Odensvi S 95 Ga43
Odensvi S 103 Ga48
Oderberg D 120 Fb35
Oderljunga S 110 Fa54
Oderwitz D 128 Fc42
Oderzo I 150 Eb59
Odesa UA 204 Ec17
Ödeshög S 103 Fc47
Ödestugu S 103 Fb49
Odiáxere P 58 Ab74
Odiham GB 20 Fb29
Odincovo RUS 202 Ed10
Ødis DK 108 Db26
Odivelas P 50 Ac71
Ödkarby FIN 96 Hc40
Odnes N 85 Dd38
Odobasca RO 176 Ec62
Odobeşti RO 176 Dd65
Odobeşti RO 176 Ec62
Odolanów PL 129 Gd39
Odolena Voda CZ 136 Fb44
Odón E 47 Ed63
Odoorn NL 117 Ca34
Odoreu RO 171 Cd54
Odorheiu Secuiesc RO 176 Dd60
Odos F 40 Fd55
Odou CY 206 Jb97
Odrinci BG 181 Fa69
Odrowąż PL 130 Jb40
Odry CZ 137 Ha46
Odry PL 121 Ha31
Odrzykoń PL 139 Jd45
Odrzywół PL 130 Jb39
Ödskölt S 94 Ec45
Ödsmål S 102 Eb46
Ödsmål S 102 Eb47
Ødsted DK 108 Db25
Ødum DK 100 Dc23
Odžaci SRB 153 Hd59
Odžak BIH 152 Hb61
Odžak BIH 158 Hb67
Odžak MNE 159 Ja67
Odziena LV 106 La51
Oebisfelde D 127 Dd36
Oed A 144 Fc51
Oederan D 127 Ed42
Oederquart D 118 Da32
Oeffelt NL 125 Bb38
Oegstgeest NL 116 Ad36
Oehna D 127 Ed38
Oeiras P 50 Aa69
Öekény H 146 Hd54
Oelde D 126 Cc38
Oelsig D 127 Ed39
Oelsnitz D 127 Ec42
Oelsnitz D 135 Eb43
Oencia E 37 Bb57
Oensingen CH 141 Bd53
Oerel D 118 Da33
Oerlenbach D 134 Db44
Oerlinghausen D 126 Cd38
Oestrich-Winkel D 133 Cb44
Oettingen D 134 Dc48
Oetz A 142 Dc54
Oetzen D 119 Dd34
Œuf-en-Ternois F 23 Gd32
Oeversee D 108 Db29
Ofatinți MD 173 Fd56
Ofena I 157 Fa70
Offenau D 134 Cd47
Offenbach D 134 Cc44
Offenbach an der Queich D 133 Cb47
Offenbach-Hundheim D 133 Ca45
Offenberg D 135 Ec48
Offenburg D 133 Ca49
Offenhausen D 135 Dd46
Offerdal S 79 Fb30
Offersøya N 66 Fd14
Offida I 156 Ed68
Offingen D 134 Db49
Offne S 79 Fb30
Offranville F 23 Ga33
Oftedal N 92 Cb45
Ofterdingen D 134 Cc49
Oftringen CH 141 Ca53
Ogardy PL 120 Fd35
Ogbourne Saint George GB 20 Ed28
Øgelund DK 108 Da25
Ogéviller F 25 Ka37
Öggestorp S 103 Fb49
Oggevatn N 92 Cd46
Oggiono I 149 Cc58
Oglaine LV 106 Kb52
Oğlananasi TR 191 Ec86
Ogliastro Cilento I 161 Fc76
Ogliastro Marina I 161 Fc77
Öglunda S 102 Fa46
Öğmen TR 191 Ec81
Ogmore-by-Sea GB 19 Ea28
Ogna N 92 Ca45
Ognina I 167 Fd87
Ognjanovo BG 181 Fa68
Ognjanovo BG 184 Cd75
Ogoja BG 179 Cc70
Ogonki PL 122 Jc30
Ogonnelloe IRL 12 Bd22
Ogošte KSV 178 Bc71
Ogra CY 206 Ja96
Ogra RO 171 Db59
Ogre LV 106 Kc51
Ogreskalns LV 106 Kd50
Ogrezeni RO 176 Ea66
Ogródek PL 123 Jd31
Ogrodniczki PL 123 Kb33
Ogrodniki PL 123 Jd35
Ogrodniki PL 123 Kb30
Ogrodzieniec PL 138 Hd43
Ogrosen D 128 Fa39
O Grove E 36 Ac56
Ogulin HR 151 Fd60
Oğulpaşa TR 187 Gb79
Ohaba RO 175 Da60
Ohaba Lungă RO 174 Ca60
Ohanes E 61 Ea75
Ohenmäki FIN 82 Kd28
Ohey B 124 Ad42
Ohiró GR 184 Cd76
Ohkola FIN 90 Kb34
Ohlstadt D 143 Dd52
Öhningen D 142 Cc52
Ohotnoe RUS 113 Jc58
Ohrdruf D 126 Dc42
Ohrid MK 182 Ba75
Ohrikylä FIN 89 Ja33
Öhringen D 134 Cd47
Ohtaanniemi FIN 83 Lb30
Ohtanajärvi S 73 Ja18
Ohtinen FIN 89 Jd37
Ohtola FIN 89 Jd33
Ohtsejohka FIN 64 Jd07
Oiã P 44 Ac63
Oidrema EST 98 Ka45
Oijärvi FIN 74 Ka21
Oijusluoma FIN 75 La20
Oikarainen FIN 74 Ka19
Oileán Ciarraí IRL 12 Bb24
Oilgate IRL 13 Cc24
Oilgate IRL 13 Cd24
Oimbra E 44 Bb59
Oinaala FIN 90 Ka37
Oinacu RO 180 Ea68
Oinas FIN 69 Kb17
Oinasjärvi FIN 82 Kd27
Oinasjärvi FIN 97 Jd39
Oingt F 34 Ja46
Oinoskylä FIN 82 Ka30
Oinville F 23 Gc36
Oion E 39 Eb58
Oiron F 28 Fc43
Oirschot NL 124 Ba38
Ois E 36 Ba54
Øisang N 93 Db45
Oiselay-et-Grachaux F 31 Jd41
Oisemont F 23 Gc33
Oissel F 23 Gb35
Oisterwijk NL 124 Ba38
Oisu EST 98 Kd44
Öisu EST 106 Kd46
Oitti FIN 90 Kb37
Oittila FIN 90 Kc33
Oituz RO 176 Ec60
Oiu EST 98 La45
Oivu FIN 81 Jb28
Oix E 41 Ha58
Öja FIN 81 Ja28
Öja S 95 Ga44
Öja S 103 Fc52
Öja S 104 Gd51
Öjaby S 103 Fc52
Ojakkala FIN 98 Ka39
Ojakylä FIN 74 Jd24
Ojakylä FIN 74 Ka23
Ojakylä FIN 81 Jd27
Ojakylä FIN 82 Ka26
Ojakylä FIN 82 Ka27
Ojala FIN 81 Jc30
Ojalehto FIN 82 Ka27
Ojanperä FIN 82 Ka27
Ojanperä FIN 82 Kc26
Öjarn S 79 Fc28
Ojasoo EST 98 Kc43
Ojców PL 138 Ja44
Ojdula RO 176 Eb61
Öje S 88 Gc33
Öje S 95 Fb39
Öjebyn S 73 Hc23
Ojedo E 38 Da55
Ojén E 60 Cc77
Öjenäs S 94 Fa41
Ojinești MD 173 Fc57
Ojos Negros E 47 Ed63
Ojrzeń PL 122 Ja35
Ojuelos Altos E 51 Cb71
Öjvasseln S 86 Fa35
Okainiai LT 114 Kc56
Okalewko PL 122 Hd34
Okalewo PL 122 Hd34
Okány H 147 Jd54
Okartowo PL 122 Jc31
Okçu TR 193 Ha82
Okcyn PL 131 Kc37
Økdal N 78 Ea31
Okehampton GB 19 Dd30
Okeroinen FIN 90 Kc37
Okkelberg N 78 Eb29
Okkenhaug N 78 Ec29
Oklaj HR 158 Gb65
Okletac SRB 159 Ja64
Oključina HR 158 Gb68
Oklubalı TR 193 Gb82
Ökna S 103 Fd50
Okoč SK 145 Ha51
Okół PL 131 Jd41
Okoli HR 152 Gc59
Okome S 102 Ed51
Okonek PL 121 Gc33
Okonin PL 121 Hb33
Okop BG 180 Eb73
Okopy PL 131 Kd40
Okorág H 152 Ha58
Okorš BG 181 Ec68
Okovcy RUS 202 Ec10
Okříšky CZ 136 Ga47
Okrouhlice CZ 136 Fd46
Okruglica HR 151 Fd60
Okrühle SK 139 Jd47
Okrzeja PL 131 Ka38
Oksa PL 130 Ja42
Oksajärvi S 68 Hd15
Oksakoski FIN 81 Jd29
Oksava FIN 82 Ka27
Oksbøl DK 108 Cd25
Oksby DK 108 Cd25
Økseidet N 68 Hd11
Øksendalen N 70 Fa22
Øksendalsøra N 77 Db32
Øksendalssetra N 85 Ea36
Øksfjord N 63 Hc07
Øksfjordbotn N 63 Hc08
Okskulma FIN 90 Kb34
Øksna N 86 Eb38
Øksnes N 78 Ec27
Øksneshavn N 66 Fd14
Øksninga N 78 Ec25
Okstad N 78 Eb30
Okstveit N 92 Cb41
Øksvoll N 77 Dd28
Okt'abr'skoje RUS 113 Jb59
Oktjabr'sk RUS 203 Ga10
Oktjabr'skij RUS 203 Fd14
Oktoniá GR 190 Cd85
Okučani HR 152 Gd60
Okuklje HR 158 Ha69
Okulice PL 138 Jb44
Okulovka RUS 202 Ec09
Okuniew PL 130 Jc36
Okuninka PL 131 Kc39
Okurçalar TR 199 Hb92
Öküzler TR 198 Fc90
Ólafsfjörður IS 2 Ba03
Ólafsvík IS 2 Ab03
Olagüe E 39 Ed56
Olaine LV 106 Kb51
Olalla E 47 Fa63
Oland N 93 Da45
Oland N 93 Da45
Olanes N 63 Hd07
Olang I 143 Ea55
Olanu RO 175 Db64
Olargues F 41 Hb54
Olari FIN 98 Kb40
Olari RO 170 Bd59
Oława PL 129 Gd41
Olazagutía E 39 Eb56
Olba E 54 Fb65
Olbernhau D 127 Ed42
Olbia I 168 Cb74
Olbięcin PL 131 Ka41
Olbramovice CZ 136 Fc46
Olbramovice CZ 137 Gb48
Olcea RO 170 Ca58
Olching D 143 Dd50
Ol'chovka RUS 113 Jb58
Old GB 20 Fb25
Oldcastle IRL 9 Cc20
Old Castleton GB 11 Ec15
Old Deer GB 5 Ed08
Olde DK 108 Dc28
Oldeberkoop NL 117 Bc34
Oldeboorn NL 117 Bc33
Oldebroek NL 117 Bc35
Oldeide N 84 Ca34
Oldekerk NL 117 Bd33
Oldemarkt NL 117 Bc34
Olden N 84 Cd34
Olden S 78 Fa29
Oldenburg D 117 Cc34
Oldenburg in Holstein D 119 Dd30
Oldendorf D 118 Da32
Oldenswort D 118 Da30
Oldenzaal NL 117 Bd36
Oldenzaal NL 117 Ca36
Olderdalen N 62 Ha09
Olderfjord N 64 Jb06
Oldernes N 63 Ja06
Olderneset N 64 Ka07
Oldervik N 62 Gd09
Oldervik N 64 Jd06
Oldervika N 70 Fa20
Oldham GB 16 Ed21
Oldhamstocks GB 11 Ec13
Old Head IRL 12 Bd26
Oldisleben D 127 Dd40
Old Lake GB 17 Fd23
Oldmeldrum GB 5 Ed08
Old Radnor GB 15 Eb25
Oldřichovice CZ 137 Hb46
Oldrões P 44 Ad61
Old Sodbury GB 19 Ec28
Old Somerby GB 16 Fb23
Old Warden GB 20 Fc26
Oldways End GB 19 Ea29
Olea E 38 Db56
Oleby S 94 Ed41
Olecko PL 123 Ka30
Olędy PL 123 Ka35
Oleggio I 148 Cb59
Oleiros E 36 Ac56
Oleiros P 44 Ba65
Oleksandrija UA 204 Ed15
Oleksandrivka UA 204 Ed15
Oleksandrivka UA 204 Ed15
Oleksandrivka UA 204 Ed17
Oleksandrivka UA 205 Fb15
Olelas E 36 Ba58
Olen B 124 Ad39
Ølen N 92 Ca42
Olenino RUS 202 Ec10
Olenivka UA 204 Ed17
Oleri LV 106 Kd47
Olesa de Montserrat E 49 Gd61
Olešná CZ 136 Fa45
Oleśnica PL 129 Gd40
Oleśnica PL 138 Jc43
Olešnice CZ 137 Gb46
Oleśniczka PL 129 Gd41
Olesno PL 129 Hb41
Olesno PL 138 Jc43
Oleszno PL 130 Ja41
Oleszyce PL 139 Kc43
Oletta F 154 Cc69
Olette F 41 Ha57
Olevs'k UA 202 Eb14
Olfen D 125 Ca38
Olgiate Comasco I 149 Cc58
Ol'gino RUS 99 Mb39
Ølgod DK 108 Da25
Olhalvo P 50 Ab67
Ølhammaren N 78 Ec26
Olhão P 58 Ad74
Olhava FIN 74 Jd22
Ol'hi RUS 203 Fb11
Ølholm DK 108 Db25
Ol'hovatka RUS 113 Jd59
Ol'hovatka RUS 203 Fb13
Ol'hovka RUS 203 Fd13
Oliana E 48 Gb59
Olib HR 151 Fc63
Oliena I 169 Cb76
Oliete E 48 Fb63
Olimbi GR 191 Db86
Olimbia GR 194 Ba87
Ólimbos GR 197 Eb94
Olimp RO 181 Fc68
Olimpiáda GR 184 Cc78
Oliņas LV 106 La48
Olingdal S 87 Fb35
Olişcani MD 173 Fd55
Olite E 39 Ed58
Oliva E 54 Fc69
Oliva de la Frontera E 51 Bc71
Oliva de Mérida E 51 Ca69
Oliva de Plasencia E 45 Ca65
Olivadi I 164 Gc82
Olivares E 59 Bd73
Olivares de Júcar E 53 Eb67
Oliveira de Azeméis P 44 Ad62
Oliveira de Barreiros P 44 Ba63
Oliveira do Bairro P 44 Ad63
Oliveira do Douro P 44 Ba61
Oliveira do Hospital P 44 Ba64
Olivenza E 51 Bb69
Olivet F 29 Gc40
Olivione CH 142 Cc56
Öljehult S 111 Fc53
Ol'ka SK 139 Ka47
Olkamangi S 74 Jb18
Olkijoki FIN 81 Jd25
Olkiluoto FIN 89 Ja37
Olkkajärvi FIN 74 Ka18
Olkkala FIN 98 Ka39
Olkkola FIN 82 Ka27
Olkusz PL 138 Hd43
Ollaberry GB 5 Fa04
Ollala FIN 82 Ka26
Ollebacken S 79 Fc29
Ollerias E 38 Ea56
Olleros de Pisuerga E 38 Db57
Ollerton GB 16 Fb22
Ollerup DK 109 Dd27
Olleta E 39 Ed57
Olliergues F 34 Hc47
Ollikkala FIN 90 La35

Ollikkala – Ostende

Ollikkala FIN 91 Lb33
Ollila FIN 89 Jc38
Ollilanvaara FIN 74 Jd18
Ollioules F 42 Jd55
Öllölä FIN 83 Ma31
Ollomont I 148 Bc57
Ollon CH 141 Bc56
Olloniego E 37 Cc55
Ölmbratorp S 95 Fd43
Ölme S 95 Fb43
Olmeda de la Cuesta E 47 Eb65
Olmeda del Rey E 53 Ec66
Olmedilla de Alarcón E 53 Eb67
Olmedillo de Roa E 46 Db60
Olmedo E 46 Da61
Olmedo I 168 Bd75
Olmeto F 154 Ca71
Ölmevalla S 102 Ec50
Ölmhult S 95 Fb43
Olmi-Capella F 154 Cb69
Olmillos de Castro E 45 Cb60
Olmillos de Sasamón E 38 Db58
Olmo al Brembo I 149 Cd58
Olmos P 45 Bd60
Olmos de la Picaza E 38 Db58
Olmos de Ojeda E 38 Da57
Olmos de Pisuerga E 38 Db57
Ölmstad S 103 Fb48
Olmütz = Olomouc CZ 137 Gd46
Olney GB 20 Fb26
Ołobok PL 129 Ha39
Olocau E 54 Fb67
Olocau del Rey E 48 Fc64
Olofsfors S 80 Ha29
Olofstorp S 102 Ec48
Olofström S 111 Fc54
Olombrada E 46 Db61
Olomouc CZ 137 Gd46
Olonne-sur-Mer F 28 Ed44
Olonzac F 41 Ha55
Oloron-Sainte-Marie F 39 Fb55
Olosig RO 170 Cb56
Olost E 49 Gd59
Olot E 49 Ha59
Oloví CZ 135 Ec44
Olovo BIH 159 Hc64
Olpe D 125 Cb39
Olpe D 125 Cb40
Ol'ša RUS 202 Ec11
Olsberg D 126 Cc40
Olsbrücken D 133 Ca45
Olsbu N 93 Da45
Olseröd S 111 Fb55
Ölserud S 94 Ed44
Olsewo Węrorzewskie PL 122 Jc30
Olshammar S 95 Fc45
Olší CZ 137 Gb46
Olsker DK 111 Fc57
Olsøy N 78 Ea29
Ölsremma S 102 Fa49
Olst NL 117 Bc36
Ølsted DK 108 Dc25
Ølsted DK 109 Eb25
Ølstrup DK 108 Cd24
Ølstykke DK 109 Eb25
Olsvika N 70 Ed24
Olszamy PL 130 Jb38
Olszanica PL 139 Kb46
Olszanka PL 123 Ka30
Olszanka PL 129 Gd42
Olszanka PL 131 Ka37
Olszany PL 139 Kb45
Olszewka PL 122 Jb33
Olszewnica PL 131 Ka37
Olszewo-Borki PL 122 Jc34
Olsztyn PL 122 Ja32
Olsztyn PL 130 Hc42
Olsztynek PL 122 Ja32
Olszyn PL 131 Kc37
Olszyna PL 128 Fc39
Olszyna PL 128 Fd41
Olszyny PL 122 Jb32
Oltedal N 92 Ca44
Olten CH 141 Ca53
Oltenești RO 173 Fb59
Olteni RO 180 Dd67
Oltenița RO 181 Ec67
Oltesvig N 92 Cb44
Oltina RO 181 Fa67
Oltre il Colle I 149 Cd58
Oltu TR 205 Ga19
Olukbaşı TR 198 Fb89
Olukbaşı TR 198 Fd90
Oluku TR 193 Gb81
Olula del Río E 61 Eb74
Olur TR 205 Ga19
Olustvere EST 98 Kd45
Olvan E 49 Gd59
Olvasjärvi FIN 75 Kc23
Ølve N 84 Ca40
Olveda E 36 Bb56
Ólvega E 47 Ec60
Olveiroa E 36 Ac55
Olvera E 59 Cb75
Ólvio GR 184 Db77
Ólynthos GR 183 Cb79
Olzai I 169 Ca76
Olzheim D 133 Bc43
Omagh GB 9 Cc17
Omalí GR 182 Ba78
Omaló GR 183 Bd77
Oman BG 181 Ec73
Omarčevo BG 180 Ea72
Omarska BIH 152 Gc62
Ómassa H 146 Jb50
Omblèze F 35 Jc49
Ömböly H 147 Kb51
Omeath IRL 9 Cd19
Omedu EST 99 Lb44
Omegna I 148 Ca58
Ömen TR 186 Fc77
Omeñaca E 47 Eb60
Ömerköy TR 192 Fa81
Ömerler TR 192 Ga82
Ömerler TR 193 Hb82
Ömerler Bölüğü TR 197 Fa89
Ömeroba TR 185 Ec74
Omiš HR 158 Gc66
Omišalj HR 151 Fb61
Ommen NL 117 Bd35
Ommunddalen N 78 Ea28
Omø DK 109 Ea27
Omodos CY 206 Ja97
Omoljica SRB 174 Bb64
Omont F 24 Ja34
Omonville-la-Rogue F 22 Ed34
Omor RO 174 Bd62
Omorani MK 183 Bc74
Omorfohóri GR 189 Bd81
Ömossa FIN 89 Ja34
Omsjö S 79 Gb29
Omurlar TR 192 Fc84
Omurtag BG 180 Eb70
Omvriakí GR 189 Bc82
Øn N 84 Ca36
Ön S 73 Hc23
Ön S 79 Gb30
On S 79 Fd28
Oña E 38 Dd57
Ona N 76 Cd31
Onaç TR 199 Gc88
Onali FIN 90 Kc36
Onarheim N 84 Ca40
Oñati E 39 Eb56
Oncești RO 172 Ed59
Onda E 54 Fc66
Ondara E 55 Fc70
Ondarroa E 39 Eb55
Ondić HR 151 Ga63
Ondres F 39 Ed54
Ondrovo RUS 99 Mb40
Önerler TR 186 Fa77
Onesse-et-Laharie F 39 Fa53
Onești MD 173 Fc57
Onești MD 173 Fc58
Onești RO 176 Ec60
Onet-le-Château F 33 Ha51
Oniceni RO 172 Ed58
Onich GB 6 Dc10
Onifai I 168 Cc76
Oniferi I 169 Cb76
Onil E 55 Fb70
Onițcani MD 173 Fd57
Onkamaa FIN 91 Lb37
Onkamo FIN 69 Kd17
Onkamo FIN 74 Ka23
Onkamo FIN 83 Ld31
Onkemäki FIN 89 Jd36
Onkijoki FIN 89 Jc37
Onkiniemi FIN 90 Kc35
Onnaing F 24 Hb32
Önneköp S 110 Fa55
Önnestad S 111 Fb54
Önningeby FIN 96 Hc41
Onno I 149 Cc58
Onoz F 31 Jc44
Onsares E 53 Ea71
Onsbjerg DK 109 Dd25
Onsevig DK 109 Ea28
Onsøy N 93 Ea44
Onslunda S 111 Fb56
Onstwedde NL 117 Ca34
Ontika EST 99 Lb41
Ontinar del Salz E 48 Fb59
Ontiñena E 48 Fd60
Ontinyent E 55 Fb70
Ontojoki FIN 83 Lb26
Ontón E 38 Dd55
Onttola FIN 83 Ld30
Ontur E 55 Ed70
Onum S 102 Ed47
Onuškis LT 114 Kd58
Onuškis LT 114 La53
Onville F 25 Jc36
Onzain F 29 Gb41
Onzonilla E 37 Cc57
Oola IRL 12 Bd23
Oonga EST 98 Ka44
Oonurme EST 99 Lb43
Oostburg NL 124 Ab38
Oost-Cappel F 21 Gd30
Oostduinkerke-Bad B 21 Ha29
Oostende B 21 Ha29
Oosterend NL 116 Ba33
Oosterend NL 116 Bb32
Oosterhesselen NL 117 Bd35
Oosterhout NL 124 Ad38
Oosterwolde NL 117 Bd34
Oosterzee NL 117 Bc34
Oosthuizen NL 116 Ba35
Oostkapelle NL 124 Ab38
Oostmalle B 124 Ad39
Oost-Souburg NL 124 Ab38
Oostvleteren B 21 Ha30
Oost-Vlieland NL 116 Bb32
Oostvoorne NL 124 Ac37
Ootmarsum NL 117 Bd36
Opaci MD 173 Ga59
Opaka BG 180 Ea69
Opalenica PL 129 Gb37
Opalenie PL 121 Hb32
Opaleniec PL 122 Jb33
Opaljenik SRB 178 Ad67
Opan BG 180 Dd73
Opařany CZ 136 Fb47
Oparić SRB 178 Bb67
Opatinec HR 152 Gb59
Opatija HR 151 Fb60
Opatov CZ 137 Gb45
Opatovac HR 153 Hd60
Opatovice nad Labem CZ 136 Ga44
Opatów PL 129 Ha40
Opatów PL 130 Hc41
Opatów PL 131 Jd41
Opatówek PL 129 Ha39
Opatowiec PL 138 Jb43
Opava CZ 137 Ha45
Opawica PL 137 Gd44
Ope S 79 Fc31
O Pedrouzo (O Pino) E 36 Ba55
Opglabeek B 125 Bb40
Ophemert NL 125 Bb37
Opi I 161 Fa72
Opinan GB 4 Dc06
O Pindo E 36 Ac55
Opinogóra PL 122 Jb34
Opišnja UA 202 Ed14
Opitter B 125 Bb40
Oploo NL 125 Bb38
Oplotnica SLO 151 Fd57
Opocka RUS 107 Mb50
Opočka RUS 202 Ea10
Opočno CZ 137 Gb44
Opoczno PL 130 Ja40
Opoka PL 129 Ha42
Opol'e RUS 99 Ld41
Opole Lubelskie PL 131 Jd40
Opolno-Zdrój PL 128 Fc42
Oporelu RO 175 Db65
Oporów PL 130 Hd37
Opovo SRB 153 Jc61
Opovo SRB 174 Bb63
Oppach D 128 Fb41
Oppala S 95 Gb39
Oppdal N 77 Dd32
Oppdal N 78 Ec26
Oppdalen N 85 Ea40
Oppdøl N 77 Db32
Oppeano I 149 Dc60
Oppeby S 103 Ga48
Oppède-le-Vieux F 42 Jc53
Oppegård N 93 Ea42
Oppegard N 94 Eb39
Oppenau D 133 Cb49
Oppenberg A 144 Fb53
Oppenheim D 133 Cb45
Oppenwehe D 117 Cc36
Oppenweiler D 134 Cd48
Opphaug N 77 Dd29
Oppheim N 84 Cc38
Opphus N 86 Eb37
Oppido Lucano I 162 Gb75
Oppido Mamertina I 164 Gb83
Oppmanna S 111 Fb54
Opponitz A 144 Fc52
Oppsal N 92 Ca44
Oppstryn N 84 Cd34
Oppurg D 127 Ea42
Oprișor RO 175 Cc66
Oprtalj Pórtole HR 151 Fa60
Opshaugvik N 76 Cd33
Optași-Măgura RO 175 Db65
Optedal N 92 Cc47
Ópusztaszer H 146 Jb56
Opuzen HR 158 Ha68
Oquillas E 46 Dc60
Ör S 102 Ec46
Ör S 103 Fc51
Ör H 147 Kb51
Ora CY 206 Jb97
Ora I 150 Dd57
Øra N 63 Hb07
Öra S 102 Fa48
Orac MD 173 Fc59
Orada P 50 Ba71
Orada P 50 Ba70
Oradea RO 170 Cb56
Oradour-Saint-Genest F 33 Gb45
Oradour-sur-Glane F 33 Gb46
Orah BIH 159 Hc68
Orahova BIH 152 Gd61
Orahovac KSV 178 Ba71
Orahovac MNE 159 Hd69
Orahov Do BIH 158 Hb68
Orahovica BIH 153 Hc62
Orahovica BIH 153 Hc63
Orahovica HR 152 Ha59
Orahovičko Polje BIH 152 Ha63
Orahovlje BIH 158 Ha67
Oraison F 42 Ka52
Orajärvi FIN 74 Jb18
Orakylä FIN 69 Ka16
Orange F 42 Jb52
Orani I 169 Cb76
Oranienbaum D 127 Eb39
Oranienburg D 119 Ed35
Oranmore IRL 12 Bc21
Orašac HR 158 Hb69
Orašac SRB 174 Bb65
Orašac SRB 178 Bd70
Orasi MNE 159 Hd69
Orašje BIH 153 Hc61
Orăștie RO 175 Cd61
Orăștioara de Sus RO 175 Cd61
Orașu Nou RO 171 Da54
Orava EST 107 Lc46
Orava FIN 81 Jc30
Oravainen FIN 81 Ja30
Oravais FIN 81 Ja30
Oravala FIN 90 Kd36
Öravan S 80 Gc26
Oravasaari FIN 90 Kc33
Oravi FIN 91 Lb32
Oravica SRB 178 Bd70
Oravice SK 138 Ja47
Oravijoki FIN 82 Kd27
Oravikoski FIN 82 La31
Oravisalo FIN 83 Ld31
Oravița RO 174 Bd63
Oravivaara FIN 75 La24
Oravská Lesná SK 138 Hd46
Oravská Polhora SK 138 Hd46
Oravské Veselé SK 138 Hd46
Oravský Podzámok SK 138 Hd47
Orba E 55 Fc70
Orbacém E 44 Ac59
Ørbæk DK 109 Dd27
Orbais-l'Abbaye F 24 Hc36
Orbassano I 148 Bc60
Orbe CH 141 Bb54
Orbeasca RO 180 Dd67
Orbec F 22 Fd36
Orbeni RO 176 Ed60
Örberga S 103 Fc46
Orbetello I 155 Dc69
Orbigny F 29 Gb42
Ørby DK 108 Db27
Ørby DK 109 Dd24
Örby S 102 Ed50
Örbyhus S 96 Gc40
Orca P 44 Bb65
Orcau E 48 Gb59
Orce E 61 Ea73
Orcera E 53 Ea71
Orchamps F 31 Jc42
Orchies F 24 Hb31
Orchowo PL 129 Ha36
Orcières F 35 Ka50
Orcival F 34 Hb47
Ordaca TR 185 Eb80
Ordan-Larroque F 40 Fd54
Ordășei MD 173 Fc56
Ordejón de Arriba E 38 Db57
Ordes E 36 Ba55
Ørding DK 100 Da22
Ordizia E 39 Ec56
Ordona I 161 Ga73
Ordu TR 205 Fc19
Orduña E 38 Ea56
Ordžonikidze UA 205 Fa16
Ordžonikidzevskij RUS 205 Ga17
Øre N 77 Da31
Öre S 80 Hb29
Öre S 87 Fd37
Orea E 47 Ec64
Orebić HR 158 Gd68
Örebro S 95 Fd44
Oredež RUS 202 Eb09
Öregcsertő H 146 Hd56
Öregrund S 96 Gd40
Orehova RUS 107 Ma47
Orehovec HR 152 Gb58
Orehovec MK 183 Bc75
Orehoved DK 109 Eb28
Orehovica BG 180 Db68
Orehoviči RUS 107 Ma47
Orehovno RUS 99 Ma44
Orehovo BG 184 Db74
Orehovo-Zuevo RUS 203 Fa10
Orei GR 189 Ca83
Orel RUS 99 Lc43
Orel RUS 202 Ed12
Orellana de la Sierra E 51 Cb68
Orellana la Vieja E 51 Cb68
Ören TR 191 Ec82
Ören TR 192 Ga82
Ören TR 192 Ga84
Ören TR 197 Fa90
Ören TR 198 Fd90
Ören TR 198 Fd90
Ören TR 198 Fd91
Oreña E 38 Db54
Örencik TR 186 Fb76
Örencik TR 187 Gc79
Örencik TR 187 Hb76
Örencik TR 191 Ec81
Örencik TR 192 Ga83
Örenkaya TR 193 Gb86
Örenköy TR 192 Fc82
Örenköy TR 193 Hb82
Örenköy TR 193 Hb85
Orense E 36 Bb57
Oréo GR 184 Db76
Oreókastro GR 183 Ca77
Öreryd S 102 Fa50
Oreš BG 180 Dc69
Orešak BG 180 Db71
Orešak BG 181 Fa70
Orešan BG 185 Dd75
Orešec BG 185 Ea75
Orestiáda GR 185 Eb76
Oreström S 80 Ha28
Oresvika N 70 Fa20
Oreye B 124 Ba41
Öreyköy TR 185 Ec77
Orezu RO 176 Ec66
Orford GB 21 Gb26
Orfű H 152 Hb57
Orgáni GR 185 Dd76
Organyà E 48 Gb59
Orgaz E 52 Db67
Orgelet F 31 Jc44
Orgères-en-Beauce F 29 Gc39
Órgiva E 60 Dc76
Orglandes F 22 Fa35
Orgnac-l'Aven F 34 Ja51
Orgnac-sur-Vézère F 33 Gc48
Orgon F 42 Jb53
Orgosolo I 169 Cb76
Orgovány H 146 Ja55
Orhaneli TR 192 Fc81
Orhangazi TR 186 Fd79
Orhaniye TR 185 Eb78
Orhaniye TR 186 Fd80
Orhaniye TR 186 Ga79
Orhaniye TR 187 Gb78
Orhaniye TR 193 Ha82
Orhanlar TR 191 Ed81
Orhanlı TR 186 Fd78
Orhanlı TR 198 Ga89
Orhei MD 173 Fd57
Orhomenós GR 189 Ca85
Oria E 61 Eb74
Oria I 162 Hb76
Orichiv UA 205 Fa16
Origny-en-Thiérache F 24 Hc33
Origny-Sainte-Benoite F 24 Hb33
Orihuela E 55 Fa72
Orihuela del Tremedal E 47 Ed64
Orijahovo BG 179 Da68
Orikon AL 182 Aa77
Orillena E 48 Fc60
Orimattila FIN 90 Kc37
Oriniemi FIN 83 Lc29
Oriniemi FIN 89 Jc37
Oriní Meligoú GR 195 Bd88
Oriñón E 38 Dd55
Orio E 39 Ec55
Ório GR 189 Cc85
Oriola P 50 Ad70
Oriolo I 162 Gc77
Oripää FIN 89 Jc38
Orisberg FIN 81 Jb31
Orismala FIN 81 Ja31
Orísoain E 39 Ed57
Orissaare EST 97 Jd45
Oristano I 169 Bd77
Orisuo FIN 89 Jc37
Öriszentpéter H 145 Gb55
Oriveden asema FIN 90 Ka35
Orivesi FIN 90 Ka35
Orizare BG 181 Fa72
Orizovo BG 180 Dc73
Orjahovec BG 184 Db75
Orjaku EST 97 Jc45
Orjal E 36 Ba55
Orjanovo BG 185 Ea74
Ørje N 94 Eb43
Orkanger N 77 Dd30
Örkelljunga S 110 Ed54
Orkesta S 96 Gd42
Orkland N 77 Dd30
Orla PL 123 Kb35
Orlamünde D 127 Ea42
Orlane KSV 178 Bc70
Orlat RO 175 Da61
Orlea RO 180 Db68
Orleans F 29 Gc40
Örlemiș TR 191 Ec84
Orlești RO 175 Db64
Orljak BG 181 Ed69
Orljane BG 180 Db70
Orljevo SRB 174 Bc65
Orlová CZ 137 Hb45
Orlova Mogila BG 181 Fa69
Orlovat SRB 153 Jc60
Orlovat SRB 174 Bb62
Orlov dol BG 185 Ea74
Orlovec BG 180 Ea69
Orlov Gaj RUS 203 Ga12
Orlovskij RUS 205 Fd15
Orłowo PL 123 Jd30
Orłowo PL 123 Jd32
Orly F 23 Gd37
Orly RUS 99 Lc41
Órma GR 183 Bc76
Ormaiztegi E 39 Eb56
Ormanköy TR 191 Ed86
Ormanlı TR 186 Fb76
Ormanlı TR 187 Hb77
Ormaryd S 103 Fc49
Ormea I 148 Bd63
Ormelet N 93 Dd44
Ormelle I 150 Eb59
Ormemyr N 93 Db42
Orméni GR 185 Ea75
Ormeniș RO 176 Ea61
Örménykút H 146 Jc55
Örmepınar TR 198 Fb89
Ormesberga S 103 Fc51
Ormesby Saint Margaret GB 17 Gc24
Ormideia CY 206 Jc97
Ormilía GR 184 Cc79
Ormont D 125 Bc42
Órmos GR 183 Ca78
Órmos Korthiou GR 190 Da87
Órmos Panagías GR 184 Cc79
Órmos Panórmou GR 196 Db88
Órmos Prínou GR 184 Da78
Ormož SLO 152 Gb57
Ormskirk GB 15 Eb21
Ormstad N 94 Eb41
Ornans F 31 Jd42
Ornäs S 95 Fd40
Örnäsudden S 72 Gb23
Ornavasso I 148 Ca57
Ornbau D 134 Dc47
Örnberg FIN 81 Ja30
Ørnes N 71 Fb18
Orneta PL 122 Hd31
Ørnhøj DK 100 Da23
Ornö S 96 Ha44
Örnsköldsvik S 80 Gd30
Ørnvika N 70 Fa20
Orodel RO 175 Cc66
Oroftiana RO 172 Ec54
Orolik HR 153 Hd60
Oron-la-Ville CH 141 Bb55
Orońsko PL 130 Jc40
Oropa I 148 Bd58
Oropesa E 52 Cc66
Oropós GR 189 Cc85
Ororbia E 39 Ec57
Oros H 147 Ka51
Orosei I 169 Cc76
Orosháza H 146 Jc56
Oroszlány H 145 Hb53
Oroszló H 152 Hb57
Orotelli I 169 Ca76
Orozko E 38 Ea56
Orpesa E 54 Fd66
Orphir GB 5 Ec03
Orpierre F 42 Jd51
Orp-Jauche B 124 Ad41
Orrbyn S 73 Hd21
Orre N 92 Ca44
Orrefors S 103 Ga52
Orrestad N 92 Cb46
Orrfors S 73 Ja19
Orria I 161 Fd77
Orriols E 49 Hb59
Orrliden S 86 Ed37
Orrmo S 87 Fb35
Orroli I 169 Cb78
Orrträsk S 73 Ja21
Orrviken S 79 Fb31
Orša BY 202 Eb12
Orsa S 87 Fc37
Orsala S 95 Fb40
Orsan F 29 Gd44
Orsans F 31 Ka41
Orsara di Puglia I 161 Fd73
Örsås S 102 Ed50
Örsåsen S 95 Fb39
Orsay F 23 Gd37
Orscholz D 133 Bc45
Örserum S 103 Fc48
Orsingen D 142 Cc51
Örsjö S 103 Ga52
Ørslev DK 109 Ea26
Ørslev DK 109 Eb28
Örslösa S 102 Ed46
Orsmaal B 124 Ad41
Ørsnes N 76 Cd32
Orsoia BG 179 Cc68
Orsomarso I 164 Gb78
Orșova RO 174 Cb64
Orsoy D 125 Bd39
Ørsta N 76 Cc33
Ørsted DK 101 Dd23
Ørsted DK 108 Dc27
Örsundsbro S 96 Gc42
Orsy PL 122 Ja30
Ort A 143 Ed50
Orta TR 198 Fd91
Ortaburun TR 187 Gb78
Ortaca TR 192 Ga81
Ortaca TR 193 Gc81
Ortaca TR 198 Fc91
Ortacı TR 192 Fc83
Ortakarabağ TR 193 Ha85
Ortakent TR 197 Ec90
Ortaklar TR 193 Hb82
Ortaklar TR 197 Ed88
Ortaköy TR 185 Ec79
Ortaköy TR 187 Gd78
Ortaköy TR 187 Gd79
Ortaköy TR 187 Gd79
Ortaköy TR 191 Ec87
Ortaköy TR 192 Fb85
Ortaköy TR 192 Fd87
Ortaköy TR 192 Ga85
Ortaköy TR 193 Ha83
Ortaköy TR 193 Ha86
Ortaköy TR 197 Ed89
Ortaköy TR 198 Fb90
Ortaköy TR 198 Fc89
Ortaköy TR 205 Ga19
Ortamandıra TR 192 Fa82
Orta Nova I 161 Ga73
Ortaoba TR 191 Ed81
Orta San Giulio I 148 Ca58
Ortasarıbey TR 186 Fb80
Ortayazı TR 193 Gc87
Orte I 156 Ea69
Orten N 76 Cd31
Ortenberg D 133 Ca49
Ortenberg D 134 Cd43
Ortenburg D 135 Ed49
Orth an der Donau A 145 Gc51
Orthez F 39 Fb54
Orthovoúni GR 183 Bb80
Ortigosa E 47 Ea59
Ortigosa P 44 Ac65
Ortigosa de Rioalmar E 46 Cd63
Ortigueira E 36 Bb53
Ortiguera E 37 Bd53
Ortihovo RUS 107 Ld48
Ørting DK 108 Dc25
Ortisei I 143 Dd56
Ortișoara RO 174 Bd60
Ortnevik N 84 Cb37
Orto F 154 Ca70
Örtomta S 103 Ga46
Orton GB 11 Ec18
Ortona I 157 Fb70
Ortrand D 128 Fa40
Örträsk S 80 Ha27
Ortschwaben CH 141 Bd54
Ortucchio I 160 Ed71
Ortueri I 169 Ca77
Örtülü TR 191 Ec84
Örtülü TR 198 Fb89
Örtülüce TR 185 Ec79
Ortved DK 109 Eb26
Ortwig D 128 Fb36
Oru EST 99 Lc41
Oru EST 106 La47
Orubica HR 152 Ha61
Oruçoğlu TR 186 Ga77
Örüculer TR 192 Fb84
Ørum DK 100 Db23
Ørum DK 101 Dd23
Orune I 168 Cb76
Orusco E 46 Dd65
Orval F 29 Ha44
Orvault F 28 Ed42
Ørvella N 93 Db42
Orvelte NL 117 Bd34
Orvieto I 156 Ea69
Örviken S 80 Hc25
Orville F 30 Jb41
Orvilliers-Saint-Julien F 30 Hc38
Orvinio I 160 Ec71
Orwell GB 20 Fc26
Orzechowo PL 121 Hb34
Orzechowo PL 122 Ja31
Orzechowo PL 129 Gd37
Orzesze PL 138 Hc44
Orzinuovi I 149 Cd59
Orživ UA 202 Ea14
Oržycja UA 204 Ed15
Orzyny PL 122 Jb32
Orzysz PL 123 Jd31
Os N 66 Fc16
Os N 84 Ca40
Os N 86 Eb33
Os N 94 Eb43
Os S 103 Fb51
Ósa GR 183 Cb77
Osa N 84 Cd39
Osa de la Vega E 53 Ea67
Osamaniye TR 193 Gd83
Osani F 154 Ca69
Osbakk N 71 Fc18
Øsby DK 108 Db27
Osby S 111 Fb53
Oščadnica SK 138 Hc46
Oscaig GB 4 Db08
Oschatz D 127 Ed40
Oschersleben D 127 Dd38
Oschiri I 168 Cb75
Osdorf D 118 Dc30
Ose DK 108 Da25
Ose N 67 Gb13
Ose N 92 Cd44
Osečina SRB 153 Ja63
Osečišće RUS 107 Mb46
Osečná CZ 128 Fc42
Oseid N 93 Db44
O Seixo (Tomiño) E 36 Ac58
Oseja de Sajambre E 37 Cd55
Osek CZ 136 Fa43
Osekovo HR 152 Gc59
Osen N 77 Db32
Osen N 78 Ea27
Osen N 84 Cb36
Osenec BG 180 Eb69
Osenovlag BG 179 Cc70
Oșești RO 173 Fa59
Oset E 54 Fb66
Oset N 86 Eb38
Osetno PL 129 Gb39
Ősi H 145 Hb54
Osica de Sus RO 175 Db66
Osidda I 168 Cb75
Osie PL 121 Ha32
Osiec PL 129 Hb42
Osięciny PL 129 Hb36
Osieck PL 130 Jc37
Osieczna PL 121 Ha32
Osieczna PL 129 Gb38
Osiecznica PL 128 Fc38
Osieczno PL 120 Ga35
Osiek PL 121 Ha32
Osiek PL 121 Hb35
Osiek PL 122 Hc34
Osiek PL 122 Hd31
Osiek PL 131 Jd42
Osiek PL 138 Hd44
Osiek Drawski PL 120 Ga33
Osieki PL 120 Ga30
Osiek Jasielski PL 139 Jd45
Osiek nad Notecią PL 121 Gc34
Osielsko PL 121 Ha34
Osiglia I 148 Bd63
Osijek HR 153 Hc59
Osikovica BG 179 Da70
Osilnica SLO 151 Fc59
Osilo I 168 Ca74
Osimo I 156 Ed66
Osinja BIH 152 Hb62
Osinki PL 123 Ka30
Osinkino RUS 107 Mb48
Osinoviči RUS 107 Ma47
Osinovka RUS 113 Jb58
Osinów PL 120 Fb35
Osiny PL 130 Jc40
Osiny PL 131 Jd38
Osipaonica SRB 174 Bc64
Osišče RUS 99 Ld42
Osivica BIH 152 Ha62
Osjaków PL 130 Hc40
Osječenica MNE 159 Hd69
Oskal N 68 Ja12
Oskar S 111 Ga53
Oskarshamn S 103 Gb50
Oskarström S 102 Ed52
Os'kino RUS 203 Fb13
Oskola FIN 83 Ma31
Oskowo PL 121 Gd30
Öskü H 145 Hb54
Osľany SK 137 Hb49
Ošlejas LV 106 Ka51
Osli H 145 Gd52
Ošlje HR 158 Ha68
Oslo N 93 Ea41
Oslon F 30 Jb43
Øsløs DK 100 Db21
Osloß D 126 Dc36
Osma E 46 Dd61
Osma FIN 64 Jd07
Osma N 77 Db30
Osman TR 193 Gd81
Osmancalı TR 191 Ec85
Osmancık TR 185 Ed76
Osmancık TR 205 Fb20
Osmaneli TR 187 Gb80
Osmangazi TR 186 Fd80
Osmaniye TR 186 Ga80
Osmaniye TR 191 Ed86
Osmaniye TR 192 Fa82
Osmaniye TR 192 Fb86
Osmaniye TR 192 Fc81
Osmaniye TR 192 Fc83
Osmaniye TR 193 Gb82
Osmaniye TR 193 Gd81
Osmaniye TR 197 Fa91
Osmaniye TR 198 Fb91
Osmankalfalar TR 198 Ga90
Osmanlar TR 192 Fb83
Osmanlı TR 185 Ec75
Osmanville F 22 Fa35
Osmaslar TR 191 Ed82
Osmery F 29 Ha43
Osmington GB 19 Ec31
Os'mino RUS 99 Ma42
Os'mino RUS 202 Ea09
Ösmo S 96 Gd44
Osmotherley GB 11 Fa18
Osnabrück D 117 Cc36
Osne-le-Val F 24 Jb37
Ośno PL 122 Hc32
Ośno Lubuskie PL 128 Fc36
Osny F 23 Gc36
Osoblaha CZ 137 Ha44
Osogna CH 142 Cc56
Osoppo I 150 Ec57
Osor E 49 Ha59
Osor HR 151 Fb62
Osorhei RO 170 Cb56
Osorno la Mayor E 38 Db58
Osowa PL 123 Ka30
Osøyro N 84 Ca40
Osøyvollen N 86 Ea32
Os Peares E 36 Bb57
Ospedaletti I 43 La52
Ospedaletto I 156 Ea68
Ospitale di Cadore I 150 Eb57
Ospitaletto I 149 Da59
Oss NL 125 Bb38
Ossa de Montiel E 53 Ea69
Össeby-Garn S 96 Gd43
Osses F 39 Fa55
Ossett GB 16 Fa21
Ossi I 168 Bd75
Ossiach A 144 Fa56
Össjö S 110 Ed54
Oßling D 128 Fb40
Oßmannstedt D 127 Ea41
Osso E 48 Fd60
Östa S 95 Gb41
Ostabat F 39 Fa55
Östanå S 111 Fb54
Östanbäck S 80 Hc25
Östanberg FIN 97 Jc41
Östanbo S 87 Gb37
Östanfjärden S 73 Ja21
Östansjö S 72 Gd21
Östansjö S 87 Fb35
Östansjö S 95 Fc44
Östanskär S 87 Gb33
Ostarije HR 151 Fd60
Ostaškov RUS 202 Ec10
Ostaszewo PL 121 Hb30
Ostatija SRB 178 Ba68
Östavall S 87 Fd33
Östavik S 87 Fd37
Ostbevern D 125 Cb37
Østbirk DK 108 Db24
Östbjörka S 87 Fc38
Østby N 78 Ec31
Østby N 86 Ed37
Osted DK 109 Eb26
Osteel D 117 Cb32
Ostellato I 150 Ea62
Osten D 118 Da32
Ostende = Oostende B 21 Ha29

Ostenfeld – Paljakka

Ostenfeld D 108 Da29
Østengård DK 108 Db25
Österåker S 95 Ga44
Österåker S 96 Gd43
Øster Assels DK 100 Da22
Østerbø N 84 Cd38
Osterburg D 119 Ea35
Osterburken D 134 Cd46
Østerby DK 100 Dc21
Østerby DK 109 Ea28
Österbybruk S 96 Gd40
Østerby Havn DK 101 Ea20
Österbymo S 103 Fd49
Ostercappeln D 117 Cc36
Øster Doense DK 100 Dc22
Österfärnebo S 95 Gb40
Osterfeld D 127 Ea41
Österforse S 79 Gb31
Österhaninge S 96 Gd44
Österhankmo FIN 81 Ja30
Øster Hjermitslev DK 100 Dc20
Osterhofen D 135 Ec49
Øster Højst DK 108 Da27
Østerholt N 93 Db45
Osterholz-Scharmbeck D 118 Cd33
Osterhorn D 118 Db31
Øster Hornum DK 100 Dc21
Øster Hurup DK 101 Dd22
Osteria Nuova I 160 Ea71
Østerild DK 100 Da21
Øster Jølby DK 100 Da21
Österjörn S 73 Hb24
Østerkløft N 66 Fd17
Österkorsberga S 103 Fd50
Østerlars DK 111 Fc57
Øster Lindet DK 108 Da27
Øster Løgum DK 108 Db27
Österlövsta S 96 Gc40
Øster Lyby DK 100 Da22
Østermarie DK 111 Fc57
Östermark FIN 97 Jc40
Ostermiething A 143 Ec51
Osternienburg D 127 Eb38
Östernoret S 79 Gb28
Österö FIN 81 Ja29
Osterode D 126 Db39
Österplana S 102 Fa46
Osterrönfeld D 118 Db30
Ostersiel D 108 Cd29
Øster Skørringe DK 109 Ea29
Österslöv S 111 Fb54
Östersund S 79 Fc31
Östersundom FIN 98 Kb39
Øster Ulslev DK 109 Ea29
Österunda S 95 Gb42
Östervåla S 96 Gc41
Östervallskog S 94 Ec42
Östervallskog S 102 Eb49
Øster Vedsted DK 108 Da26
Øster Vrå DK 101 Dd20
Øster Vrøgum DK 108 Cd25
Osterwald D 117 Ca35
Osterwick D 125 Ca37
Osterwieck D 126 Dc38
Ostfildern D 134 Cd48
Östfora S 96 Gc41
Östhammar S 96 Gd40
Ostheim vor der Rhön D 134 Db43
Osthofen D 133 Cb45
Ostiano I 149 Da60
Östibyn S 79 Ga27
Ostiglia I 149 Dc61
Ostiz E 39 Ed56
Östloning S 87 Gb32
Östmark S 94 Ed40
Östmarkum S 80 Gd31
Ostnäs S 80 Hc28
Østofte DK 109 Ea28
Ostojićevo SRB 153 Jb58
Östomsjön S 86 Fa36
Ostoróg PL 129 Gb36
Ostra I 156 Ec66
Ostra RO 172 Ea56
Östra Ämtervik S 94 Fa42
Östra Ansvar S 73 Ja19
Östraby S 110 Fa55
Ostrach D 142 Cd51
Östra Ed S 103 Gb48
Östra Fågelvik S 94 Fa43
Östra Flakaträsk S 73 Ja20
Östra Frölunda S 102 Ed50
Östra Góra PL 123 Kb32
Östra Granberg S 73 Hb22
Östra Grevie S 110 Ed56
Östra Harg S 103 Fd46
ÖstraHoby S 111 Fb56
Östra Högkulla S 72 Ha24
Östra Husby S 103 Gb46
Östra Karup S 110 Ed53
Östra Lagnö S 96 Ha43
Östra Lainio S 68 Hd15
Östra Ljungby S 110 Ed54
Östra Merasjärvi S 68 Ja14
Östra Näsberg S 94 Fa40
Östra Ny S 103 Gb46
Östra Ormsjö S 79 Ga27
Östra Rönnäs S 95 Fc39
Östra Ryd S 103 Ga47
Östra Sandsjö S 72 Gc24
Östra Sjulsmark S 80 Hc27
Östra Skrukeby S 103 Ga46
Östra Sönnarslöv S 111 Fb55
Östra Stenby S 103 Gb46
Östra Tollstad S 103 Fd47
Östra Tunhem S 102 Fa47
Östra Tväråsel S 73 Hc22
Ostrau D 127 Eb39
Ostrau D 127 Ed41
Ostrau = Ostrava CZ 137 Hb45
Ostrava CZ 137 Hb45
Ostravice CZ 137 Hb46
Østre Æra N 86 Eb37
Ostředek CZ 136 Fc45
Østre Gausdal N 85 Dd37
Østre Kile N 92 Cd44
Ostren i madhë AL 182 Ad74
Østre Vallesverd N 93 Da47
Ostrhauderfehn D 117 Cb33
Ostrica BG 180 Ea69
Östringen D 134 Cc47
Ostritz D 128 Fc41
Ostróda PL 122 Hd32
Ostrogožsk RUS 203 Fb13
Ostroh UA 204 Ea15
Ostrołęka PL 122 Jc34
Ostroměř CZ 136 Fd43
Ostropole PL 121 Gb32
Ostrov BG 179 Da68
Ostrov CZ 135 Ec44
Ostrov CZ 137 Gb45
Ostrov RO 177 Fb65
Ostrov RO 181 Ed67
Ostrov RUS 99 Lc40
Ostrov RUS 99 Ma44
Ostrov RUS 99 Mb41
Ostrov RUS 107 Ma48
Ostrov RUS 202 Ea10
Ostrovcy RUS 99 Lc45
Ostroveni RO 179 Da68
Ostrov nad Oslavou CZ 136 Ga46
Ostrovno RUS 99 Mb43
Ostrovo BG 181 Ec69
Ostrów PL 139 Jd44
Ostrowce PL 138 Jc43
Ostrówek PL 129 Hb40
Ostrówek PL 131 Kb38
Ostrowice PL 120 Ga32
Ostrowiec PL 121 Gb30
Ostrowiec PL 121 Gb34
Ostrowiec Świętokrzyski PL 130 Jc41
Ostrowieczno PL 129 Gc38
Ostrowite PL 121 Ha33
Ostrowite PL 122 Hc34
Ostrowite PL 129 Ha37
Ostrów Kaliski PL 129 Ha39
Ostrów Lubelski PL 131 Kb39
Ostrów Mazowiecka PL 123 Jd35
Ostrów Wielkopolski PL 129 Ha39
Ostrowy PL 130 Hc41
Ostrowy Tuszowskie PL 139 Jd43
Ostrožac BIH 151 Ga62
Ostrožac BIH 158 Hb65
Ostrożany PL 123 Ka35
Ostrożne PL 123 Jd34
Ostrožnica PL 137 Ha44
Ostrozub KSV 178 Ba71
Østrup DK 100 Db22
Ostrzeszów PL 129 Ha40
Østsinni N 85 Db38
Oststeinbek D 118 Dc33
Östuna S 96 Gd42
Ostuni I 162 Ha75
Osturňa SK 138 Jb46
Östvik S 80 Hc25
Osuchów PL 130 Jb39
Osuchy PL 131 Kc42
Osula EST 107 Lb47
Osuna E 60 Cc74
Ošupe LV 107 Lc50
Osvětimany CZ 137 Gd48
Oswestry GB 15 Eb23
Oświęcim PL 138 Hd44
Osypenko UA 205 Fb16
Osztopán H 145 Ha56
Otaci MD 173 Fb53
Otalampi FIN 98 Ka39
Otamo FIN 89 Ja35
Otamo FIN 90 Kc35
Otañes E 38 Dd55
Otaņķi LV 113 Ja53
Otanmäki FIN 82 Kc26
Otava FIN 90 La34
Otavice HR 158 Gb65
Oteiza E 39 Ec57
Öteköy TR 187 Gb77
Otelec RO 174 Bc61
Oțeleni RO 172 Ed57
Oțelu Roșu RO 174 Cb62
Oteo E 38 Dd56
Otepää EST 107 Lb46
Oteren N 67 Ha11
Oterma FIN 75 Kc24
Otero de Herreros E 46 Db63
Otero de las Dueñas E 37 Cb56
Oteševo MK 182 Ba76
Oteștii de Jos RO 175 Db65
Otfinów PL 138 Jc43
Otford GB 20 Fd29
Othem S 104 Ha49
Othery GB 19 Eb29
Othmarsingen CH 141 Ca53
Othoni GR 182 Aa79
Otley GB 21 Gb26
Otłoczyn PL 121 Hb35
Otłowiec PL 121 Hb32
Otmarlar TR 198 Fc90
Otmuchów PL 137 Gc43
Otnes N 86 Eb35
Otočac HR 151 Fd62
Otočec SLO 151 Fd58
Otok HR 153 Hd60
Otok HR 158 Gc66
Otoka BIH 152 Gb61
Otopeni RO 176 Eb66
Otorowo PL 129 Gb36
Otovica MK 183 Bc74
Otradnaja RUS 205 Fd17
Otradnoe RUS 99 Lc42
Otradnoje RUS 113 Jc59
Otradnyj RUS 203 Ga10
Otranto I 163 Hd77
Otricoli I 156 Eb70
Otrokovice CZ 137 Gd47
Otste EST 97 Jc44
Otta N 85 Dd35
Ottana I 169 Ca76
Ottaviano I 161 Fb75
Ottenberg D 133 Ca46
Ottenby S 111 Gb54
Ottendorf D 127 Ec41
Ottendorf-Okrilla D 128 Fa41
Ottenhof D 135 Dd45
Ottenhöfen D 133 Cb49
Ottenschlag A 144 Fd50
Ottensheim A 144 Fb50
Ottenstein D 125 Bd37
Ottenstein D 126 Da38
Otterbäcken S 95 Fb45
Otter Ferry GB 6 Dc12
Otterfing D 143 Ea51
Otterlo NL 116 Bb36
Otterndorf D 118 Cd31
Ottersberg D 118 Da34
Ottersøya N 78 Ec25
Otterstad S 102 Ed46
Otterstein N 84 Ca36
Ottersweier D 133 Cb48
Otterswick GB 5 Fa04
Otterup DK 109 Dd26
Otterwisch D 127 Ec41
Ottery Saint Mary GB 19 Ea30
Ottiglio I 148 Ca60
Ottnang A 144 Fa51
Ottobeuren D 142 Db51
Ottobrunn D 143 Ea51
Ottone I 149 Cc62
Ottonträsk S 80 Ha27
Ottrau D 126 Da41
Ottsjö S 78 Fa30
Ottsjön S 79 Fc29
Öttum S 102 Ed47
Ottweiler D 133 Bd46
Otur E 37 Ca54
Otvice CZ 135 Ed43
Ötvöskónyi H 152 Gd57
Otwock PL 130 Jc37
Otxandio E 39 Eb56
Otyń PL 128 Ga38
Otziás GR 195 Cd88
Otzing D 135 Ec49
Ouanne F 30 Hb40
Ouarville F 29 Gc38
Ouatre-Champs F 24 Ja34
Oucques F 29 Gb40
Oud-Beijerland NL 124 Ad37
Ouddorp NL 124 Ac37
Oude Pekela NL 117 Ca33
Oudemirdum NL 116 Bb34
Oudenaarde B 124 Ab40
Oudenbosch NL 124 Ad38
Oudeschoot NL 117 Bc34
Oude-Tonge NL 124 Ac37
Oudewater NL 116 Ba36
Oud Gastel NL 124 Ad38
Oudleusen NL 117 Bc35
Ouffet B 124 Ba42
Oughterard IRL 8 Bc20
Ougney F 31 Jc42
Ouguela P 51 Bb68
Ouistreham F 22 Fc35
Oulainen FIN 81 Jd26
Oulanka FIN 74 Kd18
Oulart IRL 13 Cd24
Oulches F 29 Gb44
Oulins F 23 Gb37
Oulmes F 32 Fb45
Oulu FIN 74 Ka23
Oulunsalo FIN 74 Ka24
Oulx I 148 Bb60
Ounas FIN 82 Kd26
Oural E 36 Bc56
Ouranoúpoli GR 184 Cd79
Ourém P 50 Ac66
Ourense E 36 Bb57
Ourique P 58 Ac72
Ouról E 36 Bb53
Ouroüer F 30 Hb42
Ouroux-en-Morvan F 30 Hd42
Ouroux-sur-Saône F 30 Jb43
Ourville-en-Caux F 23 Ga34
Oust F 40 Gb56
Outakoski FIN 64 Jc09
Outão P 50 Ab69
Outarville F 29 Gd39
Outeiro P 45 Bd60
Outeiro da Cabeça P 50 Aa67
Outeiro de Rei E 36 Bb55
Outines F 24 Ja37
Outokumpu FIN 83 Lc30
Outomuro (Cartelle) E 36 Ba57
Outovaara FIN 74 Ka18
Outrup DK 108 Cd25
Outwell GB 17 Fd24
Ouveillan F 41 Hb55
Ouviaño E 37 Bd55
Ouzouer-le-Marché F 29 Gc40
Ouzouer-sur-Loire F 29 Ha40
Ova S 102 Fa46
Ovacık TR 186 Ga78
Ovacık TR 191 Ea86
Ovacık TR 191 Ec84
Ovacık TR 192 Fa82
Ovacık TR 192 Fb86
Ovacık TR 192 Fb87
Ovacık TR 197 Fa89
Ovacık TR 199 Gb91
Ovacık TR 199 Gc92
Ovacık TR 205 Ga19
Ovada I 148 Ca62
Ovågen N 84 Bd38
O Vaja H 147 Kb51
Ovakent TR 192 Fa87
Ovakışlacık TR 197 Ed89
Ovaköy TR 192 Fa82
Ovakoy TR 198 Fd93
Ovanåker S 87 Ga37
Ovanmo S 79 Ga29
Ovansjö S 87 Fd33
Ovar P 44 Ac62
Ovayenice TR 186 Fb77
Ovča SRB 153 Jc61
Ovčar Banja SRB 159 Jc64
Ovčepolci BG 179 Da73
Ove DK 100 Dc22
Oveçli TR 191 Ed83
Ovelgönne D 118 Cd33
Ovens IRL 12 Bc26
Överammer S 79 Ga31
Överammer S 79 Ga30
Överäng S 78 Fa29
Överås N 66 Fd15
Överåsberget N 94 Ec40
Overath D 125 Ca41
Överberg S 87 Fb34
Överbo S 87 Fd36
Överböda S 80 Hb28
Överborg S 95 Fb40
Overby DK 108 Dc25
Överby S 96 Ha43
Øverbygd N 67 Gd11
Øverdalen N 77 Db33
Överenhörna S 96 Gc43
Øvergård N 63 Hb09
Øvergård N 67 Ha11
Øvergård N 67 Gd11
Övergran S 96 Gc42
Överhogdal S 87 Fc34
Överhörnäs S 80 Gd30
Överjeppo FIN 81 Jb29
OverJerstal DK 108 Db27
Överkalix S 73 Ja20
Överklinten S 80 Hc27
Overlade DK 100 Db21
Överlännäs S 80 Gc31
Överlida S 102 Ed50
Overloon NL 125 Bb38
Övermalax FIN 81 Hd31
Övermark FIN 81 Jc30
Övermark FIN 89 Hd32
Övermorjärv S 73 Ja20
Överö FIN 97 Hd41
Overøye N 76 Cd33
Overpelt B 124 Ba39
Överrissjö S 80 Gc28
Överröda S 80 Hb27
Over Romalt DK 100 Dc23
Överselö S 96 Gc43
Överstbyn S 73 Hd21
Overstrand GB 17 Gb23
Övertänger S 87 Fd38
Overton GB 15 Eb23
Overton GB 20 Fa29
Övertorneå S 73 Jb19
Överturingen S 87 Fc33
Överum S 103 Ga48
Ovezande NL 124 Ab38
Ovidiopol' UA 204 Ec17
Ovidiu RO 181 Fc67
Oviedo E 37 Cb54
Oviglio I 148 Ca61
Oviken S 79 Fb31
Ovindoli I 160 Ed71
Oviši LV 105 Jb49
Övitsböle FIN 90 Kc38
Ovodda I 169 Cb77
Övra S 79 Gb28
Övrarp S 102 Ed51
Ovražnaja Novaja RUS 113 Jc58
Øvre Årdal N 85 Da36
Övre Bäck S 81 Hd26
Øvrebø N 92 Cd46
Övrebodarna S 73 Hd22
Øvrebygd N 92 Ca45
Øvre Dåsvatn N 92 Cd45
Øvre Espedal N 92 Cb44
Øvre Haukali N 92 Cb44
Øvre Jervan N 77 Ea30
Övre Långträsk S 72 Gd22
Övre Lomfors S 72 Gc24
Övre Malgonäs S 79 Ga26
Øvrenes N 64 Jb07
Övre Nyland S 80 Gd28
Øvre Øydna N 92 Cc46
Øvre Ramse N 93 Da45
Øvre Rendal N 86 Eb35
Øvre Rindal N 77 Dd31
Övre Sandsele S 71 Ga22
Övre Saxnäs S 72 Gb23
Øvre Sirdal N 92 Cb44
Øvre Snertingdal N 85 Dd38
Övre Soppero S 68 Hc14
Övre Stilla N 63 Ja08
Øvre Tollådalen N 71 Fc18
Øvre Vang N 86 Eb38
Övre Vojakkala S 74 Jc21
Ovriá GR 188 Bb85
Ovronnaz CH 141 Bc56
Ovruč UA 202 Eb14
Øvstebø N 92 Cb44
Øvstedal N 76 Cd32
Owczary PL 138 Jc45
Owen D 134 Cd49
Owenmore Bridge IRL 8 Bb19
Owieczki PL 123 Ka32
Owingen D 142 Cc51
Owińska PL 129 Gc36
Owning IRL 13 Cb24
Owschlag D 118 Db30
Owston GB 16 Fb24
Owston Ferry GB 16 Fb21
Öxabäck S 102 Ed50
Oxelösund S 104 Gc46
Oxenhope GB 16 Ed20
Oxentea MD 173 Fd57
Oxford GB 20 Fa27
Oxhalsö S 96 Ha42
Oxham GB 11 Ec15
Oxhill GB 20 Fa26
Oxie S 110 Ed56
Oxilothos GR 189 Cc85
Oxnered S 102 Ec47
Öxnevalla S 102 Ec50
Oxsätra S 96 Gc41
Oxsjön S 87 Ga33
Oxted GB 20 Fd29
Oxton GB 11 Ec14
Oxton GB 16 Fb23
Oxvattnet S 80 Gc28
Oxwich GB 19 Dd27
Øya N 70 Fa19
Oyace I 148 Bc57
Øyan N 78 Ec30
Øyangen N 77 Dd29
Øybest N 84 Cb35
Oybin D 128 Fc42
Øye N 76 Cd33
Øye N 85 Db37
Oye-et-Pallet F 31 Ka43
Oye-Plage F 21 Gc30
Øyestad N 93 Da46
Øyfjell N 93 Da42
Øygardslia N 93 Db45
Øyjorda N 66 Fc16
Øyjordnes N 67 Gc11
Øymark N 94 Eb43
Oy-Mittelberg D 142 Db52
Øymo N 67 Gc12
Øynes N 66 Fd17
Oyón E 39 Eb58
Oyonnax F 35 Jc45
Oyrières F 31 Jc41
Øyslebø N 92 Cd47
Øysletta N 78 Ec26
Øystad N 64 Jb08
Oysterhaven IRL 12 Bd26
Øystese N 84 Cb39
Øystrebø N 84 Cb37
Oysu TR 193 Gb84
Oyten D 118 Da34
Oza dos Rios E 36 Ba54
Ozaeta E 39 Eb56
Ożajčiai LV 114 Kb55
Ozalj HR 151 Fd59
Ożarów PL 129 Hb41
Ożarów PL 131 Jd41
Ożarów Mazowiecki PL 130 Jb37
Ožbalt SLO 144 Fd56
Özbaşı TR 197 Ec88
Özbek TR 191 Eb86
Özburun TR 193 Gd85
Ózd H 146 Jb50
Ožďany SK 146 Ja50
Özdemirci TR 192 Ga87
Özdenek TR 193 Gd81
Özdere TR 191 Ec87
Ożenna PL 139 Jd46
Ožerel'e RUS 203 Fa11
Ozerki RUS 113 Jb59
Ozerki RUS 203 Fc09
Ozerki RUS 203 Fd10
Ozerki RUS 203 Fd11
Ozery RUS 203 Fa11
Özgüney TR 193 Ha87
Ozierany PL 123 Kc33
Ozieri I 168 Ca75
Oziersk RUS 113 Jd59
Ozimek PL 129 Ha42
Ozimica BIH 152 Hb63
Özlüce TR 198 Fb90
Özlüce TR 198 Fc89
Ozoir-la-Ferrière F 23 Ha37
Ozoli LV 105 Jc50
Ozoļi LV 106 Kc48
Ozora H 145 Hb55
Ozorków PL 130 Hc38
Ozun RO 176 Ea61
Ozzano Monferrato I 148 Ca60

P

Pääaho FIN 75 Kd22
Paadrema EST 98 Ka45
Paajakka FIN 82 Kc28
Paajala FIN 82 Ka31
Paajalankylä FIN 90 La34
Pääjärvenmäki FIN 82 Ka31
Pääjärvi FIN 82 Ka31
Paakinmäki FIN 82 La25
Paakkila FIN 83 Lb30
Paakkola FIN 74 Jc20
Paal B 124 Ba40
Paalasmaa FIN 83 Lc28
Paalijärvi FIN 81 Jd30
Paalsys LT 114 Ka56
Paanala FIN 90 Kc32
Pääpohja FIN 82 Ka30
Päärtih FIN 65 Kb10
Pääsinniemi FIN 90 Kc35
Paaslahti FIN 82 Kc28
Paaso FIN 90 Kd35
Paatela FIN 91 Lb33
Paattinen FIN 97 Jb39
Paatus FIN 64 Jd08
Päätye FIN 91 Ma32
Paavola FIN 82 Ka25
Pabaiskas LT 114 Kd56
Pabaži LV 106 Kc49
Paberžė LT 114 La57
Pabianice PL 130 Hc39
Pabiržė LT 114 Kc53
Pabradė LT 115 Lb56
Pabuçlu TR 192 Fc85
Pabutkalnis LT 113 Jd55
Pacanów PL 138 Jc43
Pacé F 28 Ed39
Păce LV 105 Jc49
Paceco I 166 Ea84
Pačelma RUS 203 Fc11
Pacentro I 161 Fa71
Pačetin HR 153 Hd60
Pachino I 167 Fd88
Pachna CY 206 Ja98
Pachyammos CY 206 Hd96
Paciano I 156 Ea68
Pacios (Paradela) E 36 Bb56
Pačir SRB 153 Ja58
Pack A 144 Fc55
Paço P 44 Bb61
Paços de Ferreira P 44 Ad60
Pacov CZ 136 Fc46
Pacsa H 145 Gd55
Păcureți RO 176 Eb64
Pacyna PL 130 Hd37
Pacy-sur-Eure F 23 Gb36
Paczków PL 137 Gc43
Padankoski FIN 90 Kb36
Pădarevo BG 180 Eb72
Pădarsko BG 180 Db73
Padasjoki FIN 90 Kb36
Padaste EST 97 Jd45
Padauguva LV 114 Kb57
Padberg D 126 Cd39
Padborg DK 108 Db28
Paddeby N 65 Kc06
Paddesø DK 108 Dc26
Paddockhole GB 11 Eb16
Paddock Wood GB 20 Fd29
Padeiro P 50 Ac68
Padej SRB 153 Jb58
Pađene HR 158 Gb64
Paderborn D 126 Cd38
Padern F 41 Ha56
Paderne P 58 Ac74
Paderne de Allariz E 36 Bb57
Padeš BG 179 Cb73
Padeș RO 175 Cc63
Padew Narodowa PL 139 Jd43
Padežine BIH 158 Hb66
Padiernos E 46 Cd63
Padina BG 181 Ec68
Pădina RO 175 Cc65
Padina RO 176 Ed65
Padina SRB 174 Bb62
Padirac F 33 Gc50
Padise EST 98 Ka43
Padjerim S 73 Hb20
Padone LV 105 Jb52
Padornelo E 37 Bd58
Padoš FIN 64 Jd08
Padova I 150 Ea60
Padovinys LV 114 Kb59
Padragkút H 145 Ha54
Padria I 168 Bd76
Padrón E 36 Ad56
Padru I 168 Cb75
Padstow GB 18 Db31
Padua = Padova I 150 Ea60
Padubigė LT 115 Lb56
Padubysys LT 114 Ka54
Padubysys LT 114 Ka55
Padul E 60 Db75
Padula I 161 Ga76
Paduli I 161 Fc74
Padulone F 154 Cc70
Padure LV 105 Jc51
Pădureni RO 173 Fb59
Padury GB 20 Fb26
Padworth GB 20 Fa28
Paesana I 148 Bc61
Paese I 150 Ea59
Pįevėnai LT 113 Jd53
Paežeriai LV 114 Kb58
Pafos CY 206 Hd98
Pag HR 151 Fc63
Pagani I 161 Fb75
Paganica I 156 Ed70
Paganico I 155 Dc68
Pagasi EST 98 Ka44
Pagėgiai LT 113 Jc57
Pagelažiai LT 114 Kd56
Pagenaičiai LT 113 Jd57
Págí GR 182 Aa79
Pagirgźdūtis LT 113 Jd55
Pagiriai LT 114 Kc56
Pagny-sur-Meuse F 25 Jc37
Pagny-sur-Moselle F 25 Jc36
Pago E 60 Dc76
Pagramantis LT 113 Jd56
Pagraužiai LT 114 Ka59
Pagrndai LV 114 Kb59
Paguera E 56 Ha67
Pagynė LT 114 Kc57
Pahaluoma FIN 81 Ja31
Paharova S 73 Hd18
Páhi GR 189 Ca86
Páhi H 146 Hd55
Pahiá Ámmos GR 201 Dc96
Pahila EST 97 Jd45
Pahkakangas FIN 81 Jc30
Pahkakoski FIN 74 Ka22
Pahkakumpu FIN 69 Kc17
Pahkakumpu FIN 75 Kd20
Pahkala FIN 81 Jc27
Pahkamäki FIN 82 Kc29
Pahkla EST 98 Kb43
Pahlen D 118 Da30
Pâhna RO 173 Fb59
Pahomovo RUS 107 Ld47
Pahraničny BY 202 Dd13
Pahtakuusikko FIN 69 Jd14
Pahtonen FIN 68 Ja14
Paide EST 98 Kd44
Paignton GB 19 Ea31
Paihola FIN 83 Ld30
Päijälä FIN 90 Ka35
Paijärvi FIN 90 La37
Paikuse EST 106 Kb46
Pailhès F 40 Gc56
Pailton GB 20 Fa25
Paimbœuf F 27 Ec42
Paimela FIN 90 Kc36
Paimio FIN 97 Jc39
Paimpol F 26 Ea37
Paimpont F 27 Ec39
Paincastle GB 15 Eb26
Painswick GB 19 Ec27
Painten D 135 Ea48
Päinurme EST 98 Kd44
Paipis FIN 98 Kc39
Paippinen FIN 98 Kc39
Paipusti LV 106 Kd47
Paisievo BG 181 Ec68
Paisley GB 10 Dd13
Paistjärvi FIN 90 Kd35
Paistu EST 106 Kd46
Paisua FIN 82 Kd28
Paittasjärvi S 68 Hd13
Păiușeni RO 170 Cb59
Päiväjoki FIN 74 Kb19
Päiväkunta FIN 90 Kc33
Pajala S 68 Ja17
Pajares de la Lampreana E 45 Cb60
Pajarón E 53 Ec66
Pajęczno PL 130 Hc41
Pajovë AL 182 Ab75
Pajujärvi FIN 82 Kd29
Pajukoski FIN 83 Lb27
Pajukoste FIN 64 Ka07
Pajula FIN 89 Jd38
Pajula FIN 90 Ka35
Pajulahti FIN 90 Kb36
Pajumäki FIN 83 Lb30
Pajuniemi FIN 74 Ka24
Pajupuro FIN 82 Ka31
Pajūralis LT 113 Jc56
Pajūris LT 113 Jc56
Pajuskylä FIN 82 Kc29
Pajusti EST 98 La42
Pajuvaara FIN 75 Lb21
Pajuvaara FIN 83 Lb26
Pajzoš Bapska HR 153 Hd60
Páka H 145 Gc56
Pakaa FIN 90 Kc37
Pakajärvi FIN 68 Jb15
Pakalnė LT 113 Jb56
Pakalniai LT 114 La55
Pakalniškiai LT 114 Kb54
Pakapė LT 114 Ka54
Pakėvis LT 114 Ka55
Pakila FIN 90 Kc38
Pakinainen FIN 97 Ja40
Pakinmaa FIN 91 Lb33
Pakkala FIN 90 Ka35
Pakość PL 121 Ha35
Pakosław PL 129 Gc39
Pakosławice PL 137 Gd43
Pakosze PL 122 Hd30
Pákozd H 146 Hc54
Pakrac HR 152 Gd60
Pakroujis LT 114 Kb54
Paks H 146 Hc56
Paksuniemi S 67 Hb15
Pakuonis LT 114 Kc58
Pala EST 99 Lb44
Palacios de Goda E 46 Cd62
Palacios del Arzobispo E 45 Cb61
Palacios de la Valduerna E 37 Cb58
Palacios del Sil E 37 Ca56
Palacios de Sanabria E 37 Ca58
Palaciosrubios E 45 Cc62
Paládio GR 184 Dc77
Palafrugell E 49 Hc59
Palagianello I 162 Gd76
Palagiano I 162 Gd76
Palagonia I 167 Fc86
Palaia I 155 Db66
Palaichori CY 206 Ja97
Palaikythro CY 206 Jc96
Palaiseau F 23 Gd37
Palamás GR 189 Bc81
Palamós E 49 Hc60
Palamuse EST 98 La44
Palamut TR 185 Ec78
Palamut TR 191 Ed84
Palamut TR 198 Fd92
Palamutbükü TR 197 Ec91
Palanca MD 173 Fb54
Palanca RO 172 Eb59
Påläng S 73 Ja21
Palanga LT 113 Jb54
Palanka HR 158 Gb64
Palanzano I 149 Da63
Palárikovo SK 145 Hb51
Palas de Rei E 36 Bb55
Pălatca RO 171 Db58
Palatítsia GR 183 Bd78
Palatna KSV 178 Bb69
Palau I 168 Cb73
Palavas-les-Flots F 41 Hd54
Palazuelos E 47 Ea62
Palazuelos de la Sierra E 38 Dd58
Palazzo Adriano I 166 Ec85
Palazzo del Pero I 156 Ea66
Palazzolo Acreide I 167 Fc87
Palazzolo sull ,Oglio I 149 Cd59
Palazzo San Gervasio I 162 Gb75
Palazzuolo sul Senio I 156 Dd64
Pålberget S 73 Hc23
Palčje SLO 151 Fb59
Paldiski EST 98 Ka42
Pale BIH 159 Hc65
Pāle LV 106 Kc48
Paleá Epídavros GR 195 Ca87
Paleá Fókea GR 195 Cc87
Paleá Kavála GR 184 Da77
Paleh RUS 203 Fb09
Paleira E 36 Bb54
Palékastro GR 201 Dd96
Palemonas LT 114 Kc57
Palena I 161 Fa71
Palencia E 46 Da59
Palenciana E 60 Cd74
Palenzuela E 46 Db59
Paleó Fáliro GR 195 Cb87
Paléo Ginekókastro GR 183 Ca77
Paleohóra GR 184 Cc78
Paleohóra GR 200 Ca95
Paleohóri GR 182 Ba80
Paleohóri GR 183 Bb79
Paleohóri GR 184 Cd77
Paleohóri GR 188 Bb82
Paleohóri GR 189 Bd84
Paleohóri GR 195 Bd89
Paleohóri GR 195 Cd91
Paleokastrítsa GR 182 Aa80
Paleókastro GR 183 Bb79
Paleókastro GR 184 Cc76
Paleokómi GR 184 Cd77
Paleópirgos GR 183 Ca80
Paleópirgos GR 188 Bb84
Paleópoli GR 184 Dc79
Paleópoli GR 190 Da87
Palermiti I 164 Gc82
Palermo I 166 Ec84
Páleros GR 188 Ad83
Palese I 162 Gc74
Palešnik HR 152 Gd59
Palestrina I 160 Eb72
Palež BIH 159 Ja64
Palhaça P 44 Ac63
Pálháza H 139 Jd49
Palheiros P 44 Ad63
Páli GR 197 Ec92
Paliámbela GR 188 Ad83
Paliano I 160 Ec72
Palić SRB 153 Ja57
Paliepiai LT 114 Ka56
Paliepiai LV 114 Kb56
Paligrad MK 178 Bb73
Palin H 145 Gd56
Palín SK 139 Ka48
Palinges F 30 Hd44
Palíni GR 189 Cc86
Palinuro I 161 Fd77
Palioúri GR 184 Cc80
Palioúri GR 189 Bc82
Paliouriá GR 183 Bb79
Páliros GR 194 Bc91
Pális F 30 Hb38
Paliseul B 132 Ad43
Paliūniškis LT 114 Kc54
Palivere EST 98 Ka44
Paljakka FIN 75 Kd22
Paljakka FIN 75 Kd24
Paljakka FIN 90 Kd36

Paljasmaa – Pembroke

Paljasmaa EST 98 Kb44
Paljevo SRB 178 Ba69
Pälkäene FIN 90 Ka36
Pålkem S 73 Hc20
Palkino RUS 107 Ld47
Palkisoja FIN 69 Kb12
Pallanza I 148 Cb58
Pallaruelo de Monegros E 48 Fc60
Pallasgreen (New) IRL 12 Bd23
Pallegney F 31 Jd38
Pallerols dell Cantó E 40 Gb58
Palling D 143 Ec51
Pallosenvaara FIN 83 Ma28
Palma P 50 Ac69
Palma Campania I 161 Fb75
Pálmaces de Jadraque E 47 Ea62
Palma del Río E 59 Cb73
Palma de Mallorca E 57 Hb67
Palma di Montechiaro I 166 Ed87
Palmadula I 168 Bc74
Palmanova I 150 Ed58
Palmanyola E 57 Hb67
Palme P 44 Ac59
Palmeira E 36 Ac56
Palmeira P 44 Ad59
Palmela P 50 Ab69
Palmi I 164 Ga83
Palmiano I 156 Ed68
Palmiry PL 130 Jb36
Palmižana HR 158 Gb67
Palmones E 59 Cb78
Pálmonostora H 146 Jb55
Palmschoss I 143 Ea56
Palmse EST 98 Kd41
Palo FIN 68 Jb16
Palo FIN 83 Ma30
Palo I 148 Ca62
Palodeia CY 206 Ja98
Palo del Colle I 162 Gc74
Palohuornas S 73 Hc18
Palojärvi FIN 68 Ja12
Palojärvi FIN 74 Jd18
Palojärvi FIN 74 Kb18
Palojoensuu FIN 68 Ja13
Palojoki FIN 98 Kb39
Palokastër AL 182 Ac78
Palokki FIN 83 Lb31
Palomaa FIN 64 Ka09
Palomaa FIN 90 Kb37
Palomar de Arroyos E 48 Fb63
Palomares E 61 Ec75
Palomares del Campo E 53 Ea66
Palomas E 51 Ca69
Palombara Sabina I 160 Eb71
Palomenė LT 114 Kd57
Palomera E 53 Ec66
Palonai LV 114 Kb55
Palonen FIN 75 La19
Palonkylä FIN 81 Jd25
Palonurmi FIN 82 La28
Paloperä FIN 74 Kc18
Palopuro FIN 90 Kb38
Palos de la Frontera E 59 Bb74
Palosenjärvi FIN 82 Kd27
Paloskylä FIN 90 Kc33
Palota SK 139 Ka46
Palovaara FIN 74 Ka20
Palovaara FIN 75 Lb23
Palovaara FIN 83 Ma29
Paloviita FIN 82 Kc28
Pals E 49 Hc59
Palsankylä FIN 90 Kb32
Pålsboda S 95 Fd44
Palsina FIN 90 Ka34
Palsmane LV 106 La48
Pålsträsk S 73 Hc22
Paltamo FIN 82 Kd25
Paltanen FIN 90 Kd32
Paltaniemi FIN 82 Kd25
Paltin RO 176 Ec62
Păltiniş RO 172 Ec54
Păltiniş RO 174 Ca62
Păltiniş RO 175 Da62
Păltinoasa RO 172 Eb56
Pałubice PL 121 Gd30
Paludi I 164 Gc79
Pałuki PL 122 Jb35
Paluknys LT 114 La58
Paluküla EST 97 Jc44
Paluobiai LV 114 Kb57
Palupera EST 106 La46
Palupõhja EST 98 La45
Palus FIN 89 Ja36
Palūšė LT 115 Lb55
Paluzza I 143 Ec56
Palviainen FIN 90 La32
Palvis FIN 81 Ja30
Palzem D 133 Bc45
Pamati LV 107 Lb51
Pameče SLO 144 Fd56
Pámfilla GR 191 Ea83
Pamhagen A 145 Gc52
Pamiątkowo PL 129 Gb36
Pamiers F 40 Gc56
Pamiętowo PL 121 Gd33
Pamma EST 105 Jc46
Pammana EST 97 Jc45
Pampāļi LV 105 Jc52
Pamparato I 148 Bd63
Pampelone F 41 Gd52
Pampilhosa da Serra P 44 Ba65
Pampliega E 38 Db58
Pamplona E 39 Ed57
Pamporovo = V. Kolaro BG 184 Db75
Pampow D 120 Fb33
Pamucak TR 191 Ec87
Pamucak TR 192 Fb87
Pamukčii BG 181 Ed70
Pamukçu TR 192 Fa82
Pamukkale TR 198 Fd88
Pamukören TR 198 Fb88
Pamukova TR 187 Gb79
Pamukyazi TR 191 Ec87
Pamusiai LT 114 Kd59
Pamūšis LT 114 Kb53
Panaci RO 172 Ea57
Panagia CY 206 Jb97
Panagia GR 182 Ba80
Panagia GR 183 Bb79
Panagia GR 184 Db78
Panagia GR 195 Cd89
Panagia GR 201 Db96
Panagítsa GR 183 Bc77
Panagitsa GR 194 Bc87
Panagjurište BG 179 Da72
Panagra CY 206 Jb96
Panaja AL 182 Aa77
Pánakto GR 189 Cb86
Panamune LV 106 Kc52
Pănăseşti MD 173 Fc57
Panasqueira P 50 Ac71
Panassac F 40 Ga55
Pănătău RO 176 Eb63
Panazol F 33 Gb47
Pančarevo BG 179 Cc71
Pancarköy TR 191 Ec87
Pânceşti RO 176 Ed60
Pančevo SRB 174 Bb63
Pancey F 30 Jb38
Panchia I 150 Dd57
Panciu RO 176 Ed61
Pancorbo E 38 Dd57
Pâncota RO 170 Ca59
Pancrudo E 47 Fa63
Pandánassa GR 195 Bd91
Pandelejmon AL 182 Ab79
Pandėlys LT 114 Kd53
Pandino I 149 Cd59
Pandivere EST 98 La43
Pándrossos GR 184 Dc77
Pandrup DK 100 Dc20
Pandy GB 15 Ea24
Panelia FIN 89 Ja37
Panemunė LT 113 Jc57
Panemunėlis LT 114 La54
Panes E 38 Da55
Panetólio GR 188 Ba84
Panevėžys LT 114 Kc54
Panfilovo RUS 113 Jc59
Panga EST 97 Jc45
Pângărați RO 172 Eb58
Pângăreşti RO 176 Ec60
Pangbourne GB 20 Fa28
Panicale I 156 Ea68
Panicarola I 156 Ea67
Paničište BG 179 Cc73
Paničkovo BG 184 Dc74
Panicovo BG 181 Fa71
Panike FIN 81 Hd30
Panikoviči RUS 107 Lc47
Panissières F 34 Ja47
Panix CH 142 Cc55
Paniza E 47 Fa62
Panjas F 40 Fc53
Panjevac SRB 174 Bc66
Panjik BIH 153 Hc62
Panka FIN 82 Kd29
Pankajärvi FIN 83 Ld28
Pankakoski FIN 83 Ld28
Pankasz H 145 Gb55
Panker D 119 Dd30
Panki PL 129 Hb41
Pannonhalma H 145 Ha53
Pano Archimandrita CY 206 Ja98
Pano Kivides CY 206 Ja98
Pano Lakatameia CY 206 Jb97
Pano Lefkara CY 206 Jb97
Pano Panagia CY 206 Hd97
Pano Platres CY 206 Ja97
Pano Pyrgos CY 206 Ja96
Panórama GR 183 Cb78
Panórama GR 184 Cd76
Panormítis GR 197 Ed92
Pánormos GR 196 Db88
Pánormos GR 197 Eb90
Pánormos GR 200 Cd95
Panoteriai LT 114 Kd56
Panoviai LT 114 Ka57
Panschwitz-Kuckau D 128 Fb41
Pantalowice PL 139 Kb44
Päntäne FIN 89 Ja33
Pantano del Chorro E 60 Cc75
Pantano del Guadelén E 52 Dc72
Pantano de Puentes E 61 Ec73
Pantelej MK 178 Bd73
Pantelimon RO 176 Eb66
Pantelimon RO 177 Fb66
Pantelleria I 166 Dd88
Panticeu RO 171 Da57
Panticosa E 40 Fc57
Pant Mawr GB 15 Ea25
Pantoja E 46 Db65
Panttila FIN 89 Jb32
Pantymenyn GB 14 Dc26
Panxón E 36 Ac57
Panyola H 147 Kb50
Paola I 164 Gb80
Pápa H 145 Gd53
Papadátes GR 188 Ba84
Papádes GR 189 Cb83
Papadiánika GR 195 Bd90
Pápakovácsi H 145 Gd54
Paparčiai LT 114 Kd57
Páparis GR 194 Bc88
Papartėliai LT 114 Kd57
Papasidero I 164 Gb78
Pápateszér H 145 Ha53
Papatrigo E 46 Cd63
Păpăuţi MD 173 Fd55
Pape LV 113 Ja54
Papelkiai LT 114 Ka54
Papenburg D 117 Cb34
Pápigo GR 182 Ad79
Papilė LT 113 Jd53
Papilys LT 114 Kd53
Papin SK 139 Ka47
Papinniemi FIN 91 Ld32
Papiu Ilarian RO 171 Db59
Paplin PL 131 Jd36
Pápoc H 145 Gd53
Papowo Biskupie PL 121 Hb34
Pappenheim D 134 Dc48
Pappinen FIN 89 Jc38
Pappinen FIN 90 Kc34
Papradnik MK 182 Ad74
Papradno SK 137 Hb47
Papratna HR 158 Ha68
Paprotnia PL 130 Ja37
Paprotnia PL 131 Ka36
Paprūdžiai LT 114 Ka55
Papušynys LT 114 Ka55
Papworth Everard GB 20 Fc25
Papyvesiai LT 114 Kc53
Par GB 18 Db31
Parabiago I 148 Cb59
Parabita I 163 Hc77
Paraćin SRB 178 Bc67
Paracuellos E 53 Ec67
Paracuellos de Jiloca E 47 Ed62
Parád H 146 Jb51
Parada de Ester P 44 Ba62
Parada do Sil E 36 Bb57
Paradas E 59 Cb74
Paradavella E 36 Bc55
Paradela E 36 Bb55
Paradela E 36 Ba54
Paradela P 44 Ad62
Paradela P 44 Ba59
Paradinas de San Juan E 45 Cc62
Paradisgård S 95 Fb42
Paradisi GR 190 Cd86
Paradisi GR 197 Fa92
Paradisia GR 194 Bb88
Paradiso I 164 Ga83
Paradiso I 164 Gb83
Paradiso di Cevedale I 142 Db56
Parádissos GR 184 Db77
Paradyż PL 130 Ja40
Parage SRB 153 Ja60
Parainen FIN 97 Jb40
Parajes E 36 Bc54
Parakálamos GR 182 Ac79
Parakka S 68 Hc16
Paralı TR 187 Gd78
Paralía GR 183 Bd79
Paralía GR 188 Bb85
Paralía GR 189 Bb85
Paralía Agíou Andréa GR 195 Bd88
Paralía Akrátas GR 189 Bc85
Paralía Kímis GR 190 Cd84
Paralía Platánou GR 189 Bc85
Paralía Thermís GR 191 Ea83
Paralía Tiroú GR 195 Bd89
Paralimni CY 206 Jd97
Parálio Ástros GR 195 Bd88
Parálio Iríon GR 195 Bd88
Paramithiá GR 188 Ac81
Páramo E 37 Bc56
Páramo del Sil E 37 Ca56
Paramos E 36 Ad55
Paranésti GR 184 Da76
Parapalu EST 99 Lc45
Parapótamos GR 182 Ac80
Páras FIN 81 Jb28
Paras N 67 Ha11
Paraspuari AL 182 Ac77
Parasznya H 146 Jc50
Paratala FIN 82 Kb31
Paratico I 149 Da59
Paray-le-Monial F 30 Hd44
Parbayón E 38 Dc55
Parcani MD 173 Fc54
Parcani SRB 153 Jc62
Parceiros de São João P 50 Ac66
Parcé-sur-Sarthe F 28 Fc40
Parcey F 31 Jc42
Parchen D 127 Eb37
Parcheş RO 177 Fc64
Parchim D 119 Eb33
Parchów PL 128 Ga40
Parchowo PL 121 Gd30
Parciaki PL 122 Jb33
Parcova MD 173 Fa54
Parczew PL 131 Kb38
Pardalitsa GR 182 Ac80
Pardavé E 37 Cc56
Pardesivil E 37 Cc56
Pardilla E 46 Dc61
Pardina RO 177 Fd63
Pardines E 41 Ha58
Pardoşi RO 176 Ec63
Pardubice CZ 136 Ga45
Parečėnai LT 114 Kc59
Paredea de Buitrago E 46 Dc62
Paredes E 36 Ad57
Paredes P 44 Ad61
Paredes de Coura P 36 Ad58
Paredes de Nava E 38 Da58
Paredes de Sigüenza E 47 Ea62
Parekklisia CY 206 Jb98
Påreks sameviste S 72 Gc18
Parennes F 28 Fc39
Parentis-en-Born F 39 Fa52
Parets del Vallès E 49 Ha61
Parey D 127 Eb37
Parfondeval F 24 Hd33
Parga E 36 Bb55
Párga GR 188 Ac81
Pargas FIN 97 Jb40
Pargas FIN 97 Jd40
Pargny F 24 Ja37
Pargues F 30 Hd39
Parhalahti FIN 81 Jd25
Pári H 145 Hb56
Parigné-l'Evêque F 28 Fd40
Parikiá GR 196 Db90
Parikkala FIN 91 Ld34
Parincea RO 172 Ed59
Paris F 23 Gd37
Parisot F 41 Gd52
Pärispea EST 98 Kd41
Pärjänsou FIN 75 Kc21
Pârjoi RO 172 Ec59
Park GB 9 Cc16
Parkajoki S 68 Ja15
Parkalompolo S 68 Hd15
Parkano FIN 89 Jc34
Parka sameviste S 72 Gb19
Parkgate GB 10 Ea15
Parkham GB 18 Dc29
Parkkila FIN 75 Kd23
Parkkila FIN 82 Ka27
Parkkila FIN 90 La34
Parkkima FIN 82 Kb28
Parkstein D 135 Eb45
Parkstetten D 135 Ec48
Parkua FIN 82 Kd26
Parkumäki FIN 91 Lb33
Parkuu FIN 89 Jd34
Parla E 46 Dc65
Parlak TR 191 Ea85
Parlament D 108 Cd29
Parlavà E 49 Hb59
Parłówko PL 120 Fc32
Parma I 149 Da62
Parmakören TR 193 Gb83
Parmen D 120 Fa33
Pärnämäki FIN 90 Kd34
Pärnämäki FIN 90 Kd35
Parndorf A 145 Gc51
Párnica SK 138 Hd47
Pärnjõe EST 98 Kc45
Pärnu EST 106 Kb46
Pärnu-Jaagupi EST 98 Kb45
Parois F 24 Jb35
Parola FIN 90 La36
Parola FIN 90 Ka37
Parolise I 161 Fc75
Parona di Valpolicella I 149 Dc59
Parowa PL 128 Fd40
Parpan CH 142 Cd55
Parrillas E 45 Cc65
Parroy F 25 Ka37
Parsac F 33 Gd45
Parsau D 127 Dd36
Parsberg D 135 Ea47
Pârşcoveni RO 175 Da66
Parsęcko PL 121 Gb32
Pars-lès-Romilly F 30 Hc38
Parsów PL 120 Fc34
Pärsti EST 98 Kd45
Parszów PL 130 Jc41
Partaharju FIN 90 Kd32
Partakko FIN 65 Kb10
Partakoski FIN 91 Lb35
Partanna I 166 Eb85
Partanna-Mondello I 166 Ec83
Parteen IRL 12 Bd23
Partenkirchen, Garmisch- D 142 Dc53
Parteştii de Jos RO 172 Eb55
Parthenay F 28 Fc44
Parthéni GR 197 Eb90
Parthenónas GR 184 Cc80
Parthenstein D 127 Ec40
Partille S 102 Ec49
Partinico I 166 Ec84
Partizani BG 181 Ed71
Partizani SRB 153 Jc63
Partizanin BG 180 Dc73
Partizánske SK 137 Hb49
Partizanske Vode SRB 159 Jb65
Partizanskoe RUS 113 Ja59
Partney GB 17 Fd22
Parton GB 10 Ea16
Partoş RO 174 Bc62
Partry IRL 8 Bc19
Partsi EST 107 Lc46
Parudaminys LT 114 La58
Pårup DK 108 Db24
Parva RO 171 Dc56
Pärvenec BG 180 Db73
Părvomaj BG 180 Dc73
Părvomaj BG 183 Cb75
Parwich GB 16 Ed23
Paryčy BY 202 Eb13
Påryd S 111 Ga53
Parysów PL 131 Jd37
Parzán E 40 Fd57
Parzew PL 129 Gd38
Parznice PL 130 Jc40
Paša RUS 202 Eb08
Paşaçayır TR 185 Ec80
Paşaçiftliği TR 186 Fa80
Paşacık TR 193 Gb85
Pasai San Pedro E 39 Ec55
Paşaköy TR 185 Ea78
Paşaköy TR 191 Ea82
Paşaköy TR 191 Ed85
Paşaköy TR 192 Fa82
Paşaköy = Askeia CY 206 Jc96
Pasala FIN 82 Kb29
Pasalankylä FIN 82 La29
Paşalar TR 192 Fb81
Paşalimanı TR 185 Ed79
Pašaltuonys LT 113 Jd56
Pašaminė LT 115 Lb56
Pasarel BG 179 Cc72
Păsăreni RO 172 Ea59
Pasarón de la Vera E 45 Cb65
Paşayiğit TR 185 Eb77
Paşcani MD 173 Fc58
Paşcani MD 173 Fd57
Paşcani RO 172 Ec57
Paschero I 148 Bb62
Pâscoy RO 176 Ec63
Pas-de-Jeu F 28 Fc43
Pas-en-Artois F 23 Gd32
Paserninkai LT 123 Kc30
Pasewalk D 120 Fa33
Pashalitsa GR 189 Bc82
Pasi FIN 90 La36
Pasian di Prato I 150 Ec58
Pašiausė LT 114 Ka55
Pasiecznik PL 128 Fd41
Pasiene LV 107 Ma51
Pasikovci HR 152 Ha60
Pašilė LT 113 Jc53
Pašilė LT 113 Jd55
Pašiliai LT 114 Kc55
Pašina Voda MNE 159 Ja67
Pasinler TR 205 Ga19
Paskalevec BG 180 Dd70
Paskalevo BG 181 Fa69
Påskallavik S 103 Gb51
Paški RUS 107 Mb49
Paskov CZ 137 Hb45
Paškovskij RUS 205 Fc17
Pasłek PL 122 Hd31
Pasmajärvi FIN 68 Jc17
Pašman HR 157 Fd65
Påsmark FIN 89 Hd33
Passage East IRL 13 Cc25
Passail A 144 Fd54
Passais F 28 Fb38
Passariano I 150 Ec58
Passau D 135 Ed49
Passekårsa S 67 Ha15
Passignano sul Trasimeno I 156 Ea67
Passopisciaro I 167 Fc85
Passow D 119 Eb33
Passow D 120 Fb34
Pastavy BY 202 Ea12
Pastena I 161 Fb73
Pastende LV 105 Jd50
Pastetten D 143 Ea50
Paštiky CZ 136 Fa46
Pasto FIN 89 Jc32
Pastor E 36 Ba55
Pastorello I 149 Da62
Pastoriza E 36 Bc54
Pastovce SK 146 Hc51
Pastra BG 179 Cc73
Pástra GR 188 Ac85
Pastrana E 47 Ea64
Păstrăveni RO 172 Ec57
Pastrien BG 180 Dd73
Pastrėvys LT 114 Kd58
Păstrovo BG 180 Dc72
Pastwa PL 121 Hb32
Pastwiska PL 130 Jc40
Pašušvys LV 115 Lb53
Pašušvys LT 114 Kb55
Pasvalys LT 114 Kc53
Pašvitinys LT 114 Kb53
Pasym PL 122 Jb32
Pasynki PL 123 Kb34
Pašyšiai LT 113 Jc56
Pásztó H 146 Ja51
Pat H 145 Gd56
Pataholm S 103 Gb52
Pataias P 50 Ab66
Patajoki FIN 90 Kb34
Patalenica BG 179 Da73
Patana FIN 81 Jc29
Pătârlagele RO 176 Eb63
Patašiai LV 114 Kb57
Patavesi FIN 90 Kb35
Patay F 29 Gc39
Patčino RUS 99 Mb44
Pateley Bridge GB 11 Ed19
Pateniemi FIN 74 Ka23
Paterek PL 121 Gd34
Paterna E 54 Fb67
Paterna del Campo E 59 Bd73
Paterna del Río E 61 Dd75
Paterna de Madera E 53 Eb70
Paterna de Rivera E 59 Ca76
Paternieki LV 115 Ld53
Paternion A 143 Ed55
Paternò I 167 Fc85
Paternopoli I 161 Fc74
Patersdorf D 135 Ec48
Paterswolde NL 117 Bd33
Påterud S 94 Ec42
Pätiälä FIN 90 Kb36
Patika EST 98 Kc42
Patilčiai LT 114 Ka59
Patin AL 182 Ac74
Patiópoula GR 188 Ba82
Patiška MK 178 Bb73
Patitíri GR 189 Cc83
Patküla EST 106 La47
Patlangıç TR 198 Ga91
Pátmos GR 197 Ea89
Patna GB 10 Dd15
Pątnów PL 129 Hb41
Pato FIN 89 Ja37
Patokoski FIN 69 Jd17
Patolahti FIN 91 Lb37
Patolankylä FIN 89 Jb34
Patones E 46 Dc63
Patoniemi FIN 75 Kd19
Patoniva FIN 64 Jd08
Patosfa H 152 Ha57
Pátra GR 188 Bb85
Patras = Pátra GR 188 Bb85
Pătrăuţi RO 172 Eb55
Patreksfjörður IS 2 Ac02
Patriarh-Evtimievo BG 184 Dc74
Patrickswell IRL 12 Bd23
Patriki CY 206 Jd96
Patrikka FIN 83 Mb30
Patrington GB 17 Fc21
Patsola FIN 83 Ma31
Pattada I 168 Cb75
Pattensen D 126 Db37
Patti I 167 Fc84
Pattijoki FIN 81 Jd25
Pattishall GB 20 Fb26
Patù I 165 Hc78
Pătulele RO 174 Cb66
Pau F 40 Fc55
Păuca RO 175 Da60
Pauillac F 32 Fb49
Paukarlahti FIN 82 La31
Paukkaja FIN 83 Ld29
Paularo I 143 Ec56
Păuleni-Ciuc RO 176 Ea60
Paulerspury GB 20 Fb26
Păuleşti RO 171 Cd54
Păuleşti RO 176 Ea64
Paulhac-en-Margeride F 34 Hc50
Paulhaguet F 34 Hc49
Paulhan F 41 Hc54
Pauliai LT 114 Ka57
Paúliani GR 189 Bc84
Paulilatino I 169 Ca77
Paulinenaue D 127 Ec36
Păuliş RO 170 Bd59
Paullo I 149 Cc59
Paüls E 48 Fd63
Paulx F 28 Ed43
Păuneşti RO 176 Ed61
Paunküla EST 98 Kc43
Paupys LT 114 Ka56
Pauri LV 107 Lb52
Pausa D 135 Eb43
Pausele S 80 Gc25
Păuşeşti RO 175 Da64
Păuşeşti-Măglaşi RO 175 Db63
Pauträsk S 80 Gc25
Pavabdenš LT 113 Jd55
Pavalsby FIN 97 Jc40
Pavasari LV 106 Ka51
Pavel BG 180 Dd69
Pavel Banja BG 180 Dc72
Pavezin F 34 Ja48
Pavia I 149 Cc60
Pavia P 50 Ad68
Pavias E 54 Fb66
Pavilly F 23 Ga34
Pāvilosta LV 105 Ja51
Pavino Polje MNE 159 Jb67
Pavištytis LT 114 Ka59
Pavlica SRB 178 Ba68
Pavlikeni BG 180 Dd70
Pavlohrad UA 205 Fa15
Pávlos GR 189 Ca84
Pavlov CZ 136 Fd47
Pavlovac HR 152 Gd59
Pavlovce SK 146 Jb50
Pavlovce nad Uhom SK 139 Ka48
Pavlovka RUS 203 Fd11
Pavlovo RUS 203 Fb09
Pavlovsk RUS 203 Fb13
Pavlovskaja RUS 205 Fc16
Pavlovskij Posad RUS 203 Fa10
Pavlovskoe RUS 203 Fb09
Pavlyš UA 204 Ed15
Pavoverė LT 115 Lb57
Pavullo nel Frignano I 149 Db63
Pavy RUS 99 Mb45
Pawełki PL 129 Hb42
Päwesein D 127 Ec36
Pawlett GB 19 Eb29
Pawlikowice PL 130 Hc39
Pawłosiów PL 139 Kb44
Pawlów PL 130 Jc41
Pawłów PL 131 Kc40
Pawłów PL 137 Ha44
Pawłówek PL 121 Gd34
Pawłowice PL 129 Gc39
Pawłowice PL 131 Jd39
Pawłowice PL 137 Hb45
Pawłowo PL 122 Jc30
Pawły PL 122 Ja30
Pawonków PL 129 Hb42
Pawtowiczki PL 137 Ha44
Payallar TR 199 Hb92
Payerne CH 141 Bc54
Paymogo E 58 Ba72
Payrac F 33 Gc50
Payzac F 33 Gb48
Paz HR 151 Fa60
Pazar TR 205 Ga19
Pazardžik BG 179 Da73
Pazarić BIH 158 Hb65
Pazarkaya TR 193 Hb86
Pazarköy TR 187 Gc79
Pazarköy TR 191 Ea81
Pazarköy TR 191 Ed81
Pazarköy TR 192 Fa85
Pazarlar TR 192 Fd84
Pazarlı TR 186 Fa75
Pazaryeri TR 193 Gb81
Pažėrai LV 114 Kb58
Pazin HR 151 Fa60
Paznauntal A 142 Da54
Pazos de Borbén E 36 Ad57
Pazuengos E 38 Ea58
Pčela BG 180 Eb73
Pčelarovo BG 181 Fa69
Pčelić HR 152 Ha59
Pčelin BG 179 Cd72
Pčelinovo BG 180 Dd72
Pčelnik BG 181 Fa71
Pchery CZ 136 Fb44
Pcim PL 138 Ja45
Pčinja MK 178 Bc73
Pčrvenec BG 181 Ec73
Peädsek FIN 64 Ka09
Peal de Becerro E 61 Dd72
Peanía GR 195 Cc87
Peasedown Saint John GB 19 Ec28
Peasemore GB 20 Fa28
Peasenhall GB 21 Gb25
Péaule F 27 Ec41
Pebworth GB 20 Ed26
Peć KSV 178 Ad70
Peć SRB 159 Jc68
Peccia CH 141 Cb56
Peccioli I 155 Db66
Pécel H 146 Hd53
Pećence SRB 178 Bc70
Peceneaga RO 177 Fb64
Pečenjevce SRB 178 Bd69
Pechea RO 177 Fa62
Pechina E 61 Ea76
Peći BIH 158 Gb64
Pecica RO 170 Bc59
Pećigrad BIH 151 Ga61
Pećinci SRB 153 Jb61
Pecineaga RO 181 Fc68
Peciu Nou RO 174 Bc61
Pecka SRB 153 Ja63
Peckelsheim D 126 Cd39
Pečki RUS 107 Ld46
Pecorini I 167 Fb82
Pečory RUS 107 Lc47
Pečory RUS 202 Ea10
Pec pod Sněžkou CZ 128 Ga42
Pécs H 152 Hb57
Pécsely H 145 Ha55
Pécsvárad H 153 Hc57
Pečurice MNE 163 Ja71
Pęczniew PL 129 Hb38
Pedagaggi I 167 Fc87
Pedaso I 157 Fa67
Pedaspea EST 98 Kc41
Peddenberg D 125 Bd38
Pedele LV 106 La47
Pederobba I 150 Ea58
Pederskær DK 111 Fc58
Pedersöre FIN 81 Jb29
Pedersören kunta FIN 81 Jb29
Pedescala I 150 Dd58
Pédi GR 197 Ed92
Pedinī GR 182 Ad80
Pedinó GR 183 Ca77
Pedivigliano I 164 Gb80
Pedoulas CY 206 Ja97
Pedrafita Camporredondo E 36 Bc55
Pedrafita do Cebreiro E 37 Bd56
Pedrajas de San Esteban E 46 Da61
Pedralba E 54 Fb67
Pedras Salgadas P 44 Bb60
Pedraza E 36 Bb56
Pedraza E 46 Dc62
Pedre E 36 Ad56
Pedreguer E 55 Fc70
Pedreña E 38 Dc54
Pedrera E 60 Cc74
Pedro Abad E 52 Da72
Pedro Bernardo E 46 Cd65
Pedrógão P 44 Ab65
Pedrógão P 44 Bb65
Pedrógão Grande P 44 Ad65
Pedrógão Pequeno P 44 Ad65
Pedrola E 47 Fa60
Pedro Martínez E 60 Dc74
Pedro Muñoz E 53 Dd68
Pedrosa de Duero E 46 Db60
Pedrosa del Principe E 38 Db58
Pedrosa de Tobalina E 38 Dd56
Pėdžiai LT 114 Kc56
Peebles GB 11 Eb14
Peel GB 10 Dc19
Peenemünde D 120 Fa31
Peeni MD 173 Fc56
Peer B 124 Ba40
Peffingen D 133 Bc44
Péfka GR 197 Fa93
Pefkohóri GR 184 Cc80
Péfkos GR 182 Ba78
Péfkos GR 201 Db96
Pega P 45 Bc63
Pegalajar E 60 Db73
Pegau D 127 Eb41
Pegeia CY 206 Hd97
Peggau A 144 Fd54
Pegli I 148 Cb62
Pegnitz D 135 Ea45
Pego E 55 Fc70
Pegognaga I 149 Db61
Peguerinos E 46 Db63
Pehčevo MK 183 Cb74
Pehlivanköy TR 185 Ec76
Peille F 43 Kd53
Peillon F 43 Kd53
Peinchorran GB 4 Db08
Peine D 126 Dc37
Peipin F 42 Jd52
Peipohja FIN 89 Jb36
Peippu FIN 89 Ja35
Peisey-Nancroix F 35 Kb47
Peißen D 127 Ea39
Peißen D 127 Eb39
Peißenberg D 142 Dc52
Peiting D 142 Dc52
Peitz D 128 Fb38
Peize NL 117 Bd33
Pejkovac SRB 178 Bd69
Pejo Terme I 142 Db56
Pekankylä FIN 75 Lb24
Pekanpää FIN 73 Jb20
Pekisht AL 182 Ab75
Pekkala FIN 65 Kb09
Pekkala FIN 74 Kb19
Pekkaperä FIN 82 Ka28
Pektubaevo RUS 203 Fc08
Péla GR 183 Bd77
Pelacoy F 33 Gc51
Pelagićevo BIH 153 Hc61
Pelago I 156 Dd65
Pelahustán E 46 Da65
Pelaičiai LT 113 Jc55
Pelarne S 103 Fd49
Pelasgía GR 189 Ca83
Pelči LV 105 Jc51
Pelczyce PL 120 Fd34
Pelczyn PL 129 Gb40
Peleagonzalo E 45 Cc61
Pelėči LV 107 Lc52
Pelejaneta E 54 Fc65
Peleši RUS 99 Lc42
Peletá GR 195 Bd89
Pelev Prijeg MNE 159 Ja69
Pelhřimov CZ 136 Fd47
Pelinci MK 178 Bc72
Pelinei MD 177 Fc62
Pelinia MD 173 Fb55
Pelisalmi FIN 90 Ka35
Pelitköy TR 191 Eb82
Pelitozu TR 187 Gb80
Pelitözü TR 187 Ha79
Pelivan MD 173 Fd57
Pelkkikangos FIN 81 Jc30
Pelkoperä FIN 82 Ka25
Pelkosenniemi FIN 69 Kb16
Pellafol F 35 Jd50
Pellaro I 164 Ga84
Pellegrino Parmense I 149 Cd62
Pellegrue F 32 Fd50
Pellérd H 152 Hb58
Pellesmäki FIN 82 La30
Pellestrina I 150 Eb60
Pellevoisin F 29 Gb43
Pellinge FIN 98 Kd39
Pellingen D 133 Bc45
Pellini GR 189 Bc86
Pellinki FIN 98 Kd39
Pello FIN 74 Jb18
Pello S 74 Jb18
Pellonpää FIN 75 Kc23
Pelloslahti FIN 90 La35
Pellossalo FIN 91 Lc33
Pelnik PL 122 Hd32
Peloche E 52 Cc68
Pelovo BG 179 Da69
Pelplin PL 121 Hb31
Pelsin D 120 Fa32
Pelso FIN 82 Kb25
Peltokangas FIN 81 Jd30
Peltokorpi FIN 81 Jc28
Peltola FIN 97 Jd39
Peltomaa FIN 81 Ja31
Peltosalmi FIN 82 Kd28
Peltovuoma FIN 68 Jb13
Petty PL 122 Hd30
Pełty PL 122 Ja30
Pelučiai LV 114 Kb57
Pélussin F 34 Ja48
Pély H 146 Jb53
Pembeli TR 199 Gc88
Pembroke GB 18 Db27

Pembroke Dock – Pilchów

Pembroke Dock GB 18 Db27
Pembury GB 20 Fd29
Pemfling D 135 Ec47
Pempelijärvi S 73 Hd18
Peñacerrada-Urizaharra E 38 Ea57
Penacova P 44 Ad64
Peña del Águila E 59 Bc76
Peñadiz E 36 Bb58
Peñafiel E 46 Db60
Penafiel P 44 Ad61
Peñaflor E 48 Fb60
Peñaflor E 59 Cb73
Peñafuente E 37 Bd55
Peñalba E 48 Fc61
Peñalba de Santiago E 37 Ca57
Peñalén E 47 Ec64
Peñalsordo E 52 Cc69
Penalva do Castelo P 44 Ba63
Peñalver E 47 Ea64
Penamacor P 45 Bc64
Penämö FIN 75 Kc20
Peñaranda de Bracamonte E 45 Cc62
Peñaranda de Duero E 46 Dc60
Peñarroya de Tastavins E 48 Fd63
Peñarroya-Pueblonuevo E 52 Cc71
Penarth GB 19 Eb28
Peñascosa E 53 Eb70
Peñas de San Pedro E 53 Ec70
Peñaullán E 37 Cb54
Peñausende E 45 Cb61
Penc H 146 Hd52
Pencaitland GB 11 Ec13
Pendálofos GR 185 Ea75
Penderyn GB 19 Ea27
Pendilla E 37 Cc55
Pendine GB 18 Dc27
Pendones E 37 Cd55
Pendueles E 38 Da54
Penedono P 44 Bb62
Penela P 44 Ad65
Pénestin F 27 Eb41
Penészlek H 147 Kb52
Penge GB 20 Fc28
Pengfors S 80 Hb28
Pengsjö S 80 Hb28
Penha Garcia P 45 Bc65
Penhas da Saúde P 44 Bb64
Penhas Juntas P 45 Bc59
Penhors F 27 Db39
Peniche P 50 Aa66
Penicuik GB 11 Eb13
Penig D 127 Ec41
Penikkajärvi FIN 75 Lb20
Penilhos P 58 Ad72
Peninki FIN 82 Kb29
Peñíscola E 54 Fd65
Penk A 143 Ed55
Penkridge GB 16 Ed24
Penkule LV 106 Ka52
Penkun D 120 Fb34
Penmachno GB 15 Ea23
Penmaenmawr GB 15 Dd22
Penmarc'h F 27 Dc40
Pennabilli I 156 Ea65
Pennainen FIN 97 Jc39
Pennala FIN 90 Kc37
Pennant GB 15 Ea24
Pennapiedimonte I 161 Fa71
Penne F 40 Gc53
Penne I 157 Fa70
Penne-d'Agenais F 40 Ga52
Pennerley GB 15 Eb24
Pennigsehl D 118 Cd35
Pennyghael GB 6 Da11
Peno RUS 202 Ec10
Penol F 34 Jb48
Penrhyn Bay GB 15 Ea22
Penrith GB 11 Ec17
Penruddock GB 11 Eb17
Penryn GB 18 Db32
Pensala FIN 81 Jb30
Pensilva GB 18 Dc31
Penta di Casinca F 154 Cc69
Pentageia CY 206 Ja96
Pentalia CY 206 Hd97
Pentálofos GR 182 Ba78
Pentápoli GR 184 Cc76
Pentávrisso GR 182 Ba78
Penteória GR 189 Bc85
Pentinkylä FIN 91 Lb37
Pentling D 135 Ea48
Pentraeth GB 15 Dd22
Pentrefoelas GB 15 Ea23
Penttäjä S 74 Jb18
Penttilänkylä FIN 89 Jd34
Pentyrch GB 19 Ea28
Penuja EST 106 Kd46
Penvins F 27 Eb41
Penybont GB 15 Ea25
Penygroes GB 15 Dd22
Penysarn GB 15 Dd21
Penza RUS 203 Fc11
Penzance GB 18 Da32
Penzberg D 143 Dd52
Penzing D 142 Dc51
Penzlin D 119 Ed33
Péone F 43 Kc52
Pepellash AL 182 Ad77
Pepinster B 125 Bb42
Péplos GR 185 Ea77
Peponiá GR 184 Cc77
Pępowo PL 129 Gc39
Peqin AL 182 Ab75
Peque E 37 Ca58
Pér H 145 Ha52
Pera CY 206 Jb97
Peraboa P 44 Bb64
Përa-Cava F 43 Kd52
Perach D 143 Ec50
Perafita P 44 Ac60
Perahóra GR 189 Ca86
Perahóri GR 188 Ac84
Perä-Hyyppä FIN 89 Jb34
Peräjävaara S 68 Ja17
Perakende TR 199 Ha91
Peräkylä FIN 81 Jb30
Peräkylä FIN 89 Ja32
Peräkylä FIN 91 Lb36
Perälä FIN 75 Kc19
Perälä FIN 89 Ja33
Peralada E 41 Hb58
Peraleda de la Mata E 51 Cb66
Peraleda del Zaucejo E 51 Cb70
Peralejos de las Truchas E 47 Ec64
Perales E 38 Da58
Perales del Alfambra E 47 Fa64
Perales de Tajuña E 46 Dc65
Peralta E 39 Ec58
Peralta E 53 Eb71
Peralta de Alcofea E 48 Fc60
Peralta de la Sal E 48 Fd59
Peraltilla E 48 Fc59
Peralveche E 47 Eb64
Pérama GR 182 Ad80
Pérama GR 189 Cb86
Pérama GR 191 Ea84
Pérama GR 200 Cd95
Péra Mélana GR 195 Bd89
Peranka FIN 75 La21
Peränkylä FIN 89 Ja36
Peränne FIN 89 Jd32
Peranzanes E 37 Ca56
Perä-Posio FIN 75 Kc19
Perarolo di Cadore I 150 Eb57
Perarrúa E 40 Fd58
Perasdorf D 135 Ec48
Peräseinäjoki FIN 89 Jc32
Pérasma GR 183 Bb77
Perast MNE 159 Hd69
Perat AL 182 Ad79
Peratáta GR 188 Ac85
Perävaara S 73 Jb19
Perbal H 146 Hc52
Pērbone LV 105 Jc52
Perchtoldsdorf A 145 Gb51
Percosova RO 174 Bd62
Perdasdefogu I 169 Cb78
Perdaxius I 169 Bd80
Perdigão P 50 Ba66
Perdiguera E 48 Fb60
Pérdika GR 188 Ac81
Pérdika GR 188 Ad81
Pérdika GR 195 Cb87
Perdikáki GR 188 Ba82
Perdíkas GR 183 Bb77
Perdíki GR 197 Ea88
Perdoche E 52 Cd71
Perduhovo Selo BIH 158 Gc64
Peréa GR 183 Bc77
Peréa GR 183 Ca78
Perečyn UA 204 Dd16
Pereda de Ancares E 37 Bd56
Peredkino RUS 99 Ma43
Peredo P 45 Bd60
Peregu Mare RO 170 Bc59
Perehins'ke UA 204 Ea16
Pereira E 36 Ad55
Pereiriña E 36 Ac55
Pereiro P 44 Ac65
Pereiro P 58 Ba73
Perejaslav-Chmel'nyc'kyj UA 202 Ec14
Perekopka RUS 203 Fd13
Pereles'e RUS 99 Ld40
Perelešinskij RUS 203 Fb12
Perelesnoje RUS 113 Jc58
Perelhal P 44 Ac59
Pereni MD 173 Fd56
Pererita MD 172 Ed54
Pereruela E 45 Cb61
Pereščepyne UA 205 Fa15
Peresecina MD 173 Fd57
Pereslavl'-Zalesskij RUS 203 Fa09
Pereslavskoje RUS 113 Hd58
Peressaare EST 98 La43
Pereszneye H 145 Gc53
Péret F 41 Hc54
Peretu RO 180 Dc67
Perevalovo RUS 113 Jc59
Perevolok RUS 99 Lc42
Perevoz RUS 203 Fc09
Perfugas I 168 Ca74
Perg A 144 Fc50
Pergamos CY 206 Jc97
Pergine Valsugana I 149 Dc57
Pergola I 156 Ec66
Pergusa I 167 Fb86
Perheniemi FIN 90 Kd37
Perho FIN 81 Jd30
Peri I 149 Dc59
Periam RO 170 Bc59
Periana E 60 Da75
Perieni RO 177 Fa60
Périers F 22 Fa36
Perieți RO 175 Db66
Perieți RO 176 Ed66
Perigiáli GR 189 Bd86
Pérignac F 32 Fb47
Périgné F 32 Fc46
Périgueux F 33 Ga49
Perila EST 98 Kc42
Perino I 149 Cc61
Periprava RO 177 Ga63
Periș RO 176 Ea65
Perișani RO 175 Db63
Perișor RO 175 Cd66
Perișoru RO 177 Fa66
Périssa GR 196 Db92
Perísta GR 188 Bb84
Peristerá GR 183 Cb78
Peristéri GR 188 Ba86
Peristéri GR 189 Cb86
Peristerona CY 206 Jb97
Peristerónas GR 183 Cb78
Perithóri GR 188 Ba84
Perívlepto GR 189 Bd82
Perivóli GR 188 Ab81
Perivóli GR 189 Bc83
Perivolia CY 206 Jc97
Perivólia GR 194 Bc89
Perjasica HR 151 Fd60
Perkaliai LT 114 La55
Perkam D 135 Eb48
Perkáta H 146 Hc54
Pērkone LV 113 Ja53
Perković HR 158 Gb66
Perl A 144 Fc55
Perl D 133 Bb45
Perlé L 132 Ba44
Perleberg D 119 Eb34
Perlejewo PL 123 Ka35
Perlesreut D 135 Ed49
Perlez SRB 153 Jc60
Pērlis LV 106 La49
Perloja LT 114 Kd59
Perly PL 122 Jc30
Përmet AL 182 Ac78
Permisküla EST 99 Lc42
Pernå FIN 90 Kd38
Pernaa FIN 81 Jb30
Pernaja FIN 90 Kd38
Pernarava LV 114 Kb56
Pernarec CZ 135 Ed45
Pernat HR 151 Fb61
Pernay F 28 Fd41
Pernegg an der Mur A 144 Fd53
Pernek SK 145 Gd50
Pernera CY 206 Jd97
Pernes P 50 Ac67
Pernes-les-Fontaines F 42 Jc52
Pernica SLO 144 Ga56
Pernik BG 179 Cb71
Pernink CZ 135 Ec43
Perniö FIN 97 Jc40
Perniön asema FIN 97 Jc40
Pernitz A 144 Ga52
Perno FIN 90 La38
Pernu FIN 75 Kc19
Peroguarda P 50 Ad71
Péronnas F 34 Jb45
Péronne F 23 Ha33
Pêro Pinheiro P 50 Aa68
Perorribio E 46 Dc62
Perosa Argentina I 148 Bb60
Pérouges F 34 Jb46
Perpezac-le-Noir F 33 Gc48
Perpignan F 41 Hb57
Perranporth GB 18 Db31
Perrecy-les-Forges F 30 Hd44
Perrero I 148 Bb60
Perrone I 162 Gd76
Perros-Guirec F 26 Ea37
Persac F 33 Ga45
Persan F 23 Gd36
Persano I 161 Fc76
Persberg S 95 Fb42
Persbo S 95 Fd41
Perserud S 94 Ed42
Pershagen S 96 Gc44
Pershyttan S 95 Fd43
Perskogen N 67 Hb11
Persnäs S 103 Gb51
Persomajärvi S 73 Jb20
Persön S 73 Hd22
Perstorp S 110 Fa54
Pertala FIN 90 Kb34
Perth GB 7 Eb11
Perthes F 24 Hd34
Perthes F 29 Ha38
Pertisau A 143 Ea53
Pertoča SLO 145 Gb55
Pertoúli GR 188 Ba81
Pertrovskoe RUS 99 Ma39
Perttaus FIN 69 Jd17
Pertteli FIN 97 Jd39
Perttula FIN 98 Kb39
Pertuis F 42 Jd53
Pertunmaa FIN 90 Kd35
Pertusa E 48 Fc59
Peruc CZ 136 Fa43
Perućac SRB 159 Ja64
Perugia I 156 Ea67
Perukka FIN 81 Jd25
Perunika BG 185 Dd76
Perunkajärvi FIN 74 Ka18
Perušić HR 151 Fd62
Peruštica BG 180 Db73
Pervalka LT 113 Jb56
Pervijze B 21 Ha29
Pervomaisc MD 173 Fd59
Pervomajsk RUS 203 Fc10
Pervomajs'k UA 204 Ec16
Pervomajskaja RUS 99 Ld44
Pervomajskij RUS 203 Fb11
Pervomajskoe RUS 202 Ea08
Pervomajskoe RUS 203 Ga11
Pervomajs'kyj UA 203 Fa14
Perwez B 124 Ad41
Perzów PL 129 Ha40
Pesac RO 174 Bc60
Pesadas de Burgos E 38 Dc57
Pesaguero E 38 Da55
Pesaro I 156 Ec65
Pesčanokopskoe RUS 205 Fd16
Pescara I 157 Fb70
Pescasseroli I 161 Fa72
Pesceana RO 175 Da64
Peschici I 162 Gb71
Peschiera Borromeo I 149 Cc59
Peschiera del Garda I 149 Db59
Pescia I 155 Db65
Pescia Fiorentina I 155 Dc69
Pescina I 160 Ed71
Pescocostanzo I 161 Fa71
Pescolanciano I 161 Fb72
Pescopagano I 161 Fd75
Pesco Sannita I 161 Fc74
Pescueza E 45 Bd65
Peshkopi AL 178 Ad73
Pesinki FIN 91 Ld33
Pesiökylä FIN 75 La23
Pesiöranta FIN 75 La23
Peski RUS 107 Ld46
Pesmes F 31 Jc41
Pesnica SLO 144 Ga56
Peso P 45 Bd60
Peso P 50 Ba71
Pesočani MK 182 Ba75
Peso da Régua P 44 Ba61
Pesoz E 37 Bd54
Pesqueira E 36 Ac56
Pesquera de Duero E 46 Db60
Pessac F 32 Fb50
Pessáda GR 188 Ac85
Pessalompolo FIN 74 Jc19
Peštani MK 182 Ba76
Peštera BG 179 Cb72
Peštera BG 179 Da73
Peștera RO 181 Fb67
Pesterwitz D 128 Fa41
Peștișani RO 175 Cc63
Peștișu Mic RO 175 Cc61
Pestovo KSV 178 Bb70
Pestovo RUS 202 Ec09
Pestravka RUS 203 Ga10
Pešurići BIH 159 Hd65
Petääjärvi FIN 90 Ka34
Petacciato I 161 Fc71
Petacciato Marina I 161 Fc71
Petäiskylä FIN 83 Lb27
Petäjäjärvi FIN 74 Kb21
Petäjäkangas FIN 74 Kb22
Petäjäkylä FIN 82 Kb29
Petäjälahti FIN 82 Kc25
Petäjämäki FIN 82 Ka25
Petäjämäki FIN 82 La31
Petäjäniemi FIN 82 La25
Petäjäs koski FIN 74 Jd19
Petäjäskoski FIN 81 Jd26
Petäjävesi FIN 90 Kb33
Petalax FIN 81 Hd31
Petalidi GR 194 Bb89
Pétange L 132 Ba45
Petărč BG 179 Cc71
Pétas GR 188 Ad82
Petäys FIN 82 La28
Petäys FIN 89 Jb32
Petelea RO 171 Dc58
Petelevo BG 184 Dc74
Peteranec HR 152 Gc57
Peterborough GB 17 Fc24
Peterchurch GB 15 Eb26
Peterculter GB 7 Ed09
Petergof RUS 99 Mb39
Peterhead GB 5 Fa08
Peterlee GB 11 Fa17
Petersaurach D 134 Dc47
Petersberg D 126 Da42
Petersdorf D 134 Dc49
Petersfield GB 20 Fb30
Petershagen D 126 Cd36
Petershagen-Vogelsdorf D 128 Fa36
Petershausen D 143 Dd50
Peterstone Wentlooge GB 19 Eb28
Peterstow GB 15 Ec26
Peterswell IRL 12 Bd21
Pétervására H 146 Jb51
Pétfürdő H 145 Hb54
Pethelinos GR 184 Cc77
Peti RUS 107 Mb47
Petid RO 170 Cb58
Petiknäs S 80 Hb25
Petikträsk S 72 Ha24
Petilia Policastro I 165 Gd80
Petilla de Aragón E 39 Fa58
Petín E 36 Bc57
Pětipsy CZ 135 Ed44
Petisträsk S 80 Ha26
Petit-Palais-et-Cornemps F 32 Fc50
Petkovac BIH 152 Gc61
Petkovica SRB 153 Ja62
Petkula FIN 69 Ka15
Petkus D 127 Ed38
Petlovac HR 153 Hc58
Petlovača SRB 153 Ja62
Pet Mogili BG 180 Ea73
Petokladenci BG 180 Dc69
Petolahti FIN 81 Hd31
Petra CY 206 Ja97
Petra E 57 Hc67
Pétra GR 183 Bd79
Pétra GR 189 Ca85
Petra GR 191 Ea83
Petrăchioaia RO 176 Eb66
Petrádes GR 185 Eb76
Petralia Soprana I 167 Fa85
Petralia Sottana I 167 Fa85
Petrálona GR 183 Cb79
Petran AL 182 Ac78
Petraná GR 183 Bc78
Petrašiūnai LT 114 Kb54
Petrčane HR 157 Fd64
Petrelë AL 182 Ab75
Petrella Tifernina I 161 Fc72
Petreni MD 173 Fb55
Petrer E 55 Fb71
Pétres GR 183 Bb77
Petrești MD 173 Fb57
Petrești RO 171 Cc55
Petrești RO 175 Cd61
Petrești RO 176 Dd65
Petrești de Jos RO 171 Da58
Petreto-Bicchisano F 154 Ca71
Petrič BG 179 Cd72
Petrič BG 183 Cb75
Petricani RO 172 Ec57
Petričko selo HR 151 Fd59
Petrijanec HR 152 Gb57
Petrijevci HR 153 Hc59
Petrila RO 175 Cd62
Petrinja HR 152 Gb60
Petriș RO 174 Cb60
Petrítsi GR 194 Ba89
Petrivka UA 202 Ec14
Petrofani CY 206 Jc97
Pétrola E 55 Ed70
Petromäki FIN 82 La31
Petroman RO 174 Bc61
Petronell A 145 Gc51
Petropavlivka UA 205 Fa15
Petropavlovka RUS 203 Fc13
Petroșani RO 175 Cd62
Petrosino I 166 Ea85
Petrotá GR 185 Ea75
Petrova RO 171 Db54
Petrovaara FIN 83 Lb29
Petrovac MNE 159 Hd70
Petrovac SRB 174 Bc65
Petrovaradin SRB 153 Jb60
Petrova Ves SK 137 Gd49
Petrovce SK 146 Ja50
Petrovci HR 153 Hd60
Petrovec MK 178 Bc73
Petrovice CZ 128 Fa42
Petrovice CZ 136 Fb46
Petrovići BIH 159 Hd64
Petrovići MNE 159 Hc68
Petrovičky CZ 135 Ed47
Petrovo BG 184 Cc75
Petrovo RUS 113 Ja58
Petrovo RUS 202 Ec09
Petrovo Selo SRB 174 Cb65
Petrovsk RUS 203 Fd11
Petrovskoe RUS 203 Fa09
Petrovskoe RUS 203 Fb12
Petruma FIN 83 Lc31
Petrunea MD 173 Fa55
Petru Rareș RO 171 Db57
Petrușeni MD 173 Fa55
Petřvald CZ 137 Hb45
Petrykav BY 202 Eb13
Petrykozy PL 130 Ja40
Petsikko FIN 64 Ka09
Petsmo FIN 81 Ja30
Pettaugh GB 21 Gb26
Pettenbach A 144 Fa51
Pettendorf D 135 Ea48
Pettigoe GB 9 Cb17
Petting D 143 Ec52
Pettorano sul Gizio I 161 Fa71
Pettstadt D 134 Dc45
Petuški RUS 203 Fa10
Petworth GB 20 Fb30
Peuerbach A 144 Fa50
Peurajärvi FIN 74 Ka20
Peurajärvi FIN 83 Lb26
Peurajärvi FIN 83 Lb27
Peuralinna FIN 81 Jd30
Peurasuvanto FIN 69 Ka14
Peuravaara FIN 75 Kd24
Peure FIN 74 Jd20
Peuton F 28 Fb40
Pevensey GB 20 Fd30
Peveragno I 148 Bc63
Pewsey GB 20 Ed28
Peynirkuyusu TR 192 Fa81
Peypin F 42 Jd54
Peyrat-de-Bellac F 33 Gb46
Peyrat-la-Nonière F 33 Gd46
Peyrat-le-Château F 33 Gc47
Peyrefitte-du-Razès F 41 Gd56
Peyrehorade F 39 Fa54
Peyriac-Minervois F 41 Ha55
Peyrieu F 35 Jd47
Peyrolles-en-Provence F 42 Jd53
Peyruis F 42 Jd52
Peyrus F 34 Jb49
Peyrusse-le-Roc F 33 Gd51
Pėžaičiai LT 113 Jb55
Pézenas F 41 Hc54
Pezens F 41 Gd55
Pézilla-la-Rivière F 41 Hb57
Pezinok SK 145 Gd50
Pezou F 29 Gb40
Pezoúla GR 188 Bb82
Pezovo MK 178 Bd73
Pezuela de las Torres E 46 Dd64
Pézy F 29 Gc38
Pfaffenhausen D 142 Db51
Pfaffenhofen D 142 Db50
Pfaffenhofen an der Ilm D 135 Dd49
Pfaffenhoffen F 25 Kc36
Pfäffikon CH 142 Cc53
Pfäffikon CH 142 Cc53
Pfaffing D 143 Ea51
Pfaffroda D 127 Ed42
Pfakofen D 135 Eb48
Pfalzgrafenweiler D 133 Cb49
Pfarrkirchen D 143 Ec50
Pfarrweisach D 134 Dc44
Pfatter D 135 Eb48
Pfedelbach D 134 Cd47
Pfeffenhausen D 135 Ea49
Pfinztal D 134 Cc47
Pflach A 142 Dc53
Pflersch I 143 Dd55
Pfofeld D 134 Dc47
Pförring D 135 Ea48
Pforzen D 142 Db51
Pforzheim D 134 Cc48
Pfreimd D 135 Eb46
Pfronten D 142 Db52
Pfullendorf D 142 Cd51
Pfullingen D 134 Cd49
Pfunders I 143 Ea55
Pfunds A 142 Db54
Pfungstadt D 134 Cc45
Phalsbourg F 25 Kb36
Philippsburg D 133 Cb47
Philippsthal D 126 Db41
Piaam NL 116 Bb33
Piacenza I 149 Cd61
Piacenza d'Adige I 150 Dd61
Piadena I 149 Da60
Piaggio di Valmara I 148 Cb57
Piália GR 188 Bb81
Piamprato I 148 Bc58
Piana F 154 Ca70
Piána GR 194 Bc87
Piana Crixia I 148 Ca62
Piana degli Albanesi I 166 Ec84
Piancastagnaio I 156 Dd68
Piancavallo I 150 Eb57
Pianche I 148 Bb62
Piandelagotti I 149 Da63
Pianella I 155 Dc66
Pianella I 157 Fa70
Pianello Val Tidone I 149 Cc61
Piani Resinelli I 149 Cc58
Pian Munè I 148 Bb61
Pianoconte I 167 Fc83
Piano d'Arci I 167 Fc86
Pianoro I 149 Dc63
Pianosa I 155 Cd69
Pianottoli-Caldarello F 154 Cb72
Piansano I 156 Dd69
Pianu RO 175 Cd61
Pias P 50 Ba71
Pías E 36 Bc58
Piasecznik PL 120 Fd34
Piaseczno PL 120 Fc34
Piaseczno PL 120 Fc35
Piaseczno PL 120 Ga33
Piaseczno PL 121 Hb32
Piaseczno PL 130 Jb37
Piasek PL 120 Fb35
Piasek PL 122 Ja30
Piasek PL 130 Hc42
Piaski PL 121 Gb32
Piaski PL 122 Hc30
Piaski PL 128 Fd38
Piaski PL 129 Gc38
Piaski PL 131 Kb40
Piastów PL 130 Jb37
Piastowo PL 122 Hc30
Piastre I 155 Db64
Piaszczyna PL 121 Gc31
Piątek PL 130 Hd37
Piatra MD 173 Fd57
Piatra RO 177 Fc66
Piatra RO 180 Dc68
Piatra-Neamț RO 172 Ec58
Piatra-Olt RO 175 Da66
Piatra Șoimului RO 172 Ec58
Piau-Engaly F 40 Fd57
Piazza al Serchio I 155 Da64
Piazza Armerina I 167 Fb86
Piazza Brembana I 149 Cd58
Piazzatorre I 149 Cd57
Piazze I 156 Dd68
Piazzola sul Brenta I 150 Dd59
Pičaevo RUS 203 Fb11
Picamoixons E 48 Gb62
Pićan HR 151 Fa61
Picarreau F 31 Jc43
Picarrel P 50 Ba69
Picassent E 54 Fb68
Piccione I 156 Eb67
Piccovagia F 154 Cb72
Picerno I 161 Ga75
Pichl A 143 Ed53
Pickering GB 16 Fb19
Pickwillow GB 20 Fd25
Pico I 160 Ed73
Picón E 52 Db69
Picoto P 44 Ad61
Picquigny F 23 Gd33
Pidole LV 105 Jd50
Pidula EST 105 Jc46
Piece PL 121 Ha32
Piechcin PL 121 Ha35
Piechowice PL 128 Fd42
Piecki PL 122 Jc32
Piecki PL 123 Ka30
Piecnik PL 121 Gb33
Pieczonki PL 123 Jd30
Piedicavallo I 148 Bd58
Piediluco I 156 Eb69
Piedimonte Etnea I 167 Fd85
Piedimonte Matese I 161 Fb73
Piedimulera I 148 Ca57
Piedipaterno I 156 Ec68
Piedrabuena E 52 Da69
Piedrafita E 37 Cc55
Piedrafita de Babia E 37 Cb56
Piedrahita E 45 Cc64
Piedrahita de Castro E 45 Cb60
Piedralaves E 46 Cd64
Piedras Albas E 51 Bc66
Piedras Blancas E 37 Cb54
Piedrasluengas E 38 Da56
Piedratajada E 48 Fb59
Piedricroce F 154 Cb69
Piedroșani RO 175 Dc63
Piedruja LV 115 Ld53
Piehinki FIN 81 Jd25
Piekary Śląskie PL 138 Hc43
Piekielnik PL 138 Ja46
Piekoszów PL 130 Jb41
Pieksämäki FIN 90 Kd32
Pielavesi FIN 82 Kc29
Pielenhofen D 135 Ea48
Pielești RO 175 Da66
Pielgrzymka PL 128 Ga41
Pielrari RO 175 Da63
Pienava LV 106 Ka51
Pieneni LV 107 Lc52
Pienięzno PL 122 Hd30
Pieńsk PL 128 Fc40
Pienza I 156 Dd67
Piera E 49 Gc61
Pieranie PL 121 Hb35
Pierkunowo PL 122 Jc30
Pierlas F 43 Kc52
Piérnigas E 38 Dd57
Pieros E 37 Bd57
Pierowall GB 5 Ec02
Pierre-Buffière F 33 Gb47
Pierre-de-Bresse F 30 Jb43
Pierrefeu-du-Var F 42 Ka55
Pierrefiche F 34 Hd50
Pierrefitte-Nestalès F 40 Fc56
Pierrefitte-sur-Aire F 24 Jb36
Pierrefitte-sur-Sauldre F 29 Gd41
Pierrefonds F 23 Ha35
Pierrefontaine-les-Blamont F 31 Kb41
Pierrefontaine-les-Varans F 31 Ka41
Pierrefontaines F 30 Jb40
Pierrefort F 34 Hb50
Pierrelatte F 42 Jb51
Pierremont F 23 Gd32
Pierremont-sur-Amance F 31 Jc40
Pierre-Perthuis F 30 Hc41
Pierrepont F 24 Hc34
Pierrepont F 25 Jc34
Pierrepont-sur-Avre F 23 Gd34
Pierroton F 32 Fb50
Piertinjaure S 72 Gd19
Pierzchnica PL 130 Jb42
Piesalankylä FIN 90 Kb33
Piesendorf A 143 Ec54
Piesjoki FIN 64 Jc09
Pieski PL 128 Fd37
Pieskowo PL 122 Ja30
Piesport D 133 Bd44
Piešťany SK 137 Ha49
Pieszyce PL 129 Gb42
Pietarsaari FIN 81 Jb28
Pieterburen NL 117 Bd32
Pietkowo PL 123 Kb34
Pietolansaari FIN 91 Lc34
Pietrabbondante I 161 Fb72
Pietracamela I 156 Ed69
Pietragalla I 161 Ga75
Pietraia I 156 Ea68
Pietralba F 154 Cb69
Pietra Ligure I 148 Ca63
Pietralunga I 156 Eb66
Pietramelara I 161 Fa73
Pietramontecorvino I 161 Fd73
Pietrapertosa I 162 Gb76
Pietraperzia I 167 Fa86
Pietraporzio I 148 Bb62
Pietraroja I 161 Fb73
Pietrasanta I 155 Da64
Pietrasecca I 160 Ec71
Pietraserena F 154 Cb70
Pietrastornina I 161 Fc74
Pietrelcina I 161 Fc74
Pietroasa RO 171 Cc58
Pietroasa RO 174 Cb61
Pietrosaele RO 176 Ec64
Pietroșani RO 180 Dd68
Pietroșița RO 176 Dd63
Pietrosu MD 173 Fb56
Pietrowice PL 137 Ha44
Pietrowice Wielkopolski PL 137 Ha44
Pietrzwałd PL 122 Hd32
Pietrzyk PL 122 Hd34
Pietrzykowo PL 121 Gc31
Pieve del Cairo I 148 Cb60
Pieve di Cadore I 143 Eb56
Pieve di Cento I 149 Dc62
Pieve di Ledro I 149 Db58
Pieve di Soligo I 150 Ea58
Pieve di Teco I 43 La52
Pieve d. Livinallongo I 143 Ea56
Pievepelago I 155 Db64
Pieve San Stefano I 156 Ea65
Pieve Torina I 156 Ec68
Piffonds F 30 Hb39
Pigádi GR 195 Bd89
Pigés GR 184 Da77
Pigés GR 188 Ba81
Pigi CY 206 Jc96
Pigi GR 188 Bb81
Pigi GR 201 Db96
Pigna I 43 Kd52
Pignataro Maggiore I 161 Fa74
Pigniu CH 142 Cc55
Pignola I 161 Ga76
Pihkainmäki FIN 82 Kd30
Pihkalanranta FIN 82 Kb26
Pihlaisto FIN 90 Ka34
Pihlajakoski FIN 90 Kb34
Pihlajalahti FIN 89 Jd34
Pihlajalahti FIN 91 Lb33
Pihlajamäki FIN 82 Kc27
Pihlajaniemi FIN 91 Ld32
Pihlajavaara FIN 75 La24
Pihlajavaara FIN 83 Ma28
Pihlajaveden asema FIN 90 Ka32
Pihlajavesi FIN 89 Jd33
Pihlava FIN 89 Jc38
Pihtipudas FIN 82 Kb29
Pihtisulku FIN 89 Jd32
Pihtla EST 105 Jd46
Piikiö FIN 97 Jc39
Piikkilänkylä FIN 89 Ja34
Piilijärvi S 68 Hc16
Piilijoki FIN 89 Jb36
Piilo FIN 83 Ma28
Piilonperä FIN 90 Ka32
Piippaharju FIN 90 Kc32
Piippola FIN 82 Kb26
Piipsjärvi FIN 81 Jd26
Piiri EST 99 Lc45
Piirsalu EST 98 Ka43
Piispajärvi FIN 75 La22
Piispala FIN 82 Ka30
Piittisjärvi FIN 74 Kb19
Pijnacker NL 116 Ad36
Pikalevo RUS 202 Ec08
Pikasilla EST 106 La46
Pikävere EST 98 Kd43
Pike IRL 13 Ca22
Pikeliai LT 113 Jc53
Pikeliškės LT 114 La57
Pike of Rush Hall IRL 13 Cb22
Pikkalanlahti FIN 98 Ka40
Pikkalaviken FIN 98 Ka40
Pikkarala FIN 74 Ka24
Pikknurme EST 98 La44
Pikku-Joensuu FIN 89 Jd38
Pikku-Kulus FIN 74 Ka19
Pikkukylä FIN 82 La26
Pīksāri LV 106 Kd47
Piktupėnai LT 113 Jc57
Pikva EST 98 Kc42
Pila I 148 Bc58
Pila I 150 Eb61
Piła PL 121 Gb34
Pila SK 138 Hc49
Pilajamäki FIN 82 Kc28
Pilar de la Mola, el E 56 Gc70
Pilas E 59 Bd74
Pilaševo BG 184 Dc74
Pilastri I 149 Dc61
Pilat-Plage F 32 Fa51
Piława PL 130 Jc37
Piława Górna PL 129 Gc42
Pilawki PL 122 Hd32
Pilchów PL 131 Ka42

Pojo – Poyatos

Pojo FIN 97 Jd40
Pojoráta RO 172 Ea56
Pokāni LV 107 Lb48
Pokela FIN 81 Jc30
Pokka FIN 69 Jd13
Poklečani BIH 158 Ha66
Pokój PL 129 Ha41
Pokrota LV 107 Lc50
Pokrov RUS 203 Fa10
Pokrovsk RUS 107 Ma50
Pokrovskaja Arčada RUS 203 Fc11
Pokrovs'ke UA 203 Fb14
Pokrovs'ke UA 205 Fa15
Pokryváč SK 138 Hd47
Pokrzywnica PL 122 Jb35
Pokrzywnica Wielka PL 122 Ja33
Pokupska HR 151 Ga60
Polače HR 158 Ha68
Polack BY 202 Eb11
Pola de Allande E 37 Ca54
Pola de Laviana E 37 Cc55
Pola de Lena E 37 Cb55
Pola de Siero E 37 Cc54
Pola de Somiedo E 37 Ca55
Polaincourt-et-Clairfontaine F 31 Jd39
Połajewo PL 121 Gb35
Polán E 52 Da66
Polanco E 38 Dc55
Polanica-Zdrój PL 137 Gb43
Połaniec PL 138 Jc43
Polanów PL 121 Gb31
Polany PL 138 Jc46
Polbathic GB 18 Dc31
Polcenigo I 150 Eb58
Polch D 133 Ca43
Polcirkeln S 73 Hc19
Połczno PL 121 Gd31
Połczyn-Zdrój PL 120 Ga32
Polebrook GB 20 Fc25
Polećko PL 128 Fc37
Polegate GB 20 Fd30
Polekėlė LT 114 Kb54
Polemi CY 206 Hd97
Polena BG 183 Cb74
Põlendmaa EST 106 Kc46
Poleny RUS 107 Ld47
Polesella I 150 Dd61
Polešovice CZ 137 Gd48
Polessk RUS 113 Jb58
Polgár H 147 Jd51
Polgárdi H 145 Hb54
Polhov Gradec SLO 151 Fb58
Polia I 164 Gc82
Poliani GR 194 Bb89
Polianthο GR 184 Dc77
Polica MNE 159 Jb68
Poliçan AL 182 Ac78
Police PL 120 Fc33
Police nad Metují CZ 137 Gb43
Polichna PL 131 Ka41
Polichno PL 130 Hd41
Polička CZ 137 Gb46
Poličnik HR 157 Fd64
Polično RUS 99 Lc43
Policoro I 162 Gc77
Policzna PL 131 Jd39
Polidámio GR 189 Bd82
Polidéndri GR 189 Bd82
Polidendro GR 183 Bd78
Polídrosos GR 189 Bd84
Polidrosso GR 188 Ad82
Polientes E 38 Dc56
Poligiros GR 182 Ad80
Polígiros GR 183 Cb79
Polignac F 34 Hd49
Polignano a Mare I 162 Gd74
Poligny F 31 Jc43
Polihnítos GR 191 Ea83
Polihrono GR 184 Cc80
Polikárpi GR 183 Bc76
Polikástano GR 182 Ba78
Polikastro GR 183 Ca76
Polikraiste BG 180 Dd70
Polímilos GR 183 Bc78
Polinéri GR 182 Ba79
Polípetro GR 183 Bd77
Polipótamo GR 183 Bb77
Polirinía GR 200 Ca95
Polis AL 182 Ac75
Polis CY 206 Hd97
Polis'ke UA 202 Eb14
Polissito GR 184 Db77
Polistena I 164 Gb83
Polístilo GR 184 Da77
Polisy F 30 Hd39
Politiká GR 189 Cb84
Polizzi Generosa I 167 Fa85
Pölja FIN 82 Kd29
Polja RUS 99 Mb42
Poljana BG 181 Ec73
Poljana BIH 158 Hb67
Poljana HR 152 Gb58
Poljanak HR 151 Ga61
Poljana Pakračka HR 152 Gd60
Poljance KSV 178 Ba70
Poljane RUS 107 Mb49
Poljane SLO 151 Fb57
Pöljänmylly FIN 82 La29
Poljanovo BG 185 Dd74
Poljčane SLO 151 Ga57
Polje BIH 152 Hb61
Polje SLO 151 Fc58
Poljica HR 157 Fd64
Poljice BIH 153 Hc63
Pölkki FIN 81 Jd30
Polkowice PL 128 Ga40
Pölla A 136 Fd49
Polla I 161 Fd76
Pollachar GB 6 Cc08
Pölläkkä FIN 90 Kd32
Pölläkkä FIN 91 Lc32
Pollari FIN 81 Jb31
Pollatomish IRL 8 Bb17
Pöllau A 144 Ga54
Pöllauberg A 144 Ga54
Polle D 126 Da38
Polleben D 127 Ea39
Pollen N 62 Ha10
Pollença E 57 Hc66
Pollenfeld D 135 Dd48
Pollhagen D 126 Da36
Pollica I 161 Fc77
Polling A 143 Ed51
Polling D 142 Dc52
Pollneset N 64 Jb04
Polloch GB 6 Db10
Pollone I 148 Bd59
Pollónia GR 195 Cd91
Pollos E 46 Cd61
Polná CZ 136 Ga46
Polna RUS 99 Ld44
Polná na Šumavě CZ 136 Fb49
Polne PL 121 Gb32
Polnica PL 121 Gd32
Polo FIN 75 La21
Pologoe Zajmišče RUS 203 Ga13
Polohy UA 205 Fb16
Połom PL 123 Jd31
Polom SRB 159 Jc64
Połomia PL 139 Ka44
Polomka SK 138 Ja48
Polonez TR 186 Fd77
Polonne UA 204 Eb15
Polope E 53 Ec70
Polopos E 61 Eb75
Pološko MK 183 Bc75
Polovragi RO 175 Da63
Polperro GB 18 Dc32
Polska Cerkiew PL 137 Ha44
Polski Gradec BG 180 Ea73
Polski Trămbeš BG 180 Dd69
Polso FIN 81 Jd29
Poltár SK 146 Ja50
Poltava UA 202 Ed14
Poltavskoe RUS 113 Jd58
Põltsamaa EST 98 Kd44
Polttila FIN 89 Ja37
Polumir SRB 178 Ba68
Põlva EST 107 Lb46
Polvela FIN 83 Lc29
Polvenkylä FIN 89 Ja32
Polverigi I 156 Ed66
Polvijärvi FIN 83 Lc30
Polvikoski FIN 83 Mb29
Połwieś PL 121 Hb32
Polythea GR 182 Ba80
Polzeath GB 18 Db31
Polzela SLO 151 Fc57
Pölzig D 127 Eb41
Pomarance I 155 Db67
Pomarão P 58 Ba73
Pomar de Cinca E 48 Fd60
Pomarez F 39 Fb54
Pomarico I 162 Gc76
Pomarkku FIN 89 Ja35
Pomârla RO 172 Ec54
Pombal P 44 Ac65
Pombalinho P 50 Ac67
Pómbia GR 200 Cd96
Pombriego E 37 Bd57
Pomeroy GB 9 Cc17
Pomezí CZ 137 Gb46
Pomezia I 160 Eb72
Pomi RO 171 Da55
Pomianowo PL 120 Ga31
Pomiechówek PL 130 Jb36
Pömiö FIN 74 Jd21
Pommelsbrunn D 135 Ea46
Pommeréval F 23 Gb34
Pommersfelden D 134 Dc45
Pomol BIH 159 Hd64
Pomonte I 155 Cd68
Pomorie BG 181 Fa72
Pomorska Wieś PL 122 Hc30
Pomorsko PL 128 Fd38
Pomos CY 206 Hd96
Pomoštnik BG 185 Ea74
Pomoy F 31 Jd40
Pompa MD 173 Fb56
Pompei I 161 Fb75
Pompeji = Pompei I 161 Fb75
Pompey F 25 Jd36
Pompierre F 31 Jc38
Pompignan F 41 Hd53
Pomysk Mł. PL 121 Gd30
Ponsacco-sur-le-Loir F 29 Ga40
Poncin F 35 Jc45
Pondorf D 135 Ea48
Ponferrada E 37 Ca57
Poniatowa PL 131 Ka40
Poniatowo PL 122 Hd34
Poniec PL 129 Gc39
Ponikiew Mała PL 122 Jc34
Ponikovica SRB 159 Jb64
Ponikva MK 179 Ca73
Poniky SK 138 Hd49
Pönitz D 119 Dd31
Ponjos E 37 Cb56
Pönniälä FIN 91 Lb35
Ponoarele RO 175 Cc64
Ponor RO 171 Cd59
Ponor SRB 179 Ca69
Ponoševac KSV 178 Ad71
Ponoševac SRB 159 Jc69
Ponova vas SLO 151 Fc58
Pons F 32 Fb48
Ponsa FIN 90 Ka35
Ponsacco I 155 Db65
Ponsworthy GB 19 Dd31
Pont I 148 Bc59
Pont-à-Bucy F 24 Hb34
Pontacq F 40 Fc56
Pontailler-sur-Saône F 31 Jc41
Pontaix F 35 Jc50
Pont-à-Marcq F 23 Ha31
Pont-à-Mousson F 25 Jc36
Pontão P 44 Ad65
Pontardawe GB 19 Dd27
Pontardulais GB 19 Dd27
Pontarion F 33 Gc46
Pontarlier F 31 Ka43
Pontarsais GB 15 Dd26
Pontassieve I 155 Dc65
Pontaubault F 22 Fa37
Pont-Audemer F 22 Fd35
Pontaumur F 33 Ha46
Pont-Authou F 23 Ga35
Pont-Aven F 27 Dd40
Pontavert F 24 Hc35
Pont Canavese I 148 Bc59
Pontcharra F 35 Jd47
Pontcharra-sur-Tudine F 34 Ja46
Pontcharraud F 33 Gd47
Pontchartrain F 23 Gc37
Pontchâteau F 27 Ec41
Pont-Croix F 27 Db39
Pont-d'Ain F 35 Jc46
Pont-d'Aspach F 31 Kb40
Pont-de-Chéruy F 34 Jb47
Pont-de-Dore F 34 Hc47
Pont-de-la-Chaux F 31 Jd44
Pont-de-l'Arche F 23 Gb35
Pont-de-l'Isère F 34 Jb49
Pont-de-Pany F 30 Ja42
Pont-de-Poitte F 31 Jc44
Pont-de Rhodes F 33 Gc51
Pont-de Roide F 31 Ka41
Pont-de-Salars F 41 Ha52
Pont-des-Plagnettes F 35 Ka45
Pont-de-Vaux F 30 Jb44
Pont-de-Veyle F 34 Jb45
Pont-d'Hérault F 41 Hd53
Pont-d'Héry F 31 Jd43
Pont-d'Ouilly F 22 Fc37
Pont-du-Château F 34 Hb47
Pont-du-Navoy F 31 Jc43
Ponte I 161 Fa73
Ponte a Elsa I 155 Db65
Ponte Albar E 36 Ad55
Ponte alla Chiassa I 156 Dd66
Ponte Arche I 149 Dc58
Ponteareas E 36 Ad58
Ponte Barxas E 36 Ba58
Pontebba I 143 Ed56
Ponte Caffaro I 149 Db58
Pontecagnano I 161 Fc75
Ponte-Caldelas E 36 Ad57
Ponte Carreira E 36 Ba55
Ponte Castirla F 154 Cb69
Ponteceso E 36 Ad54
Pontechianale I 148 Bb61
Pontecorvo I 160 Ed73
Pontecurone I 148 Cb61
Ponte da Barca P 44 Ad59
Pontedecimo I 148 Cb62
Ponte de Lima P 44 Ad59
Ponte dell'Olio I 149 Cd61
Pontedera I 155 Db65
Ponte de Sor P 50 Ad67
Pontedeume E 36 Ba54
Ponte di Barbarano I 150 Dd60
Ponte di Ferro I 156 Eb68
Ponte di Legno I 149 Db57
Ponte di Nava I 148 Bd63
Ponte di Piave I 150 Eb59
Ponte do Porto E 36 Ac54
Pontefract GB 16 Fa21
Ponte in Valtellina I 149 Da57
Pontelagoscuro I 150 Dd61
Pontelandolfo I 161 Fc73
Ponte Leccia F 154 Cb69
Ponte Ledesma E 36 Ba56
Ponte nelle Alpi I 150 Eb57
Ponte Nossa I 149 Cd58
Pontenova Villaodriz E 36 Bc54
Pont-en-Royans F 35 Jc49
Ponte Nuovo F 154 Cb69
Pontenure I 149 Cd61
Pontenx-les-Forges F 39 Fa52
Pontepetri I 155 Db64
Pontericcioli I 156 Eb66
Ponterwyd GB 15 Dd25
Ponte San Pietro I 149 Cd58
Pontesbury GB 15 Eb24
Pontestura I 148 Ca60
Ponte Tresa I 148 Cb57
Ponte Ulla E 36 Ba56
Ponte Valga E 36 Ad56
Pontevedra E 36 Ad57
Pont-Evêque F 34 Jb47
Pontevico I 149 Da60
Pont-Farcy F 22 Fa36
Pontgibaud F 33 Ha47
Pont-Hamon F 27 Eb39
Ponthibault F 28 Fd40
Ponthierry F 29 Ha38
Ponti I 169 Bd80
Pontigny F 22 Fc36
Pontigny F 30 Hc40
Pontijou F 29 Gb40
Pontinia I 160 Ec73
Pontinvrea I 148 Ca62
Pöntiö FIN 81 Jc27
Pontivy F 27 Ea39
Pont-l'Abbé F 22 Fa35
Pont-l'Abbé F 27 Dc40
Pont-l'Abbé-d'Arnoult F 32 Fb47
Pont-la-Ville F 30 Ja39
Pont-l'Evêque F 22 Fd35
Pontlevoy F 29 Gb42
Pont-Losquet F 26 Ea37
Pontmain F 28 Fa38
Pontoise F 23 Gd36
Pontokerasiá GR 183 Cb76
Pontokómi GR 183 Bb78
Pontones E 61 Ea72
Pontonx-sur-l'Adour F 39 Fa54
Pontoon IRL 8 Bc18
Pontorson F 28 Ed38
Pontremoli I 149 Cd63
Pont-Rémy F 23 Gc33
Pontresina CH 142 Da56
Pontrhydfendigaid GB 15 Dd25
Pontrhydygroes GB 15 Dd25
Pontrieux F 26 Ea37
Pontrilas GB 15 Eb26
Ponts E 48 Gb60
Pont-Sainte-Maxence F 23 Ha35
Pont-Saint-Esprit F 42 Jb52
Pont Saint-Mamet F 33 Ga50
Pont-Saint-Martin F 28 Ed42
Pont-Saint-Martin I 148 Bd58
Pont-Saint-Pierre F 23 Gb35
Pont-Saint-Vincent F 25 Jd37
Pont-Scorff F 27 Dd40
Pont-Scorff F 27 Ea40
Pont-sur-Yonne F 30 Hb38
Pontvallain F 28 Fd40
Pontyberem GB 19 Dd27
Pontyclun GB 19 Ea28
Pontypool GB 19 Eb27
Pontypridd GB 19 Ea27
Ponza I 160 Ec75
Ponzone I 148 Ca58
Ponzone I 148 Ca62
Poola FIN 81 Ja31
Poole GB 20 Ed31
Poolewe GB 4 Dc07
Pooley Bridge GB 11 Ec17
Pootsi EST 106 Kb46
Popčevo MK 183 Ca75
Pope LV 105 Jb49
Popeasca MD 173 Ga59
Popeni RO 177 Fb60
Popericu MD 173 Fd56
Poperinge B 21 Ha30
Popești RO 171 Cc56
Popești RO 172 Ed57
Popești RO 175 Da64
Popești RO 175 Dc66
Popeștii de Jos MD 173 Fb54
Popeștii de Sus MD 173 Fb54
Popești-Leordeni RO 176 Eb66
Popielów PL 129 Ha42
Popina BG 181 Ec67
Popinci BG 179 Da72
Popinci SRB 153 Jb61
Popioły PL 123 Jd30
Popkovo Gora RUS 99 Ld42
Poplaca RO 175 Da61
Popławy PL 122 Jb35
Popoli I 157 Fa70
Popovac HR 152 Gc59
Popovac HR 153 Hc58
Popovac SRB 178 Bc67
Popovača HR 152 Gc59
Popović BG 181 Fa71
Popovica BG 180 Dc73
Popovica SRB 174 Ca66
Popović-Brdo HR 151 Ga60
Popovo BG 180 Eb70
Popovo BG 181 Ec73
Popów PL 130 Hc41
Popów PL 130 Hd38
Popowo PL 121 Gd30
Popowo Kościelne PL 129 Gc36
Poppel B 124 Ba39
Poppenhausen D 134 Da43
Poppenhausen D 134 Db44
Poppenricht D 135 Ea46
Poppi I 156 Dd65
Poprad SK 138 Jb47
Popricani RO 173 Fa57
Poproč SK 138 Jc48
Popšica SRB 178 Bd68
Popsko BG 185 Dd75
Populonia I 155 Da67
Poraj PL 130 Hc42
Porajów PL 128 Fc42
Poranen FIN 81 Jd30
Porazava BY 202 Dd13
Pörböly H 153 Hc57
Porcari I 155 Db65
Porcsalma H 147 Kc51
Porcuna E 52 Da72
Pordenone I 150 Eb58
Pordim BG 180 Dc69
Poręba PL 138 Hd43
Porebeni MD 173 Fd56
Poreč HR 150 Ed60
Poreč'e RUS 99 Ld41
Poreč'e RUS 113 Jb59
Poredy PL 122 Jc33
Porhov RUS 202 Eb10
Porhovo RUS 99 Ld41
Pori EST 106 La46
Pori FIN 89 Ja36
Pόri GR 183 Bd80
Porice BIH 158 Ha64
Porjus S 72 Ha18
Porkala FIN 98 Kb40
Porkanranta FIN 82 Ka25
Porkenäs FIN 81 Ja29
Porkkakylät FIN 90 Ka33
Porkkala FIN 82 Kb27
Porkkala FIN 98 Kb40
Porkuni EST 98 Kd42
Porlákshöfn IS 2 Ac05
Porlammi FIN 90 Kd38
Porlezza I 149 Cc57
Porlock GB 19 Ea29
Porlom FIN 90 Kd38
Pornainen FIN 90 Kc38
Pornassio I 148 Bd63
Pörnbach D 135 Dd49
Pornello I 156 Ea68
Pornic F 27 Ec42
Pornichet F 27 Ec42
Pornópáti H 145 Gb54
Poroça i poshtëm AL 182 Ac76
Poroč'e RUS 99 Mb45
Porodin SRB 174 Bc65
Poroina Mare RO 175 Cc65
Porokylä FIN 83 Lb27
Pörölänmäki FIN 82 Kd31
Poromäki FIN 82 La25
Poronin PL 138 Ja46
Póros GR 188 Ac85
Póros GR 195 Cb88
Porosalmi FIN 91 Lb32
Porost PL 121 Gb31
Poroszló H 146 Jc52
Porovesi FIN 82 Kd28
Porozina HR 151 Fb61
Porpác H 145 Gc54
Pórpi GR 184 Dc77
Porquerolles F 42 Ka55
Porras FIN 89 Jd38
Porras FIN 90 Ka36
Porraskoski FIN 90 Kb36
Porrentruy CH 141 Bc52
Porreres E 57 Hc67
Porretta Terme I 155 Db64
Porriño E 36 Ad58
Porrogszentkirály H 152 Gd57
Porrosillo E 52 Dc71
Porsänmäki FIN 82 Kd28
Porsgrunn N 93 Dc44
Þórshöfn IS 3 Bc04
Porsi S 73 Hb19
Pórszombat H 145 Gc55
Port IRL 8 Bd16
Port N 64 Jc08
Portacloy IRL 8 Bb17
Portadown GB 9 Cd18
Portaferry GB 10 Db18
Portagem P 51 Bb67
Portaje E 45 Bd65
Portalegre P 51 Bb67
Portalrubio E 47 Fa63
Portals Vells E 56 Ha67
Port Appin GB 6 Dc11
Portariá GR 183 Cb79
Portarlington IRL 13 Cc22
Port Askaig GB 6 Da13
Portavadie GB 6 Dc13
Porta Westfalica D 126 Cd37
Portbail F 22 Ed35
Port-Barcarès F 41 Hb57
Port-Blanc F 26 Ea37
Portbradden GB 9 Cd15
Portbron S 71 Fc22
Port-Camargue F 42 Ja54
Port Charlotte GB 6 Da13
Port-Cros F 43 Kb55
Port d'Addaia E 57 Ja65
Port-d'Agrès F 33 Gd51
Port d'Alcúdia E 57 Hc66
Port d'Andratx E 56 Ha67
Port d'Atelier-Amance F 31 Jd40
Port-de-Bouc F 42 Jb54
Port de Chiavari F 154 Ca71
Port-de-Miramar F 42 Ka55
Port de Pollença E 57 Hc66
Port-des-Barques F 32 Fa46
Port des Callonges F 32 Fb49
Port de Sóller E 57 Hb66
Port d'es Torrent E 56 Gb69
Port de Valldemossa E 57 Hb67
Port Durlainne IRL 8 Bc17
Porte-de-Lanne F 39 Fa54
Portegrandi I 150 Eb59
Portel P 50 Ba70
Portela P 58 Ad73
Portela de Santa Eulália P 44 Ba60
Portela de Vade P 44 Ad59
Portel-des-Corbières F 41 Hb56
Portell de Morella E 48 Fc64
Portelo E 37 Bd56
Portelo P 45 Bd59
Port-en-Bessin F 22 Fb35
Portencross GB 10 Dc14
Port Erin GB 10 Dc19
Pörtet S 94 Fa41
Port-Eynon GB 19 Dd28
Portezuelo E 51 Bd66
Port George GB 5 Ea07
Port Glasgow GB 10 Dd13
Portglenone GB 9 Cd16
Port Goulphar F 27 Ea42
Port Grimaud F 43 Kb54
Porth GB 19 Ea27
Porthcawl GB 19 Dd28
Porthleven GB 18 Da32
Porthmadog GB 15 Dd23
Porthoustock GB 18 Db32
Porticcio F 154 Ca71
Portichuelo E 55 Fa71
Portici I 161 Fb75
Portico di Romagna I 156 Dd64
Portiglione I 155 Db68
Portilla de la Reina E 38 Da56
Portillo E 46 Da61
Portimão P 58 Ab74
Portimo FIN 74 Ka20
Portimojärvi FIN 73 Jb19
Portinatx E 56 Gc69
Portinho da Arrábida P 50 Ab69
Portinniska FIN 74 Kc18
Port Isaac GB 18 Db31
Portishead GB 19 Eb28
Port-Joinville F 27 Ec44
Portknockie GB 5 Ec07
Port Láirge IRL 13 Cb25
Port Lamont GB 6 Dc13
Port-la-Nouvelle F 41 Hb56
Port Laoise IRL 13 Cb22
Portlaoise IRL 13 Cb22
Port-Leucate F 41 Hb56
Portloe GB 18 Db32
Port-Louis F 27 Ea40
Portmagee IRL 12 Ad25
Portmahomack GB 5 Ea07
Portman E 55 Fa74
Port-Manec'h F 27 Dd40
Portmarnock IRL 13 Cd21
Port Maubert F 32 Fb48
Port-Mort F 23 Gb36
Pörtmossen FIN 89 Hd32
Portmuck GB 10 Db17
Portnacroish GB 6 Dc11
Portnaguran GB 4 Db05
Portnahaven GB 6 Da13
Port Nan Long GB 6 Cd07
Port-Navalo F 27 Ea41
Portnoo IRL 8 Ca16
Porto E 37 Bb58
Porto F 154 Ca70
Pórto GR 196 Db88
Porto I 164 Ga78
Porto P 44 Ac61
Porto Alabe I 169 Bd76
Porto Alto P 50 Ab68
Porto Azzurro I 155 Da68
Portobello di Gallura I 168 Ca73
Porto Botte I 169 Bd80
Portobuffolè I 150 Eb58
Pórto Carrás GR 184 Cc80
Porto Cervo I 168 Cc73
Porto Cesareo I 162 Hb77
Porto Colom E 57 Hc68
Porto Covo P 50 Ab71
Porto Cristo E 57 Hc67
Porto da Balsa P 44 Ba64
Porto d'Ascoli I 157 Fa68
Porto de Bares E 36 Bc53
Porto de Espasante E 36 Bb53
Porto de Lagos P 58 Ab74
Porto de Mós P 50 Ab66
Porto do Barqueiro E 36 Bb53
Porto do Son E 36 Ac56
Porto Empedocle I 166 Ed86
Porto Ercole I 155 Dc70
Portoferraio I 155 Da68
Portofino I 149 Cc63
Port of Menteith GB 7 Dd12
Port of Ness GB 4 Db04
Porto Garibaldi I 150 Ea62
Porto Germenó GR 189 Ca86
Portogruaro I 150 Ec59
Portohéli GR 195 Ca88
Pórto Koufós GR 184 Cc80
Porto Levante I 150 Eb61
Pörtom FIN 89 Hd32
Portomaggiore I 150 Dd62
Portomarín E 36 Bb56
Porto Maurizio I 43 La52
Port Omna IRL 13 Ca22
Portomouro E 36 Ad55
Porton GB 20 Ed29
Portonovo E 36 Ac57
Portonovo I 156 Ed66
Porto Palermo AL 182 Ab78
Porto Palo I 166 Eb85
Portopalo di Capo Passero I 167 Fd88
Porto Pino I 169 Bd80
Porto Pollo F 154 Ca71
Porto Potenza Picena I 156 Ed67
Porto Pozzo I 168 Cb73
Pórto Rafti GR 195 Cc87
Porto Recanati I 156 Ed66
Porto Rotondo I 168 Cc74
Portorož SLO 150 Ed60
Porto San Elpidio I 157 Fa67
Porto San Giorgio I 157 Fa67
Porto San Paolo I 168 Cc74
Porto Santo Stefano I 155 Db69
Portoscuso I 169 Bc79
Portosín E 36 Ac55
Porto Tolle I 150 Eb61
Porto Torres I 168 Bd74
Porto Valtravaglia I 148 Cb57
Porto-Vecchio F 154 Cb72
Portovenere I 155 Cd64
Portovesme I 169 Bc79
Portpatrick GB 10 Dc16
Port pétrolier du Havre-Antifer F 22 Fd34
Portreath GB 18 Da32
Portree GB 4 Da08
Portroe IRL 12 Bd22
Portrush GB 9 Cd15
Port-Sainte-Marie F 40 Fd52
Port-Saint-Louis-du-Rhône F 42 Jb54
Port-Saint-Père F 28 Ed42
Portsall F 26 Db37
Portsalon IRL 9 Cb15
Pörtschach am Wörthersee A 144 Fb56
Portslade-by-Sea GB 20 Fc30
Portsmouth GB 20 Fa30
Portsoy GB 5 Ec07
Portstewart GB 9 Cd15
Port-sur-Saône F 31 Jd40
Port Talbot GB 19 Dd27
Portugalete E 38 Ea55
Portumna IRL 13 Ca22
Porturlin IRL 8 Bc17
Port-Vendres F 41 Hb57
Port William GB 10 Dd17
Porúbka SK 139 Ka48
Porumbacu de Jos RO 175 Db61
Porvola FIN 90 Ka34
Porvoo FIN 98 Kc39
Porzádez E 46 Cd61
Porządzie PL 122 Jc35
Porzuna E 52 Da68
Posada E 38 Da54
Posada I 168 Cc75
Posada de Valdeón E 37 Cd55
Posada (Llanera) E 37 Cb54
Posadas E 38 Ea58
Posadas E 60 Cc72
Posadilla E 37 Cb57
Posadowice PL 129 Gd41
Poșaga RO 171 Cd59
Poșaga de Sus RO 171 Cd59
Poschiavo CH 142 Da56
Posedarje HR 157 Fd64
Pošehon'e RUS 202 Ed08
Posen = Poznań PL 129 Gc37
Poseritz D 119 Ed30
Posesse F 24 Ja36
Posești RO 176 Eb63
Poshnjë AL 182 Ab76
Posidóni GR 197 Eb88
Posidonía GR 196 Da89
Posina I 149 Dc58
Posio FIN 75 Kd19
Positano I 161 Fb75
Posjärv S 73 Ja19
Poškonys LT 115 Lb59
Poškos LT 113 Jb55
Posof TR 205 Ga18
Possagno I 150 Ea58
Posseck D 135 Eb43
Possendorf D 128 Fa41
Possens CH 141 Bb55
Pößneck D 127 Ea42
Posta I 156 Ec69
Poșta Câlnău RO 176 Ec63
Posta Demani I 161 Ga73
Posta Piana I 161 Ga74
Posta San Lucia I 161 Fd73
Postau D 135 Eb49
Postbauer-Heng D 135 Dd47
Postel B 124 Ba39
Posterholt NL 125 Bb40
Postiglione I 161 Fd76
Postojna SLO 151 Fb59
Postoloprty CZ 136 Fa43
Postomino PL 121 Gb30
Postranje HR 158 Gd66
Postřelmov CZ 137 Gc45
Postue N 63 Ja10
Postupice CZ 136 Fc46
Posušje BIH 158 Gd66
Poświętne PL 123 Ka34
Poświętne PL 130 Ja39
Poświętne PL 130 Jc36
Potamí GR 184 Cd76
Potamiá GR 184 Db78
Potamós GR 195 Bd92
Potamós GR 196 Dd90
Potamós GR 200 Ca93
Potamoúla GR 188 Ba83
Potcoava RO 175 Db66
Potęgowo PL 121 Gd30
Potenza I 161 Ga75
Potenza Picena I 156 Ed67
Potes E 38 Da55
Potidania GR 189 Bc84
Potka N 63 Hb09
Potkraj BIH 158 Gd65
Potku FIN 75 Kc24
Potlogi RO 176 Dd65
Potnjani HR 152 Hb60
Potočac SRB 178 Bc67
Potoci BIH 152 Gc63
Potoci BIH 158 Hb66
Potoci RO 172 Eb58
Potoczyzna PL 123 Ka32
Potok Górny Drugi PL 131 Kb42
Potok Złoty PL 130 Hd42
Pôtor SK 146 Hd50
Potoskavaara FIN 91 Ma32
Potsdam D 127 Ed37
Potštát CZ 137 Gd46
Potštejn CZ 137 Gb44
Pottenstein D 135 Dd45
Potters Bar GB 20 Fc27
Pötting A 144 Fa50
Pöttmes D 134 Dc49
Potton GB 20 Fc26
Potworów PL 130 Jb39
Potzlow D 120 Fa34
Pouancé F 28 Fa40
Pouan-les-Vallées F 30 Hd38
Poudenas F 40 Fd53
Pougny F 30 Hb41
Pougues-les-Eaux F 30 Hb42
Pougy F 30 Hd38
Pouillenay F 30 Ja41
Pouillon F 39 Fa54
Pouilly-en-Auxois F 30 Ja42
Pouilly-sous-Charlieu F 34 Hd45
Pouilly-sur-Loire F 30 Hb42
Pouilly-sur-Saône F 30 Jb42
Poujols F 41 Hc53
Poulaines F 29 Gc42
Pouldreuzic F 27 Dc39
Poúlithra GR 195 Bd89
Poullaouen F 26 Dd38
Poulstrup DK 100 Dc20
Poulton-le-Fylde GB 15 Eb20
Poúnda GR 196 Db90
Pourí GR 189 Ca81
Pourlans F 30 Jb43
Pourrain F 30 Hb40
Pourrières F 42 Jd54
Pourunperä FIN 89 Jd33
Pousada E 36 Ba54
Poussu FIN 75 La20
Pouyastruc F 40 Fd55
Pouydesseaux F 40 Fc53
Pouy-de-Touges F 40 Gb55
Pouzac F 40 Fd56
Pouzauges F 28 Fb44
Pouzilhac F 42 Jb52
Pouzilli I 161 Fa73
Považská Bystrica SK 137 Hb47
Považská Teplá SK 137 Hb47
Povedilla E 53 Ea70
Poveršče RUS 107 Ma49
Poviglio I 149 Db61
Povja HR 158 Gc67
Povljana HR 151 Fd63
Póvoa das Quartas P 44 Ba64
Póvoa de Lanhoso P 44 Ad59
Póvoa de São Miguel P 50 Ba71
Póvoa de Varzim P 44 Ac60
Póvoa e Meadas P 50 Ba66
Powalice PL 120 Fd32
Powardennan Lodge GB 7 Dd12
Powburn GB 11 Ed15
Power's Cross IRL 12 Bd22
Powidz PL 129 Ha36
Powierz PL 122 Ja33
Powodów PL 130 Hc38
Powroźnik PL 138 Jc46
Poxdorf D 135 Dd45
Poyales del Hoyo E 45 Cc65
Poyatos E 47 Ec64

Poyaz – Putlitz

Poyaz TR 186 Fd77
Pöylä FIN 97 Jc39
Poynton GB 16 Ed22
Poyntz Pass GB 9 Cd18
Poyols F 35 Jc50
Poyra TR 193 Gb81
Poyralı TR 185 Ed75
Poyraz TR 192 Fa85
Poyrazcık TR 191 Ec84
Poyrazdamları TR 192 Fa85
Poyrazlı TR 185 Ed79
Pöyry FIN 90 Kd34
Poysdorf A 137 Gc49
Pöytiö FIN 97 Jd39
Pöytyä FIN 89 Jc38
Poza de la Sal E 38 Dd57
Pozal de Gallinas E 46 Cd61
Požarevac SRB 174 Bc64
Požarnica BIH 153 Hd63
Pozdeň CZ 136 Fa44
Pozdišovce SK 139 Ka48
Pozedrze PL 122 Jc30
Požega HR 152 Ha60
Požega SRB 159 Jb65
Požeranje KSV 178 Bb72
Požerė LT 113 Jd55
Pozières F 23 Ha33
Poznań PL 129 Gc37
Pozo Alcón E 61 Dd73
Pozoantiguo E 45 Cc60
Pozoblanco E 52 Cd71
Pozo-Cañada E 53 Ec70
Pozo de Guadalajara E 46 Dd64
Pozo de la Serna E 53 Dd70
Pozohondo E 53 Ec70
Pozo-Lorente E 54 Ed69
Pozondón E 47 Ed64
Pozořice CZ 137 Gc47
Pozorrubio E 53 Dd66
Poźrzadło Wielkie PL 120 Ga33
Pozuelo E 53 Eb70
Pozuelo de Alarcón E 46 Db64
Pozuelo de Aragón E 47 Ed60
Pozuelo de Calatrava E 52 Db69
Pozuelo del Páramo E 37 Cb58
Pozuelo de Zarzón E 45 Bd65
Pozza I 149 Db62
Pozza di Fassa I 143 Dd56
Pozzallo I 167 Fc88
Pozzillo I 167 Fd85
Pozzomaggiore I 168 Bd76
Pozzo San Nicola I 168 Bd74
Pozzuoli I 161 Fa75
Pozzuolo I 156 Dd67
Praag = Praha CZ 136 Fb44
Praaga EST 99 Lc45
Prabuty PL 122 Hc32
Prača BIH 159 Hd65
Prachatice CZ 136 Fa48
Prackenbach D 135 Ec48
Pračno HR 152 Gb60
Prada E 37 Bd57
Prádanos de Ojeda E 38 Db57
Pradelles F 34 Hd50
Pradelles-Carbadès F 41 Ha55
Prádena E 46 Dc62
Prades E 48 Gb62
Prades F 41 Ha57
Pradła PL 130 Hd42
Pradleves I 148 Bb62
Prado E 36 Ba56
Prado E 36 Ad57
Prado E 37 Cd54
Prado E 45 Cc59
Prado P 44 Ad59
Prado del Rey E 59 Ca76
Pradoluengo E 38 Dd58
Prads F 43 Kb51
Præstbro DK 101 Dd20
Præsteskov DK 109 Ec27
Præstø DK 109 Eb27
Prag = Praha CZ 136 Fb44
Pragelato I 148 Bb60
Prags I 143 Ea55
Praha CZ 136 Fb44
Prahecq F 32 Fc45
Prahovo SRB 174 Cb66
Praia a Mare I 164 Ga78
Praia da Areia Branca P 50 Aa67
Praia da Barra P 44 Ac62
Praia da Rocha P 58 Ab74
Praia das Maçãs P 50 Aa68
Praia da Tocha P 44 Ac63
Praia da Vagueira P 44 Ac63
Praia da Vieira P 44 Ab65
Praia de Esmoriz P 44 Ac61
Praia de Mira P 44 Ac63
Praia de Ofir P 44 Ac60
Praia de Quiaios P 44 Ab64
Praia de Santa Cruz P 50 Aa67
Praiano I 161 Fb76
Praid RO 172 Dd59
Prăjeni RO 173 Fd56
Prakovce SK 138 Jc48
Pralea RO 176 Ec61
Pralognan F 35 Kb47
Pralormo I 148 Bd61
Pra-Loup F 43 Kb51
Pram A 144 Fa50
Prámanda GR 188 Ba81
Prameny CZ 135 Ec44
Pramet A 143 Ed51
Pramort D 119 Ed30
Pramouton F 35 Kb50
Praniūnai LT 114 Kc59
Pranjani SRB 159 Jc64
Prapatnica HR 158 Gb66
Prapymas LT 113 Jc55
Prasés GR 200 Cb95
Prašice SK 137 Hb49
Prasiés GR 200 Cd95
Praslay F 30 Jb40
Praslovo RUS 122 Jc30
Prässebo S 102 Ec47
Prássino GR 194 Bb87
Prastavoniai LV 114 Kb55
Prastio CY 206 Ja98
Prastio CY 206 Jc96
Prästkulla FIN 97 Jd40
Prästö FIN 96 Hc40
Praszka PL 129 Hb41
Prat F 40 Gb56
Prata Sannita I 161 Fa73
Pratau D 127 Ec38
Prat-de-Chest F 41 Hb55
Prat de Comte E 48 Fd63
Pratella I 161 Fa73
Prati di Tivo I 156 Ed69
Prato CH 141 Cb56
Prato I 155 Dc65
Prato all'Isarco I 143 Dd56
Prato di Resia I 150 Ed57
Pratola Peligna I 161 Fa71
Pratola Serra I 161 Fc74
Prato Nevoso I 148 Bd63
Pratorotondo I 148 Bb62
Prats de Lluçanès E 49 Gd59
Prats-de-Mollo-la-Preste F 41 Ha58
Prats-du-Périgord F 33 Gb51
Pratteln CH 141 Bd52
Prauliena LV 107 Lb50
Pravda BG 181 Ec68
Pravdino RUS 113 Jd58
Pravdinsk RUS 113 Jb59
Pravec BG 179 Cd71
Praves E 38 Dc54
Pravia E 37 Cb54
Pravieniškės LT 114 Kc57
Praviņi LV 106 Ka51
Pravište BG 180 Db73
Prayssac F 33 Gb51
Prayssas F 40 Ga52
Praz I 148 Bc58
Praze-an-Beeble GB 18 Da32
Praznice HR 158 Gc67
Prazzo I 148 Bb62
Prčanj MNE 159 Hd69
Préaux F 23 Gb35
Prebitz D 135 Ea45
Prebold SLO 151 Fd57
Přebuz CZ 135 Ec43
Prečec HR 152 Gb59
Préchac F 40 Fc52
Preci I 156 Ec68
Précigné F 28 Fc40
Prečistoe RUS 202 Ec11
Prečistoe RUS 203 Fa08
Précy-sous-Thil F 30 Hd41
Précy-sur-Oise F 23 Gd35
Predajane SRB 178 Bd70
Predappio I 156 Ea64
Predazzo I 150 Dd57
Predeal RO 176 Ea62
Predeal-Sărari RO 176 Eb64
Predeşti RO 175 Cd66
Predeşti RO 175 Db64
Preding A 144 Fd55
Predjama SLO 151 Fa59
Predlitz A 144 Fa54
Predmeja SLO 151 Fa58
Predosa I 148 Cb61
Predošćica HR 151 Fb61
Pré-en-Pail F 28 Fc38
Prees GB 15 Ec23
Preetz D 118 Dc30
Préfailles F 27 Ec42
Prefontaines F 29 Ha39
Pregarten A 144 Fb50
Pregrada HR 151 Ga57
Preila LT 113 Jb56
Preiļi LV 107 Lc52
Preitenegg A 144 Fc55
Preiviiki FIN 89 Ja36
Préjano E 47 Eb59
Prejtowo PL 122 Ja32
Prejmer RO 176 Ea62
Prekaja BIH 158 Gc64
Preko HR 157 Fd64
Prekopčelica SRB 178 Bc70
Prélenfrey F 35 Jd49
Preljina SRB 159 Jc64
Prelog HR 152 Gc57
Prelošćica HR 152 Gb60
Přelouč CZ 136 Fd45
Prem SLO 151 Fb59
Premana I 149 Cd57
Premantura HR 151 Fa62
Premeno I 148 Cb57
Prémery F 30 Hb42
Premià de Mar E 49 Ha61
Premilcuore I 156 Dd64
Premnitz D 127 Eb36
Prémont F 24 Hb33
Premuda HR 151 Fb63
Prenčov SK 146 Hc50
Prendeignes F 33 Gd50
Prendwick GB 11 Ed15
Prenika MK 182 Ba74
Prénouvellon F 29 Gc40
Prenzlau D 120 Fa34
Prepeliţa MD 173 Fc56
Přerov CZ 137 Gd46
Prerow D 119 Ec30
Pré-Saint-Didier I 148 Bb58
Prescot GB 15 Eb21
Presedo E 36 Ba54
Preseľany SK 145 Hb50
Preselec BG 180 Eb70
Preselenci BG 181 Fb69
Presencio E 38 Dc58
Preševo KSV 178 Bc72
Preshkëp AL 182 Aa77
Presicce I 165 Hc78
Presjaka MNE 159 Hd68
Presly F 29 Gd42
Prešov SK 139 Jd47
Pressac F 33 Ga46
Pressath D 135 Ea45
Pressbaum A 144 Ga51
Preßburg = Bratislava SK 145 Gd51
Presseck D 135 Ea44
Pressgutz A 144 Ga54
Pressig D 135 Dd43
Prestatyn GB 15 Ea22
Prestbakken N 67 Gc12
Presteid N 66 Fd15
Presteigne GB 15 Eb25
Prestelvbakken N 64 Jd06
Prestesætra N 78 Ed27
Prestfoss N 93 Dc41
Přeštice CZ 135 Ed46
Preston GB 15 Ec20
Preston GB 19 Ec31
Preston GB 21 Gb29
Preston Capes GB 20 Fa26
Prestranek SLO 151 Fb59
Prestwick GB 10 Dd14
Prestwood GB 20 Fb27
Pretoro I 157 Fa70
Prettin D 127 Ec39
Pretzfeld D 135 Dd45
Pretzsch D 127 Ec39
Preuilly-sur-Claise F 29 Ga43
Preußisch Oldendorf D 117 Cc36
Preuteşti RO 172 Ec56
Prevala BG 179 Cb68
Prevalje SLO 144 Fc56
Prevediños E 36 Ba55
Prévenchères F 34 Hd51
Préveranges F 33 Gd45
Préveza GR 188 Ac82
Prey F 23 Gb36
Prezë AL 182 Ab74
Prezëe Madhe AL 182 Ab75
Prez-v.-N. CH 141 Bc54
Prhovo SRB 153 Jb61
Priaranza del Bierzo E 37 Bd57
Priatu I 168 Cb74
Pribelja BIH 158 Gd64
Pribeta SK 145 Hb51
Pribinić BIH 152 Ha62
Priboieni RO 175 Dc64
Priboj BIH 153 Hd62
Priboj SRB 178 Bd71
Pribojska Goleša SRB 159 Ja66
Příbor CZ 137 Ha46
Pribovce SK 138 Hc48
Příbram CZ 136 Fa46
Pribrežnoje RUS 113 Ja59
Pribude HR 158 Gb65
Pribylina SK 138 Ja47
Přibyslav CZ 136 Ga46
Pričaly RUS 113 Jb57
Priceaca RO 175 Db65
Pri Cerkvi Strugah SLO 151 Fc59
Pričević SRB 153 Jb63
Prichsenstadt D 134 Db45
Pridnieki LV 105 Jc50
Pridvorci BIH 158 Hb67
Pridvorica SRB 174 Bb65
Pridvorje HR 159 Hc69
Priedaļne LV 106 Kb50
Priego E 47 Eb64
Priego de Córdoba E 60 Da74
Priekulė LT 113 Jb56
Priekule LV 113 Jb53
Priekuļi LV 106 Kd49
Prien D 143 Eb52
Prienai LT 114 Kc58
Priescas E 37 Cd55
Priesendorf D 134 Dc45
Prievidza SK 138 Hc48
Prignano Cilento I 161 Fd76
Prigor RO 174 Ca64
Prigoria RO 175 Da63
Prigorica SLO 151 Fc59
Prigradica HR 158 Gc68
Priipalu EST 106 La46
Prijeboj HR 151 Ga62
Prijedor BIH 152 Gc61
Prijepolje SRB 159 Jb66
Prijutnoe RUS 205 Ga15
Prikra SK 139 Ka46
Prikraj HR 152 Gb58
Prikula BIH 158 Gd65
Prikuļi LV 107 Lc52
Prilep BG 181 Ec71
Prilep MK 183 Bb75
Prilike SRB 178 Ad67
Prima Porta I 160 Eb71
Přimda CZ 135 Ec46
Primel-Trégastel F 26 Dd37
Primolano I 150 Dd58
Primorje RUS 113 Hd58
Primorsk RUS 113 Hd58
Primorsk RUS 202 Ea08
Primorsk RUS 203 Fd13
Primorsko BG 181 Fa73
Primorsko-Ahtarsk RUS 205 Fc16
Primorskoje Novoje RUS 113 Hd59
Primošten HR 157 Ga66
Primstal D 133 Bd45
Princetown GB 19 Dd31
Principina a Mare I 155 Db69
Prínos GR 184 Da78
Prínos GR 188 Bb81
Priodrožnoje RUS 113 Jc58
Prioiro E 36 Ba53
Priólithos GR 188 Bb86
Priolo I 167 Fb87
Priolo Gargallo I 167 Fd87
Prioro E 37 Cd56
Priozer'e RUS 113 Jc57
Pripiceni-Răzeşi MD 173 Fd56
Priponeşti RO 177 Fa61
Prisad BG 181 Ed73
Prisad MK 183 Bc75
Prisches F 24 Hc32
Prisdorf D 118 Db32
Priselci BG 181 Fa71
Prisjan SRB 179 Ca70
Prisoja MNE 159 Jb68
Prisoje BIH 158 Gd65
Prissac F 29 Gb44
Pristeg HR 157 Ga65
Priština KSV 178 Bb71
Pristoe BG 181 Ed69
Prittitz D 127 Ea41
Prittriching D 142 Dc50
Pritzerbe D 127 Ec36
Pritzier D 119 Dd33
Pritzwalk D 119 Eb34
Privas F 34 Ja50
Priverno I 160 Ec73
Privlaka HR 153 Hd60
Privlaka HR 157 Fd64
Privol'noe RUS 113 Jc58
Privolžsk RUS 203 Fa09
Privuž RUS 99 Ld44
Prižba HR 158 Gc68
Priziac F 27 Ea39
Prizna HR 151 Fc63
Prizren KSV 178 Ba72
Prizzi I 166 Ec85
Prjamicyno RUS 203 Fa13
Prkosi BIH 152 Gb63
Prnjavor BIH 152 Ha62
Prnjavor SRB 153 Ja62
Proaza E 37 Cb55
Probota RO 172 Ec56
Probota RO 173 Fa57
Probsteierhagen D 118 Dc30
Probstzella D 135 Dd43
Probuda BG 181 Ec70
Probus GB 18 Db32
Procchio I 155 Da68
Próchnowo PL 121 Gc35
Prochod BG 181 Ec73
Prochowice PL 129 Gb40
Procida I 161 Fa75
Prodan AL 182 Ad78
Prodăneşti MD 173 Fc55
Prodo I 156 Ea68
Prodromi CY 206 Hd97
Prodromos CY 206 Ja97
Pródromos GR 188 Ad84
Pródromos GR 189 Ca85
Produleşti RO 176 Dd65
Proença-a-Nova P 44 Ba65
Proença-a-Velha P 44 Bb65
Profesor Iširkovo BG 181 Ed68
Profítis GR 183 Cb78
Profítis Ilías GR 200 Da96
Progër AL 182 Ba77
Progresu RO 176 Eb66
Prohladnoe RUS 113 Jb57
Prohn D 119 Ed30
Próhoma GR 183 Ca77
Prohor Pčinski SRB 178 Bb72
Prokópi GR 189 Cb84
Prokuplje SRB 178 Bc69
Prolaz BG 180 Eb70
Proletarij RUS 202 Eb09
Proletarsk RUS 205 Fd15
Prolog HR 158 Ha67
Prolom SRB 178 Bc69
Prómahi GR 183 Bc76
Promahónas GR 184 Cc75
Promiri GR 189 Cb82
Promna PL 130 Jb38
Promnik PL 130 Jb41
Proniewicze PL 123 Kb34
Pronin RUS 203 Fc14
Pronsfeld D 133 Bc43
Pronstorf D 118 Dc31
Propriano F 154 Ca71
Proseč CZ 137 Gb45
Prosek AL 163 Jc71
Prösen D 128 Fa40
Prosenik BG 181 Ed72
Prosenjakovci SLO 145 Gb55
Prosienica PL 123 Jd34
Prosiměřice CZ 137 Gb48
Prosjek BIH 159 Ja65
Prosperous IRL 13 Cc21
Prossedi I 160 Ec73
Prosselsheim D 134 Db45
Prossotsáni GR 184 Cd76
Prostějov CZ 137 Gc46
Prostki PL 123 Ka32
Prostorno BG 180 Eb69
Prószków PL 137 Ha43
Proszowice PL 138 Jb44
Proszówki PL 138 Jb44
Próti GR 184 Cd77
Protići BIH 152 Gd63
Protivanov CZ 137 Gc46
Protivín CZ 136 Fb47
Protokklísi GR 185 Ea76
Prottes A 145 Gc50
Prötzel D 128 Fa36
Proussós GR 188 Bb83
Provadija BG 181 Ed70
Provadura E 36 Bb56
Provåker S 80 Ha28
Provatás GR 184 Cc76
Provató GR 185 Ea77
Provenchères F 31 Kb38
Provins F 30 Hb38
Provištip MK 178 Bd73
Proviţa de Sus RO 176 Ea64
Provo SRB 153 Jb62
Prozor HR 151 Fd62
Prozor = Rama BIH 158 Ha65
Prožura HR 158 Ha69
Prrenjas AL 182 Ad76
Pruchnik PL 139 Kb44
Prudentov RUS 203 Ga13
Prudhoe GB 11 Ed16
Prudnik PL 137 Gd43
Prudy RUS 113 Ja58
Prudziszki PL 123 Ka30
Prügy H 147 Jd50
Prüm D 133 Bc43
Pruna E 59 Cb75
Prundeni RO 175 Db65
Prundu RO 180 Eb67
Prundu Bârgăului RO 171 Dc57
Prunelli di Fiumorbo F 154 Cb70
Prunete F 154 Cc70
Prunetta I 155 Db64
Pruniers-en-Sologne F 29 Gc42
Prunişor RO 175 Cc65
Prunkila FIN 97 Jc39
Prusac BIH 158 Ha64
Prusak PL 129 Hb40
Prušće PL 121 Gc35
Prūseliai LT 114 Kd54
Prusice PL 129 Gc40
Prūšiši LV 107 Lb50
Pruské SK 137 Hb48
Pruszcz PL 121 Gd33
Pruszcz PL 121 Ha33
Pruszcz Gdański PL 121 Hb30
Pruszków PL 130 Jb37
Pruszyn PL 131 Ka37
Pruteni MD 173 Fa56
Pružany BY 202 Dd13
Pružicy RUS 99 Ma41
Pružina SK 137 Hb48
Pryazovs'ke UA 205 Fa16
Prylęk PL 139 Jd43
Pryluky UA 202 Ed14
Prymors'k UA 205 Fb16
Przasnysz PL 122 Jb34
Przebród PL 123 Ka30
Przechlewo PL 121 Gc32
Przechów PL 137 Gd43
Przeciszów PL 138 Hd44
Przecław PL 120 Fb33
Przecław PL 139 Jd43
Przecławice PL 129 Gc41
Przeczów PL 129 Gd41
Przedbórz PL 130 Ja41
Przedbórz PL 139 Jd43
Przedecz PL 130 Hc37
Przedświt PL 122 Jc35
Przegędza PL 137 Hb44
Przekolno PL 120 Fd34
Przełęk PL 137 Gd43
Przelewice PL 120 Fc34
Przemęt PL 129 Gb38
Przemiarowo PL 122 Jb35
Przemków PL 128 Ga40
Przemocze PL 120 Fc33
Przemyśl PL 139 Kb44
Przerośl PL 123 Ka30
Przerzeczyn-Zdrój PL 129 Gc42
Przesmyki PL 131 Ka36
Przewłoka PL 121 Gc29
Przeworno PL 129 Gc42
Przeworsk PL 139 Kb44
Przewóz PL 128 Fc40
Przewóz PL 129 Hb36
Przewrotne PL 139 Ka43
Przezmark PL 122 Hc31
Przine Zdralovac BIH 158 Gc64
Przodkowo PL 121 Ha30
Przybiernów PL 120 Fc32
Przyborowice PL 130 Ja36
Przybychowo PL 121 Gb35
Przybysławice PL 131 Ka39
Przydonica PL 138 Jc45
Przygodzice PL 129 Ha39
Przyjezierze PL 129 Ha36
Przykona PL 129 Hb38
Przyłęg PL 120 Fd35
Przyłęki PL 121 Ha34
Przylep PL 128 Fd38
Przyłubie PL 121 Ha34
Przyrów PL 130 Hd42
Przystajń PL 129 Hb41
Przystawka PL 123 Kb32
Przystawy PL 121 Gb30
Przysucha PL 130 Jb40
Przyszów PL 131 Ka42
Przytoczna PL 128 Ga36
Przytoczno PL 131 Ka38
Przytyk PL 130 Jb39
Przywidz PL 121 Ha30
Przywory PL 137 Ha43
Przywóz PL 129 Hb41
Psača MK 178 Bd73
Psahná GR 189 Cb84
Psará GR 190 Dc85
Psarádes GR 182 Ba76
Psári GR 189 Bc86
Psary PL 130 Hc42
Psáthi GR 195 Cd90
Psáthi GR 196 Db91
Psebaj RUS 205 Fd17
Psérimos GR 197 Ec91
Psihikó GR 184 Cc77
Psínthos GR 197 Fa93
Pskov RUS 107 Ma46
Pskov RUS 202 Ea10
Pskovskoje RUS 113 Jd59
Pšovlky CZ 136 Fa44
Pstrągowa PL 139 Jd44
Pszczew PL 128 Ga36
Pszczółki PL 121 Hb31
Pszczyna PL 138 Hc44
Pszów PL 137 Hb44
Pteléa GR 184 Da76
Pteleós GR 189 Ca83
Pteriá GR 182 Ba77
Ptolemaïda GR 183 Bb78
Ptuj SLO 151 Ga57
Ptujska Gora SLO 151 Ga57
Pūces LV 105 Jd51
Pučež RUS 203 Fb09
Puchaczów PL 131 Kb39
Puchały Stare PL 123 Kb35
Püchau D 127 Ec40
Puchberg am Schneeberg A 144 Ga52
Pucheni RO 176 Dd63
Pucherii Mari RO 176 Eb65
Püchersreuth D 135 Eb45
Puchheim A 144 Fa51
Puchheim D 143 Dd51
Púchov SK 137 Hb47
Pucioasa RO 176 Dd64
Pučišća HR 158 Gc67
Puck PL 121 Ha29
Puckakaun IRL 13 Ca22
Puçol E 54 Fc67
Puczniew PL 130 Hc38
Pudas FIN 69 Ka14
Pudas S 73 Jb19
Pudasjärvi FIN 75 Kc22
Puddletown GB 19 Ec30
Puderbach D 125 Ca42
Pudinava LV 107 Lc50
Pudob SLO 151 Fb59
Pudost' RUS 99 Mb40
Puebla de Albortón E 47 Fa61
Puebla de Alcocer E 52 Cc69
Puebla de Alfindén E 48 Fb61
Puebla de Almenara E 53 Ea66
Puebla de Brollón E 36 Bc57
Puebla de Don Fadrique E 61 Ea72
Puebla de Don Rodrigo E 52 Cd68
Puebla de Guzmán E 59 Bb73
Puebla de la Calzada E 51 Bc69
Puebla de la Reina E 51 Ca69
Puebla de la Sierra E 46 Dc62
Puebla de Lillo E 37 Cd56
Puebla del Maestre E 51 Ca71
Puebla del Príncipe E 53 Dd70
Puebla del Prior E 51 Bd70
Puebla del Salvador E 53 Ec67
Puebla de Obando E 51 Bc68
Puebla de Sanabria E 37 Bd58
Puebla de Sancho Pérez E 51 Bd70
Puebla de San Julián (Láncara) E 36 Bc56
Puebla de San Miguel E 54 Fa66
Puebla de Trives E 36 Bc57
Puebla de Vallés E 46 Dd63
Puente Almuhey E 37 Cd56
Puente Arce E 38 Dc54
Puente de Domingo Flórez E 37 Bd57
Puente de Génave E 53 Ea71
Puente de los Fierros E 37 Cc55
Puente de Montañana E 48 Ga59
Puente de Sanabria E 37 Bd58
Puente de San Martín E 37 Cb54
Puente de Vadillos E 47 Eb64
Puentedey E 38 Dc56
Puentedura E 46 Dc59
Puente-Genil E 60 Cd74
Puente la Reina E 39 Ec57
Puente la Reina de Jaca E 39 Fb58
Puentelarrá E 38 Ea57
Puentenansa (Rionansa) E 38 Db55
Puente Pumar E 38 Db55
Puente Viesgo E 38 Dc55
Puertas E 45 Ca62
Puerto de Conil E 59 Bd77
Puerto de Mazarrón E 55 Ed74
Puerto de Santa Cruz E 51 Ca67
Puerto de San Vicente E 52 Cc67
Puerto de Vega E 37 Ca53
Puerto Hurraco E 51 Cb70
Puerto-Lápice E 52 Dc68
Puertollano E 52 Da70
Puerto Lumbreras E 61 Ec74
Puertomingalvo E 54 Fb65
Puerto Real E 59 Bd76
Puerto Rey E 52 Cc67
Puerto Seguro E 45 Bd62
Puerto Serrano E 59 Cb75
Pueyo de Fañanás E 48 Fc59
Pufeşti RO 176 Ed61
Pugačev RUS 203 Ga11
Pugačevo RUS 113 Jd59
Puget-Théniers F 43 Kc52
Puget-Ville F 42 Ka54
Pugieu F 35 Jc46
Pugnac F 32 Fb49
Pugnochiuso I 162 Gb72
Puhăceni MD 173 Ga58
Puhar-Onkimaa FIN 90 Kc38
Puhja EST 98 La45
Puhoi MD 173 Fd58
Puhos FIN 75 Kd22
Puhos FIN 91 Ld32
Puhovac BIH 158 Hb64
Puhtaleiva EST 99 Lb45
Pui RO 175 Cc62
Puianello I 149 Db62
Puiatu EST 98 Kd45
Puicheric F 41 Ha55
Puieşti RO 176 Ed63
Puieşti RO 177 Fa60
Puig E 54 Fc67
Puigcerdà E 41 Gd58
Puigpunyent E 57 Hb67
Puig-reig E 49 Gd59
Puijas LV 105 Jd52
Puikule LV 106 Kc48
Puise EST 98 Ka44
Puiseaux F 29 Gd39
Puissalicon F 41 Hc54
Puisserguier F 41 Hb55
Puivert F 41 Gd56
Puka EST 106 La46
Pukalaidun FIN 89 Jc37
Pukanec SK 146 Hc50
Pukara FIN 89 Jc34
Pukara FIN 89 Jc35
Pukaro FIN 90 Kd38
Pukavik S 111 Fc54
Pukë AL 163 Jb71
Pukiš BIH 153 Hd62
Pukkila FIN 90 Kc38
Pula HR 151 Fa62
Pula I 169 Ca80
Pulaj AL 163 Ja71
Puławy PL 131 Jd39
Pulborough GB 20 Fc30
Pulfero I 150 Ed57
Pulgar E 52 Da67
Pulham Market GB 21 Gb25
Pulheim D 125 Bd40
Puliciano I 156 Dd66
Pulju FIN 68 Jc13
Pulkarne LV 106 Kb51
Pulkau A 136 Ga49
Pulkkala FIN 97 Jb40
Pulkkaviita FIN 69 Kd16
Pulkkila FIN 82 Kb26
Pulkkila FIN 90 Kc36
Pulkkinen FIN 81 Jc29
Pulkonkoski FIN 82 Kd29
Pulkovo RUS 99 Mb39
Pullach D 143 Dd51
Pullar TR 192 Ga83
Pullenreuth D 135 Eb45
Pullenried D 135 Eb46
Pulpí E 61 Ec74
Pulsa FIN 91 Lb36
Pulsano I 162 Ha76
Pulsen D 127 Ed40
Pulsnitz D 128 Fa41
Pulsujärvi S 67 Hb13
Pułtusk PL 122 Jb35
Pülümür TR 205 Ga20
Pulversheim F 31 Kb39
Pumpėnai LT 114 Kc54
Pumpula FIN 91 Lb36
Pumsaint GB 15 Dd26
Puņas LV 105 Jc49
Punat HR 151 Fc61
Punceşti RO 173 Fa59
Pundrovka RUS 107 Mb49
Pundsvika N 66 Ga13
Punduri RUS 107 Ld49
Punghina RO 175 Cc66
Pungsetrene N 85 Dd35
Punia LT 114 Kc59
Punkaharju FIN 91 Ld33
Punsk PL 123 Kb30
Punta Ala I 155 Db68
Punta di San Vigilio I 149 Db59
Punta Križa HR 151 Fb62
Punta Marina I 150 Ea63
Punta Prima E 57 Jb66
Puntari FIN 90 Ka35
Punta Sabbioni I 150 Eb60
Punta Secca I 167 Fb88
Punta skala HR 157 Fd64
Punta Umbría E 59 Bb74
Puoddopohki FIN 64 Jd08
Puokio FIN 75 Kc24
Puolakkavaara FIN 69 Ka15
Puolanka FIN 75 Kd23
Puoltikasvaara S 68 Hc16
Puoltsa S 67 Ha15
Puottaure S 73 Hb20
Pupāji LV 107 Lc52
Pupnat HR 158 Gd68
Puraći BIH 152 Ha61
Puraćić BIH 153 Hc63
Puralankylä FIN 82 Ka30
Purani RO 180 Dd67
Puraperä FIN 82 Ka28
Puras FIN 75 Lb23
Purchena E 61 Eb74
Purda PL 122 Ja32
Purdoški RUS 203 Fc10
Pūre LV 105 Jd50
Purgatorio I 166 Eb84
Purila EST 98 Kb43
Purini LV 106 Kb52
Puriton GB 19 Eb29
Purkersdorf A 145 Gb51
Purkjaur S 72 Ha19
Pürksi EST 98 Ka44
Purmerend NL 116 Ba35
Purmo FIN 81 Jb29
Purmojärvi FIN 81 Jc30
Purmsati LV 113 Jb53
Purnu S 73 Hc18
Purnumukka FIN 69 Ka13
Purnuvaara FIN 75 Kd20
Purnuvaara S 68 Hc17
Purola Svartbäck FIN 90 La38
Puromäki FIN 83 Lc31
Puronkylä FIN 82 Kc30
Purontaka FIN 81 Jd28
Puroranta FIN 82 Kc25
Pürsünler TR 192 Fb83
Purtovaara FIN 83 Ma31
Purtse EST 99 Lb42
Purunpää FIN 97 Jb41
Purvėnai LT 114 La59
Purveniai LT 113 Jd53
Purviniškė LV 114 Kb58
Puryševo RUS 107 Mb50
Puša LV 107 Ld52
Pusaankylä FIN 89 Jd32
Pušalotas LT 114 Kc54
Puškarevo RUS 113 Jb59
Puski EST 97 Jc44
Puškino RUS 203 Ga12
Puškinskie Gory RUS 107 Mb49
Puškinskie Gory RUS 202 Ea10
Pušmucova LV 107 Ld50
Pusnė LT 114 La56
Püspökladány H 147 Jd53
Pussay F 29 Gc38
Püssi EST 99 Lb42
Pustec AL 182 Ba76
Pustelnik PL 130 Jc36
Pusterwald A 144 Fb54
Pustevny CZ 137 Hb46
Pustoe Voskresen'e RUS 107 Ma49
Pustoška RUS 99 Ma42
Pustoška RUS 202 Eb11
Pustoški RUS 107 Ma49
Pustritz A 144 Fc55
Pustynia PL 139 Jd44
Pustynki RUS 107 Mb47
Pusula FIN 98 Ka39
Puszcza Mariańska PL 130 Ja38
Puszczykowo PL 129 Gc37
Pusztacsalád H 145 Gc53
Pusztakovácsi H 145 Ha56
Pusztamiske H 145 Gd54
Pusztaszabolcs H 146 Hc54
Pusztaszentlászló H 145 Gc56
Pusztavám H 145 Hb53
Putaja FIN 89 Jb36
Putanges F 22 Fc37
Putbus D 120 Fa30
Putgarten D 120 Fa29
Putignano I 162 Gd75
Putikko FIN 91 Ld33
Putinci SRB 153 Jb61
Putineiu RO 180 Dc68
Putineiu RO 180 Ea68
Putkela FIN 83 Ma30
Putkilahti FIN 90 Kc34
Putkivaara FIN 74 Kb19
Putla EST 105 Jc46
Putlitz D 119 Eb34

Putna RO 172 Ea55
Putnok H 146 Jb50
Putte NL 124 Ac38
Puttelange-aux-Lacs F 25 Ka35
Putten NL 116 Bb36
Puttenham GB 20 Fb29
Puttgarden D 119 Ea29
Püttlingen D 133 Bc46
Putula FIN 90 Kb36
Putyvl' UA 202 Ed13
Putzu'Idu I 169 Bd77
Puujaa FIN 90 Kb37
Puukari FIN 83 Lb27
Puukkoinen FIN 90 Kb34
Puukkokumpu FIN 74 Jd21
Puukonsaari FIN 90 Kd34
Puulansalmi FIN 90 Kd34
Puumala FIN 91 Lb34
Puuppola FIN 90 Kb32
Puurmani EST 98 La44
Puurtila FIN 90 La32
Puurtturinjärvi FIN 74 Kb24
Puutikkala FIN 90 Ka36
Puutossalmi FIN 82 La30
Puutteenperä FIN 74 Jd21
Puycasquier F 40 Ga54
Puydrouard F 32 Fb46
Puy-Guillaume F 34 Hc46
Puylagarde F 40 Gc52
Puylaroque F 40 Gc52
Puylaurens F 41 Gd54
Puy-l'Evêque F 33 Gb51
Puymiclan F 32 Fd51
Puymirol F 40 Ga52
Puyôo F 39 Fa54
Puy-Saint-Martin F 34 Jb50
Puy-Saint-Vincent F 35 Ka49
Puzači RUS 203 Fa13
Puzenieki LV 105 Jc50
Pwllheli GB 14 Dc23
Pyecombe GB 20 Fc30
Pyhäjärvi FIN 69 Jd11
Pyhäjärvi FIN 69 Kb16
Pyhäjärvi FIN 82 Kb28
Pyhäjoki FIN 81 Jc26
Pyhäjoki FIN 89 Jb37
Pyhäkoski FIN 90 Kd35
Pyhäkylä FIN 75 La22
Pyhälahti FIN 82 Kc31
Pyhältö FIN 90 La37
Pyhämaa FIN 89 Ja38
Pyhänkoski FIN 81 Jd26
Pyhänsivu FIN 74 Kb24
Pyhäntä FIN 82 Kb26
Pyhäntaka FIN 90 Kc36
Pyhäranta FIN 89 Ja38
Pyhäsalmi FIN 82 Kb28
Pyhäselkä FIN 83 Ld31
Pyhe FIN 97 Ja39
Pyhtää FIN 90 Kd38
Þykkvibær IS 2 Ac05
Pyla CY 206 Jc97
Pyla-sur-Mer F 32 Fa51
Pyle GB 19 Ea28
Pyli GR 188 Bb81
Pylkönmäki FIN 82 Ka31
Pylvänälä FIN 90 Kd33
Pylväsperä FIN 81 Jd27
Pyntäinen FIN 89 Ja34
Pyöli FIN 89 Jd38
Pyöree FIN 82 Kd27
Pyöreinen FIN 82 La29
Pyörni FIN 89 Ja32
Pyrbaum D 135 Dd47
Pyrénées 2000 F 41 Gd58
Pyrga CY 206 Jb97
Pyrga CY 206 Jc96
Þyrill IS 2 Ac04
Pyrjatyn UA 202 Ed14
Pyrzowice PL 138 Hc43
Pyrzyce PL 120 Fc34
Pyskowice PL 137 Hb43
Pyssykangas FIN 89 Ja36
Pyssyperä FIN 75 Kd23
Pystyoja FIN 64 Jc10
Pysznica PL 131 Ka42
Pytalovo RUS 107 Ld49
Pytalovo (Abrene) RUS 202 Ea10
Pytkynharju FIN 75 Kc21
Pytten N 92 Cc44
Pyttis FIN 90 Kd38
Pyydyskylä FIN 82 Kc31
Pyydysmäki FIN 89 Jd34
Pyykkölänvaara FIN 75 La24
Pyyli FIN 91 Lc32
Pyyrinlahti FIN 82 Kb31
Pyzdry PL 129 Gd37

Q

Qafë-Murrë AL 163 Jc72
Qafëzez AL 182 Ad77
Qarrishtë AL 182 Ad75
Qinam AL 182 Ab74
Qormi M 166 Eb88
Quafmollë AL 182 Ac74
Quaglietta I 161 Fd75
Quainton GB 20 Fb27
Quakenbrück D 117 Cc35
Qualiano I 161 Fa75
Quarff GB 5 Fa05
Quarnbek D 118 Dc30
Quarona I 148 Ca58
Quarré-les-Tombes F 30 Hd41
Quarteira P 58 Ac74
Quarto d'Altino I 150 Eb59
Quartu San Elena I 169 Ca79
Quasano I 162 Gc74
Quattro Venti, i I 161 Fb73
Quebradas P 50 Ab67
Quecedo E 38 Dd56
Quédillac F 27 Ec39
Quedlinburg D 127 Dd38
Queidersbach D 133 Ca46
Queiruga E 36 Ac56
Quelaines F 28 Fb40
Quellendorf D 127 Eb39
Quemada E 46 Dc60
Quemigny-Poisot F 30 Ja42
Quend F 23 Gc32
Quenstedt D 127 Ea39
Queralbs E 41 Gd58
Querceta I 155 Da64
Quercianella I 155 Da66
Querenhorst D 127 Dd37
Querfurt D 127 Ea40
Quero E 53 Dd67
Querol E 49 Gc61
Querrin IRL 12 Bb23
Quers F 31 Ka40
Quesada E 61 Dd73
Quessoy F 26 Eb38
Questembert F 27 Eb41
Quettehou F 22 Fa34
Quettetot F 22 Ed35
Queudes F 24 Hc37
Quevauvillers F 23 Gd33
Quevert F 26 Ec38
Quiaios P 44 Ac64
Quiberon F 27 Ea41
Quickborn D 118 Db32
Quiddelbach D 133 Bd43
Quigley's Point IRL 9 Cc15
Quillan F 41 Gd56
Quilly F 27 Ec41
Quilty IRL 12 Bb22
Quimper F 27 Dc39
Quimperlé F 27 Dd40
Quin IRL 12 Bc22
Quincoces de Yuso E 38 Dd56
Quindós E 37 Bd56
Quinéville F 22 Fa35
Quingey F 31 Jd42
Quiñonería E 47 Ec61
Quinsac F 32 Fb50
Quinson F 42 Ka53
Quinta do Lago P 58 Ac74
Quintana E 37 Ca55
Quintana E 37 Cc54
Quintana de Castillo E 37 Cb57
Quintana de la Serena E 51 Cb69
Quintana del Marco E 37 Cb58
Quintana del Puente E 46 Db59
Quintanadueñas E 38 Dc58
Quintanaélez E 38 Dd57
Quintana-Martín Galíndez E 38 Dd57
Quintanapalla E 38 Dc58
Quintanar de la Orden E 53 Dd67
Quintanar de la Sierra E 46 Dd59
Quintanar del Rey E 53 Ec68
Quintana Redonda E 47 Ea60
Quintanilla de Arriba E 46 Db60
Quintanilla de Flórez E 37 Cb58
Quintanilla del Agua E 46 Dc59
Quintanilla de la Mata E 46 Dc59
Quintanilla del Coco E 46 Dc59
Quintanilla del Molar E 45 Cc59
Quintanilla de Losada E 37 Ca58
Quintanilla de los Oteros E 37 Cc58
Quintanilla de Onésimo E 46 Da60
Quintanilla de Pienza E 38 Dd56
Quintanilla de Trigueros E 46 Da59
Quintanilla-Pedro Abarca E 38 Dc57
Quintanilla San García E 38 Dd57
Quintanilla-Sobresierra E 38 Dc57
Quintela E 37 Bd56
Quintela de Leirado E 36 Ba58
Quintes E 37 Cc54
Quint-Fonsegrives F 40 Gc54
Quintin F 26 Eb38
Quintinilla Rucandio E 38 Dc56
Quinto E 48 Fb61
Quintos P 50 Ad71
Quinto Vercellese I 148 Ca59
Quinzano d'Oglio I 149 Da60
Quiroga E 36 Bc57
Quirra I 169 Cb79
Quismondo E 46 Da65
Quissac F 41 Hd53
Quistello I 149 Dc61
Quistinic F 27 Ea40
Quittebeuf F 23 Ga36
Quitzdorf am See D 128 Fc40
Qukës AL 182 Ad75
Qundle GB 20 Fc25

R

Rå S 79 Gb30
Råå S 110 Ed55
Raab A 144 Fa50
Raabs an der Thaya A 136 Fd48
Raahe FIN 81 Jd25
Raajärvi FIN 74 Kb18
Raakku FIN 74 Kc18
Rääkkylä FIN 83 Ld31
Raalte NL 117 Bc36
Raanujärvi FIN 74 Jc18
Raappananmäki FIN 82 Kd25
Raappanansuo FIN 75 Kd21
Raasdorf A 145 Gb50
Raasiku EST 98 Kc42
Raasinkorpi FIN 89 Jb38
Raatala FIN 97 Jc39
Raate FIN 75 Lb23
Raatevaara FIN 83 Ma31
Raattama FIN 68 Jb14
Raatti FIN 82 La29
Rab HR 151 Fc62
Rabac HR 151 Fb61
Rabaçal P 44 Bb62
Rábade E 36 Bb55
Rábafüzes H 145 Gb55
Răbăgani RO 170 Cb58
Rábahidvég H 145 Gc54
Rabal E 36 Bc57
Rabanal de Camino E 37 Ca57
Rábano E 46 Db61
Rábano de Sanabria E 37 Bd58
Rábasömjen H 145 Gc54
Rabastens F 40 Gc53
Rabat M 166 Eb88
Rabatamasi H 145 Gd53
Raba Wyżna PL 138 Ja46
Rabenau D 126 Cd42
Rabenau D 128 Fa41
Rabensberg A 137 Gc49
Rabenstein A 144 Fd51
Råberg S 80 Gc26
Rabí CZ 136 Fa47
Rąbino PL 120 Ga32
Rabiša BG 179 Cb68
Rabka-Zdrój PL 138 Ja46
Rabouillet F 41 Ha57
Rabrovo BG 179 Cb67
Rabrovo SRB 174 Bd64
Rabštejn nad St. CZ 135 Ed44
Rabsztyn PL 138 Hd43
Råby-Rekarne S 95 Ga43
Råby-Rönö S 95 Gb45
Rača SK 145 Gd51
Rača SRB 174 Bb65
Rača SRB 178 Bc70
Răcăciuni RO 176 Ed60
Racale I 165 Hc78
Rácalmás H 146 Hc54
Racalmuto I 166 Ed86
Răcari RO 176 Ea65
Răcăria MD 173 Fa55
Răcășdia RO 174 Bd63
Racconigi I 148 Bc61
Raccuia I 167 Fc84
Rače SLO 144 Ga56
Rachanie PL 131 Kd42
Rachecourt-sur-Marne F 24 Jb37
Răchitoasa RO 177 Fa60
Răchitova RO 175 Cc61
Rachiv UA 204 Ea16
Raciąż PL 121 Gd32
Raciąż PL 122 Ja35
Raciążek PL 121 Hb35
Raciborsko PL 138 Ja44
Racibórz PL 137 Hb44
Raciechowice PL 138 Ja45
Račinovci HR 153 Hd61
Račišće HR 158 Gd68
Răciu RO 171 Db58
Răciula MD 173 Fc57
Račja Vas HR 151 Fb60
Rackeby S 102 Ed46
Ráckeve H 146 Hc54
Racków PL 129 Gb41
Racksund S 72 Gc21
Rackwitz D 127 Eb40
Racławice PL 138 Ja43
Racławice Śląskie PL 137 Ha43
Răcoasa RO 176 Ed61
Racoș RO 176 Dd61
Racot PL 129 Gb38
Racova RO 172 Ec59
Racovăț MD 173 Fc54
Racovița RO 175 Db62
Racovița RO 175 Db62
Racovița RO 177 Fa63
Racovițeni RO 176 Ec63
Răculești MD 173 Fd57
Rączki PL 122 Ja33
Råda S 94 Fa41
Råda S 102 Ed46
Radakowice PL 129 Gc41
Radalj SRB 153 Hd63
Rådanefors S 102 Ec46
Radanje MK 183 Bd74
Radanovo BG 180 Dd70
Radapole LV 107 Lc51
Rădășeni RO 172 Eb56
Radaškovičy BY 202 Ea12
Rădăuți RO 172 Eb55
Rădăuți-Prut RO 172 Ed54
Radawie PL 129 Hb42
Radawnica PL 121 Gc33
Radbruch D 118 Dc33
Radbyn S 102 Fa46
Radcliffe GB 15 Ec21
Radda in Chianti I 155 Dc66
Raddestorf D 126 Cd36
Raddon F 31 Ka39
Raddusa I 167 Fb86
Råde N 93 Ea43
Radeberg D 128 Fa41
Radebeul D 128 Fa41
Radeburg D 128 Fa40
Radeburg D 128 Fa41
Radeče SLO 151 Fd58
Radechiv UA 204 Ea15
Radęcin PL 120 Ga34
Radecki BG 180 Ea73
Radecznica PL 131 Kb41
Radefeld D 127 Eb40
Radegast D 119 Eb31
Radegast D 127 Eb39
Radenci SLO 145 Gb56
Rădeni MD 173 Fc57
Rădenii Vechi MD 173 Fb57
Radenthein A 144 Fa55
Rădești RO 171 Da59
Radevo BG 180 Ea73
Radevo KSV 178 Bb71
Radevormwald D 125 Ca40
Radgoszcz PL 138 Jc43
Radhimë AL 182 Aa77
Radibor D 128 Fb41
Radičevicevo SRB 153 Jb59
Radići BIH 152 Gd63
Radicofani I 156 Dd68
Radicondoli I 155 Db67
Radievo BG 185 Dd74
Radijovce MK 178 Ba73
Radilovo BG 179 Da73
Radis D 127 Ec39
Radizel SLO 144 Ga56
Radków PL 130 Ja42
Radków PL 137 Gb43
Radkowice PL 130 Jc41
Radlett GB 20 Fc27
Radlin PL 129 Gd38
Radlje ob Dravi SLO 144 Fd56
Radljevo SRB 153 Jc63
Radłów PL 129 Hb41
Radłów PL 138 Jc44
Radmansö S 96 Ha42
Radmer an der Hasel A 144 Fc53
Radmirje SLO 151 Fc57
Radnejaur S 72 Gc21
Radnevo BG 180 Ea73
Radnica PL 128 Fd38
Radnice CZ 136 Fa45
Rădoaia MD 173 Fb55
Radohova BIH 152 Ha63
Rădoiești RO 180 Dc67
Radojevo SRB 174 Bc60
Radojewice PL 121 Hb35
Radolfzell D 142 Cc52
Radom PL 130 Jc39
Rådom S 94 Ed41
Radomice PL 122 Hc35
Radomicko PL 128 Fc38
Radomicko PL 129 Gb38
Radomierzyce PL 128 Fc41
Radomin PL 122 Hc34
Radomir BG 179 Cb71
Radomirci BG 179 Da69
Radomirești RO 180 Db67
Radomno PL 122 Hc33
Radomsko PL 130 Hd41
Radomyšl CZ 136 Fa47
Radomyšl' UA 202 Eb14
Radomyśl n. Sanem PL 131 Ka42
Radomyśl Wielki PL 138 Jc43
Radonice CZ 135 Ed44
Radošice CZ 136 Fa46
Radošina SK 137 Ha49
Radošovce SK 137 Gd49
Radoszewice PL 130 Hc40
Radoszki PL 122 Hd33
Radoszyce PL 130 Ja41
Radoszyn PL 128 Fd37
Radovac KSV 178 Ad70
Radovac SRB 159 Jc68
Radovan RO 175 Cd66
Radovanu RO 180 Eb67
Radovče MNE 159 Ja69
Radovec BG 185 Eb74
Radovel' RUS 99 Lc42
Radovesice CZ 136 Fb43
Radovići MNE 159 Hd70
Radoviš MK 183 Ca74
Radovljica SLO 151 Fb57
Radowo Wielkie PL 120 Fd32
Radozda MK 182 Ad75
Radstadt A 143 Ed53
Radsted DK 109 Eb29
Răducăneni RO 173 Fb58
Raducić HR 158 Gb64
Raduil BG 179 Cd72
Radujevac SRB 174 Cb66
Rădulenii Vechi MD 173 Fc55
Raduń PL 120 Fd34
Radunci BG 180 Dd72
Radu Negru RO 181 Ed67
Raduša MK 178 Bb72
Raduszec PL 128 Fd38
Radvaň nad Laborcom SK 139 Ka47
Radviliškis LT 114 Kb54
Radwanice PL 128 Ga39
Radwanów PL 128 Fd39
Radymno PL 139 Kb44
Radzanów PL 122 Ja34
Radzanów PL 130 Jb39
Radzanowo PL 130 Hd36
Radzewice PL 129 Gc37
Radzice Duże PL 130 Ja39
Radzieje PL 122 Jc30
Radziejów PL 129 Hb36
Radziejowice PL 130 Jb37
Radziemice PL 138 Ja43
Radziki Duże PL 122 Hc34
Radzików PL 128 Fc37
Radzików Wielki PL 131 Ka37
Radziłów PL 123 Ka33
Radzinciems LV 106 Ka50
Radzionków PL 138 Hc43
Radziszewo PL 120 Fb34
Radziwie PL 130 Hd36
Radziwiłłówka PL 131 Kb36
Radzymin PL 130 Jc36
Radzyń Chełmiński PL 121 Hb33
Radzyń Podlaski PL 131 Ka38
Raec MK 183 Bc75
Ræhr DK 100 Da20
Rækker Mølle DK 108 Da24
Raelingen N 93 Ea41
Rae na nDoirí IRL 12 Bb25
Raeren B 125 Bb41
Raesfeld D 125 Bd38
Rafelbuñol E 54 Fc67
Rafelbunyol E 54 Fc67
Raffadali I 166 Ed86
Rafina GR 189 Cc86
Råfov RO 176 Eb65
Rafsbotn N 63 Hd08
Raftópoulo GR 188 Ba82
Raftsjöhöjden S 79 Fc29
Ragaciems LV 106 Ka50
Ragály H 138 Jb49
Ragana LV 106 Kc49
Rågeleje DK 109 Ec24
Rägelin D 119 Ec35
Råggärd S 94 Ec45
Raghly IRL 8 Bd17
Råglanda S 94 Ed44
Ragnabo S 111 Ga53
Ragnitz A 144 Ga55
Ragösen D 127 Ec37
Ragow D 128 Fb37
Ragozino RUS 107 Ma48
Raguhn D 127 Eb39
Ragunda S 79 Ga31
Ragusa I 167 Fc87
Raguva LT 114 Kd55
Raguvėlė LT 114 Kd55
Raguviškiai LT 113 Jb55
Ragvaldsnäs S 88 Gc34
Rahačov BY 202 Eb13
Rahan IRL 13 Cb21
Raharney IRL 9 Cc20
Rahden D 126 Cd36
Ráhes GR 189 Bd83
Ráhes GR 194 Bb87
Raheste EST 106 Ka46
Rahikka FIN 89 Ja33
Rahja FIN 81 Jc27
Rahkee FIN 83 Ld29
Rahkio FIN 89 Jc38
Rahkla EST 98 La43
Rahkmala FIN 89 Ja38
Rahkonen FIN 81 Jd28
Rahman RO 177 Fb65
Rahmanca TR 185 Eb76
Rahmanlar TR 192 Fc85
Raholanvaara FIN 83 Lb29
Råholt N 94 Eb40
Rahoúla GR 188 Bb82
Rahoúla GR 189 Bc81
Rahula FIN 90 La34
Rahumäe EST 107 Lc46
Raiano I 161 Fa71
Raič HR 152 Gc58
Raijala FIN 89 Jb37
Raikküla EST 98 Kb44
Raikuu FIN 91 Ld32
Räimä FIN 82 La30
Raimonda P 44 Ad60
Rain D 134 Dc49
Rain D 135 Eb48
Rainbach im Mühlkreis A 136 Fb49
Rain in Taufers I 143 Ea55
Raipole LV 107 Ma51
Raippaluoto FIN 81 Hd30
Raippo FIN 91 Lb36
Raisälä FIN 74 Kc18
Räisälänmäki FIN 82 Ka28
Raisdorf D 118 Dc30
Raisio FIN 97 Jb39
Raiskio FIN 74 Ka20
Raiskio FIN 83 Lb26
Raiskums LV 106 Kd49
Raistakka FIN 75 Kc19
Raisting D 142 Dc51
Raitaperä FIN 81 Jd31
Raitenbuch D 135 Dd48
Raitenhaslach D 143 Ec51
Raitoo FIN 89 Jd37
Raivala FIN 89 Jb34
Rajac SRB 178 Ba67
Raduń PL 120 Fd34
Raja-Jooseppi FIN 69 Kb12
Rajala FIN 69 Jd15
Rajamäenkylä FIN 89 Ja33
Rajamäki FIN 90 Kb38
Rajaniemi FIN 90 Kd34
Rajanovci BG 179 Ca68
Rajastrand S 79 Fd26
Rajavaara FIN 91 Ld33
Rajcë AL 182 Ad75
Rajčinovica Banja SRB 178 Ba69
Rajcza PL 138 Hc46
Rajec SK 138 Hc47
Rájec-Jestřebí CZ 137 Gc47
Rajecké Teplice SK 138 Hc47
Rajec Poduchowny PL 130 Jc39
Rajgród PL 123 Ka31
Rajhrad CZ 137 Gc48
Rajince KSV 178 Bc72
Rajka H 145 Gd51
Rajkova moglia BG 185 Eb75
Rajković SRB 153 Jb63
Rajkovo BG 184 Db75
Rajkovo PL 121 Hb31
Rajnino BG 181 Ec68
Raka SLO 151 Fd58
Rakaca H 138 Jc49
Rakalj HR 151 Fa61
Rakamaz H 147 Jd50
Rakek SLO 151 Fb59
Rakeluft N 63 Hd07
Rakić BIH 153 Ja62
Rakita BG 179 Da69
Rakitna SLO 151 Fb58
Rakitnica BG 180 Dd73
Rakitnica BIH 159 Hc65
Rakitnica HR 152 Gc58
Rakitovica HR 152 Hb59
Rakitovo BG 184 Cd74
Rakke EST 98 La43
Rakkestad N 94 Eb43
Raklinovo BG 181 Ec72
Rákóczifalva H 146 Jb54
Rakoniewice PL 129 Gb37
Rákos H 146 Jc56
Rakoš KSV 178 Ba70
Rakoszyce PL 129 Gb41
Rakova Bara SRB 174 Bd65
Rakovica BG 179 Ca67
Rakovica HR 151 Ga61
Rakovník CZ 136 Fa44
Rakovo BG 180 Eb71
Rakovski BG 180 Dc73
Rakow D 119 Ed31
Raków PL 130 Jc42
Rakowo Piskie PL 123 Jd32
Raksala LV 107 Lb51
Rákosi H 145 Ha56
Råkvågen N 78 Ea28
Rakvere EST 98 La42
Ralewice PL 129 Hb39
Ralingen D 133 Bc44
Ralja SRB 174 Bb64
Ralja SRB 174 Bb64
Raljin SRB 179 Ca70
Raljovo BG 180 Db69
Rälla S 103 Gb52
Ram SRB 174 Bc64
Rama BIH 158 Ha65
Ramacastañas E 46 Cd65
Ramacca I 167 Fc86
Rämälä FIN 89 Jd32
Rämälä FIN 90 La34
Ramales de la Victoria E 38 Dd55
Ramallosa (Teo) E 36 Ad55
Ramasaig GB 4 Da08
Ramatuelle F 43 Kb55
Rämäzan MD 173 Fa55
Ramberg N 66 Fa14
Rambervillers F 31 Ka38
Rambin D 119 Ed30
Rambjørgheia N 92 Cb45
Rambo S 80 Ha27
Ramboullet F 23 Gc37
Ramdala S 111 Ga54
Rameški RUS 202 Ed09
Rămeț RO 171 Da59
Ramfjordnes N 62 Gd10
Rámia GR 188 Ba81
Ramingstein A 144 Fa54
Ramirás E 36 Ba58
Ramji LV 106 Kd48
Ramkvilla S 103 Fc51
Ramljane HR 158 Gb65
Ramløse DK 109 Eb24
Ramma EST 98 Kd43
Ramme DK 100 Cd22
Rämmen S 95 Fb41
Ramna RO 174 Bd62
Ramnäs S 95 Ga42
Rämne S 94 Eb45
Ramnes N 93 Dd43
Râmnicelu RO 176 Ed63
Râmnicelu RO 177 Fa63
Râmnicu de Sus RO 177 Fc66
Râmnicu Sărăt RO 176 Ed63
Râmnicu Vâlcea RO 175 Db63
Ramonai LT 114 Kd54
Ramosch CH 142 Db55
Ramså N 66 Ga11
Ramsau D 143 Ec53
Ramsau am Dachstein A 144 Fa53
Ramsbeck D 126 Cc40
Ramsbottom GB 15 Ec21
Ramsbury GB 20 Ed28
Ramsdorf D 125 Bd37
Ramsei CH 141 Bd54
Ramsele S 79 Ga29
Ramsele S 80 Ha28
Ramsey GB 10 Dd18
Ramsey GB 20 Fc25
Ramsey GB 21 Gb26
Ramsey Saint Mary's GB 20 Fc25
Ramsgate GB 21 Gb28
Rämshyttan S 95 Fd40
Ramsi EST 106 Kd46
Ramsjö S 87 Fd34
Ramsli N 92 Cb45
Rämsöö FIN 89 Jc36
Ramsta S 96 Gc42
Ramstad N 78 Eb25
Ramstein-Miesenbach D 133 Ca46
Ramsthal D 134 Db44
Ramsund N 66 Ga13
Ramsvika N 78 Ec26
Ramten DK 101 Dd23
Rāmuļi LV 106 Kd49
Ramundberget S 86 Ed32
Ramundeboda S 95 Fc45
Ramvik S 88 Gc32
Ramygala LT 114 Kc55
Raná CZ 136 Fa43
Ranalt A 142 Dc54
Rånäsudden S 73 Ja21
Rancon F 33 Gb46
Randaberg N 92 Ca43
Randalstown GB 9 Da16
Randan F 34 Hc46
Randanne F 34 Hb47
Randaträsk S 73 Hc20
Randazzo I 167 Fc84
Randbøldal DK 108 Db25
Randdalen S 86 Fa34
Randebygd N 84 Cc34
Randegg A 144 Fc51
Randen N 85 Dc35
Randers DK 100 Dc23
Randersacker D 134 Db45
Randerup DK 108 Da27
Randesund N 92 Cd47
Randijaur S 72 Ha19
Randonnai F 23 Ga37
Randsverk N 85 Dc35
Randvere EST 98 Kb42
Rånea S 73 Hd21
Ranemsletta N 78 Ec26
Rånes F 22 Fc37
Rang-du-Fliers F 23 Gc32
Rångedala S 102 Ed49
Rangendingen D 134 Cc49
Rangersdorf A 143 Ec55
Rangsby FIN 89 Hd32
Rangsdorf D 127 Ed37
Rangstrup DK 108 Da27
Ranhados P 44 Bb62
Ranheim N 77 Ea30
Rani list BG 184 Dc75
Ranis D 127 Ea42
Ranizów PL 139 Ka43
Ranka LV 106 La49
Rankinen FIN 82 Ka25
Rankweil A 142 Cd53
Ranna EST 99 Lb44
Rannametsa EST 106 Kb46
Rannamõisa EST 98 Kb42
Rannankulma FIN 89 Jb37
Rannankylä FIN 81 Jd31
Rannankylä FIN 82 Kb27
Rannanmäki FIN 89 Jb38
Rannanpohjukka FIN 91 Ma32
Rånnaväg S 102 Fa49
Rännelanda S 102 Ec46
Ränneslöv S 110 Ed53
Rännö S 87 Gb33
Rannoch Station GB 7 Dd10
Rannsundet S 86 Fa33
Rannu EST 106 La46
Rannungen D 134 Db44
Rånön S 73 Ja22
Ranovac SRB 174 Bc65
Ranrupt F 31 Kb38
Ransäter S 94 Fa42
Ransbach-Baumbach D 125 Ca42
Ransby S 94 Ed39
Ransbysätter S 94 Fa41
Ransjö S 87 Fb34
Rańsk PL 122 Jb32
Ranskill GB 16 Fb22
Ransta S 95 Gb42
Ranstadt D 134 Cd43
Rantajärvi S 74 Jb18
Rantakunta FIN 89 Jc33
Rantakylä FIN 82 Ka31
Rantakylä FIN 83 Lc29
Rantakylä FIN 90 La34
Rantala FIN 81 Jd31
Rantasalmen asema FIN 91 Lb33
Rantasalmi FIN 91 Lb32
Ranta-Töysä FIN 89 Jc32
Rante E 36 Bb57
Rantrum D 108 Da29
Rantsila FIN 82 Ka25
Ranttila FIN 64 Jc10
Rantum D 108 Cd28
Ranty PL 123 Jd31
Rantzausminde DK 109 Dd28
Ranua FIN 74 Kb20
Ranum DK 100 Db21
Ranzig D 128 Fb38
Rao E 37 Bd55
Raon-l'Etape F 31 Ka38
Raossi I 149 Dc58
Rapa PL 123 Jd30
Râpa RO 170 Cb57
Rapajin Dol HR 151 Fd61
Rapala FIN 90 Kb35
Rapallo I 149 Cc63
Rapattila FIN 91 Lc36
Rapëza AL 182 Ab76
Raphoe IRL 9 Cb16
Rapice PL 128 Fc38
Räpina EST 107 Lc46
Rapla EST 98 Kb43
Rapness GB 5 Ec02
Rapolano Terme I 156 Dd67
Rapolla I 161 Ga74
Rapoltu Mare RO 175 Cc61
Raposa P 50 Ac68
Rapotín CZ 137 Gc45
Rapovce SK 146 Ja50
Rapperswil CH 142 Cc53
Rappin D 119 Ed30
Räpplinge S 103 Gb52
Rappottenstein A 144 Fc50
Rappvika N 63 Hb08
Rapsáni GR 183 Bd80
Rapuli FIN 83 Lb27
Rårup DK 109 Ea28
Ras SRB 178 Ad68
Raša HR 151 Fa61
Rasal E 39 Fb58
Räsälä FIN 82 La30
Räsälänlahti FIN 82 La30
Rasbokil S 96 Gd41
Rașca RO 172 Eb56
Rascafría E 46 Db63
Rașcov MD 173 Fd55
Rasdel BG 185 Eb74
Rasdorf D 126 Db42
Rašeijke BIH 158 Gd66
Raseiniai LT 114 Ka56
Rasharkin GB 9 Cd16
Rashedoge IRL 9 Cb16
Rasi FIN 90 La36
Rašica SLO 151 Fc58
Rasimäki FIN 82 La28
Rasimäki FIN 83 Lb29
Rasimbegov MK 183 Bc75
Rasina EST 99 Lc45
Rășinari RO 175 Da61
Rasines E 38 Dd55
Rasinkylä FIN 75 Kd24
Rasisalo FIN 83 Ld31
Rasivaara FIN 83 Ma30
Rasivaara FIN 83 Ld31
Rasivaara FIN 83 Ld31
Råsjö S 87 Fd33
Raška SRB 178 Ba68
Rask Mølle DK 108 Db25
Raškovo BG 179 Cd70
Raslavice SK 139 Jd47
Rășmirești RO 180 Dd67
Rasná CZ 136 Fd47
Rašnevo RUS 107 Ma47
Râșnov RO 176 Dd62
Rasova RO 181 Fb67
Rasovo BG 179 Cc68
Raspilla E 53 Eb71
Rășpopeni MD 173 Fc55
Rasquera E 48 Ga63
Rassach A 144 Fd55
Rassina I 156 Dd65
Rasskazovo RUS 203 Fc12
Rast RO 179 Cc67
Rastatt D 133 Cb48
Rasteau F 42 Jb52
Råsted DK 100 Dc23
Rastede D 118 Cc33
Rastenberg D 127 Ea41
Rastenfeld A 136 Fd49
Rasteš MK 183 Bb74
Rasti FIN 68 Jc15
Rasti FIN 91 Ld32
Rastina SRB 153 Hd58
Rastinkylä FIN 83 Lc26
Rästoliţa RO 172 Dd57
Rastovac MNE 159 Hd68
Rastovica MK 183 Bb75
Rastow D 119 Ea33
Råstrand S 72 Gc24
Răsuceni RO 180 Ea67
Rasueros E 46 Cd62
Raszków PL 129 Gd39
Raszówka PL 129 Gb40
Raszujka PL 122 Jb33
Raszyn PL 130 Jb37
Ratan S 80 Hc28
Rätan S 87 Fc33
Ratasjärvi FIN 73 Jb19
Ratby GB 16 Fa24
Ratčino RUS 99 Ma40
Rateče SLO 144 Fa56
Ratekau D 119 Dd31
Ratevo MK 183 Cb74
Rathangan IRL 13 Cc21
Ráth Caola IRL 12 Bc23
Rathcoole IRL 13 Cd21
Rathcormack IRL 12 Bd25
Rathcroghan IRL 8 Ca19
Rathdangan IRL 13 Cd23
Rathdowney IRL 13 Cb23
Ráth Droma IRL 13 Cd23
Rathdrum IRL 13 Cd23
Rathen D 128 Fb41
Rathen GB 5 Ed07

Rathenow D 127 Eb36
Rathfriland GB 9 Da18
Rathfylane IRL 13 Cc24
Rathkeale IRL 12 Bc23
Rathkeevin IRL 13 Ca24
Rathlackan IRL 8 Bc17
Rath Luirc IRL 12 Bd24
Rathmelton IRL 9 Cb15
Rathmolyon IRL 13 Cc21
Rathmore IRL 12 Bb25
Rathmullan IRL 9 Cc15
Rathnew IRL 13 Cd22
Rathowen IRL 9 Cb20
Rathsweiler D 133 Ca45
Rathvilla IRL 13 Cc21
Rathvilly IRL 13 Cc23
Ratibořice CZ 136 Ga43
Ratibořské Hory CZ 136 Fc46
Ratikylä FIN 89 Jc33
Ratina SRB 178 Bb67
Ratingen D 125 Bd39
Ratiperä FIN 82 Ka30
Ratiškovice CZ 137 Gd48
Ratková SK 138 Ja49
Ratkovac KSV 178 Ba71
Ratkovo SRB 153 Ja59
Ratla EST 105 Jd46
Ratne UA 202 Ea14
Ratnieki LV 105 Jc52
Ratoath IRL 13 Cd21
Rattelsdorf D 134 Dc44
Ratten A 144 Ga53
Rattenberg D 135 Ec48
Rattendorf A 143 Ed56
Rattersdorf A 145 Gb53
Rattiszell D 135 Ec48
Rattlesden GB 21 Ga26
Rattosjärvi FIN 74 Jc18
Rattray GB 7 Eb11
Rättsel S 72 Ha22
Rättvik S 87 Fc38
Ratu S 80 Hc28
Ratuș MD 173 Fc56
Ratzeburg D 119 Dd32
Ratzenhofen D 135 Ea49
Rätzlingen D 127 Dd36
Rauantaipale FIN 83 Lb30
Raubach D 125 Ca42
Raubling D 143 Ea52
Răucești RO 172 Ec57
Raucourt-et-Flaba F 24 Ja34
Raudanjoki FIN 69 Ka17
Raudaskylä FIN 81 Jd27
Raudeberg N 84 Ca34
Râu de Mori RO 175 Cc62
Raudėnai LT 113 Jd54
Raudenis LV 114 Kb59
Raudlia N 71 Fb22
Raudondvaris LV 114 Kb57
Raudonė LT 114 Ka57
Raudsandaksla N 71 Fb20
Rauenberg D 134 Cc46
Raufarhöfn IS 3 Bc03
Raufoss N 85 Ea39
Rauha FIN 91 Lc35
Rauhala FIN 68 Jb14
Rauhala FIN 83 Ld28
Rauhamäki FIN 91 Lb32
Rauhaniemi FIN 91 Lb33
Rauhenebrach D 134 Dc45
Raulhac F 33 Ha50
Rauma FIN 89 Ja37
Raumala FIN 97 Jc40
Raumland D 126 Cc41
Raumünzach D 133 Cb48
Rauna LV 106 Kd49
Raundal N 84 Cc38
Raunds GB 20 Fc25
Raunheim D 134 Cc44
Rauris A 143 Ec54
Râu Sadului RO 175 Da62
Rauschenberg D 126 Cd41
Răuseni RO 172 Ed56
Rautajärvi FIN 90 Ka35
Rautakorpi FIN 90 La37
Rautalahti FIN 91 Ld34
Rautalampi FIN 82 Kd31
Rautaniemi FIN 89 Jc36
Rautaperä FIN 65 Kb09
Rautas S 67 Ha15
Rautavaara FIN 82 La28
Răuțel MD 173 Fb55
Rautila FIN 81 Jc27
Rautila FIN 97 Ja39
Rautio FIN 81 Jd27
Rautio FIN 91 Lc35
Rautionkylä FIN 82 Kb25
Rautionmäki FIN 82 Kc31
Rautjärvi FIN 91 Ld34
Rautu FIN 89 Jb36
Rautuskylä FIN 68 Jc14
Rautuvaara FIN 68 Jb16
Rauvanniemi FIN 91 Ld32
Rauwiller F 25 Kb36
Rāva LV 105 Jb52
Ravanusa I 167 Fa86
Rava Rus'ka UA 204 Dd15
Ravascletto I 143 Ec56
Ravattila FIN 91 Lc36
Ravča HR 158 Gd67
Raved DK 108 Da28
Ravello I 161 Fb75
Rävemåla S 111 Fd53
Ravenglass GB 10 Ea18
Raveni GR 182 Ac80
Ravenjaur S 72 Ha22
Ravenna I 150 Ea63
Ravensburg D 142 Cd52
Ravenscar GB 17 Fc18
Ravenstein D 134 Da46
Ravenstein NL 125 Bb37
Ravières F 30 Hd40
Ravijoki FIN 91 Lb38
Ravioskorpi FIN 90 Kc35
Rävlanda S 102 Ec49
Ravlunda S 111 Fb56
Rävmarken S 94 Eb44
Ravna Dubrava SRB 179 Ca70
Ravna Gora BG 181 Fa71
Ravna Gora HR 151 Fc60
Ravnaja SRB 153 Ja63
Ravna Reka SRB 174 Bd66
Ravnec BG 181 Ed72
Ravne na Koroškem SLO 144 Fc56
Ravni BIH 158 Hb66
Ravnište SRB 178 Bc68
Ravni Toplovac SRB 153 Jc59
Ravnje SRB 153 Ja61
Ravno BIH 158 Gd65
Ravno BIH 158 Hb68
Ravno HR 151 Fc60
Ravno Bučje SRB 179 Ca69
Ravnogor BG 184 Da74
Ravno Pole BG 179 Cc71
Ravno Selo SRB 153 Ja59
Ravnshøj DK 101 Dd20
Ravnstrup DK 100 Db23
Rävsön S 80 Gd31
Ravsted DK 108 Da27
Råvvetievva sameviste S 67 Gc14
Rawa Mazowiecka PL 130 Ja38
Rawicz PL 129 Gc39
Rawtenstall GB 15 Ec20
Ray IRL 9 Cb15
Rayenstonedale GB 11 Ec18
Rayleigh GB 21 Ga28
Rayol-Canadel-sur-Mer F 43 Kb55
Räyrinki FIN 81 Jc29
Räyskälä FIN 90 Ka38
Ražana SRB 159 Jb64
Ražanac HR 157 Fd64
Ražanj SRB 178 Bc67
Războieni RO 172 Ec57
Razboj BIH 152 Ha61
Razbojna SRB 178 Bb68
Razdaginja SRB 178 Ad68
Razdelna BG 180 Dd73
Razdol BG 183 Cb75
Razdrto SLO 151 Fa59
Răžena BG 180 Dd72
Răzeni MD 173 Fd59
Raževo Konare BG 180 Db73
Razgrad BG 179 Cd68
Razgrad BG 180 Eb69
Ražica BG 181 Ed72
Razimet F 40 Fd52
Razino RUS 113 Jb58
Razkrižje SLO 145 Gb56
Razlog BG 184 Cc74
Razlovci MK 183 Ca74
Razo E 36 Ad54
Răzvad RO 176 Dd64
Razvigorovo BG 181 Ec70
Reaca RO 175 Dc66
Reading GB 20 Fb28
Reaghstown IRL 9 Cd19
Réalcamp F 23 Gc33
Réalmont F 41 Gd53
Realp CH 141 Cb55
Réalville F 40 Gc52
Reananeree IRL 12 Bb25
Rear Cross IRL 13 Ca23
Réaup F 40 Fd52
Reay GB 5 Eb04
Rebais F 24 Hb37
Rebărkovo BG 179 Cd70
Rebastens-de-Bigorre F 40 Fd55
Rebate E 55 Fb72
Rebbenesbotn N 62 Gc08
Rébénacq F 40 Fc56
Rebild DK 100 Dc21
Rebirechioulet F 40 Ga55
Rębków PL 130 Jc38
Rebolado de Traspeña E 38 Db57
Rebollar E 37 Ca56
Rebolledo E 55 Fb71
Rebordelo P 45 Bc59
Reboredo E 36 Ac56
Rebra RO 171 Dc56
Rebricea RO 173 Fa58
Rebrișoara RO 171 Dc56
Reca RO 174 Bd60
Recanati I 156 Ed66
Recas E 46 Db65
Recco I 149 Cc63
Recea MD 173 Fa55
Recea MD 173 Fc57
Recea RO 171 Da55
Recea RO 175 Dc62
Recea-Cristur RO 171 Da57
Recepköy TR 192 Fa82
Recess IRL 8 Bb20
Recey-sur-Ource F 30 Ja40
Rechenberg-Bienenmühle D 127 Ed42
Rechlin D 119 Ec33
Rechnitz A 145 Gb54
Recht B 125 Bb42
Rechtmehring D 143 Eb51
Rechtsupweg D 117 Cb32
Reci RO 176 Ea61
Řečice CZ 136 Fd48
Rečka SRB 174 Cb66
Recke D 117 Cb36
Reckendorf D 134 Dc44
Reckingen CH 141 Ca56
Recklinghausen D 125 Ca38
Recoaro Terme I 149 Dc59
Recogne B 132 Ba44
Recologne F 31 Jc41
Recoules-Prévinquières F 41 Hb52
Recsk H 146 Jb51
Rěčyca BY 202 Ec13
Recz PL 120 Fd34
Ręczno PL 130 Hd40
Reda PL 121 Ha29
Redange-sur-Attert L 133 Bb44
Redbourne GB 17 Fc21
Redcar GB 11 Fb17
Redcross IRL 13 Cd23
Red Dial GB 11 Eb17
Redditch GB 20 Ed25
Redea RO 179 Da67
Redekin D 127 Eb36
Redentin D 119 Ea31
Redessan F 42 Ja53
Redhill GB 19 Eb28
Redhill GB 20 Fc29
Rédics H 145 Gb56
Rediu RO 172 Ec58
Rediu RO 173 Fa57
Rediu RO 177 Fb62
Rediul Mare MD 173 Fa54
Redkino RUS 202 Ed10
Redkowice PL 121 Gd29
Redło PL 120 Ga32
Rednitzhembach D 135 Dd47
Redon F 27 Ec41
Redondela E 36 Ad57
Redondo E 38 Dc56
Redondo P 50 Ba69
Redpoint GB 4 Db07
Redruth GB 18 Da32
Redslared S 102 Ed50
Redsted DK 100 Da22
Redwick GB 19 Eb28
Redwitz D 135 Dd44
Rędzikowo PL 121 Gc30
Rędziny PL 130 Hc41
Reepham GB 17 Ga24
Reersø DK 109 Ea26
Rees D 125 Bc38
Reeßum D 118 Da34
Reeth GB 11 Ed18
Reetz D 127 Eb37
Reevanagh IRL 13 Cc23
Refahiye TR 205 Fd20
Reffannes F 28 Fc44
Reffuveille F 22 Fa37
Refset N 78 Ea31
Refsland N 92 Cb45
Refsvindinge DK 109 Dd27
Reftele S 102 Fa51
Regadas E 36 Ba57
Regalbuto I 167 Fb85
Regéc H 139 Jd49
Regen D 135 Ed48
Regensburg D 135 Eb48
Regenstauf D 135 Eb47
Reggello I 156 Dd65
Reggio di Calabria I 164 Ga84
Reggiolo I 149 Db61
Reggio nell'Emilia I 149 Db62
Reghin RO 171 Dc58
Reghiu RO 176 Ec62
Reginio GR 189 Bd84
Regis-Breitingen D 127 Eb41
Regna S 95 Fd45
Regnitzlosau D 135 Eb43
Regöly H 145 Hb56
Regonkylä FIN 89 Jb32
Reguengos de Monsaraz P 50 Ba70
Réguiny F 27 Eb40
Reguisheim F 31 Kb39
Regumiel de la Sierra E 47 Ea59
Rehau D 135 Eb44
Rehburg-Loccum D 126 Da36
Rehfelde D 128 Fa36
Rehling D 134 Dc49
Rehlingen D 133 Bc46
Rehna D 119 Dd32
Rehula FIN 91 Lb35
Reibiniai LT 114 Ka53
Reichelsheim D 134 Cc45
Reichenau D 142 Cc52
Reichenau an der Rax A 144 Ga52
Reichenau im Mühlkreis A 144 Fb50
Reichenbach CH 141 Bd55
Reichenbach D 127 Eb42
Reichenbach D 128 Fc41
Reichenbach D 135 Dd43
Reichenbach D 135 Eb47
Reichenberg D 128 Fa41
Reichenberg D 128 Fb36
Reichenberg D 134 Da45
Reichenberg = Liberec CZ 128 Fc42
Reichenfels A 144 Fc55
Reichenhausen D 126 Db42
Reichenkirchen D 143 Ea50
Reichenschwand D 135 Dd46
Reichenthal A 136 Fb49
Reichersberg A 143 Ed50
Reichertshausen D 135 Dd49
Reichertshofen D 135 Dd49
Reichling D 142 Dc51
Reichshof D 125 Cb41
Reichshoffen F 25 Kc36
Reiden CH 141 Ca53
Reiersdal N 92 Cd46
Reiff GB 4 Dc06
Reifferscheid D 125 Bc42
Reigada E 37 Ca54
Reigate GB 20 Fc29
Reighton GB 17 Fc19
Reigi EST 97 Jc44
Reignac F 32 Fb49
Reignac-sur-Indre F 29 Ga42
Reigoldswil CH 141 Bd53
Reiķi LV 107 Ma51
Reila FIN 89 Ja37
Reillo E 53 Ec66
Reims F 24 Hc35
Reimsbach D 133 Bc45
Rein N 77 Dd29
Reina E 51 Ca71
Reinach CH 141 Bd52
Reinach CH 141 Ca53
Reinbek D 118 Dc33
Reinberg D 119 Ed31
Reine N 66 Fa15
Reinfeld D 118 Dc32
Reinfjellet N 71 Fc20
Reinfjord N 63 Hb08
Reinhardshagen D 126 Da39
Reinhardtsgrimma D 128 Fa42
Reinheim D 134 Cc45
Reiņi LV 106 La50
Reinikansaari FIN 74 Kb18
Reinli N 85 Dc38
Reinosa E 38 Db56
Reinøysund N 65 Kd07
Reinsberg D 127 Ed41
Reinsdorf D 127 Ec38
Reinsfeld D 133 Bc45
Reinstedt D 127 Ea39
Reinstorf D 118 Dc34
Reinsvoll N 85 Ea39
Reinthal A 137 Gc49
Reipå N 71 Fb18
Reiret N 71 Fb24
Reis TR 193 Hb87
Reisbach D 135 Ec49
Reischach D 143 Ec50
Reisjärvi FIN 82 Ka28
Reiskirchen D 126 Cd42
Reiss GB 5 Ec04
Reiste D 126 Cc40
Reitan N 77 Db33
Reitan N 78 Eb27
Reitano I 167 Fb84
Reith A 143 Ea53
Reit im Winkl D 143 Eb52
Reitkalli FIN 90 La38
Reittiö FIN 82 La29
Reitwein D 128 Fc36
Reivyčiai LT 113 Jd53
Rejdová SK 138 Jb48
Rejmyre S 95 Ga45
Rejowiec PL 131 Kc40
Rejowiec Fabryczny PL 131 Kc40
Rejsby DK 108 Da27
Rejštejn CZ 135 Ed48
Rejviz CZ 137 Gd44
Reka HR 152 Gc57
Rekavice BIH 152 Gd62
Reke N 92 Ca44
Rekeland N 92 Cb46
Rekelänvaara FIN 75 Kd23
Reken D 125 Ca38
Rekijoki FIN 97 Jd39
Rekitno PL 130 Hd42
Rekovac SRB 178 Bb67
Rekowo PL 120 Fc32
Rekowo PL 121 Gd31
Reksa N 77 Dc29
Rekusaare EST 98 La45
Rekvik N 62 Gc09
Rekyva LT 114 Ka54
Rel' RUS 99 Ma42
Relaghbeg IRL 9 Cc19
Relíquias P 58 Ab72
Reljovo BG 179 Cc72
Rellanos E 37 Ca54
Relletti FIN 81 Jd25
Relleu E 55 Fc70
Rellingen D 118 Db32
Remagen D 125 Bd42
Rémalard F 29 Ga38
Remauville F 29 Ha39
Remchingen D 134 Cc47
Remda D 127 Dd42
Remda RUS 99 Lc45
Remdalens sameviste S 71 Fc24
Remédios P 50 Aa66
Réméréville F 25 Jd37
Remeskylä FIN 82 Kc27
Remetea RO 170 Cb58
Remetea RO 172 Ea58
Remetea Chioarului RO 171 Da55
Remetea Mare RO 174 Bd60
Remeți RO 171 Da54
Remetské Hámre SK 139 Kb48
Remice PL 120 Fc35
Remich L 133 Bb45
Rémilly F 30 Hc43
Remiremont F 31 Ka39
Remmarbäcken S 80 Gc29
Remmarn S 80 Gd28
Remmen S 87 Fc34
Remmene S 102 Ed48
Remmet S 87 Fb34
Remnes N 70 Fa21
Remniku EST 99 Lc43
Remolinos E 47 Fa60
Remoncourt F 31 Jd38
Remontnoe RUS 205 Ga15
Remouchamps B 124 Ba42
Remoulins F 42 Ja53
Remøy N 76 Cb32
Rempji LV 106 La49
Remplin D 119 Ec32
Rempstone GB 16 Fa24
Remptendorf D 135 Ea43
Remscheid D 125 Ca40
Remseck D 134 Cd48
Remshalden D 134 Cd48
Remte LV 105 Jd51
Remungol F 27 Eb40
Rémuzat F 42 Jc51
Remy F 23 Ha35
Rena E 51 Ca68
Rena N 86 Eb37
Renac F 27 Ec40
Renaison F 34 Hd46
Renålandet S 79 Fd28
Renales E 47 Eb63
Renavas LT 113 Jc53
Renazé F 28 Fa40
Řenče CZ 135 Ed46
Rencēni LV 106 Kd48
Rencēnmuiža LV 106 Kd47
Renchen D 133 Ca49
Renda LV 105 Jc50
Rende I 164 Gb80
Rendína GR 184 Cc78
Rendsburg D 118 Db30
Renedo E 38 Db55
Renedo E 46 Da60
Renedo de Valderaduey E 37 Cd57
Renesse NL 124 Ab37
Renève F 31 Jc41
Renfors S 80 Hb25
Renge LV 113 Jd53
Rengsdorf D 125 Ca42
Rengsjö S 87 Gb36
Renholmen S 73 Hd24
Renieblas E 47 Eb60
Reningelst B 21 Ha30
Renko FIN 90 Ka37
Renkomäki FIN 90 Kc37
Renkum NL 125 Bb37
Rennebu N 77 Dd31
Rennerod D 125 Cb42
Rennertshofen D 134 Dc48
Rennes F 28 Ed39
Renningen D 134 Cc48
Rennweg A 143 Ed55
Renon I 143 Dd56
Renså N 66 Ga13
Rensjön S 67 Ha14
Rensjön S 79 Ga30
Reńska Wieś PL 137 Ha43
Rensvik N 77 Da30
Rentjärn S 72 Gd24
Renträsk S 72 Ha22
Rentweinsdorf D 134 Dc44
Renviken S 72 Gd22
Renvyle IRL 8 Bb20
Renwez F 24 Hd33
Renzendorf D 126 Da42
Reo EST 105 Jc46
Reola EST 99 Lb45
Reolid E 53 Ea70
Repbäcken S 95 Fd40
Repedea RO 171 Dc54
Repel F 31 Jc38
Rep'evka RUS 203 Fb13
Repki PL 131 Ka36
Replot FIN 81 Hd30
Repojoki FIN 69 Jd12
Reponiemi FIN 68 Ja15
Reposaari FIN 89 Ja35
Repparfjord N 63 Ja06
Reppen N 84 Cd36
Reppenstedt D 118 Dc34
Represa E 37 Cc57
Repstad N 93 Da46
Repvåg N 64 Jb05
Requejo E 37 Bd58
Requena E 54 Fa68
Réquista F 41 Ha53
Rerik D 119 Ea31
Reşadiye TR 192 Fa81
Reşadiye TR 192 Ga87
Reşadiye TR 197 Ed91
Reşadiye TR 205 Fc20
Resana I 150 Ea59
Resanovci BIH 158 Gb64
Resarö S 96 Gd43
Resavica SRB 174 Bd66
Reschen I 142 Db55
Resele S 79 Gb30
Reselec BG 179 Da69
Resen BG 180 Dd70
Resen MK 182 Ba76
Resende P 44 Ba61
Resenstad DK 100 Da22
Rešety RUS 107 Ma49
Rešetylivka UA 204 Ed15
Resia I 142 Db55
Reşiţa RO 174 Ca62
Reškėtėnai LT 113 Jc55
Resko PL 120 Fd32
Reškutėnai LT 115 Lb55
Resmo S 111 Gb53
Resna MNE 159 Hd69
Resnik SRB 153 Jc62
Resö S 94 Ea45
Resolven GB 19 Ea27
Respenda de la Peña E 38 Da56
Resse D 126 Da36
Ressons-sur-Matz F 23 Ha34
Restelica KSV 178 Ba73
Resteröd S 102 Eb47
Resuller TR 187 Gc77
Resuttano I 167 Fa85
Reszel PL 122 Jb31
Retamal de Llerena E 51 Ca70
Retamar E 61 Eb76
Retamoso E 52 Cd66
Retascón E 47 Ed62
Rétaud F 32 Fb47
Rethel F 24 Hd34
Rethem D 118 Da35
Réthimno GR 200 Cc95
Rethondes F 23 Ha35
Retie B 124 Ba39
Retiers F 28 Fa40
Retjun RUS 99 Mb43
Retkovci HR 153 Hc60
Retlahti FIN 98 Ka39
Retorta E 36 Bb55
Retortillo E 45 Ca63
Retournac F 34 Hd49
Rétság H 146 Hd51
Rétszilas H 146 Hc55
Rettenbach D 135 Eb48
Rettenberg D 142 Db52
Rettenegg A 144 Ga53
Retuerta del Bullaque E 52 Da67
Retunen FIN 83 Lb30
Retz A 136 Ga49
Retzstadt D 134 Da45
Reuden D 127 Eb38
Reuden D 127 Eb41
Reugny F 29 Ga41
Reugny F 33 Ha45
Reuilly F 29 Gd43
Reuland B 125 Bb42
Reuland B 133 Bb43
Reunasenmäki FIN 82 La26
Reus E 48 Gb62
Reusel NL 124 Ba39
Reut D 143 Ec50
Reuterstadt Stavenhagen D 119 Ed32
Reuth D 135 Eb43
Reuth D 135 Eb45
Reutlingen D 134 Cd49
Reutova LV 107 Lb52
Reutte A 142 Dc53
Reutuaapa FIN 74 Jd20
Revdal N 62 Ha10
Revel F 41 Gd54
Revello I 148 Bc61
Revenga E 46 Db63
Revenga de Campos E 38 Da58
Revere I 149 Dc61
Revesjö S 102 Ed50
Revest-du-Bion F 42 Jd52
Revetal N 93 Dd43
Revfülöp H 145 Ha55
Revigny-sur-Ornain F 24 Ja36
Revilla de Collazos E 38 Da57
Revin F 24 Hd33
Revine I 150 Ea58
Revingeby S 110 Fa56
Révleányvár H 139 Ka49
Řevnice CZ 136 Fb45
Řevničov CZ 136 Fa44
Revo I 142 Dc56
Revonkylä FIN 83 Ma30
Revonlahti FIN 81 Jd25
Revsnes N 66 Ga13
Revsnes N 67 Gb11
Revsnes N 84 Cd37
Revsneshamn N 63 Ja05
Revsudden S 103 Gb52
Revsund S 87 Fc32
Revúca SK 138 Jb49
Rewa PL 121 Ha29
Rexbo S 95 Fd39
Reyðarfjörður IS 3 Bc05
Reykhólar IS 2 Ac03
Reykholt IS 2 Ac05
Reykholt IS 2 Ac04
Reykjadiskur IS 2 Ba03
Reykjahlíð IS 3 Bb04
Reykjanes IS 2 Ac02
Reykjavík IS 2 Ac04
Rēzaka LV 107 Lb48
Rezé F 28 Ed42
Rēzekne LV 107 Ld51
Rezi H 145 Gd55
Rezina MD 173 Fd55
Rezovo BG 186 Fa74
Rezzato I 149 Da59
Rezzo I 43 La52
Rezzoaglio I 149 Cc62
Rgotina SRB 179 Ca67
Rhade D 118 Da33
Rhade D 125 Bd38
Rhandirmwyn GB 15 Dd26
Rhauderfehn D 117 Cb33
Rhaunen D 133 Bd44
Rhayader GB 15 Ea25
Rhäzüns CH 142 Cd55
Rheda-Wiedenbrück D 126 Cc38
Rhede D 125 Bd38
Rhede (Ems) D 117 Ca34
Rheden NL 125 Bc37
Rheinau D 133 Ca48
Rheinbach D 125 Bd42
Rheinberg D 125 Bd38
Rheinböllen D 133 Ca44
Rheinbrohl D 125 Ca42
Rheine D 117 Ca36
Rheinfelden CH 141 Ca52
Rheinfelden D 141 Ca52
Rheinhausen D 141 Ca50
Rheinmünster D 133 Ca48
Rheinsberg D 119 Ed34
Rheinstetten D 133 Cb47
Rheinzabern D 133 Cb47
Rhêmes-Notre-Dame I 148 Bc58
Rhêmes-Saint-Georges I 148 Bc58
Rhenen NL 125 Bb37
Rhens D 133 Ca43
Rheurdt D 125 Bc39
Rhiconich GB 4 Dd04
Rhigos GB 19 Ea27
Rhinau F 31 Kc38
Rhinow D 119 Eb35
Rhiw GB 14 Dc23
Rho I 149 Cc59
Rhode IRL 13 Cc21
Rhondda GB 19 Ea27
Rhoose GB 19 Ea28
Rhos GB 19 Dd27
Rhoscrewther GB 18 Db27
Rhossili GB 18 Dc27
Rhu GB 6 Dc12
Rhubodach GB 6 Dc13
Rhumspringe D 126 Dc39
Rhydcymerau GB 15 Dd26
Rhydlewis GB 14 Dc26
Rhydowen GB 15 Dd26
Rhyl GB 15 Ea22
Rhymney GB 19 Ea27
Rhynie GB 7 Ec08
Riace I 164 Gc83
Riace Marina I 164 Gc83
Riákia GR 183 Bd78
Rial E 36 Ad56
Riala S 96 Ha42
Rialp E 40 Gb58
Rial (Soutomaior) E 36 Ad57
Riaño E 37 Cd56
Riaño E 37 Cc54
Rians F 42 Jb54
Rianxo E 36 Ad56
Riaza E 46 Dc62
Ribačij RUS 113 Ja57
Ribäcken FIN 81 Hd31
Ribadavia E 36 Ba57
Ribadelago E 37 Bd58
Riba de Neira E 36 Bc56
Ribadeo E 37 Bd53
Riba de Saelices E 47 Eb63
Ribadesella E 37 Cd54
Ribadouro P 44 Ba61
Ribadumia E 36 Ad56
Ribaforada E 47 Ed59
Ribafrecha E 39 Eb58
Ribamondego P 44 Bb63
Ribarci SRB 179 Ca72
Ribarica BG 179 Da71
Ribariće SRB 178 Ba69
Riba-roja d'Ebre E 48 Ga62
Riba-roja del Túria E 54 Fb67
Ribarska Banja SRB 178 Bc68
Ribas de Miño E 36 Bb56
Ribatejada E 46 Dc63
Ribba I 148 Bb61
Ribbesbüttel D 126 Dc36
Ribblehead GB 11 Ec19
Ribe DK 108 Da26
Ribeauvillé F 31 Kb38
Ribécourt-Dreslincourt F 23 Ha34
Ribeira E 37 Bd56
Ribemont F 24 Hb33
Ribera I 166 Ec86
Ribérac F 32 Fd49
Ribera del Fresno E 51 Bd70
Ribera de Piquín E 36 Bc55
Ribesalbes E 54 Fc66
Ribes de Freser E 41 Gd58
Ribița RO 175 Cc60
Ribnica BIH 153 Hc63
Ribnica SLO 151 Fb59
Ribnica SLO 151 Fc59
Ribnica SRB 159 Jb65
Ribnica na Pohorju SLO 144 Fd56
Ribnik HR 151 Fd59
Ribnița MD 173 Fd55
Ribnitz-Damgarten D 119 Ec30
Ribnovo BG 184 Cd74
Ribordone I 148 Bc59
Ribota E 38 Dc55
Ricabo E 37 Cb55
Říčany CZ 136 Fc45
Riccall GB 16 Fb20
Riccia I 161 Fc73
Riccio I 156 Ea67
Riccione I 156 Eb64
Richebourg F 23 Gc37
Richebourg F 30 Jb39
Richelieu F 28 Fd43
Richisau CH 142 Cc54
Richmond GB 11 Ed18
Richmond GB 20 Fc28
Richtenberg D 119 Ed31
Richterswil CH 141 Cb53
Richvald SK 139 Jd46
Ričice HR 151 Ga63
Ricieliai LT 123 Kc30
Rickarum S 110 Fa55
Rickeå S 80 Hc27
Ricken CH 142 Cc53
Rickenbach D 141 Ca52
Rickling D 118 Dc31
Rickmansworth GB 20 Fc27
Ricla E 47 Ed61
Ricobayo E 45 Cb60
Ricse H 147 Ka50
Ridala EST 98 Ka44
Riđane HR 158 Gb65
Ridasjärvi FIN 90 Kb38
Riddarhyttan S 95 Fd42
Ridderkerk NL 124 Ad37
Riddes CH 141 Bc56
Riđica SRB 153 Hd58
Riebnesluspen S 72 Gb20
Riec-sur-Bélon F 27 Dd40
Ried A 142 Db54
Ried D 142 Dc50
Riedau A 144 Fa50
Riedbach D 134 Dc44
Riede D 118 Cd34
Riedeļi LV 106 Ka50
Rieden D 135 Ea47
Riedenburg D 135 Ea48
Ried im Innkreis A 143 Ed51
Riedlingen D 142 Cd50
Riedstadt D 134 Cc44
Riegel D 141 Ca50
Riegersburg A 144 Ga55
Riegersdorf A 144 Fa56
Riegoabajo E 37 Cb53
Riego de Ambros E 37 Ca57
Riego del Camino E 45 Cb59
Riekki FIN 75 Lb19
Riello E 37 Cb56
Rielves E 52 Da66
Rieneck D 134 Da44
Rieni RO 170 Cb58
Riensena E 37 Cd54
Rieponlahti FIN 82 Kd30
Riepsdorf D 119 Dd30
Riera E 37 Ca55
Riesa D 127 Ed40
Riesbürg D 134 Db48
Rieseby D 108 Db29
Riesenbeck D 117 Cb36
Riese Pio X I 150 Ea59
Riesi I 167 Fa86
Riestedt D 127 Dd39
Rietavas LT 113 Jc55
Rietberg D 126 Cc38
Rieti I 156 Eb70
Rietschen D 128 Fc40
Rieumes F 40 Gb55
Rieupeyroux F 41 Gd52
Rieussec F 41 Hb55
Rieux F 27 Ec41
Rieux F 40 Gb55
Riez F 42 Ka53
Riezlern A 142 Da53
Riffenmatt CH 141 Bc54
Riffian I 142 Dc55
Rifiano I 142 Dc55
Rifugio Campitelli I 161 Fa72
Riga LV 106 Kb50
Rigács H 145 Gd54
Rigáni GR 188 Bb84
Riggisberg CH 141 Bd54
Rignac F 33 Gd51
Rignano Flaminio I 156 Eb70
Rignano sull'Arno I 155 Dc65
Rigney F 31 Jd41
Rigny-Ussé F 28 Fd42
Rigolato I 143 Ec56
Rigolizia I 167 Fc87
Rigside GB 10 Ea14
Riguldi EST 97 Jd43
Rigutino I 155 Dd66
Rihen AL 159 Jb70
Rihiá GR 195 Bd90
Rihtniemi FIN 89 Ja37
Riihijärvi FIN 91 Ma32
Riihijoki FIN 83 Ma30
Riihikoski FIN 89 Jc38
Riihimäki FIN 82 Kb31
Riihimäki FIN 90 Kb38
Riihiniemi FIN 90 Kc35
Riihivaara FIN 83 Lc28
Riihivaara FIN 83 Ld26
Riihivakama FIN 89 Jd38
Riiho FIN 89 Jb35
Riiho FIN 90 Ka33
Riikola FIN 91 Ma32
Riila FIN 69 Jd16
Riippa FIN 81 Jc28
Riippi FIN 89 Ja32
Riisikkala FIN 89 Jd37
Riisipere EST 98 Kb43
Riispyy FIN 89 Hd34
Riistavesi FIN 82 La30
Riitiala FIN 89 Jc34
Riječa BIH 159 Hc64
Riječani MNE 159 Hd68
Rijeka BIH 153 Hc63
Rijeka BIH 159 Hd66
Rijeka HR 151 Fb60
Rijeka Crnojevića MNE 159 Ja70

Sabbioneta – Saint-Just-en-Chevalet

Sabbioneta I 149 Db61
Sabero E 37 Cd56
Sab Gregório P 36 Ba58
Sabile LV 105 Jd50
Sabiñánigo E 40 Fc58
Sabinares E 53 Ea69
Sabinov SK 138 Jc47
Sabiote E 52 Dc72
Šabla BG 181 Fc69
Sables-d'Or-les-Pins F 26 Ec37
Sablé-sur-Sarthe F 28 Fc40
Sabnie PL 131 Ka36
Såböle S 78 Fa30
Saborsko HR 151 Fd61
Säbrå S 88 Gc32
Sabres F 39 Fb52
Sabro DK 108 Dc24
Sabrosa P 44 Bb61
Sabugal P 45 Bc64
Sabugeiro P 44 Ba63
Sabuncupınar TR 193 Gb82
Säby S 95 Ga43
Säby S 103 Fc48
Säbyggeby S 87 Gb38
Šaca SK 139 Jd49
sa Cabaneta E 57 Hb67
Săcădat RO 170 Cb57
Săcădate RO 175 Db61
Saçaklı TR 191 Eb81
Săcălaşeni RO 171 Da55
Săcălaz RO 174 Bc60
sa Calobra E 57 Hb66
sa Canal E 56 Gc70
Sacañet E 54 Fb66
Săcăşeni RO 171 Cc55
Sacavém P 50 Aa68
Sacecorbo E 47 Eb63
Saceda E 37 Ca57
Sacedón E 47 Ea64
Săcel RO 171 Dc55
Săcel RO 175 Dc60
Săcele RO 176 Ea62
Săcele RO 177 Fc66
Săcelu RO 175 Cd63
Săceni RO 175 Dc66
Saceruela E 52 Cd69
Sachsen D 134 Dc47
Sachsenbrunn D 135 Dd43
Sachsenburg A 143 Ed55
Sachsenhagen D 126 Da36
Sachsenheim D 134 Cd48
Sacile I 150 Eb58
Šack BY 202 Ea13
Šack RUS 203 Fb11
Šac'k UA 202 Dd14
Saclas F 29 Gd38
Sacos E 36 Ad56
Sacoşu Turcesc RO 174 Bd61
Sacquenay F 30 Jb41
Sacramenia E 46 Db61
Sacu RO 174 Ca61
Săcueni RO 170 Cb56
Săcuieu RO 171 Cc57
Sada E 36 Ba54
Sádaba E 39 Ed58
Sadaclia MD 177 Fd60
Sadala EST 98 La43
Sadali I 169 Cb78
Sadelkow D 120 Fa33
Sadic MD 177 Fc60
Sădievo BG 180 Ea72
Sadıkhacı TR 199 Hb88
Sadıkkırı TR 193 Gb84
Sadikov Bunar SRB 179 Ca69
Sadina BG 180 Eb69
Sadjem S 73 Hc18
Sadki PL 121 Gd34
Sadkowice PL 130 Jb38
Sadkowice PL 131 Jd40
Sadlinki PL 121 Hb32
Sadłowo PL 122 Hc34
Sadova MD 173 Fc57
Sadova RO 172 Ea56
Sadova RO 179 Da67
Sadovec BG 179 Da69
Sadovo BG 180 Db73
Sadovo BG 181 Fa71
Sadovoe MD 173 Fb55
Sadovoe RUS 113 Jc59
Sadovoe RUS 113 Jd58
Sadovoe RUS 113 Jd59
Sadovoe RUS 203 Ga14
Sądów PL 128 Fc37
Sadów PL 130 Hc42
Sadowne PL 123 Jd35
Sadu RO 175 Db62
Sädvaluspen S 71 Ga20
Sady PL 130 Jb39
Sæbe N 84 Cd37
Sæbø N 76 Cc33
Sæbø N 84 Ca38
Sæbøvik N 92 Ca41
Sæby DK 101 Dd20
Sæby DK 109 Ea26
Sædballe DK 109 Dd28
Săedinenie BG 180 Db73
Săedinenie BG 180 Dc73
Săedinenie BG 181 Ec71
Saelices E 53 Ea66
Saelices de Mayorga E 37 Cd58
Sælvig DK 109 Dd25
Saerbeck D 125 Cb37
Særslev DK 108 Dc26
Sæteråsen N 78 Eb28
Sætervika N 78 Ea26
Sætra N 62 Gb10
Sætran N 78 Ed26
Sætre N 86 Ec38
Sætre N 86 Eb37
Saeul L 133 Bb44
Sævareid N 84 Cb40
Sævråsvåg N 84 Ca38
Safa TR 192 Ga81
Safaalan TR 186 Fb76
Safara P 51 Bb71
Säffle S 94 Ed44
Saffré F 28 Ed41
Saffron Walden GB 20 Fd26
Safien-Platz CH 142 Cc55
Safonovo RUS 202 Ec11
Šafov CZ 136 Ga48
Safranbolu TR 205 Fa20
Säfsnäs S 95 Fb41
Sâg RO 171 Cc57
Şag RO 174 Bc61
Sagadi EST 98 Kd41
Sagaidac MD 173 Fd59
Sagallos E 45 Ca59
Sağancı TR 191 Ec84
Sagard D 120 Fa30
Sagbakken N 86 Ec37
Săgeata RO 176 Ed64
Sageika GR 188 Ba85
Sågen S 95 Fb40
Sagfjorden N 66 Fd16
Saggrenda N 93 Dc42
Sağılar TR 192 Fc81
Sağırlar TR 192 Fb83
Sagmoen N 71 Ga18
Sågmyra S 95 Fd39
Sagna RO 172 Ed58
Sagnity PL 122 Ja30
Sagone F 154 Ca70
Sagra E 55 Fc70
Sagrado I 150 Ed58
Sağrak TR 199 Gd89
Sagres P 58 Aa74
Sağtamtaş TR 185 Ec78
Şagu RO 174 Bd60
Sagunt E 54 Fc67
Sagunto E 54 Fc67
Sagvåg N 92 Ca41
Ságvar H 145 Hb55
Sahagún E 37 Cd58
Sahalahti FIN 90 Ka35
Sahankylä FIN 89 Jb33
Saharna Nouă MD 173 Fd56
Sahăteni RO 176 Ec64
Sahavaara S 68 Ja16
Sahechores E 37 Cd57
Sahilkent TR 199 Gb93
Şahin TR 185 Ec77
Şahin TR 192 Ga83
Şahinli TR 185 Eb80
Şahinyurdu TR 186 Fd79
Sahloinen FIN 90 Kb33
Şahmelek TR 186 Fb80
Şahmelek TR 187 Gb79
Sahrajärvi FIN 90 Ka32
Sahryń PL 131 Kd41
Šahty RUS 205 Fc15
Sahune F 42 Jc51
Šahun'ja RUS 203 Fc08
Šahy SK 146 Hc51
Saignelégier CH 141 Bc53
Saignes F 33 Ha48
Saignon F 42 Jc53
Saija FIN 69 Kd16
Säijä FIN 89 Jd36
Saijanlahti FIN 83 Lb31
Saikari FIN 82 Kd30
Säikkä FIN 75 Kd20
Saikkola FIN 91 Lb35
Sailer TR 192 Fb87
Saillagouse F 41 Gd58
Saillans F 35 Jc50
Saimaanharju FIN 91 Lb35
Säimen FIN 91 Lc32
Sains-en-Amiénois F 23 Gd33
Sains-Richaumont F 24 Hc33
Saint Abbs GB 11 Ed13
Saint-Affrique F 41 Hb53
Saint-Agil F 29 Ga39
Saint-Agnan F 30 Hd44
Saint Agnes GB 18 Da31
Saint-Agrève F 34 Ja49
Saint-Aignan F 29 Gb42
Saint-Aignan F 40 Gb53
Saint-Aignan-le-Jaillard F 29 Gd40
Saint-Aignan-sur-Roë F 28 Fa40
Saint-Aigulin F 32 Fc49
Saint-Alban F 26 Eb38
Saint Albans GB 20 Fc27
Saint-Alban-sur-Limagnole F 34 Hc50
Saint-Allouestre F 27 Eb40
Saint-Amand-de-Coly F 33 Gb49
Saint-Amand-en-Puisaye F 30 Hb41
Saint-Amandin F 33 Ha48
Saint-Amand-les-Eaux F 24 Hb31
Saint-Amand-Longpré F 29 Gb41
Saint-Amand-Montrond F 29 Ha44
Saint-Amand-sur-Fion F 24 Ja37
Saint-Amans F 34 Hc50
Saint-Amans-de-Mounis F 41 Hb54
Saint-Amans-des-Cots F 33 Ha50
Saint-Amans-Soult F 41 Ha54
Saint-Amant-Roche-Savine F 34 Hc47
Saint-Amant-Tallende F 34 Hb47
Saint-Ambroix F 42 Ja52
Saint-Amé F 31 Ka39
Saint-Amour F 31 Jc44
Saint-Andiol F 42 Jb53
Saint-André-de-Corcy F 34 Jb46
Saint-André-de-Cubzac F 32 Fb50
Saint-André-de-l'Eure F 23 Gb37
Saint-André-de-Sangonis F 41 Hc54
Saint-André-de-Valborgne F 41 Hd52
Saint-André-les-Alpes F 43 Kb52
Saint Andrews GB 7 Ec12
Saint-Angeau F 32 Fd47
Saint-Angel F 33 Gd48
Saint Ann's GB 11 Eb15
Saint-Anne GBA 26 Ec34
Saint-Anthème F 34 Hd47
Saint-Antoine F 154 Cb70
Saint-Antoine l'Abbaye F 35 Jc48
Saint-Antoine-sur-l'Isle F 32 Fd49
Saint-Antonin-Noble-Val F 40 Gc52
Saint-Antonius B 124 Ad39
Saint-Août F 29 Gd44
Saint-Apollinaire F 30 Jb41
Saint-Apollinaire F 35 Ka50
Saint-Arcons-d'Allier F 34 Hc49
Saint-Arnoult-des-Bois F 29 Gb38
Saint Arvans GB 19 Eb27
Saint Asaph GB 15 Ea22
Saint-Astier F 33 Ga49
Saint Athan GB 19 Ea28
Saint-Auban F 42 Ka52
Saint-Auban F 43 Kb53
Saint-Auban-sur-l'Ouvèze F 42 Jc51
Saint Aubin CH 141 Bb54
Saint Aubin CH 141 Bc54
Saint-Aubin F 30 Jb42
Saint-Aubin F 39 Fb54
Saint-Aubin d'Aubigné F 28 Ed39
Saint-Aubin-des-Châteaux F 28 Ed40
Saint-Aubin-des-Coudrais F 29 Ga39
Saint-Aubin-du-Cormier F 28 Fa39
Saint-Aubin-lès-Elbeuf F 23 Ga35
Saint-Aubin-sur-Aire F 24 Jb37
Saint-Aubin-sur-Loire F 30 Hc44
Saint-Aubin-sur-Mer F 22 Fc35
Saint-Augustin F 33 Gc48
Saint-Augustin-des-Bois F 28 Fb41
Saint-Aulaye F 32 Fd49
Saint Austell GB 18 Db31
Saint-Avit F 33 Ha46
Saint-Avit-de-Tardes F 33 Gd46
Saint-Avold F 25 Ka35
Saint-Aygulf F 43 Kb54
Saint-Barthélemy F 27 Ea40
Saint-Barthélemy-d'Anjou F 28 Fb41
Saint-Barthélemy-le-Plain F 34 Jb49
Saint-Baudille-et-Pipet F 35 Jd50
Saint-Bauzille-de-Montmel F 41 Hd53
Saint-Bauzille-de-Putois F 41 Hd53
Saint-Beat F 40 Ga56
Saint-Beauzély F 41 Hb52
Saint-Beauzire F 34 Hb48
Saint Bees GB 10 Ea18
Saint-Benin-d'Azy F 30 Hb43
Saint-Benoît F 35 Jc47
Saint-Benoît-des-Ondes F 22 Ed37
Saint-Benoît-du-Sault F 33 Gb45
Saint-Benoît-en-Woëvre F 25 Jc36
Saint-Benoît-sur-Loire F 29 Gd40
Saint-Bernard F 35 Jd48
Saint-Berthevin F 28 Fb39
Saint-Bertrand-de-Comminges F 40 Ga56
Saint-Blaise-la-Roche F 25 Kb37
Saint-Blimont F 23 Gc32
Saint-Blin F 30 Jb38
Saint-Bonnet F 35 Ka50
Saint-Bonnet-de-Joux F 30 Ja44
Saint-Bonnet-le-Château F 34 Hd48
Saint-Bonnet-le-Froid F 34 Ja49
Saint Boswells GB 11 Ec14
Saint-Brelade GBJ 26 Ec36
Saint-Brévin-les-Pins F 27 Ec42
Saint Briavels GB 19 Ec27
Saint-Brice-Courcelles F 24 Hc35
Saint-Brice-en-Côgles F 28 Fa38
Saint Brides GB 18 Db27
Saint-Brieuc F 26 Eb38
Saint-Bris-le-Vineux F 30 Hc40
Saint-Brisson F 30 Hd42
Saint Buryan GB 18 Da32
Saint-Calais F 29 Ga40
Saint-Cannat F 42 Jc54
Saint-Caprais F 29 Gd43
Saint-Capraise-de-Lalinde F 33 Ga50
Saint-Cast-le-Guildo F 26 Ec37
Saint Catherines GB 6 Dc12
Saint-Céneri-le-Gérei F 28 Fc38
Saint-Céré F 33 Gd50
Saint Cergue CH 140 Ba55
Saint-Cernin F 33 Ha49
Saint-Cernin-de-l'Herm F 33 Gb51
Saint-Chamant F 33 Gd49
Saint-Chamas F 42 Jc54
Saint-Chamond F 34 Ja48
Saint-Chaptes F 42 Ja53
Saint-Chély-d'Apcher F 34 Hc50
Saint-Chély-d'Aubrac F 34 Hb51
Saint-Chéron F 29 Gd38
Saint-Chinian F 41 Hb55
Saint-Christol F 42 Jd52
Saint-Christol-lès-Alès F 41 Hd52
Saint-Christoly-Médoc F 32 Fb48
Saint-Christophe-de-Double F 32 Fc49
Saint-Christophe-du-Ligneron F 28 Ed43
Saint-Christophe-en-Brionnais F 34 Hd45
Saint-Christophe-en-Oisans F 35 Ka49
Saint-Ciers-Champagne F 32 Fc48
Saint-Ciers-du-Taillon F 32 Fb49
Saint-Cirgues-de-Jordanne F 33 Ha49
Saint-Cirgues-en-Montagne F 34 Hd50
Saint-Cirq-Lapopie F 33 Gc51
Saint-Clair-sur-Epte F 23 Gc36
Saint-Clar F 40 Ga53
Saint-Clar-de-Rivière F 40 Gb55
Saint-Claude F 31 Jd44
Saint-Claud-sur-le-Son F 32 Fd47
Saint Clears GB 18 Dc27
Saint-Clement F 30 Hb39
Saint-Clément F 33 Gc48
Saint-Clément-des-Baleines F 32 Ed45
Saint-Clément-sur-Durance F 35 Kb50
Saint-Clet F 26 Ea37
Saint-Cloud F 29 Gb39
Saint-Colombier F 27 Eb41
Saint Columb Major GB 18 Db31
Saint Combs GB 5 Ed07
Saint-Côme-d'Olt F 34 Hb51
Saint-Cosme-en-Vairais F 28 Fd39
Saint-Crepin F 23 Gd35
Saint-Cyprien F 33 Gb50
Saint-Cyprien F 34 Hd47
Saint-Cyprien F 41 Hb57
Saint-Cyprien-Plage F 41 Hb57
Saint-Cyr-en-Val F 29 Gc40
Saint-Cyr-les-Colons F 30 Hc40
Saint Cyrus GB 7 Ed10
Saint-Dalmas-de-Tende F 43 Kd52
Saint-Dalmas-le-Selvage F 43 Kb51
Saint David's GB 14 Db26
Saint-Denis F 23 Gd36
Saint-Denis-de-Gastines F 28 Fb38
Saint-Denis-de-l'Hotel F 29 Gd40
Saint-Denis-de-Pile F 32 Fc50
Saint-Denis-d'Oléron F 32 Ed46
Saint-Denis-d'Orques F 28 Fc39
Saint Dennis GB 18 Db31
Saint-Denoual F 26 Ec38
Saint-Désiré F 29 Ha44
Saint-Didier-en-Velay F 34 Ja48
Saint-Dié-des-Vosges F 31 Ka38
Saint-Dier-d'Auvergne F 34 Hc47
Saint-Disdier F 35 Jd50
Saint-Dizier F 24 Ja37
Saint-Dizier-Leyrenne F 33 Gc46
Saint-Dolay F 27 Ec41
Saint-Domineuc F 28 Ed38
Saint-Donat-sur-l'Herbasse F 34 Jb49
Saint-Doulchard F 29 Gd42
Saint-Dyé-sur-Loire F 29 Gc41
Sainte-Anne-d'Auray F 27 Ea40
Sainte-Bazeille F 32 Fd51
Sainte-Cécile-d'Andorge F 41 Hd52
Sainte-Cécile-les-Vignes F 42 Jb52
Sainte-Colombe F 23 Ga36
Sainte-Colombe F 30 Hb42
Sainte Croix CH 141 Bb54
Sainte-Croix F 35 Jc50
Sainte-Croix-de-Verdon F 42 Ka53
Sainte-Croix-du-Mont F 32 Fc51
Sainte-Croix-en-Plaine F 31 Kb39
Sainte-Croix-Volvestre F 40 Gb56
Sainte-Engrace F 39 Fb56
Sainte-Enimie F 34 Hc51
Sainte-Eulalie F 34 Hd50
Sainte-Eulalie-d'Olt F 34 Hb51
Sainte-Eulalie-en-Royans F 35 Jc49
Sainte-Féréole F 33 Gc49
Sainte-Feyre F 33 Gd46
Sainte-Fortunade F 33 Gc49
Sainte-Foy de Morlaàs F 40 Fc55
Sainte-Foy-la-Grande F 32 Fd50
Sainte-Foy-l'Argentière F 34 Ja47
Sainte-Foy-Tarentaise F 35 Kb47
Sainte-Gauburge-Sainte-Colombe F 22 Fd37
Sainte-Geneviève des-Bois F 23 Gd37
Sainte-Geneviève-des-Bois F 29 Ha40
Sainte-Geneviève-sur-Argence F 33 Ha50
Saint-Egrève F 35 Jd48
Sainte-Hélène F 32 Fb50
Sainte-Hermine F 28 Fa44
Sainte-Jalle F 42 Jc51
Sainte-Livrade-sur-Lot F 40 Ga52
Saint-Elix-Theux F 40 Fd55
Saint-Eloy-les-Mines F 33 Ha45
Sainte-Lucie-de-Porto-Vecchio F 154 Cb72
Sainte-Lucie-de-Tallano F 154 Cb71
Sainte-Marie F 34 Hb50
Sainte-Marie-aux-Mines F 31 Kb38
Sainte-Marie-de-Campan F 40 Fd56
Sainte-Marie-de-Ré F 32 Fa46
Sainte-Marie-du-Ménez-Hom F 27 Dc39
Sainte-Marie-du-Mont F 22 Fa35
Sainte-Maure-de-Touraine F 29 Ga43
Sainte-Maxime F 43 Kb54
Sainte-Menehould F 24 Ja36
Sainte-Mère F 40 Ga53
Sainte-Mère-Église F 22 Fa35
Saint-Emiland F 30 Ja43
Saint-Émilion F 32 Fc50
Sainte-Montaine F 29 Gd41
Sainteny F 22 Fa35
Sainte-Odile F 25 Kb37
Saint-Epain F 29 Ga42
Sainte-Pazanne F 28 Ed42
Saint-Erme-Outre-et-Ramecourt F 24 Hc34
Saintes F 32 Fb47
Sainte-Sabine F 30 Ja42
Sainte-Savine F 30 Hd38
Sainte-Scolasse-sur-Sarthe F 28 Fd38
Sainte-Sévère-sur-Indre F 29 Gd44
Sainte-Sigolene F 34 Ja48
Saintes-Maries-de-la-Mer F 42 Ja54
Saint-Esteban F 39 Fa55
Saint-Estèphe F 32 Fb49
Saint-Estève F 41 Hb57
Sainte-Tulle F 42 Jc52
Sainte-Suzanne F 28 Fc39
Sainte-Thorette F 29 Gd42
Saint-Etienne F 34 Ja48
Saint-Etienne-de-Baïgorry F 39 Ed55
Saint-Etienne-de-Cuines F 35 Ka48
Saint-Etienne-de-Fursac F 33 Gc46
Saint-Etienne-de-Montluc F 28 Ed42
Saint-Etienne-de-Saint-Geoirs F 35 Jc48
Saint-Etienne-des-Sorts F 42 Jb52
Saint-Étienne-de-Tinée F 43 Kc51
Saint-Etienne-du-Bois F 35 Jc45
Saint-Étienne-du-Rouvray F 23 Gb35
Saint-Etienne-en-Dévoluy F 35 Jd50
Saint-Etienne-Estréchoux F 41 Hb54
Saint-Etienne-les-Orgues F 42 Jd52
Sainte-Vertu F 30 Hc40
Saint-Evroult-Notre-Dame-du-Bois F 22 Fd37
Saint-Fargeau F 30 Hb41
Saint-Félicien F 34 Ja49
Saint-Félix F 32 Fb46
Saint-Félix-de-Reillac F 33 Ga49
Saint-Félix-de-Sorgues F 41 Hb53
Saint-Félix-de-Villadeix F 33 Ga50
Saint-Félix-Lauragais F 41 Gd55
Saint Fergus GB 5 Fa08
Saint-Ferme F 32 Fd51
Saintfield GB 9 Da18
Saint Fillans GB 7 Ea11
Saint-Firmin F 35 Ka50
Saint-Florent F 154 Cb68
Saint-Florent-des-Bois F 28 Fa44
Saint-Florentin F 30 Hc39
Saint-Florent-le-Vieil F 28 Fa42
Saint-Florent-sur-Cher F 29 Gd43
Saint-Flour F 34 Hb49
Saint-Flovier F 29 Gb43
Saint-Folquin F 21 Gd30
Saint-Fort-sur-Gironde F 32 Fb48
Saint-Fort-sur-le-Né F 32 Fc48
Saint-Fraigne F 32 Fc46
Saint-Fraimbault F 28 Fb38
Saint-Front-sur-Lémance F 33 Gb51
Saint-Fulgent F 28 Fa43
Saint-Galmier F 34 Ja47
Saint-Gatien-des-Bois F 22 Fd35
Saint-Gaudens F 40 Ga56
Saint-Gaultier F 29 Gb44
Saint-Gély-du-Fesc F 41 Hd54
Saint-Genest-Malifaux F 34 Ja48
Saint-Geneviève F 23 Gd35
Saint-Gengoux-le-National F 30 Ja44
Saint-Geniès F 33 Gb49
Saint-Genies-de-Saintonge F 32 Fb48
Saint-Geniès-des-Mourgues F 41 Hd54
Saint-Geniez-d'Olt F 34 Hb51
Saint-Génis-des Fontaines F 41 Hb57
Saint-Genis-Laval F 34 Jb47
Saint-Genis-Pouilly F 35 Jd45
Saint-Genix-sur-Guiers F 35 Jc47
Saint Gennys GB 18 Dc30
Saint George CH 140 Ba55
Saint-George-Motel F 23 Gb37
Saint-Georges-d'Aurac F 34 Hc49
Saint-Georges-de-Commiers F 35 Jd49
Saint-Georges-de-Didonne F 32 Fa47
Saint-Georges-de-Noisne F 32 Fc45
Saint-Georges-d'Oléron F 32 Fa46
Saint-Georges-en-Couzan F 34 Hd47
Saint-Georges-les-Baillargeux F 28 Fd44
Saint-Georges-les-Landes F 33 Gb45
Saint-Georges-s.M. B 124 Ba41
Saint-Georges-sur-la-Prée F 29 Gc42
Saint-Georges-sur-Loire F 28 Fb42
Saint-Gérand F 27 Eb39
Saint-Gérand-le-Puy F 34 Hc45
Saint-Germain F 29 Ga44
Saint-Germain-Chassenay F 30 Hc43
Saint-Germain-de-Calberte F 41 Hd52
Saint-Germain-de-Confolens F 33 Ga46
Saint-Germain-de-Coulamer F 28 Fc39
Saint-Germain-de-la-Coudre F 29 Ga39
Saint-Germain-de-la-Rivière F 32 Fc50
Saint-Germain-des-Fossés F 34 Hc45
Saint-Germain-de-Tallevende F 22 Fb37
Saint-Germain-du-Bois F 30 Jb43
Saint-Germain-du-Plain F 30 Jb43
Saint-Germain-du-Puy F 29 Ha42
Saint-Germain-en-Laye F 23 Gd37
Saint-Germain-Laval F 34 Hd46
Saint-Germain-Lavolps F 33 Gd47
Saint-Germain-Lembron F 34 Hb48
Saint-Germain-les-Arlay F 31 Jc43
Saint-Germain-les-Belles F 33 Gc47
Saint-Germain-l'Herm F 34 Hc48
Saint-Germer-de-Fly F 23 Gc35
Saint-Gervais-d'Auvergne F 33 Ha46
Saint-Gervais-de-Vic F 29 Ga40
Saint-Gervais-la-Forêt F 29 Gb41
Saint-Gervais-les-Bains F 35 Kb46
Saint-Gervais-les-Trois-Clochers F 28 Fd43
Saint-Gervais-sur-Mare F 41 Hb54
Saint-Géry F 32 Fd50
Saint-Géry F 33 Gc51
Saint-Gildas-de-Rhuys F 27 Eb41
Saint-Gildas-des-Bois F 27 Ec41
Saint-Gilles F 22 Fa36
Saint-Gilles F 28 Ed39
Saint-Gilles F 28 Fd42
Saint-Gilles F 42 Ja54
Saint-Gilles-Croix-de-Vie F 27 Ec44
Saint-Gilles-Pligeaux F 26 Ea38
Saint-Gingolph F 31 Kb44
Saint-Girons F 40 Gb56
Saint-Girons-en-Marensin F 39 Fa53
Saint-Girons-Plage F 39 Ed53
Saint-Gobain F 24 Hb34
Saint-Gondon F 29 Ha40
Saint-Gondran F 28 Ed39
Saint-Gonnery F 27 Eb39
Saint-Gravé F 27 Ec40
Saint-Guénolé F 27 Dc40
Saint-Guilhem-le-Désert F 41 Hc53
Saint-Guillaume F 35 Jc49
Saint-Haon-le-Châtel F 34 Hd46
Saint Harmon GB 15 Ea25
Saint Helens GB 15 Ec21
Saint-Helier GBJ 26 Ec36
Saint-Hilaire F 41 Ha56
Saint-Hilaire-Bonneval F 33 Gb47
Saint-Hilaire-de-Riez F 27 Ec44
Saint-Hilaire-des-Loges F 32 Fb45
Saint-Hilaire-de-Villefranche F 32 Fb47
Saint-Hilaire-du-Harcouët F 28 Fa38
Saint-Hilaire-du-Rosier F 35 Jc49
Saint-Hilaire-Foissac F 33 Gd48
Saint-Hilaire-Fontaine F 30 Hc43
Saint-Hilaire-la-Pallud F 32 Fb45
Saint-Hilaire-le-Château F 33 Gc46
Saint-Hilaire-le-Grand F 24 Hd35
Saint-Hilaire-Petitville F 22 Fa35
Saint-Hippolyte F 31 Ka41
Saint-Hippolyte F 31 Kb38
Saint-Hippolyte-du-Fort F 41 Hd53
Saint-Honoré-les-Bains F 30 Hc43
Saint-Hubert B 132 Ba43
Saint-Hubert F 28 Fd40
Saint Imier CH 141 Bc53
Saint-Inglevert F 21 Gc30
Saint-Ismier F 35 Jd48
Saint Ives GB 18 Da32
Saint Ives GB 20 Fc25
Saint-Jacques I 148 Bd58
Saint-Jacut-de-la-Mer F 26 Ec38
Saint-Jacut-du-Mené F 27 Eb39
Saint-James F 28 Fa38
Saint-Jean F 42 Ka51
Saint-Jean-Brévelay F 27 Eb40
Saint-Jean-d'Angely F 32 Fb46
Saint-Jean-d'Angle F 32 Fa47
Saint-Jean-d'Ardières F 34 Ja45
Saint-Jean-d'Avelanne F 35 Jd47
Saint-Jean-de-Barrou F 41 Hb56
Saint-Jean-de-Belleville F 35 Ka47
Saint-Jean-de-Blaignac F 32 Fc50
Saint-Jean-de Bonneval F 30 Hd39
Saint-Jean-de-Bournay F 34 Jb47
Saint-Jean-de-Côle F 33 Ga48
Saint-Jean-de-Daye F 22 Fa35
Saint-Jean-de-Durfort F 42 Jc52
Saint-Jean-de-Gonville F 35 Jd45
Saint-Jean-de-Losne F 30 Jb42
Saint-Jean-de-Luz F 39 Ed55
Saint-Jean-de-Maruéjols F 42 Ja52
Saint-Jean-de-Maurienne F 35 Ka48
Saint-Jean-de-Monts F 27 Ec43
Saint-Jean-de-Niost F 35 Jc46
Saint-Jean-de Sauves F 28 Fd43
Saint-Jean-des-Baisants F 22 Fb36
Saint-Jean-de-Sixt F 35 Ka46
SaintJean-de-Verges F 40 Gc56
Saint-Jean-d'Illac F 32 Fb50
Saint-Jean-du-Bruel F 41 Hc53
Saint-Jean-du-Doigt F 26 Dd37
Saint-Jean-du-Gard F 41 Hd52
Saint-Jean-en-Royans F 35 Jc49
Saint-Jean-la-Rivière F 43 Kc52
Saint-Jean-le-Blanc F 29 Gc40
Saint-Jean-Pied-de-Port F 39 Fa56
Saint-Jean-Poutge F 40 Fd54
Saint-Jean-Saint-Maurice-sur-Loire F 34 Hd46
Saint-Jean-sur-Reyssouze F 30 Jb44
Saint-Jeoire F 35 Ka45
Saint-Jeure-d'Ay F 34 Jb49
Saint-Joachim F 27 Ec42
Saint-John GBJ 26 Ec35
Saint John's Chapel GB 11 Ed17
Saint John's GB 10 Dc19
Saint-Jorès F 22 Fa35
Saint-Jory F 40 Gb54
Saint-Jouin F 22 Fd34
Saint-Jouin-de Marnes F 28 Fc43
Saint-Juan F 31 Ka41
Saint-Juéry F 41 Gd53
Saint-Julia F 41 Gd54
Saint-Julien F 31 Jc44
Saint-Julien F 35 Ka50
Saint-Julien Beychevelle F 32 Fb49
Saint-Julien-Chapteuil F 34 Hd49
Saint-Julien-de-Jonzy F 34 Hd45
Saint-Julien-de-Vouvantes F 28 Fa41
Saint-Julien-du Sault F 30 Hb39
Saint-Julien-en-Born F 39 Fa53
Saint-Julien-en-Genevois F 35 Jd45
Saint-Julien-en-Quint F 35 Jc50
Saint-Julien-l'Ars F 29 Ga44
Saint-Julien-le-Faucon F 22 Fd36
Saint-Julien-Molins-Molette F 34 Ja48
Saint-Julien-près-Bort F 33 Ha48
Saint-Julien-sur-Cher F 29 Gc42
Saint-Junien F 33 Ga47
Saint-Junien-la-Bregère F 33 Gc46
Saint-Junien-la-Bregère F 33 Gc47
Saint-Just F 29 Ha43
Saint Just GB 18 Cd32
Saint-Just-en-Chaussée F 23 Gd34
Saint-Just-en-Chevalet F 34 Hd46

Sambucheto I 156 Eb69
Sambuci I 160 Ec71
Sâmbureşti RO 175 Db64
Samedan CH 142 Da56
Samentina CH 149 Cc57
Samer F 23 Gc31
Samerberg D 143 Eb52
Sames E 37 Cd55
Sametali TR 191 Ec81
Sameteli TR 191 Ed81
Sämi EST 98 La42
Sámi GR 188 Ac85
Sâmica BG 184 Cd74
Samieira E 36 Ad57
Samin PL 122 Hd33
Sămino BG 181 Fb69
Şamlar TR 199 Hb89
Şamlı TR 192 Fa81
Sammakko S 73 Hc18
Sammakkola FIN 82 La27
Sammakkovaara FIN 83 Lc29
Sammaljoki FIN 89 Jc36
Sammatti FIN 89 Jc33
Sammatti FIN 97 Jd39
Sammi FIN 89 Ja34
Sammichele di Bari I 162 Gd75
Sammonlahti FIN 91 Lb36
Sammuttijärvi FIN 64 Ka09
Samnaun CH 142 Db54
Samo I 164 Gb84
Samobor HR 151 Ga59
Samodraža KSV 178 Ba71
Samodreža KSV 178 Bb70
Samoëns F 35 Kb45
Samofalovka RUS 203 Fd13
Samois-sur-Seine F 29 Ha38
Samokłęski Małe PL 121 Gd34
Samokov BG 179 Cc72
Samokov MK 183 Bb74
Samolubie PL 122 Ja30
Samolva RUS 99 Lc45
Samoniva GR 188 Ac81
Samoranovo BG 179 Cb72
Šamorín SK 145 Gd51
Samos E 36 Bc56
Sámos GR 197 Eb88
Samos SRB 174 Bb62
Samothráki GR 184 Dc79
Samovodene BG 180 Dd70
Samper E 40 Fd58
Samper de Calanda E 48 Fc62
Sampéyre I 148 Bb62
Sampieri I 167 Fc88
Sampława PL 122 Hd33
Samprizón E 36 Ba56
Sampu FIN 89 Jb37
Samrı TR 193 Gc81
Samro RUS 99 Ma43
Samsieczno PL 121 Gd34
Sämskar FIN 81 Jb28
Şamşud RO 171 Cd56
Samsun TR 205 Fc19
Samswegen D 127 Ea37
Samszyce PL 129 Hb36
Samtens D 119 Ed30
Samugheo I 169 Ca77
Samuil BG 181 Ec69
Samujlikovo RUS 99 Ld44
Samylai LT 114 Kc57
Saná GR 183 Cb78
Sanad SRB 153 Jb58
Sanadinovo BG 180 Dc69
San Adrián E 39 Ec58
San Adriano E 36 Bc54
San Agostino I 149 Dc62
Sanaigmore GB 6 Da13
Sanalan TR 186 Fd80
Sânandrei RO 174 Bc60
San Andrés E 47 Eb59
San Andrés de la Regla E 37 Cd57
San Andrés del Rabanedo E 37 Cc57
San Andrés del Rey E 47 Ea64
San Andrés de San Pedro E 47 Eb59
San Antoniño (Barro) E 36 Ad56
San Antonio del Fontanar E 59 Cb74
San Antonio de Requena E 54 Fa67
Sanary-sur-Mer F 42 Jd55
San Asensio E 38 Ea58
Sănătăuca MD 173 Fd55
San Augustín de Guadalix E 46 Dc63
Sanaüja E 48 Gb60
Sanayak TR 192 Fd83
San Bartolomé de las Abiertas E 52 Cd66
San Bartolomé de la Torre E 59 Bb73
San Bartolomé de Pinares E 46 Da64
San Bartolomé de Rueda E 37 Cd56
San Bartolomeo I 149 Cc57
San Bartolomeo in Galdo I 161 Fc73
San Basile I 164 Gb78
San Basilio I 162 Gd75
San Benedetto I 169 Bd79
San Benedetto dei Marsi I 160 Ed71
San Benedetto del Tronto I 157 Fa68
San Benedetto in Alpe I 156 Dd64
San Benedetto Po I 149 Dc61
San Benito E 52 Cd70
San Benito de la Contienda E 51 Bb69
San Bernardino CH 142 Cc56
San Biagio di Callalta I 150 Eb59
San Biagio Platani I 166 Ed86
San Biase I 161 Fd77
San Blas E 47 Fa65
San Bonifacio I 149 Dc60
Sancak TR 205 Ga20
Sancaklı TR 191 Ec85
Sancaklıbozköy TR 191 Ed86
San Calixto E 59 Cb72
San Candido I 143 Eb55
San Carlo CH 141 Cb56
San Carlo I 161 Fa73
San Carlo I 166 Ec85
San Carlos del Valle E 53 Dd69
San Casciano dei Bagni I 156 Dd68
San Casciano in Val di Pesa I 155 Dc65
San Cassiano I 143 Ea56
San Cataldo I 163 Hc76
San Cataldo I 167 Fa86
San Cebrián de Campos E 38 Da58
San Cebrián de Mazote E 46 Cd60
Sâncel RO 175 Da60
Sancergues F 29 Ha42
Sancerre F 29 Ha42
San Cesario di Lecce I 163 Hc76
San Cesario sul Panaro I 149 Dc62
Sancey-le-Grand F 31 Ka41
Sancheville F 29 Gc39
Sanchidrián E 46 Da63
San Chirico Nuovo I 162 Gb75
San Chirico Raparo I 162 Gb77
Sancho Abarca E 47 Fa59
Sanchón de la Ribera E 45 Ca62
Sanchonuño E 46 Db61
Sanchotello E 45 Cb64
San Cibrao E 36 Bc58
San Cipirello I 166 Ec84
San Ciprián E 36 Bc53
San Ciprián E 37 Bd58
San Ciprián de Viñas E 36 Bb57
San Cipriano Picentino I 161 Fc75
San Clemente E 53 Eb68
San Clemente E 61 Ea73
San Clemente I 161 Fa73
Sancoins F 29 Ha43
San Colombano al Lambro I 149 Cc60
San Cono I 167 Fb86
San Cosme (Barreiros) E 36 Bc53
San Costantino Albanese I 162 Gb77
San Costanzo I 156 Ec65
Sâncraieni RO 176 Ea60
Sâncraiu RO 171 Cd57
Sâncranu de Mureş RO 171 Dc59
San Cristóbal de Entreviñas E 45 Cc59
San Cristóbal de la Vega E 46 Da62
San Cristóbal de los Mochuelos E 45 Ca62
San Cristobo E 36 Bc58
Sancti Petri E 59 Bd77
Sancti Spiritus E 52 Cc69
Sancti-Spiritus E 45 Bd63
Sančursk RUS 203 Fc08
San Cusumano I 167 Fd87
Sancy F 23 Ha36
Sand H 145 Gd56
Sand N 92 Cb42
Sand N 94 Eb40
Sanda FIN 97 Hd41
Sanda N 93 Db43
Sandå N 93 Da45
Sanda S 96 Gd41
Sanda S 104 Gd50
Sanda S 111 Fd54
Sandager DK 108 Dc27
Sandal TR 192 Fb85
Sandamarka N 66 Ga13
San Damiano d'Asti I 148 Bd61
Sandane N 84 Cc35
San Daniele di Friuli I 150 Ec57
San Daniele Po I 149 Da61
Sandanski BG 183 Cb75
Sandared S 102 Ed49
Sandarne S 87 Gb37
Sandås S 80 Gc25
Sandata RUS 205 Fd16
Sandau D 119 Eb35
Sandbach GB 15 Ec22
Sandbäckshult S 103 Ga51
Sandbakken N 64 Jc05
Sandberg D 134 Db43
Sandbukt N 63 Hb08
Sandby DK 109 Ea28
Sandby S 96 Gc39
Sande D 117 Cc32
Sande N 76 Cb33
Sande N 84 Cb36
Sande N 93 Dd42
Sande P 44 Ad60
Sandefjord N 93 Dd44
Sandeid N 92 Ca42
Sandem N 94 Eb42
San Demetrio Corone I 164 Gc79
San Demetrio ne' Vestini I 156 Ed70
Sanden N 66 Fc13
Sander N 94 Ec40
Sandersleben D 127 Ea39
Sandesneben D 118 Dc32
Sandfors S 80 Hc25
Sandgarth GB 5 Ec03
Sandgerði IS 2 Ab04
Sandhamn FIN 98 Kb40
Sandhamn S 96 Ha43
Sandhausen D 134 Cc46
Sandhead GB 10 Dc17
Sandhem S 102 Fa48
Sandholmen N 64 Ka04
Sandhult S 102 Ed49
Sandiás E 36 Bb58
Sandiche E 37 Cb54
Sandıklı TR 193 Gb86
Sandillon F 29 Gd40
Sandim P 45 Bc59
Sandin E 45 Ca59
Sand in Taufers I 143 Ea55
Sandkås DK 111 Fc57
Sandl A 136 Fc49
Sandla EST 105 Jd46
Sandland N 63 Hb07
Sandnabba FIN 81 Jb29
Sandnäset S 79 Fb26
Sandnes N 64 Ka06
Sandnes N 66 Fc13
Sandnes N 78 Fa26
Sandnes N 92 Ca44
Sandnes N 92 Cc47
Sandneshamn N 62 Gc09
Sandneskapell N 92 Cd44
Sandness GB 5 Ed04
Sandnessjøen N 70 Ed21
Sando E 45 Ca62
San Domenico I 141 Ca56
Sandoméri GR 188 Ba86
Sandomierz PL 131 Jd42
Sândominic RO 172 Ea59
San Donaci I 162 Hb76
San Donà di Piave I 150 Eb59
San Donato Val di Comino I 161 Fa72
Sandøreng N 71 Fb23
Sándorfalva H 146 Jb56
Sandoval de la Reina E 38 Db57
Sandovo RUS 202 Ed09
Sandown GB 20 Fa31
Sandøy N 76 Cd31
Sandøysund N 93 Dd44
Sandplace GB 18 Dc31
Şandra RO 174 Bc60
Sandrigo I 150 Dd59
Šandrivka UA 205 Fa15
Šandrovac HR 152 Gc58
Sandrovo BG 180 Ea68
Sandsbraten N 93 Dc41
Sandsele S 72 Gc24
Sandset N 66 Fc12
Sandsetra N 78 Eb28
Sandsjö S 80 Gc26
Sandsjön S 95 Fb42
Sandsjönäs S 72 Gc24
Sandslån S 80 Gc31
Sandstad N 77 Dc29
Sandstedt D 118 Cd33
Sandstrand N 66 Ga13
Sandträsk S 73 Hc21
Sănduleni RO 172 Ec59
Sănduleşti RO 171 Da58
Sandvatn N 92 Cb45
Sandve N 92 Bd43
Sandved DK 109 Ea27
Sandvig DK 111 Fc57
Sandvik N 63 Hd06
Sandvik N 66 Ga12
Sandvik N 67 Gc11
Sandvik N 76 Cb33
Sandvik N 86 Ec37
Sandvik S 102 Ed51
Sandvik S 103 Gb51
Sandvika N 62 Ha10
Sandvika N 66 Fb17
Sandvika N 70 Ed22
Sandvika N 78 Ed29
Sandvika N 78 Fa26
Sandvikdal N 92 Cb46
Sandviken S 78 Fa28
Sandviken S 80 Gc31
Sandviken S 95 Gb39
Sandvikvåg N 84 Ca40
Sandwell GB 20 Ed25
Sandwich GB 21 Gb29
Sandwick GB 5 Fa05
Sandy GB 20 Fc26
Sandygate GB 10 Dd18
Sandyhills GB 10 Ea16
Sanem L 133 Bb45
San Emiliano E 37 Cb56
Såner N 93 Ea43
San Esteban E 37 Cb54
San Esteban de Gorma E 46 Dd61
San Esteban de Litera E 48 Fd60
San Esteban del Molar E 45 Cc59
San Esteban de los Buitres E 37 Bd54
San Esteban de Nogales E 37 Cb58
San Estebán de Valdueza E 37 Ca57
San Fele I 161 Ga75
San Felice Circeo I 160 Ec74
San Felices E 38 Dc57
San Felices de los Gallegos E 45 Bd62
San Felice sul Panaro I 149 Dc62
San Felipe E 36 Ba53
San Féliz de las Lavanderas E 37 Cb57
San Feliz de Torio E 37 Cc57
San Ferdinando I 164 Gb83
San Ferdinando di Puglia I 162 Gb73
San Fernando E 59 Bd77
San Fernando de Henares E 46 Dc64
San Foca I 163 Hc76
San Francisco de Olivenza E 51 Bb69
San Fratello I 167 Fb84
Sanfront I 148 Bc61
Sánga GR 194 Bc87
Sånga S 80 Gc31
Sangalhos P 44 Ad63
Sangarcía E 46 Da62
Sangarrén E 48 Fb59
Sangaste EST 106 La47
Sangatte F 21 Gc30
San Gavino Monreale I 169 Bd78
Sangazi TR 186 Fd78
San Gemini I 156 Eb69
Sangenlahti FIN 91 Ld32
Sângeorgiu de Pădure RO 171 Dc59
Sângeorz-Băi RO 171 Dc56
San Germano Vercellese I 148 Ca59
Sângeru RO 176 Eb64
San Giacomo I 143 Dd55
San Giacomo I 148 Bb62
San Giacomo I 148 Bc59
San Giacomo I 148 Bd63
San Giacomo d'Acri I 164 Gc79
San Giacomo Filippo I 142 Cd56
Sangijärvi S 73 Jb21
San Gimignano I 155 Db66
San Ginesio I 156 Ed67
Sanginjoki FIN 74 Kb24
Sanginkylä FIN 74 Kb24
Sanginsuu FIN 74 Ka24
San Giorgio I 161 Fb73
San Giorgio I 162 Gd74
San Giorgio a Cremano I 161 Fb75
San Giorgio della Richinvelda I 150 Ec58
San Giorgio del Sannio I 161 Fc74
San Giorgio di Livenza I 150 Ec59
San Giorgio di Nogaro I 150 Ec58
San Giorgio di Piano I 149 Dc62
San Giorgio Ionico I 162 Ha76
San Giorgio la Molara I 161 Fc73
San Giorgio Lucano I 162 Gc77
San Giorgio Piacentino I 149 Cd61
San Giovanni I 156 Ed69
San Giovanni a Piro I 161 Fd77
San Giovanni Bianco I 149 Cd58
San Giovanni d'Asso I 156 Dd67
San Giovanni di Sinis I 169 Bd77
San Giovanni Gemini I 166 Ed85
San Giovanni Incarico I 160 Ed73
San Giovanni in Croce I 149 Da61
San Giovanni in Fiore I 164 Gc80
San Giovanni in Persiceto I 149 Dc62
San Giovanni Lupatoto I 149 Dc60
San Giovanni Reatino I 156 Eb70
San Giovanni Rotondo I 161 Ga72
San Giovanni Suergiu I 169 Bd80
San Giovanni Valdarno I 156 Dd66
Sangis S 73 Jb21
San Giuliano del Sannio I 161 Fc73
San Giuliano Terme I 155 Da65
San Giuseppe I 161 Fb75
San Giuseppe Jato I 166 Ec84
San Giustino I 156 Ea66
Sangla EST 98 La45
San Godenzo I 156 Dd65
Sangonera La Verde E 55 Ed73
San Gregorio da Sassola I 160 Eb71
San Gregorio Magno I 161 Fd75
San Gregorio Matese I 161 Fb73
Sangrūda LV 114 Kb59
Sangüesa E 39 Fa57
San Guido I 155 Da67
Sanguinet F 32 Fa51
Sanguinetto I 149 Dc60
Sani GR 183 Cb80
Sanica BIH 152 Gc62
Saniki PL 130 Hd41
San Ildefonso o La Granja E 46 Db63
San Ippolito I 156 Ec65
San Isidro E 37 Cc55
San Isidro de Níjar E 61 Eb76
Sanislău RO 171 Cc55
Sanitz D 119 Ec31
San Javier E 55 Fa73
San Jerónimo E 60 Cc72
San José E 61 Eb76
San José de la Rábita E 60 Da74
San José de la Rinconada E 59 Ca73
San José del Valle E 59 Ca76
San Juan de la Encinilla E 46 Cd63
San Juan de la Nava E 46 Cd64
San Juan de los Terreros E 61 Ec74
San Juan del Puerto E 59 Bb74
San Juan de Nieva E 37 Cb54
San Justo de la Vega E 37 Cb57
Sänkimäki FIN 82 La29
Sankola FIN 90 Kb36
Sankt Aegidi A 144 Fa50
Sankt Andrä A 144 Fc55
Sankt Andrä A 144 Fd55
Sankt Andrä bei Frauenkirchen A 145 Gc52
Sankt Andreasberg D 126 Dc39
Sankt Anna A 144 Fc54
Sankt Anna S 103 Gb47
Sankt Anna am Aigen A 144 Ga55
Sankt Anton am Arlberg A 142 Db54
Sankt Antönien CH 142 Da54
Sankt Blasien D 141 Ca51
Sankt Christoph am Arlberg A 142 Da54
Sankt Egidien D 127 Ec42
Sankt Englmar D 135 Ec48
Sankt Florian A 143 Ed50
Sankt Gallen A 144 Fc52
Sankt Gallen CH 142 Cd53
Sankt Gallenkirch A 142 Da54
Sankt Georgen am Längsee A 144 Fb55
Sankt Georgen am Reith A 144 Fc52
Sankt Georgen am Walde A 144 Fc50
Sankt Georgen an der Gusen A 144 Fb50
Sankt Georgen an der Stiefing A 144 Ga55
Sankt Georgen im Attergau A 143 Ed51
Sankt Georgen im Schwarzwald D 141 Cb50
Sankt Georgen ob Judenburg A 144 Fb54
Sankt Georgen ob Murau A 144 Fa54
Sankt Gertraud I 142 Dc56
Sankt Gilgen A 143 Ed52
Sankt Goar D 133 Ca43
Sankt Goarshausen D 133 Ca43
Sankt Herrestad S 110 Fa56
Sankt Ingbert D 133 Bd46
Sankt Jakob I 143 Dd55
Sankt Jakob bei Mixnitz A 144 Fd53
Sankt Jakob im Lesachtal A 143 Ec56
Sankt Jakob in Defereggen A 143 Eb55
Sankt Johann A 143 Eb53
Sankt Johann A 143 Ed51
Sankt Johann A 144 Ga54
Sankt Johann D 134 Cd49
Sankt Johann am Tauern A 144 Fb53
Sankt Johann im Pongau A 143 Ed53
Sankt Johann im Saggautal A 144 Fd56
Sankt Johann im Walde A 143 Eb55
Sankt Kanzian A 144 Fb56
Sankt Kassian I 143 Ea56
Sankt Katharein an der Laming A 144 Fd53
Sankt Lambrecht A 144 Fb54
Sankt Leonhard A 144 Fc55
Sankt Leonhard A 144 Fc56
Sankt Leonhard am Forst A 144 Fd51
Sankt Leonhard im Pitztal A 142 Dc54
Sankt Leonhard in Passeier I 143 Dd55
Sankt Leon-Rot D 134 Cc46
Sankt Lorenzen I 143 Ea55
Sankt Lorenzen im Lesachtal A 143 Ec55
Sankt Lorenzen im Paltental A 144 Fb53
Sankt Magdalena I 143 Eb55
Sankt Marein im Mürztal A 144 Fd53
Sankt Marein Markt A 144 Ga55
Sankt Margareten im Rosental A 144 Fb56
Sankt Margarethen im Burgenland A 145 Gc52
Sankt Margarethen im Lavanttal A 144 Fc55
Sankt Märgen D 141 Ca51
Sankt Margrethen CH 142 Cd53
Sankt Marienkirchen A 143 Ed50
Sankt Martin A 143 Ed50
Sankt Martin CH 142 Cc55
Sankt Martin CH 142 Cd54
Sankt Martin am Grimming A 144 Fa53
Sankt Martin am Tenn A 143 Ed53
Sankt Martin in Passeier I 142 Dc55
Sankt Michael A 144 Fa54
Sankt Michael A 144 Fc53
Sankt Michael A 144 Fc56
Sankt Michael im Burgenland A 145 Gb54
Sankt Michaelisdonn D 118 Da31
Sankt Moritz CH 142 Cd56
Sankt Niklaus CH 141 Bd53
Sankt Niklaus CH 148 Bd57
Sankt Nikolai im Sölktal A 144 Fa54
Sankt Olof S 111 Fb56
Sankt Oswald A 144 Fa55
Sankt Oswald A 144 Fd55
Sankt Oswald ob Eibiswald A 144 Fd56
Sankt Oswald-Riedlhütte D 135 Ed48
Sankt Pankraz A 144 Fb52
Sankt Paul im Lavanttal A 144 Fc56
Sankt Peter A 143 Ec50
Sankt Peter A 144 Fa56
Sankt Peter CH 142 Cd55
Sankt Peter I 143 Ea54
Sankt Peter am Kammersberg A 144 Fb54
Sankt Peter am Wimberg A 144 Fa50
Sankt-Peterburg RUS 202 Eb08
Sankt Peter-Ording D 118 Cd30
Sankt Pölten A 144 Ga51
Sankt Radegund A 144 Fd54
Sankt Roman A 144 Fa50
Sankt Sigfrid S 103 Ga52
Sankt Stefan A 144 Fc55
Sankt Stefan A 144 Fd55
Sankt Stefan an der Gail A 143 Ed56
Sankt Stefan im Rosental A 144 Ga55
Sankt Ulrich I 143 Dd56
Sankt Valentin A 144 Fb51
Sankt Valentin auf der Heide I 142 Db55
Sankt Veit an der Glan A 144 Fb55
Sankt Veit im Defereggen A 143 Eb55
Sankt Veit im Mühlkreis A 144 Fb50
Sankt Vigil I 143 Ea55
Sankt Walburg I 142 Dc56
Sankt Wendel D 133 Bd46
Sankt Willibald A 144 Fa50
Sankt Wolfgang A 144 Fc54
Sankt Wolfgang D 143 Eb50
Sankt Wolfgang im Salzkammergut A 143 Ed52
Sanlar TR 192 Fa84
San Lazzaro di Savena I 149 Dc63
San Leo I 156 Ea65
San Leonardo de Siete Fuentes I 169 Bd76
San Leonardo de Yagüe E 46 Dd60
San Leonardo in Passeier I 143 Dd55
San Leone I 166 Ed86
San Lorenzo I 148 Ca57
San Lorenzo al Lago I 156 Ec68
San Lorenzo al Mare I 43 La52
San Lorenzo a Merse I 155 Dc67
San Lorenzo Bellizzi I 164 Gb78
San Lorenzo de Calatrava E 52 Db71
San Lorenzo de El Escorial E 46 Db64
San Lorenzo de la Parrilla E 53 Eb66
San Lorenzo di San I 143 Ea55
San Lorenzo in Campo I 156 Ec66
San Lorenzo Nuovo I 156 Dd69
San Luca I 164 Gb84
Sanlúcar de Barrameda E 59 Bc75
Sanlúcar de Guadiana E 58 Ba73
Sanlúcar la Mayor E 59 Bd74
San Lucido I 164 Gb80
San Lugano I 150 Dd57
San Luis de Sabinillas E 59 Cb77
San Lupo I 161 Fb73
Sanluri I 169 Ca78
San Mamed E 36 Bb58
San Mamés de Campos E 38 Da58
San Mango d'Aquino I 164 Gb81
San Marcello Pistoiese I 155 Db64
San Marco Argentano I 164 Gb79
San Marco dei Cavoti I 161 Fc73
San Marco di Castellabate I 161 Fc77
San Marco in Lamis I 161 Ga72
San Marino RSM 156 Eb65
Sânmartin RO 170 Bd58
Sânmărtin RO 171 Db57
Sânmartin RO 176 Eb60
San Martín de Boniches E 54 Ed66
San Martín de Castañeda E 37 Bd58
San Martín de Don E 38 Dd57
San Martín de la Vega E 46 Dc65
San Martín del Pimpollar E 45 Cc64
San Martín del Tesorillo E 59 Cb77
San Martín de Luiña E 37 Cb54
San Martín de Montalbán E 52 Da66
San Martín de Oscos E 37 Bd54
San Martín de Pusa E 52 Cd66
San Martín de Unx E 39 Ed58
San Martín de Valdeiglesias E 46 Da64
San Martín deValderaduey E 45 Cc59
San Martino di Campagna I 150 Eb58
San Martino di Castrozza I 150 Ea57
San Martino di Lota F 154 Cc68
San Martino in Colle I 156 Ea68
San Martino in Freddana I 155 Da64
San Martino in Passiria I 142 Dc55
San Martino in Pensilis I 161 Fc71
Sânmartinul-Sârbesc RO 174 Bc61
San Marzano di San Giuseppe I 162 Ha76
San Mateo de Gállego E 48 Fb60
San Mauro a Mare I 156 Eb64
San Mauro Forte I 162 Gb76
San Mauro Marchesato I 165 Gd80
San Michele all'Adige I 149 Dc57
San Michele dei Mucchietti I 149 Db63
San Michele di Ganzaria I 167 Fb86
San Michele in Teverina I 156 Ea69
San Michele Salentino I 162 Ha75
San Miguel E 36 Bc58
San Miguel E 37 Cc55
San Miguel E 38 Dc56
San Miguel de Bernúy E 46 Db61
San Miguel del Arroyo E 46 Da61
San Miguel de las Dueñas E 37 Ca57
San Miguel de Salinas E 55 Fa72
Sânmihaiu Alaşului RO 171 Cd57
Sânmihaiu de Câmpie RO 171 Db58
Sânmihiul-German RO 174 Bc61
San Millán E 38 Dd56
San Millán de la Cogolla E 38 Ea58
San Miniato I 155 Db65
San Muñoz E 45 Ca63
Sänna EST 107 Lb47
Sänna S 95 Fc45
Sannainen FIN 98 Kc39
Sannäs FIN 98 Kc39
Sannäs S 94 Ea45
Sannazzaro de' Burgondi I 148 Cb60
Sanne S 79 Fc31
Sanne S 102 Eb46
Sannerud S 94 Ec44
Sannicandro di Bari I 162 Gd74
San Nicandro Garganico I 161 Ga72
San Nicola I 164 Gb83
San Nicola da Crissa I 164 Gb82
San Nicola di Tremiti I 161 Fd71
San-Nicolao F 154 Cc69
San Nicolás del Puerto E 59 Cb72
Sânnicolau Mare RO 170 Bb59
San Nicola Varano I 161 Ga71
San Nicolò I 150 Dd62
San Nicolò d'Arcidano I 169 Bd78
San Nicolò Gerrei I 169 Cb79
Sannidal N 93 Db45
Sanniki PL 130 Hd37
Sanok PL 139 Ka45
Šanovo BG 180 Dd72
San Pablo de Buceite E 59 Cb77
San Pablo de los Montes E 52 Da67
San Paio E 44 Bb59
San Pancrazio Salentino I 162 Hb76
San Paolo di Civitate I 161 Fd72
San Pataleón de Losa E 38 Dd56
Sânpaul RO 171 Cd57
Sânpaul RO 171 Db59
San Pawl il Bahar M 166 Eb88
San Pedro E 37 Cb54
San Pedro E 38 Dd55
San Pedro E 53 Eb70
San Pedro Cansoles E 37 Cd56
San Pedro de Alcántara E 60 Cc77
San Pedro de Ceque E 45 Cb59
San Pedro del Arroyo E 46 Cd63
San Pedro de Latarce E 45 Cc60
San Pedro del Pinatar E 55 Fb73
San Pedro del Romeral E 38 Dc55
San Pedro del Valle E 45 Cb62
San Pedro de Valderaduey E 37 Cd57
San Pedro Manrique E 47 Eb59
San Pedro Palmiches E 47 Eb64
San Pelaio E 38 Ea54
San Pellegrino I 155 Dc64
San Pellegrino in Alpe I 155 Da64
San Pellegrino Terme I 149 Cd58
Sânpetru RO 176 Ea62
Sânpetru de Câmpie RO 171 Db58
Sânpetru Mare RO 170 Bc59
San Piero a Sieve I 155 Dc64
San Piero in Bagno I 156 Ea65
San Piero Patti I 167 Fc84
San Pietro I 164 Gc81
San Pietro I 167 Fb87
San Pietro I 167 Fd82
San Pietro al Natisone I 150 Ed57
San Pietro in Casale I 150 Dd62
San Pietro Infine I 161 Fa73
San Pietro in Palazzi I 155 Da66
San Pietro Vara I 149 Cc63

San Pietro Vernótico – Sarleinsbach

Siemczyno – Skødstrup

Siemczyno PL 120 Ga33
Siemianowice Śląskie PL 138 Hc43
Siemianówka PL 123 Kc34
Siemiany PL 122 Hc32
Siemiatycze PL 131 Kb36
Siemień PL 131 Kb38
Siemkowice PL 130 Hc40
Siemyśl PL 120 Fd31
Sien D 133 Ca45
Siena I 155 Dc67
Siene S 102 Ed48
Sieniawa PL 139 Kb43
Sienica PL 120 Ga33
Sienlaukis LT 114 Ka56
Siennica PL 131 Jd37
Siennica Różana PL 131 Kc40
Sienno PL 131 Jd40
Sieppijärvi FIN 68 Jb17
Sieradz PL 129 Hb39
Sieraków PL 128 Ga36
Sieraków PL 129 Hb42
Sierakowice PL 121 Gd30
Sierakowice PL 137 Hb44
Sierck-les-Bains F 25 Jd34
Siercz PL 128 Ga37
Sierentz F 31 Kc40
Sierksdorf D 119 Dd31
Sierndorf A 145 Gb50
Sierniki PL 121 Gc35
Sierning A 144 Fb51
Siero de la Reina E 37 Cd56
Sieroszewice PL 129 Ha39
Sierpc PL 122 Hd35
Sierra de Luna E 47 Fa59
Sierra de Yeguas E 60 Cc75
Sierre CH 141 Bd56
Sierre S 73 Hb19
Sierro E 61 Ea74
Siershahn D 125 Ca42
Siersleben D 127 Ea39
Siesikai LT 114 Kd56
Siestrzeń PL 130 Jb37
Siete Aguas E 54 Fa68
Siete Iglesias E 45 Cc61
Şieu RO 171 Dc57
Şieu-Măgheruş RO 171 Dc57
Şieu-Odorhei RO 171 Db57
Şieuţ RO 171 Dc57
Sieverstedt D 108 Db29
Sievi FIN 81 Jd27
Siewierz PL 138 Hc43
Sifferbo S 95 Fd39
Sig DK 108 Cd25
Sığacık TR 191 Eb86
Sigdal N 93 Dc41
Sigean F 41 Hb56
Sigerfjord N 66 Fd13
Sigetec HR 152 Gc57
Siggavuono FIN 64 Ka10
Siggelkow D 119 Eb33
Siggerud N 93 Ea42
Sighetu Marmaţiei RO 171 Db54
Sighişoara RO 175 Dc60
Sığırcık TR 193 Ha84
Sığırlık TR 199 Gd89
Sigloy F 29 Gd40
Siglufjörður IS 2 Ba03
Sigmaringen D 142 Cd50
Sigmaringendorf D 142 Cd51
Sigmarszell D 142 Da52
Sigmen BG 181 Ec72
Sigmir RO 171 Dc57
Sigmundsherberg A 136 Ga49
Signa I 155 Dc65
Signalnes N 67 Ha11
Signes F 42 Jd55
Signy-l'Abbaye F 24 Hd34
Signy-le-Petit F 24 Hd33
Sigogne F 32 Fc47
Sigonce F 42 Jd52
Šigony RUS 203 Ga10
Sigrás E 36 Ba54
Sigri GR 191 Dd83
Sigtuna S 96 Gc42
Sigüeiro E 36 Ba55
Sigüenza E 47 Ea62
Sigües E 39 Fa57
Sigüeya E 37 Bd57
Sigulda LV 106 Kc50
Šihany RUS 203 Fd11
Sihlea RO 176 Ed63
Sihtuuna FIN 74 Jc20
Sihva EST 106 La46
Siikainen FIN 89 Ja34
Siikajärvi FIN 98 Ka39
Siikajoki FIN 74 Jd24
Siika-Kämä FIN 74 Kb19
Siikakoski FIN 90 La34
Siikakoski FIN 91 Lb34
Siikala FIN 90 Ka38
Siikamäki FIN 82 La28
Siikamäki FIN 90 La32
Siikaselkä FIN 90 Kc33
Siikava FIN 90 Kd36
Siikavaara FIN 91 Ld32
Siiksaare EST 105 Jd46
Siilinjärvi FIN 82 La29
Siimika EST 98 Ka43
Siimusti EST 98 La44
Siipyy FIN 89 Hd34
Siironen FIN 81 Jc26
Siitama FIN 90 Ka35
Siivikko FIN 75 Kc22
Sijarinska Banja SRB 178 Bc70
Sijekovac BIH 152 Hb61
Sikakylä FIN 89 Jb32
Sikaminiá GR 183 Bd80
Sikaminia GR 191 Ea83
Sikås S 79 Fd29
Sikéa GR 195 Bd90
Sikeå S 80 Hc27
Sikeå hamn S 80 Hc27
Sikés GR 194 Bb87
Sikfőkút H 146 Jb51
Sikfors S 73 Hc22
Sikiá GR 183 Bc80
Sikiá GR 184 Cd80
Sikiés GR 189 Bc81
Sikinos GR 196 Da91
Sikióna GR 189 Bd86
Siklesciems LV 113 Ja53
Siklós H 152 Hb58
Siknäs S 73 Ja21
Sikorráhi GR 185 Dd77
Sikórz PL 130 Hd36
Sikourió GR 183 Bd80
Sikovaara FIN 83 Ld28
Sikovicy RUS 99 Ma44
Sikovuono FIN 64 Ka10
Sikrags LV 105 Jc48
Siksele S 80 Ha25
Siksjö S 79 Gb26
Siksjö S 80 Gc27
Siksjönäs S 79 Ga25
Sikšņi LV 113 Jb53
Šikšniai LT 114 Ka58
Sikvaland N 92 Ca45
Sil S 79 Ga29
Sila N 70 Fa20
Šilagaliai LT 114 La54
Šilagals LV 107 Lb51
Šilagalys LT 114 Kc55
Šilai LT 114 Kd55
Šilainiai LV 114 Kb56
Silajāņi LV 107 Lc52
Šilalė LT 113 Jd56
Silandro I 142 Dc56
Silanus I 169 Ca76
Šilavoas LT 114 Kc58
Silba HR 151 Fc63
Silbaš SRB 153 Ja60
Silbertal A 142 Da54
Silbodal S 94 Ec43
Silchester GB 20 Fa28
Sildhopen N 66 Fd16
Şile TR 186 Ga77
Sileby GB 16 Fa24
Silec PL 122 Jc30
Silen BG 185 Dd75
Šilėnai LT 114 Kb54
Šilėnai LT 114 La58
Silene LV 115 Lc54
Silenieki LV 106 Kb51
Siles E 53 Ea71
Silfiac F 27 Ea39
Siligo I 168 Ca75
Şilindia RO 170 Ca59
Siliqua I 169 Bd79
Siliştea RO 176 Dd66
Siliştea RO 177 Fa63
Siliştea RO 177 Fb66
Siliştea Crucii RO 179 Cd67
Siliştea Gumeşti RO 175 Dc66
Silistra BG 181 Ed67
Silius I 169 Cb79
Silivaşu de Câmpie RO 171 Db58
Silivri TR 186 Fb77
Silixen D 126 Cd37
Siljan N 93 Dc43
Siljansnäs S 95 Fc39
Siljeåsen S 79 Fd27
Silkeborg DK 108 Db24
Silla E 54 Fb68
Silla EST 98 Ka44
Silla I 155 Db64
Sillamäe EST 99 Lc41
Sillano I 149 Da63
Sillanpää FIN 81 Jc29
Sillans-la-Cascade F 42 Ka54
Silleda E 36 Ba56
Sillé-le-Guillaume F 28 Fc39
Sillenstede D 117 Cc32
Sillerud S 94 Ec43
Sillery F 24 Hd35
Silli GR 184 Da76
Sillian A 143 Eb55
Sillingebyn S 94 Ed44
s'Illot E 57 Hd67
Sillre S 87 Ga33
Sillre S 87 Gb32
Silmala LV 107 Lc51
Silnica PL 130 Hd41
Silno PL 121 Gd32
Silo HR 151 Fc61
Šilovo RUS 203 Fa12
Silovo RUS 203 Fb11
Sils CH 142 Cd56
Sils E 49 Hb60
Silsand N 67 Gc11
Silsden GB 16 Ed20
Silsjönäs S 79 Ga29
Silstrup DK 100 Da21
Siltaharju FIN 69 Ka14
Siltakylä Broby FIN 90 La38
Siltala FIN 82 Kc25
Siltala FIN 89 Jc32
Siltalanperä FIN 82 Kd26
Siltavaara FIN 83 Lc27
Silte S 104 Gd50
Siltene LV 107 Lc50
Siļukains LV 107 Lc51
Šilutė LT 113 Jb56
Šiluva LT 114 Ka55
Silva E 36 Ad54
Silván E 37 Bd57
Silvana Mansio I 164 Gc80
Silvaplana CH 142 Cd56
Silvares P 44 Ba64
Silvberg S 95 Fd40
Silveiros P 44 Ad60
Šilvėnai LT 114 Ka57
Silver Bridge GB 9 Cd19
Silverdalen S 103 Fd49
Silverdalen S 103 Ga49
Silvergruvan S 95 Fb42
Silverstone GB 20 Fb26
Silves P 58 Ab74
Silvi Marina I 157 Fa69
Silvola FIN 91 Lc33
Šima RUS 99 Ld43
Simakivka UA 202 Eb14
Simala I 169 Ca78
Simalan Metsäkulm FIN 97 Jc39
Simanala FIN 91 Lc32
Simancas E 46 Cd60
Şimand RO 170 Bd58
Simanda GR 183 Cb79
Simandre F 30 Jb44
Simanes N 63 Hd08
Šimanovci SRB 153 Jb61
Simat de la Valldigna E 54 Fc69
Simav TR 192 Fc84
Simaxis I 169 Bd77
Simbach D 135 Ec49
Simbach am Inn D 143 Ec50
Simbario I 164 Gc82
Simbirsk RUS 203 Fd09
Simeonovograd BG 185 Dd74
Simeria RO 175 Cc61
Simested DK 100 Db22
Simferopol' UA 205 Fa17
Simi GR 197 Ed92
Şimian RO 170 Cb55
Simian RO 174 Cb65
Simiane-la-Rotonde F 42 Jd52
Simići BIH 153 Hd63
Siminicea RO 172 Ec55
Simiö FIN 90 Ka33
Simitli BG 183 Cb74
Šimkai LT 113 Jb55
Šimkaičiai LT 114 Ka56
Simlångsdalen S 102 Ed52
Simleu Silvaniei RO 171 Cc56
Simmelkær DK 100 Da23
Simmerath D 125 Bc42
Simmerberg D 142 Da52
Simmern D 133 Ca44
Simmersfeld D 133 Cb49
Simmershofen D 134 Db46
Simmertal D 133 Ca44
Simnas LV 114 Kb59
Simniča MK 182 Ba74
Simo FIN 74 Jd21
Simola FIN 91 Lc36
Simonburn GB 11 Ed16
Simonby FIN 97 Jb40
Şimoneşti RO 176 Dd60
Simoniemi FIN 74 Jd22
Simonkylä FIN 74 Jd22
Simonsbath GB 19 Dd29
Simonsberg D 108 Da29
Simonstad N 93 Da45
Simonstorp S 95 Ga45
Simonswald D 141 Ca50
Simontornya H 146 Hc55
Šimonys LT 114 Kd54
Simorre F 40 Ga55
Simos GR 188 Bb84
Simou CY 206 Hd97
Simpelveld NL 125 Bb41
Simpiänniemi FIN 90 Kd34
Simplon CH 148 Ca57
Simpnäs S 96 Ha41
Simremarken S 110 Ed57
Simrishamn S 111 Fb56
Simsk RUS 202 Eb09
Simskälä FIN 96 Hc40
Simskardet N 70 Fa24
Simuna EST 98 La43
Simuna FIN 90 Kc32
Sinac HR 151 Fd62
Sinaia RO 176 Ea63
Sinalunga I 156 Dd67
Sinanaj AL 182 Ab77
Sinandele TR 192 Fa83
Sinanlı TR 186 Fa76
Sinanlıballi TR 187 Gb78
Sinanoğlu TR 187 Gc78
Sinarádes GR 182 Ab80
Sinarcas E 54 Ed67
Sin'avino RUS 113 Jd59
Şinca RO 176 Dd61
Şincai RO 171 Db58
Sincan TR 205 Fd20
Sincanlı TR 193 Gb85
Şinca Nouă RO 176 Dd62
Sincansarnıç TR 192 Fc81
Sindal DK 101 Dd19
Sindel BG 181 Fa71
Sindelfingen D 134 Cc48
Sindendro GR 182 Ba79
Sindi EST 98 Kb45
Sindia I 169 Bd76
Sındırgı TR 192 Fa83
Síndos GR 183 Ca78
Sinekçi TR 185 Ed80
Sinekli TR 186 Fb77
Sinemorec BG 186 Fa74
Sinersig RO 174 Ca61
Sines P 50 Ab71
Sineşti RO 172 Ed57
Sineşti RO 175 Da64
Sineşti RO 176 Eb66
Sinettä FIN 74 Jd18
Sineu E 57 Hc67
Singen D 142 Cc51
Singera MD 173 Fd58
Singerei MD 173 Fb56
Singereii Noi MD 173 Fb55
Singilej RUS 203 Fd10
Singleton GB 20 Fb30
Singö S 96 Ha40
Singsby FIN 81 Hd30
Singsjön S 79 Fc31
Singureni MD 173 Fb55
Singureni RO 180 Ea67
Singusdal N 93 Db43
Sinie Lipjagi RUS 203 Fb13
Sinij Nikola RUS 107 Ma49
Sinirli TR 191 Ed85
Siniscola I 168 Cc75
Siniselkä FIN 82 Ka25
Sini Vir BG 181 Ec69
Sinj HR 158 Gc65
Sinjac MNE 159 Hd67
Sinjavka BY 202 Ea13
Sinjo Bărdo BG 179 Cd70
Sinksundet S 73 Hd22
Sin-le-Noble F 23 Ha32
Sinn D 126 Cc42
Sinnai I 169 Ca79
Sinnes N 92 Cc44
Sinntal D 134 Da43
Sinodskoe RUS 203 Fd11
Sinogóra PL 122 Hd34
Sinoie RO 177 Fc66
Sinole LV 107 Lb49
Sinop TR 205 Fb19
Sinopoli I 164 Ga83
Sins CH 141 Cb53
Sinsheim D 134 Cc47
Sinspelt D 133 Bb44
Sint Annaparochie NL 117 Bc33
Sintautai LT 114 Ka58
Sintea Mare RO 170 Ca58
Şintereag RO 171 Db57
Şinteu RO 171 Cc56
Sint Jacobiparochie NL 117 Bc33
Sint Martensbrug NL 116 Ba34
Sint Michielsgestel NL 124 Ba38
Sint Nicolaasga NL 117 Bc34
Sint-Niklaas B 124 Ac39
Sint Oedenrode NL 125 Bb38
Sint Philipsland NL 124 Ac38
Sintra P 50 Aa68
Sintsi FIN 83 Ld31
Sint-Truiden B 124 Ba41
Sinués E 39 Fb57
Sinzheim D 133 Cb48
Sinzig D 125 Bd42
Sinzing D 135 Ea48
Siófok H 145 Hb55
Sion CH 141 Bc56
Sion F 31 Jd38
Sion-les-Mines F 28 Ed40
Sion Mills GB 9 Cc16
Siorac-en-Périgord F 33 Gb50
Sipa EST 98 Kb44
Sipahi TR 185 Ec77
Sipahiler TR 199 Gd88
Šipanska Luka HR 158 Hb69
Şipca MD 173 Ga57
Sipilä FIN 82 Kb30
Sipilä FIN 90 Ka32
Sipinen FIN 82 La25
Šipka BG 180 Dc71
Šipkovica MK 183 Ca74
Šipkovo BG 180 Db71
Sipola FIN 74 Ka24
Sipola FIN 82 Kb25
Siponys LT 114 Kc58
Sipoo FIN 98 Kc39
Şipote RO 172 Ed56
Şipotele RO 181 Fb68
Şipoteni MD 173 Fc58
Šipovo BIH 158 Gd64
Sippola FIN 90 La37
Sira N 92 Cb46
Sirač HR 152 Gd59
Siracusa I 167 Fd87
Šir'ajevo RUS 107 Mb48
Siráko GR 182 Ba80
Sirakovo BG 184 Dc74
Şiran TR 205 Fd20
Şirăuţi MD 172 Ed54
Sircova MD 173 Fd55
Siret RO 172 Eb54
Sireţel RO 172 Ec56
Sireţi MD 173 Fd57
Sirevåg N 92 Ca45
Şiria RO 170 Ca59
Sirig SRB 153 Jb59
Şirince TR 191 Ec87
Sirinçavuş TR 185 Ed80
Sirineasa RO 175 Db64
Şirinköy TR 198 Fc88
Širitovci HR 158 Gb65
Siriu RO 176 Eb63
Sirk SK 138 Jb49
Sirkka FIN 68 Jc15
Sirkkakoski FIN 74 Jc18
Sirkkamäki FIN 82 Kc31
Sirkön S 111 Fc53
Sirma MD 173 Fb59
Sirma N 64 Ka07
Sirmione I 149 Db59
Şirna RO 176 Ea65
Sirnach CH 142 Cc53
Sirniö FIN 75 Kd20
Sirogojno SRB 178 Ad67
Sirok H 146 Jb51
Široka läka BG 184 Da75
Široká Niva CZ 137 Gd44
Široké SK 138 Jc47
Široki Brijeg BIH 158 Ha66
Široko Polje HR 153 Hc60
Širokovo BG 180 Ea69
Sirolo I 156 Ed66
Sırpsındığı TR 185 Eb75
Siruela E 52 Cc69
Sirvaste EST 107 Lb46
Širvintos LT 114 Kd57
Sisak HR 152 Gb60
Šišan HR 151 Fa62
Sisante E 53 Eb68
Sisättö FIN 89 Jc34
Sisbacka FIN 81 Jb29
Şişcani MD 173 Fb58
Sisco F 154 Cc68
Şişeler TR 199 Ha91
Šišenci BG 179 Ca67
Sises GR 200 Da95
Şişeşti RO 171 Da55
Şişeşti RO 175 Cc64
Sislioba TR 186 Fa74
Šišljavic HR 151 Ga59
Šišmanci BG 180 Dc73
Sissach CH 141 Ca52
Sissinghurst GB 21 Ga29
Sissonne F 24 Hc34
Sista Palkino RUS 99 Ld40
Şiştărovaţ RO 174 Ca60
Sistelo P 36 Ad58
Sisteron F 42 Jd52
Sistiana I 150 Ed59
Sistín E 36 Bb57
Sisto E 36 Bb53
Sistranda N 77 Dc28
Sita Buzăului RO 176 Eb62
Sitagri GR 184 Cd76
Sit'ane RUS 107 Ma48
Sitaniec PL 131 Kc41
Sitariá GR 183 Bb77
Sitarla FIN 98 Ka39
Sitasjaurestugorna S 67 Gb15
Šitbořice CZ 137 Gc48
Sitena GR 194 Bc88
Sitges E 49 Gd62
Sitia GR 201 Dd96
Sitikala FIN 90 Kd37
Sitkowo PL 123 Kb32
Sitkunai LV 114 Kb57
Sitnica BIH 152 Gd63
Sitno PL 121 Gb32
Sitno PL 122 Hc34
Sitohóri GR 184 Cc77
Sitómena GR 188 Ba83
Sitovo BG 181 Ec68
Sitovo BG 184 Db74
Sittard NL 125 Bb40
Sittensen D 118 Da33
Sitter N 78 Eb26
Sittersdorf A 144 Fc56
Sittingbourne GB 21 Ga28
Sitzendorf an der Schmida A 136 Ga49
Siuntio FIN 98 Kb40
Siuntion kirkonkylä FIN 98 Ka40
Šiupyliai LT 114 Ka53
Siuro FIN 89 Jc36
Siurua FIN 74 Kb22
Siurunmaa FIN 69 Ka15
Siusi I 143 Dd56
Sivac SRB 153 Ja59
Šivačevo BG 180 Ea72
Sivakka FIN 83 Lb27
Sivakka FIN 83 Lc26
Sivakkajoki FIN 83 Lb27
Sivakkavaara FIN 83 Lb29
Siva reka BG 185 Ea75
Sivas TR 205 Fc20
Sivaslı TR 192 Ga86
Siverić HR 158 Gb65
Sivers LV 115 Ld53
Siverskij RUS 99 Mb41
Siverskij RUS 202 Eb09
Sivertbukt N 65 Kb07
Siviken S 102 Ec46
Sivle N 84 Cc38
Sivota GR 188 Ac81
Sivrihisar TR 193 Hb83
Sivriler TR 186 Fa75
Sivros GR 188 Ac83
Six Crosses IRL 12 Bb24
Six-Fours-les-Plages F 42 Jd55
Sixmilebrige IRL 12 Bd23
Sixmilecross GB 9 Cc17
Six Road Ends GB 10 Db17
Sixt F 35 Kb45
Sixt-sur-Aff F 27 Ec40
Siziano I 149 Cc60
Sizun F 26 Dc38
Sjabero RUS 99 Ma43
Själlarim S 73 Hb19
Sjanno BY 202 Eb12
Sjanovo BG 180 Eb68
Sjas'stroj RUS 202 Eb08
Sjåstad N 93 Dd41
Sjava RUS 203 Fc08
Sjelle DK 108 Dc24
Sjenica SRB 178 Ad68
Sjeničak Lasinjski HR 151 Ga60
Sjerogošte MNE 159 Jb68
Sjetlina BIH 159 Hc65
Sjetnemarka N 77 Ea30
Sjeverodonec'k UA 203 Fb14
Sjisjka S 67 Ha16
Sjøåsen N 78 Eb27
Sjöberg S 71 Ga23
Sjöberg S 79 Ga25
Sjöbo S 110 Fa56
Sjöbotten S 80 Hc26
Sjöbrånet S 80 Hb26
Sjödiken S 110 Ed56
Sjögerstad S 102 Fa47
Sjögestad S 103 Fd47
Sjøholt N 76 Cd32
Sjøli N 86 Eb36
Sjöliden S 80 Gc25
Sjølund DK 108 Db26
Sjömarken S 102 Ed49
Sjona N 70 Fa20
Sjonbotn N 71 Fb20
Sjonhem S 104 Ha49
Sjørring DK 100 Da21
Sjörröd S 110 Fa54
Sjørslev DK 100 Db23
Sjørup DK 100 Da23
Sjösa S 96 Gc45
Sjötofta S 102 Ed50
Sjötorp S 95 Fb45
Sjøtun N 62 Gc10
Sjoutnäset S 79 Fc26
Sjøvegan N 67 Gc12
Sjövik S 102 Ec48
Sjugare S 95 Fc39
Sjulnäs S 73 Hc23
Sjulsmark S 73 Hd22
Sjunberget S 68 Hc17
Sjundeå FIN 98 Ka40
Sjundeå kby FIN 98 Ka40
Sjuntorp S 102 Ec47
Sjursvik N 66 Ga11
Sjusjøen N 85 Ea37
Skabland N 85 Ea40
Skaborai LT 113 Jc55
Skadovs'k UA 204 Ed17
Skælskør DK 109 Ea27
Skærbæk DK 108 Da27
Skærbæk DK 108 Db26
Skærum DK 101 Dd20
Skærup DK 108 Db25
Skævinge DK 109 Ec25
Skafidiá GR 194 Ad87
Skafså N 93 Da43
Skäfthammar S 96 Gd41
Skaftung FIN 89 Hd34
Skagaströnd IS 2 Ad03
Skage N 78 Ec26
Skagen DK 101 Dd19
Skagen N 70 Fa19
Skaiå N 92 Cd46
Skáidi N 63 Ja06
Skaill GB 5 Ec03
Skaistgiriai LT 114 Kc54
Skaistgirys LT 114 Ka53
Skaistkalne LV 106 Kc52
Skaitekojan S 73 Hb19
Skakdupiai LT 114 Ka59
Skála GR 182 Ab80
Skála GR 184 Db77
Skála GR 188 Ac85
Skála GR 189 Ca84
Skála GR 191 Ea83
Skála GR 194 Bc90
Skála GR 197 Ea89
Skała PL 138 Ja44
Skála Eressú GR 191 Dd83
Skála Foúrka GR 183 Cb80
Skałagi PL 129 Ha41
Skála Marión GR 184 Dd78
Skaland N 62 Gb10
Skaland N 92 Cb46
Skála Oropoú GR 189 Cc85
Skala-Podil's'ka UA 204 Ea16
Skála Sikaminiás GR 191 Ea83
Skála Sotiros GR 184 Da78
Skálavík DK 3 Ca07
Skalbmierz PL 138 Jb43
Skålbygget S 87 Fc37
Skälderviken S 110 Ed54
Skäldö FIN 97 Jd41
Skålen S 87 Fb32
Skålevik N 84 Ca39
Skalhamn S 102 Eb47
Skalica BG 180 Ea73
Skalica SK 137 Gd48
Skalité SK 138 Hc46
Skallebølle DK 108 Dc26
Skallelv N 65 Kd06
Skällernd S 94 Ea45
Skällerud S 94 Ec45
Skallerup Klit DK 100 Dc19
Skällinge S 102 Ec51
Skallmeja S 102 Ed47
Skalltivaara FIN 64 Jd08
Skällvik S 103 Gb46
Skalmodal S 71 Fc23
Skalmsjö S 80 Gc29
Skalná CZ 135 Eb44
Skålö S 95 Fb39
Skalohóri GR 182 Ba78
Skalohóri GR 191 Dd83
Skaloti GR 184 Da76
Skaloti GR 200 Cc96
Skals DK 100 Db22
Skalsko BG 180 Dd71
Skalsvika N 71 Fc18
Skalunda S 102 Ed46
Skälvum S 102 Fa46
Skam'ja RUS 99 Lc43
Skamsdalssetra N 77 Dc33
Skandáli GR 190 Dc81
Skandawa PL 122 Jb30
Skanderborg DK 108 Dc24
Skånela S 96 Gd43
Skånes-Fagerhult S 110 Fa53
Skåne-Tranås S 111 Fb56
Skånevik N 92 Cb41
Skangali RUS 107 Ld50
Skåningbukt N 62 Ha08
Skånings-Åsaka S 102 Fa46
Skänknäsberget S 79 Ga27
Skänninge S 103 Fc47
Skanör S 110 Ed57
Skansbacken S 95 Fb40
Skansholm S 79 Ga26
Skansnäs S 71 Ga24
Skansnäs S 72 Gb22
Skansnäset S 79 Fd27
Skåpafors S 94 Ec44
Skape PL 128 Fd37
Skapiškis LT 114 Kd54
Skara S 102 Fa47
Skarberget N 66 Ga14
Skärblacka S 103 Ga46
Skard N 71 Fd18
Skarda S 80 Gd27
Skardet N 71 Fc20
Skardsgard N 85 Db38
Skare N 92 Cc41
Skåre S 94 Fa43
Skares GB 10 Dd15
Skares LV 105 Jd52
Skåret N 86 Ed36
Skärgårdsstad S 96 Gd43
Skärhamn S 102 Eb48
Skärkind S 103 Ga46
Skärlöv S 111 Gb53
Skarmunken N 62 Gd09
Skarnes N 94 Eb40
Skarø By DK 109 Dd28
Skarpengland N 92 Cd46
Skärplinge S 96 Gc40
Skarpnåtö FIN 96 Hb40
Skarp Salling DK 100 Db21
Skarrild DK 108 Da24
Skärså S 87 Gb37
Skarset N 76 Cd31
Skarsfjord N 62 Gc08
Skärsjövålen S 86 Fa34
Skarstad N 66 Ga14
Skärstad S 102 Ed47
Skärstad S 103 Fb48
Skarstein N 66 Ga11
Skarsvåg N 64 Jb04
Skarszewy PL 121 Ha31
Skarszyn PL 129 Gc40
Skårup DK 109 Dd27
Skärv S 102 Fa47
Skärvången S 79 Fb29
Skarvfjordhamn N 63 Hd05
Skårvik N 67 Gc12
Skarvsjöby S 79 Gb25
Skaryszew PL 130 Jc40
Skarżyn PL 123 Jd32
Skarżysko-Kamienna PL 130 Jb40
Skasenden N 94 Ec40
Skästra S 87 Ga35
Skatelöv S 103 Fc52
Skåtøy N 93 Dc45
Skattkärr S 94 Fa43
Skattungbyn S 87 Fc37
Skatval N 78 Eb29
Skatvik N 67 Gb11
Skaudvilė LT 113 Jd56
Skaulo S 68 Hc16
Skaune LV 107 Ma52
Skauvoll N 71 Fb18
Skavaricy RUS 99 Mb40
Skave DK 100 Da23
Skavik N 63 Ja05
Skavnakk N 63 Hb07
Skawina PL 138 Ja44
Skeagh IRL 9 Cb20
Skebobruk S 96 Ha41
Skebokvarn S 95 Gb44
Skeby S 102 Fa46
Skeda S 103 Fd47
Skėde LV 105 Jc51
Skede S 103 Fd50
Skedevi S 95 Ga45
Skedshult S 103 Gb48
Skedsmokorset N 93 Ea41
Skee S 94 Eb45
Skegness GB 17 Fd22
Skegrie S 110 Ed57
Skehanagh IRL 8 Bd20
Skehanagh IRL 12 Bd21
Skei N 70 Ec24
Skei N 77 Dc31
Skei N 78 Ec28
Skei N 84 Cc35
Skejby DK 108 Dc24
Skela SRB 153 Jb62
Skelby DK 109 Eb27
Skelby DK 109 Eb29
Skelde DK 108 Db28
Skelhøje DK 100 Db23
Skellefteå S 80 Hc25
Skelleftehamn S 80 Hc25
Skellingsted DK 109 Ea26
Skelmanthorpe GB 16 Fa21
Skelmersdale GB 15 Ec21
Skelmorlie GB 6 Dc13
Šķelteni LV 115 Lc53
Skelton GB 11 Fb18
Skėmiai LV 114 Kb55
Skender Vakuf BIH 152 Gd63
Skene S 102 Ec50
Skenfrith GB 19 Eb27
Skenshyttan S 95 Fd40
Skepastí GR 200 Cd95
Skepastó GR 184 Cc77
Skepastó GR 188 Ac81
Skępe PL 122 Hc35
Skephult S 102 Ed49
Skepperstad S 103 Fc50
Skepplanda S 102 Ec48
Skeppshult S 102 Fa51
Skeppsvik S 80 Hc28
Skepptuna S 96 Gd42
Skerike S 95 Gb42
Skerping DK 100 Db21
Skerries IRL 9 Da20
Ski N 93 Ea42
Skiadás GR 188 Ba86
Skiathos GR 189 Cb83
Skibbereen IRL 12 Bb26
Skibbild DK 108 Da24
Skibby DK 109 Eb25
Šķibe LV 106 Ka52
Skibet DK 108 Db25
Skibice PL 128 Fd39
Skibotn N 62 Ha10
Skidal' BY 202 Dd13
Skidby GB 17 Fc20
Skidby GB 17 Fc21
Skídra GR 183 Bd77
Skieblewo PL 123 Kb31
Skiemonys LT 114 La55
Skien N 93 Dc44
Skierbieszów PL 131 Kc41
Skierniewice PL 130 Ja38
Skiftenes N 93 Da46
Šķilbēni LV 107 Ld49
Skilingmark S 94 Ec42
Skille N 70 Ed23
Skillefjord N 63 Hd07
Skillerhult S 103 Ga52
Skillingaryd S 103 Fb50
Skillinge S 111 Fb56
Skimteflaten N 85 Ea40
Skinburness GB 11 Eb16
Skiniás GR 201 Db96
Skinnerup DK 100 Da21
Skinnskatteberg S 95 Fd42
Skipavig N 92 Cb43
Skipnes N 77 Dc30
Skipsea GB 17 Fc20
Skipton GB 16 Ed20
Skipton-on-Swale GB 11 Fa19
Skiptvet N 93 Ea43
Skirmantiškė LV 114 Kb56
Skirö S 103 Fb50
Skíros GR 190 Da84
Skirsnemunė LT 114 Ka57
Skirva N 93 Db41
Skiti GR 189 Ca81
Skitte N 67 Gb12
Skittenelv N 62 Gd09
Skivarp S 110 Fa57
Skive DK 100 Da22
Skivika N 70 Fa20
Skivjane KSV 178 Ad71
Skivsjön S 80 Ha27
Skjæragenta N 63 Hd08
Skjærholla N 86 Ed37
Skjærli N 84 Ca35
Skjærnes N 64 Ka06
Skjåmoen N 70 Fa22
Skjånes N 64 Jd05
Skjånes N 64 Ka04
Skjåvika N 71 Fb22
Skjeberg N 93 Ea44
Skjee N 93 Dd44
Skjeggedal N 84 Cc40
Skjeggedal N 93 Da45
Skjeggestad N 92 Cb45
Skjelbreid N 78 Fa26
Skjellelv N 67 Gb12
Skjelmoen N 71 Fc22
Skjelnes N 62 Ha10
Skjelstad N 78 Eb28
Skjelstad N 78 Ec28
Skjelten N 76 Cc32
Skjelvareid N 66 Fd15
Skjelvika N 71 Fb18
Skjern DK 108 Cd24
Skjerstad N 66 Fc17
Skjervøy N 63 Hb08
Skjevlo N 78 Ec27
Skjød DK 100 Dc23
Skjold N 92 Ca42
Skjoldastraumen N 92 Ca42
Skjoldehamn N 66 Fd12
Skjolden N 85 Da36
Skjombotn N 67 Gb14
Skjønhaug N 94 Eb42
Skjønne N 85 Db40
Sklené SK 138 Hc48
Sklithro GR 189 Ca81
Šklov BY 202 Eb12
Skoby S 96 Gd41
Skočivir MK 183 Bb76
Škocjan SLO 151 Fd58
Skocze PL 123 Jd30
Skoczów PL 138 Hc45
Skodborg DK 108 Da26
Skodje N 76 Cd32
Skødstrup DK 108 Dc24

Strangford GB 10 Db18
Strängnäs S 95 Gb43
Strängsered S 102 Fa49
Strångsjö S 95 Ga45
Stráni CZ 137 Ha48
Stranice SLO 151 Fd57
Stranraer GB 10 Dc16
Stransko BG 180 Dd73
Străoane RO 176 Ed61
Strasatti I 166 Ea85
Strasbourg F 25 Kc37
Strasburg D 120 Fa33
Strășeni MD 173 Fc57
Strašice CZ 136 Fa45
Strašín CZ 136 Fa47
Stråsjö S 87 Ga35
Stråskogen N 64 Jb07
Straškov Vodochody CZ 136 Fb43
Stråssa S 95 Fd42
Straßberg D 127 Dd39
Straßburg A 144 Fb55
Straßburg = Strasbourg F 25 Kc37
Straßgräbchen D 128 Fb40
Straßkirchen D 135 Ec48
Straßwalchen A 143 Ed51
Straszewo PL 121 Hb35
Straszów PL 128 Fc40
Straszyn PL 121 Hb30
Stratford-upon-Avon GB 20 Ed26
Strathan GB 6 Dc09
Strathaven GB 10 Ea14
Strathblane GB 10 Dd13
Strathcarron GB 6 Dc08
Strathconon GB 4 Dd07
Strathpeffer GB 4 Dd07
Strathyre GB 7 Dd12
Stratinista GR 182 Ac79
Stratinska BIH 152 Gc62
Stratóni GR 184 Cc78
Stratoníki GR 184 Cc78
Strátos GR 188 Ba83
Stratton GB 18 Dc30
Stratton Audley GB 20 Fa26
Straubing D 135 Eb48
Straulas I 168 Cc75
Straum N 70 Fa22
Straum N 77 Dc29
Straumen N 62 Gc10
Straumen N 66 Fd17
Straumen N 66 Ga12
Straumen N 66 Fc17
Straumen N 77 Db30
Straumen N 78 Eb28
Straumen N 78 Ec25
Straumfjord N 66 Fc13
Straumfjorden N 66 Fd15
Straumfjordnes N 63 Hb08
Straumnes N 66 Fc14
Straumnes N 67 Gb13
Straumsjøen N 66 Fc13
Straumsli N 67 Gd11
Straumsnes N 63 Hd06
Straumsnes N 65 Kd08
Straumsnes N 66 Fc13
Straumsnes N 66 Fd17
Straumsnes N 77 Db31
Straumsvika N 70 Fa19
Strjūpai LT 114 Ka57
Straupe LV 106 Kc49
Straupitz D 128 Fb38
Strausberg D 128 Fa36
Straußfurt D 127 Dd41
Stravaj AL 182 Ad76
Strävalla S 102 Ec50
Strawczyn PL 130 Jb41
Stráž CZ 135 Ec46
Straż PL 123 Kb33
Straža BG 180 Eb70
Straža SRB 174 Bc63
Strazdiņi LV 107 Lc49
Stražica BG 180 Ea70
Stražica SLO 151 Fd57
Strážnice CZ 137 Gd48
Strážný CZ 136 Fa48
Strážov CZ 135 Ed47
Stráž pod Ralskem CZ 128 Fc42
Strážske SK 139 Ka48
Štrba SK 138 Ja47
Štrbské Pleso SK 138 Ja47
Streatham GB 20 Fc28
Streatley GB 20 Fa28
Strečno SK 138 Hc47
Streda nad Bodrogom SK 139 Ka49
Street GB 19 Eb29
Streetly GB 16 Ed24
Stręgiel PL 122 Jc30
Strehaia RO 175 Cc65
Strehla D 127 Ed40
Streisângeorgiu RO 175 Cc61
Strejești RO 175 Db65
Strekov SK 145 Hb51
Strękowa Góra PL 123 Ka33
Strelča BG 179 Da72
Strelci BG 180 Db72
Strelci BG 180 Eb71
Strelec BG 180 Ea70
Střelice CZ 137 Gc45
Strelišķiai LT 113 Jc53
Strelkino RUS 107 Mb48
Strelniky SK 138 Hd49
Stremț RO 175 Da60
Stremutka RUS 107 Ma47
Strenči LV 106 Kd48
Strendene N 70 Fa23
Strengberg A 144 Fc51
Strengelbach CH 141 Ca53
Strengel våg N 66 Fd12
Strengereid N 93 Db46
Stresa I 148 Cb58
Stretsbol S 94 Ed43
Stretton GB 20 Fa25
Streufdorf D 134 Dc43
Streva LT 114 Kd58
Strezimirovci SRB 179 Ca71
Strezovce KSV 178 Bc71
Strib DK 108 Db26
Striberg S 95 Fc43
Stříbrná Skalice CZ 136 Fc45
Stříbro CZ 135 Ec45
Strichen GB 5 Ed07
Striegistal D 127 Ed41
Strielčiai LT 114 Kc58
Strigno I 150 Dd58
Štrigova HR 145 Gb56
Strihovce SK 139 Kb47
Strijen NL 124 Ad37
Strikçan AL 182 Ad74
Striķi LV 105 Jd52
Střílky CZ 137 Gd47
Strimasund S 71 Fc21
Strimonikó GR 183 Cb76
Strittjomvare S 72 Gd22
Strizivojna HR 153 Hc60
Strjama BG 180 Db73
Strîniceni-Prăjescu RO 172 Ec57
Strmac HR 152 Gd60
Strmica HR 158 Gb64
Strmilov CZ 136 Fd47
Strö S 102 Ed46
Strobin PL 129 Hb40
Strobl A 143 Ed52
Strøby DK 109 Ec27
Strøby Egede DK 109 Ec27
Strodi LV 107 Ld52
Stroeşti RO 175 Da63
Strofiliá GR 189 Cb84
Ströhen D 126 Cd36
Stroieşti MD 173 Fd55
Stroieşti RO 172 Eb56
Strojice BIH 158 Gd64
Strojkovce SRB 178 Bd70
Strokestown IRL 8 Ca19
Ström S 71 Fc22
Ström S 94 Ec43
Strömback S 80 Hb29
Strömbacka S 87 Gb35
Stromberg D 126 Cc38
Stromberg D 133 Ca44
Stromemore GB 4 Db08
Strömfors FIN 90 Kd38
Strömfors S 73 Hb23
Strömholm S 72 Gc22
Stromiec PL 130 Jc39
Strömma FIN 96 Hb40
Strömma FIN 97 Jc40
Strömma S 96 Ha43
Strømmen N 93 Ea41
Strömnäs S 73 Hb23
Stromnäs S 79 Ga25
Stromness GB 5 Eb03
Strömsberg S 96 Gc40
Strömsbruk S 88 Gc35
Strömsfors S 103 Ga46
Strömsholm S 95 Ga43
Strömsillret S 86 Ed35
Strömsjönäs S 80 Ha27
Strømsli N 67 Gc12
Strömsnäs S 79 Fd31
Strömsnäsbruk S 110 Fa53
Strömstad S 94 Ea45
Strömsund S 71 Ga23
Strömsund S 73 Ja21
Strömsund S 79 Fd28
Strömtorp S 95 Fb44
Stronachlachar GB 7 Dd12
Strond N 93 Da44
Strongilí GR 182 Ab80
Strongilovoúni GR 188 Ad84
Strongoli I 165 Gd80
Stronie Śląskie PL 137 Gc44
Stronsdorf A 137 Gb49
Strontian GB 6 Db10
Stroove IRL 9 Cd15
Strop LV 115 Lc53
Stropicy RUS 99 Lc44
Stropkov SK 139 Jd47
Stroppiana I 148 Ca60
Strošinci SRB 153 Hd61
Stroud GB 19 Ec27
Stroud GB 20 Fb30
Stroumpi CY 206 Hd97
Strövelstorp S 110 Ed54
Strovja MK 183 Bb74
Strovlés GR 200 Ca95
Stróża PL 138 Ja45
Stróże PL 138 Jc45
Strücklingen D 117 Cb34
Struer DK 100 Da22
Struga MK 182 Ad75
Strugari RO 172 Ec59
Strugi-Krasnye RUS 99 Mb45
Strugovo MK 182 Ba75
Struhařov CZ 136 Fc45
Štrukovec HR 145 Gb56
Strullendorf D 134 Dc45
Strumica MK 183 Ca75
Strumień PL 138 Hc45
Strumjani BG 183 Cb75
Strunga RO 172 Ed57
Strungari RO 175 Cd61
Strupina PL 129 Gc40
Struppen D 128 Fa42
Strusshamn N 84 Ca39
Struth D 126 Db40
Struy GB 7 Dd08
Stružec HR 152 Gc59
Stružna CZ 135 Ec44
Strycksele S 80 Ha26
Strycktjärn S 73 Hc22
Stryj UA 204 Dd16
Stryjno PL 131 Kb40
Stryjów PL 131 Kc41
Stryków PL 130 Hd38
Stryn N 84 Cd34
Strynø By DK 109 Dd28
Stryszawa PL 138 Hd45
Strzakły PL 131 Ka37
Strzałkowo PL 129 Ha37
Strzebin PL 130 Hc42
Strzeczona PL 121 Gc33
Strzegocin PL 122 Jb35
Strzegocin PL 130 Hc37
Strzegom PL 129 Gb41
Strzegów PL 129 Gd42
Strzegowo-Osada PL 122 Ja35
Strzelce PL 129 Gb42
Strzelce PL 129 Ha36
Strzelce PL 130 Hc37
Strzelce Krajeńskie PL 120 Fd35
Strzelce Opolskie PL 137 Hb43
Strzeleczki PL 137 Ha43
Strzelin PL 129 Gc42
Strzelniki PL 129 Gd42
Strzelno PL 112 Ha58
Strzelno PL 129 Ha36
Strzmiele PL 120 Fd32
Strzybnica PL 138 Hc43
Strzygi PL 122 Hc34
Strzyżów PL 131 Kd41
Strzyżów PL 139 Ka44
Strzyżowska PL 139 Jd45
Śttist RUS 99 Lc39
Stubal SRB 178 Bb67
Stubbæk DK 108 Db28
Stubbekøbing DK 109 Eb28
Stubben D 118 Cd33
Stubbsand S 80 Ha30
Stuben A 142 Da54
Stubenberg A 144 Ga54
Stubenberg D 143 Ec50
Stubičke toplice HR 151 Ga58
Štubik SRB 174 Ca66
Stubline SRB 153 Jb62
Stubno PL 139 Kc44
Studena BG 179 Cb72
Studená CZ 136 Fd47
Studenci HR 158 Gd66
Studenec BG 180 Eb69
Studenec CZ 136 Fd43
Studenec SLO 151 Fd58
Studénka CZ 137 Ha45
Studenzen A 144 Ga55
Studienka SK 137 Gd49
Studina RO 180 Db67
Studley GB 20 Ed25
Studley GB 20 Ed28
Studna BG 185 Eb74
Studnica PL 128 Ga41
Studsgård DK 108 Da24
Studsviken S 80 Gd29
Studzianki PL 123 Kb33
Studzianki-Pancerne PL 130 Jc38
Studzienice PL 121 Gd31
Studzieniczna PL 123 Kb31
Studzieniec PL 129 Gc36
Stūgliai LT 115 Lb55
Stugsund S 87 Gb37
Stugufláten N 77 Db33
Stugun S 79 Fd31
Stuguvollmoen N 78 Ec31
Stuhr D 118 Cd34
Stukenbrock, Schloß Holte-D 126 Cc38
Stulgiai LT 113 Jd56
Stulln D 135 Eb46
Stülpe D 127 Ed38
Stulpicani RO 172 Ea56
Stungiai LT 114 Ka53
Stunts Green GB 20 Fd30
Stuomenai LV 114 Kb58
Stuorajavrre N 68 Hd11
Stuoranjargga N 63 Ja10
Stupari BIH 153 Hc63
Stupava SK 145 Gc50
Stupino RUS 203 Fa11
Stupnik HR 151 Ga59
Stuppach D 134 Da46
Stupurai LT 114 Kb53
Stūri LV 105 Jd52
Stūri LV 106 Kc51
Sturkö S 111 Fd54
Sturla I 148 Cb63
Šturlić BIH 151 Ga61
Sturminster Newton GB 19 Ec30
Sturno I 161 Fd74
Štúrovo SK 146 Hc52
Sturry GB 21 Gb29
Sturton by Stow GB 16 Fb22
Sturzelbronn F 25 Kb35
Sturzeni MD 173 Fa55
Sturzești MD 173 Fb55
Stutensee D 133 Cb47
Stuttgart D 134 Cd48
Stützerbach D 126 Dc42
Stuve N 86 Ea38
Stuvestøyl N 92 Cd44
Stybbersmark S 80 Ha30
Stykkishólmur IS 2 Ac03
Stylloi CY 206 Jc96
Stypułów PL 128 Fd39
Styrmannstø N 62 Ha09
Stynäs S 80 Gc31
Styrsö S 102 Eb49
Styrvoll N 93 Dc43
Su E 49 Gc60
Suadiye TR 187 Gb79
Suances E 38 Db54
Suaningi S 73 Ja18
Suare F 154 Ca69
Suatu RO 171 Db58
Subačius LT 114 Kd54
Subaşı TR 186 Fb77
Subaşı TR 186 Fb80
Subaşı TR 187 Ha80
Subate LV 115 Lb53
Subbiano I 156 Dd66
Subcetate RO 172 Ea58
Subcetate RO 175 Cc61
Suben A 143 Ed50
Sübeylidere TR 191 Ec83
Subiaco I 160 Ec71
Subkowy PL 121 Hb31
Sublaines F 29 Gb42
Subotica HR 152 Gc57
Subotica SRB 153 Ja57
Subotište SRB 153 Jb61
Sučany SK 138 Hc47
Sucaveni RO 177 Fb61
Suceava RO 172 Ec55
Sucé-sur-Erdre F 28 Ed42
Sučevići (Otric') HR 158 Gb64
Sucevița RO 172 Eb55
Sucha PL 129 Gd38
Sucha PL 130 Jc39
Sucha PL 137 Hb43
Sucha Beskidzka PL 138 Hd45
Suchacz PL 122 Hc30
Suchá Hora SK 138 Ja46
Sucha Koszalińska PL 121 Gb30
Suchań PL 120 Fd34
Suchdol nad Lužnicí CZ 136 Fc48
Suchedniów PL 130 Jb41
Suchodolina PL 123 Kb32
Suchorze PL 121 Gc30
Suchowola PL 123 Kb32
Suchożebry PL 131 Ka36
Suchy Dąb PL 121 Hb30
Suchy Las PL 129 Gc36
Sucina E 55 Fa73
Suciu de Sus RO 171 Db56
Sucleia MD 173 Ga59
Sucuiu RO 176 Ec62
Sücüllü TR 193 Ha86
Sucumin PL 121 Ha31
Sućuraj HR 158 Gd67
Sucy-en-Brie F 23 Ha37
Sudak UA 205 Fa17
Sudarca MD 173 Fb53
Sudargas LT 113 Jd57
Südava LT 114 Ka58
Súðavík IS 2 Ac02
Südbrookmerland D 117 Cb32
Sudbury GB 16 Ed23
Sudbury GB 21 Ga26
Suddesjaur S 72 Gd21
Sudeck D 126 Cd40
Sudeikiai LT 114 La55
Süderbrarup D 108 Db29
Süderburg D 118 Dc35
Süderlügum D 108 Da28
Sudervė LT 114 La57
Sudice CZ 137 Ha44
Sudik MK 178 Bd73
Sudislavl' RUS 203 Fa08
Sudiți RO 177 Fa66
Südlohn D 125 Bd37
Sudogda RUS 203 Fa10
Sudok S 73 Hb20
Sudoměřice CZ 136 Fb47
Sudova Vyšnja UA 204 Dd15
Sudovec HR 152 Gb58
Suðureyri IS 2 Ac02
Sudwalde D 118 Cd35
Sudža RUS 202 Ed13
Sueca E 54 Fc68
Suelli I 169 Ca78
Sueros de Cepeda E 37 Cb57
Suevos E 36 Ac55
Suevos E 36 Ba54
Suèvres F 29 Gb41
Sufers CH 142 Cd55
Şugag RO 175 Da61
Sugenheim D 134 Db46
Sugères F 34 Hc47
Suginčiai LT 113 Jd53
Suginčiai LT 114 La55
Suha BIH 152 Hb63
Suha BIH 159 Hc67
Suhadoll AL 178 Ad73
Suhaia RO 180 Dd68
Suharău RO 172 Ec54
Suhindol BG 180 Dc70
Suhiniči RUS 202 Ed11
Suhl D 126 Dc42
Suhlendorf D 119 Dd35
Suhmura FIN 83 Ld31
Suhodol BG 181 Ec73
Suhodol RUS 203 Ga09
Suho Polje BIH 153 Hd62
Suhopolje HR 152 Ha58
Suhostrel BG 183 Cb74
Suhr CH 141 Ca53
Suhuluceni MD 173 Fc56
Şuhut TR 193 Gc86
Šuica BIH 158 Gd65
Şuici RO 175 Db63
Suigu EST 98 Kb45
Suijavaara S 68 Hd14
Suinula FIN 89 Jd35
Suinula FIN 90 Ka34
Suippes F 24 Hd35
Suislepa EST 106 La46
Šuja RUS 203 Fa09
Šukaičiai LT 113 Jc55
Sukë AL 182 Ac78
Sukeva FIN 82 Kd27
Šukioniai LT 114 Kb54
Sukobin MNE 163 Ja71
Sukoró H 146 Hc54
Sukošan HR 157 Fd64
Sükösd H 153 Hd57
Sukovo SRB 179 Cb70
Şükranlı TR 193 Gc83
Şükrüpaşa TR 185 Ed74
Sukth AL 182 Ab74
Sul N 78 Ec29
Šula MNE 159 Hd66
Sulåmo N 78 Ec29
Suldal N 92 Cb42
Sulden I 142 Db56
Suldrup DK 100 Dc21
Sulechów PL 128 Fd38
Sulęcin PL 128 Fc36
Sulęczyno PL 121 Gd30
Sulejów PL 130 Hd40
Sulejówek PL 130 Jc37
Suleskar N 92 Cc44
Sulesund N 76 Cc32
Şuletea RO 177 Fb60
Süleymaniye TR 185 Eb77
Süleymaniye TR 186 Ga80
Sülfeld D 118 Dc32
Sulgen CH 142 Cc52
Sulhamstead GB 20 Fa28
Sulheim N 85 Db35
Suli LV 107 Lc51
Sulibórz PL 120 Fd34
Sulików PL 128 Fc41
Sulikowo PL 121 Gb32
Sulina RO 177 Ga64
Sulingen D 118 Cd35
Sulisławice PL 131 Jd42
Suliszewo PL 120 Fd34
Sulița RO 172 Ed56
Sulitjelma N 71 Ga18
Sulkava FIN 89 Jc32
Sulkava FIN 91 Lb33
Sulkavanjärvi FIN 82 Kc28
Sulkavanjärvi FIN 82 Kc29
Sulkavankylä FIN 89 Jc32
Sulkavanperä FIN 82 Ka28
Sułkowice PL 138 Ja45
Süller TR 192 Fa83
Sullom GB 5 Fa04
Sully F 30 Ja43
Sully-la-Chapelle F 29 Gd40
Sully-sur-Loire F 29 Gd40
Sulmierzyce PL 129 Gd39
Sulmierzyce PL 130 Hc40
Sulmona I 161 Fa71
Süloğlu TR 185 Ec75
Sułoszowa PL 138 Hd43
Sułów PL 129 Gc40
Sułów PL 131 Kb41
Sulsted DK 100 Dc20
Sultançayırı TR 192 Fa81
Sultandağı TR 193 Ha86
Sultandere TR 193 Gc82
Sultanhisar TR 197 Fa88
Sultanіça TR 185 Ea78
Sultaniye TR 186 Fb80
Sultaniye TR 187 Gb79
Sultanköy TR 185 Eb77
Sultanköy TR 186 Fa77
Sultanköy TR 187 Hb79
Sultsi EST 106 Kd46
Suluca TR 185 Eb80
Suludere TR 199 Gb89
Sülüklü TR 193 Hb84
Suluköy TR 192 Ga82
Sülümenli TR 192 Fb86
Sülümenli TR 193 Gd85
Sulusaray TR 205 Fc20
Sulustvere EST 98 La44
Sulva FIN 81 Hd31
Sulvik S 78 Fa29
Sülysáp H 146 Ja53
Sulz A 142 Cd53
Sulz D 134 Cc49
Sulzbach A 144 Ga55
Sulzbach D 133 Bd46
Sulzbach am Main D 134 Cd44
Sulzbach-Laufen D 134 Da48
Sulzbach (Murr) D 134 Cd47
Sulzbach-Rosenberg D 135 Ea46
Sulzberg A 142 Da52
Sulzberg D 142 Db52
Sulzburg D 141 Bd51
Sulzdorf D 119 Dd30
Sulzdorf D 134 Dc44
Sulzemoos D 143 Dd50
Sulzfeld D 134 Cc47
Sulzfeld D 134 Db43
Sulzfeld am Main D 134 Db45
Sülzhayn D 126 Dc39
Sulzheim D 134 Db44
Sumacàcer E 54 Fb69
Sumartin HR 158 Gc67
Sumburgh GB 5 Fa06
Sümeg H 145 Gd55
Šumen BG 181 Ec70
Şumenci BG 181 Ec68
Sumer BG 179 Cc69
Šumerlja RUS 203 Fc09
Sumiainen FIN 82 Kc31
Sumiak PL 120 Fc35
Sumin PL 122 Hc33
Sumiswald CH 141 Bd54
Summa FIN 90 La38
Summalankylä FIN 91 Lb35
Summer Bridge GB 11 Ed19
Şumna MD 173 Fa55
Šumperk CZ 137 Gc45
Sumsa FIN 83 Lc25
Šumskas LT 115 Lb58
Sumstad N 78 Ea27
Sumy UA 202 Ed14
Sunåkste LV 106 La52
Sunbury GB 20 Fc28
Sünching D 135 Eb48
Şuncuiuş RO 171 Cc57
Sund FIN 96 Hc40
Sund N 71 Fb18
Sund S 87 Fd34
Sund S 94 Ec44
Sund S 96 Gd40
Sund S 96 Gc45
Sund S 103 Fd48
Sundals-Ryr S 102 Ec46
Sundan N 70 Fa21
Sundborn S 95 Fd39
Sundby DK 100 Da21
Sundby DK 109 Eb29
Sundby FIN 81 Jb29
Sundbyfoss N 93 Dd43
Sunde N 65 Kd08
Sunde N 84 Cc35
Sunde N 92 Ca41
Sunde bru N 93 Db45
Sunderland GB 11 Fa17
Sundern D 125 Cb40
Sundet S 78 Ed29
Sundginge S 94 Ec44
Sundhausen D 126 Dc39
Sundhouse F 31 Kc38
Sundhultsbrunn S 103 Fc48
Sundklakk N 66 Fb14
Sundli N 77 Dd30
Sundnäs S 72 Gc20
Sundö S 103 Gb47
Sundom FIN 81 Hd31
Sundom S 73 Hd22
Sundre S 104 Gd51
Sunds DK 108 Da24
Sundsbø N 76 Cd31
Sundsbruk S 88 Gc33
Sundsby S 102 Eb48
Sundsjö S 79 Fc31
Sundsjö S 79 Fd31
Sundsli N 93 Da44
Sundsnäs S 72 Ha23
Sundsøre DK 100 Db22
Sundstrup DK 100 Db22
Sundsvall S 87 Gb33
Sundsvoll N 70 Ec22
Sundvik N 79 Fb27
Sundvollen N 93 Dd41
Sungailiškiai LT 113 Jd56
Sungurlare BG 181 Ec72
Sungurlu TR 187 Gb77
Sungurlu TR 205 Fb20
Süngüt TR 187 Gd78
Sunja HR 152 Gc60
Šunlja Stijena = Šula MNE 159 Hd66
Sünlük TR 192 Fb81
Sunnan N 78 Ec28
Sunnanå S 87 Fb35
Sunnansjö S 80 Ha29
Sunnansjö S 80 Gd30
Sunnansjö S 87 Ga32
Sunnansjö S 95 Fc40
Sunnaryd S 102 Fa51
Sunndal N 84 Cb40
Sunndalsøra N 77 Db32
Sunne S 79 Fb31
Sunne S 94 Ed42
Sunnemo S 94 Fa42
Sunnersberg S 102 Ed46
Sunnet S 87 Fb36
Šunskai LV 114 Kb58
Suo-Anttila FIN 91 Lb37
Suodenniemi FIN 89 Jc35
Suojala FIN 83 Lc26
Suojanperä FIN 65 Kb09
Suojoki FIN 89 Ja34
Suojoki FIN 97 Jd39
Suokonmäki FIN 81 Jd31
Suokumaa FIN 91 Lc36
Suokylä FIN 74 Kb24
Suolahti FIN 82 Kb31
Suolgajäknjalbmi N 64 Jb10
Suolijärvi FIN 75 Kd22
Suomasema FIN 90 Ka35
Suomela FIN 98 Ka39
Suomenkylä FIN 90 La35
Suomenniemi FIN 90 La35
Suomijärvi FIN 89 Jb34
Suomu FIN 83 Ma28
Suomusjärvi FIN 97 Jd39
Suomussalmi FIN 75 La23
Suonenjoki FIN 82 Kd31
Suoniemi FIN 89 Jc36
Suonnankylä FIN 75 Kd19
Suonpää FIN 91 Ma32
Suonsalmi FIN 90 Kd34
Suontaka FIN 89 Ja38
Suontee FIN 82 Kd31
Suonttajärvi FIN 68 Ja13
Suopajärvi FIN 69 Jd17
Suopelto FIN 90 Kc35
Suora järvi FIN 75 La19
Suorsa FIN 74 Kb19
Suorva S 67 Gc16
Suotuperä FIN 82 Ka27
Suovaara FIN 82 La25
Suovanlahti FIN 82 Kc30
Super-Besse F 34 Hb48
Superdévoluy F 35 Jd50
Supersano I 163 Hc77
Super-Sauze F 43 Kb51
Supetar HR 158 Gc67
Supetarska Draga HR 151 Fc62
Supino I 160 Ec72
Suplac RO 171 Dc59
Suplacu de Barcău RO 171 Cc56
Süplingen D 127 Ea37
Supovac SRB 178 Bd68
Süpplingen D 127 Dd37
Supraśl PL 123 Kb33
Supru FIN 65 Kb09
Süpüren TR 193 Gc82
Supuru de Jos RO 171 Cc55
Supuru de Sus RO 171 Cc55
Súr H 145 Hb53
Sura S 95 Ga42
Surahammar S 95 Ga42
Suraja RO 176 Ed62
Şura Mare RO 175 Db61
Şura Mică RO 175 Da61
Šurany SK 145 Hb51
Suraż PL 123 Kb34
Suraž RUS 202 Ec12
Surberg D 143 Ec52
Surd H 152 Gc57
Surdegis LT 114 Kd54
Surdila-Găiseanca RO 176 Ed64
Surdila-Greci RO 176 Ed64
Surdoux F 33 Gc47
Surduc RO 171 Da56
Surduk SRB 153 Jc61
Surdulica SRB 178 Bd71
Surfonds F 28 Fd40
Surgères F 32 Fb46
Surheim D 143 Ec52
Surhów PL 131 Kc41
Surhuisterveen NL 117 Bc33
Şuri MD 173 Fb54
Súria E 49 Gd60
Suric MD 173 Fd59
Surier I 148 Bb58
Surin F 32 Fd46
Surju EST 106 Kc46
Šurlane KSV 178 Bc72
Surlingham GB 17 Gb24
Surma RUS 203 Fd08
Sürmeli TR 187 Ha79
Surovikino RUS 203 Fd14
Surowe PL 122 Jb33
Sursee CH 141 Ca53
Surskoe RUS 203 Fd10
Surtainville F 22 Ed35
Surte S 102 Ec48
Suruceni MD 173 Fc58
Surviliškis LT 114 Kc55
Surwold D 117 Cb34
Sury-ès-Bois F 29 Ha41
Sury-le-Comtal F 34 Hd47
Surzur F 27 Eb41
Susa I 148 Bb60
Susana E 36 Ad55
Şuşani RO 175 Da65
Sušara SRB 174 Bc63
Sušary RUS 99 Mb39
Susch CH 142 Da55
Susegana I 150 Ea58
Suşehri TR 205 Fd20
Susēja LV 106 Kd52
Suseja LV 114 La53
Susek SRB 153 Ja60
Süsel D 119 Dd31
Suseni RO 171 Dc58
Suseni RO 172 Ea59
Suseni RO 175 Cc62
Suseni RO 175 Dc65
Suševo BG 181 Ec68
Sušica BG 180 Ea70
Sušice CZ 135 Ed47
Susiaks FIN 89 Jd37
Šuškova LV 107 Ma52
Suskowola PL 130 Jc39
Susleni MD 173 Fd57
Suslonger RUS 203 Fd08
Šušnjevica Valdarsa HR 151 Fb60
Suspiro del Moro E 60 Db75
Süßen D 134 Da49
Süssenborn D 127 Dd41
Süstedt D 118 Cd35
Susten CH 141 Bd56
Susteren NL 125 Bb40
Sustinente I 149 Dc61
Sustrum D 117 Ca34
Susuluk TR 192 Fb81
Susuz TR 187 Hb80
Susuz TR 192 Ga85
Susuz TR 193 Gc85
Susuzkaya TR 192 Ga83
Susuzmüsellim TR 185 Ec77
Susuzören TR 192 Fd86
Susuzşahap TR 199 Hb90
Susz PL 122 Hc32
Suszewo PL 122 Hc35
Sutanži LV 106 Kd50
Sütçüler TR 199 Gd89
Şuteşti RO 177 Fa64
Suthfeld D 126 Da36
Sutina BIH 158 Ha66
Sutivan HR 158 Gc67
Sutjeska SRB 174 Bb62
Sütlâç TR 193 Gb87
Sütlegen TR 198 Ga92
Sutlepa EST 98 Ka44
Sütlüce TR 185 Ed76
Sutomore MNE 159 Ja70
Sutri I 156 Ea70
Sutri LV 107 Lb52
Suttertjärn S 95 Fb43
Süttő H 145 Hb52
Sutton GB 20 Fc28
Sutton Coldfield GB 16 Ed24
Sutton Courtenay GB 20 Fa27
Sutton in Ashfield GB 16 Fa22
Sutton on See GB 17 Fd22
Sutton-on-the-Forest GB 16 Fb19
Sutton Saint Edmund GB 17 Fc24
Sutton Saint James GB 17 Fd24
Sutton Scotney GB 20 Fa29
Sutton-under-Whitestonecliffe GB 11 Fa19
Sutton Valence GB 21 Ga29
Sutyli RUS 99 Ma44
Suure-Jaani EST 98 Kd45
Suurejõe EST 98 Kc45
Suuremõisa EST 97 Jd44
Suurikylä FIN 91 Lc33
Suurikylä FIN 91 Ld33
Suurimäki FIN 82 La29
Suurisuo FIN 82 Kd28
Suurkylä FIN 91 Lc35
Suurlahti FIN 91 Lb35
Suurmäki FIN 83 Lc31
Suur-Miehikkälä FIN 91 Lb37
Suurtuvaara FIN 83 Ma28
Suutarinkylä FIN 82 Ka25
Suutarla FIN 89 Jc38
Suvainiškis LT 114 Kd53
Suvalovo RUS 113 Jc59
Suvanto FIN 69 Kb16
Suva Reka KSV 178 Ba71
Suvereto I 155 Db67
Suvermez TR 193 Ha84
Suviekas LT 115 Lb54
Suvodol MK 183 Bb76
Suvorov RUS 113 Jb59
Suvorov RUS 202 Ed11
Suvorovo BG 181 Fa70
Suvorovskaja RUS 205 Ga17
Suwałki PL 123 Ka30
Süzbeyli TR 191 Eb85
Suzdal' RUS 203 Fa09
Suze-la-Rousse F 42 Jb51
Suzette F 42 Jc52
Suzzara I 149 Db61
Svabensverk S 87 Fd38
Svaipavalle sameviste S 71 Ga20
Svalbarðseyri IS 2 Ba04
Svalehult S 102 Ec47
Svalenik BG 180 Ea69
Svålestad N 92 Ca45
Svaljava UA 204 Dd16
Svallerup DK 109 Ea26
Svalöv S 110 Ed55
Svalsta S 95 Gb45
Svanabyn S 79 Gb28
Svanamyran S 80 Gc26
Svanberga S 96 Ha42
Svandal S 94 Eb45
Svaneke DK 111 Fd57
Svanelvmo N 67 Gb11
Svanesund S 102 Eb47
Svanfors S 80 Hb25
Svängsta S 111 Fc54
Švanibachovo RUS 107 Ma47
Svaningen S 79 Fc27
Svannäs S 72 Gd21
Svannäs S 79 Ga26
Svanøybukt N 84 Ca35
Svansele S 73 Hb24
Svansele S 79 Fd26
Svanshals S 103 Fc47
Svanskog S 94 Ec44
Svanstein S 74 Jb18
Svanström S 80 Hb25
Svanträsk S 72 Ha23
Svanvik N 65 Kd08
Svanvik S 102 Eb47
Svappavaara S 67 Hb16
Svarar FIN 81 Ja31
Svardal N 84 Cb35
Svardsjö S 95 Ga39
Svarinci LV 107 Ma52
Svarstad N 93 Dd43
Svartå FIN 98 Ka40
Svartå S 95 Fc44
Svärta S 95 Gb45
Svartana S 94 Ed42
Svartbäcken S 73 Hd21
Svartberget S 73 Ja20
Svartbyn S 73 Ja20
Svarte S 110 Fa57
Svarteborg S 102 Eb46
Svartehallen S 102 Eb47
Svartemyr N 84 Cb37
Svarte-nut N 92 Cc43
Svärtinge S 103 Ga46
Svartkog N 93 Ea42

Svartlå – Tarján

Svartlå S 73 Hc21
Svartnäs S 80 Hb25
Svartnäs S 87 Ga38
Svartnes N 71 Fc18
Svartö S 103 Gb51
Svartöstaden S 73 Hd22
Svartrå S 102 Ec51
Svarttjärn S 72 Gb22
Svarttorp S 103 Fb49
Svartträsk S 72 Gb24
Svartvik S 88 Gc33
Švary RUS 107 Mb52
Svatá Kateřina CZ 135 Ed47
Svatobořice-Mistřín CZ 137 Gc48
Svatove UA 203 Fb14
Svatsum N 85 Dd37
Svätý Jur SK 145 Gd50
Sveastrand N 86 Ea38
Švebdruoė LT 123 Kc30
Svebølle DK 109 Ea26
Svedala S 110 Ed56
Svėdasai LT 114 La54
Svedja S 87 Gb35
Svedjan S 80 Gc28
Svedje S 79 Fd27
Svedje S 80 Gd29
Sveg S 87 Fb34
Sveggesundet N 77 Da30
Sveindal N 92 Cd46
Sveio N 92 Ca42
Švėkšna LT 113 Jc56
Svelgen N 84 Cb34
Svelvik N 93 Dd42
Svenarum S 103 Fb50
Švenčionėliai LT 115 Lb56
Švenčionys LT 115 Lb56
Svendborg DK 109 Dd27
Svene N 93 Dc42
Sveneby S 103 Fb46
Svenes N 85 Dc38
Svenes N 93 Da45
Svengestøl N 92 Cd46
Svenkerud N 85 Dc39
Svenljunga S 102 Ed50
Svenneby S 102 Eb46
Svennevad S 95 Fd44
Svenningsneset N 78 Ea27
Svensby N 62 Ha09
Svensbyn S 73 Hc23
Svenshögen S 102 Eb47
Svenskby FIN 97 Jd40
Svensköp S 110 Fa55
Svenstavik S 87 Fb32
Svenstrup DK 100 Dc21
Svenstrup DK 100 Dc23
Svenstrup DK 108 Db28
Svenstrup DK 109 Ea27
Svente LV 115 Lb53
Šventežeris LV 123 Kb30
Šventininkai LT 114 La58
Šventoj LT 113 Jb54
Šventragis LV 114 Kb59
Sveom N 85 Dc35
Sverdlove UA 204 Ed17
Sverdlovs'k UA 205 Fc15
Svetajevka RUS 113 Jb59
Sveta Petka BG 179 Cd73
Svētciems LV 106 Kb48
Svēte LV 106 Kb52
Sveti Ana Tenja HR 153 Hc59
Sveti Filip i Jakov HR 157 Fd65
Sveti Ivan HR 150 Ed60
Sveti Ivan Žabno HR 152 Gc58
Sveti Ivan Zelina HR 152 Gb58
Sveti Juraj HR 151 Fc61
Sveti Marina HR 151 Fb61
Sveti Nedelja HR 151 Ga59
Sveti Nikola BG 181 Fc70
Sveti Nikola MNE 163 Ja71
Sveti Nikole MK 178 Bd73
Sveti Petar na moru HR 157 Fd64
Sveti rok HR 151 Ga63
Sveti Stefan MNE 159 Hd70
Sveti Sveti Konstantin i Elena BG 181 Fb70
Sveti Vlas BG 181 Fa72
Světlá Hora CZ 137 Gd44
Svetlahorsk BY 202 Eb13
Světlá nad Sázavou CZ 136 Fd46
Svetlen BG 180 Eb70
Svetlice SK 139 Ka47
Svetlii MD 177 Fc61
Světlík CZ 136 Fb49
Svetlina BG 180 Ea73
Svetloe RUS 113 Ja59
Svetlogorsk RUS 113 Hd58
Svetlograd RUS 205 Ga16
Svetlyj Jar RUS 203 Ga14
Svetlyj RUS 113 Hd59
Svetozar Miletić SRB 153 Hd58
Svetvinčenat HR 151 Fa61
Svežen BG 180 Dc72
Sviby EST 97 Jd44
Švica HR 151 Fd62
Svidník SK 139 Jd46
Švihov CZ 135 Ed46
Svilajnac SRB 174 Bc65
Sviland N 92 Ca44
Svilengrad BG 185 Ea75
Sviliai LT 114 Kd53
Svindalen N 66 Fd12
Svineng N 64 Jc09
Svinesund N 94 Eb44
Svinhult S 103 Fd49
Svinia SK 138 Jc47
Svinica HR 152 Gc60
Svinița RO 174 Ca65
Svinná SK 137 Hb49
Svinndal N 93 Ea43
Svinnegarn S 95 Gb43
Svinninge DK 109 Ea25
Svinninge S 96 Gd43
Svinvik N 77 Db30
Svirači BG 185 Ea76
Svirkos LT 115 Lc56
Svirkovo BG 185 Ea74
Sviščaki SLO 151 Fb59
Svislač BY 202 Dd13
Svislač BY 202 Eb12
Svištov BG 180 Dd69
Svit SK 138 Jb47
Svitava BIH 158 Hb68
Svitávka CZ 137 Gb46
Svitavy CZ 137 Gb45
Svitlovods'k UA 204 Ed15
Svoboda BG 181 Fa69
Svoboda RUS 113 Jc59
Svoboda nad Úpou CZ 136 Ga43
Svobodinovo BG 184 Dc75
Svobody RUS 205 Ga17
Svode BG 179 Cd70
Svodín SK 145 Hb51
Svodje SRB 179 Ca70
Svoge BG 179 Cc70
Svojetín CZ 136 Fa44
Svojšín CZ 135 Ec45
Svolvær N 66 Fc14
Svorkmo N 77 Dd30
Svratka CZ 136 Ga46
Svrčinovec SK 138 Hc46
Svrljiig SRB 178 Bd68
Svšzno CZ 135 Ec46
Svullrya N 94 Ec40
Svylionys LT 115 Lc56
Swadlincote GB 16 Fa24
Swaffham GB 17 Ga24
Swallowcliffe GB 20 Ed29
Swalmen NL 125 Bb39
Swanage GB 20 Ed31
Swanbridge GB 19 Ea28
Swanley GB 20 Fd28
Swanlinbar IRL 9 Cb18
Swansea GB 19 Dd27
Swarland GB 11 Fa15
Swarożyn PL 121 Hb31
Swarzędz PL 129 Gc37
Swatragh GB 9 Cd16
Świadki Iławeckie PL 122 Ja30
Świątki PL 122 Ja31
Świątkowa PL 139 Jd46
Świątniki PL 131 Jd42
Świątniki Górne PL 138 Ja44
Świba PL 129 Ha40
Świbno PL 121 Hb30
Świdnica PL 128 Fd38
Świdnica PL 129 Gb42
Świdnik PL 131 Kb40
Świdnik PL 138 Jb45
Świdry PL 123 Jd32
Świdwin PL 120 Ga32
Świebodzice PL 129 Gb42
Świebodzin PL 128 Fd37
Święcany PL 139 Jd45
Świecie PL 121 Hb33
Świeciechowa PL 129 Gb38
Świeciechów Duży PL 131 Jd41
Świecie nad Osą PL 122 Hc33
Świecko PL 128 Fc37
Świedziebnia PL 122 Hd34
Świekatowo PL 121 Ha33
Świeradów-Zdrój PL 128 Fd42
Świercze PL 122 Jb35
Świerczów PL 129 Ha41
Świerczyna PL 121 Gb33
Świerczyna PL 138 Jb43
Świerklany Górne PL 137 Hb44
Świerkowo PL 122 Jb35
Świerzawa PL 128 Ga41
Świerzenko PL 121 Gc31
Świerzno PL 120 Fc31
Świeszyno PL 120 Ga31
Święta PL 120 Fc33
Święta Anna PL 130 Hd42
Świętajno PL 122 Jb32
Święta Katarzyna PL 130 Jb41
Święta Lipka PL 122 Jb31
Świętno PL 128 Ga38
Świętochłowice PL 138 Hc43
Świętoszów PL 128 Fd40
Swifterbant NL 116 Bb35
Świgtajno PL 123 Jd31
Świlcza PL 139 Ka44
Swindon GB 20 Ed28
Swinefleet GB 16 Fb21
Swinemünde = Świnoujście PL 120 Fb32
Swinford IRL 8 Bd19
Świniary PL 122 Jb34
Świnna PL 138 Hd45
Świnoujście PL 120 Fb32
Swinton GB 11 Ed14
Świny PL 128 Ga41
Swisttal D 125 Bd41
Swobnica PL 120 Fc34
Swords IRL 13 Cd21
Swornegacie PL 121 Gd32
Swory PL 131 Kb37
Swyre GB 19 Eb30
Sya S 103 Fd47
Syam F 31 Jd43
Syčevka RUS 202 Ec10
Sycewice PL 121 Gc30
Syców PL 129 Gd40
Sycowice PL 128 Fd38
Sydänmaa FIN 89 Jb34
Sydänmaa FIN 89 Ja37
Sydänmaankylä FIN 82 Kb27
Sydmo FIN 97 Jb40
Sygkrasi CY 206 Jd96
Sykäräinen FIN 81 Jd28
Syke D 118 Cd34
Sykkylven N 76 Cc33
Sykoúnda GR 191 Ea83
Sylda D 127 Ea39
Šyliai LT 113 Jc56
Sylling N 93 Dd41
Syltanovo RUS 107 Ma51
Sylte N 77 Da31
Syltevikmyra N 65 Kc05
Sylt-Ost D 108 Cd28
Sylväjä FIN 83 Lb25
Sylvänä FIN 89 Jd38
Sylvanès F 41 Hb53
Sylvéréal F 42 Ja54
Symbister GB 5 Fa04
Symonds Yat GB 19 Ec27
Synanohori CY 206 Ja96
Synel'nykove UA 205 Fa15
Synnerby S 102 Fa47
Synnes N 78 Ec25
Synod Inn GB 14 Dc25
Synsiö FIN 90 Kd33
Syötekylä FIN 75 Kc21
Sypniewo PL 121 Gb33
Sypniewo PL 121 Gc33
Sypniewo PL 122 Jc34
Syrau D 135 Eb43
Syre GB 5 Ea05
Syre N 92 Bd43
Syri FIN 81 Jd28
Syrjä FIN 83 Lb31
Šyrjajeve UA 204 Ec16
Syrjäkoski FIN 90 Kc35
Syrjäntaka FIN 90 Kb36
Syrkesnes N 66 Fd16
Syrkovicy RUS 99 Ma41
Šyroke UA 204 Ed16
Šyrokoje RUS 122 Jb30
Syrynia PL 137 Hb44
Syščycy BY 202 Ea13
Šyškrantė LT 113 Jb56
Sysmä FIN 90 Kc35
Sysslebäck S 94 Ed39
Syväjärvi FIN 69 Jd16
Syväjoki FIN 82 Kd26
Syvänniemi FIN 82 Kd30
Syvänojankylä FIN 89 Jb32
Syvärinpää FIN 82 La28
Syvävaara FIN 83 Lc27
Syvde N 76 Cb33
Syvdsnes N 76 Cb33
Syvsten DK 101 Dd20
Sywell GB 20 Fb25
Syyspohja FIN 91 Lc35
Syzran' RUS 203 Ga10
Szabadbattyán H 145 Hb54
Szabadegyháza H 146 Hc54
Szabadszállás H 146 Hd56
Sząbruk PL 122 Ja32
Szadek PL 130 Hc39
Szadłowice PL 121 Ha35
Szaflary PL 138 Ja46
Szajol H 146 Jb54
Szakály H 145 Hb56
Szakcs H 145 Hb56
Szakmár H 146 Hd56
Szalánta H 152 Hb58
Szalapa H 145 Gd55
Szalejów PL 137 Gd43
Szalkszentmárton H 146 Hd54
Szalonna H 138 Jc49
Szamocin PL 121 Gc34
Szamotuły PL 129 Gb36
Szandaszőlős H 146 Jb54
Szank H 146 Ja56
Szany H 145 Gd53
Szarvas H 146 Jc55
Szarvaskő H 146 Jb51
Szászvár H 152 Hb57
Szatarpy PL 121 Ha31
Szatmárcseke H 147 Kc50
Szatymaz H 146 Jb56
Százhalombatta H 146 Hc53
Szczaniek PL 128 Ga37
Szczawa PL 138 Jb46
Szczawin Borowy PL 130 Hd36
Szczawin Kościelny PL 130 Hd36
Szczawne PL 139 Ka46
Szczawnica PL 138 Jb46
Szczawno-Zdrój PL 129 Gb42
Szczebrzeszyn PL 131 Kc41
Szczecin PL 120 Fc33
Szczecinek PL 121 Gb32
Szczeinki PL 123 Ka30
Szczejkowice PL 137 Hb44
Szczekociny PL 130 Ja42
Szczepańcowa PL 139 Jd45
Szczepankowo PL 123 Jd34
Szczepanów PL 129 Gb41
Szczepkowo Borow PL 122 Ja33
Szczerców PL 130 Hc40
Szczpiorno PL 129 Ha39
Szczucin PL 138 Jc43
Szczuczarz PL 120 Ga34
Szczuczyn PL 123 Jd32
Szczuka PL 122 Hc34
Szczurowa PL 138 Jb44
Szczyrk PL 138 Hc45
Szczyrzyc PL 138 Ja45
Szczytna PL 137 Gb43
Szczytniki PL 120 Fc32
Szczytniki PL 129 Ha39
Szczytno PL 122 Jb32
Szczyty PL 137 Ha44
Szécsény H 146 Hd51
Szederkény H 153 Hc58
Szedres H 146 Hc56
Szeged H 153 Jb57
Szeghalom H 147 Jd54
Szegvár H 146 Jb56
Székely H 147 Ka50
Székesfehérvár H 145 Hb54
Székkutas H 146 Jc56
Szekszárd H 153 Hc57
Szeleste H 145 Gc54
Szelevény H 146 Jb55
Szellő H 153 Hc57
Szembruk PL 122 Hc32
Szemere H 139 Jd49
Szemud PL 121 Ha30
Szendrő H 138 Jc49
Szenenyecsörnye H 145 Gc56
Szenna H 152 Ha57
Szentbalázs H 152 Ha57
Szentendre H 146 Hd52
Szentes H 146 Jb55
Szentgál H 145 Ha54
Szentgotthárd H 145 Gb55
Szentlászló H 152 Ha57
Szentliszló H 145 Gc56
Szentlőrinc H 152 Hb58
Szentmártonkáta H 146 Ja53
Szenttamáspuszta H 152 Ha57
Szenyér H 145 Gd56
Széphalom H 139 Ka49
Szepietowo PL 123 Ka34
Szerencs H 147 Jd50
Szerokopas PL 121 Hb34
Szerzyny PL 138 Jc45
Szestno PL 122 Jb31
Szewna PL 130 Jc41
Szigethalom H 146 Hd53
Szigetszentmiklós H 146 Hd53
Szigetvár H 152 Ha58
Szigliget H 145 Gd55
Szikáncs H 146 Jc56
Szikszó H 146 Jc50
Szilvásvárad H 146 Jb51
Szin H 138 Jc49
Szirak H 146 Ja52
Szklarska Poręba PL 128 Fd42
Szklary Górne PL 128 Ga40
Szkody PL 123 Jd32
Szkotowo PL 122 Ja33
Szlichtyngowa PL 129 Gb39
Szob H 146 Hc52
Szokolya H 146 Hc51
Szolnok H 146 Jb54
Szombathely H 145 Gc54
Szomor H 146 Hc52
Szőny H 145 Hb52
Szorce PL 123 Ka33
Szóstka PL 131 Kb37
Szówsko PL 139 Kb44
Szozurkowo PL 122 Jb30
Szprotowa PL 128 Fd39
Szreńsk PL 122 Ja34
Sztabin PL 123 Kb31
Sztum PL 121 Hb31
Sztumska Wieś PL 121 Hb31
Sztutowo PL 122 Hc30
Sztynort PL 122 Jc30
Szubin PL 121 Gd34
Szúcs H 146 Jb51
Szűcsi H 146 Ja52
Szudziałowo PL 123 Kc33
Szulborze Wielkie PL 123 Jd35
Szulmierz PL 122 Ja34
Szulok H 152 Ha58
Szumowo PL 123 Jd34
Szurkowo PL 129 Gc39
Szwecja PL 121 Gb33
Szydlak PL 122 Hd32
Szydłów PL 130 Jc42
Szydłowiec PL 130 Jb40
Szydłowo PL 121 Gb34
Szydłowo PL 122 Ja34
Szymany PL 122 Jb33
Szymbark PL 122 Hc32
Szymbark PL 138 Jc45
Szymki PL 123 Kc34
Szymonka PL 122 Jc31
Szyndziel PL 123 Kb32
Szynwałd PL 138 Jc44
Szynych PL 121 Hb33
Szypliszki PL 123 Kb30
Szyszki Włościańskie PL 122 Jb35

T

Taagepera EST 106 Kd47
Tääksi EST 98 Kd45
Taaliku EST 97 Jd45
Taalintehdas FIN 97 Jc41
Taapajärvi FIN 68 Jc17
Taasia FIN 90 Kd37
Taastrup DK 109 Ec26
Taattola FIN 82 La26
Tab H 145 Hb55
Tabágon E 36 Ac58
Tabajd H 146 Hc53
Tabanera de Cerrato E 46 Db59
Tabanera la Luenga E 46 Db62
Tabani MD 172 Ed53
Tabanköy TR 185 Ed80
Tabanlar TR 191 Ed83
Tabanovce MK 178 Bc72
Tabaqueros E 54 Ed68
Tábara E 45 Cb59
Tabariškės LT 115 Lb58
Tabarz D 126 Dc41
Tabasalu EST 98 Kb42
Tabaza E 37 Cc54
Tabeirós E 36 Ad56
Taberg S 103 Fb49
Tabernas E 61 Ea75
Taberna Seca P 44 Ba65
Taberno E 61 Eb74
Tabiano Bagni I 149 Da61
Tabina EST 107 Lc47
Tabivere EST 98 La44
Tablate E 60 Dc76
Taboada E 36 Bb56
Taboada E 36 Ba54
Tábód H 146 Hc56
Tábor CZ 136 Fc47
Tabórz PL 122 Hd32
Tábua P 44 Ba63
Tabuaço P 44 Bb61
Tabuenca E 47 Ed60
Tabuyo de Monte E 37 Ca58
Täby S 95 Fc44
Täby S 96 Gd43
Tåby S 103 Ga46
Tăcău RO 177 Fb65
Taceno I 149 Cc57
Tacettin TR 193 Hb81
Tacherting D 143 Eb51
Taching D 143 Ec51
Tachov CZ 135 Ec45
Tacinskij RUS 203 Fc14
Tacir TR 186 Ga79
Tackåsen S 87 Fc36
Tăcuta RO 173 Fa58
Tadaiķi LV 105 Jb52
Tadcaster GB 16 Fa20
Tadmarton GB 20 Fa26
Taebla EST 98 Ka44
Taevaskoja EST 107 Lb46
Tafalla E 39 Ed58
Tafjord N 77 Da33
Taft A 144 Ga52
Täfteå S 80 Hc28
Täfteå S 80 Ha30
Țaga RO 171 Db57
Tagaj RUS 203 Fd10
Taganrog RUS 205 Fc15
Tagaranna EST 97 Jc45
Tågarp S 110 Ed55
Tagelvdal N 67 Gd11
Tägerwilen CH 142 Cc52
Taggia I 43 La52
Taghmon IRL 13 Cc25
Tagliacozzo I 160 Ec71
Taglio di Po I 150 Ea61
Tagmersheim D 134 Dc48
Tagnon F 24 Hd34
Tagoat IRL 13 Cd25
Tagsdorf F 31 Kb40
Tagula EST 106 La47
Tahal E 61 Eb75
Tahal TR 185 Ec76
Tähemaa EST 99 Lb45
Taheva EST 106 La48
Tahilla IRL 12 Ba25
Tahivilla E 59 Ca78
Tahkolanranta FIN 75 La19
Tahkuna EST 97 Jc44
Tahta RUS 205 Fd16
Tahtacı TR 191 Ec83
Tahtacı TR 192 Fc85
Tahtacı TR 198 Fc88
Tahtaköprü TR 192 Ga81
Tahtakuşlar TR 191 Eb82
Tähtelä FIN 69 Ka16
Tähtelä FIN 98 Ka40
Taian RO 180 Dc68
Taicy RUS 99 Mb40
Taillebois F 22 Fc37
Tailovo RUS 107 Lc47
Taimoniemi FIN 82 Kb30
Tain GB 5 Ea07
Taingy F 30 Hb41
Tainiemi FIN 74 Ka21
Tainijoki FIN 74 Ka20
Tain-l'Hermitage F 34 Jb49
Tainuskylä FIN 89 Ja32
Taipale FIN 74 Jd22
Taipale FIN 82 Kc29
Taipale FIN 82 Ka31
Taipale FIN 82 Kd28
Taipale FIN 89 Jb35
Taipale FIN 89 Jd37
Taipale FIN 90 Kd33
Taipale FIN 90 Kc35
Taipaleenharju FIN 74 Kb22
Taipalsaari FIN 91 Lb35
Taipalus FIN 89 Jc32
Taiskirchen im Innkreis A 143 Ed50
Taivalkoski FIN 75 Kd21
Taivalkunta FIN 89 Jc36
Taivalmaa FIN 89 Jb32
Taivassalo FIN 97 Ja39
Taizé F 28 Fc43
Taizé F 30 Ja44
Taizon F 28 Fc43
Taja E 37 Cb55
Tajmište MK 182 Ba74
Tajno Podjeziorne PL 123 Ka31
Takač BG 181 Ec69
Takamaa FIN 89 Jd35
Takamaa FIN 90 Kd37
Takeley GB 20 Fd27
Takene S 94 Fa44
Takhuranna EST 106 Kb46
Takkula FIN 82 La26
Takkulankulma FIN 89 Jb38
Taklax FIN 89 Hd32
Takniškiai LT 114 Kc59
Takovo SRB 153 Jb62
Takovo SRB 159 Jc64
Takserås N 93 Db45
Taktaharkány H 147 Jd50
Täkter FIN 98 Ka40
Taktikoúpoli GR 195 Ca88
Taktkom FIN 97 Jd41
Tal E 36 Ac55
Talačyn BY 202 Eb12
Talairan F 41 Ha56
Talais F 32 Fa48
Talamanca E 49 Gd60
Talamantes E 47 Ed60
Talamillo del Tozo E 38 Db57
Talamone I 155 Dc69
Talana I 169 Cb77
Talarn E 48 Ga59
Talarrubias E 52 Cc68
Talasani F 154 Cc69
Talasjoki FIN 82 Kd27
Talaván E 51 Bd66
Talavera de la Reina E 52 Cd66
Talavera la Real E 51 Bc69
Talayuela E 45 Cb65
Talayuelas E 54 Ed66
Talcy F 29 Gb40
Taldom RUS 202 Ed10
Talea RO 176 Ea63
Talefe P 50 Aa67
Taleggio I 149 Cd58
Tales E 54 Fc66
Talgarreg GB 15 Dd26
Talgarth GB 15 Ea26
Talgje N 92 Ca43
Tali EST 106 Kc47
Táliga E 51 Bb70
Talinen S 68 Hd17
Talisker GB 4 Da08
Talkowszczyzna PL 123 Kc33
Talladale GB 4 Dc07
Tallaght IRL 13 Cd21
Tállara E 36 Ac56
Tallard F 42 Ka51
Tallåsen S 87 Ga35
Tallberg S 73 Hd20
Tallberg S 80 Ha28
Tallberg S 80 Hb28
Tällberg S 87 Fc38
Taller F 39 Fa53
Talley GB 15 Dd26
Tallhed S 87 Fc37
Tallinn EST 98 Kb42
Talljärv S 73 Hd20
Talloires F 35 Ka46
Tallowbridge IRL 13 Ca25
Tallsjö S 80 Gc27
Tallträsk S 73 Hc23
Tallträsk S 80 Gc26
Tallträsk S 80 Hb26
Talluskylä FIN 82 Kd30
Tallvik S 73 Ja20
Tállya H 147 Jd50
Tălmaciu RO 175 Db62
Talmas F 23 Gd33
Talmay F 31 Jc41
Talmaz MD 173 Ga59
Talmine GB 5 Ea04
Talmontiers F 23 Gc35
Talmont-Saint-Hilaire F 32 Ed45
Talmont-sur-Gironde F 32 Fb48
Tal'ne UA 204 Ec15
Talovaja RUS 203 Fb13
Talpa RO 176 Dd66
Talpaki RUS 113 Jb59
Talsano I 162 Hb76
Talsarnau GB 15 Dd23
Talsi LV 105 Jd50
Taluskylä FIN 81 Jd26
Talviainen FIN 90 Ka34
Talvik N 63 Hd08
Talvisilta FIN 89 Jd38
Tal-y-bont GB 15 Dd24
Tal-y-cafn GB 15 Ea22
Tămădău Mare RO 176 Ec66
Tamajón E 46 Dd62
Tamala RUS 203 Fc11
Tamallancos E 36 Bb57
Tamame E 45 Cb61
Tamames E 45 Ca63
Tamanhos P 44 Bb62
Tamarë AL 159 Jb69
Tamarino BG 181 Eb73
Tamarit E 49 Gc62
Tamarite de Litera E 48 Fd60
Tamariz de Campos E 46 Cd59
Tămășeni RO 172 Ed58
Tamási H 145 Hb56
Tamași RO 172 Ed59
Tambach-Dietharz D 126 Dc42
Tâmboești RO 176 Ed63
Tambohuse DK 100 Da22
Tambov RUS 203 Fb12
Țambula MD 173 Fb55
Tåme S 73 Hc24
Tamengont RUS 99 Ma39
Tåmeträsk S 73 Hc24
Tamins CH 142 Cd55
Tamış TR 191 Ea82
Tamlaght GB 9 Cb18
Tammela FIN 75 Lb20
Tammela FIN 89 Jd38
Tammenlahti FIN 91 Lc33
Tammeråsen S 87 Fc38
Tammijärvi FIN 90 Kc34
Tammikkoski FIN 90 Kc34
Tammiku EST 98 La43
Tammiku EST 98 La44
Tammilahti FIN 90 Ka33
Tammilahti FIN 90 Kc34
Tammisaari FIN 97 Jd40
Tammispää EST 99 Lb43
Tammistu EST 99 Lb45
Tamm-neeme EST 98 Kb42
Tammuna EST 105 Jb47
Tâmna RO 175 Cc65
Tamnay-en-Bazois F 30 Hc42
Tamnes N 86 Ec32
Tamnić SRB 174 Cb66
Tamniès F 33 Gb50
Támoga E 36 Bb54
Tampere FIN 89 Jd35
Tamsalu EST 98 Kd43
Tamsweg A 144 Fa54
Tämta S 102 Ed48
Tamurejo E 52 Cc69
Tamworth GB 16 Ed24
Tån S 102 Ec46
Tana bru N 64 Ka06
Tanacu RO 173 Fb59
Tanágra GR 189 Cb85
Tanakajd H 145 Gc54
Tananger N 92 Ca44
Tănăsoaia RO 177 Fa61
Tanătari MD 173 Ga59
Tanătarii Noi MD 173 Ga59
Tanaunella I 168 Cc75
Tanda SRB 174 Ca66
Țăndărei RO 177 Fa66
Tandern D 143 Dd50
Tandır TR 193 Gd81
Tandö S 86 Fa38
Tandragee GB 9 Cd18
Tandsbyn S 79 Fc31
Tandsjöborg S 87 Fc36
Tanem N 77 Ea30
Tang IRL 9 Cb20
Tångaberg S 102 Ec51
Tanganheira P 50 Ab71
Tangaveane IRL 8 Ca16
Tångböle S 78 Ed30
Tangen N 76 Cd31
Tangen N 79 Fb27
Tangen N 93 Ea44
Tangen N 94 Eb39
Tångeråsa S 95 Fc44
Tangerhütte D 127 Ea36
Tangermünde D 127 Eb36
Tangnesland N 63 Hc09
Tängsta S 79 Gb30
Tangstedt D 118 Db32
Tangstedt D 118 Dc32
Tängvattnet S 71 Fc22
Tanhua FIN 69 Kb15
Tani FIN 91 Lb36
Taninges F 35 Ka45
Tankavaara FIN 69 Ka13
Tankolampi FIN 82 Kc31
Tănkovo BG 181 Fa72
Tănkovo BG 185 Dd75
Tanlay F 30 Hd40
Tann D 143 Ec50
Tanna D 135 Ea43
Tanna D 135 Ea43
Tannadice GB 7 Ec10
Tannåker S 102 Fa51
Tännäs S 86 Ed33
Tannay F 24 Ja34
Tannay F 30 Hc41
Tänndalen S 86 Ed33
Tanne D 126 Dc39
Tännesberg D 135 Eb46
Tannhausen D 134 Db48
Tannheim A 142 Db53
Tannheim D 142 Da51
Tannila FIN 74 Ka22
Tannisby DK 101 Dd19
Tännö S 103 Fb51
Tann (Rhön) D 126 Db42
Tannroda D 127 Dd42
Tannsjön S 79 Fd29
Tanoiro E 36 Ad57
Tanowo PL 120 Fb33
Tansa RO 172 Ed58
Tânțareni RO 175 Cd65
Tantonville F 25 Jd37
Tantow D 120 Fb34
Tanttala FIN 90 Kb37
Tanttila FIN 90 Kb37
Tånum DK 100 Dc23
Tanum N 93 Dd41
Tanum N 93 Dc44
Tanum S 94 Eb45
Tanumshede S 94 Eb45
Tanus F 41 Ha52
Tanvald CZ 128 Fd42
Tan-y-llyn GB 15 Dd24
Tan-y-pistyll GB 15 Ea23
Taormina I 167 Fd85
Táp H 145 Ha53
Tapa EST 98 Kd42
Tapala FIN 89 Jc38
Tapani vaara FIN 75 Lb24
Tapdrup DK 100 Db23
Tapfheim D 134 Dc49
Tapia de Casariego E 37 Bd53
Tapiku EST 98 La44
Tápióbicske H 146 Ja53
Tápiógyörgye H 146 Ja53
Tapiola FIN 98 Kb39
Tapionkylä FIN 74 Jd18
Tapionniemi FIN 69 Kb17
Tápiószele H 146 Ja53
Tápiószentmárton H 146 Ja53
Tápiószőlős H 146 Ja53
Tapizë AL 182 Ab74
Tapojärvi FIN 68 Ja16
Tapolca H 145 Gd55
Tappeluft N 63 Hc08
Tappen N 63 Ja06
Tappernøje DK 109 Eb27
Taps DK 108 Db26
Tapsony H 145 Gd56
Tar HR 150 Ed60
Tarabo S 102 Ed48
Taraclia MD 173 Fd59
Taraclia MD 177 Fd61
Taraclica de Salcie MD 177 Fc61
Tarácsi H 145 Gd53
Taradell E 49 Ha60
Taragona E 36 Ad56
Taraguilla E 59 Cb78
Taraklı TR 187 Gc80
Tărăn BG 184 Db75
Tarancón E 53 Dd66
Taranto I 162 Ha76
Tárány H 145 Ha53
Tarany H 152 Gd57
Tarare F 34 Ja46
Taraš SRB 153 Jb59
Tarašča UA 204 Ec15
Taraşcı TR 199 Hb89
Tarascon F 42 Jb53
Tarascon-sur-Ariège F 40 Gc57
Tarasova MD 173 Fd55
Tarasovka RUS 113 Jb58
Tarasp Fontana CH 142 Da55
Tarassac F 41 Hb54
Taravilla E 47 Ec64
Tarazona E 47 Ec60
Tarazona de Guareña E 45 Cc62
Tarazona de la Mancha E 53 Ec68
Tårbæk DK 109 Ec25
Tarbert GB 4 Da06
Tarbert GB 6 Db13
Tarbert IRL 12 Bb23
Tarbes F 40 Fd55
Tarbolton GB 10 Dd14
Tärby S 102 Ed48
Tărcaia RO 170 Cb58
Tarcal H 147 Jd50
Tarcău RO 172 Eb58
Tarcea RO 170 Cb55
Tarcenay F 31 Jd42
Tarcento I 150 Ed57
Tarčin BIH 158 Hb65
Tarczyn PL 130 Jb38
Tard H 146 Jc51
Tardajos E 38 Dc58
Tardelcuende E 47 Ea61
Tardets-Sorholus F 39 Fa56
Tardienta E 48 Fb59
Tärendö S 68 Hd17
Tarente = Taranto I 162 Ha76
Tarent = Taranto I 162 Ha76
Țareuca MD 173 Fd55
Targale LV 105 Jb50
Targon F 32 Fc50
Târgovište BG 180 Eb70
Târgoviște RO 176 Dd64
Targowo PL 122 Jb32
Târgșoru Vechi RO 176 Ea64
Târgu Bujor RO 177 Fb62
Târgu Cărbunești RO 175 Cd64
Târgu Frumos RO 172 Ed57
Târgu Gângulești RO 175 Da64
Târgu Jiu RO 175 Cd63
Târgu Lăpuș RO 171 Db56
Târgu Mureș RO 171 Dc59
Târgu-Neamț RO 172 Ec57
Târgu Ocna RO 176 Ec60
Târgu Secuiesc RO 176 Eb61
Târgușor RO 177 Fc66
Târgu Trotuș RO 176 Ec60
Tarhapää FIN 90 Ka32
Tarhos H 147 Jd55
Tărian RO 170 Ca56
Tarifa E 59 Ca79
Țarigrad MD 173 Fb54
Tarinmaa FIN 90 Ka37
Tariquejo E 59 Bb73
Tarján H 145 Hb52

Tarland – Tigveni

Tarland GB 7 Ec09
Tarleton GB 15 Eb21
Tărlişua RO 171 Db56
Tarlo PL 131 Kb39
Tarłów PL 131 Jd41
Tărlungeni RO 176 Ea62
Tarm DK 108 Cd24
Tarmaankylä FIN 89 Ja34
Tarmon IRL 8 Ca18
Tarmstedt D 118 Da33
Tarna E 37 Cd55
Tärna S 95 Gb42
Tärnaby S 71 Fd22
Tarnac F 33 Gd47
Tărnak BG 179 Da69
Tarnala FIN 91 Ld33
Tarnalelesz H 146 Jb51
Tarna Mare RO 171 Cd53
Tarnaméra H 146 Jb52
Tärnamo S 71 Fc22
Tarnaörs H 146 Jb52
Tărnava BG 179 Cd69
Târnava RO 175 Db60
Târnăveni RO 171 Db59
Tarnawa PL 139 Kb46
Tarnawatka PL 131 Kc42
Tårnby DK 109 Ec26
Tårnes N 78 Ea28
Tårnet N 65 Kd07
Tårnev N 62 Gc10
Tarnobrzeg PL 131 Jd42
Tarnogóra PL 131 Kc41
Tarnogród PL 139 Kb43
Tárnok H 146 Hc53
Tarnov SK 138 Jc46
Târnova RO 170 Ca59
Târnova RO 174 Ca62
Tarnów PL 120 Fc35
Tarnów PL 130 Jc38
Tarnów PL 138 Jc44
Tarnówek PL 128 Ga40
Tarnowiec PL 139 Jd45
Tarnówka PL 121 Gc33
Tarnówko PL 120 Fc33
Tarnowo-Podgórne PL 129 Gb36
Tarnów Opolski PL 137 Ha43
Tarnowska Wola PL 131 Jd42
Tarnowskie Góry PL 138 Hc43
Tärnsjö S 95 Gb41
Tårnvik N 64 Jd06
Tårnvika N 66 Fc16
Tarouca P 44 Ba61
Tarp D 108 Db29
Tarp DK 108 Cd26
Tarpa H 147 Kc50
Tarporley GB 15 Ec22
Tarprubežiai LV 114 Kb59
Tarquinia I 156 Dd70
Tarquinia Lido I 156 Dd70
Tarragona E 48 Gb62
Tårrajaur S 72 Ha20
Tàrrega E 48 Gb60
Tårs DK 100 Dc20
Tårs DK 109 Dd28
Tarsdorf A 143 Ec51
Tarsia I 164 Gb79
Tarsogno I 149 Cd63
Tărşolţ RO 171 Da54
Tartaki LV 115 Lc53
Tartanedo E 47 Ec63
Tartano I 149 Cd57
Tartas F 39 Fb53
Tărtăşeşti RO 176 Ea65
Tartaul MD 177 Fc60
Tartaul de Salcie MD 177 Fc61
Tartigny F 23 Gd34
Tartonne F 42 Ka52
Tarttila FIN 89 Jd36
Tartu EST 99 Lb45
Tarumaa EST 99 Lb42
Tårup DK 109 Dd27
Tarusa RUS 202 Ed11
Tarvaala FIN 82 Kb31
Tarvaala FIN 90 Kc32
Tarvaanperä FIN 74 Jd20
Tarvainen FIN 89 Jb38
Tarvasjoki FIN 97 Jc39
Tarvin GB 15 Eb22
Tarvisio I 163 Ed56
Tarvola FIN 81 Jc30
Taşağıl TR 199 Ha91
Taşağıl TR 199 Hb89
Tasapää FIN 91 Ld32
Taşarasi TR 191 Ec82
Taşbükü TR 197 Fa90
Taşca RO 172 Eb58
Täsch CH 148 Bd57
Taşdibi TR 198 Fc91
Taşdibi TR 199 Gd90
Taşevi TR 193 Gd87
Taši LV 105 Jb52
Täsjö S 79 Ga27
Táska H 145 Ha56
Taşkapı TR 199 Gc89
Taşkesiği TR 199 Gb90
Taşkesiği TR 199 Hb91
Taşkesti TR 187 Gd79
Taşkısığı TR 187 Gc78
Taşköprü TR 185 Ec76
Taşköprü TR 192 Fb81
Taşköprü TR 205 Fb20
Taşköy TR 192 Fa82
Taşköy TR 192 Fb83
Taşköy TR 192 Fc86
Taslı TR 197 Ed89
Taşlic MD 173 Ga58
Taşlıca TR 197 Fa92
Taşlık TR 187 Hb80
Tăşnad RO 171 Cc55
Taşoluk TR 193 Gc85
Tasov CZ 136 Ga47
Taşova TR 205 Fc20
Taşpınar TR 186 Fc80
Tass H 146 Hd54
Tassenières F 31 Jc43
Tåssjö S 110 Ed54
Tast FIN 81 Jc28
Tåstarp S 110 Ed54
Tastula FIN 81 Jc28
Taşumurca TR 185 Ec77
Tata H 145 Hb52
Tatabánya H 145 Hb52
Tătădrăştii de Jos RO 176 Dd66
Tataháza H 153 Hd57
Tatanovo RUS 203 Fb11
Tatar TR 192 Ga86
Tătărăni RO 173 Fb59
Tătărani RO 176 Dd64
Tătăranu RO 176 Ed63
Tătărăşti RO 176 Ed60
Tătărăştii de Sus RO 175 Dc66
Tatarbunary UA 204 Ec17
Tatarcık TR 192 Ga87
Tătăreşti MD 177 Fc61
Tatarköy TR 185 Ed76
Tatarlar TR 185 Ec75
Tatarlı TR 185 Ec78
Tatarlı TR 193 Gc87
Tatarocağı TR 192 Fa85
Tatárszentgyörgy H 146 Hd54
Tătaru RO 176 Eb64
Tătăruşi RO 172 Ec56
Taterma EST 97 Jc45
Tatiščevo RUS 203 Fd12
Tatköy TR 199 Gb91
Tatlısu TR 186 Fa79
Tatlısu TR 191 Eb83
Tatranská Lomnica SK 138 Jb47
Tatranská Štrba SK 138 Ja47
Tattershall GB 17 Fc23
Tătuleşti RO 175 Db65
Tătuleşti RO 176 Ed65
Tau N 92 Ca43
Taubenheim D 127 Ed41
Tauberbischofsheim D 134 Da45
Taucha D 127 Ec40
Täuffelen CH 141 Bc53
Taufkirchen A 143 Ed50
Taufkirchen D 143 Eb51
Taufkirchen (Vils) D 143 Eb50
Taujėnai LT 114 Kd55
Ţaul MD 173 Fb54
Taulakylä FIN 89 Jd35
Taulé F 26 Dd37
Taulignan F 42 Jb51
Taulov DK 108 Db26
Taunton GB 19 Eb29
Taunusstein D 133 Cb43
Tauplitz A 144 Fa53
Tauragė LT 113 Jd56
Tauragnai LT 115 Lb55
Täura Veche MD 173 Fb56
Taurene LV 106 La49
Tăureni RO 171 Db59
Taurianova I 164 Gb83
Taurisano I 165 Hc78
Taurkalne LV 106 Kd51
Taurupe LV 106 Kd50
Taús E 40 Gb58
Tauscha D 128 Fa40
Taussat F 32 Fa50
Tauste E 47 Fa60
Tauţ RO 170 Ca59
Tautavel F 41 Hb57
Tăuteu RO 170 Cb56
Tăuţii-Măgherăuş RO 171 Da55
Tautkaičiai LV 114 Kb58
Tautušiai LV 114 Kb55
Tauves F 33 Ha47
Tauvo FIN 74 Jd24
Tauvola FIN 98 Ka39
Tavaklı TR 191 Ea82
Tavankut SRB 153 Ja57
Tavannes CH 141 Bc53
Tavarnelle Val di Pesa I 155 Dc66
Tavas TR 198 Fc89
Tavastila FIN 90 La38
Tavastkenkä FIN 82 Kb26
Tavaux F 31 Jc42
Tavaux-et-Pontséricourt F 24 Hc34
Tavel F 42 Jb52
Tävelsås S 103 Fc52
Tavelsjö S 80 Hb28
Taverna I 164 Gc81
Tavernelle I 149 Da63
Tavernelle I 156 Ea68
Tavernes F 42 Ka54
Tavernes de la Valldigna E 54 Fc69
Tavernola I 161 Ga73
Tavernola Bergamasca I 149 Da58
Taverny F 23 Gd36
Taviano I 163 Hc77
Tavikovice CZ 136 Ga48
Tavira P 58 Ad74
Tavistock GB 19 Dd31
Tavnik SRB 178 Ba67
Tavoleto I 156 Eb65
Tavrou CY 206 Jd96
Tavşancık TR 191 Ed83
Tavşanlı TR 186 Ga78
Tavşanlı TR 192 Ga82
Tavuklar TR 187 Gc79
Täxan S 79 Fd29
Taxenbach A 143 Ec54
Taxiárhes GR 189 Bc81
Taxiárhes GR 189 Cc85
Taxiárhis GR 184 Cc79
Taxinge S 96 Gc44
Taxobeni MD 173 Fa56
Tayakadın TR 186 Fc77
Taycılar TR 193 Gd81
Tayfurköy TR 185 Eb79
Taylıeli TR 191 Eb82
Taynloan GB 10 Db14
Tayport GB 7 Ec11
Tăža BG 180 Dc72
Tazlar TR 193 Gb85
Tazlău RO 172 Ec59
Tazona E 53 Ec71
Tazones E 37 Cc54
Tczew PL 121 Hb31
Tczów PL 130 Jc40
Tczyca PL 138 Ja43
Teaca RO 171 Dc58
Teano I 161 Fa74
Teasc RO 175 Da66
Teba E 60 Cc75
Tébar E 53 Eb67
Tebay GB 11 Ec18
Teberda RUS 205 Ga17
Tebongo E 37 Ca55
Tebra E 36 Ac58
Tebstrup DK 108 Dc24
Techendorf A 143 Ed55
Techirghiol RO 181 Fd66
Těchlovice CZ 128 Fb42
Tecklenburg D 125 Cb37
Teckomatorp S 110 Ed55
Tecuci RO 177 Fa62
Teda S 95 Gb43
Tedburn Saint Mary GB 19 Dd30
Teddington GB 20 Ed26
Teenuse EST 98 Kb44
Teeranea IRL 12 Bb21
Teerijärvi FIN 81 Jc29
Teeriranta FIN 75 Lb21
Teerisalo FIN 97 Ja39
Teerivaara FIN 74 Kb19
Teerivaara FIN 83 Lc29
Teernakil IRL 8 Bb20
Teféli GR 200 Da96
Tefenni TR 198 Ga90
Tegau D 127 Ea42
Tegelen NL 125 Bc39
Tegelsmora S 96 Gc40
Tegelträsk S 80 Gc28
Tegernau D 141 Ca51
Tegernsee D 143 Ea52
Teggiano I 161 Ga76
Téglás H 147 Ka52
Teglio I 149 Da57
Tegneby S 102 Eb47
Tegoborze PL 138 Jb45
Tegsnäset S 80 Ha27
Tehi FIN 90 Kb35
Teicha D 127 Eb39
Teichel D 127 Dd42
Teichwolframsdorf D 127 Eb42
Teigen N 62 Ha08
Teignmouth GB 19 Ea31
Teijo FIN 97 Jc40
Teillay F 28 Ed40
Teillet F 41 Ha53
Teillet-Argently F 33 Ha45
Teisendorf D 143 Ec52
Teising D 143 Eb50
Teisko FIN 89 Jd35
Teisnach D 135 Ec48
Teistungen D 126 Db39
Teiu MD 173 Ga58
Teiu RO 175 Dc65
Teiuş RO 175 Da60
Teixeira P 44 Ba64
Teixeiro (Curtis) E 36 Bb55
Tejadillos E 47 Ed65
Tejado E 47 Eb61
Tejeda y Segoyuela E 45 Ca63
Tejerina E 37 Cd56
Tejkovo RUS 203 Fa09
Tejn DK 111 Fc57
Teke TR 186 Ga77
Teke TR 198 Ga92
Tekeler TR 193 Hb86
Tekeriš SRB 153 Ja62
Tekija BIH 153 Hd63
Tekija SRB 174 Cb64
Tekin TR 193 Gb87
Tekirdağ TR 185 Ed78
Tekirler TR 187 Gd80
Tekirova TR 199 Gc92
Tekkeköy TR 191 Ec83
Tekkeköy TR 198 Fd88
Tekman TR 205 Ga20
Tekovské Lužany SK 145 Hb51
Teksdalen N 77 Dd28
Ţela RO 174 Ca60
Telaščica (Mir) HR 157 Fd65
Telatalpale FIN 91 Lc34
Telatyn PL 131 Kd42
Telavåg N 84 Bd39
Telążna Leśna PL 130 Hc36
Telč CZ 136 Fd47
Telciu RO 171 Dc56
Tel'cy RUS 99 Mb42
Teldau D 119 Dd33
Telečka SRB 153 Ja58
Telega RO 176 Ea64
Teleneşti MD 173 Fc56
Telerig BG 181 Fa68
Telese Terme I 161 Fb74
Teleşeu MD 173 Fc57
Teleşti RO 175 Cc63
Telfes A 143 Dd54
Telford GB 15 Ec24
Telfs A 142 Dc53
Telgárt SK 138 Jb48
Telgte D 125 Cb37
Telheiro P 58 Ab72
Telicino RUS 99 Ld44
Teliţa RO 177 Fc64
Teliu RO 176 Ea62
Teliucu Inferior RO 175 Cc61
Teljo FIN 83 Lc27
Telkibánya H 139 Jd49
Telkkälä FIN 74 Kb21
Tellancourt F 24 Jb34
Tellaro I 155 Cd64
Tellejåkk S 72 Ha21
Tellingstedt D 118 Da30
Tel'manove UA 205 Fb15
Telnice CZ 128 Fa42
Telšiai LT 113 Jc54
Telti I 168 Cb74
Teltow D 127 Ed37
Telžiai LT 114 Kc53
Tembleque E 52 Dc67
Temeleuţi MD 173 Fb57
Temeleuţi MD 173 Fc55
Temelín CZ 136 Fb47
Téméni GR 189 Bc85
Temenica SLO 151 Fc58
Temerin SRB 153 Jb60
Temiño E 38 Dc58
Temletouhy IRL 13 Ca23
Temmes FIN 82 Ka25
Temnica SLO 151 Fa58
Tempakka FIN 89 Jd32
Tempio Pausania I 168 Cb74
Templederry IRL 13 Ca23
Templeglentan IRL 12 Bc24
Templemore IRL 13 Ca23
Templenoe IRL 12 Ba25
Templepatrick GB 9 Da17
Temple Sowerby GB 11 Ec17
Templetown IRL 13 Cc25
Templewo PL 128 Fd36
Templin D 120 Fa34
Tempo GB 9 Cb18
Temrek TR 191 Ed85
Temrjuk RUS 205 Fb17
Temska SRB 179 Ca69
Temu I 149 Db57
Tenala FIN 97 Jd40
Tenay F 35 Jc46
Ten Boer NL 117 Bd33
Tenbury Wells GB 15 Ec25
Tenby GB 18 Dc27
Tence F 34 Ja49
Tencin F 35 Jd48
Tendais P 44 Ba61
Tende F 43 Kc52
Tendilla E 46 Dd64
Tenec RUS 107 Mb47
Teneniai LT 113 Jc56
Tenevo BG 180 Eb73
Tengen D 141 Cb51
Tengene S 102 Ed47
Tenhola FIN 97 Jd40
Tenhult S 103 Fb49
Teningen D 141 Ca50
Tenk H 146 Jb52
Tenna CH 142 Cc55
Tennänget S 86 Fa38
Tennenbronn D 141 Cb50
Tenneville B 132 Ba43
Tennevoll N 67 Gc12
Tennie F 28 Fc39
Tennilä FIN 74 Ka19
Tennilä FIN 90 Kb37
Tennilä FIN 90 Kc37
Tenno I 149 Db58
Tennskjer N 62 Gc10
Tennstrand N 66 Fc14
Tensjö S 79 Gb27
Tensta S 96 Gc41
Tentellatge E 49 Gc59
Tenterden GB 21 Ga29
Teofipol' UA 204 Ea15
Teolo I 150 Dd60
Teora I 161 Fd75
Teovo MK 183 Bc74
Tepasto FIN 68 Jc14
Tepebaşı TR 187 Gd80
Tepeboz TR 191 Ea85
Tepecik TR 186 Fb80
Tepecik TR 186 Ga78
Tepecik TR 187 Gb79
Tepecik TR 192 Fc81
Tepeeynihan TR 192 Fc84
Tepeköy TR 185 Dd80
Tepeköy TR 192 Fb86
Tepeköy TR 192 Fc82
Tepelenë AL 182 Ab78
Tepepanayır TR 186 Ga78
Teplá CZ 135 Ec45
Teplice CZ 128 Fa42
Teplice nad Metují CZ 137 Gb43
Teplička nad Váhom SK 138 Hc47
Teploe RUS 203 Fa11
Teplý Vrch SK 138 Jb49
Tepsa FIN 69 Jd15
Ţepu RO 177 Fa61
Terälahti FIN 89 Jd35
Teramo I 156 Ed69
Tērande LV 105 Jb50
Ter Apel NL 117 Ca34
Teratyn PL 131 Kd41
Terbačeno RUS 99 Ld44
Terbuny RUS 203 Fa12
Tercan TR 205 Ga20
Terchová SK 138 Hc47
Terebeşti RO 171 Cc55
Terebišće RUS 99 Ld45
Terebišće RUS 107 Ld46
Terebna MD 173 Fa54
Terebovlja UA 204 Ea15
Terechovo RUS 107 Mb48
Teregova RO 174 Cb63
Terehova LV 107 Ma51
Teremia Mare RO 174 Bb60
Terena P 50 Ba69
Teren'ga RUS 203 Fd10
Teresa E 54 Fb66
Teresa de Cofrentes E 54 Fa69
Teresin PL 130 Ja37
Terešov CZ 136 Fa45
Terespol PL 121 Ha33
Terespol PL 131 Kc37
Tereszpol-Zaorenda PL 131 Kb42
Terezín CZ 136 Fb43
Terezino Polje HR 152 Ha58
Tergnier F 24 Hb34
Tergu I 168 Ca74
Ter Hole NL 124 Ac39
Terikeste EST 99 Lb45
Terjärv FIN 81 Jc29
Terka PL 139 Kb46
Terlan I 142 Dc56
Terland N 92 Cb45
Terlano I 142 Dc56
Terlizzi I 162 Gc74
Termachivka UA 202 Eb14
Termal TR 186 Fd79
Termas de Monfortinho P 45 Bc65
Terme TR 205 Fc19
Terme Aurora I 168 Cb76
Terme di Antonimina I 164 Gb83
Terme di Bagnolo I 155 Db67
Terme di Caldana I 155 Da67
Terme di Casteldoria I 168 Ca74
Terme di Comano I 149 Dc58
Terme di Lurisia I 148 Bc63
Terme di Miradolo I 149 Cc60
Terme di Salvarola I 149 Db63
Terme di Suio I 161 Fa73
Terme di Valdieri I 148 Bb63
Terme Luigiane I 164 Gb79
Térmens E 48 Ga60
Termes-d'Armagnac F 40 Fc54
Termignon F 35 Kb48
Termini I 161 Fb76
Terminiers F 29 Gc39
Termini Imerese I 166 Ed84
Terminillo I 156 Ec70
Termoli I 161 Fc71
Termonbarry IRL 8 Ca20
Termonfeckin IRL 9 Cd20
Termunten NL 117 Ca33
Ternberg A 144 Fb51
Terndrup DK 100 Dc22
Terneuzen NL 124 Ab38
Terni I 156 Eb69
Ternitz A 144 Ga52
Ternopil' UA 204 Ea15
Ternovë AL 182 Ad74
Térovo GR 188 Ad81
Terpeziţa RO 175 Cd66
Terpilicy RUS 99 Ma41
Terpillos GR 183 Cb76
Terpnás GR 188 Ba81
Terpní GR 184 Cc77
Terrachán (Entrimo) E 36 Ba58
Terracina I 160 Ec73
Terrades E 41 Hb58
Terradillos de los Templarios E 37 Cd58
Terråk N 70 Ed24
Terralba I 169 Bd78
Terranova da Sibari I 164 Gc79
Terranova di Pollino I 164 Gb78
Terranuova Bracciolini I 156 Dd66
Terras de Bouro P 44 Ad59
Terrasini I 166 Ec84
Terrassa E 49 Gd61
Terrasson-Lavilledieu F 33 Gb49
Terrati I 164 Gb80
Terravecchia I 165 Gd79
Terrazos E 38 Dd57
Terreiro das Bruxas P 45 Bc64
Terrer E 47 Ec61
Terriente E 47 Ed65
Terrinches E 53 Dd70
Terrugem P 50 Aa68
Terrugem P 51 Bb69
Terskanperä FIN 82 Kb26
Terslev DK 109 Eb27
Tersløse DK 109 Ea26
Tertenia I 169 Cb78
Tertiveri I 161 Fd73
Teruel E 47 Fa65
Tervahauta FIN 89 Jb36
Tervajoki FIN 81 Ja31
Tervakoski FIN 90 Ka37
Tervala FIN 90 Kb34
Tervaoja FIN 68 Jb17
Tervasalmi FIN 83 Lb26
Tervavaara FIN 75 La23
Tervel BG 181 Ed68
Tērvete LV 106 Ka52
Tervo FIN 82 Kc30
Tervola FIN 74 Jc20
Terwolde NL 117 Bc36
Terzaga E 47 Ec64
Terzialan TR 191 Ec81
Terzidere TR 185 Ec74
Terzijsko BG 181 Ec72
Terzılı TR 185 Ec76
Tešanj BIH 152 Hb62
Teşcureni MD 173 Fb56
Tešel BG 184 Da75
Tesero I 150 Dd57
Tešetice CZ 135 Ed44
Tešica SRB 178 Bd68
Tesjoki FIN 90 Kd38
Teskánd H 145 Gc55
Teslić BIH 152 Ha62
Teslui RO 175 Da66
Teslui RO 175 Db65
Tespe D 118 Dc33
Tessenderlo B 124 Ba40
Tesseosen N 85 Dc35
Tesserete CH 149 Cc57
Tessin D 119 Ec31
Tessjö FIN 90 Kd38
Tesson F 32 Fb47
Tessy-sur-Vire F 22 Fa36
Testa dell'Acqua I 167 Fc87
Teşvikiye TR 186 Fd79
Tét H 145 Ha53
Tetbury GB 19 Ec27
Ţeţcani MD 172 Ed54
Teţchea RO 170 Cb57
Tetėnai LT 114 La59
Teterow D 119 Ec32
Teteven BG 179 Da71
Tetford GB 17 Fc22
Teti I 169 Ca77
Tetijiv UA 204 Ec15
Tetirvina LT 114 Kc53
Tetovo BG 180 Eb68
Tetovo MK 178 Ba73
Tetrákomo GR 188 Ba81
Tetrálofo GR 183 Bc78
Tettau D 128 Fa40
Tettau D 135 Dd43
Tettenhausen D 143 Ec51
Tettenweis D 143 Ed50
Tettnang D 142 Cd52
Teublitz D 135 Eb47
Teuchern D 127 Eb41
Teufen CH 142 Cd53
Teufenbach A 144 Fb54
Teugerträsk S 73 Hc22
Teugn D 135 Ea48
Teulada E 55 Fd70
Teulada I 169 Bd80
Teunz D 135 Eb46
Teupitz D 128 Fa37
Teurajärvi S 73 Ja18
Teuro FIN 89 Jd37
Teuschnitz D 135 Dd43
Teutschenthal D 127 Ea40
Teuva FIN 89 Ja32
Tevaniemi FIN 89 Jc34
Tevel H 146 Hc56
Teverga = La Plaza E 37 Cb55
Tevrin IRL 9 Cc20
Tewkesbury GB 15 Ec26
Tezköy TR 193 Ha84
Tezze I 150 Eb58
Tgilevo RUS 107 Mb47
Thale D 127 Dd39
Thaleischweiler-Fröschen D 133 Ca46
Thalfang D 133 Bd44
Thalheim D 127 Ec42
Thalkirch CH 142 Cc55
Thallwitz D 127 Ec40
Thalmässing D 135 Dd47
Thalmassing D 135 Eb48
Thalwil CH 141 Cb53
Thame GB 20 Fb27
Thamsbrück D 126 Dc41
Thann F 31 Kb39
Thannenkirch F 31 Kb38
Thannhausen D 142 Db50
Thaon F 22 Fc35
Thaon-les-Vosges F 31 Jd38
Tharandt D 128 Fa41
t Harde NL 117 Bc35
Tharon-Plage F 27 Ec42
Tharsis E 59 Bb73
Thássos GR 184 Db78
Thatcham GB 20 Fa28
Thaumiers F 29 Ha43
Thavmakó GR 189 Bc82
Thaxted GB 20 Fd26
Thaya A 136 Fd48
Thayngen CH 142 Cc52
Theberton GB 21 Gb25
The Butts IRL 13 Cc23
Thedinghausen D 118 Da34
Theeßen D 127 Eb37
The Five Roads IRL 13 Cd21
The Hand Cross Roads IRL 12 Bc22
The Harrow IRL 13 Cd24
Theillay F 29 Gd42
Theißen D 127 Eb41
Theix F 27 Eb41
Thelbridge GB 19 Dd30
The Leap IRL 13 Cc24
Thelkow D 119 Ec31
The Loup GB 9 Cd17
Them DK 108 Db24
Themar D 134 Dc43
The Mumbles GB 19 Dd27
Thénezay F 28 Fc44
Thénissey F 30 Ja41
Thenon F 33 Gb49
Theodoráki GR 183 Bd76
Theodório GR 183 Cb76
Theodósia GR 183 Cb77
Theológos GR 184 Da78
Theológos GR 189 Ca84
Theológos GR 189 Cc85
Theópetra GR 183 Bb80
The Pike IRL 13 Ca25
The Pole of Law GB 5 Ec07
Theres D 134 Db44
Theresienstadt = Terezín CZ 136 Fb43
Thermá GR 184 Cc77
Thérma GR 185 Dd79
Thérma GR 197 Ea88
Thermisía GR 195 Ca88
Thermo GR 188 Bb84
Thérouanne F 23 Gd31
The Rower IRL 13 Cc24
The Sheddings GB 9 Da16
The Six Towns GB 9 Cd16
Thespiés GR 189 Ca85
Thesprotikó GR 188 Ad81
Thessaloníki GR 183 Ca78
The Stocks GB 21 Ga30
The Temple GB 9 Da17
Thetford GB 21 Ga25
Theth AL 159 Jb69
Theux B 125 Bb42
Thevet-Saint-Julien F 29 Gd44
Theys F 35 Jd48
Thèze F 40 Fc55
Thèze F 42 Jd51
Thiaucourt-Regniéville F 25 Jc36
Thiberville F 22 Fd36
Thibie F 24 Hd36
Thiéblemont-Farémont F 24 Ja37
Thiel-sur-Acolin F 30 Hc44
Thiendorf D 128 Fa40
Thiene I 150 Dd59
Thierhaupten D 134 Dc49
Thierrens CH 141 Bb55
Thiers F 34 Hc46
Thiersheim D 135 Eb44
Thiery F 43 Kc52
Thiesi I 168 Ca75
Thiessow D 120 Fa30
Thimena GR 197 Ea88
Thimianá GR 191 Dd86
Thines F 34 Hd51
Thionville F 25 Jd34
Thíra GR 196 Db92
Thirasía GR 196 Db92
Thiréa GR 185 Eb76
Thiron F 29 Ga38
Thirsk GB 11 Fa19
Thísbi GR 189 Ca85
Thisted DK 100 Da21
Thíva GR 189 Ca85
Thivars F 29 Gb38
Thiviers F 33 Ga48
Thixendale GB 16 Fb19
Thizay F 29 Gc43
Thizy F 34 Ja46
Thoard F 42 Ka52
Thoirette F 35 Jc45
Thoissey F 34 Jb45
Tholária GR 196 Dd90
Tholey D 133 Bd45
Thollon-les-Mémises F 31 Kb44
Thomas Street IRL 8 Ca20
Thomastown IRL 13 Cb24
Thomm D 133 Bc44
Thommen B 133 Bb43
Thompson GB 17 Ga24
Thonelle F 24 Jb34
Thônes F 35 Ka46
Thonon-les-Bains F 31 Ka44
Thorame-Basse F 43 Kb52
Thorame-Haute F 43 Kb52
Thorembais-les-Béguines B 124 Ad41
Thorenc F 43 Kb53
Thorens-Glières F 35 Ka46
Thorigné-sur-Dué F 29 Ga39
Thorikó GR 195 Cc87
Thoringny-sur-Oreuse F 30 Hb38
Thörl A 143 Ed56
Thörl A 144 Fd53
Thorn NL 125 Bb40
Thorn = Toruń PL 121 Hb34
Thornbury GB 19 Ec27
Thornby GB 20 Fb25
Thorne GB 16 Fb21
Thorney GB 17 Fc24
Thornfalcon GB 19 Eb29
Thornham GB 17 Ga23
Thornhill GB 10 Ea15
Thornhill GB 19 Ea28
Thorning DK 100 Db23
't Horntje NL 116 Ba33
Thornton GB 15 Eb20
Thornton Curtis GB 17 Fc21
Thorpe-le-Soken GB 21 Gb27
Thorpe Market GB 17 Gb23
Thorpeness GB 21 Gb26
Thors F 30 Ja38
Thors F 32 Fc47
Thorsager DK 101 Dd23
Thorshøj DK 101 Dd20
Thorsminde DK 100 Cd23
Thorstrup DK 108 Cd25
Thorum DK 100 Db22
Thouarcé F 28 Fb42
Thouars F 28 Fc43
Thourie F 28 Ed40
Thourotte F 23 Ha34
Thourotte F 23 Ha35
Thräna D 127 Ec41
Thrapsanó GR 200 Da96
Thrapston GB 20 Fc25
Three Cocks GB 15 Eb26
Threlkeld GB 11 Eb17
Thresfield GB 11 Ed19
Thropton GB 11 Ed15
Thrumster GB 5 Ec05
Thueyts F 34 Ja50
Thuilley-aux-Groseilles F 25 Jc37
Thuin B 124 Ac42
Thuine D 117 Cb36
Thuir F 41 Hb57
Thüle D 126 Cc38
Thum D 127 Ec42
Thumby D 108 Db29
Thumeries F 23 Ha31
Thumersbach A 143 Ec53
Thun CH 141 Bd55
Thüngen D 134 Da44
Thurcroft GB 16 Fa22
Thuré F 28 Fd43
Thuret F 34 Hb46
Thurey F 30 Jb43
Thüringen A 142 Da54
Thürkow D 119 Ec32
Thurles IRL 13 Ca23
Thurlow GB 20 Fd26
Thurmaston GB 16 Fb24
Thurnau D 135 Dd44
Thurø By DK 109 Dd28
Thursby GB 11 Eb17
Thurso GB 5 Eb04
Thurstonfield GB 11 Eb16
Thury F 30 Ja42
Thury-Harcourt F 22 Fc36
Thusis CH 142 Cc55
Thyborøn DK 100 Cd22
Thyon-2000 CH 141 Bc56
Thyregod DK 108 Db25
Thyrnau D 135 Ed49
Tia Mare RO 180 Db68
Tiarp S 102 Fa47
Ţibana RO 173 Fa58
Ţibăneşti RO 173 Fa58
Tibarrié F 41 Ha53
Tibava SK 139 Kb48
Tibberton GB 15 Ec24
Tibi E 55 Fb71
Ţibirica MD 173 Fc57
Tibro S 103 Fb46
Ţibucani RO 172 Ec57
Ţibuleuca MD 173 Fd57
Tiča BG 180 Eb71
Tice BIH 158 Gc64
Tichileşti RO 177 Fb64
Ticleni RO 175 Cd64
Ticuşu RO 176 Dd61
Ticvaniu Mare RO 174 Bd63
Tidaholm S 103 Fb47
Tidan S 103 Fb46
Tidavad S 102 Fa46
Tidersrum S 103 Fd48
Tideswell GB 16 Ed22
Ţidilov Bor RUS 107 Ld46
Tiduff IRL 12 Ba24
Tiedra E 45 Cc60
Tiefenbach D 127 Ed41
Tiefenbach D 135 Ec46
Tiefenbach D 135 Ed49
Tiefenbronn D 134 Cc48
Tiefencastel CH 142 Cd55
Tiefenort D 126 Db41
Tiefensee D 128 Fa36
Tiel NL 125 Bb37
Tielmes E 46 Dd65
Tielt B 124 Aa39
Tielt B 124 Ad40
Tiemassaari FIN 91 Lb32
Tienen B 124 Ad40
Tienen B 124 Ad41
Tiercé F 28 Fc41
Tierga E 47 Ed61
Tiermas E 39 Fa57
Tierp S 96 Gc40
Tierrantona E 40 Fd58
Tierzo E 47 Ec63
Tiétar del Caudillo E 45 Cb65
Tieva FIN 69 Jd14
Tievaperä FIN 68 Jb16
Tievemore IRL 9 Cb17
Ţifeşti RO 176 Ed61
Tiffauges F 28 Fa43
Tiganca MD 177 Fb60
Ţigăneşti MD 173 Fc57
Ţigăneşti RO 180 Dd68
Tigare BIH 159 Ja64
Tigerton GB 7 Ec10
Tigharry GB 6 Cc07
Tigheci MD 177 Fc60
Tighina MD 173 Ga59
Ţighira MD 173 Fb56
Tığlı TR 192 Ga82
Tignale I 149 Db58
Tignécourt F 31 Jc39
Tignes F 35 Kb47
Tigveni RO 175 Db63

Tigy – Torvoila

Tigy F 29 Gd40
Tiha Bârgăului RO 171 Dc57
Tihany H 145 Ha55
Tihemetsa EST 106 Kc46
Tiheró GR 185 Ea77
Tihilä FIN 82 Kc27
Tihío GR 183 Bb77
Tihkovicy RUS 99 Mb41
Tihoreck RUS 205 Fc16
Tihusniemi FIN 90 La32
Tihvin RUS 202 Eb08
Tihvinka RUS 99 Ld42
Tiilää FIN 90 Kc38
Tiimola FIN 91 Lb34
Tiirimetsa EST 105 Jc47
Tiironkylä FIN 82 Ka30
Tiistenjoki FIN 81 Jc31
Tijesno HR 157 Ga65
Tíjola E 61 Ea74
Tijovac SRB 179 Ca68
Tikinmaa FIN 89 Jd36
Tikkakoski FIN 90 Kb32
Tikkala FIN 83 Ld31
Tikkala FIN 90 Kb33
Tikkurila FIN 98 Kb39
Tikøb DK 109 Ec24
Tilaj H 145 Gd55
Tilburg NL 124 Ba38
Tilbury GB 20 Fd28
Til-Châtel F 30 Jb41
Tileagd RO 170 Cb56
Tilisca RO 175 Da61
Tílisos GR 200 Da95
Tillac F 40 Fd55
Tillay-le-Péneux F 29 Gc39
Tillberga S 95 Gb42
Tilleda D 127 Dd40
Tillicoultry GB 7 Ea12
Tillières-sur-Avre F 23 Gb37
Tillinge S 95 Gb42
Tilly F 33 Gb45
Tilly-sur-Seulles F 22 Fb36
Tilsaperä FIN 90 Kb33
Tilshead GB 20 Ed29
Tilst DK 108 Dc24
Tilstock GB 15 Ec23
Tiltai LT 114 Kd59
Tiltiņi LV 106 Kb51
Tiltrem N 78 Ea28
Tilža LV 107 Ld50
Tilže LT 115 Lc54
Tim DK 100 Cd23
Tim RUS 203 Fa13
Timahoe IRL 13 Cb22
Timár H 147 Jd50
Timaševsk RUS 205 Fc16
Timau I 143 Ec56
Timbáki GR 200 Cd96
Timberscombe GB 19 Ea29
Time N 92 Ca44
Timfristós GR 188 Bb83
Timi CY 206 Hd98
Timirjazevo RUS 113 Jc57
Ţimişeşti RO 172 Ec57
Timişoara RO 174 Bd60
Timişu de Sus RO 176 Ea62
Timmele S 102 Fa48
Timmendorfer Strand D 119 Dd31
Timmenrode D 127 Dd38
Timmernabben S 103 Gb51
Timmersdala S 102 Fa46
Timmervik S 102 Ec46
Timofeevo RUS 113 Jd57
Timohino RUS 202 Ec08
Timola FIN 90 La32
Timoleague IRL 12 Bc26
Timoniemi FIN 83 Lb25
Timošino RUS 203 Fb08
Timovaara FIN 83 Lc29
Timpinvaara FIN 75 Lb21
Timrå S 88 Gc33
Timring DK 108 Da24
Timsbury GB 20 Fa29
Timsfors S 110 Fa53
Tinahely IRL 13 Cd23
Tinajas E 47 Ea65
Tinalhas P 44 Bb65
Tınaztepe TR 193 Gc85
Tinca RO 170 Ca57
Tinchebray F 22 Fb37
Tinchi I 162 Gc76
Tinden N 77 Dd29
Tineo E 37 Ca54
Tingere LV 105 Jd49
Tinglev DK 108 Da28
Tingsbekk N 93 Da46
Tingsryd S 111 Fc53
Tingstad S 103 Ga46
Tingstäde S 104 Ha49
Tingsted DK 109 Eb28
Tingvoll N 77 Db31
Tinieblas E 46 Dd59
Tinja BIH 153 Hc62
Tinjan HR 151 Fa60
Tinlot B 124 Ba42
Tinnura I 169 Bd76
Tínos GR 196 Db88
Tiñosillos E 46 Cd62
Tinosu RO 176 Ea65
Tinqueux F 24 Hc35
Tintagel GB 18 Db30
Tinţareni MD 173 Fc56
Ţînţăreni MD 173 Fd58
Tinténiac F 28 Ed38
Tintern Parva GB 19 Eb27
Ţinteşti RO 176 Ec64
Tintigny B 132 Ba44
Tinūži LV 106 Kc51
Tiobraid Árann IRL 13 Ca24
Tione di Trento I 149 Db58
Ţipala MD 173 Fd58
Tipasoja FIN 83 Lb26
Tipčenica BG 179 Cd70
Tipperary IRL 13 Ca24
Tiptree GB 21 Ga27
Tipu EST 98 Kc45
Tiranë AL 182 Ab74
Tiranges F 34 Hd48
Tirano I 149 Da57
Tiraspol MD 173 Ga58
Tırazli TR 191 Ec86
Tire TR 191 Ed87
Tiream RO 171 Cc55
Tirebolu TR 205 Fd19
Tireļi LV 106 Ka51
Tirgul Vertiujeni MD 173 Fc54
Tiriez E 53 Eb69
Tirig E 48 Fd64
Tiriolo I 164 Gc81
Tirivolo I 164 Gc80
Tirkiliškiai LT 114 Kc57
Tirkšliai LT 113 Jd53
Tirley GB 15 Ec26
Tirmo FIN 98 Kd39
Tirmonperä FIN 75 Kc22
Tirnaneill IRL 9 Cc18
Tirnauca MD 173 Ga59
Tirnava TR 192 Fb81
Tírnavos GR 183 Bd80
Tîrnova MD 173 Fa54
Tîrnova MD 173 Fb54
Tirol I 142 Dc55
Tirolo I 142 Dc55
Tirós GR 195 Bd89
Tirrenia I 155 Da65
Tirro FIN 69 Jd11
Tirschenreuth D 135 Eb45
Tîrşiţei MD 173 Fc56
Tirstrup DK 101 Dd23
Tirumbaltgalvji LV 106 La51
Tirza LV 107 Lb49
Tisău RO 176 Ec64
Tiscar Don Pedro E 61 Dd73
Tiset DK 108 Da27
Tiševica BG 179 Cd69
Tišino RUS 107 Ma48
Tišino RUS 113 Ja59
Tiskādi LV 107 Lc51
Tiskolovo RUS 99 Lc40
Tismana RO 175 Cc63
Tišnov CZ 137 Gb47
Tisovac BIH 158 Hb64
Tisovec SK 138 Ja49
Tisselskog S 94 Ec45
Tistedal N 94 Eb44
Tistrup DK 108 Da25
Tisvilde DK 109 Eb24
Tisvildeleje DK 109 Eb24
Tiszaadony H 147 Kb50
Tiszaalpár H 146 Jb55
Tiszabecs H 147 Kc50
Tiszabura H 146 Jc53
Tiszacsege H 147 Jd52
Tiszacsermely H 147 Ka50
Tiszadada H 147 Jd51
Tiszadob H 147 Jd51
Tiszadorogma H 146 Jc52
Tiszaeszlár H 147 Jd51
Tiszaföldvár H 146 Jb54
Tiszafüred H 146 Jc52
Tiszajenő H 146 Jb54
Tiszakécske H 146 Jb54
Tiszakeszi H 147 Jd51
Tiszakürt H 146 Jb55
Tiszalök H 147 Jd51
Tiszalúc H 147 Jd51
Tiszanána H 146 Jc52
Tiszaörs H 146 Jc52
Tiszaroff H 146 Jb53
Tiszaszőlős H 146 Jc52
Tiszatelek H 147 Ka50
Tiszaújváros H 147 Jd51
Tiszavasvári H 147 Jd51
Titaguas E 54 Fa66
Titáni GR 189 Bd86
Titeikiai LT 114 Kd55
Titel SRB 153 Jc60
Ţiteşti RO 175 Dc64
Tithoréa GR 189 Bd84
Tithróni GR 189 Bd84
Titioniai LT 114 Kb53
Titisee-Neustadt D 141 Ca51
Titkoniai LT 114 Kc53
Tito I 161 Ga76
Titran N 77 Db29
Titreyengöl TR 199 Ha91
Titting D 135 Dd48
Tittling D 135 Ed49
Tittmoning D 143 Ec51
Titu RO 176 Dd65
Titulcia E 46 Dc65
Titz D 125 Bc40
Tiuccia F 154 Ca70
Tiukka FIN 89 Hd33
Tiukurova FIN 69 Kc17
Tiurajärvi FIN 68 Jb15
Tivat MNE 159 Hd69
Tived S 95 Fc45
Tivenys E 48 Ga63
Tiverton GB 19 Ea30
Tivissa E 48 Ga62
Tivoli I 160 Eb71
Tizzano F 154 Ca72
Tizzano Val Parma I 149 Da62
Tjačiv UA 204 Dd16
Tjæreborg DK 108 Cd26
Tjällmo S 103 Fd46
Tjåmotis S 72 Gd18
Tjamšča RUS 107 Ld47
Tjappsåive S 72 Ha22
Tjärn S 80 Gc28
Tjärnberg S 72 Gd23
Tjärnmyrberget S 79 Fd26
Tjärnö S 94 Ea45
Tjärstad S 103 Fd47
Tjäruträsk S 73 Ja20
Tjåure S 78 Fa28
Tjåurek S 67 Ha16
Tjautjas S 67 Hb17
Tjeldnes N 66 Ga13
Tjeldstø N 84 Bd38
Tjeldsundbrua N 66 Ga13
Tjelle N 77 Da32
Tjenndalen N 93 Db44
Tjentište BIH 159 Hc66
Tjernagel N 92 Ca41
Tjöck FIN 89 Hd33
Tjøme N 93 Dd44
Tjong N 70 Fa19
Tjønnefoss N 93 Da44
Tjønnvik N 78 Fa25
Tjørhom N 92 Cc44
Tjörnarp S 110 Fa55
Tjörnekalv S 102 Eb48
Tjøtta N 70 Ed22
Tjuda FIN 97 Jc40
Tjulenovo BG 181 Fc69
Tjulträsk S 71 Ga21
Tjuonajåkk S 67 Gd16
Tjurkö S 111 Fd54
Tjusk PL 122 Hc30
Tjuvkil S 102 Eb48
Tjuvö FIN 98 Kd39
Tjuvskjær N 67 Gb12
Tkon HR 157 Fd65
Tlačene BG 179 Cd69
Tleń PL 121 Ha32
Tlmače SK 145 Hb50
Tłuchowo PL 122 Hc35
Tlučná CZ 135 Ed45
Tlumačov CZ 137 Gd47
Tłuściec PL 131 Kb37
Tłuszcz PL 130 Jc36
Toano I 149 Db63
Toba SRB 174 Bb60
Toba de Valdivieso E 38 Dc56
Tobar E 38 Dc58
Tobar an Choire IRL 8 Bd18
Tobarra E 53 Ec70
Tobercurry IRL 8 Bd18
Toberdoney GB 9 Cd15
Tobermore GB 9 Cd16
Tobermory GB 6 Da10
Toberonochy GB 6 Db12
Toberscanavan IRL 8 Ca18
Toblach I 143 Eb55
Tobo S 96 Gc40
Tobolac SRB 178 Bb68
Tobru N 86 Ea38
Tobson GB 4 Da05
Toby FIN 81 Ja31
Tobyn S 94 Ed42
Tocane-Saint-Apre F 33 Ga49
Toceni MD 177 Fb60
Tocha P 44 Ac63
Tocina E 59 Ca73
Töcksfors S 94 Eb43
Töcksmark S 94 Eb43
Tocón E 60 Db74
Tocuz MD 173 Ga59
Todal N 77 Dc30
Todalsøra N 77 Dc32
Toddington GB 20 Fb26
Todendorf D 118 Dc30
Todendorf D 119 Dd30
Todenham GB 20 Ed26
Todi I 156 Ea68
Todireni RO 172 Ed56
Todireşti MD 173 Fb57
Todireşti RO 172 Eb55
Todireşti RO 172 Ed57
Todireşti RO 173 Fa58
Todmorden GB 16 Ed20
Todolella E 48 Fc64
Todoričene BG 179 Da70
Todor Ikonomovo BG 181 Ed69
Todorovo BG 181 Ec68
Tødsø DK 100 Da21
Todtmoos D 141 Ca51
Todtnau D 141 Ca51
Tödva EST 98 Kb43
Todzia PL 122 Jc33
Toft GB 5 Fa04
Tofta S 102 Ec51
Tofta S 104 Gd49
Toftbyn S 95 Fd39
Tofte N 70 Ed23
Tofte N 85 Dc34
Tofte N 93 Ea43
Töftedal S 94 Eb45
Tofterup DK 108 Da25
Tofteryd S 103 Fb50
Tofteseter N 85 Dd36
Toftesetra N 85 Dc34
Toftevåg N 84 Bd39
Toftir DK 3 Ca06
Toftlund DK 108 Da27
Tófű H 152 Hb57
Togher IRL 9 Cd20
Togher IRL 12 Bb26
Töging D 143 Eb50
Tohanu Nou RO 176 Dd62
Tohatin MD 173 Fd58
Tohmajärvi FIN 83 Ma31
Tohmo FIN 69 Kb17
Tohni FIN 81 Jc31
Toholampi FIN 81 Jd28
Tohvri EST 98 Kd45
Toiano I 155 Db66
Toija FIN 97 Jd40
Toijala FIN 89 Jd36
Toikkala FIN 90 La36
Toikkala FIN 91 Lb36
Toila EST 99 Lb41
Toirano I 148 Bd63
Toivakka FIN 90 Kc33
Toivala FIN 82 La30
Toiviaiskylä FIN 82 Kc28
Toivola FIN 83 Lb26
Toivola FIN 90 Kd35
Töjby FIN 89 Hd32
Tokačka BG 185 Dd76
Tokaj H 147 Jd50
Tokarevka RUS 203 Fb12
Tokarnia PL 130 Jb42
Tokarnia PL 138 Ja45
Tokary PL 131 Kb36
Tokat TR 192 Fd83
Tokat TR 205 Fc20
Tokatbaşı TR 191 Ed87
Toklucak TR 193 Ha84
Tokmacık TR 193 Gd87
Tokmak UA 205 Fa16
Tokmaklı TR 192 Fb85
Tokod H 146 Hc52
Tököl H 146 Hc53
Tokrajärvi FIN 83 Ma29
Tokuşlar TR 193 Gb85
Tolbaños E 46 Da63
Tölby FIN 81 Ja31
Tolca TR 199 Ha88
Tolcsva H 147 Jd50
Toldaos E 36 Bc56
Toledo E 52 Db66
Tolentino I 156 Ec67
Tolfa I 156 Dd70
Tolfta S 96 Gc40
Tolg S 103 Fc51
Tolga N 86 Eb33
Tolinas E 37 Cb55
Toliočiai LT 114 Ka54
Tolivia E 37 Cc55
Tolja FIN 74 Kb20
Tol'jatti RUS 203 Ga10
Tolk D 108 Db29
Tolkee FIN 83 Lc27
Tołkiny PL 122 Jb30
Tolkis FIN 98 Kc39
Tolkkinen FIN 98 Kc39
Tolkmicko PL 122 Hc30
Tolko PL 122 Ja30
Tolköyü TR 199 Hb89
Tollarp S 111 Fb55
Tolle I 150 Eb61
Tollesbury GB 21 Ga27
Tollikko FIN 81 Jb29
Töllinperä FIN 82 Ka27
Tollo I 157 Fb70
Tølløse DK 109 Eb26
Töllsjö S 102 Ed49
Tolmačevo RUS 99 Mb42
Tolmezzo I 143 Ec56
Tolmin SLO 151 Fa57
Tolna H 146 Hc56
Tolnanémedi H 146 Hc55
Tolne DK 101 Dd19
Toló GR 195 Bd88
Tolonen FIN 69 Ka12
Tolonen FIN 69 Jd17
Tolosa E 39 Ec55
Tolosa P 50 Ba67
Tolosenjoki FIN 75 Kd24
Tolosenmäki FIN 91 Ld32
Tolox E 60 Cc76
Tolsa FIN 98 Kb40
Tolsta GB 4 Db05
Tolva E 48 Ga59
Tolva FIN 75 Kd19
Tölvä FIN 82 Kd29
Tolvădia RO 174 Bc62
Tolve I 162 Gb75
Tomai MD 173 Fc59
Tomai MD 177 Fd61
Tomaiul Nou MD 173 Fc59
Tomakivka UA 205 Fa16
Tömäperä FIN 81 Jd26
Tomar P 50 Ac66
Tomarovka RUS 203 Fa14
Tomaševac SRB 153 Jc60
Tomaševac SRB 174 Bb62
Tomaševo MNE 159 Jb67
Tomašica BIH 152 Gc62
Tomašica HR 152 Gd59
Tomašići HR 151 Fd60
Tomášilovo SK 145 Ha51
Tomášovce SK 146 Ja50
Tomašpil' UA 204 Eb16
Tomaszowice PL 131 Ka40
Tomaszów Lubelski PL 131 Kc42
Tomaszów Mazowiecki PL 130 Ja39
Tomatin GB 7 Ea08
Tombebœuf F 32 Fd51
Tomcrasky GB 7 Dd09
Tome LV 106 Kc51
Tomelilla S 111 Fb56
Tomellosa E 47 Ea64
Tomelloso E 53 Dd68
Tomeşti RO 171 Cc59
Tomeşti RO 173 Fa57
Tomeşti RO 174 Cb61
Tometino SRB 159 Jb64
Tomice PL 129 Gd38
Tomich GB 7 Dd08
Tomintoul GB 7 Eb08
Tomislavgrad BIH 158 Gd65
Tomiszowice PL 130 Hd42
Tomma N 70 Fa20
Tommarp S 111 Fb56
Tømmerbakk N 84 Cb36
Tømmerneset N 66 Fd15
Tommerup DK 108 Dc27
Tommerup Stationsby DK 108 Dc27
Tømmervåg N 77 Db30
Tommola FIN 90 La35
Tompa H 153 Ja57
Tomperi FIN 82 Kc26
Tompter N 93 Ea42
Tømra N 78 Eb30
Tomrefjord N 76 Cd32
Tomşani RO 175 Da63
Tomşani RO 176 Eb64
Tomsino RUS 107 Mb51
Tôň SK 145 Ha52
Tona E 49 Ha60
Tonara I 169 Cb77
Tonbridge GB 20 Fd29
Tondela P 44 Ad63
Tønder DK 108 Da28
Tondorf D 125 Bc42
Tondu GB 19 Ea28
Toneby S 94 Ed42
Tonezza I 150 Dd58
Tongeren B 124 Ba41
Tongue GB 5 Ea04
Toninek PL 121 Gd33
Tönisvorst D 125 Bc39
Tønjum N 84 Cd37
Tonkino RUS 203 Fc08
Tonna GB 19 Dd27
Tonnay-Boutonne F 32 Fb46
Tonnay-Charente F 32 Fb46
Tonneins F 40 Fd52
Tonnerre F 30 Hd40
Tönnersjö S 102 Ed52
Tonnes N 70 Fa20
Tønnesland N 92 Cd46
Tönning D 118 Da30
Tönnö FIN 90 Kc37
Tono I 167 Fd83
Tonšaevo RUS 203 Fc08
Tønsberg N 93 Dd44
Tønsnes N 62 Gd09
Tonstad N 92 Cb45
Tõnumaa EST 98 Kb44
Tonya TR 205 Fd19
Toome GB 9 Cd16
Toomyvara IRL 13 Ca22
Tootsi EST 98 Kc45
Topağaç TR 185 Ed79
Topala MD 177 Fc60
Topalak TR 192 Fb83
Topalar TR 198 Fb91
Topallı TR 199 Gd91
Topalu RO 177 Fb66
Topana RO 175 Db64
Topârcea RO 175 Da61
Topas E 45 Cb61
Topçam TR 197 Fa89
Topčić-Polje BIH 152 Hb63
Topčii BG 180 Eb69
Topcliffe GB 11 Fa19
Topçukoy TR 186 Fa76
Topçular TR 186 Ga79
Topczewo PL 123 Kb34
Töpen D 135 Ea43
Topeno FIN 90 Ka38
Tophisar TR 186 Fb80
Topla RO 174 Ca60
Topla SLO 144 Fc56
Toplet RO 174 Cb64
Topli Do SRB 179 Cb69
Topliţa RO 172 Ea58
Topliţa RO 175 Cc61
Topola SRB 174 Bb65
Topolany PL 123 Kc34
Topolcafő H 145 Ha54
Topolčane BG 180 Eb72
Topolčani MK 183 Bb75
Topoľčany SK 137 Hb49
Topoľčianky SK 145 Hb50
Topólia GR 200 Ca95
Topólka PL 129 Hb36
Topolnica SRB 174 Ca65
Topólno PL 130 Hd36
Topolog RO 177 Fc65
Topolovăţu Mare RO 174 Bd61
Topoloveni RO 175 Dc65
Topolovgrad BG 185 Eb74
Topolovnik SRB 174 Bc64
Topolovo BG 184 Dc74
Topolšica SLO 151 Fc57
Toponár H 145 Ha56
Toponica SRB 174 Bb66
Toponica SRB 178 Bd69
Toporów PL 128 Fd37
Toporu RO 180 Dd67
Toppenstedt D 118 Dc33
Topraisar RO 181 Fc68
Topuk TR 192 Fc81
Topusko HR 151 Ga60
Topyaka TR 193 Gd82
Torà E 49 Gc60
Torajärvi FIN 89 Jd37
Toral E 37 Cb58
Toral de los Guzmanes E 37 Cc58
Tõramaa EST 98 Kc45
Toranj HR 151 Fa61
Torás E 54 Fb66
Torasjärvi S 73 Hd18
Torasperä FIN 81 Jd31
Toras-Sieppi FIN 68 Jb14
Tõravere EST 98 La45
Torba TR 197 Ec90
Torbalı TR 191 Ec87
Torbay GB 19 Ea31
Törbel CH 141 Bd56
Torberget N 86 Ec37
Torbjörntorp S 102 Fa47
Torcé-en Vallée F 28 Fd39
Torcello I 150 Eb59
Torcross GB 19 Dd32
Torcy F 23 Ha37
Torcy F 30 Ja43
Torcy-le-Grand F 23 Gb34
Torda SRB 153 Jc59
Torda SRB 174 Bb61
Tørdal N 93 Db44
Tordehumos E 46 Cd59
Tordera E 49 Hb60
Tordesillas E 46 Cd61
Tordesilos E 47 Ed64
Tordillos E 45 Cc63
Tordómar E 46 Dc59
Tore GB 5 Ea07
Töre S 73 Ja21
Töreboda S 103 Fb46
Toreby DK 109 Ea29
Toreby DK 109 Eb29
Torekov S 110 Ec53
Torella dei Lombardi I 161 Fd75
Torella del Sannio I 161 Fb72
Torelló E 49 Ha59
Toreno E 37 Ca56
Torestorp S 102 Ed50
Toresund S 96 Gc43
Torete E 47 Ec63
Torfou F 28 Fa43
Torgåsmon S 86 Fa38
Torgau D 127 Ed39
Torgelow D 120 Fb33
Torgu EST 105 Jc47
Torhamn S 111 Ga54
Torheim N 84 Cb34
Torhout B 21 Ha29
Torhult S 102 Fa49
Tori EST 98 Kc45
Torigni-sur-Vire F 22 Fb36
Torija E 46 Dd63
Torikka FIN 97 Jc40
Toril E 47 Ed65
Torino I 148 Bc60
Torino di Sangro Marina I 157 Fb70
Tõrise EST 105 Jc46
Toritto I 162 Gc74
Torjulvågen N 77 Db31
Törma EST 98 La42
Torma EST 99 Lb44
Törmä FIN 83 Lb26
Tormac RO 174 Bd61
Törmäkylä FIN 82 Kc25
Tormaleo E 37 Bd55
Törmänen FIN 69 Ka11
Törmänki FIN 74 Jc18
Törmänmäki FIN 75 Kd24
Tormantos E 38 Dd58
Tormás H 152 Hb57
Tormäsenvaara FIN 75 La20
Tormäsjärvi FIN 74 Jc19
Tormestorp S 110 Fa54
Törmörkény H 146 Jb55
Tornaľa SK 138 Jb49
Tornanádska H 138 Jc49
Törnävä FIN 81 Jb31
Tornavacas E 45 Cb64
Tornby DK 100 Dc19
Torndrup Strand DK 101 Dd21
Tornefors S 68 Hd16
Tornehamn S 67 Gc13
Tornes N 76 Cd31
Tørnes N 93 Db44
Tornesch D 118 Db32
Torneträsk S 67 Ha14
Tornimäe EST 97 Jd45
Tornin E 37 Cd55
Tornio FIN 74 Jc21
Tornio FIN 90 Kc36
Tornioniemi FIN 91 Lb32
Tornjoš SRB 153 Jb58
Torno I 149 Cc58
Tornos E 47 Ed63
Törnsfall S 103 Gb49
Tornyosnémeti H 139 Jd49
Toro E 45 Cc60
Torö S 96 Gd45
Törökbalint H 146 Hc53
Törökkoppány H 145 Hb56
Törökszentmiklós H 146 Jc54
Toróni GR 184 Cc80
Torony H 145 Gb54
Toropec RUS 202 Eb10
Torošino RUS 107 Ma46
Torp FIN 96 Hb40
Torp S 102 Eb46
Torp S 102 Eb47
Torpa S 95 Ga43
Torpa S 102 Fa52
Torpa S 103 Fd48
Torpao N 85 Dd38
Torpè I 168 Cc75
Torphins GB 7 Ec09
Torpo N 85 Db39
Torpoint GB 18 Dc31
Torpsbruk S 103 Fc51
Torpshammar S 87 Ga33
Torquay GB 19 Ea31
Torquemada E 46 Db59
Torraca I 161 Ga77
Torralba E 47 Eb65
Torralba de Aragón E 48 Fb60
Torralba de Calatrava E 52 Db69
Torralba del Moral E 47 Eb62
Torralba de los Frailes E 47 Ed62
Torralba del Río E 39 Eb57
Torralba de Oropesa E 52 Cc66
Torrão P 50 Ac70
Torrão do Lameiro P 44 Ac62
Torrböle S 80 Hb29
Torre E 59 Cb77
Torre F 154 Cb72
Torre P 44 Ac59
Torre P 50 Ab70
Torre-Alháquime E 59 Cb75
Torre a Mare I 162 Gd74
Torre Annunziata I 161 Fb75
Torrebaja E 54 Ed66
Torrebarrio E 37 Cb55
Torrebeleña E 46 Dd63
Torre Beretti I 148 Cb60
Torreblacos E 47 Ea60
Torreblanca E 54 Fd65
Torreblanca de los Caños E 59 Ca74
Torreblascopedro E 60 Db72
Torrebruna I 161 Fb71
Torrebueit E 53 Ea66
Torrecaballeros E 46 Db62
Torrecampo E 52 Cd70
Torre Canne I 162 Ha75
Torre Cardela E 60 Dc74
Torrechiara I 149 Da62
Torrecilla E 47 Eb65
Torrecilla E 52 Da72
Torrecilla de Alcañiz E 48 Fc63
Torrecilla de la Jara E 52 Cd66
Torrecilla del Pinar E 46 Db61
Torrecilla de Valmadrid E 47 Fa61
Torrecilla en Cameros E 38 Ea58
Torrecillas de la Tiesa E 51 Cb67
Torre das Vargens P 50 Ad67
Torre de Dom Chama P 45 Bc60
Torre de Juan Abad E 53 Dd70
Torre de la Higuera E 59 Bc75
Torre del Bierzo E 37 Ca57
Torre del Campo E 60 Db73
Torre del Greco I 161 Fb75
Torre del Lago Puccini I 155 Da65
Torre dell'Impiso I 166 Eb84
Torre dell'Orso I 163 Hc77
Torre del Mar E 60 Da76
Torre del Peñón E 61 Ec75
Torredembarra E 49 Gc62
Torre de Miguel Sesmero E 51 Bc69
Torre de Moncorvo P 45 Bc61
Torre d'en Doménec E 54 Fd65
Torre de'Passeri I 157 Fa70
Torre di Porticello I 162 Gb71
Torre d'Isola I 149 Cc60
Torredonjimeno E 60 Db73
Torre Faro I 164 Ga83
Torrefarrera E 48 Ga60
Torregrossa E 48 Ga61
Torreira P 44 Ac62
Torrejoncillo E 45 Bd65
Torrejoncillo del Rey E 53 Ea66
Torrejón de Ardoz E 46 Dc64
Torrejón del Rey E 46 Dd64
Torrejón el Rubio E 51 Ca66
Torrelabatón E 46 Cd60
Torrelacárcel E 47 Ed64
Torrelaguna E 46 Dc63
Torrelapaja E 47 Ec61
Torre Lapillo I 162 Hb77
Torrelavega E 38 Db55
Torrellano Alto E 55 Fb71
Torrelodones E 46 Db64
Torremaggiore I 161 Fd72
Torremayor E 51 Bd69
Torremazanas E 55 Fb70
Torremegía E 51 Bd69
Torre Melissa I 165 Gd80
Torremendo E 55 Fa72
Torre Mileto I 161 Ga71
Torremocha E 51 Ca67
Torremolinos E 60 Cd76
Torremormojón E 46 Da59
Torremuelle E 60 Cd77
Torrenieri I 156 Dd67
Torrenostra E 54 Fd65
Torrent E 54 Fb68
Torrente de Cinca E 48 Fd61
Torrenueva E 60 Dc76
Torreorgaz E 51 Bd67
Torre Orsaia I 161 Fd77
Torre-Pacheco E 55 Fa73
Torre Pedrera I 156 Eb64
Torre Pellice I 148 Bc61
Torreperogil E 52 Dc72
Torrequebradilla E 60 Db72
Torrequemada E 51 Ca67
Torre Rinalda I 163 Hc76
Torre Ruffa I 164 Ga82
Torres E 60 Dc73
Torresandino E 46 Db60
Torre San Gennaro I 163 Hc76
Torre San Giovanni I 165 Hc78
Torre Santa Susanna I 162 Hb76
Torres de Albánchez E 53 Ea71
Torres de Berrellén E 47 Fa60
Torres de la Alameda E 46 Dd64
Torres del Carrizal E 45 Cb60
Torres del Obispo E 48 Fd59
Torres de Montes E 48 Fc59
Torres de Segre E 48 Ga61
Torres Novas P 50 Ac66
Torrestio E 37 Cb55
Torres-Torres E 54 Fc67
Torres Vedras P 50 Aa67
Torretta I 149 Dc61
Torretta I 155 Da66
Torrette I 156 Ed66
Torrette di Fano I 156 Ec65
Torre Vado I 165 Hc78
Torrevelilla E 48 Fc63
Torrevicente E 47 Ea61
Torrevieja E 55 Fb72
Torricela I 162 Ha76
Torricella Peligna I 161 Fb71
Torrico E 52 Cc66
Torri del Benaco I 149 Db59
Torridon GB 4 Dc07
Torriglia I 149 Cc62
Torrijas E 54 Fa66
Torrijo del Campo E 47 Ed63
Torrijos E 52 Da66
Torrild DK 108 Dc24
Torrin GB 4 Db08
Tørring DK 108 Db25
Tørring N 78 Eb27
Torrita di Siena I 156 Dd67
Torrivaara S 73 Hd19
Torro FIN 89 Jd38
Torroal P 50 Ab70
Torroella de Fluvià E 49 Hb59
Torroella de Montgrí E 49 Hc59
Torrox E 60 Da76
Torrox Costa E 60 Da76
Torrskog S 94 Ec44
Torrubia del Campo E 53 Dd66
Torsåker S 80 Gc31
Torsåker S 95 Ga40
Torsåker S 96 Gc45
Torsång S 95 Fd40
Torsansalo FIN 91 Ld34
Torsås S 111 Ga53
Torsbo S 102 Fa49
Torsborg S 86 Fa32
Torsby S 94 Ed41
Torsby S 94 Fa42
Torsdalsdammen N 92 Cd43
Torsebro S 111 Fb54
Torsetnes N 77 Dc30
Torsfjärden S 79 Fc27
Torshälla S 95 Gb43
Tórshavn DK 3 Ca07
Torsholma FIN 97 Hd40
Torsjöåsen S 86 Fa38
Torskefjord N 64 Jd05
Torsken N 62 Gb10
Torskinge S 102 Fa51
Torskors S 111 Fd54
Torslanda S 102 Eb49
Torslunde DK 109 Ea28
Torsnes N 93 Ea44
Torsö S 94 Fa45
Torstuna S 95 Gb42
Torsvi S 96 Gc43
Törtel H 146 Jb54
Torthorwald GB 10 Ea16
Tortinmäki FIN 89 Jb38
Tórtola E 53 Eb66
Tórtola de Heneras E 46 Dd63
Tórtoles de Esgueva E 46 Db60
Tortoli I 169 Cc77
Tortoman RO 181 Fb67
Tortona I 148 Cb61
Tortora I 164 Ga78
Tortora Marina I 164 Ga78
Tortorella I 161 Ga77
Tortoreto Lido I 157 Fa68
Tortorici I 167 Fc84
Tortosa E 48 Ga63
Tortosendo P 44 Bb64
Tortuera E 47 Ec63
Tortuna S 95 Gb42
Torul TR 205 Fd19
Toruń PL 121 Hb34
Torup S 102 Ed51
Tõrva EST 106 La46
Tor Vaianica I 160 Ea72
Torvastad N 92 Bd42
Torvela FIN 82 Kd25
Torvenkylä FIN 81 Jc27
Torver GB 11 Eb18
Tørvik N 77 Dd28
Torvik N 77 Db31
Torvikbukt N 77 Da31
Tørvikbygd N 84 Cb39
Torvinen FIN 69 Ka16
Torvizcón E 60 Dc76
Torvoila FIN 90 Ka36

Torvsjö – Turany

Torvsjö S 79 Gb27
Torysa SK 138 Jc47
Torysky SK 138 Jc47
Toržok RUS 202 Ec10
Torzym PL 128 Fc37
Tosåsen S 87 Fb32
Tosaunet N 70 Ed24
Tosbotn N 70 Fa23
Toscaig GB 4 Db08
Toscolano-Maderno I 149 Db59
Tösens A 142 Db54
Tosno RUS 202 Eb08
Tossa S 73 Jb20
Tossa de Mar E 49 Hb60
Tossåsen S 87 Fb32
Tossavanlahti FIN 82 Kc29
Tosse F 39 Ed54
Tösse S 94 Ed45
Tosseberg S 94 Ed41
Tossene S 102 Eb46
Tõstamaa EST 106 Ka46
Tostared S 102 Ec50
Tostedt D 118 Db33
Tosunlar TR 192 Fc87
Tosya TR 205 Fb20
Tószeg H 146 Jb54
Toszek PL 137 Hb43
Totana E 55 Ed73
Totebo S 103 Ga49
Totenviken N 85 Ea39
Tôtes F 23 Gb34
Totești RO 175 Cc62
Tótkomlós H 146 Jc56
Totland GB 20 Fa31
Tøtlandsvik N 92 Cb43
Totleben BG 180 Dc69
Totnes GB 19 Dd31
Totsås N 78 Fa26
Tótszerdahely H 152 Gc57
Tøttdal N 78 Eb26
Tottenham GB 20 Fc28
Tottijärvi FIN 89 Jc36
Totton GB 20 Fa30
Tótvázsony H 145 Ha54
Touça P 45 Bc62
Toucy F 30 Hb40
Toudon F 43 Kc52
Touët-sur-Var F 43 Kc52
Touillon F 30 Ja40
Toul F 25 Jc37
Toulat FIN 82 Kc30
Toulon F 42 Ka55
Toulon-sur-Arroux F 30 Hd44
Toulouse F 40 Gc54
Toulx Sainte-Croix F 33 Gd45
Toúmba GR 183 Ca77
Tourcoing F 21 Ha30
Tourigo P 44 Ad63
Touriñán E 36 Ac54
Tourlaville F 22 Ed34
Tourlída GR 188 Ba85
Tourmakeady IRL 8 Bc19
Tournai B 124 Aa41
Tournan-en-Brie F 23 Ha37
Tournay F 40 Fd56
Tournecoupe F 40 Ga53
Tournefeuille F 40 Gb54
Tournefort F 43 Kc52
Tournehem-sur-la-Hem F 21 Gc30
Tournon-d'Agenais F 33 Gb51
Tournon-Saint-Martin F 29 Ga44
Tournon-sur-Rhône F 34 Jb49
Tournus F 30 Jb44
Tourny F 23 Gc36
Tourouvre F 29 Ga38
Tours F 29 Ga42
Tours-en-Vimeu F 23 Gc33
Tourteron F 24 Ja34
Tourtoirac F 33 Gb49
Tourtour F 42 Ka53
Tourula FIN 89 Jb37
Tourves F 42 Ka54
Tourville-sur-Sienne F 22 Ed36
Toury F 29 Gc39
Toutencourt F 23 Gd33
Touvois F 28 Ed43
Touzac F 33 Gb51
Toužim CZ 135 Ec44
Tovačov CZ 137 Gd46
Tovariševo SRB 153 Ja60
Tovarkovskij RUS 203 Fa11
Tovarnik HR 153 Hd60
Tovdal N 93 Da45
Tøvelde DK 109 Ec28
Toven N 70 Fa21
Tovrljane SRB 178 Bc69
Tovsli N 92 Cd44
Towcester GB 20 Fb26
Tow Law GB 11 Ed17
Town Yetholm GB 11 Ed14
Toxotes GR 184 Db77
Toya E 61 Dd73
Toybelen TR 192 Fa81
Tøymskardlia N 70 Fa23
Töysä FIN 89 Jd32
Töysänperä FIN 90 Ka32
Tozaklı TR 185 Ed76
Tozalmoro E 47 Eb60
Trabada E 36 Bc54
Trabadelo E 37 Bd56
Trabanca E 45 Ca61
Trabazos E 45 Ca59
Traben-Trarbach D 133 Bd44
Trabia I 166 Ed84
Trabitz D 135 Ea45
Traboch A 144 Fc53
Trabotivište MK 183 Ca74
Trabzon TR 205 Fd19
Trachslau CH 141 Cb54
Tracino I 166 Dd88
Tradate I 148 Cb58
Træna N 70 Ed20
Trættlia N 78 Eb29
Trafask IRL 12 Ba26
Trafoi I 142 Db56
Tragacete E 47 Ec65
Traganó GR 188 Ad86
Traghetto I 150 Dd62
Tragöss-Oberort A 144 Fc53
Tragwein A 144 Fc50
Trahiá GR 195 Ca88
Trahila GR 194 Bb90
Trahili GR 189 Cc85
Trahütten A 144 Fd55
Traian RO 172 Ed59
Traian RO 177 Fa64
Traian RO 177 Fb64
Traian RO 177 Fc66
Traian RO 180 Db67
Traian Vuia RO 174 Ca61
Traiguera E 48 Fd64
Trainel F 30 Hb38
Trainou F 29 Gd40
Traisen A 144 Ga51
Traiskirchen A 145 Gb51
Traismauer A 144 Ga50
Trăisteni RO 176 Ea63
Traitsching D 135 Ec47
Trakai LT 114 Kd58
Trakai LT 114 La58
Trakija BG 180 Dd73
Trakiszki PL 123 Kb30
Trakošćan HR 151 Ga57
Traksėdžiai LT 113 Jb56
Träkumla S 104 Gd49
Tralee IRL 12 Bb24
Trá Lí IRL 12 Bb24
Tramacastilla E 47 Ed64
Tramariglio I 168 Bc75
Tramatza I 169 Bd77
Tramayes F 34 Ja45
Tramelan CH 141 Bc53
Trá Mhór IRL 13 Cb25
Tramm D 119 Ea33
Tramonti di Sopra I 150 Ec57
Tramore IRL 13 Cb25
Trampot F 30 Jb38
Tramutola I 161 Ga77
Trăn BG 179 Ca70
Trana I 148 Bc60
Tranås S 103 Fc48
Tranbjerg DK 108 Dc24
Tranby N 93 Dd42
Trancault F 30 Hc38
Tranco E 61 Ea72
Trancoso P 44 Bb62
Trandal N 76 Cc33
Tranebjerg DK 109 Dd25
Tranekær DK 109 Dd28
Tranemo S 102 Fa50
Tranent GB 11 Ec13
Tranestederne DK 101 Dd19
Trångmon S 79 Fc26
Trängslet S 86 Fa37
Trångsviken S 79 Fb30
Trani I 162 Gc73
Trânica BG 181 Ed69
Traniș RO 171 Cd56
Trankil S 94 Ec44
Trănkovo BG 180 Dd73
Trannes F 30 Ja38
Tranóvalto GR 183 Bc79
Tranøya N 66 Fd14
Trans F 28 Ed38
Transinne B 132 Ad43
Transtrand S 86 Fa38
Tranum DK 100 Db20
Tranum S 102 Ed46
Tranum Enge DK 100 Db20
Tranvik S 96 Ha43
Tranvikan N 77 Dc29
Trapani I 166 Ea84
Trapene LV 107 Lb48
Trapoklovo BG 180 Eb72
Trapp GB 19 Dd27
Trappenkamp D 118 Dc31
Trappes F 23 Gc37
Trappeto I 166 Eb84
Trappstadt D 134 Dc43
Traryd S 110 Fa53
Trasacco I 160 Ed71
Trasadingen CH 141 Cb52
Trasanquelos E 36 Ba54
Trascastro E 36 Ba56
Trasdorf A 144 Ga50
Trashan AL 163 Jb71
Trasierra E 51 Ca71
Träskholm S 73 Hb24
Träskvik FIN 89 Ja33
Träslövsläge S 102 Ec51
Trasmonte E 36 Bb55
Traspinedo E 46 Da60
Trässberg S 102 Ed46
Trassem D 133 Bc45
Trästena S 103 Fb46
Trăstenik BG 180 Db69
Trăstenik BG 180 Ea69
Trăstikovo BG 181 Ed73
Tratnach A 144 Fa51
Traun A 144 Fb51
Traunkirchen A 144 Fa52
Traunreut D 143 Eb51
Traunstein D 143 Ec52
Traupis LT 114 Kd55
Trausnitz D 135 Eb46
Trauten N 94 Eb40
Trautskirchen D 134 Dc46
Trävad S 102 Ed47
Travassós P 44 Ba60
Trävattna S 102 Fa47
Travemünde D 119 Dd31
Travers CH 141 Bb54
Traversella I 148 Bd59
Traversetolo I 149 Da62
Traves F 31 Jd40
Traviesas E 36 Ba54
Travnik BIH 158 Ha64
Travnik SLO 151 Fb59
Travo F 154 Cb71
Trawniki PL 131 Kb40
Trawsfynydd GB 15 Dd23
Trazo E 36 Ad55
Trbovlje SLO 151 Fc57
Trbuk BIH 152 Hb62
Trbušani SRB 159 Jc64
Trbušnica SRB 153 Jc63
Trdevac KSV 178 Ba71
Trean IRL 8 Bc20
Trearddur Bay GB 14 Dc22
Trébago E 47 Ec60
Tréban F 34 Hb45
Třebařov CZ 137 Gc45
Trebbin D 127 Ed37
Trebbus D 128 Fa39
Třebechovice pod Orebem CZ 136 Ga44
Trebel D 119 Ea34
Třeben CZ 135 Eb44
Treben D 127 Eb41
Trebenište MK 182 Ba75
Trebenow D 120 Fa33
Trèbes F 41 Ha55
Trébeurden F 26 Dd37
Trebgast D 135 Ea44
Třebíč CZ 136 Ga47
Trebinjë AL 182 Ad76
Trebinje BIH 159 Hc69
Trebisacce I 164 Gc78
Trebisăuți MD 173 Fa53
Trebisht AL 182 Ad74
Trebisov SK 139 Ka48
Trebitz D 127 Ec39
Treblinka PL 123 Jd35
Trebnje SLO 151 Fc58
Třebohostice CZ 136 Fa47
Třeboň CZ 136 Fc48
Tréboul F 27 Dc39
Třebovice CZ 137 Gb45
Trebsen D 127 Ec40
Trebujena E 59 Bd75
Trebujeni MD 173 Fd57
Trebur D 134 Cc44
Treburley GB 18 Dc31
Trecastagni I 167 Fd85
Trecastle GB 15 Ea26
Trecate I 148 Cb59
Trecchina I 161 Ga77
Trecenta I 150 Dd61
Trechtlingshausen D 133 Ca44
Trecwn GB 14 Db26
Tredegar GB 19 Ea27
Trédion F 27 Eb40
Tredòs E 40 Ga57
Tredozio I 156 Dd64
Treehoo IRL 9 Cc19
Treen GB 18 Da32
Trefeglwys GB 15 Ea24
Tréfeuntec F 27 Dc39
Treffelstein D 135 Ec46
Treffen A 144 Fa56
Treffieux F 28 Ed41
Treffort-Cuisat F 35 Jc45
Treffurt D 126 Db41
Trefnant GB 15 Ea22
Tre Fontane I 166 Eb85
Trefor GB 15 Dd22
Trefriw GB 15 Ea22
Tregaron GB 15 Dd25
Trégastel-Plage F 26 Dd37
Treglio I 157 Fb70
Tregnago I 149 Dc59
Trégomeur F 26 Eb38
Tregony GB 18 Db32
Trégourez F 27 Dd39
Tréguier F 26 Ea37
Trégunc F 27 Dd40
Trehörna S 103 Fc47
Trehörningsjö S 80 Ha29
Treia D 108 Da29
Treia I 156 Ed67
Treignac F 33 Gc48
Treignat F 33 Gd45
Treignes B 132 Ac43
Treigny F 30 Hb41
Treillières F 28 Ed42
Treimani EST 106 Kb47
Treis-Karden D 133 Bd43
Trekanten S 103 Ga52
Trekilen S 79 Fc30
Trekljano BG 179 Ca71
Trelawnyd GB 15 Ea22
Trélazé F 28 Fc41
Trélaze F 28 Fc41
Trelde DK 108 Db26
Trelech GB 14 Dc26
Treleth GB 11 Eb19
Trélissac F 33 Ga49
Trelkowo PL 122 Jb32
Trelleborg S 110 Ed57
Trelleck GB 19 Eb27
Trélon F 24 Hc32
Treluminjt AL 182 Ad77
Tremblay F 28 Ed38
Tremblois-lès-Rocroi F 24 Hd33
Tremedal E 45 Cb64
Tremedal de Tormes E 45 Ca62
Tremelo B 124 Ad40
Trémentines F 28 Fb42
Tremês P 50 Ab67
Třemešná CZ 137 Gd44
Tremezzo I 149 Cc57
Tréminis F 35 Jd50
Tremoli I 164 Ga78
Tremor de Arriba E 37 Ca56
Tremosine I 149 Db58
Třemošná CZ 135 Ed45
Třemošnice CZ 136 Fd45
Tremp E 48 Ga59
Trenance GB 18 Db31
Trēnči LV 106 Kb51
Trenčianska Turná SK 137 Ha48
Trenčianske Stankovce SK 137 Ha48
Trenčianske Teplice SK 137 Hb48
Trenčín SK 137 Ha48
Trend DK 100 Db21
Trendelburg D 126 Da39
Trengereiddal N 84 Ca39
Trensacq F 39 Fb52
Trent D 119 Ed30
Trenta SLO 151 Fa57
Trento I 149 Dc58
Trentola I 161 Fa74
Tréogan F 27 Dd39
Tréon F 23 Gb37
Treorchy GB 19 Ea27
Trepča HR 151 Ga60
Trepča KSV 178 Bb70
Trepča Atomska SRB 159 Jc64
Treppeln D 128 Fb38
Trept F 35 Jc47
Trepuzzi I 163 Hc76
Trerulefoot GB 18 Dc31
Třešť CZ 136 Fd47
Trescares E 38 Da55
Trescore Balneario I 149 Cd59
Trescore Cremasco I 149 Cd59
Tresfjord N 76 Cd32
Tresigallo I 150 Ea62
Tresjuncos E 53 Ea67
Treskavë AL 182 Ad77
Treski EST 107 Lc46
Treskog S 94 Ed42
Tresnja SRB 153 Jc62
Tresnja SRB 174 Bb64
Trešnjevica SRB 178 Ad67
Trešnjevo MNE 159 Hd69
Tresnuraghes I 169 Bd76
Tresonče MK 182 Ba74
Trespaderne E 38 Dd56
Tressait GB 7 Ea10
Tresson F 29 Ga40
Treteau F 34 Hc45
Tretjakovo RUS 114 Ka58
Trets F 42 Jd54
Tretten N 63 Hb09
Tretten N 85 Dd37
Treuchtlingen D 134 Dc48
Treuen D 135 Eb43
Treuenbrietzen D 127 Ec38
Treungen N 93 Da44
Trevalampi FIN 98 Ka39
Trevélez E 60 Dc75
Tréveray F 24 Jb37
Trevi I 156 Eb68
Treviana E 38 Ea57
Trévières F 22 Fb35
Treviglio I 149 Cd59
Trevignano Romano I 156 Ea70
Trévignon F 27 Dd40
Treviño E 38 Ea57
Treviso I 150 Ea59
Trevor GB 14 Dc23
Trewithian GB 18 Db32
Trézelles F 34 Hc45
Trezzano sul Naviglio I 149 Cc59
Trezzo sull' Adda I 149 Cd59
Trgovište SRB 178 Bd72
Trhanov CZ 135 Ec47
Trhová Kamenice CZ 136 Ga45
Trhovište SK 139 Ka48
Triacastela E 36 Bc56
Triaize F 32 Fa45
Triana I 156 Dd68
Triánda GR 197 Fa92
Triangelen N 65 Kc09
Triantafiliá GR 183 Bb77
Triaucourt-en-Argonne F 24 Ja36
Triberg D 141 Cb50
Tribsees D 119 Ec31
Tribunj HR 157 Ga65
Tricarico I 162 Gb76
Tricase I 165 Hc78
Tricase Porto I 165 Hc78
Tricesimo I 150 Ed57
Tricot F 23 Ha34
Triebel D 135 Eb43
Trieben A 144 Fb53
Triebes D 127 Eb42
Trie-Château F 23 Gc35
Triefenstein D 134 Da45
Triei I 169 Cc77
Triengen CH 141 Ca53
Trier D 133 Bc44
Trierweiler D 133 Bc44
Trieste I 151 Fa59
Triest = Trieste I 151 Fa59
Trie-sur-Baïse F 40 Fd55
Trifănești MD 173 Fb55
Trifești MD 173 Fd56
Trifești RO 172 Ed58
Trifești RO 173 Fa56
Triftern D 143 Ec50
Trigance F 43 Kb53
Triglitz D 119 Eb34
Trignac F 27 Ec42
Trigóna GR 182 Ba80
Trigono GR 182 Ba77
Trigrad BG 184 Da75
Triguères F 30 Hb40
Trigueros E 59 Bb73
Trigueros del Valle E 46 Da60
Trijebine SRB 159 Jb67
Trijebine SRB 178 Ad68
Trijueque E 46 Dd63
Tríkala GR 183 Bd78
Trikala GR 188 Bb81
Trikāta LV 106 La48
Trikéri GR 189 Ca83
Tri Kladenci BG 179 Cd69
Trikokiá GR 183 Bb80
Trikomo CY 206 Jd96
Trikorfo GR 182 Ba79
Trilj HR 158 Gc66
Trillevallen S 78 Fa30
Trillo E 47 Ea63
Trilofos GR 183 Bd78
Trim IRL 9 Cc20
Trimbach CH 141 Ca53
Trimiklini CY 206 Ja97
Trimsaran GB 19 Dd27
Trin CH 142 Cd55
Trinay F 29 Gc39
Trinca MD 172 Ed54
Trindade P 45 Bc60
Trindade P 58 Ad72
Třinec CZ 137 Hb45
Tring GB 20 Fb27
Trinità I 148 Bc63
Trinità I 148 Bd62
Trinità d'Agultu I 168 Ca74
Trinitapoli I 162 Gb73
Trinity GBJ 26 Ec35
Trino I 148 Ca60
Trinta P 44 Bb63
Triodos GR 194 Bb89
Triogo E 37 Cd54
Triollo E 38 Da56
Triora I 43 Kd52
Tripes GR 194 Bb87
Tripití GR 184 Cd79
Tripití GR 194 Ba87
Trípoli GR 194 Bc88
Triponzo I 156 Ec68
Tripótamo GR 188 Bb86
Tripótamo GR 188 Ba83
Tripótamos GR 183 Bd78
Triptis D 127 Ea42
Trispen GB 18 Db31
Tři Studně CZ 136 Ga46
Tritenii de Jos RO 171 Db58
Trittau D 118 Dc32
Trittenheim D 133 Bd44
Trivalea-Moșteni RO 176 Dd66
Trivento I 161 Fb72
Trivero I 148 Ca58
Trivignano Udinese I 150 Ed58
Trivigno I 162 Gb76
Trizac F 33 Ha48
Trizelnieki LV 107 Lb51
Trizina GR 195 Ca88
Trjavna BG 180 Dd71
Trnakovac HR 152 Gd60
Trnava SK 145 Ha50
Trnava SRB 159 Jb64
Trnavce KSV 178 Ba70
Trnjane SRB 178 Bc68
Trnjani BIH 152 Gc61
Trnjani HR 152 Hb60
Trnovac SRB 179 Ca68
Trnovec HR 152 Gb57
Trnovec nad Váhom SK 145 Ha51
Trnovica BIH 159 Hc66
Trnovica HR 158 Hb68
Trnovo BIH 159 Hc65
Trnovska vas SLO 144 Ga56
Troarn F 22 Fc36
Tröbitz D 127 Ed39
Trobo E 36 Bb54
Tročany SK 139 Jd47
Trochry GB 7 Ea11
Trochtelfingen D 142 Cd50
Trödje S 88 Gc38
Troedyrhiw GB 19 Ea27
Troekurovo RUS 203 Fb11
Troense DK 109 Dd28
Trofa P 44 Ad60
Trofa P 44 Ad60
Trofaiach A 144 Fc53
Trofors N 70 Fa23
Trogen CH 142 Cd53
Trogir HR 158 Gb66
Troglan Bara SRB 178 Bd67
Tröglitz D 127 Eb41
Troia I 161 Fd73
Tróia P 50 Ab69
Troianul RO 180 Dc67
Troickaja RUS 205 Fc17
Troina I 167 Fb85
Troisdorf D 125 Bd41
Trois Ponts B 125 Bb42
Troistorrents CH 141 Bb56
Troisvierges L 133 Bb43
Troița Nouă MD 173 Ga59
Troițcoe MD 173 Fd59
Trojaci MK 183 Bc75
Trojan BG 180 Db71
Trojane SLO 151 Fc57
Trojanovo BG 181 Ec72
Trojanów PL 131 Jd38
Trójca PL 128 Fc41
Trökörna S 102 Ed47
Troldhede DK 108 Da24
Trolla N 78 Ea29
Trollfjord N 63 Ja04
Trollhättan S 102 Ec47
Trøllknuten N 93 Db43
Trollshovda FIN 97 Jc40
Trollvik N 63 Hb10
Trømborg N 94 Eb43
Tromello I 148 Cb60
Tromøy N 93 Db46
Tromsdal N 78 Ec29
Tromsdalen N 62 Gd09
Tromsø N 62 Gd09
Tromvik N 62 Gc09
Trönbyn S 87 Gb37
Troncedo E 40 Fd58
Tronco P 45 Bc59
Trondheim N 77 Ea30
Trondstad N 92 Cd47
Trones N 71 Fc18
Trones N 78 Fa25
Trönninge S 102 Ec51
Trönninge S 102 Ed52
Trönö S 87 Gb36
Trontveit N 93 Da44
Tronvik N 78 Eb29
Tronvik N 84 Cb36
Tröo F 29 Ga40
Troodos CY 206 Ja97
Troon GB 10 Dd14
Troøyen N 78 Ea31
Trooz B 124 Ba41
Trópea GR 194 Bb87
Tropea I 164 Ga82
Tropojë AL 159 Jc69
Tropojë AL 178 Ad71
Tröpolach A 143 Ed56
Tropy Sztumskie PL 122 Hc31
Trory GB 9 Cb17
Trosa S 96 Gc45
Trosby N 93 Dc44
Troškas LV 107 Lb51
Troškūnai LT 114 Kd55
Trošmarija HR 151 Fd60
Trosna RUS 202 Ed12
Trossin D 127 Ec39
Trossingen D 141 Cb50
Trostan' RUS 202 Ec13
Tröstau D 135 Ea44
Trostberg D 143 Eb51
Trostianec' UA 202 Ed14
Trostjanskij RUS 203 Fc13
Troszczyno PL 120 Fd32
Troszyn PL 122 Jc34
Trotby FIN 97 Jc40
Trouans F 24 Hd37
Troubelice CZ 137 Gc45
Troubky CZ 137 Gd46
Troulloi CY 206 Jc97
Troutbeck GB 11 Eb18
Trouville-sur-Mer F 22 Fd35
Troviscal P 44 Ad65
Trowbridge GB 19 Ec28
Troyes F 30 Hd38
Trpanj HR 158 Gd68
Trpezi MNE 159 Jc68
Trpezi MNE 178 Ad69
Trpejca MK 182 Ad76
Trpinja HR 153 Hd60
Trsa MNE 159 Hd67
Tršće HR 151 Fc59
Tršić SRB 153 Ja63
Trstená SK 138 Hd46
Trstenik HR 158 Ha68
Trstenik SRB 178 Bb67
Trsteno HR 158 Hb69
Trstice SK 145 Ha51
Trübbach CH 142 Cd54
Trubčevsk RUS 202 Ed13
Trubetčino RUS 203 Fb12
Trubia E 37 Cb54
Trubjela MNE 159 Hd68
Trubschachen CH 141 Bd54
Trucco I 43 Kd52
Truchas E 37 Ca58
Trud BG 180 Db73
Trudovec BG 179 Cd70
Trujillanos E 51 Bd69
Trujillo E 51 Ca67
Trulben D 133 Ca47
Trumieje PL 122 Hc32
Trumiejki PL 122 Hc32
Trumpji LV 105 Jc49
Trun CH 142 Cc55
Trun F 22 Fd37
Trundön S 73 Hd23
Trupel PL 122 Hc32
Truro GB 18 Db32
Trușeni MD 173 Fc58
Trușești RO 172 Ed55
Trusetal D 126 Dc42
Truskava LT 114 Kc55
Truskolasy PL 130 Hc42
Truskolasy-Lachy PL 123 Ka34
Trustrup DK 101 Dd23
Trutnov CZ 136 Ga43
Trutnowy PL 121 Hb30
Try N 92 Cd47
Tryczówka PL 123 Kb34
Trydal N 92 Cd43
Tryde S 111 Fb56
Tryggelev DK 109 Dd28
Tryggestad N 84 Cd34
Trygort PL 122 Jc30
Tryland N 92 Cc46
Tryńcza PL 139 Kb43
Trypimeni CY 206 Jc96
Tryserum S 103 Gb47
Trysil N 86 Ec37
Tryškiai LT 113 Jd54
Trysnes N 92 Cd47
Tryszczyn PL 121 Ha34
Tržac BIH 151 Ga61
Trzciana PL 139 Ka44
Trzcianka PL 121 Gb34
Trzcianka PL 122 Jc35
Trzcianka PL 123 Kb32
Trzcianne PL 123 Ka33
Trzciel PL 128 Ga37
Trzcinica PL 129 Ha41
Trzcinna PL 120 Fc35
Trzcinno PL 121 Gc31
Trzcińsk PL 121 Hb31
Trzcińsko-Zdrój PL 120 Fc35
Trzebce PL 130 Hd41
Trzebiatów PL 120 Fd31
Trzebicz PL 120 Ga35
Trzebiel PL 128 Fc39
Trzebielino PL 121 Gc31
Trzebień PL 128 Fd40
Trzebieszów PL 131 Ka37
Trzebieszowice PL 137 Gc43
Trzebież PL 120 Fb32
Trzebin PL 120 Ga34
Trzebinia PL 138 Hd44
Trzebnica PL 129 Gc40
Trzebnice PL 128 Ga40
Trzebów PL 128 Fc36
Trzeciewiec PL 121 Ha34
Trzemeszno PL 129 Gd36
Trzemżal PL 129 Ha36
Trzepnica PL 130 Hd40
Trześcianka PL 123 Kc34
Trześń PL 131 Jd42
Trześniów PL 139 Ka45
Trzęsów PL 129 Gb39
Trzeszczany PL 131 Kd41
Tržič SLO 151 Fb57
Trzin SLO 151 Fb57
Tržišče SLO 151 Fd58
Trzydnik Duży PL 131 Ka41
Tsada CY 206 Hd97
Tsangaráda GR 189 Cb82
Tsaritsáni GR 183 Bc80
Tschenstochau = Częstochowa PL 130 Hc42
Tschernitz D 128 Fc39
Tschiertschen CH 142 Cd55
Tschierv CH 142 Db56
Tschlin I 142 Db55
Tsepélovo GR 182 Ad79
Tseri CY 206 Jb97
Tséria GR 194 Bb89
Tševetjärvi FIN 65 Kb08
Tsikalariá GR 200 Cb95
Tsilivi GR 188 Ac86
Tsirguliina EST 106 La47
Tsirgumäe EST 107 Lb48
Tsitália GR 195 Bd89
Tsjernobyl UA 202 Ec14
Tsooru EST 107 Lb47
Tsotili GR 182 Ba78
Tsoúka GR 189 Bc83
Tsoukaládes GR 188 Ac83
Tsoútsouros GR 200 Da96
Tsz-lakótelep H 146 Hd55
Tua N 78 Eb28
Tua P 44 Bb61
Tuaim IRL 8 Bd20
Tuam IRL 8 Bd20
Tuapse RUS 205 Fc17
Tuar Mhic Éadaigh IRL 8 Bc19
Tūbausiai LT 113 Jb54
Tubbergen NL 117 Bd36
Tubilla de Agua E 38 Dc57
Tubilleja E 38 Dc56
Tūbinės LT 113 Jd56
Tübingen D 134 Cc49
Tučapy CZ 136 Fc47
Tučepi HR 158 Gd67
Tuchan F 41 Ha56
Tüchen D 119 Eb34
Tuchheim D 127 Eb37
Tuchlino PL 121 Gd30
Tuchola PL 121 Gd33
Tuchomie PL 121 Gc31
Tuchów PL 138 Jc44
Tuckur FIN 81 Ja30
Tučovo RUS 202 Ed10
Tuczki PL 122 Hd33
Tuczna PL 131 Kc37
Tuczno PL 120 Fd35
Tuczno PL 120 Ga34
Tudanca E 38 Db55
Tuddal N 93 Db41
Tuddenham GB 20 Fd25
Tudeils F 33 Gc49
Tudela E 47 Ed59
Tudela de Duero E 46 Da60
Tudela Veguín E 37 Cc54
Tudora RO 172 Ec56
Tudor Vladimirescu RO 177 Fa64
Tudor Vladirmirescu RO 177 Fa62
Tudu EST 98 La42
Tudulinna EST 99 Lb43
Tudweiliog GB 14 Dc23
Tuéjar E 54 Fa67
Tuen DK 101 Dd19
Tuenno I 149 Dc57
Tufeni RO 175 Dc66
Tufești RO 177 Fa64
Tuffé F 29 Ga39
Tufjord N 63 Ja05
Tufjord N 64 Jb04
Tugford GB 15 Ec25
Tuggensele S 80 Gd26
Tuglui RO 175 Cd66
Tugotino RUS 107 Mb46
Tuhala EST 98 Kc43
Tuhalaane EST 106 Kd46
Tuhaň CZ 136 Fb43
Tuhkakylä FIN 82 La26
Tui E 36 Ad58
Tuin MK 182 Ba74
Tuiskula FIN 89 Jb32
Tuixén E 49 Gc59
Tuiza E 37 Cb55
Tūja LV 106 Kb49
Tuk Mrkopaljski HR 151 Fc60
Ţukovicy RUS 99 Ma45
Ţukovo RUS 107 Ld48
Tukums LV 106 Ka51
Tula I 168 Ca75
Tula RUS 203 Fa11
Tulach Mhór IRL 13 Cb21
Tulare SRB 178 Bc70
Tülau D 127 Dd36
Tuławki PL 122 Ja31
Tulca RO 170 Ca57
Tulcea RO 177 Fc64
Tul'cevo RUS 107 Ld48
Tulčik SK 139 Jd47
Tul'čyn UA 204 Eb16
Tulette F 42 Jb51
Tulgheș RO 172 Ea58
Tuliharju FIN 82 Kd25
Tuliszków PL 129 Ha38
Tulje BIH 158 Hb68
Tulla IRL 12 Bc22
Tullaghanstown IRL 9 Cc20
Tullamore IRL 13 Cb21
Tulle F 33 Gc49
Tullebølle DK 109 Dd28
Tulleråsen S 79 Fb30
Tullins F 35 Jc48
Tulln A 144 Ga50
Tullow IRL 13 Cc23
Tully GB 9 Cb17
Tullyamalra IRL 9 Cc19
Tulnici RO 176 Ec61
Tulovo BG 180 Dd72
Tułowice PL 130 Ja36
Tułowice PL 137 Gd43
Tulppio FIN 69 Kd14
Tulsk IRL 8 Ca19
Tulstrup DK 108 Db24
Tulstrup DK 109 Ec25
Tulucești RO 177 Fb63
Tum PL 130 Hc38
Tuma RUS 203 Fb10
Tumba S 96 Gd44
Tumbo E 36 Bc54
Tumbo S 95 Ga43
Tume LV 106 Ka51
Tumleberg S 102 Ed47
Tummel Bridge GB 7 Ea10
Tun S 102 Ed46
Tuna S 87 Gb33
Tuna S 96 Gd41
Tuna S 103 Ga49
Tunaberg S 103 Gb46
Tunadal S 88 Gc33
Tuna-Hästberg S 95 Fd40
Tunari RO 176 Eb66
Tunby S 87 Gb33
Tunçbilek TR 192 Ga82
Tunceli TR 205 Fd20
Tune DK 109 Eb26
Tune N 93 Ea43
Tungaseter N 77 Da33
Tunge S 102 Ec48
Tungelsta S 96 Gd44
Tunhovd N 85 Db39
Tuningen D 141 Cb51
Tunjë AL 182 Ac76
Tunkkari FIN 81 Jc29
Tunneberga S 110 Ec54
Tunnerstad S 103 Fb48
Tunnsjørørvika N 78 Fa25
Tunnstad N 66 Fc12
Tunø By DK 109 Dd25
Tunstall GB 11 Ec19
Tunstall GB 17 Fc21
Tunstall GB 21 Gb26
Tuntenhausen D 143 Ea51
Tunturikeskus Kiilopää FIN 69 Kb12
Tunvågen S 87 Fc32
Tuohikotti FIN 90 La36
Tuohikylä FIN 69 Kd16
Tuohisaari FIN 91 Lc33
Tuohittu FIN 97 Jd40
Tuolluvaara S 67 Hb15
Tuolpukka S 68 Hc15
Tuomela FIN 74 Ka18
Tuomikylä FIN 81 Jb31
Tuomioja FIN 81 Jd25
Tuomiperä FIN 81 Jd27
Tuomiperä FIN 82 Ka28
Tuopanjoki FIN 83 Lc29
Tuorila FIN 89 Ja35
Tuoro sul Trasimeno I 156 Ea67
Tuovila FIN 81 Ja31
Tuovilanlahti FIN 82 Kd29
Tupicino RUS 99 Ld44
Tupilați RO 172 Ec57
Tupilați RO 177 Fb60
Tuplice PL 128 Fc39
Tupos FIN 74 Ka24
Tuppu FIN 74 Kb24
Tuppurinmäki FIN 82 La31
Tur PL 121 Gd34
Tur PL 130 Hc38
Tura H 146 Ja52
Turaida LV 106 Kc49
Turajärvi FIN 89 Ja37
Turanj HR 157 Fd65
Turanköy TR 186 Fd80
Turanlar TR 197 Ed88
Turany SK 138 Hc47

Türas – Usson-en-Forez

Türas TR 187 Gb78
Turba EST 98 Kb43
Turbe BIH 158 Ha64
Turbenthal CH 142 Cc53
Turbia PL 131 Ka42
Turbigo I 148 Cb59
Turburea RO 175 Cd64
Turceni RO 175 Cd65
Turčianske Teplice SK 138 Hc48
Turcifal P 50 Aa68
Turčinai LT 114 Ka58
Turcinești RO 175 Cd63
Turckheim F 31 Kb39
Turcoaia RO 177 Fb64
Turda RO 171 Da59
Turdaș RO 175 Cd61
Turégano E 46 Db62
Turek PL 129 Hb38
Tureni RO 171 Da58
Turenki FIN 90 Ka37
Turenne F 33 Gc49
Turgany RUS 99 Ld42
Turgeliai LT 115 Lb58
Turgut TR 193 Hb85
Turgut TR 197 Fa89
Turgut TR 198 Fb90
Turgutalp TR 191 Ed83
Turgutbey TR 185 Ed76
Turgutköy TR 197 Fa91
Turgutlar TR 193 Gb82
Turgutlar TR 193 Gc82
Turgutlu TR 191 Ed86
Turgutreis TR 197 Ec90
Turhal TR 205 Fc20
Turhala FIN 82 Kc27
Turi I 162 Gd75
Türi EST 98 Kd44
Turia RO 176 Eb61
Turija BG 180 Dc72
Turija BIH 153 Hc63
Turija SRB 153 Jb59
Turija SRB 174 Bd65
Turijs'k UA 202 Ea14
Turinge S 96 Gc44
Turin = Torino I 148 Bc60
Turís E 54 Fb68
Turiščevo RUS 202 Ed12
Turjaci HR 158 Gc66
Turjak SLO 151 Fc58
Türje H 145 Gd55
Turka UA 204 Dd16
Turkalne LV 106 Kc51
Türkbükü TR 197 Ec90
Türkeli TR 185 Ed79
Túrkeve H 146 Jc54
Türkevleri TR 197 Ed90
Türkgücü TR 186 Fa77
Turkhatua FIN 90 Kb37
Türkheim D 142 Dc51
Turki LV 107 Lb52
Turkkale FIN 89 Jc38
Türkler TR 199 Hb92
Türkmen TR 193 Ha84
Türkmenlı TR 191 Eb81
Türkmentokat TR 193 Gd82
Türkobası TR 185 Eb77
Turkovići BIH 158 Hb68
Turksad RUS 205 Ga16
Turku FIN 97 Jb39
Tur Langton GB 16 Fb24
Turlava LV 105 Jb51
Turleque E 52 Dc67
Turloughmore IRL 12 Bd21
Türlübey TR 192 Fc87
Turmenti BIH 159 Hc69
Turmiel E 47 Ec63
Turna LV 106 La47
Turnacık TR 192 Fc83
Turnalı TR 187 Gc77
Turňa nad Bodvou SK 138 Jc49
Turnau A 144 Fd53
Turnberry GB 10 Dc15
Turnditch GB 16 Fa23
Turnhout B 124 Ad39
Türnitz A 144 Fd52
Turnov CZ 136 Fd43
Turnu RO 170 Bd59
Turnu Măgurele RO 180 Dc68
Turnu Roșu RO 175 Db62
Turnu Ruieni RO 174 Cb62
Turobin PL 131 Kb41
Turoś PL 122 Jc32
Turośl PL 122 Jc33
Turośń Kościelna PL 123 Kb34
Turoszów PL 128 Fc42
Turów PL 131 Kb38
Turowo PL 121 Gb32
Turplu TR 185 Ed80
Turquel P 50 Ab66
Turrach A 144 Fa55
Turre E 61 Ec75
Turri I 169 Ca78
Turriff GB 5 Ed08
Tursa FIN 89 Jc37
Tursi I 162 Gc77
Turț RO 171 Cd54
Turtagrø N 85 Da36
Turtel MK 183 Ca74
Turtola FIN 74 Jb18
Turulung RO 171 Cd54
Turunç TR 197 Fa91
Turunçova TR 199 Gb93
Turuneeme EST 98 Kd41
Turup DK 108 Dc27
Turza PL 122 Ja34
Turza Mała PL 122 Hd33
Turza Wielka PL 122 Hd33
Turzno PL 121 Hb34
Turzovka SK 137 Hb46
Tus E 53 Ea71
Tusa I 167 Fa84
Tusa RO 171 Cc57
Tuscania I 156 Dd70
Tuse DK 109 Eb25
Tushielaw GB 11 Eb15
Tušilović HR 151 Ga60
Tušino RUS 113 Jd57
Tuskas FIN 90 Kd38
Tușnad RO 176 Eb60
Tussenhausen D 142 Db51
Tussøy N 62 Gc09
Tustervatnet N 71 Fb22
Tustna N 77 Db30
Tuszów Narodowy PL 139 Jd43
Tuszyn PL 130 Hd39
Tutaev RUS 203 Fa09
Tutaryd S 103 Fb52
Tutbury GB 16 Ed23
Tutin SRB 178 Ad69
Tutjunniemi FIN 83 Ld31
Ţuţora RO 173 Fb57
Tutova RO 177 Fa61
Tutow D 119 Ed32
Tutrakan BG 181 Ec67
Tuttlingen D 142 Cc51
Tuţuleşti RO 175 Db62
Tütüncü TR 185 Ed80
Tutzing D 143 Dd51
Tuudi EST 98 Ka45
Tuukkala FIN 90 La34
Tuukkala FIN 90 Kd34
Tuukkala FIN 90 La34
Tuulenkylä FIN 89 Jb34
Tuuliharju FIN 68 Jc16
Tuuliku EST 106 Kc47
Tuulimäki FIN 82 La25
Tuulos FIN 90 Kb36
Tuunajärvi FIN 89 Jb35
Tuupovaara FIN 83 Ma30
Tuurala FIN 81 Ja31
Tuuri FIN 89 Jc32
Tuuruniemi FIN 64 Ka10
Tuusjärvi FIN 83 Lb30
Tuuski FIN 90 Kd38
Tuusniemi FIN 83 Lb30
Tuusula FIN 98 Kb39
Tuvattnet S 79 Fc28
Tuve S 102 Eb49
Tuven N 71 Fb22
Tuvneset N 77 Dc28
Tuvträsk S 80 Gd26
Tuxford GB 16 Fb22
Tuża RUS 203 Fc08
Tuzaklı TR 193 Gb81
Tuzara MD 173 Fc57
Tuzburgazı TR 197 Ec88
Tuzculu TR 191 Eb85
Tuzi MNE 159 Ja70
Tuzla BIH 153 Hc62
Tuzla RO 181 Fc68
Tuzla TR 185 Ed79
Tuzla TR 191 Ea82
Tuzlata BG 181 Fb70
Tuzlukçu TR 193 Hb86
Tuzly UA 204 Ec17
Tužno HR 152 Gb57
Tvååker S 102 Ec51
Tväråbäck S 80 Hb28
Tvärålund S 80 Hb27
Tväråmark S 80 Hc28
Tvärån S 73 Hc22
Tvärån S 73 Ja19
Tvärträsk S 72 Gc24
Tvărdica BG 180 Ea72
Tvărdica BG 181 Fc69
Tvardița MD 177 Fd61
Tvärminne FIN 97 Jd41
Tvärred S 102 Fa49
Tvärskog S 111 Ga53
Tvarud S 94 Ed42
Tvede DK 100 Dc23
Tvedestrand N 93 Db45
Tveit N 92 Cd46
Tveitan N 93 Dd44
Tveite N 93 Db45
Tveiten N 93 Da42
Tveitsund N 93 Da44
Tver' RUS 202 Ed10
Tveral LT 113 Jc55
Tverdiat' RUS 99 Ma42
Tverečius LT 115 Lc55
Tverfjord N 63 Hc07
Tverrå N 92 Cb44
Tverråga N 71 Fb21
Tverråmoen N 66 Fd17
Tverrberg N 76 Cb33
Tverrdal N 67 Ha11
Tverrelv N 67 Gb11
Tverrelvmo N 67 Ha11
Tverrvika N 71 Fc18
Tversted DK 101 Dd19
Tveta S 94 Ed44
Tveta S 103 Ga50
Tvinde N 84 Cc38
Tvindehaugen N 85 Db36
Tving S 111 Fd54
Tvirai LT 114 Kd54
Tvis DK 100 Da23
Tvrdići SRB 159 Jb65
Tvrdojevac SRB 153 Jb63
Tvrdošín SK 138 Hd47
Tvrdošovce SK 145 Hb51
Twann CH 141 Bc53
Twarda PL 130 Ja39
Twardogóra PL 129 Gd40
Twatt GB 5 Eb02
Tweedsmuir GB 11 Eb14
Twello NL 117 Bc36
Tweng A 143 Ed54
Twist D 117 Ca35
Twistetal D 126 Cd40
Twistringen D 118 Cd35
Two Bridges GB 19 Dd31
Twomileborris IRL 13 Ca23
Tworków PL 137 Hb44
Tworóg PL 137 Hb43
Twycross GB 16 Fa24
Twyford GB 16 Fb24
Twyford GB 20 Fa30
Twyford GB 20 Fb28
Twynholm GB 10 Dd16
Twynllanan GB 15 Dd26
Tychówko PL 120 Ga32
Tychowo PL 121 Gb30
Tychowo PL 121 Gb32
Tychy PL 138 Hc44
Tyczyń PL 139 Ka44
Tyfors S 95 Fb41
Tyft S 94 Eb45
Tygelsjö S 110 Ed56
Tyinosen N 85 Da36
Tykocin PL 123 Ka33
Tykolä FIN 90 Ka36
Tylawa PL 139 Jd46
Tylicz PL 138 Jc46
Tylkowo PL 122 Jb32
Tylldalen N 85 Ea34
Tylösand S 102 Ed52
Tylstrup DK 100 Dc20
Tymbark PL 138 Jb45
Tymvou CY 206 Jc96
Tynderö S 88 Gc33
Tyndrum GB 7 Dd11
Týnec nad Labem CZ 136 Fd44
Tynemouth GB 11 Fa16
Tyngáki GR 197 Ec91
Tyngsjö S 95 Fb40
Tyniec PL 138 Ja44
Tyniewicze-Wielkie PL 123 Kc34
Týniště nad Orlicí CZ 136 Ga44
Tynkä FIN 81 Jc26
Týn nad Vltavou CZ 136 Fb47
Tynset N 77 Ea33
Typpö FIN 81 Jc27
Tyrämäki FIN 75 La21
Tyrävaara FIN 75 La21
Tyrawa Wołoska PL 139 Kb45
Tyresö S 96 Gd44
Tyresta S 96 Gd44
Tyriä FIN 91 Ld34
Tyringe S 110 Fa54
Tyristrand N 93 Dd41
Tyrjänsaari FIN 83 Ma29
Tyrnävä FIN 74 Ka24
Tyrnień PL 120 Ga31
Tyrnyauz RUS 205 Ga17
Tyrrellspass IRL 13 Cb21
Tyrväntö FIN 90 Ka36
Tyry FIN 90 Kb34
Tysken N 94 Ec39
Tyškivka UA 204 Ec16
Tyśmienica PL 131 Kb39
Tysnes N 84 Ca40
Tysse N 84 Cb39
Tyssebotn N 84 Ca38
Tyssedal N 84 Cc40
Tysslinge S 95 Fc44
Tystberga S 96 Gc45
Tysvær N 92 Ca42
Tyszki-Nadbory PL 123 Jd34
Tyszowce PL 131 Kd41
Tytuvėnai LT 114 Ka55
Tyukod H 147 Kc51
Tyvse DK 108 Da27
Tywyn GB 15 Dd24
Tyyrinmäki FIN 82 Kd31
Tzanáta GR 188 Ac85
t Zandt NL 117 Ca33
Tzasténi GR 189 Ca83
Tzermiádo GR 201 Db96
Tzummarum NL 116 Bb33

U

Uachtar Ard IRL 8 Bc20
Ualand N 92 Cb45
Ub SRB 153 Jb63
Übach-Palenberg D 125 Bb40
Ubbergen NL 125 Bb37
Ubby DK 109 Ea26
Úbeda E 52 Dc72
Übelbach-Markt A 144 Fd54
Ubergsmoen N 93 Db45
Überherrn D 133 Bc46
Überkingen, Bad D 134 Da49
Überlingen D 142 Cc52
Übersee D 143 Eb52
Ubierna E 38 Dc58
Ubieszyn PL 139 Kb43
Ubja EST 98 La42
Ubl'a SK 139 Kb47
Uble HR 158 Gc69
Ubli MNE 159 Hd69
Ubrique E 59 Cb76
Ubstadt-Weiher D 134 Cc47
Üçbaş TR 192 Fd84
Ucea RO 175 Dc61
Uceda E 46 Dc63
Uceira E 36 Bb53
Ucero E 46 Dd60
Uchacq-et-Parentis F 39 Fb53
Uchanie PL 131 Kd40
Uchizy F 30 Jb44
Uchorowo PL 129 Gc36
Uchte D 126 Cd36
Üchtelhausen D 134 Db44
Uchtspringe D 127 Ea36
Ucieda E 38 Db55
Uckange F 25 Jd35
Ückeritz D 120 Fb31
Uckfield GB 20 Fd30
Ucklum S 102 Eb48
Uckro D 128 Fa38
Uçkuyu TR 193 Ha85
Üçlerkayası TR 193 Gc84
Uclés E 53 Ea66
Uçmakdere TR 185 Ed78
Üçpınar TR 191 Ec85
Ucrainca MD 177 Ga60
Ucria I 167 Fc84
Üçsaray TR 193 Gc83
Uda RO 175 Db64
Udačnoe RUS 203 Ga14
Udalla E 38 Dd55
Udavské SK 139 Ka47
Udbina HR 151 Ga63
Udby DK 109 Eb28
Udbyhøj DK 101 Dd22
Udbyhøj Vasehuse DK 101 Dd22
Uddebo S 102 Ed50
Uddeholm S 94 Fa41
Udden S 102 Ec46
Uddevalla S 102 Ec47
Uddheden S 94 Ed41
Ūdekai LT 114 Kb53
Uden NL 125 Bb38
Udenhout NL 124 Ba38
Uder D 126 Db40
Udești RO 172 Ec56
Udine I 150 Ed58
Udomlja RUS 202 Ec09
Udosolovo RUS 99 Ld40
Udovo MK 183 Ca75
Udria EST 99 Lc41
Udricani RO 175 Cc62
Ūdrija LT 114 Kc59
Udriku EST 98 Kd42
Ūdrupji LV 106 La49
Udrycze PL 131 Kc41
Udtja S 72 Gd20
Udvar H 153 Hc58
Udžaci BIH 158 Hb66
Uebigau D 127 Ed39
Ueckermünde D 120 Fb32
Uedem D 125 Bc38
Uehlfeld D 134 Dc45
Uelsen D 117 Ca35
Uelzen D 118 Dc34
Uetersen D 118 Db32
Uettingen D 134 Da45
Uetze D 126 Dc36
Uffenheim D 134 Db46
Uffing D 142 Dc52
Uffington GB 20 Fa28
Ufsvatn N 93 Da45
Uftrungen D 127 Dd39
Ugāle LV 105 Jc50
Uğan TR 198 Fd89
Ugao SRB 178 Ad69
Ugaran E 39 Eb55
Ugarana E 38 Ea55
Ugărčin BG 179 Da70
Uge DK 108 Da28
Ugento I 165 Hc78
Ugerløse DK 109 Eb26
Uggdal N 84 Ca40
Uggelhuse DK 100 Dc23
Uggerby DK 100 Dc19
Uggerhalne DK 100 Dc21
Uggerslev DK 108 Dc26
Ugglarp S 102 Ec52
Uggleheden S 86 Ec38
Ugglum S 102 Fa47
Ugijar E 61 Dd76
Ugine F 35 Ka46
Uglev DK 100 Da22
Uglič RUS 202 Ed09
Ugljan HR 157 Fd64
Ugljane HR 158 Gc66
Ugljevik BIH 153 Hd62
Ugly RUS 107 Ma46
Ugra RUS 202 Ed11
Ugrinovci SRB 153 Jc61
Ugrinovci SRB 153 Jc63
Ugr'umovo-Novole RUS 113 Jc59
Uguņi LV 105 Jd49
Uğurlu TR 199 Hb89
Uğurlualan TR 187 Ha80
Uğurluca TR 192 Ga84
Uğurlutepe TR 185 Dd80
Uherce Mineralne PL 139 Kb46
Uherské Hradiště CZ 137 Gd48
Uherský Brod CZ 137 Ha48
Uherský Ostroh CZ 137 Gd48
Uhingen D 134 Cd49
Uhldingen D 142 Cd52
Uhlířské Janovice CZ 136 Fc45
Uhlstädt-Kirchhasel D 127 Ea42
Uhniv UA 204 Dd15
Uhorské SK 138 Ja49
Ührde D 126 Dc37
Uhrovec SK 137 Hb49
Uhrsleben D 127 Dd37
Uhtna EST 98 La42
Uhyst D 128 Fb40
Uig GB 4 Da07
Uileacu de Beiuș RO 170 Cb58
Uimaharju FIN 83 Ld29
Uimaniemi FIN 69 Jd16
Uimaniemi FIN 90 Kd34
Uimila FIN 90 Kd36
Uitgeest NL 116 Ba35
Uithoorn NL 116 Ba36
Uithuizen NL 117 Bd32
Uitonniemi FIN 91 Lc34
Uivar RO 174 Bc61
Ujazd PL 129 Gb41
Ujazd PL 130 Ja39
Ujazd PL 130 Jc42
Ujazd PL 137 Hb43
Újezd u Brna CZ 137 Gc48
Ujeździec Mały PL 129 Gc40
Újfehértó H 147 Ka51
Újkígyós H 147 Jd55
Ujma PL 121 Hb35
Ujor E 37 Cb55
Újpetre H 152 Hb58
Ujście PL 121 Gb34
Ujście Solne PL 138 Jb44
Ujsoły PL 138 Hc46
Újszász H 146 Jb53
Újszentmargita H 147 Jd52
Újszőlőskert H 147 Ka51
Ujué E 39 Ed58
Ukiernica PL 120 Fc34
Ukk H 145 Gd54
Ukkola FIN 83 Lb29
Ukmergė LT 114 Kd56
Ukna S 103 Ga48
Ukonjärvi FIN 69 Ka11
Ukonlahti FIN 83 Lb31
Ukonvaara FIN 83 Lb29
Ukri LV 114 Ka53
Ukrinai LT 113 Jc53
Ukta PL 122 Jc32
Ula N 93 Dd44
Ula TR 198 Fb90
Ulan Ėrge RUS 205 Ga15
Ulan Majorat PL 131 Ka38
Ulanów PL 131 Ka42
Ulaşlı TR 186 Ga79
Ulassai I 169 Cb78
Ula Tirso I 169 Ca77
Ulbjerg DK 100 Db22
Ulbroka LV 106 Kc50
Ulbster GB 5 Ec05
Ulceby GB 17 Fd22
Ulcinj MNE 163 Ja71
Uldum DK 108 Db25
Ulea E 55 Ed72
Uleberg N 92 Cd45
Ulebergshamn S 102 Ea46
Ulefoss N 93 Db43
Uleila del Campo E 61 Eb75
Ülenurme EST 99 Lb45
Ules LV 105 Jb50
Uleviken S 94 Ec45
Ulfborg DK 100 Cd23
Ulft NL 125 Bc37
Ulgardereköyü TR 185 Eb80
Ulgjell N 92 Cb47
Ulhówek PL 131 Kd42
Úlibice CZ 136 Fd43
Ulič SK 139 Kb47
Ulica MNE 159 Jb68
Ulieș RO 176 Dd60
Uliești RO 176 Dd65
Ulila EST 98 La45
Uljanik HR 152 Gd59
Ul'janovka UA 204 Ec16
Uljanovo RUS 113 Jd58
Uljanovsk RUS 203 Fd09
Uljma SRB 174 Bc63
Ulkula FIN 74 Ka19
Ullånger S 80 Gd31
Ullapool GB 4 Dc06
Ullared S 102 Ed51
Ullastret E 49 Hb59
Ullatti S 73 Hd18
Ullava FIN 81 Jc28
Ullbergsträsk S 73 Hb24
Ulldecona E 48 Fd64
Ulldemolins E 48 Ga62
Ullene S 102 Fa47
Ullerngrenda N 93 Db41
Ullerøy N 93 Ea44
Ullerslev DK 109 Dd27
Ullervad S 102 Fa46
Üllés H 146 Ja56
Ulleskelf GB 16 Fa20
Ullestad N 92 Cb43
Ullingswick GB 15 Ec26
Ullisjaur S 71 Ga24
Ullits DK 100 Db22
Üllő H 146 Hd53
Ullsfjord N 62 Gd10
Ulm D 142 Da50
Ulma RO 172 Ea54
Ulmale LV 105 Jb51
Ulme P 50 Ac67
Ulmen D 133 Bd43
Ulmeni RO 171 Cd55
Ulmeni RO 176 Ec64
Ulmeni RO 181 Ec67
Ulmi RO 176 Dd64
Ulmi RO 176 Ea66
Ulmu MD 173 Fc58
Ulmu MD 173 Fd55
Ulmu RO 176 Ec64
Ulmu RO 181 Ec67
Ulnes N 85 Dc37
Ulog BIH 159 Hc66
Uløybukt N 62 Ha09
Ulricehamn S 102 Fa49
Ulrichen CH 141 Ca56
Ulrichsberg A 136 Fa49
Ulrichstein D 126 Cd42
Ulrika S 103 Fd47
Ulriksfors S 79 Fd28
Ulrum NL 117 Bd32
Ulsberg N 77 Dd32
Ulsrud N 94 Eb42
Ulsta GB 5 Fa04
Ulsted DK 101 Dd21
Ulsteinvik N 76 Cb33
Ulstrup DK 100 Dc23
Ulstrup DK 109 Dd25
Ulsvåg N 66 Fd14
Ulubey TR 192 Fd86
Ulubeyler TR 191 Eb83
Uluborlu TR 193 Gc87
Ulucak TR 191 Ec85
Ulucak TR 192 Fc85
Uluçam TR 192 Fd82
Uluçay TR 193 Ha87
Uludere TR 193 Gc81
Uluderebent TR 192 Fb87
Uluğbey TR 193 Gc87
Ulugüney TR 199 Hb92
Ulukent TR 198 Fc89
Ulukonak TR 185 Ec75
Ulukonak TR 197 Ed88
Uluköy TR 187 Hb80
Uluköy TR 191 Ea81
Uluköy TR 193 Gb83
Uluköy TR 193 Gb85
Ulupınar TR 199 Gc92
Ūlupji LV 106 Kc50
Ulvåg N 66 Fc14
Ulvåker S 103 Fb46
Ulvan N 77 Dc29
Ulvenes N 93 Db44
Ulvenhout NL 124 Ad38
Ulverston GB 11 Eb19
Ulvi EST 99 Lb43
Ulvik N 84 Cc39
Ulvika N 66 Ga13
Ulvika N 66 Ga14
Ulvila FIN 89 Ja36
Ulvö S 111 Fc53
Ulvoberg S 79 Gb25
Ulvsnes N 77 Dc30
Ulvvik S 88 Gc32
Ulzurrum E 39 Ec57
Umag HR 150 Ed60
Uman' UA 204 Ec15
Umasjö S 71 Fc21
Umberleigh GB 19 Dd29
Umbertide I 156 Ea67
Umbralejo E 46 Dd62
Umbrărești RO 177 Fa62
Umbriatico I 165 Gd80
Umbukta N 71 Fc21
Umčari SRB 174 Bb64
Umeå S 80 Hb28
Umfors S 71 Fc21
Umgransele S 80 Gd25
Umin Dol MK 178 Bc73
Umka SRB 153 Jc62
Umljanović HR 158 Gb65
Ummanz D 119 Ed30
Ummeljoki FIN 90 La37
Ummendorf D 142 Da51
Ummerstadt D 134 Dc43
Umnäs S 71 Ga23
Umpferstedt D 127 Dd41
Ümraniye TR 193 Ha84
Umurbey TR 185 Eb80
Umurcu TR 185 Ec77
Umurga LV 106 Kc48
Umurlar TR 192 Fb83
Umurlu TR 192 Fb87
Umurlu TR 197 Fa88
Umurlu TR 197 Fa88
Umutlu TR 192 Fd83
Uña E 47 Ec65
Unac F 40 Gc57
Unaja FIN 89 Ja37
Unapool GB 4 Dd05
Unari FIN 69 Jd17
Unbyn S 73 Hd22
Uncastillo E 39 Fa58
Undeloh D 118 Db34
Undenäs S 103 Fb46
Undenheim D 133 Cb44
Undersåker S 78 Fa30
Undersvik S 87 Ga36
Undervelier CH 141 Bc53
Undevåsen N 92 Cd47
Undheim N 92 Ca45
Undløse DK 109 Eb26
Undredal N 84 Cd37
Undva EST 105 Jb46
Uneča RUS 202 Ec13
Ūnėšov CZ 135 Ed45
Ungenach A 144 Fa51
Ungėni LV 106 Kb48
Ungheni MD 173 Fb57
Ungheni RO 171 Dc59
Ungheni RO 173 Fb57
Ungheni RO 175 Dc66
Ungra RO 176 Dd61
Unguraș RO 171 Db57
Ungureni RO 172 Ed55
Ungureni RO 172 Ed59
Unguri MD 173 Fb54
Unguriņi LV 106 Kd47
Ungurmuiža LV 107 Lb51
Unhais da Serra P 44 Ba64
Unhošť CZ 136 Fb44
Unichowo PL 121 Gd30
Uničov CZ 137 Gd45
Uniejów PL 129 Hb38
Unieście PL 120 Ga30
Ūnikiai LT 114 Ka56
Unikonsalmi FIN 82 Ka31
Uniküla EST 99 Lb42
Uniküla EST 99 Lb45
Unin PL 120 Fc32
Unirea RO 171 Da59
Unirea RO 175 Cc61
Unirea RO 175 Cc66
Unirea RO 177 Fa64
Unirea RO 181 Fa67
Unisław PL 121 Ha34
Uništa BIH 158 Gc64
Unkel D 125 Bd42
Unken A 143 Ec52
Unlingen D 142 Cd50
Unna D 125 Cb39
Unnaryd S 102 Fa51
Unnau D 125 Cb42
Unnstad N 66 Fb14
Unntorp S 87 Fb37
Unquera E 38 Da55
Unseburg D 127 Ea38
Unser Frau in Schnals I 142 Dc55
Unset N 86 Eb35
Unsholtet N 86 Eb32
Unsleben D 134 Db43
Untamala FIN 81 Jb30
Untamala FIN 89 Ja38
Unțeni RO 172 Ed55
Unterach A 143 Ed52
Unterägeri CH 141 Cb54
Unterammergau D 142 Dc52
Unterbäch CH 141 Bd56
Unteregg D 142 Db51
Untergriesbach D 136 Fa49
Untergruppenbach D 134 Cd47
Untergurgl A 142 Dc55
Unterhaching D 143 Dd51
Unterkirnach D 141 Cb50
Unterkulm CH 141 Ca53
Unterlaussa A 144 Fb52
Unterleinleiter D 135 Dd45
Unterloibl A 144 Fb56
Unterlüß D 118 Dc35
Untermaßfeld D 134 Db43
Untermeitingen D 142 Db50
Untermerzbach D 134 Dc44
Untermünkheim D 134 Da47
Unterneukirchen D 143 Eb51
Unternussdorf A 143 Ec55
Unterpleichfeld D 134 Db45
Unterpurkla A 144 Ga55
Unterreichenbach D 134 Cc48
Unterreit D 143 Eb51
Unterschleißheim D 143 Dd50
Unterschneidheim D 134 Db48
Untersiemau D 135 Dd44
Untersiggenthal CH 141 Ca52
Unterstedt D 118 Da34
Untersteinach D 135 Ea44
Unterstinkenbrunn A 137 Gb49
Untertauern A 143 Ed54
Unterthingau D 142 Db52
Untertilliach A 143 Eb55
Unterweißbach D 127 Dd42
Unterweissenbach A 144 Fc50
Unterwössen D 143 Eb52
Unterzeitlarn D 143 Ec50
Unțești MD 173 Fb57
Ununge S 96 Ha41
Ünye TR 205 Fc19
Unzmarkt A 144 Fb54
Uoginiai LT 114 Kd54
Uopyna LT 113 Jd54
Upa EST 105 Jc46
Ūpainiai LT 114 Ka55
Upavon GB 20 Ed29
Upchurch GB 21 Ga28
Upega I 148 Bc63
Upenieki LV 105 Jd52
Upesgriva LV 105 Jd49
Upesmuiža LV 105 Jd52
Upgant-Schott D 117 Cb32
Úpice CZ 136 Ga43
Upiłka PL 121 Gc31
Upinniemi FIN 98 Ka40
Uplengen D 117 Cb33
Upmala LV 107 Lb52
Upminster GB 20 Fd28
Upninkai LT 114 Kd56
Upper Ballinderry GB 9 Da17
Upper-Chapel GB 15 Ea26
Upper Hindhope GB 11 Ec15
Upper Quinton GB 20 Ed26
Upper Tean GB 16 Ed23
Upperud S 94 Ec45
Upphärad S 102 Ec47
Uppingham GB 16 Fb24
Upplanda S 96 Gc40
Upplands-Väsby S 96 Gd43
Uppsala S 96 Gc42
Uppsälje S 95 Fb40
Upschört D 117 Cb32
Upton GB 19 Ea29
Upyna LT 113 Jd56
Upytė LT 114 Kc55
Ur F 41 Gd58
Urabain Ibarguren E 39 Eb56
Urad PL 128 Fc37
Urajärvi FIN 90 Kc36
Uramo FIN 83 Ld28
Uras I 169 Bd78
Uråsa S 103 Fc52
Ura-Vajgurore AL 182 Ab76
Uraz PL 129 Gc40
Urbania I 156 Eb65
Urbeis F 31 Kb38
Urbies E 37 Cc55
Urbino I 156 Eb65
Urbise F 34 Hd45
Urcal E 61 Ec74
Urcay F 29 Ha44
Urcel F 24 Hb34
Urda E 52 Dc68
Urda N 70 Ed21
Urdari RO 175 Cd64
Urdilde E 36 Ad55
Urdos F 39 Fb56
Urecheni RO 172 Ec57
Urechești RO 176 Ed61
Urechești RO 176 Ed62
Üreğil TR 186 Ga79
Uren RUS 203 Fc08
Urga LV 106 Kc48
Urge EST 98 Kb45
Urglin IRL 13 Cc23
Urgnano I 149 Cd59
Uri I 168 Bd75
Uria RO 171 Db57
Uriage-les-Bains F 35 Jd48
Urimolahti FIN 82 La28
Urissaare EST 106 Kc47
Urjala FIN 89 Jd37
Urjupinsk RUS 203 Fc13
Urk NL 116 Bb35
Ürkmez TR 191 Eb87
Úrkút H 145 Ha54
Ürkütlü TR 199 Gb90
Urla TR 191 Eb86
Urlati RO 176 Eb64
Urlau D 142 Da52
Urlingford IRL 13 Cb23
Urmary RUS 203 Fd09
Urmeniș RO 171 Db58
Urnäsch CH 142 Cd53
Urne DK 109 Ea28
Urnerboden CH 142 Cc54
Urnes N 84 Cd36
Uroševac KSV 178 Bb72
Urovica SRB 174 Ca65
Urowo PL 122 Hd32
Urpila FIN 82 Ka29
Urraca-Miguel E 46 Da63
Urrea de Gaén E 48 Fb62
Urrez E 38 Dd58
Urriaapa FIN 74 La18
Urrianmutka FIN 90 Ka33
Urriés E 39 Fa58
Urroz E 39 Ed57
Urrutxua E 39 Eb55
Ursensollen D 135 Ea46
Urshult S 111 Fc53
Urskarsetran N 85 Ea34
Ursoaia MD 173 Ga59
Urspringen D 134 Da45
Ursviken S 80 Hc25
Urszulewo PL 122 Hd34
Urszulin PL 131 Kc39
Urt F 39 Fa54
Urtasun E 39 Ed56
Urtimjaur S 73 Hb18
Urueña E 46 Cd60
Ürünli TR 186 Fc80
Ürünlü TR 185 Ec75
Ürünlü TR 199 Hb90
Ururi I 161 Fc72
Urvaste EST 107 Lb47
Urzędów PL 131 Ka41
Urzejowice PL 139 Kb44
Urzica RO 179 Da68
Urziceni RO 171 Cc54
Urziceni RO 176 Ec65
Urzicuța RO 179 Cd67
Ürzig D 133 Bd44
Urzulei I 169 Cb77
Uržum RUS 203 Fd08
Ušaćy BY 202 Eb11
Usadišće RUS 107 Ma47
Usadišče RUS 202 Ec08
Usagre E 51 Bd70
Uşak TR 192 Fd85
Ušakovka RUS 113 Jb58
Ušakovo RUS 113 Hd59
Usanos E 46 Dd63
Ušari BIH 152 Gd61
Ušće SRB 178 Ba68
Uschodni BY 202 Ea12
Uście Gorlickie PL 138 Jc46
Uscio I 149 Cc63
Used E 47 Ed62
Usedom D 120 Fa32
Useldange L 133 Bb44
Usellus I 169 Ca78
Usėnai LT 113 Jc57
Useras E 54 Fc65
Uševicy RUS 99 Ma41
Ushaw Moor GB 11 Fa17
Uši LV 105 Jc48
Usingen D 134 Cc43
Usini I 168 Bd75
Usk GB 19 Eb27
Uskali FIN 83 Ma31
Uskedal N 92 Cb41
Uskoplje BIH 158 Ha65
Uskumruköy TR 186 Fd77
Üsküp TR 185 Ed75
Üsküpdere TR 185 Ed75
Uslar D 126 Da39
Usma LV 105 Jc50
Usman' RUS 203 Fb12
Usmate Velate I 149 Cc59
Úsov CZ 137 Gc45
Usovo RUS 203 Fc11
Ussassai I 169 Cb78
Ussat F 40 Gc57
Usseau F 32 Fb46
Usseglio I 148 Bc59
Ussel F 33 Gd48
Ussel F 34 Hb49
Usseln D 126 Cc40
Usson-du-Poitou F 33 Ga45
Usson-en-Forez F 34 Hd48

Usson-les-Bains – Vangsvik

Usson-les-Bains F 41 Gd57
Ussy F 22 Fc36
Ustaritz F 39 Ed55
Ust'Džeguta RUS 205 Fd17
Ust'e RUS 99 Ma41
Úštěk CZ 136 Fb43
Uster CH 141 Cb53
Ustia MD 173 Fa56
Uștia MD 173 Fd57
Ustibar BIH 159 Ja66
Ustikolina BIH 159 Hd66
Ústí nad Labem CZ 128 Fa42
Ústí nad Orlicí CZ 137 Gb45
Ustiprača BIH 159 Hd65
Ustjužna RUS 202 Ec08
Ustka PL 121 Gc29
Ust'-Labinsk RUS 205 Fc17
Ust'-Luga RUS 99 Lc40
Ust'Luga RUS 202 Ea08
Ustovo BG 184 Db75
Ustrem BG 185 Eb74
Ustroń PL 138 Hc45
Ustronie Morskie PL 120 Ga31
Ust'-Rudicy RUS 99 Ma39
Ustrzyki Dolne PL 139 Kb46
Ustrzyki Górne PL 106 Kb47
Üstünler TR 199 Hb89
Ustyluh UA 202 Dd14
Usvjaty RUS 202 Eb11
Uszyce PL 129 Hb41
Utajärvi FIN 74 Kb24
Utåker N 92 Cb41
Utakleiv N 66 Fb14
Utanen FIN 74 Kb24
Utäng S 94 Eb45
Utansjö S 88 Gc32
Utbjoa N 92 Ca41
Utby S 102 Ec47
Utby S 103 Fb46
Utebo E 47 Fa60
Utekáč SK 138 Ja49
Utena LT 114 La55
Úterý CZ 135 Ec45
Uthaug N 77 Dd29
Uthmöden D 127 Ea37
Utiel E 54 Fa67
Utne N 84 Cc39
Utnes N 65 Kd08
Utö S 96 Gd45
Utoslahti FIN 74 Kb24
Utrasniemi FIN 91 Ld33
Utrecht NL 116 Ba36
Utrera E 59 Ca74
Utriala FIN 90 La32
Utrillas E 47 Fa63
Utrine SRB 153 Jb58
Utset N 77 Dc29
Utsiktstårn N 65 Kd08
Utsjö S 94 Fa39
Utsjoki FIN 64 Jd07
Utskarpen N 71 Fb20
Uttendorf A 143 Eb54
Uttenweiler D 142 Cd50
Utterbyn S 94 Ed41
Utterliden S 72 Ha23
Uttermossa FIN 89 Ja34
Uttersberg S 95 Fd42
Uttersjöbäcken S 81 Hd26
Utterslev DK 109 Ea28
Utti FIN 90 La37
Utting D 142 Dc51
Uttoxeter GB 16 Ed23
Utula FIN 91 Lc35
Utvängstorp S 102 Fa48
Utvik N 84 Cc34
Utvin RO 174 Bc61
Útvina CZ 135 Ec44
Utvorda N 78 Eb26
Uue-Kariste EST 106 Kd46
Uukuniemen kirkonkylä FIN 91 Ma33
Uukuniemi FIN 91 Ld33
Uulu EST 106 Kb46
Uura FIN 82 Kd25
Uurainen FIN 90 Kb32
Uuro FIN 83 Lc27
Uuro FIN 89 Ja33
Uusijoki FIN 69 Kb12
Uusikaarlepyy FIN 81 Ja29
Uusikartano FIN 89 Jb38
Uusikaupunki FIN 89 Ja38
Uusikylä FIN 81 Jc27
Uusikylä FIN 81 Jd30
Uusikylä FIN 90 Kc37
Uusi-Värtsilä FIN 83 Ma31
Uusküla EST 99 Lb43
Uutela FIN 69 Ka14
Uva FIN 75 Kd24
Uvac SRB 159 Ja65
Úvaly CZ 136 Fc44
Uvanå S 94 Fa40
Uvarovo RUS 203 Fc12
Uvdal N 85 Db40
Üvecik TR 191 Ea81
Uxbridge GB 20 Fc28
Uyanık TR 193 Hb85
Üyük TR 187 Gb80
Üyüklü Tatar TR 185 Eb76
Užava LV 105 Jb50
Užbičiai LT 113 Jc57
Uzdin SRB 174 Bb62
Uzdowo PL 122 Hd33
Uzel F 27 Eb39
Uzemain F 31 Jd39
Uzerche F 33 Gc48
Uzès F 42 Ja52
Uzeste F 32 Fc51
Užhorod UA 204 Dd16
Užice SRB 159 Jb65
Užliekně LT 113 Jd53
Užlieknis LT 113 Jc54
Uzlovaja RUS 203 Fa11
Uzlovoe RUS 113 Ja58
Uzlovoe RUS 113 Jd58
Užovka RUS 203 Fc10
Užpaliai LT 114 La54
Uzsa H 145 Gd55
Uztarroz E 39 Fa56
Užtiltė LT 115 Lb54
Užuguostis LT 114 Kd58
Üzümdere TR 199 Hb90
Üzümler TR 191 Ed87
Üzümlü TR 192 Fa86
Üzümlü TR 198 Fd91
Üzümlü TR 199 Hb89
Üzümlü TR 205 Fd20
Üzümlüpınar TR 199 Gc89
Uzunbey TR 187 Gb78
Uzundere TR 191 Ec86
Uzundžovo BG 185 Dd74
Uzunköprü TR 185 Eb76
Uzunkoyu TR 191 Ea86
Uzunpınar TR 192 Fd87
Uzunpınar TR 193 Gc86
Uzuntarla TR 187 Gb79
Uzunyurt TR 198 Fc92
Uzupis LT 115 Lc54
Užusaliai LT 114 Kc57
Užusienis LT 114 La58
Užventis LT 113 Jd55
Uzyn UA 204 Ec15

V

Vå N 92 Cd41
Vä S 111 Fb55
Vaabina EST 107 Lb47
Vaadinselkä FIN 69 Kd17
Vaahersalo FIN 91 Ld33
Vaajakoski FIN 90 Kc32
Vaajasalmi FIN 82 Kd31
Vääkiö FIN 75 La22
Vaala FIN 82 Kc25
Vaalajärvi FIN 69 Ka16
Vaale D 118 Da31
Vaalimaa FIN 91 Lb37
Vaaljoki FIN 89 Jb38
Vaals NL 125 Bb41
Vääna EST 98 Kb42
Väänälänranta FIN 82 Kd30
Vaania FIN 90 Kc36
Vaaräkoski FIN 89 Jd32
Vaarakylä FIN 83 Lb27
Väärämäki FIN 81 Jd30
Vaaraniva FIN 75 Kd22
Vaarankylä FIN 82 Kd25
Vaaranperä FIN 74 Jb18
Vaaraperä FIN 75 La21
Vaaraslahti FIN 82 Kc29
Väärinmaja FIN 89 Jd34
Vaartsi EST 107 Lc46
Vaas F 28 Fd41
Vaasa FIN 81 Hd30
Vaassen NL 117 Bc36
Väästa EST 98 Kd44
Väätäiskylä FIN 90 Ka32
Vaattojärvi FIN 68 Jb17
Vabaliai LT 113 Jc53
Vabalninkas LT 114 Kd53
Vābel BG 180 Dc68
Vabole LV 115 Lb53
Vabre F 41 Ha54
Vabres-l'Abbaye F 41 Hb53
Vác H 146 Hd52
Vácduka H 146 Hd52
Vače SLO 151 Fc58
Vacha D 126 Db42
Vachdorf D 134 Dc43
Vachendorf D 143 Eb52
Vacherauville F 24 Jb35
Väckelsång S 103 Fc52
Väcklax FIN 97 Jb40
Václavov u Bruntálu CZ 137 Gd45
Vacov CZ 136 Fa48
Vacqueyras F 42 Jb52
Vacquiers F 40 Gc53
Văculești RO 172 Ec55
Vad RO 171 Da56
Vad S 95 Fd41
Vada I 155 Da66
Vadakste LV 113 Jd53
Vădastra RO 180 Db68
Vădăstrița RO 180 Db68
Väddö S 96 Ha41
Vădeni MD 173 Fc54
Vădeni RO 177 Fb63
Vadeolivas E 47 Eb64
Väderstad S 103 Fc47
Vadheim N 84 Cb36
Vadla N 92 Cb43
Vadna H 146 Jb50
Vado I 149 Dc63
Vadocondes E 46 Dc60
Vadokliai LT 114 Kc55
Vado Ligure I 148 Ca63
Vadsbro S 95 Gb45
Vadsø N 65 Kc06
Vadstena S 103 Fc46
Vadu RO 177 Fc66
Vadu Crișului RO 171 Cc57
Vadu Dobrii RO 174 Cb61
Vadu Izei RO 171 Db54
Vadul lui Isac MD 177 Fb62
Vadul lui Vodă MD 173 Fd58
Vadul-Rașcov MD 173 Fd55
Vadul Turcului MD 173 Fd55
Vadum DK 100 Dc21
Vadu-Moldovei RO 172 Ec56
Vadu Moților RO 171 Cc59
Vaduz FL 142 Cd54
Vadžgirys LT 114 Ka56
Væggerløse DK 109 Eb29
Vaeküla EST 98 La42
Værebro DK 109 Ec25
Værløse DK 109 Ec25
Vafiohóri GR 183 Ca76
Vafoss N 93 Dc45
Våg N 70 Ed24
Vågaholmen N 70 Fa19
Vågåmo N 85 Dc35
Vagan BIH 158 Gc64
Vågan N 67 Gc11
Vågan N 77 Dd29
Vågane N 84 Ca35
Vågani RO 172 Dd58
Vágáshuta H 139 Jd49
Vågbø N 77 Db31
Vågdalen S 79 Fd29
Våge N 77 Da32
Vågen N 77 Dc29
Vägersjön S 79 Ga30
Vägeva EST 98 La43
Väggarp S 110 Ed55
Vaggatem N 65 Kc09
Vagge N 65 Kc07
Vaggeryd S 103 Fb50
Vaggevaratj sameviste S 67 Gc17
Vagia GR 189 Ca85
Văgiulești RO 175 Cc64
Vaglia I 155 Dc65
Vaglio Basilicata I 161 Ga75
Vagli Sotto I 155 Da64
Vagney F 31 Ka39
Vagnhärad S 96 Gc45
Vägnön S 88 Gc32
Vagos P 44 Ac63
Vagøy N 76 Cd31
Vågsbygd N 92 Cd47
Vågsele S 80 Gd26
Vågsjöfors S 94 Ed40
Vågsodden N 70 Ed22
Vágur DK 3 Ca07
Vähä-Äiniö FIN 90 Kb36
Vähä-Joutsa FIN 90 Kc34
Vähäkangas FIN 81 Jd27
Vähäkyrö FIN 81 Ja31
Vähä-Leppijärvi FIN 89 Ja34
Vähäniva FIN 68 Hd13
Vahanka FIN 81 Jd31
Vahastu EST 98 Kc43
Vahderpää FIN 90 Ka35
Vaheri FIN 90 Kb34
Vähikkälä FIN 90 Ka38
Vähimaa FIN 90 Kb36
Vahl-Ebersing F 25 Ka35
Váhlia GR 188 Bb86
Vahojärvi FIN 89 Jc34
Vahterpää FIN 98 Kd39
Vähtjer S 67 Hb17
Vahto FIN 97 Jb39
Vahtseliina EST 107 Lc47
Vai GR 201 Dd96
Vaiamonte P 50 Ba68
Vaiano I 155 Dc64
Vaickūniškės LT 114 Kd58
Vaida EST 98 Kc42
Vaideeni RO 175 Da63
Vaiges F 28 Fb39
Vaiguva LT 113 Jd55
Vaihingen (Enz) D 134 Cc48
Vaikantonys LT 114 Kd59
Väike-Maarja EST 98 La43
Väike Rakke EST 98 La45
Vaikko FIN 83 Lb28
Vaillant F 30 Jb40
Vailly F 35 Ka45
Vailly-sur-Aisne F 24 Hb35
Vailly-sur-Sauldre F 29 Ha41
Vaimaro FIN 89 Ja38
Vaimastvere EST 98 La44
Väimela EST 107 Lb47
Vaimõisa EST 98 Kb44
Vaimosuo FIN 75 La19
Vainikkala FIN 91 Lc36
Vainiūai LT 123 Kc30
Vainiži LV 106 Kc49
Vaiņode LV 113 Jc53
Vainova LV 107 Lc52
Vainupea EST 98 Kd41
Vainutas LT 113 Jc56
Väisälä FIN 75 La24
Väisälä FIN 90 La33
Väisälänmäki FIN 82 Kd29
Vaisaluokta sameviste S 67 Gb16
Vaisi EST 98 Ka43
Vaisodžiai LT 114 Kc59
Vaison-la-Romaine F 42 Jc52
Vaiste EST 106 Ka46
Vaišvydava LT 114 Kc57
Vaite F 31 Jc40
Vaiteliai LT 113 Jb55
Vaitkūnai LT 114 La54
Vaivadiškiai LT 114 Kc56
Vaivara EST 99 Lc41
Vaivio FIN 83 Lc30
Vajangu EST 98 Kd43
Vaje N 93 Db46
Väjern S 102 Ea46
Vajkijaur S 72 Ha19
Vajmat S 72 Ha19
Vajska SRB 153 Hd60
Vajszló H 152 Hb58
Vajta H 146 Hc55
Vajzë AL 182 Ab77
Vakern S 95 Fb40
Vakfıkebir TR 205 Fd19
Vakıf TR 185 Ea79
Vakıf TR 187 Gc79
Vakıflaro TR 186 Fa77
Vakıftaş TR 187 Ha80
Vakkola FIN 90 Kc38
Vakkotovare S 67 Gc16
Vaklino BG 181 Fc69
Vaksala S 96 Gc42
Vaksdal N 84 Cb39
Vākšēni LV 106 Kd48
Vaksevo BG 179 Cb73
Vaksvik N 76 Cd32
Val E 36 Ba53
Vál H 146 Hc53
Valada P 50 Ab68
Vålådalen S 78 Ed31
Valadares E 36 Ad57
Valady F 33 Ha51
Valainiai LT 114 Kb54
Valajanaapa FIN 74 Ka21
Valajärvi FIN 89 Jc37
Valajaskoski FIN 74 Jd19
Valakbūdis LT 114 Ka57
Valalta HR 150 Ed61
Valand N 92 Cd47
Valandovo MK 183 Ca75
Valanhamn N 63 Hb08
Valanida GR 183 Bc80
Vălani de Pomezeu RO 170 Cb57
Valareña E 47 Ed59
Valaská SK 138 Hd48
Valaská Belá SK 137 Hb48
Vålåskaret N 77 Dd31
Valašská Polanka CZ 137 Ha47
Valašské Klobouky CZ 137 Ha47
Valašské Meziříčí CZ 137 Ha46
Valasti EST 98 Kd43
Valatkoniai LV 114 Kb55
Välax FIN 98 Kc39
Valay F 31 Jc41
Valbella CH 142 Cc56
Valberg F 43 Kc52
Valberg N 66 Fb14
Vålberg S 94 Fa43
Valbiska HR 151 Fb61
Valbo S 95 Gb39
Valboa E 36 Ba56
Valbona E 47 Fa65
Valbonë AL 159 Jb69
Valbondione I 149 Da57
Valbonilla E 38 Db58
Valbonne F 43 Kc53
Valbo-Ryr S 102 Eb46
Valbruna I 143 Ed56
Valbuena de Duero E 46 Db60
Valbukta N 65 Kc07
Valby DK 109 Ec26
Valcabadillo E 38 Da57
Vălcănești RO 176 Ea64
Vălcani RO 170 Bb59
Valcau de Jos RO 171 Cc56
Valcavado E 37 Cb58
Vălčedrăm BG 179 Cd68
Vâlcele RO 175 Db66
Vâlcele RO 176 Ea61
Vâlcelele RO 176 Ed63
Vâlcelele RO 176 Ed66
Vălčevo BG 180 Db71
Vălčidol BG 181 Fa70
Vălcineț MD 173 Fb57
Valcivières F 34 Hd47
Valdagno I 149 Dc59
Valdahon F 31 Ka42
Valdaj RUS 202 Ec09
Valdanzo E 46 Dd61
Valdaora I 143 Ea55
Valdaracete E 46 Dd65
Valdeajos E 38 Dc57
Valdealgorfa E 48 Fc63
Valdearcos E 37 Cc57
Valdearcos de la Vega E 46 Db60
Val de Asón E 38 Dc55
Valdeazores E 52 Cd67
Valdebeix F 34 Hb48
Valdebótoa E 51 Bc68
Valdecaballeros E 52 Cc68
Valdecabras E 47 Ec65
Valdecañas de Cerrato E 46 Db59
Valdecarros E 45 Cc63
Valdecastillo E 37 Cd56
Valdecuenca E 47 Ed65
Valdeflores E 59 Bd72
Valdefuentes E 51 Ca67
Valdefuentes del Páramo E 37 Cb58
Valdeganga E 53 Ec69
Valdeganga de Cuenca E 53 Eb66
Valdehierro E 52 Db68
Valdeķi LV 105 Jd51
Valdelacasa de Tajo E 52 Cc66
Valdelagrana E 59 Bd76
Valdelagua E 52 Dc66
Valdelamusa E 59 Bb72
Valdelinares E 54 Fb65
Val della Torre I 148 Bc60
Valdelosa E 45 Cb61
Valdeltormo E 48 Fd63
Valdemaluque E 46 Dd60
Valdemārpils LV 105 Jd49
Valdemarsvik S 103 Gb47
Valdemeca E 47 Ed65
Val-de-Meuse F 31 Jc39
Valdemorales E 51 Ca68
Valdemorillo E 46 Db64
Valdemoro E 46 Dc65
Valdemoro-Sierra E 47 Ec65
Valdenebro de los Valles E 46 Cd59
Valdenoceda E 38 Dc56
Valdeobispo E 45 Ca65
Valdepeñas E 52 Dc70
Valdepeñas de Jaén E 60 Db73
Valdepeñas de la Sierra E 46 Dd63
Valdepolo E 37 Cd57
Valderas E 45 Cc59
Val-de-Reuil F 23 Gb35
Valderice I 166 Ea84
Valderiès F 41 Gd53
Valderrama E 38 Dd57
Valderrobres E 48 Fd63
Valderrodilla E 47 Ea61
Val-de-Saâne F 23 Ga34
Valdesalor E 51 Bd67
Valdesamario E 37 Cb56
Val de San Román E 37 Ca57
Valdestillas E 46 Cd61
Valdetorres E 51 Ca69
Valdetorres de Jarama E 46 Dc63
Valdeverdeja E 52 Cc66
Valdevimbre E 37 Cc57
Valdgale LV 105 Jd50
Valdieri I 148 Bc63
Valdilecha E 46 Dd65
Valdín E 37 Bd58
Val d'Isère F 35 Kb47
Valdivia E 51 Cb68
Valdivienne F 29 Ga44
Val-d'Izé F 28 Fa39
Valdobbiadene I 150 Ea58
Valdongo dos Azeites P 44 Bb61
Valdrôme F 42 Jd51
Valdshult S 102 Fa50
Valdunquillo E 45 Cc59
Valdurna I 143 Dd55
Våle N 93 Dd43
Valea Adîncă MD 173 Fd55
Valea Argovei RO 176 Ec66
Valea Călugărească RO 176 Eb64
Valea Chioarului RO 171 Da56
Valea Ciorii RO 177 Fa65
Valea Crisului RO 176 Ea61
Valea Dacilor RO 181 Fb67
Valea Danului RO 175 Dc63
Valea de Brazi RO 175 Cc62
Valea Doftanei RO 176 Ea63
Valea Iașului RO 175 Dc63
Valea Ierii RO 171 Cd58
Valea Largă RO 171 Db58
Valea lui Mihai RO 170 Cb55
Valea Lungă RO 175 Db60
Valea Lungă RO 176 Ea64
Valea Măcrișului RO 176 Ec65
Valea Mare MD 173 Fb57
Valea Mare RO 175 Da65
Valea Mare RO 175 Db66
Valea Mare RO 176 Dd65
Valea Mare-Pravăț RO 176 Dd63
Valea Mărului RO 177 Fa62
Valea Mică RO 175 Cd60
Valea Moldovei RO 172 Eb56
Valea Neagră RO 171 Da55
Valea Nucarilor RO 177 Fd64
Valea Perjei MD 173 Fc59
Valea Perjei MD 177 Fd61
Valea Râmnicului RO 176 Ed63
Valea Sării RO 176 Ec61
Valea Seacă RO 172 Ec57
Valea Seacă RO 176 Ed60
Valea Stanciului RO 179 Da67
Valea-Trestieni MD 173 Fb58
Valea Ursului RO 172 Ed58
Valea Uzului RO 176 Eb60
Valea Viilor RO 175 Db60
Valea Vinului RO 171 Cd55
Valea Vinului RO 172 Dd56
Valebjørg N 93 Da44
Valebø N 93 Dc43
Valeč CZ 135 Ed44
Vale da Telha P 58 Aa73
Vale da Vinha P 50 Ba67
Vale de Açor P 58 Ad72
Vale de Cambra P 44 Ad62
Vale de Moura P 50 Ad70
Vale de Nogueira P 45 Bd60
Vale de Salgueiro P 45 Bc60
Vale de Vargo P 50 Ba71
Vale do Lobo P 58 Ac74
Valeggio sul Mincio I 149 Db60
Valeia CY 206 Jd96
Valen N 63 Ja05
Valen N 65 Kc07
Valença do Minho P 36 Ad58
Valençay F 29 Gc42
Valence F 32 Fd47
Valence F 34 Jb49
Valence F 40 Ga52
Valence-d'Albigeois F 41 Ha53
Valence-en-Brie F 29 Ha38
Valence-sur-Baïse F 40 Fd53
València E 54 Fc68
Valencia de Alcántara E 51 Bb67
Valencia de Don Juan E 37 Cc58
Valencia de las Torres E 51 Ca70
Valencia del Mombuey E 51 Bb71
Valencia del Ventoso E 51 Bd71
Valenciennes F 24 Hb32
Văleni MD 177 Fb62
Văleni RO 173 Fa59
Văleni RO 175 Dc66
Văleni-Dâmbovița RO 176 Dd63
Vălenii de Munte RO 176 Eb63
Văleni-Stânișoara RO 172 Eb56
Valensole F 42 Ka53
Valentano I 156 Dd69
Valentín E 61 Ec72
Valentinovo HR 151 Ga57
Valenzuela E 60 Da73
Valenzuela de Calatrava E 52 Db69
Våler N 93 Ea43
Våler N 94 Ec39
Valera de Abajo E 53 Eb67
Valera Fratta I 149 Cc60
Valeria E 53 Eb66
Valero E 45 Ca63
Vales Mortos P 58 Ba72
Valestrand N 92 Ca41
Valestrandsfossen N 84 Ca39
Valevac SRB 179 Ca68
Valevåg N 92 Ca41
Valeyrac F 32 Fb48
Valfabbrica I 156 Eb67
Valfarta E 48 Fc61
Valflaunès F 41 Hd53
Valfréjus F 35 Kb48
Valga EST 106 La47
Valgale LV 105 Jd50
Valgejõgi EST 98 Kd42
Välgi EST 99 Lb44
Valgorge F 34 Hd51
Valgu EST 97 Jc45
Valgu EST 98 Kb44
Valguarnera Caropepe I 167 Fb86
Valgunde LV 106 Kb51
Valguta EST 106 La46
Valhelhas P 44 Bb64
Valhosszúfalu H 145 Gd54
Valhuon F 23 Gd31
Valie S 111 Fc54
Välijoki FIN 74 Ka19
Välijoki FIN 91 Lb36
Välikangas FIN 74 Ka19
Väli-Kannus FIN 81 Jc27
Välikylä FIN 81 Jc28
Valin F 32 Fc49
Valinge S 102 Ec51
Väli-Olhava FIN 74 Ka22
Valíra GR 194 Bb89
Vălișoara RO 175 Cc60
Välitalo FIN 69 Ka15
Välittula FIN 90 Kc35
Văliug RO 174 Ca62
Välivaara FIN 83 Ld28
Välivaara FIN 91 Ma32
Väli-Viirre FIN 81 Jc27
Valjala EST 105 Jd46
Valjevo SRB 153 Jb63
Valjok N 64 Jc08
Valjunquera E 48 Fd63
Valka LV 106 La47
Valkeajärvi FIN 89 Jd32
Valkeakoski FIN 89 Jd36
Valkealuomi FIN 90 Kb33
Valkeavaara FIN 91 Ma32
Valkeiskylä FIN 82 Kc28
Valkeiskylä FIN 82 La29
Valkenburg aan de Geul NL 125 Bb41
Valkenswaard NL 124 Ba39
Valkiamäki FIN 91 Lc34
Valkininkai LT 114 La59
Valkla EST 98 Kc42
Valko FIN 90 Kd38
Valkó H 146 Ja52
Valkola FIN 90 Kb32
Valkom FIN 90 Kd38
Valkosel BG 184 Cd75
Valky UA 203 Fa14
Valla S 104 Gd49
Valla S 79 Fb29
Valla S 79 Ga31
Valla S 95 Ga44
Vallada E 54 Fb69
Valladolid E 46 Da60
Vallåkra S 110 Ed55
Vallargärdet S 94 Fa43
Vallarta de Bureba E 38 Dd57
Vallata I 161 Fd74
Vallauris-Golfe-Juan F 43 Kc53
Vallberga S 110 Ed53
Vallbona de les Monges E 48 Gb61
Vallby S 95 Gb43
Vallda S 102 Eb50
Valldal N 76 Cd33
Valldemossa E 57 Hb67
Valldossera E 49 Gc61
Valle LV 106 Kc52
Valle N 76 Cd32
Valle N 92 Cd43
Valleberga S 111 Fb57
Valle Castellana I 156 Ed69
Vallecillo E 37 Cd58
Vallecorsa I 160 Ed73
Valle Dame I 156 Ea67
Valle de Abdalajís E 60 Cd75
Valle de Cabuérniga E 38 Db55
Valle de Cerrato E 46 Da59
Valle de Finolledo E 37 Bd56
Valle de la Serena E 51 Ca69
Valle de Santa Ana E 51 Bc70
Valledolmo I 166 Ed85
Valleiry F 35 Jd45
Vallelado E 46 Da61
Valle Lomellina I 148 Cb60
Vallelunga Pratameno I 166 Ed85
Valle Mosso I 148 Ca58
Vallen S 79 Ga29
Vallen S 79 Gb29
Vallen S 80 Hc26
Vallentuna S 96 Gd43
Vallepietra I 160 Ec71
Valleräs S 94 Fa39
Valleraugue F 41 Hc52
Vallerheim N 92 Cd43
Vallermosa I 169 Bd79
Vallerstad S 103 Fd46
Vallersund N 77 Dd28
Vallery F 30 Hb39
Vallespinoso de Aguilar E 38 Db56
Vallestad N 84 Ca35
Vallet F 28 Fa42
Valletta M 166 Eb88
Valleviken S 104 Ha48
Valley D 143 Ea51
Valley GB 14 Dc22
Vallfogona de Ripollès E 49 Ha59
Vallibona E 48 Fd64
Valli del Pasubio I 149 Dc59
Vallières F 33 Gd46
Vallières F 35 Jd46
Vallinfreda I 160 Ec71
Vallmoll E 48 Gb62
Vallø N 93 Dd43
Vallobal E 37 Cd54
Valløby DK 109 Ec27
Vallo della Lucania I 161 Fd77
Vallo di Nera I 156 Ec69
Valloire F 35 Ka48
Vallombrosa I 156 Dd65
Vallon-Pont-d'Arc F 34 Ja51
Vallon-sur-Gée F 28 Fc40
Vallorbe CH 140 Ba54
Vallouise F 35 Ka49
Vallrun S 79 Fb29
Valls E 48 Gb62
Vallsbo S 87 Gb38
Vallset N 94 Eb39
Vallsjärv S 73 Ja19
Vallsta S 87 Ga36
Vallstena S 104 Ha49
Vallus H 145 Gd55
Vallvik S 87 Gb37
Valmadrera I 149 Cc58
Valmadrid E 47 Fa61
Valmanya F 41 Ha57
Valmiera LV 106 Kd48
Valmigère F 41 Ha56
Valmo EST 98 La45
Valmojado E 46 Db65
Valmont F 22 Fd34
Valmontone I 160 Ec72
Valmorel F 35 Ka47
Vălnari BG 181 Ed69
Valnontey I 148 Bc58
Valö S 96 Gd40
Valognes F 22 Fa35
Valongo P 44 Ad61
Válor E 61 Dd75
Valoria la Buena E 46 Da60
Valøya N 78 Eb25
Valøya N 78 Ec27
Valožyn BY 202 Ea12
Valpaços P 45 Bc60
Valpalmas E 48 Fb59
Valpelline I 148 Bc58
Valperga I 148 Bd59
Valpiana I 155 Db67
Valpovo HR 153 Hc59
Valpperi FIN 89 Jb38
Valprato Soana I 148 Bc59
Valras-Plage F 41 Hc55
Valréas F 42 Jb51
Vals CH 142 Cc55
Valsaín E 46 Db63
Valsavarenche I 148 Bc58
Valse DK 109 Eb28
Valsebo S 94 Ec44
Valseca E 46 Db62
Valsecca I 149 Cd58
Valseco E 37 Ca56
Valsemé F 22 Fd36
Valsenestre F 35 Kb49
Valsequillo E 51 Cb70
Valserres F 42 Ka51
Valset N 77 Dd29
Valsgård DK 100 Dc22
Valsinni I 162 Gc77
Valsjöbyn S 79 Fb28
Valsjön S 87 Ga34
Valskog S 95 Ga43
Vals-les-Bains F 34 Ja50
Valsølille DK 109 Eb26
Valsonne F 34 Ja46
Valsøybotn N 77 Dc31
Valsøyfjord N 77 Db30
Välsta S 87 Gb35
Valstad S 102 Fa47
Valstagna I 150 Dd58
Valsted DK 100 Db21
Valtaiķi LV 105 Jc52
Valtessiniko GR 194 Bb87
Valtétsi GR 194 Bc88
Val-Thorens F 35 Kb48
Valtice CZ 137 Gc49
Valtierra E 47 Ed59
Valtimo FIN 83 Lb27
Valtola FIN 90 La36
Valtola FIN 91 Lc34
Valtopina I 156 Eb68
Valtorp S 102 Fa47
Valtorta I 149 Cd58
Váltos GR 185 Eb76
Valtournenche I 148 Bd57
Valtura HR 151 Fa62
Valujki RUS 203 Fb14
Valu lui Traian RO 181 Fc67
Valun HR 151 Fb62
Väluste EST 106 Kd46
Valvåg N 77 Db29
Valverde E 47 Ec59
Valverde de Burguillos E 51 Bc71
Valverde de Júcar E 53 Eb67
Valverde de la Vera E 45 Cb65
Valverde de la Virgen E 37 Cc57
Valverde del Camino E 59 Bc73
Valverde de Leganés E 51 Bb69
Valverde del Fresno E 45 Bc64
Valverde de Llerena E 51 Ca71
Valverde del Majano E 46 Db62
Valverde de Mérida E 51 Bd69
Valverdón E 45 Cb62
Valvträsk S 73 Hd20
Vama RO 171 Db54
Vama RO 172 Ea56
Vama Buzăului RO 176 Eb62
Vama Veche BG 181 Fc69
Vamberk CZ 137 Gb44
Vamdrup DK 108 Db26
Våmhus S 87 Fb37
Vamlingbo S 104 Gd51
Vamma N 93 Ea43
Vammala FIN 89 Jc36
Vammen DK 100 Db22
Vámos GR 200 Cc95
Vámosgyörk H 146 Ja52
Vámospércs H 147 Ka52
Vampula FIN 89 Jc37
Vanagi LV 107 Lb52
Vanaja FIN 90 Kc32
Vänaja FIN 90 Ka37
Vana-Kojola EST 107 Lb46
Vana-Kuuste EST 99 Lb45
Vana-Roosa EST 107 Lb47
Vânători RO 170 Ca58
Vânători RO 172 Ed56
Vânători RO 175 Cc66
Vânători RO 175 Dc60
Vânători RO 176 Ed62
Vânători RO 177 Fb63
Vânătorii Mici RO 176 Dd66
Vânători-Neamț RO 172 Ec57
Vanattara FIN 89 Jd36
Vanault-les-Dames F 24 Ja36
Vana-Vigala EST 98 Kb44
Vancé F 29 Ga40
Vanda FIN 98 Kb39
Vandāni LV 107 Lb52
Vandans A 142 Da54
Vandel DK 108 Db25
Vandenesse F 30 Hc43
Vandoies I 143 Dd55
Vändra EST 98 Kc45
Vändträsk S 73 Hc22
Vandzene LV 105 Jd49
Vandżiogala LT 114 Kc57
Väne LV 105 Jd51
Väne-Åsaka S 102 Ec47
Vänersborg S 102 Ec47
Vänersnäs S 102 Ec47
Väne-Ryr S 102 Ec47
Vaneze I 149 Dc58
Vang DK 100 Da21
Vang N 85 Db37
Väng S 94 Eb43
Vånga S 103 Fd46
Vånga S 111 Fb54
Vangaži LV 106 Kc50
Vänge S 96 Gc42
Vänge S 104 Ha50
Vängel S 79 Ga29
Vangså DK 100 Dd21
Vangshamn N 62 Gc10
Vangshylla N 78 Eb28
Vangsnes N 84 Cc37
Vangsvik N 67 Gb11

Vanha-Kihlanki – Vendinha

Vendœuvres – Villafranca di Verona

Vendœuvres F 29 Gb44
Vendôme F 29 Gb40
Vendranges F 34 Hd46
Vendrennes F 28 Fa43
Vendzavae LV 105 Jb50
Venec BG 181 Ec69
Venec BG 181 Ec72
Veneheitto FIN 82 Kb25
Venejärvi FIN 68 Jb16
Venejoki FIN 83 Ld29
Venelin BG 181 Fa71
Venesjärvi FIN 89 Jb35
Veneskoski FIN 81 Jb31
Veneskoski FIN 89 Jb35
Venetmäki FIN 82 Kd29
Venetmäki FIN 90 Kd32
Venetpalo FIN 82 Kb27
Venetti FIN 68 Jb17
Venev RUS 203 Fa11
Venevere EST 98 La43
Venezia I 150 Eb60
Vengasaho FIN 74 Kb22
Vengja N 84 Ca40
Venhuizen NL 116 Bb34
Venialbo E 45 Cc61
Vénissieux F 34 Jb47
Venjan S 87 Fb38
Venlo NL 125 Bc39
Venn N 77 Ea30
Vénna GR 184 Dc77
Vennermoor D 117 Cc36
Vennesla N 92 Cd46
Vennesund N 70 Ed24
Venosa I 161 Ga74
Venray NL 125 Bb38
Vensac F 32 Fa48
Venset N 66 Fd17
Venstøp N 93 Dc43
Vent A 142 Dc55
Venta LT 113 Jd53
Ventabren F 42 Jc54
Venta de Ballerías E 48 Fc60
Venta de Baños E 46 Da59
Venta de Gaeta E 54 Fa68
Venta de la Chata E 52 Dc72
Venta de las Ranas E 37 Cc54
Venta de la Vigen E 55 Fa73
Venta del Charco E 52 Da71
Venta del Moro E 54 Ed68
Venta de los Santos E 53 Dd71
Ventanilla E 38 Da56
Venta Nueva E 37 Ca55
Ventas de Barreira E 36 Bc58
Ventas de Huelma E 60 Db75
Ventas de Muniesa E 48 Fb62
Ventė LT 113 Jb56
Vente del Tollo E 55 Ed71
Ventelä FIN 98 Ka39
Ventelay F 24 Hc35
Venticano I 161 Fc74
Ventimiglia I 43 Kd53
Ventimiglia di Sicilia I 166 Ed84
Ventiseri F 154 Cb71
Ventlinge S 111 Gb54
Ventnor GB 20 Fa31
Ventorros de Balerma E 60 Da74
Ventosa del Río Almar E 45 Cc62
Ventosa de Pisuerga E 38 Db57
Ventotene I 160 Ed75
Ventry IRL 12 Ad24
Ventschow D 119 Ea32
Ventspils LV 105 Jb49
Venturina I 155 Da67
Venus RO 181 Fc68
Venzone I 150 Ec57
Vepriai LT 114 Kd56
Veprinac HR 151 Fb60
Vepsä FIN 74 Kb24
Vepsä FIN 83 Lb26
Ver F 22 Fa37
Vera E 61 Ec75
Vera HR 153 Hd59
Vera N 78 Ed28
Vera-de Bidaosa E 39 Ed55
Vera de Moncayo E 47 Ed60
Vera de Rey E 53 Eb68
Verbania I 148 Cb57
Verberie F 23 Ha35
Verbicaro I 164 Gb78
Verbier CH 148 Bc57
Verbiţa RO 175 Cc66
Verbūnai LT 114 Ka54
Vercelli I 148 Ca59
Vercel-Villedieu-le Camp F 31 Ka42
Verchen D 119 Ed32
Vercheny F 35 Jc50
Verchnjadzvinsk BY 202 Ea11
Verchnje Syn'ovydne UA 204 Dd16
Verchn'odniprovs'k UA 204 Ed15
Vercorin CH 141 Bd56
Verçun AL 182 Ad76
Verdaches F 42 Ka51
Verdalsøra N 78 Ec28
Verdeggia I 43 Kd52
Verdello I 149 Cd59
Verden D 118 Da34
Verdes F 29 Gb40
Verdikoússa GR 183 Bc80
Verdille F 32 Fc47
Verdonnet F 30 Hd40
Verdun F 24 Jb35
Verdun-sur-Garonne F 40 Gb53
Verdun-sur-le-Doubs F 30 Jb43
Véreaux F 29 Ha43
Verebiejai LV 114 Kb59
Verebkovo RUS 107 Lc47
Vereide N 84 Cc34
Verejeni MD 173 Fc56
Veren BG 180 Dc73
Verenci BG 180 Eb71
Vereníki GR 182 Ac80
Veresegyház H 146 Hd52
Verest RUS 99 Mb42
Vereşti RO 172 Ec56
Veret'e RUS 107 Ma48
Vereteni RUS 107 Mb46
Verfeil F 40 Gc54
Verfeil F 41 Gd52
Vērgale LV 105 Jb52
Vergato I 149 Dc63
Vergel E 55 Fc70
Vergeletto CH 141 Cb56
Verges E 49 Hb59
Verghereto I 156 Ea65
Vergi EST 98 Kd41
Vérgi GR 184 Cc77
Vergiate I 148 Cb58
Vergína GR 183 Bd78
Vergt F 33 Ga49
Verguleasa RO 175 Db65
Verhnij Most RUS 107 Mb47
Verholino RUS 107 Ld46
Véria GR 183 Bd78
Verići BIH 152 Gd61
Vérignon F 42 Ka53
Vérigny F 29 Gb38
Verín E 44 Bb59
Veriña Tremañes E 37 Cc54
Veringenstadt D 142 Cd50
Verinsko BG 179 Cd72
Veriora EST 107 Lc46
Verkenseter N 85 Dd34
Verkkojoki FIN 83 Lb27
Verl D 126 Cc38
Verla FIN 90 Kd36
Verlar D 126 Cc38
Vermand F 24 Hb33
Vermenton F 30 Hc40
Vermeş RO 174 Bd61
Vermiglio I 149 Db57
Vermoim P 44 Ad60
Vermosh AL 159 Jb69
Vermuntila FIN 89 Ja37
Vernantes F 28 Fd42
Vernár SK 138 Jb48
Vernazza I 155 Cd64
Vern-d'Anjou F 28 Fb41
Vernes N 77 Dd29
Verneşti RO 176 Ec64
Vernet F 40 Gc55
Vernet-les-Bains F 41 Ha57
Verneuil F 24 Hc36
Verneuil-en-Bourbonnais F 34 Hb45
Verneuil-sur-Avre F 23 Ga37
Verneuil-sur-Indre F 29 Gb43
Verninge DK 108 Dc27
Verningen N 93 Dd44
Vernio I 155 Dc64
Vernoil F 28 Fd42
Vernole I 163 Hc76
Vernon F 23 Gb36
Vernon F 32 Fd45
Vernou-en-Sologne F 29 Gc41
Vernouillet F 23 Gb37
Vernou-sur-Brenne F 29 Ga41
Vernoux-en-Vivarais F 34 Ja50
Vern-sur-Seiche F 28 Ed39
Vero F 154 Ca70
Verőce H 146 Hd52
Verolanuova I 149 Da60
Veroli I 160 Ed72
Véron F 30 Hb39
Verona I 149 Dc59
Verpelét H 146 Jb51
Verrabotn N 78 Ea28
Verrès I 148 Bd58
Verrières F 33 Ga45
Verrone I 148 Ca59
Versailles F 23 Gd37
Versam CH 142 Cd55
Verseg H 146 Ja52
Veršiai LT 114 Ka58
Versmold D 126 Cc37
Versols-et-Lapeyre F 41 Hb53
Verstaminai LV 114 Kb59
Vertavillo E 46 Db60
Verteillac F 32 Fd48
Vertelim RUS 203 Fc10
Vértesacsa H 146 Hc53
Verteuil-sur-Charente F 32 Fd46
Vertijivka UA 202 Ec14
Vertimai LT 113 Jd57
Vertiskos GR 183 Cb77
Vertiujeni MD 173 Fc55
Vertjačij RUS 203 Fd14
Vērtmuiža LV 106 Kd47
Vertolaye F 34 Hc47
Vërtop AL 182 Ac77
Vertou F 28 Ed42
Vert-Saint-Denis F 29 Ha38
Vertus F 24 Hc36
Vertuu FIN 89 Jb35
Verucchio I 156 Eb64
Verum S 110 Fa53
Verviers B 125 Bb41
Vervins F 24 Hc33
Vervnäs S 86 Fa37
Verwood GB 20 Ed30
Veržej SLO 145 Gb56
Verzino I 165 Gd80
Verzuolo I 148 Bc62
Vesala FIN 74 Kb23
Vesala FIN 75 La20
Vesamäki FIN 82 Kc30
Vesanka FIN 90 Kb32
Vesanto FIN 82 Kc30
Vescona I 156 Dd67
Vescovato F 154 Cc69
Vesdun F 29 Ha44
Vése H 152 Gd57
Ves'egonsk RUS 202 Ed08
Vesela BIH 158 Ha64
Veselava LV 106 Kd49
Vesele UA 205 Fa16
Veselec BG 181 Ec68
Veselie BG 181 Fa73
Veselí nad Lužnicí CZ 136 Fc47
Veselí nad Moravou CZ 137 Gd48
Veselinovo BG 180 Eb72
Veselinovo BG 181 Ec71
Veselovka RUS 113 Jd59
Veselynove UA 204 Ed16
Vešenskaja RUS 203 Fc13
Vesijako FIN 90 Kb36
Vesijärvi FIN 89 Ja34
Vesilahti FIN 89 Jd36
Vesivehmaa FIN 90 Kc36
Vesjärvi FIN 89 Jc35
Veskoniemi FIN 69 Kb11
Veskonjarga FIN 69 Kb11
Vesløs DK 100 Da21
Vesmajärvi FIN 69 Jd15
Vesnovo RUS 113 Jd58
Vesoul F 31 Jd40
Vespolate I 148 Cb59
Véssa GR 191 Dd86
Vessigebro S 102 Ec51
Veståskapellet N 85 Dc38
Vestbjerg DK 100 Dc21
Vestby N 86 Ec37
Vestby N 93 Ea42
Vestbygd N 92 Cb47
Vestbygda N 66 Fd14
Vestenanova I 149 Dc59
Vestenbergsgreuth D 134 Dc45
Vester Åby DK 108 Dc27
Vesterby DK 109 Ea28
Vester Egense DK 108 Dc26
Vester Egesborg DK 109 Eb27
Vesterelv N 65 Kb07
Vesterelva N 65 Kc05
Vester Hæsinge DK 108 Dc27
Vester Hassing DK 100 Dc21
Vester Hjermitslev DK 100 Dc20
Vester Hornum DK 100 Db21
Vesterli N 71 Fc18
Vesterli N 71 Fb23
Vestermarie DK 111 Fc58
Vester Nebel DK 108 Db26
Vesterø Havn DK 101 Ea20
Vestertana N 64 Ka06
Vester Torup DK 100 Db20
Vester Vedsted DK 108 Cd26
Vestervig DK 100 Cd22
Vester Vistorp DK 100 Da23
Vestfossen N 93 Dc42
Vestfossen N 93 Dd42
Vestiena LV 106 La50
Vestlax FIN 97 Jc40
Vestmanna DK 3 Ca06
Vestmannaeyjar IS 2 Ac06
Vestnes N 76 Cd32
Vestola FIN 90 Kb36
Vestone I 149 Db59
Vestpollen N 66 Fc14
Vestre Jakobselv N 65 Kc06
Vestre Kile N 92 Cd44
Vestre Moland N 93 Da47
Vestre Slidre N 85 Dc37
Vestre Spone N 93 Dd41
Vestre Vallesverd N 93 Da47
Vestro N 92 Ca42
Vestvågan N 70 Ed21
Vestvik N 78 Eb28
Vesunti FIN 89 Jc36
Veszprém H 145 Ha54
Veszprémvarsány H 145 Ha53
Vésztő H 147 Jd54
Vetaherrado E 59 Ca75
Veţca RO 171 Dc59
Veţel RO 175 Cc60
Veteli FIN 81 Jc29
Vetheuil F 23 Gc36
Vetiş RO 171 Cd54
Vetla EST 98 Kc43
Vetlanda S 103 Fc50
Vetluga RUS 203 Fb08
Vetovo BG 180 Eb68
Vetralla I 156 Ea70
Vetren BG 179 Cd73
Vetren BG 180 Dd72
Vetren BG 181 Ed67
Vetren BG 181 Ed72
Vetren MK 179 Cb73
Vetreşti-Herăstrău RO 176 Ec62
Vetrino BG 181 Ed70
Vetriolo Terme I 150 Dd58
Vetrişoaia RO 177 Fb60
Větrný Jeníkov CZ 136 Fd46
Vetrovo RUS 113 Jc57
Vetschau D 128 Fb39
Vetsikko FIN 64 Ka07
Vettasjärvi S 68 Hc16
Vettelschoß D 125 Ca42
Vetterslev DK 109 Eb27
Vetterud N 94 Eb40
Vetting N 93 Da46
Vetto I 149 Da63
Vettweiß D 125 Bc41
Vetulonia I 155 Db68
Vetunica MK 178 Bd72
Vetvenik RUS 99 Lc44
Veules-les-Roses F 23 Ga33
Veulettes-sur-Mer F 23 Ga33
Veum N 93 Da43
Veurne B 21 Ha29
Vevang N 77 Da31
Vevčani MK 182 Ad75
Vevey CH 141 Bb55
Vévi GR 183 Bb77
Vevring N 84 Cb35
Vex CH 141 Bc56
Vexala FIN 81 Ja29
Veynes F 35 Jd50
Veyrier F 35 Ka46
Veysel TR 193 Ha84
Vežaičiai LT 113 Jb55
Vezdemarbán E 45 Cc60
Vézelay F 30 Hc41
Vézelise F 25 Jd37
Vézelois F 31 Kb40
Vezels-Roussy F 33 Ha50
Vezenkovo BG 181 Ec71
Vézénobres F 42 Ja52
Vezins F 28 Fb42
Vézins-de-Lévézou F 41 Hb52
Vezionys LT 114 Kc58
Vežionys LT 114 La59
Vezirhan TR 187 Gb80
Vezirköprü TR 205 Fb20
Vezza d'Oglio I 149 Db57
Vezzani F 154 Cb70
Vezzano I 149 Dc57
Vezzano sul Crostolo I 149 Db62
Vi S 88 Gc33
Viabon F 29 Gc39
Viadana I 149 Db61
Viana E 39 Eb58
Viana de Bolo E 36 Bc58
Viana do Alentejo P 50 Ad70
Viana do Castelo P 44 Ac59
Vianden L 133 Bb44
Viane F 41 Ha54
Vianen NL 124 Ba37
Viano I 149 Db62
Viaño Pequeño E 36 Ad55
Vianos E 53 Ea70
Vianta FIN 82 Kd29
Viarano Scalo I 161 Fa73
Viareggio I 155 Da65
Viarmes F 23 Gd36
Vias F 41 Hc55
Viasvesi FIN 89 Ja36
Viatodos P 44 Ad60
Vibble S 104 Gd49
Vibbyn S 73 Hd21
Viblemo N 92 Cc46
Viborg DK 100 Db23
Vibo Valentia I 164 Gb82
Vibo Valentia Marina I 164 Gb82
Vibraye F 29 Ga39
Viby DK 109 Eb26
Viby S 95 Fc44
Viby S 103 Fd47
Vic E 49 Ha59
Vič SLO 144 Fc56
Viča SRB 178 Ba67
Vicarello I 155 Da65
Vicari I 166 Ed85
Vicarstown IRL 13 Cc22
Vicchio I 156 Dd64
Vicdessos F 40 Gc57
Vicedo E 36 Bc53
Vic-en-Bigorre F 40 Fd55
Vicenza I 150 Dd59
Vic-Fezensac F 40 Fd54
Vicherey F 31 Jc38
Vichy F 34 Hc46
Vicién E 48 Fb59
Vickan S 102 Eb50
Vickleby S 111 Gb53
Vic-le-Comte F 34 Hb47
Vic-le-Fesq F 41 Hd53
Vico F 154 Ca70
Vico I 149 Da62
Vico del Gargano I 162 Gb71
Vico Equense I 161 Fb75
Vicoforte I 148 Bd62
Vicopisano I 155 Db65
Vicosoprano CH 142 Cd56
Vicovaro I 160 Eb71
Vicovu de Jos RO 172 Eb55
Vicovu de Sus RO 172 Ea54
Vicq-Exemplet F 29 Gd44
Vic-sur-Aisne F 24 Hb35
Vic-sur-Cère F 33 Ha49
Vic-sur-Seille F 25 Jd36
Victoria M 166 Ea87
Victoria RO 173 Fa57
Victoria RO 175 Dc62
Victoria RO 177 Fa65
Victor Vlad Delamarina RO 174 Ca61
Vičuga RUS 203 Fb09
Vidaga LV 107 Lb48
Vidago P 44 Bb59
Vidale LV 105 Jc49
Vidanes E 37 Cd56
Vidángoz E 39 Fa57
Viðareiði DK 3 Ca06
Vidauban F 43 Kb54
Vidbo S 96 Gd42
Viddal N 76 Cc33
Videbæk DK 108 Da24
Videle RO 176 Dd66
Videm pri Ptuju SLO 151 Ga57
Videniškiai LT 114 La56
Videsæter N 84 Cd34
Videstøyl N 92 Cd44
Vidiago E 38 Da54
Vidice CZ 135 Ec46
Vidigal P 50 Ac69
Vidigueira P 50 Ad71
Vidin BG 179 Cb67
Vidiškiai LT 114 Kd56
Vidlin GB 5 Fa04
Vidnava CZ 137 Gc43
Vidön S 94 Fa43
Vidouze F 40 Fc55
Vidra RO 171 Cc59
Vidra RO 176 Ec61
Vidra RO 180 Eb67
Vidrare BG 179 Da70
Vidrenjak HR 152 Gc59
Vidreres E 49 Hb60
Vidriži LV 106 Kc49
Vidsel S 73 Hb22
Vidsmuiža LV 107 Lc51
Vidsodis LT 113 Jd54
Vidstrup DK 100 Dc19
Vidzy BY 202 Ea11
Viechtach D 135 Ec48
Vieille-Brioude F 34 Hc48
Vieille-Soubiran F 40 Fc53
Vieillespesse F 34 Hb49
Vieillevigne F 28 Ed43
Vieira do Minho P 44 Ba59
Vieki FIN 83 Lc27
Viekšnaliai LT 113 Jd54
Viekšniai LT 113 Jd53
Vielank D 119 Dd34
Vielha E 40 Ga57
Viella E 37 Cc54
Vielle F 39 Fa53
Vielleségure F 39 Fb55
Vielmur-sur-Agout F 41 Gd54
Vielsam B 125 Bb42
Viels-Maisons F 24 Hb36
Viemose DK 109 Eb28
Vienenburg D 126 Dc38
Vienne F 34 Jb47
Vienne-en-Val F 29 Gd40
Vienne-le-Château F 24 Ja35
Viens F 42 Jd53
Viensuu FIN 83 Lc28
Viereck D 120 Fb33
Vieremä FIN 82 Kc27
Viereth-Trunstadt D 134 Dc45
Vierhouten NL 117 Bc36
Vierlingsbeek NL 125 Bc38
Viernau D 126 Dc42
Viernheim D 134 Cc46
Vierraden D 120 Fb34
Viersen D 125 Bc39
Vieru RO 180 Ea68
Vierumäki FIN 90 Kc36
Vierville-sur-Mer F 22 Fb35
Vierzon F 29 Gd42
Viesati LV 105 Jd51
Viešintos LT 114 Kd54
Viesīte LV 106 La52
Viesītes LV 106 Kd52
Vieste I 162 Gb71
Vieštovėnai LT 113 Jc55
Viešvėnai LT 113 Jd54
Viešvilė LT 113 Jd57
Vietalva LV 106 La51
Vietas S 67 Gc16
Vietlübbe D 119 Ea32
Vietri di Potenza I 161 Ga76
Vietri sul Mare I 161 Fc75
Vieux-Boucau-les-Bains F 39 Ed53
Vieux-Fume F 22 Fc36
Vievis LT 114 Kd57
Vieyes I 148 Bc58
Vif F 35 Jd49
Vig DK 109 Eb25
Viganj HR 158 Gd68
Vigante LV 106 La51
Vigarano Mainarda I 150 Dd62
Vigeland N 92 Cc47
Vigevano I 148 Cb60
Vigge S 87 Fb32
Viggianello I 164 Gb78
Viggiano I 161 Ga76
Viggiù I 148 Cb58
Viglaš SK 138 Hd49
Vigmostad N 92 Cc47
Vignacourt F 23 Gd33
Vignale Monferrato I 148 Ca60
Vignanello I 156 Ea70
Vignes-la-Côte F 30 Jb38
Vigneulles-lès-Hattonchâtel F 25 Jc36
Vignola I 149 Dc63
Vignola Mare I 168 Cb73
Vignole I 150 Ea57
Vignory F 30 Jb38
Vigny F 23 Gc36
Vigo E 36 Ad57
Vigo di Cadore I 143 Eb56
Vigo di Fassa I 143 Dd56
Vigoleno I 149 Cd61
Vigone I 148 Bc61
Vigo Rendena I 149 Db57
Vigre N 92 Ca45
Vigrestad N 92 Ca45
Vigrieži LV 107 Lb48
Vigsnæs DK 109 Eb28
Viguzzolo I 148 Cb61
Vihajärvi FIN 75 Kd24
Vihakse EST 106 Kb46
Vihantasalmi FIN 90 Kd35
Vihanti FIN 81 Jd25
Vihasjärvi FIN 90 Ka35
Vihasoo EST 98 Kd41
Viherlahti FIN 97 Ja39
Vihiers F 28 Fb42
Vihren BG 184 Cc74
Vihtakangas FIN 83 Ld29
Vihtari FIN 83 Lc31
Vihtasuo FIN 83 Lc28
Vihtavaara FIN 91 Ld32
Vihtavuori FIN 90 Kb32
Vihteljärvi FIN 89 Jb35
Vihterpalu EST 98 Ka43
Vihti FIN 98 Ka39
Vihtiälä FIN 89 Jc36
Vihtijärvi FIN 90 Ka38
Vihtola FIN 91 Lb36
Vihtra EST 98 Kc45
Vihu FIN 89 Jb35
Vihula EST 98 Kd41
Viiala FIN 89 Jd36
Viidu EST 105 Jc46
Viiksimo FIN 83 Ld25
Viikusjärvi S 68 Hd14
Viile Satu Mare RO 171 Cd55
Viinijärvi FIN 83 Lc30
Viinikka FIN 81 Jc30
Viinikoski FIN 74 Kb23
Viinistu EST 98 Kd41
Viira EST 97 Jd45
Viiratsi EST 98 Kd45
Viirilä FIN 90 Kd38
Viisarimäki FIN 90 Kc33
Viişoara MD 173 Fa56
Viişoara RO 171 Cc55
Viişoara RO 171 Da59
Viişoara RO 172 Eb58
Viişoara RO 172 Ed54
Viişoara RO 175 Dc60
Viişoara RO 177 Fb60
Viitaila FIN 90 Kb36
Viitakangas FIN 82 Kb29
Viitala FIN 81 Jb31
Viitalahti FIN 83 Lb31
Viitalankylä FIN 81 Jb31
Viitamäki FIN 82 Kc27
Viitaniemi FIN 83 Lb29
Viitaperä FIN 75 Kc23
Viitapohja FIN 89 Jd35
Viitaranta FIN 69 Kc16
Viitaranta FIN 75 Kd19
Viitasaari FIN 82 Kb30
Viitavaara FIN 75 Lb24
Viitka EST 107 Lc47
Viitna EST 98 Kd42
Viivikonna EST 99 Lc42
Vijciems LV 106 La48
Vijtala FIN 89 Jb32
Vik N 66 Fc13
Vik N 70 Ed24
Vik N 70 Fa21
Vik N 76 Cb33
Vik N 76 Cd32
Vik N 78 Eb26
Vik N 84 Cc37
Vik N 92 Ca42
Vik N 93 Da44
Vik N 93 Da46
Vik S 111 Fb56
Vika FIN 74 Ka18
Vika N 63 Hd07
Vika N 78 Eb29
Vika S 87 Fb38
Vika S 95 Fd40
Vikajärvi FIN 74 Ka18
Vikan N 76 Cd31
Vikan N 77 Db30
Vikane N 92 Cb46
Vikane N 93 Ea44
Vikanes N 84 Cb38
Vikarbyn S 87 Fc38
Vikebuk N 76 Cd32
Vikedal N 92 Ca42
Vikeid N 66 Fd12
Vikeland N 92 Cd46
Viken S 110 Ec54
Vikene S 94 Ec42
Viker N 85 Dd39
Viker S 94 Ec43
Viker S 95 Fc43
Vikersund N 93 Dd41
Vikeså N 92 Ca45
Vikevåg N 92 Ca43
Vikhamar N 77 Ea30
Viķi LV 106 Kc47
Vikingstad S 103 Fd47
Vikja N 84 Cc36
Vikna N 78 Eb25
Vikøy N 84 Cb39
Vikran N 62 Gc10
Vikran N 63 Ja04
Vikran N 66 Ga12
Viksfjord N 93 Dd44
Viksjö S 88 Gc32
Viksna LV 107 Lc49
Vikšņi LV 107 Lc50
Viksøyri N 84 Cc37
Viksta S 96 Gc41
Vikstøl N 92 Cd45
Vikten N 66 Fa14
Viktring A 144 Fb56
Vikvallen S 72 Ha22
Vilaboa E 36 Bb53
Vila Chã P 44 Ac60
Vila Chã P 44 Bb63
Vilachá E 36 Bc57
Vila Cova de Alva P 44 Ba64
Vila da Ponte P 44 Ba59
Vila de Cruces E 36 Ba56
Vila de Rei P 50 Ad66
Vila do Bispo P 58 Aa74
Vila do Conde P 44 Ac60
Vilafamés E 54 Fc65
Vilafant E 41 Hb58
Vila Fernando P 51 Bb68
Vila Flor P 45 Bc61
Vila Franca das Naves P 44 Bb63
Vilafranca de Bonany E 57 Hc67
Vilafranca del Maestrat E 48 Fc64
Vilafranca del Penedès E 49 Gc61
Vila Franca de Xira P 50 Ab68
Vilafrío E 36 Bb56
Vilagarcía de Arousa E 36 Ad56
Vilajuïga E 41 Hb58
Viļaka LV 107 Ld49
Vilalba E 36 Bb54
Vilalba dels Arcs E 48 Fd62
Vilalbite E 36 Bb55
Vilaller E 40 Ga58
Vilamadat E 49 Hb59
Vilamaior E 36 Bc56
Vilamarxant E 54 Fb67
Vilamitjana E 48 Gb59
Vilamoura P 58 Ac74
Viļāni LV 107 Lc51
Vila Nogueira de Azeitão P 50 Ab69
Vilanova E 36 Ac57
Vilanova E 36 Ad56
Vilanova E 37 Bd58
Vila Nova de Anços P 44 Ac64
Vilanova de Bellpuig E 48 Gb61
Vila Nova de Cerveira P 36 Ac58
Vila Nova de Famalicão P 44 Ad60
Vila Nova de Foz Côa P 45 Bc61
Vila Nova de Gaia P 44 Ac61
Vilanova del Cami E 49 Gc61
Vilanova de Meià E 48 Gb59
Vila Nova de Milfontes P 58 Ab72
Vila Nova de Paiva P 44 Ba62
Vila Nova de Santo André P 50 Ab71
Vila Nova de São Bento P 58 Ba72
Vilanova de Sau E 49 Ha59
Vila Nova do Ceira P 44 Ad64
Vilanova i la Geltrú E 49 Gc62
Vilanova (Lourenzá) E 36 Bc54
Vilapedre E 36 Bc56
Vilapedre E 36 Bb54
Vila Pouca de Aguiar P 44 Bb60
Vila Praia de Âncora P 44 Ac59
Vilar P 44 Ba62
Vilarandelo P 45 Bc59
Vilarbacu E 36 Bc57
Vilarchán E 36 Ad57
Vilar de Amargo P 45 Bc62
Vilar de Barrio E 36 Bb58
Vilar de Murteda P 44 Ac59
Vilar de Olalla E 53 Eb66
Vilar de Ossos P 45 Bc59
Vilar de Perdizes P 44 Bb59
Vilar de Pinheiro P 44 Ac60
Vilar de Rei E 36 Bb58
Vilardevós E 45 Bc59
Vila Real P 44 Ba61
Vila-real E 54 Fc66
Vila Real de Santo Antonio P 58 Ba74
Vilares P 45 Bc60
Vilares del Saz E 53 Ea66
Vilar Formoso P 45 Bc63
Vilarinho do Bairro P 44 Ac63
Vilariño das Poldras E 36 Bb58
Vilariño de Conso E 36 Bc58
Vilariño Frío E 36 Bb57
Vilarmeao E 36 Bc58
Vila-rodona E 49 Gc62
Vilarouco P 44 Bb61
Vilarrube E 36 Bb53
Vila Ruva P 50 Ad70
Vilasantar E 36 Ba55
Vilas de Turbón E 40 Ga58
Vila Seca P 44 Ac60
Vila Seca P 44 Ad64
Vila-seca E 48 Gb62
Vilasobroso E 36 Ad57
Vilassar de Dalt E 49 Ha61
Vilassar de Mar E 49 Ha61
Vilasund S 71 Fc21
Vilatuxe E 36 Ba56
Vila Velha de Ródão P 50 Ba66
Vilavella E 36 Bc58
Vila Verde P 44 Ad59
Vila Verde de Ficalho P 58 Ba72
Vila Verde dos Francos P 50 Ab67
Vila Viçosa P 50 Ba69
Vilce LV 106 Kb52
Vilcele MD 177 Fc60
Vilches E 52 Dc71
Vildbjerg DK 100 Da23
Vildecans E 49 Gd61
Vilejka BY 202 Ea12
Vilela E 36 Bb56
Vilémov CZ 136 Fd45
Vilers E 49 Hb59
Vilgale LV 105 Jb51
Vilhelmina S 79 Ga26
Vilhula FIN 90 Kd32
Vília GR 189 Ca86
Vilikkala FIN 97 Jd39
Viliošiai LT 113 Jd53
Viljakkala FIN 89 Jc35
Viljandi EST 98 Kd45
Viljaniemi FIN 90 Kc37
Viljaspohja FIN 90 Kb33
Viljevo HR 152 Hb59
Viljolahti FIN 91 Lb32
Vilkaviškis LT 114 Ka58
Vilkėnai LV 114 Kb56
Viļķene LV 106 Kc48
Vilkija LV 114 Kb57
Vilkjärvi FIN 91 Lb36
Vilkkilä FIN 91 Lb38
Vilkla EST 98 Ka44
Vilkovo BG 181 Fb69
Vilkumiešts LV 115 Lb54
Vilkyčiai LT 113 Jb56
Vilkyškiai LT 113 Jd57
Villa CH 142 Cc55
Villabáñez E 46 Da60
Villabassa I 143 Ea55
Villablanca E 58 Ba74
Villablino E 37 Ca56
Villaboa E 36 Bc54
Villabon F 29 Ha42
Villabona E 37 Cb54
Villabona E 39 Ec55
Villabrágima E 46 Cd59
Villabuena del Puente E 45 Cc61
Villacañas E 52 Dc67
Villacarillo E 61 Dd72
Villacarriedo E 38 Dc55
Villa Castelli I 162 Ha76
Villacastín E 46 Da63
Villach A 144 Fa56
Villacián E 38 Dd56
Villacibrán E 37 Ca55
Villacidro I 169 Bd79
Villacievros E 47 Ea60
Villacintor E 37 Cd57
Villaconejos E 46 Dc65
Villaconejos de Trabaque E 47 Eb64
Villada E 37 Cd58
Villa d'Agri I 161 Ga76
Villa d'Almè I 149 Cd58
Villadangos del Páramo E 37 Cb57
Villa del Prado E 46 Da65
Villa del Rey E 51 Bc66
Villa del Río E 52 Da72
Villadiego E 38 Db57
Villadoro I 167 Fa85
Villadose I 150 Ea61
Villadossola I 148 Ca57
Villaeles de Valdavia E 38 Da57
Villaescusa de Haro E 53 Ea67
Villaescusa la Sombría E 38 Dd58
Villaespesa E 47 Fa65
Villafáfila E 45 Cc59
Villafalletto I 148 Bc62
Villafernando E 37 Bd54
Villaferrueña E 37 Cb58
Villaflores E 45 Cc62
Villafontana I 149 Dc60
Villafranca E 39 Ec58
Villafranca de Córdoba E 60 Cd72
Villafranca de Ebro E 48 Fb61
Villafranca del Bierzo E 37 Bd56
Villafranca del Campo E 47 Ed64
Villafranca de los Barros E 51 Bd70
Villafranca de los Caballeros E 52 Dc67
Villafranca di Verona I 149 Db60

Villafranca in Lunigiana I 149 Cd63
Villafranca-Montes de Oca E 38 Dd58
Villafranca Piemonte I 148 Bc61
Villafranca Sicula I 166 Ec85
Villafranca Tirrena I 167 Fd83
Villafranco del Guadalquivir E 59 Bd74
Villafrati I 166 Ed84
Villafrechos E 45 Cc59
Villafruela E 46 Db59
Villafuerte E 46 Db60
Villagarcía de Campos E 46 Cd60
Villagarcía de la Torre E 51 Ca71
Villagarcía del Llano E 53 Ec68
Villagatón E 37 Cb57
Villaggio Coppola Pinetamare I 161 Fa74
Villaggio Moschella I 161 Ga74
Villaggio Racise I 164 Gc80
Villagonzalo E 51 Bd69
Villagrains F 32 Fb51
Villagrande I 156 Ec70
Villagrande Strisaili I 169 Cb77
Villagrazia I 166 Ec84
Villaharta E 52 Cc71
Villähde FIN 90 Kc37
Villahermosa E 53 Dd70
Villahermosa del Río E 54 Fb65
Villaherreros E 38 Da58
Villahizán E 46 Dc59
Villahizán de Treviño E 38 Db58
Villahoz E 46 Dc59
Villaines-en-Duesmois F 30 Ja40
Villaines-la-Juhel F 28 Fc38
Villajimena E 46 Da59
Villajoyosa E 55 Fc71
Villala FIN 91 Ld32
Villalambrús E 38 Dd56
Villalangua E 39 Fb58
Villalba E 36 Bb54
Villalba I 166 Ed85
Villalba Calatrava E 52 Dc70
Villalba de la Sierra E 47 Eb65
Villalba de los Alcores E 46 Cd59
Villalba de los Barros E 51 Bd70
Villalba de los Morales E 47 Ed63
Villalba del Rey E 47 Ea65
Villalba de Rioja E 38 Ea57
Villalcampo E 45 Ca60
Villalcázar de Sirga E 38 Da58
Villaldemiro E 38 Db58
Villalebrín E 37 Cd58
Villalengua E 47 Ec61
Villalgordo del Júcar E 53 Eb68
Villalgordo del Marquesado E 53 Ea67
Villa Literno I 161 Fa74
Villalobar de Rioja E 38 Ea58
Villalobos E 45 Cc59
Villalón de Campos E 46 Cd59
Villalonga E 54 Fc69
Villalpando E 45 Cc59
Villalpardo E 54 Ed68
Villalquite E 37 Cc57
Villalube E 45 Cc60
Villaluenga de la Sagra E 46 Db65
Villaluenga del Rosario E 59 Cb76
Villalumbroso (Valle Retortillo) E 38 Da58
Villalvernia I 148 Cb61
Villamalea E 54 Ed68
Villamañán E 37 Cc58
Villamanín E 37 Cc56
Villamanrique E 53 Dd70
Villamanrique de la Condesa E 59 Bd74
Villamanta E 46 Db65
Villamanzo E 46 Cd59
Villamar E 36 Bc54
Villamar I 169 Ca78
Villamarco E 37 Cd57
Villamartín E 59 Ca75
Villamartín de Campos E 46 Da59
Villamartín de Don Sancho E 37 Cd57
Villamarzana I 150 Dd61
Villamassargia I 169 Bd79
Villamayor E 37 Cd54
Villamayor E 45 Cb62
Villamayor E 48 Fb60
Villamayor de Calatrava E 52 Da69
Villamayor de Campos E 45 Cc59
Villamayor del Río E 38 Dd58
Villamayor de Santiago E 53 Dd67
Villamblard F 33 Ga49
Villambrán de Cea E 37 Cd57
Villambroz E 37 Cd58
Villameca E 37 Cb57
Villamediana E 46 Da59
Villamejil E 37 Cb57
Villamesías E 51 Ca68
Villaminaya E 52 Db67
Villa Minozzo I 149 Da63
Villamizar E 37 Cd57
Villamo FIN 89 Ja34
Villamontán de la Valduerna E 37 Cb58
Villamor de los Escuderos E 45 Cb61
Villamuelas E 52 Dc66
Villamuera de la Cueza E 38 Da58
Villamuriel de Campos E 46 Cd59
Villamuriel de Cerrato E 46 Da59
Villanasur E 38 Dd58
Villandraut F 32 Fc51
Villandry F 29 Ga42
Villanlueva de Duero E 46 Cd60
Villanova I 148 Bb61
Villanova d'Albenga I 43 La52
Villanova d'Asti I 148 Bd61
Villanova del Battista I 161 Fd74
Villanovaforru I 169 Ca78
Villanovafranca I 169 Ca78
Villanova Mondovì I 148 Bc62
Villanova Monteleone I 168 Bd75
Villanova Strisaili I 169 Cb77
Villanova Truschedu I 169 Ca77
Villanovatulo I 169 Cb78
Villanovilla E 39 Fb57
Villanubla E 46 Cd60
Villanueva E 37 Bd56
Villanueva E 37 Cd54
Villanueva de Alcardete E 53 Dd67
Villanueva de Alcorón E 47 Eb64
Villanueva de Algaidas E 60 Cd75
Villanueva de Argaño E 38 Db58
Villanueva de Bogas E 52 Dc67
Villanueva de Cameros E 47 Ea59
Villanueva de Cauche E 60 Cd75
Villanueva de Córdoba E 52 Cd71
Villanueva de Gállego E 48 Fb60
Villanueva de Gumiel E 46 Dc60
Villanueva del Aceral E 46 Cd62
Villanueva de la Concepción E 60 Cd75
Villanueva de la Condesa E 37 Cd58
Villanueva de la Fuente E 53 Ea70
Villanueva de la Jara E 53 Ec68
Villanueva de la Nía E 38 Db56
Villanueva de la Peña E 38 Db55
Villanueva del Árbol E 37 Cc57
Villanueva de la Reina E 60 Db72
Villanueva del Arzobispo E 61 Dd72
Villanueva de las Cruzes E 59 Bb73
Villanueva de la Serena E 51 Ca69
Villanueva de la Sierra E 45 Bd64
Villanueva de las Manzanas E 37 Cc57
Villanueva de las Torres E 61 Dd74
Villanueva de la Vera E 45 Cb65
Villanueva del Campo E 45 Cc59
Villanueva del Duque E 52 Cc71
Villanueva del Fresno E 51 Bb70
Villanueva del Huerva E 47 Fa61
Villanueva de los Castillejos E 58 Ba73
Villanueva de los Infantes E 53 Dd70
Villanueva de los Nabos E 38 Da58
Villanueva del Rey E 52 Cc71
Villanueva del Río y Minas E 59 Ca73
Villanueva del Trabuco E 60 Da75
Villanueva de Oscos E 37 Bd54
Villanueva de San Carlos E 52 Db70
Villanueva de San Juan E 59 Cb75
Villanueva de Sigena E 48 Fc60
Villanueva de Tapia E 60 Da75
Villanuño de Valdavia E 38 Da57
Villány H 153 Hc58
Villa Opicina I 151 Fa59
Villapadierna E 37 Cd57
Villapalacios E 53 Ea70
Villapeceñil E 37 Cd58
Villapedre E 37 Ca54
Villapiana Lido I 164 Gc78
Villapiana Scalo I 164 Gc78
Villa Potenza I 156 Ed67
Villaputzu I 169 Cb79
Villaquejida E 37 Cc58
Villaquilambre E 37 Cc57
Villaquirán de los Infantes E 38 Db58
Villar E 60 Cc73
Villaralbo E 45 Cb60
Villaralto E 52 Cc70
Villarcayo E 38 Dc56
Villard-de-Lans F 35 Jc49
Villar de Cañas E 53 Ea66
Villar de Chinchilla E 54 Ed69
Villar de Ciervo E 45 Bd63
Villardeciervos E 45 Ca59
Villar de Corneja E 45 Cc64
Villar de Domingo García E 47 Eb65
Villardefrades E 45 Cc60
Villar de la Encina E 53 Ea67
Villar del Arzobispo E 54 Fa67
Villar del Buey E 45 Ca61
Villar del Cobo E 47 Ec65
Villar del Horno E 47 Eb65
Villar del Humo E 54 Ed66
Villar de los Navarros E 47 Fa62
Villar del Pedroso E 52 Cc66
Villar del Rey E 51 Bc68
Villar del Rio E 47 Eb59
Villar del Salz E 47 Ed64
Villar del Saz de Navalón E 47 Eb65
Villar de Olmos E 54 Fa67
Villar de Peralonso E 45 Ca62
Villardíaz E 37 Bd54
Villardiegua de la Ribera E 45 Ca60
Villardompardo E 60 Db73
Villard Saint-Christophe F 35 Jd49
Villareal de los Infantes E 54 Fc66
Villarejo de Fuentes E 53 Ea66
Villarejo de Montalbán E 52 Da66
Villarejo de Salvanés E 46 Dd65
Villarejo-Peristeban E 53 Eb66
Villarente E 37 Cc57
Villargordo E 60 Db72
Villargordo del Cabriel E 54 Ed67
Villaricos E 61 Ec75
Villarino E 45 Bd61
Villarluengo E 48 Fb64
Villarmayor E 45 Cb62
Villarmid E 36 Ac54
Villarosa I 167 Fa85
Villaroya de los Pinares E 48 Fb64
Villar Perosa I 148 Bc61
Villarquemado E 47 Ed64
Villarramiel E 46 Cd59
Villarrasa E 59 Bc73
Villarreal E 51 Bb69
Villarrín de Campos E 45 Cc59
Villarrobledo E 53 Ea68
Villarrodrigo E 38 Da57
Villarrodrigo E 53 Ea71
Villarroquel E 37 Cb57
Villarroya de la Sierra E 47 Ec61
Villarrubia E 60 Cc72
Villarrubia de los Ojos E 52 Dc68
Villarrubia de Santiago E 52 Dc66
Villars CH 141 Bc56
Villars F 29 Gc39
Villars F 33 Ga48
Villars-en-Azois F 30 Ja39
Villars-les-Dombes F 34 Jb46
Villars-Santenoge F 30 Jb40
Villarta E 53 Ec68
Villarta de los Montes E 52 Cd68
Villarta de San Juan E 52 Dc68
Villasalto I 169 Cb79
Villasana de Mena E 38 Dd56
Villasandino E 38 Db58
Villa San Giovanni I 164 Ga83
Villa Santa Maria I 161 Fb71
Villasante de Montija E 38 Dd56
Villa Santina I 143 Ec56
Villasarracino E 38 Da58
Villasayas E 47 Ea61
Villaseca E 38 Ea57
Villasecino E 37 Cb56
Villaseco E 45 Cb60
Villaseco de los Gamitos E 45 Ca62
Villaseco de los Reyes E 45 Ca61
Villasequilla de Yepes E 52 Dc66
Villasimius I 169 Cb80
Villasmundo I 167 Fd86
Villasor I 169 Ca79
Villastar E 47 Fa65
Villastellone I 148 Bd61
Villasur de Herreros E 38 Dd58
Villatalla I 43 La52
Villatobas E 53 Dd66
Villatoro E 45 Cc64
Villatoya E 54 Ed68
Villaturiel E 37 Cc57
Villaurbana I 169 Ca77
Villaute E 38 Db57
Villavallelonga I 160 Ed71
Villavaquerín E 46 Da60
Villávaro E 46 Dd60
Villa Vela I 167 Fc87
Villaverde de Guadalimar E 53 Ea71
Villaverde de Íscar E 46 Da61
Villaverde del Río E 59 Ca73
Villaverde de Medina E 46 Cd61
Villaverde de Monte E 46 Dc59
Villaverde de Pontones E 38 Dc54
Villaverde de Trucios E 38 Dd55
Villaverde y Pasaconsol E 53 Eb67
Villaviciosa E 37 Cc54
Villaviciosa de Córdoba E 60 Cc72
Villaviciosa de Odón E 46 Db64
Villavieja de Yeltes E 45 Bd62
Villaviudas E 46 Db59
Villa Vomano I 157 Fa69
Villayón E 37 Ca54
Villazanzo de Valderaduey E 37 Cd57
Villberga S 96 Gc42
Villé F 31 Kb38
Ville RO 181 Fa67
Villebaudon F 22 Fa36
Villebois-Lavalette F 32 Fd48
Villebrumier F 40 Gc53
Villecerf F 29 Ha38
Villecomtal F 33 Ha51
Villeconin F 29 Gd38
Villecroze F 42 Ka54
Villedaigne F 41 Hb55
Villedieu F 30 Hd40
Villedieu-les-Poêles F 22 Fa37
Villedieu-sur-Indre F 29 Gc43
Villedômain F 29 Gb43
Villefagnan F 32 Fd46
Villefloure F 41 Ha56
Villefontaine F 34 Jb47
Villefort F 34 Hd51
Villefranche-d'Albigeois F 41 Ha53
Villefranche-d'Allier F 33 Ha45
Villefranche-de-Conflent F 41 Ha57
Villefranche-de-Lauragais F 40 Gc55
Villefranche-de-Lonchat F 32 Fd50
Villefranche-de-Panat F 41 Ha52
Villefranche-de-Rouergue F 41 Gd52
Villefranche-du-Périgord F 33 Gb51
Villefranche-sur-Cher F 29 Gc42
Villefranche-sur-Mer F 43 Kd53
Villefranche-sur-Saône F 34 Ja46
Villegailhenc F 41 Ha55
Villegenon F 29 Ha41
Villel E 47 Fa65
Villela E 38 Db57
Ville-la-Grand F 35 Ka45
Villel de Mesa E 47 Ec62
Villemaur-sur-Vanne F 30 Hc38
Villemer F 29 Ha38
Villemeux-sur-Eure F 23 Gb37
Villemorien F 30 Hd39
Villemur-sur-Tarn F 40 Gc53
Villena E 55 Fa70
Villenauxe-la-Grande F 24 Hc37
Villeneuve CH 141 Bb56
Villeneuve F 33 Gd51
Villeneuve F 34 Jb46
Villeneuve F 42 Jb54
Villeneuve-au-Chemin F 30 Hc39
Villeneuve-d'Ascq F 24 Hb31
Villeneuve-de-Berg F 34 Ja51
Villeneuve-de-Marsan F 40 Fc53
Villeneuve-en-Montagne F 30 Ja43
Villeneuve-la-Comtesse F 32 Fb46
Villeneuve-la-Guyard F 30 Hb38
Villeneuve-l'Archevêque F 30 Hc39
Villeneuve-lès-Avignon F 42 Jb53
Villeneuve-les-Bordes F 30 Hb38
Villeneuve-sur-Allier F 30 Hb44
Villeneuve-sur-Lot F 33 Ga51
Villeneuve-sur-Yonne F 30 Hb39
Villentrois F 29 Gb42
Villeréal F 33 Ga51
Villerest F 34 Hd46
Villerías de Campos E 46 Cd59
Villeromain F 29 Gb40
Villers-Bocage F 22 Fb36
Villers-Bocage F 23 Gd33
Villers Bretonneux F 23 Gd33
Villers-Carbonnel F 23 Ha33
Villers-Cotterêts F 24 Hb35
Villers-en-Argonne F 24 Ja36
Villersexel F 31 Ka40
Villers-Farlay F 31 Jc42
Villers-le-Lac F 31 Ka42
Villers-sur-Mer F 22 Fc35
Villerupt F 25 Jc34
Villeseneux F 24 Hd36
Villesèque F 33 Gb51
Villes-sur-Auzon F 42 Jc52
Ville-sur-Illon F 31 Jd38
Ville-sur-Tourbe F 24 Ja35
Villetta Barrea I 161 Fa72
Villetrun F 29 Gb40
Villeurbanne F 34 Jb47
Villevallier F 30 Hb39
Villeveyrac F 41 Hc54
Villiers-Charlemagne F 28 Fb40
Villiers-en-Plaine F 32 Fb45
Villiers-Saint-Benoît F 30 Hb40
Villiers-Saint-Georges F 24 Hb37
Villiers-sur-Beuvron F 30 Hc42
Villikkala FIN 90 Kc37
Villikkala FIN 90 Kd37
Villingebæk DK 109 Ec24
Villingen-Schwenningen D 141 Cb50
Villmergen CH 141 Ca53
Villodrigo E 46 Db59
Villoldo E 38 Da58
Villon F 30 Hd40
Villora E 54 Ed67
Villoria E 45 Cc62
Villoruela E 45 Cc62
Villotta I 150 Ec58
Villotte-sur-Aire F 24 Jb36
Villstad S 102 Fa51
Villuis F 30 Hb38
Villvattnet S 80 Hb26
Villy-en-Auxois F 30 Ja41
Vilminko FIN 82 Ka25
Vilnes N 84 Ca36
Vilnius LT 114 La58
Vil'njans'k UA 205 Fa15
Vil'nohirs'k UA 204 Ed15
Vilobacka FIN 81 Jb29
Vilor RO 175 Dc60
Viloria E 39 Eb57
Vilovo SRB 153 Jb60
Vilppula FIN 90 Ka34
Vilpulka LV 106 Kd47
Vils D 142 Db52
Vils DK 100 Da22
Vilsandi EST 105 Jb46
Vil'šany UA 203 Fa14
Vilsbiburg D 143 Eb50
Vilseck D 135 Ea46
Vilsen, Bruchhausen- D 118 Cd35
Vilshofen D 135 Ed49
Vilshult S 111 Fb53
Vilske-Kleva S 102 Fa47
Vilslev DK 108 Da26
Vilsted DK 100 Db21
Vilsund Vest DK 100 Da21
Vilūnai LT 114 Kc58
Vilusi BIH 152 Gd61
Vilusi BIH 152 Gd62
Vilusi MNE 159 Hc68
Viluste EST 107 Lc46
Viluvere EST 98 Kc45
Vilvestre del Pinar E 46 Dd59
Vilzēni LV 106 Kc48
Vilzēnmuiža LV 106 Kc48
Vimbodí E 48 Gb61
Vimeiro P 50 Aa67
Vimercate I 149 Cc59
Vimianzo E 36 Ac54
Vimieiro P 50 Ab68
Vimioso P 45 Bd60
Vimmerby S 103 Ga49
Vimont F 22 Fc36
Vimoutiers F 22 Fd36
Vimpeli FIN 81 Jc30
Vimperk CZ 136 Fa48
Vimy F 23 Ha32
Vinac BIH 158 Gd64
Vinaceite E 48 Fb62
Vinadi CH 142 Db55
Vinadio I 148 Bb62
Vinaixa E 48 Gb61
Viñales E 37 Ca57
Vinarós E 48 Ga64
Vinarsko BG 181 Ed72
Vinäs S 87 Fc38
Vinatori MD 173 Fb57
Vinay F 35 Jc48
Vinberg S 102 Ec51
Vinça F 41 Ha57
Vinča SRB 174 Bb65
Vinčai LV 114 Kb58
Vinçan AL 182 Ad77
Vincelles F 30 Hc40
Vinchiaturo I 161 Fb73
Vinci I 155 Db65
Vinci MK 178 Bc73
Vinciarello I 164 Gc82
Vind DK 100 Da23
Vindblæs DK 100 Db21
Vindbyholt DK 109 Eb27
Vindeballe DK 108 Dc28
Vindel-Ånäset S 80 Hb27
Vindelgransele S 72 Gd24
Vindelkrokens sameviste S 71 Fd20
Vindeln S 80 Hb27
Vinderei RO 177 Fb61
Vinderslev DK 100 Db23
Vinderup DK 100 Da23
Vindinge DK 109 Dd27
Vindornyaszőlős H 145 Gd55
Vindrej RUS 203 Fc10
Vindriži LV 107 Ma51
Vindstad N 66 Fa15
Vinebre E 48 Ga62
Vinga RO 174 Bd60
Vingåker S 95 Ga44
Vingelen N 77 Ea33
Vinges N 85 Ea37
Vingrau F 41 Hb56
Vingrom N 85 Ea32
Vingsand N 78 Ea27
Vingstad N 67 Ha11
Vinhais P 45 Bc59
Vinica MK 183 Ca74
Vinica SK 146 Hd51
Vinica SLO 151 Fd60
Viničani MK 183 Bc74
Viniegra de Abajo E 47 Ea59
Vinišće HR 158 Gb66
Vinište BG 179 Cc68
Vinjak AL 182 Ac78
Vinje N 84 Cc38
Vinje N 92 Cd42
Vinjen N 66 Fc15
Vinjeøra N 77 Dc30
Vinkeveen NL 116 Ba36
Vinkkilä FIN 89 Ja38
Vinköl S 102 Fa47
Vinkovci HR 153 Hc60
Vinkšniniai LT 114 Kd53
Vinliden S 80 Gc26
Vinnari FIN 89 Jb36
Vinne N 78 Ec29
Vinné SK 139 Ka48
Vinnelys N 63 Hb09
Vinnersjö S 95 Gb40
Vinni FIN 81 Jc30
Vinninga S 102 Fa46
Vinnycja UA 204 Eb15
Vinodol HR 151 Fc60
Vinograd BG 180 Ea70
Vinogradnoe MD 173 Ga58
Vinon F 29 Ha42
Vinön S 95 Fd44
Viñón E 38 Da55
Vinon-sur-Verdon F 42 Jd53
Vinslöv S 110 Fa54
Vinsnes N 93 Da44
Vinsternes N 77 Db30
Vinstra N 85 Dd36
Vintala FIN 97 Jb39
Vintervollen N 65 Kd07
Vintilă Vodă RO 176 Ec63
Vintileasca RO 176 Ec62
Vintjärn S 87 Ga38
Vintl I 143 Dd55
Vintrosa S 95 Fc44
Vințu de Jos RO 175 Cd60
Vintzelberg D 127 Ea36
Viñuela E 60 Da76
Viñuela de Sayago E 45 Cb61
Viñuelas E 46 Dd63
Vinuesa E 47 Ea59
Viöl D 108 Da29
Viola I 148 Bd63
Violay F 34 Ja46
Violès F 42 Jb52
Viols-le-Fort F 41 Hd53
Viozene I 148 Bc63
Vipava SLO 151 Fa58
Vipereşti RO 176 Eb63
Vipiteno I 143 Dd55
Vippabacken S 73 Ja20
Vipperød DK 109 Eb26
Vir BIH 158 Gd66
Vir HR 157 Fc64
Vir RUS 99 Ma44
Vira CH 148 Cb57
Vira HR 158 Gc67
Virala FIN 90 Ka37
Virāne LV 107 Lb50
Virbalis LT 114 Ka58
Virböle FIN 90 Kd38
Vircava LV 106 Kb52
Vire F 22 Fb37
Viré F 30 Jb44
Vireda S 103 Fc48
Vireši LV 107 Lb48
Virestad S 111 Fb53
Vireux-Wellerand F 24 Ja32
Virga LV 113 Jb53
Virgen A 143 Eb54
Virgen de la Cabeza E 52 Da71
Virgilio I 149 Db61
Virginia IRL 9 Cc19
Virieu F 35 Jc47
Virignin F 35 Jd47
Virisen S 71 Fd23
Viriville F 35 Jc48
Virje HR 152 Gd58
Virkby FIN 98 Ka40
Virkkala FIN 98 Ka40
Virkkula FIN 75 La19
Virkkunen FIN 75 Kd21
Virklund DK 108 Db24
Virla EST 98 Kc43
Virmaanpää FIN 82 Kd30
Virmaila FIN 90 Kb35
Virmutjoki FIN 91 Lc35
Virneburg D 133 Bd43
Virojoki FIN 91 Lb37
Virolahden FIN 91 Lb38
Virollet F 32 Fc46
Vironchaux F 23 Gc32
Virónia GR 183 Cb76
Virovitica HR 152 Gd58
Virovsko BG 179 Cd69
Virpazar MNE 159 Ja70
Virpe LV 105 Jc49
Virrankylä FIN 75 La19
Virrat FIN 89 Jd33
Virsbo S 95 Ga42
Virserum S 103 Fd50
Virtaa FIN 90 Kc35
Virtala FIN 81 Jc31
Virtaniemi FIN 65 Kb10
Virtasalmi FIN 90 La32
Virton B 132 Ba45
Virtsu EST 98 Ka45
Virttaa FIN 89 Jc37
Viru-Jaagupi EST 98 La42
Viru-Kabale EST 98 La42
Viru-Nigula EST 98 La41
Viry F 35 Jd45
Vis HR 158 Gb68
Visag RO 174 Ca61
Visaginas LT 115 Lc54
Visakio Rūda LV 114 Kb58
Visalaukė LT 114 La57
Vişani RO 176 Ed64
Visbek D 117 Cc35
Visborg DK 100 Dc22
Visby DK 108 Da27
Visby S 104 Gd49
Viscăuți MD 173 Fd56
Visé B 125 Bb41
Visé B 125 Bb41
Višegrad BIH 159 Ja65
Visegrád H 146 Hc52
Viserba I 156 Eb64
Viseu P 44 Ba63
Vişeu de Jos RO 171 Dc55
Vişeu de Sus RO 171 Dc55
Viševac SRB 174 Bb65
Viševoje RUS 113 Ja59
Višgorodok RUS 107 Ld49
Visiedo E 47 Fa64
Vişina RO 176 Dd65
Vişina RO 180 Db68
Vişineşti RO 176 Dd64
Visingsö S 103 Fb48
Viskafors S 102 Ed49
Viskāļi LV 106 Kd51
Viškeri LV 107 Ld52
Viški LV 115 Lc53
Viskinge DK 109 Ea26
Visky RUS 107 Ld47
Visland N 92 Cb45
Vislanda S 103 Fb52
Višlevo RUS 107 Mb48
Višji LV 105 Jd51
Vismantai LT 114 Kb54
Visnes N 92 Bd42
Višnevoje RUS 113 Jc58
Visnioveca MD 177 Fc60
Višnja Gora SLO 151 Fc58
Višnjan HR 151 Fb60
Višnjica SRB 153 Jc61
Višnjica SRB 174 Bb63
Višňova CZ 128 Fc41
Višňové CZ 137 Gb48
Visnum S 95 Fb44
Visnums-Kil S 95 Fb44
Visoca MD 173 Fb54
Visočka Ržana SRB 179 Cb69
Viso del Marqués E 52 Dc70
Visoka SRB 178 Ad67
Visoka Poljana BG 181 Ec69
Visoki Dečani KSV 178 Ad71
Visoki Dečani SRB 159 Jc69
Visoko BIH 158 Hb64
Visone I 148 Ca62
Višovgrad BG 180 Dc70
Visp CH 141 Bd56
Visperterminen CH 141 Bd56
Viss H 147 Jd50
Vissani GR 182 Ac79
Vissec F 41 Hc53
Vissefjärda S 111 Fd53
Visseiche F 28 Fa40
Visselhövede D 118 Db34
Visseltofta S 110 Fa53
Vissenbjerg DK 108 Dc26
Vissinéa GR 183 Bb77
Visso I 156 Ec68
Vissoie CH 141 Bd56
Vist N 78 Ec28
Vista Alegre E 36 Ba53
Vistabella E 47 Fa62
Vistabella del Maestrat E 54 Fc65
Vistbäcken S 73 Hb22
Vistdal N 77 Db32
Viştea RO 175 Dc61
Vistheden S 73 Hb22
Visthus N 70 Ed22
Vistino RUS 99 Ld40
Vistnes N 92 Ca43
Vistorp S 102 Fa48
Vistträsk S 73 Hb22
Vištytis LT 114 Ka59
Visukums LV 107 Lc48
Visuvesi FIN 89 Jd33
Viszák H 145 Gb55
Vita I 166 Eb84
Vitaby S 111 Fb56
Vitåfors S 73 Ja21
Vitănești RO 180 Dd67
Vitanje SLO 151 Fd57
Vitanová SK 138 Ja46
Vitanovac SRB 178 Bb67
Vitanovac SRB 179 Ca69
Vitanvaara FIN 75 Kc20
Vitberget S 73 Hb21
Vitebsk BY 202 Eb11
Vitemölla S 111 Fb56
Viterbo I 156 Ea70
Vitez BIH 158 Ha64
Vithkuq AL 182 Ad77
Viti EST 98 Kb42
Vitigudino E 45 Bd62
Vitikkala FIN 90 Kb33
Vitina BIH 158 Ha67
Vitina BIH 158 Ha67
Vitina GR 194 Bb87
Vitina KSV 178 Bb72
Vitiņi LV 105 Jd52
Vitino RUS 99 Mb40
Vitis A 136 Fd49
Vitkov CZ 137 Ha45
Vitkovac SRB 178 Bb67
Vitkovići BIH 159 Hd66
Vitkovo SRB 178 Bb68
Vitolište MK 183 Bc76
Vitomireşti RO 175 Db64
Vitoria E 38 Ea56
Vitoševac SRB 178 Bc67
Vitovlje BIH 152 Ha63
Vitré F 28 Fa39
Vitrolles F 42 Jc54
Vitrupe LV 106 Kc48
Vitry-en-Artois F 23 Ha32
Vitry-la-Ville F 24 Hd36
Vitry-le-François F 24 Ja37
Vitry-sur-Seine F 23 Gd37
Vitsa GR 182 Ad79
Vitsand S 94 Ed40
Vitsaniemi S 73 Jb20
Vittangi S 68 Hc15
Vittarp DK 108 Cd25
Vittaryd S 103 Fb51
Vitteaux F 30 Ja41
Vittel F 31 Jc38
Vittikko FIN 69 Kc17
Vittikkovuoma FIN 68 Jb17
Vittinge S 95 Gb41
Vittjärn S 94 Ed40
Vittjärv S 73 Hd21
Vittoria I 167 Fb87
Vittorio Veneto I 150 Eb58
Vittsjö S 110 Fa53
Vittskövle S 111 Fb55
Vittuone I 148 Cb59
Vitulano I 161 Fb74
Vitvattnet S 73 Jb20
Vitvattnet S 80 Ha28
Vitvattnet S 87 Fc33
Viù I 148 Bc59
Viuf DK 108 Db26
Vium DK 100 Da22
Viuruniemi FIN 83 Lc30
Vivar del Cid E 38 Dc58
Vivares E 51 Ca68
Vivario F 154 Cb70
Viveiro E 36 Bc53
Viveiro P 44 Bb59
Vivel del Río Martín E 47 Fa63
Viver E 54 Fb66
Viverols F 34 Hd48
Viverone I 148 Bd59
Viveros E 53 Ea70
Vivestad N 93 Dd43
Viviers F 42 Jb51
Viviez F 33 Gd51
Vivonne F 32 Fd45
Vivungi S 68 Hd15
Vix F 32 Fb45
Vizančiai LT 113 Jc53
Vizantea-Livezi RO 176 Ec61
Vizcainos E 46 Dd59
Vize TR 186 Fa76
Vizica BG 185 Ed74
Vizille F 35 Jd49
Vižina CZ 136 Fb45
Vižinada HR 151 Fa60
Viziru RO 177 Fa64
Vizovice CZ 137 Ha47
Vizsoly H 139 Jd49
Vizvár H 152 Gd58
Vizzavona F 154 Cb70

Vizzini – Wąsosz

Vizzini I 167 Fc87
Vjatskie Poljany RUS 203 Ga08
Vjatskoe RUS 203 Fa08
Vjaz'ma RUS 202 Ec11
Vjazniki RUS 203 Fb09
V. Kolaro (Pamporovo) BG 184 Db75
Vlaardingen NL 124 Ac37
Vlachovo SK 138 Jb48
Vlachovo Březí CZ 136 Fa48
Vlad AL 159 Jc70
Vlad AL 178 Ad71
Vlădaia RO 175 Cc66
Vladaja BG 179 Cc71
Vlădeni RO 172 Ec55
Vlădeni RO 173 Fa56
Vlădeni RO 177 Fa66
Vlădeşti RO 175 Db63
Vlădeşti RO 175 Dc63
Vlădeşti RO 177 Fb62
Vladičin-Han SRB 178 Bd71
Vlădila RO 180 Db67
Vladilovce MK 183 Bc74
Vladimir MNE 163 Ja71
Vladimir RO 175 Cd64
Vladimir RUS 203 Fa10
Vladimirci SRB 153 Jb62
Vladimirescu RO 170 Bd59
Vladimirovac SRB 174 Bb63
Vladimirovci BG 181 Ec69
Vladimirovo BG 179 Cc68
Vladimirovo BG 181 Fa69
Vladimirovo MK 183 Ca74
Vladimirovo RUS 113 Ja59
Vladinja BG 180 Db70
Vladinos MNE 163 Ja71
Vladislav CZ 136 Ga47
Vlad Ţepeş RO 176 Ed66
Vladyčkino RUS 99 Mb42
Vlagtwedde NL 117 Ca34
Vlahăta GR 188 Ac85
Vlaháva GR 183 Bb80
Vlahi BG 183 Cb74
Vlahiá GR 189 Cb84
Vlahióti GR 194 Bc90
Vlăhiţa RO 176 Ea60
Vlahokerassiá GR 194 Bc88
Vlahović HR 152 Gb60
Vlahovići BIH 158 Hb68
Vlăiculeşti RO 176 Ec66
Vlaina Okruglica SRB 179 Ca71
Vlajkovac SRB 174 Bc63
Vlajkovci SRB 178 Bb68
Vlas BG 181 Fa72
Vlasenica BIH 159 Hd64
Vlashuk AL 182 Ab76
Vlasi SRB 179 Ca70
Vlašići HR 157 Fd64
Vlašim CZ 136 Fc46
Vlaşin RO 180 Ea67
Vlasina Rid SRB 179 Ca71
Vlăsineşti RO 172 Ed55
Vlaški Drenovac KSV 178 Ba71
Vlasotince SRB 178 Bd70
Vlastiboř CZ 136 Fc47
Vlatten D 125 Bc41
Vledder NL 117 Bc34
Vlesno RUS 107 Ma49
Vleuten NL 116 Ba36
Vlijmen NL 124 Ba38
Vlissingen NL 124 Ab38
Vlorë AL 182 Aa77
Vlotho D 126 Cd37
V. Nedelja SLO 152 Gb57
Vnorovy CZ 137 Gd48
Vobbia I 148 Cb62
Vocance F 34 Ja49
Voćin HR 152 Ha59
Vockerode D 127 Eb38
Vöcklabruck A 144 Fa51
Vöcklamarkt A 143 Ed51
Vodable F 34 Hb48
Vodanj SRB 174 Bb64
Voden BG 185 Dd74
Voden BG 185 Ec74
Vođenica BIH 152 Gb62
Vodeničane BG 180 Eb72
Vodica BG 180 Ea70
Vodica BIH 158 Gd64
Vodicë AL 182 Ad78
Vodice HR 151 Fa60
Vodice HR 157 Ga65
Vodice SLO 151 Fb57
Vodňany CZ 136 Fb47
Vodnjan HR 151 Fa61
Vodnjanci BG 179 Cb68
Vodno BG 180 Ea70
Vodovrar MK 183 Bc74
Vodskov DK 100 Dc21
Vodstrup DK 100 Da21
Voe GB 5 Fa04
Voel DK 108 Db24
Voerde D 125 Bd38
Voerladegård DK 108 Db24
Voerså DK 101 Dd20
Vœu F 29 Gc43
Voganj SRB 153 Jb61
Vogatsikó GR 183 Bb78
Vogelsdorf, Petershagen- D 128 Fa36
Vögelsen D 118 Dc33
Voggenau A 144 Fc52
Voghera I 148 Cb61
Voghiera I 150 Dd62
Vognill N 77 Dd32
Vognsild DK 100 Db22
Vogogna I 148 Ca57
Vogorno CH 148 Cb57
Vogt D 142 Da52
Vogtareuth D 143 Eb51
Vogtsburg D 141 Bd50
Vogüe F 34 Ja51
Vohburg D 135 Dd49
Vohburg D 135 Ea49
Vohenstrauß D 135 Eb46
Vöhl D 126 Cd40
Võhma EST 97 Jc45
Võhma EST 98 Ka45
Võhma EST 98 Kd41
Võhma EST 98 Kd44
Vohonjoki FIN 74 Kb20
Vohonovo RUS 99 Mb40
Vöhrden, Neuenkirchen- D 117 Cc36
Vöhrenbach D 141 Cb50
Vöhringen D 142 Cc50
Vöhringen D 142 Da50
Voiceşti RO 175 Db65
Void-Vacon F 25 Jc37
Voievoda RO 180 Dc68
Voigtsdorf D 120 Fa33
Voigtstedt D 127 Dd40
Voikoski FIN 90 Kd35
Voila RO 175 Dc61
Voiluoto FIN 89 Ja37
Voineasa RO 175 Da62
Voineasa RO 175 Da66
Voinescu MD 173 Fc59
Voineşti RO 173 Fa57
Voineşti RO 173 Fa59
Voineşti RO 176 Dd64
Voiron F 35 Jc48
Voise F 29 Gc38
Võisiku EST 98 Kd44
Voisines F 30 Jb40
Võiste EST 106 Kb46
Voiteg RO 174 Bc61
Voiteur F 31 Jc43
Voitoinen FIN 89 Jb37
Voitsberg A 144 Fd54
Voivodeni RO 171 Dc58
Vojakkala FIN 74 Jc21
Vojakkala FIN 90 Ka38
Vojčice SK 139 Ka48
Vojens DK 108 Db27
Vojinka UA 205 Fa17
Vojka SRB 153 Jb61
Vojkovice CZ 135 Ec44
Vojkovici BIH 159 Hc65
Vojmån S 79 Gb25
Vojnić HR 151 Ga60
Vojnik SLO 151 Fd57
Vojnika BG 181 Ec73
Vojnjagovo BG 180 Db72
Vojno-Selo MNE 159 Jb69
Vojnovo BG 181 Ed68
Vojšanci MK 183 Bd75
Vojsil BG 180 Db73
Vojska SRB 174 Bd64
Vojtjajaure S 71 Fd23
Vojvoda BG 181 Ed69
Vojvoda Stepa SRB 174 Bb61
Vojvodino BG 181 Fa70
Vojvodinovo BG 180 Db73
Voka EST 99 Lc41
Voladilla Alta E 60 Cc77
Vólakas GR 184 Cd76
Volargne I 149 Db59
Volary CZ 136 Fa48
Vólax GR 196 Db89
Volbu N 85 Dc37
Volče SLO 151 Fa57
Volciano I 149 Db59
Volčki RUS 203 Fb12
Volda N 76 Cc33
Voldby DK 101 Dd23
Volden N 78 Ea31
Volders A 143 Dd54
Voldi EST 98 La44
Voldum DK 100 Dc23
Volendam NL 116 Ba35
Volga RUS 202 Ed09
Volgelsheim F 31 Kc39
Volgodonsk RUS 205 Fd15
Volgograd RUS 203 Fd14
Volgorečensk RUS 203 Fa09
Volgovo RUS 99 Ma40
Volgsele S 79 Gb25
Volhov RUS 202 Eb08
Volimes GR 188 Ac86
Volintiri MD 177 Ga60
Volissós GR 191 Dd85
Voljice BIH 158 Ha65
Volkach D 134 Db45
Volkenschwand D 135 Ea49
Völkermarkt A 144 Fc56
Völklingen D 133 Bc46
Volkmarsen D 126 Cd39
Volkovija MK 178 Ba73
Volkovo RUS 107 Ld48
Volkstedt D 127 Ea39
Voll N 86 Ea38
Vollen N 62 Gc10
Vollen N 78 Ec28
Vollenhove NL 117 Bc35
Vollersode D 118 Cd33
Vollerup DK 108 Db28
Vollheim N 79 Fb26
Vollore-Montagne F 34 Hc47
Vollore-Ville F 34 Hc47
Vollsjö S 110 Fa56
Volmsjö S 80 Gc27
Volna RUS 99 Ma42
Volnay F 28 Fd40
Volnovacha UA 205 Fb15
Voloave MD 173 Fc54
Voločaevskij RUS 205 Fd15
Voločajevskoje RUS 113 Hd59
Voločys'k UA 204 Ea15
Volodarka UA 204 Ec15
Volodarovka RUS 113 Jc59
Volodarsk RUS 203 Fb09
Volodarskij Toriki RUS 99 Mb39
Volodymyrec' UA 202 Ea14
Volodymyr-Volyns'kyj UA 202 Dd14
Vologda RUS 202 Ed08
Voloiac RO 175 Cc65
Volokolamsk RUS 202 Ed10
Volokonovka RUS 203 Fb13
Volonne F 42 Ka52
Vólos GR 189 Ca82
Volosovo RUS 99 Ld43
Volosovo RUS 99 Ma41
Vološovo RUS 99 Mb43
Volosovo RUS 202 Ea08
Volotovo RUS 203 Fb13
Volovăţ RO 172 Eb55
Volovec' UA 204 Dd16
Voloviţa MD 173 Fc54
Volovo BG 180 Ea69
Volpiano I 148 Bd60
Völpke D 127 Dd37
Völschow D 119 Ed32
Vol'sk RUS 203 Ga11
Voltaggio I 148 Cb62
Volta Mantovana I 149 Db60
Volterra I 155 Db66
Voltlage D 117 Cb36
Voltri I 148 Cb62
Voltti FIN 81 Jb30
Volturara Appula I 161 Fc73
Volturara Irpina I 161 Fc75
Volvic F 34 Hb46
Volyně CZ 136 Fa47
Volžsk RUS 203 Fd09
Volžskij RUS 203 Fd13
Vömmorsk EST 107 Lc47
Vomp A 143 Dd53
Vonêche B 132 Ad43
Vonešta Voda BG 180 Dd71
Vóni GR 200 Da96
Vónitsa GR 188 Ad82
Vonnas F 34 Jb45
Võnnu EST 99 Lb45
Vonsild DK 108 Db26
Vööpste EST 99 Lb45
Vööpsu EST 107 Lc46
Voorburg NL 116 Ad36
Voore EST 99 Lb44
Voorschoten NL 116 Ad36
Voorthuizen NL 116 Bb36
Vopnafjörður IS 3 Bc04
Vörå FIN 81 Ja30
Vorau A 144 Ga53
Voray-sur-l'Ognon F 31 Jd41
Vorbasse DK 108 Da25
Vorchdorf A 144 Fa51
Vorden NL 125 Bc37
Vordernberg A 144 Fc53
Vorderriß D 143 Dd53
Vorderstoder A 144 Fb52
Vorderweissenburg A 136 Fb49
Vordingborg DK 109 Eb28
Vordónia GR 194 Bc89
Vordorf D 126 Dc37
Vorë AL 182 Ab74
Voreppe F 35 Jd48
Vorey F 34 Hd49
Vóri GR 200 Cd96
Vorinó GR 183 Bc76
Vorly F 29 Ha43
Vormsele S 80 Gd25
Vormsund N 94 Eb41
Vormträsk S 80 Gd25
Vorna FIN 82 Kb26
Vorniceni RO 172 Ec54
Vorning DK 100 Dc22
Vorona RO 172 Ec56
Voroncovo RUS 107 Mb48
Voroneţ RO 172 Eb56
Voronež RUS 203 Fb13
Voronkina RUS 107 Lc47
Voronovo RUS 99 Ld42
Vorožba UA 202 Ed13
Vorpbukta N 78 Ea28
Vorra D 135 Dd46
Vorsma RUS 203 Fb09
Vorţa RO 175 Cc60
Vorterøyskagen N 62 Ha08
Võru EST 107 Lb47
Vorzova LV 115 Ma53
Vosbutai LV 114 Kb56
Voshod RUS 203 Ga14
Vosiliškis LT 114 Kb55
Voskop AL 182 Ad77
Voskopojë AL 182 Ad77
Voskresensk RUS 203 Fa10
Voskresenskoe RUS 202 Ed09
Voskresenskoe RUS 203 Fc08
Voşlăbeni RO 172 Ea59
Voss N 84 Cc38
Vösu EST 98 Kd41
Vothylakas CY 206 Jd95
Votice CZ 136 Fc46
Võtikvere EST 99 Lb43
Voudenay-l'Église F 30 Ja42
Voúdia GR 195 Cd91
Voue F 30 Hd38
Vougécourt F 31 Jd39
Vougeot F 30 Jb42
Vouguinha P 44 Ba62
Vouhé F 32 Fb46
Vouillé F 28 Fd44
Vouillé F 32 Fc45
Voukoliés GR 200 Cb95
Voúla GR 195 Cb87
Vouliagméni GR 195 Cb87
Vouliásta GR 188 Ad81
Voúlpi GR 188 Ba82
Voulx F 29 Ha38
Voumajärvi S 73 Jb20
Voúnargo GR 188 Ba86
Vounihóra GR 189 Bc85
Vourgareli GR 188 Ba81
Vourijärvi FIN 89 Jc34
Vourkári GR 195 Cd88
Vourvouroú GR 184 Cc79
Vousnainen FIN 97 Ja39
Voussac F 34 Hb45
Voutás GR 200 Ca95
Voutenay-sur-Cure F 30 Hc41
Voutiáni GR 194 Bc89
Voutsarás GR 182 Ac80
Voútsis GR 194 Bb87
Vouvant F 28 Fb44
Vouvray F 29 Ga41
Vouzailles F 28 Fd44
Vouzela P 44 Ba62
Vouzeron F 29 Gd42
Voúzi GR 189 Bd82
Vouziers F 24 Ja35
Vouzon F 29 Gd41
Vovčans'k UA 203 Fa14
Voves F 29 Gc39
Voxna S 87 Fd37
Voxtorp S 103 Fb51
Voxtorp S 111 Ga53
Vöyri FIN 81 Ja30
Vozneseni MD 173 Fc59
Voznesens'k UA 204 Ed16
Voznesenskoe RUS 203 Fb10
Voznice CZ 136 Fb45
Vrå DK 100 Dc20
Vrå S 102 Fa52
Vrabča BG 179 Cb70
Vrabevo BG 180 Db70
Vráble SK 145 Hb50
Vraca BG 179 Cd69
Vračeš BG 179 Cd71
Vračev Gaj SRB 174 Bc63
Vračević SRB 153 Jc63
Vracov CZ 137 Gd48
Vrådal N 93 Da43
Vradijivka UA 204 Ec16
Vrads DK 108 Db24
Vragočanica SRB 153 Jb63
Vrahneika GR 188 Ba85
Vráhos GR 188 Ac82
Vråliosen N 93 Da43
Vrana HR 151 Fb62
Vrana HR 157 Ga65
Vrance MK 183 Bb75
Vrâncioaia RO 176 Ec61
Vranduk BIH 152 Hb63
Vranes MD 173 Fa56
Vrangiana GR 188 Ba82
Vrångö S 102 Eb49
Vrani RO 174 Bd63
Vranić SRB 153 Jc62
Vrani Kon BG 180 Eb71
Vranilovci BG 180 Dc71
Vranino BG 181 Fb69
Vranja HR 151 Fa60
Vranjak BG 179 Cd69
Vranje SRB 178 Bd71
Vranjska Banja SRB 178 Bd71
Vranov nad Dyjí CZ 136 Ga48
Vranov nad Topľou SK 139 Ka48
Vranovo SRB 174 Bc64
Vranovská ves CZ 136 Ga48
Vransko SLO 151 Fc57
Vrap AL 182 Ab75
Vrapce Polje MNE 159 Jb67
Vrapčište MK 178 Ba73
Vrassná GR 184 Cc78
Vrástama GR 184 Cc79
Vrata SLO 144 Fd56
Vratarnica SRB 179 Ca67
Vratěnín CZ 136 Ga48
Vratimov CZ 137 Hb45
Vratlo MNE 159 Ja68
Vrátna SK 138 Hc47
Vratnica MK 178 Bb72
Vravróna GR 195 Cc87
Vrba MNE 159 Ja66
Vrbanj HR 158 Gc67
Vrbanja BIH 152 Gd62
Vrbanja HR 153 Hd61
Vrbanjci BIH 152 Ha62
Vrbanje MNE 159 Hc69
Vrbas SRB 153 Ja59
Vrbaška BIH 152 Gd61
Vrbeštica KSV 178 Ba72
Vrbnica KSV 178 Ab72
Vrbnik HR 151 Fc61
Vrbno pod Pradědem CZ 137 Gd44
Vrboska HR 158 Gc67
Vrbov SK 138 Jb47
Vrbovce SK 137 Gd48
Vrbové SK 137 Ha49
Vrbovec HR 152 Gb58
Vrbovski SRB 153 Jc61
Vrbovsko HR 151 Fd60
Vrchlabí CZ 136 Fd43
Vrčice SLO 151 Fd59
Vrcin SRB 174 Bb64
Vrdy CZ 136 Fd45
Vrebac HR 151 Fd63
Vrécourt F 31 Jc38
Vreden D 125 Bd37
Vrees D 117 Cb34
Vrela KSV 178 Ad70
Vrela SRB 159 Jc68
Vrelo SRB 178 Bd68
Vremski Britof SLO 151 Fa59
Vrena S 95 Gb45
Vrensted DK 100 Dc20
Vreoci SRB 153 Jc62
Vresovo BG 181 Ed71
Vresse-s.-Semois B 132 Ad44
Vrésthena GR 194 Bc88
Vreta FIN 97 Jc40
Vreta kloster S 103 Fd46
Vreten S 95 Gb39
Vretstorp S 95 Fc44
Vrgada HR 157 Fd65
Vrgorac HR 158 Ha67
Vrhnika SLO 151 Fb58
Vrhopolje BIH 152 Gc62
Vrhovine HR 151 Fd62
Vrhovo SLO 151 Fd58
Vries NL 117 Bc34
Vriezenveen NL 117 Bd36
Vrigne-au-Bois F 24 Ja33
Vrigstad S 103 Fb50
Vrin CH 142 Cc55
Vrinners DK 109 Dd24
Vrisári GR 188 Bb86
Vríses GR 200 Cc95
Vríssa GR 191 Ea84
Vrissiá GR 189 Bc82
Vrissohóri GR 182 Ad79
Vrissoúla GR 188 Ad81
Vrízy F 24 Ja34
Vrlika HR 158 Gb65
Vrnjačka Banja SRB 178 Bb67
Vrnograč BIH 151 Ga61
Vrodoú GR 183 Bd79
Vron F 23 Gc32
Vrondádos GR 191 Dd86
Vronderó GR 182 Ba77
Vrontamás GR 194 Bc89
Vroomshoop NL 117 Bd35
Vrossina GR 182 Ac80
Vroutek CZ 135 Ed44
Vrpolje HR 153 Hc60
Vrpolje HR 158 Gb66
Vršac SRB 174 Bc63
Vršani BIH 153 Hd62
Vrsar HR 150 Ed61
Vrsi HR 157 Fd64
Vrtoče BIH 152 Gb62
Vruda RUS 99 Ma41
Vrujci SRB 153 Jc63
Vrulja MNE 159 Ja67
Vrulje HR 157 Fd65
Vrútky SK 138 Hc47
Vrutok MK 178 Ba73
Všeruby CZ 135 Ec47
Všestary CZ 136 Ga44
Všetaty CZ 136 Fc44
Vsetín CZ 137 Ha47
Vsevoložsk RUS 202 Eb08
Vtroja RUS 99 Lc43
Vuarrens CH 141 Bb55
Vučedo HR 153 Hd60
Vučić SRB 174 Bb65
Vučijak BIH 152 Ha62
Vučinice SRB 178 Ba69
Vučinići HR 151 Fc60
Vučitrn KSV 178 Bb70
Vučja Lokva KSV 178 Ba69
Vučja Luka BIH 159 Hc65
Vučje SRB 178 Bd70
Vučkovica SRB 178 Ad67
Vught NL 124 Ba38
Vuillafans F 31 Jd42
Vukan BG 179 Ca71
Vukosanka FIN 83 Lb25
Vukovar HR 153 Hd60
Vukovina HR 152 Gb59
Vuku N 78 Ec29
Vulaines-sur-Seine F 29 Ha38
Vulcan RO 175 Cd62
Vulcan RO 176 Dd62
Vulcana-Băi RO 176 Dd64
Vulcăneşti MD 177 Fc62
Vulcăneşti UA 204 Ec18
Vulcano Piano I 167 Fc83
Vulcano Porto I 167 Fc83
Vulpeni RO 175 Da65
Vultureni RO 171 Da57
Vultureni RO 176 Ed60
Vultureşti RO 172 Ec56
Vultureşti RO 173 Fa58
Vultureşti RO 175 Db65
Vulturu RO 177 Fa62
Vulturu RO 177 Fb66
Vuobmaved FIN 64 Jc10
Vuoggatjålme S 71 Ga19
Vuohčeu FIN 69 Ka13
Vuohijärvi FIN 90 Kd36
Vuohiniemi FIN 90 Ka37
Vuohtomäki FIN 82 Kb28
Vuojalahti FIN 90 Kd33
Vuojärvi FIN 69 Ka17
Vuokatti FIN 82 La26
Vuoksenniska FIN 91 Lc35
Vuolenkoski FIN 90 Kd36
Vuolijoki FIN 82 Kc26
Vuolinko FIN 90 La34
Vuolle FIN 81 Jc28
Vuolledalen N 63 Ja09
Vuollerim S 73 Hb20
Vuonamo FIN 82 Kc29
Vuonisjärvi FIN 83 Ld28
Vuonislahti FIN 83 Ld28
Vuono S 74 Jc21
Vuonos FIN 83 Lc30
Vuontee FIN 90 Kc32
Vuontisjärvi FIN 68 Jb13
Vuorenkylä FIN 89 Jb37
Vuorenmaa FIN 90 La33
Vuoreslahti FIN 82 Kd26
Vuorilahti FIN 82 Kb30
Vuorimäki FIN 89 Jd32
Vuoriniemi FIN 91 Ld34
Vuosaari FIN 98 Kb39
Vuoskojaure sameviste S 67 Ha13
Vuostimo FIN 69 Kb17
Vuostimojärvi FIN 69 Kb17
Vuotinainen FIN 90 Ka38
Vuotjärvi FIN 82 La29
Vuotner S 72 Ha22
Vuotsa FIN 83 Ma29
Vuotso FIN 69 Ka13
Vuottas S 73 Hd20
Vuottolahti FIN 82 Kc26
Vuotunki FIN 75 La19
Vuovdakuoihka FIN 64 Jc09
Vurnary RUS 203 Fc09
Vurpăr RO 175 Db61
Vust DK 100 Db20
Vutcani RO 177 Fb60
Vybor RUS 107 Mb48
Vybor RUS 202 Ea10
Vyborg RUS 202 Ea08
Výčapy CZ 136 Ga47
Výčapy Opatovce SK 145 Hb50
Východná SK 138 Ja47
Vydeniai LT 114 Kd59
Vydmantai LT 113 Jb54
Vygoniči RUS 202 Ed12
Vygrėliai LT 114 Ka59
Vyksa RUS 203 Fb10
Vy-lès-Lure F 31 Ka40
Vylkove UA 204 Ec18
Vynnyky UA 204 Dd15
Vypolzovo RUS 202 Ec09
Vyra RUS 99 Mb41
Vyrica RUS 202 Eb08
Vyšgorodok RUS 107 Ld49
Vyšhorod UA 202 Ec14
Vyskatka RUS 99 Ld42
Vyškov CZ 137 Gc47
Vyskytná CZ 136 Fd46
Vyšné Nemecké SK 139 Kb48
Vyšné Ružbachy SK 138 Jb46
Vyšnij Voloček RUS 202 Ec09
Vysockoe RUS 107 Mb49
Vysoká SK 137 Hb46
Vysoké Mýto CZ 137 Gb45
Vysokij Most RUS 107 Ld47
Vysokoe RUS 113 Jc58
Vysokoje RUS 113 Jd58
Vysokovsk RUS 202 Ed10
Vysoký Chlumec CZ 136 Fb46
Vyšší Brod CZ 136 Fb49
Vystavka RUS 107 Mb46
Vyžiai LT 113 Jc56
Vyžnycja UA 204 Ea16
Vyžuonos LT 114 La55
Vzmor'e RUS 113 Hd59

W

Waabs D 108 Dc29
Waake D 126 Db39
Waakirchen D 143 Ea52
Waal D 142 Dc51
Waalre NL 124 Ba39
Waalwijk NL 124 Ba38
Waase D 119 Ed30
Wabcz PL 121 Hb33
Waben F 23 Gc32
Wabern D 126 Da40
Wabienice PL 129 Gd41
Wąbrzeźno PL 121 Hb33
Wach PL 122 Jc33
Wachenheim D 133 Cb46
Wachenroth D 134 Dc45
Wąchock PL 130 Jc41
Wachow D 127 Ec36
Wachów PL 129 Hb42
Wachtberg D 125 Bd42
Wachtendonk D 125 Bc39
Wächtersbach D 134 Cd43
Wacken D 118 Da31
Wackersdorf D 135 Eb47
Wackersleben D 127 Dd37
Waddesdon GB 20 Fb27
Waddewarden D 117 Cc32
Waddington GB 17 Fc22
Waddingtown IRL 13 Cc25
Waddinxveen NL 116 Ad36
Wadebridge GB 18 Db31
Wädenswil CH 141 Cb53
Wadern D 133 Bc45
Wadersloh D 126 Cc38
Wadhurst GB 20 Fd29
Wadlew PL 130 Hd39
Wadowice PL 138 Hd45
Waffenbrunn D 135 Ec47
Wagenfeld D 126 Cd36
Wageningen NL 125 Bb37
Waghäusel D 134 Cc47
Waging am See D 143 Ec51
Wagna A 144 Fd55
Wagrain A 143 Ed53
Wągrowiec PL 121 Gc35
Wahlstedt D 118 Dc31
Wahrenberg D 119 Ea35
Wahrenholz D 126 Dc36
Waiblingen D 134 Cd48
Waibstadt D 134 Cc46
Waidhaus D 135 Eb46
Waidhofen an der Thaya A 136 Fd49
Waidhofen an der Ybbs A 144 Fc51
Waidring A 143 Eb53
Waimes B 125 Bb42
Wainfleet All Saints GB 17 Fd23
Wainhouse Corner GB 18 Dc30
Waischenfeld D 135 Dd45
Waizenkirchen A 144 Fa50
Wakefield GB 16 Fa21
Walbeck D 125 Bc39
Walbeck D 127 Dd37
Walberswick GB 21 Gc25
Wałbrzych PL 129 Gb42
Walchen A 143 Dd54
Walchum D 117 Ca34
Walchwil CH 141 Cb54
Wałcz PL 121 Gb34
Wald A 143 Ed54
Wald A 144 Fc53
Wald CH 142 Cc53
Wald D 142 Cd51
Waldaschaff D 134 Cd44
Waldbach A 144 Ga53
Waldböckelheim D 133 Ca44
Waldbreitbach D 125 Ca42
Waldbröl D 125 Ca41
Waldbronn D 133 Cb48
Waldbrunn D 134 Cd46
Waldbrunn (Westerwald) D 125 Cb42
Waldburg D 142 Da52
Walddrehna D 128 Fa39
Wälde, Betzweiler- D 133 Cb49
Waldeck D 126 Cd40
Waldems D 133 Cb43
Waldenbuch D 134 Cd49
Waldenburg D 127 Ec42
Waldenburg D 134 Da47
Waldenstein-Twimberg A 144 Fc55
Walderbach D 135 Eb47
Walderton GB 20 Fb30
Waldfeucht D 125 Bb40
Waldfischbach-Burgalben D 133 Ca46
Waldhausen im Strudengau A 144 Fc50
Waldheim D 127 Ed41
Waldkappel D 126 Db40
Waldkirch CH 142 Cd53
Waldkirch D 141 Ca50
Waldkirchen D 127 Ed42
Waldkirchen D 136 Fa49
Waldkraiburg D 143 Eb50
Wald-Michelbach D 134 Cc46
Waldmohr D 133 Bd46
Waldmünchen D 135 Ec47
Waldneukirchen A 144 Fb51
Wałdowo PL 121 Gd33
Waldringfield GB 21 Gb26
Waldsassen D 135 Eb45
Waldsee D 133 Cb46
Waldsee, Bad D 142 Da51
Waldshut-Tiengen D 141 Ca52
Waldsieversdorf D 128 Fb36
Waldsolms D 134 Cc43
Waldstetten D 134 Cd46
Wałdyki PL 122 Hd32
Waldzell A 143 Ed51
Walenstadt CH 142 Cd54
Wales GB 16 Fa22
Walewice PL 130 Hd37
Walferdange L 133 Bb45
Walgherton GB 15 Ec23
Walichnowy PL 129 Hb40
Walim PL 129 Gb42
Walincourt-Selvigny F 24 Hb33
Walkenried D 126 Dc39
Walkerburn GB 11 Eb14
Walkern GB 20 Fc27
Walkowice PL 121 Gb34
Wallasey GB 15 Eb21
Walldorf D 126 Dc42
Walldorf D 134 Cc46
Walldürn D 134 Cd46
Wallendorf D 133 Bb44
Wallenfels D 135 Dd44
Wallenhorst D 117 Cb36
Wallerfing D 135 Ec49
Wallern A 144 Fa50
Wallern im Burgenland A 145 Gc52
Wallers F 24 Hb32
Wallersdorf D 135 Ec49
Wallerstein D 134 Db48
Wallgau D 143 Dd53
Wallhalben D 133 Ca46
Wallhausen D 127 Dd40
Wallhausen D 134 Db47
Wallingford GB 20 Fa28
Wallisellen CH 141 Cb53
Wallmoden D 126 Dc38
Walls GB 5 Ed05
Wallsee A 144 Fc51
Wallstawe D 119 Dd35
Walluf D 133 Cb44
Wallwitz D 127 Eb39
Walmerod D 125 Cb42
Wałowice PL 128 Fc38
Walpertskirchen D 143 Ea50
Walpole Saint Andrew GB 17 Fd24
Walsall GB 16 Ed24
Walschleben D 127 Dd41
Walsdorf D 134 Dc45
Walsrode D 118 Db35
Waltenhofen D 142 Db52
Waltersdorf D 128 Fc42
Waltershausen D 126 Dc41
Waltham GB 17 Fc21
Waltham-on-the-Wolds GB 16 Fb24
Walton East GB 14 Db26
Walton-on-the-Naze GB 21 Gb27
Waltrop D 125 Ca38
Waly F 24 Jb36
Wamba E 46 Cd60
Wambierzyce PL 137 Gb43
Wanborough GB 20 Ed28
Wanderup D 108 Da29
Wandlitz D 119 Ed35
Wanfried D 126 Db40
Wangen CH 141 Bd53
Wangenbourg F 25 Kb37
Wangen im Allgäu D 142 Da52
Wangerland D 117 Cc32
Wangerooge D 117 Cc31
Wängi CH 142 Cc52
Wanlockhead GB 10 Ea15
Wanna D 118 Cd32
Wansleben D 127 Ea40
Wanssum NL 125 Bc38
Wantage GB 20 Fa28
Wanzleben D 127 Ea38
Wapenveld NL 117 Bc35
Wąpielsk PL 122 Hc34
Wapienne PL 139 Jd45
Waplewo PL 122 Ja33
Wapnica PL 120 Fd34
Wapno PL 121 Gd35
Warberg D 127 Dd37
Warbomont B 124 Ba42
Warboys GB 20 Fc25
Warburg D 126 Cd39
Warchlino PL 120 Fc33
Warcino PL 121 Gb31
Warcq F 25 Jc35
Ward IRL 13 Cd21
Wardenburg D 117 Cc34
Wardin B 133 Bb43
Wardington GB 20 Fa26
Ware GB 20 Fc27
Waregem B 124 Aa40
Wareham GB 19 Ec31
Waremme B 124 Ba41
Waren D 119 Ec33
Warendorf D 125 Cb37
Warffum NL 117 Bd32
Warga NL 117 Bc33
Warin D 119 Ea32
Warka PL 130 Jc38
Warkworth GB 11 Fa15
Warley GB 20 Ed25
Warlingham GB 20 Fc29
Warlubie PL 121 Hb32
Warluis F 23 Gd35
Warmenhuizen NL 116 Ba34
Warmensteinach D 135 Ea44
Warminster GB 19 Ec29
Warmsen D 126 Cd36
Warmwell GB 19 Ec31
Warnemünde D 119 Eb31
Warnford GB 20 Fa30
Warngau D 143 Ea52
Warnice PL 120 Fc35
Warnikajmy PL 122 Jb30
Warnino PL 120 Ga31
Warnołęka PL 120 Fb32
Warnowo PL 120 Fb32
Warrenpoint IRL 9 Cd19
Warrington GB 15 Ec21
Warschau = Warszawa PL 130 Jb37
Warslow GB 16 Ed22
Warsop GB 16 Fa22
Warsow D 119 Ea33
Warstein D 126 Cc39
Warszawa PL 130 Jb37
Warszkowo PL 121 Gb30
Wart, Altensteig- D 134 Cc49
Warta PL 129 Hb39
Warta Bolesławiecka PL 128 Ga41
Wartenberg D 126 Da42
Wartenberg D 143 Ea50
Wartenburg D 127 Ec39
Warth A 142 Da53
Warthausen D 142 Da50
Warthe D 120 Fa31
Wartin D 120 Fb34
Wartkowice PL 130 Hc38
Wartmannsroth D 134 Da44
Warton GB 11 Ed15
Warwick GB 20 Fa25
Wasbek D 118 Db31
Wasbister GB 5 Ec02
Wasbüttel D 126 Dc36
Washaway GB 18 Db31
Washington GB 11 Fa17
Wasigny F 24 Hd34
Wasilków PL 123 Kb33
Waskemeer NL 117 Bb33
Waśniów PL 130 Jc41
Wąsosz PL 121 Gd35

Wasosz – Wólka Majdanska

Wasosz PL 123 Jd32
Wąsosz PL 129 Gb39
Waspik NL 124 Ba38
Wasselonne F 25 Kb37
Wassen CH 141 Cb55
Wassenaar NL 116 Ad36
Wassenberg D 125 Bc40
Wasserbillig L 133 Bc45
Wasserburg D 143 Eb51
Wasserburg am Bodensee D 142 Cd52
Wasserlosen D 134 Db44
Wassermungenau D 134 Dc47
Wassertrüdingen D 134 Dc48
Wassingny F 24 Hb33
Wassmannsdorf D 127 Ed37
Wassy F 30 Ja38
Wasungen D 126 Db42
Watchet GB 19 Ea29
Watchfield GB 19 Eb29
Waterford IRL 13 Cb25
Watergrasshill IRL 12 Bd25
Waterhouses GB 16 Ed23
Wateringbury GB 20 Fd29
Waterloo B 124 Ac41
Waterlooville GB 20 Fa30
Waterrow GB 19 Ea29
Waterville IRL 12 Ba25
Watervliet B 124 Ab39
Waterworks GB 9 Cd17
Watford GB 20 Fc27
Wathlingen D 126 Db36
Watlington GB 20 Fb27
Watten F 21 Gd30
Watten GB 5 Eb04
Wattendorf D 135 Dd44
Wattens A 143 Dd53
Wattle Bridge GB 9 Cc18
Wattmannshagen D 119 Ec32
Watton GB 17 Ga24
Wattrelos F 21 Ha30
Wattwil CH 142 Cc53
Wąwelno PL 121 Gd33
Wąwolnica PL 131 Ka40
Wawreńczyce PL 138 Jb44
Wawrochy PL 122 Jb32
Wawrów PL 120 Fd35
Wawrowice PL 122 Hc33
Waxweiler D 133 Bc43
Ważne Młyny PL 130 Hc41
Wdzydze PL 121 Ha31
Weasenhan Saint Peter GB 17 Ga24
Weaverham GB 15 Ec22
Węchadłów PL 138 Jb43
Wechingen D 134 Dc48
Wechmar D 126 Dc41
Wechselburg D 127 Ec41
Wedde NL 117 Ca34
Weddingstedt D 118 Da30
Wedel D 118 Db32
Wedemark D 126 Db36
Wedmore GB 19 Eb29
Weener D 117 Cb33
Weeping Cross GB 16 Ed24
Weerselo NL 117 Bd36
Weert NL 125 Bb39
Wees D 108 Db28
Weesp NL 116 Ba36
Weeting GB 21 Ga25
Weeze D 125 Bc38
Wefensleben D 127 Dd37
Weferlingen D 127 Dd37
Wegberg D 125 Bc40
Wegeleben D 127 Dd38
Wegenstedt D 127 Dd36
Weggis CH 141 Cb54
Węgielsztyn PL 122 Jc30
Węgiersk PL 122 Hc34
Węgierska Górka PL 138 Hc46
Węgleszyn PL 130 Ja42
Wegliniec PL 128 Fd40
Weglosen CH 142 Cc54
Węgorza PL 120 Fc32
Węgorzewo PL 122 Jc30
Węgorzyno PL 120 Fd33
Węgra PL 122 Jb34
Węgrów PL 131 Jd36
Węgry PL 129 Ha42
Węgrzce PL 138 Ja44
Węgrzynice PL 128 Fd37
Wegscheid D 136 Fa49
Wehe- NL 117 Bd32
Wehl NL 125 Bc37
Wehr D 141 Ca52
Wehretal D 126 Db40
Wehrheim D 134 Cc43
Wehrland D 120 Fa31
Weibersbrunn D 134 Cd44
Weichselboden A 144 Fd52
Weida D 127 Eb42
Weiden D 135 Eb46
Weidenbach D 134 Dc47
Weidenberg D 135 Ea45
Weidenstetten D 134 Da49
Weidenthal D 133 Cb46
Weidhausen D 135 Dd44
Weiding D 135 Ec47
Weigersdorf D 128 Fc40
Weigsdorf-Köblitz D 128 Fb41
Weiherhammer D 135 Eb46
Weihmichl D 135 Ea49
Weikendorf A 145 Gc50
Weikersdorf am Steinfelde A 145 Gb52
Weikersheim D 134 Da46
Weil am Rhein D 141 Bd52
Weilbach D 134 Cd45
Weilburg D 125 Cb42
Weil der Stadt D 134 Cc48
Weiler D 142 Da52
Weilerbach D 133 Ca46
Weilersbach D 135 Dd45
Weilerswist D 125 Bd41
Weilheim D 134 Cd49
Weilheim i.OB D 143 Dd52
Weilmünster D 134 Cc43
Weilrod D 134 Cc43
Weiltingen D 134 Db47
Weimar D 126 Cc42
Weimar D 127 Dd41
Weinböhla D 128 Fa41
Weine D 126 Cc39
Weinfelden CH 142 Cc52
Weingarten D 133 Cb46
Weingarten D 134 Cc47
Weingarten D 142 Cd51
Weinheim D 134 Cc46
Weins A 144 Fc51
Weinsberg D 134 Cd47
Weinstadt D 134 Cd48
Weischlitz D 135 Eb43
Weisendorf D 134 Dc46
Weiskirchen D 133 Bc45
Weismain D 135 Dd44
Weissach D 134 Cc48
Weissach D 134 Cd48
Weißandt-Gölzau D 127 Eb39
Weißbach D 134 Da47
Weissbach bei Lofer A 143 Ec53
Weißbriach A 143 Ed56
Weißdorf D 135 Ea44
Weissenbach am Attersee A 143 Ed52
Weissenbach an der Triesting A 144 Ga51
Weißenberg D 128 Fc41
Weißenborn D 126 Db41
Weißenborn D 127 Ed42
Weißenborn-Lüderode D 126 Dc39
Weißenbrunn D 135 Dd44
Weissenburg CH 141 Bd55
Weißenburg D 134 Dc48
Weißenfels D 127 Eb41
Weißenhorn D 142 Db50
Weissenkirchen in der Wachau A 144 Fd50
Weißensberg D 142 Da52
Weißensee D 127 Dd40
Weißenstadt D 135 Ea44
Weißenthurm D 125 Ca42
Weißig D 128 Fa40
Weißkeißel D 128 Fc40
Weisskirchen A 144 Fc54
Weißkollm D 128 Fb40
Weisstannen CH 142 Cd54
Weisswasser D 128 Fc40
Weistrach A 144 Fb51
Weiswampach L 133 Bb43
Weisweil D 141 Ca50
Weitefeld D 125 Cb42
Weiten A 144 Fd50
Weitenegg A 144 Fd50
Weitensfeld A 144 Fb55
Weitersfeld A 136 Ga49
Weitersfelden A 144 Fc50
Weiterstadt D 134 Cc44
Weitnau D 142 Da52
Weitra A 136 Fc49
Weitramsdorf D 134 Dc44
Weixdorf D 128 Fa41
Weiz A 144 Ga54
Wejherowo PL 121 Ha29
Wejsce PL 130 Hd37
Wejsuny PL 122 Jc32
Wekerom NL 116 Bb36
Welden D 134 Dc49
Wełdkowo PL 121 Gb31
Welford GB 20 Fb25
Welkenraedt B 125 Bb41
Wellendingen D 142 Cc50
Wellheim D 135 Dd48
Wellin B 132 Ad43
Wellingborough GB 20 Fb25
Wellington GB 11 Fa17
Wellington GB 15 Eb26
Wellington GB 15 Ec24
Wellington GB 19 Ea29
Wellington Bridge IRL 13 Cc25
Wellmitz D 128 Fc38
Wells GB 19 Eb29
Wells-next-the-Sea GB 17 Ga23
Wełna PL 129 Gc36
Welney GB 17 Fd24
Wels A 144 Fa51
Welsberg I 143 Ea55
Welschbillig D 133 Bc44
Welschnofen I 143 Dd56
Welshpool GB 15 Eb24
Welsleben D 127 Ea38
Welver D 125 Cb39
Welwyn Garden City GB 20 Fc27
Welzheim D 134 Da48
Welzow D 128 Fb39
Wem GB 15 Ec23
Wembley GB 20 Fc28
Wemding D 134 Dc48
Wemeldinge NL 124 Ac38
Wemyss Bay GB 6 Dc13
Wendeburg D 126 Dc37
Wendelstein D 135 Dd47
Wenden D 125 Cb41
Wending GB 17 Ga24
Wendisch Rietz D 128 Fa37
Wendlingen D 134 Cd49
Wendover GB 20 Fb27
Wenecja PL 121 Gd35
Weng A 143 Ed50
Weng D 135 Ea49
Wengen CH 141 Ca55
Wengi CH 141 Bd53
Wenholthausen D 125 Cb40
Wenigzell A 144 Ga53
Wennigsen D 126 Da37
Wenningstedt D 108 Cd28
Wensley GB 11 Ed18
Wentorf D 118 Dc33
Wenvoe GB 19 Ea28
Wenzenbach D 135 Eb48
Wenzlow D 127 Ec37
Weobley GB 15 Eb26
Werbach D 134 Da45
Werben D 119 Eb35
Werben D 128 Fb39
Werbig D 127 Ed38
Werbkowice PL 131 Kd41
Werchrata PL 139 Kd43
Werda D 135 Eb43
Werdau D 127 Eb42
Werder D 127 Ed37
Werdohl D 125 Cb40
Werentzhouse F 31 Kc40
Werfen A 143 Ed53
Werkendam NL 124 Ba37
Werl D 125 Cb39
Werlte D 117 Cb34
Wermelskirchen D 125 Ca40
Wermsdorf D 127 Ec40
Wernberg-Köblitz D 135 Eb46
Werne D 125 Cb38
Werneck D 134 Db44
Werneuchen D 128 Fa36
Wernigerode D 126 Dc38
Wernsdorf D 128 Fa37
Wertach D 142 Db52
Wertheim D 134 Da45
Werther D 126 Cc37
Werther D 126 Dc39
Wertingen D 134 Dc49
Wervershoof NL 116 Ba34
Wervik B 21 Ha30
Wesel D 125 Bd38
Wesenberg D 119 Ed34
Wesendorf D 126 Dc36
Wesoła PL 130 Jc37
Wesołowo PL 122 Jb33
Wesselburen D 118 Da30
Weßling D 143 Dd51
Wessobrunn D 142 Dc51
West Bay GB 19 Eb30
West Bridgford GB 16 Fa23
West Bromwich GB 16 Ed24
Westbury GB 15 Eb24
Westbury GB 19 Ec29
West Calder GB 10 Ea13
West Clandon GB 20 Fb29
Westcott GB 20 Fc29
West Down GB 19 Dd29
Weste D 119 Dd34
Westend FIN 98 Kb40
Westende B 21 Ha29
Westendorf A 143 Eb53
Westensee D 118 Db30
Westerbork NL 117 Bd34
Westerburg D 125 Cb42
Westerdale GB 5 Eb05
Westerdale GB 11 Fb18
Westeregeln D 127 Ea38
Westerhaar-Vriezenveensewijk NL 117 Bd35
Westerhausen D 127 Dd38
Westerheim D 134 Da49
Westerhever D 118 Cd30
Westerholt D 117 Cb32
Westerkappeln D 117 Cb36
Wester-Koggenland NL 116 Ba35
Westerland (Sylt) D 108 Cd28
Westerlo B 124 Ad40
Westermarkelsdorf D 119 Dd29
Westernbödefeld D 126 Cc40
Westerrönfeld D 118 Db30
Westerstede D 118 Cc33
Westerstetten D 134 Da49
Westewitz D 127 Ed41
Westfield GB 10 Ea13
Westgate on Sea GB 21 Gb28
West Haddon GB 20 Fb25
Westham GB 20 Fd28
West Harptree GB 19 Ec28
Westhausen D 134 Db48
Westhay GB 19 Eb29
Westheim D 133 Cb46
Westheim D 134 Dc48
Westhofen D 133 Cb45
West Ilsley GB 20 Fa28
Westkapelle NL 124 Ab38
West Kilbride GB 10 Dc14
West Kingsdown GB 20 Fd28
West Kirby GB 15 Eb21
West Lavington GB 20 Ed29
Westleton GB 21 Gb25
West Linton GB 11 Eb14
West Lulworth GB 19 Ec31
West Lutton GB 16 Fb19
West Lyng GB 19 Eb29
Westmalle B 124 Ad39
West Mersea GB 21 Ga27
Westmill GB 20 Fc26
Weston GB 16 Ed23
Weston GB 20 Fa26
Weston Rhyn GB 15 Eb23
Weston-super-Mare GB 19 Eb28
Weston-under-Lizard GB 15 Ec24
Westonzoyland GB 19 Eb29
Westoverledingen D 117 Cb33
Westport IRL 8 Bc19
West Runton GB 17 Gb23
Westruther GB 11 Ec14
West Tanfield GB 11 Fa19
West-Terschelling NL 116 Bb32
West Town IRL 8 Ca15
Westward Ho! GB 18 Dc29
West Winch GB 17 Fd24
West Wittering GB 20 Fb30
Weteritz D 127 Ea36
Wetherby GB 16 Fa20
Wetheringsett GB 21 Gb25
Wethersfield GB 20 Fd26
Wetlina PL 106 Kb47
Wetschen D 117 Cc35
Wettenberg D 126 Cc42
Wetter D 125 Ca39
Wetter (Hessen) D 126 Cc41
Wetterzeube D 127 Eb41
Wettin D 127 Ea39
Wettingen CH 141 Cb52
Wettringen D 117 Ca36
Wettstetten D 135 Dd48
Wetwang GB 16 Fb19
Wetzikon CH 142 Cc53
Wetzlar D 126 Cc42
Wexford IRL 13 Cd25
Weyarn D 143 Ea52
Weybridge GB 20 Fc28
Weyerbusch D 125 Ca41
Weyer-Markt A 144 Fc52
Weyersheim F 25 Kc36
Weyhausen D 126 Dc36
Weyhe D 118 Cd34
Weyhill GB 20 Fa29
Weymouth GB 19 Ec31
Weyregg am Attersee A 143 Ed52
Wezep NL 117 Bc35
Whaley Bridge GB 16 Ed22
Whalley GB 15 Ec20
Whaplode GB 17 Fc24
Whauphill GB 10 Dd17
Wheatley Hill GB 11 Fa17
Wheddon Cross GB 19 Ea29
Wherwell GB 20 Fa29
Whickham GB 11 Fa15
Whiddon Down GB 19 Dd30
Whipsnade GB 20 Fb27
Whitburn GB 10 Ea13
Whitby GB 11 Fb18
Whitchurch GB 15 Ec23
Whitchurch GB 20 Fa29
Whitchurch GB 20 Fb27
Whitebridge GB 7 Dd09
Whitecross GB 9 Cd18
Whitegate IRL 12 Bd26
Whitehall GB 5 Ec02
White Hall IRL 12 Bb27
Whitehall IRL 13 Cc23
Whitehaven GB 10 Ea18
Whitehead GB 10 Db17
Whitehouse GB 7 Ec09
Whitekirk GB 11 Ec13
Whiteparish GB 20 Ed29
Whiterashes GB 5 Ed08
Whitewell-on-the-Hill GB 16 Fb19
Whitfield GB 11 Ec16
Whitfield GB 20 Fa26
Whitfield GB 21 Gb29
Whithorn GB 10 Dd17
Whitland GB 18 Dc27
Whitley Bay GB 11 Fa16
Whitness GB 5 Fa04
Whitness GB 5 Fa05
Whitney-on-Wye GB 15 Eb26
Whitstable GB 21 Ga28
Whitstone GB 18 Dc30
Whittington GB 15 Eb23
Whittlesey GB 17 Fc24
Whitton GB 15 Eb25
Whitwick GB 16 Fa24
Whygate GB 11 Ec16
Wiąg PL 121 Hb33
Wiartel PL 122 Jc32
Wiatrowiec PL 122 Jb30
Wiązów PL 129 Gd42
Wiązownica PL 139 Kb44
Wibtoft GB 20 Fa25
Wichów PL 128 Fd39
Wichrów PL 130 Hc38
Wichtshausen D 126 Dc42
Wicimice PL 120 Fd32
Wicina PL 128 Fc39
Wick GB 5 Ec05
Wick GB 19 Ea28
Wick GB 19 Ec28
Wick GB 20 Ed30
Wickede D 125 Cb39
Wicken GB 20 Fd25
Wickham GB 20 Fa30
Wickham Market GB 21 Gb26
Wicklow IRL 13 Da22
Wicko PL 121 Gd29
Wicko Morskie PL 121 Gb29
Wickwar GB 19 Ec28
Widawa PL 130 Hc40
Widdern D 134 Cd46
Widdrington GB 11 Fa15
Widełka PL 139 Ka43
Widemouth Bay GB 18 Dc30
Widford GB 20 Fd27
Widminy PL 123 Jd31
Widnau CH 142 Cd53
Widnes GB 15 Ec22
Widuchowa PL 120 Fb34
Widugiery PL 123 Kb30
Widzów PL 130 Hd41
Więcbork PL 121 Gd33
Wieck D 119 Ec30
Wieda D 126 Dc39
Wiedenbrück, Rheda- D 126 Cc38
Wiedensahl D 126 Da36
Wiederschwing A 144 Fa55
Wiednitz D 128 Fa40
Wiefelstede D 118 Cc33
Wiehe D 127 Ea40
Wiehl D 125 Ca41
Wiejce PL 128 Ga36
Wiejki PL 123 Kc33
Wiek D 119 Ed29
Większyce PL 137 Ha43
Wielbark PL 122 Jb33
Wiele PL 121 Gd31
Wiele PL 121 Gd34
Wieleń PL 120 Ga35
Wieleń Północny PL 120 Ga35
Wieleń Zaobrzański PL 128 Ga38
Wielgie PL 122 Hc35
Wielgie PL 131 Jd40
Wielgomłyny PL 130 Hd41
Wielgus PL 138 Jb43
Wielichowo PL 129 Gb38
Wieliczka PL 138 Ja44
Wieliczki PL 123 Ka31
Wielka Łąka PL 121 Hb34
Wielkie Jęczniki PL 121 Gd32
Wielkie Oczy PL 139 Kc44
Wielki Łąck PL 122 Hd34
Wielki Przeździęk PL 122 Jb33
Wielopole Skrzyńskie PL 139 Jd44
Wielowieś PL 129 Gb40
Wielowieś PL 131 Jd42
Wielowieś PL 137 Hb43
Wieluń PL 129 Hb40
Wien A 145 Gb51
Wiener Neustadt A 145 Gb52
Wienhausen D 126 Dc36
Wieniawa PL 130 Jb40
Wiepke D 127 Ea36
Wieprz PL 138 Hd45
Wierbiecin PL 120 Fd32
Wierden NL 117 Bd36
Wieren D 118 Dc35
Wieringerwerf NL 116 Ba34
Wiernsheim D 134 Cc48
Wieruszów PL 129 Ha40
Wierzawice PL 139 Kb43
Wierzbica PL 130 Jc40
Wierzbica PL 131 Ka40
Wierzbica PL 131 Kb41
Wierzbica PL 131 Kc39
Wierzbica Górna PL 129 Ha41
Wierzbice PL 129 Gc41
Wierzbinek PL 129 Hb36
Wierzbno PL 131 Jd36
Wierzbowa PL 128 Ga40
Wierzbowo PL 122 Ja33
Wierzbowo PL 123 Jd32
Wierzchlas PL 120 Fb35
Wierzchlas PL 129 Hb40
Wierzchosławice PL 138 Jc44
Wierzchowo PL 120 Ga33
Wierzchowo PL 121 Gb32
Wierzchucice PL 121 Gd34
Wierzchucin Królewski PL 121 Gd33
Wierzchucino PL 112 Ha58
Wierzchy PL 130 Hc38
Wierzyce PL 129 Gd36
Wies A 144 Fd56
Wiesau D 135 Eb45
Wiesbaden D 133 Cb44
Wiesbaum D 133 Bc43
Wieselburg A 144 Fd51
Wiesen CH 142 Cd55
Wiesen D 134 Cd44
Wiesenburg D 127 Ec37
Wiesenburg D 127 Ec42
Wiesenfelden D 135 Eb48
Wiesenhagen D 127 Ed37
Wiesensteig D 134 Da49
Wiesent D 135 Eb48
Wiesentheid D 134 Db45
Wiesenttal D 135 Dd45
Wiesloch D 134 Cc46
Wiesmath A 145 Gb53
Wiesmoor D 117 Cb33
Wieszowa PL 138 Hc43
Wietmarschen D 117 Ca35
Wietstock D 127 Ed37
Wietze D 118 Db35
Wietzen D 118 Da35
Wietzendorf D 118 Db35
Wieuwerd NL 117 Bc33
Wigan GB 15 Ec21
Wiggen CH 141 Ca54
Wiggenhall Saint Mary Magdalen GB 17 Fd24
Wiggensbach D 142 Db52
Wigmore GB 15 Eb25
Wigry PL 123 Kb30
Wigston GB 16 Fa24
Wigton GB 11 Eb17
Wigtown GB 10 Dd16
Wijchen NL 125 Bb37
Wijewo PL 129 Gb38
Wijhe NL 117 Bc36
Wijk bij Duurstede NL 124 Ba37
Wikrowo PL 122 Jc30
Wiktorówko PL 121 Gc34
Wil CH 142 Cc53
Wilamów PL 129 Hb38
Wilamowice PL 138 Hc45
Wilburgstetten D 134 Db47
Wilchta PL 131 Jd37
Wilcza PL 137 Hb44
Wilcza Wola PL 139 Ka43
Wilczęta PL 122 Hd30
Wilczkowo PL 122 Ja31
Wilczogóra PL 129 Ha36
Wilczyn PL 129 Ha36
Wilczyny PL 122 Jc30
Wilczyska PL 131 Jd38
Wildalpen A 144 Fc52
Wildau D 128 Fa37
Wildberg D 119 Ec35
Wildberg D 134 Cc49
Wildeck D 126 Db41
Wildemann D 126 Dc38
Wildenberg D 135 Ea49
Wildenbruch D 127 Ed37
Wildendürnbach A 137 Gb49
Wildenfels D 127 Ec42
Wildenhain D 127 Ed40
Wildeshausen D 117 Cc34
Wildetaube D 127 Eb42
Wildflecken D 134 Da43
Wildon A 144 Fd55
Wildpoldsried D 142 Db52
Wilfersdorf A 137 Gc49
Wilga PL 130 Jc38
Wilhelmsburg D 120 Fa32
Wilhelmsdorf D 142 Cd51
Wilhelmsfeld D 134 Cc46
Wilhelmshaven D 117 Cc32
Wilhelmshorst D 127 Ed37
Wilhelmsthal D 135 Dd43
Wilhering A 144 Fb50
Wilhermsdorf D 134 Dc46
Wilkasy PL 122 Jc31
Wilkau-Haßlau D 127 Eb42
Wilkinstown IRL 9 Cd20
Wilkołaz PL 131 Ka41
Wilków PL 128 Ga41
Wilków PL 129 Gd41
Wilków PL 130 Jb38
Wilków PL 131 Jd40
Wilkowice PL 129 Gb38
Wilkowo Polskie PL 129 Gb38
Willebadessen D 126 Cd39
Willemstad NL 124 Ad37
Willersley GB 15 Eb26
Willer-sur Thur F 31 Kb39
Willerzie B 132 Ad43
Willgottheim F 25 Kb36
Willich D 125 Bc39
Willingdon GB 20 Fd30
Willingen D 126 Cc40
Willingham GB 20 Fd25
Willingshausen D 126 Cd41
Willington GB 16 Fa23
Willington GB 20 Fc26
Willisau CH 141 Ca53
Williton GB 19 Ea29
Willmering D 135 Ec47
Willoughby GB 17 Fd22
Willoughby GB 20 Fa25
Willroth D 125 Ca42
Willstätt D 133 Ca49
Wilmington GB 20 Fd30
Wilmslow GB 15 Ec22
Wilnsdorf D 125 Cb41
Wilsdruff D 127 Ed41
Wilsford GB 17 Fc23
Wilstedt D 118 Da34
Wilster D 118 Da31
Wilsum D 117 Bd35
Wilthen D 128 Fb41
Wiltingen D 133 Bc45
Wilton GB 20 Ed29
Wiltz L 133 Bb44
Wimbledon GB 20 Fc28
Wimblington GB 20 Fd25
Wimborne Minster GB 20 Ed30
Wimereux F 21 Gb30
Wimmelburg D 127 Ea39
Wimmenau F 25 Kb36
Wimy F 24 Hc33
Wincanton GB 19 Ec29
Winchburgh GB 11 Eb13
Winchcombe GB 20 Ed26
Winchelsea GB 21 Ga30
Winchester GB 20 Fa29
Winda PL 122 Jc30
Windeck D 125 Ca41
Windelsbach D 134 Db46
Winden im Elztal D 141 Ca50
Windermere GB 11 Eb18
Windesheim D 133 Ca44
Windesheim NL 117 Bc35
Windhausen D 126 Db38
Windischeschenbach D 135 Eb45
Windischgarsten A 144 Fb52
Windischleuba D 127 Ec41
Windmill IRL 13 Cc21
Windorf D 135 Ed49
Windsor GB 20 Fb28
Winford GB 19 Eb28
Wingate GB 11 Fa17
Wingen-sur-Moder F 25 Kb36
Wingerode D 126 Db40
Wingrave GB 20 Fb27
Wingst D 118 Da32
Winhöring D 143 Ec50
Winkleigh GB 19 Dd30
Winklern A 143 Ec55
Winnard's Perch GB 18 Db31
Winnenden D 134 Cd48
Winnica PL 122 Jb35
Winnigstedt D 126 Dc37
Winningen D 127 Ea38
Winnweiler D 133 Ca45
Winschoten NL 117 Ca33
Winsen (Aller) D 118 Db35
Winsen (Luhe) D 118 Dc33
Winsford GB 15 Ec22
Winsham GB 19 Eb30
Wińsko PL 129 Gb40
Winslow GB 20 Fb26
Winston GB 11 Ed18
Winsum NL 117 Bc33
Winsum NL 117 Bd33
Winterbach D 133 Ca44
Winterberg D 126 Cc40
Winterbourne Abbas GB 19 Eb30
Winterfeld D 119 Dd35
Winterhausen D 134 Db45
Winterlingen D 142 Cc50
Winterspelt D 133 Bb43
Winterswijk NL 125 Bd37
Winterthur CH 141 Cb52
Winterton GB 16 Fb21
Winterton-on-Sea GB 17 Gc24
Wintrich D 133 Bd44
Wintzenheim F 31 Kb39
Winwick GB 20 Fc25
Winzer D 135 Ec49
Wipfeld D 134 Db45
Wipperdorf D 126 Dc39
Wipperfürth D 125 Ca40
Wippra D 127 Dd39
Wipsowo PL 122 Jb31
Wirdum D 117 Ca32
Wirges D 125 Cb42
Wirges D 134 Cc43
Wirksworth GB 16 Fa23
Wirsberg D 135 Ea44
Wisbech GB 17 Fd24
Wischhafen D 118 Da32
Wisełka PL 120 Fc31
Wiskitki PL 130 Ja37
Wisła PL 138 Hc46
Wiślica PL 138 Jb43
Wisłok Wielki PL 139 Ka46
Wismar D 119 Ea31
Wiśnice PL 131 Kc38
Wiśniew PL 131 Ka37
Wiśniewo PL 122 Ja34
Wiśniewo PL 123 Jd34
Wiśniowa PL 138 Ja45
Wiśniowa PL 139 Jd44
Wiśniowo Ełckie PL 123 Ka31
Wissant F 21 Gc30
Wissembourg F 25 Kc35
Wissen D 125 Ca41
Wissenkerke NL 124 Ab38
Wistedt D 118 Db33
Wiston GB 10 Ea14
Wiston GB 14 Db26
Wisznia Mała PL 129 Gc40
Wiszniów PL 131 Kd41
Witankowo PL 121 Gb34
Witaszyce PL 129 Gd38
Witham GB 21 Ga27
Witheridge GB 19 Dd30
Withern GB 17 Fd22
Withernsea GB 17 Fd20
Withington GB 20 Ed27
Withley GB 16 Fa21
Withnell GB 15 Ec20
Witkowo PL 120 Fc34
Witkowo PL 129 Gd36
Witmarsum NL 116 Bb33
Witney GB 20 Fa27
Witnica PL 120 Fb35
Witnica PL 128 Fc36
Witonia PL 130 Hc37
Witosław PL 121 Gd34
Witostowice PL 129 Gc42
Witoszyce PL 129 Gb39
Witów PL 138 Ja47
Witowo PL 129 Hb36
Witry-lès-Reims F 24 Hd35
Wittdün D 108 Cd29
Wittelsheim F 31 Kb39
Wittelshofen D 134 Db47
Witten D 125 Ca39
Wittenbach CH 142 Cd53
Wittenberg, Lutherstadt D 127 Ec38
Wittenberge D 119 Ea34
Wittenburg D 119 Dd33
Wittenhagen D 119 Ed31
Wittibreut D 143 Ec50
Wittichenau D 128 Fd40
Wittighausen D 134 Da46
Wittingen D 119 Dd35
Wittislingen D 134 Db49
Wittlich D 133 Bd44
Wittmar D 126 Dc37
Wittmund D 117 Cb32
Wittstock/Dosse D 119 Ec34
Witzenhausen D 126 Db40
Witzhave D 118 Dc32
Wiveliscombe GB 19 Ea29
Wix GB 21 Gb27
Wiżajny PL 123 Ka29
Wizna PL 123 Ka33
Władysławów PL 129 Hb37
Władysławowo PL 112 Ha58
Włocławek PL 130 Hc36
Włodawa PL 131 Kc38
Włodowo PL 122 Hd31
Włodzienin PL 137 Ha44
Włodzimierzów PL 130 Ja40
Włóki PL 121 Ha34
Włoszakowice PL 129 Gb38
Włoszczowa PL 130 Ja41
Woburn GB 20 Fb26
Wodynie PL 131 Jd37
Wodzierady PL 130 Hc39
Wodzisław PL 130 Ja42
Wodzisław Śląski PL 137 Hb44
Woël F 25 Jc36
Woerden NL 116 Ba36
Wognum NL 116 Ba34
Wohlen CH 141 Cb53
Wohratal D 126 Cd41
Wöhrden D 118 Da30
Wohyń PL 131 Kb38
Woippy F 25 Jd35
Wojaszówka PL 139 Jd45
Wojciechów PL 130 Ja41
Wojciechów PL 131 Ka40
Wojciechowice PL 131 Jd41
Wojcieszków PL 131 Ka38
Wojcieszów PL 128 Ga41
Wojewodzin PL 123 Ka32
Wojkowice PL 138 Hc43
Wojnicz PL 138 Jc44
Wojnowice PL 129 Gc38
Wojnówka PL 123 Kc35
Wojnowo PL 121 Gd34
Wojnowo PL 122 Jc32
Wojny PL 123 Ka35
Wojsławicce PL 131 Kd41
Wojtaszyce PL 120 Fd33
Wojtkowa PL 139 Kb45
Wojtokiemie PL 123 Kb30
Wojtowo PL 122 Ja31
Woking GB 20 Fb28
Wokingham GB 20 Fb28
Wola PL 130 Hd40
Wola Blakowa PL 130 Hc41
Wola Malowana PL 130 Hd41
Wola Mystkowska PL 122 Jc35
Wolanów PL 130 Jc39
Wola Okrzejska PL 131 Ka38
Wola Przybysławska PL 131 Ka39
Wola Rakowa PL 130 Hd39
Wola Sernicka PL 131 Kb39
Wola Uhruska PL 131 Kd39
Wola Wierzbowska PL 122 Jb34
Wola Zabierzowska PL 138 Jb44
Wola Zaleska PL 139 Kc44
Wola Żarczycka PL 139 Ka43
Wolbórz PL 130 Hd39
Wolbrom PL 138 Hd43
Wołczyn PL 129 Ha41
Woldegk D 120 Fa33
Wolfach D 141 Cb50
Wolfegg D 142 Da51
Wolfen D 127 Eb39
Wolfenbüttel D 126 Dc37
Wolfern A 144 Fb51
Wolferode D 127 Ea39
Wolferstedt D 127 Ea40
Wolfertschwenden D 142 Db51
Wolfhagen D 126 Cd40
Wolfmannshausen D 134 Dc43
Wolframs-Eschenbach D 134 Dc47
Wolfratshausen D 143 Dd51
Wolfsberg A 144 Fc55
Wolfsberg A 144 Ga55
Wolfsburg D 127 Dd36
Wolf's Castle GB 14 Db26
Wolfsegg A 144 Fa51
Wolfsegg D 135 Ea47
Wolfshagen D 119 Eb34
Wolfshagen D 120 Fa33
Wolfstein D 133 Ca45
Wolfurt A 142 Da53
Wolgast D 120 Fa31
Wolhusen CH 141 Ca54
Wolin PL 120 Fc32
Wólka PL 122 Hc35
Wólka PL 130 Ja41
Wólka PL 131 Kb40
Wólka Kraśniczyńska PL 131 Kc40
Wólka Lipowa PL 131 Jd41
Wólka Majdanska PL 122 Hd32

Wólka Pełkińska – Zalegošč

Wólka Pełkińska PL 139 Kb43
Wolkenstein D 127 Ed42
Wolkenstein I 143 Dd56
Wolkersdorf A 145 Gb50
Wolkowe PL 122 Jc33
Wołkowyja PL 139 Kb46
Wolkramshausen D 126 Dc40
Wollbach D 134 Db43
Wollersheim D 125 Bc41
Wöllstadt D 134 Cc43
Wöllstein D 133 Cb45
Wolmirstedt D 127 Ea37
Wolnica PL 122 Ja31
Wolnzach D 135 Ea49
Wołomin PL 130 Jc36
Wołosate PL 139 Kc47
Wołow PL 129 Gb40
Wołowe Lasy PL 121 Gb34
Wolpertshausen D 134 Da47
Wolpertswende D 142 Cd51
Wolphaartsdijk NL 124 Ab38
Wolsingham GB 11 Ed17
Wolsztyn PL 128 Ga38
Woltersdorf D 119 Dd35
Wolvega NL 117 Bc34
Wolverhampton GB 16 Ed24
Wolverley GB 15 Ec25
Wombourn GB 15 Ec24
Wommels NL 116 Bb33
Wonersh GB 20 Fb29
Wonfurt D 134 Dc44
Woodborough GB 16 Fb23
Woodbridge GB 21 Gb26
Woodchurch GB 21 Ga29
Woodcuts GB 20 Ed30
Wood Dalling GB 17 Ga24
Woodenbridge IRL 13 Cd23
Woodford GB 20 Fd28
Woodford IRL 12 Bd22
Woodhall Spa GB 17 Fc22
Woodhouse GB 16 Fa22
Woodhouse Eaves GB 16 Fa24
Wooding-Dean GB 20 Fc30
Woodseaves GB 15 Ec23
Woodstock GB 20 Fa27
Woodton GB 21 Gb25
Wool GB 19 Ec31
Woolacombe GB 18 Dc29
Wooler GB 11 Ed14
Woolpit GB 21 Ga26
Woolverstone GB 21 Gb26
Woolwich GB 20 Fd28
Wooperton GB 11 Ed15
Wootton GB 20 Fb26
Wootton Bassett GB 20 Ed28
Wootton-Wawen GB 20 Ed25
Worb CH 141 Bd54
Worbis, Leinefelde- D 126 Dc40
Worcester GB 15 Ec26
Wördern A 145 Gb50
Wörgl A 143 Ea53
Woringen D 142 Db51
Wörishofen, Bad D 142 Db51
Workington GB 10 Ea17
Worksop GB 16 Fa22
Workum NL 116 Bb33
Wörlitz D 127 Ec38
Wormeldange L 25 Jd34
Wormeldange L 133 Bc45
Wormerveer NL 116 Ba35
Wormhout F 21 Gd30
Worms D 133 Cb45
Wörnharts A 136 Fc49
Wörnitz D 134 Db47
Worpswede D 118 Cd33
Wörrstadt D 133 Cb44
Wört D 134 Db47
Wörth A 143 Ec54
Wörth D 133 Cb47
Wörth D 135 Eb49
Wörth D 143 Ea50
Wörth am Main D 134 Cd45
Wörth an der Donau D 135 Eb48
Worthen GB 15 Eb24
Worthing GB 20 Fc30
Worton GB 20 Ed28
Woskowice Górne PL 129 Ha41
Woszczyce PL 138 Hc44
Woudenberg NL 116 Bb36
Woudsend NL 116 Bb34
Woumen B 21 Ha29
Woziwoda PL 121 Gd32
Wozławki PL 122 Jb30
Woźnawieś PL 123 Ka32
Woźnice PL 122 Jc31
Woźniki PL 130 Hc42
Wożuczyn PL 131 Kd42
Wragby GB 17 Fc22
Wrangle GB 17 Fd23
Wręczyca Wielka PL 130 Hc42
Wredenhagen D 119 Ec34
Wrelton GB 16 Fb19
Wremen D 118 Cd32
Wrentham GB 21 Gc25
Wrestedt D 118 Dc35
Wrexham GB 15 Eb23
Wriedel D 118 Dc34
Wriezen D 128 Fb36
Wrist D 118 Db31
Wróblew PL 129 Hb39
Wróblewo PL 129 Gb36
Wróblewo PL 130 Ja36
Wróbliniec PL 129 Gd39
Wroceń PL 123 Ka32
Wrocki PL 122 Hc34
Wrocław PL 129 Gc41
Wroczyny PL 130 Hc37
Wroniawy PL 128 Ga38
Wronki PL 129 Gb36
Wronki Wielkie PL 123 Jd30
Wronowy PL 129 Ha36
Wrotnów PL 131 Jd36
Wroughton GB 20 Ed28
Wroxham GB 17 Gb24
Wrząca PL 121 Gb34
Wrzesina PL 122 Ja32
Września PL 122 Hd34
Września PL 129 Gd37
Wrzoski PL 121 Ha35
Wrzosowo PL 120 Ga31
Wschowa PL 129 Gb39
Wulfen D 127 Eb38
Wülfershausen D 134 Db43
Wülfrath D 125 Bd39
Wulfsen D 118 Dc33
Wulften D 126 Db39
Wulkau D 119 Eb35
Wülknitz D 127 Ed40
Wulsbüttel D 118 Cd33
Wunderstetten A 144 Fc56
Wünnenberg D 126 Cd39
Wünschendorf D 127 Eb42
Wünsdorf D 127 Ed37
Wunsiedel D 135 Eb44
Wunstorf D 126 Da36
Wuppertal D 125 Ca40
Würenlos CH 141 Cb53
Wurmannsquick D 143 Ec50
Wurmsham D 143 Eb50
Würnsdorf A 144 Fd50
Würselen D 125 Bb41
Wurzach, Bad D 142 Da51
Würzburg D 134 Da45
Wurzen D 127 Ec40
Wüstenrot D 134 Cd47
Wusterhausen D 119 Ec35
Wusterhusen D 120 Fa31
Wustermark D 127 Ed36
Wusterwitz D 127 Eb37
Wüsting D 117 Cc34
Wustrow D 119 Dd35
Wustrow D 119 Ec30
Wustrow D 119 Ed34
Wuustwezel B 124 Ad38
Wybcz PL 121 Hb34
Wyborów PL 130 Jc38
Wyczechy PL 121 Gc32
Wycześniak PL 130 Ja38
Wydmusy PL 122 Jc33
Wydrza PL 131 Jd42
Wye GB 21 Ga29
Wygoda PL 123 Jd34
Wygoda PL 129 Hb38
Wygoda PL 130 Hc42
Wygoda PL 131 Jd39
Wyk auf Föhr D 108 Cd29
Wykrot PL 122 Jc33
Wylatowo PL 129 Ha36
Wymondham GB 17 Ga24
Wyningen CH 141 Bd53
Wyryki-Połód PL 131 Kc38
Wyrzysk PL 121 Gc34
Wysall GB 16 Fa23
Wyśmierzyce PL 130 Jb39
Wysocice PL 138 Ja43
Wysoka PL 120 Fc35
Wysoka PL 121 Gc34
Wysoka PL 128 Ga40
Wysoka PL 138 Hd43
Wysoka PL 139 Jd44
Wysoka Cerkiew PL 129 Gb39
Wysoka Lelowska PL 130 Hd42
Wysokie PL 123 Ka31
Wysokie PL 131 Kb41
Wysokie Mazowieckie PL 123 Ka34
Wysoki Most PL 123 Kb30
Wysowa PL 138 Jc46
Występ PL 122 Jc32
Wystok PL 128 Fc37
Wyszanów PL 129 Ha40
Wyszki PL 123 Kb34
Wyszków PL 122 Jc35
Wyszków PL 131 Jd36
Wyszogród PL 130 Ja36
Wyszomierz Wielki PL 123 Jd34
Wyszonki-Kościelny PL 123 Ka35
Wyszyna PL 129 Hb37
Wyszyny PL 121 Gc35
Wyszyny PL 122 Ja34
Wythall GB 20 Ed25
Wyvis Lodge GB 4 Dd07
Wziąchowo PL 129 Gd39

X

Xàbia E 55 Fd70
Xanten D 125 Bc38
Xánthi GR 184 Db77
Xàtiva E 54 Fb69
Xendive E 36 Ba58
Xeraco E 54 Fb69
Xermaménil F 25 Jd37
Xert E 48 Fd64
Xerta E 48 Ga63
Xertigny F 31 Jd39
Xesta E 36 Ba56
Xestoso E 36 Bb54
Xhyrë AL 182 Ad75
Xibrrakë AL 182 Ac75
Xifianí GR 183 Bc76
Xilaganí GR 184 Dc77
Xilókastro GR 189 Bd86
Xilokeratiá GR 195 Cc91
Xiloúpoli GR 183 Cb77
Xilxes E 54 Fc67
Xinó Neró GR 183 Bb77
Xinorlet E 55 Fa71
Xinóvrisi GR 189 Cb82
Xinzo de Limia E 36 Bb58
Xirokámbi GR 194 Bc89
Xirókambo GR 197 Eb90
Xirolímni GR 183 Bb78
Xirólofos GR 188 Ac81
Xironda E 44 Bb59
Xiropígado GR 188 Bb85
Xiropótamos GR 184 Cd76
Xitta I 166 Ea84
Xixona E 55 Fb71
Xove E 36 Bc53
Xuño E 36 Ac56
Xunqueira de Ambia E 36 Bb58
Xylofagou CY 206 Jd97
Xylóskalo GR 200 Cb95
Xylotymvou CY 206 Jc97

Y

Yabacı TR 192 Fb85
Yağca TR 199 Gc90
Yağcı TR 191 Ed83
Yağcıdereköy TR 197 Ed88
Yağcılar TR 186 Ga78
Yağcılar TR 191 Eb86
Yağcılar TR 192 Fa81
Yağcılar TR 192 Fb83
Yağdiran TR 191 Ed82
Yağhane TR 197 Ec89
Yağlılar TR 198 Fc88
Yağmurlar TR 192 Ga84
Yağmurlu TR 191 Ed83
Yahşieli TR 191 Ea81
Yaka TR 199 Ha88
Yakaafşar TR 199 Ha88
Yakacık TR 198 Fd92
Yakaköy TR 191 Ec85
Yakaköy TR 197 Ec91
Yakaköy TR 197 Ed90
Yakaören TR 199 Gc88
Yakasinek TR 193 Ha86
Yakuplar TR 192 Fd84
Yalakdere TR 186 Ga79
Yalding GB 20 Fd29
Yalıçiftlik TR 197 Ed90
Yalıkavak TR 197 Ec90
Yalıköy TR 186 Fb76
Yalımkaya TR 193 Ha81
Yalnız TR 199 Gb92
Yalnızdam TR 191 Ed83
Yalova TR 185 Ea80
Yalova TR 186 Fd79
Yalvaç TR 193 Ha86
Yamaç TR 197 Ec88
Yamadı TR 198 Ga90
Yamanlar TR 191 Ec85
Yancıklar TR 185 Ed76
Yanguas E 47 Eb59
Yanıkağıl TR 186 Fa77
Yaniköy TR 193 Gd83
Yanişehir TR 192 Fc85
Yanuslar TR 191 Ec83
Yapıldak TR 185 Eb80
Yapıldak TR 193 Gc84
Yarbasan TR 192 Fc84
Yarbasan TR 193 Gc83
Yarbaşı TR 199 Gc91
Yarcombe GB 19 Eb30
Yarıkkaya TR 193 Gd86
Yarıkkaya TR 193 Ha84
Yarımca TR 193 Gc81
Yariş TR 192 Fd83
Yarışlı TR 193 Gc86
Yarpuz TR 199 Hb90
Yassıbel TR 193 Ha87
Yassıgeçit TR 187 Gc78
Yassıören TR 186 Fc77
Yassıören TR 192 Fc83
Yassıören TR 193 Gc87
Yaşyer TR 191 Ec82
Yatağan TR 197 Fa89
Yátova E 54 Fa68
Yattendon GB 20 Fa28
Yavaşça TR 185 Ed77
Yavaşlar TR 193 Gb86
Yavaşlı TR 193 Hb85
Yaverören TR 193 Ha83
Yaxham GB 17 Ga24
Yayaağaç TR 185 Ec78
Yayakent TR 191 Ec84
Yayakent TR 191 Ed84
Yayakırıldık TR 192 Fa84
Yayalar TR 192 Ga86
Yayıklı TR 193 Gd82
Yaykın TR 192 Fa84
Yayla TR 191 Ed82
Yaylaalan TR 199 Ha91
Yaylabaşı TR 192 Fb82
Yaylabayır TR 192 Fa81
Yaylaçayırı TR 192 Fb81
Yaylacık TR 191 Ea82
Yaylaköy TR 185 Ea78
Yaylaköy TR 191 Ea85
Yaylaköy TR 192 Ga84
Yaylaköy TR 198 Ga88
Yaylaköy TR 199 Gb90
Yaylalı TR 186 Ga77
Yaylapınar TR 198 Fd90
Yaylasöğüt TR 198 Fb90
Yaylatepe TR 187 Hb78
Yazıbaşı TR 192 Fd82
Yazıca TR 187 Hb80
Yazıcık TR 187 Hb78
Yazıdere TR 193 Gd83
Yazıkent TR 198 Fb88
Yazıköy TR 197 Ec91
Yazıköy TR 199 Gb89
Yazılıkaya TR 193 Gc84
Yazıpınar TR 199 Gc89
Yazır TR 198 Ga89
Yazır TR 199 Gb91
Yazır TR 199 Gb92
Yazırköy TR 198 Fb88
Yazıtepe TR 193 Gb85
Yazla TR 193 Hb86
Yazlık TR 186 Fc77
Ybbs an der Donau A 144 Fc51
Ybbsitz A 144 Fc51
Ychoux F 39 Fa52
Ydby DK 100 Cd22
Yderby DK 109 Dd28
Yeadon GB 16 Ed20
Yealmpton GB 19 Dd31
Yebra E 46 Dd65
Yebra de Basa E 40 Fc58
Yéchar E 55 Ed72
Yecla E 55 Fa70
Yediburun TR 198 Fd93
Yedisu TR 205 Ga20
Yekli TR 192 Fd84
Yeleğen TR 192 Fc86
Yeles E 46 Db65
Yelken TR 198 Fd92
Yelland GB 19 Dd29
Yelten TR 199 Gb90
Yelvertoft GB 20 Fa25
Yelverton GB 19 Dd31
Yemişendere TR 198 Fb90
Yenibağarası TR 191 Eb85
Yenibosna TR 186 Fc78
Yeniçam TR 192 Fc87
Yenice TR 185 Ea78
Yenice TR 185 Ec78
Yenice TR 186 Fa75
Yenice TR 186 Fa80
Yenice TR 191 Ec81
Yenice TR 192 Fa82
Yenice TR 192 Fa84
Yenice TR 192 Fb81
Yenice TR 192 Fb83
Yenice TR 192 Ga85
Yenice TR 193 Gc84
Yenice TR 193 Gd81
Yenice TR 198 Fb88
Yenicekent TR 192 Fc87
Yeniceköy TR 186 Fa77
Yeniceşehler TR 187 Gd79
Yeniçiftlik TR 185 Ec80
Yeniçiftlik TR 186 Fa77
Yeni Çiftlik TR 191 Ed87
Yenidibek TR 185 Eb78
Yenidoğan TR 197 Ec88
Yenidoğan TR 199 Hb88
Yenierenköy = Aigialousa CY 206 Jd95
Yenifoça TR 191 Eb85
Yenigürle TR 186 Fd80
Yenikarabağ TR 193 Ha85
Yeni Karpuzlu TR 185 Ea78
Yenikavak TR 192 Fa81
Yenikent TR 193 Gd82
Yenikızılelma TR 192 Fc81
Yeniköy TR 185 Eb76
Yeniköy TR 185 Ec79
Yeniköy TR 185 Ed78
Yeniköy TR 186 Fb80
Yeniköy TR 186 Fc77
Yeniköy TR 186 Fd79
Yeniköy TR 187 Gb79
Yeniköy TR 187 Gc78
Yeniköy TR 191 Ea81
Yeniköy TR 191 Ec84
Yeniköy TR 191 Ec86
Yeniköy TR 191 Ec86
Yeniköy TR 191 Ec87
Yeniköy TR 191 Ec87
Yeniköy TR 191 Ed85
Yeniköy TR 191 Ed85
Yeniköy TR 192 Fa81
Yeniköy TR 192 Fa82
Yeniköy TR 192 Fa85
Yeniköy TR 192 Fc85
Yeniköy TR 192 Fd82
Yeniköy TR 192 Fd85
Yeniköy TR 193 Gb81
Yeniköy TR 193 Ha84
Yeniköy TR 193 Ha87
Yeniköy TR 198 Ga93
Yenimahalle TR 185 Ec75
Yenimahalle TR 187 Gc77
Yenimuhacir TR 185 Eb78
Yenioba TR 191 Ed87
Yenipazar TR 187 Gc80
Yenipazar TR 197 Fa88
Yenişakran TR 191 Ec84
Yenişarbademli TR 199 Ha88
Yenişehir TR 186 Ga80
Yenişehir TR 192 Fa87
Yeniyurt TR 193 Ha82
Yenizıraatlı TR 186 Fa80
Yenne F 35 Jd47
Yeovil GB 19 Eb30
Yepes E 52 Dc66
Yera E 38 Dc55
Yerkesik TR 197 Fa90
Yerlisu TR 185 Eb78
Yeroluk TR 192 Fa81
Yerseke NL 124 Ac38
Yerville F 23 Ga34
Yesa E 39 Fa57
Yeşilbağ TR 199 Ha89
Yeşilbağcılar TR 197 Fa89
Yesilçay = Ağva TR 187 Gb77
Yeşilce TR 186 Fa75
Yeşilçukurca TR 192 Ga82
Yeşildağ TR 199 Gb89
Yeşildağ TR 199 Ha89
Yeşildon TR 193 Gd82
Yeşilhisar TR 191 Ed83
Yeşilhüyük TR 193 Gb87
Yeşilkaraman TR 199 Gd90
Yeşilkavak TR 192 Fc86
Yeşilköy TR 191 Ed85
Yeşilköy TR 192 Fc84
Yeşilköy TR 192 Ga82
Yeşilköy TR 193 Gd87
Yeşilköy TR 197 Ec89
Yeşilköy TR 198 Fc88
Yeşilköy TR 198 Fd93
Yeşilköy TR 198 Ga90
Yeşiller TR 192 Fc81
Yeşilova TR 185 Ec76
Yeşilova TR 192 Fa81
Yeşilova TR 192 Fd87
Yeşilova TR 198 Ga89
Yeşiltepe TR 193 Gc83
Yeşilvadi TR 186 Fd77
Yeşilyayla TR 199 Gb90
Yeşilyurt TR 185 Ed77
Yeşilyurt TR 191 Eb82
Yeşilyurt TR 192 Fc86
Yeşilyurt TR 192 Ga85
Yeşilyurt TR 197 Fa90
Yeşilyuva TR 198 Fd89
Yesnaby GB 5 Eb03
Yeste E 53 Eb71
Yetre Brenna N 64 Jc06
Yetre Kjæs N 64 Jc05
Yetterlännäs S 80 Gc31
Yetts o'Muckhart GB 7 Ea12
Yg S 87 Ga35
Ygos-Saint-Saturnin F 39 Fb53
Ygrande F 30 Hb44
Yığılca TR 187 Ha78
Yiğitler TR 185 Ed79
Yiğitler TR 191 Eb81
Yiipää FIN 81 Jd26
Yıldızeli TR 205 Fc20
Yıldızköy TR 192 Fb81
Yıldızören TR 193 Ha83
Yılmazlı TR 198 Ga91
Yırcaköy TR 191 Ed83
Yitäkylä FIN 97 Jd39
Ykspihlaja FIN 81 Jb28
Ylakiai LT 113 Jc53
Ylä-Kintaus FIN 90 Kb32
Ylä-Kolkki FIN 89 Jd33
Ylä-Kuona FIN 91 Lc32
Ylä-Luosta FIN 83 Lb28
Ylämaa FIN 91 Lb37
Ylämylly FIN 83 Lc30
Yläne FIN 89 Jb38
Ylä-Valtimo FIN 83 Lb27
Ylemmäinen FIN 90 Kc35
Ylhäisi FIN 97 Jc39
Ylihärmä FIN 81 Jb30
Yli-Ii FIN 74 Ka22
Yliljärvi FIN 91 Lb37
Ylijoki FIN 89 Jc32
Yli-Kannus FIN 81 Jc28
Yli-Kärppä FIN 74 Ka21
Ylikiiminki FIN 74 Kb23
Yli-Körkkö FIN 74 Ka19
Ylikulma FIN 97 Jd40
Yli-Kurki FIN 75 Kd22
Ylikylä FIN 69 Kb17
Ylikylä FIN 81 Jd29
Ylikylä FIN 81 Jc31
Ylikylä FIN 81 Jb30
Ylikylä FIN 83 Lb27
Ylikylä FIN 89 Jb32
Ylikylä FIN 89 Ja33
Yli-Kyrö FIN 68 Jb14
Yli-Lesti FIN 82 Ka29
Yli-Livo FIN 75 Kc21
Ylimarkku FIN 89 Hd32
Yli-Muonio FIN 68 Ja14
Yli-Nampa FIN 74 Ka18
Yli-Olhava FIN 74 Ka22
Ylipää FIN 74 Jd24
Ylipää FIN 74 Jd24
Ylipää FIN 74 Ka24
Ylipää FIN 81 Jd25
Ylipää FIN 81 Jc30
Ylipää FIN 81 Jd25
Ylipää FIN 82 Kb25
Ylipää FIN 82 Ka28
Yli-Paakkola FIN 74 Jc20
Yli-Siurua FIN 74 Kb21
Yliskulma FIN 97 Jc39
Yliskylä FIN 89 Jc34
Yliskylä FIN 90 Ka35
Ylistaro FIN 81 Jb31
Yli-Tannila FIN 74 Ka22
Ylitornio FIN 73 Jb20
Yli-Tynkä FIN 81 Jc27
Yli-Utos FIN 75 Kc24
Yli-Valli FIN 89 Jb33
Ylivesi FIN 90 La34
Ylivieska FIN 81 Jd27
Yli-Vuotto FIN 74 Kb23
Ylläsjärvi FIN 68 Jb16
Ylläsjokisuu FIN 68 Jb16
Ylläsmaja FIN 68 Jb15
Yllestad S 102 Fa48
Ylöjärvi FIN 89 Jd35
Ylönkylä FIN 97 Jc40
Ylvingen N 70 Ed22
Ymonville F 29 Gc39
Yngsjö S 111 Fb55
Ynyslas GB 15 Dd24
Yoğunpelit TR 187 Hb78
Yoğuntaş TR 185 Ec75
Yolagazı TR 185 Ea79
Yolağzı TR 186 Fb80
Yolçatı TR 186 Fc80
Yolören TR 186 Ga80
Yolüstü TR 192 Fa87
Yolüstü TR 198 Fb88
Yorazlar TR 193 Hb86
Yörgüç TR 185 Ec78
York GB 16 Fb20
Yortanlı TR 191 Ec83
Youghal IRL 13 Ca26
Youlgreave GB 16 Ed22
Yoxford GB 21 Gb25
Ypäjä FIN 89 Jc38
Ypäjänkylä FIN 89 Jc38
Yppäri FIN 81 Jc26
Ypsonas CY 206 Ja98
Ypyä FIN 81 Jd27
Ypykänvaara FIN 75 La22
Yrittäperä FIN 75 Kd23
Yrkje N 92 Ca42
Yrouerre F 30 Hc40
Yrttivaara S 73 Hc18
Ysane S 111 Fc54
Yset N 86 Ea32
Ysjö S 79 Gb29
Ysselsteyn NL 125 Bb39
Yssingeaux F 34 Hd49
Ystad S 110 Fa57
Ystebrød N 92 Ca45
Ystrad-Aeron GB 15 Dd25
Ystradfellte GB 19 Ea27
Ystradowen GB 19 Ea28
Yterturingen S 87 Fc33
Ytre Andersdal N 62 Gd10
Ytre Arna N 84 Ca39
Ytre Dåsvatn N 92 Cd45
Ytre Enebakk N 93 Ea42
Ytre Kårvik N 62 Gc09
Ytre Leirpollen N 64 Jc06
Ytre Ølydna N 92 Cc46
Ytre Oppedal N 84 Ca37
Ytre Ramse N 93 Da45
Ytre Sandvik N 64 Jb06
Ytre Snillfjord N 77 Dd30
Ytre Søndeled N 93 Db45
Ytre Veines N 64 Jb06
Ytterån S 79 Fb30
Ytteräng S 78 Fa29
Ytterås N 78 Eb30
Ytteråträsk S 80 Hb27
Ytterberg S 87 Fc34
Ytterboda S 80 Hc28
Ytterboda S 95 Fc39
Ytterbrätö FIN 81 Jb28
Ytter-Busjö S 80 Ha26
Ytterby S 102 Eb48
Yttergran S 96 Gc42
Ytterhogdal S 87 Fc34
Ytterjärna S 96 Gc44
Ytterjeppo FIN 81 Jb29
Yttermalung S 95 Fb39
Ytterrissjö S 80 Gc28
Yttersby S 96 Ha40
Ytterselö S 96 Gc43
Yttersjön S 80 Ha26
Yttersta S 73 Hc23
Ytterstad N 66 Fd14
Yttertällmo S 80 Gc29
Yttertavle S 80 Hc28
Ytter-Torga N 70 Ed23
Yttervik S 71 Fd23
Yttervik S 80 Hc25
Yttilä FIN 89 Jb37
Yttre Lansjärv S 73 Hd19
Yücebağ TR 205 Ga20
Yukarıdudullu TR 186 Fd78
Yukarıalıçomak TR 193 Hb84
Yukarıballı TR 192 Fc81
Yukarıbey TR 191 Ec83
Yukarıçamozü TR 205 Fd20
Yukarıdereköy TR 198 Fd91
Yukarıdinek TR 193 Ha87
Yukarıdolaylar TR 192 Fc83
Yukarı Dumanlı TR 185 Ec80
Yukarıfındıklı TR 187 Gc78
Yukarıgökdere TR 199 Gd88
Yukarıgüllüce TR 192 Fc85
Yukarıgüney TR 187 Ha79
Yukarıiğdeağacı TR 193 Ha82
Yukarıkadıköy TR 185 Ed75
Yukarıkalabak TR 193 Gc82
Yukarıkaraçay TR 198 Fd88
Yukarıkaraman TR 199 Gc91
Yukarıkılıçlı TR 185 Ed78
Yukarıkızılca TR 191 Ed86
Yukarı Kocayatak TR 199 Gd91
Yukarımusalar TR 192 Fb82
Yukarıotluk TR 193 Gb86
Yukarıpiribeyli TR 193 Hb84
Yukarısapçı TR 191 Eb81
Yukarısoku TR 187 Hb78
Yumaklar TR 199 Gd90
Yumaklı TR 193 Gc83
Yumaklı TR 198 Fb89
Yumrutaş TR 198 Fd89
Yunak TR 193 Hb85
Yuncos E 46 Db65
Yunquera E 60 Cc76
Yunquera de Henares E 46 Dd63
Yunuseli TR 186 Fd80
Yunusemre TR 193 Ha82
Yunuslar TR 192 Ga84
Yunuslar TR 199 Hb88
Yüreğil TR 192 Fb84
Yüreğil TR 198 Fd89
Yüreğil TR 198 Ga88
Yürekli TR 191 Ec82
Yürücekler TR 192 Fc81
Yürük TR 185 Ec78
Yürükkaracaören TR 193 Gd85
Yürükler TR 185 Ed77
Yürükler TR 186 Ga79
Yürükmezarı TR 193 Gb85
Yürükoğlu TR 198 Fc90
Yusufca TR 197 Ed89
Yusufça TR 198 Ga90
Yusufeli TR 205 Ga19
Yuva TR 185 Ec78
Yuva TR 187 Hb78
Yuva TR 198 Ga91
Yuvacık TR 187 Gb79
Yuvacık TR 197 Fa91
Yuvalı TR 186 Fa76
Yuvalı TR 199 Gd88
Yuvalıdere TR 187 Gc78
Yüylük TR 193 Gb84
Yverdon CH 141 Bb54
Yvetot F 23 Ga34
Yvignac F 26 Ec38
Yvoire F 31 Ka44
Yvré-le-Pôlin F 28 Fd40
Yxnerum S 103 Ga47
Yxpila FIN 81 Jb28
Yxsjö S 80 Gc27
Yxskaftkälen S 79 Fd29
Yzeron F 34 Ja47

Z

Zaamslag NL 124 Ab39
Zaanstad NL 116 Ba35
Zăbala RO 176 Eb61
Žabalj SRB 153 Jb60
Zabalocce BY 202 Ec13
Zabar H 146 Jb50
Zabărdo BG 184 Db74
Žabari SRB 174 Bc65
Zabartowo PL 121 Gd34
Zabeltitz D 127 Ed40
Zaberfeld D 134 Cc47
Żabia Wola PL 130 Jb37
Zabiace BIH 159 Hc68
Zabierzów PL 138 Ja44
Żabin PL 122 Jc34
Żabin PL 129 Gb39
Žabinka BY 202 Dd14
Żabiny PL 122 Hd33
Ząbki PL 130 Jc36
Ząbkowice Śląskie PL 137 Gc43
Zablaće BIH 152 Gc63
Záblatí CZ 136 Fa48
Zāblava LV 107 Lc48
Žabljak MNE 159 Ja67
Zabłocie PL 128 Fc39
Zabłocie PL 139 Kb46
Zabłudów PL 123 Kb34
Żabno PL 129 Gc37
Żabno PL 131 Kb41
Żabno PL 138 Jc44
Zabok HR 151 Ga58
Zabolotje LV 107 Lc51
Zabór PL 128 Ga38
Zaboreni MD 173 Fd56
Zaborov'e RUS 99 Lc44
Zaborovka RUS 99 Ld45
Zaborów PL 129 Gb40
Zaborowice PL 129 Gb39
Zaborowo PL 122 Ja33
Żabów PL 120 Fc34
Zăbrani RO 174 Bd60
Zabrđe SRB 159 Ja66
Zábřeh CZ 137 Gc45
Zabrežje SRB 153 Jc62
Zăbriceni MD 173 Fa54
Zabrodzie PL 122 Jb31
Zabrodzie PL 130 Jc36
Zabrodzie PL 139 Kb46
Zabrost Wielki PL 122 Jc30
Ząbrowo PL 120 Fd32
Zabrze PL 138 Hc43
Zabrzeż PL 138 Jb46
Zaburalan TR 198 Fd91
Zabzuni AL 182 Ad75
Zacharzyn PL 121 Gc34
Zachenberg D 135 Ec48
Zaclău RO 177 Fb63
Žacléř CZ 128 Ga42
Zadar HR 157 Fd64
Zădăreni RO 170 Bd59
Zaddžje RUS 107 Mb49
Žadeikiai LT 113 Jc55
Žadeikiai LT 113 Jc55
Žadeikiai LT 114 Kd53
Zadonsk RUS 203 Fb12
Zadruga BG 180 Eb68
Zadworzany PL 123 Kc32
Zadzim PL 130 Hc39
Zafarraya E 60 Da75
Zafferana Etnea I 167 Fd85
Zafirovo BG 181 Ec68
Zafra E 51 Bd70
Zafra de Záncara E 53 Ea66
Zafrilla E 47 Eb65
Žaga SLO 150 Ed57
Żagań PL 128 Fd39
Zagăr RO 171 Dc59
Zagarancea MD 173 Fb57
Žagarė LT 114 Ka53
Žagariai LT 114 Kc59
Zagarise I 164 Gc81
Zaglavak SRB 159 Jb64
Zaglay HR 157 Fd65
Zagnańsk PL 130 Jb41
Zagon RO 176 Eb62
Zagorá GR 189 Ca82
Zagorci BG 180 Ea72
Zagorci BG 181 Ec73
Zagor'e RUS 99 Ld42
Zagorje RUS 107 Mb46
Zagorje ob Savi SLO 151 Fc57
Zagórów PL 129 Ha37
Zagorskoe RUS 113 Jc58
Zagórz PL 139 Kb45
Zagórze Śląskie PL 129 Gb42
Zagość PL 138 Jb43
Zagra E 60 Da74
Zagra RO 171 Db56
Zagražden BG 180 Db68
Zagreb HR 151 Ga58
Zagrilla E 60 Da74
Zagrodno PL 128 Ga41
Žagubica SRB 174 Bd66
Zagvozd HR 158 Gd66
Zahara de la Sierra E 59 Cb76
Zahara de los Atunes E 59 Ca78
Zaháro GR 194 Ba87
Zahinos E 51 Bb70
Zahman TR 192 Fd85
Zahna D 127 Ec38
Zahody RUS 99 Ld45
Zahody RUS 107 Ld49
Záhony H 139 Kb49
Zahora E 59 Bd77
Záhoří CZ 136 Fb47
Záhorská Bystrica SK 145 Gc50
Záhorská Ves SK 145 Gc50
Zahrádky CZ 136 Fb43
Zăicana MD 173 Fd57
Zăicani MD 173 Fa55
Zaiceva LV 107 Lc48
Zaidín E 48 Fd61
Žaiginys LT 114 Kb55
Zaim MD 173 Ga59
Zaimčevo BG 181 Ed71
Zaimovo KSV 178 Ba71
Zainsk RUS 203 Ga08
Zaisenhausen D 134 Cc47
Zaistovec HR 152 Gb58
Zajača SRB 153 Ja63
Zajač'e RUS 203 Fa13
Zajączek PL 128 Fc39
Zajan'e RUS 99 Ld43
Zajas MK 182 Ba74
Zajcevo RUS 107 Ma47
Zaječar SRB 179 Ca67
Zaječov CZ 136 Fa45
Zajęczniki PL 131 Kb36
Zajezierze PL 120 Ga33
Zajezierze PL 131 Jd39
Zajk H 145 Gc56
Zakaki CY 206 Ja98
Zákamenné SK 138 Hd46
Zákány H 152 Gc57
Zákányszék H 153 Jb57
Žakarovce SK 138 Jc48
Zákas GR 182 Ba79
Zaķi LV 106 La48
Zákinthos GR 188 Ac86
Zakl SLO 151 Ga57
Zakliczyn PL 138 Jc45
Zaklików PL 131 Ka41
Zaklopača BIH 159 Hd64
Zakobjakino RUS 203 Fa08
Zakomo BIH 159 Hd65
Zakopane PL 138 Ja47
Zakroczym PL 130 Jb36
Zákros GR 201 Dd96
Zakrzew PL 130 Jc39
Zakrzew PL 131 Kb41
Zakrzewo PL 121 Gc33
Zakrzewo PL 121 Hb35
Zakrzewo PL 129 Gc37
Zakrzówek Osada PL 131 Ka41
Zákupy CZ 128 Fc42
Zalaapáti H 145 Gd55
Zalabaska H 145 Gc56
Zalaegerszeg H 145 Gc55
Zaļenieki LV 106 Ka52
Zalahaláp H 145 Gd55
Zalahtov'e RUS 99 Lc44
Zalaistvánd H 145 Gc55
Zalakaros H 145 Gd56
Zalakomár H 145 Gd56
Zalakoppány H 145 Gd55
Zalalövő H 145 Gc55
Zalamea de la Serena E 51 Cb70
Zalamea la Real E 59 Bc73
Zalamillas E 37 Cc58
Zalas PL 122 Jc33
Zalasowa PL 138 Jc44
Zalaszabar H 145 Gd56
Zalaszántó H 145 Gd55
Zalaszentbalázs H 145 Gc56
Zalaszentgrót H 145 Gd55
Zalaszentgyörgy H 145 Gc55
Zalatárnok H 145 Gc56
Zalău RO 171 Cd56
Zalavár H 145 Gd56
Zalavas LT 115 Lb56
Załazy PL 131 Jd39
Zalec PL 122 Jc31
Žalec SLO 151 Fd57
Załęcze PL 129 Gc39
Zalegošč' RUS 203 Fa12

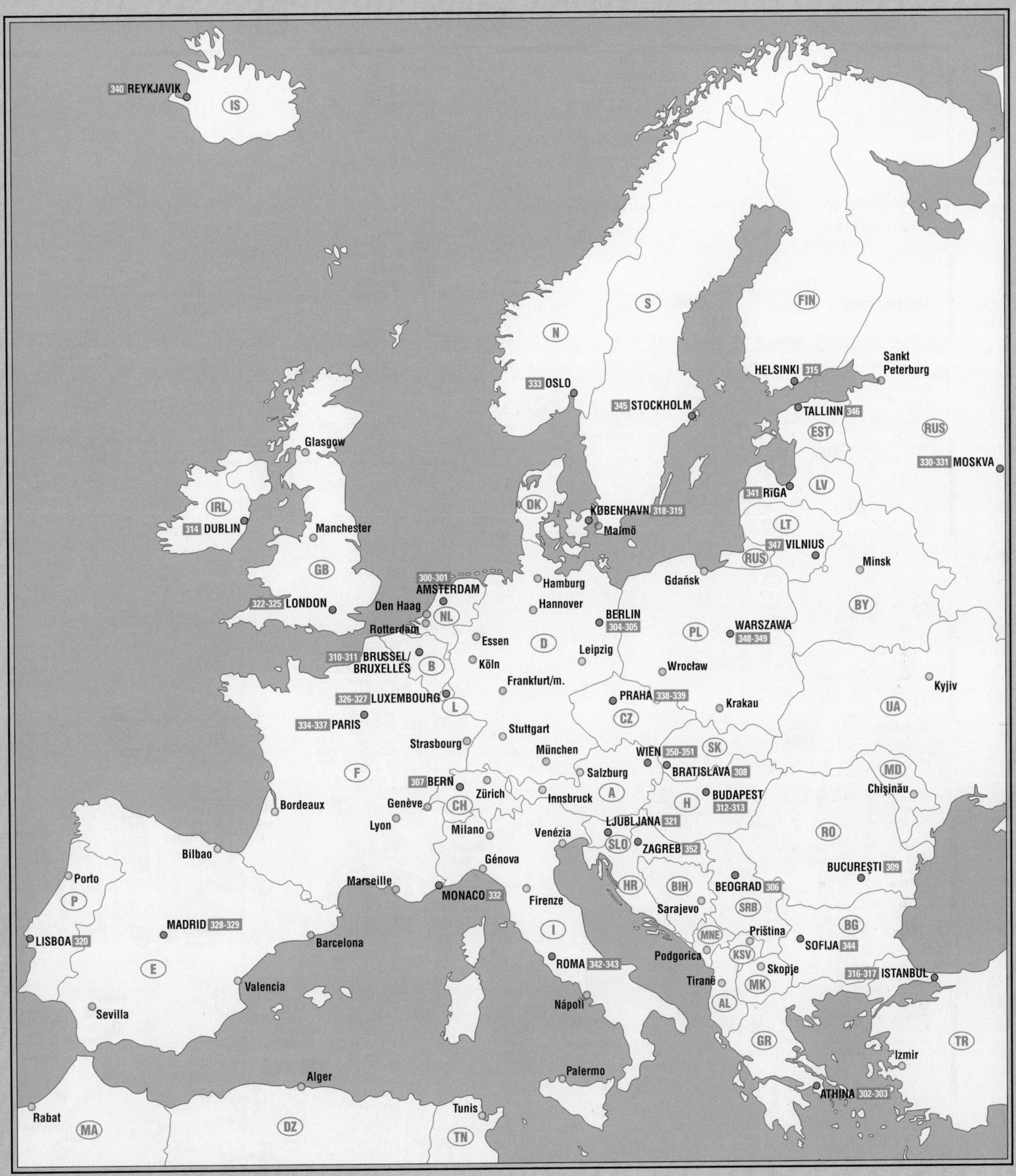

GB	D	F	DK	1:15.000	GB	D	F	DK
City map	**Stadtplan**	**Plan de ville**	**Bykort**		**City map**	**Stadtplan**	**Plan de ville**	**Bykort**
Motorway	Autobahn	Autoroute	Motorvej	Central station, bus station	Hauptbahnhof, Busbahnhof	Gare centrale, gare routière	Hovedbanegård, busterminal
Major road	Wichtige Hauptstraße	Route principale importante	Vigtig hovedvej	Hospital	Krankenhaus	Hôpital	Sygehus
Main road	Hauptstraße	Route régionale	Hovedvej	Information, post office	Information, Post	Information, bureau de poste	Information, posthus
Pedestrian zone	Fußgängerzone	Zone piétonne	Gågade	Church, mosque	Kirche, Moschee	Église, mosquèe	Kirke, moske
Railway	Bahnlinie	Ligne de tramway	Jernbane	Synagogue	Synagoge	Synagogue	Synagoge
Stadium	Stadion	Stade	Stadion	Theatre	Theater	Théâtre	Teater
Parking, garage parking	Parkplatz, Parkhaus	Parking	Parkeringsplads, parkeringshus	Museum	Museum	Musée	Museum
Exhibition Hall	Messe	Palais des expositions	Messe	Library	Bibliothek	Bibliothèque	Bibliotek

Amsterdam 1 : 15 000

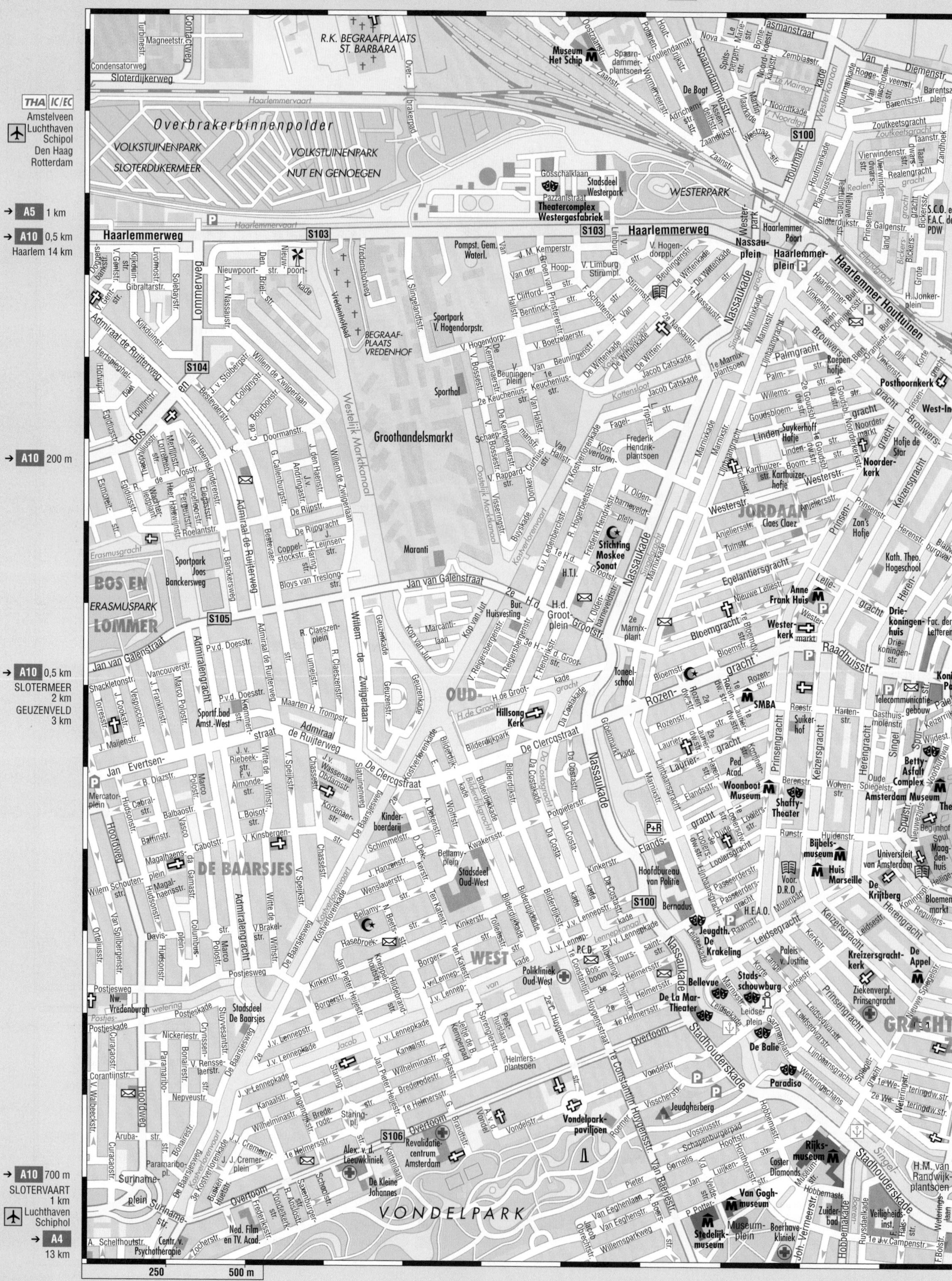

Alkmaar
Den Helder IC/EC
WESTPOORT 3,5 km
→ A10 2,5 km
Zaanstad 5 km
→ A10 2 km
→ A10 2 km
THA IC/EC
Amstelveen
Luchthaven Schipol
Den Haag
Rotterdam
→ A5 1 km
→ A10 0,5 km
Haarlem 14 km
→ A10 200 m
→ A10 0,5 km
SLOTERMEER 2 km
GEUZENVELD 3 km
→ A10 700 m
SLOTERVAART 1 km
Luchthaven Schiphol
→ A4 13 km
Olympisch Stadion 1 km
→ A10 2 km
BUITENVELDERT / AMSTELVEEN 3 km
Het Amsterdamse Bos 4 km
RAI Congrescentrum 2,5 km
→ A10 3 km
250
500 m
R.K. BEGRAAFPLAATS ST. BARBARA
Overbrakerbinnenpolder
VOLKSTUINENPARK SLOTERDIJKERMEER
VOLKSTUINENPARK NUT EN GENOEGEN
Museum Het Schip
WESTERPARK
Theatercomplex Westergasfabriek
Haarlemmerweg
Haarlemmer Houttuinen
BEGRAAFPLAATS VREDENHOF
Groothandelsmarkt
BOS EN LOMMER
ERASMUSPARK
JORDAAN
Anne Frank Huis
Westerkerk
Noorderkerk
Posthoornkerk
OUD-WEST
DE BAARSJES
Hillsong Kerk
Woonboot Museum
Bijbelsmuseum
Huis Marseille
De Krijtberg
Amsterdam Museum
Stadsschouwburg
Leidseplein
Paradiso
De Balie
Rijksmuseum
Van Gogh museum
Stedelijk museum
Museumplein
Vondelpark-paviljoen
VONDELPARK
GRACHT

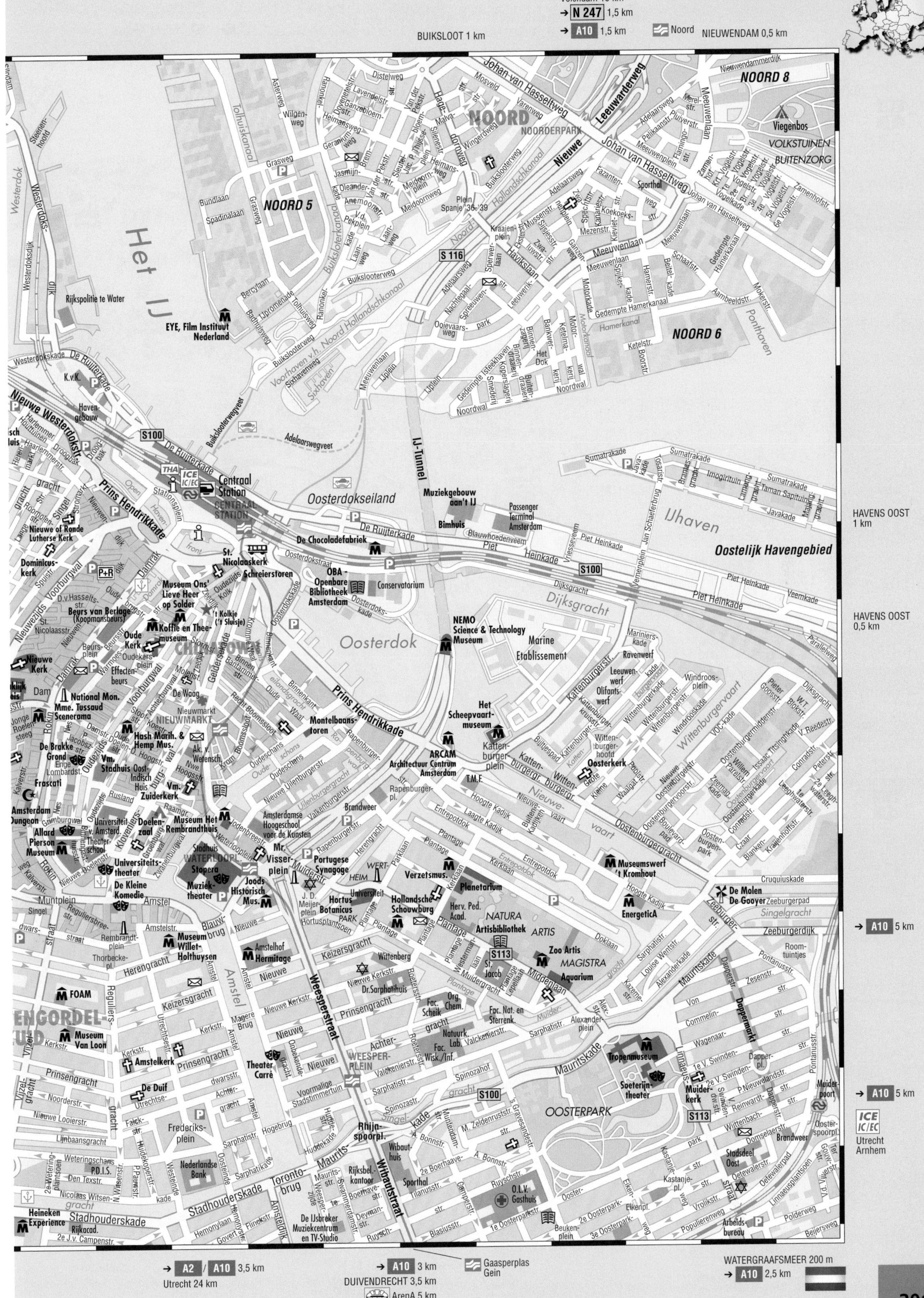

Volendam 15 km
→ **N 247** 1,5 km
→ **A10** 1,5 km
BUIKSLOOT 1 km
Noord NIEUWENDAM 0,5 km

NOORD 8

Viegenbos

VOLKSTUINEN BUITENZORG

NOORD NOORDERPARK

Het IJ

Westerdoksdijk

Westerdok

NOORD 5

Nieuwe

Johan van Hasseltweg

Leeuwarderweg

S 116

NOORD 6

Ponthaven

EYE, Film Instituut Nederland

Rijkspolitie te Water

K.v.K.

Nieuwe Westerdok

Havengebouw

Prins Hendrikkade

S100

Buiksloterwegveer

Adelaarswegveer

IJ-Tunnel

Oosterdokseiland

Muziekgebouw aan't IJ

Bimhuis

Passenger Terminal Amsterdam

Sumatrakade

IJhaven

HAVENS OOST 1 km

Centraal Station
CENTRAAL STATION
THA ICE IC/EC

De Ruijterkade

De Chocoladefabriek

De Ruijterkade

Piet Heinkade

S100

Oostelijk Havengebied

HAVENS OOST 0,5 km

Nieuwe of Ronde Lutherse Kerk

Dominicuskerk

St. Nicolaaskerk

Schreierstoren

OBA Openbare Bibliotheek Amsterdam

Conservatorium

Oosterdok

NEMO Science & Technology Museum

Marine Etablissement

Dijksgracht

Museum Ons' Lieve Heer op Solder

Beurs van Berlage (Koopmansbeurs)

Oude Kerk

Koffie en Thee museum

't Kolkje ('t Sluisje)

CHINATOWN

Effectenbeurs

Nieuwe Kerk

Koninklijk Paleis

Dam

National Mon.

Mme. Tussaud Scenerama

De Waag

NIEUWMARKT

Het Scheepvaartmuseum

ARCAM Architectuur Centrum Amsterdam

T.M.F.

Kattenburgerplein

Oosterkerk

Hash Marih. & Hemp Mus.

Montelbaanstoren

De Brakke Grond

Vm. Stadhuis Oost

Vm. Zuiderkerk

Amsterdam Dungeon

Allard Pierson Museum

Universiteit v. Amsterd. Theaterschool

Frascati

Doelenzaal

Museum Het Rembrandthuis

Amsterdamse Hoogeschool voor de Kunsten

Brandweer

Museumwerf 't Kromhout

De Molen De Gooyer

Universiteitstheater

De Kleine Komedie

Stadhuis Stopera

Muziektheater

WATERLOOPLEIN

Mr. Visserplein

Portugese Synagoge

WERTHEIM

Verzetsmus.

Planetarium

Joods Historisch Mus.

Hortus Botanicus

Universiteit

Hollandsche Schouwburg

Herv. Ped. Acad.

NATURA ARTIS MAGISTRA

EnergeticA

Museum Willet-Holthuysen

Amstelhof Hermitage

Artisbibliotheek

Zoo Artis

Aquarium

FOAM

Amstelkerk

Theater Carré

WEESPER PLEIN

Tropenmuseum

Museum Van Loon

De Duif

OOSTERPARK

Soeterijntheater

Muiderkerk

Muiderpoort

ICE IC/EC Utrecht Arnhem

Heineken Experience

Nederlandse Bank

P.D.I.S.

Rhijnspoorpl.

O.L.V. Gasthuis

Stadsdeel Oost

Brandweer

A10 5 km

A10 5 km

A10 2,5 km

WATERGRAAFSMEER 200 m

→ **A2** / **A10** 3,5 km
Utrecht 24 km

→ **A10** 3 km
DUIVENDRECHT 3,5 km
ArenA 5 km

Gaasperplas Gein

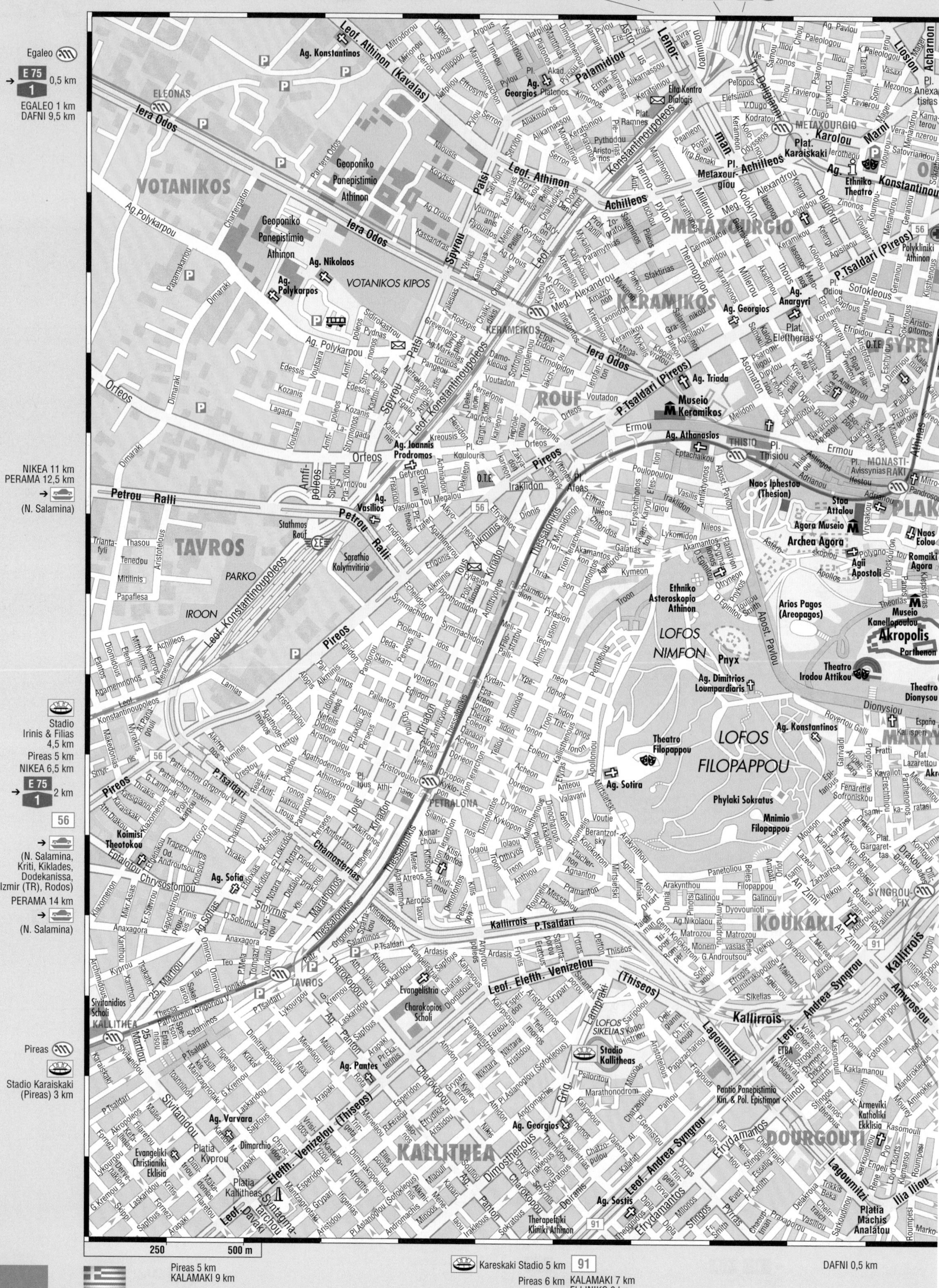

Athina 1 : 15 000

302

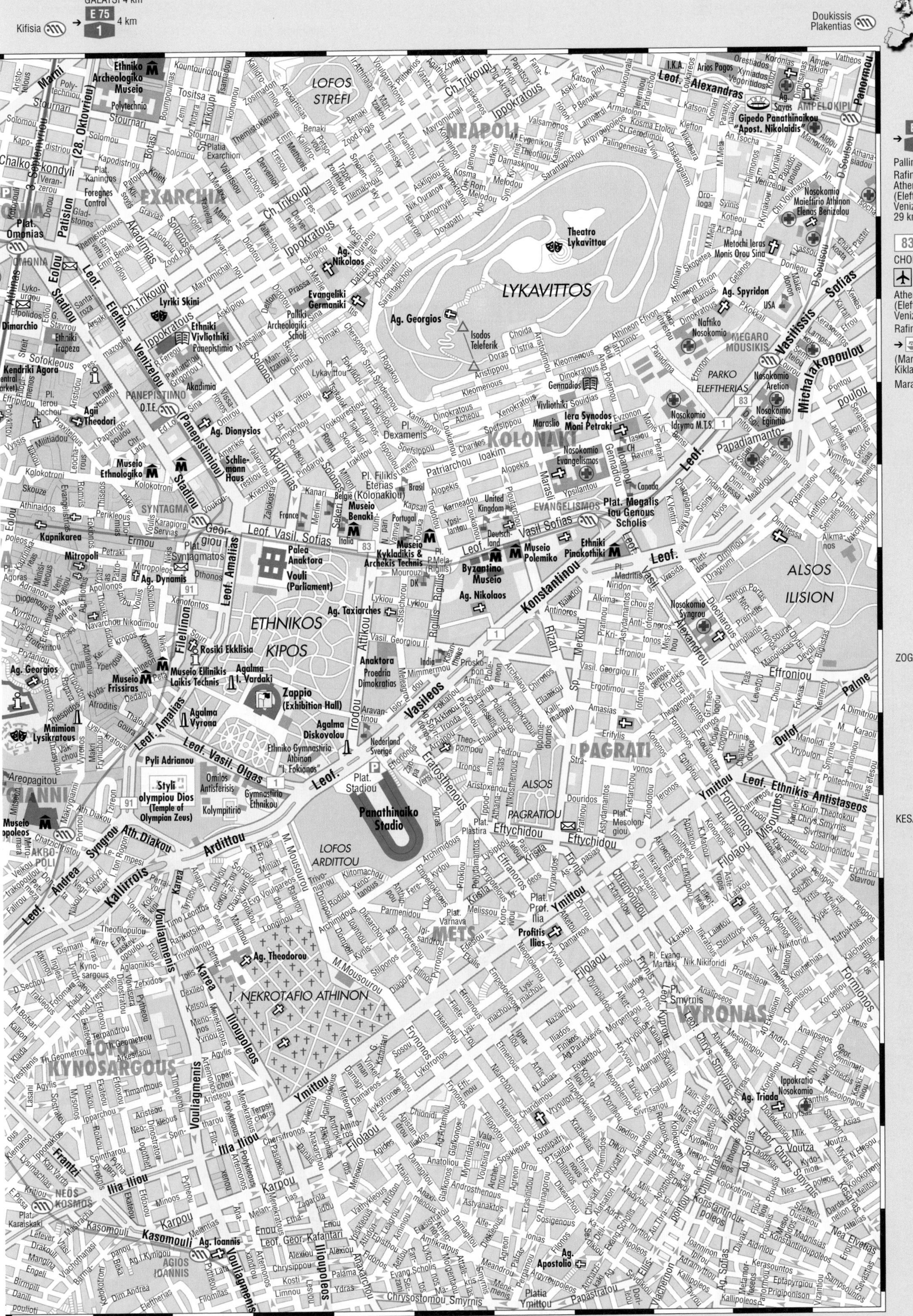

NEA FILADELFIA 9,5 km
PATISSIA 5,5 km
GALATSI 4 km

Kifisia E 75 1 4 km

Doukissis
Plakentias

E 94 12 km
Pallini 13 km
Rafina 28 km
Athens Int. Airport
(Eleftherios
Venizelos)
29 km

83
CHOLARGOS 3 km

Athens Int. Airport
(Eleftherios
Venizelos) 20 km
Rafina 23 km

(Marmari, Karistos,
Kiklades)
Marathonas 34 km

ZOGRAFOU 0,5 km

KESARIANI 0,5 km

Ethniko
Archeologika
Museio

LOFOS
STREFI

NEAPOLI

Leof. Alexandras

EXARCHIA

Plat.
Omnias

OMONIA

LYKAVITTOS

Lyriki Skini

Ethniko
Vivliothiki

KOLONAKI

MEGARO
MOUSIKIS

PARKO
ELEFTHERIAS

Museio
Ethnologiko

SYNTAGMA

Museio
Benaki

EVANGELISMOS

Ethniki
Pinakothiki

ALSOS
ILISION

Mitropoli

Palea
Anaktora
Vouli
(Parliament)

Museio
Kykladikis &
Archekis Technis

Museio
Byzantino
Museio

ETHNIKOS
KIPOS

Museio
Ellinikis
Laikis Technis

Zappio
(Exhibition Hall)

PAGRATI

ALSOS
PAGRATIOU

Leof. Ethnikis Antistaseos

Mnimion
Lysikratous

Pyli Adrianou

Styli
olympiou Dios
(Temple of
Olympian Zeus)

Panathinaiko
Stadio

LOFOS
ARDITTOU

METS

Profitis
Ilias

VYRONAS

I. NEKROTAFIO ATHINON

LOFOS
KYNOSARGOUS

Ag. Triada

NEOS
KOSMOS

AGIOS
IOANNIS

Ag.
Apostolio

Ag. Dimitrios
(Alex. Panagoulis)   Vouliagmeni 15 km   IMITOS 0,5 km
AG. DIMITRIOS 3,5 km

303

Berlin 1 : 17 500

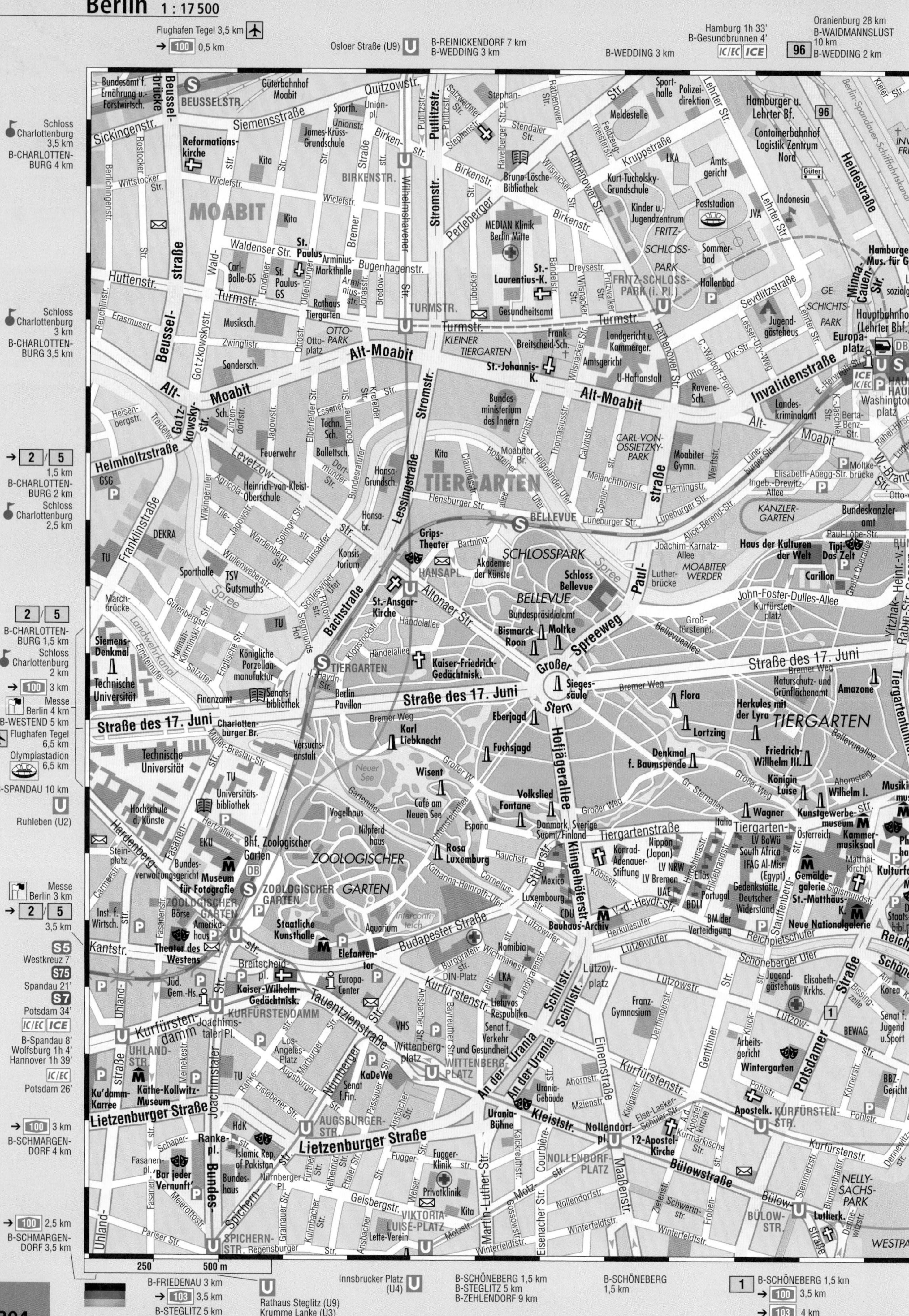

Flughafen Tegel 3,5 km
→ 100 0,5 km
Osloer Straße (U9)
B-REINICKENDORF 7 km
B-WEDDING 3 km
B-WEDDING 3 km
Hamburg 1h 33'
B-Gesundbrunnen 4'
IC/EC ICE
Oranienburg 28 km
B-WAIDMANNSLUST 10 km
96 B-WEDDING 2 km
Schloss Charlottenburg 3,5 km
B-CHARLOTTENBURG 4 km
Schloss Charlottenburg 3 km
B-CHARLOTTENBURG 3,5 km
→ 2 / 5 1,5 km
B-CHARLOTTENBURG 2 km
Schloss Charlottenburg 2,5 km
2 / 5
B-CHARLOTTENBURG 1,5 km
Schloss Charlottenburg 2 km
→ 100 3 km
Messe Berlin 4 km
B-WESTEND 5 km
Flughafen Tegel 6,5 km
Olympiastadion 6,5 km
B-SPANDAU 10 km
Ruhleben (U2)
Messe Berlin 3 km
→ 2 / 5 3,5 km
S5 Westkreuz 7'
S75 Spandau 21'
S7 Potsdam 34'
IC/EC ICE
B-Spandau 8'
Wolfsburg 1h 4'
Hannover 1h 39'
IC/EC
Potsdam 26'
→ 100 3 km
B-SCHMARGENDORF 4 km
→ 100 2,5 km
B-SCHMARGENDORF 3,5 km
250
500 m
B-FRIEDENAU 3 km
→ 103 3,5 km
B-STEGLITZ 5 km
B-ZEHLENDORF 9 km
Potsdam 27 km
Rathaus Steglitz (U9)
Krumme Lanke (U3)
Innsbrucker Platz (U4)
B-SCHÖNEBERG 1,5 km
B-STEGLITZ 5 km
B-ZEHLENDORF 9 km
B-SCHÖNEBERG 1,5 km
1 B-SCHÖNEBERG 1,5 km
→ 100 3,5 km
→ 103 4 km
B-STEGLITZ 6 km
B-ZEHLENDORF 10 km
MOABIT
TIERGARTEN
BEUSSELSTR.
BIRKENSTR.
TURMSTR.
BELLEVUE
TIERGARTEN
ZOOLOGISCHER GARTEN
KURFÜRSTENDAMM
UHLANDSTR.
WITTENBERGPLATZ
AUGSBURGER STR.
SPICHERNSTR.
VIKTORIA-LUISE-PLATZ
NOLLENDORFPLATZ
KURFÜRSTENSTR.
BÜLOWSTR.
HANSAPL.
Hamburger u. Lehrter Bf.
Containerbahnhof Logistik Zentrum Nord
Hauptbahnhof (Lehrter Bhf.)
Europaplatz
Washingtonplatz
Poststadion
FRITZ-SCHLOSS-PARK
KLEINER TIERGARTEN
OTTO-PARK
CARL-VON-OSSIETZKY-PARK
KANZLERGARTEN
Bundeskanzleramt
Haus der Kulturen der Welt
Tipi – Das Zelt
Carillon
SCHLOSSPARK BELLEVUE
Schloss Bellevue
Bundespräsidialamt
Bundesministerium des Innern
Großer Stern
Siegessäule
Straße des 17. Juni
Alt-Moabit
Invalidenstraße
Turmstr.
Lessingstraße
Bachstraße
Spreeweg
Hofjägerallee
Klingelhöferstr.
Tiergartenstraße
Budapester Straße
Kurfürstendamm
Tauentzienstraße
Lietzenburger Straße
Kleiststr.
Bülowstraße
Potsdamer Straße
Reichpietschufer
Landwehrkanal
Spree
Technische Universität
Bhf. Zoologischer Garten
Kaiser-Wilhelm-Gedächtniskirche
Europa-Center
KaDeWe
Theater des Westens
Museum für Fotografie
Bauhaus-Archiv
Neue Nationalgalerie
Gemäldegalerie
Kunstgewerbemuseum
Kammermusiksaal
Philharmonie
Urania-Bühne
Wintergarten
Apostel-Paulus-Kirche
12-Apostel-Kirche
Luther-Kirche
NELLY-SACHS-PARK
Käthe-Kollwitz-Museum
Ku'damm-Karree
Grips-Theater
Akademie der Künste
Kaiser-Friedrich-Gedächtnisk.
Neuer See
Staatliche Kunsthalle
Elefantentor
Aquarium
Hansaplatz
Lützowplatz

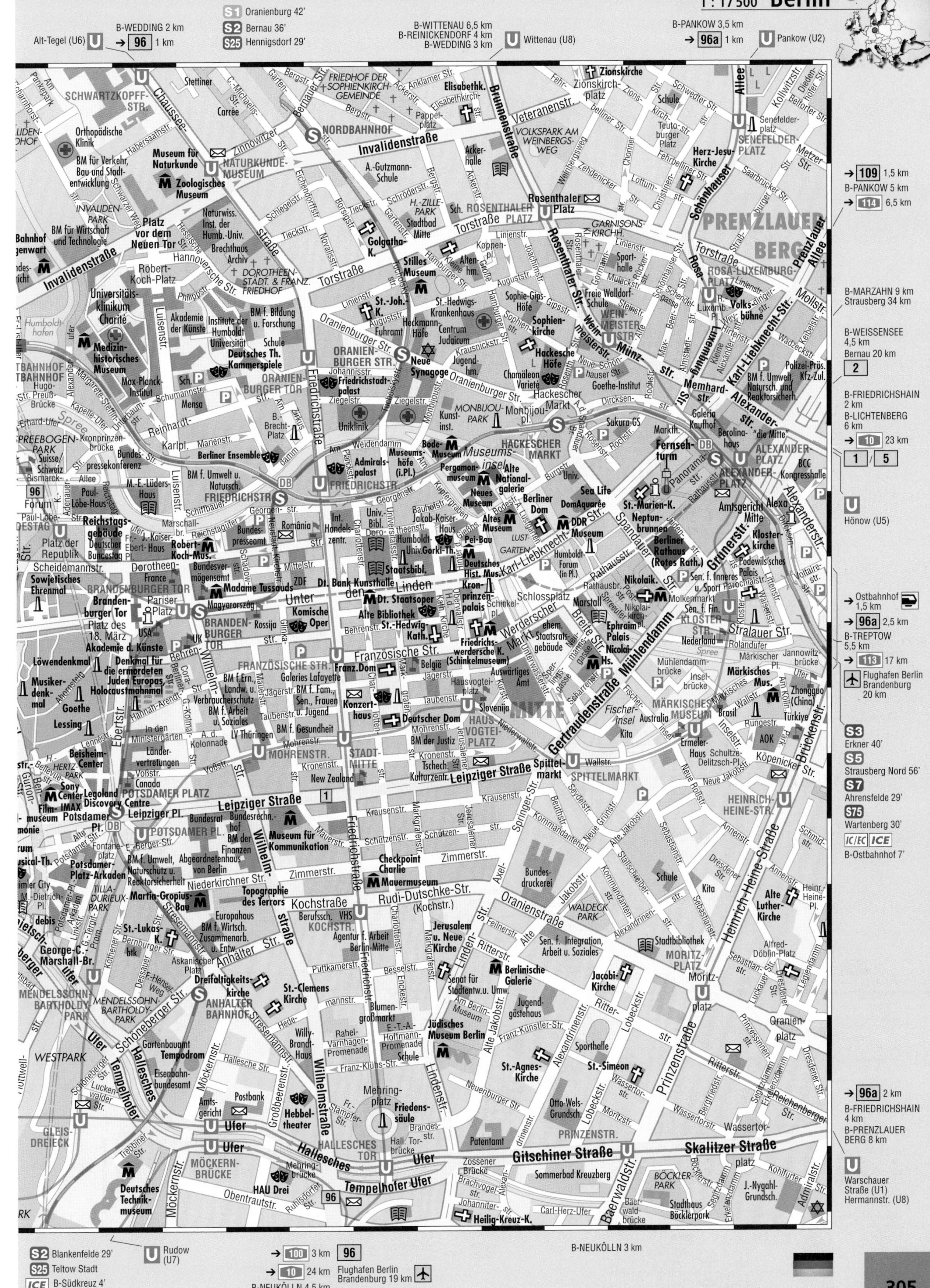
Alt-Tegel (U6)
B-WEDDING 2 km
96 1 km
S1 Oranienburg 42'
S2 Bernau 36'
S25 Hennigsdorf 29'
B-WITTENAU 6,5 km
B-REINICKENDORF 4 km
B-WEDDING 3 km
Wittenau (U8)
B-PANKOW 3,5 km
96a 1 km
Pankow (U2)
109 1,5 km
B-PANKOW 5 km
114 6,5 km
B-MARZAHN 9 km
Strausberg 34 km
B-WEISSENSEE
4,5 km
Bernau 20 km
2
B-FRIEDRICHSHAIN
2 km
B-LICHTENBERG
6 km
10 23 km
1 / 5
Hönow (U5)
Ostbahnhof
1,5 km
96a 2,5 km
B-TREPTOW
5,5 km
113 17 km
Flughafen Berlin
Brandenburg
20 km
S3
Erkner 40'
S5
Strausberg Nord 56'
S7
Ahrensfelde 29'
S75
Wartenberg 30'
IC/EC ICE
B-Ostbahnhof 7'
96a 2 km
B-FRIEDRICHSHAIN
4 km
B-PRENZLAUER
BERG 8 km
Warschauer
Straße (U1)
Hermannstr. (U8)
S2 Blankenfelde 29'
S25 Teltow Stadt
ICE B-Südkreuz 4'
IC/EC Leipzig 1h 13'
Halle 1h 17'
Rudow
(U7)
100 3 km
10 24 km
96
Flughafen Berlin
Brandenburg 19 km
B-NEUKÖLLN 4,5 km
B-MARIENDORF 6 km
B-NEUKÖLLN 3 km
NORDBAHNHOF
Invalidenstraße
Brunnenstraße
Zionskirche
Zionskirchplatz
Schönhauser Allee
SENEFELDERPLATZ
PRENZLAUER BERG
Prenzlauer Allee
Rosenthaler Platz
Torstraße
ROSA-LUXEMBURG-PLATZ
Karl-Liebknecht-Str.
NATURKUNDE-MUSEUM
Museum für Naturkunde
Zoologisches Museum
Chausseestr.
Universitätsklinikum Charité
Medizinhistorisches Museum
Deutsches Th.
Kammerspiele
ORANIENBURGER TOR
ORANIENBURGER STR.
Oranienburger Str.
Neue Synagoge
Friedrichstadtpalast
Hackescher Markt
HACKESCHER MARKT
Alexanderplatz
ALEXANDERPLATZ
Fernsehturm
Berliner Ensemble
FRIEDRICHSTR.
Friedrichstraße
Reichstagsgebäude
Pariser Platz
Brandenburger Tor
BRANDENBURGER TOR
Unter den Linden
Madame Tussauds
Museumsinsel
Pergamonmuseum
Bode-Museum
Alte Nationalgalerie
Neues Museum
Altes Museum
Berliner Dom
DDR Museum
Karl-Liebknecht-Str.
Staatsbibl.
Dt. Staatsoper
Komische Oper
St.-Hedwig-Kath.
Berliner Rathaus (Rotes Rath.)
Nikolaik.
Grunerstr.
Schlossplatz
Mühlendamm
Gertraudenstraße
Stralauer Str.
MÄRKISCHES MUSEUM
Märkisches Mus.
FRANZÖSISCHE STR.
Französische Str.
Franz.Dom
Konzerthaus
Deutscher Dom
Gendarmenmarkt
HAUSVOGTEIPLATZ
MITTE
Denkmal für die ermordeten Juden Europas, Holocaustmahnmal
Ebertstr.
Wilhelmstr.
STADTMITTE
MOHRENSTR.
Leipziger Straße
SPITTELMARKT
Spittelmarkt
POTSDAMER PLATZ
Potsdamer Pl.
Sony Center
Legoland Discovery Centre
Leipziger Pl.
Museum für Kommunikation
Checkpoint Charlie
Mauermuseum
Zimmerstr.
Topographie des Terrors
Martin-Gropius-Bau
Niederkirchner Str.
KOCHSTR.
Kochstraße
Rudi-Dutschke-Str. (Kochstr.)
Oranienstraße
HEINRICH-HEINE-STR.
Heinrich-Heine-Straße
Köpenicker Str.
Jüdisches Museum Berlin
Berlinische Galerie
MORITZPLATZ
Moritzplatz
Prinzenstraße
Oranienplatz
Anhalter Str.
ANHALTER BAHNHOF
Stresemannstr.
MENDELSSOHN-BARTHOLDY-PARK
Tempodrom
Hallesches Ufer
Tempelhofer Ufer
HALLESCHES TOR
Mehringplatz
Friedenssäule
Gitschiner Straße
Skalitzer Straße
PRINZENSTR.
MÖCKERN-BRÜCKE
Möckernstr.
Deutsches Technikmuseum
HAU Drei
Hebbel-theater
WESTPARK
GLEISDREIECK
Heilig-Kreuz-K.
Baerwaldstr.

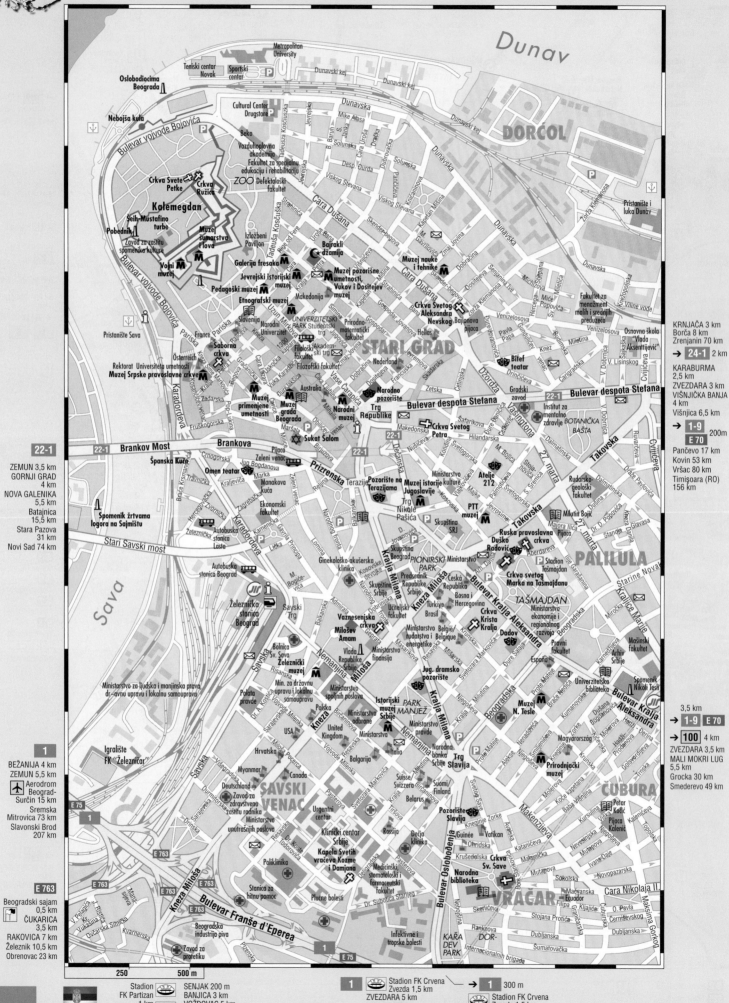

Beograd 1 : 15 000

22-1
ZEMUN 3,5 km
GORNJI GRAD 4 km
NOVA GALENIKA 5,5 km
Batajnica 15,5 km
Stara Pazova 31 km
Novi Sad 74 km

1
BEŽANIJA 4 km
ZEMUN 5,5 km
Aerodrom Beograd-Surčin 15 km
Sremska Mitrovica 73 km
Slavonski Brod 207 km

E 763
Beogradski sajam 0,5 km
ČUKARICA 3,5 km
RAKOVICA 7 km
Železnik 10,5 km
Obrenovac 23 km

KRNJAČA 3 km
Borča 8 km
Zrenjanin 70 km
→ 24-1 2 km
KARABURMA 2,5 km
ZVEZDARA 3 km
VIŠNJIČKA BANJA 4 km
Višnjica 6,5 km
→ 1-9 E 70 200m
Pančevo 17 km
Kovin 53 km
Vršac 80 km
Timişoara (RO) 156 km

3,5 km
→ 1-9 E 70
→ 100 4 km
ZVEZDARA 3,5 km
MALI MOKRI LUG 5,5 km
Grocka 30 km
Smederevo 49 km

250 500 m

Stadion FK Partizan 1 km
Stadion FK Crvena Zvezda 1,5 km
SENJAK 200 m
BANJICA 3 km
VOŽDOVAC 5 km
Mladenovac Varos 58 km
Kragujevac 124 km

1
Stadion FK Crvena Zvezda 1,5 km
ZVEZDARA 5 km
Vrčin 18 km
Velika Plana 85 km
Kragujevac 138 km

→ 1 300 m
Stadion FK Crvena Zvezda 1,5 km
VOŽDOVAC 2 km
BANJICA 2,5 km

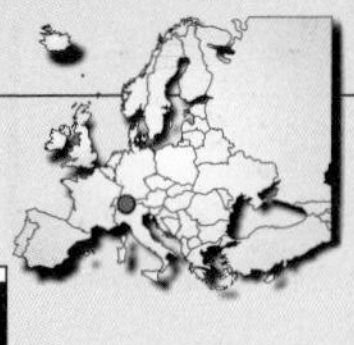

Zollikofen 3 km
Bremgarten 1,5 km
Aareg 750 m
Felsenau 500 m

1 E4

Zollikofen 3 km
→ 6 2 km
Bremgarten 1,5 km

1 E4
→ 12 3 km

ICE IC/EC
Olten

Wankdorf 300 m
→ 6 800 m

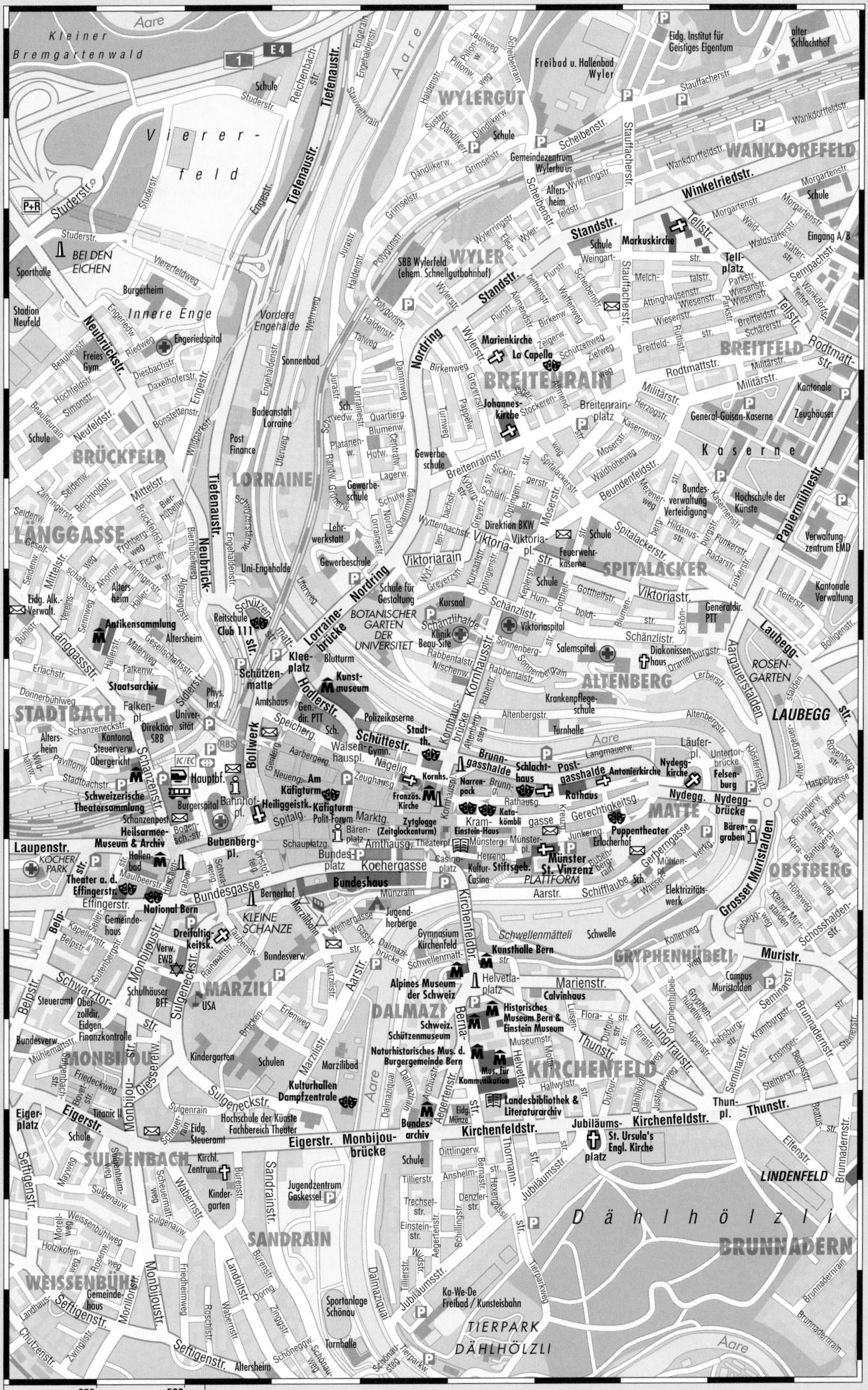

BEA Bern Expo 200 m
Wankdorf 300 m
Stade de Suisse Wankdorf 350 m
→ 6 900 m
Ittingen 2,5 km

Neufeld 400 m
Forsthaus 500 m

Thun
Fribourg
ICE IC/EC

Linde 250 m
Muesmatt 650 m
→ 6 2 km

Schlosshalden-friedhof 1 km
Ostermundingen 2 km

Schlosshalde 350 m
→ 6 450 m
Zentrum Paul Klee 500 m

Holligen 550 m
Weissenstein 1 km

Be-Ausser-Holligen 1,5 km
Be-Bümplitz 3 km
Niederwangen 4,5 km
Weissenstein 500 m
Beaumont 650 m
Köniz 2 km

→ 6 1 km
Bern-Elfenau 0,5 km
Gümlingen 3,5 km
Worb 5,5 km

Beaumont 250 m

Lerbermatt 500 m
Hölzliacker 700 m
Wabersacker 1 km

Wabern 1 km
Maygut 1,5 km
Klein-Wabern 2 km
Bern-Belp 7 km

Bratislava 1 : 15 000

BA-KOLIBA 1 km

Trenčín
Poprad
Komárno IC/EC

Modra 26 km
Pezinok 20 km
BA-RAČA 5 km 502

BA-KRAMÁRE
0,5 km

Brno(CZ)
Praha (CZ)
IC/EC

→ D2 3 km
BA-LAMAČ 5 km
BA-DÚBRAVKA
5 km
BA-DEVÍNSKA
NOVÁ VES 11km
Stupava 19 km
Malacky 33 km
Brno (CZ)
116 km

Horský Park
0,5 km

Horský Park
1,5 km

Park kultúry a
oddychu 0,5 km
BA-KARLOVA
VES 2,5 km
BA-DEVÍN 8,5 km
BA-DEVÍNSKA
NOVÁ VES 14 km

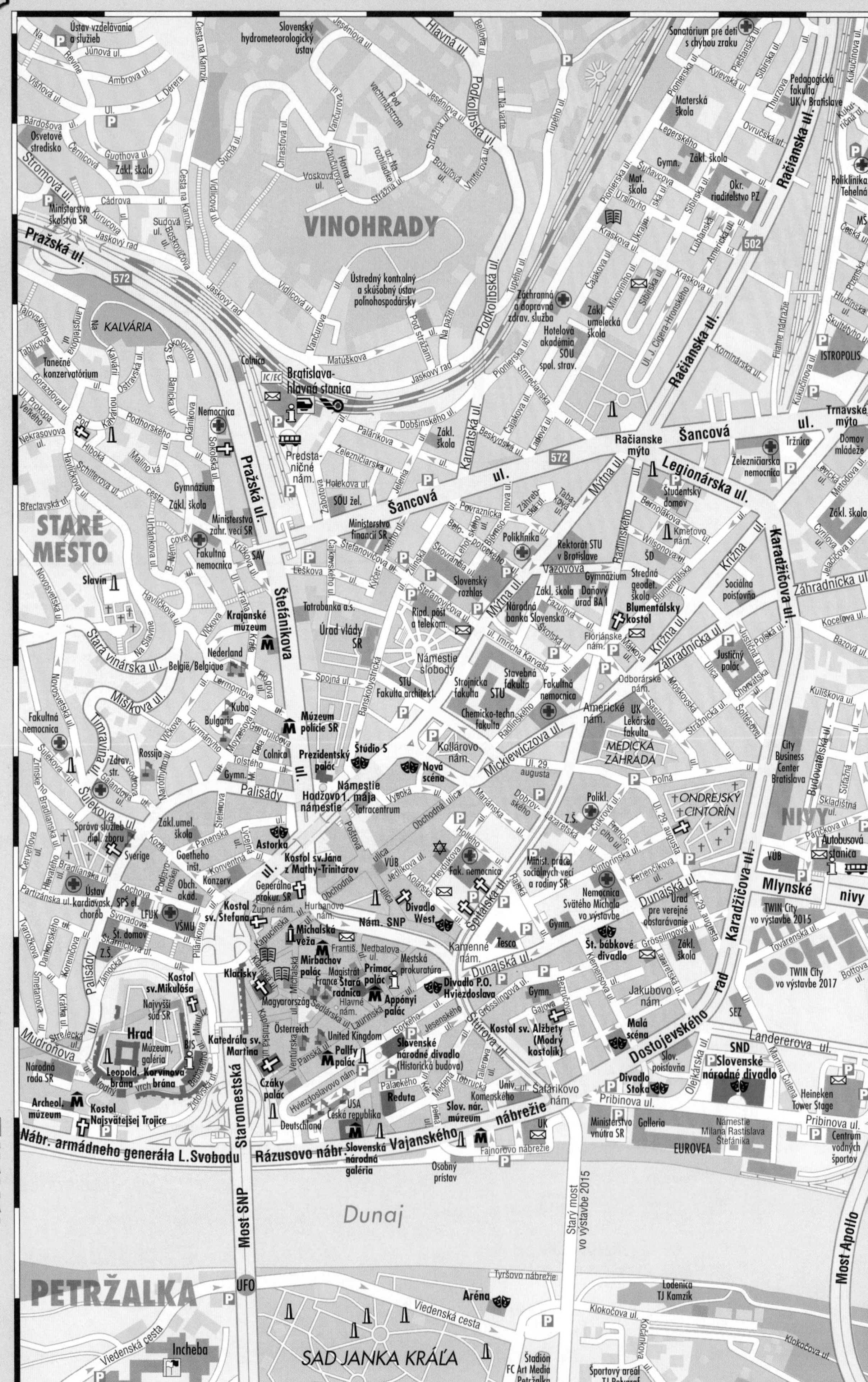

250 500 m

BA-PETRŽALKA 1 km
stanica Bratislava-Petržalka 1,5 km
→ 61 0,5 km → Petržalka/Berg (A) 4 km
Hainburg a.d.Donau (A) 13 km / Wien (A) 60 km
→ D2 2 km → Jarovce/Kittsee (A) 12 km
→ Čunovo/Rajka (H) 20 km

BA-PETRŽALKA
1 km

BA-NOVÉ MESTO
0,5 km
Štadión AŠK
Inter 1,5 km
→ D1 7 km
Senec 24 km
Trnava 44 km

→ 61 1 km
BA-RUŽINOV
1,5 km
BA-VRAKUŇA
7,5 km
Letisko M.R.
Štefánika 6 km
→ D1 8 km
Bernolákovo 15 km
Senec 24 km
Trnava 44 km

→ 61 1 km
BA-RUŽINOV
1,5 km
BA-VRAKUŇA
8,5 km

→ 61 1,5 km
BA-RUŽINOV 2 km
BA-PRIEVOZ 3 km
BA-PODUNAJSKÉ
BISKUPICE 7 km
Rovinka 12,5 km
Šamorín 21 km

→ D1 1,5 km
BA-PODUNAJSKÉ
BISKUPICE 7 km
Rovinka 12,5 km
Šamorín 21 km

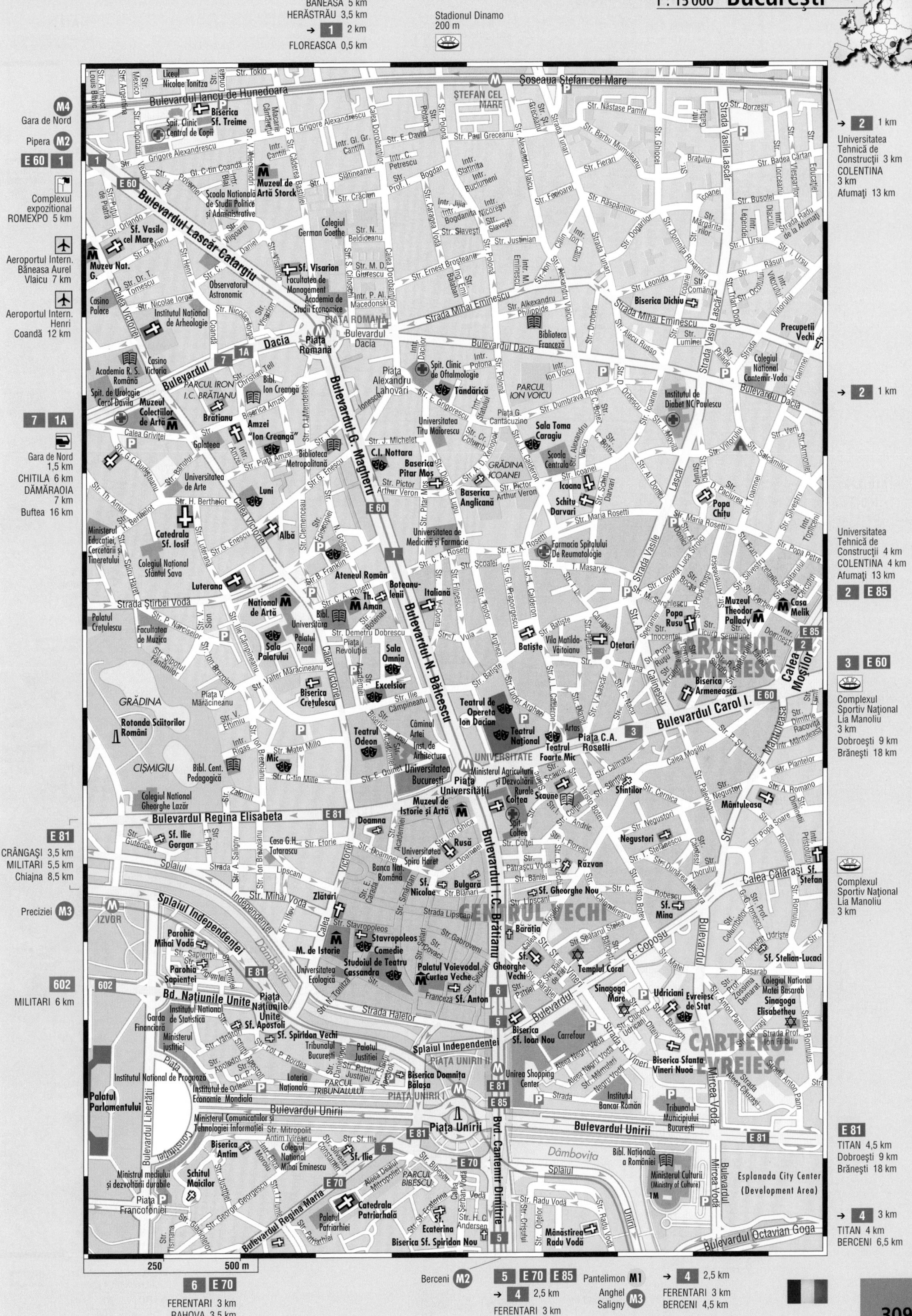
BĂNEASA 5 km
HERĂSTRĂU 3,5 km
1 2 km
FLOREASCA 0,5 km
Stadionul Dinamo
200 m
M4 Gara de Nord
M2 Pipera
E 60 1
Complexul expozițional ROMEXPO 5 km
Aeroportul Intern. Băneasa Aurel Vlaicu 7 km
Aeroportul Intern. Henri Coandă 12 km
7 1A
Gara de Nord 1,5 km
CHITILA 6 km
DĂMĂRAOIA 7 km
Buftea 16 km
E 81
CRÂNGAȘI 3,5 km
MILITARI 5,5 km
Chiajna 8,5 km
Preciziei M3
602
MILITARI 6 km
2 1 km
Universitatea Tehnică de Construcții 3 km
COLENTINA 3 km
Afumați 13 km
2 1 km
Universitatea Tehnică de Construcții 4 km
COLENTINA 4 km
Afumați 13 km
2 E 85
3 E 60
Complexul Sportiv Național Lia Manoliu 3 km
Dobroești 9 km
Brănești 18 km
Complexul Sportiv Național Lia Manoliu 3 km
E 81
TITAN 4,5 km
Dobroești 9 km
Brănești 18 km
4 3 km
TITAN 4 km
BERCENI 6,5 km
250
500 m
6 E 70
FERENTARI 3 km
RAHOVA 3,5 km
Berceni M2
5 E 70 E 85
4 2,5 km
FERENTARI 3 km
Pantelimon M1
Anghel Saligny M3
4 2,5 km
FERENTARI 3 km
BERCENI 4,5 km
Șoseaua Ștefan cel Mare
ȘTEFAN CEL MARE
Bulevardul Iancu de Hunedoara
Bulevardul Lascăr Catargiu
Muzeul de Artă Storck
Colegiul German Goethe
Observatorul Astronomic
Institutul Național de Arheologie
Casino Palace
PIAȚA ROMANĂ
Piața Romană
Bulevardul Dacia
Strada Mihai Eminescu
Biserica Dichiu
Biblioteca Franceză
Precupeții Vechi
Colegiul Național Cantemir-Voda
Piața Alexandru Lahovari
Spit. Clinic de Oftalmologie
Țăndărică
PARCUL ION VOICU
Institutul de Diabet NC Paulescu
Academia R. S. România
PARCUL IRON I.C. BRĂTIANU
Muzeul Colecțiilor de Artă
Bulevardul G. Magheru
Universitatea Titu Maiorescu
Sala Toma Caragiu
C.I. Nottara
Biserica Anglicană
GRĂDINA ICOANEI
Schitu Darvari
Popa Chițu
Catedrala Sf. Iosif
Colegiul Național Sfântul Sava
Universitatea de Medicină și Farmacie
Farmacia Spitalului De Reumatologie
Ateneul Român
Strada Știrbei Vodă
Palatul Crețulescu
Național de Artă
Bulevardul N. Bălcescu
Sala Palatului
Palatul Regal
Calea Victoriei
Sala Omnia
Bișiște
Otetari
CARTIERUL ARMENESC
Calea Moșilor
Muzeul Theodor Pallady
Casa Melik
Biserica Armenească
Bulevardul Carol I.
GRĂDINA CIȘMIGIU
Rotonda Scriitorilor Români
Teatrul de Operetă Ion Dacian
Teatrul Național
Piața C.A. Rosetti
UNIVERSITATE
Universitatea București
Piața Universității
Muzeul de Istorie și Artă
Colegiul Național Gheorghe Lazăr
Bulevardul Regina Elisabeta
Bulevardul I.C. Brătianu
CENTRUL VECHI
Calea Călărași
Splaiul Independenței
Stavropoleos
Palatul Voievodal Curtea Veche
Templul Coral
Sinagoga Mare
CARTIERUL EVREIESC
Bd. Națiunile Unite
Palatul Parlamentului
Bulevardul Unirii
Piața Unirii
PIAȚA UNIRII I
PIAȚA UNIRII II
Unirea Shopping Center
Bvd. Cantemir Dimitrie
Dâmbovița
Bibl. Națională a României
Ministerul Culturii (Ministry of Culture)
Esplanada City Center (Development Area)
Catedrala Patriarhală
Palatul Patriarhiei
Bulevardul Regina Maria
Mănăstirea Radu Vodă
Bulevardul Octavian Goga
Strada Mircea Vodă
Bulevardul Libertății

WEMMEL 4 km
→ A10 3 km
JETTE 2 km

Roi Baudouin
Koning Boudewijn
(1A)

Parc de Expositions
Tentoonstellingspark 4,2 km
Stade Roi Baudouin
Koning Boudewijn Stadion 4 km

→ A12 4 km
Château Royal 2 km
Koninklijk Paleis 2 km

→ A10 2 km
Gent 56 km
Gand 56 km

→ A10 2,5 km
→ R0 3 km
Gent 56 km
Gand 56 km

→ R0 2,5 km
Dilbeek 4,5 km

Érasme
Erasmus (1B)

→ R0 3 km

KOEKELBERG

ST-JEAN / ST-JANS

MOLENBEEK

ANDERLECHT

BRUXELLES / BRUSSEL

Tunnel Leopold II
Leopold II-Tunnel

PARC ELISABETH
ELISABETH-PARK

SIMONIS

RIBAUCOURT

R 20A

ÉTANGS NOIRS
ZWARTE VIJVERS

N 9 Gentsesteenweg

Chaussée de Gand

OSSEGHEM

BEEKKANT

Gare de l'Ouest
Weststation

PARC MARIE-JOSÉ-PARK
Stade Verbiest

GARE DE L'OUEST
WESTSTATION

Chaussée de Ninove

DELACROIX

JACQUES BREL

CLÉMENCEAU

N 6

Chaussée de Mons

Sq. Albert I
Albert I sq.

ISIB

Rue E. Carpentierstr.

N 6

St-François
St-Franciscus

École Veterinaire
Veeartsenijschool

Gare du Midi
Zuidstation

GARE DU MIDI
ZUIDSTATION

Tour du Midi
Zuidtoren

Marché du Midi
Zuidmarkt

Pl. de la Constitution
Grondwetspl.

Bergense Steenweg

N 289

Tour et Taxis
Turn en Taxis

Magasins
Magazijnen

Gare maritime
Havenstation

Entrepôt Royal
Stapelhuis

Pl. des Armateurs
Redersplein

PARC MAXIMILIEN

Quai de Willebroeck
Willebroekkaai

PARC MAXIMILIEN

Caserne de Pompiers
Brandweer-kazerne

R 20

Pl. de l'Yser
Ijzerpl.

St-Jean Baptiste

Boulevard Leopold II
Leopold II-laan

Pl. et Sq. Sainctelette
Saincteletteplein en sq.

Kaaitheater

Blvd. de Nieuwpoort
Nieuwpoortlaan

GRAAF VAN VLAANDEREN
COMTE DE FLANDRE

Blvd. Barthélemy
Barthélemylaan

Pl. de Ninove

Rue des Fabriques
Fabriekstr.

Ninoofsesteenweg N8

BOURSE / BEURS

Bourse
Beurs

St-Nicolas
St-Nikolaas

Grand'Place
Grote Markt

Hôtel de Ville
Stadhuis

Manneken Pis

Théâtre Royal de Toone

Ste-Catherine
Sint Katelijne

Pl. de Brouckère

Centre Monnaie
Muntcentrum

Théâtre National

Pte. d'Anderlecht
Anderlechtsepoort

Anderlechtsesteenweg

R 20

Palais du Midi
Zuidpaleis

LEMONNIER

Blvd. du Midi
Zuidlaan

Blvd. de Waterloo
Waterloolaan

Palais de Justice
Justitiepaleis

Porte de Hal
Hallepoort

HALLEPOORT

Pl. Louise
Louizapl.

LOUISE / LOUIZA

N 261

250   500 m

→ R0 4 km
Mons 68km
Bergen 68 km

Mons IC/EC   TGV
Braine-l'Alleud
Charleroi
Lille (F)   EST   THA
London (GB)

Lille (F)
Paris (F)
Lyon (F)
Lille (F)
Paris (F)

ST-GILLES/ST-GILLES 0,5 km
UCCLE/UKKEL 4 km

→ R0 / A7 5 km
Drogenbos 7 km
Halle 15 km
Braine-l'Aleud 16 km

310

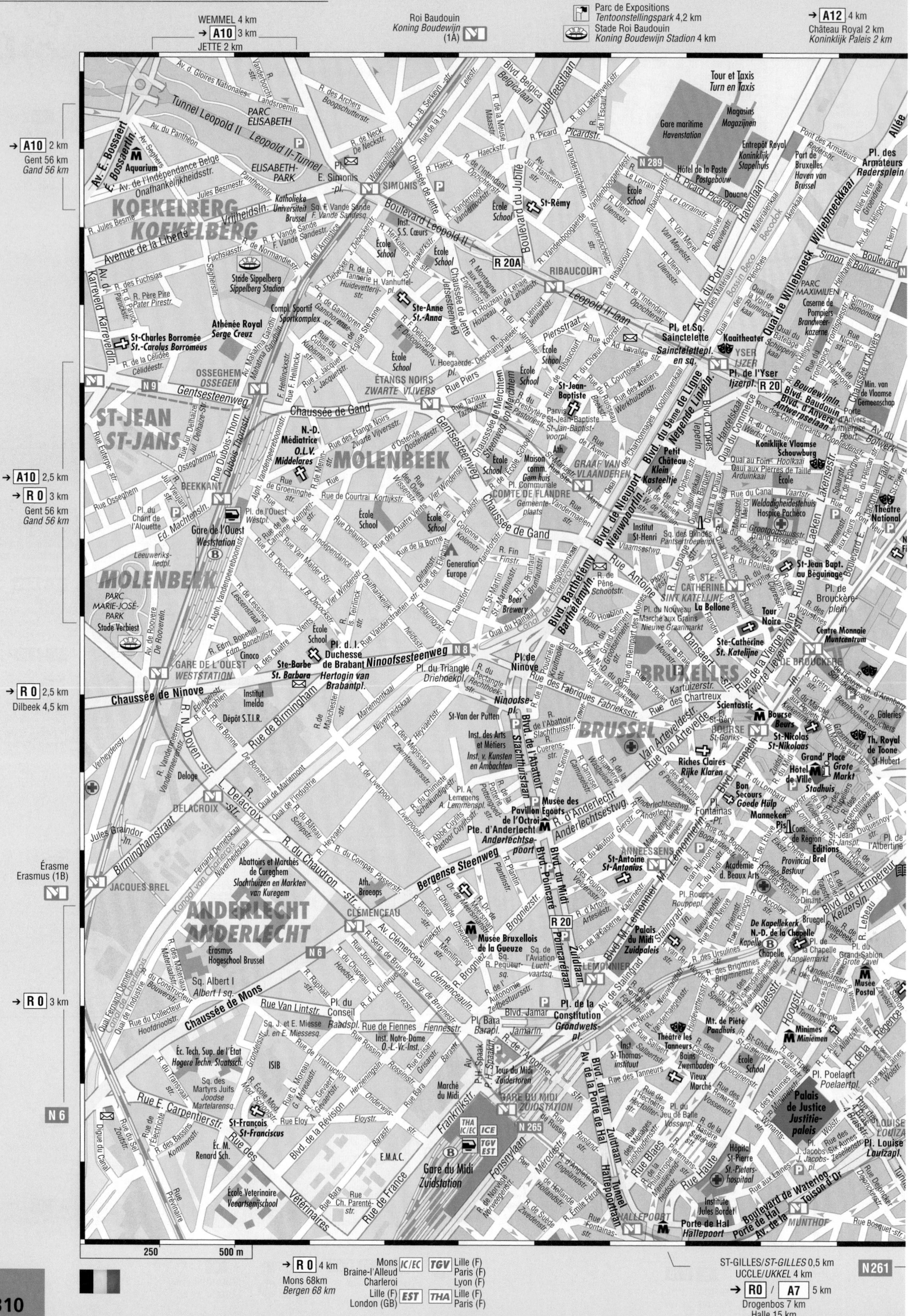

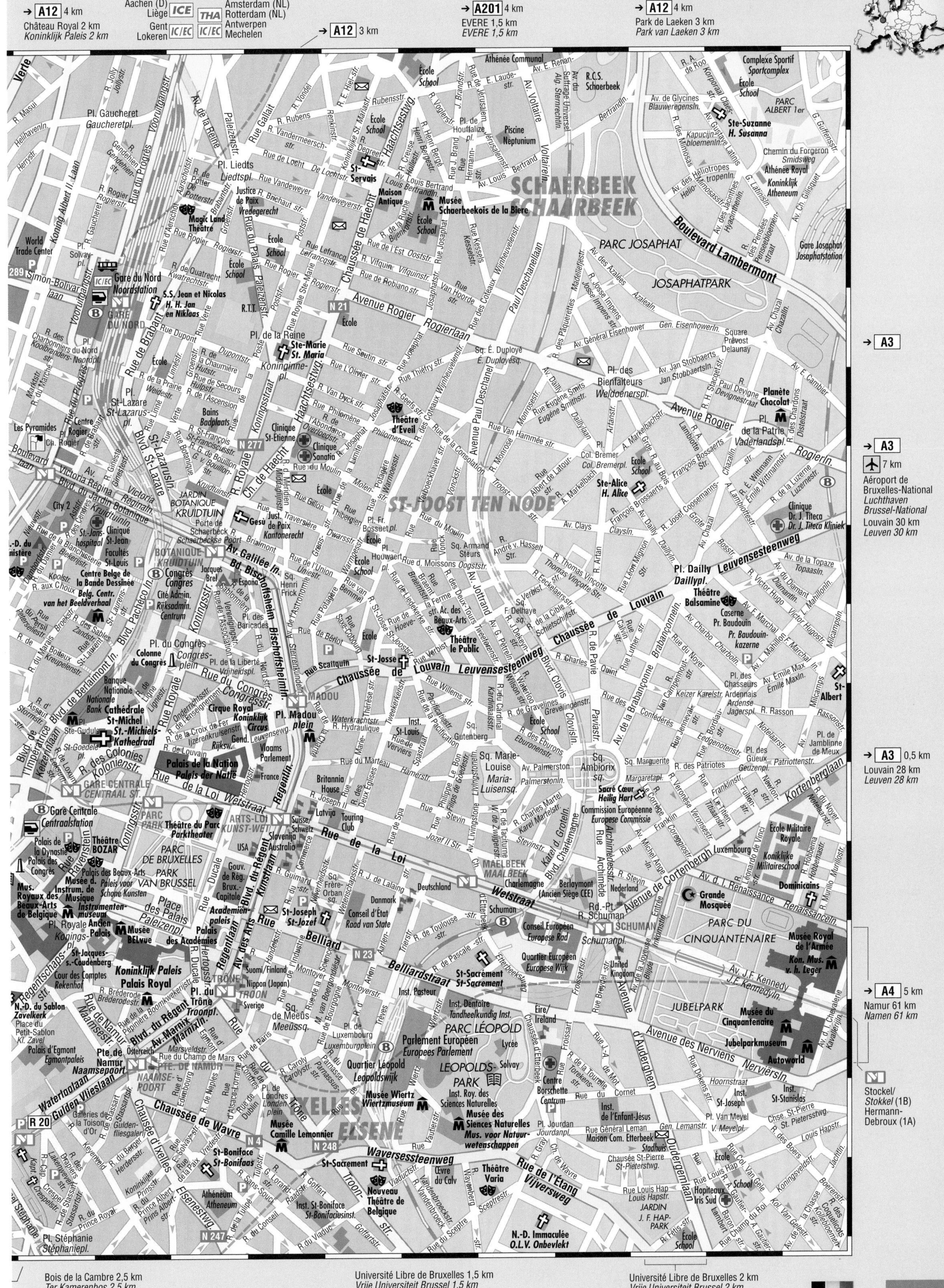

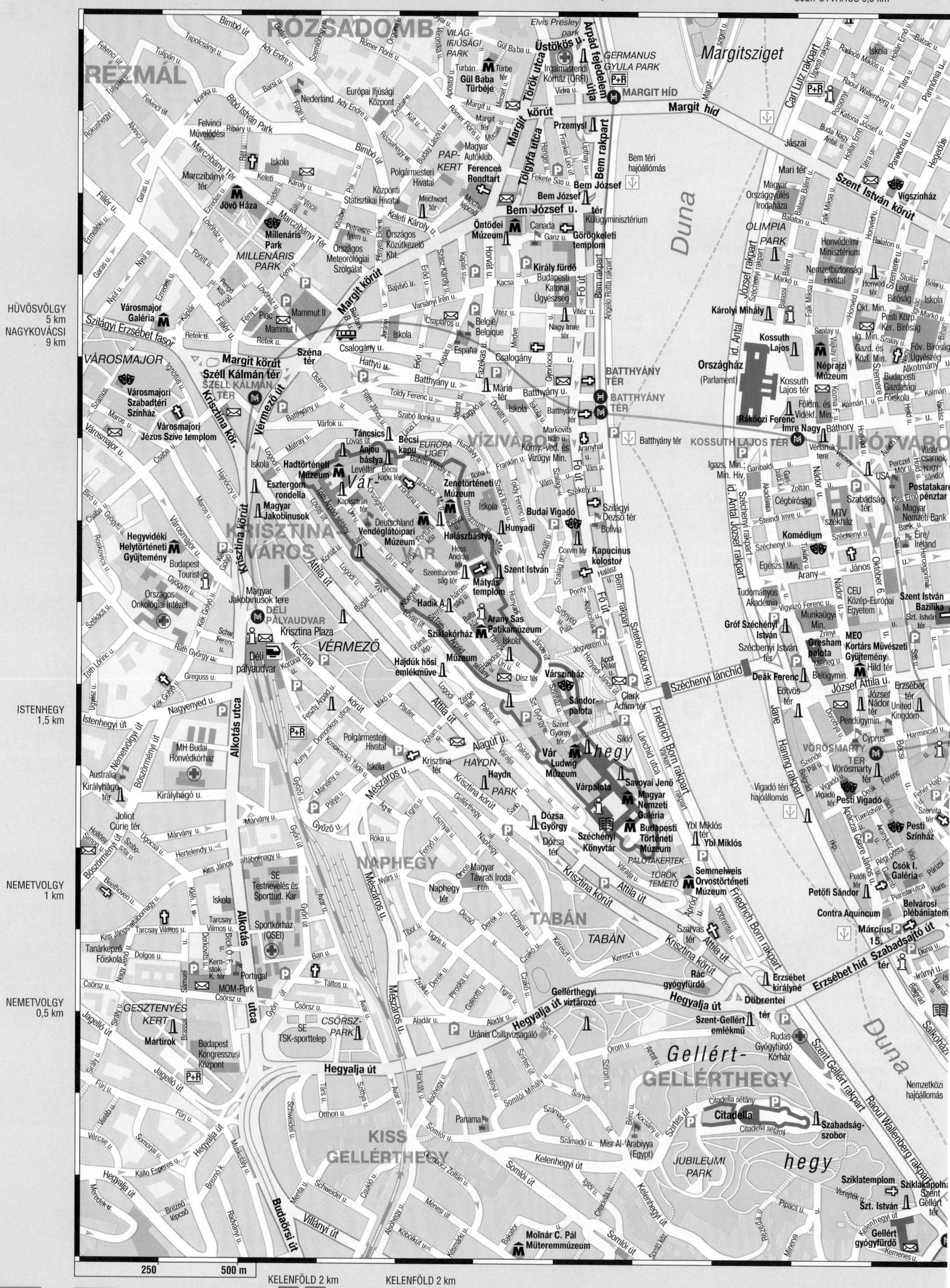

Esztergom 44 km
Szentendre 15 km
Pilisvörösvár 14 km
BÉKÁSMEGYER 9 km ÓBUDA
ÓBUDA 2 km Szentendre

UJLIPÓTVÁROS 0,5 km

RÓZSADOMB

RÉZMÁL

MARGITSZIGET

HÜVÖSVÖLGY
5 km
NAGYKOVÁCSI
9 km

VÁROSMAJOR

Margit körút

Széll Kálmán tér

VÍZIVÁROS

Vár

KRISZTINA-
VÁROS

VÉRMEZŐ

ISTENHEGY
1,5 km

Déli
pályaudvar

NEMETVOLGY
1 km

HAYDN
PARK

NAPHEGY

TABÁN

NEMETVOLGY
0,5 km

GESZTENYÉS
KERT

KISS
GELLÉRTHEGY

Gellért-
GELLÉRTHEGY

hegy

JUBILEUMI
PARK

250   500 m

KELENFÖLD 2 km   KELENFÖLD 2 km

M1 / M7 2,5 km
Érd 14 km
Tatabánya 54 km
Székesfehérvár 60 km

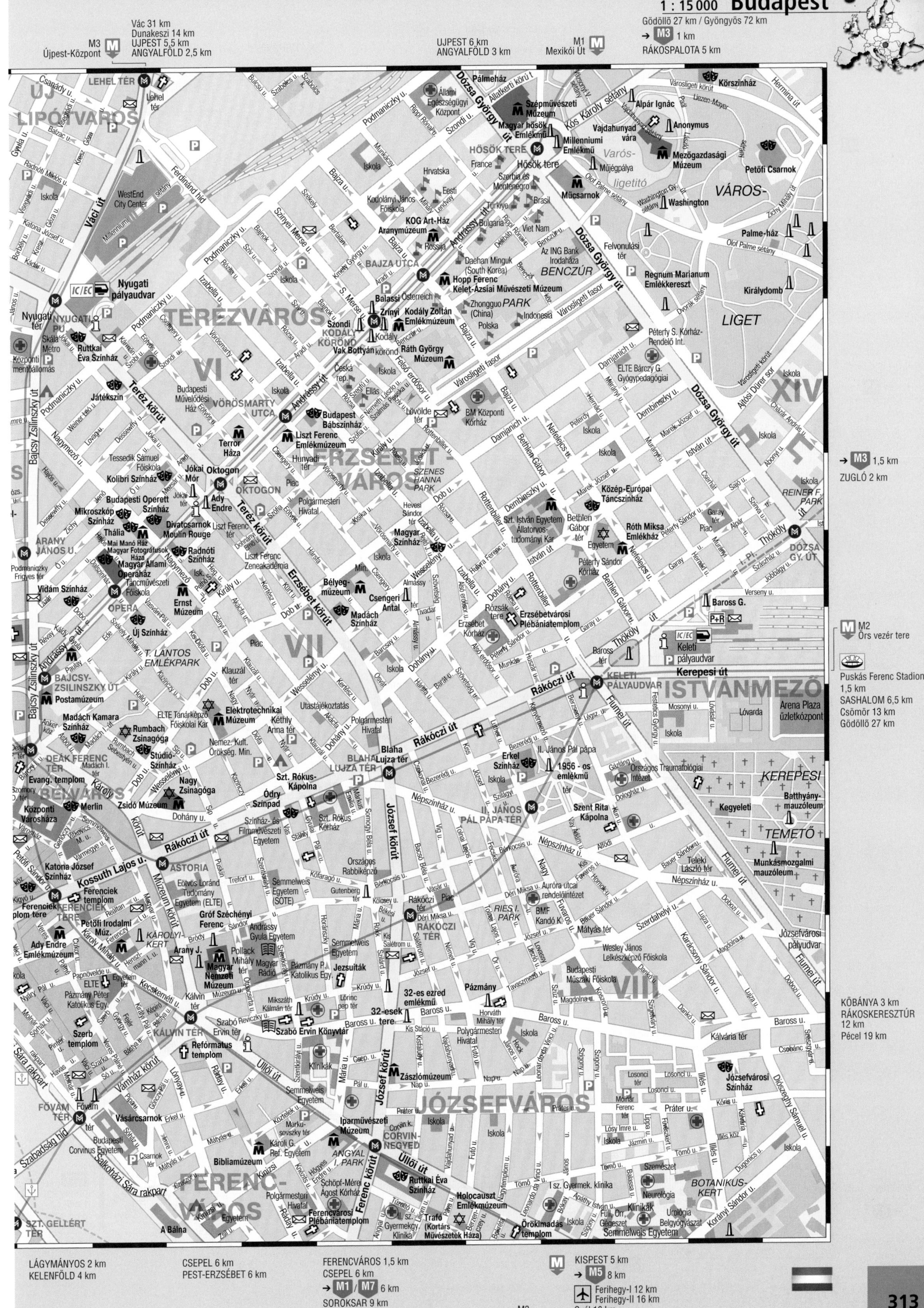
1 : 15 000 Budapest
Gödöllő 27 km / Gyöngyös 72 km
→ M3 1 km
RÁKOSPALOTA 5 km
M3
Újpest-Központ
Vác 31 km
Dunakeszi 14 km
UJPEST 5,5 km
ANGYALFÖLD 2,5 km
UJPEST 6 km
ANGYALFÖLD 3 km
M1
Mexikói Út
→ M3 1,5 km
ZUGLÓ 2 km
M2
Örs vezér tere
Puskás Ferenc Stadion
1,5 km
SASHALOM 6,5 km
Csömör 13 km
Gödöllő 27 km
KŐBÁNYA 3 km
RÁKOSKERESZTÚR
12 km
Pécel 19 km
LÁGYMÁNYOS 2 km
KELENFÖLD 4 km
CSEPEL 6 km
PEST-ERZSÉBET 6 km
FERENCVÁROS 1,5 km
CSEPEL 6 km
→ M1 / M7 6 km
SOROKSÁR 9 km
Sziget-Szentmiklós 16 km
M3
Kőbánya-Kispest
KISPEST 5 km
→ M5 8 km
Ferihegy-I 12 km
Ferihegy-II 16 km
Gyál 16 km
Kecskemét 80 km
ÚJ LIPÓTVÁROS
TERÉZVÁROS
VI
ERZSÉBETVÁROS
VII
BELVÁROS
JÓZSEFVÁROS
VIII
FERENCVÁROS
VÁROSLIGET
LIGET
XIV
ISTVÁNMEZŐ
KEREPESI TEMETŐ
BENCZÚR
BOTANIKUS-KERT
Nyugati pályaudvar
Keleti pályaudvar
Hősök tere
Szépművészeti Múzeum
Millenniumi Emlékmű
Vajdahunyad vára
Mezőgazdasági Múzeum
Műcsarnok
Petőfi Csarnok
Széchenyi fürdő
Andrássy út
Teréz körút
Erzsébet körút
József körút
Ferenc körút
Dózsa György út
Rákóczi út
Thököly út
Kerepesi út
Üllői út
Váci út
Bajcsy-Zsilinszky út
Kossuth Lajos u.
Múzeum körút
Vámház körút
Kecskeméti u.
Baross u.
Népszínház u.
Dohány u.
Király u.
Podmaniczky u.
Városligeti fasor
Ferdinánd híd
Magyar Állami Operaház
Liszt Ferenc Zeneakadémia
Nagy Zsinagóga
Zsidó Múzeum
Magyar Nemzeti Múzeum
Vásárcsarnok
Iparművészeti Múzeum
Holocaust Emlékmúzeum
Szabó Ervin Könyvtár
Blaha Lujza tér
Oktogon
Astoria
Kálvin tér
Deák Ferenc tér
WestEnd City Center
Terror Háza
Hopp Ferenc Kelet-Ázsiai Művészeti Múzeum
Ráth György Múzeum
Kodály Zoltán Emlékmúzeum
Liszt Ferenc Emlékmúzeum
Budapesti Operett Színház
Vígszínház
Erkel Színház
Baross G.
Arena Plaza üzletközpont
Semmelweis Egyetem
Központi Városháza
Petőfi Irodalmi Múzeum
Ferenciek tere
Fővám tér
Szabadság híd
Corvin-negyed
Vidám Színház
Budapesti Bábszínház
Madách Színház
Rumbach Zsinagóga
Rudas Színház
Ruttkai Éva Színház
Rózsák tere
Erzsébetvárosi Plébániatemplom

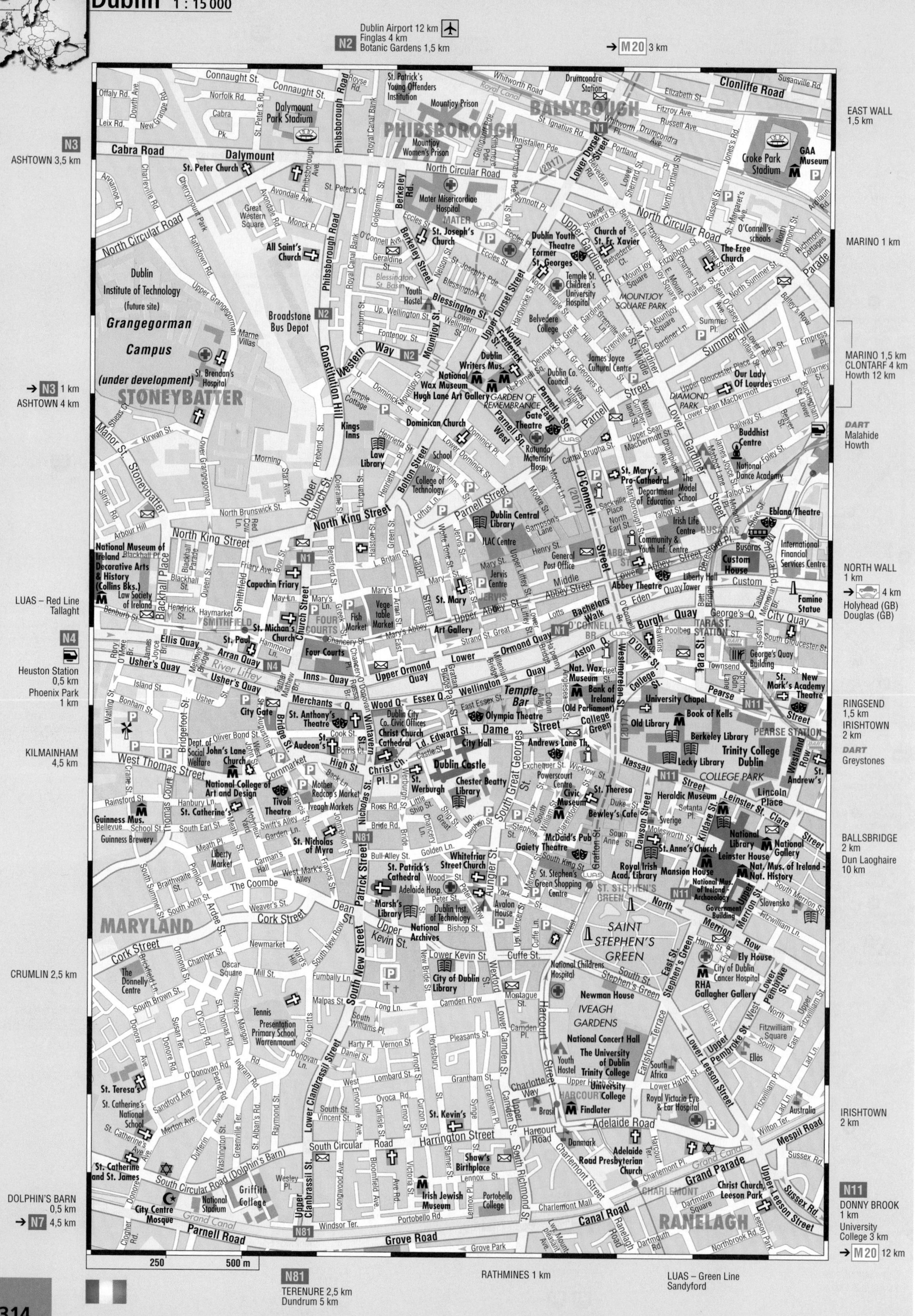

Dublin 1 : 15 000

N3
ASHTOWN 3,5 km

EAST WALL
1,5 km

MARINO 1 km

→ N3 1 km
ASHTOWN 4 km

MARINO 1,5 km
CLONTARF 4 km
Howth 12 km

DART
Malahide
Howth

LUAS – Red Line
Tallaght

NORTH WALL
1 km

N4

→ 4 km
Holyhead (GB)
Douglas (GB)

Heuston Station
0,5 km

Phoenix Park
1 km

RINGSEND
1,5 km
IRISHTOWN
2 km

KILMAINHAM
4,5 km

DART
Greystones

BALLSBRIDGE
2 km
Dun Laoghaire
10 km

CRUMLIN 2,5 km

IRISHTOWN
2 km

N11

DOLPHIN'S BARN
0,5 km

→ N7 4,5 km

DONNY BROOK
1 km
University
College 3 km

→ M20 12 km

250   500 m

314

N81
TERENURE 2,5 km
Dundrum 5 km

RATHMINES 1 km

LUAS – Green Line
Sandyford

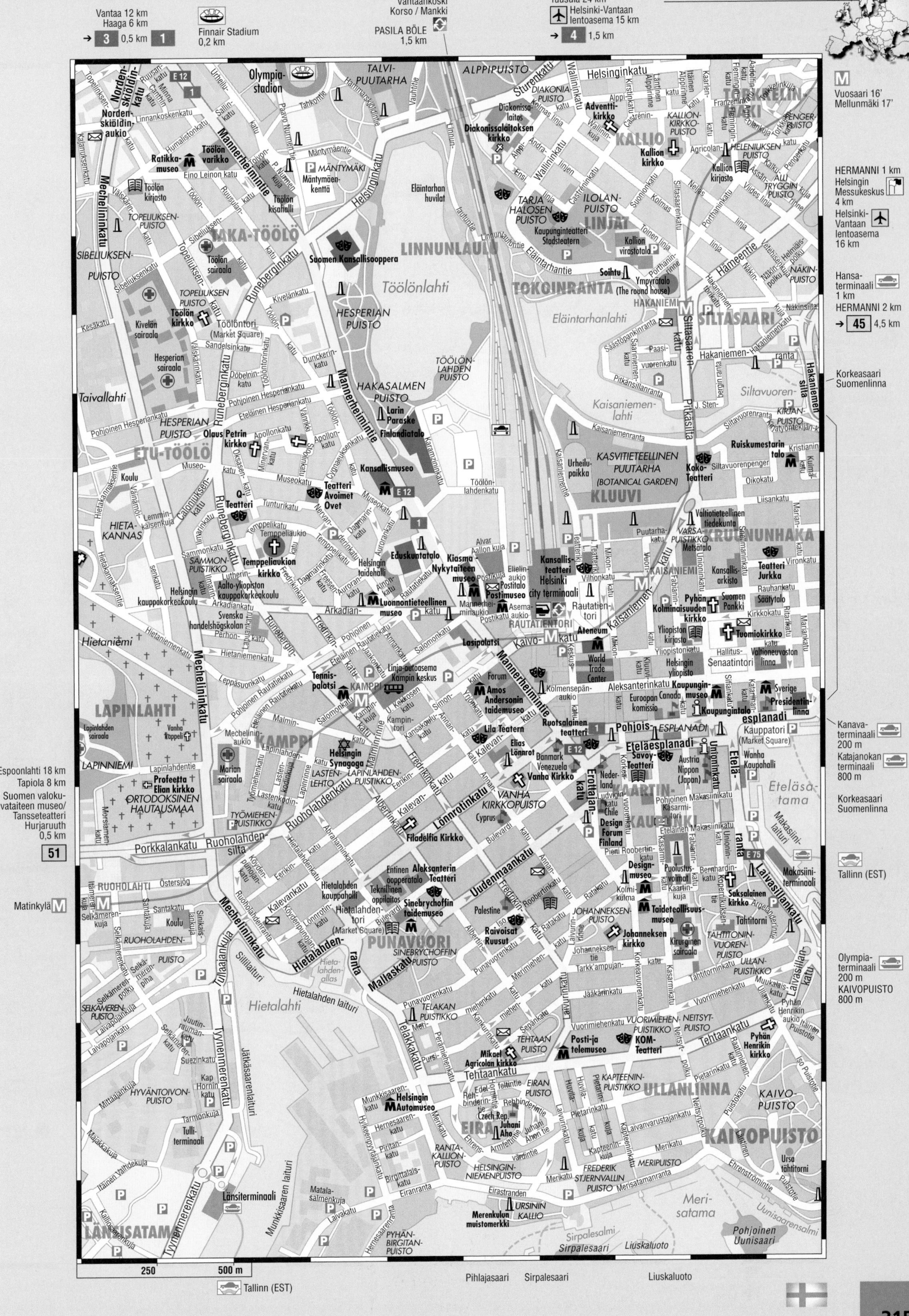
Vantaa 12 km
Haaga 6 km
3 0,5 km 1
Finnair Stadium
0,2 km
Vantaankoski
Korso / Mankki
PASILA BÖLE
1,5 km
Tuusula 24 km
Helsinki-Vantaan lentoasema 15 km
4 1,5 km
Vuosaari 16'
Mellunmäki 17'
HERMANNI 1 km
Helsingin Messukeskus
4 km
Helsinki-Vantaan lentoasema
16 km
Hansa-terminaali
1 km
HERMANNI 2 km
45 4,5 km
Korkeasaari
Suomenlinna
Kanava-terminaali
200 m
Katajanokan terminaali
800 m
Korkeasaari
Suomenlinna
Tallinn (EST)
Olympia-terminaali
200 m
KAIVOPUISTO
800 m
Espoonlahti 18 km
Tapiola 8 km
Suomen valokuvataiteen museo/
Tanssiteatteri Hurjaruuth
0,5 km
51
Matinkylä
Pihlajasaari
Sirpalesaari
Liuskaluoto
Tallinn (EST)
250
500 m
Olympia-stadion
TALVI-PUUTARHA
ALPPIPUISTO
Helsinginkatu
Sturenkatu
Diakonissalaitoksen kirkko
Adventtikirkko
KALLIO
Kallion kirkko
Kallion kirjasto
Ratikka-museo
Töölön varikko
Mannerheimintie
Mechelininkatu
Töölön kirjasto
MÄNTYMÄKI
Mäntymäen-kenttä
Töölön kisahalli
Eläintarhan huvilat
TAKA-TÖÖLÖ
LINNUNLAULU
Suomen Kansallisooppera
Töölönlahti
TARJA HALOSEN PUISTO
ILOLAN-PUISTO
LINJAT
Kaupunginteatteri Stadsteatern
Kallion virastotalo
Töölön sairaala
SIBELIUKSEN-PUISTO
TOPELIUKSEN-PUISTO
Töölön kirkko
Töölöntori (Market Square)
Kivelän sairaala
Hesperian sairaala
HESPERIAN PUISTO
Eläintarhanlahti
TOKOINRANTA
Soihtu
Ympyrätalo (The round house)
HAKANIEMI
SILTASAARI
Taivallahti
HESPERIAN PUISTO
ETU-TÖÖLÖ
Olaus Petrin kirkko
HAKASALMEN PUISTO
Larin Paraske
Finlandiatalo
TÖÖLÖNLAHDEN PUISTO
Kaisaniemenlahti
Siltavuoren-salmi
Hakaniemen silta
Kansallismuseo
Teatteri Avoimet Ovet
Q-Teatteri
Temppeliaukion kirkko
HIETA-KANNAS
SAMMON-PUISTIKKO
Aalto-yliopiston kauppakorkeakoulu
Svenska handelshögskolan
Eduskuntatalo
Kiasma - Nykytaiteen museo
Postitalo Postimuseo
Luonnontieteellinen museo
Kansallisteatteri
Helsinki city terminaali
Rautatientori
RAUTATIENTORI
Ateneum
Urheilupaikka
KASVITIETEELLINEN PUUTARHA (BOTANICAL GARDEN)
KLUUVI
Koko-Teatteri
Ruiskumestarin talo
KRUUNUNHAKA
Teatteri Jurkka
Kansallisarkisto
Säätytalo
Pyhän Kolminaisuuden kirkko
Tuomiokirkko
Senaatintori
Yliopiston kirjasto
Helsingin yliopisto
Valtioneuvoston linna
Hietaniemi
Lasipalatsi
Tennispalatsi
Linja-autoasema Kampin keskus
KAMPPI
World Trade Center
Amos Andersonin taidemuseo
Aleksanterinkatu
Kaupunginmuseo
Presidentinlinna
Kaupungintalo
Kauppatori (Market Square)
Wanha Kauppahalli
LAPINLAHTI
Lapinlahden sairaala
Vanha Kappeli
LAPINNIEMI
Profeetta Elian kirkko
ORTODOKSINEN HAUTAUSMAA
Marian sairaala
Helsingin Synagoga
Lila Teatern
Elias Lönnrot
Ruotsalainen teatteri
Pohjoisesplanadi
ESPLANADI
Eteläesplanadi
Savoy-Teatteri
Vanha Kirkko
VANHA KIRKKOPUISTO
Erottajankatu
Unioninkatu
KAARTINKAUPUNKI
Design Forum Finland
Design-museo
Eteläsatama
Makasiinilaituri
TYÖMIEHEN-PUISTIKKO
Filadelfia Kirkko
Lönnrotinkatu
Porkkalankatu
Ruoholahden silta
RUOHOLAHTI
Aleksanterin Teatteri
Hietalahden kauppahalli
Sinebrychoffin taidemuseo
Hietalahdentori (Market Square)
PUNAVUORI
SINEBRYCHOFFIN PUISTO
Uudenmaankatu
Raivoisat Ruusut
Johanneksen kirkko
JOHANNEKSEN-PUISTO
Taideteollisuus-museo
Kirurginen sairaala
Saksalainen kirkko
Tähtitorni
TÄHTITORNIN-VUOREN-PUISTO
Makasiiniterminaali
Laivasillankatu
Hietalahdenranta
Mallaskatu
Hietalahti
TELAKAN PUISTIKKO
Mikael Agricolan kirkko
TEHTAAN PUISTO
Posti- ja telemuseo
KOM-Teatteri
VUORIMIEHEN-PUISTIKKO
NEITSYT-PUISTO
Pyhän Henrikin kirkko
Tehtaankatu
ULLANLINNA
KAIVOPUISTO
Ursa tähtitorni
Helsingin Automuseo
EIRA
HELSINGIN-NIEMENPUISTO
FREDERIK STJERNVALLIN PUISTO
MERIPUISTO
Merisatama
URSININ KALLIO
Merenkulun muistomerkki
HYVÄNTOIVON-PUISTO
Tulliterminaali
Länsiterminaali
Munkkisaaren laituri
Jätkäsaarenlaituri
Tyynenmerenkatu
LÄNSISATAMA
PYHÄN-BIRGITAN-PUISTO
Sirpalesaari
Liuskaluoto
Pohjoinen Uunisaari

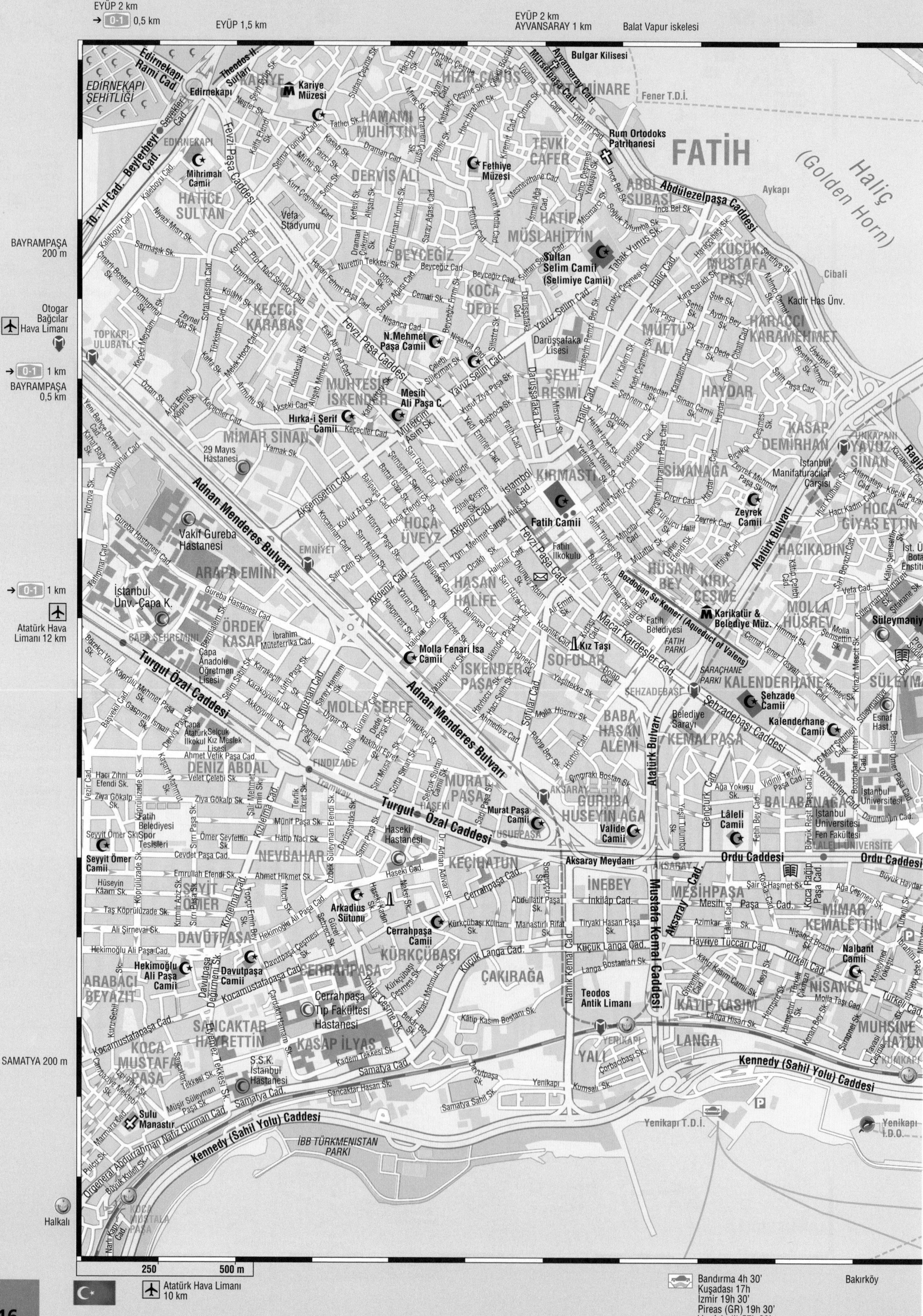

Istanbul 1 : 15 000

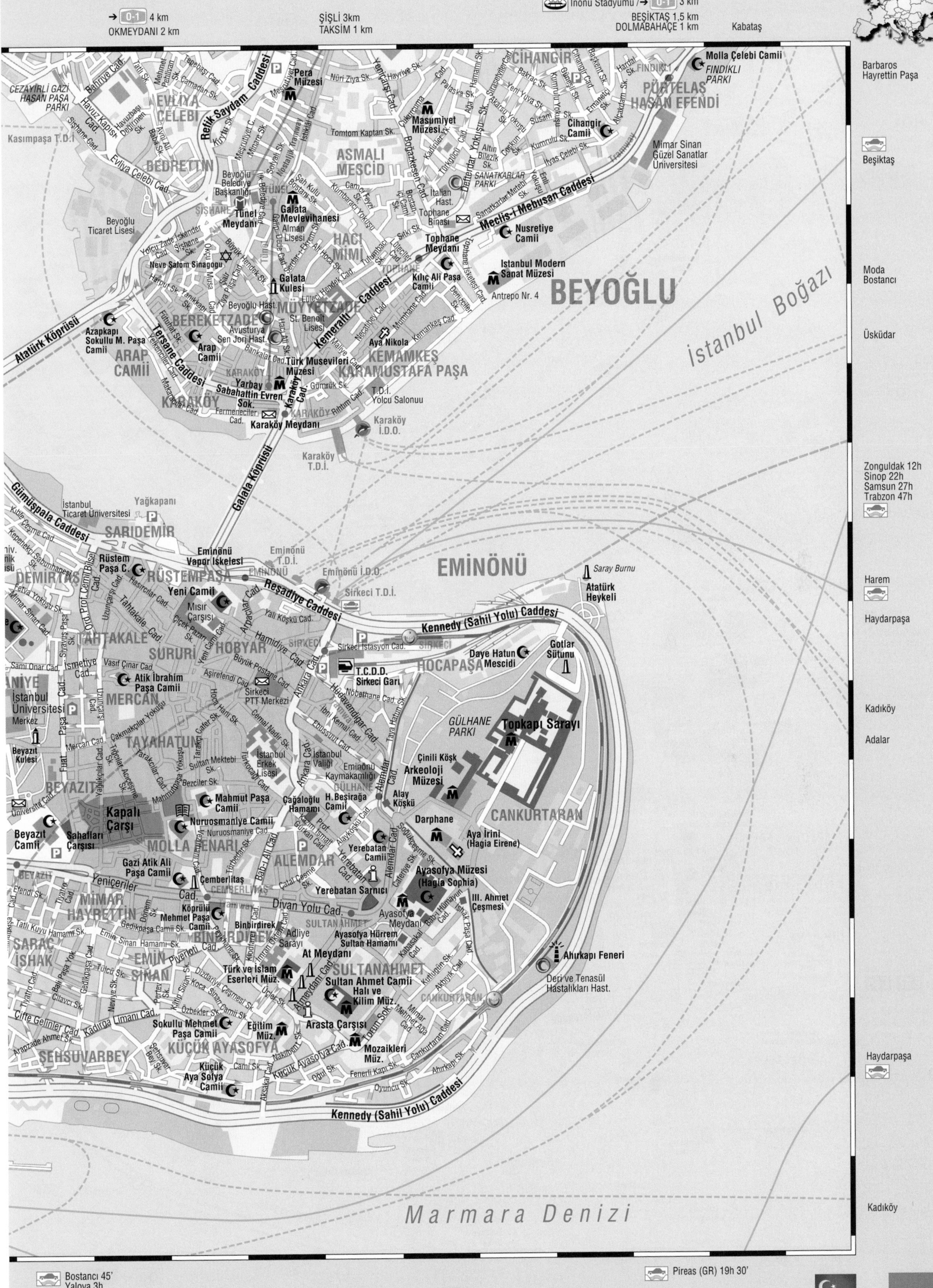

København 1 : 15 000

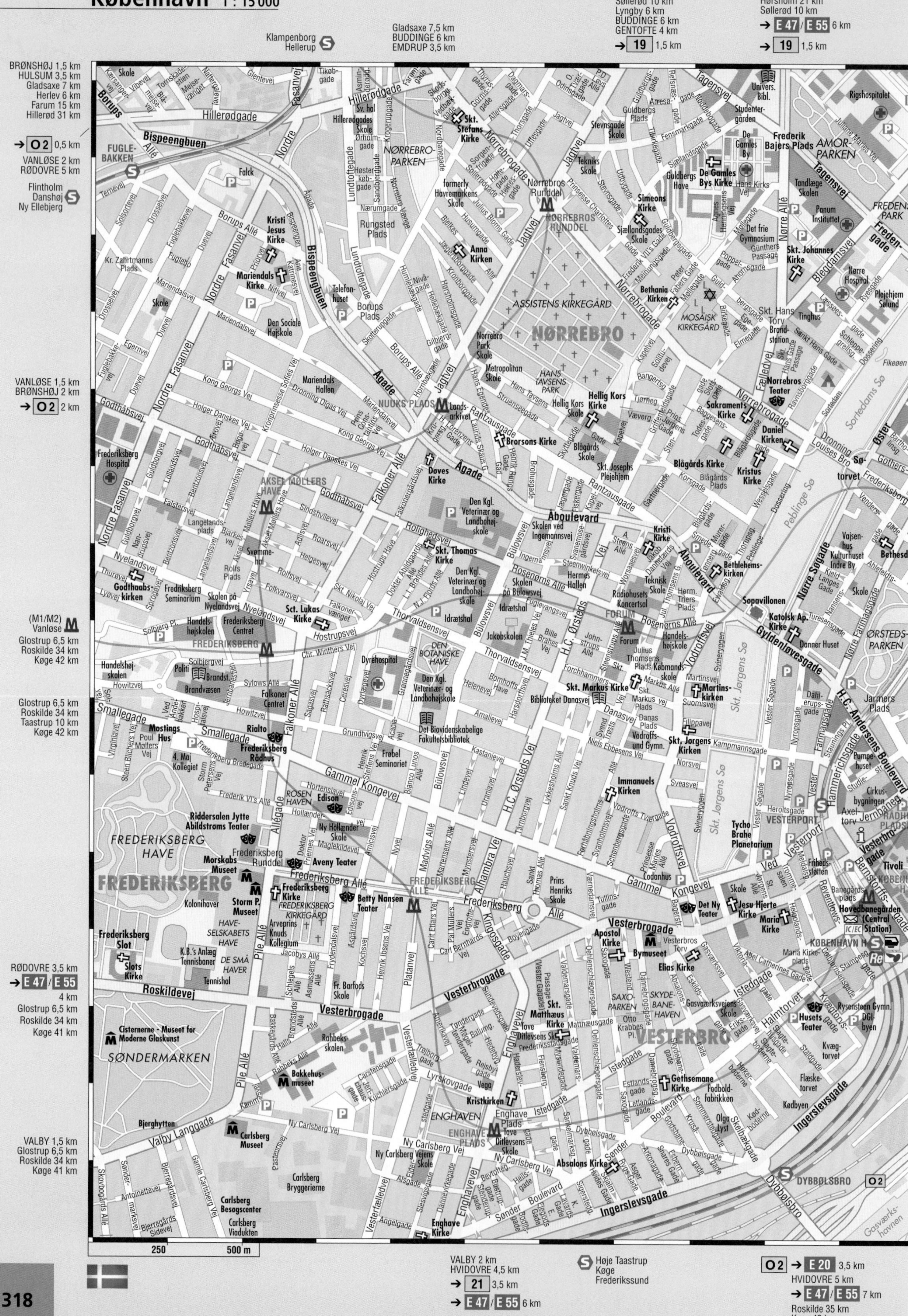

Klampenborg
Hellerup
Gladsaxe 7,5 km
BUDDINGE 6 km
EMDRUP 3,5 km
Søllerød 10 km
Lyngby 6 km
BUDDINGE 6 km
GENTOFTE 4 km
19 1,5 km
Helsingør 43 km
Hørsholm 21 km
Søllerød 10 km
E 47 / E 55 6 km
19 1,5 km
BRØNSHØJ 1,5 km
HULSUM 3,5 km
Gladsaxe 7 km
Herlev 6 km
Farum 15 km
Hillerød 31 km
O2 0,5 km
VANLØSE 2 km
RØDOVRE 5 km
Flintholm
Danshøj
Ny Ellebjerg
VANLØSE 1,5 km
BRØNSHØJ 2 km
O2 2 km
(M1/M2)
Vanløse
Glostrup 6,5 km
Roskilde 34 km
Køge 42 km
Glostrup 6,5 km
Roskilde 34 km
Taastrup 10 km
Køge 42 km
RØDOVRE 3,5 km
E 47 / E 55
4 km
Glostrup 6,5 km
Roskilde 34 km
Køge 41 km
VALBY 1,5 km
Glostrup 6,5 km
Roskilde 34 km
Køge 41 km
VALBY 2 km
HVIDOVRE 4,5 km
21 3,5 km
E 47 / E 55 6 km
Høje Taastrup
Køge
Frederikssund
O2 E 20 3,5 km
HVIDOVRE 5 km
E 47 / E 55 7 km
Roskilde 35 km
Køge 42 km
250
500 m
NØRREBRO
ASSISTENS KIRKEGÅRD
NØRREBRO-PARKEN
Nørrebros Runddel
Nørrebrogade
Jagtvej
Tagensvej
Rigshospitalet
FREDENS PARK
AMOR-PARKEN
MOSAISK KIRKEGÅRD
Sortedams Sø
Peblinge Sø
Skt. Jørgens Sø
ØRSTEDS-PARKEN
Åboulevard
Rantzausgade
Falkoner Allé
Godthåbsvej
Nordre Fasanvej
Bispeengbuen
Hillerødgade
FREDERIKSBERG
FREDERIKSBERG HAVE
Frederiksberg Slot
Frederiksberg Allé
Gammel Kongevej
Smallegade
Roskildevej
Vesterbrogade
VESTERBRO
SØNDERMARKEN
Carlsberg Museet
Carlsberg Bryggerierne
Valby Langgade
Ny Carlsberg Vej
ENGHAVEN
Enghave Plads
Ingerslevsgade
Dybbølsbro
Tivoli
KØBENHAVN H
Hovedbanegården (Central Station)
VESTERPORT
Tycho Brahe Planetarium
H.C. Andersens Boulevard
Nørre Søgade
Gyldenløvesgade
H.C. Ørsteds Vej
Bülowsvej
Thorvaldsensvej
Halmtorvet
Kødbyen
Istedgade
Sønder Boulevard

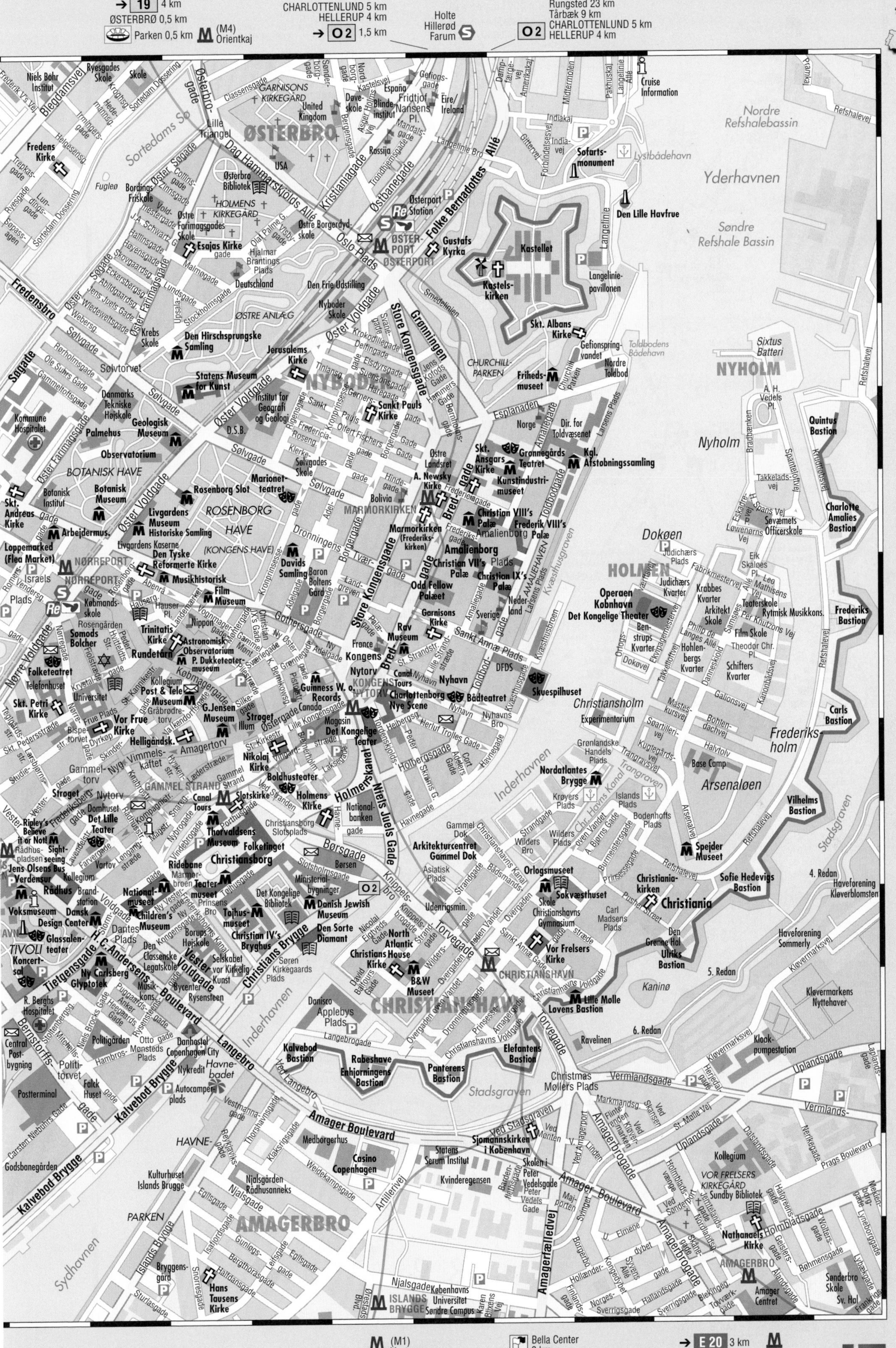

CHARLOTTENLUND 5 km
HELLERUP 4 km
→ 19 4 km
ØSTERBRØ 0,5 km
Parken 0,5 km   M (M4) Orientkaj

CHARLOTTENLUND 5 km
HELLERUP 4 km
→ O2 1,5 km

Holte
Hillerød S
Farum

Helsingør 44 km
Rungsted 23 km
Tårbæk 9 km
CHARLOTTENLUND 5 km
HELLERUP 4 km

O2

Nordre
Refshalebassin

Yderhavnen

Søndre
Refshale Bassin

Sixtus
Batteri

NYHOLM

Nyholm

HOLMEN

Christianshavn

**Frederiks-
holm**

Christiania

ØSTERBRO

NYBODER

MARMORKIRKEN

ROSENBORG
HAVE
(KONGENS HAVE)

NØRREPORT

KONGENS
NYTORV

CHRISTIANSHAVN

TIVOLI

CHRISTIANS BRYGGE

AMAGERBRO

Sydhavnen

Inderhavnen

Stadsgraven

M (M1) Vestamager

Bella Center 3 km
Tårnby 3,5 km

→ E 20 2,5 km
Malmö (S) 35 km

→ E 20 3 km
SUNDBY 1,5 km / Tårnby 3,5 km
Lufthavnen København-Kastrup 5 km
Store Magleby 7 km
Malmö (S) 35 km

M (M2) Lufthavnen

Lisboa 1 : 15 000

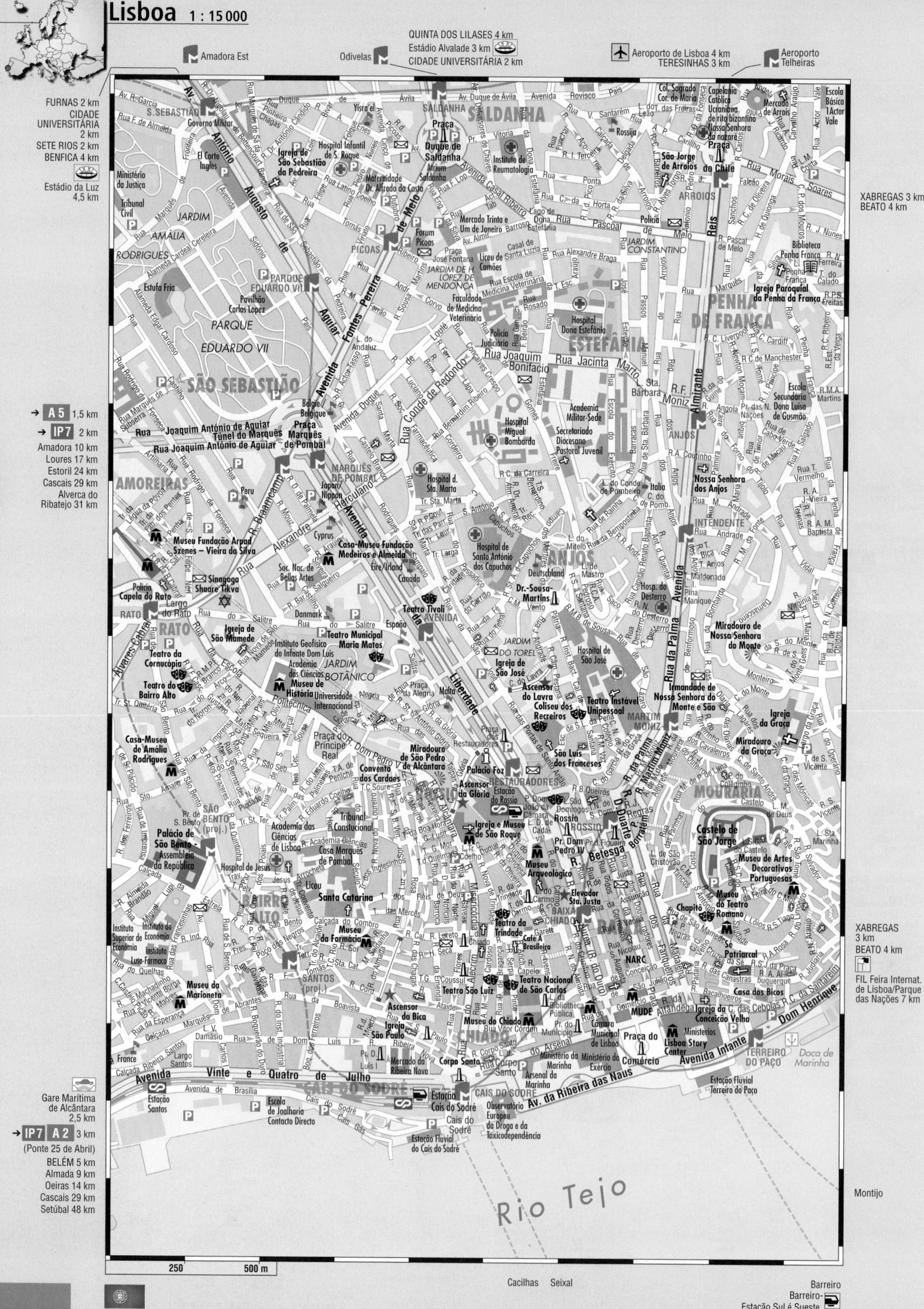

Amadora Est
Odivelas
QUINTA DOS LILASES 4 km
Estádio Alvalade 3 km
CIDADE UNIVERSITÁRIA 2 km
Aeroporto de Lisboa 4 km
TERESINHAS 3 km
Aeroporto
Telheiras
FURNAS 2 km
CIDADE UNIVERSITÁRIA 2 km
SETE RIOS 2 km
BENFICA 4 km
Estádio da Luz 4,5 km
XABREGAS 3 km
BEATO 4 km
A 5 1,5 km
IP7 2 km
Amadora 10 km
Loures 17 km
Estoril 24 km
Cascais 29 km
Alverca do Ribatejo 31 km
XABREGAS 3 km
BEATO 4 km
FIL Feira Internat. de Lisboa/Parque das Nações 7 km
Gare Marítima de Alcântara 2,5 km
IP7 A 2 3 km
(Ponte 25 de Abril)
BELÉM 5 km
Almada 9 km
Oeiras 14 km
Cascais 29 km
Setúbal 48 km
Montijo
Cacilhas
Seixal
Barreiro
Barreiro-Estação Sul é Sueste
250
500 m
SALDANHA
Praça Duque de Saldanha
Av. Duque de Ávila
Avenida Casal Ribeiro
Avenida Fontes Pereira de Melo
Av. António Augusto de Aguiar
PARQUE EDUARDO VII
Estufa Fria
Pavilhão Carlos Lopez
SÃO SEBASTIÃO
El Corte Inglês
Igreja de São Sebastião da Pedreira
ESTEFÂNIA
Hospital Dona Estefânia
PENHA DE FRANÇA
Igreja Paroquial da Penha da França
ARROIOS
Praça do Chile
Avenida Almirante Reis
Rua Jacinta Marto
Rua Joaquim António de Aguiar
Túnel do Marquês
Praça Marquês de Pombal
MARQUÊS DE POMBAL
AMOREIRAS
Rua Braamcamp
Museu Fundação Arpad Szenes – Vieira da Silva
Casa-Museu Fundação Medeiros e Almeida
Hospital de Santo António dos Capuchos
ANJOS
INTENDENTE
Hospital d. Sta. Marta
Sinagoga Shaare Tikva
Capela do Rato
RATO
Teatro Tivoli
AVENIDA
Avenida da Liberdade
Teatro Municipal Maria Matos
JARDIM BOTÂNICO
Museu de História Natural
Igreja de São Mamede
Teatro da Cornucópia
Teatro do Bairro Alto
Praça do Príncipe Real
Miradouro de São Pedro de Alcântara
Convento dos Cardaes
Palácio Foz
RESTAURADORES
Ascensor da Glória
Igreja e Museu de São Roque
Ascensor do Lavra
Coliseu dos Recreios
Hospital de São José
MARTIM MONIZ
Miradouro de Nossa Senhora do Monte
Igreja da Graça
Miradouro da Graça
MOURARIA
Castelo de São Jorge
Museu de Artes Decorativas Portuguesas
Museu do Teatro Romano
Sé Patriarcal
Casa dos Bicos
ROSSIO
Museu Arqueológico
Elevador de Sta. Justa
BAIXA
CHIADO
Teatro da Trindade
Café A Brasileira
Teatro Nacional de São Carlos
Teatro São Luiz
Museu do Chiado
Câmara Municipal de Lisboa
Praça do Comércio
Lisboa Story Center
MUDE
Igreja da Conceição Velha
Avenida Infante Dom Henrique
TERREIRO DO PAÇO
Estação Fluvial Terreiro do Paço
Av. da Ribeira das Naus
CAIS DO SODRÉ
Estação Cais do Sodré
Estação Fluvial do Cais do Sodré
Avenida Vinte e Quatro de Julho
Mercado da Ribeira Nova
Ascensor da Bica
SANTOS
Estação Santos
Palácio de São Bento – Assembleia da República
SÃO BENTO
Casa-Museu de Amália Rodrigues
Museu da Marioneta
BAIRRO ALTO
Santa Catarina
Museu da Farmácia
Rio Tejo

LJ-STOŽICE 1,5 km
ŠRC Stožice 1,5 km
→ 104 1,5 km
→ H3 1,5 km

Villach (A)
IC/EC Jesenice

→ H3
8 1,5 km
→ A2 4 km
ŠENTVID 4 km
Medno 7 km
Medvode 11 km
Vodice 15 km
✈ Letališče
Jožefa Pučnika
Ljubljana 19 km

→ H3 3 km
LJ-ŠMARTNO 4 km
→ A1 E57 5 km
LJ-ŠENTJAKOB 6 km
Litija 31 km

IC/EC
Zidani Most
Maribor
Zagreb (HR)

LJ-NOVE FUŽINE 2,5 km
→ A1 4 km
ZALOG 8 km

IC/EC
Pivka
Trieste (I)

LJ-ZGORNJA HRUŠICA 2 km
→ A1 4 km
ZADVOR 6 km

→ 409 2,5 km
→ A1 2,5 km
Brezovica pri Ljubljani 7 km
Dragomer 9 km
Vrhnika 18 km

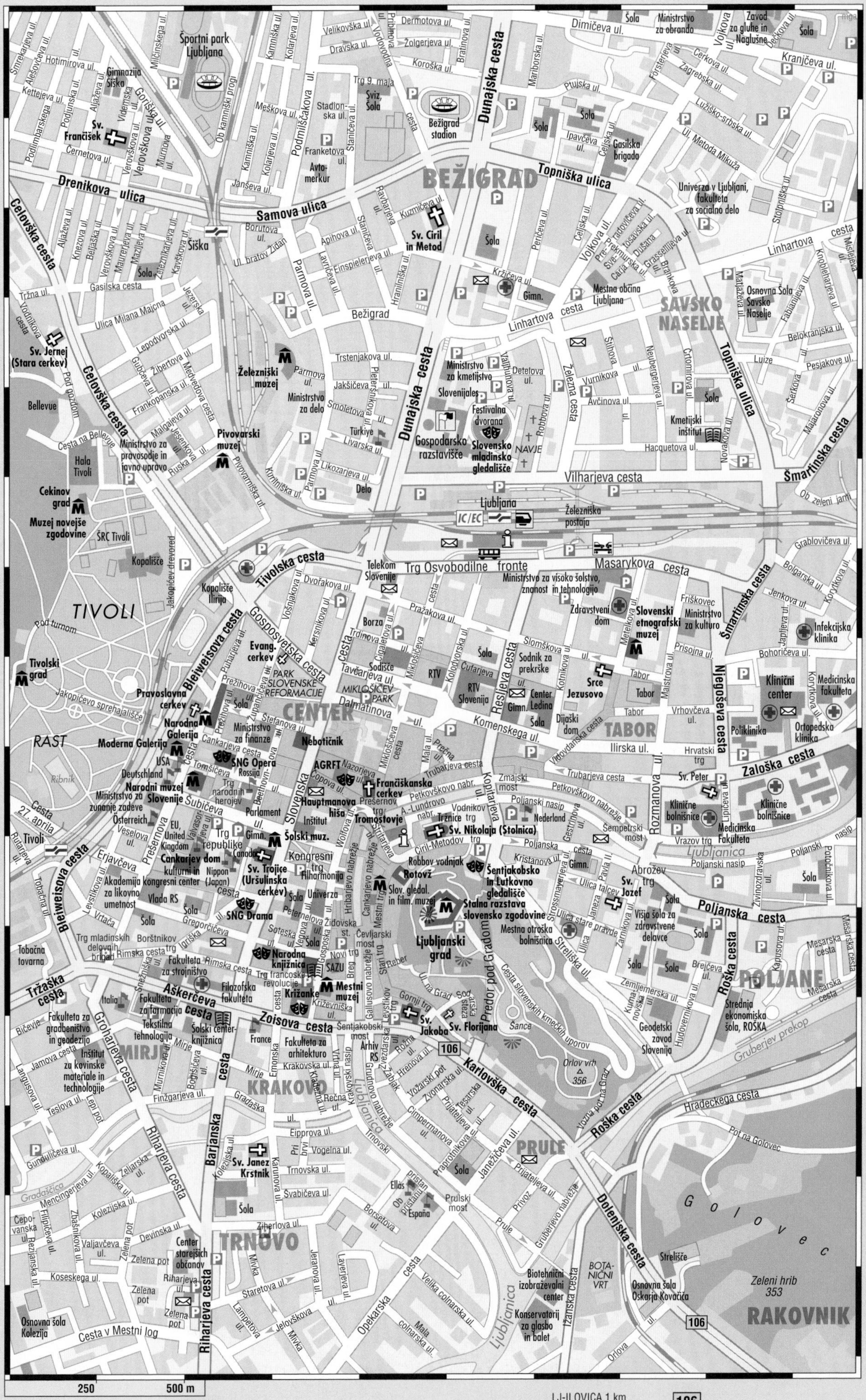

LJ-ILOVICA 1 km
Ig 11 km
Borovnica 30 km

106
Lavrica 6 km
Škofica 10 km
→ A1 A2 3,5 km

→ A1 1,5 km

250 500 m

BEŽIGRAD
SAVSKO NASELJE
CENTER
TABOR
TIVOLI
RAST
POLJANE
MIRJE
KRAKOVO
PRULE
TRNOVO
RAKOVNIK
Golovec

Drenikova ulica
Samova ulica
Celovška cesta
Topniška ulica
Dunajska cesta
Linhartova cesta
Šmartinska cesta
Tivolska cesta
Masarykova cesta
Bleiweisova cesta
Tržaška cesta
Gosposvetska cesta
Zoisova cesta
Aškerčeva cesta
Karlovška cesta
Roška cesta
Poljanska cesta
Barjanska cesta
Riharjeva cesta
Gruberjev prekop
Dolenjska cesta

Športni park Ljubljana
Sv. Frančišek
Železniški muzej
Pivovarski muzej
Sv. Jernej (Stara cerkev)
Bellevue
Hala Tivoli
Cekinov grad
Muzej novejše zgodovine
ŠRC Tivoli
Kopališče
Kopališče Ilirija
Tivolski grad
Pravoslavna cerkev
Narodna Galerija
Moderna Galerija
SNG Opera
Narodni muzej Slovenije
Cankarjev dom
SNG Drama
Narodna knjižnica
SAZU
Mestni muzej
Križanke
Sv. Janez Krstnik
Sv. Ciril in Metod
Festivalna dvorana
Gospodarsko razstavišče
Slovensko mladinsko gledališče
Mestna občina Ljubljana
Ljubljana
Železniška postaja
Telekom Slovenije
Trg Osvobodilne fronte
Slovenski etnografski muzej
Zdravstveni dom
RTV Slovenija
Srce Jezusovo
Klinični center
Medicinska fakulteta
Poliklinika
Ortopedska klinika
Infekcijska klinika
Franćiškanska cerkev
Sv. Nikolaja (Stolnica)
Robbov vodnjak
Ljubljanski grad
Stalna razstava slovenske zgodovine
Šentjakobsko in Lutkovno gledališče
Filharmonija
Univerza
Fakulteta za arhitekturo
Sv. Jakoba
Sv. Florijana
BOTANIČNI VRT
Osnovna šola Oskarja Kovačiča
Zeleni hrib 353
RAKOVNIK

Ljubljanica

Harrow
Weddelstone

Regent's Park 2,5 km
→ A40 300 m

HARROW 11 km
→ M1 7 km
WILLESDEN 6 km

Elephant & Castle
Edgware Road

Stanmore

Harrow &
Wealdstone

→ A40
WEMBLEY 9 km

Kensington
Wimbledon
Richmond
Ealing Broadway

→ M41 3 km
WILLESDEN
7 km

West Ruislip
Ealing Broadway

Congestion Charging Zone

HAMMERSMITH
3 km
HOUNSLOW 6 km

Circle line

Earls Court
Exhibition Centre
1 km

HAMMERSMITH
2,5 km

→ M4 6,5 km

Heathrow Airport
21 km

Ealing Broadway
Kensington
Richmond
Uxbridge
Wimbledon
Heathrow
Airport

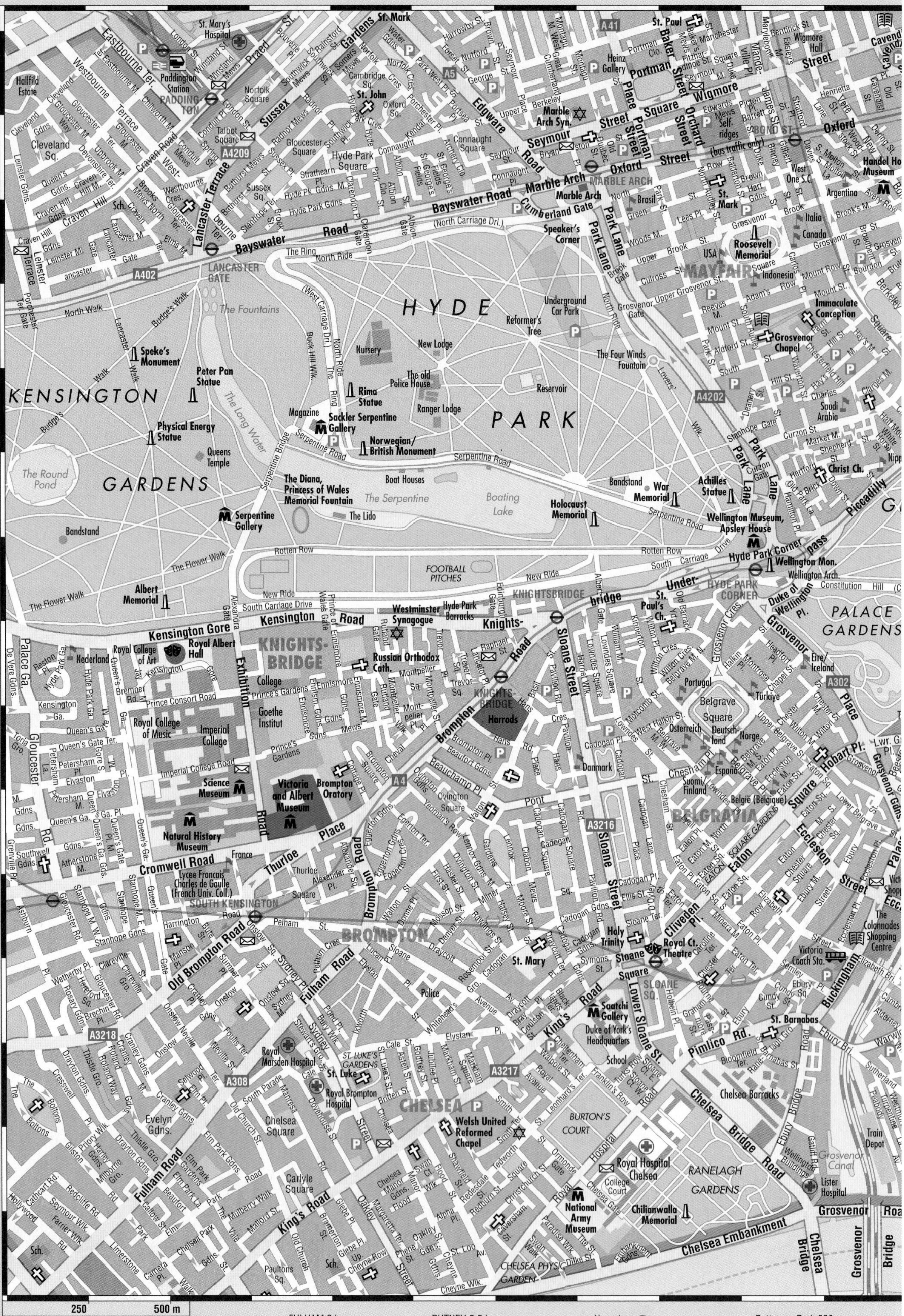

KENSINGTON GARDENS

The Round Pond

Speke's Monument
Peter Pan Statue
Physical Energy Statue
Queens Temple
Bandstand

HYDE PARK

The Long Water
The Serpentine
Boating Lake

Rima Statue
Magazine
Sackler Serpentine Gallery
Norwegian/British Monument
Serpentine Gallery
The Diana, Princess of Wales Memorial Fountain
The Lido
Boat Houses
Nursery
New Lodge
The old Police House
Ranger Lodge
Reformer's Tree
Underground Car Park
Reservoir
The Four Winds Fountain
Bandstand
War Memorial
Achilles Statue
Holocaust Memorial
Wellington Museum, Apsley House

Albert Memorial
Kensington Gore
Royal College of Art
Royal Albert Hall
Royal College of Music
Imperial College
Science Museum
Natural History Museum
Victoria and Albert Museum
Brompton Oratory
Russian Orthodox Cath.
Westminster Synagogue
Hyde Park Barracks

KNIGHTSBRIDGE

Harrods
Belgrave Square

BELGRAVIA

Sloane Street
Sloane Square
Holy Trinity
Royal Ct. Theatre
Saatchi Gallery
Duke of York's Headquarters
St. Mary

BROMPTON

Cromwell Road
Thurloe Square
Old Brompton Road
South Kensington
Lycée Français Charles de Gaulle (French Univ. Coll.)

SOUTH KENSINGTON

Fulham Road
King's Road

Royal Marsden Hospital
St. Luke's Gardens
St. Luke
Royal Brompton Hospital

CHELSEA

Chelsea Square
Carlyle Square
Welsh United Reformed Chapel
Chilianwalla Memorial
Royal Hospital Chelsea
National Army Museum
Chelsea Barracks

BURTON'S COURT
RANELAGH GARDENS

Chelsea Embankment
Chelsea Bridge
Grosvenor Road

HYDE PARK CORNER
Wellington Mon.
Wellington Arch
Duke of Wellington Pl.

PALACE GARDENS

MAYFAIR

Roosevelt Memorial
Grosvenor Chapel
Immaculate Conception
USA
Christ Ch.

MARBLE ARCH

Marble Arch
Speaker's Corner
Cumberland Gate

Oxford Street
Selfridges
Portman Square
Heinz Gallery
Portland Place
Wigmore Street
Wigmore Hall
Handel House Museum
Bond St.
St. Paul
Baker St.

Paddington Station
St. Mary's Hospital
Sussex Square
Norfolk Square
St. John
Lancaster Gate
The Fountains

250   500 m

Stamford Bridge (Chelsea F.C.) 0,5 km

FULHAM 1,5 km
WANDSWORTH 4 km

FULHAM 2 km
WANDSWORTH 4,5 km

PUTNEY 5,5 km
RICHMOND 8 km

Hampton Court Pier

Battersea Park 200 m
CLAPHAM 2,5 km
Gatwick Airport 48 km

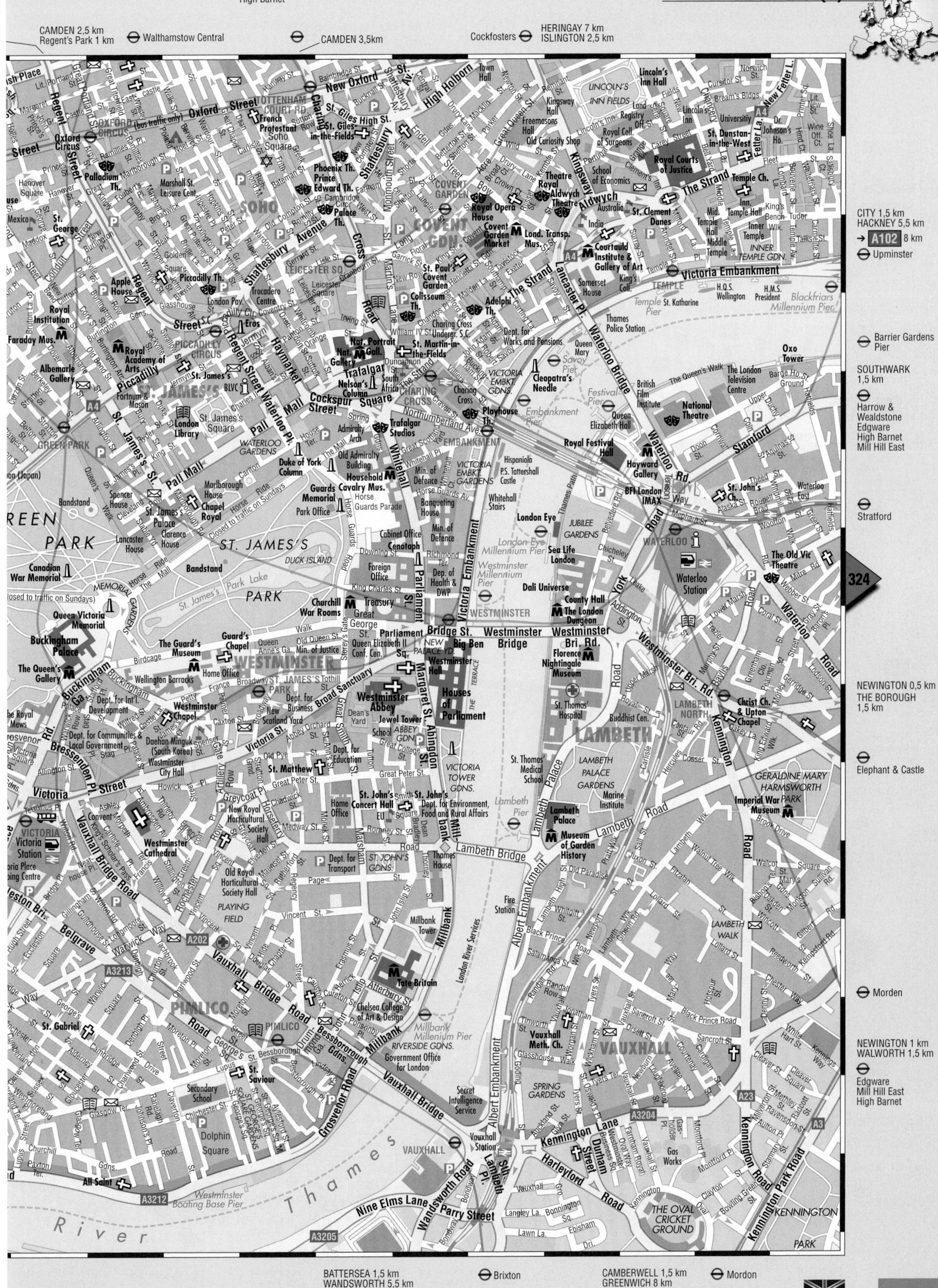
Edgware
High Barnet
CAMDEN 2,5 km
Regent's Park 1 km
Walthamstow Central
CAMDEN 3,5km
Cockfosters
HERINGAY 7 km
ISLINGTON 2,5 km
CITY 1,5 km
HACKNEY 5,5 km
A102 8 km
Upminster
Barrier Gardens Pier
SOUTHWARK 1,5 km
Harrow & Wealdstone
Edgware
High Barnet
Mill Hill East
Stratford
324
NEWINGTON 0,5 km
THE BOROUGH 1,5 km
Elephant & Castle
Morden
NEWINGTON 1 km
WALWORTH 1,5 km
Edgware
Mill Hill East
High Barnet
BATTERSEA 1,5 km
WANDSWORTH 5,5 km
WIMBLEDON 9,5 km
Brixton
CAMBERWELL 1,5 km
GREENWICH 8 km
Mordon
SOHO
COVENT GDN.
LEICESTER SQ.
PICCADILLY CIRCUS
ST. JAMES'S
GREEN PARK
ST. JAMES'S PARK
WESTMINSTER
VICTORIA
PIMLICO
LAMBETH
VAUXHALL
KENNINGTON PARK
THE OVAL CRICKET GROUND
River Thames
Buckingham Palace
Big Ben
Houses of Parliament
Westminster Abbey
Westminster Bridge
Waterloo Station
Tate Britain
Lambeth Palace
Imperial War Museum
Royal Courts of Justice
Victoria Embankment
Albert Embankment
The Strand
Whitehall
Trafalgar Square
London Eye
Vauxhall Bridge
Lambeth Bridge
Waterloo Bridge

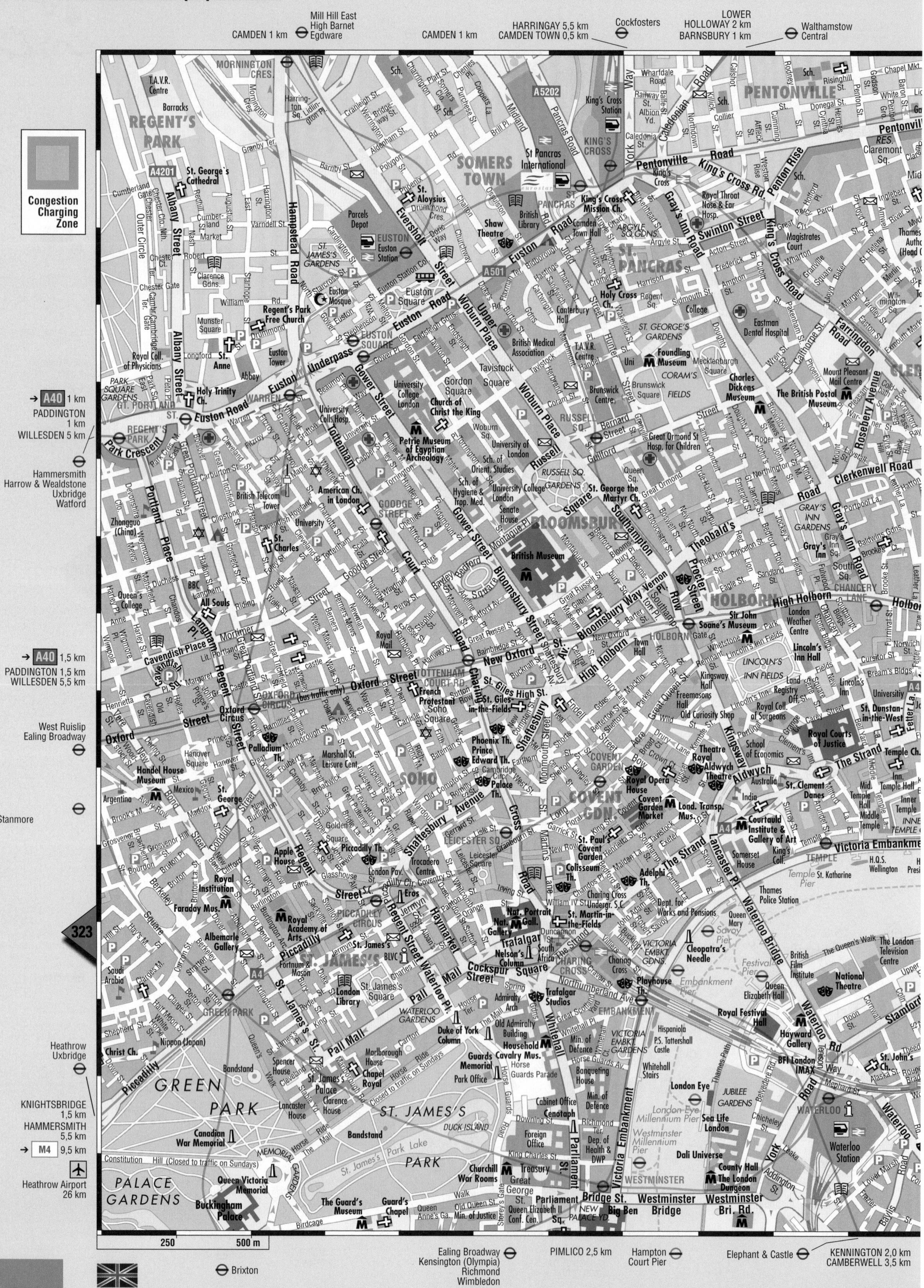
CAMDEN 1 km
Mill Hill East
High Barnet
Edgware
CAMDEN 1 km
HARRINGAY 5,5 km
CAMDEN TOWN 0,5 km
Cockfosters
LOWER
HOLLOWAY 2 km
BARNSBURY 1 km
Walthamstow
Central
Congestion
Charging
Zone
A40 1 km
PADDINGTON
1 km
WILLESDEN 5 km
Hammersmith
Harrow & Wealdstone
Uxbridge
Watford
A40 1,5 km
PADDINGTON 1,5 km
WILLESDEN 5,5 km
West Ruislip
Ealing Broadway
Stanmore
323
Heathrow
Uxbridge
KNIGHTSBRIDGE
1,5 km
HAMMERSMITH
5,5 km
M4 9,5 km
Heathrow Airport
26 km
REGENT'S PARK
MORNINGTON CRES.
SOMERS TOWN
St Pancras International
KING'S CROSS
PENTONVILLE
Pentonville Road
King's Cross Rd
Gray's Inn Road
Euston Road
EUSTON
Euston Station
EUSTON SQUARE
Hampstead Road
St. George's Cathedral
British Library
Shaw Theatre
ST. PANCRAS
Woburn Place
Upper Woburn Place
Tavistock Square
Gordon Square
University College London
Gower Street
Tottenham Court Rd
Petrie Museum of Egyptian Archeology
RUSSELL SQ.
Russell Square
Foundling Museum
CORAM'S FIELDS
Charles Dickens Museum
The British Postal Museum
Clerkenwell Road
Rosebery Avenue
Farringdon Road
Theobald's Road
Great Ormond St Hosp. for Children
BLOOMSBURY
British Museum
Bloomsbury Way
Southampton Row
HOLBORN
High Holborn
Sir John Soane's Museum
LINCOLN'S INN FIELDS
CHANCERY LANE
British Telecom Tower
GOODGE STREET
Great Portland Street
Portland Place
Regent's Park
Park Crescent
GT. PORTLAND ST.
WARREN ST.
All Souls
Cavendish Place
Langham Pl.
Oxford Street
OXFORD CIRCUS
TOTTENHAM COURT RD.
New Oxford St.
Charing Cross Road
Shaftesbury Avenue
SOHO
Soho Square
Palladium Th.
Handel House Museum
Hanover Square
Regent Street
Phoenix Th.
Prince Edward Th.
Palace Th.
COVENT GARDEN
Royal Opera House
Covent Garden Market
Lond. Transp. Mus.
Kingsway
Aldwych
Theatre Royal
Royal Courts of Justice
The Strand
Temple
Victoria Embankment
Somerset House
Courtauld Institute & Gallery of Art
LEICESTER SQ.
PICCADILLY CIRCUS
Piccadilly
Royal Academy of Arts
Albemarle Gallery
Faraday Mus.
Royal Institution
GREEN PARK
Green Park
St. James's
Pall Mall
Nat. Portrait Gall.
Nat. Gallery
Trafalgar Square
Nelson's Column
CHARING CROSS
EMBANKMENT
Whitehall
Horse Guards Parade
Cenotaph
Foreign Office
St. James's Park
DUCK ISLAND
Buckingham Palace
Queen Victoria Memorial
Canadian War Memorial
PALACE GARDENS
Constitution Hill (Closed to traffic on Sundays)
Churchill War Rooms
Treasury
Parliament St.
Parliament Sq.
Big Ben
WESTMINSTER
Westminster Bridge
Bridge St.
London Eye
JUBILEE GARDENS
County Hall
The London Dungeon
Dali Universe
Sea Life London
Waterloo Bridge
Royal Festival Hall
Hayward Gallery
National Theatre
BFI London IMAX
WATERLOO
Waterloo Station
Cleopatra's Needle
250
500 m
Ealing Broadway
Kensington (Olympia)
Richmond
Wimbledon
PIMLICO 2,5 km
Hampton Court Pier
Elephant & Castle
KENNINGTON 2,0 km
CAMBERWELL 3,5 km
Brixton

1 : 15 000 London (II)

HARRINGAY 5 km
Emirates Stadium (Arsenal F.C.) 3 km
ISLINGTON 0,5 km

HARRINGAY 5,5 km
ISLINGTON 1 km

Stansted Airport 50 km
→ M25 17 km

HACKNEY 2,5 km

BETHNAL GREEN 0,5 km
Epping
Hainault

New Cross
New Cross Gate

Barking
Upminster

FOREST GATE 6,5 km
→ A102 5,5 km
CANNING TOWN 5,5 km
London City Airport 9 km

Beckton
Lewisham
King George V

→ A13 2 km

Barrier Gardens Pier

GREENWICH 9,0 km

LAMBETH 1,0 km

CAMBERWELL 3,0 km
GREENWICH 11 km
Gatwick Airport 51 km

Morden

WALWORTH 1,5 km

NEW CROSS 4 km
GREENWICH 10 km

NEWINGTON 1,5 km

Stratford

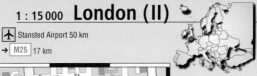

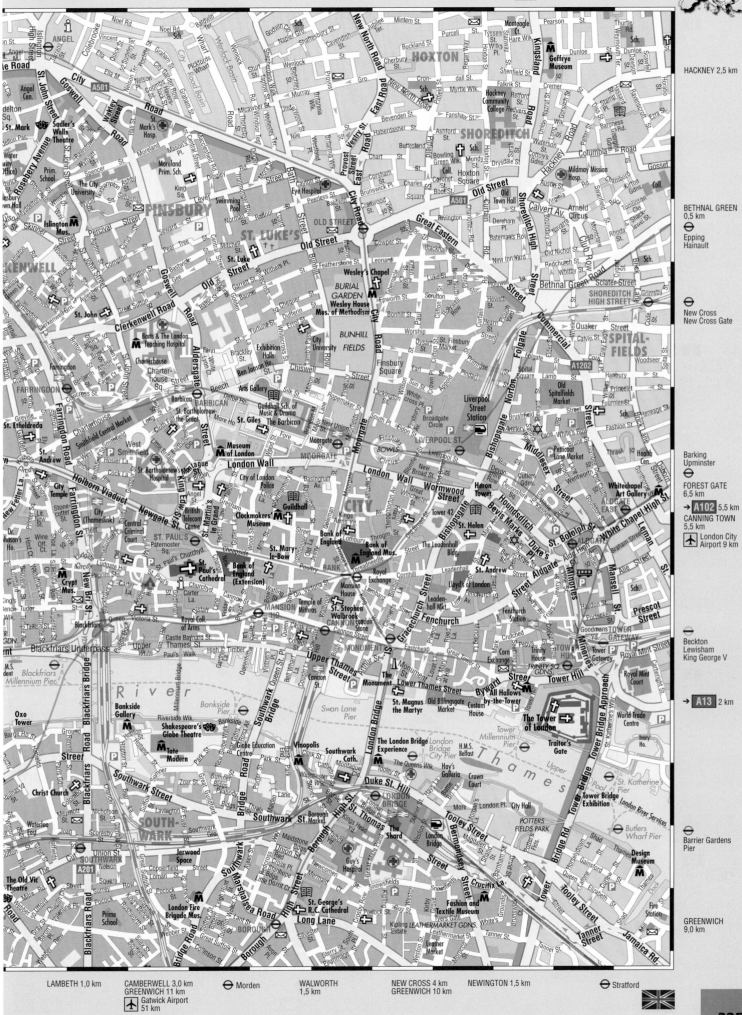

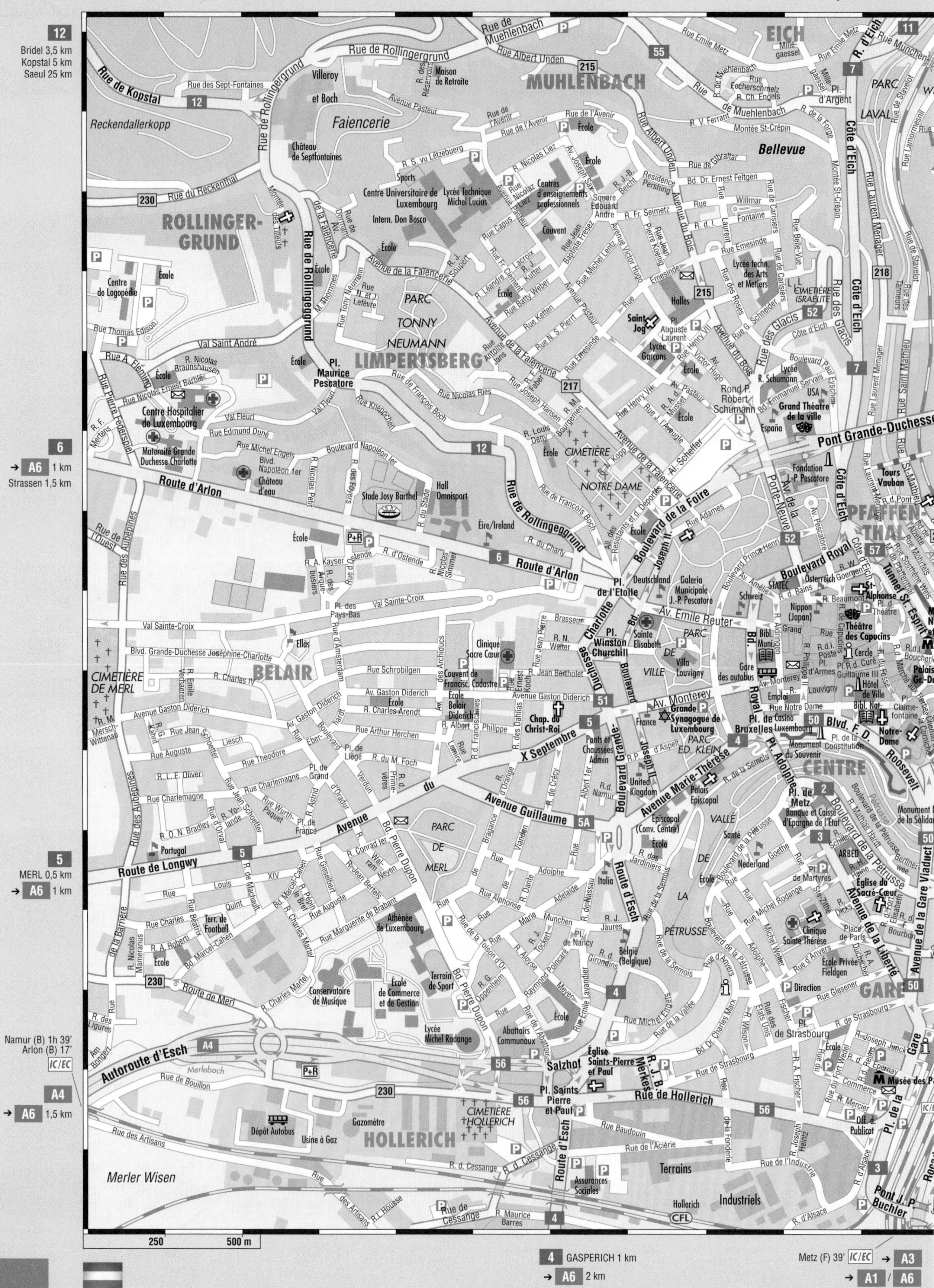

Luxembourg 1 : 15 000

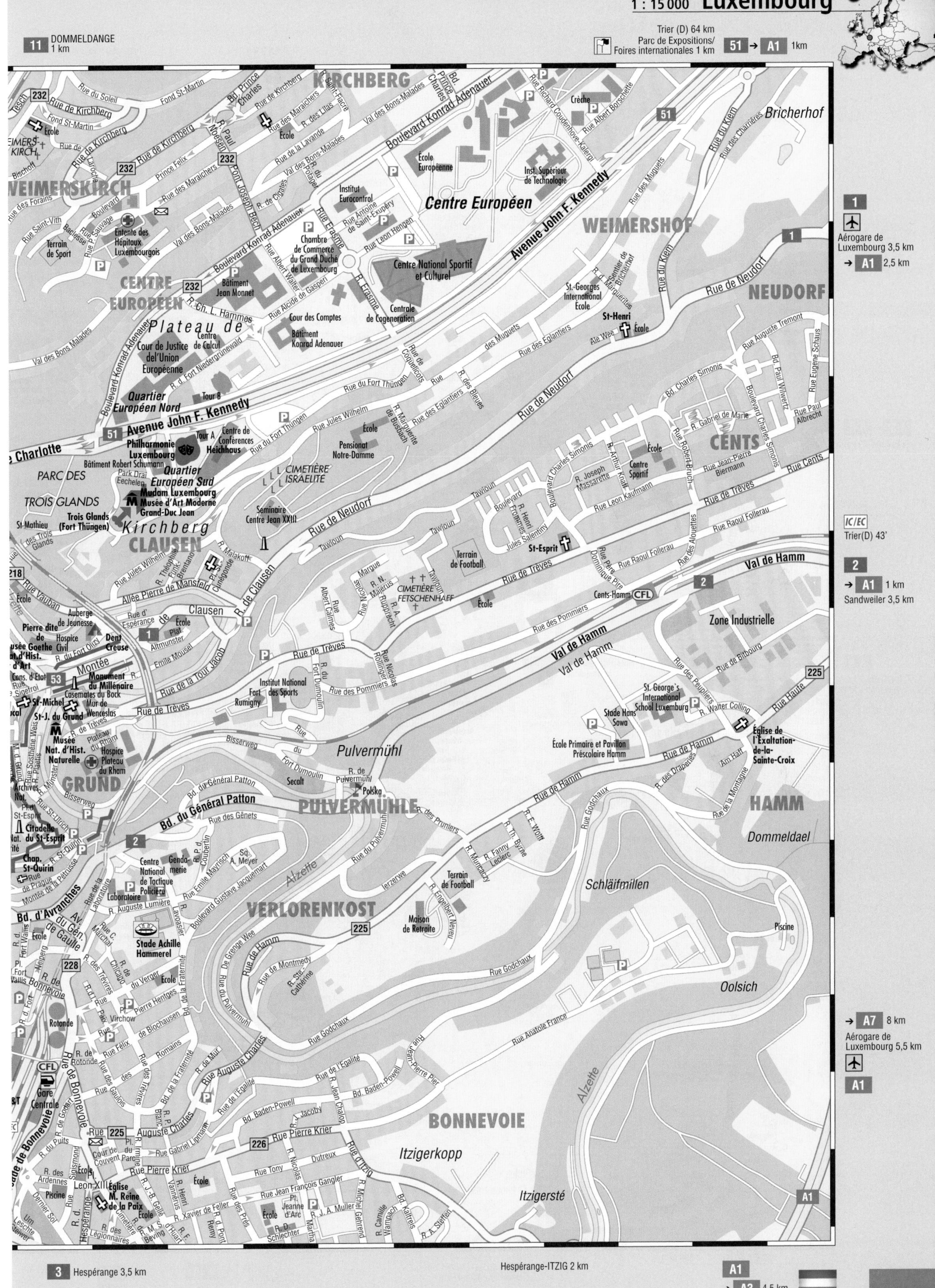

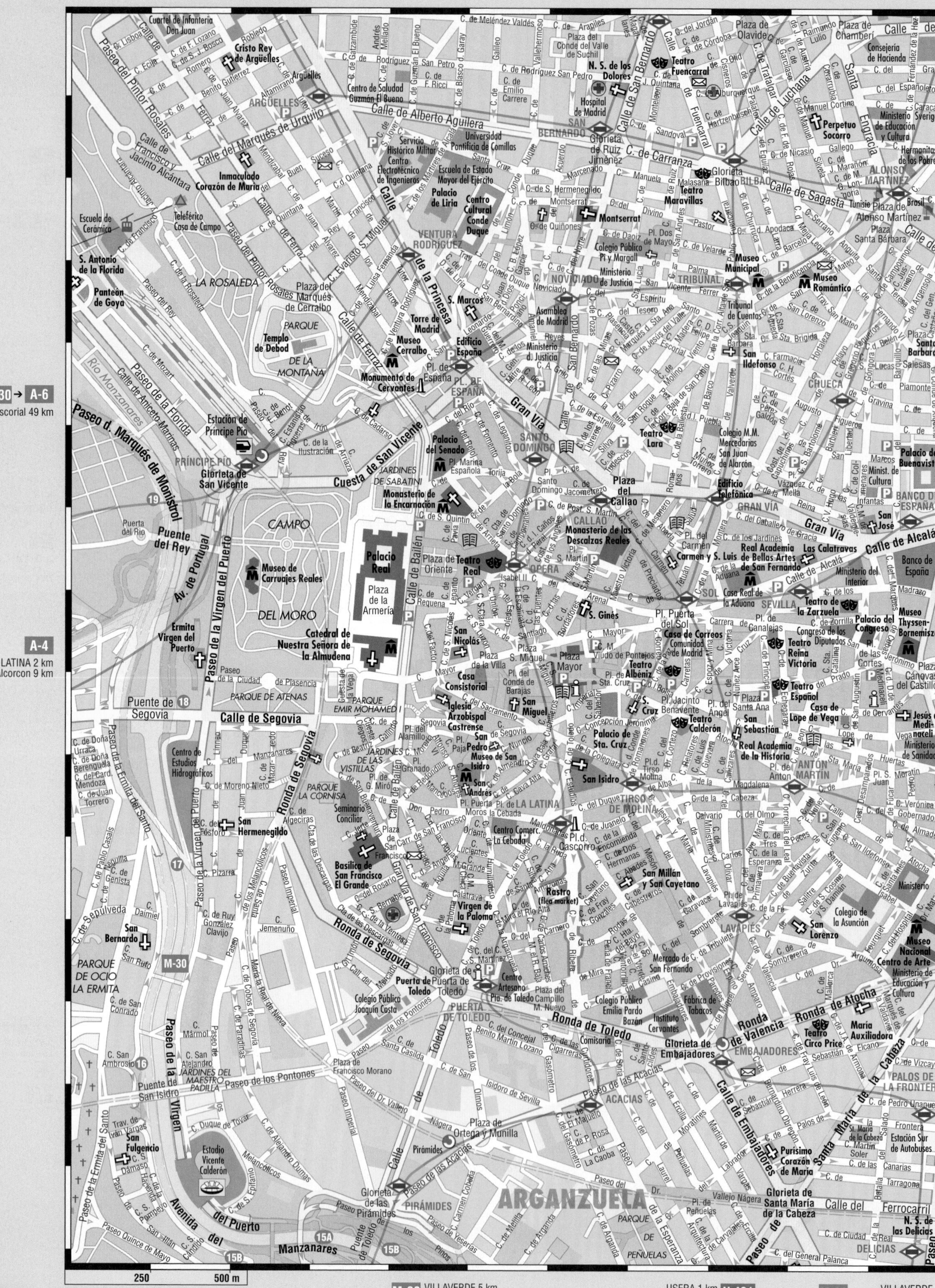

El Escorial 49 km
A-6 3 km
CIUDAD DE UNIVERSITARIA 3 km
MONCLOA 2 km

TETUÁN 2 km   TETUÁN 2 km

M-30 → A-6
El Escorial 49 km

19

A-4
LATINA 2 km
Alcorcon 9 km

18

17

16   15A   15B

250   500 m

ARGANZUELA

M-30 VILLAVERDE 5 km
Aranjuez 47 km   USERA 1 km **N 401**
CARABANCHEL 3 km   **→ M-30**
→ A-4   VILLAVERDE
3 km

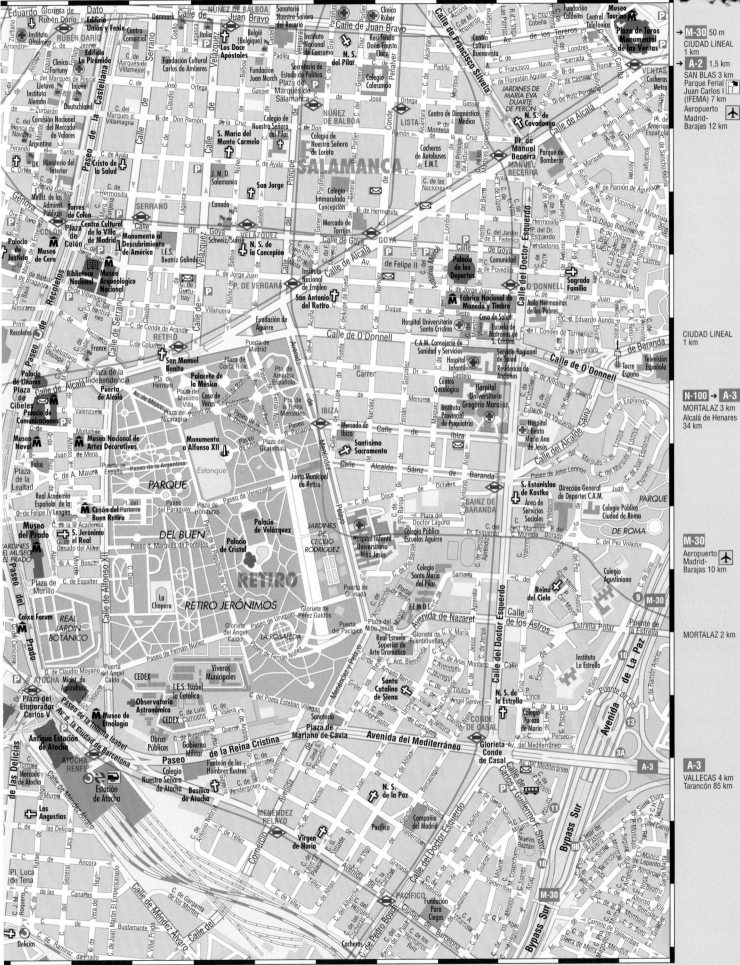

Moskva 1 : 15 000

Sheremetevo 25 km ✈
KHOVRINO 10 km
→ M10 2,5 km Ⓜ Rechnoy Vokzal

Dmitrov 67 km
Dolgoprudny 16 km
BESKUDNIKOVO 9 km
→ A104 3 km

Marina Roshcha Ⓜ

PRESNESKY 1,5 km
DOROGOMILOVO 3 km

Planernaya

SHELEPIKHA 3 km
KHOROSHEVSKY 3 km
KUNTSEVO 8 km
STROGINO 10 km

DOROGOMILOVO 2 km
KUNTSEVO 8 km
MOZHAYSKY 9 km
Ⓜ M1 10 km
Nemchinovka 11 km
Odintsovo 12 km

Kuntsevskaya

Pyatnitskoe Shosse

Novodevichy monastyr 2 km

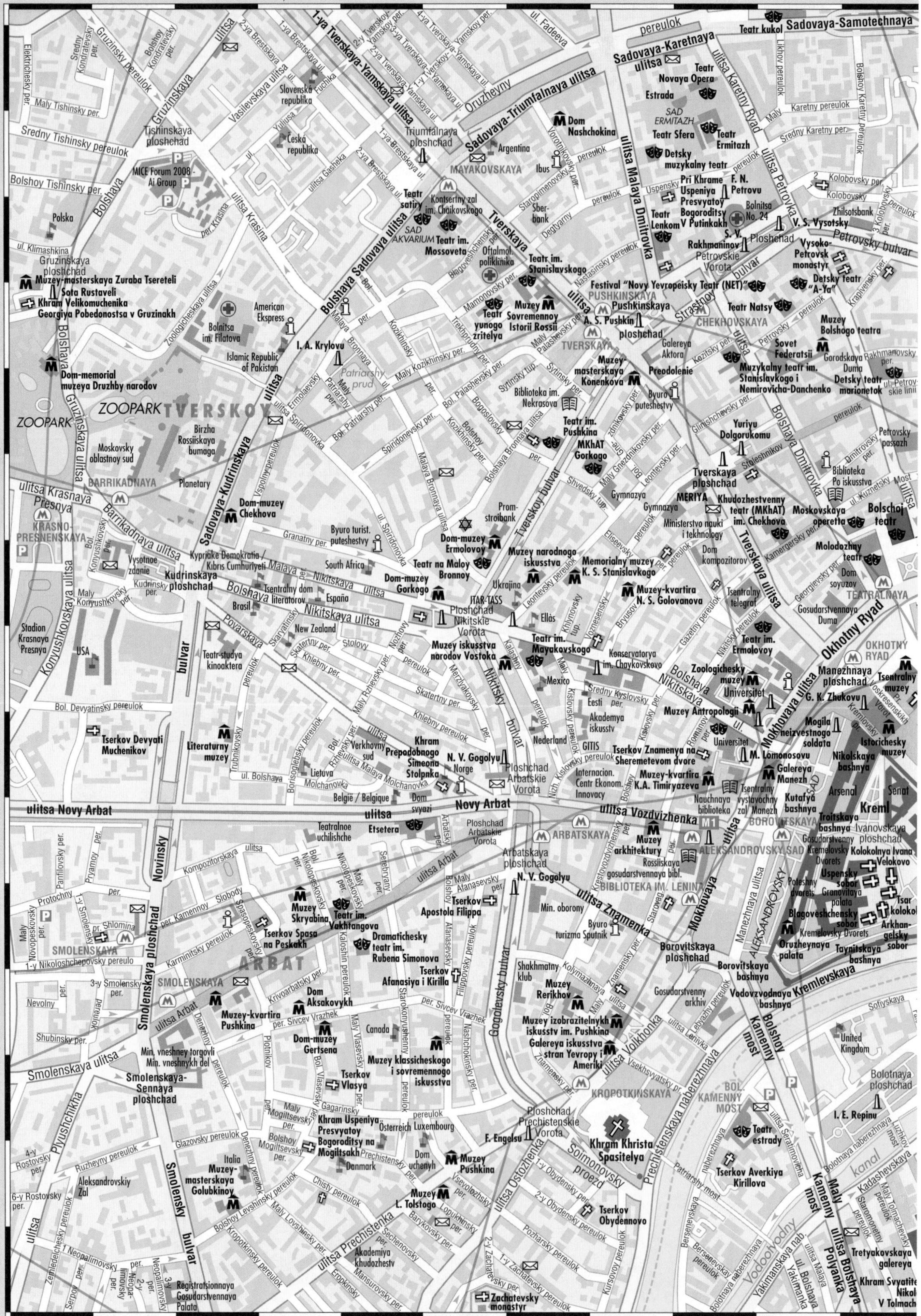

250   500 m

Vnukovo 22 km ✈
Domodedovo 37 km ✈

Novodevichy monastyr 2 km

LUZHNIKI-Tsentralny stadion 3 km
LENINSKIE GORY -
MGU im. Lomonosova 5 km
OLYMPYSKAYA DEREVNYA 10 km

Ⓜ Troparyovo

CHEREMUSHKI 7,5 km
TEPLY STAN 10 km
Rumyantsevo 15 km
→ M3 15 km

Bul. Dmitriya Donskogo

330

Sadovaya-Samotechnaya
Teatr kukol
Sadovaya-Karetnaya ulitsa
Teatr Novaya Opera
Estrada
Teatr Sfera
SAD ERMITAZH
Teatr Ermitazh
ulitsa Karetny Ryad
Maly Karetny pereulok
Bolshoy Karetny pereulok
Sredny Karetny per.
Kolobovsky per.
Zhilsotsbank
V. S. Vysotsky
Petrovsky bulvar
Vysoko-Petrovsk-monastyr
Petrovskie Vorota

Dom Nashchokina
Argentina
Ibus
MAYAKOVSKAYA
Teatr satiry
Kontsertny zal im. Chaikovskogo
Sberbank
Teatr Lenkom
Pri Khrame F. N. Uspeniya Presvyatoy Bogoroditsy V Putinkakh
Bolnitsa No. 24
S. V. Rakhmaninov
Ploshchad
Detsky teatr "A-Ya"
Teatr Natsy
Muzey Bolshogo teatra

Teatr im. Mossoveta
SAD AKVARIUM
Oftalmol poliklinika
Teatr im. Stanislavskogo
PUSHKINSKAYA
Teatr yunogo zritelya
A. S. Pushkin ploshchad
Muzey Sovremennoy Istorii Rossii
TVERSKAYA
Muzey-masterskaya Konenkova
Galereya Aktora
Sovet Federatsii
Gorodskaya Duma
Muzykalny teatr im. Stanislavkogo i Nemirovicha-Danchenko
Detsky teatr marionetok
Petrovsky passazh

Muzey-masterskaya Zuraba Tsereteli
Sota Rustaveli
Khram Velikomuchenika Georgiya Pobedonostsa v Gruzinakh
Bolnitsa im. Filatova
American Ekspress
Islamic Republic of Pakistan
I. A. Krylovu
Patriarshy prud
Teatr im. Pushkina
MKhAT Gorkogo
Biblioteka im. Nekrasova
Byuro puteshestvy
Tverskaya ploshchad
MERIYA
Ministerstvo nauki i teknology
Khudozhestvenny teatr (MKhAT) im. Chekhova
Biblioteka Po iskusstva
Moskovskaya operetta
Bolshoj teatr

Dom-memorial muzeya Druzhby narodov
ZOOPARK TVERSKOY
Birzha Rossiiskaya bumaga
Moskovsky oblastnoy sud
Planetary
Dom-muzey Chekhova
Prom-stroibank
Dom-muzey Ermolovoy
Muzey narodnogo iskusstva
Memorialny muzey K. S. Stanislavsko
Dom kompozitorov
Dom soyuzov
Molodozhny teatr
TEATRALNAYA

ZOOPARK
Sadovaya-Kudrinskaya
BARRIKADNAYA
ulitsa Krasnaya Presnya
BARRIKADNAYA
Kudrinskaya ploshchad
Vysotnoe zdanie
Kypriake Demokratia / Kibris Cumhuriyeti
South Africa
Tsentralny dom literatorov
Brasil
Dom-muzey Gorkogo
ITAR-TASS
Ploshchad Nikitskie Vorota
Teatr na Maloy Bronnoy
Ukrajina
Muzey-kvartira N. S. Golovanova
Tsentralny telegraf
Gosudarstvennaya Duma
Teatr im. Ermolovoy
Zoologichesky muzey
OKHOTNY RYAD
Okhotny Ryad
Manezhnaya ploshchad
Tsentralny muzey

KRASNO-PRESNENSKAYA
Stadion Krasnaya Presnya
USA
Teatr-studya kinoaktera
Kyprake Demokratia
New Zealand
Nikitskaya ulitsa
Espana
Tsentralny dom literatorov
Muzey iskusstva narodov Vostoka
Teatr im. Mayakovskogo
Konservatoriya im. Chaykovskovo
Ellás
Mexico
Nederland
GITIS
Eesti
Akademya nauk
Universitet
Universitet
Muzey Antropologii
M. Lomonosovu
G. K. Zhukovu
Istorichesky muzey
Nikolskaya bashnya

Tserkov Devyati Muchenikov
Literaturny muzey
Lietuva
Belgie / Belgique
Khram Prepodobnogo Simeona Stolpnka
N. V. Gogolyu
Norge
Ploshchad Arbatskie Vorota
Infernacion. Centr Ekonom. Innovacy
Muzey-kvartira K.A. Timiryazeva
Nauchnaya biblioteka zal Manezh
Tsentralny
Galereya Manezh
Kutafya bashnya
Arsenal
Kreml
Troitskaya bashnya
Ivanovskaya ploshchad

ulitsa Novy Arbat
Etsetera
Teatralnoe uchilishche
Ploshchad Arbatskie Vorota
Novy Arbat
ARBATSKAYA
Muzey arkhitektury
Rossiiskaya gosudarstvennaya bibl.
ulitsa Vozdvizhenka
M1
BOROVITSKAYA
ALEKSANDROVSKY SAD
Gosudarstvenny Kremlevsky Dvorets
Senat
Kremlevsky Dvorets
Poteshny dvorets
Granovitaya palata
Uspensky sobor
Tsar kolokol
Arkhan-gelsky sobor

Novinsky
Muzey Skryabina
Teatr im. Vakhtangova
Dramatichesky teatr im. Rubena Simonova
N. V. Gogolyu
Tserkov Apostola Filippa
ulitsa Arbat
Maly Afanasyev per.
BIBLIOTEKA IM. LENINA
ulitsa Znamenka
Min. oborony
Byuro turizma Sputnik
Borovitskaya ploshchad
Borovitskaya bashnya
Blagoveshchensky sobor
Oruzheynaya palata
Taynitskaya bashnya

SMOLENSKAYA ploshchad
Tserkov Spasa na Peskakh
Tserkov Afanasiya i Kirilla
Dom Aksakovykh
Shakhmatny klub
Muzey Rerikhov
Gosudarstvenny arkhiv
Vodovzvodnaya bashnya
Kremlevskaya

ulitsa Arbat
SMOLENSKAYA
Muzey-kvartira Pushkina
Dom-muzey Gertsena
Tserkov Vlasa
Muzey klassicheskogo i sovremennogo iskusstva
Muzey izobrazitelnykh iskusstv im. Pushkina
Galereya iskusstva stran Yevropy i Ameriki
United Kingdom
Bolshoy Kamenny most
Bolotnaya ploshchad

Smolenskaya ulitsa
Min. vneshney torgovli Min. vneshnykh del
Smolenskaya-Sennaya ploshchad
Dom uchenych
Canada
Osterreich Luxembourg
F. Engelsu
KROPOTKINSKAYA
Muzey Pushkina
Ploshchad Prechistenskie Vorota
Khram Khrista Spasitelya
Teatr estrady
I. E. Repinu

Italia
Muzey-masterskaya Golubkinoy
Khram Uspeniya Presvyatoy Bogoroditsy na Mogiltsakh
Danmark
Muzey Pushkina
L. Tolstogo
Tserkov Obydennovo
Tserkov Averkiya Kirillova
Maly Kamenny most

Aleksandrovsky Zal
Akademya khudozhestv
Registratsionnaya Gosudarstvennaya Palata
Zachatevsky monastyr
Soimonovsky proezd
Ploshchad Prechistenskie Vorota
Prechistenskaya naberezhnaya
kanal
Tretyakovskaya galereya
Khram Svyatitel Nikol V Tolmach

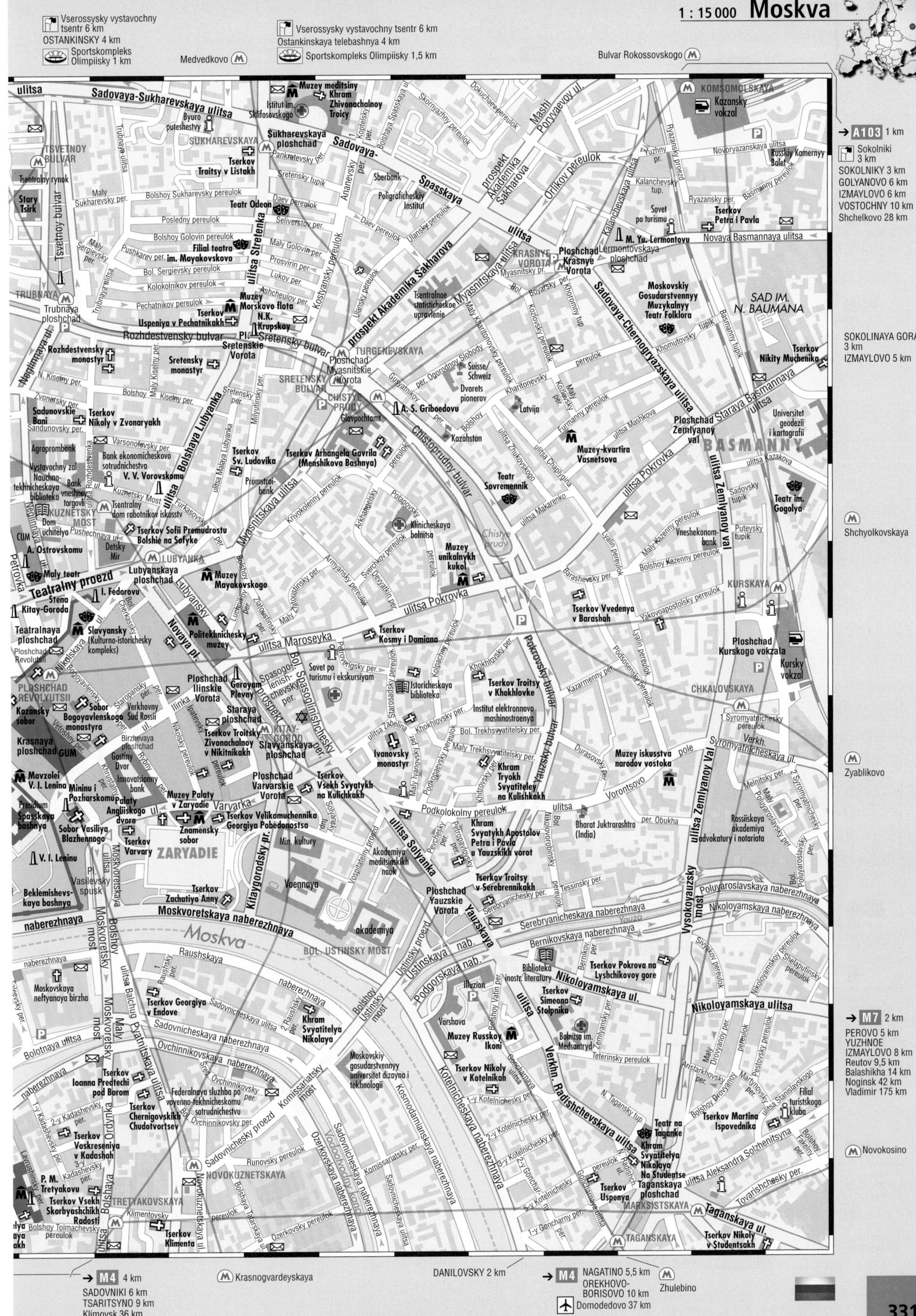
Vserossysky vystavochny tsentr 6 km
OSTANKINSKY 4 km
Sportskompleks Olimpiisky 1 km
Medvedkovo
Vserossysky vystavochny tsentr 6 km
Ostankinskaya telebashnya 4 km
Sportskompleks Olimpiisky 1,5 km
Bulvar Rokossovskogo
A103 1 km
Sokolniki 3 km
SOKOLNIKY 3 km
GOLYANOVO 6 km
IZMAYLOVO 6 km
VOSTOCHNY 10 km
Shchelkovo 28 km
SOKOLINAYA GORA 3 km
IZMAYLOVO 5 km
Shchyolkovskaya
Zyablikovo
M7 2 km
PEROVO 5 km
YUZHNOE IZMAYLOVO 8 km
Reutov 9,5 km
Balashikha 14 km
Noginsk 42 km
Vladimir 175 km
Novokosino
M4 4 km
SADOVNIKI 6 km
TSARITSYNO 9 km
Klimovsk 36 km
Krasnogvardeyskaya
DANILOVSKY 2 km
M4 NAGATINO 5,5 km
OREKHOVO-BORISOVO 10 km
Domodedovo 37 km
Zhulebino
Sadovaya-Sukharevskaya ulitsa
Muzey meditsiny
Khram Zhivonachalnoy Troicy
Istitut im. Sklifosovskogo
Byuro puteshestvy
SUKHAREVSKAYA
Sukharevskaya ploshchad
Sadovaya-Spasskaya ulitsa
Kazansky vokzal
KOMSOMOLSKAYA
TSVETNOY BULVAR
Tsentralny rynok
Stary Tsirk
Tsvetnoy bulvar
Tserkov Troitsy v Listakh
Teatr Odeon
Filial teatra im. Mayakovskovo
Poligraficheskiy Institut
prospekt Akademika Sakharova
Orlikov pereulok
Novaya Basmannaya ulitsa
M. Yu. Lermontovu
Lermontovskaya ploshchad
Ploshchad Krasnye Vorota
KRASNYE VOROTA
Sovet po turismu
Tserkov Petra i Pavla
Moskovskiy Gosudarstvennyy Muzykalnyy Teatr Folklora
SAD IM. N. BAUMANA
TRUBNAYA
Trubnaya ploshchad
Muzey Morskovo flota
Tserkov Uspeniya v Pechatnikakh
N.K. Krupskoy
Rozhdestvensky bulvar
Sretensky bulvar
Pl. Sretenskie Vorota
Tsentralnoe statisticheskoe upravlenie
TURGENEVSKAYA
Ploshchad Myasnitskie Vorota
Myasnitskaya ulitsa
Sadovaya-Chernogryazskaya ulitsa
Tserkov Nikity Muchenika
Rozhdestvensky monastyr
Sretensky monastyr
SRETENSKY BULVAR
CHISTYE PRUDY
Suisse/Schweiz
Dvorets pionerov
Latvija
Kazahstan
A. S. Griboedovu
Glavpochtamt
Ploshchad Zemlyanoy val
Ulitsa Staraya Basmannaya
Universitet geodezii i kartografii
BASMANNY
Sadunovskie Bani
Tserkov Nikoly v Zvonaryakh
Agroprombank
Vystavochny zal Nauchno-tekhnicheskaya biblioteka
Bank ekonomicheskovo sotrudnichestva
V. V. Vorovskomu
Tserkov Sv. Ludovika
Tserkov Arhangela Gavrila (Menshikova Bashnya)
Muzey-kvartira Vasnetsova
Chistoprudny bulvar
Teatr Sovremennik
ulitsa Pokrovka
ulitsa Zemlyanoy val
Teatr im. Gogolya
KUZNETSKY MOST
Tsentralny dom rabotnikov iskusstv
Tserkov Sofii Premudrostu Bolshie na Sofyke
Detsky Mir
CUM
A. Ostrovskomu
Klinicheskaya bolnitsa
Muzey unikalnykh kukol
Chistye prudy
LUBYANKA
Lubyanskaya ploshchad
Muzey Mayakovskogo
Bolshaya Lubyanka
Maly teatr
Teatralny proezd
I. Fedorovu
Stena Kitay-Goroda
Teatralnaya ploshchad
Slavyansky (Kulturno-istorichesky kompleks)
Politekhnichesky muzey
Novaya pl.
Tserkov Kosmy i Damiana
ulitsa Maroseyka
Sovet po turismu i ekskursiyam
Tserkov Vvedenya v Barashah
KURSKAYA
Ploshchad Kurskogo vokzala
Kursky vokzal
PLOSHCHAD REVOLYUTSII
Kazansky sobor
Sobor Bogoyavlenskogo monastyra
Verkhovny Sud Rossii
Ploshchad Ilinskie Vorota
Geroyam Plevny
Staraya ploshchad
Tserkov Troitsky Zivonachalnoy v Nikitnikakh
Istoricheskaya biblioteka
Tserkov Troitsy v Khokhlovke
Institut elektronnovo mashinostroenya
CHKALOVSKAYA
Krasnaya ploshchad
GUM
KITAY-GOROD
Slavyanskaya ploshchad
Ivanovsky monastyr
Khram Tryokh Svyatiteley na Kulishkakh
Muzey iskusstva narodov vostoka
Syromyatnicheskaya ul.
Mavzolei V. I. Lenina
Mininu i Pozharskomu
Palaty Angliiskogo dvora
Muzey Palaty v Zaryadie
Znamensky sobor
Ploshchad Varvarskie Vorota
Tserkov Vsekh Svyatykh na Kulichkakh
Tserkov Velikomuchennika Georgiya Pobedonostsa
Podkolokolny pereulok
Khram Svyatykh Apostolov Petra i Pavla u Yauzskikh vorot
Bharat Juktrarashtra (India)
Rossiiskaya akademiya advokatury i notariata
Spasskaya bashnya
Sobor Vasiliya Blazhennogo
Tserkov Varvary
ZARYADIE
V. I. Leninu
Min. kultury
Akademiya meditsinskikh nauk
ulitsa Solyanka
Yauzsky bulvar
Vysokoyauzsky most
Beklemishevskaya bashnya
Tserkov Zachatiya Anny
Voennaya akademiya
Ploshchad Yauzskie Vorota
Tserkov Troitsy v Serebrennikakh
Poluyaroslavskaya naberezhnaya
Nikoloyamskaya naberezhnaya
Moskvoretskaya naberezhnaya
Moskva
BOL. USTINSKY MOST
Bolshoy Moskvoretsky most
Serebryanicheskaya naberezhnaya
Yauza
Bernikovskaya naberezhnaya
Biblioteka inostr. literatury
Tserkov Pokrova na Lyshchikovoy gore
Raushskaya naberezhnaya
Moskovskaya neftyanaya birzha
Tserkov Georgiya v Endove
Khram Svyatitelya Nikolaya
Illuzion
Tserkov Simeona Stolpnika
Nikoloyamskaya ul.
Nikoloyamskaya ulitsa
Sadovnicheskaya naberezhnaya
Varshava
Muzey Russkoy Ikoni
Bolnitsa im. Medsantrud
Ovchinnikovskaya naberezhnaya
Moskovskiy gosudarstvennyy universitet dizayna i tekhnologii
Tserkov Nikoly v Kotelnikakh
Tserkov Ioanna Predtechi pod Borom
Federalnaya sluzhba po voyenno-tekhnicheskomu sotrudnichestvu
Tserkov Chernigovskikh Chudotvortsev
Kotelnicheskaya naberezhnaya
Verkhn. Radishchevskaya ulitsa
Filial turistskogo kluba
Tserkov Martina Ispovednika
Tserkov Voskreseniya v Kadashah
Teatr na Taganke
Khram Svyatitelya Nikolaya Na Studentse
Taganskaya ploshchad
ulitsa Aleksandra Solzhenitsyna
P. M. Tretyakovu
Tserkov Vsekh Skorbyashchikh Radosti
NOVOKUZNETSKAYA
TRETYAKOVSKAYA
Vodootvodny kanal
Tserkov Uspenya
MARKSISTSKAYA
Taganskaya ul.
Tserkov Klimenta
TAGANSKAYA
Tserkov Nikoly v Studentsakh

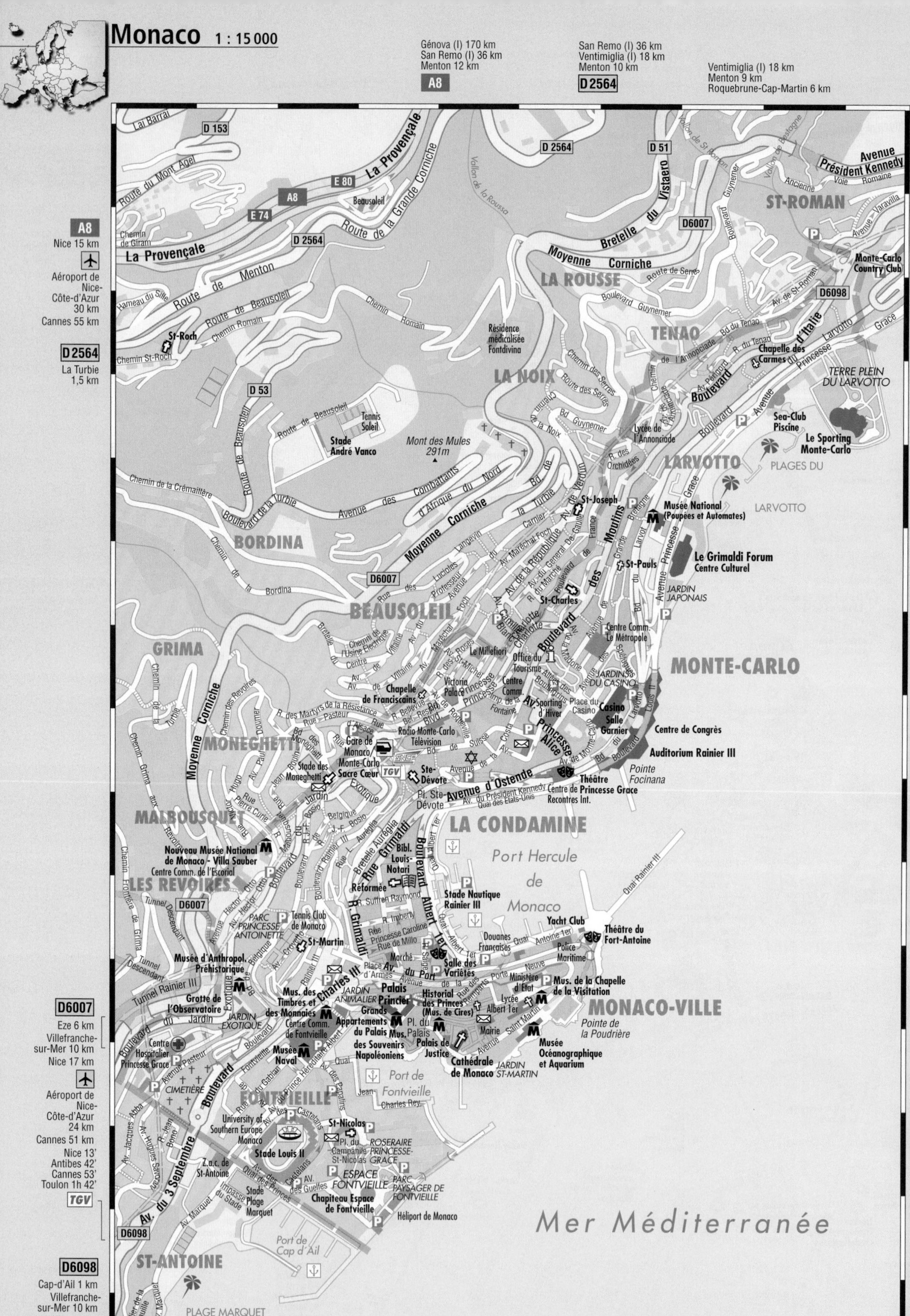

Monaco 1 : 15 000

Génova (I) 170 km
San Remo (I) 36 km
Menton 12 km
A8

San Remo (I) 36 km
Ventimiglia (I) 18 km
Menton 10 km
D 2564

Ventimiglia (I) 18 km
Menton 9 km
Roquebrune-Cap-Martin 6 km

D6007
Roquebrune-Cap-Martin 5 km
Menton 8 km
Ventimiglia (I) 20 km
San Remo (I) 38 km

TGV
Menton 8'
Ventimiglia (I) 22'

Monte-Carlo-Beach 0,5 km

A8
Nice 15 km
✈
Aéroport de Nice-Côte-d'Azur 30 km
Cannes 55 km

D 2564
La Turbie 1,5 km

D6007
Eze 6 km
Villefranche-sur-Mer 10 km
Nice 17 km
✈
Aéroport de Nice-Côte-d'Azur 24 km
Cannes 51 km
Nice 13'
Antibes 42'
Cannes 53'
Toulon 1h 42'
TGV

D6098
Cap-d'Ail 1 km
Villefranche-sur-Mer 10 km
Nice 18 km
✈
Aéroport de Nice-Côte-d'Azur 25 km
Cannes 52 km

Mer Méditerranée

250   500 m

SOGNSVANN 2 km
→ Ring 3 800 m

Left margin:

Frogner-
seteren 1
Avløs 2
Storo 3
Ring 4
Østerås 5
Sognsvann 6
Ⓣ

168
→ Ring 3
800 m
RØA 2 km

Ring 2
SKØYEN 1,2 km
→ E 18 1,3 km
SJØLYST 1,5 km

Ring 2

E 18
BYGDØY 1,5 km

→ Ring 2
2 km

→ Ring 3
3,5 km

✈ 5 km

Bygdøy

Stockholm (S)
Helsinki (FIN)
Fredrikshavn,
Helsingborg,
København (DK)

Right margin:

Ring 2
ROSENHOFF
700 m

→ Ring 3

→ 4 2 km
Romsås 5,5 km

→ 4
TOYEN 300 m

Ⓣ
1/2 Ellingsrudåsen
3 Mortensrud
4 Bergkrystallen
5 Vestli
6 Ring

Oslo Lufthaven
✈ Gardermoen
50 km

190
→ E 6 2 km

Bottom:

250 500 m

NORDSTRAND 2 km E 18
LJAN 3km

Major area labels (selection):

BLINDERN
DAMSTUEN
iLA
GRÜNERLØKKA
SOFIENBERG-PARKEN
MAJORSTUEN
HEGDE-HAUGEN
HOMANSBYEN
ST. HANS-HAUGEN
BRISKEBY
URANIENBORG-PARKEN
SLOTTS-PARKEN
DRONNING-PARKEN
RUSELØKKA
HYDRO-PARKEN
FILIPSTAD
AKERBRYGGE
Tjuvholmen
Fjordbyen (Fjord City)
Pipervika
Bjørvika
Bispevika
Oslofjorden
Hovedøya
Bleikøya
Bispegata

Selected labels:

Oslo Universitet.
Barnekunstmuseet
N.R.K.
Fjernsynshuset
Vestre Aker kirke
Ulleval sykehus
NORDRE GRAVLUND
Kirkeveien
Griffenfeldts gate
NRK Østlands-sendingen
Marcus Thranes gate
Sporveismuseet
Vognhall 5
Misjonskirken
Dovekirken
Majorstuen
Fagerborg
Lovisenberg kirke
ILADALEN PARK
Salemkirken
St. Dominikus
Deutsche Schule
Bislett stadion
Markus
Gamle Aker
Paulus
BIRKE-LUNDEN
Arkitekt-høgskolen i Oslo
GRÜNERHAGEN Park
Oslo Katedralskole
VÅR FRELSERS GRAVLUND
Grünerbrua
Popsenteret
Deichmanske
Kunstindustrimuseet
St. Olavs
Vor Frue Hospital
Norsk Form Jakob
Kulturhistorisk Museum
Kunstakademiet
Slottet (Royal Palace)
Nasjonal-galleriet
Universitetet i Oslo
Nationaltheatret
St. Edmund's Church
Jødisk Museum
Oslo kommunale legevakt
Det Norske
Oslo Nye
Operaen
GRØNLAND
Oslo Spektrum
Nasjonal-biblioteket
Oslo Handelsgym.
Stenersen mus.
Nobel-institutt
Ibsen-museet
Stortinget
GlasMagasinet
Oslo Domkirke
Jernbanetorget
Henies plass
Bussterminalen
Oslo Galleriet
Norsk Tryllemuseum
Festningstunnelen
Musikk-teatret
Rådhuset
Nobels Fredssenter
Latter
Aker-brygge
STRAND-HAGEN
Astrup Fearnley Museet
Sentralstasjon
Østbanehallen
Det åpne teatret
Akershus Festnings informasjonssenter
Gamle Rådhuset
Museet for samtidskunst
Børsen
Riksteatret
Gamle Logen AS
Den Norske Opera & Ballett
Akershus slott og festning
Hjemmefrontmuseet
Norges Hjemmefrontmuseet
Forsvarsmuseet
Vippetangen
Fiskehallen
Oslo Havnevesen
Mariakirkens ruiner
Kavringen fyr
Mossveien
Kongsveien
Utstikker 2
Utstikker 3
Lohavn

333

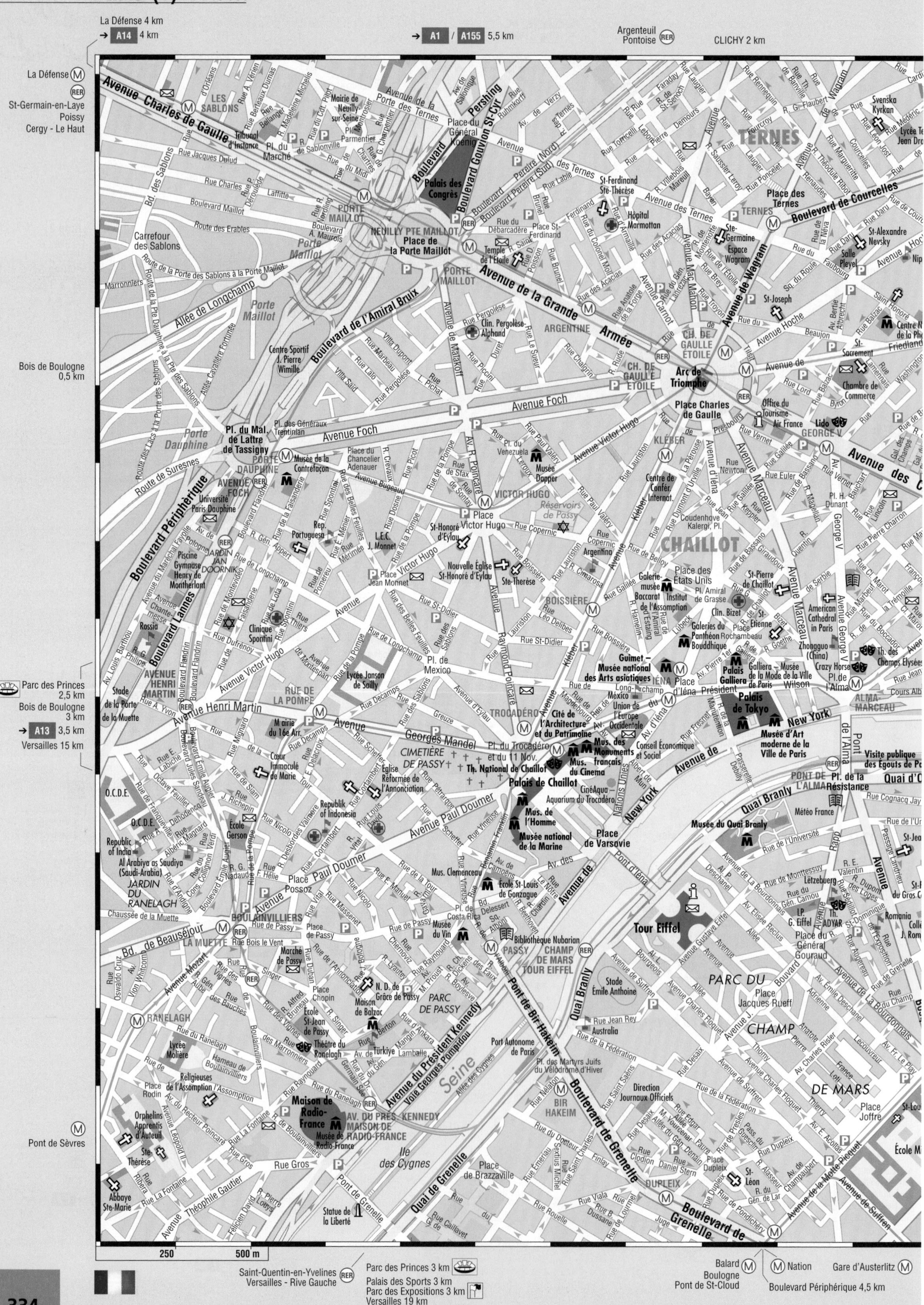

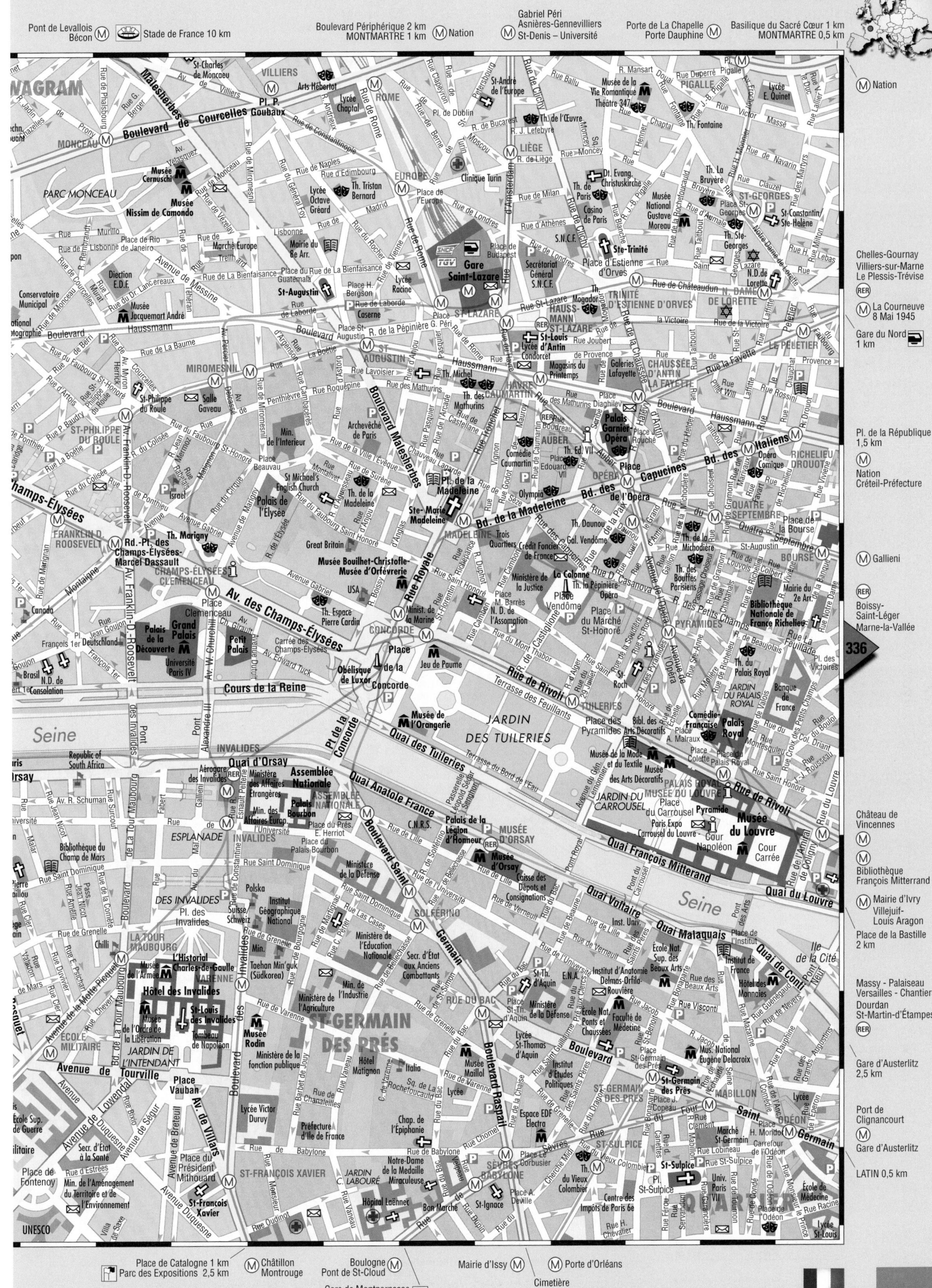
Pont de Levallois Bécon
Stade de France 10 km
Boulevard Périphérique 2 km MONTMARTRE 1 km
Nation
Gabriel Péri Asnières-Gennevilliers St-Denis – Université
Porte de La Chapelle Porte Dauphine
Basilique du Sacré Cœur 1 km MONTMARTRE 0,5 km
Nation
Chelles-Gournay Villiers-sur-Marne Le Plessis-Trévise
RER
La Courneuve 8 Mai 1945
Gare du Nord 1 km
Pl. de la République 1,5 km
Nation Créteil-Préfecture
Gallieni
RER
Boissy-Saint-Léger Marne-la-Vallée
336
Château de Vincennes
Bibliothèque François Mitterrand
Mairie d'Ivry Villejuif-Louis Aragon
Place de la Bastille 2 km
Massy - Palaiseau Versailles - Chantiers Dourdan St-Martin-d'Étampes
RER
Gare d'Austerlitz 2,5 km
Port de Clignancourt
Gare d'Austerlitz
LATIN 0,5 km
Place de Catalogne 1 km
Parc des Expositions 2,5 km
Châtillon Montrouge
Boulogne Pont de St-Cloud
Gare de Montparnasse 1,5 km
Mairie d'Issy
Porte d'Orléans
Cimetière de Montparnasse 1 km
WAGRAM
MONCEAU
PARC MONCEAU
VILLIERS
Boulevard de Courcelles
Musée Cernuschi
Musée Nissim de Camondo
Musée Jacquemart André
Boulevard Haussmann
MIROMESNIL
EUROPE
Gare Saint-Lazare
ST-LAZARE
LIÈGE
PIGALLE
ST-GEORGES
TRINITÉ D'ESTIENNE D'ORVES
N. DAME DE LORETTE
LE PELETIER
CHAUSSÉE D'ANTIN LA FAYETTE
HAVRE CAUMARTIN
Galeries Lafayette
Magasins du Printemps
Palais Garnier Opéra
OPÉRA
Bd. des Capucines
Bd. des Italiens
RICHELIEU DROUOT
QUATRE SEPTEMBRE
BOURSE
ST-PHILIPPE DU ROULE
FRANKLIN D. ROOSEVELT
Champs-Élysées
CHAMPS-ÉLYSÉES CLEMENCEAU
Palais de l'Élysée
Pl. de la Madeleine
Ste-Marie Madeleine
Bd. de la Madeleine
MADELEINE
Rue Royale
Av. des Champs-Élysées
Grand Palais
Petit Palais
CONCORDE
Place de la Concorde
Obélisque de Luxor
Rue de Rivoli
JARDIN DES TUILERIES
TUILERIES
PYRAMIDES
Place Vendôme
Bibliothèque Nationale de France Richelieu
Palais Royal
Comédie-Française
PALAIS ROYAL MUSÉE DU LOUVRE
Musée du Louvre
Cour Carrée
Cours de la Reine
Seine
Quai des Tuileries
Musée de l'Orangerie
Quai d'Orsay
Assemblée Nationale
ASSEMBLÉE NATIONALE
Quai Anatole France
Palais de la Légion d'Honneur
MUSÉE D'ORSAY
Musée d'Orsay
Quai François Mitterrand
Quai Voltaire
Quai Malaquais
Quai de Conti
Quai du Louvre
Ile de la Cité
INVALIDES
ESPLANADE DES INVALIDES
Hôtel des Invalides
St-Louis des Invalides
LA TOUR MAUBOURG
VARENNE
Musée Rodin
ÉCOLE MILITAIRE
JARDIN DE L'INTENDANT
Avenue de Tourville
Place Vauban
SOLFÉRINO
Boulevard Saint Germain
RUE DU BAC
ST-GERMAIN DES PRÉS
Boulevard Raspail
ST-GERMAIN DES PRÉS
St-Germain des Prés
MABILLON
ODÉON
ST-SULPICE
St-Sulpice
SÈVRES BABYLONE
ST-FRANÇOIS XAVIER
Hôpital Laënnec
Bon Marché
QUARTIER
UNESCO
Place de Fontenoy

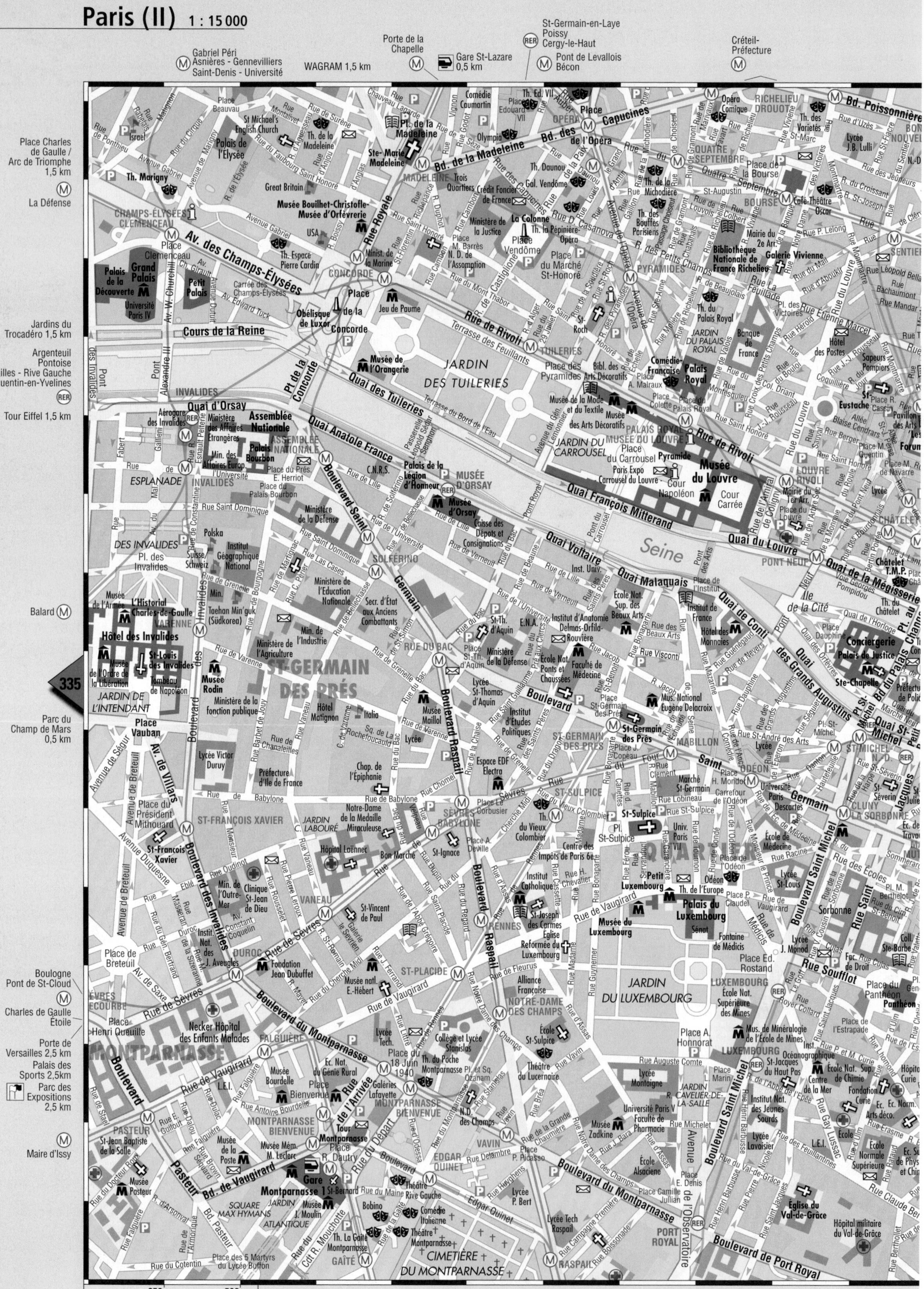

Place Charles
de Gaulle /
Arc de Triomphe
1,5 km

La Défense

Jardins du
Trocadéro 1,5 km

Argenteuil
Pontoise
Versailles - Rive Gauche
St-Quentin-en-Yvelines

Tour Eiffel 1,5 km

Balard

Parc du
Champ de Mars
0,5 km

Boulogne
Pont de St-Cloud

Charles de Gaulle
Étoile

Porte de
Versailles 2,5 km

Palais des
Sports 2,5 km
Parc des
Expositions
2,5 km

Maire d'Issy

Gabriel Péri
Asnières - Gennevilliers
Saint-Denis - Université

WAGRAM 1,5 km

Porte de la
Chapelle

Gare St-Lazare
0,5 km

St-Germain-en-Laye
Poissy
Cergy-le-Haut
Pont de Levallois
Bécon

Créteil-
Préfecture

Major labels (selection):

Palais de l'Élysée · St Michael's English Church · Th. Marigny · Grand Palais · Petit Palais · Palais de la Découverte · Université Paris IV · Cours de la Reine · Musée de l'Orangerie · Obélisque de Luxor · Place de la Concorde · Jeu de Paume · Ste-Marie Madeleine · Pl. de la Madeleine · Musée Bouilhet-Christofle · Musée d'Orfèvrerie · Great Britain · USA

JARDIN DES TUILERIES · Bd. de la Madeleine · Bd. des Capucines · Bd. de l'Opéra · Opéra · Place Vendôme · Comédie-Française · Palais Royal · JARDIN DU PALAIS ROYAL · Bibliothèque Nationale de France Richelieu · Galerie Vivienne · Banque de France · BOURSE · Place de la Bourse

Musée du Louvre · Pyramide · Cour Napoléon · Cour Carrée · Quai du Louvre · Châtelet · Conciergerie · Palais de Justice · Ste-Chapelle · Île de la Cité · Quai des Grands Augustins

Assemblée Nationale · Palais Bourbon · Quai d'Orsay · Musée d'Orsay · Seine · Quai Voltaire · Quai Malaquais · Quai de Conti · École Nat. des Beaux Arts

ESPLANADE DES INVALIDES · Hôtel des Invalides · Musée de l'Armée · Musée de l'Ordre de la Libération · Tombeau de Napoléon · Musée Rodin · JARDIN DE L'INTENDANT · Place Vauban

ST-GERMAIN DES PRÉS · St-Germain des Prés · Mus. National Eugène Delacroix · Boulevard Raspail · Boulevard Saint-Germain · RUE DU BAC · Hôtel Matignon · Bon Marché · ST-SULPICE · St-Sulpice · Palais du Luxembourg · Musée du Luxembourg · Sénat · Fontaine de Médicis · JARDIN DU LUXEMBOURG · ODÉON · Université Paris VI · La SORBONNE · CLUNY

MONTPARNASSE · Gare Montparnasse · Tour Montparnasse · MONTPARNASSE BIENVENÜE · Boulevard du Montparnasse · CIMETIÈRE DU MONTPARNASSE · Necker Hôpital des Enfants Malades · Musée Bourdelle · Galeries Lafayette · Bobino · Comédie Italienne · PORT ROYAL · Boulevard de Port Royal · Hôpital militaire du Val-de-Grâce · Église du Val-de-Grâce

335

250   500 m

Châtillon - Montrouge · Porte d'Orléans 3,5 km · Porte d'Orléans Nation · Stade Sébastien Charléty 2,5 km · Orly Robinson St-Rémy-lès-Chevreuse · Place d'Italie 1,0 km

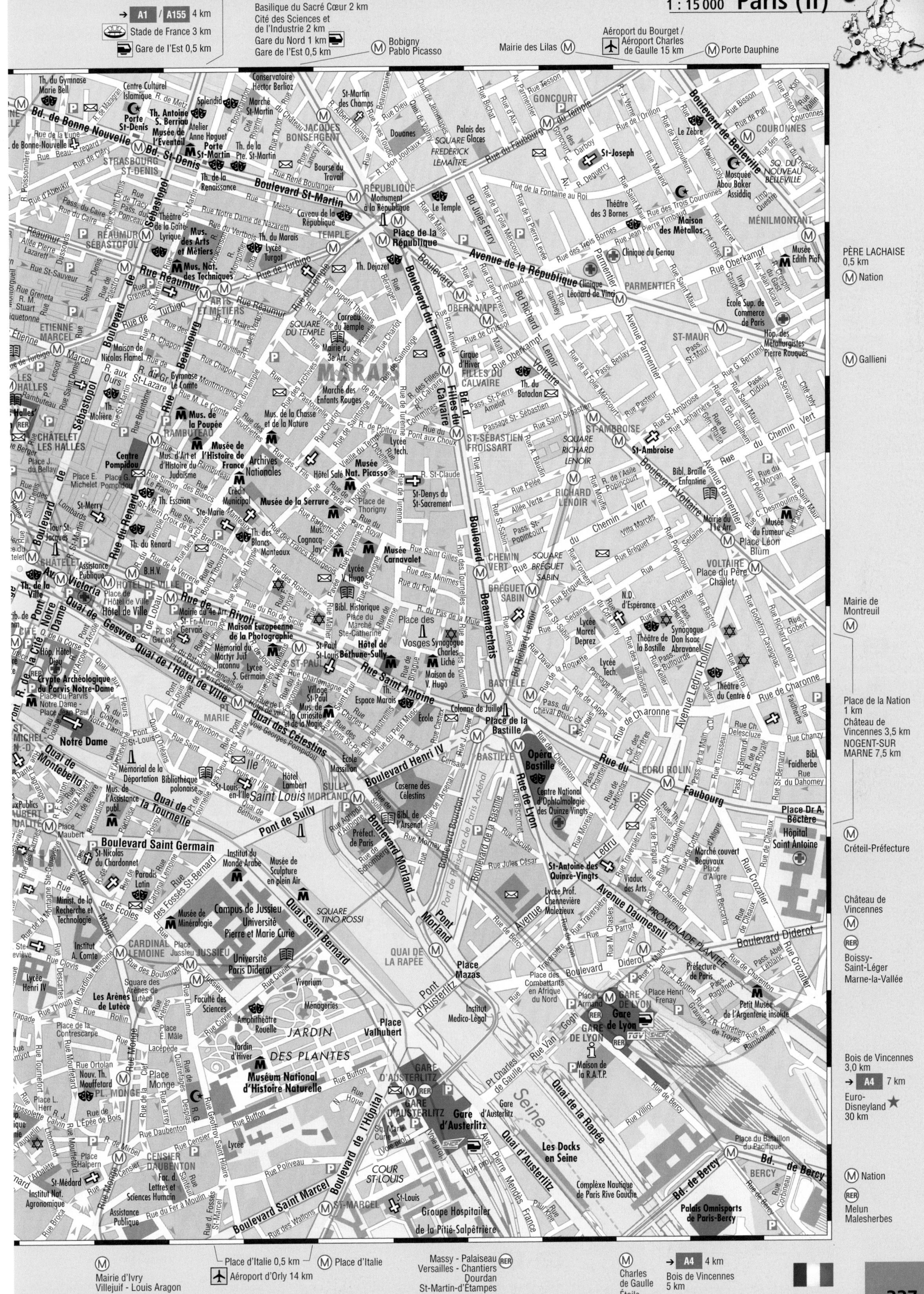
Porte de Clignancourt
A1 / A155 4 km
Stade de France 3 km
Gare de l'Est 0,5 km
MONTMARTRE 2,5 km
Basilique du Sacré Cœur 2 km
Cité des Sciences et de l'Industrie 2 km
Gare du Nord 1 km
Gare de l'Est 0,5 km
Bobigny Pablo Picasso
Mairie des Lilas
Aéroport du Bourget / Aéroport Charles de Gaulle 15 km
Porte Dauphine
PÈRE LACHAISE 0,5 km
Nation
Gallieni
Mairie de Montreuil
Place de la Nation 1 km
Château de Vincennes 3,5 km
NOGENT-SUR MARNE 7,5 km
Créteil-Préfecture
Château de Vincennes 3,0 km
Boissy-Saint-Léger
Marne-la-Vallée
Bois de Vincennes 3,0 km
A4 7 km
Euro-Disneyland 30 km
Nation
Melun Malesherbes
Mairie d'Ivry
Villejuif - Louis Aragon
Place d'Italie 0,5 km
Place d'Italie
Aéroport d'Orly 14 km
Massy - Palaiseau
Versailles - Chantiers
Dourdan
St-Martin-d'Étampes
Charles de Gaulle Étoile
A4 4 km
Bois de Vincennes 5 km
MARAIS
Boulevard St-Martin
Place de la République
Avenue de la République
Boulevard du Temple
Boulevard Beaumarchais
Place de la Bastille
Opéra Bastille
Rue de Rivoli
Rue Saint Antoine
Quai des Célestins
Quai de l'Hôtel de Ville
Notre Dame
Boulevard Saint Germain
Boulevard Henri IV
Pont de Sully
Boulevard Morland
Gare de Lyon
Gare d'Austerlitz
Jardin des Plantes
Muséum National d'Histoire Naturelle
Campus de Jussieu Université Pierre et Marie Curie
Les Arènes de Lutèce
Centre Pompidou
Musée Carnavalet
Musée Nat. Picasso
Archives Nationales
Place des Vosges
Hôtel de Ville
Boulevard de Belleville
Avenue Ledru Rollin
Rue du Faubourg Saint-Antoine
Avenue Daumesnil
Boulevard Diderot
Quai de la Rapée
Quai d'Austerlitz
Seine
Boulevard de l'Hôpital
Boulevard Saint Marcel
Groupe Hospitalier de la Pitié-Salpêtrière
Palais Omnisports de Paris-Bercy
Hôpital Saint Antoine

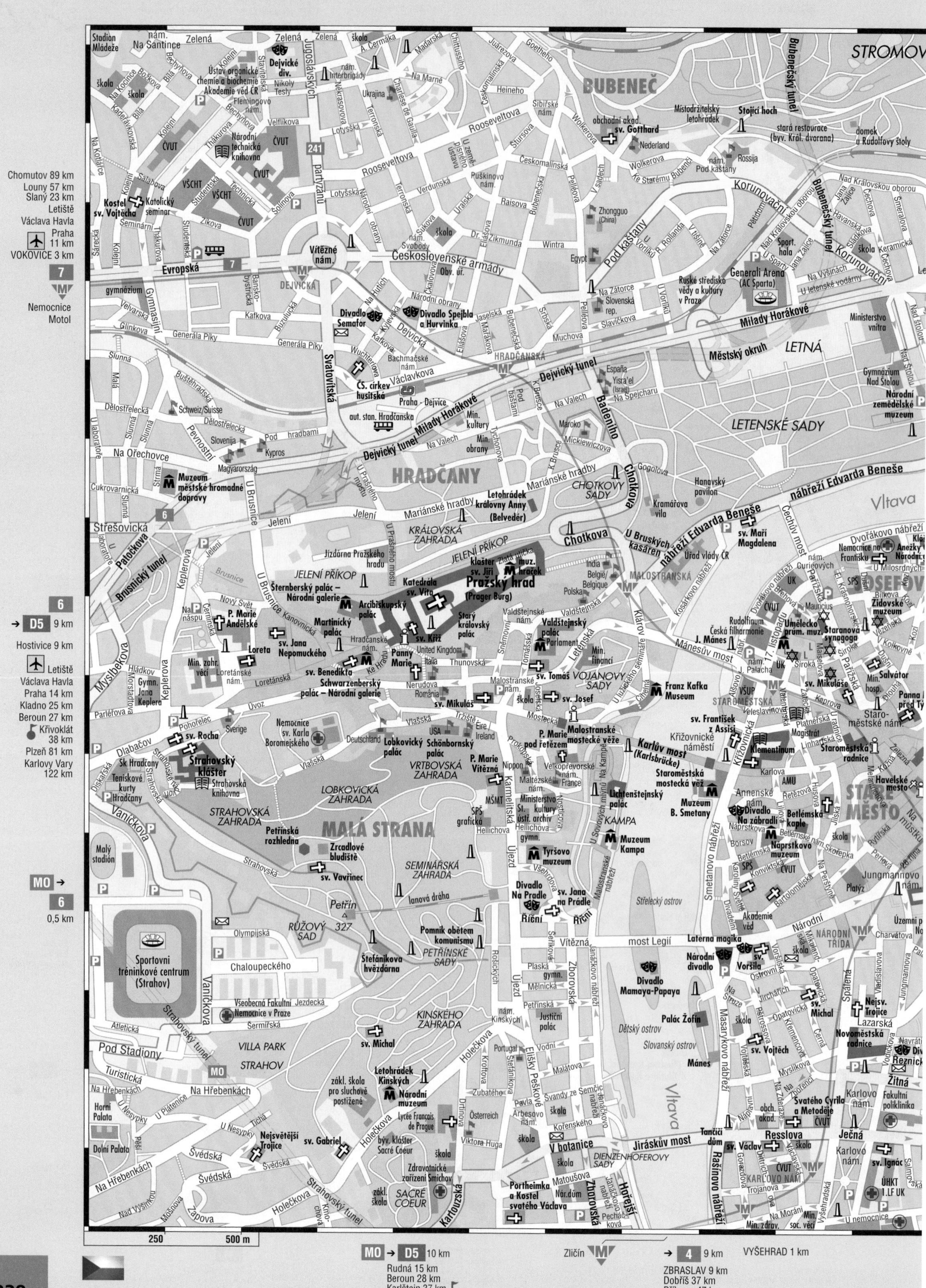

STROMOV

BUBENEČ

LETNÁ

LETENSKÉ SADY

Vltava

Chomutov 89 km
Louny 57 km
Slaný 23 km
Letiště
Václava Havla
Praha 11 km
VOKOVICE 3 km

Nemocnice
Motol

D5 9 km

Hostivice 9 km
Letiště
Václava Havla
Praha 14 km
Kladno 25 km
Beroun 27 km
Křivoklát 38 km
Plzeň 81 km
Karlovy Vary 122 km

MO
6
0,5 km

HRADČANY

Pražský hrad
(Prager Burg)

MALÁ STRANA

Karlův most
(Karlsbrücke)

STARÉ MĚSTO

Petřín

STRAHOV

SACRÉ COEUR

250   500 m

MO → D5 10 km
Rudná 15 km
Beroun 28 km
Karlštejn 37 km

Zličín → 4 9 km
ZBRASLAV 9 km
Dobříš 37 km
Příbram 47 km

VYŠEHRAD 1 km

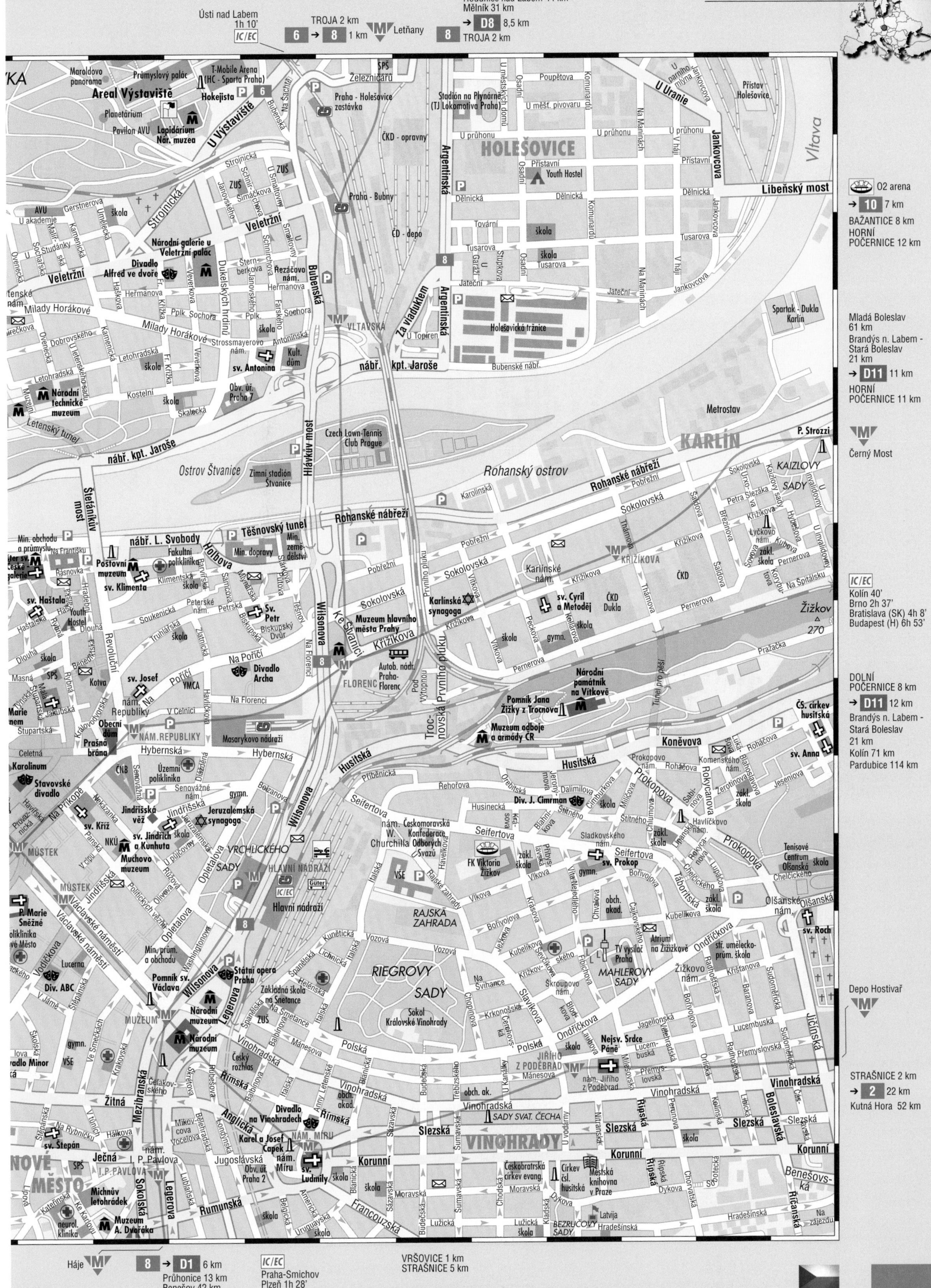
Teplice 95 km
Česká Lípa 78 km
Roudnice nad Labem 44 km
Mělník 31 km
D8 8,5 km
TROJA 2 km
Ústí nad Labem 1h 10'
IC/EC
TROJA 2 km
6 → 8 1 km
Letňany
02 arena
10 7 km
BAŽANTICE 8 km
HORNÍ POČERNICE 12 km
Mladá Boleslav 61 km
Brandýs n. Labem - Stará Boleslav 21 km
D11 11 km
HORNÍ POČERNICE 11 km
Černý Most
IC/EC
Kolín 40'
Brno 2h 37'
Bratislava (SK) 4h 8'
Budapest (H) 6h 53'
DOLNÍ POČERNICE 8 km
D11 12 km
Brandýs n. Labem - Stará Boleslav 21 km
Kolín 71 km
Pardubice 114 km
Depo Hostivař
STRAŠNICE 2 km
2 22 km
Kutná Hora 52 km
Háje
8 → D1 6 km
Průhonice 13 km
Benešov 42 km
Brno 194 km
IC/EC
Praha-Smichov
Plzeň 1h 28'
VRŠOVICE 1 km
STRAŠNICE 5 km
HOLEŠOVICE
KARLÍN
VINOHRADY
NOVÉ MĚSTO
Areal Výstaviště
Vltava
Libeňský most
Rohanský ostrov
Ostrov Štvanice
Hlávkův most
Štefánikův most
Praha - Holešovice zastávka
Praha - Bubny
Masarykovo nádraží
Hlavní nádraží
Národní muzeum
RIEGROVY SADY
RAJSKÁ ZAHRADA
Národní památník na Vítkově
Žižkov

Reykjavik 1 : 15 000

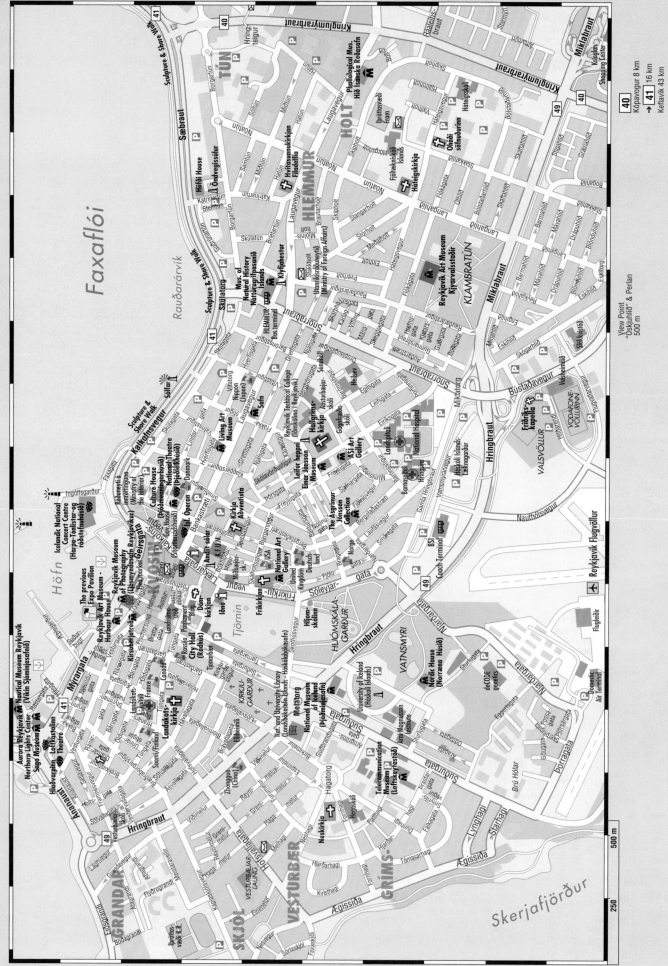
Selfoss 55 km
Hveragerði 43 km
→ 1 6 km
49

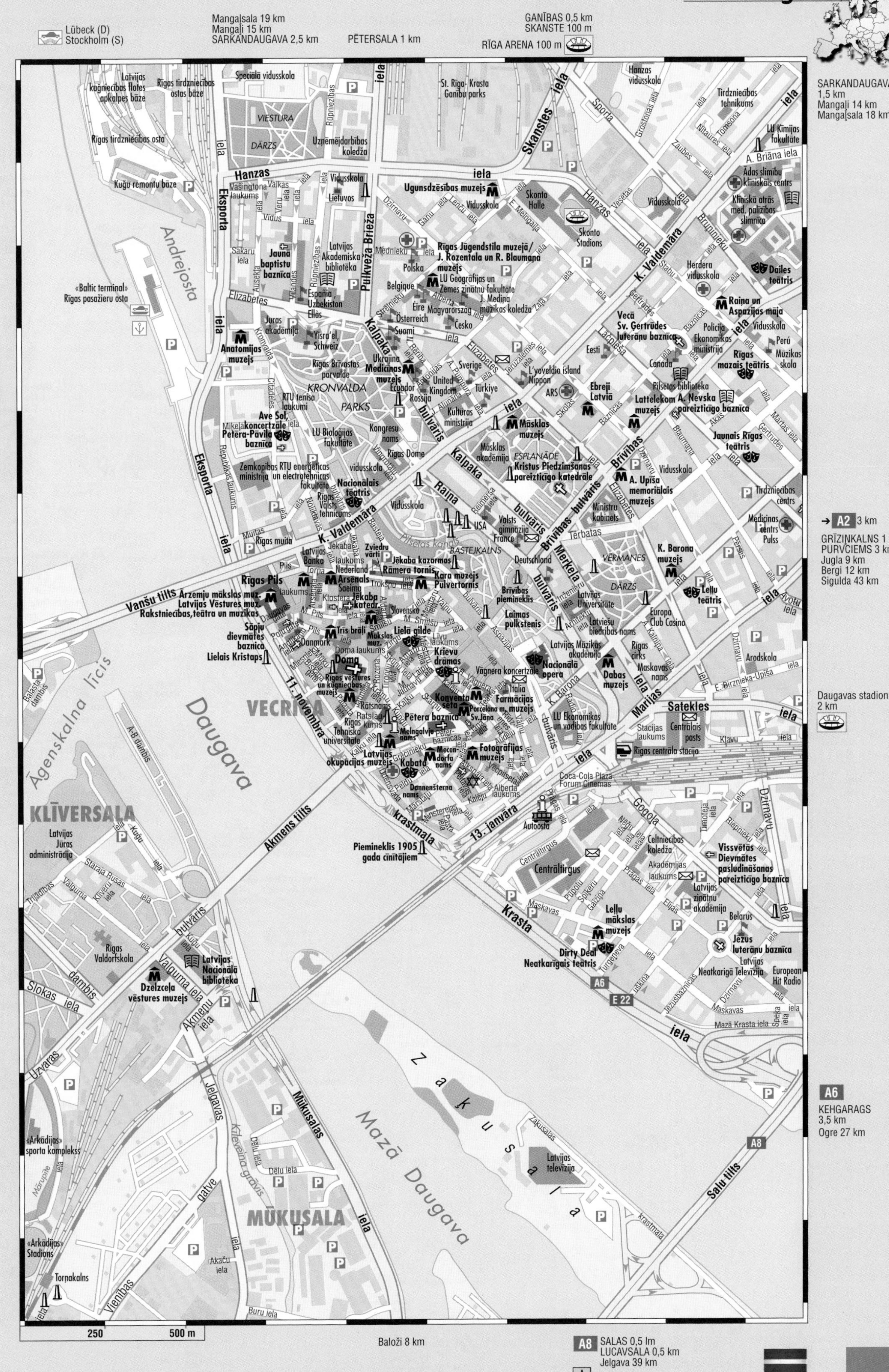

Lübeck (D)
Stockholm (S)

Mangaļsala 19 km
Mangaļi 15 km
SARKANDAUGAVA 2,5 km   PĒTERSALA 1 km

GANĪBAS 0,5 km
SKANSTE 100 m
RĪGA ARENA 100 m

SARKANDAUGAVA
1,5 km
Mangaļi 14 km
Mangaļsala 18 km

→ A2 3 km
GRĪZINKALNS 1 km
PURVCIEMS 3 km
Jugla 9 km
Bergi 12 km
Sigulda 43 km

Daugavas stadions
2 km

A6
KEHGARAGS
3,5 km
Ogre 27 km

Baloži 8 km

A8 SALAS 0,5 lm
LUCAVSALA 0,5 km
Jelgava 39 km
Lidosta 5 km

Roma 1:15 000

PRIMA PORTA 8 km
TOMBA DI NERONE 6 km
IPPODROMO TOR
DI QUINTO 6 km
Stadio Olimpico 4 km

Prima Porta 9 km
3 5 km
Stadio Olimpico 4 km
Grottarossa (C)

2 / 3
Prima Porta
Viterbo

MONTE MARIO
2 km

M
Battistini (A)
Torrevechia (A)

Cesano
Civitavecchia
Viterbo

ss1
VAL CANNUTA 4 km
GRA 7 km

BRAVETTA 2 km

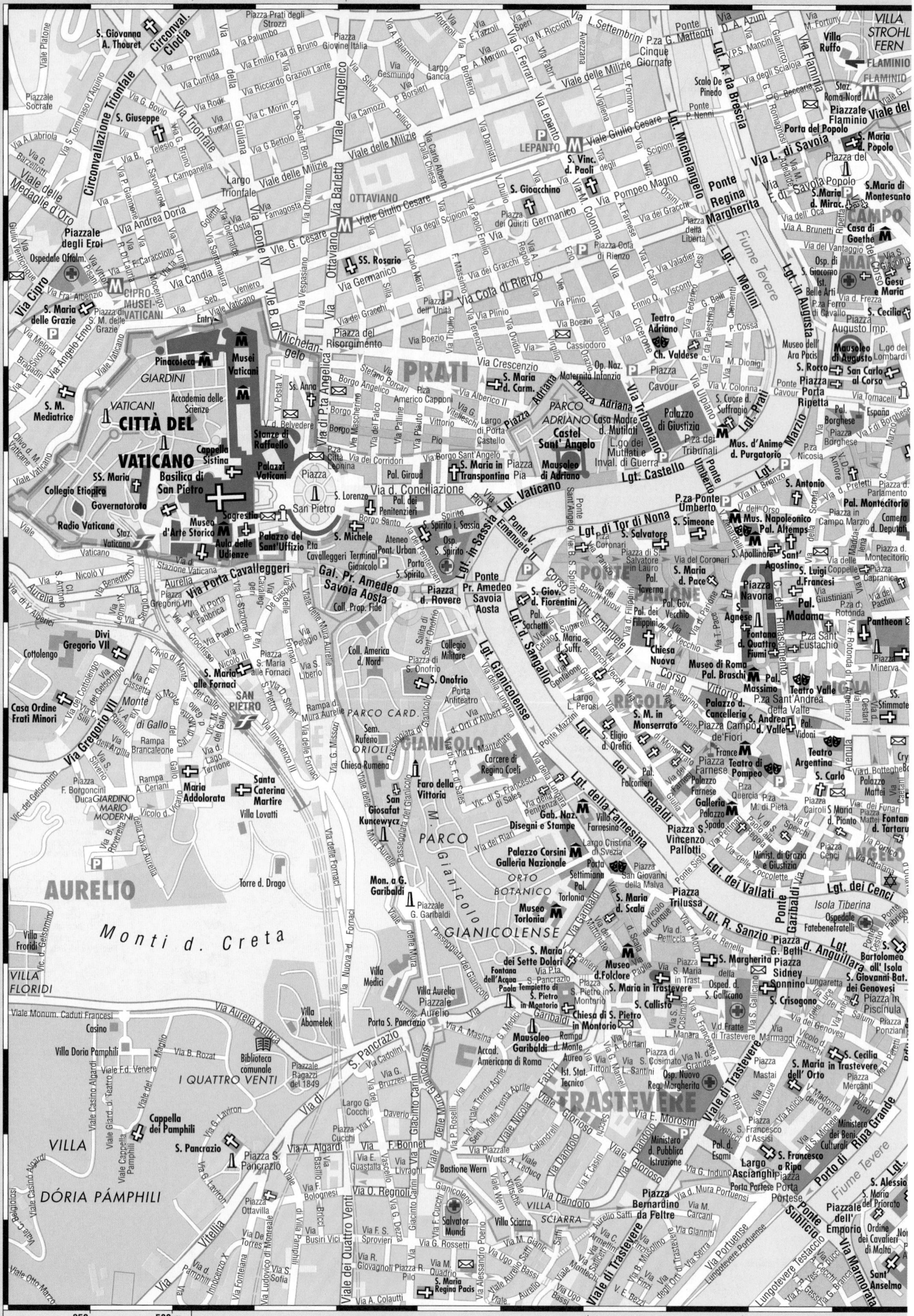

CITTÀ DEL VATICANO

VATICANI

Basilica di San Pietro

Musei Vaticani

Pinacoteca

GIARDINI

Accademia delle Scienze

Cappella Sistina

Palazzi Vaticani

Governatorato

Radio Vaticana

Collegio Etiopico

SS. Maria

S. M. Mediatrice

Piazza San Pietro

San Pietro

PRATI

OTTAVIANO

LEPANTO

Viale Giulio Cesare

Via Cola di Rienzo

Piazza del Risorgimento

Via Crescenzio

Castel Sant'Angelo

PARCO ADRIANO

Mausoleo di Adriano

Ponte Regina Margherita

Fiume Tevere

Palazzo di Giustizia

PONTE

Piazza Navona

Pantheon

Corso Vittorio Emanuele II

Campo de' Fiori

REGOLA

Palazzo Farnese

Teatro di Pompeo

Teatro Argentina

GIANICOLO

Orto Botanico

Galleria Nazionale

Palazzo Corsini

S. Pietro in Montorio

Mausoleo Garibaldi

Villa Medici

Villa Abamelek

Porta S. Pancrazio

AURELIO

Monti d. Creta

VILLA FLORIDI

Villa Doria Pamphili

I QUATTRO VENTI

VILLA DÓRIA PÁMPHILI

Cappella dei Pamphili

S. Pancrazio

GIANICOLENSE

TRASTEVERE

S. Maria in Trastevere

Viale di Trastevere

Isola Tiberina

Fiume Tevere

Ponte Sublicio

FLAMINIO

VILLA STROHL FERN

Villa Ruffo

Porta del Popolo

Piazza del Popolo

S. Maria di Montesanto

CAMPO

250   500 m

BRAVETTA 2 km

Tiburtina
Termini

GIANICOLENSE 1,5 km
GRA 13 km

Aeroporto Intercontinentale
Leonardo da Vinci 20 km
Fiumicino 25 km

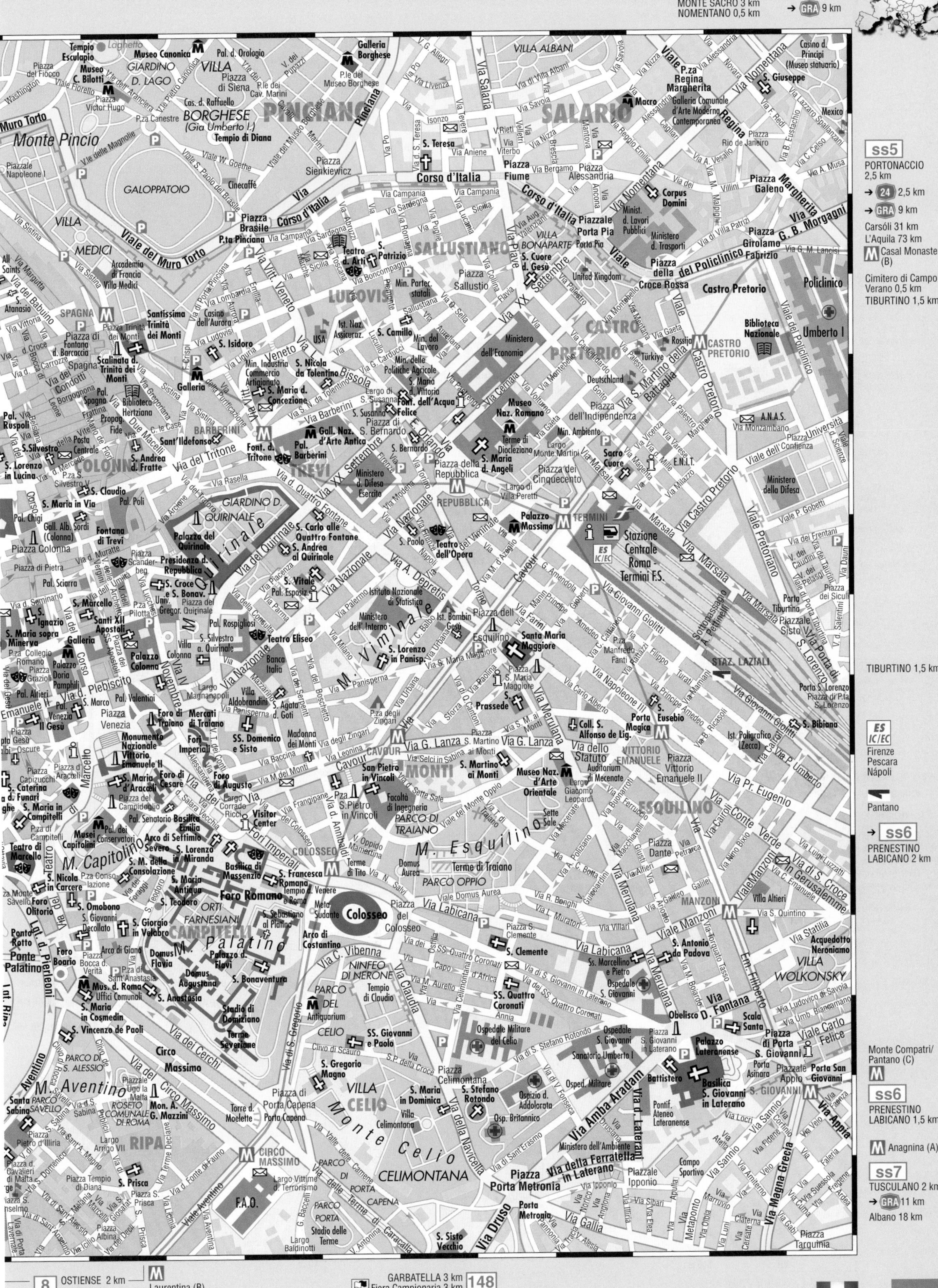

MONTE SACRO 3 km
NOMENTANO 0,5 km
→ GRA 9 km

ss5
PORTONACCIO 2,5 km
→ 24 2,5 km
→ GRA 9 km
Carsóli 31 km
L'Aquila 73 km
M Casal Monastero (B)
Cimitero di Campo Verano 0,5 km
TIBURTINO 1,5 km

TIBURTINO 1,5 km

ES IC/EC
Firenze
Pescara
Nápoli

Pantano

→ **ss6**
PRENESTINO
LABICANO 2 km

Monte Compatri/
Pantano (C)
M

ss6
PRENESTINO
LABICANO 1,5 km

M Anagnina (A)

ss7
TUSCULANO 2 km
→ GRA 11 km
Albano 18 km

8 OSTIENSE 2 km
E.U.R. 5 km
→ GRA 10 km
Lido di Ostia 25 km

M Laurentina (B)

GARBATELLA 3 km 148
Fiera Campionaria 3 km
E.U.R. 6 km
→ GRA 10 km

343

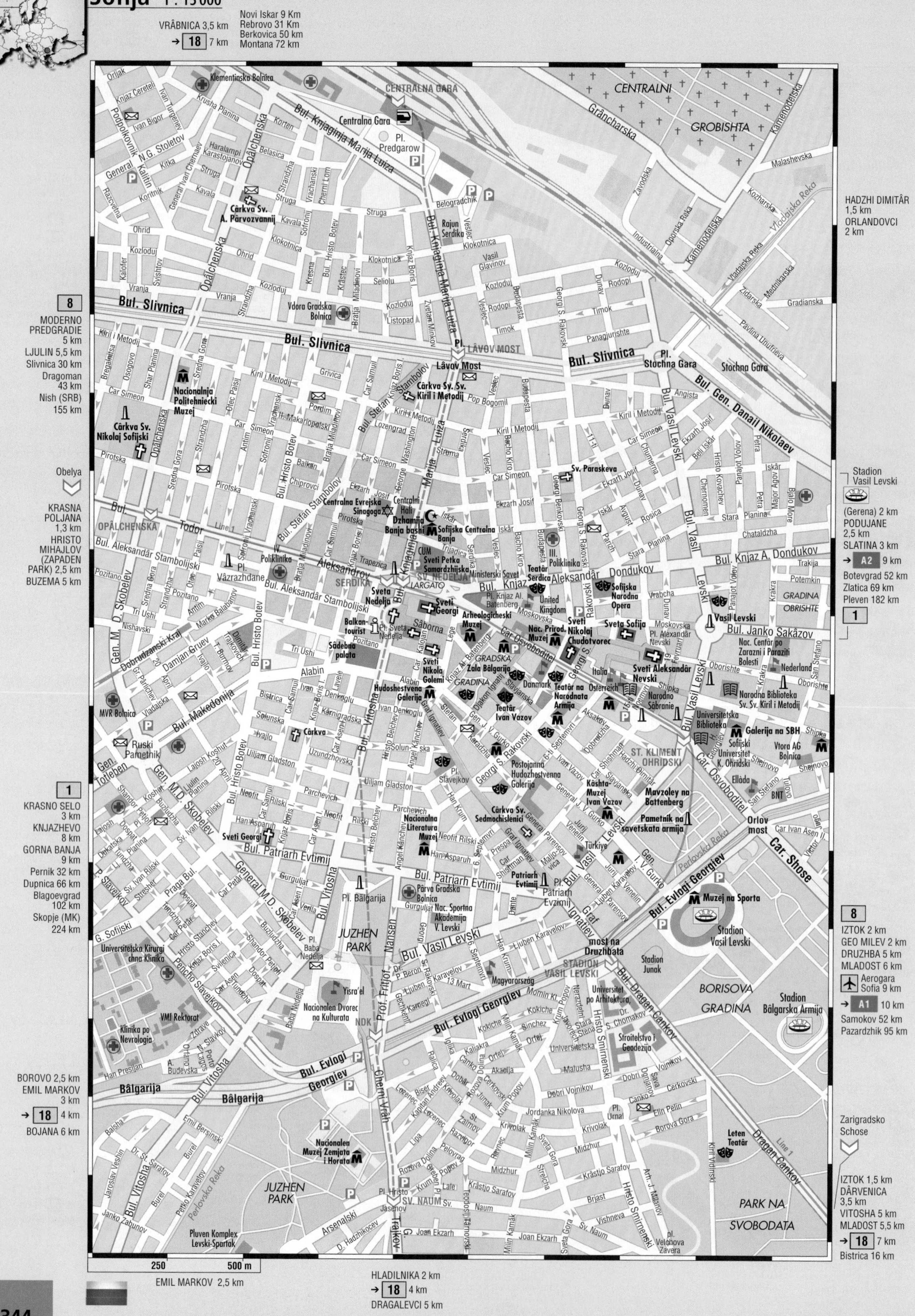

Sofija 1 : 15 000

VRÂBNICA 3,5 km
→ 18 7 km

Novi Iskar 9 Km
Rebrovo 31 Km
Berkovica 50 km
Montana 72 km

8
MODERNO
PREDGRADIE
5 km
LJULIN 5,5 km
Slivnica 30 km
Dragoman
43 km
Nish (SRB)
155 km

Obelya ▽

KRASNA
POLJANA
1,3 km
HRISTO
MIHAJLOV
(ZAPADEN
PARK) 2,5 km
BUZEMA 5 km

1
KRASNO SELO
3 km
KNJAZHEVO
8 km
GORNA BANJA
9 km
Pernik 32 km
Dupnica 66 km
Blagoevgrad
102 km
Skopje (MK)
224 km

BOROVO 2,5 km
EMIL MARKOV
3 km
→ 18 4 km
BOJANA 6 km

HADZHI DIMITÂR
1,5 km
ORLANDOVCI
2 km

Stadion
Vasil Levski
(Gerena) 2 km
PODUJANE
2,5 km
SLATINA 3 km
→ A2 9 km
Botevgrad 52 km
Zlatica 69 km
Pleven 182 km

1

8
IZTOK 2 km
GEO MILEV 2 km
DRUZHBA 5 km
MLADOST 6 km
✈ Aerogara
Sofia 9 km
A1 10 km
Samokov 52 km
Pazardzhik 95 km

Zarigradsko
Schose ▽

IZTOK 1,5 km
DÂRVENICA
3,5 km
VITOSHA 5 km
MLADOST 5,5 km
→ 18 7 km
Bistrica 16 km

250   500 m
EMIL MARKOV 2,5 km

HLADILNIKA 2 km
→ 18 4 km
DRAGALEVCI 5 km

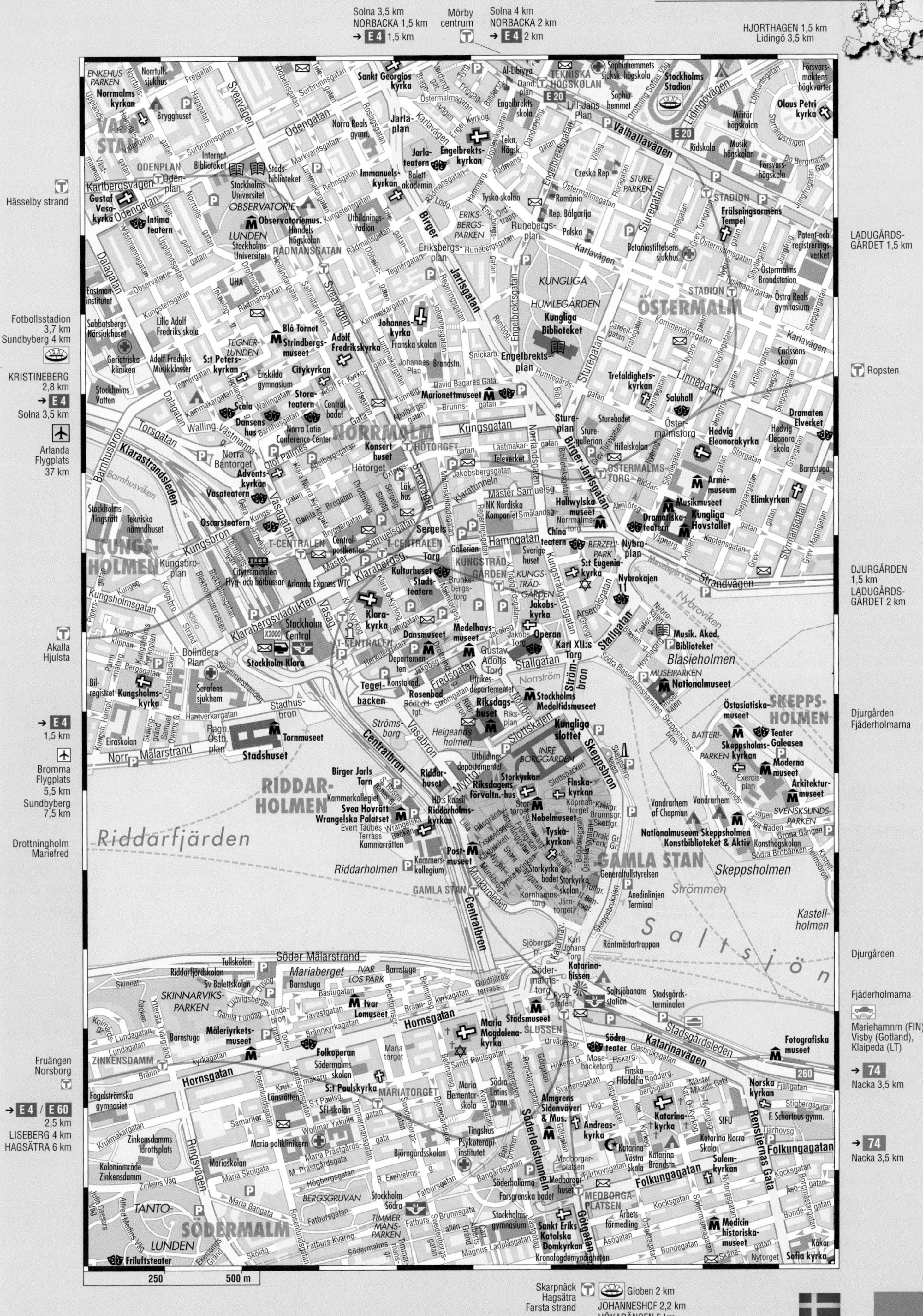

Solna 3,5 km
NORBACKA 1,5 km
→ E4 1,5 km

Mörby
centrum

Solna 4 km
NORBACKA 2 km
→ E4 2 km

HJORTHAGEN 1,5 km
Lidingö 3,5 km

Hässelby strand

Fotbollsstadion
3,7 km
Sundbyberg 4 km

KRISTINEBERG
2,8 km
→ E4
Solna 3,5 km

Arlanda
Flygplats
37 km

Akalla
Hjulsta

→ E4
1,5 km

Bromma
Flygplats
5,5 km
Sundbyberg
7,5 km

Drottningholm
Mariefred

Fruängen
Norsborg

→ E4 / E60
2,5 km
LISEBERG 4 km
HAGSÄTRA 6 km

LADUGÅRDS-
GÄRDET 1,5 km

Ropsten

DJURGÅRDEN
1,5 km
LADUGÅRDS-
GÄRDET 2 km

Djurgården
Fjäderholmarna

Djurgården

Fjäderholmarna

Mariehamnm (FIN),
Visby (Gotland),
Klaipeda (LT)

→ 74
Nacka 3,5 km

→ 74
Nacka 3,5 km

VASA-STAN

ÖSTERMALM

KUNGS-HOLMEN

NORRMALM

RIDDAR-HOLMEN

Riddarfjärden

Riddarholmen

GAMLA STAN

Skeppsholmen

SKEPPS-HOLMEN

Kastell-holmen

Saltsjön

Strömmen

SÖDERMALM

TANTO-LUNDEN

250   500 m

Skarpnäck
Hagsätra
Farsta strand

Globen 2 km
JOHANNESHOF 2,2 km
HÖKARÄNGEN 5 km
→ 229 5,5 km

345

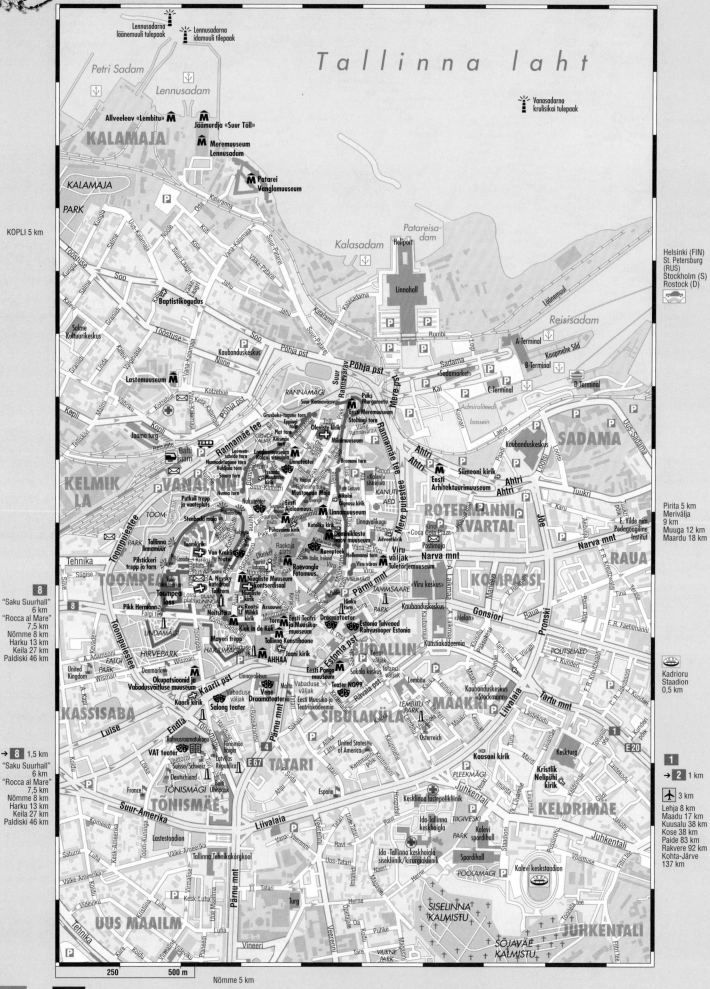

Tallinn 1 : 15 000

KOPLI 5 km

Helsinki (FIN)
St. Petersburg (RUS)
Stockholm (S)
Rostock (D)

Pirita 5 km
Merivälja 9 km
Muuga 12 km
Maardu 18 km

8
"Saku Suurhall" 6 km
"Rocca al Mare" 7,5 km
Nõmme 8 km
Harku 13 km
Keila 27 km
Paldiski 46 km

Kadrioru Staadion 0,5 km

→ 8 1,5 km
"Saku Suurhall" 6 km
"Rocca al Mare" 7,5 km
Nõmme 8 km
Harku 13 km
Keila 27 km
Paldiski 46 km

1
→ 2 1 km
3 km
Lehja 8 km
Maadu 17 km
Kuusalu 38 km
Kose 38 km
Paide 83 km
Rakvere 92 km
Kohta-Järve 137 km

250 500 m

Nõmme 5 km

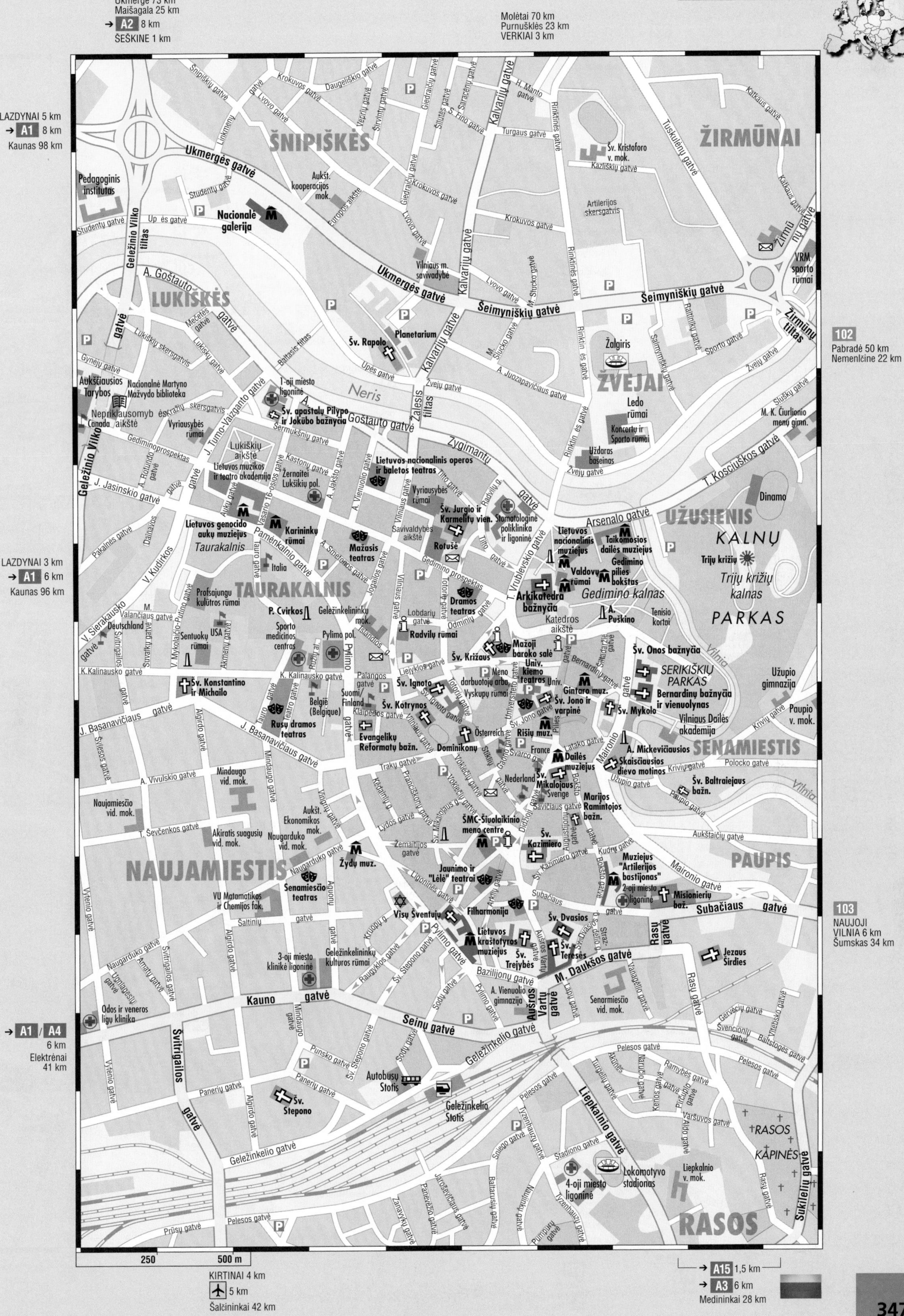
Ukmergė 73 km
Maišagala 25 km
A2 8 km
ŠEŠKINE 1 km
Molėtai 70 km
Purnuškės 23 km
VERKIAI 3 km
LAZDYNAI 5 km
A1 8 km
Kaunas 98 km
LAZDYNAI 3 km
A1 6 km
Kaunas 96 km
A1 / A4
6 km
Elektrėnai
41 km
102
Pabradė 50 km
Nemenčine 22 km
103
NAUJOJI
VILNIA 6 km
Šumskas 34 km
250
500 m
KIRTINAI 4 km
5 km
Šalčininkai 42 km
A15 1,5 km
A3 6 km
Medininkai 28 km
ŠNIPIŠKĖS
ŽIRMŪNAI
LUKIŠKĖS
ŽVEJAI
UŽUSIENIS
KALNŲ
PARKAS
TAURAKALNIS
SENAMIESTIS
PAUPIS
NAUJAMIESTIS
RASOS
Ukmergės gatvė
Kalvarijų gatvė
Šeimyniškių gatvė
Neris
Vilnia
Pedagoginis institutas
Nacionalė galerija
Vilniaus m. savivadybė
Planetarium
Šv. Rapolo
Žalgiris
Ledo rūmai
Koncertų ir Sporto rūmai
Uždaras baseinas
Šv. Kristoforo v. mok.
VRM sporto rūmai
Aukščiausios Tarybos
Nacionalnė Martyno Mažvydo biblioteka
Nepriklausomyb ės aikštė
Vyriausybės rūmai
T-oji miesto ligoninė
Šv. apaštalų Pilypo ir Jokūbo bažnyčia
Lukiškių aikštė
Lietuvos muzikos ir teatro akademija
Lietuvos nacionalinis operos ir baletos teatras
Žernaitei Lukiškių pol.
Lietuvos genocido aukų muziejus
Taurakalnis
Kariniinku rūmai
Mažasis teatras
Šv. Jurgio ir Karmelitų vien.
Stomatologinė poliklinika ir ligoninė
Rotušė
Lietuvos nacionalinis muziejus
Taikomosios dailės muziejus
Gedimino pilies bokštas
Valdovų rūmai
Arkikatedra bažnyčia
Gedimino kalnas
Katedros aikštė
A. Puškino
Tenisio kortai
Trijų kryžių
Trijų kryžių kalnas
Dinamo
M. K. Čiurlionio menų gimn.
Profsąjungų kultūros rūmai
Deutschland
Sentuokų rūmai
USA
Italia
P. Cvirkos
Geležinkelininkų mok.
Sporto medicinos centras
Pylimo pol.
Dramos teatras
Radvilų rūmai
Mažoji baroko salė
Univ. kiemo teatras
Šv. Kazimiero
Šv. Onos bažnyčia
SERIKIŠKIŲ PARKAS
Bernardinų bažnyčia ir vienuolynas
Užupio gimnazija
Šv. Konstantino ir Michailo
Šv. Ignoto
Šv. Kotrynos
België (Belgique)
Suomi/ Finland
Rusų dramos teatras
Evangelikų Reformatų bažn.
Dominikonų
Österreich
Rišių muz.
Šv. Jono ir varpinė
Gintaro muz.
Šv. Mykolo
Vilniaus Dailės akademija
Paupio v. mok.
A. Mickevičiausio
Skaisčiausios dievo motinos
Šv. Baltraiejaus bažn.
France
Dailės muziejus
Nederland
Šv. Mikalojaus
Sverige
Marijos Ramintojos bažn.
Mindaugo vid. mok.
Naujamiesčio vid. mok.
Aukšt. Ekonomikos mok.
Akiratis suagusių vid. mok.
Naugarduko vid. mok.
ŠMC-Šiuolaikinio meno centre
Žydų muz.
Senamiesčio teatras
VU Matematikos ir Chemijos fak.
Jaunimo ir "Lėlė" teatrai
Muziejus "Artilerijos bastijonas"
2-oji miesto ligoninė
Misionierių baž.
Visų Šventųjų
Filharmonija
Šv. Dvasios
Lietuvos kraštotyros muziejus
Šv. Trejybės
Šv. Teresės
Jezaus Širdies
3-oji miesto klinikė ligoninė
Geležinkelininkų kulturos rūmai
Odos ir veneros ligų klinika
A. Vienuolio gimnazija
Senarmiesčio vid. mok.
Kauno gatvė
Seinų gatvė
Subačiaus gatvė
M. Daukšos gatvė
Liepkalnio gatvė
Geležinkelio gatvė
Autobusų Stotis
Geležinkelio Stotis
Šv. Stepono
Lokomotyvo stadionas
4-oji miesto ligoninė
Liepkalnio v. mok.
RASOS KAPINĖS

Warszawa 1 : 15 000

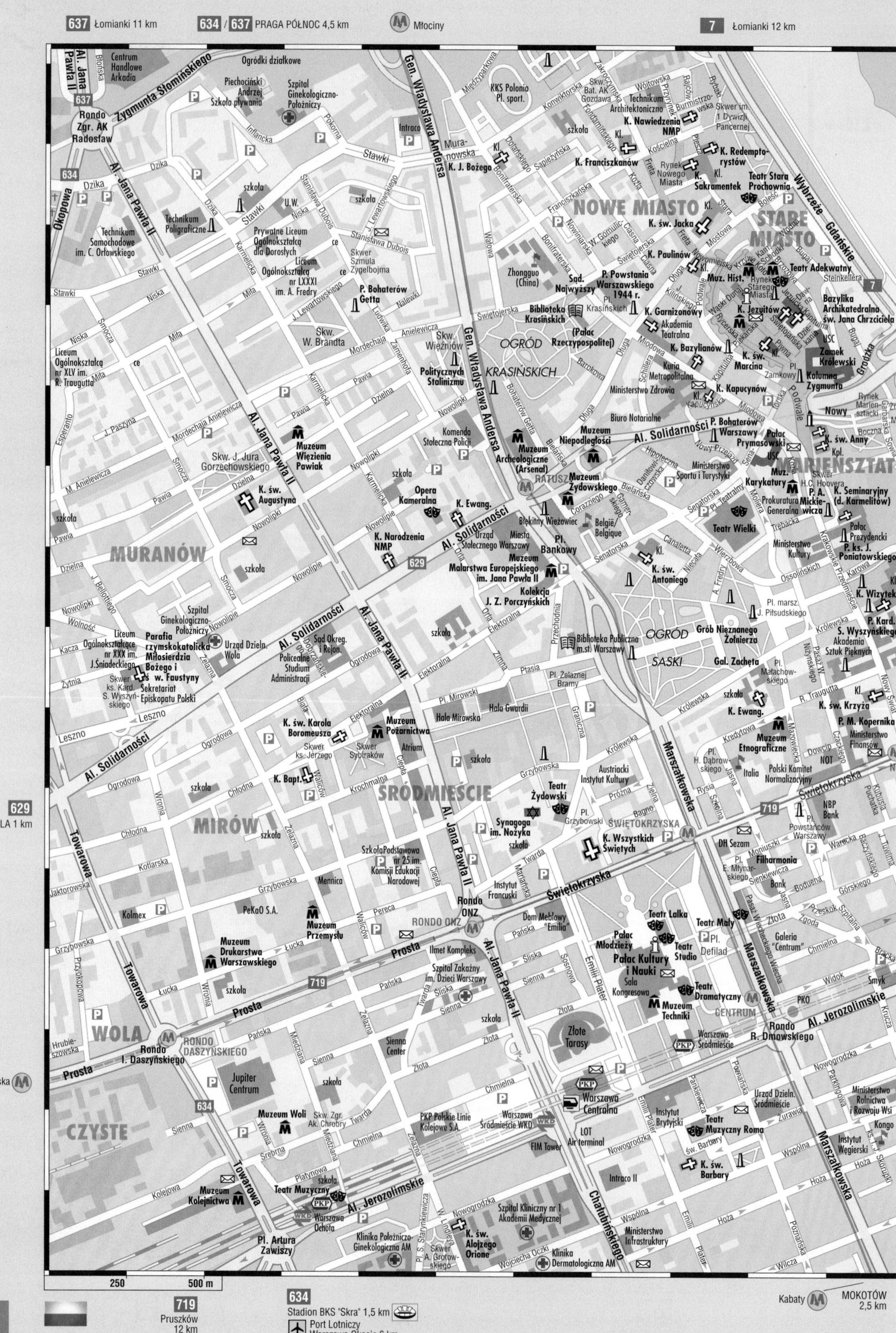

637 Łomianki 11 km
634 / 637 PRAGA PÓŁNOC 4,5 km
Młociny
7 Łomianki 12 km
629 WOLA 1 km
Wolska
250
500 m
719 Pruszków 12 km
634 Stadion BKS "Skra" 1,5 km
Port Lotniczy Warszawa Okęcie 6 km
Kabaty
MOKOTÓW 2,5 km
Centrum Handlowe Arkadia
Rondo Zgr. AK Radosław
Zygmunta Słomińskiego
Al. Jana Pawła II
Ogródki działkowe
Szpital Ginekologiczno-Położniczy
Intraco
Gen. Władysława Andersa
KKS Polonia Pl. sport.
NOWE MIASTO
STARE MIASTO
MURANÓW
MIRÓW
ŚRÓDMIEŚCIE
WOLA
CZYSTE
OGRÓD KRASIŃSKICH
OGRÓD SASKI
MARIENSZTAT
K. Nawiedzenia NMP
K. Franciszkanów
K. J. Bożego
K. Redemptorystów
K. Sakramentek
Teatr Stara Prochownia
K. św. Jacka
K. Paulinów
Muz. Hist.
Teatr Adekwatny
Bazylika Archikatedralna św. Jana Chrzciciela
Zamek Królewski
Kolumna Zygmunta
P. Powstania Warszawskiego 1944 r.
Sąd Najwyższy
Biblioteka Krasińskich
(Pałac Rzeczypospolitej)
K. Garnizonowy
Akademia Teatralna
K. Bazylianów
K. św. Marcina
K. Kapucynów
Ministerstwo Zdrowia
Zhongguo (China)
P. Bohaterów Getta
Pomnik Więźniów Politycznych Stalinizmu
Muzeum Niepodległości
Muzeum Archeologiczne (Arsenał)
Muzeum Więzienia Pawiak
K. św. Augustyna
Opera Kameralna
K. Ewang.
K. Narodzenia NMP
Muzeum Żydowskie
Błękitny Wieżowiec
Pl. Bankowy
Urząd Miasta Stołecznego Warszawy
Muzeum Malarstwa Europejskiego im. Jana Pawła II
Kolekcja J. Z. Porczyńskich
K. św. Antoniego
Teatr Wielki
Pl. marsz. J. Piłsudskiego
Grób Nieznanego Żołnierza
Gal. Zachęta
Biblioteka Publiczna m.st. Warszawy
K. Wizytek
Akademia Sztuk Pięknych
K. św. Anny
P. ks. J. Poniatowskiego
K. Seminaryjny (d. Karmelitów)
Pałac Prezydencki
Ministerstwo Kultury
Ministerstwo Sportu i Turystyki
Muz. Karykatury
Parafia rzymskokatolicka Miłosierdzia Bożego i św. Faustyny
Sekretariat Episkopatu Polski
Urząd Dzieln. Wola
Sąd Okręg. i Rejon.
Policealne Studium Administracji
Hala Mirowska
Hala Gwardii
K. św. Karola Boromeusza
Muzeum Pożarnictwa
K. Bapt.
Teatr Żydowski
Synagoga im. Nożyka
K. Wszystkich Świętych
Austriacki Instytut Kultury
Muzeum Etnograficzne
K. św. Krzyża
P. M. Kopernika
Ministerstwo Finansów
Polski Komitet Normalizacyjny
NBP Bank
Filharmonia
Instytut Francuski
PeKaO S.A.
Muzeum Przemysłu
Muzeum Drukarstwa Warszawskiego
Rondo ONZ
Dom Meblowy "Emilia"
Ilmet Kompleks
Szpital Zakaźny im. Dzieci Warszawy
Pałac Młodzieży
Pałac Kultury i Nauki
Sala Kongresowa
Teatr Lalka
Teatr Mały
Teatr Studio
Teatr Dramatyczny
Muzeum Techniki
Pl. Defilad
Galeria "Centrum"
Rondo R. Dmowskiego
Al. Jerozolimskie
Złote Tarasy
Warszawa Śródmieście
Warszawa Centralna
LOT Air terminal
FIM Tower
Instytut Brytyjski
Teatr Muzyczny Roma
K. św. Barbary
Intraco II
Urząd Dzieln. Śródmieście
Ministerstwo Rolnictwa i Rozwoju Wsi
Instytut Węgierski
Rondo I. Daszyńskiego
Jupiter Centrum
Muzeum Woli
Muzeum Kolejnictwa
Teatr Muzyczny
Warszawa Ochota
Pl. Artura Zawiszy
Klinika Położniczo-Ginekologiczna AM
K. św. Alojzego Orione
Szpital Kliniczny nr 1 Akademii Medycznej
Klinika Dermatologiczna AM
Ministerstwo Infrastruktury
Marszałkowska
Towarowa
Prosta
Świętokrzyska
Chałubińskiego
Wybrzeże Gdańskie

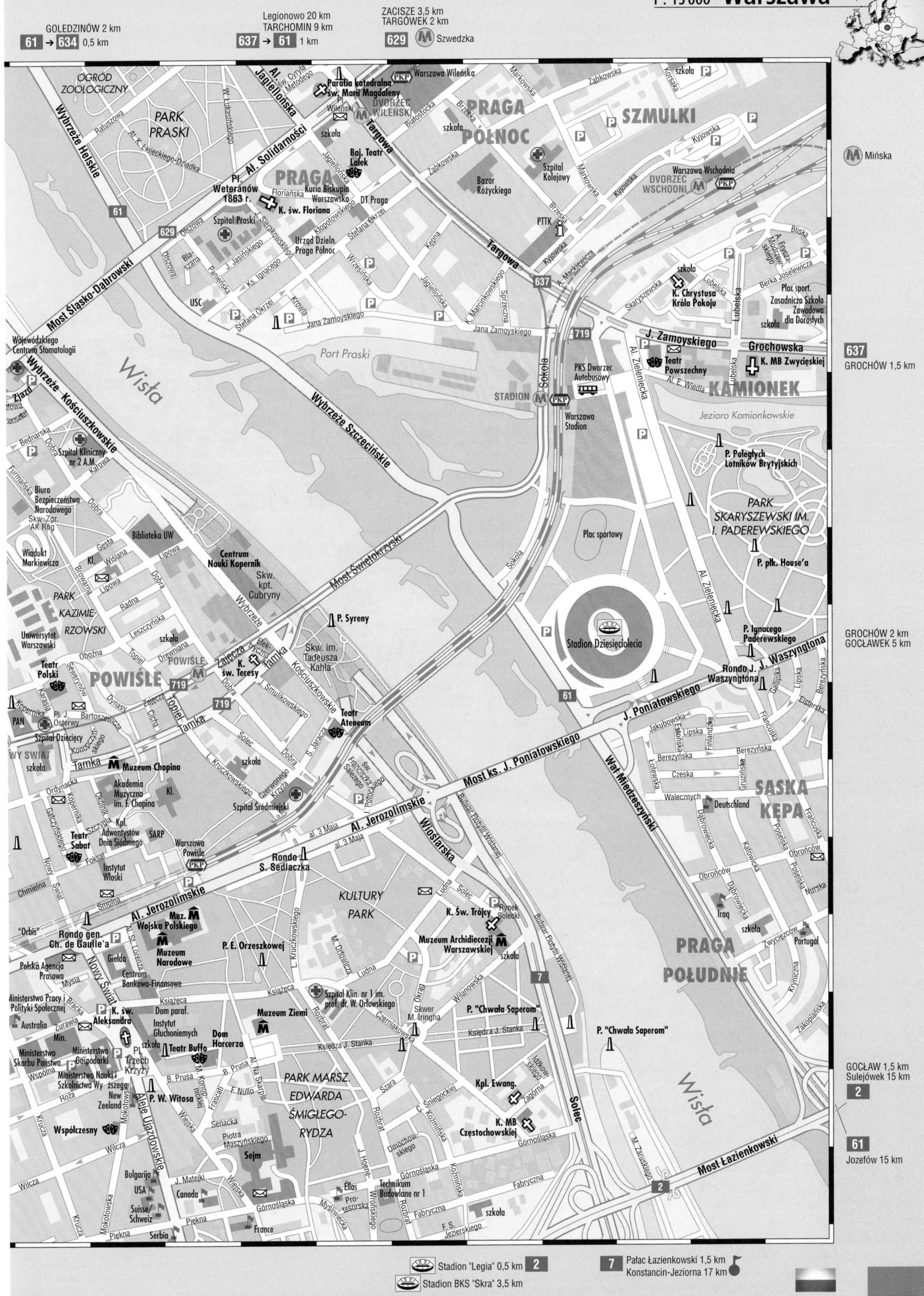

GOLEDZINÓW 2 km
61 → 634 0,5 km

Legionowo 20 km
TARCHOMIN 9 km
637 → 61 1 km

ZACISZE 3,5 km
TARGÓWEK 2 km
629 Ⓜ Szwedzka

Ⓜ Mińska

OGRÓD ZOOLOGICZNY

PARK PRASKI

PRAGA PÓŁNOC

SZMULKI

Al. Solidarności

Wybrzeże Helskie

Most Śląsko-Dąbrowski

Wisła

Parafia katedralna św. Marii Magdaleny

Warszawa Wileńska

DWORZEC WILEŃSKI

Baj. Teatr Lalek

PI. Weteranów 1863 r.

K. św. Floriana

Kuria Biskupia

DT Praga

Szpital Praski

Urząd Dzieln. Praga Północ

USC

Szpital Kolejowy

Bazar Różyckiego

DWORZEC WSCHODNI

Warszawa Wschodnia

PTTK

Targowa

Port Praski

Wybrzeże Szczecińskie

637

K. Chrystusa Króla Pokoju

Berka Joselewicza

Zasadnicza Szkoła Zawodowa dla Dorosłych

Wojewódzkie Centrum Stomatologii

Ziazd

Wybrzeże Kościuszkowskie

Biuro Bezpieczeństwa Narodowego

Szpital Kliniczny nr 2 A.M.

Biblioteka UW

Centrum Nauki Kopernik

Skw. kpt. Cubryny

719

J. Zamoyskiego

Teatr Powszechny

Grochowska

K. MB Zwycięskiej

KAMIONEK

637
GROCHÓW 1,5 km

PKS Dworzec Autobusowy

STADION

Warszawa Stadion

Jezioro Kamionkowskie

P. Syreny

Skw. im. Tadeusza Kahla

Plac sportowy

P. Poległych Lotników Brytyjskich

PARK SKARYSZEWSKI IM. I. PADEREWSKIEGO

PARK KAZIMIERZOWSKI

Uniwersytet Warszawski

Teatr Polski

POWIŚLE

719

Most Świętokrzyski

Teatr Ateneum

Stadion Dziesięciolecia

P. płk. House'a

P. Ignacego Paderewskiego

GROCHÓW 2 km
GOCŁAWEK 5 km

Rondo J. Waszyngtona

Wał Miedzeszyński

SASKA KĘPA

PAN

Szpital Dziecięcy

WY ŚWIAT

Muzeum Chopina

Akademia Muzyczna im. F. Chopina

Szpital Śródmiejski

Teatr Sabat

Adwentystów Dnia Siódmego

SARP

Warszawa Powiśle

Instytut Włoski

Rondo S. Sedlaczka

J. Poniatowskiego

Most ks. J. Poniatowskiego

Deutschland

Iraq

Al. Jerozolimskie

al. 3 Maja

Włościańska

KULTURY PARK

K. Św. Trójcy

Rynek Solecki

Muzeum Archidiecezji Warszawskiej

PRAGA POŁUDNIE

"Orbis"

Rondo gen. Ch. de Gaulle'a

Muz. Wojska Polskiego

P. E. Orzeszkowej

Muzeum Narodowe

Polska Agencja Prasowa

Giełda

Centrum Bankowo-Finansowe

Szpital Klin. nr 1 im. prof. dr. W. Orłowskiego

Skwer M. Iringha

P. "Chwała Saperom"

Ministerstwo Pracy i Polityki Społecznej

Australia

K. św. Aleksandra

Instytut Głuchoniemych

Muzeum Ziemi

Dom Harcerza

P. "Chwała Saperom"

GOCŁAW 1,5 km
Sulejówek 15 km
2

Ministerstwo Skarbu Państwa

Ministerstwo Gospodarki

Pl. Trzech Krzyży

Teatr Buffo

Kpl. Ewang.

Ministerstwo Nauki i Szkolnictwa Wy ższego

P. W. Witosa

PARK MARSZ. EDWARDA ŚMIGŁEGO-RYDZA

K. MB Częstochowskiej

Wisła

61
Jozefów 15 km

Współczesny

Bulgaria

USA

Suisse Schweiz

Serbia

New Zeeland

France

Sejm

Technikum Budowlane nr 1

szkoła

Most Łazienkowski

2

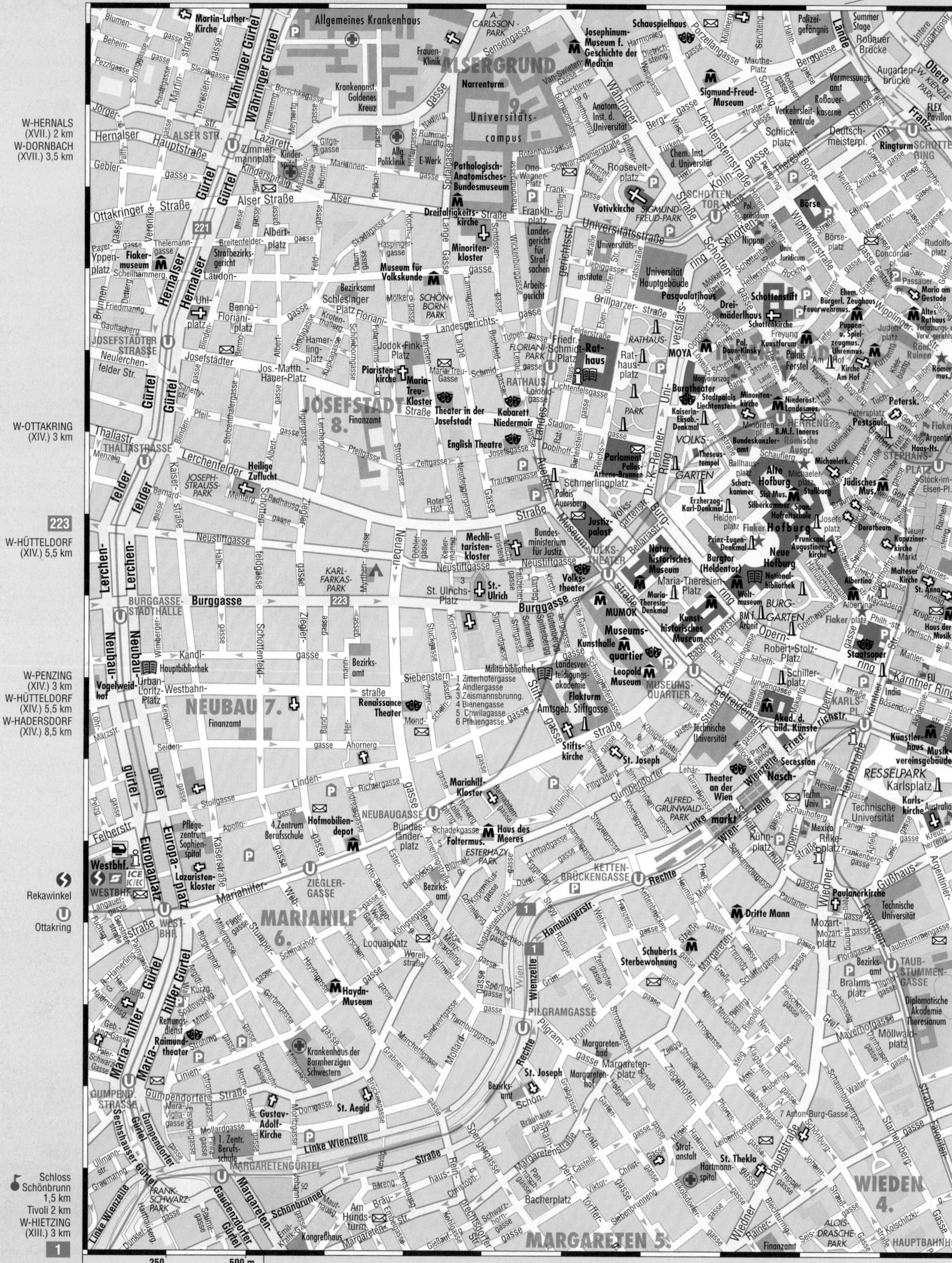

W-HERNALS (XVII.) 2 km
W-DORNBACH (XVII.) 3,5 km

W-OTTAKRING (XIV.) 3 km

223
W-HÜTTELDORF (XIV.) 5,5 km

W-PENZING (XIV.) 3 km
W-HÜTTELDORF (XIV.) 5,5 km
W-HADERSDORF (XIV.) 8,5 km

Rekawinkel

Ottakring

Schloss Schönbrunn 1,5 km
Tivoli 2 km
W-HIETZING (XIII.) 3 km

1

250   500 m

W-MARGARETEN (V.) 0,5 km
W-FAVORITEN (X.) 3 km

Erholungsgebiet Wienerberg 2 km
W-ALTMANNSDORF (XII.) 3 km
W-HIETZING (XIII.) 5,5 km

Reumannplatz Ⓤ
W-FAVORITEN (X.) 2 km
W-INZERSDORF (XXIII.) 4 km

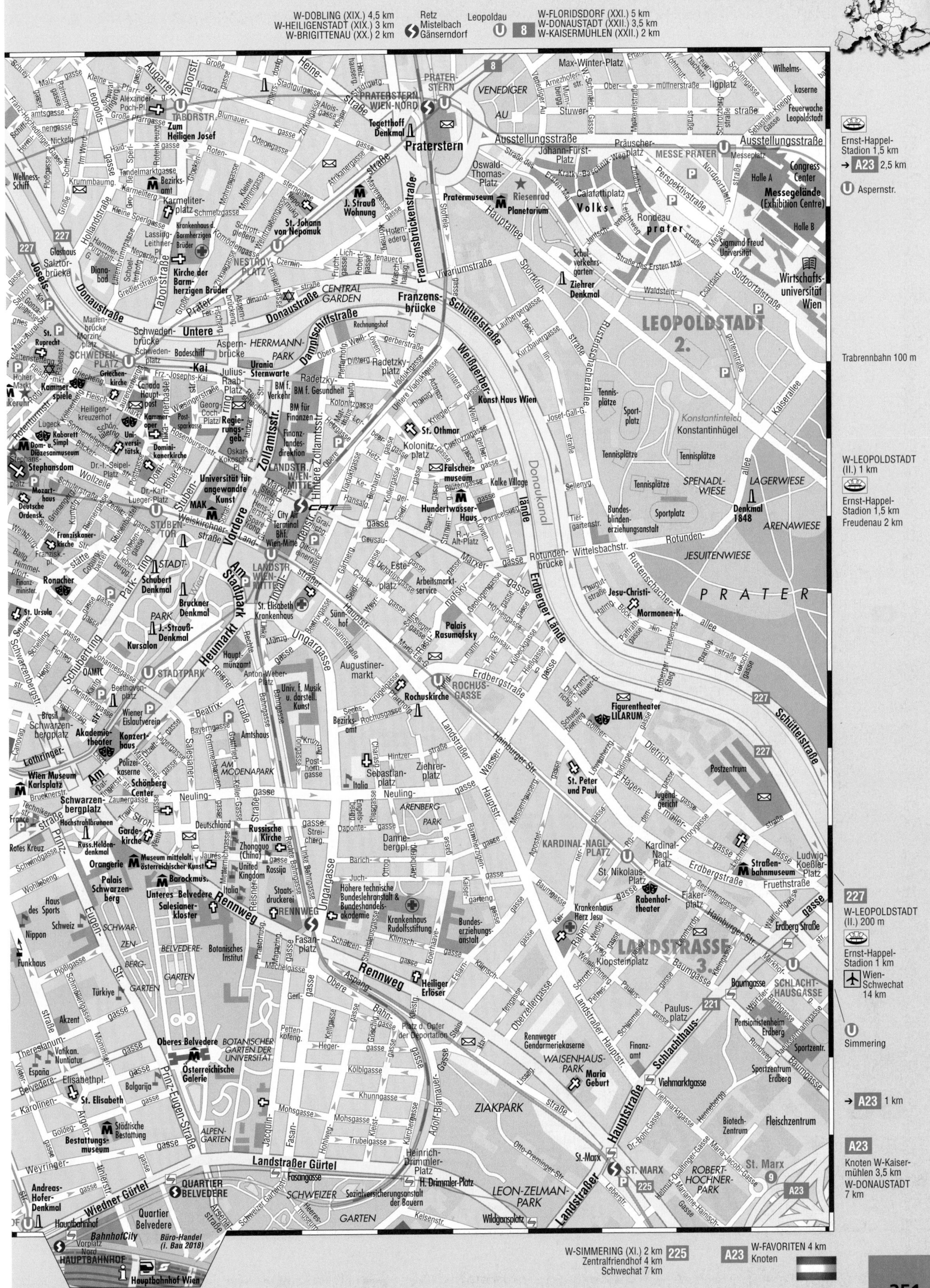
W-DOBLING (XIX.) 4,5 km
W-HEILIGENSTADT (XIX.) 3 km
W-BRIGITTENAU (XX.) 2 km
Retz
Mistelbach
Gänserndorf
Leopoldau
8
W-FLORIDSDORF (XXI.) 5 km
W-DONAUSTADT (XXII.) 3,5 km
W-KAISERMÜHLEN (XXII.) 2 km
Ernst-Happel-Stadion 1,5 km
A23 2,5 km
Aspernstr.
Trabrennbahn 100 m
W-LEOPOLDSTADT (II.) 1 km
Ernst-Happel-Stadion 1,5 km
Freudenau 2 km
227
W-LEOPOLDSTADT (II.) 200 m
Ernst-Happel-Stadion 1 km
Wien-Schwechat 14 km
Simmering
A23 1 km
A23
Knoten W-Kaiser-mühlen 3,5 km
W-DONAUSTADT 7 km
W-SIMMERING (XI.) 2 km
Zentralfriedhof 4 km
Schwechat 7 km
225
A23
W-FAVORITEN 4 km
Knoten
Praterstern
Ausstellungsstraße
MESSE PRATER
Messegelände (Exhibition Centre)
Congress Center
Riesenrad
Planetarium
Pratermuseum
Volksprater
Wirtschafts-universität Wien
LEOPOLDSTADT 2.
Donaukanal
PRATER
Taborstraße
Donaustraße
Untere Donaustraße
Schwedenplatz
Stephansdom
Wien-Mitte
Landstraßer Hauptstr.
Vordere Zollamtsstr.
Stadtpark
Kunst Haus Wien
Hundertwasser-Haus
Palais Rasumofsky
Rochuskirche
Ungargasse
Rennweg
Oberes Belvedere
Unteres Belvedere
Österreichische Galerie
Botanischer Garten der Universität
Schwarzenbergplatz
Karlsplatz
LANDSTRASSE 3.
Erdberger Lände
Schüttelstraße
Weißgerberlände
Kardinal-Nagl-Platz
St. Marx
Landstraßer Gürtel
Wiedner Gürtel
Quartier Belvedere
Hauptbahnhof Wien
BahnhofCity
Schweizer Garten
Leon-Zelman-Park
Ziakpark
Waisenhaus-Park
Robert-Hochner-Park
Postzentrum
Fleischzentrum
Sportzentrum Erdberg
Straßenbahnmuseum
Rabenhof-theater
Figurentheater Lilarum
Konzerthaus
Akademietheater
Heumarkt
Am Stadtpark
Ziehrer Denkmal
Sigmund Freud Universität
Schwarzenbergplatz
Konstantinhügel
Jesuitenwiese
Lagerwiese
Arenawiese
Spenadlwiese
Denkmal 1848

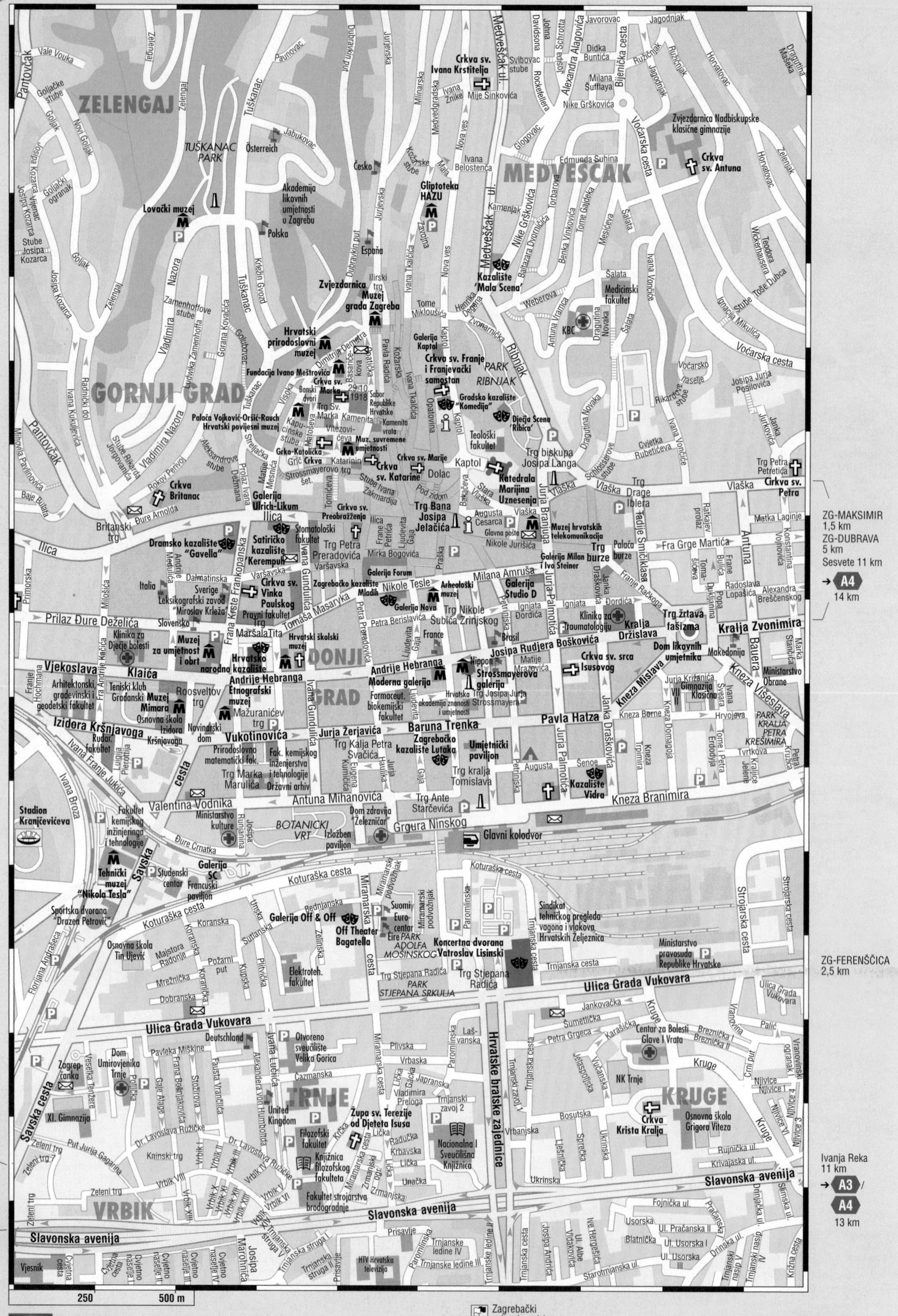